PD Dr. iur. René Wiederkehr
em. Prof. Dr. iur. Paul Richli

Praxis des allgemeinen Verwaltungsrechts

PD Dr. iur. René Wiederkehr
em. Prof. Dr. iur. Paul Richli

Praxis des allgemeinen Verwaltungsrechts

Eine systematische Analyse der Rechtsprechung

Band I

Stämpfli Verlag

Zitierweise:
Realakte und öffentlich-rechtlicher Vertrag (§ 6 Ziff. III. und IV.):
Richli/Bundi, in: Wiederkehr/Richli, Praxis des allgemeinen Verwaltungsrechts, Rz.

Übrige Teile:
Wiederkehr, in: Wiederkehr/Richli, Praxis des allgemeinen Verwaltungsrechts, Rz.

Bibliografische Information der Deutschen Nationalbibliothek
Die Deutsche Nationalbibliothek verzeichnet diese Publikation in der Deutschen Nationalbibliografie; detaillierte bibliografische Daten sind im Internet über http://dnb.d-nb.de abrufbar.

Gesamtherstellung:
Stämpfli Publikationen AG, Bern
Printed in Switzerland

www.staempfliverlag.com

ISBN 978-3-7272-8804-3

Vorwort

Die vorliegende Publikation erschliesst in umfassender Weise die neuere Rechtsprechung des Bundesgerichts, des Bundesverwaltungsgerichts und der kantonalen Verwaltungsrechtspflegeorgane zum allgemeinen Verwaltungsrecht. Vor allem aus der bundesgerichtlichen Rechtsprechung sind auch ältere Urteile aufgenommen worden, die von besonderer Bedeutung sind und in der Lehrbuchliteratur zum allgemeinen Verwaltungsrecht häufig zitiert werden.

Die Rechtsprechung der (kantonalen) Verwaltungsgerichte und der verwaltungsinternen Beschwerdeinstanzen bezieht sich zwar auf eine Vielzahl von Rechtsgebieten, die untereinander nur teilweise verknüpft sind. Doch haben sich im allgemeinen Verwaltungsrecht Grundsätze etabliert, die weitgehend anerkannt sind. Die Rechtsprechung der kantonalen Verwaltungsgerichte orientiert sich, sofern vorhanden, an den Präjudizien des Bundesgerichts sowie an den allgemeinen Grundsätzen des Verwaltungshandelns. Diesem Ansatz folgt auch die vorliegende Publikation: Die Entscheidpraxis der eidgenössischen Gerichte sowie diejenige kantonaler Verwaltungsgerichte wird methodisch erschlossen, miteinander verglichen und wissenschaftlich unter Berücksichtigung der rechtlichen Rahmenbedingungen erfasst. Dabei wird auf Abweichungen bzw. Übereinstimmungen hingewiesen. Der Stoff wird problemorientiert behandelt, um die Tragweite der Präjudizien besser aufzuzeigen und das allgemeine Verwaltungsrecht insgesamt deutlicher zu erfassen. Ergänzende und vertiefende Ausführungen gehen den jeweils darzustellenden Fällen voran. In den Ausführungen wird Bezug genommen auf die grundlegenden Erwägungen der jeweiligen Leitfälle. Die in der Rechtsprechung vertretenen Auffassungen werden diskutiert und eingehend erörtert. Ohne Anspruch auf Vollständigkeit wird auch auf einschlägige Lehrmeinungen verwiesen. Die Rechtsprechung wird zusammenfassend in den Bemerkungen referiert, um die Leitlinien und Entwicklungstendenzen des allgemeinen Verwaltungsrechts aus Sicht der Praxis aufzuzeigen und auf weiterführende Aspekte hinzuweisen.

Mittels der rechtsvergleichenden Analyse des Rechtsstoffes werden eine übergreifende Konzeption der verschiedenen Ebenen der Rechtsverwirklichung sowie eine wissenschaftlich fundierte Basis eines zumindest «virtuell» vereinheitlichten Verwaltungsrechts in der Schweiz angestrebt. Das Vorhaben dient damit einerseits der wissenschaftlichen Weiterentwicklung des Verwaltungsrechts und vermittelt andererseits der Verwaltungspraxis wichtige Impulse.

Die gewählte Konzeption hat eine umfassende Sichtung und Auswertung der Entscheidpraxis erfordert, die ohne den grossen Einsatz unserer Assistentinnen und Assistenten nicht möglich gewesen wäre. Wir danken Michal Koebel, Nadja D'Amico und Stephanie Schneiter für die Sammlung des Materials, die Kontrolle der Zitate, die Durchsicht der Texte, die Erstellung des Sachregisters und der Druckvorlage.

Das vorliegende Werk wurde durch den Nationalfonds mit einem grosszügigen Beitrag unterstützt, wofür wir uns an dieser Stelle bedanken. Wir danken weiter dem Stämpfli-Verlag, insbesondere Christa Escher, Frank Lüthi und Marcel Gerber, für die angenehme Zusammenarbeit, die Unterstützung bei der Erstellung der Druckvorlage und die Gestaltung des Umschlags.

Paul Richli hat zusammen mit Livio Bundi die Kapitel Realakte und öffentlich-rechtliche Verträge (§ 6 Ziff. III. und IV.) bearbeitet. Alle übrigen Teile wurden von René Wiederkehr verfasst.

Zürich und Luzern, im Mai 2012

René Wiederkehr Paul Richli

Inhaltsübersicht

Inhaltsverzeichnis

Verzeichnis der abgekürzt zitierten Literatur

AUBERT JEAN-FRANÇOIS/EICHENBERGER KURT/MÜLLER JÖRG PAUL/RHINOW RENÉ/SCHINDLER DIETRICH (Hrsg.), Kommentar zur Bundesverfassung der Schweizerischen Eidgenossenschaft vom 29. Mai 1874, Basel/Zürich/Bern 1987-1996 (zit. BEARBEITER, Kommentar aBV, Art. ... aBV, Rz. ...)

AUBERT JEAN-FRANÇOIS/MAHON PASCAL, Petit commentaire de la Constitution fédérale de la Confédération suisse du 18 avril 1999, Zurich 2003

AUER ANDREAS/HOTTELIER MICHEL/MALINVERNI GIORGIO, Droit constitutionnel suisse, Vol. I: L'état, Vol. II: Les droits fondamentaux, 2. Aufl., Bern 2006

AUER CHRISTOPH/MÜLLER MARKUS/SCHINDLER BENJAMIN (Hrsg.), Kommentar zum Bundesgesetz über das Verwaltungsverfahren (VwVG), Zürich/St. Gallen 2008 (zit. BEARBEITER, VwVG-Kommentar, Art ... VwVG, Rz. ...)

BELLANGER FRANÇOIS/LEBET SUZANNE/OBERSON XAVIER, Le droit administratif en pratique, 2. Aufl., Basel/Frankfurt a.M. 1993 [Sammlung von Übungsfällen]

BIAGGINI GIOVANNI, Bundesverfassung der Schweizerischen Eidgenossenschaft. Mit Auszügen aus der EMRK, den UNO-Pakten sowie dem BGG, Kommentar, Zürich 2007 (zit. BV-Kommentar, Art. ... BV, Rz. ...)

BIAGGINI GIOVANNI, Theorie und Praxis des Verwaltungsrechts im Bundesstaat (zit. Verwaltungsrecht), Basel/Frankfurt a.M. 1996

BIAGGINI GIOVANNI/ACHERMANN ALEX/MATHIS STEPHAN/OTT LUKAS (Hrsg.), Staats- und Verwaltungsrecht des Kantons Basel-Landschaft II, Liestal 2005

BIAGGINI GIOVANNI/ACHERMANN ALEX/MATHIS STEPHAN/OTT LUKAS (Hrsg.), Staats- und Verwaltungsrecht des Kantons Basel-Landschaft III, Liestal 2007

BIAGGINI GIOVANNI/ACHERMANN ALEX/MATHIS STEPHAN/OTT LUKAS (Hrsg.), Staats- und Verwaltungsrecht des Kantons Basel-Landschaft IV, Liestal 2009

BIAGGINI GIOVANNI/GÄCHTER THOMAS/KIENER REGINA (Hrsg.), Staatsrecht, Zürich/St. Gallen 2011

BIAGGINI GIOVANNI/LIENHARD ANDREAS/RICHLI PAUL/UHLMANN FELIX, Wirtschaftsverwaltungsrecht des Bundes, 5. Aufl., Basel 2009

BUSER DENISE (Hrsg.), Neues Handbuch des Staats- und Verwaltungsrechts des Kantons Basel-Stadt, Festgabe zum 125-jährigen Jubiläum der Advokatenkammer in Basel, Basel 2008

CORBOZ BERNHARD/WURZBURGER ALAIN/FERRARI PIERRE/FRÉSARD JEAN-MAURICE/AUBRY GIRARDIN FLORENCE (Hrsg.), Commentaire de la LTF, Bern 2009

EHRENZELLER BERNHARD/MASTRONARDI PHILIPPE/SCHWEIZER RAINER J./VALLENDER KLAUS A. (Hrsg.), Die schweizerische Bundesverfassung, Kommentar, 2. Aufl., 2 Bde., Zürich/St. Gallen/Basel/Genf 2008 (zit. BEARBEITER, St. Galler Kommentar, Art. ... BV, Rz. ...)

FLEINER-GERSTER THOMAS, Grundzüge des allgemeinen und schweizerischen Verwaltungsrechts, 2. Aufl., Zürich 1980

GERMANN RAIMUND E., Öffentliche Verwaltung in der Schweiz, Bd. 1, Bern/Stuttgart/Wien 1998

GIACOMETTI ZACCARIA, Allgemeine Lehren des rechtsstaatlichen Verwaltungsrechts, Bd. 1, Zürich 1960

GRISEL ANDRÉ, Traité de droit administratif, 2 Bde., Neuchâtel 1984

GYGI FRITZ, Bundesverwaltungsrechtspflege, 2. Aufl., Bern 1983

GYGI FRITZ, Verwaltungsrecht. Eine Einführung, Bern 1986

HÄFELIN ULRICH/HALLER WALTER/KELLER HELEN, Schweizerisches Bundesstaatsrecht, 7. Aufl., Zürich/Basel/Genf 2008

HÄFELIN ULRICH/MÜLLER GEORG/UHLMANN FELIX, Allgemeines Verwaltungsrecht, 6. Aufl., Zürich/St. Gallen 2010

IMBODEN MAX/RHINOW RENÉ, Schweizerische Verwaltungsrechtsprechung, 2 Bde., 6. Aufl., Basel/Frankfurt a.M. 1986; Ergänzungsband zur 5. (und unveränderten 6.) Aufl.: RHINOW RENÉ/KRÄHENMANN BEAT, Schweizerische Verwaltungsrechtsprechung, Basel/Frankfurt a.M. 1990

JAAG TOBIAS, Staats- und Verwaltungsrecht des Kantons Zürich, 3. Aufl., Zürich/Basel/Genf 2005

JAAG TOBIAS/LIENHARD ANDREAS/TSCHANNEN PIERRE, Ausgewählte Gebiete des Bundesverwaltungsrechts, 7. Aufl., Basel 2009

JENNY KURT/ACHERMANN ALEX/MATHIS STEPHAN/OTT LUKAS (Hrsg.), Staats- und Verwaltungsrecht des Kantons Basel-Landschaft, Liestal 1998

KNAPP BLAISE, Grundlagen des Verwaltungsrechts, deutschsprachige Ausgabe der 4. Aufl. des «Précis de droit administratif», 2 Bde., Basel/Frankfurt a.M. 1993

KÖLZ ALFRED/BOSSHART JÜRG/RÖHL MARTIN, Kommentar zum Verwaltungsrechtspflegegesetz des Kantons Zürich, 2. Aufl., Zürich 1999

KÖLZ ALFRED/HÄNER ISABELLE, Verwaltungsverfahren und Verwaltungsrechtspflege des Bundes, 2. Aufl., Zürich 1998

MAURER HARTMUT, Allgemeines Verwaltungsrecht, 18. Aufl., München 2011

MOOR PIERRE, Droit administratif, Vol. I: Les fondaments généraux, 2. Aufl., Bern 1994

MOOR PIERRE, Droit administratif, Vol. III: L'organisation des activités administratives/Les biens de l'Etat, 1. Aufl., Bern 1992

MOOR PIERRE/POLTIER ETIENNE, Droit administratif, Vol. II: Les actes administratifs et leur contrôle, 3. Aufl., Bern 2011

MÜLLER JÖRG PAUL/SCHEFER MARKUS, Grundrechte in der Schweiz. Im Rahmen der Bundesverfassung, der EMRK und der UNO-Pakte, 4. Aufl., Bern 2008

MÜLLER MARKUS, Bernische Verwaltungsrechtspflege (zit. Verwaltungsrechtspflege), Bern 2008

MÜLLER MARKUS, Verwaltungsrecht – Einheit und Herkunft (zit. Verwaltungsrecht), Bern 2006

MÜLLER MARKUS/FELLER RETO (Hrsg.), Bernisches Verwaltungsrecht, Bern 2008

RHINOW RENÉ/SCHEFER MARKUS, Schweizerisches Verfassungsrecht, 2. Aufl., Basel 2009

SCHWARZENBACH-HANHART HANS RUDOLF, Grundriss des allgemeinen Verwaltungsrechts, 11. Aufl., Bern 1997

TANQUEREL THIERRY, Manuel de droit administratif, Zürich 2011

THÜRER DANIEL/AUBERT JEAN-FRANÇOIS/MÜLLER JÖRG PAUL (Hrsg.), Verfassungsrecht der Schweiz/Droit constitutionnel suisse, Zürich 2001

TSCHANNEN PIERRE, Staatsrecht der Schweizerischen Eidgenossenschaft (zit. Staatsrecht), 3. Aufl., Bern 2011

TSCHANNEN PIERRE, Systeme des Allgemeinen Verwaltungsrechts (zit. Systeme), Bern 2008

TSCHANNEN PIERRE/ZIMMERLI ULRICH/MÜLLER MARKUS, Allgemeines Verwaltungsrecht, 3. Aufl., Bern 2009

WALDMANN BERNHARD/WEISSENBERGER PHILIPPE (Hrsg.), VwVG, Praxiskommentar zum Bundesgesetz über das Verwaltungsverfahren, Zürich/Basel/Genf 2009 (zit. BEARBEITER, VwVG-Praxiskommentar, Art. … VwVG, Rz. …)

Abkürzungsverzeichnis

a	alt: frühere Fassung des betreffenden Gesetzes oder Artikels
a.a.O.	am angeführten Ort
AB	Amtsbericht
ABRG	Bundesgesetz über die Bildung steuerbegünstigter Arbeitsbeschaffungsreserven vom 20. Dez. 1985 (SR 823.33)
Abs.	Absatz
aBV	Bundesverfassung der Schweizerischen Eidgenossenschaft vom 29. Mai 1874
AEFV	Verordnung über die Adressierungselemente im Fernmeldebereich vom 6. Okt. 1997 (SR 784.104)
AG	Aktiengesellschaft
AGVE	Aargauische Gerichts- und Verwaltungsentscheide
AHV	Alters- und Hinterlassenenversicherung
AHVG	Bundesgesetz über die Alters- und Hinterlassenenversicherung vom 20. Dez. 1946 (SR 831.10)
AHVV	Verordnung über die Alters- und Hinterlassenenversicherung vom 31. Okt. 1947 (SR 831.101)
AJP/PJA	Aktuelle Juristische Praxis/Pratique Juridique Actuelle
AllgGebV	Allgemeine Gebührenverordnung vom 8. Sept. 2004 (SR 172.041.1)
AlkG	Bundesgesetz über die gebrannten Wasser vom 21. Juni 1932 (Alkoholgesetz, SR 680)
AlkMGV	Verordnung über die Alkoholmonopolgebühren (aufgehoben)
ALKRK	Eidgenössische Alkoholrekurskommission
ANAG	Bundesgesetz über Aufenthalt und Niederlassung der Ausländer (aufgehoben)
ANAV	Vollziehungsverordnung zum Bundesgesetz über Aufenthalt und Niederlassung der Ausländer (aufgehoben)
a.o.	ausserordentliche/ausserordentlicher
ARE	Bundesamt für Raumentwicklung
ArG	Bundesgesetz über die Arbeit in Industrie, Gewerbe und Handel vom 13. März 1964 (Arbeitsgesetz, SR 822.11)
ARK	Schweizerische Asylrekurskommission
Art.	Artikel
AS	Amtliche Sammlung des Bundesrechts
ASA	Archiv für schweizerisches Abgaberecht
AsylG	Asylgesetz vom 26. Juni 1998 (SR 142.31)

AsylV	Asylverordnung 1 über Verfahrensfragen vom 11. Aug. 1999 (SR 142.311) und Asylverordnung 2 über Finanzierungsfragen vom 11. Aug. 1999 (SR 142.312)
ATSG	Bundesgesetz über den Allgemeinen Teil des Sozialversicherungsrechts vom 6. Okt. 2000 (SR 830.1)
AtV	Verordnung über Begriffsbestimmungen und Bewilligungen auf dem Gebiet der Atomenergie (Atomverordnung, aufgehoben)
Aufl.	Auflage
AuG	Bundesgesetz über die Ausländerinnen und Ausländer vom 16. Dez. 2005 (Ausländergesetz, SR 142.20)
AVEG	Bundesgesetz über die Allgemeinverbindlicherklärung von Gesamtarbeitsverträgen vom 28. Sept. 1956 (SR 221.215.311)
AVIG	Bundesgesetz über die obligatorische Arbeitslosenversicherung und die Insolvenzentschädigung vom 25. Juni 1982 (Arbeitslosenversicherungsgesetz, SR 837.0)
AVIV	Verordnung über die obligatorische Arbeitslosenversicherung und die Insolvenzentschädigung vom 31. Aug. 1983 (Arbeitslosenversicherungsverordnung, SR 837.02)
BAFU	Bundesamt für Umwelt
BAG	Bundesamt für Gesundheit
BAKOM	Bundesamt für Kommunikation
BankG	Bundesgesetz über die Banken und Sparkassen vom 8. Nov. 1934 (Bankengesetz, SR 952.0)
BAP	Bundesamt für Polizei (heute: fedpol)
BAV	Bundesamt für Verkehr
BAZL	Bundesamt für Zivilluftfahrt
BB	Bundesbeschluss
BBl	Bundesblatt der Schweizerischen Eidgenossenschaft
BBG	Bundesgesetz über die Berufsbildung vom 13. Dez. 2002 (Berufsbildungsgesetz, SR 412.10)
BBT	Bundesamt für Berufsbildung und Kommunikation
Bd./Bde.	Band, Bände
BEHG	Bundesgesetz über die Börsen und den Effektenhandel vom 24. März 1995 (Börsengesetz, SR 954.1)
BetmG	Bundesgesetz über die Betäubungsmittel und die psychotropen Stoffe vom 3. Okt. 1951 (Betäubungsmittelgesetz, SR 812.121)
betr.	betreffend
BewB	Bundesbeschluss über den Erwerb von Grundstücken durch Personen im Ausland (aufgehoben)
BewG	Bundesgesetz über den Erwerb von Grundstücken durch Personen im Ausland vom 16. Dez. 1983 (SR 211.412.41)

BEZ	Baurechtsentscheide Kanton Zürich
bez./bzgl.	bezüglich
BFA	Bundesamt für Ausländerfragen (bis 1. Mai 2003)
BFF	Bundesamt für Flüchtlinge (bis 1. Jan. 2005)
BFM	Bundesamt für Migration
BG	Bundesgesetz
BGBB	Bundesgesetz über das bäuerliche Bodenrecht vom 4. Okt. 1991 (SR 211.412.11)
BGBM	Bundesgesetz über den Binnenmarkt vom 6. Okt. 1995 (Binnenmarktgesetz; SR 943.02)
BGE	Amtliche Sammlung der Entscheidungen des Schweizerischen Bundesgerichts
BGer	Bundesgericht
BGF	Bundesgesetz über die Fischerei vom 21. Juni 1991 (SR 923.0)
BGFA	Bundesgesetz über die Freizügigkeit der Anwältinnen und Anwälte vom 23. Juni 2000 (Anwaltsgesetz, SR 935.61)
BGG	Bundesgesetz über das Bundesgericht vom 17. Juni 2005 (Bundesgerichtsgesetz, SR 173.110)
BG-RVUS	Bundesgesetz zum Staatsvertrag mit den Vereinigten Staaten von Amerika über gegenseitige Rechtshilfe in Strafsachen vom 3. Okt. 1975 (SR 351.93)
BJ	Bundesamt für Justiz
BJM	Basler juristische Mitteilungen
BLN	Bundesinventar der Landschaften und Naturdenkmäler von nationaler Bedeutung
BlSchK	Blätter für Schuldbetreibung und Konkurs
BoeB	Bundesgesetz über das öffentliche Beschaffungswesen vom 16. Dez. 1994 (SR 172.056.1)
BPG	Bundespersonalgesetz vom 24. März 2000 (SR 172.220.1)
BPR	Bundesgesetz über die politischen Rechte vom 17. Dez. 1976 (SR 161.1)
BR	Bundesrat
BR	Baurecht/Droit de la Construction
BRK	Eidgenössische Rekurskommission öffentliches Beschaffungswesen
BStP	Bundesgesetz über die Bundesstrafrechtspflege (aufgehoben)
BSV	Bundesamt für Sozialversicherungen
BüG	Bundesgesetz über Erwerb und Verlust des Schweizer Bürgerrechts vom 29. Sept. 1952 (Bürgerrechtsgesetz, SR 141.0)
BUWAL	Bundesamt für Umwelt, Wald und Landschaft (bis 1. Jan. 2006)
BV	Bundesverfassung der Schweizerischen Eidgenossenschaft vom 18. April 1999 (SR 101)

BVG	Bundesgesetz über die berufliche Alters-, Hinterlassenen- und Invalidenvorsorge vom 25. Juni 1982 (SR 831.40)
BVGE	Amtliche Sammlung der Entscheidungen des Schweizerischen Bundesverwaltungsgerichts
BVGer	Bundesverwaltungsgericht
BVO	Verordnung über die Begrenzung der Zahl der Ausländer (aufgehoben)
BVR	Bernische Verwaltungsrechtsprechung
BWA	Bundesamt für Wirtschaft und Arbeit (bis 1. Juli 1999)
BWIS	Bundesgesetz über Massnahmen zur Wahrung der inneren Sicherheit vom 21. März 1997 (SR 120)
BWL	Bundesamt für Wirtschaftliche Landesversorgung
bzw.	beziehungsweise
ca.	circa; zirka
ComCom	Eidgenössische Kommunikationskommission
DBA-USA	Abkommen zwischen der Schweizerischen Eidgenossenschaft und den Vereinigten Staaten von Amerika zur Vermeidung der Doppelbesteuerung auf dem Gebiet der Steuern vom Einkommen vom 2. Okt. 1996 (SR 0.672.933.61)
DBG	Bundesgesetz über die direkte Bundessteuer vom 14. Dez. 1990 (SR 642.11)
dergl.	dergleichen
d.h.	das heisst
dipl.	diplomiert
DM	Deutsche Mark
DSG	Bundesgesetz über den Datenschutz vom 19. Juni 1992 (Datenschutzgesetz; SR 235.1)
DüBV	Verordnung des EVD über das Inverkehrbringen von Düngern vom 16. Nov. 2007 (Düngerbuch-Verordnung EVD, SR 916.171.1)
DZV	Verordnung über die Direktzahlungen an die Landwirtschaft vom 7. Dez. 1998 (Direktzahlungsverordnung, SR 910.13)
E.	Erwägung
EAV	Einzelarbeitsverträge
EBG	Eisenbahngesetz vom 20. Dez. 1957 (SR 742.101)
EBV	Verordnung über Bau und Betrieb der Eisenbahnen vom 23. Nov. 1983 (Eisenbahnverordnung, SR 742.141.1)
EDA	Eidgenössisches Departement für auswärtige Angelegenheiten
EDI	Eidgenössisches Departement des Inneren
EFD	Eidgenössisches Finanzdepartement
EFTA	Europäische Freihandelsassoziation
EG	Europäische Gemeinschaft

EG	Einführungsgesetz
EGI	Eidgenössisches Gefahrengutinspektorat
EGMR	Europäischer Gerichtshof für Menschenrechte
EGVSZ	Entscheide der Gerichts- und Verwaltungsbehörden des Kantons Schwyz
eidg./Eidg.	eidgenössisch/Eidgenossenschaft
EJPD	Eidgenössisches Justiz- und Polizeidepartement
EleG	Bundesgesetz betreffend die elektrischen Schwach- und Starkstromanlagen vom 24. Juni 1902 (Elektrizitätsgesetz, SR 734.0)
ElCom	Eidgenössische Elektrizitätskommission
ELG	Bundesgesetz über Ergänzungsleistungen zur Alters-, Hinterlassenen- und Invalidenversicherung vom 6. Okt. 2006 (SR 831.30)
EMRK	Konvention zum Schutze der Menschenrechte und Grundfreiheiten vom 4. Nov. 1950 (Europäische Menschenrechtskonvention; SR 0.101)
EntG	Bundesgesetz über die Enteignung vom 20. Juni 1930 (SR 711)
EPG	Bundesgesetz über die Bekämpfung übertragbarer Krankheiten des Menschen vom 18. Dez. 1970 (Epidemiengesetz, SR 818.101)
ESBK	Eidgenössische Spielbankenkommission
ESTI	Eidgenössisches Starkstrominspektorat
ESTV	Eidgenössische Steuerverwaltung
et al.	und andere
ETH	Eidgenössische Technische Hochschule(n)
EU	Europäische Union
EuGH	Europäischer Gerichtshof
europ.	europäisch(e)
EVD	Eidgenössisches Volkswirtschaftsdepartement
EVG	Eidgenössisches Versicherungsgericht
EVEK	Eidgenössisches Departement für Umwelt, Verkehr, Energie und Kommunikation
evtl.	eventuell
EWG	Europäische Wirtschaftsgemeinschaft
exkl.	exklusiv
f./ff.	folgende/fortfolgende
FamZG	Bundesgesetz über die Familienzulagen vom 24. März 2006 (Familienzulagengesetz, SR 836.2)
FamZV	Verordnung über die Familienzulagen vom 31. Okt. 2007 (Familienzulagenverordnung, SR 836.21)

FHA	Abkommen zwischen der Schweizerischen Eidgenossenschaft und der Europäischen Wirtschaftsgemeinschaft vom 22. Juli 1972 (Freihandelsabkommen, SR 0.632.401)
FiG	Bundesgesetz über Filmproduktion und Filmkultur vom 14. Dez. 2001 (Filmgesetz, SR 443.1)
FINMA	Eidgenössische Finanzmarktaufsicht
FINMAG	Bundesgesetz über die Eidgenössische Finanzmarktaufsicht vom 22. Juni 2007 (Finanzmarktaufsichtsgesetz, SR 956.1)
FMG	Fernmeldegesetz vom 30. April 1997 (SR 784.10)
FMH	Verbindung der Schweizer Ärztinnen und Ärzte
FMPG	Bundesgesetz über die universitären Medizinalberufe (Medizinalberufegesetz, aufgehoben)
Fn.	Fussnote
Fr.	Schweizer Franken
FS	Festschrift
FusG	Bundesgesetzes vom 3. Okt. 2003 über Fusion, Spaltung, Umwandlung und Vermögensübertragung (Fusionsgesetz, SR 221.301)
FZA	Abkommen zwischen der Schweizerischen Eidgenossenschaft einerseits und der Europäischen Gemeinschaft und ihren Mitgliedstaaten andererseits über die Freizügigkeit vom 21. Juni 1999 (SR 0.142.112.681)
FZG	Bundesgesetz vom 17. Dez. 1993 über die Freizügigkeit in der beruflichen Alters-, Hinterlassenen- und Invalidenvorsorge (Freizügigkeitsgesetz, SR 831.42)
FZR	Freiburger Zeitschrift für Rechtsprechung
GATS	General Agreement on Trade in Services
GAV	Gesamtarbeitsverträge
ggf.	gegebenenfalls
GlG	Bundesgesetz über die Gleichstellung von Frau und Mann vom 24. März 1995 (Gleichstellungsgesetz, SR 151.1)
GPA	Übereinkommen über das öffentliche Beschaffungswesen vom 15. April 1994 (Government Procurement Agreement, SR 0.632.231.422)
GSAV	Verordnung des Bundesrates über Geldspielautomaten 22. April 1998 (Geldspielautomatenverordnung, SR 935. 522)
GSchG	Bundesgesetz über den Schutz der Gewässer vom 24. Jan. 1991 (Gewässerschutzgesetz, SR 814.20)
GSchV	Gewässerschutzverordnung vom 28. Okt. 1998 (SR 814.201)
GSV	Verordnung des EJPD vom 24. Sept. 2004 über Überwachungssysteme und Glücksspiele (Glücksspielverordnung, SR 935.521.21)
GUMG	Bundesgesetz über genetische Untersuchungen beim Menschen vom 8. Okt. 2004 (SR 810.12)

GUMV	Verordnung über genetische Untersuchungen beim Menschen vom 14. Feb. 2007 (SR 810.122.1)
GVP	Gerichts- und Verwaltungspraxis
GwG	Bundesgesetz über die Bekämpfung der Geldwäscherei und der Terrorismusfinanzierung im Finanzsektor vom 10. Okt. 1997 (Geldwäschereigesetz, SR 955.0)
Halbs.	Halbsatz
HAVE	Haftung und Versicherung
HG	Handelsgericht
HGebV	Verordnung über die Gebühren des Schweizerischen Heilmittelinstituts vom 22. Juni 2006 (Heilmittel-Gebührenverordnung, SR 812.214.5)
HMG	Bundesgesetz über Arzneimittel und Medizinprodukte vom 15. Dez. 2000 (Heilmittelgesetz, SR 812.21)
Hrsg.	Herausgeber
hrsg. von	herausgegeben von
i.Allg.	im Allgemeinen
i.e.S.	im engeren Sinne
IGE	Eidgenössisches Institut für Geistiges Eigentum
IRSG	Bundesgesetz über internationale Rechtshilfe in Strafsachen vom 20. März 1981 (Rechtshilfegesetz, SR 351.1)
i.S.	im Sinne
i.S.v.	im Sinne von
IV	Invalidenversicherung
IVG	Bundesgesetz über die Invalidenversicherung vom 19. Juni 1959 (SR 831.20)
i.V.m.	in Verbindung mit
IVV	Verordnung über die Invalidenversicherung vom 17. Jan. 1961 (SR 831.201)
inkl.	inklusiv
insb./insbes.	insbesondere
interkant.	interkantonal
IPRG	Bundesgesetz über das Internationale Privatrecht vom 18. Dez. 1987 (SR 291)
i.w.S.	im weiteren Sinne
JFG	Bundesgesetz über die Förderung der ausserschulischen Jugendarbeit vom 6. Okt. 1989 (Jugendförderungsgesetz, SR 446.1)
Jg.	Jahrgang
JSG	Bundesgesetz über die Jagd und den Schutz wildlebender Säugetiere und Vögel vom 20. Juni 1986 (Jagdgesetz, SR 922.0)
KAG	Bundesgesetz vom 23. Juni 2006 über die kollektiven Kapitalanlagen (Kollektivanlagengesetz, SR 951.31)

kant.	kantonal
KEG	Kernenergiegesetz vom 21. März 2003 (SR 732.1)
KG	Kantonsgericht
KG	Bundesgesetz über Kartelle und andere Wettbewerbsbeschränkungen vom 6. Okt. 1995 (Kartellgesetz, SR 251)
KMU	Kleine- und mittlere Unternehmen
KR	Kantonsrat
KRK	Übereinkommen über die Rechte des Kindes vom 20. Nov. 1989 (SR 0.107)
Kt./Kte.	Kanton/Kantone
KUVG	Bundesgesetzes über die Krankenversicherung (aufgehoben)
KV	Kantonsverfassung
KV/AG	Verfassung des Kantons Aargau vom 25. Juni 1980 (SR 131.227)
KV/AI	Verfassung für den Eidgenössischen Stand Appenzell I.Rh. vom 24. Nov. 1872 (SR 131.224.2)
KV/AR	Verfassung des Kantons Appenzell A.Rh. vom 30. April 1995 (SR 131.224.1)
KV/BE	Verfassung des Kantons Bern vom 6. Juni 1993 (SR 131.212)
KV/BL	Verfassung des Kantons Basel-Landschaft vom 17. Mai 1984 (SR 131.222.2)
KV/BS	Verfassung des Kantons Basel-Stadt vom 23. März 2005 (SR 131.222.1)
KV/FR	Verfassung des Kantons Freiburg vom 16. Mai 2004 (SR 131.219)
KVG	Bundesgesetz über die Krankenversicherung vom 18. März 1994 (SR 832.10)
KV/GE	Verfassung der Republik und des Kantons Genf vom 24. Mai 1847 (SR 131.234)
KV/GL	Verfassung des Kantons Glarus vom 1. Mai 1988 (SR 131.217)
KV/GR	Verfassung für den Kanton Graubünden vom 14. Sept. 2003 (SR 131.226)
KV/JU	Verfassung der Republik und des Kantons Jura vom 20. März 1977 (SR 131.235)
KV/LU	Verfassung des Kantons Luzern vom 17. Juni 2007 (SR 131.213)
KV/NE	Verfassung von Republik und Kanton Neuenburg vom 24. Sept. 2000 (SR 131.233)
KV/NW	Verfassung des Kantons Nidwalden vom 10. Okt. 1965 (SR 131.216.2)
KV/OW	Verfassung des Kantons Obwalden vom 19. Mai 1968 (SR 131.216.1)
KV/SG	Verfassung des Kantons St. Gallen vom 10. Juni 2001 (SR 131.225)
KV/SH	Verfassung des Kantons Schaffhausen vom 17. Juni 2002 (SR 131.223)
KV/SO	Verfassung des Kantons Solothurn vom 8. Juni 1986 (SR 131.221)
KV/SZ	Verfassung des eidgenössischen Standes Schwyz vom 23. Okt. 1898 (SR 131.215)
KV/TG	Verfassung des Kantons Thurgau vom 16. März 1987 (SR 131.228)

KV/TI	Verfassung von Republik und Kanton Tessin vom 14. Dez. 1997 (SR 131.229)
KV/UR	Verfassung des Kantons Uri vom 28. Okt. 1984 (SR 131.214)
KVV	Verordnung über die Krankenversicherung vom 27. Juni 1995 (SR 832.102)
KV/VD	Verfassung des Kantons Waadt vom 14. April 2003 (SR 131.231)
KV/VS	Verfassung des Kantons Wallis vom 8. März 1907 (SR 131.232)
KV/ZG	Verfassung des Kantons Zug vom 31. Jan. 1894 (SR 131.218)
KV/ZH	Verfassung des Kantons Zürichs vom 27. Feb. 2005 (SR 131.211)
Kyoto-Abk.	Internationales Übereinkommen zur Vereinfachung und Harmonisierung der Zollverfahren vom 18. Mai 1973 (Kyoto-Abkommen mit Anlagen, SR 0.631.20)
LeGes	Mitteilungsblatt der Schweizerischen Gesellschaft für Gesetzgebung und der Schweizerischen Evaluationsgesellschaft
LFG	Bundesgesetz über die Luftfahrt vom 21. Dez. 1948 (Luftfahrtgesetz, SR 748.0)
LG	Bundesgesetz betreffend die Lotterien und die gewerbsmässigen Wetten vom 8. Juni 1923 (SR 935.51)
LGV	Lebensmittel- und Gebrauchsgegenständeverordnung vom 23. Nov. 2005 (SR 817.02)
LGVE	Gerichts- und Verwaltungsentscheide im Kanton Luzern
lit.	Buchstabe
LMV	Lebensmittelverordnung (aufgehoben)
LRV	Luftreinhalte-Verordnung vom 16. Dez. 1985 (SR 814.318.142.1)
LSV	Lärmschutz-Verordnung vom 15. Dez. 1986 (SR 814.41)
LTrR	Lufttransportreglemente (aufgehoben)
LugÜ	Übereinkommen über die gerichtliche Zuständigkeit und die Anerkennung und Vollstreckung von Entscheidungen in Zivil- und Handelssachen vom 30. Okt. 2007 (Lugano-Übereinkommen, SR 0.275.12)
LVG	Bundesgesetz über die wirtschaftliche Landesversorgung vom 8. Okt. 1982 (Landesversorgungsgesetz, SR 531)
LwG	Bundesgesetz über die Landwirtschaft vom 29. April 1998 (Landwirtschaftsgesetz, SR 910.1)
math.	mathematisch
m.a.W.	mit anderen Worten
max.	maximal
m.E.	meines Erachtens
MedBG	Bundesgesetz über die universitären Medizinalberufe vom 23. Juni 2006 (Medizinalberufegesetz, SR 811.11)
MetV	Verordnung über die Meteorologie und Klimatologie vom 7. Nov. 2007 (SR 429.11)

MG	Bundesgesetz über die Armee und die Militärverwaltung vom 3. Feb. 1995 (Militärgesetz, SR 510.10)
min.	Minuten
Mio.	Millionen
MPV	Verordnung über das Plangenehmigungsverfahren für militärische Bauten und Anlagen vom 13. Dez. 1999 (Militärische Plangenehmigungsverordnung, SR 510.51)
m.w.H.	mit weiteren Hinweisen
MWSTG	Bundesgesetz über die Mehrwertsteuer vom 12. Juni 2009 (SR 641.20)
MWSTV	Verordnung zum Bundesgesetz über die Mehrwertsteuer vom 27. Nov. 2009 (SR 641.201)
NHG	Bundesgesetz über den Natur- und Heimatschutz vom 1. Juli 1966 (SR 451)
naturwiss.	naturwissenschaftlich
Nr.	Nummer
OG	Obergericht
OG	Bundesgesetz über die Organisation der Bundesrechtspflege (aufgehoben)
OHG	Bundesgesetz über die Hilfe an Opfer von Straftaten vom 23. März 2007 (Opferhilfegesetz, SR 312.5)
OMEN	Orte mit empfindlicher Nutzung
OR	Bundesgesetz betreffend die Ergänzung des Schweizerischen Zivilgesetzbuches vom 30. März 1911 (Fünfter Teil: Obligationenrecht, SR 220)
ParlG	Bundesgesetz über die Bundesversammlung vom 13. Dez. 2002 (Parlamentsgesetz, SR 171.10)
PatG	Bundesgesetz über die Erfindungspatente vom 25. Juni 1954 (Patentgesetz, SR 232.14)
PBG	Bundesgesetz über die Personenbeförderung vom 20. März 2009 (Personenbeförderungsgesetz, SR 745.1)
PG	Postgesetz vom 30. April 1997 (SR 783.0)
PKG	Praxis des Kantonsgerichts von Graubünden
Pra	Praxis des Schweizerischen Bundesgerichts
PRK	Eidgenössische Personalrekurskommission
PSMV	Verordnung über das Inverkehrbringen von Pflanzenschutzmitteln vom 12. Mai 2010 (Pflanzenschutzmittelverordnung, SR 916.161)
PSPV	Verordnung über die Personensicherheitsprüfungen vom 4. März 2011 (SR 120.4)
PTT	Post-, Telefon- und Telegrafenbetriebe (Schweizerische Post)
publ.	publiziert
PublG	Bundesgesetz über die Sammlungen des Bundesrechts und das Bundesblatt vom 18. Juni 2004 (Publikationsgesetz; 170.512)

PVG	Praxis des Verwaltungsgerichtes des Kantons Graubünden
RAV	Verordnung über die Zulassung und Beaufsichtigung der Revisorinnen und Revisoren vom 22. Aug. 2007 (Revisionsaufsichtsverordnung, SR 221.302.3)
RB	Rechenschaftsbericht
REKO	Rekurskommission
REKO EVD	Eidgenössische Rekurskommission des Eidgenössischen Volkswirtschaftsdepartements (bis 31. Dez. 2006)
REKO HM	Eidgenössische Rekurskommission für Heilmittel (bis 31. Dez. 2006)
REKO INUM	Eidgenössische Rekurskommission für Infrastruktur und Umwelt (vom 1. Juli 2004 bis 31. Dez. 2006)
REKO MAW	Eidgenössische Rekurskommission für medizinische Aus- und Weiterbildung (bis 31. Dez. 2006)
REKO UVEK	Eidgenössische Rekurskommission Umwelt, Verkehr, Energie und Kommunikation (bis 1. Juli 2004)
REKO VBS	Eidgenössische Rekurskommission für Verteidigung, Bevölkerungsschutz und Sport (bis 31. Dez. 2006)
REKO WEF	Eidgenössische Rekurskommission für Wettbewerbsfragen (bis 31. Dez. 2006)
resp.	respektive
RGG	Bundesgesetz über das Gewerbe der Reisenden vom 23. März 2001 (SR 943.1)
RGV	Verordnung über das Gewerbe der Reisenden vom 4. Sept. 2002 (SR 943.11)
RLG	Bundesgesetz über Rohrleitungsanlagen zur Beförderung flüssiger oder gasförmiger Brenn- oder Treibstoffe vom 4. Okt. 1963 (Rohrleitungsgesetz, SR 746.1)
Rn.	Randnummer
Rp.	Rappen
RPG	Bundesgesetz über die Raumplanung vom 22. Juni 1979 (Raumplanungsgesetz; SR 700)
RPV	Raumplanungsverordnung vom 28. Juni 2000 (SR 700.1)
RPW	Recht und Politik des Wettbewerbs
RR	Regierungsrat
RTVG	Bundesgesetz über Radio und Fernsehen vom 24. März 2006 (SR 784.40)
RTVV	Radio- und Fernsehverordnung vom 9. März 2007 (SR 784.401)
RVOG	Regierungs- und Verwaltungsorganisationsgesetz vom 21. März 1997 (SR 172.010)
Rz.	Randziffer(n)
s.	siehe
SAMW	Schweizerische Akademie der Medizinischen Wissenschaften
SARS	Schweres Akutes Respiratorisches Syndrom

SBB	Schweizerische Bundesbahnen
SBBG	Bundesgesetz über die Schweizerischen Bundesbahnen vom 20. März 1998 (SR 742.31)
SBG	Bundesgesetz über Glücksspiele und Spielbanken vom 18. Dez. 1998 (Spielbankengesetz, SR 935.52)
SchKG	Bundesgesetz über Schuldbetreibung und Konkurs vom 11. April 1889 (SR 281.1)
SchlT	Schlusstitel
SECO	Staatssekretariat für Wirtschaft
sic!	Zeitschrift für Immaterialgüter-, Informations- und Wettbewerbsrecht
SJZ	Schweizerische Juristenzeitung
SKOS	Schweizerische Konferenz für Sozialhilfe
SMPV	Schweizerischer Musikpädagogischer Verband
SNB	Schweizerische Nationalbank
SNF	Schweizerischer Nationalfonds
SOG	Solothurnische Gerichtspraxis
sog.	sogenannt(e)
sprachl.-hist.	sprachlich-historisch
SR	Systematische Sammlung des Bundesrechts (Systematische Sammlung)
SRG	Schweizerische Radio- und Fernsehgesellschaft
SRK	Eidgenössische Steuerrekurskommission
SSV	Signalisationsverordnung vom 5. Sept. 1979 (SR 741.21)
StGB	Schweizerisches Strafgesetzbuch vom 21. Dez. 1937 (SR 311.0)
StHG	Bundesgesetz über die Harmonisierung der direkten Steuern der Kantone und Gemeinden vom 14. Dez. 1990 (SR 642.14)
StromVG	Bundesgesetz über die Stromversorgung vom 23. März 2007 (Stromversorgungsgesetz, SR 734.7)
StromVV	Stromversorgungsverordnung vom 14. März 2008 (SR 734.71)
SuG	Bundesgesetz über Finanzhilfen und Abgeltungen vom 5. Okt. 1990 (Subventionsgesetz, SR 616.1)
SUISA	Schweizerische Genossenschaft der Urheber und Verleger von Musik
SUVA	Schweizerische Unfallversicherungsanstalt
SVAG	Bundesgesetz über eine leistungsabhängige Schwerverkehrsabgabe vom 19. Dez. 1997 (Schwerverkehrsabgabegesetz, SR 641.81)
SVAV	Verordnung über eine leistungsabhängige Schwerverkehrsabgabe vom 6. März 2000 (Schwerverkehrsabgabeverordnung, SR 641.811)
SVG	Strassenverkehrsgesetz vom 19. Dez. 1958 (SR 741.01)
SVW	Schweizerischer Verband für Wohnungswesen

SZS	Schweizerische Zeitschrift für Sozialversicherung und berufliche Vorsorge
SZW	Schweizerische Zeitschrift für Wirtschaftsrecht
TalibanV	Verordnung über Massnahmen gegenüber Personen und Organisationen mit Verbindungen zu Osama bin Laden, der Gruppierung «Al-Qaïda» oder den Taliban vom 2. Okt. 2000 (SR 946.203)
TG	Bundesgesetzes über den Transport im öffentlichen Verkehr (aufgehoben)
TRIPS-Übereink.	Abkommen zur Errichtung der Welthandelsorganisation vom 15. April 1994 (TRIPS-Übereinkommen, SR 0.632.20)
TSchG	Tierschutzgesetz vom 16. Dez. 2005 (SR 455)
TSchV	Tierschutzverordnung vom 23. April 2008 (SR 455.1)
TSV	Tierseuchenverordnung vom 27. Juni 1995 (SR 916.401)
TV	Verordnung über den Transport im öffentlichen Verkehr (aufgehoben)
u.a.	und andere(s); unter anderem (anderen)
ÜbBest.	Übergangsbestimmung
UEV	Verordnung der Übernahmekommission über öffentliche Kaufangebote vom 21. Aug. 2008 (Übernahmeverordnung, SR 954.195.1)
UEK	Übernahmekommission
UFG	Bundesgesetz über die Förderung der Universitäten und über die Zusammenarbeit im Hochschulbereich vom 8. Okt. 1999 (Universitätsförderungsgesetz, SR 414.20)
UNO	United Nations Organisation/Organisation der Vereinten Nationen
UNO Pakt I	Internationaler Pakt über wirtschaftliche, soziale und kulturelle Rechte, in Kraft für die Schweiz seit 18. Sept. 1992 vom 16. Dez. 1966 (SR 0.103.1)
UNO Pakt II	Internationaler Pakt über bürgerliche und politische Rechte, in Kraft für die Schweiz seit 18. Sept. 1992 vom 16. Dez. 1966 (SR 0.103.2)
URG	Bundesgesetz über das Urheberrecht und verwandte Schutzrechte vom 9. Okt. 1992 (Urheberrechtsgesetz, SR 231.1)
URP	Umweltrecht in der Praxis
USA	United States of America
USD	US-Dollar
USG	Bundesgesetz über den Umweltschutz vom 7. Okt. 1983 (Umweltschutzgesetz; SR 814.01)
usw.	und so weiter
u.U.	unter Umständen
UVEK	Eidgenössisches Departement für Umwelt, Verkehr, Energie und Kommunikation
UVG	Bundesgesetz über die Unfallversicherung vom 20. März 1981 (SR 832.20)
UVP	Umweltverträglichkeitsprüfung

UVPV	Verordnung über die Umweltverträglichkeitsprüfung vom 19. Okt. 1988 (SR 814.011)
UVV	Verordnung über die Unfallversicherung vom 20. Dez. 1982 (SR 832.202)
UWG	Bundesgesetz gegen den unlauteren Wettbewerb vom 19. Dez. 1986 (SR 241)
v.a.	vor allem
VBLN	Verordnung über das Bundesinventar der Landschaften und Naturdenkmäler vom 10. Aug. 1977 (SR 451.11)
VBPV	Verordnung des EFD zur Bundespersonalverordnung vom 6. Dez. 2001 (SR 172.220.111.31)
VBPV-EDA	Verordnung des EDA zur Bundespersonalverordnung vom 20. Sept. 2002 (SR 172.220.111.343.3)
VBZ	Verkehrsbetriebe Zürich
VDSG	Verordnung zum Bundesgesetz über den Datenschutz vom 14. Juni 1993 (SR 235.11)
VersG	(Sozial-)Versicherungsgericht
VerwG	Verwaltungsgericht
VG	Bundesgesetz über die Verantwortlichkeit des Bundes sowie seiner Behördemitglieder und Beamten vom 14. März 1958 (Verantwortlichkeitsgesetz; SR 170.32)
VGE	Basellandschaftliche Verwaltungsgerichtsentscheide
VGG	Bundesgesetz über das Bundesverwaltungsgericht vom 17. Juni 2005 (Verwaltungsgerichtsgesetz, SR 173.32)
vgl.	vergleiche
VIL	Verordnung über die Infrastruktur der Luftfahrt vom 23. Nov. 1994 (SR 748.131.1)
VO	Verordnung
Vol.	Volume (=Band)
VPB	Verordnung über die Personenbeförderung vom 4. Nov. 2009 (SR 745.11)
VPB	Verwaltungspraxis der Bundesbehörden
VPG	Postverordnung vom 26. Nov. 2003 (SR 783.01)
VPK	Verordnung über die Personenbeförderungskonzession (aufgehoben)
VRK	Verwaltungsrekurskommission
VRK	Wiener Übereinkommen über das Recht der Verträge vom 23. Mai 1969 (SR 0.111)
VRP	Verordnung über Regionalpolitik vom 28. Nov. 2007 (SR 901.021)
VSB	Verordnung über das Sicherheitswesen in Bundesverantwortung vom 27. Juni 2001 (SR 120.72)
VSBG	Verordnung über Glücksspiele und Spielbanken vom 24. Sept. 2004 (Spielbankenverordnung, SR 935.521)

VSE	Verband Schweizerischer Elektrizitätsunternehmen
VStrR	Bundesgesetz über das Verwaltungsstrafrecht vom 22. März 1974 (SR 313.0)
VTS	Verordnung über die technischen Anforderungen an Strassenfahrzeuge vom 19. Juni 1995 (SR 741.41)
VUV	Verordnung über die Verhütung von Unfällen und Berufskrankheiten vom 19. Dez. 1983 (Verordnung über die Unfallverhütung, SR 832.30)
VVG	Bundesgesetz über den Versicherungsvertrag vom 2. April 1908 (Versicherungsvertragsgesetz, SR 221.229.1)
VVGE	Verwaltungs- und Verwaltungsgerichtsentscheide
VVV	Verkehrsversicherungsverordnung vom 20. Nov. 1959 (SR 741.31)
VwOG	Bundesgesetz über die Organisation und die Geschäftsführung des Bundesrates und der Bundesverwaltung (aufgehoben)
VwVG	Bundesgesetz über das Verwaltungsverfahren vom 20. Dez. 1968 (SR 172.021)
VZV	Verordnung über die Zulassung von Personen und Fahrzeugen zum Strassenverkehr vom 27. Okt. 1976 (Verkehrszulassungsverordnung, SR 741.51)
WA	Abkommen zur Vereinheitlichung von Regeln über die Beförderung im internationalen Luftverkehr vom 12. Okt. 1929 (Warschauer Abkommen, SR 0.748.410)
WaG	Bundesgesetz über den Wald vom 4. Okt. 1991 (Waldgesetz; SR 921.0)
WaV	Verordnung über den Wald vom 30. Nov. 1992 (Waldverordnung, SR 921.01)
WBO	Weiterbildungsordnung
WEF	World Economic Forum/Weltwirtschaftsforum
WEG	Wohnbau- und Eigentumsförderungsgesetz vom 4. Okt. 1974 (SR 843)
WEKO	Eidgenössische Wettbewerbskommission
WG	Bundesgesetz über Waffen, Waffenzubehör und Munition vom 20. Juni 1997 (Waffengesetz; SR 514.54)
WPEG	Bundesgesetz über die Wehrpflichtersatzabgabe vom 12. Juni 1959 (SR 661)
WRG	Bundesgesetz über die Nutzbarmachung der Wasserkräfte vom 22. Dez. 1916 (Wasserrechtsgesetz, SR 721.80)
WTO	World Trade Organization (Welthandelsorganisation)
z.B.	zum Beispiel
ZBJV	Zeitschrift des Bernischen Juristenvereins
ZBl	Schweizerisches Zentralblatt für Staats- und Verwaltungsrecht
ZBR	Zürcher Beiträge zur Rechtswissenschaft
ZDG	Zivildienstgesetz vom 6. Okt. 1995 (SR 824.0)
ZG	Zollgesetz vom 18. März 2005 (SR 631.0)
ZGB	Schweizerisches Zivilgesetzbuch vom 10. Dez. 1907 (SR 210)
ZHAW	Zürcher Hochschule für Angewandte Wissenschaften

Ziff.	Ziffer(n)
zit.	zitiert
ZR	Blätter für Zürcherische Rechtsprechung
ZRK	Eidgenössische Zollrekurskommission
zsis	Zeitschrift für Schweizerisches und Internationales Steuerrecht
ZSR	Zeitschrift für Schweizerisches Recht
ZSR-Nr.	Zahlstellenregisternummer
ZStV	Zivilstandsverordnung vom 28. April 2004 (SR 211.112.2)
ZTG	Zolltarifgesetz vom 9. Okt. 1986 (SR 632.10)
ZUG	Bundesgesetz über die Zuständigkeit für die Unterstützung Bedürftiger vom 24. Juni 1977 (Zuständigkeitsgesetz, SR 851.1)
ZWR	Zeitschrift für Walliser Rechtsprechung

§ 1 Verwaltungsrecht, Privatrecht und Strafrecht

I. Abgrenzung von Verwaltungsrecht und Privatrecht

1. Allgemeines

Für die Abgrenzung zwischen privatrechtlichen und verwaltungsrechtlichen Streitigkeiten sind verschiedene **Theorien** entwickelt worden, deren grundsätzliche Abgrenzungskriterien sich nicht ausschliessen und die im Einzelfall herangezogen werden, soweit sie sich am besten zur Lösung der konkreten Fragestellung eignen. Damit trägt die Praxis dem Umstand Rechnung, dass die Unterscheidung zwischen privatem und öffentlichem Recht verschiedene **Funktionen** aufweist, je nach den Regelungsbedürfnissen und den Rechtsfolgen, die im Einzelfall in Frage stehen, die sich nicht mit einem einzigen theoretischen Unterscheidungsmerkmal erfassen lassen, sodass keiner Theorie a priori ein Vorrang zukommt. Die Kriterien werden im Sinne eines **Methodenpluralismus** kombiniert auf den Einzelfall angewendet; dabei greift eine **objektive Betrachtungsweise** Platz (vgl. BGE 137 II 399 E. 1.1, 132 V 303 E. 4.4.2, 128 III 250 E. 2a, 126 III 431 E. 2c/bb, 120 II 412 E. 1b, 109 Ib 146 E. 1b; BGer vom 25. Okt. 2011, 2C_807/2010, E. 2.2; vom 28. Juli 2011, 2C_561/2010, E. 1.1). 1

Es ist danach zu unterscheiden, ob die anwendbaren Rechtssätze im Sinne der **Interessentheorie** ausschliesslich oder vorwiegend privaten oder öffentlichen Interessen dienen, im Sinne der **Funktionstheorie** die Erfüllung öffentlicher Aufgaben oder die Ausübung einer öffentlichen Tätigkeit zum Gegenstand haben, den Staat gegenüber dem Privaten im Sinne der **Subordinationstheorie** als übergeordneten Träger von Hoheitsrechten erscheinen lassen oder im Sinne der **modalen Theorie** eine zivil- oder öffentlich-rechtliche Sanktion vorsehen (BGE 138 II 134 E. 4.1, 137 II 399 E. 1.1, 132 I 270 E. 4.3, 132 V 303 E. 4.4.2, 128 III 250 E. 2a, 126 III 431 E. 2c/bb, 120 II 412 E. 1b, 109 Ib 146 E. 1b; BGer vom 25. Okt. 2011, 2C_807/2010, E. 2.2; vom 28. Juli 2011, 2C_561/2010, E. 1.1; vom 2. Sept. 2010, 5A_95/2010, E. 5.4; vom 28. Juni 2010, 4A_116/2010, E. 4.1; vom 4. Feb. 2010, 2C_58/2009, E. 1.2; vom 7. Nov. 2002, 2A.249/2002, E. 2.1; vom 27. Sept. 1996, in: ZBl 1997 S. 410 E. 1a). 2

Die genannten Abgrenzungstheorien und deren Kriterien dienen hauptsächlich dazu, die **Rechtsnatur** der für die Rechtsverhältnisse massgebenden **Rechtsnormen** zu bestimmen; sie werden **hilfsweise** indes auch herangezogen, um die **Organisationsform** (BGE 132 III 470 E. 3.3 [Rechtsnatur der SBB AG]; 132 I 270 E. 4.3 [Rechtsnatur einer Alpgenossenschaft]; VerwG GR vom 22. Feb. 2011, S-09-54A, E. 2c [Rechtsnatur eines Spitals]; Finanzdepartement SG vom 25. Juni 1998, in: GVP 1998 Nr. 85 E. 1 [Rechtsnatur einer Hegegemeinschaft]), um **Verträge** (vgl. BGE 128 III 250 E. 2a [zwischen Weiterbildungseinrichtungen und dem Kanton betr. arbeitsmarktlichen Massnahmen]; 126 I 250 E. 2c und E. 2d [zwischen der Schweizer Mustermesse AG und Ausstellern]; 118 II 213 E. 3 [zwischen Ärzten und einem Spital]; 109 Ib 146 E. 2 [zwischen der Schweizerischen Nationalbank und der Schweizerischen Bankiervereinigung betr. Entgegennahme von Kundengeldern]; BGer vom 28. Juni 2010, 4A_116/2010, E. 4.2 und E. 4.3 [Enteignungsverträge]) oder um im 3

Allgemeinen **Rechtsverhältnisse** (z.B. BGE 137 II 399 E. 1.6 und E. 1.7 [zwischen einem Berufsverband und einem Unternehmen betr. Beitragspflicht zu einem Berufsbildungsfonds], 132 V 303 E. 4.4.2 [zwischen der santésuisse und einer privaten Spitexorganisation betr. die Zahlstellen-Register-Nummer]; 127 I 84 E. 4a [zwischen der Allgemeinen Plakatgesellschaft und ihren privaten Kunden]; 105 II 234 E. 2-5 [zwischen dem Elektrizitätswerk Davos und dessen Energiebezügern]; BGer vom 25. Okt. 2011, 2C_807/2010, E. 2 [zwischen einem Arzt und der Notfallkommission der Ärztegesellschaft betr. Befreiung vom Notfalldienst und Bezahlung einer Ersatzabgabe]) zu qualifizieren (kritisch zur unreflektierten Übernahme oben genannter Kriterien in andere Rechtsbereiche HÄFELIN/MÜLLER/UHLMANN, Rz. 247).

4 Ob eine Rechtsbeziehung dem Privatrecht oder dem öffentlichen Recht untersteht, beurteilt sich im Allgemeinen nicht danach, in welcher **Rechtsform** die Beteiligten konstituiert sind (**Subjektstheorie**) oder welche **Art der Ansprüche** gegenüber dem Gemeinwesen geltend gemacht werden (**Fiskustheorie**); ausschlaggebend ist auch nicht die **typologische Methode**, wonach sich privatrechtliche Normen dadurch charakterisieren lassen, dass sie die Voraussetzungen privatautonomer Rechtsgestaltung umschreiben, privatrechtliche Ziele verfolgen oder mit der Privatrechtstradition eng zusammenhängen (dazu Rz. 85 f.). **Theorien**, die auf **formalen Kriterien** beruhen (Parteiwille, Verweise auf das OR, Schiedsgerichtsklauseln, Gerichtsstandsvereinbarungen, Verwendung von allgemeinen Geschäftsbedingungen usw.), sind allenfalls **Indizien** oder **Hilfskriterien**, die auf die Rechtsnatur der Rechtsnormen bzw. das diesen zugrunde liegende Rechtsverhältnis schliessen lassen. Es ist deshalb grundsätzlich nicht relevant, ob die betreffende Norm als **öffentliches oder privates Recht** erlassen worden ist (**Rechtsquellentheorie**), in welcher Rechtsform die Behörde handelt (**Rechtsformentheorie**) oder ob die anzuwendende Norm **zwingenden Charakter** aufweist (dazu Rz. 99 f.).

Praxis:

5 – **Rechtsnatur der Vereinbarung über die Sorgfaltspflicht der Banken bei der Entgegennahme von Geldern und über die Handhabung des Bankgeheimnisses (VSB):** In der revidierten Vereinbarung der unterzeichnenden Banken und der Schweizerischen Bankiervereinigung mit der Schweizerischen Nationalbank (SNB) über die Sorgfaltspflicht der Banken bei der Entgegennahme von Geldern und über die Handhabung des Bankgeheimnisses (VSB) vom 1. Juli 1982 wurde im Vergleich zur vorhergehenden Vereinbarung u.a. der Kreis der Berufsgeheimnisträger, die von der Offenlegung der Identität eines Dritten, für dessen Rechnung sie Vermögenswerte anlegen, gegenüber der Bank dispensiert sind, neu geregelt (Art. 6 VSB). Neu erfasst der Kreis der Berufsgeheimnisträger neben den Rechtsanwälten und Notaren nur noch die Treuhänder, die Mitglied eines der Schweizerischen Treuhand- und Revisionskammer angeschlossenen Verbandes sind. Die revidierte Vereinbarung trat auf den 1. Okt. 1982 in Kraft und gilt für eine feste Laufzeit von fünf Jahren (Art. 14 Abs. 1 VSB). Der Schweizerische Treuhänder-Verband (STV) ersuchte mit Eingabe vom 9. Sept. 1982 die SNB, seine Mitglieder in der Vereinbarung gleich wie die Mitglieder der Schweizerischen Treuhand- und Revisionskammer zu behandeln. Dieses Begehren lehnte die SNB mit Schreiben vom 24. Sept. 1982 ab. Auch das Wiedererwägungsbegehren, um welches der STV am 6. Okt. 1982 die SNB ersuchte, wurde mit Schreiben vom 9. Nov. 1982 abgelehnt. Gegen den Bescheid der SNB vom 9. Nov. 1982 führt der STV Verwaltungsgerichtsbeschwerde wegen fehlender gesetzlicher Grundlage, Unvereinbarkeit mit der Handels- und Gewerbefreiheit sowie der Rechtsgleichheit. Das Bundesgericht tritt auf die Beschwerde nicht ein. Erwägungen: Die VSB ist privatrechtlicher Natur. Die Banken haben ein eigenes (privates) Interesse, die Identität ihrer Kunden zu kennen, um

sich so vor der Entgegennahme von Geldern deliktischer Herkunft besser zu schützen; öffentliche Aufgaben werden dadurch keine wahrgenommen (Funktionstheorie). Die Sanktionen werden durch die Schiedskommission sowie den Untersuchungsbeauftragten ausgesprochen, welche von der Schweizerischen Nationalbank (SNB) sowie der Bankiervereinigung einvernehmlich beauftragt werden (modale Theorie); diese Organe (i.w.S. Schiedsgerichte) lassen keine öffentlich-rechtlichen Kompetenzen erkennen und werden dem Privatrecht zugeordnet. Nach der Interessentheorie kann keine eindeutige Zuordnung vorgenommen werden. Mit der VSB als «minimal standard» bei der Entgegennahme von Geldern werden sowohl öffentliche als auch private Interessen verfolgt. Ein hoheitliches Handeln der SNB kann ausgeschlossen werden; die VSB ist das Ergebnis intensiver Verhandlungen zwischen der SNB sowie der Schweizerischen Bankiervereinigung. Zu berücksichtigen ist auch, dass es den einzelnen Banken frei steht, ob sie der Vereinbarung beitreten wollen oder nicht. Entsprechend fehlt es an einem Unterordnungsverhältnis. Es ist der SNB zudem nicht möglich, mittels der VSB den Vertragsparteien durch einseitige Willensäusserungen Pflichten aufzuerlegen und diese nötigenfalls durchzusetzen. Ausserdem geht es vorliegend nicht um die Übertragung einer öffentlichen Aufgabe, obwohl eine vergleichbare Ordnung auch durch Gesetz hätte geschaffen werden können (BGE 109 Ib 146 E. 2).

– **Rechtsnatur einer Ersatzabgabe wegen Befreiung vom Notfalldienst:** Dr. med. X verfügt 6
seit Nov. 1985 über eine Berufsausübungsbewilligung als Arzt im Kanton Thurgau. Seit Juli 1999 leistet er keinen Notfalldienst mehr. Das Departement für Finanzen und Soziales des Kantons Thurgau befreite ihn mit Entscheid vom 3. Aug. 2005 formell von der Pflicht zur Beteiligung am ärztlichen Notfalldienst. Die Notfallkommission der Ärztegesellschaft des Kantons Thurgau (Ärztegesellschaft) bestätigte am 12. bzw. 13. Jan. 2009 die Befreiung vom Notfalldienst. Gleichzeitig auferlegte sie ihm aber eine Ersatzabgabe für das Jahr 2009 in der Höhe von Fr. 3'000.–. Gegen diese gelangte X erfolglos an den Vorstand der Ärztegesellschaft, das Thurgauer Departement für Finanzen und Soziales sowie schliesslich an das Verwaltungsgericht des Kantons Thurgau. Das Verwaltungsgericht trat auf die Beschwerde nicht ein, da es der Auffassung war, die Forderung der Ersatzabgabe gegenüber dem Beschwerdeführer sei zivilrechtlicher Natur. Das Bundesgericht heisst die Beschwerde von X gut. Erwägungen: Das am 1. Sept. 2007 in Kraft getretene und gestützt auf Art. 95 Abs. 1 BV erlassene MedBG formuliert in seinem Art. 40 diverse Berufspflichten. Unter anderem leisten danach Personen, die einen universitären Medizinalberuf selbstständig ausüben, in dringenden Fällen Beistand und wirken nach Massgabe der kantonalen Vorschriften in Notfalldiensten mit (Art. 40 lit. g MedBG). Das Gesetz des Kantons Thurgau vom 5. Juni 1985 über das Gesundheitswesen (GesG) sieht über Art. 40 lit. g MedBG hinaus die Verpflichtung zur Beteiligung am Notfalldienst nicht nur für selbstständige Ärzte, sondern auch für unselbstständige Ärzte vor (§ 23a GesG). Bei der Formulierung von § 23a GesG ging der Thurgauer Gesetzgeber davon aus, dass beim Notfalldienst ein Engpass drohen könnte, weil immer weniger Ärzte daran teilnehmen. Dabei ging er davon aus, dass die Bevölkerung auf einen gut funktionierenden Notfalldienst angewiesen sei und dieser einen wesentlichen Teil der Grundversorgung darstelle. Deshalb wollte er den Standesorganisationen einen entsprechenden Leistungsauftrag erteilen. Dazu sollten Letztere aber auch eine gesetzliche Handhabe bekommen, namentlich für den Fall, dass ein Arzt oder Apotheker keinen Notfalldienst leiste und auch nicht bereit sei, eine Ersatzabgabe zu bezahlen. Der kantonale Gesetzgeber erklärte dabei, er übertrage den Standesorganisationen die Kompetenz, sowohl Mitglieder als auch Nichtmitglieder vom Notfalldienst zu dispensieren und zu einer zweckgebundenen Ersatzabgabe zu verpflichten. Insoweit sollten Entscheide der Standesorganisationen neuerdings auch beim zuständigen Departement mit Rekurs angefochten werden können, was ein Indiz für den öffentlich-rechtlichen Charakter der zu beurteilenden Massnahme darstellt. Gemäss § 68 Abs. 3 KV/TG und § 4 Abs. 1 GesG ist der Kanton für eine ausreichende medizinische Versorgung der Bevölkerung besorgt. Die Einrichtung eines Notfalldienstes der Ärzte dient dem öffentlichen Interesse an der Gewährleistung der Gesundheit der Bevölkerung. Neben einer ortsnahen Versorgung soll sie auch die Notfallstationen der Spitäler entlasten, wodurch diese insbesondere für schwerwiegende Fälle frei gehalten werden. Insoweit sieht der kantonale Gesetzgeber den Notfalldienst heute als öffentliche Aufgabe an.

Auch wenn der kantonale Gesetzgeber darauf verzichtet hat, die Organisation des Notfalldienstes einer kantonalen Behörde zu übertragen, steht es der privaten Ärztegesellschaft nicht frei, untätig zu bleiben und die Organisation des Notfalldienstes bloss der Eigeninitiative von Ärzten oder privaten Unternehmen zu überlassen. Der Gesetzgeber hat entsprechende Kompetenzen an die Ärztegesellschaft übertragen. Diese tritt gegenüber den Ärzten hoheitlich, kraft der ihr übertragenen Kompetenzen auf, ungeachtet dessen, ob diese ihre Mitglieder sind oder nicht. Entsprechend ist die Forderung der hier interessierenden Ersatzabgabe durch die Ärztegesellschaft öffentlich-rechtlicher und nicht (mehr) privatrechtlicher Natur (BGer vom 25. Okt. 2011, 2C_807/2010, E. 2).

7 – **Rechtsnatur einer Gebühr für die Reproduktion von Landeskarten:** Auf ein Gesuch, das die Schad + Frey AG im Auftrag des Verkehrsvereins Grindelwald an die Eidgenössische Vermessungsdirektion gerichtet hatte, erteilte die Eidgenössische Landestopografie mit Schreiben vom 17. Juli 1972 die einmalige Bewilligung zur Reproduktion und Veröffentlichung des Übersichtsplan 1:10'000 Ausschnitt Schynige Platte-Schwarzhorn-Kleine Scheidegg-Mettenberg für die Herstellung einer Wanderkarte 1:25'000 «Grindelwald». Sie nannte die Reproduktionsbedingungen und Gebühren. Ferner legte sie zwei Formulare bei, welche von der Schad + Frey AG nicht zurückgesendet wurden. Trotzdem druckte die Schad + Frey AG eine Vorauflage von 3'000 Stück der Wanderkarte. Dafür stellte ihr die Eidgenössische Vermessungsdirektion am 29. März 1973 Rechnung über Fr. 1'114.35, woran die Schad + Frey AG am 29. Mai 1973 Fr. 430.– zahlte. Für eine weitere Auflage der Wanderkarte von 40'000 Stück forderten die Vermessungsdirektion am 29. Aug. 1973 Fr. 14'858.– und die Landestopografie am 13. Aug. 1973 Fr. 4'704.–, was die Schad + Frey AG nicht bezahlte. Namens der Schweizerischen Eidgenossenschaft klagte die Eidgenössische Finanzverwaltung am 23. Okt. 1974 vor dem Appellationshof des Kantons Bern gegen die Schad + Frey AG die nicht bezahlte Summe ein. Der Appellationshof trat auf die Klage nicht ein. Dieser Entscheid wurde vom Bundesgericht bestätigt und die Klägerin wurde auf den Verwaltungsweg verwiesen. Erwägungen: Wenn der Bund Privaten gegen ein Entgelt erlaubt, Landeskarten zu reproduzieren und zu veröffentlichen, handelt es sich bei diesem Entgelt um keine Urheberrechts«gebühr, sondern um eine verwaltungsrechtliche Gebühr. Dies ergibt sich gemäss Bundesgericht daraus, dass es sich bei der Erstellung und Unterhaltung neuer Landeskarten um eine im öffentlichen Interesse liegende Angelegenheit handelt (Interessentheorie) und der Staat auch mit Rücksicht auf die Landesverteidigung diese Aufgabe zu erfüllen hat (Funktionstheorie). Die gesetzliche Ordnung der Landeskartografie ist öffentlich-rechtlicher Natur; dasselbe gilt im Übrigen auch für jene der Grundbuchvermessung. Weiter wollte der Bund im vorliegenden Verfahren nicht urheberrechtliche Ansprüche (auf Unterlassung der Verwendung solcher Werke bzw. auf Schadenersatz) und demnach nicht zivilrechtliche Verhältnisse durch den Richter dauernd regeln lassen, sondern tarifarische Ansprüche für die tatsächliche Benützung von eidgenössischen Plan- und Kartenwerken durchsetzen. Die entsprechenden Verordnungen sehen ferner vor, dass die zuständigen Departemente einseitig die Benützung bewilligen und hierfür Grundsätze und Gebühren festlegen (Subordinationstheorie). Der Bund tritt den Privaten obrigkeitlich gegenüber. Das Recht, Pläne und Karten im Umfange eines allfälligen urheberrechtlichen Schutzes zu benützen, beruht folglich nicht auf einem privatrechtlichen Vertrag, sondern auf einer verwaltungsrechtlichen Erlaubnis mit privatrechtsgestaltender Wirkung und demnach ist auch das zu erbringende Entgelt keine vertragliche Gegenleistung, sondern eine verwaltungsrechtliche Gebühr. Die Klägerin ist in Übereinstimmung mit dem Appellationshof auf den Verwaltungsweg zu verweisen. Sie hat die Möglichkeit, gegenüber der Beklagten aufgrund der Tarife für die Benützung von Karten und Plänen eine Verfügung zu erlassen (Art. 5 VwVG), welche die Beklagte auf dem Rechtsmittelweg anfechten kann (BGE 101 II 366 E. 2-4).

8 – **Rechtsnatur der SBB AG:** Die SBB AG bestreitet vorliegend die öffentlich-rechtliche Natur ihrer Rechtsform im Zusammenhang mit der Anwendung des FusG. Umstritten ist, ob das Eidgenössische Amt für das Handelsregister Art. 2 lit. c und d FusG verletzt hat, indem es die Beschwerdeführerin als Institut des öffentlichen Rechts qualifizierte. Nach der Legaldefinition von Art. 2 lit. c FusG gelten als «Kapitalgesellschaften» Aktiengesellschaften, Kommanditaktiengesellschaften und Gesellschaften mit beschränkter Haftung. Nach lit. d gelten als «Institute

des öffentlichen Rechts» im Handelsregister eingetragene, organisatorisch verselbstständigte Einrichtungen des öffentlichen Rechts des Bundes, der Kantone und der Gemeinden, unabhängig davon, ob sie als juristische Person ausgestaltet sind oder nicht. Erwägungen: Nach Art. 2 Abs. 1 SBBG ist die Beschwerdeführerin eine «spezialgesetzliche Aktiengesellschaft». Diese Rechtsform kann nicht einfach mit derjenigen der privatrechtlichen Aktiengesellschaft gleichgesetzt werden, auch wenn die Regelung ihrer Organisation an jene der privatrechtlichen Aktiengesellschaft angelehnt ist. Als spezialgesetzliche Aktiengesellschaft beruht die Beschwerdeführerin auf einer öffentlich-rechtlichen Rechtsgrundlage und erhält ihre Rechtspersönlichkeit kraft Gesetz (Art. 25 SBBG). Das SBBG regelt die Errichtung, den Zweck und die Organisation der SBB (Art. 1 SBBG). Ihre Kernaufgabe beschlägt Dienstleistungen im öffentlichen Verkehr (Art. 3 Abs. 1 SBBG). Sie ist mit öffentlich-rechtlichen Aufgaben betraut (BGE 126 II 54 E. 8). Der Bund hält grundsätzlich das Aktienkapital (Art. 7 SBBG) und übt über die Festlegung der Leistungsvereinbarung und des Zahlungsrahmens (Art. 8 SBBG) massgebenden Einfluss aus. Das Personal ist grundsätzlich öffentlich-rechtlich angestellt (Art. 15 SBBG). Auch geniesst die Beschwerdeführerin in gewissem Ausmass Steuerbefreiung (Art. 21 SBBG). Dass sie grundsätzlich der Bundessteuer unterworfen ist, berücksichtigt, dass sie teilweise in Konkurrenz zu anderen konzessionierten Transportunternehmen am Markt teilnimmt (vgl. dazu BGE 130 I 96 E. 3.4), was aber nicht heisst, dass sie deswegen als privatrechtlicher Rechtsträger zu betrachten ist. Die Befugnis zum Abschluss privatrechtlicher Verträge (namentlich im Transportbereich) berührt das rechtsgeschäftliche Handeln der Beschwerdeführerin, hebt aber die öffentlich-rechtliche Prägung ihrer Rechtsform nicht auf. Ebenso wenig ändert der Verweis auf die sinngemässe Geltung der Vorschriften des OR über die Aktiengesellschaft (Art. 22 Abs. 1 SBBG) etwas an der öffentlich-rechtlichen Natur der SBB. Aufgrund dieses Verweises sind die entsprechenden Bestimmungen des OR bloss als subsidiäres eidgenössisches öffentliches Recht anzuwenden. Das SBBG stellt wichtige Sondervorschriften auf, die von der Regelung nach Art. 620 ff. OR abweichen und namentlich die Befugnisse der Organe betreffen. Somit kann nicht gesagt werden, die SBB unterstehe praktisch vollständig dem Recht der privatrechtlichen Aktiengesellschaft, und die Abweichungen seien nur geringfügig. Ferner hat sich der Gesetzgeber bewusst für die Rechtsform einer spezialgesetzlichen Aktiengesellschaft des öffentlichen Rechts entschieden. Der französische Wortlaut von Art. 2 SBBG bezeichnet die SBB ausdrücklich als «société anonyme de droit public». Auch das Bundesgericht betrachtete bisher die SBB als eine «mit öffentlich-rechtlichen Aufgaben betraute Organisation» (BGE 126 II 54 E. 8 S. 62). Die Lehre spricht sich überwiegend für die öffentlich-rechtliche Rechtsnatur der Beschwerdeführerin aus. Das Eidgenössische Amt für das Handelsregister hat daher Art. 2 lit. c und d FusG nicht verletzt, indem es die Beschwerdeführerin als Institut des öffentlichen Rechts qualifizierte (BGE 132 III 470 E. 3.3).

- **Rechtsnatur von Schadenersatzforderungen eines Altersheims gegenüber einer Gemeinde:** Die Stiftung Y bezweckt u.a. die Errichtung und den Unterhalt eines den evangelischen Gemeinden des Bündner Oberlandes dienenden Heims, um für alte und alleinstehende Personen Heim und Pflege zu bieten. Im Jahr 2006 wurde das Heim der Stiftung Y u.a. von A und von B bewohnt. Vor ihrem Heimeintritt waren die genannten Personen in X wohnhaft. Da A und B trotz maximaler Ergänzungsleistungen die anfallenden Heimkosten nicht vollumfänglich decken konnten, stellte Y die jeweiligen Differenzbeträge der Gemeinde X in Rechnung. Diese lehnte für einige Rechnungen die Kostenübernahme ab. Das Bezirksgericht hiess die Klage der Y gut und erklärte die Gemeinde X für kosten- und entschädigungspflichtig. Das Kantonsgericht heisst die Berufung der Gemeinde gut und hebt das angefochtene Urteil auf. Erwägungen: Die Klägerin und Berufungsbeklagte (Y) stützte ihre Forderung auf Art. 21c Abs. 3 des Gesetzes über die Förderung der Krankenpflege und der Betreuung von betagten und pflegebedürftigen Personen (KPG). Art. 21c Abs. 3 KPG bestimmt, dass die Gemeinden, in denen der Bezüger von maximalen Ergänzungsleistungen in den letzten zehn Jahren vor Eintritt in ein Pflegeheim Wohnsitz hatte, den Differenzbetrag zwischen der Taxe und seinen anrechenbaren Einkünften anteilmässig übernehmen müssen. Art. 21c Abs. 3 KPG betrifft das Gebiet des öffentlichen Gesundheitswesens, das nach Art. 87 Abs. 1 KV/GR vom Kanton geregelt wird, mithin eine öffentliche Aufgabe darstellt. Art. 87 Abs. 2 KV/GR bestimmt, dass der Kanton und die 9

Gemeinden für eine zweckmässige, wirtschaftliche und ausreichende medizinische Versorgung und Pflege zu sorgen haben. Nach dem vorliegend umstrittenen Art. 21c Abs. 3 KPG werden die Gemeinden verpflichtet, den Differenzbetrag zwischen der Taxe und den anrechenbaren Einkünften von Bezügern von maximalen Ergänzungsleistungen zu übernehmen. Diese Regelungen zeigen auf, dass der Gesetzgeber ein ausreichendes und – was vorliegend insb. relevant ist – auch unter dem finanziellen Aspekt für alle Bevölkerungsschichten zur Verfügung stehendes Angebot an Alters- und Pflegeheimen zur öffentlichen Aufgabe erklärt hat. Es ist allerdings nicht zu übersehen, dass mit der fraglichen Bestimmung auch private Interessen verfolgt werden. So wurde einerseits im Interesse der Pflegeheime angestrebt, dass sie auch von Bezügerinnen und Bezügern von maximalen Ergänzungsleistungen, die ihre Taxen selbst nicht bezahlen können, eine volle Deckung ihrer Kosten erhalten. Anderseits sollte mit Art. 21c Abs. 3 KPG verhindert werden, dass die Pflegeheime die ungedeckten Pflegekosten von Bezügern von maximalen Ergänzungsleistungen im Umfang der Ertragsausfälle durch nach oben angepasste Tarife für die übrigen Heimbewohner auffangen, dass es mit anderen Worten zu einer Quersubventionierung der finanziell weniger gut gestellten Heimbewohner durch die finanziell besser gestellten Heimbewohner kommt. Damit wurden aber nicht nur die privaten Interessen der besser situierten Heimbewohner verfolgt. Eine Quersubventionierung der erwähnten Art verstiesse nämlich gegen das der Finanzierung des stationären Langzeitbereichs zugrunde liegende Prinzip, dass für die gleiche Leistung der gleiche Preis bezahlt werden soll. Die vorliegend zur Diskussion stehende Regelung nimmt aufgrund des Gesagten vorwiegend öffentliche Interessen wahr. Zwar werden zugleich auch private Interessen verfolgt, doch treten diese klar in den Hintergrund. Die Interessentheorie deutet somit auf das Vorliegen einer öffentlich-rechtlichen Norm hin (KG GR vom 18. Aug. 2008, ZF-08-30, E. 3c/bb).

2. Abgrenzungstheorien

a) Subordinationstheorie

10 Nach der **Subordinationstheorie** ist die **Über- oder Unterordnung der am Rechtsverhältnis Beteiligten** und damit die Ausübung von **hoheitlichem Zwang** entscheidend (BGE 128 III 250 E. 2a; BGer vom 28. Juni 2010, 4A_116/2010, E. 4.1). Danach ist ein Rechtssatz bzw. das darauf beruhende Rechtsverhältnis dann öffentlich-rechtlicher Natur, wenn der Staat dem Privaten gegenüber übergeordnet und mit «hoheitlicher Gewalt» ausgestattet auftritt (BGE 138 II 134 E. 4.4, 137 II 399 E. 1.1; BGer vom 7. Nov. 2002, 2A.249/2002, E. 2.1; VerwG LU vom 25. März 2009, in: LGVE 2009 II Nr. 28 E. 3; KG GR vom 18. Aug. 2008, ZF-08-30, E. 2b; VerwG BE vom 2. Feb. 2007, in: BVR 2007 S. 371 E. 3.2.5; zum Begriff der «hoheitlichen Gewalt» auch BGer vom 25. Aug. 2000, 2A.233/1997, E. 4b), als übergeordneter Träger von Hoheitsrechten erscheint (BGer vom 2. Sept. 2010, 5A_95/2010, E. 5.4; vom 4. Feb. 2010, 2C_58/2009, E. 1.2), über hoheitliche Befugnisse zur inhaltlichen Bestimmung oder Abänderung des Rechtsverhältnisses verfügt, einseitig Bedingungen festlegen, durch einseitige Willensäusserungen Pflichten auferlegen und entsprechend auch durchsetzen oder zwangsweise in die Rechtsstellung des Privaten eingreifen kann (BGE 126 III 431 E. 2c/bb; KG SG vom 17. Feb. 2010, BZ-2009-86, E. III).

11 Die **Subordinationstheorie** deckt sich somit weitgehend mit dem Kriterium der **«Hoheitlichkeit»** (vgl. insb. BGE 114 V 219 E. 3c: «Hoheitliche Tätigkeit liegt stets vor, wo ein Rechtsverhältnis einseitig durch öffentliches Recht geregelt ist und der Private in einem Subordinationsverhältnis zum Staat steht»; ferner BGer vom 28. Juli 2011, 2C_561/2010, E. 1.6; vom 20. Dez. 2010, 4A_503/2010, E. 3.2; vom 28. Juni 2010, 4A_116/2010, E. 4.1; vom 4. Feb. 2010, 2C_58/2009, E. 1.2). Kann der **Pri-**

vate demnach auf den **Inhalt eines Rechtsverhältnisses** keinen oder nur einen sehr geringen Einfluss nehmen und hat er dieses – Rechtsweg ausgenommen – zu akzeptieren, unabhängig davon, ob er damit einverstanden ist oder nicht, liegt nach dieser Theorie ein **öffentlich-rechtliches Verhältnis** vor (BGE 126 III 431 E. 2c/bb, 109 Ib 146 E. 2e; BGer vom 19. Feb. 2002, 4C.326/2001, E. 2b).

Vereinzelt stellt die **Praxis vorab auf dieses Kriterium ab**, um die Rechtsnatur eines Rechtsverhältnisses zu bestimmen, und zwar unabhängig davon, ob im Sinne der Funktions- und Interessentheorie öffentliche oder private Interessen verfolgt bzw. öffentliche oder private Aufgaben erfüllt werden (KG SG vom 17. Feb. 2010, BZ-2009-86, E. III/3b [Energielieferungsvertrag], wonach für die Qualifikation der Rechtsbeziehungen zwischen einem nicht staatlichen Elektrizitätswerk und seinen Kunden die Subordinationstheorie massgebend sei; siehe auch VerwG GR vom 8. Mai 2007, R-07-21, E. 2a [Pachtvertrag]). 12

Da **Verträge** unabhängig ihrer Rechtsnatur auf **übereinstimmenden Willenserklärungen** weitgehend gleichberechtigter Vertragspartner und damit auf konsensualem Handeln beruhen, kann die **Subordinationstheorie für ihre Qualifikation nicht als taugliches Abgrenzungskriterium** herangezogen werden (BGE 132 I 140 E. 3.2.3; VerwG GR vom 22. Feb. 2011, S-09-54A, E. 3c; KG ZG vom 11. Sept. 2003, in: GVP 2003 S. 198 E. 1.4; VerwG LU vom 10. Dez. 2002, in: LGVE 2002 II Nr. 44 E. 2b). Es ist anhand der **anderen Abgrenzungstheorien** zu prüfen, ob der Vertrag öffentlich-rechtlicher oder privatrechtlicher Natur ist (VerwG ZH vom 6. Dez. 2001, VK.2001.00003, E. 1c und E. 1d [Kündigung einer Schiffsboje]; VerwG BE vom 12. Nov. 1999, in: BVR 2000 S. 454 E. 1c [Rechtsnatur des Dienstverhältnisses zwischen einem Chefarzt und dem Spital]). Entsprechend kann von einem **fehlenden Über- bzw. Unterordnungsverhältnis** nicht auf die privatrechtliche Natur des Vertrages geschlossen werden (anders KG SG vom 17. Feb. 2010, BZ-2009-86, E. III/3d [Anschlussbeitrag eines Kunden an das Stromnetz eines nicht staatlichen Elektrizitätswerks]). 13

Das Bundesgericht und die kantonale Praxis stellen jedoch vereinzelt darauf ab, ob ein **Vertragspartner dem anderen gegenüber hoheitlich** auftritt (siehe insb. BGE 114 Ib 142 E. 3b/bb [Enteignungsvertrag], 109 Ib 146 E. 2 [Vereinbarung über die Sorgfaltspflicht der Banken]; BGer vom 27. Sept. 1996, in: ZBl 1997 S. 410 E. 1b [Energielieferungsvertrag]; ferner KG SG vom 17. Feb. 2010, BZ-2009-86, E. III/3b [Energielieferungsvertrag]; kritisch auch HÄFELIN/MÜLLER/UHLMANN, Rz. 1060 ff.). 14

Praxis:

Nach der **Subordinationstheorie** liegt in folgenden Fällen **öffentliches Recht** vor: 15

- Die **SBB AG** tritt gegenüber den **Benutzenden ihres Terrains** nicht als gleichwertiges Privatrechtssubjekt, sondern in hoheitlicher Funktion auf; entsprechend ist das Verhältnis nach der Subordinationstheorie dem öffentlichen Recht zuzuordnen und durch Verfügung zu regeln (BVGer vom 29. März 2011, A-7454/2009, E. 1.1.2 [Plakatierung von Werbeflächen innerhalb des Bahnhofsareals]; REKO UVEK vom 17. Okt. 2000, in: VPB 65 [2001] Nr. 63 E. 5.4.1 [Verbot der SBB AG, Gratiszeitungen an Bahnhöfen zu verteilen]). 16
- Hoheitliches (öffentlich-rechtliches) Handeln liegt vor, wenn das **Bundesamt für Verkehr** gegenüber der **SBB AG aufsichtsrechtlich** tätig wird und die Aufhebung des Kontrollzuschlages verlangt. Aufsichtsentscheide nach dem Transportgesetz zählen – wie behördliche Auf- 17

sichtstätigkeiten im Allgemeinen – zum öffentlichen Recht, und zwar unabhängig davon, ob die zu beurteilende Angelegenheit (in casu: Kontrollzuschlag) im Einzelfall dem öffentlichen Recht oder dem Zivilrecht zuzuordnen ist. Nach Art. 49a aTG untersteht der Transport im öffentlichen Verkehr der Aufsicht des Bundesamtes für Verkehr. Dieses ist befugt, Beschlüsse und Anordnungen von Organen oder Dienststellen der Unternehmungen aufzuheben oder ihre Durchführung zu verhindern, wenn sie gegen dieses Gesetz, die Konzession oder internationale Vereinbarungen verstossen oder wichtige Landesinteressen verletzen, sodass vorliegend von einer öffentlich-rechtlichen Angelegenheit auszugehen ist (BGE 136 II 457 E. 2.2).

18 – Überträgt der kantonale Gesetzgeber die **Organisation des Notfalldienstes** der kantonalen Ärztegesellschaft als private Vereinigung, hat die Ärztegesellschaft die Pflicht zu handeln. Es steht ihr nicht frei, untätig zu bleiben und die Organisation des Notfalldienstes bloss der Eigeninitiative von Ärzten oder privaten Unternehmen zu überlassen. In diesem Zusammenhang hat der Gesetzgeber entsprechende Kompetenzen an die Ärztegesellschaft übertragen. Diese tritt gegenüber den Ärzten hoheitlich, kraft der ihr übertragenen Kompetenzen auf, ungeachtet dessen, ob diese ihre Mitglieder sind oder nicht. Gegenüber allen diesen Personen entscheidet sie hoheitlich über die Befreiung vom Notfalldienst und über die von ihnen allenfalls zu leistende Ersatzabgabe (BGer vom 25. Okt. 2011, 2C_807/2010, E. 2.6 [in casu fehlte eine genügend bestimmte gesetzliche Grundlage für die Erhebung der Ersatzabgabe]).

19 – Die sog. **Zahlstellen-Register-Nummer (ZSR-Nr.)** wird von der **santésuisse** (ehemals: Konkordat der Schweizerischen Krankenversicherer) auf «Gesuch hin» erteilt. Verweigert die santésuisse einer privaten Spitex-Organisation die ZSR-Nr., weist diese Handlung keine vertraglichen Elemente im Sinne privatautonomer Gestaltung auf. Vielmehr liegt ein einseitiger, mit hoheitlichen Zügen ausgestatteter Akt vor, dessen Bedingungen von der privaten Spitex-Organisation nicht abgeändert werden können (BGE 132 V 303 E. 4.4.2).

20 – Die **Veröffentlichung von Fahrzeughalterdaten** gemäss **Art. 104 Abs. 5 Satz 2 SVG** und die damit zusammenhängenden Fragen beschlagen öffentliches Recht. Der Staat macht (öffentlich-rechtliche) Hoheitsbefugnisse über diese Daten geltend und nicht ein privates Eigentums- oder Urheberrecht. In vergleichbarer Weise wie den Umgang mit den Daten regelt er etwa kraft seiner Hoheit die Benutzung öffentlicher Sachen im Gemeingebrauch oder von Verwaltungsvermögen, ohne dass er hierzu eines zivilrechtlichen Titels bedürfte. Das betroffene Individuum steht dem Staat, welcher seine Hoheit über die Daten wiederherstellen will, demgemäss auch nicht gleichgeordnet, sondern vielmehr untergeordnet gegenüber (BGer vom 2. Sept. 2010, 5A_95/2010, E. 5.4).

21 – Nach der bundesgerichtlichen Rechtsprechung ist die **öffentliche Beurkundung** eine amtliche, hoheitliche Tätigkeit und die Urkundsperson ein Verwaltungsträger, selbst wenn nach kantonalem Recht ein freierwerbender Notar oder Anwalt damit beauftragt ist (BGE 128 I 280 E. 3).

22 – Das Rechtsverhältnis zwischen der **Allgemeinen Plakatgesellschaft**, welcher von den städtischen Verkehrsbetrieben das Alleinrecht zum Anbringen von Reklamen an Fahrzeugen und Einrichtungen erteilt wurde, und den einzelnen privaten Kontrahenten untersteht zwar grundsätzlich dem Privatrecht. Wenn die Plakatgesellschaft den Abschluss eines Vertrages mit einem interessierten Privaten ablehnt, liegt darin kein hoheitlicher Akt, gegen den Beschwerde geführt werden könnte. Haben sich indes die städtischen Verkehrsbetriebe in der der Plakatgesellschaft erteilten Konzession bezüglich der Verwendung von Aussenflächen von Bussen für Werbezwecke ein Genehmigungs- bzw. Vetorecht ausbedungen und gestützt hierauf die vorliegend streitige Buswerbung abgelehnt, stellt diese dem Beschwerdeführer als interessiertem Vertragspartner der Plakatgesellschaft direkt eröffnete Mitteilung eine Verfügung dar, durch welche das beteiligte Gemeinwesen von der ihm in der Konzession vorbehaltenen Aufsichtsbefugnis in hoheitlicher Form Gebrauch macht, indem es den Abschluss eines mit der Plakatgesellschaft angestrebten Werbevertrags autoritativ und hoheitlich untersagte (BGE 127 I 84 E. 4a).

23 – Mit der Anordnung der **Zwangsverwaltung über eine Liegenschaft** greift der Staat in hoheitlicher Funktion in die Rechte des Betroffenen ein. Es liegt eine öffentlich-rechtliche Streitsache vor. Es werden nicht Ansprüche zwischen gleichberechtigten oder gleichgeordneten Trägern

von (privaten) Rechten geregelt. Begründet dabei der Kanton, indem er den Schuldner in seinen Vermögensrechten widerrechtlich schädigt, gegen sich einen Haftungsanspruch, ist die Forderung des Geschädigten – ähnlich den Staatshaftungsansprüchen – öffentlich-rechtlicher Natur (BGE 126 III 431 E. 2c; BGer vom 29. März 2004, 5P.471/2003, E. 1.2).

- Die automatische **Auflösung einer Stiftung**, deren Zweck nicht mehr realisierbar ist, fällt in die Zuständigkeit einer Verwaltungsbehörde. Löst diese die Stiftung auf, liegt eine öffentlich-rechtliche Streitigkeit vor. Die Konsequenzen der Auflösung sind öffentlich-rechtlicher Natur, sodass auch keine Gerichtsstandsvereinbarung abgeschlossen werden könnte bzw. diese nichtig wäre. Im Übrigen sind diejenigen Aufsichtsbestimmungen des ZGB, die den zuständigen Behörden die Kompetenz verleihen, von Amtes wegen oder auf Antrag in die Verhältnisse einer Stiftung einzugreifen, hoheitlicher Natur (BGE 120 II 412 E. 1 und E. 2, 96 I 406 E. 2c). 24
- Die **Erteilung von Einführungskursen für Absolventen von Berufslehren ist öffentlich-rechtlicher Natur**, wenn die Berufsverbände zusammen mit den Kantonen verpflichtet werden, derartige (obligatorische) Kurse für Absolventen von Berufslehren anzubieten, ohne dass die Bedingungen von den Berufsverbänden abgeändert werden könnten (Art. 16 BBG). Dass die (privaten) Berufsverbände in die berufliche Grundausbildung (sog. triales System) integriert sind und ihnen der Gesetzgeber die Kompetenz, die Modalitäten für die Durchführung der Einführungskurse zu regeln, teilweise delegiert hat, macht aus der Erteilung solcher Kurse noch kein privatrechtliches Handeln. Entsprechend ist auch die Forderung des Berufsverbandes gegenüber einem Lehrbetrieb auf Bezahlung der Kurskosten öffentlich-rechtlicher Natur (BGer vom 7. Nov. 2002, 2A.249/2002, E. 2.3; anders KG SG vom 17. März 1995, in: GVP 1995 Nr. 9 [ohne Entscheidziffern publiziert]). 25
- Wenn ein Gemeinwesen von den Bundesbehörden aufgefordert wird, aus **Sicherheitsgründen Material auf den Parzellen eines Privaten** zu entfernen, um erneute Überschwemmungen zu verhindern, liegt eine öffentlich-rechtliche und keine zivilrechtliche Streitigkeit vor. Die Behörde tritt dem Betroffenen gegenüber hoheitlich auf und legt einseitig Bedingungen fest; der Private unterliegt diesen Bedingungen, unabhängig davon, ob er damit einverstanden ist oder nicht. Ferner veranlasste das Gemeinwesen die Entfernung des Materials zur Abwendung weiterer Hochwasser gestützt auf die Polizeiklausel, d.h. in Wahrnehmung einer öffentlichen Aufgabe (Funktionstheorie), nämlich der Verhinderung von Schäden an Personen und Sachen durch weitere Hochwasser (BGer vom 19. Feb. 2002, 4C.326/2001, E. 2b). 26
- Die **Haftung nach Art. 429a ZGB** knüpft an eine hoheitliche Tätigkeit im Anschluss an eine widerrechtliche fürsorgerische Freiheitsentziehung an. Der Kanton tritt der oder dem Betroffenen im Rahmen des fürsorgerischen Freiheitsentzugs mit obrigkeitlicher Gewalt und nicht als gleichberechtigtes Rechtssubjekt gegenüber (Subordinationstheorie). Zudem geht es um die Erfüllung öffentlicher Aufgaben (Funktionstheorie). Die Haftung des Kantons beruht zwar auf formellem Bundeszivilrecht, weil sie im Zivilgesetzbuch geregelt ist, stellt aber materiell öffentliches Recht dar. Für die Beurteilung der Ansprüche nach Art. 429a ZGB ist somit das Verwaltungsgericht zuständig (VerwG BE vom 2. Feb. 2007, in: BVR 2007 S. 371 E. 3.2.5). 27
- Massgebend zur Bestimmung des Verhältnisses zwischen einem **Elektrizitätswerk und den Strombezügern** ist nach der Subordinationstheorie, ob zum einzelnen Benutzer ein besonderes Gewaltverhältnis begründet wird, was in jedem Einzelfall anhand der Benutzungsordnung zu entscheiden ist. Legt die (öffentlich-rechtliche) Anstalt die Bedingungen für die Stromlieferung einseitig in der Weise fest, dass beim Vorliegen der gleichen Umstände ohne Weiteres die gleichen Bedingungen gelten, ist ein öffentlich-rechtliches Verhältnis anzunehmen. Wo aber die Benutzungsordnung gestattet, wesentliche Einzelheiten des Bezugs, insb. das Entgelt, durch besondere Vereinbarung von Fall zu Fall verschieden zu gestalten, sollen Vertragsverhältnisse des Privatrechts vorliegen (BGer vom 27. Sept. 1996, in: ZBl 1997 S. 410 E. 1b; vgl. auch BGE 105 II 234 E. 2; KG SG vom 17. Feb. 2010, BZ-2009-86, E. III/3b; Bezirksrat Pfäffikon vom 7. Juni 1984, in: ZBl 1986 S. 410 E. 5 und E. 6 [Lieferungsverträge an Grossverbraucher]; wurde das Rechtsverhältnis durch Vertrag begründet, ist zu prüfen, ob die getroffene Vereinbarung öffentlich-rechtlicher oder aber privatrechtlicher Natur ist. Die sog. Rechtsformentheorie [Verfügung oder privatrechtlicher Vertrag] ist abzulehnen). 28

29 – Wird die **Nutzung des Bootshafens** durch das Hafenreglement abschliessend und verbindlich geregelt und gilt für alle Schiffseigner in gleicher Weise, unter welchen Bedingungen ihnen ein Hafenplatz zur Alleinbenutzung zugewiesen wird und wie sie sich im Bereich des Hafens zu verhalten haben, ist das Rechtsverhältnis zwischen der Gemeinde und dem Bootseigner öffentlich-rechtlicher Natur. Es liegt ein Subordinationsverhältnis vor; entsprechend ist es auch nicht möglich, das Entgelt für die Nutzung des Hafens individuell, von Fall zu Fall, nach Angebot und Nachfrage und durch besondere Vereinbarung festzulegen (VerwG SG vom 22. Feb. 2002, in: GVP 2002 Nr. 67 E. 2d/cc).

30 – **Ansprüche aus Staatshaftung** gelten nach der Subordinationstheorie ohne Weiteres als öffentlich-rechtlich und sind vor Bundesgericht daher mit Beschwerde in öffentlich-rechtlichen Angelegenheiten (Art. 82 ff. BGG) geltend zu machen (BGer vom 28. Nov. 2011, 2C_550/2011, E. 1; vom 25. Okt. 2011, 2C_257/2011, E. 1.1), was jedoch nicht ausschliesst, dass Fälle der Haftung für medizinische Tätigkeiten mit der Beschwerde in Zivilsachen angefochten werden können, da sie eng mit dem Zivilrecht zusammenhängen (Art. 72 Abs. 2 lit. b BGG; vgl. z.B. BGE 133 III 462 E. 2.1).

31 – Die **Beschlagnahme als strafprozessuale Anordnung** ist gemäss Subordinationstheorie eine öffentlich-rechtliche Massnahme (BGE 118 II 206 E. 3a, 117 IV 242 E. 5 d/aa).

32 Nach der **Subordinationstheorie** liegt in folgenden Fällen **Privatrecht** vor:

33 – Die **Schweizer Mustermesse AG**, konstituiert als gemischtwirtschaftliche Unternehmung gemäss Art. 762 OR, handelt nicht hoheitlich, wenn sie Verträge über Standplätze an der Messe abschliesst bzw. Ausstellern eine Absage erteilt. Das für die Messeveranstaltungen bestimmte Gelände wurde der Schweizer Mustermesse AG bzw. ihrer Rechtsvorgängerin vom Kanton im Baurecht abgetreten und gehört damit nicht mehr zu jenen öffentlichen Flächen, welche allenfalls gestützt auf die Wirtschaftsfreiheit vorübergehend auch interessierten Privaten zur Verfügung gestellt werden müssen. Die Vergabe eines Standplatzes an den hier fraglichen Messeveranstaltungen lässt sich nicht vergleichen mit der Überlassung eines öffentlichen, unter direkter Herrschaft des Gemeinwesens verbliebenen Areals für einen Marktstand oder eine Zirkusveranstaltung, worauf nach der Rechtsprechung des Bundesgerichtes aufgrund der Wirtschaftsfreiheit (Art. 27 BV) unter gewissen Voraussetzungen ein verfassungsrechtlicher Anspruch bestehen kann, und worüber das zuständige Gemeinwesen in der Regel auf dem Wege einer anfechtbaren Verfügung zu entscheiden hat (BGE 126 I 250 E. 2).

34 – Die **Unique** (Flughafen Zürich AG; nachfolgend: Unique) als gemischtwirtschaftliche Unternehmung nach Art. 762 OR und Betreiberin des Flughafens Zürich stellt eine Behörde im Sinne des VwVG dar. Sie nimmt mit dem Betrieb eines dem öffentlichen Verkehr dienenden Flughafens eine öffentliche Aufgabe des Bundes wahr, die einer entsprechenden Konzession durch den Bund bedarf (vgl. Art. 36a Abs. 1 LFG). Überträgt sie der SR Technics das Recht und die Pflicht, auf dem Flughafen Zürich bestimmten Bodenabfertigungstätigkeiten nachzugehen und erhebt sie dafür von der SR Technics «Nutzungsentgelte», ist sie in diesem Bereich nicht befugt, hoheitlich aufzutreten und Gebühren zu erheben (BGer vom 15. April 2009, 2C_715/2008, E. 4).

35 – Die **Post** als selbstständige Anstalt des öffentlichen Rechts schliesst mit ihren Kunden grundsätzlich privatrechtliche Verträge ab (Art. 17 PG); **Ausnahme:** Gemäss Art. 18 Abs. 1 PG können Entscheide der Post über die Gewährung von **Vorzugspreisen** für die Beförderung von Zeitungen und Zeitschriften durch Beschwerde angefochten werden. Daraus schliesst die Praxis, dass die Post in diesem Bereich ausnahmsweise hoheitlich handeln kann (BVGer vom 8. März 2012, A-3049/2011, E. 1.1; vom 12. Mai 2009, A-6523/2008, E. 9.2.2; vom 23. April 2007, A-2039/2006, E. 2.2.2).

36 – Die **SBB AG** (als spezialgesetzliche öffentlich-rechtliche Aktiengesellschaft) erbringt im Rahmen des Personentransports grundsätzlich wirtschaftliche Leistungen und handelt nicht hoheitlich (vgl. neu Art. 56 Abs. 1 PBG [alt: Art. 50 Abs. 1 TG]; dazu BGE 136 II 457 E. 2.2 und E. 6.2, 136 II 489 E. 2.4). Die Verordnung über die Personenbeförderung (VPB) regelt bezüg-

lich Fundsachen bestimmte Rechte und Pflichten der Transportunternehmungen, des Finders und des Verlierers von Gegenständen (Art. 72 VPB). Es handelt sich dabei um Nebenpflichten aus Personentransportverträgen, weshalb auch die diesbezügliche Tätigkeit dem Privatrecht zuzuordnen ist (BGE 102 Ib 314 E. 3a; BVGer vom 3. Sept. 2007, A-420/2007, E. 1.4); auch von Zivilgerichten zu beurteilen ist, wenn die SBB AG die Herausgabe von Kundendaten verweigert (BVGer vom 3. Sept. 2007, A-420/2007, E. 1.2).

- Bei der **Akquisition und Ausstrahlung von Werbung** handelt die **SRG** nicht im Rahmen des Programmauftrags öffentlich-rechtlich, sondern grundsätzlich privatrechtlich. Entsprechend ist die Nichtzulassung zu einer Werbesendung in erster Linie ein kartell- bzw. ein zivilrechtliches Problem. Da die SRG nicht im Rahmen einer ihr übertragenen öffentlich-rechtlichen Aufgabe hoheitlich handelt, ist sie bundesrechtlich auch nicht verpflichtet, über die (Nicht-)Zulassung des Werbespots des Beschwerdeführers förmlich zu verfügen (BGE 136 I 158 E. 3.1, 123 II 402 E. 3). 37
- Die **Pachtlandzuteilung** einer Ortsgemeinde hinsichtlich einer Alpliegenschaft hat nicht in Verfügungsform zu ergehen, auch wenn die Ortsgemeinde Eigentümerin der Alpliegenschaft ist. Die Ortsgemeinde tritt nicht hoheitlich auf. Die Alpliegenschaft ist dem Finanzvermögen zuzuordnen und ihre Verwaltung ist somit grundsätzlich eine Angelegenheit des Privatrechts (Departement für Inneres und Militär SG vom 15. Feb. 2002, in: GVP 2002 Nr. 124 E. 7). 38
- Berufsverbände und Unternehmen können nach Art. 60 Abs. 1 BBG frei wählen, ob sie einen **Berufsbildungsfonds** zur Förderung der Berufsbildung schaffen und äufnen wollen. Die Gründung eines Berufsbildungsfonds, seine Zwecksetzung und seine Finanzierung erfolgen auf privatrechtlicher Rechtsgrundlage, die selbst im Fall einer Allgemeinverbindlicherklärung nicht verloren geht. Dies gilt selbst dann, wenn der Bundesrat die Kompetenz erhält, die maximale Höhe des Beitrags festzulegen (Art. 60 Abs. 5 BBG). Auch wenn die Finanzierung grundsätzlich einem öffentlichen Interesse entspricht, maximale Beitragssätze festgelegt werden und der Fonds allgemeinverbindlich erklärt wird, sind die Beiträge trotzdem auf zivilrechtlichem Weg einzufordern (OG ZH vom 16. Nov. 2007, PN070195, E. IV; anders BGE 137 II 399 E. 1.7, 137 II 409 E. 7.3.2; BGer vom 4. Feb. 2010, 2C_58/2009, E. 1.3). 39
- Eine **Gemeindevereinigung**, die sich durch vertragliche Vereinbarung zur gemeinsamen Entsorgung von Kehricht und Altpapier zusammengeschlossen hat, ohne hingegen eine öffentlich-rechtliche Körperschaft oder einen Zweckverband zu bilden, ist nicht zum Erlass von Verfügungen befugt. Eine von einer solchen Gemeindevereinigung als Verfügung eröffnete hoheitliche Anordnung ist nichtig (VerwG SG vom 23. Jan. 2007, in: GVP 2007 Nr. 6 E. 1.1). 40
- Der **Medizinische Bezirksverein Bern-Stadt (MBV)** als privatrechtlicher Verein gemäss Art 60 ff. ZGB organisiert in Zusammenarbeit mit den zuständigen Behörden der Gemeinde Bern einen ständigen ärztlichen Notfalldienst und kann gemäss Statuten Gebühren von denjenigen Ärzten erheben, die keinen Notfalldienst leisten wollen. Obwohl der Verein grundsätzlich eine öffentliche Aufgabe wahrnimmt, ist er gemäss Gesetz nicht befugt, (hoheitlich) Gebührenverfügungen zu erlassen. Die Zuständigkeit Privater zum Erlass hoheitlicher Verfügungen bedarf einer besonderen gesetzlichen Grundlage, die vorliegend im Hinblick auf die Abgabeerhebung fehlt (VerwG BE vom 15. Nov. 2004, in: BVR 2005 S. 372 E. 2). 41
- Beim Abschluss eines Vertrags über die **Behandlung eines Tieres** in einem **Tierspital** sind die Parteien im Wesentlichen frei; insb. unterliegt das Spital keinem Kontrahierungszwang, selbst wenn im Einzelnen die Gebührenordnung des Tierspitals den Parteien nur einen geringfügigen Regelungsspielraum zur Gestaltung ihrer gegenseitigen Beziehungen überlässt. Jedoch spricht dieser Umstand nicht gegen die Annahme eines privatrechtlichen Verhältnisses, stellt der Staat doch auch für solche privatrechtlichen Verträge, an denen er selber (z.B. gemäss Postgesetz) oder an denen ausschliesslich Private (z.B. für den Arztvertrag) beteiligt sind, verbindliche Tarife auf (VerwG ZH vom 8. Dez. 2000, in: ZBl 2001 S. 378 E. 3d). 42
- Führt ein **Mitarbeiter des Bauamts** wegen einer verstopften **Abwasserleitung eine Leitungsspülung durch** und stellt das zuständige Bauamt für das Spülen der Schmutzwasserleitung in Anwendung des Gebührentarifs einen gewissen Betrag in Rechnung, handelt es sich nicht per 43

se um eine dem öffentlichen Recht unterstehende Abgabe. Massgebend ist, ob die Gemeinde hoheitlich (einseitig, verpflichtend) aufgetreten ist. Vorliegend wurde der Angestellte der politischen Gemeinde im Auftrag des Privaten bzw. seines Sanitärinstallateurs tätig. Der Private hätte diesen Auftrag aber ohne Weiteres auch einem anderen Sanitärinstallateur, der entsprechend ausgerüstet ist, erteilen können. Allein die Anwendung des Gebührentarifs begründet noch kein Unterordnungsverhältnis des Bürgers gegenüber dem Staat. Damit trat die politische Gemeinde gegenüber dem Rekurrenten nicht hoheitlich, sondern in Konkurrenz zum privatwirtschaftlichen Gewerbe auf. Soweit das Gemeinwesen aus der vorgenommenen Leitungsspülung Ansprüche gegenüber dem Privaten geltend machen will, hat sie dies folglich auf dem Zivilweg zu tun (Verwaltungsrekurskommission SG vom 13. Dez. 2007, in: GVP 2007 Nr. 69 E. 3b).

b) Interessentheorie

44 Gemäss der **Interessentheorie** erfolgt die Abgrenzung zwischen öffentlichem und privatem Recht danach, ob die betreffende Norm ausschliesslich oder hauptsächlich dem öffentlichen oder privaten Interesse dient (z.B. BGE 138 II 134 E. 4.2, 137 I 135 E. 2.6.1, 137 II 399 E. 1.1, 132 V 303 E. 4.4.2, 128 III 250 E. 2a; BGer vom 4. Feb. 2010, 2C_58/2009, E. 1.2). Auf ähnliche Kriterien stellt die **typologische Methode** ab, welche vom Bundesamt für Justiz in verschiedenen Gutachten vertreten wurde (zuletzt VPB 63 [1999] Nr. 83). Danach gelten Normen als privatrechtlich – und können entsprechend auf die Zivilrechtskompetenz gemäss Art. 122 BV gestützt werden –, wenn sie typischerweise privatrechtliche Ziele oder Interessen verfolgen und mit der Privatrechtstradition eng zusammenhängen (nach HÄFELIN/MÜLLER/UHLMANN, Rz. 257, stimmt sie weitgehend mit der Interessentheorie überein; zur typologischen Methode Rz. 85 f.).

45 Unter Umständen lässt sich nach der Interessentheorie **keine eindeutige Zuordnung** vornehmen: Mit der sogenannten **Sorgfaltspflichtvereinbarung (VSB)** zwischen der Schweizerischen Nationalbank und den Banken wird ein «minimal standard» bei der Entgegennahme von Geldern statuiert, und insofern ein öffentliches Interesse verwirklicht (Stärkung der Integrität des Finanzplatzes Schweiz). Es liegt indes auch im privaten Interesse der Banken, die Identität ihrer Kunden zu kennen, um sich so vor der Entgegennahme von Geldern deliktischer Herkunft besser zu schützen; daher ist keine eindeutige Zuordnung möglich (BGE 109 Ib 146 E. 2e). Ebenso bezweckt die **Stiftungsaufsicht** sowohl die Wahrung privater als auch öffentlicher Interessen, ohne dass sich aus Sicht der Interessentheorie eindeutig entscheiden lässt, welcher der beiden Zwecke vorherrscht (BGE 96 I 406 E. 2b). Der **Sonderminderpreis** für eine vom Beklagten im **Milchjahr 2008/2009 produzierte Mehrmenge** ist nach der Interessentheorie in einem Schnittbereich zwischen öffentlichem Recht und Zivilrecht anzusiedeln. Das öffentliche (struktur- und sozialpolitische) Interesse an der Verhinderung einer unkontrollierten Mengenausweitung ist indes nur noch am Rande zu berücksichtigen und kann kein hohes Gewicht mehr beigemessen werden, da das öffentlich-rechtliche Mengenmanagementsystem mittels Kontingenten zu jenem Zeitpunkt (2008/2009) unmittelbar vor der Abschaffung stand (KG SG vom 11. Okt. 2010, VZ-2010-26, E. 3.3).

Praxis:

- Die vom **Zürcher «Lehrmeisterverband Informatik» für Lehrlinge angebotenen Kurse** verfolgen öffentliche Interessen, sodass die streitigen Forderungen daraus dem öffentlichen Recht unterstehen (BGer vom 7. Nov. 2002, 2A.249/2002, E. 2.3; vgl. auch BGer vom 4. Feb. 2010, 2C_58/2009, E. 1.3 [Beiträge an den Berufsbildungsfonds]; ferner BGE 137 II 399 E. 1.7, 137 II 409 E. 7.3.2: Die **Verbindlicherklärung eines Berufsbildungsfonds** für alle Betriebe der Branche und deren Verpflichtung zur Entrichtung von Bildungsbeiträgen hat zur Folge, dass die ursprünglich auf dem Reglement einer privatrechtlichen Vereinigung beruhende privatrechtliche Beitragspflicht zu einer öffentlich-rechtlichen wird. Damit steht in diesem Bereich einzig die Beschwerde in öffentlich-rechtlichen Angelegenheiten zur Verfügung (anders OG ZH vom 16. Nov. 2007, PN070195, E. IV). 46

- Die **kantonalen Bestimmungen über die Sozialwohnbauförderung** sind zwar durch ein einschlägiges öffentliches Interesse begründet. Doch geht es bei der hier streitigen Frage darum, ob die vom freiburgischen Gesetzgeber aufgestellten Bestimmungen in einem ganz bestimmten Punkt – der Art und Weise der Definition der Nebenkosten – der Anwendung der Art. 257a f. OR entgegenstehen. Vor diesem Hintergrund sprechen mehrere Elemente dafür, dass die kantonale Norm eher zum Privatrecht gehört, insbesondere die Tatsache, dass der kantonale Gesetzgeber darauf abzielte, die durch den Mietzins nicht gedeckten Kosten als Lasten der Mieter festzulegen. Die Frage der Bezahlung des Mietzinses und der Nebenkosten zielt nicht auf die Einhaltung eines öffentlichen Interesses, sondern betrifft das Verhältnis zwischen dem Vermieter und dem Mieter. Die kantonale Bestimmung greift damit direkt in dieses Verhältnis ein und stellt somit kantonales Privatrecht dar (BGE 137 I 135 E. 2.6.1 [= Pra 2011 Nr. 81). 47

- Bei der Erstellung und Unterhaltung neuer **Landeskarten** handelt es sich um eine im öffentlichen Interesse liegende Angelegenheit; der Staat hat auch mit Rücksicht auf die Landesverteidigung diese im öffentlichen Interesse liegende Aufgabe zu erfüllen. Entsprechend stellt das dafür zu erbringende Entgelt keine vertragliche Gegenleistung, sondern eine verwaltungsrechtliche Gebühr dar, die seitens des Privaten an den Bund zu entrichten ist (BGE 101 II 366 E. 2-4). 48

- Soweit der Kanton **Konzessionen für ganze Seeanlagen an die Gemeinden** erteilt und diese zur Weitergabe einzelner Nutzungsrechte an Dritte berechtigt, überträgt dieser den Gemeinden die Wahrung öffentlicher Interessen im Verhältnis zu den Endnutzern. Insofern unterliegt das Verhältnis zwischen dem Kanton als Herrschaftsträger über den See und der Gemeinde X als Konzessionärin der fraglichen Anlagen unbestrittenermassen dem öffentlichen Recht (VerwG ZH vom 6. Dez. 2001, VK.2001.00003, E. 2c). 49

- Die **Veröffentlichung von Fahrzeughalterdaten** gemäss Art. 104 Abs. 5 Satz 2 SVG wurde in der parlamentarischen Debatte mit dem Interesse an Transparenz, dem Informationsbedürfnis der Öffentlichkeit, dem dadurch bewirkten Präventionseffekt und der Entlastung der Polizeistellen von entsprechenden Auskunftsbegehren begründet. Zweck einer allfälligen Publikation ist somit ein öffentlich-rechtlicher, sollen doch mit ihr nicht zuletzt polizeiliche Interessen gewahrt werden. Dies spricht dafür, dass die Veröffentlichung der Daten und die damit zusammenhängenden Fragen öffentliches Recht beschlagen (BGer vom 2. Sept. 2010, 5A_95/2010, E. 5.4). 50

- Massnahmen im Bereich der **Wirtschaftsförderung** können zwar grundsätzlich öffentlichen Interessen dienen; steht allerdings seitens des Staates die gewinnorientierte Anlage von Finanzvermögen im Vordergrund, ist von einem privatrechtlichen Verhältnis auszugehen (VerwG ZH vom 10. Feb. 2011, VK.2010.00002, E. 2.2 und E. 2.3 [Baurechtsvertrag zwischen der Stadt Zürich und einer Aktiengesellschaft betr. die Erstellung eines Messehotels]). 51

- Gemäss § 68 Abs. 3 KV/TG und § 4 Abs. 1 des Gesundheitsgesetzes des Kantons Thurgau ist der Kanton für eine ausreichende medizinische Versorgung der Bevölkerung besorgt. Die Einrichtung eines **Notfalldienstes der Ärzte** dient dem öffentlichen Interesse an der Gewährleistung der Gesundheit der Bevölkerung. Neben einer ortsnahen Versorgung soll sie auch die Not- 52 fallstationen der Spitäler entlasten, wodurch diese insbesondere für schwerwiegende Fälle frei gehalten werden (BGer vom 25. Okt. 2011, 2C_807/2010, E. 2.6).

53 – Nach Art. 417 OR kann ein Gericht auf Antrag des Schuldners den **Mäklerlohn** auf einen angemessenen Betrag herabsetzen, wenn ein unverhältnismässig hoher Lohn vereinbart worden ist. Diese Bestimmung dient auch öffentlichen Interessen (BGE 83 II 151 E. 4a), da sie vor allem darauf abzielt, ungerechtfertigte Gewinne zu verhindern, die unerwünschte Auswirkungen auf den Liegenschaftsmarkt haben (BGE 111 II 366 E. 3a). Art. 417 OR gilt als zwingende Vorschrift (BGE 88 II 511 E. 3b), wird aber dennoch dem Privatrecht zugeordnet und ist auf Klage hin von den Zivilgerichten anzuwenden (BGE 111 II 366 E. 3a).

54 – **Bodenverbesserungen i.S.v. Art. 703 ZGB** und der auf diese Bestimmung gestützten kantonalen Gesetzgebung sind öffentlich-rechtlicher Natur (BGE 116 Ib 24 E. 4b; BGer vom 18. Aug. 2011, 1C_170/2011, E. 1.1; vom 4. Juli 2002, 1P.152/2002, E. 3.3). Geht es um die Frage, inwiefern ein bestimmtes Grundstück vom Meliorationszweck erfasst wird, ist deshalb der Verwaltungsweg und nicht der Zivilweg zu beschreiten (BGer vom 4. Juli 2002, 1P.152/2002 E. 3.4); allerdings liegt eine Zivilsache vor, wenn das Verfahren auf die endgültige, dauernde Regelung eines zivilrechtlichen Verhältnisses wie z.B. einer Grenzstreitigkeit abzielt (BGer vom 25. Nov. 2010, 5A_375/2010, E. 1.2).

55 – Werden **Pflanzbeschränkungen zur Wahrung der Aussicht** in Form von Dienstbarkeiten im Rahmen der Umsetzung eines Gesamtkonzepts, welches primär die Aussicht im betr. Gebiet zugunsten der Öffentlichkeit wahren will, errichtet, verfolgen sie hauptsächlich öffentliche Interessen. Wäre es nur um den Nachbarschutz gegangen, hätte die Gemeinde nicht sich selber, sondern direkt die Nachbargrundstücke gegenseitig berechtigen und verpflichten müssen (BGer vom 25. Feb. 2003, 1P.459/2002, E. 3.3; zum Entscheid der Vorinstanz VerwG ZH vom 20. Juni 2002, VB.2002.00083, E. 2e).

56 – **Schadenersatzforderungen eines Altersheims gegenüber einer Gemeinde** (vgl. oben Rz. 9) für ungedeckte Heimkosten sind öffentlich-rechtlicher Natur. Dies gilt im Besonderen auch für die Bestimmung von Art. 21c Abs. 3 KPG, wonach bei Bezügerinnen und Bezügern von maximalen Ergänzungsleistungen derjenige Anteil an den Pflegeheimkosten, den sie nicht selber finanzieren können, von der öffentlichen Hand übernommen wird. Es ist allerdings nicht zu übersehen, dass mit der fraglichen Bestimmung auch private Interessen verfolgt werden. So wurde einerseits im Interesse der Pflegeheime angestrebt, dass sie auch von Bezügerinnen und Bezügern von maximalen Ergänzungsleistungen, die ihre Taxen selbst nicht bezahlen können, eine volle Deckung ihrer Kosten erhalten. Vor der Einführung von Art. 21c Abs. 3 KPG belasteten die von diesen Personen nicht gedeckten Kosten nämlich die Betriebsrechnungen der Heime, nachdem der Ausgleich solcher Ertragsausfälle durch den Kanton im Rahmen der im Jahr 2003 beschlossenen Sparmassnahmen aufgehoben worden war. Eine volle Kostendeckung liegt aber gleichzeitig auch im Interesse der Gemeinden der Heimregion. Ferner sollte mit Art. 21c Abs. 3 KPG verhindert werden, dass die Pflegeheime die ungedeckten Pflegekosten von Bezügern von maximalen Ergänzungsleistungen im Umfang der Ertragsausfälle durch nach oben angepasste Tarife für die übrigen Heimbewohner auffangen, dass es mit anderen Worten zu einer Quersubventionierung der finanziell weniger gut gestellten Heimbewohner durch die finanziell besser gestellten Heimbewohner kommt. Auch damit wurden aber nicht nur die privaten Interessen der besser situierten Heimbewohner verfolgt. Eine Quersubventionierung der erwähnten Art verstiesse gegen das der Finanzierung des stationären Langzeitbereichs zugrunde liegende Prinzip, dass für die gleiche Leistung der gleiche Preis bezahlt werden soll. Die vorliegend zur Diskussion stehende Regelung nimmt aufgrund des Gesagten vorwiegend öffentliche Interessen wahr. Zwar werden zugleich auch private Interessen verfolgt, doch treten diese klar in den Hintergrund. Die Interessentheorie deutet somit auf das Vorliegen einer öffentlich-rechtlichen Norm hin (KG GR vom 18. Aug. 2008, ZF-08-30, E. 3c/bb).

c) Funktionstheorie

Dient eine Rechtsnorm unmittelbar der **Erfüllung einer öffentlichen Aufgabe**, ist sie nach der **Funktionstheorie** dem öffentlichen Recht zuzuordnen. Als öffentlich-rechtlich in diesem Sinn gelten etwa Enteignungen, die Ausrichtung von Subventionen (BGE 138 II 134 E. 4.3, 128 III 250 E. 2c, 126 II 443 E. 6c; BGer vom 28. Juni 2010, 4A_116/2010, E. 4.2), der Bau und der Betrieb eines Alterswohn- und Pflegeheims (VerwG ZH vom 17. Jan. 2008, VK.2006.00005, E.1; ferner KG GR vom 18. Aug. 2008, ZF-08-30, E. 3), die Berufsbildung (BGer vom 4. Feb. 2010, 2C_58/2009, E. 1.3), die Wasserversorgung und damit einhergehend die Erhebung von Wasseranschlussgebühren (BGer vom 20. Feb. 2012, 2C_404/2010, E. 1) oder zumeist – je nach kantonaler Rechtslage – der Betrieb eines Spitals (VerwG GR vom 22. Feb. 2011, S-09-54A, E. 2c). 57

Nach der **«modifizierten Funktionstheorie»** gehört eine Norm zum öffentlichen Recht, wenn die öffentliche Verwaltung im Rahmen gesetzlich übertragener Verwaltungsaufgaben handelt, sofern der Gesetzgeber nichts anderes bestimmt (Finanzdepartement SG vom 25. Juni 1998, in: GVP 1998 Nr. 85 E. 1b; KÖLZ/BOSSHART/RÖHL, § 1, Rz. 7; TSCHANNEN/ZIMMERLI/MÜLLER, § 18, Rz. 6; der Ausdruck «modifiziert» bezieht sich auf den Vorbehalt einer anderweitigen gesetzlichen Regelung). 58

Praxis:

- Beim **Hochwasserschutz** und damit einhergehend dem zwangsweisen Eingriff in das Grundstück eines Privaten nimmt das Gemeinwesen eine öffentliche Aufgabe wahr, sodass die entsprechende Norm öffentlich-rechtlicher Natur ist (Verhinderung von Schäden an Personen und Sachen durch weitere Hochwasser; BGer vom 19. Feb. 2002, 4C.326/2001, E. 2b). 59
- Ebenso handelt es sich beim **Abtransport des Hauskehrichts** grundsätzlich um eine öffentliche Aufgabe, wobei diesbezüglich die Grenze zu einer blossen Hilfstätigkeit (im Rahmen der Abfallentsorgung) fliessend ist, sodass die Praxis, solange es nur um den Abtransport geht, auch von einem dem Privatrecht unterstehenden Verhältnis ausgeht (so BJ vom 24. Sept. 1987, in: VPB 1988 [52] Nr. 10; KG GR vom 11. März 2008, in: PKG 2008 S. 44 E. 2c; vgl. hingegen VerwG ZH vom 10. Juli 2008, VK.2006.00007, E. 1.2 und E. 1, wonach der Abtransport des Hauskehrichts eine öffentliche Aufgabe darstellt und nicht bloss als eine untergeordnete Hilfstätigkeit zur Abfallentsorgung zu betrachten ist). Im Urteil BGE 134 II 297 E. 3.3 hat das Bundesgericht einen Vertrag über den Abtransport von Kehricht als privatrechtlich beurteilt, da dieser verschiedentlich auf Artikel des Obligationenrechts verwiesen und zudem eine Gerichtsstandsklausel enthalten hat; ferner sind die Parteien selber ursprünglich von einem privatrechtlichen Vertrag ausgegangen und auch das Verwaltungsgericht als oberste kantonale Instanz im Bereich des öffentlichen Rechts und die Vorinstanz als oberstes kantonales Zivilgericht haben den Vertrag übereinstimmend als privatrechtlich qualifiziert. 60
- Mit der **öffentlichen Beurkundung** (BGE 128 I 280 E. 3), der **Zwangsverwaltung über eine Liegenschaft** (BGE 126 III 431 E. 2c) oder der **Auflösung einer Stiftung**, deren Zweck nicht mehr realisierbar ist (BGE 120 II 412 E. 1 und E. 2), übernimmt der Staat eine öffentliche Aufgabe, selbst wenn damit Privatpersonen beauftragt werden oder die entsprechende Materie im Zivilgesetzbuch geregelt ist. 61
- Die **MEDAS** erfüllen eine öffentliche Aufgabe, sodass zwischen dem beauftragenden Sozialversicherungsträger und der Begutachtungsstelle ein Rechtsverhältnis des öffentlichen Rechts entsteht (BGE 137 V 210 E. 2.4.3, 134 I 159 E. 3). 62
- Die **Schweizer Mustermesse AG** handelt privatrechtlich, wenn sie Verträge über Standplätze an der Messe abschliesst bzw. Ausstellern eine Absage erteilt. Es besteht keine öffentliche 63

Aufgabe dahin gehend, welche die Gesellschaft verpflichten würde, interessierten Privaten unter bestimmten Voraussetzungen als Aussteller zuzulassen (BGE 126 I 250 E. 2; vgl. auch BGE 127 I 84 E. 4a [Anbringen von Reklamen an Fahrzeugen der städtischen Verkehrsbetriebe]: Die Stadt Luzern hat das Alleinrecht zum Anbringen von Reklamen an Fahrzeugen und Einrichtungen der städtischen Verkehrsbetriebe der Allgemeinen Plakatgesellschaft erteilt, die Dritten diese Flächen gegen Entgelt zur Verfügung stellte. Das Rechtsverhältnis zwischen der Allgemeinen Plakatgesellschaft und den einzelnen privaten Kontrahenten untersteht dem Privatrecht. Allerdings hat sich die Stadt Luzern in der der Plakatgesellschaft erteilten Konzession bezüglich der Verwendung von Aussenflächen von Bussen für Werbezwecke ein Genehmigungs- bzw. «Vetorecht» ausbedungen und gestützt hierauf eine umstrittene Buswerbung zu Recht hoheitlich – mittels Verfügung – abgelehnt).

64 – Einer Übungsfirma, welche im Rahmen von **arbeitsmarktlichen Massnahmen mit Integrations- und Weiterbildungskursen** beauftragt ist und hierfür vom Staat finanziell unterstützt wird, wird unmittelbar die Erfüllung einer öffentlichen Aufgabe übertragen. Die öffentliche Aufgabe besteht gemäss AVIG darin, mit Umschulungs- und Weiterbildungseinrichtungen die Wiedereingliederung von Versicherten zu fördern. Die Ausrichtung von Subventionen gehört ferner zu denjenigen Materien, die üblicherweise öffentlich-rechtlich normiert sind. Eine Subvention ist dadurch gekennzeichnet, dass sich der Empfänger in einer Weise verhält, die dem öffentlichen Interesse bzw. der öffentlichen Aufgabe (Wiedereingliederung von Versicherten) als Gegenleistung erscheint. Auch handelt es sich vorliegend nicht um die Beschaffung der zur Erfüllung einer öffentlichen Aufgabe erforderlichen Hilfsmittel (administrative Hilfstätigkeit); der Kanton St. Gallen richtet allein finanzielle Leistungen an Einrichtungen aus und kauft die von der Übungsfirma angebotenen Kurse nicht ein (BGE 128 III 250 E. 2c).

65 – Die **SRG** handelt im Rahmen ihres Programmauftrags öffentlich-rechtlich und nimmt eine ihr übertragene öffentlich-rechtliche Aufgabe wahr, während sie bei der Akquisition und Ausstrahlung von Werbung privatrechtlich tätig wird. Entsprechend ist sie bundesrechtlich nicht verpflichtet, über die (Nicht-)Zulassung des Werbespots des Beschwerdeführers förmlich zu verfügen (BGE 136 I 158 E. 3.1, 123 II 402 E. 2b/bb und E. 3).

66 – Die **Stiftung Auffangeinrichtung BVG** erfüllt im Bereich der beruflichen Vorsorge öffentlich-rechtliche Aufgaben des Bundes und kann diesbezüglich mittels Verfügung die von den Arbeitgebern nicht bezahlten Beiträge einfordern (BVGer vom 29. Nov. 2011, C-8115/2009, E. 1.2).

67 – Die **Stiftung ombudscom** ist als Schlichtungsstelle der Telekombranche gemäss Art. 12c Abs. 1 sowie Art. 42 Abs. 1 FDV eine Organisation ausserhalb der Bundesverwaltung, die in Erfüllung ihr übertragener öffentlich-rechtlicher Aufgaben des Bundes Verfügungen erlassen kann (BVGer vom 23. Aug. 2011, A-8603/2010, E. 1.2).

68 – Eine **Unfallversicherung**, die Daten als Versicherungsunternehmen i.S.v. Art. 68 Abs. 1 lit. a UVG bearbeitet, nimmt diesbezüglich eine öffentliche Aufgabe wahr und kann in diesem Rahmen hoheitlich handeln (BVGer vom 8. Aug. 2007, A-7367/2006, E. 1.1; ferner BGE 115 V 297 E. 2b [Anspruch auf Akteneinsicht im Gebiet der obligatorischen Unfallversicherung]).

69 – Der **Skyguide** sind im Bereich der Flugsicherung öffentlich-rechtliche Aufgaben des Bundes übertragen worden und sie gelten dementsprechend im Sinne von Art. 19 VG (Verantwortlichkeit des Bundes) als Bundesbehörde (BGer vom 24. Okt. 2011, 2C_303/2010, E. 2.1; BVGer vom 19. Feb. 2010, A-3524/2008, E. 2.1).

70 – Der **Medizinische Bezirksverein Bern-Stadt (MBV)** als privatrechtlicher Verein gemäss den Art. 60 ff. ZGB organisiert in Zusammenarbeit mit den zuständigen Behörden der Gemeinde Bern einen ständigen ärztlichen Notfalldienst und kann gemäss Statuten Gebühren von denjenigen Ärzten erheben, die keinen Notfalldienst leisten wollen. Obwohl der Verein damit grundsätzlich eine öffentliche Aufgabe wahrnimmt und ein Verwaltungsträger darstellt, ist er gemäss Gesetz nicht befugt, (hoheitlich) Gebührenverfügungen zu erlassen (VerwG BE vom 15. Nov. 2004, in: BVR 2005 S. 372 E. 2; ferner BGer vom 25. Okt. 2011, 2C_807/2010, E. 2.6: Der Gesetzgeber des Kantons Thurgau hat der Ärztegesellschaft Kompetenzen im Hinblick auf die

Regelung des Notfalldienstes [als öffentliche Aufgabe] übertragen. Diese tritt gegenüber den Ärzten hoheitlich, kraft der ihr übertragenen Kompetenzen, auf, ungeachtet dessen, ob diese ihre Mitglieder sind oder nicht, und kann von diesen grundsätzlich gemäss Gesetz eine Ersatzabgabe erheben, wenn sie keinen Notfalldienst leisten wollen. In casu fehlte es allerdings an einer hinreichend bestimmten gesetzlichen Grundlage, um die Höhe der Ersatzabgabe in einem Reglement der Ärztegesellschaft festzulegen und von den Ärzten eine entsprechende Abgabe zu verlangen).

- Wenn ein Gemeinwesen von den Bundesbehörden aufgefordert wird, aus **Sicherheitsgründen Material auf den Parzellen eines Privaten** zu entfernen, um erneute Überschwemmungen zu verhindern, liegt eine öffentlich-rechtliche und keine zivilrechtliche Streitigkeit vor. Das Gemeinwesen veranlasste die Entfernung des Materials zur Abwendung weiterer Hochwasser gestützt auf die Polizeiklausel, d.h. in Wahrnehmung einer öffentlichen Aufgabe (Funktionstheorie), nämlich der Verhinderung von Schäden an Personen und Sachen durch weitere Hochwasser (BGer vom 19. Feb. 2002, 4C.326/2001, E. 2b). 71

- Bei der **Haftung nach Art. 429a ZGB** für eine widerrechtliche fürsorgerische Freiheitsentziehung geht es um die Erfüllung öffentlicher Aufgaben. Die Haftung des Kantons beruht zwar auf formellem Bundeszivilrecht, weil sie im Zivilgesetzbuch geregelt ist, stellt aber materiell öffentliches Recht dar (VerwG BE vom 2. Feb. 2007, in: BVR 2007 S. 371 E. 3.2.5). 72

- Die **SBB AG** als spezialgesetzliche Aktiengesellschaft beruht zwar auf einer öffentlich-rechtlichen Rechtsgrundlage und erhält ihre Rechtspersönlichkeit kraft Gesetz (Art. 25 SBBG). Ihre Kernaufgabe beschlägt Dienstleistungen im öffentlichen Verkehr (Art. 3 Abs. 1 SBBG). Sie ist mit öffentlich-rechtlichen Aufgaben betraut (BGE 126 II 54 E. 8). Der Bund hält grundsätzlich das Aktienkapital (Art. 7 SBBG) und übt über die Festlegung der Leistungsvereinbarung und des Zahlungsrahmens (Art. 8 SBBG) massgebenden Einfluss aus (BGE 132 III 470 E. 3.3). Sie erbringt jedoch im Rahmen des **Personentransports** wirtschaftliche Leistungen und handelt privatrechtlich, womit zivilrechtliche Streitigkeiten vorliegen (BGE 136 II 489 E. 2.4 sowie BVGer vom 14. Dez. 2009, A-2742/2009, E. 2.2 und E. 2.3 [Kontroll- oder Taxzuschläge]; ferner BGE 102 Ib 314 E. 3a sowie BVGer vom 3. Sept. 2007, A-420/2007, E. 1.4 [Fundsachen]). 73

- Die **SBB AG** handeln hingegen gestützt auf öffentliches Recht, wenn die Anordnungen unter den behördlichen Wirkungskreis der SBB AG fallen und zur Ausübung der **Sachherrschaft** erforderlich sind (BVGer vom 29. März 2011, A-7454/2009, E. 1.1.2 [Verbot, bestimmte Plakate an der Bahnhofswand aufzuhängen]; REKO UVEK vom 17. Okt. 2000, in: VPB 65 [2001] Nr. 63 E. 5.3 [Verbot, Gratiszeitungen an Bahnhöfen zu verteilen]). Die Regelung der Nutzung der Bahnhofswand stellt eine durch die SBB AG unmittelbar wahrgenommene staatliche Aufgabe dar. Zudem ist die SBB AG gestützt auf das SBBG Trägerin der Sachherrschaft über ihr Areal. Sie nimmt in dieser Stellung hoheitliche Kompetenzen wahr und kann den Plakataushang an Bahnhofswänden einseitig untersagen (BVGer vom 29. März 2011, A-7454/2009, E. 1.1.2; bestätigt in BGer vom 3. Juli 2012, 2C_415/2011). 74

- **Aufsichtsentscheide** nach dem Transportgesetz ergehen in Ausübung einer öffentlichen Aufgabe und zählen – wie behördliche Aufsichtstätigkeiten im Allgemeinen – zum öffentlichen Recht, und zwar unabhängig davon, ob die Materie im Einzelfall dem öffentlichen Recht oder dem Zivilrecht zuzuordnen ist (BGE 136 II 457 E. 2.2 [Erhebung eines Taxzuschlages]; vgl. auch BVGer vom 14. Dez. 2009, A-2742/2009, E. 2.2 und E. 2.3). 75

- Die **Post** als selbstständige Anstalt des öffentlichen Rechts schliesst mit ihren Kunden grundsätzlich privatrechtliche Verträge ab (Art. 17 PG). **Ausnahme:** Entscheide der Post gemäss Art. 18 PG über die Gewährung von Vorzugspreisen für die Beförderung von Zeitungen und Zeitschriften sind in Verfügungsform zu erlassen [BVGer vom 12. Mai 2009, A-6523/2008, E. 9.2.2; vom 23. April 2007, A-2039/2006, E. 2.2.2]). 76

- Die **santésuisse** (ehemals: Konkordat der Schweizerischen Krankenversicherer) nimmt im Bereich der Verwaltung der sog. **Zahlstellen-Register-Nummer (ZSR-Nr.)** eine staatliche Aufgabe wahr und kann diesbezüglich auch hoheitlich handeln (BGE 132 V 303 E. 4.4.2). 77

78 – Die **Unique Flughafen Zürich AG** nimmt als gemischtwirtschaftliche Unternehmung nach Art. 762 OR und Betreiberin des Flughafens Zürich mit dem Betrieb eines dem öffentlichen Verkehr dienenden Flughafens eine öffentliche Aufgabe des Bundes wahr, die einer entsprechenden Konzession durch den Bund bedarf (BGer vom 15. April 2009, 2C_715/2008, E. 4).

79 – **Beiträge an den Berufsbildungsfonds** sind öffentlich-rechtlicher Natur. Berufsverbände und Unternehmen können nach Art. 60 Abs. 1 BBG zwar frei wählen, ob sie einen Berufsbildungsfonds zur Förderung der Berufsbildung schaffen und äufnen wollen. Das BBG wurde jedoch in Wahrnehmung öffentlicher Aufgaben erlassen und verfolgt öffentliche Interessen. Mit der Einbindung der Berufsverbände in die Berufsbildung suchte der Gesetzgeber diese zu verbessern und die Nähe der Verbände zur vermittelten Materie zu nutzen. Die hier interessierende Bestimmung (Art. 60 BBG) hat einen doppelten Gehalt: Einerseits verpflichtet sie die Organisationen der Arbeitswelt, die für Bildung und Weiterbildung sowie Prüfungen zuständig sind, eigene Berufsbildungsfonds zu schaffen und zu äufnen (vgl. Art. 60 Abs. 1 BBG); andererseits ermächtigt sie den Bundesrat unter bestimmten Voraussetzungen zur Allgemeinverbindlicherklärung solcher Berufsbildungsfonds für alle Betriebe einer Branche (vgl. Art. 60 Abs. 3 BBG). Die streitige Frage der finanziellen Beteiligung aller Betriebe derselben Branche am entsprechenden Berufsbildungsfonds stellt demnach Teil der speziellen öffentlich-rechtlichen Normen des Berufsbildungsrechts dar. Mithin ist die strittige Beitragspflicht öffentlichrechtlicher Natur (BGer vom 4. Feb. 2010, 2C_58/2009, E. 1.3; ferner BGE 137 II 409 E. 7.3.2, 137 II 399 E. 1.7 [die Verbindlicherklärung eines Berufsbildungsfonds hat zur Folge, dass die ursprünglich auf dem Reglement einer privatrechtlichen Vereinigung beruhende privatrechtliche Beitragspflicht zu einer öffentlich-rechtlichen wird]; anders OG ZH vom 16. Nov. 2007, PN070195, E. IV, wonach die Berufsverbände und Unternehmen gemäss Art. 60 Abs. 1 BBG frei wählen können, ob sie einen Berufsbildungsfonds zur Förderung der Berufsbildung schaffen und äufnen wollen. Die Gründung eines Berufsbildungsfonds, seine Zwecksetzung und seine Finanzierung erfolgen auf privatrechtlicher Rechtsgrundlage, die selbst im Fall einer Allgemeinverbindlicherklärung nicht verloren geht und selbst dann gilt, wenn der Bundesrat die Kompetenz erhält, die maximale Höhe des Beitrags festzulegen [Art. 60 Abs. 5 BBG]. Entsprechend sind die Beiträge auf zivilrechtlichem Weg einzufordern).

d) Modale Theorie

80 Nach der **modalen Theorie** ist entscheidend, ob die Verletzung einer Norm eine **zivilrechtliche** (zum Beispiel Nichtigkeit eines Rechtsgeschäftes oder Schadenersatz) oder eine **öffentlich-rechtliche Sanktion** (zum Beispiel Widerruf einer Bewilligung oder Verwaltungsstrafe) zur Folge hat (BGE 138 II 134 E. 4.5 und E. 4.6, 137 II 399 E. 1.1, 128 III 250 E. 2a; KG SG vom 17. Feb. 2010, BZ-2009-86, E. 3a). Sieht eine **Benützungsordnung** bei Verstössen vor, dass eine erteilte Bewilligung durch die Betriebskommission entzogen und dagegen Beschwerde beim Gemeinderat erhoben werden kann, liegt nach der modalen Theorie ein öffentlich-rechtliches Verhältnis vor (KG ZG vom 11. Sept. 2003, in: GVP 2003 S. 198 E. 1.4 [ausserordentliche Nutzung einer Mehrzweckhalle zur Durchführung einer Autoausstellung]; vgl. auch VerwG SG vom 22. Feb. 2002, in: GVP 2002 Nr. 67 E. 2d/cc [Nutzung eines Bootshafens]; ähnlich auch REKO UVEK vom 17. Okt. 2000, in: VPB 65 [2001] Nr. 63 E. 5.4 [Verbot der SBB AG, auf dem Bahnhofsareal Gratiszeitungen zu verteilen], obwohl Art. 23 EBG über die Art und Durchsetzung von Sanktionen nichts aussagt).

81 Das Verhältnis zwischen einer **Selbstregulierungsorganisation (SRO)** und einem **Finanzintermediär** ist gemäss der modalen Theorie privatrechtlich, da zivilrechtliche Sanktionen wie Konventionalstrafe, Ausschluss oder Nichtigkeit vorgesehen sind (siehe hierzu MATTHIAS KUSTER, Zur Rechtsnatur der Sanktionsentscheide von Selbstregulierungsorganisationen und der Schweizer Börse, AJP 2005, S. 1502 ff.).

Art. 32 BEHG, der die Angebotspflicht statuiert, stellt gemäss Lehre zwar eine Doppelnorm dar, doch überwiegt der zivilrechtliche Charakter, da Art. 32 Abs. 7 BEHG mit der Suspendierung der Stimmrechte durch den Zivilrichter eine privatrechtliche Sanktion festlegt (GEORG G. GOTSCHEV, Koordiniertes Aktionärsverhalten im Börsenrecht, Zürich 2005, S. 71).

Zu berücksichtigen ist gemäss Praxis darüber hinaus, welche **Instanz Sanktionen ausspricht,** Ansprüche durchsetzt und die gerichtlichen Urteile vollstreckt. Wird beispielsweise ein **Schiedsgericht** eingesetzt, dessen Organe von beiden Parteien bestimmt werden (z.B. SNB und Bankiervereinigung), weist dies nach der modalen Theorie auf ein privatrechtliches Verhältnis hin (BGE 109 Ib 146 E. 2e). Vereinbaren die Parteien eine **Gerichtsstandsklausel**, spricht dies gemäss Bundesgericht für das Vorliegen eines privatrechtlichen Vertrags, selbst wenn allenfalls öffentliche Aufgaben besorgt werden (BGE 134 II 297 E. 3.3 [Abtransport von Hauskehricht]). Verweist das Gesetz im Hinblick auf die gerichtliche Zuständigkeit und die Vollstreckung gerichtlicher Urteile auf das **LugÜ und das IPRG**, ist von der privatrechtlichen Natur der Bestimmung auszugehen(BGE 131 II 162 E. 2.2; ferner Rz. 94 ff.). 82

Anhaltspunkte für die Rechtsnatur der Regelung können auch **Verweise auf den Rechtsweg** entnommen werden (vgl. BVGer vom 23. April 2007, A-2039/2006, E. 2.2.2, betr. Art. 18 PG [Entscheide der Post über die Gewährung von Vorzugspreisen für die Beförderung von Zeitungen und Zeitschriften können durch Beschwerde angefochten werden, was auf ein öffentlich-rechtliches Verhältnis schliessen lässt]; ferner KG ZG vom 11. Sept. 2003, in: GVP 2003 S. 198 E. 1.4). Art. 56 Abs. 1 PBG, wonach vermögensrechtliche Streitigkeiten zwischen dem Kunden und der Transportunternehmung durch den Zivilrichter zu beurteilen sind, ist gemäss Praxis dergestalt zu verstehen, dass **Transportverträge** privatrechtlicher Natur sind, ohne dass zu prüfen wäre, ob öffentliche Aufgaben wahrgenommen bzw. öffentliche Interessen erfüllt werden (vgl. dazu BGE 136 II 457 E. 2.2 und E. 6.2, 136 II 489 E. 2.4; siehe auch Rz. 103). 83

Praxis:

- **Verhältnis zwischen der Registerbetreiberin SWITCH und ihren Nutzerinnen und Nutzern:** Die reisen.ch AG in Bern (Beschwerdeführerin) ist Inhaberin der Domain-Namen «wellnessfuehrer.ch» und «wellness-fuehrer.ch». Die für die Registrierung von Domain-Namen der Top Level Domain (TLD) «ch» zuständige SWITCH (Beschwerdegegnerin) beabsichtigte, ab 1. März 2004 die Registrierung von Domain-Namen zuzulassen, die neu auch Zeichen ausserhalb des ASCII-Zeichensatzes (z.B. «ü») enthalten können (sog. Internationalized Domain Names, IDN). Die Beschwerdeführerin ersuchte am 18. Jan. 2004 die Beschwerdegegnerin um Verschiebung des genannten Termins. Mit dem Gesuch versuchte sie auch zu erreichen, dass die Domain-Namen «wellnessführer.ch» und «wellness-führer.ch» ihr bzw. keinen Dritten zugeteilt werden. Am 4. Feb. 2004 erklärte die Beschwerdegegnerin, dass ihr in der fraglichen Angelegenheit keine Verfügungskompetenz zukomme; ausserdem sei die Verschiebung des Einführungstermins von IDN und die Vorreservierung von Domain-Namen ausgeschlossen. Am 15. Feb. 2004 gelangte die Beschwerdeführerin an das Bundesamt für Kommunikation (BAKOM). Sie verlangte die Aufhebung der «Verfügung» der Beschwerdegegnerin vom 4. Feb. 2004, die Zuteilung der genannten Domain-Namen und die Verschiebung des Zuteilungstermins. Das BAKOM behandelte die Eingabe als Aufsichtsbeschwerde und wies sie am 24. Feb. 2004 ab. Das BAKOM bestätigte die Auffassung der Beschwerdegegnerin, wonach dieser keine Verfügungskompetenz zustehe; diese handle gegenüber ihrer Kundschaft rein pri- 84 vatrechtlich; die Zuteilung von Domain-Namen werde nicht durch das öffentliche Bundesrecht, sondern privatrechtlich geregelt; eine Vorreservierung im Sinne der Beschwerdeführerin wäre bundesrechtswidrig. Mit Entscheid vom 16. Sept. 2004 trat die REKO INUM auf die gegen das Schreiben des BAKOM vom 24. Feb. 2004 gerichtete Beschwerde nicht ein, soweit das Verfahren nicht wegen Gegenstandslosigkeit abgeschrieben wurde. Das Bundesgericht weist die dagegen erhobene Beschwerde ab. Erwägungen: In der AEFV hat der Bundesrat in Art. 14 bis 14i die der Domain «ch» untergeordneten Domain-Namen geregelt. Nach Art. 14b Abs. 5 AEFV unterstellt die Betreiberin (vorbehaltlich abweichender Bestimmungen des IPRG und des LugÜ) Streitigkeiten im Zusammenhang mit der ihr übertragenen Verwaltung und Zuteilung der Domain-Namen schweizerischem Recht und der schweizerischen Gerichtsbarkeit. Nach Art. 14c Abs. 1 AEFV legt sie die allgemeinen Geschäftsbedingungen ihres Dienstangebots fest und unterbreitet sie dem Bundesamt zur Genehmigung. Das Bundesgericht schliesst aus diesen Bestimmungen, dass die Beziehungen der Registerbetreiberin mit den Nutzerinnen und Nutzern dem Privatrecht unterstehen. Die zivilrechtliche Natur des Rechtsverhältnisses ergibt sich (sinngemäss) insb. aus Art. 14b Abs. 5 AEFV, sind doch das LugÜ und das IPRG auf privatrechtliche, nicht jedoch auf verwaltungsrechtliche Streitigkeiten anwendbar. Die Bestimmung des anwendbaren Rechts und des Gerichtsstandes ist denn auch für privatrechtliche Verträge verbreitet, erscheint dagegen für Verwaltungssachen ausgeschlossen. Mit der entsprechenden Bestimmung wird die privatrechtliche Natur des Rechtsverhältnisses sinngemäss vorausgesetzt. Auch sind in öffentlich-rechtlichen, insb. durch Verfügung begründeten Rechtsbeziehungen, der Begriff der allgemeinen Geschäftsbedingungen selbst dann nicht geläufig, wenn regelmässig eine Vielzahl von Verfügungen gleicher Art erlassen werden; dagegen ist es im Privatrechtsverkehr üblich, auf allgemeine Geschäftsbedingungen zu verweisen. Aus Art. 14c Abs. 1 AEFV ergibt sich insofern, dass der Bundesrat von einer privatrechtlichen Rechtsbeziehung der Registerbetreiberin zu den Nutzerinnen und Nutzern ausgegangen ist. In der Lehre wird denn auch ohne Weiteres angenommen, dass die Beziehungen des Delegationärs bzw. der Registerbetreiberin zu den Kunden grundsätzlich dem Privatrecht unterstehen, weshalb gegen Zuteilungsentscheide mit Ausnahme der Aufsichtsbeschwerde kein verwaltungsrechtlicher Beschwerdeweg zur Verfügung steht (BGE 131 II 162 E. 2.1 und E. 2.2).

e) Weitere Theorien

aa) Typologische Methode

85 Nach der **typologischen Methode**, die im Rahmen von Art. 64 Abs. 1 aBV (neu: Art. 122 BV) entwickelt wurde, können Rechtsnormen dann auf die Bundeszivilrechtskompetenz gestützt werden, wenn diese **typische zivilrechtliche Ziele** verfolgen und herkömmlicherweise vom **Zivilrechtsbereich** erfasst werden (CHRISTOPH LEUENBERGER, St. Galler Kommentar, Art. 122 BV, Rz. 10, interpretiert diese Methode als «vermittelnde Auffassung», die zwischen einer reinen Sachbereichstheorie [vgl. Art. 64 Abs. 1 aBV] und den herkömmlich verwendeten Theorien liegt; nach HÄFELIN/MÜLLER/UHLMANN, Rz. 257, stimmt sie wohl weitgehend mit der Interessentheorie überein; ähnlich auch ARNOLD MARTI, Vorbemerkungen zu Art. 5-6 ZGB, in: Zürcher Kommentar zum Schweizerischen Zivilgesetzbuch, Band I/1, Art. 1-7 ZGB, 3. Aufl., Zürich 1998, Rz. 69).

86 Die **Rechtsnatur vieler Normen** kann nicht als typisch privat- bzw. öffentlichrechtlich beurteilt werden, sondern ist mithilfe der herkömmlichen Abgrenzungskriterien zu ermitteln, die kombiniert im Sinne eines **Methodenpluralismus** auf den Einzelfall anzuwenden sind, wobei eine objektive Betrachtungsweise Platz greift (vgl. Hinweise in BGer vom 27. Sept. 1996, in: ZBl 1997 S. 410 E. 1c [Energielieferungsvertrag]). Eine Reihe von zivilrechtlichen Normen, die gestützt auf die Bundeszivil-

rechtskompetenz ergangen sind, erweisen sich deshalb als öffentlich-rechtlicher Natur (Zwangsverwaltung über eine Liegenschaft [BGE 126 III 431 E. 2c]; Auflösung einer Stiftung, deren Zweck nicht mehr realisierbar ist [BGE 120 II 412 E. 1 und E. 2], Haftung nach Art. 429a ZGB [VerwG BE vom 2. Feb. 2007, in: BVR 2007 S. 371 E. 3.2.5] oder Bodenverbesserungsmassnahmen i.S.v. Art. 703 ZGB, solange es nicht um Grenzstreitigkeiten geht [BGE 116 Ib 24 E. 4b; BGer vom 18. Aug. 2011, 1C_170/2011, E. 1.1; vom 25. Nov. 2010, 5A_375/2010, E. 1.2; vom 4. Juli 2002, 1P.152/2002, E. 3.3).

Praxis:

– **Schadenersatzforderungen eines Altersheims gegenüber einer Gemeinde (dazu auch oben Rz. 9):** Die Stiftung Y bezweckt u.a. die Errichtung und den Unterhalt eines den evangelischen Gemeinden des Bündner Oberlandes dienenden Heims, um für alte und alleinstehende Personen Heim und Pflege zu bieten. Im Jahr 2006 wurde das Heim der Stiftung Y u.a. von A und von B bewohnt. Vor ihrem Heimeintritt waren die genannten Personen in X wohnhaft. Da A und B trotz maximaler Ergänzungsleistungen die anfallenden Heimkosten nicht vollumfänglich decken konnten, stellte Y die jeweiligen Differenzbeträge der Gemeinde X in Rechnung. Diese lehnte für einige Rechnungen die Kostenübernahme ab. Per Ende 2006 beliefen sich die offenen Beträge auf insgesamt Fr. 14'991.50. Auf Klage der Stiftung Y gelangte das Bezirksgericht zur Erkenntnis, dass die Rechtsbeziehung zwischen dem Heim Y und der Gemeinde X eine solche des Privatrechts sei und diesbezügliche Streitigkeiten auf dem Zivilweg zu erledigen seien. Dementsprechend bejahte das Gericht seine Zuständigkeit und trat auf die Klage ein. Da es Bestand und Umfang der von Y eingeklagten Forderung in der Folge als bewiesen erachtete, hiess es die Klage gut und erklärte die Gemeinde X für kosten- und entschädigungspflichtig. Das Bezirksgericht stützte sich massgeblich auf die typologische Methode und argumentierte, dass das der umstrittenen Bestimmung zugrunde liegende Rechtsverhältnis dasjenige zwischen dem Heim und dem Heimbewohner sei und es sich hierbei um ein solches privatrechtlicher Art handle. Verweigerten A und B die Zahlung ihres Heimaufenthalts, obwohl sie dazu finanziell in der Lage wären, müsste die Klägerin auf dem Zivilweg gegen sie vorgehen. Es sei nun schwer nachvollziehbar, dass die Durchsetzung derselben Forderung auf dem verwaltungsgerichtlichen Weg zu erfolgen habe, nur weil die ehemalige Wohnsitzgemeinde subsidiär dafür einstehen müsse. Die Forderung gegenüber der Gemeinde sei sehr eng mit dem privatrechtlichen Rechtsverhältnis zwischen dem Heim und dem Bewohner verbunden bzw. hänge materiell von diesem ab. Aufgrund dieser materiellen Abhängigkeit vom Privatrecht mache es Sinn, ja sei es sogar erforderlich, dass die Forderung gegen die Gemeinde im Zivilverfahren beurteilt werde. Rechtsdogmatisch betrachtet statuiere Art. 21c Abs. 3 des Krankenpflegegesetzes (KPG), wonach bei Bezügerinnen und Bezügern von maximalen Ergänzungsleistungen derjenige Anteil an den Pflegeheimkosten, den sie nicht selber finanzieren können, von der öffentlichen Hand übernommen wird, für die ungedeckten Kosten eine Art direktes Forderungsrecht des Heims gegenüber der ehemaligen Wohnsitzgemeinde. Solche Bestimmungen gehörten typischerweise zum Privatrecht. Das Kantonsgericht heisst die Berufung gut und hebt das angefochtene Urteil auf. Erwägungen: Die Argumentation der Vorinstanz gestützt auf die typologische Methode überzeugt nicht. Zunächst steht nicht zwingend fest, dass eine Forderung des Pflegeheims gegen einen seiner Bewohner tatsächlich auf dem Zivilweg durchzusetzen wäre, nur weil sich mit dem Heim Y als privatrechtliche Stiftung und den Heimbewohnern A und B jeweils zwei Personen des Privatrechts gegenüberstehen. Allerdings kann diese Frage letztlich offenbleiben, weil vorliegend nicht eine Forderung des Alters- und Pflegeheims gegen einen Bewohner zu beurteilen ist, sondern eine Forderung des Heims gegenüber der Gemeinde. Geht es um die Tragung des Differenzbetrages zwischen der Heimtaxe und den anrechenbaren Einkünften eines Bezügers von maximalen Ergänzungsleistungen nach Art. 21c Abs. 3 KPG, stehen sich nämlich das Heim als Anspruchsberechtigter und die Gemeinde als Anspruchsverpflichtete gegenüber. Somit liegt der fraglichen Bestimmung das Rechtsverhältnis zwischen 87 dem Heim und der Gemeinde zugrunde und nicht dasjenige zwischen dem Heim und einem seiner Bewohner. Zu beachten ist ferner, dass in diesem Verhältnis zwischen dem Heim und der Gemeinde kein Platz für privatautonome Rechtsgestaltung besteht. Unmittelbare Forderungsgrundlage ist die gesetzliche Regelung von Art. 21c Abs. 3 KPG. Weder das Alters- und Pflegeheim noch die Gemeinde haben einen Einfluss auf die Entstehung und den Umfang der Forderung. Vielmehr definiert das kantonale Recht, wer wie viel bezahlt. Der von der Gemeinde zu übernehmende Betrag ergibt sich nämlich aus der Differenz zwischen den Heimtaxen und den anrechenbaren Einkünften der Bezüger von maximalen Ergänzungsleistungen. Diese beiden Grössen werden nach Art. 21b KPG von der Regierung festgelegt, sodass für die Ermittlung des Differenzbetrags keinerlei Spielraum besteht. Es liegt eine abschliessende, starre Regelung vor, der alle Betroffenen unterworfen sind. Die fragliche Norm hängt darüber hinaus weder mit der Privatrechtstradition eng zusammen noch verfolgt sie typischerweise privatrechtliche Ziele. Inhaltlich geht es um die öffentliche Aufgabe der Gemeinden, für ein ausreichendes und allen – auch den Bedürftigen – zugängliches stationäres Angebot für die Pflege und Betreuung von betagten Personen zu sorgen. Unter diesen Umständen ist nach Ansicht des Kantonsgerichts nicht zu erkennen, inwiefern die Regelung von Art. 21c Abs. 3 KPG nach der typologischen Betrachtungsweise die Kriterien für eine auf Privatrecht basierende Streitigkeit erfüllen soll (KG GR vom 18. Aug. 2008, ZF-08-30, E. 3e).

bb) Fiskustheorie

88 Nach der sogenannten **Fiskustheorie** unterstehen vermögensrechtliche Ansprüche des Privaten gegenüber dem Gemeinwesen dem Privatrecht (siehe Hinweise in KG GR vom 18. Aug. 2008, ZF-08-30, E. 2b). Da früher verwaltungsrechtliche Streitigkeiten keinem gerichtlichen Rechtsschutz unterlagen, hatte die Anwendung der Fiskustheorie immerhin zur Folge, dass vermögensrechtliche Streitigkeiten zwischen Staat und Privaten von den Zivilgerichten entschieden wurden, selbst wenn solche Ansprüche nach heutiger Auffassung klarerweise dem öffentlichen Recht zuzuordnen sind (vgl. z.B. für den Kanton Solothurn VerwG SO vom 26. Mai 2003, in: SOG 2003 Nr. 24 E. 1).

89 Ausdruck der Fiskustheorie sind die noch in einigen Kantonen in Kraft stehenden **Staatshaftungsgesetze**, die die Geltendmachung von Schadenersatzansprüchen privater Personen gegenüber dem Gemeinwesen auf den zivilrechtlichen Weg verweisen. Die Zuständigkeit des Zivilrichters im Staatshaftungsrecht hat indes nicht nur historische Gründe, sondern basiert auch auf der Annahme, dass in Schadensfällen oftmals verschiedene Rechtssubjekte als Haftpflichtige belangbar sind (so jedenfalls VerwG LU vom 8. Nov. 2006, in: LGVE 2006 II Nr. 4 E. 6c/bb). Nach dem Bundesgericht umfasst der **Begriff der Zivilrechtsstreitigkeit nach Art. 72 Abs. 2 lit. b BGG** auch Streitigkeiten, die zwar dem öffentlichen Recht zugerechnet werden, jedoch in einem unmittelbaren Zusammenhang mit dem Zivilrecht stehen und nach der Fiskustheorie als zivilrechtlich gelten, wozu beispielsweise die Haftung des Staates für die Tätigkeit von Spitalärzten gehört (BGE 133 III 462 E. 2.1; siehe ferner auch BGE 121 III 204 E. 1a, 118 II 206 E. 2c).

cc) Subjektstheorie

90 Nach der **Subjektstheorie** soll massgebend sein, ob am Rechtsverhältnis ein öffentlich-rechtlicher Handlungsträger beteiligt ist (BJ vom 10. Jan. 1992, in: VPB 1993 Nr. 1 E. III. 1; KG GR vom 18. Aug. 2008, ZF-08-30, E. 2b; VerwG SG vom 9. Nov. 2004, in: GVP 2004 Nr. 37 E. c/aa; ferner BGer vom 20. Feb. 2012, 2C_404/2010,

E. 1: Die Wasserversorgung Wangen ist eine öffentlich-rechtliche Körperschaft, was nebst der Erfüllung einer öffentlichen Aufgabe dafür spreche, dass eine Angelegenheit des öffentlichen Rechts vorliege).

Allerdings führt der Umstand allein, dass ein Träger als spezialgesetzliche Aktiengesellschaft des öffentlichen Rechts (SBB AG) oder als öffentlich-rechtliche Anstalt (Post) konstituiert ist, nicht zwingend dazu, dass von einem öffentlich-rechtlichen Rechtsverhältnis auszugehen ist (vgl. z.B. BGE 132 III 470 E. 3.3 [SBB AG]). Im Gegenteil ist anerkannt, dass die **SBB AG** wie auch die **Post** überwiegend privatrechtliche Verträge abschliessen, solange nicht eine davon abweichende besondere gesetzliche Grundlage besteht (vgl. z.B. Art. 18 Abs. 1 PG [Gewährung von Vorzugspreisen für die Beförderung von Zeitungen und Zeitschriften]; dazu BVGer vom 8. März 2012, A-3049/2011, E. 1.1; vom 12. Mai 2009, A-6523/2008, E. 9.2.2; vom 23. April 2007, A-2039/2006, E. 2.2.2), oder Anordnungen im «behördlichen Wirkungskreis» des betreffenden Rechtsträgers ergehen (BVGer vom 29. März 2011, A-7454/2009, E. 1.1.2 [Plakatierung von Werbeflächen innerhalb des Bahnhofsareals]; REKO UVEK vom 17. Okt. 2000, in: VPB 65 [2001] Nr. 63 E. 5.3 [Verbot, Gratiszeitungen an Bahnhöfen zu verteilen]). 91

Ist ein **Elektrizitätswerk** öffentlich-rechtlich konstituiert, kann nicht zwingend davon ausgegangen werden, dass das Verhältnis zwischen dem Elektrizitätswerk und den Energiebezügern öffentlich-rechtlicher Natur ist (BGer vom 27. Sept. 1996, in: ZBl 1997 S. 410 E. 1b; nach dem Kantonsgericht St. Gallen ist bei der Zuordnung zumindest auch die Rechtsform und die Trägerschaft des Elektrizitätswerkes zu berücksichtigen [KG SG vom 17. Feb. 2010, BZ-2009-86, E. III/3b]). Führt ein **Mitarbeiter des Bauamts** wegen einer verstopften Abwasserleitung eine Leitungsspülung durch und stellt das zuständige Bauamt für das Spülen der Schmutzwasserleitung einen gewissen Betrag in Rechnung, handelt es sich nicht per se um ein dem öffentlichen Recht unterstehendes Verhältnis, nur weil ein Gemeindeangestellter die entsprechende Leitungsspülung vorgenommen, das Bauamt den entsprechenden Betrag in Anwendung des Gebührentarifs erhoben und in Rechnung gestellt hat (Verwaltungsrekurskommission SG vom 13. Dez. 2007, in: GVP 2007 Nr. 69 E. 3b). 92

Aus dem Umstand allein, dass die Klägerin als **privatrechtliche Stiftung** konstituiert ist und es sich bei den Schadenersatzforderungen um nicht bezahlte Heimkosten handelt, welche von zwei Personen des Privatrechts geschuldet sind, kann nicht zwingend auf ein privatrechtliches Verhältnis geschlossen werden (KG GR vom 18. Aug. 2008, ZF-08-30, E. 3e). Es gibt eine Reihe von **privatrechtlich konstituierten juristischen Personen**, die unmittelbar **staatliche Aufgaben** erfüllen und – je nach zu beurteilender Angelegenheit – materiell als Behörde gelten und Verfügungen erlassen können (Skyguide [BGer vom 24. Okt. 2011, 2C_303/2010, E. 2.1; BVGer vom 19. Feb. 2010, A-3524/2008, E. 2.1]; Medizinischer Bezirksverein Bern-Stadt [VerwG BE vom 15. Nov. 2004, in: BVR 2005 S. 372 E. 2]; Ärztegesellschaft Thurgau [BGer vom 25. Okt. 2011, 2C_807/2010, E. 2.6]; Billag AG [BGE 130 III 524 E. 1.2]; santésuisse [BGE 132 V 303 E. 4.4.2]; Unique Flughafen AG [BGer vom 15. April 2009, 2C_715/2008, E. 4]; von Privaten organisierte Integrations- und Weiterbildungskurse im Rahmen des AVIG [BGE 128 III 250 E. 2c]; öffentliche Beurkundung durch einen freierwerbenden Notar [BGE 128 I 280 E. 3]). 93

f) Theorien, die auf formalen Kriterien beruhen

94 Gelegentlich wird auf **formale Kriterien** wie Gerichtsstandsvereinbarungen, Verweise auf das OR, Verweise auf einen bestimmten Rechtsweg, Schiedsgerichtsklauseln usw. zurückgegriffen, um die Rechtsnatur eines Rechtsverhältnisses oder einer Rechtsnorm zu bestimmen (Berücksichtigung des Parteiwillens: BGE 134 II 297 E. 3.3 [entgegen BGer vom 27. Sept. 1996, in: ZBl 1997 S. 410 E. 1b]; Schiedsgerichtsklausel/Gerichtsstandsvereinbarung: BGE 134 II 297 E. 3.3, 109 Ib 146 E. 2e [entgegen BGE 120 II 412 E. 2]; Berücksichtigung der Regelungsmaterie: BGE 128 III 250 E. 2c/aa, 101 II 366 E. 3 [entgegen BGE 96 I 406 E. 2a]; Bindung an die Beurteilung durch die Vorinstanz: BGE 134 II 297 E. 3.3 [anders BGE 136 II 489 E. 3.2; BGer vom 4. Feb. 2010, 2C_58/2009, E. 1.4]; zum Ganzen auch MARTI, a.a.O., Rz. 56).

95 Das Bundesgericht relativiert die Anwendung solcher Kriterien zu Recht mit dem Argument, dass die Natur der Streitsache nach **objektiven Gesichtspunkten** zu ermitteln ist und nicht durch einen Hinweis auf den Rechtsweg begründet werden kann (BGer vom 27. Sept. 1996, in: ZBl 1997 S. 410 E. 1c). Nach zutreffender Meinung des Verwaltungsgerichts ZH ist für die Abgrenzung zwischen öffentlichem Recht und Privatrecht der (subjektive) Parteiwille nicht massgebend. Spricht die Anwendung der besagten Abgrenzungskriterien für ein dem öffentlichen Recht unterstehendes Rechtsverhältnis, hat dies zur Folge, dass sich eine Gerichtsstands- oder Schiedsgerichtsklausel als nichtig erweist, ansonsten es Sache der Parteien wäre, durch vertragliche Bestimmungen (Verweise auf das OR, Gerichtsstandsvereinbarung, Schiedsgerichtsklausel usw.) das Rechtsverhältnis gleichsam zu privatisieren (VerwG ZH vom 10. Feb. 2011, VK.2010.00002, E. 1.1; vom 10. Juli 2008, VK.2006.00007, E. 1.3). Den Parteien steht nicht zu, durch Vereinbarung die Rechtsnatur frei zu wählen und den entsprechenden Rechtsweg zu bestimmen (BGer vom 27. Sept. 1996, in: ZBl 1997 S. 410 E. 1c). Entsprechend spielt für die Prüfung, ob ein privat- oder ein öffentlich-rechtliches Rechtsverhältnis vorliegt, die Rechtsform, in die die Parteien das Verhältnis gekleidet bzw. die **Bezeichnung**, die sie dafür gewählt haben, keine entscheidende Rolle: Massgebend ist vielmehr der tatsächliche Inhalt des Rechtsverhältnisses (BGer vom 14. Dez. 2005, 2P.136/2005, E. 3.1.1).

96 Um die Rechtsnatur einer Norm zu beurteilen, fällt die auf die **Rechtsquelle des Erlasses** abstellenden Unterscheidung ausser Betracht (so bereits BGE 96 I 406 E. 2a: «Für die von Art. 5 VwVG getroffene Unterscheidung von öffentlichem Recht und Privatrecht fällt die rein formelle, lediglich auf die Rechtsquelle abstellende Unterscheidung ausser Betracht»; ferner KG GR vom 18. Aug. 2008, ZF-08-30, E. 2b). Zuweilen begründet das Bundesgericht die Rechtsnatur auch mit Blick auf die massgebende Ordnung (BGE 101 II 366 E. 3: Bei Landeskarten handelt es sich um eine Regelungsmaterie, die dem öffentlichen Recht untersteht, folglich liegt eine öffentlich-rechtliche Angelegenheit vor; BGE 128 III 250 E. 2c/aa: Massgebend für Abmachungen mit den Trägern von Umschulungs- und Weiterbildungseinrichtungen im Rahmen arbeitsmarktlicher Massnahmen ist allein das öffentliche Recht [AVIG], womit keine Zivilrechtsstreitigkeit vorliegt; BGE 132 V 303 E. 4.4.2: Die materiellrechtlichen Voraussetzungen zur Erteilung der sogenannten Zahlstellen-Register-Nummer [ZSR-Nr.] wurzeln allesamt im öffentlichen Recht, konkret im KVG; aus-

serdem BGer vom 4. Feb. 2010, 2C_58/2009, E. 1.3; vom 7. Nov. 2002, 2A.249/2002, E. 2.3 [Berufsbildungsgesetz als Teil des öffentlichen Rechts]).

Die formale Betrachtungsweise verleitet zu **Fehlinterpretationen**: So hat das Sozial- 97
versicherungsgericht des Kantons Zürichs Streitigkeiten über die Frage von **Zusatzversicherungen** deshalb dem öffentlichen Recht unterstellt, weil eine gewisse Nähe zum entsprechenden öffentlich-rechtlichen Erlass (KVG) vorliegt (Hinweis aus BGE 124 III 44 E. 1a/bb: Die [öffentlich-rechtlich statuierte] Garantie zur Gewährleistung des bisherigen Versicherungsschutzes stellt nach richtiger Auffassung lediglich eine Schranke der grundsätzlich privatrechtlichen Ordnung der Zusatzversicherungen dar).

Zu berücksichtigen ist diesbezüglich auch, dass Gesetze **öffentlich-rechtliche wie** 98
auch privatrechtliche Vorschriften enthalten und bestimmte Normen eine **Doppelnatur** aufweisen können (zu den sog. Doppelnormen Rz. 254 ff.). Die **Stiftungsaufsicht**, die im **ZGB** verankert ist, dient auch der Wahrung öffentlicher Interessen, obwohl der Erlass (ZGB) grundsätzlich privatrechtlicher Natur ist (BGE 96 I 406 E. 2b; ferner VerwG BE vom 2. Feb. 2007, in: BVR 2007 S. 371 E. 3.2.5 [Haftung nach Art. 429a ZGB für einen widerrechtlichen fürsorgerischen Freiheitsentzug]; BGE 126 III 431 E. 2c [Staatshaftung gemäss Art. 5 Abs. 1 SchKG]; BGE 120 II 412 E. 1 und E. 2 [automatische Auflösung einer Stiftung, deren Zweck nicht mehr realisierbar ist]). Nicht entscheidend ist diesbezüglich, ob der **Bundesgesetzgeber** eine andere Einteilung wie der **kantonale Gesetzgeber** vornimmt (und vice versa) und dieser eine Regelungsmaterie als zivilrechtlich beurteilt, die nach Bundesrecht öffentlich-rechtlicher Natur ist (vgl. auch KÖLZ/BOSSHART/RÖHL, § 1, Rz. 3).

Abzulehnen ist die **Rechtsformentheorie**, wonach der Vertrag der Regelung privat- 99
rechtlicher und die Verfügung der Regelung öffentlich-rechtlicher Verhältnisse dient (KÖLZ/BOSSHART/RÖHL, § 1, Rz. 11). Fehlt eine Befugnis, hoheitlich zu handeln und Verfügungen zu erlassen, folgt daraus nicht zwingend, dass ein privatrechtlicher Vertrag vorliegt (anders KG SG vom 17. Feb. 2010, BZ-2009-86, E. III/3d). Es ist in derartigen Konstellationen zu prüfen, ob der Vertrag öffentlich-rechtlicher oder privatrechtlicher Natur ist (so richtig in der Prüffolge VerwG ZH vom 6. Dez. 2001, VK.2001.00003, E. 1c und E. 1d; VerwG BE vom 12. Nov. 1999, in: BVR 2000 S. 454 E. 1c).

Weitere formale Kriterien: Nicht von Belang ist, ob eine **Behörde vorfrageweise** 100
für gewisse Feststellungen (z.B. ob die Versicherungsprodukte der Vorschrift von Art. 102 Abs. 2 KVG entsprechen) zuständig ist oder ob **Kontrahierungspflichten** bzw. andere zwingende Bestimmungen die Vertragsfreiheit der beteiligten Personen einschränken (BGE 124 III 44 E. 1a/bb; Departement für Inneres und Militär SG vom 15. Feb. 2002, in: GVP 2002 Nr. 124 E. 7d). Der **zwingende Charakter einer Norm** ist nicht ausschlaggebend, ob diese öffentlich-rechtlicher oder privatrechtlicher Natur ist (BGE 124 III 44 E. 1a/bb; KG GR vom 18. Aug. 2008, ZF-08-30, E. 2b). Die Vertragsfreiheit kann gleichermassen auch von zwingenden privatrechtlichen Normen eingeschränkt werden (Departement für Inneres und Militär SG vom 15. Feb. 2002, in: GVP 2002 Nr. 124 E. 7d).

Ob eine **vergleichbare Ordnung** auch hätte **öffentlich-rechtlich** geschaffen werden 101
können, ist für die Bestimmung der Rechtsnatur einer Vereinbarung nicht bedeutsam

(BGE 109 Ib 146 E. 3b [Sorgfaltspflichtvereinbarung bei der Entgegennahme von Geldern]). Grundsätzlich ändert auch die **Allgemeinverbindlicherklärung** einer privatrechtlichen Vereinbarung nichts an deren Rechtsnatur (OG ZH vom 16. Nov. 2007, PN070195, E. IV [Beiträge an einen Berufsbildungsfonds]; anders BGE 137 II 399 E. 1.6 und E. 1.7, 137 II 409 E. 7.3.2; BGer vom 4. Feb. 2010, 2C_58/2009, E. 1.3). Für die (öffentlich-rechtliche) Qualifikation von Alpkorporationen ist nicht ausschlaggebend, ob diesen **vermögenswerte (Privat-)Rechte** zustehen. Das Vorhandensein eines eigenen Vermögens erlaubt keinen direkten Rückschluss auf die Natur der Trägerschaft, ist doch allgemein anerkannt, dass auch juristische Personen des öffentlichen Rechts über ein Vermögen verfügen können (BGE 132 I 270 E. 6).

102 Wenn die handelnde Behörde auf eine **öffentlich-rechtliche Tarifordnung** abstellt, kann daraus nicht zwingend abgeleitet werden, dass die zu bezahlenden Beiträge öffentlich-rechtlicher Natur sind, solange diese keinen Bussen- oder Strafcharakter aufweisen (BGE 136 II 457 E. 6.2 [Kontrollzuschlag], 136 II 489 E. 2.4 [Kontrollzuschlag]; VerwG LU vom 25. März 2009, in: LGVE 2009 II Nr. 28 E. 3 [Verteilung der Baukosten einer privaten Erschliessungsstrasse gemäss der Perimeterverordnung]; Verwaltungsrekurskommission SG vom 13. Dez. 2007, in: GVP 2007 Nr. 69 E. 3b [Spülung einer Abwasserleitung und Auferlegung der Kosten gestützt auf den Gebührentarif]; VerwG ZH vom 8. Dez. 2000, in: ZBl 2001 S. 378 E. 3). Entsprechend beurteilt sich die **Rechtsnatur eines Arbeitsverhältnisses** nicht hauptsächlich danach, ob der Lohn gemäss dem kantonalen Personalgesetz festgelegt und der betreffende Arbeitnehmer bei der Pensionskasse des kantonalen Personals versichert ist (VerwG SG vom 18. Dez. 2007, in: GVP 2007 Nr. 5 E. 1.2.2.2; anders KG BL vom 19. Jan. 2000, in: VGE 2000 S. 35 E. 3a; Erziehungsdepartement SG vom 1. Okt. 2001, in: GVP 2001 Nr. 85 E. 1c).

103 Die Rechtsnatur ist nicht allein deshalb öffentlich-rechtlich, weil der kantonale Gesetzgeber den **Rechtsweg** an das Departement und das Verwaltungsgericht und nicht an die Zivilgerichte vorgesehen hat (vgl. auch Rz. 83). Es handelt sich dabei lediglich um ein **Indiz**, um die Rechtsnatur des Rechtsverhältnisses zu bestimmen; es müssen noch andere Aspekte hinzutreten, um die Qualifikation vornehmen zu können (vgl. BGer vom 25. Okt. 2011, 2C_807/2010, E. 2.6; vom 28. Juli 2011, 2C_561/2010, E. 1.8; vom 4. Feb. 2010, 2C_58/2009, E. 1.4; anders BGE 136 II 457 E. 2.2 und E. 6.2, 136 II 489 E. 2.4 [jeweils betr. Art. 56 PBG]; BVGer vom 23. April 2007, A-2039/2006, E. 2.2.2 [Art. 18 PG]; KG ZG vom 11. Sept. 2003, in: GVP 2003 S. 198 E. 1.4; siehe auch oben Rz. 83).

Praxis:

104 – Werden **Pflanzbeschränkungen zur Wahrung der Aussicht** in Form von Dienstbarkeiten im Rahmen der Umsetzung eines Gesamtkonzepts, welches primär die Aussicht im betreffenden Gebiet zugunsten der Öffentlichkeit wahren will, errichtet, verfolgen sie öffentliche Interessen. Der Umstand, dass die Dienstbarkeiten in privatrechtliche Gestalt gefasst und in privatrechtlichen Kaufverträgen statuiert sind, vermag gegen diese eindeutig öffentliche Zwecksetzung nicht aufzukommen. Daher sind die betreffenden Klauseln der betreffenden Verträge als öffentlich-rechtlich zu qualifizieren (BGer vom 25. Feb. 2003, 1P.459/2002, E. 3.3).

105 – Art. 1 Ziff. 4 des **Reglements für das Strombezugsverhältnis** erklärt zwischen den Gemeindewerken und den Abonnenten das Zivilrecht für anwendbar und weist Streitigkeiten darüber dem Zivilrichter zur Beurteilung zu. Das Bundesgericht weist darauf hin, dass es nicht Sache

eines Gemeinwesens ist, durch eine Reglementsbestimmung das Rechtsverhältnis zwischen ihr und den Strombezügern gleichsam zu privatisieren (vgl. hingegen KG ZG vom 11. Sept. 2003, in: GVP 2003 S. 198 E. 1.4 [Rechtsnatur des Benutzungsverhältnisses zwischen einer Gemeinde und dem Benutzer einer gemeindeeigenen Mehrzweckhalle für eine Autoausstellung]: Da die Benützungsordnung weitgehend in den Vertrag zwischen der Gemeinde und dem Nutzer integriert wurde und diese eine Beschwerde an den Gemeinderat vorsah, ging das Kantonsgericht von einem verwaltungsrechtlichen Vertrag aus). Ebenso wenig vermag eine **Parteivereinbarung**, geschweige denn eine einseitige Anordnung, die Zuständigkeit des Zivilrichters zur Beurteilung von Streitfragen aus dem Verwaltungsrecht zu begründen. Eine Bindung des Gerichts an die nach Treu und Glauben ausgelegten Erklärungen der Parteien zur sachlichen Zuständigkeit besteht daher von vornherein nicht (BGer vom 27. Sept. 1996, in: ZBl 1997 S. 410 E. 1c).

- **Art. 56 Abs. 1 PBG**, wonach vermögensrechtliche Streitigkeiten zwischen dem Kunden und der Transportunternehmung durch den Zivilrichter zu beurteilen sind, ist dergestalt zu verstehen, dass Transportverträge grundsätzlich dem Privatrecht unterstehen (BGE 136 II 457 E. 2.2 und E. 6.2, 136 II 489 E. 2.4). 106
- Aus **Art. 18 PG** («Entscheide der Post über die Gewährung von Vorzugspreisen für die Beförderung von Zeitungen und Zeitschriften können durch Beschwerde angefochten werden») leitet die Praxis ab, dass derartige Entscheide der Post öffentlich-rechtlicher Natur sind und die Post diesbezüglich hoheitlich verfügen kann (BVGer 12. Mai 2009, A-6523/2008, E. 9.2.2; vom 23. April 2007, A-2039/2006, E. 2.2.2). 107
- Die materiell-rechtlichen Voraussetzungen, damit die santésuisse einer privaten Spitex-Organisation eine sog. **Zahlstellen-Register-Nummer** (ZSR-Nr.) erteilen kann, wurzeln allesamt im öffentlichen Recht (in casu: KVG), sodass gemäss Bundesgericht eine öffentlich-rechtliche Angelegenheit vorliegt (BGE 132 V 303 E. 4.4.2). 108
- Wenn die **Baukosten einer privaten Erschliessungsstrasse** auf die daran interessierten Grundstücke verteilt werden müssen, betrifft dies die Beziehung von gleichwertigen, gleichberechtigten privaten Rechtssubjekten. Können sich jedoch die an einer privaten Erschliessungsstrasse interessierten Grundstückseigentümer über den Beitrag zu den Baukosten nicht einigen und rufen sie die für den öffentlichen Perimeter zuständige Behörde an, um die Kostenverteilung festzulegen, dann wendet die Perimeterbehörde die Perimeterverordnung dergestalt an, wie wenn sie öffentlich-rechtlich handeln und Beiträge an ein öffentliches Werk erheben müsste. Entsprechend kann die Anwendung der Perimeterverordnung durch die Perimeterbehörde durch das Verwaltungsgericht überprüft werden (VerwG LU vom 25. März 2009, in: LGVE 2009 II Nr. 28 E. 3). 109
- Grundlage von Abmachungen mit den Trägern über die Finanzierung von **Umschulungs- und Weiterbildungseinrichtungen** im Rahmen arbeitsmarktlicher Massnahmen ist das AVIG, womit keine Zivilrechtsstreitigkeit vorliegt. Ferner gehört die Ausrichtung von Subventionen an solche Einrichtungen zu den Materien, die üblicherweise öffentlich-rechtlich normiert sind. Verträge im Bereich der öffentlichen Finanzhilfe sind daher regelmässig verwaltungsrechtliche Verträge (BGE 128 III 250 E. 2c/aa). 110
- Die **Zahlung von Lizenzgebühren für die Reproduktion von Landeskarten** ist nach öffentlichem Recht zu beurteilen, da die Erstellung neuer Landeskarten grundsätzlich Sache des Bundes ist und die betreffende Regelung im Bundesgesetz über die Erstellung neuer Landeskarten auf dem Gedanken beruht, dass es sich bei der Landeskarte schon mit Rücksicht auf die Armee um eine eidgenössische Angelegenheit handelt. Demnach ist die gesetzliche Ordnung der Landeskartografie öffentlich-rechtlich und die entsprechende Streitigkeit (Reproduktion von Landeskarten bzw. Zahlung von Lizenzgebühren) ist nach öffentlichem Recht zu beurteilen (BGE 101 II 366 E. 3). 111
- Auch wenn die Krankenversicherung weitgehend öffentlich-rechtlich geregelt ist, unterstehen die von den **Krankenkassen angebotenen Zusatzversicherungen** dem Privatrecht; dies gilt selbst unter der Bedingung, dass die Krankenkassen gemäss Art. 102 Abs. 2 KVG den bisherigen Versicherungsschutz gewährleisten müssen. Damit wird zwar die Vertragsfreiheit für die 112

Krankenkasse als Vertragskontrahentin eingeschränkt, was jedoch für die Frage der Qualifikation des Rechtsverhältnisses nicht von entscheidender Bedeutung ist. Die Rechtsordnung kennt zahlreiche Schranken, welche diese Freiheit in der einen oder anderen Hinsicht beschränken, ohne dass die Regelung der Verhältnisse sogleich dem öffentlichen Recht zugeschlagen wird. Weiter ist nicht von Belang, dass die umstrittene Bestandsgarantie im KVG geregelt und das Bundesamt für Sozialversicherung für die vorfrageweise Feststellung zuständig ist, ob die Versicherungsprodukte einer Krankenkasse der Vorschrift des Art. 102 Abs. 2 KVG entsprechen. Es handelt sich dabei weitgehend um formale Kriterien, die über die Natur des Rechtsverhältnisses nichts aussagen (BGE 124 III 44 E. 1).

113 – Werden die **Einführungskurse für Lehrlinge** an Berufsverbände delegiert, und erlassen diese Verbände Reglemente, so treten diese an die Stelle von (öffentlichem) Verordnungsrecht des Bundes, mit der Folge, dass die betreffenden Reglemente ohne Weiteres dem öffentlichen Recht zuzuordnen sind, da auch das den Reglementen zugrunde liegende Berufsbildungsgesetz typischerweise öffentliches Recht darstellt. Streitigkeiten daraus sind ohne Weiteres öffentlich-rechtlicher Natur (BGer vom 7. Nov. 2002, 2A.249/2002, E. 2.3; anders KG SG vom 17. März 1995, in: GVP 1995 Nr. 9; zu einer analogen Streitfrage bei der Anwendung des Berufsbildungsgesetzes BGer vom 4. Feb. 2010, 2C_58/2009, E. 1.3 [Beiträge an den Berufsbildungsfonds]).

114 – Ist die **Rechtsnatur des Angestelltenverhältnisses** (in casu: Lehrkräfte einer Jugendmusikschule) nicht geregelt, ist die betreffende Frage aufgrund der verschiedenen Theorien zu beantworten. Nebst diesen Theorien können auch folgende Aspekte auf ein öffentliches Dienstverhältnis hindeuten: Besoldung der Angestellten nach den generell-abstrakten Regeln des öffentlichen Dienstes, Zuteilung zur staatlichen Pensionskasse, Anstellung durch Wahl auf eine feste Amtsdauer (KG BL vom 19. Jan. 2000, in: VGE 2000 S. 35 E. 3a).

115 – Der **Abtransport des Hauskehrichts** kann je nach kantonaler Rechtslage sowohl als eine öffentliche Aufgabe als auch als eine bloss untergeordnete Hilfstätigkeit im Rahmen der Abfallentsorgung als Ganzes betrachtet werden. Vorliegend verweist der zu beurteilende Vertragsentwurf auf Artikel des Obligationenrechts und enthält zudem eine Gerichtsstandsklausel. Daraus ist ersichtlich, dass die Parteien selber ursprünglich von einem privatrechtlichen Vertrag ausgegangen sind und nicht eine verwaltungsrechtliche Vereinbarung schliessen wollten. Zudem haben auch das Verwaltungsgericht als oberste kantonale Instanz im Bereich des öffentlichen Rechts und die Vorinstanz als oberstes kantonales Zivilgericht den Vertrag übereinstimmend als privatrechtlich qualifiziert (BGE 134 II 97 E. 3.3).

116 – Die **Beseitigung von Abfällen** gehört zu den von der Gemeinde wahrzunehmenden öffentlichen Aufgaben, weshalb grundsätzlich von einem öffentlich-rechtlichen Vertrag auszugehen ist. Der Vertrag zwischen den Parteien nennt allerdings in den Schlussbestimmungen R als Gerichtsstand, was als Indiz hierfür gewertet werden könnte, dass die Parteien anlässlich des Vertragsschlusses der Meinung waren, einen privatrechtlichen Vertrag abzuschliessen. Auf den subjektiven Willen der Parteien ist jedoch bei der Frage, ob es sich um einen verwaltungsrechtlichen oder privatrechtlichen Vertrag handelt, nicht abzustellen. Vielmehr ist das dominierende Abgrenzungselement im Vertragsgegenstand und -zweck zu erblicken, sodass ein öffentlich-rechtlicher Vertrag vorliegt, womit sich die Gerichtsstandsklausel als nichtig erweist (VerwG ZH vom 10. Juli 2008, VK.2006.00007, E. 1.3).

117 – Nimmt ein **Gemeindeangestellter** eine **Spülung der Abwasserleitung** auf der Liegenschaft des Rekurrenten vor, handelt allein dadurch die Gemeinde nicht hoheitlich (Subjektstheorie). Auch die Anwendung des Gebührentarifs begründet noch kein Unterordnungsverhältnis des Bürgers gegenüber dem Staat (Verwaltungsrekurskommission SG vom 13. Dez. 2007, in: GVP 2007 Nr. 69 E. 3b).

118 – Der Abschluss eines Vertrags über die Behandlung eines Tieres in einem **Tierspital** ist auch dann privatrechtlicher Natur, wenn die Gebührenordnung des Tierspitals den Parteien nur einen geringfügigen Regelungsspielraum zur Gestaltung ihrer gegenseitigen Beziehungen belässt, stellt der Staat doch auch für solche privatrechtlichen Verträge, an denen er selber (z.B. gemäss

Postgesetz) oder an denen ausschliesslich Private (z.B. für den Arztvertrag) beteiligt sind, verbindliche Tarife auf (VerwG ZH vom 8. Dez. 2000, in: ZBl 2001 S. 378 E. 3d).

- Eine staatliche Aufgabe wird nicht zu einer privaten Tätigkeit, nur weil mit der betreffenden **Aufgabe eine Privatperson** beauftragt ist (vgl. z.B. BGE 128 I 280 E. 3 [öffentliche Beurkundung durch freierwerbende Anwälte und Notare]). Auch das Behandlungsverhältnis zwischen Patient und Spital untersteht in den meisten Kantonen dem öffentlichen Recht, selbst wenn die Trägerschaft des Spitals privatrechtlich organisiert ist (VerwG GR vom 22. Feb. 2011, S-09-54A, E. 2c; zum Ganzen insb. Rz. 90 ff.). 119
- Die **Verordnung über die Personenbeförderung (VPB)** regelt bezüglich **Fundsachen** bestimmte Rechte und Pflichten der Transportunternehmungen, des Finders und des Verlierers von Gegenständen (Art. 72 VPB); dabei handelt es sich um Nebenpflichten aus Personentransportverträgen, weshalb auch die diesbezügliche Tätigkeit dem Privatrecht zuzuordnen ist (BGE 102 Ib 314 E. 3a; BVGer vom 3. Sept. 2007, A-420/2007, E. 1.4). 120

3. Methodenpluralismus

Das Bundesgericht stützt sich auf **verschiedene Theorien**, die nicht a priori Vorrang gegenüber den anderen haben, deren grundsätzliche Kriterien sich nicht ausschliessen und die im Einzelfall herangezogen werden, soweit sie sich am besten zur Lösung der konkreten Fragestellung eignen (vgl. BGE 137 II 399 E. 1.1, 132 V 303 E. 4.4.2, 128 III 250 E. 2a, 126 III 431 E. 2c/bb, 120 II 412 E. 1b, 109 Ib 146 E. 1b; BGer vom 2. Sept. 2010, 5A_95/2010, E. 5.4; vom 28. Juni 2010, 4A_116/2010, E. 4.1; vom 4. Feb. 2010, 2C_58/2009, E. 1.2). Es prüft in jedem **Einzelfall**, welches **Abgrenzungskriterium den konkreten Gegebenheiten** am besten gerecht wird. Die verschiedenen genannten Kriterien und Gesichtspunkte sind im Sinne **einer wertenden Abwägung** miteinander zu kombinieren, um verlässliche Aussagen über die Rechtsnatur der Rechtsnorm und das ihr zugrunde liegende Rechtsverhältnis zu gewinnen (KG SG vom 11. Okt. 2010, VZ-2010-26, E. 1.3; KG GR vom 18. Aug. 2008, ZF-08-30, E. 2b; vgl. auch MARTI, a.a.O., Rz. 66 ff.). Führt beispielsweise die Interessen- oder Funktionstheorie zu keinem eindeutigen Ergebnis, ist dieser Umstand nicht entscheidend, wenn die anderen Kriterien eine Zuordnung zu einem Rechtsgebiet eindeutig zulassen (BGE 126 III 431 E. 2c/bb). 121

Vorherrschend ist in der Praxis die Subordinationstheorie: Kann die (private) Partei auf den Inhalt des Rechtsverhältnisses keinen Einfluss nehmen, tritt der Staat dem Einzelnen gegenüber hoheitlich und übergeordnet auf, legt die Behörde einseitig Bedingungen fest, wird daraus häufig auf ein dem öffentlichen Recht unterstehendes Rechtsverhältnis geschlossen (vgl. BGE 132 V 303 E. 4.4.2, 128 III 250 E. 2a, 126 III 431 E. 2c/bb, 120 II 412 E. 1b, 109 Ib 146 E. 1b). Die Unterordnung des Einzelnen unter die Staatsgewalt ist nach wie vor zentraler Gedanke des öffentlichen Rechts (so auch MARTI, a.a.O., Rz. 67). Hoheitliches Handeln wiederum ist eine wesentliche Voraussetzung dafür, dass der Staat ein Rechtsverhältnis mittels Verfügung regeln kann. Erscheint das Gemeinwesen als mit hoheitlichen Befugnissen ausgestattet, wird häufig nicht weiter geprüft, ob anhand der anderen Abgrenzungstheorien ein privatrechtliches Verhältnis vorliegt bzw. ob im Sinne der Funktions- und Interessentheorie private Interessen oder Aufgaben verfolgt werden (VerwG GR vom 8. Mai 2007, R-07-21, E. 2a). 122

Praxis:

123 – Die **Spülung einer Abwasserleitung im Bereich des Hausanschlusses** untersteht dem Privatrecht. Führt ein Mitarbeiter des Bauamts wegen einer verstopften Abwasserleitung eine Leitungsspülung durch und stellt das zuständige Bauamt für das Spülen der Schmutzwasserleitung einen gewissen Betrag in Rechnung, handelt es nicht per se um eine dem öffentlichen Recht unterstehende Abgabe. Indem der Gemeindeangestellte die Leitungsspülung vornahm, handelte die politische Gemeinde nicht hoheitlich, d.h. nicht einseitig und verpflichtend, sondern wie ein privater Unternehmer. Der Rekurrent hätte diesen Auftrag ohne Weiteres auch einem anderen Sanitärinstallateur, der entsprechend ausgerüstet ist, erteilen können. Auch die Anwendung der Interessen- oder Funktionstheorie führt im Übrigen zu keinem anderen Ergebnis, selbst wenn die Erschliessung eines Grundstücks grundsätzlich Aufgabe des Gemeinwesens ist (Verwaltungsrekurskommission SG vom 13. Dez. 2007, in: GVP 2007 Nr. 69 E. 3b).

124 – Die Vereinbarung über die **Sorgfaltspflicht der Banken bei der Entgegennahme von Geldern und über die Handhabung des Bankgeheimnisses (VSB)** ist privatrechtlicher Natur. Die Banken haben ein eigenes (privates) Interesse, die Identität ihrer Kunden zu kennen, um sich so vor der Entgegennahme von Geldern deliktischer Herkunft besser zu schützen; öffentliche Aufgaben werden dadurch keine wahrgenommen (Funktionstheorie). Die Sanktionen werden durch die Schiedskommission sowie den Untersuchungsbeauftragten ausgesprochen. Nach der Interessentheorie kann keine eindeutige Zuordnung vorgenommen werden. Ein hoheitliches Handeln der Schweizerischen Nationalbank in dieser Angelegenheit kann ausgeschlossen werden; die VSB ist das Ergebnis intensiver Verhandlungen zwischen der SNB sowie der Schweizerischen Bankiervereinigung. Entsprechend fehlt es auch an einem Unterordnungsverhältnis. Ausserdem geht es vorliegend nicht um die Übertragung einer öffentlichen Aufgabe, obwohl eine vergleichbare Ordnung auch durch Gesetz hätte geschaffen werden können (BGE 109 Ib 146 E. 2).

125 – Wenn der Bund **Privaten** gegen ein Entgelt erlaubt, **Landeskarten zu reproduzieren** und zu veröffentlichen, handelt es sich bei diesem Entgelt um keine Urheberrechtsgebühr, sondern um eine verwaltungsrechtliche Gebühr. Dies ergibt sich gemäss Bundesgericht daraus, dass es sich bei der Erstellung und Unterhaltung neuer Landeskarten um eine im öffentlichen Interesse liegende Angelegenheit handelt (Interessentheorie) und der Staat auch mit Rücksicht auf die Landesverteidigung diese Aufgabe zu erfüllen hat (Funktionstheorie). Die gesetzliche Ordnung der Landeskartografie ist zudem öffentlich-rechtlicher Natur. Die entsprechenden Verordnungen sehen ferner vor, dass die zuständigen Departemente einseitig die Benützung bewilligen und hierfür Grundsätze und Gebühren festlegen können (Subordinationstheorie). Der Bund tritt den Privaten obrigkeitlich gegenüber (BGE 101 II 366 E. 2-4).

126 – Die **Schweizer Mustermesse AG** handelt als gemischtwirtschaftliche Unternehmung gemäss Art. 762 OR nicht hoheitlich, wenn sie Verträge über Standplätze an der Messe abschliesst bzw. Ausstellern eine Absage erteilt. Das für die Messeveranstaltungen bestimmte Gelände zählt nicht zu jenen öffentlichen Flächen, welche allenfalls gestützt auf die Wirtschaftsfreiheit vorübergehend auch interessierten Privaten zur Verfügung gestellt werden müssen. Die Vergabe eines Standplatzes an den hier fraglichen Messeveranstaltungen lässt sich auch nicht vergleichen mit der Überlassung eines öffentlichen, unter direkter Herrschaft des Gemeinwesens verbliebenen Areals für einen Marktstand oder eine Zirkusveranstaltung, worauf nach der Rechtsprechung des Bundesgerichtes aufgrund der Wirtschaftsfreiheit (Art. 27 BV) unter gewissen Voraussetzungen ein verfassungsrechtlicher Anspruch bestehen kann, und worüber das zuständige Gemeinwesen in der Regel auf dem Wege einer anfechtbaren Verfügung zu entscheiden hat (BGE 126 I 250 E. 2).

127 – **Schadenersatzforderungen einer Stiftung Y**, welche ein Alters- und Pflegeheim betreibt, gegen die Gemeinde X betr. zweier Heimbewohner, welche vorher in der Gemeinde X wohnhaft waren und die anfallenden Heimkosten nicht vollumfänglich bezahlen konnten, sind als öffentlich-rechtlich zu beurteilen. Die Subordinationstheorie hilft vorliegend nicht weiter. Die Gemeinde tritt vorliegend dem Pflegeheim nicht als Trägerin von Hoheitsrechten mit obrigkeit-

licher Gewalt gegenüber. Ob der Missachtung der fraglichen Norm eine öffentlich-rechtliche oder eine privatrechtliche Sanktion folgt, ist unklar. Hingegen ist ein Übergewicht der öffentlichen Interessen erkennbar. Die Streitigkeit nach dem Krankenpflegegesetz (KPG) betrifft das Gebiet des öffentlichen Gesundheitswesens, das nach Art. 87 Abs. 1 KV/GR vom Kanton geregelt wird. Was die Funktionstheorie betrifft, sind nach Art. 12 Abs. 1 und 2 des Gesundheitsgesetzes sowie nach dem KPG die Gemeinden für die örtliche öffentliche Gesundheitspflege zuständig und es gehört in diesem Zusammenhang u.a. zu ihren Aufgaben, für ein ausreichendes stationäres Angebot für die Pflege und Betreuung von Langzeitpatienten und betagten Personen zu sorgen. Die Forderung der Stiftung gegenüber der Gemeinde beruht somit auf kantonalem öffentlichem Recht (KG GR vom 18. Aug. 2008, ZF-08-30, E. 3).

- **Integrations- und Weiterbildungskurse**, welcher ein Privater im Rahmen von arbeitsmarktlichen Massnahmen erteilt, sind öffentlich-rechtlicher Natur, da dem Privaten unmittelbar die Erfüllung einer öffentlichen Aufgabe übertragen wird. Grundlage hierfür ist allein das öffentliche Recht. Die Ausrichtung von Subventionen gehört ferner zu denjenigen Materien, die üblicherweise öffentlich-rechtlich normiert sind. Eine Subvention ist dadurch gekennzeichnet, dass sich der Empfänger in einer Weise verhält, die dem öffentlichen Interesse bzw. der öffentlichen Aufgabe (Wiedereingliederung von Versicherten) als Gegenleistung erscheint. Auch handelt es sich vorliegend nicht um die Beschaffung der zur Erfüllung einer öffentlichen Aufgabe erforderlichen Hilfsmittel (administrative Hilfstätigkeit). Selbst wenn im Übrigen der Vertrag so zu interpretieren wäre, dass die Kursteilnehmer als Subventionsempfänger zu betrachten wären, spricht die Art der zu wahrenden öffentlichen Aufgaben und Interessen – finanzielle Leistungen des Staates im Rahmen arbeitsmarktlicher Massnahmen – für die Qualifizierung des Vertrags als öffentlich-rechtlich (BGE 128 III 250 E. 2c). 128

- Das **BBG** wurde in Wahrnehmung öffentlicher Aufgaben erlassen und verfolgt öffentliche Interessen. Die streitige Frage der finanziellen Beteiligung aller Betriebe derselben Branche am entsprechenden **Berufsbildungsfonds** gemäss Art. 60 BBG stellt demnach Teil der speziellen öffentlich-rechtlichen Normen des Berufsbildungsrechts dar. Art. 60 BBG weist klar hoheitlichen Charakter auf. Mithin ist die strittige Beitragspflicht eines Betriebes öffentlich-rechtlicher Natur (BGer vom 4. Feb. 2010, 2C_58/2009, E. 1.3; ferner BGE 137 II 399 E. 1.7, 137 II 409 E. 7.3.2). 129

- Das **Verhältnis zwischen der Registerbetreiberin SWITCH und ihren Nutzerinnen und Nutzern** untersteht dem Privatrecht. Der SWITCH steht keine Verfügungskompetenz zu. Diese handelt gegenüber ihrer Kundschaft rein privatrechtlich; die Zuteilung von Domain-Namen wird nicht durch das öffentliche Bundesrecht, sondern privatrechtlich geregelt. Die zivilrechtliche Natur des Rechtsverhältnisses ergibt sich ferner (sinngemäss) aus Art. 14b Abs. 5 AEFV, sind doch das LugÜ und das IPRG auf privatrechtliche, nicht jedoch auf verwaltungsrechtliche Streitigkeiten anwendbar. Mit der entsprechenden Bestimmung wird die privatrechtliche Natur des Rechtsverhältnisses sinngemäss vorausgesetzt. Auch der in Art. 14c Abs. 1 AEFV verwendete Begriff der allgemeinen Geschäftsbedingungen ist typisch für das Privatrecht. In der Lehre wird denn auch ohne Weiteres angenommen, dass die Beziehungen des Delegationärs bzw. der Registerbetreiberin zu den Kunden grundsätzlich dem Privatrecht unterstehen, weshalb gegen Zuteilungsentscheide mit Ausnahme der Aufsichtsbeschwerde kein verwaltungsrechtlicher Beschwerdeweg zur Verfügung steht (BGE 131 II 162 E. 2.1 und E. 2.2). 130

- Der **Abtransport des Hauskehrichts** kann für sich allein als eigentliche öffentliche Aufgabe betrachtet werden und stellt nicht bloss eine untergeordnete Hilfstätigkeit zur Abfallentsorgung als Ganzes dar. Aus dem vorliegenden Vertragsentwurf, der verschiedentlich auf Artikel des Obligationenrechts verweist und zudem eine Gerichtsstandsklausel enthält, ist aber ersichtlich, dass die Parteien selber ursprünglich von einem privatrechtlichen Vertrag ausgegangen sind und nicht eine verwaltungsrechtliche Vereinbarung schliessen wollten. Zudem haben auch das Verwaltungsgericht als oberste kantonale Instanz im Bereich des öffentlichen Rechts und die Vorinstanz als oberstes kantonales Zivilgericht den Vertrag übereinstimmend als privatrechtlich qualifiziert. Diese Einschätzung ist bundesrechtlich nicht zu beanstanden, zumal die streitbetroffene Vereinbarung die Einzelheiten der zu erbringenden Dienstleistung im Sinne privater 131

Normsetzungsbefugnis detailliert regelt und der Beschwerdegegnerin (Abfallbewirtschaftungsverband Oberengadin-Bergell) relativ wenig Gestaltungsspielraum gestützt auf öffentliches Recht lässt, womit die vorgenommene Einordnung als (blosse) Hilfeleistung bei der Aufgabenerfüllung durch den Beschwerdeführer zulässig erscheint (BGE 134 II 297 E. 3.3).

132 – Das Verhältnis zwischen den **Zürcher Kantonsspitälern und den Patienten** untersteht nach Lehre und Rechtsprechung dem öffentlichen Recht und zwar selbst dann, wenn es sich um die Behandlung von Privatpatienten handelt. Die Begründung für diese Qualifikation liegt im Wesentlichen darin, dass der Betrieb von Krankenhäusern eine öffentliche Aufgabe darstellt, das zürcherische Gesundheitswesen öffentlich-rechtlich ausgerichtet ist und die kantonalen Vorschriften über die Spitäler keinen Raum für eine privatrechtliche Gestaltung der Rechtsbeziehungen zwischen Krankenanstalt und Patient lassen (Hinweise aus VerwG ZH vom 8. Dez. 2000, in: ZBl 2001 S. 378 E. 3; ferner VerwG GR vom 22. Feb. 2011, S-09-54A, E. 3d: Da eine konstitutive Einwilligung der Patienten für die Begründung und den Inhalt des Behandlungsverhältnisses vorauszusetzen ist, kann ein hoheitliches Handeln des öffentlichen Spitals mittels Verfügung ausgeschlossen werden; das Verhältnis zwischen den Patienten und dem Kantonsspital wird durch verwaltungsrechtlichen Vertrag begründet. Damit kann das Kantonsspital seine Patienten nicht durch Verfügung zur Bezahlung von offen stehenden Spitalrechnungen verpflichten. Vielmehr hat das Kantonsspital Ansprüche aus dem vertraglichen Behandlungsverhältnis zu seinen Patienten mit verwaltungsrechtlicher Klage beim Verwaltungsgericht geltend zu machen).

133 – Das **Verhältnis zwischen dem Tierspital Zürich und den die Tierbehandlung veranlassenden Tierhalter** ist als privatrechtlich zu qualifizieren. Das Tierspital nimmt nur in einem sehr beschränkten Umfang eine den Kantonsspitälern vergleichbare öffentliche Aufgabe wahr. Im Vordergrund steht nicht etwa das Wohl und die Gesundheit der behandelten Tiere als vielmehr deren Eignung für Ausbildung und Forschung. Die vom Tierspital angebotene Leistung dient daher nicht primär dem Ziel, kranke Tiere medizinisch zu versorgen, sondern angehende Tierärzte anhand praktischer Fälle zur Versorgung kranker Tiere zu befähigen. Es handelt sich um eine Art von Bedarfsverwaltung. Ferner sind beim Abschluss des Vertrags die Parteien im Wesentlichen frei, insb. unterliegt das Spital keinem Kontrahierungszwang, auch wenn im Einzelnen die Gebührenordnung des Tierspitals den Parteien nur einen geringfügigen Regelungsspielraum zur Gestaltung ihrer gegenseitigen Beziehungen überlässt. In Anbetracht dieser verschiedenen Elemente rechtfertigt es sich, das Verhältnis zwischen Tierhalter und Tierspital ausschliesslich dem Privatrecht zu unterstellen (VerwG ZH vom 8. Dez. 2000, in: ZBl 2001 S. 378 E. 3).

134 – Die Ortsgemeinde A ist Eigentümerin der **Alpliegenschaft**, welche sie an Private verpachtet. Die Alpliegenschaft gehört zum **Finanzvermögen**. In einem typischerweise vom Privatrecht beherrschten Bereich bewegt sich die Gemeinde, wenn sie ihr Finanzvermögen verwaltet. Bei der Verwaltung des Finanzvermögens begibt sich die Ortsgemeinde mangels öffentlich-rechtlicher Aufgabenerfüllung auf den Boden der Gleichwertigkeit mit Privaten und tritt diesbezüglich als Privatrechtssubjekt auf. Die Alpliegenschaft wird ferner nicht zur Erfüllung einer öffentlich-rechtlichen Aufgabe gebraucht, auch wenn vorliegend bei der Ausgestaltung eines Pachtverhältnisses verschiedene rechtliche Sonderbestimmungen zu berücksichtigen sind, insb. dass Ortsbürger, soweit Eignung und Angebot innerhalb des höchstzulässigen Pachtzinses gleich sind, Vorrecht haben. Dieses Interesse an Bevorzugung der Ortsbürger ist nicht als öffentliches, sondern als privates Interesse zu qualifizieren. Auch die Anwendung der Funktions- und der Subordinationstheorie sprechen für einen privatrechtlichen Charakter der betreffenden Bestimmung (Departement für Inneres und Militär SG vom 15. Feb. 2002, in: GVP 2002 Nr. 124 E. 7; vgl. auch BGE 112 II 35 E. 2).

135 – Das Verhältnis zwischen einem **Elektrizitätswerk** und dessen **Energiebezüger** ist dann öffentlich-rechtlicher Natur, wenn dadurch ein besonderes Gewaltverhältnis begründet wird, kraft dessen die Anstalt dem Benützer gegenüber mit obrigkeitlicher Gewalt ausgestattet ist, was in jedem Einzelfall anhand der konkreten Ausgestaltung der Benützungsordnung zu entscheiden ist. Als Gesichtspunkte gelten dabei insb. die unmittelbare Verfolgung öffentlicher Zwecke, im

Vergleich zu denen die Absicht auf Erzielung eines Gewinnes von untergeordneter Bedeutung erscheint, sowie die einseitige, unabänderliche Regelung der Anstaltsbenützung durch Gesetz oder Verwaltungsverordnung, im Gegensatz zur freien Bestimmbarkeit der gegenseitigen Beziehungen der Beteiligten auf dem Boden der Gleichberechtigung. Bei einem Elektrizitätswerk kommt es vor allem darauf an, wie zwischen der Anstalt und den Bezügern die Bedingungen für die Stromlieferungen festgelegt werden. Erfolgt dies einseitig durch die Anstalt in zu vornherein feststehenden Bestimmungen in der Weise, dass beim Vorliegen der gleichen Umstände ohne Weiteres die gleichen Bedingungen gelten, dann ist ein Verhältnis öffentlich-rechtlicher Natur anzunehmen. Wo aber die Benützungsordnung es gestattet, wesentliche Einzelheiten des Bezuges, insb. das Entgelt, durch besondere Vereinbarung zwischen der Anstalt und dem Bezüger von Fall zu Fall verschieden zu gestalten, wobei die Einigung durch Unterhandlungen mit gegenseitigem Vor- und Nachgeben herbeigeführt wird, hat man es mit Vertragsverhältnissen des Privatrechts zu tun (BGE 105 II 234 E. 2-5).

- Bei der Zuordnung, ob ein **Arbeitsverhältnis öffentlich-rechtlicher oder privatrechtlicher Natur** ist, ist die Rechtsnatur der Parteien oder die Rechtsform, in die sie das Verhältnis gekleidet bzw. die Bezeichnung, welche sie dafür gewählt haben, nicht entscheidend. Ausschlaggebend ist vielmehr der tatsächliche Inhalt des Rechtsverhältnisses. Ein öffentlich-rechtliches Dienstverhältnis liegt gemäss Funktionstheorie vor, wenn der Angestellte nach aussen öffentlich-rechtliche Funktionen ausübt und somit hoheitlich handelt. Gemäss Subordinationstheorie spricht für ein öffentlich-rechtliches Anstellungsverhältnis die Unterstellung des Angestellten unter eine verstärkte Befehlsgewalt und Disziplinierungsbefugnis des staatlichen Arbeitgebers, verbunden mit einer erhöhten Gehorsams- und Treuepflicht seinerseits. Sind gewisse Funktionen nicht direkt mit der Wahrnehmung einer öffentlichen Aufgabe verbunden, kann dennoch ein öffentlich-rechtliches Dienstverhältnis vorliegen. In diesem Zusammenhang ist die Interessentheorie zu berücksichtigen, wonach zu unterscheiden ist, ob das Dienstverhältnis einem öffentlichen Interesse entspricht oder ob private Interessen verfolgt werden. Weitere Indizien für das Bestehen eines öffentlich-rechtlichen Anstellungsverhältnisses stellen dar: Keine freie Vereinbarkeit des Lohnes resp. die Einstufung in eine bestimmte Lohnklasse/Stufe, die Zuteilung zur staatlichen Pensionskasse oder die Anstellung durch Wahl und auf eine feste Amtsdauer (Erziehungsdepartement SG vom 1. Okt. 2001, in: GVP 2001 Nr. 85 E. 1 und E. 2). 136
- Die materiell-rechtlichen Voraussetzungen, damit die santésuisse einer privaten Spitex-Organisation eine sog. **Zahlstellen-Register-Nummer (ZSR-Nr.)** erteilen kann, wurzeln allesamt im öffentlichen Recht (in casu: KVG). Die santésuisse nimmt eine den Versicherern kraft öffentlichen Rechts obliegende Pflicht wahr bzw. übt in der Sache eine öffentlich-rechtliche, spezifisch sozialversicherungsrechtliche Funktion aus. Zu berücksichtigen ist sodann, dass die ZSR-Nr. nur auf «Gesuch» hin erteilt wird, und ihre Verweigerung keine vertraglichen Elemente im Sinne privatautonomer Gestaltung aufweist, sondern vielmehr einen einseitigen, mit hoheitlichen Zügen behafteten Akt darstellt. Schliesslich verfolgt die Nummernvergabe in erster Linie öffentliche Interessen, namentlich das Interesse sämtlicher Akteure im System der obligatorischen Krankenpflegeversicherung an einer transparenten, effizienten und preisgünstigen Kostenabwicklung unter gleichzeitiger Wahrung der (zwingenden) öffentlich-rechtlichen Vorgaben. Vor diesem Hintergrund sprechen überwiegende Gründe dafür, die mittels Gesuch um eine ZSR-Nr. eingegangene Rechtsbeziehung zwischen einzelnen Leistungserbringern und santésuisse als öffentlich-rechtliches, im KVG fussendes Rechtsverhältnis einzustufen (BGE 132 V 303 E. 4.4.2). 137

4. Einzelne Verwaltungsverhältnisse

a) *Öffentliche Sachen i.e.S. (Verwaltungsvermögen/öffentliche Sachen im Gemeingebrauch)*

138 Die Nutzung einer öffentlichen Sache i.e.S. ist im Allgemeinen **öffentlich-rechtlich** geregelt (BGE 127 I 84 E. 4b). Das Entgelt für die Benutzung stellt dementsprechend eine öffentliche Abgabe, nicht einen Mietzins dar: Wird die Vergabe eines Standplatzes auf einem öffentlichen, unter direkter Herrschaft des Gemeinwesens verbliebenen Areal verweigert oder hierfür Rechnung gestellt, hat darüber in der Regel das Gemeinwesen oder ein dafür beauftragter Verein auf dem Wege einer anfechtbaren Verfügung zu entscheiden (BGer vom 8. Juni 2001, 2P.96/2000, E. 5 [Verein «Braderie»]).

139 Die **Randnutzung oder ausserordentliche Nutzung von Verwaltungsvermögen** schliesst die Anwendbarkeit des Zivilrechts nicht völlig aus, soweit dies mit der Zweckbestimmung vereinbar ist und sofern das Gesetz nicht ausdrücklich etwas anderes bestimmt (BGE 120 II 321 E. 2b, 112 II 107 E. 1). Ist das Interesse der Parteien wie z.B. bei einer ausserordentlichen Nutzung einer Mehrzweckhalle zur Durchführung einer Automobilausstellung lediglich **wirtschaftlicher Natur**, kann das Verhältnis auch dem Privatrecht unterstehen (anders KG ZG vom 11. Sept. 2003, in: GVP 2003 S. 198 E. 1.3 [das Kantonsgericht schloss aus der Benützungsordnung der Mehrzweckhalle, welche in den Vertrag zwischen der Gemeinde und dem Nutzer integriert wurde und welche eine Beschwerde an den Gemeinderat vorsah, auf das Vorliegen eines verwaltungsrechtlichen Vertrags]; zum Ganzen auch MARKUS HEER, Die ausserordentliche Nutzung des Verwaltungsvermögens durch Private, Zürich 2006, S. 123 ff.).

140 Sowohl beim Verwaltungsvermögen wie auch bei den öffentlichen Sachen i.e.S. bestimmt das Privatrecht gemäss der **dualistischen Theorie** den Begriff und Inhalt des Eigentums sowie die Formen der Begründung und Übertragung dieser Rechte, während das öffentliche Recht insbesondere die konkreten Nutzungsmöglichkeiten regelt (VerwG SG vom 9. Nov. 2004, in: GVP 2004 Nr. 37 E. c/bb/bbb; RR BE vom 3. Sept. 2003, in: BVR 2004 S. 12 E. 4; VerwG OW vom 13. Nov. 2001, in: VVGE 2002/03 Nr. 33 E. 3a). Entsprechend der dualistischen Theorie bringt die Praxis beim Verwaltungsvermögen wie auch bei den öffentlichen Sachen Privatrecht zur Anwendung, wenn durch deren Schädigung dem Gemeinwesen ein Schadenersatzanspruch gegenüber dem Schädiger zusteht (RR SZ vom 25. Nov. 2003, in: ZBl 2004 S. 536 E. 10.5 und E. 10.6) oder wenn das **Grundeigentum** an öffentlichen Sachen übertragen wird (BGE 112 II 107 E. 1; VerwG OW vom 13. Nov. 2001, in: VVGE 2002/03 Nr. 33 E. 3a). Anerkannt ist zudem, dass an öffentlichen Sachen (privatrechtlich begründete) beschränkte dingliche Rechte, namentlich Dienstbarkeiten, bestellt werden können, soweit sich das mit der öffentlich-rechtlichen Zweckbestimmung dieser Sachen verträgt (BGE 95 II 371 E. 3c; VerwG SG vom 9. Nov. 2004, in: GVP 2004 Nr. 37 E. c/bb/bbb).

141 Die **Eigentumsverhältnisse** an einer **Kabelschutzrohranlage** im öffentlichen Grund sind somit nach Zivilrecht, insbesondere den sachenrechtlichen Bestimmungen des ZGB, zu beurteilen (VerwG SG vom 9. Nov. 2004, in: GVP 2004 Nr. 37 E. c/bb/ccc). Die Praxis schliesst vereinzelt auf ein dem öffentlichen Recht unterstehendes Rechts-

verhältnis, wenn es um das Bereitstellen der Infrastruktur zur Erreichung der fernmeldepolitischen Ziele geht. Wird in diesem Zusammenhang eine Vereinbarung zwischen kantonalen Behörden und Telekommunikationsgesellschaften abgeschlossen, so liegt ein öffentlich-rechtlicher Vertrag vor. Dies gilt unabhängig davon, ob dieser Vertrag auch privatrechtliche Klauseln wie beispielsweise die Regelung von Eigentum an Leitungen enthält (so jedenfalls KG BL vom 22. Feb. 2006, 2002/475, E. 1.1.1).

Kein Verwaltungsvermögen wie auch **keine öffentliche Sache** i.e.S. liegt hingegen 142
vor, wenn die **Schweizerische Mustermesse AG** als gemischtwirtschaftliche Unternehmung gemäss Art. 762 OR durch die von ihr eingesetzten Organe Verträge über Standplätze im Hinblick auf ein Messegelände abschliesst, welches ihr im Baurecht abgetreten wurde. Weder gehört das Gelände zum Verwaltungsvermögen noch zu jenen öffentlichen Flächen, welche allenfalls gestützt auf die Wirtschaftsfreiheit vorübergehend auch interessierten Privaten zur Verfügung gestellt werden müssen (BGE 126 I 250 E. 2c).

Praxis:

- **Eigentum an Leerrohren und Kabelanlagen in öffentlichem Grund:** Der Kanton St. Gallen 143
verlegte im Trassee der Umfahrungsstrasse Bazenheid einen unterirdischen Kabelkanal mit zehn Leerrohren. Er hat gemäss Art. 6 des Strassengesetzes (StrG) die Hoheit über die Staatsstrassen und ist zugleich Eigentümer des Bodens für die Umfahrungsstrasse Bazenheid. Die Swisscom AG stellte beim Tiefbauamt des Kantons St. Gallen gestützt auf Art. 35 Abs. 1 FMG ein Gesuch für die Beanspruchung des Trasses der Umfahrungsstrasse für den Bau und den Betrieb von Leitungen und beanspruchte gestützt auf Art. 37 Abs. 1 FMG das Eigentum sowie die unbefristete Nutzungsdauer an der im Rahmen des Bauvorhabens geplanten Kabelschutzrohranlage (inkl. Leerrohre und darin verlegte Kabel). In seiner Verfügung hielt das Kantonale Strasseninspektorat u.a. fest, die Leerrohre würden der Swisscom AG zur Nutzung überlassen. Die Swisscom AG erhob Rekurs beim Baudepartement und verlangte, es sei festzustellen, dass ihr das Eigentum an den Leerrohren zustehe. Das Baudepartement wies den Rekurs ab. Die Swisscom AG erhebt Beschwerde beim Verwaltungsgericht, welches die Entscheide des Baudepartementes, die Verfügung des Strasseninspektorats aufhebt und die Sache dem Bezirksgericht zur Erledigung überweist. Erwägungen: Die Kabelschutzrohranlage befindet sich auf öffentlichem Boden. Es stellt sich vorab die Frage, ob für die Beurteilung der strittigen Eigentumsverhältnisse als privatrechtliche oder als öffentlich-rechtliche Angelegenheit von Bedeutung ist, ob der Kabelkanal und die Leerrohre als öffentliche Sachen gelten. Nach Art. 37 Abs. 1 FMG stehen Leitungen zur fernmeldetechnischen Übertragung von Informationen im Eigentum der Konzessionärinnen, die sie erstellt oder von Dritten erworben haben. Fallen die Leerrohre und der Kabelkanal im vorliegenden Fall nicht unter den Begriff der Leitungen nach Art. 37 Abs. 1 FMG, würden sie als Zugehör zum Grundstück (Akzessionsprinzip gemäss Art. 644 ZGB) im Eigentum des Kantons stehen und damit ebenfalls als öffentliche Sachen gelten. Werden sie indes unter den Leitungsbegriff nach Art. 37 Abs. 1 FMG subsumiert, wird das Akzessionsprinzip durchbrochen und es würde sich nicht um öffentliche Sachen handeln. Allerdings können öffentliche Sachen auch im Privateigentum stehen. Öffentliche Sachen stehen nach Art. 664 Abs. 3 ZGB unter kantonaler Hoheit, und weil die Kantone in ihren öffentlich-rechtlichen Befugnissen durch das Bundeszivilrecht nicht beschränkt werden dürfen (siehe Art. 6 Abs. 1 ZGB), wären die Kantone befugt, die Anwendung des Bundesprivatrechts im Bereich des Eigentums an öffentlichen Sachen auszuschliessen und diese öffentlich-rechtlichen Regeln zu unterwerfen. Davon hat indes kein Kanton Gebrauch gemacht. Regelt der Kanton die Anwendbarkeit des Bundesprivatrechts für öffentliche Sachen nicht, so wendet die Praxis privatrechtliche Rechtssätze an, soweit diese mit dem öffentlichen Zweck, dem die Sache dienen soll, vereinbar sind. Nach der in Deutschland und in der Schweiz massgeblichen dualisti-

schen Theorie finden auf öffentliche Sachen i.e.S. (Verwaltungsvermögen und öffentliche Sachen im Gemeingebrauch) sowohl privates als auch öffentliches Recht Anwendung. Das Privatrecht bestimmt namentlich Begriff und Inhalt des Eigentums und der dinglichen oder obligatorischen Rechte an öffentlichen Sachen i.e.S. sowie die Formen der Begründung und Übertragung dieser Rechte. Demgegenüber richten sich Verfügungsmacht (Hoheit des Staates, Zuständigkeit des Gemeinwesens und des Organs) und Zweckbestimmung im Allgemeinen nach den Vorschriften des öffentlichen Rechts (insb. Nutzungsmöglichkeiten, Schutz der öffentlichen Sachen i.e.S. vor Beschädigungen sowie Abgaben für bestimmte Arten der Benutzung). Für die Beurteilung der Eigentumsverhältnisse an der Kabelschutzrohranlage als privatrechtliche oder als öffentlich-rechtliche Angelegenheit ist es daher nicht relevant, ob es sich beim Kabelkanal und den Leerrohren um öffentliche Sachen handelt oder nicht, da sie ohnehin Objekte des Rechtsverkehrs sind, der sich nach den privatrechtlichen Vorschriften vollzieht. Die Eigentumsverhältnisse ergeben sich aus den sachenrechtlichen Bestimmungen des Bundeszivilrechtes und sind im Streitfall vom Zivilrichter zu beurteilen (VerwG SG vom 9. Nov. 2004, in: GVP 2004 Nr. 37 E. c/bb).

b) Anstaltsbenutzung

144 Nach ständiger Rechtsprechung unterstehen die Rechtsbeziehungen zwischen **öffentlich-rechtlichen Elektrizitätswerken und privaten Strombezügern** dem öffentlichen Recht, wenn sie durch ein besonderes Hoheitsverhältnis begründet sind, was anhand der Ausgestaltung der Benutzungsordnung zu entscheiden ist. Ein öffentlich-rechtliches Verhältnis liegt vor, wenn das Elektrizitätswerk unmittelbar öffentliche Zwecke verfolgt, die Gewinnerzielung zweitrangig ist und die Benützungsordnung durch Gesetz oder Verwaltungsverordnung einseitig festgelegt ist, sodass kein Spielraum für eine freie rechtsgeschäftliche Ausgestaltung mehr bleibt. Ferner ist gemäss Praxis bei der Zuordnung auch die Rechtsform und die Trägerschaft des Elektrizitätswerkes entscheidend (BGE 105 II 234 E. 2; BGer vom 27. Sept. 1996, in: ZBl 1997 S. 410 E. 1b; KG SG vom 17. Feb. 2010, BZ-2009-86, E. III/3b; Bezirksgericht Frauenfeld vom 29. Juni 2001, in: ZBl 2002 S. 264 E. 2f; Aufsichtsbehörde SH vom 30. Dez. 1991, in: AB 1991 S. 103 E. 2c; Bezirksrat Pfäffikon vom 7. Juni 1984, in: ZBl 1986 S. 410 E. 5 und E. 6 [Lieferungsverträge an Grossverbraucher]).

145 Vereinzelt geht die Praxis von einem privatrechtlichen Verhältnis zwischen einem Elektrizitätswerk und dessen Kunden aus, wenn das **Elektrizitätswerk privatrechtlich konstituiert ist und diesem keine hoheitlichen Befugnisse** verliehen worden sind (KG SG vom 17. Feb. 2010, BZ-2009-86, E. III/3d [Anschlussbeitrag an das Stromnetz]). Von einer fehlenden Verfügungsbefugnis darf jedoch nicht zwingend auf das Vorliegen eines privatrechtlichen Vertrages geschlossen werden; die sog. Rechtsformentheorie ([hoheitliche] Verfügung oder privatrechtlicher Vertrag) ist abzulehnen. Zu prüfen bleibt jedenfalls, ob der Vertrag öffentlich-rechtlicher oder privatrechtlicher Natur ist (vgl. VerwG ZH vom 6. Dez. 2001, VK.2001.00003, E. 1c und E. 1d [Kündigung einer Schiffsboje]).

146 Indiz für das Vorliegen eines öffentlich-rechtlichen Verhältnisses ist, wenn **wesentliche Einzelheiten der Anstaltsbenutzung**, insbesondere das Entgelt, abschliessend in der Benutzungsordnung geregelt sind und nicht durch besondere Vereinbarung von Fall zu Fall – je nach Angebot und Nachfrage – festgelegt werden können (BGer vom 27. Sept. 1996, in: ZBl 1997 S. 410 E. 1b; Aufsichtsbehörde SH vom 30. Dez. 1991, in: AB 1991 S. 103 E. 3b). Ist die Nutzung des Bootshafens (als öffentlich-rechtliche Anstalt) durch das Hafenreglement abschliessend und verbindlich geregelt und gilt

für alle Schiffseigner in gleicher Weise, unter welchen Bedingungen ihnen ein Hafenplatz zur Alleinbenutzung zugewiesen wird und wie sie sich im Bereich des Hafens zu verhalten haben, deutet dies auf ein dem öffentlichen Recht unterstehendes Rechtsverhältnis hin. Kann ausserdem das Entgelt für die Nutzung des Hafens nicht individuell je nach Angebot und Nachfrage festgelegt werden, ist die Benutzungsgebühr in Form einer anfechtbaren Verfügung in Rechnung zu stellen (VerwG SG vom 22. Feb. 2002, in: GVP 2002 Nr. 67 E. 2d/cc).

Das Verhältnis zwischen den Studierenden und der **Universität Zürich** ist grundsätzlich öffentlich-rechtlicher Natur und wird durch kantonales öffentliches Recht geregelt (BGE 120 Ia 1 E. 4 und E. 5). Die Forderung des **Kantonsspitals** für einen notfallmässigen Krankentransport hat ihre Grundlage im öffentlichen Recht, da das Verhältnis zwischen Patient und Spital nicht frei ausgehandelt werden kann, der Patient durch die Inanspruchnahme der Leistungen des Spitals einem besonderen Rechtsverhältnis unterworfen wird und die Taxordnung eine einseitige, unabänderliche Verwaltungsverordnung darstellt (KG SG vom 10. Feb. 2006, in: GVP 2006 Nr. 110 E. 6; vgl. auch VerwG GR vom 22. Feb. 2011, S-09-54A, E. 2c). Ein **Tierspital** nimmt hingegen nur in einem sehr beschränkten Umfang eine den Kantonsspitälern vergleichbare öffentliche Aufgabe wahr. Die medizinische Versorgung ist anders als bei Spitälern nicht zentraler Inhalt der Aufgabe, sondern eher als Rand- oder Nebennutzung (einer öffentlich-rechtlichen Anstalt) zu verstehen; es liegt eine Art von Nebentätigkeit vor, die privatrechtlicher Natur sein kann (VerwG ZH vom 8. Dez. 2000, in: ZBl 2001 S. 378 E. 3b; kritisch DANIEL KUNZ, Entscheidbesprechung, AJP 2001, S. 1452 f.). Entsprechend ist über die Zulassung von **Werbung in öffentlichen Verkehrsmitteln** der städtischen Verkehrsbetriebe zwischen einem durch Konzession beliehenen Privaten (in casu Allgemeine Plakatgesellschaft) und seinen Kunden ein privatrechtlicher Vertrag abzuschliessen (Ausnahme: Das Gemeinwesen bedingt sich ein Veto- bzw. Genehmigungsrecht aus und erlässt diesbezüglich Verfügungen; vgl. BGE 127 I 84 E. 4b; zustimmend HEER, a.a.O., S. 131). 147

Der **Transport von Personen, Gepäck und Gütern im öffentlichen Verkehr**, deren Träger zumeist als öffentlich-rechtliche Anstalten oder spezialgesetzliche Aktiengesellschaften des öffentlichen Rechts (SBB) konstituiert sind, untersteht grundsätzlich dem Privatrecht (vgl. neu Art. 56 PBG [alt: Art. 50 Abs. 1 TG]; siehe BGE 136 II 457 E. 2.2 und E. 6.2, 136 II 489 E. 2.4, 132 III 470 E. 3.3, 127 I 84 E. 4a, BVGer vom 14. Dez. 2009, A-2742/2009, E. 2.2 und E. 2.3; vom 3. Sept. 2007, A-420/2007, E. 1.4). Das den öffentlichen Verkehrsbetrieben geschuldete Entgelt für die Beförderung ist folglich privatrechtlicher Natur, obwohl die Tarife (alt: Art. 9-11 TG) bzw. die Tarifpflicht in einem öffentlich-rechtlichen Erlass festgelegt sind (neu: Art. 15 PBG), deren Rechtsnatur gemischt-rechtlich sein dürfte (BGE 136 II 489 E. 2.4). Die Pflicht des Dienstleistungsempfängers zur Bezahlung eines Entgelts wird nicht hoheitlich verfügt, sondern ergibt sich aus dem privatrechtlichen Transportvertrag (Art. 19 i.V.m. Art. 56 Abs. 1 PBG; vgl. BGE 136 II 457 E. 6.2 [Kontrollzuschlag], 136 II 489 E. 2.4 [Taxzuschlag], 102 Ib 314 E. 3a [Schliessfach]; BGer vom 21. Okt. 2004, 2A.602/2004, E. 2.1 [Taxzuschlag]; BVGer vom 14. Dez. 2009, A-2742/2009, E. 2.2 und E. 2.3 [Kontrollzuschlag]; vom 3. Sept. 2007, A-420/2007, E. 1 [Verweigerung der Herausgabe von Kundendaten]). 148

149 Fallen Anordnungen der öffentlichen Verkehrsbetriebe unter ihren **behördlichen Wirkungskreis** (Ausübung der Sachherrschaft), ist auf ein öffentlich-rechtliches Verhältnis zu schliessen (siehe BVGer vom 29. März 2011, A-7454/2009, E. 1.1.2 [Plakatierung von Werbeflächen innerhalb des Bahnhofsareals]; REKO UVEK vom 17. Okt. 2000, in: VPB 65 [2001] Nr. 63 E. 5.3 [Verbot, Gratiszeitungen an Bahnhöfen zu verteilen]). **Aufsichtstätigkeiten** zählen zum öffentlichen Recht, und zwar unabhängig davon, ob die betreffende Streitigkeit im Einzelfall dem öffentlichen Recht oder dem Zivilrecht zuzuordnen ist (BGE 136 II 457 E. 2.2 [Kontrollzuschlag]). Nach Art. 49a aTG untersteht der Transport im öffentlichen Verkehr der Aufsicht des Bundesamtes für Verkehr. Dieses ist befugt, Beschlüsse und Anordnungen von Organen oder Dienststellen der Unternehmungen aufzuheben oder ihre Durchführung zu verhindern, wenn sie gegen dieses Gesetz, die Konzession oder internationale Vereinbarungen verstossen oder wichtige Landesinteressen verletzen. Entsprechende Aufsichtsentscheide nach dem Transportgesetz sind öffentlich-rechtlicher Natur (BGE 136 II 457 E. 2.2).

150 Die **Post** als selbstständige Anstalt des öffentlichen Rechts schliesst mit ihren Kunden privatrechtliche Verträge ab, und zwar unabhängig davon, ob sie im Bereich der Universal- oder Wettbewerbsdienste tätig ist (vgl. Art. 2 ff. und Art. 9 ff. PG) und damit unabhängig davon, ob sie eine öffentliche oder private Aufgabe erfüllt (zu den Wettbewerbsdiensten BGE 129 III 35 E. 4.1). Entsprechend werden gemäss Art. 17 PG Streitigkeiten zwischen der Post und der Kundschaft – unabhängig der Art des Dienstes, welche die Post wahrnimmt – durch die Zivilgerichte beurteilt (Ausnahme: Art. 18 Abs. 1 PG [Vorzugspreisen für die Beförderung von Zeitungen und Zeitschriften]; vgl. BVGer vom 8. März 2012, A-3049/2011, E. 1.1; vom 12. Mai 2009, A-6523/2008, E. 9.2.2; vom 23. April 2007, A-2039/2006, E. 2.2.2).

151 Für die Zuordnung eines konkreten Rechtsverhältnisses kann demnach eine **Reihe von Gesichtspunkten** bedeutsam sein: Zu prüfen ist namentlich, ob in der **Spezialgesetzgebung** ausdrücklich eine Zuständigkeit festgelegt oder ein bestimmter Rechtsweg vorgeschrieben wird (vgl. z.B. Art. 19 i.V.m. Art. 56 Abs. 1 PBG, Art. 17 und Art. 18 PG). Ist dies nicht der Fall, so richten sich Rechtsweg und Zuständigkeit nach der Rechtsnatur des streitigen Rechtsverhältnisses, welche anhand der **herkömmlichen Theorien** und oben genannter Gesichtspunkte bestimmt wird, wobei der Funktions- und Interessentheorie im Bereich der Leistungsverwaltung, wenn hauptsächlich gewerbliche Tätigkeiten des Staates zu beurteilen sind, die in Konkurrenz zu den Privaten erfüllt werden, nur eine untergeordnete Bedeutung zukommt. Liegt ein öffentlich-rechtliches Rechtsverhältnis vor, ist weiter zu prüfen, ob dieses **ein- oder zweiseitig** geordnet wird, wobei von einer allenfalls bestehenden mangelnden Verfügungsbefugnis nicht auf einen privatrechtlichen Vertrag geschlossen werden darf (ähnlich AUGUST MÄCHLER, Entscheidbesprechung, ZBl 2002, S. 267 f.; VerwG ZH vom 6. Dez. 2001, VK.2001.00003, E. 1c und E. 1d).

Praxis:

152 – **Verhältnis zwischen dem Elektrizitätswerk Davos (EWD) und dessen Energiebezüger:** Im Jahre 1953 erwarb die Landschaft Davos sämtliche Aktien der AG Elektrizitätswerke Davos. Gemäss der vom Grossen Landrat am 31. Juli 1953 erlassenen Verordnung über Organisation und Verwaltung des Elektrizitätswerkes der Landschaft Davos wurde das Elektrizitätswerk von da an als selbstständiges, von der übrigen Gemeindeverwaltung getrenntes industrielles Unter-

nehmen betrieben. Sein Zweck ist die Versorgung der Landschaft Davos und der näheren Umgebung mit elektrischer Energie. Seine Verwaltung ist der Oberaufsicht der Gemeindebehörde unterstellt, wobei der Grosse Landrat insb. sämtliche Tarife zu genehmigen hat. Im Reglement über die Abgabe elektrischer Energie des EWD vom 12. Jan. 1961 regelte der Grosse Landrat generell das Verhältnis zwischen dem Werk und den Energiebezügern. Im Mai 1976 musste das EWD in der Transformatorenstation «Meierhof» Sicherungen ersetzen lassen, weil die Freileitungsdrähte von Lastwagen mit aufgekippten Ladebrücken berührt worden waren, was Kurzschlüsse zur Folge hatte. Als Ursache bezeichnete das EWD den Umstand, dass Hans Schumacher unter seiner elektrischen Hauszuleitung mit einer Terrainaufschüttung begonnen habe, ohne das Werk zu benachrichtigen. Gestützt auf Art. 6 Ziff. 10 des Reglements vom 12. Jan. 1961 stellte das EWD Hans Schumacher am 28. Okt. 1976 für diese Verlegungsarbeiten Rechnung in der Höhe von Fr. 2'811.65. Schumacher lehnte die Bezahlung des geforderten Betrags ab. Mit Klageschrift vom 25. Juli 1977 erhob das EWD beim Bezirksgerichtspräsidium Oberlandquart gegen Hans Schumacher Klage auf Bezahlung von Fr. 2'811.65. Mit Entscheid vom 10. Feb. 1978 erklärte sich der Gerichtspräsident als unzuständig. Eine Beschwerde des EWD gegen diesen Entscheid wurde vom Kantonsgerichtsausschuss von Graubünden am 13. Juli 1978 abgewiesen, im Wesentlichen mit der Begründung, die Forderung des EWD stütze sich auf öffentliches Recht, sodass die Zivilgerichte zu deren Beurteilung nicht zuständig seien. Gegen den Entscheid des Kantonsgerichtsausschusses führt die Landschaft und Gemeinde Davos staatsrechtliche Beschwerde. Das Bundesgericht nimmt die Eingabe als Nichtigkeitsbeschwerde entgegen und weist sie mit folgender Begründung ab: Das EWD stellt eine unselbstständige Anstalt des öffentlichen Rechts dar, die als Versorgerin der Gemeinde mit Elektrizität eine öffentliche Aufgabe erfüllt. Das EWD untersteht somit dem öffentlichen Recht. Damit ist jedoch nicht gesagt, dass auch das Verhältnis zwischen dem Werk und den Energiebezügern vom öffentlichen Recht beherrscht sei. Nach der Rechtsprechung des Bundesgerichts ist diese Beziehung dann öffentlich-rechtlicher Natur, wenn durch sie ein besonderes Gewaltverhältnis begründet wird, kraft dessen die Anstalt dem Benützer gegenüber mit obrigkeitlicher Gewalt ausgestattet ist, was in jedem Einzelfall anhand der konkreten Ausgestaltung der Benützungsordnung zu entscheiden ist. Als Gesichtspunkte gelten dabei insb. die unmittelbare Verfolgung öffentlicher Zwecke, im Vergleich zu denen die Absicht auf Erzielung eines Gewinnes von untergeordneter Bedeutung erscheint, sowie die einseitige, unabänderliche Regelung der Anstaltsbenützung durch Gesetz oder Verwaltungsverordnung, im Gegensatz zur freien Bestimmbarkeit der gegenseitigen Beziehungen der Beteiligten auf dem Boden der Gleichberechtigung. Bei einem Elektrizitätswerk kommt es vor allem darauf an, wie zwischen der Anstalt und den Bezügern die Bedingungen für die Stromlieferungen festgelegt werden. Erfolgt dies einseitig durch die Anstalt in zu vornherein feststehenden Bestimmungen in der Weise, dass beim Vorliegen der gleichen Umstände ohne Weiteres die gleichen Bedingungen gelten, dann ist ein Verhältnis öffentlich-rechtlicher Natur anzunehmen. Wo aber die Benützungsordnung es gestattet, wesentliche Einzelheiten des Bezuges, insb. das Entgelt, durch besondere Vereinbarung zwischen der Anstalt und dem Bezüger von Fall zu Fall verschieden zu gestalten, wobei die Einigung durch Unterhandlungen mit gegenseitigem Vor- und Nachgeben herbeigeführt wird, hat man es mit Vertragsverhältnissen des Privatrechts zu tun. Aus dem Reglement ergibt sich vorliegend, dass das Gemeinwesen die Bedingungen des Energiebezuges einseitig, und zwar kraft eines Hoheitsaktes, festsetzt. Diesen Bedingungen sind die Energiebezüger unterworfen, auch wenn sie mit ihnen nicht einverstanden sind. Das EWD tritt somit seinen Kunden nicht auf dem Boden der Gleichberechtigung gegenüber, sondern als übergeordnete Instanz. Treten sich das EWD und die Energiebezüger nicht gleichberechtigt gegenüber, sondern besteht ein Subordinationsverhältnis, so sind ihre Beziehungen nicht privatrechtlicher Natur. Daran ändert auch nichts, dass für die Energielieferung an Grossbezüger, für provisorische Anschlüsse und dergleichen besondere Anschlussbedingungen festgesetzt und spezielle Energielieferungsverträge abgeschlossen werden dürfen. Dass das EWD die Möglichkeit hat und haben muss, in besonderen Fällen mit seinen Kunden Vereinbarungen über den Energiebezug abzuschliessen, bildet somit keinen Beweis für die privatrechtliche Natur des Benutzungsverhältnisses (BGE 105 II 234 E. 2-5).

153 – **Rechtsverhältnis zwischen einem Tierhalter und dem Tierspital Zürich:** Anlässlich eines Springturniers zog sich der 7-jährige Wallach «Colorado» eine Radiusfraktur in der linken Vorderhand zu. Damit das Tier stehend transportiert werden konnte, gipste der Pferdeeigentümer und Tierarzt M den Bruch ein, worauf seine Ehefrau das Pferd um 21.30 Uhr ins Tierspital Zürich einlieferte. In der gleichen Nacht wurde das Tier von 3.25 Uhr bis 9.15 Uhr operiert. Im Anschluss daran hatte es allerdings wegen einer Muskelentzündung Schwierigkeiten beim Aufstehen und brach sich dabei am Nachmittag des 5. März 1997 erneut den mit zwei Platten reparierten Knochen. Wegen fehlender Heilungsaussicht und um das Leiden des Tiers zu beenden, wurde es in der Folge euthanasiert. Für seine Leistungen stellte das Tierspital dem Eigentümer Rechnung über Fr. 5'279.35 und setzte diesen Betrag nach erfolgloser Mahnung in Betreibung. Auf Rechtsvorschlag hin verpflichtete das Spital den Betriebenen mittels förmlicher Verfügung am 21. April 1998, den Rechnungsbetrag zu bezahlen, und beseitigte gleichzeitig den Rechtsvorschlag. In einem gegen diese Verfügung erhobenen Rekurs verlangte M die Aufhebung der Gebühr wegen unsorgfältiger und weisungswidriger Behandlung seines Pferdes und darüber hinaus den Ersatz des ihm dadurch entstanden Schadens in der Höhe von Fr. 8'000.–. Die Bildungsdirektion hiess das Rechtsmittel am 17. Juli 2000 teilweise gut; während die Behandlung lege artis erfolgt sei und die hierfür in Rechnung gestellten Kosten angemessen seien, sei die Euthanasierung eigenmächtig und weisungswidrig erfolgt, sodass es sich rechtfertige, dem Rekurrenten deren Kosten sowie die Kosten der Entsorgung in der Höhe von insgesamt Fr. 495.80 zu erlassen. Der Schaden, der durch Missachtung dieser Weisung entstanden sei, müsse ersetzt werden, über die Höhe des Schadenersatzes sei jedoch im Staatshaftungsverfahren zu befinden. Gegen diese Verfügung gelangt der Eigentümer des Pferdes mit Beschwerde an das Verwaltungsgericht, welches in Gutheissung des Rechtsmittels die angefochtene Kostenverfügung aufhebt. Aus den Erwägungen: Das Tierspital Zürich ist Teil der Veterinär-medizinischen Fakultät der Universität Zürich und eine unselbstständige öffentlich-rechtliche Anstalt. Das Verhältnis zwischen den Zürcher Kantonsspitälern und den Patienten untersteht nach Lehre und Rechtsprechung dem öffentlichen Recht, und zwar selbst dann, wenn es sich um die Behandlung von Privatpatienten handelt. Die Begründung für diese Qualifikation liegt im Wesentlichen darin, dass der Betrieb von Krankenhäusern eine öffentliche Aufgabe darstellt, das zürcherische Gesundheitswesen öffentlich-rechtlich ausgerichtet sei und die kantonalen Vorschriften über die Spitäler keinen Raum für eine privatrechtliche Gestaltung der Rechtsbeziehungen zwischen Krankenanstalt und Patient liessen. Es fragt sich, ob das Verhältnis zwischen dem Tierspital Zürich und den die Tierbehandlung veranlassenden Tierhaltern gleichermassen zu qualifizieren ist. Das Tierspital nimmt nur in einem sehr beschränkten Umfang eine den Kantonsspitälern vergleichbare öffentliche Aufgabe wahr. Es hat gemäss § 1 Abs. 2 der Tierspitalverordnung (TierspitalV) insb. für die wissenschaftliche und praktische Ausbildung der Tierärzte und für die klinische Forschung auf dem Gebiet der Veterinärmedizin zu sorgen und dient naturgemäss nicht der medizinischen Versorgung der Bevölkerung. Im Vordergrund steht auch nicht etwa das Wohl und die Gesundheit der behandelten Tiere als vielmehr deren Eignung für Ausbildung und Forschung. Während dementsprechend in den kantonalen Krankenhäusern grundsätzlich alle Personen aufgenommen werden müssen, die dringend eine Spitalbehandlung benötigen, fehlt eine solche Verpflichtung für das Tierspital. Dort haben lediglich diejenigen kranken Tiere den Vorrang, die der wissenschaftlichen und praktischen Ausbildung sowie der klinischen Forschung dienen, unruhige oder bösartige Tiere können generell abgewiesen werden (§ 4 Abs. 3 Satz 2 TierspitalV). Dagegen können die Kantonsspitäler nur Personen mit ausserkantonalem Wohnsitz abweisen. Die vom Tierspital angebotene Leistung dient daher nicht primär dem Ziel, kranke Tiere medizinisch zu versorgen, sondern angehende Tierärzte anhand praktischer Fälle zur Versorgung kranker Tiere zu befähigen. Bezeichnenderweise enthält denn auch die Tierspitalverordnung im Gegensatz zu § 2 der Patientenrechtverordnung vom 28. Aug. 1991 keine Bestimmung, wonach sich die Behandlung nach den anerkannten Regeln der medizinischen Wissenschaften richtet. Andererseits steht für den Tierhalter allein diese optimale medizinische Behandlung seines Tieres im Vordergrund, ohne dass er sich näher für Ausbildung und Forschung interessieren dürfte. Wenn das Tierspital aus Anlass seiner Aufgabenerfüllung zwar auch eine kunstgerechte veterinärmedizinische Behandlung des Tieres vornimmt, so ist dies nicht der eigentliche Inhalt der öffentlichen Aufgabe, sondern eher ein nebenbei entste-

hendes Produkt. Während sich demgemäss in der Humanmedizin der öffentliche Auftrag der Krankenversorgung mit dem privaten Interesse an einer individuellen medizinischen Betreuung vollumfänglich deckt, liegen Auftrag und Privatinteresse im Bereiche der Veterinärmedizin auseinander. Bei dieser Interessenlage lässt sich die veterinärmedizinische Behandlung im Tierspital am ehesten mit anderen Dienstleistungen der Universität zugunsten Dritter vergleichen, insb. mit Forschungsaufträgen von privater Seite. Auch dort deckt sich das private Interesse an einer nach wissenschaftlichen Methoden durchgeführten Untersuchung nur insoweit mit dem Bildungsauftrag der Universität, als der Auftrag dieser willkommenen Anlass bietet, den Auszubildenden anhand einer praktischen Anwendung wissenschaftliche Methoden zu vermitteln. Da solche Dienstleistungen grundsätzlich im freien Wettbewerb abgewickelt werden, wo sich zwei Rechtssubjekte auf gleicher Ebene begegnen, sind derartige Forschungsaufträge als privatrechtliche Verträge zu qualifizieren. Ferner sind beim Abschluss des Vertrags die Parteien im Wesentlichen frei, insb. unterliegt das Spital keinem Kontrahierungszwang. Im Einzelnen überlässt zwar die Gebührenordnung des Tierspitals den Parteien nur einen geringfügigen Regelungsspielraum zur Gestaltung ihrer gegenseitigen Beziehungen. Jedoch spricht dieser Umstand allein nicht gegen die Annahme eines privatrechtlichen Verhältnisses, stellt der Staat doch auch für solche privatrechtlichen Verträge, an denen er selber (z.B. gemäss Postgesetz) oder an denen ausschliesslich Private (z.B. für den Arztvertrag) beteiligt sind, verbindliche Tarife auf. In Anbetracht dieser verschiedenen Elemente rechtfertigt es sich, das Verhältnis zwischen Tierhalter und Tierspital ausschliesslich dem Privatrecht zu unterstellen. Demgemäss handelt es sich bei der strittigen Gebührenforderung des Tierspitals um einen privatrechtlichen Anspruch, der nicht im Verwaltungsverfahren, sondern vor den Zivilgerichten geltend zu machen ist. Eine Zuständigkeit des Tierspitals zur verbindlichen Festsetzung der Gebühr und zur Aufhebung des erhobenen Rechtsvorschlags bestand demnach nicht. Die angefochtene Verfügung bzw. der Rekursentscheid, soweit er diese bestätigte, sind daher in Gutheissung der Beschwerde aufzuheben (VerwG ZH vom 8. Dez. 2000, in: ZBl 2001 S. 378 E. 3).

c) Leistungsverwaltung

Das Gemeinwesen erbringt in gewissen **Teilen der Leistungsverwaltung**, wenn es hauptsächlich um gewerbliche und nicht im öffentlichen Interesse stehende Tätigkeiten geht, die allenfalls in Konkurrenz zu den Privaten ausgeübt wird, wirtschaftliche Leistungen und bedient sich gegenüber ihren Benützern oder Kunden überwiegend des Privatrechts (BGE 131 II 162 E. 2.4 [Zuteilung von Domain-Namen an Private]; OG TG vom 2. Juli 2010, in: RB 2010 S. 91 E. 3a). **Transportverträge im öffentlichen Verkehr** wie auch die von der **Post** erbrachten Leistungen unterstehen grundsätzlich dem Privatrecht, auch wenn die Post oder die SBB AG öffentliche Aufgaben wahrnehmen, während bei **Energielieferungsverträgen** je nach Art des Benutzungsverhältnisses zu differenzieren ist (vgl. oben Rz. 144 ff.). Im Rahmen ihres Programmauftrages erfüllt die **SRG** öffentliche Aufgaben und handelt in den Formen des öffentlichen Rechts. Ausserhalb ihres Leistungsauftrages besorgt sie keinen öffentlichen Dienst und handelt bei der Akquisition und Ausstrahlung von Werbung grundsätzlich privatrechtlich (BGE 136 I 158 E. 3.1, 123 II 402 E. 3). 154

Zu den Aufgabenbereichen eines Gemeinwesens, in welchem dieses grundsätzlich privatrechtlich handelt, gehört auch der **Betrieb eines Theaters**: Zwar bildet der Betrieb eines Theaters eine öffentliche Aufgabe, doch ist diese Aufgabe bzw. deren Erfüllung im Wesentlichen nicht öffentlich-rechtlich geregelt. Vielmehr zählt der Betrieb eines Theaters zu den Aufgabenbereichen eines Gemeinwesens, in welchen dieses typischerweise in Konkurrenz zu Privaten wirtschaftlich tätig wird und grundsätzlich privatrechtlich handelt (OG SH vom 25. Feb. 2005, in: AB 2005 S. 81 E. 2b). Massgebend ist im Sinne der **Funktionstheorie**, ob unabhängig der Organisations- 155 form bzw. Trägerschaft eine öffentliche oder private (gewerbliche/unternehmerische) Aufgabe erfüllt wird: Die Behandlung von Patienten in einem **öffentlichen Spital** gilt als Erfüllung einer öffentlichen Aufgabe, wobei der Patient zum Spital in ein öffentlich-rechtliches Verhältnis tritt, und zwar selbst dann, wenn es sich um die Behandlung von Privatpatienten handelt oder das Spital privatrechtlich organisiert ist (VerwG GR vom 22. Feb. 2011, S-09-54A, E. 2c und E. 3; ferner VerwG ZH vom 17. Jan. 2008, VK.2006.00005, E.1 [Errichtung und Betrieb von Kranken- oder Pflegeheimen]).

Praxis:

156 – Ein **Dienstbarkeitsvertrag über die Bereitstellung von Land zur Einräumung eines Deponierechts** ist privatrechtlich, wenn zentraler Gegenstand des Vertrags nicht unmittelbar die Abfallbeseitigung (als öffentliche Aufgabe), sondern primär die Bereitstellung von Land für die entsprechende Nutzung ist (VerwG LU vom 10. Dez. 2002, in: LGVE 2002 II Nr. 44 E. 3i).

157 – Das **Behandlungsverhältnis** zwischen **Patienten und dem Kantonsspital Graubünden untersteht dem öffentlichen Recht**. Die Behandlung von Patienten gilt als Erfüllung einer öffentlichen Aufgabe, auch wenn das Kantonsspital privatrechtlich als Stiftung organisiert ist (VerwG GR vom 22. Feb. 2011, S-09-54A, E. 3d).

158 – **Baurechtsverträge** für den **gemeinnützigen Wohnungsbau** ergehen in Erfüllung einer öffentlichen Aufgabe. Es ist unbestritten, dass den Bauberechtigten damit namentlich insofern eine Unterstützung gewährt werden soll, als der Baurechtszins nicht anhand des Verkehrswerts der fraglichen Baulandparzelle, sondern anhand eines niedrigeren Werts berechnet werden soll (VerwG ZH vom 2. Sept. 2009, VB.2009.00083, E. 7.1).

159 – Wenn das Bundesamt für Betriebe des Heeres **Armeematerial** an einen Jugend- und Sportleiter leihweise zur Verfügung stellt, geht es um eine per Gesetz dem Bund zugewiesene öffentliche Aufgabe (Sportförderung), sodass das Verhältnis dem öffentlichen Recht untersteht (REKO VBS vom 29. Juli 1999, in: VPB 65 [2001] Nr. 16 E. 4).

160 – Der im Zusammenhang mit dem **Bau eines Messehotels abgeschlossene Baurechtsvertrag** zwischen der Stadt Zürich und einer privaten Aktiengesellschaft ist privatrechtlicher Natur, da die Stadt Zürich hauptsächlich gewerbliche, fiskalische Interessen verfolgt. Es bestehen vorliegend keine Anzeichen dafür, dass der Vertrag Bestandteil einer umfassenderen, über die zweckmässige Nutzung des konkreten Grundstücks hinausreichenden Förderungspolitik war (VerwG ZH vom 10. Feb. 2011, VK.2010.0002, E. 2.3.3 und E. 2.3.4).

161 – **Überträgt der kantonale Gesetzgeber** die **Organisation des Notfalldienstes** der kantonalen **Ärztegesellschaft** (in casu private Vereinigung), wird damit eine öffentliche Aufgabe an einen privaten Verwaltungsträger delegiert. Der Kanton Thurgau ist gemäss Kantonsverfassung und Gesundheitsgesetz für eine ausreichende medizinische Versorgung der Bevölkerung besorgt. Die Einrichtung eines Notfalldienstes der Ärzte dient dem öffentlichen Interesse an der Gewährleistung der Gesundheit der Bevölkerung. Neben einer ortsnahen Versorgung soll sie auch die Notfallstationen der Spitäler entlasten, wodurch diese insbesondere für schwerwiegende Fälle frei gehalten werden. Insoweit sieht der kantonale Gesetzgeber den Notfalldienst heute als öffentliche Aufgabe an. Auch wenn der kantonale Gesetzgeber darauf verzichtet hat, die Organisation des Notfalldienstes einer kantonalen Behörde zu übertragen, steht es der privaten Ärztegesellschaft nicht frei, untätig zu bleiben und die Organisation des Notfalldienstes bloss der Eigeninitiative von Ärzten oder privaten Unternehmen zu überlassen. Der Gesetzgeber hat entsprechende Kompetenzen an die Ärztegesellschaft übertragen. Diese tritt gegenüber den Ärzten hoheitlich, kraft der ihr übertragenen Kompetenzen auf, ungeachtet dessen, ob diese ihre Mitglieder sind oder nicht (BGer vom 25. Okt. 2011, 2C_807/2010, E. 2.6).

- Nach der bundesgerichtlichen Rechtsprechung ist die **öffentliche Beurkundung** eine amtliche, hoheitliche Tätigkeit und die Urkundsperson ein Verwaltungsträger, auch wenn nach kantonalem Recht ein freierwerbender Notar oder Anwalt damit beauftragt ist (BGE 128 I 280 E. 3). 162
- Die Erteilung von Kursen ist öffentlich-rechtlicher Natur, wenn die (privatrechtlich organisierten) Berufsverbände zusammen mit den Kantonen verpflichtet werden, **Einführungskurse für Absolventen von Berufslehren anzubieten**, welche für alle Lehrlinge obligatorisch sind, ohne dass die Bedingungen von den Berufsverbänden abgeändert werden könnten (BGer vom 7. Nov. 2002, 2A.249/2002, E. 2.3; anders KG SG vom 17. März 1995, in: GVP 1995 Nr. 9; ferner BGE 128 III 250 E. 2c [Integrations- und Weiterbildungskurse im Rahmen des AVIG, deren Erteilung an einen Privaten delegiert worden sind]). 163
- Bei der **Akquisition und Ausstrahlung von Werbung** handelt die **SRG** nicht im Rahmen des Programmauftrags öffentlich-rechtlich, sondern grundsätzlich privatrechtlich. Entsprechend ist Nichtzulassung zu einer Werbesendung in erster Linie ein kartell- bzw. zivilrechtliches Problem (BGE 136 I 158 E. 3.1, 123 II 402 E. 3). 164
- Soweit der Kanton **Konzessionen für ganze Seeanlagen an die Gemeinden** erteilt und diese zur Weitergabe einzelner Nutzungsrechte an Dritte berechtigt, überträgt dieser den Gemeinden die Wahrung öffentlicher Interessen im Verhältnis zu den Endnutzern. Insofern unterliegt das Verhältnis zwischen dem Kanton als Herrschaftsträger über den See und der Gemeinde X als Konzessionärin der fraglichen Anlagen klar dem öffentlichen Recht (VerwG ZH vom 6. Dez. 2001, VK.2001.00003, E. 2c). 165

d) Administrative Hilfstätigkeit/Bedarfsverwaltung

Das Gemeinwesen handelt in der Regel privatrechtlich, wenn es sich die erforderlichen Hilfsmittel zur Erfüllung seiner öffentlichen Aufgaben und Interessen auf dem freien Markt durch Kauf, Werkvertrag oder Auftrag beschafft (**administrative Hilfstätigkeit** oder **Bedarfsverwaltung**; zum Begriff BVGE 2011/17 E. 2), da lediglich eine mittelbare Erfüllung öffentlicher Aufgaben vorliegt (BGE 134 II 297 E. 2.2, 128 III 250 E. 2b; BGer vom 28. Juni 2010, 4A_116/2010, E. 4.2; OG TG vom 2. Juli 2010, in: RB 2010 S. 91 E. 3a; KG GR vom 11. März 2008, in: PKG 2008 S. 44 E. 2b; VerwG LU vom 10. Dez. 2002, in: LGVE 2002 II Nr. 44 E. 3i). 166

Eine Art von Bedarfsverwaltung kann im Rahmen der **Abfallentsorgung** (von Hauskehricht) dann vorliegen, wenn es lediglich um die Transportaufgabe und damit um eine nur mittelbare Erfüllung einer öffentlichen Aufgabe geht (BJ vom 24. Sept. 1987, in: VPB 1988 [52] Nr. 10; KG GR vom 11. März 2008, in: PKG 2008 S. 44 E. 2c). Sowohl das Bundesgericht (BGE 134 II 297 E. 3.3) wie auch das Verwaltungsgericht Zürich (VerwG ZH vom 10. Juli 2008, VK.2006.00007, E. 1.2 und E. 1.3) betrachten hingegen den Abtransport des Hauskehrichts schon für sich allein betrachtet als eigentliche öffentliche Aufgabe, die nicht eine untergeordnete Hilfstätigkeit zur Abfallentsorgung als Ganzes darstellt, auch wenn das Bundesgericht im Ergebnis – aus anderen Gründen– die abgeschlossenen Verträge als privatrechtlich qualifiziert hat (BGE 134 II 297 E. 3.3). Anders verhält es sich nur dann, wenn das Gemeinwesen bloss die für die Kehrichtabfuhr benötigten Fahrzeuge auf dem freien Markt nachfragt und beschafft; diesbezüglich liegt typischerweise Bedarfsverwaltung vor (Hinweis aus BGE 134 II 297 E. 3.3). 167

Die **Praxis ist nicht widerspruchsfrei**: Mit dem **Unterhalt einer öffentlichen Anlage** soll unmittelbar eine öffentliche Aufgabe wahrgenommen werden (VerwG BE vom 2. Aug. 1993, in: BVR 1994 S. 440 E. 2 [Unterhalt einer Brücke]), wobei diese 168

Art der Tätigkeit auch als Bedarfsverwaltung betrachtet werden kann, da derartige Aufträge typischerweise öffentlich ausgeschrieben werden. Schliesst eine Gemeinde einen Dienstbarkeitsvertrag mit einem Gemeindeverband ab, welcher die **Einräumung eines Deponierechts** und das Recht zur Erstellung der notwendigen Hochbauten zum Inhalt hat, liegt eine privatrechtliche Vereinbarung vor, da zentraler Gegenstand des Vertrags nicht unmittelbar die Abfallbeseitigung (als öffentliche Aufgabe), sondern primär die Bereitstellung von Land für die entsprechende Nutzung ist; es liegt eine Art von Bedarfsverwaltung vor (VerwG LU vom 10. Dez. 2002, in: LGVE 2002 II Nr. 44 E. 3i). Im Lichte des oben genannten Urteils des Bundesgerichts (BGE 134 II 297 E. 3.3) hätte auch von einem verwaltungsrechtlichen Vertrag ausgegangen werden können, da die Bereitstellung von Land unmittelbar die Abfallentsorgung als öffentliche Aufgabe und nicht nur eine untergeordnete Hilfstätigkeit im Rahmen derselben betrifft und dieses Land – anders als etwa der Kauf von Transportfahrzeugen oder der Bau einer Entsorgungsanlage – nicht einfach auf dem freien Markt beschafft bzw. bereitgestellt werden kann.

169 Als **privatrechtlich** hat das Bundesgericht einen Vertrag der Eidgenossenschaft mit einer Beratungsfirma für Kommunikations- und Marketingaufgaben im Aktionsprogramm MICROSWISS oder einen Vertrag der Stadt Genf mit Konsortialen zum Bau und Betrieb eines öffentlichen Schlachthauses im Baurecht angesehen (BGer vom 25. März 1997, 4C.498/1996; vom 11. Juli 1995, 4C.434/1994). **Vergabeverträge** der Verwaltung mit einem Anbieter sind im Allgemeinen privatrechtlich, da typischerweise eine mittelbare Erfüllung öffentlicher Aufgaben vorliegt (BGE 134 II 297 E. 2.1, 125 I 209 E. 6b; KG GR vom 11. März 2008, in: PKG 2008 S. 44 E. 2d; HÄFELIN/MÜLLER/UHLMANN, Rz. 287 ff.).

170 Je nach Inhalt der vom Zuschlagsempfänger zu erbringenden Leistung können **Vergabeverträge** hingegen auch **Gegenstand einer öffentlich-rechtlichen Vereinbarung** bilden, was sich vorab nach dem Gegenstand der durch den Vertrag begründeten Rechte und Pflichten beurteilt: Ein verwaltungsrechtlicher Vertrag hat direkt die Erfüllung einer öffentlichen Aufgabe zum Inhalt oder betrifft einen im öffentlichen Recht geregelten Gegenstand (BGE 134 II 297 E. 2.2). Wird im Rahmen eines Submissionsverfahrens der Abtransport von Hauskehricht ausgeschrieben, handelt es sich dabei unmittelbar um die Erfüllung einer öffentlichen Aufgabe, weshalb der Vertrag zwischen der Gemeinde und der privaten Transportunternehmung als Zuschlagsempfängerin öffentlich-rechtlicher Natur ist (VerwG ZH vom 10. Juli 2008, VK.2006.00007, E. 1.2 und E. 1.3).

Praxis:

171 – **Abtransport von Hauskehricht I:** Im Rahmen eines Submissionsverfahrens wurde der privaten Transportunternehmung X der Zuschlag für den Abtransport des Hauskehrichts erteilt, worauf X mit dem Gemeindeverband Y, welcher die Auftragsvergabe vorgenommen hat, einen Vertrag hierüber abschloss. Strittig war die Qualifikation dieses Vertrages. Der Gemeindeverband Y wurde von den angeschlossenen Gemeinden mit einer öffentlichen Aufgabe, nämlich mit der Abfuhr des Hauskehrichts aus den angeschlossenen Gemeinden sowie dessen Verwertung und Entsorgung, betraut. Umstritten ist ein Vertrag zwischen dem Gemeindeverband Y und einer privaten Transportunternehmung, womit der Gemeindeverband Y beabsichtigt, einen Teil der Aufgabe (Sammel- und Transportdienst in einem Teil des Verbandsgebiets) durch eine private Transportunternehmung ausführen zu lassen. Dem beauftragten Transportunternehmer

wird dadurch nicht die öffentliche Aufgabe des Y als solche übertragen; die Verantwortlichkeit für Abfuhr, Verwertung und Entsorgung von Hauskehricht verbleibt nach wie vor beim erwähnten Verband. Der Y beschafft sich durch den entsprechenden Auftrag lediglich die erforderlichen Mittel, damit er selbst seine öffentliche Aufgabe erfüllen kann. Vertragsgegenstand bildet insofern die Sammel- und Transportdienstleistung als reine Hilfstätigkeit. Unter diesen Umständen liegt entgegen den vorinstanzlichen Feststellungen kein verwaltungsrechtlicher Vertrag, sondern ein privatrechtliches Vertragsverhältnis vor. Diese Feststellungen decken sich auch mit der Tatsache, dass vorliegend ein Submissionsverfahren, d.h. eine öffentliche Auftragsvergabe, stattfand. Eine öffentliche Beschaffung liegt dann vor, wenn die öffentliche Hand als Abnehmerin von Sachen oder Dienstleistungen auftritt. Bei den Verträgen über die öffentliche Beschaffung geht es jeweils um Rechtsgeschäfte, mit welchen sich die öffentliche Hand gegen entsprechende Bezahlung die für ihre Tätigkeit benötigen Sachmittel und Leistungen beschafft. Ein Vertrag, der im Rahmen eines Submissionsgeschäfts abgeschlossen wird, ist in der Regel privatrechtlicher Natur. Entsprechend richten sich insb. Abschluss, Form, Abänderung und Beendigung des Beschaffungsvertrags nach dem anwendbaren Privatrecht (KG GR vom 11. März 2008, in: PKG 2008 S. 44 E. 2c).

- **Abtransport von Hauskehricht II:** Der Abtransport des Hauskehrichts kann schon für sich allein als eigentliche öffentliche Aufgabe betrachtet werden und stellt nicht bloss eine untergeordnete Hilfstätigkeit zur Abfallentsorgung als Ganzes dar; es verhält sich diesbezüglich anders, als wenn etwa die blosse Beschaffung der für die Kehrichtabfuhr benötigten Fahrzeuge in Frage stünde. Dem Beschwerdeführer ist deshalb insoweit Recht zu geben, als die streitbetroffene Dienstleistung durchaus Gegenstand eines öffentlich-rechtlichen Vertrags bilden könnte (wie das offenbar im Kanton Zürich der Fall ist; siehe VerwG ZH vom 10. Juli 2008, VK.2006.00007, E. 1.2 und E. 1.3). Allerdings ist diese rechtliche Einordnung mit Blick darauf, dass einerseits die Abgrenzung zwischen der Übertragung einer eigentlichen öffentlichen Aufgabe und einer blossen Hilfstätigkeit fliessend ist und anderseits auch die von der öffentlichen Hand abgeschlossenen Verträge im Zweifelsfall privatrechtlicher Natur sind, in einem Fall wie dem vorliegenden nicht zwingend; der zuständige Gesetzgeber hat es in der Hand, die Rechtsnatur solcher Verträge festzulegen. Hier hat sich der Kanton Graubünden darauf beschränkt, in Art. 35 Abs. 3 KUSG klarzustellen, dass die Gemeinden auch im Bereich der Abfallentsorgung auf private Dienstleister zurückgreifen können. Eine rechtliche Zuordnung derartiger Vereinbarungen mit privaten Unternehmern hat er in den einschlägigen Bestimmungen nicht vorgenommen. Aus dem vorliegenden Vertragsentwurf, der verschiedentlich auf Artikel des Obligationenrechts verweist und zudem eine Gerichtsstandsklausel enthält, ist aber ersichtlich, dass die Parteien selber ursprünglich von einem privatrechtlichen Vertrag ausgegangen sind und nicht eine verwaltungsrechtliche Vereinbarung schliessen wollten. Zudem haben auch das Verwaltungsgericht als oberste kantonale Instanz im Bereich des öffentlichen Rechts und die Vorinstanz als oberstes kantonales Zivilgericht den Vertrag übereinstimmend als privatrechtlich qualifiziert. Diese Einschätzung ist bundesrechtlich nicht zu beanstanden, zumal die streitbetroffene Vereinbarung die Einzelheiten der zu erbringenden Dienstleistung detailliert regelt und der Beschwerdegegnerin relativ wenig Gestaltungsspielraum lässt, womit die vorgenommene Einordnung als (blosse) Hilfeleistung bei der Aufgabenerfüllung durch den Beschwerdeführer zulässig erscheint (BGE 134 II 297 E. 3.3). 172

- **Abtransport von Hauskehricht III:** Die Stadt R als Auftraggeberin und A als Beauftragter schlossen am 3./8. Sept. 1999 einen Vertrag über die Abfuhr von Abfällen. Mit diesem Vertrag übertrug die Stadt R A die Abfallsammeldienste auf dem Gebiet der Stadt R und den Transport dieser Abfälle zu den von ihr bestimmten Abladeorten. Am 26. Feb. 2003 beschloss der Stadtrat der Stadt R eine Änderung des Abladeortes für die Abfälle mit einer gleichzeitigen Erhöhung der Entschädigungen für den Mehraufwand. Nachdem Verhandlungen zwischen den Vertragsparteien über eine Anpassung der Entschädigungsregelung gescheitert waren, kündigte der Stadtrat R mit Schreiben vom 26. Sept. 2005 den Vertrag. In der Folge wurde der Auftrag neu ausgeschrieben. Schliesslich vergab die Stadt R den Auftrag zu Abfuhrentsorgung per 1. Mai 2006 der D AG. A gelangte am 10. Nov. 2006 an das Verwaltungsgericht mit dem Begehren um Zusprechung eines Schadenersatzes von Fr. 1'055'198.55 nebst Schadenszins zu 5 % seit 173 dem 1. Mai 2006. Erwägungen: In Anlehnung an die Funktionstheorie ist ein Vertrag öffentlich-rechtlicher Natur, wenn er unmittelbar die Erfüllung einer öffentlichen Aufgabe betrifft oder Materien enthält, die an sich vom öffentlichen Recht geregelt werden. Gemäss Art. 31b USG werden Siedlungsabfälle (nebst hier nicht interessierenden weiteren Abfällen) durch die Kantone entsorgt (Abs. 1 Satz 1). Die Kantone legen für diese Abfälle Einzugsgebiete fest und sorgen für einen wirtschaftlichen Betrieb der Abfallanlagen (Abs. 2). Art. 31c USG stellt den Siedlungsabfällen (sowie den in Art. 31b Abs. 1 Satz 1 USG genannten weiteren Abfällen) die «übrigen» Abfälle gegenüber, die vom Inhaber zu entsorgen sind. Mit dieser Regelung wird für die in Art. 31b Abs. 1 Satz 1 USG genannten Abfälle ein kantonales Entsorgungsmonopol statuiert, was mit der Wirtschaftsfreiheit vereinbar ist (vgl. BGE 123 II 359 E. 5b). Die Kantone können diesen Entsorgungsauftrag an die Gemeinden delegieren, von welcher Möglichkeit der Kanton Zürich Gebrauch gemacht hat. Gemäss § 35 Abs. 1 des Abfallgesetzes vom 25. Sept. 1994 (AbfallG) sorgen die Gemeinden für Erstellung und Betrieb von Anlagen für die Behandlung von Siedlungsabfällen. Sie regeln das Sammelwesen, einschliesslich der getrennten Sammlung bestimmter Abfälle, und die Behandlung der Siedlungsabfälle in einer Verordnung, die der Genehmigung durch die Baudirektion bedarf. Die Beseitigung von Abfällen gehört nach dem Gesagten zu den von der Beklagten wahrzunehmenden öffentlichen Aufgaben, weshalb der hier vorliegende Vertrag öffentlich-rechtlicher Natur ist (VerwG ZH vom 10. Juli 2008, VK.2006.00007, E. 1.2 und E. 1.3).

e) Finanzvermögen

174 Das **Finanzvermögen** umfasst jene **Vermögenswerte des Gemeinwesens**, die – anders als das Verwaltungsvermögen – nur mittelbar – nämlich durch den Vermögenswert oder die Erträgnisse – der Erfüllung einer staatlichen Aufgabe dienen; es untersteht daher im Aussenverhältnis grundsätzlich den Vorschriften des Privatrechts (VerwG GR vom 25. Jan. 2010, in: PVG 2010 S. 136 E. 1b; RR OW vom 30. März 2004, in: VVGE 2004/05 Nr. 21 E. 3; Departement des Innern AG vom 8. Nov. 1990, in: AGVE 1990 S. 426 E. 1a). Bei der Abgabe von Immobilien im Baurecht beispielsweise tritt das Gemeinwesen nicht hoheitlich, sondern als Privatsubjekt auf; es kann dabei im Rahmen der Finanzkompetenzen frei über die Vermögenswerte des Finanzvermögens verfügen. Die Tatsache, dass die Gemeinde vorerst ein förmliches Verfahren durchgeführt und dieses am Ende mit einer Verfügung abgeschlossen hat, ändert daran nichts (VerwG GR vom 25. Jan. 2010, in: PVG 2010 S. 136 E. 1b).

175 Die **Zuordnung zum Finanzvermögen** schliesst nicht aus, dass es im Aussenverhältnis dennoch dem **öffentlichen Recht** untersteht, denn der Zweck einer Sache, die sich im Vermögen des Gemeinwesens befindet, ergibt sich nicht ausschliesslich aus der Zuordnung zum Finanzvermögen (BGE 123 I 78 E. 4; VerwG ZH vom 10. Feb. 2011, VK.2010.00002, E. 1.4.2 und E. 2 [Baurechtsvertrag zwischen der Stadt Zürich und einer Aktiengesellschaft über den Bau eines Messehotels]: Für das Vorliegen eines privatrechtlichen Vertrags sprach, dass beim Vertragsabschluss fiskalische Interessen der Stadt Zürich im Vordergrund standen [gewinnorientierte Anlage des Finanzvermögens] bzw. dass öffentliche Interessen [Wirtschaftsförderung/Steigerung der Attraktivität der Messegegend] lediglich eine untergeordnete Rolle spielten). Entgegen der Praxis in einigen Kantonen kann demnach aus der **Zugehörigkeit einer Sache zum Finanzvermögen** nicht zwingend abgeleitet werden, dass solche Streitigkeiten zwischen Gemeinwesen und Privaten ausschliesslich durch die Zivilgerichte zu beurteilen sind (so VerwG GR vom 25. Jan. 2010, in: PVG 2010 S. 136 E. 1b), und dass das Gemeinwesen seine Rechte nicht hoheitlich durchsetzen kann, sondern

vielmehr, wie jeder Dritte, vor den Zivilgerichten Recht zu suchen hat (so Departement des Innern AG vom 8. Nov. 1990, in: AGVE 1990 S. 426 E. 1a).

Entscheidend für die Zuordnung ist mithin, ob das **Gemeinwesen über Anlagen im Finanzvermögen im Aussenverhältnis** frei verfügen kann oder ob damit auch gewisse **öffentliche Interessen zu wahren** sind (ähnlich wohl RR OW vom 2. Dez. 2008, in: VVGE 2008/09 Nr. 22 E. 7.3, in einem obiter dictum hinsichtlich der Frage, ob Parkplätze im Finanzvermögen der Allgemeinheit zur Verfügung stehen müssen oder an bestimmte Angestellte vermietet werden dürfen). Die **Verpachtung von dem Gemeinwesen gehörenden Weideland** im Finanzvermögen an Landwirte bestimmt sich grundsätzlich nach den Regeln des Privatrechts, da öffentliche Interessen nicht ersichtlich sind oder zumindest in den Hintergrund treten (Departement für Inneres und Militär SG vom 15. Feb. 2002, in: GVP 2002 Nr. 124 E. 7; vgl. auch BGE 112 II 35 E. 2). Die Kündigung von Pachtland vonseiten des Gemeinwesens ist daher eine privatrechtliche Willenserklärung (OG SH vom 9. Nov. 2007, in: ZBl 2008 S. 539 E. 2b; nach Meinung des Obergerichts ist umstritten, ob der Kündigung eine behördliche Willensbildung im Sinne einer Beschlussfassung vorauszugehen hat, welche eine Verfügung darstellt und entsprechend angefochten werden kann; zu Recht kritisch AUGUST MÄCHLER, Bemerkungen zu OG SH vom 9. Nov. 2007, ZBl 2008, S. 549 f.). 176

Praxis:

– **Pachtlandzuteilung in einer Ortsgemeinde:** Die Ortsgemeinde A ist Eigentümerin der Alpliegenschaft B, welche sie an Private verpachtet. X konnte dabei nicht berücksichtigt werden, worauf dieser Rekurs erhebt. Die Ortsgemeinde ist eine öffentlich-rechtliche juristische Person. Sie kann daher sowohl Trägerin von Hoheitsrechten wie auch Rechtssubjekt des Privatrechts sein, sich demnach im öffentlich-rechtlichen gleichermassen wie im privatrechtlichen Bereich betätigen. In einem typischerweise vom Privatrecht beherrschten Bereich bewegt sich die Gemeinde, wenn sie ihr Finanzvermögen verwaltet. Bei der Verwaltung des Finanzvermögens begibt sich die Ortsgemeinde mangels öffentlich-rechtlicher Aufgabenerfüllung auf den Boden der Gleichwertigkeit mit Privaten und tritt diesbezüglich als Privatrechtssubjekt auf. Geht es um Werte des Finanzvermögens, darf bzw. soll die Ortsgemeinde deshalb auch Verträge wie ein Privater schliessen. Die Alpliegenschaft B wird nicht zur Erfüllung einer öffentlich-rechtlichen Aufgabe gebraucht, sondern dient der Ortsgemeinde A allein mit ihrem Kapitalwert. Sie ist dem Finanzvermögen zuzuordnen und ihre Verwaltung ist somit grundsätzlich eine Angelegenheit des Privatrechts. Bei der Ausgestaltung eines Pachtverhältnisses sind allerdings verschiedene rechtliche Sonderbestimmungen zu berücksichtigen, die aber keine Vorschriften enthalten, welche die Ortsgemeinde A gegebenenfalls bei der Wahl des Pächters zu beachten hätte. Da es sich bei der Alpliegenschaft B um ein Ortsgemeindegut handelt, ist auch die Verordnung über die Bewirtschaftung und Nutzung der Ortsgemeindegüter (OGV) zu beachten. In der OGV sind einige Grundsätze festgehalten, nach denen die Verpachtung zu erfolgen hat, insbesondere, wonach der Ortsbürger, soweit Eignung und Angebot innerhalb des höchstzulässigen Pachtzinses gleich sind, Vorrecht hat (Art. 10 Abs. 2 Satz 2 OGV). Allein aus der Tatsache, dass diese Norm die Ortsgemeinde A in der Wahl ihres Vertragspartners beeinflusst und damit den obligationenrechtlichen Grundsatz der Vertragsfreiheit einschränkt, kann noch nicht auf den öffentlich-rechtlichen Charakter dieser Norm geschlossen werden. Die Vertragsfreiheit kann gleichermassen auch von zwingenden privatrechtlichen Normen eingeschränkt werden. Wendet man die Interessentheorie an, so ist festzuhalten, dass die Bestimmung das Interesse der Ortsbürger wahrnimmt, bei gegebenen gleichen Voraussetzungen, als Ortsbürger gegenüber den Nicht-Ortsbürgern bevorzugt zu werden. Dieses Interesse an Bevorzugung ist nicht als öffentliches, sondern als privates Interesse zu qualifizieren. Auch die An- 177 wendung der Funktions- und der Subordinationstheorie sprechen für einen privatrechtlichen Charakter von Art. 10 Abs. 2 Satz 2 OGV. In Berücksichtigung all dieser Kriterien ist Art. 10 Abs. 2 Satz 2 OGV als privatrechtliche Norm zu qualifizieren. Indem die Ortsgemeinde A in Anwendung dieser Norm einem bestimmten Bewerber den Vorzug gibt, bewegt sie sich folglich noch immer im Bereich des Privatrechts. Demnach ist festzuhalten, dass der Ortsverwaltungsrat A mit dem ablehnenden Schreiben keine Verfügung getroffen hat. Das Schreiben erfüllt zwar die Verfügungsmerkmale des individuell-konkreten Charakters, der Ausrichtung auf bestimmte Rechtswirkungen sowie der Verbindlichkeit, nicht aber die Verfügungsmerkmale der Hoheitlichkeit und damit zusammenhängend der Grundlage im öffentlichen Recht bzw. im materiellen Verwaltungsrecht (Departement für Inneres und Militär SG vom 15. Feb. 2002, in: GVP 2002 Nr. 124 E. 7; vgl. auch BGE 112 II 35 E. 2).

f) Art. 61 OR

178 Die **Abgrenzung** zwischen dem privaten und dem öffentlichen Recht erfolgt im Rahmen von **Art. 61 OR** nicht nach den üblichen Theorien, sondern nach dem Gebrauch, den der Kanton vom Vorbehalt von Art. 61 Abs. 1 OR macht (BGE 122 III 101 E. 2). Nach Art. 61 OR können Bund und Kantone vom Zivilrecht abweichende öffentlich-rechtliche Haftungsregeln aufstellen für (ausservertragliche) Schäden, die in Ausübung amtlicher Verrichtung verursacht werden (vgl. auch Handelsgericht ZH vom 9. Nov. 2007, in: ZR 2008 Nr. 34 E. 4.1). Der Begriff der «amtlichen» Tätigkeit wird häufig extensiv – über den Begriff hoheitlichen Handelns hinaus – ausgelegt: Die Behandlung von Patienten in öffentlichen Spitälern gilt nicht als gewerbliche Verrichtung im Sinne von Art. 61 Abs. 2 OR, sondern als Erfüllung einer öffentlichen (amtlichen) Aufgabe, und zwar unabhängig davon, ob Privatpatienten behandelt werden oder nicht (BGE 133 III 462 E. 2.1, 122 III 101 E. 2 a/aa, 101 II 174 E. 2a). Da diesbezüglich eine amtliche Tätigkeit vorliegt, bestimmt vorab das kantonale Recht, ob Chefärzte, die berechtigt sind, eine private Tätigkeit auszuüben, für den ausservertraglichen Schaden, den sie ihren Privatpatienten zufügen, nach kantonalem Verantwortlichkeitsrecht haften; lediglich subsidiär, wenn der Kanton vom Vorbehalt in Art. 61 Abs. 1 OR keinen Gebrauch gemacht hat, kommt Bundesprivatrecht und damit Art. 41 ff. OR zur Anwendung (BGE 122 III 101 E. 2a/bb und E. 2a/cc).

179 Die **Kantone** können auch festlegen, dass das **kantonale Verantwortlichkeitsrecht** nicht sämtliche Formen einer amtlichen Tätigkeit, sondern nur hoheitliches Handeln oder sogar nur hoheitliches Handeln i.e.S. erfasst; sie können damit den **Begriff der «amtlichen» Tätigkeit restriktiv** interpretieren (BGer vom 1. Juli 2002, 4C.97/2002, E. 2; KG SZ vom 31. Okt. 2001, in: EGVSZ 2001 S. 142 E. 6; zum Ganzen auch ISABELLE STEINER, Der Dualismus von öffentlichem und privatem Recht in der Arzthaftung und seine Auswirkungen auf die Prozessführung, ZBJV 2006, S. 102 ff.). Im Hinblick auf den Rechtsweg ist zu beachten, dass das Bundesgericht die Beschwerde in öffentlich-rechtlichen Angelegenheiten als Beschwerde in Zivilsachen nach Art. 72 ff. BGG entgegennehmen kann, weil die Materie mit dem Zivilrecht eng zusammenhängt (BGE 133 III 462 E. 2.1).

Praxis:

180 – **Verantwortlichkeit des Chefarztes gegenüber seinen Privatpatienten:** X konsultierte als Privatpatientin Professor Y, Chefarzt am Universitätsspital in O. Vor einer Operation infolge einer vererbten Krankheit ersuchte sie diesen schriftlich, sie während dieser Operation zu unterbinden. Fast zehn Jahre später erhebt sie gegenüber Professor Y die Rüge, sie sterilisiert zu

haben, ohne dass dies aus medizinischer Sicht gerechtfertigt gewesen wäre und ohne sich vorgängig vergewissert zu haben, dass sie dem Eingriff frei und in voller Kenntnis der Sache zustimmte. X klagte, Y sei zu verpflichten, ihr den Betrag von Fr. 336'000.– zu bezahlen. Die Klägerin reichte gegen den Beklagten beim erstinstanzlichen Gericht des Kantons Genf Klage ein. Sie stützte ihre Forderung auf die Art. 394 ff. und 127 OR. Weil der Fall nach Auffassung des Genfer Gerichts öffentlich-rechtlicher Natur war und das Gericht nach dem Genfer Rechtspflegegesetz auch zuständig ist, Streitigkeiten bezüglich der Haftung des Staates für die Handlungen seiner Beamten zu entscheiden, beurteilte es die Sache nach kantonalem öffentlichem Recht. In ihrer Berufung macht die Klägerin geltend, die Vorinstanz habe zu Unrecht kantonales öffentliches Recht statt Bundesprivatrecht angewandt. Das Bundesgericht weist die Berufung mit folgenden Erwägungen ab: Grundsätzlich haften die öffentlichen Beamten und Angestellten für den von ihnen verursachten Schaden nach Bundesrecht (Art. 41 ff. OR). Aufgrund von Art. 61 OR können die Kantone über die Pflicht von öffentlichen Beamten und Angestellten, den Schaden, den sie in Ausübung ihrer amtlichen Verrichtungen verursachen, zu ersetzen oder Genugtuung zu leisten, auf dem Weg der Gesetzgebung von Art. 41 ff. OR abweichende Bestimmungen aufstellen (Abs. 1); für gewerbliche Verrichtungen können jedoch die Bestimmungen von Art. 41 ff. OR nicht geändert werden (Abs. 2). Nach der Rechtsprechung gilt die Behandlung von Patienten in öffentlichen Spitälern nicht als gewerbliche Verrichtung, sondern als Erfüllung einer öffentlichen Aufgabe. Schäden, die dabei entstehen können, sind auf die Ausübung staatlicher Hoheit zurückzuführen; sie begründen keine Verletzung eines privatrechtlichen Vertrags, und zwar selbst dann nicht, wenn das Rechtsverhältnis zwischen dem Patienten und dem Spital einem Vertrag gleicht, weil sich der Erstere verpflichtet, die Kosten des Letzteren zu übernehmen und ihm eine Vergütung leistet. Daher beurteilt sich in erster Linie nach dem kantonalen öffentlichen Recht, gegen wen und unter welchen Voraussetzungen der Patient wegen fehlerhafter Behandlung auf Schadenersatz und Genugtuung klagen kann. Art. 61 Abs. 1 OR enthält einen fakultativen oder ermächtigenden Vorbehalt zugunsten des kantonalen öffentlichen Rechts. Die Kantone sind demnach frei, die Handlungen der Ärzte als Beamte dem kantonalen öffentlichen Recht zu unterstellen, und sie können dies auch für die Handlungen der Ärzte gegenüber ihren Privatpatienten tun. Machen die Kantone von dieser Möglichkeit keinen Gebrauch, unterstehen die Handlungen der Ärzte subsidiär direkt Art. 41 ff. OR. Das Bundesgericht bevorzugt eine einheitliche Regelung, insb. unter dem Aspekt der Haftung für alle den Patienten in einem öffentlichen Spital zukommenden medizinischen Pflegeleistungen und Behandlungen, ohne Rücksicht auf die Person des Patienten oder auf die Abteilung, in der er behandelt wird. Die private Tätigkeit der Chefärzte ist eine Nebenbeschäftigung, die der Kanton als amtliche Tätigkeit qualifizieren und der einheitlichen Regelung unterstellen kann, ob sie nun individuell oder in Mitarbeit mit anderen Beamten ausgeübt wird. Eine solche Regelung liegt ganz klar im Interesse der Patienten. Daher erfolgt eine Abgrenzung zwischen dem privaten und dem öffentlichen Recht in einem solchen Fall nicht nach den üblichen Theorien, namentlich der Subordinations-, der Interessens- oder der Subjektstheorie, sondern nach dem Gebrauch, den der Kanton vom Vorbehalt von Art. 61 Abs. 1 OR gemacht hat. Das kantonale Recht bestimmt daher, ob das Rechtsverhältnis zwischen dem Spital und seinen Benützern ausschliesslich öffentlicher oder teilweise auch privater Natur ist. Es legt fest, ob und inwieweit die Chefärzte, die berechtigt sind, eine private Tätigkeit auszuüben, für den Schaden haften, den sie ihren Privatpatienten zufügen. Das kantonale Recht und gegebenenfalls seine Auslegung ist im Berufungsverfahren allerdings nicht zu überprüfen. Nur wenn es sich herausstellen würde, dass der Kanton von der in Art. 61 Abs. 1 OR vorgesehenen Möglichkeit keinen Gebrauch gemacht hat, dass er die streitige schädigende Handlung des Arztes nicht dem kantonalen öffentlichen Recht unterstellt hat, müsste ein Verstoss gegen Art. 41 ff. OR durch die Berufungsinstanz überprüft werden. Da die Vorinstanz ferner das öffentliche Recht des Kantons Genf im vorliegenden Fall nicht willkürlich angewandt hat, kann die subsidiäre Anwendung von Art. 41 ff. OR nicht Platz greifen. Da sich keine Verletzung von Bundesprivatrecht feststellen lässt, ist die vorliegende Berufung abzuweisen und der angefochtene Entscheid zu bestätigen (BGE 122 III 101 E. 2).

5. Verträge

a) Allgemeines

181 Sofern die Rechtsnatur eines Vertrages gesetzlich nicht festgelegt ist, ist grundsätzlich auf den **Gegenstand der Regelung** bzw. die damit verfolgten **Interessen und Zwecke** abzustellen (BGE 134 II 297 E. 2.2, 132 I 140 E. 3.2.2, 128 III 250 E. 2; BGer vom 28. Juni 2010, 4A_116/2010, E. 4.3; VerwG ZH vom 10. Feb. 2011, VK.2010.0002, E. 1.3; HÄFELIN/MÜLLER/UHLMANN, Rz. 1058; AUGUST MÄCHLER, Vertrag und Verwaltungsrechtspflege: ausgewählte Fragen zum vertraglichen Handeln der Verwaltung und zum Einsatz des Vertrages in der Verwaltungsrechtspflege, Zürich/Basel/Genf 2005, S. 315 f.; Überblick auch BERNHARD WALDMANN, Der verwaltungsrechtliche Vertrag – Eine Einführung, in: Häner/Waldmann, Der verwaltungsrechtliche Vertrag in der Praxis, Zürich 2007, S. 8 f.). Bei deren Qualifikation ist dem Umstand Rechnung zu tragen, dass der Unterscheidung zwischen privatem und öffentlichem Recht ganz verschiedene Funktionen zukommen, je nach den Regelungsbedürfnissen und den Rechtsfolgen, die im Einzelfall in Frage stehen (BGE 128 III 250 E. 2a, 109 Ib 146 E. 1b).

182 Ein **verwaltungsrechtlicher Vertrag** lässt sich dadurch charakterisieren, dass er direkt die Erfüllung **öffentlicher Interessen** und **Aufgaben** zum Inhalt hat bzw. dass er einen öffentlich-rechtlich normierten Gegenstand unmittelbar betrifft, wie dies typischerweise bei Enteignungen, Erschliessungen oder Subventionen der Fall ist (BGE 134 II 297 E. 2.2, 128 III 250 E. 2b; BGer vom 28. Juni 2010, 4A_116/2010, E. 4.3; BVGer vom 14. Sept. 2009, C-1107/2006, E. 3.2; VerwG ZH vom 10. Feb. 2011, VK.2010.0002, E. 1.3). **Nicht massgeblich** ist entgegen einzelnen Entscheiden des Bundesgerichts (vgl. insb. BGE 114 Ib 142 E. 3b/bb, 109 Ib 146 E. 2; BGer vom 27. Sept. 1996, in: ZBl 1997 S. 410 E. 1b), ob eine Partei der anderen gegenüber – im Sinne der Subordinationstheorie – hoheitlich auftreten könnte: Ein Vertrag zeichnet sich gerade dadurch aus, dass er auf übereinstimmenden Willenserklärungen weitgehend gleichgestellter Vertragspartner beruht (VerwG GR vom 22. Feb. 2011, S-09-54A, E. 3c; VerwG LU vom 10. Dez. 2002, in: LGVE 2002 II Nr. 44 E. 2b; KG ZG vom 11. Sept. 2003, in: GVP 2003 S. 198 E. 1.4).

183 Das Gemeinwesen handelt in der Regel **privatrechtlich**, wenn es sich die erforderlichen Hilfsmittel zur Erfüllung seiner öffentlichen Aufgaben und Interessen durch Kauf, Werkvertrag oder Auftrag beschafft, da lediglich eine mittelbare Erfüllung öffentlicher Aufgaben bzw. Bedarfsverwaltung vorliegt (BGE 134 II 297 E. 2.2, 128 III 250 E. 2b; BGer vom 28. Juni 2010, 4A_116/2010, E. 4.2; OG TG vom 2. Juli 2010, in: RB 2010 S. 91 E. 3a; KG GR vom 11. März 2008, in: PKG 2008 S. 44 E. 2b). Die Praxis prüft häufig nicht weiter, ob anhand der Abgrenzungstheorien allenfalls von einem verwaltungsrechtlichen Vertrag auszugehen wäre (siehe aber BGE 134 II 297 E. 2.2).

184 Die **Abgrenzung** im Einzelnen ist **umstritten** und die Übergänge sind fliessend; sodann ist die Rechtsnatur unter Berücksichtigung der **spezialgesetzlichen Regelung** zu bestimmen (z.B. Art. 17 und 18 PG, Art. 56 Abs. 1 PBG). Die **SBB AG, die Post oder die Swisscom** schliessen grundsätzlich **privatrechtliche Verträge** ab, selbst wenn sie unmittelbar öffentliche Interessen wahrnehmen (Art. 17 PG sowie Art. 56 PBG; Ausnahmen: Art. 18 Abs. 1 PG [Gewährung von Vorzugspreisen für die Beför-

derung von Zeitungen und Zeitschriften; vgl. BVGer vom 8. März 2012, A-3049/2011, E. 1.1; vom 12. Mai 2009, A-6523/2008, E. 9.2.2; vom 23. April 2007, A-2039/2006, E. 2.2.2]; Anordnungen über den «behördlichen Wirkungskreis der SBB AG» [BVGer vom 29. März 2011, A-7454/2009, E. 1.1.2, betr. Plakatierung von Werbeflächen innerhalb des Bahnhofsareals; REKO UVEK vom 17. Okt. 2000, in: VPB 65 [2001] Nr. 63 E. 5.3, betr. Verbot, Gratiszeitungen an Bahnhöfen zu verteilen]).

Möglich sind auch aus privatrechtlich und öffentlich-rechtlichen Elementen zusam- 185 mengesetzte **gemischte Verträge** (MÄCHLER, a.a.O., S. 317 f.). Liegen zwei voneinander unabhängige Rechtsverhältnisse vor, so haben über die sich aus dem verwaltungsrechtlichen Teil ergebenden Streitigkeiten die Verwaltungsjustizbehörden und über die sich aus dem zivilrechtlichen Teil ergebenden Streitigkeiten die Zivilgerichte zu befinden (so sinngemäss auch BGE 103 Ia 505 ff.; BVGer vom 15. Juli 2009, A-5237/2008, E. 1.4.2.3). Besteht ein enger Sachzusammenhang zwischen beiden Teilen, ist es geboten, dass das Zivil- oder das Verwaltungsgericht bei der rechtlichen Beurteilung die Einbettung der Teile im Gesamtgeschäft angemessen berücksichtigt (VerwG BE vom 9. Aug. 1995, in: BVR 1996 S. 333 E. 1). Ein Vertrag ist somit nicht zwingend als Ganzes zu qualifizieren (entgegen KG BL vom 22. Feb. 2006, 2002/475, E. 1.1.1).

Kombinationen zwischen **öffentlich-rechtlichem Vertrag und Verfügung** finden 186 sich bei **Erschliessungsvereinbarungen** in Verbindung mit einer Baubewilligung (BGE 112 II 107 E. 1) oder bei **Anstellungsverhältnissen** im öffentlichen Dienst, wenn ergänzend zur Anstellungsverfügung Fragen, die ihrer Natur nach nur schwer durch Verfügung festlegbar sind, durch ergänzende Parteivereinbarung zwischen dem staatlichen Arbeitgeber und der anzustellenden Privatperson geregelt werden (vgl. VerwG ZH vom 14. Aug. 2002, PK.2002.00003, E. 2b; VerwG ZH vom 6. Okt. 1983, in: ZBl 1984 S. 63 E. 2 a/aa und E. 2a/bb). Schliesslich weisen **Leistungsvereinbarungen** und **Konzessionen** häufig einen nicht dispositiven Verfügungsteil und einen dispositiven Vertragsteil auf (BGE 130 II 18 E. 3.1; BVGer vom 25. Feb. 2011, B-4528/2010, E. 2.2; VerwG ZH vom 11. Aug. 2010, VB.2009.00661, E. 2.2).

Zum **verwaltungsrechtlichen Enteignungsvertrag** hielt das Bundesgericht fest, dass 187 als derartige Verträge grundsätzlich nur solche Vereinbarungen gelten, die nach Eröffnung des Enteignungsverfahrens geschlossen werden. Dies gilt namentlich für Verfahren, die sich ausschliesslich nach dem Bundesgesetz über die Enteignung richten. Anders ist die Situation dagegen, wenn neben oder teilweise anstelle des Enteignungsgesetzes die bundesrechtliche Spezialgesetzgebung anzuwenden ist, wie beispielsweise beim Landerwerb für den Nationalstrassenbau. Der Zeitpunkt, von dem an der Kanton gegenüber dem Privaten als Hoheitsträger auftritt, fällt mit der Auflage des Ausführungsprojekts zusammen. Dieser Zeitpunkt muss deshalb auch für die Charakterisierung der zwischen Kanton und Privaten geschlossenen Verträge massgebend sein: Die vor der Auflage des Ausführungsprojekts zustande gekommenen Vereinbarungen sind privatrechtlicher, die nach der Publikation geschlossenen öffentlich-rechtlicher Natur (BGE 114 Ib 142 E. 3b/bb; BGer vom 28. Juni 2010, 4A_116/2010, E. 4.3). Im **Pflichtlagerbereich** sind nur die Verträge zwischen dem Bund und dem Lagerpflichtigen öffentlich-rechtlicher Natur, hingegen nicht die Verträge zwischen dem Lagerpflichtigen und einem Dritten zur Erfüllung der Lagerpflicht (BGE 103 Ib 335 E. 3).

Praxis:

188 – **Verträge über Subventionen, Enteignungen und Erschliessungen** gehören grundsätzlich zum öffentlichen Recht und sind verwaltungsrechtlicher Natur (BGE 128 III 250 E. 2b).

189 – Verträge zwischen einer **kantonalen psychiatrischen Klinik und (auswärtigen) Supervisoren** betreffen ein öffentliches Interesse; die Klinik erfüllt damit eine ihr vom kantonalen Gesetzgeber zugewiesene Aufgabe, nämlich die Sicherstellung der Behandlung und Pflege von psychischkranken Menschen. Sie sind damit öffentlich-rechtlicher Natur (VerwG ZH vom 12. Jan. 2005, PB.2004.00074, E. 3.6.1).

190 – Die **MEDAS** erfüllen eine öffentliche Aufgabe. Zwischen dem beauftragenden Sozialversicherungsträger und der Begutachtungsstelle entsteht dementsprechend ein Rechtsverhältnis des öffentlichen Rechts. Die MEDAS gehören funktionell dem Abklärungsapparat einer staatlichen Einrichtung an. Bei einem Gutachtensauftrag an eine MEDAS handelt es sich folglich nicht um einen privatrechtlichen Auftrag, sondern um einen verwaltungsrechtlichen Vertrag (BGE 137 V 210 E. 2.4.3, 134 I 159 E. 3; BGer vom 9. Aug. 2011, 2C_121/2011, E. 3.3.2).

191 – Vereinbarungen mit privaten **Weiterbildungseinrichtungen zur Durchführung arbeitsmarktlicher Massnahmen** im Rahmen des AVIG werden dem öffentlichen Recht zugeordnet (BGE 128 III 250 E. 2c/aa).

192 – **Verträge über Standplätze an einer Messe** sind privatrechtlicher Natur, wenn der Ausstellerin («Schweizer Mustermesse AG») das betreffende Gelände im Baurecht abgetreten wurde und dieses nicht zu den öffentlichen Sachen i.e.S. gehört (BGE 126 I 250 E. 2c und E. 2d).

193 – Verträge über **Zusatzversicherungen mit Krankenkassen** unterstehen dem Privatrecht, auch wenn die Krankenkassen den bisherigen Versicherungsschutz weiterhin gewährleisten müssen (BGE 124 III 44 E. 1).

194 – **Verträge über Enteignungsobjekte**, die **nach Eröffnung des Enteignungsverfahrens** bzw. **nach Auflage des Ausführungsprojekts** abgeschlossen werden, sind öffentlich-rechtlicher Natur (BGE 116 Ib 241 E. 2, 114 Ib 142 E. 3b/bb; BGer vom 28. Juni 2010, 4A_116/2010, E. 4.3).

195 – Das Mandat, für eine unbemittelte Partei als **amtlicher Verteidiger** tätig zu werden, ist öffentlich-rechtlicher Natur (BGE 113 Ia 69 E. 6).

196 – Der **Versicherungsvertrag zwischen dem Arbeitgeber und dem Versicherer nach Art. 59 Abs. 2 UVG** ist als öffentlich-rechtlicher Vertrag nach UVG zu verstehen (BGer vom 23. Okt. 2009, 8C_293/2009, E. 6.2).

197 – **Die Vereinbarung über die Sorgfaltspflicht der Banken bei der Entgegennahme von Geldern und über die Handhabung des Bankgeheimnisses (VSB)** ist u.a. deshalb privatrechtlicher Natur, da gemäss Bundesgericht ein hoheitliches Handeln der Schweizerischen Nationalbank (SNB) ausgeschlossen werden kann; den einzelnen Banken steht es frei, ob sie der Vereinbarung beitreten wollen oder nicht. Entsprechend fehlt es an einem Unterordnungsverhältnis. Es ist der SNB zudem nicht möglich, mittels der VSB den Vertragsparteien durch einseitige Willensäusserungen Pflichten aufzuerlegen und diese nötigenfalls durchzusetzen (BGE 109 Ib 146 E. 2).

198 – Der vertragliche Teil einer **Sondernutzungskonzession** ist üblicherweise öffentlich-rechtlicher Natur (BGE 109 II 76 E. 2; VerwG ZH vom 6. Dez. 2001, VK.2001.0003, E. 2c).

199 – Der **Sondernutzungsvertrag** (Unterkonzession) zwischen einem **Flughafenhalter als Konzessionär und den Erbringern von Bodenabfertigungsdiensten** – unter Einschluss von Fluggesellschaften, die ihre Abfertigung selbst vornehmen (sogenannte Selbstabfertigung) – ist angesichts der damit verbundenen Übertragung von Rechten und Pflichten beziehungsweise

Aufgaben aus der Betriebskonzession öffentlich-rechtlicher Natur (BGer vom 15. April 2009, 2C_715/2008, E. 4.1; BVGer vom 15. Juli 2009, A-5237/2008, E. 1.4.2.2; vom 21. Aug. 2008, A-137/2008, E. 5.3).

- **Erschliessungsvereinbarungen** sind öffentlich-rechtliche Verträge, wenn in ihnen festgelegt wird, in welcher Weise die Behörde Strassen, Kanalisation und Werkleitungen (Elektrizität, Gas, Wasser) zu erstellen gedenkt und welche Leistungen die Beschwerdeführerin daran zu erbringen hat; hingegen ist die Frage, ob gestützt auf die Erschliessungsvereinbarung die Parzellen in das Privateigentum der Gemeinde übertragen werden können, nach Privatrecht zu entscheiden (BGE 112 II 107 E. 1, 103 Ia 505 E. 2a, 102 II 55 E. 1). 200

- Ein **Dienstbarkeitsvertrag zwischen einer Gemeinde und einem Gemeindeverband über die Bereitstellung von Land zur Einräumung eines Deponierechts** ist privatrechtlich, wenn zentraler Gegenstand des Vertrags nicht unmittelbar die Abfallbeseitigung (als öffentliche Aufgabe), sondern primär die Bereitstellung von Land für die entsprechende Nutzung ist (VerwG LU vom 10. Dez. 2002, in: LGVE 2002 II Nr. 44 E. 3i). 201

- Der Vertrag eines Grundeigentümers mit dem Kanton über die Einräumung einer sog. **«Tunneldienstbarkeit»** ist öffentlich-rechtlicher Natur, da der Bau und Betrieb des betreffenden Strassentunnels (Kantonsstrasse) der Wahrnehmung öffentlicher Interessen dient und als Staatsaufgabe sowohl in der Bundes- als auch in der Kantonsverfassung aufgeführt ist (BGer vom 28. Juni 2010, 4A_116/2010, E. 4.2). 202

- **Arbeitsverträge** sind je nachdem, ob der Angestellte einer verstärkten Befehlsgewalt und Disziplinierungsbefugnis verbunden mit einer erhöhten Gehorsams- und Treuepflicht unterstellt ist, privat- oder öffentlich-rechtlicher Natur. Je bedeutender die Wahrnehmung öffentlicher Aufgaben ist und je unmittelbarer es um die Erfüllung öffentlicher Interessen geht, desto eher liegt eine verstärkte Gehorsams- und Treuepflicht und damit die Anwendung des öffentlichen Rechts vor (vgl. BGer vom 5. März 2008, 1C_252/2007 [für die Verwaltung und die Justiz tätiger Dolmetscher]; KG VS vom 2. Dez. 2005, in: ZWR 2006 S. 82 E. 8.3 [Bausekretär]; KG BL vom 19. Jan. 2000, in: VGE 2000 S. 35 E. 3a [Lehrer einer Jugendmusikschule]; privatrechtlich ist hingegen der Vertrag eines Spitals mit einer Oberschwester, wenn diese gegen aussen nicht hoheitlich handelt und auch keinen besonderen Gehorsams- und Treuepflichten unterliegt [VerwG SG vom 18. Dez. 2007, in: GVP 2007 Nr. 5 E. 1.2.1]). 203

- Als privatrechtlich hat das Bundesgericht einen **Vertrag der Eidgenossenschaft mit einer Beratungsfirma für Kommunikations- und Marketingaufgaben** im Aktionsprogramm MICROSWISS oder einen **Vertrag der Stadt Genf mit Konsortialen zum Bau und Betrieb eines öffentlichen Schlachthauses** im Baurecht beurteilt (BGer vom 25. März 1997, 4C.498/1996; vom 11. Juli 1995, 4C.434/1994). Als wesentlich betrachtete das Bundesgericht in diesen zwei Urteilen, dass der Staat in der Regel privatrechtlich handelt, wenn er sich zur Erfüllung seiner öffentlichen Aufgaben die erforderlichen Hilfsmittel durch Kauf, Werkvertrag oder Auftrag beschafft («administrative Hilfstätigkeit»; siehe auch BGE 128 III 250 E. 2b; BGer vom 28. Juni 2010, 4A_116/2010, E. 4.2). 204

- **Vergabeverträge** sind üblicherweise **privatrechtlicher Natur**, auch wenn ein Rechtsschutzverfahren vorgeschaltet wird, welches öffentlich-rechtlich ausgestaltet ist und an eine Verfügung (= Zuschlag) anknüpft (BGE 125 I 209 E. 6b; KG GR vom 11. März 2008, in: PKG 2008 Nr. 5 E. 2d). Dabei treten sich der Anbieter und das Gemeinwesen in der Regel auf dem Boden des Privatrechts gegenüber und schliessen einen privatrechtlichen Vertrag ab, wobei je nach Inhalt die vom Zuschlagsempfänger zu erbringende Leistung auch Gegenstand einer öffentlich-rechtlichen Vereinbarung bilden kann (BGE 134 II 297 E. 2.1 und E. 2.2), was sich vorab nach dem Gegenstand der durch den Vertrag begründeten Rechte und Pflichten beurteilt: Ein verwaltungsrechtlicher Vertrag hat direkt die Erfüllung einer öffentlichen Aufgabe zum Inhalt oder betrifft einen im öffentlichen Recht geregelten Gegenstand unmittelbar (BGE 128 III 250 E. 2b). Wird im Rahmen eines Submissionsverfahrens der Abtransport von Hauskehricht ausgeschrieben, handelt es sich dabei unmittelbar um die Erfüllung einer öffentlichen Aufgabe, weshalb der Vertrag zwischen der Gemeinde und der privaten Transportunternehmung als Zu- 205 schlagsempfängerin öffentlich-rechtlicher Natur ist (VerwG ZH vom 10. Juli 2008, VK.2006.00007, E. 1.2 und E. 1.3).

206 – **Energielieferungsverträge** sind öffentlich-rechtlicher Natur, wenn die Anstalt die Bedingungen für die Stromlieferung einseitig festgelegt und gleiche Bedingungen für alle Strombezüger schafft (BGer vom 27. Sept. 1996, in: ZBl 1997 S. 410 E. 1b); teilweise unterstellt die Praxis Lieferungsverträge an Grossverteiler unabhängig allfälliger Abgrenzungskriterien dem Privatrecht (vgl. Bezirksrat Pfäffikon vom 7. Juni 1984, in: ZBl 1986 S. 410 E. 5 und E. 6).

207 – Verträge, welche die **Versorgung** der Gemeinde Opfikon mit **Gas** regeln, haben die Erfüllung einer öffentlichen Aufgabe zum Gegenstand; sie sind daher als verwaltungsrechtlich zu qualifizieren (VerwG ZH vom 25. Feb. 2010, VK.2009.00002, E. 1.2.2).

208 – Die **SBB AG** ist eine spezialgesetzliche öffentlich-rechtliche Aktiengesellschaft und schliesst grundsätzlich im Verkehr mit ihren Kunden privatrechtliche Verträge ab (vgl. Art. 56 Abs. 1 PBG; BGer vom 26. Aug. 2010, 2C_689/2009, E. 2.4); dasselbe gilt betr. Fundsachen bzw. Schliessfächern (Nebenpflichten aus Personentransportverträgen; vgl. BVGer vom 3. Sept. 2007, A-420/2007, E. 1.4 sowie BGE 102 Ib 314 E. 3a) sowie bei der Herausgabe von Kundendaten (BVGer vom 3. Sept. 2007, A-420/2007, E. 1.2).

209 – Die **Pachtlandzuteilung** einer Ortsgemeinde hinsichtlich einer Alpliegenschaft ist grundsätzlich privatrechtlicher Natur. Es geht um die Verwaltung von Finanzvermögen. Bei der Verwaltung des Finanzvermögens begibt sich die Ortsgemeinde mangels öffentlich-rechtlicher Aufgabenerfüllung auf den Boden der Gleichwertigkeit mit Privaten und tritt diesbezüglich als Privatrechtssubjekt auf. Geht es um Werte des Finanzvermögens, darf bzw. soll die Ortsgemeinde deshalb auch Verträge wie ein Privater schliessen (Departement für Inneres und Militär SG vom 15. Feb. 2002, in: GVP 2002 Nr. 124 E. 7; vgl. auch BGE 112 II 35 E. 2).

210 – Der **Vertrag über den Abtransport von Hauskehricht** stellt nach Meinung des Kantonsgerichts GR eine bloss untergeordnete Hilfstätigkeit im Rahmen der Abfallentsorgung dar und ist daher privatrechtlicher Natur; es liegt eine Art von Bedarfsverwaltung vor (vgl. KG GR vom 11. März 2008, ZF-07-104, E. 2c). Dasselbe gilt, wenn es «nur» darum geht, die für die **Kehrichtabfuhr benötigten Fahrzeuge** zu beschaffen (Hinweis aus BGE 134 II 297 E. 3.3). Andere Gerichte hingegen betrachten den Abtransport des Hauskehrichts schon für sich allein als eigentliche öffentliche Aufgabe, die nicht eine untergeordnete Hilfstätigkeit zur Abfallentsorgung als Ganzes darstellt (BGE 134 II 297 E. 3.3; VerwG ZH vom 10. Juli 2008, VK.2006.00007, E. 1.2 und E. 1.3).

211 – Der **Vertrag verschiedener Gemeinden über den Bau und Betrieb eines Alterswohn- und Pflegeheims** ist öffentlich-rechtlicher Natur. Die Errichtung und der Betrieb von Krankenheimen und Pflegeabteilungen in Altersheimen ist gemäss Gesundheitsgesetz Sache der Gemeinden. Mit dem Bau und dem Betrieb eines Pflegeheimes haben die Parteien somit eine ihnen obliegende öffentliche Aufgabe wahrgenommen (VerwG ZH vom 17. Jan. 2008, VK.2006.00005, E.1).

212 – Der **Vertrag mit einem Tierspital** ist privatrechtlicher Natur, da die medizinische Versorgung anders als bei Spitälern nicht zentraler Inhalt der Aufgabe eines Tierspitals, sondern eher als Nebennutzung zu verstehen ist. Im Vordergrund steht nicht die Heilung kranker Tiere, sondern das Ziel, angehende Tierärztinnen und Tierärzte anhand praktischer Fälle zur Versorgung kranker Tiere zu befähigen. Es geht im weitesten Sinn um eine Randnutzung von Verwaltungsvermögen, welche nicht unmittelbar der Erfüllung einer staatlichen Aufgabe dient, wirtschaftliche Zwecke verfolgt und deshalb ähnlich wie die Bedarfsverwaltung privatrechtlicher Natur ist (VerwG ZH vom 8. Dez. 2000, in: ZBl 2001 S. 378 E. 3b; vgl. auch KG ZG vom 11. Sept. 2003, in: GVP 2003 S. 198 E. 1.3, betreffend die ausserordentliche Nutzung einer Mehrzweckhalle zur Durchführung einer Autoausstellung. Da die Benützungsordnung der Mehrzweckhalle, welche integrierender Vertragsbestandteil war, eine Beschwerde an den Gemeinderat vorsah, ging das Kantonsgericht von einer öffentlich-rechtlichen Vereinbarung aus).

- Erbringt die **Universität Dienstleistungen zugunsten Dritter**, die nicht zur Kernaufgabe einer Universität gehören (z.B. Gutachtervertrag), handelt es sich um eine Rand- oder Nebennutzung, welche überwiegend als privatrechtlich qualifiziert wird. Geht es hingegen um einen **Auftrag an einen Gutachter im Rahmen der Sachverhaltsaufklärung** (z.B. im Sozialversicherungsrecht), ist ein derartiger Vertrag öffentlich-rechtlicher Natur (BGE 134 I 159 E. 3; BGer vom 9. Aug. 2011, 2C_121/2011, E. 3.3.2; VerwG ZH vom 8. Dez. 2000, in: ZBl 2001 S. 378 E. 3b). 213
- Der **Vertrag über den Unterhalt einer öffentlichen Anlage** (in casu Brücke) zwischen der Gemeinde und dem Kanton ist öffentlich-rechtlicher Natur (VerwG BE vom 2. Aug. 1993, in: BVR 1994 S. 440 E. 2, wobei auch von einer Bedarfsverwaltung bzw. einer nur mittelbaren Erfüllung einer öffentlichen Aufgabe hätte ausgegangen werden können). 214
- Das **Behandlungsverhältnis** zwischen **Patienten und dem Kantonsspital Graubünden untersteht dem öffentlichen Recht**. Die Behandlung von Patienten gilt als Erfüllung einer öffentlichen Aufgabe. Da ferner eine konstitutive Einwilligung der Patienten für die Begründung und den Inhalt des Behandlungsverhältnisses vorauszusetzen ist und daher ein hoheitliches Handeln des öffentlichen Spitals mittels Verfügung nicht zulässig ist, wird das Verhältnis zwischen den Patienten und dem Kantonsspital durch verwaltungsrechtlichen Vertrag begründet. Damit kann das Kantonsspital seine Patienten nicht durch Verfügung zur Bezahlung von offenstehenden Spitalrechnungen verpflichten. Vielmehr hat das Kantonsspital Ansprüche aus dem vertraglichen Behandlungsverhältnis zu seinen Patienten mit verwaltungsrechtlicher Klage beim Verwaltungsgericht geltend zu machen (VerwG GR vom 22. Feb. 2011, S-09-54A, E. 3d). 215
- **Baurechtsverträge** für den **gemeinnützigen Wohnungsbau** ergehen in Erfüllung einer öffentlichen Aufgabe. Es ist unbestritten, dass den Bauberechtigten damit namentlich insofern eine Unterstützung gewährt werden soll, als der Baurechtszins nicht anhand des Verkehrswerts der fraglichen Baulandparzelle, sondern anhand eines niedrigeren Werts berechnet werden soll (VerwG ZH vom 2. Sept. 2009, VB.2009.00083, E. 7.1). 216
- Im **Pflichtlagerbereich** sind nur die **Verträge zwischen Bund und Lagerpflichtigen** öffentlich-rechtlicher Natur, hingegen nicht die Verträge zwischen den Lagerpflichtigen und Dritten zur Erfüllung der Lagerpflicht (BGE 103 Ib 335 E. 3). 217
- **Verständigungen zwischen Steuerpflichtigen und Steuerbehörden** über bestimmte Elemente des steuerrechtlich relevanten Sachverhalts, insb. wenn dieser durch eine amtliche Untersuchung nicht oder nur unter unverhältnismässig grossen Schwierigkeiten geklärt werden kann, sind zulässig; es handelt sich dabei unbestrittenermassen um einen eigentlichen verwaltungsrechtlichen Vertrag (BVGer vom 8. Okt. 2008, A-1569/2006, E. 2.3.2). 218
- Der Vertrag, in dem das Bundesamt für Betriebe des Heeres die leihweise **Zurverfügungstellung von Armeematerial** an einen Jugend- und Sportleiter regelt, ist öffentlich-rechtlicher Natur. Denn es geht um eine per Gesetz dem Bund zugewiesene öffentliche Aufgabe (Sportförderung). Die Unterscheidung privatrechtlicher/öffentlich-rechtlicher Vertrag spielt indes keine Rolle im Hinblick auf die auf den Vertrag anzuwendenden Bestimmungen. Das OR kommt vorliegend als subsidiäres öffentliches Recht zum Zug (REKO VBS vom 29. Juli 1999, in: VPB 65 [2001] Nr. 16 E. 4). 219
- Ein Vertrag zwischen Privaten über den **Erwerb einer Kuh im Rahmen der Ausmerzung von minderwertigem Vieh** ist öffentlich-rechtlicher Natur. Er beruht auf öffentlichem Recht, insbesondere auf dem Viehabsatzgesetz vom 15. Juni 1962 (aufgehoben durch das LwG; BGE 99 Ib 115 E. 2; siehe ferner BGE 103 Ia 505 E. 2a). 220
- Treffen eine kantonale Behörde und eine Aktiengesellschaft, die die Erstellung, die Installation und den Verkauf von **Glasfaserkabeln** sowie die Erstellung von diesbezüglichen Bauten und Anlagen bezweckt und auch eine Konzession des Bundesamtes für Kommunikation zur Betreibung von Telekommunikationsanlagen besitzt, eine Vereinbarung, so liegt ein öffentlich-rechtlicher Vertrag vor. Dies gilt unabhängig davon, ob dieser Vertrag auch privatrechtliche Klauseln – wie beispielsweise die Regelung von Eigentum an Leitungen – enthält. Die Lehre 221

lehnt denn auch mehrheitlich die Annahme von Mischverträgen, also die Annahme, dass ein Teil eines Vertrages als öffentlich-rechtlich und ein Teil als privatrechtlich zu qualifizieren sei, ab. Damit wird auch verhindert, dass verschiedene Gerichte über mehrere Einzelfragen, die in einem Vertragswerk geregelt sind, zu entscheiden haben (KG BL vom 22. Feb. 2006, 2002/473, E. 1.1.1).

222 – Der im Zusammenhang mit dem **Bau eines Messehotels abgeschlossene Baurechtsvertrag** zwischen der Stadt Zürich und einer privaten Aktiengesellschaft ist als privatrechtlicher Vertrag einzustufen. Zwar verfolgt die Stadt Zürich mit dem Baurechtsvertrag neben dem fiskalischen Interesse auch Motive der Wirtschaftsförderung, doch bestehen vorliegend keine Anzeichen dafür, dass der Vertrag Bestandteil einer umfassenderen, über die zweckmässige Nutzung des konkreten Grundstücks hinausreichenden Förderungspolitik war (VerwG ZH vom 10. Feb. 2011, VK.2010.0002, E. 2.3.3 und E. 2.3.4).

223 – **Abgeltungen von Nutzungsbeschränkungen aufgrund von Schutzzonen** sind mittels öffentlich-rechtlichem Vertrag zu regeln (RR OW vom 25. Nov. 2008, in: VVGE 2008/09 Nr. 14 E. 2.3).

224 – **Verträge über Emissionsbegrenzungen** für bestehende oder neue Anlagen sind öffentlich-rechtlicher Natur (BGer vom 13. März 2006, 1A.266/2005, E. 2).

b) *Unmassgebliche Kriterien*

225 Der **mutmassliche (subjektive) Parteiwille**, der sich beispielsweise aus der Festlegung einer Gerichtsstandsklausel, aus der Konzeption des Vertrages, der Bezeichnung des Vertrages, der Festlegung einer Konventionalstrafe oder aus dem Verweis auf Bestimmungen des OR ergeben kann, ist entgegen BGE 134 II 297 E. 3.3 nicht massgebend (BGE 118 II 213 E. 4; VerwG ZH vom 10. Feb. 2011, VK.2010.0002, E. 1.4.1; vom 10. Juli 2008, VK.2006.00007, E. 1.3; VerwG SG vom 18. Dez. 2007, in: GVP 2007 Nr. 5 E. 1.2.2.2; KG VS vom 2. Dez. 2005, in: ZWR 2006 S. 82 E. 8.2). Vielmehr ist das dominierende Abgrenzungselement im Vertragsgegenstand und -zweck zu erblicken. Liegt nach diesen Abgrenzungskriterien ein öffentlich-rechtlicher Vertrag vor, hat dies entsprechend zur Folge, dass sich die Gerichtsstandsklausel als nichtig erweist bzw. dass die Bestimmungen des OR allenfalls als subsidiäres öffentliches Recht zur Anwendung gelangen (VerwG ZH vom 10. Juli 2008, VK.2006.00007, E. 1.3).

226 **Unerheblich** sind die **Organisationsform**, die **Rechtsform** und die **Trägerschaft** der an einem Rechtsverhältnis beteiligten Subjekte, insbesondere ob eine der Vertragsparteien eine juristische Person des öffentlichen Rechts ist oder über hoheitliche Befugnisse verfügt (VerwG ZH vom 12. Jan. 2005, PB.2004.00074, E. 3.6.1). Massgebend ist vielmehr der tatsächliche Inhalt des Rechtsverhältnisses (BGer vom 14. Dez. 2005, 2P.136/2005, E. 3.1.1 [Anstellungsvertrag]; BVGer vom 15. Juli 2009, A-5237/2008, E. 1.4.2).

227 An der **privatrechtlichen Natur des Dienstverhältnisses** ändert die Aufnahme in die kantonale Pensionskasse des Personals oder die Entlöhnung gemäss der kantonalen oder kommunalen Besoldungsordnung grundsätzlich nichts; diese dient lediglich der Gleichbehandlung der privatrechtlich angestellten Arbeitnehmer und vereinfacht die Lohnfestsetzung und deren Rechtfertigung gegenüber diesen (VerwG SG vom 18. Dez. 2007, in: GVP 2007 Nr. 5 E. 1.2.2.2; zum Ganzen auch PETER HÄNNI, Das öffentliche Dienstrecht der Schweiz: Dargestellt anhand der Gerichts- und Verwaltungspraxis in Bund und Kantonen, Zürich 2008, S. 51 ff.). Verweise auf die Besol-

dungsordnung und die Versicherung in der staatlichen Pensionskasse stellen allenfalls **Indizien** dar, die auf das Bestehen eines öffentlich-rechtlichen Anstellungsverhältnisses schliessen lassen (ferner auch: Anstellung durch Wahl und auf eine feste Amtsdauer; vgl. Erziehungsdepartement SG vom 1. Okt. 2001, in: GVP 2001 Nr. 85 E. 1c).

Vereinzelt stellt die Praxis bei der Qualifikation eines Vertrages darauf ab, ob eine Partei der anderen gegenüber **hoheitlich** auftreten könnte (siehe insb. BGE 114 Ib 142 E. 3b/bb, 109 Ib 146 E. 2; BGer vom 27. Sept. 1996, in: ZBl 1997 S. 410 E. 1b). Da sich jedoch der Vertrag – und zwar unabhängig seiner Qualifikation – dadurch auszeichnet, dass er auf übereinstimmenden Willenserklärungen weitgehend gleichgestellter Vertragspartner und auf dem Gedanken einer Partnerschaft zwischen Staat und Privaten beruht, kann die **Subordinationstheorie nicht als taugliches Abgrenzungskriterium** zur Qualifikation von Verträgen herangezogen werden (BGE 132 I 140 E. 3.2.3; VerwG GR vom 22. Feb. 2011, S-09-54A, E. 3c; KG ZG vom 11. Sept. 2003, in: GVP 2003 S. 198 E. 1.4; VerwG LU vom 10. Dez. 2002, in: LGVE 2002 II Nr. 44 E. 2b; vgl. auch HÄFELIN/MÜLLER/UHLMANN, Rz. 1060 ff.). Ein vertraglicher Konsens schliesst jedes «Unterordnungsdenken» a priori aus (HG ZH vom 2. März 1998, in: ZR 1998 Nr. 34 E. III. A. 2). 228

Arbeitsverträge sind gemäss Praxis dann öffentlich-rechtlicher Natur, wenn der Angestellte einer verstärkten Befehlsgewalt und Disziplinierungsbefugnis unterstellt ist und gegenüber aussen hoheitlich zu handeln befugt ist (vgl. z.B. BGer vom 5. März 2008, 1C_252/2007 [für die Verwaltung und die Justiz tätiger Dolmetscher]; KG VS vom 2. Dez. 2005, in: ZWR 2006 S. 82 E. 8.3 [Bausekretär]; vgl. unten Rz. 233 ff.). Diese Sichtweise ist anfechtbar, weil die Verwaltung einem durch Vertrag angestellten Arbeitnehmer gegenüber gerade nicht hoheitlich auftritt (KG ZG vom 11. Sept. 2003, in: GVP 2003 S. 198 E. 1.4; VGer LU vom 10. Dez. 2002, in: LGVE 2002 II Nr. 44, E. 2b). 229

Belässt das **Gesetz** im Hinblick auf die **Wahl der Handlungsformen** Raum und schliesst dieses nicht gewisse Handlungsformen aus (vgl. BGer vom 16. Juni 2010, 1C_438/2009, E. 2.6.1), liegt ein öffentlich-rechtlicher Vertrag vermutungsweise dann vor, wenn anstelle eines Vertrages die Behörde das Rechtsverhältnis auch mittels einer Verfügung hätte regeln können (FRANK KLEIN, Die Rechtsfolgen des fehlerhaften Vertrages, Zürich 2003, S. 11). Ist hingegen das Gemeinwesen in der betreffenden Angelegenheit nicht befugt, eine Verfügung zu erlassen, kann daraus nicht zwingend auf ein privatrechtliches Verhältnis geschlossen werden; die sogenannte **Rechtsformentheorie** ([öffentlich-rechtliche] Verfügung oder [privatrechtlicher] Vertrag) ist abzulehnen (anders KG SG vom 17. Feb. 2010, BZ-2009-86, E. III/3d). 230

Praxis:

– **Schadenersatzforderung wegen vorzeitiger Kündigung eines Vertrages über die Kehrichtabfuhr:** Die Stadt R als Auftraggeberin und A als Beauftragter schlossen einen Vertrag über die Abfuhr von Abfällen. Mit diesem Vertrag übertrug die Stadt R A die Abfallsammeldienste auf dem Gebiet der Stadt R und den Transport dieser Abfälle zu den von ihr bestimmten Abladeorten. Am 26. Feb. 2003 beschloss der Stadtrat der Stadt R eine Änderung des Abladeortes für die Abfälle mit einer gleichzeitigen Erhöhung der Entschädigungen für den Mehraufwand. Diese Änderung des Vertrages trat am 1. Jan. 2004 in Kraft. Nachdem Verhandlun- 231 gen zwischen den Vertragsparteien über eine Anpassung der Entschädigungsregelung gescheitert waren, kündigte der Stadtrat R den Vertrag. A erhob beim Verwaltungsgericht verwaltungsgerichtliche Klage auf Feststellung der Ungültigkeit der Vertragskündigung, worauf diese nicht eintrat. A gelangte danach erneut an das Verwaltungsgericht, diesmal mit dem Begehren um Zusprechung eines Schadenersatzes in der Höhe von Fr. 1'055'198.55 nebst Schadenszins zu 5 % seit dem 1. Mai 2006. Das Verwaltungsgericht tritt auf die Klage ein. Erwägungen: In Anlehnung an die Funktionstheorie ist ein Vertrag dann öffentlich-rechtlicher Natur, wenn er unmittelbar die Erfüllung einer öffentlichen Aufgabe betrifft oder Materien enthält, die an sich vom öffentlichen Recht geregelt werden, was vorliegend der Fall ist, da gemäss Art. 31b USG die Kantone einen Entsorgungsauftrag und ein Entsorgungsmonopol für Siedlungsabfälle haben. Die Kantone können diesen Entsorgungsauftrag an die Gemeinden delegieren, von welcher Möglichkeit der Kanton Zürich Gebrauch gemacht hat. Die Beseitigung von Abfällen gehört danach zu den von der beklagten Gemeinde wahrzunehmenden öffentlichen Aufgaben, weshalb der hier vorliegende Vertrag öffentlich-rechtlicher Natur ist. Der Vertrag zwischen den Parteien nennt allerdings in den Schlussbestimmungen R als Gerichtsstand (Ziff. 6.4 des Vertrags), was als Indiz hierfür gewertet werden könnte, dass die Parteien anlässlich des Vertragsschlusses der Meinung waren, einen privatrechtlichen Vertrag abzuschliessen. Auf den subjektiven Willen der Parteien ist jedoch bei der Frage, ob es sich um einen verwaltungsrechtlichen oder privatrechtlichen Vertrag handelt, nicht abzustellen. Vielmehr ist das dominierende Abgrenzungselement im Vertragsgegenstand und -zweck zu erblicken. Durch die Zuordnung des vorliegenden Vertrags zum öffentlichen Recht ergibt sich, dass zur Behandlung von Streitigkeiten aus diesem Vertrag gemäss § 82 lit. k Verwaltungsrechtspflegegesetz (VRG) das Verwaltungsgericht zuständig ist, womit sich die Gerichtsstandsklausel als nichtig erweist. Da auch die übrigen Prozessvoraussetzungen erfüllt sind, ist auf die Klage einzutreten (VerwG ZH vom 10. Juli 2008, VK.2006.00007, E. 1.3).

232 – **Anschlussbeitrag einer Liegenschaft an das Stromnetz:** Frau A besitzt ein Grundstück in Jona, auf welchem sie nach Abbruch der Altbauten bis 2006 zwei Mehrfamilienhäuser erstellen liess. Die Gebäude sind an das Stromnetz der Elektrizitätswerk Jona-Rapperswil AG (nachfolgend: EWJR AG) angeschlossen, einer privatrechtlichen Aktiengesellschaft, an welcher die Stadt Rapperswil-Jona zu 20 % beteiligt ist. Gemäss den Bedingungen für den Anschluss an das elektrische Verteilnetz der EWJR AG wird für den Anschluss einer Liegenschaft an das Stromnetz ein Anschlussbeitrag von 1,2 % des Gebäudezeitwertes erhoben. Bei Ersatzbauten errechnet sich der Beitrag anhand der Differenz zwischen dem alten und dem neuen Gebäudezeitwert. Gestützt darauf verlangte die EWJR AG im Jahr 2007 von Frau A einen Anschlussbeitrag von Fr. 10'107.50, was diese nicht akzeptierte. Das in der Folge von der EWJR AG eingeleitete Vermittlungsverfahren blieb unvermittelt. Mit Klage beim Einzelrichter des Kreisgerichts Gaster-See verlangte die EWJR AG die Bezahlung des Anschlussbeitrags. Die Beklagte beantragte Nichteintreten, subsidiär die Abweisung der Klage. Mit Teilentscheid vom 14. Sept. 2009 trat der Einzelrichter auf die Klage ein. Dagegen erhob die Beklagte Berufung an das Kantonsgericht mit dem Antrag, auf die Klage sei nicht einzutreten. Die Klägerin beantragte die Abweisung der Berufung und Eintreten auf die Klage. Erwägungen: Nach ständiger Rechtsprechung unterstehen die Rechtsbeziehungen zwischen öffentlich-rechtlichen Elektrizitätswerken und privaten Strombezügern dem öffentlichen Recht, wenn sie durch ein besonderes Hoheitsverhältnis begründet sind, was anhand der Ausgestaltung der Benützungsordnung zu entscheiden ist. Ein öffentlich-rechtliches Verhältnis liegt vor, wenn das Elektrizitätswerk unmittelbar öffentliche Zwecke verfolgt, die Gewinnerzielung zweitrangig ist, und die Benützungsordnung durch Gesetz oder Verwaltungsverordnung einseitig festgelegt ist, sodass kein Spielraum für eine freie rechtsgeschäftliche Ausgestaltung mehr bleibt. Entgegen der Auffassung der Vorinstanz kommt es dabei sehr wohl auf die Rechtsform und die Trägerschaft des Elektrizitätswerkes an. Dass die Beziehungen zwischen einem staatlichen Elektrizitätswerk und seinen Kunden je nach ihrer Ausgestaltung dem öffentlichen Recht oder dem Privatrecht unterstehen können, bedeutet nicht, dass auf das Verhältnis zwischen einem privaten Elektrizitätswerk und seinen Kunden die gleichen Kriterien anzuwenden seien. Nach der Rechtsprechung ist für die Qualifikation der Rechtsbeziehungen zwischen einem nicht staatlichen Elektrizitäts-

werk und seinen Kunden nicht die Interessen- oder die Funktionstheorie, sondern die Subordinationstheorie massgebend. Die Klägerin ist als privatrechtliche Aktiengesellschaft, an welcher die Stadt Rapperswil-Jona zu 20 % beteiligt ist, eine gemischtwirtschaftliche Unternehmung. Die damaligen Gemeinden Jona und Rapperswil haben mit der Klägerin eine Vereinbarung geschlossen, in welcher sich die Klägerin unter anderem verpflichtet hat, jeweils nach Massgabe der eidgenössischen und kantonalen Gesetzgebung alle Endverbraucher an ihr Versorgungsnetz anzuschliessen, Erschliessungsaufgaben zu übernehmen und den landesüblichen Service public zu gewährleisten (Art. 4 der Vereinbarung vom 18. April 2006). Mit dem Abschluss dieser Leistungsvereinbarung sind die Gemeinden ihrer Aufgabe nachgekommen, für die Umsetzung der Erschliessungsplanung zu sorgen. Sie haben der Klägerin aber keine hoheitlichen Befugnisse verliehen und die Klägerin kann gegenüber den Grundeigentümern weder Verfügungen erlassen noch hoheitliche Sanktionen verhängen. Dies wird von der Beklagten auch nicht behauptet. Nach der hier entscheidenden Subordinationstheorie untersteht das Rechtsverhältnis zwischen den Parteien somit dem Privatrecht. Nach dem Gesagten ist die Berufung abzuweisen und auf die Klage einzutreten. Die Vorinstanz wird Bestand und Fälligkeit der eingeklagten Forderung nach den Regeln des Vertragsrechts zu beurteilen haben (KG SG vom 17. Feb. 2010, BZ-2009-86, E. III/3).

c) Dienstverhältnisse insbesondere

Öffentliche Dienstverhältnisse können durch **Vertrag** begründet werden, wenn dieser vom Gesetz nicht ausgeschlossen bzw. ausdrücklich oder stillschweigend Raum dafür belassen wird (BGer vom 14. Dez. 2005, 2P.136/2005, E. 3.2; im Allgemeinen BGE 136 I 142 E. 4.1, 136 II 415 E. 2.6.1, 105 Ia 207 E. 2a, 103 Ia 31 E. 2b, 103 Ia 505 E. 3a; neuerdings etwa ROLAND MÜLLER/CAROLINE VON GRAFFENRIED, Unterschiede zwischen privatrechtlicher und öffentlich-rechtlicher Anstellung, recht 2011, S. 157 ff.). 233

Die **Abgrenzung** zwischen **Anstellungsverfügung** und **Anstellungsvertrag** ist umstritten: Können wesentliche Punkte des Vertragsinhaltes von den diesbezüglich als gleichgestellt zu betrachtenden Parteien verhältnismässig frei gestaltet werden, so kann von einem vertraglich begründeten Verhältnis ausgegangen werden (VerwG ZH vom 8. Juli 2009, PB.2008.00027, E. 2.3; vom 14. Aug. 2002, PK.2002.00003, E. 2c/dd; VerwG BE vom 12. Nov. 1999, in: BVR 2000 S. 454 E. 1c). Während sich beim Abschluss eines Vertrages Private und Verwaltungsbehörden als gleichberechtigte Partner gegenüberstehen, die sich im Rahmen einer offenen, unbestimmten gesetzlichen Regelung auf einen Vertragsinhalt einigen, setzen die Verwaltungsbehörden bei Erlass einer mitwirkungsbedürftigen Verfügung autoritativ nach Massgabe der anwendbaren Gesetze die Rechte und Pflichten der Privaten fest (VerwG ZH vom 12. Jan. 2005, PB.2004.00074, E. 3.5). 234

Bei **Arbeitsverhältnissen**, die durch eine **mitwirkungsbedürftige Verfügung** begründet werden, können ausserdem Fragen, die nicht generell-abstrakt und verbindlich normiert bzw. ihrer Natur nach nur schwer durch Verfügung festlegbar sind, durch **ergänzende Parteivereinbarung** zwischen dem staatlichen Arbeitgeber und der anzustellenden Privatperson geregelt werden (VerwG ZH vom 14. Aug. 2002, PK.2002.00003, E. 2b; VerwG ZH vom 6. Okt. 1983, in: ZBl 1984 S. 63 E. 2 a/aa und E. 2a/bb). 235

Liegt **vertragliches Handeln** vor, ist die Zuordnung nach den herkömmlichen **Abgrenzungstheorien** zu bestimmen: Ein durch Vertrag begründetes Dienstverhältnis 236 ist öffentlich-rechtlicher Natur, wenn der Angestellte nach aussen hoheitliche Befugnisse ausübt, einer besonderen Gehorsams- und Treuepflichten unterliegt, in besonderem Ausmass öffentliche Aufgaben wahrnimmt und unmittelbar öffentliche Interessen verfolgt (VerwG SG vom 18. Dez. 2007, in: GVP 2007 Nr. 5 E. 1.2.1: Verneint für eine Oberschwester, da diese gegen aussen nicht hoheitlich handelte und auch keinen besonderen Gehorsams- und Treuepflichten unterlag). Eine verstärkte Gehorsams- und Treuepflicht – und damit die Anwendung des öffentlichen Rechts – besteht umso eher, je bedeutender die Wahrnehmung öffentlicher Aufgaben ist und je unmittelbarer es um die Erfüllung öffentlicher Aufgaben und Interessen geht (Erziehungsdepartement SG vom 1. Okt. 2001, in: GVP 2001 Nr. 85 E. 1c), was in der Praxis bereits bei Lehrkräften einer Jugendmusikschule (KG BL vom 19. Jan. 2000, in: VGE 2000 S. 35 E. 3a) oder bei einem Hauswart (Erziehungsdepartement SG vom 1. Okt. 2001, in: GVP 2001 Nr. 85 E. 1c) angenommen wird, dagegen nicht, wenn der Arbeitnehmer als Stadtarbeiter/Gärtner angestellt und hauptsächlich mit der Schneeräumung, Lackierarbeiten, Bäumeschneiden und der Kehrichtabfuhr beschäftigt ist (VerwG ZG vom 25. Aug. 1983, in: GVP 1983/84 S. 123 E. 1b).

237 Wird ein **kommunaler Bausekretär** mittels Vertrag angestellt, ist dieser als öffentlich-rechtlich zu qualifizieren, wenn die Arbeit als Bausekretär in direktem Zusammenhang mit der Erfüllung einer öffentlichen Aufgabe steht bzw. einen öffentlich-rechtlich normierten Gegenstand unmittelbar betrifft (KG VS vom 2. Dez. 2005, in: ZWR 2006 S. 82 E. 8.3). Einsätze von im Justizwesen tätigen **Übersetzern und Dolmetschern** erfolgen in Erfüllung einer öffentlichen Aufgabe; die in diesem Rahmen ausgeübte Dolmetschertätigkeit gehört deshalb zur staatlichen Tätigkeit und ist mittels öffentlich-rechtlichem Vertrag zu regeln (BGer vom 5. März 2008, 1C_252/2007, E. 2; vom 15. Nov. 2004, 1P.58/2004, E. 2.2; VerwG ZH vom 27. Juni 2007, PB.2006.00035, E. 2.2). Dasselbe gilt für einen Vertrag mit einer **Gemeindepolizistin**, welche direkt dem Chef der Gemeindepolizei unterstellt ist (BGer vom 14. Dez. 2005, 2P.136/2005, E. 3.3).

238 Der **Anstellungsvertrag** ist **privatrechtlicher Natur**, wenn es um **untergeordnete Funktionen** geht, die lediglich **temporär** ausgeübt werden (OG SH vom 25. Feb. 2005, in: AB 2005 S. 81 E. 2c). So erscheint es als zulässig, für Aushilfskräfte und nebenberufliches Personal ohne öffentlich-rechtliche Funktionen, die an einem Stadttheater die Billette kontrollieren und den Theaterbesuchern die Plätze zuweisen, privatrechtliche Arbeitsverhältnisse vorzusehen. Zwar bildet der Betrieb eines Theaters eine öffentliche Aufgabe, doch ist diese Aufgabe bzw. deren Erfüllung im Wesentlichen privatrechtlich geregelt und ist zur sogenannten privatwirtschaftlichen Staatstätigkeit oder fiskalischen Wettbewerbswirtschaft zu zählen. Für diesen Bereich werden privatrechtliche Dienstverhältnisse bei öffentlichen Gemeinwesen als vertretbar betrachtet (OG SH vom 25. Feb. 2005, in: AB 2005 S. 81 E. 2b). Ebenso können – je nach gesetzlicher Grundlage – Lehrpersonen, die lediglich über eine befristete Anstellung verfügen, durch privatrechtlichen Vertrag angestellt werden (RR SZ vom 18. April 2000, in: EGVSZ 2000 Nr. 55 E. 2.1.2, wobei nach dem neuen Personalrecht selbst befristete Anstellungen zwingend durch öffentlich-rechtlichen Vertrag zu regeln sind).

Verträge zwischen **Ärzten und Spitälern** sind grundsätzlich öffentlich-rechtlicher Natur, sofern nicht eine klare und unmissverständliche kantonale Regelung besteht, wonach ein solches Arbeitsverhältnis privatrechtlich ist. Wenn eine derartige (kantonale) Regelung fehlt, nimmt das Bundesgericht in ständiger Rechtsprechung an, dass unabhängig der Abgrenzungskriterien eine öffentlich-rechtliche Anstellung vorliegt (BGE 118 II 213 E. 3; BGer vom 28. Nov. 2008, 1C_59/2008, E. 1; vom 19. Mai 2006, 2P.18/2006, E. 2.3; VerwG BE vom 12. Nov. 1999, in: BVR 2000 S. 454 E. 1b). 239

Eine **Beleihung** zeichnet sich dadurch aus, dass sowohl die Kontroll- wie auch die Erfüllungsverantwortung beim Gemeinwesen verbleibt. Entsprechend sind die Anstellungsverhältnisse beim beliehenen Privaten – je nach Massgabe des kommunalen bzw. kantonalen Rechts – üblicherweise öffentlich-rechtlich ausgestaltet; richtigerweise wären die oben genannten Kriterien heranzuziehen (vgl. auch VerwG BE vom 22. Juni 2007, in: BVR 2008 S. 105 E. 2). Dagegen gilt das private Arbeitsrecht für privatrechtliche Gesellschaften, die durch eine **formelle oder organisatorische Privatisierung** ehemals öffentlich-rechtlicher Unternehmen entstanden sind (BGer vom 22. Okt. 2003, 2P.217/2003, E. 2.3; Spezialfall: spezialgesetzliche Aktiengesellschaften des öffentlichen Rechts und kantonalen Gesellschaften nach Art. 763 OR). 240

Hinweis: Streitigkeiten aus einem dem öffentlichen Recht unterstehenden Dienstverhältnis können dennoch «zivilrechtlich» im Sinne von **Art. 6 Ziff. 1 EMRK** sein. Der Begriff «zivilrechtlich» hängt nicht mit der Rechtsnatur des Vertrages, sondern mit den geltend gemachten Ansprüchen zusammen. Der EGMR stellt für die Frage der Anwendbarkeit von Art. 6 Ziff. 1 EMRK primär darauf ab, welche Funktion vom öffentlichen Bediensteten ausgeübt wird (siehe BGE 129 I 207 E. 4.2). Streitigkeiten von öffentlichen Bediensteten, welche eng mit Ausübung der öffentlichen Gewalt zusammenhängen, so namentlich von Angehörigen der Streitkräfte und der Polizei, unterstehen – ausser in Bezug auf pensionsrechtliche Ansprüche – den Garantien von Art. 6 Ziff. 1 EMRK überhaupt nicht (BGE 129 I 207 E. 4.2). Der EGMR geht neuerdings von einer grundsätzlichen Anwendbarkeit von Art. 6 Ziff. 1 EMRK auch im Bereich eng mit der Ausübung öffentlicher Gewalt zusammenhängender Dienstverhältnisse aus (vgl. VerwG ZH vom 1. April 2009, PB.2008.00050, E. 1; vom 27. Juli 2007, PB.2006.00046, E. 2.2.1; siehe auch MARKUS LANTER, Gerichtliche Kontrolle von Verfügungen über leistungsabhängige Lohnanteile von Bundespersonal, AJP 2009, S. 1524; REGINA KIENER, Gutachten im Auftrag der Gerichtskommission der Vereinigten Bundesversammlung vom 28. Jan. 2008, VPB 2008 Nr. 26, S. 363 f.). 241

Praxis:

- **Anstellung als Hauswart an einer öffentlichen Schule:** Im Kanton St. Gallen hat der Gesetzgeber eine gesetzliche Grundlage für die Begründung eines privatrechtlichen Angestelltenverhältnisses für Angestellte der Gemeinden geschaffen: Nach Massgabe von Art. 145 Abs. 2 des Gemeindegesetzes steht die bzw. der Angestellte in einem öffentlich-rechtlichen oder in einem privatrechtlichen Dienstverhältnis. Dies wirft die grundsätzliche Frage auf, nach welchen Kriterien die Zuordnung erfolgt. Die Unterscheidung, ob ein Arbeitsverhältnis öffentlich-rechtlicher oder privatrechtlicher Natur ist, gestaltet sich oft schwierig. Dabei ist die Rechtsnatur der Parteien oder die Rechtsform, in die sie das Verhältnis gekleidet bzw. die Bezeichnung, welche sie dafür gewählt haben, nicht entscheidend. Ausschlaggebend ist vielmehr der tatsächliche Inhalt des Rechtsverhältnisses. Als Abgrenzungsmethoden werden in der Praxis vor allem 242 die Subordinations-, die Interessen- und die Funktionstheorie herbeigezogen. Dabei wird trotz einer etwas stärkeren Gewichtung der Subordinationstheorie keine Theorie der andern vorgezogen, sondern es wird diejenige angewandt, die den jeweiligen Gegebenheiten am besten entspricht. Ein öffentlich-rechtliches Dienstverhältnis liegt gemäss Funktionstheorie vor, wenn der Angestellte nach aussen öffentlich-rechtliche Funktionen ausübt und somit hoheitlich handelt. Gemäss Subordinationstheorie spricht für ein öffentlich-rechtliches Anstellungsverhältnis die Unterstellung des Angestellten unter eine verstärkte Befehlsgewalt und Disziplinierungsbefugnis des staatlichen Arbeitgebers, verbunden mit einer erhöhten Gehorsams- und Treuepflicht seinerseits. Gewisse Funktionen sind jedoch nicht direkt mit der Wahrnehmung einer öffentlichen Aufgabe verbunden, und dennoch kann ein öffentlich-rechtliches Dienstverhältnis vorliegen. In diesem Zusammenhang ist die Interessentheorie zu berücksichtigen, wonach zu unterscheiden ist, ob das Dienstverhältnis einem öffentlichen Interesse entspricht oder ob private Interessen verfolgt werden. Weitere Indizien für das Bestehen eines öffentlich-rechtlichen Anstellungsverhältnisses stellen dar: Keine freie Vereinbarkeit des Lohnes resp. die Einstufung in eine bestimmte Lohnklasse/Stufe, die Zuteilung zur staatlichen Pensionskasse oder die Anstellung durch Wahl und auf eine feste Amtsdauer. Bei staatlichen Dienstverhältnissen ist ferner eine Unterstellung unter das öffentliche Recht zu vermuten. Beurteilt man das vorliegende Anstellungsverhältnis aufgrund der dargestellten Kriterien und Abgrenzungsmerkmale, so ergeben sich mehr Indizien für das Vorliegen eines öffentlich-rechtlichen Dienstverhältnisses als für das Vorhandensein eines privatrechtlichen Arbeitsverhältnisses. Zum einen deutet die Tatsache, dass der Lohn des Rekurrenten gemäss Art. 3 des Arbeitsvertrages vom 21. April 1999 nach den Richtlinien des Verbandes St. Galler Volksschulträger in eine bestimmte Lohnklasse eingestuft wird, auf das Vorliegen eines öffentlich-rechtlichen Dienstverhältnisses hin. Zudem wird in den genannten Richtlinien festgehalten, dass der Hauswart bezüglich Sozialzulagen und Teuerungsausgleich dem Staatspersonal gleichgestellt wird. Auch findet bei der Urlaubsregelung sowie bei den Bestimmungen über die Unfall- und Haftpflichtversicherung eine gewisse Anlehnung an die für das Staatspersonal geltenden Bestimmungen statt. Zum andern übt der Rekurrent als Schulhauswart der Primarschulgemeinde X zweifelsohne eine öffentliche Funktion aus und tritt gegen aussen hoheitlich auf. Zwar beinhalten die Aufgaben eines Schulhausabwartes zu einem Teil auch Handwerksarbeit, die kein hoheitliches Auftreten nach aussen bewirkt. Die Tätigkeit eines Schulhausabwartes beinhaltet indessen vermehrt auch eine Ordnungsfunktion innerhalb und ausserhalb der Schulzeit. So übt der Hauswart faktisch eine Disziplinargewalt gegenüber den Schülerinnen und Schülern aus. Er kann unbefugte Personen vom Schulareal wegweisen, er überwacht die Einhaltung der Vorschriften über die Benützung von Schulanlagen durch Dritte und er ist für die Öffnung und Schliessung der Gebäude zuständig. Dieser Ordnungs- und Kontrollfunktion des Schulhausabwartes ist im Interesse der Schulgemeinden grösseres Gewicht beizumessen als dem handwerklichen Teil seiner Arbeit. Entsprechend ist der Schulhausabwart einer verstärkten Befehlsgewalt und Disziplinierungsbefugnis des Schulrates unterworfen, welche mit einer erhöhten Gehorsams- und Treuepflicht seinerseits einhergehen. Vor diesem Hintergrund liegt dem vorliegenden Dienstverhältnis ein öffentliches Interesse zugrunde, sodass es als öffentlich-rechtlich einzustufen ist. Daran vermag auch das Vorhandensein eines eigentlichen Arbeitsvertrages, die Anstellung des Rekurrenten auf unbestimmte Zeit und die vertraglich vereinbarten gegenseitigen Kündigungsfristen nichts zu ändern, zumal die Wahl auf eine bestimmte Amtsdauer keine notwendige Voraussetzung für ein öffentlich-rechtliches Dienstverhältnis ist. Bei diesem Ergebnis sind die obligationenrechtlichen Bestimmungen über den Einzelarbeitsvertrag, soweit sie zur Anwendung gelangen, aufgrund der Verweisung im vorliegenden Arbeitsvertrag als öffentliches Recht des Gemeinwesens anzuwenden und auszulegen (Erziehungsdepartement SG vom 1. Okt. 2001, in: GVP 2001 Nr. 85 E. 1 und E. 2).

6. Bemerkungen

1. Die Unterscheidung zwischen privatem und öffentlichem Recht weist verschiedene **Funktionen** auf, je nach den Regelungsbedürfnissen und den Rechtsfolgen, die im Einzelfall in Frage stehen, die sich nicht mit einem einzigen theoretischen Unterscheidungsmerkmal erfassen lassen, sodass keiner Theorie a priori ein Vorrang zukommt (**Methodenpluralismus**). Das Bundesgericht stützt sich auf verschiedene Theorien, deren grundsätzliche Kriterien sich nicht ausschliessen, und die im Einzelfall herangezogen werden, soweit sie sich am besten zur Lösung der konkreten Fragestellung eignen (vgl. BGE 132 V 303 E. 4.4.2, 128 III 250 E. 2a). Spricht die Anwendung der besagten Abgrenzungstheorien für öffentlich-rechtliches Handeln, haben sich die Behörden zur Durchsetzung des korrekten Vollzugs der entsprechenden Normen öffentlich-rechtlicher Handlungsformen zu bedienen. Eine freie Wahlmöglichkeit zwischen öffentlich-rechtlichem und privatrechtlichem Handeln kommt den Verwaltungsbehörden nicht zu (BGer vom 2. Sept. 2010, 5A_95/2010, E. 5.4 [Veröffentlichung von Fahrzeughalterdaten gemäss Art. 104 Abs. 5 Satz 2 SVG]). 243

2. Vorherrschend ist in der Praxis die **Subordinationstheorie**: Erscheint das Gemeinwesen als mit hoheitlichen Befugnissen ausgestattet, tritt die Behörde dem Einzelnen gegenüber übergeordnet auf, und legt diese einseitig Bedingungen fest, wird häufig nicht weiter geprüft, ob anhand der anderen Abgrenzungstheorien privatrechtliches Handeln angezeigt wäre bzw. ob im Sinne der Funktions- und Interessentheorie die Rechtsnorm private Interessen oder Aufgaben verfolgt oder Sanktionen, wie sie typisch für das Privatrecht sind, vorsieht (VerwG GR vom 8. Mai 2007, R-07-21, E. 2a). Vereinzelt stellt die Praxis selbst bei der **Qualifikation von Verträgen** darauf ab, ob eine Partei der anderen gegenüber hoheitlich auftreten könnte (siehe insb. BGE 114 Ib 142 E. 3b/bb, 109 Ib 146 E. 2). Arbeitsverträge sollen dann öffentlich-rechtlich sein, wenn der Angestellte einer verstärkten Befehlsgewalt und Disziplinierungsbefugnis unterstellt und gegenüber aussen hoheitlich zu handeln befugt ist. Da jedoch der Vertrag auf Konsens bzw. auf übereinstimmenden Willenserklärungen weitgehend gleichgestellter Vertragspartner beruht, kann die Subordinationstheorie nicht als taugliches Abgrenzungskriterium herangezogen werden (BGE 132 I 140 E. 3.2.3): Ein vertraglicher Konsens schliesst jedes «Unterordnungs-Denken» a priori aus (HG ZH vom 2. März 1998, in: ZR 1998 Nr. 34 E. III. A. 2). Es ist jeweils anhand der anderen Abgrenzungstheorien zu prüfen, ob der Vertrag öffentlich-rechtlicher oder privatrechtlicher Natur ist. 244

3. Ist das **Gemeinwesen** in der betreffenden Angelegenheit **nicht mit hoheitlichen Befugnissen ausgestattet**, kann jedenfalls das Rechtsverhältnis nicht mit Verfügung geregelt werden (VerwG GR vom 22. Feb. 2011, S-09-54A, E. 3d [Behandlungsvertrag zwischen einem Patienten und einem öffentlichen Spital]); eine derartige, als Verfügung eröffnete Anordnung wäre nichtig (VerwG SG vom 23. Jan. 2007, in: GVP 2007 Nr. 6 E. 1.1). Fehlt eine Verfügungsbefugnis, liegt hingegen nicht zwingend ein privatrechtliches Verhältnis vor; die sogenannte **Rechtsformentheorie** ([öffentlich-rechtliche] Verfügung oder [privatrechtlicher] Vertrag; vgl. KÖLZ/BOSSHART/RÖHL, § 1, Rz. 11) ist abzulehnen (entgegen KG SG vom 17. Feb. 2010, BZ-2009-86, E. III/3d). Als mögliche rechtliche Handlungsform fällt vor allem der **Vertrag** in Betracht. Da Verträge unabhängig ihrer Rechtsnatur auf übereinstimmenden Willenserklärungen weitgehend gleichgestellter Vertragspartner beruhen, ist in derar- 245

tigen Konstellationen anhand der Interessen- und Funktionstheorie bzw. der modalen Theorie zu prüfen, ob der Vertrag öffentlich-rechtlicher oder privatrechtlicher Natur ist (so richtig in der Prüffolge VerwG ZH vom 6. Dez. 2001, VK.2001.00003, E. 1c und E. 1d [Kündigung einer Schiffsboje]; VerwG BE vom 12. Nov. 1999, in: BVR 2000 S. 454 E. 1c [Rechtsnatur des Dienstverhältnisses eines Chefarztes mit einem Spital).

246 4. Ein **verwaltungsrechtlicher Vertrag** lässt sich dadurch charakterisieren, dass er direkt die Erfüllung einer öffentlichen Aufgabe zum Inhalt hat oder unmittelbar öffentlichen Interessen dient (BGer vom 28. Juni 2010, 4A_116/2010, E. 4.3; vom 25. Feb. 2003, 1P.459/2002, E. 2.1). **Nicht massgebend** ist der (subjektive) **Parteiwille**, ansonsten es Sache der Parteien wäre, durch vertragliche Bestimmungen (Verweise auf das OR, Gerichtsstandsvereinbarung, Vertragsbezeichnung, Schiedsgerichtsklausel usw.) das Rechtsverhältnis gleichsam zu privatisieren (VerwG ZH vom 10. Feb. 2011, VK.2010.00002, E. 1.1; vom 10. Juli 2008, VK.2006.00007, E. 1.3). Den Parteien steht nicht zu, durch Vereinbarung die Rechtsnatur frei zu wählen und den entsprechenden Rechtsweg zu bestimmen (BGer vom 27. Sept. 1996, in: ZBl 1997 S. 410 E. 1c).

247 5. Vielfach lässt sich nach der **Interessen- und Funktionstheorie keine eindeutige Zuordnung** vornehmen. Dies aus vier **Gründen: Erstens** dienen die zu qualifizierenden Rechtsnormen bzw. Verträge unter Umständen sowohl privaten als auch öffentlichen Interessen (vgl. z.B. BGE 109 Ib 146 E. 2d [Sorgfaltspflichtvereinbarung]; 96 I 406 E. 2b [Stiftungsaufsicht]; 111 II 366 E. 3a [Mäklerlohn nach Art. 417 OR]; BGer vom 25. Feb. 2003, 1P.459/2002, E. 3.3 [Pflanzbeschränkungen]) oder stellen eigentliche Doppelnormen dar (dazu Rz. 254 ff.), sodass weder aus Sicht der Interessen- noch der Funktionstheorie eine Abgrenzung zwischen privatrechtlichen und verwaltungsrechtlichen Streitigkeiten erfolgen kann. **Zweitens** ist die Frage, ob öffentliche Interessen oder Aufgaben **unmittelbar** wahrgenommen oder **lediglich mittelbar** erfüllt werden, naturgemäss umstritten und die Grenzen sind fliessend (vgl. auch MARKUS MÜLLER, VwVG-Kommentar, Art. 5 VwVG, Rz. 35):

248 6. Verträge über den **Abtransport von Hauskehricht** sind nach dem Kantonsgericht GR eine bloss untergeordnete Hilfstätigkeit im Rahmen der Abfallentsorgung (KG GR vom 11. März 2008, ZF-07-104, E. 2c). Nach der Praxis anderer Gerichte stellt der Abtransport des Hauskehrichts auch für sich allein betrachtet eine öffentliche Aufgabe im Rahmen der Abfallentsorgung als Ganzes dar (BGE 134 II 297 E. 3.3; VerwG ZH vom 10. Juli 2008, VK.2006.00007, E. 1.2). **Arbeitsverträge** werden hingegen, selbst wenn es bloss um untergeordnete Dienste geht, welche nur mittelbar der Erfüllung einer öffentlichen Aufgabe dienen, häufig dem öffentlichen Recht unterstellt (vgl. KG BL vom 19. Jan. 2000, in: VGE 2000 S. 35 E. 3a, betr. Lehrkräften einer Musikschule; Erziehungsdepartement SG vom 1. Okt. 2001, in: GVP 2001 Nr. 85 E. 1c, betr. die Anstellung eines Hauswarts). Verträge zwischen **Ärzten und Spitälern** sind grundsätzlich öffentlich-rechtlicher Natur, sofern nicht eine klare und unmissverständliche kantonale Regelung besteht, wonach ein solches Arbeitsverhältnis privatrechtlich ist. Wenn eine derartige (kantonale) Regelung fehlt, liegt unabhängig der Abgrenzungskriterien eine öffentlich-rechtliche Anstellung vor (BGE 118 II 213 E. 3; BGer vom 28. Nov. 2008, 1C_59/2008, E. 1; vom 19. Mai 2006, 2P.18/2006, E. 2.3).

7. Typisches Beispiel einer nur mittelbaren Erfüllung staatlicher Aufgabe stellt die **Bedarfsverwaltung** dar. Das Gemeinwesen handelt im Rahmen der Bedarfsverwaltung privatrechtlich (ebenso: Verwaltung von Finanzvermögen, unternehmerisches Staatshandeln, Teile der Leistungsverwaltung). Entsprechend sind **Vergabeverträge** der Verwaltung mit einem Anbieter im Allgemeinen privatrechtlicher Natur, da lediglich eine nur mittelbare Erfüllung öffentlicher Aufgaben vorliegt (BGE 134 II 297 E. 2.1, 125 I 209 E. 6b). Je nach Inhalt der vom Zuschlagsempfänger zu erbringenden Leistung können Vergabeverträge hingegen auch **Gegenstand einer öffentlich-rechtlichen Vereinbarung** bilden, was sich vorab nach dem Gegenstand der durch den Vertrag begründeten Rechte und Pflichten beurteilt (BGE 134 II 297 E. 2.2): Wird im Rahmen eines Submissionsverfahrens der Abtransport von Hauskehricht ausgeschrieben, handelt es sich dabei unmittelbar um die Erfüllung einer öffentlichen Aufgabe, weshalb der Vertrag zwischen der Gemeinde und der privaten Transportunternehmung als Zuschlagsempfängerin öffentlich-rechtlicher Natur ist (VerwG ZH vom 10. Juli 2008, VK.2006.00007, E. 1.2 und E. 1.3). Selbst die Zuordnung zum **Finanzvermögen** schliesst entgegen der Praxis in einigen Kantonen nicht zwingend aus, dass im Aussenverhältnis **öffentliches Recht** zur Anwendung gelangt, denn der Zweck einer Sache, die sich im Vermögen des Gemeinwesens befindet, ergibt sich nicht ausschliesslich aus der Zuordnung zum Finanzvermögen (BGE 123 I 78 E. 4; vgl. auch die Prüfung dieser Frage im Urteil des VerwG ZH vom 10. Feb. 2011, VK.2010.00002, E. 1.4.2 und E. 2 [Baurechtsvertrag zwischen der Stadt Zürich und einer Aktiengesellschaft über den Bau eines Messehotels]). 249

8. Schliesslich erbringt, **drittens**, das Gemeinwesen in Teilen der **Leistungsverwaltung** wirtschaftliche Leistungen und bedient sich überwiegend des Privatrechts, selbst wenn es unmittelbar um die Erfüllung öffentlicher Aufgaben geht: **Transportverträge** im öffentlichen Verkehr wie auch die von der Post erbrachten Leistungen unterstehen grundsätzlich dem Privatrecht, auch wenn die **Post** zumindest im Bereich der reservierten Dienste und die **SBB AG** öffentliche Aufgaben unmittelbar wahrnehmen, während die **SRG** im Rahmen ihres Programmauftrages grundsätzlich öffentlich-rechtlich und bei der Akquisition und Ausstrahlung von Werbung grundsätzlich privatrechtlich handelt (BGE 136 I 158 E. 3.1, 123 II 402 E. 3). Bei **Energielieferungsverträgen** wird je nach Art des Benutzungsverhältnisses differenziert, wobei Lieferungsverträge an Grossverteiler häufig dem Privatrecht unterstellt werden (vgl. Bezirksrat Pfäffikon vom 7. Juni 1984, in: ZBl 1986 S. 410 E. 5 und E. 6). Vereinzelt wird auch wegen fehlenden hoheitlichen Befugnissen des Lieferanten – im Sinne der Rechtsformentheorie – auf ein privatrechtliches Verhältnis geschlossen (KG SG vom 17. Feb. 2010, BZ-2009-86, E. III/3d). Demgegenüber gilt die Behandlung von Patienten in einem öffentlichen Spital per se als Erfüllung einer öffentlichen Aufgabe, ohne dass jeweils geprüft wird, ob öffentliche Aufgaben nur mittelbar wahrgenommen werden; entsprechend tritt selbst der Privatpatient zum Spital in ein öffentlich-rechtliches Verhältnis (VerwG GR vom 22. Feb. 2011, S-09-54A, E. 2c und E. 3). 250

9. **Viertens** untersteht die **ausserordentliche Nutzung von Verwaltungsvermögen unabhängig allfälliger Kriterien** grundsätzlich dem öffentlichen Recht (KG ZG vom 11. Sept. 2003, in: GVP 2003 S. 198 E. 1.3 [ausserordentliche Nutzung einer Mehrzweckhalle zur Durchführung einer Autoausstellung]). Richtigerweise schliesst die Randnutzung oder ausserordentliche Nutzung von Verwaltungsvermögen die Anwendbarkeit des **Zivilrechts** nicht völlig aus, soweit dies mit der Zweckbestim- 251

mung vereinbar ist und sofern das Gesetz nicht ausdrücklich etwas anderes bestimmt (BGE 120 II 321 E. 2b, 112 II 107 E. 1). In einem ähnlichen Sinn hat das Verwaltungsgericht Zürich entschieden, dass ein **Tierspital** nur in einem sehr beschränkten Umfang eine den Kantonsspitälern vergleichbare öffentliche Aufgabe wahrnimmt und die medizinische Versorgung anders als bei Spitälern nicht zentraler Inhalt seiner Aufgabe, sondern eher als Randnutzung oder ausserordentliche Nutzung (einer öffentlich-rechtlichen Anstalt) zu verstehen ist; diese Art von Nebentätigkeit kann privatrechtlicher Natur sein (VerwG ZH vom 8. Dez. 2000, in: ZBl 2001 S. 378 E. 3b).

252 10. **Abzulehnen sind Abgrenzungstheorien, die auf rein formalen Kriterien** beruhen (Gerichtsstandsvereinbarung, Schiedsgerichtsklausel, Verweis auf das OR oder auf allgemeine Geschäftsbedingungen, Rechtsform, Verweis auf den Rechtsweg, Rechtsquellentheorie, Fiskustheorie, Verweis auf eine öffentlich-rechtliche Tarifordnung, Subjektstheorie, Beurteilung der Angelegenheit durch die Vorinstanz usw.). Sie sind allenfalls **Indizien**, die auf die Rechtsnatur hinweisen. Die Praxis ist nicht widerspruchsfrei, können doch Anhaltspunkte auch Schiedsgerichtsklauseln, der Verweis auf Bestimmungen des OR oder Gerichtsstandsvereinbarungen darstellen (BGE 134 II 297 E. 3.3). Nach zutreffender Meinung genügen derartige Hinweise nicht, um das Rechtsverhältnis als ein privat- bzw. öffentlich-rechtliches erscheinen zu lassen. Ob eine Zivilrechtsstreitigkeit bzw. eine öffentlich-rechtliche Streitigkeit vorliegt, hängt von der Natur der Streitsache ab, welche nach objektiven Gesichtspunkten zu ermitteln ist (vgl. VerwG ZH vom 10. Juli 2008, VK.2006.00007, E. 1.3). Ferner ist nicht allein deshalb die Rechtsnatur eine öffentlich-rechtliche, weil der kantonale Gesetzgeber den Rechtsweg an das Departement oder das Verwaltungsgericht und nicht an das Zivilgericht vorgesehen hat (BGer vom 25. Okt. 2011, 2C_807/2010, E. 2.6; vom 28. Juli 2011, 2C_561/2010, E. 1.8; vom 4. Feb. 2010, 2C_58/2009, E. 1.4). Hingegen wird aus Art. 56 Abs. 1 PBG, wonach vermögensrechtliche Streitigkeiten zwischen dem Kunden und der Transportunternehmung durch den Zivilrichter zu beurteilen sind, abgeleitet, dass Transportverträge grundsätzlich dem Privatrecht unterstehen (BGE 136 II 457 E. 2.2 und E. 6.2, 136 II 489 E. 2.4). Art. 18 PG («Entscheide der Post über die Gewährung von Vorzugspreisen für die Beförderung von Zeitungen und Zeitschriften können durch Beschwerde angefochten werden») wird dergestalt verstanden, dass derartige Entscheide der Post öffentlich-rechtlicher Natur sind und die Post diesbezüglich ausnahmsweise hoheitlich verfügen kann (BVGer 12. Mai 2009, A-6523/2008, E. 9.2.2; vom 23. April 2007, A-2039/2006, E. 2.2.2).

253 11. Zusammenfassend gelangt in der Praxis für die Zuordnung eines konkreten Rechtsverhältnisses eine **Reihe von Gesichtspunkten** zur Anwendung. Die Anwendung der besagten Abgrenzungskriterien und weiterer zu berücksichtigender Aspekte bleibt letztlich eine **Wertungsfrage**. Es wird im Einzelfall je nach den konkreten Umständen und je nach Regelungsgegenstand und -zweck zu prüfen sein, welches Abgrenzungskriterium den konkreten Gegebenheiten am besten gerecht wird. Zu prüfen ist diesbezüglich auch, ob in der Spezialgesetzgebung ausdrücklich eine Zuordnung festgelegt ist, wobei Bestimmungen über einen bestimmten Rechtsweg (vgl. z.B. Art. 19 i.V.m. Art. 56 Abs. 1 PBG, Art. 17 und Art. 18 PG) häufig als Festlegung über die Rechtsnatur interpretiert werden. Je nach Bereich verzichtet die Praxis darauf, die Zuordnung anhand der einzelnen Theorien eingehend zu prüfen (Bedarfsverwaltung [grundsätzlich privatrechtlicher Natur], Verwaltung des Finanzvermögens [privatrechtlicher Natur]; Arbeitsverträge [mehrheitlich öffentlich-rechtlicher Natur],

Randnutzung des Verwaltungsvermögens [grundsätzlich öffentlich-rechtlicher Natur], Teile der Leistungsverwaltung wie SBB, SRG, Post oder Swisscom [grundsätzlich privatrechtlicher Natur]). Der teilweise in der Lehre erhobene Vorwurf, die Anwendung der herkömmlichen Kriterien erbringe für die Bestimmung der Rechtsnatur nur einen geringen Ertrag und es sei weitgehend eine Wertungsfrage, wie im Einzelfall die Qualifikation vorgenommen werde, ist durch die Rechtsprechung in Bund und Kantonen nicht zwingend widerlegt worden. Die teilweise uneinheitliche und widersprüchliche Praxis beruht indes auch auf einer inkonsequenten Anwendung der Abgrenzungstheorien und ferner darauf, dass regelmässig auf formale Kriterien zurückgegriffen wird.

II. Gemischte Normen/Doppelnormen

1. Begriff

Gemischte Normen oder Doppelnormen sind Rechtssätze, die grundsätzlich sowohl **öffentlich-rechtlicher wie auch privatrechtlicher Natur** sein können. Je nach Interessenlage ist zu prüfen, ob der Schutz privater oder vielmehr derjenige öffentlicher Interessen im Vordergrund steht. Die Spaltung der Doppelnorm kann zu einer Gabelung des Verfahrens bei ihrer Durchsetzung führen, wobei der Entscheid der Verwaltungsbehörde denjenigen des Zivilrichters nicht präjudiziert und vice versa. Insofern bleiben beispielsweise die privatrechtlichen nachbarrechtlichen Ansprüche von einem Versäumnis im öffentlich-rechtlichen Baueinspracheverfahren unberührt (OG TG vom 2. Mai 1996, in: BR 1997 S. 131). 254

Beispiele: Kantonale Bauvorschriften über den Schutz vor negativen Immissionen (insb. Entzug von Licht und Sonnenschein) können sowohl dem öffentlichen Recht als auch dem Privatrecht angehören und stellen insofern gemischte Normen dar (BGE 106 Ib 231 E. 3b/cc). **Art. 699 ZGB** stellt eine sogenannte Doppelnorm dar: Als privatrechtliche Vorschrift regelt Art. 699 ZGB die Beziehungen zwischen dem Eigentümer und den Spaziergängern bzw. Beeren- und Pilzsuchern. Aufgrund der öffentlich-rechtlichen Natur der Vorschrift sind die Behörden verpflichtet und ermächtigt, von Amtes wegen den freien Zutritt zu Wald und Weide sicherzustellen (BGE 106 Ib 47 E. 4c [Verbot einer massiven Einzäunung von Weideland, um darauf Rothirsche zur Fleischgewinnung zu halten]) oder aus Gründen des Natur- oder Heimatschutzes zu untersagen (BGE 122 I 70 E. 5 [Verbot, ausserhalb von bewilligten Start- und Landegebieten mit Hängegleiter zu starten oder zu landen], 109 Ia 76 E. 3 [Pilzsammelverbot], 106 Ia 84 E. 3 [Reitverbot]). Für Effektenhändler sind Informations-, Sorgfalts- und Treuepflichten in **Art. 11 BEHG** verankert, welcher eine sogenannte Doppelnorm darstellt, das heisst sowohl **zivil- als auch aufsichtsrechtlicher Natur** ist. Die Funktion als Doppelnorm bedeutet, dass Art. 11 BEHG sowohl von den Vertragsparteien angerufen als auch von den Behörden von Amtes wegen angewendet werden kann (BGE 133 III 97 E. 5; BVGer vom 4. März 2008, B-3708/2007, E. 3.1; HG ZH vom 14. März 2005, in: ZR 2006 Nr. 3 E. 3.1). 255

Praxis:

256 – **Abwehr von sog. negativen Immissionen (Licht- und Sonnenentzug):** Die Nationalstrasse N 1 überquert im Norden der Stadt Bern auf einem 40-50 m hohen Viadukt, der Felsenaubrücke, das Aaretal. Die Brücke wurde am 4. Sept. 1975 dem Verkehr übergeben. Unter bzw. unmittelbar nördlich der Felsenaubrücke liegen am Aareabhang die je mit einem Einfamilienhaus überbauten Parzellen Nr. 1692, 1755 und 2132 von Ruth Hüsler (Engerain Nr. 12), Erwin Nydegger (Engerain Nr. 14) und Johanna Ruf (Engerain Nr. 46). Die Eigentümer dieser Grundstücke wandten sich am 30. Juli 1976 an die Schätzungskommission, Kreis 6, mit dem Begehren, die Staat Bern sei zu verpflichten, ihnen den durch die Brücke entstehenden Schaden zu ersetzen. Die Schätzungskommission sprach den drei Grundeigentümern am 3. Nov. 1977 für den Minderwert ihrer Liegenschaften eine Entschädigung von Fr. 15'000.– (Ruth Hüsler) bzw. Fr. 17'000.– (Erwin Nydegger und Johanna Ruf) und für Inkonvenienzen (Störung des Fernsehempfanges) je Fr. 2'000.– zu. Die drei Grundeigentümer haben gegen den Entscheid der Schätzungskommission Verwaltungsgerichtsbeschwerde eingereicht und volle Entschädigung verlangt. Das Bundesgericht erhöht die Minderwertsentschädigungen auf einen Drittel des Verkehrswertes der einzelnen Liegenschaften. Erwägungen: Gemäss Art. 5 EntG können neben anderen dinglichen Rechten, wie ausdrücklich hervorgehoben wird, auch die aus dem Grundeigentum hervorgehenden Nachbarrechte Gegenstand der Enteignung sein. Im bernischen Baurecht findet sich eine besondere Bestimmung über die Zumutbarkeit von Licht- und Sonnenentzug durch Bauten, die aufgrund von Sonderbauvorschriften erstellt werden. Art. 130 der Bauverordnung vom 26. Nov. 1970 (Vollziehungsverordnung zum Baugesetz vom 7. Juni 1970/BauV) sieht für den Schattenwurf folgende Regelung vor: «Höhere Häuser, Hochhäuser und Sonderbauformen dürfen bestehende oder nach den geltenden Vorschriften mögliche Wohnbauten nicht durch Schattenwurf übermässig beeinträchtigen.» Nun ist zwar diese Bestimmung, die den Grundeigentümer vor übermässigem Schattenwurf schützt, nicht ins Einführungsgesetz zum ZGB, sondern ins kantonale Baugesetz aufgenommen worden. In welchem Erlass eine Rechtsnorm aufgeführt wird, kann indessen nicht entscheidend sein für ihre privat- oder öffentlich-rechtliche Natur; diese ergibt sich vielmehr aus dem positiven Recht, insb. aus der betreffenden Rechtsnorm selbst. Aus der Bestimmung von Art. 130 BauV geht klar hervor, dass sie nicht nur dem Interesse der Öffentlichkeit an der Wohnhygiene dient, sondern vorwiegend zum Schutze der besonderen Interessen der Nachbarn erlassen worden ist. Dies ergibt sich denn auch daraus, dass die Feststellung, eine Baute verursache übermässigen Schattenwurf, nicht etwa deren Abbruch oder ein Verbot zur Folge hat, das beeinträchtigte Gebäude weiterhin zu bewohnen; sie löst einzig eine Entschädigungspflicht aus. Art. 130 BauV stellt demnach nicht eine rein öffentlich-rechtliche, sondern eine sog. gemischt-rechtliche oder Doppelnorm dar. Insofern die in Art. 130 BauV enthaltene Vorschrift über den Schattenwurf auch privatrechtlichen Charakter aufweist, darf sie bei der Anwendung von Art. 5 EntG jenen kantonalen Vorschriften gleichgestellt werden, die ausschliesslich aufgrund des Vorbehaltes von Art. 686 ZGB erlassen worden sind. Diese Gleichstellung rechtfertigt sich aus verschiedenen Gründen: Einerseits wird damit der bestehenden Tendenz Rechnung getragen, das öffentliche Recht auf alle Bereiche des Bauens, insb. auf das ganze Gebiet des Immissionsschutzes auszudehnen und ihm auch die Aufgaben zu übertragen, die ursprünglich vom Zivilrecht wahrgenommen worden sind. Andererseits trifft es tatsächlich zu, dass positive und negative Immissionen oft eng miteinander verbunden sind und nur eine Gesamtbetrachtung ein Urteil über die Auswirkungen auf den Betroffenen zulässt. Und schliesslich liesse es sich aus prozessökonomischen Gründen kaum vertreten, den Grundeigentümer im formellen Enteignungsverfahren nur für die positiven Einwirkungen zu entschädigen und ihn für die negativen Immissionen auf ein Verfahren wegen materieller Enteignung zu verweisen. Zusammenfassend ist festzuhalten, dass sich die aus Art. 130 BauV ergebenden Abwehr- und Entschädigungsansprüche den Nachbarrechten, die den Grundeigentümern in den kraft des Vorbehaltes von Art. 686 ZGB erlassenen privatrechtlichen Vorschriften eingeräumt werden, gleichzustellen sind; sie können Enteignungsobjekte i.S.v. Art. 5 EntG bilden. Die Schätzungskommission hat sich daher zu Recht für zuständig erachtet, über die Entschädigungsbegehren der Beschwerdeführer für den Entzug von Licht und Sonnenschein zu befinden (BGE 106 Ib 231 E. 3b/cc; vgl. auch BGE 90 I 206 E. 4).

2. Zuständigkeit

Naturgemäss sagt der Doppelcharakter einer Norm noch nichts über die **Zuständigkeit** von **Zivil- oder Verwaltungsgerichten** aus. Typischerweise beurteilt das Zivilgericht privatrechtliche Einwendungen, während das Verwaltungsgericht für öffentlich-rechtliche Streitigkeiten zuständig ist. Eher atypisch ist, dass Zivilgerichte auch öffentlich-rechtliche Streitigkeiten bzw. Verwaltungsgerichte zivilrechtliche Streitigkeiten entscheiden. Der blosse Umstand, dass einer privatrechtlichen Norm auch öffentliche Schutzfunktion zukommt und dementsprechend von Verwaltungsorganen durchgesetzt werden könnte, schliesst die Zuständigkeit des Zivilrichters nicht per se aus. Es ist vielmehr Sache der kantonalen Gesetzgebung, die zuständige Behörde zu bestimmen (BGE 106 Ia 84 E. 3a). 257

Praxis:

- **Zuständigkeit der Zivilgerichte:** Am 22. Juli 1965 bewilligte der Bezirksgerichtspräsident zu Arlesheim/BL der Bürgergemeinde Allschwil ein Reitverbot auf bestimmten Parzellen. Danach können Personen, die dieses Verbot übertreten, mit Bussen von Fr. 5.– bis Fr. 100.– bestraft werden. Bei den genannten Parzellen handelt es sich um Wald der Bürgergemeinde Allschwil. Am 6. Juli 1978 verzeigte die Bürgergemeinde Allschwil Peter Hasenböhler, weil er das Verbot übertreten hatte und mit fünf Begleitern auf einem neu angelegten, nicht als Reitweg markierten Weg geritten war. Der Gerichtspräsident zu Arlesheim büsste darauf Peter Hasenböhler und das Polizeigericht Arlesheim bestätigte Schuldspruch und Busse. Mit staatsrechtlicher Beschwerde beantragt Peter Hasenböhler, es sei das angefochtene Strafurteil aufzuheben. Er bestreitet die Gültigkeit des Verbotes und macht u.a. geltend, der Bezirksgerichtspräsident zu Arlesheim sei zum Erlass des Reitverbotes nicht zuständig gewesen bzw. habe seine Kompetenz überschritten. Erwägungen: Nach Art. 699 ZGB sind das Betreten von Wald und Weide und die Aneignung wildwachsender Beeren, Pilze und dergleichen in ortsüblichem Umfange jedermann gestattet, soweit nicht im Interesse der Kulturen seitens der zuständigen Behörde einzelne, bestimmt umgrenzte Verbote erlassen werden. Art. 699 ZGB statuiert zugleich Eigentumsbeschränkungen privatrechtlicher und öffentlich-rechtlicher Natur. Das Bundesgericht hat diese Bestimmung deshalb als sog. Doppelnorm qualifiziert. Als privatrechtliche Vorschrift regelt Art. 699 ZGB die Beziehungen zwischen dem Eigentümer und den Spaziergängern, Beerensammlern usw. Aufgrund der öffentlich-rechtlichen Vorschrift in dieser Bestimmung sind die Behörden ermächtigt, von Amtes wegen über den freien Zutritt zu Wald und Weide zu wachen. Der blosse Umstand, dass Art. 699 ZGB angesichts der öffentlichen Schutzfunktion, die der Bevölkerung den notwendigen Erholungsraum erhalten soll, auch von Verwaltungsorganen durchgesetzt werden kann, schliesst die Zuständigkeit des Zivilrichters nicht aus. Es ist vielmehr Sache der kantonalen Gesetzgebung, die für Einschränkungen und Verbote zuständige Behörde zu bestimmen. Diese kann infolge des Doppelcharakters von Art. 699 ZGB sowohl eine richterliche wie eine Verwaltungsbehörde sein. Wird der Zivilrichter zum Erlass derartiger Verbote zuständig erklärt, so ist darin die Befugnis eingeschlossen, das Zutrittsrecht nicht nur im privaten Interesse des Eigentümers, sondern auch unter Berücksichtigung öffentlicher Interessen zu beschränken. Dies gilt unabhängig davon, ob der Eigentümer eine Privatperson oder eine öffentlich-rechtliche Körperschaft ist. Das richterliche Reitverbot, dessen Rechtmässigkeit der Beschwerdeführer im Anschluss an die ihm auferlegte Busse bestreitet, ist im Verfahren nach den §§ 247 ff. der basellandschaftlichen Zivilprozessordnung (ZPO) ergangen. Danach kann jedermann, der eine widerrechtliche Störung seines Eigentums oder einer Dienstbarkeit behauptet, diese Störung durch ein Verbot untersagen lassen (§ 247). Das Verbot wird durch den Gerichtspräsidenten des Bezirks bewilligt, in dessen Gebiet die mit Verbot zu schützende Sache gelegen ist. Er bedroht darin den Übertreter mit einer Busse von Fr. 5.– bis Fr. 100.– (§ 248 Abs. 2 ZPO). Wird das Verbot nicht gegen eine bestimmte Person erlassen, so ist dasselbe durch Aufstellen einer gut lesbaren Verbotstafel und durch Publikation im Amtsblatt be- 258 kannt zu machen (§ 249 Abs. 2). Erklärt aber demnach das kantonale Recht im vorliegenden Fall den Bezirksgerichtspräsidenten zum Erlass derartiger Verbote als zuständig, so ist die Rüge des Beschwerdeführers, der Bezirksgerichtspräsident zu Arlesheim sei zum Erlass des Reitverbotes nicht zuständig gewesen bzw. habe seine Kompetenz überschritten, unbegründet (BGE 106 Ia 84 E. 3a).

3. Anwendungsfälle

a) Art. 699 ZGB

259 Nach **Art. 699 ZGB** sind das Betreten von Wald und Weide und die Aneignung wildwachsender Beeren, Pilze und dergleichen in ortsüblichem Umfange jedermann gestattet, soweit nicht im Interesse der Kulturen seitens der zuständigen Behörde einzelne bestimmt umgrenzte Verbote erlassen werden. Als **privatrechtliche Vorschrift** regelt Art. 699 ZGB die Beziehungen zwischen dem Eigentümer und den Spaziergängern bzw. Beeren- und Pilzsuchern. Aufgrund der **öffentlich-rechtlichen Natur der Vorschrift** sind die Behörden verpflichtet und ermächtigt, von Amtes wegen den freien Zutritt zu Wald und Weide sicherzustellen bzw. aus bestimmten Gründen zu untersagen.

260 Art. 699 ZGB beinhaltet eine **Beschränkung des Eigentums am Wald- bzw. Weidegrundstück** und verpflichtet die Eigentümer solcher Grundstücke, die im Gesetz umschriebenen Eingriffe in ihr Eigentumsrecht zu dulden. Will beispielsweise ein Grundeigentümer sein Land massiv einzäunen, ist das Gemeinwesen befugt, diese Einzäunung zu untersagen, da der Zugang zu Wald und Weide nicht mehr gewährleistet ist (BGE 106 Ib 47 E. 4c [massive Einzäunung von Weideland, um darauf Rothirsche zur Fleischgewinnung zu halten]; BGer vom 29. April 1970, in: ZBl 1970 S. 410 E. 2f [Verbot des Einzäunens von Waldgrundstücken]; vgl. auch BGE 114 Ib 238 E. 4, 96 I 97 E. 2d-2f). Die Kantone können indes auch gestützt auf Art. 699 ZGB das Zutrittsrecht aus Gründen des Natur- oder Heimatschutzes oder aus anderen polizeilichen Gründen beschränken, sofern solche öffentlich-rechtlichen Zutrittsverbote verhältnismässig sind (vgl. BGE 122 I 70 E. 5 [Verbot von Start- und Landeplätzen für Flüge mit Hängegleiter ausserhalb genehmigter Gebiete], 109 Ia 76 E. 3 [Pilzsammelverbot], 106 Ia 84 E. 3 [Reitverbot]).

261 **Art. 699 ZGB** gilt hingegen nicht für die an **Wald und Weide angrenzenden («andersartigen») Grundstücke**. Deren Eigentümer sind nicht gehalten, den Zugang zur Grenze des Wald- oder Weidegrundstücks gestützt auf Art. 699 ZGB zu ermöglichen (OG LU vom 8. Nov. 2002, in: LGVE 2002 I Nr. 21 E. 7).

Praxis:

262 – **Pilzsammelverbot:** Am 26. März 1982 beschloss die Gemeinde Sumvitg, das Sammeln von Pilzen auf dem gesamten Gemeindegebiet für die Dauer von drei Jahren vollständig zu verbieten. Ein solches Verbot kann grundsätzlich auf Art. 699 Abs. 1 ZGB gestützt werden. Das Bundesgericht hat diese Bestimmung als sog. Doppelnorm mit zugleich privatrechtlichem und öffentlich-rechtlichem Inhalt qualifiziert. Danach regelt Art. 699 Abs. 1 ZGB als privatrechtliche Eigentumsbeschränkung die Beziehungen zwischen dem Eigentümer und Spaziergängern, Beeren- und Pilzsammlern. Aufgrund des öffentlich-rechtlichen Inhalts dieser Bestimmung sind die Behörden ermächtigt, von Amtes wegen über den freien Zutritt zu Wald und Weide und über die freie Aneignung von Beeren und Pilzen zu wachen. Dieses Zutrittsrecht kann

folglich durch kantonale öffentlich-rechtliche Bestimmungen eingeschränkt werden. Hierfür ist es notwendig, dass ein hinreichendes öffentliches Interesse an der Einschränkung gegeben ist und die Massnahmen den Grundsatz der Verhältnismässigkeit wahren. Unter den genannten Voraussetzungen sind Einschränkungen des Zutritts- und Aneignungsrechts an sich zulässig. Sie stehen nicht zum vornherein im Widerspruch zu Art. 699 Abs. 1 ZGB, sondern vermögen vielmehr Pflanzen- und Pilzbestände auf längere Sicht zu schützen und damit die Möglichkeit der Aneignung zu erhalten. Als Massnahmen kommen grundsätzlich Mengenbeschränkungen, das Verbot des organisierten Sammelns und der Verwendung bestimmter Geräte, die Bezeichnung von Schongebieten und die Bestimmung von Schonzeiten in Frage, wie dies bereits im kantonalen Gesetz über den Schutz von Pflanzen und Pilzen vorgesehen ist. Im vorliegenden Fall steht ein auf drei Jahre beschränktes, absolutes Pilzsammelverbot für das Gebiet einer ganzen Gemeinde in Frage. Auch eine solche Massnahme kann u.U. zulässig sein. Erforderlich hierfür wäre etwa, dass das öffentliche Interesse an einem derart weitgehenden Verbot mit der drohenden Gefahr der Ausrottung und des Aussterbens ganzer Pilzkulturen belegt werden kann. Es müsste weiter dargetan werden, dass die Massnahme geeignet und im Ausmass (Pilzsammelverbot für alle Sorten, Dauer) erforderlich ist, um zum notwendigen Nachwachsen oder Überleben der Pilzkulturen beizutragen. Unter solchen oder ähnlichen Voraussetzungen liesse sich auch ein dreijähriges, absolutes Pilzpflückverbot für das Gebiet einer ganzen Gemeinde mit Art. 699 Abs. 1 ZGB vereinbaren. Aus diesen Gründen kann an der Auffassung der Regierung, das Pilzsammelverbot der Gemeinde Sumvitg/Somvix verstosse zum vornherein gegen Art. 699 ZGB, nicht festgehalten werden. Die Gemeinde hat im vorliegenden Fall indes weder im Antrag an die Regierung noch im bundesgerichtlichen Verfahren ein hinreichendes öffentliches Interesse an einem dreijährigen, absoluten Verbot dargetan (BGE 109 Ia 76 E. 3).

b) Informationspflichten

Das **öffentliche Recht** kennt eine Reihe von **Informationspflichten**, welche auch im **privatrechtlichen Verhältnis** gelten. Das Fortpflanzungsmedizin- oder das Transplantationsgesetz sehen spezifische Pflichten vor, wie der Arzt den Patienten zu informieren hat. Nach KUHN/POLEDNA handelt es sich hierbei weitgehend um **Doppelnormen**, die zugleich **öffentlich- und privatrechtlicher Natur** und daher auch auf das (privatrechtliche) Vertragsverhältnis zwischen Arzt und Patient anwendbar sind (MORTIZ W. KUHN/THOMAS POLEDNA, Arztrecht in der Praxis, 2. Aufl., Zürich 2007, S. 182 f.). Umgekehrt können derartige Informationspflichten von den Behörden von Amtes wegen angewendet werden. Entsprechend kann deren Verletzung zu vertragsrechtlichen wie auch zu aufsichtsrechtlichen Sanktionen führen (HG ZH vom 14. März 2005, in: ZR 2006 Nr. 3 E. 3.1, betr. Art. 11 BEHG). 263

Praxis:

– **Art. 11 BEHG:** Der in Deutschland ansässige X besass gemäss Vermögensausweis vom 12. Jan. 1999 ein Wertschriftenportefeuille von DM 797'201,11 bei der Bank Z, das im Umfang von DM 280'300,– über einen Lombardkredit finanziert war. Nachdem er am 4. Dez. 1998 eine Depot-/Kontobeziehung mit der Y AG eingegangen war, wurde das Portefeuille einschliesslich des Lombardkredites im Feb. 1999 unter Ablösung der Bank Z auf die Y AG übertragen. Mit Schreiben vom 5. Feb. 1999 bestätigte ihm die Y AG eine Kreditlinie von Fr. 350'000.–, die später durch einen Lombardkreditvertrag ersetzt wurde. Gemäss dem ersten von der Y AG ausgestellten Vermögensausweis vom 3. März 1999 betrug das Bruttovermögen von X DM 1'081'295,–, das Nettovermögen nach Abzug des Lombardkredites DM 730'021,–. Nachdem sich das an der Börse in Aktien angelegte Vermögen zunächst vermehrt hatte, kam es im Herbst 2001 zu massiven Verlusten, die dazu führten, dass die Bank am 21. Sept. 2001 nach erfolgter Kontaktnahme mit dem Kunden die im Depot befindlichen Aktien zur Deckung des sich noch auf Fr. 54'504.95 belaufenden Lombardkredites veräusserte, woraus sich ein Saldo 264 zugunsten des Kunden von USD 40'389,97 ergab. X betrachtete die Bank als haftbar für die Verluste. Sowohl das Kreis- wie auch das Kantonsgericht wiesen die Klage ab, worauf X an das Bundesgericht gelangt. Das Bundesgericht weist die Berufung ab, soweit es darauf eintritt. Erwägungen: Nach Art. 11 BEHG (Marginale: Verhaltensregeln) hat der Effektenhändler gegenüber seinen Kunden eine Informationspflicht; er weist sie insb. auf die mit einer bestimmten Geschäftsart verbundenen Risiken hin (Abs. 1 lit. a). Bei der Erfüllung dieser Pflicht sind die Geschäftserfahrenheit und die fachlichen Kenntnisse der Kunden zu berücksichtigen (Abs. 2). Nach herrschender Lehrmeinung kommt der (öffentlich-rechtlichen) Vorschrift von Art. 11 BEHG insoweit die Funktion einer Doppelnorm zu, als die damit statuierten Verhaltensregeln auch einen privatrechtlichen Zweck erfüllen. Die Funktion als Doppelnorm bedeutet, dass Art. 11 BEHG sowohl von den Vertragsparteien angerufen als auch von den Behörden von Amtes wegen angewendet werden kann. Privatrechtliche Vereinbarungen sind zulässig, soweit sie den Verhaltensregeln von Art. 11 BEHG nicht widersprechen. Andererseits sind diese Regeln im Bereich des Vertragsrechts auch dann zu berücksichtigen, wenn der konkrete Vertrag keine entsprechende Vereinbarung oder Bezugnahme enthält. Gemäss Art. 11 Abs. 1 lit. a BEHG hat der Effektenhändler den Kunden auf die mit einer bestimmten Geschäftsart verbundenen Risiken hinzuweisen. Das bedeutet nach in der Literatur mehrheitlich vertretener und zutreffender Auslegung, die sich auf den Willen des Gesetzgebers stützt, dass der Effektenhändler über die Risiken einer Geschäftsart an sich, dagegen nicht über die Risiken einer konkreten Effektenhandelstransaktion informieren muss. Die Information kann in standardisierter Form erfolgen. In diesem Fall ist von einem unerfahrenen Kunden auszugehen. Umfang und Inhalt der Information haben sich nach Kunden mit einem objektiv tiefen Erfahrungs- und Kenntnisgrad zu richten. Eine Standardisierung setzt zudem voraus, dass die Information in allgemein verständlicher Form und für alle Kunden gleich erfolgt. In der Praxis werden standardisierte Informationen regelmässig mittels Risiko-Informationsschriften (sog. Risk Disclosure Statements) erteilt, wie das denn auch im vorliegenden Fall geschehen ist. Nicht unter die börsengesetzliche Informationspflicht fallen grundsätzlich die Erforschung der finanziellen Verhältnisse des Kunden sowie die Beurteilung, ob eine Transaktion für einen bestimmten Kunden geeignet ist (Suitability-Prüfung). Aus Art. 11 BEHG kann keine entsprechende Erkundigungs- und Beratungspflicht des Effektenhändlers abgeleitet werden. Die angloamerikanische Suitability-Doktrin, die in die Gesetzgebung der Europäischen Gemeinschaft Eingang gefunden hat, ist nach zutreffender Lehrmeinung vom schweizerischen Gesetzgeber nicht in das BEHG übernommen worden. Im vorliegenden Fall ist die Beklagte ihrer börsengesetzlichen Informationspflicht als Effektenhändlerin ausreichend nachgekommen. Sie hat den Kläger in standardisierter Form – mittels der Broschüre «Besondere Risiken im Effektenhandel» – betreffend die Risiken informiert, die mit einer bestimmten Geschäftsart verbunden sind. Der Kläger hat den Erhalt dieser Broschüre unterschriftlich bestätigt. Nach den Feststellungen der Vorinstanz hat die Beklagte dagegen die Lebens- und Vermögensverhältnisse des Klägers nicht abgeklärt, weshalb sie unter diesen Aspekten auch keine Suitability-Prüfung vornehmen konnte. Nach Art. 11 BEHG war sie dazu wie festgehalten nicht verpflichtet. Vorliegend kann nach der bisherigen Praxis des Bundesgerichts der Bank auch keine Sorgfaltswidrigkeit vorgeworfen werden (vgl. BGE 133 III 97 E. 5; BVGer vom 4. März 2008, B-3708/2007, E. 3.1; HG ZH vom 14. März 2005, in: ZR 2006 Nr. 3 E. 3.1).

c) *Datenschutz- und Kartellgesetz*

265 Das **Kartellrecht** beinhaltet in Art. 5 ff. KG eine Reihe von Doppelnormen, die sowohl horizontal zwischen den Markteilnehmern als auch vertikal gegenüber den Aufsichtsbehörden zur Anwendung gelangen und auch dem Schutz des Marktteilnehmers dienen (vgl. z.B. REKO WEF vom 29. Aug. 2003, in: RPW 2003 S. 653 E. 3.1.2; vom 3. Okt. 2001, in: sic! 2001 S. 836 E. 8). Unzulässige Wettbewerbsbeschränkungen sind parallel auf dem zivilrechtlichen Weg (Art. 12 ff. KG) als auch auf dem verwaltungsrechtlichen Weg (Art. 18 ff. KG) einklagbar (BGE 130 II 149 E. 2.4).

Aus diesem Nebeneinander von zwei Verfahrenswegen, die beide die gleichen materiell-rechtlichen Ansprüche durchsetzen, folgt, dass der öffentlich-rechtliche Weg primär auf das öffentliche Interesse an einem funktionierenden Wettbewerb ausgerichtet ist. Damit sind im kartellrechtlichen Verwaltungsverfahren vorsorgliche Massnahmen vorab dann anzuordnen, wenn dies dem öffentlichen Interesse am Schutz des wirksamen Wettbewerbs dient; stehen hingegen in erster Linie private Interessen zur Diskussion, so ist der zivilrechtliche Weg zu beschreiten, auf welchem gemäss Art. 17 KG ebenfalls vorsorgliche Massnahmen (zum Schutz privater Interessen) möglich sind (BGE 130 II 149 E. 2.4).

Praxis:

– **Vorsorgliche Massnahmen gemäss KG:** Die ETA SA Manufacture Horlogère Suisse (nachfolgend: ETA SA) ist eine Tochtergesellschaft der The Swatch Group SA. Zu ihrem Produktionsbereich gehören für mechanische Uhren bestimmte Rohwerke (ébauches), die sie u.a. der Sellita Watch Co SA, (nachfolgend: Sellita) liefert. Diese stellt auf der Basis der Ebauches mechanische Uhrwerke (mouvements) her, die sie anschliessend zur Fertigstellung von Uhren an Uhrenfabriken weiterverkauft. Die ETA SA stellt auch selber Mouvements her, ist also einerseits Lieferantin (für Ebauches) der Sellita, andererseits deren Konkurrentin (für Mouvements). Im Juli 2002 teilte die ETA SA ihren Abnehmern, darunter der Sellita, mit, dass sie angesichts gewaltiger logistischer Probleme zur Verbesserung der Qualität der Fertigprodukte Lieferungen von Rohwerken ab 1. Jan. 2003 reduzieren und ab 1. Jan. 2006 gänzlich einstellen werde; stattdessen werde sie nur noch fertig montierte Uhrwerke liefern. Am 30. Aug. 2002 ersuchte die Sellita die WEKO um Durchführung einer Vorabklärung gemäss Art. 26 KG. Sie rügte, die ETA SA missbrauche ihre beherrschende Stellung auf dem Markt für Rohwerke, um Montagewerke von der nachfolgenden Marktstufe zu verdrängen. Am 23. Sept. 2002 beantragte die Sellita den Erlass vorsorglicher Massnahmen, um die für sie existenziell notwendige ungekürzte Weiterbelieferung mit Rohwerken sicherzustellen. Das Sekretariat der Wettbewerbskommission eröffnete am 3. Okt. 2002 eine Vorabklärung und am 4. Nov. 2002 eine Untersuchung. Nach Besprechungen zwischen dem Sekretariat und der ETA SA gab diese am 12. Nov. 2002 eine Verpflichtungserklärung ab, worin sie sich namentlich verpflichtete, während der Dauer des Verfahrens vor der Wettbewerbskommission weiterhin Rohwerke an ihre bisherigen Kunden zu markt- und branchenüblichen Konditionen zu liefern (Ziff. 5a). Diese Verpflichtungserklärung übernahm die Wettbewerbskommission in ihre Verfügung vom 18. Nov. 2002. Am 13. Dez. 2002 beklagte sich die Sellita bei der Wettbewerbskommission über eine von der ETA SA kurz zuvor bekannt gegebene Preiserhöhung um bis zu 25 % der von der Sellita bezogenen Rohwerke und forderte ihr Einschreiten. Mit Eingabe vom 16. Dez. 2002 ersuchte die Sellita die Wettbewerbskommission, Ziff. 5a der am 18. Nov. 2002 genehmigten Verpflichtungserklärung dahin zu ändern, dass die an diesem Tag geltenden Preise um höchstens 3,5 % erhöht werden dürfen und reichte in der Folge verschiedene Dokumente ein. Die Wettbewerbskommission wies mit Verfügung vom 17. Feb. 2003 das Gesuch ab mit der Begründung, die von der ETA SA verlangten Preiserhöhungen torpedierten die Verfügung vom 18. Nov. 2002 nicht. Der Streit zwischen der ETA SA und der Sellita betreffe nur die bilateralen Beziehungen. Es sei nicht erstellt, dass für die Sellita oder für den wirksamen Wettbewerb ein nicht leicht wieder gutzumachender Nachteil entstünde. Ob die übrigen Voraussetzungen für eine vorsorgliche Massnahme erfüllt wären, liess sie offen. Die Sellita gelangte dagegen an die Rekurskommission für Wettbewerbsfragen, welche die Beschwerde abwies. Die Sellita reichte am 11. Sept. 2003 beim Bundesgericht Verwaltungsgerichtsbeschwerde ein. Das Bundesgericht weist die Verwaltungsgerichtsbeschwerde ab. Erwägungen: Nach Lehre und Rechtsprechung kann die Wettbewerbskommission auch im kartellrechtlichen Untersuchungsverfahren vorsorgliche Massnahmen treffen, obwohl das Kartellgesetz solche nicht ausdrücklich vorsieht. Im Kartellrecht ist zudem zu berücksichtigen, dass unzulässige Wettbewerbsbeschränkungen parallel auf dem zivilrechtlichen Weg (Art. 12 ff. KG) und auf dem verwaltungsrechtlichen Weg 266

(Art. 18 ff. KG) verfolgt werden können. Aus diesem Nebeneinander von zwei Verfahrenswegen, die beide die gleichen materiell-rechtlichen Ansprüche durchsetzen, folgt, dass der öffentlich-rechtliche Weg primär auf das öffentliche Interesse an einem funktionierenden Wettbewerb ausgerichtet ist. Damit sind im kartellrechtlichen Verwaltungsverfahren vorsorgliche Massnahmen vorab dann anzuordnen, wenn dies dem öffentlichen Interesse am Schutz des wirksamen Wettbewerbs dient; stehen hingegen in erster Linie private Interessen zur Diskussion, so ist der zivilrechtliche Weg zu beschreiten, auf welchem gemäss Art. 17 KG ebenfalls vorsorgliche Massnahmen möglich sind. Vorliegend ist betr. der Rechtsnatur von vorsorglichen Massnahmen entscheidend, ob für den funktionierenden Wettbewerb ein nicht leicht wieder gutzumachender Nachteil droht. Rechtserheblich kann deshalb nur sein, ob die streitigen Preiserhöhungen geeignet sind, den Markt während der Dauer des Hauptverfahrens in kartellrechtswidriger Weise so zu beeinflussen, dass dieser Einfluss nachträglich nicht leicht wieder gutzumachen ist. In ihrer Beschwerde vom 28. Feb. 2003 an die Rekurskommission hat die Beschwerdeführerin zwar glaubhaft dargelegt, dass sie ihre Produktion ohne die Lieferung der Rohwerke beträchtlich reduzieren müsste, da sie keine andere Möglichkeit habe, sich die Ebauches zu beschaffen. Indessen ist die Lieferung als solche mit der Verfügung vom 18. Nov. 2002 sichergestellt und nur der Preis umstritten. In einem marktwirtschaftlichen System setzt die Zulässigkeit von Preiserhöhungen grundsätzlich nicht voraus, dass die Lieferantin die betriebswirtschaftliche Rechtfertigung der höheren Preise nachweist. Preiserhöhungen können freilich unzulässige Verhaltensweisen marktbeherrschender Unternehmen i.S.v. Art. 7 KG darstellen. In dem vor der Wettbewerbskommission hängigen Hauptverfahren wird geprüft, ob das Verhalten der Beschwerdegegnerin unzulässig im Sinne dieser Bestimmung ist, wobei auch die Preisgestaltung Gegenstand der Untersuchung ist. Im Rahmen eines Verfahrens um vorsorgliche Massnahmen ist demgegenüber nicht allein entscheidend, ob die Preiserhöhungen missbräuchlich sind, sondern ob dadurch der Wettbewerb in einer nicht leicht wieder gutzumachenden Weise bedroht ist, was vorliegend nicht der Fall ist. Ein solcher wäre wohl dann zu bejahen, wenn die Beschwerdeführerin infolge der Preiserhöhung während der Dauer des Hauptverfahrens in ihrer Existenz akut bedroht wäre und zudem Gefahr bestünde, dass infolge Marktaustritts der Beschwerdeführerin der Markt für Mouvements schwer und irreversibel bzw. in nicht mehr leicht rückgängig zu machender Weise verändert würde. Solches wird jedoch von der Beschwerdeführerin nicht oder jedenfalls nicht genügend substanziiert geltend gemacht. Eine nachhaltige Beeinträchtigung des Wettbewerbs erscheint nicht hinreichend wahrscheinlich. Ferner kritisiert sie, die Vorinstanzen hätten zu Unrecht angenommen, sie müsse vorrangig den Zivilweg beschreiten. Wie dargelegt, ist das Kartellrecht durch die Besonderheit gekennzeichnet, dass die gleichen materiell-rechtlichen Fragen sowohl durch die Ziviljustiz als auch durch die Verwaltungsbehörden angewendet werden. Das verwaltungsrechtliche Verfahren dient aber vor allem dem öffentlichen Interesse, einen wirksamen Wettbewerb zu schützen, und kommt insoweit allenfalls beiläufig privaten Interessen von Unternehmen zugute. Es liegt daher nicht im Belieben der angeblich kartellrechtswidrig beeinträchtigten Unternehmen, den Zivil- oder den Verwaltungsweg zu wählen. Vielmehr haben die Verwaltungsbehörden nur dann einzuschreiten, wenn das erwähnte öffentliche Interesse dies erfordert. Da dies nicht der Fall ist, haben die Vorinstanzen die Beschwerdeführerin grundsätzlich mit Recht auf den Zivilweg verwiesen. Dass der Verwaltungsweg für die Beschwerdeführerin vorteilhafter wäre, ist demnach nicht massgebend (BGE 130 II 149 E. 2-4).

d) Schutznormen im Sinne von Art. 41 OR

267 Ein ausservertraglicher Vermögensschaden kann nur geltend gemacht werden, wenn der Schädiger unter anderem eine geschriebene oder ungeschriebene Schutznorm verletzt, die gerade dem Schutz des Vermögens vor Schäden dieser Art dient. **Schutznormcharakter** können auch **öffentlich-rechtliche Vorschriften** aufweisen, wenn sie ebenso im **privatrechtlichen Verhältnis** anwendbar sind, also gemischte Normen oder Doppelnormen darstellen. Dies trifft im Allgemeinen zu auf wettbe-

werbsrechtliche Normen (Art. 5 ff. KG, Art. 2 ff. UWG oder Art. 11 BEHG) sowie auf Normen, welche spezifische Informationspflichten beinhalten (vgl. auch ROLF H. WEBER, Schadenersatz kraft Schutznormen: Anwendung auch im Fernmelderecht?, sic! 2003, S. 482 ff.). So dient beispielsweise die Tierseuchengesetzgebung nicht nur dem Gesundheitsschutz, sondern auch dem Schutz von Privatpersonen gegen wirtschaftlichen Schaden. Werden die betreffenden Normen des Tierseuchengesetzes verletzt, so ist die Widerrechtlichkeit grundsätzlich zu bejahen (BGE 126 II 63 E. 3a). Art. 3 EpG (allg. Informationspflicht) stellt eine Schutznorm dar, welche indes in erster Linie die Bevölkerung bzw. die Konsumenten und nicht die Produzenten betrifft. Klagen diese gegen den Bund wegen unsachgemässer Information der Öffentlichkeit, so begründet die behauptete Verletzung von Art. 3 EpG keine Widerrechtlichkeit im Sinne von Art. 41 OR (BGE 118 Ib 473 E. 5d).

Auch **Aufsichtspflichten** können gemischte Normen und damit Schutznormen im 268
Sinne von Art. 41 OR darstellen, wenn die betreffende Aufsichtsnorm gerade dem Schutz des Vermögens vor Schäden dieser Art dient (BGE 132 II 305 E. 4.1, 123 II 577 E. 4d/ff). Verlangen Bankorgane beim Bund Schadenersatz wegen Verletzung der Aufsichtspflichten, ist die Haftung indes zu verneinen, weil die Aufsicht über die Banken dem Schutz der Gläubiger und nicht der Bank selbst dient (BGE 116 Ib 193 ff., 106 Ib 357 ff.; im Verhältnis zwischen Gläubiger und der Revisionsstelle kann hingegen Art. 18 BankG durchaus diese Funktion zukommen [vgl. BGE 117 II 315 E. 4d]).

Eine **allgemeine Oberaufsicht** des Bundes oder der Kantone vermag grundsätzlich 269
keine Schutznorm zu begründen: Nach Art. 9 EpG (Oberaufsicht des Bundes über die Durchführung des Gesetzes) ist offen, was für Massnahmen der Bund treffen kann und soll. Die Aufsicht des Bundes hat lediglich sicherzustellen, dass die Kantone die ihnen obliegenden Aufgaben des Gesundheitsschutzes tatsächlich wahrnehmen; die Art und Weise des Vollzugs steht aber den Kantonen weitgehend frei. Diesfalls gehört es nicht zur Aufsichtsfunktion des Bundes, dafür einzustehen, wenn die Kantone bei der Erfüllung ihrer Vollzugsaufgabe die dadurch betroffenen entgegenstehenden Interessen Dritter nicht genügend berücksichtigen (BGE 118 Ib 473 E. 5b).

Praxis:

- **Klage von Weichkäseproduzenten gegen den Bund wegen Verletzung von Art. 3 EpG:** 270
  Am 30. Juni 1989 bzw. 11./17. Aug. 1989 wurden beim Bundesgericht sieben verwaltungsrechtliche Klagen von Weichkäseproduzenten, die sich durch die Vorgänge um die Listeriose-Affäre beim Vacherin Mont d'Or geschädigt fühlten, eingereicht mit dem Begehren, die Schweizerische Eidgenossenschaft sei zur Zahlung von Schadenersatz zu verurteilen. Die Klagen beruhen auf folgender grundsätzlicher Behauptung: Der Bund habe seit Nov. 1987 nach dem Auftauchen von Listeria monocytogenes auf waadtländischem Vacherin Mont d'Or durch rechtlich und tatsächlich falsche, mangelhafte, verspätete oder ungeeignete warnende Informationen der Öffentlichkeit und ungerechtfertigte Herabsetzung der Produkte der Kläger in der Öffentlichkeit – bzw. durch Unterlassen der angebrachten Informationen – Bestimmungen des Bundesrechts verletzt und namentlich durch einen dadurch bewirkten allg. Verkaufsrückgang bei Weichkäsen Schaden verursacht. Das Bundesgericht weist die Klagen ab. Erwägungen: Das Epidemiengesetz enthält in Art. 3 eine Regelung der Informationstätigkeit der Behörden im Zusammenhang mit der Bekämpfung übertragbarer Krankheiten. Wie die Beklagte richtig ausführt, stellt Art. 3 EpG die gesetzliche Grundlage für die Informationstätigkeit der Gesundheitsbehörden des Bundes dar. Die Norm dient primär dem Schutz von Gesundheit und Leben.

Die Lebensmittelgesetzgebung bezweckt ebenfalls den Schutz des Konsumenten vor Gesundheitsschädigung sowie, in zweiter Linie, des Produzenten vor unredlicher Konkurrenz. Insofern schützen die beiden gesetzlichen Regelungen gerade nicht vor staatlichen Eingriffen, sondern ermöglichen diese. Das heisst aber nicht, dass die damit verbundenen Schranken nicht ebenfalls eine Schutzfunktion für Dritte haben können. In diesem Sinne fiele eine Schadenersatzpflicht des Bundes allenfalls in Betracht. Ausgangspunkt bleibt die Zweckrichtung des Informationsauftrags von Art. 3 EpG; danach steht der Schutz der Gesundheit der Bevölkerung und nicht derjenige wirtschaftlich Betroffener im Vordergrund. Die dabei gesetzten Schranken, namentlich die ausdrücklich vorgesehene Rücksichtnahme auf schutzwürdige private Interessen, entfalten aber eine Schutzwirkung für die von der Information betroffenen Privaten. Nur wenn in diesem Zusammenhang unverantwortbare Fehler gemacht werden – z.B. durch unsachgemässe Warnungen vor bestimmten Produkten –, kann dies zu einer Schadenersatzpflicht der Behörden gegenüber Lebensmittelproduzenten führen. Eine weitergehende Gesetzesauslegung würde bedeuten, dass die Verwaltung nicht nur für Schäden infolge ihres eingreifenden Handelns (namentlich durch Information) einzustehen hat, sondern auch für die Nichtabwehr (durch Information) von Gefahren, die sie nicht selbst geschaffen hat. Eine solche Pflicht mit entsprechender Schutzwirkung hätte eine Überforderung der Ansprüche im Informationsbereich an den Staat zur Folge und ergibt sich aus dem schweizerischen Recht nicht. Auch aus spezifischen Freiheitsrechten wie insb. aus der Handels- und Gewerbefreiheit nach Art. 31 aBV und der Eigentumsgarantie gemäss Art. 22ter aBV lassen sich keine weitergehenden Anforderungen an das Behördenverhalten ableiten, als sie auch aus den im vorliegenden Zusammenhang zu beachtenden, konkreteren Regelungen auf Gesetzesstufe geschlossen werden können. Ebenso bezweckt Art. 8 VwOG die Transparenz der Verwaltung sicherzustellen; dabei geht es grundsätzlich um die allgemeine Information der Öffentlichkeit über die Staatstätigkeit. Nicht unmittelbar erfasst wird die Information im Bereich von Sachproblemen, die sich ausserhalb der eigentlichen Verwaltungstätigkeit ergeben. Allenfalls können die in Art. 8 VwOG enthaltenen Grundsätze sinngemäss beigezogen werden, wenn konkrete Regelungen über die Information fehlen oder sich diese als zu unbestimmt erweisen (BGE 118 Ib 473 E. 3-5).

III. Verweisung des Verwaltungsrechts auf Normen des Privatrechts

271 Eine Verweisung liegt dann vor, wenn das **öffentliche Recht** im Hinblick auf das in der Sache massgebende Recht das **Privatrecht als anwendbar** erklärt. Die derart übernommenen Privatrechtsnormen gelten gemäss ständiger bundesgerichtlicher Rechtsprechung als subsidiäres öffentliches Recht der Kantone oder des Bundes (BGE 132 III 470 E. 3.3, 132 II 161 E. 3.1, 130 I 205 E. 9.1, 126 III 370 E. 5, 122 I 328 E. 1a/bb, 108 II 490 E. 7; BGer vom 29. Dez. 2011, 8C_294/2011, E. 3.4; vom 7. April 2011, 2C_888/2010, E. 4; vom 19. Aug. 2010, 8C_211/2010, E. 2.1; vom 16. Juni 2009, 2C_616/2008, E. 3.1; vom 30. Sept. 2005, 2P.93/2005, E. 1.1). Entsprechend ändern Verweisungen auf das OR oder das ZGB nichts an der öffentlich-rechtlichen Natur des Rechtsverhältnisses (VerwG GR vom 21. Juni 2007, U-06-132, E. 4c [Arbeitsverhältnis]). Die vom Privatrecht mittels Verweisung übernommenen Regeln und Grundsätze gelten lediglich **analog** und bedürfen allenfalls einer Anpassung im Hinblick auf den konkreten (öffentlich-rechtlichen) Regelungsgegenstand (BGer vom 30. April 2007, 2A.495/2006, E. 4.1; VerwG OW vom 30. April 2004, in: VVGE 2004/05 S. 94 E. 5c).

Auf die von der Verweisung erfasste Privatrechtsnorm finden die **Auslegungsregeln des öffentlichen Rechts** Anwendung. In prozessualer Hinsicht folgt aus der Verweisung, dass das **Privatrecht zum (subsidiären) öffentlichen Recht des betreffenden Gemeinwesens** wird und das Bundesgericht eine behauptete unrichtige Anwendung des OR nur auf Willkür hin überprüft, wenn kantonales oder kommunales Recht darauf verweist, da die unrichtige Anwendung kantonalen oder kommunalen Rechts kein selbstständiger Beschwerdegrund im Sinne von Art. 95 BGG darstellt (BGer vom 29. Dez. 2011, 8C_294/2011, E. 3.4; vom 25. Aug. 2011, 8C_594/2010, E. 1.2; vom 7. April 2011, 2C_888/2010, E. 4; vom 16. Aug. 2010, 8C_1053/2009, E. 2.2; vom 25. Mai 2009, 1C.402/2008, E. 5.1; vom 14. Sept. 2007, 1C_68/2007, E. 2.3). 272

Praxis:

- **Fristlose Kündigung:** Der Beschwerdeführer beanstandet, dass seit der letzten Verfehlung (11. Mai 2005) und Freistellung von der Arbeit (13. Mai 2005) bis zur Ankündigung der fristlosen Entlassung (30. Mai 2005) über zwei Wochen vergangen seien. Nach Art. 6 Abs. 2 BPG sind die einschlägigen Bestimmungen des Obligationenrechts auf die Arbeitsverhältnisse des Bundespersonals sinngemäss anwendbar, sofern kein Bundesgesetz etwas Abweichendes bestimmt. Aus der gesetzlichen Regelung ergibt sich vorliegend nicht, innerhalb welcher Zeitspanne eine fristlose Entlassung ausgesprochen werden muss. Nach der bundesgerichtlichen Rechtsprechung zu Art. 337 OR ist die fristlose Kündigung aus wichtigen Gründen sofort auszusprechen, andernfalls Verwirkung anzunehmen ist (BGE 123 III 86 E. 2a). Eine Frist von einigen wenigen Arbeitstagen zum Nachdenken und Einholen von Rechtsauskünften wird als angemessen erachtet. Eine längere Frist wird nur zugestanden, sofern praktische Erfordernisse des Alltags und Wirtschaftslebens es als verständlich und berechtigt erscheinen lassen (BGE 130 III 28 E. 4.4, 112 II 41 E. 3b). Diese Grundsätze können auf öffentlich-rechtliche Anstellungsverhältnisse nicht unbesehen übertragen werden. Zum einen ist die Kündigung zu begründen, da sie in der Form der Verfügung ergehen muss (Art. 13 Abs. 3 BPG). Zudem ist dem Angestellten nach öffentlich-rechtlichen Grundsätzen vor der Kündigungsverfügung das rechtliche Gehör einzuräumen (Art. 29 Abs. 2 BV, Art. 29 und 30 Abs. 1 VwVG). Dazu kommen die speziellen Verfahrensabläufe innerhalb der Verwaltung, die es nicht immer erlauben, unverzüglich zu entscheiden. Im Hinblick auf die Angemessenheit der Frist sind daher insb. die von der Verwaltung unternommenen Bemühungen zur Einhaltung der Erklärungsfrist und ihr weiteres Verhalten, das nicht widersprüchlich sein darf, zu berücksichtigen. Im vorliegenden Fall reagierte der Bundesarbeitgeber auf die Vorfälle vom 11. Mai 2005 innerhalb von zwei Arbeitstagen, indem er dem Beschwerdeführer am 13. Mai 2005 in einem persönlichen Gespräch die ihm vorgeworfenen Handlungen im Einzelnen erläuterte und ihn dazu Stellung nehmen liess. Am gleichen Tag stellte der Arbeitgeber den Beschwerdeführer von der Arbeit frei. Er gab damit unmissverständlich zu verstehen, dass er das Sicherheitsrisiko bei einem weiteren Verbleiben des Beschwerdeführers am Arbeitsplatz als erheblich einstufte und der Beschwerdeführer mit Massnahmen zu rechnen habe. Für die Verantwortlichen stand unzweifelhaft die fristlose Kündigung im Vordergrund (Art. 12 Abs. 7 BPG). Hierfür mussten jedoch weitere Abklärungen vorgenommen werden. Dazu kam, dass der Beschwerdeführer die Vorwürfe zum Teil bestritten hatte und insb. auch Krankheit geltend machte. Betroffen war zudem eine grössere Zeitspanne, da für die fristlose Entlassung auch die früheren Vorfälle zu beachten waren. Die Ausführungen des Departements, dass in der Zeit vom 16. Mai bis 29. Mai 2005 die relevanten Dokumente von der Linie zusammengestellt und mit dem Bereich Personal besprochen werden mussten, erscheinen daher plausibel. Ebenfalls erfolgten Abklärungen mit dem Rechtsdienst Verteidigung. Das entspricht (unter Berücksichtigung des Pfingstwochenendes) neun Arbeitstagen. Das scheint zwar als lang, kann aber noch hingenommen werden (BGer vom 30. April 2007, 2A.495/2006, E. 4.1). 273

IV. Lückenfüllung des Verwaltungsrechts durch analoge Anwendung des Privatrechts

274 Liegt im öffentlichen Recht eine Lücke vor und kann diese nicht mittels verwandter Normen des öffentlichen Rechts oder mittels der Anwendung allgemeiner Rechtsgrundsätze gefüllt werden, wird sekundär auf ähnliche, passende Regelungen im **Privatrecht** zurückgegriffen, soweit sich diese mit dem betreffenden Rechtsgebiet vereinbaren lassen (vgl. z.B. BGE 129 V 345 E. 4.2.1 [Verzugszinsforderung], 113 Ia 146 E. 3d [Frist, ein Wiedererwägungsgesuch zu stellen], 108 II 490 E. 7 [Regressverhältnis bei Steuerschuldnern], 105 V 86 E. 2 [sofortiger Austritt eines Versicherten aus der Krankenkasse], 105 Ia 207 E. 2c [Geltendmachung von Willensmängeln bei verwaltungsrechtlichen Verträgen]; PRK vom 8. Nov. 1999, in: VPB 64 [2000] Nr. 34 E. 2b [Vergütungen für Arbeitsleistungen nach Beendigung des Dienstverhältnisses]; REKO EVD vom 19. Dez. 1997, in: VPB 62 [1998] Nr. 70 E. 6.3 [Willensmängel betr. das Angebot in einem Versteigerungsverfahren von Zollkontingenten]; vgl. zum Ganzen auch Rz. 1250 ff.). Die derart übernommenen Privatrechtsnormen gelten als **ergänzendes öffentliches Recht** (BGE 108 II 490 E. 7).

275 Angesichts der je nach Sachbereich erheblichen Unterschiede zwischen öffentlichem und privatem Recht darf dieses nicht unbesehen ins öffentliche Recht übertragen werden (VerwG ZH vom 20. April 2011, VB.2011.00097, E. 4.2 [Personalrecht]). Mit dem Instrument der Lückenfüllung kann nicht auf **Privatrechtsnormen** zurückgegriffen werden, welche die **Grundentscheidung des betreffenden öffentlichrechtlichen Erlasses nicht respektieren**. Nach dem Verwaltungsgericht SO widerspricht es verwaltungsrechtlichen Grundsätzen, dass gemäss OR ein Dienstverhältnis trotz rechtswidriger Kündigung aufgelöst werden kann. Eine Lückenfüllung ist nicht möglich, ausser das kantonale oder kommunale Recht würde ausdrücklich auf die entsprechenden Bestimmungen des Obligationenrechts verweisen (VerwG SO vom 26. Mai 2003, in: SOG 2003 Nr. 24 E. 2b).

276 Die Frage, ob im öffentlichen Recht eine Lücke vorliegt und ob der betreffende Erlass ergänzungsbedürftig ist, kann nicht ohne **Bezugnahme zum jeweiligen (privatrechtlichen) Referenzsystem** beantwortet werden. Im öffentlichen Personalrecht nimmt die Praxis dann eine Lücke an, wenn etwas zum Kernbereich des Arbeitsvertragsrechtes gemäss OR gehört, das öffentlich-rechtliche Dienstrecht keine entsprechende Regelung aufweist und in seiner Gesamtheit – und nicht nur in einem Einzelaspekt – den OR-Mindeststandard namhaft unterschreitet (BGE 124 II 53 E. 2b; BGer vom 22. Mai 2001, 2A.71/2001, E. 2d; VerwG AR vom 27. Juni 2001, in: GVP 2001 S. 30 E. b; MARTIN BERTSCHI, Auf der Suche nach dem einschlägigen Recht im öffentlichen Personalrecht. Das Heranziehen ergänzend anwendbarer Normen besonders des Obligationenrechts, ZBl 2004, S. 628 ff.).

Praxis:

277 – **Kündigungsbeschränkung im Krankheitsfall (Sperrfristen):** Nach Art. 36 Abs. 1 der kantonalen Angestelltenverordnung (AVO) kann das öffentlich-rechtliche Angestelltenverhältnis gegenseitig unter Einhaltung der Kündigungsfristen in Abs. 2 durch ordentliche Kündigung aufgelöst werden. Durch schriftliche Vereinbarung kann die Kündigungsfrist auf sechs Monate verlängert werden (Abs. 3). Die Kündigung ist auf Monatsende auszusprechen (Abs. 4). Einem

Rechtsmittel gegen eine Kündigung durch den Arbeitgeber kommt keine aufschiebende Wirkung zu (Abs. 5). Abgesehen von der hier nicht interessierenden fristlosen Auflösung aus wichtigen Gründen (Art. 38) sind darüber hinaus weder in der AVO noch in den vom Regierungsrat erlassenen Ausführungsbestimmungen zur AVO Sperrfristen oder vergleichbare Kündigungsbeschränkungen enthalten. Dem kantonalen öffentlichen Dienstrecht sind jedoch solche Kündigungsbeschränkungen nicht völlig unbekannt. Einzelne Erlasse verweisen auf die betreffenden Bestimmungen des Obligationenrechts. Mit diesem Verweis werden diese OR-Bestimmungen zum Bestandteil des kantonalen öffentlichen Rechts erhoben. Für das privatrechtliche und nach dem Gesagten auch für vereinzelte öffentlich-rechtliche Arbeitsverhältnisse sieht Art. 336c Abs. 1 lit. b OR vor, dass der Arbeitgeber nicht kündigen darf, während der Arbeitnehmer ohne eigenes Verschulden durch Krankheit oder durch Unfall ganz oder teilweise an der Arbeitsleistung verhindert ist. Fraglich ist, ob diese Bestimmung in allen Bereichen des öffentlichen Rechts und auf alle Arbeitsverhältnisse anwendbar ist. Im öffentlichen Personalrecht wird von der Lehre eine Lücke namentlich dann bejaht, wenn etwas zum Kernbereich des Arbeitsvertragsrechtes gemäss OR gehört und das öffentlich-rechtliche Dienstrecht keine entsprechende Regelung aufweist. Keine oder eine lediglich unechte Lücke ist aber anzunehmen, wenn die öffentlich-rechtliche Regelung insgesamt auch so dem OR-Minimum entspricht oder gar darüber hinausgeht. Unterschreitet hingegen die öffentlich-rechtliche Regelung das OR-Minimum, wird dies von Lehre und Rechtsprechung als Indiz für eine zu füllende Lücke betrachtet, und zwar mit der überzeugenden Begründung, dass dem Staat als Arbeitgeber kaum weniger abverlangt werden könne als das, was der Staat allen privaten Arbeitgebern mit dem sog. OR-Minimum auferlegt. Es kann indessen aus einer Unterschreitung des OR-Minimums in einem Einzelpunkt nicht schon auf eine planwidrige Lücke geschlossen werden. Vielmehr müssen die öffentlich-rechtlichen Bestimmungen, soweit sie inhaltlich zusammenhängen und dem gleichen Schutzzweck dienen, in ihrer Gesamtheit den durch das Obligationenrecht gewährten Schutz namhaft unterschreiten. Vorliegend kennt die kantonale AVO überhaupt keine mit Art. 336c OR vergleichbaren Sperrfristen, weshalb man es hier gemessen am OR-Minimum nicht nur mit einer relativ ungewichtigen Lücke zu tun hat, sondern das gänzliche Fehlen von Sperrfristen lässt darauf schliessen, dass der Kantonsrat das Bestimmen angemessener Sperrfristen vergessen und somit durch sein Schweigen nichts vorbestimmt hat. In Würdigung der gesamten Umstände kommt das Gericht zum Schluss, dass in Bezug auf Sperrfristen für Kündigungen zur Unzeit nicht von einem qualifizierten Schweigen der AVO ausgegangen werden kann. Vielmehr stellt das Fehlen jeglicher Sperrfristen gemessen am OR-Minimum eine planwidrige Unvollständigkeit der AVO dar, die durch eine analoge Anwendung von Art. 336c OR zu füllen ist (VerwG AR vom 27. Juni 2001, in: GVP 2001 S. 30 E. b).

V. Anknüpfung des Verwaltungsrechts an privatrechtliche Tatbestände

Das **Verwaltungsrecht** stellt unter Umständen auf **privatrechtlich umschriebene Tatbestände oder Tatbestandselemente** ab. Insbesondere das Familien- oder das Vormundschaftsrecht ist eine Ordnung, die von dem Sozialversicherungsrecht zumindest teilweise vorausgesetzt wird (vgl. z.B. BGE 129 V 98 ff. [Urteilsfähigkeit gemäss Art. 16 ZGB]; BGE 117 V 257 ff. [Todeszeitpunkt]). Ein Abweichen von dieser Ordnung rechtfertigt sich nur dann, wenn der sich aus dem Sozialversicherungsrecht ergebende Schutzgedanke nicht mit der zivilrechtlichen Ordnung übereinstimmt (zum Ganzen GABRIELA RIEMER-KAFKA, Der Sozialversicherungsrichter als Zivilrichter, in: SZS 2007, S. 521 ff.; vgl. auch Rz. 999 ff.). 278

Das **öffentliche Recht** kann den **Wohnsitzbegriff** in seinem Bereich eigenständig definieren (Art. 3 DBG oder Art. 4 ZUG) oder aber auf das Zivilrecht verweisen 279

(Art. 13 Abs. 1 ATSG, wonach sich der Wohnsitz einer Person nach den Art. 23-26 des ZGB bestimmt). Das OHG lehnt sich im Sinne der Einheitlichkeit und Rechtssicherheit der Rechtsordnung an den zivilrechtlichen Wohnsitz an. Der Begriff des Wohnsitzes in Art. 11 Abs. 3 aOHG richtet sich gemäss Praxis nach Art. 23 ff. ZGB, zumal keine Gründe ersichtlich sind, davon abweichende Wohnsitzdefinitionen aus anderen öffentlich-rechtlichen Erlassen zu übernehmen (BGE 137 II 122 E. 3.5 und E. 3.6).

Praxis:

280 – **Wohnsitzbegriff nach Art. 11 Abs. 3 aOHG:** DX, geboren 1987, war ab dem 9. Sept. 2006 an der Islamischen Universität in Medina, Saudi-Arabien, für ein zweijähriges Studium immatrikuliert. Am 10. Okt. 2006 verstarb er in Rabigh, Saudi-Arabien, an den Folgen eines Verkehrsunfalls. Mit Entscheid des Amtsgerichts von Mekka, Saudi-Arabien, wurde der Unfallverursacher verpflichtet, den Eltern des Verstorbenen für den Verlust ihres Sohns Saudi-Rial 100'000.– als sogenanntes Blutgeld auszurichten. Am 8. Okt. 2008 stellten die Eltern des Verstorbenen (A und BX) und dessen Bruder (CX) bei der Opferhilfestelle des Kantons Zürich ein Gesuch um Entschädigungen und Genugtuungen. In ihrer Verfügung vom 16. Dez. 2008 führte die Kantonale Opferhilfestelle aus, DX habe seinen Wohnsitz von der Schweiz nach Saudi-Arabien verlegt gehabt, was die Ausrichtung von Entschädigungen und Genugtuungen ausschliesse. Das Gesuch werde abgelehnt. Eine gegen diese Verfügung gerichtete Beschwerde wies das Sozialversicherungsgericht des Kantons Zürich mit Urteil vom 17. Aug. 2010 ab. Das Bundesgericht heisst die Beschwerde gut und weist die Sache zur neuen Beurteilung im Sinne der Erwägungen an die Vorinstanz zurück. Aus den Erwägungen: Dem Opfer werden gemäss Art. 2 Abs. 2 lit. c aOHG der Ehegatte, die eingetragene Partnerin oder der eingetragene Partner, die Kinder und Eltern sowie andere Personen, die ihm in ähnlicher Weise nahestehen, bei der Geltendmachung von Entschädigung und Genugtuung (Art. 11-17 aOHG) gleichgestellt, soweit diesen Personen Zivilansprüche gegenüber dem Täter zustehen. DX verfügte gemäss den Feststellungen der Vorinstanz im Todeszeitpunkt über die schweizerische Staatsangehörigkeit. Umstritten ist, ob er zu jenem Zeitpunkt auch (noch) seinen Wohnsitz in der Schweiz hatte. Dies ist gemäss Art. 11 Abs. 3 aOHG Voraussetzung für Entschädigung und Genugtuung, sofern sowohl der strafrechtliche Begehungs- als auch der Erfolgsort im Ausland liegen. Ist eine Person im Ausland Opfer einer Straftat geworden, kann sie eine Entschädigung oder eine Genugtuung nur verlangen, wenn sie das Schweizer Bürgerrecht und «Wohnsitz in der Schweiz» hat (Art. 11 Abs. 3 aOHG). Der Wohnsitz in der Schweiz bildet auch im revidierten Opferhilfegesetz Anspruchsvoraussetzung (Art. 17 Abs. 1 OHG), wobei davon auszugehen ist, dass der Begriff mit der Gesetzesrevision keine Änderung erfahren hat. Im OHG findet sich hinsichtlich des Wohnsitzbegriffs weder eine eigenständige Definition noch ein ausdrücklicher Verweis auf das ZGB. Laut der Botschaft vom 9. Nov. 2005 zur Totalrevision des Bundesgesetzes über die Hilfe an Opfer von Straftaten ist ein Wohnsitz i.S.v. Art. 23 ff. ZGB erforderlich. Die Anlehnung des Wohnsitzbegriffs des OHG an den zivilrechtlichen Begriff ist im Sinne der Einheitlichkeit und Rechtssicherheit die vorzugswürdige Lösung, zumal kein Grund besteht, davon abweichende Wohnsitzdefinitionen aus anderen öffentlich-rechtlichen Erlassen zu übernehmen. Im Übrigen hat das Bundesgericht in seiner bisherigen Rechtsprechung den Wohnsitz gemäss Art. 11 Abs. 3 aOHG angewendet, ohne einen vom Zivilrecht abweichenden Begriffsinhalt auch nur in Erwägung zu ziehen. Eine Anlehnung an den Wohnsitzbegriff gemäss Art. 20 IPRG drängt sich nicht auf, zumal dem Wohnsitzbegriff von Art. 11 Abs. 3 aOHG nicht die Rolle eines im internationalen Verhältnis relevanten Anknüpfungspunkts zukommt. Die Anlehnung des Wohnsitzbegriffs gemäss Art. 11 Abs. 3 aOHG an jenen des Zivilrechts bedeutet, dass sich die Frage des Wohnsitzes grundsätzlich nach den Art. 23-26 ZGB richtet. Nach Art. 23 Abs. 1 ZGB befindet sich der Wohnsitz einer Person an dem Ort, wo sie sich mit der Absicht dauernden Verbleibens aufhält. Für die Begründung des Wohnsitzes müssen somit zwei Merkmale erfüllt sein: ein objektives Äusseres, der Aufenthalt sowie ein subjektives Inne-

res, die Absicht dauernden Verbleibens. Nach der Rechtsprechung kommt es nicht auf den inneren Willen, sondern darauf an, welche Absicht objektiv erkennbar ist. Der einmal erworbene Wohnsitz bleibt bestehen, solange nicht anderswo ein neuer begründet wird (siehe Art. 24 Abs. 1 ZGB). Der Aufenthalt an einem Ort zum Zweck des Besuchs einer Lehranstalt und die Unterbringung einer Person in einer Erziehungs-, Versorgungs-, Heil- oder Strafanstalt begründen nach Art. 26 ZGB keinen Wohnsitz. Obwohl der Wortlaut nicht ohne Weiteres darauf schliessen lässt, wird in Art. 26 ZGB lediglich eine widerlegbare Vermutung angestellt, wonach der Aufenthalt am Studienort oder in einer Anstalt nicht bedeutet, dass auch der Lebensmittelpunkt an den fraglichen Ort verlegt worden ist; Art. 26 ZGB umschreibt somit im Ergebnis negativ, was Art. 23 Abs. 1 ZGB zum Wohnsitz in grundsätzlicher Hinsicht positiv festhält. Die Vermutung kann umgestossen werden, wenn eine Person freiwillig in eine Anstalt eintritt und sich dort mit der Absicht dauernden Verbleibens aufhält. Unter dieser Voraussetzung kann die Begründung eines Wohnsitzes am Anstaltsort bejaht werden. In Anlehnung daran soll im Rahmen der Revision des Vormundschaftsrechts der heutige Art. 26 ZGB aufgehoben und inhaltlich als Ergänzung in Art. 23 Abs. 1 ZGB aufgenommen und präzisiert werden. Gemäss dem neuen zweiten Halbs. zu Art. 23 Abs. 1 ZGB begründet der Aufenthalt in einer Anstalt «für sich allein» keinen Wohnsitz. Damit wird einerseits verdeutlicht, dass die betroffene Person in gewissen Fällen an diesem Ort trotzdem ihren Lebensmittelpunkt und damit Wohnsitz haben kann, gleichzeitig aber auch bestätigt, dass ein Aufenthalt zu Sonderzwecken in der Regel keine Verschiebung des Mittelpunkts der Lebensbeziehungen bedeutet. Allein aus der Unmöglichkeit einer regelmässigen Rückkehr zu schliessen, DX habe nur noch eine stark gelockerte Beziehung zur Schweiz gehabt und sich nicht lediglich zu Ausbildungszwecken in Saudi-Arabien aufgehalten, verletzt Art. 23 Abs. 1 i.V.m. Art. 26 ZGB. Die Bestimmung des Mittelpunkts der Lebensbeziehungen und die damit einhergehende Widerlegung der Vermutung von Art. 26 ZGB erfordern eine Berücksichtigung aller konkreten Umstände des Einzelfalls. Die tatsächlichen Vorbringen der Beschwerdeführer sind dabei bedeutsam: Sie könnten die Vermutung stützen, dass der Aufenthalt in Saudi-Arabien zu Studienzwecken nicht zu einer Verlagerung des Mittelpunkts der Lebensbeziehungen führte. Die Beschwerdeführer haben diese Umstände bereits im Verfahren vor dem Sozialversicherungsgericht geltend gemacht. Indem das Sozialversicherungsgericht sie unberücksichtigt liess, verletzte es den Anspruch der Beschwerdeführer auf rechtliches Gehör (Art. 29 Abs. 2 BV) und hat den Sachverhalt unvollständig und damit unrichtig i.S.v. Art. 97 Abs. 1 BGG festgestellt (BGE 137 II 122 E. 3).

VI. Verwaltungsrecht und Strafrecht

1. Allgemeines

Verwaltungs- und Strafrecht sind in mehrfacher Hinsicht miteinander verknüpft: In **materieller Hinsicht** kennen eine **Reihe von verwaltungsrechtlichen Erlassen besondere Strafnormen**, die durch das Gesetz induzierte Verhaltenspflichten sichern (vgl. z.B. Art. 60 ff. USG). Die in diesen Erlassen festgesetzten (verwaltungsrechtlichen) Sanktionen können je nach Art, Schwere und Natur der Massnahme unter den Begriff der «strafrechtlichen Anklage» im Sinne von Art. 6 Ziff. 1 EMRK fallen (vgl. Rz. 3130). In **verfahrensmässiger Hinsicht** stellt sich die Frage, ob Verwaltungsbehörden an Strafurteile und Strafbehörden an verwaltungsrechtliche Entscheide gebunden sind. 281

Praxis:

282 – **Massnahmen nach dem Zürcher Gewaltschutzgesetz (GSG):** Auf das Zürcher Gewaltschutzgesetz abgestützte Massnahmen werden im öffentlichen Interesse zum Schutz gefährdeter Personen und zur Entspannung einer häuslichen Gewaltsituation angeordnet. Sie sind weder an die Eröffnung eines Strafuntersuchungsverfahrens noch an die Einleitung eines Zivilverfahrens gebunden, und sind auch nicht an ein Eheschutzverfahren geknüpft. Deshalb entschied das Bundesgericht, dass gegen kantonale Gewaltschutzmassnahmen weder die Beschwerde in Strafsachen (Art. 78 Abs. 1 BGG) noch die Beschwerde in Zivilsachen wegen eines unmittelbaren Zusammenhangs der öffentlich-rechtlichen Angelegenheit mit Zivilrecht (Art. 72 Abs. 2 lit. b BGG) zulässig ist, sondern die Beschwerde in öffentlich-rechtlichen Angelegenheiten zum Tragen kommt. Das Zürcher Gewaltschutzgesetz bezweckt den Schutz, die Sicherheit und die Unterstützung von Personen, die durch häusliche Gewalt betroffen sind (§ 1 Abs. 1 GSG). Anders als im Strafverfahren steht beim Gewaltschutzgesetz nicht das Verhalten der gewalttätigen Person, sondern das Schutzbedürfnis der gefährdeten Person im Vordergrund. Dies zeigt sich deutlich anhand der Rechtsfolgen der Ausübung häuslicher Gewalt (vgl. § 3 Abs. 2 GSG): Die Polizei kann die gefährdende Person aus der Wohnung oder dem Haus weisen (Wegweisung), ihr untersagen, bestimmte Gebiete zu betreten (Rayonverbot), und ihr verbieten, mit der gefährdeten Person in irgendeiner Form Kontakt aufzunehmen (Kontaktverbot). Die polizeilichen Schutzmassnahmen gelten unter der Strafdrohung von Art. 292 StGB während 14 Tagen (§ 3 Abs. 3 GSG). Sie können gerichtlich um maximal drei Monate verlängert werden (§ 6 Abs. 3 GSG). Überdies kann die gefährdende Person zum Schutz der gefährdeten Person in Gewahrsam genommen werden (§ 13 f. GSG). Die genannten Gewaltschutzmassnahmen sind in ihrer Zielsetzung nicht darauf ausgerichtet, die gewaltausübende Person zu bestrafen, sondern eine konkrete Person in einer bestimmten Gewaltsituation zu schützen (vgl. § 2 Abs. 1 GSG). Auch die Konsequenzen für die gefährdende Person – die Pflicht zur Einhaltung eines rechtlich gebotenen Verhaltens – sind nicht mit denjenigen einer strafrechtlichen Sanktion vergleichbar. Die Auferlegung von Gewaltschutzmassnahmen fällt demnach auch nicht unter den Begriff der «strafrechtlichen Anklage» i.S.v. Art. 6 EMRK, und es können die spezifischen Garantien im Strafverfahren (Art. 6 Ziff. 2 und 3 EMRK, Art. 32 BV) nicht angerufen werden. Die Anordnung von Gewaltschutzmassnahmen ist ferner nicht zwingend mit der Einleitung eines Strafverfahrens verbunden. Das Zürcher Gewaltschutzgesetz wird demnach dem Bereich des öffentlichen Rechts zugeordnet, nicht aber als Strafsache qualifiziert (BGE 134 I 140 E. 4.3; vgl. auch BGE 137 I 31 E. 4.3 und E. 4.4 [Rayonverbote, Meldeauflagen und Polizeigewahrsam]; BGer vom 16. Nov. 2010, 1C_16/2010, E. 9.3 [Polizeigewahrsam]; vom 19. Okt. 2007, 1C_219/2007, E. 1.2; vom 13. Juli 2007, 1C_89/2007, E. 1.1).

2. Verwaltungsrechtliche Strafnormen (insb. Ordnungsbussen/ Disziplinarmassnahmen)

283 **Disziplinarmassnahmen** haben zum Zweck, Mitgliedern besonderer Institutionen oder besonderen Berufsgattungen bestimmte Verhaltensregeln aufzuerlegen bzw. Verstösse zu sanktionieren; sie haben grundsätzlich administrativen Charakter, sind keine Strafen im Rechtssinne und gelten grundsätzlich nicht als strafrechtliche Anklage im Sinne von Art. 6 Ziff. 1 EMRK (BGE 129 I 12 E. 10.6.4, 128 I 346 E. 2.3, 121 I 379 E. 3c/aa). Ausnahmsweise kann eine derartige Massnahme je nach Art der angedrohten Sanktion als strafrechtliche Anklage erscheinen, wenn sie allgemeinerer Natur sind und nicht nur einen beschränkten Personenkreis treffen, schwer oder einschneidend sind (vgl. BGer vom 6. Sept. 2010, 8C_417/2010, E. 4.2.2; vom 11. Aug. 2000, 1P.102/2000, E. 1). Allerdings gelten selbst Bussen in einer Höhe von bis zu Fr. 5'000.– wegen standeswidrigen Verhaltens eines Anwalts nicht als strafrechtliche Anklagen, solange es sich um ein typisches Disziplinarvergehen handelt, die eine

bestimmte Berufsgruppe (in casu: Anwälte) trifft, welche zum Staat in einem besonderen Rechtsverhältnis stehen (BGE 128 I 346 E. 2.3, 126 I 228 E. 2a/aa, 125 I 417 E. 2b; vgl. Rz. 3149 ff.).

Ordnungsbussen können je nach Art, Natur und Schwere der angedrohten Sanktion eine strafrechtliche Anklage im Sinne von Art. 6 Ziff. 1 EMRK darstellen (BGE 135 I 313 E. 2.2.1, 134 I 140 E. 4.2, 128 I 346 E. 2.1, 125 I 104 E. 2a, 121 I 379 E. 3a). Im Allgemeinen gilt, dass Bussen von geringer Höhe bis maximal Fr. 1'000.– grundsätzlich als verwaltungsrechtliche Sanktion und nicht als strafrechtliche Anklage taxiert werden (TOBIAS JAAG, Verwaltungsrechtliche Sanktionen und die Verfahrensgarantien der EMRK, in: FS für Stefan Trechsel, Zürich 2002, S. 162; STEFAN OESTERHELT, Anwendbarkeit von Art. 6 EMRK auf Steuerverfahren, ASA 2007, S. 601 ff.; vgl. Rz. 3130). 284

Der **Führerausweisentzug** hat grundsätzlich pönalen Charakter, was zur Folge hat, dass die Garantien von Art. 6 EMRK einzuhalten sind (BGE 133 II 331 E. 4.2, 128 II 173 E. 3b und E. 3c, 121 II 22 E. 3). Hingegen verletzt nach ständiger Praxis des Bundesgerichts die im schweizerischen Recht vorgesehene Zweispurigkeit der Verfahren nach Strassenverkehrsdelikten, wonach der Strafrichter über die strafrechtlichen Sanktionen Busse und Haftstrafe befindet und die zuständige Administrativbehörde über die Administrativmassnahmen der Verwarnung und des Führerausweisentzuges entscheidet, den Grundsatz «ne bis in idem» nicht (vgl. BGE 137 I 363 E. 2, 128 II 133 E. 3b/bb, 125 II 402 E. 1). Ferner verstösst es nicht gegen den Grundsatz «ne bis in idem», neben einer Strafe eine disziplinarische oder andere verwaltungsrechtliche Sanktion für dieselbe Pflichtverletzung auszusprechen (siehe Rz. 3083 ff.). 285

Praxis:

– **Herabsetzung der Besoldung als Disziplinarstrafe gegenüber einem Staatsanwalt:** X bearbeitete seit dem 1. Dez. 2000 als a.o. Untersuchungsrichter des Kantons Solothurn und ab 1. Aug. 2005 als Staatsanwalt einen äusserst umfangreichen Straffall. Nach verschiedenen Verzögerungen teilte die Amtsgerichtspräsidentin den Parteien am 7. Mai 2008 einen provisorischen Verhandlungsplan mit. Staatsanwalt X orientierte nach dem Erhalt dieses Plans Oberstaatsanwalt Y telefonisch darüber, dass sich die Hauptverhandlung voraussichtlich mit seinen Ferien überschneide. Dieser eröffnete ihm, dass er an der Gerichtsverhandlung teilzunehmen habe und seine Ferien nötigenfalls verschieben müsse. Allfällige Annullationskosten würden übernommen. Die Hauptverhandlung wurde definitiv auf Montag, 30. Juni 2008, bis Freitag, 11. Juli 2008, angesetzt; das Plädoyer der Staatsanwaltschaft auf den 8. Juli 2008. Danach, vom 9. bis zum 11. Juli 2008, sollten die Plädoyers der Verteidiger und eine allfällige Replik sowie Dupliken folgen. Am 2. Juli 2008 gab Staatsanwalt X im Gerichtssaal bekannt, dass er auf eine Replik verzichte, da er nach seinem Parteivortrag in die Ferien verreise und nicht mehr an der Verhandlung teilnehme. Nachdem Oberstaatsanwalt Y davon am 3. Juli 2008 aus der Zeitung erfahren hatte, rief er Staatsanwalt X an. Er erachtete es als vertretbar, nebst der Replik auch auf die Anwesenheit bei den Plädoyers der Verteidiger zu verzichten. Mit Beschluss vom 25. Aug. 2008 eröffnete der Regierungsrat des Kantons Solothurn ein Disziplinarverfahren gegen Oberstaatsanwalt Y und Staatsanwalt X und beschloss nach Einsicht in den Bericht der Untersuchungskommission am 31. März 2009 u.a. eine Herabsetzung der Besoldung von X und Y um zwei Erfahrungsstufen. Erwägungen: Wenngleich Disziplinarverfahren in der Regel nicht dem Anwendungsbereich des Art. 6 EMRK unterstehen, ist stets zu prüfen, ob besondere Umstände vorliegen, welche die Anwendbarkeit im Sinne der «Engel-Kriterien» ausnahmsweise gebieten. Unbestrittenermassen spricht die Zuordnung zum Disziplinarrecht in casu gegen eine Anwendung von Art. 6 EMRK. Zu prüfen bleiben die beiden anderen Kriterien. Beim zweiten 286

Kriterium, der Natur der Widerhandlung, kommt es auf die im Inhalt der anzuwendenden Regelung zum Ausdruck gebrachte Art des Vergehens an. Entscheidend für die Natur des Vergehens ist in erster Linie der Adressatenkreis einer Regelung. Richtet sich eine Regelung (zumindest potenziell) an die Allgemeinheit, spricht das für deren strafrechtlichen Charakter. Vorliegend richtet sich das kantonale Disziplinarrecht an den beschränkten Kreis der staatlichen Angestellten. Könnte ein Verhalten allenfalls auch strafrechtlich statt disziplinarisch sanktioniert werden, indiziert dies die Anwendung von Art. 6 EMRK auch auf die Disziplinarmassnahme. Dem Beschwerdeführer wird eine Vernachlässigung seiner eigentlichen Berufspflichten als Staatsanwalt vorgeworfen, welche von ihrer Art her indessen nur mit einer spezifisch disziplinarischen Massnahme sanktioniert werden kann. Die Organe der EMRK haben denn auch stets gegen öffentlich-rechtliche Angestellte gerichtete Disziplinarmassnahmen die Wesensart einer strafrechtlichen Anklage abgesprochen. Derartige Massnahmen wie Zwangspensionierung oder disziplinarische Entlassung kommen keine strafrechtliche Eigenheit zu, sondern sind typischerweise disziplinarischer Natur, welche das Ziel verfolgen, den Respekt, der den Angehörigen einer bestimmten Berufsgruppe entgegengebracht wird, sicherzustellen. Wenn diese Disziplinarmassnahme für die betroffene Person auch finanzielle Auswirkungen zeitigt, so ist dieser finanzielle Verlust nicht selber eine Sanktion, sondern stellt indirekte Folge der eigentlichen Sanktion dar. Auf die vom Beschwerdeführer geltend gemachten finanziellen Folgen der eigentlichen Disziplinarmassnahme, nämlich der Rückstufung, muss somit nicht weiter eingegangen werden. Auch das zweite (und dritte) Kriterium sprechen somit gegen eine Anwendung von Art. 6 EMRK. Der Beschwerdeführer kann sich daher nicht auf die Unschuldsvermutung gemäss Art. 6 Ziff. 2 EMRK berufen (BGer vom 6. Sept. 2010, 8C_417/2010, E. 4.2).

3. Bindung der Verwaltungsbehörden an Strafurteile

287 Ein **Strafurteil** vermag die Verwaltungsbehörde grundsätzlich nicht zu binden. Allerdings gebietet der Grundsatz der **Einheit der Rechtsordnung**, widersprüchliche Entscheide im Rahmen des Möglichen zu vermeiden, weshalb die Verwaltungsbehörde, um widersprechende Entscheide zu vermeiden, nicht ohne Not von den tatsächlichen Feststellungen der Strafbehörden abweichen soll, insbesondere wenn im Rahmen des Strafverfahrens eingehende Sachverhaltsabklärungen getroffen wurden und das Strafgericht die Parteien und Zeugen direkt angehört hat (BGE 136 II 447 E. 3.1, 129 II 312 E. 2.4, 124 II 8 E. 3d/aa, 124 II 103 E. 1c/bb, 123 II 97 E. 3c/aa, 121 II 214 E. 3a, 119 Ib 158 E. 3c/aa, 115 Ib 163 E. 2a; BGer vom 16. März 2012, 1C_404/2011, E. 2.3).

288 Die **Verwaltungsbehörde** ist demnach insbesondere dann an die im **Strafurteil festgelegten Tatsachen** gebunden, wenn dieses im **ordentlichen Verfahren** mit öffentlicher Verhandlung unter Anhörung von Parteien und Einvernahme von Zeugen ergangen ist, es sei denn, es bestünden klare Anhaltspunkte für die Unrichtigkeit dieser Tatsachenfeststellung; in diesem Fall hat die Verwaltungsbehörde nötigenfalls selbstständige Beweiserhebungen durchzuführen (BGE 136 II 447 E. 3.1, 124 II 103 E. 1c/aa, 119 Ib 158 E. 3c; BGer vom 15. März 2012, 1C_446/2011, E. 5.1). Unter bestimmten Voraussetzungen ist die Verwaltungsbehörde auch an die tatsächlichen Feststellungen eines **Strafentscheids** gebunden, der im **Strafbefehlsverfahren** gefällt wurde, selbst wenn er ausschliesslich auf einem Polizeirapport beruht. Dies gilt insbesondere dann, wenn der Beschuldigte wusste oder angesichts der Schwere der ihm vorgeworfenen Delikte voraussehen musste, dass gegen ihn beispielsweise ein Führerausweisentzugsverfahren eröffnet würde, und er es trotzdem unterlässt oder darauf verzichtet, im Rahmen des (summarischen) Strafverfahrens die ihm garantier-

ten Verteidigungsrechte geltend zu machen. Unter diesen Umständen darf der Betroffene nicht das Verwaltungsverfahren abwarten, um allfällige Rügen vorzubringen und Beweisanträge zu stellen, sondern er ist nach Treu und Glauben verpflichtet, dies bereits im Rahmen des (summarischen) Strafverfahrens zu tun sowie allenfalls die nötigen Rechtsmittel zu ergreifen (BGE 123 II 97 E. 3c/aa, 121 II 214 E. 3a; BGer vom 15. März 2012, 1C_446/2011, E. 5.1; vom 16. Mai 2006, 6A.19/2006, E. 1; VerwG ZH vom 11. Feb. 2009, VB.2008.00258, E. 2.1).

Von den **tatsächlichen Feststellungen** eines **Strafgerichts** dürfen die **Verwaltungsbehörden** nur dann **abweichen**, wenn sie aufgrund eigener Beweiserhebungen Tatsachen feststellen, die dem Strafgericht unbekannt waren oder die es nicht beachtet hat, ferner, wenn neue entscheiderhebliche Tatsachen vorliegen, wenn die Beweiswürdigung des Strafgerichts feststehenden Tatsachen klar widerspricht oder wenn das Strafgericht bei der Rechtsanwendung auf den Sachverhalt nicht alle Fragen abgeklärt hat (BGE 137 I 363 E. 2.3.2, 136 II 447 E. 3.1, 129 II 312 E. 2.4, 124 II 8 E. 3d/aa, 123 II 97 E. 3c/aa; BGer vom 15. März 2012, 1C_446/2011, E. 5.1; vom 4. Nov. 2009, 1C_259/2009, E. 5.2; vom 30. Nov. 2007, 1C_45/2007, E. 4.3 [in BGE 134 II 33 ff. nicht publ. E.]). Diese letztere Hypothese betrifft insbesondere den Fall, in welchem der Strafrichter sein Urteil ausschliesslich gestützt auf die Akten – ohne Durchführung einer Verhandlung – gefällt hat (BGE 136 II 447 E. 3.1, 120 Ib 312 E. 4 b). 289

Hingegen ist die Verwaltungsbehörde in der **rechtlichen Würdigung** der Angelegenheit frei, da sie sonst in ihrer freien Rechtsanwendung beschränkt würde (BGE 124 II 8 E. 3d/aa, 115 Ib 163 E. 2a). Im Übrigen weist die von der Verwaltungsbehörde anzuwendende Norm häufig eine andere Zwecksetzung als die strafrechtliche Norm auf (BGer vom 1. April 2009, 1C_284/2008, E. 4.1). Die Praxis nimmt eine Bindungswirkung nur dann an, wenn die rechtliche Würdigung sehr stark von der Würdigung von Tatsachen abhängt, die das Strafgericht besser kennt als die Verwaltungsbehörde, etwa weil es den Beschuldigten persönlich einvernommen hat (BGE 136 II 447 E. 3.1, 125 II 402 E. 2; BGer vom 16. März 2012, 1C_404/2011, E. 2.3; vom 30. Nov. 2007, 1C_45/2007, E. 4.3; VerwG ZH vom 21. Mai 2008, VB.2006.00319, E. 3.2). 290

Praxis:

- **OHG-Entschädigungsanspruch:** Mit Urteil vom 17. März 1999 verurteilte das Strafgericht des Bezirks Nyon Y zu einer bedingten Haftstrafe von 18 Monaten wegen sexueller Handlungen, die er zwischen 1994 und 1997 an seiner Nichte X vorgenommen hatte. Bezüglich der Zivilansprüche sprach das Gericht dem Opfer Schadenersatz von Fr. 35'785.– zu. Dieser Betrag beinhaltete nicht nur die Internatskosten für das Schuljahr 1998-99, sondern auch Externatskosten für die darauf folgenden Schuljahre. Zudem wurde ein Betrag von Fr. 8'000.– als Genugtuung zugesprochen. Da Y kein Vermögen hatte, wandte sich X an den Staatsrat des Kantons Waadt, um die im Urteil vom 17. März 1999 zugesprochenen Beträge zu erhalten. Der Kanton Waadt entschied, die zusätzlichen Schulkosten für das Externat nicht zu entschädigen. X reichte am 23. Sept. 1999 beim Präsidenten des Bezirksgerichts Yverdon gestützt auf das OHG ein Gesuch um Entschädigung ein. Mit Urteil vom 20. Nov. 2001 sprach das Gericht Schadenersatz in der Höhe von Fr. 12'825.– zu (exkl. Externatskosten), was auf Beschwerde von X die Rekurskammer bestätigte. X erhebt Verwaltungsgerichtsbeschwerde und fordert vom Kanton Waadt einen Betrag von Fr. 43'785.– (inkl. Externatskosten). Erwägungen: Die Beschwerdeführerin geht von einer falschen Prämisse aus, wenn sie behauptet, das OHG ziele auf eine 291 vollkommene Wiedergutmachung des Schadens ab. Wie das Bundesgericht mehrmals in Erinnerung gerufen hat, beabsichtigte der Gesetzgeber nicht, dem Opfer eine volle, umfassende und bedingungslose Wiedergutmachung des erlittenen Schadens zu garantieren, als er das im OHG vorgesehene Entschädigungssystem geschaffen hat. Diese Tatsache zeigt sich insb. bei der Genugtuung, die sich einer Entschädigung «ex aequo et bono» annähert. Das Gleiche gilt für den materiellen Schaden, weil die Höhe der Entschädigung auf Fr. 100'000.– beschränkt und das Einkommen des Opfers zu berücksichtigen ist. Weil das Gemeinwesen für die Folgen der Straftat nicht haftbar ist, sondern gegenüber dem Opfer lediglich eine Pflicht zur Hilfestellung hat, ist es nicht notwendigerweise verpflichtet, gleich weitgehende Leistungen zu erbringen, wie sie gegenüber dem Straftäter geltend gemacht werden. Nach der Rechtsprechung ist die Anwendung der privatrechtlichen Kriterien grundsätzlich gerechtfertigt, die OHG-Behörde kann aber bei Bedarf davon abweichen. In Bezug auf die Tatsachenfeststellungen verweist die Rechtsprechung auf die Praxis bei Führerausweisentzügen: Um widersprüchliche Entscheide zu verhindern, darf die Verwaltungsbehörde nicht ohne Not von den tatsächlichen Feststellungen der Strafbehörde abweichen, insb. wenn während der Strafuntersuchung umfassende Untersuchungen notwendig wurden (welche die OHG-Behörde normalerweise wegen des einfachen und schnellen Verfahrens nicht vornehmen kann) und wenn der Richter die Parteien und die Zeugen direkt angehört hat. Diese Zurückhaltung ist demgegenüber nicht gerechtfertigt, wenn für die Verwaltungsbehörde massgebende Tatsachen vom Strafrichter nicht berücksichtigt worden sind, wenn in der Zwischenzeit neue wichtige Tatsachen dazu gekommen sind, wenn die Beweiswürdigung des Strafrichters im klaren Widerspruch zu festgestellten Tatsachen steht oder wenn sich der Strafrichter nicht zu allen Rechtsfragen geäussert hat. Unter diesen Umständen kann die Verwaltungsbehörde von den Tatsachenfeststellungen der Strafbehörde abweichen und eigene Beweise abnehmen. Demgegenüber ist die OHG-Entschädigungsbehörde wegen des besonderen Verfahrens des OHG und wegen ihrer freien Überprüfungsbefugnis nicht an die rechtlichen Erwägungen des Strafurteils gebunden. Im Rahmen des OHG spricht die Behörde – nach teilweise spezifischen Regeln – eine Entschädigung zu, die sich auf eine staatliche Pflicht zur Hilfestellung stützt, und sie muss den Fall daher autonom überprüfen. So hat das Bundesgericht betont, dass die OHG-Behörde von einem gerichtlichen Vergleich, den das Opfer und der Täter abgeschlossen haben, abweichen kann. Bei dieser Gelegenheit hat es ausserdem festgehalten, dass die OHG-Behörde für die reinen Rechtsfragen nicht an das Strafurteil gebunden ist, ansonsten sie die ihr eingeräumte freie Rechtsanwendung einschränken würde. Die Unabhängigkeit der OHG-Behörde gegenüber dem Strafrichter in Rechtsfragen ist weiter dadurch gerechtfertigt, dass der Staat als Schuldner der auf dem OHG basierenden Entschädigung am Strafverfahren als solcher nicht teilnimmt und daher seine Interessen bei der Festsetzung der Entschädigung durch den Strafrichter nicht geltend machen kann. Die Staatsanwaltschaft, die das Zivilurteil in gewissen Fällen anfechten kann, hat die Aufgabe, die Anklage zu unterstützen, und nicht die finanziellen Interessen des Kantons wahrzunehmen; diese beiden Funktionen sind im Übrigen nicht vereinbar. Nach einer umfassenden Würdigung der Angelegenheit kommt das Bundesgericht zum Schluss, dass der angefochtene Entscheid kein Bundesrecht verletzt, wenn er den Kausalzusammenhang zwischen den Externatskosten und der Straftat verneint. Der subsidiäre Charakter der vom OHG vorgesehenen Hilfe, die in gewissen Fällen unvollständig ist, kann wie im vorliegenden Fall zu harten Lösungen führen, weil das Gesetz nicht jeden durch eine Straftat verursachten Nachteil ausgleichen, sondern nur gewisse Lücken des positiven Rechts schliessen will, um zu verhindern, dass das Opfer seinen Schaden allein zu tragen hat, wenn der Urheber der Straftat zivilrechtlich nicht belangt werden kann (BGE 129 II 312 E. 2).

4. Bindung der Strafbehörden an verwaltungsrechtliche Entscheide

292 Ist die Strafverfolgung durch eine Missachtung einer Verfügung ausgelöst worden – z.B. Missachtung der Einreisesperre gemäss AuG –, kann das Strafgericht im Strafverfahren die Rechtmässigkeit einer Verfügung nur dann frei – vorbehaltlich der

Angemessenheit – überprüfen, wenn diese nicht von einem Verwaltungsgericht überprüft werden konnte. Liegt hingegen bereits ein Entscheid eines Verwaltungsgerichts vor, darf der Strafrichter die Rechtmässigkeit der Verwaltungsverfügung nicht überprüfen. Hat es der Angeklagte unterlassen, Beschwerde an das Verwaltungsgericht zu erheben, obwohl eine solche möglich gewesen wäre, oder er hat Beschwerde erhoben, der Entscheid steht jedoch noch aus, ist die Prüfung der Rechtmässigkeit durch den Strafrichter zwar möglich, jedoch auf offensichtliche Gesetzesverletzung und Ermessensmissbrauch beschränkt (zum Ganzen BGE 129 IV 246 E. 2.1 und E. 2.2, 124 IV 297 E. 4a, 121 IV 29 E. 2a; BGer vom 11. März 2011, 2C_597/2010, E. 3.2). Eine strafrichterliche Überprüfung der Grundverfügung muss auch dann zulässig sein, wenn ein Verwaltungsgericht auf eine Beschwerde mangels aktuellen Rechtsschutzinteresses des Beschwerdeführers nicht eintrat und somit keine materielle Prüfung der Rechtmässigkeit der betreffenden Verfügung vornahm (VerwG ZH vom 15. April 2010, VB.2010.00035, E. 3.5).

Praxis:

– **Überprüfung einer Einreisesperre durch ein Strafgericht:** Am 15. Juni 1983 verurteilte das Geschworenengericht den türkischen Staatsbürger A, heute Inhaber eines griechischen Passes, in Lugano zu 10 Jahren Zuchthaus und verwies ihn für die Dauer von 15 Jahren des Landes wegen schweren Verstosses gegen das Betäubungsmittelgesetz. Am 19. April 1990 ordnete die Aufsichtsbehörde über den Strafvollzug die bedingte Freilassung an und schob den Vollzug der Nebenstrafe der Landesverweisung auf, unter Ansetzung einer Probezeit von fünf Jahren. Am 25. Okt. 1990 verfügte das Bundesamt für Ausländer (BFA) ein unbeschränktes Einreiseverbot. Die Verfügung wurde auf Beschwerde hin mit Entscheid vom 5. Dez. 1991 durch das Eidgenössische Justiz- und Polizeidepartement (EJPD) bestätigt. Mit Strafbefehl vom 31. Juli 1991 erkannte der Staatsanwalt des Sottoceneri A wegen Verletzung des aANAG schuldig, da dieser trotz Einreisesperre in die Schweiz gekommen sei, und bestrafte ihn mit 15 Tagen Haft bedingt. Am 14. Jan. 1992 sprach der Pretore des Bezirks Lugano den Angeklagten auf dessen Einsprache hin frei mit der Begründung, es liege keine Straftat vor. Gestützt auf dieses Urteil verlangt A. den Widerruf der Einreisesperre. Das BFA wies das Begehren mit Entscheid vom 3. März 1992 ab; das EJPD bestätigt diesen Entscheid am 12. März 1993. Mit Anklage vom 22. Jan. 2001 befand der Staatsanwalt A erneut der Verletzung von Art. 23 Abs. 1 aANAG für schuldig; er sei wiederholt illegal von 1995 an in die Schweiz eingereist und habe in verschiedenen Tessiner Ortschaften gewohnt. Der Staatsanwalt schlug eine Strafe von 15 Tagen Haft vor, bedingt aufgeschoben während 2 Jahren. Die dagegen eingelegte Einsprache führte zum Urteil vom 13. Sept. 2001 des Pretore des Bezirks Lugano, der den Angeklagten erneut freisprach. Die Staatsanwaltschaft reichte Beschwerde beim Kassations- und Revisionsgericht für Strafsachen des Tessiner Appellationsgerichts ein (CCRP), das die Beschwerde mit Entscheid vom 31. Okt. 2002 abwies, soweit es darauf eintrat. Der Generalstaatsanwalt des Kantons Tessin erhob am 18. Dez. 2002 dagegen Kassationsbeschwerde beim Bundesgericht. Er verlangt Aufhebung des angefochtenen Entscheids und Rückweisung an die kantonale Behörde zur Neubeurteilung. Das Bundesgericht heisst die Nichtigkeitsbeschwerde gut. Erwägungen: Der Strafrichter überprüft mit freier Kognition den Entscheid auf seine Rechtmässigkeit hin und auf Ermessensmissbrauch, wenn keine Beschwerde an ein Verwaltungsgericht gegen die Verwaltungsverfügung zulässig ist. Lehre und Rechtsprechung sind sich darin einig, dass die Prüfung in keinem Fall auf die Zweckmässigkeit oder die Angemessenheit des Entscheids ausgedehnt werden kann. Der Strafrichter kann nicht über ein weitergehenderes Ermessen als der Verwaltungsrichter verfügen, der nicht einmal im Bereich der Ausweisung von Ausländern die Möglichkeit hat, die Angemessenheit des Entscheids der kantonalen Verwaltung zu prüfen. Er überprüft, ob der Ausweisungsentscheid rechtmässig ist und dem Grundsatz der Verhältnismässigkeit entspricht; er darf jedoch nicht sein eigenes Ermessen an die Stelle desjenigen der Ver- 293 waltungsbehörde setzen. Es handelt sich somit um eine Prüfung der Rechtmässigkeit, nicht jedoch der Zweckmässigkeit oder der Angemessenheit. Im Entscheid vom 12. März 1993 bestätigte das EJPD die gegen A. verhängte Einreisesperre in Anwendung von Art. 13 Abs. 1 ANAG. Nach Auffassung des Generalstaatsanwalts gilt es demnach lediglich zu prüfen, ob die unbeschränkte Dauer des Einreiseverbots verhältnismässig und mit dem Grundsatz der Gleichbehandlung und dem Willkürverbot vereinbar sei. Dies bejaht er unter Hinweis auf die Gefährlichkeit des Beschwerdegegners; die behaupteten Bande mit der Schweiz bestreitet er. Vorliegend verstiess der Beschwerdegegner in schwerer Weise gegen das Betäubungsmittelgesetz, indem er den Import von 4'180 kg Heroin von der Türkei in die Schweiz organisierte. Allein schon die Schwere der Tat rechtfertigt die polizeiliche Ausweisung. Nach der verwaltungsrechtlichen Rechtsprechung des EJPD gilt der Ausländer, der von einer richterlichen Behörde wegen eines Verbrechens oder eines Vergehens verurteilt worden ist, i.S.v. Art. 13 Abs. 1 Satz 1 aANAG als unerwünscht. Es liegen auch keine besonderen Umstände vor, um auf eine Einreisesperre zu verzichten. Entsprechend hat aber die Verwaltung ihr Ermessen nicht missbraucht, indem sie die Ausweisung des Beschwerdegegners aus der Schweiz bestätigte. Das CCRP verletzte demnach durch Freispruch des Beschwerdegegners von der Anklage der wiederholten illegalen Einreise in die Schweiz i.S.v. Art. 23 Abs. 1 aANAG Bundesrecht, womit die Beschwerde gutzuheissen ist (BGE 129 IV 246 E. 2 und E. 3).

§ 2 Quellen des Verwaltungsrechts

I. Rechtssätze

1. Begriff

Rechtssätze sind **generell-abstrakte Normen**, die auf eine unbestimmte Anzahl von Personen und Lebenssachverhalten Anwendung finden und welche die Organisation und die Zuständigkeit der Behörden regeln, das Verfahren ordnen oder die Rechtsbeziehungen des Einzelnen zum Staat verbindlich festlegen (BGE 135 II 328 E. 2.1, 135 II 38 E. 4.3, 133 I 286 E. 2.1, 128 I 167 E. 4, 125 I 313 E. 2a, 121 I 173 E. 2a, 120 Ia 56 E. 3a; BGer vom 6. Nov. 2008, 2C_561/2007, E. 1.1.2; BVGE 2010/40 E. 6.5.1; vgl. auch Art. 22 Abs. 4 ParlG). Rechtssätze enthalten mitunter auch **konkrete (nicht rechtsetzende) Bestimmungen**, weil je nach zu regelnder Angelegenheit die Abgrenzung zu den Einzelakten schwierig und die Übergänge fliessend sind (vgl. BERNHARD EHRENZELLER, Die neue Regelung der Erlassformen der Bundesversammlung, LeGes 2000/3, S. 17 ff.; HÄFELIN/HALLER/KELLER, Rz. 1824; GEORG MÜLLER, Formen der Rechtssetzung, in: Ulrich Zimmerli [Hrsg.], Die neue Bundesverfassung. Konsequenzen für Praxis und Wissenschaft, Bern 2000, S. 256, mit jeweils weiteren Hinweisen). 294

Wie das **Kriterium** der **Unbestimmtheit des Adressatenkreises** zu handhaben ist, wird nicht einheitlich festgelegt. Das Erfordernis eines unbestimmten Adressatenkreises ist erfüllt, wenn dieser offen ist, also im Zeitpunkt des Erlasses der Anordnung noch nicht alle Adressaten abschliessend feststehen und künftige hinzukommen können. Nach anderer Ansicht ist – unabhängig davon, ob der Adressatenkreis offen oder geschlossen ist – einzig entscheidend, ob die Adressaten individuell oder generell bestimmt sind (vgl. VerwG ZH vom 30. Sept. 2009, VB.2009.00376, E. 3.2.1). 295

Unter Berücksichtigung der **Allgemeinverfügung**, das heisst von Anordnungen, die sich zwar an unbestimmt viele Personen wenden (generell), aber einen Sachverhalt in konkreter Art und Weise betreffen (BGE 134 II 272 E. 3.2, 126 II 300 E. 1a, 125 I 313 E. 2a, 119 Ia 141 E. 5c/cc, 112 Ib 249 E. 2b; dazu Rz. 370 ff. sowie Rz. 2227 ff.), liegt der entscheidende **Unterschied zwischen Einzelakt und Rechtssatz** in der Qualifikation als «abstrakt» bzw. «konkret» und weniger in derjenigen als «generell» bzw. «individuell» (BVGer vom 14. April 2009, A-1543/2006, E. 4.3). 296

Die **Qualifikation** eines Hoheitsakts als individuell-konkret oder generell-abstrakt hängt vom **Inhalt der Anordnung** und nicht von der gewählten Form ab (VerwG ZH vom 15. März 2006, PB.2005.00058, E. 2.2). Ein Akt wird nicht allein deswegen zu einer Verfügung (oder sonst zu einem bestimmten Hoheitsakt), weil er als solcher bezeichnet wird oder deren Formvoraussetzungen einhält (BVGer vom 14. April 2009, A-1543/2006, E. 4.1 und E. 6.1.2). Massgeblich ist allein, ob die typischen inhaltlichen Strukturelemente vorliegen (BGer vom 6. Juli 2001, 2A.111/1999, E. 3c und E. 3d; BVGer vom 14. April 2009, A-1543/2006, E. 4.1). Eine aufgrund ihres Inhalts als generell-abstrakt zu qualifizierende, «rechtsetzende Bestimmung» muss in der Form eines Gesetzes oder einer Verordnung ergehen; die Verfügungsform steht 297 nicht offen (BGer vom 6. Juli 2001, 2A.111/1999, E. 3c; BVGer vom 14. April 2009, A-1543/2006 E. 4.1).

Praxis:

298 **Generell-abstrakter Natur** sind:

299 – Das **Pflichtenheft für die Herstellung von Greyerzerkäse**; es bestimmt in allgemeiner Weise, was bei der Käseherstellung erlaubt oder verboten ist und bedarf in diesem Sinne der Umsetzung durch einen Zertifizierungsentscheid. Das Pflichtenheft hat eher den Gehalt einer generell-abstrakten Regelung, die der Umsetzung im Einzelfall bedarf. Damit kann es zumindest gleich wie Verordnungen auf seine Gesetz- und Verfassungsmässigkeit hin überprüft werden (BGE 134 II 272 E. 3.2).

300 – Die **Vermögenssperre**, wenn das Guthaben nicht festgelegt ist, die Sperre eine Vielzahl von Personen und verschiedene Güter betrifft (BGE 132 I 229 E. 4).

301 – Der Entscheid einer kantonalen Behörde über die **Ausdehnung der Allgemeinverbindlichkeit eines Gesamtarbeitsvertrags**; die Allgemeinverbindlichkeit eines Gesamtarbeitsvertrags besteht in einer Erklärung der zuständigen Behörde (Bundesrat oder kantonale Behörde), welche die Bestimmungen, die gemäss Art. 341 und 357 OR unmittelbar für die beteiligten Arbeitgeber und Arbeitnehmer gelten oder bezüglich derer eine Vereinbarung gemäss Art. 357b OR getroffen worden ist, auf Arbeitgeber und Arbeitnehmer des betreffenden Wirtschaftszweigs oder Berufs, die nicht zu den vertragsschliessenden Verbänden gehören, ausdehnt. Es handelt sich um eine Norm, da die Allgemeinverbindlicherklärung des Gesamtarbeitsvertrags per definitionem die Gültigkeit desselben auf eine unbestimmte Anzahl von Arbeitgebern und Arbeitnehmern ausdehnt (BGE 128 II 13 E. 1d).

302 – Die **Bewilligungssperre für den Erwerb von Grundstücken**, weil davon alle Grundstücke in der betreffenden Gemeinde gleichermassen betroffen sind (BGE 112 Ib 249 E. 2).

303 – Die **Änderung des Normalstudienplans** der Abteilung für Architektur durch den Schweizerischen Schulrat mit Beschluss vom 15. Sept. 1972; namentlich wurde das Fach «Einführung in die Architektur» gestrichen, ein neues Fach «Einführung in die Sozialwissenschaften» eingeführt, die Stundenzahl bestimmter Fächer reduziert und der Präsidialausschuss ermächtigt, die durch die Einführung der neuen Fächer allenfalls notwendig werdenden Änderungen in den Stundenzahlen weiterer Fächer im 2. Semester vorzunehmen (BGE 98 Ib 461 ff. [ohne Entscheidziffern publ.]).

304 – Ein **Hundeverbot für Parkanlagen**, wenn (1) die mit einem Hundeverbot belegten Parkanlagen in einer Liste festgehalten werden und dieses Verbot einen grossen Teil sämtlicher Parkanlagen des Kantons erfasst, (2) alle Hundehalter des Kantons betrifft und (3) ordnungsgemäss erlassen wurde (BGer vom 21. Nov. 2008, 2C_118/2008, E. 1.1); hingegen stellen Fahrverbote für bestimmte, namentlich in einer Liste genannte Gewässer Allgemeinverfügungen dar (BGE 119 Ia 141 E. 5d/bb); das Bundesgericht hätte im Lichte des oben genannten Entscheids prüfen müssen, ob die betreffende Liste einen grossen Teil sämtlicher fahrbarer Gewässer umfasst.

305 – Ein von der **Gesundheitsdirektorenkonferenz** beschlossenes **Prüfungsreglement** für Osteopathen (BGer vom 6. Nov. 2008, 2C_561/2007, E. 1.1.2).

306 – **Einzelne Entscheide aus einer ganzen Reihe von gleichartigen Entscheiden**, mit denen der Staatsrat eines Kantons für jedes einzelne Heim zeitlich befristet die maximalen Tagestaxen für die jeweiligen Heimbewohner mit Anspruch auf Ergänzungsleistungen zur AHV und IV festgelegt hat (BGE 135 V 309 E. 1.2).

307 – Der **Beschluss eines Gemeinderates**, mit dem die **Fürsorgekommission** angewiesen wird, den **Grundbedarf II** nicht mehr auszurichten (VerwG BE vom 15. Mai 2000, in: BVR 2001 S. 30 E. 4b [in casu lag eine Verwaltungsverordnung vor, da den Gemeinden im Kanton Bern hinsichtlich der Bemessung des Sozialhilfegeldes keine Rechtssetzungsautonomie zukommt]).

- Die **Festlegung der Höchstmengen** der Traubensorte Blauburgunder für das Rebjahr 1999 nach Massgabe der jeweiligen Fläche, womit eine Vielzahl von Tatbeständen geregelt wird (BGer vom 6. April 2001, 2A.422/2000, E. 2b/aa). 308
- Der **Widerruf aller bisher homologierten Typen von Geldspielautomaten**; dieser kann mittels Erlass erfolgen (BGer vom 20. Feb. 2001, 6S.462/2000, E. 2b). 309
- **Aufsichtsmassnahmen**, wenn **aufsichtsrechtlich eine neue Bauzonenordnung** oder Ähnliches erlassen wird; es liegt keine Verfügung, sondern ein generell-abstrakter Erlass vor, weil ein enger Sachzusammenhang zur Bauzonenordnung besteht (BGer vom 11. Juli 2000, 1P.602/1999 und 1P.616/1999, E. 3d/bb). 310
- Die **Genehmigung eines Erlasses**, da diese Bestandteil des Rechtssetzungsverfahrens und deshalb grundsätzlich generell-abstrakter Natur ist (BVGer vom 1. April 2008, B-8057/2007, E. 2.4). Richtet sich hingegen die Genehmigung bzw. die Nicht-Genehmigung an ein untergeordnetes Gemeinwesen oder an einen privaten oder dezentralen Verwaltungsträger, erfüllt der Genehmigungsentscheid gegenüber der Korporation oder Organisation, welche die fragliche Regelung getroffen hat, die Merkmale einer Verfügung (BGE 135 II 38 E. 4.6; anders VerwG SZ vom 28. Sept. 2001, in: EGVSZ 2001 S. 154 E. 2f [Genehmigung bzw. Nicht-Genehmigung einer Kirchenverfassung durch den Kantonsrat]). 311
- **Anordnungen über einen umfassenden Netzzugang;** diese stellen keine Allgemeinverfügungen dar, sondern sind in generell-abstrakter Form und dementsprechend im Verfahren der Gesetz- bzw. Verordnungsgebung zu erlassen (REKO WEF vom 1. Mai 2006, in: RPW 2006 S. 310 E. 5.4.6 [Zugang zum Stromnetz]). 312
- Die **Festlegung von Betreibungskreisen** im Kanton Zürich durch den Regierungsrat; der Beschluss erfasst sämtliche in diesen Gemeinden wohnhaften oder dort sich aufhaltenden Personen und ist Teil der für das ganze Kantonsgebiet geltenden Reorganisation des Betreibungswesens. Ferner wurde der Beschluss im Verfahren gemäss § 1 Abs. 2 EG SchKG/ZH ordnungsgemäss gefasst (VerwG ZH vom 30. Sept. 2009, VB.2009.00376, E. 3.2.2 und E. 3.3; vgl. auch BGer vom 23. Nov. 2009, 5C_4/2009, E. 6.1 und E. 6.2). 313
- Ein **Klärschlammentsorgungsplan**, wenn die Grundzüge des Entsorgungskonzepts und die Pflichten der betroffenen Gemeinden und Gemeindeverbände in allgemeiner Weise festgelegt werden. Dieser richtet sich insofern auch an sämtliche Inhaber von öffentlichen Abwasserreinigungsanlagen. Die individuelle Zuordnung der einzelnen kommunalen Abwasserreinigungsanlagen zu jeweils einer bestimmten Aufbereitungs- oder Entsorgungsanlage ist hingegen als Verfügung zu charakterisieren (VerwG ZH vom 12. Mai 2004, VB.2004.00034, E. 1.2). 314
- **Tarife**, wenn sie in allgemeiner Weise eine Leistung zum Gegenstand haben wie beispielsweise ein Reglement über die Studiengebühren oder einen Gebührentarif für ein Alters- und Pflegeheim, nicht aber, wenn der Tarif eine einzelne Leistung (Besuch eines Museums oder Preis eines Medikaments) betrifft; je nach Art der Streitigkeit kann es sich beim Tarif demnach um einen Erlass oder um eine Verfügung handeln (VerwG ZH vom 2. Sept. 2009, VB.2009.00388, E. 1.1). 315
- Eine **Unterschutzstellung sämtlicher vor 1920 erstellten Gebäude in der Altstadt von St. Gallen**; das Anordnungsobjekt – Schutz aller Häuser und nicht eines bestimmten Hauses – ist weitgehend unbestimmt, sodass eine generell-abstrakte Anordnung und keine Allgemeinverfügung vorliegt (VerwG SG vom 18. Nov. 2003, in: GVP 2003 Nr. 18 E. aa). Schutzzonen, welche die anderen Zonenpläne überlagern, werden hingegen üblicherweise als Allgemeinverfügungen charakterisiert. 316
- Eine **Abänderung der Regelung über den Teuerungsausgleich** für ein Jahr, wenn dadurch zumindest faktisch die Personalverordnung abgeändert wird («Parallelität der Rechtsformen»; vgl. VerwG ZH vom 15. März 2006, PB.2005.00058, E. 2.3 und E. 2.4). 317
- Eine für das ganze **Gemeindegebiet** geltende **Ladenschlussordnung** (Hinweis aus VerwG ZH vom 30. Sept. 2009, VB.2009.00376, E. 3.2.2). 318

2. Kriterien

a) *Hoheitliche Funktion*

319 Als staatliche Akte ergehen Erlasse in **Ausübung hoheitlicher Funktion**, sei es, dass sie von staatlichen Organen ausgehen, oder sei es, dass private oder dezentrale Verwaltungsträger oder interkantonale Organe in gesetzmässiger Weise damit betraut werden (BGE 128 I 113 E. 2e; BGer vom 6. Nov. 2008, 2C_561/2007, E. 1.1.2; zur Rechtssetzungsbefugnis von interkantonalen, dezentralen und privaten Verwaltungsträgern Rz. 603 ff., Rz. 608 ff. und Rz. 618 ff.). **Kantonale Fürsorgebehörden** sind nicht befugt, gesetzgeberische Funktionen wahrzunehmen, wenn ihnen keine Rechtssetzungsbefugnisse übertragen worden sind (VerwG BL vom 31. Mai 1995, in: VGE 1995 S. 157 E. 3b). **Gemeindeorgane** können nur im Rahmen übergeordneter rechtlicher Grundlagen hoheitlich handeln. Kommt beispielsweise den Gemeinden hinsichtlich der Bemessung des Sozialhilfegeldes keine Rechtssetzungsautonomie zu, ist der Beschluss eines Gemeinderates, den Grundbedarf II nicht mehr auszurichten, allenfalls als Weisung an die Rechtsanwendung und damit als Verwaltungsverordnung zu qualifizieren, welche keine Rechtsquelle des Verwaltungsrechts darstellt (VerwG BE vom 15. Mai 2000, in: BVR 2001 S. 30 E. 4b).

320 Die **Gesundheitsdirektorenkonferenz** (als interkantonales Organ) ist gestützt auf einen interkantonalen rechtsetzenden Vertrag über die Anerkennung von Ausbildungsabschlüssen befugt, die Organisation von Fachprüfungen im paramedizinischen Bereich zu regeln und ein Prüfungsreglement für Osteopathen zu erlassen (BGer vom 6. Nov. 2008, 2C_561/2007, E. 1.1.2; ferner BGer vom 6. Nov. 2001, 2P.176/2001, E. 1a/aa [Verordnung der Schweizerischen Sanitätsdirektorenkonferenz über die Anerkennung kantonaler Ausbildungsabschlüsse im Gesundheitswesen]; RR OW vom 24. Okt. 2006, in: VVGE 2006/07 Nr. 5 E. 3-5 [Reglement eines Zweckverbandes]; vgl. auch Art. 48 Abs. 4 BV). Die **Carbura** übernimmt im Rahmen des Pflichtlagersystems öffentliche Aufgaben des Bundes und kann in gewissen Sachbereichen auch verfügen, hingegen wurden keine rechtsetzenden Befugnisse an sie delegiert; folglich kann ein von der Carbura erlassenes Reglement mangels Ausübung hoheitlicher Funktion kein staatlicher Hoheitsakt darstellen (BGE 135 II 38 E. 4.3-4.6; vgl. auch REKO MAW vom 21. Juni 2003, in: VPB 68 [2004] Nr. 29 E. 2.2.1, betr. FMH).

321 Fehlt **privaten oder dezentralen Verwaltungsträgern** eine Ermächtigung, liegt zwar allenfalls eine generell-abstrakte Anordnung vor, die jedoch mangels Hoheitlichkeit lediglich eine Empfehlung darstellt, die gegebenenfalls im Rahmen der Auslegung der betreffenden Bestimmungen zu beachten ist (BGE 137 III 37 E. 2.2 [Kotierungsreglement der SIX Swiss Exchange AG im Hinblick auf die abschliessende Zuständigkeit des SIX-Schiedsgerichts]; BVGer vom 4. Mai 2011, A-1682/2010, E. 4.2 und E. 4.4 [Branchendokument des Verbandes Schweizerischer Elektrizitätsunternehmen, VSE]). **Selbstregulierungsorganisationen** sind nach **Art. 25 GwG** befugt, ein Reglement zu erlassen, das die Sorgfaltspflichten für die angeschlossenen Finanzintermediäre konkretisiert und weitere vom Gesetz vorgegebene Punkte regelt. Die Vorschriften des Reglements erhalten dadurch aber nicht den Charakter von hoheitlich erlassenen Rechtssätzen und gelten nur für die Mitglieder des betreffenden Vereins (BGer vom 5. April 2007, 2A.599/2006, E. 2.2; vgl. auch BGer vom 24. März 1997, 2A.400/1995, E. 1a [«Flight Duty Regulations» der Swissair]).

Praxis:

- **Reglementsbestimmungen eines dezentralen Verwaltungsträgers (Carbura):** Bei der Carbura handelt es sich um eine grundsätzlich auf dem Privatrecht beruhende Organisation der Wirtschaft, die in Anwendung von Art. 10 LVG zur Durchführung der Pflichtlagerhaltung herangezogen wird. Als staatliche Hoheitsakte ergehen Erlasse und Verfügungen in Ausübung hoheitlicher Funktionen. Sie gehen regelmässig von staatlichen Organen oder Behörden aus. Eine Ausnahme gilt nur dann, wenn private bzw. dezentrale Verwaltungsträger in gesetzmässiger Weise damit betraut werden, hoheitlich zu handeln. Private oder dezentrale Verwaltungsträger können insbesondere nur dann Rechtssätze erlassen, wenn sie dazu gesetzlich ermächtigt sind. Einem von der Carbura erlassenen Reglement kommt zwar allenfalls ein gewisser generell-abstrakter Charakter zu. Es fehlt ihm aber die Hoheitlichkeit. Wohl erfüllt die Beschwerdeführerin durch ihre Mitwirkung am Pflichtlagersystem öffentliche Aufgaben des Bundes. Sie kann in gewissen Bereichen, etwa bei der Erteilung von Einfuhrbewilligungen, auch verfügen. rechtsetzende Befugnisse wurden jedoch nicht an sie delegiert. Nach Art. 52 Abs. 1 LVG können – abgesehen von der üblichen Delegation von Rechtssetzungsfunktionen innerhalb der ordentlichen Organisation der Bundesbehörden – lediglich der Delegierte für wirtschaftliche Landesversorgung (vgl. Art. 53 LVG) und die sog. Bereiche der wirtschaftlichen Landesversorgung für die Ausführung der Massnahmen bei zunehmender Bedrohung (vgl. Art. 23-25 LVG) vom Bundesrat ermächtigt werden, allgemeinverbindliche Vorschriften zu erlassen. Die Beschwerdeführerin zählt nicht zu diesen Verwaltungsträgern mit Rechtssetzungsbefugnissen; folglich kann das Reglement keinen staatlichen Hoheitsakt darstellen (BGE 135 II 38 E. 4.4-4.6). 322
- **Kotierungsreglement (KR) der Six Swiss Exchange AG, welches die abschliessende Zuständigkeit des SIX Schiedsgerichts gegen Entscheide der internen Beschwerdeinstanz vorsieht:** Die Six Swiss Exchange AG hat mit ihrem Kotierungsreglement nach Art. 8 Abs. 1 BEHG Vorschriften über die Zulassung von Effekten zum Handel erlassen. Art. 62 Abs. 2 KR sieht vor, dass Entscheide der internen Beschwerdeinstanz am SIX Schiedsgericht anzufechten sind. Art. 8 Abs. 1 BEHG bestimmt, dass die Börse ein Reglement über die Zulassung von Effekten zum Handel erlässt. Die Vorinstanz geht davon aus, dass Art. 8 BEHG die Übertragung einer Rechtsetzungsbefugnis zur Einsetzung eines Schiedsverfahrens mit einschliesse. Sie lässt dabei jedoch unberücksichtigt, dass der Rechtsweg im Zusammenhang mit der Kotierung bzw. Dekotierung von Effekten in Art. 9 BEHG gesetzlich geregelt ist. Art. 9 Abs. 1 BEHG sieht vor, dass die Börse eine unabhängige Beschwerdeinstanz bestellt, die unter anderem bei Verweigerung sowie bei Widerruf der Effektenzulassung angerufen werden kann. Dabei regelt die Börse die Organisation und das Verfahren dieser unabhängigen Beschwerdeinstanz, wobei die Organisationsstruktur, die Verfahrensvorschriften und die Ernennung der Mitglieder der Genehmigung durch die FINMA bedürfen (Art. 9 Abs. 2 BEHG). Nach Durchführung des Beschwerdeverfahrens steht nach Art. 9 Abs. 3 BEHG die Klage beim Zivilrichter offen. Der Rechtsweg nach Durchführung des börseninternen Beschwerdeverfahrens, das nach Art. 9 Abs. 3 BEHG einen bundesrechtlichen Eingriff in das kantonale Zivilprozessrecht im Sinne einer Prozessvoraussetzung darstellt, ist damit abschliessend geregelt. Eine Befugnis der Börse zur Abänderung des gesetzlich vorgesehenen Rechtswegs lässt sich der Bestimmung nicht entnehmen. Mangels Rechtsetzungskompetenz für diesen Bereich kann Art. 62 Abs. 2 KR, der für die Anfechtung nach Ausschöpfung des internen Instanzenzugs generell die Zuständigkeit des SIX Schiedsgerichts vorsieht, von vornherein keine normative Geltung gegenüber jedermann und unabhängig von einer entsprechenden vertraglichen Vereinbarung zukommen. Selbst wenn die übrigen Bestimmungen des Kotierungsreglements grundsätzlich als Rechtsnormen des Bundesrechts einzuordnen wären, wie dies die Vorinstanz erwog, könnte Art. 62 Abs. 2 KR den nach Art. 9 Abs. 3 BEHG gesetzlich vorgesehenen Rechtsweg nicht abändern. Erforderlich wäre für die auf diese Weise statuierte Zuständigkeit des SIX Schiedsgerichts nach Art. 164 Abs. 2 BV jedenfalls insbesondere, dass sich die Übertragung der Rechtssetzungsbefugnis an die Beschwerdeführerin auf eine Grundlage in einem Erlass der Gesetzesstufe stützen kann, die vorliegend allerdings, wie oben ausgeführt, im Hinblick auf die Zuständigkeit des SIX Schiedsgerichts fehlt (BGE 137 III 37 E. 2). 323

324 – **Von der Standesorganisation gestützt auf ein Reglement erhobene Ersatzabgabe gegenüber einem Arzt wegen Befreiung vom Notfalldienst:** Das Gesetz des Kantons Thurgau vom 5. Juni 1985 über das Gesundheitswesen (GesG) sieht die Verpflichtung zur Beteiligung am Notfalldienst nicht nur für selbstständige Ärzte, sondern auch für unselbstständige Ärzte vor (§ 23a GesG). Nach dessen Abs. 1 haben die kantonalen Standesorganisationen der Ärzte, Zahnärzte, Apotheker und Tierärzte für eine zweckmässige Organisation des Notfalldienstes zu sorgen. Gemäss § 23a Abs. 3 GesG regeln die Standesorganisationen die sich aus dem Notfalldienst ergebenden Rechte und Pflichten. Sie können vom Notfalldienst entbinden und sowohl Mitglieder als auch Nichtmitglieder bei einer Entbindung zu zweckgebundenen Ersatzabgaben verpflichten. Der kantonale Gesetzgeber hat demnach den Standesorganisationen die Kompetenz übertragen, sowohl Mitglieder als auch Nichtmitglieder vom Notfalldienst zu dispensieren und zu einer zweckgebundenen Ersatzabgabe zu verpflichten. Diesem Auftrag entsprechend hat die Ärztegesellschaft ein Reglement erlassen und kraft der gesetzlichen Delegation den Notfalldienst sowohl in Bezug auf Mitglieder als auch auf Nichtmitglieder geregelt. Gegenüber allen diesen Personen befindet sie ebenfalls über die Befreiung vom Notfalldienst und über die von ihnen allenfalls zu leistende Ersatzabgabe (§ 23a Abs. 3 Satz 2 GesG/TG). Öffentlichrechtliche Geldleistungspflichten bedürfen grundsätzlich einer formell-gesetzlichen Grundlage. Dieses Prinzip gilt von Bundesrechts wegen auch für die Kantone. Unter Umständen wird eine Lockerung des Legalitätsprinzips als angebracht erachtet. In Bezug auf dessen Tragweite bzw. Anforderungen ist demnach je nach Art der Abgabe zu differenzieren. Vorliegend geht es um eine kostenunabhängige Ersatzabgabe, für die strengere Anforderungen an die gesetzliche Grundlage gelten als etwa für kostenabhängige Abgaben oder für solche, die zwingend einen Bezug zu einem Marktwert haben. Dem somit geltenden Legalitätsprinzip zufolge darf den rechtsanwendenden Behörden kein übermässiger Spielraum verbleiben und die möglichen Abgabepflichten müssen voraussehbar und rechtsgleich sein. Delegiert der Gesetzgeber Kompetenzen zur rechtssatzmässigen Festlegung einer Abgabe muss er in einer formell-gesetzlichen Grundlage zumindest den Kreis der Abgabepflichtigen, den Gegenstand und die Bemessungsgrundlagen selbst bestimmen. Das trifft nicht nur dann zu, wenn das Gesetz entsprechende Befugnisse an eine staatliche Stelle überträgt, sondern mindestens ebenso, wenn solche an eine nicht staatliche Stelle – wie hier die Ärztegesellschaft – delegiert werden; die wichtigen Regelungen hat der Gesetzgeber selber zu erlassen. Dementsprechend muss die Höhe der Abgabe in hinreichend bestimmbarer Weise aus dem formellen Gesetz hervorgehen. Entgegen der Ansicht des kantonalen Departements genügt § 23a GesG/TG als Delegationsnorm diesen Anforderungen nicht. Es ergibt sich weder aus dieser Bestimmung noch aus einer anderen Regelung auf Gesetzesstufe der Betrag der Ersatzabgabe oder zumindest ein Rahmen und Berechnungsmodus für deren Festsetzung. Demzufolge war die Ärztegesellschaft mangels hinreichend bestimmter gesetzlicher Grundlage nicht befugt, die Höhe der Ersatzabgabe in ihrem Reglement festzulegen und vom Beschwerdeführer sodann eine entsprechende Zahlung zu verlangen (BGer vom 25. Okt. 2011, 2C_807/2010, E. 3).

b) Verbindliche Natur mit Aussenwirkung

325 Rechtssätze sind **verbindlich**, im **Einzelfall anwendbar** und mit **rechtlicher Wirkung** versehen (BGer vom 6. Nov. 2008, 2C_561/2007, E. 1.1). Sie enthalten üblicherweise (aussenwirksame) Rechtsnormen, indem sie den Einzelnen unmittelbar zu einem Tun, Dulden, Unterlassen oder einem sonstigen Verhalten verpflichten oder berechtigen oder sonst wie – mittelbar – seine Rechtsstellung zum Staat durch die Regelung der Organisation, der Zuständigkeiten oder der Verfahren der Behörden betreffen (YVO HANGARTNER, St. Galler Kommentar, Art. 5 BV, Rz. 8; TSCHANNEN/ZIMMERLI/MÜLLER, § 13, Rz. 6; PIERRE TSCHANNEN, St. Galler Kommentar, Art. 163 BV, Rz. 5 und Rz. 14 ff.).

Von den Rechtssätzen sind einerseits **nicht verbindliche**, in generell-abstrakter Form erlassene **Informationen, Empfehlungen, Grundsätze, Konzepte oder Mitteilungen** im Sinne von «soft law» zu unterscheiden, die unter Umständen auch von einer Behörde ausgehen können, die grundsätzlich befugt wäre, generell-abstrakte Regelungen zu erlassen (BGE 129 V 354 E. 4, 120 V 224 E. 4c [Empfehlungen der Ad-hoc-Kommission der Schadensleiter der Unfallversicherer betr. Kürzung der Leistungen in Abhängigkeit vom Ausmass der Trunkenheit]; BGer vom 31. März 2005, 2A.532/2004, E. 3.2 [Informationen des Bundesamtes für Veterinärwesen über die Anforderungen an die dauernde Haltung von Nutztieren im Freien]; vom 18. Mai 2004, I 815/02, E. 3.2.2 [Empfehlungen der Schweizerischen Gesellschaft für Oto-Rhino-Laryngologie betr. Anpassung von Hörgeräten]; OG SH vom 9. Nov. 2007, in: AB 2007 S. 94 E. 4b/aa [Konzept über die Verteilung von Pachtland, welches Auswahlkriterien und damit die Grundsätze eines rechtsgleichen und willkürfreien Zugangs zu diesem Pachtland beinhaltet]; VersG ZH vom 22. Nov. 2005, UV.2005.00165, E. 3.3.1 [Tabellen der SUVA zur Bemessung des Integritätsschadens]). 326

Andererseits sind davon (generell-abstrakte) **Verwaltungsverordnungen** zu unterscheiden, die zwar **verbindlich** sind, sich hingegen als **Normen des «Innenrechts»** (TSCHANNEN/ZIMMERLI/MÜLLER, § 13, Rz. 11) nur an die untergeordneten Behörde wenden und nicht als Rechtsquelle des Verwaltungsrechts gelten (BGE 136 II 415 E. 1.1, 128 I 167 E. 4.3, 121 II 473 E. 2b; BVGer vom 14. April 2009, A-1543/2006, E. 4.5; dazu Rz. 374 ff.). 327

Die Praxis unterscheidet nicht immer klar zwischen **nicht verbindlichen Empfehlungen («soft law»)** und zumindest gegenüber den **Behörden verbindlichen Richtlinien** (vgl. z.B. BGE 109 V 207 E. 3 [Richtlinien des BSV betr. die Überprüfung der Wirtschaftlichkeit von Arzneimitteln, die allerdings lediglich Richtwerte enthalten und bloss zu Orientierungszwecken herausgegeben werden]). 328

Praxis:

- **«Konzept» über die Verteilung von Pachtland der Stadt Schaffhausen:** Aufgrund eines neuen Konzepts für die Verpachtung ihres landwirtschaftlich nutzbaren Landes, welches ortsansässige Bauern bevorzugt behandelt, kündigte die Stadt Schaffhausen u.a. einem in Thayngen ansässigen Bauern den Vertrag über die Verpachtung von Landwirtschaftsland. Beim Konzept, in welchem die Auswahlkriterien für die Verpachtung von Gemeindeland geregelt sind, handelt es sich aufgrund von Form, Inhalt und Art der Veröffentlichung weder um eine Rechts- noch um eine Verwaltungsverordnung. Eine rechtssatzmässige Umschreibung der vorgesehenen Neuverpachtung bzw. der massgebenden Auswahlkriterien ist aber auch nicht erforderlich, weil es nicht um die Nutzung von Verwaltungsvermögen oder von Sachen im Gemeingebrauch, sondern von Finanzvermögen geht. Dieses ist im Unterschied zum Gebrauch anderer öffentlicher Sachen nicht öffentlich-rechtlich, sondern privatrechtlich geregelt. Öffentlich-rechtliche Vorschriften über die Bewirtschaftung des Finanzvermögens sind somit zwar möglich, aber nicht erforderlich. Um eine rechtsgleiche und willkürfreie Zuteilung des Pachtlands sicherzustellen, genügen daher Grundsätze oder Konzepte, wie sie etwa aus dem Planungs- und Umweltrecht oder anderen Politikbereichen bekannt sind. Obwohl es sich nicht um eigentliche Rechtssätze handelt, können die entsprechenden Grundsätze und Anweisungen – ähnlich wie Verwaltungsverordnungen – richterlich überprüft werden, soweit sie – wie dies vorliegend unbestrittenerweise zutrifft – Grundlage für angefochtene und rechtlich zu prüfende Anwendungsakte bilden (OG SH vom 9. Nov. 2007, in: AB 2007 S. 94 E. 4b/aa). 329

330 – **Richtlinien des BSV über die Preisrelation zwischen unterschiedlichen Packungsgrössen gleicher Dosierung:** Am 28. März 1979 hat das BSV Richtlinien über die Preisrelation zwischen unterschiedlichen Packungsgrössen gleicher Dosierung sowie über die Preisrelation zwischen gleichen Packungsgrössen unterschiedlicher Dosierung herausgegeben. Darin werden unter Berücksichtigung verschiedener galenischer Formgebungen (Tabletten, Salben, Sirups, Zäpfchen, Ampullen) sowie des Verhältnisses zwischen Klein- und Grosspackung bzw. des Dosierungsunterschiedes prozentuale Preisreduktionen vorgesehen. Die Beschwerdeführerin macht geltend, der vorinstanzliche Entscheid sei rechtswidrig, weil er sich auf die Richtlinien des BSV vom 28. März 1979 stütze. Diese entbehrten mangels einer Delegationsnorm der gesetzlichen Grundlage und könnten damit nicht als verbindlich angesehen werden. Die Beschwerdeführerin setzt dabei anscheinend voraus, dass die Vorinstanz diesen Richtlinien die Verbindlichkeit eines Rechtssatzes beimisst. Dies trifft indessen nicht zu. Die Vorinstanz bezeichnet die Richtlinien an keiner Stelle als verbindlich, sondern führt in diesem Zusammenhang in ihrem Entscheid bloss aus, die Eidgenössischen Arzneimittelkommission (EAK) habe sich zur Beurteilung des Preisverhältnisses eine Praxis erarbeitet, welche in den Richtlinien des BSV zum Ausdruck komme. Aus diesen ist denn auch deutlich ersichtlich, dass es sich dabei lediglich um Richtwerte handelt, von denen je nach therapeutischer Indikationsgruppe oder Zusammensetzung des einzelnen Medikamentes Abweichungen nach unten wie nach oben möglich sind. Derartige verwaltungsinterne Richtlinien, die im Interesse einer einheitlichen und rechtsgleichen Verwaltungspraxis aufgestellt und allenfalls zu Orientierungszwecken herausgegeben werden – was gerade vorliegend entsprechend einem Wunsch der Hersteller und Importeure von Arzneimitteln geschehen ist –, stellen keine Rechtssätze dar und sind für den Richter nicht verbindlich. Sie bedürfen keiner gesetzlichen Grundlage. Der Einwand der Beschwerdeführerin stösst damit ins Leere (BGE 109 V 207 E. 3).

331 – **Loseblattsammlung «Praxisvereinheitlichung der Vereinigung der Fremdenpolizeichefs Ostschweiz und Fürstentum Liechtenstein (VOF)»:** Nach der Loseblattsammlung VOF, worauf die Vorinstanz verwies, ist bei Jahresaufenthaltern eine Bewilligung grundsätzlich nicht mehr zu verlängern, wenn die Verschuldung Fr. 75'000.– oder mehr beträgt. Der Vertreter des Beschwerdeführers ersuchte in der Folge das Ausländeramt um Zustellung der Loseblattsammlung. Dies wurde ihm vom Ausländeramt verweigert. Auf Beschwerde hin führte das Verwaltungsgericht aus, dass auf der Internet-Website der Vereinigung die Loseblattsammlung nicht publiziert ist; zugänglich sind einzig die Angaben über die finanziellen Voraussetzungen bei der Bewilligung des Familiennachzugs. Die Praxisvereinheitlichung der VOF hat den Charakter einer Verwaltungsverordnung bzw. einer Dienstanweisung. Solche Richtlinien gelangen häufig bei der Anwendung unbestimmter Rechtsbegriffe bzw. bei der Anwendung von Vorschriften mit erheblichem Ermessensspielraum der Verwaltung zur Anwendung. Wo Dienstanweisungen und Verwaltungsverordnungen die Interessen des Betroffenen direkt tangieren, haben sie den Charakter von verbindlichen Vorschriften. Die Abgrenzung von Rechtssätzen und Verwaltungsverordnungen ist mitunter problematisch. Daher ist zu prüfen, ob eine Verwaltungsverordnung nicht als Rechtsnorm besonderer Art zu behandeln und hinsichtlich Voraussetzungen und Wirkungen, insbesondere bezüglich Publikation, nach verschiedenen Kategorien zu differenzieren ist. Wenn die Verwaltung Richtlinien anwendet, nach denen sie die finanziellen Voraussetzungen für die Erteilung oder den Entzug von Bewilligungen prüft, so sind diese grundsätzlich den Gesuchstellern bzw. den Betroffenen zugänglich zu machen. Nach den Richtlinien ist bei Jahresaufenthaltern eine Bewilligung grundsätzlich nicht mehr zu verlängern, wenn die Verschuldung Fr. 75'000.– oder mehr beträgt. Im konkreten Fall erscheint es weder als Verletzung des rechtlichen Gehörs noch als Verletzung des Gebotes der Fairness im Verfahren, dass die Vorinstanz in der Begründung ihres Entscheids auf die nicht publizierten Richtlinien über den Familiennachzug verwies. Diesem Verweis kommt eine ähnliche Bedeutung zu wie der Verweisung auf nicht publizierte Entscheide und Urteile, die ebenfalls als zulässige Elemente einer Begründung anerkannt wird. Zukünftig sind diese Richtlinien für die Rechtsunterworfenen hingegen zugänglich zu machen. Der Beschwerdeführer hatte vorliegend die Möglichkeit, den von der Vorinstanz als Erfahrungstatsache betrachteten Umstand, dass ein Jahresaufenthalter eine Verschuldung von über Fr. 75'000.– nicht mehr abzubauen vermag, in

der Beschwerde zu rügen. Insoweit erwuchs dem Beschwerdeführer aus der unterlassenen Publikation der Richtlinien kein Nachteil. Aufgrund der vorstehenden Ausführungen ist der angefochtene Entscheid in diesem Punkt nicht zu beanstanden (VerwG SG vom 24. März 2009, B-2008-214, E. 2.2).

– **Empfehlungen der Ad-hoc-Kommission der Schadensleiter der Unfallversicherer betr. Kürzung der Leistungen in Abhängigkeit vom Ausmass der Trunkenheit:** Als unbegründet erweist sich die Verwaltungsgerichtsbeschwerde auch, soweit damit die Angemessenheit der verfügten Leistungskürzung von 30 % bestritten wird. Die IV-Stelle hat sich diesbezüglich an den Entscheid der SUVA gehalten, welche am 1. Sept. 1997 eine Leistungskürzung von 30 % verfügt hat. Dabei ging sie von den Empfehlungen der Ad-hoc-Kommission der Schadenleiter der Unfallversicherer aus, welche den Kürzungssatz vom Ausmass der Trunkenheit abhängig machen und wonach bei einer Alkoholkonzentration von 0,8 bis 1,2 ‰ in der Regel eine Kürzung von 20 % und für je zusätzliche 0,4 ‰ eine weitere Kürzung von 10 % vorzunehmen ist. Wie das Eidgenössische Versicherungsgericht bereits in einem früheren Urteil festgestellt hat, stellen die Empfehlungen zwar keine Weisungen an die Durchführungsorgane der obligatorischen Unfallversicherung dar und sind insbesondere für den Richter nicht verbindlich; sie sind jedoch geeignet, eine rechtsgleiche Praxis sicherzustellen, weshalb sie bei der Festsetzung der Leistungskürzung zu berücksichtigen sind (BGE 120 V 231 E. 4c). Eine analoge Anwendung rechtfertigt sich auch im Bereich der Invalidenversicherung. Der beim Beschwerdeführer festgestellten Blutalkoholkonzentration von 1,38 bis 1,53 ‰ entspricht ein Kürzungssatz von 30 %, wovon auch unter Berücksichtigung der besonderen Umstände des konkreten Falles nicht abzugehen ist. Insgesamt ist die Kürzung von 30 % daher als angemessen zu betrachten, was zur Abweisung der Verwaltungsgerichtsbeschwerde auch im Eventualbegehren um Herabsetzung der Leistungskürzung führt (BGE 129 V 354 E. 4). 332

c) Abstrahierungsgrad

Der Begriff **«abstrakt»** bezieht sich auf das **Anordnungsobjekt**: Der **Rechtssatz** regelt eine **unbestimmte Anzahl von Tatbeständen oder Lebenssachverhalten**, ohne Rücksicht auf einen konkreten Einzelfall oder auf eine bestimmte Situation (BGE 135 II 38 E. 4.3, 125 I 313 E. 2a; BVGer vom 14. April 2009, A-1543/2006, E. 4.3; TOBIAS JAAG, Die Allgemeinverfügung im schweizerischen Recht [zit. Allgemeinverfügung], ZBl 1984, S. 444 f.; TSCHANNEN/ZIMMERLI/MÜLLER, § 28, Rz. 56). Anordnungsobjekt bildet dabei diejenige Sache gegenständlicher oder nicht gegenständlicher Natur, welche Gegenstand der den Adressaten auferlegten Rechte oder Pflichten bildet (VerwG ZH vom 30. Sept. 2009, VB.2009.00376, E. 3.2.2). 333

aa) In räumlicher Hinsicht

Bei Hoheitsakten mit örtlichem Bezug ist zu unterscheiden zwischen staatlichen Akten, welche ein **bestimmtes Objekt einem Regime** unterstellen (Hundeverbot für eine Parkanlage [= generell-konkret]), und solchen, die eine **unbestimmte Anzahl von Anordnungsobjekten** beinhalten (Hundeverbot für alle Parkanlagen einer Stadt [= generell-abstrakt]; vgl. BGer vom 21. Nov. 2008, 2C_118/2008, E. 1.1). Während erstere Akte **bestimmte Anordnungsobjekte** aufweisen, da der Regelungszweck einen bestimmten örtlichen Geltungsbereich umfasst, erscheinen Anordnungen der zweiten Art trotz des beschränkten örtlichen Geltungsbereichs als **abstrakt**, da das Anordnungsobjekt («Parkanlagen») weitgehend unbestimmt ist (BGer vom 23. Nov. 2009, 5C_4/2009, E. 6.2; VerwG ZH vom 30. Sept. 2009, VB.2009.00376, E. 3.2.2, jeweils betr. die Festsetzung von Betreibungskreisen [generell-abstrakt]; vgl. auch VerwG SG vom 18. Nov. 2003, in: GVP 2003 Nr. 18 E. aa, betr. die Unterschutzstel- 334 lung sämtlicher vor 1920 erstellter Gebäude in der Altstadt von St. Gallen [generell-abstrakt]; VerwG ZH vom 12. Mai 2004, VB.2004.00034, E. 1.2, betr. die Zuweisung von Abwasserreinigungsanlagen zu verschiedenen Einzugsgebieten zur Schlammentsorgung [generell-abstrakt]; eine individuell-konkrete Anordnung liegt hingegen vor, wenn die jeweilige Abwasserreinigungsanlage einer bestimmten Aufbereitungs- oder Entsorgungsanlage zugeordnet wird).

335 Ein **Hundeverbot für verschiedene Parkanlagen** ist **generell-abstrakter Natur**, wenn (1) die mit einem Hundeverbot belegten Parkanlagen in einer Liste festgehalten werden und dieses Verbot einen grossen Teil sämtlicher Parkanlagen des Kantons erfasst, (2) alle Hundehalter des Kantons betrifft und (3) ordnungsgemäss erlassen wurde (BGer vom 21. Nov. 2008, 2C_118/2008, E. 1.1). Eine **Allgemeinverfügungen** liegt vor, wenn eine bestimmte Örtlichkeit gewissen Vorschriften unterstellt wird (vgl. BGE 101 Ia 73 E. 3 [Leinenzwang am Limmatuferweg]; VerwG GR vom 25. Jan. 2008, U-07-91, E. 1c [Verkehrsanordnungen für einen bestimmten Strassenabschnitt]; VerwG ZH vom 6. Dez. 2007, VB.2007.00391, E. 1 [Reit- und Fahrverbot entlang den Tössufern]; VerwG ZH vom 13. Juli 2001, VB.2001.00153, E. 1b [Leinenzwang auf bestimmten Gebieten der Gemeinde Oberglatt wie Sportanlage Chliriet, Dickloo-Wald und Fusswege zur Primarschulanlage]).

336 **Fahrverbote** für alle Gewässer in einem Kanton stellen folglich Rechtssätze dar, während Fahrverbote für bestimmte, namentlich genannte Gewässer Allgemeinverfügungen sind (BGE 119 Ia 141 E. 5d/bb), sofern die betreffenden genannten Gewässer nicht einen grossen Teil sämtlicher befahrbarer Gewässer erfassen (analog BGer vom 21. Nov. 2008, 2C_118/2008, E. 1.1 [Hundeverbot für in einer Liste aufgeführte Parkanlagen]). Das **Verbot des sogenannten Paintballspiels** ist als Rechtssatz zu qualifizieren, wenn damit Verhaltensvorschriften, die auf dem gesamten Gemeindegebiet und auf allen bespielbaren Plätzen – und nicht nur im Hinblick auf bestimmte Örtlichkeiten – gelten, erlassen werden (entgegen RR AG vom 6. Nov. 2002, in: ZBl 2004 S. 218 E. 3a).

337 Das Kriterium der **räumlichen Ausdehnung** ist **nicht geeignet**, um Rechtssätze von Einzelakten bzw. Allgemeinverfügungen zu unterscheiden (BGE 101 Ia 73 E. 3c, betr. ein Fahr- und Reitverbot an den beiden Tössufern; BGer vom 23. Nov. 2009, 5C_4/2009, E. 6.1 und E. 6.2; VerwG ZH vom 30. Sept. 2009, VB.2009.00376, E. 3.2.2, jeweils betr. die Festlegung von Betreibungskreisen). Eine Anordnung bleibt unter Umständen auch dann generell-konkret, wenn ihr räumlicher Anwendungsbereich ausserordentlich gross ist, sich beispielsweise über mehrere Kilometer erstreckt (Fahr- und Reitverbot entlang der Töss; vgl. BGE 101 Ia 73 E. 3c) oder gar Tausende von Quadratkilometern erfasst (REKO INUM vom 30. Nov. 2004, in: VPB 69 [2005] Nr. 45 E. 1.4, betr. Änderung der Luftraumstruktur), solange das Anordnungsobjekt bestimmt bzw. zumindest bestimmbar ist (BGer vom 31. März 2010, 2C_585/2009, E. 2.2; BVGE 2008/18 E. 1, jeweils betr. Anordnungen über die Luftraumstruktur des Flughafens Zürich [generell-konkret]).

338 Gehört die **örtliche Umschreibung geradezu zum Regelungszweck**, schliesst die Praxis daraus häufig auf eine Allgemeinverfügung (VerwG ZH vom 6. Dez. 2007, VB.2007.00391, E. 1 [Leinenzwang auf den Gebieten der Sportanlage Chliriet, des Dickloo-Waldes und der Fusswege zur Primarschulanlage in der Gemeinde Oberglatt]; VerwG ZH vom 13. Juli 2001, VB.2001.00153, E. 1b [Leinenzwang am

Limmatuferweg]). **Verkehrsanordnungen** gelten daher als Allgemeinverfügungen, weil sie üblicherweise den Verkehrsteilnehmenden (Automobilisten, Radfahrern oder Fussgängern) an einer genau bestimmten oder bestimmbaren Stelle ein bestimmtes Verhalten vorschreiben (vgl. VerwG GR vom 25. Jan. 2008, U-07-91, E. 1c; VerwG ZG vom 30. Juli 2004, in: GVP 2004 S. 151 E. 2b).

Nutzungspläne samt **Nutzungsvorschriften** stellen daher – selbst wenn sie ein grösseres Gebiet betreffen – üblicherweise Allgemeinverfügungen dar, solange die zu treffenden Massnahmen darin genügend detailliert beschrieben sind, sodass der Ausgang des späteren Bewilligungsverfahrens voraussehbar ist (BGE 135 II 328 E. 2.1, 133 II 353 E. 3.3; BGer vom 1. Okt. 2010, 1C_164/2010, E. 4.1; vom 12. Nov. 2002, 1A.143/2002, E. 1.2 [Verordnung zum Schutz des Pfäffikersees]; fraglich daher VerwG SG vom 18. Nov. 2003, in: GVP 2003 Nr. 18 E. aa, wonach die Unterschutzstellung sämtlicher vor 1920 erstellter Gebäude in der Altstadt von St. Gallen ein generell-abstrakter Erlass ist, da auch bei Nutzungsplänen oder -vorschriften, welche die anderen Nutzungspläne überlagern, der örtliche Geltungsbereich – wie vorliegend [vor 1920 erstellte Gebäude in der Altstadt von St. Gallen] – immer noch zum Regelungszweck gehört und Nutzungsvorschriften zumeist keine allgemeingültigen Verhaltensvorschriften beinhalten; zu den Raumplänen Rz. 383 ff.). 339

Nach der Praxis können Anordnungen, welche zwar **formell für das ganze Gemeindegebiet** gelten und **allgemeine Verhaltensvorschriften** aufstellen, **faktisch** jedoch «nur» eine bestimmte Verhaltensweise an einem Ort und zu einem bestimmten Zeitpunkt regeln, generell-konkreter Natur sein und deshalb Allgemeinverfügungen darstellen (BGE 126 II 300 E. 1a [Weisungen des Stadtrates von Liestal im Hinblick auf das Schiessen am Banntag]; diese Weisungen betreffen in erster Linie das Schiessen im Zentrum von Liestal und sind daher zumindest gemäss Bundesgericht als Allgemeinverfügungen und nicht als generell-abstrakte Normen zu betrachten). Dieser Entscheid überzeugt nicht, da generell-abstrakte Erlasse unterschiedliche faktische Auswirkungen aufweisen, die unter Umständen «konkret» sein können, ohne dass sie deswegen zu Allgemeinverfügungen werden. Letztlich beziehen sich eine Vielzahl von generell-abstrakten Anordnungen, die allgemeine Verhaltensweise beinhalten, faktisch auf ein bestimmtes Anordnungsobjekt (vgl. auch VerwG ZH vom 30. Sept. 2009, VB.2009.00376, E. 3.2.2 [Festsetzung von Betreibungskreisen]). 340

Praxis:

– **Unterschutzstellung sämtlicher vor 1920 erstellter Gebäude in der Altstadt von St. Gallen:** In Art. 8 Abs. 1 der neuen Bauordnung (nBO) wird statuiert, dass in der Altstadt alle vor 1920 erstellten Bauten mit den charakteristischen Elementen des Aussenraumes sowie die mit besonderer Verfügung unter Schutz gestellten jüngeren Bauten zu erhalten sind. Für die vor 1920 erstellten Bauten in der Altstadt gilt die Pflicht zur Erhaltung generell und ohne Ausnahme. Der Altstadtperimeter ist in Art. 7 nBO klar umschrieben. Es wird differenziert zwischen jenen Bauten, die vor 1920 erstellt wurden und generell zu erhalten sind und den jüngeren Bauten, welche mittels besonderer Verfügung unter Schutz gestellt werden. Die vor 1920 erstellten Bauten werden zwar nicht individuell genannt, doch gilt die Regelung für sämtliche Objekte innerhalb des konkret abgegrenzten Altstadt-Perimeters. Auch wendet sich die Vorschrift nicht an bestimmte Individuen, sondern an alle derzeitigen und künftigen Eigentümer und Besitzer von Bauten. Dies kennzeichnet die Regelung von Art. 8 nBO als generell-abstrakte Anordnung und mithin als Erlass, nicht als Verfügung. In Art. 8 nBO werden entgegen den Ausführungen in der Genehmigungsverfügung nicht nur «bestimmte» Objekte geschützt, sondern sämtliche 341 vor 1920 errichteten Gebäude. Daher geht aus der Bauordnung und dem Zonenplan mit hinreichender Bestimmtheit hervor, welche Bauten geschützt sind. Das Baugesetz sieht in Art. 99 Abs. 3 BauG Verordnungen, also generell-abstrakte Erlasse, als Schutzmassnahmen ausdrücklich vor. Auch auf kantonaler Ebene werden Rechtssätze für Naturschutzgebiete erlassen, etwa die Regierungsbeschlüsse über die Naturschutzgebiete Thurau, Fleuben und Dürrenmoos. Soweit sich das Baudepartement auf die Entscheide der Regierung zu einem Schutzobjekt in Bütschwil und zum Colosseum in St. Gallen beruft, sind diese Fälle nicht vergleichbar. In Bütschwil ging es um ein einzelnes Haus, welches beim Erlass eines Zonenplans unter Schutz gestellt wurde. Hierfür verlangte die Regierung den Erlass einer individuell-konkreten Verfügung gegenüber dem Grundeigentümer. Beim Colosseum verhielt es sich ähnlich. Streitig war damals insbesondere, in welchem Verfahren schützenswerte Objekte zu schützen sind. Die Behörden gingen früher mitunter davon aus, das Baugesetz allein bilde eine hinreichende Grundlage, um ein einzelnes Objekt unmittelbar als geschütztes Objekt zu qualifizieren. Diese Auffassung wurde vom Verwaltungsgericht bereits in einem vor längerer Zeit ergangenen Urteil als unrichtig qualifiziert. Demgegenüber besteht im vorliegenden Fall eine generelle Vorschrift, welche für Bauten mit einem bestimmten Alter in einem konkret umschriebenen Gebiet eine Unterschutzstellung anordnet. Die Art der Unterschutzstellung mittels einer Verordnung erweist sich nach dem Gesagten als rechtmässig (VerwG SG vom 18. Nov. 2003, in: GVP 2003 Nr. 18 E. aa).

342 – **Neuordnung der Luftraumstruktur des Flughafens Zürich:** Am 21. Aug. 2003 publizierte das BAZL im Luftfahrthandbuch («Air Information Publication», AIP) die veränderte, neue Luftraumstruktur über/beim Flughafen Zürich. Die Anpassungen waren Folge bzw. Voraussetzung für die vom BAZL am 23. Juni 2003 verfügten provisorischen Änderungen des Betriebsreglements und somit für die ab dem 30. Okt. 2003 vorgesehenen Anflüge auf die Piste 34 (Südanflüge). Die neue Luftraumstruktur findet auf eine unbestimmte Vielzahl von Personen Anwendung (persönlicher Geltungsbereich), nämlich auf all jene, die den Luftraum um den und über dem Flughafen Zürich benutzen oder künftig benutzen werden. Weiter stellt sich die Frage des sachlichen Geltungsbereichs. Gegen die Klassifizierung als Verfügung spricht, dass eine Luftraumklasse eine Vielzahl von Sachverhalten regelt. Die Anpassungen der zürcherischen Luftraumstruktur bedeutet eine punktuelle Änderung eines umfassenden Regulierungssystems für den gesamten schweizerischen Luftraum, die nach dem Willen des Gesetzgebers nicht in Form einer Allgemeinverfügung zu ergehen hat, sondern vielmehr Ausfluss einer an ein Bundesamt delegierten Gesetzgebungsbefugnis ist. In die gleiche Richtung zielt das Verständnis der Vorinstanz, wonach das neue Regime eine Vielzahl von Sachverhalten erfasst. Allein deswegen, weil die Anordnung Hunderte, allenfalls gar Tausende von Quadratkilometern erfasst, wird sie jedoch nicht zu einer abstrakten. Die räumliche Ausdehnung als Kriterium zur Unterscheidung von Rechtsnormen und Verfügungen ist an sich fragwürdig; sie vermag jedenfalls dann die Rechtsnatur nicht zu beeinflussen, wenn die Anordnung, wie vorliegend, eindeutig bestimmt ist. Die Luftraumklassen selbst stellen generell-abstrakte Regelungen dar: Die jeweiligen Klassen (C, D, E, G usw.) stehen für ein Bündel von Benutzungsregeln und Dienstleistungsangeboten der Flugsicherung, und sind gewissermassen abstrakte Möglichkeiten, nach welchen sich der Luftraum einteilen lässt. Ihr Anwendungsbereich in der Schweiz ist ebenfalls ansatzweise generell-abstrakt geregelt. Die Anordnung vom 21. Aug. 2003 lässt indessen die einzelnen Kategorien sowohl inhaltlich als auch in ihren groben örtlichen Zuteilungen unberührt. Es wird vielmehr in einem zweiten und letzten Schritt für den Flughafen Zürich ganz konkret bestimmt, ab welcher Höhe, in welcher Ausdehnung sowie zu welchen Zeiten eine Luftraumklasse im Verhältnis zu anderen Kategorien gelten soll. Der Umstand, dass die Festlegung einer Luftraumklasse eine Vielzahl von Sachverhalten regelt, steht deren Zuordnung zu den Allgemeinverfügungen nicht entgegen. Werden mehrere Anordnungen zusammen in einem Hoheitsakt vereinigt, ändert dies an deren Qualifizierung nichts. Auch die Tatsache, dass die betr. Anordnung im Luftfahrthandbuch publiziert wurde, ändert nichts daran, dass vorliegend von einer Allgemeinverfügung auszugehen ist. Entscheidend ist ausschliesslich die Rechtsnatur der behördlichen Anordnung (REKO INUM vom 30. Nov. 2004, in: VPB 69 [2005] Nr. 45

E. 1.4; vgl. auch BGer vom 31. März 2010, 2C_585/2009, E. 2.2; vom 8. Jan. 2007, 2A.456/2006, E. 1.1; BVGE 2008/18 E. 1; BVGer vom 16. Juli 2009, A-78/2009 E. 1).

- **Verbot des sog. Paintballspiels auf dem ganzen Gemeindegebiet:** Zwar trifft es zu, dass allein gestützt auf den Wortlaut des Beschlussdispositivs («Der Gemeinderat verbietet gestützt auf § 6 Abs. 1 und 2 und in Anlehnung an § 27 der Verfassung des Kantons Aargau das Paintballspiel auf dem gesamten Gemeindegebiet von U») der Eindruck entstehen könnte, es handle sich hierbei um ein generell verhängtes Verbot, welches sich an jede Person richtet und damit keinen bestimmten Sachverhalt regeln will. Allerdings ist der betreffende «Erlass» als Verfügung bezeichnet und in die Verfügungsform (samt Sachverhalt, Erwägungen, Dispositiv und Rechtsmittelbelehrung) gekleidet. Die angefochtene Anordnung richtet sich sodann an den Paintballverein als die für den Spielbetrieb verantwortliche Organisationseinheit. Diesem wurde auch vorgängig das rechtliche Gehör gewährt. Aufgrund der vorliegenden Umstände ist von einer für die Einstufung als Verfügung genügenden Konkretisierung der Anordnung auszugehen. Wenn der Beschluss auch – zumindest vordergründig – insofern als zu abstrakt angesehen werden könnte, als er das Paintball-Verbot in seinem Dispositiv weder explizit räumlich (d.h. auf bestimmte Gelände bezogen), zeitlich noch sachlich beschränkt verhängt, so darf hieraus dennoch nicht abgeleitet werden, es würde damit kein bestimmter Sachverhalt geregelt. Vielmehr ergibt sich der Verzicht auf eine explizite räumliche und zeitliche Beschränkung in Übereinstimmung mit der Beschwerdeführerin dadurch, dass der Paintballverein seine Aktivitäten in der Vergangenheit immer wieder an anderen Orten in der Gemeinde U und zu unregelmässigen Zeiten ausübte. Die Beschwerdeführerin hat damit grundsätzlich jederzeit und überall mit dem Auftreten des Paintballvereins rechnen müssen, was ein auf eine einzelne Parzelle und einen bestimmten Zeitpunkt bezogenes Verbot unweigerlich jeweils sofort wieder obsolet gemacht hätte. Entsprechend sah sich die Beschwerdeführerin veranlasst, für den Paintballverein quasi hinsichtlich jeder einzelnen für das Paintballspiel geeigneten Parzelle ein Verbot zu statuieren. Das flächendeckende Verbot stellt somit keinen unbestimmten, sondern vielmehr einen aus Praktikabilitätsgründen räumlich nicht näher bestimmbaren Akt dar. Aus den auch dem Paintballverein bekannten Anforderungen an den Betrieb des Paintballspiels ist es zudem klar, dass sich das Paintball-Verbot von vornherein auf die für das Paintballspiel geeigneten Flächen beschränkte (RR AG vom 6. Nov. 2002, in: ZBl 2004 S. 218 E. 3a). 343

bb) In zeitlicher Hinsicht

Rechtssätze sind grundsätzlich **auf Dauer** angelegt, sofern sie nicht von vornherein befristet sind (BR vom 7. Dez. 1998, in: VPB 63 [1999] Nr. 56 E. 3.2.4 [Verteilschlüssel für die Zusammensetzung der Weinhandelskontrollkommission]). Entsprechend liegt gemäss Praxis eine Verfügung oder eine Allgemeinverfügung vor, wenn der **zeitliche Geltungsbereich beschränkt** ist und geradezu zum **Regelungszweck** gehört (kritisch JAAG, Allgemeinverfügung, S. 441). Wird die Anrechnung der Erfahrungsstufe für eine Berufsgruppe für ein Jahr sistiert oder die Löhne einer Berufsgruppe einmalig um gewisse Prozentpunkte erhöht, ist ein zeitlich beschränkter, einzelner Sachverhalt geregelt, sodass ein entsprechender Beschluss ohne weitere Konkretisierungsverfügung unmittelbar durchsetzbar ist, was auf eine Allgemeinverfügung oder Verfügung schliessen lässt (RR OW vom 4. Juli 2000, in: VVGE 2000/01 Nr. 3 E. 1c; offengelassen VerwG SG vom 4. Juni 2002, in: GVP 2002 Nr. 75 E. 2c). 344

Das Bundesgericht qualifizierte einen Beschluss der Berner Regierung, für ein bestimmtes Schuljahr die gesetzlich vorgesehene Gehaltserhöhung des Lehrpersonals zu sistieren, als Allgemeinverfügung (BGE 125 I 313 E. 2a). Auch als Allgemeinverfügung beurteilte das Zürcher Verwaltungsgericht die Festlegung des Semesterbeginns, wenn sich die betreffende Anordnung lediglich auf ein (konkretes) Semester bezieht und ihr zeitlicher Geltungsbereich beschränkt ist (VerwG ZH vom 19. Aug. 1998, in: 345

ZR 1999 Nr. 14 E. 5e). Werden mit derartigen Anordnungen **Gesetzes- oder Verordnungsbestimmungen faktisch abgeändert**, liegt ein generell-abstrakter Erlass vor (Parallelität der Rechtsformen; vgl. VerwG ZH vom 15. März 2006, PB.2005.00058, E. 2.3 und E. 2.4). Ist der Teuerungsausgleich in Form eines generell-abstrakten Beschlusses ergangen und wird er im Einzelfall nicht gewährt, hat der Arbeitgeber im Hinblick auf das Gesuch des Arbeitnehmers um Teuerungsausgleich hingegen eine Verfügung zu erlassen (BVGer vom 16. Juli 2009, A-3260/2009, E. 2.1).

Praxis:

346 – **Änderung eines Stadtratsbeschlusses betr. Anpassung der Löhne und Zeitpunkt des Teuerungsausgleiches für das Jahr 2005:** Vorliegend änderte der Stadtrat als Exekutivbehörde mittels Beschlusses vom 9. März 2005 die von ihm erlassenen Ausführungsbestimmungen zum Personalrecht – ebenfalls ein Stadtratsbeschluss – teilweise ab, nämlich was den Zeitpunkt des Teuerungsausgleichs und der Anpassung der Löhne durch Lohnmassnahmen anbelangt. Zwar blieben die betreffenden Bestimmungen unverändert; deren Geltung wurde jedoch für das Jahr 2005 faktisch ausgesetzt, indem der Stadtrat den Zeitpunkt für Teuerungsausgleich und Lohnmassnahmen vom 1. Jan. auf den 1. April 2005 verschob. Die Art der Abänderung der Ausführungsbestimmungen – mittels separaten Beschlusses – ist unerheblich; relevant ist vielmehr, dass mit dem Beschluss vom 9. März 2005 ein generell-abstrakter Erlass mindestens faktisch abgeändert wurde. Der Beschluss vom 9. März 2005 bildete damit lediglich die mögliche Grundlage für individuell-konkrete Anordnungen, insbesondere liess sich der Beschluss vom 9. März 2005 den Beschwerdeführern gegenüber mit Bezug auf den Teuerungsausgleich per Ende April 2005 nicht unmittelbar vollziehen. Das geschah erst mit der Lohnabrechnung per Ende April 2005, der insofern Verfügungscharakter zukam; andernfalls hätten die Beschwerdeführer gestützt auf die Mitteilung in der Lohnabrechnung per April 2005 eine separate Verfügung verlangen müssen. Geht dem Beschluss vom 9. März 2005 aber aus den erwähnten Gründen der Charakter als individuell-konkrete Anordnung ab, liegt im vorinstanzlichen Entscheid keine letztinstanzliche Anordnung, für deren Beurteilung das Verwaltungsgericht zuständig wäre, vor. Dass der Beschluss vom 9. März 2005 nicht in der Gesetzessammlung publiziert wurde, wie dies formell vorgeschrieben wäre, ist dagegen von untergeordneter Bedeutung. Aus einem aus formellen Gründen – mangels Publikation – ungültigen Rechtssatz wird deswegen noch keine Einzel- oder Allgemeinverfügung (VerwG ZH vom 15. März 2006, PB.2005.00058, E. 2.3 und E. 2.4).

347 – **Beschluss der Berner Regierung, für ein bestimmtes Schuljahr die gesetzlich vorgesehene Gehaltserhöhung des Lehrpersonals zu sistieren:** Rechtssätze sind Anordnungen genereller und abstrakter Natur, die für eine unbestimmte Vielheit von Menschen gelten und eine unbestimmte Vielheit von Tatbeständen regeln ohne Rücksicht auf einen bestimmten Einzelfall oder auf eine Person. Demgegenüber richtet sich die Verfügung als Einzelakt regelmässig an einen Einzelnen oder an eine bestimmte Anzahl von Adressaten. Sie enthält eine verbindliche Anordnung, durch die eine konkrete Rechtsbeziehung rechtsbegründend, -aufhebend, -gestaltend oder -feststellend geregelt wird; werden entsprechende Regelungsbegehren abgewiesen oder wird darauf nicht eingetreten, so gilt auch das als Verfügung. Zwischen Rechtssatz und Verfügung steht die sog. Allgemeinverfügung, die zwar einen konkreten Sachverhalt regelt, sich aber an einen mehr oder weniger grossen, offenen oder geschlossenen Adressatenkreis richtet. Der angefochtene Beschluss regelt einen einzelnen bestimmten Sachverhalt, indem er die Anrechnung der Erfahrungsstufe für das Schuljahr 1998/99 auf das Gehalt der Berner Lehrkräfte suspendiert. Er richtet sich an einen grösseren Adressatenkreis – alle dem Gesetz über die Anstellung der Lehrkräfte unterstellten Personen –, der bestimmt bzw. bestimmbar ist. Der Regierungsratsbeschluss ist daher als generell-konkreter Hoheitsakt, als Allgemeinverfügung, zu qualifizieren. Von einer sog. Sammelverfügung unterscheidet er sich nur insofern, als er sich auch auf allenfalls neu in den Dienst eintretende Personen bezieht. Zudem ist der Beschluss

über die Sistierung der Gehaltserhöhung für das Schuljahr 1998/99 – gleich wie etwa der Beschluss über die Erhöhung der Verbandsbeiträge der Studierenden für das folgende Semester (BGE 103 Ib 315, nicht publ. E. 3) – ohne weitere Konkretisierungsverfügung unmittelbar durchsetzbar (BGE 125 I 313 E. 2a).

– **Beschluss, Löhne einer Berufsgruppe einmalig um gewisse Prozentpunkte zu erhöhen:** 348
Mit Beschlüssen vom Dez. 1998/Jan. 1999 haben die Einwohnergemeinden des Kantons Obwalten beschlossen, die bestehenden öffentlich-rechtlichen Dienstverhältnisse der Lehrpersonen per 1. Jan. 1999 ins neue Lohnsystem des Kantons zu überführen. Gleichzeitig beschlossen sie, die Löhne der Kindergartenlehrpersonen einmalig um fünf Prozent zu erhöhen. Dieser Beschluss wurde den Kindergartenlehrpersonen einzeln mit einem entsprechenden Begleitbrief eröffnet. Gleichzeitig wurde ihnen mitgeteilt, dass sie ihre persönliche Lohnabrechnung, gültig ab 1. Jan. 1999, bis spätestens am 25. Jan. 1999 erhalten würden. Nach bisheriger Praxis stellt die Besoldungseinstufung eine anfechtbare Verfügung dar. Dies muss auch für die direkte und indirekte Lohnfestsetzung gelten. Die Beschlüsse der Einwohnergemeinden sind somit anfechtbare Verfügungen, gegen die beim Regierungsrat Beschwerde erhoben werden kann (RR OW vom 4. Juli 2000, in: VVGE 2000/01 Nr. 3 E. 1c).

cc) In sachlicher Hinsicht

Ist die betreffende Anordnung mit Rechtsfolgen verknüpft, die **allgemeine Verhaltensvorschriften** beinhalten oder werden **Fragen grundsätzlicher Natur über den konkreten Einzelfall hinaus** geregelt, ist daraus – trotz des allenfalls beschränkten örtlichen Geltungsbereichs – auf das Vorliegen eines Rechtssatzes zu schliessen: Der **Klärschlamm-Entsorgungsplan** regelt die Grundzüge des Entsorgungskonzepts und legt die Pflichten der betroffenen Gemeinden oder Gemeindeverbände in allgemeiner Weise fest, sodass nach Meinung des Verwaltungsgerichts Zürich ein Erlass vorliegt (VerwG ZH vom 12. Mai 2004, VB.2004.00034, E. 1.2). **Betreibungskreise** regeln die örtliche Zuständigkeit des Betreibungsortes und bestimmen beispielsweise, in welchem Kreis Betreibungen für grundpfandgesicherte Forderungen, die sich auf mehrere, in verschiedenen Kreisen gelegene verpfändete Grundstücke beziehen, zu führen sind. Massgeblich erscheint, dass mit der Festlegung der Betreibungskreise bestimmte Rechtsfolgen verknüpft sind, welche als allgemeine Verhaltensvorschriften zu qualifizieren sind (BGer vom 23. Nov. 2009, 5C_4/2009, E. 6.2; VerwG ZH vom 30. Sept. 2009, VB.2009.00376, E. 3.2.2). 349

Bei der Anordnung eines umfassenden **Netzzugangs** zum Stromnetz sind über den konkreten Sachverhalt hinaus etliche grundsätzliche Probleme zu lösen, die nicht mittels Verfügung entschieden werden können, weil deren Regelung allgemeine Verhaltensregeln und Vorschriften über die Interkonnektion zu beinhalten haben (REKO WEF vom 1. Mai 2006, in: RPW 2006 S. 310 E. 5.4.6 [Strommarktliberalisierung]). Demgegenüber kann eine **hohe Technizität der Materie und eine hohe Einzelfallbezogenheit** ergeben, dass vom Regelungsinhalt her keine Verordnung, sondern eine Verfügung vorliegt, obwohl Verhaltensweisen allgemeiner Natur zu regeln und unterschiedliche Sachverhalte zu erfassen sind (BVGer vom 14. Dez. 2007, A-1553/2007, E. 4.2 [Verbot von Personentransport bei sog. Unterlastflügen von Helikopterunternehmungen]; vom 3. Dez. 2007, A-1982/2006, E. 1 [Koordination von An- und Abflügen auf Gebirgslandeplätzen]). 350

Praxis:

351 – **Festlegung von Betreibungskreisen:** Ob ein konkreter Sachverhalt geregelt wird oder ein staatlicher Akt abstrakter Natur vorliegt, ist danach zu beantworten, ob das Anordnungsobjekt bestimmt ist. Anordnungsobjekt bildet dabei diejenige Sache gegenständlicher oder nicht gegenständlicher Natur, welches Gegenstand der den Adressaten auferlegten Rechte oder Pflichten bildet. Bei Hoheitsakten mit örtlichem Bezug ist zu unterscheiden zwischen staatlichen Akten, welche eine bestimmte Örtlichkeit einem bestimmten Regime unterstellen, und solchen, die allgemeine, für das fragliche Gebiet geltende Verhaltensvorschriften beinhalten. Während erstere Anordnungen individuell bestimmte Anordnungsobjekte aufweisen, erscheinen Anordnungen der zweiten Art trotz des beschränkten örtlichen Geltungsbereiches als abstrakt. Mit Blick auf das genannte Kriterium bei Hoheitsakten mit örtlichem Bezug ist etwa die Einreihung einer Gemeinde in eine Zuschlagsstufe für die Ortszulage an Bundesbeamte als konkret, eine für ein ganzes Gemeindegebiet geltende Ladenschlussordnung hingegen als abstrakt zu betrachten. In die mit dem erstgenannten Beispiel bezeichnete Gruppe lässt sich auch der im Verwaltungsgerichtsentscheid vom 31. Mai 2007 beurteilte Fall einreihen, ging es doch damals darum, regionalen Spitälern einen für die Bemessung von Staatsbeiträgen relevanten Einzugsbereich von einer oder mehreren Gemeinden zuzuordnen (VB.2007.00024): Eine solche Zuordnung hat nur finanzielle Leistungen zugunsten von Spitälern – mit allfälligen finanziellen Auswirkungen für die Gemeinden – zur Folge; sie umfasst jedoch keine allgemeinen Verhaltensvorschriften. Die Festlegung der Betreibungskreise in einem bestimmten Bezirk ist zwar eine Anordnung mit einem bestimmten, auf diesen Bezirk beschränkten örtlichen Geltungsbereich. Allein deshalb kann sie – wie etwa Bau- oder Zonenvorschriften, die nur für einen Teil des Gebietes eines Gemeinwesens gelten – nicht als konkret qualifiziert werden, da alle Anordnungen einen bestimmten örtlichen Geltungsbereich aufweisen. Massgeblich erscheint, dass mit der Festlegung der Betreibungskreise bestimmte Rechtsfolgen verknüpft sind, welche als allgemeine Verhaltensvorschriften zu qualifizieren sind: So bestimmt etwa Art. 51 Abs. 2 SchKG, dass eine Betreibung für grundpfandgesicherte Forderungen, die sich auf mehrere, in verschiedenen Betreibungskreisen gelegene verpfändete Grundstücke bezieht, in demjenigen Kreis zu führen ist, wo der wertvollste Teil der Grundstücke liegt. Weil in solchen Fällen Betreibungen an einem anderen Ort nichtig sind, sind Gläubiger gezwungen, ihre Betreibungsbegehren an dem durch die Festlegung der Betreibungskreise mitbestimmten Ort zu stellen. Auch wenn ein bei einem örtlich unzuständigen Betreibungsort eingereichtes Betreibungsbegehren von Amtes wegen an das zuständige Amt zu überweisen ist (Art. 32 Abs. 2 SchKG), ist schon mit Blick auf Art. 51 Abs. 2 SchKG davon auszugehen, dass die Festlegung von Betreibungskreisen allgemeine Verhaltensvorschriften beinhaltet (damit ist im Übrigen auch davon auszugehen, dass die Festlegung der Betreibungskreise keine bloss organisatorische Anordnung eines übergeordneten an ein untergeordnetes Gemeinwesen bildet – dieser Umstand spricht jedoch nicht zugunsten der Beschwerde). Anders als beim Entscheid des Verwaltungsgerichts vom 31. Mai 2007 (VB.2007.00024) kann vorliegend somit nicht davon ausgegangen werden, dass ein Einzelfall geregelt wird. Die hier in Frage stehende Festlegung der Betreibungskreise kann somit nicht als Allgemeinverfügung qualifiziert werden (VerwG ZH vom 30. Sept. 2009, VB.2009.00376, E. 3.2.2; vgl. auch BGer vom 23. Nov. 2009, 5C_4/2009, E. 6.2).

352 – **Verbot von Personentransport bei sog. Unterlastflügen von Helikopterunternehmungen:** Die Beschwerdeführerinnen machen weiter geltend, die strittige Anordnung könne nicht auf Art. 15 LFG abgestützt werden. Diese Bestimmung erlaube nur besondere polizeiliche Massnahmen zur Wahrung der Flugsicherheit. Generelle Verbote wie das vorliegende müssten dagegen in Form eines Gesetzes oder über eine Verordnung erlassen werden. Ein Rechtssatz, d.h. ein Gesetz oder eine Verordnung, ist generell-abstrakter Natur und findet auf eine Vielzahl von Personen und Lebenssachverhalten Anwendung. Eine Verfügung regelt dagegen Rechte und Pflichten im Einzelfall, ist somit Einzelakt und wirkt individuell-konkret. Dazwischen liegt die Allgemeinverfügung; sie regelt zwar einen Einzelfall, dies jedoch mit Blick auf einen nicht näher bestimmten Kreis von Personen. Rechtssätze werden durch den Gesetz- oder Verordnungsgeber erlassen. Verfügungen, wozu auch die Allgemeinverfügung zählt, sind dagegen Rechtsanwendungsakte; sie werden durch die Verwaltungsbehörden getroffen. Die Abgrenzung von

Rechtssatz und Einzelakt kann sich mitunter schwierig gestalten. Die hier strittige Regelung ist zwar allgemein und offen formuliert. Sie beschlägt jedoch einen konkreten, klar begrenzten Sachverhalt und ist, was den Adressatenkreis angeht, keineswegs unbestimmt, richtet sie sich doch ausschliesslich an Helikopterunternehmen, die Unterlastflüge durchführen. Die Anordnung ist damit vergleichbar mit jenen, mit denen die Vorinstanz die Koordination von An- und Abflügen auf Gebirgslandeplätzen näher geregelt hat, um Kollisionen und Unfälle zu verhindern. In diesen Fällen sind das Bundesverwaltungsgericht und zuvor die Rekurskommission UVEK ohne Weiteres von Verfügungen ausgegangen und sie haben, ebenfalls ohne Weiteres, Art. 15 LFG als genügende Grundlage angesehen. Ebenso ist, trotz der abstrakt gehaltenen Formulierung, als Verfügung zu qualifizieren, was die Vorinstanz vorliegend angeordnet hat. Vom Regelungsinhalt her scheint der Weg über die Verfügung durchaus sachgerecht. Es brauchte daher keine Vorschrift in der Form eines Erlasses, d.h. in einer Verordnung. Ein Gesetz zu verlangen, fällt wegen der Technizität des Geregelten ohnehin ausser Betracht. Art. 15 LFG, der die Vorinstanz ermächtigt, zur Wahrung der Flugsicherheit besondere polizeiliche Massnahmen zu ergreifen, ist als Grundlage ausreichend. An alledem ändert nichts, dass ähnliche Regelungen im Ausland z.T. in einer Verordnung, erlassen durch das Verkehrsministerium, enthalten sind (BVGer vom 14. Dez. 2007, A-1553/2007, E. 4).

3. Weitere Gesichtspunkte

a) Rechtsschutzbedürfnis

Das **Rechtsschutzbedürfnis** ersetzt weder die Begriffsmerkmale eines Einzelaktes noch diejenigen eines Rechtssatzes, sondern ist lediglich ein im Interpretationsfall beizuziehendes Grundmotiv des- bzw. derselben (vgl. hier nur KÖLZ/BOSSHART/RÖHL, Vorbemerkungen zu §§ 4-31, Rz. 19; ferner Rz. 2146). Zuweilen qualifiziert die Praxis generell-abstrakte Anordnungen, die sich **erheblich** auf **konkrete Rechtsverhältnisse** auswirken, aus Gründen des Rechtsschutzes als Verfügungen oder Allgemeinverfügungen (BGE 133 II 450 E. 2.1 [TalibanV], 126 II 300 E. 1a [Weisungen des Stadtrates von Liestal im Hinblick auf das Schiessen am Banntag]; RR AG vom 6. Nov. 2002, in: ZBl 2004 S. 218 E. 2c [Verbot des Paintballspiels auf dem gesamten Gemeindegebiet]. 353

Vermögenssperren werden vereinzelt als Verfügungen bezeichnet, wobei die Praxis uneinheitlich ist. Richtigerweise liegt ein Rechtssatz vor, wenn das Guthaben nicht festgelegt ist, die Sperre eine Vielzahl von Personen und verschiedene Güter betrifft (vgl. BGE 132 I 229 E. 4.4, mit weiteren Hinweisen). Sogenannte **«Einzelfallgesetze»**, wenn man sie überhaupt als eigene Kategorie anerkennt, werden von der Rechtsprechung und der Lehre je nach Rechtsschutzbedürfnis teils als generell-abstrakt, teils als individuell-konkret betrachtet (BGE 133 II 450 E. 2.1 [TalibanV], vgl. MÜLLER, VwVG Kommentar, Art. 5 VwVG, Rz. 25; UHLMANN, VwVG-Praxiskommentar, Art. 5 VwVG, Rz. 45; dazu Rz. 378 ff.). 354

b) Verfahren und zuständiges Organ

Der **Regierungsrat des Kantons Zürich** hat die Festsetzung von **Betreibungskreisen** im Verfahren gemäss § 1 Abs. 2 EG SchKG/ZH ordnungsgemäss gefasst («Der Regierungsrat legt nach Anhörung der Gemeinden die Betreibungskreise fest. Er berücksichtigt dabei insbesondere, dass die Betreibungsämter ihre Aufgabe in fachlicher und betriebswirtschaftlicher Hinsicht optimal erfüllen können [...].»), was das 355

Bundesgericht unter anderem dazu bewogen hat, es handle sich beim betreffenden Beschluss um einen Erlass im Sinne von Art. 82 lit. b BGG (BGer vom 23. Nov. 2009, 5C_4/2009, E. 6.2; vgl. auch BGer vom 21. Nov. 2008, 2C_118/2008, E. 1.1 [Hundeverbot für verschiedene Parkanlagen ist generell-abstrakter Natur, wenn es u.a. ordnungsgemäss erlassen wurde]). Demgegenüber soll die Bezeichnung als Verfügung, die Nennung einer Person als Adressat im Titel und Text des entsprechenden Beschlusses, dessen individuelle Zustellung an diese Person sowie die Gewährung des rechtlichen Gehörs im Sinne einer vorgängigen Anhörung für das Vorliegen einer Verfügung sprechen (RR AG vom 6. Nov. 2002, in: ZBl 2004 S. 218 E. 3a [Verbot des Paintball-Spiels]). Nicht entscheidend ist jedenfalls, ob der Rechtssatz ordnungsgemäss publiziert wurde: Aus einem aus formellen Gründen – mangels Publikation – ungültigen Rechtssatz wird deswegen noch keine Einzel- oder Allgemeinverfügung (VerwG ZH vom 15. März 2006, PB.2005.00058, E. 2.4).

c) *Vollziehbarkeit*

356 Die Praxis qualifiziert Beschlüsse, die unabhängig ihrer Rechtsnatur ohne weitere Konkretisierungsverfügung **unmittelbar vollziehbar** sind, häufig als Einzelakte (RR OW vom 4. Juli 2000, in: VVGE 2000/01 Nr. 3 E. 1c [einmalige Erhöhung der Löhne]; dazu auch Rz. 2213). Bedarf demgegenüber eine Anordnung der Umsetzung durch einen konkreten Entscheid, ist diese als generell-abstrakt zu betrachten (BGE 134 II 272 E. 3.2 [Pflichtheft für die Herstellung von Greyerzerkäse, welches durch einen Zertifizierungsentscheid umgesetzt wird]). Wird ein Stadtratsbeschluss über die Anpassung der Löhne und den Zeitpunkt des Teuerungsausgleiches erst mit der Lohnabrechnung unmittelbar vollzogen, bildet er damit lediglich die mögliche Grundlage für individuell-konkrete Anordnungen, womit ein generell-abstrakter Erlass vorliegt (VerwG ZH vom 15. März 2006, PB.2005.00058, E. 2.3 und E. 2.4).

4. Besondere Konstellationen

357 Betrifft ein Beschluss den **Widerruf aller bisher erfolgten Verfügungen** im betreffenden Sachbereich, liegt ein Widerruf mittels einer Sammelverfügung und damit ein Einzelakt vor; ein derartiger Widerruf kann indes auch mittels eines generell-abstrakten Erlasses erfolgen (BGer vom 20. Feb. 2001, 6S.462/2000, E. 2b [Widerruf aller bisher homologierten Typen von Geldspielautomaten]). Als kantonalen Erlass hat das Bundesgericht sodann **einzelne Entscheide aus einer ganzen Reihe von gleichartigen Entscheiden betrachtet**, mit denen der Staatsrat eines Kantons für jedes einzelne Heim zeitlich befristet die maximalen Tagestaxen für die jeweiligen Heimbewohner mit Anspruch auf Ergänzungsleistungen zur AHV und IV festgelegt hat (BGE 135 V 309 E. 1.2). Es liegt keine Verfügung, sondern eine generelle Anordnung vor, wenn gewisse allgemeingültige Kriterien für eine Abgabereduktion in identischer Weise in allen bisher erteilten Konzessionen an Spielbanken, die eine Abgabereduktion erlangen wollten, aufgenommen wurden und diese Kriterien in abstrakter Weise die Voraussetzungen für eine Abgabereduktion formulieren (BVGer vom 14. April 2009, A-1543/2006, E. 6.1.2 [in casu wurden die in den Verfügungen integrierten Kriterien als Verwaltungsverordnung qualifiziert]).

Eine konstitutiv wirkende **Genehmigung eines Erlasses** ist zwar grundsätzlich Bestandteil des Rechtssetzungsverfahrens und deshalb **generell-abstrakter Natur** (BVGer vom 1. April 2008, B-8057/2007, E. 2.4; VerwG SZ vom 28. Sept. 2001, in: EGVSZ 2001 S. 154 E. 2f). Richtet sich hingegen die Genehmigung bzw. die Nichtgenehmigung an ein untergeordnetes Gemeinwesen oder an einen privaten oder dezentralen Verwaltungsträger, erfüllt dieser Akt gegenüber der Korporation oder Organisation, welche die fragliche Regelung getroffen hat, die Merkmale einer Verfügung (BGE 135 II 38 E. 4.6 und E. 4.7, mit Hinweisen auf die Genehmigung von Prämientarifen durch den Bundesrat gegenüber den Krankenkassen [BGer vom 18. Dez. 2007, 9C_599/2007, E. 1.1], die Genehmigung eines urheberrechtlichen Verteilungsreglements gegenüber der SUISA [BGer vom 13. Mai 2008, 2C_527/2007, E. 2] oder – bei etwas anderer Ausgangslage – im Bereich des Grundstückerwerbs durch Personen im Ausland [BGE 130 II 290 E. 2.6]). Die **Qualifikation der Rechtsnatur** kann sich je nach **Blickwinkel** ändern: Die Genehmigung von Prämientarifen durch den Bundesrat ist aus der Optik des Versicherten generell-abstrakt, weist jedoch gegenüber den Krankenkassen die Merkmale einer Verfügung auf (BGer vom 18. Dez. 2007, 9C_599/2007, E. 1.1). 358

Aufsichtsmassnahmen sind je **nach Inhalt und Regelungsgegenstand Rechtssatz oder Einzelakt**: Als generell-abstrakt ist die Weisung an die Gemeinde zu beurteilen, bei der Bemessung der Sozialhilfe die von der SKOS beschlossene Anpassung der Ansätze um 2 % an die Teuerung ab 1. Jan. 2003 zu berücksichtigen (VerwG ZH vom 13. Nov. 2003, VB.2003.00298, E. 1b); wird aufsichtsrechtlich eine neue Bauzonenordnung oder Ähnliches verfügt, liegt keine Verfügung, sondern ein Rechtssatz vor, weil ein enger Sachzusammenhang zur Bauzonenordnung besteht (BGer vom 11. Juli 2000, 1P.602/1999 und 1P.616/1999, E. 3d/bb; VerwG ZH vom 13. Nov. 2003, VB.2003.00298, E. 1b; vgl. auch BGE 129 I 290 E. 4.1-4.3, betr. eine Ersatzregelung durch die kantonale Regierung gegenüber einer Gemeinde). Eine aufsichtsrechtliche Weisung des BAG gegenüber einem Krankenversicherer betreffend die Prämientarife, welche in dessen Autonomiebereich eingreift, ist hingegen als Verfügung zu qualifizieren (BVGer vom 10. Juli 2007, C-7604/2006, E. 1.4). 359

Praxis:

- **Weisung an die Gemeinde, bei der Bemessung der Sozialhilfe die von der SKOS beschlossene Teuerungsanpassung der Ansätze um 2 % ab dem 1. Jan. 2003 zu berücksichtigen:** Der Vorstand der SKOS orientierte die Gemeinden im Okt. 2002 über seinen Beschluss, die SKOS-Richtlinien auf 1. Jan. 2003 um 2 % der Teuerung anzupassen und in Zukunft eine Anpassung regelmässig alle zwei Jahre vorzunehmen. Mit Schreiben vom 8. Nov. 2002 an die SKOS und vom 19. Nov. 2002 an das Sozialamt des Kantons Zürich erhob die Gemeinde X gegen diesen Beschluss Einwendungen. Mit Schreiben vom 11. Nov. 2002 bzw. vom 22. Nov. 2002 teilten die SKOS und das kantonale Sozialamt der Fürsorgebehörde der Gemeinde X mit, gestützt auf § 17 der Verordnung vom 21. Okt. 1981 (SHV) zum kantonalen Sozialhilfegesetz vom 14. Juni 1981 (SHG), welcher die SKOS-Richtlinien als Grundlage für die Bemessung der Sozialhilfe bezeichne, seien diese Richtlinien in ihrer jeweils gültigen Fassung für die Gemeinden verbindlich, weshalb die Anpassung auch für die Gemeinde X verbindlich sei. Die Fürsorgebehörde der Gemeinde X liess das kantonale Sozialamt mit Schreiben vom 6. Dez. 2002 wissen, dass sie die Anpassung aus den früher dargelegten Gründen vorderhand nicht vollziehen werde. Der Bezirksrat Y, dem eine Kopie dieses Schreibens zugestellt worden war, wies die Fürsorgebehörde der Gemeinde X hierauf mit Beschluss vom 16. Dez. 2002 aufsichtsrechtlich an, bis spätestens Ende März 2003 die Anpassungen an die neuen Ansätze der SKOS- 360

Richtlinien mit Wirkung ab 1. Jan. 2003 vorzunehmen. Dagegen erhob die Gemeinde X am 10. Jan. 2003 Rekurs an den Regierungsrat, welcher das Rechtsmittel am 18. Juni 2003 abwies. Das Verwaltungsgericht trat auf die Beschwerde mangels zulässigen Anfechtungsobjekts nicht ein. Erwägungen: Die streitbetroffene Aufsichtsmassnahme stellt keine Verfügung im materiellen Sinn dar; durch sie wird nicht eine konkrete verwaltungsrechtliche Beziehung rechtsgestaltend oder feststellend in verbindlicher Weise festgelegt. Sie stellt aber auch keine Allgemeinverfügung dar, da sie sich nicht auf einen konkreten Sachverhalt bezieht, sondern die Beschwerdeführerin allgemein auf eine bestimmte Handhabung der kantonalen Vorschriften zur Bemessung der Sozialhilfe festlegen will. Die Massnahme ist damit abstrakter Natur, indem sie allgemein, ohne Bezug auf Einzelfälle, betragsmässig bestimmte Ansätze für die Bemessung der wirtschaftlichen Hilfe als verbindlich erklärt und damit eine unbestimmte Vielzahl gleicher oder gleichartiger Sachverhalte erfasst. Würde die verwaltungsgerichtliche Zuständigkeit zur Überprüfung der streitbetroffenen Massnahme bejaht, so liefe dies auf eine generell-abstrakte Normenkontrolle hinaus, welche wie dargelegt dem Verwaltungsgericht nicht zusteht. Die streitbetroffene Weisung an die Beschwerdeführerin ist nach ihrem Inhalt und ihrer Rechtsnatur einer Dienstanweisung vergleichbar, wie sie eine übergeordnete einer unteren Verwaltungsstelle erteilen kann. Sie unterscheidet sich von einer solchen Dienstanweisung einzig dadurch, dass sie im Rahmen der sogenannten Verbandsaufsicht getroffen worden ist. Im Rahmen der Dienstaufsicht getroffene Anweisungen an untere Verwaltungsstellen sind nicht mit Beschwerde anfechtbar; dabei ist die Beschwerde nicht nur gegen generelle Dienstanweisungen (Verwaltungsverordnungen) ausgeschlossen, sondern selbst dann, wenn es sich um eine Weisung für den Einzelfall handelt. Es besteht kein Grund, Anweisungen, welche – wie hier die Weisung des Bezirksrats an die Beschwerdeführerin betr. Bemessung der wirtschaftlichen Hilfe – im Rahmen der Verbandsaufsicht getroffen werden, bez. der Frage des verwaltungsgerichtlichen Rechtsschutzes anders zu behandeln. Auch hier muss wie bei der Dienstaufsicht der Gedanke wegleitend sein, dass erst die konkreten Verfügungen, welche die fragliche Weisung im Einzelfall vollziehen, der verwaltungsgerichtlichen Kontrolle unterliegen (VerwG ZH vom 13. Nov. 2003, VB.2003.00298, E. 1b).

361 – **Widerruf mittels eines generell-abstrakten Erlasses:** Die Beschwerdeführerin macht geltend, die im Casino Sarnen aufgestellten Geldspielautomaten seien vom EJPD gestützt auf Art. 3 Abs. 2 aSBG durch rechtskräftige Verfügungen vor dem Inkrafttreten der Geldspielautomatenverordnung als zulässige Geschicklichkeitsspielautomaten homologiert worden. Diese in Rechtskraft erwachsenen Homologationsverfügungen könnten nicht nachträglich auf dem Verordnungsweg, also durch einen generell-abstrakten Erlass, ohne Änderung des formellen Gesetzes aufgehoben werden. Art. 9 GSAV, der die vom EJPD bis zum 22. April 1998 erteilten Homologationen mit sofortiger Wirkung widerrufe, sei daher nicht gesetzeskonform. Erwägungen: Die Homologationsverfügungen erfolgen sinngemäss unter dem Vorbehalt des Widerrufs im Falle von Missbräuchen oder für den Fall, dass neue wichtige Erkenntnisse zu einer anderen grundsätzlichen Beurteilung führen; die formelle Rechtskraft der Bewilligung steht einer neuen Prüfung der homologierten Geldspielautomaten nicht entgegen. Die Beschwerdeführerin behauptet nicht, dass die Voraussetzungen für einen Widerruf der bisher erteilten Homologationen grundsätzlich nicht erfüllt gewesen seien. Sie behauptet insoweit bloss, dass ein solcher Widerruf nicht durch eine generell-abstrakte Norm erfolgen dürfe. Weshalb aber die Homologationsverfügungen nicht durch eine von der zuständigen Behörde erlassene generell-abstrakte Norm widerrufen bzw. für ungültig erklärt werden dürfen, wenn der Widerruf alle bisher homologierten Typen von Geldspielautomaten betrifft, vermag die Beschwerdeführerin indessen nicht rechtsgenüglich darzulegen und ist auch nicht ersichtlich. Zwar kann Art. 9 Abs. 1 GSAV, wonach die vom Departement für Geldspielautomaten erteilten Homologationen mit dem Inkrafttreten der Verordnung ihre Gültigkeit verlieren, als generell-abstrakte Norm nicht mit der Verwaltungsgerichtsbeschwerde angefochten werden. Gleichwohl bleibt das Rechtsschutzinteresse des einzelnen Privaten gewahrt; denn bundesrätliche Verordnungen können bei ihrer Anwendung vorfrageweise auf ihre Gesetz- und Verfassungsmässigkeit überprüft werden, und das EJPD wird weiterhin Homologationsentscheide fällen, die einzeln anfechtbar sind (BGer vom 20. Feb. 2001, 6S.462/2000, E. 2b).

– **Beschlüsse des Regierungsrates des Kantons Neuenburg vom 22. Dez. 2008 und vom 16. Feb. 2009 über die maximalen Tagestaxen für Bewohner privater Heime mit Anspruch auf Ergänzungsleistungen zur AHV und IV:** Durch drei Beschlüsse vom 22. Dez. und einen vom 16. Feb. 2009 hat der Staatsrat des Kantons Neuenburg den oberen Grenzbetrag für die Tagespauschalen festgelegt, die in den Heimen X, Y und W sowie im Heim V von den Pensionären, welche Ergänzungsleistungen (EL) von der AHV/IV beziehen, zu entrichten sind. In diesen vier Verfügungen traf der Staatsrat verschiedene Anordnungen über die maximalen Tagestaxen. Alle vier Heime erheben Beschwerde in öffentlich-rechtlichen Angelegenheiten gegen die am 31. Dez. 2008 bzw. am 20. Feb. 2009 im Amtsblatt des Kantons Neuenburg veröffentlichten Verfügungen. Das Bundesgericht tritt im Verfahren gemäss Art. 82 lit. b BGG auf die Beschwerden ein. Erwägungen: Gemäss Art. 82 BGG beurteilt das Bundesgericht Beschwerden gegen Entscheide in Angelegenheiten des öffentlichen Rechts (lit. a) sowie Beschwerden gegen kantonale Erlasse (lit. b). Die Qualifizierung der angefochtenen Beschlüsse entweder als eine Verfügung oder als ein Rechtsetzungsakt (Verordnung) ist für die Rechtsprechung entscheidend, denn im ersten Fall ist eine Beschwerde an das Bundesgericht nur zulässig, wenn ein kantonaler Rechtsweg vorhanden ist, der vor ein letztinstanzliches Gericht führt (Art. 86 Abs. 1 lit. d und Abs. 2 BGG), während im anderen Fall die Beschwerde beim Bundesgericht gegen kantonale Erlasse unmittelbar zulässig ist, sofern das kantonale Recht keine Beschwerdemöglichkeiten vorsieht (Art. 87 Abs. 1 BGG). Die bestrittenen Beschlüsse könnten als Allgemeinverfügungen qualifiziert werden; jedenfalls muss dies ihre Qualifikation als generell-abstrakte Akte nahelegen. Tatsächlich wird in diesen Beschlüssen den vier Beschwerdeführern in ihrer Eigenschaft als Heime, die zur Aufnahme von Pensionären ermächtigt sind, welche Ergänzungsleistungen (EL) beziehen, eine Höchstgrenze für Tagestaxen auferlegt, die sie nicht überschreiten dürfen. Obwohl der Eingriff zeitlich (auf das Jahr 2009) begrenzt ist und nur eine begrenzte Anzahl von Adressaten betrifft (jeder Beschluss betrifft ein Heim mit einer begrenzten Anzahl von Pensionären, welche EL beziehen), so überschreitet doch seine Tragweite diejenige einer Verfügung. Betrachtet man die drei Beschlüsse vom 22. Dez. 2008 und denjenigen vom 16. Feb. 2009 in ihrer Gesamtheit und berücksichtigt ausserdem die Tatsache, dass der Staatsrat 63 Beschlüsse erlassen hat, die auf individuelle Weise die Höchstbeträge festlegen, welche den Pensionären, die Anspruch auf Ergänzungsleistungen der AHV/IV haben, belastet werden dürfen, so ist doch davon auszugehen, dass die bestrittenen Verfügungen Teil einer allgemeinen Regelung der Tagestaxen für Pensionäre sind, welche Ergänzungsleistungen beziehen, und dass sich ihr Geltungsbereich über den ganzen Kanton erstreckt, sodass er einem rechtsetzenden Verwaltungsakt im Sinne von Art. 82 lit. b BGG gleichgesetzt werden muss (BGE 135 V 309 E. 1.2). 362

5. Doppelanordnungen

Gewisse Beschlüsse regeln konkrete verwaltungsrechtliche Rechtsbeziehungen und legen gleichzeitig in allgemeiner Art und Weise (generell-abstrakt) gewisse Verhaltenspflichten fest. Je nach Art der gestellten Rechtsbegehren und erhobenen Rügen ist das Anfechtungsobjekt individuell-konkret oder generell-abstrakt: Der **Klärschlamm-Entsorgungsplan** des Kantons Zürich beinhaltet sowohl abstrakte (hinsichtlich der Grundzüge des Entsorgungskonzepts sowie der Bestimmung der Entsorgungskreise) als auch konkrete (hinsichtlich der Zuweisung der kommunalen Abwasserreinigungsanlage zu einer Entsorgungsanlage) Anordnungen (VerwG ZH vom 12. Mai 2004, VB.2004.00034, E. 1.2). 363

Tarifbeschlüsse sind generell-abstrakt, wenn sie in allgemeiner Weise eine Leistung zum Gegenstand haben (z.B. Reglement über die Studiengebühren oder Gebührentarif für ein Alters- und Pflegeheim; vgl. auch VerwG ZH vom 5. April 2007, VB.2007.00051, E. 2 [Tariferhöhung für die Feuerungskontrolle]). Betrifft der Tarif 364 hingegen den Besuch eines Museums oder den Preis eines Medikaments, ist er als Verfügung oder zumindest Allgemeinverfügung zu qualifizieren (VerwG ZH vom 2. Sept. 2009, VB.2009.00388, E. 1.1; zum Ganzen auch TOBIAS JAAG, Die Verordnung im schweizerischen Recht [zit. Verordnung], ZBl 2011, S. 632).

365 **Raumplanerische Erlasse** können sowohl konkrete als auch abstrakte Inhalte aufweisen. Das Bundesgericht differenziert je nach Art der erhobenen Rügen und je nach der Intensität des Zusammenhangs zum Nutzungsplan (vgl. BGE 133 II 353 E. 3.3 [Planungszone, welche mit dem Zonenplan derart eng verbunden war, dass das Bundesgericht sie als Teil des Nutzungsplans und insofern als Allgemeinverfügung betrachtet hat]). **Schutzverordnungen** ergehen zwar formell als «Verordnung» und unter Umständen im Verfahren der Verordnungsgebung, stellen jedoch eine **Allgemeinverfügung** dar, wenn sie in einem **engen Zusammenhang** zum betreffenden **Nutzungsplan** stehen und materiell Schutzmassnahmen für ein bestimmtes Gebiet enthalten. Derartige Schutzanordnungen, selbst wenn sie formell Verordnungen, d.h. Rechtssätze darstellen, werden vom Bundesgericht wegen der Konkretheit der Regelung und ihres engen Zusammenhangs zu einem Nutzungsplan als Allgemeinverfügung qualifiziert (BGer vom 12. Nov. 2002, 1A.143/2002, E. 1.2 [Verordnung zum Schutz des Pfäffikersees]; vgl. auch BGE 135 II 328 E. 2.2 [Verordnung über die Situation der Ferienhäuser am Ufer des Neuenburgersees]; BGer vom 29. Nov. 1994, 1A.42/1994, E. 1 [Luzerner Moorschutzverordnung für die Moorgebiete Mettilimoos, Nesslebrunne, Geuggelmoos und Fuchseremoos in Finsterwald, Gemeinde Entlebuch]; VerwG ZH vom 7. Feb. 2002, VB.2001.00194, E. 1a [Grundwasserschutzzonenplan samt Reglement]).

366 **Grundsatzbeschlüsse** im Rahmen von Meliorationen über die Gewährung von Bundesbeiträgen sind generell-abstrakt, wenn der Grundsatzbeschluss noch keine Beitragszahlung auslöst und es für jede einzelne Etappe einer Güterzusammenlegung noch einer Verfügung bedarf. Sie werden hingegen als anfechtbare Verfügungen betrachtet, wenn diese bereits alle wesentlichen Punkte des Subventionsverhältnisses regeln und die nachfolgenden Verfügungen bloss als Vollzugsverfügungen zu verstehen sind (BR vom 28. Nov. 1988, in: VPB 53 [1989] Nr. 34 E. 1b; MÜLLER, VwVG-Kommentar, Art. 5 VwVG, Rz. 24).

Praxis:

367 – **Polizeieinsatzbefehl:** Der Vorsteher der Direktion Sicherheit des Kantons Bern unterrichtete den Thuner Gemeinderat an seiner Sitzung vom 30. Sept. 2005 über einen sog. Antifaschistischen Abendspaziergang, der am 15. Okt. 2005 in Thun stattfinden sollte, ohne dass eine Bewilligung erteilt worden wäre. Am 15. Okt. 2005 verhinderte ein starkes Polizeiaufgebot die Demonstration. Personen, die sich rund um den Bahnhofsplatz in Thun aufhielten, wurden festgehalten und einer Personenkontrolle unterzogen. Am 14. Nov. 2005 reichten X, Y und Z beim Regierungsstatthalteramt Thun Beschwerden ein, die sich einerseits gegen den Einsatzbefehl, andererseits gegen die konkreten Anhaltungen und Personenkontrollen richteten. Das Statthalteramt überwies die Angelegenheit an die Polizei- und Militärdirektion des Kantons Bern (POM), welche am 16. Okt. 2006 einen Nichteintretensentscheid fällte. Sie erwog im Wesentlichen, mangels Anfechtungsobjekts stehe der Verwaltungsbeschwerdeweg nicht offen; die betreffenden Personen müssten zunächst eine Feststellungsverfügung erwirken. Gegen diesen Entscheid haben X, Y und Z am 17. Nov. 2006 Verwaltungsgerichtsbeschwerde erhoben. Das Verwaltungsgericht bestätigt den angefochtenen Nichteintretensentscheid, soweit dieser die direkte Anfechtung des Polizeieinsatzbefehls betraf; ferner weist es das Regierungsstatthalteramt

in Thun an, über das Gesuch um Erlass einer Feststellungsverfügung betr. den konkreten Polizeieinsatz zu entscheiden. Erwägungen: Polizeilichem Handeln in der hier interessierenden Form der Anhaltung oder Personenkontrolle gehen regelmässig Anordnungen des Polizeikommandos mit konkreten Aufträgen an die einzelnen Polizeikräfte voraus. Solche Einsatz- oder Dienstbefehle haben internen Organisationscharakter und dienen nicht der Regelung konkreter Verwaltungsrechtsverhältnisse. Der Einsatzbefehl ist zwar hoheitlich, einseitig und gegenüber der Polizei verbindlich. Er richtet sich aber nicht an die Bürgerinnen und Bürger, umschreibt insbesondere deren Rechte und Pflichten nicht und gilt daher nicht als Verfügung. Für den Fall, dass der Einsatzbefehl generell-abstrakte Anordnungen enthält, ist er als Verwaltungsverordnung zu qualifizieren. Seine selbstständige (direkte) Anfechtbarkeit im Rahmen der Staatsrechtspflege ist zu bejahen, wenn er (erstens) Aussenwirkungen entfaltet, d.h. die darin enthaltenen Anweisungen an die Verwaltungsorgane zugleich die Rechtsstellung der Bürgerinnen und Bürger berühren, und (zweitens) gestützt darauf keine Verfügung bzw. Anordnung ergeht, welche angefochten werden kann. Die unmittelbare Anfechtbarkeit wird demgegenüber verneint, wenn ein hinreichender Rechtsschutz anderweitig möglich und zumutbar ist. Dasselbe muss gelten, wenn der Polizeieinsatzbefehl – was die Regel darstellen dürfte – auch individuell-konkrete Anordnungen des Polizeikommandos an die Einsatzkräfte enthält. Meistens entfalten auch solche Handlungsanweisungen Aussenwirkungen, die Private in ihrer Rechtsstellung berühren und grundsätzlich ein Rechtsschutzbedürfnis wecken. Eine selbstständige (direkte) Anfechtbarkeit des Polizeieinsatzbefehls ist diesfalls auch ausgeschlossen, wenn alternative Rechtsschutzmöglichkeiten bestehen, mit denen das tatsächliche polizeiliche Handeln als solches beanstandet werden kann. Vorliegend ist festzuhalten, dass der angefochtene Nichteintretensentscheid insoweit rechtmässig ist, als damit das Vorliegen eines tauglichen Anfechtungsobjekts im Verwaltungsbeschwerdeverfahren verneint wird. Die direkte Anfechtbarkeit der polizeilichen Dienstbefehle fällt ausser Betracht, weil hinreichender Rechtsschutz anderweitig möglich und zumutbar ist, nämlich indem die kritisierten polizeilichen Realakte einer Überprüfung in einem Feststellungsverfahren zugeführt werden können. Demnach hat das Statthalteramt zu prüfen, ob auf das Gesuch um Erlass einer Feststellungsverfügung eingetreten werden kann (VerwG BE vom 2. April 2007, in: BVR 2007 S. 441 E. 3.3; vgl. auch BGE 130 I 369 ff., 128 I 167 ff.).

– **Verordnung über die Situation der Ferienhäuser am Ufer des Neuenburgersees:** Mit Datum vom 27. Nov. 2007 erliess der Staatsrat eine Verordnung, welche einen sogenannten «Naturvertrag» einführte, der die Erhaltung der Ferienhäuser am Südufer des Neuenburgersees ermöglichen sollte. Mangels Anfechtungsobjekt trat das Kantonsgericht auf eine Beschwerde nicht ein. Das Bundesgericht heisst die Beschwerde dagegen gut. Erwägungen: Es gibt Akte, die als Zwischenformen zwischen Erlass und Verfügung stehen und deren genaue Rechtsnatur von Fall zu Fall bestimmt werden muss. Dies trifft zu für den Nutzungsplan. Nach der bundesgerichtlichen Rechtsprechung kann ein Nutzungsplan materiell eine Verfügung darstellen, wenn die zu treffenden Massnahmen darin genügend detailliert beschrieben sind, sodass der Ausgang des späteren Bewilligungsverfahrens voraussehbar ist. Im vorliegenden Fall regelt die Verordnung vom 27. Nov. 2007 die Situation der Ferienhäuser, die auf öffentlichen und privaten Grundstücken des Staates am Ufer des Neuenburgersees errichtet wurden. Die Verordnung vom 27. Nov. 2007 legt konkret, verbindlich und zwingend die Rechte und Pflichten der Ferienhauseigentümer fest, die auf dem Gemeindegebiet von Font, Forel und Delley-Portalban gelegen sind, ohne den Beteiligten, die verpflichtet werden, den vorgeschriebenen Vertrag abzuschliessen, viel Spielraum zu lassen, und unter Androhung der Pflicht zum Abbruch der Ferienhäuser. Folglich müssen die in der Folge abzuschliessenden Naturverträge nur noch die Namen der Eigentümer und die Bezeichnung des Ferienhauses enthalten, die im Übrigen bekannt sind. Ausserdem wurden die Häuser bereits lokalisiert und in ein Verzeichnis aufgenommen: Ihre Zahl ist strikt beschränkt auf die bereits bestehenden Ferienhäuser, jede Errichtung neuer Bauten wird ausdrücklich ausgeschlossen. Die Verordnung ist somit nicht auf eine unbegrenzte Anzahl von Situationen anwendbar. Der Kreis der Eigentümer ist ebenfalls bestimmt und dem Kanton bereits bekannt. In Anbetracht der genügend präzisierten und detaillierten Massnahmen, welche die angefochtene Verordnung enthält, muss sie materiell einem Nutzungsplan 368 gleichgestellt werden. Tatsächlich regelt sie wie ein Nutzungsplan die Nutzung des Bodens (Art. 14 Abs. 1 RPG), indem sie zwingend für jede Parzelle die Art, den Ort und das Ausmass der zulässigen Nutzung festlegt. Insoweit untersteht sie, was den Rechtsschutz betrifft, den Anforderungen von Art. 33 RPG. Diese Bestimmung verpflichtet die Kantone, gegen die Verfügungen und Nutzungspläne, die sich auf das RPG und seine kantonalen und eidgenössischen Ausführungsbestimmungen stützen, wenigstens ein Rechtsmittel mit voller Überprüfungsmöglichkeit durch die Beschwerdebehörde vorzusehen. Der angefochtene Entscheid verletzt damit Bundesrecht und die Sache ist zum Entscheid über die weiteren Eintretensvoraussetzungen und über die in der Sache gegen die Verordnung erhobenen Rügen an das Kantonsgericht zurückzuweisen (BGE 135 II 328 E. 2.2).

369 – **Klärschlamm-Entsorgungsplan:** Im Hinblick auf den bundesrechtlich auf Ende Sept. 2006 vorgesehenen Ausstieg aus der Verwertung von Klärschlamm in der Landwirtschaft setzte der Regierungsrat des Kantons Zürich am 3. Dez. 2003 einen kantonalen Klärschlamm-Entsorgungsplan fest. Gemäss dessen Dispositiv-Ziffer I.1 wird der gesamte in zürcherischen Abwasserreinigungsanlagen anfallende Klärschlamm ab 1. Okt. 2006 über zürcherische Klärschlammverbrennungsanlagen oder in der Zementindustrie (Einsatz als Brennstoffersatz) entsorgt. Laut Dispositiv-Ziffern I.6 und II werden die Inhaber der kommunalen Abwasserreinigungsanlagen verpflichtet, den anfallenden Klärschlamm je nach Einzugsregion über eine bezeichnete Aufbereitungs- und Entsorgungsanlage zu entsorgen. Der Klärschlamm der hier interessierenden Abwasserreinigungsanlagen wird der Schlammverbrennungsanlage E in O (nachfolgend: SVA E) zugewiesen. Dispositiv-Ziffer III verpflichtet die Inhaber von öffentlichen Klein-Abwasserreinigungsanlagen, den anfallenden Klärschlamm entsprechend den kommunalen Festlegungen über die bezeichneten Aufbereitungs- und Entsorgungsanlagen zu entsorgen. Am 21. Jan. 2004 gelangten der aus verschiedenen Gemeinden gebildete Kläranlageverband A sowie B und die Gemeinde R als Inhaberin von Abwasserreinigungsanlagen sowie die C AG als Inhaberin einer Klärschlammaufbereitungsanlage (Klärschlammtrocknungsanlage) in R mit Beschwerde an das Verwaltungsgericht. Sie beantragen, die Dispositiv-Ziffern I-V des Beschlusses vom 3. Dez. 2003 seien aufzuheben und die Angelegenheit sei zur Neubeurteilung an den Regierungsrat als Beschwerdegegner zurückzuweisen. Das Verwaltungsgericht tritt auf die Beschwerde gegen Dispositiv-Ziffer I nicht ein. Erwägungen: Der Regierungsrat legte in Ziffer I fest, dass der gesamte in zürcherische Abwasserreinigungsanlagen anfallende Klärschlamm über zürcherische Kehricht-oder Klärschlammverbrennungsanlagen oder in der Zementindustrie entsorgt wird. Dazu werden die Abwasserreinigungsanlagen verschiedenen Einzugsgebieten zur Schlammentsorgung zugewiesen. In dieser Dispositiv-Ziffer werden keine konkreten Anordnungen getroffen. Es werden vielmehr die Grundzüge des Entsorgungskonzepts und die Pflichten der betroffenen Gemeinden und Gemeindeverbände in allgemeiner Weise festgelegt. Diese Dispositiv-Ziffer richtet sich insofern auch gleichermassen an sämtliche Inhaber von öffentlichen Abwasserreinigungsanlagen. Jedenfalls mit Bezug auf die Beschwerdeführenden handelt es sich bei den Regelungen in Dispositiv-Ziffer I um generell-abstrakte Anordnungen. In den Dispositiv-Ziffern II-V erfolgt die individuelle Zuordnung der einzelnen kommunalen Abwasserreinigungsanlagen zu jeweils einer bestimmten Aufbereitungs- oder Entsorgungsanlage. Die Inhaber der Abwasserreinigungsanlagen werden ausdrücklich verpflichtet, den anfallenden Klärschlamm über die bezeichneten Anlagen zu entsorgen und die Verträge zur Sicherstellung der Entsorgungsoptionen und zur Festlegung angemessener finanzieller Beteiligung bis 31. März 2004 abzuschliessen. Wohl wird die Festsetzung eines Einzugsgebiets für die Abfallentsorgung (Art. 31b Abs. 2 USG) gewöhnlich als eine generell-abstrakte Regelung aufgefasst. Indes stehen vorliegend nicht allgemein Siedungsabfälle einer unbestimmten Vielzahl von Personen oder eine unbestimmte Vielzahl von Lebenssachverhalten zur Diskussion. Vielmehr geht es um die konkrete Verpflichtung der namentlich aufgeführten Inhaber der Abwasserreinigungsanlagen, ihren Klärschlamm über die ihnen jeweils zugewiesene Anlage zu entsorgen. Mit Bezug auf die Dispositiv-Ziffern II-V erscheint der angefochtene Beschluss – in Übereinstimmung mit der vorinstanzlichen Rechtsmittelbelehrung – als anfechtbare individuell-konkrete Anordnung (VerwG ZH vom 12. Mai 2004, VB.2004.00034, E. 1.2).

6. Abgrenzungen

a) Allgemeinverfügung (generell-konkret)

Gewissermassen zwischen Rechtssatz und Verfügung steht die sogenannte **Allgemeinverfügung**: Sie regelt einen konkreten, bestimmten Lebenssachverhalt, richtet sich aber an eine individuell nicht bestimmte Anzahl von Adressaten und wird in Bezug auf ihre Anfechtbarkeit den Verfügungen gleichgestellt (BGE 134 II 272 E. 3.2, 126 II 300 E. 1a, 125 I 313 E. 2a, 119 Ia 141 E. 5c/cc, 112 Ib 249 E. 2b; BGer vom 22. Aug. 2011, 2C_348/2011, E. 3.1; vom 31. März 2010, 2C_585/2009, E. 2.2; vom 16. Aug. 2007, 6B_113/2007, E. 2.6; BVGE 2008/18 E. 1; REKO INUM vom 30. Nov. 2004, in: VPB 69 [2005] Nr. 45 E. 1.2; VerwG SG vom 4. Juni 2002, in: GVP 2002 Nr. 75 E. 2; vgl. auch Rz. 2227 ff.). 370

Typische **Beispiele** von **Allgemeinverfügungen** sind etwa **Rayonverbote** für bestimmte Perimeter in einer Stadt (BGE 132 I 49 ff.); **Verkehrsanordnungen**, welche den Verkehrsteilnehmenden (Automobilisten, Radfahrern oder Fussgängern) an einer örtlich genau bestimmten oder bestimmbaren Stelle ein bestimmtes Verhalten wie z.B. ein Park- oder Fahrverbot vorschreiben (vgl. BGE 119 Ia 141 E. 5d/bb; BGer vom 16. Aug. 2007, 6B_113/2007, E. 2.6); **Leinenzwang für Hunde** am Limmatuferweg oder **Reitverbot** entlang dem Tössufer (BGE 101 Ia 73 E. 3b; VerwG ZH vom 13. Juli 2001, VB.2001.00153, E. 1b; vgl. aber BGer vom 21. Nov. 2008, 2C_118/2008, E. 1.1 [generell-abstrakt: Hundeverbot für sämtliche oder einen grossen Teil der Parkanlagen]); **Verordnung zum Schutz des Pfäffikerseegebietes** (BGer vom 12. Nov. 2002, 1A.143/2002, E. 1.2) oder **Anordnungen über die Luftraumstruktur** des Flughafens Zürich (BGer vom 31. März 2010, 2C_585/2009, E. 2.2; BVGE 2008/18 E. 1; REKO INUM vom 30. Nov. 2004, in: VPB 69 [2005] Nr. 45 E. 1; ebenso BVGer vom 1. Dez. 2011, A-8386/2010, E. 1.1 [Regelung und Festlegung von Gebirgslandeplätzen]; BVGer vom 14. Dez. 2007, A-1553/2007, E. 4.2 [Verbot von Personentransport bei sog. Unterlastflügen von Helikopterunternehmungen]; BVGer vom 3. Dez. 2007, A-1982/2006, E. 1 [Koordination von An- und Abflügen auf Gebirgslandeplätzen]; zum Ganzen auch Rz. 2232 ff.). 371

Praxis:

- **Pflichtenheft für die Herstellung von Greyerzerkäse:** AX und BX sowie die Milchverwertungsgenossenschaft R stellten am 16. Juli 2004 beim Kantonalen Laboratorium Bern den Antrag, es sei festzustellen, dass sie für den in der Käserei R aus den täglich einmal eingelieferten Milchen hergestellten Gruyèrekäse die Bezeichnung «Gruyère AOC» oder «Gruyère» bzw. «Greyerzer» verwenden dürfen. Das Kantonale Laboratorium verfügte am 7. Dez. 2004, dass die Käserei bis Ende Juli 2005 im Besitz des Zertifikats der zuständigen Zertifizierungsstelle zur Verwendung der eingetragenen Ursprungsbezeichnung sein müsse und dass ab Ende Juli 2005 nur noch Gruyère abgegeben werden dürfe, der die Voraussetzungen von Art. 18 und 40 des Pflichtenheftes für Greyerzerherstellung erfülle. Unter anderem ist dafür vorgeschrieben, dass die verwendete Milch zweimal pro Tag eingeliefert wird unter Vorbehalt des einmaligen Milchbezugs pro Tag bei Erfüllung bestimmter Voraussetzungen. Das Verwaltungsgericht des Kantons Bern hiess eine dagegen erhobene Beschwerde gut und stellte fest, dass die Mitglieder der Milchverwertungsgesellschaft R ihre Milch zwecks Produktion von Greyerzerkäse einmal täglich in die Käserei R einliefern dürfen. Das Bundesamt für Landwirtschaft erhob Beschwerde an das Bundesverwaltungsgericht, die an das Bundesgericht überwiesen wurde. Das Bundesgericht weist die Beschwerde ab. Erwägungen: Es erscheint fraglich, ob es sich beim Pflich- 372 tenheft um eine Allgemeinverfügung handelt. Allgemeinverfügungen sind Anordnungen, die einen Einzelfall regeln, sich dabei aber an eine individuell nicht bestimmte Vielzahl von Adressaten richten. Sie kennzeichnen sich mithin durch ihre direkte Anwendbarkeit für eine mögliche Mehrheit von Betroffenen aufgrund einer genügend konkreten Tatbestandserfassung, ohne dass es eines weiteren umsetzenden Hoheitsaktes bedarf. Diese Voraussetzungen sind hier nicht erfüllt. Der Umstand, dass die Verwendung einer geschützten Ursprungsbezeichnung eine Zertifizierung voraussetzt, belegt deren Abstraktheit. Die Zertifizierungsstelle kontrolliert die Erzeugung, Verarbeitung oder Veredelung des fraglichen Produkts. Das Pflichtenheft bestimmt in allgemeiner Weise, was bei der Käseherstellung erlaubt oder verboten ist, und bedarf in diesem Sinne der Umsetzung durch einen Zertifizierungsentscheid. Daran ändert sich nichts, wenn dieser, wie hier, einer privaten Organisation übertragen wird. Das Pflichtenheft hat demnach eher den Gehalt einer generell-abstrakten Regelung, die der Umsetzung im Einzelfall bedarf. Damit kann es, grundsätzlich gleich wie Verordnungen, vorfrageweise und unabhängig vom Ergebnis des Einspracheverfahrens, auf seine Gesetz- und Verfassungsmässigkeit hin überprüft werden. Dem Einspracheverfahren kommt damit eine vergleichbare Tragweite zu wie der abstrakten Normenkontrolle bei der Überprüfung eines Erlasses. Selbst wenn angenommen würde, es handle sich beim Pflichtenheft um eine Allgemeinverfügung, schlösse dies deren vorfrageweise Überprüfung auf Verfassungsmässigkeit nicht aus. Gemäss der Rechtsprechung ist die vorfrageweise Kontrolle der Rechtmässigkeit von Allgemeinverfügungen im Anwendungsfall zulässig, wenn der Kreis der Adressaten offen ist und diese durch die Anordnung der Allgemeinverfügung nur virtuell betroffen werden. Als typisches Beispiel gelten Verkehrszeichen, bei denen eine inzidente Überprüfung als zulässig erachtet wird, wenn dadurch die Verkehrssicherheit nicht leidet. Analoges muss generell bei Allgemeinverfügungen gelten, solange die Rechtssicherheit nicht in Frage gestellt wird. Das fragliche Pflichtenheft für die geschützte Ursprungsbezeichnung von Greyerzerkäse richtet sich zwar nur an die Produzenten von solchem Käse; deren Kreis ist aber offen, da sich im betreffenden Produktionsgebiet grundsätzlich jeder Käsehersteller dem Pflichtenheft unterstellen kann. Ausserdem leidet die Rechtssicherheit nicht unter einer vorfrageweisen Überprüfung des Pflichtenheftes (BGE 134 II 272 E. 3.2 und E. 3.3).

373 – **Beschränkung der Betriebszeiten einer Schiessanlage:** Für die ausserordentliche Gemeindeversammlung der EG Wohlen vom 27. April 1999 war unter anderem der Erlass eines neuen Reglements über den Betrieb der Jagdschiessanlage Bergfeld traktandiert mit der Absicht, die Schiesszeiten an die Vorgaben eines Entscheids der Bau-, Verkehrs- und Energiedirektion des Kantons Bern (BVE) anzupassen. Gemäss dem Antrag des Gemeinderates sollten zusätzlich zu den von der BVE verfügten Einschränkungen die Samstage nach den maximal vier Sonntagsschiessen im Jahr als schiessfrei erklärt werden. In der Folge hiess die Gemeindeversammlung einen weiter gehenden Antrag gut, nach dem (zusätzlich zu den von der BVE verfügten Einschränkungen) jeder erste und dritte Samstag im Monat schiessfrei wäre, und erteilte dem Reglement mit dieser Änderung gegenüber der Gemeinderatsvorlage die Zustimmung. Am 27. Mai 1999 führte der Verein Jagdschützen Bern gegen diesen Beschluss Beschwerde beim Regierungsstatthalteramt Bern. Mit Entscheid vom 30. Dez. 1999 wies das Regierungsstatthalteramt Bern die Beschwerde ab. Hiergegen erhob der Verein Jagdschützen Bern Beschwerde beim Regierungsrat. Nach einem von der Justiz-, Gemeinde- und Kirchendirektion (JGK) eingeleiteten Meinungsaustausch hat sich das Verwaltungsgericht bereit erklärt, die Beschwerde als Verwaltungsgerichtsbeschwerde entgegenzunehmen. Erwägungen: Das angefochtene Reglement regelt den Schiessbetrieb der Jagdschiessanlage Bergfeld mit dem Zweck, die Einwohnerinnen und Einwohner vor übermässigen Lärmimmissionen zu bewahren (Art. 1). Es richtet sich somit an einen einzigen Adressaten, den Inhaber und Betreiber der Anlage (vgl. auch Art. 3 des Reglements), und regelt einen einzelnen bestimmten Sachverhalt, indem es die Schiesszeiten einer konkreten Anlage – soweit diese nicht ohnehin bereits durch den Entscheid der BVE rechtskräftig geregelt sind – im Einzelnen festlegt. Nicht gefolgt werden kann der Gemeinde und den Beigeladenen namentlich insoweit, als sie vorbringen, die umstrittene Anordnung gelte für eine unbestimmte Vielzahl von Menschen. Wohl trifft zu, dass der Festlegung der Schiesszeiten erhebliche Bedeutung für die Gemeinde und deren Bewohnerinnen und

Bewohner zukommt. Die Bedeutung einer Anordnung für eine breitere Öffentlichkeit ändert indes nichts am allfälligen Verfügungscharakter und stellt namentlich die Regelungsform nicht in die freie Disposition des Gemeinwesens. Selbst wenn man weiter im Sinne der Beigeladenen den Adressatenkreis auf die Benützerinnen und Benützer der Anlage ausdehnen wollte, begründete dies noch nicht den Rechtssatzcharakter der strittigen Anordnung. Sie richtete sich diesfalls als Allgemeinverfügung, bei der der Adressatenkreis nicht im Voraus überblickbar ist (wie z.B. Verkehrsanordnungen), an einen grösseren Adressatenkreis, der allerdings bestimmt bzw. bestimmbar ist. Bei der hier interessierenden Anordnung handelt es sich indessen, soweit sie im Interesse des Lärmschutzes erlassen worden ist, um eine typisch umweltschutzrechtliche, zur Emissionsbegrenzung bzw. Sanierung einer konkreten Anlage vorgeschriebene Betriebsbeschränkung, wie das auch die Beschwerdegegnerin und die Beigeladenen festhalten. Als solche richtet sie sich nicht an die Benutzerinnen und Benutzer, sondern an den Anlageninhaber bzw. -betreiber. Dieser – und nicht Erstere – wird durch die Anordnung ins Recht gefasst. Dass die Anordnung schliesslich einen konkreten Sachverhalt regelt, erhellt daraus, dass sie eine einzige Anlage betrifft und die Festlegung der Schiesszeiten erklärtermassen mit Rücksicht auf die konkrete örtliche Situation getroffen worden ist (Lärmschutz für das angrenzende Wohngebiet; Schutz bei Begehung der Spazierwege auf den nahen Waldwegen; Schutz des vorbelasteten Bodens (VerwG BE vom 30. Aug. 2000, in: BVR 2001 S. 326 E. 1b/bb).

b) Verwaltungsverordnungen (Innenrecht)

Verwaltungsverordnungen sind **verbindliche, generell-abstrakte** Anordnungen, richten sich hingegen als **«Innenrecht»** nur an die Behörden und Angestellten (BGE 136 II 415 E. 1.1, 128 I 167 E. 4.3, 121 II 473 E. 2b; BGer vom 5. Juni 2009, 2C_531/2008, E. 4.5.1; vom 23. Sept. 2004, 2P.67/2004, E. 1.3; BVGE 2007/41 E. 3.3; zum Ganzen Rz. 457 ff.). 374

Verwaltungsverordnungen können ausnahmsweise auf die Rechtsstellung eines Privaten zurückwirken, wenn sie seine Rechtsstellung zumindest indirekt umschreiben und ihn in schutzwürdigen Interessen berühren (vgl. BGE 131 I 166 E. 7.2, 128 I 167 E. 4.3, mit Hinweisen). Derartige Verwaltungsverordnungen können direkt angefochten werden, wenn gestützt darauf keine Verfügung oder Anordnung getroffen wird, deren Anfechtung möglich und dem Betroffenen zumutbar ist (BGE 128 I 167 E. 4.3; BGer vom 5. Juli 2006, 2P.108/2005, E. 1.2; vom 23. Sept. 2004, 2P.67/2004, E. 1.3; vom 14. Okt. 2003, 1P.561/2002, E. 1 [in BGE 129 I 402 ff. nicht publ. E.]). 375

Als **Verwaltungsverordnungen** gelten etwa Unterstützungsrichtlinien im Rahmen der Sozialhilfe (BGer vom 5. Juli 2006, 2P.108/2005, E. 1.2 und E. 1.3); Weisungen, welche die in Art. 27 Abs. 2 SVG sowie in Art. 110 Abs. 3 lit. a VTS erwähnten Fahrzeuge aufzählen, die mit Blaulicht und Wechselklanghorn ausgerüstet werden dürfen (BVGer vom 8. April 2008, A-8728/2007, E. 3.1); Richtlinien des Stadtrates, welche die Verwaltungspraxis im Bereich der Wohnbauförderung wiedergeben (VerwG ZH vom 2. Sept. 2009, VB.2009.00083, E. 7.9); Merkblätter, welche im Sinne von Art. 12 Abs. 1 der kantonalen Strassenverkehrsverordnung die mit der Vornahme vertrauensärztlichen Untersuchungen im Strassenverkehr betrauten Ärztinnen und Ärzte bezeichnen (VerwG BE vom 10. März 2005, in: BVR 2005, S. 506 E. 3.5) oder Plakatierungsrichtlinien, die eine Konkretisierung der massgeblichen Eingliederungsnormen des kantonalen Bau- und Planungsgesetzes und der Reklameverordnung darstellen (VerwG LU vom 22. Juli 2004, in: LGVE 2004 II Nr. 16 E. 2d und E. 4d). 376

Praxis:

377 – **Plakatierungsrichtlinien der Gemeinde Kriens:** Das Plakatierungskonzept der Gemeinde Kriens erging nicht im Rahmen des besonderen Verfahrens der Gesetzgebung nach § 45a Abs. 2 des Gemeindegesetzes (GG). Es stellt sich somit die Frage, ob sich der Gemeinderat beim Erlass des Konzeptes auf eine hinreichende gesetzliche Grundlage stützen konnte. Zu unterscheiden sind Rechtsverordnungen und Verwaltungsverordnungen. Hauptkriterium für diese Unterscheidung ist der Adressatenkreis. Verwaltungsverordnungen sind generelle Dienstanweisungen, die sich an die der erlassenden Behörde untergeordneten Behörden richten. Deren Hauptfunktion besteht darin, eine einheitliche, gleichmässige und sachrichtige Praxis des Gesetzesvollzugs sicherzustellen. Nach herrschender Ansicht sind Verwaltungsverordnungen keine Rechtsquellen des Verwaltungsrechts, da sie keine Rechtssätze enthalten. Dementsprechend bedarf es für den Erlass einer Verwaltungsverordnung keiner förmlichen gesetzlichen Grundlage; ebenso wenig einer Veröffentlichung in der amtlichen Gesetzessammlung. Aus Sinn und Tragweite der Verwaltungsverordnung ergibt sich, dass jeder Behörde, welche Verwaltungsaufsicht auszuüben hat, zusteht, sich dieses Aufsichtsmittels zu bedienen. Weder das kantonale Planungs- und Baugesetz (PBG) noch die sich u.a. darauf abstützende Reklameverordnung enthalten eine Delegationsnorm, die es dem Gemeinderat erlauben würde, Rechtsverordnungen zu erlassen. Steht nach diesen Ausführungen fest, dass die Plakatierungsrichtlinien der Gemeinde Kriens keine Rechtsgrundlage im übergeordneten Regelwerk findet, ist zu prüfen, ob sich das Konzept allenfalls als Verwaltungsverordnung qualifizieren liesse. Die Frage ist zu bejahen. Soweit das entsprechende Regelwerk der Gemeinde Kriens dazu dient, eine einheitliche Beurteilung von Reklameprojekten innerhalb gewisser Leitlinien und die rechtsgleiche Behandlung der Gesuchsteller zu garantieren, kann davon ausgegangen werden, dass es sich dabei in typologischer Hinsicht um eine vollzugslenkende Verwaltungsverordnung handelt. Es ist der Bewilligungsinstanz denn auch nicht verwehrt, die Modalitäten der Plakatierung im Rahmen eines ihr ganzes Gebiet umfassenden Gesamtkonzeptes zu regeln. Die Zulassung eines schematischen, auf objektiven Kriterien beruhenden Massstabes drängt sich, angesichts der grossen Zahl an Reklamegesuchen, nicht zuletzt auch aus Praktikabilitätsgründen auf. Einer förmlichen Rechtsgrundlage bedarf es dazu nicht. Soweit die Beschwerdeführerin Gegenteiliges behauptet, erweist sich deren Beschwerde als unbegründet. Bei diesem Zwischenergebnis ist mit Blick auf die nachfolgenden Erwägungen darauf hinzuweisen, dass das Verwaltungsgericht nicht an Verwaltungsverordnungen gebunden ist, da diese, wie bereits erwähnt, keine Rechtsquellen darstellen. Es ist daher jeweils im Einzelfall zu prüfen, ob die sich auf die Verwaltungsverordnung stützende Verfügung an sich dem übergeordneten Gesetz entspricht. Die Verwaltungsverordnung kann eine gesetzliche Grundlage, wo eine solche notwendig ist, nicht ersetzen. Zu berücksichtigen ist das Plakatierungskonzept der Gemeinde Kriens im Rahmen des vorliegenden Verfahrens immerhin insofern, als es eine dem Einzelfall gerecht werdende Auslegung der massgebenden Bestimmungen zulässt. Vorliegend ist zu prüfen, ob die Gemeinde zu Recht ein Plakatierungsgesuch abgewiesen hat mit der Begründung, gemäss Konzept seien Grünräume und Wälder, welche ausserhalb des besiedelten Gebietes lägen, der plakatfreien Zone zugewiesen. Gemäss § 140 Abs. 1 PBG haben sich Bauten und Anlagen in die bauliche und landschaftliche Umgebung einzugliedern. Sie sind zu untersagen, wenn sie durch ihre Grösse, Proportion, Gestaltung, Bauart, Dachform oder Farbe das Orts- und Landschaftsbild beeinträchtigen. Auch § 15 Abs. 1 lit. b der Reklameverordnung verbietet Reklamen, wenn sie durch ihre Ausgestaltung oder Häufung das Orts- oder Landschaftsbild beeinträchtigen. Den zuständigen Behörden steht bei der Anwendung von § 140 Abs. 1 PBG und § 15 Abs. 1 lit. b Reklameverordnung ein weiter Ermessensspielraum zu, da die ästhetische Wirkung von typisch lokalem Interesse ist. Ferner ist es den Gemeinden überlassen, im Bereiche ihrer Autonomie die weiteren Modalitäten der Plakatierung über Reklamekonzepte oder Gestaltungsrichtlinien zu regeln. Die Gemeinden haben damit insbesondere die Möglichkeit, die Ermessensvorschriften von § 140 Abs. 1 PBG und § 15 Abs. 1 lit. b Reklameverordnung mit Konzepten näher zu konkretisieren. Aufgrund des grundsätzlichen Entscheides der zuständigen Gemeindebehörden, nicht besiedelte, bewaldete oder stark begrünte Gebiete im Interesse des Ortsbildschutzes von Reklamen freizuhalten, resultiert für den geplanten Standort eine plakatfreie Zone. Eine solche Beschränkung

erscheint ohne Weiteres als zulässig. Das Plakatierungskonzept der Gemeinde Kriens erweist sich nach diesen Erörterungen in Bezug auf die vorliegenden sachverhaltlichen Gegebenheiten als objektiv nachvollziehbare Konkretisierung der massgeblichen Eingliederungsnormen des PBG und der Reklameverordnung. Das Verwaltungsgericht sieht sich unter den gegebenen Umständen nicht veranlasst, in den vorinstanzlichen Beurteilungsspielraum einzugreifen. Allerdings ist zu beachten, dass § 4 Reklameverordnung für den Erlass ergänzender Reklamevorschriften ausdrücklich auf das Verfahren der Ortsplanung verweist, d.h. eine Verankerung derartiger Bestimmungen in den örtlichen Bau- und Zonenreglementen vorsieht. Allein auf Basis von Reklamekonzepten und -richtlinien in Form von Verwaltungsverordnungen, welche in erster Linie verwaltungsinterne Wirkung entfalten und der Sicherstellung einer rechtsgleichen Praxis dienen, kann eine zweckmässige Bewilligungspraxis nur bedingt gewährleistet werden. Eine Überführung des vorliegenden Reklamekonzeptes – zumindest jedoch der wesentlichen konzeptionellen Inhalte – in die rechtlichen Grundlagen der kommunalen Ortsplanung ist deshalb mit Blick auf zukünftige Bewilligungsverfahren zu empfehlen (VerwG LU vom 22. Juli 2004, in: LGVE 2004 II Nr. 16 E. 2 und E. 4).

c) Einzelfallgesetze (individuell-abstrakt)

Einzelfallgesetze sind **individuell-abstrakte** Anordnungen, die je nach Rechtsschutzbedürfnis teils als generell-abstrakt, teils als individuell-konkret beurteilt werden (MÜLLER, VwVG-Kommentar, Art. 5 VwVG, Rz. 25; UHLMANN, VwVG-Praxiskommentar, Art. 5 VwVG, Rz. 45). 378

Als Beispiele werden etwa **Vermögenssperren** oder die sogenannte **Talibanverordnung** des Bundesrates genannt. **Vermögenssperren** sind generell-abstrakte Anordnungen, wenn sie eine Vielzahl von Personen betreffen und im Hinblick auf verschiedene Vermögenswerte ergehen, die sich irgendwo in der Schweiz und bei irgendwelcher Bank befinden. Erst eine sie ausführende Verfügung stellt einen Einzelakt dar und könnte in Bezug auf ihren Gegenstand mit Beschwerde angefochten werden (BGE 132 I 229 E. 4, mit Hinweisen auf die freilich uneinheitliche Praxis). Zu berücksichtigen ist dabei auch, dass es sich bei der **Sperrung von Vermögenswerten** um **zivilrechtliche Ansprüche** im Sinne von Art. 6 Ziff. 1 EMRK handelt und innerstaatlich ein entsprechender Rechtsweg zu einem Gericht zu öffnen ist (hierzu auch ANDREAS LIENHARD, Innere Sicherheit und Grundrechte, recht 2002, S. 133). 379

Die mit der **Talibanverordnung** einhergehenden Sanktionen sind zwar weitgehend abstrakter Natur; verlangt eine Person, sie aus der Liste der Talibanverordnung zu streichen, stellt dies im Ergebnis einen Antrag auf Abänderung der Verordnung dar. Wenn hingegen dieser Antrag mit Erlass einer Verfügung beantwortet wird, kann dagegen Beschwerde beim Bundesgericht geführt werden, mit dem Argument, dass die betreffende Person den Sanktionen der Verordnung unterstellt und damit unmittelbar und speziell in Grundrechtspositionen berührt ist (BGE 133 II 450 E. 2.1). 380

Praxis:

- **Vermögenssperre der Guthaben des verstorbenen Mobutu:** Am 15. Dez. 2003 ordnete der Bundesrat eine neuerliche Sperre der Guthaben des verstorbenen Mobutu und seiner Entourage für eine Dauer von vorerst drei Jahren an und beauftragte das Department für auswärtige Angelegenheiten (EDA), die Parteien in angemessenem Rahmen bei der Suche nach einer bestmöglichen Lösung zu unterstützen. Eine derartige Sperre hatte der Bundesrat bereits mit Verordnung vom 17. Mai 1997 angeordnet. Mit Schreiben vom 23. Dez. 2003 an das EDA bestritt A, 381 dass seine Forderungen von der Vermögenssperre vom 15. Dez. 2003 betroffen seien und verlangte, dass das EDA förmlich feststelle, dass ihm diese Vermögenssperre betr. das umstrittene «Savignyvermögen» nicht entgegengehalten werden könne. Mangels einer klaren Antwort musste er mehrmals vorstellig werden. Schliesslich wiederholte das EDA am 14. Mai 2004, dass der Bundesrat die Vermögenssperre gestützt auf Art. 184 Abs. 3 BV erlassen und die Dauer auf drei Jahre festgesetzt habe sowie dass die Vermögenssperre nichts anderes als die unterbruchslose Fortsetzung der 1997 angeordneten Massnahmen darstelle. A erhob in der Folge am 13. April 2004 Beschwerde i.S.v. Art. 17 SchKG mit dem Antrag, es sei der Betrag seiner gemäss Verteilungsliste vom 21. Okt. 2002 anerkannten Forderungen freizugeben und ihm auszuhändigen. Parallel dazu erhob A am 14. Juni 2004 beim Bundesgericht Verwaltungsgerichtsbeschwerde gegen die Verfügung des EDA vom 14. Mai 2004. Das Bundesgericht tritt auf die Verwaltungsgerichtsbeschwerde ein und heisst sie gut. Erwägungen: Vorab stellt sich die Frage nach der Rechtsnatur des Anfechtungsobjekts im vorliegenden Beschwerdeverfahren, d.h. des Schreibens des EDA vom 14. Mai 2004, und seines Verhältnisses zum Bundesratsbeschluss vom 15. Dez. 2003. Der Bundesratsbeschluss vom 15. Dez. 2003 nennt keine Gesetzesgrundlage. Er stützt sich indessen zweifellos auf Art. 184 Abs. 3 BV, der den Bundesrat ermächtigt, zur Wahrung der Interessen des Landes Verordnungen und Verfügungen zu erlassen. Die Liste der seit 1918 getroffenen Massnahmen zeigt, dass solche Verordnungen (bis 1965 als Beschlüsse bezeichnet) im Prinzip generell-abstrakte Wirkung hatten, während die Verfügungen Einzelfälle betrafen. Die Massnahme der Vermögenssperre vom 15. Dez. 2003 wurde als Verfügung bezeichnet und nicht in der Amtlichen Sammlung veröffentlicht. Die Gründe für diesen Unterschied in Bezug auf die auf Art. 102 Ziff. 8 aBV beruhende Verordnung vom 17. Mai 1997 sind nicht augenfällig. Tatsächlich ist im einen wie im andern Fall der Gegenstand der Vermögenssperre bezüglich der Guthaben des verstorbenen Mobutu nicht festgelegt. Gemäss ihrem Wortlaut richtet sich die Verfügung vom 15. Dez. 2003 an eine Vielzahl von Personen und betrifft verschiedene Güter. Sie weist daher einen generell-abstrakten Charakter auf, was bedeutet, dass sie als Verordnung hätte erlassen und veröffentlicht werden müssen. Trotz ihrer Bezeichnung als Verfügung handelt es sich also um eine Verordnung. Eine sie ausführende Verfügung könnte in Bezug auf ihren Gegenstand mit Verwaltungsgerichtsbeschwerde angefochten werden. Nach Kenntnisnahme der Verordnung vom 15. Dez. 2003, die ihm mit Schreiben des EDA am 22. Dez. 2003 zugestellt worden war, konnte sich der Beschwerdeführer in guten Treuen fragen, ob sich die Vermögenssperre auch auf das von ihm geforderte Guthaben erstrecke, zumal die Vermögenssperre vom 17. Mai 1997, die durch jene vom 15. Dez. 2003 ersetzt wurde, teilweise aufgehoben worden war, um Gläubiger der öffentlichen Hand zu befriedigen. Aus diesem Grund verlangte er vom EDA dazu eine förmliche Verfügung. Es brauchte mehrere Vorstösse bis das EDA am 10. März 2004 antwortete, dass sich die am 15. Dez. 2003 angeordnete Vermögenssperre auch auf den Verwertungserlös des «Savignyvermögens» beziehe. Diese Formulierung war zweideutig, weil sie sich nicht klar zum Schicksal der Forderungen des Beschwerdeführers äusserte. Erst am 14. Mai 2004 anerkannte das EDA nebenbei, dass die Verordnung vom 15. Dez. 2003 die Vollstreckung des Kantonsgerichtsurteils vom 14. April 2001 und die Vornahme der Verteilung gemäss Verteilungsliste vom 21. Okt. 2002 ausschliesse. Auch wenn sich das EDA dagegen verwahrte, kommt dieser Stellungnahme die Bedeutung einer Verfügung i.S.v. Art. 5 Abs. 1 lit. b VwVG zu, weil sie auf die Feststellung hinausläuft, dass die vom Beschwerdeführer beanspruchten Vermögenswerte aufgrund der Verordnung vom 15. Dez. 2003 gesperrt blieben. Zusammenfassend ergibt sich, dass die vorliegende Verfügung eine solche gemäss Art. 5 VwVG darstellt, gegen welche die Verwaltungsgerichtsbeschwerde i.S.v. Art. 97 Abs. 1 aOG zulässig ist (BGE 132 I 229 E. 4).

382 – **Talibanverordnung:** Am 2. Okt. 2000 erliess der Bundesrat die Verordnung über Massnahmen gegenüber Personen und Organisationen mit Verbindungen zu Osama bin Laden, der Gruppierung «Al-Qaïda» und den Taliban (TalibanV). Danach sind Gelder und wirtschaftliche Ressourcen, die sich im Eigentum oder unter Kontrolle der natürlichen und juristischen Personen, Gruppen und Organisationen nach Anhang 2 befinden, gesperrt, und es ist verboten, Gelder an diese zu überweisen oder ihnen Gelder und wirtschaftliche Ressourcen sonst wie direkt

oder indirekt zur Verfügung zu stellen (Art. 3 Abs. 1 und 2). Die Einreise in die Schweiz oder die Durchreise durch die Schweiz ist den in Anhang 2 aufgeführten natürlichen Personen verboten (Art. 4a Abs. 1). Am 9. Nov. 2001 wurden Youssef Nada sowie verschiedene mit ihm verbundene Organisationen in die vom Sanktionsausschuss herausgegebene Liste aufgenommen. Anhang 2 TalibanV wurde am 30. Nov. 2001 um diese Namen ergänzt. Am 22. Sept. 2005 stellte Youssef Nada dem Bundesrat das Gesuch, er und die mit ihm verbundenen Organisationen seien aus dem Anhang 2 TalibanV zu streichen; eventualiter sei eine anfechtbare Verfügung zu erlassen. Mit Verfügung vom 18. Jan. 2006 lehnte das Staatssekretariat für Wirtschaft (seco) das Gesuch ab, im Wesentlichen mit der Begründung, die Schweiz dürfe keine Namen aus dem Anhang der TalibanV streichen, solange diese Namen auf der vom Sanktionsausschuss des Sicherheitsrates herausgegebenen Liste figurierten. Gegen diese Verfügung erhob Youssef Nada am 13. Feb. 2006 Verwaltungsbeschwerde beim Eidgenössischen Volkswirtschaftsdepartement (EVD), welches die Beschwerde wie ebenso das Bundesgericht abweist. Erwägungen: Anfechtungsgegenstand der Verwaltungsrechtspflege sind Verfügungen; Rechtssätze, zu denen insbesondere die Verordnungen des Bundesrats zählen, können grundsätzlich nicht selbstständig angefochten werden, sondern lediglich im Anwendungsfall vorfrageweise überprüft werden. Der Beschwerdeführer beantragt die Streichung aus dem Anhang der TalibanV und damit formell die Änderung einer Verordnung. Dennoch erliess das seco eine «Verfügung», mit der es den Antrag des Beschwerdeführers abwies; das EVD wies die Beschwerde ab. In seiner Vernehmlassung an das Bundesamt für Justiz vom 31. Aug. 2006 führte das EVD hierzu aus, dass sich die Aufnahme in (bzw. die Streichung aus) Anhang 2 der TalibanV für die betroffene Person wie ein individuell-konkreter Verwaltungsakt und damit wie eine Verfügung i.S.v. Art. 5 VwVG auswirke. Bei den in der Verordnung vorgesehenen Zwangsmassnahmen handle es sich um gezielt diskriminierende Beschränkungen, welche die Sanktionsadressaten in wichtigen Rechtsgütern unmittelbar tangierten. Unter diesen Umständen habe es sich gerechtfertigt, den Antrag des Beschwerdeführers materiell zu behandeln. Dieser Auffassung ist zuzustimmen: Durch die Aufnahme in Anhang 2 TalibanV wird der Beschwerdeführer den Sanktionen der TalibanV unterstellt und damit unmittelbar und speziell in Grundrechtspositionen berührt, weshalb ihm durch Erlass einer Verfügung eine Rechtsschutzmöglichkeit eröffnet werden musste. Die Verwaltungsgerichtsbeschwerde gegen den Beschwerdeentscheid des EVD ist insoweit zulässig (BGE 133 II 450 E. 2.1).

d) Raumpläne

Planungsmassnahmen, insb. Richt- und Nutzungspläne, stellen Zwischengebilde eigener Art dar (vgl. Rz. 2793 ff.). Gemäss Art. 9 Abs. 1 RPG sind **Richtpläne** grundsätzlich (bloss) **behördenverbindlich**, treffen also gegenüber den Grundeigentümern keine verbindlichen Festlegungen und stellen am ehesten **Verwaltungsverordnungen** dar. Der Richtplan ist nicht rechtsetzend; weder räumt er natürlichen oder juristischen Personen Rechte ein noch auferlegt er ihnen Pflichten, die ihre Grundlage nicht schon in Vorschriften des Gesetzes- oder Verfassungsrechts finden (BVGer vom 10. Nov. 2009, A-594/2009, E. 6.1.4). **Gemeinden**, die sich durch einen kantonalen Richtplan in ihrer Autonomie verletzt fühlen, können diesen jedoch im Verfahren nach **Art. 82 lit. b BGG** anfechten (BGE 136 I 265 E. 1.1-1.3, 119 Ia 285 E. 3b, 111 Ia 129 E. 3c). 383

Nach der bundesgerichtlichen Rechtsprechung kann ein **Nutzungsplan** materiell eine Allgemeinverfügung darstellen und den Regeln der **Einzelanfechtung** gemäss Art. 82 lit. a BGG unterworfen werden (BGer vom 9. Jan. 2012, 1C_437/2011, E. 1.1; vom 29. Sept. 2011, 1C_84/2011, E. 1.1; vom 1. Okt. 2010, 1C_164/2010, E. 4.1). Eine Verfügung bzw. Allgemeinverfügung liegt insbesondere dann vor, wenn die zu treffenden Massnahmen im Plan genügend detailliert beschrieben sind, sodass 384 der Ausgang des späteren Bewilligungsverfahrens voraussehbar ist, weitgehend präjudiziert oder gleichsam überflüssig erscheint, was insbesondere auf Quartier- und Gestaltungspläne, Überbauungsordnungen oder Sondernutzungspläne zutrifft (BGE 135 II 328 E. 2.1, 133 II 353 E. 3.3, 132 II 209 E. 2.2.2, 129 I 337 E. 1.1, 123 II 231 E. 2, 121 II 72 E. 1 b; BGer vom 15. Sept. 2011, 1C_118/2011, E. 3.2.2; vom 1. Okt. 2010, 1C_164/2010, E. 4.1).

385 Auch **Nutzungsvorschriften**, die zwar **formell als Erlasse,** häufig im **Verfahren der Verordnungsgebung**, ergehen, werden vom Bundesgericht wegen der Konkretheit der Regelung als Allgemeinverfügung bzw. als Nutzungsplan im Sinne von Art. 33 RPG qualifiziert und den Regeln der Einzelanfechtung unterworfen, sofern sie mit dem entsprechenden Nutzungsplan eng zusammenhängen (BGE 135 II 328 E. 2.2 [Verordnung über die Situation der Ferienhäuser am Ufer des Neuenburgersees]; BGer vom 12. Nov. 2002, 1A.143/2002, E. 1.2 [Sondernutzungsplan Pfäffikersee] BGer vom 29. Nov. 1994, 1A.42/1994, E. 1 [Luzerner Moorschutzverordnung für die Moorgebiete Mettilimoos, Nesslebrunne, Geuggelmoos und Fuchseremoos in Finsterwald, Gemeinde Entlebuch]).

Praxis:

386 – **Ergänzungen des Baureglements, um den Bau von Mobilfunkanlagen zusätzlichen Voraussetzungen zu unterwerfen, die mit einer Planungszone gesichert werden:** Das Parlament der Einwohnergemeinde Wil erklärte am 3. Juni 2004 ein Postulat für erheblich, welches die Prüfung und Ergreifung von Massnahmen zur Standortregelung von Mobilfunkanlagen verlangte. Der Stadtrat Wil liess daraufhin die rechtlichen Möglichkeiten in einem Gutachten untersuchen. Gestützt auf dieses Gutachten wurde der Nachtrag III zum Baureglement der Stadt Wil vom 25. Nov. 1992 (BauR) ausgearbeitet, welcher verschiedene Bestimmungen des BauR ergänzt, um den Bau von Mobilfunkantennen gewissen zusätzlichen Vorschriften (Bauhöhen- und Grenzabstandsvorschriften) zu unterwerfen. Diese Ergänzungen wurden mit einer Planungszone gesichert. Der Nachtrag III zum Baureglement sowie die Planungszone lagen vom 27. Juni bis zum 26. Juli 2005 öffentlich auf. Die Planungszone wurde den Mobilfunkbetreiberinnen mit eingeschriebenem Brief angezeigt. TDC Switzerland AG (sunrise), Orange Communications SA und Swisscom Mobile AG erhoben Einsprache gegen den Beschluss des Stadtrats vom 15. Juni 2005 und beantragten die Aufhebung der Planungszone sowie des Nachtrags III zum Baureglement. Der Stadtrat weist die Einsprachen ab. Das Bundesgericht tritt auf die Beschwerde mangels Vorliegen eines schutzwürdigen Interesses nicht ein. Erwägungen: Die Beschwerdeführerinnen fechten die vom Verwaltungsgericht bestätigte Planungszone der Stadt Wil an. Sie haben zwar am vorinstanzlichen Verfahren als Parteien teilgenommen und sind deshalb durch den angefochtenen Entscheid formell beschwert. Die mit Planungszonen i.S.v. Art. 27 RPG verbundenen Rechtswirkungen stellen öffentlich-rechtliche Eigentumsbeschränkungen dar und treffen somit in erster Linie Eigentümer sowie Personen, die in anderer Weise an Grundstücken dinglich berechtigt sind. Die Beschwerdeführerinnen weisen nicht nach, dass sie in der Stadt Wil über solche Rechte verfügen. Planungszonen können sich ferner auch in rechtserheblicher Weise auf Personen mit obligatorischen Rechten an Grundstücken (Miete, Pacht) im Planungsgebiet auswirken. Auch auf Rechte dieser Art berufen sich die Beschwerdeführerinnen nicht. Aus dem angefochtenen Urteil geht hervor, dass die Planungszone letztlich auf eine in ein Postulat umgewandelte parlamentarische Motion zurückgeht, welche die Prüfung und Ergreifung von Massnahmen zur Standortregelung von Mobilfunkanlagen verlangte. Daraus könnte gefolgert werden, die mit der Planungszone gesicherten Anordnungen des Nachtrags III zum Baureglement der Stadt Wil seien in erster Linie gegen die Beschwerdeführerinnen gerichtet, weshalb diese davon zumindest faktisch in der von Art. 89 Abs. 1 BGG geforderten Art betroffen seien. Einer solchen Betrachtungsweise steht jedoch entgegen, dass die Planungszone zeitlich befristet ist und die Beschwerdeführerinnen nicht behaupten, während der

Dauer der Planungszone bestimmte konkrete Projekte für Mobilfunkantennen realisieren zu wollen, weshalb sie von der Massnahme besonders berührt und in schutzwürdigen Interessen betroffen seien. Es könnte sich ferner die Frage stellen, ob die von der umstrittenen Planungszone gesicherten Anordnungen des Nachtrags III des Baureglements der Stadt Wil generell-abstrakte Normen darstellen, die nach den Regeln der Erlassanfechtung anzufechten sind. In diesem Fall würde eine rein virtuelle Betroffenheit der Beschwerdeführerinnen als Legitimationsvoraussetzung genügen und diese wäre ihnen ohne Weiteres zuzuerkennen. Die in den Art. 47 Abs. 4 und 59a BauR vorgesehenen Bauhöhen- und Grenzabstandsvorschriften sind jedoch mit dem Zonenplan der Stadt Wil derart eng verbunden, dass man sie als Teile dieses Nutzungsplans betrachten muss. Als solche sind sie vor Bundesgericht den Regeln über die Einzelaktanfechtung i.S.v. Art. 82 lit. a BGG unterworfen. Auf die Beschwerde kann demnach nicht eingetreten werden (BGE 133 II 353 E. 3).

7. Bemerkungen

1. Als staatliche Akte ergehen Erlasse in **Ausübung hoheitlicher Funktion**, sei es, 387 dass sie von staatlichen Organen oder Behörden ausgehen, oder sei es, dass Private, dezentrale Verwaltungsträger oder interkantonale Organe in gesetzmässiger Weise damit betraut werden (BGE 128 I 113 E. 2e; BGer vom 6. Nov. 2008, 2C_561/2007, E. 1.1.2). Das Bundesgericht hat festgehalten, dass auch **interkantonale Organe** Rechtssätze erlassen können, wenn sie sich auf eine gesetzliche Ermächtigung (in casu interkantonaler rechtsetzender Vertrag) stützen können (BGer vom 6. Nov. 2008, 2C_561/2007, E. 1.1.2 [von der Gesundheitsdirektorenkonferenz beschlossenes Prüfungsreglement für Osteopathen]). Im Übrigen können auch **Gemeinden** nur im Rahmen übergeordneter rechtlicher Grundlagen hoheitlich handeln; **kantonale Behörden** sind nicht befugt, gesetzgeberische Funktionen wahrzunehmen, wenn ihnen keine Rechtssetzungsbefugnisse übertragen worden sind (VerwG BL vom 31. Mai 1995, in: VGE 1995 S. 157 E. 3b [kantonale Fürsorgebehörde]).

2. Fehlt **privaten oder dezentralen Verwaltungsträgern** die Befugnis, Rechtssätze 388 zu erlassen, stellen die betreffenden Bestimmungen allenfalls **Empfehlungen** dar (BGE 135 II 38 E. 4.3-4.6 [Carbura]; BGer vom 5. April 2007, 2A_599/2006, E. 2.2 [Reglemente von Selbstregulierungsorganisationen nach Art. 25 GWG]; vom 24. März 1997, 2A.400/1995, E. 1a [«Flight Duty Regulations» der Swissair]; REKO MAW vom 21. Juni 2003, in: VPB 68 [2004] Nr. 29 E. 2.2.1 [FMH]). Ferner hat die Befugnis **bereichsspezifisch** begründet zu sein: Die Six Swiss Exchange AG oder die Standesorganisation der Ärzte des Kantons Thurgau sind zwar befugt, ein Kotierungsreglement bzw. ein Reglement über den Notfalldienst zu erlassen, jedoch fehlt ihnen die Kompetenz, abschliessend ein Schiedsgericht gegen Entscheide der internen Beschwerdeinstanz vorzusehen (BGE 137 III 37 E. 2) bzw. mangels genügend bestimmter gesetzlicher Grundlage eine Ersatzabgabe wegen Befreiung vom Notfalldienst zu erheben (BGer vom 25. Okt. 2011, 2C_807/2010, E. 3).

3. **Rechtssätze** enthalten üblicherweise **verbindliche, aussenwirksame Rechtsnor-** 389 **men**, indem sie den Einzelnen unmittelbar zu einem Tun, Dulden, Unterlassen oder einem sonstigen Verhalten verpflichten oder berechtigen. Von den Rechtssätzen sind daher einerseits nicht verbindliche **Informationen, Empfehlungen, Grundsätze, Konzepte oder Mitteilungen** zu unterscheiden (auch: «soft law»), die allenfalls generell-abstrakt sind, jedoch den Einzelnen nicht verbindlich zu einem bestimmten Verhalten berechtigen oder verpflichten. Andererseits sind davon **Verwaltungsver-**

ordnungen zu unterscheiden, die als Normen des «Innenrechts» zwar behördenverbindlich, jedoch nicht aussenwirksam sind und den Einzelnen grundsätzlich nicht zu einem bestimmten Tun berechtigen oder verpflichten (BGE 136 II 415 E. 1.1, 128 I 167 E. 4.3, 121 II 473 E. 2b). Die Praxis unterscheidet nicht immer klar zwischen verbindlichen und nicht verbindlichen Richtlinien und zählt teilweise auch blosses «soft law» zu den (innenverbindlichen) Verwaltungsverordnungen (siehe hier nur BGE 109 V 207 E. 3).

390 4. Aus den **vier Kriterien «individuell», «generell», «konkret» und «abstrakt» lassen sich theoretisch vier Fallgruppen** bilden. Von der üblichen Einteilung (Einzelakt [individuell-konkret] und Rechtssatz [generell-abstrakt]) sind generell-konkrete (Allgemeinverfügungen) und individuell-abstrakte (Einzelfallgesetze) Anordnungen zu unterscheiden (vgl. UHLMANN, VwVG-Praxiskommentar, Art. 5 VwVG, Rz. 44 f.). Die Praxis zu diesen Fallgruppen ist nicht frei von Widersprüchen und kasuistisch – am Einzelfall orientiert – geprägt. Unter Berücksichtigung der Allgemeinverfügung als generell-konkrete Anordnung, welche – abgesehen von verfahrensrechtlichen Besonderheiten – nicht als eigene Kategorie, sondern wie eine Verfügung behandelt wird (vgl. etwa BGE 134 II 272 E. 3.2, 126 II 300 E. 1a, 125 I 313 E. 2a), liegt der entscheidende Unterschied zwischen Einzelakt und Rechtssatz in der Qualifikation der Anordnung als «abstrakt» bzw. «konkret».

391 5. **Einzelakte** regeln Rechte und/oder Pflichten mit Bezug auf einzelne bestimmte Tatbestände oder Lebenssachverhalte; sie kennzeichnen sich mithin durch ihre direkte Anwendbarkeit und Vollziehbarkeit aufgrund einer genügend konkreten Tatbestandserfassung, ohne dass es noch eines weiteren umsetzenden Hoheitsaktes bedarf (so BGE 134 II 272 E. 3.2), während **Rechtssätze** eine unbestimmte Anzahl von Tatbeständen oder Lebenssachverhalten ohne Rücksicht auf einen bestimmten Einzelfall regeln (BGE 135 II 38 E. 4.3, 125 I 313 E. 2a; BVGer vom 14. April 2009, A-1543/2006, E. 4.3). Ob eine Anordnung konkreter oder abstrakter Natur ist, beurteilt sich danach, inwiefern das **Anordnungsobjekt bestimmt bzw. bestimmbar** ist und hängt damit vom Inhalt der Anordnung und nicht von der gewählten Form ab (BGer vom 6. Juli 2001, 2A.111/1999, E. 3c und E. 3d; BVGer vom 14. April 2009, A-1543/2006 E. 4.1; VerwG ZH vom 15. März 2006, PB.2005.00058, E. 2.2).

392 6. Erfasst die betreffende **Anordnung** einen **grossen Teil sämtlicher theoretisch möglicher Anordnungsobjekte**, ist diese in der Form eines Rechtssatzes zu erlassen (BGer vom 21. Nov. 2008, 2C_118/2008, E. 1.1 [Hundeverbot für verschiedene Parkanlagen einer Stadt, die einen grossen Teil sämtlicher Parkanlagen ausmachen]). Wird ein Sachverhalt aus einer Vielzahl möglicher Sachverhalte geregelt, kann die betreffende Anordnung dennoch **generell-abstrakter Natur** sein, wenn sich über den (konkreten) Sachverhalt hinaus grundsätzliche Fragen und Probleme stellen, die nicht mittels Verfügung entschieden werden können (REKO WEF vom 1. Mai 2006, in: RPW 2006 S. 310 E. 5.4.6, betr. Netzzugang zum Strommarkt). Die **Technizität und die Einzelfallbezogenheit** der Regelungsmaterie kann hingegen ergeben, dass vom Regelungsinhalt her keine Verordnung, sondern eine Allgemeinverfügung vorliegt (BVGer vom 14. Dez. 2007, A-1553/2007, E. 4.2 [Verbot von Personentransport bei sog. Unterlastflügen von Helikopterunternehmungen]; vom 3. Dez. 2007, A-1982/2006, E. 1 [Koordination von An- und Abflügen auf Gebirgslandeplätzen]).

7. Die **Abgrenzung** im Einzelnen ist freilich **umstritten**. Bei **Anordnungsobjekten mit örtlichem Bezug** ist danach zu differenzieren, ob der örtliche Geltungsbereich zum **Regelungszweck** gehört (vgl. Nutzungspläne) bzw. ob eine bestimmte Örtlichkeit einem bestimmten Regime unterstellt wird (Leinenzwang für Hunde für eine bestimmte Parkanlage [Allgemeinverfügung]), oder ob für eine unbestimmte Vielzahl von Örtlichkeiten eine bestimmte Ordnung erlassen wird (Leinenzwang für alle Parkanlagen einer Stadt oder Schifffahrts-Fahrverbot für alle Gewässer eines Kantons [Rechtssatz]). Entsprechend stellt der Leinenzwang für Hunde auf den Gebieten der Sportanlage Chliriet, des Dickloo-Waldes und der Fusswege zur Primarschulanlage in Oberglatt eine Allgemeinverfügung dar (VerwG ZH vom 6. Dez. 2007, VB.2007.00391, E. 1), während das Verbot des sogenannten Paintballspiels entgegen dem Regierungsrat des Kantons Aargau (RR AG vom 6. Nov. 2002, in: ZBl 2004 S. 218 E. 3a) als Rechtssatz zu qualifizieren ist, da allgemeine Verhaltensvorschriften für das gesamte Gemeindegebiet – und nicht nur im Hinblick auf bestimmte Örtlichkeiten – erlassen werden. Demgegenüber gehört bei der Unterschutzstellung sämtlicher vor 1920 erstellter Gebäude in der Altstadt von St. Gallen der örtliche Geltungsbereich zum Regelungszweck; die Schutzanordnung bezieht sich auf eine bestimmte Zone der Stadt St. Gallen (Altstadt) und hängt mit dem Zonenplan der Stadt St. Gallen eng zusammen, womit eine Allgemeinverfügung und kein Rechtssatz vorliegt (entgegen VerwG SG vom 18. Nov. 2003, in: GVP 2003 Nr. 18 E. aa). Dies gilt selbst dann, wenn die Schutzbestimmungen formell als Ergänzung der Bauordnung erlassen werden (zu einer vergleichbaren Konstellation BGE 133 II 353 E. 3). 393

8. **Unumstritten** ist, dass sich die **räumliche Ausdehnung** nicht als Kriterium zur Unterscheidung zwischen Rechtssatz und Einzelakt eignet. Allein weil der räumliche Anwendungsbereich einer Anordnung ausserordentlich gross ist und unter Umständen Hunderte, allenfalls gar Tausende von Quadratkilometern erfasst, wird sie nicht zu einer abstrakten, solange das Anordnungsobjekt bestimmt bzw. bestimmbar ist (z.B. Fahr- und Reitverbot entlang der Töss [BGE 101 Ia 73 E. 3c], Änderung der Luftraumstruktur beim Flughafen Zürich [REKO INUM vom 30. Nov. 2004, in: VPB 69 [2005] Nr. 45 E. 1.4], Leinenzwang für Hunde am Limmatuferweg [VerwG ZH vom 13. Juli 2001, VB.2001.00153, E. 1b]). 394

9. Fraglich ist hingegen, ob **Anordnungen**, die zwar formell für alle Anlagen, alle Gewässer oder das ganze Gemeindegebiet gelten und eine unbestimmte Vielzahl von Lebenssachverhalten regeln – und deshalb theoretisch Rechtssätze darstellen –, sich hingegen **faktisch nur auf eine bestimmte Verhaltensweise an einer bestimmten Örtlichkeit** beziehen, Allgemeinverfügungen darstellen (so jedenfalls BGE 126 II 300 E. 1a [Vorschriften im Hinblick auf das Schiessen am Banntag in der Gemeinde Liestal, welche in erster Linie das Schiessen im Zentrum von Liestal regeln]). Da die Festlegung des örtlichen Geltungsbereichs gerade anders als etwa bei Nutzungsplänen nicht als wesentlicher Inhalt und Zweck der betreffenden Weisung betrachtet werden kann, darüber hinaus allgemeine Verhaltensvorschriften für das gesamte Gemeindegebiet erlassen wurden, hätte das Bundesgericht auf das Vorliegen eines generell-abstrakten Erlasses schliessen müssen. Zu Recht wurden später diese Weisungen in der Form einer Verordnung – und nicht einer Allgemeinverfügung – erlassen. 395

396 10. Sind mit der betreffenden Anordnung Rechtsfolgen verknüpft, die **allgemeine Verhaltensvorschriften** beinhalten oder werden **Fragen grundsätzlicher Natur** geregelt, liegt ein Rechtssatz vor: Mit der Festlegung von **Betreibungskreisen** sind trotz beschränktem örtlichem Geltungsbereich Rechtsfolgen verknüpft, welche als allgemeine Verhaltensvorschriften zu qualifizieren sind (BGer vom 23. Nov. 2009, 5C_4/2009, E. 6.2; VerwG ZH vom 30. Sept. 2009, VB.2009.00376, E. 3.2.2). Der **Klärschlamm-Entsorgungsplan** beinhaltet die Grundzüge des Entsorgungskonzepts und legt die Pflichten der betroffenen Gemeinden oder Gemeindeverbände in allgemeiner Weise fest, weshalb von einem Rechtssatz auszugehen ist (VerwG ZH vom 12. Mai 2004, VB.2004.00034, E. 1.2). Hingegen stellt der Beschluss, **regionale Spitäler einen für die Bemessung von Staatsbeiträgen relevanten Einzugsbereich** von einer oder mehreren Gemeinden zuzuordnen, eine Allgemeinverfügung dar, da eine solche Zuordnung nur finanzielle Leistungen zugunsten von Spitälern – mit allfälligen finanziellen Auswirkungen für die Gemeinden – zur Folge hat und keine allgemeinen Verhaltensvorschriften umfasst (VerwG ZH vom 31. Mai 2007, VB.2007.00024, E. 4.1; ferner BVGer vom 29. Jan. 2010, C-8602/2007, E. 1 [Aufnahme verschiedenster Mittel in die Liste der nicht bewilligungspflichtigen Pflanzenschutzmittel]; REKO EVD vom 18. Juli 2003, in: VPB 68 [2004] Nr. 104 E. 1.1 [Globalbewilligung des seco für Sonntagsarbeit für Lehrtöchter und Lehrlinge des Gastgewerbes]).

397 11. **Ist der zeitliche Geltungsbereich beschränkt** und gehört er zum **Regelungszweck**, liegt gemäss Praxis eine Allgemeinverfügung vor (BGE 125 I 313 E. 2a [Sistierung der Gehaltserhöhung für ein Jahr]; RR OW vom 4. Juli 2000, in: VVGE 2000/01 Nr. 3 E. 1c [einmalige Erhöhung der Löhne einer Berufsgruppe]). Der Inhalt der Anordnung kann jedoch aus dem zeitlich beschränkten Geltungsbereich nicht erschlossen werden. Massgebend ist allein, ob die typischen inhaltlichen Strukturelemente eines Erlasses vorliegen. Entsprechend hätte das Bundesgericht im Urteil BGE 125 I 313 E. 2a prüfen müssen, ob die Anordnung (Sistierung der Gehaltserhöhung für ein Jahr) die Anwendung eines Gesetzes und/oder einer Verordnung zumindest für eine Berufsgruppe faktisch für ein Jahr ausser Kraft gesetzt hat. Zu Recht hat das Verwaltungsgericht Zürich erkannt, dass ein Erlass vorliegt, wenn mit derartigen Anordnungen faktisch die in Gesetz oder Verordnung festgelegten Rechte und Pflichten abgeändert oder für eine gewisse Zeit ausser Kraft setzt (VerwG ZH vom 15. März 2006, PB.2005.00058, E. 2.3 und E. 2.4).

398 12. **Hilfskriterien** wie das **Rechtsschutzinteresse,** die **Zuständigkeit,** die **Form** oder das **Verfahren** sind lediglich im Zweifelsfall beizuziehende Aspekte (BGer vom 23. Nov. 2009, 5C_4/2009, E. 6.2; BVGer vom 1. April 2008, B-8057/2007, E. 2.4.1). Entscheidend erscheint, ob die **typischen inhaltlichen Strukturelemente eines Rechtssatzes** vorliegen und nicht, ob die betreffende (generell-abstrakte) Anordnung ordnungsgemäss im betreffenden Verfahren erlassen wurde (so auch BGE 126 II 300 E. 1), oder ob als Adressat eine bestimmte Person oder Organisation aufgeführt und dieser auch das rechtliche Gehör gewährt wurde (entgegen RR AG vom 6. Nov. 2002, in: ZBl 2004 S. 218 E. 3a, betr. Verbot des Paintball-Spiels). Auf einen **Einzelakt** ist hingegen zu schliessen, wenn sich der Beschluss **unmittelbar vollziehen** lässt; bedarf demgegenüber eine Anordnung der Umsetzung durch einen konkreten Entscheid, deutet dies auf eine generell-abstrakte Natur hin (BGE 134 II 272

E. 3.2 [Pflichtheft für die Herstellung von Greyerzerkäse, welches durch einen Zertifizierungsentscheid umgesetzt wird]).

13. Gewisse **Beschlüsse** zeichnen sich dadurch aus, dass sie gleichzeitig sowohl konkrete Rechtsbeziehungen regeln wie auch in allgemeiner Art und Weise gewisse Verhaltenspflichten festlegen (sog. Doppelanordnungen; vgl. VerwG ZH vom 2. Sept. 2009, VB.2009.00388, E. 1.1 [Tarifordnung]; vom 12. Mai 2004, VB.2004.00034, E. 1.2 [Klärschlamm-Entsorgungsplan]). Je nach Rechtsnatur der Streitigkeit bzw. je nach Art der vorgebrachten Rügen ist die Angelegenheit im Rahmen der Erlass- oder im Rahmen der Einzelanfechtung zu prüfen. Kennt das entsprechende Gericht keine abstrakte Normenkontrolle, ergeht je nach gestellten Rechtsbegehren unter Umständen ein Nichteintretensbeschluss (vgl. etwa VerwG ZH vom 12. Mai 2004, VB.2004.00034, E. 1.2). Ferner sind **besondere Konstellationen** zu berücksichtigen, bei denen sich je nach Adressat und Blickwinkel die Rechtsnatur des Anordnungsobjekts ändern kann (BGE 135 II 38 E. 4.6 [Genehmigung eines Reglements]; BVGer vom 10. Juli 2007, C-7604/2006, E. 1.4 [Genehmigung eines Versicherungstarifs: Diese ist gegenüber einem Krankenversicherer als Verfügung, gegenüber den Versicherten als Erlass zu qualifizieren]). **Aufsichtsmassnahmen** können je nach Inhalt und Regelungsgegenstand generell-abstrakt oder individuell-konkret sein. 399

II. Gesetze

Als **Gesetze** gelten die in dem **besonderen Verfahren der Gesetzgebung**, d.h. unter Mitwirkung des Parlaments und/oder des Volkes, erlassenen **generell-abstrakten Normen**, wobei die Kantone oder Gemeinden von Bundesrechts wegen nicht gehalten sind, ihre Gesetze dem Referendum zu unterstellen (BGE 135 I 130 E. 7.2, 132 I 157 E. 2.2, 128 I 327 E. 4.1, 124 I 216 E. 3a, 118 Ia 320 E. 3a). Mit dem Gesetzesbegriff verknüpft ist das aus dem Legalitätsprinzip abgeleitete **Erfordernis der Gesetzesform**, wonach alle **wichtigen rechtsetzenden Bestimmungen** in der Form eines Gesetzes und damit vom Parlament und – je nach Verfassung – unter Mitwirkung des Volkes zu erlassen sind (BGE 136 I 316 E. 2.4.1, 134 I 125 E. 3.2, 132 I 157 E. 2.2, 126 I 180 E. 2a/aa; vgl. Rz. 1275 und Rz. 1376 ff.). 400

Kommt dem Parlament gemäss Verfassung die Befugnis zum Erlass von dem Referendum entzogenen Verordnungen zu (sog. **Parlamentsverordnungen**), haben diese je nach kantonaler Rechtslage ebenso die Bedeutung von Gesetzen (BGE 132 I 157 E. 2.2, 128 I 327 E. 2.3 und E. 4.1; dazu Rz. 531 ff.). Auch **unmittelbar rechtsetzende interkantonale Vereinbarungen** und **Staatsverträge** stellen Gesetze im formellen Sinn dar, die eine hinreichende gesetzliche Grundlage für Einschränkungen von Grundrechten bilden (BGE 137 I 31 E. 1.3 und E. 6.3; BGer vom 6. Nov. 2008, 2C_561/2007, E. 1.1.1; BVGE 2010/40 E. 6.5.3). Ein **kommunaler Erlass** stellt ein Gesetz im formellen Sinn dar, wenn die Gemeinde zur Regelung der betreffenden Materie befugt ist und dieses von der nach dem kantonalen Recht ermächtigten Gemeindelegislative (Gemeindeversammlung oder -parlament) ausgeht und allenfalls dem (obligatorischen oder fakultativen) Referendum untersteht (BGE 131 I 333 E. 4.3, 127 I 60 E. 2d; siehe Rz. 594 ff.). 401

III. Verordnungen

1. Allgemeines

402 Werden **Rechtssetzungskompetenzen** des Gesetzgebers an die Exekutive delegiert, erlässt diese die rechtsetzenden Bestimmungen in Form von Verordnungen. Der Gesetzgeber ermächtigt damit im (formellen) Gesetz die Exekutive zum Erlass von sogenannt unselbstständigen Verordnungen, was grundsätzlich als zulässig gilt (BGE 128 I 113 E. 3c; BVGer vom 19. Aug. 2011, A-3454/2010, E. 1.4.1; vom 28. Juli 2009, A-7518/2009, E. 1.4.2; vom 14. April 2009, A 1543/2006, E. 3.2 und E. 3.3).

403 Bei **unselbstständigen Verordnungen** werden zwei Kategorien unterschieden: Die **gesetzesvertretenden Verordnungen** ergänzen oder ändern die gesetzliche Regelung und übernehmen damit Gesetzesfunktion (BGE 134 I 322 E. 2.6, 128 I 113 E. 3c; BVGer vom 9. Nov. 2010, B-1796/2009, E. 3.4; vom 14. April 2009, A-1543/2006, E. 3.3; vom 26. Juni 2007, A-2482/2007, E. 4.2). **Vollziehungsverordnungen** hingegen sollen Gesetzesbestimmungen verdeutlichen und dürfen – im Vergleich zum Gesetz – nicht zusätzliche Pflichten auferlegen, selbst wenn diese mit dem Gesetzeszweck im Einklang stehen würden (BGE 136 I 29 E. 3.3, 134 I 313 E. 5.3, 133 II 331 E. 7.2.2, 130 I 140 E. 5.1; BVGE 2011/13 E. 15.5, 2011/11 E. 5, 2010/52 E. 3.4.1).

404 Zum **Erlass von Vollziehungsverordnungen** ist im Bund der Bundesrat grundsätzlich bereits gestützt auf Art. 182 Abs. 2 BV ohne spezialgesetzliche Ermächtigung befugt, weshalb im Grunde genommen kein eigentlicher Delegationsfall vorliegt (BGE 133 II 331 E. 7.2, 130 V 263 E. 5.1, 127 V 10 E. 5b, 125 V 266 E. 6b; BVGE 2011/13 E. 15.5; BVGer vom 14. April 2009, A-1543/2006, E. 3.3). Auch in den meisten Kantonen kommt der Exekutive eine derartige Verordnungskompetenz zu, wohingegen ein allgemeines, unmittelbar auf die Verfassung gestütztes Recht zum Erlass von gesetzesvertretenden Verordnungen sowohl auf Bundesebene wie auch in den Kantonen fehlt (für den Kanton Zürich VerwG ZH vom 10. Mai 2007, VB.2007.00077, E. 6.2.1).

405 Von **Subdelegation** spricht man, wenn die Rechtssetzungsbefugnisse von dem an und für sich zuständigen Exekutivorgan (Bundesrat bzw. Regierungsrat) auf untergeordnete Verwaltungseinheiten übertragen wird, was auf Bundesebene nach Art. 48 Abs. 1 RVOG auch ohne spezialgesetzliche Ermächtigung zulässig ist, wenn die Befugnisse auf ein Departement übergehen; lediglich eine Übertragung der Rechtssetzung auf Gruppen oder Ämter bedarf einer Ermächtigung in einem Bundesgesetz oder in einem allgemeinverbindlichen Bundesbeschluss (Art. 48 Abs. 2 RVOG; vgl. BGer vom 4. Mai 2001, 2A.557/2000, E. 4b).

2. Vollziehungsverordnungen

a) Begriff

Vollziehungsverordnungen haben den Gedanken des Gesetzgebers durch **Detailvorschriften** näher auszuführen und auf diese Weise die Anwendbarkeit des Gesetzes zu ermöglichen. Sie haben sich an den **gesetzlichen Rahmen** zu halten und dürfen das auszuführende Gesetz weder aufheben noch abändern. Sie müssen der Zielsetzung des Gesetzes folgen und dürfen dabei lediglich die Regelung, die in grundsätzlicher Weise bereits im Gesetz Gestalt angenommen hat, aus- und weiterführen. Ihnen kommt die Funktion zu, die gesetzlichen Bestimmungen zu konkretisieren und gegebenenfalls untergeordnete Lücken zu füllen, soweit dies für den Gesetzesvollzug erforderlich ist. Durch eine Vollziehungsverordnung dürfen dem Bürger grundsätzlich keine neuen Pflichten auferlegt werden, selbst wenn diese durch den Gesetzeszweck gedeckt wären (BGE 136 I 29 E. 3.3, 134 I 313 E. 5.3, 133 II 331 E. 7.2.2, 130 I 140 E. 5.1, 127 V 10 E. 5b, 126 II 283 E. 3b, 124 I 127 E. 3b f., 122 II 411 E. 3d; BVGE 2011/13 E. 15.5, 2010/52 E. 3.4.1). 406

Dem **Vollziehungsverordnungsrecht** sind demnach in **vierfacher Hinsicht** Schranken gesetzt: Eine Vollziehungsverordnung muss sich auf eine Materie beziehen, die Gegenstand des zu vollziehenden Gesetzes bildet (1.), darf dieses weder aufheben noch abändern (2.), muss der Zielsetzung des Gesetzes folgen und dabei lediglich die Regelung, die in grundsätzlicher Weise bereits im Gesetz Gestalt angenommen hat, aus- und weiterführen, also ergänzen und spezifizieren (3.) und darf dem Bürger keine neuen, nicht schon aus dem Gesetz folgenden Pflichten auferlegen (4.), und zwar selbst dann nicht, wenn diese Ergänzungen mit dem Zweck des Gesetzes in Einklang stehen würden (BGE 136 I 29 E. 3.3, 130 I 140 E. 5.1, 129 V 95 E. 2.1, 126 V 232 E. 5a, 117 IV 354 E. 3c, 112 V 58 E. 2a; ähnlich BVGE 2011/11 E. 5). 407

Praxis:

- Eine von Art. 127 f. OR abweichende **Verwirkungsregelung** kann in einer Vollziehungsverordnung festgelegt werden. Verjährungs- und Verwirkungsregelungen lassen sich zu den Vorschriften zählen, die den Gedanken des Gesetzgebers durch Aufstellen von Detailbestimmungen näher ausführen, um auf diese Weise die Anwendbarkeit des Gesetzes zu ermöglichen (VerwG ZH vom 10. Mai 2007, VB.2007.00077, E. 6.2.3); anderes gilt dann, wenn die diesbezügliche Ordnung intensiv in die Rechtsstellung Privater eingreift, wie dies in der Regel bezüglich der Verwirkung von Ansprüchen Privater der Fall ist (KG BL vom 3. Sept. 2003, in: ZBl 2004 S. 602 E. 4 [Verwirkung des Anspruchs auf Prämienverbilligung]). 408
- Die Regelung im bernischen Verordnungsrecht, wonach die **Nutzung des Hauptausschankraums eines Gastgewerbebetriebes als Raucherraum (Fumoir)**, die Verwendung einer Ausschankeinrichtung im Fumoir sowie der Zutritt zu den Raucherräumen für Personen unter 18 Jahren verboten sind, verstösst nicht gegen das Gastgewerbegesetz, wonach in Fumoirs sowie im Freien das Rauchen gestattet ist. Bei den genannten Bestimmungen handelt es sich um **betriebliche Vorschriften**, die der Regierungsrat im Rahmen seiner Vollzugskompetenz erlassen durfte (BGE 136 I 29 E. 3.4). 409
- Sieht das Gesetz vor, dass die Gebäudeversicherung **Versicherungsleistungen u.a. gegen Schäden erbringt, die durch Erdrutsch** entstanden sind, darf die dazugehörige Verordnung Erdrutschschäden, die infolge eines Leitungsbruchs entstanden sind, von der Deckung ausnehmen, da Schäden infolge von Erdrutschen üblicherweise nur dann versichert sind, wenn der Rutsch auf ein Naturereignis zurückgeht. Nicht gedeckt sind daher Erdrutschschäden, die durch 410

menschliche Eingriffe ausgelöst werden. Die entsprechende Verordnung enthält somit keinen selbstständigen Haftungsausschluss, sondern präzisiert insoweit nur das Gesetz (BGer vom 26. April 2010, 2C_741/2009, E. 4.3.1).

411 – Steht dem Bundesrat nur eine allgemeine Vollzugskompetenz zu (Art. 182 Abs. 2 BV), darf er die im **Gesetz umschriebenen Gründe für eine Abgabereduktion** in der Verordnung nicht abweichend regeln, sondern lediglich verdeutlichen. Dasselbe ergibt sich auch aufgrund der spezifischen Bedeutung des Legalitätsprinzips im Abgaberecht. Die Abgabeermässigung gehört zu den Elementen, die im formellen Gesetz enthalten sein müssen. Folglich müssen auch die Voraussetzungen für die Gewährung der Abgabereduktion in ihren Grundzügen im formellen Gesetz fixiert werden; diese dürfen in der Verordnung nur präzisiert, aber weder eingeschränkt noch ausgeweitet werden (BVGer vom 14. April 2009, A-1543/2006, E. 6.3.1 [Spielbankenabgabe]).

412 – Die **Landwirtschaftliche Begriffsverordnung (LBV)** stellt eine Vollziehungsverordnung dar, welche keine wesentlichen neuen Rechte und Pflichten begründen darf. Das LwG verwendet sowohl den Begriff «Bewirtschafter» als auch «Betrieb» in allen wesentlichen Bereichen und gibt damit beiden Begriffen schon wesentliche Konturen und Inhalte, welche vom Bundesrat beim Erlass der LBV näher ausgeführt und präzisiert wurden. Dabei blieb der Bundesrat im Rahmen seines Ermessens, insbesondere auch in Bezug auf die notwendigen Abgrenzungen (BVGer vom 17. Juli 2008, B-2698/2007, E. 5.1).

413 – Nach **Art. 29 lit. a GSchG** benötigt, wer einem **Fliessgewässer mit ständiger Wasserführung über den Gemeingebrauch hinaus Wasser** entnehmen will, eine Bewilligung. Gemäss Art. 33 Abs. 1 GSchV ist für Wasserentnahmen aus Fliessgewässern, die Abschnitte mit ständiger und solche ohne ständige Wasserführung aufweisen, eine Bewilligung erforderlich, wenn das Fliessgewässer am Ort der Wasserentnahme eine ständige Wasserführung aufweist. Diese Bestimmung hält sich an den gesetzlichen Rahmen, welcher Art. 29 GSchG vorgibt. Das Gewässer muss nicht auf der gesamten Restwasserstrecke eine bestimmte Abflussmenge aufweisen, sondern nur am Ort der Wasserentnahme. Art. 33 Abs. 1 GSchV begründet hinsichtlich der Wasserentnahme aus Fliessgewässern keine neuen Rechte und Pflichten. Er bezeichnet lediglich den Ort, der für die Beurteilung massgeblich ist, ob ein Gewässer ständig Wasser führt, und beantwortet damit eine für den Vollzug von Art. 29 GSchG im Gesetz offen gelassene Detailfrage. Damit handelt es sich bei Art. 33 Abs. 1 GSchV um eine typische Vollzugsbestimmung, die der Bundesrat in eigener Kompetenz erlassen kann (BGE 126 II 283 E. 3b).

414 – Nach dem § 21 des Wasserwirtschaftsgesetz des Kantons Zürich (WasserwirtschaftsG) kann die **Baudirektion im Einzelfall eine Ausnahme** zur **Unterschreitung des Mindestabstandes** gewähren, wenn besondere Verhältnisse dies rechtfertigen. Demgegenüber bestimmen die Gewässerabstandsrichtlinien, dass u.a. Zufahrten keiner Ausnahmebewilligung nach § 21 WasserwirtschaftsG bedürfen. Im Ergebnis befreit damit diese Bestimmung entgegen § 21 Abs. 1 WasserwirtschaftsG eine gewisse Kategorie von Bauten und Anlagen von der Einhaltung des Mindestabstandes. Durch die Gewässerabstands-Richtlinien wird mithin das Gesetz nicht etwa näher ausgeführt oder konkretisiert, sondern der vom Wasserwirtschaftsgesetz bestimmte Anwendungsbereich von § 21 inhaltlich verändert. Damit handelt es sich bei den Gewässerabstands-Richtlinien – materiell – nicht um eine Vollziehungsverordnung, sondern um eine gesetzesvertretende Verordnung, welche einer durch Gesetzesdelegation begründeten Kompetenz bedürfen würde, welche vorliegend allerdings fehlt (VerwG ZH vom 27. März 2002, VB.2001.00163, E. 2d).

415 – Das **SVG** enthält keine hinreichende Grundlage für **Warnungsentzüge wegen Auslandstaten**. Hingegen kenntdie **VZV** eine derartige Bestimmung. Das SVG enthält allerdings keine besondere Delegationsnorm, welche den Bundesrat zum Erlass von Bestimmungen über den Warnungsentzug wegen Auslandstaten ermächtigen würde. Ausführungs- und Vollzugsverordnungen kommt nur die Funktion zu, die Bestimmungen des formellen Gesetzes zu konkretisieren und allfällige untergeordnete Lücken zu füllen, soweit dies für den Vollzug des Gesetzes erforderlich ist. Durch Bestimmungen in der VZV, wonach ein Warnungsentzug auch wegen Auslandstaten angeordnet werden kann, werden die Normen des SVG nicht nur konkretisiert und

nicht bloss untergeordnete Lücken ausgefüllt, sondern vielmehr der Anwendungsbereich des Bundesgesetzes auf gänzlich andere Sachverhalte ausgeweitet (BGE 133 II 331 E. 7.2.2).

- **Art. 36 RPV** wurde gestützt auf die allgemeine Vollzugskompetenz des Bundesrates erlassen und bildet damit eine reine Ausführungsbestimmung zu Art. 16a Abs. 2 RPG (Begriff der inneren Aufstockung). Art. 36 RPV begründet keine neuen Rechte oder Pflichten innerhalb der Landwirtschaftszone, sondern konkretisiert lediglich, welche Voraussetzungen eine innere Aufstockung im Bereich der Tierhaltung zu erfüllen hat. Die Bestimmung regelt damit die für den Vollzug von Art. 16a Abs. 2 RPG wichtigen und im Gesetz offen gelassenen Detailfragen. Der Begriff der inneren Aufstockung wurde zwar ursprünglich von der Rechtsprechung geschaffen, mit der Gesetzesrevision aber als neuer unbestimmter Rechtsbegriff ins Raumplanungsgesetz eingeführt. Wenn der Gesetzgeber dabei darauf verzichtete, den neuen Begriff und insbesondere das zulässige Mass der inneren Aufstockung im Gesetz selber zu konkretisieren, so überliess er damit zu Recht dem Verordnungsgeber einen gewissen Spielraum bei der Wahl praktikabler Kriterien zur Konkretisierung dieses Masses (VerwG ZH vom 9. Sept. 2004, VB.2004.00214, E. 3.3.3). 416
- **Art. 31 AlkG**, der **alkoholhaltige Erzeugnisse, die nicht zu Trink- und Genusszwecken dienen können, von der Monopolgebühr** befreit, wird durch **Art. 39 AlkV** lediglich konkretisiert. Wenn die Alkoholverordnung in Art. 39 nur Arzneimittel und pharmazeutische Spezialitäten als alkoholhaltige Erzeugnisse, die nicht zu Trink- und Genusszwecken dienen können, qualifiziert, führt sie lediglich die bereits vor der Teilrevision des Alkoholgesetzes per 1. Feb. 1997 geltende, völlig unbestrittene Regelung weiter. Die in Art. 39 AlkV enthaltene Begriffsdefinition beruht somit auf einer überzeugenden Auslegung des Gesetzes. Die Verordnungsbestimmung überschreitet den in Art. 31 AlkG gesetzten Rahmen nicht und ist gesetzeskonform (ALKRK vom 20. Aug. 2001, in: VPB 66 [2002] Nr. 16 E. 3d). 417

b) Füllung untergeordneter Lücken

aa) Allgemeines

Vollziehungsverordnungen beschränken sich auf **«sekundäres Recht»**, sollen Gesetzesbestimmungen lediglich **konkretisieren**, soweit nötig das **Verfahren** regeln und **untergeordnete Lücken** füllen, solange Ansprüche, die aus dem Gesetz hervorgehen, nicht aufgehoben, abgeändert oder sonst wie modifiziert werden (BGE 136 I 29 E. 3.3, 133 II 331 E. 7.2.2, 130 I 140 E. 5.1, 127 V 10 E. 5b, 126 II 283 E. 3b, 125 V 266 E. 6b, 124 I 127 E. 3b und 3c; BGer vom 26. April 2010, 2C_741/2009, E. 3.3; BVGE 2011/13 E. 15.5, 2010/52 E. 3.4.1, 2009/37 E. 4.2.3; BVGer vom 19. Juli 2010, A-5906/2008, E. 1.3.3; vom 14. April 2009, A-1543/2006, E. 3.3 und E. 6.3.1; vom 17. Juli 2008, B-2698/2007, E. 5.1; VerwG ZH vom 19. Juni 2008, VB.2008.00143, E. 5.3; VerwG LU vom 19. Aug. 2002, in: LGVE 2002 II Nr. 23 E. 3d). Mittels Vollziehungsverordnungen können insbesondere die im Gesetz verwendeten Begriffe durch Legaldefinitionen gesetzeskonform präzisiert, die zur Anwendung des Gesetzes erforderlichen verfahrensrechtlichen und organisatorischen Vorschriften aufgestellt und die zur zwangsweisen Durchsetzung unerlässlichen Bestimmungen erlassen werden (Baurekurskommission ZH vom 25. Feb. 2005, in: BEZ 2005 Nr. 12 E. 6g). 418

Der Gesetzgeber, der einen **unbestimmten Rechtsbegriff** verwendet, kann darauf verzichten, den Begriff im Gesetz selber zu konkretisieren und kann dem Verordnungsgeber im Rahmen seiner Vollzugskompetenz einen gewissen Spielraum bei der Wahl praktikabler Kriterien zur Konkretisierung überlassen (BGE 137 II 338 E. 2.6 [Ausnahmen für Bauten und Anlagen ausserhalb der Bauzonen: Verhältnis von 419

Art. 24 lit. a RPG zu Art. 39 RPV]; ALKRK vom 20. Aug. 2001, in: VPB 66 [2002] Nr. 16 E. 3b [Begriff der alkoholhaltigen Erzeugnisse, die «nicht zu Trink- und Genusszwecken dienen können»]; VerwG ZH vom 9. Sept. 2004, BV.2004.00214, E. 3.3.3 [«innere Aufstockung» gemäss Art. 16a Abs. 2 RPG]). Die Konkretisierung durch Verordnung ist angezeigt, wenn es darum geht, das Gesetz durch eine Regelung zu ergänzen, die das Verhalten der Adressaten voraussehbar macht und damit der Rechtssicherheit dient und überdies die Gleichbehandlung erleichtert, indem ein Massstab für die Beurteilung der Einzelfälle zur Verfügung gestellt wird (ALKRK vom 20. Aug. 2001, in: VPB 66 [2002] Nr. 16 E. 3a).

420 Zu den **untergeordneten, unwesentlichen Lücken** gehören etwa Bestimmungen über die **Verjährung oder Verwirkung**, falls die betreffende Regelung nicht intensiv in die Rechtsstellung des Privaten eingreift (VerwG ZH vom 10. Mai 2007, VB.2007.00077, E. 6.2.3; KG BL vom 3. Sept. 2003, in: ZBl 2004 S. 602 ff.). Nach der Rechtsprechung liegt es grundsätzlich in der Vollzugskompetenz der Exekutive, **Verwaltungssanktionen** anzuordnen (vgl. BGE 129 I 12 E. 8.5, 121 I 22 E. 4a, 119 Ia 178 E. 6b), wenn dadurch nicht in schwerwiegender Weise in die Rechtsstellung des Einzelnen eingegriffen (z.B. durch Freiheitsentzug; vgl. BGE 124 IV 23 E. 1, 123 IV 29 E. 4a, 118 Ia 305 E. 7a) bzw. im Allgemeinen durch die angeordnete Sanktion eine gewisse Schwere nicht überschritten wird (BGE 125 V 266 E. 6e [Verbot des Versichererwechsels für säumige Prämienzahler]; BGer vom 24. April 2007, 2A_705/2007, E. 3.7 [Entzug des Fahrzeugausweises und der Kontrollschilder wegen Nichtbezahlung der Schwerverkehrsabgabe]; RR BE vom 13. Dez. 2006, in: BVR 2007 S. 296 E. 5 [definitiver Schulausschluss]; VerwG LU vom 6. Dez. 2004, in: LGVE 2004 II Nr. 5 E. 4 [Ausschluss von der weiteren Ausbildung]; zum Ganzen Rz. 3053 ff.).

421 Nach BGE 121 I 22 E. 4a gehört die **Regelung disziplinarischer Massnahmen** in einer öffentlich-rechtlichen Anstalt zu einer Frage, zu deren Normierung die Anstaltsleitung auch ohne ausdrückliche formell-gesetzliche Grundlage – also im Rahmen ihrer Vollzugskompetenz – befugt ist, soweit sich dies zur Wahrung des Anstaltszwecks als nötig erweist. Ist die Behörde bzw. die Dienststelle, welche **Arbeitszeugnisse** ausstellt, im Personalgesetz nicht festgelegt, lässt sich diese **Zuständigkeit** durch eine Vollziehungsverordnung begründen, zumal es um eine eher untergeordnete Lücke geht (VerwG ZH vom 1. Sept. 2002, in: RB 2004 Nr. 113 E. 6.3.2.1). Bestimmt der Gesetzgeber nicht selbst, auf welchen **Zeitpunkt das Gesetz in Kraft gesetzt** wird, ist die **Exekutive** im Rahmen ihrer Vollzugskompetenz befugt, eine Übergangsordnung zu erlassen, solange diese als Ausdruck allgemeiner intertemporal-rechtlicher Grundsätze betrachtet werden kann (BGE 130 I 174 E. 2.2, 127 II 209 E. 2b; zum Ganzen Rz. 768 ff.). Nach Meinung des Bundesgerichts handelt es sich um technisch-organisatorische Vorschriften, die lediglich die Voraussetzungen für die Anwendung des neuen Rechts ermöglichen (BGE 106 Ia 254 E. 2b).

Praxis:

- Art. 9 Abs. 3 KVV als Vollziehungsverordnung bestimmt, dass der bisherige Versicherer **säumige Versicherte, die den Versicherer wechseln** wollen, erst dann aus dem Versicherungsverhältnis entlassen darf, wenn die ausstehenden Prämien oder Kostenbeteiligungen vollständig bezahlt sind. Nach dem Willen der gesetzgebenden Instanzen haben die Versicherer ihre Geldforderungen auf dem Weg der Zwangsvollstreckung gemäss SchKG durchzusetzen. Weitere Formen des Verwaltungszwangs sind formell-gesetzlich nicht vorgesehen. Inwieweit Sanktionen einer gesetzlichen Grundlage bedürfen, ist in der Doktrin umstritten. So wird die Auffassung vertreten, es sei keine gesetzliche Grundlage erforderlich, wenn die Sanktion nur eine Verpflichtung darstelle, die an die Stelle derjenigen trete, welche die Pflichtigen nicht erfüllt hätten, um zum selben Resultat zu gelangen (z.B. verfügter Abbruch einer Baute und Abbruch auf dem Weg der Ersatzvornahme); anders verhalte es sich aber, wenn die Sanktion eine neue Verpflichtung begründe, welche nicht darauf hinziele, den rechtmässigen Zustand wiederherzustellen. Während nach der Rechtsprechung die Statuierung von Strafnormen in Vollziehungsverordnungen nicht gänzlich ausgeschlossen ist, bedürfen administrative Rechtsnachteile wie Bewilligungs- und Leistungsentzüge einer formell-gesetzlichen Grundlage. Das Verbot des Versichererwechsels gemäss Art. 9 Abs. 3 KVV dürfte am ehesten als administrativer Rechtsnachteil zu qualifizieren sein, indem die säumigen Versicherten bis zur Erfüllung ihrer Pflichten das Kündigungsrecht verlieren. Hierfür wäre eine formell-gesetzliche Grundlage erforderlich gewesen. Ferner schränkt die verordnungsmässige Sanktionsbestimmung das in Art. 7 Abs. 1 und 2 KVG statuierte Recht, unter Einhaltung der entsprechenden Fristen und Termine den Versicherer zu wechseln, ein, obwohl das Gesetz die nähere Regelung der Vollstreckung der Kassenforderungen nicht an den Bundesrat delegiert hat (BGE 125 V 266 E. 6e und E. 6f). 422
- Am 10. Sept. 2008 erliess der Grosse Rat des Kantons Bern das **Gesetz zum Schutz vor Passivrauchen (SchPG)**. Nach Art. 8 SchPG wurde Art. 27 des bernischen Gastgewerbegesetzes vom 11. Nov. 1993 (GGG) geändert. Nach Art. 27 Abs. 1 GGG ist in öffentlich zugänglichen Innenräumen von Betrieben, die eine Betriebs- oder Einzelbewilligung nach diesem Gesetz benötigen, das Rauchen verboten. Nach dessen Abs. 2 bleibt im Freien und in Fumoirs (abgeschlossene Räume mit einer eigenen Lüftung) das Rauchen gestattet. Art. 20b der Gastgewerbeverordnung (GGV) definiert Fumoirs als abgeschlossene Nebenräume des Betriebs ohne eigene Ausschankeinrichtung wie Buffet oder Bar (Abs. 1); der Hauptausschankraum eines Betriebs (Gaststube) darf nicht als Fumoir genutzt werden (Abs. 2). Nach Art. 20d Abs. 1 GGV ist der Zutritt zu Fumoirs Personen unter 18 Jahren verboten (Abs. 1). Das Gesetz enthält keine explizite Delegationsnorm. Zu prüfen ist, ob sich die genannten Bestimmungen auf die Vollzugskompetenz des Regierungsrates stützen lassen, mit anderen Worten, ob es sich bei den genannten Bestimmungen um eine Vollziehungsverordnung handelt. Nach Art. 47 GGG erlässt der Regierungsrat ganz allgemein die zum Vollzug notwendigen Ausführungsbestimmungen. Gemäss Art. 9 GGG kann der Regierungsrat sodann durch Verordnung spezifisch ergänzende Bestimmungen zu den betrieblichen Vorschriften erlassen. Bei den angefochtenen Bestimmungen handelt es sich um solche betrieblichen Vorschriften. Sie beruhen damit auf einer doppelten Delegation in zwei Gesetzesnormen. Einerseits untersagt das Gesetz die Zulassung von Raucherbetrieben. Andererseits ist die Bedienung in den Fumoirs auf der Grundlage des kantonalen Gesetzes nicht verboten. Die Einrichtung von Fumoirs und die Bedienung von Gästen in solchen abgetrennten Raucherräumen dürfen mithin nicht ausgeschlossen werden. Auch das Verbot des Betriebs von Ausschankeinrichtungen in Fumoirs gemäss Art. 20b Abs. 1 GGV hält sich an den gesetzlichen Rahmen und sprengt diesen nicht. Die Regelung in der Verordnung bezweckt den Gesundheitsschutz der Gäste und des Personals, womit sie der gesetzlichen Zielsetzung entspricht. Analoges gilt für das Zutrittsverbot von Personen unter 18 Jahren nach Art. 20d GGV. Dieses dient gleichermassen dem gesetzlich verfolgten Gesundheits- und Jugendschutz. Sodann ist den Jugendlichen der Zugang nur zu den Fumoirs verwehrt. In den übrigen (rauchfreien) Räumen dürfen auch Jugendliche unter 18 Jahren bedient werden. Damit bleibt der gesetzliche Rahmen gewahrt (BGE 136 I 29 E. 3). 423

424 – **Öffentlich-rechtliche Ansprüche** unterliegen auch dann der **Verjährung oder Verwirkung**, wenn die gesetzliche Ordnung keine diesbezügliche Regelung enthält. Lehre und Rechtsprechung bezeichnen diese als allgemeine Rechtsgrundsätze und es kommt analog Art. 127 OR zur Anwendung, welcher eine zehnjährige und für periodische Leistungen eine fünfjährige Verjährungsfrist vorsieht. Daraus lässt sich ableiten, dass der Regierungsrat auch befugt ist, die gesetzliche Ordnung eines öffentlich-rechtlichen Anspruchs durch eine dort fehlende Verjährungs- oder Verwirkungsregelung zu ergänzen, um so dem allgemeinen Rechtsgrundsatz Nachachtung zu verschaffen. Es trifft allerdings zu, dass nach dem Kriterium der Wichtigkeit und Wesentlichkeit Verwirkungsfristen grundsätzlich in einem formellen Gesetz geregelt werden sollten. Das gilt indessen nur dann, wenn die diesbezügliche Ordnung intensiv in die Rechtsstellung Privater eingreift, wie dies in der Regel bez. der Verwirkung von Ansprüchen Privater der Fall ist (vgl. hierzu KG BL vom 3. Sept. 2003, in: ZBl 2004 S. 602 E. 4). Richtet sich hingegen die in Frage stehende Befristung bzw. die bei Fristversäumnis eintretende Anspruchsverwirkung an die unterstützungspflichtige Gemeinde und greift damit nicht in die Rechtsstellung Privater ein, genügt eine Bestimmung über die Verwirkung in einer Verordnung; die betreffende Verordnungsbestimmung erweist sich als gesetz- und verfassungsmässig und Art. 127 f. OR findet demnach keine Anwendung (VerwG ZH vom 10. Mai 2007, VB.2007.00077, E. 6.2.3).

425 – Das **kantonale Hundegesetz** unterstellt das **Halten «potenziell gefährlicher Hunde» einer Bewilligungspflicht**, während der Verordnungsgeber zu bestimmen hat, welche Hunde als potenziell gefährlich einzustufen sind. Die nähere Umschreibung des Begriffs der potenziell gefährlichen Hunde durfte der Gesetzgeber zulässigerweise dem nachgeordneten Verordnungsrecht überlassen (BGE 132 I 7 E. 2.2).

426 – Es ist durchaus üblich, den **Begriff des gewachsenen Bodens** auf Verordnungsstufe detaillierter zu definieren; die Definition des gewachsenen Bodens bedarf somit nicht zwingend einer formell-gesetzlichen Grundlage. Da ferner die Verordnungsbestimmung weder zu einem schweren Eingriff in das Eigentum der Beschwerdeführerin führt noch eine unübliche Regelung darstellt, ist eine Verletzung des Legalitätsprinzips zu verneinen (BGer vom 5. Jan. 2005, 1P.327/2004, E. 3.5.3).

427 – Nach **Art. 11 Abs. 1 FMG** legt der **Bundesrat die Grundsätze der Interkonnektion** fest, und nach Art. 62 Abs. 1 FMG vollzieht er, unter dem Vorbehalt der Zuständigkeit der Kommunikationskommission, das Fernmeldegesetz. Allerdings betrifft die Regelung der Entbündelung des Teilnehmeranschlusses unmittelbar die Rechte und Pflichten der betroffenen Fernmeldediensteanbieter und zeitigt mittelbar Auswirkungen auf die Rechtsstellung der Benützer der Telekommunikation, also der grossen Mehrheit, wenn nicht der Gesamtheit der schweizerischen Bevölkerung. Die wirtschaftlichen Folgen einer Entbündelung des Teilnehmeranschlusses sind erheblich. Das Interkonnektionsregime muss sich daher aus dem Gesetz im formellen Sinn ergeben, sodass es den Fernmeldediensteanbietern ermöglicht, verlässlich festzustellen, welche Dienste zu Interkonnektionsbedingungen zu erbringen sind (BGE 131 II 13 E. 6.4; heute: Art. 11 Abs. 1 lit. a FMG).

428 – Das **Mass der Unterstützung durch Sozialhilfe** kann vom Regierungsrat geregelt werden. Von Bundesrechts wegen ist es nicht notwendig, dass die Höhe der Leistungen in der Form eines formellen Gesetzes festgelegt wird, solange die vorgesehenen Leistungen noch oberhalb dessen liegen, was nach Art. 12 BV als Minimum staatlicher Leistungen geboten ist. Die Regelung des Leistungsmasses ist eine Detailfrage. Sodann soll die fürsorgerechtliche Unterstützung gegebenenfalls individuelle und örtliche Bedürfnisse angemessen berücksichtigen, was ebenfalls eine gewisse Flexibilität im Einzelfall voraussetzt und gegen die Festlegung des Masses der Unterstützung auf gesetzlicher Stufe spricht (BGE 130 I 1 E. 4).

bb) Hilfskriterien

429 Zur Bestimmung des zulässigen Inhalts von Vollziehungsverordnungen können auch **Regelungen in anderen Kantonen,** die **Rechtsüberzeugung der Branche** oder die in der **Schweiz übliche Praxis** bzw. der landesweit übliche Standard herangezogen werden (BGer vom 11. Dez. 2007, 2C_212/2007, E. 4.3). Im **öffentlichen Dienstrecht** beispielsweise ist es üblich und verfassungsrechtlich zulässig, Rechte und Pflichten der Beamten auf untergesetzlicher Stufe mittels Vollziehungsverordnungen zu konkretisieren, ohne dass es hierfür einer spezifischen Delegationsnorm bedarf; insbesondere braucht die Besoldung nicht zwingend im Gesetz selbst festgelegt zu werden. Dies entspricht auch der Rechtswirklichkeit in anderen Kantonen bzw. dem landesweit Üblichen (BGer vom 21. März 2000, 2P.369/1998, E. 2f).

430 Eine **Festsetzung der Höhe der Studiengebühren** durch den Verordnungsgeber lässt das Bundesgericht zu, wenn sich die Gebühren noch in der Grössenordnung dessen bewegen, was an anderen Universitäten üblich ist und solange die Universitätskantone nicht gleichsam im Gleichschritt auf dem Verordnungsweg ihre Studiengebühren erhöhen (BGE 130 I 113 E. 2.4). Hingegen geht die **Einführung eines Numerus clausus** über die Wahrnehmung einer blossen Vollzugskompetenz hinaus, denn Zulassungsbeschränkungen stellen einen gewichtigen Einbruch in die bisherige Zulassungspraxis nicht nur an der betreffenden Universität, sondern an den schweizerischen Universitäten schlechthin dar, sodass der Entscheid, ob und in welcher Ausgestaltung zu dieser Massnahme gegriffen werden soll, nicht dem Regierungsrat in eigener Kompetenz überlassen bleiben kann (BGE 121 I 22 E. 4a).

Praxis:

- 431 Die **Einführung einer Zulassungsbeschränkung** («Numerus clausus»), auch wenn diese fachlich und zeitlich limitiert ist, geht über die Wahrnehmung einer blossen Vollzugskompetenz hinaus: Zwar handelt es sich bei der Universität Zürich um eine öffentlich-rechtliche Anstalt, in deren Rahmen der Benützer in ein besonderes Rechtsverhältnis zum Gemeinwesen tritt, doch gilt das Legalitätsprinzip für wichtige Fragen auch hier. Zur Anstaltsordnung, zu deren Normierung die Anstaltsleitung oder die Exekutive allenfalls auch ohne ausdrückliche formellgesetzliche Grundlage befugt ist, soweit sich dies zur Wahrung des Anstaltszwecks als nötig erweist, gehören etwa die Regelung der Disziplin und die Organisation der Kurse beziehungsweise der Examina. Eine Kompetenz der Exekutivorgane, nicht nur die Modalitäten, sondern auch die Zulassung als solche zu regeln, lässt sich aus dem Anstaltszweck dagegen regelmässig nicht ableiten. Die Einführung eines Numerus clausus stellt einen gewichtigen Einbruch in die bisherige Zulassungspraxis nicht nur an der Universität Zürich, sondern an den schweizerischen Universitäten schlechthin dar und greift derart in die Rechtsstellung der künftigen Anstaltsbenützer ein, dass der Entscheid, ob und in welcher Ausgestaltung zu dieser Massnahme gegriffen werden soll, nicht dem Regierungsrat überlassen bleiben kann. Es ist Aufgabe des Gesetzgebers, zumindest die Grundzüge einer entsprechenden Regelung festzulegen. Das Zürcher Unterrichtsgesetz enthält aber weder eine Delegationsnorm an den Regierungsrat, die Zulassung zur Universität mit Blick auf quantitative Vorgaben zu regeln, noch die hierbei zu beachtenden Richtlinien. Solange hingegen die Zulassungsbedingungen die Eignung der Kandidaten oder sonstige Modalitäten der Prüfung betreffen, müssen sie nicht im Gesetz definiert sein (BGE 121 I 22 E. 4a; BGer vom 14. März 2006, 2P.304/2005, E. 4.4; VerwG ZH vom 30. Sept. 2009, VB.2009.00430, E. 5.1).
- 432 Der Regierungsrat kann in einer Vollziehungsverordnung die **Höhe der Kausalabgabe** festlegen, wenn das Mass der Abgabe durch überprüfbare verfassungsrechtliche Prinzipien (Kostendeckungs- und Äquivalenzprinzip) begrenzt wird und nicht allein der Gesetzesvorbehalt diese

Schutzfunktion erfüllt (BGE 136 I 146 E. 3.1, 130 I 113 E. 2.2, 126 I 180 E. 2a/bb; BVGer vom 19. Jan. 2009, A-4620/2008, E. 3.2). Es ist demnach zulässig, die Höhe der Studiengebühren in einer Vollziehungsverordnung zu bestimmen, wenn sich der Regierungsrat an das bisher Übliche hält, wobei auch die Höhe der Gebühren an anderen schweizerischen Hochschulen in Betracht gezogen werden dürfen. Dieser Anpassungsspielraum erlaubt den Universitätskantonen indes nicht, gleichsam im Gleichschritt auf dem Verordnungsweg ihre Studiengebühren zu erhöhen. Wenn der Staat ferner in Abweichung von der bisher verfolgten Politik seine Bildungsangebote in Zukunft nur noch zu kostendeckenden und marktgerechten Preisen anbieten will, ist dies ein wesentlicher bildungspolitischer Entscheid, der vom formellen Gesetzgeber selbst zu treffen wäre (BGE 130 I 113 E. 2.4-2.6, 123 I 254 E. 2b/bb).

433 – Nach der bundesgerichtlichen Rechtsprechung gilt es als zulässig, **Rechte und Pflichten von öffentlich-rechtlichen Angestellten** auf untergesetzlicher Stufe zu konkretisieren, was auch hinsichtlich der Festlegung der Besoldung gilt (BGE 128 I 113 E. 3f, 123 I 1 E. 4c). In den meisten Kantonen werden die Gehälter generell durch Verordnung oder Parlamentsdekret festgelegt; das Gesetz enthält nur Grundsätze und legt häufig lediglich die Besoldungsklassen sowie Maximal- und Minimalbesoldungen fest. In der Regel erfolgt sodann die Einstufung der einzelnen Funktionen in eine bestimmte Klasse durch Verordnung der Regierung (vgl. z.B. BGer vom 21. März 2000, 2P.369/1998, E. 2f).

434 – In der schweizerischen Rechtspraxis ist es üblich, dass die **bildungsmässigen Voraussetzungen und die in Prüfungen nachzuweisenden Fähigkeiten** für die Aufnahme in eine höhere Schulstufe aufgrund relativ offen formulierter gesetzlicher Vorgaben durch nachgeordnete Rechtsetzungsorgane festgelegt und konkretisiert werden (VerwG GR vom 25. Jan. 2011, V-09-3, E. 9).

435 – Gemäss § 24 Abs. 1 lit. c des **Gebäudeversicherungsgesetzes** vom 29. Juni 1976 (GVG) versichert die öffentlich-rechtliche Gebäudeversicherung des Kantons Luzern Gebäude unter anderem gegen **Schäden, die durch Hochwasser, Überschwemmung oder Sturmflut** entstanden sind. Nach § 23 der Gebäudeversicherungsverordnung vom 10. Sept. 1976 (GVV) gelten Schäden, die im Innern des Gebäudes durch Rückstau aus Abwasserkanalisationen oder durch Grundwasser entstanden sind, nicht als Hochwasser- oder Überschwemmungsschäden. § 23 GVV stützt sich nicht auf eine ausdrücklich spezifische Delegationsnorm; sie stellt eine Vollziehungsverordnung dar. In der privaten Elementarschadensversicherung zählen Grundwasserschäden und Schäden infolge von Kanalisationsrückstau nicht zu den versicherten Elementarschäden und werden damit insbesondere nicht den Schäden aus Hochwasser und Überschwemmungen zugerechnet. Für die Rechtsüberzeugung der Branche spricht, dass Grundwasserschäden beim Interkantonalen Rückversicherungsverband nicht rückversichert sind. Ferner ist die versicherungsrechtliche Abgrenzung zwischen einem Schaden, den oberirdisch einfliessendes Wasser verursacht, und einem solchen, der auf unterirdisches Wasser zurückgeht, eine schweizweit geübte und gefestigte Praxis. Solche Gesichtspunkte dürfen bei der Auslegung einer kantonalen Gesetzesbestimmung mitberücksichtigt werden. Mangels anderer Anhaltspunkte ist davon auszugehen, der kantonale Gesetzgeber habe sich nicht von dem in der Schweiz allgemein Üblichen entfernen, sondern die Rechtsbegriffe gleich wie andere Kantone mit eigener Gebäudeversicherung und auch gleich wie die Privatversicherung verstehen wollen. Eine analoge Regelung kennen im Übrigen auch etliche andere Kantone und entsprechen dem allgemein üblichen Standard. Damit ergibt sich auch kein Widerspruch zwischen § 23 GVV und dem Gebäudeversicherungsgesetz (BGer vom 11. Dez. 2007, 2C_212/2007, E. 3.3 und E. 4.3).

c) Vollzug bundesgerichtlicher Urteile insbesondere

436 Eine kantonale Exekutive ist befugt, im Rahmen ihrer **Vollziehungskompetenz** für den **verfassungskonformen Vollzug bundesgerichtlicher Urteile** zu sorgen, selbst wenn die betreffende Verordnung – in Umsetzung des Bundesrechts – von der kantonalen gesetzlichen Ordnung abweicht, also materiell eine gesetzesvertretende Ver-

ordnung darstellt (BGE 130 I 140 E. 5.3, betr. Einbürgerungsentscheide). Das Bundesgericht geht zumindest implizit davon aus, dass die bundesgerichtliche Praxis zu den Einbürgerungsverfahren eine (primäre) Rechtsquelle darstellt, deren Umsetzung mittels sekundärem Recht zumindest vorläufig zulässig ist, solange die Praxis die wesentlichen Grundzüge der betreffenden Materie bereits ausgeformt hat (vgl. auch YVO HANGARTNER, Urteilsbesprechung zu BGE 130 I 140 ff., AJP 2004, S. 1414).

Praxis:

- **Verordnung des Schwyzer Regierungsrats zu verfassungskonformen Einbürgerungsverfahren:** Am 26. Aug. 2003 erliess der Regierungsrat des Kantons Schwyz gestützt auf § 46 der Kantonsverfassung und in Vollzug der beiden bundesgerichtlichen Urteile betr. Einbürgerung (BGE 129 I 217 ff., 129 I 232 ff.) eine Verordnung über vorläufige Regelungen zur Erteilung des Gemeindebürgerrechts (GemeindebürgerrechtsV). Diese umfasst sechs Paragrafen. Sie regelt insb. Zuständigkeit und Verfahren für die Erteilung des Gemeindebürgerrechts sowie die vorgängige Anhörung der Bewerber. Gegen die GemeindebürgerrechtsV erhoben verschiedene Privatpersonen staatsrechtliche Beschwerde und Stimmrechtsbeschwerde ans Bundesgericht. Erwägungen: Zu prüfen ist, ob es sich bei der angefochtenen Verordnung um eine Vollziehungsverordnung handelt, die als solche in die Kompetenz des Regierungsrats fallen würde. Vollziehungsverordnungen haben den Gedanken des Gesetzgebers durch Aufstellung von Detailvorschriften näher auszuführen und auf diese Weise die Anwendbarkeit der Gesetze zu ermöglichen. Sie dürfen das auszuführende Gesetz – wie auch alle anderen Gesetze – weder aufheben noch abändern; sie müssen der Zielsetzung des Gesetzes folgen und dürfen dabei lediglich die Regelung, die in grundsätzlicher Weise bereits im Gesetz Gestalt angenommen hat, aus- und weiterführen. Durch eine Vollziehungsverordnung dürfen dem Bürger grundsätzlich keine neuen Pflichten auferlegt werden, selbst wenn diese durch den Gesetzeszweck gedeckt wären. Die angefochtene Verordnung regelt Zuständigkeit und Verfahren für die Erteilung des Gemeindebürgerrechts und weicht teilweise erheblich vom Gesetz über Erwerb und Verlust des Kantons- und Gemeindebürgerrechts (kBüG) ab. Die angefochtene Vollziehungsverordnung regelt ferner ein Rechtsgebiet, das im Wesentlichen in die Gesetzgebungszuständigkeit der Kantone fällt. Bei der umstrittenen GemeindebürgerrechtsV geht es somit nicht um den eigentlichen Vollzug von Bundesrecht. Vielmehr soll die angefochtene Verordnung die Einhaltung von Art. 29 Abs. 2 und Art. 8 Abs. 2 BV im kantonalrechtlich geregelten Einbürgerungsverfahren gewährleisten. Die Grundrechte der Bundesverfassung gelten unmittelbar in allen Kantonen, ohne dass hierfür der Erlass von Ein- oder Ausführungsgesetzen erforderlich wäre. Selbstverständlich müssen die Kantone bei ihrer Rechtssetzung die Grundrechte der Bundesverfassung respektieren. Diese Verpflichtung trifft jedoch alle staatlichen Organe gleichermassen (Art. 5 Abs. 1 und Art. 35 BV): Jede Rechtsanwendungsbehörde ist zur Beachtung des Vorranges von Bundesrecht verpflichtet. Der Regierungsrat als oberste Vollziehungs- und Verwaltungsbehörde ist befugt und gegebenenfalls verpflichtet, durch Weisungen dafür zu sorgen, dass bundesrechtswidrige kantonale Erlasse nicht mehr angewendet werden und die Verfahrensgarantien der Bundesverfassung respektiert werden. Im Rahmen seiner Kompetenz, Vollziehungsverordnungen zu erlassen, ist er auch befugt, für den verfassungskonformen Vollzug kantonalen Rechts zu sorgen. Die förmliche Aufhebung oder Änderung einer verfassungswidrigen Norm kann dagegen nur durch einen Erlass derselben oder einer höheren Normstufe erfolgen (Erfordernis der Parallelität der Form). Die GemeindebürgerrechtsV enthält Abweichungen von der gesetzlichen Regelung, die auf die bundesgerichtlichen Entscheide zur Einbürgerung, insb. des Verbots von Urnenabstimmungen, zurückzuführen sind, und hat daher zum Ziel, verfassungsmässige Einbürgerungsentscheide sicherzustellen. Weiter weist die angefochtene Verordnung vorläufigen Charakter auf. Der Schwyzer Gesetzgeber wird bei der Schaffung einer definitiven Lösung die Möglichkeit haben, andere, unter verfassungsrechtlichen Gesichtspunkten mitunter vorzuziehende und leichter handhabbare, Alternativen zu prüfen. Es wird Aufgabe des Regierungsrats sein, das ordentliche Gesetzgebungsverfahren einzuleiten. Dagegen war er nicht verpflichtet, seine Verordnung zeitlich zu befristen: Zieht sich das 437

Gesetzgebungsverfahren in die Länge oder scheitert eine erste Vorlage in der Volksabstimmung, muss die Verordnung weiter anwendbar bleiben, damit über hängige Einbürgerungsgesuche innert angemessener Frist entschieden werden kann. Die GemeindebürgerrechtsV muss deshalb so lange in Kraft bleiben, bis das kantonale Recht im ordentlichen Gesetzgebungsverfahren angepasst worden ist. Nach dem Gesagten ist lediglich § 1 Abs. 2 der Verordnung, welcher den Vorrang der Verordnung vor abweichenden gesetzlichen Bestimmungen anordnet, aufzuheben; im Übrigen ist die Verordnung als Vollziehungsverordnung zu qualifizieren und durfte deshalb vom Regierungsrat in eigener Kompetenz erlassen werden (BGE 130 I 140 E. 5.3).

3. Gesetzesvertretende Verordnungen

a) Begriff

438 Der Erlass von gesetzesvertretenden Verordnungen gilt im Allgemeinen als zulässig, wenn die Gesetzesdelegation **nicht durch die Verfassung ausgeschlossen** ist, die **Delegationsnorm** in einem Gesetz im formellen Sinn enthalten ist, die Delegation sich auf ein **bestimmtes, genau umschriebenes Sachgebiet** beschränkt und die **Grundzüge der delegierten Materie**, d.h. die wichtigen Regelungen, im delegierenden Gesetz selbst enthalten sind (BGE 134 I 322 E. 2.6, 128 I 113 E. 3c; BVGer vom 13. April 2012, A-2811/2011, E. 5.4.5; vom 24. Aug. 2011, A-2649/2009, E. 6.3.1; vom 8. April 2011, A-300/2010, E. 15.5; vom 11. Nov. 2010, A-2606/2009, E. 9.1.1; vom 8. Juli 2010, A-2607/2009, E. 8.3; vom 14. April 2009, A-1543/2006, E. 3; vom 25. März 2009, A-1751/2006, E. 2.2; vom 19. Jan. 2009, A-4620/2008, E. 2.2; VerwG BE vom 20. Mai 2005, in: BVR 2005 S. 456 E. 4.4.2).

439 **Gesetzesvertretende Verordnungen** ergänzen oder ändern die gesetzliche Regelung und übernehmen damit **Gesetzesfunktion**; entsprechend setzt die Kompetenz zu deren Erlass eine Delegationsnorm in einem Gesetz voraus (BGE 128 I 113 E. 3c; BVGE 2011/13 E. 15.5; BVGer vom 9. Nov. 2010, B-1796/2009, E. 3.4; vom 14. April 2009, A-1543/2006, E. 3.3; vom 26. Juni 2007, A-2482/2007, E. 4.2; vgl. ferner JAAG, Verordnung, S. 642 ff.). Gesetzesvertretende Verordnungen sind etwa dann anzutreffen, wenn der Gesetzgeber zwar eine vollständige Regelung erlassen hat, der Exekutive aber die Möglichkeit einräumen will, Teile dieser Regelung unter Umständen zu durchbrechen (BVGE 2011/13 E. 15.5). Wird beispielsweise in einer Verordnung eine gewisse Kategorie vom Anwendungsbereich des Gesetzes ausgenommen und damit die entsprechende gesetzliche Grundlage inhaltlich verändert, kann es sich diesbezüglich nur um eine gesetzesvertretende Verordnung handeln, die jedoch einer Delegationsnorm bedarf (vgl. auch VerwG ZH vom 27. März 2002, VB.2001.00163, E. 2d).

440 **Gesetzesvertretende Verordnungen** können nicht immer klar von **Vollziehungsverordnungen** getrennt werden; die Grenzen sind fliessend, was auch die auf dieser Unterscheidung beruhende Rechtsfigur der Gesetzesdelegation als problematisch erscheinen lässt (BGer vom 30. März 2006, B 10/05, E. 8.2.2; BVGer vom 8. April 2011, A-300/2010, E. 3.6; VerwG ZH vom 10. Mai 2007, VB.2007.00077, E. 6.2.1). Ferner kann eine Verordnung eine **Doppelnatur** aufweisen: Beispielsweise ist die UVAL in Bezug auf das UVG gesetzesvertretend und im Verhältnis zum AVIG gesetzesvollziehend (dazu VerwG BE vom 12. Nov. 2010, in: BVR 2011 S. 135 E. 4.1).

Praxis:

- **Abgabeermässigung:** Am 27. Jan. 2004 reichte ein Casino der ESBK die Steuererklärung für die Spielbankenabgabe des Geschäftsjahres 2003 ein und deklarierte Überweisungen im Sinn von Art. 42 Abs. 1 SBG an die Y und an die Gemeinde Z. Am 20. Dez. 2005 verfügte die ESBK, dem Casino werde keine Abgabeermässigung für Zuwendungen für öffentliche Interessen der Region oder gemeinnützige Zwecke im Sinn von Art. 42 Abs. 1 SBG gewährt und setzte den definitiven Abgabesatz fest. Gegen diese Verfügung erhob das Casino Beschwerde beim Bundesverwaltungsgericht. Erwägungen: Unter dem Titel Abgabeermässigung bestimmt Art. 42 Abs. 1 SBG, dass der Bundesrat für Spielbanken mit B-Konzession den (nach Art. 41 festgelegten) Abgabesatz um höchstens ein Viertel reduzieren kann, sofern die Erträge der Spielbank in wesentlichem Umfang für öffentliche Interessen der Region, namentlich zur Förderung kultureller Tätigkeiten oder für gemeinnützige Zwecke verwendet werden. Art. 42 Abs. 1 SBG wird durch Art. 82 aVSBG konkretisiert. Insbesondere hält dessen Abs. 2 fest, dass der Bundesrat unter Berücksichtigung der Statuten, gesetzlicher Bestimmungen oder anderer verbindlicher Regeln, auf Grund derer die Spielbank ihre Erträge für öffentliche Interessen der Region oder für gemeinnützige Zwecke einsetzt (vgl. Abs. 1 der Bestimmung), nach Anhörung des Standortkantons die Abgabeermässigung in der Konzession festlegt. Gemäss Abs. 4 gilt als im öffentlichen Interesse der Region oder zu Gunsten gemeinnütziger Zwecke insbesondere die Unterstützung: a. der Kultur im weiteren Sinn wie die Unterstützung künstlerischen Schaffens und von Veranstaltungen; b. des Sports und sportlicher Veranstaltungen; c. von Massnahmen im sozialen Bereich, im Bereich der öffentlichen Gesundheit und der Bildung; d. von Gemeinwesen; e. des Tourismus. Art. 82 Abs. 4 aVSBG, worin der Bundesrat die in Art. 42 Abs. 1 SBG umschriebenen Voraussetzungen für eine Abgabereduktion näher spezifiziert hat, muss seinerseits gesetzmässig sein. Soweit in der angefochtenen Veranlagungsverfügung die Verordnung angewendet wurde (oder hätte angewendet werden sollen), ist ihre Gesetzmässigkeit ebenfalls akzessorisch zu prüfen. Zum Erlass gesetzesvertretenden Rechts wäre der Bundesrat in der Verordnung nur aufgrund einer genügenden Delegationsnorm im formellen Gesetz befugt gewesen. Explizit ermächtigt Art. 42 Abs. 1 SBG den Bundesrat zum Entscheid, ob überhaupt eine solche Reduktion vorgesehen werden soll sowie zur Festlegung der Höhe der Reduktion. Art. 42 Abs. 1 SBG erteilt dem Verordnungsgeber hingegen keine Kompetenz zur näheren Regelung der bereits in Art. 42 Abs. 1 SBG definierten Voraussetzungen für eine Abgabeermässigung und keine Befugnis zum Erlass von gesetzesvertretendem Recht. Dem Bundesrat stand damit nur eine allgemeine Vollzugskompetenz (Art. 182 Abs. 2 BV) zu und er durfte die in Art. 42 Abs. 1 SBG umschriebenen Gründe für eine Reduktion nicht abweichend regeln, sondern lediglich verdeutlichen. Dasselbe ergibt sich auch aufgrund der spezifischen Bedeutung des Legalitätsprinzips im Steuerrecht. Die Abgabeermässigung nach Art. 42 Abs. 1 SBG beeinflusst die Steuerbemessung und gehört damit zu den Elementen, die im formellen Gesetz enthalten sein müssen. Folglich müssen die Voraussetzungen für die Gewährung der Abgabereduktion – was in Art. 42 Abs. 1 SBG getan wurde – in ihren Grundzügen im formellen Gesetz fixiert werden und diese dürfen in der Verordnung nur präzisiert, aber weder eingeschränkt noch ausgeweitet werden (BVGer vom 14. April 2009, A-1543/2006, E. 6.3.1). 441

b) Delegationsnorm

Ob eine **Delegationsnorm** vorliegt und in welchem Rahmen der Exekutive die Kompetenz zur Rechtssetzung eingeräumt wird, ist grundsätzlich durch **Auslegung** zu ermitteln (BGer vom 11. Dez. 2007, 2C_215/2007, E. 4.4; BVGE 2011/15 E. 3.3; BVGer vom 11. Nov. 2010, A-2606/2009, E. 9.5; vom 8. Juli 2010, A-2607/2009, E. 9.3; vom 26. Mai 2009, D-7792/2006, E. 3.1.4; ARK vom 7. März 2006, in: VPB 70 [2006] Nr. 71 E. 5.2; VerwG SG vom 15. April 2010, B-2009-186, E. 3.5). Bei der Auslegung ist insbesondere darauf zu achten, ob der Gesetzgeber der Exekutive einen weiten Ermessensspielraum zur Regelung der Materie auf Verordnungsstufe gegeben 442 hat. Ist dies der Fall, muss das erkennende Gericht den formell-gesetzlich eingeräumten Ermessensspielraum respektieren und darf nicht sein eigenes Ermessen an Stelle jenes der Exekutive setzen, solange die Delegationsgrundsätze eingehalten worden sind (BVGE 2011/15 E. 3.3). Der Ermessensspielraum, welcher dem Verordnungsgeber eingeräumt wird, ist beispielsweise sehr gross, wenn das Gesetz keine Kriterien für den Zulassungsstopp für Medizinalpersonen festlegt (BGE 130 I 26 E. 5.2).

443 Beauftragt **Art. 28 Abs. 1 FMG** das betreffende Bundesamt, die **Adressierungselemente** zu verwalten, so wird damit zwangsläufig die nähere Regelung dieser Elementenverwaltung im Sinne von Art. 164 Abs. 2 BV delegiert, womit die AEFV als gesetzesvertretende Verordnung gilt (BGer vom 12. Dez. 2011, 2C_587/2011, E. 3.3). Auch eine gesetzesvertretende Verordnung soll darstellen, wenn der Verordnungsgeber ermächtigt wird, über die Reklameträger, Megaposter und Kleinplakate ausführende Vorschriften zu erlassen (VerwG LU vom 23. Sept. 2009, in: LGVE 2009 II Nr. 7 E. 7d). Umschreibt das **Gesetz** abschliessend bestimmte **Voraussetzungen für eine Abgabereduktion**, steht der Exekutive hingegen nur eine Vollzugskompetenz zu. Der Verordnungsgeber darf folglich diese im Gesetz abschliessend formulierten Voraussetzungen nicht abweichend vom Gesetz regeln, sondern lediglich verdeutlichen und konkretisieren (BVGer vom 14. April 2009, A-1543/2006, E. 6.3.1).

444 **Art. 44 Abs. 2 VAG** gibt dem Bundesrat die **Kompetenz**, die **Anforderungen an die berufliche Qualifikation** sowie die **Höhe der finanziellen Sicherheiten** von Versicherungsvermittlern zu regeln, damit diese gemäss Art. 44 Abs. 1 VAG in das Register eingetragen werden können. Der Wortlaut dieser Delegationsnorm lässt nicht darauf schliessen, dass Art. 44 Abs. 2 VAG Grundlage für weitere Voraussetzungen zur Eintragung in das Register für Versicherungsvermittler ist, sodass der Bundesrat lediglich befugt ist, die beiden Anforderungen näher zu konkretisieren und spezifizieren (BVGer vom 17. Juli 2008, B-6395/2007, E. 2.4.1). Betrifft die **Delegationsnorm lediglich die Modalitäten des Ferienbezuges**, ist der Verordnungsgeber nicht dazu ermächtigt, materiell über den Ferienanspruch zu befinden (VerwG ZH vom 28. Mai 2008, PB.2007.00055, E. 2.2).

445 Wird der Verordnungsgeber ausdrücklich ermächtigt, nicht nur im Einzelfall eine Ausnahme zu erteilen (vgl. VerwG ZH vom 27. März 2002, VB.2001.00163, E. 2d), sondern ganze Kategorien von der Einhaltung der gesetzlichen Voraussetzungen auszunehmen, ist er in einem solchen Fall befugt, verlängerte Öffnungszeiten nicht nur im Einzelfall zu gewähren, sondern ganze Rayons oder Stadtteile einem besonderen Regime zu unterstellen (vgl. VerwG GR vom 23. Feb. 2007, in: PVG 2007 Nr. 7 E. 4 und E. 7).

Praxis:

446 – **Übernahme von Einreisekosten von Flüchtlingen und Schutzbedürftigen gemäss Asylgesetz:** Dem Beschwerdeführer – ein tunesischer Staatsangehöriger – wurde mit Entscheid der Schweizerischen Asylrekurskommission (ARK) vom 14. März 2005 Asyl gewährt. Mit an das BFM gerichteter Eingabe vom 14. Juli 2005 stellte der Beschwerdeführer in der Folge ein Gesuch um Familienzusammenführung mit seiner in Tunesien verbliebenen Ehefrau und den gemeinsamen Kindern und Übernahme der Reisekosten. Nachdem das BFM das erste, durch A eingereichte Gesuch des Beschwerdeführers betr. Einreisekosten vom 15. Juli 2005 nicht beantwortet hatte, ersuchte der Beschwerdeführer durch eine zweite Eingabe am 19. Okt. 2005 erneut um die Übernahme der Einreisekosten und gab an, dass sich die Reisekosten auf total

Fr. 1'205.– belaufen würden. Das BFM wies daraufhin das Gesuch um Übernahme der Einreisekosten mit Verfügung vom 14. Nov. 2005 ab. Zur Begründung führte das BFM im Wesentlichen aus, aufgrund der Akten sei nicht hinreichend belegt, dass der Beschwerdeführer nicht in der Lage sei, die Einreise seiner Familienangehörigen selber zu finanzieren. Das Bundesverwaltungsgericht weist die Beschwerde ab. Erwägungen: Die Übernahme von Einreisekosten ist im Asylgesetz explizit vorgesehen. Art. 92 Abs. 1 AsylG bestimmt, dass der Bund die Kosten der Ein- und Ausreise von Flüchtlingen und Schutzbedürftigen übernehmen kann. Die Frage der Voraussetzungen, an welche eine solche Kostenübernahme im Einzelnen geknüpft ist, hat der Gesetzgeber nicht einlässlicher geregelt, sondern diesbezüglich vielmehr in Art. 92 Abs. 4 AsylG dem Bundesrat die Rechtssetzungsbefugnis überlassen, von welcher jener in Art. 53 AsylV 2 Gebrauch gemacht hat. Der Bundesrat hat in Art. 53 AsylV 2 die Bestimmung von Art. 92 Abs. 1 AsylG hinsichtlich des potenziell begünstigten Personenkreises in der ursprünglichen Fassung vom 11. Aug. 1999 dahin gehend konkretisiert, dass die Einreisekosten namentlich übernommen werden können für sog. Kontingentsflüchtlinge (lit. a), sog. Mandatsflüchtlinge des UNHCR (lit. b), Schutzbedürftige im Ausland nach Art. 68 AsylG (lit. c) und Personen, denen die Einreise in die Schweiz zwecks Durchführung eines Asylverfahrens oder im Rahmen der Familienzusammenführung mit anerkannten Flüchtlingen bewilligt wird (lit. d). Die Frage des genauen Umfangs der mit Art. 92 Abs. 1 i.V.m. Abs. 4 AsylG erfolgten Delegation ist im Rahmen einer Auslegung dieser Normen zu beantworten. Eine Auslegung des Wortlautes ergibt zunächst, dass Art. 92 Abs. 1 AsylG als «Kann-Vorschrift» formuliert ist, was den Verordnungsgeber bei der Rechtssetzung insofern bindet, als er der Verwaltungsbehörde, mithin dem BFM, ein gewisses Rechtsfolgeermessen einzuräumen hat. Ferner hat der Gesetzgeber den Delegationsrahmen dahin gehend eingeschränkt, dass er die Ausrichtung von Beiträgen ausschliesslich für die Personengruppen der Flüchtlinge und Schutzbedürftigen vorsieht. Weitere Vorgaben an den Verordnungsgeber sind sodann aus den Materialien ersichtlich. So führte der Bundesrat in der Botschaft vom 4. Dez. 1995 zur Totalrevision des Asylgesetzes bezüglich der Bestimmung von Art. 87 Abs. 1 des Gesetzesentwurfs (heute: Art. 92 Abs. 1 AsylG) aus, der Bund sei aufgrund der «Kann-Formulierung» nicht verpflichtet, für Ein- und Ausreisekosten von Personen aufzukommen, die offensichtlich in wohlhabenden Verhältnissen lebten. Dies lässt auf ein Zweifaches schliessen: zum einen, dass neben der eigenen finanziellen Situation der Personen, welchen die Einreise bewilligt wird, auch diejenige ihres weiteren Umfeldes zu berücksichtigen ist, und zum anderen, dass die Kosten auch dann übernommen werden können, wenn die betroffenen Personen über ein das blosse Existenzminimum moderat übersteigendes Einkommen oder Vermögen verfügen, mithin nicht mittellos i.S.v. Art. 92 Abs. 2 AsylG sind. Zusammenfassend ist aufgrund der Auslegung von Art. 92 Abs. 1 i.V.m. Abs. 4 AsylG festzustellen, dass der Gesetzgeber dem Bundesrat unter Beachtung der ihm obliegenden Delegationsgrundsätze innerhalb des genannten Rahmens einen weiten Spielraum zur Regelung der Frage der Übernahme von Einreisekosten überlassen hat. Das Bundesverwaltungsgericht kommt nach Auslegung von Art. 53 AsylV 2 zunächst zum Schluss, dass sich der Bundesrat mit der näheren Bestimmung des potenziell begünstigten Personenkreises an den ihm vom Gesetzgeber in Art. 92 Abs. 1 AsylG vorgegebenen Rahmen gehalten hat. Die in Art. 53 lit. a-d AsylV 2 genannten Personenkategorien stimmen mit den bereits explizit im AsylG beziehungsweise der bundesrätlichen Botschaft vom 4. Dez. 2005 erwähnten überein. Soweit die Praxis des BFM betreffend, wonach die Einkommens- und Vermögensverhältnisse des weiteren Umfeldes der gesuchstellenden beziehungsweise in die Schweiz einreisenden Personen zu berücksichtigen sind, ist festzustellen, dass diese aufgrund der «Kann-Bestimmung» von Art. 92 Abs. 1 AsylG gedeckt ist. Zusammenfassend ist festzuhalten, dass sich der Bundesrat bei der Regelung von Art. 53 AsylV 2 an den ihm vom Gesetzgeber gesteckten Delegationsrahmen gehalten hat. Innerhalb dieses Rahmens hat er Kriterien hinsichtlich der Übernahme von Einreisekosten aufgestellt, welche eine grundsätzlich restriktive Anwendung der Norm beabsichtigen und der entscheidenden Behörde einen weiten Ermessensspielraum einräumen. Das BFM hat sodann eine Praxis entwickelt, welche dem Willen von Gesetz- und Verordnungsgeber entspricht und insoweit zu bestätigen ist. Nach Prüfung der Akten gelangt das Bundesverwaltungsgericht zum Schluss, dass das Bundesamt gestützt auf Art. 53 AsylV 2 vorliegend zu Recht davon ausgehen durfte, dem Beschwerdeführer sei die Finanzierung der Ausreise seiner

Familienangehörigen möglich und zumutbar gewesen. In Anbetracht der Tatsache, dass der Beschwerdeführer über ein immerhin grosses Familiennetz verfügt, kann davon ausgegangen werden, dass – auch wenn nicht durch ein einziges Familienmitglied, so doch wenigstens durch die gesamte Verwandtschaft – genügend finanzielle Mittel zur Verfügung gestellt werden konnten, um die Einreisekosten in der Höhe von Fr. 1'205.– zu erbringen. Hinzu kommt, dass der Beschwerdeführer nach den Erkenntnissen des Bundesverwaltungsgerichts seit dem 29. Feb. 2008 arbeitet. Insgesamt ist es dem Beschwerdeführer damit nicht gelungen, die Annahme der Vorinstanz zu widerlegen, er beziehungsweise sein familiäres Umfeld verfügten über genügend finanzielle Mittel, um die Einreisekosten seiner Ehefrau und Kinder von Fr. 1'205.– aufzubringen (BVGer vom 26. Mai 2009, D-7792/2006, E. 3.1 und E. 3.2).

c) Grundzüge der delegierten Materie

447 Die Übertragung von Rechtsetzungsbefugnissen an die Exekutive ist weiter nur zulässig, wenn das Gesetz im formellen Sinn die Grundzüge der delegierten Materie enthält (anstatt vieler BGE 128 I 113 E. 3c; BVGE 2011/13 E. 15.4). Was als wichtig oder wesentlich erscheint und somit vom Gesetzgeber selbst im Sinne der «Grundzüge der delegierten Materie» festzulegen ist, kann nicht in abstrakter Weise vorweg bestimmt werden (zum Ganzen Rz. 1376 ff.). Massgebend sind nebst den Umständen im Einzelfall eine Vielzahl von **Kriterien**, insbesondere die Intensität des Eingriffs, die Zahl der von einer Regelung Betroffenen, die finanzielle Bedeutung und die Akzeptanz der Regelung (hier nur BGE 133 II 331 E. 7.2.1, 131 II 13 E. 6.4, 130 I 1 E. 3.4.2). Wegleitend kann ferner eine verbreitete, seit Langem bestehende und auch in anderen Kantonen gängige Rechtswirklichkeit sein; zu berücksichtigen sind auch **Flexibilitätsbedürfnisse** und die **Eignung des betreffenden Organs** (BGE 130 I 1 E. 3.4.2, 128 I 113 E. 3c; KG BL vom 26. Okt. 2005, in: KGE 2005 Nr. 38 E. 5f/dd). Je weitreichender ausserdem die an den Verordnungsgeber delegierten Kompetenzen sind, desto höher sind die Anforderungen an deren Umschreibung im formellen Gesetz (RR LU vom 26. Sept. 2008, in: LGVE 2008 III Nr. 14 E. 7.3). Üblicherweise sind die Anforderungen an die Umschreibung der «Grundzüge der delegierten Materie» im Bereich der Leistungsverwaltung weniger hoch: Regelmässig ist den Delegationsgrundsätzen bereits Genüge getan, wenn die delegierte Materie und der potenziell betroffene Personenkreis konkret bestimmt ist (BVGer vom 26. Mai 2009, D-7792/2006, E. 3.1.3).

448 Die Regelung des **Amtsauftrags** der **Lehrpersonen** (in casu Arbeitsverpflichtungen der Lehrpersonen an öffentlichen Schulen ausserhalb der Unterrichtszeit), welcher die verschiedenen Arbeitsleistungen der Lehrpersonen umschreibt, hat auf Gesetzesstufe zu erfolgen (OG SH vom 9. Sept. 2005, in: AB 2005 S. 151 E. 2c); ebenso, wenn der **Führerausweis wegen Auslandstaten** entzogen werden soll (BGE 133 II 331 E. 7.2.1). Für die **Einführung einer Altersschranke** bei der Volkswahl der **Staatsanwälte** bleibt kein Raum für eine Gesetzesdelegation. Eine formell-gesetzliche Grundlage für die Altersschranke ist unabdingbar (VerwG ZH vom 26. Jan. 2011, PB.2010.00043, E. 3.4). Der Zulassungsstopp für Medizinalpersonal (Nichtzulassung zur Kassenpraxis) für drei Jahre bewirkt eine schwerwiegende Einschränkung der Wirtschaftsfreiheit und kann in einer (delegierten) Bundesratsverordnung nur vorgesehen werden, wenn deren grundlegende Elemente bereits in einem formellen Gesetz enthalten sind (BGE 130 I 26 E. 5.1 und E. 5.2).

Die **Genfer Verordnung über das Verbot, in öffentlichen Räumen zu rauchen**, die sich direkt auf die Verfassung stützt, tangiert die gesamte Bevölkerung und sieht Verpflichtungen für verschiedenste Personen (rauchende Personen, Betreiber und Verantwortliche von Gaststätten und Betrieben) vor, weshalb das vorgängige Tätigwerden des Gesetzgebers unabdingbar erscheint (BGE 134 I 322 E. 2.6.3). Die **Festlegung von Anstellungsbedingungen** darf nicht mittels Blankodelegation an eine neu geschaffene Anstalt übertragen werden. Die Anstellungsbedingungen berühren die Rechtsstellung der Mitarbeiter in verschiedener Hinsicht schwerwiegend. Die Grundzüge der Materie muss zumindest im Gesetz vorgesehen sein (BGE 128 I 113 E. 3). Nach der Rechtsprechung bedürfen **strafrechtliche Sanktionen**, die einen **Freiheitsentzug** mit sich bringen, eine Grundlage in einem formellen Gesetz und dürfen nicht an den Verordnungsgeber delegiert werden (BGE 124 IV 23 E. 1). **Administrative Zwangsmassnahmen** bedürfen jedenfalls dann einer formellgesetzlichen Grundlage, wenn sich der fragliche Eingriff nicht bereits aus der Sachverfügung ergibt, deren Durchsetzung die Sanktion sicherstellen will. Der Entzug einer Bewilligung muss in einem formellen Gesetz vorgesehen sein, soweit er nicht allein wegen Wegfalls der Bewilligungsvoraussetzungen erfolgt (BGE 125 V 266 E. 6eBGer vom 24. April 2007, 2A-705/2006, E. 3.7). 449

Praxis:

– **Richtlinien über die Anstellungsbedingungen:** Am 10. Juni 2001 nahm das Stimmvolk des Kantons Graubünden das Gesetz über die Organisation der Kantonalen Psychiatrischen Dienste und Wohnheime für psychisch behinderte Menschen des Kantons Graubünden (Psychiatrie-Organisationsgesetz, POG) an. Dieses sieht in Art. 12 Abs. 2 POG vor, dass die Verwaltungskommission befugt ist, Richtlinien über die Anstellungsbedingungen zu erlassen. Das Bundesgericht hebt diese Bestimmung auf Beschwerde hin auf. Erwägungen: Bundesverfassungsrechtlich ist die Delegation von an sich dem Gesetzgeber zustehenden Rechtssetzungszuständigkeiten an die Regierung oder ein anderes Organ zulässig, wenn sie in einem formellen Gesetz enthalten ist, nicht durch das kantonale Recht ausgeschlossen wird, sich auf ein bestimmtes Gebiet beschränkt und das Gesetz die Grundzüge der Regelung selber enthält, soweit die Stellung der Rechtsunterworfenen schwerwiegend berührt wird. Die Graubündner Kantonsverfassung verbietet die Gesetzesdelegation nicht. Es ist von den Beschwerdeführern auch nicht dargetan worden oder sonst ersichtlich, dass die Delegation an ein anderes Organ als die Regierung verfassungsrechtlich ausgeschlossen wäre. Die Delegation ist weiter im formellen Gesetz enthalten und auf ein genau umschriebenes Gebiet – die Festlegung der Anstellungsbedingungen – begrenzt. Indessen enthält die Delegationsnorm (Art. 12 POG) nur die Übertragung der Rechtssetzungszuständigkeit auf die Verwaltungskommission. Es werden keinerlei Grundzüge für die zu erlassende Regelung festgelegt. Art. 12 Abs. 2 Satz 2 POG bestimmt einzig, dass die Personalverordnung gilt, soweit die Verwaltungskommission keine Vorschriften erlassen hat. Es ist nicht zu verkennen, dass die Anstellungsbedingungen die Rechtsstellung der Mitarbeiter in verschiedener Hinsicht schwerwiegend berühren. Von grundsätzlicher Bedeutung sind vorab der Besoldungsrahmen und die wichtigen Kriterien und Grundsätze der Entlöhnung. Daneben können auch besondere Verpflichtungen, beispielsweise im Zusammenhang mit der Treuepflicht, dem Streikverbot, dem Geheimhaltungsgebot, den Nebenbeschäftigungen und der Pflicht zur Leistung von Überstunden, Nacht- und Sonntagsarbeit oder Pikettdienst grundsätzliche Tragweite haben. Die Kantonsbehörden schliessen derartige Sonderregelungen nicht von vornherein aus, sondern begründen das Bedürfnis nach eigenständiger Regelung zum Teil gerade mit dem Erfordernis spezifischer Anstellungsbedingungen. Allerdings schliesst es die Kantonsverfassung aus, Rechtssetzungskompetenzen in einem weitergehenden Umfang auf selbstständige Anstalten zu übertragen, als dies für die Regierung zulässig wäre. Auch kann keineswegs auf eine lange geübte, von den verfassungsrechtlichen Grundlagen abweichende Praxis der Kan- 450 tonsbehörden geschlossen werden. Schliesslich verlangt der angestrebte Handlungsspielraum für die neu geschaffene Anstalt nicht zwingend eine völlige Regelungsfreiheit im Bereich der Anstellungsbedingungen. Selbst eine flexible Betriebsführung setzt nicht voraus, dass die grundlegenden Vorschriften für das Personal oft und sehr kurzfristig geändert werden. Eine gewisse Planung und Beständigkeit ist unausweichlich, auch aus der Sicht der Mitarbeiter, die sich in persönlicher und finanzieller Hinsicht organisieren können müssen. Es ist nicht erkennbar, inwiefern die mit der Verselbstständigung angestrebten Ziele gefährdet sind, wenn der Grosse Rat die Grundzüge der Anstellungsbedingungen festlegt. Wohl werden im allgemeinen Dienstrecht weniger hohe Anforderungen an die gesetzliche Grundlage gestellt als in anderen Rechtsbereichen, insbesondere in den Bereichen der Eingriffsverwaltung. Nach der bundesgerichtlichen Rechtsprechung ist es zulässig, Rechte und Pflichten der Beamten auf untergesetzlicher Stufe zu konkretisieren, auch hinsichtlich der Festlegung der Besoldung. Eine Blankodelegation aller personalrechtlichen Rechtssetzungsbefugnisse an ein Exekutivorgan hat das Bundesgericht aber noch nie als zulässig erachtet und kann in der Rechtswirklichkeit der Kantone auch keineswegs als üblich bezeichnet werden. Vielmehr dürfte es sich bei solchen Regelungen um Ausnahmen handeln. Auch die Lehre lehnt eine Blankodelegation der Dienst- oder Besoldungsregelung an ein Exekutivorgan ab. Bei allzu starker Zurückbindung des Rechtsstaatsprinzips zu Gunsten wirkungsorientierter Steuerung auf Exekutivebene könnten Regelungsdefizite auftreten; das allgemeine Rechtsstaatsprinzip könne verletzt oder gefährdet werden. Die Doktrin hält deshalb grossmehrheitlich und mit guten Gründen an den Schranken der Delegation von Rechtssetzungsbefugnissen an die Exekutive und andere untergeordnete Organe fest; insbesondere fordert sie mit einigem Nachdruck, dass die wesentlichen Elemente der Rechtsstellung öffentlich-rechtlicher Mitarbeiter formell-gesetzlich verankert sein müssen. Inwiefern endlich marktwirtschaftliche Gegebenheiten in die Diskussion einbezogen werden könnten, braucht vorliegend nicht weiter erörtert zu werden, zumal diesbezügliche Untersuchungen und Angaben fehlen. Immerhin kann in diesem Zusammenhang darauf hingewiesen werden, dass die weitgehende Freiheit bei der Festlegung der Anstellungsbedingungen in verschiedener Hinsicht ebenfalls nicht als unproblematisch erscheint. Erwähnt sei bloss, dass die neu geschaffene Anstalt eine erhebliche unternehmerische Freiheit geniesst (Art. 5 POG) und daher in selbst gewählten Dienstleistungsbereichen als Konkurrentin von anderen öffentlichen und privaten Leistungserbringern auftreten kann. Es ist nicht von vornherein auszuschliessen, dass sie die weitgehende Freiheit im Anstellungsbereich gegenüber der durch öffentlichrechtliche, obligationenrechtliche oder gesamtarbeitsvertragliche Normen gebundenen Konkurrenz dazu ausnützen könnte, um sich Wettbewerbsvorteile zu verschaffen. Insgesamt ergibt sich, dass die in Art. 12 Abs. 2 Satz 1 POG statuierte Delegation mit den Grundsätzen der Gewaltenteilung und der Gesetzmässigkeit, wie sie in der Graubündner Kantonsverfassung verankert sind, nicht vereinbar ist. Die staatsrechtliche Beschwerde ist daher gutzuheissen, soweit darauf einzutreten ist, und Art. 12 Abs. 2 Satz 1 POG ist aufzuheben (BGE 128 I 113 E. 3).

4. Überprüfung unselbstständiger Bundesratsverordnungen

451 Die Prüfung **unselbstständiger Bundesratsverordnungen** durch die Gerichte ist wegen **Art. 190 BV** auf die Frage beschränkt, ob die Verordnung den Rahmen der dem Bundesrat im Gesetz delegierten Kompetenzen sprengt oder aus anderen Gründen gesetzwidrig ist (BGE 136 II 337 E. 5.1, 136 V 24 E. 7.1, 135 V 361 E. 5.4, 133 V 42 E. 3.1, 131 II 271 E. 4, 131 II 562 E. 3.2, 131 V 14 E. 3.4.1, 130 I 26 E. 2.2.1, 129 II 160 E. 2.3, 129 V 327 E. 4.1, 128 IV 177 E. 2.1; BGer vom 12. Dez. 2011, 2C_587/2011, E. 3.2; vom 22. März 2010, 2C_246/2009, E. 7.1; vom 25. Juni 2008, 2C_735/2007, E. 4.2; BVGer vom 24. Aug. 2011, A-2649/2009, E. 6.3.2; vom 9. Nov. 2010, B-1796/2009, E. 3.4; vom 19. Juli 2010, A-5906/2008, E. 1.4.1; vom 19. Jan. 2009, A-4620/2008, E. 4.2; vom 14. April 2009, A-1543/2006, E. 3.4). Die gleiche Einschränkung gilt, wenn eine **bundesrätliche Verordnung**, die ihrerseits

nur im oben dargelegten (eingeschränkten) Rahmen überprüft werden kann, gewisse Befugnisse an die **Kantone** delegiert und ein enger Zusammenhang zwischen der kantonalen und der bundesgesetzlichen Regelung besteht (BGE 130 I 26 E. 2.2.2, 126 I 1 E. 2f, 119 Ia 241 E. 5c).

Soweit das Gesetz den **Bundesrat nicht ermächtigt**, von der **Verfassung abzuweichen**, befindet das Gericht auch über die **Verfassungsmässigkeit** der unselbstständigen Verordnung. Wenn das **Gesetz** den Bundesrat hingegen ermächtigt, von der **Verfassung abzuweichen**, führt Art. 190 BV zur Verbindlichkeit sowohl der Delegationsnorm als auch der (allenfalls verfassungswidrigen) Verordnung. Die Verfassungsmässigkeit der Verordnung wird durch das Gericht in diesem Fall nicht überprüft (BGE 133 V 42 E. 3.1, 131 II 271 E. 4, 7.4, 131 II 562 E. 3.2). 452

Wird dem Bundesrat durch die **gesetzliche Delegation** ein **sehr weiter Ermessensspielraum** eingeräumt, so ist dieser Spielraum nach Art. 190 BV für das Bundesgericht verbindlich; es darf in diesem Falle bei der Überprüfung der Verordnung nicht sein eigenes Ermessen an die Stelle desjenigen des Bundesrates setzen, sondern es beschränkt sich auf die Prüfung, ob die Verordnung den Rahmen der dem Bundesrat im Gesetz delegierten Kompetenzen offensichtlich sprengt (BGE 136 II 337 E. 5.1, 131 II 13 E. 6.1, 129 II 160 E. 2.3). 453

Soweit das **Bundesgesetz verfassungskonform** ist, kann das Gericht namentlich prüfen, ob eine darauf gestützte **Verordnungsbestimmung** die aus dem **Rechtsgleichheitsgebot** abgeleiteten Anforderungen einhält oder ob sie **Art. 9 BV** widerspricht, weil sie sinn- und zwecklos ist, rechtliche Unterscheidungen trifft, für die ein vernünftiger Grund in den tatsächlichen Verhältnissen nicht ersichtlich ist, oder Unterscheidungen unterlässt, die richtigerweise hätten getroffen werden müssen (BGE 136 V 24 E. 7.1, 133 V 42 E. 3.1, 131 II 271 E. 4, 130 I 26 E. 2.2.1, 129 II 160 E. 2.3; BVGer vom 24. Aug. 2011, A-2649/2009, E. 6.3.2; vom 3. Juni 2010, A-6055/2007, E. 3.1.1; vom 13. Nov. 2009, B-3133/2009, E. 7.1; vom 19. Sept. 2007, A-1723/2006, E. 3.4.2; vom 17. Sept. 2009, C-717/2007, E. 1.2.1). 454

Die Einhaltung des **Verhältnismässigkeitsprinzips** durch den Verordnungsgeber unterliegt dann der richterlichen Kontrolle, wenn diese in die Rechtsstellung des Einzelnen eingreift (BVGer vom 8. Juli 2010, A-2607/2009, E. 8.3.2; vom 19. Jan. 2009, A-4620/2008, E. 4.2). Für die **Zweckmässigkeit** der angeordneten Massnahme trägt der Bundesrat die Verantwortung; es ist nicht Aufgabe des Bundesgerichts, sich zu deren wirtschaftlicher oder politischer Sachgerechtigkeit zu äussern (BGE 136 II 337 E. 5.1, 133 V 569 E. 5.1, 131 II 162 E. 2.3, 130 I 26 E. 2.2.1, 129 II 160 E. 2.3, 128 II 34 E. 3b; BGer vom 22. März 2010, 2C_246/2009, E. 7.1; vom 25 Juni 2008, 2C_735/2007, E. 4.2; vom 24. Nov. 2005, 2A.142/2005, E. 3.1; BVGer vom 8. Juli 2010, A-2607/2009, E. 8.3.2; vom 25. März 2009, A-1751/2006, E. 2.4). 455

Praxis:

- **Zulassungsstopp für Medizinalpersonal:** Die Schweizerische Bundesversammlung beschloss am 24. März 2000 eine Änderung des KVG. Dabei traf sie unter anderem folgende Regelung: «Art. 55a Abs. 1: Der Bundesrat kann für eine befristete Zeit von bis zu drei Jahren die Zulassung von Leistungserbringern zur Tätigkeit zu Lasten der obligatorischen Krankenpflegeversicherung nach den Art. 36-38 von einem Bedürfnis abhängig machen. Er legt die entsprechenden Kriterien fest.» Am 3. Juli 2002 erliess der Bundesrat die Verordnung über die Einschrän- 456 kung der Zulassung von Leistungserbringern zur Tätigkeit zu Lasten der obligatorischen Krankenpflegeversicherung (Zulassungsverordnung), welche u.a. vorsieht, dass die Kantone gewisse Kategorien von der Höchstzahl ausnehmen, in einer oder mehreren Kategorien von Leistungserbringern keine neuen Zulassungen zur Tätigkeit zu Lasten der obligatorischen Krankenpflegeversicherung erteilen oder Ausnahme gewähren können. Am 23. Okt. 2002 erliess der Regierungsrat des Kantons Zürich die kantonale Einführungsverordnung zum Zulassungsstopp. Nach deren § 1 gilt die bundesrätliche Verordnung für alle Ärztinnen und Ärzte unbesehen ihrer Spezialisierung oder Fachausrichtung, nicht aber für die übrigen Kategorien von Leistungserbringern. Gemäss § 2 werden während der Geltungsdauer der Verordnung im Kanton Zürich keine neuen Ärztinnen und Ärzte als Leistungserbringer zu Lasten der obligatorischen Krankenpflegeversicherung zugelassen. Der Zulassungsstopp findet auch auf Personen Anwendung, welche bereits in einem anderen Kanton zur Tätigkeit zu Lasten der obligatorischen Krankenpflegeversicherung zugelassen sind (§ 3). Gewisse Ausnahmen sind für Ärztinnen und Ärzte in Chefarztspitälern und HMO-Praxen vorgesehen (§ 4); zudem sind unter bestimmten Voraussetzungen Praxisübernahmen möglich (§ 5). Die Verordnung trat rückwirkend auf den 4. Juli 2002 in Kraft. Am 27. Dez. 2002 haben verschiedene Personen hiergegen staatsrechtliche Beschwerde eingereicht. Erwägungen: Die angefochtene kantonale Vollzugsregelung führt eine bundesrätliche Verordnung aus, die sich ihrerseits auf Art. 55a KVG und damit auf ein Bundesgesetz stützt. Dessen Vorgaben sind gemäss Art. 190 BV für das Bundesgericht verbindlich, selbst wenn sie verfassungswidrig sein sollten. Dies wirkt sich auf die Überprüfungsbefugnis in Bezug auf die nachgelagerten Verordnungen insofern aus, als auch sie als massgeblich zu gelten haben, soweit darin lediglich eine Verfassungsverletzung übernommen wird, die sich bereits aus dem Bundesgesetz selber ergibt: Bei unselbstständigen Bundesratsverordnungen prüft das Bundesgericht, ob sich der Bundesrat an die Grenzen der ihm im Gesetz eingeräumten Befugnisse gehalten hat. Soweit das Gesetz ihn nicht ermächtigt, von der Verfassung abzuweichen, bzw. seine Regelung nicht lediglich eine bereits im Gesetzesrecht angelegte Verfassungswidrigkeit übernimmt, beurteilt es auch deren Verfassungsmässigkeit. Wird dem Bundesrat ein sehr weiter Ermessensspielraum eingeräumt, ist dieser für das Bundesgericht verbindlich. Es darf in diesem Fall nicht sein Ermessen an die Stelle desjenigen des Bundesrates setzen, sondern hat sich auf die Kontrolle zu beschränken, ob dessen Regelung den Rahmen der ihm im Gesetz delegierten Kompetenzen offensichtlich sprengt oder aus anderen Gründen gesetz- oder verfassungswidrig ist. Dabei kann es namentlich prüfen, ob sich eine Verordnungsbestimmung auf ernsthafte Gründe stützt oder Art. 9 BV widerspricht. Für die Zweckmässigkeit der angeordneten Massnahme trägt der Bundesrat die Verantwortung; es ist nicht Aufgabe des Bundesgerichts, sich zu deren wirtschaftlichen oder politischen Sachgerechtigkeit zu äussern. Als Ausfluss von Art. 190 BV kann das Bundesgericht einen kantonalen Hoheitsakt nicht aufheben, soweit dessen Inhalt durch ein Bundesgesetz vorgegeben bzw. abgedeckt ist, namentlich dann nicht, wenn der Bundesgesetzgeber eine Materie an die Kantone delegiert und ihnen vorgegeben hat, wie sie diese zu regeln haben. Die gleiche Einschränkung gilt, wenn sich die Delegation an die Kantone auf eine bundesrätliche Verordnung stützt, die ihrerseits nur im soeben dargelegten eingeschränkten Rahmen überprüft werden kann. Der Zusammenhang zwischen der kantonalen und der bundesgesetzlichen Regelung muss dabei zwingend oder zumindest sehr eng sein. Massgebend ist, ob die wirksame Durchführung der im Bundesgesetz enthaltenen Regelungsidee zwingend nach der entsprechenden kantonalen Lösung ruft. Vorliegend geht bereits aus dem Wortlaut von Art. 55a KVG der Grundsatz klar hervor, dass die Zulassung von Leistungserbringern von einem Bedürfnis abhängig gemacht werden kann. Nicht ausdrücklich aus dem Wortlaut, aber doch aus dem klaren Willen des Gesetzgebers ergibt sich, dass diese Einschränkung nur Neuzulassungen betreffen soll, nicht aber Leistungserbringer, die bereits praktizieren. Damit sind der Zulassungsstopp sowie die Grundsätze der Regelung und die Delegation ihrer weiteren Ausgestaltung an den Bundesrat – insbesondere bezüglich der Kriterien, nach denen das Bedürfnis bestimmt werden soll – für das Bundesgericht verbindlich (Art. 190 BV) in einem formellen Gesetz verankert (BGE 130 I 26 E. 2.2 und E. 5.2).

5. Verwaltungsverordnungen

a) Begriff

Verwaltungsverordnungen (auch Direktiven, Dienstreglemente, allgemeine Dienstbefehle, Rundschreiben, Kreisschreiben, Zirkulare, Wegleitungen, Anleitungen, Instruktionen) sind **Dienstanweisungen generell-abstrakter Natur**, die Regeln für das verwaltungsinterne Verhalten der Angestellten beinhalten und ihnen gegenüber als **«Innenrecht»** verbindlich sind, jedoch grundsätzlich **keine Aussenwirkungen** entfalten, d.h. die Privaten nicht zu einem bestimmten Tun, Dulden oder Unterlassen verpflichten. Da sie für die Privaten grundsätzlich nicht rechtswirksam sind, stellen sie nach herrschender Praxis keine Rechtsgrundlage zum Erlass von Verfügungen dar und gelten demnach **nicht als Rechtsquelle des Verwaltungsrechts** (zum Ganzen BGE 136 II 415 E. 1.1, 130 I 140 E. 4.3.1, 128 I 167 E. 4.3, 126 II 275 E. 4c, 123 II 16 E. 7, 122 I 44 E. 2a, 121 II 473 E. 2b; BGer vom 5. Juni 2009, 2C_531/2008, E. 4.5.1; vom 23. Sept. 2004, 2P.67/2004, E. 1.3; vom 14. Okt. 2003, 1P.561/2002, E. 1 [in BGE 129 I 402 ff. nicht publ. E.]; BVGE 2011/1 E. 6.4, 2007/41 E. 3.3). 457

Einer **förmlichen gesetzlichen Ermächtigung bedürfen Verwaltungsverordnungen nicht** (BGE 121 II 473 E. 2b, 109 V 207 E. 3; VerwG AG vom 13. Sept. 2006, in: AGVE 2006 S. 229 E. 2.4). Die **Ermächtigung** zum Erlass von Verwaltungsverordnungen ergibt sich entweder aus der **Kompetenz zum Gesetzesvollzug** oder aus der **Aufsichtsbefugnis**, wenn eine übergeordnete Verwaltungseinheit diese an eine untergeordnete richtet; ihre «formelle» Grundlage lässt sich deshalb in der Aufsichtsbefugnis, der Dienstgewalt, der allgemeinen Vollzugsgewalt und dem Hierarchieprinzip erblicken (BVGer vom 14. April 2009, A-1543/2006, E. 4.5; KÖLZ/BOSSHART/RÖHL, § 50, Rz. 58). Entsprechend können Verwaltungsverordnungen von allen Amtsstellen mit entsprechender Kompetenz erlassen werden (FELIX UHLMANN/IRIS BINDER, Verwaltungsverordnungen in der Rechtssetzung: Gedanken über Pechmarie, LeGes 2009, S. 163). Die Weisungen müssen nicht notgedrungen innerhalb desselben Gemeinwesens ergehen. Der Bund kann sich – im Rahmen seiner Aufsichtsbefugnis – an die Kantone wenden, wenn diese Bundesrecht zu vollziehen haben (VerwG ZH vom 12. März 2003, VB.2002.00341, E. 3). 458

Unter den Begriff der Verwaltungsverordnung werden auch Verlautbarungen subsumiert, mit denen eine **Behörde ihre Praxis für sich selbst** kodifiziert und veröffentlicht (HÄFELIN/MÜLLER/UHLMANN, Rz. 123; PATRICIA EGLI, Verwaltungsverordnungen als Rechtsquellen des Verwaltungsrechts?, AJP 2011, S. 1160). Die Praxis betrachtet ferner **Empfehlungen**, d.h. eigentliches «soft law», als Verwaltungsverordnungen, obwohl diese nicht verbindlich sind und unter Umständen von Organen ohne eigentliche Aufsichts- bzw. Weisungsgewalt ergehen (BGE 129 V 354 E. 4 und 120 V 224 E. 4c [Empfehlungen der Ad-hoc-Kommission der Schadenleiter der Unfallversicherer betr. Kürzung der Leistungen in Abhängigkeit vom Ausmass der Trunkenheit], 109 V 207 E. 3 [Richtlinien des BSV über die Preisrelation zwischen unterschiedlichen Packungsgrössen gleicher Dosierung]; BGer vom 31. März 2005, 2A.532/2004, E. 3.2 [Informationen des Bundesamtes für Veterinärwesen über die Anforderungen an die dauernde Haltung von Nutztieren im Freien]; vom 18. Mai 2004, I 815/02, E. 3.2.2 [Empfehlungen der Schweizerischen Gesellschaft für Oto-Rhino-Laryngologie betr. Anpassung von Hörgeräten]; VerwG BS vom 24. Jan. 459

2007, in: BJM 2009 S. 161 E. 2.3 [SKOS-Richtlinien]; zu Recht kritisch gegenüber diesem weiten Begriff der Verwaltungsverordnung GIOVANNI BIAGGINI, Die vollzugslenkende Verwaltungsverordnung: Rechtsnorm oder Faktum?, ZBl 1997, S. 16).

460 Da Verwaltungsverordnungen Meinungsäusserungen der Verwaltung über die Anwendung der jeweiligen Gesetzes- oder Verordnungsbestimmungen darstellen, dürfen sie keine Anordnungen enthalten, die von **Gesetz oder Verordnung abweichen** (BGE 123 II 16 E. 7, 121 II 473 E. 2b, 120 Ia 343 E. 2a; BVGE 2007/41 E. 7.4.2). Abgesehen allenfalls vom Fall der Füllung einer (echten) Lücke können sie nichts anderes vorsehen, als was sich bereits aus Gesetz, Verordnung oder der Rechtsprechung ergibt. In der Regel werden sie in der offiziellen Gesetzessammlung **nicht publiziert** (BVGer vom 14. April 2009, A-1543/2006, E. 4.5 und E. 6.1.3; HÄFELIN/MÜLLER/UHLMANN, Rz. 125). Bestimmungen in Weisungen oder diese selbst müssen jedoch **gesetzeskonform publiziert** werden, wenn es sich um **Verwaltungsverordnungen mit Aussenwirkungen** handelt (BGE 120 Ia 1 E. 4; BGer vom 10. April 2003, 2P.87/2003, E. 3.2; YVO HANGARTNER, St. Galler Kommentar, Art. 5 BV, Rz. 17).

Praxis:

461 – **Die Vereinbarung zwischen der Oberstaatsanwaltschaft des Kantons Zürich und dem Verein X über die organisierte Suizidbeihilfe** weist gewisse Züge einer Verwaltungsverordnung auf. So enthält die Vereinbarung verschiedene Bestimmungen über das Vorgehen der Strafuntersuchungsbehörden. Gegen eine Qualifizierung als Verwaltungsverordnung spricht der Umstand, dass sich die Vereinbarung an eine einzige Organisation (Verein X) richtet und somit individueller, nicht genereller Natur ist. Schliesslich ist nicht zu übersehen, dass die Vereinbarung nur aus wichtigen Gründen mit sofortiger Wirkung gekündigt werden kann (Ziff. 11 der Vereinbarung), während Verwaltungsverordnungen im Interesse einer effizienten Aufgabenerfüllung der Verwaltung leicht abgeändert und an neue Entwicklungen angepasst werden können sollen (BGE 136 II 415 E. 1.1).

462 – **Standorte von Überwachungskameras des öffentlichen Raumes** können in einer Dienstanweisung festgelegt werden (vgl. Hinweis aus BGE 133 I 77 E. 4.2).

463 – **Weisungen** des Bundesamtes für Migration betr. das Erteilen von **Aufenthaltsbewilligungen für eine Aus- oder Weiterbildung** stellen zwar eine Verwaltungsverordnung dar, die jedoch vorliegend durch das übergeordnete Recht nicht gedeckt ist, da Ausländern ein Aufenthalt für eine Aus- oder Weiterbildung gemäss den massgeblichen gesetzlichen Grundlagen auch dann bewilligt werden kann, wenn die betreffende Bildungsinstitution dafür kein Diplom oder Zertifikat ausstellt (BVGer vom 25. Jan. 2011, C-6783/2009, E. 5 und E. 6).

464 – Der **Massnahmenplan** hat den Charakter einer behördenverbindlichen Verwaltungsverordnung und bildet damit für sich allein keine gesetzliche Grundlage für behördliche Massnahmen gegenüber Privaten. Der Massnahmenplan nach LRV ist zunächst ein Konzept und ein Sanierungsprogramm. Es handelt sich um ein administratives Koordinationsinstrument mit dem Zweck, die verschiedenen Vollzugsbehörden im Hinblick auf die Ziele der Luftreinhalteverordnung in ihrem jeweiligen Zuständigkeitsbereich auf ein gemeinsames, in sich geschlossenes Massnahmebündel festzulegen. Der Massnahmenplan entfaltet keine unmittelbaren Wirkungen auf den Anlageninhaber oder Fahrzeugbesitzer. Ihm gegenüber werden die im Plan festgehaltenen Massnahmen erst verbindlich, wenn sie durch Einzelverfügung oder durch generellen Erlass, gestützt auf den Massnahmenplan, von der zuständigen Behörde angeordnet werden. Der Massnahmenplan kann daher keine gesetzliche Grundlage abgeben, um verbindlich eine begrenzte Anzahl von Parkplätzen vorzuschreiben (RR AG vom 21. Okt. 1991, in: AGVE 1991 S. 550 E. 4c). Hingegen lassen sich im Massnahmenplan vorgesehene Massnahmen u.a.

dann direkt auf das USG abstützen, wenn sie den Charakter von Verkehrs- oder Betriebsvorschriften i.S.v. Art. 12 Abs. 1 lit. c USG haben (BGE 131 II 470 E. 4.1, 124 II 272 E. 4a; BGer vom 13. März 2006, 1A.266/2005, E. 2.5).

- **Polizeieinsatzbefehle** enthalten die von den politischen Behörden umschriebenen Richtlinien und setzen diese für den konkreten Einsatz mit Aufträgen an die Polizeikräfte und Anordnungen organisatorischer, personeller und materieller Natur um. Ausgerichtet auf einen konkreten Einsatz wendet sich der Befehl daher typischerweise an die der Befehlsgewalt des Polizeikommandos unterstellten Polizeikräfte und dient nicht der Regelung konkreter Verwaltungsrechtsverhältnisse, richtet sich nicht an die Bürger und umschreibt insbesondere deren Rechte und Pflichten nicht. Soweit der angefochtene Dienst- oder Einsatzbefehl allerdings Anordnungen mit Aussenwirkungen enthalten sollte, wird die Anfechtbarkeit wegen des möglichen späteren Rechtsschutzes entfallen (BGE 128 I 167 E. 4.4 und E. 4.5; VerwG BE vom 24. Juli 2006, in: BVR 2006 S. 481 E. 4). 465

- Die **Wegleitungen und Merkblätter der Eidgenössischen Steuerverwaltung für Mehrwertsteuerpflichtige** enthalten die wichtigsten Weisungen zum Vollzug dieser Steuer und dokumentieren die damit verbundene Verwaltungspraxis. Sie haben den Charakter von Verwaltungsverordnungen, welche der einheitlichen Anwendung der Verwaltungspraxis dienen. Damit geben sie die Praxis der Eidgenössischen Steuerverwaltung wieder und können der Auslegung von einzelnen Gesetzesbestimmungen dienen, auch wenn sie das Bundesgericht nicht binden. Die Eidgenössische Steuerverwaltung ist zum Erlass von solchen Weisungen verpflichtet, damit Unklarheiten über die Anwendung des Gesetzes unterbleiben (BGE 123 II 16 E. 7; BGer vom 5. Juni 2009, 2C_531/2008, E. 4.5.1; vgl. auch BVGer vom 7. Mai 2008, A-1469/2006, E. 2.1.4; vom 29. Jan. 2008, A-3069/2007, E. 2.3). 466

- **Anweisungen** an das **öffentliche Personal** bei der Erfüllung ihrer Dienstpflichten können zwar grundsätzlich mittels Verwaltungsverordnungen ergehen. Allerdings kann die Begründung, der Inhalt und die Beendigung des Anstellungsverhältnisses nicht mittels einer Verwaltungsverordnung geregelt werden. Eine solche Regelung betrifft nicht oder doch nicht zur Hauptsache den internen Dienstbetrieb, sondern die Rechtsstellung einer grösseren Gruppe von Einzelpersonen gegenüber der sie beschäftigenden öffentlichen Körperschaft (BGE 104 Ia 161 E. 2). 467

- Bei den angefochtenen **Unterstützungsrichtlinien** handelt es sich um eine Verwaltungsverordnung, die zwar Aussenwirkung entfaltet, gestützt darauf aber Verfügungen der Sozialhilfestelle ergehen, deren Anfechtung möglich und für den Betroffenen zumutbar ist. Dabei sind die richterlichen Behörden nicht an die Richtlinien gebunden, falls diese dem Sinn der ihnen zugrunde liegenden gesetzlichen Regelung nicht entsprechen sollten (BGer vom 5. Juli 2006, 2P.108/2005, E. 1.2 und E. 1.3). 468

- Die **Wegleitung zu einem Prüfungsreglement** stellt eine Verwaltungsverordnung dar (BGer vom 10. Nov. 2005, 2A.343/2005, E. 5.2). 469

- **Richtpläne** stellen Verwaltungsverordnungen dar, die grundsätzlich nicht aussenwirksam sind und nur bei Vorliegen besonderer Umstände von einer privaten Partei angefochten werden können (BGer vom 21. Sept. 2005, 1A.125/2005, E. 2.1; VerwG AG vom 19. Okt. 1999, in: AGVE 1999 S. 103 E. 4). 470

- Die **«Weisung Belegarztverträge»** regelt die Entschädigungen, welche kantonale und kantonal subventionierte Krankenhäuser an die Belegärzte für die Behandlung von grundversicherten Patienten ausrichten. Den subventionierten Krankenhäusern wird dabei nicht untersagt, die Belegärzte anders zu entschädigen, doch werden bei der Subventionsberechnung durch den Kanton höchstens die der Weisung entsprechenden Ausgaben berücksichtigt. Die Verfahrensbeteiligten gehen übereinstimmend und zu Recht davon aus, dass es sich bei der angefochtenen Weisung um eine interne Verwaltungsanweisung handelt, mit welcher nicht direkt Rechtsbeziehungen zwischen dem Staat und den Beschwerdeführern oder anderen Privaten festgelegt werden (BGer vom 23. Sept. 2004, 2P.67/2004, E. 1.3). 471

472 – Die **Richtlinien für den straflosen Schwangerschaftsabbruch** wurden von der Gesundheitsdirektion des Kantons Zürich erlassen und basieren auf den Art. 118-120 StGB. Bei diesen Richtlinien handelt es sich um eine Verwaltungsverordnung, die grundsätzlich nicht anfechtbar sind. Vorliegend enthalten die Richtlinien unbestrittenermassen sowohl für schwangere Frauen als auch für Schwangerschaftsabbruch betreibende Ärzte Aussenwirkungen. Sie werden ferner nicht durch Verfügungen und Anordnungen umgesetzt und können daher direkt und abstrakt mit staatsrechtlicher Beschwerde (neu: Beschwerde in öffentlich-rechtlichen Angelegenheiten; Art. 82 lit. b BGG) angefochten werden (BGer vom 10. Okt. 2003, 1P.561/2002, E. 1 [in BGE 129 I 402 ff. nicht publ. E.]; vgl. auch BGE 114 I 452 E. 1).

473 – **Richtlinien** der Universitätsleitung über **die Modalitäten des Immatrikulationsverfahrens und der Semestereinschreibung** stellen eine Verwaltungsverordnung dar (BGer vom 10. April 2003, 2P.87/2003, E. 3).

474 – Der **Parkplatzplan** stellt keine Verwaltungsverordnung dar, weil vorliegend die Parkplatzverordnung des Regierungsrats ausdrücklich auf diesen Plan verweist. Damit hat der Regierungsrat den Plan zum Bestandteil der Parkplatzverordnung gemacht und die Faktoren für die Erschliessungsqualität für das gesamte Siedlungsgebiet verbindlich festgelegt (BGer vom 26. Mai 2000, 1A.113/1999, E. 3c).

475 – Die **Regeln in einer Spielbankenkonzession betr. Abgabeermässigung** formulieren in abstrakter Weise Voraussetzungen für die Gewährung der Abgabereduktion, die für alle künftigen Konzessionen zur Anwendung gelangen. Es handelt sich um eine Mitteilung der Verwaltung, wie sie das übergeordnete Recht auszulegen und anzuwenden gedenkt. An dieser sich aus dem Inhalt der Regelung ergebenden Qualifikation ändert nichts, dass die Bestimmungen in den Konzessionsurkunden integriert wurden (BVGer vom 14. April 2009, A-1543/2006, E. 6.1-6.3).

476 – In Ziff. 1 der Weisung werden die in Art. 27 Abs. 2 SVG sowie in Art. 110 Abs. 3 lit. a VTS erwähnten und die diesen gleichgestellten **Fahrzeuge aufgezählt, die mit Blaulicht und Wechselklanghorn** ausgerüstet werden dürfen. In der Weisung wird somit der durch das Gesetz vorgegebene Rahmen weder erweitert noch eingeschränkt, sondern es werden lediglich die Einzelheiten konkretisiert, um einen einheitlichen Gesetzesvollzug zu gewährleisten; es handelt sich um eine Verwaltungsverordnung, welche den gesetzlich vorgegebenen Rahmen respektiert bzw. diesen nur konkretisiert (BVGer vom 8. April 2008, A-8728/2007, E. 3.1).

477 – In den **Richtlinien des Stadtrates**, welche die Verwaltungspraxis im Bereich der **Wohnbauförderung** wiedergeben, wird lediglich die offen umschriebene gesetzliche Grundlage konkretisiert. Stadt- und Gemeinderat fühlten sich in der Vergangenheit offensichtlich an sie gebunden. Derartige Richtlinien und die darauf gestützte Behördenpraxis stellen eine rechtsgleiche Rechtsanwendung sicher und vermögen zusammen mit der sehr offen formulierten gesetzlichen Grundlage das Erfordernis der Normdichte zu erfüllen (VerwG ZH vom 2. Sept. 2009, VB.2009.00083, E. 7.9).

478 – Die **Loseblattsammlung «Praxisvereinheitlichung der Vereinigung der Fremdenpolizeichefs Ostschweiz und Fürstentum Liechtenstein (VOF)»** hat den Charakter einer Verwaltungsverordnung bzw. einer Dienstanweisung. Nach den Richtlinien ist bei Jahresaufenthaltern eine Bewilligung grundsätzlich nicht mehr zu verlängern, wenn die Verschuldung Fr. 75'000.– oder mehr beträgt (VerwG SG vom 24. März 2009, B-2008-214, E. 2.2).

479 – Im **Konzept über die Vergabe von Pachtland** werden Kriterien aufgestellt, um eine rechtsgleiche und willkürfreie Zuteilung des Pachtlands sicherzustellen. Hierfür genügen Grundsätze oder Konzepte, wie sie etwa aus dem Planungs- und Umweltrecht oder anderen Politikbereichen bekannt sind; nach Meinung des Obergerichts liegt keine Verwaltungsverordnung vor, da derartige Grundsätze, Konzepte oder Empfehlungen nicht rechtsverbindlich sind (OG SH vom 9. Nov. 2007, in: AB 2007 S. 94 E. 4b/aa; die Rechtsnatur wurde in casu offengelassen).

480 – Die **SKOS-Richtlinien** gehen zwar von einer privatrechtlich konstituierten Organisation aus, jedoch verweist das Sozialhilfegesetz auf diese Richtlinien, die demnach faktisch Verwal-

tungsverordnungen darstellen; jedenfalls fühlt sich das Verwaltungsgericht daran gebunden (VerwG BS vom 24. Jan. 2007, in: BJM 2009 S. 161 E. 2.3).

- **Richtlinien über die Gewährung von Denkmalpflegebeiträgen** sind Verwaltungsverordnungen (OG SH vom 22. Juli 2005, in: AB 2005 S. 105 E. 2d und 2e). 481
- Art. 12 Abs. 1 der kantonalen Strassenverkehrsverordnung (StrVV) weist die **Bezeichnung der mit der Vornahme vertrauensärztlicher Untersuchungen im Strassenverkehr betrauten Ärztinnen und Ärzte** dem kantonalen Strassenverkehrs- und Schifffahrtsamt (SVSA) zu. Das SVSA hat eine Praxis für die Ernennung der Vertrauensärztinnen und -ärzte entwickelt, um die Gesetzgebung in diesem Bereich zu vollziehen. Rechtlich lassen sich diese Regeln unter dem Oberbegriff der sog. Verwaltungsverordnung zusammenfassen (VerwG BE vom 10. März 2005, in: BVR 2005 S. 506 E. 3.5). 482
- Die **Plakatierungsrichtlinien** der Gemeinde Kriens stellen eine Konkretisierung der massgeblichen Eingliederungsnormen des PBG und der Reklameverordnung dar und sind als Verwaltungsverordnung zu beurteilen. Sie dienen dazu, eine einheitliche Beurteilung von Reklameprojekten innerhalb gewisser Leitlinien und die rechtsgleiche Behandlung der Gesuchsteller zu garantieren. In typologischer Hinsicht handelt es sich um eine vollzugslenkende Verwaltungsverordnung (VerwG LU vom 22. Juli 2004, in: LGVE 2004 II Nr. 16 E. 2d und E. 4d). 483
- Die **Anweisung des Bundes für die Ausführung, Ausgestaltung und Anbringung von Strassenreklamen** stellt eine Verwaltungsverordnung dar. Diese muss nicht notgedrungen innerhalb desselben Gemeinwesens ergehen. Der Bund kann sich auch an die Kantone wenden, wenn diese Bundesrecht (hier: Strassenverkehrsrecht) zu vollziehen haben (VerwG ZH vom 12. März 2003, VB.2002.00341, E. 3). 484
- Die **Weisung des Bezirksrats** an die beschwerdeführende Gemeinde, bei der Bemessung der Sozialhilfe die von der SKOS beschlossene Anpassung der Ansätze um 2 % an die Teuerung ab 1. Jan. 2003 zu berücksichtigen, stellt eine Verwaltungsverordnung dar (VerwG ZH vom 13. Nov. 2003, VB.2003.00298, E. 1b). 485

b) Arten

Verwaltungsverordnungen organisatorischer Natur ordnen den Verwaltungsvollzug und die Verwaltungsorganisation (BGE 128 I 167 E. 4.3). Davon zu unterscheiden sind die **vollzugs- oder verhaltenslenkenden Verwaltungsverordnungen**, mit denen zum Zwecke einer einheitlichen und rechtsgleichen Rechtsanwendung auf die Ermessensausübung und die Handhabung offen formulierter Vorschriften abgezielt wird. Sie stellen Meinungsäusserungen über die Auslegung der anwendbaren gesetzlichen Bestimmungen dar, welche die vorgesetzte Behörde, die betreffende Behörde selbst oder die Aufsichtsbehörde im Interesse der gleichmässigen Gesetzesanwendung veröffentlicht (BGE 136 II 415 E. 1.1, 133 V 394 E. 3.3, 128 I 167 E. 4.3, 121 II 473 E. 2b; BGer vom 5. Juni 2009, 2C_531/2008, E. 4.5.1; vom 5. Juli 2006, 2P.108/2005, E. 1.2; vom 10. Okt. 2003, 1P.561/2002, E. 1 [in BGE 129 I 402 ff. nicht publ. E.]; vom 2. Juni 2003, 2A.320/2002, E. 4.2.1; BVGer vom 22. Juni 2009, A-1552/2006, E. 2.2; KG BL vom 9. Juli 2003, in: VGE 2002 S. 47 E. 4). 486

Praxis:

- **Polizeieinsatzbefehl:** Der Polizeieinsatzbefehl, welcher anlässlich des World Economic Forum 2001 (WEF) erlassen wurde, enthält vorab konkret ausgerichtete innerdienstliche Anordnungen. Solche fallbezogenen Weisungen der vorgesetzten Behörde an die ihr unterstellte Behörde oder öffentlich Bediensteten begründen, obwohl sie hoheitlich, einseitig und gegenüber den verwaltungsinternen Adressaten verbindlich sind, nicht unmittelbar Rechte oder Pflichten des 487

Bürgers und gelten daher nicht als Verfügungen im Sinne der Verwaltungsrechtspflege (BGE 121 II 473 E. 2b). Mit staatsrechtlicher Beschwerde (neu: Beschwerde in öffentlich-rechtlichen Angelegenheiten) können jedoch auch Erlasse generell-abstrakter Natur angefochten werden. Dazu gehören insbesondere die Rechtssätze, d.h. Gesetze und Verordnungen, mit welchen Rechte und Pflichten der Bürger umschrieben werden. Die sogenannten Verwaltungsverordnungen gehören grundsätzlich nicht zu dieser Gruppe. Sie enthalten in erster Linie Regeln für das verwaltungsinterne Verhalten, richten sich an die der Dienstaufsicht unterstellten Beamten und öffentlich Bediensteten und verfolgen mannigfaltigste Zwecke verwaltungsinterner und organisatorischer Natur. Sie umschreiben daher grundsätzlich keine Rechte und Pflichten der Bürger. Die Verwaltungsverordnungen können unterschiedlichste Bereiche betreffen und werden demnach in verschiedene Kategorien eingeteilt. Sie werden auch sehr unterschiedlich benannt: Direktiven, Weisungen, Dienstanweisungen, Dienstreglemente, allgemeine Dienstbefehle, Rundschreiben, Kreisschreiben, Zirkulare, Wegweisungen, Anleitungen, Instruktionen, Merkblätter, Leitbilder. Innerhalb dieser weiten und wenig kohärenten Kategorie werden insbesondere Verwaltungsverordnungen organisatorischer Natur, welche den Verwaltungsvollzug und die Verwaltungsorganisation ordnen, von den verhaltenslenkenden Verwaltungsverordnungen (auch Weisungen, Richtlinien usw. genannt) unterschieden, mit denen zum Zwecke einer einheitlichen und rechtsgleichen Rechtsanwendung auf die Ermessensausübung und die Handhabung offen formulierter Vorschriften abgezielt wird. Die vorliegend umstrittenen Anordnungen des Polizeikommandos können als Rahmen-, Dienst- oder Einsatzbefehl gegenüber den Polizeiorganen bezeichnet werden. Ein Einsatzbefehl enthält naturgemäss die von den politischen Behörden umschriebenen Richtlinien und setzt sie für den konkreten Einsatz mit Aufträgen an die Polizeikräfte und Anordnungen organisatorischer, personeller und materieller Natur um. Insoweit stellt er ein Führungsinstrument für das Polizeikommando zur Realisierung eines konkreten Polizeieinsatzes dar und dient der Regelung des Polizeihandelns in organisatorischer Hinsicht. Ausgerichtet auf einen konkreten Einsatz wendet sich der Befehl daher typischerweise an die der Befehlsgewalt des Polizeikommandos unterstellten Polizeikräfte. Er dient nicht der Regelung konkreter Verwaltungsrechtsverhältnisse, richtet sich nicht an die Bürger und umschreibt insbesondere deren Rechte und Pflichten nicht. Ein Einsatzbefehl hat vielmehr internen Organisationscharakter. Insoweit kann er nicht als Erlass i.S.v. Art. 84 Abs. 1 aOG bezeichnet werden, was die staatsrechtliche Beschwerde wegen Verletzung verfassungsmässiger Rechte ausschliesst. Ferner wird nach der bundesgerichtlichen Rechtsprechung die Anfechtbarkeit von Verwaltungsverordnungen auch im Falle der Anerkennung von Aussenwirkungen ausgeschlossen, soweit ein hinreichender Rechtsschutz im Einzelfall möglich und zumutbar ist. Soweit überhaupt der angefochtene Dienst- oder Einsatzbefehl Anordnungen mit Aussenwirkungen im beschriebenen Sinne enthalten sollte, würde die Anfechtbarkeit wegen des möglichen späteren Rechtsschutzes entfallen (BGE 128 I 167 E. 4.2-4.4).

c) Regelungsinhalt

488 Verwaltungsverordnungen zielen zum Zweck einer einheitlichen, gleichmässigen und sachrichtigen Rechtsanwendung auf die **Ermessensausübung** und die Handhabung **offen formulierter Vorschriften** ab; sie dienen in diesem Sinn der Vereinfachung und Rationalisierung der Verwaltungspraxis, erhöhen Kohärenz, Kontinuität und Vorhersehbarkeit des Verwaltungshandelns und erleichtern dessen Kontrolle (BGE 137 V 82 E. 5.5, 136 II 415 E. 1.1, 133 V 394 E. 3.3, 128 I 167 E. 4.3, 121 II 473 E. 2b; BVGer vom 8. April 2008, A-8728/2007, E. 3.1; VerwG ZH vom 2. Sept. 2009, VB.2009.00083, E. 7.9; VerwG LU vom 22. Juli 2004, in: LGVE 2004 II Nr. 16 E. 2c).

489 Dementsprechend können Verwaltungsverordnungen nur die in **Gesetz oder Verordnung** enthaltenen **Wertungen konkretisieren**, dürfen diesen jedoch nicht widersprechen oder ihnen gegenüber keine zusätzlichen Kriterien einführen (BGE 123 II

16 E. 7, 121 II 473 E. 2b, 120 Ia 343 E. 2a; BVGE 2007/41 E. 4.1 und E. 7.4.2; OG SH vom 22. Juli 2005, in: AB 2005 S. 105 E. 2e; VerwG BE vom 10. März 2005, in: BVR 2005 S. 506 E. 3.5; VerwG LU vom 22. Juli 2004, in: LGVE 2004 II Nr. 16 E. 4d; VerwG ZH vom 12. März 2003, VB.2002.00341, E. 3). Abgesehen allenfalls vom Fall der Füllung einer untergeordneten (echten) Lücke können sie nichts anderes vorsehen, als was sich bereits aus Gesetz, Verordnung oder der Rechtsprechung ergibt (BVGer vom 14. April 2009, A-1543/2006, E. 4.5 und E. 6.1.3; zur Lückenfüllung mittels Berufung auf eine Verwaltungsverordnung Rz. 1259 ff.). Sollen bestimmte Aspekte ein zusätzliches Kriterium darstellen, so ist es Sache des Gesetz- bzw. des Verordnungsgebers, eine entsprechende Regelung zu erlassen (VerwG BE vom 10. März 2005, in: BVR 2005, S. 506 E. 3.5 [Auswahl der Vertrauensärztinnen und -ärzte]). Sieht beispielsweise die massgebende kantonale gesetzliche Ordnung keine Befugnis des Gemeinwesens vor, bei gewählten oder festangestellten Lehrerinnen und Lehrern das Pensum einseitig zu ändern, kann diese Pensenänderung auch nicht mittels Verwaltungsverordnung begründet und durchgesetzt werden (OG SH vom 22. Juni 2001, in: AB 2001 S. 103 E. 3b und E. 4).

Eine Verwaltungsverordnung oder eine blosse, nicht schriftlich festgehaltene Praxis 490 kann deshalb unter keinen Umständen alleinige Grundlage für die wie auch immer ausgestaltete steuerliche Erfassung eines Sachverhalts darstellen (BVGE 2009/38 E. 5.4.2, 2007/41 E. 4.1). Regelt eine generell-abstrakte Anordnung die Rechtsstellung einer grösseren Gruppe von Einzelpersonen gegenüber der sie beschäftigenden Körperschaft, kann keine blosse Verwaltungsverordnung vorliegen; eine derartige Regelung hat mittels Verordnung oder Gesetz zu erfolgen (BGE 104 Ia 161 E. 2; VerwG ZH vom 15. März 2006, PB.2005.00058, E. 2.1; VerwG LU vom 21. Nov. 1997, in: LGVE 1997 II Nr. 49 E. 1). Auch kann die Festlegung wichtiger organisationsrechtlicher Fragen wie die sachliche Zuständigkeit einer Behörde, die sich unmittelbar auf Private auswirkt, nicht mittels einer Verwaltungsverordnung erfolgen (BGE 129 V 485 E. 2.2 und E. 2.3). Handelt es sich bei einer Verwaltungsverordnung dem Inhalt nach – materiell – um eine gesetzesvertretende Verordnung, bedürfte dies einer ausdrücklichen durch Gesetzesdelegation begründeten Kompetenz, ansonsten das entsprechende Vorgehen verfassungswidrig ist (VerwG ZH vom 27. März 2002, VB.2001.00163, E. 2c).

Praxis:

– **Aufzählung von Fahrzeugen, die mit Blaulicht und Wechselklanghorn ausgerüstet werden dürfen:** In Ziff. 1 der Weisung werden die in Art. 27 Abs. 2 SVG sowie in Art. 110 Abs. 3 lit. a VTS erwähnten und die diesen gleichgestellten Fahrzeuge aufgezählt, die mit Blaulicht und Wechselklanghorn ausgerüstet werden dürfen. Dabei handelt es sich um Fahrzeuge der Feuerwehr, der Sanität, des Zolls sowie der Polizei. Diese Aufzählung wird ausdrücklich als abschliessend bezeichnet. Sie stützt sich direkt auf das Gesetz und führt aus, welche – in Art. 27 Abs. 2 SVG und Art. 110 Abs. 3 lit. a VTS abschliessend aufgezählten – Fahrzeuge der Feuerwehr, der Sanität, der Polizei und des Zolls mit Blaulicht und Wechselklanghorn ausgerüstet werden können. In der Weisung wird somit der durch das Gesetz vorgegebene Rahmen weder erweitert noch eingeschränkt, sondern es werden lediglich die Einzelheiten konkretisiert, um einen einheitlichen Gesetzesvollzug zu gewährleisten, beispielsweise also aufgezählt, welche Sanitätsfahrzeuge – wie Rettungswagen, Katastrophenfahrzeuge, Notarzteinsatzfahrzeuge – tatsächlich eine Bewilligung erhalten. Der Wortlaut des Gesetzes ist dabei klar, Rettungsdienste für Tiere werden nicht erwähnt. Ein Tierrettungsdienst liesse sich auch nicht unter die 491

Sanität oder die Feuerwehr subsumieren. Die Verwaltungsverordnung hat demnach vorliegend den gesetzlich vorgegebenen Rahmen respektiert bzw. diesen nur konkretisiert. Somit steht dem Beschwerdeführer, der weder über ein Feuerwehr-, Sanitäts-, Polizei- noch Zollfahrzeug verfügt, von Gesetzes wegen kein Anspruch auf Bewilligung zur Ausrüstung seiner Fahrzeuge mit Blaulicht und Wechselklanghorn zu (BVGer vom 8. April 2008, A-8728/2007, E. 3.1).

492 – **Gewährung von Denkmalpflegebeiträgen gestützt auf Richtlinien:** Im Kanton Schaffhausen besteht kein gesetzlicher Anspruch auf Gewährung von Denkmalpflegebeiträgen. Der Regierungsrat kann über solche Beiträge gestützt auf Art. 12 Abs. 1 lit. c und Art. 12 Abs. 3 des Natur- und Heimatschutzgesetzes des Kantons Schaffhausen (NHG) grundsätzlich nach freiem Ermessen verfügen. Um eine rechtsgleiche und einheitliche Praxis sicherzustellen, hat er Richtlinien über Kantonsbeiträge im Bereich Denkmalpflege/Natur- und Heimatschutz erlassen. Sie sind als Verwaltungsverordnung zu qualifizieren. Die Konkretisierung einer derart offenen Norm mittels einer Verwaltungsverordnung entspricht freilich nicht mehr den heutigen rechtsstaatlichen Anforderungen, zumal nach der neueren Rechtsprechung des Bundesgerichts das Gesetzmässigkeitsprinzip auch im Bereich der Leistungsverwaltung gilt und daher Beschlüsse über regelmässig auszurichtende Subventionen, wie sie Denkmalpflegebeiträge an Private darstellen, einer rechtssatzmässigen Grundlage bedürfen, wobei auch Voraussetzungen und Zweck der Leistungen gesetzlich umschrieben werden sollten (OG SH vom 22. Juli 2005, in: AB 2005 S. 105 E. 2e).

493 – **Plakatierungskonzept der Gemeinde Kriens, um eine einheitliche Bewilligungspraxis sicherzustellen:** Das Plakatierungskonzept der Gemeinde Kriens dient dazu, eine einheitliche Bewilligungspraxis betreffend das Aufstellen von Plakaten sicherzustellen. Es erweist sich in Bezug auf die vorliegenden sachverhaltlichen Gegebenheiten als objektiv nachvollziehbare Konkretisierung der massgeblichen Eingliederungsnormen des kantonalen Planungs- und Baugesetzes sowie der Reklameverordnung. In Anbetracht der standortspezifischen Aussagekraft des Plakatierungskonzeptes der Gemeinde Kriens kann von einer Unterschreitung des Ermessensspielraumes seitens der Bewilligungsbehörde nicht gesprochen werden, selbst wenn sich diese im Rahmen ihrer Entscheidbegründung im Wesentlichen darauf beschränkte, auf ihr Konzept zu verweisen. Das Verwaltungsgericht sieht sich unter den gegebenen Umständen nicht veranlasst, in den vorinstanzlichen Beurteilungsspielraum einzugreifen. Allerdings ist zu beachten, dass § 4 Reklameverordnung für den Erlass ergänzender Reklamevorschriften ausdrücklich auf das Verfahren der Ortsplanung verweist, d.h. eine Verankerung derartiger Bestimmungen in den örtlichen Bau- und Zonenreglementen vorsieht. Allein auf Basis von Reklamekonzepten und -richtlinien in Form von Verwaltungsverordnungen, welche in erster Linie verwaltungsinterne Wirkung entfalten und der Sicherstellung einer rechtsgleichen Praxis dienen, kann eine zweckmässige Bewilligungspraxis nur bedingt gewährleistet werden. Eine Überführung des vorliegenden Reklamekonzeptes – zumindest jedoch der wesentlichen konzeptionellen Inhalte – in die rechtlichen Grundlagen der kommunalen Ortsplanung ist deshalb mit Blick auf zukünftige Bewilligungsverfahren zu empfehlen (VerwG LU vom 22. Juli 2004, in: LGVE 2004 II Nr. 16 E. 4d).

494 – **Liste der Vertrauensärztinnen und -ärzte, die eine verkehrsmedizinische Untersuchung vornehmen dürfen:** Art. 12 Abs. 1 der kantonalen Strassenverkehrsverordnung (StrVV) weist die Bezeichnung der mit der Vornahme von vertrauensärztlichen Untersuchungen im Strassenverkehr betrauten Ärztinnen und Ärzte dem kantonalen Strassenverkehrs- und Schifffahrtsamt (SVSA) zu. Das SVSA hat eine Praxis für die Ernennung der Vertrauensärztinnen und -ärzte entwickelt, um die Gesetzgebung in diesem Bereich zu vollziehen. Sie hat eine Liste erlassen und damit die Anzahl der Ärztinnen und Ärzte, welche eine derartige Untersuchung vornehmen dürfen, beschränkt. Rechtlich lassen sich diese Regeln unter dem Oberbegriff der sog. Verwaltungsverordnung zusammenfassen, wobei die Terminologie im Einzelnen uneinheitlich ist. Verwaltungsverordnungen zeichnen sich dadurch aus, dass sie keine unmittelbaren Rechte und Pflichten der Bürgerinnen und Bürger begründen. Sie gelten nicht als verbindliche Rechtssätze (Erlasse) wie Gesetze und Rechtsverordnungen. Allerdings ist Art. 12 Abs. 1 StrVV zu unbestimmt, um gestützt darauf eine Verwaltungsverordnung zu erlassen. Kriterien für die Auswahl

der Vertrauensärztinnen und -ärzte werden in dieser Bestimmung nicht genannt und sie können auch nicht durch eine Verwaltungsverordnung ersetzt werden. Ferner erweist sich die zahlenmässige Beschränkung der Vertrauensärztinnen und -ärzte als problematisch, zumal Art. 12 Abs. 1 StrVV diesbezüglich keine Begrenzung beinhaltet. Soll der Bedarf an Vertrauensärztinnen und -ärzten ein Auswahlkriterium darstellen, so ist es Sache des Gesetz- bzw. des Verordnungsgebers, eine entsprechende Regelung zu erlassen (VerwG BE vom 10. März 2005, in: BVR 2005 S. 506 E. 3.5).

- **Anweisung des Bundes an die Kantone für die Ausführung, Ausgestaltung und Anbringung von Strassenreklamen gestützt auf Art. 115 Abs. 1 SSV:** Mit einer generellen Dienstanweisung wendet sich die vorgesetzte Behörde an die ihr untergeordneten Behörden und will damit eine einheitliche, gleichmässige und sachrichtige Praxis des Gesetzesvollzugs sicherstellen. Die Weisung muss nicht notgedrungen innerhalb desselben Gemeinwesens ergehen. Der Bund kann sich damit, wie hier, auch an die Kantone wenden, wenn diese Bundesrecht (hier: Strassenverkehrsrecht) zu vollziehen haben. Eine Verwaltungsverordnung kann jedoch nie eine Rechtsverordnung ersetzen. Dies würde bereits Art. 5 Abs. 1 BV widersprechen, wonach Grundlage und Schranke allen staatlichen Handelns das Recht ist. Aus dem Rechtsstaatsprinzip (insbesondere dem Legalitätsprinzip) ergibt sich weiter, dass eine Dienstanweisung die in Gesetz und Verordnung enthaltenen Wertungen weiter konkretisieren, ihnen jedoch nie widersprechen darf. So kann das Departement Weisungen nur für die Ausführung, Ausgestaltung und Anbringung von Strassenreklamen erlassen (Art. 115 Abs. 1 SSV). Eine weitergehende Subdelegation von eigentlichen Rechtssetzungsbefugnissen bedürfte denn auch einer gesetzlichen Grundlage. Da eine solche Grundlage fehlt, müssen sich Weisungen darauf beschränken, offene Begriffe in der Verordnung zu konkretisieren und so Leitlinien für den Vollzug zu geben. Wortlaut und Sinn der Rechtsverordnung sind in jedem Fall Schranke für den Inhalt der Dienstanweisung. Nach der vorliegend zu beurteilenden Weisung des EJPD sollen frei stehende Strassenreklamen bis zu einer gewissen Grösse bereits im Abstand von 0,5 Metern zum Fahrbahnrand zulässig sein. Damit widerspricht die Dienstanweisung explizit Art. 97 Abs. 2 SSV, die einen Abstand von 3 Metern festlegt. Von einer Konkretisierung oder Verdeutlichung der Rechtsverordnung kann keine Rede sein. Folglich ist Ziff. 2 der Weisung des EJPD für die Verwaltungsbehörden unbeachtlich. Die Baubehörde hätte die Weisung damit nicht anwenden dürfen (VerwG ZH vom 12. März 2003, VB.2002.00341, E. 3). 495

- **Auflösung eines Probedienstverhältnisses wegen einer ungenügenden Note:** Gestützt auf Art. 4 der entsprechenden Verordnung kann die Polizeikommandantin oder der Polizeikommandant Polizeiaspirantinnen oder Polizeiaspiranten wegen Dienstpflichtverletzungen, ungenügenden Leistungen, ungenügendem Verhalten oder Disziplinarwidrigkeiten jederzeit unter Einhaltung einer einmonatigen Frist auf Ende eines Monats entlassen. Der Polizeikommandant hat am 1. Sept. 2005 in der Form einer sog. Verwaltungsverordnung Massstäbe für die Leistungsbeurteilung während der Polizeischule erlassen und unter anderem festgelegt, dass keine Note in den Hauptfächern unter 3 liegen darf (Ziff. 5 lit. c). Diese Regelung erweist sich als sehr einschneidend. Soll die Auflösung des Probedienstverhältnisses allein auf eine Regelung mit Verwaltungsverordnungscharakter gestützt werden, welche den Ausschluss von der Schule und damit die Beendigung des Probedienstverhältnisses an eine einzige (qualifiziert) ungenügende Note knüpft, ohne dass diese durch Wiederholung der entsprechenden Prüfung verbessert werden könnte, müssen für eine solch aussergewöhnlich strenge Regelung besondere Gründe vorliegen. Vorliegend hat der Beschwerdeführer in den sechs Hauptfächern in insgesamt zwölf Zwischenprüfungen nur eine ungenügende Note erzielt hat, die Note 2 in der zweiten Zwischenprüfung im Fach Psychologie, wobei sein Notendurchschnitt in den Hauptfächern 4,2 und in den Nebenfächern 4,6 beträgt. Der Schluss von der einzigen ungenügenden Note auf eine (insgesamt) ungenügende Leistung ist somit rechtlich nicht haltbar. Die Vorinstanz verkennt auch die Tragweite dieses Entscheids, die sich nicht in dem Nichtbestehen einer Prüfung, eines Kurses oder einer Ausbildung erschöpft, sondern die Auflösung des Probedienstverhältnisses nach sich zieht. Auch wenn Ziff. 5 lit. c der Verwaltungsverordnung mit der Vorinstanz wohl dahin auszulegen ist, dass eine einzige Note 2 zum Ausschluss führen soll, muss dieser 496

Bestimmung aus den angeführten Gründen die Anwendung versagt bleiben, da sie am Prüfmassstab des Gesetzes scheitert (VerwG BE vom 2. Feb. 2009, in: BVR 2009 S. 241 E. 4.4).

497 – **Weisungen des Kantonalen Amtes für Industrie, Gewerbe und Arbeit Baselland (KIGA) über die sachliche Zuständigkeit der Regionalen Arbeitsvermittlungszentren (RAV):** Mit Verfügung vom 30. Okt. 2002 verneinte das RAV den Anspruch der 1953 geborenen D auf Arbeitslosenentschädigung ab 2. Okt. 2002. Die dagegen erhobene Beschwerde, mit welcher D sinngemäss die Aufhebung der Verwaltungsverfügung beantragte, hiess das Kantonsgericht Basel-Landschaft in dem Sinne gut, dass es die Verfügung des RAV vom 30. Okt. 2002 als nichtig aufhob. Gemäss § 3 Abs. 3 des kantonalen Gesetzes über die Arbeitsvermittlung und die Arbeitslosenversicherung bestimmt das KIGA Standorte, geografische Zuständigkeitsbereiche sowie Aufgaben und Kompetenzen der Regionalen Arbeitsvermittlungszentren. Das KIGA hat vorliegend die Standorte bzw. Zuständigkeiten und Aufgaben der RAV gestützt auf eine bloss interne Verwaltungsweisung vorgenommen. Eine derartige Zuständigkeitsübertragung genügt nicht, auch wenn dies dem Willen des kantonalen Gesetzgebers entspricht. Die Zuständigkeit des RAV ergibt sich einzig aus den verwaltungsinternen Weisungen des KIGA, welche keinen formellen, den Publikationsvorschriften des Kantons entsprechenden Erlass darstellen, sodass für die Versicherten – als Verfügungsadressaten – die sachliche Zuständigkeit nicht ersichtlich ist. Dem RAV stand deshalb wegen fehlender rechtsgenüglicher Kompetenzübertragung keine Verfügungskompetenz zu. Damit erliess eine sachlich unzuständige Behörde die Verfügung. Die sachliche Unzuständigkeit ist ein Nichtigkeitsgrund (es sei denn, der verfügenden Behörde kommt – was im vorliegenden Fall nicht zutrifft – auf dem betreffenden Gebiet allgemeine Entscheidungsgewalt zu). Die Nichtigkeit eines Verwaltungsakts ist jederzeit und von sämtlichen rechtsanwendenden Behörden zu beachten, weshalb der vorinstanzliche Entscheid rechtens ist (BGE 129 V 485 E. 2.2 und E. 2.3).

d) Rechtswirkungen

498 Verwaltungsverordnungen stellen – mangels Aussenwirkung bzw. Rechtswirksamkeit für die Privaten – grundsätzlich keine Rechtsgrundlage zum Erlass von Verfügungen dar und gelten demnach auch **nicht als Rechtsquelle** des Verwaltungsrechts (vgl. insb. BGE 128 I 167 E. 4.3, 126 II 275 E. 4c, 121 II 473 E. 2b, 120 II 374 E. 4a, 119 Ib 33 E. 3d; BGer vom 14. Okt. 2003, 1P.561/2002, E. 1 [in BGE 129 I 402 ff. nicht publ. E.]). Da Verwaltungsverordnungen keine Rechtsnormen enthalten und sich solche Ausführungsvorschriften rechtsprechungsgemäss nur an die Durchführungsstellen richten, sind sie für die **Gerichte** – im Gegensatz zu den durch die Verwaltungsverordnung angewiesenen Behörden – **nicht verbindlich** (BGE 133 V 394 E. 3.3, 130 V 163 E. 4.3.1, 129 V 200 E. 3.2; BGer vom 12. Feb. 2010, 1C_356/2009, E. 3.2; vom 5. Juli 2006, 2P.108/2005, E. 1.2 und E. 1.3; BVGE 2011/1 E. 6.4, 2009/38 E. 5.4.2; BVGer vom 4. März 2010, A-1604/2006, E. 3.3; vom 1. Feb. 2010, A-1960/2007, E. 2.3). Im Fall der Anfechtung einer Verfügung prüft das Gericht im Prinzip nur, ob die Verfügung mit dem übergeordneten Recht übereinstimmt. Es ist ein «Durchgriff» vorzunehmen: Anfechtungsobjekt bleibt stets die einzelne Verfügung, Prüfmassstab bildet allein das in der Sache anwendbare Gesetz (BGer vom 16. Sept. 2011, 1C_267/2011, E. 3.2; BVGer vom 14. April 2009, A-1543/2006, E. 4.5; KÖLZ/BOSSHART/RÖHL, § 50, Rz. 63).

499 Dies heisst indessen nicht, dass Verwaltungsverordnungen für die Gerichte unbeachtlich sind. Vielmehr soll das **Gericht sie berücksichtigen**, soweit sie eine dem **Einzelfall angepasste und gerecht werdende Auslegung** der anwendbaren gesetzlichen Bestimmungen zulassen. Das Gericht weicht nicht ohne triftigen Grund von Verwaltungsverordnungen ab, wenn diese eine überzeugende Konkretisierung der gesetzli-

chen und verordnungsmässigen Voraussetzungen darstellen. Insofern wird dem Bestreben der Verwaltung, durch interne Weisungen eine rechtsgleiche Gesetzesanwendung zu gewährleisten, Rechnung getragen (BGE 137 V 1 E. 5.2.3, 133 V 394 E. 3.3, 133 V 450 E. 2.2.4, 133 V 587 E. 6.1, 132 V 200 E. 5.1.2, 131 V 42 E. 2.3, 130 V 163 E. 4.3.1, 129 V 200 E. 3.2, 126 V 421 E. 5a, 121 II 473 E. 2b; BVGE 2011/1 E. 6.4, 2009/38 E. E. 5.4.2, 2008/22 E. 3.1.1, 2007/41 E. 3.3; zum Ganzen auch BVGer vom 14. April 2009, A-1543/2006, E. 4.5; vom 31. Jan. 2008, B-7917/2007, E. 3.1).

Es ist somit **nicht Aufgabe der Beschwerdeinstanzen**, als **Zweitinterpreten** des der Verwaltungsverordnung zugrunde liegenden Erlasses eigene Zweckmässigkeitsüberlegungen an die Stelle des Vollzugskonzepts der zuständigen Behörde zu setzen, solange sich dieses im Rahmen des Gesetzes oder der Verordnung bewegt (BGE 126 II 275 E. 4, 123 II 16 E. 7a; BVGE 2007/41 E. 3.3; BVGer vom 4. März 2010, A-1604/2006, E. 3.3). Es bedarf mit anderen Worten **sachlicher Gründe**, wenn eine Beschwerdeinstanz von der in der betreffenden Verwaltungsverordnung zum Ausdruck kommenden Praxis abweichen will (BGE 132 V 200 E. 5.1.2; BVGer vom 19. März 2010, A-4521/2009, E. 4.5; vom 22. Jan. 2010, A-6085/2009, E. 4.3.3; vom 4. Jan. 2010, A-2745/2009, E. 5.2; vom 28. März 2008, B-1967/2007, E. 5.2.1). 500

Im Bereich der **Leistungsverwaltung** kann ferner bereits eine feste Behörden- und Gerichtspraxis genügen, um dem Erfordernis der **Normdichte** nachzukommen, wenn das Gesetz offen formuliert ist, unbestimmte Rechtsbegriffe enthält oder Ermessen einräumt. Folgerichtig kann das Erfordernis des Rechtssatzes bzw. der Normdichte auch durch eine Verwaltungsverordnung in Verbindung mit der darauf gestützten Praxis als erfüllt gelten (VerwG ZH vom 2. Sept. 2009, VB.2009.00083, E. 7.9), solange zumindest die **wesentlichsten Voraussetzungen** der auszurichtende (regelmässigen) Subventionen in Gesetz oder Verordnung umschrieben sind (OG SH vom 22. Juli 2005, in: AB 2005 S. 105 E. 2e). SKOS-Richtlinien vermögen aus diesen Gründen eine gesetzliche Grundlage über die Höhe der auszurichtenden Sozialhilfeleistungen und die wichtigsten zu erfüllenden Voraussetzungen nicht zu ersetzen, ausser der Gesetz- oder Verordnungsgeber würde ausdrücklich darauf verweisen (VerwG BS vom 24. Jan. 2007, in: BJM 2009 S. 161 E. 2.3, wobei eine dynamische Verweisung nicht per se zulässig wäre, sondern an gewisse Voraussetzungen gebunden ist. Namentlich muss die kantonale Verfassung diese Art der Rechtsetzungsdelegation Delegation an Private überhaupt zulassen; vgl. zum Ganzen BGE 136 I 316 E. 2.4.1 und E. 2.4.2). 501

Da insbesondere **vollzugslenkende Verwaltungsverordnungen** darauf ausgerichtet sind, eine gleichmässige Praxis des Gesetzesvollzugs sicherzustellen, entfalten diese unvermeidlich zumindest **mittelbar Aussenwirkung**, da sie ähnlich wie die Rechtsprechung eines Gerichts die Rechtsstellung von Privaten tangieren (BVGer vom 8. April 2008, A-8728/2007, E. 3.1). Ist eine ständige Praxis in einer Verwaltungsverordnung konkretisiert, bekommt diese somit zumindest eine **rechtsnormähnliche Wirkung** und kann nur unter Berücksichtigung der Grundsätze über die Praxisänderung geändert werden (vgl. BVGer vom 22. Juni 2009, A-1552/2006, E. 4.5.1 und E. 4.5.2; VerwG ZH vom 2. Sept. 2009, VB.2009.00083, E. 7.9; UHLMANN/BINDER, a.a.O., S. 165; EGLI, a.a.O., S. 1163). 502

Praxis:

503 – **Verwaltungsverordnung im Bereich der Wohnbauförderung («Richtlinien 65»):** Fraglich ist, ob die Konkretisierung des offen formulierten formellen Gesetzes in blossen Richtlinien – und nicht in einer Verordnung – den Anforderungen an eine gesetzliche Grundlage genügt. Die Richtlinien 65 sind als grundsätzlich verwaltungsinterne, nur behördenverbindliche (sog. verhaltenslenkende) Verwaltungsverordnung erlassen worden. Sie wurden nicht publiziert. Ihr Erlass stand in der Kompetenz des Stadtrats, dem die Gemeindeordnung darüber hinaus eine allgemeine Verwaltungskompetenz zuspricht, die den Erlass von Vollziehungsverordnungen umfasst. In Praxis und Lehre wird die Ansicht vertreten, dass Verwaltungsverordnungen «keine Rechtsquellen» seien. Dies ist allerdings umstritten. Den vollzugslenkenden Verwaltungsverordnungen werden denn auch zumindest rechtsnormähnliche Wirkungen zugestanden; so werden sie von den Gerichten bei der Auslegung mitberücksichtigt. Ihre Funktion ist die Sicherstellung einer einheitlichen und rechtsgleichen Rechtsanwendung. Eine Verwaltungsverordnung kann grundsätzlich nicht an die Stelle einer Rechtsverordnung treten. Ihr zumindest rechtsnormähnlicher Charakter spricht jedoch dagegen, die Richtlinien 65 bei der Prüfung der rechtssatzmässigen Grundlagen der angefochtenen Beschlüsse von vornherein für unbeachtlich zu erklären, wie dies die Beschwerde führenden Parteien vertreten. Massgeblich ist, dass im Bereich der Leistungsverwaltung bereits eine feste Behörden- oder Gerichtspraxis zu einer bestimmten Norm genügen kann, um das Erfordernis der Normdichte zu erfüllen. Umso mehr muss dies gelten, wenn eine ständige Praxis sich auf eine hinreichend bestimmte Verwaltungsverordnung stützen kann. Im vorliegenden Fall vermögen die Richtlinien 65 zusammen mit der auf sie gestützten Praxis das Fehlen einer rechtssatzmässigen Grundlage auszugleichen. Was die Richtlinien 65 als solche betrifft, so stammen sie von jener Behörde – nämlich dem Stadtrat –, die auch zum Erlass einer Vollziehungsverordnung zuständig wäre. Sodann können sie inhaltlich kaum von einer Rechtsverordnung abgegrenzt werden. Ausschlaggebend erscheint schliesslich, dass die Richtlinien 65 anscheinend seit ihrem Erlass in ständiger Praxis vom Stadtrat und vom Gemeinderat angewandt werden; Stadt- und Gemeinderat fühlen sich offensichtlich an sie gebunden. Die Richtlinien 65 und die darauf gestützte Behördenpraxis erfüllen damit seit über 40 Jahren ihre Funktion, eine rechtsgleiche Rechtsanwendung sicherzustellen. Angesichts der erwähnten besonderen Umstände und angesichts der nicht besonders hohen Anforderungen, die im Bereich der Leistungsverwaltung (in casu kommunale Regelung der Wohnbauförderung) an das Legalitätsprinzip zu stellen sind, kann das Erfordernis des Rechtssatzes als durch das entsprechend offen formulierte Gesetz und die Richtlinien 65 in Verbindung mit der darauf gestützten Praxis als erfüllt gelten (VerwG ZH vom 2. Sept. 2009, VB.2009.00083, E. 7.9).

504 – **Wegleitung über die Beiträge der Selbstständigerwerbenden und Nichterwerbstätigen in der AHV, IV und EO (WSN):** Die WSN ist eine Verwaltungsweisung des BSV und enthält als solche keine eigenen Rechtsregeln, sondern nur eine Konkretisierung und Umschreibung der gesetzlichen und verordnungsmässigen Bestimmungen. Es handelt sich hierbei um Vorgaben an die Vollzugsorgane der Versicherung über die Art und Weise, wie diese ihre Befugnisse auszuüben haben. Als solche stellen Verwaltungsweisungen den Standpunkt der Verwaltung über die Anwendung der Rechtsregeln dar und dienen im Rahmen der fachlichen Aufsicht des BSV einer einheitlichen Rechtsanwendung, um eine Gleichbehandlung der Versicherten, aber auch die verwaltungsmässige Praktikabilität zu gewährleisten. Deshalb richten sich solche Ausführungsvorschriften rechtsprechungsgemäss nur an die Durchführungsstellen; für das Sozialversicherungsgericht sind sie nicht verbindlich. Dies heisst indessen nicht, dass Verwaltungsweisungen für das Sozialversicherungsgericht unbeachtlich sind. Vielmehr soll das Gericht sie berücksichtigen, soweit sie eine dem Einzelfall angepasste und gerecht werdende Auslegung der anwendbaren gesetzlichen Bestimmungen zulassen. Das Gericht weicht also nicht ohne triftigen Grund von Verwaltungsweisungen ab, wenn diese eine überzeugende Konkretisierung der gesetzlichen und verordnungsmässigen Leistungsvoraussetzungen darstellen. Insofern wird dem Bestreben der Verwaltung, durch interne Weisungen eine rechtsgleiche Gesetzesanwendung zu gewährleisten, Rechnung getragen (BGE 133 V 394 E. 3.3).

- **SKOS-Richtlinien:** Der Grundsatz der Gesetzmässigkeit des Verwaltungshandelns beschlägt nicht nur die sog. Eingriffs-, sondern auch die Leistungsverwaltung. Die kantonale Sozialhilfe im Kanton Basel-Stadt gründet auf dem Sozialhilfegesetz (SHG), das die öffentliche Sozialhilfe regelt und in § 7 Abs. 1 festhält, dass die wirtschaftliche Hilfe an Bedürftige sich auf die Sicherung des sozialen Existenzminimums erstreckt. Nach Abs. 3 der genannten Bestimmung regelt das zuständige Departement nach Rücksprache mit den Gemeinden das Mass der wirtschaftlichen Hilfe, wobei es sich an den Richtlinien der Schweizerischen Konferenz für Sozialhilfe (SKOS-Richtlinien) orientiert. Diese Regelung ist vom Parlament bewusst gewählt worden, und das Departement ist verpflichtet, sich danach zu richten. Dass das Mass der Hilfe nicht im Gesetz selbst und auch nicht in einer Vollziehungsverordnung dazu geregelt wird, ist nicht zu beanstanden, zumal das Departement die Ausführungsbestimmungen nicht nach Belieben festlegen kann, sondern gehalten ist, sich dabei an den SKOS-Richtlinien zu orientieren. Selbst die Tatsache, dass diese Richtlinien von einer privatrechtlichen Organisation erlassen worden sind, vermag daran nichts zu ändern. Man hat es hier mit einer dynamischen Verweisung zu tun, die nach der Praxis zulässig ist (BGE 124 I 6 E. 4a). Gemäss Bundesgericht ist denn auch von Bundesrechts wegen nicht notwendig, dass die Höhe der Leistungen in einem formellen Gesetz festgelegt wird, solange die vorgesehenen Leistungen noch oberhalb dessen liegen, was nach Art. 12 BV als Minimum staatlicher Leistungen geboten ist. Dass der Begriff des Orientierens verfassungswidrig unbestimmt sei, wie der Rekurrent behauptet, lässt sich nicht sagen. Wohl bedeutet die Verpflichtung des Departements, sich an den SKOS-Richtlinien zu orientieren, nicht deren Übernahme im Verhältnis 1:1. Es wird damit aber in genügend bestimmter Weise aufgezeigt, wie und in welchem Umfang die wirtschaftliche Hilfe zu leisten ist. Es ist somit kein Grund ersichtlich, weshalb diese Delegationsnorm nicht zulässig sein soll (VerwG BS vom 24. Jan. 2007, in: BJM 2009 S. 161 E. 2.3). 505
- **Richtlinien über die Gewährung von Denkmalpflegebeiträgen:** Es besteht im Kanton Schaffhausen kein gesetzlich geregelter Rechtsanspruch auf Gewährung von Denkmalpflegebeiträgen, sondern dem Regierungsrat steht bei der Gewährung derselben ein weiter Ermessensspielraum zu, den er mit Hilfe von ihm selbst erlassenen Richtlinien konkretisiert hat. Dies entspricht freilich nicht mehr den heutigen rechtsstaatlichen Anforderungen, zumal nach der neueren Rechtsprechung des Bundesgerichts das Gesetzmässigkeitsprinzip auch im Bereich der Leistungsverwaltung gilt und daher Beschlüsse zumindest über regelmässig auszurichtende Subventionen, wie sie Denkmalpflegebeiträge an Private darstellen, einer rechtssatzmässigen Grundlage bedürfen, wobei auch Voraussetzungen und Zweck der Leistungen gesetzlich umschrieben werden sollten. Dementsprechend schreibt heute Art. 50 KV/SH vor, dass die grundlegenden Bestimmungen über Leistungen des Kantons in einem formellen Gesetz enthalten sein müssen. Die bisherige, diesen Anforderungen nicht genügende gesetzliche Grundlage für Denkmalpflegebeiträge in Art. 12 des kantonalen Natur- und Heimatschutzgesetzes (NHG) in Verbindung mit den entsprechenden Richtlinien gilt gemäss Art. 119 KV/SH jedoch weiterhin, wonach Erlasse, die von einer nicht mehr zuständigen Behörde oder in einem nicht mehr zulässigen Verfahren geschaffen worden sind, vorläufig in Kraft bleiben. Der Kantonsrat ist jedoch gemäss Art. 120 KV/SH gehalten, ohne Verzug die erforderlichen neuen Bestimmungen zu schaffen. Die Prüfungsbefugnis des Obergerichts als Verwaltungsgericht ist im vorliegenden Fall aufgrund der dargestellten Rechtslage folglich eng begrenzt. Im Rahmen der Rüge einer Verletzung der Rechtsgleichheit kann das Obergericht insbesondere prüfen, ob sich der Regierungsrat an die von ihm selber erlassenen Richtlinien gehalten hat und nicht ohne sachliche Begründung davon abgewichen ist (OG SH vom 22. Juli 2005, in: AB 2005 S. 105 E. 2d und 2e). 506

e) *Rechtsschutz*

aa) Akzessorische Normenkontrolle

507 In der Regel ist nur eine **akzessorische Überprüfung** anlässlich der **Anfechtung einer Verfügung** möglich (BGE 128 I 167 E. 4.3; BVGer vom 14. April 2009, A-1543/2006, E. 4.5). Vorgebracht werden kann, die Verwaltungsverordnung habe sich in einer Weise auf die Verfügung ausgewirkt, welche diese als gesetzes- bzw. als verfassungswidrig erscheinen lässt (VerwG BE vom 2. Feb. 2009, in: BVR 2009 S. 241 E. 4.2). Konsequenterweise muss demnach die **Rüge** zulässig sein, die **Verwaltungsverordnung**, in deren Anwendung die Verfügung ergangen ist, **verletze Gesetzes- oder Verordnungsrecht** und sei im konkreten Anwendungsfall auf ihre Verfassungs- und Gesetzmässigkeit zu überprüfen (BGE 131 I 166 E. 7.2, 123 II 16 E. 7; BVGE 2010/33 E. 3.3.1, 2010/37 E. 2.5.1; BVGer vom 29. März 2011, A-7454/2009, E. 10.4; VerwG ZH vom 12. Jan. 2005, PB.2004.00074, E. 4.3; vgl. auch BIAGGINI, a.a.O., S. 23). Die Beurteilung von Verwaltungsverordnungen und von Rechtsverordnungen unterscheidet sich insofern nicht (BVGer vom 12. Feb. 2010, A-2999/2007, E. 2.6).

Praxis:

508 – **Verbot, Plakate zu aussenpolitisch brisanten Themen auf dem SBB-Areal aufzuhängen:** Im Rahmen einer Aktion der Palästina-Solidarität, Region Zürich, beauftragte Verena Tobler Linder zu Beginn des Jahres 2009 die allgemeine Plakatgesellschaft (APG) mit dem Aushang eines Plakats, welches sich inhaltlich gegen die Siedlungspolitik der israelischen Regierung richtete. Das Plakat sollte am Standort Rail-City Zürich, Bahnhofsplatz 15, Passagen Sihlquai, Lift zu 16/17 (Zürcher Hauptbahnhof) ab dem 23. März 2009 während 14 Tagen ausgehängt sein. Weitere Plakate sollten an gleicher Stelle im April 2009 folgen. Nachdem das Plakat drei Tage an erwähnter Stelle ausgehängt war, veranlasste die SBB AG am 26. März 2009 die sofortige Entfernung des Plakats. Da die SBB AG in der Folge im Rahmen eines mehrfachen Schriftenwechsels zwischen ihr und Verena Tobler Linder weder, wie von dieser verlangt, ihren Entscheid rückgängig machte und das Plakat zuliess, noch eine anfechtbare Verfügung erliess, erhob Verena Tobler Linder am 17. Aug. 2009 eine Rechtsverweigerungsbeschwerde beim Bundesverwaltungsgericht. Sie beantragte, die SBB AG sei anzuweisen, in der Angelegenheit mit Bezug auf den Aushang politischer Plakate im Hauptbahnhof Zürich eine anfechtbare Verfügung zu erlassen. Schliesslich erliess die SBB AG während des pendenten Verfahrens eine an Verena Tobler Linder gerichtete Verfügung, womit sie den Aushang des Plakats zur Israel-Politik untersagte. Die SBB AG stützte sich bei ihrem Entscheid auf ein internes Reglement, wonach Werbung/Botschaften zu aussenpolitisch brisanten Themen für sämtliche Medien ausgeschlossen seien. Gegen die Verfügung der SBB AG vom 28. Okt. 2009 erhebt Verena Tobler Linder (Beschwerdeführerin) Beschwerde beim Bundesverwaltungsgericht. Erwägungen: Die Beschwerdeführerin rügt eine unzulässige Einschränkung der Meinungsfreiheit durch das in Ziff. 1.5.4 des Reglements verankerte Verbot von Meinungsäusserungen zu aussenpolitisch brisanten Themen. Somit ist vorfrageweise zu prüfen, ob die entsprechende Bestimmung der sich an die Divisionen und Zentralbereiche des Konzerns der SBB richtenden vollzugslenkenden Verwaltungsverordnung mit dem übergeordneten Recht vereinbar ist. Die Vorinstanz stützt das Verbot des Plakats auf Satz 1 von Ziff. 1.5.4 des Reglements, wonach Werbung/Botschaften zu aussenpolitisch brisanten Themen für sämtliche Medien ausgeschlossen sind. Aufgrund der geltenden bundesgerichtlichen Rechtsprechung ist zurzeit für die Bewilligungspflicht in Bezug auf die Benutzung des öffentlichen Grundes für Sonderzwecke keine gesetzliche Grundlage erforderlich und an die Bestimmtheit eines solchen Reglements können daher keine besonders hohen Anforderungen gestellt werden. Fraglich ist hingegen, ob der Einschränkung in Ziff. 1.5.4 des Reglements ein zulässiges öffentliches Interesse zur Einschrän-

kung der Meinungsfreiheit zugrunde liegt. Dabei ist festzuhalten, dass ein Verbot wegen des Inhalts der geäusserten Meinungsäusserung nur dann in Frage kommt, wenn die geäusserten Ansichten mit grosser Wahrscheinlichkeit eine unmittelbare, schwere Gefahr für die öffentliche Ordnung und Sicherheit bewirken. Die vage und theoretische Möglichkeit, dass es zu rechtswidrigen Handlungen kommen könnte, rechtfertigt ein Verbot noch nicht. Es kann in der Tat nicht ausgeschlossen werden, dass im Falle von brisanten aussenpolitischen Äusserungen eine unmittelbare, schwere Gefahr für die öffentliche Ordnung und Sicherheit sowie den ordnungsgemässen Bahnbetrieb geschaffen wird. Die Bestimmung lässt sich somit auf zulässige öffentliche Interessen zur Einschränkung der Meinungsfreiheit zurückführen. Es bleibt zu prüfen, ob Satz 1 von Ziff. 1.5.4. des Reglements verhältnismässig ist. Durch das umfassende Verbot von aussenpolitisch brisanten Meinungsäusserungen werden alle aussenpolitischen Meinungsäusserungen unterbunden, welche die öffentliche Ordnung und Sicherheit sowie den ordnungsgemässen Bahnbetrieb unmittelbar schwer gefährden könnten. Die Bestimmung ist geeignet, das angestrebte Ziel zu erreichen. Meinungsäusserungen zu aussenpolitischen Themen sind meistens hochaktuell oder heikel, ohne dass deswegen allerdings immer auch eine unmittelbare, schwere Gefahr für die öffentliche Sicherheit und Ordnung geschaffen wird. Auch wird in der fraglichen Bestimmung nicht berücksichtigt, dass für die Bejahung einer unmittelbaren Gefahr für Sicherheit und Ordnung nicht nur der Inhalt einer Meinungsäusserung entscheidend ist, sondern vielmehr auch die Art und Weise, wie die Meinung geäussert wird. Ein generelles Verbot für brisante aussenpolitische Meinungsäusserungen wie es Satz 1 von Ziff. 1.5.4 des Reglements festsetzt, ist daher nicht erforderlich. Eine genauso geeignete, aber mildere Massnahme, um die öffentliche Sicherheit, Ordnung und den ordnungsgemässen Bahnbetrieb zu garantieren, wäre eine blosse Bewilligungspflicht im Falle von beabsichtigten Meinungsäusserungen, bei denen die unmittelbare und schwere Gefährdung von öffentlicher Sicherheit, Ordnung und ordnungsgemässem Bahnbetrieb in Frage steht. Auf diese Weise könnten vorliegend in den Fällen, in welchen die Beigeladene eine solche Gefährdung als möglich erachtet, im Rahmen eines Bewilligungsverfahrens nur die aussenpolitischen Meinungsäusserungen verboten werden, die tatsächlich die öffentliche Sicherheit, Ordnung und den ordnungsgemässen Bahnbetrieb mit grosser Wahrscheinlichkeit unmittelbar schwer gefährden. Wägt man ferner die Interessen gegeneinander ab, so zeigt sich, dass die Wahrung von öffentlicher Sicherheit, Ordnung und ordnungsgemässem Bahnverkehr durch ein generelles Verbot von brisanten aussenpolitischen Meinungsäusserungen in keinem vernünftigen Verhältnis zum damit bewirkten Eingriff in die Meinungsfreiheit steht. Auch die finanziellen Interessen und die unternehmerische Freiheit der SBB AG vermögen daran nichts zu ändern, da diese sich vielmehr auf die Freiheit der SBB AG zur Wahl von Vertragspartnern wie der APG und auf den Entscheid beziehen, wie viele Plakate wo und in welcher Grösse im Bahnhof zur Verfügung gestellt werden (BVGer vom 29. März 2011, A-7454/2009, E. 10.4; bestätigt in BGer vom 3. Juli 2012, 2C_415/2011).

bb) Abstrakte Normenkontrolle

Nach der Rechtsprechung des Bundesgerichts können (kantonale) Verwaltungsverordnungen im Verfahren der Erlassanfechtung (vgl. Art. 82 lit. b BGG) dann direkt angefochten werden, wenn die darin enthaltenen Anweisungen an die Verwaltung geschützte Rechte des Bürgers zumindest virtuell berühren und damit **Aussenwirkungen** entfalten und wenn gestützt darauf **keine Verfügungen** erlassen werden, deren Anfechtung möglich und dem Betroffenen zumutbar ist (BGE 131 I 166 E. 7.2, 128 I 167 E. 4.3; BGer vom 5. Juli 2006, 2P.108/2005, E. 1.2; vom 23. Sept. 2004, 2P.67/2004, E. 1.3; vom 14. Okt. 2003, 1P.561/2002, E. 1 [in BGE 129 I 402 ff. nicht publ. E.]). Diese Rechtsprechung beruht auf der Überlegung, dass ein aktuelles Rechtsschutzbedürfnis in der Regel erst dann besteht, wenn eine Weisung im konkreten Einzelfall angewendet wird und damit die Rechte des Einzelnen unmittelbar be- 509 rührt (BGer vom 12. Mai 2004, 1P.523/2003, E. 2.2.2 [in BGE 130 I 140 ff. nicht publ. E.]).

Praxis:

510 Bejaht wurde die **(direkte) Anfechtbarkeit** von:

511 – **Richtplänen** durch Gemeinden, die sich durch den entsprechenden kantonalen Richtplan in ihrer Autonomie verletzt fühlen. Die Gemeinden können den Richtplan direkt und u.U. auch akzessorisch anfechten (vgl. auch BGE 135 I 302 E. 1.1). Vorliegend wehrt sich die Gemeinde mit ihrer Beschwerde als Trägerin der kommunalen Planungshoheit gegen die unerwünschten Auswirkungen, die sich ihrer Meinung nach aus der angefochtenen Richtplanrevision ergeben. Sie ist direkt durch den angefochtenen Beschluss berührt und hat ein schutzwürdiges Interesse an dessen Aufhebung oder Änderung (BGE 136 I 265 E. 1.3 und E. 1.4).

512 – **Weisungen betr. die straflose Unterbrechung der Schwangerschaft**; diese entfalten sowohl für schwangere Frauen als auch für Schwangerschaftsabbruch betreibende Ärzte Aussenwirkungen. Sie werden ferner nicht durch Verfügungen und Anordnungen umgesetzt und können daher direkt und abstrakt angefochten werden. Ferner wäre es einer Schwangeren schon aus zeitlichen Gründen nicht zuzumuten, ein Rechtsmittel zu ergreifen, wenn in Anwendung der Weisungen eine Begutachtung oder ein Schwangerschaftsabbruch verweigert würde (BGE 114 I 452 E. 1a; BGer vom 10. Okt. 2003, 1P.561/2002, E. 1 [in BGE 129 I 402 ff. nicht publ. E.]).

513 – **Richtlinien zur Bemessung von Eigenmietwerten** im Hinblick auf eine Beschwerde von Mietern (BGE 124 I 193 ff.), nicht aber in Bezug auf Hauseigentümer, Letzteres wegen deren Beschwerdemöglichkeit gegen konkrete Veranlagungen (BGer vom 22. Juni 2000, 2P.143/1999); meistens ergeht aufgrund einer Weisung über die Neueinschätzung der Liegenschaften eine Verfügung in Form der Steuerveranlagung, gegen die grundsätzlich Beschwerde erhoben werden kann (BGE 105 Ia 349 E. 3b).

514 – **Empfehlungen bei der Vergabe öffentlicher Arbeiten** über die Berücksichtigung von Unternehmen, welche Gesamtarbeitsverträgen unterstellt sind (BGE 102 I 533 E. 1).

515 – **Richtlinien zur Vornahme von Obduktionen und Organentnahmen** (BGE 98 I 508 E. 1).

516 – einer **Hausordnung eines kommunalen Betagtenheims**; die umstrittenen Bestimmungen haben Aussenwirkung und sind daher der abstrakten Normenkontrolle zugänglich, auch wenn das Gericht fälschlicherweise von der Aussenwirkung auf das Vorliegen einer Rechtsverordnung geschlossen hat (VerwG LU vom 21. Nov. 1997, in: ZBl 1998 S. 428 E. 1).

517 **Verneint** wurde die **(direkte) Anfechtbarkeit** von:

518 – **Richtlinien der Universitätsleitung über die Modalitäten des Immatrikulationsverfahrens und der Semestereinschreibung**; diese weisen grundsätzlich nur Innenwirkung auf. Es wird hauptsächlich festgelegt, wie die Universitätsorgane das ihnen zustehende Ermessen handhaben wollen. Immerhin dürfte einzelnen Bestimmungen die Aussenwirkung nicht abzusprechen sein, so insbesondere § 13 Abs. 3 der Richtlinien, wonach Studierende, die ein Doppelstudium absolvieren, die doppelte Kollegiengeldpauschale bezahlen. Allerdings können die in Anwendung dieser Grundsätze ergehenden Verfügungen in zumutbarer Weise angefochten werden (BGer vom 10. April 2003, 2P.87/2003, E. 3.2).

519 – **Weisungen zur Behandlung von Gesuchen über die Erteilung des Gemeindebürgerrechts**; in Umsetzung der bundesgerichtlichen Urteile betr. Einbürgerungen (BGE 129 I 217 ff. und 129 I 232 ff.) erliess das Departement des Innern des Kantons Schwyz Weisungen. Diese richten sich an die Bezirks- und Gemeinderäte sowie die Versammlungsleiter von Bezirksgemeinden und Gemeindeversammlungen. Diese Weisungen sind grundsätzlich nur verwaltungsintern verbindlich und können die politischen Rechte der Stimmbürger nicht direkt beschränken; erst ihre Anwendung im Hinblick auf eine konkrete Wahl oder Abstimmung kann zu einer Verlet-

zung der politischen Rechte führen. Ferner kann die Umsetzung der Weisungen im Einzelfall vor dem kantonalen Verwaltungsgericht angefochten werden, was im Übrigen auch zumutbar ist (BGer vom 12. Mai 2004, 1P.523/2003, E. 2.2 [in BGE 130 I 140 ff. nicht publ. E.]).

- **Polizeieinsatzbefehlen**; diese haben grundsätzlich internen Charakter, dienen nicht der Regelung konkreter Verwaltungsrechtsverhältnisse, richten sich nicht an die Bürger und umschreiben insbesondere deren Rechte und Pflichten nicht. Soweit der angefochtene Dienst- oder Einsatzbefehl dennoch Anordnungen mit Aussenwirkungen enthalten sollte, wird die Anfechtbarkeit wegen des möglichen späteren Rechtsschutzes entfallen (BGE 128 I 167 E. 4.4 und E. 4.5; VerwG BE vom 24. Juli 2006, in: BVR 2006 S. 481 E. 4). 520
- **Wegleitungen und Merkblättern der Steuerverwaltung**; diese enthalten die wichtigsten Weisungen zum Vollzug der Steuer und dokumentieren die damit verbundene Verwaltungspraxis. Sie stellen Verwaltungsverordnungen mit Aussenwirkung dar, können aber im Rahmen der Steuerveranlagung angefochten werden (z.B. BGE 123 II 16 E. 7; BGer vom 5. Juni 2009, 2C_531/2008, E. 4.5.1). 521
- **Verwaltungsinternen Regelungen, welche Aufenthaltsbewilligungen für Tänzerinnen und Tänzer in Nachtklubs** nur noch für Angehörige von EU- oder EFTA-Staaten vorsehen; es fehlte an einem rechtlich geschützten Interesse, welches früher auch für die Legitimation zur Anfechtung von rechtsetzenden Erlassen erforderlich war (Art. 88 aOG). Zwar genügte eine virtuelle Betroffenheit, doch musste es sich um einen drohenden Eingriff in rechtlich geschützte Interessen handeln (BGE 122 I 44 E. 3). 522
- **Merkblättern über ökologisches Bauen** wegen fehlender Aussenwirkung (BGE 120 Ia 321 E. 1). 523
- **Weisungen,** welche vorsehen, dass **Geräte** für die **Prüfung des Blutalkoholgehalts öffentlich** auszuschreiben sind (BGE 104 Ia 148 E. 1). 524
- **Unterstützungsrichtlinien** im Bereich der Sozialhilfe, die namentlich die finanziellen Kriterien der Bedürftigkeit, die zu unterstützenden Personen und Personengruppen, die Nothilfe, die materielle Grundsicherung, situationsbedingte Leistungen sowie Massnahmen zur sozialen und beruflichen Integration regeln; diese entfalten zwar Aussenwirkung, gestützt darauf ergehen aber Verfügungen der Sozialhilfestelle, deren Anfechtung möglich und den Betroffenen zumutbar ist (BGer vom 5. Juli 2006, 2P.108/2005, E. 1.3.3). 525
- **Richtplänen**; sie sind für die **privaten Grundeigentümer** grundsätzlich nicht verbindlich und sie können von privater Seite her nur dann direkt angefochten werden, wenn sie ausnahmsweise aussenwirksam sind bzw. Anordnungen enthalten, welche Merkmale einer Verfügung aufweisen (BGer vom 21. Sept. 2005, 1A.125/2005, E. 2.1). 526
- **Weisungen über Belegarztverträge**; diese regeln die Entschädigungen, welche kantonale und kantonal subventionierte Krankenhäuser an die Belegärzte für die Behandlung von grundversicherten Patienten ausrichten. Es handelt sich um eine interne Verwaltungsanweisung, mit welcher nicht direkt Rechtsbeziehungen zwischen dem Staat und den Beschwerdeführern oder anderen Privaten festgelegt werden (BGer vom 23. Sept. 2004, 2P.67/2004, E. 1.3). 527
- **Checklisten**, um die Qualifikation von Pokerturnieren als Glücks- oder Geschicklichkeitsspiel vorzunehmen, da diese keine Aussenwirkung aufweisen (vgl. BVGer vom 30. Juni 2009, B-517/2008, E. 9.6). 528

f) Zeitlicher Geltungsbereich

Der **zeitliche Geltungsbereich von (vollzugslenkenden) Verwaltungsverordnungen** stimmt mit dem zeitlichen Geltungsbereich der Norm, in deren Rahmen die Weisung ergeht, überein (BVGE 2007/25 E. 3.2; BVGer vom 3. Sept. 2010, A-1669/2006, E. 2.2). 529

Praxis:

530 – **Rückwirkende Anwendung einer Praxis, die in der Verwaltungsverordnung zum Ausdruck kommt:** Eine unter dem Regime der MWSTV in Merkblatt Nr. 24 angesiedelte Praxis erfuhr mit dem Inkrafttreten des MWSTG vorerst eine Verschärfung und im Jahr 2005 bzw. 2008 eine gewisse Lockerung. Die jeweilige «neue» Praxis wurde in Merkblättern und Weisungen publik gemacht. Die neue, ab den Jahren 2005 bzw. 2008 geltende Praxis unter dem Geltungsbereich des MWSTG wird durch die Steuerverwaltung auf den vorliegend strittigen, unter dem Geltungsbereich der MWSTV stehenden Sachverhalt (der Jahre 1995 bis 2000) nicht angewendet, wogegen der Steuerpflichtige beim Bundesverwaltungsgericht Beschwerde erhebt. Erwägungen: Gemäss der Rechtsprechung stimmt der zeitliche Geltungsbereich von Verwaltungsverordnungen grundsätzlich mit dem zeitlichen Geltungsbereich der Norm überein, die durch die Praxis ausgelegt wird. Eine sofortige, rückwirkende Anwendung einer neuen Praxis ist allenfalls auf Steuerperioden ab Inkrafttreten der zugrunde liegenden gesetzlichen Bestimmungen möglich. Eine Praxis zum MWSTG kann damit prinzipiell nur für dem MWSTG unterliegende Sachverhalte gelten und grundsätzlich nicht auf der MWSTV unterstehende hängige Fälle angewendet werden. Jedenfalls käme die rückwirkende Anwendung einer während Gerichtshängigkeit bekannt gegebenen neuen Praxis zum MWSTG auf einen hängigen MWSTV-Fall durch das Bundesverwaltungsgericht – wenn überhaupt – nur in Betracht, wenn die auch für Gesetzesänderungen geltenden Voraussetzungen für eine Ausnahme vom Verbot der Rückwirkung erfüllt wären, was vorliegend nicht der Fall ist. Eine Ausnahme vom Rückwirkungsverbot wird nur dann zugelassen, wenn sie gesetzlich ausdrücklich angeordnet oder nach dem Sinn des Erlasses klar gewollt ist, in zeitlicher Beziehung mässig ist, zu keinen stossenden Rechtsungleichheiten führt, sich durch beachtenswerte Gründe rechtfertigen lässt und nicht in wohlerworbene Rechte eingreift (vgl. BGE 125 I 182 E. 2b/cc, 122 II 113 E. 3b/dd). Die unter dem Geltungsbereich des MWSTG entwickelte Praxis der ESTV kann demnach durch das Bundesverwaltungsgericht nicht angewendet werden. Der Sachverhalt unterliegt der unter dem Regime der alten MWSTV geltenden Praxis (BVGer vom 3. Juni 2008, A-1394/2006, E. 3).

6. Parlamentsverordnungen

a) Begriff

531 **Parlamentsverordnungen** sind vom Parlament direkt gestützt auf die Verfassung oder ein Gesetz erlassene Verordnungen, die – je nach kantonaler Rechtslage – Gesetze (im formellen Sinn) darstellen können (BGE 132 I 157 E. 2.2, 128 I 327 E. 2.3 und E. 4.1, 126 I 180 E. 2, 124 I 216 E. 3a, 118 Ia 245 E. 3b). Die Kantone sind von Bundesrechts wegen nicht gehalten, ihre Gesetze dem Referendum zu unterstellen (Art. 51 Abs. 1 BV; vgl. BGE 124 I 216 E. 3a, BGE 118 Ia 320 E. 3a). Die Zulässigkeit der Delegation von Rechtssetzungsbefugnissen an das kantonale Parlament ergibt sich aus dem **kantonalen Verfassungsrecht** (BGE 128 I 327 E. 4.1, 126 I 180 E. 2b/bb; BGer vom 7. Dez. 2007, 1C_103/2007, E. 4.3; vom 7. Nov. 2003, 2P.142/2003, E. 2.3). Entsprechend kann die Verfassung auch vorsehen, dass das Gesetz im formellen Sinn zwingend die wichtigen Bestimmungen zu enthalten hat, womit es sich bei derartigen Parlamentsverordnungen nur um unselbstständige Verordnungen gesetzesvertretender oder vollziehender Natur handeln kann (BGE 124 I 216 E. 4b).

532 Teilweise definieren die **Kantonsverfassungen** selbst, in welchen **Sachbereichen** das Parlament befugt ist, Verordnungen zu erlassen (für den Kanton Glarus BGE 133 I 178 E. 3.3), teilweise kommt dem Parlament eine allgemeine Befugnis zu, Parla-

mentsverordnungen zu erlassen (für den Kanton Appenzell-Innerrhoden BGer vom 7. Dez. 2007, 1C_103/2007, E. 4.3); vereinzelt wird die (umfassende) Befugnis des Parlaments durch die Verfassung insofern eingeschränkt, als diese bestimmt, in welchen Sachbereichen zwingend dem Referendum unterstehende Gesetze zu erlassen sind (für den Kanton Graubünden BGE 128 I 327 E. 2.3).

Praxis:

– **Kompetenz des Grossen Rates des Kantons Graubünden zum Erlass von Parlamentsverordnungen im Bereich des Polizeiwesens:** Der Grosse Rat des Kantons Graubünden beschloss am 28. Nov. 2001 eine Teilrevision der Verordnung über die Kantonspolizei insb. im Hinblick auf künftige Grossveranstaltungen und verankerte darin verschiedene rechtliche Instrumente für die Kontrollierbarkeit solcher Anlässe und Kundgebungen (insb. Fernhaltemassnahmen, Errichtung von Sperrzonen, vorübergehende Sicherstellung von Gegenständen). Die Teilrevision der Verordnung wurde vor Bundesgericht angefochten. Erwägungen: Die Verordnung stützt sich auf Art. 15 Abs. 4 KV/GR, wonach der Grosse Rat befugt ist, in allen Landesangelegenheiten gültige Verordnungen, sog. Parlamentsverordnungen, zu erlassen, welche nicht dem Referendum unterstehen. Diese umfassende Zuständigkeit wird durch den Verweis in Art. 15 Abs. 4 Satz 2 KV/GR auf Art. 2 und 3 KV/GR, welche die der Volksabstimmung unterliegenden Sachbereiche umschreiben, eingeschränkt. Nach Art. 2 Abs. 2 Ziff. 3 KV/GR unterliegen der Volksabstimmung insb. organische Gesetze, bürgerliche und Strafgesetze mit Einschluss derjenigen über das gerichtliche Verfahren in Zivilsachen, sowie in Kriminal- und Strafpolizeisachen (lit. a) und Verwaltungsgesetze, insbesondere im Steuer-, Schul-, Strassen-, Forst-, Jagd- und Fischerei-, im Gesundheits- und Armenwesen, sowie in anderen Gebieten der Verwaltung und Volkswirtschaft (lit. b). In diesem Sinne bedarf beispielsweise der Erlass von zivil- oder strafrechtlichen Bestimmungen und entsprechender Verfahrensordnungen zwingend der Form eines dem Referendum unterstehenden Gesetzes (Art. 2 Abs. 2 Ziff. 3 lit. a KV/GR). Im vorliegenden Fall gilt es demnach den Sinn einerseits von Art. 2 Abs. 3 Ziff. 3 lit. b KV/GR und die darin enthaltenen Ausdrücke der «Verwaltungsgesetze und der andern Gebiete der Verwaltung», andererseits von Art. 15 Abs. 4 KV/GR mit den Bereichen der «Landesverwaltung» und «Landesangelegenheiten» zu bestimmen und einander gegenüberzustellen. Die Bestimmung von Art. 2 Abs. 2 Ziff. 3 lit. b KV/GR nennt das Polizeiwesen nicht ausdrücklich. Was unter Verwaltungsgesetzen und andern Gebieten der Verwaltung nach lit. b zu verstehen ist, lässt sich dem Wortlaut der Bestimmung kaum entnehmen. Auf der anderen Seite steht dem Grossen Rat nach Art. 15 Abs. 4 KV/GR die Oberaufsicht über die ganze Landesverwaltung und die Befugnis zu, in allen Landesangelegenheiten – vorbehaltlich der in Art. 2 und Art. 3 KV/GR genannten Bereiche – Verordnungen zu erlassen. Dieser Wortlaut und der Ausdruck der Landesangelegenheiten lassen kaum erkennen, welche Gebiete gemeint sind und in welchen Bereichen der Grosse Rat unter Ausschluss des Volkes legiferieren kann. Bei dieser Sachlage kommt der Entstehungsgeschichte entscheidende Bedeutung zu. Gestützt auf verschiedene Lehrmeinungen führen der Grosse Rat und die Regierung aus, dass mit der Verfassung von 1892 (und jener von 1880) die Bereiche von Art. 2 Abs. 2 Ziff. 3 KV/GR bewusst in die Kompetenz des Volkes gelegt worden seien. Damit habe die bisherige Machtfülle und umfassende Verordnungskompetenz des Grossen Rates klar beschränkt werden sollen. Zu den umfassenden Befugnissen des Grossen Rates habe vorher auch die wichtige Domäne des Polizeiwesens gehört. Hätte das selbstständige Polizeiverordnungsrecht damals dem Grossen Rat wirklich entzogen werden sollen, hätte dies mit einer Erwähnung in Art. 2 Abs. 2 Ziff. 3 KV/GR Eingang gefunden. Mangels einer solchen könne geschlossen werden, dass der Bereich des Polizeiwesens auch über die Verfassung von 1892 hinaus beim Grossen Rat belassen werden sollte. Nach einer umfassenden Analyse weiterer Lehrmeinungen kommt das Bundesgericht zum Schluss, dass der Grosse Rat gestützt auf Art. 15 Abs. 4 KV/GR grundsätzlich für sich die Kompetenz in Anspruch nehmen kann, im Bereich des Polizeiwesens auf dem Verordnungsweg zu legiferieren. Solche selbstständigen, gesetzesvertretenden Verordnungen haben nach der Rechtsprechung die Bedeutung formeller Gesetze. Die Kantone sind von Bundesrechts wegen nicht ge- 533 halten, ihre Gesetze dem Referendum zu unterstellen. Direkt auf die Kantonsverfassung gestützte Parlamentsverordnungen genügen daher als formell-gesetzliche Grundlage für Grundrechtseingriffe. Die angefochtene, in der Form der Grossratsverordnung ergangene Regelung genügt auch unter der Herrschaft der neuen Bundesverfassung den Anforderungen für Beschränkungen von Freiheitsrechten. Es ist daher auch unerheblich, ob die angefochtenen Bestimmungen schwere Grundrechtseingriffe i.S.v. Art. 36 Abs. 1 Satz 2 BV mit sich bringen können (BGE 128 I 327 E. 2.3 und E. 4.1).

b) Normstufe

534 Als **Gesetze im formellen Sinn** gelten vorab die einem obligatorischen oder fakultativen Referendum unterworfenen kantonalen oder bundesrechtlichen Erlasse. Doch können auch vom **Parlament** unter Ausschluss des Referendums beschlossene Verordnungen die Funktion des formellen Gesetzes erfüllen, wenn die kantonale Verfassung selber für die betreffende Materie die abschliessende Zuständigkeit des Parlaments vorsieht oder aber Raum dafür lässt, dass der ordentliche Gesetzgeber die betreffende Rechtssetzungskompetenz an das Parlament delegiert (BGE 132 I 157 E. 2.2, 128 I 327 E. 2.3 und E. 4.1, 126 I 180 E. 2, 124 I 216 E. 3a, 118 Ia 245 E. 3b; BGer vom 7. Dez. 2007, 1C_103/2007, E. 4.3).

535 Die in der bundesgerichtlichen Rechtsprechung entwickelten Anforderungen an die Gesetzesdelegation gelten dementsprechend nur für die Delegation der **Regelungskompetenz an Exekutivbehörden**, nicht aber dort, wo das Parlament, sei es von Verfassungs wegen oder aufgrund einer Delegationsnorm, zur Regelung eines bestimmten Sachbereiches mittels Parlamentsverordnung zuständig ist (BGE 132 I 157 E. 2.2, 126 I 180 E. 2, 124 I 216 E. 3a, 118 Ia 245 E. 3b). Das Gesetz im formellen Sinn, worauf sich die Parlamentsverordnung allenfalls bezieht, muss demnach nicht zwangsläufig die Grundzüge der delegierten Materie umschreiben. Bei dieser Delegationsform verbleibt die übertragene Rechtssetzungskompetenz bei einem Legislativorgan. Das herkömmliche Gewaltenteilungssystem erleidet keinen Einbruch (VerwG GR vom 8. März 1994, in: PVG 1994 Nr. 3 E. 1). Zulässig ist weiter, dass die Parlamentsverordnung die nähere Ausgestaltung des Regelungsbereichs der Exekutive überlässt (OG SH vom 14. Dez. 2007, in: AB 2007 S. 113 E. 2d/bb).

536 Direkt auf die Kantonsverfassung oder auf eine Delegationsnorm ergangene **Parlamentsverordnungen** genügen daher als **gesetzliche Grundlage** selbst für **schwere Grundrechtseingriffe** (BGE 133 I 178 E. 3.3, 128 I 327 E. 4.1); es ist daher unerheblich, ob die entsprechende Verordnung schwere oder leichte Grundrechtseingriffe zur Folge hat (BGE 128 I 327 E. 4.1). Entsprechend genügt eine Parlamentsverordnung als gesetzliche Grundlage für eine **Abgabeerhebung**, wenn darin die wesentlichen Elemente einer Steuer oder Kausalabgabe festgelegt sind (BGE 132 I 157 E. 2.2, 126 I 180 E. 2a/aa).

537 Lässt die **Kantonsverfassung** Parlamentsverordnungen nur unter der Voraussetzung zu, dass ein dem **Referendum unterstehendes Gesetz die wichtigen Bestimmungen festlegt**, handelt es sich bei derartigen Parlamentsverordnungen um unselbstständige parlamentarische Verordnungen gesetzesvertretender oder vollziehender Natur, die keine wesentlichen Bestimmungen beinhalten dürfen (BGE 124 I 216 E. 4b; dazu auch ROLAND FEUZ, Altrechtliche Dekrete unter der neuen Kantonsverfassung. Ein Beitrag zur Auslegung von Art. 69 KV, BVR 2001, S. 145 ff.; zur Rechtslage auf

Bundesebene BIAGGINI, BV-Kommentar, Art. 163 BV, Rz. 7). Derartige Parlamentsverordnungen stehen auf der **Stufe einer Verordnung**, auch wenn diese Verordnungsrecht mit erhöhter Legitimation darstellen dürften (so jedenfalls BGE 124 I 216 E. 4b; vgl. auch OG SH vom 9. Sept. 2005, in: AB 2005 S. 151 E. 2c; BIAGGINI, BV-Kommentar, Art. 163 BV, Rz. 7 [derartige Verordnungen würden «unter dem Bundesgesetz, aber über anderen Verordnungen» stehen]).

Praxis:

- **Motorfahrzeugsteuerveranlagung:** Am 19. Jan. 1996 stellte das Strassenverkehrs- und Schifffahrtsamt des Kantons Bern Franziska Fritschi für die Motorfahrzeugsteuer 1996 Fr. 712.20 in Rechnung. Die dagegen erhobene Einsprache wies das Strassenverkehrs- und Schifffahrtsamt am 27. März 1996 ab. Hiergegen gelangte Franziska Fritschi erfolglos an die Polizei- und Militärdirektion sowie an das Verwaltungsgericht des Kantons Bern. Gegen den Entscheid des Verwaltungsgerichts vom 21. April 1997 hat Franziska Fritschi am 21. Mai 1997 beim Bundesgericht staatsrechtliche Beschwerde erhoben. Sie macht geltend, die streitige Motorfahrzeugsteuerveranlagung beruhe auf einer ungenügenden gesetzlichen Grundlage und verletze damit Art. 4 aBV sowie Art. 69 Abs. 4 lit. b und Art. 132 Abs. 1 KV/BE. Das Bundesgericht heisst die Beschwerde gut und hebt den angefochtenen Entscheid auf. Erwägungen: Die umstrittene Motorfahrzeugsteuerveranlagung bzw. der entsprechende Beschwerdeentscheid stützt sich auf das Dekret vom 10. Mai 1972 über die Besteuerung der Strassenfahrzeuge (DBS), welches sich seinerseits auf das Gesetz vom 4. März 1973 über den Strassenverkehr und die Besteuerung der Strassenfahrzeuge (SBS) stützt. Gemäss Art. 9 SBS ist für Strassenfahrzeuge mit Standort im Kanton Bern, die auf öffentlichen Strassen verkehren, eine Steuer zu entrichten, wobei sich diese nach der Zahl der Tage der Zulassung zum Verkehr und dem Gesamtgewicht des Fahrzeuges bemisst. Der Grosse Rat bestimmt durch Dekret die Besteuerungsgrundlagen und regelt Abstufung, Bezug und Verwendung der Steuern (Art. 11 SBS). Gemäss Art. 5 des Fahrzeugsteuerdekrets (in der Fassung vom 28. Juni 1995) beträgt die Normalsteuer Fr. 360.– für die ersten 1'000 Kilogramm; für je weitere 1'000 Kilogramm ermässigt sich die Steuer um 14 % des Steuersatzes der vorangehenden Tonne; vor der Dekretänderung vom 28. Juni 1995 betrug die Normalsteuer Fr. 324.– für die ersten 1'000 Kilogramm. Öffentliche Abgaben bedürfen grundsätzlich einer Grundlage in einem formellen Gesetz, d.h. normalerweise in einem dem Referendum unterstehenden Erlass. Indessen können auch allein vom Parlament beschlossene Erlasse die Funktion des formellen Gesetzes erfüllen, wenn die betreffende kantonale Verfassungsordnung dies so vorsieht, sind doch die Kantone von Bundesrechts wegen nicht gehalten, ihre Gesetze dem Referendum zu unterstellen. Aus diesem Grunde kann für die vorliegend interessierende Frage, ob nach dem 1. Jan. 1995 eine Erhöhung der Motorfahrzeugsteuer in der Form einer Dekretänderung zulässig war, aus dem bundesrechtlichen Legalitätsprinzip im Abgaberecht nichts abgeleitet werden. Massgebend ist die jeweilige kantonale Verfassung. Gemäss Art. 69 Abs. 1 KV/BE können Befugnisse des Volkes an den Grossen Rat und an den Regierungsrat übertragen werden, falls die Delegation auf ein bestimmtes Gebiet beschränkt ist und das Gesetz den Rahmen der Delegation festlegt. Art. 69 Abs. 4 KV/BE bestimmt, dass alle grundlegenden und wichtigen Rechtssätze des kantonalen Rechts in der Form des Gesetzes zu erlassen sind. Dazu gehören unter anderem auch Bestimmungen über den Gegenstand von Abgaben, die Grundsätze ihrer Bemessung und den Kreis der Abgabepflichtigen mit Ausnahme von Gebühren in geringer Höhe (lit. b). Die Kantonsverfassung versteht gemäss Art. 69 Abs. 4 i.V.m. mit Art. 62 Abs. 1 lit. a KV/BE unter Gesetzen im formellen Sinne Erlasse des Grossen Rates, welche Rechtssätze verankern und dem fakultativen Referendum unterstehen. Im Gegensatz dazu sind Dekrete Erlasse des Grossen Rates, welche dieser gestützt auf eine gesetzliche Ermächtigung verabschieden kann, um Gesetzesbestimmungen «näher auszuführen» (Art. 74 Abs. 1 KV/BE). Im Bereich des Dekrets ist die Mitwirkung des Volkes ausgeschlossen. Es handelt sich bei dieser Erlassform um auf Delegation beruhende (unselbstständige) parlamentarische Verordnungen. Dekretbefugnisse, die sich direkt aus der Verfassung ergeben, kennt die Kantonsverfassung nicht mehr. Dekrete sind für die Regelung 538 von Angelegenheiten reserviert, welche zwar nicht die Wichtigkeit von Gesetzesbestimmungen erreichen, aber doch zu viel Gewicht besitzen, um der Exekutive überlassen zu werden; sie sind insbesondere für Verordnungsrecht mit erhöhtem Legitimationsbedarf geeignet. Art. 9 SBS regelt zwar, für welche Strassenfahrzeuge die Steuer zu entrichten ist und dass sich diese nach der Zahl der Tage der Zulassung zum Verkehr und dem Gesamtgewicht des Fahrzeuges richtet; es delegiert jedoch in Art. 11 SBS die Befugnis zur Bestimmung der Besteuerungsgrundlagen an den Grossen Rat, welcher in Art. 1 Abs. 2 DBS des Fahrzeugsteuerdekrets den Kreis der Abgabepflichtigen präzisiert (die Fahrzeughalter) und in Art. 5 ff. DBS den Steuertarif festlegt. Indem das Gesetz die Bemessung der Motorfahrzeugsteuer dem Grossen Rat als Dekretgeber überlässt, nimmt es eine nach Art. 69 Abs. 4 KV/BE nicht mehr zulässige Delegation vor; der auf dieser Delegation beruhende Art. 5 des Fahrzeugsteuerdekrets ist somit heute formell verfassungswidrig (BGE 124 I 216 E. 4).

c) Modalitäten

539 Die **Modalitäten zum Erlass von Parlamentsverordnungen** sind je nach Kanton unterschiedlich geregelt. In vielen Kantonen ergehen Parlamentsverordnungen zwar im **ordentlichen Gesetzgebungsverfahren**, jedoch sind diese häufig dem **Referendum entzogen** (vgl. BGE 128 I 327 E. 4.1 [Graubünden]; BGer vom 7. Dez. 2007, 1C_103/2007, E. 4.3 [Appenzell-Innerrhoden]; vom 10. April 2001, 1P.299/2000, E. 2e). Allenfalls kann auch vorgesehen sein, das Gesetz dem obligatorischen und die Parlamentsverordnung dem fakultativen Referendum zu unterstellen (BGE 126 I 180 E. 2b/cc [Solothurn]). In denjenigen Kantonen, welche das **Erfordernis einer zweiten Lesung** kennen, gilt dieses Erfordernis meist nur für die Beratung von Gesetzen, nicht aber von Parlamentsverordnungen (vgl. etwa § 44 KV/ZG; § 63 Abs. 2 KV/BL; § 78 Abs. 3 KV/AG; weitergehend § 83 Abs. 3 KV/JU, Art. 86 Abs. 2 KV/GL [zum Ganzen BGE 133 I 178 E. 3.3]). Die Pflicht zur Anhörung der betroffenen und interessierten Organisationen bzw. die Durchführung einer **Vernehmlassung** kann sich je nach kantonaler Rechtslage auf Vorlagen beschränken, die dem obligatorischen oder fakultativen Referendum unterliegen; gehören Parlamentsverordnungen nicht zu dieser Kategorie, ist bei deren Erlass keine Vernehmlassung durchzuführen (BGer vom 6. Juni 2006, 2P.17/2004, E. 4.3 [in BGE 132 I 201 ff. nicht publ. E.]).

Praxis:

540 – **Verordnung des Grossen Rates über die Besoldung der Behördenmitglieder:** Am 23. Nov. 2005 beschloss der Landrat des Kantons Glarus (Kantonsparlament) eine Änderung seines Beschlusses vom 2. Dez. 1987 über die Besoldungen der Behördenmitglieder. Dagegen wurde Beschwerde beim Bundesgericht erhoben. Erwägungen: Die Beschwerdeführer rügen vorab, der angefochtene Landratsbeschluss sei unter Verletzung des in Art. 86 Abs. 2 KV/GL verankerten Erfordernisses einer zweiten Lesung zustande gekommen und schon aus diesem formellen Grund wegen Verletzung des Grundsatzes der Gewaltenteilung aufzuheben. Der Landrat bereitet als Parlament des Kantons die Verfassungs- und Gesetzgebung sowie die übrigen Beschlüsse der Landsgemeinde vor; er erlässt sodann Verordnungen, Verwaltungs- und Finanzbeschlüsse und entscheidet über grundlegende oder allgemeinverbindliche Planungen (Art. 82 KV/GL). Gemäss Art. 86 Abs. 1 KV/GL regelt der Landrat seine Organisation und sein Verfahren durch eine Verordnung. Art. 86 Abs. 2 KV/GL bestimmt: «Verfassungsänderungen, Gesetze und Verordnungen unterliegen einer zweiten Lesung.» Der Landrat erachtet in seiner Vernehmlassung das Erfordernis einer zweiten Lesung vorliegend als nicht anwendbar, weil es sich beim angefochtenen Erlass nicht um ein Gesetz oder eine Verordnung, sondern lediglich um einen «Beschluss» handle. Dem ist entgegenzuhalten, dass es auf die Bezeichnung des Erlasses nicht ankommen kann. Wenn der Landrat gestützt auf Art. 91 lit. f KV/GL in generell-

abstrakter Weise die Besoldungen der Behördenmitglieder und Angestellten des Kantons regelt, handelt es sich dabei um rechtsetzende Erlasse, die – weil in die abschliessende Kompetenz des Landrates fallend – als selbstständige Verordnungen des Landrates i.S.v. Art. 89 lit. b KV/GL einzustufen sind. Es geht vorliegend um eine generell-abstrakt formulierte, zeitlich nicht limitierte Regelung, die, ungeachtet ihrer anderslautenden Bezeichnung («Beschluss»), als rechtsetzende Verordnung des Landrates bzw. als Änderung einer solchen eingestuft werden muss und damit der Regel von Art. 86 Abs. 2 KV/GL unterworfen ist. Entgegen der in der Vernehmlassung des Landrates vertretenen Auffassung handelt es sich beim Erfordernis der zweiten Lesung nicht um eine blosse Ordnungsvorschrift. Dagegen spricht schon der Umstand, dass diese Norm als wichtige Regel des parlamentarischen Rechtssetzungsverfahrens auf Verfassungsstufe verankert worden ist. Die geltende Landratsverordnung sieht denn auch in Art. 105 Abs. 2 nur für dringende Fälle die Möglichkeit der Verkürzung der ordentlichen Frist von 14 Tagen vor, wobei die zweite Lesung «ausnahmsweise» sogar an demselben Tag wie die erste Lesung stattfinden darf. Welche Schranken bei der Handhabung dieser Ausnahmeregelung zu beachten sind, bedarf hier keiner weiteren Prüfung, nachdem eine zweite Lesung des streitigen Besoldungserlasses überhaupt nicht stattgefunden hat, weil sie nicht als notwendig erachtet wurde. Es fragt sich demnach, welche rechtlichen Folgen die Missachtung der Regel von Art. 86 Abs. 2 KV/GL nach sich zieht. Formelle Unregelmässigkeiten bei der Abwicklung eines Geschäftes durch das Parlament lassen sich nie völlig vermeiden und vermögen die Gültigkeit einer vom Plenum getroffenen Schlussentscheidung grundsätzlich nicht in Frage zu stellen; das muss aus Gründen der Rechtssicherheit auch für rechtsetzende Akte des Parlamentes gelten. Der Beschlussfassung durch das Parlament können aber dennoch schwere Mängel anhaften, welche entweder die Nichtigkeit des betreffenden Beschlusses oder aber wenigstens dessen Anfechtbarkeit zur Folge haben. Die Missachtung des Erfordernisses der zweiten Lesung erscheint als ein gravierender formeller Mangel des parlamentarischen Rechtssetzungsverfahrens, welcher zwar aus Gründen der Rechtssicherheit der Verbindlichkeit des betreffenden Erlasses nicht absolut entgegenstehen kann, aber doch – wenn er innert Frist mit einem zur Verfügung stehenden Rechtsmittel gerügt wird – zur Aufhebung desselben führen muss (BGE 133 I 178 E. 3).

7. Polizeinotverordnungen

a) Begriff

Der Erlass von Notverordnungsrecht (oder von Polizeinotverfügungen) setzt eine **schwere Gefahr** (1.) für **fundamentale Rechtsgüter** (2.) voraus, die **unmittelbar drohend** (3.) und der **nicht mit anderen gesetzlichen Mitteln beizukommen ist** (4.); ferner ist der Anwendungsbereich der polizeilichen Generalklausel auf **unvorhersehbare Notfälle** ausgerichtet (5.). Staatliche Anordnungen gestützt auf die polizeiliche Generalklausel müssen darüber hinaus mit den **allgemeinen Prinzipien des Verfassungs- und Verwaltungsrechts**, insbesondere mit dem Grundsatz der **Verhältnismässigkeit** (6.), vereinbar sein (zum Ganzen BGE 137 II 431 E. 3.3.1, 136 I 87 E. 3.1, 136 IV 97 E. 6.3.1, 134 I 322 E. 2.7, 130 I 369 E. 7.3, 128 I 327 E. 2.3 und E. 3.2, 126 I 112 E. 4b, 125 II 417 E. 6b, 121 I 22 E. 4b/aa; BGer vom 30. Nov. 2009, 2C_166/2009, E. 2.3.2.1; zu den vom Bundesgericht verwendeten Textbausteinen insb. ANDREAS ZÜND/CHRISTOPH ERRASS, Die polizeiliche Generalklausel, ZBJV 2011, S. 274 ff.). 541

Verordnungen, die die Exekutive gestützt auf die polizeiliche Generalklausel erlässt (für den Bund Art. 185 Abs. 3 BV; hierzu insb. ANDREAS LIENHARD/AGATA ZIELNIEWICZ, Zum Anwendungsbereich des bundesrätlichen Notrechts, ZBl 2012, S. 121 ff.), bilden eine **ausreichende Grundlage für Einschränkungen von Frei-** 542

heitsrechten (BGE 136 I 87 E. 3.1, 136 IV 97 E. 6.3.1, 130 I 369 E. 7.3, 128 I 327 E. 4.2, 125 II 417 E. 6b), selbst wenn ein **schwerer Eingriff** in ein Grundrecht in Frage steht, der einer Grundlage in einem formellen Gesetz bedarf (BGE 136 IV 97 E. 6.3.1, 126 I 112 E. 4b, 125 II 417 E. 6b, 124 I 40 E. 3b). Bei Wegfall der ausserordentlichen Umstände ist auch die Polizeinotverordnung ausser Kraft zu setzen; Art. 185 Abs. 3 Satz 2 BV sieht diesbezüglich ausdrücklich vor, dass mit Blick auf die voraussichtliche Dauer der ausserordentlichen Umstände derartige Verordnungen zu **befristen** sind (vgl. SAXER, St. Galler Kommentar, Art. 185 BV, Rz. 44; BIAGGINI, BV-Kommentar, Art. 185 BV, Rz. 10).

543 Auf **Bundesebene** ist nach Art. 173 Abs. 1 lit. a und lit. b bzw. Art. 185 Abs. 3 BV der **Bundesrat** sowie die **Bundesversammlung** zuständig; eine **Subdelegation** an Departemente oder Amtsstellen oder an dezentrale Verwaltungsträger ist nicht vorgesehen (vgl. auch BGE 131 II 670 E. 3.1, betr. SARS-Verordnung [nach Art. 10 Abs. 1 EpG obliegt es dem Bundesrat, bei Vorliegen ausserordentlicher Umstände für das ganze Land oder für einzelne Landesteile die notwendigen Massnahmen treffen]). Die Kompetenz ist auf die beiden obersten Behörden, Bundesrat und Bundesversammlung, beschränkt (BGE 137 II 431 E. 3.2.1; BVGer vom 5. Jan. 2010, B-1092/2009, E. 8.4.1 [FINMA]), was hingegen nicht ausschliesst, dass die FINMA sich nachträglich auf die polizeiliche Generalklausel berufen kann, wenn sowohl der Bundesrat wie auch die FINMA ursprünglich davon ausgegangen sind, im Rahmen des ordentlichen Rechts zu handeln (BGE 137 II 431 E. 3.2.2; vgl. auch die davon abweichende Meinung von Bundesrichter Karlen, veröffentlicht in ZBL 2012, S. 32).

Praxis:

544 – **Verweigerung des Zugangs nach Davos gegenüber einem Journalisten anlässlich des Weltwirtschaftsforums (WEF) 2001:** Vom 25. bis 31. Jan. 2001 fand in Davos das WEF statt. Im Vorfeld des WEF waren mehrfach Störungen und Aktionen sowie die Durchführung einer nicht bewilligten Demonstration am 27. Jan. 2001 in Davos angekündigt worden. Die Kantonspolizei traf daher zum Schutze des WEF, seiner Gäste, der Bevölkerung und der Infrastrukturanlagen zahlreiche Massnahmen und sicherte die Zufahrtswege nach Davos grossräumig mit verdichteten Personen- und Fahrzeugkontrollen. Der als freier Journalist tätige G versuchte am 27. Jan. 2001, mit dem Postauto von Klosters nach Davos zu gelangen. Kurz vor Davos wurde das Postauto angehalten; die Insassen wurden kontrolliert und an der Weiterreise nach Davos gehindert. Gegen diese Massnahme der Kantonspolizei Graubünden erhob G erfolglos Beschwerde bei den zuständigen Instanzen des Kantons Graubünden. Das Bundesgericht weist seine Beschwerde ab. Erwägungen: Als Erstes beanstandet der Beschwerdeführer das Fehlen einer gesetzlichen Grundlage für das polizeiliche Verbot, nach Davos zu gelangen. Die Regierung räumt ein, dass keine formelle gesetzliche Grundlage bestanden habe, hält indessen dafür, dass das polizeiliche Handeln in der gegebenen Situation auf die polizeiliche Generalklausel abgestützt werden konnte. Art. 36 Abs. 1 BV verlangt für Einschränkungen von Grundrechten eine gesetzliche Grundlage, nimmt aber Fälle ernster, unmittelbarer und nicht anders abwendbarer Gefahr ausdrücklich davon aus. Die polizeiliche Generalklausel erlaubt somit Grundrechtseingriffe und tritt unter den von der Rechtsprechung umschriebenen Voraussetzungen an die Stelle einer materiellen gesetzlichen Grundlage. Nach der Rechtsprechung ist der Anwendungsbereich der polizeilichen Generalklausel auf echte und unvorhersehbare sowie gravierende Notfälle ausgerichtet. Ihre Anrufung ist auf Fälle beschränkt, wo keine gesetzlichen Mittel vorhanden sind, um einer konkreten Gefahr zu begegnen. Sie kann indessen nicht angerufen werden, wenn typische und erkennbare Gefährdungslagen trotz Kenntnis der Problematik nicht normiert werden. Der Beschwerdeführer zieht das Vorliegen dieser Voraussetzungen in Zweifel. Vorerst gilt es festzuhalten, dass die Gefährdungslage anlässlich der Durchführung des

WEF 2001 als sehr ernst und gravierend eingestuft werden durfte. Die v.a. im Jahre 2000 weltweit erfolgten Kundgebungen von Globalisierungsgegnern und die damit einhergehenden massiven Ausschreitungen gaben auch für das WEF 2001 zu grösster Besorgnis Anlass. Insoweit lag eine eigentliche Notlage vor. Es fragt sich indessen, ob die Gefährdung vorhersehbar war und den Gesetzgeber schon im Voraus zu entsprechenden Vorkehren und Regelungen hätte veranlassen müssen. Das kann nicht leichthin angenommen werden. Die Gefährdungslage rund um die Durchführung des Weltwirtschaftsforums erweist sich als äusserst komplex und entzieht sich einer Einschätzung anhand einfacher Parameter und Kriterien. Die aus den Reihen der Antiglobalisierungsbewegung stammende Gegnerschaft des WEF ist ständigen und kurzfristigen Veränderungen unterworfen, und die international tätigen Protestbewegungen weisen unvorhersehbare Eigendynamiken auf. Diese Faktoren lassen eine typische oder typisierte Gefährdungslage gerade nicht erkennen und verunmöglichen das Abschätzen allfälliger Entwicklungen und Prognosen im Hinblick auf bestimmte Ereignisse weitestgehend. Schon in Anbetracht dieser Eigenart und Besonderheit kann nicht gesagt werden, dass sich die Gefährdungslage für das WEF 2001 klar hätte voraussehen lassen. Darüber hinaus ist festzuhalten, dass mit der tatsächlich erfolgten Eskalierung im Voraus nicht zu rechnen war. Aus polizeilicher Sicht hat sich die Durchführung des WEF in den letzten Jahren stark verändert: Die militanter und internationaler gewordene Globalisierungsgegnerschaft erforderte zusätzliche Vorkehren. Zu den ursprünglichen Personenschutzmassnahmen kamen Massnahmen zum Schutz von Objekten und schliesslich von Bevölkerung und Eigentum im Allgemeinen. Bereits in den Jahren 1999 und 2000 sind in Davos unfriedliche Demonstrationen und Anschläge auf Infrastrukturanlagen festgestellt worden. Es waren dann insbesondere die Ereignisse von Seattle (1999), Washington, Melbourne und Prag (2000) sowie die Ausschreitungen von Nizza (Dez. 2000), welche für das WEF 2001 ernsthafte Gefahren befürchten liessen. Hinzu kamen im Laufe des Jahres 2000 Aufrufe von Antiglobalisierungsbewegungen zur Teilnahme an einer (unbewilligten) Demonstration in Davos und zu vielfältigen Aktionen zwecks Behinderung bzw. Verhinderung des WEF 2001. Dies führte die Behörden zu einer Lagebeurteilung, wonach mit Anschlägen auf Infrastrukturanlagen, mit Behinderungen und Unterbrüchen der Zufahrtswege sowie mit Ausschreitungen und unfriedlichen Demonstrationen mit grossem Gewaltpotenzial zu rechnen sei. Angesichts dieser Umstände kann entgegen der Auffassung des Beschwerdeführers nicht gesagt werden, die Gefährdungslage im Jan. 2001 sei seit längerer Zeit voraussehbar oder im Einzelnen in typischer Form erkennbar gewesen. Bei dieser Sachlage hält es vor der Verfassung und der EMRK stand, zum Schutze von WEF, Gästen, Bevölkerung und Infrastrukturanlagen entsprechende Massnahmen zu treffen und diese auf die polizeiliche Generalklausel abzustützen. Es kann dem Gesetzgeber nicht vorgehalten werden, die schwierige Materie nicht an die Hand genommen zu haben. Die Anrufung der polizeilichen Generalklausel rund um die Durchführung des WEF im Jan. 2001 wird auch durch den Umstand nicht ausgeschlossen, dass der Grosse Rat am 28. Nov. 2001 die Verordnung über die Kantonspolizei revidierte und dieser ausdrücklich sicherheitspolizeiliche Befugnisse zum Schutz der öffentlichen Sicherheit einräumte. Die entsprechende Regelung stellt denn auch nichts wesentlich anderes als eine Umschreibung und Konkretisierung der polizeilichen Generalklausel dar (vgl. hierzu BGE 128 I 327 ff.). Gesamthaft ergibt sich somit, dass die beanstandeten Einschränkungen der Meinungsfreiheit sich auf die polizeiliche Generalklausel abstützen konnten und insoweit vor Art. 36 Abs. 1 BV und Art. 10 Ziff. 2 EMRK standhalten (BGE 130 I 369 E. 7.3).

b) *Voraussetzungen*

aa) Schwere Gefährdung fundamentaler Rechtsgüter (sachliche Dringlichkeit)

Die polizeiliche Generalklausel ermächtigt die Behörden, polizeiliche Massnahmen zum Schutz der **Polizeigüter** zu ergreifen, um eine **schwere Gefahr** oder eine bereits erfolgte schwere Störung zu beseitigen (BGE 134 I 322 E. 2.7, 128 I 327 E. 2.3 und E. 3.2; BVGer vom 5. Jan. 2010, B-1092/2009, E. 12.1). Es muss mit an Sicherheit grenzender Wahrscheinlichkeit angenommen werden, dass ohne sofortiges Eingreifen 545 der Behörden **zentrale Rechtsgüter** (insb. Leib und Leben, Gesundheit und Eigentum) wesentlich und ernsthaft verletzt würden (RR SZ vom 25. Nov. 2003, in: ZBl 2004 S. 536 E. 9.2). Die Kompetenz zum Erlass von Notverordnungen bezieht sich damit auf Situationen zur **Bewältigung ausserordentlicher Notlagen** wie Naturkatastrophen, Epidemien, militärische bzw. terroristische Bedrohungen oder schwere Unruhen (BGE 131 II 670 E. 3 [SARS-Verordnung]; BVGer vom 5. Jan. 2010, B-1092/2009, E. 8.2.2).

546 Die Praxis belässt es bei der Umschreibung des **geschützten Rechtsgutes** häufig beim Hinweis, dass die polizeiliche Generalklausel nur in **echten und gravierenden Notfällen** angerufen werden kann (BGE 130 I 369 E. 7.3). Nach anderer Umschreibung vermag die polizeiliche Generalklausel eine fehlende gesetzliche Grundlage nur zu ersetzen, wenn und soweit die **öffentliche Ordnung** oder **fundamentale Rechtsgüter des Staates oder Privater** gegen **schwere Gefahren** zu schützen sind (BGE 137 II 431 E. 3.3.1, 126 I 112 E. 4b, 121 I 22 E. 4b/aa; BGer vom 30. Nov. 2009, 2C_166/2009, E. 2.3.2.1; VerwG BE vom 11. Sept. 2002, in: BVR 2003 S. 171 E. 6; zum Begriff des fundamentalen Rechtsgutes MARKUS MÜLLER/CHRISTOPH JENNI, Die polizeiliche Generalklausel [zit. polizeiliche Generalklausel], Sicherheit & Recht 2008, S. 13 f.). Die Schwierigkeit einer exakteren Definition liegt wohl darin begründet, dass sich die Begriffe der öffentlichen Sicherheit und Ordnung bzw. der Polizeigüter kaum abstrakt umschreiben lassen und sich die Polizeitätigkeit gegen nicht im Einzelnen bestimmbare Gefährdungsarten und Gefährdungsformen in vielgestaltigen und wandelbaren Verhältnissen richtet (BGE 132 I 49 E. 6.2, 130 I 369 E. 7.3, 128 I 327 E. 4.2; ferner LIENHARD/ZIELNIEWICZ, a.a.O., S. 121 ff.).

547 Eine schwere Gefahr für fundamentale Polizeigüter geht jedenfalls bei einem **Vertrieb von Hanf und Hanfprodukten** nicht aus, sodass sich die Schliessung eines Hanfladens nicht auf die polizeiliche Generalklausel stützen lässt (VerwG BE vom 11. Sept. 2002, in: BVR 2003 S. 171 E. 6). Auch die **Installation** eines sogenannten **«Moskito»-Geräts**, um Jugendliche von einem gewissen Ort fernzuhalten, kann nicht gestützt auf die polizeiliche Generalklausel erfolgen (VerwG GR vom 8. Jan. 2008, in: PVG 2008 Nr. 7 E. 3e); ebenso wenig lassen sich im Allgemeinen **Wegweisungs- oder Betretungsverbote** auf die polizeiliche Generalklausel abstützen, ausser es würde eine schwere und unmittelbare Gefahr für fundamentale Rechtsgüter bestehen (VerwG ZH vom 19. Nov. 2009, VB.2009.00485, E. 3.2.2; unklar BGE 125 I 369 E. 6d, und VerwG ZH vom 31. Mai 2001, VB.2001.00043, E. 1e/aa). Ein durch den Verfassungsgeber eingeführtes **Rauchverbot** in öffentlichen und geschlossenen Räumen kann nicht mittels einer Polizeinotverordnung durchesetzt werden, auch wenn dies aus offenkundigen Gründen der öffentlichen Gesundheit wünschenswert wäre (BGE 134 I 322 E. 2.7).

548 Demgegenüber erwies sich die Gefährdungslage zumindest gemäss Bundesgericht anlässlich der Durchführung des **WEF 2001** als sehr ernst und gravierend. Es war mit Anschlägen auf Infrastrukturanlagen, mit Behinderungen und Unterbrüchen der Zufahrtswege sowie mit Ausschreitungen und unfriedlichen Demonstrationen mit grossem Gewaltpotenzial zu rechnen, sodass der Zugang nach Davos gestützt auf die polizeiliche Generalklausel verweigert werden durfte (BGE 130 I 369 E. 7.3). Von einem **aggressiven und gefährlichen Hund** kann eine derart schwere und unmittelbare Gefahr für fundamentale Rechtsgüter (Gesundheit, Leib und Leben) ausgehen,

dass er gestützt auf die polizeiliche Generelklausel eingeschläfert werden kann, selbst wenn sich dieser mittlerweile in einem Zwinger befindet und Dritte nicht mehr unmittelbar gefährden kann (BGer vom 30. Nov. 2009, 2C_166/2009, E. 2.3.2.2 [Euthanasierung eines gefährlichen Hundes]; vgl. auch RR AG vom 15. April 2002, in: AGVE 2002 S. 624 E. 2 [Leinenzwang für gefährliche Hunde]).

Das Bundesgericht erachtete es in einem Entscheid vom 13. Juli 1990 auch als zulässig, eine **sicherheitspolizeiliche Festnahme** gestützt auf die polizeiliche Generalklausel vorzunehmen, wenn es in der vorangegangenen Nacht zu schweren Ausschreitungen gekommen ist (BGer vom 13. Juli 1990, in: ZBl 1991 S. 270 E. 3c; OG ZH vom 5. Aug. 2008, ZR 2008 S. 257 E. 12). In echten Notfällen kann die polizeiliche Generalklausel ebensoals gesetzliche Grundlage für eine **medizinische Zwangsmedikation** genügen, wenn eine psychisch kranke Person mit seinen Aggressionen das Klinikpersonal gefährdet (BGE 126 I 112 E. 4c). 549

Umstritten ist, ob bei einer Gefährdung **wirtschaftlicher Güter** wie der mögliche Zusammenbruch einer Grossbank ein echter oder gravierender Notfall im oben beschriebenem Sinne vorliegt (BGE 137 II 431 E. 4; BVGer vom 5. Jan. 2010, B-1092/2009, E. 8.2.2). Das Bundesgericht bejaht einen Notfall, da es beim finanzmarktrechtlichen Funktionsschutz nicht um eine wirtschaftspolitische, sondern in erster Linie um eine wirtschaftspolizeiliche Massnahme geht (BGE 137 II 431 E. 4.1). Wäre in den USA tatsächlich Anklage gegen die UBS erhoben worden, hätte dies mit hoher Wahrscheinlichkeit für die UBS existenzbedrohende Folgen gehabt (BGE 137 II 431 E. 4.3.1; anders die von Bundesrichter Karlen vertretene abweichende Meinung, veröffentlicht in ZBL 2012, S. 31 f.; offengelassen in BVGer vom 5. Jan. 2010, B-1092/2009, E. 8.2.2; ferner LIENHARD/ZIELNIEWICZ, a.a.O., S. 127 und S. 135 ff., im Hinblick auf die der UBS gewährten Finanzhilfen). 550

Praxis:

- **Betretungsverbot für sämtliche Schul- und Sportanlagen einer Gemeinde:** Der Beschwerdeführer wurde der mehrfachen sexuellen Handlung mit Kindern (Art. 187 Ziff. 1 StGB) sowie der mehrfachen sexuellen Handlung mit Abhängigen (Art. 188 Ziff. 1 StGB) schuldig gesprochen und mit einer unbedingten Zuchthausstrafe von 33 Monaten bestraft. Das Sportamt der Stadt E verbot der betreffenden Person am 14. Mai 2008, sämtliche städtischen Schul- und Sportanlagen bis zum 31. Mai 2011 zu betreten. Eine gesetzliche Grundlage für dieses Verbot bestand nicht; die Gemeinde stützte sich auf die polizeiliche Generalklausel. Erwägungen: Mit dem Betretungsverbot bezweckt die Gemeinde, die sexuelle Integrität von Kindern und Jugendlichen zu schützen. Dass es sich dabei um ein fundamentales Rechtsgut handelt, ist unbestritten. Indes scheitert die Berufung auf die polizeiliche Generalklausel daran, dass keine schwere und unmittelbar drohende Gefahr für dieses Rechtsgut besteht. Wie der Bezirksrat zu Recht ausgeführt hat, sind das konkrete Verhalten des Beschwerdeführers und sein Gefährdungspotenzial schwierig zu beurteilen. Konkrete Vorfälle, die auf widerrechtliche Handlungen des Beschwerdeführers mit Kindern und Jugendlichen auf städtischen Anlagen hindeuten würden, sind nicht aktenkundig und werden von der Gemeinde auch nicht geltend gemacht. Grund für die Verurteilung des Beschwerdeführers war vielmehr sein Verhalten gegenüber dem minderjährigen Sohn einer befreundeten Familie, wobei sich die entsprechenden Vorfälle zum grössten Teil im Haus der Familie zutrugen. Es trifft zwar zu, dass der Beschwerdeführer auf Sportanlagen sehr einfach Kontakte mit unbeaufsichtigten Kindern oder Jugendlichen knüpfen könnte. Alleine wegen des strafbaren Verhaltens des Beschwerdeführers kann aber nicht generell auf eine schwere und unmittelbare Gefahr für die Minderjährigen geschlossen werden. Eine Gefährdung der Kinder und Jugendlichen ist auch nicht sehr wahrscheinlich, sind doch aus der 551

Tätigkeit des Beschwerdeführers als Spielervermittler und Leiter einer Fussballschule keine sexuellen Übergriffe bekannt. Es ist zwar zutreffend, dass eine Gefährdung nicht gänzlich ausgeschlossen werden kann, eine solche abstrakte Gefahr genügt jedoch keineswegs zur Anrufung der polizeilichen Generalklausel. Damit ergibt sich, dass sich das Betretungsverbot hinsichtlich der frei zugänglichen Aussenanlagen weder auf eine genügende gesetzliche Grundlage noch auf die polizeiliche Generalklausel stützen lässt (VerwG ZH vom 19. Nov. 2009, VB.2009.00485, E. 3.2.2).

552 – **Schliessung eines Hanfladens:** Die polizeiliche Generalklausel ist subsidiär und sie kann nur dann als Surrogat der gesetzlichen Grundlage wirken, wenn keine anderen spezifischen Vorschriften bestehen, die geeignet sind, die schwere und unmittelbar drohende Gefahr abzuwenden, vor welcher die Behörde schützen möchte. Ob diese Voraussetzung hier erfüllt ist, ist fraglich: Entsprechend ihrer Funktion als «subsidiäre Handlungsermächtigung für Notfälle» rechtfertigen nur schwere und zeitlich unmittelbar drohende Gefahren für die öffentliche Ordnung und fundamentale Rechtsgüter die Anwendbarkeit der polizeilichen Generalklausel. Der Einbruch in das Gesetzmässigkeitsprinzip ist restriktiv zu handhaben. Mit dem Regierungsstatthalter ist davon auszugehen, dass das Inverkehrbringen von Produkten und Stoffen, die nach den vorstehend dargestellten Spezialgesetzgebungen verboten sind, die Gesundheit gefährdet. Es steht damit eine fundamentale Rechtsposition auf dem Spiel. Die Gefährdung durch Hanf und Hanfprodukte kann indessen nach dem derzeitigen Stand der Erkenntnisse nicht als derart schwer und zudem direkt und unmittelbar bezeichnet werden, dass sich die umstrittene Massnahme ohne gesetzliche Grundlage rechtfertigen liesse. Das Bundesgericht hat zu Art. 19 Ziff. 2 lit. a BetmG erkannt, dass die Gesundheitsgefahr im Sinne dieser Bestimmung nicht schon zu bejahen sei, wenn der Gebrauch einer Droge psychisch abhängig machen, sondern erst, wenn er seelische oder körperliche Schäden verursachen kann; diese Gefahr für die Gesundheit muss ausserdem eine naheliegende und ernstliche sein. Unter Berücksichtigung der Erkenntnisse der Wissenschaft kam es zum Schluss, dass dies für Cannabisprodukte nicht zutreffe. Ist die Gefahr, dass der Gebrauch von Hanf oder Hanfprodukten seelische oder körperliche Schäden verursachen kann, weder «naheliegend» noch «ernstlich», so kann ein Hanfladen nicht wegen der von ihm ausgehenden Gesundheitsgefährdung gestützt auf die polizeiliche Generalklausel geschlossen werden. Die sachliche Legitimität dieser Massnahme allein ersetzt das Erfordernis einer gesetzlichen Grundlage nicht. Es ist somit festzuhalten, dass die von Hanfläden ausgehende Gefahr nicht als derart schwer und zeitlich dringlich bezeichnet werden kann, dass notrechtliches Handeln gerechtfertigt ist (VerwG BE vom 11. Sept. 2002, in: BVR 2003 S. 171 E. 6).

553 – **Einführung einesRauchverbots in öffentlichen Räumen:** Am 22. Juni 2006 hat der Grosse Rat des Kantons Genf die Volksinitiative mit dem Titel «Passivrauchen und Gesundheit» gültig erklärt. Die Initiative wurde in der Abstimmung vom 24. Feb. 2008 vom Volk angenommen. Sie sieht einen neuen Art. 178B KV/GE vor, welcher im Wesentlichen bestimmt, dass das Rauchen in öffentlichen Räumen und in solchen, die einer Betriebsbewilligung bedürfen, verboten ist. Am 3. März 2008 hat der Genfer Staatsrat eine Vollziehungsverordnung zum Rauchverbot in öffentlichen Räumen erlassen (nachfolgend Verordnung). Die Verordnung definiert die Modalitäten des Rauchverbots in den öffentlichen Räumen gemäss Art. 178B KV und soll dessen Beachtung sicherstellen. Diese Verordnung wurde nach ihrer amtlichen Veröffentlichung vor Bundesgericht angefochten und ist Gegenstand dreier Beschwerden in öffentlich-rechtlichen Angelegenheiten. Gerügt wird namentlich das Fehlen einer gesetzlichen Grundlage. Erwägungen: Die angefochtene Verordnung lässt sich nicht auf die polizeiliche Generalklausel stützen. Der Staatsrat führt an, die Verordnung sei nur provisorischer Natur, damit eine schnelle Anwendung der Verfassungsbestimmung ermöglicht werde. Die Kantonsregierung ist zweifellos ermächtigt, in dringlichen Fällen polizeiliche Massnahmen zu ergreifen. Dies setzt jedoch eine schwere und unmittelbare Gefahr voraus, der mit den ordentlichen gesetzlichen Mitteln nicht begegnet werden kann und die ein unverzügliches Einschreiten der Behörde erfordert. Im vorliegenden Fall hat sich der Genfer Verfassungsgeber klar für ein Rauchverbot in öffentlichen, geschlossenen Räumen ausgesprochen. Auch wenn es aus offenkundigen Gründen dem Schutz der öffentlichen Gesundheit gewiss wünschenswert ist und ferner dieses Verbot in-

nert kürzester Frist umgesetzt werden sollte, befindet man sich nicht in einem Fall, der ein Zurückgreifen auf die polizeiliche Generalklausel, selbst wenn dies nur vorübergehend wäre, rechtfertigen würde (vgl. BGE 134 I 322 E. 2.7 = Pra 98 [2009] Nr. 62).

bb) Zeitliche Dringlichkeit

Die Anwendung der polizeilichen Generalklausel setzt eine unmittelbar drohende Gefahr voraus, sodass ein **unverzügliches Einschreiten der Behörden** erforderlich ist (BGE 134 I 322 E. 2.7). Ein Eingreifen der Behörde ist zeitlich dringend, wenn innert einer Frist zu handeln ist, welche **die Schaffung einer gesetzlichen Grundlage objektiv nicht ermöglichen würde** (BGE 136 I 87 E. 3.1, 136 IV 97 E. 6.3.1, 132 II 449 E. 4.2, 126 I 112 E. 4a, 121 I 22 E. 4b/aa). Ist die entsprechende Gefährdung fundamentaler Rechtsgüter bereits seit einiger Zeit bekannt (vgl. BVGer vom 5. Jan. 2010, B-1092/2009, E. 12.1 [Herausgabe von Bankkundendaten]), handelt es sich nicht um einen Dringlichkeitsfall (BGE 134 I 322 E. 2.7 [Rauchverbot in öffentlichen Räumen]), da der ordentliche Gesetz- oder Verordnungsgeber ohne Weiteres die Anpassungen hätte vornehmen können (BGE 132 II 449 E. 4.2). Hat der Gesetz- oder Verordnungsgeber verzichtet, für die Bewältigung des Problems rechtzeitig die nötigen gesetzlichen Grundlagen zu beantragen, geht es nicht an, wenn dieser Fragenbereich polizeinotrechtlich zu regeln versucht wird (BGE 121 I 22 E. 4b/bb [Einführung eines Numerus Clausus]). Hingegen ist es zulässig, Massnahmen zur Verhütung von Hundeangriffen auf Menschen gestützt auf eine Polizeinotverordnung zu treffen, bis der ordentliche Gesetzgeber das Hundegesetz entsprechend abgeändert hat (BGE 133 I 172 E. 3). 554

Praxis:

- **Herausgabe von Bankkundendaten durch die FINMA an die US-Behörden:** Am 18. Feb. 2009 erliess die Eidgenössische Finanzmarktaufsicht FINMA gegenüber der UBS eine Verfügung, mittels welcher sie die Beschwerdegegnerin anwies, ihr bestimmte Kundendaten auszuhändigen, damit sie diese Daten der USA bzw. den dortigen mit der Verfolgung von Steuerstraftatbeständen befassten Behörden herausgeben könne. Die Vorinstanz erliess ihre Verfügung gestützt auf Art. 25 und 26 BankG (Massnahmen bei Insolvenzgefahr) und begründete sie im Wesentlichen damit, dass die US-Behörden mit einem Strafverfahren gegen die Beschwerdegegnerin gedroht hätten, sollten die rund 300 Kundendossiers nicht bis am 18. Feb. 2009 an die US-Behörden übergeben worden sein. Erfahrungsgemäss hätte ein Strafverfahren gegen eine Bank wie die UBS zur Folge gehabt, dass diese aufgrund von fehlendem Marktvertrauen keine liquiden Mittel mehr hätte aufnehmen können. Gegen diese Verfügung wurde Beschwerde an das Bundesverwaltungsgericht erhoben. Dieses heisst die Beschwerde gut. Erwägungen: Schliesslich ist festzuhalten, dass die Vorinstanz die Herausgabe der Bankkundendaten auch nicht auf die sog. polizeiliche Generalklausel i.S.v. Art. 36 Abs. 1 Satz 3 BV hätte stützen können. Die polizeiliche Generalklausel kann nur in echten, unvorhergesehenen und gravierenden Notfällen angerufen werden, wenn sich die notwendigen Massnahmen nicht auf eine besondere gesetzliche Grundlage stützen lassen. Vorliegend ist fraglich, ob mögliche gravierende Probleme der UBS aufgrund einer Strafklage in den USA Polizeigüter wie die öffentliche Ordnung und Sicherheit unmittelbar gefährdet hätten. In diesem Zusammenhang ist grundsätzlich fraglich, ob Wirtschaftskrisen zu einer Gefährdung der inneren Sicherheit oder zu einer Störung der öffentlichen Ordnung i.S. der Polizeigüter führen können. Zweifelhaft ist ausserdem, ob der mögliche Zusammenbruch einer Grossbank und die damit einhergehenden Kredit- und Zahlungsschwierigkeiten für sich allein ausreichen, um gestützt auf Art. 185 Abs. 3 BV vorsorglich zu verfügen. Eine Berufung auf die polizeiliche Generalklausel kommt aber schon deshalb nicht in Betracht, weil es sich im vorliegenden Fall nicht um einen unmittelbaren, nicht vorher- 555 sehbaren Notfall im Sinne des bisher Gesagten handelte: Wie mehrfach erwähnt, waren die Drohungen der US-Behörden, Anklage gegen die UBS zu erheben, bereits einige Zeit vor dem 18. Feb. 2009 bekannt. Aufgrund dieser delikaten Situation befand sich die FINMA schon im Jahr 2008 im Austausch mit dem EFD, erhielt die am 14. Dez. 2008 – mithin zwei Monate vor Erlass der angefochtenen Verfügung – verlangte «Rückendeckung» in Form einer Ermächtigung, Bankkundendaten an die US-Behörden auszuhändigen, jedoch nicht. In casu kann nicht von einer direkten, unmittelbaren und sofort zu begegnenden Gefährdung von entsprechenden höherrangigen Interessen ausgegangen werden, wie sie für die Anwendung der polizeilichen Generalklausel vorauszusetzen wäre. In der gegebenen Situation, da die FINMA und die Landesregierung eine eigentliche Notstandssituation erkannten, käme die Berufung auf die polizeiliche Generalklausel faktisch einer Kompetenzattraktion durch die FINMA gleich, welche aus den zuvor dargelegten Gründen unzulässig wäre. In diesem Zusammenhang wären, wie bereits angedeutet, auch die Dimension, mithin die Tiefe des Eingriffs in den gesetzlich geschützten Bereich, und damit erneut der Umstand zu berücksichtigen, dass sich die FINMA auf einen Beschluss der in dieser Situation kompetenten Organe der Schweizerischen Eidgenossenschaft hätte stützen müssen. Es fällt nicht in die Kompetenz des Bundesverwaltungsgerichts, darüber zu befinden, auf welche Gründe letztlich zurückzuführen ist, dass die Vorinstanz im entscheidenden Moment nicht über eine genügend konkrete Ermächtigung verfügte. Schliesslich gefährdete die in den Tagen vor dem 18. Feb. 2009 eingetretene Situation zu keinem Zeitpunkt Menschenleben. Nach dem Gesagten vermag deshalb auch eine Berufung auf die polizeiliche Generalklausel die fehlende Kompetenz der FINMA zum Erlass der angefochtenen Verfügung nicht zu rechtfertigen (BVGer vom 5. Jan. 2010, B-1092/2009, E. 8.2.2 und E. 12.2; die Beschwerde gegen dieses Urteil wurde vom Bundesgericht gutgeheissen [BGE 137 II 431 E. 3 und E. 4).

556 – **Bewilligungspflicht für das Tragen von Waffen:** Gemäss § 1 der Verordnung über das Tragen von Schuss- und Stichwaffen vom 20. Nov. 1936 ist das Tragen von Waffen, insbesondere von Schuss- und Stichwaffen (Revolver, Pistolen, Stilette, Dolche, Stellmesser und dgl.), Privatpersonen nur mit schriftlicher Bewilligung der Justiz- und Polizeidirektion erlaubt. Welches die Voraussetzungen für die Erteilung einer Waffentragbewilligung sind, ist in der Verordnung nicht erwähnt. Die Verordnung stützt sich direkt auf § 47 Abs. 1 lit. d KV/ZG, wonach der Regierungsrat zum Erlass der notwendigen Verordnungen befugt und verpflichtet ist. Eine formell-gesetzliche Grundlage besteht nicht. Vom Grundsatz, dass der Regierung keine selbstständige Rechtsverordnungskompetenz zusteht, lässt die Praxis zwei Ausnahmen zu: Einerseits ist anerkannt, dass die Regierung aufgrund ihrer verfassungsrechtlichen Pflicht zum Gesetzesvollzug zum Erlass von Vollziehungsverordnungen befugt ist. Diese Vollziehungsverordnungen – und nur diese – meint § 47 Abs. 1 lit. d KV/ZG. Die Formulierung macht deutlich, dass man den Regierungsrat zu keiner Zeit als befugt ansah, neue, in bestehenden Gesetzen nicht geordnete Materien nach Belieben auf dem Verordnungswege rechtssatzmässig zu regeln. Die zweite Ausnahme betrifft das der Regierung aufgrund der polizeilichen Generalklausel zustehende Polizeinotverordnungsrecht. Die Polizeinotverordnung ist aber an folgende Voraussetzungen gebunden: Die öffentliche Ordnung muss gestört oder direkt und unmittelbar durch eine ernsthafte Gefahr bedroht sein. Zudem muss ein Zustand zeitlicher Dringlichkeit vorliegen. Diese Voraussetzungen sind vorliegend nicht gegeben. Dem Beschwerdeführer ist zuzustimmen, wenn er ausführt, dass der Gesetzgeber des Kantons Zug während Jahrzehnten Gelegenheit und Zeit gehabt hätte, die Verordnung der Exekutive aus dem Jahre 1936 auf eine formell-gesetzliche Grundlage zu stellen. Ferner ist im Kanton Zug nur der Kantonsrat zu Bestimmungen über Rechte und Pflichten Privater befugt. Eine Delegation dieser Befugnis an den Regierungsrat wäre zwar bei leichten Eingriffen in Freiheitsrechte möglich, jedoch nur mit ausdrücklicher Ermächtigung in einem formellen Gesetz. Diese Ermächtigung fehlt vorliegend. Ob die Bewilligungspflicht für das Waffentragen ein schwerer oder leichter Eingriff in ein Freiheitsrecht ist, braucht nicht geprüft zu werden. Jedenfalls hat der Regierungsrat mit der Verordnung über das Tragen von Schuss- und Stichwaffen Bestimmungen über Rechte und Pflichten Privater getroffen, zu denen er gemäss den vorstehenden Ausführungen nicht befugt gewesen wäre (RR ZG vom 13. Aug. 1996, in: GVP 1995/96 S. 114 E. 1a).

cc) Unvorhersehbare Gefährdungslage

aaa) Bisherige Praxis

Das Bundesgericht verlangte bisher, dass der Anwendungsbereich der polizeilichen Generalklausel auf **echte, atypische bzw. unvorhersehbare Notfälle** beschränkt ist; ihre **Anrufung** war grundsätzlich **ausgeschlossen**, wenn **typische und erkennbare Gefährdungslagen nicht normiert** wurden (BGE 136 I 87 E. 3.1, 136 IV 97 E. 6.3.1, 130 I 369 E. 7.3, 126 I 112 E. 4b, 121 I 22 E. 4b/aa; BGer vom 30. Nov. 2009, 2C_166/2009, E. 2.3.2.1). 557

Die Anwendung von Notverordnungsrecht auf an und für sich **typische Gefährdungslagen** wie die **Zwangsmedikation** (in BGE 126 I 112 E. 4c bejaht aufgrund der «besonderen Umstände des Einzelfalles»; kritisch MARKUS MÜLLER, Legalitätsprinzip – polizeiliche Generalklausel – besonderes Rechtsverhältnis, ZBJV 2000, S. 736 f.; ALAIN JOSET, Zwangsmedikation im Rahmen der fürsorgerischen Freiheitsentziehung, AJP 2000, S. 1431), **das Tragen von Schusswaffen** (verneinend RR ZG vom 13. Aug. 1996, in: GVP 1995/96 S. 114 E. 1a), oder den **Leinenzwang** für gefährliche Hunde (zustimmend RR AG vom 15. April 2002, in: AGVE 2002 S. 624 E. 2; vgl. auch BGer vom 30. Nov. 2009, 2C_166/2009, E. 2.3.2.1 [Euthanasierung eines gefährlichen Hundes]) ist nicht unproblematisch. Es liegt in der Kompetenz des ordentlichen Gesetz- oder Verordnungsgebers, typische, erkennbare Gefahrenlagen zu regeln. Es ist dabei dem Gesetzgeber nicht verwehrt, gerade gegenüber nicht präziser definierbaren Gefahren generalklauselartige Begriffe zu verwenden, zumal er ohne die Verwendung solcher Begriffe nicht in der Lage wäre, der Vielgestaltigkeit der Verhältnisse Herr zu werden (BGE 132 I 49 E. 6.2, 128 I 327 E. 4.2, 125 I 369 E. 6, 123 I 112 E. 7a, 117 Ia 472 E. 3e). 558

Praxis:

- **Zwangsmedikation:** S wurde vom 18. Feb. bis zum 18. März 1997 wegen schwer wahnhaft-deliranten Zuständen verbunden mit Polytoxikomanie in der Klinik Waldau der psychiatrischen Universitätsklinik Bern behandelt. Am 5. Okt. 1997 wurde er gestützt auf einen fürsorgerischen Freiheitsentzug wegen Selbstgefährdung und Behandlungsbedürftigkeit erneut in die Klinik eingewiesen. Am 2. Jan. 1998 entwich S während eines Spaziergangs aus der Klinik, kehrte jedoch am Abend des 5. Jan. 1998 aus eigenem Antrieb dorthin zurück. Am folgenden Tag wurde er in die Akutstation und kurze Zeit später ins Isolierzimmer verlegt, wo er zur Einnahme von Medikamenten gezwungen wurde. In der staatsrechtlichen Beschwerde beantragt S, es sei festzustellen, dass die am 6. und 7. Jan. 1998 stattgefundene Zwangsmedikation und Isolierung verfassungswidrig gewesen sei. Das Bundesgericht weist die staatsrechtliche Beschwerde ab. Erwägungen: Die polizeiliche Generalklausel vermag nach der bundesgerichtlichen Rechtsprechung eine fehlende gesetzliche Grundlage zu ersetzen, wenn und soweit die öffentliche Ordnung und fundamentale Rechtsgüter des Staates oder Privater gegen schwere und zeitlich unmittelbar drohende Gefahren zu schützen sind, die unter den konkreten Umständen nicht anders abgewendet werden können als mit gesetzlich nicht ausdrücklich vorgesehenen Mitteln. Der Anwendungsbereich der polizeilichen Generalklausel ist auf echte und unvorhersehbare Notfälle beschränkt; ihre Anrufung ist grundsätzlich ausgeschlossen, wenn typische und erkennbare Gefährdungslagen trotz Kenntnis der Problematik nicht normiert wurden. Vorliegend ist der Beschwerdeführer, nachdem er sich während drei Tagen von der Klinik ferngehalten hatte, am 5. Jan. 1998 selbstständig in diese zurückgekehrt, wobei er laut dem Eintrag in der Krankengeschichte vom 6. Jan. 1998 «völlig bekifft und distanzlos» gewesen ist. Sein Zustand wurde dabei auf die in den vorangehenden Tagen unterbliebene Medikamenteneinnahme und einen ho- 559 hen Cannabiskonsum zurückgeführt. Der Beschwerdeführer soll laut der Krankengeschichte an der Morgenversammlung vom 6. Jan. 1998 den Cannabiskonsum verherrlicht und in der Folge die Medikamenteneinnahme verweigert haben. Weiter soll er in Missachtung der Stationsordnung laut Musik gehört und verbal aggressiv auf sein Umfeld reagiert haben, wobei er über die eigenen Fähigkeiten und Rechte zunehmend wahnhafte Vorstellungen entwickelt habe. Ein paar Abschnitte tiefer ist in der Krankengeschichte unter dem Eintrag vom 6. Jan. 1998 vermerkt, das Verhalten des Beschwerdeführers sei nun zu aggressiv geworden, sein psychotisches Erleben werde zu stark reaktiviert, weshalb sich eine Reizabschirmung und eine Medikation umgehend aufdrängten. Der Beschwerdeführer bestreitet das in der Krankengeschichte beschriebene Verhalten in den wesentlichen Zügen nicht. Insgesamt kann aus den Akten gefolgert werden, dass der Beschwerdeführer die Klinik aufsuchte, weil er dringend fremde Hilfe benötigte. Das bernische Recht enthält keine einschlägige Rechtsgrundlage für die erfolgten Zwangseingriffe. Die Anwendung der polizeilichen Generalklausel erweist sich hier einerseits deshalb als heikel, weil Gefährdungslagen im psychiatrischen Anstaltsverhältnis der hier vorliegenden Art an sich typisch und einer gesetzlichen Regelung zugänglich sind. Andererseits gilt es aber die besonderen Umstände dieser Angelegenheit zu berücksichtigen. Am 6. Jan. 1998 sahen sich die zuständigen Ärzte angesichts ihrer Pflicht, in Notfällen Beistand zu leisten, vor die schwierige Aufgabe gestellt, einerseits den zunehmend aggressiver werdenden Beschwerdeführer in Respektierung seines Willens zu betreuen, andererseits das Klinikpersonal vor der von ihm ausgehenden Gefährdung zu schützen. Unter diesen Umständen schien die Vornahme einer medizinischen Zwangsbehandlung, mit welcher der Beschwerdeführer zugleich beruhigt und therapiert werden sollte, der Situation am besten gerecht zu werden. Das beanstandete ärztliche Vorgehen erweist sich demnach trotz fehlender Rechtsgrundlage nicht als verfassungswidrig, soweit es in sachlicher und zeitlicher Hinsicht zum Schutz von Leib und Leben erforderlich war (BGE 126 I 112 E. 4b und 4c).

560 – **Leinenzwang:** Die Vollziehungsverordnung zum Gesetz über das Halten und Besteuern der Hunde vom 19. März 1915 sieht für bösartige, wutverdächtige und herrenlose Hunde als Massnahme einen Maulkorbzwang oder falls notwendig die Beseitigung vor (§ 7 Abs. 1 und 2). Diese Bestimmung kann hier nicht zur Anwendung gelangen, da die Hündin E unbestrittenermassen von ihrer Grundveranlagung her weder böse noch aggressiv ist. Indessen sind die möglichen Massnahmen zur Gewährung der öffentlichen Ordnung und Sicherheit der Bürgerinnen und Bürger in der genannten Verordnung nicht abschliessend aufgeführt. Vielmehr kann der Gemeinderat gestützt auf die polizeiliche Generalklausel von § 37 Abs. 2 lit. f des Gemeindegesetzes (GG) auch ohne spezialgesetzliche Grundlage zum Schutze der Polizeigüter gewisse Verfügungen oder Anordnungen treffen. Die polizeiliche Generalklausel hat dabei subsidiären Charakter, soweit also andere geeignete gesetzliche Grundlagen vorhanden sind, hat sich der Gemeinderat auf diese zu berufen. Die Stadt B hat von der in § 37 Abs. 2 lit. f GG statuierten Kompetenz Gebrauch gemacht und ein kommunales Polizeireglement (PR) erlassen. In erster Linie sind demnach die Bestimmungen zur Tierhaltung des Polizeireglements heranzuziehen, soweit diese nicht ausreichen die polizeiliche Generalklausel. Gemäss § 17 Abs. 1 PR sind Tiere so zu halten, dass niemand belästigt wird und weder Menschen noch Tiere und Sachen gefährdet werden oder zu Schaden kommen. Nach § 17 Abs. 3 PR ist es verboten, Hunde unbeaufsichtigt laufen zu lassen und auf verkehrsreichen Strassen und Plätzen sind Hunde an der Leine zu führen. Widerhandlungen gegen diese Vorschriften werden vom Gemeinderat mit Verwarnung oder Geldbusse geahndet (§ 21 f. PR). Die Anordnung von verwaltungsrechtlichen Massnahmen anstelle einer Strafe ist zwar nicht explizit vorgesehen, da aber subsidiär die polizeiliche Generalklausel herangezogen werden kann, besteht für die Anordnung eines Leinenzwanges eine genügende gesetzliche Grundlage. Die Problematik mit der Hündin des Beschwerdeführers ist gemäss dem Journalauszug der Stadtpolizei B seit dem 13. Okt. 2000 aktenkundig. Die Hündin hat offenbar die Angewohnheit, auf andere Hunde zuzurennen und an Menschen emporzuspringen, ohne dass der Halter in der Lage wäre, dies zu unterbinden. Das von der Hündin gezeigte Verhalten ist unzweifelhaft als lästig im Sinne des § 17 Abs. 1 PR zu bezeichnen. Das Verhalten der Hündin ist zudem nicht bloss lästig, sondern unter objektiven Gesichtspunkten auch als bedrohlich einzustufen. Sicher kann nicht einfach auf ein subjektives

Empfinden einzelner Anwohner oder Spaziergänger abgestellt werden. Wenn aber eine grosse Hündin auf jemanden zu und an ihm emporspringt, stellt dies für den Betroffenen zunächst einmal eine abstrakte Bedrohung dar. Dabei ist es unerheblich, dass anschliessend keine konkrete Gefahr vom Tier ausgeht und er also nicht gebissen wird. Für den ahnungslosen Betroffenen ist es eine Zumutung, wenn er ein solches Verhalten tolerieren müsste. Die Ansicht des Beschwerdeführers, es handle sich dabei um reine Bagatellen, wird schon dadurch widerlegt, dass die Vorfälle der Polizei gemeldet und somit für die Betroffenen von Bedeutung waren, oder von der Polizei selbst wahrgenommen worden und damit aktenkundig geworden sind. Daraus kann nur gefolgert werden, dass er seine ihm als Hundehalter obliegenden Sorgfaltspflichten nicht mit dem genügenden Ernst wahrnimmt. Die einzelnen Vorfälle sind in ihrer Gesamtheit zu werten. Es liegt deshalb im öffentlichen Interesse, wenn der Stadtrat hier nicht einfach eine Busse verhängt, sondern zum Schutze der öffentlichen Ordnung und Sicherheit gestützt auf die polizeiliche Generalklausel eine verwaltungsrechtliche Massnahme anordnet (RR AG vom 15. April 2002, in: AGVE 2002 S. 624 E. 2).

bbb) Neue Praxis

Die neue Praxis lässt ein auf die polizeiliche Generalklausel gestütztes Verwaltungshandeln in drei Fällen trotz grundsätzlich vorhersehbarer Gefahr zu: In BGE 130 I 369 ff. bejahte das Bundesgericht, erstens, einen echten und insofern nicht vorhersehbaren Notfall mit der Begründung, dass sich die **Gefährdungslage** rund um die Durchführung des Weltwirtschaftsforums 2001 als **äusserst komplex** erwiesen habe und die **Gefährdung im Einzelnen in typischer Form nicht erkennbar** gewesen sei. Die aus den Reihen der Antiglobalisierungsbewegung stammende Gegnerschaft des WEF sei ständigen und kurzfristigen Veränderungen unterworfen, und die international tätigen Protestbewegungen würden unvorhersehbare Eigendynamiken aufweisen. Diese Faktoren hätten eine typische oder typisierte Gefährdungslage gerade nicht erkennen lassen und würden das Abschätzen allfälliger Entwicklungen und Prognosen im Hinblick auf bestimmte Ereignisse weitestgehend verunmöglichen. Schon in Anbetracht dieser Eigenart und Besonderheit könne nicht gesagt werden, dass sich die Gefährdungslage für das WEF 2001 klar hätte voraussehen lassen (BGE 130 I 369 E. 7.3). 561

Nach 130 I 369 E. 7.3 genügt demnach, wenn sich die **Gefahrenlage als komplex** erweist und im **konkreten Einzelfall nicht erkennbar** ist (kritisch AXEL TSCHENTSCHER, Urteilsanmerkungen zu BGE 130 I 369 ff., in: ZBJV 2005, S. 658; RAINER J. SCHWEIZER/LUCIEN MÜLLER, Zwecke, Möglichkeiten und Grenzen der Gesetzgebung im Polizeibereich, LeGes 2008, S. 383). Der EGMR hat eine Beschwerde gegen dieses Urteil gutgeheissen und erkannt, dass vorliegend keine echte und unvorhersehbare Notlage vorlag. Das Ausmass der Gefahr war mit Blick auf frühere Ereignisse sowohl auf globaler Ebene als auch im Zusammenhang mit dem WEF faktisch vorhersehbar. Entsprechend hätten die Behörden früher reagieren müssen, um die entsprechenden Massnahmen auf eine gesetzliche Grundlage zu stellen (EGMR vom 8. Okt. 2009, Nr. 12675/05, Rz. 56 ff.; kritisch MARKUS MÜLLER/CHRISTOPH JENNI, Notrecht ... abermals zur polizeilichen Generalklausel [zit. Generalklausel], Sicherheit & Recht 2010, S. 113 f., mit dem Argument, dass sich der EGMR im betreffenden Urteil vor allem mit dem Kriterium der Schwere der Gefahr auseinandergesetzt habe). 562

Das Bundesgericht betrachtet, **zweitens**, bei **Gefährdungen von Leib und Leben** das Kriterium der Unvorhersehbarkeit entgegen der bisherigen Rechtsprechung als 563 nicht mehr sachgerecht (ähnlich bereits BGE 130 I 369 E. 7.3, 126 I 112 E. 4c). Das Bundesgericht argumentiert dahin gehend, dass ein Untätigsein des Gesetzgebers dem möglichen Opfer einer ernsthaften und konkreten Gefährdung durch private Gewalt nicht zum Nachteil gereichen dürfe, zumal in diesem Bereich staatliche Schutzpflichten bestünden (BGE 137 II 431 E. 3.3.2 [Datenherausgabe an die USA]; 136 IV 97 E. 6.3.2 [«Protestfasten» im Strafvollzug; Fall Rappaz]; BGer vom 30. Nov. 2009, 2C_166/2009, E. 2.3.2.1 [Euthanasierung eines gefährlichen Hundes; in casu lag jedoch gerade keine Gefährdung von Leib und Leben vor, da sich der gefährliche Hund in einem Zwinger befand, Dritte nicht mehr gefährden konnte und auch eine Fütterung ohne Eigengefährdung des Personals wohl ohne Weiteres möglich war]; zum Ganzen auch HÄFELIN/MÜLLER/UHLMANN, Rz. 2470, die vorschlagen, nur in **Extremsituationen** – insb. bei drohender schwerwiegender Gefährdung von Menschenleben – vom Erfordernis der Unvorhersehbarkeit der Gefahr abzusehen; vgl. auch MÜLLER, a. a.O., S. 740 f.; BVGer vom 5. Jan. 2010, B-1092/2009, E. 12.1).

564 **Drittens** lässt das Bundesgericht ein Handeln gestützt auf die polizeiliche Generalklausel dann zu, wenn der Gesetzgeber auf den Erlass von Normen verzichtet, weil er (zu Recht) der Meinung ist, die **betreffende Gefahr werde sich in Wirklichkeit nie stellen** und sei damit lediglich **abstrakter Natur** (BGE 136 IV 97 E. 6.3.2; zustimmend LIENHARD/ZIELNIEWICZ, a.a.O., S. 132 f.).

565 Die Praxis des Bundesgerichts lässt somit ein auf die polizeiliche Generalklausel gestütztes Verwaltungshandeln in **drei Fällen** – trotz grundsätzlich vorhersehbarer Gefahr – zu: **Erstens** bei einer **komplexen Gefahrenlage, die im Einzelnen nicht erkennbar** ist (BGE 130 I 369 E. 7.3), zweitens, falls **staatliche Schutzpflichten** bestehen bzw. ein Untätigsein der Behörden dem möglichen Opfer einer ernsthaften und konkreten Gefährdung durch private Gewalt zum Nachteil gereichen würde (BGE 137 II 431 E. 3.3.2; vom 30. Nov. 2009, 2C_166/2009), und **drittens** bei einer **abstrakten Gefahrenlage**, wenn der Gesetz- oder Verordnungsgeber offenbar der Meinung ist, die betreffende Gefahr werde sich in Wirklichkeit nie realisieren (BGE 136 IV 97 E. 6.3.2). Im **UBS-Urteil** hat das Bundesgericht, **viertens**, auf das Kriterium der Unvorhersehbarkeit gänzlich verzichtet. Danach bildet das Kriterium der Unvorhersehbarkeit der Gefahr nur ein im **Rahmen der Interessenabwägung** zu berücksichtigendes **Element** unter anderen und ist **nicht mehr als Anwendungsvoraussetzung** zu verstehen, welches es – losgelöst von der Art und der Dringlichkeit der Gefahr – ausschliesst, die polizeiliche Generalklausel überhaupt anzurufen (BGE 137 II 431 E. 3.3.2; zustimmend MARKUS MÜLLER, Polizeiliche Generalklausel: klärende Worte des Bundesgerichts, in: ZBJV 2012, S. 224 ff.).

566 Lehre und Rechtsprechung definieren nicht genauer, wann eine **Gefährdung von Leib und Leben**, eine **abstrakte** oder eine **komplexe, im Einzelnen nicht erkennbare Gefahr** vorliegt, bei der ausnahmsweise auf das Kriterium der Unvorhersehbarkeit der Gefahr verzichtet werden kann und wie sich eine konkrete von einer abstrakten bzw. eine komplexe, im Einzelnen nicht erkennbaren von einer einfachen, im Einzelfall erkennbaren Gefahr unterscheidet. Dementsprechend ist umstritten, wie diese verschiedenen Gefahrentypen, bei deren Vorliegen das Kriterium der Unvorhersehbarkeit der Gefahr nicht mehr Anwendungsvoraussetzung der polizeilichen Generalklausel ist, gegenüber den typischerweise vorhersehbaren Gefahren, bei deren Vorliegen ein Handeln gestützt auf die polizeiliche Generalklausel ausgeschlossen

ist, abzugrenzen sind (zur neueren [uneinheitlichen] Lehre und Praxis insb. MÜLLER/JENNI, Generalklausel, S. 101 ff.; ZÜND/ERRASS, a.a.O., S. 281 ff.; NICOLE BÜRLI/HELEN KELLER, Überdenken der polizeilichen Generalklausel bei Vorliegen staatlicher Schutzpflichten, AJP 2011, S. 1144 f.; LIENHARD/ZIELNIEWICZ, a.a.O., S. 130 ff.).

Die **Anlass gebenden Fälle** (Zwangsernährung, Grossdemonstrationen mit Ausschreitungen, Datenherausgabe an die USA oder Euthanasierung eines gefährlichen Hundes) können denn auch nicht eindeutig den neuen Gefahrenlagen, in denen ausnahmsweise auf das Kriterium der Unvorhersehbarkeit der Gefahr verzichtet werden kann, zugeordnet werden (vgl. auch SCHWEIZER/MÜLLER, a.a.O., S. 383 f.). Angesichts dieser Abgrenzungsschwierigkeiten wird in der Lehre und Praxis vereinzelt vorgeschlagen, auf das Erfordernis der «Unvorhersehbarkeit der Gefahr» gänzlich zu verzichten (BGE 137 II 431 E. 3.3.2; MÜLLER/JENNI, polizeiliche Generalklausel, S. 17 f.), was zumindest im Anwendungsbereich der EMRK völkerrechtswidrig sein dürfte. 567

Praxis:

- **Euthanasierung eines Hundes:** Der Besitzer des Hirten- und Schutzhundes der «Tornjak-Hunderasse» weilte in den Ferien. Während dieser Zeit griff der Hund auf einem Spaziergang mit der Ehefrau des Besitzers unvermittelt eine Velofahrerin an und biss diese in den Oberschenkel sowie in den rechten Oberarm; sie musste im Spital ärztlich behandelt werden. Die Ehefrau konnte den Hund nur mit Mühe in das Haus zurückbringen. Der Polizei gelang es – der Aggressivität und des Gewichts (60kg) des Hundes wegen – erst nach mehreren Versuchen und unter Beizug ihres Hundespezialisten, das Haus zu betreten und den Hund in ein Tierheim zu bringen. Der beigezogene stellvertretende Kantonstierarzt ordnete dort die sofortige Einschläferung des Hundes an, was das kantonale Amt entsprechend verfügte. Die Behörden stützten sich dabei unter anderem auf die polizeiliche Generalklausel. Das Bundesgericht weist die dagegen erhobene Beschwerde ab. Erwägungen: Vorerst einmal vermag die polizeiliche Generalklausel nach Art. 36 Abs. 1 BV eine fehlende gesetzliche Grundlage zu ersetzen, wenn fundamentale Rechtsgüter des Staates oder Privater gegen schwere und zeitlich unmittelbar drohende Gefahren zu schützen sind. Das Bundesgericht verlangt zudem, dass der Anwendungsbereich der polizeilichen Generalklausel auf echte und unvorhersehbare Notfälle zu beschränken ist; ihre Anrufung ist grundsätzlich ausgeschlossen, wenn typische und erkennbare Gefährdungslagen trotz Kenntnis der Problematik nicht normiert wurden. Handelt es sich bei der Gefährdung um eine solche von Leib und Leben, somit um einen Fall «ernster, unmittelbarer und nicht anders abwendbarer Gefahr» (Art. 36 Abs. 1 Satz 3 BV), ist dieses zusätzliche Kriterium indes nicht sachgerecht. Ein Untätigsein des Gesetzgebers darf dem möglichen Opfer einer ernsthaften und konkreten Gefährdung durch private Gewalt nicht zum Nachteil gereichen, zumal in diesem Bereich staatliche Schutzpflichten bestehen. Wie den Akten zu entnehmen ist, stellte der Hund des Beschwerdeführers nicht nur im Zeitpunkt, als er die Velofahrerin unmotiviert angegriffen und gebissen hatte, eine unmittelbare Gefahr für die Gesundheit und das Leben dar. Angesichts seines Wesens als Schutzhund hätte nur der Beschwerdeführer die Situation entschärfen können. Dieser weilte allerdings in den Ferien, und seine Ehefrau wollte nach dem Vorfall nichts mehr mit dem Hund zu tun haben und hatte auch – wie der Angriff auf die Velofahrerin gezeigt hatte – nicht die gewünschte Herrschaft über das Tier. Insofern war auch die zeitliche Dringlichkeit gegeben. Zudem stehen keine geeigneten gesetzlichen Massnahmen zur Verfügung. Die polizeiliche Generalklausel vermochte deshalb die fehlende gesetzliche Grundlage zur Einschränkung der Eigentumsfreiheit des Beschwerdeführers zu ersetzen. Auch das öffentliche Interesse zum Schutz der fundamentalen Rechtsgüter Leben und Gesundheit steht ausser Frage. Weiter war die Euthanasierung des Hundes auch verhältnismässig. Es standen keine milderen Massnahmen zur Verfügung, um die unmittelbare Gefahr abzuwenden. Insbe- 568 sondere auch das längere Halten des Hundes in einem Zwinger stellt nur scheinbar eine mögliche taugliche Massnahme dar, denn bei jeder Fütterung und Tränkung erneuert sich die Gefahr für das Leben des Personals. Angesichts der unmittelbaren Gefahr mit dem grossen, massigen, 60 kg schweren, unmotiviert aggressiven Hund, der zudem nur den abwesenden Beschwerdeführer als seinen Meister akzeptierte, bestand ein offensichtliches Missverhältnis zwischen dem gewichtigen öffentlichen Interesse am Schutz der Allgemeinheit vor dem gefährlichen Hund und dem privaten Interesse am Eigentum des Beschwerdeführers (BGer vom 30. Nov. 2009, 2C_166/2009, E. 2.3.2).

569 – **Zwangsernährung wegen Protestfasten im Strafvollzug:** Bernard Rappaz verbüsst seit dem 20. März 2010 eine Freiheitsstrafe von fünf Jahren und acht Monaten. Seit seiner Inhaftierung begann er einen Hungerstreik. Er beendete diesen am 7. Mai 2010, nachdem er einen ersten Strafunterbruch erwirkt hatte. Am 21. Mai 2010 wurde er wieder inhaftiert. Er nahm erneut keine Nahrung mehr zu sich. Am 10. Juni 2010 wurde er zur Fortsetzung des Strafvollzugs unter ärztlicher Aufsicht und mit geeigneter Betreuung in das Universitätsspital Genf verlegt. Am 21. Juni 2010 beantragte er erneut, dass der Vollzug der Strafe wegen medizinischer Probleme, die sein Hungerstreik zur Folge habe, unterbrochen werde. Mit Verfügung vom 23. Juni 2010 wies die Vorsteherin des Departements für Sicherheit, Sozialwesen und Integration des Kantons Wallis dieses Gesuch ab. Gegen die Verfügung vom 23. Juni 2010, die einen Strafunterbruch verweigerte, erhob Bernard Rappaz Beschwerde, die der Einzelrichter der öffentlichrechtlichen Abteilung des Kantonsgerichts Wallis mit Urteil vom 8. Juli 2010 abwies. Bernard Rappaz gelangt dagegen an das Bundesgericht und verlangt hauptsächlich dessen Änderung in dem Sinne, dass der Vollzug der Strafe unterbrochen werde bis zum Entscheid über das Gnadengesuch, das er beim Grossen Rat des Kantons Wallis eingereicht habe, oder mindestens bis sein Gesundheitszustand seine erneute Inhaftierung erlaube. Das Bundesgericht weist die Beschwerde ab. Erwägungen: Aufgrund von Art. 36 Abs. 1 Satz 2 BV kann die Befugnis, einen Patienten zwangsweise ärztlich zu behandeln, sich nur aus einem Gesetz im formellen Sinne ergeben, jedoch ist aufgrund von Art. 36 Abs. 1 Satz 3 BV die Exekutive oder die Judikative befugt, ein Grundrecht ohne gesetzliche Grundlage einzuschränken, um eine ernste, unmittelbare und nicht anders abwendbare Gefahr abzuwehren, die ein erhebliches öffentliches Interesse bedroht, wenn es sich zeigt, dass ihr Eingreifen dringend ist und dass die von den geltenden Gesetzen vorgesehenen Mittel nicht reichen. Gemäss einer Formulierung, die erstmals durch BGE 121 I 22 E. 4b in die Rechtsprechung des Bundesgerichtes eingeführt wurde, wäre es ausserdem nötig, dass die Situation «atypisch und unvorhersehbar» sei. Indessen wird diese Voraussetzung von der Lehre kritisiert. Und in einem neuen Entscheid (Urteil 2C_166/2009 vom 30. Nov. 2009 E. 2.3.2.1) erwog die II. öffentlich-rechtliche Abteilung des Bundesgerichtes, dass sich die Exekutive in Fällen, in denen die körperliche Integrität von Dritten bedroht ist, auf die polizeiliche Generalklausel stützen kann, auch wenn die Situation nicht atypisch und unvorhersehbar ist, auf jeden Fall, weil der Staat diesbezüglich eine Pflicht zu handeln hat (vgl. auch BVGer vom 5. Jan. 2010, B-1092/2009, E. 12.1 in fine). Das Erfordernis einer «atypischen und unvorhersehbaren» Situation soll daran erinnern, dass es ausgeschlossen ist, die polizeiliche Generalklausel anzurufen, wenn der Gesetzgeber trotz Kenntnis der Problematik von einer gesetzlichen Regelung absah. Es soll folglich verhindern, dass die Regierung, die Verwaltung und die Gerichte sich Befugnisse anmassen, die das Parlament, indem es kein Gesetz erliess, ihnen gerade nicht hatte erteilen wollen. Nun kann von diesem Standpunkt aus der Fall, in welchem die Parlamentarier keine gesetzliche Regelung beschliessen, weil sie der Ansicht sind, die geltenden Rechtsvorschriften genügten, nicht demjenigen gleichgesetzt werden, in welchem sie auf den Erlass von Normen verzichten, weil sie voraussehen, dass das, wenn auch theoretisch bestehende Problem, sich in der Wirklichkeit nicht stellen wird. In diesem letzteren Falle hindert die Exekutive oder die Judikative nichts daran, Massnahmen auf der Grundlage von Art. 36 Abs. 1 Satz 3 BV zu treffen, wenn alle anderen Voraussetzungen zur Anwendung der polizeilichen Generalklausel erfüllt sind. Zwar trifft es zu, dass das Protestfasten ein in der Strafvollzugsmedizin wohl bekanntes Problem ist. Aber das Fehlen jeglicher Gesetzesbestimmung auf Bundesebene und in den meisten Kantonen, die den Strafvollzugsbehörden angibt, wie zu reagieren ist, wenn ein Inhaftierter einen sich in die Länge ziehenden Hungerstreik

durchführt, kann nicht anders erklärt werden als dadurch, dass in einem Lande, das weder mit einer radikalen politischen Auseinandersetzung noch mit sezessionistischen Aktionen konfrontiert ist, man von der Vorstellung ausging, dass auf jeden Fall eine Lösung gefunden werde, bevor der Gesundheitszustand des Betroffenen kritisch werde. Bis zu diesem Tage wurde diese Vermutung nur einmal widerlegt, durch den ausserordentlichen Entschluss des Beschwerdeführers. Die Exekutive kann daher die Zwangsernährung eines Gefangenen im Hungerstreik unmittelbar auf der Grundlage der polizeilichen Generalklausel anordnen, wenn diese Einschränkung der Meinungsäusserungsfreiheit und der persönlichen Freiheit dazu dient, auf verhältnismässige Weise ein bedeutendes öffentliches Interesse vor einem schweren und nicht anders abwendbaren Schaden zu schützen (BGE 136 IV 97 E. 6.3.2).

dd) Subsidiarität

Die Anwendung der polizeilichen Generalklausel setzt weiter voraus, dass der **Gefahr nicht mit anderen gesetzlichen Mitteln** beizukommen ist; sie beschränkt sich auf Fälle, in denen keine gesetzlichen Mittel vorhanden sind, um einer konkreten, unmittelbar drohenden Gefahr zu begegnen (BGE 136 I 87 E. 3.1, 130 I 379 E. 7.3, 126 I 112 E. 4b, 121 I 22 E. 4b/aa). Die polizeiliche Generalklausel ist demnach **subsidiärer Natur**, zu welcher nur gegriffen werden darf, wenn keine anderen spezifischen Vorschriften bestehen, die geeignet sind, den polizeiwidrigen Zustand zu beseitigen (VerwG BE vom 14. April 2003, in: BVR 2003 S. 385 E. 5). In gut durchnormierten Rechtsbereichen wie beispielsweise dem Bau- und Planungsrecht ist es deshalb selten, dass eine Baubewilligung wegen vorhandener Gefahrenquellen – gestützt auf die polizeiliche Generalklausel – verweigert wird (vgl. VerwG BE vom 25. Feb. 2008, in: BVR 2008 S. 332 E. 6.5; vom 14. April 2003, in: BVR 2003 S. 385 E. 5). 570

Praxis:

– **Baubewilligung für den Einbau einer Wohnung in einer Lagerhalle in unmittelbarer Nähe des Waffenplatzes Thun:** AH erwarb 1983 das Grundstück Thierachern. Mit Vertrag vom 26. Nov. 1992 kaufte er von der Schweizerischen Eidgenossenschaft das benachbarte Grundstück. Die beiden Grundstücke befinden sich seit mehreren Jahren in der Gartenbauzone und werden von AH als Gärtnerei genutzt. Im Südosten grenzen die Grundstücke an ein der Schweizerischen Eidgenossenschaft gehörendes Grundstück an, welches Teil des Waffenplatzes Thun bildet. Zugunsten des Grundstücks der Eidgenossenschaft und zulasten der Grundstücke von AH sind im Grundbuch seit 1864 Bauverbote als Dienstbarkeiten eingetragen. Im Jahr 2000 errichtete AH auf seinen Grundstücken eine Lagerhalle, welche dem Betrieb seiner Gartenbaufirma dient. Am 6. März 2001 reichte AH bei der Einwohnergemeinde (EG) Thierachern ein Baugesuch ein für den Einbau einer Wohnung in der Lagerhalle und für die Anlage eines Biotops und eines zusätzlichen Weges zur Gemeindestrasse. Namens der Schweizerischen Eidgenossenschaft erhob das Bundesamt für Betriebe und Heere (BABHE) gegen das Gesuch Einsprache. Am 8. März 2002 wies der Regierungsstatthalter von Thun das Baugesuch nach einer gescheiterten Einigungsverhandlung ab. AH erhob gegen diesen Entscheid Beschwerde, welche gutgeheissen wurde. Diesen Entscheid focht das BABHE namens der Eidgenossenschaft mit Verwaltungsgerichtsbeschwerde beim Verwaltungsgericht BE an. Das Verwaltungsgericht weist die Beschwerde ab. Erwägungen: Gemäss Art. 2 des kantonalen Baugesetzes (BauG) sind Bauvorhaben zu bewilligen, wenn sie die öffentliche Ordnung nicht gefährden. Diese Bestimmung, welche im Bereich des Baubewilligungsverfahrens die polizeiliche Generalklausel regelt, ist Ausfluss der Pflicht von Staat und Gemeinden, die öffentliche Ordnung zu schützen. Die Behörden sind daher auch bei Fehlen entsprechender Vorschriften befugt, gegen jede ernsthafte und unmittelbar drohende Beeinträchtigung oder Gefährdung der öffentlichen Ord- 571 nung, Sicherheit, Sittlichkeit oder Gesundheit mit angemessenen Mitteln einzuschreiten. Dies gilt selbst dann, wenn die gesetzlichen Voraussetzungen der Baubewilligung an sich erfüllt wären. Im bernischen Baurecht ist die Berufung auf die polizeiliche Generalklausel allerdings wegen der hier und auf Bundesebene bestehenden umfassenden gesetzlichen Eingriffsmöglichkeiten nur in seltenen Fällen angebracht. Ähnlich gestaltet sich die Rechtslage in den anderen Kantonen: Soweit ersichtlich wurde nur in einzelnen Fällen eine Baubewilligung gestützt auf die polizeiliche Generalklausel wegen künstlich geschaffener Gefahrenquellen auf einem benachbarten Grundstück verweigert. Ferner ist die polizeiliche Generalklausel subsidiärer Natur; sie stellt auch im Baurecht die ultima ratio dar, zu welcher nur gegriffen werden darf, wenn keine anderen spezifischen Vorschriften bestehen, die geeignet sind, den polizeiwidrigen Zustand zu beseitigen. Ein Verbot des beanstandeten Bauvorhabens käme zudem nur in Betracht, wenn eine schwere, direkte und unmittelbar drohende Gefahr vorliegen würde, womit insbesondere das Kriterium der zeitlichen Dringlichkeit angesprochen wird. Der Anwendungsbereich der polizeilichen Generalklausel ist damit auf echte und unvorhersehbare Notfälle beschränkt; ihre Anrufung ist grundsätzlich ausgeschlossen, wenn typische und erkennbare Gefährdungslagen trotz Kenntnis der Problematik nicht normiert wurden. Die Eidgenossenschaft als Inhaberin des Waffenplatzes hat zum Schutz der benachbarten Grundstücke Bauverbote im Grundbuch eintragen lassen. Sie hat zur Durchsetzung dieser Bauverbote den Zivilweg zu beschreiten; dies hat sie bisher unterlassen. Namentlich angesichts der Möglichkeit, die Bauverbote auf dem Zivilweg durchzusetzen, ist die Berufung auf die polizeiliche Generalklausel somit unbehelflich. Es kommt hinzu, dass vorliegend keine dringende und unmittelbare Gefahr droht. Die Beschwerdeführerin bringt in ihrer Verwaltungsgerichtsbeschwerde nichts Gegenteiliges vor. Im Übrigen hat die Baubewilligungsbehörde bisher nicht geprüft, ob spezialgesetzliche Vorschriften bestehen, die den mit dem Bauvorhaben angeblich verbundenen polizeiwidrigen Zustand beseitigen bzw. den für die Baugrundstücke drohenden Belastungen und Gefährdungen Rechnung tragen könnten. Wie dargelegt wird der von der Beschwerdeführerin geltend gemachte Nutzungskonflikt in erster Linie durch solche Normen beseitigt. Auch aus diesem Grund erwiese sich die Verweigerung der Baubewilligung gestützt auf die Polizeiklausel als rechtswidrig (VerwG BE vom 14. April 2003, in: BVR 2003 S. 385 E. 5).

ee) Verhältnismässigkeit

572 Die gestützt auf die polizeiliche Generalklausel ergriffenen Massnahmen müssen weiter mit den allgemeinen Prinzipien des Verfassungs- und Verwaltungsrechts, insbesondere dem **Grundsatz der Verhältnismässigkeit**, vereinbar sein (BGE 137 II 431 E. 4.4, 126 I 112 E. 4b, 121 22 E. 4b/aa, 111 Ia 246 E. 2 und E. 3a; BGer vom 30. Nov. 2009, 2C_166/2009, E. 2.3.2.1; VerwG BE vom 11. Sept. 2002, in: BVR 2003 S. 171 E. 6a).

573 Eine **Enteignung von Land** gestützt auf die polizeiliche Generalklausel ist nicht erforderlich, wenn anderweitige Massnahmen gegen Hochwasser (Erstellen eines Schutzdammes, Anbringen von Blockwürfen usw.) ergriffen werden können, die keine Besitznahme durch den Staat erfordern (KG VS vom 25. Juni 2001, in: ZWR 2002 S. 54 E. 5 und E. 6). Das Bundesgericht erachtet zwar in einem älteren Entscheid eine **sicherheitspolizeiliche Festnahme** gestützt auf die polizeiliche Generalklausel als zulässig, doch hat die Dauer des Freiheitsentzugs verhältnismässig zu sein. Ist die öffentliche Ordnung nicht mehr schwer und unmittelbar gefährdet, lässt sich der Zweck der Haft nicht mehr rechtfertigen und der Betroffene ist freizulassen (BGer vom 13. Juli 1990, in: ZBl 1991 S. 270 E. 4). Eine **Razzia** lässt sich auf die polizeiliche Generalklausel abstützen, doch hat sie stets ultima ratio zu sein und muss im Hinblick auf die Feststellung der Störer den Grundsatz der Verhältnismässigkeit wahren (OG ZH vom 4. Juli 1986, in: ZR 1988 S. 297 E. 4c).

Eine **Zwangsmedikation** für die Dauer von zwei Tagen ist zulässig, wenn der Betroffene sich während dieses Zeitraums aggressiv verhält und eine Fremdgefährdung weiterhin gegeben ist (BGE 126 I 112 E. 5c). Es ist ferner verhältnismässig, im Sinne einer Übergangsordnung gestützt auf eine Polizeinotverordnung eine **Bewilligungspflicht** für diejenigen Personen einzuführen, die **mehr als drei Hunde** ausführen. Zwar würde die Verwendung einer Leine oder eines Maulkorbes eine mildere Massnahme darstellen, doch zeigt sich im Alltag, dass ungeschulte Personen häufig nicht in der Lage sind, mehrere Hunde zu beaufsichtigen und diese zu einer erheblichen Gefahr für Leib und Leben werden können, wenn sie der betreffenden (ungeschulten) Person entweichen (BGE 133 I 172 E. 3). 574

Praxis:

– **Hochwasserschutz:** Als Folge der Hochwasserereignisse vom Sept. 1993 und Okt. 2000 beschloss der Staatsrat mit Entscheid vom 14. März 2001 die Sanierung der Gamsa und dazu die sofortige Besitznahme der Grundstücke Nr. 6215, 6218, 6219 und 6220 oder Teilen davon (rund 36'000 m^2) im Unterlauf der Gamsa. Der Staatsrat führte in der Verfügung aus, die angeordneten Massnahmen zur Hochwassersicherheit stellten eine Verwaltungsangelegenheit dar, «deren Natur die Erledigung durch sofort vollstreckbare Verfügung» erfordere. Dies habe zur Folge, dass gemäss Art. 2 lit. a des Gesetzes über das Verwaltungsverfahren und die Verwaltungsrechtspflege vom 6. Okt. 1976 (VVRG) dieses Gesetz keine Anwendung finde und der fragliche Staatsratsentscheid demnach auch nicht anfechtbar sei, was aber nicht ausschliesse, «dass zum gegebenen Zeitpunkt die aus dem Grundeigentum fliessenden allfälligen Rechtsansprüche (z.B. Entschädigungsansprüche) auf dem üblichen Verfahrensweg abgeklärt werden» müssten. Die Geteilschaft X als Grundeigentümerin focht diese Anordnung des Staatsrates mit Verwaltungsgerichtsbeschwerde am 23. April 2001 bei der öffentlich-rechtlichen Abteilung des Kantonsgerichtes an und beantragte die Aufhebung der Eigentumsbeschränkung. Mit Urteil vom 25. Juni 2001 hiess das Kantonsgericht die Beschwerde, soweit es darauf eintrat, gut. Erwägungen: Den Akten ist zu entnehmen, dass als sofortige Schutzmassnahmen ein Schutzdamm für die A9, Blockwürfe zur Sicherung der Böschungen der Inertstoffdeponie und der Industriezone, die Schaffung eines Auffangbeckens mit einem Volumen von 250'000-300'000 m^3 sowie einer Zwischendeponie für die Kiesbewirtschaftung des Auffangbeckens vorgesehen sind. Mit seinem Entscheid vom 14. März 2001 hat der Staatsrat darüber hinausgehend beschlossen, zusätzlich rund 36'000 m^2 Grundeigentum sofort in Besitz zu nehmen. Er tat dies mit der Begründung, einerseits die im Rahmen von Varianten und Projektideen vorhandenen Schutzmassnahmen realisieren und andererseits verhindern zu wollen, dass Privatunternehmungen zusätzliche Materialdepots errichten, die dem Schutzziel zuwiderlaufen würden. Die Vorinstanz hat in ihrer Beurteilung eine Gefährdung der im Bau befindlichen A9, der Inertstoffdeponie, der Industriezone, der T9 und der Gleisanlagen der beiden Eisenbahnlinien sowie der Anlagen der Carbura angenommen und ist zum Schluss gekommen, dass sich Sofortmassnahmen aufdrängen würden. Die Behörde ist in einer solchen Lage grundsätzlich berechtigt, sich auf die polizeiliche Generalklausel zu berufen, um Massnahmen zum Schutz der Bevölkerung, von wichtigen Verkehrswegen und von Gütern zu treffen. Die hier zur Diskussion stehende Besitznahme von Land soll im Hinblick auf eine Expropriation der aufgeführten Flächen erfolgen. Wie alle polizeilichen Massnahmen hat insbesondere eine solche, die sich auf die polizeiliche Generalklausel als gesetzliche Grundlage beruft, das Verhältnismässigkeitsprinzip zu respektieren. Die Anwendung dieses Grundsatzes auf den vorliegenden Fall zeigt, dass in einer ersten Phase die grossflächige Besitznahme im Hinblick auf eine Enteignung nicht geeignet ist, das angestrebte Ziel zu erreichen. Durch die Besitznahme der rund 36'000 m^2 im Gamsabecken durch den Staat wird die Sicherheit gegen das Hochwasser nicht erhöht. Die Besitznahme ist aber auch nicht notwendig, weil die aus den Plänen und den Akten ersichtlichen konkreten Massnahmen den Entzug des Eigentums nicht voraussetzen. Die vorgesehenen Massnahmen wie das Anbringen von Blockwürfen oder von einzelnen Steinblöcken, 575 aber auch das Erstellen des A9-Schutzdammes, setzt die grossflächige Besitznahme durch den Staat nicht voraus. Dasselbe gilt für das Problem der Wegschaffung des anlässlich des Hochwassers angeschwemmten Materials im Gamsabecken. Auch wenn die Sicherheit verlangt, dass im Gamsabecken dieses Material nun sofort weggeführt werden muss, ist dies auch gegen den Willen der Grundeigentümer und ohne dass die entsprechenden Flächen formell in Besitz genommen werden müssen, möglich. Dasselbe gilt für das Anlegen von Materialdepots im fraglichen Bereich. Ein Verbot kann, sofern dies nicht bereits aus baupolizeilichen Gründen möglich ist, als polizeiliche Massnahme angeordnet werden. Diese Eingriffe gehen jedoch weniger weit, sind weniger einschneidend und können realisiert werden, ohne dass der Staat gegen den Willen der Grundeigentümer vorgängig im Hinblick auf eine Enteignung rund 36'000 m^2 in Besitz nehmen muss (VerwG VS vom 25. Juni 2001, in: ZWR 2002 S. 54 E. 5 und E. 6).

576 – **Herausgabe von Kundendaten an die USA:** Die von der FINMA verfügte Herausgabe der Kundendossiers war schliesslich auch verhältnismässig: Richtig ist, dass durch die entsprechende Massnahme das ordentliche Amtshilfeverfahren kurzgeschlossen und aufsichtsrechtlich überholt wurde, was die durch das Bankkundengeheimnis und die Amtshilfebestimmungen geschützte materielle und verfahrensrechtliche Rechtsstellung der betroffenen Kunden verkürzte. Der Kundenschutz darf in Normalsituationen nur im Rahmen der vom Gesetzgeber geregelten Ausnahmen durchbrochen werden. Art. 25 und 26 BankG bilden keine Grundlage hierzu, wohl aber die polizeiliche Generalklausel in einer aufsichtsrechtlichen Notsituation, wie sie aufgrund der katastrophalen Situation auf den Finanzmärkten und der spezifischen Zwangslage der Schweiz hier bestand. Die schweizerischen Behörden haben versucht, den amtshilferechtlichen Weg einzuhalten und eine diplomatische Verständigung mit den U.S.-Behörden zu erreichen. Erst als diese Bemühungen scheiterten bzw. die amtshilferechtliche Aufarbeitung nicht genügend schnell erfolgen konnte, um die amerikanische Seite von der Effizienz des schweizerischen Vorgehens zu überzeugen, womit sich die Gefahr einschneidender unilateraler Massnahmen mit den geschilderten Folgen für das Wirtschaftssystem konkretisierte, ergriff die FINMA in Abstimmung mit dem Bundesrat die umstrittene finanzmarktrechtliche Notmassnahme. An der Aufrechterhaltung eines funktionierenden Finanzmarktes bestand in diesem Moment ein die Interessen der 255 individuellen Kunden an der Durchführung des Amtshilfeverfahrens und des Interesses an der Wahrung des nicht absolut geltenden Bankkundengeheimnisses überwiegendes Interesse: Dieses wurde nur in einer beschränkten Zahl von Fällen durchbrochen. Bei einem Teil der entsprechenden Bankbeziehungen bestand der begründete Verdacht, dass ein Steuerbetrug unter Beihilfe von UBS-Mitarbeitern vorliegen könnte; in zumindest einem der im Zeitpunkt des Erlasses der angefochtenen Verfügung hängigen Beschwerdeverfahren bez. des Amtshilfegesuchs war das Bundesverwaltungsgericht zudem zum Schluss gekommen, dass die Voraussetzungen zur Gewährung der Amtshilfe nach Art. 26 DBA-USA grundsätzlich gegeben waren. Die von der FINMA angeordnete Herausgabe der Datensätze war geeignet und erforderlich, die mit einer Illiquidität der UBS dem Wirtschaftsstandort Schweiz drohende schwere Gefahr abzuwenden, und verstiess, nachdem die anderen Optionen (Amtshilfe, diplomatische Verhandlungen usw.) ohne Erfolg geblieben waren, nicht gegen das Übermassverbot. Dass die UBS die Notlage letztlich mit ihrem widerrechtlichen Geschäftsgebaren geschaffen hat, hinderte die FINMA und den Bundesrat nicht daran, die Situation im überwiegenden Interesse der Schweiz in einem ganz spezifischen Umfeld (vorübergehend) aufsichtsrechtlich zu bereinigen, zumal die betroffenen Kunden ihrerseits nicht als an den entsprechenden Machenschaften völlig unbeteiligte Dritte gelten konnten. Dass es denkbar gewesen wäre, dass UBS-Angestellte, die einem amerikanischen Editionsbefehl Folge geleistet hätten, aufgrund der Notstandsregeln allenfalls straflos geblieben wären, stand einer Intervention der FINMA in Koordination mit dem Bundesrat nicht entgegen, da auf das staatliche Handeln in einer Notsituation nicht verzichtet werden muss bzw. darf, nur weil die Situation auch durch ein – nach schweizerischem Recht fragwürdiges – Handeln eines Privaten bereinigt werden könnte. Mit gewissen Stimmen in der Doktrin ist davon auszugehen, dass der Fall notrechtlichen Charakter hat und rechtsstaatlich eine Ausnahme bleiben muss, begründet durch den Sonderfall der existenziellen Bedrohung einer für schweizerische Massstäbe systemrelevanten Bank (BGE 137 II 431 E. 4.4).

c) Vorbehalt des Wesentlichen

Das Erfordernis einer «atypischen und unvorhersehbaren» Situation soll unter anderem eine Berufung auf die polizeiliche Generalklausel dann ausschliessen, wenn der **Gesetzgeber** trotz Kenntnis der Problematik von einer gesetzlichen Regelung absieht (vgl. BGE 136 IV 97 E. 6.3.2, 121 I 22 E. 4b/aa). Notverordnungsrecht ist ausserdem umso problematischer, je eher der **Verordnungsgeber wichtige Fragen**, die grundsätzlich der Entscheidkompetenz des Parlaments unterstehen, regelt und damit gewisse Sachbereiche der demokratischen Legitimation entzieht (BGE 121 I 22 E. 4b/aa). 577

Zu differenzieren ist danach, ob das Parlament keine gesetzliche Regelung trifft, weil es der Ansicht ist, die geltenden Rechtsvorschriften würden genügen, oder ob das Parlament auf den Erlass von Normen verzichtet, weil es davon ausgeht, dass es sich nur um eine **abstrakte Gefahr** handelt, die sich in Wirklichkeit nie realisieren wird (BGE 136 IV 97 E. 6.3.2). In diesem letzteren Fall – theoretisch vorhersehbare, aber lediglich abstrakte Gefahr – hindert die Exekutive oder die Judikative nicht daran, Massnahmen auf der Grundlage von Art. 36 Abs. 1 Satz 3 BV zu treffen, obwohl sie dadurch in die Entscheidungskompetenzen des Parlaments eingreift (BGE 136 IV 97 E. 6.3.2; zustimmend BÜRLI/KELLER, a.a.O., S. 1150 f.). Die verfassungsrechtlich festgelegte Zuständigkeitsordnung darf damit nur im Ausnahmefall und im Hinblick auf unvorhersehbare bzw. abstrakte Gefahren mittels Notrecht durchbrochen werden; Legislative und Exekutive haben ihre jeweiligen Verantwortungen wahrzunehmen und – im Rahmen ihrer Zuständigkeiten – nach verfassungsmässigen Lösungen zu suchen (vgl. BGE 121 I 22 E. 4a und E. 4b/bb [Numerus clausus]). 578

Praxis:

- **Einführung von Zulassungsbeschränkungen zum Medizinstudium:** Der Regierungsrat des Kantons Zürich beschloss am 10. Aug. 1994 eine Zulassungsbeschränkung zum Medizinstudium an der Universität Zürich. Danach werden an der Universität Zürich auf das Wintersemester 1994/95 für das Studium der Human-, Zahn- und Veterinärmedizin von den definitiv angemeldeten Studienbewerbern höchstens 400 aufgenommen. Die Selektion erfolgt nach dem Alter der Studienbewerber. Dagegen haben Anouk Hasler, Mélanie Kunz und Madlaina Meili am 16. Sept. 1994 beim Bundesgericht staatsrechtliche Beschwerde eingereicht. Das Bundesgericht heisst die Beschwerde gut. Erwägungen: Die Beschwerdeführerinnen machen in erster Linie geltend, der angefochtene Beschluss entbehre der gesetzlichen Grundlage und verstosse deshalb gegen den Grundsatz der Gewaltentrennung. Gesetzgebende Gewalt im Kanton Zürich ist gemäss Art. 28 KV/ZH das Volk unter Mitwirkung des Kantonsrats. Weder Erlasse, die vom Kantonsrat in eigener Kompetenz verabschiedet werden, noch Verordnungen der Exekutive oder der Justiz sind Gesetze im formellen Sinn. Ein selbstständiges verfassungsmässiges Verordnungsrecht steht dem Regierungsrat nur zum Erlass von Vollzugsverordnungen und Polizeinotrecht zu. Aus Art. 28 KV/ZH ergibt sich insbesondere, dass der Regierung kein allgemeines, unmittelbar auf die Verfassung gestütztes Recht zum Erlass gesetzesvertretender Verordnungen zukommt; ein solches lässt sich weder aus der allgemeinen Polizeibefugnis noch aus einer ausdrücklichen Bestimmung der Kantonsverfassung oder aus dem Gewohnheitsrecht ableiten. Der angefochtene Beschluss des Regierungsrats hält demnach vor dem Prinzip der Gewaltentrennung nur stand, wenn es sich dabei um eine Vollzugsbestimmung oder eine Polizeinotregelung handelt. Die Einführung einer Zulassungsbeschränkung, auch wenn diese fachlich und zeitlich limitiert ist, geht über die Wahrnehmung einer blossen Vollzugskompetenz hinaus. Das Gesetz vom 23. Dez. 1859 über das gesamte Unterrichtswesen sieht einen Numerus clausus ebenso wenig vor wie die einschlägigen Bestimmungen des Reglements vom 17. Jan. 1967 für die Studierenden und Auditoren der Universität Zürich. Zwar handelt es sich 579 bei der Universität um eine öffentlich-rechtliche Anstalt, in deren Rahmen der Benützer in ein besonderes Rechtsverhältnis zum Gemeinwesen tritt, doch gilt das Legalitätsprinzip für wichtige Fragen auch hier. Zur Anstaltsordnung, zu deren Normierung die Anstaltsleitung oder die Exekutive allenfalls auch ohne ausdrückliche formell-gesetzliche Grundlage befugt ist, soweit sich dies zur Wahrung des Anstaltszwecks als nötig erweist, gehören etwa die Regelung der Disziplin und die Organisation der Kurse beziehungsweise der Examina. Eine Kompetenz der Exekutivorgane, nicht nur die Modalitäten, sondern auch die Zulassung als solche zu regeln, lässt sich aus dem Anstaltszweck dagegen regelmässig nicht ableiten. Die Einführung eines Numerus clausus stellt einen gewichtigen Einbruch in die bisherige Zulassungspraxis nicht nur an der Universität Zürich, sondern an den schweizerischen Universitäten schlechthin dar und greift derart in die Rechtsstellung der künftigen Anstaltsbenützer ein, dass der Entscheid, ob und in welcher Ausgestaltung zu dieser Massnahme gegriffen werden soll, nicht dem Regierungsrat überlassen bleiben kann. Es ist Aufgabe des Gesetzgebers, zumindest die Grundzüge einer entsprechenden Regelung festzulegen. Das Zürcher Unterrichtsgesetz enthält aber weder eine Delegationsnorm an den Regierungsrat, die Zulassung zur Universität mit Blick auf quantitative Vorgaben zu regeln, noch die hierbei zu beachtenden Richtlinien. Diese ergeben sich auch nicht aus dem einschlägigen Bundesrecht. Dem Regierungsrat steht weiter zwar ein selbstständiges Notverordnungs- bzw. -verfügungsrecht zu. Der Anwendungsbereich der polizeilichen Generalklausel ist aber auf echte und unvorhersehbare Notfälle beschränkt; ihre Anrufung ist grundsätzlich ausgeschlossen, wenn typische und erkennbare Gefährdungslagen trotz Kenntnis der Problematik nicht normiert wurden. Die dauernde Überbelegung einer Studienrichtung führt unbestrittenermassen zu Beeinträchtigungen des Unterrichts. Von einer eigentlichen Notsituation, die durch keine anderen legalen Mittel zu beseitigen wäre, kann vorliegend indessen nicht die Rede sein. Der Numerus clausus bildet nur eine Möglichkeit, eine Überbelegung von Ausbildungsgängen im Interesse des Anstaltszwecks zu verhindern. Hat es der (formelle) Gesetzgeber unterlassen, diese Möglichkeit in der einschlägigen Gesetzgebung vorzusehen, muss die Exekutive in erster Linie auf organisatorischem Weg, allenfalls auch mit einer vorübergehenden Erhöhung der sachlichen und personellen Mittel, Abhilfe schaffen. Das Bundesgericht verneint zwar ein unbedingtes subjektives Recht auf Zulassung zu staatlichen Bildungsanstalten, verlangt jedoch, dass über einen allfälligen Numerus clausus im ordentlichen Gesetzgebungsverfahren entschieden wird. Bei dieser Sicht der Dinge darf verfassungsrechtlich nur mit äusserster Zurückhaltung hingenommen werden, dass ein Exekutivakt diesen Fragenbereich der demokratischen Diskussion entzieht; bis zum Vorliegen einer hinreichenden gesetzlichen Grundlage kann deshalb eine momentane Ausweitung des staatlichen Leistungsangebots geboten sein. Es geht nicht an, im Hinblick auf die Beschränktheit staatlicher Ressourcen unter Umgehung der verfassungsrechtlichen Zuständigkeitsordnung zu Notkompetenzen zu greifen; Legislative und Exekutive haben ihre jeweiligen Verantwortungen wahrzunehmen und – im Rahmen ihrer Zuständigkeiten – nach verfassungsmässigen Lösungen zu suchen. Die Überlastung der medizinischen Studieneinrichtungen ist seit Jahren bekannt und hat immer wieder zu Diskussionen um Zugangsbeschränkungen geführt. Verzichtete der Regierungsrat, dem nach Art. 40 Abs. 1 KV/ZH das «Vorschlagsrecht für Gesetze und Beschlüsse vor dem Kantonsrate» zusteht, bisher darauf, für die Bewältigung des erkennbaren Problems rechtzeitig die nötigen gesetzlichen Grundlagen zu beantragen, oder wurden ihm diese verweigert, geht es nicht an, wenn er den Fragenbereich heute – wenn auch zeitlich beschränkt bis zum Inkrafttreten einer entsprechenden formell-gesetzlichen Grundlage – polizeinotrechtlich zu regeln versucht; dies wäre höchstens in einer Extremsituation denkbar (BGE 121 I 22 E. 4b/bb).

8. Bemerkungen

1. Die **Unterscheidung zwischen gesetzesvertretenden Verordnungen und Vollziehungsverordnungen ist auch weiterhin bedeutsam**, selbst wenn in der Literatur bisweilen der Verzicht auf die Figur der Delegation gefordert wird (hier nur GEORG MÜLLER, Möglichkeiten und Grenzen der Verteilung der Rechtssetzungsbefugnisse im demokratischen Rechtsstaat, ZBl 1998, S. 16 ff.). Die kantonalen Verfassungen wie auch die Bundesverfassung nehmen auf das Konzept der Gesetzesdelegation insofern Bezug, als die **Exekutive** in selbstständiger Kompetenz – gestützt auf die Kantons- oder Bundesverfassung – «nur» befugt ist, **Vollziehungsverordnungen und Polizeinotverordnungen** zu erlassen; **gesetzesvertretende Verordnungen** hingegen bedürfen auch weiterhin einer spezialgesetzlichen Ermächtigung. Selbst ein allfälliger Verzicht auf die Figur der Gesetzesdelegation würde nichts daran ändern, dass im Streitfall auch weiterhin zu entscheiden ist, ob der Verordnungsgeber seine Regelungskompetenz in verfassungsmässiger Art und Weise wahrgenommen hat. 580

2. Ob überhaupt eine **Delegationsnorm** vorliegt, welche die Exekutive zum Erlass von gesetzesvertretendem Verordnungsrecht ermächtigt, und welche Regelungsbefugnisse sie beinhaltet, ist durch **Auslegung** zu ermitteln (BGer vom 11. Dez. 2007, 2C_215/2007, E. 4.4; BVGer vom 11. Nov. 2010, A-2606/2009, E. 9.5). Dementsprechend kann umstritten sein, welche Art der Verordnung – Vollziehungsverordnung oder gesetzesvertretende Verordnung – die Exekutive erlassen darf, was auch die auf dieser Unterscheidung beruhende Rechtsfigur der Gesetzesdelegation als problematisch erscheinen lässt (VerwG ZH vom 10. Mai 2007, VB.2007.00077, E. 6.2.1). 581

3. Der selbstständigen Befugnis der Exekutive, **Vollziehungsverordnungen** zu erlassen, sind durch das Legalitäts- und Gewaltenteilungsprinzip in **vierfacher Hinsicht** Schranken gesetzt: Eine Vollziehungsverordnung muss sich auf eine Materie beziehen, die Gegenstand des zu vollziehenden Gesetzes bildet (1.), darf dieses weder aufheben noch abändern (2.), muss der Zielsetzung des Gesetzes folgen und dabei lediglich die Regelung, die in grundsätzlicher Weise bereits im Gesetz Gestalt angenommen hat, aus- und weiterführen, also ergänzen und spezifizieren (3.) und darf dem Bürger keine neuen, nicht schon aus dem Gesetz folgenden Pflichten auferlegen (4.), und zwar selbst dann nicht, wenn diese Ergänzungen mit dem Zweck des Gesetzes in Einklang stehen würden (BGE 136 I 29 E. 3.3, 130 I 140 E. 5.1, 129 V 95 E. 2.1, 126 V 232 E. 5a, 117 IV 354 E. 3c, 112 V 58 E. 2a). 582

4. **Vollziehungsverordnungen** beschränken sich demzufolge auf «**sekundäres Recht**», sollen Gesetzesbestimmungen verdeutlichen, soweit nötig das Verfahren regeln und, untergeordnete Lücken füllen, solange Ansprüche, die aus dem Gesetz hervorgehen, nicht beseitigt oder geschmälert werden (BGE 136 I 29 E. 3.3, 133 II 331 E. 7.2.2, 130 I 140 E. 5.1, 127 V 10 E. 5b, 126 II 283 E. 3b). Zur Beurteilung, ob es zulässig ist, eine Materie mittels einer Vollziehungsverordnung zu regeln, ist auch die Praxis in anderen Kantonen, die Rechtsüberzeugung der Branche oder der landesweit übliche Standard heranzuziehen (BGer vom 11. Dez. 2007, 2C_212/2007, E. 4.3). Im öffentlichen Dienstrecht beispielsweise ist es üblich und verfassungsrechtlich zulässig, Rechte und Pflichten der Beamten auf untergesetzlicher Stufe mittels Vollziehungsverordnungen zu konkretisieren, ohne dass es hierfür einer spezifischen 583

Delegationsnorm bedarf; insbesondere braucht die Besoldung nicht zwingend im Gesetz selbst festgelegt zu werden. Das Gesetz enthält nur die Grundsätze und legt häufig lediglich die Besoldungsklassen sowie Maximal- und Minimalbesoldungen fest. Dies entspricht auch der Rechtswirklichkeit in anderen Kantonen bzw. dem landesweit Üblichen (BGer vom 21. März 2000, 2P.369/1998, E. 2f).

584 5. **Gesetzesvertretende Verordnungen** ergänzen oder ändern die gesetzliche Regelung und übernehmen damit **Gesetzesfunktion**; entsprechend setzt die Kompetenz zu deren Erlass eine Delegationsnorm in einem Gesetz voraus (BGE 128 I 113 E. 3c; BVGE 2011/13 E. 15.5). Indizien für das Vorliegen einer gesetzesvertretenden Verordnung sind beispielsweise, wenn der Verordnungsgeber Kriterien festlegt, die Gesetzesbestimmungen aufheben, abändern oder modifizieren (BVGer vom 14. April 2009, A-1543/2006, E. 6.3.1); wenn Ansprüche, die aus dem Gesetz hervorgehen, beseitigt oder gegenüber dem Gesetz neue Pflichten eingeführt werden (BGE 136 I 29 E. 3.3); wenn der Gesetzgeber zwar eine vollständige Regelung erlässt, der Exekutive aber die Möglichkeit einräumt, Teile dieser Regelung zu durchbrechen (BVGE 2011/13 E. 15.5). Wird beispielsweise in einer Verordnung eine gewisse Kategorie vom Anwendungsbereich des Gesetzes ausgenommen und damit die entsprechende gesetzliche Grundlage inhaltlich verändert, kann es sich diesbezüglich nur um eine gesetzesvertretende Verordnung handeln, die dementsprechend einer Delegationsnorm bedarf (vgl. auch VerwG ZH vom 27. März 2002, VB.2001.00163, E. 2d).

585 6. Das Institut der **Verwaltungsverordnung** bedarf einer neuen **theoretischen Fundierung** zwischen rechtsstaatlichen Anforderungen an das Verwaltungshandeln und notwendiger administrativer Flexibilität (vgl. HANGARTNER, St. Galler Kommentar, Art. 5 BV, Rz. 17). Auch wenn die Unterscheidung nicht unumstritten ist, ist in einem ersten Schritt danach zu differenzieren, ob eine **Verwaltungsverordnung organisatorischer Natur** vorliegt, die grundsätzlich nur innenwirksam ist, oder ob es sich um eine **vollzugs- oder verhaltenslenkende Verwaltungsverordnung** handelt, die sich wie eine ständige Praxis einer Beschwerdeinstanz auf die Rechtsstellung des Einzelnen auswirkt und damit zumindest mittelbar «Aussenwirkung» aufweist (vgl. auch RR OW vom 3. Juli 2007, in: VVGE 2008/09 Nr. 2 E. 2). Reduzierte rechtsstaatliche Anforderungen an den Erlass, die Zuständigkeit, die Publikation und die Überprüfungsbefugnis von Verwaltungsverordnungen lassen sich aus Gründen notwendiger administrativer Flexibilität nur dann rechtfertigen, wenn Verwaltungsverordnungen keine schutzwürdigen Interessen Privater tangieren und nur innenwirksam sind, was zumeist auf die Verwaltungsverordnungen organisatorischer Natur zutreffen dürfte.

586 7. Die Praxis unterscheidet zuweilen nicht zwischen nicht verbindlichen **Empfehlungen, Richtlinien oder dergleichen** («soft law») und zumindest gegenüber den **Behörden verbindlichen Weisungen** (vgl. z.B. BGE 109 V 207 E. 3 [Richtlinien des BSV betr. die Überprüfung der Wirtschaftlichkeit von Arzneimitteln, die lediglich Richtwerte enthalten und zu Orientierungszwecken herausgegeben werden]; zu Recht kritisch gegenüber einem erweiterten Begriffsverständnis von Verwaltungsverordnungen BIAGGINI, a.a.O., S. 16; Hinweise auch EGLI, a.a.O., S. 1160 a.E.). Unter den Begriff der Verwaltungsverordnung werden ferner auch Verlautbarungen subsumiert, mit denen eine Behörde ihre Praxis für sich selbst (oder für Dritte) lediglich zu Orientierungszwecken kodifiziert und veröffentlicht. Der Begriff der Verwaltungsverord-

nungen sollte für verbindliche (generell-abstrakte) Anordnungen reserviert bleiben, zumal bereits heute aus dem Vorliegen einer Verwaltungsverordnung gewisse rechtliche Konsequenzen gezogen werden.

8. **Rechtsnorm eigener Kategorie:** Wo Dienstanweisungen und Verwaltungsverordnungen schutzwürdiger Interessen Privater tangieren oder sonst wie mittelbar oder unmittelbar rechtliche Wirkungen im Sinne von **Aussenwirkungen** aufweisen, haben sie den Charakter von verbindlichen Vorschriften, was im Allgemeinen für **vollzugslenkende Verwaltungsverordnungen** zutreffen dürfte (BGE 131 I 166 E. 7.2; VerwG SG vom 24. März 2009, B-2008-214, E. 2.2). Derartige Verwaltungsverordnungen lassen sich ihrem Inhalt, ihrer Struktur und ihrer Rechtsnatur gemäss kaum noch von **Rechtsverordnungen** unterscheiden und sollten – ausser was die Zuständigkeit betrifft – grundsätzlich denselben Regeln unterstellt werden. Entsprechend sind sie gesetzeskonform zu publizieren (BGE 120 Ia 1 E. 4; BGer vom 10. April 2003, 2P.87/2003, E. 3.2), haben faktisch – analog einer gefestigten Gerichts- oder Behördenpraxis – rechtsnormähnliche Wirkung und stellen eine eigentliche Rechtsquelle des Verwaltungsrechts dar (vgl. auch BVGer vom 22. Juni 2009, A-1552/2006, E. 4.5.1 und E. 4.5.2). Unter diesen Umständen und Voraussetzungen lässt sich einerseits rechtfertigen, dass die Gerichte sie zu berücksichtigen haben, sofern sie eine dem Einzelfall angepasste und gerecht werdende Auslegung der anwendbaren gesetzlichen Bestimmungen zulassen, und andererseits, dass diese im Anwendungsfall – wie Rechtsverordnungen – auf ihre Gesetz- und Verfassungsmässigkeit überprüft werden können (BGE 131 I 166 E. 7.2, 123 II 16 E. 7; BVGE 2010/33 E. 3.3.1, 2010/37 E. 2.5.1). Vollzugslenkende Verwaltungsverordnungen (mit Aussenwirkungen) unterscheiden sich insofern – was ihre Rechtswirkung betrifft – von Rechtsverordnungen kaum (BVGer vom 12. Feb. 2010, A-2999/2007, E. 2.6). 587

9. Verwaltungsverordnungen dürfen die in **Gesetz oder Verordnung** vorgegebenen Wertungen – analog Vollziehungsverordnungen – lediglich **konkretisieren und präzisieren**, dürfen hingegen keine von der gesetzlichen Ordnung abweichenden oder darüber hinausgehenden Kriterien einführen (BGE 123 II 16 E. 7; BVGE 2007/41 E. 7.4.2). Eine Verwaltungsverordnung kann aus rechtsstaatlichen Gründen im Vergleich zu einem Gesetz oder einer Verordnung nur untergeordnete Aspekte erfassen (VerwG BE vom 2. Feb. 2009, in: BVR 2009 S. 241 E. 4.4; VerwG ZH vom 12. März 2003, VB.2002.00341, E. 3). Sollen zusätzliche Kriterien massgebend sein, ist es Sache des Gesetz- oder des Verordnungsgebers, eine entsprechende Regelung zu erlassen (VerwG BE vom 10. März 2005, in: BVR 2005, S. 506 E. 3.5). Erfasst ein Rechtssatz die Rechtsstellung einer grösseren Gruppe von Einzelpersonen gegenüber der sie beschäftigenden Körperschaft, kann keine blosse Verwaltungsverordnung vorliegen; eine derartige Regelung muss mittels Verordnung oder Gesetz erfolgen (BGE 104 Ia 161 E. 2; VerwG ZH vom 15. März 2006, PB 2005.00058, E. 2.1). Es ist Aufgabe des Gesetz- und Verordnungsgebers, die Grundzüge der zu regelnden Materie selbst festzulegen (OG SH vom 22. Juli 2005, in: AB 2005 S. 105 E. 2e; VerwG BE vom 10. März 2005, in: BVR 2005 S. 506 E. 3.5; VerwG LU vom 22. Juli 2004, in: LGVE 2004 II Nr. 16 E. 4d). Entsprechend kann eine Verwaltungsverordnung oder eine blosse, nicht schriftlich festgehaltene Praxis unter keinen Umständen alleinige Grundlage für die wie auch immer ausgestaltete steuerliche Erfassung eines Sachverhalts darstellen (BVGE 2009/38 E. 5.4.2, 2007/41 E. 4.1). Auch die Festlegung wichtiger organisationsrechtlicher Fragen wie die sachliche Zuständigkeit einer 588

Behörde kann nicht mittels einer Verwaltungsverordnung erfolgen (BGE 129 V 485 E. 2.2 und E. 2.3).

589 10. Umstritten ist – im Gegensatz zu den Verwaltungsverordnungen –, ob auch das **Institut der polizeilichen Generalklausel** einer grundsätzlichen **dogmatischen Überarbeitung** bedarf (so jedenfalls MARKUS MÜLLER, Urteilsanmerkungen zu BGE 130 I 369 ff., in: ZBJV 2005, S. 638). Die Problematik liegt vorab darin begründet, dass die polizeiliche Generalklausel auf Gefahrenlagen angewendet wird, bei denen unklar bleibt, ob die Anwendungsvoraussetzungen tatsächlich erfüllt sind, die Praxis hingegen aus Praktikabilitätsüberlegungen ein Handeln gestützt auf die polizeiliche Generalklausel zulässt (vgl. z.B. BGE 130 I 369 E. 7.3 [WEF 2001], 126 I 112 E. 4c [medizinische Zwangsmedikation]; BGer vom 30. Nov. 2009, 2C_166/2009, E. 2.3.2.1 [Euthanasierung eines Hundes, der sich bereits in einem Tierheim befand]).

590 11. Der **Begriff der geschützten Rechtsgüter** («fundamentale Rechtsgüter»; vgl. bereits BGE 121 I 22 E. 4b/aa; ferner BGer vom 30. Nov. 2009, 2C_166/2009, E. 2.3.2.1) deutet darauf hin, dass diese wesentlich enger zu definieren sind als die Polizeigüter des allgemeinen Polizeirechts (vgl. MÜLLER/JENNI, polizeiliche Generalklausel, S. 13 f.; BIAGGINI, BV-Kommentar, Art. 185 BV, Rz. 11). Umstritten ist, ob **wirtschaftliche Güter** wie der mögliche Zusammenbruch einer Grossbank ein echter oder gravierender Notfall im Sinne der Polizeigeneralklausel darstellt, was das Bundesgericht bejaht (BGE 137 II 431 E. 4.1 und E. 4.3.1), das Bundesverwaltungsgericht offen gelassen hat (BVGer vom 5. Jan. 2010, B-1092/2009, E. 8.2.2). Eine exaktere Definition bzw. eine präzisere Unterscheidung zwischen fundamentalen Rechtsgütern und den allgemeinen Polizeigütern scheitert indes daran, dass sich die Begriffe der öffentlichen Sicherheit und Ordnung bzw. der geschützten Polizeigüter kaum abstrakt umschreiben lassen und sich die Polizeitätigkeit gegen nicht im Einzelnen bestimmbare Gefährdungsarten und Gefährdungsformen in vielgestaltigen und wandelbaren Verhältnissen richtet (BGE 132 I 49 E. 6.2, 130 I 369 E. 7.3, 128 I 327 E. 4.2; vgl. auch LIENHARD/ZIELNIEWICZ, a.a.O., S. 121 ff.). Die bisher ergangene Rechtsprechung lässt jedenfalls keine klaren Abgrenzungskriterien erkennen, die bisher bedeutsam gewesen wären, sodass fraglich erscheint, ob an der Unterscheidung zwischen fundamentalen und allgemeinen Rechtsgütern (des Polizeirechts) weiterhin festgehalten werden soll.

591 12. Im Rahmen der Anwendungsvoraussetzungen der polizeilichen Generalklausel werden **Gefahrenlagen** berücksichtigt, die zwar unter Umständen **komplex** und im Einzelnen nicht erkennbar sind, sich im Allgemeinen jedoch **als vorhersehbar** erweisen und zumindest einer generalklauselartigen Regelung in Gesetz oder Verordnung zugeführt werden könnten (hier nur BGE 130 I 369 E. 7.3 [WEF 2001]; BGer vom 30. Nov. 2009, 2C_166/2009, E. 2.3.2.1 [Euthanasierung eines Hundes]). Die Problematik der Erfassung derartiger Gefahrenlagen mittels Notverordnungsrecht könnte letztlich ohne Weiteres durch eine je nach Sachbereich flexible Anwendung des Legalitätsprinzips bewältigt werden (vgl. auch MARCEL OGG, Die verwaltungsrechtlichen Sanktionen und ihre Rechtsgrundlagen, Zürich 2002, S. 195). Das Bundesgericht lässt gerade in Bereichen des Polizeirechts generalklauselartige Regelungen genügen, weil sich die Begriffe der öffentlichen Sicherheit und Ordnung kaum konkret umschreiben lassen und die Gefährdungsarten und Gefährdungsformen im

Einzelnen weder bestimmbar noch einfach zu beurteilen sind (vgl. BGE 136 I 87 E. 3.1, 128 I 327 E. 4.2).

13. Zu unterscheiden ist, ob der Gesetz- oder Verordnungsgeber keine Regelung trifft, weil er der Meinung ist, die geltenden Vorschriften würden genügen, oder ob der Gesetz- oder Verordnungsgeber auf den Erlass von Normen verzichtet, da er davon ausgeht, dass es sich nur um eine **theoretisch vorhersehbare Gefahr** handelt, die sich mit sehr grosser Wahrscheinlichkeit nie realisieren wird («abstrakte Gefahr»). In diesem Fall – theoretisch zwar vorhersehbare, doch lediglich abstrakte Gefahr – ist die Berufung auf die polizeiliche Generalklausel grundsätzlich zulässig (BGE 136 IV 97 E. 6.3.2; zustimmend BÜRLI/KELLER, a.a.O., S. 1150 f.). Bei den meisten diskutierten Anwendungsfällen (Euthanasie eines Hundes, Zwangsernährung, Rauchverbot, Ausschreitung an Demonstrationen, Zwangsmedikation usw.) handelt es sich allerdings nicht um abstrakte, lediglich theoretisch vorhersehbare, sondern zumeist um konkrete Gefahren, die sich mit grosser Wahrscheinlichkeit realisieren werden, sodass die Anwendung der polizeilichen Generalklausel ausser Betracht fällt (anders wohl die Einschätzung von BÜRLI/KELLER, a.a. O., S. 1151, betr. WEF [«abstrakte Gefahr»], entgegen EGMR vom 8. Okt. 2009, Nr. 12675/05, Rz. 56 ff.). 592

14. Fraglich ist weiter, ob allenfalls in **Extremsituationen**, insbesondere bei drohenden erheblichen Gefährdungen von Leib und Leben Dritter, d.h. wenn **Schutzpflichten gegenüber Dritten** bestehen, vom Erfordernis der Unvorhersehbarkeit der Gefährdung abgesehen werden kann (so HÄFELIN/MÜLLER/UHLMANN, Rz. 2470; MÜLLER, a.a.O., S. 740 f.; BÜRLI/KELLER, a.a.O., S. 1149 f.; BGer vom 30. Nov. 2009, 2C_166/2009, E. 2.3.2.1 [Euthanasierung eines gefährlichen Hundes]). Diese Ausweitung des Anwendungsbereichs der polizeilichen Generalklausel auf **«vorhersehbare Extremsituationen»** ist nicht unproblematisch, ist es doch unbestrittenermassen Aufgabe des Gesetzgebers, typische und erkennbare Gefahrenlagen zu regeln, was sich gerade im Anlass gebenden Fall zeigt, bei dem keine derartige Extremsituation zur Diskussion stand (BGer vom 30. Nov. 2009, 2C_166/2009, E. 2.3.2.1 [Euthanasierung eines Hundes, der sich in einem Tierheim befand]; kritisch zum Entscheid auch HÄFELIN/MÜLLER/UHLMANN, Rz. 2472b). Die Grenze zwischen (unvorhersehbaren) Notfällen und (vorhersehbaren) Extremsituationen ist schwierig zu ziehen, sodass in der Lehre auch Stimmen laut werden, die auf das Kriterium der «Unvorhersehbarkeit der Gefahr» gänzlich verzichten wollen (so der Vorschlag von MÜLLER/JENNI, polizeiliche Generalklausel, S. 18). Angesichts des EGMR-Urteils in Sachen Gsell gegen die Schweiz ist allerdings fraglich, ob das Erfordernis der Unvorhersehbarkeit lediglich ein im Rahmen der Interessenabwägung zu berücksichtigendes Element bildet, welches nicht als Anwendungsvoraussetzung zu verstehen ist (so BGE 137 II 431 E. 3.3.2), da der EGMR zumindest im Anwendungsbereich der EMRK dieses Erfordernis zu den unverzichtbaren Kriterien zählt (EGMR vom 8. Okt. 2009, Nr. 12675/05, Rz. 56 ff.). 593

IV. Rechtssetzung durch Gemeinden

1. Allgemeines

594 Das **Recht auf (kommunale) Selbstgesetzgebung** ist ein wesentliches Element der verfassungsmässig gewährleisteten **Gemeindeautonomie**, deren Umfang durch das kantonale und eidgenössische Recht bestimmt wird. Eine ausdrückliche Delegationsnorm oder eine spezielle Ermächtigung durch den kantonalen Gesetz- oder Verfassungsgeber ist nicht erforderlich und wird von der Rechtsprechung nicht explizit verlangt. Voraussetzung ist lediglich, dass die kantonale Verfassung die vorgesehene Kompetenzaufteilung zulässt, der Gemeinde im betreffenden Sachbereich Autonomie zukommt und nicht bereits der kantonale Gesetzgeber oder der Bundesgesetzgeber (abschliessend) tätig geworden ist (BGE 136 I 316 E. 2.1.2, 127 I 60 E. 2d, 122 I 305 E. 5a, 118 Ia 245 E. 3e, 104 Ia 336 E. 4b, 102 Ia 7 E. 3b).

595 Ein kommunaler Erlass hat die Bedeutung eines **(formellen) Gesetzes** (häufig: Reglement), wenn die Gemeinde zur Regelung der betreffenden Materie befugt ist und diese Regelung von der nach dem kantonalen Recht ermächtigten Gemeindelegislative (Gemeindeversammlung oder -parlament) ausgeht oder allenfalls dem (obligatorischen oder fakultativen) Referendum untersteht (BGE 131 I 333 E. 4.3, 127 I 60 E. 2e, 120 Ia 265 E. 2a; VerwG ZH vom 26. Aug. 2010, VB.2010.00323, E. 3.4.2; VerwG SG vom 11. Nov. 2003, in: GVP 2003 Nr. 3 E. a). Kommunale Erlasse können demnach, falls sie Gesetze (im formellen Sinn) darstellen, eine ausreichende Rechtsgrundlage bilden, um in Grundrechte einzugreifen (BGE 131 I 333 E. 4.3) oder Kausalabgaben bzw. Steuern zu erheben (vgl. BGE 127 I 60 E. 2e; VerwG BE vom 9. Jan. 2004, in: BVR 2004 S. 193 E. 5.3).

596 Je nach kantonaler Verfassungslage gelten demnach **Reglemente**, die das **Gemeindeparlament abschliessend** – ohne Möglichkeit eines Referendums – erlässt, als formell-gesetzliche Grundlage (RR BE vom 24. April 2002, in: BVR 2003 S. 145 E. 3a; im Kanton Zürich stellen Erlasse von Gemeindeparlamenten nur dann Gesetze im formellen Sinn dar, wenn sie dem fakultativen Referendum unterstehen; vgl. VerwG ZH vom 26. Aug. 2010, VB.2010.00323, E. 3.4.2). Einem kommunalen formellen Gesetz kann ein **Konzessionsvertrag mit einer öffentlich-rechtlichen Genossenschaft** (Wasserversorgung Wangen) gleichgestellt sein, wenn dieser von der Gemeindeversammlung (als Gemeindelegislative) genehmigt worden ist, selbst wenn der Konzessionsvertrag zunächst zwischen der Gemeindeverwaltung und der Wasserversorgung ausgehandelt und abgeschlossen worden ist (BGer vom 20. Feb. 2012, 2C_404/2010, E. 4.2).

Praxis:

597 – **Erhebung von Kausalabgaben gestützt auf ein kommunales Polizeigesetz:** Mit Verfügung vom 23. Okt. 1998 verlangte die Einwohnergemeinde Muri (Gemeinderat) von A die Rückerstattung der von ihr «vorschussweise» bezahlten Rechnung der Securitas AG im Umfang von insgesamt Fr. 12'557.30 für die Parkplatzbewirtschaftung von Mitte Juni bis Mitte Sept. 1998. Die Einwohnergemeinde Muri vertrat die Meinung, A habe als Eigentümer der zonenwidrig genutzten Liegenschaft für die Kosten aufzukommen. In Gutheissung einer von A eingereichten Beschwerde hob der Regierungsstatthalter II von Bern mit Entscheid vom 25. Feb. 1999 die Verfügung der Einwohnergemeinde Muri vom 23. Okt. 1998 auf. Eine gegen den Entscheid

des Regierungsstatthalters II von Bern vom 25. Feb. 1999 eingereichte Beschwerde der Einwohnergemeinde Muri hiess das Verwaltungsgericht des Kantons Bern mit Urteil vom 14. Aug. 2000 teilweise gut. Es verurteilte A zur Bezahlung eines Anteils der Kosten, ermessensweise festgesetzt auf Fr. 3'000.–, an die Einwohnergemeinde Muri. Mit Eingabe vom 27. Sept. 2000 hat A beim Bundesgericht staatsrechtliche Beschwerde eingereicht, die vom Bundesgericht abgewiesen wird. Erwägungen: Der Beschwerdeführer rügt in erster Linie eine Verletzung des Prinzips der Gewaltentrennung. Er macht geltend, die Einwohnergemeinde Muri sei zum Erlass der als Rechtsgrundlage der Kostentragungspflicht herangezogenen kommunalen Norm nicht zuständig gewesen; richtigerweise müsste die betreffende Regelung vom kantonalen Gesetzgeber ausgehen. Art. 61 des Polizeigesetzes (PolG) sieht unter dem Randtitel «Kostenersatz» vor, dass der Ersatz der Kosten für polizeilich erbrachte Leistungen verlangt werden kann, wenn es die Gesetzgebung vorsieht. Das Ortspolizeireglement (OPR) der Einwohnergemeinde Muri vom 22. Okt. 1985 bestimmt in Art. 11 Abs. 3 OPR, dass die Kosten für den Erlass ortspolizeilicher Massnahmen derjenige trägt, der zu deren Anordnung Anlass gibt. Der Beschwerdeführer bringt vor, aus Art. 61 PolG ergebe sich für den Kanton Bern der Grundsatz, dass die Kosten polizeilicher Tätigkeiten zu Lasten des Staates gingen; Einschränkungen dieses Prinzips seien demzufolge wiederum nur auf kantonaler und nicht auf kommunaler Ebene zulässig. Nach der Rechtsprechung des Bundesgerichts bedürfen öffentliche Abgaben grundsätzlich einer Grundlage in einem formellen Gesetz, d.h. normalerweise in einem dem Referendum unterstehenden Erlass. Vorliegend geht es nicht um eine Delegation von Rechtssetzungsbefugnissen des Gesetzgebers an den Verordnungsgeber innerhalb des gleichen Gemeinwesens, sondern vielmehr um die Frage der Abgrenzung von Kompetenzen zwischen Kanton und Gemeinden. Eine Delegation an den kommunalen Gesetzgeber braucht, da hierin kein Einbruch in den Grundsatz der Gewaltentrennung und der Referendumsdemokratie liegt, nicht ebenso eng begrenzt zu sein wie eine solche an die kantonale oder kommunale Exekutive; Voraussetzung ist indessen, dass die kantonale Verfassung die vorgesehene Kompetenzaufteilung zulässt, was im Kanton Bern der Fall ist. Die den Gemeinden eingeräumte Selbstständigkeit umfasst auch die Kompetenz zum Erlass eigener Reglemente (sog. Recht zur Selbstgesetzgebung); einer (speziellen) Ermächtigung durch den kantonalen Gesetzgeber bedarf es dabei nicht. Im Rahmen des übergeordneten Rechts können die Gemeinden in ihrem Aufgabenbereich, zu dem gemäss Art. 9 Abs. 1 PolG (in Verbindung mit Art. 112 Abs. 1 KV/BE) insbesondere die Besorgung verkehrspolizeilicher Aufgaben auf dem Gemeindegebiet gehört, auch die Erhebung von Kausalabgaben vorsehen, wobei hiefür nicht notwendigerweise eine spezielle formell-gesetzliche Delegations- bzw. Ermächtigungsnorm des Kantons vorliegen muss. Nach dem Gesagten steht somit einer Regelung der streitigen Abgabe in einem Gemeindeerlass aus der Sicht des Grundsatzes der Gewaltentrennung verfassungsrechtlich nichts entgegen. Nach bundesgerichtlicher Rechtsprechung zum Legalitätsprinzip im Abgaberecht kann ein kommunaler Erlass einem eigentlichen formellen Gesetz gleichgestellt werden, wenn er von der nach dem kantonalen Recht ermächtigten Gemeindelegislative (Gemeindeversammlung oder -parlament) beschlossen wurde oder aber dem (obligatorischen oder fakultativen) Referendum unterstand. Das vorliegend in Frage stehende Ortspolizeireglement ist vom Grossen Gemeinderat (Gemeindeparlament) der Einwohnergemeinde Muri beschlossen worden und damit im (demokratisch legitimierten) Verfahren der Gesetzgebung zustande gekommen. Es erfüllt folglich das bundesrechtliche Erfordernis der gesetzlichen Grundlage von Abgaben. Zu prüfen bleibt, ob die fragliche kommunale Regelung mit Art. 61 PolG vereinbar ist. Nach Art. 61 Abs. 1 PolG darf Kostenersatz für «polizeilich erbrachte Leistungen» nur nach Massgabe der «Gesetzgebung» verlangt werden. Die Auffassung des Verwaltungsgerichts, unter den vorliegend verwendeten Begriff der Gesetzgebung könnten ausser formellen Gesetzen des Kantons ebenfalls (kompetenzkonform ergangene) Normen des Gemeinderechts fallen, ist keineswegs willkürlich. Die Regelung von Art. 61 PolG lässt den Gemeinden, wie das Verwaltungsgericht zulässigerweise annehmen durfte, die Möglichkeit, eigene Normen darüber aufzustellen, unter welchen Voraussetzungen für Leistungen des kommunalen Polizeidienstes Kostenersatz verlangt werden kann. Die Rüge der Verletzung des Grundsatzes der Gewaltentrennung erweist sich damit als unbegründet (BGE 127 I 60 E. 2d und E. 2e).

2. Delegation von Rechtssetzungsbefugnissen

598 Delegiert der kommunale Gesetzgeber eine Regelungsmaterie an die kommunale **Exekutive**, gelten die üblichen Anforderungen der sog. **Gesetzesdelegation**. Der kommunale Gesetzgeber muss zumindest die wichtigen oder wesentlichen Aspekte regeln; eine Blankodelegation ist unzulässig (BGE 120 Ia 265 E. 2a; Verwaltungsrekurskommission SG vom 8. März 2006, in: GVP 2006 Nr. 27 E. 2a, RR BE vom 24. April 2002, in: BVR 2003 S. 145 E. 3a, mit Hinweisen). Entsprechend ist im (kommunalen) Gesetz der Kreis der Abgabepflichtigen sowie Gegenstand und Bemessungsgrundlage der Abgabe festzulegen (BGE 120 Ia 265 E. 2a). Dieselben Grundsätze gelten, wenn die Gemeinde die nähere Ausgestaltung einer Regelungsmaterie auf einen privaten Verwaltungsträger (BGE 136 I 316 E. 2.4.1; BGer vom 25. Okt. 2011, 2C_807/2010, E. 3.3) oder auf eine öffentlich-rechtliche Genossenschaft (BGer vom 20. Feb. 2012, 2C_404/2010, E. 4.2) überträgt, sofern die kantonale Verfassung eine derartige Delegation zulässt.

599 Ist der **Steuersatz** einer **Kurtaxe** – als zweckgebundene Sondersteuer – nicht in einem kommunalen Reglement, sondern in einer vom Gemeinderat erlassenen Tarifordnung enthalten, werden die Anforderungen aus dem Legalitätsprinzip, welche für die Kurtaxen als Sondersteuern gelten, verletzt. Danach ist bei der Kurtaxe im Gegensatz zu den Kausalabgaben nicht nur die Bemessungsgrundlage, sondern auch das Mass der Abgabe, der sogenannte Steuersatz, in einem Gesetz im formellen Sinn zu regeln (Verwaltungsrekurskommission SG vom 9. Jan. 2008, in: GVP 2008 Nr. 19 E. b). Hingegen können die Anforderungen an das Legalitätsprinzip im Rahmen der Erhebung von **Kausalabgaben** gelockert werden, wenn dem Bürger die Überprüfung der Höhe der Abgabe auf ihre Rechtmässigkeit anhand von verfassungsrechtlichen Prinzipien (Kostendeckungs- und Äquivalenzprinzip) offensteht (VerwG LU vom 26. Sept. 2001, in: LGVE 2001 II Nr. 32 E. 4a; siehe auch BGer vom 20. Feb. 2012, 2C_404/2010, E. 6; vom 2. März 2000, 2P.355/1997, E. 4a; VerwG SG vom 15. Feb. 2001, in: GVP 2001 Nr. 13 E. 4a). Unter besonderen Umständen kann die kommunale Exekutive die Gebühr auch in einem verwaltungsrechtlichen Vertrag festsetzen (BGE 136 I 142 E. 4.2; BGer vom 2. März 2000, 2P.355/1997, E. 3a).

Praxis:

600 – **Regelung von Beitragsleistungen:** § 28 des Landwirtschaftsgesetzes des Kantons Aargau (LwG) lautete in der bis 31. Dez. 1996 geltenden Fassung (aLwG): «Die Gemeinden übernehmen die subventionierten gemeinschaftlichen Bodenverbesserungswerke zu Eigentum und Unterhalt. Der Gemeinderat kann die Grundeigentümer nach Massgabe des Interesses zu Beitragsleistungen verpflichten.» Schon früher hat die Landwirtschaftliche Rekurskommission festgestellt, dass diese Norm nicht als Grundlage für eine Delegation der Regelungsbefugnis an einen Gemeinderat als kommunale Exekutive taugt. Dieser Rechtsprechung wurde in der revidierten Fassung von § 28 Abs. 1 LwG Rechnung getragen, indem eine derartige Kompetenz des Gemeinderates nicht mehr vorgesehen ist. Der Erlass von Reglementen, in denen Gebühren und Beiträge festgelegt werden, fällt nach dem Gemeindegesetz in die Kompetenz der Gemeindeversammlung – wie dies die demokratische Legitimation bzw. das Legalitätsprinzip ohnehin verlangt –, da mindestens für die Regelung der Grundzüge ein Gesetz im formellen Sinn erforderlich ist. Gemäss ständiger Rechtsprechung der Landwirtschaftlichen Rekurskommission ist der Gemeinderat nicht ermächtigt, allein gestützt auf § 28 aLwG in der bis 31. Dez. 1996 in Kraft gewesenen altrechtlichen Fassung bzw. gestützt auf § 28 Abs. 1 LwG der neurechtlichen Fassung ein Ausführungsreglement zu erlassen. Zuständig ist die Gemeindeversammlung als

Gemeindegesetzgeberin, denn nur diese kann auf kommunaler Ebene ein Gesetz im formellen Sinn festlegen. Ferner sind die Voraussetzungen nicht gegeben, um von der strikten Einhaltung des Legalitätsprinzips abzusehen. Da sich insbesondere die Höhe der Abgabe aus § 28 aLwG bzw. § 28 Abs. 1 LwG überhaupt nicht eruieren lässt, kann diese Bestimmung keine hinreichende formell-gesetzliche Grundlage für die gemeinderätlichen Weisungen bieten (Landwirtschaftliche Rekurskommission AG vom 27. Mai 2004, in: AGVE 2004 S. 327 E. 2.2; vgl. auch BGE 120 Ia 265 E. 2a).

– **Aufgaben und Zuständigkeiten von Kommissionen:** Laut Art. 138 des Gemeindegesetzes vom 16. März 1998 des Kantons Bern (GG) haben die Gemeinden ihre Vorschriften innert fünf Jahren an die neue Gemeindegesetzgebung anzupassen. Am 24. Sept. 2000 beschlossen die Stimmberechtigten der Einwohnergemeinde (EG) Ostermundigen die neue Gemeindeordnung (GO). Die Gemeindeordnung sieht in Art. 65 Abs. 1 vor, dass der Gemeinderat eine Verordnung über die Verwaltungsorganisation erlässt, die unter anderem die Zuständigkeiten und die Organisation der Kommissionen regelt. X gelangte mit Gemeindebeschwerde an das kantonale Amt für Gemeinden und Raumordnung (AGR) und verlangte, dass Art. 65 Abs. 1 GO wegen Verletzung der Delegationsgrundsätze nicht genehmigt werde. Mit Entscheid vom 3. April 2001 wies das AGR die Gemeindebeschwerde ab und genehmigte die umstrittene Bestimmung. X führt gegen diese Verfügung Gemeindebeschwerde beim Regierungsrat des Kantons Bern. Dieser heisst die Beschwerde gut. Erwägungen: Das Gemeindegesetz überlässt es (im Rahmen des übergeordneten Rechts) den Gemeinden, wie sie ihre Rechtssetzungsbefugnisse auf die einzelnen Gemeindeorgane verteilen wollen. Art. 52 Abs. 2 GG hält lediglich eine Ersatzordnung bereit. Entsprechend der Konzeption des offenen Gesetzesbegriffes können die Gemeinden auch bestimmen, dass Reglemente, die das Parlament abschliessend (ohne fakultatives Referendum) beschliesst, als formell-gesetzliche Grundlage gelten. Das Gemeindegesetz anerkennt die Stimmberechtigten und das Parlament als gleichwertige Gesetzgebungsorgane. Obwohl das kantonale Recht für die Gemeinden keinen formellen Gesetzesbegriff definiert, werden verschiedene punktuelle Vorgaben gemacht, die von den Gemeinden für ihre Gesetzgebungsarbeit zu befolgen sind. Art. 53 GG regelt unter dem Stichwort der Delegation, unter welchen Voraussetzungen einmal zugewiesene Rechtssetzungsbefugnisse übertragen werden können. Die Delegation von Rechtssetzungskompetenzen auf den Gemeinderat ist zulässig, wenn sie auf ein bestimmtes Gebiet beschränkt ist; ein Delegationsverbot besteht für grundlegende und wichtige Rechtssätze (vgl. Art. 53 Abs. 1 und 2 GG). Das Gemeindegesetz legt damit fest, für welche Regelungen zwingend die Form eines Reglements vorgesehen ist und eine Verordnung des Gemeinderates ausscheidet. In Ostermundigen wie in zahlreichen anderen grösseren Gemeinden übernehmen die Kommissionen wichtige Gemeindeaufgaben. Die Frage der Einsetzung von Kommissionen mit eigenen Entscheidungskompetenzen ist als wesentlich und wichtig im Sinne der Delegationsgrundsätze (Art. 53 Abs. 2 GG) zu qualifizieren. Wer über die Einsetzung einer Kommission befindet, muss auch zumindest in den Grundzügen festlegen, welches die Aufgaben und Zuständigkeiten dieser Behörde sind. Es ist demnach unzulässig, wenn der Grosse Gemeinderat in einem Reglement zwar die ständigen Kommissionen bezeichnet und ihre Wahl regelt, es indessen dem Gemeinderat überlässt, in einer Verordnung die wesentlichen Aufgaben dieser Kommissionen festzulegen und auch die Frage zu regeln, ob ihnen selbstständige Entscheidungskompetenzen zukommen (RR BE vom 12. Dez. 2001, in: BVR 2002 S. 537 E. 2 und E. 3). 601

– **Erhebung von Fernsehgebühren:** X besitzt in seinem Ferienhaus in Trin ein Fernsehempfangsgerät, das mit einer Zimmerantenne ausgestattet ist. Am 15. Okt. 1996 erhielt er von der Tele-Rätia AG, Gesellschaft für drahtlose Fernsehversorgung in Graubünden, eine Gebührenrechnung für den Zeitraum Juli 1995 bis Juni 1996 in der Höhe von Fr. 10.– pro Monat, total Fr. 120.–. Die Höhe der Gebühr ergibt sich aus einem verwaltungsrechtlichen Vertrag, welcher von der Gemeinde Trin mit der Tele Rätia AG abgeschlossen wurde. Dieser wiederum beruht auf Art. 4 Abs. 1 des kommunalen Gesetz über die Versorgung der Gemeinde mit ausländischen Fernsehprogrammen (Fernsehgesetz Trin), wonach die Gebühren monatlich mindestens Fr. 5.– und höchstens Fr. 12.– pro Pflichtigen und Fernsehempfangsanlage betragen. Gegen diese Gebührenrechnung erhob er beim Gemeindevorstand von Trin Einsprache mit dem An- 602 trag, die Tele- Rätia AG zu veranlassen, die Zusendung von Rechnungen auf diejenigen Kunden zu beschränken, welche die Leistungen der Tele-Rätia AG auch tatsächlich in Anspruch nähmen. Der Gemeindevorstand Trin wies die Einsprache mit Entscheid vom 11. Dez. 1996 unter Hinweis auf Art. 1 Fernsehgesetz Trin ab. Ebenso wies das Verwaltungsgericht des Kantons Graubünden den Rekurs am 8. Juli 1997 ab. X erhebt Beschwerde beim Bundesgericht und rügt insb. die fehlende gesetzliche Grundlage. Das Bundesgericht weist die Beschwerde ab. Erwägungen: Die Gemeindeversammlung von Trin hat am 24. März 1986 ein Gesetz über die Versorgung der Gemeinde mit ausländischen Fernsehprogrammen beschlossen, dem das kantonale Versorgungskonzept und der diesem inhärente Solidaritätsgedanke, ohne den sich die Versorgung abgelegener Bergtäler nicht hätte verwirklichen lassen, zugrunde liegt. Gemäss Art. 1 Abs. 1 Fernsehgesetz Trin ist die über die Grundversorgung der PTT hinausgehende radioelektrische Zusatzversorgung mit ausländischen Fernsehprogrammen Aufgabe der Gemeinde. Aufgrund und nach Massgabe der zwischen der Gemeinde und der Tele-Rätia AG abgeschlossenen Vereinbarung wird die Tele Rätia AG beauftragt, die Gemeinde mit mindestens drei ausländischen Fernsehprogrammen zu versorgen (Art. 1 Abs. 2 Fernsehgesetz Trin). Die Gebühren, für die gemäss Art. 4 Abs. 2 der Vereinbarung zwischen der Gemeinde Trin und der Tele-Rätia AG im ganzen Kanton die gleichen Ansätze zur Anwendung kommen, betragen monatlich mindestens Fr. 5.– und höchstens Fr. 12.– pro Pflichtigen und Fernsehempfangsanlage (Art. 4 Abs. 1 Fernsehgesetz Trin). Die Stimmberechtigten der Gemeinde Trin wussten damit, dass die in dieser Bestimmung festgesetzten Beträge kantonale Einheitsgebühren darstellen. Es existiert demzufolge auf kommunaler Ebene ein formelles Gesetz, welches den Versorgungsauftrag, die Erhebung von Einheitsgebühren und die Bandbreite der Gebührenansätze festlegt. Insofern erweist sich die Rüge der ungenügenden gesetzlichen Grundlage als nicht stichhaltig; entsprechend ist es zulässig, die konkrete Höhe der Gebühr in dem verwaltungsrechtlichen Vertrag zwischen der Gemeinde und der Tele-Rätia AG festzulegen (BGer vom 2. März 2000, 2P.355/1997, E. 3a).

V. Rechtssetzung durch öffentlich-rechtliche Körperschaften, Anstalten, Genossenschaften oder Stiftungen

603 Auf eine **öffentlich-rechtliche Körperschaft, Anstalt, Genossenschaft oder Stiftung** können grundsätzlich im gleichen Umfang Rechtssetzungskompetenzen übertragen werden, wie eine Delegation an die eidgenössische, kantonale oder kommunale Exekutive zulässig ist, sofern das Gesetz eine derartige Rechtssetzungskompetenz vorsieht (BGer vom 20. Feb. 2012, 2C_404/2010, E. 4.2 [Erhebung von Wasseranschlussgebühren durch eine öffentlich-rechtliche Genossenschaft]). Öffentlich-rechtliche Körperschaften, Anstalten oder Stiftungen können demnach autonome Satzungen erlassen, die generell-abstrakte Erlasse darstellen und grundsätzlich auf der Stufe von Verordnungen stehen (vgl. VerwG ZH vom 31. Mai 2006, VB.2006.00030, E. 2.2 [Promotionsordnung der Universität Zürich]; VerwG ZH vom 1. März 2006, in: RB 2006 Nr. 21 E. 2.2.4 [Habilitationsordnung der Universität Zürich]). Zur Anstaltsordnung, zu deren Normierung die Anstaltsleitung im Rahmen ihrer Vollzugskompetenz – sofern diese gesetzlich vorgesehen ist – beispielsweise befugt ist, gehören etwa die Regelung der Disziplin und die Organisation der Kurse beziehungsweise der Examina, nicht aber die Regelung von Zulassungsbeschränkungen (BGE 121 I 22 E. 4a).

Praxis:

- Die **SAMW** ist keine öffentlich-rechtliche Stiftung, sodass deren Richtlinien vom 28. Nov. 2002 betreffend die Ausübung der ärztlichen Tätigkeit bei inhaftierten Personen keine Gesetzeskraft zukommt. Sie stellen grundsätzlich nur in dem Sinne eine materielle Rechtsquelle dar, als es zweckmässig sein kann, dass das Parlament sich davon inspirieren lässt oder sie wenigstens berücksichtigt, wenn es eine medizinische Frage durch Gesetz regelt. Aber sie schaffen nicht selbst wirkliche Rechtsnormen. Sie können dies nur mittelbar tun, wenn und soweit ein von einer öffentlichen, zur Gesetzgebung befugten Behörde angenommener Akt sie für die Beantwortung einer bestimmten Frage ausdrücklich als anwendbar erklärt oder implizit auf gewisse ihrer Bestimmungen verweist. Entsprechend können sich die Ärzte bei einer Divergenz zwischen einer Rechtsnorm und der ärztlichen Ethik, wie sie von den Richtlinien verstanden wird, nicht auf die Letzteren berufen, um sich der Erfüllung ihrer Rechtspflicht zu entziehen (BGE 136 IV 97 E. 6.2.2). 604

- Die **Einführung einer Zulassungsbeschränkung**, auch wenn diese fachlich und zeitlich limitiert ist, geht über die Wahrnehmung einer blossen Vollzugskompetenz hinaus: Das Gesetz über das gesamte Unterrichtswesen sieht einen Numerus clausus ebenso wenig vor wie die einschlägigen Bestimmungen des Reglements für die Studierenden und Auditoren der Universität Zürich. Zwar handelt es sich bei der **Universität** um eine öffentlich-rechtliche Anstalt, in deren Rahmen der Benützer in ein besonderes Rechtsverhältnis zum Gemeinwesen tritt, doch gilt das Legalitätsprinzip für wichtige Fragen auch hier. Zur Anstaltsordnung, zu deren Normierung die Anstaltsleitung oder die Exekutive allenfalls auch ohne ausdrückliche formell-gesetzliche Grundlage befugt ist, soweit sich dies zur Wahrung des Anstaltszwecks als nötig erweist, gehören etwa die Regelung der Disziplin und die Organisation der Kurse beziehungsweise der Examina. Eine Kompetenz der Exekutivorgane, nicht nur die Modalitäten, sondern auch die Zulassung als solche zu regeln, lässt sich aus dem Anstaltszweck dagegen regelmässig nicht ableiten. Die Einführung eines Numerus clausus stellt einen gewichtigen Einbruch in die bisherige Zulassungspraxis nicht nur an der Universität Zürich, sondern an den schweizerischen Universitäten schlechthin dar und greift derart in die Rechtsstellung der künftigen Anstaltsbenützer ein, dass der Entscheid, ob und in welcher Ausgestaltung zu dieser Massnahme gegriffen werden soll, nicht dem Regierungsrat oder der Universität überlassen bleiben kann. Es ist Aufgabe des Gesetzgebers, zumindest die Grundzüge einer entsprechenden Regelung festzulegen (BGE 121 I 22 E. 4a). 605

- Die **FINMA** ist zwar eine **öffentlich-rechtliche Anstalt**, jedoch geht aus dem Wortlaut von Art. 184 Abs. 3 BV, Art. 185 Abs. 3 BV sowie Art. 173 Abs. 1 lit. a und b BV hervor, dass die Kompetenz zum Erlass von konstitutionellem Notstandsrecht und allfälligen Notstandsverfügungen ausschliesslich dem Parlament und dem Bundesrat zukommt. Den Bestimmungen kann nicht entnommen werden, dass eine (Sub-)Delegation an untere Behörden zulässig wäre, dies etwa im Gegensatz zu Art. 164 Abs. 2 BV i.V.m. Art. 48 RVOG, welche für das ordentliche Gesetzgebungsverfahren grundsätzlich die Delegation und u.U. bei Vorliegen einer formell-gesetzlichen Grundlage auch die Subdelegation an untere Bundesbehörden erlauben. An diesem Umstand ändert es auch nichts, dass die Vorinstanz gemäss Art. 4 Abs. 1 FINMAG eine öffentlich-rechtliche Anstalt mit eigener Rechtspersönlichkeit ist, welche ihre Aufgaben gestützt auf Art. 21 Abs. 1 FINMAG selbstständig und weisungsungebunden ausübt. In Abgrenzung zu den Befugnissen anderer Behörden hält Art. 6 FINMAG fest, welches die Aufgabenbereiche der Vorinstanz sind. Art. 7 FINMAG präzisiert, mittels welcher rechtlichen Instrumente die Vorinstanz ihre Befugnisse wahrnehmen kann. Die Verfügungskompetenz der Vorinstanz wird überdies von den durch sie anzuwendenden Finanzmarktgesetzen gemäss Art. 1 Abs. 1 lit. a bis g FINMAG konkretisiert. Aus keiner dieser Bestimmungen ergibt sich, dass der Vorinstanz Kompetenzen zukommen, welche den konstitutionellen Notstandsregeln nachgebildet sind und ihr somit die Möglichkeit verschaffen, Grundrechtseinschränkungen ohne gesetzliche Grundlage i.S.v. Art. 36 Abs. 1 letzter Satz BV zu machen (BVGer vom 5. Jan. 2010, B-1029/2009, E. 8.4.1; anders BGE 137 II 431 E. 3.2.2). 606

607 – Eine **öffentlich-rechtliche Genossenschaft** ist befugt, **Wasseranschlussgebühren** zu erheben, wenn aus dem kommunalen Gesetz im formellen Sinn zumindest der Kreis der Abgabepflichtigen, der Gegenstand und die Bemessungsgrundlagen hervorgehen. Die nähere Regelung der Abgaben kann eine Gemeinde sodann im gleichen Umfang an die Genossenschaft übertragen, als eine Delegation an die Gemeindeexekutive zulässig ist (BGer vom 20. Feb. 2012, 2C_404/2010, E. 4.2).

VI. Rechtssetzung durch Private

608 Erlasse Privater stellen öffentlich-rechtliche Normen dar, wenn ihnen gestützt auf ein **Gesetz Rechtssetzungsbefugnisse** – sei es in Form einer Vollziehungs- oder einer gesetzesvertretenden Verordnung – übertragen werden und die **Verfassung eine derartige Delegation** zulässt (vgl. Art. 164 Abs. 2 BV; dazu BGE 137 III 37 E. 2.2.1 [Kotierungsreglement der Schweizer Börse], 135 II 38 E. 4.4 [Carbura]; BGer vom 31. März 2010, 2C_585/2009, E. 5.3.2 [Flughafen-Betriebsreglement der Flughafen Zürich AG]; BVGer vom 12. April 2012, A-3950/2011, E. 5.4.1.1 [Flughafen-Betriebsreglement der Flughafen Zürich AG]; kritisch CHRISTOPH ERRASS, Kooperative Rechtssetzung, Zürich/St. Gallen 2010, S. 231 ff. und S. 249 ff.; STEFAN VOGEL, Einheit der Verwaltung – Verwaltungseinheiten, Zürich 2008, S. 216 f.; Übersicht auch JAAG, Verordnung, S. 638). Eine derartige Delegation ist damit nur dann zulässig, wenn der Gesetzgeber die wichtigen Normen selbst erlässt und die Verfassung Private als Rechtssetzungssubjekte anerkennt (BGE 136 I 316 E. 2.4.1; BGer vom 25. Okt. 2011, 2C_807/2010, E. 3.3).

609 **Erlasse Privater** sind allenfalls auch aufgrund einer **Verweisung** oder **Akkreditierung** öffentlich-rechtlichen Normen gleichgestellt (BGE 136 I 129 E. 8.1 [SKOS-Richtlinien], mit der etwas eigenartigen Aussage, die SKOS-Richtlinien, auf die verwiesen wurde, seien nicht unbedingt bis ins kleinste Detail zu befolgen; ferner BGE 123 I 112 E. 6 und E. 7 [Verweis auf die SAMW-Richtlinien betr. Todeszeitpunkt]; BGer vom 27. März 2006, K 163/03, E. 5.1 [Weiterbildungsverordnung der FMH]; BVGer vom 8. Nov. 2010, B-6791/2009, E. 4.1 [Weiterbildungsverordnung der FMH]; vom 23. Okt. 2009, B-7895/2007, E. 2 [Weiterbildungsverordnung der FMH]; VerwG BE vom 26. Jan. 2009, in: BVR 2009 S. 232 E. 3 [statischer Verweis auf die SKOS-Richtlinien]). Ist die **Verweisung dynamischer Natur**, was grundsätzlich durch Auslegung zu ermitteln ist, handelt es um eine **Rechtssetzungsdelegation bzw. eine gesetzesvertretende Verordnung**, die nur zulässig ist, wenn die Voraussetzungen der Gesetzesdelegation eingehalten werden (vgl. BGE 136 I 316 E. 2.4.1). Sieht die kantonale Verfassung eine entsprechende Delegation von Rechtssetzungskompetenzen an Private nicht vor, kann es sich bei einer Verweisung nur um einen **statischen Verweis** handeln (BGE 136 I 316 E. 2.4.2).

Praxis:

610 – Art. 12 Abs. 1 der **Weiterbildungsverordnung der FMH** vom 21. Juni 2000 (WBO FMH) definiert den Begriff des Facharzttitels. Gemäss dieser Vorschrift ist ein Facharzttitel die Bestätigung für eine abgeschlossene, strukturierte und kontrollierte Weiterbildung in einem Fachgebiet der klinischen oder nicht-klinischen Medizin. Bei der FMH handelt es sich um eine private Trägerorganisation, die Weiterbildungstitel verleiht. Die FMH und andere Trägerorganisationen erlassen standesrechtliche Weiterbildungsnormen, die vom Bund unter bestimmten Vo-

raussetzungen akkreditiert werden (Art. 12 ff. FMPG bzw. Art. 22 ff. MedBG). Die Normen sind privatrechtlicher Natur und beruhen nicht auf einer formellen gesetzlichen Delegation öffentlich-rechtlicher Rechtssetzungskompetenzen. Aufgrund der Akkreditierung werden sie jedoch dem öffentlichen Recht des Bundes gleichgestellt (BVGer vom 8. Nov. 2010, B-6791/2009, E. 4.1; vgl. auch BGer vom 27. März 2006, K 163/03, E. 5.1).

- Das **Kotierungsreglement (KR) der SIX Swiss Exchange AG** sieht in Art. 62 Abs. 2 KR für die Anfechtung von Entscheiden der internen Beschwerdeinstanz die Zuständigkeit des SIX Schiedsgerichts verbindlich und für jedermann vor. Beim KR könnte es sich durchaus um Rechtsnormen handeln, die von der Börse im Rahmen einer Delegation von Rechtssetzungsbefugnissen erlassen werden. Erforderlich wäre für die auf diese Weise statuierte Zuständigkeit des SIX Schiedsgerichts nach Art. 164 Abs. 2 BV jedenfalls insbesondere, dass sich die Übertragung der Rechtssetzungsbefugnis an die Beschwerdeführerin auf eine Grundlage in einem Erlass auf Gesetzesstufe stützen kann. In Art. 9 BEHG ist der Rechtsweg jedoch abschliessend geregelt. Dieser sieht keine Regelungskompetenz der Börse vor. Mangels Rechtssetzungskompetenz für diesen Bereich kann Art. 62 Abs. 2 KR, der für die Anfechtung nach Ausschöpfung des internen Instanzenzugs generell die Zuständigkeit des SIX Schiedsgerichts vorsieht, von vornherein keine normative Geltung gegenüber jedermann und unabhängig von einer entsprechenden vertraglichen Vereinbarung zukommen (BGE 137 III 37 E. 2.2). 611

- **Selbstregulierungsorganisationen** sind nach **Art. 25 GwG** befugt, ein Reglement zu erlassen, das die Sorgfaltspflichten für die angeschlossenen Finanzintermediäre konkretisiert und weitere vom Gesetz vorgegebene Punkte regelt. Das fragliche Reglement ist formell eine privatrechtliche Satzung, die der Vorstand des Beschwerdeführers, der als Verein organisiert ist, erlassen hat. Es stützt sich zwar auch auf Art. 25 GwG, wonach die Selbstregulierungsorganisationen ein Reglement erlassen, das die Sorgfaltspflichten für die angeschlossenen Finanzintermediäre konkretisiert und weitere vom Gesetz vorgegebene Punkte regelt. Die Vorschriften des Reglements erhalten dadurch aber nicht den Charakter von hoheitlich erlassenen Rechtssätzen, gelten sie doch nur für Mitglieder des beschwerdeführenden Vereins. Das Reglement stellt daher keinen Erlass im Sinne von Art. 99 Abs. 1 lit. a aOG (neu: Art. 82 lit. b BGG) dar (BGer vom 5. April 2007, 2A.599/2006, E. 2.2). Das Bundesgericht hat aus der gleichen Erwägung auch die «Flight Duty Regulations» der ehemaligen Swissair nicht als Erlass im Sinne der erwähnten Norm qualifiziert (BGer vom 24. März 1997, 2A.400/1995, E. 1a). 612

- Art. 2 Ziff. 1 lit. a der kommunalen Gebührenordnung hält fest, dass sich der **Anschlussbeitrag nach «m^3-Inhalt des umbauten Raumes nach SIA» berechnet**. Der Normtext verweist lediglich auf SIA. Nach dem Wortlaut ist unklar, welche SIA-Norm überhaupt anwendbar ist. Bei Erlass der Gebührenordnung bestand zum Thema der Festlegung eines Gebäudevolumens ausschliesslich die SIA-Norm 116 aus dem Jahre 1952 mit dem Titel «Normalien für kubische Berechnungen von Hochbauten». Damit ist allerdings noch nicht festgelegt, ob es sich um eine statische oder dynamische Verweisung handelt. Nach Art. 69 ff. KV/VS erlaubt der kantonale Verfassungsgeber den Gemeinden jedoch nicht, Private mit Rechtssetzungsaufgaben zu betrauen. Die Kantonsverfassung verpflichtet somit die Gemeinden, wenn sie private Normen für anwendbar erklären wollen, auf einen statischen Verweis. Angesichts dieses Umstandes muss deshalb davon ausgegangen werden, dass der Gesetzgeber der Gemeinde sich an das Verfassungsrecht des Kantons halten und mit dem Verweis auf die SIA-Norm einen statischen Verweis implementieren wollte. Art. 2 Ziff. 1 der Gebührenordnung verweist demnach statisch auf die SIA-Norm 116 und die Gemeinde hat diese zu Recht in der vorliegenden Streitsache angewendet (BGE 136 I 316 E. 2.4.2). 613

- Mit Verfügung vom 21. Nov. 2008 aktivierte das Bundesamt den Luftraum für sog. Südanflüge für einen gewissen Zeitraum. Die angefochtene Luftraumaktivierung stützte sich auf Art. 40 LFG und Art. 2 Abs. 1 VFSD sowie ergänzend auf **Art. 33 Abs. 2 des Betriebsreglement der Flughafen Zürich AG**. Die Verfügung erweist sich als rechtmässig. Insbesondere beruht das Reglement auf einer entsprechenden Kompetenzdelegation in Art. 36c LFG. Das Luftfahrtgesetz und das Verordnungsrecht sind zwar im vorliegenden Zusammenhang nicht sehr detailliert, jedoch sieht das Betriebsreglement in Art. 33 Abs. 2 die Möglichkeit einer Abweichung 614 von den üblichen An- und Abflugwegen ausdrücklich vor. Das Bundesamt hat den fraglichen Luftraum lediglich ausnahmsweise und vorübergehend für einen kurzen Zeitraum geöffnet und für seine allfällige Benutzung konkrete, einschränkende Voraussetzungen festgelegt, die darauf hinauslaufen, dass eventuelle Südanflüge lediglich als letztes Mittel hätten angeordnet werden dürfen. Im Wesentlichen ging es dabei darum, die Sicherheit des Flughafenbetriebes aufgrund möglicher ausserordentlicher meteorologischer Umstände zu gewährleisten. Dabei handelt es sich um ein gewichtiges öffentliches Interesse, die sich im konkreten Einzelfall auch als verhältnismässig erweist (BGer vom 31. März 2010, 2C_585/2009, E. 6).

615 – Nach Art. 8 der Verordnung vom 24. Okt. 2001 über die öffentliche Sozialhilfe des Kantons Bern (SHV) sind die von der Schweizerischen Konferenz für Sozialhilfe erlassenen Richtlinien für die Ausgestaltung und Bemessung der Sozialhilfe (**SKOS-Richtlinien**) in der Fassung der vierten überarbeiteten Ausgabe vom April 2005 verbindlich, soweit das Sozialhilfegesetz und diese Verordnung keine andere Regelung vorsehen. Dieser Verweis in Art. 8 SHV ist statischer Natur. Für die Bemessung der wirtschaftlichen Hilfe massgebend sind die SKOS-Richtlinien in der Ausgabe vom April 2005 ohne Ergänzungen. Würden sämtliche Änderungen der SKOS-Richtlinien, solange sie sich als Ergänzungen zur vierten Ausgabe vom April 2005 präsentieren, als durch die Verweisung erfasst gelten, würde dies jedoch dem Zielgedanken der Revision der Sozialhilfeverordnung widersprechen. Denn der Kanton Bern und seine Gemeinden könnten wiederum ohne behördliches Dazutun mit erheblichen finanziellen Auswirkungen konfrontiert werden, was durch die Revision der Sozialhilfeverordnung gerade vermieden werden sollte (VerwG BE vom 26. Jan. 2009, in: BVR 2009 S. 232 E. 3; im Übrigen bedarf ein dynamischer Verweis, da eine eigentliche Rechtssetzungsdelegation vorliegt, einer Grundlage in einem formellen Gesetz [BGE 136 I 316 E. 2.4.1]).

616 – Die Schweizerische Zentralstelle für die Einfuhr flüssiger Treib- und Brennstoffe **Carbura** ist ein Verein i.S.v. Art. 60 ff. ZGB. Dabei handelt es sich um eine grundsätzlich auf dem Privatrecht beruhende Organisation der Wirtschaft, die in Anwendung von Art. 10 LVG zur Durchführung der Pflichtlagerhaltung herangezogen wird. Einem **Reglement** der Carbura kommt zwar generell-abstrakter Charakter zu. Es fehlt ihm aber die Hoheitlichkeit. Wohl erfüllt die Carbura durch ihre Mitwirkung am Pflichtlagersystem öffentliche Aufgaben des Bundes. Sie kann in gewissen Bereichen, etwa bei der Erteilung von Einfuhrbewilligungen, auch verfügen. Rechtsetzende Befugnisse wurden jedoch nicht an sie delegiert. Nach Art. 52 Abs. 1 LVG können lediglich der Delegierte für wirtschaftliche Landesversorgung (vgl. Art. 53 LVG) und die sogenannten Bereiche der wirtschaftlichen Landesversorgung für die Ausführung der Massnahmen bei zunehmender Bedrohung (vgl. Art. 23-25 LVG) vom Bundesrat ermächtigt werden, allgemeinverbindliche Vorschriften zu erlassen. Die Carbura zählt nicht zu diesen Verwaltungsträgern mit Rechtssetzungsbefugnissen (BGE 135 II 38 E. 4.5).

617 – Die **private Ärztegesellschaft** des Kantons Thurgau ist zwar befugt, kraft gesetzlicher Delegation in § 23a Abs. 1 des Gesundheitsgesetzes (GesG) Regelungen über den Notfalldienst zu erlassen und von den Ärzten eine Ersatzabgabe zu verlangen (§ 23a Abs. 3 GesG). Es fehlen jedoch Angaben über die Bemessung der Abgabe. Öffentlich-rechtliche Geldleistungspflichten bedürfen einer formell-gesetzlichen Grundlage. Dieses Prinzip gilt von Bundesrechts wegen auch für die Kantone. Unter Umständen wird eine Lockerung des Legalitätsprinzips als angebracht erachtet. In Bezug auf dessen Tragweite bzw. Anforderungen ist je nach Art der Abgabe zu differenzieren. Vorliegend geht es um eine kostenunabhängige Ersatzabgabe, für die strengere Anforderungen an die gesetzliche Grundlage gelten als etwa für kostenabhängige Abgaben oder für solche, die zwingend einen Bezug zu einem Marktwert haben. Dem somit geltenden Legalitätsprinzip zufolge darf den rechtsanwendenden Behörden kein übermässiger Spielraum verbleiben und die möglichen Abgabepflichten müssen voraussehbar und rechtsgleich sein. Delegiert der Gesetzgeber Kompetenzen zur rechtssatzmässigen Festlegung einer Abgabe muss er in einer formell-gesetzlichen Grundlage zumindest den Kreis der Abgabepflichtigen, den Gegenstand und die Bemessungsgrundlagen selbst bestimmen. Das trifft nicht nur dann zu, wenn das Gesetz entsprechende Befugnisse an eine staatliche Stelle überträgt, sondern mindestens ebenso wenn solche an eine nicht staatliche Stelle – wie hier die Ärztegesellschaft – dele-

giert werden; die wichtigen Regelungen hat der Gesetzgeber selber zu erlassen. Dementsprechend muss die Höhe der Abgabe in hinreichend bestimmbarer Weise aus dem formellen Gesetz hervorgehen. Entgegen der Ansicht des kantonalen Departements genügt vorliegend § 23a GesG als Delegationsnorm diesen Anforderungen nicht. Es ergibt sich weder aus dieser Bestimmung noch aus einer anderen Regelung auf Gesetzesstufe der Betrag der Ersatzabgabe oder zumindest ein Rahmen und Berechnungsmodus für deren Festsetzung. Demzufolge war die Ärztegesellschaft mangels hinreichender Gesetzesgrundlage nicht befugt, die Höhe der Ersatzabgabe in ihrem Reglement festzulegen und vom Beschwerdeführer sodann eine entsprechende Zahlung zu verlangen (BGer vom 25. Okt. 2011, 2C_807/2010, E. 3.3).

VII. Rechtssetzung durch interkantonale Organe

Das Bundesgericht hat in mehreren Entscheiden bestätigt, dass auch interkantonale Organe Verordnungen erlassen können, wenn der **interkantonale Vertrag** hierzu ermächtigt (BGer vom 6. Nov. 2008, 2C_561/2007, E. 1.1.2 [Prüfungsreglement der Gesundheitsdirektorenkonferenz für Osteopathen]; vom 6. Nov. 2001, 2P.176/2001, E. 1a/aa [Verordnung der Schweizerischen Sanitätsdirektorenkonferenz über die Anerkennung kantonaler Ausbildungsabschlüsse im Gesundheitswesen]; ferner RR OW vom 24. Okt. 2006, in: VVGE 2006/07 Nr. 5 E. 3-5 [Reglement eines Zweckverbandes]; vgl. nun auch Art. 48 Abs. 4 BV). Die **Universität Basel** ist gemäss § 1 Abs. 2 des Vertrages zwischen den Kantonen Basel-Landschaft und Basel-Stadt über die gemeinsame Trägerschaft der Universität Basel vom 27. Juni 2006 eine **bikantonale öffentlich-rechtliche Anstalt** mit eigener Rechtspersönlichkeit und der Universitätsrat ist in Anwendung von § 25 lit. i desselben Vertrages (in Verbindung mit Art. 48 Abs. 4 BV) befugt, die Personalordnung zu erlassen (BGer vom 2. Aug. 2011, 8C_818/2010, E. 3.1; zum Ganzen auch FELIX UHLMANN/VITAL ZEHNDER, Rechtssetzung durch Konkordate, LeGes 2011, Nr. 1 S. 23). 618

Praxis:

- **Von der Gesundheitsdirektorenkonferenz beschlossenes Prüfungsreglement für Osteopathen:** Mit Beschluss vom 23. Nov. 2006 erliess die Schweizerische Konferenz der kantonalen Gesundheitsdirektorinnen und -direktoren (Gesundheitsdirektorenkonferenz) ein Reglement für die interkantonale Prüfung von Osteopathinnen und Osteopathen in der Schweiz (Prüfungsreglement). Danach führt die Gesundheitsdirektorenkonferenz eine interkantonale Prüfung der Osteopathinnen und Osteopathen in der gesamten Schweiz durch, welche die Gewährleistung der Qualität der beruflichen Fähigkeiten und der klinischen Erfahrung der Inhaber eines Diploms in Osteopathie auf einem einheitlichen Niveau bezweckt (Art. 1 des Prüfungsreglements). Wer das interkantonale Examen bestanden hat, erhält das von der Gesundheitsdirektorenkonferenz ausgestellte interkantonale Diplom und ist berechtigt, den Titel «Osteopathin/Osteopath mit schweizerisch anerkanntem Diplom» zu tragen (Art. 2 des Prüfungsreglements). Mit Beschwerde in öffentlich-rechtlichen Angelegenheiten vom 9. Okt. 2007 fechten der Schweizerische Verein der Physiotherapeuten, diplomiert in Osteopathie, sowie X und Y, die sowohl als Physiotherapeut wie auch als Osteopath tätig sind, das Prüfungsreglement vom 23. Nov. 2006 beim Bundesgericht an. Das Bundesgericht tritt im Verfahren gemäss Art. 82 lit. b BGG auf die Beschwerde ein. Erwägungen: Zu den anfechtbaren kantonalen Erlassen zählen Anordnungen generell-abstrakter Natur, welche die Rechtsstellung des Einzelnen berühren, indem sie ihn verbindlich und erzwingbar zu einem Tun, Dulden oder Unterlassen verpflichten oder sonst wie seine Rechtsbeziehungen zum Staat verbindlich festlegen. Ebenfalls anfechtbar sind interkantonale Erlasse, interkantonale rechtsetzende Verträge unter Einschluss der Konkordate sowie Erlasse interkantonaler Organe. Voraussetzung ist, dass sie unmittelbar anwendbar sind, 619 d.h. ausreichend bestimmt sind, um im konkreten Fall die Grundlage eines Entscheides bilden zu können, Rechte und Pflichten von Privaten zum Inhalt haben und sich an die rechtsanwendenden Behörden richten. Die vorliegende Beschwerde richtet sich gegen das von der Gesundheitsdirektorenkonferenz beschlossene Prüfungsreglement für Osteopathen. Normalerweise beschliesst die Gesundheitsdirektorenkonferenz lediglich Empfehlungen an die Kantone. Eine Ausnahme gilt jedoch bei der Organisation von Fachprüfungen im paramedizinischen Bereich. Diese stützen sich auf ein Konkordat, nämlich die Interkantonale Vereinbarung vom 18. Feb. 1993/16. Juni 2005 über die Anerkennung von Ausbildungsabschlüssen. Ferner regelt das angefochtene Prüfungsreglement die Zulassung zum darin vorgesehenen Examen für Osteopathen, dessen Organisation und die Erteilung des damit verbundenen Titels. Es ist im Einzelfall anwendbar und mit rechtlicher Wirkung versehen. Damit hat es Rechtssatzcharakter bzw. stellt einen generell-abstrakten Erlass dar. Beim fraglichen Prüfungsreglement handelt es sich mithin um einen interkantonalen Erlass, der ein zulässiges Anfechtungsobjekt der Beschwerde in öffentlich-rechtlichen Angelegenheiten bildet (BGer vom 6. Nov. 2008, 2C_561/2007, E. 1.1).

VIII. Rechtsetzende Staatsverträge

1. Unmittelbare Anwendbarkeit («self-executing»)

620 **Rechtsetzende Staatsverträge** stellen nur dann **Quellen des Verwaltungsrechts** dar, wenn sie derart konkretisiert sind, dass sie im Einzelfall direkt angewendet werden können (**self-executing**), d.h. wenn der Vertrag von einem Privaten vor Gericht angerufen bzw. von den Behörden als Grundlage einer Entscheidung herangezogen werden kann und somit keiner besonderen Umsetzung mehr im nationalen Recht bedarf (BGE 136 I 290 E. 2.3.1, 133 I 286 E. 3.2, 131 V 390 E. 5.2, 130 I 26 E. 1.2.3, 124 III 90 E. 3a, 118 Ia 112 E. 2b; BGer vom 13. Jan. 2012, 2C_842/2010, E. 3.1; vom 23. Sept. 2010, 2C_364/2010, E. 3.2; vom 11. Aug. 2009, 4A_56/2009, E. 5.2). Ein rechtsetzender Staatsvertrag ist insbesondere dann self-executing, wenn die betreffenden Bestimmungen **subjektive Rechte** einräumen (BGE 136 I 290 E. 2.3.1, 136 I 297 E. 8.1, 130 I 113 E. 3.3, 126 I 240 E. 2b, 125 III 277 E. 2d/aa, 121 V 246 E. 2b, 120 Ia 1 E. 5b; BVGE 2010/40 E. 5.6; BVGer vom 16. Jan. 2009, A-2677/2007, E. 3.1).

621 Die **unmittelbare Anwendbarkeit setzt demnach voraus**, dass die angerufene staatsvertragliche Regelung (1.) inhaltlich hinreichend bestimmt und klar ist, (2.) Rechte und Pflichten Privater begründet und (3.) sich an die rechtsanwendenden Behörden richtet, sodass sie im Einzelfall Grundlage eines Entscheides bilden kann (BGE 136 I 297 E. 8.1, 133 I 58 E. 4.2.3, 126 I 240 E. 2b, 125 I 182 E. 3a). Ob eine Norm als unmittelbar anwendbar gilt, ist grundsätzlich für **jede einzelne Bestimmung in einem Staatsvertrag gesondert zu prüfen** und stellt eine **Auslegungsfrage** dar (BGE 136 I 290 E. 2.3.1; BVGer vom 15. Juli 2010, A-4013/2010, E. 1.2; vom 21. Jan. 2010, A-7789/2009, E. 1.2). **Völkerrechtlichen Verträgen** mit zumindest **grundrechtsähnlichem Gehalt** wird deren Justiziabilität selten abgesprochen; häufig wendet das Bundesgericht die betreffenden Verträge ohne weitere Prüfung ihrer Justiziabilität unmittelbar an (Rechtshilfeabkommen, Niederlassungsabkommen, Doppelbesteuerungsabkommen, EMRK, Sozialversicherungsabkommen, FZA, usw.; vgl. auch ROBERT BAUMANN, Bemerkungen zu BGE 130 I 113 ff. [zit. Bemerkungen], AJP 2004, S. 1404).

Beispiele aus der KRK: Das Bundesgericht hat unter anderem die **direkte Anwendbarkeit** in Bezug auf die Bestimmungen des **Art. 7 Abs. 1 KRK** (BGE 128 I 63 E. 3.2.2, 125 I 257 E. 3c/bb) sowie von **Art. 12 KRK** (BGE 124 III 90 E. 3a) bejaht. Auch die einzelnen Bestimmungen von **Art. 37 KRK** (lit. a verbietet die Folter gegenüber Kindern in spezifischer Weise; lit. b untersagt rechtswidrigen oder willkürlichen Freiheitsentzug von Kindern; lit. c räumt dem in Haft gehaltenen Kind einen Anspruch auf eine menschliche und würdevolle Behandlung ein; lit. d ermöglicht Kindern den Beizug eines Beistandes und gewährleistet das Recht, die Rechtmässigkeit eines Freiheitsentzuges innert angemessener Frist überprüfen zu lassen) gewährleisten individuelle Rechte, die in vergleichbarer Weise in Art. 3, 5 und 6 EMRK sowie in Art. 10 Abs. 3, 29 Abs. 3 und 31 BV garantiert und daher als self-executing zu verstehen sind (BGE 133 I 286 E. 3.2). 622

Demgegenüber wurde hinsichtlich den **Art. 9 und 10 KRK** (BGE 124 II 361 E. 3b), **Art. 18 Abs. 1 KRK** (BGer vom 26. Jan. 2005, 5C.265/2004, E. 3.1), **Art. 23 und 26 KRK** (BGE 136 I 297 E. 8.1; BGer vom 18. März 2005, I 267/2004, E. 2.5) sowie generell mit Blick auf die Erteilung von **fremdenpolizeilichen Bewilligungen** (BGE 126 II 377 E. 5d; BGer vom 26. Juni 2007, 2C_135/2007, E. 4.2) die **direkte Anwendbarkeit verneint**. Im Urteil 8C_295/2008 äusserte sich das Bundesgericht zudem zur Frage, ob **Art. 23, 24 und 26 KRK** unmittelbar anwendbar sind und hielt an der bisherigen Rechtsprechung fest, wonach die Art. 23 und 26 KRK nicht ausreichend konkret formuliert sind und den Betroffenen keinen direkten Anspruch auf gesetzliche Leistungen vermitteln, was in besonderem Masse auch für den Art. 24 KRK gilt (BGer vom 22. Nov. 2008, 8C_295/2008, E. 4.2.2). **Art. 28 KRK** kommt lediglich ein programmatischer Gehalt zu (BGE 133 I 156 E. 3.6.4). Ferner kann aus **Art. 3 Abs. 1 KRK**, gemäss welchem die Vertragsstaaten bei allen Massnahmen, die Kinder betreffen, das Wohl des Kindes ein vorrangig zu berücksichtigender Gesichtspunkt ist, kein Leistungsanspruch abgeleitet werden. Es handelt sich dabei um einen Leitgedanken, eine Interpretationsmaxime, die lediglich bei Erlass und Auslegung der (nationalen) Gesetze zu beachten ist (BGE 136 I 297 E. 8.1). 623

Die **ausländerrechtlichen Bestimmungen** des **Anhangs I** des **Freizügigkeitsabkommens (FZA)** und **Art. 2 FZA** sind inhaltlich hinreichend bestimmt und klar, um als Grundlage für den Entscheid im Einzelfall zu dienen, weshalb sie grundsätzlich unmittelbar anwendbar sind (BGE 136 II 177 E. 1.1, 131 II 339 E. 1.2, 131 V 390 E. 5.2, 130 II 49 E. 4.2, 130 II 388 E. 1.2, 129 II 249 E. 3.3; zur Praxis auch THOMAS COTTIER/NICOLAS DIEBOLD, Warenverkehr und Freizügigkeit in der Rechtsprechung des Bundesgerichts zu den Bilateralen Abkommen, Jusletter vom 2. Feb. 2009, Rz. 15 ff.), während die Bestimmungen des **UNO-Pakts I** grundsätzlich **programmatischer Natur** sind und dem Einzelnen keine subjektiven einklagbaren Rechte einräumen (vgl. BGE 136 I 290 E. 2.3.1, 135 I 161 E. 2.2, 130 I 113 E. 3.3, 126 I 240 E. 2c, 123 II 472 E. 4d, 122 I 101 E. 2a, 121 V 246 E. 2a und E. 2c, 120 Ia 1 E. 5c). Dies schliesst nicht aus, die eine oder andere Bestimmung des UNO-Pakts I als unmittelbar anwendbar (self-executing) zu betrachten (vgl. BGE 125 III 277 E. 2e [Streikrecht nach Art. 8 Abs. 1 lit. d UNO-Pakt I], wobei die Frage offen gelassen wird; BGE 121 V 246 E. 2e [Recht, Gewerkschaften zu bilden oder einer solchen nach eigener Wahl beizutreten nach Art. 8 Abs. 1 lit. a UNO-Pakt I]). Auch die **EMRK** ist grundsätzlich unmittelbar anwendbar wie auch die meisten **Doppelbesteuerungsabkommen** unmittelbar anwendbar sein dürften (BVGE 2010/40 E. 5.6). 624

Praxis:

625 – **Art. 12 KRK (Recht auf vorgängige Anhörung):** Die Frage der direkten Anwendbarkeit von Art. 12 KRK wird weder von der Konvention selbst noch von der bundesrätlichen Botschaft zum Beitritt der Schweiz beantwortet; vielmehr begnügt sich die Botschaft mit dem Hinweis, es werde Sache der rechtsanwendenden Behörde sein, über die Justiziabilität der einzelnen Bestimmungen zu entscheiden. Art. 12 KRK hat folgenden Wortlaut: «Die Vertragsstaaten sichern dem Kind, das fähig ist, sich eine eigene Meinung zu bilden, das Recht zu, diese Meinung in allen das Kind berührenden Angelegenheiten frei zu äussern, und berücksichtigen die Meinung des Kindes angemessen und entsprechend seinem Alter und seiner Reife. Zu diesem Zweck wird dem Kind insbesondere Gelegenheit gegeben, in allen das Kind berührenden Gerichts- oder Verwaltungsverfahren entweder unmittelbar oder durch einen Vertreter oder eine geeignete Stelle im Einklang mit den innerstaatlichen Verfahrensvorschriften gehört zu werden.» Diese Bestimmung zeichnet sich sowohl in ihrer inhaltlichen Zielsetzung als auch in der notwendigen Umsetzung durch einen hohen Grad an Konkretheit aus und erweist sich als inhaltlich hinreichend bestimmt und klar. Art. 12 KRK räumt dem Kind, das fähig ist, sich eine eigene Meinung zu bilden, das Recht ein, diese Meinung in allen die Angelegenheit des Kindes betreffenden Verfahren zu äussern; insofern hat diese Bestimmung die Rechte des Einzelnen zum Gegenstand. Die Formulierungen, dass «die Vertragsstaaten» dem Kind das Meinungsäusserungsrecht «sichern» (Abs. 1) und dass dem Kind in allen es berührenden Gerichts- und Verwaltungsverfahren die «Gelegenheit (...) gegeben» wird, gehört zu werden (Abs. 2), sind so zu verstehen, dass sich die Bestimmung direkt an die rechtsanwendenden Behörden – und nicht etwa nur an den Gesetzgeber – richten. Insbesondere handelt es sich dabei nicht um Vorschriften unbestimmten Charakters, die zur praktischen Handhabung erst noch der Umsetzung im innerstaatlichen Recht bedürften. Aber auch der Verweis auf die nationale Verfahrensgesetzgebung steht der unmittelbaren Anwendbarkeit der Bestimmung nicht entgegen; der Sinn dieses Passus kann nämlich nicht darin bestehen, die Anhörung des Kindes – eine zentrale Bestimmung der Konvention – davon abhängig zu machen, dass die Signatarstaaten eine solche überhaupt vorsehen; vielmehr ist darin ein Verweis auf die einschlägigen nationalen Verfahrensvorschriften zu sehen, soweit solche bestehen. Aus diesen Gründen handelt es sich bei Art. 12 KRK um einen direkt anwendbaren Rechtssatz, sodass deren Verletzung beim Bundesgericht angefochten werden kann (BGE 124 III 90 E. 3a; BGer vom 25. Okt. 2005, 2A.423/2005, E. 5.1).

626 – **Art. 13 EMRK (Recht auf eine wirksame Beschwerde):** Art. 13 EMRK gewährt für den Fall, dass die durch die EMRK garantierten Rechte und Freiheiten verletzt werden, dem Verletzten das Recht, eine wirksame Beschwerde bei einer nationalen Instanz einzulegen. Die EMRK geht als jüngeres Recht den früher erlassenen Bundesgesetzen, u.U. auch jüngerem Gesetzesrecht vor. Würden die Ausschlussbestimmungen des aOG oder neu des BGG dazu führen, dass in einem Fall, der die durch die EMRK garantierten Rechte und Freiheiten tangiert, die wirksame Beschwerde an eine nationale Instanz fehlt, so hätten die Ausschlussbestimmungen allenfalls vor Art. 13 EMRK zurückzuweichen. Voraussetzung dafür ist allerdings, dass Art. 13 EMRK unmittelbar anwendbar (self-executing) ist. Grundsätzlich geht Art. 13 EMRK die unmittelbare Anwendbarkeit ab, denn die Bestimmung erfordert die Schaffung einer nationalen Beschwerdeinstanz; diese Aufgabe kann an sich nur der Gesetzgeber erfüllen. Im vorliegenden Fall könnte der Beschwerdeführer den Entscheid des Eidg. Justiz- und Polizeidepartements beim Bundesgericht anfechten, wenn die Verwaltungsgerichtsbeschwerde nicht durch die Ausschlussbestimmungen (Art. 100 lit. b aOG) ausgeschlossen wäre. Das Gericht brauchte indessen nur die Ausschlussbestimmungen nicht anzuwenden, um die wirksame Beschwerde zu gewährleisten, wenn diese tatsächlich durch die Ausschlussbestimmungen verhindert würde; Justiziabilität wäre mithin in diesem Fall gegeben. Vorliegend allerdings besteht insofern eine wirksame Beschwerde gemäss Art. 13 EMRK, dass die Beschwerdemöglichkeit gegen die asylrechtlichen und fremdenpolizeilichen Verfügungen des Bundesamtes für Polizeiwesen an das Eidg. Justiz- und Polizeidepartement dem Erfordernis von Art. 13 EMRK entspricht; die Lehre nimmt denn auch an, dass die Verwaltungsbeschwerde an ein Departement als Beschwerdemöglichkeit i.S.v. Art. 13 EMRK genügt (BGE 111 Ib 68 E. 3 und E. 4).

2. Mittelbare Anwendbarkeit («nonself-executing»)

a) Begriff

Programmatisch ist eine Bestimmung dann, wenn sie sich an den Gesetzgeber richtet und dem Einzelnen keine subjektiven Rechte einräumt (BGE 136 I 290 E. 2.3.1, 135 I 161 E. 2.2). Die erforderliche Bestimmtheit fehlt vor allem bei Bestimmungen, die eine Materie nur in Umrissen regeln, dem Vertragsstaat einen beträchtlichen Ermessens- oder Entscheidungsspielraum belassen oder blosse Leitgedanken, Richtlinien oder Empfehlungen beinhalten, zu deren Umsetzung nicht die Verwaltungs- oder Justizbehörden, sondern der Gesetzgeber aufgerufen ist (BGE 138 II 42 E. 3.1, 133 I 286 E. 3.2, 126 I 240 E. 2b, 124 III 90 E. 3a, 124 IV 23 E. 4a, 122 II 234 E. 4a, 120 Ia 1 E. 5b mit Hinweisen; BGer vom 13. Jan. 2012, 2C_842/2010, E. 3.1); vom 11. Aug. 2009, 4A_56/2009, E. 5.2; BVGer vom 21. Okt. 2009, A-5550/2008, E. 5.2.2). 627

Die **Beurteilung** richtet sich nach den **Umständen des Einzelfalls**. Völkerrechtliche Verträge mit zumindest **grundrechtsähnlichem Gehalt** sind grundsätzlich justiziabel, während **wirtschaftliche Verträge** (Freihandelsabkommen, WTO-Übereinkommen usw.; für das GATT/WTO-Recht z.B. BGE 131 II 13 E. 8.3, 125 II 293 E. 4d) eher selten als justiziabel im oben genannten Sinn beurteilt werden; Verträge im Bereich der **sozialen Grundrechte** sind gemäss bundesgerichtlicher Rechtsprechung grundsätzlich programmatischer Natur (vgl. 136 I 290 E. 2.3.1, 135 I 161 E. 2.2, 130 I 113 E. 3.3, 126 I 240 E. 2c, jeweils zu UNO-Pakt I). 628

Praxis:

- Dem in **Art. 14 EMRK verankerten Diskriminierungsverbot** kommt kein selbstständiger Charakter zu, sondern es setzt die Anwendbarkeit einer anderen Grundrechtsgarantie der EMRK voraus und ist somit nicht unmittelbar anwendbar (BGE 134 I 257 E. 3, 130 II 137 E. 4.2). 629
- Die Bestimmungen des **UNO-Übereinkommens vom 18. Dez. 1979 zur Beseitigung jeder Form von Diskriminierung der Frau** (Art. 16 Abs. 1 lit. c und d bzw. Art. 5 lit. b) verpflichten die Vertragsstaaten lediglich, «alle geeigneten Massnahmen zu treffen». Damit enthält das Übereinkommen – zumindest im Bereich der genannten Artikel – keine konkreten Verpflichtungen, sondern überlässt den Vertragsstaaten die Mittel, mit denen sie die Diskriminierung von Frauen beseitigen wollen. Die Bestimmungen haben somit vor allem programmatischen Charakter und sind nicht unmittelbar anwendbar (BGE 125 I 21 E. 4b; BGer vom 23. Sept. 2010, 2C_364/2010, E. 3.2). 630
- Das Bundesgericht verneint regelmässig die unmittelbare Anwendbarkeit des **GATS**; dieses verpflichtet lediglich die Signatarstaaten; es schafft keine unmittelbar anwendbaren Rechte, auf die sich beispielsweise Fernmeldeunternehmungen berufen könnten (BGE 125 II 293 E. 4d). Das Bundesgericht lehnt es ab, aus dem GATS ein subjektives Recht der Leistungserbringer auf «Entbündelung» von Mietleitungen abzuleiten (BGer vom 3. Okt. 2001, 2A.503/2000 und 2A.505/2000, E. 9c; vgl. auch BGE 132 II 47 E. 2, 131 II 13 E. 8.3). In den Urteilen 2A.503/2000 und 2A.505/2000 (Commcare-Entscheide) hat das Bundesgericht ausgeführt, es könne offen bleiben, ob an der bisherigen Rechtsprechung festzuhalten sei, dass sich aus den GATS-Regeln über die Telekommunikation ganz allgemein keine unmittelbar anwendbaren Rechte ableiten liessen, auf die sich Fernmeldeunternehmungen berufen könnten. Das GATS-Recht sei so oder so zu vage, als dass sich daraus ein subjektives Recht auf Entbündelung ergäbe (E. 9c). An diesem Entscheid hält das Bundesgericht in BGE 131 II 13 E. 8.3 fest. Selbst wenn sich die Schweiz zu einer Öffnung der «letzten Meile» verpflichtet hätte, ginge aus den 631

GATS-Bestimmungen nicht mit der erforderlichen Deutlichkeit hervor, wie bzw. unter welchen Rahmenbedingungen eine solche zu erfolgen hätte (BGE 131 II 13 E. 8.3).

632 – Das im Rahmen der **GATT/WTO-Abkommen abgeschlossene Übereinkommen über das öffentliche Beschaffungswesen** enthält sowohl detaillierte, unmittelbar anwendbare Bestimmungen (z.B. über den Inhalt einer Ausschreibung; vgl. etwa Art. XII «Vergabeunterlagen») als auch konkretisierungsbedürftige Grundsätze. Fällt die Arbeitsvergebung in den Anwendungsbereich des Übereinkommens, bedeutet dies, dass die Ausschreibung den Anforderungen des Übereinkommens genügen muss, und andererseits, dass die Beschwerdeführer sich auf jene Bestimmungen dieses völkerrechtlichen Vertrags berufen können, die direkt anwendbar sind (BGer vom 30. Mai 2000, 2P.151/1999, E. 1b; vgl. auch BGE 125 II 293 E. 4d).

633 – Nach **Art. 2 Kyoto-Abkommen** verpflichtet sich jede Vertragspartei, die Vereinfachung und die Harmonisierung der Zollverfahren zu fördern und sich zu diesem Zweck unter den in diesem Übereinkommen vorgesehenen Bedingungen nach den Normen und empfohlenen Praktiken in den Anlagen zu diesem Übereinkommen zu richten. Der Wortlaut deutet darauf hin, dass den Vertragsstaaten ein beträchtlicher Ermessens- und Entscheidungsspielraum eingeräumt wird und das Abkommen nonself-executing ist (BGE 124 IV 23 E. 4b).

634 – Das Bundesgericht hat in mehreren Entscheiden bestätigt, wonach der **UNO-Pakt I** grundsätzlich keine direkt anwendbaren Individualgarantien enthält (BGE 136 I 290 E. 2.3.1, 135 I 161 E. 2.2, 130 I 113 E. 3.2 und E. 3.3, 126 I 240 E. 2c und E. 2d, 123 II 472 E. 4d, 122 I 101 E. 2a, 121 V 229 E. 3, 121 V 246 E. 2, 120 Ia 1 E. 5), was die Möglichkeit, dass einzelne Bestimmungen des Paktes ausnahmsweise direkt anwendbar sein können, nicht ausschliesst (BGE 125 III 277 E. 2e, 121 V 246 E. 2e, 120 Ia 1 E. 5c und E. 5d).

635 – Nach der Praxis ist **Art. 41 Trips-Übereinkomen** (BGer vom 11. Aug. 2009, 4A_56/2009, E. 5.2) oder **Art. 13 und Art. 20 FHA** (BGE 105 II 49 E. 3a; BGer vom 6. Sept. 2006, 2A.593/2005, E. 5.4) nicht direkt anwendbar. In BGE 131 II 271 E. 10 hat das Bundesgericht die **Art. 7 und 18 FHA** eingehend geprüft und die Frage der unmittelbaren Anwendbarkeit offen gelassen (zum Entscheid DANIEL WÜRGER, Bundesgericht wendet Freihandelsabkommen erstmals unmittelbar an – ein Schritt vorwärts, ein Schritt zurück, Jusletter vom 4. April 2005). In einem Urteil vom 6. Sept. 2006 (2A.593/2005, E. 5.4) schloss das Bundesgericht eine künftige unmittelbare Anwendung von Art. 13 und 20 FHA in einem obiter dictum nicht aus («Ob dies eine unmittelbare Anwendung von Art. 13 und 20 FHA in einem anderen, verwaltungsrechtlichen Zusammenhang und Verfahren von vornherein ausschliesst, braucht hier nicht entschieden zu werden und kann dahin gestellt bleiben»). Die Eidg. Zollrekurskommission hat demgegenüber Art. 18 FHA als unmittelbar anwendbar betrachtet (ZRK vom 29. Aug. 2001, in: VPB 66 [2002] Nr. 44 E. 5a/bb). Das Bundesverwaltungsgericht gibt im Anschluss an BGE 131 II 271 ff. zu erkennen, dass ein zukünftige Praxisänderung möglich erscheint, lässt die Frage im konkreten Anwendungsfall jedoch offen (BVGer vom 29. Sept. 2008, A-8382/2007, E. 11).

636 – Das **New Yorker Übereinkommen vom 28. Sept. 1954 über die Rechtsstellung der Staatenlosen** enthält sowohl Bestimmungen, die unmittelbar anwendbar sind, als auch solche, die noch einer näheren Ausführung bedürfen, weil sie den Gegenstand nur dem Grundsatz nach regeln und den Vertragsstaaten in der Ausgestaltung ein weites Ermessen einräumen (BGer vom 26. März 2009, 2C_763/2008, E. 1.4).

637 – Das Bundesgericht hat es offengelassen, ob die **Vereinbarung über die Einfuhr von Gegenständen erzieherischen, wissenschaftlichen oder kulturellen Charakters**, welche für die Schweiz am 7. April 1953 in Kraft getreten ist, unmittelbar anwendbar ist. Gemäss Art. I Ziff. 1 verpflichten sich die Vertragsstaaten, keine Zölle oder andere Abgaben zu erheben für die Einfuhr oder anlässlich der Einfuhr von: a) Büchern, Veröffentlichungen und Dokumenten, die im Anhang A dieser Vereinbarung aufgeführt sind, und b) Gegenständen erzieherischen, wissenschaftlichen oder kulturellen Charakters, die in den Anhängen B, C, D und E dieser Vereinbarung bezeichnet sind (BGer vom 21. Jan. 2008, 2A.372/2006, E. 6).

- **Art. 37** des **Landverkehrsabkommens** richtet sich an die Vertragsparteien; diese verpflichten sich, im Rahmen ihrer Zuständigkeiten und gemäss ihren jeweiligen Verfahren schrittweise Gebührenregelungen einzuführen, welche darauf abzielen, den Strassenfahrzeugen und den anderen Verkehrsträgern die von ihnen verursachten Kosten anzulasten. Betreffend die Tarifierung von Schwerverkehrsabgaben wird der Handlungsspielraum der Schweiz – aufgrund des Landverkehrsabkommens selbst – lediglich in Bezug auf die maximale Höhe der Abgabesätze eingeschränkt. Art. 40 Abs. 3 und 4 Landverkehrsabkommen setzen lediglich einen maximalen Abgabesatz fest. Bereits aus diesen Gründen sind die Bestimmungen des Landverkehrsabkommens betr. Tarifierung von Schwerverkehrsabgaben in Anwendung der diesbezüglich entwickelten Kriterien als nicht unmittelbar anwendbar zu qualifizieren; sie bedürfen vielmehr einer innerstaatlichen Umsetzung, welche nach den sonst für die Gesetzgebung üblichen Verfahren und Grundsätzen zu erfolgen hat (BVGer vom 21. Okt. 2009, A-5550/2008, E. 5.2.2, E. 7.2 und E. 7.3.1). 638

b) Rechtscharakter

Programmatische (völkerrechtliche) Normen sind rechtsverbindlich, obwohl sie einer Umsetzung ins nationale Recht bedürfen und verschiedene nationale Ausführungsregelungen denkbar sind: Die Ausführungsgesetzgebung darf weder Sinn und Zweck des entsprechenden völkerrechtlichen Abkommens widersprechen noch dessen Wirksamkeit vereiteln oder sonst wie diskriminierend wirken (BGer vom 13. Jan. 2012, 2C_842/2010, E. 3.1). Die rechtsanwendenden Behörden und die Gerichte haben programmatische Normen insbesondere dann zu beachten, wenn ein Rechtssatz – sei es bei der Ausübung von Ermessen oder bei der Konkretisierung unbestimmter Rechtsbegriffe – Auslegungsspielräume eröffnet (KG BL vom 4. Sept. 2002, in: VGE 2002 S. 328 E. 4b). 639

Von programmatischen (verbindlichen) Normen des Völkerrechts zu unterscheiden sind **blosse Empfehlungen («soft law»)**, die rechtlich nicht verbindlich sind (BGE 125 I 182 E. 3c/aa; BVGE 2009/62 E. 4.3.3, 2008/41 E. 5.3.3), wobei blosse Empfehlungen nicht immer präzis von programmatischen, grundsätzlich verbindlichen Normen abgegrenzt werden. Beispielsweise ist der UNO-Pakt I grundsätzlich programmatischer Natur (vgl. BGE 130 I 113 ff. und 126 I 240 ff.), doch kommt ihm sogar nur die Bedeutung einer blossen Empfehlung zu, ansonsten nicht erklärt werden kann, warum das Bundesgericht in der Einführung – und nicht Erhöhung – von Studiengebühren keine Verletzung von Art. 13 Abs. 2 lit. c UNO-Pakt I erkennen konnte (BGE 126 I 240 E. 3b; siehe BAUMANN, Bemerkungen, S. 1405). 640

Praxis:

- **Empfehlungen der International Civil Aviation Organization (ICAO):** Bei den Empfehlungen ist es den Mitgliedstaaten überlassen, zu entscheiden, ob sie diese annehmen oder eine davon abweichende nationale Lösung zulassen wollen. Ihnen geht ohne konkrete Umsetzung in innerstaatliches Recht die Verbindlichkeit ab. In der Rechtsprechung wird denn auch die Meinung vertreten, Empfehlungen seien grundsätzlich nicht bindend (BGE 125 I 182 E. 3c/aa; BVGE 2008/41 E. 5.3.3). Überdies lassen die ICAO-Empfehlungen den Vertragsstaaten definitionsgemäss einen grossen Ermessens- und Entscheidungsspielraum, weshalb sie für eine unmittelbare Anwendbarkeit nicht ausreichend bestimmt sind. Daraus ist zu folgern, dass Empfehlungen im Landesrecht zuerst umgesetzt werden müssen. Zudem muss der Gesetzgeber definieren, in welchem Ausmass vom gebotenen Spielraum Gebrauch gemacht werden soll. Erst dann entfalten die ICAO-Empfehlungen eine bindende Wirkung bei der Rechtsanwendung. Im Schweizer Luftfahrtrecht hat der Gesetzgeber mit Art. 6a LFG eine formell-gesetzliche Grund- 641 lage geschaffen, um internationale technische Vorschriften ohne eigentliche Umsetzung in eigene Erlasse ins Landesrecht überführen zu können. Nach dessen Abs. 1 kann der Bundesrat ausnahmsweise einzelne Anhänge zum Übereinkommen, einschliesslich zugehöriger technischer Vorschriften, als unmittelbar anwendbar erklären. Nach dem Willen des Gesetzgebers soll davon Gebrauch gemacht werden, wenn die Überführung von Vorschriften grösseren Umfangs mit nur einem kleinen Kreis unmittelbar interessierter und verpflichtender Adressaten mit einem verhältnismässig grossen Aufwand verbunden ist. Eine umfassende formell-gesetzliche Grundlage, um an den Empfehlungen orientierte Sicherheitsanforderungen im Luftverkehr festzulegen, soll der Bundesrat mit einem neuen Art. 108a LFG erhalten. Allerdings darf innerstaatlich ein über die ICAO-Normen und Empfehlungen hinausgehendes Sicherheitsniveau definiert und eingefordert werden, wenn dies durch den Gesetzgeber im Rahmen des Erlasses generell-abstrakter Normen erfolgt (BVGE 2009/62 E. 4.3.3 und E. 4.7.3).

642 – **Art. 10 Abs. 1 KRK:** Art. 10 Abs. 1 KRK, wonach von einem Kind oder seinen Eltern zwecks Familienzusammenführung gestellte Anträge auf Einreise in einen Vertragsstaat oder Ausreise aus einem Vertragsstaat von den Vertragsstaaten wohlwollend, human und beschleunigt bearbeitet werden, begründet nach der bundesgerichtlichen Rechtsprechung in Bezug auf die Erteilung von fremdenpolizeilichen Bewilligungen grundsätzlich keine gerichtlich durchsetzbaren Ansprüche der Kinder auf einen Aufenthalt in der Schweiz (BGE 124 II 367 E. 3b). Die Bedeutung von Art. 10 KRK liegt in seiner Funktion als objektive Richtlinie, die für Gesetzgebung, Verwaltung wie auch Rechtsprechung zu beachten und verbindlich ist (sog. programmatische Schicht). Die Bedeutung der programmatischen Schicht gilt es insbesondere dort zu beachten, wo ein Rechtssatz wie z.B. Art. 4 aANAG den Behörden Ermessensspielräume eröffnet. Diese sind so zu handhaben, dass den besonderen Schutzbedürfnissen der Kinder, wie sie in Art. 10 KRK zum Ausdruck kommen, Rechnung getragen werden kann. Auch wenn somit der Beschwerdeführer aus der Kinderrechtekonvention, insbesondere aus Art. 10 KRK, keine Rechte auf Nachzug seiner Kinder ableiten kann, haben die Behörden und die Gerichte bei ihrem Entscheid über das Begehren die besonderen Schutzbedürfnisse der Kinder zu beachten. Im hier vorliegenden Fall ist zwar den Anforderungen einer Familienzusammenführung, wie sie in Art. 10 KRK zum Ausdruck kommen, Schranken gesetzt, da der Beschwerdeführer von seiner früheren Ehefrau räumlich getrennt lebt und es nur darum gehen kann, ob die Kinder bei seiner früheren Ehefrau bleiben oder zu ihm in die Schweiz ziehen. Doch ist gerade in solchen Fallkonstellationen das Kindeswohl bzw. die besonderen Schutzbedürfnisse der Kinder eingehend zu würdigen (KG BL vom 4. Sept. 2002, in: VGE 2002 S. 328 E. 4b).

643 – **Einführung von Studiengebühren:** Der Regierungsrat des Kantons Zürich erliess mit Beschluss vom 15. Sept. 1999 eine Verordnung über die Studiengebühren an der Zürcher Fachhochschule, welche aus dem Zusammenschluss des Technikums Winterthur (Ingenieurschule; TWI) mit der Zürcher Höheren Wirtschafts- und Verwaltungsschule Winterthur (HWV) und der Dolmetscherschule Zürich (DOZ) entstanden ist. Danach werden an den staatlichen Hochschulen der Zürcher Fachhochschule ab Wintersemester 1999/2000 eine Immatrikulationsgebühr von Fr. 25.–, eine Semestergebühr von Fr. 500.– sowie eine Gebühr für die Schlussdiplomprüfung von Fr. 200.– erhoben (§§ 1 und 3 der Verordnung). Das Bundesgericht weist eine dagegen erhobene Beschwerde ab. Erwägungen: Art. 13 Abs. 2 lit. b und lit. c UNO-Pakt I lauten wie folgt: «Die Vertragsstaaten erkennen an, dass im Hinblick auf die volle Verwirklichung dieses Rechts die verschiedenen Formen des höheren Schulwesens einschliesslich des höheren Fach- und Berufsschulwesens auf jede geeignete Weise, insbesondere durch allmähliche Einführung der Unentgeltlichkeit, allgemein verfügbar und jedermann zugänglich gemacht werden müssen (lit. b); der Hochschulunterricht auf jede geeignete Weise, insbesondere durch allmähliche Einführung der Unentgeltlichkeit, jedermann gleichermassen entsprechend seinen Fähigkeiten zugänglich gemacht werden muss (lit. c).» Der UNO-Pakt I gilt nach der Rechtsprechung des Bundesgerichtes, vorbehaltlich gewisser Ausnahmen, nicht als direkt anwendbar. Er enthält, wie das Bundesgericht in seinem Grundsatzentscheid (BGE 120 Ia 1 E. 5c) ausführte, in Art. 6-15 einen Katalog wirtschaftlicher, sozialer und kultureller Rechte, zu deren voller Verwirklichung sich jeder Vertragsstaat unter Ausschöpfung aller seiner Möglichkeiten und mit allen geeigneten Mitteln, vor allem durch gesetzgeberische Massnahmen sowie durch in-

ternationale Hilfe und Zusammenarbeit, verpflichtet (vgl. Art. 2 Abs. 1 UNO-Pakt I). Was die vorliegend in Frage stehende Bestimmung von Art. 13 Abs. 2 lit. c des UNO-Paktes I betrifft, hat das Bundesgericht ihre direkte Anwendbarkeit klar verneint, soweit es um die Verpflichtung der Vertragsstaaten geht, den Hochschulunterricht «auf jede geeignete Weise, insbesondere durch allmähliche Einführung der Unentgeltlichkeit, jedermann gleichermassen entsprechend seinen Fähigkeiten zugänglich zu machen». Das Bundesgericht hielt fest, aus dieser Vorschrift lasse sich kein individualrechtlicher Anspruch auf eine bestimmte Gestaltung der Zulassungsvoraussetzungen und auf eine bestimmte Begrenzung oder Reduktion allfälliger Gebühren ableiten; es sei dem nationalen Gesetzgeber anheimgestellt, wann, mit welchen Mitteln und in welchem Zeitraum er das in Art. 13 Abs. 2 lit. c UNO-Pakt I gesetzte Ziel erreichen wolle, sofern er die betreffende Forderung nicht überhaupt schon als erfüllt betrachte. Von dieser Aussage abzuweichen, besteht vorliegend kein Anlass. Es kann einzig darum gehen, ob Art. 13 Abs. 2 lit. c (bzw. lit. b) des Paktes allenfalls insofern einen justiziablen, unmittelbar anwendbaren Gehalt hat, als er dem nationalen Gesetzgeber eine Erhöhung oder Wiedereinführung von Gebühren verbietet, weil dies in Bezug auf das anerkannte Vertragsziel einen Rückschritt bedeuten würde, was von verschiedenen Autoren bejaht wird. In BGE 120 Ia 1 E. 5d, wo es um die Zulässigkeit der Erhöhung von Universitätsgebühren ging, erachtete das Bundesgericht die Bestimmung von Art. 13 Abs. 2 lit. c des UNO-Paktes I aber selbst in dieser Richtung als zu wenig bestimmt. Das eigentliche Ziel der Vorschrift gehe dahin, dass der Hochschulunterricht jedermann entsprechend seinen Fähigkeiten, unabhängig von seiner finanziellen Leistungsfähigkeit, zugänglich gemacht werden solle. Die Wahl der «geeigneten Mittel» sei dem Gesetzgeber anheimgestellt; der «insbesondere» postulierte allmähliche Verzicht auf Gebührenerhebung sei nur ein möglicher Weg. Der zuständige Gesetzgeber besitzt damit eine erhebliche Gestaltungsfreiheit, welche Mittel er zur Erreichung des durch Art. 13 Abs. 2 lit. c des UNO-Paktes I gesetzten Zieles wählen und wie er diese Mittel aufeinander abstimmen will. Der Einzelne kann sich somit auf diese Vorschrift nicht berufen, weil ihr die erforderliche Bestimmtheit abgeht (BGE 126 I 240 E. 2c und E. 2d; siehe auch BGer vom 30. Nov. 2000, 2P.77/2000, E. 5 [Art. 2 Abs. 2 und Art. 9 UNO-Pakt I]).

3. Verhältnis zum staatlichen Recht

a) Vorrang des Völkerrechts

Art. 5 Abs. 4 BV verpflichtet den Bund und die Kantone, das Völkerrecht zu beachten; des Weiteren sind gemäss **Art. 190 BV** sowohl die Bundesgesetze wie auch das Völkerrecht für das Bundesgericht und die übrigen rechtsanwendenden Behörden verbindlich. Hiermit ist jedoch keine grundsätzliche Entscheidung für den Vorrang des Völkerrechts vor den Bundesgesetzen oder vice versa getroffen worden. Es bleibt weiterhin der Lehre und der Rechtsprechung überlassen, Kriterien für die Einbettung des Völkerrecht ins Landesrecht zu finden (BVGE 2010/40 E. 3.1.2, 2010/7 E. 3.1.2; BVGer vom 21. Okt. 2009, A-5550/2008, E. 5.2.1). **Art. 190 BV** verbietet nicht, das betreffende Bundesgesetz darauf hin zu prüfen, ob es dem Völkerrecht tatsächlich widerspricht und allgemein anerkannte Prinzipien anzuwenden, um **Verfassungs- und Völkerrecht in Einklang** zu bringen (BGE 136 II 120 E. 3.5.1, 131 II 710 E. 5.4, 129 II 249 E. 5.4, 117 Ib 367 E. 2e; BVGE 2010/7 E. 3.1.2, 2010/40 E. 3.3). Ergibt schon die Auslegung, dass beispielsweise kein Konflikt zwischen der Erbenhaftung nach dem Recht der direkten Bundessteuer und der Europäischen Menschenrechtskonvention besteht, kann die Frage nach der Rangordnung der beiden Rechtsquellen offenbleiben (BGE 117 Ib 367 E. 2f). 644

645 Nur bei einer **«echten» Kollision** zwischen (unmittelbar anwendbarem) Völkerrecht und einem Bundesgesetz, die sich nicht durch eine völkerrechtskonforme Auslegung lösen lässt, stellt sich die Frage, welcher Norm Vorrang gebührt. Gemäss der bundesgerichtlichen Rechtsprechung geht im Konfliktfall – soweit der Gesetzgeber nicht bewusst durch einen innerstaatlichen Rechtsetzungsakt eine Völkerrechtsverletzung in Kauf genommen hat (sog. Schubert-Praxis, vgl. unten Rz. 649 ff.) – das Völkerrecht dem Landesrecht prinzipiell vor, und zwar grundsätzlich unabhängig davon, ob das Völkerrecht jünger oder älter als das entsprechende Bundesgesetz ist (BGE 136 III 168 E. 3.3.2, 125 II 417 E. 4d, 122 II 234 E. 4e).

646 Der **Vorrang des Völkerrechts** ergibt sich implizit auch aus **Art. 26 und 27 VRK**, wonach ein völkerrechtlicher Vertrag die Parteien bindet und von ihnen nach Treu und Glauben zu erfüllen ist (pacta sunt servanda) und wonach sich eine Vertragspartei grundsätzlich nicht auf ihr innerstaatliches Recht berufen kann, um die Nichterfüllung eines Vertrags zu rechtfertigen (BGE 124 II 293 E. 4, 122 II 234 E. 4e, 120 Ib 360 E. 2c; BVGE 2010/7 E. 3.3.3, 2010/40 E. 4.2; abgeschwächter BGE 136 II 120 E. 3.5). Völkerrechtlich sind die Staaten verpflichtet, ungeachtet ihres innerstaatlichen Rechts völkerrechtliche Verpflichtungen einzuhalten; das Völkerrecht beansprucht absolute Geltung. Jeder Vertragsbruch stellt eine Völkerrechtsverletzung dar, für welche der handelnde Staat zumindest völkerrechtlich verantwortlich wird (BVGE 2010/7 E. 3.3.3, 2010/40 E. 4.2).

Praxis:

647 – **Schadenersatzansprüche gestützt auf Art. 18 des Warschauer Abkommens (WA):** Die im vorliegenden Verfahren zu prüfenden Schadenersatzansprüche stützen sich auf Art. 18 WA. Diese Bestimmung äussert sich nicht zur Anspruchsberechtigung. Demgegenüber kann dem Schweizer Recht eine ausdrückliche Regelung der Klageberechtigung entnommen werden. Art. 21 Abs. 1 LTrR sieht vor, dass für Ansprüche gegen den Luftfrachtführer aus Verlust nur klageberechtigt ist, wer über das Frachtgut verfügen kann. Im vorliegenden Fall ist das Verfügungsrecht der absendenden Bank mit der Ankunft der Wertsendung auf dem Flughafen Tallin grundsätzlich untergegangen, sodass gemäss Art. 21 Abs. 1 LTrR auch die Klageberechtigung der Klägerin zu verneinen wäre. Eine derart restriktive Regelung der Klagelegitimation, wie sie vom Schweizer Gesetzgeber getroffen wurde, wird in der Literatur mit guten Gründen abgelehnt. Einerseits ist zu berücksichtigen, dass sich die in Art. 18 WA vorgesehenen Schadenersatzansprüche auf Beförderungen beziehen, denen ein Frachtvertrag zugrunde liegt. Der Frachtvertrag wird zwischen dem Absender und dem Luftfrachtführer abgeschlossen. Die sich aus dem Frachtvertrag ergebenden Rechte stehen somit in erster Linie dem Absender zu. Mit der restriktiven Regelung der Klageberechtigung in Art. 21 LTrR entzieht der schweizerische Gesetzgeber dem Absender das Recht auf Schadenersatz, auf das er gemäss Art. 18 WA einen völkerrechtlich verankerten Anspruch hat. Es ist daher davon auszugehen, dass in analoger Anwendung von Art. 30 Abs. 3 WA die Klageberechtigung des Absenders zu bejahen ist (BGE 128 III 390 E. 4.2).

648 – **Rodungsbewilligung für den Bau einer staatsvertraglich vereinbarten Strasse:** Der Vertrag zwischen der Schweizerischen Eidgenossenschaft und der Bundesrepublik Deutschland über die Strasse zwischen Lörrach und Weil am Rhein auf schweizerischem Gebiet vom 25. April 1977 legt den Verlauf der projektierten Strasse detailliert fest und regelt abschliessend die Voraussetzungen zur Erreichung des Vertragszwecks; der Vertrag enthält insbesondere keine Vorbehalte zugunsten landesinterner Bewilligungsverfahren. Daraus ergeben sich Konsequenzen für das innerstaatliche Rodungsbewilligungsverfahren. Die Eidgenossenschaft kann sich der völkerrechtlichen Verpflichtung nicht unter Berufung auf inländisches Recht entziehen; das Völkerrecht hat grundsätzlich Vorrang. Dies verlangt von den Rechtsanwendungsinstanzen ei-

ne völkerrechtskonforme Handhabung des Landesrechts. In Bezug auf die vorliegend umstrittenen Rodungsvoraussetzungen wirkt sich dies materiell in zweierlei Hinsicht aus: Zum einen ist mit der Ratifizierung des Vertrags abschliessend über die Standortgebundenheit des Werks entschieden worden und die Rodungsbehörde kann diese unter keinem Aspekt mehr in Frage stellen. Zum anderen besteht kein Raum mehr für eine Interessenabwägung; diese liegt der eingegangenen Verpflichtung zugrunde, den Bau der Strasse ohne Vorbehalt zugunsten landesinterner Bewilligungsverfahren zu ermöglichen. Damit ist durch den Staatsvertrag von 1977 vorgegeben, dass den wichtigen Gründen, die hier für eine Rodung angeführt werden können, kein überwiegendes Interesse an der Walderhaltung entgegensteht. Bei dieser Rechtslage erscheint fraglich, ob das Projekt überhaupt einer Rodungsbewilligung bedurfte oder ob nicht eine Verfügung über die Ersatzaufforstung genügt hätte; jedenfalls ist es nicht zu beanstanden, dass die für die Erteilung der Rodungsbewilligung zuständige kantonale Instanz die Vorgaben des Staatsvertrages von 1977 bei der Handhabung der waldrechtlichen Bestimmungen beachtete (BGE 122 II 234 E. 4e).

b) Schubert- und PKK-Praxis

aa) Begriff

Besteht **ein Widerspruch** zwischen einem **älteren Staatsvertrag** und einem **jüngeren Bundesgesetz**, so ist ein Gericht gemäss der **Schubert-Praxis** ausnahmsweise an das Bundesgesetz gebunden, wenn der Gesetzgeber beim Erlass des Bundesgesetzes bewusst in Kauf nimmt, dass das von ihm erlassene Landesrecht dem (nicht zwingenden) Völkerrecht widerspricht (BGE 99 Ib 39 E. 3 und E. 4; ähnlich bereits BGE 94 I 669 E. 6a; neuerdings etwa BGE 136 III 168 E. 3.3.4; BVGE 2010/40 E. 3.3; BVGer vom 23. März 2010, A-2744/2008, E. 1.4). BGE 99 Ib 39 ff. ist allerdings ein schlechtes Beispiel für die Anwendung der besagten Praxis, da im Anlass gebenden Ausgangsfall der Bundesgesetzgeber anlässlich der Beratungen des Gesetzes der Auffassung war, die von der Schweiz eingegangenen völkerrechtlichen Verpflichtungen würden respektiert (hierzu insb. FELIX SCHÖBI, Schweizerischer Grundstückskauf und europäisches Recht [zit. Grundstückskauf], Bern 1999, S. 82 ff.). 649

Die **Schubert-Praxis** wurde vom Bundesgericht in **BGE 125 II 417 ff.** relativiert. Das Bundesgericht hält fest, dass bindende völkerrechtliche Verpflichtungen zu erfüllen sind, und sich die Schweiz nicht auf ihr innerstaatliches Recht berufen kann, um die Nichterfüllung eines Vertrags zu rechtfertigen, wenn sich der Vorrang des Völkerrechts aus einer völkerrechtlichen Norm ableitet, die dem **Schutz der Menschenrechte** dient. Ob in anderen Fällen davon abweichende Konfliktlösungen im Sinne der Schubert-Praxis in Betracht zu ziehen sind, liess das Bundesgericht explizit offen (BGE 125 II 417 E. 4d). 650

Nach dieser sogenannten **PKK-Praxis**, die allerdings nur für die Eintretensfrage relevant war und eher in der Form eines obiter dictum und nicht explizit geäussert wurde (vgl. auch FELIX SCHÖBI, Vorrang der EMRK vor Bundesgesetzen? Bemerkungen zu BGE 136 III 168 [zit. Vorrang], recht 2010, S. 133; ROBERT BAUMANN, Die Tragweite der Schubert-Praxis [zit. Tragweite], AJP 2010, S. 1012), geht insbesondere die EMRK und allenfalls auch andere völkerrechtliche Verträge, die justiziable Grundrechte gewährleisten, Bundesgesetzen prinzipiell vor, und zwar unabhängig davon, ob der Bundesgesetzgeber bewusst von der EMRK abweichen wollte oder nicht. In anderen Fällen hingegen, wenn das Völkerrecht nicht dem Schutz der Men- 651 schenrechte dient, kann neueres Bundesrecht weiterhin im Sinne der Schubert-Praxis vom nicht zwingenden Völkerrecht abweichen, wenn ein solcher Verstoss in Kauf genommen wird; das Bundesgericht würde sich als verpflichtet erachten, das betreffende Bundesgesetz weiterhin anzuwenden (bestätigt in BGE 136 I 158 E. 2, 136 II 120 E. 3.5.3, 133 V 367 E. 11.1.2).

652 Die **Rechtsprechung des Bundesgerichts** zum (grundsätzlichen oder prinzipiellen) **Vorrang der EMRK** im Sinne der PKK-Praxis ist uneinheitlich (zum Folgenden insb. BGE 128 IV 201 E. 1.3): In BGE 126 II 425 E. 5b/aa lässt das Bundesgericht offen, ob eine völkerrechtswidrige Norm des Landesrechts im Einzelfall nicht anzuwenden ist; es geht im Gegenteil eher von einem Vorrang von Art. 4 aANAG als älterem Recht gegenüber Art. 8 EMRK aus. In BGE 125 III 209 E. 6e wird ebenso offen gelassen, ob und wie weit Konventionsrecht eine Regelung des Zivilgesetzbuches überhaupt zu «korrigieren» vermag. BGE 128 III 113 E. 3a hält fest, dass der Prüfung einer eidgenössischen Gesetzesbestimmung auf ihre Vereinbarkeit mit der EMRK nichts entgegensteht. Diese «Grundsätze» gelten grundsätzlich auch unter der Herrschaft der neuen Bundesverfassung (BGE 128 IV 201 E. 1.3); das Bundesgericht liess dies in BGE 128 IV 117 E. 3b noch offen, da die Bundesversammlung die Einführung einer (allgemeinen) Verfassungsgerichtsbarkeit ausdrücklich ablehnte.

Praxis:

653 – **Einziehung von Propaganda-Material:** Die schweizerischen Zollbehörden stellten am 11. Sept. 1997 in Riehen rund 88 kg Propagandamaterial der Kurdischen Arbeiterpartei PKK sicher, das an A adressiert war. Das Material wurde der Schweizerischen Bundesanwaltschaft zur näheren Prüfung übergeben. Diese stellte fest, dass die sichergestellten Zeitschriften und Bücher die Gewalt als einzige Alternative gegen den «türkischen Terrorstaat» propagierten und darüber hinaus Mitglieder der türkischen Regierung diffamierten. Da die Verbreitung oder der Verkauf dieser Schriften die innere und äussere Sicherheit der Schweiz gefährden könnten, verfügte die Bundesanwaltschaft gestützt auf Art. 1 des Bundesratsbeschlusses betreffend staatsgefährliches Propagandamaterial vom 29. Dez. 1948 (Propagandabeschluss) am 15. Jan. 1998 die Beschlagnahme des fraglichen Propagandamaterials. Diese Verfügung focht A beim Eidgenössischen Justiz- und Polizeidepartement an. Es entschied am 22. Juni 1998, das erhobene Rechtsmittel als Aufsichtsbeschwerde entgegenzunehmen und dieser keine Folge zu geben. Der Bundesrat ordnete am 26. Juni 1998 gestützt auf Art. 1 Abs. 2 des Propagandabeschlusses die Einziehung und damit die Vernichtung des beschlagnahmten Propagandamaterials an. Der als Rechtsgrundlage dienende Propagandabeschluss trat am 1. Juli 1998 ausser Kraft. Das Bundesgericht tritt auf die Beschwerde gegen den Entscheid des Eidgenössischen Justiz- und Polizeidepartements vom 26. Juni 1998 ein und weist diese ab. Erwägungen: Nach Art. 98 lit. a und Art. 100 Abs. 1 lit. a aOG kann das Bundesgericht die von Art. 6 Ziff. 1 EMRK verlangte gerichtliche Kontrolle des angefochtenen Bundesratsentscheids nicht übernehmen. Weiter entzieht sich Art. 98 lit. a aOG, der die anfechtbaren Entscheide des Bundesrats abschliessend aufzählt, einer völkerrechtskonformen Auslegung. Es liegt somit ein Konflikt zwischen einer Norm des nationalen Rechts und einer für die Schweiz verbindlichen staatsvertraglichen Regelung vor: Art. 98 lit. a aOG schliesst die Verwaltungsgerichtsbeschwerde gegen die angefochtene Verfügung des Bundesrats aus, während Art. 6 Ziff. 1 EMRK eine gerichtliche Überprüfung gebietet. Art. 114 bis Abs. 3 aBV, der gleich wie Art. 113 Abs. 3 aBV die Bundesgesetzgebung und die von der Bundesversammlung genehmigten Staatsverträge für das Bundesgericht für massgebend erklärt, enthält keine Lösung für den vorliegenden Konfliktfall (vgl. auch Art. 190 BV). Es ist ausgeschlossen, zwei sich widersprechende Normen – seien sie bundesgesetzlicher oder staatsvertraglicher Natur – zugleich anzuwenden. Der Konflikt ist vielmehr unter Rückgriff auf die allgemein anerkannten Grundsätze des Völkerrechts zu lösen. So ist die

Eidgenossenschaft gemäss Art. 26 VRK verpflichtet, die sie bindenden völkerrechtlichen Verpflichtungen zu erfüllen («pacta sunt servanda»; BGE 120 Ib 360 E. 3c). Diese völkerrechtlichen Prinzipien sind in der schweizerischen Rechtsordnung unmittelbar anwendbar (BGE 117 Ib 337 E. 2a) und binden nicht nur den Gesetzgeber, sondern sämtliche Staatsorgane. Daraus ergibt sich, dass im Konfliktfall das Völkerrecht dem Landesrecht prinzipiell vorgeht (BGE 125 III 209 E. 6e, 122 II 234 E. 4e, 122 II 485 E. 3a). Dies hat zur Folge, dass eine völkerrechtswidrige Norm des Landesrechts im Einzelfall nicht angewendet werden kann. Diese Konfliktregelung drängt sich umso mehr auf, wenn sich der Vorrang aus einer völkerrechtlichen Norm ableitet, die dem Schutz der Menschenrechte dient. Ob in anderen Fällen davon abweichende Konfliktlösungen in Betracht zu ziehen sind, ist vorliegend nicht zu prüfen. Im vorliegenden Fall sind demnach die Bundesbehörden verpflichtet, für die erforderliche richterliche Kontrolle zu sorgen. Das Bundesgericht muss daher direkt gestützt auf Art. 6 Ziff. 1 EMRK auf die vorliegende Beschwerde eintreten, um eine Verletzung der Konventionsrechte zu verhindern. Es ist demzufolge die Zuständigkeit des Bundesgerichts zur Beurteilung der erhobenen Beschwerde zu bejahen. Da die genannte Konventionsbestimmung eine freie richterliche Überprüfung des Sachverhalts und der Rechtsfragen – hingegen nicht eine Ermessenskontrolle – voraussetzt, ist das eingereichte Rechtsmittel als Verwaltungsgerichtsbeschwerde entgegenzunehmen (BGE 125 II 417 E. 4d; vgl. auch BGE 128 III 113 E. 3a, 128 IV 201 E. 1.3 und E. 1.4).

bb) Verhältnis zwischen Schubert- und PKK-Praxis

Umstritten ist das **Verhältnis** zwischen der **PKK-Praxis** sowie der **Schubert-Praxis**: 654
In **BGE 136 II 120 E. 3.5** erachtete das Bundesgericht Bundesgesetze (in casu Art. 17 Abs. 2 aANAG bzw. neu Art. 42 Abs. 2 AuG), die zu einer Inländerdiskriminierung und somit zu einer Schlechterstellung von Schweizerinnen und Schweizern gegenüber EU/EFTA-Bürgerinnen und -Bürgern führen, als verbindlich. Das Bundesgericht könne lediglich den Gesetzgeber einladen, die fragliche Bestimmung zu ändern (E. 3.5.1). Nur falls sich der Gesetzgeber dem Problem in absehbarer Zeit nicht annehmen sollte, könne das Bundesgericht im Rahmen von Art. 190 BV, gestützt auf Art. 8 und 14 EMRK und den Vorrang des Völkerrechts, gehalten sein, über den vorliegenden Appellentscheid hinaus eine Konventionswidrigkeit im Einzelfall allenfalls selber zu korrigieren (E. 3.5.3). Demgegenüber ging das Bundesgericht in **BGE 136 II 241 E. 16.1** von einem Vorrang des Diskriminierungsverbots gemäss FZA aus und erachtete sich an die PKK-Praxis gebunden, erweiterte diese hingegen ohne Not in einem obiter dictum dahin gehend, dass auch ausserhalb derjenigen völkerrechtlichen Verträge, die dem Schutz der Menschenrechte dienen, dieser Grundsatz zu beachten sei.

Die II. zivilrechtliche Abteilung entschied fast gleichzeitig, dass im Sinne der PKK-Praxis zwar grundsätzlich die EMRK Bundesgesetzen vorgehe, doch könne der schweizerische Gesetzgeber im Sinne der Schubert-Praxis bewusst eine EMRK-Verletzung in Kauf nehmen (**BGE 136 III 168 E. 3.3.4**). Nach diesem Entscheid gilt die sogenannte Schubert-Praxis (BGE 99 Ib 39 ff.) auch im Rahmen der EMRK; das Bundesgericht erachtet sich als gehalten, jüngere Gesetze, die bewusst gegen die EMRK verstossen, im Einzelfall anzuwenden. Wie diese Praxis mit BGE 125 II 417 ff. zu vereinbaren ist, wonach die EMRK den Bundesgesetzen vorgeht, wenn eine Verurteilung durch den Europäischen Gerichtshof für Menschenrechte droht (BGE 125 II 417 E. 4d), liess das Bundesgericht offen (zum Entscheid auch SCHÖBI, Vorrang, S. 134; BAUMANN, Tragweite, S. 1013). 655

Praxis:

656 – **Diskriminierungsverbot gemäss Art. 2 FZA und Art. 9 Abs. 2 Anhang I FZA (Abzüge im Rahmen der Quellenbesteuerung):** X, schweizerischer Staatsangehöriger, war bis im Jahr 2000 in Genf wohnhaft. Anfang des Jahres 2001 nahm er Wohnsitz in Frankreich und wohnt seither dort. Bis 2006 arbeitete X als Buchhalter in der Schweiz. Gleichzeitig übte er einige Tätigkeiten in Frankreich aus; sein Einkommen bestand zu ungefähr 95 % aus seinen schweizerischen Gehältern. Die Steuerverwaltung und auf Beschwerde hin die Rekurskommission des Kantons Genf unterstellten X der Quellenbesteuerung und liessen als zusätzlichen Abzug gegenüber den Abzügen, die in der auf die Jahre 2004, 2005 und 2006 anwendbaren Skala enthalten waren, nur die Vorsorgeprämien der 3. Säule A, respektive die zum Einkauf von Versicherungsjahren der 2. Säule bestimmten Beträge zu, unter Ausschluss der ordentlichen Prämien für die berufliche Vorsorge der zweiten Säule, der Lebensversicherungsprämien, der Beiträge für die Kranken- und Unfallversicherung sowie der effektiven Gestehungskosten des Einkommens, namentlich der Reisekosten zwischen dem Wohnort in Frankreich und dem Arbeitsort in Genf, deren Abzug X ordnungsgemäss beantragt hatte. Erwägungen: Die Regelung, die Quellensteuerpflichtigen einem anderen Regime der steuerlichen Abzüge wie Steuerpflichtige, die der ordentlichen Steuer unterliegen, unterstellt, widerspricht dem Diskriminierungsverbot nach Art. 2 FZA und Art. 9 Abs. 2 Anhang I FZA. Gemäss Art. 190 BV können sich weder das Bundesgericht noch eine andere Behörde weigern, ein Bundesgesetz oder Völkerrecht anzuwenden. Wenn ein unüberwindbarer Widerspruch zwischen den beiden Rechtsordnungen festgestellt wird, hält sich das Bundesgericht an seine Rechtsprechung (BGE 125 II 417 E. 4d), gemäss welcher das Völkerrecht grundsätzlich dem Landesrecht vorgeht, insbesondere wenn sich die völkerrechtliche Norm auf den Schutz der Menschenrechte bezieht (vgl. auch BGE 122 II 485 E. 3a), aber auch ausserhalb dieses Schutzbereichs ist dieser Grundsatz zu beachten (BGE 122 II 234 E. 4e), sodass eine damit im Widerspruch stehende Gesetzesbestimmung des Landesrechts keine Anwendung finden kann. Das in den Art. 2 FZA und Art. 9 Abs. 2 Anhang I FZA verankerte Diskriminierungsverbot ist unmittelbar anwendbar und geht demnach entgegen stehenden Bestimmungen der Bundesgesetze über die direkte Bundessteuer und über die Steuerharmonisierung vor. Das Verbot bricht auch entgegenstehendes kantonales Recht. Entsprechend muss auf die gemäss Art. 21 Abs. 3 FZA zulässige Besteuerung des Beschwerdeführers an der Quelle in den Steuerperioden 2004, 2005 und 2006 dieselbe steuerliche Abzugsregelung angewendet werden wie bei den in der Schweiz wohnhaften Steuerpflichtigen, die der ordentlichen Besteuerung unterliegen (BGE 136 II 241 E. 16.1 = Pra 99 [2010] Nr. 124).

657 – **Familiennachzug von Schweizer Bürgern (Art. 17 Abs. 2 aANAG; Art. 8 und 14 EMRK):** Nach Art. 190 BV sind Bundesgesetze und Völkerrecht für das Bundesgericht und die anderen rechtsanwendenden Behörden massgebend. Damit kann Bundesgesetzen weder im Rahmen der abstrakten noch der konkreten Normenkontrolle die Anwendung versagt werden. Zwar handelt es sich dabei um ein Anwendungsgebot und kein Prüfungsverbot, und es kann sich rechtfertigen, vorfrageweise die Verfassungswidrigkeit eines Bundesgesetzes zu prüfen; wird eine solche festgestellt, muss das Gesetz aber angewandt werden, und das Bundesgericht kann lediglich gegebenenfalls den Gesetzgeber einladen, die fragliche Bestimmung zu ändern. Der vorliegende Sachverhalt ist, wie bereits dargelegt, noch auf der Grundlage des ANAG und der dazu ergangenen Rechtsprechung zu beurteilen. Zwar hat sich dieser im Ausländergesetz darum bemüht, den Familiennachzug von Schweizer Bürgern mindestens gleich grosszügig zu gestalten wie denjenigen von EU-/EFTA-Staatsangehörigen. Er hat dies indessen aufgrund des damaligen Standes der Rechtsprechung, d.h. in Übernahme der «Akrich-Rechtsprechung», getan, die heute überholt ist. Aus Gründen der Gewaltenteilung ist es deshalb vorerst ihm zu überlassen, darüber zu befinden, unter welchen Bedingungen und aus welchen Gründen er allenfalls eine Gleich- oder Ungleichbehandlung von Schweizer- und EU/EFTA-Bürgern unter dem neuen Recht hinnehmen will. Dies gilt umso mehr, als er bereits beim Erlass des Ausländergesetzes nicht alle umgekehrten Diskriminierungen beseitigt hat. Es kann unter diesen Umständen dahingestellt bleiben, ob Art. 42 Abs. 2 AuG künftig allenfalls in teleologischer Auslegung wortlautwidrig im Sinne der FZA-Regelung verstanden werden müsste. Es ist nicht am Bundesgericht, dem Gesetzgeber hinsichtlich der künftigen Regelung Vorgaben zu machen, nachdem

diesem mehrere Lösungen offenstehen, die zu einem verfassungs- und konventionskonformen Resultat und zu einer konsistenten Regelung des Familiennachzugs führen können. Der Gesetzgeber hat das Problem bereits erkannt. Nachdem das Bundesgericht inzwischen die Rechtsprechung i.S. «Metock» übernommen hat, wird er erneut prüfen müssen, ob und welche Änderungen sich mit Blick auf das Gesamtsystem des Familiennachzugs aufdrängen. Nur falls er sich dem Problem in absehbarer Zeit nicht annehmen sollte, könnte das Bundesgericht im Rahmen von Art. 190 BV, allenfalls gestützt auf Art. 14 EMRK und den Vorrang des Völkerrechts, gehalten sein, über den vorliegenden Appellentscheid hinaus eine Konventionswidrigkeit im Einzelfall allenfalls selber zu korrigieren (vgl. BGE 133 V 367 E. 11, 128 III 113 E. 3a, 128 IV 201 E. 1.3, jeweils mit weiteren Hinweisen). Soweit ersichtlich hat der EGMR das Problem einer möglichen Verletzung von Art. 14 EMRK durch eine umgekehrte Diskriminierung, d.h. durch eine Schlechterstellung der eigenen Staatsangehörigen, bisher nicht beurteilen müssen, weshalb es sich im Rahmen von Art. 190 BV rechtfertigt, dem Gesetzgeber die Möglichkeit zu belassen, im demokratischen Verfahren die sich aus der neuen Situation ergebenden Konsequenzen zu ziehen (BGE 136 II 120 E. 3.5).

– **Getrennte Namensführung der Ehefrau (Art. 160 Abs. 1 ZGB und Art. 8 EMRK):** Die Ehefrau beantragt vor Bundesgericht, anstelle des mit der Heirat erworbenen Familiennamens nach den Namensregeln von Sri Lanka einzig den Vornamen des Ehemannes als Familiennamen tragen zu dürfen. Dieser Antrag ist mit den Grundsätzen des geltenden ehelichen Namensrechts jedoch nicht vereinbar, weil dieses keine getrennte Namensführung der Ehegatten kennt, unabhängig davon, ob der gewünschte Name der Ehefrau ihr bisheriger oder ein – wie hier – nach Art. 30 Abs. 1 ZGB zu ändernder Name ist. Vor diesem Hintergrund musste das Obergericht zum Ergebnis gelangen, dass das Namensänderungsgesuch der Beschwerdeführerin nicht bewilligt werden kann. Es ist auch anerkannt, dass sich die Regelung gemäss Art. 160 Abs. 1 und Art. 30 Abs. 2 ZGB in ihrer Gesamtheit als verfassungswidrig erweist und ferner, dass diese gegen Art. 8 EMRK verstösst. Gemäss Art. 190 BV sind für das Bundesgericht sowohl Bundesgesetze als auch Völkerrecht massgebend. Im Konfliktfall geht das Völkerrecht dem Landesrecht jedenfalls dann vor, wenn die völkerrechtliche Norm dem Schutz der Menschenrechte dient. Dies hat zur Folge, dass eine völkerrechtswidrige Norm des Landesrechts insoweit nicht angewendet werden kann (BGE 125 II 417 E. 4d). Damit stellt sich die Frage, ob die im ZGB festgelegte – gegen die EMRK verstossende – Unmöglichkeit zur getrennten Namensführung der Ehegatten noch massgebend ist. Für die Beantwortung der Frage sind die jüngsten Beratungen im Parlament zum Problem der Kollision zwischen dem Namensrecht der Ehegatten und der EMRK zu berücksichtigen. Am 19. Juni 2003 wurde eine (weitere) parlamentarische Initiative eingereicht, welche verlangt, das ZGB so zu ändern, dass die Gleichstellung der Ehegatten im Bereich der Namens- und Bürgerrechtsregelung gewährleistet ist. Am 22. Aug. 2008 verabschiedete die Rechtskommission des Nationalrates einen entsprechenden Entwurf zur Änderung des Namens- und Bürgerrechts (BBl 2009 S. 403 ff.). Der Nationalrat beschloss jedoch am 11. März 2009 die Rückweisung der Vorlage an die Rechtskommission, mit dem Auftrag, ausschliesslich die durch das EMRK-Urteil vom 22. Feb. 1994 (Burghartz gegen Schweiz) absolut notwendigen Schritte vorzuschlagen. Diesem Auftrag ist die Rechtskommission des Nationalrates am 27. Aug. 2009 mit dem Vorschlag nachgekommen, dass die in der ZStV festgeschriebene Regelung, wonach dem Ehegatten erlaubt wird, seinen Namen voranzustellen, wenn die Brautleute den Frauennamen als Familiennamen führen wollen (Art. 12 Abs. 1 Satz 2 ZStV), in das ZGB aufzunehmen sei. Dabei hat sie festgehalten, dass die vorgeschlagene Regelung – auch mit Blick auf das Urteil Tekeli gegen Türkei vom 16. Nov. 2004 – die Gleichstellung nicht gewährleistet. Der entsprechende Vorschlag wurde vom Nationalrat am 10. Dez. 2009 angenommen, nachdem das Urteil Tekeli in der Beratung thematisiert und darauf hingewiesen wurde, dass nach diesem Urteil die Schweiz bei einer vergleichbaren Klage vom Europäischen Gerichtshof für Menschenrechte mit grosser Wahrscheinlichkeit verurteilt würde. Die verweigerte Änderung bzw. Anpassung des ehelichen Namensrechts an die EMRK bzw. aktuelle Rechtsprechung des Europäischen Gerichtshofs für Menschenrechte läuft darauf hinaus, dass der schweizerische Gesetzgeber bewusst den Grundsatz der Einheit der Familie und ihres Namens höher gewichtet als den Rechtsgleichheitsgrundsatz, wie ihn der Europäische Ge- 658 richtshof versteht. Damit liegt nahe, gemäss BGE 99 Ib 39 ff. im Sinne der sog. Schubert-Praxis das Bundesgesetz weiterhin als massgeblich zu erachten. Ob diese Sichtweise – Massgeblichkeit der geltenden ZGB-Bestimmungen – mit der neueren Rechtsprechung vereinbar ist, wonach das Bundesgericht der EMRK den Vorzug gibt, wenn eine Verurteilung durch den Europäischen Gerichtshof für Menschenrechte droht (BGE 125 II 417 E. 4d), braucht im konkreten Fall nicht abschliessend entschieden zu werden (BGE 136 III 168 E. 3.3).

c) *Völkerrechtskonforme Auslegung*

659 Das **Anwendungsgebot** nach **Art. 190 BV** verbietet nicht, allgemein anerkannte Prinzipien anzuwenden, um Landes- und Völkerrecht in Einklang zu bringen (BGE 136 II 120 E. 3.5.1, 131 II 710 E. 5.4, 129 II 249 E. 5.4, 117 Ib 367 E. 2e; BVGE 2010/7 E. 3.1.2). Nach dem Grundsatz der **völkerrechts- oder europarechtskonformen Auslegung** sind Auslegungsspielräume des nationalen Rechts unter Berücksichtigung der einschlägigen völkerrechtlichen Norm so auszuschöpfen, dass es **nicht zu einem Widerspruch zwischen Völker- und Landesrecht** kommt (BGE 133 I 286 E. 3.2, 126 I 240 E. 2b, 124 III 90 E. 3a, 124 IV 23 E. 4a, 123 IV 236 E. 8a/cc, 122 II 234 E. 4e, 120 Ia 1 E. 5b, 94 I 669 E. 6a; BGer vom 11. Aug. 2009, 4A_56/2009; zum Ganzen insb. Rz. 1052 ff.).

Praxis:

660 – **Völkerrechtskonforme Auslegung von Art. 83 Abs. 4 AuG:** Gemäss Art. 83 Abs. 4 AuG ist der Vollzug der Wegweisung nicht zumutbar, wenn die beschwerdeführende Person bei einer Rückkehr in ihren Heimatstaat einer konkreten Gefährdung ausgesetzt wäre. Sind von einem allfälligen Wegweisungsvollzug Kinder betroffen, so bildet im Rahmen der Zumutbarkeitsprüfung das Kindeswohl einen Gesichtspunkt von gewichtiger Bedeutung. Dies ergibt sich nicht zuletzt aus einer völkerrechtskonformen Auslegung des Art. 83 Abs. 4 AuG im Lichte von Art. 3 Abs. 1 der KRK. Unter dem Aspekt des Kindeswohls sind sämtliche Umstände einzubeziehen und zu würdigen, die im Hinblick auf eine Wegweisung wesentlich erscheinen. In Bezug auf das Kindeswohl können namentlich folgende Kriterien im Rahmen einer gesamtheitlichen Beurteilung von Bedeutung sein: Alter, Reife, Abhängigkeiten, Art (Nähe, Intensität, Tragfähigkeit) seiner Beziehungen, Eigenschaften seiner Bezugspersonen (insbesondere Unterstützungsbereitschaft und -fähigkeit), Stand und Prognose bez. Entwicklung/Ausbildung, Grad der erfolgten Integration bei einem längeren Aufenthalt in der Schweiz. Gerade letzterer Aspekt, die Dauer des Aufenthaltes in der Schweiz, ist im Hinblick auf die Prüfung der Chancen und Hindernisse einer Reintegration im Heimatland bei einem Kind als gewichtiger Faktor zu werten, da Kinder nicht ohne guten Grund aus einem einmal vertrauten Umfeld herausgerissen werden sollten. Dabei ist aus entwicklungspsychologischer Sicht nicht nur das unmittelbare persönliche Umfeld des Kindes (d.h. dessen Kernfamilie) zu berücksichtigen, sondern auch dessen übrige soziale Einbettung. Die Verwurzelung in der Schweiz kann eine reziproke Wirkung auf die Frage der Zumutbarkeit des Wegweisungsvollzugs haben, indem eine starke Assimilierung in der Schweiz eine Entwurzelung im Heimatstaat zur Folge haben kann, welche u.U. die Rückkehr dorthin als unzumutbar erscheinen lässt. Vorliegend ergibt sich, aus den Akten folgende Sachlage: Die Beschwerdeführerin reiste am 25. Feb. 1999 mit ihrem damals knapp achtjährigen Sohn in die Schweiz ein. Dieser absolvierte in den vergangenen Jahren die gesamte Schulzeit in der Schweiz und hat somit den prägenden Teil der Sozialisation, die Adoleszenz, in der Schweiz erfahren. Es kann davon ausgegangen werden, dass bei ihm eine weitgehende Assimilierung an die schweizerische Kultur und Lebensweise erfolgt ist. Namentlich ist davon auszugehen, dass er sich während dieser langen Zeit ein eigenes persönliches Beziehungsnetz geschaffen hat. Demgegenüber wird er kaum über jene Kenntnisse seiner Muttersprache verfügen, welche für einen erfolgreichen Einstieg in eine berufliche Ausbildung oder in das Berufsleben in der Heimat vorauszusetzen wären. Angesichts der erheblichen kulturellen

Differenzen zwischen der Schweiz und der Mongolei wäre seine Integration in der Heimat in hohem Masse erschwert. Bei dieser Sachlage besteht für den Beschwerdeführer somit die konkrete Gefahr, dass die mit einem Vollzug der Wegweisung verbundene Entwurzelung aus dem gewachsenen sozialen Umfeld in der Schweiz einerseits und die sich gleichzeitig abzeichnende Problematik einer Integration in die ihm weitgehend fremde Kultur und Umgebung im Heimatland anderseits zu Belastungen führen würden, die mit dem Schutzanliegen des Kindeswohls in keiner Weise zu vereinbaren wären. In Würdigung der vorstehenden Ausführungen gelangt das Bundesverwaltungsgericht zum Schluss, dass sich der Vollzug der Wegweisung des Beschwerdeführers in die Mongolei als nicht (mehr) zumutbar i.S.v. Art. 83 Abs. 4 AuG erweist (BVGer vom 15. Aug. 2008, D-256/2008, E. 5).

4. Bemerkungen

1. **Rechtsetzende Staatsverträge** stellen nur dann **Quellen des Verwaltungsrechts** 661
dar, wenn sie **im Einzelfall unmittelbar anwendbar** sind (**self-executing**), was voraussetzt, dass die angerufene staatsvertragliche Regelung (1.) inhaltlich hinreichend bestimmt und klar ist, (2.) Rechte und Pflichten Privater begründet und (3.) im Einzelfall Grundlage eines Entscheides bilden kann, d.h. sich an die rechtsanwendenden Behörden richtet (BGE 136 I 297 E. 8.1, 133 I 58 E. 4.2.3, 126 I 240 E. 2b, 125 I 182 E. 3a). Die Frage der unmittelbaren Anwendbarkeit ist für jede einzelne Bestimmung gesondert zu prüfen und stellt eine Auslegungsfrage dar (BGE 136 I 290 E. 2.3.1).

2. **Programmatisch** ist eine Bestimmung insbesondere dann, wenn sie dem Einzel- 662
nen grundsätzlich keine subjektiven Rechte einräumt (BGE 136 I 290 E. 2.3.1, 135 I 161 E. 2.2). Die erforderliche Bestimmtheit fehlt vor allem bei Bestimmungen, die eine Materie nur in Umrissen regeln, dem Vertragsstaat einen beträchtlichen Ermessens- oder Entscheidungsspielraum belassen oder blosse Leitgedanken, Richtlinien oder Empfehlungen beinhalten, zu deren Umsetzung nicht die Verwaltungs- oder Justizbehörden, sondern der Gesetzgeber aufgerufen ist (BGE 133 I 286 E. 3.2, 126 I 240 E. 2b, 124 III 90 E. 3a, 124 IV 23 E. 4a, 122 II 234 E. 4a, 120 Ia 1 E. 5b).

3. Die **Gesamtbeurteilung** richtet sich nach den **Umständen des Einzelfalls**. Völ- 663
kerrechtlichen Verträgen mit zumindest **grundrechtsähnlichem Gehalt** wird die Justiziabilität selten abgesprochen; häufig wendet sogar das Bundesgericht die betreffenden Verträge ohne weitere Prüfung ihrer Justiziabilität unmittelbar an (Rechtshilfeabkommen, Niederlassungsabkommen, Doppelbesteuerungsabkommen, EMRK, Sozialversicherungsabkommen, FZA), während **wirtschafts- oder sozialpolitische Verträge** einer eher restriktiven Beurteilung im Hinblick auf ihre Rechtsnatur unterliegen (Freihandelsübereinkommen, WTO-Übereinkommen oder UNO-Pakt I). Für die **Kinderrechtskonvention** wird diese Frage konsequenterweise für jede einzelne Bestimmung gesondert geprüft.

4. Der hauptsächlichste **Unterschied** zwischen den verschiedenen Arten von recht- 664
setzenden Staatsverträgen liegt darin begründet, dass **unmittelbar anwendbare Verträge** Grundlage eines Entscheids bilden können, während **mittelbar anwendbare Verträge** der Umsetzung durch den Gesetzgeber bedürfen. Davon zu unterscheiden sind blosse **Empfehlungen im Sinne von soft law**, die rechtlich nicht verbindlich und allenfalls bei der Auslegung von innerstaatlichem Recht zu berücksichtigen sind (BGE 125 I 182 E. 3c/aa; BVGE 2008/41 E. 5.3.3). Es wäre diesbezüglich wünschenswert, wenn das Bundesgericht in seiner Rechtsprechung präziser zwischen

justiziablen (die durch die rechtsanwendenden Behörden einer Anwendung im Einzelfall zugänglich und unmittelbar anwendbar sind), **programmatischen** (die sich an den Gesetzgeber richten, der sie in konkrete Rechte und Pflichten umzusetzen hat und lediglich mittelbar anwendbar sind) **und politischen** (die lediglich Empfehlungen oder Richtlinien beinhalten und eigentliches soft law darstellen, welches allenfalls im Rahmen der Auslegung innerstaatlicher Bestimmungen zu beachten ist) Bestimmungen unterscheiden würde. Teilweise geht aus den Urteilen nicht hervor, ob eine blosse Empfehlung oder ob ein grundsätzlich verbindlicher Vertrag mit programmatischem Gehalt vorliegt, der zumindest vom Gesetzgeber zu beachten und – seinem Sinn und Zweck entsprechend – in Rechtsnormen umzuwandeln ist.

665 5. Nur bei einer **«echten» Kollision** zwischen (unmittelbar anwendbarem) Völkerrecht und Bundesgesetzen, die sich nicht durch eine völkerrechtskonforme Auslegung lösen lässt, stellt sich die Frage, welcher Norm Vorrang gebührt. Gemäss der bundesgerichtlichen Rechtsprechung geht im Konfliktfall das Völkerrecht dem Landesrecht prinzipiell vor, und zwar grundsätzlich unabhängig davon, ob das Völkerrecht jünger oder älter ist als das entsprechende Bundesgesetz (BGE 136 III 168 E. 3.3.2, 125 II 417 E. 4d, 122 II 234 E. 4e; BVGer vom 15. Juli 2010, A-4013/2010, E. 3.3). Eine Ausnahme davon stellt die sogenannte **Schubert-Praxis** dar. Danach ist eine rechtsanwendende Behörde oder ein Gericht ausnahmsweise an ein Bundesgesetz gebunden, wenn der Gesetzgeber beim Erlass des Bundesgesetzes bewusst in Kauf nimmt, dass das von ihm erlassene Landesrecht dem (nicht zwingenden) Völkerrecht widerspricht (BGE 99 Ib 39 E. 3 und E. 4; ähnlich bereits BGE 94 I 669 E. 6a; neuerdings etwa BGE 136 III 168 E. 3.3.4; BVGE 2010/40 E. 3.3).

666 6. **Umstritten** ist in der neueren Praxis, ob der schweizerische Gesetzgeber im Sinn der **Schubert-Praxis bewusst eine EMRK-Verletzung** in Kauf nehmen darf (eher zustimmend BGE 136 III 168 E. 3.3.4). Nach diesem Entscheid gilt die sogenannte Schubert-Praxis (BGE 99 Ib 39 ff.) auch im Rahmen der EMRK; das Bundesgericht erachtet sich als gehalten, jüngere Gesetze, die bewusst gegen die EMRK verstossen, im Einzelfall anzuwenden. Wie diese Praxis mit BGE 125 II 417 ff. zu vereinbaren ist, wonach die EMRK den Bundesgesetzen prinzipiell vorgeht (PKK-Praxis), wenn eine Verurteilung durch den Europäischen Gerichtshof für Menschenrechte droht (BGE 125 II 417 E. 4d), lässt das Bundesgericht offen (siehe auch die widersprüchlichen Entscheide BGE 136 II 120 ff. und BGE 136 II 241 ff.; nach BGE 136 II 120 E. 3.5 sind Bundesgesetze grundsätzlich verbindlich, auch wenn sie allenfalls gegen die EMRK verstossen; nach BGE 136 II 241 E. 16.1 ist auch ausserhalb derjenigen völkerrechtlichen Verträge, die dem Schutz der Menschenrechte dienen, der Vorrang des Völkerrechts – im Sinne der PKK-Praxis – zu beachten).

IX. Allgemeine Rechtsgrundsätze

1. Begriff

Allgemeine Rechtsgrundsätze sind Normen, die wegen ihrer umfassenden Tragweite sowohl für das öffentliche Recht wie auch für das Privatrecht gelten («fachübergreifende Rechtsprinzipien»). Wichtige **Anwendungsfälle** stellen die Rückforderung einer grundlos erbrachten Leistung, die Verjährung von öffentlich-rechtlichen Ansprüchen, die Pflicht zur Zahlung von Verzugszinsen, die Verrechnung von Geldforderungen oder die Wahrung von Fristen für Eingaben an Behörden dar (HÄFELIN/MÜLLER/UHLMANN, Rz. 187 ff.). Da diese Rechtsinstitute nicht zwingend eine fundamentale Bedeutung für die Rechtsordnung aufweisen und zudem subsumtionsfähige «Prinzipien» sind, werden sie zutreffend auch als allgemeine (fachübergreifende) Rechtsregeln bezeichnet (TSCHANNEN/ZIMMERLI/MÜLLER, § 16, Rz. 9 ff.). 667

Eine einheitliche **Terminologie** ist nicht ersichtlich: Allgemeine Rechtsgrundsätze sind grundsätzlich abzugrenzen von den **Verfassungsgrundsätzen** gemäss Art. 5 BV und oder **besonderen Rechtsgrundsätzen**, die in gewissen Rechtsbereichen des öffentlichen Rechts oder des Privatrechts gelten. Gemäss Rechtsprechung stellen hingegen das Gebot des Handelns nach Treu und Glauben, das daraus abgeleitete Rechtsmissbrauchsverbot sowie der Grundsatz der Verhältnismässigkeit ebenso allgemeine Rechtsgrundsätze dar (BGE 130 II 113 E. 6.1 und E. 9; BGer vom 23. Aug. 2011, 2C_261/2011, E. 1.3; vom 28. Nov. 2005, 2A.239/2005, E. 3.4.3 [Rechtsmissbrauchsverbot]; vom 14. Juni 2004, 1A.256/2003, E. 5.2 [Verhältnismässigkeitsprinzip]; vom 16. Nov. 2000, 1A.130/2000, E. 3b; BVGer vom 10. März 2009, D-3286/2006, E. 5.2.3 [Treu und Glauben]). In BGE 118 II 435 E. 2c hat sich für das Bundesgericht die Frage gestellt, ob die Verweigerung der Aufnahme der Klägerin in eine Genossenschaft gegen allgemeine Rechtsgrundsätze, insbesondere gegen die Art. 2 und 28 Abs. 1 ZGB, verstösst und aus diesem Grunde widerrechtlich sei. Ferner sind allgemeine Rechtsgrundsätze von den **unumstrittenen Rechtsgrundsätzen** abzugrenzen, deren offensichtliche Verletzung gegen das Willkürverbot verstösst (BGE 136 I 316 E. 2.2.2, 134 II 124 E. 4.1, 132 I 175 E. 1.2, 131 I 467 E. 3.1). Beispielsweise werden etwa die **Kriterien zur Unterscheidung von öffentlichem und privatem Recht** (Subordinations-, Interessen- und Funktionstheorie sowie modale Theorie) als unumstrittene Rechtsgrundsätze bezeichnet (BGE 132 I 270 E. 5.7). 668

Mitunter stellen auch **prozessrechtliche Grundsätze** wie die Weiterleitung einer Streitsache an die hierfür zuständige Behörde (BGE 118 Ia 241 E. 3), die Regeln über die Fristberechnung gemäss Art. 20 ff. VwVG (BGer vom 1. Okt. 2009, 1C_275/2009, E. 3.3.2 [in BGE 136 II 132 ff. nicht publ. E.]), die Möglichkeit, auf Gesuch hin unverschuldet versäumte Fristen wiederherzustellen (BGer vom 10. März 2009, 1C_491/2008, E. 1.2) oder die Erstreckung einer behördlich angesetzten Frist (BGer vom 23. Juli 2007, I 898/06, E. 3.4) allgemeine Rechtsgrundsätze dar. Selbst **Institute**, die vor allem **im öffentlichen Recht** oder in bestimmten Bereichen des Verwaltungsrechts zum Tragen kommen, wie das Institut der Wiedererwägung (BGE 126 V 23 E. 4b), das Koordinationsgebot (VerwG ZH vom 14. Juli 2010, VB.2010.00165, E. 3.2) oder die Schadensminderungspflicht (BGE 115 V 38 E. 3d) werden in der Praxis als allgemeine Rechtsgrundsätze bezeichnet. 669

2. Fallgruppen

a) *Privatrechtliche Institute*

Praxis:

670 – **Verjährung**; öffentlich-rechtliche Forderungen unterliegen auch beim Fehlen einer ausdrücklichen Gesetzesbestimmung der Verjährung. Regelt der massgebende Erlass Beginn und Dauer der Verjährungsfrist nicht, sind die gesetzlichen Fristenregelungen anderer Erlasse für verwandte Ansprüche heranzuziehen. Beim Fehlen entsprechender gesetzlicher Vorschriften ist die Verjährungsfrist schliesslich nach allgemeinen Grundsätzen festzulegen (BGE 113 Ia 146 E. 3d, 112 Ia 260 E. 5). Heute ist grundsätzlich anerkannt, dass ausserhalb besonders gelagerter Fallkonstellationen für **einmalige Leistungen eine zehnjährige**, für **periodische eine fünfjährige Frist** gilt (BGE 112 Ia 260 E. 5e; BGer vom 3. Nov. 2003, 2P.299/2002, E. 2.2; BVGer vom 14. Mai 2009, A-6160/2008, E. 6.1; vom 9. Juli 2008, A-8114/2007, E. 6.1; vom 14. Dez. 2007, C-1239/2006, E. 5.3); entsprechend verjähren Forderungen aus öffentlich-rechtlichen Arbeitsverhältnissen analog zu Art. 128 Ziff. 3 OR nach fünf Jahren (BGE 124 II 436 E. 10k). Bei der **formellen Enteignung von Abwehrrechten** aus Art. 679 ZGB beträgt die Dauer fünf Jahre (BGE 130 II 394 ff.; BGer vom 13. Aug. 2010, 1C_98/2010, E. 2.3.1 und E. 3.2), ebenso bei Forderungen des Gemeinwesens gemäss **Art. 54 GSchG und Art. 59 USG**, nachdem die Sicherungs- und Behebungsmassnahmen durchgeführt worden und die Höhe der Kosten für diese Massnahmen bekannt geworden sind (BGE 122 II 26 E. 5), während für Ansprüche aus materieller Enteignung die Frist zehn Jahre beträgt (BGer vom 13. Aug. 2010, 1C_98/2010, E. 2.3.1). Die Verjährungsfrist von **Verzugszinsen** richtet sich nach dem Hauptanspruch oder beträgt in Anwendung der ordentlichen Verjährungsfrist zehn Jahre (BGE 129 V 345 E. 4.2.2).

671 – **Verwirkung** (VerwG ZH vom 10. Mai 2007, VB.2007.00077, E. 6.2.3; KG BL vom 3. Sept. 2003, in: ZBl 2004 S. 602 E. 4a); ob es sich um eine Verjährungs- oder Verwirkungsfrist handelt, wird in der Rechtsprechung terminologisch nicht immer einheitlich behandelt (BGE 126 II 145 E. 2a) und ergibt sich erst durch Analyse des massgebenden Erlasses (BGE 111 V 136 E. 3b). Bei Art. 20 Abs. 1 VG beispielsweise ist gemäss ständiger Praxis von einer Verwirkung der Ansprüche auszugehen (BGE 136 II 187 E. 6, 133 V 14 E. 6, 126 II 145 E. 2a). Die Frist kann somit – im Gegensatz zu einer Verjährungsfrist – grundsätzlich weder gehemmt oder unterbrochen noch erstreckt werden und ist stets von Amtes wegen zu berücksichtigen (BGE 136 II 187 E. 6).

672 – **Wiederherstellung von Verwirkungsfristen**; die Wiederherstellung von Verwirkungsfristen gilt ebenfalls wie die Verwirkung selbst als allgemeiner Rechtsgrundsatz und berücksichtigt unverschuldete Hinderungsgründe wie Krankheit, Unfall, Naturkatastrophen usw. Fehlende Kenntnis des Schadens kann jedoch nicht als unüberwindbarer Grund im oben dargelegten Sinn gelten, betrifft sie doch die eigentliche Frage der Verwirkung selber, nicht bloss deren Geltendmachung, und würde die Anerkennung eines solchen Grundes dem Zweck der absoluten Verwirkung – dem Erlöschen der Haftung nach einer gewissen Frist – zuwiderlaufen (BGE 136 II 187 E. 6; VerwG ZH vom 8. Juli 2009, VB.2009.00279, E. 5.2). Ein Versäumnis gilt als unverschuldet, wenn der betroffenen Person keine Nachlässigkeit vorgeworfen werden kann und objektive Gründe, d.h. solche, auf die sie keinen Einfluss nehmen kann, vorliegen. Nicht als unverschuldete Hindernisse gelten namentlich Unkenntnis der gesetzlichen Vorschriften, Arbeitsüberlastung, Ferienabwesenheit oder organisatorische Unzulänglichkeiten (BVGer vom 19. Aug. 2011, A-3454/2010, E. 2.3.3; vom 28. April 2011, A-5069/2010, E. 2.5; vom 6. Juli 2009, A 5798/2007, E. 2.7).

673 – **Verrechnung von Geldforderungen**; eine juristische Person des öffentlichen Rechts kann nach einem allgemeinen Rechtsgrundsatz Verbindlichkeiten, die sie gegenüber einer öffentlich-rechtlichen oder privatrechtlichen juristischen oder natürlichen Person hat, mit Forderungen verrechnen, die ihr gegenüber dieser Person zustehen, sofern die allgemeinen Verrechnungserfordernisse (insb. Gleichartigkeit der Forderungen) erfüllt sind und die Verrechnung nicht

durch besondere Vorschriften des öffentlichen Rechts ausgeschlossen ist. Dabei kommt es weder im Privat- noch im öffentlichen Recht darauf an, ob ein Sachzusammenhang zwischen den beiden zur Verrechnung gestellten Forderungen besteht. Entscheidend ist einzig, dass beide Forderungen auf Geldzahlung lauten (BGE 111 Ib 150 E. 3, 107 III 139 E. 2).

– **Bezahlung von Verzugszinsen in der Höhe von 5 % entsprechend Art. 104 OR**; analog zum Privatrecht gilt im Verwaltungsrecht als allgemeiner Rechtsgrundsatz, dass der Schuldner Verzugszinsen zu bezahlen hat, wenn er mit der Zahlung in Verzug ist, sofern das Gesetz nichts anderes vorsieht (BGer vom 29. Jan. 2009, 2C_546/2008, E. 3.2). Im Sozialversicherungsrecht hat allerdings vor dem Inkrafttreten des ATSG die Rechtsprechung eine Verzugszinspflicht grundsätzlich verneint, wenn sie nicht spezialgesetzlich vorgesehen war. Mit der Bestimmung des Art. 26 ATSG (welche im Bereich der beruflichen Vorsorge nicht gilt) ist für bestimmte Fälle eine Verzugszinspflicht statuiert worden. Die Rechtsprechung hat daraus geschlossen, dass in den anderen, im Gesetz nicht genannten Fällen, keine Verzugszinspflicht besteht. Bei öffentlich-rechtlichen Forderungen beginnt mangels spezialgesetzlicher Regelung die Verzugszinspflicht mit der gehörigen Geltendmachung eines fälligen Anspruchs oder – auch ohne Mahnung – mit einem gesetzlichen Zahlungstermin (BGE 131 II 533 E. 9.2, 127 V 377 E. 5e/bb). In jedem Fall ist eine individualisierbare und einklagbare Forderung vorausgesetzt (BGer vom 30. Juni 2009, 9C_98/2009, E. 4.4; vgl. auch BVGer vom 3. Feb. 2010, B-3704/2009, E. 2.3). 674

– **Vergütungszins**; vom Verzugszins zu unterscheiden ist der Vergütungszins, der auf zu viel bezahlten und deshalb zurückzuerstattenden Beträgen geschuldet ist. Im Unterschied zum Verzugszins ist der Vergütungszins wirtschaftlich motiviert und setzt insbesondere keinen Verzug der Verwaltung voraus. Der Vergütungszins besteht zugunsten des Steuerpflichtigen, der einen Steuerbetrag vorzeitig entrichtet, bevor er nach den allgemeinen Fälligkeitsterminen zur Bezahlung verpflichtet ist, oder der eine Steuer zu Unrecht bezahlt hat und dem die Steuer zurückerstattet werden muss. Eine solche Verzinsung versteht sich aber nicht von selbst, sondern muss positiv angeordnet sein. Vergütungszinsen sind daher grundsätzlich nur geschuldet, wenn dies gesetzlich vorgesehen ist. Ausnahmsweise ergibt sich aus Sinn und Zweck der gesetzlichen Regelung, durch Analogieschluss oder aus allgemeinen Prinzipien, dass ein Vergütungszins zu bezahlen ist. Abgelehnt wird der Anspruch auf Vergütungszins im mehrwertsteuerlichen Rückerstattungsverfahren betr. ausländische Unternehmen, wenn keine völkerrechtliche Verpflichtung besteht (BGer vom 11. Okt. 2007, 2C_191/2007, E. 3). 675

– **Absichtliche Täuschung gemäss Art. 28 OR**; als allgemeiner Rechtsgrundsatz muss gelten, dass, wer durch absichtliche Täuschung zur Abgabe einer Willenserklärung verleitet wurde, an diese nicht gebunden ist. Ob eine absichtliche Täuschung vorliegt, ist unter Heranziehung von Art. 28 OR zu beurteilen (VerwG ZH vom 21. April 2010, VB.2010.00132, E. 3.2; vgl. auch BGE 105 Ia 207 E. 2c, 98 V 255 E. 2). 676

– **Regeln über die ungerechtfertigte Bereicherung gemäss Art. 62 ff. OR**; Zuwendungen, die aus einem nicht verwirklichten oder nachträglich weggefallenen Grund erfolgen, sind zurückzuerstatten. Wo das besondere Verwaltungsrecht diesbezüglich keine eigenen Vorschriften hat, erachtet die Praxis in aller Regel Art. 62 ff. OR als massgebend. Eine Leistung ist jedoch nicht ohne Rechtsgrund erbracht worden, wenn sie aufgrund einer zwar materiell-rechtlich falschen, aber rechtskräftigen Verfügung erfolgt ist und kein Grund besteht, auf diese Verfügung zurückzukommen (BGE 124 II 570 E. 4b, 105 Ia 214 E. 5, 98 Ia 568 E. 3; BGer vom 22. Nov. 2011, 2C_115/2011, E. 2.1; vom 4. Juli 2002, 1A.137/2001, E. 5.1). 677

– **Abtretung von Forderungen (Zession)**; die Zulässigkeit der Zession öffentlich-rechtlicher Forderungen ist in jedem Einzelfall aufgrund der massgebenden Gesetzesbestimmungen sowie mit Blick auf Ziel und Zweck der Leistung zu beurteilen. Angesichts der Vielfalt möglicher Subventionen kann nicht allgemein entschieden werden, ob solche Forderungen rechtsgeschäftlich übertragbar sind, sondern es ist jeweils für bestimmte Beiträge zu beurteilen, ob deren Natur die Zession zulässt (BGE 111 Ib 150 E. 2). 678

679 – **Regeln des Obligationenrechts über die Entstehung durch Vertrag**; diese Regeln sind Ausdruck allgemeiner Rechtsgrundsätze und kommen bei Streitigkeiten aus verwaltungsrechtlichen Verträgen analog zur Anwendung, sofern das Bundesrecht oder das kantonale Recht keine besondere Bestimmung enthält und die Regeln sich als sachgerecht erweisen (BGE 122 I 328 E. 7b, 105 Ia 207 E. 2c). Dies gilt beispielsweise hinsichtlich der Bestimmungen über die Anfechtung eines Vertrages wegen Willensmängeln (VerwG ZH vom 13. Juni 2007, PB.2006.00045, E. 5); die Verrechnung, die Verjährung oder Grundsätze über die Bedingungen (VerwG ZH vom 19. Juni 2001, VK.2000.00007, E. 2c). Haben sich beispielsweise die Verhältnisse, die für die Festsetzung des Vertragsinhalts massgebend gewesen sind (ohne selbst Gegenstand des Vertrages zu sein), seit Abschluss des Vertrages so wesentlich geändert, dass einer Vertragspartei das Festhalten an der ursprünglichen vertraglichen Regelung nach Treu und Glauben nicht zuzumuten ist, kann der Vertrag unter Umständen nach der Lehre von der clausula rebus sic stantibus an die geänderten Verhältnisse angepasst werden (BGE 103 Ia 31 E. 3b).

b) Prozessrechtliche Institute

Praxis:

680 – **Regeln über die Fristberechnung**; dies betrifft insb. das Ende der Frist (Verlängerung der Frist auf den nächsten Werktag); zumindest im Bereich des Bundesrechts gilt als allgemeiner Rechtsgrundsatz, dass sich Fristen bis zum nächsten Werktag verlängern, wenn ihr letzter Tag auf einen Sonntag oder einen anerkannten Feiertag fällt (BGer vom 1. Okt. 2009, 1C_275/2009, E. 3.3.2 [in BGE 136 II 132 ff. nicht publ. E.]).

681 – **Wiederherstellung einer unverschuldet versäumten Frist**; sowohl gesetzliche wie auch behördliche Fristen können auf Gesuch hin wiederhergestellt werden, wenn die gesuchstellende Person oder ihr Vertreter unverschuldet davon abgehalten worden ist, innert Frist zu handeln. Es geht darum, unverschuldet erlittene verfahrensrechtliche Nachteile zu beseitigen. Zudem ist für die Behandlung des Wiederherstellungsbegehrens jene Behörde zuständig, welche bei Gewährung der Wiederherstellung über die nachgeholte Parteihandlung zu entscheiden hat (BGE 117 Ia 297 E. 3c, 108 V 109 E. 2c; BGer vom 10. März 2009, 1C_491/2008, E. 1.2; BVGer vom 9. Nov. 2007, A-1715/2006, E. 2.5).

682 – **Erstreckung einer behördlich angesetzten Frist**; eine behördlich angesetzte Frist kann erstreckt werden, wenn die Partei vor Ablauf der Frist darum nachsucht (vgl. auch Art. 22 Abs. 2 VwVG). Behördlich sind diejenigen Fristen, deren Länge nicht durch das Gesetz bestimmt wird, die mithin durch die Behörde angesetzt werden, welche die Länge der Frist je nach Einzelfall zu bestimmen hat. Dazu gehören auch Nachfristen. Die Bewilligung der Fristerstreckung setzt zureichende Gründe voraus. Die Verwaltungspraxis ist diesbezüglich liberal und betrachtet als zureichend etwa das Dartun von Arbeitsüberlastung, den Hinweis auf Ortsabwesenheit oder das Vorbringen der Parteivertretung, es habe mit der Partei noch nicht Kontakt aufgenommen werden können (BGer vom 23. Juli 2007, I 898/06, E. 3.4).

683 – **Weiterleitung der Streitsache an die hierfür zuständige Behörde**; die Frist ist auch dann gewahrt, wenn eine beim Bundesgericht einzulegende Eingabe rechtzeitig bei einer anderen Bundesbehörde oder bei der kantonalen Behörde, welche den Entscheid gefällt hat, eingereicht worden ist. Es kommt somit nicht mehr darauf an, ob die sachlich unzuständige Behörde die Eingabe mindestens noch innert Frist der Post zu übergeben vermag (BGE 118 Ia 241 E. 3; vgl. auch Art. 48 Abs. 3 BGG).

684 – **Reformatio in peius**; das Verbot der reformatio in peius (Verschlechterungsverbot) besagt namentlich, dass die Beschwerdeinstanz das angefochtene Urteil nicht zu Ungunsten der beschwerdeführenden Partei abändern darf, es sei denn, die Gegenpartei habe ihrerseits Beschwerde ergriffen (BGE 129 III 417 E. 2.1.1). Als allgemeiner Rechtsgrundsatz gilt das Verbot der reformatio in peius freilich nur für gesetzlich vorgesehene Rechtsmittel mit Devolutiv-

effekt (Übergang der Entscheidkompetenz an eine Rechtsmittelinstanz; BGer vom 22. Okt. 2003, 2A.227/2003, E. 3.3).

- **Berichtigung offensichtlicher Versehen und Redaktionsfehler** (BGE 119 Ib 366 E. 2; BGer vom 14. Juli 2003, 1P.661/2002, E. 2.2). 685
- **Beweislastregeln gemäss Art. 8 ZGB**; bei Beweislosigkeit kommen die Regeln über die Beweislastverteilung auch im öffentlichen Recht zur Anwendung. Es ist zuungunsten desjenigen zu urteilen, der die Beweislast trägt. Für die Beweislast gilt auch im Bereich des öffentlichen Rechts Art. 8 ZGB als allgemeiner Rechtsgrundsatz. Demnach hat jene Partei das Vorhandensein einer Tatsache zu beweisen, die aus ihr Rechte ableitet (BGE 133 V 216 E. 5.5). Die Steuerbehörde trägt deshalb die Beweislast für Tatsachen, welche die Steuerpflicht als solche begründen oder die Steuerforderung erhöhen, d.h. für die steuerbegründenden und -mehrenden Tatsachen. Demgegenüber ist der Steuerpflichtige für die steueraufhebenden und -mindernden Tatsachen beweisbelastet, d.h. für solche Tatsachen, welche Steuerbefreiung oder Steuerbegünstigung bewirken (BVGer vom 21. Jan. 2010, A-1571/2006, E. 1.4; vom 19. Aug. 2009, A-2036/2008, E. 2.5.2; vom 20. Okt. 2008, D-65/2007, E. 5.1). 686
- **Massgeblichkeit geheimer Akten gemäss Art. 28 VwVG**; wird einer Partei die Einsichtnahme aufgrund überwiegender Geheimhaltungsinteressen verweigert, so darf auf die geheimen Unterlagen zum Nachteil der Partei nur abgestellt werden, wenn ihr die Behörde von ihrem für die Sache wesentlichen Inhalt mündlich oder schriftlich Kenntnis und ihr ausserdem Gelegenheit gegeben hat, sich zu äussern und Gegenbeweismittel zu bezeichnen. Dieser in Art. 28 VwVG statuierte Grundsatz konkretisiert den Anspruch auf rechtliches Gehör und auf Fairness in behördlichen und gerichtlichen Verfahren (Art. 29 Abs. 1 und Abs. 2 BV) und findet als allgemeiner Rechtsgrundsatz über den Anwendungsbereich des VwVG hinaus Anwendung (BGE 120 IV 242 E. 2c/aa, 115 V 297 E. 2d; BGer vom 25. Juli 2006, 1P.327/2006, E. 4.2). 687

c) Fundamentale Rechtsinstitute

Praxis:

- **Verbot sittenwidrigen Verhaltens und daraus abgeleitete Kontrahierungspflichten**; Kontrahierungspflichten bestehen dann, wenn (1.) ein Unternehmer seine Waren oder Dienstleistungen, die zum Normalbedarf gehören (2.) allgemein und öffentlich anbietet und (3.) hierbei über eine starke Marktstellung verfügt, sodass dem Interessenten zumutbare Ausweichmöglichkeiten fehlen und (4.) den Vertragsschluss ohne sachliche Gründe verweigert (BGE 129 III 35 E. 6). 688
- **Art. 2 und 28 Abs. 1 ZGB**; in BGE 118 II 435 E. 2c hat sich für das Bundesgericht die Frage gestellt, ob die Verweigerung der Aufnahme der Klägerin in eine Genossenschaft gegen allgemeine Rechtsgrundsätze, insbesondere gegen die Art. 2 und 28 Abs. 1 ZGB, verstösst und aus diesem Grunde widerrechtlich wäre. 689
- **Treu und Glauben** (BGer vom 16. Nov. 2000, 1A.130/2000, E. 3b; BVGer vom 10. März 2009, D-3286/2006, E. 5.2.3); **Rechtsmissbrauchsverbot** (vgl. z.B. BGE 130 II 113 E. 6.1 und E. 9; BGer vom 23. Aug. 2011, 2C_261/2011, E. 1.3; vom 28. Nov. 2005, 2A.239/2005, E. 3.4.3); vereinzelt wird auch das **Verhältnismässigkeitsprinzip** als allgemeiner Rechtsgrundsatz bezeichnet (BGer vom 14. Juni 2004, 1A.256/2003, E. 5.2). 690
- **Kriterien zur Unterscheidung von öffentlichem und privatem Recht**; die Subordinations-, Interessen- und Funktionstheorie sowie die modale Theorie gehören gemäss Bundesgericht sogar zu den unumstrittenen Rechtsgrundsätzen, deren offensichtliche Verletzung willkürlich ist (BGE 132 I 270 E. 5, insb. E. 5.7). 691

d) Verwaltungsrechtliche Institute

Praxis:

692 – **Einheit und Widerspruchsfreiheit der Rechtsordnung (Koordinationsgebot)**; obwohl im Zusammenhang mit der Anwendung des Umweltschutz-, Bau- und Raumplanungsrechts entwickelt, ist das Koordinationsgebot als allgemeinen Rechtsgrundsatz in allen Rechtsgebieten zu beachten. Koordinationsbedarf ist immer dann gegeben, wenn verschiedene materiellrechtliche Vorschriften anzuwenden sind und zwischen diesen ein derart enger Sachzusammenhang besteht, dass sie nicht getrennt und unabhängig voneinander angewendet werden dürfen. Die Koordinationspflicht gilt allerdings nur für untrennbar miteinander verbundene Rechtsfragen, deren verfahrensrechtlich getrennte Behandlung zu sachlich unhaltbaren Ergebnissen führen würde (VerwG ZH vom 14. Juli 2010, VB.2010.00165, E. 3.2).

693 – **Wiedererwägung (im Sozialversicherungsrecht)**; die Verwaltung ist befugt, auf eine formell rechtskräftige Verfügung, welche nicht Gegenstand materieller richterlicher Beurteilung war, zurückzukommen, wenn sich diese als zweifellos unrichtig erweist und ihre Berichtigung von erheblicher Bedeutung ist (Art. 53 Abs. 2 ATSG). Vor Inkrafttreten dieser Bestimmung war der gleiche Grundsatz als allgemeiner Rechtsgrundsatz auch ohne ausdrückliche gesetzliche Grundlage rechtsprechungsgemäss anerkannt (BGE 126 V 23 E. 4b; BVGer vom 17. Juni 2009, C-6575/2007, E. 3.2). Für die Frage der zeitlichen Beschränkung eines Wiedererwägungsbegehrens ist der Grundsatz von Treu und Glauben massgebend. Von Rechtsuchenden verlangt er, Rügen so früh wie möglich nach Kenntnisnahme des Rügegrundes vorzubringen (BVGer vom 27. Dez. 2007, E-2888/2007, E. 5.1).

694 – **Wiedererwägung, Revision, Widerruf**; unter **Wiedererwägung** bzw. **Revision** ist das verfahrensmässige Zurückkommen auf eine Verfügung oder einen Entscheid unter Berücksichtigung der jeweiligen Rückkommensgründe zu verstehen, unter **Widerruf** hingegen ihr Ergebnis, nämlich die allfällige materielle Aufhebung oder Änderung des in Wiedererwägung bzw. in Revision gezogenen Aktes. Diese Grundsätze werden auch von den kantonalen Beschwerdeinstanzen als allgemeine Rechtsgrundsätze angewendet, wenn das kantonale Recht keine entsprechenden Bestimmungen kennt (BGer vom 28. April 1998, in: ZBl 2000 S. 41 E. 3b).

695 – **Grundsatz der Zumutbarkeit**; er gilt zumindest im **Arbeitslosenversicherungsrecht** und im **Sozialversicherungsrecht** als allgemeiner Rechtsgrundsatz und ist immer da zu beachten, wo das Gesetz von einer versicherten Person ein bestimmtes Verhalten erwartet und zwar auch dann, wenn das Gesetz die Voraussetzung der Zumutbarkeit nicht ausdrücklich anführt (VerwG GR vom 8. Sept. 2008, S-08-100, E. 4a); gleiches gilt ebenso für die **Schadensminderungspflicht** (BGE 115 V 38 E. 3d, 114 V 285 E. 3a).

696 – **Vom Gesetz abweichende Behandlung**; Ein allgemeiner Rechtsgrundsatz besagt, dass niemand aus seiner eigenen Rechtsunkenntnis Vorteile ableiten kann (BGE 124 V 215 E. 2b/aa). Eine vom Gesetz abweichende Behandlung kommt nur in Betracht, wenn sich der Versicherte auf den Vertrauensschutz berufen kann, wenn also die praxisgemäss notwendigen fünf Voraussetzungen für eine erfolgreiche Berufung auf den öffentlich-rechtlichen Vertrauensschutz erfüllt sind (BGer vom 6. Okt. 2000, C 153/2000, E. 2b).

697 – **Garantenpflicht im Rahmen der Staatshaftung**; im Fall der Haftung aus Unterlassen kann sich die Widerrechtlichkeit nicht aus dem Eintritt des Erfolgs ergeben, sondern es bedarf der Verletzung einer sog. Garantenpflicht. Nur wer durch rechtliche Vorschriften oder allgemeine Rechtsgrundsätze verpflichtet ist, eine Schädigung zu verhindern, kann für ihren Eintritt verantwortlich gemacht werden. Die Unterlassung ist dann widerrechtlich, wenn infolge einer Missachtung einer Handlungspflicht eine Rechtsgüterverletzung eintritt, vor welcher das Gemeinwesen den Einzelnen hätte schützen sollen (VerwG BE vom 14. Nov. 2006, in: BVR 2007 S. 145 E. 6.1 und E. 6.2). Ein solcher Haftungsgrund setzt folglich voraus, dass der Staat eine Garantenstellung gegenüber dem Geschädigten hat und dass die Vorschriften, welche Art und Umfang dieser Pflicht bestimmen, verletzt wurden (BGE 136 II 187 E. 4.2, 133 V 14 E. 8.1,

123 II 577 E. 4d/ff, 118 Ib 473 E. 2b, 116 Ib 367 E. 4c). Zumindest gemäss der bundesgerichtlichen Rechtsprechung kann jedoch die Garantenstellung nur durch Rechtsnorm und nicht auch durch allgemeine Rechtsgrundsätze begründet werden (BGE 136 II 187 E. 4.2, 133 V 14 E. 8.1). Wenn hingegen die Haftung auf einer Handlung des Staates beruht, ergibt sich bei Vermögensschäden die Widerrechtlichkeit aus einer Pflichtverletzung, nämlich aus der Verletzung einer Norm (Schutznorm), welche die Art und den Umfang einer Handlungspflicht umschreibt, wobei auch die Verletzung von allgemeinen Rechtsgrundsätzen widerrechtlich sein kann (vgl. BGE 133 V 14 E. 8.1, 118 Ib 473 E. 2b, 116 Ib 193 E. 2a).

3. Kriterien

Ob ein Prinzip als allgemeiner Rechtsgrundsatz und damit als **Rechtsquelle des Verwaltungsrechts** anerkannt wird, ist weitgehend eine **Wertungsfrage**. Die vom Bundesgericht für die Post aus dem Verbot sittenwidrigen Verhaltens abgeleitete Kontrahierungspflicht beruht – unabhängig der Kritik, die am betreffenden Entscheid erhoben wurde – letztlich auf Wertung (vgl. BGE 129 III 35 E. 6.4). Auch die Frage, ob beispielsweise bei Streitigkeiten aus öffentlich-rechtlichen Arbeitsverhältnissen analog Art. 343 Abs. 3 OR eine Kostenbefreiung unterhalb einer gewissen Streitwertgrenze zu gelten hat bzw. ob Art. 343 Abs. 3 OR ein auch im öffentlichen Recht zu beachtender Rechtsgrundsatz darstellt, ist letztlich eine Wertungsfrage (die Personalrekurskommission AG hat in einem Urteil vom 17. Dez. 2001, AGVE 2001 Nr. 117 E. III 1b/dd, das Bestehen eines derartigen Rechtsgrundsatzes verneint). 698

Praxis:

– **Kontrahierungspflicht (Verpflichtung der Post zur Beförderung von nicht abonnierten Zeitschriften):** Im Dez. 1999 wollte der Verein gegen Tierfabriken (VgT) bei der Hauptpost St. Gallen zwei seiner Publikationen, die «VgT-Nachrichten» und die «ACUSA-News» als unadressierte Massensendung zur Versendung an alle Haushaltungen übergeben. Die Post lehnte den Versand dieser Publikationen ab. In der Folge beantragte der VgT (Kläger) beim Bezirksgericht Frauenfeld, es sei festzustellen, dass die Ablehnung des Versands der betreffenden Massensendungen durch die Post widerrechtlich sei. Die Post beantragte, auf die Klage sei nicht einzutreten, eventualiter sei sie abzuweisen. In einem separaten Entscheid vom 3. April 2000 bejahte die Bezirksgerichtliche Kommission sowohl ihre sachliche wie auch ihre örtliche Zuständigkeit, über die Feststellungsklage zu befinden. Dieser Zuständigkeitsentscheid wurde nicht angefochten. Mit Urteil vom 22. Sept. 2000 stellte die Bezirksgerichtliche Kommission fest, dass die Verweigerung der Annahme der erwähnten Publikationen widerrechtlich erfolgt sei. Dagegen erhob die Post Berufung ans Obergericht des Kantons Thurgau. Mit Urteil vom 22. März 2001 bestätigte das Obergericht den Entscheid der Bezirksgerichtlichen Kommission. Das Bundesgericht weist die gegen das Urteil des Obergerichts erhobene Berufung der Beklagten ab. Erwägungen: Postrechtlich gelten nur diejenigen Publikationen als «Zeitungen» und «Zeitschriften», welche die von Art. 11 VPG aufgestellten Kriterien erfüllen. Nur diese Publikationen kommen im Hinblick auf die Erhaltung und Förderung einer vielfältigen Presse in den Genuss des günstigen Zeitungstarifs. Und nur bezüglich diesen Publikationen besteht grundsätzlich eine Beförderungspflicht im Hinblick auf die Sicherstellung einer ausreichenden Grundversorgung mit Postdienstleistungen. Die Beförderung von unadressierten Massensendungen wie die «VgT-Nachrichten» oder die «ACUSA-News» zählen zu den Wettbewerbsdiensten. Aus diesen Gründen kann der Post die Verweigerung, die betreffenden Massensendungen zu transportieren, grundsätzlich nicht vorgeworfen werden; eine derartige Transportpflicht ergibt sich auch nicht aus den Grundrechten. Eine Transportpflicht der Post, die im Bereich der Wettbewerbsdienste wie ihre privaten Konkurrenten in den Formen des Privatrechts handelt, besteht hingegen dann, wenn von einem Kontrahierungszwang auszugehen ist. Heute 699 darf allgemein als anerkannt gelten, dass eine Kontrahierungspflicht nicht auf die Fälle beschränkt ist, in denen eine ausdrückliche gesetzliche Grundlage vorliegt. Vielmehr kann sich eine Kontrahierungspflicht auch aus allgemeinen Prinzipien des Privatrechtes wie dem Verbot sittenwidrigen Verhaltens ergeben. Da sich Einschränkungen der Vertragsabschlussfreiheit bereits heute in grosser Zahl aus ausdrücklichen – meist öffentlich-rechtlichen – Gesetzesbestimmungen ergeben, haben Kontrahierungspflichten ausserhalb von ausdrücklichen gesetzlichen Anordnungen ausgesprochenen Ausnahmecharakter und können nur mit grosser Zurückhaltung angenommen werden. Unter bestimmten Voraussetzungen kann aus dem Grundsatz des Verbots sittenwidrigen Verhaltens eine Kontrahierungspflicht abgeleitet werden. Eine Kontrahierungspflicht auf dieser Grundlage setzt erstens voraus, dass ein Unternehmer seine Waren oder Dienstleistungen allgemein und öffentlich anbietet. Zweitens kann sich der Kontrahierungszwang nur auf Güter und Dienstleistungen beziehen, die zum Normalbedarf gehören. Drittens kann ein Kontrahierungszwang nur angenommen werden, wenn dem Interessenten aufgrund der starken Machtstellung des Anbieters zumutbare Ausweichmöglichkeiten zur Befriedigung seines Normalbedarfs fehlen. Und viertens kann von einer Kontrahierungspflicht nur dann ausgegangen werden, wenn der Unternehmer keine sachlich gerechtfertigten Gründe für die Verweigerung des Vertragsabschlusses anzugeben vermag. Nur wenn diese vier Voraussetzungen kumulativ erfüllt sind, rechtfertigt es sich, die Vertragsabschlussfreiheit ausnahmsweise einzuschränken und den Unternehmer zu verpflichten, mit einem Interessenten einen Vertrag zu den von ihm allgemein kundgegebenen Bedingungen abzuschliessen. Im vorliegenden Fall ist festzuhalten, dass Publikationen wie die «VgT-Nachrichten» von der Post normalerweise als unadressierte Massensendung entgegengenommen und transportiert werden; es kann daher ohne Weiteres davon ausgegangen werden, dass die Post die vom Kläger nachgefragte Dienstleistung allgemein und öffentlich angeboten hat. Ferner kann davon ausgegangen werden, dass die von der Post angebotene Dienstleistung zum «Normalbedarf» im oben umschriebenen Sinn zählt. Weiter kann im vorliegenden Fall auch davon ausgegangen werden, dass die Post gegenüber dem Kläger als marktstarke – oder sogar marktbeherrschende – Anbieterin auftritt. Schliesslich ist festzuhalten, dass die Post den Transport der fraglichen Publikationen ohne sachliche Gründe verweigert hat. Unter diesen Umständen stellt die Weigerung der Post, die Publikationen des Klägers zu transportieren, einen Verstoss gegen die guten Sitten dar. Die Post wäre daher verpflichtet gewesen, die Sendungen des Klägers zu den von ihr in der Broschüre «Promopost» öffentlich und allgemein bekannt gegebenen Bedingungen zu befördern (BGE 129 III 35 E. 6.2-6.4).

4. Funktion

700 Allgemeine Rechtsgrundsätze stehen nach herrschender Lehre und Rechtsprechung auf der **Stufe von Gesetzen** und dienen insbesondere der **Lückenfüllung**. Eine Lücke, die es in diesem Sinn zu füllen gilt, ist erst dann gegeben, wenn keine spezialgesetzlich geregelte (abschliessende) Ordnung besteht und sich auch keine Bestimmung in einem verwandten Erlass auffinden lässt. Erst beim Fehlen einer entsprechenden gesetzlichen – allenfalls mit der Problematik verwandten – Vorschrift ist die betreffende Angelegenheit letztlich nach allgemeinen Rechtsgrundsätzen zu regeln (BGE 113 Ia 146 E. 3d, 112 Ia 260 E. 5; BGer vom 30. Juni 2009, 9C_98/2009, E. 5.1; vom 1. April 2009, 2C_501/2008, E. 2.5; BVGer vom 14. Dez. 2007, C-1293/2007, E. 5.3; VerwG AG vom 30. Juni 2009, AGVE 2009 S. 295 E. 2; VerwG BE vom 12. Sept. 2003, in: BVR 2004 S. 145 E. 2; vom 8. Sept. 2003, in: BVR 2004 S. 1 E. 2).

701 Die aus dem **Privatrecht** entwickelten Grundsätze dürfen **nicht unbesehen auf das öffentliche Recht übertragen** werden (BGE 124 II 570 E. 4e). **Art. 63 OR**, wonach nur derjenige das Geleistete zurückfordern kann, welcher sich im Irrtum über eine Schuldpflicht befunden hat, ist auf individualisierbare Einzelfälle zugeschnitten und

findet zumindest im Bereich der Massenverwaltung keine Anwendung. Der Irrtumsnachweis will sicherstellen, dass die Leistung nicht in Schenkungsabsicht erbracht worden ist. Da sich diese Frage im öffentlichen Recht letztlich nicht stellt, bleibt für das Irrtumserfordernis im öffentlichen Recht kein Raum (BGE 124 II 570 E. 4e; VerwG ZH vom 5. Juli 2002, PB.2002.00004, E. 2a; VerwG BS vom 9. Juni 2000, in: BJM 2003 S. 93 E. 3). Abweichend vom Privatrecht ist **Art. 24 Abs. 2 OR** für das öffentliche Recht dergestalt zu konkretisieren, dass bereits der einfache Motivirrtum grundsätzlich rechtserheblich sein kann, wenn die Behörde einen Vertrag abschliesst, der gegen die Rechtsordnung verstösst bzw. inhaltlich nicht richtig ist (vgl. VerwG ZH vom 13. Juni 2007, PB.2006.00045, E. 5.2).

Im **öffentlichen Recht** ist im Gegensatz zum Privatrecht die **Verjährung von Amtes** 702 **wegen** zu berücksichtigen, wenn das Gemeinwesen Gläubiger und der Private Schuldner der Forderung ist (BGE 133 II 366 E. 3.3, 111 Ib 269 E. 3a/bb, 106 Ib 357 E. 3a). Im öffentlichen Recht genügen ferner für die **Unterbrechung der Verjährung** neben den in Art. 135 OR genannten Handlungen **alle Akte**, mit denen die Forderung gegenüber dem Schuldner in geeigneter Weise geltend gemacht wird (BGE 133 V 579 E. 4.3.1; vgl. auch unten Rz. 708).

Das Bundesgericht anerkennt zwar die in **Art. 104 OR** statuierte Regel, dass im Ver- 703 zug befindliche Schuldner **Verzugszinsen** zu bezahlen haben, als allgemeinen Rechtsgrundsatz, lässt jedoch gewisse **Ausnahmen** zu (BGer vom 29. Jan. 2009, 2C_546/2008, E. 3.2). Vor Erlass des ATSG waren im **Sozialversicherungsrecht** keine Verzugszinsen geschuldet, sofern sie nicht gesetzlich vorgesehen und sofern nicht «besondere Umstände» (widerrechtliche oder trölerische Machenschaften der Verwaltungsorgane) gegeben waren (BGE 119 V 78 E. 3a, 113 V 48 E. 2a, 108 V 13 E. 2a, 101 V 117 E. 3; neu nun Art. 26 ATSG). Diese Rechtslage vor Erlass des ATSG wurde vereinzelt auch auf das **Kausalabgaberecht** übertragen (vgl. dazu Verwaltungsrekurskommission SG vom 21. Juni 2001, in: ZBl 2002 S. 490 E. 2e), was nicht ganz einsichtig ist, ist doch die Frage der Bezahlung von Verzugszinsen im damit verwandten Rechtsbereich des Steuerrechts sowie im Verwaltungsrecht ausserhalb des Sozialversicherungsrechts als allgemeiner Rechtsgrundsatz anerkannt.

Praxis:

- **Irrtumsnachweis bei der Rückerstattung von rechtswidrig erhobenen Beiträgen:** Streitig 704 ist, ob Vorsorgeeinrichtungen von den Versicherten für den Vorbezug und die Verpfändung von Vorsorgemitteln zur Finanzierung von Wohneigentum Bearbeitungsgebühren verlangen dürfen. Das Bundesgericht gelangt zum Schluss, dass die Erhebung eines individuellen Unkostenbeitrags grundsätzlich zwar zulässig ist, verlangt dafür jedoch eine Grundlage im Reglement. Wenn mangels einer reglementarischen Grundlage die von der Vorsorgeeinrichtung erhobenen Unkostenbeiträge rechtswidrig erhoben wurden, stellt sich die Frage der Rückforderung aus ungerechtfertigter Bereicherung. Analog zu den privatrechtlichen Regeln über die ungerechtfertigte Bereicherung (Art. 62 ff. OR) gilt auch im Verwaltungsrecht als allgemeiner Rechtsgrundsatz, dass Zuwendungen, die aus einem nicht verwirklichten oder nachträglich weggefallenen Grund erfolgen, zurückzuerstatten sind (BGE 105 Ia 214 E. 5; BGer vom 4. Juli 2002, 1A.137/2001, E. 5.1). Ungerechtfertigt sind namentlich Leistungen, auf welche materiell-rechtlich kein Anspruch besteht. Da, wie ausgeführt, keine Rechtsgrundlage für die Erhebung der Unkostenbeiträge besteht, ist der Versicherungsträger, welcher von den Versicherten Unkostenbeiträge erhoben hat, um den Betrag der bezogenen Beiträge ungerechtfertigt bereichert. Nach Art. 63 OR kann, wer eine Nichtschuld freiwillig bezahlt hat, das Geleistete nur dann zurückfordern, wenn er nachzuweisen vermag, dass er sich über die Schuldpflicht im Irrtum befand. Mit diesem zusätzlichen Erfordernis ist für den Bereich der Leistungskondiktion eine gegenüber der allgemeinen Regel von Art. 62 OR abweichende Spezialregelung festgelegt. Hingegen liegt keine freiwillige Bezahlung einer Nichtschuld vor, wenn eine Leistung versehentlich und ungewollt erbracht wurde. In diesem Fall entfällt der Irrtumsnachweis. Die Regeln des Zivilrechts sind auf individualisierbare Einzelfälle zugeschnitten. Sie können nicht in jeder Hinsicht unbesehen auf das öffentliche Recht übertragen werden, insbesondere wenn es sich um Rechtsbeziehungen im Bereich der Massenverwaltung handelt. Vorliegend kann aufgrund der allgemeinen Lebenserfahrung ohne Weiteres davon ausgegangen werden, dass diejenigen Versicherten, welche der Aufforderung der Versicherung nachgekommen sind und den Unkostenbeitrag entrichtet haben, dies nicht freiwillig taten, sondern der Meinung waren, den einverlangten Betrag zu schulden. Unter diesen Umständen kann nicht verlangt werden, dass die einzelnen Versicherten individuell nachweisen, sich über den Bestand der Schuld geirrt oder die Leistung versehentlich erbracht zu haben. Es ist daher nicht zu beanstanden, dass die Vorinstanzen die Versicherung aufsichtsrechtlich ohne weitere Voraussetzung verpflichtet haben, die erhobenen Beiträge zurückzuerstatten (BGE 124 II 570 E. 4).

5. Verjährung insbesondere

705 Welche **Bedeutung eine Frist** hat und ob es sich um eine **Verjährungs- oder Verwirkungsfrist** handelt, wird in der Rechtsprechung terminologisch nicht immer einheitlich behandelt (BGE 126 II 145 E. 2a) und ergibt sich erst durch Analyse des massgebenden Erlasses (BGE 111 V 136 E. 3b). **Verwirkungsfristen** können im Gegensatz zu Verjährungsfristen in der Regel nicht unterbrochen, gehemmt oder erstreckt werden und sind stets von Amtes wegen zu berücksichtigen (BGE 116 Ib 386 E. 3c/bb; BVGer vom 19. Aug. 2011, A-3454/2010, E. 2.3.1). Das Bundesgericht geht in der Regel dann von einer **Verwirkungsfrist** aus, wenn aus Gründen der Rechtssicherheit oder der Verwaltungstechnik die Rechtsbeziehungen nach Ablauf einer bestimmten Frist endgültig festgelegt werden müssen, ohne dass die Frist durch eine Unterbrechungshandlung verlängert werden kann (BGE 125 V 262 E. 5a; BGer vom 19. Jan. 2011, 2C_756/2010, E. 3.2.2; BVGer vom 19. Aug. 2011, A-3454/2010, E. 2.3.1). Rechtsmittelfristen sind beispielsweise Verwirkungsfristen, wohingegen untergesetzlich statuierte Fristen häufig Verjährungsfristen darstellen (BVGer vom 19. Aug. 2011, A-3454/2010, E. 2.3.1).

706 Regelt der massgebende Erlass **Beginn und Dauer der Verjährungsfrist** nicht, ist in erster Linie auf die Ordnung, die das öffentliche Recht für verwandte Fälle aufgestellt hat, zurückzugreifen. Beim Fehlen entsprechender gesetzlicher Vorschriften ist die Verjährungsfrist schliesslich nach allgemeinen Grundsätzen festzulegen (BGE 113 Ia 146 E. 3d, 112 Ia 260 E. 5). Der Beginn und die Dauer der Verjährungsfrist ist je nach Rechtsnatur des zu beurteilenden Anspruchs zu bestimmen. Ausserhalb besonders gelagerter Fallkonstellationen gilt für **einmalige Leistungen** eine **zehnjährige**, für **periodische eine fünfjährige Frist** (BGer vom 3. Nov. 2003, 2P.299/2002, E. 2.2; BVGer vom 14. Mai 2009, A-6160/2008, E. 6.1); bei der **formellen Enteignung von Abwehrrechten aus Art. 679 ZGB** (BGE 130 II 394 E. 11) wie auch bei den **Ansprüchen des Gemeinwesens nach Art. 54 GSchG und Art. 59 USG** (BGE 122 II 26 E. 5) beträgt die Dauer fünf Jahre, während für Ansprüche aus materieller Enteignung die Frist zehn Jahre beträgt (BGer vom 13. Aug. 2010, 1C_98/2010, E. 2.3.1).

Für die **Unterbrechung der Verjährung** gilt, dass – anders als im Privatrecht (vgl. Art. 135 OR) – alle Handlungen massgeblich sind, mit denen die Forderung in geeigneter Weise beim Schuldner geltend gemacht wird. Dies ist insofern von praktischer Bedeutung, als nicht ausschliesslich einem Justizakt verjährungsunterbrechende Wirkung zukommt (BGE 133 V 579 E. 4.3.1; BGer vom 13. Aug. 2010, 1C_98/2010, E. 3.2; BVGer vom 28. Okt. 2010, B-4684/2009, E. 5.1; EJPD vom 22. Aug. 2000, in: VPB 65 [2000] Nr. 8 E. 14). Verjährungsunterbrechende Wirkung kommt bereits der blossen **Mitteilung** zu, mit welcher eine spätere Steuerveranlagung erst in Aussicht gestellt wird (ferner: Zustellung einer Ergänzungsabrechnung, einer Gutschriftsanzeige, einer Mahnung oder der Eröffnung einer provisorischen Veranlagung; vgl. BGE 133 V 579 E. 4.3.1, 126 II 1 E. 2f, 113 Ib 30 E. 3b; BGer vom 18. Feb. 2009, 2C_426/2008, E. 6.3; BVGer vom 21. Jan. 2010, A-1571/2006, E. 2.5.1). Auch eine **bloss mündliche Geltendmachung** genügt, wenn sie **schriftlich bestätigt** wird. Die Angabe eines bestimmten Forderungsbetrags wird nicht verlangt. Aus der Erklärung hat immerhin unmissverständlich hervorzugehen, dass der Private oder das Gemeinwesen einen Anspruch geltend macht (BGer vom 13. Aug. 2010, 1C_98/2010, E. 3.2). Allerdings unterbricht die **Anhebung einer Verbandsklage** im Sinne von Art. 7 GlG die Verjährungsfristen der individuellen Lohnansprüche nicht (BGE 138 II 1 E. 4.3, was in casu zur Folge hatte, dass der Unterbruch erst im Mai 2003 mit der Betreibung eingetreten ist und die Lohnansprüche vor Mai 1998 verjährt waren). 707

Im **Privatrecht** gilt, dass die Gerichte die Verjährung nur berücksichtigen, wenn sich der **Schuldner darauf beruft** (vgl. Art. 142 OR). In öffentlich-rechtlichen Streitigkeiten hat das Bundesgericht entschieden, dass diese Regel nur dann gilt, wenn das **Gemeinwesen Schuldner** ist; erhebt dieses hingegen eine Forderung gegenüber einer Privatperson, ist eine Einrede des Privaten nicht erforderlich. Die Verjährung ist gegenüber **Privaten (als Schuldner) von Amtes** wegen zu berücksichtigen (BGE 133 II 366 E. 3.3, 111 Ib 269 E. 3a/bb, 106 Ib 357 E. 3a, 101 Ib 348 S. 349). Es ist folglich zu unterscheiden, ob der Private Gläubiger oder aber Schuldner aus dem öffentlich-rechtlichen Forderungsverhältnis ist. Ist der Private Gläubiger, hat der Richter die Verjährung zu seinem Nachteil nicht von Amtes wegen, sondern nur auf ausdrückliche Einrede des Gemeinwesens hin zu berücksichtigen (BGE 101 Ib 348 S. 349 [ohne Erwägungen publiziert]). 708

Die **Verjährung** führt anders als im Privatrecht zum eigentlichen **Untergang der Forderung** und es verbleibt damit auch **keine Naturalobligation** mehr. Demgemäss kann eine verjährte Steuerforderung anders als im Privatrecht auch nicht freiwillig erfüllt werden und ein Verzicht auf eine Geltendmachung der Verjährung ist nicht denkbar, was zur Folge hat, dass mangels Verbleibs einer Naturalobligation die Bezahlung einer verjährten Steuerforderung der Bezahlung einer Nichtschuld gleichkommt, welche zurückzuerstatten ist; Art. 63 Abs. 2 OR findet keine sinngemässe Anwendung (BVGE 2009/12 E. 6.3.2.2 und E. 6.3.2.3 [zur Verjährung nach Art. 40 MWSTV]). 709

Praxis:

– **Beginn und Dauer der Verjährungsfrist je nach Rechtsnatur des Anspruchs:** Es fragt sich, welche Frist für die Verjährung von Forderungen aus materieller Enteignung massgebend ist. Eine Frist von fünf Jahren erscheint für solche Fälle bei Schweigen des Gesetzes als zu kurz. 710

Es darf nicht übersehen werden, dass die Verjährungsregelung nicht nur auf unterschiedliche Situationen anwendbar sein muss, sondern sich die betroffenen Grundeigentümer auch häufig bei Planerlass über die Folgen der ihnen auferlegten Eigentumsbeschränkungen noch keine Rechenschaft geben. Anders als bei Entschädigungen, die für die Beeinträchtigung durch den Betrieb eines öffentlichen Werks zu entrichten sind, liegt auf dem Gebiet der Raumplanung eine kurz bemessene Verjährungsfrist auch nicht unbedingt im Interesse des Gemeinwesens. Die gleichzeitige Erfüllung einer Vielzahl von Entschädigungsansprüchen kann Finanzierungsschwierigkeiten nach sich ziehen, die möglicherweise nicht eintreten, wenn sich die Anmeldung der Forderungen über einen längeren Zeitraum erstreckt. Auf der andern Seite steht der Annahme einer zu langen Verjährungsfrist das öffentliche Interesse an der Rechtssicherheit entgegen. Demzufolge ist beim Fehlen einer Gesetzesvorschrift für Entschädigungsforderungen aus materieller Enteignung als Folge von Zonenplänen eine Verjährungsfrist von zehn Jahren anzunehmen (BGE 108 Ib 334 E. 5b). Heute ist grundsätzlich anerkannt, dass ausserhalb besonders gelagerter Fallkonstellationen für einmalige Leistungen eine zehnjährige, für periodische eine fünfjährige Frist gilt (BGE 112 Ia 260 E. 5e; BGer vom 3. Nov. 2003, 2P.299/2002, E. 2.2). Hingegen gilt bei formeller Enteignung der Abwehrrechte, welche die Nachbarn eines öffentlichen Werkes vor übermässigen Lärmimmissionen schützen, grundsätzlich eine Verjährungsfrist von fünf Jahren ab Entstehung des Entschädigungsanspruchs. Entsteht der geltend gemachte Schaden nicht unmittelbar durch den Bau oder die Inbetriebnahme des öffentlichen Werkes, so beginnt die fünfjährige Frist zu laufen, wenn Einwirkung und Schaden objektiv erkennbar sind (vgl. BGE 108 Ib 485 E. 3a). Soweit die Beschwerdegegner weiter zu bedenken geben, die zehnjährige Verjährungsfrist für Entschädigungsansprüche infolge kommunaler Zonenplanung (BGE 108 Ib 334 E. 5b) sei aus Gründen der Rechtssicherheit für die formelle Enteignung von Nachbarrechten zu übernehmen, ist zu bemerken, dass für Forderungen, die im Zusammenhang mit öffentlichen Werken und Unternehmungen des Bundes entstehen, regelmässig eine Verjährungsfrist von fünf Jahren angenommen wird (vgl. BGE 126 II 54 E. 7 mit Hinweisen). Es ist daher auch im vorliegenden Verfahren davon auszugehen, dass für die angemeldeten enteignungsrechtlichen Entschädigungsforderungen eine fünfjährige Verjährungsfrist gilt (BGE 130 II 394 E. 11).

6. Bemerkungen

711 1. Die herrschende Lehre versteht unter dem Begriff der **allgemeinen Rechtsgrundsätze** Normen, die wegen ihrer **umfassenden Tragweite** sowohl für das öffentliche Recht wie auch für das Privatrecht gelten («fachübergreifende Rechtsprinzipien»; vgl. z.B. Rückforderung einer grundlos erbrachten Leistung, Verjährung, Verwirkung oder Verrechnung). Es handelt sich um subsumtionsfähige Prinzipien, die zu Recht auch als **allgemeine (fachübergreifende) Rechtsregeln** bezeichnet werden (TSCHANNEN/ZIMMERLI/MÜLLER, § 16, Rz. 9 ff.). Unklar bleibt, in welchem Verhältnis die allgemeinen Rechtsgrundsätze zu den **unumstrittenen Rechtsgrundsätzen** stehen, deren offensichtliche Verletzung willkürlich sein kann. Das Bundesgericht betrachtet beispielsweise die Kriterien zur Unterscheidung von öffentlichem und privatem Recht (Subordinations-, Interessen- und Funktionstheorie sowie modale Theorie) als unumstrittenen Rechtsgrundsatz (BGE 132 I 270 E. 5, insb. E. 5.7).

712 2. Die **Praxis** geht von einem weiten Begriff der allgemeinen Rechtsgrundsätze aus und subsumiert darunter – über die weitgehend anerkannten Grundsätze wie Verwirkung, Verjährung oder Verrechnung hinaus – auch **Verfassungsgrundsätze**, die vor allem im öffentlichen Recht gelten, ferner **prozessrechtliche Grundsätze** (Weiterleitung einer Streitsache an die hierfür zuständige Behörde [BGE 118 Ia 241 E. 3], Regeln über die Fristberechnung gemäss Art. 20 ff. VwVG [BGer vom 1. Okt. 2009,

1C_275/2009, E. 3.3.2] oder die Möglichkeit, auf Gesuch hin unverschuldet versäumte Fristen wiederherzustellen [BGer vom 10. März 2009, 1C_491/2008, E. 1.2]) und **verwaltungsrechtliche Institute** (Institut der Wiedererwägung [BGE 126 V 23 E. 4b] oder Koordinationsgebot [VerwG ZH vom 14. Juli 2010, VB.2010.00165, E. 3.2]). Ferner werden auch für die **Privatrechtsordnung fundamentale Rechtsinstitute** wie Art. 28 ZGB oder das Verbot sittenwidrigen Verhaltens als allgemeine Rechtsgrundsätze bezeichnet (BGE 129 III 35 E. 6.3, 118 II 435 E. 2c).

3. Allgemeine Rechtsgrundsätze stehen nach herrschender Lehre und Rechtsprechung 713 auf der **Stufe von Gesetzen** und dienen insbesondere der **Lückenfüllung**. Eine **Lücke** in diesem Sinn ist erst dann anzunehmen, wenn keine spezialgesetzlich geregelte (abschliessende) Ordnung besteht und sich auch keine Bestimmung in einem verwandten (öffentlich-rechtlichen) Erlass auffinden lässt. Erst beim Fehlen einer entsprechenden gesetzlichen – allenfalls mit der Problematik verwandten – Vorschrift ist die betreffende Angelegenheit letztlich nach allgemeinen Rechtsgrundsätzen zu regeln (BGE 113 Ia 146 E. 3d, 112 Ia 260 E. 5), die allerdings nicht unbesehen auf das öffentliche Recht übertragen werden dürfen (BGE 124 II 570 E. 4e), sondern der Einbettung in das System des öffentlichen Rechts bedürfen (vgl. z.B. Beginn und Dauer der Verjährungsfrist, Unterbrechung der Verjährung, Einrede der Verjährung, Verzugszins, Irrtumsnachweise gemäss Art. 63 OR, Motivirrtum nach Art. 24 Abs. 2 OR usw.).

X. Gewohnheitsrecht

1. Begriff

Das Gewohnheitsrecht ist als ungeschriebene Rechtsquelle des Verwaltungsrechts 714 anerkannt. Seine Entstehung setzt (1.) eine **längere Zeit andauernde, ununterbrochene Übung** voraus, welche (2.) auf der **Rechtsüberzeugung** sowohl der rechtsanwendenden Behörden als auch der vom angewendeten Grundsatz Betroffenen (opinio iuris et necessitatis) beruht. Erforderlich ist zudem, dass (3.) eine **Lücke** des geschriebenen Rechts vorliegt und ein unabweisliches Bedürfnis besteht, sie zu füllen (BGE 125 I 173 E. 9e, 119 Ia 59 E. 4b, 105 Ia 80 E. 5b, 103 Ia 369 E. 4c, 94 I 305 E. 2 und E. 3; BGer vom 20. Dez. 2010, 1C_127/2010, E. 5.2). Die Bildung von Gewohnheitsrecht ist vor allem im **Völkerrecht** anzutreffen, da dieses Rechtsgebiet nur lückenhaft kodifiziert ist (vgl. z.B. BGE 129 II 114 E. 4.1 [Regeln über die Wassernutzung]; BVGer vom 15. Juli 2010, A-4013/2010, E. 4.1 und E. 4.2 [Regeln über das völkerrechtliche Vertragsrecht]).

Wo gesetztes Recht besteht, bleibt grundsätzlich kein Raum für davon abweichendes 715 Gewohnheitsrecht (BGE 119 Ia 59 E. 4c und E. 4d). Entsprechend können **neue gesetzliche Vorschriften Gewohnheitsrecht durchbrechen**. Dem Gesetzgeber ist es jederzeit möglich, einer allenfalls bestehenden Rechtsüberzeugung widersprechende Regelungen zu erlassen (vgl. BGE 103 Ia 369 E. 4c, wobei das Bundesgericht offen lassen konnte, ob sich im Kanton Basel-Stadt in diesem Sinn Gewohnheitsrecht gebildet hat, dass das Maturitätszeugnis einen eigentlichen Zulassungsanspruch zum Universitätsstudium begründet).

716 Umstritten ist, ob Gewohnheitsrecht eine **gesetzliche Grundlage nach Art. 36 Abs. 1 BV** darstellt (YVO HANGARTNER, Entscheidbesprechung zu BGE 135 I 302 ff., in: AJP 2010, S. 101 f. [Bewilligungspflicht für die Inanspruchnahme des öffentlichen Grundes im gesteigertem Gemeingebrauch], bejaht diese Frage, während BIAGGINI, BV-Kommentar, Art. 36 BV, Rz. 9, sie verneint). Der Wortlaut von Art. 36 Abs. 1 BV spricht eher gegen die von HANGARTNER vertretene Auffassung. Das Bundesgericht schliesst zwar die Entstehung und Beachtung von Gewohnheitsrecht im öffentlichen Recht nicht aus, setzt eine Schranke allerdings dann, wenn in Grundrechte des Bürgers eingegriffen wird (BGer vom 20. Dez. 2010, 1C_127/2010, E. 5.2).

Praxis:

717 – **Gewohnheitsrechtliche Grundlage der solothurnischen Promillegebühr:** Nach dem Tod des Ehegatten von E erstellte die zuständige Amtsschreiberei das Erbschaftsinventar und nahm die Teilung vor. Am 17. März 1975 stellte sie E dafür Rechnung. Es wurden ihr verschiedene Auslagen und Gebühren belastet, daneben auch eine gestützt auf § 117 Ziff. III 4 des solothurnischen Gebührentarifs errechnete Promillegebühr von 8 Promille auf dem reinen Nachlass. E legte gegen diese Gebührenrechnung erfolglos Einsprache beim kantonalen Finanzdepartement ein und erhob hiergegen erfolglos Rekurs bei der Kantonalen Rekurskommission. Gegen den abweisenden Beschluss der Kantonalen Rekurskommission führt E staatsrechtliche Beschwerde. Das Bundesgericht heisst die Beschwerde gut. Erwägungen: Die strittige Promillegebühr ist in § 117 Ziff. III 4 des Gebührentarifs, einer Verordnung des Regierungsrates gestützt auf § 371 EGzZGB, geregelt, der bestimmt: Für Entgegennahme, Kontrollierung, Studium, Redaktion und Registratur eines der nachgenannten Rechtsgeschäfte ist nebst Schreibgebühren eine solche für die Errichtung wie folgt zu erheben: III Erbrecht 4. Gewöhnliche oder öffentliche Nachlassinventare, vom reinen Rücklass 8 Promille. Die angefochtene Promillegebühr stellt teilweise ein Entgelt für die Erstellung des amtlichen Nachlassinventars, d.h. für eine staatliche Leistung dar. Zum Teil wird sie aber voraussetzungslos geschuldet, da sie sich nicht nach dem Umfang und den Kosten der staatlichen Handlung richtet, sondern nach der Höhe des reinen Nachlasses bemessen wird. Die Promillegebühr von § 117 Ziff. III 4 Gebührentarif verbindet also eine Gebühr mit einer Steuer zu einer einheitlichen Geldleistung. Dies wird von keiner Seite bestritten. Die Beschwerdeführerin macht geltend, im Hinblick auf die Steuernatur der Abgabe fehle für die Erhebung der Promillegebühr eine genügende gesetzliche Grundlage. Der kantonale Gebührentarif wurde vom Regierungsrat gestützt auf § 371 EGzZGB erlassen. Diese Bestimmung hat folgenden Wortlaut: «Der Regierungsrat bestimmt die von den administrativen und richterlichen Behörden und die sonstigen nach dem Zivilgesetzbuch und diesem Gesetz zu erhebenden Gebühren und Kostenansätze sowie die Entschädigungen für Verteidiger, Fürsprecher, Notare, Prozessparteien, Zeugen, Sachverständige, Liquidatoren, Übersetzer und andere Hilfspersonen im richterlichen und administrativen Verfahren im Gebührentarif (...).» Nach der Rechtsprechung des Bundesgerichts dürfen öffentliche Abgaben – mit Ausnahme von hier nicht in Betracht fallenden Kanzleigebühren – nur aufgrund und im Rahmen eines Gesetzes im formellen Sinne erhoben werden. Wie auch die Kantonale Rekurskommission ausführte, genügt § 371 EGzZGB diesen Anforderungen nicht. Die Kantonale Rekurskommission bejahte dennoch das Bestehen einer genügenden rechtlichen Grundlage für die Erhebung der Promillegebühr. Wohl anerkennt sie, dass das heute in Kraft stehende EGzZGB keine hinreichende Delegationsnorm darstelle. Seit dem Inkrafttreten dieses Erlasses im Jahre 1954 sei die Promilleabgabe aber in konstanter Praxis von den zuständigen staatlichen Stellen erhoben und von den betroffenen Abgabepflichtigen sowie den kantonalen Rechtsmittelinstanzen immer als rechtmässig anerkannt worden. Unter diesen Umständen könne sich die Erhebung der Promillegebühr auf Gewohnheitsrecht stützen. Das Gewohnheitsrecht ist eine originäre Rechtsquelle, die trotz eines gewissen Vorranges des formell zustande gekommenen Gesetzes den gleichen Rang wie dieses einnehmen kann. Damit eine gewohnheitsrechtliche Grundlage den Mangel einer ausreichenden Umschreibung der Abgabepflicht in § 371 EGzZGB zu beheben vermöchte, d.h.

die gewohnheitsrechtliche Norm einer dem Referendum unterstellten Vorschrift gleichgestellt werden könnte, müssten neben einer einheitlichen und konstanten Übung die Rechtsüberzeugung der Behörden und der Normadressaten gegeben sein, ferner müsste eine Lücke des geschriebenen Rechts vorliegen und das unabweisliche Bedürfnis, sie zu füllen. Das Bundesgericht hat bereits in BGE 94 I 305 E. 3 entschieden, im Gebiete des Steuerrechts liege keine ausreichende Lücke vor, wenn Tatbestände fehlten, die zu einer Besteuerung Anlass gäben; durch Gewohnheitsrecht könnten dem Bürger daher nicht neue Steuern oder andere steuerrechtliche Verpflichtungen auferlegt werden. Dieser Grundsatz muss im Prinzip auch gelten, wenn die zu erhebende Steuer einst eine den heutigen Anforderungen entsprechende gesetzliche Grundlage besass und dieser nachträglich verlustig ging. Ferner liegt keine Lücke des geschriebenen Rechts vor: Die strittige Steuer ist in ihren Einzelheiten nämlich ausdrücklich geregelt, wenn auch ungenügend, weil auf Verordnungsstufe. Vor allem aber fehlt ein unabweisliches Bedürfnis zur Erhebung der Promillegebühr: Auch ohne sie kann der Erbgang und die Inventarisierung ohne Weiteres abgewickelt werden. Ausserdem ist das Erfordernis einer konstanten und einheitlichen Übung nicht erfüllt. Die Kantonale Rekurskommission führte wohl aus, die Promillegebühr werde jedenfalls seit 1954 von allen Amtsschreibereien erhoben. Allein, dass eine Promillegebühr seit langer Zeit erhoben wurde, genügt nicht. Soll die gewohnheitsrechtliche Norm ein formelles Gesetz ersetzen, so muss sie gleich einem solchen die Grundzüge der Steuer determinieren. Das bedeutet, dass der Kreis der Abgabepflichtigen, der Gegenstand der Abgabe und deren Bemessung durch konstante Übung festgelegt sein müssen. Tatsächlich ist dies gerade nicht geschehen. Insbesondere der Gegenstand der Promillegebühr war in der hier massgeblichen Zeitspanne uneinheitlich. Die Bemessungsgrundlagen, wie sie im vorliegenden Fall herangezogen wurden, galten erst seit gut zehn Jahren. Diese Zeit erscheint ohne Zweifel insbesondere angesichts der im Zusammenhang mit steuerrechtlichen Belastungen in erhöhtem Masse gebotenen Zurückhaltung als ungenügend für die Bildung von Gewohnheitsrecht. Dessen Anerkennung hat den Sinn, einer historisch gewachsenen Regelung den fest verankerten Platz im Rechtsleben zu belassen. Davon kann hier nicht gesprochen werden. Unter diesen Umständen erübrigt es sich, zu prüfen, ob eine hinreichende Rechtsüberzeugung vorliege (BGE 105 Ia 2 E. 2; vgl. auch VerwG SG vom 11. Nov. 2003, in: GVP 2003 Nr. 3 E. b).

2. Langjährige ununterbrochene Übung

Die Bildung von Gewohnheitsrecht setzt eine **längere Zeit andauernde, ununterbrochene Übung** voraus. Ist eine entsprechende Praxis erst vor Kurzem begründet worden, genügt dies nicht, um Gewohnheitsrecht zu bilden (BGE 131 I 425 E. 2 [Mitteilungsverbot einer Kontensperre an die Kunden, welche auf einem Konsens bzw. einer Vereinbarung zwischen der Schweizerischen Bankiervereinigung und der Konferenz der kantonalen Justiz- und Polizeidirektoren beruht, das von den Strafverfolgungsbehörden erst seit 1998 angewendet wird]). 718

Praxis:

– **Fahrverbote auf privaten Verkehrsflächen:** Auf Gesuch einer Grundeigentümerin erliess das Tiefbauamt der Gemeinde Herisau ein allgemeines Fahrverbot auf einer privaten Verkehrsfläche. Dagegen erhoben mehrere Anstösser Einsprache beim Gemeinderat Herisau, der auf die Einsprache nicht eintrat und die angefochtene Verkehrsbeschränkung für «gegenstandslos» erklärte. Die gesuchstellende Grundeigentümerin gelangte daraufhin mit Rekurs an den Regierungsrat, der Folgendes ausführte: Im Kanton Appenzell A.Rh. haben die Gemeinden seit Jahrzehnten jeweils auf Antrag des Grundeigentümers Verbote und Beschränkungen zum Schutze des privaten Eigentums verfügt. Diese Praxis kann sich auf keine ausdrückliche Gesetzesgrundlage stützen. Insbesondere handelt es sich dabei nicht um die Ausübung strassenhoheitlicher Befugnisse, denn die betroffenen Grundstücke sind der Verfügungsmacht des Gemeinwesens 719 entzogen. Es stellt sich jedoch die Frage, ob solche Verbote und Beschränkungen nicht eine gewohnheitsrechtliche Grundlage haben. Das Bundeszivilrecht stellt dem privaten Grundeigentümer gegen die unbefugte Inanspruchnahme seines Grundstücks durch Dritte die Klage aus Besitzesstörung gemäss Art. 928 ZGB zur Verfügung. Diese Klage hat jedoch nur dann Erfolg, wenn sie gegen einen bestimmten Täter gerichtet ist, denn der Besitzesschutz nach ZGB kennt kein allgemeines Verbot gegen einen unbestimmten Personenkreis. Die Kantone sind befugt, neben dem bundesrechtlichen Besitzesschutz einen administrativen oder polizeilichen Besitzesschutz vorzusehen. Auch ist es ihnen nicht verwehrt, den Besitzern ein besonderes Verfahren zur Verfügung zu stellen, das ihnen gestattet, beim Zivilrichter ein mit einer Strafandrohung verbundenes Verbot von Besitzesstörungen zu erwirken (strafrechtlicher Besitzesschutz). Inzwischen ist erstellt, dass das kantonale Recht den strafrechtlichen Besitzesschutz durch den Zivilrichter nicht kennt. Damit steht der Anerkennung eines auf Gewohnheitsrecht beruhenden administrativen oder polizeilichen (öffentlich-rechtlichen) Besitzesschutzes nichts entgegen. Das gilt zumindest, soweit es um den Erlass von Verboten und Beschränkungen i.S.v. Art. 113 Abs. 3 SSV geht. Die Gemeinden haben seit Jahrzehnten solche Verbote und Beschränkungen zum Schutz des privaten Grundeigentums verfügt. Die sehr häufig anzutreffenden amtlichen Signale auf privaten Grundstücken belegen, dass diese Praxis einem Rechtsbedürfnis entspricht und vom Rechtsbewusstsein der betroffenen Kreise getragen wird. In Anbetracht dieser Sachlage ist der Rekurrentin aus Gründen der Rechtsgleichheit ein Anspruch auf Behandlung ihres Gesuchs einzuräumen. Dementsprechend ist der angefochtene Nichteintretensentscheid aufzuheben und die Sache zur materiellen Behandlung an den Gemeinderat Herisau zurückzuweisen (RR AR vom 28. Aug. 2001, in: GVP 2001 S. 21 E. 2c).

3. Rechtsüberzeugung

720 Bringt ein Gericht mehrmals **Vorbehalte** zu einer Verwaltungspraxis an oder lässt es die Frage der Vereinbarkeit dieser Praxis mit dem Gesetz zumindest offen, kann sich kein Gewohnheitsrecht bilden (vgl. z.B. BGE 102 Ib 296 E. 3f [Verzicht auf den Entzug des Führerausweises gestützt auf Gewohnheitsrecht]).

Praxis:

721 – **Verzicht auf den Entzug des Führerausweises:** Die Polizeidirektion des Kantons Zürich entzog Adrian Fatzer am 19. Juni 1975 den Führerausweis für die Dauer von zwei Monaten. Der Regierungsrat des Kantons Zürich hielt auf Beschwerde hin die Massnahme, die er auf Art. 16 Abs. 2 SVG stützte, aufrecht. Mit Verwaltungsgerichtsbeschwerde beantragt Fatzer, es sei der Entscheid des Regierungsrates aufzuheben, eventuell sei eine Verwarnung auszusprechen. Ferner beantragt er, eventuell sei auf den Vollzug der Massnahme zu verzichten. Das EJPD führt in der Vernehmlassung auf, es habe gegen einen Verzicht auf den Vollzug der Massnahme nichts einzuwenden. Das Bundesgericht erachtet den Entzug des Führerausweises als gerechtfertigt und nimmt zur Frage des Vollzugsverzichtes wie folgt Stellung: Eventualiter beantragt der Beschwerdeführer, es sei auf die Vollstreckung des Führerausweisentzuges zu verzichten. Er stützt sich dabei auf die Praxis des EJPD, wonach ein fakultativer Warnungsentzug nicht mehr vollzogen wird, wenn seit der ihm zugrunde liegenden Widerhandlung mehr als ein Jahr verstrichen ist und der Täter durch sein seitheriges Wohlverhalten gezeigt hat, dass er der Warnungsmassnahme nicht mehr bedarf. Nach dieser Praxis wären im vorliegenden Fall die Voraussetzungen gegeben, um auf einen Vollzug zu verzichten. Das EJPD unterstützt denn auch in seiner Vernehmlassung einen Verzicht auf den Vollzug der Massnahme. Der Verzicht auf den Vollzug des Führerausweisentzuges ist nicht eine Massnahme oder Modalität der Vollstreckung. Er ändert vielmehr mit einer neuen, selbstständigen Verfügung zum Teil die ursprüngliche Entzugsverfügung. Diese wird zwar formell in Kraft gelassen und belastet damit den automobilistischen Leumund eines fehlbaren Lenkers. Sie erfährt aber eine Änderung, indem sie als nicht mehr vollziehbar erklärt wird. Die Änderung von Entzugsverfügungen durch

Verzicht auf die Vollstreckung findet ihre Grundlage nicht im Gesetz. Die nachträgliche Änderung oder Aufhebung von Verfügungen durch die Verwaltung ist jedoch nicht ausgeschlossen, wenn das betreffende Gesetz keinen Hinweis darauf enthält. Die Rechtsprechung und Doktrin haben vielmehr Kriterien entwickelt für die Anpassung einer ursprünglich fehlerfreien Verfügung an inzwischen eingetretene Tatsachen, für die Rücknahme von fehlerhaften Verfügungen und schliesslich für die Feststellung der Nichtigkeit. Der Verzicht auf den Vollzug des Führerausweisentzuges kann keiner dieser Fallgruppen zugeordnet werden. Der Vollzugsverzicht ist vor allem auch unter dem Gesichtspunkt der Rechtsgleichheit zu beanstanden. Fahrzeuglenker, die einen Führerausweisentzug nämlich ohne Ergreifen eines Rechtsmittels akzeptieren, gelangen nie in den Genuss eines Vollzugsverzichtes. Fehlbare Fahrzeuglenker jedoch, die alle ihnen zur Verfügung stehenden Rechtsmittel bis zur letzten Instanz benützen, werden den Vollzug des Führerausweisentzuges vielfach so lange hinauszögern können, bis ein Vollzugsverzicht bei gleichzeitigem Vorliegen der anderen vom EJPD verlangten Voraussetzungen in Frage kommt. Dies ist umso eher möglich, wenn die Administrativbehörden den Ausgang eines länger dauernden Strafverfahrens in der gleichen Sache abwarten, bevor sie über den Führerausweisentzug entscheiden. Der Vollzugsverzicht bevorzugt mit anderen Worten den beschwerdefreudigen vor dem einsichtigen fehlbaren Lenker. Eine solche, im Gesetz nicht vorgesehene ungleiche Behandlung verletzt den Grundsatz der Rechtsgleichheit. Unzulässig ist es schliesslich, die Praxis des Verzichtes auf den Entzug des Führerausweises als Gewohnheitsrecht zu betrachten, wie dies verschiedentlich von der Lehre vorgeschlagen wird. Einmal scheint die zeitliche Dauer der Praxis für eine Bildung von Gewohnheitsrecht sehr kurz. Entscheidend ist aber, dass das Bundesgericht mehrmals Vorbehalte zu dieser Praxis angebracht oder die Frage der Vereinbarkeit mit dem Gesetz zumindest offengelassen hat. Die Praxis des Entzugsverzichtes kann bei dieser Lage nicht die opinio iuris et necessitatis für sich in Anspruch nehmen, die Voraussetzung für die Bildung von Gewohnheitsrecht wäre. Zusammenfassend muss festgestellt werden, dass der Verzicht auf die Vollstreckung des Führerausweisentzuges eine Massnahme ist, die weder vom Gesetz noch durch die allgemeinen Grundsätze des Verwaltungsrechts gerechtfertigt wird. Diese Praxis ist daher rechtswidrig und muss aufgegeben werden (BGE 102 Ib 296 E. 3).

4. Lückenfüllung

Keine **Lücke** liegt vor, wenn sich die Aufsicht über die Anwälte auf die Verletzung der Berufspflicht beschränkt und die Verletzung von Standesregeln nicht erfasst. Nur wo das Standesrecht den Begriff der Berufspflicht konkretisiert, kommt ihm allenfalls eine gewisse Bedeutung zu, wenn auch – entgegen dem Obergericht Luzern (LGVE 2002 I Nr. 48 E. 5.3) – nicht als Gewohnheitsrecht, sondern als Auslegungshilfe. Auch keine Lücke liegt vor, wenn das Privatrecht eine Materie dem öffentlichen Recht (des Bundes oder der Kantone) vorbehält (in casu Höchstzinssätze für Konsumkredite). Hat das Bundesprivatrecht bewusst auf eine Regelung verzichtet, enthält es ein qualifiziertes Schweigen, eine negative Norm, welche der Bildung von (bundesprivatem) Gewohnheitsrecht Schranken setzt, da derogierendes Gewohnheitsrecht grundsätzlich unzulässig ist (BGE 119 Ia 59 E. 4c und E. 4d). Auch kein Gewohnheitsrecht kann sich bilden, wenn Pflichten oder Rechte abschliessend und umfassend im Gesetz geregelt sind, auch wenn die anderen Voraussetzungen zur Bildung von Gewohnheitsrecht allenfalls erfüllt wären (KG VS vom 13. Feb. 2008, in: ZWR 2009 S. 92 E. 4.5 und E. 4.6 [Baubewilligungspflicht]). 722

Praxis:

723 – **Baubewilligungspflicht für das Auswechseln der Fenster und Türen:** Durch das Ersetzen alter Fenster und Türen mit neuen derselben Form und Farbe sowie desselben Materials bleibt nicht nur die Zweckbestimmung, sondern auch die innere und äussere Form und Gestaltung der Bauten erhalten. Das Wohnhaus ist durch das Auswechseln der Fenster und Türen weder in bautechnisch erheblicher noch in äusserlich erheblicher oder klar erkennbarer Weise umgebaut worden. Es ist keine wesentliche Änderung der Fassaden vorgenommen worden und es sind auch keine anderen Materialien als die bisherigen verwendet worden. Die Fassade ist damit nicht modifiziert worden. Mithin handelt es sich nicht um eine wesentliche Änderung, sondern lediglich um gewöhnliche Unterhaltsarbeiten, welche gemäss Art. 20 Ziff. 1 der Bauverordnung (BauV) und mangels strengerer kommunaler Bestimmungen nicht bewilligungspflichtig sind. Daran ändert auch die von der Gemeinde Kippel angerufene, über dreissigjährige Baupraxis, gemäss welcher für das Auswechseln von Türen und Fenstern eine Baubewilligung einzureichen sei, nichts, da es sich dabei nicht um Gewohnheitsrecht handeln kann. Im öffentlichen Recht ist die Entstehung von Gewohnheitsrecht nur mit Zurückhaltung anzunehmen. Gemäss bundesgerichtlicher Rechtsprechung setzt die Entstehung von Gewohnheitsrecht eine längere Zeit andauernde, ununterbrochene Übung voraus, welche auf der Rechtsüberzeugung sowohl der rechtsanwendenden Behörden als auch der vom angewendeten Grundsatz Betroffenen beruht. Erforderlich ist zudem, dass eine Lücke des geschriebenen Rechts vorliegt und ein unabweisliches Bedürfnis besteht, sie zu füllen. Im Verwaltungsrecht ist somit gesetzesderogierendes Gewohnheitsrecht weitgehend ausgeschlossen. Eine Lücke des geschriebenen Rechts liegt in casu nicht vor. Die Baubewilligungspflicht wird sowohl im Baugesetz als auch in der BauV geregelt. Wie bereits dargelegt, handelt es sich bei den vorliegenden Arbeiten um gewöhnliche Unterhaltsarbeiten i.S.v. Art. 20 Ziff. 1 BauV. Die Frage, ob das Erfordernis einer konstanten und einheitlichen Übung sowie einer hinreichenden Rechtsüberzeugung gegeben ist, kann deshalb offen gelassen werden (KG VS vom 13. Feb. 2008, in: ZWR 2009 S. 92 E. 4.5 und E. 4.6).

XI. Richterrecht

724 Bei Richterrecht handelt es sich um Regeln, die unter ausdrücklicher Berufung auf Art. 1 Abs. 2 ZGB «modo legislatoris» aufgestellt und die in der Folge mehrfach bestätigt werden (vgl. z.B. BGE 136 II 263 E. 7.1 [Festsetzung des Stichtags für die (Un)Vorhersehbarkeit der Fluglärm-Immissionen im Einzugsbereich der schweizerischen Landesflughäfen; ferner BGE 134 I 303 E. 2.1, 133 I 19 E. 2.1, 132 I 29 E. 2.1, 131 I 285 E. 2.1, 130 I 205 E. 4.1 [Kollisionsregeln betreffend das Verbot der interkantonalen Doppelbesteuerung]; zur Lückenfüllung modo legislatoris Rz. 1238 ff.).

725 Richterrecht vermag zwar nicht das Erfordernis der gesetzlichen Grundlage zu ersetzen, allerdings können die Anforderungen an die **Normdichte** als erfüllt gelten, wenn zusammen mit einer unbestimmt formulierten Norm eine ständige Praxis besteht (vgl. auch BGE 126 II 425 E. 5b/aa [Art. 4 aANAG]; VerwG ZH vom 2. Sept. 2009, VB.2009.00083, E. 7.9). Hebt ferner das Gericht im Rahmen einer (abstrakten oder akzessorischen) Normenkontrolle eine gesetzliche Regelung auf, ist dem Beschwerdeführer unter Umständen nicht gedient, insbesondere wenn es darum geht, positive staatliche Leistungen durchzusetzen. In derartigen Fällen drängt sich eine richterliche Ersatzregelung auf (VerwG ZH vom 30. Sept. 2009, VB.2009.00430, E. 5.7; vom 4. Juni 2009, VB.2009.00048, E. 3.3.1 und E. 3.3.2, mit zahlreichen Hinweisen auf die Rechtsprechung).

Praxis:

– **Entschädigungsanspruch für die Enteignung nachbarlicher Abwehrrechte im Einzugsbereich der schweizerischen Landesflughäfen (in casu Ostanflug auf den Flughafen Zürich):** 726
Nach der bundesgerichtlichen Rechtsprechung setzt ein Entschädigungsanspruch für die Unterdrückung nachbarlicher Abwehrrechte gegenüber Lärmeinwirkungen voraus, dass (kumulativ) die drei Bedingungen der Unvorhersehbarkeit der Lärmimmissionen, der Spezialität der Immissionen sowie der Schwere des immissionsbedingten Schadens gegeben sind. Das Bundesgericht hat den Stichtag für die (Un)Vorhersehbarkeit der Fluglärm-Immissionen im Einzugsbereich der schweizerischen Landesflughäfen auf den 1. Jan. 1961 festgesetzt. Ab diesem Datum ist eine markante Zunahme der Zivilluftfahrt und, damit verbunden, eine entsprechende Zunahme des Fluglärms in der Umgebung der Landesflughäfen für jedermann vorauszusehen gewesen. Dies wurde zunächst für den Landesflughafen Genf entschieden (insb. BGE 121 II 317 E. 6b und E. 6c). Das Datum 1. Jan. 1961 wurde auch für den Landesflughafen Zürich für massgeblich erklärt (insb. BGE 123 II 481 E. 7b). Das Bundesgericht hat diese Regel unter ausdrücklicher Berufung auf Art. 1 Abs. 2 ZGB aufgestellt. Es hat in der Folge mehrfach betont, dass es sich um eine allgemeingültige Regel handelt, die in allen Verfahren zur Anwendung gelangen müsse, in denen es um die Enteignung von Nachbarrechten wegen des Betriebs eines Landesflughafens gehe. Die Regel ist streng zu beachten und darf nicht von Fall zu Fall angepasst oder derogiert werden, etwa aufgrund der örtlichen und persönlichen Verhältnisse des Einzelfalls (BGE 131 II 137 E. 2.3). Nach der bundesgerichtlichen Rechtsprechung musste ab dem 1. Jan. 1961 jedermann – und nicht nur Flugspezialisten oder Anwohner eines Flugplatzes – um die Belastungen durch Fluglärm in der Umgebung der Landesflughäfen wissen. Dabei kommt es allein auf die Auswirkungen des Flugbetriebs an, unabhängig davon, auf welche konkreten Ursachen politischer, technischer, wirtschaftlicher, betrieblicher oder anderer Natur Änderungen im Betrieb der Landesflughäfen zurückzuführen sind. Gestützt auf diese Praxis entschied das Bundesgericht, dass auch das sprunghafte Ansteigen der Südabflüge (Flughafen Zürich) durch die Einführung der «4. Welle» der Swissair im Herbst 1996 nicht zu einer Neufestsetzung des Stichdatums führe (vgl. dazu BGE 130 II 394 E. 12.3.1-12.3.3). Nichts anderes gilt für die vorliegend zu beurteilenden Ostanflüge: Zwar waren die konkreten Gründe, die zur Einführung der Ostanflüge im Herbst 2001 führten, für die betroffenen Grundeigentümer unvorhersehbar. Die Auswirkungen hielten sich jedoch im Rahmen dessen, was schon am 1. Jan. 1961 vorhersehbar gewesen war. Der Flughafen Zürich wurde von Anfang an für den interkontinentalen Flugverkehr konzipiert und mit einem kreuzförmigen Pistensystem versehen, das Starts und Landungen in verschiedene Richtungen erlaubt. Grundsätzlich war daher spätestens ab 1961 nicht nur die Zunahme des Luftverkehrswachstums vorhersehbar, sondern es musste auch damit gerechnet werden, dass einmal festgelegte Start- und Landerichtungen wieder abgeändert werden könnten. Wie bereits dargelegt, hat das Bundesgericht das Stichdatum für die Vorhersehbarkeit unter ausdrücklicher Berufung auf Art. 1 Abs. 2 ZGB aufgestellt, d.h. es ging vom Bestehen einer Gesetzeslücke aus, die der Richter zu füllen habe. An dieser Rechtsprechung ist festzuhalten, solange der Gesetzgeber keine andere Regelung trifft. Auf den grundsätzlichen Einwand der Beschwerdeführer, wonach keine genügende gesetzliche Grundlage für einen Entschädigungsausschluss wegen Vorhersehbarkeit der Lärmimmissionen ab dem 1. Jan. 1961 bestehe, ist daher nicht weiter einzugehen (BGE 136 II 263 E. 7).

§ 3 Zeitlicher und räumlicher Geltungsbereich

I. Zeitlicher Geltungsbereich

1. Inkraftsetzung

a) Publikationspflicht

aa) Allgemeines

Es ist ein Gebot der Rechtsstaatlichkeit, dass rechtsetzende Erlasse grundsätzlich **vor ihrem Inkrafttreten in der amtlichen Sammlung publiziert** werden müssen (BGE 125 I 182 E. 2b/cc, 120 Ia 1 E. 4b, 104 Ia 167 E. 2). Dadurch wird dem Umstand Rechnung getragen, dass die Publikation von Erlassen im demokratischen Rechtsstaat grundsätzlich eine unabdingbare Voraussetzung für ihre Anwendbarkeit und Verbindlichkeit gegenüber den Privaten bildet (BGE 120 Ia 1 E. 4b; BGer vom 26. Juli 2000, 2A.20/2000, E. 1b/bb [in BGE 126 II 329 ff. nicht publ. E.]). Erlasse verpflichten den Einzelnen demnach nur, sofern sie entsprechend den gesetzlichen Vorschriften bekannt gemacht worden sind (BVGer vom 8. Okt. 2009, A-1182/2009, E. 3.5; vom 8. Sept. 2009, A-7689/2008, E. 2.1.1; vgl. auch Art. 8 PublG). Der Einzelne hat jedoch keinen Anspruch darauf, über den Inhalt des Erlasses individuell orientiert zu werden. Die Publikation in der amtlichen Sammlung ersetzt eine individuelle Orientierung; der Inhalt der publizierten Erlasse ist mithin als bekannt vorauszusetzen (vgl. BVGer vom 12. März 2007, B-2140/2006, E. 4.2.1). 727

Vorbehalten bleiben **Sonderfälle** wie beispielsweise die **Veröffentlichung in anderen Organen**, als **Sonderdruck** aufgrund des besonderen Charakters oder des besonderen Adressatenkreises eines Textes; diesfalls sind immerhin Titel sowie Fundstelle oder Bezugsquelle in die amtliche Sammlung aufzunehmen (vgl. Art. 5 Abs. 1 lit. a-c PublG; hierzu etwa BGer vom 2. Juni 2009, 6B_927/2008, E. 5.2 und E. 5.3; BVGer vom 14. Jan. 2009, A-1719/2006, E. 5.2). Die **Publikation** eines blossen Verweises auf den betreffenden Erlass in einem **Vorlesungsverzeichnis** stellt jedoch eine ungenügende Form der Veröffentlichung dar, selbst wenn der betreffende Verordnung nur einen kleinen Kreis von Personen erfasst (ETH-Rat vom 18. Mai 2000, in: ZBl 2002 S. 86 E. 4b). 728

Praxis:

- **Publikation des Generaltarifs nach Art. 1 Abs. 1 des Zolltarifgesetzes (ZTG):** Die Beschwerde führenden Parteien bemängeln vor Bundesverwaltungsgericht die ungenügende Publikation des Gesetzes. Die Verfügung basiert auf dem Generaltarif, welcher weder im Bundesblatt noch in der Amtlichen Sammlung noch in der Systematischen Sammlung publiziert worden ist. Jedoch findet sich im Anhang zum ZTG ein Verweis auf den Generaltarif. Dieser kann bei der Oberzolldirektion (OZD) eingesehen werden. Änderungen werden im Internet unter www.evz.admin.ch publiziert. Gemäss Art. 12 ZTG werden die Änderungen des Generaltarifs in Form einer Gesetzesänderung vorgenommen, die der Bundesrat beantragt, wobei er den Generaltarif bis zum Entscheid über die Änderung in Kraft setzen kann. Das Vorgehen der Publikation des Generaltarifs steht in Einklang mit Art. 5 Abs. 1 und Abs. 3 PublG. In der SR wer- 729 den nach Art. 11 Abs. 1 PublG nur in der AS veröffentlichte, noch geltende Erlasse, völkerrechtliche und interkantonale Verträge, internationale Beschlüsse sowie die Kantonsverfassungen aufgenommen. Es wird aber insb. ein Erlass nicht aufgenommen, wenn er von technischer Natur ist und sich nur an Fachleute wendet (Art. 5 Abs. 1 lit. b PublG). In diesem Fall wird der Text in einem anderen Publikationsorgan oder als Sonderdruck veröffentlicht (Art. 5 Abs. 3 PublG). Es entspricht damit der bundesgesetzlichen Ordnung, den Generaltarif weder in der AS noch in der SR zu publizieren und es erübrigt sich aufgrund des Art. 190 BV über die Bindung der rechtsanwendenden Behörden an die Bundesgesetze, die Verfassungsmässigkeit von Art. 5 Abs. 1 und 3 PublG weiter zu prüfen. Damit basiert die Veröffentlichung eines Verweises auf den Generaltarif im Anhang zum ZTG auf einer genügenden gesetzlichen Grundlage (BVGer vom 14. Jan. 2009, A-1719/2006, E. 5.2; vom 20. Juni 2008, A-3044/2008, E. 5).

730 – **Reglement über die Hilfeleistung durch Stützpunkt- und Nachbarfeuerwehren:** Für die Bewältigung grösserer Schadenfälle besteht im Kanton Solothurn eine Stützpunktorganisation. Die Orts- und Betriebsfeuerwehren können beim zugeteilten Stützpunkt Hilfeleistungen anfordern. Die Stützpunktorganisation ist im Reglement über die Hilfeleistung durch Stützpunkt- und Nachbarfeuerwehren vom 12. Nov. 1986 geregelt. Die Feuerwehr von V war bisher Stützpunktfeuerwehr. Mit Beschluss vom 10. Juli 2003 revidierte die Verwaltungskommission der Solothurnischen Gebäudeversicherung (SGV) dieses Reglement und setzte es auf den 1. Juli 2003 in Kraft. V wird im revidierten Reglement nicht mehr als Feuerwehrstützpunkt genannt. Das Reglement wurde im Amtsblatt vom 6. Feb. 2004 publiziert. In Anwendung des revidierten Reglements stufte die Direktion der SGV die Feuerwehr V mit Verfügung vom 25. Sept. 2003 neu ein und hob den Status der Feuerwehr V als Stützpunktfeuerwehr auf den 1. Jan. 2004 auf, was zur Folge hatte, dass die ausbezahlte Stützpunktentschädigung von Fr. 7'523.– pro Jahr ab dem 1. Jan. 2004 entfiel. Die Einwohnergemeinde V erhob gegen diese Verfügung erfolglos Beschwerde bei der Verwaltungskommission der SGV mit dem Antrag, die Rückstufung sei aufzuheben. Die Einwohnergemeinde V gelangt an das Verwaltungsgericht. Das Verwaltungsgericht heisst die Beschwerde gut. Erwägungen: Vorliegend stützt sich die Verfügung auf ein am 10. Juli 2003 erlassenes Reglement über die Hilfeleistung durch Stützpunkt- und Nachbarfeuerwehren, welches indes erst am 6. Feb. 2004 im Amtsblatt publiziert wurde, obwohl es gemäss den Schlussbestimmungen auf den 1. Juli 2003 in Kraft zu treten hatte. Es ist ein Gebot der Rechtsstaatlichkeit, dass rechtsetzende Erlasse grundsätzlich vor ihrem Inkrafttreten publiziert werden müssen. Nach der bundesgerichtlichen Rechtsprechung ist die Publikation eines Erlasses im demokratischen Rechtsstaat eine unabdingbare Voraussetzung für das Inkrafttreten von gesetzlichen Vorschriften und damit für ihre Anwendbarkeit. Gleicher Meinung ist die Rechtslehre. Die Änderung der Verordnung über die Hilfeleistung konnte folglich nicht rückwirkend auf den 1. Juli 2003 in Kraft treten. Das Reglement wurde verspätet im Amtsblatt vom 6. Feb. 2004 publiziert. Es trat damit mit der Publikation am 6. Feb. 2004 in Kraft. Die Anwendung eines Erlasses vor seiner Publikation ist grundsätzlich unzulässig. Wird künftiges Recht bereits wie geltendes Recht angewendet, handelt es sich um eine positive Vorwirkung des Erlasses. Eine derartige positive Vorwirkung ist aus Gründen der Rechtssicherheit grundsätzlich unzulässig. Die Feuerwehr von V gehört gemäss neuem Reglement zu den Stützpunktfeuerwehren. Dieses Reglement trat indes erst am 6. Feb. 2004 in Kraft. Da über den neuen Status der Feuerwehr von V bereits vor dem Inkrafttreten des Reglements verfügt wurde, fehlt dieser Verfügung die gesetzliche Grundlage. Sie ist nichtig und kann keine Rechtswirkungen entfalten (VerwG SO vom 24. Mai 2004, in: SOG 2004 Nr. 31 E. 5).

bb) Von der Publikationspflicht erfasste Erlasse

731 Von der **Publikationspflicht** erfasst werden nur die **ordentlichen Rechtsquellen des Verwaltungsrechts** (vgl. auch Art. 2-4 PublG); **Verwaltungsverordnungen** sind gemäss Praxis immerhin dann gesetzeskonform zu publizieren, wenn sie **aussenwirksam** sind (BGE 120 Ia 1 E. 4; BGer vom 10. April 2003, 2P.87/2003, E. 3.2; eine von der Frage der Innen- bzw. Aussenwirkung unabhängige Publikationspflicht befürwor-

tet LUKAS PFISTERER, Verwaltungsverordnungen des Bundes, Zürich 2007, S. 170). Die Publikationspflicht betrifft auch (dauerhafte) **Allgemeinverfügungen** (VerwG SG vom 19. Feb. 2009, B-2008-115, E. 4.2 [Verkehrsanordnungen]); gegenüber Spezialadressaten ist die Allgemeinverfügung zusätzlich – wie eine Verfügung – **individuell und persönlich zu eröffnen** (BGE 121 I 230 E. 2c, 119 Ia 141 E. 5c/cc; BVGE 2008/18 E. 5.2; dazu Rz. 2227 ff.).

Die **Publikationspflicht** schützt den Einzelnen insbesondere vor **Verpflichtungen,** die ihm ohne sein Wissen auferlegt werden. Bringt eine Regelung hingegen nur **Vorteile** bzw. räumt sie dem Einzelnen nur Rechte ein, entstehen die begünstigenden Rechtswirkungen unter Umständen auch ohne Publikation (BGE 100 Ib 341 E. 1b; VerwG AG vom 14. Nov. 2002, in: AGVE 2002 Nr. 39 E. 1e). Es wäre widersprüchlich und würde gegen Treu und Glauben verstossen, Privaten das neu eingeräumte Recht wegen einer mangelhaften Publikation zu versagen (BVGer vom 8. Okt. 2009, A-1182/2009, E. 3.5). 732

Praxis:

- **Titelvergabe für ein Nachdiplomstudium:** Die ETH Zürich sowie die Universität Lausanne bieten ein gemeinsames Nachdiplomstudium an. Die Schulleitung der ETH Zürich beschloss am 19. April 2005, die bisherigen Nachdiplomtitel durch den einheitlichen Titel «MAS» rückwirkend für Studienprogramme mit Start im Wintersemester 2003/2004 zu ersetzen. Dieser Beschluss sollte im Anhang der Allgemeinen Verordnung über Leistungskontrolle publiziert werden, was aber in der Folge unterblieb. Im Jahr 2008 verweigerte die Universität Lausanne die Ausstellung der betreffenden Diplome u.a. mit dem Hinweis darauf, dass der besagte Beschluss vom 19. April 2005 nie publiziert worden sei. Das Bundesverwaltungsgericht heisst die Beschwerde der Studierenden gut. Erwägungen: Rechtsetzende Erlasse werden für Private zwar erst nach ihrer Publikation in der amtlichen Sammlung verbindlich. Der Beschluss der Schulleitung ETHZ sah vor, die neuen Mastertitel im Anhang der Allgemeinen Verordnung über Leistungskontrollen zu publizieren. Die Studierenden wurden gemäss ihren eigenen Aussagen seit Frühjahr 2005 von der Studienleitung über den neuen MAS-Titel mehrfach informiert. Auch ohne diese zusätzlichen Informationen könnten sich diese ohne Weiteres auf den Beschluss berufen. Sinn und Zweck der Publikationspflicht ist der Schutz des Bürgers. Dieser soll wissen, welche Pflichten er gegenüber dem Staat hat und nicht der Unsicherheit unbekannter Verpflichtungen ausgesetzt sein. Bringt eine Regelung dem Bürger hingegen nur Vorteile bzw. räumt sie ihm nur Rechte ein, entstehen die begünstigenden Rechtswirkungen unter Umständen auch ohne Publikation. Insbesondere wenn sich Private auf eine Rechtsänderung berufen, wäre es widersprüchlich und verstiesse gegen Treu und Glauben, diesen das neu eingeräumte Recht wegen einer mangelhaften Publikation zu versagen, sodass den seit Wintersemester 2003/2004 eingeschriebenen Beschwerdeführenden der MAS-Titel zu erteilen ist (BVGer vom 8. Okt. 2009, A-1182/2009, E. 3.5-3.9). 733

b) Zeitpunkt

aa) Sofortige Inkraftsetzung

Neue Erlasse sind **nach ihrer Publikation** in der AS grundsätzlich **sofort und ungeteilt in Kraft zu setzen** (BGE 122 V 405 E. 3b/bb; vgl. auch Art. 7 Abs. 1 PublG, wonach bei Fehlen einer besonderen gesetzlichen Regelung ein Erlass fünf Tage nach seiner Publikation in der AS in Kraft tritt). Ein sofortiges Inkrafttreten ist insbesondere dann angebracht, wenn es gilt, bestehende oder künftig mögliche Missbräuche unverzüglich zu verhindern oder durch staatliche Lenkungsmassnahmen ein bestimm- 734 tes Ergebnis möglichst rasch zu erzielen (BGE 123 II 385 E. 9, 123 II 433 E. 9, 114 Ib 17 E. 4a; BVGer vom 22. März 2010, A-2391/2008, E. 3.2.2). Vom Grundsatz einer unverzüglichen Inkraftsetzung ist auch dann auszugehen, wenn die Interessen der von der Änderung betroffenen Personen sich nicht zu festen Rechtspositionen verdichtet haben, durch die sofortige Gesetzesänderung keine unzumutbaren Härten entstehen oder von der zuständigen Behörde der Weiterbestand des alten Rechts nicht individuell zugesichert worden ist (BVGer vom 22. März 2010, A-2391/2008, E. 3.2.2).

Praxis:

735 – **Novelle zur Schlachtviehordnung (SV):** Die Änderung der Schlachtviehordnung wurde am 15. Nov. 1976 in der Amtlichen Sammlung veröffentlicht und trat am 22. Nov. 1976 in Kraft. In einer Übergangsbestimmung wurde u.a. angeordnet, dass die Einzelkontingente der Lebensmittelhandelsfirmen für Bindenstotzen und zugeschnittene Binden bereits auf die am 22. Nov. 1976 beginnende Importperiode nach dem revidierten Art. 17 SV zu bemessen seien. Die X AG, welche den Betrieb eines Lagerhauses, die Ausführung aller Lagerhaus- und Speditionsgeschäfte, ferner den Handel, Export und Import von Waren aller Art, insb. Lebensmitteln jeglicher Gattung bezweckt, hat im Sommer 1975 ein Einfuhrkontingent von 4,8572 % des Gesamtkontingents für Bindenstotzen und zugeschnittene Binden erhalten. Dieses Kontingent wurde auf der Grundlage ihrer Geschäftstätigkeit im Kontingentsbemessungsjahr 1974 berechnet. Nach dem Inkrafttreten der Revision der Schlachtviehordnung kürzte die Abteilung für Landwirtschaft mit Verfügung vom 6. Dez. 1976 ihren Anteil auf 3,2169 %. Die X AG führte dagegen erfolglos Beschwerde beim Eidg. Volkswirtschaftsdepartement (EVD). Mit Verwaltungsgerichtsbeschwerde beantragt die X AG, es sei der Entscheid des EVD aufzuheben und es sei das Kontingent der Beschwerdeführerin auf 4,8577 %, eventuell auf einen 3,2169 % erheblich übersteigenden Prozentsatz festzusetzen. Das Bundesgericht weist die Beschwerde ab. Erwägungen: Der Bundesrat hat die Novelle zur Schlachtviehordnung acht Tage nach ihrer Publikation in der Amtlichen Sammlung der eidgenössischen Gesetze in Kraft gesetzt. Zudem hat er in einer Übergangsbestimmung u.a. angeordnet, die Einzelkontingente der Lebensmittelhandelsfirmen für Bindenstotzen und zugeschnittene Binden seien nach Art. 22 SV bereits auf die am 22. Nov. 1976 beginnende Importperiode nach dem revidierten Art. 17 SV zu bemessen. Auf welchen Zeitpunkt eine gesetzliche Neuregelung eines Rechtsgebietes in Kraft gesetzt werden soll, ist dem pflichtmässigen Ermessen des Gesetzgebers, hier also des Bundesrates, anheimgestellt. Es kann erforderlich sein, die Neuordnung eines Rechtsgebietes unverzüglich in Kraft zu setzen, wenn sie den angestrebten Zweck erreichen soll. Ein solches Vorgehen wird sich vor allem auf dem Gebiete des Wirtschaftsrechtes, in dem häufig durch staatliche Lenkungsmassnahmen in den Wirtschaftsablauf eingegriffen wird, aufdrängen. In diesem Bereich müssen die getroffenen Massnahmen sich rasch wechselnden Lagen anpassen können. In andern Fällen mag es angezeigt sein, einen Erlass, z.B. aus technischen Gründen, erst einige Zeit nach seiner Publikation in Kraft zu setzen, um den Betroffenen Gelegenheit zu geben, Anpassungsmassnahmen zu treffen. Schliesslich kann es gerechtfertigt sein, Übergangsbestimmungen zu erlassen, damit der Übergang vom alten zum neuen Recht erleichtert wird. Die sofortige Inkraftsetzung neuen Rechts ist dort gerechtfertigt, wo der Zweck, der mit der Neuregelung verfolgt wird, ein rasches Wirksamwerden gebietet, z.B. zur Verhinderung bestehender Missbräuche. Sie wird umso eher erfolgen dürfen, je weniger die Interessen der von der Änderung Betroffenen zu festen rechtlichen Positionen geworden sind, d.h. je mehr mit einer möglichen baldigen Rechtsänderung zu rechnen war. Ähnliche Überlegungen gelten auch hinsichtlich der Pflicht des Gesetzgebers, eine Übergangsordnung zu schaffen. Eine Übergangsordnung drängt sich insb. dann auf, wenn durch die sofortige Inkrafttretung einer Gesetzesänderung oder durch die getroffene zeitliche Verzögerung die davon betroffenen Personen in einem Masse belastet werden, dass die Belastung in keinem vernünftigen Verhältnis zum Zwecke der Gesetzesänderung steht. Vorliegend war es der Beschwerdeführerin geläufig, dass die Kontingentsordnung

von Zeit zu Zeit geändert wird und die Einzelkontingente in ihrer Höhe schwanken und jährlich neu berechnet werden. Es kann sich daraus für den einzelnen Kontingentsberechtigten kein Anspruch auf gleichbleibende Kontingente ergeben, der eine Festigkeit erreicht, die es geboten scheinen liesse, ihn dem Schutz der Eigentumsgarantie zu unterstellen. Im Übrigen können sich im Laufe der Zeit weitere Bewerber um einen Anteil am Gesamtkontingent einer Wirtschaftsgruppe bewerben, sodass, wenn die Kontingentsreserve erschöpft ist, die bisherigen Kontingentsinhaber eine Kürzung ihres Kontingentes hinnehmen müssen. Der Inhaber eines Importkontingentes nach der Schlachtviehordnung kann auch nicht darauf vertrauen, dass die Einfuhrmengen während längerer Zeit konstant bleiben. Dem sofortigen Inkrafttreten der Neuordnung standen deshalb keine anerkannten Rechtsansprüche der Kontingentsinhaber auf Beibehaltung der bisherigen Ordnung zu. Da für die unverzügliche Inkraftsetzung des neuen Rechts gute Gründe vorliegen, die Nachteile für die Betroffenen nicht sehr schwer wiegen und durch geeignete Handelsmassnahmen gemildert, wenn nicht gar beseitigt werden können, verstösst die Anordnung des Bundesrates auch nicht gegen den Grundsatz der Verhältnismässigkeit (BGE 104 Ib 205 E. 5b).

bb) Verzögerte Inkraftsetzung

aaa) Allgemeines

Nach der Rechtsprechung kann es verfassungsrechtlich geboten sein, einen **Erlass nach seiner Publikation nicht sofort in Kraft** zu setzen, was in erster Linie unter Beachtung des Rechtsgleichheitsgebots, des Verhältnismässigkeitsprinzips und des Willkürverbots (BGE 123 II 385 E. 9, 114 Ib 17 E. 6b, 106 Ia 254 E. 3c und E. 4a, 104 Ib 205 E. 5b) sowie des Vertrauensschutzes (BGE 130 I 26 E. 8.1, 125 II 152 E. 5, 123 II 433 E. 9, 118 Ib 241 E. 6c und E. 9b; BGer vom 19. Dez. 2011, 2C_694/2011, E. 4.9.2) zu prüfen ist. Es kann deshalb angezeigt sein, **Anpassungsfristen** bzw. **Übergangsfristen** zu gewähren, einzelne Bestimmungen später als den übrigen Erlass in Kraft zu setzen (**Teilinkraftsetzung**), eine eigentliche **Übergangsordnung** zu schaffen oder auf andere Weise für eine **stufenweise Einführung der Vorschriften** zu sorgen (BGE 134 I 23 E. 7.6.1, 130 I 26 E. 8.1, 128 I 92 E. 4, 106 Ia 254 E. 2b, 104 Ib 205 E. 5b; BGer vom 19. Dez. 2011, 2C_694/2011, E. 4.9.2; BVGer vom 1. Okt. 2008, B-3024/2008, E. 4.4.1; BRK vom 3. Nov. 2000, in: VPB 65 [2001] Nr. 41 E. 3c/gg; zum Ganzen auch Rz. 2044 ff.). 736

Das in **Art. 29 Abs. 1 BV** enthaltene **Verbot der Rechtsverzögerung** bezieht sich nur auf Verfahren vor Gerichts- und Verwaltungsbehörden, d.h. auf Verfahren der Rechtsanwendung und kann gegenüber dem Gesetz- oder Verordnungsgeber nicht angerufen werden, es sei denn, es gehe um die Nichterfüllung einer präzise umschriebenen verfassungsrechtlichen Rechtssetzungspflicht (BGE 130 I 174 E. 2.2; BGer vom 11. Feb. 2002, 5A.23/2001, E. 2a [in BGE 128 II 97 ff. nicht publ. E.]). 737

Praxis:

Als **verfassungskonform** wurden betrachtet: 738

- Eine Frist von **3 bis 4 Monaten** für das Inkrafttreten eines **Verbots für Spielautomaten** (BGE 106 Ia 191 E. 7a, 101 Ia 336 E. 8b). 739
- Die **Verlängerung der Dauer der Lehrerausbildung ohne Übergangsfristen** auch mit Wirkung für diejenigen, die diese Ausbildung bereits begonnen haben (BGE 106 Ia 254 E. 4c). 740
- Eine **zwölfjährige Übergangs- und Amortisationsfrist** für die **Anpassung des Tierbestandes** an die neue Verordnung über die Höchstbestände in der Fleisch- und Eierproduktion (Höchst- 741

bestandesverordnung 1979), welche für grosses Mastvieh, Mastkälber, Schweine und Geflügel je den Höchstbestand pro Betrieb und die Abgabe pro zu viel gehaltenes Tier festsetzt (BGE 118 Ib 241 E. 9b).

742 – **Übergangsmassnahmen betr. die Erhöhung des Rentenalters und die Reduktion der maximalen AHV-Überbrückungsrente**, welche den Begünstigten während einer Zeitspanne von fünf Jahren ab Inkrafttreten des Gesetzes gewährt werden und welche bezüglich der Erhöhung des Rücktrittsalters auf einer progressiven Reduktion der Leistungen in Abhängigkeit vom Zeitpunkt der ordentlichen Pensionierung und bezüglich der AHV-Überbrückungsrente auf einer progressiven Reduktion der Anzahl jährlicher Maximalrenten, in Abhängigkeit vom Rücktrittsjahr, basieren (BGE 134 I 23 E. 7.6.2).

743 – Die Einführung eines auf **drei Jahren befristeten Zulassungsstopps für Medizinalpersonen ohne Übergangsfristen** durch eine Verordnung des Bundesrates vom 3. Juli 2002 (in Kraft seit dem 4. Juli 2002) bzw. des Regierungsrates des Kantons Zürich; die kantonale Verordnung vom 23. Okt. 2002 wurde rückwirkend auf den 4. Juli 2002 in Kraft gesetzt. Seit der Verabschiedung des revidierten KVG am 24. März 2000 (in Kraft seit dem 1. Jan. 2001) musste damit gerechnet werden, dass der Bundesrat eine Zulassungsbeschränkung einführen würde. Zudem sind im Vorfeld der Bundesratsverordnung gestützt auf den neuen Art. 55a Abs. 2 KVG die Verbände der Leistungserbringer informiert und angehört worden. Offenbar war diesen das bevorstehende Inkrafttreten denn auch bekannt, wäre doch sonst der deutliche Anstieg der Zulassungsgesuche im Juni 2002 nicht erklärbar (BGE 130 I 26 E. 8.2).

744 – Die **Neuregelung der selbstständigen nichtärztlichen psychotherapeutischen Berufstätigkeit** im Jahr 2000 (neu: Erfordernis des abgeschlossenen Psychologiestudiums) mit einer Übergangsregelung im Hinblick auf eine erleichterte Bewilligungserteilung für diejenigen Psychotherapeuten, die schon vor dem 31. Dez. 1994 als solche tätig waren (BGE 128 I 92 E. 4).

745 – Eine ohne Übergangsfrist in Kraft gesetzte **relativ geringfügige Lohnreduktionen** bis ca. 10 % (BGer vom 3. April 1996, in: ZBl 1997 S. 65 E. 4b). In der Rechtsprechung des Bundesgerichts werden sogar erhebliche Lohnkürzungen von bis zu 20 % (je nach Einzelfall) noch als verfassungskonform erachtet, ohne dass Übergangsfristen gewährt werden müssen (BGer vom 11. März 2008, 1C_230/2007, E. 4.2; vom 2. Juli 1999, in: ZBl 2001 S. 319 E. 4d).

746 – Die sofortige **Streichung** oder **Reduktion der Treueprämien**, die bezogen auf die während der fraglichen Zeitdauer insgesamt verdiente Lohnsumme nur eine ganz geringe Quote ausmacht (rund ein halbes Prozent; vgl. BGer vom 2. Juli 1999, in: ZBl 2001 S. 319 E. 4d).

747 – Die sofort in Kraft gesetzte **Senkung des Umwandlungssatzes bei vorzeitiger Pensionierung**; der Versicherte muss damit rechnen, dass in der langen Zeit bis zur vorzeitigen Pensionierung – und damit während mehrerer Jahre – der Umwandlungssatz gesenkt werden kann (BGE 133 V 279 E. 3.3).

748 – Die sofortige Inkraftsetzung der **Mehrwertsteuerverordnung** (Art. 84 aMWSTV), wonach das neue Recht auf alle Umsätze, die ab dem 1. Jan. 1995 getätigt werden, sofort Anwendung findet. Das gilt auch dann, wenn die Leistung bisher nicht, ab dem 1. Jan. 1995 aber neu steuerbar ist (BGE 123 II 433 E. 9).

749 – Eine **Übergangsfrist von 15 Monaten**, wenn die neue Regelung zu erheblichen finanziellen Einbussen (in casu Wegfall der Abgangsentschädigung für Stadträte) führt (BGer vom 29. Nov. 2010, 1C_313/2010, E. 2.7).

750 Als **verfassungswidrig** wurden betrachtet:

751 – Die sofortige Inkraftsetzung **einer erheblichen Lohnreduktion** im Umfang von **30 %** für einen **Praktikanten** (BGer vom 15. Dez. 1976, in: ZBl 1977 S. 267 E. 4).

752 – Eine **Änderung der Berechnungsgrundlagen des Risikoausgleichs während des laufenden Jahres**, wenn dessen Berechnung bisher auf dem Jahresbudget des abgelaufenen Jahres beruhte (Referenzjahr) und der Risikoausgleich neu auf der Basis des Ausgleichsjahres berechnet wer-

den soll; ein derartiger Wechsel der Berechnungsgrundlagen vom Referenzjahr zum Ausgleichsjahr kann erst mit Wirkung ab dem darauffolgenden Jahr erfolgen (BGE 122 V 405 E. 3e).

- Die sofortige Aufhebung von **Arbeitsverträgen** mit den Chefärztinnen und Chefärzten sowie den leitenden Ärztinnen und Ärzten betr. den Umfang ihrer privatärztlichen Tätigkeit und deren Abgeltung durch das neu in Kraft gesetzte Spitalgesetz, ohne dass die Kündigungsfrist eingehalten worden wäre (BGer vom 21. April 2009, 1C_168/2008, E. 5.3). 753
- Der **sofortige, faktische Entzug der bisherigen Beurkundungsbefugnis für Anwälte** durch das in Kraft gesetzte Anwaltsgesetz, welches neuerdings vorsieht, dass Anwälte, die nicht im Anwaltsregister des Kantons St. Gallen eingetragen sind, ihre Beurkundungstätigkeit im Kanton St. Gallen nicht ausüben dürfen. Der Eintrag erfordert eine ständige anwaltliche Tätigkeit im Kanton St. Gallen. Antragsteller, die sich über eine langjährige einwandfreie Anwalts- und Beurkundungstätigkeit im Kanton St. Gallen ausweisen können, ist unter dem Gesichtspunkt der Verhältnismässigkeit eine angemessene Frist einzuräumen (in casu drei Jahre ab Inkrafttreten der neuen Regelung), um die vom Gesetz verlangte Verlagerung der Anwaltstätigkeit in den Kanton St. Gallen zu vollziehen (BGer vom 19. Dez. 2011, 2C_694/2011, E. 4.9.3). 754
- Die sofortige Inkraftsetzung der **neuen Verjährungsordnung** im revidierten Steuergesetz des Kantons Basel-Stadt, die auch für altrechtlich begründete Nach- und Strafsteueransprüche, die im Zeitpunkt des Inkrafttretens der Gesetzesänderung noch nicht erloschen waren, gelten sollte (BGer vom 10. Dez. 2001, 2P.92/2001, E. 2e und E. 2f). 755

bbb) Kriterien

Dem Gesetz- oder Verordnungsgeber steht bei der Ausgestaltung der Übergangsfrist ein **weiter Spielraum des Ermessens** zu; das Fehlen einer Übergangsfrist wird nur zurückhaltend als verfassungswidrig beurteilt (BGE 134 I 23 E. 7.6.1, 130 I 26 E. 8.1, 106 Ia 254 E. 4a; BGer vom 19. Dez. 2011, 2C_694/2011, E. 4.9.3; vom 29. Nov. 2010, 1C_313/2010, E. 2.7). Welches Vorgehen letztlich eingeschlagen wird, ist Sache **wertender Abwägung zwischen den Vor- und Nachteilen** der zu treffenden Regelung (BGE 104 Ib 205 E. 5b). Im Allgemeinen sind **sachliche Gründe** vorzubringen, wenn der Gesetz- oder Verordnungsgeber den Erlass nicht sofort nach dessen Publikation setzen will (BGE 130 I 174 E. 2.4; missverständlich YVO HANGARTNER, Besprechung von BGE 130 I 174 ff., AJP 2004, S. 1546, wonach dem Parlament bei der Wahl des Zeitpunkts «volles gesetzgeberisches Ermessen» zukomme. Auch das Parlament bleibt letztlich an die Grundsätze der Verhältnismässigkeit, der Rechtsgleichheit und von Treu und Glauben gebunden). 756

Ein eigentlicher **Anspruch auf eine angemessene Übergangsfrist** kann sich insbesondere dann ergeben, wenn durch sofortiges Inkraftsetzen des neuen Gesetzes **gutgläubig getätigte Investitionen nutzlos (1.)** werden (BGE 130 I 26 E. 8.1, 125 II 152 E. 5, 123 II 433 E. 9, 118 Ib 241 E. 6c und E. 9b), der **Private durch die neuen Regelungen unzumutbar hart (2.)** betroffen ist (BGE 106 Ia 254 E. 4c; BVGer vom 1. Okt. 2008, B-3024/2008, E. 4.4.1), die Interessen der von der Änderung betroffenen Personen sich zu **festen Rechtspositionen (3.)** verdichtet haben (BVGer vom 22. März 2010, A-2391/2008, E. 3.2.2), das bisherige Gesetz selbst eine **Zusicherung oder Vertrauensgrundlage (4.)** enthält, **wohlerworbene Rechte (5.)** oder **vertragliche bzw. vertragsähnliche Rechtsverhältnisse (6.)** durch die Gesetzesänderung tangiert sind (BGE 134 I 23 E. 7.6, 130 I 26 E. 8.1, 128 II 112 E. 10b/aa, 123 II 385 E. 10, 122 II 113 E. 3b/cc; BGer vom 20. April 2012, 2C_158/2012, E. 3.5-3.8; vom 757

3. Juni 2009, 1C_11/2009, E. 6.2; vom 11. März 2008, 1C_230/2007, E. 4.1 und E. 4.2; BVGer vom 22. März 2010, A-2391/2008, E. 3.2.2; vgl. auch Rz. 2044 ff.).

758 **Übergangsfristen** haben jedoch nicht den **Zweck**, die Betroffenen möglichst lange von der günstigeren bisherigen Regelung profitieren zu lassen, sondern einzig, ihnen eine angemessene Frist einzuräumen, sich an die neue Regelung anzupassen (BGE 134 I 23 E. 7.6.1, 123 II 385 E. 9, 122 V 405 E. 3b/bb). Dies gilt auch für die Änderung von besoldungs- oder pensionsrechtlichen Ansprüchen öffentlicher Angestellter oder für Lohnkürzungen: Eine mit Treu und Glauben begründete Übergangsfrist soll den Betroffenen ermöglichen, ihre Lebenshaltung an ein allfällig reduziertes Einkommen anzupassen (BGE 134 I 23 E. 7.6.1, 130 V 18 E. 3.3; BGer vom 9. Jan. 2003, 2A.398/2002, E. 4.2; zum Ganzen auch BGer vom 3. April 1996, in: ZBl 1997 S. 65 E. 4b).

Praxis:

759 – **Erhöhung des Rentenalters und Reduktion der maximalen AHV-Überbrückungsrente:** Am 12. Okt. 2006 erliess der Grosse Rat des Kantons Wallis ein Gesetz über die staatlichen Vorsorgeeinrichtungen (GVE), welches die berufliche Vorsorge der Personen, die beim Kanton arbeiten, des Lehrpersonals der Primar- und Orientierungsschulen sowie des Personals der angeschlossenen Institutionen regelt. Das Gesetz verfolgt insb. das Ziel, die bestehende Unterdeckung der Kassen zu reduzieren. Zu diesem Zweck sind verschiedene Massnahmen vorgesehen, namentlich eine Erhöhung des Rentenalters für bestimmte Kategorien von Angestellten (Art. 15 GVE) und eine Reduktion der maximalen AHV-Überbrückungsrente, entsprechend der Erhöhung des ordentlichen Pensionierungsalters (Art. 20 GVE). Das Gesetz wurde im Amtsblatt des Kantons Wallis vom 27. Okt. 2006 publiziert und nach unbenütztem Ablauf der Referendumsfrist mit Beschluss des Staatsrates vom 7. Feb. 2007, publiziert im Amtsblatt vom 9. Feb. 2007, rückwirkend auf den 1. Jan. 2007 in Kraft gesetzt. BP und B, beide Lehrer an kantonalen Berufsschulen des Kantons Wallis, erheben Beschwerde an das Bundesgericht, welche abgewiesen wird. Erwägungen: Nach dem neuen Gesetz wird das Pensionierungsalter lediglich für die Kategorie 2 (Berufsschullehrer) von 60 auf 62 und für die Kategorie 3 (Personal der Strafanstalten und der Kantonspolizei) von 58 auf 60 Jahre erhöht, für die übrigen Kategorien bleibt das Pensionierungsalter unverändert. Art. 34 des angefochtenen Gesetzes enthält die Grundsätze, in deren Rahmen die Kassen eine Übergangsregelung betr. die Erhöhung des ordentlichen Rücktrittsalters und die Änderungen im Zusammenhang mit der AHV-Überbrückungsrente vorsehen (Abs. 1). Die Übergangsmassnahmen werden den Begünstigten während einer Zeitspanne von fünf Jahren ab Inkrafttreten des Gesetzes gewährt (Abs. 2). Die Übergangsregelung basiert bez. der Erhöhung des Rücktrittsalters auf einer progressiven Reduktion der Leistungen in Abhängigkeit vom Zeitpunkt der ordentlichen Pensionierung (Abs. 3), bez. der AHV-Überbrückungsrente auf einer progressiven Reduktion der Anzahl jährlicher Maximalrenten, in Abhängigkeit vom Rücktrittsjahr (Abs. 4). Diese Grundsätze sind zweckmässig und sinnvoll, indem sie die Folgen der Rechtsänderung zeitlich gestaffelt eintreten lassen. Wer beim Inkrafttreten des Gesetzes kurz vor der nach bisherigem Recht möglichen Pensionierung steht, erleidet nur eine geringe Einbusse. Die volle Leistungskürzung tritt erst nach fünf Jahren ein, und zudem nur, wenn die versicherte Person im bisher vorgesehenen Pensionsalter zurücktritt. Arbeitet sie bis zum neu vorgesehenen Pensionsalter weiter – welches immer noch tiefer ist als das für die Mehrheit der Versicherten geltende gesetzliche Rentenalter –, erleidet sie keine Renteneinbusse. Die für die Anpassung der Lebensplanung eingeräumte Frist von mehreren Jahren ist unter diesen Umständen im Lichte der dargestellten Rechtsprechung verfassungsrechtlich nicht zu beanstanden. Das blosse Interesse der Versicherten auf möglichst lange Weitergeltung der bisherigen günstigeren Regelung ist kein verfassungsrechtlich zwingender Grund für eine längere Übergangsdauer, ebenso wenig der Umstand, dass bei anderen Gesetzesrevisionen längere Übergangsfristen festgesetzt worden sind. Ferner wird das öffentli-

che Dienstverhältnis durch die Gesetzgebung bestimmt und macht daher, auch was seine vermögensrechtliche Seite angeht, die Entwicklung mit, welche die Gesetzgebung erfährt. Ansprüche der Dienstnehmer sind dabei grundsätzlich gegenüber den Massnahmen des Gesetzgebers nur nach Massgabe des Willkürverbots und des Rechtsgleichheitsgebots geschützt. Ein umfassender Schutz besteht nur dort, wo bestimmte Ansprüche aus dem Dienstverhältnis als wohlerworbene Rechte betrachtet werden können, welche durch den Anspruch auf Treu und Glauben (Art. 9 BV) und die Eigentumsgarantie (Art. 26 BV) geschützt sind. Dies trifft aber für die vermögensrechtlichen Ansprüche der öffentlichen Angestellten in der Regel nicht zu, sondern nur dann, wenn das Gesetz die entsprechenden Beziehungen ein für allemal festlegt und von den Einwirkungen der gesetzlichen Entwicklung ausnimmt, oder wenn bestimmte, mit einem einzelnen Anstellungsverhältnis verbundene Zusicherungen abgegeben werden. Die gleichen Grundsätze gelten auch für die berufliche Vorsorge. Ein umfassender Schutz besteht nur dort, wo bestimmte Ansprüche aus dem Dienstverhältnis als wohlerworbene Rechte betrachtet werden können. Dies trifft dann zu, wenn sich Ansprüche aus zwingenden gesetzlichen Bestimmungen ergeben, wenn das Gesetz die entsprechenden Beziehungen ein für allemal festlegt und von den Einwirkungen der gesetzlichen Entwicklung ausnimmt, oder wenn bestimmte, mit einem einzelnen Anstellungsverhältnis verbundene Zusicherungen abgegeben werden. Wohlerworbene Rechte sind der Rentenanspruch als solcher und der bisher erworbene Bestand der Freizügigkeitsleistung, nicht aber – vorbehaltlich qualifizierter Zusicherungen – während der Zugehörigkeit zur Vorsorgeeinrichtung und vor dem Eintritt des Vorsorgefalls das reglementarisch vorgesehene künftige Altersguthaben und die Anwartschaften bzw. die genaue Höhe der mit den Beiträgen finanzierten Leistungen (BGE 134 I 23 E. 7.6).

– **Verlängerung der Lehrerausbildung während der Ausbildungszeit:** Am 24. Sept. 1978 nahmen die Stimmbürger des Kantons Zürich das Gesetz über die Ausbildung von Lehrern für die Vorschulstufe und die Volksschule (Lehrerbildungsgesetz) an, wodurch die Ausbildung um ein Jahr und vier Monate verlängert wurde. Nach § 39 Lehrerbildungsgesetz bestimmt der Regierungsrat den Zeitpunkt des Inkrafttretens und erlässt für die Einführung des Gesetzes eine Übergangsordnung. Der Regierungsrat des Kantons Zürich beschloss, das Lehrerbildungsgesetz im Frühjahr 1981 in Kraft zu setzen. Für die Lehramtskandidaten, die noch unter altem Recht mit ihrer Ausbildung als Primarlehrer begonnen hatten, verlängerte sich ihre Ausbildungszeit zum Primarlehrer grundsätzlich um ein Jahr und vier Monate. Im Sinne einer Übergangsordnung beschloss der Regierungsrat lediglich, diesen Lehramtskandidaten die Pflicht zur Absolvierung des viermonatigen ausserschulischen Praktikums gemäss § 19 Lehrerbildungsgesetz zu erlassen, sodass sich im Ergebnis ihre Ausbildung um ein Jahr verlängerte. Gegen den Regierungsratsbeschluss reichen dreizehn Seminaristen und Seminaristinnen staatsrechtliche Beschwerde ein. Sie berufen sich auf Art. 4 aBV, auf den Grundsatz der Verhältnismässigkeit sowie das Gebot von Treu und Glauben und machen geltend, sie hätten einen Anspruch darauf, noch nach der alten Ordnung zu Primarlehrern ausgebildet zu werden. Das Bundesgericht weist die Beschwerde ab. Erwägungen: Das Bundesgericht auferlegt sich grundsätzlich Zurückhaltung, wenn eine Übergangsordnung zu prüfen ist, die in hohem Masse von Zweckmässigkeitsüberlegungen beeinflusst ist, die von der Art und vom Gegenstand der Regelung abhängt und bei deren Ausgestaltung dem Gesetzgeber ein weiter Spielraum des Ermessens zusteht. Stellt der Gesetzgeber durch die Änderung einer Regelung fest, dass ein Bedürfnis für eine Neuordnung besteht, so liegt es grundsätzlich im öffentlichen Interesse, diese Neuordnung möglichst bald und umfassend zu verwirklichen. Auch ohne besondere zeitliche Dringlichkeit ist deshalb ein Erlass ohne Verzug in Kraft zu setzen, wenn nicht besondere Gründe gebieten, den Termin des Wirksamwerdens hinauszuschieben. Es trifft zwar zu, dass mit einer verlängerten Ausbildung in der Regel Belastungen finanzieller und persönlicher Art verbunden sind. Solche Belastungen können unter Umständen für die Betroffenen etwa dann eine Härte bedeuten, wenn sie sich in einer Zweit- oder Weiterbildung befinden, deren Auswirkungen sie insb. in finanzieller Hinsicht vorher abgeklärt haben. Die Beschwerdeführer haben jedoch das Lehramt als primäres Berufsziel gewählt. Abgesehen davon, dass gerade bei der Wahl des Lehrerberufes qualitative Überlegungen im Vordergrund stehen dürften und der Dauer der Ausbildung demgegenüber in der Regel eher untergeordnete Bedeutung zukommt, lässt sich nach allgemeiner Erfahrung die 760

Dauer der primären Berufsausbildung nicht zum vornherein auf ein Jahr genau festlegen; auch besteht keine Gewähr, dass unmittelbar nach Abschluss der Ausbildung der Lehrerberuf auch wirklich ausgeübt werden kann. Eine verlängerte Ausbildung vermag dagegen den Beschwerdeführern als angehenden Primarlehrern nicht bloss eine bessere Allgemeinbildung zu vermitteln, sondern erhöht mit einem vermehrten berufsspezifischen Angebot auch zweifellos die Chancen einer erfolgreichen Berufsausübung. Namentlich kann nicht angenommen werden, die teilweise Anwendung des Lehrerbildungsgesetzes, wie sie die Übergangsordnung vorsieht, bedeute einen plötzlichen, mit übertriebener Härte durchgeführten Eingriff in einen Dauersachverhalt. Die Beschwerdeführer legen selbst dar, das Gesetzgebungsverfahren habe mehr als zehn Jahre gedauert. Während dieser Zeit mussten sie mit einer Änderung der Lehrerausbildung – auch für deren Dauer – rechnen. Ausserdem hat der Regierungsrat des Kantons Zürich (wie übrigens bereits der Gesetzgeber, vgl. § 20 Abs. 3 Lehrerbildungsgesetz) die Neuregelung gerade nicht vollständig in Kraft gesetzt, sondern mit der angefochtenen Übergangsregelung dem Umstand Rechnung getragen, dass die Beschwerdeführer ihre Ausbildung noch unter der alten Regelung begonnen haben; er hat deshalb das gesetzliche Erfordernis eines viermonatigen ausserschulischen Praktikums für sie als noch nicht anwendbar erklärt. Unter diesen Umständen kann von einer Härte für die Beschwerdeführer, die nach dem Zweck der Neuregelung als offensichtlich nicht gerechtfertigt erschiene, nicht gesprochen werden. Die Beschwerde erweist sich als unbegründet und ist abzuweisen (BGE 106 Ia 254 E. 4).

ccc) Reduktion von vermögens- und sozialversicherungsrechtlichen Ansprüchen insbesondere

761 Das Bundesgericht hält in ständiger Praxis fest, dass **Lohnkürzungen** im Rahmen eines öffentlich-rechtlichen Dienstverhältnisses, welches durch Verfügung begründet wurde, auf dem Weg der Rechtssetzung grundsätzlich einseitig möglich sind, **ohne dass besondere Übergangsfristen** gewährt werden müssen (vgl. BGE 134 I 23 E. 7.1; BGer vom 11. März 2008, 1C_230/2007, E. 4.2; vom 2. Juli 1999, in: ZBl 2001 S. 319 E. 3 und E. 4; vom 3. April 1996, in: ZBl 1997 S. 65 E. 4). Das öffentliche Dienstverhältnis wird durch die Gesetzgebung bestimmt und macht daher, auch was seine vermögensrechtliche Seite angeht, die Entwicklung mit, welche die Gesetzgebung erfährt (BGE 134 I 23 E. 7.1). Hingegen darf ein Kanton **Anstellungsverhältnisse,** die er durch **Vertrag** begründet hat, ohne Berücksichtigung der **Kündigungsfristen** nicht an die neue Rechtslage anpassen; mit Anstellungsverträgen wird eine Vertrauensgrundlage hergestellt, die auch vom Gesetzgeber zumindest im Rahmen der Kündigungsfristen zu beachten ist (BGer vom 21. April 2009, 1C_168/2008, E. 5.3).

762 Soweit **vermögensrechtliche Ansprüche** der öffentlich-rechtlich Angestellten **keine wohlerworbenen Rechte** darstellen, sind sie gegenüber Anordnungen des Gesetzgebers nur nach Massgabe des **Willkürverbots, des Grundsatzes von Treu und Glauben und des Gleichbehandlungsgebots** geschützt (BGE 134 I 23 E. 7.1, 118 Ia 245 E. 5b, 117 V 229 E. 5b; BGer vom 11. März 2008, 1C_230/2007, E. 4.2). Dabei ist vom Grundsatz auszugehen, dass **vermögensrechtliche Ansprüche der Angestellten** in der Regel **keine wohlerworbenen Rechte** darstellen (BGE 118 Ia 245 E. 5b, 106 Ia 163 E. 1a; BGer vom 2. Juli 1999, in: ZBl 2001 S. 319 E. 3b), ausser das Gesetz würde die entsprechenden Beziehungen ein für allemal verbindlich festlegen und diese von den Einwirkungen der gesetzlichen Entwicklung ausnehmen oder bestimmte, mit einem einzelnen Anstellungsverhältnis verbundene Zusicherungen abgeben (BGE 134 I 23 E. 7.1, 118 Ia 245 E. 5b, 117 V 229 E. 5b).

Eine relativ geringfügige **Lohnreduktion von 5,1 %** kann dementsprechend ohne Übergangsfrist (sofort) in Kraft gesetzt werden (BGer vom 3. April 1996, in: ZBl 1997 S. 65 E. 4b). Auch eine **Reduktion der Treueprämien,** die bezogen auf die während der fraglichen Zeitdauer insgesamt verdiente Lohnsumme nur eine ganz geringe Quote ausmacht (rund ein halbes Prozent), hält sich quantitativ noch im Rahmen des Zulässigen und kann ohne besondere Übergangsfrist in Kraft gesetzt werden (BGer vom 2. Juli 1999, in: ZBl 2001 S. 319 E. 4d). Selbst relativ **massive Lohnkürzungen in der Höhe von 10-15 %** sind vom Bundesgericht nicht als verfassungswidrig beurteilt worden (BGer vom 11. März 2008, 1C_230/2007, E. 4.2). In der Rechtsprechung des Bundesgerichts werden sogar wesentlich grössere Lohnkürzungen von bis zu 20 % (je nach Einzelfall) als verfassungskonform erachtet, ohne dass eine Übergangsregelung hätte geschaffen bzw. Übergangsfristen hätten gewährt werden müssen (BGer vom 2. Juli 1999, in: ZBl 2001 S. 319 E. 4d). Als unzulässig hat das Bundesgericht einzig eine **ohne Übergangsfrist in Kraft gesetzte Lohnreduktion von 30 % für einen Praktikanten** betrachtet; dabei hielt es fest, den bereits angestellten Praktikanten müsse eine angemessene, mindestens halbjährige Frist zur Anpassung an die stark veränderten Verhältnisse gewährt werden (BGer vom 15. Dez. 1976, in: ZBl 1977 S. 267 E. 4). 763

Ein umfassender Schutz für **sozialversicherungsrechtlich begründete Ansprüche** besteht dann, wenn diese **wohlerworbene Rechte** darstellen. Wohlerworbene Rechte sind der **Rentenanspruch** als solcher und der bisher erworbene **Bestand der Freizügigkeitsleistung**, nicht aber – vorbehaltlich qualifizierter Zusicherungen – während der Zugehörigkeit zur Vorsorgeeinrichtung und vor dem Eintritt des Vorsorgefalls das reglementarisch vorgesehene künftige Altersguthaben und die Anwartschaften bzw. die genaue Höhe der mit den Beiträgen finanzierten Leistungen (BGE 134 I 23 E. 7.2, 130 V 18 E. 3.3, 127 V 252 E. 3b, 117 V 221 E. 5b). Entsprechend ist die Möglichkeit, vor dem ordentlichen (Art. 13 Abs. 1 BVG) Pensionierungsalter in den Ruhestand zu treten, verfassungsrechtlich nicht geschützt (BGE 127 V 252 E. 3b, 117 V 229 E. 5c), ebenso wenig ein wertmässiger Anspruch auf einen bestimmten Arbeitgeberbeitrag (BGE 117 V 221 E. 5b) oder ein bestimmter Satz bei der Verzinsung des Altersguthabens; insbesondere besteht über Art. 15 Abs. 2 BVG hinaus keine gesetzliche Verpflichtung, das überobligatorische Altersguthaben zum BVG-Mindestzins zu verzinsen (BVGer vom 26. Feb. 2010, C-4658/2007, E. 6.5). 764

Ein Versicherter hat damit zu rechnen, dass in der Zeit bis zum Beginn der vorzeitigen Pensionierung der **Umwandlungssatz** gesenkt wird, wobei die Dauer zwischen der Mitteilung der Senkung und des Wirksamwerdens des geänderten Umwandlungssatzes sehr kurz sein kann (BGE 133 V 279 E. 3.3). Da bei der Veränderung pensionsrechtlicher Ansprüche die Konsequenzen einer Verschlechterung nur sehr eingeschränkt durch Kündigung abwendbar sind, liessen sich allenfalls (längere) Übergangsfristen rechtfertigen, wobei die Rechtsprechung das gänzliche Fehlen von Übergangsfristen nur zurückhaltend als verfassungswidrig beurteilt und namentlich bei relativ geringfügigen Leistungseinbussen auch eine sofortige Inkraftsetzung einer neuen Regelung nicht beanstandet (BGE 134 I 23 E. 7.6.1 [Einfrieren der Renten und Reduktion der maximalen AHV-Überbrückungsrente). 765

Praxis:

766 – **Senkung des Umwandlungssatzes bei vorzeitiger Pensionierung:** Der 1949 geborene B war bei einer Sammelstiftung berufsvorsorgeversichert. Mit Schreiben vom 20. Juli 2001 ersuchte er um vorzeitige Pensionierung auf den Zeitpunkt des Erreichens seines 55. Altersjahres am 1. Mai 2004, womit sich die Sammelstiftung am 22. Aug. 2001 schriftlich einverstanden erklärte. Am 23. März 2004 gab ihm die Sammelstiftung die Berechnung seiner Altersrente unter Berücksichtigung eines Umwandlungssatzes im Alter 55 (= 5,024 %) bekannt. Der Umwandlungssatz wurde auf den 1. Jan. 2004 von 6,2 % auf 5,024 % reduziert. Diese, kurz vor der frühzeitigen Pensionierung vorgenommene Änderung des Umwandlungssatzes sowie die relativ kurzfristig erfolgte Orientierung, lässt sich gemäss Bundesgericht nicht beanstanden. Erwägungen: Die Vorsorgeeinrichtung hat B am 23. März 2004 – rund einen Monat vor der geplanten und wohl auch schon vorbereiteten Pensionierung – mittels eines kurzen E-Mails über die zu erwartenden Leistungen und insb. über den herabgesetzten Umwandlungssatz informiert. Dem Versicherten verblieb damit kaum mehr eine Möglichkeit, sich den für ihn neuen Gegebenheiten anzupassen, zumal seine Stelle im Zeitpunkt der Zusendung des E-Mails vom 23. März 2004 aller Wahrscheinlichkeit nach bereits gekündigt war, sodass geeignete Vorkehren, um allenfalls absehbaren finanziellen Engpässen wirksam zu begegnen oder gar sich abzeichnende Notlagen abzuwenden, faktisch ausgeschlossen waren. Obschon eine Vorsorgeeinrichtung derart plötzliche, in aller Regel überraschende Leistungseinschränkungen und damit verbundene, für einzelne Versicherte möglicherweise gar existenziell bedrohliche Situationen nach Möglichkeit vermeiden sollte, lässt sich die Bekanntgabe der Senkung des Umwandlungssatzes in zeitlicher Hinsicht nicht beanstanden. B musste von Anfang an damit rechnen, dass in der langen Zeit bis zur vorzeitigen Pensionierung – und damit während mehrerer Jahre – der Umwandlungssatz gesenkt werden könnte. Deshalb kann er sich nicht darauf berufen, dass die grundsätzlich gebotene Information nicht unter Beachtung einer angemessenen Frist zwischen Mitteilung und Wirksamwerden des geänderten Umwandlungssatzes erfolgte. Ferner ist die von der Vorsorgeeinrichtung offerierte Auszahlung des akkumulierten Alterskapitals – trotz Fehlens eines entsprechenden Antrags – als Entgegenkommen zu bezeichnen, mit deren Annahme der Beschwerdegegner seinen bisherigen versicherungsrechtlichen Leistungsstatus hätte wahren können (BGE 133 V 279 E. 3.3).

767 – **Gehaltskürzungen im Rahmen von 10-15 %:** Die Stimmberechtigten der Einwohnergemeinde Zollikofen nahmen an der Urnenabstimmung vom 21. Mai 2006 die Initiative «Fr. 150'000.– Jahresentschädigung (plus Teuerung und Jahresspesen-Pauschale von Fr. 5'000.–) sind genug für das vollamtliche Gemeindepräsidium» an. Die Initiative verlangt, dass die bisherige Bestimmung «auf den nächstmöglichen Termin» durch die neue zu ersetzen sei. Der Grosse Gemeinderat (Gemeindeparlament) von Zollikofen beschloss am 20. Sept. 2006, die revidierte Bestimmung erst auf den 1. Jan. 2009, d.h. auf den Beginn der nächsten Amtsperiode, in Kraft zu setzen. Auf Beschwerde des Initiativkomitees hob der Regierungsrat des Kantons Bern diesen Beschluss des Gemeindeparlaments mit Urteil vom 20. Juni 2007 auf und wies die Einwohnergemeinde Zollikofen an, die fragliche Änderung auf den 1. Okt. 2007 in Kraft zu setzen, wogegen die Einwohnergemeinde erfolglos Beschwerde beim Bundesgericht führt. Erwägungen: Nach der bundesgerichtlichen Rechtsprechung macht das öffentlich-rechtliche Dienstverhältnis, auch was seine vermögensrechtliche Seite betrifft, die Entwicklung mit, welche die Gesetzgebung erfährt. Der Vertrauensgrundsatz (Art. 9 BV) steht einer nicht rückwirkenden Kürzung der finanziellen Ansprüche von Beamten auf dem Weg der Rechtsetzung nur dann entgegen, wenn diese Ansprüche als wohlerworbene Rechte einzustufen sind. Dies ist der Fall, wenn das diesbezügliche Gesetz die entsprechenden Beziehungen ein für alle Mal festlegt und von den Einwirkungen der gesetzlichen Entwicklung ausnimmt oder wenn bestimmte, mit einem einzelnen Anstellungsverhältnis verbundene Zusicherungen abgegeben worden sind. Soweit die vermögensrechtlichen Ansprüche der Beamten keine wohlerworbenen Rechte darstellen, sind sie gegenüber Anordnungen des Gesetzgebers nur nach Massgabe des Willkürverbots und des Gleichbehandlungsgebots geschützt. Das Bundesgericht hat in anderen Urteilen festgehalten, dass Lohnkürzungen beim öffentlich-rechtlichen Dienstverhältnis auf dem Weg der Rechtsetzung grundsätzlich einseitig möglich sind, ohne dass die Kündigungs-

fristen eingehalten werden müssen. Unter Umständen kann es verfassungsrechtlich geboten sein, bei derartigen Lohnkürzungen eine Übergangsregelung zu erlassen. Die Notwendigkeit und die Ausgestaltung von Übergangsbestimmungen sind in erster Linie nach den Grundsätzen der rechtsgleichen Behandlung und des Willkürverbots sowie unter Berücksichtigung des Verhältnismässigkeitsprinzips und des Vertrauensschutzes zu beurteilen; dem Gesetzgeber steht allerdings bezüglich der Ausgestaltung einer angemessenen Übergangsregelung ein weiter Spielraum des Ermessens zu. Das Bundesgericht führt weiter aus, dass in der Regelung der Besoldungshöhe für das Gemeindepräsidium keine Zusicherung im Sinn eines wohlerworbenen Rechts erblickt werden kann und dass die gewählte kurze Übergangsfrist selbst in Anbetracht der relativ massiven Lohnkürzung (ca. 10-15%) nicht verfassungswidrig ist (BGer vom 11. März 2008, 1C_230/2007, E. 4.1-4.3).

c) Zuständigkeit

768 Bestimmt der Gesetzgeber nicht selbst, auf welchen Zeitpunkt das Gesetz in Kraft gesetzt wird, ist die **Exekutive** – im Rahmen ihrer Vollzugskompetenz und damit ohne besondere Delegationsnorm – befugt, eine Regelung zu erlassen (BGE 130 I 174 E. 2.2, 127 II 209 E. 2b). Nach Meinung des Bundesgerichts handelt es sich um **technisch-organisatorische Vorschriften**, die lediglich die Voraussetzungen für die Anwendung des neuen Rechts ermöglichen (BGE 106 Ia 254 E. 2b). Inwieweit dem Verordnungsgeber im Rahmen seiner Vollzugskompetenz auch die Befugnis zukommt, eine eigentliche **Übergangsordnung** zu erlassen, ist nicht völlig geklärt. Das Bundesgericht hat in einem Entscheid angedeutet, die Kompetenz der Exekutive zum Erlass einer Übergangsordnung ergebe sich aus ihrer Ermächtigung zur Inkraftsetzung eines Gesetzes (BGE 106 Ia 254 E. 2b).

769 Diesen Entscheid hat das Bundesgericht angesichts der in der Lehre erhobenen Kritik (ALFRED KÖLZ, Intertemporales Verwaltungsrecht, ZSR 1983 II, S. 157; neuerdings MARTIN PHILIPP WYSS, Recht zeitig oder rechtzeitig? Vom Umgang der Rechtsetzung mit der Zeit, LeGes 2005 Nr. 3, S. 17 f.) insofern berichtigt, als die Exekutive im Rahmen ihrer Vollzugskompetenz und damit ohne besondere Delegationsnorm lediglich befugt ist, eine Übergangsordnung zu erlassen, wenn diese als **Ausdruck allgemeiner intertemporal-rechtlicher Grundsätze** betrachtet werden kann (BGE 130 I 174 E. 2.2, 127 II 209 E. 2b). Übergangsregelungen, die unüblich sind, für den Rechtsunterworfenen gegenüber dem Gesetz zusätzliche Schranken beinhalten oder sonst wie von den allgemeinen Grundsätzen des intertemporalen Rechts abweichen, bedürfen demnach einer formell-gesetzlichen Grundlage oder einer expliziten Delegationsnorm (KÖLZ, a.a. O. S. 156 f.).

770 Nach BGE 130 I 174 ff. sind bei einer **verzögerten Inkraftsetzung eines Gesetzes durch die Exekutive** – im Rahmen ihrer Vollzugskompetenz – folgende **Grundsätze** zu beachten: (1.) Die Inkraftsetzung eines beschlossenen Gesetzes oder einer Gesetzesänderung darf vom damit beauftragten Vollzugsorgan nicht ohne zulässigen sachlichen Grund verzögert werden. (2.) Zulässige (sachliche) Gründe können insbesondere Gründe administrativer Art bilden, indem zum Beispiel Ausführungserlasse ausgearbeitet oder organisatorische Massnahmen getroffen werden müssen, welche eine gewisse Zeit beanspruchen (Zeitbedarf). (3.) Zulässig sind auch Zweckmässigkeitsüberlegungen anderer Art, soweit sie sachlicher Natur sind (z.B. Inkraftsetzen auf Beginn einer neuen Steuerperiode). (4.) Rein finanzielle Interessen reichen grundsätzlich nicht aus, um etwa die Einführung beschlossener Steuererleichterungen oder

erhöhter Subventionen länger hinauszuschieben als objektiv gerechtfertigt. (5.) Dem zuständigen Vollzugsorgan steht bei der Anwendung dieser Grundsätze ein gewisser Spielraum zu. (6.) Nach der Lehre darf der Eintritt der Rechtskraft eines neuen Gesetzes durch die Exekutive um maximal zwei Jahre hinausgeschoben werden, sofern nicht besondere Umstände wie zum Beispiel das Warten auf den Erlass einer komplexen oder sonst wie aufwendigen Vollzugsverordnung ersichtlich sind (KÖLZ, a.a.O., S. 157; eingehend ANDRÉ W. MOSER, Das verzögerte Inkraftsetzen eines Gesetzes durch die Regierung [beurteilt aus verfassungsrechtlicher Sicht und erläutert anhand BGE 130 I 174], LeGes 2005 Nr. 3, S. 52 f. und S. 54 ff.).

Praxis:

771 – **Verzögerte Inkraftsetzung eines Steuergesetzes aus finanzpolitischen Gründen:** Am 25. Aug. 2003 beschloss der Kantonsrat des Kantons Zürich eine Teilrevision des kantonalen Steuergesetzes, welche einerseits den Ausgleich der Teuerung bei den Progressionsstufen der Einkommens- und Vermögenssteuertarife sowie den betragsmässig festgelegten Abzügen und andererseits zusätzliche, über den Ausgleich der Teuerung hinausgehende Erhöhungen verschiedener Abzüge zum Inhalt hatte. Mit Beschluss vom 24. Nov. 2003 stellte der Kantonsrat das unbenützte Ablaufen der Referendumsfrist für die erwähnte Teilrevision des Steuergesetzes fest. Das Änderungsgesetz ist mit keiner Bestimmung über das Inkrafttreten versehen. Am 17. Dez. 2003 beschloss der Regierungsrat des Kantons Zürich, dass die Änderung des Steuergesetzes vom 25. Aug. 2003 auf den 1. Jan. 2006 in Kraft gesetzt wird, Mit Eingabe vom 6. Feb. 2004 erheben X und Y, beide wohnhaft im Kanton Zürich, beim Bundesgericht staatsrechtliche Beschwerde, mit der sie die Aufhebung des Beschlusses des Zürcher Regierungsrates vom 17. Dez. 2003 beantragen. Sie erblicken im Umstand, dass der Regierungsrat die Änderung des Steuergesetzes erst per 1. Jan. 2006 in Kraft setzt, eine unzulässige Rechtsverzögerung und rügen zudem eine Verletzung des Willkürverbots sowie des Grundsatzes der Gewaltentrennung. Das Bundesgericht weist die Beschwerde ab. Erwägungen: Das in Art. 29 Abs. 1 BV enthaltene Verbot der Rechtsverzögerung bezieht sich vor allem auf Verfahren vor Gerichts- und Verwaltungsbehörden bzw. auf Verfahren der Rechtsanwendung und kann gegenüber dem Gesetzgeber, falls überhaupt, nur geltend gemacht werden, sofern es um die Nichterfüllung einer präzise umschriebenen verfassungsrechtlichen Rechtsetzungspflicht geht. Ein solcher Tatbestand steht hier nicht in Frage. Soweit der Gesetzgeber die Frage des Inkrafttretens nicht selber beantwortet, obliegt die Festsetzung des Inkraftsetzungstermins gemäss § 10 Abs. 2 des kantonalen Publikationsgesetzes dem Regierungsrat. Dass dieser bei Stillschweigen des Gesetzgebers mit der Inkraftsetzung nicht beliebig zuwarten oder von der Inkraftsetzung überhaupt absehen darf, bedarf keiner weiteren Erläuterung. Als Schranke gegen eine übermässige Verzögerung fällt einzig das allgemeine Willkürverbot in Betracht. Dies bedeutet, dass die Inkraftsetzung eines beschlossenen Gesetzes oder einer Gesetzesänderung vom hiermit beauftragten Vollzugsorgan (bzw. vorliegend vom Verordnungsgeber) nicht ohne zulässigen Grund verzögert werden darf. Anlass für einen Aufschub können insb. Gründe administrativer Art bilden, indem z.B. Ausführungserlasse ausgearbeitet oder organisatorische Massnahmen getroffen werden müssen, welche eine gewisse Zeit beanspruchen. Zulässig sind aber auch Zweckmässigkeitsüberlegungen anderer Art (z.B. Inkraftsetzen auf Beginn einer neuen Steuerperiode), doch müssen sie sachlicher Natur sein. Rein finanzielle Interessen reichen grundsätzlich nicht aus, um etwa die Einführung beschlossener Steuererleichterungen oder erhöhter Subventionen länger hinauszuschieben als objektiv gerechtfertigt, wobei dem zuständigen Vollzugsorgan ein gewisser Spielraum zukommt. Vorliegend ist unbestritten, dass von den administrativen Abläufen her eine Inkraftsetzung der Steuererleichterungen auf den 1. Jan. 2005 ohne Weiteres möglich gewesen wäre und wohl auch eher der bisherigen Übung entsprochen hätte. Der Regierungsrat stellt nicht ernsthaft in Abrede, dass die angespannte Finanzlage dazu Anlass gab, die Gesetzesrevision, welche für den Staat zu einem grösseren Einnahmenausfall führen wird, erst per 1. Jan. 2006 in Kraft zu setzen. Dieses Vorgehen erweckt nach dem Gesagten zwar verfas-

sungsrechtliche Bedenken, doch fällt vorliegend ins Gewicht, dass der Regierungsrat seine Absicht, die Steuergesetzrevision (verbunden mit einer geplanten Steuerfusserhöhung) erst per 1. Jan. 2006 in Kraft treten zu lassen, schon Anfang Mai 2003, d.h. noch vor der zweiten Lesung dieser Gesetzesrevision im Kantonsrat, öffentlich kundgegeben hat. Nachdem der Kantonsrat in seiner zweiten Lesung der Steuergesetzrevision am 25. Aug. 2003 in Kenntnis dieser Erklärungen auf eine eigene Vorschrift über die Inkraftsetzung verzichtet hat, kann dem Regierungsrat, wenn er sich für die Inkraftsetzung an seine gemachte Ankündigung hielt, jedenfalls keine willkürliche Missachtung des Willens des Gesetzgebers vorgeworfen werden. Die staatsrechtliche Beschwerde erweist sich daher als unbegründet (BGE 130 I 174 E. 2.2-2.4).

2. Ausserkraftsetzung

a) Arten

Zu unterscheiden sind die **formelle** und die **materielle Ausserkraftsetzung** eines Erlasses. Eine **formelle Ausserkraftsetzung** liegt dann vor, wenn das in der Sache zuständige Rechtssetzungsorgan den betreffenden Erlass aufhebt. Die **materielle Ausserkraftsetzung** betrifft im Wesentlichen den Sachverhalt, dass zwei sich widersprechende Erlasse aufeinandertreffen und nach formalen Regeln (z.B. «lex posterior» oder «lex superior») zu entscheiden ist, welche Norm der anderen vorgeht und diese faktisch ausser Kraft setzt (vgl. z.B. BGE 135 II 338 E. 1.2.4, 134 II 186 E. 1.5 [= Pra 2009 Nr. 18], 134 II 329 E. 5.2; BVGE 2010/7 E. 3.4, 2009/37 E. 7.2; zu den formalen Auslegungsregeln Rz. 1123 ff.). 772

b) Materielle Ausserkraftsetzung

aa) Vorrang des höherrangigen Rechts (lex superior derogat legi inferiori)

Eine **materielle Aufhebung** eines Erlasses kann einmal dann vorliegen, wenn im Rahmen einer **abstrakten oder akzessorischen Normenkontrolle** festgestellt wird, die betreffende kantonale oder kommunale Gesetzes- oder Verordnungsbestimmung verstosse gegen übergeordnetes Recht; die formelle Aufhebung bzw. Anpassung der rechtswidrigen Norm ist allerdings ausschliesslich Sache des zuständigen Rechtssetzungsorgans (BGer vom 23. April 2009, 9C_921/2008, E. 3.3; BVGer vom 19. März 2009, A-3129/2008, E. 6.4; zur sog. derogatorischen Kraft des Bundesrechts insb. BGE 137 I 31 E. 4.1, 137 I 135 E. 2.5, 136 I 220 E. 6.1, 135 I 28 E. 5, 134 I 125 E. 2.1, 134 I 293 E. 3; dazu auch Rz. 1154 ff.). Ein Spezialfall liegt vor, wenn zwecks Einhaltung der verfassungs- oder bundesrechtlichen Ordnung die zuständige kantonale Behörde eine Vollziehungsverordnung erlässt und damit – zumindest vorübergehend – höherrangiges kantonales Recht (in casu Einbürgerungsgesetz) faktisch ausser Kraft setzt (BGE 130 I 140 E. 4.2 [Gemeindebürgerrechtsverordnung]). 773

Praxis:

- **Einzug oder Fremdplatzierung eines Hundes als Mittel zur Durchsetzung finanzieller Verpflichtungen des Hundehalters:** Im Zuge von Massnahmen gegen gefährliche Hunde ergänzte der Grosse Rat des Kantons Thurgau mit Beschluss vom 12. Sept. 2007 das kantonale Gesetz vom 5. Dez. 1983 über das Halten von Hunden (HundeG) durch Einführung zusätzlicher Verpflichtungen der Hundehalter sowie entsprechender behördlicher Kontrollmöglichkeiten. Unter der Überschrift «Zwangsmassnahmen» wurde als § 7a eine neue Bestimmung in das 774

Gesetz aufgenommen, wonach ein Hund auf Kosten des Hundehalters eingezogen und untergebracht werden kann, wenn der Hundehalter trotz vorgängiger Mahnung seinen finanziellen Verpflichtungen im Zusammenhang mit seiner Hundehaltung nicht nachkommt (Abs. 1). Ferner kann der Hund auf Kosten des Hundehalters fremdplatziert werden (Abs. 3). X führt mit Eingabe vom 25. Jan. 2008 beim Bundesgericht Beschwerde in öffentlich-rechtlichen Angelegenheiten mit dem Antrag, § 7a des geänderten Gesetzes sei aufzuheben. Er rügt vorab eine Verletzung von Art. 49 Abs. 1 BV (Vorrang des Bundesrechts; Verstoss gegen das Pfändungs- und Retentionsverbot von Heimtieren). Das Bundesgericht weist die Beschwerde ab. Erwägungen: Der Beschwerdeführer erblickt in der in § 7a Abs. 1 und 3 HundeG vorgesehenen Möglichkeit, zur Durchsetzung finanzieller Verpflichtungen des Hundehalters den Hund wegzunehmen und fremdzuplatzieren, einen Verstoss gegen den Vorrang des Bundesrechtes (Art. 49 Abs. 1 BV), da eine solche Regelung das in Art. 92 Abs. 1 Ziff. 1a SchKG bzw. in Art. 896 ZGB verankerte Pfändungs- und Retentionsverbot von Heimtieren missachte. Fällige Hundesteuern seien auf dem Betreibungswege gemäss SchKG einzutreiben. Nach dem seit 1. April 2003 in Kraft stehenden Art. 641a ZGB seien Tiere keine Sache mehr und nur als solche zu behandeln, soweit keine besonderen Regelungen bestünden. Gemäss der gleichzeitig beschlossenen neuen Bestimmung von Art. 92 Abs. 1 Ziff. 1a SchKG seien Tiere, die im häuslichen Bereich und nicht zu Vermögens- oder Erwerbszwecken gehalten werden, unpfändbar, womit an solchen Tieren grundsätzlich auch kein Retentionsrecht mehr ausgeübt werden könne (Art. 896 ZGB). Geldforderungen sind auf dem Wege der Schuldbetreibung zu vollstrecken (Art. 38 SchKG). Die Kantone sind nicht befugt, hierfür eigene Vollstreckungsmassnahmen vorzusehen. Das gilt grundsätzlich auch für öffentlich-rechtliche Geldforderungen; unmittelbar auf die Eintreibung solcher Forderungen ausgerichtete Vollstreckungsmassnahmen richten sich ausschliesslich nach den Bestimmungen des Schuldbetreibungsrechtes, soweit nicht besondere straf- oder fiskalrechtliche Bestimmungen über die Verwertung beschlagnahmter Gegenstände zum Zuge kommen. Dem zuständigen Gesetzgeber bleibt es aber unverwehrt, die Nichtbezahlung öffentlich-rechtlicher Forderungen – nebst allfälligen Verwaltungsstrafen – durch administrative Rechtsnachteile zu sanktionieren, um den Schuldner (indirekt) auf diese Weise zu veranlassen, seiner Zahlungspflicht nachzukommen. Solche administrativen Sanktionen bedürfen in der Regel einer besonderen gesetzlichen Grundlage und müssen, was den mit dem Eingriff verbundenen Nachteil für den Betroffenen anbelangt, das Gebot der Verhältnismässigkeit respektieren. Die Nichterfüllung öffentlich-rechtlicher Geldforderungen kann insb. die Verweigerung von davon abhängigen bzw. im Austauschverhältnis zu erbringenden Verwaltungsleistungen nach sich ziehen. Zur (indirekten) Durchsetzung der Erfüllung von Abgabepflichten kann das Gesetz auch Massnahmen vorsehen, durch die dem säumigen Schuldner die (weitere) Benutzung bestimmter Sachen untersagt oder verunmöglicht wird. Die angefochtene neue Regelung des thurgauischen Hundegesetzes, wonach ein Hund bei Nichterfüllung der dem Halter aus der Hundehaltung erwachsenden finanziellen Verpflichtungen eingezogen und fremdplatziert werden kann, stellt keine unmittelbar der Vollstreckung der Geldleistungspflicht dienende Massnahme dar; insb. wird der Hund nicht zwecks Verwertung behändigt, sondern lediglich als (indirektes) Druckmittel der Obhut des Halters entzogen. Die angefochtene Gesetzesbestimmung greift insoweit nicht in den Regelungsbereich des Schuldbetreibungsrechtes ein, sondern will im Sinne eines administrativen Rechtsnachteils den säumigen Hundehalter indirekt zur Erfüllung seiner finanziellen Verpflichtungen veranlassen. Im Zuge der neuen zivilrechtlichen Regelung über den Status der Tiere (Art. 641a ZGB) wurden zwar Heimtiere, die vom Schuldner nicht zu Vermögens- oder Erwerbszwecken gehalten werden, im Hinblick auf die oftmals starken emotionalen Bindungen zwischen Mensch und Tier und auf den meist geringen, zum affektiven Wert in keinem Verhältnis stehenden Verwertungserlös von der Möglichkeit der Pfändung und Verwertung ausgenommen. Diese schuldbetreibungsrechtliche Regelung schliesst anderweitige rechtliche Schranken, welche der Tierhaltung entgegenstehen können, nicht aus; sie garantiert weder ein absolutes Recht auf Haltung von Heimtieren noch befreit sie von der Erfüllung der mit der Tierhaltung verbundenen finanziellen (und sonstigen) Verpflichtungen gegenüber dem Staat und Dritten. Das vom Beschwerdeführer angerufene bundesrechtliche Pfändungs- und Retentionsverbot für Heimtiere besagt lediglich, dass Heimtiere nicht zur Befriedigung von Geldforderungen (beliebigen Ursprungs) der Zwangsverwertung zugeführt werden dürfen; es schliesst nicht aus, dass der zuständige Gesetzgeber die Nichterfüllung der mit der Tierhaltung verbundenen finanziellen (und sonstigen) Pflichten durch administrative Rechtsnachteile und Verwaltungsstrafen sanktioniert, wie dies nach dem Gesagten auch in anderen Regelungsbereichen der Fall sein kann. Die Rüge der Verletzung von Art. 49 Abs. 1 BV vermag demnach nicht durchzudringen (BGE 134 I 293 E. 3 und E. 4).

bb) Vorrang des jüngeren Rechts (lex posterior derogat legi priori)

Kollidiert ein jüngerer Erlass mit einem älteren im Hinblick auf eine bestimmte Rechtsfrage, so geht der **jüngere Erlass** grundsätzlich vor (BGE 135 V 353 E. 5.3.2, 135 II 338 E. 1.2.4, 134 II 186 E. 1.5; BVGE 2010/7 E. 3.4). Ob eine inhaltliche Kollision vorliegt, ist durch **Auslegung** zu ermitteln (vgl. z.B. BGE 135 II 338 E. 1.2.4 betr. das Verhältnis zwischen dem BGG und dem Lotteriegesetz), wobei zu berücksichtigen ist, dass sich die Beziehungen zwischen einem älteren und einem jüngeren Erlass im Laufe der Zeit ändern können (vgl. BGE 134 II 329 E. 5.2 = Pra 98 [2009] Nr. 41 [Verhältnis BGBM und BGFA]; zum Ganzen Rz. 1144 ff.). 775

Praxis:

- **Art. 112 Abs. 2 BGG (Verzicht auf Begründung) geht Art. 61 lit. h ATSG (Begründungspflicht) vor:** Die Beschwerdeführerin rügt in formeller Hinsicht vorab die mangelnde Bundesrechtskonformität des § 8a Abs. 1 des Gesetzes des Kantons Luzern vom 3. Juli 1972 über die Organisation des Verwaltungsgerichts (VGOG), wonach das kantonale Gericht in klaren Fällen Urteile und Entscheide ohne Begründung zustellen kann. Insbesondere widerspreche die betreffende Gesetzesnorm Art. 61 lit. h ATSG. Erwägungen: Gemäss § 8a Abs. 1 aVGOG kann der Richter in klaren Fällen Urteile und Entscheide ohne die Begründung zustellen. Den Parteien, den Vorinstanzen und allfälligen beschwerdeberechtigten Instanzen ist – laut Abs. 2 der Bestimmung – mitzuteilen, dass sie innert zehn Tagen seit Zustellung des Rechtsspruchs schriftlich eine Begründung verlangen können, ansonsten das Urteil oder der Entscheid in Rechtskraft erwächst. Wird eine Begründung verlangt, beginnt die Rechtsmittelfrist erst mit Zustellung des begründeten Urteils oder Entscheids zu laufen (Abs. 3). Umstritten ist, ob diese Bestimmung bundesrechtskonform ist. Die bundesrechtliche Grundlage zur Frage der Möglichkeit des Verzichts eines kantonalen Versicherungsgerichts auf eine Entscheidbegründung stellt sich wie folgt dar: Nach Art. 112 Abs. 2 BGG kann, wenn es das kantonale Recht vorsieht, die Behörde ihren Entscheid ohne Begründung eröffnen. Die Parteien können diesfalls innert dreissig Tagen eine vollständige Ausfertigung des Entscheids verlangen. Dem kantonalen Recht steht es somit grundsätzlich frei, eine Regelung vorzusehen, wonach eine (schriftliche) Entscheidbegründung nur auf Verlangen geliefert wird. Fehlt eine derartige kantonale Grundlage, ist eine Eröffnung ohne Begründung nicht zulässig. Im Bereich des Sozialversicherungsrechts deklariert Art. 61 lit. h ATSG in diesem Zusammenhang, dass Entscheide, versehen mit einer Begründung und einer Rechtsmittelbelehrung sowie mit den Namen der Mitglieder des Versicherungsgerichts, schriftlich zu eröffnen sind. Fraglich erscheint somit, ob – trotz der in Art. 61 lit. h ATSG normierten Minimalanforderungen – ein Begründungsverzicht nach Massgabe des Art. 112 Abs. 2 BGG, sofern kantonalrechtlich vorgesehen, zulässig ist. Dies kann aus folgenden Gründen bejaht werden. Zum einen handelt es sich bei Art. 112 Abs. 2 BGG, welcher generell, bei Vorliegen des entsprechenden kantonalen Verfahrensrechts, die Möglichkeit des Verzichts auf eine Entscheidbegründung vorsieht, wenn die Parteien eine solche innert dreissig Tagen verlangen können, gegenüber Art. 61 ATSG um die neuere – und damit massgebliche («lex posterior derogat legi priori») – Regelung. Im Übrigen wird die mit Art. 61 lit. h ATSG normierte Entscheidbegründungspflicht kantonaler Versicherungsgerichte durch die Möglichkeit eines Verzichts weder verletzt, noch ihrer Schutzfunktion beraubt. Indem jede Partei mit einer blossen formlosen Mitteilung eine Begründung verlangen und hierauf entscheiden kann, ob sie den Entscheid anfechten will oder nicht, ist sie stets in der Lage, einen mit Art. 61 lit. h ATSG kon- 776 formen Entscheid zu erwirken. Gegen ihren Willen darf dieser bundesrechtlich vorgegebene Mindeststandard durch kantonales Prozessrecht nicht unterschritten werden. Liegt indessen kein Bedürfnis nach näherer schriftlicher Begründung der Entscheidfindung vor, kann die Partei – wohl im Regelfall unter verminderter Kostenfolge – auf diese verzichten. Der Einwand der Beschwerdeführerin, der Empfänger eines unbegründeten Gerichtsentscheids sähe sich gezwungen, den Entscheid darüber, ob er anfechten wolle oder nicht, ohne Kenntnis der Motive der Vorinstanz zu treffen, sticht vor diesem Hintergrund nicht. Ebenso wenig wird sich das Bundesgericht in Anbetracht von Art. 100 Abs. 1 sowie Art. 112 Abs. 2 und 3 BGG je mit der Situation konfrontiert sehen, eine Beschwerde ohne Vorliegen eines begründeten vorinstanzlichen Entscheids beurteilen zu müssen. Vor diesem Hintergrund erweist sich § 8a Abs. 1 VGOG, welcher den Verzicht auf einen begründeten Entscheid für sog. «klare» Fälle vorsieht, grundsätzlich als bundesrechtskonform. Demgegenüber hält Abs. 2 des § 8a VGOG, wonach die Parteien innert zehn Tagen seit Zustellung des (unbegründeten) Rechtsspruchs schriftlich eine Begründung verlangen können, vor Bundesrecht nicht stand, da Art. 112 Abs. 2 Satz 2 BGG eine diesbezügliche Frist von dreissig Tagen vorsieht und für das Ersuchen um einen vollständig ausgefertigten Entscheid keine Formvorschrift deklariert (vgl. nunmehr § 8a Abs. 2 VGOG in der seit dem 1. Jan. 2009 geltenden Fassung, der nunmehr eine dreissigtägige Frist für das aber immer noch schriftlich vorzunehmende Einverlangen der Entscheidbegründung vorsieht (BGE 135 V 353 E. 5.3 und E. 5.4).

3. Anwendung von neuem Recht auf hängige Verfahren

a) Allgemeines

777 Die Rechtmässigkeit eines Verwaltungsakts ist **bei Fehlen einer ausdrücklichen gesetzlichen Regelung** grundsätzlich nach der **Rechtslage zur Zeit seines Erlasses** bzw. der für die Rechtsfolgen massgebenden **Sachverhaltsverwirklichung** zu beurteilen (BGE 136 V 24 E. 4.3, 130 V 445 E. 1.2.1, 129 V 1 E. 1.2, 127 II 209 E. 2b, 126 V 130 E. 2a, 125 II 591 E. 5e/aa). Bei dieser Regel handelt es sich um eine Richtlinie, die nicht stereotyp angewendet wird. Vielmehr entscheidet sich die Frage der intertemporalrechtlichen Geltung einer Norm primär nach den allgemein anerkannten Auslegungsgrundsätzen (BGE 126 V 134 E. 4c, 123 V 29 E. 3b). Die oben genannte Regel gilt sinngemäss auch im Fall einer Änderung eines Reglements oder von Statuten einer Vorsorgeeinrichtung (BGE 137 V 105 E. 5.3.1, 126 V 165 E. 4b).

778 Im Laufe des **Beschwerdeverfahrens** eingetretene Rechtsänderungen sind an sich **unbeachtlich**, es sei denn, (1.) es handelt sich um **Verfahrensvorschriften**, die grundsätzlich sofort anwendbar sind; (2.) **zwingende Gründe** sprechen für die Berücksichtigung des neuen Rechts; (3.) die **Beschwerdeinstanz** ist nach dem anwendbaren Prozessgesetz befugt, Rechtsänderungen, die im Laufe des Verfahrens eingetreten sind, zu berücksichtigen oder (4.) die Rechtsänderung würde einen **Widerruf** der Verfügung rechtfertigen (BGE 129 II 497 E. 5.3.2, 127 II 306 E. 7c, 126 II 522 E. 3b/aa, 126 V 130 E. 2a, 123 II 359 E. 3, 122 V 85 E. 3). Ferner lässt die Rechtsprechung im Bereich des Disziplinarrechts (BGE 130 II 270 E. 1.2.2) und betreffend Administrativmassnahmen im Strassenverkehr (BGE 104 Ib 87 E. 2b) eine sofortige Berücksichtigung des (neueren) Rechts zu, wenn es sich (5.) im Sinne der **«lex mitior»** als milder oder günstiger erweist.

b) Massgebender Zeitpunkt I: Spezialgesetzliche Regelung

Spezialgesetzlich kann angeordnet werden, dass **neues materielles Recht** sofort, d.h. auch während eines bereits hängigen Beschwerdeverfahrens anzuwenden ist. Nach **Art. 121 Abs. 1 AsylG** gilt für die im Zeitpunkt des Inkrafttretens des AsylG hängigen Verfahren neues Recht (vgl. auch Art. 52 Abs. 1 RPV). Demnach kommen nicht nur auf die erstinstanzlich hängigen Asylgesuche, sondern auch auf Asylverfahren, die vor einer Beschwerdeinstanz hängig sind, die revidierten, auf den 1. Jan. 2007 in Kraft getretenen Bestimmungen zur Anwendung (BVGer vom 26. Nov. 2008, D-6659/2006, E. 3.2). Demgegenüber ist nach **Art. 132 Abs. 1 ZG** auf Zollveranlagungsverfahren, die bei Inkrafttreten des neuen Gesetzes hängig sind, das bisherige Recht massgebend (BVGer vom 7. Feb. 2008, A-1716/2006, E. 1.2; vgl. auch BGer vom 20. März 2009, 1A.1/2009, E. 1.2, vom 13. Nov. 2007, 1A.65/2007, E. 1; vom 5. Okt. 2007, 1A.61/2007, E. 1, jeweils zu Art. 37b BG-RVUS). 779

Das neue Recht kann auch bestimmen, dass im Zeitpunkt des Inkrafttretens des Gesetzes hängige Verfahren nach dem bisher geltenden materiellen Recht durch die nach neuem Recht zuständige Behörde zu beurteilen sind und hierbei neues Verfahrensrecht anwendbar ist (BVGer vom 23. Jan. 2008, A-1570/2007, E. 5 [Art. 113 Abs. 1 RTVG]). Art. 113 Abs. 2 Satz 2 RTVG sieht sodann vor, dass wenn ein Sachverhalt nach Inkrafttreten dieses Gesetzes noch andauert und ein Verfahren hängig ist, sich diejenigen Verstösse, die sich vor dem Inkrafttreten dieses Gesetzes ereignet haben, nach altem Recht (RTVG 1991) und Verstösse, die sich nach dem Inkrafttreten des Gesetzes ereignet haben, nach neuen Recht zu beurteilen (BVGer vom 23. Jan. 2008, A-1570/2007, E. 5). 780

Hängige Beschwerdeverfahren sind gemäss **Art. 52 Abs. 2 RPV** nur dann nach bisherigem Recht zu Ende zu führen, wenn dieses für den Gesuchsteller oder die Gesuchstellerin günstiger ist (lex mitior). Zu prüfen ist in derartigen Konstellationen das Vorhaben sowohl im Lichte des alten als auch des neuen Rechts und es ist zu bewilligen, wenn es auch nur den Voraussetzungen einer dieser Rechtslagen entspricht (BGE 127 II 209 E. 2; vgl. auch BGer vom 20. Sept. 2000, 2P.105/2000, zum neuen Gastwirtschaftsgesetz [GWG] des Kantons Graubünden, welches in Art. 28 GWG eine mit Art. 52 Abs. 2 RPV vergleichbare Regelung enthält). 781

Praxis:

- **Art. 52 RPV:** K beabsichtigt auf dem Grundstück Nr. 524 im Weiler Pfaffwil in der Gemeinde Inwil ein Wohnhaus mit 5 1/2 Zimmern und ein Nebengebäude mit Garage, Geräteraum und einem Stall zu errichten. Die Bauparzelle liegt in der Landwirtschaftszone. Das Raumplanungsamt des Kantons Luzern erteilte am 17. März 2000 die für das Vorhaben erforderliche Ausnahmebewilligung gemäss Art. 24 RPG in der bis am 31. Aug. 2000 geltenden Fassung (aRPG). Es ging davon aus, dass es sich beim vorgesehenen Neubau um eine Ersatzbaute für das frühere Wohnhaus auf der Parzelle Nr. 264 handle, das 1992 abgebrochen wurde. Der Abbruch erfolgte, weil das fragliche Land für die Erweiterung der Lehmgrube der Firma X benötigt wurde. Die Gemeinde Inwil bewilligte das Bauprojekt am 6. April 2000. F und J fochten die Bewilligungen des kantonalen Raumplanungsamts und der Gemeinde Inwil mit einer Beschwerde beim Verwaltungsgericht des Kantons Luzern an. Dieses hiess ihr Rechtsmittel am 9. Aug. 2000 gut und hob die beiden angefochtenen Bewilligungen auf. Es gelangte zum Schluss, dass das Vorhaben nicht als Wiederaufbau gemäss Art. 24 Abs. 2 aRPG angesehen und auch nach Art. 24 Abs. 1 aRPG nicht bewilligt werden könne. K erhebt Verwaltungsge- 782 richtsbeschwerde beim Bundesgericht, welche abgewiesen wird. Erwägungen: Das Urteil des Verwaltungsgerichts erging am 9. Aug. 2000, also noch bevor am 1. Sept. 2000 die revidierten Bestimmungen des Raumplanungsgesetzes und die neue Raumplanungsverordnung vom 28. Juni 2000 (RPV) in Kraft traten. Da die Revision auch die Regelung der Ausnahmebewilligung für Bauten ausserhalb der Bauzonen betraf, fragt sich, ob für die Beurteilung des vorliegenden Falls das alte oder das neue Recht massgeblich ist. Das Raumplanungsgesetz selber enthält keine Übergangsregelung. Eine solche findet sich jedoch auf Verordnungsstufe in Art. 52 RPV. Danach werden Verfahren, die am 1. Sept. 2000 hängig waren, nach dem neuen Recht beurteilt (Abs. 1). In diesem Zeitpunkt hängige Beschwerdeverfahren werden dagegen nach dem bisherigen Recht zu Ende geführt, sofern das neue Recht für den Gesuchsteller oder die Gesuchstellerin nicht günstiger ist (Abs. 2). Die in Art. 52 RPV vorgesehene Ordnung orientiert sich an den von der bundesgerichtlichen Rechtsprechung entwickelten intertemporalrechtlichen Grundsätzen, die beim Fehlen einer Übergangsordnung gelten. Danach ist die Rechtmässigkeit von Verwaltungsakten in der Regel nach der Rechtslage im Zeitpunkt ihres Ergehens zu beurteilen, und nachher eingetretene Rechtsänderungen sind nicht zu berücksichtigen. Anders verhält es sich nur dort, wo zwingende Gründe für die sofortige Anwendung des neuen Rechts sprechen. Solche Gründe bestehen hier nicht, da mit der jüngsten Revision des Raumplanungsrechts die Bautätigkeit grundsätzlich nicht schärferen Vorschriften unterworfen werden sollte. Art. 52 Abs. 2 RPV kommt dem Gesuchsteller jedoch insofern entgegen, als das neue Recht dann für anwendbar erklärt wird, wenn es für ihn günstiger ist. Damit kann der Bauwillige sofort von den Möglichkeiten Gebrauch machen, die ihm das neue Recht einräumt, ohne zuvor bei der erstinstanzlichen Behörde ein neues Baugesuch einreichen zu müssen. Der vorliegende Fall ist somit gemäss Art. 52 Abs. 2 RPV nach dem alten Recht zu beurteilen, sofern die revidierten Bestimmungen für den Beschwerdeführer nicht günstiger sind. Art. 24c Abs. 2 RPG lässt wie Art. 24 Abs. 2 aRPG den Wiederaufbau bestehender Bauten ausserhalb der Bauzonen zu, wenn er mit den wichtigen Anliegen der Raumplanung vereinbar ist. Es handelt sich um eine direkt anwendbare Norm des Bundesrechts und nicht mehr um eine blosse Ermächtigungsnorm zugunsten der Kantone, den Wiederaufbau in ihrem Recht zuzulassen. Art. 42 RPV umschreibt die Voraussetzungen des Wiederaufbaus näher, orientiert sich dabei aber ganz an der bisherigen bundesgerichtlichen Praxis. In den Kantonen, die den von Art. 24 Abs. 2 aRPG eröffneten Spielraum vollumfänglich ausgeschöpft hatten, wie dies für den Kanton Luzern unbestrittenermassen der Fall ist, erweist sich das neue Recht somit beim Wiederaufbau für den Gesuchsteller nicht als günstiger. Es ist im Gegenteil insofern strenger, als Art. 24c Abs. 1 RPG das Recht zum Wiederaufbau auf Bauten und Anlagen beschränkt, die nicht mehr zonenkonform, d.h. durch eine nachträgliche Änderung von Erlassen oder Plänen zonenwidrig geworden sind (Art. 41 RPV). Ob diese Voraussetzung mit Bezug auf das 1992 abgebrochene Wohnhaus erfüllt wäre, kann offen bleiben. Das Wiederaufbauprojekt des Beschwerdeführers ist nach dem alten Recht zu beurteilen. Dabei kann die neue Vorschrift von Art. 42 RPV, die wie dargelegt den Stand der Rechtsprechung zur Zulässigkeit des Wiederaufbaus nach dem alten Recht wiedergibt, mitberücksichtigt werden (BGE 127 II 209 E. 2).

c) *Massgebender Zeitpunkt II: Sachverhaltsverwirklichung*

783 Nach der Rechtsprechung insbesondere der sozialrechtlichen Abteilung des Bundesgerichts sind grundsätzlich diejenigen rechtlichen Vorschriften anwendbar, welche bei der **Erfüllung des zu Rechtsfolgen führenden Sachverhalts** Geltung haben (BGE 137 V 105 E. 5.3.1, 136 V 24 E. 4.3, 132 V 215 E. 3.1.1, 130 V 329 E. 2.2 und E. 2.3, 130 V 445 E. 1.2.1, 129 V 1 E. 1.2, 129 V 167 E. 1, 127 V 466 E. 1, 126 V 134 E. 4b, 125 V 127 E. 1, 123 V 25 E. 3a, 122 V 34 E. 1; BGer vom 31. Okt. 2011, 8C_263/2011, E. 8.1; vom 1. Nov. 2010, 8C_979/2009, E. 3; BVGer vom 8. Sept. 2010, C-623/2009, E. 2.2; vom 15. Okt. 2008, B-7897/2007, E. 2.2).

Der **massgebende Zeitpunkt** der Sachverhaltsverwirklichung ist je nach **Sachbereich** zu bestimmen und ferner danach, ob es sich um einen angeschlossenen Einzelsachverhalt oder um einen zeitlich offenen Dauersachverhalt handelt (siehe unten Rz. 786 ff.): In der **Invalidenversicherung** kommen diejenigen Bestimmungen zur Anwendung, welche im Zeitpunkt der Entstehung des Leistungsanspruchs – und nicht des Beginns der Arbeitsunfähigkeit – gelten (BGE 121 V 97 E. 1). Der Anspruch auf eine **Invalidenrente im Bereich der Unfallversicherung** entsteht, wenn von der Fortsetzung der ärztlichen Behandlung keine namhafte Besserung des Gesundheitszustandes des Versicherten mehr erwartet werden kann und allfällige Eingliederungsmassnahmen der Invalidenversicherung abgeschlossen sind (Art. 19 Abs. 1 UVG; vgl. BGE 123 V 133 E. 2c = Pra 87 [1998] Nr. 29). **Familienzulagen** eines Kleinbauern werden nach dem steuerbaren Einkommen berechnet. Ist der Anspruch auf Zulagen für den Zeitraum vom 1. April 1994 bis 31. März 1996 zu beurteilen, ist hierfür auf die Steuerveranlagungsperiode 1993/1994 und damit auf das in den Jahren 1991/1992 (Berechnungsperiode) erzielte Reineinkommen abzustellen. Massgebend sind daher die in den Jahren 1993/1994 gültig gewesenen steuerrechtlichen und die in den Jahren 1994 bis 1996 in Kraft gewesenen zulagenrechtlichen Bestimmungen (BGE 127 V 466 E. 1). Handelt es sich um **Hinterlassenenleistungen**, sind die im Zeitpunkt des Todes des Versicherten, somit im Zeitpunkt der Entstehung des Leistungsanspruchs des Begünstigten, geltenden Regeln anwendbar (BGE 133 V 133 E. 2b). 784

Praxis:

– **Höhe des versicherten Verdienstes für die Rentenberechnung:** X erlitt am 17. Juli 1991 einen Verkehrsunfall mit invalidisierenden Folgen. Zum Unfallzeitpunkt realisierte der bei der Schweizerischen Unfallversicherungsanstalt (SUVA) Versicherte ein Jahreseinkommen von über Fr. 100'000.–. Mit Verfügung vom 29. Nov. 1994 sprach ihm die SUVA aufgrund einer 50%igen Erwerbsunfähigkeit mit Wirkung ab 1. Juli 1994 eine Invalidenrente zu, bei deren Berechnung sie von einem versicherten Verdienst von Fr. 90'020.– ausging. Daran hielt sie mit Einspracheentscheid vom 16. Feb. 1995 fest. Erwägungen: Wird der Versicherte infolge des Unfalles invalid, so hat er Anspruch auf eine Invalidenrente (Art. 18 Abs. 1 UVG). Der Rentenanspruch entsteht, wenn von der Fortsetzung der ärztlichen Behandlung keine namhafte Besserung des Gesundheitszustandes des Versicherten mehr erwartet werden kann und allfällige Eingliederungsmassnahmen der Invalidenversicherung abgeschlossen sind (Art. 19 Abs. 1 UVG). Nachdem der Versicherte nach dem Unfall teilweise invalid geworden ist, hat er Anspruch auf eine Invalidenrente, was im Übrigen unbestritten ist. Entsprechend der vorerwähnten Regelung in Art. 19 Abs. 1 UVG entstand dieser Anspruch am 1. Juli 1994. Nach Art. 15 UVG wird der Betrag dieser Rente nach dem versicherten Verdienst bemessen (Abs. 1); massgebend ist dabei der innerhalb eines Jahres vor dem Unfall bezogene Lohn (Abs. 2). Während das kantonale Gericht erwog, der versicherte Verdienst des Beschwerdegegners sei unter Berücksichtigung des im Unfallzeitpunkt geltenden Verordnungstextes festzusetzen, und dementsprechend den Betrag von Fr. 97'200.– als massgebend erachtete, stellt sich die SUVA in ihrer Verwaltungsgerichtsbeschwerde auf den Standpunkt, es sei in der Weise vorzugehen, dass die jeweiligen gesetzlichen Höchstbeträge in der Zeitspanne vom 17. Juli 1990 bis 16. Juli 1991 pro rata temporis in die Berechnung einbezogen würden. Im vorliegenden Fall leitet sich der Leistungsanspruch von einem zeitlich bestimmten Sachverhalt ab, nämlich dem Verkehrsunfall, dessen Opfer der Beschwerdegegner wurde. Die rechtliche Lage, die Anspruch auf eine Invalidenrente begründet, ergibt sich aus diesem Unfallereignis, das am 17. Juli 1991 geschah. Damals galten – seit dem 1. Jan. 1991 – die Verordnungsbestimmungen der UVV, im Besonderen Art. 22 Abs. 1 in seiner neuen Fassung. Auf den vorliegenden Fall angewandt führen die 785 oben dargelegten Regeln zum Ergebnis, dass als massgebender höchstversicherter Verdienst der Betrag von Fr. 97'200.– zu betrachten ist. Die von der Beschwerdeführerin vertretene gegenteilige Meinung, welche den allgemein geltenden Regeln im Bereich von Rechtsänderungen und Übergangsrecht nicht Rechnung trägt, stützt sich im übrigen auf keinerlei gesetzliche oder verordnungsmässige Grundlage, welche die von ihr befürwortete Berechnung pro rata temporis rechtfertigen könnte. Somit kann einzig der Augenblick des Unfallereignisses für die Bestimmung des höchstversicherten Verdienstes massgebend sein (BGE 123 V 133 E. 2c = Pra 87 [1998] Nr. 29).

aa) Abgeschlossener Einzelsachverhalt

786 Liegen **Forderungen** im Streit, die noch vor Inkrafttreten des neuen Rechts entstanden sind, kommt für die materielle Beurteilung der Angelegenheit altes Recht zur Anwendung, selbst wenn die massgebende Verfügung hierüber nach Inkrafttreten des neuen Rechts ergangen ist (BVGer vom 23. Okt. 2009, A-2761/2009, E. 4). Sind **Lohnfortzahlungsansprüche** aufgrund anhaltender Krankheit zu beurteilen, kommt dasjenige Recht zur Anwendung, welches zu jenem Zeitpunkt in Kraft stand, in dem der Anspruch geltend gemacht wurde, auch wenn das Arbeitsverhältnis bereits vorher gekündigt wurde (BGer vom 31. Okt. 2011, 8C_263/2011, E. 8.1). Bei **Haftungsstreitigkeiten** kommt jenes Recht zur Anwendung, welches zum Zeitpunkt in Kraft war, als der Schaden verursacht worden ist (BGE 105 Ia 36 E. 2. und E. 3).

787 Der **Warnungsentzug** knüpft an einen bestimmten Vorfall (Verletzung von Verkehrsregeln und Gefährdung des Verkehrs usw.) an. Insoweit ist deshalb das Recht anzuwenden, das im Zeitpunkt des zur Massnahme Anlass gebenden Vorfalls galt (BGE 104 Ib 87 E. 2b). Hat sich die **selbst verschuldete Arbeitslosigkeit**, welche zur **Einstellung in der Anspruchsberechtigung** führte, vor dem 1. Jan. 2003 verwirklicht, ist das ATSG, welches auf den 1. Jan. 2003 in Kraft trat, nicht anwendbar (BGer vom 5. Mai 2004, C 51/04, E. 1). Als zulässig gilt hingegen, neues Recht auf einen Sachverhalt anzuwenden, der sich zu einem wesentlichen Teil unter der Geltung des alten Rechts verwirklichte, wenn sich die Rechtslage faktisch nicht geändert hat (BVGer vom 10. Juni 2009, C-5422/2008, E. 6).

788 Ein **Einzelsachverhalt** liegt auch bei der **urheberrechtlichen Schutzdauer** vor; ist der Schutz noch unter altem Recht entstanden, wird die Schutzdauer nicht verlängert, wenn das neue Recht eine längere Dauer vorsieht. Denn die massgebliche Tatsache, an welche der urheberrechtliche Schutz anknüpft, ist die Schaffung des Werkes. Entsteht dieses noch unter altem Recht. bestimmt sich demgemäss die Schutzdauer nach altem Recht (BGE 124 III 266 E. 4e). Die **Austrittsleistung** wird mit dem **Austritt aus der Vorsorgeeinrichtung** fällig (Art. 2 Abs. 3 Satz 1 FZG); dieser Zeitpunkt legt auch den für die intertemporalrechtliche Anknüpfung massgebenden Sachverhalt fest (BGer vom 24. Okt. 2006, B 72/05, E. 4.1). Hinsichtlich **Beiträge oder Gebühren** ist auf den Sachverhalt abzustellen, der die Zahlungspflicht auslöst (OG SH vom 9. Nov. 2001, in: AB 2001 S. 136 E. 3b [bei Beiträgen an Erschliessungswerke: Fertigstellung des Werks]).

Praxis:

– **Dauer des urheberrechtlichen Schutzes:** Das Schauspielhaus Zürich hatte die Absicht, das Theaterstück «Der Snob» aufzuführen. Die Premiere sollte am 31. Okt. 1996 stattfinden. Autor dieses Werkes ist der am 3. Nov. 1942 verstorbene Carl Sternheim. Die Felix Bloch Erben, eine Offene Handelsgesellschaft (OHG) nach deutschem Recht mit Sitz in Berlin, ist aufgrund eines Vertrages mit den Erben von Carl Sternheim Inhaberin der Aufführungsrechte am Theaterstück. Nachdem ihr der Spielplan 1996/97 des Schauspielhauses bekannt geworden war, wandte sie sich mit Schreiben vom 14. Mai 1996 an dessen Leitung mit der Aufforderung, ihr für die Aufführung des Werkes die üblichen Tantiemen zu bezahlen. Sie stellte sich auf den Standpunkt, das Werk Sternheims sei seit dem Inkrafttreten des revidierten schweizerischen Urheberrechtsgesetzes am 1. Juli 1993 von neuem geschützt, weil damit die Schutzdauer von bisher fünfzig auf siebzig Jahre nach dem Tod des Urhebers erstreckt worden sei. Das Schauspielhaus vertrat dagegen die Auffassung, der urheberrechtliche Schutz sei nach fünfzigjähriger Dauer im Jahre 1992 endgültig abgelaufen. Das Bundesgericht schützt die Argumentation des Schauspielhauses. Erwägungen: Der urheberrechtliche Schutz knüpft sowohl altrechtlich wie neurechtlich an den Realakt der Schöpfung des Werkes an. Wird durch eine Gesetzesänderung ein Urheberrechtsschutz für Werke eingeführt, die bereits vor dem Inkrafttreten des neuen Gesetzes wegen Ablaufs der Schutzdauer gemeinfrei geworden waren, ist darin eine eigentliche Rückwirkung zu sehen. Denn die massgebliche Tatsache, an welche der urheberrechtliche Schutz anknüpft, die Schaffung des Werkes, ist in diesen Fällen vor Inkrafttreten abgeschlossen worden. Die immateriellen Rechte der Urheberinnen und Urheber werden für deren künstlerische und geistige Leistung verliehen und haften nicht an der Materialisierung des Werkes und damit auch nicht an einem Zustand, der als zeitlich offener Dauersachverhalt aufgefasst werden könnte. Bei der Rechtsbeziehung des Urhebers oder der Urheberin sowie deren Nachfolger zum Werk handelt es sich nicht um einen tatsächlichen, mit der Erschaffung beginnenden Dauerzustand. Die Beziehung wird vielmehr erst durch die gesetzliche Regelung hergestellt und beendet. Ein neues Gesetz, welches das Wiederaufleben des Schutzes für Werke anordnet, die nach Ablauf der bisher geltenden Schutzdauer zum Gemeingut geworden waren, wirkt daher im Sinne einer echten Rückwirkung zurück und wäre nur zulässig, wenn die betreffenden Voraussetzungen eingehalten werden (BGE 124 III 266 E. 4e). 789

bb) Zeitlich offener Dauersachverhalt, welcher eine Sacheinheit bildet

Liegt ein (zeitlich offener) **Dauersachverhalt** im Streit, welcher eine **Sacheinheit** bildet und der vor dem Inkrafttreten des neuen Rechts begonnen hat sowie nachher abgeschlossen wurde oder noch andauert, wird **neues Recht** angewendet, es sei denn, das Übergangsrecht sehe eine andere Regel vor (BGE 126 III 431 E. 2a, 124 III 266 E. 4e, 123 V 133 E. 2b, 122 V 6 E. 3a, 119 II 46 E. 1; BVGer vom 2. März 2010, C-5363/2009, E. 3.2). Daher untersteht der eine Einheit bildende Dauersachverhalt, während dessen Verlauf materielles Recht geändert wird, dem neuen Recht (BGE 123 V 25 E. 3a, 121 V 97 E. 1a), wobei durch Auslegung zu ermitteln ist, ob ein derartiger Dauersachverhalt vorliegt (BGE 122 V 6 E. 3a). Ist bei Inkrafttreten der Neuregelung der geregelte Sachverhalt noch nicht abgeschlossen, können deshalb aus dem bisher geltenden Recht keine Ansprüche abgeleitet werden (BGE 122 II 113 E. 3b/dd, betr. Anspruch auf Umwandlung der Saison- in eine Jahresbewilligung nach bisherigem Recht: Die vom Umwandlungsstopp betroffenen Ausländer mussten die Umwandlungsvoraussetzungen im Zeitpunkt der Rechtsänderung, d.h. per 31. Dez. 1994, erfüllt haben). 790

791 In diesem Sinn zeitlich offene Dauersachverhalte stellen etwa **Altlasten** dar, welche Risiken schaffen, die sich erst viel später – nach Inkrafttreten des neuen Rechts – als Gefahr oder Störung realisieren oder deren Gefahr unter dem neuen Recht noch andauert (zur freilich uneinheitlichen Rechtsprechung eingehend BEATRICE WAGNER PFEIFER, Haftungsrisiken durch rückwirkende Anwendung umweltrechtlicher Normen, in: Festgabe zum schweiz. Juristentag 2004, Basel/Bern 2004, S. 536 ff.; vgl. auch BGer vom 26. Feb. 1998, in: URP 1998 S. 152 E. 4d/bb; VerwG ZH vom 26. Mai 2004, VB.2003.00446, E. 2; ferner BEATRICE WAGNER PFEIFER, Kostentragungspflichten bei der Sanierung und Überwachung von Altlasten im Zusammenhang mit Deponien, ZBl 2004, S. 146). Die **Zwangsverwaltung unter dem SchKG** stellt einen Dauersachverhalt dar; beginnt diese vor Inkrafttreten des neuen Rechts, endet sie hingegen nach dessen Inkrafttreten, gelangen die revidierten Bestimmungen des neuen Rechts zur Anwendung (BGE 126 III 431 E. 2a). **Neue Kündigungsregeln** können angewendet werden, wenn die Gründe, die zur Kündigung (unter neuem Recht) führten, zwar bereits unter der Herrschaft des alten Rechts eingetreten sind, indes nach Inkrafttreten des neuen Rechts weiterbestehen (BGer vom 2. März 2006, 2P.257/2005, E. 3.2).

Praxis:

792 – **Zwangsverwaltung unter dem SchKG:** B ist Eigentümerin eines Grundstückes, auf dem sich 14 Garagen und ursprünglich zwölf zum Teil inzwischen zu grösseren Einheiten zusammengelegte Mietwohnungen befinden. Weil die Eigentümerin vorübergehend nicht in der Lage war, die Hypothekarzinsen zu zahlen, kündigte ihr die Bank die Geschäftsbeziehungen per 31. Dez. 1995 und stellte am 17. Jan. 1996 das Betreibungsbegehren auf Grundpfandverwertung im Betrag von Fr. 1,21 Mio. Auf Begehren der Gläubigerin stellte das zuständige Betreibungs- und Konkursamt die Liegenschaft per 1. April 1996 unter die amtliche Verwaltung durch die O SA, die dieses Amt bis Ende 1996 versah. Anschliessend besorgte das Betreibungsamt die Verwaltung selber. Das Betreibungsverfahren konnte abgeschlossen werden, weil B ein anderes Kreditinstitut gefunden hatte, das die Hypothek ablöste. Die amtliche Verwaltung endete per 31. Aug. 1997. Das Begehren von B, mit dem sie vom Kanton Bern Schadenersatz nebst Zins verlangt hatte und das sie vor allem mit mangelhafter Verwaltung vom 1. April 1996 bis 31. Aug. 1997 begründet hatte, lehnte der Regierungsrat des Kantons Bern am 28. April 1999 ab. Die von B gegen den Kanton Bern eingelegte Staatshaftungsklage, mit der sie um Zuspruch von Fr. 109'326.60 nebst 5 % Zins seit dem 15. Juli 1997 und eines gerichtlich zu bestimmenden Anteils von Insertionskosten ersucht hatte, wies das Verwaltungsgericht des Kantons Bern mit Urteil vom 18. Feb. 2000 ab. B beantragt mit staatsrechtlicher Beschwerde, der verwaltungsgerichtliche Entscheid sei aufzuheben und ihr seien Fr. 109'326.60 nebst 5 % Zins seit dem 15. Juli 1997 sowie ein gerichtlich zu bestimmender Anteil von Insertionskosten zuzusprechen. Das Bundesgericht heisst die Beschwerde im Wesentlichen gut. Erwägungen: Vor Inkrafttreten des revidierten SchKG am 1. Jan. 1997 konnten kantonal letztinstanzliche Entscheide, mit denen über die Haftung des Kantons für Handlungen seiner Betreibungsbeamten befunden worden war, nur mit staatsrechtlicher Beschwerde an das Bundesgericht weitergezogen werden, falls der betreffende Kanton über Art. 6 Abs. 1 aSchKG hinausgehend eine eigene, der persönlichen Haftung des Betreibungs- und Konkursbeamten vorgehende Verantwortlichkeit für das Verhalten seiner Beamten eingeführt hatte. Die Schadenersatzforderung gegen den persönlich haftenden Beamten selbst gemäss Art. 5 Abs. 1 aSchKG galt jedoch als Zivilanspruch und der Entscheid darüber war mit Berufung an das Bundesgericht weiterziehbar. Im seit dem 1. Jan. 1997 geltenden Art. 5 Abs. 1 und 2 SchKG wird primär und gegenüber dem Geschädigten exklusiv der Kanton für widerrechtliche Schadenszufügung seiner Beamten und Angestellten haftpflichtig erklärt. Dieser haftpflichtrechtliche Systemwechsel wird damit begründet, dass der Gesetzgeber einer allgemeinen Tendenz folgend die persönliche Haftung der

Beamten durch eine Verantwortlichkeit des Gemeinwesens ablösen wollte, wobei den Kantonen freigestellt ist, ob sie den Verwaltungsweg oder den Gerichtsweg vorsehen und ob sie eine oder zwei Instanzen zur Verfügung stellen wollen; das Verfahren regeln die Kantone. Hier ergeben sich übergangsrechtliche Probleme aus den Umständen, dass die Zwangsverwaltung am 1. April 1996, mithin vor Inkrafttreten des revidierten Art. 5 SchKG, begonnen hatte und am 31. Aug. 1997 endete. Mangels einschlägiger Normen muss auf allgemeine Regeln abgestellt werden, wobei zu unterscheiden ist, ob sich geltendes Recht in materieller und/oder in verfahrensrechtlicher Hinsicht geändert hat. Insoweit folgt die Anwendbarkeit neuen Rechts unterschiedlichen übergangsrechtlichen Regeln. Die Rechtmässigkeit eines Verwaltungsaktes bestimmt sich in materiell-rechtlicher Hinsicht nach Massgabe des zur Zeit seines Erlasses geltenden Rechts. Hat das Recht vor Erlass des (erstinstanzlichen) Verwaltungsaktes und vor Abschluss des die strittigen Rechtsfolgen auslösenden Sachverhalts geändert, gilt in analoger Anwendung von Art. 1 SchlTZGB regelmässig der Grundsatz der Nichtrückwirkung neuen Rechts; jedoch wird auch dieses sofort angewendet (vgl. Art. 2 Abs. 1 und 2 SchlTZGB), wenn es öffentliche Interessen gebieten. Auf Dauersachverhalte, die vor dem Inkrafttreten des neuen Rechts begonnen hatten und nachher abgeschlossen wurden oder noch andauern, wird neues Recht angewendet, es sei denn, das Übergangsrecht sehe eine andere Regel vor. Daher untersteht der eine Einheit bildende Sachverhalt, während dessen Verlauf materielles Recht geändert wird, dem neuen Recht. Entgegen der Ansicht des Verwaltungsgerichts, das sich mit dem geschilderten Systemwechsel nicht auseinandersetzt, ist vorliegend neues Schuldbetreibungs- und Konkursrecht (Art. 5 Abs. 1 SchKG) anzuwenden, weil die Haftungsordnung des kantonalen Rechts am 1. Jan. 1997, mithin während der staatlichen Zwangsverwaltung, vom revidierten SchKG abgelöst wurde und das Verwaltungsgericht (als einzige kantonale Instanz) erst am 18. Feb. 2000 entschieden hat, als das neue Recht schon längst galt. Bei diesem Ergebnis kann offen bleiben, ob öffentliche Interessen eine sofortige Anwendung des neuen Rechts erforderlich machen. Der ohnehin allein anwendbare Art. 5 SchKG verdrängt kantonales Verantwortlichkeitsrecht (BGE 126 III 431 E. 2a).

cc) Zeitlich offener Dauersachverhalt, welcher keine Sacheinheit bildet

Bildet der **Sachverhalt keine Sacheinheit**, ist für die Zeit bis **vor Inkrafttreten** des neuen Rechts die Angelegenheit **nach altem**, seit dessen **Inkrafttreten nach neuem Recht** zu beurteilen (BVGE 2009/36 E. 5.1 und E. 5.2 [Art. 113 Abs. 2 RTVG]; BVGer vom 17. März 2011, A-5747/2008, E. 1.2.1 [Mehrwertsteuerforderungen auf 20-jährigen Grabunterhaltsverträgen]; vom 16. März 2011, C-6819/2009, E. 3 [Sozialhilfe während einer bestimmten Zeitdauer]; VerwG GR vom 16. Feb. 2010, S-09-175, E. 3 [Behandlung in einer Heil- und Pflegeanstalt]; VerwG ZH vom 15. Nov. 2007, VB.2007.00316, E. 1.2 [Datenaufbewahrung]; VerwG BE vom 12. Nov. 2007, in: BVR 2008 S. 145 E. 2; zur sog. unechten Rückwirkung unten Rz. 867 ff.). 793

Für **Rentenansprüche** aufgrund von Invalidität, worüber noch nicht definitiv entschieden wurde, ist seit Entstehung des Leistungsanspruchs für die Zeit vor der Änderung der materiell-rechtlichen Normen das bisherige und ab diesem Zeitpunkt das neue Recht massgebend (BGE 135 V 141 E. 1.4.4, 130 V 445 E. 1.2). Der **Anspruch auf Verzugszinsen** auf einer am 1. Aug. 2001 fällig gewordenen und im Monat Mai 2003 ausgerichteten Pauschalabfindung, hat sich teilweise vor und teilweise nach dem Inkrafttreten des ATSG (1. Jan. 2003) verwirklicht. Für den Zeitraum bis 31. Dez. 2002 erfolgt die Prüfung der materiellen Anspruchsvoraussetzungen nach dem bisherigen Recht; für die Zeit danach beurteilt sich der Anspruch nach Art. 26 Abs. 2 ATSG (BGE 130 V 329 E. 6). 794

795 Am 1. April 2007 ist das neue **RTVG** in Kraft getreten. Bezieht sich die angefochtene Verfügung auf eine Sendereihe (Ausstrahlung der beanstandeten Sponsoringbillboards in der Sendereihe «einfachluxuriös» vom 19. Jan. 2006 bis am 5. April 2007), so beurteilen sich diejenigen Verstösse, die sich vor Inkrafttreten des neuen RTVG ereignet haben, nach altem Recht, diejenigen, welche sich später zugetragen haben, nach neuem Recht (BVGE 2009/36 E. 5.2). Das **Handeln mit Waffen** stellt einen zeitlich offenen Dauertatbestand dar. Entsprechend kann das neue, in Kraft getretene Gesetz verlangen, dass zur Erlangung einer neu-rechtlichen Waffenhandelsbewilligung eine neuerliche Prüfung abzulegen ist (RR AG vom 24. Mai 2000, in: ZBl 2002 S. 224 E. 2f). **Verschärfte Massnahmen über die Hundehaltung** sind mit Inkrafttreten des entsprechenden Gesetzes auf den zeitlich offenen Dauersachverhalt (Hundehaltung) anzuwenden. Neu können Tiere, die stark vernachlässigt oder völlig unrichtig gehalten werden, vorsorglich beschlagnahmt und auf Kosten des Halters an einem geeigneten Ort untergebracht werden (VerwG ZH vom 22. März 2007, VB.2007.00014, E. 4.3.1).

796 **Anstellungsverhältnisse**, die zwar unter altem Recht begründet wurden, aber nach Inkrafttreten des neuen Rechts noch andauern, stellen zeitlich offene Dauersachverhalte dar, sodass die revidierten Bestimmungen mit deren Inkrafttreten anwendbar sind (PRK vom 11. Sept. 2006, in: VPB 70 [2006] Nr. 97 E. 2c [Prämienbeitragspflicht für Krankheit und Unfall bei der Militärversicherung]). Das öffentliche Dienstverhältnis macht, auch was seine **vermögensrechtliche Seite** angeht, die Entwicklung mit, welche die Gesetzgebung erfährt (BGE 134 I 23 E. 7.1). Das Bundesgericht hält demnach in ständiger Praxis fest, dass **Lohnkürzungen** im Rahmen eines öffentlich-rechtlichen Dienstverhältnisses, welches durch Verfügung begründet wurde, auf dem Weg der Rechtssetzung grundsätzlich einseitig möglich sind (vgl. BGE 134 I 23 E. 7.1; BGer vom 11. März 2008, 1C_230/2007, E. 4.2; siehe Rz. 761 ff.).

Praxis:

797 – **Anspruch auf Invalidenrente:** Am 1. Jan. 2003 sind das ATSG und die ATSV in Kraft getreten. Mit ihnen sind u.a. auch im Invalidenversicherungsrecht verschiedene materiell-rechtliche Bestimmungen geändert worden. Zu beurteilen ist vorliegend, ob die Beschwerdeführerin Anspruch auf eine Invalidenrente hat, wobei allfällige Rentenleistungen frühestens ab 1. Juli 2000 zugesprochen werden könnten. Dies wurde mit Einspracheentscheid vom 7. März 2003 verneint. Fraglich ist mithin, da das Sozialversicherungsgericht bei der Beurteilung eines Falles grundsätzlich auf den bis zum Zeitpunkt des Erlasses des streitigen Einspracheentscheides (hier: 7. März 2003) eingetretenen Sachverhalt abstellt, ob die Bestimmungen des ATSG auf den vorliegenden Fall Anwendung finden. Das Eidgenössische Versicherungsgericht hat in BGE 130 V 329 ff. erkannt, dass sich aus der Übergangsbestimmung des Art. 82 Abs. 1 ATSG, mit Ausnahme der darin speziell geregelten Sachverhalte, keine allgemein gültigen intertemporalrechtlichen Schlüsse ziehen lassen. Art. 82 Abs. 1 ATSG hat nur eine beschränkte Tragweite und will lediglich Fälle von der Anwendbarkeit des neuen Gesetzes ausnehmen, in welchen über die Rechte und Pflichten vor dem 1. Jan. 2003 rechtskräftig verfügt worden ist (« ... bei seinem Inkrafttreten laufenden Leistungen und festgesetzten Forderungen ...» [Satz 1: Regel]); dies vorbehaltlich der Anpassung von rechtskräftig verfügten Leistungskürzungen an Art. 21 ATSG mit Wirkung ab 1. Jan. 2003 (Satz 2: Ausnahme). Insbesondere lässt sich daraus somit nicht ableiten, dass der Zeitpunkt des Erlasses der Verfügung oder – bei Durchführung des Einspracheverfahrens – des Einspracheentscheides für die Anwendung der materiellen Normen des neuen Gesetzes in Bezug auf Leistungen, welche bei dessen Inkrafttreten (1. Jan. 2003) noch nicht rechtskräftig festgelegt worden sind, massgebend ist. Vielmehr muss diesbezüglich

– von den in Art. 82 Abs. 1 ATSG spezifisch normierten Tatbeständen abgesehen – von den allgemeinen Regeln ausgegangen werden, welche im Bereich des Übergangsrechts entwickelt worden sind. Danach sind in zeitlicher Hinsicht – auch bei einer Änderung der gesetzlichen Grundlage – grundsätzlich diejenigen Rechtssätze relevant, die bei der Verwirklichung des zu Rechtsfolgen führenden Sachverhaltes in Geltung standen. An diesem Ergebnis vermag der Umstand, dass in BGE 130 V 329 ff. nicht, wie im vorliegenden Fall, über Dauerleistungen, sondern über den Anspruch auf Verzugszinsen gestützt auf eine im Jahr 2001 fällig gewordene, aber erst 2003 ausbezahlte einmalige Pauschalentschädigung zu befinden war, nichts zu ändern. Die zuvor dargelegte Lösung stellt zufolge ihres allgemein gültigen Bedeutungsgehaltes einen für alle Rechtsverhältnisse – und somit auch für Dauerleistungen – geltenden intertemporalrechtlichen Grundsatz auf. Liegen demnach keine laufenden Leistungen im Sinne des Art. 82 Abs. 1 ATSG vor und werden – bedingt durch den fragmentarischen Charakter der übergangsrechtlichen Ordnung des ATSG – folglich die allgemeinen intertemporalrechtlichen Regeln herangezogen, ist der Rentenanspruch für die Zeit bis 31. Dez. 2002 aufgrund der bisherigen und ab diesem Zeitpunkt nach den neuen Normen zu prüfen (BGE 130 V 445 E. 1.2).

dd) Zusammengesetzter Tatbestand

Bei **zusammengesetzten Tatbeständen**, d.h. bei Rechtsnormen, welche den Eintritt der in ihr vorgesehenen Rechtsfolge von der Verwirklichung mehrerer subsumtionsrelevanter Sachverhaltselemente abhängig machen, ist für die Entscheidung der intertemporalrechtlichen Anwendbarkeit einer Norm massgeblich, unter der Herrschaft welcher Norm sich der Sachverhaltskomplex schwergewichtig bzw. überwiegend ereignet hat (BGE 126 V 134 E. 4b, 123 V 25 E. 3a; BGer vom 7. Jan. 2011, 8C_233/2010, E. 4.2.2; vom 12. Juli 2005, C 154/04, E. 1.3; vom 11. März 2003, H 24/02, E. 3.2; vom 13. Sept. 2002, H 383/01, E. 3b). 798

Praxis:

– **Ausschluss vom Anspruch auf Insolvenzentschädigung:** Der Beschwerdeführer schied am 12. Nov. 1995 aus dem Verwaltungsrat aus. Am 20. Feb. 1996 wurde der Konkurs über die Firma eröffnet. Der Beschwerdeführer war bis zu diesem Tag als Bauführer angestellt. Er beansprucht Insolvenzentschädigung. Das Bundesgericht weist seinen Anspruch für die Zeit nach dem 1. Jan. 1996 ab. Erwägungen: Nach Art. 51 Abs. 1 lit. a AVIG haben beitragspflichtige Arbeitnehmer von Arbeitgebern, die in der Schweiz der Zwangsvollstreckung unterliegen oder in der Schweiz Arbeitnehmer beschäftigen, Anspruch auf Insolvenzentschädigung, wenn gegen ihren Arbeitgeber der Konkurs eröffnet wird und ihnen in diesem Zeitpunkt Lohnforderungen zustehen. Keinen Anspruch auf Insolvenzentschädigung haben laut Abs. 2 derselben Bestimmung, in Kraft seit 1. Jan. 1996, Personen, die in ihrer Eigenschaft als Gesellschafter, als finanziell am Betrieb Beteiligte oder als Mitglieder eines obersten betrieblichen Entscheidungsgremiums die Entscheidungen des Arbeitgebers bestimmen oder massgeblich beeinflussen können, sowie ihre mitarbeitenden Ehegatten. Zu prüfen ist zunächst, ob das AVIG in seiner alten, bis Ende 1995 geltenden Fassung oder aber der am 1. Jan. 1996 in Kraft getretene Art. 51 Abs. 2 AVIG anwendbar ist, somit die Frage nach der intertemporalrechtlichen Anwendbarkeit der neuen Gesetzesbestimmung. Das Eidg. Versicherungsgericht hat in seiner Rechtsprechung immer wieder den intertemporalen Grundsatz bestätigt, dass der Beurteilung einer Sache jene Rechtsnormen zu Grunde zu legen sind, die in Geltung standen, als sich der zu den materiellen Rechtsfolgen führende und somit rechtserhebliche Sachverhalt verwirklichte. Bei zusammengesetzten Tatbeständen, d.h. bei Rechtsnormen, welche den Eintritt der in ihr vorgesehenen Rechtsfolge von der Verwirklichung mehrerer subsumtionsrelevanter Sachverhaltselemente abhängig machen, hat die Rechtsprechung erkannt, dass für die Entscheidung der intertemporalrechtlichen Anwendbarkeit massgeblich ist, unter der Herrschaft welcher Norm sich der Sachverhaltskomplex schwergewichtig, überwiegend ereignet hat. Art. 51 Abs. 2 AVIG 799 schliesst einen bestimmten Kreis von Arbeitnehmerinnen und Arbeitnehmern und damit von Versicherten im Sinne des Arbeitslosenversicherungsrechts (Art. 2 Abs. 1 AVIG) vom Anspruch auf Insolvenzentschädigung aus. Demgegenüber waren die in dieser Bestimmung genannten Personengruppen unter dem alten, bis 31. Dez. 1995 gültig gewesenen Recht nicht grundsätzlich von der Anspruchsberechtigung ausgeschlossen. Die massgebliche Einflussmöglichkeit als Verwaltungsrat als wesentliches Sachverhaltselement hat sich vorliegend vor dem 1. Jan. 1996 verwirklicht. Ebenso haben die finanziellen Schwierigkeiten, die schliesslich zum Konkurs geführt haben, bereits beim Austritt aus dem Verwaltungsrat und somit vor dem 1. Jan. 1996 bestanden, wurde doch bereits im Schreiben der I. AG vom 22. Nov. 1995 erwähnt, dass möglicherweise die Bilanz der Arbeitgeberfirma hinterlegt werden müsse, und erfolgte die Kündigung am 28. Nov. 1995 aus wirtschaftlichen Gründen. Der Beschwerdeführer äusserte denn auch in seinem Rücktrittsschreiben vom 12. Nov. 1995, vom bevorstehenden Verkauf der Firma gehört zu haben. Bis ins Jahr 1996 hinein, nämlich bis 20. Feb. 1996 und somit bis einen Tag vor der Konkurseröffnung, dauerte indessen sein Arbeitsverhältnis als Bauführer. Wohl fiel demzufolge der Zeitraum der Einflussmöglichkeit des Beschwerdeführers ins Jahr 1995 (10. Feb. bis 12. Nov. 1995) und war der in Art. 51 Abs. 2 AVIG angesprochene Sachverhalt an sich vor dem 1. Jan. 1996 abgeschlossen, doch dauerten die Folgen, nämlich die misslichen finanziellen Verhältnisse, die schliesslich zum Konkurs führten und für die ein in der Firma selber mitarbeitender Verwaltungsrat ohne weitere Prüfung seiner effektiven Einflussmöglichkeiten einzustehen hat, über den Austritt aus dem Verwaltungsrat an. Dieser Sachverhalt ist nach den erwähnten Grundsätzen der unechten Rückwirkung auch unter der Herrschaft des neuen Art. 51 Abs. 2 AVIG zu berücksichtigen. Der Beschwerdeführer hat daher ab 1. Jan. 1996 für den vorher verwirklichten Sachverhalt einzustehen. Zusammenfassend lässt sich festhalten, dass in Übereinstimmung mit den Verfügungen der Arbeitslosenkasse und dem vorinstanzlichen Entscheid ein Anspruch auf Insolvenzentschädigung zu verneinen ist, zumindest, soweit es um Lohn ab 1. Jan. 1996 geht (BGE 126 V 134 E. 5).

d) Massgebender Zeitpunkt III: Gesuchseinreichung

800 Kann eine Verfügung nur auf **Gesuch** hin erlassen werden oder wird ein Wiedererwägungsgesuch gestellt, ist dasjenige Recht für die Beurteilung der Angelegenheit massgebend, welches zum Zeitpunkt der Gesuchseinreichung in Kraft stand (vgl. Art. 126 Abs. 1 AuG; BGE 135 I 143 E. 1.2; VerwG ZH vom 8. Juli 2009, VB.2009.00167, E. 1.2). Keine Rolle spielt grundsätzlich, wann sich der Sachverhalt abgespielt hat, worauf das Gesuch basiert (BVGer vom 26. März 2010, C-6627/2008, E. 3.3; vom 23. April 2009, C-7842/2008, E. 3). In diesem Sinn sieht Art. 36 lit. a SuG vor, dass Gesuche um Finanzhilfen und Abgeltungen nach dem im Zeitpunkt der Gesuchseinreichung geltenden Recht zu beurteilen sind, wenn die Leistung vor der Erfüllung der Aufgabe verfügt wird, hingegen ist nach Art. 36 lit. b SuG das zu Beginn der Aufgabenerfüllung geltende Recht massgebend, wenn die Leistung nachher beantragt bzw. zugesprochen wird (BVGer vom 8. Nov. 2010, C-270/2009, E. 5.2.3; vom 4. Jan. 2010, A-2745/2009, E. 2.1). Art. 36 Abs. 2 des Baugesetzes des Kantons Bern bestimmt, dass Baugesuche zurückgestellt werden, wenn das Bauvorhaben Nutzungsplänen widerspricht, die bei der Gesuchseinreichung bereits öffentlich aufgelegen haben, selbst wenn sie noch nicht in Kraft gesetzt worden sind (dazu BGer 21. April 2008, 1C_430/2007, E. 2).

801 Bei **Betriebs- oder Berufsausübungsbewilligungen**, die auf Gesuch hin erteilt werden, stellt die Praxis häufig auf den **Verfügungszeitpunkt** ab (BGE 127 II 306 E. 7c [Betriebsbewilligung für ein Flugfeld], 125 II 591 E. 5e/aa [Spülung des Ausgleichsbeckens einer Kraftwerkanlage], 122 V 85 E. 3 [Nichtzulassung eines medizinischen Masseurs]). Die Frage, ob der Zeitpunkt der Gesuchseinreichung oder des

Erlasses der Verfügung massgebend ist, wird selten vertieft untersucht (vgl. hingegen BGE 113 Ib 246 E. 2a [Bewilligung zum Betrieb einer Sammelstelle für Inlandgetreide]; zum Ganzen auch VerwG ZH vom 14. Nov. 2002, VB.2002.00310, E. 2a).

Praxis:

- **Subventionsgesuch für die Sanierung eines Schiessplatzes nach Abschluss der Arbeiten:** In der Stadt Biel wurden auf dem Bözingenfeld bis Ende 2005 eine 50-m- und eine 300-m-Schiessanlage betrieben. Im Zusammenhang mit dem Verkauf des Südareals wurde beschlossen, die Schiessanlagen zurückzubauen und den durch den Schiessbetrieb hauptsächlich mit Blei belasteten Untergrund zu sanieren. Zu diesem Zweck wurde der gesamte Standort im Dez. 2007/Jan. 2008 altlastentechnisch untersucht und ein Sanierungsprojekt erarbeitet. Nachdem das Amt für Wasser und Abfall des Kantons Bern (AWA) am 25. April 2008 die Gewässerschutzbewilligung erteilt hatte, erfolgten im Juni/Juli 2008 auf der sich auf dem Südareal befindenden Parzelle GB-Nr. 173 die Sanierung des Abschussbereiches und des Kugelfanges der 50-m-Schiessanlage sowie des Aussenlagers der 300-m-Schiessanlage mittels Dekontamination des Bodens und der Rückbau der Anlageteile. Mit Schreiben vom 21. Aug. 2008 bestätigte das AWA die erfolgreiche Sanierung und löschte die Parzelle GB-Nr. 173 aus dem Kataster der belasteten Standorte. Die Untersuchungs- und Sanierungskosten beliefen sich auf Fr. 199'130.–. Mit Gesuch vom 23. Jan. 2009 beantragte der Kanton Bern, handelnd durch das AWA, beim Bundesamt für Umwelt (BAFU) einen Bundesbeitrag an die Kosten der Untersuchung des gesamten Areals des ehemaligen Zentralschiessplatzes und der Sanierung der Parzelle GB-Nr. 173 im Umfang von 40 % der anrechenbaren Kosten, ausmachend Fr. 79'652.–. Mit Verfügung vom 27. März 2009 wies das BAFU das Gesuch des Kantons Bern ab. Das Bundesverwaltungsgericht weist die dagegen erhobene Beschwerde des Kantons Bern ab. Erwägungen: Der Beschwerdeführer hat erst nach Beendigung der Sanierung der Parzelle die Vorinstanz mit Gesuch vom 23. Jan. 2009 um Ausrichtung eines Bundesbeitrages ersucht. Mit der Untersuchung des gesamten Areals des ehemaligen Zentralschiessplatzes wurde im Dez. 2007 und mit der Sanierung der Parzelle im Juni 2008 begonnen. Aufgrund einer Änderung resp. Anpassung der vorliegend massgebenden Gesetzes- und Verordnungsbestimmungen auf den 1. Jan. 2009 (Altlasten-Verordnung und Verordnung vom 26. Sept. 2008 über die Abgabe zur Sanierung von Altlasten) bzw. auf den 1. Okt. 2009 (Art. 32e Abs. 3 lit. c sowie Abs. 4 USG) stellt sich vorab die Frage des anwendbaren Rechtes. Bei dem vom Beschwerdeführer mit Gesuch vom 23. Jan. 2009 eingeforderten Bundesbeitrag handelt es sich um eine Abgeltung i.S.v. Art. 3 Abs. 2 lit. a SuG. In Art. 36 SuG ist vorgesehen, dass Gesuche um Finanzhilfen und Abgeltungen nach dem im Zeitpunkt der Gesuchseinreichung geltenden Recht beurteilt werden, wenn die Leistung vor der Erfüllung der Aufgabe verfügt wird (lit. a) bzw. nach dem zu Beginn der Aufgabenerfüllung geltenden Recht, wenn die Leistung nachher zugesprochen wird (lit. b). Diese Bestimmung findet jedoch nur Anwendung, soweit andere Bundesgesetze oder allgemeinverbindliche Bundesbeschlüsse nichts Abweichendes vorschreiben (Art. 2 Abs. 2 SuG). Art. 32e Abs. 3 lit. c USG sieht zwar sowohl in seiner alten (vgl. AS 2006 2677) wie auch in seiner am 1. Okt. 2009 neu eingeführten Fassung vor, dass der Bund nur dann Abgeltungen an die Untersuchung, Überwachung und Sanierung von belasteten Standorten bei Schiessanlagen leistet, wenn nach einem bestimmten Zeitpunkt keine Abfälle mehr auf diese gelangt sind. Bei dieser zeitlichen Regelung handelt es sich jedoch lediglich um eine Anspruchsvoraussetzung, welche nichts über die Frage des anwendbaren Rechtes aussagt. Vielmehr ist allein Art. 36 SuG massgebend. Gestützt auf Art. 36 lit. b SuG findet vorliegend folglich das vor der Revision vom 1. Jan. bzw. 1. Okt. 2009 geltende Recht Anwendung (BVGer vom 4. Jan. 2010, A-2745/2009, E. 2.1). 802
- **Gesuch um Verlängerung der Aufenthaltsbewilligung:** In casu ist über die Zustimmung zur Verlängerung einer Aufenthaltsbewilligung zu befinden, die letztmals mit Wirkung bis 25. Aug. 2008 verlängert worden war und die der Beschwerdeführer am 25. Juli 2008 erneut beantragte. Am 1. Jan. 2008 traten das neue AuG und seine Ausführungsverordnungen in Kraft. Insoweit weist die Bewilligungssache Bezüge ausschliesslich zum neuen Recht auf. Die Vorinstanz erwägt in der angefochtenen Verfügung, gemäss Art. 126 AuG sei das alte Recht 803

anwendbar. Begründend führt sie aus, das ihrer Verfügung zugrunde liegende Verfahren (Scheidung Aug. 2007, bzw. das damit zusammenhängende Zustimmungsverfahren im Ausländerrecht) sei vor dem Inkrafttreten des AuG eingeleitet worden. Damit scheint die Vorinstanz die Meinung zu vertreten, die Rechtshängigkeit des Zustimmungsverfahrens sei mit der Scheidung begründet worden, weil diese die Zustimmungsbedürftigkeit einer weiteren Verlängerung der Aufenthaltsbewilligung zur Folge hat. Dem von der Vorinstanz vertretenen Rechtsstandpunkt kann sich das Bundesverwaltungsgericht auf Beschwerde hin nicht anschliessen. Erwägungen: Das Abstellen auf die Rechtshängigkeit des Verfahrens heisst nicht, dass der Gesucheinreichung intertemporal keine Bedeutung zukommt. In Verfahren, die vor dem 1. Jan. 2008 anhängig gemacht wurden, bleibt nach der übergangsrechtlichen Ordnung des AuG das alte materielle Recht anwendbar. Dabei ist grundsätzlich ohne Belang, ob das Verfahren auf Gesuch hin (Art. 126 Abs. 1 AuG) oder von Amtes wegen eröffnet wurde (per analogiam Art. 126 Abs. 1 AuG; vgl. BVGE 2008/1 E. 2 mit Hinweisen). Das Verfahren selbst folgt dem neuen Verfahrens- und Organisationsrecht (Art. 126 Abs. 2 AuG). Altrechtliche Zuständigkeiten bleiben davon unberührt, wenn sie unter der Geltung des alten Rechts begründet wurden (perpetuatio fori) oder wenn das neue Recht auf das alte materielle Recht verweist, die für dessen Verwirklichung notwendige Zuständigkeitsordnung aber nicht mehr zur Verfügung stellt (BVGer vom 9. Sept. 2008, C-3083/2008, E. 1). Kann eine Verfügung wie die Erteilung oder Verlängerung einer Aufenthaltsbewilligung nur auf Gesuch hin erlassen werden, liegt mit anderen Worten eine mitwirkungsbedürftige Verfügung vor, ist es der Zeitpunkt der Gesuchseinreichung, der das anwendbare Recht bestimmt. Er tut es nicht nur für die kantonale Bewilligungsbehörde, sondern für alle Instanzen, die sich von der Gesuchseinreichung bis zum rechtskräftigen Entscheid mit der Bewilligungssache zu befassen haben, so auch für die Vorinstanz, die darüber zu befinden hat, ob sie der nachgesuchten Bewilligung ihre Zustimmung erteilen will. Keine Rolle spielt demgegenüber in letzterem Zusammenhang, wann sich der Sachverhalt zugetragen hat, der die Zustimmungsbedürftigkeit eines kantonalen Bewilligungsentscheids begründet Daraus erhellt sich, dass die Vorinstanz mit dem alten Recht die intertemporal falsche Rechtsordnung angewendet hat. Richtigerweise hätte sie die Bewilligungssache auf der Grundlage des AuG und seiner Ausführungsbestimmungen beurteilen müssen (BVGer vom 23. April 2009, C-7842/2008, E. 3).

e) Massgebender Zeitpunkt IV: Einleitung des nichtstreitigen Verwaltungsverfahrens

804 Gemäss der Praxis des Bundesverwaltungsgerichts ist Art. 126 Abs. 1 AuG über den Wortlaut hinaus («Auf Gesuche, die vor dem Inkrafttreten dieses Gesetzes eingereicht worden sind, bleibt das bisherige Recht anwendbar») so auszulegen, dass das bisher geltende materielle Recht auch für Verfahren anwendbar bleibt, die vom Amtes wegen erstinstanzlich vor dem Inkrafttreten des AuG (1. Jan. 2008) eingeleitet worden sind (vgl. BVGE 2008/1 E. 2.3; vgl. auch BGer vom 1. Juli 2009, 2C_160/2009, E. 2; vom 26. Feb. 2009, 2C_701/2008, E. 2; vom 24. Feb. 2009, 2C_745/2008, E. 1.2.2-1.2.4, je mit Hinweisen). Die Praxis stellt bei der Bestimmung des – für die Einleitung des Verfahrens von Amtes wegen – massgebenden Zeitpunkts darauf ab, wann die Behörde ein Verfahren gegen einen Betroffenen **eröffnet** hat, indem es ihm beispielsweise das **rechtliche Gehör** gewährte (BGer vom 23. Dez. 2009, 2C_383/2009, E. 1.2; vom 24. Feb. 2009, 2C_745/2008, E. 1.2.3) oder die **Prüfung von Massnahmen** in Erwägung gezogen und eingeleitet hat (BGer vom 15. Juli 2009, 2C_64/2009, E. 2).

Praxis:

- **Widerruf der Niederlassungsbewilligung:** Der aus dem Kosovo stammende X reiste am 23. Nov. 1995 in die Schweiz ein und stellte erfolglos ein Asylgesuch. Der ihm zwei Mal angesetzten Ausreisefrist kam er nicht nach, sondern er heiratete im Jan. 1999 die drogensüchtige Schweizerin Y. Gestützt auf diese Ehe erhielt er am 9. März 1999 eine Aufenthaltsbewilligung. Im Herbst 1999 wurde Y in Untersuchungshaft versetzt und in der Folge zu einer Freiheitsstrafe verurteilt, deren Vollzug zugunsten einer stationären Massnahme aufgehoben wurde. Seither lebten die Eheleute getrennt. Am 23. April 2004 erhielt X die Niederlassungsbewilligung. Mitte Jan. 2007 wurde die kinderlos gebliebene Ehe auf gemeinsames Begehren geschieden. Wenig später, am 11. April 2007, heiratete X in der Heimat seine Landsfrau Z, die er im Jahre 2001 kennengelernt hatte und mit der er zwei Töchter hat. Am 15. Mai 2007 stellte X für seine neue Ehefrau und die beiden Kinder ein Gesuch um Familiennachzug. Nachdem die Sicherheitsdirektion des Kantons Zürich (Migrationsamt) ein entsprechendes Verfahren eingeleitet und X am 30. Nov. 2007 das rechtliche Gehör gewährt hatte, wies sie mit Verfügung vom 6. März 2008 das Familiennachzugsgesuch ab, widerrief die Niederlassungsbewilligung von X und setzte diesem Frist zum Verlassen des Kantonsgebiets. Ein gegen diese Verfügung erhobener Rekurs beim Regierungsrat des Kantons Zürich blieb erfolglos, und mit Entscheid vom 12. Mai 2009 wies das Verwaltungsgericht des Kantons Zürich eine gegen den regierungsrätlichen Beschluss vom 5. Nov. 2008 gerichtete Beschwerde ebenfalls ab, soweit es darauf eintrat. Auch das Bundesgericht weist seine Beschwerde ab. Erwägungen: Art. 126 Abs. 1 AuG enthält die intertemporalrechtliche Grundregel des neuen Rechts mit Bezug auf das materielle Recht. Sie besagt, dass auf Gesuche, die vor dem Inkrafttreten dieses Gesetzes eingereicht wurden, das bisherige Recht anwendbar bleibt. Offen bleibt, wie im Bereich der ausländerrechtlichen Eingriffsverwaltung zu verfahren ist, wo die Einleitung eines Verfahrens von Amtes wegen erfolgen kann. Art. 126 Abs. 1 AuG regelt diesen Fall zumindest nicht ausdrücklich. Ein vernünftiger Grund, der eine unterschiedliche Behandlung beider Verfahrensarten rechtfertigen würde, ist nicht ersichtlich. Offenkundig hat die parlamentarische Redaktionskommission übersehen, dass Migrationsbehörden im Bereich der ausländerrechtlichen Eingriffsverwaltung auch von Amtes wegen handeln (etwa Widerruf von Bewilligungen, Fernhalte- und Entfernungsmassnahmen). Das bisherige materielle Recht ist deshalb gemäss Art. 126 Abs. 1 AuG – über seinen zu engen Wortlaut hinaus – auf alle Verfahren anwendbar, die erstinstanzlich vor Inkrafttreten des neuen Rechts eingeleitet wurden, unabhängig davon, ob sie von Amtes wegen oder auf Gesuch hin eröffnet wurden. Die Voraussetzungen für die Nachwirkung des alten Rechts gemäss Art. 126 Abs. 1 AuG sind vorliegend erfüllt, weil das Amt für Migration von Amtes 2007 das Ausweisungsverfahren gegen den Beschwerdeführer eröffnet und ihm noch 2007 das entsprechende rechtliche Gehör gewährt hat (BGer vom 23. Dez. 2009, 2C_383/2009, E. 1.2; vom 24. Feb. 2009, 2C_745/2008, E. 1.2.3). 805

- **Verweigerung der Aufenthaltsbewilligung und nachfolgende Wegweisung:** Die kantonale Behörde hat über das Aufenthaltsgesuch des Beschwerdeführers am 14. Jan. 2008 (mit Gewährung des rechtlichen Gehörs am 10. Juli 2007) befunden und ihn aus der Schweiz weggewiesen. Gemäss der Praxis des Bundesverwaltungsgerichts ist Art. 126 Abs. 1 AuG so auszulegen, dass das bisher geltende materielle Recht auf alle Verfahren anwendbar bleibt, die erstinstanzlich vor dem Inkrafttreten des AuG eingeleitet wurden. Massgebend für die Frage des anwendbaren Rechts ist somit der Zeitpunkt, in dem das Verfahren als eingeleitet gilt. Nun können die Aufenthalts- und Wegweisungsfrage nicht einfach gleichgesetzt werden. Über Letztere kann erst befunden werden, wenn über erstere entschieden wurde. Daran ändert nichts, dass in der Praxis aus Gründen der Verfahrensökonomie das rechtliche Gehör zu beiden Fragen oft gleichzeitig gewährt wird. Unbestrittenermassen hat die kantonale Behörde über das Aufenthaltsgesuch des Beschwerdeführers erst am 14. Jan. 2008 (mit Gewährung des rechtlichen Gehörs am 10. Juli 2007) befunden, mithin nach Inkrafttreten des nunmehr geltenden Ausländergesetzes mit den neuen Zuständigkeitsregeln. Da jedoch das rechtliche Gehör vor dem 1. Jan. 2008 gewährt wurde, wäre vorliegend das ANAG betr. die Verweigerung der Aufenthaltsbewilligung anzuwenden. Die Wegweisung ist zwar die logische und nicht in Frage zu stellende Konsequenz eines fehlenden Bleiberechts. Dennoch handelt es sich bei Bewilligung und Wegweisung 806 um zwei verschiedene Aspekte, zu welchen sich die zuständige Behörde einzeln und nicht zwingend in der gleichen Verfügung äussert. Das Bewilligungs- und das Wegweisungsverfahren unterstehen denn auch nicht stets den gleichen Regeln. Insofern rechtfertigt es sich, den Zeitpunkt der Einleitung für beide Verfahren gesondert zu prüfen. Während die Gesuchseinreichung zwar das kantonale Bewilligungsverfahren anhob, weshalb gestützt auf Art. 126 Abs. 1 AuG für die Frage der Verlängerung der Aufenthaltsbewilligung des Beschwerdeführers die bisher geltende Regelung des ANAG anwendbar blieb, gilt es demgegenüber hinsichtlich der Einleitung des Wegweisungsverfahrens die exekutorische Rechtsnatur der Wegweisung zu berücksichtigen. Diese bezweckt einzig die Vollstreckung der zugrunde liegenden Nichtverlängerung bzw. Verweigerung der Aufenthaltsbewilligung. Über die Wegweisung und deren Vollstreckung kann daher erst dann befunden werden, wenn der zu vollstreckende Entscheid feststeht, d.h. mit Erlass des negativen Bewilligungsentscheides. Demzufolge wurde die Wegweisung erst mit der am 14. Jan. 2008 verweigerten Verlängerung der Aufenthaltsbewilligung aktuell, womit das AuG und nicht die Bestimmungen des ANAG zur Beurteilung der Wegweisung anwendbar ist (BVGer vom 6. Mai 2009, C-5368/2008, E. 4; vom 3. März 2009, C-3377/2008, E. 4.2 und E. 4.3).

f) Massgebender Zeitpunkt V: Verfügung/Einspracheentscheid

807 Üblicherweise überprüft aus Gründen der Rechtssicherheit die nachträgliche Verwaltungsjustiz die Gesetzmässigkeit eines angefochtenen Verwaltungsentscheids aufgrund der Rechtslage, die im Zeitpunkt des Erlasses der **Verfügung** galt (BGE 136 V 24 E. 4.3, 127 II 306 E. 7c, 126 II 522 E. 3b/aa, 126 V 130 E. 2a, 122 V 85 E. 3; BGer vom 20. Jan. 2012, 2C_559/2011, E. 1.4; BVGer vom 5. Mai 2010, C-6592/2007, E. 4.2.2; vom 26. Feb. 2010, C-4658/2007, E. 5.2; vom 2. Juli 2009, C-2385/2006, E. 4.2). Später eingetretene Rechtsänderungen bleiben grundsätzlich unberücksichtigt, es sei denn, es ist ein **Einspracheverfahren** vorgesehen. Dabei ist bei der rechtlichen und tatsächlichen Beurteilung eines Falles auf den Zeitpunkt des Erlasses des entsprechenden Einspracheentscheides abzustellen (BGE 130 V 445 E. 1.2.1, 129 V 1 E. 1.2, 129 V 167 E. 1, 127 V 467 E. 1). Bei der **Vergabe eines Dienstleistungsauftrags** beispielsweise wird auf den Erlass der Zuschlagsverfügung abgestellt, selbst wenn der ausgeschriebene Auftrag von unbestimmter Dauer ist und während seiner Erfüllung neues Recht in Kraft tritt (BRK vom 3. Nov. 2000, in: VPB 65 [2001] Nr. 41 E. 3c/jj und E. 3c/kk).

Praxis:

808 – **Zulassung als medizinischer Masseur:** Der 1955 geborene W erwarb nach einjährigem Besuch der Fachschule für Medizinische Massage (Tagesschule) und einem einjährigen Praktikum an der Klinik am 16. April 1981 das Diplom eines medizinischen Masseurs/Bademeisters. In der Folge arbeitete er von 1981 bis 1986 unter fachlicher Anleitung von Ärzten als medizinischer Masseur in einer bernischen Höhenklinik. Seit 1986 führt er eine eigene Praxis für Massage. Am 20. Sept. 1988 stellte W bei der Gesundheitsdirektion des Kantons Bern das Gesuch um Erteilung der kantonalen Bewilligung für die selbstständige Ausübung des Berufes des medizinischen Masseurs. Die Gesundheitsdirektion und in der Folge der Regierungsrat und das Verwaltungsgericht des Kantons Bern lehnten seinen Antrag ab. Das Bundesgericht hiess seine Beschwerde 1991 wegen Verletzung der Wirtschaftsfreiheit gut. Unter Hinweis auf das bundesgerichtliche Urteil vom 27. Sept. 1991 beantragte W beim Bundesamt für Sozialversicherung (BSV) die Anerkennung als medizinische Hilfsperson im Sinne des Krankenversicherungsgesetzes. Mit Verfügung vom 7. April 1994 wies das BSV das Begehren ab mit der Begründung, die Zulassung zur Kassenpraxis setze seit jeher zwingend eine Ausbildung in Physiotherapie voraus. Diesem Erfordernis genüge die Ausbildung zum medizinischen Masseur

nicht. W erhob erfolglos Beschwerde an das Bundesgericht. Erwägungen: Bundesamt und Departement haben die Zulassung des Beschwerdeführers als medizinischer Masseur zur Kassenpraxis im Lichte von Art. 21 Abs. 6 KUVG (in der Fassung gemäss Bundesgesetz über die Änderung des Ersten Titels des KUVG vom 13. März 1964) in Verbindung mit der Verordnung VI über die Krankenversicherung betr. die Zulassung von medizinischen Hilfspersonen zur Betätigung in der Krankenversicherung vom 11. März 1996 (Vo VI) geprüft und verneint. Während des Beschwerdeverfahrens vor dem Eidg. Versicherungsgericht ist das neue KVG in Kraft getreten. Das neue Krankenversicherungsgesetz regelt nicht ausdrücklich, welches Recht auf ein hängiges Verfahren anzuwenden ist. Hinsichtlich der hier streitigen Zulassung zur Kassenpraxis ist mit Blick auf die Übergangsbestimmungen zum KVG die Frage des anwendbaren Rechts im Sinne der allgemeinen Regel zu entscheiden, wonach die Rechtmässigkeit eines Verwaltungsaktes grundsätzlich nach der Rechtslage zur Zeit seines Erlasses, vorliegend der 7. April 1994, zu beurteilen ist. Auch das neue KVG hält im Übrigen in Art. 101 Abs. 1 fest, dass u.a. medizinische Hilfspersonen, die unter dem bisherigen Recht zur Tätigkeit zu Lasten der Krankenversicherung zugelassen waren, auch nach neuem Recht als Leistungserbringer zugelassen sind. Aufgrund dieser Besitzstandsgarantie und im Hinblick auf die Möglichkeit des Beschwerdeführers, allenfalls in einem späteren Zeitpunkt ein neues Zulassungsgesuch zu stellen, ist die Rechtmässigkeit des angefochtenen Nichtzulassungsentscheides nach altem Recht zu beurteilen (BGE 122 V 85 E. 3).

g) Ausnahmen

aa) Treu und Glauben

Die Anwendung des neuen Rechts kann dem Grundsatz von **Treu und Glauben** widersprechen, etwa wenn die Behörden ein Verfahren ungebührlich lange verschleppen und ohne diese Verschleppung das alte Recht angewendet worden wäre (BGE 110 Ib 332 E. 3; BVGer vom 19. Juli 2011, A-6719/2010, E. 2.5.4 und E. 2.5.5; VerwG ZH vom 13. Nov. 2003, VB.2003.00152, E. 2c). 809

Praxis:

- **Ansprüche aus materieller Enteignung:** Der Regierungsrat des Kantons Zürich erliess am 23. Juli 1970 die Verordnung zum Schutze des Orts- und Landschaftsbildes von Ellikon am Rhein (Schutzverordnung), wodurch Ellikon am Rhein und seine Umgebung zur Erhaltung der Landschaft in ihrer Gesamtwirkung und zur Wahrung der ländlichen Eigenart des Ortsbildes als geschütztes Gebiet erklärt wurden. Das Schutzgebiet umfasst fünf Zonen mit unterschiedlichen Eigentumsbeschränkungen. Die Verordnung trat am 7. Aug. 1970 in Kraft. Durch die Schutzverordnung wurden die landwirtschaftlich genutzten Grundstücke der Beschwerdegegner ganz oder teilweise dem Landschaftsschutzgebiet (II. Zone) bzw. dem Landwirtschaftsgebiet (III. Zone) zugewiesen. Diese Parzellen lagen nach dem ersten, damals geltenden Zonenplan der Gemeinde Marthalen vom 4. Feb./4. März 1965 in der Wohnzone für Einfamilienhäuser. Die Grundeigentümer forderten mit Eingabe vom 19. Feb. 1971 Entschädigung für materielle Enteignung. Das Verfahren zog sich in die Länge. Erst rund 10 Jahre später verpflichtete die Schätzungskommission IV den Kanton Zürich mit Schätzungsentscheid vom 9. Jan. 1981, den Beschwerdegegnern für die aus der Schutzverordnung fliessenden Eigentumsbeschränkungen Entschädigungen in der Höhe von total Fr. 869'600.– zu bezahlen. Der Kanton Zürich zog diesen Entscheid ans Verwaltungsgericht weiter, welches die zu leistende Entschädigung mit Entscheid vom 14. Mai 1982 auf total Fr. 572'363.– herabsetzte. Gegen diesen Entscheid erhob der Kanton Verwaltungsgerichtsbeschwerde beim Bundesgericht mit dem Antrag, der angefochtene Entscheid sei aufzuheben und es sei festzustellen, dass keine Entschädigung aus materieller Enteignung geschuldet sei. Das Bundesgericht stellt fest, dass das Entschädigungsverfahren für die aus der kantonalen Schutzverordnung vom 23. Juli 1970 hergeleiteten Forderungen bei einem rechtsstaatlichen Verfahrensablauf vor Inkrafttreten des eidgenössischen Raum- 810 planungsgesetzes am 1. Jan. 1980 hätte abgeschlossen werden können und müssen. Mit dem Inkrafttreten des Bundesgesetzes über die Raumplanung erwuchs dem Kanton Zürich der Vorteil, dass er den Entscheid des Verwaltungsgerichts mit Verwaltungsgerichtsbeschwerde anfechten konnte (Art. 34 Abs. 2 RPG). Vor dem 1. Jan. 1980 stand einem Gemeinwesen keine Befugnis zu, einen solchen Entscheid ans Bundesgericht weiterzuziehen. Da wie dargelegt die Behörden die ungebührlich lange Dauer des Verfahrens zu verantworten haben und das Entschädigungsverfahren bei einem rechtsstaatlichen Verfahrensablauf vor dem Inkrafttreten des eidgenössischen Raumplanungsgesetzes am 1. Jan. 1980 hätte abgeschlossen werden können und müssen, ist es mit dem Grundsatz von Treu und Glauben nicht vereinbar, dass der Kanton Zürich von der ihm erst seit dem 1. Jan. 1980 zustehenden Möglichkeit, das Verwaltungsgerichtsurteil ans Bundesgericht weiterzuziehen, Gebrauch machen kann. Sonst würde er Nutzen ziehen aus einer ungebührlichen Verzögerung, die ihm selber zur Last fällt. Auf die Beschwerde kann deshalb nicht eingetreten werden (BGE 110 Ib 332 E. 3).

bb) Beschwerdeentscheid

811 Ist eine **Beschwerdeinstanz nicht an die tatsächlichen und rechtlichen Feststellungen der Vorinstanz gebunden**, so kann die betreffende Instanz Rechtsänderungen Rechnung tragen, die erst nach Erlass der angefochtenen Verfügung eingetreten sind; entsprechend sind in derartigen Fällen die tatsächlichen und rechtlichen Verhältnisse im Zeitpunkt des Beschwerdeentscheides massgebend (vgl. BGE 126 II 522 E. 3b/bb, 121 II 97 E. 1c, 105 Ib 165 E. 6b). Nach § 146 des Luzerner Gesetzes über die Verwaltungsrechtspflege (VRG) sind bei der Verwaltungsbeschwerde die tatsächlichen und rechtlichen Verhältnisse im Zeitpunkt des angefochtenen Beschwerdeentscheids massgebend, was selbst im Rahmen der Verwaltungsgerichtsbeschwerde gilt, sofern das Verwaltungsgericht als erste und einzige kantonale Rechtsmittelinstanz mit freier Kognition entscheidet (§ 161a i.V.m. 156 Abs. 2 VRG). Treten somit nach Erlass der Verfügung, aber vor dem Zeitpunkt des Verwaltungsgerichtsentscheids neue Vorschriften in Kraft, müssen diese auch ohne Rüge der Parteien von Amtes wegen berücksichtigt werden (BGer vom 1. Feb. 2012, 1C_505/2011, E. 3.1.2).

Praxis:

812 – **Änderung der GSchV während des hängigen Beschwerdeverfahrens:** Im Feb. 2010 reichte die Y AG ein überarbeitetes Baugesuch ein. Dagegen erhob die X AG Einsprache. Am 19. Aug. 2010 wies der Gemeinderat Nebikon die Einsprache ab und erteilte die Baubewilligung für den Abbruch des bestehenden Wohnhauses und den Neubau des Mehrfamilienhauses. Dagegen erhob die X AG am 22. Sept. 2010 Beschwerde an das Verwaltungsgericht des Kantons Luzern. Dieses führte am 5. Juli 2011 einen Augenschein durch. Am 30. Sept. 2011 wies es die Beschwerde ab. Gegen den verwaltungsgerichtlichen Entscheid hat die X AG am 7. Nov. 2011 Beschwerde in öffentlich-rechtlichen Angelegenheiten an das Bundesgericht erhoben. Sie beantragt die Aufhebung des angefochtenen Entscheids und die Verweigerung der Baubewilligung; eventualiter sei die Sache zur Neubeurteilung an die Vorinstanz oder die Bewilligungsbehörde zurückzuweisen. Die Beschwerdeführerin rügt vor Bundesgericht erstmals, die Baubewilligung verstosse gegen die am 1. Juni 2011 in Kraft getretene Änderung der GSchV (Änderung vom 4. Mai 2011). Das Bundesgericht heisst die Beschwerde teilweise gut und weist die Angelegenheit zur neuen Beurteilung an das Verwaltungsgericht zurück. Erwägungen: Die Beschwerdegegnerin (Y AG) ist der Auffassung, die Rüge der Verletzung der Gewässerschutzverordnung sei unzulässig, weil diese nie Gegenstand des vorinstanzlichen Verfahrens gewesen sei und deshalb eine Ausweitung des Prozessgegenstands i.S.v. Art. 99 Abs. 2 BGG darstelle. Nach dieser Bestimmung sind neue Begehren unzulässig. Vorliegend haben sich die Begehren der Beschwerdeführerin jedoch nicht geändert: Diese hatte schon vor Verwaltungsgericht die

Verweigerung der Baubewilligung beantragt. Neu ist vielmehr die rechtliche Begründung für dieses Begehren, stützt sich die Beschwerdeführerin doch erstmals auf die neuen Regeln zum Gewässerabstand. Grundsätzlich sind neue rechtliche Vorbringen im Rahmen des Streitgegenstands noch vor Bundesgericht zulässig; dies gilt jedenfalls im Bereich der Rechtsanwendung von Amtes wegen (Art. 106 Abs. 1 BGG) und soweit sich die neue Begründung auf aktenkundige Tatsachen stützt. Damit ist auch auf die gewässerschutzrechtlichen Rügen der Beschwerdeführerin einzutreten. Am 4. Mai 2011 änderte der Bundesrat die GSchV und konkretisierte die Anforderungen an den Gewässerraum. Streitig ist zunächst, ob die neuen Bestimmungen der GSchV übergangsrechtlich auf den vorliegenden Fall anwendbar sind. Die Beschwerdeführerin macht dagegen geltend, anwendbar sei nicht § 153 des Luzerner Gesetzes über die Verwaltungsrechtspflege (VRG), sondern § 146 VRG, weil das Verwaltungsgericht als erste und einzige kantonale Rechtsmittelinstanz mit freier Kognition entschieden habe. Tatsächlich ging das Verwaltungsgericht im angefochtenen Entscheid davon aus, dass ihm als einzige kantonale Rechtsmittelinstanz in bau- und planungsrechtlichen Angelegenheiten uneingeschränkte Überprüfungsbefugnis zustehe (§ 161a VRG), und deshalb (gemäss § 156 Abs. 2 VRG) die §§ 144-147 VRG gelten. Nach § 146 VRG sind die tatsächlichen und rechtlichen Verhältnisse im Zeitpunkt des Beschwerdeentscheids massgebend. Dieser erging am 30. Sept. 2011, d.h. nach Inkrafttreten der neuen Gewässerraumvorschriften der GSchV. Im Verfahren vor Verwaltungsgericht gelten der Untersuchungsgrundsatz und der Grundsatz der Rechtsanwendung von Amtes wegen (§§ 37 und 53 VRG; Art. 110 BGG); neue bundesrechtliche Vorschriften müssen daher auch ohne eine entsprechende Rüge der Parteien berücksichtigt werden, sofern sie auf hängige Verfahren anwendbar sind. Ferner ist zwar nach der bundesgerichtlichen Praxis (mangels einer ausdrücklichen übergangsrechtlichen Regelung) regelmässig vom Rechtszustand auszugehen, der im Zeitpunkt der Bewilligung galt; eine Ausnahme ist jedoch dann zu machen, wenn zwingende Gründe dafür bestehen, das neue Recht sogleich anzuwenden. Dies trifft vor allem dann zu, wenn Vorschriften um der öffentlichen Ordnung willen oder zur Durchsetzung erheblicher öffentlicher Interessen erlassen worden sind. Vorliegend dienen die neuen Bestimmungen zum Gewässerraum der Gewährleistung der natürlichen Funktionen der Gewässer, dem Schutz vor Hochwasser und der Gewässernutzung und damit wichtigen öffentlichen Zwecken. Dabei ist zu beachten, dass der Gewässerraum gemäss Art. 41a Abs. 2 GSchG die minimale Breite des Gewässerraums darstellt, der zur Sicherstellung der Gewässerfunktionen und des Hochwasserschutzes nötig ist und nicht unterschritten werden darf. Diese Zielsetzung verlangt, dass die neuen Bestimmungen auch noch im Beschwerdeverfahren Anwendung finden. Dies erscheint zumutbar, besteht doch zumindest in dicht überbauten Gebieten die Möglichkeit, für zonenkonforme Anlagen Ausnahmen zu bewilligen, sofern keine überwiegenden Interessen entgegenstehen (Art. 41c Abs. 1 Satz 2 GSchV). Nach dem Gesagten ist von der Anwendbarkeit der neuen Gewässerschutzbestimmungen auszugehen (BGer vom 1. Feb. 2012, 1C_505/2011, E. 3.1).

cc) Verfahrensvorschriften

Nach der Rechtsprechung sind **neue Verfahrensvorschriften** in der Regel **sofort** anwendbar, auch wenn sich der in Frage stehende Sachverhalt vor Inkrafttreten des neuen Rechts ereignet hat, es sei denn, (1.) die **Streitsache sei bei der betreffenden Beschwerdeinstanz bereits hängig** bzw. die Zuständigkeit der Beschwerdeinstanz sei noch vor Inkrafttreten des neuen Verfahrensrechts begründet worden (perpetuatio fori); (2.) es werde eine **grundlegend neue Verfahrensordnung** geschaffen, welche die Kontinuität des materiellen Rechts gefährdet, oder (3.) das neue Recht kenne eine anders lautende **Übergangsregelung** (BGE 136 II 187 E. 3.1, 132 V 368 E. 2.1, 131 V 314 E. 3.3, 130 II 270 E. 1.2.1, 130 V 1 E. 3.2, 129 V 113 E. 2.2, 126 III 431 E. 2b; BGer vom 12. Jan. 2009, 8C_767/2008, E. 4.2; vom 18. Jan. 2007, 2A.649/2006, E. 2; vom 9. Aug. 2006, 2A.701/2005, E. 2; vom 31. Aug. 2004, 2A.68/2003, E. 9; BVGE 2007/28 E. 1; BVGer vom 8. Sept. 2010, C-623/2009, E. 2.1; vom 17. Juli 813

2010, A-3579/2008, E. 2.4; vom 23. Okt. 2008, 1670/2006, E. 1.3; VerwG ZH vom 21. Juli 2010, VB.2010.00116, E. 1.1).

814 Das **Verfahrensrecht** umfasst diejenigen Bestimmungen, die das **Zustandekommen, die Zuständigkeit und die Anfechtung von Verfügungen regeln** (BVGer vom 16. Nov. 2009, C-3788/2008, E. 3.2). Zu den Normen verfahrensrechtlicher Natur gehören nach der Rechtsprechung auch Bestimmungen über die **Amts- und Rechtshilfe** und diesbezüglich insbesondere über die Pflicht von Privaten, die von ihnen verlangten Informationen herauszugeben. Derartige Vorschriften sind mit ihrem Inkrafttreten sofort anwendbar und können demnach auch auf zurückliegende Steuerperioden angewendet werden (BGE 123 II 134 E. 5b/bb, 115 Ib 517 E. 9b, 112 Ib 576 E. 2, 109 Ib 62 E. 2; BGer vom 8. Feb. 2007, 2A.266/2006, E. 2; vom 12. April 2002, 2A.551/2001, E. 2; vom 6. Feb. 2002, 2A.250/2001, E. 3; BVGE 2010/40 E. 6.5.2 [UBS-Staatsvertrag]; BVGer vom 20. Juni 2011, A-6874/2010, E. 3.2; kritisch FELIX UHLMANN/RALPH TRÜMPLER, «Das Rückwirkungsverbot ist im Bereich der Amtshilfe nicht von Bedeutung» – Überlegungen zum Urteil des Bundesverwaltungsgerichts vom 15. Juli 2010 betreffend den UBS-Staatsvertrag, ZSR 2011, S. 142 ff.).

815 **Materiell-rechtlicher Natur** sind hingegen die Vorschriften über die **gegenseitige Abgrenzung der Steuerhoheiten** (BGer vom 6. Feb. 2002, 2A.250/2001, E. 3) oder über die **Verjährung**: Bei der Verjährung handelt es sich um ein materiell-rechtliches Institut, das unmittelbar den Bestand der Steuerforderung betrifft. Ereignete sich der Sachverhalt noch unter der Geltung des alten Recht, so ist dieses massgebend für die Frage der Verjährungsfrist (BGE 126 II 1 E. 2a; BGer vom 22. Nov. 2010, 2C_334/2010, E. 1.1).

816 **Zuständigkeiten** bleiben von der Anwendung des neuen Verfahrensrechts unberührt, wenn sie noch unter der Geltung des alten Rechts begründet worden sind (**perpetuatio fori**) oder wenn das **neue Recht auf das alte materielle Recht** verweist, die für dessen Verwirklichung notwendige Zuständigkeitsordnung aber nicht mehr zur Verfügung stellt (BVGer vom 7. Okt. 2010, C-2268/2008, E. 3.3; vom 2. Juni 2010, C-1249/2010, E. 3.1; vom 23. April 2009, C-7842/2008, E. 3.1). Wird eine Behörde im Laufe des Verfahrens in eine neue Behörde als **Rechtsnachfolgerin** überführt, ist das hängige Verfahren mit der neuen Behörde abzuschliessen (BGer vom 22. Sept. 2009, 2C_276/2009, E. 2; vom 22. Juni 2009, 2C_74/2009, E. 1.2; vom 16. Juni 2009, 2C_749/2008, E. 1 [FINMA]).

817 Bei der Bestimmung des **Zeitpunkts**, wann die Zuständigkeit begründet wurde, ist auf die **Eröffnung des vorinstanzlichen Entscheids** abzustellen, wobei ein allfälliges **Einspracheverfahren** mit zu berücksichtigen ist (SRK vom 7. Feb. 2003, in: VPB 67 [2003] Nr. 81 E. 4). Findet die Eröffnung (des vorinstanzlichen Entscheids) vor dem Inkrafttreten des neuen Prozessrechtes statt, so findet das alte, im andern Falle das neue Recht Anwendung (BGE 137 I 218 E. 2.3.1, 130 V 1 E. 3.2, 126 III 431 E. 2b, 125 II 591 E. 5e/aa, 120 Ia 101 E. 1; BGer vom 5. Feb. 2007, 2C_1/2007, E. 1.1 [in BGE 133 II 1 ff. nicht publ. E.]; vom 30. Sept. 1997, in: ASA 67 [1998] S. 409 E. 3c; VerwG ZH vom 21. Aug. 2008, VB.2008.00144, E. 3.1).

Das **BGG**, welches am 1. Jan. 2007 in Kraft getreten ist, findet auf Beschwerdeverfahren nur dann Anwendung, wenn auch der angefochtene vorinstanzliche Entscheid nach dem 1. Jan. 2007 ergangen ist (Art. 132 Abs. 1 BGG [siehe auch Art. 53 VGG oder Art. 81 VwVG]; vgl. z.B. BGer vom 5. Feb. 2007, 2C_1/2007, E. 1.1 [in BGE 133 II 1 ff. nicht publ. E.]; vgl. Ziff. I der Mitteilungen des Bundesgerichts zum Inkrafttreten des Bundesgerichtsgesetzes, ZBl 2007, S. 56). Mit dieser Regel wird sichergestellt, dass die **Rechtsmittelfristen,** welche unter altem Recht zu laufen begonnen haben, nach Inkrafttreten des neuen Verfahrensrechts nicht verkürzt bzw. nach neuem Recht bestimmt werden, sondern nach bisherigem Recht zu beurteilen sind (vgl. BGE 130 V 1 E. 3.2, 130 V 560 E. 3.1, 129 V 113 E. 2.2, je mit Hinweisen). 818

Ändert sich während eines **nichtstreitigen Verwaltungsverfahrens** das Verfahrensrecht, ist bei der Bestimmung des massgebenden Zeitpunkts auf die **Verfahrenseinleitung** (z.B. Gewährung des rechtlichen Gehörs, Antrag auf Akteneinsicht oder Einleitung von Massnahmen zur Abklärung des Sachverhalts; vgl. BGE 130 II 270 E. 1.2, 108 Ib 139 E. 2c) oder auf die **Einreichung eines Gesuches** abzustellen, solange nicht die an und für sich zuständige Behörde in eine andere Behörde überführt wird (BGE 128 IV 225 E. 3.2 = Pra 92 [2003] Nr. 39; anders BR vom 10. Juni 2005, in: VPB 69 [2005] Nr. 111 E. 2.3, wonach im nichtstreitigen Verwaltungsverfahren auf hängige Gesuche, soweit darüber noch nicht entschieden wurde, neues Verfahrensrecht, auch was die Zuständigkeit betrifft, sofort anwendbar ist). 819

Praxis:

– **Strafverfahren wegen Geldwäscherei (Änderung der Zuständigkeitsordnung während des Verfahrens aufgrund der sog. Effizienzvorlage):** Anfang Nov. 1997 wurde in Genf ein Strafverfahren wegen Geldwäscherei eröffnet, welches 2002, als sich die Zuständigkeitsordnung änderte, noch andauerte. Im Verlaufe dieses Verfahrens wurde X der Geldwäscherei, der mangelnden Sorgfalt bei Finanzgeschäften und des Bruchs amtlicher Beschlagnahme beschuldigt. Der Beschuldigte bestritt die Zuständigkeit der genferischen und der schweizerischen Behörden. Er stützt sich dabei auf Art. 340bis StGB (in Kraft seit 1. Jan. 2002; sog. «Effizienzvorlage») und Art. 3 und 6 StGB. Nach der Auffassung des Beschwerdeführers geht aus den Änderungen des StGB und des BStP, die auf Grund der Effizienzvorlage eingefügt wurden, hervor, dass die Bundesanwaltschaft in den Bereichen, auf die sich der neue Art. 340bis StGB bezieht, unverzüglich die Ermittlung der in den Kantonen hängigen Verfahren übernehmen müsse und dass sie selbst in der Übergangszeit nicht auf diese Kompetenz verzichten könne. Der Genfer Untersuchungsrichter erklärte sich am 28. Jan. 2002 für zuständig. Gegen diese Verfügung gelangte der Beschuldigte am 7. Feb. 2002 mit Beschwerde an die Anklagekammer des Kantons Genf und danach an die Anklagekammer des Bundesgerichts. Diese weist die Beschwerde ab. Erwägungen: Gemäss Art. 171 Abs. 1 aOG bleiben die bisherigen Zuständigkeits- und Verfahrensbestimmungen auf die Fälle anwendbar, die vor dem 1. Jan. 1945 beim Bundesgericht anhängig gemacht worden sind oder für deren Weiterziehung die Frist vor diesem Datum zu laufen begonnen hat. Diese allgemeine Norm hat auch in Art. 197 Abs. 1 IPRG, der im Jahre 1989 in Kraft getreten ist, ihren Niederschlag gefunden. Im Falle einer Änderung der Aufgabenverteilung zwischen den kantonalen Gerichtsbarkeiten und der Bundesgerichtsbarkeit sieht diese allgemeine, weitgehend auf Überlegungen der Prozessökonomie beruhende Norm vor, dass die im Zeitpunkt des Inkrafttretens des neuen Rechts hängigen Verfahren weiterhin in der Zuständigkeit der gemäss dem bisherigen Recht zuständigen Behörde bleiben. Bezüglich der Anwendung des Effizienzgesetzes muss aus dieser allgemeinen Norm abgeleitet werden, dass die bisherige Kompetenzregelung vorgeht, wenn das Strafverfahren vor dem 1. Jan. 2002 eröffnet wurde (BGE 128 IV 225 E. 3.2 = Pra 92 [2003] Nr. 39). 820

821 – **Änderung der Zuständigkeitsordnung nach Gesuchseinreichung:** Am 25. Jan. 2005 reichte die BKW FMB Energie AG (BKW) ein Gesuch mit dem Antrag ein, die Befristung der Betriebsbewilligung vom 14. Dez. 1992 für das Kernkraftwerk (KKW) Mühleberg sei aufzuheben. Aus sachlichen und rechtlichen Gründen sei das KKW Mühleberg bewilligungsmässig mit den anderen schweizerischen KKW, insb. mit dem KKW Beznau II, gleich zu behandeln, dem der Bundesrat vor wenigen Wochen die unbefristete Betriebsbewilligung erteilt habe. Das Gesuch sei ungeachtet des Inkrafttretens des Kernenergiegesetzes vom 21. März 2003 (KEG) am 1. Feb. 2005 nach dem Atomgesetz vom 23. Dez. 1959 (AtG) zu behandeln. Nach Art. 6 AtG sei der Bundesrat dafür zuständig. Erwägungen: Die Gesuchstellerin reichte ihr Gesuch am 25. Jan. 2005 ein. Nach Art. 6 Abs. 1 der bis am 31. Jan. 2005 gültigen Atomverordnung vom 18. Jan. 1984 ist der Bundesrat für die Erteilung einer atomrechtlichen Betriebsbewilligung zuständig. Am 1. Feb. 2005 trat das neue Kernenergiegesetz in Kraft. Nach Art. 57 KEG ist das UVEK für die Erteilung einer Betriebsbewilligung zuständig. Für Lehre und Rechtsprechung gilt der Grundsatz, wonach das neue Verfahrensrecht sofort anwendbar ist. Dies ist namentlich dann der Fall, wenn die erstinstanzliche Verfügung erst nach dem Inkrafttreten des neuen Verfahrensrechts eröffnet wird. Es trifft zu, dass das KEG keine Übergangsbestimmung zum anwendbaren Verfahrensrecht enthält. Allerdings kennt das Bundesgesetz vom 18. Juni 1999 über die Koordination und Vereinfachung von Entscheidverfahren (im Folgenden: Koordinationsgesetz) folgende allgemeine Bestimmung: «Gesuche, die im Zeitpunkt des Inkrafttretens der Änderung vom 18. Juni 1999 dieses Gesetzes hängig sind, werden nach neuem Verfahrensrecht beurteilt. Auf hängige Beschwerden ist das alte Verfahrensrecht anwendbar.» Nur ausnahmsweise bestimmen einzelne mit dem Koordinationsgesetz geänderte Gesetze, dass hängige Gesuche nach altem Verfahrensrecht beurteilt werden. Dies zeigt, dass auch nach Auffassung des Bundesgesetzgebers die Anwendung neuen Verfahrensrechts auf hängige Bewilligungsgesuche als allgemeine übergangsrechtliche Regel gilt. Allerdings gilt auch, dass gemäss der perpetuatio fori die bei Gesuchseinreichung begründete Zuständigkeit grundsätzlich bis zum Entscheid in der Sache bestehen bleibt. Die von der Gesuchstellerin zitierte Literatur mit Verweisen auf die Rechtsprechung betrifft hingegen Fälle der streitigen Rechtspflege oder eine spezialgesetzliche Regelung des intertemporalen Verfahrensrechts. Diese Fälle lassen sich mit dem vorliegenden Fall nicht vergleichen. Der allgemeine Grundsatz des intertemporalen Verfahrensrechts, wonach hängige Gesuche nach neuem Verfahrensrecht zu beurteilen sind, entspricht dem öffentlichen Interesse, eine Neuordnung möglichst bald herbeizuführen. Nicht nur das materielle Atomrecht, sondern auch das nukleare Verfahrensrecht entspricht seit längerer Zeit nicht mehr dem heutigen Rechtsverständnis. Der Gesuchstellerin war zudem seit einiger Zeit bekannt, dass das neue Kernenergiegesetz auf Anfang 2005 in Kraft treten sollte. Sie kann sich daher auch nicht auf einen berechtigten Vertrauensschutz berufen. Mangels Zuständigkeit tritt der Bundesrat nach Art. 9 Abs. 2 VwVG auf das Gesuch nicht ein. Massgebend ist das neue Verfahrensrecht des KEG. Nach Art. 57 KEG ist das UVEK für die Behandlung des Gesuchs zuständig. Gemäss Art. 8 Abs. 1 VwVG wird die Sache an das UVEK überwiesen (BR vom 10. Juni 2005, in: VPB 69 [2005] Nr. 111 E. 2.3).

dd) Zwingende öffentliche Interessen

822 Eine weitere **Ausnahme** ist dann zu machen, wenn **zwingende Gründe** dafür bestehen, das neue Recht sogleich – noch während des hängigen Beschwerdeverfahrens – anzuwenden (BGE 135 II 384 E. 2.3, 125 II 591 E. 5e/aa). Die neuen Bestimmungen des betreffenden Gesetzes sind auf **alle Verfahren** anwendbar, die im Zeitpunkt des Inkrafttretens des neuen Rechts **noch nicht abgeschlossen** sind; massgebender Zeitpunkt ist demnach das Datum des Entscheides der betreffenden Beschwerdeinstanz (BGE 127 II 306 E. 7c, 125 II 591 E. 5e, 107 Ib 191 E. 2b und E. 3). Zwingende Gründe bestehen vorab dann, wenn Vorschriften um der **öffentlichen Ordnung willen** oder zur Durchsetzung **erheblicher öffentlicher Interessen** erlassen worden sind (BGE 135 II 384 E. 2.3, 129 II 497 E. 5.3.2, 127 II 209 E. 2, 127 II 306 E. 7, 126 II

522 E. 3b, 126 V 130 E. 2a, 123 II 359 E. 3, 122 V 85 E. 3; BGer vom 20. Jan. 2012, 2C_559/2011, E. 1.4; vom 8. Feb. 2012, 1C_36/2011, E. 5.2; vom 15. Nov. 2011, 1C_172/2011, E. 3.5). Zwingende Gründe für eine sofortige Anwendung des neuen Rechts hat das Bundesgericht insbesondere im Bereich des **Gewässer-, Natur-, Heimat- und Umweltschutzrechts** als gegeben erachtet (BGE 135 II 384 E. 2.3; BGer vom 1. Feb. 2012, 1C_505/2011, E. 3.1.3).

Praxis:

Vorschriften, die **um der öffentlichen Ordnung willen** oder zur **Durchsetzung erheblicher öffentlicher Interessen** erlassen worden sind: 823

- **Änderungen umweltrechtlicher Erlasse** sind um der öffentlichen Ordnung willen auf alle noch nicht (letztinstanzlich) abgeschlossenen Verfahren anzuwenden (vgl. BGE 127 II 306 E. 7c, 125 II 591 E. 5e/aa, 123 II 359 E. 3; BGer vom 8. Feb. 2012, 1C_36/2011, E. 5.2 [CO2-Gesetz]; vom 15. Nov. 2011, 1C_172/2011, E. 3.5 [NISV]; vom 8. März 2005, 1A.71/2004, E. 1.2.2). 824
- Auch die **Verordnung vom 23. Nov. 1994 über die Infrastruktur der Luftfahrt (VIL)** dient der erleichterten Durchsetzung des Umweltschutzrechts und damit erheblichen öffentlichen Interessen. Eine Ausnahme ist dann zu machen, wenn die (sofortige) Beachtung der neuen Vorschriften praktisch zu einem neuen Betriebsreglementsverfahren führen würde (BVGer vom 10. Dez. 2009, A-1936/2006, E. 27.2 [Flughafen Zürich; in BVGE 2011/19 nicht publ. E]; vgl. auch BGE 127 II 306 E. 7). 825
- Die **Bestimmungen des Heilmittelgesetzes** dienen der öffentlichen Ordnung und insb. der Gesundheit von Mensch und Tier. Da ferner mit dem Inkrafttreten des HMG die Heilmittelkontrolle umfassend und detailliert auf Bundesebene neu geregelt und eine einheitliche, dem Gesundheitsschutz dienende Ordnung geschaffen wurde, rechtfertigt es sich, das neue Bundesgesetz und die gestützt darauf erlassenen Verordnungen grundsätzlich bereits im hängigen Beschwerdeverfahren anzuwenden (BGer vom 4. Juli 2003, 2A.450/2002, E. 2.2; REKO HM vom 13. Sept. 2002, in: VPB 67 [2003] Nr. 31 E. 7b). 826
- Die neuen **Vorschriften über den Erwerb von Grundstücken in Fremdenverkehrsorten durch Personen im Ausland** sind sofort anwendbar; das öffentliche Interesse gebietet die sofortige Anwendung des neuen Rechts im hängigen Verfahren, denn die Verhinderung eines volkswirtschaftlich unerwünschten Ausmasses ausländischen Grundeigentums kann in der Regel nur erreicht werden, wenn die Erteilung von Bewilligungen mit Inkrafttreten der Sperre verhindert wird. Unter diesen Umständen muss das Bundesgericht seinem heutigen Entscheid die Rechtslage zu Grunde legen, wie sie sich zur Zeit der Fällung des bundesgerichtlichen Urteils (6. Nov. 1981) darstellt (BGE 107 Ib 191 E. 2b und E. 3). 827
- Die Bestimmungen des **Gewässerschutzgesetzes** vom 8. Okt. 1971 bringen eine Verschärfung der Gewässerschutzvorschriften und sollen eine möglichst rasche Verhinderung weiterer Gewässerverunreinigungen gewährleisten. Es drängt sich daher um der öffentlichen Ordnung willen auf, das GSchG 1971 wie auch die GSchV in Anlehnung an die Bestimmungen des Schlusstitels des ZGB auf alle Fälle anzuwenden, in denen das den Gewässerschutz betreffende Verfahren im Zeitpunkt des Inkrafttretens des neuen Rechts noch nicht abgeschlossen ist (BGE 125 II 591 E. 5e, 112 Ib 39 E. 1c, 106 Ib 325 E. 2, 99 Ia 113 E. 9, 99 Ib 150 E. 1; ferner BGer vom 1. Feb. 2012, 1C_505/2011, E. 3.1.3 [neue Bestimmungen über den Gewässerraum]). 828
- Eine **Parkplatzverordnung**, die unmittelbar lufthygienische Ziele verfolgt und insofern die Zahl der zulässigen Parkplätze begrenzt, stellt einen umweltrechtlichen Erlass dar; sie ist demnach sofort noch im laufenden Beschwerdeverfahren anwendbar (BGer vom 26. Mai 2000, 1A.113/1999, E. 4b und E. 4c). 829

830 – Nach **Art. 108 SSV**, welcher **die Anordnung einer tieferen Geschwindigkeitslimite** vorsieht, können neu Tempolimiten nunmehr auch dann herabgesetzt werden, wenn daneben noch andere Massnahmen zur Verminderung der Luftbelastung zur Verfügung stehen. In diesen erleichterten Voraussetzungen für tiefere Tempolimiten liegen im Sinne der Rechtsprechung zwingende Gründe, um Art. 108 SSV in seiner seit dem 1. Juni 1998 geltenden Fassung zur Durchsetzung der erheblichen öffentlichen Interessen an einem wirksameren Schutz der Umwelt sofort anzuwenden und im vorliegenden Verfahren zu berücksichtigen (BR vom 27. Nov. 2000, in: VPB 65 [2001] Nr. 87 E. 4b).

831 Vorschriften, die **nicht** um der **öffentlichen Ordnung willen** oder **nicht** zur **Durchsetzung erheblicher öffentlicher Interessen** erlassen worden sind:

832 – **Neue Bestimmungen über den Parallelimport in der Verordnung über das Inverkehrbringen von Pflanzenschutzmitteln (PSMV)** betr. den Import von Pflanzenschutzmitteln; es sind keine Gründe ersichtlich, welche zwingend für die Berücksichtigung der neuen Bestimmungen über den Parallelimport im Beschwerdeverfahren sprechen, zumal die Revision der Durchsetzung wirtschaftspolitischer Interessen diente, die anders als polizeiliche Interessen nicht nach einer sofortigen Anwendung auch in hängigen Beschwerdeverfahren rufen. Mit der Revision wurde die Aufnahme ausländischer Pflanzenschutzmittel in die Liste erleichtert und nicht etwa zur Durchsetzung öffentlicher, polizeilicher Interessen erschwert. Damit ist der vorliegende Rechtsstreit im Lichte jener Fassung der PSMV zu prüfen, welche zum Zeitpunkt des Erlasses der Verfügung in Kraft stand (BVGer vom 29. Jan. 2010, C-8602/2007, E. 3.2.3; vom 17. Sept. 2009, C-717/2007, E. 3.3.2).

833 – Die neuen Bestimmungen über die **Kostenüberbindung nach Art. 59 USG und Art. 54 GSchG** sind nicht sofort anwendbar. Sie sind weitgehend analog zu den bisher massgebenden Bestimmungen, mit der einzigen Ausnahme, dass Art. 54 GSchG 1991 im Gegensatz zur alten Bestimmung (Art. 8 GSchG 1971) vorsieht, dass die Überbindung der Kosten auf deren Verursacher grundsätzlich obligatorisch ist, während sie vorher fakultativ war. Ebenso sieht Art. 59 USG neuerdings die obligatorische Überbindung der Kosten vor. Dieser Umstand genügt jedoch nicht, um die betreffenden Vorschriften unmittelbar auf den vorliegenden Fall anzuwenden. Es sind somit Art. 8 GSchG 1971 und Art. 59 USG in seinem ursprünglichen Wortlaut anwendbar (BGE 122 II 26 E. 3 = Pra 85 [1996] Nr. 237).

834 – Auf dem Gebiet der **Raumplanung** liegen wesentlich andere Verhältnisse vor als beim Gewässerschutz oder im Allgemeinen beim Umweltschutz. Das RPG bringt im Vergleich zum Bundesbeschluss über dringliche Massnahmen auf dem Gebiet der Raumplanung (BMR) vom 17. März 1972 keine Verschärfung der Vorschriften. Es ermöglicht vielmehr Bund und Kantonen, die befristeten Massnahmen in das ordentliche Recht überzuführen. Sodann erweitert das RPG im Gegensatz etwa zum GSchG 1971, das den Beschwerdeinstanzen des Bundes auch eine umfassende Ermessenskontrolle überträgt, die Kognition des Bundesgerichts gemäss Art. 104 aOG nicht. Das Raumplanungsgesetz ist gerade im Unterschied zum Umweltschutzgesetz «nur» ein Grundsatzgesetz und belässt den Kantonen wesentliche Freiräume. Unter diesen Umständen besteht kein Anlass, bei der Überprüfung des angefochtenen Entscheids das neue Recht anzuwenden (BGE 106 Ib 325 E. 2).

835 – **Vorschriften über die Kostentragungspflicht im Rahmen von Sanierungen** tragen zwar indirekt zur Erhaltung des natürlichen Lebensraumes bei, gelten jedoch nicht als Bestimmungen, die im Interesse der öffentlichen Ordnung erlassen wurden. Bei solchen Bestimmungen ist deshalb grundsätzlich auf die Rechtslage zur Zeit der Entstehung der Kosten bzw. des Erlasses der entsprechenden Sanierungsverfügungen abzustellen (VerwG ZH vom 26. Mai 2004, VB.2003.00446, E. 2).

836 – Im Laufe des bundesgerichtlichen Verfahrens sind das **Tierschutzgesetz** und die **Tierschutzverordnung** in Kraft getreten. Es stellt sich daher die Frage, welche Rechtsnormen auf den vorliegenden Sachverhalt anwendbar sind. Vorliegend kann offengelassen werden, ob auch das Tierschutzrecht, dessen verfassungsrechtliche Kompetenzbestimmung sich im Abschnitt «Um-

welt und Raumplanung» findet, diese Voraussetzungen erfüllen würde. Da das neue TSchG keine Verschärfung gegenüber dem TSchG von 1978 bringt, liegt kein zwingender Grund für eine sofortige Anwendung des neuen Rechts vor und somit auch kein Anlass für das Abweichen vom intertemporalen Grundsatz. Es ist deshalb das alte Recht anwendbar (BGE 135 II 384 E. 2.3).

ee) Rechtsänderung würde Widerruf rechtfertigen

Betrifft ein Verfahren eine **Bewilligung mit Dauercharakter** (z.B. Konzessionen) oder eine **Bewilligung, welche erst in Zukunft Folgen** zeitigt (z.B. Baubewilligung), und könnte von Amtes wegen oder auf Gesuch hin unmittelbar nach **Inkrafttreten des neuen Gesetzes eine neue Verfügung** erlassen werden, welche zu einem anderen Ergebnis als unter altem Recht führen würde, kann mangels anderslautender gesetzlicher Vorschrift neues Recht im Laufe des hängigen Beschwerdeverfahrens sofort angewendet werden (BGE 129 II 497 E. 5.3.2, 127 II 306 E. 7c, 126 II 522 E. 3b/aa, 123 II 248 E. 3a/bb, 120 Ib 317 E. 2b, 102 Ib 64 E. 4). Es ist aus prozessökonomischen Gründen nicht angezeigt, eine Bewilligung oder deren Änderung aufzuheben, weil sie dem alten Recht widerspricht, während sie nach neuem Recht auf Gesuch hin oder von Amtes wegen zu erteilen wäre (BGE 129 II 497 E. 5.3.2, 127 II 306 E. 7c; BGer vom 23. Jan. 2006, 1A.214/2005, E. 6.3.1). Die Berücksichtigung neuen Rechts muss allerdings ausgeschlossen bleiben, wenn es sich zu Lasten Dritter auswirkt und deren Rechtsschutz beeinträchtigen könnte (BGE 126 II 522 E. 3b/aa). 837

Praxis:

– **Entzug von Kollektiv-Fahrzeugausweisen:** X ist Inhaber eines Zylinderschleifwerks in Y. Der Betrieb ist auf die Revision und Reparatur von Auto- und Motorradmotoren (Benzin- und Dieselmotoren) spezialisiert. Am 21. Jan. 1991 entzog das Strassenverkehrs- und Schifffahrtsamt des Kantons Bern X die Kollektiv-Fahrzeugausweise BE 0000-U sowie BE 111-U und die dazugehörenden Händlerschilder für Motorwagen und Motorräder. Dieser Entscheid wurde nach Einsprache am 5. Aug. 1991 von der Abteilung Recht des Strassenverkehrs- und Schifffahrtsamtes bestätigt. Die Polizeidirektion des Kantons Bern hiess die hiergegen erhobene Beschwerde am 15. Juli 1992 teilweise gut. Der Kollektiv-Fahrzeugausweis BE 0000-U wurde dem Beschwerdeführer belassen; im Übrigen wurde die Beschwerde abgewiesen. Die Polizeidirektion ging davon aus, dass X die Voraussetzungen für die Belassung des Kollektiv-Fahrzeugausweises als Dieselspezialist erfülle, aber nicht über sämtliche Einrichtungen einer allgemeinen Reparaturwerkstätte verfüge, weshalb der Entzug des Kollektiv-Fahrzeugausweis BE 111-U gerechtfertigt sei. Das Verwaltungsgericht des Kantons Bern bestätigte am 17. Nov. 1992 auf Beschwerde hin diesen Entscheid, soweit es darauf eintrat. X führt am 18. Dez. 1992 beim Bundesgericht Verwaltungsgerichtsbeschwerde. Das Bundesgericht heisst die Beschwerde mit Urteil vom 4. Nov. 1994 gut und hebt den Entscheid des Verwaltungsgerichts auf. Erwägungen: Nach Art. 25 Abs. 2 lit. d SVG erlässt der Bundesrat Vorschriften über Ausweise und Kontrollschilder, inbegriffen kurzfristig gültige für geprüfte oder nichtgeprüfte Motorfahrzeuge und Anhänger sowie für Unternehmen des Motorfahrzeuggewerbes. Gestützt u.a. auf diese Vorschrift hat der Bundesrat die VVV erlassen. Diese regelt in den Art. 22-26 die Abgabe von Kollektiv-Fahrzeugausweisen und Händlerschildern. Die betreffenden Bestimmungen wurden durch die am 11. Mai 1978 erlassenen Richtlinien 4 der Vereinigung der Chefs der kantonalen Motorfahrzeugkontrollen (im Folgenden: Richtlinien 4) näher präzisiert. Am 1. Juli 1992 ist die Verkehrsversicherungsverordnung teilweise geändert worden; die revidierte Verordnung (nVVV) ist am 1. Aug. 1992 in Kraft getreten. Ziel der Revision war u.a. die Verschärfung der persönlichen und sachlichen Voraussetzungen für die Erteilung von Kollektiv-Fahrzeugausweisen mit Händlerschildern; diese ergeben sich nicht mehr aus Richtlinien, son- 838 dern werden abschliessend in Anhang 4 nVVV aufgezählt. Art. 23a Abs. 1 nVVV bestimmt, dass Kollektiv-Fahrzeugausweise zu entziehen sind, wenn die Voraussetzungen für die Erteilung nicht mehr erfüllt sind. Abs. 1 der Übergangsbestimmungen der revidierten Verkehrsversicherungsverordnung räumt jedoch Inhabern von nach bisherigem Recht erteilten Kollektiv-Fahrzeugausweisen eine Frist von zwei Jahren nach Inkrafttreten der Änderung ein, um die neuen Voraussetzungen zu erfüllen. Die Rechtmässigkeit eines angefochtenen Verwaltungsaktes ist grundsätzlich nach der Rechtslage zur Zeit seines Erlasses zu beurteilen. Eine Ausnahme ist dann zu machen, wenn zwingende Gründe dafür bestehen, dass das neue Recht sogleich anzuwenden ist. Das Verwaltungsgericht hat aus Abs. 1 der bereits genannten Übergangsbestimmung geschlossen, dass den revidierten Vorschriften keine hohe Dringlichkeit im Sinne dieser Rechtsprechung zukomme und der Beschwerdeführer wie alle anderen Betroffenen in den Genuss der zweijährigen Übergangsfrist kommen müsse, sodass die Beschwerde nach altem Recht zu beurteilen sei. Hiervon ist auch das Bundesgericht in einem nicht veröffentlichten Entscheid vom 21. März 1994 ausgegangen. Inzwischen ist allerdings die zweijährige Übergangsfrist abgelaufen. Diese ist dem Beschwerdeführer vollständig zugute gekommen, da er seine nach altem Recht erteilten Kollektiv-Fahrzeugausweise dank der aufschiebenden Wirkung seiner Verwaltungsgerichtsbeschwerde bis heute behalten und benutzen durfte. Ab dem 1. Aug. 1994 sind altrechtliche Kollektiv-Fahrzeugausweise gemäss Art. 23a Abs. 1 nVVV zu entziehen, wenn die nach neuem Recht erforderlichen Voraussetzungen für die Erteilung nicht mehr vorliegen. Dies rechtfertigt es im vorliegenden Fall, die Beschwerde nach neuem, revidiertem Recht zu beurteilen. Würde das Bundesgericht die vorliegende Beschwerde auch jetzt noch nach altem Recht beurteilen, könnte das Strassenverkehrs- und Schifffahrtsamt dem Beschwerdeführer sofort nach Ergehen des bundesgerichtlichen Entscheids den Kollektiv-Fahrzeugausweis in Anwendung des neuen Rechts entziehen, sodass der Rechtsstreit von neuem aufzurollen wäre. Nach Beurteilung der neuen Rechtslage kommt das Bundesgericht zum Schluss, dass es willkürlich und rechtsungleich ist, von einem auf die Revision und Reparatur von Motoren spezialisierten Zylinderschleifwerk zu verlangen, dass es über sämtliche Einrichtungen einer allgemeinen Reparaturwerkstätte verfüge, wenn vergleichbare andere spezialisierte Betriebe lediglich im Besitz der für ihre spezifische Funktion erforderlichen Einrichtungen sein müssen (BGE 120 Ib 317 E. 2).

ff) Lex mitior

839 Das **Strafrecht** sieht in **Art. 2 Abs. 2 StGB** den **Grundsatz der lex mitior** ausdrücklich vor (vgl. BGE 134 IV 82 E. 6.2.1, 126 IV 5 E. 2c; BGer vom 26. Okt. 2010, 6B_397/2010, E. 3.3.1; vom 23. April 2010, 6B_94/2010, E. 2.6.1), während in der Verwaltungsrechtssprechung Art. 2 Abs. 2 StGB nur im Bereich des **Disziplinarrechts** (BGE 130 II 270 E. 1.2.2) und betreffend **Administrativmassnahmen** im Strassenverkehr (BGE 104 Ib 87 E. 2b) **analog** angewendet wird. Entsprechend gilt der in Art. 126 Abs. 4 AuG enthaltene Vorbehalt der lex mitior gemäss dem klaren Wortlaut des Gesetzes nur bezüglich der im AuG enthaltenen Strafbestimmungen (BGer vom 16. Dez. 2009, 2C_367/2009, E. 2). Darüber hinaus ist die Anwendung des milderen oder für den Betroffenen günstigeren Rechts im Rahmen eines hängigen Verfahrens grundsätzlich ausgeschlossen, wobei in der älteren Praxis bei Fehlen einer anderweitigen intertemporalrechtlichen Regelung das mildere Recht vereinzelt berücksichtigt wurde (vgl. BGE 95 I 123 E. 4a [demgegenüber BGE 106 Ib 325 E. 2; BGer vom 15. Okt. 1993, in: ZBl 1994 S. 81 E. 2e]).

840 Eine weitere **Ausnahme** ist dann gegeben, wenn eine **gesetzliche Regelung** die Berücksichtigung des milderen Rechts noch während eines hängigen Beschwerdeverfahrens ausdrücklich vorsieht (so z.B. Art. 52 Abs. 2 RPV: Der Baugesuchsteller kann im Beschwerdeverfahren sofort von den Möglichkeiten Gebrauch machen, die ihm

das neue Recht einräumt, ohne zuvor bei der erstinstanzlichen Behörde ein neues Baugesuch einreichen zu müssen [BGE 127 II 209 E. 2b]) oder wenn das **günstigere Recht** einen **Widerruf der ursprünglich fehlerfreien Verfügung rechtfertigen** würde (BGE 104 Ib 87 E. 2b; BGer vom 28. Jan. 2003, H 319/01, E. 6; VerwG SG vom 3. April 2008, B-2008-25, E. 2.4; VerwG ZH vom 23. Jan. 2008, VB.2007.00424, E. 2.5.2), was vor allem für Bewilligungen mit Dauercharakter (z.B. Konzessionen) oder bei der Prüfung eines Verhaltens, welches erst in Zukunft Folgen hat (z.B. Baubewilligung), zutreffen kann (129 II 497 E. 5.3.2, 127 II 306 E. 7c, 126 II 522 E. 3b/aa, 123 II 248 E. 3a/bb, 120 Ib 317 E. 2b, 102 Ib 64 E. 4; BGer vom 5. Mai 2003, 1P.771/2001, E. 7; vom 19. Sept. 2001, 1P.768/2000, E. 2c). In derartigen Fällen hat die Beschwerdeinstanz die Angelegenheit vorerst sowohl nach dem **alten als auch nach dem neuen Recht** zu beurteilen und sodann die Ergebnisse miteinander zu vergleichen (BGE 130 II 270 E. 1.2; BGer vom 2. Juni 2008, 6B_538/2007, E. 2.2 [in BGE 134 IV 241 ff. nicht publ. E.], betr. Art. 2 Abs. 2 StGB; vom 22. Jan. 2004, 2A.191/2003, E. 6).

Praxis:

- **Disziplinarrecht:** Die am 9. Juli 1995 in Basel verstorbene M hatte zunächst E testamentarisch zum Alleinerben bestimmt. In einem vom 2. Dez. 1993 datierenden Testament setzte sie neu ihren Rechtsanwalt W als Alleinerben und Willensvollstrecker ein. Im Zusammenhang mit der Frage der Gültigkeit dieses zweiten Testaments sind mehrere Gerichtsverfahren zwischen E und W hängig; Ersterer wird dabei durch Rechtsanwalt P (Basel) vertreten. Am 25. März 2002 setzte Rechtsanwalt P namens seines Mandanten gegen W eine Forderung von Fr. 2 Mio. in Betreibung; in diesem Umfang habe Letzterer aus dem Nachlass von M Zahlungen erhalten bzw. diesem Mittel entnommen. Am 26. Juni 2002 gelangte W an die Aufsichtskommission über die Rechtsanwälte im Kanton Zürich, bei welcher er gegen Rechtsanwalt P Anzeige erstattete, weil ihn dieser ohne vorgängige Ankündigung betrieben habe. Die Aufsichtskommission eröffnete ein Disziplinarverfahren gemäss Art. 12 lit. a BGFA, welches am 1. Juni 2002 in Kraft getreten ist, sowie gemäss § 7 Abs. 1 und § 8 Abs. 1 des Zürcher Gesetzes über den Anwaltsberuf (AnwG). Mit Beschluss vom 7. Nov. 2002 disziplinierte sie P wegen Verstosses gegen letztere Bestimmungen mit einem Verweis; zudem auferlegte sie ihm Verfahrenskosten von insgesamt Fr. 1'372.– und sprach dem Verzeiger eine Entschädigung von Fr. 500.– zu. Auf den gegen diesen Entscheid eingereichten Rekurs trat die Verwaltungskommission des Obergerichts des Kantons Zürich mit Beschluss vom 18. Aug. 2003 nicht ein, weil sie nach dem Grundsatz der lex mitior das bisherige kantonale Recht als anwendbar betrachtete, womit die eidgenössische Verwaltungsgerichtsbeschwerde nicht gegeben sei und damit auch die Zuständigkeit der Verwaltungskommission als Rechtsmittelinstanz entfalle (Beschluss vom 18. Aug. 2003). Das Bundesgericht heisst die von P hiergegen eingereichte Verwaltungsgerichtsbeschwerde gut. Erwägungen: Der Beschwerdeführer ist mit Verwaltungsgerichtsbeschwerde an das Bundesgericht gelangt. Es stellt sich vorab die Frage nach der Zulässigkeit dieses Rechtsmittels. Bis anhin waren die Verhaltenspflichten der Rechtsanwälte und die Disziplinarsanktionen, welche für Verstösse gegen diese Pflichten verhängt werden können, ausschliesslich kantonalrechtlich geregelt. Als Rechtsmittel auf Bundesebene war in diesem Bereich deshalb einzig die staatsrechtliche Beschwerde gegeben. Inzwischen ist am 1. Juni 2002 das eidgenössische Anwaltsgesetz in Kraft getreten, welches neben den Berufsregeln (Art. 12 BGFA) insb. auch das Disziplinarrecht (Art. 17 ff. BGFA) abschliessend regelt. Gegen letztinstanzliche kantonale Disziplinarentscheide steht nunmehr gestützt auf Art. 97 ff. OG in Verbindung mit Art. 5 VwVG die eidgenössische Verwaltungsgerichtsbeschwerde offen. Die Regelung des Verfahrens bleibt dabei Sache der Kantone (Art. 34 Abs. 1 BGFA), wobei aber nach Art. 98a OG als letzte kantonale Instanz eine richterliche Behörde entscheiden muss. Der disziplinarrechtlich beurteilte Sachverhalt hat sich vor Inkrafttreten des eidgenössischen Anwaltsgesetzes 841 abgespielt; Verfahrenseröffnung und Entscheidfällung erfolgten indessen bereits unter der Herrschaft des neuen Bundesrechts. Es fragt sich deshalb nicht nur, welches Verfahrensrecht, sondern auch welches (materielle) Disziplinarrecht anzuwenden ist, das alte kantonale oder das neue bundesrechtliche. Das eidgenössische Anwaltsgesetz regelt diese Frage ebenso wenig, wie es eine Übergangsregelung für die zulässigen Rechtsmittel oder den Rechtsmittelweg enthält. Ohne gegenteilige Regelung sind neue verfahrensrechtliche Bestimmungen jedenfalls auf jene Verfahren anzuwenden, die unter Herrschaft des neuen Rechts eingeleitet werden. Im vorliegenden Zusammenhang lässt sich jedoch die Frage nach dem formellen nicht von jener nach dem materiellen Recht trennen: Das Rechtsmittel der eidgenössischen Verwaltungsgerichtsbeschwerde ist nur gegenüber Verfügungen zulässig, die sich auf öffentliches Bundesrecht stützen oder stützen müssten (Art. 97 ff. OG i.V.m. Art. 5 VwVG). Das neue Verfahrensrecht kann demnach nur insoweit Anwendung finden, als auch bereits die neuen eidgenössischen Bestimmungen über die Disziplinaraufsicht zum Tragen kommen. Welches materielle Disziplinarrecht vorliegend Anwendung findet, ist in analoger Anwendung von Art. 2 Abs. 2 StGB nach dem Grundsatz der «lex mitior» zu bestimmen. Dieses Vorgehen setzt eine Beurteilung des Vorfalls sowohl nach dem bisherigen kantonalen als auch nach dem geltenden eidgenössischen Disziplinarrecht voraus, womit der zu fällende Disziplinarentscheid insoweit zwingend auch auf der Auslegung von Bundesrecht beruht. Deshalb rechtfertigt es sich, die Verwaltungsgerichtsbeschwerde ebenfalls gegen jene Entscheide zuzulassen, welche sich im Ergebnis zwar immer noch auf kantonales Recht stützen können, aber im erwähnten Sinne die Mitanwendung von Bundesrecht voraussetzen. Im angefochtenen Entscheid wurde das alte kantonale mit dem neuen eidgenössischen Disziplinarrecht verglichen und insoweit Bundesrecht angewandt, weshalb die Verwaltungsgerichtsbeschwerde vorliegend zulässig ist. In der Hauptsache kommt das Bundesgericht zum Schluss, dass das Verhalten des Beschwerdeführers nicht gegen den neuen Art. 12 lit. a BGFA verstösst, weshalb die Angelegenheit nicht mehr nach dem (alten) kantonalen Recht zu beurteilen wäre, zumal dieses nicht das mildere sein kann. Mithin erweist sich die Verwaltungsgerichtsbeschwerde als begründet und die Disziplinierung des Beschwerdeführers als bundesrechtswidrig (BGE 130 II 270 E. 1.2).

4. Echte Rückwirkung

a) Begriff

842 Eine **echte Rückwirkung** liegt nach bundesgerichtlicher Rechtsprechung dann vor, wenn eine Norm auf Sachverhalte angewendet wird, die sich vor Inkrafttreten des neuen Rechts verwirklicht haben, was ebenso auf den vergangenen Teil eines zur Zeit des Inkrafttretens des neuen Rechts offenen Dauersachverhaltes, welcher keine Sacheinheit bildet, zutreffen kann (BGE 126 V 135 E. 4a, 116 Ia 207 E. 4a, 113 Ia 412 E. 6; BGer vom 25. April 2012, 1C_16/2012, E. 3.4; vom 25. Okt. 2006, B 72/05, E. 4.1). Die echte Rückwirkung ist vorab dann unzulässig, wenn sie sich belastend auswirkt (BVGer vom 21. April 2010, C-2378/2006, E. 6.3.1).

843 Ein **Abweichen vom Verbot der echten (belastenden) Rückwirkung** ist verfassungsrechtlich nur ganz ausnahmsweise und unter strengen Voraussetzungen zulässig (BGE 124 III 266 E. 4e, 122 II 113 E. 3b/dd, 122 V 405 E. 3b/aa; BGer vom 23. Nov. 2005, 2A.228/2005, E. 2.3; vom 5. Dez. 2000, 2A.319/2000, E. 2b [in BGE 126 III 382 ff. nicht publ. E.]): Erforderlich ist, dass sie (1.) **ausdrücklich angeordnet** oder nach dem **Sinn des Erlasses klar gewollt** ist, (2.) **zeitlich mässig** ist, (3.) **keine stossenden Rechtsungleichheiten** bewirkt, (4.) sich durch **triftige Gründe** rechtfertigen lässt und (5.) **nicht in wohlerworbene Rechte** eingreift (BGE 125 I 182 E. 2b/cc, 122 V 405 E. 3b/aa, 120 V 319 E. 8b, 119 Ia 154 E. 3b, 119 Ib 103 E. 5, 116 Ia 214, je mit Hinweisen; BGer vom 23. Nov. 2005, 2A.228/2005, E. 2.3; BVGE 2007/25

E. 3.1; BVGer vom 20. Juni 2011, A-6874/2010, E. 3.2; vom 21. April 2010, C-2378/2006, E. 6.3.1, vom 3. Juni 2008, A-1396/2006, E. 3.2; vom 9. Nov. 2007, A-1715/2006, E. 2.2.5). Diese Voraussetzungen müssen **kumulativ** erfüllt sein (BVGE 2009/3 E. 3.2).

Der Grund für diese restriktive Formulierung der Voraussetzungen einer echten Rückwirkung ist darin zu erblicken, dass das **Rechtsstaatsprinzip** die Anwendung einer Norm auf Sachverhalte, die sich abschliessend vor Inkrafttreten des neuen Rechts verwirklicht haben, grundsätzlich ausschliesst (BGE 126 V 134 E. 4, 122 II 113 E. 3b/dd, 119 Ia 254 E. 3a). Niemandem sollen Verpflichtungen auferlegt werden, die sich aus Normen ergeben, welche ihm zum Zeitpunkt, als sich der Sachverhalt abschliessend verwirklichte, nicht bekannt waren, mit denen er also weder rechnen konnte noch musste (BVGE 2009/3 E. 3.2; VerwG ZH vom 7. Sept. 2007, VB.2006.00370, E. 2.5.2); entsprechend verpflichten Erlasse den Einzelnen nur, wenn sie vor ihrem Inkrafttreten gemäss den gesetzlichen Vorschriften bekannt gemacht worden sind (BGE 125 I 182 E. 2b/cc, 120 Ia 1 E. 4b, 104 Ia 167 E. 2; oben Rz. 727). 844

Vorbehalten ist gemäss Praxis eine **begünstigende Rückwirkung**, wenn sie vom Gesetzgeber ausdrücklich angeordnet oder zumindest nach dem Sinn des Erlasses klar gewollt ist, nicht zu Rechtsungleichheiten führt und nicht in Rechte Dritter eingreift (so bereits BGE 105 Ia 36 E. 3; ferner BGVE 2007/25 E. 3.1; vgl. unten Rz. 863 f.). Vom **Rückwirkungsverbot ausgenommen** sind ausserdem – wie bereits erwähnt – **Verfahrensvorschriften**, zu denen auch Bestimmungen über die Rechts- und Amtshilfe gehören (BVGE 2010/40 E. 6.5.2; BVGer vom 20. Juni 2011, A-6874/2010, E. 3.2, mit jeweils weiteren Hinweisen). Das Bundesgericht hat im Urteil 2A.562/2005 (E. 5.2) ausserdem erwogen, dass **keine Rückwirkung** vorliegt, wenn der Stiftungsrat den BVG-Zinssatz für das Geschäftsjahr 2002 nicht unmittelbar am Jahresende, sondern erst im Verlauf des Jan. 2003 festlegt (vgl. auch BVGer vom 26. Feb. 2010, C-4658/2007, E. 6.5). Nicht als echte Rückwirkung und als zulässig gilt ferner, haftbegründende Tatsachen, die nach dem Inkrafttreten der Neuregelung der Zwangsmassnahmen im Ausländerrecht eingetreten sind, auch im Lichte des früheren Verhaltens des Betroffenen zu würdigen (BGE 133 II 97 E. 4.1). 845

Das Rückwirkungsverbot gilt grundsätzlich auch bei **Praxisänderungen** (BVGE 2007/14 E. 2.4; BVGer vom 30. Mai 2008, E-2187/2008, E. 2.7). Praxisänderungen dürfen zumindest **nicht zu Ungunsten des Privaten rückwirkend** angewandt werden (BGE 112 Ia 193 E. 2b; BGer vom 18. Feb. 2004, 2A.339/2003, E. 4.1; vom 2. Juni 2003, 2A.320/2002, E. 3.4.3.7 und E. 3.4.3.8; BVGE 2007/14 E. 2.4; BVGer vom 21. Sept. 2010, A-382/2010, E. 2.4.4; vom 30. Mai 2008, E-2187/2008, E. 2.7; für das Steuerrecht insb. MARKUS REICH/LAURENCE UTTINGER, Praxisänderungen im Lichte der Rechtssicherheit und der Rechtsrichtigkeit, ZSR 2010, S. 175 ff.; BETTINA BÄRTSCHI, Die Voraussetzungen für Praxisänderungen im Steuerrecht, zsis 2007 Nr. 4, S. 11), was ebenso für neue oder revidierte **Verwaltungsverordnungen** gilt, soweit sie die Praxis der entsprechenden Behörde wiedergeben (BR vom 26. Juni 2002, in: VPB 67 [2003] Nr. 26 E. 6). 846

Praxis:

847 – **Rückwirkende Erhebung von Flughafengebühren:** Gestützt auf die Gebührenordnung vom 1. Nov. 1993 für den Flughafen Zürich werden für Landungen auf dem Flughafen Zürich Gebühren erhoben. In der ursprünglichen Version bemassen sich die Gebühren nach dem Höchstabfluggewicht des Flugzeugs und einem nach verschiedenen Klassen abgestuften Lärmzuschlag. Am 20. Aug. 1997 beschloss der Regierungsrat des Kantons Zürich eine Änderung der Gebührenordnung. Diese wurde Ende Sept. 1997 veröffentlicht, trat jedoch bereits auf den 1. Sept. 1997 in Kraft. Erwägungen: Gemäss Art. 34 VIL lässt der Flughafenhalter die Flughafengebühren im Luftfahrthandbuch (AIP) veröffentlichen. Vorliegend erfolgte diese Veröffentlichung unbestritten in der AIP-Ausgabe vom 30. Sept. 1997, sie trat jedoch bereits auf den 1. Sept. 1997 in Kraft. Es ist ein Gebot der Rechtsstaatlichkeit, dass rechtsetzende Erlasse grundsätzlich vor ihrem Inkrafttreten publiziert werden müssen. Ausnahmsweise ist freilich eine rückwirkende Inkraftsetzung eines Erlasses zulässig, wenn die Rückwirkung ausdrücklich angeordnet oder nach dem Sinn des Erlasses klar gewollt ist, sie zudem zeitlich mässig und durch triftige Gründe gerechtfertigt ist, keine stossenden Rechtsungleichheiten zur Folge hat und keinen Eingriff in wohlerworbene Rechte darstellt. Vorliegend ergibt sich klar aus dem Text der angefochtenen Änderung, dass sie am 1. Sept. 1997 in Kraft treten soll. Das ist eine zeitlich mässige Rückwirkung, die weder stossende Rechtsungleichheiten schafft noch in wohlerworbene Rechte eingreift. Fraglich könnte sein, ob sie aus triftigen Gründen erfolgt, kommt es doch für die Erreichung des Zwecks nicht wesentlich darauf an, ob die Regelung einen Monat früher oder später in Kraft tritt. Nachdem aber bereits in der AIC-Information vom 14. Nov. 1996 darauf hingewiesen worden war, dass die Regelung auf den 1. Sept. 1997 in Kraft treten werde, den Interessierten der wesentliche Inhalt bereits vorgängig durch das Konsultationsverfahren bekannt war und die angefochtene Regelung zudem am 21. Aug. 1997 im AIC publiziert wurde, kann vorliegend darauf verzichtet werden, insoweit die Beschwerde gutzuheissen, was ohnehin höchstens zur Folge haben könnte, dass das Inkrafttreten der angefochtenen Regelung um einen Monat hinausgeschoben würde (BGE 125 I 182 E. 2b/cc; VerwG vom 12. Dez. 2002, in: PVG 2002 Nr. 4 E. 2d).

848 – **Rückwirkende Reduktion des Gehalts:** Die Stimmberechtigten der Einwohnergemeinde Zollikofen nahmen an der Urnenabstimmung vom 21. Mai 2006 die Initiative «Fr. 150'000.– Jahresentschädigung (plus Teuerung und Jahresspesen-Pauschale von Fr. 5'000.–) sind genug für das vollamtliche Gemeindepräsidium» an. Die Initiative verlangte, die bisherige Bestimmung sei «auf den nächst möglichen Termin» durch die neue zu ersetzen. Auf Antrag des Gemeinderats beschloss der Grosse Gemeinderat von Zollikofen am 20. Sept. 2006 mit 23 Stimmen, den revidierten Art. 5a des Besoldungsreglements für Behördemitglieder der Gemeinde Zollikofen (BBR) auf die nächste Amtsperiode per 1. Jan. 2009 in Kraft zu setzen. Gegen diesen Entscheid reichte das Initiativkomitee Gemeindebeschwerde beim Regierungsstatthalteramt Bern ein. Mit Entscheid vom 20. Dez. 2006 wies das Regierungsstatthalteramt die Beschwerde ab, soweit es darauf eintrat. Gegen diesen Entscheid führt das Initiativkomitee Beschwerde beim Regierungsrat des Kantons Bern. Es beantragt die Aufhebung des angefochtenen Entscheids und die Inkraftsetzung des revidierten Art. 5a BBR auf den 1. Jan. 2007. Der Regierungsrat heisst die Beschwerde teilweise gut. Erwägungen: Der Regierungsrat kommt vorliegend zum Schluss, dass keine Gründe gegeben sind, um die Inkraftsetzung der betreffenden Bestimmung derart lange hinauszuzögern. Umstritten ist folglich, auf welchen Zeitpunkt Art. 5a BPR in Kraft treten kann, ohne das Rückwirkungsverbot zu verletzen. Im konkreten Fall wäre es zwar möglich gewesen, die Revision des Besoldungsreglements gemäss dem Antrag des Beschwerdeführers auf den 1. Jan. 2007 in Kraft zu setzen. Zum Urteilszeitpunkt (20. Juni 2007) würde eine solche nachträgliche Inkraftsetzung auf einen in der Vergangenheit liegenden Termin zu einer Rückwirkung des neuen Rechts auf einen bereits abgeschlossenen Sachverhalt führen. Folge einer solchen Rückwirkung wäre, dass das Gehalt, das dem amtierenden Gemeindepräsidenten für die im laufenden Jahr getätigte Arbeit ausgerichtet worden ist, im Widerspruch zur neuen, rückwirkend in Kraft gesetzten Besoldungsordnung stehen würde. Dies wiederum hätte zur Folge, dass die Gemeinde als Arbeitgeberin die zu Unrecht erbrachten finanziellen Leistungen zurückfordern müsste. Nach der Rechtsprechung des Bundesgerichts

ist eine Rückwirkung ausnahmsweise dann zulässig, wenn sie ausdrücklich angeordnet oder nach dem Sinn des Erlasses klar gewollt ist, sie zudem zeitlich mässig und durch triftige Gründe gerechtfertigt ist, nicht in wohlerworbene Rechte eingreift und keine stossenden Rechtsungleichheiten zur Folge hat. In der Lehre wird zur Frage der Rückwirkung im Zusammenhang mit Gehaltsreduktionen vertreten, eine Herabsetzung der Besoldung könne grundsätzlich nur für die Zukunft angeordnet werden. Rückwirkend sei eine Reduktion jedenfalls dann ausgeschlossen, wenn die betroffene Person die Arbeitsleistung bereits erbracht habe. In einem solchen Fall gehe es aus Gründen des Vertrauensschutzes – ausser bei Bösgläubigkeit – nicht an, nachträglich die Besoldung herabzusetzen. Dieser Auffassung ist beizupflichten. Zwar hätte die neue Entschädigungsregelung wie dargelegt auf den 1. Jan. 2007 in Kraft gesetzt werden sollen. Der Grosse Gemeinderat und die Vorinstanz haben jedoch anders entschieden, sodass sich die Besoldung des Gemeindepräsidenten auch für die Zeit nach dem 1. Jan. 2007 nach dem noch gültigen Art. 5a aBBR richtete und weiterhin richtet. Der Gemeindepräsident hat sein Amt in der Zeit nach dem 1. Jan. 2007 ausgeübt, seine diesbezüglichen Leistungen und Pflichten erfüllt und den dafür geschuldeten Lohn bezogen. Seine Arbeitsleistung ist irreversibel. Eine rückwirkende Inkraftsetzung des neuen Rechts auf den 1. Jan. 2007 hätte ein stossendes Ungleichgewicht zur Folge. Dem Gemeindepräsidenten wäre es nicht möglich, der gehaltsmässigen Schlechterstellung für die bereits erbrachte Leistung zu entgehen und rückwirkend auf den 1. Jan. 2007 von seinem Amt zurückzutreten. Dem Antrag der Beschwerdeführenden auf eine rückwirkende Inkraftsetzung der Revision des BBR auf den 1. Jan. 2007 kann daher nicht stattgegeben werden. Die Zeitspanne bis zum Inkrafttreten eines Erlasses, der eine Lohnkürzung mit sich bringt, muss mindestens so lange sein wie die Kündigungsfrist von drei Monaten. Das neue Recht ist daher auf den 1. Okt. 2007 in Kraft zu setzen (RR BE vom 20. Juni 2007, in: BVR 2008 S. 289 E. 6; zum Entscheid auch BGer vom 11. März 2008, 1C_230/2007, E. 4.1 und E. 4.2 [dazu oben Rz. 767]).

– **Rückwirkung neu erlassener Richtlinien:** Am 7. April 1998 erteilte das Eidgenössische Departement für Umwelt, Verkehr, Energie und Kommunikation (UVEK) der Stiftung A gestützt auf die Weisungen des Bundesrates für die UKW-Sendernetzplanung vom 9. Dez. 1996 eine bis zum 31. Dez. 2004 gültige Konzession für die terrestrische Verbreitung eines lokalen Radioprogramms in der Region 13a «Basel-Stadt». Gemäss Konzessionsurkunde verbreitet Radio A ein publizistisch-kulturelles Kontrastprogramm, in welchem die Interessen von sprachlichen, sozialen und kulturellen Minderheiten der Bevölkerung im Versorgungsgebiet vorrangig berücksichtigt werden. Hinsichtlich der Finanzierung wurde festgehalten, dass der Bruttoertrag der Konzessionärin aus Werbung und Sponsoring pro Kalenderjahr höchstens Fr. 900'000.– betragen darf; dieser Betrag erhöht sich ab dem zweiten Betriebsjahr im Verhältnis zur allgemeinen Teuerung. Am 21. Juni 2000 stellte die Stiftung Radio A – wie schon in den vorangegangenen Jahren – dem Bundesamt für Kommunikation (BAKOM) ein Gesuch um Ausrichtung eines Anteils an den Empfangsgebühren für das Jahr 2000. Zur Begründung des nachgesuchten Betrages von Fr. 140'000.– führte sie aus, dass bei der Budgetaufstellung vom selben Betrag auszugehen sei, wie er vom BAKOM für das Jahr 1999 zugesprochen wurde. Am 19. Sept. 2000 wies das BAKOM das Gesuch der Stiftung Radio A um Ausrichtung eines Anteils aus dem Ertrag der Empfangsgebühren für das Jahr 2000 ab. Das BAKOM berief sich auf ein von ihm ausgearbeitetes neues Gebührensplitting-Modell (Gebührensplitting, Wegleitung für Lokalradioveranstalter, Frühjahr 2000). Da Radio A keines der vier Kriterien erfülle, könne ihm für das Jahr 2000 kein Beitrag mehr aus dem Gebührensplitting ausgerichtet werden. Gegen diese Verfügung des BAKOM erhob die Stiftung Radio A am 19. Okt. 2000 erfolglos Beschwerde beim UVEK. Der Bundesrat heisst die Beschwerde teilweise gut. Erwägungen: Nach dem Gebührensplitting-Modell des BAKOM von 1996 galt zum Bezug von Subventionen u.a. die Voraussetzung, dass (als Kontrast- oder Alternativradio) Produktionskosten von unter Fr. 500'000.– vorlagen. Ab Frühjahr 2000 (Gebührensplitting-Modell 2000) gilt stattdessen das Kriterium der Werbefreiheit. Für den Bundesrat steht fest, dass das betreffende Radio A kein werbefreier Veranstalter eines Lokalradioprogrammes ist und demnach nach dem Gebührensplitting-Modell 2000 ab 1. Jan. 2000 nicht mehr subventioniert werden könnte. Da diese Praxisänderung grundsätzlich zu Recht erfolgt ist, bleibt zu prüfen, ob diese in Bezug auf die 849

Beschwerdeführerin eine unzulässige Rückwirkung zeitigte. Das BAKOM und das UVEK haben geltend gemacht, dass das neue Gebührensplitting-Modell wiederholt angekündigt und nach Rücksprache mit Branchenvertretern ausgearbeitet worden sei. Radio A habe als nicht werbefreier Veranstalter davon ausgehen müssen, für das Jahr 2000 keinen Anteil mehr aus dem Gebührensplitting zu erhalten. Sie stützen diese Auffassung auf die erwähnten Ankündigungen eines neuen Gebührenmodells 2000. Diese Ankündigungen durften indes – jedenfalls im Laufe des Jahres 1999 – in guten Treuen so verstanden werden, dass in dieser Sache nicht das letzte Wort gesprochen sei und Änderungen noch möglich seien. Die Beschwerdeführerin hat zudem zu Recht darauf hingewiesen, dass die Stiftung Radio A die Entscheide über die Art der Finanzierung von Radio A spätestens zu Beginn des Jahres treffen müsse. Hätte sie dabei auf die bis Ende 1999 rechtlich noch unverbindlichen Ankündigungen des BAKOM abgestellt, auf Werbeeinnahmen verzichtet und dem UVEK ein Gesuch um entsprechende Konzessionsänderung gestellt, wäre sie bei einer Verzögerung der Inkraftsetzung des angekündigten neuen Gebührensplitting-Modells oder bei allfälligen Radio A betreffenden Änderungen des Modells in das Risiko gelaufen, budgetierte Einnahmequellen zu verlieren, ohne dafür Möglichkeiten eines Ersatzes zu haben. Die Stiftung Radio A musste daher zu Beginn des Jahres 2000 noch nicht fest damit rechnen, im Jahr 2000 keinen Anteil aus dem Gebührensplitting mehr zu erhalten. Damit stellt die Anwendung des Gebührensplitting-Modells 2000 für Radio A bezogen auf die Gebührensplitting-Anteile für das Jahr 2000 eine unzulässige Rückwirkung dar. Der Stiftung Radio A hätte daher in Bezug auf die hier strittigen Gebührensplitting-Anteile für das Jahr 2000 Gelegenheit gegeben werden müssen, sich den negativen Folgen der Praxisänderung dadurch zu entziehen, dass sie Radio A neu werbefrei ausgestaltet und dem UVEK ein Gesuch um eine entsprechende Konzessionsänderung eingereicht hätte. Für das Jahr 2001 kann das Gebührensplitting-Modell 2000 dagegen auch auf die Beschwerdeführerin ohne Einschränkungen angewendet werden (BR vom 26. Juni 2002, in: VPB 67 [2003] Nr. 26 E. 6).

b) Voraussetzungen

aa) Gesetzliche Grundlage

850 Die echte (belastende) Rückwirkung gilt nur dann als zulässig, wenn sie **ausdrücklich angeordnet**, nach dem **Sinn des Erlasses klar gewollt** ist oder ein entsprechender **Wille des Gesetzgebers aus den Materialien** hervorgeht (BGE 125 I 182 E. 2b/cc, 122 V 405 E. 3b/aa, 119 Ia 154 E. 3b; BVGE 2009/3 E. 3.4; BVGer vom 15. Feb. 2010, C-2961/2007, E. 3.1; VerwG ZH vom 19. Nov. 2009, VB.2009.00459, E. 6.5).

Praxis:

851 – **Rückwirkende Anwendung der im heutigen Asylgesetz aufgeführten und gegenüber der bisherigen Ordnung erweiterten Widerrufsgründe:** Mit Verfügung vom 19. Dez. 1996 hiess das damalige BFF das Asylgesuch des Beschwerdeführers vom 3. Aug. 1995 gut. Der Beschwerdeführer wurde als Flüchtling anerkannt und es wurde ihm in der Schweiz Asyl gewährt. Im Jan. 1998 wurde der Beschwerdeführer in Frankreich verhaftet und verbüsste dort eine mehrjährige Haftstrafe wegen Erpressung und Bedrohung im Zusammenhang mit dem Vorwurf terroristischer Aktivitäten der PKK. Das BFF stimmte im Juni 2000 einem Rückübernahmeersuchen der französischen Behörden zu. Der Beschwerdeführer wurde daraufhin den schweizerischen Behörden übergeben. Mit Schreiben vom 12. Juni 2003 wurde dem Beschwerdeführer vom BFF eröffnet, dass man beabsichtige, aufgrund seiner Verurteilung in Frankreich sein Asyl gemäss Art. 63 Abs. 2 des Asylgesetzes vom 26. Juni 1998 (AsylG), in Kraft seit dem 1. Okt. 1999, zu widerrufen. Gleichzeitig wurde ihm die Möglichkeit zur Stellungnahme geboten. Mit Schreiben vom 19. Juni 2003 reichte der Beschwerdeführer mittels seines Rechtsvertreters eine entsprechende Stellungnahme ein, worin er im Wesentlichen festhielt, dass er seine Straftaten in Frankreich zu einem Zeitpunkt verübt habe (1998), in dem das schweizerische

Asylrecht noch keine Bestimmung im Sinne des heutigen Art. 63 Abs. 2 AsylG gekannt habe. Es handle sich somit um eine unzulässige Rückwirkung. Mit Schreiben vom 30. Sept. 2003 hielt das BFF fest, dass der Beschwerdeführer am 30. März 2000 letztinstanzlich verurteilt worden sei, was nach Inkrafttreten von Art. 63 Abs. 2 AsylG gewesen sei. Mit Verfügung vom 29. Jan. 2004 wurde das Asyl des Beschwerdeführers vom BFF widerrufen. Das BFF begründete seinen Entscheid im Wesentlichen damit, dass sich der Beschwerdeführer in Frankreich einer besonders verwerflichen Straftat i.S.v. Art. 63 Abs. 2 AsylG schuldig gemacht habe. Mit Eingabe vom 5. März 2004 reichte der Beschwerdeführer über seinen Rechtsvertreter Beschwerde bei der damals zuständigen Schweizerischen Asylrekurskommission (ARK) ein. Das Bundesverwaltungsgericht heisst die Beschwerde gut und hebt die angefochtene Verfügung auf. Erwägungen: Im vorliegenden Fall ist der Anknüpfungspunkt – der schliesslich zum Asylwiderruf geführt hat – die vom Beschwerdeführer im Jahre 1998 begangene Straftat in Frankreich. Somit hat sich der hier zur Diskussion stehende Sachverhalt abschliessend vor Inkrafttreten des neu revidierten Asylgesetzes im Jahre 1999 zugetragen. Die Anwendung des neuen Asylgesetzes und der damit verbundene Asylwiderruf wirken sich negativ auf die bisher privilegierte Rechtstellung des Beschwerdeführers aus. Es liegt ein Fall der echten belastenden Rückwirkung vor. Der Gesetzgeber hat mit der am 1. Okt. 1999 in Kraft getretenen Gesetzesrevision zwar einen neuen Asylwiderrufsgrund statuiert und damit eine in der bisherigen Gesetzgebung festgestellte Lücke geschlossen, gleichzeitig indessen keine übergangsrechtlichen, auf eine allfällige Rückwirkung bezogene Anordnungen getroffen; weder aus den ausdrücklichen Übergangsbestimmungen in Art. 121 AsylG noch aus den Materialien zur Gesetzesrevision ist ein entsprechender Wille des Gesetzgebers ersichtlich. Daraus ergibt sich, dass die restriktiven Voraussetzungen, welche eine echte Rückwirkung ausnahmsweise als zulässig erscheinen lassen, nicht erfüllt sind. Denn gemäss herrschender Lehre und Rechtsprechung kann eine echte belastende Rückwirkung dann zulässig sein, wenn sie in einem Gesetz eindeutig vorgesehen oder nach dem Sinn des Erlasses eindeutig gewollt ist, durch triftige Gründe (öffentliches Interesse) geboten ist, in zeitlicher Hinsicht mässig bleibt und keine stossenden Rechtsungleichheiten schafft. Diese Voraussetzungen müssen kumulativ erfüllt sein. Wie oben festgehalten, fehlt es indes an einer gesetzlichen Übergangsbestimmung, die eine Rückwirkung vorsähe, und ein entsprechender Wille des Gesetzgebers geht auch aus den Materialien nicht hervor. Sodann ist kein eindeutiges öffentliches Interesse am nachträglich angeordneten Asylwiderruf erkennbar. Der angeordnete Asylwiderruf basierend auf Art. 63 Abs. 2 AsylG stellt daher im vorliegenden Fall eine unzulässige Rückwirkung dar (BVGE 2009/3 E. 3.2-3.4).

bb) Zeitlich mässig

Als eine zeitlich mässige Rückwirkung gilt im Allgemeinen die Dauer von **einem Jahr**, solange nicht besondere Umstände vorliegen (BGE 102 Ia 69 E. 3b; VerwG BE vom 23. Sept. 2010, in: BVR 2011 S. 220 E. 5.4; VerwG GR vom 12. Dez. 2002, in: PVG 2002 S. 27 E. 2d [3 Monate]; VerwG LU vom 28. März 2002, in: LGVE 2002 II Nr. 35 E. 1a; VerwG AG vom 22. April 2002, in: AGVE 2002 Nr. 38 E. 3). Zu berücksichtigen sind nebst der absoluten Dauer die konkreten Umstände, namentlich die Frage, ob für den Einzelnen die rückwirkende Inkraftsetzung des Erlasses voraussehbar war und wie stark seine (privaten) Interessen tangiert sind (VerwG AG vom 22. April 2002, in: AGVE 2002 Nr. 38 E. 3). 852

Da Bestimmungen über die **Amts- und Rechtshilfe** dem Verfahrensrecht zugeordnet werden, welches auch rückwirkend angewendet werden kann, ist gemäss Rechtsprechung **Amtshilfe** (infolge offener Steuerschulden) **selbst für weit zurückliegende Steuerperioden** zu leisten. So wurde vom Bundesgericht die Beschwerde gegen ein im Jahr 2001 gestelltes Amtshilfegesuch für im Zeitraum von 1990 bis 1997 nicht geleistete Steuern abgewiesen, wobei das anwendbare DBA-USA 96 erst am 19. Dez. 853

1997 in Kraft trat (BGer vom 12. April 2002, 2A.551/2001, E. 2). Das Bundesverwaltungsgericht sah sich in Anbetracht dieser höchstrichterlichen Rechtsprechung nicht dazu veranlasst, die rückwirkende Anwendung des das DBA-USA 96 ergänzenden Staatsvertrags 10 vom 31. März 2010 auf den Zeitraum von 2001 bis 2008 in Frage zu stellen und auf seine bisherige Rechtsprechung zurückzukommen, die mittlerweilen in mehreren Entscheiden bestätigt worden ist (BVGE 2010/40 E. 6.5.2; BVGer vom 20. Juni 2011, A-6874/2010, E. 3.2; vom 7. März 2011, A 6873/2010, E. 5; vom 11. Jan. 2011, A 4904/2010, E. 4.1; vom 11. Okt. 2010, A 4876/2010, E. 3.1).

Praxis:

854 – **Rückwirkende Anwendung des Dekrets über die Suspendierung des Teuerungsausgleichs für das Jahr 1993:** Am 15. Dez. 1992 erliess der Waadtländer Grosse Rat ein Dekret, in welchem der in Art. 54 des Waadtländer Beamtengesetzes vorgesehene Teuerungsausgleich für das Jahr 1993 suspendiert wurde. Art. 2 des Dekrets lautet: «Unter Vorbehalt verfassungsrechtlicher Bestimmungen tritt dieses Dekret am 1. Jan. 1993 in Kraft.» Das Dekret wurde am 29. Dez. 1992 im kant. Amtsblatt veröffentlicht. Die Referendumsfrist lief am 7. Feb. 1993 ungenutzt ab, worauf der Regierungsrat das Dekret am 12. Feb. 1993 rückwirkend auf den 1. Jan. 1993 in Kraft setzte; dieser Beschluss wurde am 19. Feb. 1993 im Amtsblatt publiziert. Die kant. Beamten erhielten bereits im Jan. 1993 keinen Teuerungsausgleich mehr. Die Beamten X, Y und Z sowie der VPOD erheben staatsrechtliche Beschwerde beim Bundesgericht. Dieses weist die Beschwerde ab. Erwägungen: Im vorliegenden Fall ist die Rückwirkung in Art. 2 des angefochtenen Dekrets vorgesehen. Sie ist zeitlich stark begrenzt und führt nicht zu stossenden Ungerechtigkeiten. Sie verletzt im Übrigen keine wohlerworbenen Rechte, denn die Dienstverhältnisse der Beamten sind Gesetzesänderungen unterworfen, auch was die Entlöhnung betrifft. Der kant. Gesetzgeber ist demnach frei, Gesetzesänderungen für die Lohnansprüche der Beamten zu erlassen. Solche Lohnansprüche bilden im Allgemeinen keine wohlerworbenen Rechte. Schliesslich erscheinen die Gründe, die den Waadtländer Gesetzgeber zum Erlass des angefochtenen Dekrets veranlassten, triftig. Zwar genügt ein rein finanzielles Interesse des Staates normalerweise nicht für eine Ausnahme vom Rückwirkungsverbot, vorbehalten den Fall einer Gefahr für die öff. Finanzen. Im vorliegenden Fall befanden sich die kant. Finanzen aber in einer schlechten Lage. Es mussten Sanierungsmassnahmen getroffen werden (der kant. Steuersatz wurde angehoben; es wurden verschiedene Bestimmungen erlassen, um die finanzielle Belastung des Staates zu verringern). Auch wenn das öff. Interesse an der Rückwirkung des fraglichen Erlasses nicht bedeutend ist, überwiegt es dennoch die privaten Interessen der Beschwerdeführer auf Erhalt eines Teuerungsausgleichs. Denn der von den Beschwerdeführern erlittene Schaden ist sehr gering. Er entspricht nur dem Ausfall des Teuerungsausgleichs für den Monat Jan. (plus einiger Tage im Feb.). Dazu kommt, dass die Betroffenen darauf nicht unvorbereitet waren, kannten sie doch die angestrebte Massnahme seit Herbst 1992. Zu jenem Zeitpunkt wurde das entsprechende Begehren nämlich vom Regierungsrat dem Grossen Rat vorgelegt. Die Veröffentlichung des angenommenen Textes erfolgte am 29. Dez. 1992 (BGE 119 Ia 254 E. 3b).

855 – **Pflicht zur Erstellung von Parkplätzen (Wechsel vom Vorzugslast- zum Ersatzabgabesystem):** Gegenstand des vorliegenden Beschwerdeverfahrens bildet der Beschluss des Stadtrates B vom 6. Juni 1995, mit welchem die von derselben Behörde in der Baubewilligung vom 12. Juni 1989 bzw. deren Nachtrag vom 22. Jan. 1990 formell rechtskräftig festgelegte Verpflichtung des Beschwerdeführers, sich im Umfang von 19 Autoabstellplätzen an einer künftigen Gemeinschaftsanlage zu beteiligen, in Anwendung des neuen Baugesetzes (§ 169 Abs. 4 nBauG), welches am 1. April 1994 in Kraft trat, widerrufen und der Beschwerdeführer verpflichtet wurde, für 17 Parkplätze eine Ersatzabgabe von je Fr. 8'750.–, insgesamt somit Fr. 148'750.–, zu bezahlen. Die umstrittene Bestimmung des § 169 Abs. 4 nBauG lautet: «Die nach bisherigem Recht festgelegte Pflicht, sich an der Finanzierung künftig zu erstellender Gemeinschaftsanlagen oder öffentlicher Abstellplätze zu beteiligen, wird von den Gemeinden

in eine Ersatzabgabe umgewandelt. Beteiligungspflichten, die vor mehr als 25 Jahren rechtskräftig festgesetzt worden sind, gelten als erloschen.» Erwägungen: Gemäss § 60 Abs. 1 Satz 1 des bis zum 31. März 1994 geltenden aBauG hatte der Baueigentümer genügende Abstellplätze für die Fahrzeuge der Benützer und Besucher zu schaffen. Stattdessen konnte der Pflichtige die erforderlichen Abstellplätze im Sinne einer Ersatzlösung auch auf einem andern Grundstück bereitstellen oder sich an einer Gemeinschaftsanlage oder an der Finanzierung öffentlicher Abstellplätze beteiligen (§ 62 Abs. 1 Satz 1 aBauG). Im Unterschied zu dieser Regelung wird im neuen Baugesetz die grundsätzliche Pflicht zur Leistung einer Ersatzabgabe zu Lasten desjenigen, der keine Abstellplätze erstellt, normiert. Dies bedeutet einen Systemwechsel. Unbestritten ist, dass § 169 Abs. 4 nBauG eine Rückwirkung zur Folge hat. Kontrovers ist aber, ob es sich um echte oder um unechte Rückwirkung handelt. Es ist davon auszugehen, dass die das massgebliche Rechtsverhältnis (d.h. die Baubewilligung vom 12. Juni 1989/22. Jan. 1990 bzw. die Nebenbestimmung betr. Ablösung der Verpflichtung zur Erstellung von Abstellplätzen) zur Entstehung bringenden tatsächlichen Merkmale (d.h. die Realisierung des die Parkplatzerstellungspflicht auslösenden Um- und Ausbaus des bestehenden Wohn- und Geschäftshauses) zum Zeitpunkt des Inkrafttretens von § 169 Abs. 4 nBauG am 1. April 1994 längst verwirklicht waren. Insoweit kann nicht von einem noch nicht abgeschlossenen Dauersachverhalt ausgegangen werden. Die Rückwirkung ist in § 169 Abs. 4 nBauG ausdrücklich angeordnet und klar gewollt, indem die Gemeinden darin verpflichtet werden, die nach bisherigem Recht verfügten Vorzugslasten in Ersatzabgaben umzuwandeln, sofern die entsprechenden Beteiligungspflichten nicht mehr als 25 Jahre zurückliegen. Diese Anforderung ist somit erfüllt. Die Rückwirkung muss sodann zeitlich mässig sein. In der neueren Lehre und Praxis wird zum zeitlichen Kriterium der Rückwirkung ausgeführt, die Grenze liege – vorbehaltlich besonderer Umstände im Einzelfall – bei rund einem Jahr. Betont wird jedoch, dass es sich dabei jedoch nicht um eine «Faustregel» handelt. Zu berücksichtigen sind neben der absoluten Dauer die konkreten Umstände, namentlich die Frage, ob für die Betroffenen das rückwärtige Inkraftsetzen des Erlasses voraussehbar war. Im vorliegenden Falle wurde die Verpflichtung des Beschwerdeführers, sich gemäss § 62 Abs. 2 aBauG im Sinne einer Vorzugslast an einer Gemeinschaftsanlage oder an der Finanzierung öffentlicher Parkplätze zu beteiligen, mit dem Baubewilligungsentscheid vom 12. Juni 1989/22. Jan. 1990 begründet. Die neue Regelung in § 169 Abs. 4 nBauG wurde per 1. April 1994 in Kraft gesetzt. Die darauf gestützte Anordnung einer Ersatzabgabe erfolgte mit Stadtratsbeschluss vom 6. Juni 1995. Die Rückwirkung erstreckt sich also auf eine Zeitdauer, die erheblich länger als ein Jahr ist, womit der von Verfassungs wegen eng gezogener zeitlicher Rahmen deutlich gesprengt wird. Namentlich war für den Beschwerdeführer im Zeitpunkt der Baubewilligungserteilung nicht voraussehbar, inwieweit und mit welchen Mitteln und Instrumenten die bestehende Ordnung dannzumal abgelöst werden sollte. Die Rückwirkung ist ferner nur zulässig, wenn sie durch triftige Gründe gerechtfertigt ist. Fiskalische Gründe genügen dabei nicht. Vorliegend bestehen auch keine triftigen Gründe, denn sowohl die alt- als auch die neurechtliche Lösung verfolgen das Ziel, die Pflicht zur Erstellung von Abstellplätzen (Naturallast) auch ersatzweise erfüllen zu lassen (VerwG AG vom 22. April 2002, in: AGVE 2002 Nr. 38 E. 2 und E. 3).

cc) Triftige Gründe

Als triftige Gründe gelten nur **besondere Interessen an einer rückwirkenden Inkraftsetzung** eines Erlasses; sie dürfen **nicht Ausfluss allgemeiner Überlegungen sein**, die mit jeder Rechtsänderung verbunden sind (VerwG BE vom 23. Sept. 2010, in: BVR 2011 S. 220 E. 5.4). Blosse Interessen an einer gleichmässigen Rechtsanwendung vermögen eine rückwirkende Anwendung eines Erlasses nicht zu legitimieren, ansonsten müsste für alle Massnahmen, welche sich künftig belastend auswirken, eine Rückwirkung angeordnet werden (BGE 102 Ia 69 E. 3c). Die für die Rückwirkung ins Feld geführten Gründe müssen **ein gewisses Gewicht haben**; die Anliegen der Rechtssicherheit lassen sich nicht schon unter Berufung auf haltbare öffentliche 856

Interessen oder blosse Praktikabilitätsüberlegungen aus dem Weg räumen (VerwG BE vom 23. Sept. 2010, in: BVR 2011 S. 220 E. 5.4 [triftige Gründe für eine echte Rückwirkungen liegen nicht, wenn diese bloss im Anliegen bestehen, die Gebühren rückwirkend für die gesamte Abrechnungsperiode aufgrund einer Rechtsgrundlage, die erst am 1. Mai des Abrechnungsjahres in Kraft trat, zu erheben]).

857 Das **volkswirtschaftliche Interesse der Schweiz am Erhalt der UBS AG** beurteilte das Bundesverwaltungsgericht als gewichtigen Grund, um den Staatsvertrag rückwirkend anzuwenden, wobei Bestimmungen über die Amtshilfe grundsätzlich vom Rückwirkungsverbot ausgeschlossen sind (BVGE 2010/40 E. 6.5.2 und E. 6.5.5; BVGer vom 20. Juni 2011, A-6874/2010, E. 3.2). Rein **fiskalische Gründe** reichen nicht aus, um Abgaben rückwirkend zu erheben bzw. zu erhöhen oder Löhne rückwirkend zu kürzen (BGE 102 Ia 69 E. 3c; BGer vom 28. Aug. 2003, 2P.45/2003, E. 5 [einmalige Anschlussgebühr zwecks Schuldentilgung]; VerwG AG vom 22. April 2002, in: AGVE 2002 Nr. 38 E. 2 und E. 3), **ausser** die kantonalen oder kommunalen Finanzen befinden sich in einer eigentlichen **Notlage** und es müssen **Sanierungsmassnahmen** getroffen werden (BGE 119 Ia 254 E. 3b [rückwirkender Ausfall des Teuerungsausgleichs]; VerwG ZH vom 7. Sept. 2007, VB.2006.00370, E. 2.5.4; VerwG BS vom 7. Jan. 2005, in: BJM 2005 S. 194 E. 5b/bc).

Praxis:

858 – **Rückwirkende Anwendung neuer Berechnungsgrundlagen für den Risikoausgleich:** Die hier zur Diskussion stehende Verordnungsänderung vom 14. Juni 1993 beinhaltet insofern eine echte Rückwirkung, als verschiedene Bestimmungen bereits auf den 1. Jan. 1993 in Kraft gesetzt worden sind, so u.a. Art. 7 Abs. 1 betr. die Berechnungsgrundlagen des Risikoausgleichs (Übergang vom Referenzjahr zum Ausgleichsjahr). Für das Jahr 1993 ist die Pflicht der Krankenkassen zur Leistung von Zahlungen unter dem Titel des Risikoausgleichs am 1. Jan. dieses Jahres entstanden. Nach Massgabe der am 1. Jan. 1993 anwendbar gewesenen Verordnung in der ursprünglichen Fassung vom 31. Aug. 1992 belief sich der von der Beschwerdeführerin zu bezahlende Betrag auf Fr. 1'837'439.–, wogegen der neu ermittelte Betrag Fr. 3'539'991.– ausmacht. Die Änderung von Art. 7 der Verordnung hat für die Beschwerdeführerin somit zu einer erheblichen Erhöhung der vor Inkrafttreten der Verordnungsnovelle definitiv festgesetzten Zahlungspflicht geführt. Die Verordnungsänderung findet demnach jedenfalls für die Zeit vom 1. Jan. bis 30. Juni 1993 auf Sachverhalte Anwendung, die sich abschliessend vor dem Inkrafttreten verwirklicht haben. Im vorliegenden Fall sind die Voraussetzungen, wie sie die Rechtsprechung für die Zulässigkeit einer rückwirkenden Anwendung neuen Rechts aufgestellt hat, nicht erfüllt. Die Änderungen standen in Zusammenhang mit Rekrutierungskampagnen neuer Kassen: Diese suchten systematisch junge Versicherte in gutem Gesundheitszustand anzuwerben, die langfristig «gute Risiken» darstellten und denen im Hinblick auf die günstige Risikostruktur vorteilhafte Versicherungsbedingungen angeboten werden konnten. Es ist daher verständlich, dass der Bundesrat dem Abwandern jüngerer Versicherter in günstigere Krankenkassen, was die Tendenz zur Entsolidarisierung noch verstärkte, möglichst rasch Einhalt gebieten wollte. Dieses öffentliche Interesse genügt jedoch nicht, um ein Abgehen vom Grundsatz der Nichtrückwirkung zu rechtfertigen. Die Absicht, der Rekrutierungspolitik gewisser Kassen entgegenzutreten, bevor die Neuregelung effektiv ihre Wirkungen entfaltet, stellt keinen hinreichenden Grund dar. Zudem stehen beim Risikoausgleich vorab die privaten Interessen der Krankenkassen einer Rückwirkung entgegen. Schliesslich konnte das erforderliche Korrektiv auch ohne die vom Bundesrat beschlossene Rückwirkung herbeigeführt werden, indem die neu angeworbenen Mitglieder jedenfalls bei der Festsetzung des Risikoausgleichs für das Jahr 1994 zu berücksichtigen waren (BGE 122 V 405 E. 3c).

– **Nachträgliche Erhebung einer ergänzenden Kanalisationsanschlussgebühr:** Die Gemeindeversammlung der Gemeinde Sent verabschiedete am 6. Nov. 2001 einen Nachtrag zum kommunalen Gebührenreglement vom 30. Dez. 1998, worin u.a. eine besondere Anschlussgebühr zur Finanzierung der Sanierung und Erweiterung der ARA Sot Ruinas, zur Deckung weiterer anstehender Investitionen sowie zur Tilgung der bisherigen, durch ordentliche Anschlussgebühren nicht gedeckten Investitionen im Bereich der Abwasserentsorgung auf dem Gebiet der Gemeinde Sent vorgesehen ist (Art. 1), welche u.a. auch von den Eigentümer von bereits an die öffentliche Kanalisation angeschlossenen überbauten Grundstücken erhoben wird (Art. 2). Gestützt auf diesen Nachtrag zum Gebührenreglement erhob der Gemeinderat Sent mit Beschluss vom 19. Nov. 2001 von den bereits an die Kanalisation angeschlossenen Grundeigentümern die erwähnte «besondere einmalige Anschlussgebühr». Die dagegen erhobenen Einsprachen wies die Gemeinde mit in Begründung und Ergebnis übereinstimmenden Entscheiden vom 24. Juni 2002 ab. Mit Urteil vom 12. Dez. 2002 hiess das Verwaltungsgericht des Kantons Graubünden die hiergegen von verschiedenen Grundeigentümern eingereichten Rekurse gut und hob die angefochtenen Einspracheentscheide sowie die ihnen zugrunde liegenden Beitragsverfügungen auf. Mit Eingabe vom 21. Feb. 2003 erhebt die Gemeinde Sent beim Bundesgericht staatsrechtliche Beschwerde, welche vom Bundesgericht abgewiesen wird. Erwägungen: Neben periodischen Benützungsgebühren wird vom Grundeigentümer vielfach ein einmaliger Anschlussbeitrag (Vorzugslast) oder eine einmalige Anschlussgebühr erhoben; diese Letztere kann auch zusätzlich zu bereits entrichteten Erschliessungsbeiträgen erhoben werden. Die einmaligen Beiträge und Gebühren dienen zur Deckung der Erstellungskosten, während die periodischen Benützungsgebühren primär die Betriebs- und Unterhaltskosten decken sollen. Die vorliegend in Frage stehende Abgabe ist als ergänzende nachträgliche Anschlussgebühr ausgestaltet. Die Anschlussgebühr ist nach ihrem Zweck als einmalige Abgabe (taxe unique) konzipiert. Die Erhebung ergänzender Anschlussgebühren kann vorgesehen werden für den Fall, dass eine angeschlossene Liegenschaft nachträglich um- oder ausgebaut wird. Eine generelle Erhebung nachträglicher bzw. zusätzlicher Anschlussgebühren für bereits angeschlossene Liegenschaften gilt sodann als zulässig, wenn eine öffentliche Anlage neu erstellt oder in einer allen Liegenschaften zugute kommenden Weise erneuert oder ausgebaut wird. Es kann in einem solchen Fall nicht von einer echten Rückwirkung gesprochen werden. Wohl findet kein neuer Anschluss statt, der als solcher die entsprechende Gebühr auslösen würde; doch erfährt das Werk, an welches die Liegenschaft angeschlossen ist, eine Veränderung, welche die Qualität des Anschlusses beeinflusst und dem Benützer einen zusätzlichen Vorteil verschafft, der die (rechtssatzmässig zu verankernde) Erhebung einer zusätzlichen Anschlussgebühr zu rechtfertigen vermag. Anders verhält es sich, wenn von angeschlossenen Liegenschaften nachträgliche oder zusätzliche Anschlussgebühren für ein bereits seit längerer Zeit bestehendes Werk erhoben werden. Wohl besteht der Vorteil des gewährten Anschlusses auch noch im Zeitpunkt der nachträglich erhobenen Gebühr. Gegenstand der einmaligen Abgabe ist jedoch der gewährte Anschluss als solcher, welcher die zu entgeltende Gegenleistung des Gemeinwesens bildet und insoweit einen abgeschlossenen Sachverhalt darstellt. Wenn das Gemeinwesen die durch die Erneuerung oder Erweiterung der öffentlichen Anlage entstandenen Kosten erst nachträglich durch ergänzende Anschlussgebühren decken will, beurteilt sich die Zulässigkeit dahin gehender Vorschriften nach den Grundsätzen des Rückwirkungsverbotes. Der blosse Umstand, dass der kommunale Verwaltungszweig der Abwasserentsorgung defizitär arbeitet, vermag für sich allein die Erhebung zusätzlicher Anschlussgebühren nicht zu rechtfertigen. Die für die besondere Gegenleistung des Gemeinwesens erhobenen Kausalabgaben sind nach den im massgebenden Zeitpunkt geltenden Vorschriften zu bemessen, und es obliegt der Gemeinde, die nach ihrem Finanzierungssystem vorgesehenen einmaligen und periodischen Abgaben so festzusetzen, dass das angestrebte (bzw. heute bundesrechtlich vorgeschriebene) Kostendeckungsziel erreicht werden kann; wo dies versäumt wird, setzt das verfassungsrechtliche Rückwirkungsverbot einer nachträglichen Erhöhung der Anschlussgebühren Grenzen. Weiter kann auch nicht von einer allenfalls zulässigen mässigen Rückwirkung gesprochen werden, wenn der aufgelaufene Fehlbetrag sich auf die in den letzten zehn Jahren vorgenommenen Investitionen bezieht (BGer vom 28. Aug. 2003, 2P.45/2003, E. 5). 859

860 – **Überstundenentschädigung des Polizeikorps bei interkantonalen Einsätzen:** Vorliegend ist ein Sachverhalt zu beurteilen, der sich anlässlich der 1. Mai-Kundgebung in Luzern ergeben hat. Der Regierungsrat hat die zu beurteilende Regelung erst nach Abschluss dieses Sachverhaltes, am 9. Mai 2005, erlassen und setzte diese rückwirkend auf den 1. Jan. 2005 in Kraft. Künftig soll neu bei interkantonalen Einsätzen auf einen Zuschlag für Überstundenarbeit verzichtet werden. Es liegt offensichtlich eine echte Rückwirkung im Sinne der Rechtsprechung vor. Es ist demnach zu prüfen, ob die Voraussetzungen, nach welchen vom Rückwirkungsverbot abgewichen werden darf, erfüllt sind. Weder im Dienstreglement noch der Personalverordnung findet sich – von der Inkraftsetzung als solcher abgesehen – eine Regelung, die die Rückwirkung als klar gewollt bestimmen würde. Es gilt zudem zu berücksichtigen, dass es um eine zeitliche Rückwirkung von immerhin gut vier Monaten geht. Es steht fest, dass der Regierungsrat mit der Neuregelung Klarheit über die schon seit längerer Zeit im Raum stehende Frage der Arbeitsleistung des Polizeikorps bei interkantonalen Einsätzen schaffen wollte. Es ist daher verständlich, dass der Regierungsrat diese Unklarheit möglichst rasch beseitigen wollte. Dies genügt als öffentliches Interesse jedoch nicht, um vom Grundsatz der Nichtrückwirkung abzuweichen. Die privaten Interessen der Mitarbeiter des Polizeikorps stehen bei der Bezahlung eines Zuschlages für Überstundenarbeit im Vordergrund. Zudem hätte auch eine Inkraftsetzung kurze Zeit nach dem Erlass des Nachtrages zu einer raschen Umsetzung des Nachtrages beigetragen. Es sind denn auch keine weiteren Gründe ersichtlich, die eine rückwirkende Inkraftsetzung rechtfertigen würden. Unter diesen Umständen erübrigt sich eine Beurteilung allfälliger stossender Rechtsungleichheiten und möglicher Verletzungen wohlerworbener Rechte. Dasselbe gilt für die Frage der möglicherweise gutgläubig getroffenen Dispositionen im Rahmen des Vertrauensschutzes. Was der Beschwerdeführer zur Rückwirkung vorbringt, erweist sich insgesamt als begründet, weshalb die neue Regelung vorliegend – im Hinblick auf den Arbeitseinsatz am 1. Mai 2005– nicht zur Anwendung gelangt. Die Frage ist somit nach dem allgemeinen Personalrecht zu beantworten (VerwG OW vom 17. April 2008, in: VVGE 2008/09 Nr. 30 E. 2c).

dd) Kein Eingriff in wohlerworbene Rechte

861 **Öffentlich-rechtliche Ansprüche** gelten als **wohlerworben**, wenn das Gesetz die entsprechenden Beziehungen ein für allemal festlegt und von den Einwirkungen der gesetzlichen Entwicklung ausnimmt oder wenn bestimmte individuelle Zusicherungen abgegeben oder Verträge geschlossen worden sind (BGE 137 V 105 E. 7.2, 134 I 23 E. 7.1, 130 I 26 E. 8.2.1, 118 Ia 245 E. 5b). Zu den wohlerworbenen Rechten gehören sogenannte **ehehafte Rechte** (BGE 131 I 321 E. 5.1) oder diejenigen Rechte innerhalb einer **Konzession**, die aufgrund **freier Vereinbarung** der Parteien entstanden sind (z.B. Höhe des vereinbarten Zinses [BGE 126 II 171 E. 3b] oder vereinbarte Dauer [BGE 113 Ia 357 E. 5b]). Derartigen vertraglich begründeten Rechtsansprüchen Privater kommt indes keine absolute Gesetzesbeständigkeit zu, sondern es sind «lediglich» Aspekte, die im Rahmen der Interessenabwägung zu berücksichtigen sind und allenfalls zu Ansprüchen aus formeller Enteignung führen können (BGE 119 Ia 154 E. 5d; VerwG ZH vom 27. Okt. 2000, VK.2000.00006, E. 4d). **Vermögensrechtliche Ansprüche** öffentlich-rechtlich Angestellter wie auch **sozialversicherungsrechtlich begründete Ansprüche** stellen grundsätzlich – vorbehaltlich oben genannter Ausnahmen – **keine wohlerworbenen Rechte**, sondern blosse Anwartschaften dar (BGE 137 V 105 E. 7.2, 134 I 23 E. 7.1, 133 V 279 E. 3.3, 130 V 18 E. 3.3, 118 Ia 245 E. 5b; zum Ganzen auch oben Rz. 761 ff.; ferner unten Rz. 867 ff. [unechte Rückwirkung] sowie Rz. 2731 ff. [Widerruf]).

Praxis:

- **Art. 14 Aareschutzinitiative:** Am 6. März 1990 reichten der Naturschutzverband des Kantons Bern und verschiedene andere Umweltschutzorganisationen bei der bernischen Staatskanzlei eine – in der Form des ausgearbeiteten Entwurfs abgefasste – Initiative für ein «Gesetz über den Schutz der Aarelandschaft» (nachfolgend Aareschutzinitiative oder Initiative) ein. Art. 14 der Aareschutzinitiative bestimmt, dass Vorhaben, die «wie das Grundwasserpumpwerk in der Belp-Au oder wie das Neubauprojekt Kraftwerk Wynau» Objekte von nationaler Bedeutung i.S.v. Art. 3 der Initiative zusätzlich beeinträchtigen oder die der Verwirklichung des Sanierungsplanes entgegenstehen, trotz bestehender Konzessionen und Bewilligungen weder ausgeführt noch in Betrieb genommen werden dürfen, sofern am 1. Feb. 1990 mit den Bauarbeiten noch nicht begonnen wurde. Der Regierungsrat beantragte dem bernischen Grossen Rat, Art. 14 der Initiative sei ungültig zu erklären und die Art. 1 bis 13 und 15 seien dem Volk ohne Gegenvorschlag zur Ablehnung zu empfehlen. Am 23. Jan. 1992 folgte der Grosse Rat dem Antrag des Regierungsrates. Gegen diesen Grossratsbeschluss erheben verschiedene Privatpersonen sowie sämtliche Mitglieder des Initiativkomitees am 12. Feb. 1992 beim Bundesgericht Stimmrechtsbeschwerde i.S.v. Art. 85 lit. a OG. Sie stellen den Antrag, der Beschluss des Grossen Rates vom 23. Jan. 1992 sei insofern aufzuheben, als Art. 14 der Initiative ungültig erklärt worden sei. Die Initianten rügen eine Verletzung ihrer politischen Rechte und machen geltend, die Bestimmung von Art. 14 der Initiative verstosse nicht gegen übergeordnetes Recht, weshalb sie einen Anspruch darauf hätten, dass die Initiative dem Stimmvolk ohne Änderung unterbreitet werde. Das Bundesgericht heisst die Beschwerde gut. Erwägungen: Die umstrittene Bestimmung stellt, jedenfalls für das Grundwasserpumpwerk Belp-Au, eine echte Rückwirkung einer Gesetzesbestimmung dar. Zudem kann die allgemeine Formulierung des Art. 14 auch für andere, nicht namentlich genannte Werke oder Projekte zu einer Rückwirkung führen. Zu Recht wird vorliegend nicht bestritten, dass bei Annahme der Initiative mit Art. 14 eine gesetzliche Grundlage für eine Rückwirkung geschaffen würde. Ebenso wenig ist streitig, dass die Rückwirkung in zeitlicher Hinsicht mässig ist und dass sie zu keinen stossenden Rechtsungleichheiten führt. Schliesslich haben der Grosse Rat und der Regierungsrat anerkannt, dass die Anliegen der Initianten und Beschwerdeführer durchaus als beachtenswerte Gründe im Sinne obgenannter Praxis betrachtet werden können. Zu beurteilen ist in dieser Hinsicht somit einzig noch die Frage, ob die bernischen Behörden zu Recht den Art. 14 der Initiative als unzulässigen Eingriff in wohlerworbene Rechte qualifiziert haben. Art. 14 der Aareschutzinitiative würde eine hinreichende gesetzliche Grundlage für den Eingriff in wohlerworbene Rechte darstellen. Zudem ist auch in Art. 43 Abs. 2 WRG die Möglichkeit vorgesehen, ein verliehenes Nutzungsrecht aus Gründen des öffentlichen Wohls und gegen volle Entschädigung zurückzuziehen oder zu schmälern. Wie die Beschwerdeführer zu Recht ausführen, hat der kantonale Gesetzgeber im Falle der Annahme der Initiative die Kompetenz, den geforderten Gewässer- und Landschaftsschutz als wichtiges öffentliches Interesse zu betrachten und entsprechende Vorschriften zu erlassen. Angesichts eines allfälligen (politischen) Willens, die Landschaften von nationaler und regionaler Bedeutung vor weiteren Eingriffen zu schützen, könnte ein Eingriff in wohlerworbene Rechte im konkreten Einzelfall eine geeignete sowie erforderliche und somit eine verhältnismässige Massnahme darstellen. Der Text des Art. 14 der Aareschutzinitiative darf somit – im Rahmen einer verfassungskonformen Auslegung – nicht in dem Sinne verstanden werden, dass er unmittelbar und unbedingt den Behörden untersagte, bereits bestehende Konzessionen zu respektieren. Die Formulierung von Art. 14 darf auch nicht so verstanden werden, dass sie die sich allfällig stellenden Abwägungen der verschiedenen öffentlichen und privaten Interessen präjudizieren würde. Die fragliche Bestimmung darf nur so interpretiert werden, dass die zuständigen Behörden verpflichtet werden, ein Verfahren zum Widerruf der bereits erteilten Konzessionen einzuleiten. Da schliesslich die Initiative in Art. 14 Abs. 2 in Verbindung mit Art. 8 ausdrücklich die Bestimmungen des kantonalen Enteignungsgesetzes vorbehält, wäre auch in dieser Hinsicht grundsätzlich nichts gegen den Art. 14 der Aareschutzinitiative einzuwenden. Soweit die richterlichen Garantien gewährleistet sind, ist somit eine verfassungskonforme Auslegung der fraglichen Bestimmung möglich (BGE 119 Ia 154 E. 5d). 862

c) *Rückwirkung begünstigender Natur*

863 Soweit eine neue Regelung für die betroffenen Personen gegenüber der bisher geltenden Rechtslage keine Nachteile bringt, steht es dem Gesetzgeber frei, sie auch rückwirkend zur Anwendung zu bringen. Die rückwirkende Inkraftsetzung einer begünstigenden Regelung gilt als grundsätzlich **zulässig**, wenn sie vom **Gesetzgeber** ausdrücklich angeordnet oder zumindest nach dem Sinn des Erlasses klar gewollt ist, **nicht zu Rechtsungleichheiten führt** und **nicht in Rechte Dritter eingreift** (BGE 105 Ia 36 E. 3; BGer vom 23. Nov. 2005, 2A.228/2005, E. 2.3; BGVE 2007/25 E. 3.1; BVGer vom 26. Nov. 2010, A-5654/2009, E. 2.1; vom 14. Mai 2009, A-1660/2008, E. 4.2; vom 27. Feb. 2009, A-1463/2006, E. 4.2 [in BGVE 2009/12 nicht publ. E.]; vom 25. Juni 2008, A-1515/2006, E. 3.2).

Praxis:

864 – **Rückwirkende Anwendung der neuen Bestimmungen in der Kantonsverfassung über die direkte Staatshaftung:** Im Zusammenhang mit einem Verkehrsunfall im Jahr 1975 entzog das Justiz- und Polizeidepartement des Kantons Wallis Leo Clausen den Führerausweis für einen Monat. Dieser Entzug erwies sich in der Folge als widerrechtlich, worauf Clausen 1978 gegen den Kanton Wallis wegen der ihm durch den Führerausweisentzug entstandenen Nachteile eine Schadenersatzklage einreichte. Die zuständigen kantonalen Gerichtsinstanzen wie auch das Bundesgericht traten wegen fehlender Passivlegitimation des Kantons nicht auf die Klage ein. Erwägungen: Der formell auf den 1. Jan. 1977 in Kraft gesetzte revidierte Art. 21 KV, der für schädigende Handlungen von Staatsorganen nunmehr eine direkte Staatshaftung vorsieht, spricht sich über die Frage der zeitlichen Anwendbarkeit der neuen Regelung nicht aus. Es obliegt nach Art. 21 Abs. 3 KV dem kantonalen Gesetzgeber, die zur Anwendung der neuen Ordnung erforderlichen Vorschriften zu erlassen. Auch die Schaffung allfälliger Übergangsbestimmungen ist nach Art. 21 Abs. 3 KV Sache des Gesetzgebers. Das inzwischen erlassene und am 1. Jan. 1979 in Kraft gesetzte kantonale Verantwortlichkeitsgesetz vom 10. Mai 1978 enthält keinerlei intertemporale Regelung. Der bereits zwei Jahre vor dem Verantwortlichkeitsgesetz in Kraft gesetzte revidierte Art. 21 KV stellt wohl den Grundsatz auf, dass ein durch Handlungen staatlicher Organe geschädigter Dritter nunmehr direkt den Staat belangen kann (Abs. 1), dem unter gewissen Voraussetzungen ein Rückgriffsrecht auf den fehlbaren Funktionär zusteht (Abs. 2). Die Frage, wann eine solche Schadenshaftung des Gemeinwesens besteht (Kausal- oder Verschuldenshaftung, allenfalls Grad des Verschuldens), wird jedoch durch Art. 21 Abs. 1 KV nicht beantwortet. Erst das gestützt auf Art. 21 Abs. 3 KV erlassene Verantwortlichkeitsgesetz vom 10. Mai 1978 (in Kraft seit 1. Jan. 1979) ermöglicht die Durchführung der neuen Regelung. Bis zu dessen Inkrafttreten galt das frühere Gesetz vom 21. Mai 1840. Schon aus diesem Grunde liegt die Annahme nahe, dass die vorliegende Haftungsstreitigkeit noch nach bisherigem Recht zu beurteilen ist. Sowohl der behauptete Schaden als auch die Klageeinreichung fallen in die Zeit vor Inkraftsetzung des Verantwortlichkeitsgesetzes, das erst die Durchführung des neuen Systems der direkten Staatshaftung ermöglicht. Selbst wenn man mit dem Kantonsgericht davon ausgehen wollte, die im revidierten Art. 21 KV vorgesehene neue Ordnung der Staats- und Beamtenhaftung sei schon mit der Inkraftsetzung dieser Verfassungsbestimmung unmittelbar anwendbar gewesen, hätte es sich, mangels einer ausdrücklichen gegenteiligen Regelung, ohne Willkür vertreten lassen, die Passivlegitimation des Staates für Schäden, die sich vor Inkraftsetzung der neuen Ordnung ereignet haben, zu verneinen. Es sind nämlich in einem Fall der vorliegenden Art verschiedene Übergangsregelungen denkbar. Das eidgenössische Verantwortlichkeitsgesetz vom 14. März 1958 sieht in Art. 26 Abs. 2 vor, dass die (neu eingeführte) Haftung des Bundes auch für Schäden gilt, die vor Inkrafttreten des Gesetzes entstanden sind. Eine gegenteilige Regelung findet sich im zürcherischen Haftungsgesetz vom 14. Sept. 1969 (§ 35 Abs. 3); danach sind vor dem Inkrafttreten des Gesetzes verursachte Schäden noch nach bisherigem Recht zu beurteilen, das nur eine Beamtenhaftung vor-

sah. Unter dem Gesichtswinkel von Art. 4 aBV lassen sich beide Lösungen vertreten. Soweit eine neue Haftungsordnung für den Bürger und den beteiligten Beamten gegenüber der bisherigen Regelung keine Nachteile bringt, steht es dem Gesetzgeber frei, sie auch rückwirkend zur Anwendung zu bringen; die rückwirkende Inkraftsetzung einer begünstigenden Regelung ist grundsätzlich zulässig. Ein dahin gehender Anspruch besteht aber nur, wenn die einschlägigen Normen dies vorsehen, was hier nicht dargetan ist (BGE 105 Ia 36 E. 2 und E. 3).

d) Rückanknüpfung

Keine echte Rückwirkung liegt dann vor, wenn das neue Recht in einzelnen Belangen auf **Sachverhalte** abstellt, die bereits **vor Inkrafttreten vorgelegen** haben (sog. **Rückanknüpfung**). So darf beispielsweise ein neues Steuergesetz für die Bestimmung des nach seinem Inkrafttreten vorhandenen Steuerobjekts auf die Jahre vor seinem Inkrafttreten als Bemessungsgrundlage zurückgreifen (BGer vom 23. Juni 2008, 2C_761/2007, E. 4.1; Personalrekursgericht AG vom 8. März 2004, in: AGVE 2004 Nr. 113 E. 3c; VerwG BE vom 6. Sept. 2000, in: BVR 2001 S. 241 E. 4a). 865

Praxis:

– **Gesuch um Staatsbeiträge für Aufwendungen der Volksschule im Jahr 2004:** Gemäss § 1 des Schulleistungsgesetzes vom 2. Feb. 1919 (SchulleistungsG) leistet der Staat den Schulgemeinden nach ihrer finanziellen Leistungsfähigkeit Beiträge. Im Bereich der Sonderschulung und -erziehung bestimmt das Gesetz, dass der Staat bis zu drei Vierteln an den Personalaufwand für Lehr- und Fachkräfte sowie an weitere für die Sonderschulung notwendigen Aufwendungen leistet. Per 1. Jan. 2005 sind verschiedene Änderungen des Schulleistungsgesetzes in Kraft getreten. So wurden die Beiträge an den schulpsychologischen Dienst gestrichen und diejenigen an die Kosten von Stütz- und Fördermassnahmen auf höchstens 12 % aller Volksschülerinnen und -schüler einer Gemeinde begrenzt. Darüber hinaus wurden ebenfalls per 1. Jan. 2005 in der Schulleistungsverordnung vom 10. Sept. 1986 die Beiträge an die Mundartkurse im Kindergarten gestrichen. Die Stadt Winterthur gelangte im April/Mai 2005 an das Volksschulamt des Kantons Zürich mit dem Ersuchen um Gewährung von Staatsbeiträgen an verschiedene Aufwendungen der Volksschule aus dem Jahr 2004. Im Einzelnen bezog sich das Gesuch auf die Mundartkurse im Kindergarten, auf den Deutschunterricht für fremdsprachige Kinder, auf die Stütz- und Fördermassnahmen sowie auf Leistungen des schulpsychologischen Dienstes. Das Volksschulamt teilte der Stadt Winterthur am 26. Mai 2005 mit, dass die Staatsbeiträge an Mundartkurse im Kindergarten und an die Kosten des schulpsychologischen Dienstes abgeschafft worden seien; auf die diesbezüglichen Gesuche könne daher nicht eingetreten werden. Zudem wies das Volksschulamt darauf hin, die Staatsbeiträge für die Stütz- und Fördermassnahmen seien auf 12 % der Schülerinnen und Schüler begrenzt worden. Die Stadt Winterthur gelangte hierauf mit Rekurs an die Bildungsdirektion des Kantons Zürich. Die Bildungsdirektion wies den Rekurs am 7. Juli 2006 ab. Das Verwaltungsgericht heisst die Beschwerde teilweise gut. Erwägungen: Nach Auffassung der Beschwerdeführerin (Stadt Winterthur) sind die strittigen Staatsbeiträge an die im Jahr 2004 erbrachten Aufwendungen geschuldet. Da sich der Sachverhalt ausschliesslich im Jahr 2004 abgespielt habe, sei auf die Beiträge noch das alte, bis Ende 2004 gültige Recht anwendbar. Das Volksschulamt und die Bildungsdirektion stellen sich demgegenüber auf den Standpunkt, dass sich der Sachverhalt nicht abschliessend im Jahr 2004 verwirklicht habe. Die Beitragsperiode (= Bemessungsperiode) liege zwar im vergangenen Kalenderjahr, der Vergütungsanspruch entstehe dagegen erst im laufenden Jahr. Eine (echte) Rückwirkung liege deshalb nicht vor, sodass das am 1. Jan. 2005 in Kraft getretene Recht anwendbar sei. Im Gebiet des Steuerrechts spricht das Bundesgericht nur dann von einer Rückwirkung, wenn die Rechtsfolge der Steuerpflicht an Tatbestände anknüpft, die vor dem Inkrafttreten des Gesetzes liegen, nicht aber auch dann, wenn lediglich der Umfang der Steuerpflicht nach Tatsachen bestimmt wird, die vor dem Inkrafttreten der Gesetzesänderung eingetreten 866 sind. Ein neues (oder revidiertes) Steuergesetz darf für die Bestimmung des nach seinem Inkrafttreten vorhandenen Steuerobjekts auf die Jahre vor dem Inkrafttreten als Bemessungsgrundlage zurückgreifen. Dabei handelt es sich um die sogenannte Praenumerandobesteuerung (Vergangenheitsbemessung), welche darauf beruht, dass das zu besteuernde Einkommen der Veranlagungsperiode nach dem in den vorangegangenen Jahren erzielten Einkommen festgelegt wird. Eine analoge Betrachtungsweise drängt sich für die Staatsbeiträge auf. Es stellt sich deshalb die Frage, ob die vorliegend strittigen Beiträge des Kantons einen Beitrag an die schulischen Aufwendungen der Gemeinden für das laufende Jahr (also für das Jahr 2005) darstellen und die Aufwendungen des Vorjahres deshalb nur die Bemessungsgrundlage darstellen (Praenumerandoprinzip) oder ob die strittigen Beiträge ein Beitrag an die Aufwendungen des Vorjahres sind. Eine Auslegung des betreffenden Gesetzes ergibt, dass die abgelaufene Periode (2004) nicht lediglich Berechnungsperiode darstellt, sondern dass die jeweiligen Beiträge für die betreffende Periode geschuldet sind. Der massgebliche Tatbestand liegt mithin allein in den Leistungen der Gemeinde im Jahre 2004. Demzufolge ist für die Ausrichtung der strittigen Beiträge grundsätzlich das bis Ende 2004 gültige Recht anwendbar. Zu prüfen ist damit, ob der Beschwerdegegner die per 1. Jan. 2005 in Kraft getretenen Änderungen dennoch rückwirkend auf die Beiträge 2004 anwenden durfte. Unabhängig einer allenfalls bestehenden gesetzlichen Grundlage verlangen Rechtsprechung und Lehre für die Zulässigkeit der (echten) Rückwirkung das Vorliegen eines triftigen Grundes. Ein triftiger Grund für die Rückwirkung kann bejaht werden, wenn ein öffentliches Interesse für die Geltung des neuen Rechts besteht, welches dem entgegenstehenden Interesse an der Voraussehbarkeit der Rechtsordnung vorgeht. Fiskalische Gründe genügen grundsätzlich nicht für die Zulässigkeit der Rückwirkung, es sei denn, die öffentlichen Finanzen seien in Gefahr bzw. es liege eine eigentliche Notlage vor. Die Interessen des Kantons Zürich an einer rückwirkenden Anwendung der fraglichen Gesetzesänderungen sind ausschliesslich fiskalischer Natur. Die Rückwirkung kann deshalb von vornherein nur in Frage kommen, wenn sie zur Abwendung einer Gefahr für die Staatsfinanzen erforderlich war, was vorliegend verneint werden kann. Von einer Gefahr oder Notsituation, die es gerechtfertigt hätten, die Schulleistungsbeiträge an die Gemeinden für das Jahr 2004 rückwirkend zu kürzen, kann vor diesem Hintergrund nicht gesprochen werden. Die angefochtene rückwirkende Anwendung des neuen Rechts auf die der Beschwerdeführerin geschuldeten Beiträge 2004 ist daher als verfassungswidrig zu qualifizieren (VerwG ZH vom 7. Sept. 2007, VB.2006.00370, E. 2.2-2.5).

5. Unechte Rückwirkung

a) Begriff

867 Eine **unechte Rückwirkung** liegt dann vor, wenn das neue Recht auf zeitlich offene, keine Sacheinheit bildende (Dauer-)Sachverhalte für die Zeit seit seinem Inkrafttreten (ex nunc et pro futuro) Anwendung findet. Eine in dieser Weise beschränkte, sogenannte unechte Rückwirkung wird von der Rechtsprechung als grundsätzlich zulässig erachtet, sofern ihr nicht **wohlerworbene Rechte** bzw. der Grundsatz des **Vertrauensschutzes** entgegenstehen oder der **Gesetzgeber** die Anwendung des neuen Rechts auf Dauersachverhalte untersagte (BGE 137 II 371 E. 4.2, 133 II 1 E. 4.3, 133 II 97 E. 4.1, 126 V 134 E. 4a, 122 II 113 E. 3b/dd, 122 V 6 E. 3a, 122 V 405 E. 3b/aa, 114 V 150 E. 2a; BGer vom 25. April 2012, 1C_16/2012, E. 3.4; BVGer vom 20. Juni 2011, A-6874/2010, E. 3.2; vom 11. Nov. 2010, A-2606/2009, E. 12.4.1; vom 6. April 2009, B-6696/2008, E. 2.1.1). Die Anliegen der Rechtssicherheit sowie der Vorhersehbarkeit staatlicher Massnahmen werden diesbezüglich weit weniger tangiert als bei der echten Rückwirkung (BGE 122 II 113 E. 3b/dd, 119 Ia 254 E. 3, 116 Ia 207 E. 4a, 113 Ia 412 E. 6; BVGE 2009/3 E. 3.2).

Die erwähnten Voraussetzungen für eine unechte Rückwirkung decken sich weitgehend mit dem Widerruf bzw. der Anpassung von Dauerverfügungen wegen eingetretenen Rechtsänderungen (BGE 121 V 157 E. 4a; VerwG ZH vom 27. Okt. 2000, VK.2000.00006, E. 4b). Sie finden ferner auf **Sachverhalte Anwendung**, die sich zwar vor Inkrafttreten des neuen Rechts abschliessend verwirklicht haben, sich aber auch **danach** noch **auswirken** (BGE 120 V 182 E. 4b, 114 V 150 E. 2; BGer vom 16. Juni 2009, 8C_849/2008, E. 6.3.2 [Bewertung von Verzichtsvermögen für einen Ergänzungsleistungsanspruch]). Auch nur eine unechte und damit grundsätzlich zulässige Rückwirkung liegt vor, wenn der Umfang der Steuerpflicht unter dem geltenden Erlass nach Tatsachen bestimmt wird, die vor dessen Inkrafttreten eingetreten sind (BGer vom 23. Juni 2008, 2C_761/2007, E. 4.1; zur Rückanknüpfung oben Rz. 865 f.). 868

Praxis:

- **Anspruch auf Witwenrenten bei Witwen mit Pflegekindern:** Anlässlich der 8. AHV-Revision hat der Gesetzgeber den Anspruch auf Witwenrente insofern erweitert, als mit Wirkung ab 1. Jan. 1973 nun auch Witwen mit Stiefkindern des verstorbenen Ehemannes und Witwen mit Pflegekindern unter bestimmten Voraussetzungen rentenberechtigt sind. Im vorliegenden Fall lebten im Zeitpunkt der Verwitwung (1965) zwei Pflegekinder im gemeinsamen Haushalt, die Anspruch auf eine Waisenrente hatten. Die Pflegekinder wurden von der Witwe am 21. Feb. 1970 adoptiert. Somit sind die Voraussetzungen zur Ausrichtung einer Witwenrente nach Art. 23 Abs. 1 lit. c AHVG an sich erfüllt. Jedoch sind sowohl die Verwitwung wie auch die Adoption vor Inkrafttreten der neuen Gesetzesbestimmung erfolgt. Ein Anspruch auf Witwenrente besteht daher nur, falls das neue Recht auch auf die vor dem 1. Jan. 1973 verwitweten Frauen Anwendung findet. Diesbezüglich steht keine eigentliche Rückwirkung zur Diskussion. Es stellt sich lediglich die Frage, ob Leistungen nach neuem Recht vom Zeitpunkt des Inkrafttretens an (1. Jan. 1973) auch in Fällen zu erbringen seien, in welchen der anspruchsbegründende Sachverhalt bereits vor der Geltung des neuen Rechts eingetreten ist. Da eine diesbezügliche gesetzliche Regelung fehlt, ist vom Richter zu prüfen, welche übergangsrechtliche Ordnung sich als richtig erweist. Er hat dabei zu berücksichtigen, welche intertemporale Regelung die Normadressaten unter den ihnen erkennbaren Umständen erwarten durften. Der Zweck einer Gesetzesänderung kann darin bestehen, den geltenden Rechtszustand für die Zukunft zu Gunsten jener Normadressaten zu verbessern, deren Anspruch unter der Herrschaft und nach Massgabe des neuen Rechts entstehen wird. Sie kann aber auch auf die Beseitigung bestehender Lücken im Leistungssystem gerichtet sein, mit dem Ziel, die Ausrichtung von Leistungen in Fällen zu ermöglichen, in welchen sie nach bisherigem Recht verweigert werden mussten. Namentlich im Sozialversicherungsrecht liegt Gesetzesrevisionen häufig dieses zweite Motiv zu Grunde. Beispiele für Gesetzesänderungen, bei welchen das neue Recht ohne ausdrückliche Übergangsbestimmung auch auf Sachverhalte, die sich vor Inkrafttreten ereignet haben, angewendet wurde, sind denn auch zahlreich. Vorliegend waren die Bestrebungen darauf gerichtet, die als unbefriedigend erachtete ungleiche versicherungsrechtliche Behandlung von Witwen mit Pflegekindern und Witwen mit leiblichen oder adoptierten Kindern zu beseitigen. Die Betroffenen durften daher zu Recht erwarten, dass Leistungen auch dann ausgerichtet würden, wenn die hiefür geltenden Anspruchsvoraussetzungen bereits vor Inkrafttreten des neuen Rechts erfüllt waren. Tatsächlich müsste es als stossend betrachtet werden, wenn gerade in den Fällen, die Anlass zur Änderung des Gesetzes gegeben haben, die Leistungen weiterhin verweigert würden. Witwen, welche die Voraussetzungen gemäss Art. 23 Abs. 1 lit. c AHVG bereits vor Inkrafttreten erfüllt haben, steht daher mit Wirkung ab 1. Jan. 1973 ein Anspruch auf Witwenrente der AHV zu (BGE 99 V 200 E. 3). 869

870 – **Anpassung eines öffentlich-rechtlichen Vertrags an geänderte Rechtsnormen:** Eine zürcherische Gemeinde schloss 1973 mit der Z AG einen Vertrag über die Erstellung und den Betrieb einer Gross-Gemeinschaftsantennen-Anlage ab, die im Jan. 1980 vollendet wurde. In Erneuerung dieser Vereinbarung schloss die Gemeinde mit der X AG als Rechtsnachfolgerin der Z AG am 26. Nov. 1990 einen Konzessionsvertrag, der der X AG gegen Bezahlung einer Gebühr das alleinige Recht einräumt, eine Gross-Gemeinschaftsantennen-Anlage zu betreiben. Anfang 1998 gelangte die X AG an die Gemeinde mit dem Begehren, den bisherigen Konzessionsvertrag aufzulösen und durch eine Bewilligung zu ersetzen. Sie begründete dies damit, dass mit der Liberalisierung des Telekommunikationsrechts ab 1. Jan. 1998 die Rechtsgrundlage für den Konzessionsvertrag dahin gefallen sei. Sie berief sich insb. auf Art. 35 FMG und Art. 40 Abs. 2 RTVG. In der Folge verweigerte die X AG die Bezahlung der Konzessionsgebühr, worauf die Gemeinde beim Verwaltungsgericht Klage erhob. Erwägungen: Aus intertemporalrechtlicher Sicht stellt die Anwendung neuen Rechts auf zeitlich offene Dauersachverhalte lediglich eine «unechte» Rückwirkung dar. Die unechte Rückwirkung ist grundsätzlich zulässig, sofern ihr nicht ein wohlerworbenes Recht entgegensteht und sofern sie mit dem Vertrauensgrundsatz vereinbar ist. Das muss auch dort gelten, wo ein zeitlich offener Dauersachverhalt wie hier durch öffentlich-rechtlichen Vertrag geregelt wird. Sodann stellen Rechtsansprüche Privater aus öffentlich-rechtlichen Verträgen grundsätzlich wohlerworbene Rechte dar. Im vorliegenden Fall kann sich indes die Gemeinde als Klägerin bez. der streitigen Konzessionsgebühr nicht auf ein wohlerworbenes Recht berufen, weil mit dieser Rechtsfigur – wie mit der Eigentumsgarantie im Allgemeinen – lediglich Rechtspositionen Privater gegenüber dem Gemeinwesen geschützt werden. Ferner lehnt es ein Teil der Lehre ab, vertragliche Rechtsansprüche Privater gegenüber Gesetzesänderungen, die mit diesen Ansprüchen kollidieren, als wohlerworbene Rechte zu qualifizieren und ihnen absolute Gesetzesbeständigkeit zuzuerkennen. Dieser Ansatz (der den Ansprüchen Privater aus öffentlich-rechtlichen Verträgen nicht von vornherein absolute Gesetzesbeständigkeit im Sinn wohlerworbener Rechte zuerkennt) findet sich auch in der verwaltungsgerichtlichen Rechtsprechung. Die Frage der Anpassung von öffentlich-rechtlichen Verträgen an neue Rechtsnormen stellt sich freilich nur dort, wo das neue Recht, auf das sich die vertragsmüde Partei beruft, mit einer vertraglichen Verpflichtung kollidiert. Nach der neuen, ab 1. Jan. 1998 geltenden bundesrechtlichen Regelung, sind Weiterverbreitungskonzessionäre berechtigt, für den Bau und Betrieb von Leitungen den Boden im Gemeingebrauch unentgeltlich in Anspruch zu nehmen (Art. 40 Abs. 2 RTVG in der Fassung vom 30. April 1997). Sie benötigen damit keine Sondernutzungskonzession der betroffenen Gemeinden mehr, sondern nur eine Polizeibewilligung, für deren Erteilung lediglich eine kostendeckende Verwaltungsgebühr erhoben werden darf (Art. 40 Abs. 2 RTVG in Verbindung mit Art. 35 Abs. 4 FMG). Dies hat zur Folge, dass die Gemeinde keine Konzessionsgebühr, sondern lediglich noch eine Bewilligungsgebühr erheben darf, die dem Äquivalenzprinzip zu entsprechen hat. Eine jährlich wiederkehrende Abgabe in der Grössenordnung von Fr. 50'000.– (ursprüngliche Konzessionsgebühr) widerspricht offensichtlich dem Äquivalenzprinzip. Mangels erfolgter Investitionen ist das Interesse der Klägerin an der Aufrechterhaltung der vertraglichen Verpflichtung der Beklagten zur Entrichtung der Konzessionsgebühr rein fiskalischer Art. Gesamthaft gesehen überwiegen die öffentlichen und privaten Interessen an der Durchsetzung des neuen Rechts die entgegenstehenden fiskalischen Interessen der Klägerin an der Aufrechterhaltung ihres vertraglichen Anspruchs (VerwG ZH vom 27. Okt. 2000, VK.2000.00006, E. 4 und E. 5).

b) Treu und Glauben

871 Der Vertrauensgrundsatz bindet zwar auch den Gesetzgeber, vermag Änderungen generell-abstrakter Regelungen aber nur unter besonderen Voraussetzungen zu verhindern oder zu verzögern (vgl. BGE 134 I 23 E. 7.6, 130 I 26 E. 8.1, 128 II 112 E. 10b/aa, 122 II 113 E. 3b/cc, 118 Ib 367 E. 9a; vgl. oben Rz. 736 ff. und unten Rz. 2044 ff.). Namentlich trifft dies dann zu, wenn in **wohlerworbene Rechte** einge-

griffen wird, sich der Gesetzgeber über eigene **Zusicherungen** hinwegsetzt oder wenn durch sofortiges Inkrafttreten des neuen Gesetzes **gutgläubig getätigte Investitionen** nutzlos werden (vgl. BGE 130 I 26 E. 8.1, 125 II 152 E. 5, 123 II 433 E. 9, 122 II 113 E. 3b/cc, 114 Ib 17 E. 6b, 112 Ib 249 E. 4). Dabei stellen vermögensrechtliche Ansprüche der Arbeitnehmer (BGE 137 V 105 E. 7.2, 134 I 23 E. 7.1, 118 Ia 245 E. 5b, 117 V 229 E. 5b; BGer vom 11. März 2008, 1C_230/2007, E. 4.2) wie auch sozialversicherungsrechtlich begründete Ansprüche (BGE 137 V 105 E. 7.2, 134 I 23 E. 7.2, 133 V 279 E. 3.3, 130 V 18 E. 3.3, 127 V 252 E. 3b, 117 V 221 E. 5b) keine wohlerworbenen Rechte, sondern blosse Anwartschaften dar, was auch für das Pensionierungsalter (BGE 117 V 229 E. 5c) oder den Umwandlungssatz (BGE 133 V 279 E. 3.3) gilt. Wohlerworbene Rechte sind dagegen der Rentenanspruch als solcher und der bisher erworbene Bestand der Freizügigkeitsleistung (BGE 134 I 23 E. 7.2, 130 V 18 E. 3.3, 127 V 252 E. 3b).

Praxis:

– **Zulassungsstopp für Medizinalpersonen:** Am 3. Juli 2002 erliess der Bundesrat die Verordnung über die Einschränkung der Zulassung von Leistungserbringern zur Tätigkeit zulasten der obligatorischen Krankenpflegeversicherung. Darin wird die maximale Anzahl Leistungserbringer für die einzelnen Kategorien aufgelistet. Am 23. Okt. 2002 erliess der Regierungsrat des Kantons Zürich die kantonale Einführungsverordnung zum Zulassungsstopp. Gemäss § 2 werden während der Geltungsdauer der Verordnung im Kanton Zürich keine neuen Ärztinnen und Ärzte als Leistungserbringer zu Lasten der obligatorischen Krankenpflegeversicherung zugelassen. Die Verordnung trat rückwirkend auf den 4. Juli 2002 in Kraft; sie ist auf drei Jahre befristet und nicht anwendbar auf Gesuche, die vor ihrem Inkrafttreten eingereicht worden sind, enthält aber keine Übergangsfrist für das Einreichen neuer Gesuche nach diesem Zeitpunkt. Die Beschwerdeführer machen insb. geltend, die angefochtene Regelung verletze das Prinzip von Treu und Glauben, da sie ein Medizinstudium und eine Weiterbildung auf sich genommen hätten im schutzwürdigen Vertrauen darauf, ihren Beruf dereinst selbstständig ausüben zu können. Das Bundesgericht verneint eine Verletzung von Art. 9 BV. Erwägungen: Die angefochtene Verordnung ist am 23. Okt. 2002 erlassen und auf den 4. Juli 2002 in Kraft gesetzt worden. Hierin liegt eine echte Rückwirkung, die indessen als solche nicht beanstandet wird, weshalb deren Zulässigkeit nicht weiter zu prüfen ist. Die Beschwerdeführer machen indessen geltend, die angefochtene Regelung verletze im Rahmen einer unechten Rückwirkung das Prinzip von Treu und Glauben, da die betroffenen Personen ein einschränkendes Medizinstudium und eine Weiterbildung auf sich genommen hätten im schutzwürdigen Vertrauen darauf, ihren Beruf dereinst selbstständig ausüben zu können. Der Grundsatz von Treu und Glauben (Art. 9 BV) verschafft einen Anspruch auf Schutz berechtigten Vertrauens in behördliche Zusicherungen oder sonstiges, bestimmte Erwartungen begründendes Verhalten, sofern sich dieses auf eine konkrete, den betreffenden Bürger berührende Angelegenheit bezieht. Der entsprechende Schutz entfällt in der Regel bei Änderungen von Erlassen, da gemäss dem demokratischen Prinzip die Rechtsordnung grundsätzlich jederzeit geändert werden kann. Der Vertrauensgrundsatz vermag einer Rechtsänderung nur entgegenzustehen, wenn diese gegen das Rückwirkungsverbot verstösst oder in wohlerworbene Rechte eingreift (BGE 128 II 112 E. 10b/aa, 122 II 113 E. 3b/cc). Nach der Rechtsprechung kann es aus Gründen der Rechtsgleichheit, der Verhältnismässigkeit und des Willkürverbots sowie des Vertrauensschutzes verfassungsrechtlich zudem geboten sein, gegebenenfalls eine angemessene Übergangsregelung zu schaffen. Damit soll verhindert werden, dass gutgläubig getätigte Investitionen nutzlos werden (BGE 125 II 152 E. 5, 123 II 433 E. 9, 118 Ib 241 E. 6c und E. 9b). Der Zulassungsstopp, dessen Wirksamkeit mit Blick auf die zeitliche Beschränkung von einer möglichst raschen Umsetzung abhängt, ist in Art. 55a KVG vorgegeben, weshalb er selbst bei einer Beeinträchtigung des Grundsatzes von Treu und Glauben anzuwenden wäre (Art. 190 BV); im Übrigen verletzen weder die Zulassungsverordnung noch die angefochtene kantonale Regelung in diesem Zu- 872 sammenhang Art. 9 BV: Öffentlich-rechtliche Ansprüche gelten nur dann als wohlerworben, wenn das Gesetz die entsprechenden Beziehungen ein für allemal festlegt und von den Einwirkungen der gesetzlichen Entwicklung ausnimmt oder wenn bestimmte individuelle Zusicherungen abgegeben oder Verträge geschlossen worden sind. Dies ist hier nicht der Fall. Eine ins Auge gefasste oder bereits absolvierte Ausbildung verschafft kein wohlerworbenes Recht darauf, den erlernten Beruf zu den ursprünglich geltenden Rahmenbedingungen ausüben zu können (BGE 130 I 26 E. 8.1 und E. 8.2).

873 – **Umwandlung der Saison- in eine Jahresbewilligung (Änderung der Begrenzungsverordnung [BVO]):** Zwischen 1991 und 1994 änderte der Bundesrat seine Politik bei der Rekrutierung ausländischer Arbeitskräfte, was zur Folge hatte, dass nach dem revidierten Art. 8 Abs. 3 BVO eine Saisonbewilligung grundsätzlich nur noch Angehörigen aus Staaten der EFTA und der EG (heute: EU) und nur ausnahmsweise Angehörigen der übrigen traditionellen Rekrutierungsgebiete erteilt wird. Nach der alten Fassung von Art. 28 Abs. 1 BVO konnten die Saisonbewilligungen aller Saisonniers unabhängig von der nationalen Herkunft auf Gesuch hin in eine Jahresbewilligung umgewandelt werden, wenn diese sich in den letzten vier aufeinanderfolgenden Jahren während insgesamt 36 Monaten ordnungsgemäss als Saisonniers zur Arbeit in der Schweiz aufgehalten hatten (lit. a der Bestimmung) oder ein schwerwiegender persönlicher Härtefall vorlag (lit. b der Bestimmung). Nach der neuen Fassung der gleichen Bestimmung ist dasselbe seit dem 1. Jan. 1995 unter im Übrigen unveränderten Voraussetzungen nur noch für Angehörige der Staaten der EFTA und der EG bzw. EU möglich. Betroffen sind in erster Linie, wenn auch nicht ausschliesslich, die Angehörigen der Staaten des ehemaligen Jugoslawien; sie konnten früher, da Jugoslawien bis zum 31. Okt. 1991 als traditionelles Rekrutierungsland galt, als Saisonniers rekrutiert werden und bis zum 31. Dez. 1994 von der Möglichkeit der Umwandlung der Saisonbewilligung nach Art. 28 BVO profitieren. Nunmehr sind sie von der Umwandlungsmöglichkeit ausgeschlossen. Die Novelle enthält keine Übergangsregelung für die Umwandlung von Saisonbewilligungen. Der 1965 geborene Agim Ajvazi, Staatsangehöriger des ehemaligen Jugoslawien, hielt sich vom 29. Okt. 1990 bis zum 14. April 1991 als Kurzaufenthalter in der Schweiz auf und arbeitete vom 16. Juli 1991 an regelmässig als Saisonnier. Am 28. Okt. 1994 beantragte er bei der Fremdenpolizei des Kantons St. Gallen die Umwandlung der Saison- in eine Jahresbewilligung. Die Fremdenpolizei leitete das Gesuch am 9. Dez. 1994 an das Bundesamt für Ausländerfragen weiter zum Entscheid über die Ausnahme von den Höchstzahlen der Begrenzungsverordnung. Am 3. Jan. 1995 lehnte das Bundesamt das Gesuch ab und verweigerte die Ausnahme von den Höchstzahlen. Dagegen führt Agim Ajvazi beim Bundesgericht Beschwerde. Erwägungen: Nach dem Bundesgericht verfügt der Beschwerdeführer weder über ein wohlerworbenes Recht auf Umwandlung, noch hat der Bundesrat oder eine andere Bundesbehörde je verbindlich zugesichert, er bzw. alle Wintersaisonniers 1994/1995 könnten ihre Saisonbewilligung nach Abschluss der Saison 1994/1995 noch umwandeln. Solches lässt sich auch nicht aus der alten Fassung der Begrenzungsverordnung ableiten, sah diese doch lediglich die Möglichkeit der Umwandlung vor, wofür sie auch die Voraussetzungen festlegte; ein Anspruch auf Umwandlung bestand indessen nie. Unter diesen Umständen fehlt es bereits an einer massgeblichen Vertrauensgrundlage, auf welche sich der Beschwerdeführer berufen könnte. Im Übrigen zeichnete sich die Neuordnung seit geraumer Zeit ab; spätestens seit Mai 1994 war sie detailliert öffentlich angekündet. Der Beschwerdeführer, der seine letzte Saison im Juli 1994 antrat, durfte daher nicht mehr davon ausgehen, die alte Regelung gelte für ihn unverändert weiter. Eine Verletzung des Vertrauensgrundsatzes gemäss Art. 4 BV liegt schon aus diesen Gründen nicht vor. Damit kann offenbleiben, ob der Beschwerdeführer allein deshalb, weil er sich 1994 erneut für neun Monate als Saisonnier in der Schweiz engagieren liess, nicht wieder rückgängig zu machende Dispositionen im Sinne der Rechtsprechung getroffen hat (BGE 122 II 113 E. 3b/cc).

c) Besitzstandsgarantie

Die sogenannte **Besitzstandsgarantie** ist eine Bestandesgarantie für altrechtlich begründete Sachverhalte, die von Lehre und Praxis mehrheitlich aus der Eigentumsgarantie, dem Grundsatz von Treu und Glauben und dem Gebot der Nichtrückwirkung abgeleitet wird (vgl. z.B. VerwG ZH vom 19. Nov. 2003, VB.2003.00314, E. 4.3). Sie lässt sich im Baurecht damit rechtfertigen, dass Private im Vertrauen auf die bisher geltende Rechtsordnung erhebliche Investitionen getätigt haben, Bauten für den Eigentümer oder Benutzer oft von existenzieller Bedeutung sind und typischerweise einen erheblichen wirtschaftlichen Wert darstellen, der durch einen durch die Rechtsänderung bedingten Abbruch oder Teilabbruch teilweise oder gänzlich vernichtet würde (BGer vom 9. April 2002, 1P.28/2002, E. 2.4). Ihrer verfassungsrechtlichen Grundlage entsprechend gilt die Besitzstandsgarantie nur für nach altem Recht rechtmässig erstellte Bauten oder Anlagen und nicht für eigenmächtig erstellte Bauteile oder eigenmächtig vorgenommene Nutzungsänderungen (VerwG ZH vom 19. Nov. 2003, VB.2003.00314, E. 4.3). 874

Praxis:

- **Rodung gepflanzter Bäume:** Auf dem Grundstück des Y stehen an der Grenze zum Grundstück von X mehrere Bäume, die zumindest mehrheitlich vor 1958 gepflanzt worden sind. Am 1. Jan. 1997 trat das neue Gesetz vom 7. Feb. 1996 über Flur und Garten (FlGG) in Kraft, wodurch das Flurgesetz vom 6. Feb. 1958 aufgehoben wurde. Nach § 5 Abs. 1 FlGG dürfen Bäume nie höher gehalten werden als das Doppelte ihres Grenzabstandes. Die Flurkommission verpflichtet Y einen Teil der Bäume zu fällen. Sie erwog, das neue FlGG sei auch auf die vor seinem Inkrafttreten gepflanzten Bäume anwendbar. Das Bundesgericht erachtet dieses Vorgehen als mit dem Rückwirkungsverbot vereinbar. Erwägungen: Es ist weder unverhältnismässig noch rechtsungleich, die gesetzliche Regelung auch auf altrechtliche Bäume anzuwenden. Dass neues Recht auf Sachverhalte angewendet wird, die zwar unter altem Recht begründet worden sind, aber unter dem neuen Recht andauern (unechte Rückwirkung), ist verfassungsrechtlich zulässig, sofern nicht wohlerworbene Rechte entgegenstehen (BGE 124 III 266 E. 4e). Die Anwendung des neuen Rechts ist namentlich auch im Bundeszivilrecht für die Umschreibung des Eigentumsinhalts vorgesehen (Art. 17 Abs. 2 SchlT ZGB), wozu grundsätzlich auch die Bestimmungen des Nachbarrechts gehören. Eine Bestandesgarantie für altrechtlich begründete Sachverhalte wird demgegenüber im Baurecht angenommen. Dies findet seine innere Rechtfertigung darin, dass Bauten oft für den Eigentümer oder Benutzer von existenzieller Bedeutung sind und typischerweise einen erheblichen wirtschaftlichen Wert darstellen, der durch den Abbruch vernichtet würde. Ersteres trifft in der Regel für Bäume nicht zu. Deren wirtschaftlicher Wert kann durch das Fällen unter Umständen gerade realisiert werden. Die in Bezug auf Bauten üblichen Besitzstandsgarantien müssen daher nicht auf Bäume angewendet werden. Damit besteht kein verfassungsrechtlicher Grund, welcher es als zwingend erscheinen liesse, die unter dem alten Recht gepflanzten Bäume anders zu behandeln als neurechtliche. Insgesamt ist die thurgauische Gesetzgebung, welche auch die vorbestehenden Bäume dem neuen Recht unterstellt, verfassungsmässig Der Beschwerdeführer macht auch nicht besondere Gründe geltend, welche das Fällen der Bäume in seinem Fall als unverhältnismässig erscheinen liessen. Er bringt einzig vor, damit gehe die über Jahre gepflegte Gartenanlage verlustig. Indessen bedürfen die hier fraglichen Bäume gerichtsnotorisch keiner besonderen Pflege. Auch wird der Garten des Beschwerdeführers im Übrigen nicht beeinträchtigt. Dass optisch das Grundstück nach der Fällung anders aussehen wird als vorher, ist weder unverhältnismässig noch rechtsungleich (BGer vom 9. April 2002, 1P.28/2002, E. 2.4 und E. 2.5). 875

6. Vorwirkung

a) Positive Vorwirkung

aa) Begriff

876 Wird ein Erlass, der noch nicht in Kraft ist, bereits wie geltendes Recht angewendet, so spricht man von **positiver Vorwirkung**. Eine positive Vorwirkung widerspricht dem Rechtssicherheitsprinzip (BGer vom 22. Nov. 2010, 1B_308/2010, E. 2.2.1). Sie ist nur dann **zulässig**, wenn die Voraussetzungen, die bei der **echten Rückwirkung** gelten, eingehalten werden, wobei das Bundesgericht offen lässt, ob im Hinblick auf die Zeitdauer einer positiven Vorwirkung eine längere Frist als bei der echten Rückwirkung gilt (BGE 100 Ia 147 E. 3 = Pra 63 [1974] Nr. 203 [Frist von bis zu 3 Jahren]). Vereinzelt hat das Bundesgericht die positive Vorwirkung selbst dann als unzulässig erklärt, wenn dafür eine besondere gesetzliche Grundlage bestanden hat (BGE 125 II 278 E. 3c; VerwG ZH vom 2. März 2006, VB.2005.00457, E. 3.2.3). Die wesensmässigen Unterschiede zwischen Vor- und Rückwirkung gebieten grundsätzlich, an die **Rückwirkung strengere Anforderungen als an die Vorwirkung** zu stellen (BGer vom 3. Nov. 1982, in: ZBl 1983 S. 542 E. 2c).

877 Eine zumindest beschränkte positive Vorwirkung sieht Art. 83 Abs. 2 des freiburgischen Raumplanungs- und Baugesetzes vor, wonach der Oberamtmann mit Zustimmung der Gemeinde die Erstellung von Bauten bewilligen kann, die dem geplanten künftigen (kommunalen) Recht entsprechen (vgl. BGer vom 11. Jan. 2002, 1P.666/2001, E. 2.2). Ansonsten ist eine Baubewilligungsbehörde nicht verpflichtet, die neuen, noch nicht in Kraft getretenen Bestimmungen zu berücksichtigen, selbst wenn diese eine andere Beurteilung des Bauvorhabens zulassen würden (für einen Anwendungsfall BGer vom 2. Okt. 2001, 1P.229/2001, E. 4d). Nach dem Bundesgericht entfaltet die am 1. Jan. 2011 in Kraft getretene Schweizerische Strafprozessordnung (StPO) keine Vorwirkungen und zwar auch nicht zugunsten der beschuldigten Person (BGer vom 26. Nov. 2009, 6B_700/2009 E. 2.2.3; vom 23. Feb. 2009, 6B_901/2008, E. 2.3). Gleiches hat für die ebenfalls am 1. Jan. 2011 in Kraft getretene Schweizerische Jugendstrafprozessordnung zu gelten (BGer vom 22. Nov. 2010, 1B_308/2010, E. 2.2.1).

Praxis:

878 – **Lenkungsabgabe zur Beschränkung des Zweitwohnungsbaus gestützt auf eine Planungszone:** Der Kleine Landrat (Exekutive) der Landschaft Davos Gemeinde erliess am 15. Mai 2007 für das gesamte Gemeindegebiet eine Planungszone zur Sicherstellung der «Reglementierung» des Zweitwohnungsbaus (Kontingentierungs- und Lenkungsabgabepflicht für Zweitwohnungen). Dieser Beschluss sieht eine Lenkungsabgabe zur Förderung des Erstwohnungsbaus und zur Förderung der traditionellen Hotellerie vor. Die Abgaben sind vor Baubeginn der Gemeinde zu bezahlen und werden von der Gemeinde verwaltet. Sollte die Planungszone aufgehoben werden oder die geplante gesetzliche Regelung keine Lenkungsabgaben vorsehen, werden die Beträge zurückerstattet mit dem gleichen Zins, den der Kanton Graubünden für Steuerrückzahlungen anwendet. Mit Beschluss vom 22. April 2008 bewilligte der Kleine Landrat Landschaft Davos Gemeinde der X AG den Abbruch des Gebäudes Nr. 344 sowie den Neubau von 4 Mehrfamilienhäusern auf der in der Zone «Wohnen Dorf/Platz» gelegenen Parzelle Nr. 853 (Ziff. 1 des Beschlusses). In Ziff. 2 des Beschlusses wird die über die Parzelle Nr. 853 erlassene Planungszone aufgehoben und in Ziff. 3 des Beschlusses wird festgestellt, dass das geplante Bauvorhaben der Kontingents- und Lenkungsabgabenpflicht gemäss geltender Pla-

nungszone vom 15. Mai 2007 untersteht. Die Lenkungsabgabe beträgt Fr. 1'038'600.–. Am 1. Juni 2008 lehnten die Stimmbürger sowohl die Initiative als auch den von der Gemeinde ausgearbeiteten Gegenvorschlag zur Reglementierung des Zweitwohnungsbaus ab. In der Folge wurde im kommunalen Parlament am 1. Juli 2008 eine Motion eingereicht, mit welcher die Ergänzung des Baugesetzes mit massvollen Zweitwohnungsbeschränkungen und Förderungsmassnahmen für Hotels und Wohnungen für Einheimische verlangt wurde. Aufgrund der Motion sah der Gemeindevorstand von einer Aufhebung der laufenden Planungszone ab. Die X AG erhob gegen den Baubescheid vom 22. April 2008 Verwaltungsgerichtsbeschwerde beim Verwaltungsgericht des Kantons Graubünden und verlangte in erster Linie, es sei die Ziff. 3 der Baubewilligung ersatzlos aufzuheben. Mit Urteil vom 28. April 2009 heisst das Verwaltungsgericht die Beschwerde gut und entspricht dem erwähnten Rechtsbegehren. Erwägungen: Beschwerdethema bildet die Frage, ob eine Gemeinde befugt ist, von der Bauherrin gestützt auf die am 15. Mai 2007 beschlossene Planungszone eine Lenkungsabgabe einzuverlangen. Diese hatte im Dez. 2005 ein Gesuch für den Abbruch eines Gebäudes und den Neubau von Mehrfamilienhäusern eingereicht. Die Baubewilligung wurde von der Gemeinde am 22. April 2008 erteilt. Gleichzeitig verfügte die Gemeinde, dass das geplante Bauvorhaben der Kontingents- und Lenkungsabgabepflicht gemäss geltender Planungszone untersteht und setzte den Betrag der Abgabe gestützt auf die Planungszone fest, ohne hierfür über eine besondere gesetzliche Grundlage zu verfügen. Die Lenkungsabgabe ist zwar im künftig zu erlassenden Recht vorgesehen, welches allerdings im Zeitpunkt der Erteilung der Baubewilligung (22. April 2008) noch nicht in Kraft war. Vorliegend stellt die Anwendung der im künftigen Recht vorgesehenen Lenkungsabgabe nicht bloss eine negative Vorwirkung dar, wie es im Rahmen einer Planungszone an sich zulässig wäre, sondern es wird eine unzulässige positive Vorwirkung geschaffen. Dies deshalb, weil sich der die Lenkungsabgabe auslösende Sachverhalt (Erhebung einer Abgabe auf jede durch Neubau oder Umnutzung geschaffene Zweitwohnung zwecks Förderung des Erstwohnungsbaus), bereits vor dem Inkrafttreten des neuen Rechtes definitiv und abschliessend verwirklicht hat. Das konkrete, mit gemeindlichem Beschluss vom 22. April 2008 bewilligte Bauvorhaben entspricht – nachdem die Regierung am 1. April 2008 die erforderliche Teilrevision der Nutzungsplanung genehmigt hat und die dagegen von den damaligen Einsprechern beim Verwaltungsgericht erhobene Beschwerde abgewiesen worden ist – den massgebenden planungs- und baurechtlichen Vorgaben. Insofern ist der die (geplante) Lenkungsabgabe auslösende Tatbestand in sich bereits vollständig abgeschlossen. Wird nun der Vorgang rückblickend vom Zeitpunkt aus betrachtet, zu welchem das neue Recht in näherer oder fernerer Zukunft in Kraft sein wird, wäre eine echte Rückwirkung des neuen Rechtes festzustellen, weil es Rechtsfolgen für einen bei dessen Inkrafttreten längst abgeschlossenen Sachverhalt – eine Abgabehebung auf bereits bewilligten, neuen Zweitwohnungen – vorsähe. Solches ist im Abgaberecht jedoch klar unzulässig und würde insb. gegen den Grundsatz verstossen, dass Rechtsnormen grundsätzlich nur für die zur Zeit ihrer Geltung sich ereignenden Sachverhalte wirken. Die Beschwerde ist daher gutzuheissen und die im Beschluss vom 22. April 2008 in Ziff. 3 verfügte Lenkungsabgabe ist ersatzlos aufzuheben (VerwG GR vom 28. April 2009, R-08-44, E. 3; die Beschwerde der Gemeinde Davos wurde vom Bundesgericht mit Urteil 1C_363/2009 vom 4. Jan. 2010 abgewiesen; vgl. auch BGE 136 I 142 ff.).

bb) Faktische Vorwirkung

Einen Spezialfall einer positiven Vorwirkung stellt die Berücksichtigung noch nicht in Kraft stehenden Rechts im Rahmen der **Auslegung** einer in Kraft stehenden Norm dar (BGE 131 II 13 E. 7.1, 129 V 455 E. 2.3, 128 II 282 E. 3.5, 128 IV 3 E. 4b, 127 IV 97 E. 1b, 124 II 193 E. 5d; BGer vom 15. März 2012, 1C_187/2011, E. 3.4 [Art. 24c nRPG]). Es handelt sich dabei nicht um eine grundsätzlich unzulässige positive Vorwirkung, sondern lediglich um eine Auslegungsfrage im Hinblick auf möglicherweise veränderte Umstände (BGer vom 18. Aug. 2005, I 68/02, E. 6.1). Eine solche Auslegung rechtfertigt sich vor allem dann, wenn anstehendes neues 879

Recht das geltende System nicht grundsätzlich ändern soll und nur eine Konkretisierung des bestehenden Rechtszustandes angestrebt wird oder wenn Lücken des geltenden Rechts ausgefüllt werden sollen (BGE 131 V 9 E. 3.5.1.3, 129 V 1 E. 4.3, 128 I 63 E. 4.4, 124 II 193 E. 5d; dazu Rz. 992 und Rz. 1254 f.).

880 Eine Art von faktischer Vorwirkung kann (neuen) Gesetzen ferner dann zukommen, wenn sie eine **Übergangsfrist** zur Anpassung des (alten) Rechts vorsehen; während der Dauer dieser Frist dürfen zumindest keine neuen **disharmonisierenden Vorschriften** erlassen oder die Praxis nicht in eine disharmonisierende Richtung geändert werden (sog. **«Entharmonisierungsverbot»**: vgl. BGE 134 I 125 E. 3.5 [Art. 98a aOG], 133 IV 267 E. 3 [Art. 80 Abs. 2 BGG], 124 I 101 E. 3 und E. 4 [Art. 72 Abs. 1 StHG], BGer vom 19. Dez. 2008, 2C_342/2008, E. 2.3.2 und E. 2.3.3 [Art. 86 Abs. 2 BGG]; zum Ganzen auch BGer vom 27. Nov. 2008, 2C_271/2008, E. 3.2.3; vom 23. Mai 2008, 1C_183/2008, E. 1.1.3). Die jeweiligen zuständigen Organe sind allerdings nicht verpflichtet, ihr Recht stufenweise – während der laufenden Anpassungsfrist – den neuen Vorgaben anzupassen; sie können mit anderen Worten die Anpassungsfrist voll ausschöpfen (BGE 124 I 101 E. 3c; vgl. auch Rz. 1008 ff.).

881 Ausserdem hat das Bundesgericht **Art. 7 Abs. 1 Satz 2 StHG** (Dividendenbesteuerung) insofern eine Art von Vorwirkung eingeräumt, als kantonale Regelungen, die zwar vor Art. 7 Abs. 1 Satz 2 StHG in Kraft getreten sind, allerdings in einem engen zeitlichen und sachlichen Zusammenhang zur Bundesregelung entstanden sind, ebenso vom **Anwendungsgebot des Art. 190 BV** erfasst werden (BGer vom 25. Sept. 2009, 2C_62/2008 [Basel-Landschaft], E. 4.4; vom 25. Sept. 2009, 2C_30/2008 [Zürich], E. 4.5; vgl. auch BGE 136 I 65 E. 4.3 [Schaffhausen]: Eine Vorwirkung für die Jahre 2004 und 2005 wurde verneint, da zwischen der Revision des StHG sowie des kant. Steuergesetzes kein genügend enger zeitlicher und sachlicher Zusammenhang ersichtlich war; vgl. auch Rz. 1042).

Praxis:

882 – **Änderung der Kapitalgewinnsteuer (Dividendenbesteuerung):** Mit Beschluss vom 23. März 2007 (in Kraft seit 1. Jan. 2009) änderte die Bundesversammlung im Rahmen der sogenannten Unternehmenssteuerreform II verschiedene steuerrechtliche Bestimmungen des Bundes. Unter anderem fügte sie in Art. 7 Abs. 1 StHG den folgenden zweiten Satz ein: «Bei Dividenden, Gewinnanteilen, Liquidationsüberschüssen und geldwerten Vorteilen aus Beteiligungen aller Art, die mindestens 10 Prozent des Grund- oder Stammkapitals ausmachen (qualifizierte Beteiligungen), können die Kantone die wirtschaftliche Doppelbelastung von Körperschaften und Anteilsinhabern mildern.» Ein Jahr früher, am 1. Jan. 2008 trat § 35 Abs. 4 des kant. Steuergesetzes in Kraft, welcher eine reduzierte Besteuerung von Kapitalgewinnen vorsah, falls die steuerpflichtige Person mit wenigstens 10 % am Aktien-, Grund- oder Stammkapital beteiligt ist. Diese Änderung wurde vor Bundesgericht angefochten. Erwägungen: Angefochten ist eine kantonale Gesetzesbestimmung. Dafür gilt das Anwendungsgebot von Art. 190 BV grundsätzlich nicht. Auch der Umstand, dass der Bundesgesetzgeber eine Materie für seinen Kompetenzbereich gleich oder ähnlich wie ein Kanton ordnet, schränkt die Befugnis des Bundesgerichts zur Überprüfung eines kantonalen Erlasses nicht ein; dabei ist sogar in Kauf zu nehmen, dass sich bei einer solchen Prüfung allenfalls Zweifel an der Verfassungsmässigkeit eines Bundesgesetzes ergeben können. Setzt das kantonale Steuergesetz jedoch unmittelbar Harmonisierungsrecht des Bundes um, das im Steuerharmonisierungsgesetz enthalten ist, greift das verfassungsrechtliche Anwendungsgebot auf das kantonale Recht durch. Das kantonale Steuergesetz, für welches das Anwendungsgebot an sich nicht gilt, wird davon als Umsetzungsakt der bundesgesetzlichen Ordnung erfasst. Fraglich erscheint allerdings, ob die bundesgesetzliche Rege-

lung auch geeignet ist, die Besteuerung durch den Kanton im Jahre 2008 abzudecken. Die zürcherische Gesetzesnovelle ist bereits am 1. Jan. 2008 und damit ein Jahr vor derjenigen des Bundes in Kraft getreten, weshalb dem Anwendungsgebot des Bundesgesetzes gewissermassen eine Art Vorwirkung zugesprochen werden muss, wenn es bereits für das Steuerjahr 2008 Folgen zeitigen soll. Entscheidend ist in diesem Zusammenhang jedoch der zeitliche Ablauf: Entsprechende Abklärungen durch die Bundesverwaltung liefen spätestens seit dem Jahre 2001. Die eigentliche Gesetzesrevision des Bundes wurde vom Parlament am 23. März 2007 beschlossen, während diejenige des Kantons Zürich vom 9. Juli 2007 datiert, also erst später erging. Der Kanton konnte allerdings seine Volksabstimmung schneller durchführen und die Revision schon auf das Jahr 2008 in Kraft setzen, während dies beim Bund erst ein Jahr später möglich war. Inhaltlich stehen die beiden Gesetzesänderungen in einem engen Zusammenhang. Die kantonale Revision kam eindeutig im Hinblick auf die parallel laufende Änderung der Bundesgesetzgebung zustande und bezweckte eine rasche Umsetzung der im Steuerharmonisierungsgesetz neu eingeführten Entlastungsmöglichkeit. Indem die kantonale Gesetzesnovelle in diesem Sinne das Ergebnis des Gesetzgebungsprozesses des Bundes vorwegnahm, ist sie daher inhaltlich auch dadurch gedeckt, selbst wenn das neue Bundesrecht erst ein Jahr später formell in Kraft trat. Damit besteht auch insofern kein genügendes allgemeines Interesse an einer weitergehenden Überprüfung der Verfassungsmässigkeit der ohnehin anwendbaren gesetzlichen Regelung (BGer vom 25. Sept. 2009, 2C_30/2008, E. 4.5).

b) Negative Vorwirkung

Bei der **negativen Vorwirkung** wird – im Gegensatz zur positiven Vorwirkung und zur Rückwirkung – kein Recht auf Sachverhalte angewendet, die sich vor Inkrafttreten des neuen Rechts ereignet haben, sondern lediglich die Anwendung des noch geltenden Rechts ausgesetzt. Eine eigentliche Vorwirkung künftigen Rechts liegt daher gerade nicht vor (VerwG GR vom 28. April 2009, R-08-44, E. 2). Eine solche negative Vorwirkung ist zulässig, wenn sie vom geltenden Recht vorgesehen ist. Von der Praxis wird zudem verlangt, dass auch die übrigen Voraussetzungen einer echten Rückwirkung – zeitlich mässig, triftige Gründe, Vermeidung von Rechtsungleichheiten und Beachtung von wohlerworbenen Rechten – erfüllt sein müssen (BGE 100 Ia 147 E. 3), wobei bei der negativen Vorwirkung Fristen von bis zu fünf Jahren nicht unüblich sind (für einen Anwendungsfall BGer vom 3. Nov. 1982, in: ZBl 1983 S. 542 E. 2; vgl. auch BGE 118 Ia 510 E. 4d [§ 234 PBG]). 883

Planungszone: Wichtigster Anwendungsfall ist die sogenannte Planungszone nach Art. 27 RPG. Diese dient der Sicherung einer noch nicht realisierten, allerdings beabsichtigten Nutzungsplanung und soll verhindern, dass Bauvorhaben bewilligt werden, die dem künftigen Recht widersprechen könnten (BGE 136 I 142 E. 3.2, 118 Ia 510 E. 4). Baubewilligungen dürfen danach nur noch dann erteilt werden, wenn dadurch die vorgesehene Neuordnung nicht erschwert oder nicht beeinträchtigt wird (BGE 136 I 142 E. 3.2, 120 Ia 209 E. 3, 118 Ia 510 E. 4d; BGer vom 26. Okt. 2011, 1C_91/2011, E. 2.2). Die Planungszone hat zur Folge, dass im betroffenen Umfang die Anwendung des (noch) geltenden Rechts im Hinblick auf das Inkrafttreten des neuen Rechts ausgesetzt wird (BGer vom 26. Okt. 2011, 1C_91/2011, E. 2.2). Mit Hilfe einer Planungszone dürfen allerdings nicht zusätzliche Auflagen verfügt werden, um künftig allenfalls mögliche Bauvorschriften zu sichern; darin wäre eine verpönte positive Vorwirkung zu erblicken (VerwG GR vom 14. Okt. 2005, in: PVG 2005 Nr. 27 E. 3b [Auflage, dass eine Nutzung als Hotel im bisherigen Sinn gewährleistet sein müsse]). 884

885 Ist eine Planungszone erlassen worden, sind Baugesuche einer **kumulativen Prüfung** zu unterziehen: In einer **ersten Phase** ist das Baugesuch daraufhin zu überprüfen, ob es mit dem geltenden Recht übereinstimmt und in einer **zweiten Phase** ist abzuklären, ob das nach altem Recht beurteilte Baugesuch auch dem künftigen Recht, welches durch die Planungszone gesichert wird, entspricht bzw. dessen Anwendung weder beeinträchtigt noch erschwert (BGer vom 1. Feb. 2008, 1C_274/2007, E. 4; VerwG GR vom 20. Jan. 2009, A-08-63, E. 4b; VerwG AG vom 13. Jan. 2006, in: AGVE 2006 Nr. 32 E. 2.5.1).

886 Die durch die Festsetzung einer Planungszone bewirkte **öffentlich-rechtliche Eigentumsbeschränkung** ist mit **Art. 26 BV** nur vereinbar, wenn sie nach Art. 36 BV auf einer gesetzlichen Grundlage beruht, im öffentlichen Interesse liegt, verhältnismässig ist und voll entschädigt wird, falls sie einer Enteignung gleichkommt (BGE 119 Ia 362 E. 3a, 113 Ia 362 E. 2; BGer vom 26. Okt. 2011, 1C_91/2011, E. 2.2; vom 19. Okt. 2010, 1C_298/2010, E. 2.3). Eine Planungszone darf folglich nicht über das hinausgehen, was zur Erreichung des Sicherungsziels in räumlicher, sachlicher und zeitlicher Hinsicht erforderlich ist. In räumlicher Hinsicht dürfen sich Planungszonen nur so weit ausdehnen, als dies zur Sicherung der künftigen Planung notwendig erscheint. Als unverhältnismässig erweist sich etwa eine Planungszone, die zur Sicherung der beabsichtigten Ausscheidung einer Schutzzone Parzellen einbezieht, die keinen hinreichenden räumlichen Zusammenhang mit dem schützenswerten Objekt aufweisen. Ein Verbot, Mobilfunkanlagen auf dem gesamten Gemeindegebiet zu errichten, geht über das hinaus, was notwendig ist, um die Zielsetzungen der kommunalen Planung zu erreichen (BGer vom 19. Okt. 2010, 1C_298/2010, E. 2.4; vom 21. Mai 2010, 1C_472/2009, E. 3.7).

887 Um negativ präjudizierend wirken zu können, muss die **Planungsabsicht, die mit der Planungszone gesichert wird,** einen bestimmten **Konkretisierungsgrad** erreichen; als hinreichend konkretisiert gilt eine planerische Festlegung in der Regel dann, wenn sie zuhanden der öffentlichen Auflage verabschiedet worden ist und eine ernsthafte Chance besteht, dass die Planung realisiert wird (Baurekurskommission ZH vom 13. Dez. 2007, in: BEZ 2009 Nr. 48 E. 5.1). Das Bundesgericht verlangt mindestens eine klar umrissene Willenserklärung auf Planänderung, wie sie beispielsweise aus einem Beschluss des Regierungs- oder Gemeinderates hervorgehen kann (BGE 113 Ia 362 E. 2a/bb). Es genügt nicht, wenn sich die Planungsabsicht erst nach Einreichung des Baugesuches, allenfalls erst im Laufe des Rechtsmittelverfahrens, verfestigt. Die Berücksichtigung derartiger Planungsabsichten hätte für den Bauwilligen zur Folge, dass er hinterher Vorschriften unterworfen würde, die bei Einreichung des Baugesuchs und allenfalls noch im Zeitpunkt des erstinstanzlichen Entscheids nicht einmal im Entwurf vorgelegen haben; ein solches Vorgehen könnte nur bei Vorliegen besonders qualifizierter öffentlicher Interessen gerechtfertigt werden (BGE 118 Ia 510 E. 4d).

888 Wird ohne besondere gesetzliche Grundlage gestützt auf eine **Planungszone** eine **Lenkungsabgabe** beschlossen, geht dies über eine negative Vorwirkung hinaus und stellt eine unzulässige positive Vorwirkung des künftig zu erlassenden Rechts dar, wenn der die Lenkungsabgabe auslösende Sachverhalt sich bereits vor Inkrafttreten des neuen Rechts verwirklicht hat (VerwG GR vom 28. April 2009, R-08-44, E. 3. Ddie Beschwerde dagegen wurde vom Bundesgericht abgewiesen; vgl. BGer vom

4. Jan. 2010, 1C_363/2009). Anders liegen die Dinge, wenn die Lenkungsabgabe in einem verwaltungsrechtlichen Vertrag zwischen der Gemeinde und dem Baugesuchsteller vereinbart wird mit der Bedingung, die Abgabe entfalle und müsse nachträglich zurückerstattet werden, wenn die mit der Planungszone in Aussicht genommene gesetzliche Grundlage nicht geschaffen werde. In diesem Fall bildet der verwaltungsrechtliche Vertrag die rechtlich zulässige Grundlage für die vorläufige Abgabenerhebung (BGE 136 I 142 E. 4.3).

Praxis:

- **Negative Vorwirkung planerischer Festsetzungen:** Die Karl Steiner AG beabsichtigt, auf dem Grundstück Kat.-Nr. 7588 der Sihl Papierfabrik in Zürich-Wiedikon einen Neubau mit einer Bruttogeschossfläche von 97'000 m^2 für Industrie und Gewerbe sowie mit einer Unterniveaugarage für 800 Personenwagen zu erstellen (sog. Überbauung Utopark). Die Parzelle, auf der heute die Fabrikations- und Bürogebäulichkeiten der Sihl Papierfabrik stehen, liegt nach der Bauordnung der Stadt Zürich vom 12. Juni 1963 (BauO) in der Industriezone J II. Die Bausektion II des Stadtrats von Zürich wies am 1. Juli 1988 das Gesuch für die Überbauung Utopark ab. Gegen die Verweigerung der Baubewilligung erhoben die Karl Steiner AG und die Sihl Papierfabrik einen Rekurs bei der Baurekurskommission I, welcher zuständigkeitshalber an den Regierungsrat überwiesen wurde. Der Regierungsrat hiess die Rekurse gut. Die Stadt Zürich focht den Entscheid des Regierungsrats vom 25. Sept. 1991 beim Verwaltungsgericht des Kantons Zürich an, das ihr Rechtsmittel am 3. April 1992 abwies. Die Stadt Zürich reicht gegen das Urteil des Verwaltungsgerichts vom 3. April 1992 eine staatsrechtliche Beschwerde wegen Verletzung der Gemeindeautonomie ein. Das Bundesgericht weist die Beschwerde ab. Erwägungen: Während des verwaltungsgerichtlichen Verfahrens wurde die neue Bau- und Zonenordnung erlassen (23. Okt. 1991), welche das Baugrundstück einer sechsgeschossigen Wohnzone mit Dienstleistungsfunktion (W6D) zuwies, wobei ein Wohnanteil von 40 % festgesetzt wurde. Da die Überbauung Utopark überhaupt keine Wohnungen vorsieht, erfüllt sie unbestrittenermassen die Anforderungen der neuen Bau- und Zonenordnung nicht. Im Zeitpunkt des Entscheids der Bausektion II über das Baugesuch am 1. Juli 1988 stand die künftige Zuweisung des Bauareals in die Zone W6D mit der neuen Bau- und Zonenordnung noch nicht fest. Hingegen war im Zeitpunkt des Urteils des Verwaltungsgerichts am 3. April 1992 die neue Bau- und Zonenordnung vom Gemeinderat der Stadt Zürich verabschiedet. Sie enthält, mit der Zuteilung des Baugrundstücks zur Zone W6D, eine Festsetzung, welche die Baureife des betroffenen Vorhabens Utopark gemäss § 234 des Planungs- und Baugesetzes (PBG) aufhebt. Baureif ist ein Grundstück nach der seit dem 1. Feb. 1992 geltenden Fassung von § 234 PBG dann, wenn es erschlossen ist und wenn durch die bauliche Massnahme keine noch fehlende planungsrechtliche Festlegung nachteilig beeinflusst wird. Unter diesen Umständen kommt der Frage entscheidende Bedeutung zu, ob künftige planungsrechtliche Festlegungen, die erst im Laufe eines Rechtsmittelverfahrens konkrete Gestalt annehmen, gemäss § 234 PBG eine Vorwirkung beanspruchen können. Wird auf den Zeitpunkt des Entscheids der Bausektion II (1. Juli 1988) abgestellt, ist die Baureife des Utoparkareals nach § 234 PBG zu bejahen. Erscheint demgegenüber der Zeitpunkt des verwaltungsgerichtlichen Urteils (3. April 1992) als massgebend, so fehlt dem Grundstück die Baureife. Die Bestimmung von § 234 PBG bezweckt die Sicherung der Entscheidungsfreiheit der Planungsbehörden, indem sie Vorhaben einstweilen untersagt, welche beabsichtigte neue planerische Festlegungen negativ beeinflussen. Künftigen Planfestsetzungen wird auf diese Weise eine sog. negative Vorwirkung zuerkannt, indem Bauten nur noch bewilligt werden, wenn sie die vorgesehene planerische Neuordnung nicht beeinträchtigen. Diese Regelung dient der Verwirklichung des verfassungsrechtlichen Auftrags der Raumplanung und kann sich daher auf ein bedeutendes öffentliches Interesse stützen. Die Plansicherungsmassnahmen bewirken jedoch zugleich Eigentumsbeschränkungen, die nur bei Wahrung der Verhältnismässigkeit zulässig sind. Im Blick darauf wird die zeitliche Dauer der negativen Vorwirkung in § 235 PBG auf drei Jahre beschränkt. Im vorliegenden Fall kam die Verneinung 889 der Baureife im Zeitpunkt des erstinstanzlichen Entscheids am 1. Juli 1988 nicht in Frage, weil über die Festsetzungen der künftigen Bau- und Zonenordnung noch keine Klarheit bestand. Die Berücksichtigung der nachträglich eingetretenen fehlenden planungsrechtlichen Baureife hätte für den Bauwilligen zur Folge, dass er hinterher Vorschriften unterworfen würde, die bei Einreichung des Baugesuchs und noch im Zeitpunkt des erstinstanzlichen Entscheids nicht einmal im Entwurf vorlagen. Auch wenn der Grundeigentümer keinen Anspruch darauf hat, dass seine baulichen Nutzungsmöglichkeiten dauernd bestehen bleiben, muss er doch bei der Ausarbeitung eines Bauprojekts auf geltende und auf voraussehbare künftige planungsrechtliche Vorschriften abstellen können. Das Verwaltungsgericht hat daher der Eigentumsgarantie keine zu weit gehende Tragweite gegeben, noch ist es in Willkür verfallen, wenn es in der vorliegenden Situation den privaten Interessen erhebliches Gewicht beimass, das nur aufgewogen werden könnte, soweit besondere öffentliche Anliegen in Frage stünden. Solche qualifizierte öffentliche Interessen sind vorliegend nicht ersichtlich und werden auch nicht geltend gemacht. Die Festsetzung eines 40%igen Wohnanteils für das Utoparkareal erscheint keineswegs als zwingend. Sie entspringt offensichtlich allein dem inzwischen erfolgten Wandel der politischen Vorstellungen über die künftige räumliche Entwicklung der Stadt Zürich. Auch das angeführte öffentliche Interesse an der Sicherstellung der Nutzungsdurchmischung und der Bereitstellung von zusätzlichem Wohnraum ist allgemeiner Natur und nicht einzig auf das Utoparkareal bezogen. Es wird durch die Verwirklichung der geplanten Überbauung auch nicht ernsthaft in Frage gestellt. Das Verwaltungsgericht konnte bei dieser Sachlage ohne Willkür ein vorrangiges öffentliches Interesse an der Beachtung der Vorwirkung der neuen Bau- und Zonenordnung verneinen. Eine Verletzung der Gemeindeautonomie der Beschwerdeführerin liegt daher nicht vor (BGE 118 Ia 510 E. 4).

7. Bemerkungen

890 1. Rechtsetzende Erlasse sind grundsätzlich **vor ihrem Inkrafttreten zu publizieren** (BGE 125 I 182 E. 2b/cc, 120 Ia 1 E. 4b, 104 Ia 167 E. 2) und sofort nach der Publikation in Kraft zu setzen (BGE 122 V 405 E. 3b/bb). Von der **Publikationspflicht** erfasst werden nur die **ordentlichen Rechtsquellen des Verwaltungsrechts**; immerhin sind **Verwaltungsverordnungen** dann gesetzeskonform zu publizieren, wenn sie aussenwirksam sind (BGE 120 Ia 1 E. 4; BGer vom 10. April 2003, 2P.87/2003, E. 3.2). Der Publikationspflicht unterliegen auch (dauerhafte) **Allgemeinverfügungen** (VerwG SG vom 19. Feb. 2009, B-2008-115, E. 4.2 [Verkehrsanordnungen]). Die Rechtswirkungen begünstigender Erlasse entstehen unter Umständen auch ohne Publikation: Es würde gegen Treu und Glauben verstossen, Privaten das neu eingeräumte Recht nur aus formalen Gründen – wegen einer mangelhaften Publikation – zu versagen (BVGer vom 8. Okt. 2009, A-1182/2009, E. 3.5).

891 2. Nach der Rechtsprechung kann es verfassungsrechtlich geboten sein, einen Erlass nach seiner Publikation nicht sofort in Kraft zu setzen, was in erster Linie unter Beachtung des **Rechtsgleichheitsgebots**, des **Verhältnismässigkeitsprinzips**, des **Willkürverbots** sowie des **Vertrauensschutzes** zu prüfen ist. Aus diesen Gründen kann es angezeigt sein, **Anpassungsfristen** zu gewähren, wodurch insbesondere verhindert werden soll, dass gutgläubig getätigte Investitionen nutzlos werden, dass der Private durch die neuen Regelungen unzumutbar hart betroffen wird oder dass wohlerworbene Rechte durch die Gesetzesänderung tangiert werden. Ferner sind Anpassungsfristen dann zu erlassen, wenn sich die Interessen der von der Änderung betroffenen Personen zu festen Rechtspositionen verdichtet haben oder das bisherige Gesetz selbst eine Zusicherung oder Vertrauensgrundlage enthält (BGE 134 I 23

E. 7.6, 130 I 26 E. 8.1, 128 II 112 E. 10b/aa). Dem Gesetzgeber steht dabei nach der Rechtsprechung ein weiter Spielraum des Ermessens zu: Selbst relativ massive Lohnkürzungen oder eine erhebliche Reduktion sozialversicherungsrechtlich begründeter Ansprüche rechtfertigen es üblicherweise nicht, einen Erlass mit einer Übergangsfrist zu versehen. Das Bundesgericht hält in ständiger Praxis fest, dass Lohnkürzungen oder eine Änderung sozialversicherungsrechtlicher Ansprüche auf dem Weg der Rechtssetzung grundsätzlich einseitig möglich sind, ohne dass besondere Übergangsfristen zu beachten sind (vgl. BGE 134 I 23 E. 7.1 und E. 7.6; BGer vom 11. März 2008, 1C_230/2007, E. 4.2).

3. Solange die Übergangsfrist sachlich begründet ist und als Ausdruck allgemeiner intertemporal-rechtlicher Grundsätze betrachtet werden kann, darf die **Exekutive** im Rahmen ihrer **Vollzugskompetenz** – und damit ohne besondere Delegationsnorm – Übergangsfristen erlassen (BGE 130 I 174 E. 2.2, 127 II 209 E. 2b). Es müssen haltbare sachliche Gründe bestehen, einen Erlass nicht sofort in Kraft zu setzen, wobei rein finanzielle Gründe üblicherweise nicht ausreichen, um etwa die Einführung beschlossener Steuererleichterungen oder erhöhter Subventionen länger hinauszuschieben als objektiv gerechtfertigt. Auch diesbezüglich steht der Exekutive jedoch ein gewisser Beurteilungsspielraum zu (BGE 130 I 174 E. 2.3). 892

4. **Anwendung von neuem Recht auf hängige Verfahren:** Die dargestellten **intertemporalrechtlichen Regeln** betrachtet das Bundesgericht als **Richtlinien**, von denen es je nach zu beurteilender Angelegenheit abweicht (BGE 126 V 134 E. 4c, 123 V 29 E. 3b). Die Praxis ist in dem Sinn uneinheitlich, als es eine Reihe von Grundsätzen und Ausnahmen gibt, die einerseits von spezialgesetzlichen Regelungen durchbrochen und andererseits nicht stereotyp, sondern je nach Fallkonstellation angewendet werden. Entsprechend ist es über den Einzelfall hinaus häufig schwierig, anhand der Richtlinien verlässliche Aussagen darüber zu treffen, welches Recht in hängigen Verfahren zur Anwendung gelangt. 893

5. **Spezialgesetzlich** kann mitunter praktisch alles angeordnet werden, beispielsweise, dass für die im Zeitpunkt des Inkrafttretens des neuen Gesetzes hängigen Verfahren neues (vgl. Art. 121 Abs. 1 AsylG) bzw. bisheriges (Art. 132 Abs. 1 ZG) Recht gilt, dass neues Recht während eines hängigen Verfahrens nur dann zur Anwendung gelangt, wenn es sich als günstiger erweist (Art. 52 Abs. 2 RPV, wogegen der in Art. 126 Abs. 4 AuG enthaltene Vorbehalt der lex mitior nur bezüglich der im AuG enthaltenen Strafbestimmungen gilt), dass während eines Beschwerdeverfahrens eingetretene Rechtsänderungen unberücksichtigt bleiben, hingegen die Angelegenheit durch die nach neuem Recht zuständige Behörde unter Berücksichtigung des neuen Verfahrensrechts zu beurteilen ist (Art. 113 Abs. 1 RTVG), dass diejenigen Verstösse, die sich vor dem Inkrafttreten des Gesetzes ereignet haben, nach altem Recht und die anderen nach neuem Recht zu beurteilen sind (Art. 113 Abs. 2 Satz 2 RTVG), dass die tatsächlichen und rechtlichen Verhältnisse im Zeitpunkt des Beschwerdeentscheides massgebend sind (§ 146 VRG/LU), dass dasjenige Recht für die Beurteilung der Angelegenheit massgebend ist, welches zum Zeitpunkt der Gesuchseinreichung (Art. 126 Abs. 1 AuG) oder zu Beginn der Aufgabenerfüllung (Art. 36 lit. b SuG) in Kraft steht. 894

895 6. Die Rechtmässigkeit eines Verwaltungsakts ist bei **Fehlen einer ausdrücklichen gesetzlichen Regelung** grundsätzlich nach der **Rechtslage zur Zeit seines Erlasses** oder der für die Rechtsfolgen massgebenden **Sachverhaltsverwirklichung** zu beurteilen. Dabei ist zu berücksichtigen, dass der **massgebende Zeitpunkt der Sachverhaltsverwirklichung** je nach Sachbereich unterschiedlich zu bestimmen ist. Zu unterscheiden sind ferner abgeschlossene Einzelsachverhalte, zeitlich offene Dauersachverhalte (welche keine oder eine Sacheinheit bilden) und zusammengesetzte Sachverhalte. Dabei sind keine klaren Kriterien ersichtlich, wann ein (zeitlich offener) Dauersachverhalt derart eng zusammenhängt, dass er als eine Sacheinheit zu betrachten ist mit der Folge, dass auf den gesamten Sachverhalt neues Recht zur Anwendung gelangt (vgl. betr. Altlasten WAGNER PFEIFER, a.a.O., S. 536 ff.).

896 7. Kann eine Verfügung nur auf **Gesuch** hin erlassen werden oder wird ein **Wiedererwägungsgesuch** gestellt, ist dasjenige Recht massgebend, welches zum Zeitpunkt der Gesuchseinreichung in Kraft stand (vgl. auch Art. 126 Abs. 1 AuG; BGE 135 I 143 E. 1.2; VerwG ZH vom 8. Juli 2009, VB.2009.00167, E. 1.2). Keine Rolle spielt in solchen Fällen, wann sich der Sachverhalt abgespielt hat, worauf das Gesuch basiert (BVGer vom 26. März 2010, C-6627/2008, E. 3.3; vom 23. April 2009, C-7842/2008, E. 3). Allerdings ist die Rechtsprechung nicht einheitlich. Bei Bau-, Betriebs- oder Berufsausübungsbewilligungen wird häufig auf den Verfügungszeitpunkt abgestellt, ohne dass die intertemporalrechtliche Anknüpfung vertieft untersucht wird.

897 8. Mitunter wird der **massgebende Zeitpunkt auch vorverschoben**: Bei Verfügungen, die von Amtes wegen erlassen werden, wird gelegentlich auf den Zeitpunkt abgestellt, in dem das **nichtstreitige Verwaltungsverfahren als eingeleitet** gilt (so vorab betr. Art. 126 Abs. 1 AuG). Als Verfahrenseinleitung oder -eröffnung zählen etwa die Gewährung des rechtlichen Gehörs, die Prüfung von Massnahmen gegenüber dem Betroffenen oder eingehende Sachverhaltsabklärungen. Über Art. 126 Abs. 1 AuG hinaus ist allerdings keine einheitliche Praxis ersichtlich. Es ist aus Gründen der Rechtssicherheit eher selten, dass die Rechtsprechung bei der Bestimmung des massgebenden Zeitpunkts auf Verfahrensschritte im nichtstreitigen Verwaltungsverfahren abstellt (Gewährung des rechtlichen Gehörs, eingehende Sachverhaltsabklärungen usw.). Ist ein **Einspracheverfahren** vorgesehen, ist bei der rechtlichen und tatsächlichen Beurteilung eines Falles auf den Zeitpunkt des Einspracheentscheids abzustellen, da in einem Einspracheverfahren üblicherweise die gesamte Rechts- und Sachlage von Amtes wegen umfassend neu geprüft wird (BGE 130 V 445 E. 1.2.1, 129 V 1 E. 1.2, 129 V 167 E. 1, 127 V 467 E. 1).

898 9. Im Laufe des **Beschwerdeverfahrens** eingetretene Rechtsänderungen sind unbeachtlich, ausser das jeweils anwendbare Prozessgesetz sehe vor, dass die **tatsächlichen und rechtlichen Verhältnisse im Zeitpunkt des Beschwerdeentscheides** massgebend seien (BGer vom 1. Feb. 2012, 1C_505/2011, E. 3.1.2 [§ 146 VRG/LU], es handle sich um **Verfahrensvorschriften**, **zwingende Gründe** sprächen für die Berücksichtigung des neuen Rechts während eines hängigen Verfahrens oder die eingetretene Rechtsänderung würde einen **Widerruf** der Verfügung rechtfertigen. Für die Zulässigkeit derartiger Ausnahmen dürften insbesondere **prozessökonomische Überlegungen** sprechen. Gemäss Bundesgericht macht es – grundsätzlich zu Recht – wenig Sinn, eine Bewilligung oder Konzession nicht zu erteilen, weil sie dem zum Ver-

fügungszeitpunkt geltenden Recht widerspricht, während sie nach der im Laufe des Beschwerdeverfahrens eingetretenen Rechtsänderung auf erneutes Gesuch hin ohne Weiteres zu erteilen wäre (BGE 129 II 497 E. 5.3.2, 127 II 306 E. 7c, 126 II 522 E. 3b/aa). Ferner lässt die Rechtsprechung im Bereich des Disziplinarrechts (BGE 130 II 270 E. 1.2.2) und betreffend Administrativmassnahmen im Strassenverkehr (BGE 104 Ib 87 E. 2b) eine sofortige Berücksichtigung des inzwischen in Kraft getretenen Rechts zu, wenn es sich in seiner Anwendung und Auslegung als **milder** erweist («lex mitior»). Liegen derartige Gründe vor, rechtfertigt es sich, die eingetretenen Rechtsänderungen auch in einem bereits hängigen Beschwerdeverfahren (sofort) zu berücksichtigen. Die Beschwerdeinstanz hat in derartigen Fällen diejenige Rechtslage zu Grunde zu legen, wie sie sich zum Zeitpunkt der Fällung des Urteils darstellt.

10. Zu den erwähnten Ausnahmen können **«Gegenausnahmen»** hinzutreten: In der 899
Regel sind zwar neue **Verfahrensvorschriften** während eines hängigen Beschwerdeverfahrens sofort anwendbar, es sei denn, (1.) es werde eine grundlegend neue Verfahrensordnung geschaffen, welche die Kontinuität des materiellen Rechts gefährdet, (2.) die Streitsache sei bei der betreffenden Beschwerdeinstanz bereits hängig bzw. die Zuständigkeit der Beschwerdeinstanz sei vor Inkrafttreten des neuen Rechts begründet worden (perpetuatio fori) oder (3.) das neue Recht kenne eine anders lautende Übergangsregelung (BGE 136 II 187 E. 3.1, 132 V 368 E. 2.1). Altrechtlich begründete Zuständigkeiten bleiben demnach von der Anwendung des neuen Verfahrensrechts unberührt, ausser die neue Behörde ist Rechtsnachfolgerin der nach bisher geltendem Recht zuständigen Behörde; ferner lässt die Praxis aus prozessökonomischen Gründen zu, dass im **nichtstreitigen Verwaltungsverfahren** neues Verfahrensrecht, auch was die Zuständigkeit betrifft, sofort anwendbar ist, solange über die Angelegenheit noch nicht definitiv entschieden wurde und das nichtstreitige Verwaltungsverfahren noch nicht abgeschlossen ist.

11. **Rückwirkung:** Entsprechend den oben genannten Grundsätzen verpflichten Er- 900
lasse den Einzelnen nur, wenn sie vor ihrem Inkrafttreten gemäss den gesetzlichen Vorschriften bekannt gemacht worden sind (BGE 125 I 182 E. 2b/cc, 120 Ia 1 E. 4b, 104 Ia 167 E. 2). Niemandem sollen Verpflichtungen auferlegt werden, die sich aus Normen ergeben, welche ihm zum Zeitpunkt, als sich der Sachverhalt verwirklichte bzw. die Verfügung erlassen oder das Gesuch eingereicht wurde, nicht bekannt waren, mit denen er also weder rechnen konnte noch musste (BVGE 2009/3 E. 3.2; VerwG ZH vom 7. Sept. 2007, VB.2006.00370, E. 2.5.2). Der Grund für diese restriktive Formulierung der Voraussetzung ist darin zu erblicken, dass das Rechtsstaatsprinzip die Anwendung einer Norm auf Sachverhalte, die sich abschliessend vor Inkrafttreten des neuen Rechts verwirklicht haben, grundsätzlich ausschliesst (Rückwirkungsverbot; vgl. BGE 126 V 134 E. 4, 122 II 113 E. 3b/dd, 119 Ia 254 E. 3a). Das Rückwirkungsverbot gilt auch bei Praxisänderungen (BVGE 2007/14 E. 2.4; BVGer vom 30. Mai 2008, E-2187/2008, E. 2.7); Praxisänderungen dürfen zumindest nicht zu Ungunsten des Privaten rückwirkend angewandt werden (BGE 112 Ia 193 E. 2b; BGer vom 2. Juni 2003, 2A.320/2002, E. 3.4.3.7 und E. 3.4.3.8).

12. Ein **Abweichen vom Verbot der echten (belastenden) Rückwirkung** ist verfas- 901
sungsrechtlich nur ganz ausnahmsweise und unter strengen Voraussetzungen zulässig: Erforderlich ist, dass sie **ausdrücklich angeordnet**, nach dem Sinn des Erlasses klar gewollt ist oder ein entsprechender Wille des Gesetzgebers aus den Materialien

hervorgeht, **zeitlich mässig** ist, **keine stossenden Rechtsungleichheiten** bewirkt, sich durch **triftige Gründe** rechtfertigen lässt und **nicht in wohlerworbene Rechte** eingreift (BGE 125 I 182 E. 2b/cc, 122 V 405 E. 3b/aa, 120 V 319 E. 8b; BVGE 2007/25 E. 3.1). Diese Voraussetzungen müssen **kumulativ** erfüllt sein (BVGE 2009/3 E. 3.2).

902 13. **Vorbehalten** ist gemäss Praxis eine **begünstigende Rückwirkung**, wenn sie vom Gesetzgeber ausdrücklich angeordnet oder zumindest nach dem Sinn des Erlasses klar gewollt ist, nicht zu Rechtsungleichheiten führt oder nicht in Rechte Dritter eingreift (so bereits BGE 105 Ia 36 E. 3; BGer vom 23. Nov. 2005, 2A.228/2005, E. 2.3; BVGE 2007/25 E. 3.1). **Verfahrensvorschriften** sind ebenfalls vom Rückwirkungsverbot ausgenommen; zu den Verfahrensvorschriften gehören gemäss Praxis auch Bestimmungen über die Rechts- und Amtshilfe (BVGE 2010/40 E. 6.5.2; BVGer vom 20. Juni 2011, A-6874/2010, E. 3.2). Die Praxis vertritt den Standpunkt, dass die Leistung von Amtshilfe infolge offener Steuerschulden selbst für weit zurückliegende Steuerperioden zulässig ist. Entsprechend liess das Bundesverwaltungsgericht die rückwirkende Anwendung des das DBA-USA 96 ergänzenden Staatsvertrags 10 vom 31. März 2010 auf den Zeitraum 2001 bis 2008 ohne Weiters zu (BVGE 2010/40 E. 6.5.2). **Keine echte Rückwirkung** liegt auch dann vor, wenn das neue Recht zwar nur für die Zeit nach seinem Inkrafttreten zur Anwendung gelangt, doch dabei in einzelnen Belangen auf Sachverhalte abstellt, die bereits vor Inkrafttreten vorgelegen haben (sog. **Rückanknüpfung**; vgl. BGer vom 23. Juni 2008, 2C_761/2007, E. 4.1 [Bemessungsgrundlage im Steuerrecht]).

903 14. Die Anliegen der Rechtssicherheit sowie der Vorhersehbarkeit staatlicher Massnahmen werden bei der sogenannten **unechten Rückwirkung** weniger tangiert als bei der echten Rückwirkung (BGE 122 II 113 E. 3b/dd, 119 Ia 254 E. 3, 116 Ia 207 E. 4a, 113 Ia 412 E. 6; BVGE 2009/3 E. 3.2). Eine **unechte Rückwirkung** liegt vor, wenn das neue Recht auf Sachverhalte, die früher eingetreten sind aber noch andauern, für die Zeit seit Inkrafttreten (ex nunc et pro futuro) Anwendung findet. Eine in dieser Weise beschränkte, unechte Rückwirkung ist grundsätzlich als zulässig zu erachten, sofern ihr nicht wohlerworbene Rechte bzw. der Grundsatz des Vertrauensschutzes entgegenstehen oder der Gesetzgeber die Anwendung des neuen Rechts auf Dauersachverhalte untersagte (BGE 133 II 1 E. 4.3, 133 II 97 E. 4.1, 126 V 134 E. 4a, 122 II 113 E. 3b/dd).

904 15. **Vorwirkung:** Ähnlich wie die echte Rückwirkung widerspricht auch die **positive Vorwirkung** dem Rechtsstaatsprinzip und ist daher grundsätzlich **unzulässig** (BGer vom 22. Nov. 2010, 1B_308/2010, E. 2.2.1), sofern nicht die **Voraussetzungen**, die bei der **echten Rückwirkung** gelten, eingehalten werden, wobei das Bundesgericht vereinzelt an die Vorwirkung weniger strenge Voraussetzungen als an die Rückwirkung stellt (BGer vom 3. Nov. 1982, in: ZBl 1983 S. 542 E. 2c). Die **negative Vorwirkung** ist nur zulässig, wenn sie vom geltenden Recht vorgesehen ist. Von der Praxis wird zudem verlangt, dass auch die übrigen Voraussetzungen für eine zulässige Rückwirkung – zeitlich mässig, triftige Gründe, Vermeidung von Rechtsungleichheiten und Beachtung von wohlerworbenen Rechten – erfüllt sein müssen (BGE 100 Ia 147 E. 3), wobei bei der negativen Vorwirkung Fristen von bis zu fünf Jahren nicht unüblich sind und als zulässig betrachtet werden (BGE 118 Ia 510 E. 4d; BGer vom 3. Nov. 1982, in: ZBl 1983 S. 542 E. 2).

II. Räumlicher Geltungsbereich

1. Territorialitätsprinzip

a) Begriff

Aufgrund des im Verwaltungsrecht grundsätzlich vorherrschenden **Territorialitätsprinzips** entfaltet öffentliches Recht nur in dem Staat Rechtswirkungen, der es erlassen hat, es sei denn, die Anwendung ausländischen öffentlichen Rechts sei auf Grund eines Staatsvertrags geboten oder das inländische Recht regle explizit einen Auslandssachverhalt (sog. extraterritoriale Wirkung; BGE 136 I 297 E. 5, 133 II 331 E. 6.1, 118 Ia 137 E. 2b, 112 V 397 E. 1b, 95 II 109 E. 3b; BVGE 2011/19 E. 24.3 und E. 24.4). 905

Nach dem **Territorialitätsprinzip** richten sich die **Zuständigkeit zur Gesetzgebung** einerseits und die **Kompetenz zu hoheitlichen Verwaltungshandlungen** andererseits. Schweizerisches öffentliches Recht wird demnach nur auf Sachverhalte angewendet, die sich in der Schweiz zutragen, wobei verschiedene **Anknüpfungskriterien** bestehen, um den «schweizerischen Sachverhalt» zu bestimmen (BVGer vom 27. Mai 2009, A-3144/2008, E. 4.2; vom 13. März 2009, C-4682/2007, E. 7). Entsprechend gilt auch **kantonales oder kommunales öffentliches Recht** nur für Sachverhalte, die sich im räumlichen Herrschaftsbereich des Recht setzenden Gemeinwesens ereignen (BGE 118 Ia 137 E. 2c). 906

Praxis:

- **Werbeverbot für einen Film, der ausserhalb des betreffenden Kantons vorgeführt wird:** Ein Kanton, der die öffentliche Vorführung eines Films untersagt, kann verbieten, dass auf seinem Gebiet für ausserkantonale Vorführungen des betreffenden Films Reklame gemacht wird. Nach der Rechtsprechung des Bundesgerichts können die Kantone grundsätzlich jede geschäftliche Werbung, die auf ihrem Gebiet entfaltet wird, ihrem Polizeirecht unterstellen. Art. 3, 5 und 31 aBV verwehren es einem Kanton, der einen Film verboten hat, somit nicht, gegen die Werbung einzuschreiten, die auf Kantonsgebiet für auswärtige Vorführungen dieses Streifens entfaltet wird (BGE 87 I 451 E. 5). 907
- **Widerruf der Niederlassungsbewilligung:** Die Niederlassungsbewilligung kann widerrufen werden, wenn die ausländische Person in schwerwiegender Weise gegen die öffentliche Sicherheit und Ordnung in der Schweiz oder im Ausland verstossen hat oder diese gefährdet (Art. 63 Abs. 1 lit. b AuG), wobei nach der Rechtsprechung jedenfalls dann eine Verurteilung durch ein ausländisches Gericht die Ansprüche zum Erlöschen bringen, wenn es sich bei den in Frage stehenden Delikten nach schweizerischer Rechtsordnung um Verbrechen oder Vergehen handelt und der Schuldspruch in einem Staat erfolgt ist, in welchem die Einhaltung der rechtsstaatlichen Verfahrensgrundsätze und Verteidigungsrechte als garantiert erscheint (BGer vom 15. Nov. 2011, 2C_264/2011, E. 3.2 und E. 3.3; vom 23. Jan. 2009, 2C_427/2008, E. 3.1). 908
- **Betriebsreglement (Flughafen Zürich):** Der Landkreis Waldshut (D) kann nicht um Erlass eines neuen Betriebsreglements ersuchen, das den Flugverkehr über deutschem Hoheitsgebiet regeln bzw. einschränken soll, da auch hinsichtlich des Luftfahrtrechts grundsätzlich das Territorialitätsprinzip gilt und keine einseitige schweizerische Regelung getroffen werden kann, die für das deutsche Hoheitsgebiet gälte. Ebenso wenig sind die schweizerischen Gerichte befugt, fremdes Recht, selbst wenn dieses Anlass zur Änderung eines schweizerischen Betriebsreglements gegeben hat, auf seine Gültigkeit hin zu überprüfen (BGer vom 4. Juli 2005, 1A.24/2005, E. 3). 909

910 – **Deutsche Durchführungs-Verordnungen (DVO) betr. Anflug auf den Flughafen Zürich:** Die DVO als einseitig vom deutschen Luftfahrt-Bundesamt erlassene Verwaltungsverordnungen können im vorliegenden, ausschliesslich nach Schweizer Recht durchgeführten Beschwerdeverfahren zum Flughafen Zürich nicht auf ihre Rechtmässigkeit überprüft werden. Die DVO haben nur im Hoheitsgebiet Deutschlands rechtliche Auswirkungen, da sie sich formell einzig auf deutschen Luftraum beziehen. Die Auswirkungen in der Schweiz sind hingegen primär faktischer Natur, indem ab der gemeinsamen Landesgrenze bis zu den Anflugpisten des Flughafens Zürich infolge der deutschen Vorregulierung zu den bekannten Zeiten nur noch eingeschränkte Möglichkeiten für Anflugverfahren bestehen. Werden die DVO durch die Flughafenbetreiberin, die Flugsicherung Skyguide, die einzelnen Fluggesellschaften bzw. Flugzeugeigentümer und -betreiber oder gar durch die betreffenden Piloten nicht beachtet, kann das Bundesverwaltungsgericht diesbezüglich keine Weisungen erteilen (BVGE 2011/19 E. 24.3 und E. 24.4).

911 – **Aufnahme des «Centro Terapeutico» in die Datenbank Infodrog:** Beim betreffenden Rechtsträger Centro Terapeutico handelt es sich um einen selbstständigen Rechtsträger nach spanischem Recht, welcher von X vollständig kontrolliert und zu 100 % finanziert wird. Dieser Rechtsträger, der gemäss Rechtsbegehren des X in die Datenbank Infodrog wieder aufgenommen werden soll, ist in Aguilas (Murcia, Spanien) domiziliert und übt da auch seine Therapietätigkeit aus. Nach Art. 15a BetmG in Verbindung mit Art. 34 Abs. 1 lit. e BetmG kann die Therapie betäubungsmittelabhängiger Personen in (privaten oder öffentlichen) Behandlungsstellen erfolgen, wenn sie unter einer kantonalen Aufsicht stehen. Aufgrund des Territorialitätsprinzips kann eine wirksame und effiziente Aufsicht durch die schweizerischen (kantonalen) Behörden nur in der Schweiz erfolgen. Namentlich verfügen die schweizerischen Behörden nämlich nicht über die Kompetenz, um bei Schwierigkeiten mit im Ausland tätigen Behandlungsstellen direkt, schnell und effizient hoheitlich und vor Ort intervenieren zu können. Als Anknüpfungspunkt bei der Anwendung des Territorialitätsprinzips ist vorliegend aufgrund der Verfolgung gesundheitspolizeilicher Ziele auf den Ort der Ausübung der fraglichen Tätigkeit abzustellen (BVGer vom 13. März 2009, C-4682/2007, E. 7.2).

912 – **Art. 34 Abs. 2 KVG:** Gemäss Art. 34 Abs. 2 KVG kann der Bundesrat bestimmen, dass die obligatorische Krankenpflegeversicherung die Kosten von Leistungen nach den Art. 25 Abs. 2 oder 29 KVG übernimmt, die aus medizinischen Gründen im Ausland erbracht werden. Nach der Rechtsprechung setzt eine Ausnahme vom Territorialitätsprinzip gemäss Art. 36 Abs. 1 KVV in Verbindung mit Art. 34 Abs. 2 KVG den Nachweis voraus, dass entweder (1) in der Schweiz überhaupt keine Behandlungsmöglichkeit besteht oder aber (2) im Einzelfall eine innerstaatlich praktizierte diagnostische oder therapeutische Massnahme im Vergleich zur auswärtigen Behandlungsalternative für die betroffene Person erheblich höhere, wesentliche Risiken mit sich bringt und damit eine mit Blick auf den angestrebten Heilungserfolg medizinisch verantwortbare und in zumutbarer Weise durchführbare, mithin zweckmässige Behandlung in der Schweiz konkret nicht gewährleistet ist. Bloss geringfügige, schwer abschätzbare oder gar umstrittene Vorteile einer auswärts praktizierten Behandlungsmethode, aber auch der Umstand, dass eine spezialisierte Klinik im Ausland über mehr Erfahrung im betreffenden Fachgebiet verfügt, vermögen für sich allein noch keinen «medizinischen Grund» i.S.v. Art. 34 Abs. 2 KVG abzugeben (BGE 131 V 271 E. 3.2, vgl. auch BGE 127 V 138 E. 5 [ausserkantonale Leistungen nach Art. 41 Abs. 2 KVG]; BGer vom 15. Jan. 1999, I 303/98 [Eingliederungsmassnahmen im Ausland gemäss Art. 9 und 13 IVG]). Grundsätzlich dürfte es sich dabei um Fälle hoher technischer Spezialisierung oder um sehr seltene oder schwierige Behandlungen handeln, für welche auf Grund der Seltenheit der Krankheit in der Schweiz die notwendige medizinische Technik fehlt (VersG ZH vom 27. Aug. 2008, KV.2007.00030, E. 2.8).

b) Anknüpfungskriterien

Es fallen grundsätzlich eine Reihe unterschiedlicher Kriterien wie Wohnsitz, Ort der gelegenen Sache oder Tätigkeitsort in Betracht, um das zuständige Gemeinwesen und dementsprechend auch das anwendbare Recht zu bestimmen (vgl. z.B. VerwG AG vom 17. März 2005, in: AGVE 2005 Nr. 45 E. 2). 913

aa) Wohnsitz/Aufenthaltsort

Praxis:

- **Auswärtiger Schulbesuch (Kanton St. Gallen):** Unter Vorbehalt des auswärtigen Schulbesuchs, d.h. des Besuchs der öffentlichen Schule in einer anderen Schulgemeinde, hat der Schüler die öffentliche Schule am Ort zu besuchen, wo er sich aufhält (Art. 52 des Volksschulgesetzes [VSG]). Aus der Verpflichtung von Art. 62 BV, wonach die Kantone für ausreichenden Grundschulunterricht zu sorgen haben, folgt nicht, dass Kinder im schulpflichtigen Alter einen genügenden und unentgeltlichen Unterricht an einem beliebigen Ort beanspruchen können. Umso weniger kann daraus ein Anspruch auf unentgeltlichen Unterricht an einer beliebigen Privatschule abgeleitet werden. In Anwendung von Art. 53 Abs. 1 VSG kann der Schulrat am Aufenthaltsort des Kindes den auswärtigen Schulbesuch bewilligen oder anordnen, wenn besondere Gründe, wie unzumutbare Schulwege oder eine sinnvolle Klassenbildung, es rechtfertigen. Diese Aufzählung ist exemplarisch und nicht abschliessend; d.h. abgesehen vom Schulweg und von der Klassenbildung können auch andere Gründe für die Bewilligung des Schulbesuchs ausserhalb der Aufenthaltsgemeinde sprechen. Andererseits ist Art. 53 Abs. 1 VSG eine Kann-Vorschrift, d.h. einer besonderen Situation kann grundsätzlich auch auf andere Weise als mit der Bewilligung des auswärtigen Schulbesuchs – beispielsweise mit einer Klassenumteilung – Rechnung getragen werden. Dieses Ermessen ist gerechtfertigt, da mit einem auswärtigen Schulbesuch das Territorialitätsprinzip, welches die gebietskörperschaftliche Schulorganisation prägt, durchbrochen und eine Ausnahmesituation begründet wird. Diese führt für den bewilligenden Schulträger zu einer beträchtlichen finanziellen Belastung und unter Umständen zu Komplikationen bei der eigenen Klassenbildung (Erziehungsrat SG vom 20. Nov. 2002, in: GVP 2002 Nr. 118 E. 3). 914

bb) Auswirkungsort

Praxis:

- **Umweltverschmutzung:** Am 19. Aug. 2000 meldete ein Angestellter der französischen Staatsbahnen (SNCF) dem Rangierbahnhof Muttenz, Basel, dass ein für die Schweiz bestimmter Tankcontainer auf dem in St. Louis stehenden Güterzug ein Leck aufweise und leicht tropfe. An den der Ankunft des Tankcontainers folgenden Tagen unternahmen die Verantwortlichen des Rangierbahnhofes Muttenz, die Chemiewehr sowie die Umweltschutzfachstellen des Kantons Basel-Landschaft und des Kantons Basel-Stadt verschiedene Anstrengungen, um das weitere Auslaufen der Flüssigkeit zu verhindern. Im Zusammenhang mit dem Schadenereignis entstanden bei den verschiedenen Dienststellen des Kantons Basel-Landschaft Kosten in Höhe von insgesamt Fr. 104'374.90. Mit Beschluss vom 27. Aug. 2002 auferlegte der Regierungsrat des Kantons Basel-Landschaft die dem Kanton aus dem Schadenfall entstandenen Kosten zu 55 % (= Fr. 57'406.20) den SBB und zu 45 % (= Fr. 46'968.70) der französischen Transportfirma ICF SA. Die französischen Staatsbahnen wurden nicht in die Kostenverteilung einbezogen, mit dem Argument, dass diese in der Schweiz keinen Sitz hätten. Das Bundesgericht führt zur Kostenverteilung folgendes aus: Entgegen der Meinung des Regierungsrates kann aus dem Territorialitätsprinzip nur abgeleitet werden, dass Art. 59 USG und Art. 54 GSchG einzig auf Ereignisse anzuwenden sind, die auf schweizerischem Boden stattgefunden haben. Ob jemand 915 als Verursacher zu betrachten sei und kostenpflichtig werden könnte, hängt nicht von seinem Wohnsitz ab. Ebenso wenig wird für die Störereigenschaft vorausgesetzt, dass die fragliche Person zahlungsfähig oder belangbar sei. Ist ein Störer nicht belangbar, kann sich bei einer Mehrheit von Störern indes fragen, ob der nicht erhältliche Kostenanteil auf die übrigen, belangbaren Störer überwälzt werden dürfe. Eine solche Überwälzung ist – obschon grundsätzlich keine Solidarhaft unter mehreren Störern besteht – nicht von vornherein ausgeschlossen. Die kantonalen Instanzen hätten daher nach sorgfältiger Abklärung des Sachhergangs zunächst den Kreis der Störer feststellen und bestimmen müssen, welcher Kostenanteil auf den Einzelnen entfällt. Erst hernach wäre darüber zu befinden gewesen, ob und wie ein allenfalls nicht einzutreibender Anteil auf die belangbaren Störer zu überwälzen sei (BGer vom 27. Aug. 2004, 1A.178/2003, E. 4).

cc) Arbeitsort

Praxis:

916 – **Beschäftigung als Arbeitnehmer im Ausland; Befreiung von der Beitragszeit nach Art. 14 Abs. 3 AVIG:** C arbeitete vom 7. Sept. 1997 bis 14. Aug. 2000 als Fotograf in England. Am 24. Juli 2000 kündigte er die Anstellung auf den 14. Aug. 2000. Daraufhin kehrte er in die Schweiz zurück. Seit dem 4. Sept. 2000 machte er Anspruch auf Arbeitslosentaggelder geltend. Die Arbeitslosenkasse stellte ihn für 31 Tage in der Anspruchsberechtigung auf Arbeitslosentaggelder ein. Das Bundesgericht heisst die Beschwerde gut. Erwägungen: Gemäss Art. 14 Abs. 3 AVIG sind Schweizer, die nach einem Auslandsaufenthalt von über einem Jahr in die Schweiz zurückkehren, während eines Jahres von der Erfüllung der Beitragszeit befreit, sofern sie sich über eine entsprechende Beschäftigung als Arbeitnehmer im Ausland ausweisen können. Streitig und zu prüfen ist, ob und gegebenenfalls für welche Dauer der Beschwerdeführer in der Anspruchsberechtigung einzustellen ist. Zu ergänzen bleibt, dass das vom Beschwerdeführer angerufene Territorialitätsprinzip im vorliegenden Zusammenhang nicht von Bedeutung ist. Zwar gilt dieses Prinzip, wonach öffentliches Recht nur in dem Staat Rechtswirkungen entfaltet, der es erlassen hat für das gesamte öffentliche Recht einschliesslich des Sozialversicherungsrechts. Das bedeutet jedoch nicht, dass bei der Anwendung des Gesetzes keine Sachverhalte Beachtung finden dürften, die sich im Ausland verwirklichen. Vielmehr fordert Art. 14 Abs. 3 AVIG genau dies. Art. 14 AVIG räumt bestimmten Personengruppen aus sozialen Gründen und wegen des Fehlens einer freiwilligen Versicherung einen Versicherungsschutz ohne vorgängige Erfüllung der Beitragszeit ein. Gemeinsam ist allen Befreiungstatbeständen eine kausale Beziehung zwischen der Nichterfüllung der Beitragszeit und der Verhinderung an einer beitragspflichtigen Erwerbstätigkeit durch einen der im Gesetz genannten Umstände. Unerheblich ist, aus welchem Grund sich der Befreiungstatbestand verwirklicht hat; insb. auch, ob der Versicherte für dessen Eintreten eine Verantwortung trägt. Nachdem Art. 14 AVIG eine Arbeitslosigkeit zwingend voraussetzt, ansonsten die Befreiung von der Beitragszeit keinen Sinn hätte, und beim Vorliegen bestimmter Bedingungen die allgemeinen Anspruchsvoraussetzungen modifiziert, ohne nach den Gründen für die Verwirklichung dieser Bedingungen zu fragen, wäre es systemwidrig, ein Verhalten zu sanktionieren, das einen Befreiungstatbestand setzt. Demnach verletzt die von der Arbeitslosenkasse verfügte Einstellung in der Anspruchsberechtigung Bundesrecht (BGer vom 15. Jan. 2004, C 175/01, E. 2.4).

917 – **Kinderzulagen gemäss dem Arbeitsort des Ehemannes:** X ist mit Y verheiratet und Mutter von drei Kindern. Die Ehegatten wohnen zusammen mit ihren Kindern im Kanton Freiburg. X arbeitet seit dem 5. Okt. 1998 für eine Behindertenwerkstätte im Kanton Freiburg. Ihr Ehemann Y arbeitet mit einem Beschäftigungsgrad von 100 % an einer Fachhochschule im Kanton Bern. Am 13. März 2001 beantragte die Ehefrau X bei der Ausgleichskasse des Kantons Freiburg Kinder- und Ausbildungszulagen für ihre drei Kinder. Sie legte ihrem Gesuch eine Bestätigung bei, wonach ihr Ehemann Y ab dem 1. Jan. 2001 keine Zulagen mehr von seinem Arbeitgeber beziehe. Mit Verfügung vom 8. Mai 2001 lehnte die Ausgleichskasse Freiburg das Gesuch im

Wesentlichen mit der Begründung ab, dass gemäss kant. Familienzulagengesetz bei verheirateten Eltern die Kinderzulagen primär dem Vater zustünden. Da der Vater über seinen Arbeitgeber im Kanton Bern die vollen Familienzulagen geltend machen könne, entfalle der Anspruch auf Familienzulagen der Mutter im Kanton Freiburg. Das Bundesgericht heisst die Beschwerde gut. Die Kantone konnten bis zum Erlass des eidgenössischen Familienzulagengesetzes autonom legiferieren. Die Kantone kannten höchst unterschiedliche Systeme bei der interkantonalen Abgrenzung von Familienzulagen. Die in den kantonalen Kinderzulagengesetzen enthaltenen Regelungen über die Anspruchskonkurrenz können nur im innerkantonalen Verhältnis Geltung beanspruchen. Ein Kanton ist nicht befugt, in den Kompetenzbereich eines anderen Kantons einzugreifen, indem er mittels Konkurrenznormen bestimmt, unter welchen Voraussetzungen der andere Kanton Familienzulagen zu leisten oder welche Prioritätenordnung er für den Fall einer Anspruchskonkurrenz vorzusehen hat (vgl. Territorialitätsprinzip). Demnach kann der Kanton Freiburg dem anderen beteiligten Kanton weder vorschreiben noch davon ausgehen, die Zulagen müssten in dem Kanton, in dem der Vater arbeitet, geleistet werden. Es gibt keinen zulässigen Grund, die Freiburger Familienzulagen bei Zweiverdiener-Ehepaaren bloss zu gewähren, wenn der Ehemann im Kanton arbeitet, nicht aber, wenn nur die Ehefrau diese Voraussetzung erfüllt. Die Regelung interkantonaler Anspruchskonkurrenzen nach diesem System führt zu zufallsbedingten, willkürlichen Ungleichheiten, weil – wie auch die Beschwerdeführerin bemerkt – der Bezug der höheren oder tieferen kantonalen oder ausserkantonalen Zulage davon abhängig wird, ob der Ehemann oder die Ehefrau ausserhalb des Wohnsitzkantons arbeitet (BGer vom 11. Juli 2003, 2P.186/2002, E. 4.2 und E. 4.3).

dd) Ort der gelegenen Sache

Praxis:

- **Verbot der interkantonalen Doppelbesteuerung:** Aus dem Verbot der interkantonalen Doppelbesteuerung folgt, dass ein Steuerpflichtiger in mehreren auf dem Boden der allgemeinen Reineinkommens- bzw. Reingewinnbesteuerung stehenden Kantonen zusammen nicht mehr als sein gesamtes Reineinkommen bzw. seinen gesamten Reingewinn versteuern muss. Nach der bisherigen Rechtsprechung musste diese Regel jedoch zurücktreten gegenüber dem Grundsatz, wonach das Grundeigentum dem Kanton, in dem es gelegen ist, zur ausschliesslichen Besteuerung vorbehalten bleibt. Der Liegenschaftskanton musste daher Verluste am Hauptsitz oder in einem anderen Betriebsstättekanton nicht übernehmen. Das heisst, er war nicht verpflichtet, solche Verluste auf den Ertrag der Liegenschaft oder auf den Veräusserungsgewinn (Wertzuwachs und Buchgewinn) anzurechnen. Im vorliegenden Fall geht es um die Besteuerung der Kapitalanlageliegenschaft einer Unternehmung (Handelsgesellschaft) im reinen Liegenschaftskanton, d.h. ohne Betriebsstätte im Kanton. Im Lichte der neuen Rechtsprechung kann die Verlustverrechnung nicht mehr verweigert werden. Wertzuwächse auf Betriebsliegenschaften interkantonaler Unternehmen (einschliesslich Versicherungs- und Immobiliengesellschaften) sowie von Liegenschaftenhändlern und Generalunternehmern sind zwar dem Kanton der gelegenen Sache zur ausschliesslichen Besteuerung zuzuweisen, wobei es diesem freigestellt ist, den Gewinn mit der Einkommens- oder Ertragssteuer oder mit einer als Objektsteuer ausgestalteten Grundstückgewinnsteuer zu erfassen. Der Liegenschaftskanton ist grundsätzlich allein befugt, den Grundstücksertrag und -gewinn (Wertzuwachs) zu besteuern. Doch sind dem Liegenschaftskanton insofern Grenzen gesetzt, als er nunmehr auf die Situation der Unternehmung bzw. der Privatperson und deren Leistungsfähigkeit Rücksicht nehmen muss. Insofern ist der Hinweis der Beschwerdeführerin auf den Grundsatz der Besteuerung nach der wirtschaftlichen Leistungsfähigkeit gemäss Art. 127 Abs. 2 BV begründet und die staatsrechtliche Beschwerde gegenüber dem Kanton Schwyz gutzuheissen (BGE 132 I 220 E. 5). 918
- **Lageort des Leichnams:** Im Streit liegt die Frage, ob die Urne mit der Asche der verstorbenen X in der Gemeinde Y (Kanton Zürich) oder im Ausland beizusetzen sei. Es geht dabei um eine gesundheitspolizeiliche und somit um eine vom öffentlichen Recht erfasste Fragestellung. Im 919

Bereich des öffentlichen Rechts ist für die Zuständigkeit der schweizerischen Behörden mangels expliziter Zuständigkeitsvorschriften allein das Territorialitätsprinzip massgeblich. Danach sind im internationalen Verhältnis diejenigen Verwaltungsbehörden zuständig, in deren Land sich ein bestimmter Sachverhalt zugetragen hat. Anknüpfungspunkt ist vorliegend der Lageort des Leichnams. Der Leichnam von X wurde von den Verwandten der Verstorbenen dem Bestattungsamt Y übergeben mit dem Begehren um Kremation und Urnenbeisetzung. Folglich war die Gesundheitsbehörde Y örtlich zuständig, sich mit der Bestattung der Verstorbenen zu befassen. Das Territorialitätsprinzip bestimmt auch das anwendbare Recht: Sind schweizerische Behörden zuständig, so haben sie grundsätzlich schweizerisches öffentliches Recht anzuwenden. Gründe, welche die ausnahmsweise Anwendung von ausländischem öffentlichem Recht erfordern (wie etwa ein Staatsvertrag), sind nicht ersichtlich und werden auch nicht geltend gemacht. Massgeblich ist somit § 79 des kantonalen Gesundheitsgesetzes. Nach dessen Abs. 1 Satz 1 erfolgt die Bestattung auf dem Friedhof der Gemeinde, in welcher der bzw. die Verstorbene den letzten Wohnort hatte. Kraft Abs. 3 kann die Bestattung auf Wunsch der verstorbenen Person oder ihrer Angehörigen auch in einer anderen Gemeinde erfolgen. Hierzu ist die Bewilligung der zuständigen Gesundheitsbehörde erforderlich. Aus diesen Bestimmungen ergibt sich, dass für Anordnungen über die Bestattung primär die Gemeinde des letzten Wohnsitzes der Verstorbenen zuständig ist. Daneben besteht eine örtliche Zuständigkeit jener Gemeinde, in welcher die Bestattung nach dem Wunsch der Verstorbenen oder ihrer Angehörigen erfolgen soll (VerwG ZH vom 20. Juni 2002, in: RB 2002 Nr. 61 E. 2).

920 – **Grenzüberschreitendes (interkommunales) Bauvorhaben:** Im konkreten Fall geht es um die Bewilligungsverlängerung für ein Kiesabbauvorhaben sowie die Wiederauffüllung und Rekultivierung des entsprechenden Gebietes, welches sich über das Gebiet der beiden Gemeinden Wangen und Tuggen erstreckt. Es ist deshalb vorab auch auf die Frage des anwendbaren Rechts sowie die Frage der Zuständigkeit der Gemeinwesen einzugehen. Da Bundesrecht oder kantonales Recht gleichermassen unabhängig vom Gemeindegebiet gilt, ist die Frage des anwendbaren Rechts nur in Bezug auf das kommunale Recht zu prüfen. Nach dem Territorialitätsprinzip verlangt das öffentliche Recht an sich zwingend seine Anwendung auf dem Gebiet, das vom örtlichen Geltungsbereich erfasst wird. Dies legt es nahe, dass das Recht jener Gemeinde zur Anwendung gebracht wird, auf deren Gebiet ein bestimmter Teil einer Baute oder Anlage errichtet werden soll. Eine derartige Anwendung des Gemeinderechts auf dem Territorium der einzelnen betroffenen Gemeinde ist selbstverständlich nur möglich, wenn die Bau- oder Anlageteile klar zugeordnet werden können. Können Bau- oder Anlageteile nicht ohne Weiteres dem Territorium der einen oder anderen Gemeinde zugerechnet werden, oder sind Gesamtauswirkungen zu beurteilen, so ist – soweit im kommunalen Recht Widersprüche bestehen – von einer angenäherten Mittellösung auszugehen. Stellt zudem das eine Recht strengere Anforderungen in verfahrensrechtlicher Hinsicht, so ist wohl insgesamt vom strengeren Recht auszugehen. Die Frage, welche Gemeinde bei grenzüberschreitenden Bauvorhaben zuständige Baubewilligungsbehörde ist, ist im Gesetz nicht ausdrücklich geregelt. Offenbar finden die Gemeinden in diesen eher seltenen Fällen jeweils auf pragmatischem Wege eine Entscheidung. Am naheliegendsten ist es, dass die Zuständigkeit dem anwendbaren materiellen Recht folgt, d.h., jeder Gemeinderat befindet in Anwendung des eigenen Rechts über den auf seinem Gemeindegebiet gelegenen Teil der Baute oder Anlage sowie im selben Umfang auch über allfällige Einsprachen, wobei eine vorgängige Verständigung bzw. Koordination zwischen den Behörden natürlich von Vorteil ist. Das Vorhaben ist dabei nur dann bewilligt, wenn die betroffenen Gemeinderäte, die je gesondert beschliessen, übereinstimmende Baubewilligungsbeschlüsse erlassen, welche zudem gleichzeitig und koordiniert eröffnet werden müssen. Auf jeden Fall dürfen sich Unklarheiten in der Kompetenzzuordnung nicht zum Nachteil des Bürgers auswirken. Nach dem Gesagten waren der GR Wangen und der GR Tuggen zwar zuständig, um über die Verlängerung der Abbaubewilligung, soweit das Abbauvorhaben ihr eigenes Gemeindegebiet betrifft, zu entscheiden. Hingegen waren sie örtlich nicht zuständig, in ihren Beschlüssen spezielle Anordnungen – insb. bez. der Erschliessung des Abbaugebietes – zu treffen, welche das Gemeindegebiet der benachbarten Gemeinde nachteilig betrafen. Insofern haben beide Gemeinden ihre Kompetenzen überschritten bzw. waren beide Gemeinden örtlich unzuständig;

der GR Wangen, indem er die Errichtung einer Pförtneranlage vorschreibt, welche ab einem gewissen Zeitpunkt die Verlagerung des Lastwagenverkehrs auf das Gemeindegebiet Tuggen zur Folge hat, und der GR Tuggen, indem er vorschreibt, dass der Abbau, die Sanierung und die Rekultivierung der Kiesgruben Bachtellen und Rütihof ausschliesslich über Nuolen zu erfolgen habe (RR SZ vom 12. März 2002, in: EGVSZ 2002 S. 183 E. 5).

ee) Tätigkeitsort

Praxis:

- **Bau von Gas-Kombikraftwerken in Italien durch eine aargauische Unternehmung; Ausschreibung nach dem Beschaffungsgesetz des Kantons Aargau:** Im vorliegenden Fall geht es ausschliesslich um die Vergabe bzw. die Nichtausschreibung von Folgeaufträgen für Gas-Kombikraftwerke in Italien durch die Y und Z AG. Ein Konkurrent verlangt die Ausschreibung dieser Folgeaufträge gemäss dem Beschaffungsgesetz des Kantons Aargau mit dem Argument, die Z und Y AG seien auch im Kanton Aargau tätig. Die Beschaffungsgesetze beschränken üblicherweise in Nachachtung des Territorialitätsprinzips ihren Anwendungsbereich ausdrücklich auf schweizerische Sachverhalte. § 30 Abs. 1 des kantonalen Submissionsdekrets (SubmD) ist diesbezüglich weniger eindeutig formuliert. Dem Dekret unterstellt werden von der öffentlichen Hand mehrheitlich beherrschte Unternehmen und Organisationen, die im Kanton Aargau in den Bereichen der Wasser-, Energie- und Verkehrsversorgung oder der Telekommunikation tätig sind. Gefordert ist für die Unterstellung unter das Dekret ein Tätigsein im Kanton Aargau, hingegen fehlt die ausdrückliche Beschränkung auf die im Kanton Aargau ausgeübte Tätigkeit. Aus deren Fehlen kann nun aber nicht geschlossen werden, ein (auch) im Kanton Aargau tätiges Unternehmen unterstehe für seine gesamte Tätigkeit im Sektorenbereich, also auch für die Tätigkeit in anderen Kantonen und für das Auslandsgeschäft, dem SubmD. Ein solches Verständnis stünde in klarem Widerspruch zum Territorialitätsprinzip. Das SubmD kann deshalb nur dann zur Anwendung kommen, wenn ein Unternehmen oder eine Organisation i.S.v. § 30 Abs. 1 SubmD Aufträge, die im Zusammenhang mit der im Kanton Aargau selbst ausgeübten Tätigkeit im Bereich der Wasser-, Energie- und Verkehrsversorgung oder Telekommunikation stehen, vergibt. Vergibt das betreffende Unternehmen im Rahmen seiner ausserkantonalen Tätigkeit oder seiner Tätigkeit im Ausland Aufträge an Dritte, so handelt es nicht als Vergabestelle i.S.v. § 30 Abs. 1 SubmD. Das im öffentlichen Recht geltende Territorialitätsprinzip lässt grundsätzlich keinen andern Schluss zu. Der Geltungsbereich des SubmD beschränkt sich somit auch bei Unternehmen und Organisation gemäss § 30 Abs. 1 SubmD auf die Vergabe von Aufträgen, die im Kantonsgebiet ausgeführt werden. Weil es im vorliegenden Fall ausschliesslich um die Vergabe bzw. die Nichtausschreibung von Folgeaufträgen für Gas-Kombikraftwerke in Italien geht, mithin die von der Z ausserhalb der Schweiz ausgeübte Tätigkeit betroffen ist, finden die erwähnten submissionsrechtlichen Bestimmungen keine Anwendung, womit aber auch die Zuständigkeit des Verwaltungsgerichts zu verneinen ist und auf die Beschwerde nicht eingetreten werden kann (VerwG AG vom 17. März 2005, in: AGVE 2005 Nr. 45 E. 2). 921
- **Fürsorgerische Freiheitsentziehung (FFE):** Der Bundesgesetzgeber hat es unterlassen, für die gerichtliche Beurteilung in Art. 397d ZGB die sachliche und örtliche Zuständigkeit festzulegen. Die Kantone sind frei, innerkantonal die örtliche Zuständigkeit zu regeln. Interkantonal muss allerdings subsidiär eine von Bundesrechts wegen geltende Ordnung bestehen, die sowohl positive wie auch negative Zuständigkeitskonflikte ausschliesst. Von daher drängt sich die wohnörtliche Zuständigkeit für die ordentliche Einweisung durch die Vormundschaftsbehörde und jene am Ort der verfügenden Behörde oder Stelle bei Dringlichkeit auf. Das Verwaltungsgericht Obwalden stellt in konstanter Praxis darauf ab, in welchem Kanton der einweisende Arzt seine Praxis führt oder als Spitalsarzt tätig ist und entsprechend über eine Praxisbewilligung verfügt. Es geht davon aus, wenn dieser Arzt eine Einweisung in die FFE vornehme, so stütze er sich dabei auf das Recht seines Praxis- oder Spitalkantons, und er amtiere deshalb als 922

Rechtspflegeorgan dieses Kantons; folglich müsse auch die gerichtliche Zuständigkeit zur Überprüfung der Einweisungsverfügung im fraglichen Kanton liegen. Diese Regelung entspricht denn auch den allgemein gültigen Rechtsgrundsätzen. Es würde nämlich gegen das Territorialitätsprinzip verstossen, wenn der Kanton Obwalden eine Anordnung eines Arztes des Kantons Nidwalden überprüfte. Zuständig für eine solche Überprüfung muss vielmehr das Gericht am Ort des verfügenden Arztes sein. Der Wohnsitz der eingewiesenen Person ist in solchen Fällen sekundär. Zumeist kennt das Gericht die eingewiesene Person ohnehin nicht, und es hat die für die Beurteilung notwendigen Abklärungen zu treffen. Es rechtfertigt sich somit nicht, losgelöst von allgemeinen Rechtsgrundsätzen auf eine Zuständigkeit der Gerichte am Wohnsitz der betroffenen Person zu schliessen. Dies gilt umso mehr, als bei einer Verantwortlichkeitsklage wegen widerrechtlicher FFE nach Art. 429a Abs. 2 ZGB zweifellos die Gerichte desjenigen Kantons für deren Beurteilung zuständig wären, in welchem der Arzt praktiziert und über eine Praxisbewilligung verfügt, da bei der Einweisung durch einen Arzt dieser als Verursacher der Verletzung zu gelten hätte. Im vorliegenden Fall erging die Einweisung in die FFE durch Dr. A in Stans, der im Kanton Nidwalden über eine Praxisbewilligung verfügt, gestützt auf das Recht des Kantons Nidwalden. Im Kanton Obwalden ist kein anfechtbarer Hoheitsakt ergangen. Auf die Verwaltungsgerichtsbeschwerde vom 3. Juli 2002 kann seitens des Verwaltungsgerichts Obwalden mangels örtlicher Zuständigkeit deshalb nicht eingetreten werden. Die Sache ist demnach an das für die gerichtliche Beurteilung zuständige Kantonsgericht des Kantons Nidwalden zu überweisen (VerwG OW vom 10. Juli 2002, in: VVGE 2002/03 Nr. 42 E. 3).

923 – **Google Street View:** Das DSG enthält keine ausdrücklichen Bestimmungen zu seinem räumlichen Geltungsbereich. Als öffentlich-rechtliche Bestimmung gilt für Art. 29 DSG das Territorialitätsprinzip. Die Vorschriften des DSG gelten somit nur für Sachverhalte, die sich in der Schweiz zutragen. Da der grundrechtliche Anspruch auf Schutz der Privatsphäre weder nach Wohnsitz noch Bürgerrecht unterscheidet, drängt sich für das DSG eine Anknüpfung nach dem Ort der Ausübung der geregelten Tätigkeit, also des Bearbeitens von persönlichen Daten, auf. Mit anderen Worten sind die Gebote und Verbote des DSG aus öffentlich-rechtlicher Sicht auf die Bearbeitung von persönlichen Daten in der Schweiz anwendbar. Unter die Bearbeitung von Personendaten fallen dabei auch die Bekanntgabe solcher Daten ins Ausland und die Sammlung von persönlichen Daten in der Schweiz aus einem Standort im Ausland. Die dem ganzen Projekt Google Street View zugrunde liegende Datenbearbeitung besteht hauptsächlich darin, Strassenzüge mittels Fotografien aufzunehmen. Die massgebliche Bearbeitung gemäss Art. 3 lit. a DSG betrifft somit die Aufnahme von Bildern in der Schweiz. Von einer allfälligen Persönlichkeitsverletzung sind daher in erster Linie Personen betroffen, die in der Schweiz leben. Ausserdem sind es ebenfalls vor allem Personen, die hier leben oder sonst einen näheren Bezug zur Schweiz haben, welche die Google Street View-Seite im Internet aufrufen. Die Aufnahme der Bilder findet demnach in der Schweiz statt, sodass diesbezüglich der räumliche Anwendungsbereich des DSG aufgrund des Territorialitätsprinzips ohne Weiteres gegeben ist, was von den Beklagten auch nicht bestritten wird. Aber auch in Bezug auf die Bekanntgabe der Daten ins Ausland gelangt es zur Anwendung. In Bezug auf die Veröffentlichung der Bilder ist zudem zu berücksichtigen, dass das Aufschalten der Bilder im Internet zwar in den USA erfolgt, die Bilder aber nicht nur in den USA, sondern weltweit, und damit auch in der Schweiz, veröffentlicht werden. Das Territorialitätsprinzip gilt demnach auch für die Veröffentlichung der Bilder. Fällt ein Sachverhalt somit, wie hier, grundsätzlich unter die Aufsicht des Eidgenössischen Datenschutz- und Öffentlichkeitsbeauftragten, kann ihn dieser abklären. Die weitergehende Bearbeitung, insb. die Unkenntlichmachung, dient dagegen vor allem dazu, eine allfällige Persönlichkeitsverletzung zu mindern bzw. es gar nicht zu einer solchen kommen zu lassen, und beschlägt damit die Rechtmässigkeit der Datenbearbeitung (BVGer vom 30. März 2011, A-7040/2009, E. 5.4 [bestätigt in BGer vom 31. Mai 2012, 1C_230/2011, E. 3.3]; vgl. auch BVGer vom 27. Mai 2009, A-3144/2008, E. 4.2).

2. Auswirkungsprinzip

a) Begriff

Nach dem **Auswirkungsprinzip** findet das schweizerische Recht auf Sachverhalte Anwendung, die sich zwar im **Ausland zutragen**, doch in einem **ausreichenden Mass sich auf das Territorium der Schweiz** auswirken (BGE 133 II 331 E. 6.1, 118 Ia 137 E. 2c, 93 II 192 E. 3). Nach der Praxis liegt keine unzulässige Ausdehnung des Geltungsbereichs des Territorialitätsprinzips vor, wenn schweizerisches Recht Auslandssachverhalte erfasst, welche das Territorium der Schweiz erheblich berühren (BGE 118 Ia 137 E. 2b, 95 I 422 E. 6, 54 I 25 E. 1). 924

Das schweizerische **Kartellrecht** erfasst **Auslandssachverhalte** dann, wenn sich die im Ausland vereinbarten Wettbewerbsabreden in der Schweiz unmittelbar und erheblich auswirken (dazu etwa BGE 127 III 219 E. 3a, 93 II 192 E. 3). Nach Art. 2 Abs. 2 KG haben die Auswirkungen der Wettbewerbsbeschränkung wesentlich zu sein; wesentlich bedeutet, dass diese spürbar, ausreichend intensiv oder beträchtlich sein müssen (ROLF BÄR, Extraterritoriale Wirkung von Gesetzen, in: Die schweizerische Rechtsordnung in ihren internationalen Bezügen, Festgabe zum Schweizerischen Juristentag 1988, Bern 1988, S. 17). Der präventive Charakter von Art. 9 KG (Meldung von Zusammenschlussvorhaben) führt dazu, dass sich eine Meldepflicht bereits dann ergeben kann, wenn sich der Zusammenschluss möglicherweise auf den Schweizer Markt auswirkt. Die in Art. 9 KG statuierte Meldepflicht soll es den Behörden ermöglichen, die Auswirkungen des Unternehmenszusammenschlusses tatsächlich zu prüfen (BGE 127 III 219 E. 3a). 925

Die Praxis umschreibt nicht einheitlich, wann im Sinne des Auswirkungsprinzips ein **hinreichender Inlandbezug** gegeben ist (vgl. auch THOMAS MERKLI, Landesbericht der Schweiz zum XIII. Treffen der obersten Verwaltungsgerichtshöfe Österreichs, Deutschlands, des Fürstentums Liechtenstein und der Schweiz vom 7. bis 10. Nov. 2002, Internationales Verwaltungsrecht: Das Territorialitätsprinzip und seine Ausnahmen, S. 20). Erforderlich ist im Allgemeinen, dass die Auswirkungen **spürbar, erheblich, wesentlich oder beträchtlich** sind. Sind diese Voraussetzungen nicht erfüllt, können Auslandssachverhalte nur dann Schweizerischem Recht unterworfen werden, wenn eine Norm ausdrücklich einen Auslandssachverhalt regelt, indem beispielsweise ein Warnungsentzug des Führerausweises auch wegen einer Auslandstat angeordnet werden kann (BGE 133 II 331 E. 6.1). Eine Straftat gilt nach **Art. 7 StGB** da als verübt, wo der Täter sie ausführt, und da, wo – im Sinn des Auswirkungsprinzips – der Erfolg eingetreten ist (Ubiquitätsprinzip). Das Ubiquitätsprinzip führt definitionsgemäss nur dann zu einem unmittelbaren Anknüpfungspunkt für die Strafrechtshoheit eines Staates, wenn es sich beim inkriminierten Verhalten um ein Erfolgsdelikt handelt (für einen Anwendungsfall BGE 118 Ia 137 ff.). 926

Im Allgemeinen genügt nicht, dass der **Inhaber eines schweizerischen Führerausweises** mit Wohnsitz in der Schweiz, der im Ausland Verkehrsregeln verletzt und dadurch die Verkehrssicherheit im Ausland gefährdet, solche Widerhandlungen auch in der Schweiz begehen und dadurch die Verkehrssicherheit in der Schweiz, deren Schutz das SVG bezweckt, gefährden könnte. Ein solches durch die Auslandstat allenfalls indiziertes Risiko von künftigen Widerhandlungen in der Schweiz durch einen zum Führen eines Motorfahrzeugs geeigneten Führer stellt keine ausreichende 927

Auswirkung auf dem Territorium der Schweiz dar (BGE 133 II 331 E. 6.2). Eine hinreichende Binnenbeziehung liegt hingegen dann vor, wenn die Zufahrt zu den Bündner Jagdgebieten über die angrenzenden Strassen der Nachbarkantone verboten oder eingeschränkt wird, da eine unbeschränkte Zufahrt eine umwelt- und waidgerechte Jagd im Kanton Graubünden beeinträchtigen kann (BGE 118 Ia 137 E. 2c).

Praxis:

928 – **Warnungsentzug wegen Widerhandlungen gegen Strassenverkehrsvorschriften im Ausland:** X, wohnhaft im Kanton St. Gallen, fuhr mit seinem Personenwagen in der Bundesrepublik Deutschland auf der Bundesautobahn auf dem Gebiet der Gemeinde Neuenburg in Fahrtrichtung Basel. Er überschritt die signalisierte Höchstgeschwindigkeit von 120 km/h um rechtlich relevante 41km/h, sodass er zu einer Busse verurteilt wurde. Am 13. Jan. 2006 erlangte das Strassenverkehrs- und Schifffahrtsamt des Kantons St. Gallen Kenntnis vom Fahrverbot und eröffnete in der Folge gegen X ein Administrativmassnahmeverfahren. Das Strassenverkehrs- und Schifffahrtsamt entzog X mit Verfügung vom 14. März 2006 den Führerausweis wegen Überschreitens der zulässigen Höchstgeschwindigkeit von 120 km/h um 41 km/h in Anwendung von Art. 32 Abs. 2 des Strassenverkehrsgesetzes (SVG) für die Dauer von drei Monaten. Das Bundesgericht heisst die Verwaltungsgerichtsbeschwerde gut. Erwägungen: Im öffentlichen Recht gilt grundsätzlich das Territorialitätsprinzip. Dies bedeutet, dass das schweizerische öffentliche Recht grundsätzlich nur anwendbar ist auf Sachverhalte, die sich in der Schweiz zutragen. Das schweizerische öffentliche Recht kann allerdings gemäss dem sog. Auswirkungsprinzip als eine spezielle Ausprägung des Territorialitätsprinzips u.U. auch ohne eine diesbezügliche Norm auf Sachverhalte Anwendung finden, die sich zwar im Ausland zutragen, aber in einem ausreichenden Mass auf dem Territorium der Schweiz auswirken. Ist diese Voraussetzung nicht erfüllt, kann schweizerisches öffentliches Recht auf Sachverhalte, die sich im Ausland zutragen, nur Anwendung finden, wenn sich dies aus einer Norm hinreichend klar ergibt. Welche Anforderungen an diese Norm zu stellen sind, hängt u.a. vom Gegenstand der Bestimmungen (hier: Warnungsentzug) ab, die auch auf Sachverhalte im Ausland Anwendung finden sollen. Der räumliche Anwendungsbereich von gesetzlichen Bestimmungen des öffentlichen Rechts beurteilt sich auch nach ihrem Sinn und Zweck, es sei denn, aus einer Norm des höherrangigen Rechts, etwa des Verfassungs- oder des Völkerrechts, ergebe sich, dass die gesetzlichen Bestimmungen nicht ausserhalb des Territoriums des Gemeinwesens, das sie erlassen hat, Anwendung finden können. Vorliegend ist einmal unbestritten, dass das SVG keine Norm enthält, die ausdrücklich bestimmt, dass ein Warnungsentzug des Führerausweises auch wegen einer Auslandstat angeordnet werden kann Die Rechtsprechung zum Warnungsentzug bei Auslandstaten geht ferner davon aus, es bestehe Anlass zur Annahme, dass der Inhaber eines schweizerischen Führerausweises mit Wohnsitz in der Schweiz, der im Ausland Verkehrsregeln verletzt und dadurch die Verkehrssicherheit im Ausland gefährdet, solche Widerhandlungen auch in der Schweiz begehen und dadurch die Verkehrssicherheit in der Schweiz, deren Schutz das SVG bezweckt, gefährden könnte (siehe etwa BGE 123 II 97 E. 2c/bb). Ein solches durch die Auslandstat allenfalls indiziertes Risiko von künftigen Widerhandlungen in der Schweiz durch einen zum Führen eines Motorfahrzeugs geeigneten Führer stellt indessen keine ausreichende Auswirkung auf dem Territorium der Schweiz dar und begründet gemäss dem genannten Prinzip keinen Anknüpfungspunkt für die Anwendung der Bestimmungen des schweizerischen Rechts betr. den Warnungsentzug auf Auslandstaten (BGE 133 II 331 E. 6.1 und E. 6.2).

929 – **Verwendung von Motorfahrzeugen auf ausserkantonalem Gebiet zum Zweck der (kantonalen) Jagdausübung:** Am 7. Sept. 1990, dem Vorabend der bündnerischen Hochjagd, fuhr B mit seinem Personenwagen über Pfäfers-St. Margrethenberg bis zum auf st. gallischem Kantonsgebiet gelegenen Standort «Fürggli» und stellte dort sein Fahrzeug ab. Danach überschritt er die Kantonsgrenze zum Kanton Graubünden und ging auf Bündner Territorium bis zum 13. Sept. 1990 der Hochjagd nach. Mit Strafmandat vom 30. Nov. 1990 legte der Kreispräsi-

dent B wegen Widerhandlung gegen die bündnerischen Jagdvorschriften eine Busse von Fr. 100.– auf. Die dagegen erhobenen Rechtsmittel wiesen die kantonalen Instanzen ab. B gelangt mit staatsrechtlicher Beschwerde an das Bundesgericht und rügt insb. die Verletzung von Art. 4 aBV (Legalitätsprinzip). Erwägungen: Art. 17 der bündnerischen Vollziehungsverordnung zum kantonalen Jagdgesetz vom 28. Feb. 1989 (ABzKJG) schränkt die Verwendung von Motorfahrzeugen zur Jagdausübung im Kanton Graubünden ein. Diese dürfen nur zur Anfahrt bis zu gewissen Standorten, die in Art. 17 Abs. 1-2 ABzKJG ausdrücklich genannt sind, benutzt werden. Gemäss Abs. 3 der Bestimmung gilt die Einschränkung «auch für die Benützung von motorisierten Transportmitteln auf ausserkantonalem Gebiet, wenn diese zur Jagdausübung im Kanton Graubünden erfolgt». Unbestrittenermassen erfolgte die Anfahrt des Beschwerdeführers zur bündnerischen Hochjagd 1990 bis zum auf st. gallischem Kantonsgebiet gelegenen Standort «Fürggli», welcher die Kriterien von Art. 17 Abs. 1-2 ABzKJG nicht erfüllt. In Anwendung von Abs. 3 der gleichen Bestimmung lag demnach ein Verstoss gegen Art. 17 ABzKJG vor, der gemäss Art. 47 des kantonalen Jagdgesetzes vom 4. Juni 1989 (KJG) mit Haft oder Busse bis zu Fr. 20'000.– bestraft werden kann. Art. 17 Abs. 3 ABzKJG verstösst nicht gegen das Territorialitätsprinzip bzw. gegen den aus Art. 4 aBV folgenden Grundsatz «Keine Strafe ohne Gesetz». Zwar liegt im vorliegenden Fall eine extraterritoriale Anwendung von Bündner Recht auf einen ausserhalb des Kantons gesetzten Sachverhalt vor, doch ist dem Kanton Graubünden keine unzulässige Ausdehnung seiner Strafrechtshoheit vorzuwerfen. Die extraterritoriale Anwendung des eigenen Rechts wird auch im Völkerrecht und im internationalen Strafrecht nicht a priori als unzulässig betrachtet. Vielmehr darf sich die interne Gesetzgebung nach vorherrschender Lehre und Praxis auch auf extraterritoriale Sachverhalte beziehen, wenn eine eindeutige Binnenbeziehung dieser Sachverhalte zum inländischen Recht besteht. Nach der Praxis des Bundesgerichtes liegt keine unzulässige Ausdehnung des Geltungsbereiches des kantonalen Rechtes vor, wenn dieses ausserkantonale Sachverhalte erfasst, welche das Kantonsgebiet erheblich berühren. In Berücksichtigung von Sinn und Zweck der fraglichen Bündner Regelung lässt sich im vorliegenden Fall eine ausreichende Binnenbeziehung im Sinne der erwähnten Lehre und Praxis willkürfrei annehmen. Die unbeschränkte Zufahrt zu den Bündner Jagdgebieten über die angrenzenden Strassen der Nachbarkantone kann gemäss den Darlegungen im angefochtenen Entscheid eine umwelt- und waidgerechte Jagd im Kanton Graubünden beeinträchtigen. Dass der Jagdverkehr auf bündnerischem Gebiet sachgerechten Einschränkungen im Interesse des Jagd- und Naturschutzes und aus flurpolizeilichen Gründen unterliegt, ist nicht zu beanstanden. In der Tat sind negative Auswirkungen auf die bündnerische Tier- und Pflanzenwelt aber auch dann zu befürchten, wenn sich die Jagdberechtigten in der Absicht, möglichst schnell und bequem optimale Jagdstandorte zu erreichen, auf die günstigsten Zufahrtswege über das Gebiet angrenzender Kantone konzentrieren. Eine entsprechende unbeschränkte Massierung des Jagdverkehrs wäre nicht nur aus umwelt- und waidpolizeilichen Gründen unerwünscht, eine einheitliche Zufahrtsregelung für alle im Kanton Graubünden Jagdberechtigten liegt auch im Interesse der Chancengleichheit unter den Jägern. In Anbetracht dieser Umstände liegt eine ausreichend erhebliche Berührung des Kantons Graubünden durch ein Verhalten ausserhalb der Kantonsgrenzen vor, auch wenn von diesem Verhalten kein tatbeständlicher Erfolg im engen strafrechtsdogmatischen Sinne ausgeht. In der neueren Literatur ist in diesem Zusammenhang auch vom «Auswirkungsprinzip» als besonderer Anknüpfungsregel die Rede, welche gleichzeitig die Gesichtspunkte des Territorial- und Schutzprinzips sowie des passiven Personalitätsprinzips berücksichtigt. Der Anknüpfungsgrund besteht im gefährdeten Rechtsgut, nämlich vor allem in den schützenswerten Interessen der bündnerischen Wildhege sowie des allgemeinen Tier- und Umweltschutzes im Kanton Graubünden (BGE 118 Ia 137 E. 2b und E. 2c).

b) *Reziprokes Auswirkungsprinzip*

930 **Auswirkungen eines Inlandtatbestands** auf das **Ausland** sind bei der Beurteilung des (inländischen) Vorhabens grundsätzlich nicht zu berücksichtigen (BGE 124 II 293 E. 18c [grenzüberschreitender Lärm einer in der Schweiz gelegenen Anlage]; BGer vom 14. März 2007, 1A.194/2006, E. 4.2 [Erschliessung einer Kiesgrube über das Gebiet einer anderen Gemeinde]). Eine Pflicht zur Erfassung grenzüberschreitender Umweltbelastungen kann sich allenfalls aus dem **völkerrechtlichen Rücksichtsnahmegebot** bzw. dem umweltrechtlichen Schädigungsverbot ergeben, wonach kein Staat auf seinem Territorium Aktivitäten entfalten, fördern oder dulden darf, die auf dem Gebiet des Nachbarstaats erhebliche Umweltbeeinträchtigungen verursachen (BGE 137 II 58 E. 4.5.2, 124 II 293 E. 18c; BVGer vom 10. Dez. 2009, A-1936/2006, E. 58.2 [in BVGE 2011/19 nicht publ. E]).

931 **Grenzüberschreitende Lärmbelastungen** sind ferner insoweit aufzuzeigen, als sie zur **Beurteilung des inländischen Vorhabens** von Bedeutung sind. In einem solchen Fall sind vorerst die Auswirkungen eines Vorhabens auf das Gebiet jenseits der Schweizer Grenze zu ermitteln und allenfalls in die Interessenabwägung einfliessen zu lassen (BGE 124 II 293 E. 18c: Der Kanton Zürich hat dafür zu sorgen, dass im überarbeiteten Umweltverträglichkeitsbericht auch die Fluglärm-Belastung des süddeutschen Raumes aufgezeigt wird).

Praxis:

932 – **Grenzüberschreitende Lärmbelastung (Rahmenkonzession für den Ausbau des Flughafens Zürich):** Die deutschen Beschwerdeführer bemängeln zu Recht, dass die Lärmbelastung in ihrem Gebiet nicht ermittelt und im Umweltverträglichkeitsbericht nicht dargestellt worden ist; demzufolge hat das EVED auch keine vollständige Sachverhaltsabklärung und Interessenabwägung vornehmen können. Diese Rüge ist berechtigt. Das Umweltschutzgesetz und die Verordnung über die Umweltverträglichkeitsprüfung gehen davon aus, dass im Umweltverträglichkeitsbericht alle mit dem Vorhaben verbundenen Auswirkungen zu erfassen sind (vgl. Art. 8 und Art. 9 Abs. 2 lit. a und c USG, Art. 7 und Art. 9 UVPV). Das heisst, dass der örtliche Rahmen der Untersuchungen grundsätzlich durch die Reichweite der Immissionen bestimmt wird. Der Gesuchsteller wird daher die grenzüberschreitenden Umweltbelastungen jedenfalls insoweit aufzuzeigen haben, als sie zur Beurteilung des Vorhabens nach schweizerischem Recht von Bedeutung sind. Allerdings wird der Kanton Zürich aufgrund des Landesrechts nicht verpflichtet werden können, Abklärungen auf fremdem Hoheitsgebiet vorzunehmen, durch welche die Souveränität des Nachbarstaats verletzt werden könnte oder die unverhältnismässig aufwendig wären. Die Pflicht zur Erfassung der grenzüberschreitenden Umweltbelastungen ergibt sich übrigens indirekt auch aus den Prinzipien des Völkerrechts. Im völkerrechtlichen Gewohnheitsrecht hat sich der Grundsatz durchgesetzt, dass kein Staat auf seinem Territorium Aktivitäten vornehmen, fördern oder dulden darf, die auf dem Gebiet des Nachbarstaats erhebliche Umweltbeeinträchtigungen verursachen. Nach diesem Grundsatz sind die schweizerischen Behörden gehalten, erhebliche grenzüberschreitende Einwirkungen zu verhindern. Dementsprechend müssen die Auswirkungen eines Vorhabens auf das Gebiet jenseits der Schweizer Grenze ebenfalls ermittelt und im Genehmigungsentscheid mitberücksichtigt werden. Der Kanton Zürich wird demnach dafür zu sorgen haben, dass im überarbeiteten Umweltverträglichkeitsbericht auch die Fluglärm-Belastung des süddeutschen Raumes aufgezeigt wird. Zwar fällt eine Anordnung baulicher Schallschutz-Massnahmen i.S.v. Art. 20 und 25 USG ausserhalb des schweizerischen Hoheitsgebiets nicht in Betracht und sind daher keine exakten Angaben erforderlich, doch müssen die Resultate dem EVED erlauben, die Interessen der lärmbetroffenen Bewohner auf deutschem Gebiet in die allgemeine Interessenabwägung miteinzubeziehen (BGE 124 II 293 E. 18c).

– **Raumplanung:** In der Berner Gemeinde Attiswil wird seit 1942 Sand und Kies in der Kiesgrube «Büel» bzw. «Hobühl» abgebaut. Die Kiesgrube gehört zu den grössten des Kantons Bern. Beliefert wird vor allem die Agglomeration Solothurn. Da die 1981 bewilligte Abbauquote voraussichtlich im Jahr 2007/2008 erreicht sein wird und der Kiesabbau fortgeführt werden soll, erarbeitete die Einwohnergemeinde Attiswil in einem mehrjährigen Planungsprozess die Überbauungsordnung «Hobühl» mit Zonenplanänderung. Mit der Planvorlage soll der Kiesabbau in insgesamt sieben Etappen bis in das Jahr 2035 ermöglicht werden. Im Verlauf der Planungsarbeiten war vor allem die Erschliessung des Kiesabbaugebiets streitig. Das Gelände und das Kieswerk werden ausschliesslich über die Solothurner Gemeinde Flumenthal erschlossen. Die betreffenden Strassen lagen ursprünglich in der Landwirtschaftszone. Anfang der Achtzigerjahre wurden jedoch entlang den Strassen auf dem Gebiete des Kantons Solothurn Wohnzonen ausgewiesen, die in der Folge auch tatsächlich bebaut wurden. Seither verlangen die Anwohner der Zufahrtsstrassen wie auch die Gemeinde Flumenthal (SO) eine neue Erschliessung des Kieswerks über das Gebiet der Gemeinde Attiswil (BE). Das Verwaltungsgericht des Kantons Bern hiess die Beschwerde verschiedener Anwohner gut und entschied, der angefochtene Entscheid sei insoweit aufzuheben und der Überbauungsordnung «Hobühl» die Genehmigung zu verweigern, als darin die Erschliessung der Kiesgrube und des Kieswerks ausschliesslich über das bestehende Strassennetz der Gemeinde Flumenthal (SO) vorgesehen werde. Das Bundesgericht weist die Beschwerde der Gemeinde Attiswil in der Hauptsache ab. Erwägungen: Nach dem im öffentlichen Recht geltenden Territorialitätsprinzip bezieht sich die Raumplanung, wie alle übrigen staatlichen Vorkehren, grundsätzlich auf das Gebiet des jeweiligen Gemeinwesens. Soweit sich raumwirksame Aufgaben und Tätigkeiten über die Kantonsgrenze hinaus auswirken, sind die Behörden der betroffenen Gebietskörperschaften zur Zusammenarbeit verpflichtet. Die Überbauungsordnung «Hobühl» legt fest, in welchem Gebiet und in welchen Etappen Kies abgebaut und bestehende Kiesgruben aufgefüllt und rekultiviert werden sollen. Der Perimeter der Überbauungsordnung liegt vollständig auf dem Gebiet der Berner Gemeinde Attiswil; insofern ist unstreitig, dass die Planungszuständigkeit bei den Berner Behörden liegt. Dies bedeutet auch, dass das Berner Verwaltungsgericht für die Überprüfung der Überbauungsordnung örtlich zuständig ist. Allerdings wirkt sich die Kiesabbauplanung der Gemeinde Attiswil über die Kantonsgrenze hinaus aus, da die Erschliessung der Kiesgrube und des Kieswerks fast ausschliesslich über Solothurner Gebiet erfolgt. Insofern musste die Überbauungsordnung «Hobühl», insb. für die Erschliessungsfragen, in enger Abstimmung mit den Solothurner Behörden erarbeitet werden. Diese sind für Planung und Bau von Strassen auf Solothurner Gebiet zuständig. Das von ihnen aus dem Abstimmungsprozess gewonnene Ergebnis haben die Berner Behörden insofern hinzunehmen, als sie Verbesserungen der bestehenden Erschliessung oder den Bau einer neuen Erschliessungsstrasse auf Solothurner Gebiet nicht erzwingen können. Dies entbindet jedoch die für die Überbauungsordnung zuständigen Berner Behörden nicht von der nach Bundesrecht gebotenen umfassenden Interessenabwägung. Dazu gehört insb. die Frage, ob das Kiesabbaugebiet in einer den Planungsgrundsätzen von Art. 3 RPG entsprechenden Weise, unter möglichster Schonung von Wohngebieten vor schädlichen oder lästigen Einwirkungen, erschlossen werden kann. Nachdem das Verwaltungsgericht zur Auffassung gelangt war, das Interesse, Wohngebiete vor schädlichen oder lästigen Einwirkungen möglichst zu verschonen, sei falsch beurteilt worden, war es grundsätzlich berechtigt, die Überbauungsordnung bzw. deren Genehmigung ganz oder teilweise aufzuheben bzw. sie zeitlich zu befristen, ohne dass es damit die Autonomie der Gemeinde Attiswil verletzt hätte (BGer vom 14. März 2007, 1A.194/2006, E. 4.2). 933

3. Bemerkungen

934 1. Schweizerisches öffentliches Recht wird nach dem **Territorialitätsprinzip** nur auf Sachverhalte angewendet, die sich in der Schweiz zutragen, es sei denn, die Anwendung ausländischen öffentlichen Rechts sei auf Grund eines Staatsvertrags geboten oder das inländische Recht regle explizit einen Auslandssachverhalt (sog. extraterritoriale Wirkung; BGE 136 I 297 E. 5, 133 II 331 E. 6.1, 118 Ia 137 E. 2b; BVGE 2011/19 E. 24.3 und E. 24.4). Dabei gibt es grundsätzlich eine Vielzahl von Kriterien (Wohnsitz, Arbeitsort, Ort der gelegenen Sache, Auswirkungsort, Ausübungsort usw.), um die örtliche Zuständigkeit und damit das jeweils anwendbare Recht zu bestimmen.

935 2. Das **Auswirkungsprinzip** ist im Grunde genommen keine Ausnahme vom Territorialitätsprinzip, sondern ein Anwendungsfall desselben. Nach dem Auswirkungsprinzip findet das schweizerische Recht auf Sachverhalte Anwendung, die sich zwar im Ausland zutragen, aber sich in einem ausreichenden Mass – unmittelbar und erheblich – auf das Territorium der Schweiz auswirken (BGE 133 II 331 E. 6.1, 118 Ia 137 E. 2c, 93 II 192 E. 3). Erforderlich ist im Allgemeinen, dass die Auswirkungen spürbar, erheblich, wesentlich oder beträchtlich sind. Sind diese Voraussetzungen nicht erfüllt, können Auslandssachverhalte nur dann erfasst werden, wenn eine Norm ausdrücklich bestimmt, dass beispielsweise ein Warnungsentzug des Führerausweises auch wegen einer Auslandstat angeordnet werden kann (BGE 133 II 331 E. 6.1; anders HÄFELIN/MÜLLER/UHLMANN, a.a.O., Rz. 357a, die das Auswirkungsprinzip als eine Ausnahme vom Territorialitätsprinzip verstehen und für dessen Anwendung eine gesetzliche Grundlage fordern). Unter Umständen sind auch Auswirkungen eines Inlandtatbestands auf das Ausland zu berücksichtigen, sofern sie zur Beurteilung des Vorhabens im Inland bzw. nach schweizerischem Recht von Bedeutung sind (BGE 124 II 293 E. 18c [Flughafen Zürich]).

§ 4 Auslegung

I. Auslegungsmethoden

1. Allgemeines

936 Für die **Auslegung des Verwaltungsrechts** gelten die **allgemeinen Regeln über die Gesetzesauslegung** (BGE 135 V 279 E. 5.1, 134 V 131 E. 5.2, 129 V 1 E. 4.1.1, 128 I 34 E. 3b; BGer vom 11. Aug. 2006, 1P.347/2006, E. 3.2; BVGer vom 9. Nov. 2010, B-1215/2009, E. 4.2.6.1). Das Bundesgericht beschreibt die Vorgehensweise der Auslegung in ständiger Rechtsprechung – wobei unterschiedliche Textbausteine verwendet werden – wie folgt: Ausgangspunkt jeder Auslegung bildet der **Wortlaut** der Bestimmung (**grammatikalische Auslegung**). Ist der Text nicht ganz klar und sind verschiedene Interpretationen möglich, so muss nach seiner **wahren Tragweite** gesucht werden unter Berücksichtigung aller Auslegungselemente. Abzustellen ist dabei namentlich auf die **Entstehungsgeschichte** der Norm (**historische Auslegung**) und ihren **Zweck (teleologische Auslegung)** sowie auf die Bedeutung, die der **Norm im Kontext** mit anderen Bestimmungen zukommt (**systematische Auslegung**) (BGE 138 V 23 E. 3.4.1, 137 II 164 E. 4.1, 137 V 181 E. 6.2.1, 136 I 297 E. 4.1, 136 II 149 E. 3, 136 V 216 E. 5.1, 135 II 78 E. 2.2, 135 V 153 E. 4.1, 134 I 184 E. 5.1, 134 II 249 E. 2.3, 131 II 13 E. 7.1, 130 II 202 E. 5.1, 129 II 114 E. 3.1, 128 I 288 E. 2.4, 125 II 192 E. 3a, 124 II 372 E. 6a; BVGer vom 8. April 2011, A-300/2010, E. 5.1; vom 11. Nov. 2010, A-2606/2009, E. 9.4).

2. Anwendungsbereich

937 Die Auslegungsmethoden werden **in allen Rechtsgebieten des öffentlichen Rechts** angewendet: Auslegungsbedürftig, lückenhaft und richterlicher Ergänzung zugänglich ist grundsätzlich das gesamte **öffentliche Recht** (BGE 135 V 279 E. 5.1, 134 V 131 E. 5.2, 129 V 1 E. 4.1.1, 128 I 34 E. 3b, 127 V 38 E. 4b/cc und E. 4b/dd, 125 V 8 E. 3, BVGer vom 9. Nov. 2010, B-1215/2009, E. 4.2.3; vom 21. Jan. 2010, A-1571/2006, E. 1.3; vom 1. April 2008, B-2141/2006, E. 8.5.1). Ebenso ist das **Steuerrecht**, welches wegen der strengen Geltung des Legalitätsprinzips von einem Vorrang des grammatikalischen Elements geprägt ist, mit denselben Methoden und nach denselben Regeln auszulegen wie die Normen der übrigen Gebiete des Verwaltungsrechts (BGE 131 II 562 E. 3.4 und E. 3.5, 130 I 96 E. 3, 128 II 112 E. 5 und E. 6, 128 II 66 E. 4 a, 125 II 183 E. 4-8).

938 Die Auslegung des **Prozessrechts** folgt ebenfalls der oben beschriebenen Vorgehensweise (BGE 122 I 253 E. 6a, 116 II 215 E. 3), wobei sich aus Sinn und Zweck des Prozessrechts ergeben kann, dass im Zweifel eine Auslegung zu bevorzugen ist, welche die Durchsetzung des materiellen Rechts erleichtert und es dem Gericht ermöglicht, auf einfachstem und kürzestem Weg zu einem der materiellen Rechtslage entsprechenden Urteil zu gelangen (BGer vom 25. Okt. 2007, 5A_449/2007, E. 5). Nach den erwähnten Methoden sind ebenso **Initiativtexte** (BGer vom 9. Juli 2003,

1P.1/2003, E. 2.3 [in BGE 129 I 232 ff. nicht publ. E.]), **normative Bestimmungen von Gesamtarbeitsverträgen** (BGE 136 III 283 E. 2.3.1, 133 III 213 E. 5.2, 127 III 318 E. 2a), **rechtsetzende (völkerrechtliche, interkantonale oder interkommunale) Verträge** (BVGE 2011/7 E. 7.1.1, 2009/26 E. 3.3.1.1, 2008/34 E. 6.1) oder **reglementarische Bestimmungen von Vorsorgeeinrichtungen** des öffentlichen Rechts (BGE 130 V 80 E. 3.2.2, 116 V 193 E. 3a) auszulegen.

939 Bei der Auslegung von (öffentlich-rechtlichen) **Zessionsvereinbarungen** (BGE 131 III 280 E. 3.1), **individualisierten Parteierklärungen** (BGE 116 Ia 56 E. 3b, 105 II 149 E. 2a; BVGer vom 24. Dez. 2010, A-122/2010, E. 7.1 [Parteierklärungen im Rahmen eines Prozesses]), **verwaltungsrechtlichen** sowie (**rechtsgeschäftlichen) völkerrechtlichen, interkantonalen und interkommunalen Verträgen** (BGer vom 11. Juli 2011, 2E_3/2009, E. 5.2.1; vom 28. Nov. 2005, 2A.239/2005, E. 3.4.1; SRK vom 7. Juni 2004, in: VPB 68 [2004] Nr. 162 E. 4b; vom 22. Feb. 2000, in: VPB 64 [2000] Nr. 79 E. 5) wie auch eines **Dispositivs** (BVGer vom 28. Feb. 2012, A-2969/2010, E. 1.1.2) ergeben sich insofern gewisse Differenzierungen gegenüber den üblicherweise verwendeten Methoden, als vorab der **Wortlaut massgebend** ist, wie ihn die Parteien nach dem **Vertrauensprinzip** verstehen durften und verstehen mussten (BGE 135 V 237 E. 3.6, 134 V 223 E. 3.1, 133 III 406 E. 2.2, 132 I 140 E. 3.2.4, 132 V 278 E. 4.3; zur Auslegung nach Treu und Glauben Rz. 1084 ff.).

940 Für die **Auslegung von völkerrechtlichen Verträgen** im Besonderen sind ausserdem die **Art. 31-33 VRK** zu beachten (BGE 132 II 65 E. 3.4.1), die **hilfsweise** auch für die **Auslegung von interkantonalen oder interkommunalen (rechtsgeschäftlichen) Verträgen** herangezogen werden (BGer vom 11. Juli 2011, 2E_3/2009, E. 5.2.1). Bei der Auslegung von **gemischten Rechtsakten** wie **Konzessionen** ist neben der gesetzlichen Grundlage, welche für den verfügungsmässig begründeten Teil der Konzession massgebend ist, der übereinstimmende wirkliche oder mutmassliche Wille der Parteien zu berücksichtigen, der für die Auslegung des vertraglich begründeten Teils der Konzession bedeutsam ist (BVGer vom 15. Nov. 2011, A-8516/2010, E. 7.1).

941 Die Auslegung von **Verfassungsbestimmungen** hat grundsätzlich nach denselben methodischen Regeln zu erfolgen wie sie für die Auslegung der Gesetze entwickelt worden sind (BGE 131 I 74 E. 4.1, 128 I 288 E. 2.4, 125 II 480 E. 4, 124 II 193 E. 5a, 116 Ia 359 E. 5c, 115 Ia 130 E. 3a, 112 Ia 212 E. 2a). Da indes Verfassungsnormen, insbesondere Grundrechte, häufig wenig detailliert, auf das Grundsätzliche ausgerichtet und generalklauselartig umschrieben sind sowie zumeist der näheren Ausgestaltung durch den Gesetzgeber bedürfen, kommt der teleologischen Auslegung ein besonders hoher Stellenwert zu (für ein Anwendungsbeispiel: BGE 116 Ia 359 ff. [Frauenstimmrecht Appenzell]). Die Gewichtung der einzelnen Auslegungselemente kann demnach unterschiedlich ausfallen, je nachdem, ob die zu interpretierende Norm einlässlicher gehalten ist, was zumeist für die **organisatorischen Bestimmungen** einer Verfassung zutrifft, oder ob die Norm durch eine Weite und Dehnbarkeit bzw. Unbestimmtheit geprägt ist, wie es etwa typisch ist für **Grundrechte**, welche das materiell-rechtliche Verhältnis des Staates zu seinen Bürgern ordnen. Letztere bedürfen eher der Konkretisierung denn der Auslegung; einer Konkretisierung, welche auch sich wandelnden geschichtlichen Bedingungen und gesellschaftlichen Vorstellungen Rechnung zu tragen vermag (BGE 112 Ia 208 E. 2a).

Praxis:

- **Auslegung eines Initiativtextes:** Für die Beurteilung der Rechtmässigkeit einer Initiative ist das Initiativbegehren nach den üblichen Auslegungsmethoden zu interpretieren. Grundsätzlich ist vom Wortlaut der Initiative auszugehen und nicht auf den subjektiven Willen der Initianten abzustellen. Es ist von verschiedenen Auslegungsmöglichkeiten jene zu wählen, welche einerseits dem Sinn und Zweck der Initiative am besten entspricht und zu einem vernünftigen Ergebnis führt und andererseits im Sinne der verfassungskonformen Auslegung mit dem Recht von Bund und Kanton vereinbar erscheint. Dabei ist der Spielraum grösser, wenn eine in der Form der allgemeinen Anregung gehaltene Initiative zu beurteilen ist. Kann der Initiative in diesem Rahmen ein Sinn beigemessen werden, der sie nicht klarerweise als unzulässig erscheinen lässt, ist sie als gültig zu erklären und der Volksabstimmung zu unterstellen. Diese Auffassung wird auch unter dem Stichwort «in dubio pro populo» zusammengefasst (BGer vom 9. Juli 2003, 1P.1/2003, E. 2.3 [in BGE 129 I 232 ff. nicht publ. E.]; RR LU vom 3. April 2007, in: LGVE 2007 III Nr. 2 E. 5). 942

- **Auslegung eines Gesamtarbeitsvertrages:** Bei den Ziffern 171 bis 176 GAV SBB handelt es sich um normative Bestimmungen. Diese Bestimmungen sind nach den für Gesetze geltenden Grundsätzen auszulegen. Primär ist zu diesem Zweck der Wortlaut des GAV SBB im Sinn einer grammatikalischen Auslegung zu betrachten. Wenn sich der Sinn der Norm nicht eindeutig aus dem Wortlaut ergibt, müssen weitere Auslegungsmethoden angewandt werden, um die Tragweite der Norm zu erfassen. Durch Vergleichen der Ergebnisse ist schliesslich abzuwägen, welche Methode den wahren Sinn der Norm am besten abdeckt. Sind mehrere Lösungen denkbar, ist jene zu wählen, die dem Gesetz bzw. der Verfassung am besten entspricht (BVGer vom 20. Okt. 2009, A-3381/2009, E. 3.2). 943

- **Auslegung steuerrechtlicher Normen:** Die Verwaltung und der Richter sind zweifellos gehalten, bei der Auslegung von Steuernormen eine gewisse Umsicht an den Tag zu legen, damit die zwingenden Grundsätze des Gesetzesvorranges und des Gesetzesvorbehaltes, welche sich aus dem Legalitätsprinzip ableiten, respektiert werden. Es geht vor allem darum zu verhindern, dass auf dem Wege einer weiten Auslegung neue Steuerpflichten, neue Steuersubstrate oder neue Tatbestände geschaffen werden, die eine Besteuerung begründen. Auf diese Punkte konzentriert sich die Debatte über die Grenzen der Auslegung. Wenn das korrekt ausgelegte Gesetz keine genügende gesetzliche Grundlage darstellt, kann grundsätzlich keine Steuer erhoben werden. Hingegen dürfen und müssen die Steuerbestimmungen in Beachtung dieser Grenzen mit denselben Methoden und nach denselben Regeln ausgelegt werden, wie die Normen der übrigen Gebiete des Verwaltungsrechts; ebenso gelten die Grundsätze über die Lückenfüllung auch im Bereich des Steuerrechts (BGE 131 II 562 E. 3.4 und E. 3.5). Vereinzelt wird die Meinung vertreten, dass anlässlich der Ausarbeitung des Gesetzes geäusserte Auffassungen dem klaren Gesetzestext nicht vorgehen können, wenn sie darin nicht zum Ausdruck kommen. Dies gelte insbesondere im Steuerrecht, wo das Legalitätsprinzip strikt Anwendung finde. In diesem Bereich hätten die vom Gesetzgeber verwendeten Formulierungen den Vorrang vor den Absichten, die im Gesetz selber keinen Ausdruck finden würden (SRK vom 28. Juni 2005, in: VPB 69 [2005] Nr. 125 E. 3c). 944

- **Auslegung rechtsetzender völkerrechtlicher Verträge:** Gemäss bundesgerichtlicher Rechtsprechung ist für die Auslegung von Doppelbesteuerungsabkommen, wenn diese nicht selber besondere Auslegungsregeln (Definitionen) enthalten oder subsidiär auf die Bedeutung der verwendeten Begriffe in der lex fori verweisen, der Wortlaut massgebend, wie ihn die Parteien nach dem Vertrauensprinzip im Hinblick auf den Vertragszweck verstehen durften, solange sich der Entstehungsgeschichte nicht ein abweichender wirklicher Vertragswille der Parteien entnehmen lässt. Für die Auslegung von Doppelbesteuerungsabkommen sind sodann die Art. 31-33 VRK von Bedeutung. Dabei ergeben sich zwischen der Auslegungsmethode des Bundesgerichts und den Regeln der Vertragsrechtskonvention insbesondere Differenzierungen bezüglich der Heranziehung der Entstehungsgeschichte, die als dem grammatikalischen, systematischen und teleologischen Auslegungselement gleichwertiger Gesichtspunkt in der Kon- 945 vention bewusst nicht vorgesehen ist (Art. 32 VRK; SRK vom 22. Feb. 2000, in: VPB 64 [2000] Nr. 79 E. 5).

946 – **Auslegung von rechtsgeschäftlichen interkantonalen Verträgen:** Der NOK-Vertrag qualifiziert sich im Wesentlichen als ein rechtsgeschäftliches und nicht als ein rechtsetzendes Konkordat. Bei der Auslegung derartiger interkantonaler Verträge sind die besonderen diesbezüglichen Regeln des Völkerrechts zu beachten, soweit nicht nach Bundesrecht, Gewohnheitsrecht oder Vereinbarung etwas anderes gilt. Dies bedeutet, dass in erster Linie auf den Wortlaut abzustellen ist. Erscheint der Wortlaut nicht eindeutig oder ist die durch den klaren Wortlaut vermittelte Bedeutung sinnwidrig, sind als Quelle zur Auslegung des Konkordats die Verhandlungen heranzuziehen, die zum Abschluss des interkantonalen Vertrages geführt haben, soweit sie den Willen der vertragschliessenden Kantone klar erkennen lassen. Der Verzicht der Vertragspartner auf bestimmte Befugnisse, wie überhaupt jede staatsvertraglich vorgesehene Ausnahme von der ansonsten geltenden Ordnung, ist dabei nicht ausdehnend, sondern einschränkend auszulegen (BGer vom 11. Juli 2011, 2E_3/2009, E. 5.2.1).

947 – **Auslegung eines Dispositivs:** Dispositivziffer 2 verpflichtet die Beschwerdeführerin zur Veröffentlichung eines gesetzeskonformen Mietleitungsangebots bis spätestens 31. Mai 2010. Die Beschwerdeführerin bringt vor, die konkreten Eckpunkte würden im Verfügungsdispositiv nicht genannt. Die Beschwerdegegnerin ist demgegenüber der Ansicht, aus den Verfügungserwägungen gehe klar hervor, wie das gesetzeskonforme Mietleitungsangebot auszusehen habe. Auch die Vorinstanz macht geltend, die grundsätzlichen Aspekte des zu veröffentlichenden Mietleitungsangebots würden in den Erwägungen der Verfügung festgehalten. Das Dispositiv einer Verfügung muss die Rechte und Pflichten des Adressaten in der Sache bestimmen oder – bei Feststellungsverfügungen – klarmachen, worin dessen Rechte und Pflichten bestehen. Die Behörde soll dabei ihre Worte so wählen, dass der Adressat nicht lange nach dem Sinn suchen muss. Bedarf die Verfügungsformel gleichwohl der Auslegung, kann auf die Begründung der Verfügung zurückgegriffen werden. Das Dispositiv ist so zu deuten, wie es vom Adressaten in guten Treuen verstanden werden konnte und musste. Vorliegend geht zwar nicht aus dem Dispositiv, doch aus der Begründung der Verfügung mit ausreichender Deutlichkeit hervor, wie das zu veröffentlichende Mietleitungsangebot in den Grundzügen auszugestalten ist (BVGer vom 28. Feb. 2012, A-2969/2010, E. 1.1.2).

948 – **Auslegung von gemischten Rechtsakten (Konzessionen):** Die Rechtsnatur der Konzession ist umstritten. Ein grosser Teil der Lehre geht unter Bezugnahme auf die bundesgerichtliche Rechtsprechung von einem gemischten Akt aus und unterscheidet zwischen einem verfügungsmässig sowie einem vertraglich begründeten Teil der Konzession. Bei der Auslegung einer Konzessionsbestimmung ist neben der gesetzlichen Grundlage der übereinstimmende wirkliche Wille der Parteien massgebend. Kann Letzterer nicht nachgewiesen werden, ist den Regeln von Treu und Glauben (Vertrauensprinzip) Rechnung zu tragen. Danach ist eine Konzessionsbestimmung so auszulegen, wie sie unter Berücksichtigung des früheren Verhaltens der Erklärenden und der im Zeitpunkt der Erklärung bekannten Umstände in guten Treuen vernünftigerweise verstanden und als wirklich gewollt betrachtet werden durfte und musste (BGE 126 II 171 E. 4 c/bb, 121 II 85 E. 4a; BVGE 2008/42 E. 5.4.5). Wie bei der Auslegung von Verträgen ist primär vom Wortlaut auszugehen; anderen Umständen kommt die Bedeutung ergänzender Auslegungsmittel zu, soweit sie dazu dienen können, den wirklichen oder – in Anwendung des Vertrauensprinzips – zumindest den mutmasslichen Willen der Parteien zu ermitteln. Im Weiteren ist bei der Auslegung von Konzessionen – gleich wie bei öffentlich-rechtlichen Verträgen – besonders zu beachten, dass die Verwaltung dem öffentlichen Interesse Rechnung zu tragen hat. Im Zweifelsfall ist deshalb zu vermuten, dass die Verwaltung nichts anordnen oder vereinbaren wollte, das mit den von ihr zu wahrenden öffentlichen Interessen und der einschlägigen Gesetzgebung in Widerspruch steht (BVGer vom 15. Nov. 2011, A-8516/2010, E. 7.1).

949 – **Auslegung der Verfassung:** Nach herrschender Lehre und Praxis gelten für die Auslegung der Verfassung im Wesentlichen die gleichen Grundsätze, wie für die Auslegung öffentlich-rechtlicher Normen tieferer Stufe. Die Auslegung der Verfassungsnormen erhält allerdings durch die Eigenart der Verfassung selbst oft ein etwas besonderes Gepräge, so etwa, weil die

Normen häufig wenig detailliert und auf das Grundsätzliche ausgerichtet sind; in der Regel bedürfen sie der Ausführung durch den Gesetzgeber. Bei der Anwendung der anerkannten Auslegungsmethoden besteht kein grundsätzlicher Unterschied gegenüber der Gesetzesauslegung; es kommt der vom Bundesgericht vertretene Methodenpluralismus zur Anwendung. Da es sich aber bei der geltenden Bundesverfassung um einen erst kürzlich ausgearbeiteten Erlass handelt, dessen Entstehungsgeschichte reich dokumentiert ist, dürften in vielen Bereichen noch während einiger Zeit vor allem die historischen Methoden zumindest vermehrt als Basis der Auslegung dienen. Insbesondere kann die Entstehungsgeschichte der neuen Normen nicht einfach mit der Begründung ignoriert werden, es handle sich bei der neuen Verfassung grundsätzlich um eine «Nachführung» bzw. Neuschreibung, und materielle Änderungen seien von vornherein nicht beabsichtigt gewesen; neben rein formalen Neuredaktionen finden sich gegenwartsbezogene Aufarbeitungen älteren geschriebenen und ungeschriebenen Verfassungsrechts, Neufestlegungen hinsichtlich Regelungsstufe sowie bewusste Streichungen und materielle Neuregelungen. Eine sorgfältige Berücksichtigung der Materialien wird daher für eine korrekte Auslegung unumgänglich sein. Da eines der erklärten Ziele der Verfassungsreform in der Systematisierung der gesamten Regelungsmaterie auf Verfassungsebene bestand, werden vorderhand wohl auch mehr als bisher die Elemente der Systematik in die Auslegung einfliessen können, wobei allerdings zu berücksichtigen ist, dass sich an der Punktualität und Ausführungsbedürftigkeit vieler Regelungen nichts geändert hat (Gutachten BJ vom 29. Juni 2000, in: VPB 65 [2001] Nr. 2 Ziff. I).

3. Methodenpluralismus

Das Bundesgericht lässt sich bei der Auslegung von Erlassen von einem **«pragmatischen Methodenpluralismus»** leiten, d.h. es erkennt keiner Auslegungsmethode (grammatikalische, historische, systematische, geltungszeitliche oder teleologische) grundsätzlichen Vorrang zu, und stellt nur dann allein auf das grammatikalische Element ab, wenn sich daraus zweifelsfrei die sachlich richtige Lösung ergibt. Die verschiedenen **Auslegungsmethoden sind miteinander zu kombinieren**, d.h. nebeneinander zu berücksichtigen. Es ist im Einzelfall abzuwägen, welche Methode oder Methodenkombination geeignet ist, den wahren Sinn der Norm wiederzugeben (BGE 137 II 164 E. 4.1, 137 V 273 E. 4.2, 137 V 369 E. 4.4.3.2, 136 III 23 E. 6.6.2.1, 135 II 78 E. 2.2, 135 V 153 E. 4.1, 135 V 249 E. 4.1, 134 I 184 E. 5.1, 134 II 249 E. 2.3, 134 V 1 E. 7.2, 133 III 497 E. 4.1, 133 V 93 E. 5.2.1, 131 II 697 E. 4.1, 131 III 33 E. 2, 130 II 202 E. 5.1, 124 II 372 E. 5; BGer vom 2. März 2010, 8C_5/2009, E. 4.1 [in BGE 136 V 95 ff. nicht publ. E.]; BVGer vom 8. März 2012, A-3015/2011, E. 4.2). 950

Das Bundesgericht **lehnt es explizit ab**, die einzelnen Auslegungselemente einer **hierarchischen Prioritätsordnung** zu unterstellen (BGE 137 V 181 E. 6.2.1, 137 V 369 E. 4.4.3.2, 135 II 78 E. 2.2, 135 V 153 E. 4.1, 125 II 206 E. 4, 124 III 259 E. 3a, 123 III 24 E. 2a, 123 II 464 E. 3a, BVGE 2011/11 E. 3.4, 2007/7 E. 4.1, 2007/41 E. 4.2; BVGE 2011/13 E. 5.1; BVGer vom 13. Juli 2009, C-237/2009, E. 9.1; vom 7. Nov. 2007, C-2263/2006, E. 5.1). Im **Verwaltungsrecht** steht dennoch die **teleologische Auslegungsmethode** im **Vordergrund**, da es stets um die Erfüllung bestimmter staatlicher Aufgaben und um die Verwirklichung bestimmter öffentlicher Interessen geht, die je einen besonderen Zweck verfolgen (BVGer vom 1. Feb. 2010, C-7615/2007, E. 4.1; vom 15. Okt. 2009, B-2323/2009, E. 4.3; vom 7. Nov. 2007, C-2263/2006, E. 5.1; VerwG SG vom 28. Jan. 2010, B-2009-104, E. 2.3.1). 951

952 Sind **mehrere Auslegungsergebnisse** denkbar, ist eine wertende Abwägung und eine Gewichtung der verschiedenen – auf der Grundlage der herkömmlichen Auslegungselemente ermittelten – Lösungen mit Blick auf ein **vernünftiges und praktikables Ergebnis** vorzunehmen (BVGer vom 9. Juli 2010, A-7764/2009, E. 6.2.4). Es sind durch Vergleichen der gefundenen Lösungen jene Methoden zu kombinieren, die für den konkreten Fall im Hinblick auf ein vernünftiges und praktikables Ergebnis am **meisten Überzeugungskraft** haben (BVGE 2011/13 E. 5.1; VerwG BE vom 31. Aug. 2009, in: BVR 2010 S. 462 E. 5.4.5), den **wahren Sinn der Norm am besten decken** (BVGer vom 8. März 2012, A-3015/2011, E. 4.2; vom 7. April 2009, A-3932/2008, E. 6) oder der **Verfassung am ehesten** entsprechen (BGE 137 II 164 E. 4.1, 136 II 149 E. 3, 135 II 416 E. 2.2, 131 II 562 E. 3.5, 130 II 65 E. 4.2, 125 II 192 E. 3a; VerwG ZH vom 26. Jan. 2011, PB.2010.00043, E. 3.3). Das Bundesgericht geht trotz des Vorbehalts von Art. 190 BV vom Gedanken aus, dass der Bundesgesetzgeber keine verfassungswidrigen Lösungen vorschlägt (BGE 137 V 273 E. 4.2, 131 II 562 E. 3.5, 131 II 710 E. 4.1, 130 II 65 E. 4.2).

Praxis:

953 – **Zweckänderungen ohne bauliche Massnahmen ausserhalb der Bauzonen (Art. 24a RPG):** Aus der Entstehungsgeschichte geht hervor, dass der Gesetzgeber mit dem neuen Art. 24a RPG eine Umnutzung bestehender landwirtschaftlicher Bauten ermöglichen wollte. Nach seinem klaren Wortlaut (in allen drei Amtssprachen) beschränkt sich Art. 24a RPG nicht auf landwirtschaftliche Bauten, sondern erlaubt auch Zweckänderungen anderer, z.B. gewerblicher Bauten ausserhalb der Bauzone. Dies ergibt sich auch aus einer systematischen Auslegung, namentlich aus der Gegenüberstellung mit Art. 24b RPG, dessen Anwendungsbereich vom Gesetzgeber ausdrücklich auf Nebenbetriebe zu landwirtschaftlichen Gewerben eingeschränkt wurde. In Art. 24a RPG ist hingegen keine Beschränkung auf eine bestimmte Kategorie von Bauten und Anlagen enthalten. Dass in Art. 37a RPG die Änderung gewerblicher Bauten besonders geregelt ist, spricht nicht gegen die wörtliche Auslegung von Art. 24a RPG. Auch eine teleologische Auslegung führt nicht dazu, Art. 24a RPG entgegen seinem Wortlaut auf landwirtschaftliche Bauten zu beschränken: Im Lichte der Ziele der Raumplanung (Art. 1 RPG) ist kein Grund ersichtlich, in einem bereits rechtmässig bestehenden zonenfremden Gebäude eine andere zonenfremde Nutzung zu verbieten, welche keine neuen Auswirkungen auf Raum, Erschliessung und Umwelt verursacht. Schliesslich wäre aufgrund der Rechtsgleichheit nicht einzusehen, weshalb nur in landwirtschaftlichen Gebäuden eine neue zonenfremde Nutzung zuzulassen wäre, nicht aber in anderen rechtmässig bestehenden Gebäuden. Es ergibt sich somit, dass unter den Voraussetzungen von Art. 24a RPG der Zweck bestehender (auch nichtlandwirtschaftlicher) Bauten ausserhalb der Bauzone geändert werden kann, ohne dass der neue Zweck standortgebunden sein muss (BGE 127 II 215 E. 4b).

954 – **Übernahme der Einreisekosten (Art. 92 Abs. 1 AsylG):** Eine Auslegung des Wortlautes ergibt zunächst, dass Art. 92 Abs. 1 AsylG in den übereinstimmenden deutschen, französischen und italienischen Fassungen als «Kann-Vorschrift» formuliert ist, was den Verordnungsgeber bei der Rechtsetzung insofern bindet, als er der Verwaltungsbehörde ein gewisses Rechtsfolgeermessen einzuräumen hat. Ferner hat der Gesetzgeber den Delegationsrahmen dahin gehend eingeschränkt, dass er die Ausrichtung von Beiträgen ausschliesslich für die Personengruppen der Flüchtlinge und Schutzbedürftigen vorsieht. Weitere Vorgaben an den Verordnungsgeber sind sodann aus den Materialien ersichtlich. So führte der Bundesrat in der Botschaft vom 4. Dez. 1995 zur Totalrevision des Asylgesetzes bezüglich der Bestimmung von Art. 87 Abs. 1 des Gesetzesentwurfs (heute: Art. 92 Abs. 1 AsylG) aus, der Bund sei aufgrund der «Kann-Formulierung» nicht verpflichtet, für Ein- und Ausreisekosten von Personen aufzukommen, die offensichtlich in wohlhabenden Verhältnissen lebten. Dies lässt auf ein Zweifaches schliessen: zum einen, dass neben der eigenen finanziellen Situation der Personen, welchen die Einreise

bewilligt wird, auch diejenige ihres weiteren Umfeldes zu berücksichtigen ist, und zum anderen, dass die Kosten auch dann übernommen werden können, wenn die betroffenen Personen über ein das blosse Existenzminimum moderat übersteigendes Einkommen oder Vermögen verfügen. Dies ergibt sich im Übrigen auch aus einer systematischen Auslegung von Art. 92 Abs. 1 AsylG, ist doch die Übernahme von Einreisekosten im 6. Kapitel (unter dem Titel «Bundesbeiträge») und nicht im 5. Kapitel (unter dem Titel «Sozialhilfe und Nothilfe») geregelt; es handelt sich bei den vom Bund im Rahmen dieser Bestimmung ausgerichteten Beiträgen somit nicht um Fürsorgeleistungen, welche nur bei Vorliegen einer Bedürftigkeit auszurichten wären (BVGer vom 10. Aug. 2009, E-7793/2006, E. 4.2.4).

– **«Neues Angebot» i.S.v. § 3 Abs. 1 Angebotsdekret:** Mit Beschluss des Regierungsrates des Kantons Basel-Landschaft vom 5. Juli 2005 wurde die SBB-Bahnlinie Sissach-Läufelfingen-Olten («Läufelfingerli») probehalber für die Dauer von einem Jahr von Bahn- auf Busbetrieb umgestellt. Gemäss § 3 Abs. 1 Angebotsdekret kann der Regierungsrat in eigener Kompetenz neue Angebote von grösserem Ausmass als Probebetriebe während längstens sechs Jahre führen. Umstritten ist die Auslegung des Begriffs «neu» und «Probebetrieb» nach § 3 Abs. 1 Angebotsdekret. «Neu» kann sich vorerst auf das bestehende, vom Landrat zu beschliessende Angebot beziehen. Dergestalt interpretiert dürfte der Regierungsrat nur Massnahmen ergreifen, die über den vom Landrat zu definierenden Generellen Leistungsauftrag hinausgehen würden. «Neu» lässt sich indes auch im Sinne des allgemeinen Sprachgebrauchs verstehen und würde sich so betrachtet auf alle Massnahmen beziehen, welche einer situativen Anpassung des bestehenden Angebots dienen würden. Die Tragweite dieses Begriffs ist demnach mittels der grammatikalischen Auslegung allein nicht zu ermitteln. Auch die historische Auslegung führt zu keinem klaren Ergebnis. Die bisher ergangene Praxis lässt darauf schliessen, dass der Regierungsrat gestützt auf § 3 Abs. 1 Angebotsdekret über den Leistungsauftrag hinausgehende «neue» Linien oder eine Verlängerung bestehender Linien beschlossen hat. Eine systematische Betrachtung ergibt, dass § 2 Angebotsdekret den generellen Leistungsauftrag, mit anderen Worten das durch den Landrat zu beschliessende Angebotskonzept regelt. Nach § 3 Abs. 1 Angebotsdekret kann der Regierungsrat sodann neue Angebote als Probebetrieb einführen. Will der Regierungsrat solche Probebetriebe definitiv ins Angebotskonzept überführen, hat er gemäss § 3 Abs. 4 Angebotsdekret dem Landrat einen Antrag zu stellen, welcher den Übergang vom Probebetrieb zum definitiven Angebot zu beschliessen hat. Systematisch ausgelegt bezieht sich demnach § 3 Abs. 1 Angebotsdekret auf Angebote, welche über das vom Landrat gemäss § 2 Angebotsdekret beschlossene Angebotskonzept hinausgehen. § 3 Abs. 1 Angebotsdekret verleiht deshalb dem Regierungsrat – zumindest aus dem Blickwinkel der systematischen Auslegung betrachtet – keine rechtliche Grundlage zur Veränderung des bestehenden, vom Landrat beschlossenen Angebotskonzepts. Sinn und Zweck von § 3 Abs. 1 Angebotsdekret ist, dass der Regierungsrat selbstständig neue Angebote zu Evaluationszwecken – im Sinne eines Probebetriebes – einführen darf. Eine Aufhebung einer bestehenden, vom Landrat beschlossenen Linie ist daher auf der Grundlage von § 3 Abs. 1 Angebotsdekret nicht möglich, selbst wenn als Ersatz hierzu ein Busbetrieb eingeführt wird (KG BL vom 26. Okt. 2005, 2005/282, E. 4). 955

4. Grammatikalische Auslegung

a) Begriff

Die **grammatikalische Auslegung** stellt auf **Wortlaut, Wortsinn** und **Sprachgebrauch** ab (BVGer vom 8. Juli 2010, A-2607/2009, E. 9.3.1). Mit Hilfe der grammatikalischen Auslegung wird festgestellt, ob ein unklarer Wortlaut vorliegt. Massgebliches Element der grammatikalischen Auslegung ist der Gesetzestext. Titel, Sachüberschriften sowie Marginalien sind Bestandteile des Textes und müssen daher bei der Auslegung berücksichtigt werden. Bei **Generalklauseln** ist zu beachten, dass diese in der Regel weit formuliert sind, weshalb der grammatikalischen Methode ein weniger 956 entscheidendes Gewicht zukommt als bei der Auslegung von eng umschriebenen Tatbeständen (VerwG BE vom 31. Aug. 2009, in: BVR 2010 S. 462 E. 5.4.1). Unter Sprachgebrauch ist in der Regel der allgemeine Sprachgebrauch zu verstehen (BVGer vom 21. Mai 2010, A-6650/2009, E. 5.1.1).

957 Bei der **Auslegung** von verwaltungsrechtlichen, interkantonalen, interkommunalen sowie völkerrechtlichen (rechtsgeschäftlichen) **Verträgen** kommt der grammatikalischen Auslegung in Verbindung mit der Auslegung nach Treu und Glauben vorrangige Bedeutung zu (BGer vom 11. Juli 2011, 2E_3/2009, E. 5.2.1). Nur wenn sich der Wortlaut als nicht eindeutig erweist oder die Auslegung zu einem offensichtlich sinnwidrigen bzw. unvernünftigen Ergebnis führt, sind als ergänzende Auslegungsmittel die Umstände des Vertragsschlusses bzw. die Vertragsverhandlungen hinzuziehen (BGer vom 11. Juli 2011, 2E_3/2009, E. 5.2.1; BVGE 2010/7 E. 3.5.4, 2008/34 E. 6.1; BVGer vom 30. Nov. 2010, A-4911/2010, E. 4.1; dazu Rz. 1086).

Praxis:

958 – **Auslegung des Begriffs «Gefährdung der Meinungs- und Angebotsvielfalt» i.S.v. Art. 44 Abs. 1 lit. g RTVG:** Mittels Gesetzesauslegung ist zu klären, was unter dem Begriff der «Gefährdung der Meinungs- und Angebotsvielfalt» i.S.v. Art. 44 Abs. 1 lit. g RTVG zu verstehen ist. Der Begriff der «Gefährdung» lässt darauf schliessen, dass sich die Gefahr noch nicht konkretisiert haben muss. Die grammatikalische Auslegung ergibt, dass Art. 44 Abs. 1 lit. g RTVG schon erfüllt sein kann, wenn eine Beeinträchtigung der Meinungs- und Angebotsvielfalt erst droht (BVGE 2009/63 E. 3.4).

959 – **Auslegung des Begriffs «Endverbraucher, die auf den Netzzugang verzichten» (Art. 6 StromVG):** Art. 6 StromVG trägt den Titel «Lieferpflicht und Tarifgestaltung für feste Endverbraucher». Nach Art. 6 StromVG treffen die Betreiber der Verteilnetze die erforderlichen Massnahmen, damit sie in ihrem Netzgebiet den festen Endverbrauchern und den Endverbrauchern, die auf den Netzzugang verzichten, jederzeit die gewünschte Menge an Elektrizität mit der erforderlichen Qualität und zu angemessenen Tarifen liefern können (Abs. 1). Wie sich aus Art. 6 Abs. 2 StromVG ergibt, gelten als «feste Endverbraucher» im Sinne dieses Artikels die Haushalte und die anderen Endverbraucher mit einem Jahresverbrauch von weniger als 100MWh pro Verbrauchsstätte. Damit steht fest, dass unter den nicht festen Endverbrauchern in Art. 6 Abs. 1 StromVG solche zu verstehen sind, die einen Jahresverbrauch von über 100MWh haben. Unter «verzichten» ist im allgemeinen Sprachgebrauch «den Anspruch auf etwas nicht (länger) geltend machen» zu verstehen. Was die nicht festen Endverbraucher betrifft, so ist aufgrund des Gesetzeswortlauts allein der Netzzugangsverzicht für den Anspruch auf Grundversorgung entscheidend. Das Gesetz sieht keine weiteren Einschränkungen vor und nimmt dem Wortlaut nach keine Kategorien der nicht festen Endverbraucher von vornherein vom Wahlrecht aus. Überdies fällt auf, dass Art. 6 Abs. 1 StromVG von «Endverbrauchern, die auf den Netzzugang verzichten» und nicht von «Endverbrauchern, die auf den Netzzugang verzichtet haben» spricht. Die Formulierung lautet auch nicht «Endverbraucher, die auf den Markteintritt verzichten». Wie der Verzicht auf den Netzzugang genau zu erfolgen hat, ergibt sich aber aus dem Wortlaut von Art. 6 StromVG nicht. Betrachtet man die anderssprachigen Fassungen von Art. 6 StromVG, ergibt sich dasselbe Resultat (BVGer vom 19. Aug. 2010, A-5452/2009, E. 7.1; dieses Urteil wurde vom Bundesgericht bestätigt [BGer vom 6. Juli 2011, 2C_739/2010]).

960 – **Verbot von Nacht- und Sonntagsarbeit; Auslegung des Begriffs «Unentbehrlichkeit» (Art. 17 ArG):** Blosse Zweckmässigkeit genügt für ein Abweichen vom Nacht- oder Sonntagsarbeitsverbot nicht. Erforderlich ist vielmehr, wie das Gesetz sagt, «Unentbehrlichkeit». Unentbehrlich heisst nach dem gewöhnlichen Sprachgebrauch so viel wie «unerlässlich» oder «unbedingt notwendig». Auch im französischen und italienischen Text verwendet der Gesetz-

geber die Worte «indispensable» und «indispensabile». Diese restriktive Wortwahl zeigt, dass der Gesetzgeber das Interesse an der Wahrung der Nacht- und Sonntagsruhe weit über die wirtschaftliche Zweckmässigkeit stellt, Nacht- und Sonntagsarbeit also nur ganz ausnahmsweise bewilligt werden dürfen, wenn es anders schlicht nicht geht (BVGer vom 7. Okt. 2009, B-738/2009, E. 5.2; vgl. auch BGE 131 II 200 E. 6.3, 120 Ib 332 E. 5a-5d, 116 Ib 270 E. 4b und E. 5).

– **Erhöhte Monopolgebühr für Alcopops; Auslegung des Begriffs «süsse gebrannte Wasser»:** Nach dem Wortlaut des Gesetzes wird die Steuer um 300 % erhöht für «süsse gebrannte Wasser (...), die mindestens 50 Gramm Zucker pro Liter (...) enthalten» (Art. 23bis Abs. 2bis AlkG). Der Umstand, dass der Gesetzestext das Adjektiv «süss» ausdrücklich erwähnt, lässt grundsätzlich darauf schliessen, dass diesem Begriff eine eigenständige Bedeutung zukommt und damit eine charakteristische Eigenschaft der dieser Bestimmung unterstehenden Produkte umschrieben werden soll. Sofern 50 Gramm Zucker pro Liter stets bewirken würden, dass ein Getränk als süss empfunden wird, hätte man sich darauf beschränken können, den minimalen Zuckergehalt festzulegen. Dass der Begriff «süss» nicht objektiv definiert werden kann, sondern subjektiv verschieden wahrgenommen wird, macht diesen als Definitionskriterium nicht ungeeignet. Ausgehend vom Gesetzeswortlaut ist daher davon auszugehen, dass die Süsse eines Getränks grundsätzlich ein eigenständiges Kriterium für die Anwendung von Art. 23bis Abs. 2bis AlkG darstellt und nicht allein durch den Mindestzuckergehalt von 50 Gramm pro Liter definiert wird. Der Gesetzgeber wollte somit mit dieser Bestimmung nicht generell Getränke mit einem bestimmten Mindestgehalt an Zucker, sondern nur süss schmeckende Getränke erfassen (ALKRK vom 22. Feb. 2005, in: VPB 69 [2005] Nr. 89 E. 3a). 961

– **Auslegung des Begriffs der längerfristigen Freiheitsstrafe nach Art. 63 Abs. 1 lit. a i.V.m. Art. 62 lit. b AuG:** Das Bundesgericht hat definiert, dass eine Freiheitsstrafe als «längerfristig» gilt, wenn ihre Dauer ein Jahr überschreitet. Noch nicht ausdrücklich entschieden hat es die Frage, ob sich die mindestens einjährige Dauer der Freiheitsstrafe zwingend auf ein einziges Strafurteil stützen muss oder ob auch mehrere kürzere Strafen, die zusammen mehr als ein Jahr ergeben, den Widerrufsgrund von Art. 63 Abs. 1 lit. a i.V.m. Art. 62 lit. b AuG erfüllen. Der Wortlaut von Art. 63 Abs. 1 lit. a i.V.m. Art. 62 lit. b AuG deutet darauf hin, dass sich die mindestens einjährige Strafdauer aus einem einzigen Urteil ergeben muss, spricht das Gesetz doch von «einer längerfristigen Freiheitsstrafe» («une peine privative de liberté de longue durée»; «una pena detentiva di lunga durata»). Den Materialien zum Ausländergesetz kann sodann entnommen werden, dass die eidgenössischen Räte einen Antrag der vorberatenden Kommission des Nationalrates ausdrücklich ablehnten, welche statt dem Begriff der längerfristigen Freiheitsstrafe die Formulierung «wenn die Ausländerin oder der Ausländer zu einer Freiheitsstrafe von zwölf Monaten oder wiederholt zu einer kurzen Freiheits- oder Geldstrafe verurteilt wurde» in den Gesetzestext aufnehmen wollte. Entscheidend ist im vorliegenden Fall jedoch vor allem, dass sich das Bundesgericht in seiner bisherigen Rechtsprechung bei seiner Definition des Begriffs «längerfristig» i.S.v. Art. 63 Abs. 1 lit. a i.V.m. Art. 62 lit. b AuG massgeblich am Sanktionensystem des Strafgesetzbuches orientierte: Es führte aus, dass eine Freiheitsstrafe kaum als «längerfristig» bezeichnet werden könne, wenn sie sich in einem Rahmen bewege, der auch die Verurteilung zu einer Geldstrafe zulassen würde. Anders sei dagegen dort zu entscheiden, wo aufgrund des hohen Strafbedürfnisses zwingend eine Freiheitsstrafe als Sanktion ausgesprochen werden muss. Dies ist dann der Fall, wenn die Dauer der auszusprechenden Strafe ein Jahr bzw. 360 Tage überschreitet (Art. 34 Abs. 1 StGB). Unterhalb dieses Schwellenwertes, für Strafen von sechs Monaten bis zu einem Jahr, hat der Richter dagegen die Wahl, ob er eine Freiheitsstrafe oder aber eine Geldstrafe verhängt. Zu beachten ist sodann, dass das Bundesgericht seine Präzisierung des Begriffes «längerfristig» namentlich auch mit dem Interesse an Rechtssicherheit und einer einheitlichen Auslegung des Bundesrechts begründete. Diesem Bestreben würde durch die von der Vorinstanz befürwortete grundsätzliche Möglichkeit einer Zusammenrechnung kürzerer Freiheitsstrafen entgegengewirkt. Daraus erhellt, dass bei der Prüfung des Widerrufsgrundes von Art. 63 Abs. 1 lit. a i.V.m. Art. 62 lit. b AuG auf ein Zusammenrechnen verschiedener Freiheitsstrafen von einem Jahr oder weniger zu verzichten ist (BGE 137 II 297 E. 2.3). 962

b) Textbausteine

963 Das Bundesgericht verwendet **unterschiedliche Textbausteine**, die die Bedeutung der grammatikalischen Methode unterschiedlich gewichten:

964 **1. Formel (BGE 129 V 102 E. 3.2):** Das **Gesetz ist in erster Linie nach seinem Wortlaut auszulegen**. Ist der Text nicht ganz klar und sind verschiedene Interpretationen möglich, so muss nach seiner wahren Tragweite gesucht werden unter Berücksichtigung aller Auslegungselemente, namentlich des Zwecks, des Sinnes und der dem Text zu Grunde liegenden Wertung. Wichtig ist ebenfalls der Sinn, der einer Norm im Kontext zukommt. Vom **klaren, d.h. eindeutigen und unmissverständlichen Wortlaut** darf nur **ausnahmsweise abgewichen** werden, unter anderem dann nämlich, wenn triftige Gründe dafür vorliegen, dass der Wortlaut nicht den wahren Sinn der Bestimmung wiedergibt. Solche Gründe können sich aus der Entstehungsgeschichte der Bestimmung, aus ihrem Grund und Zweck oder aus dem Zusammenhang mit andern Vorschriften ergeben. Sind mehrere Auslegungen möglich, ist jene zu wählen, die den verfassungsrechtlichen Vorgaben am besten entspricht (vgl. BGE 138 V 23 E. 3.4.1, 137 II 297 E. 2.3.1, 137 III 217 E. 2.4.1, 137 V 13 E. 5.1, 137 V 114 E. 4.3.1, 137 V 126 E. 4.1, 137 V 181 E. 6.2.1, 137 V 273 E. 4.2, 137 V 369 E. 4.4.3.2, 136 II 149 E. 3, 136 III 373 E. 2.3, 136 V 216 E. 5.1, 135 II 416 E. 2.2, 135 III 640 E. 2.3.1, 135 V 153 E. 4.1, 134 I 184 E. 5.1, 134 II 249 E. 2.3, 131 II 697 E. 4.1, 128 V 20 E. 3a, 127 V 5 E. 4a, 118 Ib 187 E. 5a; BGer vom 27. Sept. 2011, 1C_271/2011, E. 4.4.1; BVGE 2011/11 E. 3.4, 2011/13 E. 5.1, 2009/8 E. 7.2.2; BVGer 13. April 2012, A-2811/2011, E. 5.4.1; vom 9. Nov. 2010, B-1215/2009, E. 4.2.6).

965 Nach dieser Formel ist die **rechtsanwendende Behörde an einen klaren und unzweideutigen Wortlaut** gebunden und darf davon nur (ausnahmsweise) abweichen, wenn triftige Gründe für die Annahme bestehen, dass dieser nicht den wahren Sinn der Regelung wiedergibt. Der wahre Sinn eines Gesetzestextes ist somit erst dann zu ermitteln, wenn der Wortlaut des Gesetzestextes unklar ist oder verschiedene Interpretationen zulässt (**«sens-clair-Doktrin»** bzw. **«Eindeutigkeitsregel»**; vgl. z.B. BGE 136 II 149 E. 3, 135 II 416 E. 2.2, 134 II 249 E. 2.3; BVGer vom 8. Juli 2010, A-2607/2009, E. 9.3.1; 18. Sept. 2009, B-771/2009, E. 4.1; vgl. auch BVGer vom 21. Mai 2010, A-6650/2009, E. 5.2.1, wonach eine teleologische Auslegung allenfalls in den Fällen greife, in denen der Wortlaut mehreren Deutungen zugänglich und die Bedeutungsfestsetzung zweifelhaft sei, jedoch bei sprachlicher Eindeutigkeit zur Ermittlung eines abweichenden Normsinns von vornherein ausser Betracht falle. Habe der Gesetzgeber den Interessenkonflikt erkennbar bewertet und seine Regelungsabsicht im Gesetzestext unmissverständlich zum Ausdruck gebracht, finde die Rechtsfindung nach dem Gesetzeszweck ihre Schranke am Wortsinn).

966 **2. Formel (BGE 134 II 308 E. 5.2):** Ein Gesetz in erster Linie aus sich selbst heraus, das heisst nach Wortlaut, Sinn und Zweck und den ihm zu Grunde liegenden Wertungen auf der Basis einer **teleologischen Verständnismethode** auszulegen. Auszurichten ist die **Auslegung auf die ratio legis**, die zu ermitteln dem Gericht allerdings nicht nach den subjektiven Wertvorstellungen der Richter aufgegeben ist, sondern nach den Vorgaben des Gesetzgebers. Die Gesetzesauslegung hat sich vom Gedanken leiten zu lassen, dass nicht schon der Wortlaut allein die Rechtsnorm darstellt, sondern erst das an Sachverhalten verstandene und konkretisierte Gesetz (BGE 136 I 297

E. 4.1, 135 IV 126 E. 1.3.3, 134 V 202 E. 3.2, 133 III 175 E. 3.3.1, 133 V 314 E. 4.1, 131 I 74 E. 4.1, 129 II 114 E. 3.1, 128 I 34 E. 3b, 125 II 192 E. 3d/aa, 118 Ib 187 E. 5a; BVGE 2011/12 E. 9.1; BVGer vom 10. Dez. 2007, B-16/2006, E. 5.2; vgl. auch RR BE vom 5. Juli 2000, in: BVR 2000 S. 549 E. 2, wonach selbst eine sprachlich einwandfreie Aussage noch der Deutung auf ihren Sinn bedürfe; richtigerweise könne der Wortlaut von vornherein nicht die Grenze der Auslegung sein, selbst wenn er nach der grammatikalischen Auslegung als klar erscheine).

Praxis:

- **Steuerbefreiung der Kunstmaler und Bildhauer für importierte, selbst hergestellte Kunstwerke:** Der Wortlaut von Art. 8 Abs. 2 lit. b aÜbBest.BV scheint an sich klar: Mit Wirkung ab 1. Okt. 1982 gilt hinsichtlich der Warenumsatzsteuer, dass Kunstmaler und Bildhauer für die selbst hergestellten Kunstwerke «von der Steuerpflicht befreit» sind. Diese Steuerbefreiung ist bei rein grammatikalischer Auslegung allgemein und vorbehaltlos formuliert; namentlich wird nicht zwischen Warenumsatz im Inland und Einfuhr aus dem Ausland unterschieden. Die Behauptung des beschwerdeführenden Departements, die Verfassung enthalte insofern eine «genaue Regelung», als sich «aus dem entsprechenden Text selbst» ergebe, dass Künstler nur von der Inland-Steuerpflicht befreit sein sollen, indes nicht bei der Einfuhr von Kunstwerken aus dem Ausland, trifft also nicht zu und findet übrigens in den angegebenen Literaturstellen keine Stütze. Trotz des unmissverständlichen Wortlauts (in allen drei Amtssprachen) ist die Bestimmung indes auslegungsbedürftig, da umstritten ist, ob der Wortlaut in Bezug auf die hier interessierende Frage auch ihren wahren Sinn und Zweck wiedergebe. Nach ständiger Rechtsprechung kann (und muss sogar) vom blossen Wortlaut abgewichen werden, wenn triftige Gründe zur Annahme bestehen, dass er nicht den wahren Sinn der Bestimmung wiedergibt. Solche Gründe können sich etwa aus der Entstehungsgeschichte der Bestimmung, aus ihrem Sinn und Zweck oder aus dem Zusammenhang mit anderen Vorschriften ergeben (BGE 118 Ib 187 E. 5a). 967
- **Eintreten auf ein Asylgesuch, um zusätzliche Abklärungen zur Feststellung eines Wegweisungsvollzugshindernisses zu tätigen:** Gemäss Art. 32 Abs. 3 lit. c AsylG ist trotz Nichteinreichens von Reise- oder Identitätspapieren auf ein Asylgesuch einzutreten, wenn sich aufgrund der Anhörung erweist, dass zusätzliche Abklärungen zur Feststellung der Flüchtlingseigenschaft oder eines Wegweisungsvollzugshindernisses erforderlich sind. Der in Art. 32 Abs. 3 lit. c AsylG enthaltene Begriff des «Wegweisungsvollzugshindernisses» wird weder im Asylgesetz noch in den Asylverordnungen verwendet. In Lehre und Rechtsprechung werden darunter gemeinhin sämtliche völker- und landesrechtlich normierten Gründe verstanden, die eine gegenüber einem Ausländer verfügte Wegweisung aus der Schweiz als unzulässig, unzumutbar oder unmöglich erscheinen lassen. Versteht man den Terminus in diesem gebräuchlichen Sinn, wäre auf ein Asylgesuch trotz unentschuldbarer Nichtabgabe von Reise- oder Identitätspapieren also auch dann einzutreten, wenn zur Prüfung der Frage der Zumutbarkeit oder der Möglichkeit des Wegweisungsvollzugs noch Abklärungen vorzunehmen wären. In der Lehre wurde bereits darauf hingewiesen, dass ein solches weites Verständnis von Wegweisungsvollzugshindernissen kaum dem Willen des Gesetzgebers entsprechen könne. Nachdem die Formulierung von Art. 32 Abs. 3 lit. c AsylG den wahren Sinn der Bestimmung offenbar nicht korrekt wiedergibt oder jedenfalls unterschiedliche Interpretationen möglich sind, ist die wahre Tragweite der Norm im Folgenden durch Auslegung zu ermitteln (BVGE 2009/50 E. 6.4). 968
- **Grosskontrolle durch die VBZ ausserhalb der Fahrzeuge:** Art. 1 Abs. 1 TV verpflichtet den Fahrgast zur Aufbewahrung des Fahrausweises und zu dessen Vorweisung gegenüber dem kontrollierenden Bediensteten «während der Dauer der Fahrt». Die von der Vorinstanz vorgenommene Auslegung, wonach die Bestimmung auch eine Kontrolle nach dem Aussteigen auf dem Trottoir ermögliche, ist nicht unhaltbar und verstösst auch nicht gegen das Willkürverbot von Art. 9 BV. Entgegen der Auffassung des Beschwerdeführers ist es weder willkürlich noch sonst rechtsverletzend, wenn Art. 1 Abs. 1 TV dahin ausgelegt wird, dass Ausweiskontrollen nicht 969

nur im Innern des Wagens (während dieser fährt oder anhält), sondern auch unmittelbar beim Verlassen des Fahrzeuges oder unmittelbar danach auf dem Trottoir vorgenommen werden dürfen. Das gilt jedenfalls bei einem Ablauf, wie er, ausgehend von der beanstandeten Kontrolle am 28. Okt. 2004, für die hier vorzunehmende Beurteilung massgebend ist. Bereits der Wortlaut der Bestimmung («während der Fahrt») schliesst eine derart weitergreifende Auslegung nicht aus. Zudem kann eine Bestimmung selbst gegen ihren klaren Wortlaut ausgelegt werden, sofern dafür aufgrund weiterer Auslegungsmethoden triftige Gründe sprechen. Solche könnten hier aufgrund einer teleologischen Auslegung im Zweck der Bestimmung erblickt werden (VerwG ZH vom 19. Juni 2008, VB.2008.00143, E. 5.5).

970 – **Heilmittelabgabe durch Ärzte (Selbstdispensation):** Die Beschwerdeführer berufen sich für ihre Auffassung vor allem auf den Wortlaut von Art. 37 Abs. 3 Satz 2 KVG. Danach haben die Kantone die Zugangsmöglichkeiten zu einer Apotheke zu berücksichtigen. Die gewählte Ausdrucksweise ist sehr unbestimmt. Es erscheint aufgrund des Wortlauts unklar, ob und in welcher Weise in die kantonale Regelungshoheit eingegriffen werden sollte. Jedenfalls kann allein aufgrund des Wortlauts nicht auf ein Verbot oder eine Einschränkung der ärztlichen Selbstdispensation geschlossen werden. Das gilt umso mehr, als es sich dabei um eine politisch sehr umstrittene Frage handelt, deren Regelung einer klaren gesetzgeberischen Willensäusserung bedürfte. Das Bundesgericht hat in seiner bisherigen Rechtsprechung deshalb massgebliches Gewicht auf den gesetzgeberischen Willen gelegt, welcher der auszulegenden Norm zugrunde liegt. Aus der Entstehungsgeschichte geht klarerweise hervor, dass es sich bei Art. 37 Abs. 3 Satz 2 KVG um eine blosse Zielnorm mit lediglich programmatischem Charakter handelt, die den Kantonen bei der Regelung der ärztlichen Selbstdispensation die Richtung weist, aber keine verbindlichen Schranken zieht (BGer vom 23. Sept. 2011, 2C_53/2009, E. 3.5).

c) Dreisprachigkeit der Bundesgesetze

971 Gemäss Art. 70 Abs. 1 BV sind die drei Amtssprachen des Bundes als gleichwertig zu betrachten, sodass der **Wortlaut aller drei Amtssprachen gleichermassen massgebend** ist (BGE 136 II 149 E. 3, 135 II 78 E. 2.2, 134 I 184 E. 5.1, 131 II 13 E. 7.1; BGer vom 17. Juni 2011, 2C_208/2010, E. 4.1). Unterscheidet sich der **Wortlaut in den Amtssprachen**, so muss jenem Text der Vorzug gegeben werden, welcher mit dem Sinn und Zweck der Norm übereinstimmt (BGE 129 I 402 E. 3.2-3.6), welcher klar auf einen bestimmten Sinn der Norm hinweist (BGE 129 II 114 E. 3.2) oder welcher mit der bisherigen Praxis übereinstimmt (vgl. BVGE 2009/40 E. 5.2.1).

Praxis:

972 – **Art. 49 Abs. 1 WRG (notwendige Abstimmung im internationalen Verhältnis):** Art. 49 Abs. 1 WRG hat folgenden Wortlaut: «Der Wasserzins darf jährlich 80 Franken pro Kilowatt Bruttoleistung nicht übersteigen. Davon kann der Bund höchstens 1 Franken pro Kilowatt Bruttoleistung zur Sicherstellung der Ausgleichsleistungen an Kantone und Gemeinden nach Art. 22 Absätze 3-5 beziehen. Im internationalen Verhältnis sorgt der Bund bei jeder Änderung des Wasserzinsmaximums für die notwendige Abstimmung.» Der deutsche Gesetzestext kann von seinem Wortlaut her unterschiedlich verstanden werden. Zunächst ist ein Verständnis möglich, wonach im internationalen Verhältnis eine Abstimmung für notwendig vorausgesetzt wird, wobei deren Durchführung dem Bund obliegen soll. Nicht ausschliessen lässt sich aber auch, dass der Gesetzgeber ausdrücken wollte, der Bund solle für die internationale Abstimmung sorgen, sofern und soweit sich eine solche als notwendig erweise. Die Mehrdeutigkeit des deutschen Wortlauts besteht im französischen und italienischen Text nicht. Hier wird klar gesagt, dass im internationalen Verhältnis jede Änderung des Wasserzinsmaximums Gegenstand eines «accord international» bzw. eines «accordo internazionale» sein soll, wofür der Bund zuständig ist (BGE 129 II 114 E. 3.2).

- **«Verschnitte» i.S.v. Art. 2 Abs. 2 AlkMGV:** Die Eidgenössische Alkoholrekurskommission vertritt die Ansicht, dass sich Verschnitte i.S.v. Art. 2 Abs. 2 AklMGV, wofür eine erhöhte Monopolgebühr zu bezahlen ist, lediglich auf Verschnitte der in Abs. 1 genannten gebrannten Wasser (Whisky, Gin, Wodka usw.) beziehe; andere Verschnitte würden hingegen lediglich unter die ordentliche Monopolgebühr von Art. 1 AlkMGV fallen. Der Wortlaut des deutschen Textes lässt die Frage offen. Das Gleiche gilt für die französische Fassung, die sich mit der deutschsprachigen deckt («[...] est aussi applicable aux coupages et aux mélanges entre elles des boissons distillées désignées au 1er alinéa ou avec d'autres boissons distillées [...]»). Was in der deutschen und der französischen Fassung offen bleibt, wird allerdings in der italienischen entschieden: «(...) è applicata parimenti alle bevande distillate, menzionate al capoverso 1, tagliate o miscelate tra loro o con altre bevande distillate (...).» Hier bezieht sich der Begriff «verschnitten» (tagliate) nur auf die in Absatz 1 erwähnten gebrannten Wasser. Ob der italienische Text allerdings den wahren Sinn der Norm wiedergibt, ist anhand der weiteren Auslegungselemente zu prüfen (BGE 125 II 192 E. 3d/aa). 973
- **Härtefallregelung (Art. 14 Abs. 2 lit. c AsylG):** Aus dem deutschen Wortlaut geht eine Art Zweistufigkeit hervor: Die fortgeschrittene Integration soll kausal für das Vorliegen eines Härtefalles bei der ausländischen Person sein (Art. 14 Abs. 2 lit. c AsylG). Daraus ergibt sich, dass die fortgeschrittene Integration notwendige, aber nicht hinreichende Voraussetzung für die Zustimmung zur Erteilung einer Aufenthaltsbewilligung gemäss Art. 14 Abs. 2 AsylG darstellt. Keine andere Deutung ergibt sich aus der französischen Formulierung des Buchstabens c: «Il s'agit d'un cas de rigueur grave en raison de l'intégration poussée de la personne concernée.» Der italienische Text hingegen lautet: «Si è in presenza di un grave caso di rigore personale in considerazione del grado di integrazione dell'interessato.» Daraus geht nicht hervor, dass eine fortgeschrittene Integration Ausgangspunkt für eine Härtefallprüfung ist; vielmehr soll bei der Härtefallprüfung der Grad der Integration als ein Kriterium unter anderen berücksichtigt werden. Aufgrund der Entstehungsgeschichte – den eidgenössischen Räten lagen die deutsche und die französische Version vor – ist davon auszugehen, dass sich die Abweichung im Zuge der Übersetzung ins Italienische ergeben hat. Im deutschen und im französischen Text spiegelt sich ein Aspekt der bundesgerichtlichen Praxis zu Art. 13 lit. f BVO wieder: Das BGer hat festgehalten, dass es für die Annahme eines schwerwiegenden persönlichen Härtefalles nicht genügt, dass die ausländische Person sich während längerer Zeit in der Schweiz aufgehalten, sich in sozialer und beruflicher Hinsicht gut integriert hat, und sie sich nichts hat zu schulden kommen lassen. Vielmehr bedarf es zusätzlich einer so engen Beziehung zur Schweiz, dass es der Person nicht zugemutet werden kann, im Ausland, insbesondere in ihrem Heimatland, zu leben. Vor diesem Hintergrund und mit Blick auf den italienischen Wortlaut besteht kein Anlass zur Annahme, der Gesetzgeber habe von der bisherigen Praxis zur Beurteilung des schwerwiegenden persönlichen Härtefalles abweichen wollen; massgebend ist somit die deutsche und französische Version von Art. 14 Abs. 2 lit. c AsylG (BVGE 2009/40 E. 5.2.1). 974
- **«Einleiten» von Arbeitsbeschaffungsmassnahmen i.S.v. Art. 1 Abs. 1 der Freigabeverordnung 2008:** Was unter «Einleiten» von Arbeitsbeschaffungsmassnahmen i.S.v. Art. 1 Abs. 1 Freigabeverordnung 2008 zu verstehen ist, ist durch Auslegung zu ermitteln. Wird im Rahmen der grammatikalischen Auslegung das Synonymwörterbuch konsultiert, lässt sich feststellen, dass unter «einleiten» etwas «anbahnen» oder «in die Wege leiten» zu verstehen ist. Zu diesem Schluss gelangt man insbesondere auch, wenn die französische Version von Art. 1 Abs. 1 Freigabeverordnung 2008 als Ausgangspunkt genommen wird. Die französische Version verwendet den Begriff «(mesures) engagées». Das französische «engager» wird im übertragenen Sinne gebraucht für «mettre en train, commencer» respektive für «(Verhandlungen) einleiten, aufnehmen». Die italienische Version verwendet den Begriff «(provvedimenti) adottati». «Adottare» wird unter anderem für «scegliere», d.h. «(aus)wählen» gebraucht und ist damit weniger eindeutig als die deutsche und französische Version. Unter dem grammatikalischen Aspekt müsste eine Auftragserteilung somit als Einleitung einer Arbeitsbeschaffungsmassnahme qualifiziert werden, da beispielsweise mit einem Auftrag zur Beschaffung oder Herstellung einer Maschine der Erwerb einer Produktionsanlage und damit eine Arbeitsbeschaffungsmassnahme in die Wege geleitet wird (BVGer vom 4. März 2010, B-3984/2009, E. 3.4.1). 975

5. Teleologische Auslegung

976 Die **teleologische Auslegung** zielt darauf ab, **Sinn und Zweck**, die mit einer Rechtsnorm verfolgt werden, zu ermitteln (BGE 135 V 443 E. 3.4; BVGer vom 12. Juli 2009, A-136/2009, E. 4.1; VerwG LU vom 7. Juli 2009, in: LGVE 2009 Nr. 13 E. 3d). Es ist mithin auf die **Wertungen**, die einer Gesetzesbestimmung zugrunde liegen, abzustellen (BGE 128 I 34 E. 3b, 125 II 206 E. 4a, 124 III 266 E. 4; BVGer vom 12. Nov. 2009, B-5092/2009, E. 5.1). Die Praxis umschreibt die teleologische Auslegung etwa wie folgt: «(...) gefordert ist die **sachlich richtige Entscheidung** im normativen Gefüge, ausgerichtet auf ein befriedigendes Ergebnis aus der **ratio legis**» (BGE 123 II 464 E. 3a); «(...) zu prüfen bleibt, ob Art. 8 Abs. 2 lit. b ÜbBest.BV allenfalls nach seinem **Sinn und Zweck** gebietet, vom klaren und vorbehaltlosen Verfassungswortlaut abzurücken» (BGE 118 Ib 187 E. 5d); «(...) zu berücksichtigen ist hier auch, dass die Auslegung sich am **gesetzgeberischen Grundgedanken** zu orientieren hat» (BVGer vom 7. Okt. 2009, B-738/2009, E. 5.1).

977 Hinweise auf die ratio legis, welche einer Rechtsnorm zugrunde liegt, geben unter Umständen auch **Ziel- oder Zwecknormen** des betreffenden Erlasses (BGE 134 V 170 E. 4.1; VerwG BE vom 19. Mai 2010, in: BVR 2010 S. 495 E. 3.6). Gerade im Verwaltungsrecht geht es häufig um die Verwirklichung bestimmter staatlicher Aufgaben, die je ihren besonderen Zweck erfüllen (BVGer vom 1. Feb. 2010, C-7615/2007, E. 4.1; vom 15. Okt. 2009, B-2323/2009, E. 4.3; VerwG SG vom 28. Jan. 2010, B-2009-104, E. 2.3.1). Der Zweck der Norm ist allerdings in einem gewissen Rahmen wandelbar und unabhängig von zeitgebundenen historischen Vorstellungen. Die teleologische Auslegung kann sich also je nach Fall sowohl mit der historischen wie auch mit der zeitgemässen Auslegung verbinden (BVGer vom 19. Aug. 2010, A-5452/2009, E. 7). Zu ermitteln ist vorab das **aktuell geltende Recht bzw. die aktuelle ratio legis**, wobei zu prüfen ist, ob ein Gericht das Recht anstelle des Gesetzgebers fortbilden darf oder ob er sich eine solche Funktion unzulässigerweise anmasst (BGE 131 II 13 E. 7.1). Vorausgesetzt ist jeweils, dass der Zweck in der Norm selbst enthalten sein muss; es ist demnach unzulässig, normfremde Zwecke in die Norm hineinzuinterpretieren (VerwG GR vom 2. Dez. 2009, S-09-63, E. 3a).

Praxis:

978 – **Steuerbefreiung der Kunstmaler und Bildhauer für die selbst hergestellten (importierten) Kunstwerke:** Nach Art. 8 Abs. 2 lit. b aÜbBest.BV gilt hinsichtlich der Warenumsatzsteuer, dass Kunstmaler und Bildhauer für die selbst hergestellten Kunstwerke «von der Steuerpflicht befreit» sind. Eine teleologische Auslegung der betreffenden Bestimmung ergibt Folgendes: Die Künstler stellen ihre Werke zumindest auch auf Reisen im Ausland her. Müssten sie für die Werke, die sie zum Verkauf heimbringen, die Einfuhrsteuer entrichten, wären sie schlechtergestellt als jene Künstler, die ihre Werke in der Schweiz herstellen, bzw. ihre eigenen Werke wären steuerbelastet oder nicht, je nachdem ob sie sie im Ausland herstellen oder in der Schweiz. Besondere Schwierigkeiten entstehen dann, wenn sie bloss Skizzen oder Entwürfe heimbringen, die sie in der Schweiz weiterbearbeiten. Dazu kommt, dass die Künstler heute in ganz ausgeprägtem Masse international tätig sind. Bedeutende Schweizer Künstler halten sich regelmässig im Ausland auf, wo sie manchmal an verschiedenen Orten Ateliers besitzen. Ihre Produktion geht nach wie vor zur Hauptsache auf den Schweizer Kunstmarkt. Sie behalten deshalb häufig ihr Schweizer Atelier bei, wo sie ihre unverkauften Werke einlagern. Da ein Künstler nicht jedes geschaffene – und eingeführte – Werk sofort oder überhaupt je verkaufen kann, ist die Einfuhrsteuer für ihn noch viel belastender, als es die Inlandsteuer wäre, die nur

bei Verkauf fällig würde. So wäre es mit Sinn und Zweck der angestrebten Steuerbefreiung erst recht nicht vereinbar, wenn die Künstler auf ihren eingeführten Werken eine Warenumsatzsteuer zu entrichten hätten. Nicht nur würden damit nämlich die Preise für die Kunstwerke (wenigstens mittelbar) erhöht und so deren Verkauf erschwert; eine Einfuhrsteuer würde u.U. den Künstler in seiner wirtschaftlichen Existenz treffen. Denn er hätte bei der Einfuhr für jedes eigene Kunstwerk einen – aufgrund der deklarierten Wertangaben berechneten – Steuerbetrag aufzubringen, obwohl er den erhofften Verkaufserlös möglicherweise erst Jahre später oder gar nie erzielen kann. Eine derartige finanzielle Belastung würde sich für Kunstmaler und Bildhauer härter auswirken als die blosse Abrechnungs- und Aufzeichnungspflicht bei der Steuer auf dem Inlandsumsatz. Der verfassungsrechtlichen Regelung, die nach dem Wortlaut eine generelle, vorbehaltlose Befreiung der Kunstmaler und Bildhauer für die selbst hergestellten Kunstwerke von der Warenumsatz-Steuerpflicht vorsieht, lässt sich aufgrund dieser Überlegungen durchaus ein vernünftiger Sinn entnehmen (BGE 118 Ib 187 E. 5d).

- **Folgen einer unrechtmässigen Kündigung:** Gemäss Art. 14 Abs. 1 BPG kann eine von einer Kündigung betroffene Person innert 30 Tagen nach Kenntnisnahme eines mutmasslichen Nichtigkeitsgrundes beim Arbeitgeber schriftlich geltend machen, dass die Kündigung nichtig sei, weil sie wichtige Formvorschriften verletze (lit. a), nach Art. 12 Abs. 6 und 7 BPG nicht begründet (lit. b) oder zur Unzeit nach Art. 336c OR erfolgt sei (lit. c). In der Folge bietet der Arbeitgeber der betroffenen Person die bisherige oder, wenn dies nicht möglich ist, eine zumutbare andere Arbeit an (provisorischer Kündigungsschutz). Verlangt der Arbeitgeber darauf bei der Beschwerdeinstanz nicht innert 30 Tagen nach Eingang der geltend gemachten Nichtigkeit die Feststellung der Gültigkeit der Kündigung, so ist diese nichtig und die betroffene Person wird mit der bisherigen oder, wenn dies nicht möglich ist, mit einer anderen zumutbaren Arbeit weiterbeschäftigt (endgültiger Kündigungsschutz, Art. 14 Abs. 2 BPG). Das BPG lässt allerdings offen, wie zu verfahren ist, wenn der Arbeitgeber gemäss Art. 14 Abs. 2 BPG die Beschwerdeinstanz fristgerecht anruft und die Beschwerdeinstanz die Nichtigkeit der Kündigung feststellt. Nach Sinn und Zweck von Art. 14 Abs. 1 und 2 BPG vermag eine im Sinne dieser Bestimmungen nichtige Kündigung ein Arbeitsverhältnis grundsätzlich nicht zu beenden, sondern hat die Weiterbeschäftigung der betroffenen Person zur Folge. Vorbehalten bleibt indessen die Entschädigung nach Art. 19 BPG (Art. 14 Abs. 5 BPG). Wird eine Kündigung nach Art. 14 Abs. 1 BPG aufgehoben, so erhält die betroffene Person eine Entschädigung, wenn sie aus Gründen, die nicht sie zu vertreten hat, nicht bei einem Arbeitgeber nach Art. 3 BPG weiterbeschäftigt wird (vgl. Art. 19 Abs. 3 BPG). Stellt eine Beschwerdeinstanz die Nichtigkeit einer Kündigung i.S.v. Art. 14 Abs. 1 und 2 BPG fest, kommt das Ausrichten einer Entschädigung anstelle der Weiterbeschäftigung grundsätzlich nur subsidiär in Frage, nämlich wenn die Weiterbeschäftigung beim bisherigen Arbeitgeber nicht möglich ist und die betroffene Person auch nicht bei einem anderen Arbeitgeber nach Art. 3 BPG weiterbeschäftigt wird (BVGE 2009/58 E. 6.2). 979

- **«Einleiten» von Arbeitsbeschaffungsmassnahmen i.S.v. Art. 1 Abs. 1 der Freigabeverordnung 2008:** Was unter «Einleiten» von Arbeitsbeschaffungsmassnahmen i.S.v. Art. 1 Abs. 1 Freigabeverordnung 2008 zu verstehen ist, ist durch Auslegung zu ermitteln. Unter Berücksichtigung der in Art. 1 Abs. 1 Freigabeverordnung 2008 vorgesehenen Fristen zur Durchführung von Arbeitsbeschaffungsmassnahmen erscheint als Sinn und Zweck dieser Regelung, die Investitionen zeitlich zu bündeln. Denn nur so kann ein Investitionsschub respektive eine echte konjunkturelle Wirkung erzielt werden. Die zeitliche Bündelung der Investitionen wird allerdings nur erreicht, wenn sämtliche Aufträge zur Verwendung der Arbeitsbeschaffungsreserven innert der vom Departement festgelegten Frist für die Durchführung von Arbeitsbeschaffungsmassnahmen erteilt werden. Dabei zeigt die Untersuchung der Auswirkungen staatlicher Konjunkturbelebungsprogramme, dass eine wirtschaftsfördernde Wirkung weniger durch den Zufluss von Finanzmitteln in den geschwächten Markt, als vor allem durch die zusätzliche Nachfrage gewonnen wird, die die Aufträge bei Lieferanten und Unterakkordanten gegenseitig indirekt auslösen und die das Investitionsvolumen um ein Vielfaches übersteigen können. Derselbe Effekt wird mit der Freigabe von Arbeitsbeschaffungsreserven angestrebt. Unter «Einleiten einer Arbeitsbeschaffungsmassnahme» ist daher nach teleologischer Auslegung die Erteilung eines 980

Auftrags (etwa zur Herstellung oder Beschaffung einer Produktionsanlage) zu verstehen. Es genügt darum nicht, wenn bloss die Bezahlung für einen Auftrag innerhalb der massgeblichen Freigabefrist erfolgt, der Auftrag aber schon vor deren Beginn erteilt wurde. Die Aufträge müssen vielmehr im gewählten Zeitraum gebündelt erteilt werden, damit die beabsichtigte, konjunkturbelebende Wirkung erzielt werden und der auf eine Steigerung der indirekt bewirkten Folgenachfrage ausgerichtete Effekt durch eine zu breite Streuung der belebenden Impulse nicht verpuffen kann (BVGer vom 4. März 2010, B-3984/2009, E. 3.4.4).

981 – **Attikageschoss:** Umstritten ist, ob das vorliegend geplante Geschoss, welches zwischen zwei Gebäudeblöcken projektiert ist und zudem überdeckt sowie auf einer Seite mit einer Balkonbrüstung abgeschlossen werden soll, noch als Attikageschoss im Sinne des Gesetzes gelten kann. § 138 des Planungs- und Baugesetzes des Kantons Luzern (PBG) handelt von der Berechnung der Anzahl Vollgeschosse. Abs. 1 regelt zunächst, wann ein sichtbares Untergeschoss als Vollgeschoss zu gelten hat (ab einer Sichtbarkeit seiner Fassaden von mehr als zwei Dritteln). Nach Abs. 2 schliesslich kann das oberste Geschoss dann als Dach- oder Attikageschoss gelten, wenn seine nutzbare Fläche nicht mehr als zwei Drittel der Grundfläche des darunterliegenden Vollgeschosses beträgt. Offensichtlich wollte man mit § 138 Abs. 1 und 2 PBG eine Unterscheidung zwischen Vollgeschossen und anderen Geschossarten (Unter- bzw. Attikageschoss) schaffen. Ansonsten würde es keinen Sinn ergeben, dass die verschiedenen Geschossarten sowie ihre maximal zulässige Sichtbarkeit bzw. Fläche explizit definiert wurden. Wesentliches Kriterium für die Bestimmung der «Geschossart» ist dabei dessen optische Erscheinung. Die Regelung der Untergeschosse in Abs. 1 nennt das Mass der Sichtbarkeit ausdrücklich als ausschlaggebendes Kriterium. Entsprechend kann die Begrenzung in Abs. 2 auf zwei Drittel der nutzbaren Fläche des darunterliegenden Geschosses nur so verstanden werden, als damit verhindert werden soll, dass die für den Betrachter wahrnehmbare Volumetrie eines Dach- oder Attikageschosses jener eines Vollgeschosses gleichkommt. Nur mit einer Rückversetzung der Fassade an einem oder mehreren Geschossrändern (Schaffung der Freifläche im Aussenbereich) wird eine bauliche Unterordnung im Vergleich zum Vollgeschoss erreicht. Ausschlaggebend ist letztlich die optische Wirkung. Kein Attikageschoss im Sinne des Gesetzes liegt folglich vor, wenn die Freifläche in Form eines Innenhofes realisiert wird und die nutzbaren Flächen bis an den Geschossrand reichen, sodass die Fassaden des Attikageschosses mit jenen des darunterliegenden Vollgeschosses bündig sind. Auch das vorliegend geplante Geschoss kommt in seiner optischen Wirkung einem Vollgeschoss gleich. Nachdem die ausdrückliche Regelung der verschiedenen Geschossarten gerade eine solche Wirkung vermeiden will, lässt sich das projektierte Attikageschoss nicht mit dem Sinn und Zweck von § 138 Abs. 2 PBG vereinbaren (VerwG LU vom 7. Juli 2009, LGVE 2009 II Nr. 13 E. 3d).

982 – **Abgabebefreiung für Wohnanhänger für Zirkusse:** Der Bundesrat kann bestimmte Fahrzeugarten oder Fahrzeuge mit besonderem Verwendungszweck von der Schwerverkehrsabgabe ganz oder teilweise befreien oder Sonderregelungen treffen (Art. 4 Abs. 1 SVAG). Art. 3 Abs. 1 lit. k SVAV hält fest, dass Wohnanhänger für Schausteller und Zirkusse sowie Sachentransportanhänger für Schausteller und Zirkusse, die ausschliesslich Schausteller- und Zirkusmaterial transportieren, der Abgabe nicht unterliegen. Als Schausteller gelten Unternehmen, welche umherziehen und auf Chilbiplätzen, Jahrmärkten, Messen usw. Fahrgeschäfte, Schiessbuden und andere Schaustellungen und Belustigungen für die Besucher betreiben. Als Zirkusse gelten sowohl (traditionelle) Wanderzirkusse als auch wandernde Variétés oder Wandertheater. Darunter fallen auch Vorstellungen in Zirkuszelten, die Comedy, Musik-, Sprech- und Tanztheater sowie Akrobatik und nicht eigentliche Zirkusvorstellungen im traditionellen Sinn zum Inhalt haben. Der Kommentar des EFD zum Entwurf der Verordnung über eine leistungsabhängige Schwerverkehrsabgabe legt dar, dass die Befreiung von der LSVA für Wohnanhänger sowie Sachentransportanhänger für Schausteller und Zirkusse der speziellen Funktion des Schausteller- und Zirkusgewerbes Rechnung trage, das seit Jahrhunderten Kultur und Unterhaltung via Strassen zu den Wohnorten seiner Besucher bringe und zugleich die Strasse als Wohn- und Arbeitsstätte betrachte. Unter Zirkussen sind daher sowohl Wanderzirkusse, wandernde Variétés als auch Wandertheater zu verstehen. Auch bei wandernden Variétés und Wandertheater ist eine Verlagerung des Transports auf die Schiene nicht zweckmässig. Die LSVA strebt ne-

ben der Durchsetzung des Verursacherprinzips im Bereich des Schwerverkehrs eine vermehrte Verlagerung desselben auf die Schiene indes gerade an. Unter letzterem Gesichtspunkt ist es deshalb gerechtfertigt, eine Privilegierung für Zirkusse vorzusehen, weil bei diesen eine Verlagerung von der Strasse auf die Schiene nicht zweckmässig ist. Die mobilen Vorrichtungen wie Zelte, Bühnen und Requisiten benötigen oft spezielle Transportgeräte. Im Weiteren werden die Vorstellungen vielfach an Plätzen durchgeführt, die nicht in der Nähe von Bahnhöfen liegen. Zudem spricht bei Zirkussen auch der Umstand, dass die Fahrzeuge von Spielort zu Spielort eher geringe Strecken zurücklegen, gegen die Zweckmässigkeit einer Verlagerung des Transports auf die Schiene. Diesem Zweck der LSVA entsprechend ist von einem weiten Zirkusbegriff auszugehen. Im Weiteren sind die Abgrenzungen zwischen Darbietungen eines Zirkusses, Variétés oder Wandertheaters fliessend, können doch alle diese Unterhaltungsformen Elemente von Artistik, Clownerie und Ähnlichem enthalten (BVGer vom 20. Juli 2009, A-4811/2007, E. 5.2).

6. Systematische Auslegung

a) Begriff

Bei der **systematischen Auslegung** ist der Gehalt einer Rechtsnorm durch ihr Verhältnis zu anderen Rechtsnormen und durch den logischen Zusammenhang, indem sie sich in einem Gesetz präsentiert, zu ermitteln (BGE 134 I 140 E. 5.5, 131 II 13 E. 7.1; BVGer vom 11. Nov. 2010, A-2606/2009, E. 9.4; vom 2. Sept. 2010, A-2029/2010, E. 3.6.3). Massgebliches Element ist der **systematische Aufbau eines Gesetzes**, wobei auch die Systematik der Titel, der Sachüberschriften und der Marginalien von Bedeutung sind (BGE 133 III 273 E. 3.2.4). Ebenso sind **Vertragsbestimmungen** (etwa Versicherungspolicen zu Zusatzversicherungen) nicht isoliert, sondern anhand des Vertrages in seiner Gesamtheit auszulegen (VersG ZH vom 17. Jan. 2008, KK.2006.00012, E. 3.3). Zur systematischen Auslegungsmethode gehört ferner die **völker- und verfassungskonforme Auslegung** (dazu Rz. 1033 ff. und Rz. 1052 ff.). 983

Praxis:

- **Frist bei Beschwerden gegen Gerichtsentscheide in Wechselsachen:** Die Frist für Beschwerden in Zivilsachen beträgt grundsätzlich 30 Tage (Art. 100 Abs. 1 BGG). Mit Bezug auf die Wechselbetreibung kennt das Gesetz zwar eine auf 5 Tage verkürzte Frist, aber nur soweit Entscheide der kantonalen Aufsichtsbehörden in SchK-Sachen angefochten sind (Art. 100 Abs. 3 lit. a BGG). Ein Teil der Lehre möchte diese 5-tägige Frist auch bei Beschwerden gegen Gerichtsentscheide in Wechselsachen angewandt wissen. Dieser Ansicht kann jedoch nicht gefolgt werden. Dafür spricht unter anderem die systematische Auslegung, denn allein die vorgenannte Sichtweise bettet sich ins Gesamtsystem der Rechtsmittel gegen Entscheide der Gerichte einerseits und der Aufsichtsbehörden andererseits ein: Im «normalen» Beschwerdeverfahren vor den kantonalen Aufsichtsbehörden (d.h. ausserhalb der Wechselbetreibung) ist generell eine 10-tägige Frist vorgesehen (Art. 17 Abs. 2 und Art. 18 Abs. 1 SchKG), während gegen Gerichtsentscheide in SchK-Sachen bereits im OG 30-tägige Rechtsmittelfristen vorgesehen waren. Dieses Fristenregime wurde ohne inhaltliche Änderungen auf das BGG übertragen, indem gegen Gerichtsentscheide eine 30-tägige (Art. 100 Abs. 1 BGG) und gegen die Entscheide der kantonalen Aufsichtsbehörden die 10-tägige Beschwerdefrist aufgestellt wurde (Art. 100 Abs. 2 lit. a BGG). Der Fristendualismus, je nachdem ob das Rechtsmittel an ein Gericht oder an eine Aufsichtsbehörde führt, ist mithin für das ganze Betreibungs- und Konkursverfahren typisch. Damit kann festgehalten werden, dass für Beschwerden gegen gerichtliche Entscheide im Rahmen der Wechselbetreibung die 30-tägige Frist des Art. 100 Abs. 1 BGG gilt (BGE 137 III 94 E. 1.3). 984

985 – **Anhörung gemäss § 9 Abs. 3 des Gewaltschutzgesetzes des Kantons Zürich (GSG):** Bei Gesuchen nach den §§ 5 GSG hört das Gericht nach § 9 Abs. 3 GSG die Gesuchsgegnerin oder den Gesuchsgegner nach Möglichkeit an. Dem Wortlaut von § 9 Abs. 3 GSG und den Materialien ist nicht eindeutig zu entnehmen, ob der Gesetzgeber eine mündliche oder schriftliche Anhörung des Gesuchsgegners oder der Gesuchsgegnerin anstrebte. In diesem Fall ist daher vor allem auf die systematische Auslegung abzustellen. Das Gericht hat innert vier Arbeitstagen über Gesuche nach §§ 5 und 6 GSG/ZH zu entscheiden (§ 9 Abs. 1 und 2 GSG). Bereits diese kurze Frist steht der Einladung zur schriftlichen Stellungnahme der Parteien entgegen. Auch die im Falle einer unterbliebenen Anhörung anzusetzende Frist zur Einsprache, welche gemäss ausdrücklichem Gesetzeswortlaut schriftlich begründet zu erheben ist (vgl. § 11 Abs. 2 GSG), lässt darauf schliessen, dass mit Anhörung i.S.v. § 9 Abs. 3 GSG die mündliche Anhörung der Parteien gemeint ist (BGE 134 I 140 E. 5.5).

986 – **Begriff des Verschnitts gemäss Art. 2 Abs. 2 AlkMGV:** Für Verschnitte i.S.v. Art. 2 Abs. 2 AklMGV ist eine erhöhte Monopolgebühr zu bezahlen. Umstritten ist, ob sich der Begriff «Verschnitte» nur auf die in Abs. 1 genannten gebrannten Wasser (Whisky, Gin, Wodka usw.) beziehe und daher andere Verschnitte lediglich unter die ordentliche Monopolgebühr von Art. 1 AlkMGV fallen. Auch die Gesetzessystematik schafft vorliegend keine Klarheit: Zwar ist die Vorinstanz der Meinung, dass sich die Regelung von Art. 2 Abs. 2 AlkMGV systematisch auf jene von Abs. 1 und damit auf die dort genannten gebrannten Wasser beziehen müsse, denn wenn auch Verschnitte jener gebrannten Wasser gemeint gewesen wären, die der ordentlichen Monopolgebühr nach Art. 1 AlkMGV unterliegen, wäre diesem Artikel ein zusätzlicher Absatz über Verschnitte beigefügt oder aber ein eigenständiger Artikel geschaffen worden, der sämtliche Verschnitte erfasst hätte. Dem lässt sich jedoch entgegenhalten, dass Art. 1 AlkMGV die ordentliche Monopolgebühr regelt, Art. 2 AlkMGV hingegen allgemein die erhöhte. Auch aus dem Umstand, dass die ordentlichen und die erhöhten Monopolgebühren ursprünglich in zwei verschiedenen Erlassen erfasst wurden, lässt sich nichts ableiten. Wenn der Verordnungsgeber im deutschen und französischen Text von «Verschnitten» spricht, braucht sich dies ferner nicht zwingend auf Branntweine zu beziehen, die in demselben Erlass erwähnt sind, sondern kann auch bedeuten, dass sämtliche Verschnitte, d.h. Brände mit Spritzusatz, erfasst werden sollten (BGE 125 II 192 E. 3d/bb).

987 – **Terrainveränderungen in der Landwirtschaftszone; Begriff der «Bauten und Anlagen» gemäss Art. 16a RPG:** Bauten und Anlagen dürfen gemäss Art. 22 Abs. 1 RPG nur mit behördlicher Bewilligung errichtet oder geändert werden. Nach Absatz 2 dieser Bestimmung ist Voraussetzung der Baubewilligung, dass die Bauten und Anlagen dem Zweck der Nutzungszone entsprechen (lit. a) und das Land erschlossen ist (lit. b). Die vorliegend zur Diskussion stehende Terrainveränderung betrifft die Landwirtschaftszone. Mit der Teilrevision des Raumplanungsgesetzes im Jahr 1998 wurden die Vorschriften über die Landwirtschaftszone neu gefasst. Kernstück der Revision bildete einerseits die Neuumschreibung der Zonenkonformität von Bauten in der Landwirtschaftszone, indem auf die Unterscheidung der bodenabhängigen und der bodenunabhängigen Bewirtschaftung verzichtet wurde, und anderseits die Erreichung einer gewissen Lockerung für das Bauen ausserhalb der Bauzone. Art. 16 Abs. 1 RPG definiert die Landwirtschaftszonen und Art. 16a RPG umschreibt die Zonenkonformität. Nach Art. 16a Abs. 1 RPG sind in der Landwirtschaftszone gelegene Bauten und Anlagen zonenkonform, die zur landwirtschaftlichen Bewirtschaftung oder für den produzierenden Gartenbau nötig sind. Eine systematische Analyse der beiden Bestimmungen ergibt, dass Art. 16a RPG nicht von einem von Art. 22 Abs. 1 RPG abweichenden Begriff der Bauten und Anlagen ausgeht. Art. 16a RPG kommt in allen Bewilligungsverfahren betr. die Errichtung neuer oder die Änderung bestehender Bauten und Anlagen in der Landwirtschaftszone zur Anwendung. Das Verwaltungsgericht hat somit kein Bundesrecht verletzt, wenn es die Frage der Zonenkonformität der geplanten Terrainanpassung in Anwendung von Art. 22 Abs. 2 i.V.m. Art. 16a RPG und den dazu gehörigen bundesrechtlichen Verordnungsbestimmungen beurteilte (BGer vom 21. Jan. 2009, 1C_226/2008, E. 3).

- **Feststellungsinteresse bei Beschwerden an das Bundesverwaltungsgericht:** Gemäss Art. 48 Abs. 1 VwVG ist vor dem Bundesverwaltungsgericht beschwerdeberechtigt, wer durch die angefochtene Verfügung besonders berührt ist und ein schutzwürdiges Interesse an deren Aufhebung oder Änderung hat. Nach Art. 25 Abs. 2 VwVG setzt im nichtstreitigen Verwaltungsverfahren ein Begehren auf eine Feststellungsverfügung der Bundesverwaltung ebenfalls ein schutzwürdiges Interesse voraus. Das Gebot der systematischen Auslegung des Gesetzes und der Umstand, dass das VwVG auf das Beschwerdeverfahren vor dem Bundesverwaltungsgericht Anwendung findet, führen dazu, dass der Anwendungsbereich von Art. 25 Abs. 2 VwVG ungeachtet seines Wortlauts auch für Feststellungsbegehren in verwaltungsgerichtlichen Beschwerden vor dem Bundesverwaltungsgericht nach Art. 48 Abs. 1 VwVG gilt, mithin auch auf dieser Stufe das Vorhandensein eines schutzwürdigen Feststellungsinteresses Voraussetzung für das Eintreten ist (BVGE 2007/6 E. 1.3; BVGer vom 26. Mai 2010, B-668/2010, E. 2.1). 988

b) Einheit der Rechtsordnung

aa) Begriff

Im Rahmen der systematischen Auslegung ist ebenso die Bedeutung einer Rechtsnorm gestützt auf ihr **Verhältnis zu anderen Gesetzen** zu ermitteln: Relevant ist die Einbettung des Erlasses **in das Gesamtsystem bzw. in die Rechtsordnung** schlechthin (VerwG BE vom 19. Mai 2010, in: BVR 2010 S. 495 E. 3.4); hierfür wird auch der Begriff «**Einheit und Widerspruchsfreiheit der Rechtsordnung**» verwendet (BGE 137 II 182 E. 3.7.4.1, 129 III 161 E. 2.6, 117 Ib 35 E. 3e; BVGer vom 20. Juli 2009, A-4811/2007, E. 5.2). Die Rechtsordnung ist als «Einheit» zu betrachten und es sind widersprüchliche Entscheide zu vermeiden (BGE 137 II 199 E. 5.1; BGer vom 23. Feb. 2004, 1P.706/2003, E. 2.4; dazu auch THOMAS GÄCHTER, Zur Zukunft der harmonisierenden Auslegung im Sozialversicherungsrecht [zit. Auslegung], SZS 2002, S. 528 ff.; MARKUS REICH, Gedanken zur Umsetzung des Steuerharmonisierungsgesetzes, ASA 62 [1993], S. 613 ff.). 989

Nach dem Grundsatz der **Einheit der Rechtsordnung** ist nach der Bedeutung zu forschen, die der **Norm im Kontext der gesamten Rechtsordnung** zukommt, sei es, dass andere Normen ähnliche Fragen betreffen und sich im Hinblick auf die entsprechende Fragestellung vergleichen lassen oder sei es, dass sie sich massgeblich voneinander unterscheiden (vgl. z.B. BGE 136 II 113 E. 7.4, betr. den Beginn der absoluten Verjährungsfrist [Vergleich zwischen dem Verantwortlichkeitsgesetz, dem Strafrecht und dem ausservertraglichen Haftpflichtrecht], mit dem Ergebnis, dass auf den Zeitpunkt der schädigenden Handlung und nicht auf denjenigen des Eintritts des Schadens bzw. Erfolgs abzustellen ist). Im Rahmen des gesetzlichen Interpretationsspielraums ist mit Blick auf die geltende Normenhierarchie ferner auch die **Verfassung** mit einzubeziehen und grundsätzlich jenem Auslegungsergebnis den Vorrang zu geben, welches der Verfassung am besten entspricht (vgl. BGE 137 II 164 E. 4.1, 136 I 316 E. 2.4.2, 136 II 149 E. 3, 135 I 161 E. 2.3, 134 I 105 E. 6; zur verfassungskonformen Auslegung unten Rz. 1033 ff.). 990

Der **Begriff der Invalidität** ist im obligatorischen Bereich der beruflichen Vorsorge und in der Invalidenversicherung grundsätzlich gleich auszulegen (BGE 115 V 208 E. 2b). Die **Höhe des Terminierungspreises**, welchen die Swisscom gegenüber Sunrise und Orange verrechnet, ist zwar grundsätzlich eine nach kartellgesetzlichen Gesichtspunkten zu klärende Streitfrage, die allerdings im Querschnittsbereich von Schuld-, Straf-, Preisüberwachungs- und Fernmelderecht liegt. In diesen vier Rechts- 991 bereichen sind zur Überprüfung von schuldvertragsrechtlichen Äquivalenzverhältnissen bereichsspezifisch definierte, behördliche Wertparitätskontrollen bundesgesetzlich vorgesehen, die ergänzend herangezogen werden können, um Wertungswidersprüche zu vermeiden, die sich durch eine kartellgesetzlich verkürzte Sicht der Dinge ergeben könnten (BGE 125 II 613 E. 1c; BVGer vom 24. Feb. 2010, B-2050/2007, E. 11.3). In BVGE 2009/39 E. 6.5 hat das Bundesverwaltungsgericht im Hinblick auf die Auslegung des **Bewirtschafterbegriffs nach dem LWG** bei getrennt lebenden Ehepartnern, die unterschiedliche Produktionsstätten bewirtschaften, das Verhältnis zwischen der Landwirtschafts- und der Steuergesetzgebung untersucht (vgl. auch BVGer vom 28. Aug. 2008, A-7970/2007, E. 8 [Verhältnis zwischen Art. 72 RTVG und Art. 28 URG]; ferner BVGer vom 21. Nov. 2007, B-1211/2007, E. 5.3 [Jackpotsystem gemäss Art. 49 Abs. 2 VSBG im Vergleich zu Art. 3 lit. e GSV]).

992 Im Rahmen einer **harmonisierenden Auslegung** kann auch auf **laufende Revisionen** oder **Vorarbeiten zu Gesetzesentwürfen** Bezug genommen werden (BGE 131 II 13 E. 7.1, 129 V 455 E. 2.3, 128 II 282 E. 3.5, 128 IV 3 E. 4b, 127 IV 97 E. 1b, 124 II 193 E. 5d; BGer vom 15. März 2012, 1C_187/2011, E. 3.4 [Art. 24c nRPG]). Die Berücksichtigung von Gesetzesentwürfen rechtfertigt sich vor allem, wenn damit das geltende System nicht grundsätzlich geändert werden soll und nur eine Konkretisierung des bestehenden Rechtszustands angestrebt wird oder wenn Lücken des geltenden Rechts ausgefüllt werden sollen (BGE 131 V 9 E. 3.5.1.3, 129 V 1 E. 4.3, 128 I 63 E. 4.4, 124 II 193 E. 5d, 117 II 466 E. 5a; zur Lückenfüllung durch Berufung auf noch nicht in Kraft stehende Gesetzesbestimmungen unten Rz. 1254 f.), ferner, wenn die Vorarbeiten Rückschlüsse auf das bisherige Verständnis der Norm zulassen (BGE 131 II 13 E. 7.1).

993 Ausdruck einer harmonisierenden Auslegung ist ebenso die aus dem materiellen Recht, namentlich dem RPG (vgl. Art. 25a RPG), hervorgehende inhaltliche und verfahrensmässige **Koordinationspflicht**: Nach der Rechtsprechung muss die Rechtsanwendung materiell koordiniert, d.h. inhaltlich abgestimmt erfolgen, wenn für die Verwirklichung eines Projekts verschiedene materiell-rechtliche Vorschriften anzuwenden sind und zwischen diesen Vorschriften ein derart enger Sachzusammenhang besteht, dass sie nicht getrennt und unabhängig voneinander angewendet werden dürfen. In solchen Fällen ist die Anwendung des materiellen Rechts auch in formeller, verfahrensmässiger Hinsicht in geeigneter Weise zu koordinieren (BGE 137 II 182 E. 3.7.4.1, 117 Ib 35 E. 3e, 116 Ib 50 E. 4). Ohne Koordination der materiellen Aspekte, insbesondere auch ohne eine übereinstimmende Auslegung von Begriffen und des Verfahrens besteht ansonsten die Gefahr, dass widersprüchliche Entscheide ergehen können. Insofern führt eine getrennte Behandlung unter Umständen zu sachlich unhaltbaren Ergebnissen, was eine willkürliche Rechtsanwendung darstellen würde (BGE 137 II 182 E. 3.7.4.2, betr. Verfahren nach dem bäuerlichen Bodenrecht gemäss Art. 84 BGBB und Waldfeststellungsverfahren nach Art. 10 WaG).

Praxis:

- **Begriff des «Verschnitts» in Art. 2 Abs. 2 AlkMGV:** Es fragt sich vorweg, was unter dem Ausdruck «Verschnitt» zu verstehen ist: In der heutigen LMV findet sich der Begriff bei den Spirituosen nicht mehr (Art. 399 ff.). Hingegen definierte die alte Lebensmittelverordnung vom 26. Mai 1936 den Branntweinverschnitt (Weinbrandverschnitt, Kirschwasserverschnitt usw.) bis zum 1. Jan. 1988 als ein Erzeugnis, das in der Maische oder im fertigen Zustand einen Zusatz von Alkohol in Form von Feinsprit oder Extrafeinsprit erhalten hat, wobei in Branntweinverschnitten aber mindestens die Hälfte des vorhandenen Alkohols von echten Branntweinen der betreffenden Art herrühren musste (Art. 394 Abs. 1 und 4 aLMV). Mit Blick auf die Einheit der Rechtsordnung darf davon ausgegangen werden, dass der Begriff «Verschnitt» für die Erhebung von erhöhten Alkoholmonopolgebühren in Übereinstimmung mit dem Lebensmittelrecht im selben Sinne (Zusatz von Trinksprit) verstanden werden sollte, auch wenn die Branntweinverschnitte heute lebensmittelrechtlich nicht mehr geregelt sind, nachdem für sie – jedenfalls in neuerer Zeit – in der Schweiz kein Markt mehr bestand (BGE 125 II 192 E. 3d/aa). 994

- **Zirkusbegriff gemäss Art. 3 Abs. 1 lit. k SVAV:** Der Bundesrat kann bestimmte Fahrzeugarten oder Fahrzeuge mit besonderem Verwendungszweck von der Schwerverkehrsabgabe ganz oder teilweise befreien oder Sonderregelungen treffen (Art. 4 Abs. 1 SVAG). Art. 3 Abs. 1 lit. k SVAV hält fest, dass Wohnanhänger für Schausteller und Zirkusse sowie Sachentransportanhänger für Schausteller und Zirkusse, die ausschliesslich Schausteller- und Zirkusmaterial transportieren, der Abgabe nicht unterliegen. Die Beschwerdeführerin bietet zwar Vorstellungen in Zirkuszelten dar und zieht mit ihrer mobilen Infrastruktur von Spielort zu Spielort; die Unterhaltung hat jedoch Comedy, Musik-, Sprech- und Tanztheater sowie Akrobatik und nicht eigentliche Zirkusvorstellungen im traditionellen Sinn zum Inhalt. Bei der systematischen Auslegung ist u.a. das Verhältnis zu Vorschriften in anderen Erlassen zu berücksichtigen. Der Zirkusbegriff wird insbesondere auch im RGG verwendet. Nach diesem Gesetz braucht, wer gewerbsmässig ein Schaustellergewerbe oder einen Zirkus betreibt, eine Bewilligung der zuständigen kantonalen Behörde (Art. 2 Abs. 1 lit. c RGG). Im Weiteren definiert die RGV Zirkusbetreiber als natürliche oder juristische Personen, die gewerbsmässig und an häufig wechselnden Standorten das Publikum in oder auf Anlagen mit Darbietungen unterhalten (Art. 2 lit. d RGV). Als Zirkusse gelten nach der Botschaft des Bundesrates zum RGG vom 28. Juni 2000 Wanderzirkusse, befristete Zirkusvorstellungen, wandernde Variétés und Wandertheater, sodass nach der systematischen Auslegung auch die Darbietungen der Beschwerdeführerin unter den Zirkusbegriff fallen (BVGer vom 20. Juli 2009, A-4811/2007, E. 5.1.2). 995

- **Begriff «Jackpotsystem» gemäss Art. 49 Abs. 2 VSBG:** Die Bedeutung des Begriffes «Jackpotsystem» in Art. 49 Abs. 2 VSBG muss nicht derjenigen in Art. 3 lit. e GSV entsprechen. Hiervon ist insbesondere dann auszugehen, wenn sich die hier in Rede stehenden Normenkomplexe im Hinblick auf Inhalt und Systematik massgeblich voneinander unterscheiden. In der GSV werden bestimmte Mindeststandards für den Betrieb von Spielbanken und insbesondere auch für die technische Ausgestaltung von Jackpotsystemen aufgestellt. Dagegen betreffen Art. 49 Abs. 2 VSBG und die übrigen Vorschriften im dritten Kapitel der VSBG das für Spielbanken zulässige Spielangebot. Es wird dabei zwischen Spielbanken der Kategorien A und B differenziert während den Vorschriften der GSV eine solche Unterscheidung nicht zugrunde liegt. Die Vorschriften der GSV können folglich bei der Auslegung des Art. 49 Abs. 2 VSBG nicht herangezogen werden (BVGer vom 21. Nov. 2007, B-1211/2007, E. 5.3). 996

- **Begriff des unlauteren oder täuschenden Anwerbens auf öffentlichem Grund:** Der Grosse Rat des Kantons Basel-Stadt überwies am 12. Juni 1996 dem Regierungsrat eine Motion «betr. Scientology: Forderung nach Massnahmen für einen hinreichenden Konsumentinnen-Konsumentenschutz». Darin wurden die Scientology-Organisation und ihre Praktiken, insbesondere bei der Mitgliederwerbung, kritisiert. Aufgrund dieser Motion wurde neu § 23a in das kantonale Übertretungsstrafgesetz eingefügt, welcher verbietet, durch täuschende oder unlautere Methoden Passantinnen und Passanten auf der Allmend anzuwerben. Was «täuschend» ist, kann einer reichhaltigen Gerichtspraxis zu Art. 146 StGB (Betrug) und zu Art. 28 OR (absicht- 997 liche Täuschung) entnommen werden. Im Gegensatz zu Art. 146 StGB stellt die angefochtene Norm in ihrem eingeschränkten Anwendungsbereich nicht nur die arglistige, sondern jede Täuschung beim Anwerben auf öffentlichem Grund unter Strafe. Es ist den Kantonen nicht verwehrt, Täuschungstatbestände, die nicht unter das StGB fallen, weil ein Tatbestandselement des Art. 146 StGB fehlt, aus Gründen der öffentlichen Ordnung unter Übertretungsstrafe zu stellen. Der Begriff «unlauter» kommt in der Rechtsordnung in verschiedenen Sachbereichen vor: So sanktionieren verschiedene Prüfungsordnungen unter dem Titel «Unlauterkeit» das Erwirken der Zulassung zu einer Prüfung durch unrichtige oder unvollständige Angaben. Das Bundesgericht selbst benutzt «unlauter» als Oberbegriff für widerrechtliches, täuschendes oder sonst wie gegen Treu und Glauben verstossendes Verhalten. Bei diesem Verständnis des Begriffs unlauter werden mit der angefochtenen Regelung nicht nur Anwerbemethoden, die durch die übrige Rechtsordnung verboten sind (z.B. wucherisches, nötigendes oder an Religionsunmündige gerichtetes Anwerben) unter Strafe gestellt. Vielmehr richtet sich die umstrittene Bestimmung allgemein gegen solche Anwerbemethoden, die gegen Treu und Glauben gemäss Art. 2 ZGB verstossen. Auch welche Formen des Anwerbens unlauter sind, ist somit dank anderer Bestimmungen der Rechtsordnung und der Praxis und Lehre dazu genügend verständlich und bestimmt (BGE 125 I 369 E. 6a und E. 6b).

998 – **Auslegung des Art. 16 Abs. 2 lit. c IVG unter Berücksichtigung der 4. IV-Revision:** Streitgegenstand ist der Anspruch des Beschwerdeführers auf Übernahme der im Rahmen des für die Tätigkeit als kirchlicher Jugendarbeiter erforderlichen Theologiekurses behinderungsbedingt anfallenden Übersetzungskosten. Dabei beurteilt sich die Frage nach der Sach- und Rechtslage im Zeitpunkt des Erlasses der strittigen Verfügung (hier: 10. Aug. 2001), weshalb die Änderungen der seit 1. Jan. 2004 in Kraft stehenden 4. IV-Revision vom 21. März 2003 im vorliegenden Fall nicht anwendbar sind. Die Parteien sind sich einig, dass als gesetzliche Anspruchsgrundlage der strittigen Kostenübernahme einzig Art. 16 Abs. 2 lit. c IVG (in der bis 31. Dez. 2003 gültig gewesenen Fassung) in Betracht fällt. Danach haben Versicherte, denen infolge Invalidität bei der beruflichen Weiterausbildung in wesentlichem Umfange zusätzliche Kosten entstehen, Anspruch auf Ersatz dieser Kosten, sofern die Ausbildung den Fähigkeiten der versicherten Person entspricht (vgl. Art. 16 Abs. 1 IVG) und dadurch die Erwerbsfähigkeit wesentlich verbessert werden kann. Das Bundesgericht verneint in konstanter Praxis, dass behinderungsbedingte Mehrkosten von Zweitausbildungen unter Art. 16 Abs. 2 lit. c IVG (in der bis 31. Dez. 2003 gültig gewesenen Fassung) subsumiert werden können. Dieser Mangel ist durch die 4. IV-Revision, welche allerdings erst auf den 1. Jan. 2004 in Kraft gesetzt wurde, behoben worden. Umstritten ist, ob die Ergebnisse dieser 4. IV-Revision bereits in die Auslegung des noch geltenden Art. 16 Abs. 2 lit. c IVG einfliessen können. Vorarbeiten zu Erlassen können bei der Auslegung einer Norm berücksichtigt werden, wobei es nicht um eine grundsätzlich unzulässige Vorwirkung des Gesetzes oder um eine Berücksichtigung von Materialien im historischen Sinn geht, sondern um eine Art geltungszeitlicher Auslegung im Hinblick auf möglicherweise veränderte Umstände. Eine solche geltungszeitliche Auslegung rechtfertigt sich vor allem dann, wenn anstehendes neues Recht das geltende System nicht grundsätzlich ändern soll und nur eine Konkretisierung des bestehenden Rechtszustandes angestrebt wird oder Lücken des geltenden Rechts ausgefüllt werden sollen. Im vorliegenden Fall stellt indessen die Änderung des Art. 16 Abs. 2 lit. c IVG im Rahmen der 4. IV-Revision nicht bloss eine Konkretisierung des bisherigen Rechtszustandes, sondern eine «Leistungsausweitung» dar; diese steht im Kontext eines umfassenderen Revisionsprojekts, das – in verstärkter Nachachtung des Grundsatzes «Eingliederung vor Rente» – generell die Chancengleichheit von behinderten im Vergleich zu nicht behinderten Menschen im Bereich der beruflichen Weiterbildungs- und Karrieremöglichkeiten fördern soll. Diese Zielrichtung hatte in der Vernehmlassung zum Gesetzesentwurf mehrheitlich Zustimmung gefunden, doch war die Revision im Zeitpunkt der hier strittigen Verfügung (Aug. 2001) sowie des vorinstanzlichen Entscheids (2. Nov. 2001) noch weit von ihrem Abschluss entfernt, mithin sowohl hinsichtlich ihres Ausgangs als auch ihres Inkrafttretens noch offen. Bereits aus diesen Gründen kann den Vorarbeiten zur 4. IV-Revision im Rahmen geltungszeitlicher Auslegung nur beschränkte Tragweite zukommen (BGer vom 18. Aug. 2005, I 68/02, E. 6.1).

bb) Anknüpfung an privatrechtliche Tatbestände

Verschiedentlich setzen öffentlich-rechtliche Normen **gewisse Tatbestände oder Tatbestandselemente** voraus, die **privatrechtlich** umschrieben sind. So geht beispielsweise die im Privatrecht festgelegte Ordnung dem Sozialversicherungsrecht grundsätzlich vor, wenn davon nicht ausdrücklich abgewichen wird oder wenn der sich aus dem Sozialversicherungsrecht ergebende Schutzgedanke nicht mit der zivilrechtlichen Ordnung übereinstimmt (vgl. z.B. BGE 129 V 95 ff. [Urteilsfähigkeit gemäss Art. 16 ZGB]; BGE 117 V 257 ff. [Todeszeitpunkt]; zur Anknüpfung des Verwaltungsrechts an privatrechtliche Tatbestände auch Rz. 278 ff.). Da das **Privat- und das Verwaltungsrecht** häufig demselben Ziel dienen, nämlich der Verwirklichung der an denselben grundsätzlichen Werten orientierten, als Einheit zu betrachtenden Rechtsordnung, sind die entsprechenden Normen grundsätzlich gleich auszulegen (BVGer vom 24. Feb. 2010, B-2050/2007, E. 11.3). 999

Praxis:

- **Begriff des Wohnsitzes:** In Zusammenhang mit dem Anspruch auf eine ausserordentliche Rente und eine Hilflosenentschädigung der Invalidenversicherung ist unter dem Begriff Wohnsitz «im Sinne des Zivilgesetzbuches» jener des Wohnsitzes nach Art. 23 Abs. 1 ZGB zu verstehen, also derjenige des frei gewählten Wohnsitzes unter Ausschluss des abgeleiteten Wohnsitzes bevormundeter Personen nach Art. 25 Abs. 2 ZGB (BGE 130 V 404 E. 5 und E. 6). 1000
- **Eintritt des Todes/Beginn der Hinterlassenenrenten:** Das Sozialversicherungsrecht stellt nur dann auf Art. 31 ff. ZGB ab, wenn nach dem Beweisgrad der überwiegenden Wahrscheinlichkeit der im Todesregister verurkundete Zeitpunkt mit dem effektiven Todeszeitpunkt übereinstimmt. Der Zeitpunkt des Leichenfundes, welcher für das Todesregister massgebend ist, ist für den Beginn der Hinterlassenenrenten nicht relevant, sondern es ist zu beurteilen, wann der Tod des Versicherten höchstwahrscheinlich eingetreten ist. Wird ein Versicherter erst zweieinhalb Jahre nach seinem Verschwinden tot aufgefunden, mit der Folge, dass der Zeitpunkt des Leichenfundes in das Todesregister eingetragen wird, ist demnach zu beurteilen, wann der Ehemann das letzte Mal lebend gesehen worden ist (BGE 117 V 257 E. 2). 1001
- **Rückerstattung einer zu Unrecht bezogenen Invalidenrente:** Sowohl der bevormundete Versicherte als auch sein Vormund sind meldepflichtig, wenn das Mündel eine Erwerbstätigkeit aufnimmt. Wird die einem bevormundeten Versicherten zustehende Invalidenrente dem Vormund ausbezahlt, so hat dieser zwar hinsichtlich ihrer Verwendung die Vorschriften des Vormundschaftsrechtes zu beachten (vgl. z.B. Art. 401 Abs. 1 und Art. 413 ZGB); doch bleibt die Invalidenrente trotz der Vormundschaft Teil des Mündelvermögens (Art. 367 Abs. 1 in Verbindung mit Art. 398 ff. ZGB), weswegen eine allfällige Rückerstattung aus diesem zu erfolgen hat. An dieser vormundschaftsrechtlichen Ordnung hat das Sozialversicherungsrecht nichts geändert (BGE 112 V 97 E. 2). 1002
- **Arbeitgeberbegriff:** Der Arbeitgeberbegriff ist in Art. 49 Abs. 1 ArG nicht geregelt, sondern wird vorausgesetzt. Nach dem Grundsatz der Einheit der Rechtsordnung ist dieser in Anlehnung an denjenigen des Obligationenrechts (vgl. Art. 319 OR) auszulegen. Arbeitgeber i.S.v. Art. 319 OR ist, wer sich in einem privatrechtlichen Vertrag Arbeitsleistungen unter Eingliederung in eine fremde Arbeitsorganisation versprechen lässt (BVGer vom 15. Okt. 2010, B-2257/2010, E. 4.2). 1003
- **AHV-Beitragspflicht des Kommanditärs:** Art. 20 Abs. 3 AHVV in der ab 1. Jan. 1996 in Kraft stehenden Fassung lautet: «Die Teilhaber von Kollektiv- und Kommanditgesellschaften sowie von anderen auf einen Erwerbszweck gerichteten Personengesamtheiten ohne juristische Persönlichkeit haben die Beiträge von ihrem Anteil am Einkommen der Personengesamtheit zu entrichten.» Nach der geltenden Regelung und der gestützt darauf ergangenen Rechtsprechung sind sämtliche Teilhaber von Kollektiv- und Kommanditgesellschaften für ihre Anteile am 1004

Einkommen der Personengesamtheit der Beitragspflicht aus selbstständiger Erwerbstätigkeit unterstellt. Diese Regelung steht auch im Einklang mit dem Zivilrecht, was für die AHV zwar nicht unbedingt ausschlaggebend, aber im Sinne der Einheit der Rechtsordnung soweit möglich anzustreben ist. Zivilrechtlich ist man entweder Einzelfirma oder Mitglied einer Personengesellschaft und damit Selbstständigerwerbender; oder man ist an einer juristischen Person beteiligt und ist dann blosser Kapitalgeber und/oder allenfalls unselbstständigerwerbender Angestellter der juristischen Person. Erst in letzter Konstellation muss im Einzelfall geprüft werden, wie viel als Dividende und wie viel als Lohn zu qualifizieren ist. Es ist daher sinnvoll, wenn der Verordnungsgeber auf die zivilrechtliche Regelung abstellt (BGE 136 V 258 E. 4.7).

1005 – **Begriff des Unterhaltsbeitrages (Auslegung des DBG im Lichte des Zivilrechts):** Das Gesetz über die direkte Bundessteuer äussert sich nicht ausdrücklich dazu, ob die im Zivilrecht verwendete Formulierung, die sowohl Renten- als auch Kapitalzahlungen zulässt, auch für Art. 33 Abs. 1 lit. c bzw. Art. 23 Abs. 1 lit. f DBG massgebend sein soll. Es muss daher im Folgenden durch Auslegung ermittelt werden, ob der Begriff «Unterhaltsbeitrag» im Gesetz über die direkte Bundessteuer in seiner zivilrechtlichen Erscheinung benutzt wird, oder ob er nur als Vorbild zur Ausgestaltung eines eigenen steuerrechtlichen Instituts herangezogen wurde, womit sich eine unterschiedliche Behandlung der beiden vom Zivilrecht zur Verfügung gestellten Formen der Unterhaltsleistung rechtfertigen würde. Mit Blick auf die zivilrechtliche Bedeutung des Begriffs «Unterhaltsbeitrag» – für den im Übrigen in der französischen Version von Art. 152 ZGB ebenso der Ausdruck «pension alimentaire» verwendet wird – wäre es daher durchaus denkbar, als Kapital geleistete Unterhaltsbeiträge steuerlich gleichzubehandeln wie die periodisch erbrachten Unterhaltsrenten. In den Kantonen können die Verpflichteten schon heute die als Folge einer Scheidung geleisteten periodischen Beiträge an den Unterhalt des Ehegatten vom Einkommen abziehen, jedoch nur ausnahmsweise auch Kapitalabfindungen (es folgt eine Aufzählung der kantonalen Steuerordnungen). Allerdings stellt die Abzugsfähigkeit der durch die Scheidung begründeten Unterhaltsleistungen in Bezug auf die übrigen Lebenshaltungskosten, die nicht abgezogen werden können, eine Ausnahme dar, welche von der Mehrheit der Kantone restriktiv – nur auf periodische Leistungen, nicht auch auf Kapitalzahlungen – angewendet wird. Im Interesse der vertikalen Steuerharmonisierung zwischen Bund und Kantonen ist diese Ausnahme nicht auf Kapitalleistungen auszudehnen. Der Begriff «Unterhaltsbeitrag» im Gesetz über die direkte Bundessteuer ist somit allein aufgrund des steuerrechtlichen Kontextes auszulegen und erfasst nur periodische Leistungen (BGE 125 II 183 E. 6).

1006 – **Einsicht in Vormundschaftsakten gestützt auf Art. 4 aBV und Art. 8 EMRK (Auslegung mit Blick auf das neue Kindesrecht):** Altrechtlich bestand klarerweise die Möglichkeit, eine blosse «Zahlvaterschaft» durch Urteil oder Vergleich zu begründen, wobei im Vergleichsfalle der Name des Vaters nicht notwendigerweise genannt werden musste. Für das neue Recht wurde eine Art von Zwischenlösung verwirklicht. Diese Zwischenlösung, mit welcher die Möglichkeit des Kindes, auf Feststellung des Kindschaftsverhältnisses zu klagen, auf das 10. Altersjahr und zwei Jahre nach Inkraftsetzung des neuen Rechts befristet wurde, schloss sich auch der Ständerat an. Es ist klar, dass das Parlament damit nicht einen Entscheid über das Akteneinsichtsrecht des Kindes gefällt hat. Doch geht aus der Entstehungsgeschichte hervor, dass der Gesetzgeber die Eingriffe in altrechtliche Vaterschaftsverhältnisse stark limitieren und ein unbeschränktes Aufrollen weit zurückliegender Verhältnisse unter allen Umständen vermeiden wollte. Wird die Entstehungsgeschichte des neuen Kindesrechtes, wie sie vorstehend dargelegt wurde, bei der hier vorzunehmenden Interessenabwägung berücksichtigt, so drängt sich der Schluss auf, dass Zurückhaltung auch bei der Akteneinsicht dem Willen des Gesetzgebers entspricht. Man wollte nicht nach Jahren – oder hier nach Jahrzehnten – Fragen aufrollen lassen, die doch recht tief in die inneren Beziehungen später gegründeter Ehen eingreifen können. Dies muss wohl auch heute noch anerkannt werden, obschon sich die moralischen Auffassungen über die aussereheliche Zeugung von Kindern stark liberalisiert haben (BGE 112 Ia 97 E. 6c).

- **Sorgerecht im Rahmen des Familiennachzugs:** Aus familienrechtlichen Gründen muss der Elternteil, der sich für das Zusammenleben mit seinen Kindern auf Art. 8 EMRK beruft, grundsätzlich über das Sorge- bzw. Obhutsrecht verfügen (BGE 137 I 247 E. 4.2.1 und 4.2.2, 135 I 153 E. 2.2.4). Dabei sind die zivilrechtlichen Vorgaben von den Migrationsbehörden anzuerkennen, so lange sie nicht auf den dort vorgesehenen Rechtswegen abgeändert wurden. Der nicht sorge- bzw. obhutsberechtigte Ausländer kann die familiäre Beziehung mit seinen Kindern schon aus zivilrechtlichen Gründen von vornherein nur in einem beschränkten Rahmen leben, nämlich durch Ausübung des ihm eingeräumten Besuchsrechts. Hierzu ist grundsätzlich nicht erforderlich, dass er dauernd im gleichen Land wie das Kind lebt und dort über eine Aufenthaltsbewilligung verfügt. Ein Anspruch auf Erteilung einer Aufenthaltsbewilligung ist ausnahmsweise dann zu bejahen, wenn zwischen dem Ausländer und dessen Kindern in wirtschaftlicher und affektiver Hinsicht besonders enge Beziehungen bestehen, die – würde eine Bewilligung verweigert – wegen der Distanz zwischen der Schweiz und dem Land, in welches der Ausländer vermutlich auszureisen hätte, praktisch nicht aufrechterhalten werden könnten. Zudem muss sich der Ausländer tadellos verhalten haben (BGer vom 22. Feb. 2012, 2C_2/2012, E. 4.3). 1007

cc) Entharmonisierungsverbot

Aus dem Prinzip der «Einheit der Rechtsordnung» folgt ausserdem, dass bei Vorliegen einer **Übergangsfrist**, bis das neue Recht in Kraft tritt, die Praxis nicht in eine disharmonisierende Richtung geändert werden darf (sog. «**Entharmonisierungsverbot**»; vgl. hier nur BGE 134 I 125 E. 3.5 [Art. 98a aOG], 133 IV 267 E. 3 [Art. 80 Abs. 2 BGG], 124 I 101 E. 3 und E. 4 [Art. 72 Abs. 1 StHG]; siehe auch Rz. 879 ff. [faktische Vorwirkung]). 1008

Praxis:

- **Rechtsschutz in der kantonalen Einführungsverordnung zum Bundesgesetz über Massnahmen zur Wahrung der inneren Sicherheit:** In Ausführung der bundesrechtlichen Vorgaben (BWIS/VWIS) hat der Regierungsrat des Kantons Zürich am 2. Mai 2007 die Einführungsverordnung zum Bundesgesetz über Massnahmen zur Wahrung der inneren Sicherheit (Massnahmen gegen Gewalt anlässlich von Sportveranstaltungen) erlassen (EV BWIS). Diese enthält unter anderem folgende Bestimmungen: § 2 (Gerichtliche Beurteilung, Mitteilung der Strafentscheide): 1 Die betroffene Person kann gegen Verfügungen betreffend Rayonverbot, Meldeauflage oder Polizeigewahrsam innert zehn Tagen seit deren Mitteilung schriftlich das Begehren um gerichtliche Beurteilung stellen. 2 Zuständiges Gericht ist die Haftrichterin oder der Haftrichter des Bezirksgerichts Zürich. 3 Für das Verfahren gelten sinngemäss die Verfahrensbestimmungen von §§ 9-12 des Gewaltschutzgesetzes vom 19. Juni 2006. Es bleibt zu prüfen, ob der von § 2 EV BWIS vorgesehene kantonale Rechtsschutz mit den Anforderungen des Bundesgerichtsgesetzes im Einklang steht. Erwägungen: Das Bundesgerichtsgesetz enthält in Art. 86 für den Bereich der öffentlich-rechtlichen Angelegenheiten eine Regelung über die Vorinstanzen des Bundesgerichts. Nach Art. 86 Abs. 2 BGG setzen die Kantone als unmittelbare Vorinstanzen grundsätzlich obere Gerichte ein, soweit nicht nach einem Bundesgesetz Entscheide anderer richterlicher Behörden der Beschwerde ans Bundesgericht unterliegen. Was unter Gerichten zu verstehen ist, ergibt sich aus Art. 30 Abs. 1 BV, Art. 6 Ziff. 1 EMRK sowie Art. 191c BV, allenfalls aus kantonalem Verfassungs- und Justizorganisationsrecht. Erforderlich ist nach dem Wortlaut von Art. 86 Abs. 2 BGG, dass ein oberes kantonales Gericht den beim Bundesgericht anfechtbaren Entscheid trifft. Als obere kantonale Gerichte werden kantonale Verwaltungsgerichte betrachtet. Soweit andere Gerichtsinstanzen eingesetzt sind, wird in der Doktrin gefordert, dass diese hierarchisch keiner andern Gerichtsinstanz unterstellt und für den ganzen Kanton zuständig sind. Vor diesem Hintergrund erweist sich die angefochtene Einführungsverordnung als fragwürdig. Es kann nicht gesagt werden, dass der – entsprechend dem 1009 kantonalen Gewaltschutzgesetz – eingesetzte Einzelrichter am Bezirksgericht Zürich eine obere Gerichtsbehörde darstellt und die Vorinstanzenregelung den genannten Anforderungen genügt. In zeitlicher Hinsicht gilt es zu beachten, dass das Bundesgesetz in Bezug auf die strittigen Massnahmen bis Ende 2009 gilt und dass dementsprechend auch die Verordnung auf diese Dauer angelegt ist (§ 3 EV BWIS). Die Ordnung deckt somit einen Zeitraum ab, der über die Übergangsfrist von Art. 130 Abs. 3 BGG hinausreicht. Mit dem Ablauf der Übergangsfrist Ende 2008 ist die Regelung von § 2 EV BWIS demnach nicht mehr bundesrechtskonform. Weiter fragt sich, ob die Kantone vor Ablauf der Übergangsfrist befugt sind, dem Sinn und Geist des Bundesgerichtsgesetzes widersprechendes Recht zu schaffen. Eine ähnliche Frage stellte sich nach dem Inkrafttreten des Steuerharmonisierungsgesetzes. Das Bundesgericht befand, dass während der achtjährigen Übergangsfrist geschaffenes neues kantonales Recht den Anforderungen des Bundesrechts zu genügen habe und sog. disharmonisierendes kantonales Recht bundesrechtswidrig sei. In vergleichbarer Weise wurde in der Doktrin hinsichtlich des Art. 98a OG die Auffassung vertreten, dass die Kantone während der Übergangsfrist von fünf Jahren kein Verfahrensrecht schaffen dürften, welches dem Sinn und Geist von Art. 98a OG widerspreche. Daraus ergibt sich, dass die angefochtene Regelung ab dem 1. Jan. 2009 in Bezug auf den gerichtlichen Instanzenzug mit Bundesrecht im Widerspruch steht. Darüber hinaus ist festzustellen, dass die Regelung bereits heute mit den Anforderungen nach Art. 86 Abs. 2 BGG nicht vereinbar ist (BGE 134 I 125 E. 3.5).

7. Historische Auslegung

a) Begriff

1010 Die **historische Auslegung** zielt auf den Gehalt ab, den man einer **Norm zur Zeit ihrer Entstehung** gab (BGE 136 I 297 E. 4.1, 136 II 149 E. 3, 136 V 216 E. 5.1, 135 II 78 E. 2.2, 135 V 153 E. 4.1, 134 I 184 E. 5.1, 134 II 249 E. 2.3, 131 II 13 E. 7.1, 130 II 202 E. 5.1, 129 II 114 E. 3.1, 128 I 288 E. 2.4; BVGer vom 11. Nov. 2010, A-2606/2009, E. 9.4; vom 13. Juli 2009, C-237/2009, E. 9.1.3). Die Auslegung des Gesetzes ist auf die **Regelungsabsicht des Gesetzgebers** und die damit erkennbar getroffenen Wertentscheidungen auszurichten, da sich die Zweckbezogenheit des rechtsstaatlichen Normverständnisses nicht aus sich selbst begründen lässt, sondern auch aus den Absichten des Gesetzgebers abzuleiten ist (BGE 135 IV 162 E. 3.2, 128 I 34 E. 3b, je mit weiteren Hinweisen).

1011 Eine **historisch orientierte Auslegung** ist zwar für sich allein nicht entscheidend. Jedoch vermag nur sie die Regelungsabsicht des Gesetzgebers – die sich insbesondere aus den Materialien ergibt – aufzuzeigen, welche zusammen mit den zu ihrer Verfolgung getroffenen Wertentscheidungen verbindliche Richtschnur des Gerichts bleibt, auch wenn es das Gesetz mittels teleologischer Auslegung oder Rechtsfortbildung veränderten, vom Gesetzgeber nichtvorausgesehenen Umständen anpasst oder es ergänzt (BGE 138 V 23 E. 3.4.1, 137 V 126 E. 4.1, 129 I 12 E. 3.3 S. 16; BGE 129 V 95 E. 2.2 S. 98). Entsprechend ist das **teleologische Auslegungselement**, die ratio legis, in erster Linie ebenfalls aus den **Absichten des Gesetzgebers**, aus den von ihm getroffenen Wertungen zu erschliessen (BGE 130 III 76 E. 4.2, 129 III 335 E. 4). Eine Norm soll so gelten, wie sie vom Gesetzgeber vorgesehen war. Die rechtsanwendenden Organe sind nach dem Prinzip der Gewaltenteilung gehalten, die Entscheidungen des Gesetzgebers zu respektieren (BVGer vom 19. Aug. 2010, A-5452/2009, E. 7; vom 17. Sept. 2009, A-6682/2008, E. 4.2; vom 12. Juli 2009, A-136/2009, E. 4.1).

Hat der **historische Wille** im **Gesetzestext keinen Niederschlag** gefunden, so ist er für die Auslegung nicht entscheidend (BGE 137 V 167 E. 3.2, 136 I 297 E. 4.1; BGer vom 2. März 2010, 8C_5/2009, E. 4.1 [in BGE 136 V 95 ff. nicht publ. E.]). Ist in der Gesetzesberatung ein Antrag, das Gesetz sei im Sinne einer nunmehr vertretenen Auslegungsmöglichkeit zu ergänzen, ausdrücklich abgelehnt worden, dann darf diese Auslegungsmöglichkeit später nicht in Betracht gezogen werden (BGE 137 II 297 E. 2.3, 137 V 167 E. 3.2, 134 V 170 E. 4.1). Insbesondere sind Äusserungen von Stellen oder Personen, die bei der Vorbereitung mitgewirkt haben, nicht massgebend, wenn sie im Gesetzestext nicht selber zum Ausdruck kommen. Das gilt selbst für Äusserungen, die unwidersprochen geblieben sind (BGE 137 V 167 E. 3.2, 136 I 297 E. 4.1). Unerheblich ist ferner, ob die Abstimmung zum betreffenden Antrag knapp ausgefallen ist; ist eine Norm im vorgesehenen Gesetzgebungsverfahren zustande gekommen und damit demokratisch legitimiert, kann es für die historische Auslegung nicht darauf ankommen, mit welchem Stimmenverhältnis die parlamentarische Beschlussfassung erfolgte (VerwG BE vom 31. Aug. 2009, in: BVR 2010 S. 462 E. 5.4.4). 1012

Praxis:

- **Tarifliche Gleichbehandlung von Eineltern- und Zweielternfamilien; Auslegung von Art. 11 Abs. 1 Satz 2 StGH:** Gemäss Art. 11 Abs. 1 Satz 1 StHG ist die Steuer für verheiratete Personen im Vergleich zu den allein stehenden Steuerpflichtigen angemessen zu ermässigen. Nach Satz 2 daselbst ist «die gleiche Ermässigung» auch den allein erziehenden Personen zu gewähren. Der heutige Satz 2 von Art. 11 Abs. 1 StHG wurde erst in der parlamentarischen Debatte in den Gesetzesentwurf aufgenommen. Zu prüfen ist daher, welcher Sinn von Satz 2 sich aus den Materialien ergibt. Bei der Beratung des Steuerharmonisierungsgesetzes am 31. Jan. 1989 im Nationalrat brachte dessen Kommission den Vorschlag ein, dass in Art. 12 Abs. 2 E-StHG (jetzt Art. 11 Abs. 1 StHG) ein zweiter Satz aufgenommen werde, wonach die «gleiche Ermässigung» auch für verwitwete, getrennt lebende, geschiedene und ledige Steuerpflichtige gelte, die mit Kindern oder unterstützungsbedürftigen Personen zusammenleben und deren Unterhalt zur Hauptsache bestreiten. In der Folge wurde Absatz 2 Satz 2 von den Nationalrätinnen Uchtenhagen und Haller als Angleichung an die bei der direkten Bundessteuer getroffene Lösung interpretiert (d.h. Anwendung des Familientarifs auch auf allein erziehende Väter und Mütter). Die Beratungen im Parlament lassen sich wie folgt zusammenfassen: Die Frage der Gleichstellung der Einelternfamilien (bzw. von allein stehenden Personen, die mit unterstützungsbedürftigen Personen zusammenleben und für deren Unterhalt zur Hauptsache aufkommen) mit den Zweielternfamilien wurde erstmals im Nationalrat bei der Beratung des Bundesgesetzes über die direkte Bundessteuer erörtert. Dort – bei der direkten Bundessteuer – ging es eindeutig um eine tarifliche Gleichstellung und nicht bloss um eine «vergleichbare Ermässigung» für Einelternfamilien (Art. 36 Abs. 2 E-DBG). Bei der Beratung des Steuerharmonisierungsgesetzes waren die Meinungen ursprünglich geteilt, ob die «gleiche Ermässigung» für Einelternfamilien bzw. Halbfamilien Tarifgleichheit oder lediglich eine vergleichbare Ermässigung («allégement analogue») bedeute. Die Fassung mit dem massgebenden Wortlaut wurde vom Nationalrat praktisch einstimmig angenommen. Und auch der Ständerat sprach sich mit einem schwachem Mehr für die Vorschrift aus. Unter diesen Umständen muss davon ausgegangen werden, dass eine Mehrheit des Parlaments auch für Art. 11 Abs. 1 StHG eine exakt gleiche tarifliche Behandlung der Eineltern- und Zweielternfamilien befürwortete. Sowohl im National- wie auch im Ständerat war den Ratsmitgliedern zudem hinreichend bewusst, dass die Befürworterseite eine tarifliche, nicht bloss eine «entsprechende» oder «gleichwertige» Ermässigung für Einelternfamilien postulierte. In den Räten war insbesondere auch klar, dass Art. 11 Abs. 1 Satz 2 StHG in die Tarifautonomie der Kantone eingreift. Dieses Resultat ist indessen von der Parlamentsmehrheit gewollt. Nach dem Gesagten ist Art. 11 Abs. 1 Satz 2 daher in 1013 dem Sinn zu interpretieren, dass die exakt gleiche (tarifliche) Ermässigung, die den in rechtlich und tatsächlich ungetrennter Ehe lebenden Personen zukommt, auch für «verwitwete, getrennt lebende, geschiedene und ledige Steuerpflichtige, die mit Kindern oder unterstützungsbedürftigen Personen zusammenleben und deren Unterhalt zur Hauptsache bestreiten», gilt. Eine bloss vergleichbare Ermässigung ist nicht genügend (BGE 131 II 697 E. 5).

1014 – **Art. 49 Abs. 1 WRG:** Streitgegenstand ist, ob im internationalen Verhältnis jede Änderung des Wasserzinses zwingend einer vorgängigen internationalen Abstimmung bedarf oder ob diese vorgängige Abstimmung fakultativ ist. Art. 49 Abs. 1 WRG hat folgenden Wortlaut: «Der Wasserzins darf jährlich 80 Franken pro Kilowatt Bruttoleistung nicht übersteigen. Davon kann der Bund höchstens 1 Franken pro Kilowatt Bruttoleistung zur Sicherstellung der Ausgleichsleistungen an Kantone und Gemeinden nach Art. 22 Absätze 3-5 beziehen. Im internationalen Verhältnis sorgt der Bund bei jeder Änderung des Wasserzinsmaximums für die notwendige Abstimmung.» Entstehungsgeschichtlich geht die Bestimmung auf den Vernehmlassungsentwurf von 1993 für ein neues Bundesgesetz über die Bewirtschaftung und Nutzung der Gewässer zurück, wo der entsprechende Artikel wie folgt lautete: «Im internationalen Verhältnis bedarf jede Änderung des Wasserzinses einer vorgängigen internationalen Abstimmung.» Die Botschaft des Bundesrates für die Teilrevision des Gesetzes enthielt alsdann die schliesslich Gesetz gewordene Formulierung: «Im internationalen Verhältnis sorgt der Bund bei jeder Änderung des Wasserzinsmaximums für die notwendige Abstimmung», wozu als Kommentar in der Botschaft ausgeführt wurde: «Absatz 1 wurde durch einen Vorbehalt betr. internationale Anlagen ergänzt. Demzufolge bedarf die Änderung des Wasserzinsmaximums im internationalen Verhältnis einer Abstimmung. Für diese ist der Bund zuständig.» Der ursprüngliche Vernehmlassungsentwurf sah noch klar vor, dass jede Änderung des Wasserzinsmaximums im internationalen Verhältnis der vorgängigen internationalen Abstimmung bedürfe. Aus dem Gesagten lässt sich schliessen, dass der deutsche Wortlaut den Sinn dieser Bestimmung, wie er aus den Materialien ermittelt werden kann, nicht präzis wiedergibt. Er deckt sich nicht mit der Intention des ursprünglichen Vernehmlassungsentwurfs und dem Kommentar, den der Bundesrat in der Botschaft gegeben hat. Dem Adjektiv «notwendig», wie es im deutschen Gesetzeswortlaut verwendet wird und das bei isolierter Betrachtung unterschiedlich interpretiert werden könnte, kommt keine massgebende Bedeutung zu. Vielmehr legen die Vorarbeiten nahe, dass der Gesetzgeber eine vorgängige internationale Abstimmung grundsätzlich für (zwingend) erforderlich erachtete (BGE 129 II 114 E. 3.2).

1015 – **Entbündelung des Teilnehmeranschlusses; Öffnung der sog. «letzten Meile»:** Am 7. März 2003 änderte der Bundesrat die Fernmeldediensteverordnung und führte dabei die Entbündelung des Teilnehmeranschlusses auf dem Verordnungsweg ein. Umstritten ist insbesondere, ob die betreffende Verordnung auf einer hinreichend bestimmten gesetzlichen Grundlage im Fernmeldegesetz beruht. Das Fernmeldegesetz enthält in Art. 11 Abs. 1 FMG eine Interkonnektionspflicht. In den Materialien zum geltenden Fernmeldegesetz findet sich nirgends ein Hinweis darauf, dass mit der Interkonnektion die Entbündelung des Teilnehmeranschlusses bezweckt war. Unabhängig davon bildete die Frage der Öffnung der «letzten Meile» mehrfach Gegenstand von parlamentarischen Debatten. Auf eine Interpellation von Nationalrat Ehrler antwortete der Bundesrat am 31. Mai 2000: «Bei der Ausgestaltung des Fernmeldegesetzes wurde bewusst darauf geachtet, ein Rahmengesetz zu schaffen, das die rasante Entwicklung der Telekommunikation nicht behindert. Aus diesem Grund wurde auch darauf verzichtet, technologiespezifische Bestimmungen im Gesetz aufzunehmen. Entsprechend ist die Interkonnektionsregelung ausgestaltet. Sie enthält Grundsätze, wonach auch die Entbündelung des Teilnehmeranschlusses gegenüber marktbeherrschenden Anbieterinnen von Fernmeldediensten durchsetzbar ist.» Diese Antwort lässt darauf schliessen, dass der Bundesrat damals davon ausging, die Entbündelung des Teilnehmeranschlusses sei in der Interkonnektionsregelung des Fernmeldegesetzes enthalten, einen Standpunkt, den er bis heute vertritt. Dennoch hielt Nationalrat Theiler parallel dazu eine parlamentarische Initiative aufrecht, welche die Öffnung der «letzten Meile» auf dem Weg der Gesetzesrevision bezweckte. Am 14. Dez. 2000 sah der Nationalrat freilich davon ab, dieser Initiative Folge zu geben. In der Beratung dieser Initiative kommt zum Ausdruck, dass sich die Parlamentarier damals bewusst waren, dass es dem Gesetz an der nötigen Bestimmtheit fehlte. Am 12. Nov. 2003 unterbreitete der Bundesrat der Bundesversammlung seine Botschaft zur Änderung des Fernmeldegesetzes. Darin schlägt er unter anderem die Aufnahme der Entbündelung des Teilnehmeranschlusses in das Gesetz vor. Auf diesem Stand der Gesetzgebung beruht der angefochtene Entscheid. In der Folge sprach sich die nationalrätliche Kommission für Verkehr und Fernmeldewesen grossmehrheitlich gegen die Öffnung der «letzten Meile» aus. Im Ergebnis beschloss der Nationalrat auf das Geschäft sei einzutreten und er wies es zur Detailberatung zurück an die Kommission. In der Folge favorisierte die Kommission eine Öffnung mit Auflagen. Der Nationalrat prüfte daraufhin verschiedene Varianten und beschloss schliesslich eine vom Antrag des Bundesrats abweichende Regelung. Aus der Debatte geht hervor, dass es verschiedene Möglichkeiten für die Entbündelung des Teilnehmeranschlusses gibt mit unterschiedlich weit gehenden Rahmenbedingungen. Auch daraus ist zu schliessen, dass das geltende Gesetz jedenfalls zu unbestimmt ist, um daraus eine vorhersehbare Regelung über eine allfällige Entbündelung des Teilnehmeranschlusses abzuleiten. Aufgrund des historischen Auslegungselements muss daher geschlossen werden, dass das geltende Gesetz die Öffnung der «letzten Meile» nicht abdeckt (BGE 131 II 13 E. 7.5.1-7.5.4).

b) Textbausteine

1016 Das Bundesgericht räumt der historischen Methode je nach Fallkonstellation einen unterschiedlichen Stellenwert ein: **Einerseits** dienen die **Gesetzesmaterialien** lediglich als **Hilfsmittel**, um den Sinn der Norm zu erkennen (BGE 137 III 217 E. 2.4.1, 136 I 297 E. 4.1, 136 V 216 E. 5.1, 135 V 153 E. 4.1, 134 II 249 E. 2.3134 V 1 E. 7.2, 133 V 9 E. 3.1). Eine historisch orientierte Auslegung ist für sich allein nicht entscheidend (BGE 138 V 23 E. 3.4.1, 137 V 167 E. 3.2, 129 I 12 E. 3.3). Die **Vorarbeiten** sind für die Gesetzesinterpretation **weder verbindlich** noch für die Auslegung **unmittelbar entscheidend**; denn ein Gesetz entfaltet ein eigenständiges, vom Willen des Gesetzgebers unabhängiges Dasein, sobald es in Kraft getreten ist (BGE 137 V 167 E. 3.2, 136 I 297 E. 4.1, 134 V 170 E. 4.1). **Andererseits** vermag aber nur eine historisch orientierte Auslegung die Regelungsabsicht des Gesetzgebers (die sich insbesondere aus den Materialien ergibt) aufzuzeigen, welche wiederum zusammen mit den zu ihrer Verfolgung getroffenen Wertentscheidungen verbindliche Richtschnur des Gerichts bleibt, auch wenn es das Gesetz mittels teleologischer Auslegung oder Rechtsfortbildung veränderten, vom Gesetzgeber nicht vorausgesehenen Umständen anpasst oder es ergänzt (138 V 23 E. 3.4.1, 137 V 13 E. 5.1, 137 V 126 E. 4.1, 137 V 167 E. 3.2, 129 I 12 E. 3.3).

1017 Auf die Materialien ist dann abzustellen, wenn sich daraus die **Auffassung des Gesetzgebers zweifelsfrei** ergibt (BGE 133 III 273 E. 3.2.2, 124 II 193 E. 5c) oder wenn sie auf die **streitige Frage eine klare Antwort geben** (BGE 137 V 369 E. 4.4.3.2, 136 III 23 E. 6.6.2.1, 136 V 195 E. 7.1, 135 V 50 E. 5.1, 134 II 308 E. 5.2). In derartigen Fällen sind die Materialien ein wertvolles Hilfsmittel, um den Sinn der Norm zu erkennen (BGE 137 V 167 E. 3.2, 137 V 181 E. 6.2.1, 136 I 297 E. 4.1, 134 V 170 E. 4.1; BGer vom 2. März 2010, 8C_5/2009, E. 4.1 [in BGE 136 V 95 ff. nicht publ. E.]). Der historischen Betrachtungsweise kommt ferner bei der Auslegung von **organisatorischen Normen** eine vorrangige Stellung zu, da der Inhalt des Organisationsrechts weit weniger der Änderung der gesellschaftlichen Vorstellungen unterworfen ist als derjenige von materiell-rechtlichen Normen (BGE 128 I 34 E. 3b, 128 I 327 E. 2.1, 124 II 193 E. 5a, 112 Ia 208 E. 2a). Wo hingegen die **Materialien keine klare Antwort** geben, sind sie als Auslegungshilfe nicht dienlich (137 V 167 E. 3.2, 136 I 297 E. 4.1, 134 V 170 E. 4.1).

1018 Namentlich **bei jungen Erlassen** ist dem **Willen des Gesetzgebers**, wie er in den Gesetzesmaterialien zum Ausdruck kommt, **grosses Gewicht beizumessen** (BGE 137 V 181 E. 6.2.1, 137 V 273 E. 4.2, 136 I 297 E. 4.1, 134 V 170 E. 4.1, 130 II 202 E. 5.1, 129 II 114 E. 3.1, 128 I 288 E. 2.4, 125 II 192 E. 3a; BVGE 2011/13 E. 7, 2009/40 E. 5.2.3; BVGer 13. April 2012, A-2811/2011, E. 5.4.1; vom 8. März 2012, A-3015/2011, E. 4.2), weil veränderte Umstände oder ein gewandeltes Rechtsverständnis in derartigen Konstellationen eine andere Lösung weniger nahelegen (BGE 135 V 153 E. 4.1, 128 I 288 E. 2.4, 124 II 372 E. 6a; BVGer vom 23. Juni 2009, C-6387/2007, E. 5.2.1). Die historische Auslegungsmethode steht damit im Dienste der **teleologischen Auslegung**, deren Ziel es ist, die mit der Norm verbundenen Zweckvorstellungen («ratio legis») zu ermitteln. Bei jüngeren Gesetzen ist es daher schwierig, die teleologische von der historischen Auslegung abzugrenzen (vgl. auch BVGer vom 11. Nov. 2010, A-2606/2009, E. 9.4; vom 13. Juli 2009, C-237/2009, E. 9.1).

Praxis:

1019 – **Parlamentsverordnung über die Kantonspolizei (Auslegung einer organisatorischen Verfassungsbestimmung):** Der Grosse Rat des Kantons Graubünden beschloss am 28. Nov. 2001 eine Teilrevision der Verordnung über die Kantonspolizei. Diese Verordnung (Parlamentsverordnung) stützt sich auf Art. 15 Abs. 4 KV/GR, wonach der Grosse Rat befugt ist, in allen Landesangelegenheiten gültige Verordnungen zu erlassen. Diese umfassende Zuständigkeit wird indessen durch den Verweis auf Art. 2 und 3 KV/GR, welche die der Volksabstimmung unterliegenden Sachbereiche umschreiben, eingeschränkt. Das Polizeiwesen wird zumindest nicht explizit in Art. 2 und 3 KV/GR erwähnt. Der Wortlaut und der Ausdruck der Landesangelegenheiten lassen kaum erkennen, welche Gebiete gemeint sind und in welchen Bereichen der Grosse Rat unter Ausschluss des Volkes legiferieren kann. Bei dieser Sachlage kommt der Entstehungsgeschichte entscheidende Bedeutung zu. Gestützt auf verschiedene Lehrmeinungen führt das Bundesgericht aus, dass mit der Verfassung von 1892 (und jener von 1880) die Bereiche von Art. 2 Abs. 2 Ziff. 3 KV/GR bewusst in die Kompetenz des Volkes gelegt worden sind. Damit wurde die bisherige Machtfülle und umfassende Verordnungskompetenz des Grossen Rates klar beschränkt. Zu den umfassenden Befugnissen des Grossen Rates hat vorher auch die wichtige Domäne des Polizeiwesens gehört. Hätte das selbstständige Polizeiverordnungsrecht damals dem Grossen Rat wirklich entzogen werden sollen, hätte dies mit einer Erwähnung in Art. 2 Abs. 2 Ziff. 3 KV/GR Eingang gefunden. Mangels einer solchen kann geschlossen werden, dass der Bereich des Polizeiwesens auch über die Verfassung von 1892 hinaus beim Grossen Rat belassen werden sollte. Diese Auffassung kann sich insbesondere auch auf Lehrmeinungen stützen. Verschiedene Autoren bejahen ein selbstständiges Polizeiverordnungsrecht des Grossen Rates. Zwar könnte das Polizeiwesen durchaus den Verwaltungsbereichen von Art. 2 Abs. 2 Ziff. 3 KV/GR zugerechnet werden, dies umso mehr, als auch neuere «Polizeiaufgaben» wie die Raumplanung, der Umweltschutz und der Datenschutz tatsächlich dazu gezählt werden. Ein Autor hat indessen überzeugend dargelegt, dass die – damals dem Grossen Rat zukommende – Domäne des Polizeiwesens von grosser Wichtigkeit gewesen ist und in Art. 2 Abs. 2 Ziff. 3 KV/GR mit Sicherheit erwähnt worden wäre, hätte sie dem Grossen Rat entrissen werden sollen. Demzufolge ist es nicht zu beanstanden, dass der Grosse Rat gestützt auf Art. 15 Abs. 4 KV/GR grundsätzlich für sich die Kompetenz in Anspruch nimmt, im Bereich des Polizeiwesens auf dem Verordnungsweg zu legiferieren. An dieser Betrachtung vermag auch der Umstand nichts zu ändern, dass die Praxis und die Abgrenzung zwischen Art. 2 Abs. 2 Ziff. 3 KV/GR einerseits und Art. 15 Abs. 4 KV/GR andererseits nicht durchwegs geradlinig verliefen (BGE 128 I 327 E. 2.2).

1020 – **Mahnung nach Art. 12 Abs. 6 lit. a BPG:** Nach Art. 12 Abs. 6 BPG gelten als Gründe für die ordentliche Kündigung durch den Arbeitgeber u.a. die Verletzung wichtiger gesetzlicher oder vertraglicher Pflichten (lit. a) und Mängel in der Leistung oder im Verhalten, die trotz schriftlicher Mahnung anhalten oder sich wiederholten (lit. b). Aus der Entstehungsgeschichte von Art. 12 Abs. 6 lit. a und b BPG ergibt sich Folgendes: Im bundesrätlichen Entwurf zum BPG wurden die Kündigungsgründe der Verletzung gesetzlicher oder vertraglicher Pflichten und der Mängel in der Leistung oder im Verhalten in einer einzigen Bestimmung aufgeführt und bezüglich beider Kündigungsgründe eine Mahnung vorgesehen (vgl. Art. 11 Abs. 6 lit. a des Entwurfs). Die vorbereitende Kommission des Nationalrats teilte die beiden Kündigungsgründe in zwei Bestimmungen auf. Nach dem von den Räten angenommenen Gesetzeswortlaut setzt Art. 12 Abs. 6 lit. b BPG eine Mahnung voraus, Art. 12 Abs. 6 lit. a BPG dagegen nicht. Aus den Debatten im Parlament ergibt sich aber unzweideutig, dass die beiden Kündigungsgründe nicht deshalb getrennt wurden, um das Erfordernis der Mahnung auf Art. 12 Abs. 6 lit. b BPG zu beschränken. Mit der Aufteilung in zwei Bestimmungen sollte zum Ausdruck gebracht werden, dass es sich bei Art. 12 Abs. 6 lit. a und b BPG um zwei verschiedene Kündigungsgründe handelt; dadurch sollte Klarheit geschaffen und eine differenzierte Betrachtung der Tatbestände ermöglicht werden (vgl. die Voten Weyeneth und Bundesrat Villiger). Das Erfordernis der Verwarnung des Arbeitnehmers vor dem Aussprechen der Kündigung stand nicht zur Diskussion, sondern es wurde ausschliesslich die Einfügung von qualifizierenden Adjektiven der zur Kündigung berechtigenden Verfehlungen des Arbeitnehmers debattiert. Ausserdem wurde mehrfach darauf hingewiesen, dass das Verhältnismässigkeitsprinzip bei der Anwendung der Kündigungsregelungen zu beachten sei und die Kündigung demzufolge die ultima ratio darstellen müsse (vgl. insbesondere das Votum David und das Votum Bundesrat Villiger; ferner die Voten Thanei und Fritschi). Aus der Entstehungsgeschichte von Art. 12 Abs. 6 lit. a und b BPG ist demzufolge nicht zu schliessen, dass bei Verletzungen gesetzlicher oder vertraglicher Pflichten, anders als bei Mängeln in der Leistung oder im Verhalten, unter Auslassung des Verhältnismässigkeitsprinzips auf eine der Kündigung vorausgehende Mahnung verzichtet werden könnte (BGer vom 30. Juni 2008, 1C_277/2007, E. 5.3).

– **«Verschnitte» i.S.v. Art. 2 Abs. 2 AlkMGV:** Die Eidgenössische Alkoholrekurskommission 1021
vertrat die Ansicht, dass sich Verschnitte im Sinne nach Art. 2 Abs. 2 AklMGV, wofür eine erhöhte Monopolgebühr zu bezahlen ist, lediglich auf Verschnitte der in Abs. 1 genannten gebrannten Wasser (Whisky, Gin, Wodka usw.) beziehe; andere Verschnitte würden hingegen lediglich unter die ordentliche Monopolgebühr von Art. 1 AlkMGV fallen. Die grammatikalische Auslegung, insb. die italienische Fassung, spricht für dieses Verständnis von Art. 2 Abs. 2 AlkMGV. In der italienischen Fassung bezieht sich der Begriff «verschnitten» (tagliate) eindeutig nur auf die in Absatz 1 erwähnten gebrannten Wasser. Ob der italienische Text den wahren Sinn der Norm wiedergibt, ist jedoch anhand der weiteren Auslegungselemente zu prüfen. Die Erläuterungen des Finanz- und Zolldepartements aus dem Jahre 1964 bestätigen eher den Normsinn, wie er sich aus dem italienischen Wortlaut von Art. 2 Abs. 2 AlkMGV ergibt, nämlich, dass die Verschnitte der in Art. 2 Abs. 1 AlkMGV aufgeführten gebrannten Wasser der erhöhten Monopolgebühr unterworfen sein sollten, ohne dass auch Verschnitte der übrigen gebrannten Wasser erfasst würden. Die Auslegung einer Norm kann nun allerdings nicht bei den Intentionen des historischen Verordnungsgebers sowie bei einer rein grammatikalischen Betrachtungsweise stehen bleiben. Die Regelung über die erhöhten Alkoholmonopolgebühren hat seit 1964 verschiedene Anpassungen erfahren. Diese Anpassungen sind Ausdruck einer schon in der ursprünglichen Verordnung angelegten gesundheitspolitisch motivierten Tendenz, Branntweine aus billigen Rohstoffen und somit alle Verschnitte von gebrannten Wassern der erhöhten Monopolgebühr Art. 2 Abs. 2 AlkMGV zu unterwerfen. Der deutsche und französische Wortlaut schliesst dieses weite Verständnis der Verordnung nicht aus. Es entspricht dem geltungszeitlich verstandenen agrar-, gesundheits- und handelspolitischen Zweck der Regelung. Demnach sprechen gewichtige Gründe dafür, Verschnitte von Williamsbrand, Pflaumen-Brandy und Pflaumenwasser, wie sie hier nach den Feststellungen der Alkoholverwaltung importiert wurden, mit der erhöhten Monopolgebühr zu belasten (BGE 125 II 192 E. 3).

8. Geltungszeitliche Auslegung

a) Begriff

1022 Die **objektiv-zeitgemässe Auslegung** stellt auf den Sinn einer Gesetzesnorm ab, wie er sich aufgrund der **gegenwärtigen**, das heisst zur Zeit der Rechtsanwendung massgebenden **tatsächlichen und rechtlichen Verhältnisse** ergibt, selbst wenn diese für den historischen Gesetzgeber allenfalls nicht voraussehbar waren, in der bisherigen Anwendung auch nicht zum Ausdruck gekommen sind und die bisherige Auslegung noch mit dem Wortlaut des Gesetzes vereinbar ist (BGE 137 II 164 E. 4.4, 125 II 206 E. 4b/dd; BVGer vom 19. Aug. 2010, A-5452/2009, E. 7; vom 17. Sept. 2009, A-6682/2008, E. 4.2). Die geltungszeitliche Methode hat heute eine erhebliche, wenn nicht gar vorrangige Bedeutung erlangt. Sie kommt insbesondere in **technischen, einem starken Wandel unterworfenen Bereichen**, zur Anwendung (BVGer vom 21. Mai 2010, A-6650/2009, E. 5.3).

Praxis:

1023 – **Art. 77 Abs. 1 lit. b BPR (Begriff der Unregelmässigkeiten):** Für eidgenössische Abstimmungen sieht Art. 77 Abs. 1 lit. b BPR vor, dass wegen Unregelmässigkeiten bei der Kantonsregierung Beschwerde geführt werden kann. Die historische Auslegung dieser Bestimmung ergibt, dass ein knappes Ergebnis allein kein Grund für eine Aufhebung oder Nachzählung sein soll. Mit der Verwendung des Begriffs «Unregelmässigkeiten» sollte nicht auch die erfahrungsgemäss bestehende und in diesem Sinne «regelmässige» Fehlerquote beim Auszählen erfasst werden. Es stellt sich allerdings die Frage, ob eine zeitgemässe Auslegung von Art. 77 Abs. 1 lit. b BPR nicht zum Ergebnis gelangen muss, dass die erfahrungsgemässe Fehlerquote im Sinne einer Tatsachenvermutung dem Verdacht auf Unregelmässigkeiten gleichzusetzen ist. Einige kantonale Gesetze weisen denn auch die Behörden an, bei Unterschreiten einer festgelegten prozentualen Differenz zwischen Ja- und Nein-Stimmen oder allgemein bei einem «knappen Resultat» eine Nachzählung vorzunehmen, ohne dass die Beschwerde führende Partei darüber hinaus eine Unregelmässigkeit nachweisen muss. Es gibt Zählfehler, für welche äusserlich keine Anhaltspunkte bestehen. Es hiesse die Augen vor dieser Erfahrungstatsache zu verschliessen, würde eine Nachkontrolle auch bei einem äusserst knappen Ergebnis zusätzlich von «konkreten» Anzeichen für Unregelmässigkeiten abhängig gemacht. Die bisherige Praxis zu Art. 77 Abs. 1 lit. b BPR hat denn auch desto geringere Anforderungen an den Nachweis von Unregelmässigkeiten gestellt, je knapper ein Wahlresultat ausgefallen war. Insoweit wird die grundsätzlich geforderte kumulative Voraussetzung der Unregelmässigkeit bei einem äusserst knappen Resultat praktisch vernachlässigt. Eine Nachzählung findet nicht unter den gleichen Bedingungen statt wie die erste Auszählung. Bestehende Stapel können überprüft und falsch zugeteilte Stimmzettel auf den korrekten Stapel gelegt werden. Die folgende Neuzählung dürfte mit besonderer Umsicht, aber auch ohne Zeitdruck, damit insgesamt sorgfältiger vorgenommen werden. Das spricht für eine grössere Zuverlässigkeit des Resultats einer Nachzählung. Die Literatur befürwortet denn auch mehrheitlich eine Nachzählung bei einem sehr knappen Resultat, soweit zu der Frage Stellung genommen wird. Diesen Erkenntnissen tragen jene Kantone Rechnung, die bei knappen Ergebnissen oder bei Erreichen einer bestimmten prozentualen Differenz zwischen Ja- und Nein-Stimmen eine Nachzählung vorsehen. Vor diesem Hintergrund und damit in Nachachtung des verfassungsmässigen Anspruchs auf unverfälschte Stimmabgabe (Art. 34 Abs. 2 BV) ist auch Art. 77 Abs. 1 lit. b BPR auszulegen. Es drängt sich daher auf, die Tatsachenvermutung, ein sehr knappes Resultat sei mit entscheidenden Zählfehlern behaftet, gleich zu behandeln wie der Verdacht auf «Unregelmässigkeiten». Damit ist bei einem «knappen Resultat» eine Nachzählung vorzunehmen, ohne dass die Partei darüber hinaus eine Unregelmässigkeit nachweisen muss (BGE 136 II 132 E. 2.4.2).

- **Ausnahmebewilligung für die Heroinverschreibung an drogenabhängige Patienten, die an AIDS erkrankt sind (Art. 8 Abs. 5 BetmG):** Der Beschwerdeführer ersuchte das Bundesamt für Gesundheit (BAG) um zwei Ausnahmebewilligungen für eine beschränkte medizinische Anwendung von Heroin, damit er zwei drogenabhängige Patienten in seiner Arztpraxis mit diesem Betäubungsmittel behandeln konnte. Art. 8 Abs. 5 BetmG lautet: «Das Bundesamt für Gesundheit kann, wenn kein internationales Abkommen entgegensteht, Ausnahmebewilligungen erteilen, soweit die Betäubungsmittel nach den Absätzen 1 und 3 der wissenschaftlichen Forschung oder zu Bekämpfungsmassnahmen dienen oder die Stoffe nach Absatz 1 Buchstaben b und c für eine beschränkte medizinische Anwendung benützt werden.» Die Entstehungsgeschichte zeigt, dass die Ermöglichung der Abgabe von Heroin an Krebspatienten den Anlass bildete, die noch im bundesrätlichen Entwurf auf die Halluzinogene begrenzte Ausnahmeregelung von Art. 8 Abs. 5 (letzter Halbsatz) BetmG auf das Heroin auszudehnen. Der historische Gesetzgeber beabsichtigte, ausnahmsweise die Verwendung von Heroin als Linderungsmittel bei ausgewählten und hoffnungslos Kranken mit beschränkter Überlebenszeit zuzulassen. Der historische Gesetzgeber konnte bei der Teilrevision des BetmG im Jahre 1975 den Anwendungsfall der Heroinverschreibung an AIDS-Kranke noch nicht im Blick haben, denn damals waren AIDS-Erkrankungen noch kein Thema. Grundsätzlich darf in objektiv-zeitgemässer Auslegung einer Gesetzesnorm ein Sinn gegeben werden, der für den historischen Gesetzgeber infolge eines Wandels der tatsächlichen Verhältnisse nicht voraussehbar war und in der bisherigen Anwendung auch nicht zum Ausdruck gekommen ist, wenn er noch mit dem Wortlaut des Gesetzes vereinbar ist. Bei einer objektiv-zeitgemässen Auslegung erscheint es, wie in der Literatur mit Recht gesagt wird, als nicht mehr haltbar, die Möglichkeit der Abgabe von Heroin auf unheilbar Krebskranke im Terminalstadium zu beschränken. Es ist angezeigt, die Verwendung von Heroin zu medizinischen Zwecken auch bei AIDS-Kranken im Endstadium gestützt auf Art. 8 Abs. 5 BetmG zuzulassen. Eine solche Auslegung ist mit dem Wortlaut und Sinn der Bestimmung ohne Weiteres vereinbar (BGE 125 II 206 E. 4d/bb). 1024

- **Begründung von Dienstverhältnissen durch öffentlich-rechtlichen Vertrag:** Nach Art. 32 aKV/GR wählt die Regierung alle Beamten und Angestellten, deren Ernennung nicht dem Grossen Rat oder einer andern Behörde zukommt. Nach der revidierten Fassung der vom Grossen Rat erlassenen Personalverordnung (PV) hingegen werden Arbeitsverhältnisse mit öffentlich-rechtlichem Vertrag begründet (Art. 3 PV). Die Beschwerdeführer machen geltend, dem Grossen Rat komme keine Kompetenz zu, in der dem Referendum nicht unterstehenden Personalverordnung die Begründung von Dienstverhältnissen durch öffentlich-rechtlichen Vertrag vorzusehen. Denn in Art. 32 aKV/GR sei von Wahlen und Ernennungen und damit von der Begründung von Dienstverhältnissen durch (mitwirkungsbedürftige) Verfügungen die Rede. Das Bundesgericht kommt zu folgendem Ergebnis: Art. 32 aKV/GR hat in erster Linie die Bedeutung einer Zuständigkeitsvorschrift, was auch der Wortlaut mit der Abgrenzung zur Zuständigkeit von andern Behörden zum Ausdruck bringt. Die Verfassungsbestimmung hält fest, dass es die Regierung ist, welche die Anstellungen vornimmt. Diese Zuständigkeit wird mit der revidierten Personalverordnung nicht in Frage gestellt und von den Beschwerdeführern denn auch nicht beanstandet. Demgegenüber ist die Art der Ernennung der Beamten durch Wahl bei der Auslegung von Art. 32 aKV/GR von vornherein von geringerem Gewicht. Die Verfassungsbestimmung schliesst eine konkretisierende, den sich wandelnden gesellschaftlichen Bedingungen und Verhältnissen Rechnung tragende Auslegung nicht aus. Daraus ergibt sich, dass Art. 32 aKV/GR nicht zwingend im Sinne einer eigentlichen Wahl und Ernennung verstanden werden muss und einer Anpassung an neuere Formen von öffentlich-rechtlichen Arbeitsverhältnissen offensteht. Gemäss überwiegender Lehre erfolgt die öffentlich-rechtliche Anstellung von Beamten zwar durch mitwirkungsbedürftige Verfügung, doch ist bereits zu Beginn des Jahrhunderts die Auffassung vertreten worden, das Beamtenverhältnis werde durch öffentlich-rechtlichen Vertrag begründet. Auch das zeigt mit hinreichender Deutlichkeit, dass dem Wortlaut von Art. 32 aKV/GR entgegen der Auffassung der Beschwerdeführer nicht der enge Begriff der Wahl und Ernennung zugeordnet werden muss. Es ist denn auch bezeichnend, dass bereits die bisherige Personalverordnung die Anstellung von Aushilfen sowie in besonderen Fällen eine Anstellung durch öffentlich-rechtlichen Vertrag vorsah (Art. 5 Abs. 3 aPV). Bei dieser 1025

Sachlage braucht Art. 32 aKV/GR nicht in dem von den Beschwerdeführern vertretenen engen Sinn verstanden zu werden. Es hält daher vor der Verfassung stand, gestützt auf diese Bestimmung in der Personalverordnung auch die Begründung von öffentlich-rechtlichen Dienstverhältnissen durch öffentlich-rechtlichen Vertrag vorzusehen (BGer vom 10. April 2001, 1P.299/2000, E. 3).

b) Entstehungszeitliche versus geltungszeitliche Auslegung

1026 Die **geltungszeitliche Auslegung** kann in einem gewissen **Gegensatz** zur **entstehungszeitlichen Auslegung** stehen. Namentlich bei der Auslegung von **älteren Gesetzen** ist die Rechtsentwicklung, welche die betreffende Norm bzw. das betreffende Gesetz im Laufe der Zeit durchgemacht hat, zu berücksichtigen. Das Nachzeichnen dieser Entwicklung kann entscheidend sein, um den wahren Sinn der Norm zu finden (BGE 131 II 13 E. 7.5, 125 II 192 E. 3g/aa). Es wird daher oft dazu kommen, eine hergebrachte Auslegung aufzugeben, die zur Zeit der Entstehung des Gesetzes zweifellos gerechtfertigt war, sich aber angesichts der Änderung der Verhältnisse oder auch nur wegen der Entwicklung der Anschauungen nicht mehr halten lässt (BGE 116 Ia 359 E. 5c). Ältere Gesetze werden in der Praxis häufig so ausgelegt, wie wir sie heute verstehen (BVGer vom 17. Sept. 2009, A-6682/2008, E. 4.2.4).

1027 Massgeblich ist bei **älteren Gesetzen** somit vorab der **Sinn einer Norm**, wie er uns heute im Rahmen der **geltungszeitlichen Umstände** erscheint (BVGer vom 21. Mai 2010, A-6650/2009, E. 5.3), und es ist nach Sinn und Zweck einer Norm im Lichte der aktuellen Gegebenheiten und Wertvorstellungen zu fragen (BVGer vom 15. Okt. 2010, B-2257/2010, E. 5.5). Kurzum: Geltendes materielles Recht ist aktualisiert zu verstehen (VerwG LU vom 31. Mai 2000, in: ZBl 2000 S. 643 E. 4b/bb). **E contrario** legen bei **jüngeren Gesetzen** veränderte Umstände oder ein gewandeltes Rechtsverständnis eine andere Lösung als diejenige, wie sie sich aus den Materialien ergibt, weniger nahe (siehe Rz. 1018).

1028 Dem **Gericht ist es jedoch verwehrt**, im Rahmen einer **zeitgemässen Auslegung einer als zweckmässiger erachteten Lösung den Vorzug** zu geben, soweit sich das vom Wortlaut vorgegebene (bisherige) Ergebnis nicht als sachlich völlig unhaltbar erweist (BVGer vom 21. Mai 2010, A-6650/2009, E. 5.2.1). Es müssten sich hierfür die gesellschaftlichen Realitäten derart geändert haben, dass sich der ursprüngliche Normsinn bei gleichbleibendem Verständnis nicht mehr verwirklichen liesse (BGE 137 II 164 E. 4.4, 125 II 192 E. 3g). Ferner ist es **Aufgabe des Gesetzgebers**, derart gewandelten Anschauungen Ausdruck zu verleihen: Wenn sich das öffentliche Interesse an der Möglichkeit, Sonntags auch ausserhalb der Zentren des öffentlichen Verkehrs einzukaufen, derart gewandelt hat, dass es nunmehr das öffentliche Interesse an der Sonntagsruhe klarerweise überwiegt, können im Rahmen einer zeitgemässen Auslegung des Arbeitsgesetzes die Anforderungen an das dringende Bedürfnis i.S.v. Art. 19 Abs. 3 ArG nicht massiv gelockert werden (so jedenfalls VerwG ZH vom 7. Nov. 2007, VB.2007.00278, E. 3).

1029 Mittels einer **geltungszeitlichen Auslegung** kann die **verfassungsmässig festgelegte Kompetenzordnung** zwischen Bund und Kantonen nicht einfach umgestossen werden (BGE 137 II 164 E. 4.4 [Abgrenzung zwischen Lotterie und anderen Glücksspielen]; BGer vom 30. Nov. 2009, 2C_166/2009, E. 2.2.1 [Euthanisierung eines Hundes gestützt auf Bundesrecht]; vgl. auch BGE 133 I 172 E. 2, 133 I 249 E. 3.2). Sind gewisse **Kriterien** von Gesetzes wegen zu beachten, kann mit Blick auf eine geltungszeitliche Auslegung auf diese Kriterien nicht verzichtet werden (BGE 137 II 164 E. 4.4 [Kriterium der Planmässigkeit im Hinblick auf die Abgrenzung zwischen Glücksspiel und Lotterie]; vgl. auch BGE 137 II 222 E. 7.2).

Praxis:

- **Betriebsbewilligung für ein Multiplexkino trotz ausländischer Beteiligung:** Die vorab im Filmverleih tätige Focus Film AG, Zürich, und die zum deutschen CinemaxX-Konzern gehörende Kinobetreiberin Hans-Joachim Flebbe Filmtheater GmbH & Co., Hamburg, gründeten die MaxX Filmpalast AG, Zürich. Diese ersuchte das Erziehungs- und Kulturdepartement des Kantons Luzern um Bewilligung des gewerbsmässigen Betriebes der Filmvorführung in einem Kinokomplex («Multiplex») am Seetalplatz in Emmenbrücke. Das Erziehungs- und Kulturdepartement erteilte der MaxX Filmpalast AG die nachgesuchte Bewilligung gestützt auf Art. 18 aFiG. Gleichzeitig wies es verschiedene Einsprachen ab. Gegen den Entscheid des Erziehungs- und Kulturdepartementes erhoben die unterlegenen Einsprecher Verwaltungsgerichtsbeschwerde. Das Verwaltungsgericht weist die Beschwerde ab. Erwägungen: Gemäss Art. 18 aFiG bedarf es zur Eröffnung von Betrieben der Filmvorführung einer Bewilligung (Abs. 1). Gesuche um Erteilung einer Bewilligung sind unter dem Gesichtspunkt der allgemeinen kultur- und staatspolitischen Interessen zu entscheiden. Die Konkurrenzsituation bestehender Betriebe darf für die Ablehnung eines Bewilligungsgesuchs nicht ausschliesslich massgebend sein. Vorbehalten bleibt die Polizeigesetzgebung der Kantone (Abs. 2). Die Bewilligungsbehörden haben darauf zu achten, dass im örtlichen Bereich keine Monopole entstehen, die den öffentlichen Interessen zuwiderlaufen (Abs. 3). Das Gesetz (Art. 18 Abs. 2 aFiG) spricht von «allgemeinen kultur- und staatspolitischen Interessen», was den anwendenden Behörden sehr weite Beurteilungsspielräume öffnet. Die Beschwerdeführer sehen im Zusammenhang mit der beanstandeten ausländischen Beherrschung des Kinos ausdrücklich allein die staatspolitischen Interessen gefährdet. Soweit es zunächst um die staatspolitischen Interessen geht, kann den Beschwerdeführern die Praxis entgegengehalten werden, die diesem Gesichtspunkt kaum noch Bedeutung beimisst. Ihr liegt die mit dem gegebenen Hinweis auf die Eigenständigkeit des gesetzlichen Daseins bereits angedeutete Absage des Bundesgerichts an eine subjektiv-historische Auslegungsmethode zugrunde: Geltendes materielles Recht ist aktualisiert zu verstehen. Mit Blick auf den stetigen Auffassungswandel ist in der Tat nicht ersichtlich, inwiefern staatspolitische Interessen der Schweiz an der Schwelle zum 21. Jahrhundert gegen die Zulässigkeit einer ausländischen, namentlich deutschen Beteiligung an einem hiesigen Filmvorführbetrieb ins Feld geführt werden könnten. Die angesprochenen Überlegungen, die in diesem Zusammenhang beim Erlass des Filmgesetzes eine Rolle gespielt haben mögen, lassen sich nur mehr vor dem Hintergrund der damaligen historischen Konstellation verstehen. Jedenfalls bei der heute gegebenen Situation erscheinen sie in Anbetracht des scheinbar unaufhaltsamen Trends zur Globalisierung sowie der zwar beschwerlichen, aber zwangsläufigen Integrationsbemühungen unseres Landes als überholt und als nicht mehr ausschlaggebend. Nach dem Gesagten verletzt der angefochtene Entscheid unter dem Gesichtspunkt des staatspolitischen Interesses Art. 18 Abs. 2 aFiG nicht (VerwG LU vom 31. Mai 2000, in: ZBl 2000 S. 643 E. 4b/bb). 1030
- **Kriterium der Planmässigkeit (Abgrenzung zwischen Glücksspiel und Lotterie):** Trotz der veränderten Umstände rechtfertigt es sich nicht, aufgrund einer geltungszeitlichen Sicht von dem Verständnis der Lotterie und des Begriffs der Planmässigkeit abzuweichen bzw. diesen hier weiterzuentwickeln: Das Kriterium der Planmässigkeit vermag den Lotteriebegriff von den anderen Glücksspielen um Geld mit Blick auf die Vielzahl der Spielmöglichkeiten nur so lange abzugrenzen, als es konstant und rechtssicher gehandhabt wird. Zwar wäre methodisch eine Abweichung von der bisherigen (auf Entstehungsgeschichte sowie Sinn und Zweck beruhenden) Auslegung möglich, doch müssten sich hierfür die gesellschaftlichen Realitäten derart geändert haben, dass sich der ursprüngliche Normsinn bei gleichbleibendem Verständnis nicht mehr verwirklichen liesse. Dies ist vorliegend nicht der Fall: Bei der Unterscheidung der Lotterien von den (anderen) Glücksspielen aufgrund des Kriteriums der Planmässigkeit geht es um 1031

die Kompetenzabgrenzung zwischen Bund und Kantonen, weshalb die veränderten Umstände dieses Verhältnis betreffen müssten, d.h. sie müssten die eine oder die andere Körperschaft nicht mehr als geeignet erscheinen lassen, die ihr vom Gesetzgeber anvertraute Aufgabe zu lösen. Solche veränderten Umstände sind hier nicht ersichtlich; verändert haben sich das spielerische Umfeld und die spielerischen Bedürfnisse, was die Kompetenzabgrenzung nicht berührt. Das Bedürfnis der Rechtssicherheit und der Transparenz gebietet deshalb, am bisherigen Abgrenzungsverständnis, wonach das Kriterium der Planmässigkeit den Ausschluss des eigenen Spielrisikos des Veranstalters verlangt, festzuhalten. Eine blosse Reduktion des (Geschäfts)Risikos genügt hierfür nicht, denn jeder Anbieter von Glücksspielen oder Buchmacherwetten trifft über Rückstellungen und aufgrund von Wahrscheinlichkeitsberechnungen geeignete Massnahmen, um sein Risiko zu minimieren und das Zufallselement auszugleichen (BGE 137 II 164 E. 4.4).

1032 – **Euthanasierung eines Hundes wegen eines Beissunfalls gestützt auf Art. 25 Abs. 1 aTSchG:** Der Besitzer des Hirten- und Schutzhundes der «Tornjak-Hunderasse» weilte in den Ferien. Während dieser Zeit griff der Hund auf einem Spaziergang mit der Ehefrau des Besitzers unvermittelt eine Velofahrerin an und biss diese in den Oberschenkel sowie in den rechten Oberarm; sie musste im Spital ärztlich behandelt werden. Die Ehefrau konnte den Hund nur mit Mühe in das Haus zurückbringen. Der Polizei gelang es – der Aggressivität und des Gewichts (60kg) des Hundes wegen – erst nach mehreren Versuchen und unter Beizug ihres Hundespezialisten, das Haus zu betreten und den Hund in ein Tierheim zu bringen. Der beigezogene stellvertretende Kantonstierarzt ordnete dort die sofortige Einschläferung des Hundes an, was das kantonale Amt entsprechend verfügte. Das Verwaltungsgericht des Kantons Graubünden wies eine dagegen erhobene Beschwerde ab. Das Verwaltungsgericht stützte seinen Entscheid, den Hund zu euthanasieren, auf das im damaligen Zeitpunkt geltende Tierschutzgesetz vom 9. März 1978 (aTSchG). Das Bundesgericht weist die dagegen erhobene Beschwerde ab. Erwägungen: Nach Art. 25 Abs. 1 aTSchG schreitet die Behörde unverzüglich ein, wenn feststeht, dass Tiere stark vernachlässigt oder völlig unrichtig gehalten werden. Sie kann die Tiere vorsorglich beschlagnahmen und sie auf Kosten des Halters an einem geeigneten Ort unterbringen; wenn nötig lässt sie die Tiere verkaufen oder töten. Sie kann dafür die Hilfe der Polizeiorgane in Anspruch nehmen. Die Analyse des Art. 25 aTSchG zeigt: Der Tatbestand des Art. 25 Abs. 1 Satz 1 aTSchG steckt den Geltungsbereich des gesamten Artikels ab. Nur wenn feststeht, dass Tiere stark vernachlässigt oder völlig unrichtig gehalten werden, kann die Behörde die in Art. 25 aTSchG vorgesehenen Massnahmen anordnen, nötigenfalls kann sie Tiere verkaufen und töten. Sind Tiere stark vernachlässigt oder völlig unrichtig gehalten, so sind ihnen Leiden, Schmerzen oder Schäden zugefügt worden oder ihr Wohlbefinden ist erheblich beeinträchtigt. Art. 25 aTSchG bildet somit die notwendige Verwaltungsmassnahme, um die in Art. 2 aTSchG festgehaltenen tierschutzrechtlichen Grundsätze (Sorge für das Wohlbefinden, Verbot der Zufügung von Schmerzen, Leiden oder Schäden) durchzusetzen. Art. 25 aTSchG will somit nicht Menschen vor Tieren, sondern vielmehr Tiere vor Menschen schützen. Eine Tötung des Tieres nach Art. 25 aTSchG ist deshalb nur dann zulässig, wenn dessen Schmerzen oder Leiden aufgrund einer Vernachlässigung oder unrichtigen Haltung nicht mit vernünftigen Mitteln auf andere Weise gelindert oder geheilt werden können. Aus den Akten ergibt sich vorliegend, dass der Hund zum Schutz vor Menschen und nicht wegen Vernachlässigung oder unrichtiger Haltung euthanasiert worden ist. Art. 25 aTSchG kann deshalb keine Grundlage hierfür bilden. An diesem Ergebnis ändert auch die von der Vorinstanz vorgebrachte geltungszeitliche Auslegung nichts, insbesondere dann nicht, wenn sie die verfassungsrechtliche Kompetenzordnung umstösst. Dem Bund steht nach dem geltenden Verfassungsrecht keine Kompetenz zu, Vorschriften zum Schutz des Menschen vor gefährlichen Hunden zu erlassen. Auch eine geltungszeitliche Auslegung hat sich an der föderalen Kompetenzordnung zu orientieren. Würde im Übrigen die Argumentation der Vorinstanz zutreffen, so würden aufgrund von Art. 49 Abs. 1 BV alle kantonalen Regelungen, die Massnahmen gegen gefährliche Hunde normieren, obsolet (BGer vom 30. Nov. 2009, 2C_166/2009, E. 2.2.1; in casu vermochte die polizeiliche Generalklausel die fehlende gesetzliche Grundlage zu ersetzen).

9. Verfassungskonforme Auslegung

a) Begriff

Nach dem Grundsatz der **verfassungskonformen Auslegung** sind Normen so auszulegen, dass sie mit den ihnen übergeordneten Rechtssätzen auf Verfassungsstufe in Einklang stehen. Sind mehrere Interpretationen denkbar, soll jene gewählt werden, welche der **Verfassung am besten entspricht**, soweit diese von dem mit den massgeblichen Auslegungselementen ermittelten Normsinn nicht ausgeschlossen wird (BGE 137 I 351 E. 3.7, 137 I 31 E. 2, 137 II 164 E. 4.1, 136 I 316 E. 2.4.2, 136 II 149 E. 3, 135 I 161 E. 2.3, 134 I 105 E. 6, 126 V 334 E. 2d, 125 I 369 E. 4 und E. 5, 118 V 206 E. 5b; BVGer vom 22. Juni 2009, A-1552/2006, E. 2.2; VerwG GR vom 17. Juni 2003, in: PVG 2003 Nr. 32 E. 3; neuerdings auch HANSJÖRG SEILER/BRIGITTE KEEL BAUMANN, Verfassungskonforme Auslegung im Sozialversicherungsrecht. Möglichkeiten und Grenzen, in: FS für Erwin Murer, Bern 2010, S. 819 ff.). 1033

Eine verfassungs- und konventionskonforme Auslegung gilt insbesondere dann als zulässig, wenn der **Normtext lückenhaft, zweideutig oder unklar** ist (BGE 137 I 31 E. 2, 123 I 112 E. 2a, 111 Ia 23 E. 2, 109 Ia 273 E. 12c; BVGer vom 20. Okt. 2009, A-3381/2009, E. 3.2). Die verfassungskonforme Auslegung ist ferner bei einer **offenen Normierung** mittels unbestimmten Rechtsbegriffen oder der Einräumung von Ermessen ein geeignetes Mittel, um dem Vollzug der betreffenden Bestimmung die verfassungsrechtlich geforderte Ausrichtung zu verleihen (BGer vom 30. Sept. 2009, 1C_179/2008, E. 2 [in BGE 136 I 87 ff. nicht publ. E.]). 1034

Der **klare und eindeutige Wort- bzw. Normsinn** darf durch eine **verfassungskonforme Interpretation** nicht beiseite geschoben werden (BGE 137 I 167 E. 4.3, 137 I 31 E. 2, 136 V 231 E. 5.1, 134 II 249 E. 2.3, 131 II 217 E. 2.3, 129 II 249 E. 5.4, 128 V 20 E. 3a, 126 V 468 E. 5a, 123 I 112 E. 2a, 109 Ia 273 E. 12c). Ergibt sich ein eindeutiges Auslegungsergebnis, kann dieses Ergebnis nicht auf dem Weg einer verfassungskonformen Auslegung korrigiert werden (BGE 130 II 65 E. 4.2). Die verfassungskonforme Auslegung findet demnach **im klaren Wortlaut und Sinn einer Norm ihre Grenze** (BGE 134 II 249 E. 2.3, 131 II 217 E. 2.3, 129 II 249 E. 5.4, 128 V 20 E. 3a, 123 II 9 E. 2; BVGE 2007/41 E. 4.2; BVGer vom 20. Okt. 2009, A-3381/2009, E. 3.2; vom 10. Sept. 2009, A-1754/2006, E. 2.6; vom 20. Juli 2009, A-4811/2007, E. 4). 1035

Praxis:

- **Einreise- und Transitverbot gemäss Art. 4a Talibanverordnung:** Am 2. Okt. 2000 erliess der Bundesrat die Verordnung über Massnahmen gegenüber Personen und Organisationen mit Verbindungen zu Osama bin Laden, der Gruppierung «Al-Qaïda» und den Taliban (TalibanV). Danach sind Gelder und wirtschaftliche Ressourcen, die sich im Eigentum oder unter Kontrolle der natürlichen und juristischen Personen, Gruppen und Organisationen nach Anhang 2 befinden, gesperrt, und es ist verboten, Gelder an diese zu überweisen oder ihnen Gelder und wirtschaftliche Ressourcen sonst wie direkt oder indirekt zur Verfügung zu stellen (Art. 3 Abs. 1 und 2). Die Einreise in die Schweiz oder die Durchreise durch die Schweiz ist den in Anhang 2 aufgeführten natürlichen Personen verboten (Art. 4a Abs. 1). Am 9. Nov. 2001 wurden Youssef Nada sowie verschiedene mit ihm verbundene Organisationen in die vom Sanktionsausschuss herausgegebene Liste aufgenommen. Anhang 2 TalibanV wurde am 30. Nov. 2001 um diese 1036

Namen ergänzt. Am 22. Sept. 2005 stellte Youssef Nada dem Bundesrat das Gesuch, er und die mit ihm verbundenen Organisationen seien aus dem Anhang 2 TalibanV zu streichen. Mit Verfügung vom 18. Jan. 2006 lehnte das Staatssekretariat für Wirtschaft (seco) das Gesuch ab. Das Bundesgericht weist die dagegen erhobene Beschwerde ab. Erwägungen: Art. 4a Abs. 2 TalibanV sieht vor, dass das Bundesamt für Migration in Übereinstimmung mit den Beschlüssen des Sicherheitsrates oder zur Wahrung schweizerischer Interessen Ausnahmen gewähren kann. Art. 4a Abs. 2 TalibanV ist als «Kann»-Bestimmung formuliert und erweckt den Eindruck, als stehe dem Bundesamt für Migration ein Ermessensspielraum zu. Die Bestimmung ist jedoch verfassungskonform in dem Sinne auszulegen, dass eine Ausnahme nur dann gewährt werden kann, indem das UNO-Sanktionsregime dies erlaubt. Das Bundesamt für Migration hat somit in verfassungskonformer Auslegung der betreffenden Bestimmung keinen eigenen Ermessensspielraum. Es muss vielmehr prüfen, ob die Voraussetzungen für eine Ausnahmeerteilung vorliegen. Fällt das Gesuch nicht unter eine vom Sicherheitsrat vorgesehene generelle Ausnahme, muss es dem Sanktionsausschuss zur Genehmigung vorgelegt werden. Vorliegend wohnt der Beschwerdeführer in Campione, einer italienischen Exklave im Tessin, mit einer Fläche von nur 1,6 km^2. Das Ein- und Durchreiseverbot hat somit zur Folge, dass er Campione nicht verlassen kann. Im praktischen Ergebnis kommt dies einem Hausarrest nahe und stellt damit eine schwerwiegende Beschränkung der persönlichen Freiheit des Beschwerdeführers dar. In dieser Situation sind die schweizerischen Behörden verpflichtet, alle nach den Resolutionen des Sicherheitsrats zulässigen Erleichterungen des Sanktionsregimes auszuschöpfen (BGE 133 II 450 E. 10.2).

1037 – **Art. 16 KV/AI (Frauenstimmrecht):** Im vorliegenden Fall geht es in erster Linie um die Auslegung und Anwendung von Art. 16 KV. Dessen Absatz 1 lautet wie folgt: «An Landsgemeinden und an Gemeindeversammlungen sind alle im Kanton wohnhaften Landleute sowie die übrigen Schweizer stimmberechtigt, sofern sie das 20. Altersjahr vollendet haben und im Stimmregister eingetragen sind.» Der Wortlaut dieser Bestimmung steht einer verfassungskonformen Auslegung nicht entgegen. Der Weg der verfassungskonformen Auslegung stünde nur dann nicht offen, wenn diese dazu führen würde, den klaren Sinn und insbesondere den klaren Wortlaut der infrage stehenden Norm beiseite zu schieben. Dies ist hier nicht der Fall. Ausser Zweifel steht nämlich, dass zu den Schweizern nach heutigem Verfassungsverständnis Schweizer und Schweizerinnen gehören. Auch der Begriff «Landleute», der die Bürger des Kantons Appenzell I.Rh. bezeichnet, kann im Lichte von Art. 4 Abs. 2 aBV nur so verstanden werden, dass er auch die Bürgerinnen einschliesst, umfasst doch die Bezeichnung «Leute» im gewöhnlichen Sprachgebrauch Männer und Frauen. Art. 4 Abs. 2 aBV führt demnach zu einer neuen, dem Wortlaut nicht widersprechenden Auslegung von Art. 16 Abs. 1 KV, die mit dem Gebot der Gleichberechtigung der Geschlechter übereinstimmt. Eine Änderung von Art. 16 KV ist daher nicht notwendig. Vielmehr genügt es, wenn festgestellt wird, dass Art. 16 Abs. 1 KV bei verfassungskonformer Auslegung für Männer und Frauen anwendbar ist, d.h. dass den Frauen gestützt auf Art. 16 KV in Verbindung mit den Art. 4 Abs. 2 aBV und 6 Abs. 2 aBV die politischen Rechte zustehen. Dieses Ergebnis führt dazu, dass Art. 16 Abs. 4 KV, der die Kirch- und Schulgemeinden ermächtigt, den Frauen das Stimm- und Wahlrecht zu gewähren, keine selbstständige Bedeutung mehr hat, da Art. 16 Abs. 1 KV sich nicht nur auf die Landsgemeinde, sondern auch auf die Gemeindeversammlungen bezieht. Den Frauen steht somit auch an den Gemeindeversammlungen und gestützt auf Art. 33 Abs. 1 KV an den Bezirksversammlungen das Stimm- und Wahlrecht zu. Art. 16 Abs. 4 KV stellt daher lediglich noch eine historische Reminiszenz dar (BGE 116 Ia 359 E. 10c).

1038 – **Zonenkonformität religiöser Bauten in der Gewerbezone:** Art. 40 des kommunalen Baureglements lässt religiöse Bauten wie das geplante Versammlungs- und Schulungslokal weder explizit zu noch schliesst er solche ausdrücklich aus. In Bezug auf die bau- und planungsrechtliche Behandlung von Kultusbauten hat eine grundrechtskonforme Auslegung insbesondere dort zu erfolgen, wo Generalklauseln oder unbestimmte Rechtsbegriffe die Zulässigkeit bestimmter Bauten regeln. Die EG Reichenbach stellt sich auf den Standpunkt, in der Gewerbezone G seien Nutzungen für religiöse Zwecke wie auch Schulungs- und Veranstaltungsräume nicht zulässig. Sie hat dazu ausgeführt, mit der Ortsplanungsrevision 2006 sei die Gewerbezone «Alte

Strasse», zu welcher die Parzelle Nr. 321 gehöre, mit dem Ziel ausgeschieden worden, Raum für Nutzungen zu schaffen, welche Arbeitsplätze generieren. Die (angebliche) Absicht der Gemeinde, in der Gewerbezone «Alte Strasse» nur Nutzungen zuzulassen, welche neue Arbeitsplätze schaffen, hat sich im Wortlaut von Art. 40 BauR jedoch nicht ausdrücklich niedergeschlagen. Nach diesem ist die Gewerbezone G für «Industrie- und Gewerbebetriebe» bestimmt; weiter sind «Verkaufsgeschäfte» zulässig. Wortlaut, Systematik und Entstehungsgeschichte lassen sowohl ein enges wie auch ein weites Verständnis des Begriffs des «Gewerbebetriebs» zu. In derartigen Fällen ist die Gemeinde gestützt auf Art. 35 BV zur verfassungskonformen Auslegung verpflichtet. Diesbezüglich ist zu berücksichtigen, dass die neuere bundesgerichtliche und bernische Rechtsprechung religiöse Bauten unter gewissen Voraussetzungen durchaus als Gewerbebauten im baurechtlichen Sinn qualifiziert hat. Als in einer Gewerbezone bzw. in einer Gewerbe-Industrie-Zone zulässig erachtet werden religiöse Bauten auch in verschiedenen neueren kantonalen Urteilen. Für die Zulässigkeit religiöser Bauten in Gewerbe- und Industriezonen spricht sich ferner auch ein Teil des Schrifttums aus. Ferner zeigt die bisherige Praxis der Gemeinde, dass sie den Kreis der in der Gewerbezone G zulässigen Nutzungen bisher eher weit gezogen hat. Dabei handelt es sich nicht nur um Industrie- oder Gewerbebetriebe im engeren Sinn, sondern auch um Freizeit- bzw. Dienstleistungsnutzungen. Die Gemeinde hat ferner nicht eindeutig zum Ausdruck gebracht, dass in der Gewerbezone G nur Betriebe zugelassen sind, welche Arbeitsplätze generieren. Geht eine Gemeinde unter solchen Voraussetzungen von einem vergleichsweise weiten Gewerbebegriff aus, so fallen auch religiöse Bauten unter denselben. Mit Blick auf das Gebot der verfassungskonformen Auslegung muss unter diesen Umständen das streitbetroffene religiöse Bauvorhaben als mit dem Zweck der Gewerbezone G vereinbar und daher insoweit als zonenkonform betrachtet werden (VerwG BE vom 17. Juni 2009, in: BVR 2010 S. 113 E. 3 und E. 4; bestätigt in BGer vom 30. Nov. 2009, 1C_366/2009).

b) Art. 190 BV

Gemäss **Art. 190 BV** sind **Bundesgesetze und Völkerrecht** für das Bundesgericht und die anderen rechtsanwendenden Behörden verbindlich (BGE 137 I 128 E. 4.3.1, 136 I 49 E. 3.1, 136 I 65 E. 3.2, 136 II 120 E. 3.5.1, 135 II 384 E. 3.1, 133 II 305 E. 6.6, 132 II 710 E. 5.4). Das Bundesgericht muss mithin die in den Bundesgesetzen enthaltenen Bestimmungen anwenden, selbst wenn sie der Verfassung widersprechen sollten (BGE 134 II 249 E. 2.3, 133 II 305 E. 5.2). Soweit der Bundesgesetzgeber **unbestimmte Rechtsbegriffe** verwendet oder sonst wie **Beurteilungsspielräume** eröffnet, kann immerhin versucht werden, die betreffende Norm verfassungskonform auszulegen (BGE 137 I 128 E. 4.3.1, 134 I 105 E. 6, 134 II 249 E. 2.3, 131 II 697 E. 4.1, 128 IV 201 E. 1.2). Ferner betrachtet das Bundesgericht die verfassungskonforme Auslegung von Bundesgesetzen dann als zulässig, wenn diese eine **Lücke** aufweisen (BGE 138 I 61 E. 4.3, betreffend das Bundesgesetz über die politischen Rechte, welches keinen nachträglichen Rechtsschutz im Sinne einer Wiedererwägung oder Revision kennt). 1039

Geht allerdings aus der Auslegung der betreffenden Bestimmung ein **klares Ergebnis** hervor und widerspricht dieses der Verfassung, ist eine **verfassungskonforme Auslegung nicht möglich** (BGE 131 II 697 E. 4 und E. 5, betr. die gleiche tarifliche Ermässigung von Einelternfamilien, Steuerpflichtigen mit unterstützungsbedürftigen Personen und verheirateten Personen). Die verfassungskonforme Auslegung findet – auch bei festgestellter Verfassungswidrigkeit – am klaren Wortlaut und Sinn einer Gesetzesbestimmung ihre Schranke (BGE 137 I 128 E. 4.3.1, 133 II 305 E. 5.2, 131 II 710 E. 4.1). 1040

1041 Als **Ausfluss von Art. 190 BV** kann das Bundesgericht auch einen (verfassungswidrigen) **kantonalen Hoheitsakt** nicht aufheben, soweit dessen Inhalt durch ein Bundesgesetz vorgegeben bzw. abgedeckt ist (BGE 136 I 65 E. 3.3, 130 I 26 E. 2.2.2, 119 Ia 241 E. 5b). Die gleiche Einschränkung gilt, wenn sich die Delegation an die Kantone auf eine bundesrätliche Verordnung stützt, die ihrerseits auf einem verfassungswidrigen Bundesgesetz beruht und vom Bundesgericht grundsätzlich nicht überprüft werden kann; die Prüfbefugnis des kantonalen Rechts erstreckt sich nur so weit, wie ein Gericht das Bundesrecht selbst zu prüfen befugt ist (BGE 130 I 26 E. 2.2.2, 126 I 1 E. 2f, 119 Ia 241 E. 5c). Der Zusammenhang zwischen der kantonalen und der bundesgesetzlichen Regelung muss dabei zwingend oder zumindest sehr eng sein (BGE 126 I 1 E. 2f). Massgebend ist, ob die wirksame Durchführung der im Bundesgesetz enthaltenen Regelungsidee zwingend nach der entsprechenden kantonalen Lösung ruft (BGE 136 I 65 E. 3.3, 130 I 26 E. 2.2.2).

1042 Vom Anwendungsgebot des Art. 190 BV werden ferner **kantonale Regelungen** erfasst, die zwar vor in Kraft treten des entsprechenden Bundesgesetzes erlassen wurden, jedoch in einem **engen zeitlichen und sachlichen Zusammenhang zur Bundesregelung** entstanden sind (zu Art. 7 Abs. 1 Satz 2 StHG [Dividendenbesteuerung] BGer vom 25. Sept. 2009, 2C_62/2008, E. 4.4 [Basel-Landschaft]; vom 25. Sept. 2009, 2C_30/2008, E. 4.5 [Zürich]; BGE 136 I 65 E. 4.3 [Schaffhausen]: Zwischen der Revision des StHG sowie des kant. Steuergesetzes war kein genügend enger Sachzusammenhang ersichtlich, sodass das Bundesgericht die Verfassungsmässigkeit des kantonalen Erlasses untersuchen und ihn aufheben konnte).

Praxis:

1043 – **Nötigung durch Blockade des Bareggtunnels:** Am 4. Nov. 2002 führte die (damalige) Gewerkschaft Bau und Industrie (GBI) einen nationalen Streiktag der Bauarbeiter durch. Eine Schlussdemonstration wurde unter der Organisation der GBI auch auf der Autobahn A1 durchgeführt. Dabei wurden mit insgesamt zirka 30 Autobussen und zahlreichen Personenwagen von rund 2000 Demonstranten in der Zeit von 14.50 bis 16.10 Uhr die beiden Tunnelröhren des Bareggtunnels beidseitig, am Ost- und am Westportal, blockiert. Als Folge dieser nicht im Voraus angekündigten Blockadeaktion kam der Verkehr während mehrerer Stunden vollständig zum Erliegen. Die Ausweichrouten auf den Kantonsstrassen waren überlastet, und die Rettungsachsen für Sanität, Feuerwehr und Polizei waren abgeriegelt. Der Präsident 3 des Bezirksgerichts Baden verurteilte verschiedene Personen wegen Nötigung i.S.v. Art. 181 StGB zu bedingt vollziehbaren Gefängnisstrafen von 14 Tagen und zu Bussen von Fr. 500.–. Das Bundesgericht bestätigt diese Verurteilung. Erwägungen: Gemäss Art. 181 StGB wird wegen Nötigung mit Freiheitsstrafe bis zu drei Jahren oder mit Geldstrafe bestraft, wer jemanden durch Gewalt oder Androhung ernstlicher Nachteile oder durch andere Beschränkung seiner Handlungsfreiheit nötigt, etwas zu tun, zu unterlassen oder zu dulden. Die in der Rechtsprechung als «gefährlich weit» bezeichnete Tatbestandsvariante der «anderen Beschränkung der Handlungsfreiheit» in Art. 181 StGB ist aus rechtsstaatlichen Gründen restriktiv auszulegen. Das Zwangsmittel der «anderen Beschränkung der Handlungsfreiheit» muss, um tatbestandsmässig zu sein, das üblicherweise geduldete Mass an Beeinflussung in ähnlicher Weise eindeutig überschreiten, wie es für die im Gesetz ausdrücklich genannten Zwangsmittel der Gewalt und der Androhung ernstlicher Nachteile gilt. Die weite Umschreibung des Nötigungstatbestands von Art. 181 StGB hat ferner zur Folge, dass nicht jedes tatbestandsmässige Verhalten bei Fehlen von Rechtfertigungsgründen auch rechtswidrig ist. Vielmehr bedarf die Rechtswidrigkeit bei Art. 181 StGB einer zusätzlichen, besonderen Begründung. Bei der Beurteilung der Rechtswidrigkeit ist ausserdem den verfassungsmässigen Rechten der Beteiligten Rechnung zu tragen. Im vorliegenden Fall wurden im Rahmen der von den Beschwerdeführern geplanten, vorbereiteten und organisierten Aktion zirka 30 Busse und zahlreiche weitere Motorfahrzeuge auf der Fahrbahn der Autobahn abgestellt und auf diese Weise ein Hindernis errichtet (Nötigungsmittel). Durch die Errichtung des Hindernisses wurden die übrigen Verkehrsteilnehmer genötigt, etwas zu tun, zu dulden und zu unterlassen, nämlich anzuhalten, zu warten und nicht weiterzufahren (Nötigungszweck). Die Blockadeaktion wurde im Hinblick auf die Forderung nach der Einführung eines flexiblen Altersrücktritts ab dem 60. Altersjahr durchgeführt. Dies ist nicht der Nötigungszweck im strafrechtlichen Sinne. Die betroffenen Verkehrsteilnehmer wurden nicht zur Einführung des flexiblen Altersrücktritts, sondern zum Anhalten und Warten genötigt. Die geforderte Einführung des flexiblen Altersrücktritts ist im vorliegenden Fall das Fernziel der Nötigung. Durch die inkriminierte Aktion wurden die Verkehrsteilnehmer für die Dauer von anderthalb Stunden und mehr nicht allein an dieser Fortbewegung, sondern vielmehr auch daran gehindert, ihren vielfältigen Verpflichtungen namentlich auch beruflicher Art nachzugehen. Die Beschwerdeführer verfolgten mit der von ihnen geplanten, vorbereiteten und organisierten Aktion den Zweck, einen Verkehrsstau zu provozieren. Sie haben somit durch die von ihnen verantwortete Aktion den Tatbestand der Nötigung i.S.v. Art. 181 StGB erfüllt. Die Blockadeaktion dauerte von 14.50 bis 16.10 Uhr. Sie war nicht im Voraus angekündigt worden. Infolge der Aktion kam der Verkehr auf den im fraglichen Abschnitt ohnehin stark verkehrsbelasteten Autobahnen A1 und A3 vollständig zum Erliegen. Es bildeten sich Staus von maximal zehn Kilometern Länge, die sich teilweise erst nach 19.00 Uhr auflösten. Die Verkehrsteilnehmer hatten auf der Autobahn keine Möglichkeit, auszuweichen oder zu wenden. Die von der Aktion betroffenen Menschen waren für die von den Beschwerdeführern beklagten Missstände weder verantwortlich noch konnten sie etwas zu deren Beseitigung beitragen. Daran ändert die gebotene Berücksichtigung der hier in Betracht zu ziehenden verfassungsmässigen Rechte der Beteiligten, nämlich des Streikrechts, der Versammlungsfreiheit und der Meinungsäusserungsfreiheit, nichts. Insbesondere gewährleistet die Versammlungsfreiheit gemäss Art. 22 BV kein unbedingtes Recht, andere Verkehrsteilnehmer derart massiv zu behindern. Die Behinderung der Verkehrsteilnehmer war ferner nicht eine von den Beschwerdeführern bloss in Kauf genommene, mehr oder weniger unvermeidliche Folge einer Versammlung von Bauarbeitern im öffentlichen Raum. Sie war nach dem Plan der Beschwerdeführer vielmehr die angestrebte Folge einer gezielten Blockadeaktion, indem durch das Abstellen der zirka 30 gemieteten Busse und der weiteren Fahrzeuge auf der Autobahn medienwirksam ein unüberwindliches Hindernis errichtet und dadurch auf dem stark befahrenen Autobahnabschnitt kilometerlange Staus provoziert wurden. Damit tritt die allfällige Versammlung der Bauarbeiter im Rahmen der gesamten von den Beschwerdeführern geplanten und organisierten Aktion in den Hintergrund. Die Blockade ist daher auch unter der gebotenen Berücksichtigung des Grundrechts der Versammlungsfreiheit unrechtmässig (BGE 134 IV 216 E. 4).

– **Änderung der Kapitalgewinnsteuer (Dividendenbesteuerung) im Kanton Schaffhausen:** 1044
Mit Beschluss vom 23. März 2007 (in Kraft seit 1. Jan. 2009) änderte die Bundesversammlung im Rahmen der sogenannten Unternehmenssteuerreform II verschiedene steuerrechtliche Bestimmungen des Bundes. Unter anderem fügte sie in Art. 7 Abs. 1 StHG den folgenden zweiten Satz ein: «Bei Dividenden, Gewinnanteilen, Liquidationsüberschüssen und geldwerten Vorteilen aus Beteiligungen aller Art, die mindestens 10 Prozent des Grund- oder Stammkapitals ausmachen (qualifizierte Beteiligungen), können die Kantone die wirtschaftliche Doppelbelastung von Körperschaften und Anteilsinhabern mildern.» Art. 38 Abs. 3a StG/SH (in Kraft seit dem 1. Jan. 2004) entspricht dem revidierten Art. 7 Abs. 1 StHG und wird von diesem seit dessen Inkrafttreten am 1. Jan. 2009 inhaltlich gedeckt. Im vorliegenden Fall steht die Verfassungsmässigkeit einer kantonalen Gesetzesbestimmung in Frage. Dafür gilt das Anwendungsgebot von Art. 190 BV grundsätzlich nicht. Setzt das kantonale Steuergesetz allerdings unmittelbar Harmonisierungsrecht des Bundes um, das im Steuerharmonisierungsgesetz enthalten ist, greift das verfassungsrechtliche Anwendungsgebot auf das kantonale Recht durch. Das kantonale Steuergesetz, für welches das Anwendungsgebot an sich nicht gilt, wird davon als Umsetzungsakt der bundesgesetzlichen Ordnung erfasst. Die fragliche schaffhausische Gesetzesbestimmung wurde am 15. Sept. 2003 erlassen. Sie trat am 1. Jan. 2004 in Kraft. Seit etwa 2001 gab es zwar im Bund verwaltungsinterne Abklärungen zur Unternehmenssteuerentlastung, die

bundesrätliche Botschaft zum Unternehmenssteuerreformgesetz II datiert aber erst vom 22. Juni 2005 (BBl 2005 4733), erging also rund anderthalb Jahre, nachdem der Kanton Schaffhausen die Entlastung eingeführt hatte. Die beiden Gesetzesrevisionen im Bund und im Kanton stehen nicht in einem derart engen Konnex, dass jene diese bereits damals hätte inhaltlich abdecken können. Sowohl die Frage, ob es je zu einer Änderung des Bundesgesetzes kommen würde, als auch die eventuelle materielle Ausgestaltung des Bundesrechts waren damals völlig offen. Die Vorlage war nicht nur in der Lehre, in der Verwaltung und im Parlament umstritten, sondern auch die Volksabstimmung im Feb. 2008 fiel knapp aus. Es ist ausgeschlossen, dass eine allfällige Verfassungswidrigkeit des kantonalen Rechts in den Jahren 2004 und 2005 von der im Jahre 2007 von der Bundesversammlung beschlossenen, 2008 vom Volk angenommenen und 2009 in Kraft getretenen Bundesgesetzesnovelle beseitigt werden könnte, deren Zustandekommen damals ungesichert und deren Inhalt unbekannt waren. Hätten überdies die Beschwerdeführer die schaffhausische Regelung 2003 im Verfahren der abstrakten Normenkontrolle angefochten, wäre ein Abstellen auf eine Bundesnorm, zu der damals noch nicht einmal eine bundesrätliche Botschaft vorlag, von vornherein ausser Betracht gefallen. Dass sich die Frage heute stellt, hängt lediglich damit zusammen, dass die Beschwerdeführer damals nicht mit abstrakter Normenkontrolle den Erlass, sondern später im Verfahren der konkreten Normenkontrolle die Steuerveranlagungen für die Jahre 2004 und 2005 angefochten haben. Einzig das bundesprozessuale Erfordernis, den kantonalen Instanzenzug vollständig zu durchlaufen, führte dazu, dass das neue Harmonisierungsrecht des Bundes inzwischen in Kraft treten konnte. Das vermag aber nicht die Geltung des Anwendungsgebots von Art. 190 BV mit der Folge zu rechtfertigen, dass die ausschliesslich auf das kantonale Gesetz gestützten Veranlagungen der Beschwerdeführer wegen des deutlich später erlassenen Bundesrechts von der Überprüfung auf Verfassungsmässigkeit ausgeschlossen wären. Die angefochtenen Steuerveranlagungen für die Jahre 2004 und 2005 sind demnach rückblickend auf Verfassungsmässigkeit hin zu überprüfen (BGE 136 I 65 E. 4.3.2).

c) *Abstrakte Normenkontrolle kantonaler Erlasse*

1045 Das Bundesgericht auferlegt sich im Rahmen der abstrakten Normenkontrolle von kantonalen Erlassen eine gewisse **Zurückhaltung** namentlich mit Rücksicht auf die verfassungsmässige Kompetenzordnung im föderalistischen Bundesstaat (BGE 135 II 243 E. 2). Es hebt eine kantonale Norm nur auf, sofern sie sich **jeglicher verfassungs- und konventionskonformen Auslegung** entzieht oder wenn aufgrund der Umstände mit einer gewissen Wahrscheinlichkeit das Risiko besteht, dass sie in einer Weise ausgelegt wird, die übergeordnetes Recht verletzt (BGE 137 I 31 E. 2, 135 II 243 E. 2, 133 I 77 E. 2, 125 I 369 E. 2, 119 Ia 321 E. 4; BGer vom 30. Sept. 2009, 1C_179/2008, E. 2 [in BGE 136 I 87 ff. nicht publ. E.]). Allerdings kann es nicht Sache der Verwaltung oder der Gerichte sein, nach der verfassungsrechtlichen Zuständigkeitsordnung dem Gesetzgeber übertragene Entscheidungen zu treffen, um eine derartige Regelung vor der Nichtigkeit zu retten (vgl. VerwG GR vom 17. Juni 2003, in: PVG 2003 Nr. 32 E. 3).

1046 Das Bundesgericht prüft, ob der betreffenden Norm nach anerkannten Auslegungsregeln ein **Sinn** zugemessen werden kann, der sie mit den angerufenen **Verfassungsbestimmungen** vereinbar erscheinen lässt. Voraussetzung ist, dass die zu überprüfende Norm eine Lücke oder Unbestimmtheit aufweist (BGE 137 I 31 E. 2; BGer vom 30. Sept. 2009, 1C_179/2008, E. 2 [in BGE 136 I 87 ff. nicht publ. E.]). Im Zusammenhang mit der abstrakten Normkontrolle kantonaler Erlasse wird die verfassungskonforme Auslegung als zulässig erachtet, wenn der Normtext lückenhaft, zweideutig oder unklar ist (BGE 138 I 61 E. 4.3, 137 I 31 E. 2).

Bei der **Prüfung** ist mitzuberücksichtigen, unter welchen **Umständen** und von **wem** die betreffende Bestimmung angewendet und wie der Wortlaut mit grosser Wahrscheinlichkeit ausgelegt wird (BGE 136 I 241 E. 3.3.2, 121 I 334 E. 2c; BGer vom 28. März 2007, 1P.541/2006, E. 2.5 [in BGE 133 I 110 ff. nicht publ. E.]). Das Gericht hat die Möglichkeit einer verfassungskonformen Auslegung nicht nur abstrakt zu untersuchen, sondern auch die **Wahrscheinlichkeit verfassungstreuer Anwendung** miteinzubeziehen, um das Risiko einer Verfassungsverletzung möglichst gering zu halten. Entsprechend hat das Bundesgericht bei jeder durch das Gesetz angeordneten Massnahmen zu prüfen, ob eine verfassungskonforme Interpretation möglich erscheint (BGE 137 I 31 E. 6 [Hooligan-Konkordat], 136 I 87 E. 4-8 [Polizeigesetz des Kantons Zürich], BGer vom 16. Nov. 2010, 1C_16/2010 und 1C_18/2010, E. 6-9; vom 16. Nov. 2010, 1C_50/2010, E. 4-9 [Beitritt zum Konkordat über Massnahmen gegen Gewalt anlässlich von Sportveranstaltungen]). 1047

Dabei dürfen auch die **Erklärungen der Behörden** über die beabsichtigte künftige Anwendung der Vorschrift berücksichtigt werden (BGE 135 II 243 E. 2, 133 I 77 E. 2, 130 I 26 E. 2.1, 128 I 327 E. 3.1, 125 I 369 E. 2, 123 I 112 E. 2a, 118 Ia 427 E. 3b). Ferner ist die **Tragweite einer möglichen Verfassungsverletzung**, die Möglichkeit, bei einer **späteren (konkreten) Normkontrolle** einen hinreichenden **verfassungsrechtlichen Schutz** zu erhalten, die Möglichkeit einer Korrektur und die Auswirkungen auf die Rechtssicherheit zu untersuchen. Der blosse Umstand jedenfalls, dass die angefochtene Norm in einzelnen Fällen auf eine verfassungswidrige Weise angewendet werden könnte, führt für sich allein im Rahmen einer abstrakten Normenkontrolle noch nicht zu deren Aufhebung (BGE 137 I 31 E. 2, 135 II 243 E. 2, 133 I 77 E. 2, 131 II 687 E. 4.1, 130 I 26 E. 2.1, 128 I 327 E. 3.1; BGer vom 30. Sept. 2009, 1C_179/2008, E. 2 [in BGE 136 I 87 ff. nicht publ. E.]; vom 17. März 2009, 1C_140/2008, E. 3). 1048

Praxis:

- **Verbot des unlauteren oder täuschenden Anwerbens auf öffentlichem Grund:** Am 16. Sept. 1998 fügte der Grosse Rat das Kantons Basel-Stadt in das kantonale Übertretungsstrafgesetz vom 15. Juni 1978 (ÜStG) folgenden neuen § 23a ein: «§ 23a Anwerbung auf Allmend: Wer durch täuschende oder unlautere Methoden Passantinnen und Passanten auf der Allmend anwirbt oder anzuwerben versucht. Die Polizei ist befugt, Anwerbende von einzelnen Orten oder generell wegzuweisen, wenn Anzeichen dafür bestehen, dass bei der Anwerbung widerrechtliche, insbesondere täuschende oder sonst unlautere Methoden angewendet oder Passantinnen und Passanten in unzumutbarer Weise belästigt werden.» Mit Eingabe vom 19. Okt. 1998 erheben der Verein «Scientology Kirche Basel» und M staatsrechtliche Beschwerde mit dem Antrag, die Änderung des kantonalen Übertretungsstrafgesetzes vom 16. Sept. 1998 (§ 23a) sei aufzuheben. Das Bundesgericht weist die staatsrechtliche Beschwerde ab. Erwägungen: Es liegt im öffentlichen Interesse, Polizeigüter wie Ruhe, Ordnung, Sicherheit, Gesundheit und Sittlichkeit sowie Treu und Glauben im Geschäftsverkehr zu schützen. Dieses Ziel mit einer Übertretungsstrafnorm zu verfolgen, widerspricht dem Verhältnismässigkeitsprinzip nicht. Art. 9 Ziff. 2 EMRK präzisiert diesbezüglich ausdrücklich, dass eine Beschränkung der Religionsfreiheit nicht nur zulässig ist, wenn sie im Interesse der öffentlichen Sicherheit und Ordnung in einer demokratischen Gesellschaft notwendig ist, sondern auch dann, wenn dies in einer demokratischen Gesellschaft zum Schutz der Rechte und Freiheiten anderer notwendig ist. Es entspricht einem öffentlichen Interesse, wenn der Kanton auf der Allmend schon bei der Anwerbung durch Scientologen oder durch andere Gruppierungen, die gleich vorgehen sollten, täuschende und unlautere Praktiken unterbinden will. Hingegen wäre es un- 1049 verhältnismässig, ein Anwerben ohne missbräuchlichen Druck zu verbieten, wenn die Anzuwerbenden in keinem Abhängigkeitsverhältnis zum Anwerbenden stehen und sich nicht verpflichtet fühlen, dem Anwerbenden zuzuhören. Die Pönalisierung des Anwerbens mit täuschenden und unlauteren Methoden durch den ersten Satz der angefochtenen Norm liegt somit im öffentlichen Interesse, ist verhältnismässig und stellt eine in einer demokratischen Gesellschaft notwendige Massnahme dar. Die Konkretisierung der Begriffe «täuschend» und «unlauter» im Anwendungsfall gibt den staatlichen Organen Auslegungsfragen auf, die unvermeidbarerweise mit Werturteilen verbunden sind. Diese Werturteile müssen sich an den betroffenen Grundrechten orientieren. Aus dem Wesen der Religionsfreiheit ergibt sich z.B., dass das Anwerben für eine Religion grundsätzlich nicht wegen deren Inhalt als täuschend oder unlauter angesehen werden darf. Die Tatsachen, über die getäuscht wird, müssen sich regelmässig ausserhalb des Inhalts einer Religion befinden, da sich die Wahrheit von transzendenten Aussagen definitionsgemäss einer Überprüfung durch staatliche Gerichte entzieht. Einzig die Methode des Anwerbens für irgendeine Sache darf in einer demokratischen Gesellschaft als täuschend oder unlauter angesehen werden, wenn sie die Freiheit, sich für oder gegen diese Sache zu entscheiden, nicht respektiert oder Personen betrifft, die sich nicht frei entscheiden können. In diesem Fall ist eine Beschränkung der Religionsfreiheit zum Schutz der Rechte und Freiheiten anderer notwendig. § 23a ÜStG entspricht somit einem überwiegenden öffentlichen Interesse und er sieht angesichts seiner Formulierung und der Grundrechte Dritter einen verhältnismässigen Eingriff in die Grundrechte der Anwerbenden vor (BGE 125 I 369 E. 7a).

1050 – **Ortspolizeireglement der Stadt Thun (Teilnahme an nicht bewilligten Demonstrationen):** Nach Art. 11b des Ortspolizeireglements der Stadt Thun (OPR) unterliegen ordentliche Kundgebungen einer Bewilligungspflicht. Nach Art. 11f Abs. 1 und Abs. 2 OPR ist die Teilnahme an einer unbewilligten Kundgebung untersagt. Das Erscheinen am Besammlungsort gilt bereits als Teilnahme (Abs. 1). Die Teilnehmenden bleiben straffrei, wenn die Kundgebung friedlich verläuft, wenn sie sich freiwillig von der Kundgebung entfernen oder wenn sie einer Aufforderung nach Abs. 3 Folge leisten (Abs. 2). Umstritten ist vorliegend die Verfassungskonformität von Art. 11f OPR. Erwägungen: Hinsichtlich der Teilnahme an nicht bewilligten Kundgebungen unterscheidet der Regierungsrat zu Recht zwischen solchen, die in Abweisung von entsprechenden Gesuchen nicht bewilligt worden sind, und solchen, für die gar kein Gesuch gestellt worden ist. Diesbezüglich kann mit dem Regierungsrat davon ausgegangen werden, dass auch diesfalls die Kundgebung nicht rechtmässig ist. Bei dieser Prüfung ist der Regierungsrat von der Unterscheidung zwischen formeller und materieller Rechtswidrigkeit ausgegangen und hat Bezug genommen auf die im Baurecht bekannte Konstellation, dass eine Baute, welche ohne Baubewilligung erstellt wird, nur beseitigt werden muss, wenn sie sich in einem nachträglichen Verfahren als materiell rechtswidrig erweist und die Beseitigung vor dem Verfassungsrecht standhält. Diese Betrachtung führt dazu, dass eine Kundgebung, für welche nicht förmlich um Bewilligung ersucht worden ist, nunmehr nachträglich einer summarischen Prüfung unterzogen wird. Es gilt diesfalls abzuklären, ob die Kundgebung, so wie sie durchgeführt wird, als bewilligungsfähig betrachtet werden kann oder ob dagegen vorgegangen werden darf. Diese Abklärung ist vor dem Hintergrund des Verfassungsrechts vorzunehmen. Das Ortspolizeireglement zeigt hierfür den Weg auf. Nach Art. 11f Abs. 1 OPR bleiben die Teilnehmer straffrei, wenn die Kundgebung friedlich verläuft. Insoweit wird die Kundgebung einer nachträglichen Prüfung auf deren Friedlichkeit hin unterzogen. Daraus hat der Regierungsrat geschlossen, dass eine derartige, nicht im Voraus bewilligte, indessen friedlich verlaufende Kundgebung sinngemäss nachträglich bewilligt werden müsse bzw. eben nicht aufgelöst werden dürfe. Er hat das Ortspolizeireglement verfassungsgemäss ausgelegt. Seine Auslegung bringt zum Ausdruck, dass eine friedlich verlaufende Kundgebung nicht allein wegen des Umstandes aufgelöst werden darf, dass hierfür keine Bewilligung eingeholt worden ist. Zudem hat der Regierungsrat in verfassungskonformer Auslegung festgehalten, dass die Teilnahme an derartigen Kundgebungen nicht nur i.S.v. Art. 11f Abs. 1 OPR straffrei sei, sondern diesfalls die Strafbarkeit grundsätzlich entfalle. Mit dieser Auslegung hat der Regierungsrat – in einer für die Stadt Thun verbindlichen Weise – der Meinungs- und Versammlungsfreiheit sowie dem Grundsatz der Verhältnismässigkeit Rechnung getragen. Dies bedeutet umgekehrt, dass eine

Kundgebung, für die keine Bewilligung eingeholt worden ist, im Falle eines unfriedlichen Verlaufs sowohl formell als auch materiell als rechtswidrig betrachtet werden kann, mit der Folge, dass die Polizeiorgane dagegen einschreiten können und sich die Teilnehmer grundsätzlich strafbar machen. Vor diesem Hintergrund lässt sich das Ortspolizeireglement auf diese Weise verfassungsgemäss auslegen und anwenden (BGer vom 17. März 2009, 1C_140/2008, E. 7.2).

- **Überwachung allgemein zugänglicher Orte mit technischen Geräten gemäss dem neuen Zürcher Polizeigesetz (PolG):** Das Polizeigesetz enthält in § 32 eine Bestimmung zur Überwachung allgemein zugänglicher Orte mit technischen Geräten. Die angefochtene Bestimmungen lautet: «§ 32 – Überwachung: Die Polizei darf zur Erfüllung ihrer gesetzlichen Aufgaben allgemein zugängliche Orte mit technischen Geräten offen oder verdeckt überwachen und soweit notwendig Bild- und Tonaufnahmen machen.» Die Beschwerdeführer machen geltend, die genannte Bestimmung stelle eine reine Blankettnorm dar, welche den Anforderungen von Art. 36 BV weder hinsichtlich der Bestimmtheit noch in Bezug auf das erforderliche öffentliche Interesse und den Grundsatz der Verhältnismässigkeit genügten. Das Bundesgericht heisst die Beschwerde teilweise gut. Erwägungen: Nach § 32 PolG werden weder die Natur der technischen Geräte und die Art ihres Einsatzes präzisiert noch gewisse Orte bezeichnet. Die Norm erfasst ohne Einschränkung das ganze Kantonsgebiet, inklusive Wälder und Gewässer. § 32 PolG enthält keine Angaben darüber, welche es erlauben würden, aus der weiten Palette der technischen Einsatzmöglichkeiten sowie den möglichen Örtlichkeiten eine bestimmte Zielrichtung oder mehrere bestimmte Zweckausrichtungen erkennen zu lassen. Es lässt sich auch keine Zweck-Mittel-Relation bestimmen, die vor dem Hintergrund des Grundrechtseingriffs auf ihre Verhältnismässigkeit hin geprüft werden könnte. Mangels entsprechender Differenzierung können Überwachungsmassnahmen nicht am Grundsatz der Verhältnismässigkeit gemessen werden. Die Offenheit und Unbestimmtheit von § 32 PolG lassen keinerlei Beschränkungen der Überwachung erkennen. Damit aber wird § 32 PolG zur grenzen- und konturlosen Blankettnorm, welche in gefestigte Grundrechtspositionen eingreift, ohne den erforderlichen Bestimmtheitsanforderungen zu genügen, in ihrer Weite und Offenheit einem hinreichenden öffentlichen Interesse zu entsprechen und ohne den zugrunde liegenden Grundrechten mangels jeglicher Grenzen gerecht zu werden. Dieses Manko lässt sich nicht dadurch beheben, dass das Bundesgericht § 32 PolG verfassungskonform auszulegen versucht. Es obliegt dem Gesetzgeber, Wertungen und Differenzierungen sowie entsprechende Einschränkungen vorzunehmen, die den Zweck der Überwachungen klar erkennen lassen und eine Beurteilung der Verhältnismässigkeit zulassen. Ebenso wenig kann der angefochtenen Norm allein unter Verweisung auf den in § 10 PolG festgehaltenen Grundsatz der Verhältnismässigkeit hinreichend bestimmte Konturen verliehen werden. Daraus ergibt sich, dass § 32 PolG vor der Verfassung nicht standhält und sich die Beschwerde in diesem Punkte als begründet erweist. Demnach ist § 32 PolG aufzuheben (BGE 136 I 87 E. 2). 1051

10. Völkerrechtskonforme Auslegung

Nach dem Grundsatz der **völkerrechtskonformen Auslegung** sind Auslegungsspielräume des nationalen Rechts unter Berücksichtigung der einschlägigen völkerrechtlichen Norm so auszuschöpfen, dass es nicht zu einem Widerspruch zwischen Völker- und Landesrecht kommt; das Landesrecht muss daher in erster Linie völkerrechtskonform ausgelegt werden (BGE 133 I 286 E. 3.2, 128 IV 201 E. 1.3, 126 I 240 E. 2b, 125 II 417 E. 4c, 124 III 90 E. 3a, 124 IV 23 E. 4a, 123 IV 236 E. 8a/cc, 122 II 234 E. 4e, 120 Ia 1 E. 5b, 94 I 669 E. 6a; BVGE 2010/7 E. 3.1.2). Aus rechtlicher Sicht sind alle Behörden verpflichtet, im Rahmen ihrer Kompetenzen das die Schweiz bindende Völkerrecht zu respektieren und anzuwenden (BGE 125 II 417 E. 4d, 117 Ib 367 E. 2e und E. 2f; vgl. auch Rz. 639 ff.). 1052

1053 **Art. 190 BV** steht einer völkerrechtskonformen Auslegung von Bundesgesetzen nicht entgegen: Art. 190 BV verbietet nicht, das betreffende Bundesgesetz darauf hin zu prüfen, ob es dem Völkerrecht tatsächlich widerspricht und allgemein anerkannte Prinzipien anzuwenden, die das Verfassungsrecht und Völkerrecht in Einklang bringen (BGE 136 II 120 E. 3.5.1, 131 II 710 E. 5.4, 129 II 249 E. 5.4, 117 Ib 367 E. 2e). Art. 190 BV enthält indes keine Regel über allfällige Konflikte zwischen verschiedenen, für die Schweiz verbindlichen Normen des Völkerrechts (BVGE 2010/40 E. 3.1.2); diesfalls ist auf die völkerrechtliche Normenhierarchie oder auf andere Kollisionsregeln zurückzugreifen (BGE 133 II 450 E. 6.2). Eine völkerrechtskonforme Auslegung ist dann nicht möglich, wenn schweizerisches Recht in einem klaren Widerspruch zu Völker- oder Europarecht steht (BGE 136 III 168 E. 3.3.2, 125 II 417 E. 4d, 122 II 234 E. 4e; BVGer vom 15. Juli 2010, A-4013/2010, E. 3.3; REKO INUM vom 20. Okt. 2005, in: VPB 70 [2006] Nr. 18 E. 13.3 und E. 13.4). Ist die **völkerrechtliche Norm selbst zu unbestimmt** und verbleibt den nationalen Behörden ein sehr grosser Gestaltungsspielraum, stellt sich die Frage einer völkerrechtskonformen Auslegung aufgrund der Unbestimmtheit der völkerrechtlichen Norm selbst grundsätzlich nicht (BGE 131 II 13 E. 8.3.3 [Entbündelung der letzten Meile aufgrund von GATS-Bestimmungen]).

1054 Besondere Bedeutung kommt **der EMRK-konformen Auslegung** zu. Das Bundesgericht hebt eine (kantonale) Norm nur auf, wenn sie sich jeder verfassungs- und konventionskonformen Auslegung entzieht, nicht jedoch, wenn sie einer solchen in vertretbarer Weise zugänglich ist (BGE 137 I 31 E. 2, 135 II 243 E. 2, 133 I 77 E. 2, 131 II 697 E. 4.1, 123 I 112 E. 2a, 122 I 18 E. 2a, 119 Ia 321 E. 4, 118 Ia 64 E. 2c; BGer vom 30. Sept. 2009, 1C_179/2008, E. 2 [in BGE 136 I 87 ff. nicht publ. E.]). Der klare und eindeutige Wortsinn darf indes nicht durch eine verfassungs- oder konventionskonforme Interpretation beiseitegeschoben werden (BGE 137 I 31 E. 2, 135 II 243 E. 2, 133 I 77 E. 2, 131 II 697 E. 4.1 S. 703).

Praxis:

1055 – **Änderung des Wasserzinses für das Kraftwerk Reckingen AG (notwendige Abstimmung im internationalen Verhältnis; Art. 49 Abs. 1 Satz WRG):** Art. 49 Abs. 1 WRG hat (neu) folgenden Wortlaut: «Der Wasserzins darf jährlich 80 Franken pro Kilowatt Bruttoleistung nicht übersteigen. Davon kann der Bund höchstens 1 Franken pro Kilowatt Bruttoleistung zur Sicherstellung der Ausgleichsleistungen an Kantone und Gemeinden nach Art. 22 Absätze 3-5 beziehen. Im internationalen Verhältnis sorgt der Bund bei jeder Änderung des Wasserzinsmaximums für die notwendige Abstimmung.» Im Rahmen einer historischen Auslegung kommt das Bundesgericht zum Schluss, dass die Wasserzinse (in casu für das Kraftwerk Reckingen AG) nur im Einvernehmen mit dem Land Baden-Württemberg erhöht werden können, obwohl die Erforderlichkeit einer solchen internationalen Abstimmung aus dem Gesetzeswortlaut zumindest nicht explizit hervorgeht. Im internationalen Verhältnis bedarf somit jede Änderung des Wasserzinses einer vorgängigen internationalen Abstimmung. Dieses Ergebnis ergibt sich auch aus einer völkerrechtskonformen Auslegung von Art. 49 Abs. 1 WRG. An internationalen Gewässern besteht die Pflicht, dem anderen Staat nicht erheblichen Schaden zu verursachen (no-harm-rule) und bei der Nutzung einen gerechten und billigen Ausgleich zwischen den beteiligten Staaten herbeizuführen (equitable and reasonable utilization). Diese materiellen Grundsätze, die sich in erster Linie zwar auf die physische Nutzung des Wassers beziehen, gelten heute als gewohnheitsrechtlich anerkannt. Jedem Kanton steht die Berechtigung zu, die zu einer rationellen und seinen Bedürfnissen entsprechenden Nutzbarmachung der öffentlichen Gewässer notwendigen Massnahmen zu treffen, sofern nur dadurch der Gemeingebrauch des

Gewässers nicht ausgeschlossen, sondern den übrigen Kantonen in gleicher Weise belassen wird. Im internationalen (grenzüberschreitenden) Verhältnis darf als gewohnheitsrechtlich anerkannt gelten, dass die Staaten zu gegenseitiger Information und Konsultation verpflichtet sind, verbunden mit der grundsätzlichen Bereitschaft, vorgebrachte Einwände tatsächlich zu berücksichtigen. Danach ist die einseitige Verfügung eines Uferstaates über seine Konzession ausgeschlossen, wenn diese zu einer Schädigung des anderen Staates führen würde. Keiner der beteiligten Staaten ist danach befugt, einseitige Massnahmen zu treffen, welche die Situation des Konzessionärs verändern, ohne dass der andere Staat damit einverstanden ist. Dies gilt auch betreffend die Abgaben. Dass die Wasserzinse einseitig von einem Staat ohne Absprache mit dem anderen festgelegt werden könnten, widerspräche somit dem Sinn und Geist der geübten langjährigen Praxis der Wasserkraftnutzung am Hochrhein. Die Schweizerische Eidgenossenschaft erachtet diese für verbindlich. Das in Art. 49 Abs. 1 WRG verankerte Abstimmungserfordernis bezüglich der Erhöhung des Wasserzinsmaximums ist Ausdruck dieser Auffassung. Demnach ergibt sich, dass die Wasserzinse für das Kraftwerk Reckingen nicht ohne Abstimmung mit dem Land Baden-Württemberg erhöht werden können (BGE 129 II 114 E. 4).

– **Überwachung des Fernmeldeverkehrs von Journalisten:** In der Ausgabe Nr. 22 vom 1. Juni 1056
1995 berichtete das Wochenmagazin FACTS unter dem Titel «Dreifuss vs. Ogi/Ruth weist Dölf in die Bahnschranken» über gegensätzliche Auffassungen zwischen dem Vorsteher des Eidg. Verkehrs- und Energiewirtschaftsdepartementes (EVED) und der Vorsteherin des Eidg. Departements des Innern (EDI) über das «Politische Leitbild für die Schweizerischen Bundesbahnen», das an der Bundesratssitzung vom 17. Mai 1995 genehmigt worden war. Im vom FACTS-Bundeshausredaktor A verfassten Artikel waren unter anderem fotografische Auszüge aus dem Mitbericht des EDI vom 15. Mai 1995 sowie aus der Stellungnahme des EVED vom 16. Mai 1995 zu diesem abgedruckt. Im Text des Artikels wurden die gegensätzlichen Auffassungen der beiden Departemente dahin kommentiert, dass sie einen neuen Graben in der Landesregierung freilegten. Am 6. Juni 1995 reichte der Bundeskanzler im Auftrag des Bundesrates wegen der Veröffentlichung besagter Dokumente bei der Bundesanwaltschaft Strafanzeige ein. Gleichentags eröffnete die Bundesanwaltschaft gegen «Unbekannt (Bundesbeamter) und A» ein gerichtspolizeiliches Ermittlungsverfahren wegen Verletzung des Amtsgeheimnisses (Art. 320 StGB) und Veröffentlichung amtlicher geheimer Verhandlungen (Art. 293 StGB). Am 12. Juni 1995 ersuchte die Bundesanwaltschaft zur Ermittlung der Täterschaft der Amtsgeheimnisverletzung die Rechtsabteilung der Generaldirektion PTT um Abhörung bestimmter Telefonnummern und um eine rückwirkende Teilnehmeridentifikation. Die Überwachung blieb erfolglos. Das gerichtspolizeiliche Ermittlungsverfahren gegen Unbekannt und A wurde jedoch weitergeführt. Am 24. Feb. 1997 teilte die Bundesanwaltschaft der Bundeshausredaktion FACTS mit, dass sie in Bezug auf deren Anschlüsse für den Zeitraum vom 14.-31. Mai 1995 eine rückwirkende Teilnehmeridentifikation durchgeführt habe. Mit Beschwerde vom 6. März 1997 beantragen die FACTS-Bundeshausredaktoren sowie die TA-Media AG der Anklagekammer des Bundesgerichts, die Verfassungswidrigkeit und Widerrechtlichkeit der von der Bundesanwaltschaft angeordneten Überwachung ihres Fernmeldeverkehrs im Zeitraum vom 14. Mai 1995 bis 12. Sept. 1995 festzustellen und die mit der Massnahme produzierten Akten aus dem Recht zu weisen. Die Anklagekammer heisst die Beschwerde gut. Erwägungen: Gemäss Art. 66 Abs. 1bis BStP können die Fernmeldeanschlüsse von Drittpersonen überwacht werden, wenn die Voraussetzungen der Überwachung beim Beschuldigten oder Verdächtigen gemäss Art. 66 Abs. 1 BStP erfüllt sind und diesen Dritten nicht nach Art. 77 BStP ein Zeugnisverweigerungsrecht zusteht. Bei den als Drittpersonen überwachten Beschwerdeführern handelt es sich vorliegend um Journalisten. Diese sind nicht in Art. 77 BStP als Zeugnisverweigerungsberechtigte aufgeführt. Nach der neuesten Rechtsprechung des EGMR (Urteil Goodwin) verletzt ein Zwang gegenüber einem Journalisten, die Identität seines Informanten bekannt zu geben, und ihn im Weigerungsfall mit einer Busse zu belegen, Art. 10 Ziff. 1 EMRK. Der Gerichtshof betont, dass der Schutz der Quelle des Journalisten in einer demokratischen Gesellschaft einen Eckpfeiler der Pressefreiheit darstelle, deren Beschränkung nur bei einem überwiegenden Interesse gerechtfertigt erscheine; bei der dabei erforderlichen Interessenabwägung sei bei der Prüfung der Verhältnismässigkeit der Pressefreiheit grosses Gewicht

beizumessen. Nur ausserordentliche Umstände, die öffentliche oder private Interessen gefährdeten, vermöchten daher eine Offenbarungspflicht des Journalisten zu begründen. Das Interesse der in jenem Fall betroffenen Gesellschaft, u.a. etwa einen unredlichen Mitarbeiter zu entlarven, vermöge das eminente öffentliche Interesse am Schutz der Informationsquellen des Journalisten nicht zu überwiegen. Der Zwang gegenüber einem Journalisten, seine Quellen offenzulegen, stellt demnach – sofern keine ausserordentlichen Umstände vorliegen – einen Verstoss gegen Art. 10 EMRK wegen Unverhältnismässigkeit dar. Davon ist zufolge der unmittelbaren Anwendbarkeit von Art. 10 EMRK auch für das schweizerische Recht auszugehen. In BGE 115 IV 75 erkannte die Anklagekammer zwar gestützt auf Art. 55 BV – indessen ohne Berücksichtigung von Art. 10 EMRK –, ausserhalb der eigentlichen Pressedelikte ergebe sich nach geltendem Recht kein umfassendes Recht des Journalisten auf Geheimhaltung der Quelle einer durch eine strafbare Handlung erlangten Information, welches einer strafprozessualen Zwangsmassnahme im Rahmen eines Strafverfahrens wegen Amtsgeheimnisverletzung entgegengehalten werden könnte. Daran kann, jedenfalls in dieser allgemeinen Form, nicht festgehalten werden. Aus Art. 10 Ziff. 1 EMRK ergibt sich nach dem Gesagten unmittelbar ein Recht des Journalisten, über seine Informationsquelle die Auskunft zu verweigern. Dieses darf nur in den durch Art. 10 Ziff. 2 EMRK gesetzten Grenzen eingeschränkt werden. Eine sich aus der allgemeinen Zeugnispflicht ergebende Verpflichtung des Journalisten zur Offenlegung seiner Quellen ist angesichts der besonderen Bedeutung des Schutzes journalistischer Quellen für die Pressefreiheit mit Art. 10 EMRK nur vereinbar, wenn dies ein überwiegendes öffentliches (oder privates) Interesse gebietet. Art. 66 Abs. 1bis BStP ist konventionskonform dahin auszulegen, dass der Fernmeldeverkehr von Journalisten als Dritten nicht überwacht werden darf, wenn ihnen ein aus der Meinungsäusserungs- und Pressefreiheit herzuleitendes und damit durch diese Grundrechte gewährleistetes Recht zusteht, Angaben über ihre Informationsquellen zu verweigern, und dieses mit der Überwachungsmassnahme illusorisch würde. Ausnahmen davon vermögen angesichts der besonderen Bedeutung des Quellenschutzes für die Pressefreiheit nur ausserordentliche Umstände zu begründen, die öffentliche oder private Interessen gefährden (BGE 123 IV 236 E. 8a).

11. Bemerkungen

1057 1. Das allgemeine wie auch das besondere Verwaltungsrecht ist nach den **üblichen Methoden** auszulegen. Das Bundesgericht lässt sich von einem **«pragmatischen Methodenpluralismus»** leiten und lehnt es explizit ab, einzelne Auslegungselemente zu bevorzugen. Da im Verwaltungsrecht jedoch häufig bestimmte staatliche Aufgaben zu erfüllen und bestimmte öffentliche Interessen zu verwirklichen sind (BVGer vom 1. Feb. 2010, C-7615/2007, E. 4.1; vom 15. Okt. 2009, B-2323/2009, E. 4.3; vom 7. Nov. 2007, C-2263/2006, E. 5.1), steht die teleologische Auslegung klar im Vordergrund der anzuwendenden Methoden: Auszurichten ist die Auslegung auf die ratio legis bzw. auf die einem Gesetz zugrunde liegenden Wertungen und Zwecke (vgl. insb. BGE 136 I 297 E. 4.1, 128 I 34 E. 3b, 125 II 183 E. 4).

1058 2. Sind **mehrere Auslegungsergebnisse** denkbar, ist eine wertende Abwägung und eine Gewichtung der verschiedenen – auf der Grundlage der herkömmlichen Auslegungselemente ermittelten – Lösungen mit Blick auf ein vernünftiges und praktikables Ergebnis vorzunehmen (BVGer vom 9. Juli 2010, A-7764/2009, E. 6.2.4). Es ist dasjenige Ergebnis zu wählen, welches im Einzelfall am meisten Überzeugungskraft hat, den wahren Sinn der Norm am besten deckt oder der Verfassung am ehesten entspricht. Zu prüfen ist diesbezüglich insbesondere auch, ob ein Gericht das Recht anstelle des Gesetzgebers fortbilden darf bzw. ob der ermittelte Zweck noch in der Norm selbst enthalten ist (BGE 131 II 13 E. 7.1). Eine **objektivierte Betrachtungs-**

weise, zu der die Methodenlehre beitragen soll, wird durch diese am Einzelfall orientierte Vorgehensweise des Bundesgerichts nicht unbedingt gefördert. Es verkennt vereinzelt auch, dass der «wahre Sinn» einer Norm mit Hilfe der herkömmlichen Regeln zu bestimmen ist und die Wahl der Methode gerade nicht anzuleiten vermag bzw. anleiten sollte (vgl. z.B. BGE 137 V 369 E. 4.4.3.2: „Gefordert ist die sachlich richtige Entscheidung im normativen Gefüge, ausgerichtet auf ein befriedigendes Ergebnis der ratio legis»). Es ist auch nicht etwa so, dass im Einzelfall abzuwägen wäre, welche Methode den wahren Sinn der Norm wiedergibt.

3. Bei der Auslegung **öffentlich-rechtlicher Vereinbarungen, Erklärungen oder Verträge** (BGE 131 III 280 E. 3.1 [Zessionsvereinbarung], 116 Ia 56 E. 3b, 105 II 149 E. 2a [individualisierte Parteierklärung]; BGer vom 11. Juli 2011, 2E_3/2009, E. 5.2.1 [rechtsgeschäftlicher interkantonaler Vertrag]) ist vorab der Wortlaut massgebend, wie ihn die Parteien im Hinblick auf den Vertragszweck tatsächlich verstanden bzw. verstehen durften und mussten (BGE 135 V 237 E. 3.6, 134 V 223 E. 3.1, 133 III 406 E. 2.2, 132 I 140 E. 3.2.4, 132 V 278 E. 4.3, 131 III 280 E. 3.1, 124 II 265 E. 4a, 113 Ia 225 E. 1b/bb); ferner sind für die Auslegung **völkerrechtlicher Verträge** die Art. 31-33 VRK zu beachten (BGer vom 28. Nov. 2005, 2A.239/2005, E. 3.4.1), die hilfsweise auch für die Auslegung interkantonaler oder interkommunaler (rechtsgeschäftlicher) Verträge herangezogen werden (BGer vom 11. Juli 2011, 2E_3/2009, E. 5.2.1). Erscheint der Wortlaut nicht eindeutig oder ist die durch den «klaren» Wortlaut vermittelte Bedeutung sinnwidrig, sind als Quelle der Auslegung die Umstände des Vertragsabschlusses, seine Entstehungsgeschichte und die Interessenlage der Parteien heranzuziehen, soweit sie den Willen der vertragsschliessenden Parteien klar erkennen lassen und Aufschluss über die von einer Bestimmung verfolgten Ziele geben (BGE 133 III 406 E. 2.2, 131 III 280 E. 3.1, 128 III 212 E. 2b/bb; BGer vom 11. Juli 2011, 2E_3/2009, E. 5.2.1; BVGE 2010/7 E. 3.5.4, 2008/34 E. 6.1; BVGer vom 30. Nov. 2010, A-4911/2010, E. 4.1). 1059

4. Umstritten ist die Bedeutung des **Wortlautarguments.** Die vom Bundesgericht verwendeten Textbausteine gewichten die Bedeutung der grammatikalischen Auslegung unterschiedlich, obwohl weitgehend anerkannt ist, dass selbst ein für sich «klarer» Wortlaut noch der Deutung auf seinen Sinn bedarf (so explizit RR BE vom 5. Juli 2000, in: BVR 2000 S. 549 E. 2). Die Gesetzesauslegung hat sich vom Gedanken leiten zu lassen, dass nicht schon der Wortlaut den wahren Sinn der Norm wiedergibt, sondern erst das an Sachverhalten angewandte und mit Hilfe der üblichen Regeln konkretisierte Gesetz. Zwar kann der Wortlaut **Ausgangspunkt der Auslegung** bilden, doch muss nach dem Zweck einer Norm bzw. ihrer wahren Tragweite auch dann gesucht werden, wenn der Wortlaut klar ist und danach nur eine Interpretation als möglich erscheint. Entgegen der sogenannten **«sens-clair-Doktrin»** bzw. **«Eindeutigkeitsregel»** (vgl. z.B. BGE 136 II 149 E. 3, 135 II 416 E. 2.2, 134 II 249 E. 2.3) braucht es keine besonders triftigen Gründe, um von einem klaren und unzweideutigen Wortlaut abzuweichen, sondern ist jeweils immer mit Hilfe der üblichen Auslegungsmethoden nach dem wahren Sinn der Regelung zu suchen. 1060

5. Immerhin gibt das Bundesgericht zu verstehen, dass vom «klaren» Wortlaut abgewichen werden kann, wenn triftige Gründe vorliegen, dass dieser nicht den wahren Sinn der Bestimmung wiedergibt bzw. die durch den «klaren» Wortlaut vermittelte Bedeutung sinnwidrig ist (z.B. BGE 136 II 149 E. 3, 135 V 153 E. 4.1, 134 II 249 1061

E. 2.3). Diese Erkenntnis setzt allerdings voraus, dass der Sinn der Norm ermittelt und dem an und für sich «klaren» Wortlaut gegenüber gestellt wird. Deckt sich der mit Hilfe der teleologischen Auslegung ermittelte Sinn einer Norm nicht mit dessen Wortlaut, sind als Quelle der Auslegung die anderen Methoden heranzuziehen (ähnlich wohl BGer vom 11. Juli 2011, 2E_3/2009, E. 5.2.1), sodass letztlich auch bei «klarem Wortlaut» die Norm nach den üblichen Methoden auszulegen und im Rahmen einer wertenden Abwägung auf der Grundlage der mit den herkömmlichen Auslegungselementen ermittelten Lösungen eine Entscheidung zu treffen ist.

1062 6. Im Rahmen der **teleologischen Auslegung** geht es darum, Sinn und Zweck, die mit einer Rechtsnorm verfolgt werden bzw. die Wertungen, die einer Gesetzesbestimmung zugrunde liegen, zu ermitteln (BGE 135 V 443 E. 3.4, 128 I 34 E. 3b, 125 II 206 E. 4a). Da es im Verwaltungsrecht häufig um die Verwirklichung bestimmter staatlicher Aufgaben, die je ihren besonderen Zweck erfüllen, geht, geben unter Umständen auch Ziel- oder Zwecknormen des betreffenden Erlasses Hinweise auf die ratio legis (BGE 134 V 170 E. 4.1; BVGer vom 1. Feb. 2010, C-7615/2007, E. 4.1), wobei vorauszusetzen ist, dass der Zweck in der Norm selbst enthalten sein muss; es ist demnach unzulässig, normfremde Zwecke in die Norm hineinzuinterpretieren (VerwG GR vom 2. Dez. 2009, S-09-63, E. 3a).

1063 7. Die **systematische Auslegung** bestimmt den Sinn einer Rechtsnorm durch ihr Verhältnis zu anderen Rechtsnormen und durch den logischen Zusammenhang, indem sie sich in einem Gesetz präsentiert (BGE 134 I 140 E. 5.5, 131 II 13 E. 7.1). Ausfluss einer systematischen Auslegung ist ebenso, wenn die Bedeutung einer Rechtsnorm gestützt auf ihr Verhältnis zu anderen Rechtsnormen untersucht wird, sei es, dass diese ähnliche Fragen betreffen und sich im Hinblick auf die entsprechende Fragestellung vergleichen lassen oder sei es, dass sie sich massgeblich voneinander unterscheiden. Relevant ist demnach die Einbettung der Norm bzw. des Erlasses in das Gesamtsystem bzw. in die Rechtsordnung schlechthin; vereinzelt wird hierfür auch der Begriff «Einheit und Widerspruchsfreiheit der Rechtsordnung» verwendet (BGE 137 II 182 E. 3.7.4.1, 129 III 161 E. 2.6, 117 Ib 35 E. 3e).

1064 8. Nach dem Grundsatz der **«Einheit der Rechtsordnung»** ist bei der Suche nach der wahren Tragweite einer Norm nach der Bedeutung zu forschen, die der Norm im Kontext der gesamten Rechtsordnung zukommt. Die Rechtsordnung ist als «Einheit» zu betrachten und es sind widersprüchliche Entscheide zu vermeiden (BGer vom 23. Feb. 2004, 1P.706/2003, E. 2.4). Da das Privatrecht je nach Fragestellung ähnlichen Zielen wie das Verwaltungsrecht dient, kann auch der Einbezug privatrechtlicher Normen Erkenntnisse liefern, soweit sie analoge Fragen betreffen. Voraussetzung ist, dass sich der aus dem öffentlichen Recht ergebende Schutzgedanke mit der zivilrechtlichen Ordnung übereinstimmt und das öffentliche Recht nicht ausdrücklich vom Privatrecht abweicht.

1065 9. Ausfluss einer derartigen **harmonisierenden Auslegung** ist die aus dem materiellen Recht hervorgehende inhaltliche Koordinationspflicht (vgl. Art. 25a RPG), wonach die Rechtsanwendung, wenn für die Verwirklichung eines Projekts verschiedene materiell-rechtliche Vorschriften anzuwenden sind und zwischen ihnen ein enger Sachzusammenhang besteht, materiell koordiniert, d.h. inhaltlich abgestimmt zu erfolgen hat, um sachlich unhaltbare und widersprüchliche Ergebnisse zu vermeiden (BGE 137 II 182 E. 3.7.4.1, 117 Ib 35 E. 3e, 116 Ib 50 E. 4). Aus dem Prinzip der

Einheit der Rechtsordnung folgt darüber hinaus, dass bei Vorliegen einer Übergangsfrist, bis das neue Recht in Kraft tritt, die Praxis nicht in eine disharmonisierende Richtung geändert werden darf (**«Entharmonisierungsverbot»**; vgl. hier nur BGE 134 I 125 E. 3.5 [Art. 98a aOG], 133 IV 267 E. 3 [Art. 80 Abs. 2 BGG], 124 I 101 E. 3 und E. 4 [Art. 72 Abs. 1 StHG]). Allenfalls kann im Rahmen der Auslegung auch auf **laufende Revisionen** Bezug genommen werden, wenn damit das geltende System nicht grundsätzlich geändert werden soll und nur eine Konkretisierung des bestehenden Rechtszustands angestrebt wird oder wenn Lücken des geltenden Rechts ausgefüllt werden sollen (BGE 131 V 9 E. 3.5.1.3, 129 V 1 E. 4.3, 128 I 63 E. 4.4, 124 II 193 E. 5d, 117 II 466 E. 5a).

10. Unter die systematische Auslegung fällt auch die **völker- und verfassungskonforme Auslegung**, wonach Normen so auszulegen sind, dass sie mit den ihnen übergeordneten Rechtssätzen in Einklang stehen. Die verfassungs- oder völkerrechtskonforme Auslegung ist insbesondere bei einer **offenen Normierung** ein geeignetes Mittel, um dem Vollzug der betreffenden Bestimmung die verfassungs- oder völkerrechtlich geforderte Ausrichtung zu verleihen (BGer vom 30. Sept. 2009, 1C_179/2008, E. 2 [in BGE 136 I 87 ff. nicht publ. E.]); sie gilt dann als zulässig, wenn der **Normtext lückenhaft, zweideutig oder unklar** ist und mehrere mögliche Lösungen denkbar erscheinen (BGE 137 I 31 E. 2, 123 I 112 E. 2a, BVGer vom 20. Okt. 2009, A-3381/2009, E. 3.2), findet jedoch im klaren Wortlaut und Sinn einer Norm ihre Grenze (BGE 134 II 249 E. 2.3, 131 II 217 E. 2.3, 129 II 249 E. 5.4, 128 V 20 E. 3a, 123 II 9 E. 2; BVGE 2007/41 E. 4.2). Ergibt sich ein eindeutiges Auslegungsergebnis, kann dieses Ergebnis nicht auf dem Weg einer verfassungskonformen Auslegung korrigiert werden (BGE 130 II 65 E. 4.2). 1066

11. Besonders strukturiert ist die Prüfung **kantonaler Erlasse im Rahmen der abstrakten Normenkontrolle**, da die Auslegung der betreffenden Normen durch die rechtsanwendende Behörde noch nicht feststeht. Das Bundesgericht auferlegt sich im Rahmen der abstrakten Normenkontrolle eine gewisse Zurückhaltung und hebt eine kantonale Norm nur auf, sofern sie sich jeglicher verfassungs- und konventionskonformen Auslegung entzieht oder wenn aufgrund der Umstände mit einer gewissen Wahrscheinlichkeit das Risiko besteht, dass sie in einer Weise ausgelegt wird, die übergeordnetes Recht verletzt (BGE 137 I 31 E. 2, 135 II 243 E. 2, 133 I 77 E. 2, 125 I 369 E. 2). 1067

12. Bei der **Prüfung** ist mitzuberücksichtigen, unter welchen Umständen und von wem die betreffende Bestimmung angewendet und wie der Wortlaut mit grosser Wahrscheinlichkeit ausgelegt wird, wobei konkret zu untersuchen ist, wie gross die Wahrscheinlichkeit verfassungstreuer oder verfassungswidriger Anwendung ist. Ferner ist die Tragweite einer allfälligen Verfassungsverletzung, die Möglichkeit, bei einer späteren (konkreten) Normkontrolle einen hinreichenden verfassungsrechtlichen Schutz zu erhalten, die Möglichkeit einer Korrektur und die Auswirkungen auf die Rechtssicherheit zu untersuchen (BGE 137 I 31 E. 2, 135 II 243 E. 2, 133 I 77 E. 2). Dabei dürfen auch Erklärungen der Behörden über die beabsichtigte künftige Anwendung der Vorschrift berücksichtigt werden (BGE 135 II 243 E. 2, 133 I 77 E. 2, 130 I 26 E. 2.1, 128 I 327 E. 3.1). Eine Aufhebung rechtfertigt sich erst dann, wenn die angefochtene Norm insgesamt und nicht nur in einzelnen Fällen verfassungswidrig angewendet wird. 1068

1069 13. Unterschätzt wird regelmässig die **historische Auslegung**, auch aus Gründen, die in der Rechtsprechung des Bundesgerichts selbst zu suchen sind. Das Bundesgericht spricht dieser Auslegungsmethode zuweilen nur einen beschränkten Wert zu. Die Materialien sind hingegen selbst bei älteren Gesetzen oder Verträgen (z.B. BGer vom 11. Juli 2011, 2E_3/2009, E. 5.2.1, betr. ein Konkordat über die Nutzung der Wasserkraft von 1928) von erheblicher Bedeutung, was insbesondere für die Auslegung organisatorischer Bestimmungen zutrifft (BGE 128 I 327 E. 2.2 [KV/GR von 1892]; ferner BGE 128 I 34 E. 3b). Veränderte Umstände oder gewandelte Vorstellungen können ferner nur dann in die Auslegung einfliessen, wenn der so ermittelte Zweck noch von der Norm selbst gedeckt wird (BGE 131 II 13 E. 7.1). Im Grunde genommen vermag nur die historische Auslegung die Regelungsabsicht des Gesetzgebers – die sich insbesondere aus den Materialien ergibt – klarerweise aufzuzeigen (BGE 138 V 23 E. 3.4.1, 137 V 13 E. 5.1), was namentlich bei jüngeren Gesetzen zutrifft, weil veränderte Umstände oder ein gewandeltes Rechtsverständnis in derartigen Konstellationen eine andere Lösung weniger nahelegen (BGE 135 V 153 E. 4.1, 128 I 288 E. 2.4, 124 II 372 E. 6a).

1070 14. Es ist einem Gericht verwehrt, im Rahmen einer **zeitgemässen Auslegung** vom ursprünglichen Normsinn abzuweichen und einer als zweckmässiger erachteten Lösung den Vorzug zu geben, soweit sich dieser noch verwirklichen lässt und sich das (ursprünglich) ermittelte Ergebnis nicht als sachlich völlig unhaltbar erweist (BGE 137 II 164 E. 4.4, 125 II 192 E. 3g; BVGer vom 21. Mai 2010, A-6650/2009, E. 5.2.1). Die in Gesetz oder Verordnung festgelegten Bedingungen oder Kriterien dürfen mit Blick auf eine geltungszeitliche Auslegung nicht einfach beiseite geschoben werden. Es ist grundsätzlich Aufgabe des Gesetzgebers, derart gewandelten Anschauungen Ausdruck zu verleihen.

II. Auslegungshilfen

1. Komparative Auslegung

a) Begriff

1071 Im Rahmen der **komparativen Auslegungsmethode** werden ähnliche Regelungen anderer Staaten herangezogen und auf ihre Vergleichbarkeit mit dem schweizerischen Recht untersucht, um den Sinn der Rechtsnorm (präziser) zu erfassen (für das Privatrecht siehe v.a. BGE 135 III 206 E. 3.3 [Ort der Unterschrift bei der eigenhändigen letztwilligen Verfügung], 128 III 370 E. 4b/bb [Kaufvertrag; Gefahrenübergang beim Sukzessivlieferungsvertrag], 126 III 129 E. 7 [Erschöpfungsgrundsatz im Patentrecht], 114 II 131 E. 1a [Alternativität der Rechtsbehelfe beim Kauf eines gefälschten Kunstwerks]). **Rechtsvergleichend** können Regelungen anderer Staaten oder Staatengemeinschaften zur Auslegung des geltenden schweizerischen Rechts insbesondere dann hinzugezogen werden, wenn sie dem schweizerischen Gesetzgeber als **Vorbild** gedient haben oder wenn eine **bewusste Harmonisierung** mit ausländischen Rechtsordnungen angestrebt worden ist (BGE 133 III 180 E. 3.5, 129 III 335 E. 6; BVGer vom 7. Nov. 2007, C-2263/2006, E. 5.1; zur Auslegung rezipierten Rechts unten Rz. 1080 ff.).

Rechtsvergleichende Überlegungen können sich ausserdem dann aufdrängen, wenn Ermessen eingeräumt wird oder unbestimmte Rechtsbegriffe auszulegen sind und sich die streitigen Fragen nicht aufgrund der einschlägigen Normen des schweizerischen Rechts, gefestigter Rechtsprechung oder Lehre klar beantworten lassen (BGE 133 II 292 E. 4.3 [Beurteilung der Lärmemissionen einer Sportanlage unter Beizug der deutschen Sportanlagenlärmschutzverordnung]; vgl. hierzu auch BGer vom 27. Juli 2011, 1C_34/2011, E. 2.1; vom 31. Jan. 2011, 1C_278/2010, E. 4.4.3; vom 5. Dez. 2008, 1C_169/2008, E. 3.3-3.5; ferner BGer vom 4. Okt. 2004, 4C.268/2004, E. 5 [in BGE 131 III 115 ff. nicht publ. E.], betr. Tierhalterhaftung; danach drängt sich eine Rechtsvergleichung dann nicht auf, wenn sich die streitigen Fragen nach schweizerischer Rechtslage klar beantworten lassen). 1072

Das Bundesgericht hat etwa rechtsvergleichend die **Umsatzsteuerrechte** der Europäischen Union und ihrer Mitgliedstaaten daraufhin untersucht, ob sich daraus Erkenntnisse für die Beantwortung der Frage ableiten lassen, wem das Vorsteuerguthaben einer ehemaligen Mehrwertsteuergruppe zusteht (BGer vom 10. März 2010, 2C_124/2009, E. 2.4). Bei der Auslegung des Begriffs der «**öffentlichen Sittlichkeit**» nach Art. 6 Abs. 1 Satz 2 RTVG 1991 hat das Bundesgericht die EG-Fernsehrichtlinie als Auslegungshilfe beigezogen (BGE 133 II 136 E. 5.2). Weiter hat es bei der Beurteilung, ob einer Lehrerin in der öffentlichen Schule das religiös motivierte Tragen eines Kopftuchs verboten werden darf, auf verschiedene Entscheide in Deutschland und Frankreich hingewiesen (BGE 123 I 296 E. 4b/aa). Das Bundesgericht hat im Sozialversicherungsrecht im Hinblick auf die Frage der Beschaffung medizinischer Entscheidungsgrundlagen durch externe Gutachteninstitute einen umfassenden Rechtsvergleich getätigt und insbesondere die europäischen Rechtsordnungen darauf hin untersucht, inwiefern sie die Unabhängigkeit derartiger Gutachteninstitute sicherstellen (BGE 137 V 210 E. 2.2.3 und E. 3.1.3). Teilweise erfolgt auch ein Rückgriff auf **völkerrechtliches Soft Law** wie beispielsweise die Empfehlungen des Ministerkomitees des Europarates für die Behandlung von Inhaftierten (vgl. BGE 118 Ia 64 E. 3c/aa, 111 Ia 341 E. 3a). 1073

Voraussetzung einer auf der Methode der Rechtsvergleichung beruhenden Auslegung ist, dass die **Rechtslage vergleichbar** ist; wenig hilfreich sind daher rechtsvergleichende Überlegungen, wenn sich in verschiedenen Staaten gestützt auf differierende gesetzliche Grundlagen eine unterschiedliche Praxis finden lässt (BGE 133 II 263 E. 7.3.3 [Auslegung von Art. 20 Abs. 3 URG]). Dem Gesetz- oder Verordnungsgeber steht es frei, bewusst von den entsprechenden (nicht verbindlichen) Normen abzuweichen und eine eigenständige Lösung zu entwickeln (BGE 124 II 193 E. 6a [schweizerisches Mehrwertsteuergesetz]). Trifft der schweizerische Gesetzgeber eine vom (nicht verbindlichen) Völker- oder Europarecht abweichende Regelung oder ergibt sich durch Auslegung, dass der Gesetzgeber gerade keine Angleichung an das europäische Recht anstrebt, oder geht der durch die schweizerische Rechtsordnung vermittelte Anspruch weiter als im europäischen Recht, ist eine komparative Auslegung wenig nützlich (BGer vom 7. April 2004, 2A.20/2004, E. 4.2), was ebenso dann gilt, wenn aus dem europäischen Recht eine bestimmte (einheitliche) Praxis nicht abgeleitet werden kann (BGer vom 12. April 2012, 2C_92/2011, E. 3.7). 1074

1075 Die rechtsvergleichende Methode kommt auch im **innerstaatlichen Verhältnis** zur Anwendung, wenn beispielsweise die bundessteuergesetzliche und die harmonisierungsrechtliche Regelung vollkommen übereinstimmen (BGE 133 II 114 E. 3.2 [Art. 42 Abs. 1 und Abs. 2 StHG sowie Art. 126 Abs. 1 und Abs. 2 DBG]). Im Sinne der vertikalen Steuerharmonisierung, die verlangt, dass Rechtsfragen im kantonalen und im eidgenössischen Recht der direkten Steuern nach Möglichkeit gleich beurteilt werden, drängt sich eine identische Auslegung der genannten Bestimmungen auf (BGE 133 II 114 E. 3.2). Dasselbe gilt, wenn ähnliche Fragen zu beantworten sind bzw. sich die Rechtslage in den Kantonen vergleichen lässt (vgl. z.B. BGE 132 I 201 E. 7.3 [Höhe der Entschädigung der Rechtsanwälte für amtliche Mandate], 130 I 113 E. 2.4, 125 II 183 E. 6e und E. 6f [Abzugsfähigkeit eines kapitalisierten Unterhaltsbeitrags], 121 I 22 E. 4a [Einführung eines Numerus Clausus mittels Vollzugsverordnung], 121 I 273 E. 3a und E. 5a [Erhöhung von Studiengebühren]). Das Verwaltungsgericht Bern hat beispielsweise eine religiöse Baute in einer Gewerbe-Industrie-Zone als zulässig erachtet und sich dabei auf verschiedene Urteile anderer kantonaler Gerichte berufen, die zu einem ähnlichen Ergebnis gekommen sind (VerwG BE vom 17. Juni 2009, in: BVR 2010 S. 113 E. 4.1, mit Verweise namentlich auf VerwG LU vom 5. Feb. 2007, in: LGVE 2007 II S. 224 E. 3; VerwG SO vom 24. Nov. 2006, in: SOG 2006 Nr. 19 E. 3b; VerwG SG vom 20. Juni 2005, in: GVP 2005 Nr. 25 E. 2b/dd).

1076 Ein **interkantonaler Rechtsvergleich** kann aufzeigen, dass die gewählte Lösung bzw. Auslegung einer (kantonalen) Norm durchaus üblich ist und einer landesweit gängigen Vorgehensweise entspricht (BGer vom 24. Juni 2009, 8C_156/2009, E. 6.3.2 [Familienzulagen gemäss Bundes-FamZG sowie Sozialzulagen gemäss selbstständigem kantonalem Recht]). Hingegen ist noch kein kantonsübergreifender Konsens dahin gehend zu erkennen, dass über die Schulgelder hinaus die Kantone ebenso für die **Transportkosten an Untergymnasien** aufzukommen haben (BGE 133 I 156 E. 3.6.3). Auch erstreckt sich der bundesverfassungsrechtliche **Anspruch auf Unentgeltlichkeit des Grundschulunterrichts** grundsätzlich nicht auf den Unterricht an staatlichen Untergymnasien, selbst wenn viele Kantone die Unentgeltlichkeit in ihren Schulgesetzgebungen vorsehen und auf die Erhebung von Schulgeldern verzichten; allenfalls drängt sich aus diesen Gründen künftig eine Praxisänderung auf (BGE 133 I 156 E. 3.6.3).

Praxis:

1077 – **Beurteilung von Lärmemissionen einer Sportanlage unter Beizug der deutschen Sportanlagenlärmschutzverordnung:** Umstritten sind vorliegend die Lärmimmissionen einer grösseren Sportanlage (mit Dreifach-Sporthalle, Aussenbereich mit einer Leichtathletikanlage, ein weiteres Rasenfeld, zwei Rasen-Trainingsfelder und weitere Trainingsplätze). Die LSV enthält nicht für alle Lärmarten Belastungsgrenzwerte. Solche fehlen insbesondere für sogenannten «untechnischen» Alltagslärm, wie er Sportanlagen immanent ist. Fehlen Belastungsgrenzwerte, so beurteilt die Vollzugsbehörde die Lärmimmissionen nach Art. 15 USG, unter Berücksichtigung der Art. 19 und 23 USG. Unter Umständen können fachlich genügend abgestützte ausländische bzw. private Richtlinien eine Entscheidungshilfe bieten, sofern die Kriterien, auf welchen diese Unterlagen beruhen, mit denjenigen des schweizerischen Lärmschutzrechtes vereinbar sind. Das Bundesgericht hat sich mit dieser Problematik bereits im Fall einer Sportanlage in Würenlos eingehend auseinandergesetzt und ist zum Schluss gelangt, dass sich für die Beurteilung von Sportlärm insbesondere die deutsche Sportanlagenlärmschutzverordnung (18. BIm-

SchV) anbietet, deren Regelungen diejenigen des deutschen Bundesimmissionsschutzgesetzes ergänzen und den besonderen Charakteristiken von Sportgeräuschen speziell Rechnung tragen (BGE 133 II 292 E. 3.3). Das kantonale Verwaltungsgericht stellte im vorliegenden Fall zunächst auf das deutsche Recht ab, dies nach Massstäben, wie sie seiner Meinung nach auch der deutsche Richter anwenden würde. Danach hat es die Resultate nach schweizerischem Recht gewürdigt. Es hat das Ergebnis der Beurteilung nach deutschem Recht als wichtiges Indiz für die Beurteilung der Lärmbelastung nach schweizerischem Recht herangezogen. Dieses Vorgehen erweist sich als bundesrechtsmässig, soweit die Verordnung dem Gericht «lediglich» insoweit als Entscheidhilfe dient, als deren Kriterien mit dem schweizerischen Lärmschutzsystem vereinbar sind. Ferner hat das Verwaltungsgericht die Eigenheiten beider Systeme berücksichtigt und bedacht, dass der Beizug der 18. BImSchV nicht zu einer strengeren Behandlung des Sportlärms – insbesondere gegenüber Gewerbe- und Industrielärm – führen darf. Es hat darum beim Beizug der 18. BImSchV auf einer zweiten Stufe, der Interpretationsstufe, Raum gesehen für Erleichterungen nach Art. 25 Abs. 2 USG, weil ein öffentliches Interesse am Sport bestehe. Es hat aber zuvor ausdrücklich geprüft, ob der deutsche Gesetzgeber bei der Festlegung der Immissionsrichtwerte ein solches Interesse bereits berücksichtigt habe. Dabei ist es aufgrund eines Vergleichs mit der deutschen Technischen Anleitung zum Schutz gegen Lärm vom 26. Aug. 1998 zum Schluss gelangt, dass das Schutzniveau bei Sportlärm in Deutschland höher liege als bei den Anlagen, die von der Technischen Anleitung zum Schutz gegen Lärm erfasst würden. Weil das Gutachten nur bei der Durchführung von Grossanlässen eine Verletzung der deutschen Richtwerte prognostiziert und das Verwaltungsgericht die Überschreitungen weder als lästig noch schädlich einstuft, hält es i.S.v. Art. 25 Abs. 2 USG Erleichterungen als gerechtfertigt und sieht von der Anordnung lärmbegrenzender Massnahmen ab. Dieses Vorgehen scheint grundsätzlich nicht bundesrechtswidrig. Es gilt sich indessen nochmals nachdrücklich festzuhalten, dass kein Raum für eine 1:1-Anwendung von deutschem und schweizerischem Recht besteht. Massgeblich ist vielmehr ausschliesslich das schweizerische Lärmschutzrecht. Entsprechend ist nachfolgend anhand der einzelnen Rügen zu prüfen, ob die verwaltungsgerichtliche Lärmprognose vor der schweizerischen Rechtsordnung standhält (BGer vom 5. Dez. 2008, 1C_169/2008, E. 3.3-3.5).

– **Abzugsfähigkeit eines kapitalisierten Unterhaltsbeitrages im Rahmen der direkten Bundessteuer nach Art. 33 Abs. 1 lit. c DBG:** Das Steuerrecht geht vom Grundsatz aus, dass der Steuerpflichtige die Lebenshaltungskosten für sich und seine Familie (Art. 34 lit. a DBG und Art. 24 lit. e DBG) sowie die Leistungen in Erfüllung familienrechtlicher Verpflichtungen im Allgemeinen (Art. 33 Abs. 1 lit. c und Art. 24 lit. e DBG) nicht vom steuerbaren Einkommen abziehen kann; auf Seiten der empfangenden Person sind diese Leistungen einkommenssteuerrechtlich irrelevant. Entsprechend liess Art. 22 Abs. 1 lit. d des Bundesratsbeschlusses vom 9. Dez. 1940 über die Erhebung einer direkten Bundessteuer (BdBSt) für die an den Unterhalt des geschiedenen Ehegatten geleisteten Beiträge keinen Abzug zu. Diese wurden als Erfüllung einer auf Familienrecht beruhenden Unterhaltspflicht betrachtet, die wie die übrigen Unterhaltskosten nicht vom steuerbaren Einkommen abgesetzt werden konnte. Unterhaltsbeiträge wurden auf Bundesebene erst durch das Gesetz über die direkte Bundessteuer abzugsfähig (Art. 23 lit. f und 33 Abs. 1 lit. c DBG); was gemäss den Materialien dem Postulat der Besteuerung nach der wirtschaftlichen Leistungsfähigkeit wesentlich besser entspricht als die alte Regelung. Die sich aus der Unterhaltszahlung ergebenden Einkünfte sollen nun neu beim Leistungsempfänger, also dort besteuert werden, wo sie als Einkommen zur Verfügung stehen bzw. ausgegeben werden können. Im StHG verankerte der Gesetzgeber, einem alten Anliegen der Steuerharmonisierung entsprechend, gleich wie bei der direkten Bundessteuer die Abzugsfähigkeit von Unterhaltsbeiträgen (Art. 23 lit. f und 33 Abs. 1 lit. c DBG; Art. 7 Abs. 4 lit. g und Art. 9 Abs. 2 lit. c StHG). Die Frage der steuerlichen Behandlung von Unterhaltsleistungen in Form der Kapitalzahlung wurde aber auch im Bundesgesetz über die Harmonisierung der direkten Steuern der Kantone und Gemeinden nicht speziell geregelt. Ob daraus geschlossen werden darf, dass es den Kantonen trotz des Harmonisierungsbedarfs frei steht, unter den Begriff des Unterhaltsbeitrags nur periodisch wiederkehrende Leistungen oder auch Kapitalzahlungen zu subsumieren, ist indessen zumindest zweifelhaft, regeln doch Art. 7 Abs. 4 bzw. 1078

Art. 9 Abs. 4 erster Satz StHG die steuerfreien Einkünfte bzw. die Abzüge von den steuerbaren Einkünften abschliessend. Da vorliegend nicht die kantonale, sondern die Regelung auf Bundesebene zur Diskussion steht, kann diese Frage jedoch offen gelassen werden. In den Kantonen können die Verpflichteten schon heute die als Folge einer Scheidung geleisteten periodischen Beiträge an den Unterhalt des Ehegatten vom Einkommen abziehen; regelmässig jedoch nicht auch Kapitalabfindungen, wie die folgenden Beispiele zeigen: Während etwa die Kantone Luzern, Basel-Stadt, Basel-Landschaft und Wallis entsprechende Leistungen zum Abzug zulassen, wird dieser dem Steuerpflichtigen beispielsweise in den Kantonen Aargau, Bern, Fribourg, Genf, Schwyz, St. Gallen, Waadt und Zürich nicht gewährt. Das Bundesgericht hat sowohl die Praxis des Kantons Zürich als auch diejenige des Kantons Genf als nicht willkürlich geschützt. Die Abzugsfähigkeit der durch die Scheidung begründeten Unterhaltsleistungen (Art. 33 Abs. 1 lit. c DBG) stellt somit in Bezug sowohl auf die übrigen Lebenshaltungskosten als auch auf die sich aus dem Familienrecht ergebenden finanziellen Verpflichtungen die Ausnahme und nicht die Regel dar. Diese wird wiederum von der Mehrheit der Kantone restriktiv – nur auf periodische Leistungen, nicht auch auf Kapitalzahlungen – angewendet. Im Interesse der vertikalen Steuerharmonisierung zwischen Bund und Kantonen ist diese Ausnahme nicht auf Kapitalleistungen auszudehnen. Der Begriff «Unterhaltsbeitrag» im Gesetz über die direkte Bundessteuer ist somit allein aufgrund des steuerrechtlichen Kontexts auszulegen. Die vom Zivilrecht gewährte Wahlmöglichkeit wird indessen dadurch nicht vereitelt: Die Beteiligten können sowohl bei der Wahl der Unterhaltsleistung als auch bei der Festsetzung des konkret zu leistenden Betrages der unterschiedlichen Aufteilung der Steuerlast Rechnung tragen (BGE 125 II 183 E. 6).

1079 – **Vergütung von Transportkosten an Untergymnasien:** Zu berücksichtigen ist vorliegend, dass bei der Frage der Vergütung von Transportkosten nicht der eigentliche Kernbereich der Unentgeltlichkeit des Unterrichts betroffen ist. Viele Kantone sehen in ihren Schulgesetzgebungen die Unentgeltlichkeit des Unterrichts auch für Mittelschulen (oder zumindest für deren untere Klassen) in dem Sinne vor, dass sie auf die Erhebung von Schulgeldern verzichten. Ob es sich angesichts dieser tatsächlichen Rechtslage allenfalls rechtfertigen könnte, die Garantie des unentgeltlichen Grundschulunterrichts von Art. 19 BV geltungszeitlich in dem Sinne umfassender auszulegen, dass sie einer Erhebung von Schulgeldern während der obligatorischen Schulzeit generell an allen öffentlichen Schulen (und damit auch an staatlichen Untergymnasien) entgegensteht, kann offenbleiben, da vorliegend keine solche Gebühr strittig ist. Es steht den Kantonen nach der heute massgebenden Auslegung von Art. 19 BV jedenfalls frei, in ihrer Rechtsordnung die Unentgeltlichkeit des (unter-)gymnasialen Unterrichts auf die Frage der Schulgelder zu beschränken, ohne zugleich einen allgemeinen Anspruch auf Vergütung allfälliger Schulwegkosten für diese Schulstufe vorsehen zu müssen. Die Anerkennung eines verfassungsrechtlichen Anspruches auf Organisierung des notwendigen Transportes oder aber auf Übernahme der Transport- und aller weiteren mit dem auswärtigen Schulbesuch verbundenen Folgekosten hätte bei Mittelschulen, welche regelmässig nur an wenigen Zentren des Kantons geführt werden, eine wesentlich andere Tragweite als bei Volksschulen (Primar-, Real- und Sekundarschulen), die meist in der gleichen Gemeinde oder in einer nahegelegenen anderen Gemeinde besucht werden können. Für eine dahin gehende Erweiterung der Garantie des unentgeltlichen Grundschulunterrichts mögen sich zwar beachtenswerte Gründe anführen lassen. Ein diesbezüglicher kantonsübergreifender Konsens ist aber zurzeit (noch) nicht zu erkennen, weshalb Art. 19 BV im oben umschriebenen Sinne auszulegen ist. Ob und wie weit es dem Bund gestützt auf die ihm inzwischen im Schulwesen neu eingeräumten Kompetenzen (vgl. Art. 62 Abs. 4 BV) möglich sein wird, auf dem Weg einer (harmonisierenden) Gesetzgebung den Umfang des unentgeltlichen Grundschulunterrichts näher zu bestimmen, bedarf hier keiner weiteren Abklärung. Überlegungen der Rechtsgleichheit könnten es immerhin gebieten, dass das zuständige Gemeinwesen wenigstens jenen Teil der (notwendigen) Transportkosten eines Gymnasiasten während der obligatorischen Schulzeit übernimmt, welchen es auch bei Besuch der Sekundarschule tragen müsste. Eine solche (anteilmässige) Entschädigung ist dem Beschwerdeführer – in Anwendung einer entsprechenden kantonalen Praxis – seitens seiner Wohngemeinde vorliegend vergütet worden. Der Beschwerdeführer macht im Übrigen nicht geltend, aus finanziellen Gründen auf eine Übernahme der restlichen Kosten für das für den Schulbesuch erworbene Busabonnement angewiesen zu sein. Insofern wirkt sich bei ihm die behauptete fehlende Möglichkeit, nach Massgabe des kantonalen Stipendiengesetzes bereits im Rahmen der obligatorischen Schulzeit in den Genuss von Ausbildungsbeiträgen zu kommen, nicht aus (BGE 133 I 156 E. 3.6.3).

b) Auslegung rezipierten Rechts

Ist eine schweizerische Rechtsnorm in **Erfüllung völkervertraglicher Pflichten**, etwa der bilateralen Verträge, dem an und für sich **nicht verbindlichen europäischen Recht** nachgebildet oder lehnen sich die (verbindlichen) **bilateralen Verträge an das an und für sich nicht verbindliche Gemeinschaftsrecht** an, liegt es nahe, die entsprechende gemeinschaftsrechtliche Regelung und gegebenenfalls hierzu bestehende Rechtsprechung der Gemeinschaftsgerichte oder mitgliedstaatlicher Gerichte als Auslegungshilfe heranzuziehen (BGE 137 II 242 E. 3.2.1, 136 II 5 E. 3.6.2, 136 II 65 E. 3.1, 130 II 1 E. 3.6.1, 130 II 113 E. 5.2; BVGE 2007/42 E. 5.1; BVGer vom 13. Sept. 2010, B-3064/2008, E. 3). 1080

Gleiches muss gelten, wenn feststeht, dass der Gesetzgeber unabhängig von völkervertraglichen Pflichten, etwa der bilateralen Verträge, aber nach **europäischem Vorbild** legiferieren wollte und keine vom europäischen Recht abweichende Regelung getroffen hat (BGE 137 II 199 E. 4.3.1, 130 III 182 E. 5.5, 129 III 335 E. 5.1 und E. 6; BVGer vom 7. Nov. 2007, C-2263/2006, E. 5.1). Im Zweifel ist die in Frage stehende Norm, soweit die binnenstaatliche Methodologie dies zulässt, europarechtskonform auszulegen (BGE 137 II 199 E. 4.3.1, 133 III 81 E. 3.1, 129 III 335 E. 6; neuerdings etwa HANS PETER WALTER, Das rechtsvergleichende Element – Zur Auslegung vereinheitlichten, harmonisierten und rezipierten Rechts, ZSR 2007 I, S. 259 ff.). Dies kann unter Umständen bedeuten, dass selbst ein klarer, aber die europarechtliche Zielsetzung fehlerhaft, entgegen der eigenen Absicht, planwidrig lückenhaft nachvollziehender Wortlaut im Sinne des erreichten Ergebnisses teleologisch und europarechtskonform zu reduzieren ist (BVGE 2010/48 E. 3), aber auch, dass die Norm nicht im Sinn des EU-Rechts auszulegen ist, wenn sich erweist, dass diese keinen besonderen europapolitischen Hintergrund hat und sich aus der Entstehungsgeschichte ergibt, dass die Norm nicht in erster Linie zwecks Herstellung einer Europarechtskonformität erlassen wurde (BGE 137 II 199 E. 4.3.2 [Art. 7 Abs. 2 lit. c KG]). Auch **europäisches Recht** ist im Lichte des Völkerrechts auszulegen, um sicherzustellen, dass die Auslegung des nationalen Rechts europaweit einheitlichen Rechtsstandards entspricht (BGE 138 II 42 E. 4.2.1 [europäisches Luftrecht]). 1081

Ausländische Entscheidungen weisen keine bindende präjudizielle Wirkung auf; sie dienen vielmehr als **Auslegungs- oder Entscheidungshilfe** (BGE 130 III 113 E. 3.2, 129 III 335 E. 6), selbst wenn der Gesetzgeber beabsichtigte, ein weitgehend europakompatibles Ergebnis zu erzielen und eine mit dem Recht der EU möglichst gleichwertige Gesetzgebung zu schaffen (BVGer vom 5. Dez. 2007, C-2092/2006, E. 3.5, betr. HMG). Es ist dem Bundesgericht im Rahmen der Auslegung der bilateralen Verträge nicht verwehrt, aus triftigen Gründen zu einer anderen Rechtsauffassung als der EuGH zu gelangen, da dieser nicht berufen ist, über die Auslegung der bilateralen Verträge verbindlich zu bestimmen (BGE 136 II 5 E. 3.4, 136 II 65 E. 3.1). 1082

Praxis:

1083 – **Auslegung von Art. 3 Abs. 1 Anhang FZA:** Umstritten ist vorliegend, ob das Freizügigkeitsabkommen auch für den Familiennachzug gilt, wenn sich der nachzuziehende Familienangehörige nicht in einem Mitgliedstaat der EU aufhält, mithin von ausserhalb des Gebiets der Mitgliedstaaten der EU in die Schweiz nachgezogen werden soll. Nach der bisherigen Rechtsprechung des Bundesgerichts muss sich ein Drittstaatsangehöriger, der nachgezogen werden will, allerdings bereits rechtmässig mit einem nicht nur vorübergehenden Aufenthaltstitel in der Schweiz oder einem anderen Vertragsstaat aufgehalten haben (BGE 130 II 1 E. 3.6). Diese Rechtsprechung geht auf das Urteil Akrich des Gerichtshofs der Europäischen Gemeinschaften (EuGH) vom 23. Sept. 2003 zurück. Mit dem Urteil Jia Yunying relativierte der Gerichtshof seine Rechtsprechung in dem Sinne, dass die Mitgliedstaaten nicht verpflichtet seien, die mit dem Urteil Akrich geschaffene zusätzliche Voraussetzung anzuwenden, Bewilligungen an Familienangehörige mit Drittstaatsangehörigkeit also auch erteilen könnten, wenn sich diese vorher nicht bereits rechtmässig in einem Vertragsstaat aufgehalten hätten. Seither hat sich der EuGH jedoch ausdrücklich vollständig von seiner in der Sache Akrich verfolgten Rechtsauffassung abgewendet. Danach hängt das Recht auf Familiennachzug nicht mehr von einem vorherigen rechtmässigen Aufenthalt in einem Mitgliedstaat ab bzw. verletzt eine solche Voraussetzung die gemeinschaftsrechtliche Regelung der Familienvereinigung (Urteil Metock). Gemäss Art. 16 Abs. 2 FZA ist für die Anwendung des Freizügigkeitsabkommens die einschlägige Rechtsprechung des EuGH vor dem Zeitpunkt der Unterzeichnung (21. Juni 1999) massgebend. Das Bundesgericht kann aber, ohne dazu verpflichtet zu sein, zum Zwecke der Auslegung des Freizügigkeitsabkommens auch seither ergangene Urteile des Gerichtshofs heranziehen. Hierbei ist beachtlich, dass das Abkommen die Freizügigkeit auf der Grundlage der in der Europäischen Gemeinschaft geltenden Bestimmungen verwirklichen will (Präambel) und die Vertragsparteien zur Erreichung der Ziele des Abkommens alle erforderlichen Massnahmen treffen wollen, damit in ihren Beziehungen gleichwertige Rechte und Pflichten wie in den Rechtsakten der Europäischen Gemeinschaft, auf die Bezug genommen wird, Anwendung finden (Art. 16 Abs. 1 FZA). Das bedeutet, dass für die vom Abkommen erfassten Bereiche eine parallele Rechtslage verwirklicht werden soll. Um das Abkommensziel einer parallelen Rechtslage nicht zu gefährden, wird das Bundesgericht in angemessener Weise nach dem Stichtag (21. Juni 1999) ergangene Rechtsprechungsänderungen des EuGH in seine Beurteilung einbeziehen und ihnen Rechnung tragen. Das gilt allerdings nur, soweit das Abkommen auf gemeinschaftsrechtliche Grundsätze zurückgreift. Da der EuGH nicht berufen ist, für die Schweiz über die Auslegung des Abkommens verbindlich zu bestimmen, ist es dem Bundesgericht überdies nicht verwehrt, aus triftigen Gründen zu einer anderen Rechtsauffassung als dieser zu gelangen. Es wird dies aber mit Blick auf die angestrebte parallele Rechtslage nicht leichthin tun. Das Urteil Metock erging nach der Unterzeichnung des Freizügigkeitsabkommens und ist für die Schweiz grundsätzlich nicht verbindlich. Das traf indessen bereits auf das Urteil Akrich zu. Das Bundesgericht schloss sich trotz einer gewissen Skepsis vor allem aus Gründen der Rechtsharmonisierung an die Akrich-Rechtsprechung an, obwohl es dazu nicht verpflichtet war. Analoge Überlegungen sprechen für eine Übernahme der angepassten Rechtsprechung. Es sind keine triftigen Gründe erkennbar, weshalb es innerhalb der Europäischen Gemeinschaft und in deren Verhältnis mit der Schweiz zwei unterschiedliche Freizügigkeitsregelungen geben sollte. Das Interesse an einer parallelen Rechtslage und mithin an einem möglichst einheitlichen Freizügigkeitsraum geht vielmehr vor. Schliesslich wird auch im Schrifttum die Meinung vertreten, die schweizerische Praxis sei an die neue Rechtsprechung des EuGH i.S.v. dessen Urteil Metock anzupassen. Den Gründen für die Änderung der Rechtsprechung durch den EuGH lässt sich ferner die Überzeugungskraft nicht absprechen. Der EuGH hält zu Recht fest, dass die gemeinschaftsrechtliche Regelung der Personenfreizügigkeit im Binnenmarkt gleiche Rechte gewährleisten will, unter denen sich der Freizügigkeitsberechtigte mit seiner Familie im Aufnahmemitgliedstaat niederlassen darf, was nicht zuträfe, wenn es für das Recht, die Familienangehörigen nachzuziehen, zusätzlich darauf ankäme, ob sich diese bereits rechtmässig im Gemeinschaftsgebiet aufhalten. Damit ergibt sich, dass bei der Anwendung des Freizügigkeitsabkommens zur Gewährleistung der parallelen Rechtslage in Angleichung an das Urteil Metock an der Geltung der Rechtsprechung gemäss dem Urteil Akrich nicht festgehalten werden kann. Der Nachzug eines Familienmitglieds mit Drittstaatsangehörigkeit gemäss dem Freizügigkeitsabkommen setzt demnach – in Abänderung der Rechtsprechung gemäss BGE 130 II 1 ff. und BGE 134 II 10 ff. – nicht voraus, dass sich dieser Familienangehörige bereits rechtmässig mit einem nicht nur vorübergehenden Aufenthaltstitel in der Schweiz oder einem anderen Vertragsstaat aufgehalten hat. Mit Blick auf die spanische Staatsangehörigkeit der Ehefrau können sich die Beschwerdeführer daher auf das Freizügigkeitsabkommen und die darin enthaltene Regelung des Familiennachzugs berufen (BGE 136 II 5 E. 3).

2. Treu und Glauben

a) *Begriff und Anwendungsbereich*

Öffentlich-rechtliche Verträge wie auch **(rechtsgeschäftliche) völkerrechtliche, interkantonale oder interkommunale Verträge** sowie **anderweitige Vereinbarungen** (BGE 131 II 280 E. 3.1 [öffentlich-rechtliche Zessionsvereinbarungen], 116 Ia 56 E. 3b, 105 II 149 E. 2a; BVGer vom 24. Dez. 2010, A-122/2010, E. 7.1 [individualisierte Parteierklärungen im Rahmen eines Prozesses]; ferner BVGer vom 28. Feb. 2012, A-2969/2010, E. 1.1.2 [Dispositiv]; vom 15. Nov. 2011, A-8516/2010, E. 7.1 [vertraglich begründeter Teil der Konzession]) sind grundsätzlich gleich wie privatrechtliche Verträge nach dem **Vertrauensprinzip** auszulegen (BGE 135 V 237 E. 3.6, 134 V 223 E. 3.1, 122 I 328 E. 4e; BGer vom 11. Juli 2011, 2E_3/2009, E. 5.2.1; vom 25. Jan. 2010, 1C_450/2009, E. 2.4.2; vom 20. Feb. 2009, 1C_207/2008, E. 3.1; vom 19. März 2008, 2A.414/2006, E. 6.3). 1084

Das Gericht hat zunächst den empirisch festzustellenden **übereinstimmenden wirklichen Willen** der Vertragsparteien zu ermitteln; ist ein solcher Wille nicht feststellbar, so ist der Vertrag gemäss dem Vertrauensprinzip nach dem **mutmasslichen Willen** auszulegen, das heisst so, wie ihn die Parteien nach seinem Wortlaut und Zusammenhang sowie nach den gesamten Umständen vernünftigerweise verstehen durften und mussten (BGE 135 V 237 E. 3.6, 134 V 223 E. 3.1, 133 III 406 E. 2.2, 132 I 140 E. 3.2.4, 132 V 278 E. 4.3, 131 III 280 E. 3.1, 124 II 265 E. 4a, 113 Ia 225 E. 1b/bb; BGer vom 25. Mai 2010, 9C_177/2010, E. 2.2.1; vom 6. Juli 2009, 9C_157/2009, E. 4.2.2; vom 10. Feb. 2005, 1P.551/2004, E. 3.1; BVGer vom 19. Aug. 2011, A-6019/2010, E. 10; vom 11. Feb. 2011, A-160/2010, E. 6.1; vom 17. Feb. 2009, A-6178/2008, E. 7.5; SRK vom 22. Feb. 2000, in: VPB 64 [2000] Nr. 79 E. 5; VerwG BE vom 4. Feb. 2010, in: BVR 2010 S. 180 E. 3.2.1; VerwG ZH vom 17. Jan. 2008, VK.2006.00005, E. 3; vom 23. Dez. 2004, VK.2004.00001, E. 4). Massgeblich ist im Allgemeinen die Sicht eines vernünftig und redlich urteilenden Empfängers der Willensäusserung (BGE 134 V 223 E. 3.1, 133 III 406 E. 2.4, 129 III 380 E. 2, 116 II 431 E. 3b, 115 II 488 E. 4b, 111 II 262 E. 2a; BGer vom 14. Okt. 2004, 2P.170/2004, E. 2.2.1). 1085

Dabei hat das Gericht vom **Wortlaut des Vertrages** auszugehen; abzustellen ist dabei auf den normalen Sprachgebrauch, sofern nicht Anhaltspunkte dafür bestehen, dass die Parteien von einem besonderen Wortsinn ausgegangen sind (VerwG ZH vom 17. Jan. 2008, VK.2006.00005, E. 3). Erscheint der Wortlaut als nicht eindeutig oder ist die durch den «klaren» Wortlaut vermittelte Bedeutung sinnwidrig, sind als Quelle der Auslegung die **Umstände** heranzuziehen, die zum Abschluss des Vertrages geführt haben, soweit sie den Willen der vertragsschliessenden Parteien klar erkennen 1086 lassen (BGE 131 III 280 E. 3.1, 128 III 212 E. 2b/bb, 127 III 444 E. 1b, 125 III 305 E. 2b; BGer vom 11. Juli 2011, 2E_3/2009, E. 5.2.1; BVGE 2010/7 E. 3.5.4, 2008/34 E. 6.1; BVGer vom 19. Aug. 2011, A-6019/2010, E. 10; vom 11. Feb. 2011, A-160/2010, E. 6.1; vom 30. Nov. 2010, A-4911/2010, E. 4.1) und Aufschluss über die von einer Bestimmung verfolgten Ziele geben (BGE 117 II 480 E. 2b). Ferner dürfen die **Entstehungsgeschichte**, die **Interessenlage** der Parteien im Zeitpunkt des Vertragsschlusses sowie die **Verkehrsübung** ergänzend berücksichtigt werden (BGE 133 III 406 E. 2.2, 131 III 377 E. 4.2.1, 122 I 328 E. 4e, 116 Ib 217 E. 3a; BGer vom 28. Nov. 2005, 2A.239/2005, E. 3.4.2). Auch das **Verhalten der Parteien** vor Vertragsschluss kann dazu führen, dass ein auf den ersten Blick scheinbar klarer Wortlaut nicht massgebend ist (BGE 133 III 61 E. 2.2.1; BVGer vom 10. Juni 2009, A-6788/2008, E. 4.2.2).

1087 Zu berücksichtigen ist ferner, was **sachgerecht** ist, weil nicht angenommen werden kann, dass die involvierten Parteien eine unvernünftige Lösung gewollt haben. Unklare, mehrdeutige oder ungewöhnliche Wendungen sind im Zweifel zulasten ihres Verfassers auszulegen (**«Unklarheitsregel»**; vgl. BGE 134 V 369 E. 6.2, 132 V 278 E. 4.3, 131 V 27 E. 2.2; BGer vom 6. Juli 2009, 9C_157/2009, E. 5.2). Diese Regel greift indes nur, wenn die übrigen Auslegungsmittel versagen und die bestehenden Zweifel nicht anders behoben werden können (BGE 123 III 35 E. 2c/bb, 120 V 445 E. 5; BVGer vom 17. Feb. 2009, A-6178/2008, E. 7.6).

1088 Bei der **Auslegung öffentlich-rechtlicher Verträge** ist besonders zu beachten, dass die Verwaltung beim Vertragsabschluss dem öffentlichen Interesse Rechnung zu tragen hat (BGer vom 25. Jan. 2010, 1C_450/2009, E. 2.4.2). In Zweifelsfällen ist zu vermuten, dass sie keinen Vertrag abschliessen wollte, der mit den von ihr wahrzunehmenden öffentlichen Interessen in Widerspruch steht (BGE 135 V 237 E. 3.6, 132 I 140 E. 3.2.4, 122 I 328 E. 4e; BGer vom 19. März 2008, 2A.296/2006, E. 8.2; vom 4. Juli 2002, 1A.137/2001, E. 4.4; vom 25. Feb. 1998, 1A.215/1997, E. 6c; BVGer vom 11. Feb. 2011, A-160/2010, E. 6.2; vom 17. Feb. 2009, A-6178/2008, E. 6.1; vom 5. Sept. 2007, B-2224/2006, E. 3.3.1). Indessen wäre es verfehlt, in allen Fällen der dem öffentlichen Interesse besser dienenden Auslegung den Vorzug zu geben. Die Wahrung des öffentlichen Interesses findet ihre Schranke gerade im Vertrauensprinzip, das heisst sie darf nicht dazu führen, dass dem Vertragspartner des Gemeinwesens bei der Vertragsauslegung Auflagen gemacht werden, die er beim Vertragsschluss vernünftigerweise nicht voraussehen konnte (BGE 132 I 140 E. 3.2.4, 122 I 328 E. 4e; BGer vom 19. März 2008, 2A.296/2006, E. 8.2; BVGer vom 11. Feb. 2011, A-160/2010, E. 6.2; vom 15. Juli 2009, A-5237/2008, E. 4.3).

1089 Diese vom Bundesgericht entwickelten Regeln harmonieren weitgehend mit den **Art. 31 bis 33 VRK**, die für die **Auslegung völkerrechtlicher Verträge** gelten (BGer vom 31. Okt. 2011, 5A_221/2011, E. 3). Daraus geht hervor, dass die Auslegung eines völkerrechtlichen Vertrags zu seinem «effet utile», seiner bezweckten Wirkung, verhelfen soll. Diesem Ziel soll in erster Linie die Auslegung nach der wörtlichen, systematischen und teleologischen Methode dienen, die grundsätzlich als ebenbürtig zu betrachten sind. Subsidiär ist es angängig, die Begriffe und Konzeptionen des anwendbaren Landesrechts beizuziehen (BGE 132 II 65 E. 3.4.1, 124 V 225 E. 3a, 117 V 268 E. 3b; BVGE 2011/6 E. 7.1.1, 2009/26 E. 3.3.1.1, 2008/34 E. 6.1).

Praxis:

– **Rückzahlung der Kosten der Weiterbildung:** A war bei der Post angestellt und kündigte per 31. Okt. 2006 seine Stelle. Daraufhin wurde ihm von Seiten der Arbeitgeberin mitgeteilt, dass der rückzahlungspflichtige Betrag für seine Weiterbildung, die er Ende Aug. 2004 abgeschlossen hatte, Fr. 25'119.– betrage. A bezahlte lediglich Fr. 8'000.– für die von der Post geltend gemachten rückzahlungspflichtigen Weiterbildungskosten. Er machte insb. geltend, die Rückzahlungsdauer berechne sich linear, d.h. verteilt auf 36 Monate. Der Betrag von Fr. 36'000.– sei deshalb in monatlich gleichbleibenden Raten zurückzuzahlen, wovon bereits 26 Monate «amortisiert» seien. Erwägungen: Die umstrittene Ziff. 3.1 des Weiterbildungsvertrages vom 10. bzw. 13. Feb. 2003 lautet wie folgt: Die Rückzahlungsverpflichtung richtet sich nach Ziffer 262 GAV. Die Frist der Rückzahlungsverpflichtung wird auf 3 Jahre vereinbart und beginnt nach Abschluss der Aus-/Weiterbildung zu laufen. Dem Wortlaut nach lässt sich dieser Vertragsbestimmung entnehmen, dass es der Wille der Parteien war, zwei Punkte zu regeln. Einerseits die Verpflichtung zur Rückzahlung selbst, für diese soll gemäss erstem Satz Ziff. 262 GAV massgebend sein. Andererseits wurde gemäss zweitem Satz abgemacht, dass die Frist, während der eine Verpflichtung zur Rückzahlung entstehen soll, drei Jahre, beginnend nach Abschluss der Aus- oder Weiterbildung, dauern soll. Der Wortlaut ist klar und eindeutig. Insbesondere lässt er nicht den Schluss zu, der Vereinbarung müsse diesbezüglich ein anderer Sinn entnommen werden. Als Vertragswille ist damit anzusehen, dass die Parteien im Vertrag selbst nur die Frist – also die Zeitspanne nach Abschluss der Weiterbildung, während der im Falle des Eintritts eines Rückzahlungsgrundes überhaupt eine Rückzahlungsverpflichtung entstehen soll – festgelegt haben. Darüber hinaus und insbesondere im Hinblick auf die Gründe, welche eine Zahlungspflicht auslösen und die Höhe der zurückzuerstattenden Beträge wollten die Parteien die Regelung von Ziff. 262 GAV gelten lassen. An diesem Ergebnis vermögen auch die vom Beschwerdeführer vorgebrachten Vertrauensgesichtspunkte nichts zu ändern. Dem Beschwerdeführer musste im Zeitpunkt des Vertragsabschlusses aufgrund der Umstände klar sein, dass die Rückzahlungsfrist in einem individuellen Vertrag zu bestimmen ist, weil aufgrund von Ziff. 262 Abs. 2 GAV die Möglichkeit besteht, bei höheren Beträgen die Frist von drei Jahren zu verlängern. Dies wird vom Beschwerdeführer denn auch nicht bestritten und die Parteien waren sich auch einig, dass die Höhe der Kosten keine Verlängerung der Frist nach sich ziehen würde. Was sodann die Rückzahlungsverpflichtung betrifft, so geht aus dem Wortlaut der Vertragsbestimmung klar hervor, dass sich diese nach dem GAV richtet. Nach dem Vertrauensprinzip, d.h. aus der Sicht eines vernünftig und redlich urteilenden Empfängers, musste der Beschwerdeführer die Vertragsbestimmung so verstehen, dass die Frist von drei Jahren nicht auch für die Berechnung der Höhe einer allfälligen Rückzahlungsverpflichtung heranzuziehen ist, sondern diesbezüglich die Bestimmungen des GAV gelten. Damit bleibt kein Platz für die Auffassung des Beschwerdeführers, dass die Rückzahlungspflicht linear abnehmend nach Ablauf von drei Jahren endet. A hat somit der Post Weiterbildungskosten in der Höhe von Fr. 25'119.– zurückzuerstatten (BVGer vom 17. Feb. 2009, A-6178/2008, E. 7.5). 1090

b) *Auslegung prozessualer Vorschriften insbesondere*

Dem Rechtsuchenden darf **kein Rechtsnachteil** daraus erwachsen, wenn er eine **Rechtsmittelbelehrung** so auslegt, wie er sie vernünftigerweise verstehen durfte (BGE 134 I 199 E. 1.3.1, 132 I 92 E. 1.6, 128 IV 137 E. 3b, 123 II 231 E. 8b, 117 Ia 119 E. 3a, 112 Ia 116 E. c; BGer vom 28. Juni 2005, 1P.586/2004, E. 4.5.2.5). Wird aufgrund einer unrichtigen Belehrung ein falsches Rechtsmittel ergriffen, kann die Sache daher von Amtes wegen an die zuständige Instanz überwiesen werden, wenn die Unrichtigkeit der Rechtsmittelbelehrung auch bei gebührender Aufmerksamkeit nicht erkennbar war (BGE 134 I 199 E. 1.3.1, 123 II 231 E. 8b; VerwG ZH vom 7. Juli 2004, VB.2004.00212, E. 6.1.1). Diese Praxis, in deren Rahmen die **Zulässigkeit von Rechtsmitteln** beurteilt wird, steht im Zusammenhang mit der behördlichen 1091

Pflicht zur Rechtsmittelbelehrung (BGE 123 II 231 E. 8b). Wenn das Bundesgericht darüber hinaus dennoch in einzelnen Fällen das **Vertrauen in den Wortlaut einer Rechtsnorm** geschützt hat, so war jeweils zusätzlich zum irreführenden Wortlaut dieser Norm zumeist eine entsprechende Behördenpraxis massgebend, auf die der Private letztlich vertrauen durfte (BGer vom 28. Juni 2005, 1P.586/2004, E. 4.5.2.5).

Praxis:

1092 – **Begriff des «Geltendmachens» gemäss kantonalem Recht:** X reichte beim Regierungsrat des Kantons Schwyz ein Entschädigungsbegehren ein, mit dem Antrag, es seien ihm zufolge ungerechtfertigter Haft ein Verdienstausfall von Fr. 42'500.– und eine Genugtuung von Fr. 100'000.– auszurichten. Der Regierungsrat wie auch das Verwaltungsgericht wiesen das Entschädigungsbegehren ab, worauf X ans Bundesgericht gelangt. Dieses heisst die Beschwerde gut. Erwägungen: Das Verwaltungsgericht wies die Klage im Wesentlichen gestützt auf § 52 der Verordnung über den Strafprozess im Kanton Schwyz vom 28. Aug. 1974 (StPO) und § 68 der Verordnung über die Verwaltungsrechtspflege vom 6. Juni 1974 (VRP) ab. Der Wortlaut der massgeblichen Bestimmungen lautet wie folgt: «§ 52 StPO (Entschädigung bei Freispruch): Dem freigesprochenen Angeklagten ist auf Begehren eine Entschädigung für ungerechtfertigte Nachteile auszurichten. Das Begehren ist, unter Nachweis des erlittenen Schadens, spätestens innert drei Monaten nach Eröffnung des Freispruches geltend zu machen. Die Entschädigung kann verweigert werden, wenn der Freigesprochene durch verwerfliches oder leichtfertiges Benehmen die Untersuchung verschuldet oder das Verfahren erschwert hat.» § 68 VRP (Vorverfahren): «Vor Einreichung der Klage teilt der Kläger dem Beklagten sein Begehren schriftlich mit. Der Beklagte nimmt dazu innert angemessener Frist Stellung. Kommt eine Partei dieser Pflicht nicht nach, so kann das Verwaltungsgericht darauf bei der Kostenauflage Rücksicht nehmen.» § 69 VRP (Anhängigmachung): «Die Klage wird durch eine schriftliche Eingabe beim Verwaltungsgericht anhängig gemacht.» In § 52 Abs. 2 StPO wird von «Geltendmachen» gesprochen, was nicht auf eine förmliche Anhängigmachung des Rechtsstreites bei einer gerichtlichen Behörde hindeutet. Besonders deutlich ergibt sich dies bei einem Vergleich dieser Bestimmung mit § 69 VRP, wo es heisst, eine verwaltungsgerichtliche Klage werde durch schriftliche Eingabe beim Verwaltungsgericht «anhängig gemacht». Das schwyzerische Recht unterscheidet demnach klar zwischen blosser Geltendmachung und formellem Anhängigmachen. § 52 Abs. 2 StPO lässt zudem verschiedene Fragen offen (Rechtsnatur der Frist; Modalitäten der Geltendmachung). Dass diese Norm in der heutigen Fassung zumindest unklar ist, ergibt sich insbesondere auch daraus, dass das Verwaltungsgericht selbst darauf hinweist, diese Bestimmung werde im Entwurf der Expertenkommission für die Revision der kantonalen Rechtspflegeerlasse verdeutlicht. Nach Lehre und Praxis gebieten aber der Grundsatz von Treu und Glauben und das Willkürverbot, dass solche Bestimmungen derart auszulegen sind, wie sie vernünftigerweise von den Rechtsuchenden verstanden werden dürfen. Aufgrund des Wortlautes von § 52 Abs. 2 StPO durfte diese Bestimmung vom Beschwerdeführer somit derart verstanden werden, dass dieses Verfahren nicht zuletzt zur Verhinderung der Einleitung unnötiger Klagen zuerst abgeschlossen sein muss, bevor die Klageeinleitung beim Verwaltungsgericht zu erfolgen hat. Somit kann § 52 Abs. 2 StPO nicht den Sinn haben, die Klage beim Verwaltungsgericht sei innert drei Monaten seit Eröffnung des Freispruches anhängig zu machen, sondern nur, das Forderungsbegehren sei innert der erwähnten Frist beim Beklagten, hier dem Regierungsrat, geltend zu machen. Eine andere Auslegung wäre nicht nur offensichtlich unhaltbar, sondern würde auch, wie gerade der vorliegende Fall zeigt, in stossender Weise dem Gerechtigkeitsgedanken zuwiderlaufen (BGE 114 Ia 25 E. 3c).

3. Wirtschaftliche Betrachtungsweise

1093 Eine Auslegung nach der **wirtschaftlichen Betrachtungsweise** kann sich im Bereich des **Steuerrechts** dann aufdrängen, wenn Steuernormen **wirtschaftliche Anknüpfungspunkte** beinhalten oder wenn eine **Gesetzesumgehung** vorliegt (BGE 138 II 57 E. 2, 136 II 43 E. 4.3.3, 133 II 6 E. 3.2, 126 III 462 E. 3b; neuerdings etwa RENÉ MATTEOTTI, Wirtschaftliche Betrachtungsweise und Steuergerechtigkeit, ZSR 2010, S. 218 ff.). Im Steuerrecht liegt ein **Umgehungstatbestand** dann vor, wenn (1.) die von den beteiligten Parteien gewählte Rechtsgestaltung ungewöhnlich oder sachwidrig ist, insbesondere den wirtschaftlichen Verhältnissen unangepasst erscheint, (2.) lediglich deswegen getroffen wurde, um einen Vorteil zu generieren, und (3.) das gewählte Vorgehen tatsächlich auch zu einem Vorteil führt, soweit es anerkannt würde (BGE 131 II 627 E. 5.2; eingehend BGer vom 19. März 2012, 2C_638/2010, E. 4.1; ferner BVGer vom 8. Juni 2010, B-1308/2009, E. 4.3.1).

1094 In derartigen Konstellationen sind die Steuerbehörden bei der Interpretation der betreffenden Vorschrift nicht strikt an die **zivilrechtliche Gestaltung gebunden**; vielmehr haben sie den Sachverhalt entsprechend seinem wirtschaftlichen Gehalt zu würdigen (BGE 138 II 57 E. 2.1; BGer vom 13. April 2011, 2C_929/2010, E. 2.2; vom 14. Nov. 2008, 2C_349/2008, E. 2.3). Sind die Voraussetzungen der **Steuerumgehung** erfüllt, so ist der Besteuerung diejenige Rechtsgestaltung zugrunde zu legen, die sachgemäss gewesen wäre, um den erstrebten wirtschaftlichen Zweck zu erreichen. Nach der bundesgerichtlichen Konzeption greift mit anderen Worten eine **Sachverhaltsfiktion** Platz (BGer vom 19. März 2012, 2C_638/2010, E. 4.1; vom 8. Juni 2007, 2A.660/2006, E. 5.1; BVGer vom 30. Okt. 2008, A-2163/2007, E. 4.2).

1095 Zu unterscheiden ist zwischen der wirtschaftlichen Betrachtungsweise im Rahmen der **Sachverhaltsbeurteilung** und jener als **Auslegungsgesichtspunkt** (BVGer vom 30. Okt. 2008, A-2163/2007, E. 4.4): Die als Rechtsverkehrssteuer ausgestalteten **Handänderungssteuer** knüpft an einen «Wechsel von Grundeigentum» an; ferner können bestimmte wirtschaftliche Vorgänge, die zivilrechtlich keine Handänderung darstellen, steuerlich erfasst werden, wenn sie sich wirtschaftlich als solche auswirken (VerwG GR vom 4. Nov. 2008, in: PVG 2008 Nr. 18 E. 1). Wird beispielsweise ein Kaufvertrag über ein Grundstück derart mit einem Werkvertrag für die Erstellung oder die Fertigstellung einer Baute verbunden, dass Boden und Werk faktisch eine Einheit bilden, so ist die Handänderungssteuer auf der Summe von Bodenpreis und Werklohn zu entrichten (BGer vom 7. Jan. 2002, 2P.229/2001, E. 2a; VerwG GR vom 12. April 2002, in: PVG 2002 Nr. 23 E. 3a).

1096 Zur Verhinderung von Umgehungsmöglichkeiten wird im **BewG** nicht nur an den Erwerb des Grundstückseigentums i.S.v. Art. 655 ZGB angeknüpft (Art. 4 Abs. 1 lit. a BewG), sondern auch an verwandte Tatbestände, die im Gesetz beispielhaft aufgezählt sind. Insbesondere gilt als «Erwerb eines Grundstücks» jeder Erwerb von Rechten, die dem Erwerber eine ähnliche Stellung wie dem Eigentümer eines Grundstücks verschafft (Art. 4 Abs. 1 lit. g BewG); ob dies der Fall ist, ist im Rahmen einer wirtschaftlichen Betrachtungsweise zu ermitteln (BGer vom 22. April 2003, 4C.14/2003, E. 2.1; ferner BGE 138 II 57 E. 2 [Auslegung des Begriffs des geldwerten Vorteils gemäss Art. 20 Abs. 1 lit. c DBG]).

1097 In analoger Anwendung dieser Rechtsprechung können die **Tierbestände einzelner Produktionsstätten** von drei Unternehmen zusammengerechnet werden, wenn die juristischen Personen nicht voneinander unabhängig sind, zumal auch die Landwirtschaftliche Begriffsverordnung in Art. 6 Abs. 1 LBV von einer wirtschaftlichen Betrachtungsweise ausgeht und die Höchstbestände pro Betrieb, und nicht etwa pro Produktionsstätte, berechnet werden (BGer vom 9. Jan. 2012, 2C_421/2011, E. 7).

1098 Hingegen hat es das Bundesgericht abgelehnt, **Art. 125 Abs. 1 ZGB** (Anspruch auf nachehelichen Unterhalt) aufgrund einer rein wirtschaftlichen Betrachtungsweise auszulegen; entscheidend ist vielmehr, ob die Ehe lebensprägend war oder nicht. Nur letzterenfalls, was regelmässig bei sog. Kurzehen (d.h. Ehen, die weniger als fünf Jahre gedauert haben) zutrifft, sind die vorehelichen wirtschaftlichen Verhältnisse massgebend (BGer vom 21. Okt. 2008, 5A_384/2008, E. 3.2; vom 6. Okt. 2004, 5C.149/2004, E. 4.3-4.5). **Offengelassen** hat das Bundesgericht, inwiefern die wirtschaftliche Betrachtungsweise im **Doppelbesteuerungsrecht** zum Tragen kommen kann (BGer vom 11. Sept. 2002, 2A.124/2002, E. 3.2). In der Regel dürfte dies grundsätzlich nur dann zulässig sein, wenn eine Steuerumgehung vorliegt oder die Kollisionsnorm selbst wirtschaftliche Begriffe verwendet (BGer vom 27. Jan. 2000, 2P.126/1998, E. 3).

1099 Die **Mehrwertsteuer** ist als Selbstveranlagungssteuer ausgestaltet und weist dadurch einen gewissen formalistischen Charakter auf. Entsprechend darf aus der wirtschaftlichen Betrachtungsweise nicht gefolgert werden, dass die Bestimmungen des Mehrwertsteuergesetzes bzw. der Mehrwertsteuerverordnung entgegen dem Wortlaut auszulegen sind (BGer vom 8. Jan. 2003, 2A.43/2002, E. 3.2). Hingegen können insbesondere Bestand und Umfang einer von der Steuer befreiten Leistung, der anwendbare Steuersatz und der Ort der Leistung sowie die Beurteilung, ob überhaupt ein Leistungsaustausch stattgefunden hat, aufgrund der wirtschaftlichen Betrachtungsweise bestimmt werden (BGer vom 23. Sept. 2008, 2C_284/2008, E. 2.1; vom 14. Nov. 2003, 2A.304/2003, E. 3.6.1; BVGer vom 4. März 2010, A-1601/2006, E. 3.2.1 und E. 3.2.2; vom 21. Aug. 2008, A-1572/2006, E. 2.4).

1100 Verschiedene (mehrwertsteuerpflichtige) Leistungen einer Person können als **Gesamtleistung** qualifiziert werden, wenn die einzelnen Komponenten ineinandergreifen und wirtschaftlich zusammengehören (BVGer vom 3. Dez. 2009, A-1558/2006, E. 5.4-5.6 [Begutachtung, Bewertung und Analyse von Liegenschaftsobjekten]). Eine **Lieferung** im Sinne der Mehrwertsteuer liegt vor, wenn die Befähigung verschafft wird, im eigenen Namen über einen Gegenstand wirtschaftlich zu verfügen. Sie kommt dem Abnehmer dann zu, wenn er wie ein Eigentümer über den Gegenstand verfügen kann, wobei der Übergang des zivilrechtlichen Eigentums und Besitzes nicht (allein) entscheidend ist, sondern auch auf die wirtschaftliche Verfügungsmacht abzustellen ist (BVGer vom 26. Juni 2009, A-1564/2006, E. 2.2).

1101 **Aufsichtsrechtliche Massnahmen der FINMA** können sich an verschiedene natürliche und juristische Personen richten, wenn diese eine **Gruppe** bilden bzw. zwischen ihnen eine derart enge wirtschaftliche, organisatorische oder personelle Verflechtung besteht, dass nur eine gesamthafte (wirtschaftliche) Betrachtungsweise den faktischen Gegebenheiten und der Zielsetzung der Finanzmarktaufsicht gerecht wird, um damit gleichzeitig auch Gesetzesumgehungen zu verhindern (BGE 136 II 43 E. 4.3.1, 135 II 356 E. 3.2; BGer vom 14. April 2011, 2C_929/2010, E. 2.2; BVGer vom 18. Nov.

2010, B-277/2010, E. 6.1). Die Bewilligungspflicht und die finanzmarktrechtliche Aufsicht sollen nicht dadurch umgangen werden können, dass jedes einzelne Unternehmen bzw. die dahinterstehenden Personen für sich allein nicht alle Voraussetzungen für die Unterstellungspflicht erfüllen, im Resultat aber gemeinsam dennoch eine bewilligungspflichtige Tätigkeit ausüben. Der Schutz des Marktes, des Finanzsystems und der Anleger rechtfertigt in solchen Fällen trotz formaljuristischer Trennung der Strukturen finanzmarktrechtlich eine einheitliche (wirtschaftliche) Betrachtungsweise (BGer vom 12. Jan. 2012, 2C_30/2011, E. 3.1.1).

Die **Annahme einer Gruppe** hat zur **Folge**, dass die aufsichtsrechtlichen Konse- 1102
quenzen alle Mitglieder treffen, selbst wenn in Bezug auf einzelne davon – isoliert betrachtet – nicht alle Tatbestandselemente erfüllt sind oder sie selbst keine nach aussen erkennbaren finanzmarktrechtlich relevanten Tätigkeiten ausüben (BVGer vom 18. Nov. 2010, B-277/2010, E. 6.1; vom 20. März 2009, B-8227/2007, B-8244/2007 und B-8245/2007, je E. 8.2; vom 3. Sept. 2008, B-6715/2007, E. 6.3.3). Das Erfassen von bewilligungslos tätigen Intermediären im Rahmen einer Gruppe aufgrund einer wirtschaftlichen (statt rein formellen) Betrachtungsweise mit den entsprechenden aufsichtsrechtlichen Konsequenzen soll verhindern, dass Akteure, die in Umgehung der finanzmarktrechtlichen Auflagen handeln, besser gestellt werden, als solche, die sich gesetzeskonform der Aufsicht der staatlichen Behörden unterwerfen (BGE 136 II 43 E. 4.3.3; BGer vom 12. Jan. 2012, 2C_30/2011, E. 3.1.2).

Praxis:

- **Eigenmietwert gemäss Art. 21 Abs. 1 lit. b DBG:** Die Eltern übertrugen am 1. März 1998 ein 1103
Einfamilienhaus schenkungsweise ihrer Tochter. Am gleichen Tag schloss die Tochter mit ihren Eltern einen Vertrag über die Vermietung dieser Liegenschaft zu einem indexierten Jahresmietzins von Fr. 10'000.– mit Mietantritt am 1. März 1998 ab. Dieser Mietvertrag wurde im Grundbuch vorgemerkt und sieht insbesondere ein lebenslängliches Mietrecht zugunsten des Ehepaares vor. Für die Steuerperiode 1999/2000 setzte die Veranlagungsbehörde das steuerbare Einkommen auf Fr. 64'100.– (Staats- und Gemeindesteuern) bzw. auf Fr. 72'300.– (direkte Bundessteuer) fest. Dabei rechnete sie bei dem Ehepaar die Differenz zwischen dem Eigenmietwert der Liegenschaft von Fr. 13'650.– und dem vereinbarten Jahresmietzins von Fr. 10'000.–, also Fr. 3'650.–, als Einkommen aus Nutzungsrechten auf. Umstritten ist die Besteuerung dieses Betrages in der Höhe von Fr. 3'650.–, um den der steuerlich massgebliche Eigenmietwert (von Fr. 13'650.–) den vereinbarten Mietzins (von Fr. 10'000.–) übersteigt. Erwägungen: Art. 21 Abs. 1 lit. b DBG bildet die Grundlage für die Besteuerung des Eigenmietwerts. Erforderlich hiefür ist, dass dem Pflichtigen eine Liegenschaft oder ein Liegenschaftsteil aufgrund von Eigentum oder eines unentgeltlichen Nutzungsrechts für den Eigengebrauch zur Verfügung steht. Der deutsche und der französische Wortlaut deuten auf eine Norm mit wirtschaftlichem Anknüpfungspunkt hin. Verwendet wurden nicht die üblichen zivilrechtlichen Begriffe («Nutzniessung» bzw. «usufruit»), sondern allgemeinere Umschreibungen («Nutzungsrecht» bzw. «droit de jouissance»). Auch der Sinn und Zweck der Vorschrift über die Anrechnung des Nutzungswertes einer Liegenschaft, die durch den Eigentümer oder Nutzungsberechtigten selbst bewohnt bzw. genutzt wird, lassen auf eine wirtschaftliche Betrachtungsweise schliessen. Demnach ist der Mietwert nicht nur bei Eigentümern und dinglich Nutzungsberechtigten, sondern auch bei Inhabern von vergleichbaren obligatorischen Nutzungsrechten als steuerbares Einkommen aus unbeweglichem Vermögen zu betrachten. Die Eltern haben zwar mit ihrer Tochter ausdrücklich einen Mietvertrag abgeschlossen. Sie bezahlen auch einen (indexgebundenen) Mietzins von jährlich Fr. 10'000.–. Indessen haben sie zusätzlich vereinbart, dass ihnen am Schenkungsobjekt ein lebenslängliches Mietrecht zusteht, das im Grundbuch vorzumerken ist. Bauliche Veränderungen bedürfen ihrer Zustimmung. Den Eltern steht zudem

ein während zehn Jahren vorzumerkendes Vorkaufsrecht am Schenkungsobjekt zu, wobei der Kaufpreis auf die im Zeitpunkt der Schenkung bestehende Hypothekarbelastung begrenzt ist. Ein Kündigungsrecht haben laut Ziff. 7 des Mietvertrages nur die Eltern. Der Mietzins entspricht sodann weitgehend den Hypothekarzinsen und den weiteren mit dem Grundeigentum verbundenen Lasten. Bei dieser Sachlage macht die Steuerverwaltung zu Recht geltend, dass nicht ein schlichter Mietvertrag, sondern vielmehr eine Kombination von Verträgen vorliegt, die in ihrer Gesamtwirkung zum gleichen Resultat führt wie eine Schenkung unter Rückbehalt des Wohnrechts. Die Eltern sind zwar nur realobligatorisch berechtigt und verpflichtet. Wirtschaftlich betrachtet und auch hinsichtlich der rechtlichen Absicherung entspricht ihre Stellung jedoch weitgehend derjenigen des aus einem (dinglichen) Wohnrecht Berechtigten (vgl. Art. 776 ff. ZGB); sie ist vergleichbar mit derjenigen des Nutzniessers aus einer sog. Vorbehaltsnutzung an einer Liegenschaft. Nach dem Ausgeführten haben sich die Beschwerdegegner daher ein Nutzungsrecht für den Eigengebrauch i.S.v. Art. 21 Abs. 1 lit. b DBG einräumen lassen und die entsprechende Besteuerung, welche die Steuerverwaltung vorgenommen hat, erweist sich als korrekt (BGer vom 31. Jan. 2002, 2A.232/2001, E. 2c).

4. Verwaltungsverordnungen

1104 **Vollzugslenkende Verwaltungsverordnungen** haben zum Ziel, eine einheitliche und gleichmässige Verwaltungspraxis zu gewährleisten. Sie dienen der Sicherstellung einer willkürfreien und rechtsgleichen Auslegung und Anwendung der betreffenden Bestimmungen (BGE 136 II 415 E. 1.1, 128 I 167 E. 4.3, 121 II 473 E. 2b; BGer vom 5. Juni 2009, 2C_531/2008, E. 4.5.1; vom 23. Sept. 2004, 2P.67/2004, E. 1.3; BVGE 2011/1 E. 6.4, 2007/42 E. 5.1; BVGer vom 7. Nov. 2007, C-2263/2006, E. 5.1; vgl. Rz. 486 und Rz. 502).

1105 Entsprechend kann eine Beschwerdeinstanz bei der Auslegung der betreffenden Bestimmung auch **Verwaltungsverordnungen als Auslegungshilfen** mitberücksichtigen, sofern diese eine dem Einzelfall angepasste und gerecht werdende Auslegung der anwendbaren gesetzlichen Bestimmungen zulassen und nicht über eine Konkretisierung der massgebenden Bestimmungen hinausgehen (BGE 137 II 284 E. 5.2.2, 137 V 82 E. 5.5, 132 V 200 E. 5.1.2, 131 V 42 E. 2.3, 130 V 163 E. 4.3.1, 129 V 200 E. 3.2, 126 V 421 E. 5a, 124 II 193 E. 7, 121 II 473 E. 2b; BGer vom 27. Juli 2011, 1C_34/2011, E. 2.1 sowie vom 31. Jan. 2011, 1C_278/2010, E. 4.4.4 [Vollzugshilfe des BAFU zur Beurteilung des Lärms von Aussenanlagen]; BVGE 2011/1 E. 6.4, 2009/38 E. 5.4.2, 2008/22 E. 3.1.1, 2007/41 E. 3.3). Gemäss Praxis ist es – selbst im Rahmen einer Ermessenskontrolle – nicht Aufgabe der Beschwerdeinstanzen, als Zweitinterpreten des der Verwaltungsverordnung zugrunde liegenden Erlasses eigene Zweckmässigkeitsüberlegungen an die Stelle des Vollzugskonzepts der zuständigen Behörde zu setzen (BGE 126 II 275 E. 4, 123 II 16 E. 7a; BVGE 2007/41 E. 3.3; BVGer vom 4. März 2010, A-1604/2006, E. 3.3; vgl. auch BGE 137 II 284 E. 5.3: Die FINMA nahm in ihrem Rundschreiben eine zu restriktive Auslegung des Begriffs der öffentlichen Werbung nach Art. 3 KAG vor).

1106 Nach der Praxis des Bundesgerichtes kann es sich selbst im Bereich des **Strafrechts** aufdrängen, bestimmte **Richtlinien** zur Beurteilung strafrechtlich relevanten Verhaltens miteinzubeziehen. Dabei kann es sich auch um Anweisungen handeln, die nicht von Verwaltungsbehörden, sondern von **nationalen oder internationalen Fachverbänden oder Kommissionen** herausgegeben werden (OG ZH vom 30. Okt. 2004, in: ZR 2006 Nr. 38 E. 5d). **FIS-Regeln** sind zwar keine Rechtsnormen, sondern Verhaltensempfehlungen, die sich an Skifahrer richten. Da sie vom internationalen Fachverband erlassen worden sind, steht indes grundsätzlich nichts im Wege, sie als Massstab für die im Skisport üblicherweise zu beachtende Sorgfalt und insofern als Auslegungshilfe heranzuziehen (BGE 106 IV 350 E. 3a; ferner BGE 117 IV 415 E. 5b [Richtlinien für Anlage und Unterhalt von Skiabfahrten, die von der schweizerischen Kommission für Unfallverhütung auf Skiabfahrten und Loipen herausgegeben werden]).

Praxis:

- **Wehrpflichtersatz (Ersatzbefreiung wegen erheblicher körperlicher oder geistiger Behinderung):** Art. 4 Abs. 1 lit. a WPEG stellt drei Voraussetzungen für die Ersatzbefreiung auf: Erstens die erhebliche körperliche oder geistige Behinderung, sodann ein bestimmtes taxpflichtiges Einkommen, gekürzt um bestimmte Abzüge, das einen bestimmten Betrag nicht überschreiten darf, sowie, drittens, einen Kausalzusammenhang zwischen beiden. Es ist klar, dass der Behinderung eine gewisse Schwere zukommen oder sie mit anderen Worten ernsthaft ins Gewicht fallen muss, damit sie als ursächlich für die Bedürftigkeit bezeichnet werden kann. Das Gesetz spricht denn auch von einer «erheblichen» körperlichen oder geistigen Behinderung. Dem Wortlaut von Art. 4 Abs. 1 lit. a WPEG lässt sich allerdings nicht präzis entnehmen, welchen Grad die Behinderung aufweisen muss, damit eine Ersatzbefreiung in Betracht fallen kann. Das Bundesgericht hat in BGE 124 II 241 ff. bei einem Forstarbeiter den Verlust eines Beines im Kniegelenk als erhebliche Behinderung bezeichnet, die Anspruch auf Befreiung vom Wehrpflichtersatz gibt. Im Übrigen hat es festgehalten, die Abgrenzung der erheblichen von einer leichten Behinderung werfe Fragen auf, die nicht einfach zu beantworten seien; es müsse aber der Verwaltungspraxis überlassen bleiben, ob das Ausmass der Beeinträchtigung jeweils im Einzelfall durch Spezialärzte abzuklären sei oder anhand von Tabellen oder auf andere Weise bemessen werde. In der Folge hat eine Arbeitsgruppe unter Leitung der Eidgenössischen Steuerverwaltung, welcher Vertreter des Bundesamts für Justiz, des Bundesamts für Sozialversicherung und einer Behindertenorganisation angehörten, festgestellt, dass die Integritätsschäden-Tabellen der SUVA zur Beurteilung der Erheblichkeit einer Behinderung geeignet seien. Weiter hat diese Arbeitsgruppe die Grenze von 40 % als anwendbaren Massstab anerkannt, da der Verlust eines Beines, wie er in BGE 124 II 241 ff. zu beurteilen war, einem 40-prozentigen Integritätsschaden gemäss Anhang 3 UVV entspreche. Die Eidgenössische Steuerverwaltung erliess daraufhin zur Gewährleistung einer rechtsgleichen Praxis aufgrund eines objektiven Massstabes Richtlinien, welche die genannten Integritätsschäden-Tabellen der SUVA mit Ausnahme von Grenz- und unklaren Fällen als für die Frage der Ersatzbefreiung anwendbar erklären (Wegleitung Nr. 2 der Eidgenössischen Steuerverwaltung vom Jan. 1999 betr. Ersatzbefreiung wegen erheblicher körperlicher oder geistiger Behinderung). Die Zulassung eines schematischen, auf objektiven Kriterien beruhenden Massstabes drängt sich aus Praktikabilitätsgründen im Hinblick auf die effiziente und möglichst rechtsgleiche Erledigung einer hohen Anzahl Fälle in den Kantonen auf. Insoweit ist die Erarbeitung von entsprechenden Richtlinien rechtlich nicht in Frage zu stellen. Das grundsätzliche Abstellen auf die Integritätsschäden-Tabellen der SUVA erscheint sodann nicht als sachfremd; auch der Beschwerdeführer bringt jedenfalls keine entsprechenden Argumente vor. Allerdings kommt internen Verwaltungsweisungen grundsätzlich keine Gesetzeskraft zu. Auch wenn sie dazu dienen und beitragen, dass eine einheitliche und rechtsgleiche Praxis befolgt wird, binden sie jedenfalls weder die privaten Betroffenen noch das Bundesgericht. Die gegenläufigen Interessen einer effizienten und rechtsgleichen Verwaltungspraxis einerseits und einer sachgerechten Beurteilung des Einzelfalles andererseits lassen sich freilich in Einklang bringen, indem den fraglichen, auf den Integritätsschäden-Tabellen der SUVA beruhenden Richtlinien die Wirkung einer rechtlichen Vermutung zuerkannt wird. Die Behörden dürfen ihren Entscheid somit auf die Richtlinien abstützen, soweit keine massgeblichen Anhaltspunkte dafür bestehen bzw. glaubhaft gemacht werden, dass die fraglichen Richtlinien für sich allein nicht bzw. nicht genügend aussagekräftig sind. Gibt es 1107 solche Indizien, sind die Behörden zu einer eingehenderen Prüfung des Einzelfalles verpflichtet. Die Widerlegung der Vermutung kann sich dabei im Übrigen in beide Richtungen, d.h. zulasten oder zugunsten des Ersatzpflichtigen, auswirken. Der Beschwerdeführer leidet an einer Deformation der linken Hand; einzelne Finger sind verkürzt bzw. schief gestellt, andere fehlen ganz. Gemäss ärztlichem Zeugnis hat er Mühe mit der Greiffunktion und beim Heben schwerer Lasten. Er benötigt besondere Werkzeuge am Arbeitsplatz sowie Spezialgriffe für Transportfahrzeuge. Der Beschwerdeführer ist aber zu 100 % arbeitsfähig und ins Erwerbsleben integriert. Gemäss den Integritätsschäden-Tabellen der SUVA handelt es sich bei der Beeinträchtigung um eine Behinderung von rund 35 %. Dies bestreitet auch der Beschwerdeführer nicht. Er macht einzig geltend, es dürfe nicht schematisch darauf abgestellt werden, ob ein Integritätsschaden von zumindest 40 % vorliege. Aufgrund seiner Einschränkung in den alltäglichen Lebensverrichtungen müsse davon ausgegangen werden, dass er in medizinischem Sinne erheblich behindert sei. Was der Beschwerdeführer vorbringt, genügt nicht, um auf die Unzulässigkeit der schematischen Beurteilung seines Falles zu schliessen. Im Wesentlichen wendet er sich einzig gegen die Anwendung der fraglichen Wegleitung auf seinen Fall als solche. Weder macht er massgebliche Anhaltspunkte geltend, die ein Abweichen von diesen Richtlinien rechtfertigen könnten und daher zur Notwendigkeit einer eingehenderen Prüfung seines Falles führen müssten, noch sind solche Indizien sonst wie ersichtlich. Unter diesen Umständen durfte die Vorinstanz auf die entsprechenden Richtlinien abstellen und das Vorliegen einer erheblichen Behinderung bereits aufgrund einer schematischen Prüfung des Falles verneinen (BGE 126 II 275 E. 4).

5. Realistische Auslegungsmethode

1108 Ausgangspunkt der sogenannten realistischen Auslegung ist die Annahme, dass eine Wechselbeziehung zwischen Sachverhalt und Norm besteht und sich die Gesetzesauslegung vom Gedanken leiten zu lassen hat, dass nicht schon der Wortsinn die Norm darstellt, sondern **erst das an Sachverhalten verstandene und konkretisierte Gesetz** (BGE 136 II 187 E. 7.3, 136 III 23 E. 6.6.2.1, 136 V 195 E. 7.1, 135 V 232 E. 2.2, 134 II 308 E. 5.2, 134 III 16 E. 3, 134 V 170 E. 4.1, 133 V 314 E. 4.1, 129 II 114 E. 3.1, 128 I 34 E. 3b). Zu ermitteln ist mit anderen Worten das **aktuell geltende Recht**, das **ohne Realitätsbezüge** nicht verstanden werden kann (BGE 131 II 13 E. 7.1). Die Auslegung hat sich danach auch auf die sogenannten **Realien**, das heisst die **tatsächlichen (ausserrechtlichen) Gegebenheiten** abzustützen (Steuerrekursgericht AG vom 1. Feb. 1994, in: AGVE 1994 S. 313 E. 2b).

1109 Das **realistische Element** ist vor allem dann zu berücksichtigen, wenn eine **Norm unbestimmt und entsprechend offen formuliert** ist, da es in solchen Konstellationen auf der Seite des Sollens wenig oder nichts «gibt», worauf die rechtsanwendenden Behörden bei der Normkonkretisierung zurückgreifen können (DAVID DÜRR, Art. 1 ZGB, in: Gauch/Schmid [Hrsg.], Kommentar zum Schweizerischen Zivilgesetzbuch, Einleitung, 1. Teilband: Art. 1-7 ZGB, 3. Aufl., Zürich 1998, Rz. 167 ff.; neuerdings etwa THOMAS GÄCHTER, Praktikabilität und Auslegung im Sozialversicherungsrecht [Praktikabilität], SZS 2009, S. 183 ff.; ANDREAS TRAUB, Subjekte und Werkzeuge der Normkonstruktion, in: Caroni/Heselhaus/Mathis/Norer, FS für Paul Richli zum 65. Geburtstag, Zürich/St. Gallen 2011, S. 816 ff.).

1110 Vor dem Hintergrund der **realistischen Auslegungsmethode** ist etwa zu fragen, ob die neu zu favorisierende Auslegung praktikabler als die herkömmliche Anwendung der Norm ist (Kassationsgericht ZH vom 22. Feb. 2006, in: ZR 2006 S. 86 E. 3b/ff.). Bei der Rechtsanwendung ist ein Auslegungsergebnis anzustreben, das in **prakti-**

scher Hinsicht umsetzbar ist (BGE 137 II 297 E. 2.3.5, 136 II 113 E. 3.3.4, 96 I 602 E. 4). Zumindest darf die gefundene Lösung in der Praxis nicht untauglich sein. Dies bedeutet, dass im Zweifelsfall eine Lösung zu bevorzugen ist, welche den Anforderungen der Realität bzw. der Praxis gerecht wird (BGE 137 II 297 E. 2.3.5 [Auslegung des Begriffs der längerfristigen Freiheitsstrafe gemäss Art. 63 Abs. 1 lit. a i.V.m. Art. 62 lit. b AuG], 136 II 113 E. 3.3.4 [Art. 50 Abs. 1 lit. a AuG verlangt gemäss Bundesgericht nebst einer erfolgreichen Integration eine dreijährige Ehegemeinschaft in der Schweiz]).

Praxis:

- **Zur Bedeutung der psychosozialen und soziokulturellen Faktoren für die Invaliditätsbemessung:** Was das «soziokulturelle Umfeld» als weiteren Grund für das Unvermögen des Beschwerdeführers, einer Erwerbstätigkeit nachzugehen, anbetrifft, wird in der Verwaltungsgerichtsbeschwerde sinngemäss geltend gemacht, dass invaliditätsfremde Faktoren insofern von Bedeutung sind, als sie zur Entstehung oder Verschlimmerung des psychischen Gesundheitszustandes beitragen oder den Erfolg therapeutischer Massnahmen gefährden. An dieser Auffassung ist so viel richtig, dass sich solche Umstände im Rahmen der Invaliditätsbemessung unter dem Gesichtspunkt zumutbarer Willensanstrengung zu ihrer Überwindung regelmässig nicht klar vom medizinischen Leiden selber trennen lassen. Indessen gebietet sich mit Blick auf die bisher ergangene Rechtsprechung die Präzisierung, dass Art. 4 Abs. 1 IVG zu Erwerbsunfähigkeit führende Gesundheitsschäden versichert, worunter soziokulturelle Umstände nicht zu begreifen sind. Es braucht in jedem Fall zur Annahme einer Invalidität ein medizinisches Substrat, das (fach)ärztlicherseits schlüssig festgestellt wird und nachgewiesenermassen die Arbeits- und Erwerbsfähigkeit wesentlich beeinträchtigt. Je stärker psychosoziale oder soziokulturelle Faktoren im Einzelfall in den Vordergrund treten und das Beschwerdebild mitbestimmen, desto ausgeprägter muss eine fachärztlich festgestellte psychische Störung von Krankheitswert vorhanden sein. Das bedeutet, dass das klinische Beschwerdebild nicht einzig in Beeinträchtigungen, welche von den belastenden soziokulturellen Faktoren herrühren, bestehen darf, sondern davon psychiatrisch zu unterscheidende Befunde zu umfassen hat, z.B. eine von depressiven Verstimmungszuständen klar unterscheidbare andauernde Depression im fachmedizinischen Sinne oder einen damit vergleichbaren psychischen Leidenszustand. Solche von der soziokulturellen Belastungssituation zu unterscheidende und in diesem Sinne verselbstständigte psychische Störungen mit Auswirkungen auf die Arbeits- und Erwerbsfähigkeit sind unabdingbar, damit überhaupt von Invalidität gesprochen werden kann. Wo der Gutachter dagegen im Wesentlichen nur Befunde erhebt, welche in den psychosozialen und soziokulturellen Umständen ihre hinreichende Erklärung finden, gleichsam in ihnen aufgehen, ist kein invalidisierender psychischer Gesundheitsschaden gegeben. Ist anderseits eine psychische Störung von Krankheitswert schlüssig erstellt, kommt der Frage zentrale Bedeutung zu, ob und inwiefern, allenfalls bei geeigneter therapeutischer Behandlung, von der versicherten Person trotz des Leidens willensmässig erwartet werden kann zu arbeiten und einem Erwerb nachzugehen. Im Falle des Beschwerdeführers weisen die medizinisch-psychiatrischen Berichte einerseits eine Reihe persönlicher, familiärer und herkunftsbezogener Umstände aus, anderseits nicht näher spezifizierte psychische/psychosomatische Beeinträchtigungen. Ob Letzteren im Sinne des eben Gesagten gegenüber der soziokulturellen Belastungssituation selbstständige Bedeutung und (teil-)invalidisierende Krankheitswertigkeit zukommt, kann auf Grund der Akten nicht zuverlässig beurteilt werden. Vielmehr erscheinen weitere Abklärungen durch die Verwaltung als unumgänglich (BGE 127 V 294 E. 5a). 1111
- **Art. 15 lit. b RPG:** Bei der Erfüllung raumplanerischer Aufgaben, insbesondere bei der Festsetzung von Zonen, haben die Planungsbehörden die Gesamtheit der im positiven Recht normierten Ziele und Grundsätze optimal zu berücksichtigen. Solche ergeben sich aus dem Bundesrecht und dem kantonalen Recht. Dazu gehören die Ziele und Planungsgrundsätze, wie sie in Art. 1 und 3 RPG umschrieben sind. Die Grundsätze der Raumplanung verlangen, dass das 1112

Gemeinwesen eine Ordnung der Besiedlung schafft, die auf die erwünschte Entwicklung des Landes ausgerichtet ist. Die Vorschriften über die Dimensionierung der Bauzonenfläche auf 15 Jahre (Art. 15 lit. b RPG) will einen Massstab schaffen, der dieser Ordnungsidee gerecht wird: Die Bauzone soll sich sowohl nach der privaten Bauentwicklung richten als auch diese mit Rücksicht auf den Gesamtzusammenhang begrenzen. Folglich rechtfertigt eine private Nachfrage allein keine Bauzonenerweiterung. Dazu sind besondere Gründe erforderlich. Eine Vergrösserung der Bauzone muss durch eine umfassende Abwägung und Abstimmung aller räumlich wesentlichen Interessen und Gesichtspunkte gerechtfertigt sein. Überdies hat sie der lokal und vor allem regional oder überregional erwünschten Entwicklung zu entsprechen; mit anderen Worten sind bei der Festsetzung von Bauzonen die regionalen Verhältnisse zu berücksichtigen. Die Planungsgrundsätze von Art. 1 und 3 RPG erlauben gerade bei den Industrie- und Gewerbezonen eine regionale Betrachtung. Dass die Berücksichtigung regionaler Aspekte nicht nur erlaubt, sondern auch sinnvoll ist, ergibt sich schon aus der Tatsache, dass die bauliche Entwicklung einer Gemeinde nicht zuletzt auch vom Baulandangebot in den Nachbargemeinden, mithin von regionalen Faktoren abhängt (BGE 117 Ia 430 E. 4b). Nach der Rechtsprechung des Bundesgerichts stellt somit der Baulandbedarf zwar ein wichtiges Entscheidkriterium dar, doch darf es nicht der einzige Gesichtspunkt sein, nach welchem sich eine Ortsplanung auszurichten hat. In einer Agglomerationsgemeinde besteht praktisch immer und überall Bedarf an Bauland und es müssten, würde einzig darauf abgestellt, sehr viele Bauzonen erweitert werden. Eine rein an den Bauinteressen orientierte Planung ist aber nicht möglich. Sie wäre mit dem Ziel der Raumplanung, für die haushälterische Nutzung des Bodens zu sorgen (Art. 1 Abs. 1 RPG), nicht vereinbar. Bei der Erfüllung raumplanerischer Aufgaben haben die Planungsbehörden eine umfassende Berücksichtigung und Abwägung der verschiedenen Interessen vorzunehmen. Daraus folgt, dass Bauzonen nicht ständig wachsen und damit letztlich alle andern Interessen verdrängen dürfen. Siedlungen sind nach ausdrücklicher Vorschrift des Gesetzes in ihrer Ausdehnung zu begrenzen (Art. 3 Abs. 3 RPG). Deshalb wurde in der bundesgerichtlichen Rechtsprechung in Agglomerationsgemeinden eine gegenüber der Nachfrage restriktivere Siedlungsplanung als verfassungsrechtlich haltbar erachtet (BGE 117 Ia 434 E. 3f; neuerdings etwa BGer vom 29. Aug. 2011, 1C_35/2011, E. 2.6; vom 13. Nov. 2008, 1C_119/2007, E. 3.2.3).

6. Bemerkungen

1113 1. **Komparative Auslegung:** Rechtsvergleichend können Regelungen anderer Staaten oder Staatengemeinschaften zur Auslegung des geltenden schweizerischen Rechts einmal dann beigezogen werden, wenn sie dem schweizerischen Gesetzgeber als **Vorbild** gedient haben oder wenn eine **bewusste Harmonisierung** mit ausländischen Rechtsordnungen angestrebt worden ist (BGE 133 III 180 E. 3.5, 129 III 335 E. 6). Rechtsvergleichende Überlegungen können sich ausserdem dann aufdrängen, wenn sich die streitigen Fragen nicht aufgrund der einschlägigen Normen des schweizerischen Rechts, gefestigter Rechtsprechung oder Lehre klar beantworten lassen. Voraussetzung ist allerdings, dass die **Rechtslage vergleichbar** ist; wenig hilfreich sind daher rechtsvergleichende Erwägungen, wenn sich in verschiedenen Staaten gestützt auf differierende gesetzliche Grundlagen eine unterschiedliche Praxis finden lässt (BGE 133 II 263 E. 7.3.3). Trifft der schweizerische Gesetzgeber eine vom (nicht verbindlichen) Völker- oder Europarecht abweichende Regelung oder ergibt sich durch Auslegung, dass der Gesetzgeber gerade keine Angleichung an das europäische Recht anstrebt oder geht der durch die schweizerische Rechtsordnung vermittelte Anspruch weiter als im europäischen Recht, ist eine komparative Auslegung wenig nützlich (BGer vom 7. April 2004, 2A.20/2004, E. 4.2).

2. Ist eine schweizerische Rechtsnorm in Erfüllung völkervertraglicher Pflichten, etwa der bilateralen Verträge, dem an und für sich **nicht verbindlichen europäischen Recht nachgebildet** oder lehnen sich die **bilateralen Verträge an das (nicht verbindliche) Gemeinschaftsrecht** an, liegt es nahe, die entsprechende gemeinschaftsrechtliche Regelung und gegebenenfalls hierzu bestehende Rechtsprechung der Gemeinschaftsgerichte oder mitgliedstaatlicher Gerichte als Auslegungshilfe heranzuziehen (BGE 137 II 242 E. 3.2.1, 136 II 5 E. 3.6.2, 136 II 65 E. 3.1). Gleiches muss gelten, wenn feststeht, dass der Gesetzgeber unabhängig von völkervertraglichen Pflichten, aber nach europäischem Vorbild, legiferieren wollte und keine vom europäischen Recht abweichende Regelung getroffen hat (BGE 137 II 199 E. 4.3.1, 130 III 182 E. 5.5, 129 III 335 E. 5.1 und E. 6). Im Zweifel ist die in Frage stehende Norm, soweit die binnenstaatliche Methodologie dies zulässt, **europarechtskonform** auszulegen (BGE 137 II 199 E. 4.3.1, 133 III 81 E. 3.1, 129 III 335 E. 6). Die Rechtsprechung des EuGH weist jedoch keine bindende präjudizielle Wirkung auf und dient vielmehr als Auslegungs- oder Entscheidungshilfe (BGE 130 III 113 E. 3.2, 129 III 335 E. 6). Entsprechend ist es den Gerichten nicht verwehrt, aus triftigen Gründen zu einer anderen Rechtsauffassung zu gelangen (BGE 136 II 5 E. 3.4, 136 II 65 E. 3.1). 1114

3. **Treu und Glauben:** Bei der Auslegung von (öffentlich-rechtlichen) **Vereinbarungen, Parteierklärungen, verwaltungsrechtlichen sowie (rechtsgeschäftlichen) interkantonalen, interkommunalen oder völkerrechtlichen Verträgen** sowie von anderen **individualisierten Willensäusserungen** ergeben sich insofern gewisse Differenzierungen gegenüber den üblicherweise verwendeten Methoden, als vorab der **Wortlaut massgebend** ist, wie ihn die Parteien nach dem **Vertrauensprinzip** im Hinblick auf den Vertragszweck verstehen durften und verstehen mussten. Danach ist vorerst der empirisch festzustellende übereinstimmende wirkliche Willen der Vertragsparteien zu ermitteln; ist ein solcher Wille nicht feststellbar, so ist der Vertrag gemäss dem Vertrauensprinzip nach dem mutmasslichen Willen auszulegen (BGE 135 V 237 E. 3.6, 134 V 223 E. 3.1, 133 III 406 E. 2.2, 132 V 278 E. 4.3). 1115

4. Dabei hat das Gericht vom **Wortlaut** der Vereinbarung auszugehen; die **Umstände** des Vertragsschlusses, die **Interessenlage** der Parteien, das **Verhalten der Parteien** vor Vertragsabschluss, die **Verkehrsübung** oder die **Entstehungsgeschichte** des Vertrages sind erst dann beizuziehen, wenn der Wortlaut nicht eindeutig oder die durch den Wortlaut vermittelte Bedeutung als sinnwidrig erscheint (BGE 131 III 280 E. 3.1, 128 III 212 E. 2b/bb). Versagen diese Auslegungsmittel und kann ein vernünftiges Ergebnis nicht anders ermittelt werden, ist ferner zu berücksichtigen, was sachgerecht ist, weil nicht angenommen werden kann, dass die involvierten Parteien eine unvernünftige Lösung gewollt haben. Diese vom Bundesgericht entwickelten Regeln harmonieren weitgehend mit den Regeln, die für die Auslegung völkerrechtlicher Verträge in den Art. 31 bis 33 VRK niedergelegt sind (BGer vom 31. Okt. 2011, 5A_221/2011, E. 3). 1116

5. Bei der **Auslegung öffentlich-rechtlicher Verträge** ist besonders zu beachten, dass die Verwaltung beim Vertragsabschluss dem öffentlichen Interesse Rechnung zu tragen hat und in Zweifelsfällen zu vermuten ist, dass sie keinen Vertrag abschliessen wollte, der mit den von ihr wahrzunehmenden öffentlichen Interessen in Widerspruch steht (BGE 135 V 237 E. 3.6, 132 I 140 E. 3.2.4, 122 I 328 E. 4e). Doch auch eine 1117

derartige, dem öffentlichen Interesse besser dienende Auslegung, findet ihre Schranke im Vertrauensprinzip und dem auf diese Weise ermittelten mutmasslichen Willen der Parteien (BGE 132 I 140 E. 3.2.4, 122 I 328 E. 4e). Eine derartige Auslegung darf nicht dazu führen, dass dem Vertragspartner des Gemeinwesens Auflagen gemacht werden, die er beim Vertragsschluss vernünftigerweise nicht voraussehen konnte.

1118 6. **Wirtschaftliche Betrachtungsweise:** Eine Auslegung nach der wirtschaftlichen Betrachtungsweise kann sich dann aufdrängen, wenn eine **Norm wirtschaftliche Anknüpfungspunkte** beinhaltet oder wenn eine **Gesetzesumgehung** bzw. ein Verstoss gegen Art. 2 ZGB vorliegt (BGE 136 II 43 E. 4.3.3, 133 II 6 E. 3.2, 126 III 462 E. 3b). In derartigen Konstellationen ist die Behörde bei der Interpretation der betreffenden Vorschrift nicht strikt an die zivilrechtliche Gestaltung gebunden; vielmehr hat sie den **Sachverhalt** entsprechend seinem wirtschaftlichen Gehalt zu würdigen bzw. die **Norm** entsprechend ihrem wirtschaftlichen Gehalt auszulegen (BGer vom 13. April 2011, 2C_929/2010, E. 2.2; vom 14. Nov. 2008, 2C_349/2008, E. 2.3).

1119 7. Zu unterscheiden ist zwischen der wirtschaftlichen Betrachtungsweise im Rahmen der **Sachverhaltsbeurteilung** und jener als **Auslegungsgesichtspunkt** (BVGer vom 30. Okt. 2008, A-2163/2007, E. 4.4): Sind beispielsweise die Voraussetzungen der Steuerumgehung erfüllt, so ist der Besteuerung diejenige Rechtsgestaltung zugrunde zu legen, die sachgemäss gewesen wäre, um den erstrebten wirtschaftlichen Zweck zu erreichen. Nach der bundesgerichtlichen Konzeption greift mit anderen Worten eine **Sachverhaltsfiktion** im Sinne einer wirtschaftlichen Betrachtungsweise Platz (BGer vom 8. Juni 2007, 2A.660/2006, E. 5.1; BVGer vom 30. Okt. 2008, A-2163/2007, E. 4.2; vgl. auch BGE 136 II 43 E. 4.3.1, 135 II 356 E. 3.2: Aufsichtsrechtliche Massnahmen der FINMA können sich an verschiedene natürliche und juristische Personen richten, selbst wenn in Bezug auf einzelne davon nicht alle Tatbestandsmerkmale erfüllt sind, wenn diese Personen im Sinne einer wirtschaftlichen Betrachtungsweise eine Gruppe bilden).

1120 8. Als **Auslegungsgesichtspunkt** fällt die wirtschaftliche Betrachtungsweise in Betracht, wenn das Gesetz selbst wirtschaftliche Anknüpfungspunkte beinhaltet. **Art. 4 Abs. 1 BewG** beispielsweise knüpft zur Verhinderung von Umgehungsmöglichkeiten nicht nur an den Erwerb des Grundstückseigentums i.S.v. Art. 655 ZGB (Art. 4 Abs. 1 lit. a BewG), sondern auch an verwandte Tatbestände an, die dem Erwerber eine ähnliche Stellung wie dem Eigentümer eines Grundstücks verschaffen (Art. 4 Abs. 1 lit. g BewG; vgl. BGer vom 22. April 2003, 4C.14/2003, E. 2.1). Im Rahmen der als Rechtsverkehrssteuer ausgestalteten **Handänderungssteuer** können bestimmte wirtschaftliche Vorgänge, die zivilrechtlich keine Handänderung darstellen, trotzdem steuerlich erfasst werden, wenn sie sich wirtschaftlich als solche auswirken (VerwG GR vom 4. Nov. 2008, in: PVG 2008 Nr. 18 E. 1; ferner BGer vom 7. Jan. 2002, 2P.229/2001, E. 2a: Enge Verknüpfung zwischen Kauf- und Werkvertrag für die Erstellung oder die Fertigstellung einer Baute).

1121 9. **Verwaltungsverordnungen:** Als Auslegungshilfen dienen ferner (vollzugslenkende) Verwaltungsverordnungen, mit denen zum Zwecke einer einheitlichen und rechtsgleichen Rechtsanwendung auf die Ermessensausübung und die Handhabung offen formulierter Vorschriften abgezielt wird (BGE 136 II 415 E. 1.1, 128 I 167 E. 4.3, 121 II 473 E. 2b). Entsprechend hat bei der Auslegung der betreffenden Gesetzes- oder Verordnungsbestimmungen das Gericht auch Verwaltungsverordnungen bei seiner Entscheidung zumindest mitzuberücksichtigen, sofern sie eine dem Einzelfall angepasste und gerecht werdende Auslegung der anwendbaren gesetzlichen Bestimmungen zulassen und nicht über eine Konkretisierung der massgebenden Bestimmungen hinausgehen (BGE 137 II 284 E. 5.2.2, 137 V 82 E. 5.5, 132 V 200 E. 5.1.2). Gemäss Praxis ist es nicht Aufgabe der Beschwerdeinstanzen, als Zweitinterpreten des der Verwaltungsverordnung zugrunde liegenden Erlasses eigene Zweckmässigkeitsüberlegungen an die Stelle des Vollzugskonzepts der zuständigen Behörde zu setzen bzw. davon abzuweichen, solange sich dieses im Rahmen des Gesetzes bewegt (BGE 126 II 275 E. 4, 123 II 16 E. 7a; BVGE 2007/41 E. 3.3).

10. **Realistische Auslegung:** Die sogenannte realistische Auslegung geht grundsätzlich davon aus, dass insofern eine Wechselbeziehung zwischen Sachverhalt und Norm besteht, als nicht schon der Wortsinn die Norm darstellt, sondern erst das an Sachverhalten verstandene und konkretisierte Gesetz (BGE 136 II 187 E. 7.3, 136 III 23 E. 6.6.2.1, 136 V 195 E. 7.1). Sachverhaltselemente haben insbesondere dann prägende Wirkung auf die Auslegung einer Norm, wenn es auf der Seite des Sollens wenig «gibt», worauf die rechtsanwendenden Behörden bei der Normkonkretisierung zurückgreifen können, also eine Norm unbestimmt oder sehr offen formuliert ist. Vor dem Hintergrund der realistischen Auslegung ist ferner ein Auslegungsergebnis anzustreben, welches den Anforderungen der Praxis bzw. der Realität gerecht wird, praktikabel und umsetzbar ist (BGE 137 II 297 E. 2.3.5, 136 II 113 E. 3.3.4). 1122

III. Formale Auslegungsregeln

1. Allgemeines

Formale Auslegungsregeln sind im Allgemeinen der Schluss aus dem Gegenteil («e contrario»), der Schluss vom Stärkeren auf das Schwächere («a fortiori»), der Schluss vom Grösseren auf das Kleinere («a maiore ad minus») oder das Verbot extensiver Auslegung von Ausnahmevorschriften. Weiter dienen eine Reihe von Regeln der Lösung von Normenkollisionen (Vorrang des jüngeren [«lex-posterior»], des spezielleren [«lex specialis»] bzw. des höherrangigen [«lex superior»] Rechts). 1123

Die erwähnten **Kollisionsregeln** haben nur eine beschränkte Aussagekraft und führen in verschiedenen Konstellationen (älteres Spezialgesetz, zwei sich widersprechende Spezialgesetze, zwei sich ausschliessende allgemeine Gesetze, Ergänzung des allgemeineren Gesetzes durch besondere [speziellere] Bestimmungen, jüngeres, aber allgemeineres Gesetz usw.) zu keinem eindeutigen Ergebnis, sodass jeweils mittels **Auslegung** zu ermitteln ist, welches Gesetz vorgeht (BVGE 2009/37 E. 7.2). Die betreffenden Auslegungsregeln stehen in **keinem hierarchischen Verhältnis** zueinander; es kann somit nicht von einem grundsätzlichen Vorrang des jüngeren gegenüber einem spezielleren oder höherrangigen Gesetz ausgegangen werden, auch wenn üblicherweise der Grundsatz der «lex superior» dem Grundsatz der «lex specialis» vorgeht (VerwG ZH vom 30. Sept. 2009, VB.2009.00430, E. 5.5; ferner BGE 135 II 338 E. 1.2.4). Derartige Kollisionsregeln (insb. Grundsatz der lex specialis sowie der lex posterior) sind auch im Völkerrecht anerkannt (BGE 133 V 233 E. 4.1; BVGE 2010/40 E. 6.1.2). 1124

Praxis:

1125 – **Vorrang des jüngeren, aber allgemeineren Gesetzes (BGG [lex posterior]) gegenüber einem älteren Spezialerlass (Lotteriegesetz [lex specialis]) im Hinblick auf das Beschwerderecht von Bundesbehörden:** Gemäss Lotteriegesetz steht dem Bund gegenüber den Entscheiden der ersten Instanz kein Beschwerderecht zu. Seither ist jedoch die Justizreform im Bund umgesetzt worden. Das Beschwerderecht der Bundesbehörde ergibt sich heute aus Art. 89 Abs. 2 lit. a BGG und nicht mehr nur aus den jeweiligen anwendbaren Spezialerlassen, vorliegend dem Lotterierecht; es besteht in diesem Bereich somit kein «qualifiziertes Schweigen», auch wenn die geplante Revision des Lotteriegesetzes am 18. Mai 2004 vorläufig sistiert und den Kantonen die Möglichkeit eingeräumt worden ist, die festgestellten Mängel im Lotterie- und Wettbereich selber zu beheben. Ferner ist die ESBK gestützt auf ihre zur einheitlichen Durchsetzung des Bundesrechts im Glücksspielbereich weit gefasste Zuständigkeit befugt, die Unterstellung von Aktivitäten unter das Gesetz losgelöst von bestehenden kantonalen Lotteriebewilligungen zu prüfen. Da sie allgemein über die Einhaltung der «gesetzlichen Vorschriften» zu wachen hat, ist die ihr übertragene Aufsicht nicht auf die Spielbanken beschränkt; zu ihrem Aufgabenbereich gehört auch die Abklärung der spielbankenrechtlichen Relevanz anderer Glücksspiele, falls deren Qualifikation umstritten ist (vgl. BGer vom 1. Dez. 2004, 2A.438/2004, E. 3.1.1). Entsprechend tritt das Lotteriegesetz als spezielles Gesetz («lex specialis») vor dem Bundesgerichtsgesetz als allgemeinem Erlass («lex generalis») zurück. Als jüngere Regelung, welche den heutigen Stand des Rechtsschutzes im Bund wiedergibt («lex posterior»), kommt dem BGG dem in verschiedenen Punkten veralteten Lotteriegesetz von 1923 gegenüber Vorrang zu (BGE 135 II 338 E. 1.2.4).

1126 – **Das BGBM geht als zwar grundsätzlich allgemeineres Gesetz, welches jedoch jüngst durch besondere (speziellere) Bestimmungen ergänzt worden ist, dem grundsätzlich spezielleren BGFA vor:** Die Behörden des Kantons Waadt weigerten sich, einem Anwalt das Recht auf Ausbildung von Praktikanten zu gewähren, da dieser den Anwaltsberuf nicht mindestens fünf Jahre im Kanton Waadt ausgeübt hat. Die betreffende Gesetzesbestimmung (Art. 18 AnwG/VD) stützt sich u.a. auf Art. 3 Abs. 1 BGFA, der den Kantonen das Recht vorbehält, im Rahmen des BGFA die Anforderungen für den Erwerb des Anwaltspatentes festzulegen. Der Vorbehalt ermöglicht den Kantonen, die Ausbildungsvoraussetzungen und die persönlichen Voraussetzungen zu bestimmen, die ein Anwaltspraktikant zu erfüllen hat. Art. 2 Abs. 4 Satz 1 BGBM garantiert hingegen jeder Person, die die Voraussetzungen der Erstniederlassung erfüllt, freien Zugang zum Markt, unter Vorbehalt von Art. 3 BGBM, der festlegt, unter welchen Voraussetzungen Beschränkungen des freien Zugangs zum Markt zulässig sind. Grundsätzlich war das BGBM als Grunderlass, das BGFA als spezielles Gesetz konzipiert worden. Das BGFA wurde folglich bei seinem Inkrafttreten als Spezialgesetz zum BGBM betrachtet. Die Situation hat sich indes seit der Revision des BGBM vom 16. Dez. 2005, mit der der Gesetzgeber den Vorrang des Binnenmarktes gegenüber dem Föderalismus verankert hat, geändert. Die Kantone dürfen nicht über den Vorbehalt nach Art. 3 Abs. 1 BGFA, der einzig die Regelung der Anforderungen für den Erwerb des Anwaltspatents betrifft, den Kern des Prinzips des freien Marktzugangs für Anwälte verletzen. Art. 18 AnwG/VD kann mit anderen Worten im Ergebnis den durch Art. 2 Abs. 4 BGBM gewährleisteten freien Zugang zum Markt für Anwälte nur beschränken, wenn die Voraussetzungen von Art. 3 BGBM erfüllt sind, was vorliegend nicht der Fall ist. Die betreffende Bestimmung des Kantons Waadt verletzt das Verhältnismässigkeitsprinzip (BGE 134 II 329 E. 5 = Pra 98 [2009] Nr. 41).

1127 – **Schadensersatzanspruch aus Dienstverhältnis; Klageverfahren (gemäss älterem Spezialerlass) oder Anfechtungsverfahren (gemäss revidiertem, aber allgemeinerem VRG):** Das Verwaltungsrechtspflegegesetz (VRG) wurde mit Gesetz vom 8. Juni 1997 revidiert, sodass nun auch in personalrechtlichen Angelegenheiten die Bestimmungen des Abschnitts über das Verwaltungsverfahren zur Anwendung gelangen. Entsprechend müssen alle individuell-konkreten Anordnungen, die sich grundsätzlich eignen, in die Rechtsstellung des oder der öffentlichen Angestellten einzugreifen, als förmliche Verfügung ergehen. Gegen eine solche Anordnung gestattet § 19 Abs. 1 VRG den Rekurs an die obere Verwaltungsbehörde und gegen den Rekursentscheid § 74 Abs. 1 VRG die personalrechtliche Beschwerde an das Verwaltungsgericht. Die Zuständigkeitsordnung des VRG widerspricht freilich § 19 Abs. 2 des Haftungsgesetzes vom 14. Sept. 1969. Danach beurteilt das Verwaltungsgericht als einzige Instanz (Haftungs-)Ansprüche des Beamten gegen den Staat (oder eine Gemeinde; vgl. § 2 HaftungsG). Während die Regelung im Verwaltungsrechtspflegegesetz das Klageverfahren für vermögensrechtliche Streitigkeiten aus dem öffentlich-rechtlichen Dienstverhältnis einschliesslich der Schadenersatzforderungen nur insoweit öffnet, als nicht ein Anfechtungsverfahren zur Verfügung steht, enthält das Haftungsgesetz keine solche Beschränkung. Es stellt sich folglich die Frage, welches Gesetz zur Anwendung gelangt. Vorliegend kann nicht auf das speziellere Gesetz (HaftungsG) abgestellt werden, da die Revision des Verwaltungsrechtspflegegesetzes das Verfahren im Personalrecht auf den 1. Jan. 1998 umfassend neu gestaltete und die vermögensrechtliche Klage dem Vorbehalt, dass sich kein Anfechtungsverfahren anbiete, unterwarf. Der Grundsatz der lex posterior lässt demnach auf den Vorrang der Regelung im Verwaltungsrechtspflegegesetz schliessen, die zudem der Einheitlichkeit der gesetzlichen Zuständigkeitsregelung dient (VerwG ZH vom 18. Juli 2001, PK.2001.00001, E. 5b).

- **Nichtverlängerung einer Aufenthaltsbewilligung nach dem ANAG (Analogieschluss a maiore ad minus):** Das Gesetz äussert sich nicht explizit dazu, in welchen Fällen die Verlängerung einer Aufenthaltsbewilligung abgelehnt werden darf. Allerdings enthält es in Art. 9 Abs. 2 aANAG und in Art. 10 Abs. 1 aANAG eine Aufzählung von Widerrufs- und Ausweisungsgründen. Da die Nichtverlängerung der Aufenthaltsbewilligung in ihrer praktischen Auswirkung zwischen der Verweigerung der erstmaligen Aufenthaltsbewilligung und dem Widerruf einer bestehenden Bewilligung anzusiedeln ist, ist die Verweigerung der Verlängerung zumindest dann sicher zulässig, wenn die Voraussetzungen für einen Widerruf oder eine Ausweisung gegeben sind. Ein solcher Analogieschluss a maiore ad minus (sog. Erst-recht-Schluss) drängt sich auf, da die Nichterneuerung einer Bewilligung, auf die grundsätzlich kein Rechtsanspruch besteht, mindestens aus den gleichen Gründen möglich sein muss wie beispielsweise der schwerwiegendere Eingriff des Widerrufs einer bereits erteilten Bewilligung oder gar die Ausweisung. Umgekehrt ist festzuhalten, dass für die Nichtverlängerung einer Aufenthaltsbewilligung nicht unbedingt das Vorliegen eines Ausweisungsgrundes i.S.v. Art. 10 Abs. 1 aANAG erforderlich ist (VerwG BL vom 11. Okt. 2000, in: VGE 2000 S. 216 E. 3b). 1128

- **Teilabbruch und Teilvergabe im Rahmen eines Submissionsverfahrens (a maiore ad minus):** Der Abbruch des Verfahrens stellt unbestreitbar einen schwereren Eingriff als einen Teilabbruch dar. Wenn Art. 36 des anwendbaren Vergaberechts einen Abbruch des Verfahrens zulässt, darf analogerweise und nach dem Grundsatz «a maiore ad minus» ohne Willkür davon ausgegangen werden, es sei darin die Befugnis eingeschlossen, auch einen Teilabbruch bzw. eine Teilvergabe durchzuführen (VerwG GR vom 29. Sept. 2000, in: PVG 2000 Nr. 68 E. 2c). 1129

- **Staatsvertrag 10 (als Ergänzung des DBA-USA) und EMRK (Amtshilfeverfahren):** Was das Verhältnis des Staatsvertrags 10 namentlich zum Recht auf Schutz des Privatlebens (Art. 8 EMRK) betrifft, geht der Staatsvertrag 10 der EMRK gestützt auf Art. 30 Abs. 4 lit. b VRK vor, sind doch die USA nicht Vertragsstaat der EMRK. Dies entspricht auch den allgemeinen anerkannten völkerrechtlichen Grundsätzen der lex specialis und der lex posterior. Fraglich könnte immerhin sein, ob nicht gerade die EMRK als «europäischer ordre public» (vgl. E. 5.4.1) auch ausserhalb des Bereichs des ius cogens in einem Überordnungsverhältnis zu spezielleren Verträgen stehe. Selbst wenn dem aber so sein sollte, erweist sich der Staatsvertrag 10 als in dem Sinn genügende gesetzliche Grundlage, dass gestützt darauf in Art. 8 Abs. 1 EMRK eingegriffen werden kann. Insbesondere sind die Grundrechtskonformität der sofortigen Anwendung von Amts- und Rechtshilfevorschriften in den einschlägigen Bundesgerichtsurteilen nicht in Frage gestellt worden (BVGE 2010/40 E. 5 und E. 6). 1130

2. Lex specialis

1131 Die Regel, wonach das **speziellere Gesetz** vorzugehen hat, setzt voraus, dass die **betrachteten (gleichrangigen) Normen** denselben **Inhalt** unterschiedlich regeln und sich die Antworten – teleologisch interpretiert – ausschliessen; massgeblich ist, ob aus dem Sinnzusammenhang heraus eine Rechtsnorm im Verhältnis zu einer anderen Rechtsnorm als Sonderregelung zu verstehen und zu behandeln ist (BVGE 2009/37 E. 7.3.1), was eine **Auslegungsfrage** darstellt (z.B. BGE 136 IV 88 E. 3 [Verhältnis zwischen den Bestimmungen des Schengener Durchführungsübereinkommens und des Europäischen Auslieferungsübereinkommens]). Eine derartige Normenkollision setzt in der Regel voraus, dass die betrachteten Normen die **gleiche Regelungsstruktur** haben: Ein **reiner Zielkonflikt** stellt üblicherweise noch keine Normenkollision dar (BGE 125 I 227 E. 4e, betr. Vereinbarkeit einer Initiative mit den aussenpolitischen und militärischen Kompetenzen des Bundes). Auch fehlt es an einer Normenkollision, wenn eine blosse Finalnorm mit einer unmittelbar anwendbaren Rechtsregel in Widerspruch steht (BVGE 2009/37 E. 7.2).

1132 Die Lex-specialis-Regel führt im Falle eines **älteren Spezialgesetzes oder zwei sich widersprechenden Spezialgesetzen** zu keinem eindeutigen Ergebnis (BGE 123 II 534 E. 2; BVGE 2009/37 E. 7.2; VerwG ZH vom 18. Juli 2001, PK.2001.00001, E. 5b). In diesem Fall ist durch **Auslegung** zu ermitteln, ob die ältere Spezialgesetzgebung gemäss dem Grundsatz «lex specialis derogat legi generali» oder das jüngere Recht gemäss dem Grundsatz «lex posterior derogat legi priori» oder – wenn das jüngere Recht höherrangig ist – gemäss dem Grundsatz «lex superior derogat legi inferiori» vorgeht. Üblicherweise vermag eine speziellere Vorschrift höherrangiges Recht nicht zu durchbrechen; der Grundsatz des «lex superior derogat legi inferiori» geht demnach dem Grundsatz «lex specialis derogat legi generali» vor (vgl. VerwG ZH vom 30. Sept. 2009, VB.2009.00430, E. 5.5). Nach Auffassung des Verwaltungsgerichts Bern richtet sich das Ende der Unfallversicherung bei arbeitslosen Personen nicht nach der höherrangigeren Bestimmung von Art. 3 Abs. 2 UVG, sondern nach der spezielleren Regelung von Art. 3 Abs. 2 UVAL (VerwG BE vom 12. Nov. 2010, in: BVR 2011 S. 135 E. 4.1).

1133 Die Frage des Verhältnisses zwischen zwei Rechtsnormen oder zwischen zwei Gesetzen kann durch die **Gesetzgebung** selbst **vorentschieden** sein. Art. 1 Abs. 2 SBG bestimmt, dass das Spielbankengesetz nicht auf die Lotterien und die gewerbsmässigen Wetten anwendbar ist, da diese durch das LG geregelt sind, woraus Lehre und Rechtsprechung folgern, das LG stelle im Verhältnis zum SBG die lex specialis dar (BGE 137 II 222 E. 6.2, 136 II 291 E. 3.1, 133 II 68 E. 3.2). Die **Rechtsstellung der Flüchtlinge** in der Schweiz richtet sich gemäss **Art. 58 AsylG** nach dem für Ausländerinnen und Ausländer geltenden Recht, soweit nicht besondere Bestimmungen, namentlich dieses Gesetzes (AsylG) und des Abkommens vom 28. Juli 1951 über die Rechtsstellung der Flüchtlinge anwendbar sind. Das Asylrecht hat demnach als lex spezialis Vorrang vor den allgemeinen ausländerrechtlichen Vorschriften (BGE 120 V 378 E. 2c).

Praxis:

- Gemäss **Art. 109 Abs. 1 BGG** entscheidet das Bundesgericht in Dreierbesetzung über Nichteintreten auf Beschwerden, bei denen sich keine Rechtsfrage von grundsätzlicher Bedeutung stellt oder kein besonders bedeutender Fall vorliegt. Soweit Art. 109 Abs. 1 BGG das Erfordernis des «besonders bedeutenden Falles» betrifft, handelt es sich im Verhältnis zu Art. 108 Abs. 1 lit. a BGG (Nichteintreten auf offensichtlich unzulässige Beschwerde durch Einzelrichterentscheid) um eine «lex specialis» (BGer vom 27. Feb. 2009, 1C_84/2009, E. 1). 1134

- Gemäss **Art. 2 Abs. 7 BGBM** hat die Übertragung der Nutzung kantonaler und kommunaler Monopole auf private Unternehmen auf dem Weg der Ausschreibung zu erfolgen und darf Personen mit Niederlassung oder Sitz in der Schweiz nicht diskriminieren. Die betreffende Bestimmung ist in ihrem Anwendungsbereich und in ihrer Tragweite nicht klar und wirft zahlreiche Fragen auf. Insbesondere scheint es, dass das Verfahren der Ausschreibung, auf welches Art. 2 Abs. 7 BGBM verweist, nicht die Unterstellung sämtlicher Konzessionserteilungen für kantonale oder kommunale Monopole unter die für das öffentliche Beschaffungswesen geltenden Regelung nach sich ziehen würde, sodass davon ausgegangen werden kann, dass die kantonalen und kommunalen Bestimmungen über das Vergaberecht dem BGBM vorgehen (BGE 135 II 49 E. 4.1 = Pra 98 [2009] Nr. 75). 1135

- Gemäss **Art. 3 Abs. 4 SVG** dürfen die zuständigen kantonalen Behörden unter gewissen Umständen funktionelle Verkehrsanordnungen verfügen. Allerdings ist dem Bundesrat die umfassende Kompetenz zur Regelung der Geschwindigkeitsbeschränkungen delegiert worden (Art. 32 SVG). Das einschlägige Verordnungsrecht bildet zusammen mit Art. 32 SVG die lex specialis zur allgemeineren Norm von Art. 3 Abs. 4 SVG, sodass für die Kantone und Gemeinden kein Raum mehr bleibt, tiefere Geschwindigkeitslimiten wie z.B. «Tempo-30-Zonen» unmittelbar gestützt auf die letztere Bestimmung anzuordnen. Entsprechend konkretisiert Art. 108 SSV nicht etwa Art. 3 Abs. 4 SVG, sondern Art. 32 SVG (BGer vom 13. Juli 2006, 2A.38/2006, E. 3.3). 1136

- Nach **Art. 17 KV/GR** stellt der **Grosse Rat** die für die Verwaltung erforderlichen Beamtungen in Form von Personalverordnungen auf und bestimmt ihre Befugnisse in Form von Parlamentsverordnungen, die nicht dem Referendum unterstehen. Diese Befugnis geht einerseits Art. 2 Abs. 2 KV/GR (allg. Gesetzgebungskompetenz) als lex specialis vor. Ferner kommt andererseits der Regierung nach Art. 32 Satz 2 KV/GR nur ein untergeordnetes Verordnungsrecht zur Umschreibung des Dienstrechts der öffentlich-rechtlich Angestellten zu. Daraus ergibt sich, dass der Grosse Rat das Dienstrecht unter Ausschluss des Referendums und daher in Abweichung von Art. 2 Abs. 2 KV/GR relativ umfassend ordnen kann (BGer vom 10. April 2001, 1P.299/2000, E. 2e). 1137

- Die **Regeln des VwVG** sind grundsätzlich für das **gesamte Kündigungsverfahren** massgebend, vom Erlass der Kündigungsverfügung über die Geltendmachung eines Nichtigkeitsgrundes und den Antrag auf Feststellung der Gültigkeit der Kündigung bis zum Verfahren vor der internen Beschwerdeinstanz. In diesem Sinne hält auch die Botschaft des Bundesrates vom 14. Dez. 1998 fest, das BPG unterstelle das Verfahren in personalrechtlichen Angelegenheiten dem VwVG. Das BPG bildet grundsätzlich nur in materiell-rechtlicher Hinsicht die Grundordnung; in verfahrensrechtlicher Hinsicht kommt diese Funktion dem VwVG zu. Das BPG enthält indes einige Normen, welche das VwVG derogieren; sie enthalten besondere Zuständigkeits- und Verfahrensregeln. Insoweit ist das BPG in verfahrensrechtlicher Hinsicht das Spezialgesetz (BVGE 2007/2 E. 3.2). 1138

- **Art. 114 und Art. 116 EntG**, wonach der Enteigner in jedem Fall, d.h. auch bei Obsiegen, die Verfahrenskosten zu tragen hat, gehen grundsätzlich **Art. 63 Abs. 1 VwVG**, wonach das Unterliegerprinzip gilt, vor. Das EntG ist jedoch lückenhaft, regeln doch Art. 114 und Art. 116 EntG nur das Einsprache- und das bundesgerichtliche Verfahren, nicht jedoch dasjenige bei der REKO/INUM. Diese Lücke ist zu ergänzen. In Analogie zu Art. 114 und Art. 116 EntG hat deshalb der Enteigner grundsätzlich auch im Verfahren vor der REKO/INUM die Kosten zu tragen, die aus der Geltendmachung des Enteignungsrechts entstehen. Die eingehendere Rege- 1139 lung ist die richterlich geschaffene Entschädigungsnorm. Was die Widerspruchsfreiheit anbelangt, so legt zwar Art. 63 Abs. 1 VwVG das Unterliegerprinzip fest, dies jedoch nicht in absoluter Weise, soll dieses doch nur in der Regel gelten, ausnahmsweise können die Kosten sogar erlassen werden. Die richterliche Kostenregelung nach EntG stellt nun in Gestalt einer lex specialis eine solche Ausnahme dar, welche ein Abweichen von der Regel nach Art. 63 Abs. 1 VwVG, das heisst von der lex generalis, erlaubt (REKO INUM vom 27. April 2005, in: VPB 69 [2005] Nr. 112 E. 13).

1140 – Nach **Art. 78 Abs. 5 BV** sind Moore und Moorlandschaften von besonderer Schönheit und von nationaler Bedeutung zwingend und direkt geschützt. Für Moorlandschaften von besonderer Schönheit und nationaler Bedeutung hat der Verfassungsgeber die Interessenabwägung abschliessend vorgenommen. Sie sind daher jeglicher weiteren raumplanerischen Interessenabwägung entzogen. Der Grundsatz der Einheit der Verfassung steht dieser Auslegung nicht entgegen. Soweit Art. 78 Abs. 5 BV zu Eigentumsbeschränkungen führt, ist dies hinzunehmen, denn Art. 78 Abs. 5 BV ist als Spezialregelung aufzufassen, welche das durch Art. 26 BV garantierte Eigentum näher umschreibt. Damit geht er als lex specialis, und nicht etwa aufgrund der Lex-posterior-Regel, der Eigentumsgarantie vor (VerwG ZH vom 5. Dez. 2002, VB.2002.00225, E. 3a).

1141 – **Art. 106 BV** bestimmt, dass die **Gesetzgebung über Glücksspiele und Lotterien** Sache des Bundes ist. Der öffentlich-rechtliche Gesetzgeber wählte von Anfang an zwei getrennte Gesetze: Das im Jahre 1923 angenommene Bundesgesetz betr. die Lotterien und die gewerbsmässigen Wetten und das im Jahre 1929 angenommene Bundesgesetz über Glücksspiele und Spielbanken. Diese Teilung wurde bei der 1998 erfolgten Annahme des SBG beibehalten. Aus der Sicht des Bundesgesetzgebers regelt das Spielbankengesetz die Glücksspiele um Geld oder andere vermögenswerte Vorteile umfassend, während das Bundesgesetz betr. die Lotterien und gewerbsmässigen Wetten im Verhältnis zum Ersteren eine lex specialis darstellt. Art. 1 Abs. 2 SBG konkretisiert diesen Willen des Gesetzgebers, indem er präzisiert, dass das Spielbankengesetz nicht auf die Lotterien und die gewerbsmässigen Wetten anwendbar ist, da diese durch das Bundesgesetz vom 8. Juni 1923 geregelt sind. Folglich ist unter den in Art. 3 Abs. 1 SBG definierten Glücksspielen zu unterscheiden zwischen denen, deren allgemeines System in Art. 4 SBG geregelt ist, und denjenigen, welche den Definitionen einer Lotterie (oder einer lotterieähnlichen Unternehmung) oder einer gewerbsmässigen Wette entsprechen, deren System ausschliesslich durch das Bundesgesetz betr. die Lotterien geregelt ist (BGE 137 II 222 E. 6.2, 136 II 291 E. 3.1, 133 II 68 E. 3.2).

1142 – Nach **Art. 39 Abs. 1 VGG** entscheidet der zuständige Instruktionsrichter grundsätzlich selbstständig über das Begehren um Erteilung der aufschiebenden Wirkung. Aus den Materialien ist indessen nicht ersichtlich, dass Art. 39 Abs. 1 VGG als lex specialis zu Art. 55 Abs. 3 VwVG die dort vorgesehene Alternative des Entscheides durch den Spruchkörper ausschliessen will. Dies ist umso weniger anzunehmen, als die Beurteilung der aufschiebenden Wirkung in Dreierbesetzung keinen Rechtsnachteil für die Rechtsunterworfenen zur Folge hat. Angesichts der in der Regel herausragenden Bedeutung des Entscheides über die aufschiebende Wirkung in Beschaffungssachen, insbesondere im Rahmen der Anfechtung eines Zuschlages, wird die Beurteilung durch den Spruchkörper in der Hauptsache dem Grundgedanken der hinreichenden Legitimationsbasis von Entscheiden oft besser gerecht (BVGer vom 16. Juli 2009, B-3311/2009, E. 1.4).

1143 – Nach den klaren Vorschriften des bestehenden Rechts ist die **Parteistellung im Verfahren vor der Übernahmekommission** enger begrenzt als in einem gewöhnlichen (erstinstanzlichen) Verwaltungsverfahren: Laut Art. 6 VwVG gelten als Parteien Personen, deren Rechte oder Pflichten die Verfügung berühren soll, und andere Personen, Organisationen oder Behörden, denen ein Rechtsmittel gegen die Verfügung zusteht. Die Übernahmeverordnung-UEK, die eigene Verfahrensregeln enthält, stellt eine lex specialis zum Verwaltungsverfahrensgesetz dar, dessen Anwendung nach Art. 55 Abs. 5 UEV-UEK ausdrücklich ausgeschlossen ist. Das gilt damit auch für den in Art. 6 VwVG vorgesehenen Parteibegriff (BGE 133 II 81 E. 4.1, 129 II 183 E. 4.2; zur neuen Rechtslage BVGer vom 30. Nov. 2010, B-5272/2009, E. 1.3.5).

3. Lex posterior

Die **Lex-posterior-Regel** bedeutet, dass bei inhaltlichen Kollisionen ein **jüngeres Gesetz einem älteren vorgeht** (BVGE 2010/7 E. 3.4). Ob dies der Fall ist, ist aufgrund einer **Auslegung** zu bestimmen (vgl. z.B. BGE 135 II 338 E. 1.2.4 betr. das Verhältnis zwischen dem BGG und dem Lotteriegesetz). Im Rahmen der Auslegung ist zu berücksichtigen, ob mit dem älteren Gesetz eine für das betreffende Rechtsgebiet einheitliche und allgemein gültige Ordnung geschaffen worden ist, von der nur abgewichen werden darf, wenn dies das jüngere Gesetz ausdrücklich erlaubt (BGE 115 Ib 424 E. 4c [«VwVG-konforme Interpretation jüngerer Verfahrensnormen»]). Die **Beziehungen zwischen einem älteren und einem jüngeren Erlass** können sich im **Laufe der Zeit ändern**, etwa wenn der ältere Erlass durch besondere Bestimmungen ergänzt wird, die dem grundsätzlich jüngeren Erlass vorgehen (vgl. BGE 134 II 329 E. 5.2 = Pra 98 [2009] Nr. 41 [Verhältnis BGBM und BGFA]). Wenn hingegen ein jüngeres Gesetz lediglich auf ein älteres verweist oder in Konkretisierung des älteren Gesetzes bestimmte Vorschriften aufstellt, liegt kein Widerspruch zwischen zwei (sich ausschliessenden) Bestimmungen vor, sodass auch die Lex-posterior-Regel nicht zur Anwendung gelangt (BGE 124 I 176 E. 5c). 1144

Praxis:

- **§ 83 des kantonalen Steuergesetzes (StG)** lässt die Abgabe von Steuerausweisen an Dritte zu. Nach § 4 Abs. 1 des jüngeren kantonalen Datenschutzgesetzes (kDSG) dürfen Personendaten bearbeitet werden, wenn eine gesetzliche Grundlage besteht. § 5 kDSG enthält sodann einschränkendere Vorschriften für besonders schützenswerte Daten. Vorliegend stellt § 83 StG die in § 4 Abs. 1 kDSG verlangte gesetzliche Grundlage dar. Wenn ein jüngeres Gesetz andere Gesetze vorbehält oder darauf verweist, kann insoweit die Lex-posterior-Regel keine Anwendung finden. Es gibt vorliegend keinen Widerspruch, da das Datenschutzgesetz ausdrücklich festhält, dass eine Datenbearbeitung zulässig sei, wenn eine gesetzliche Grundlage besteht. Dass nur solche Gesetze, die ihrerseits jünger sind als das Datenschutzgesetz, eine gesetzliche Grundlage i.S.v. § 4 kDSG darstellen könnten, ergibt sich weder aus dem Wortlaut noch aus dem vernünftigen Sinn dieser Bestimmung (BGE 124 I 176 E. 5c). 1145
- Das **Datenschutzgesetz** und die Verordnung vom 14. Juni 1993 zum Datenschutzgesetz (VDSG) sind jünger als das **Unfallversicherungsgesetz** und die Unfallversicherungsverordnung. Das in Art. 98 UVG geregelte Akteneinsichtsrecht steht im Zusammenhang mit den verfahrensrechtlichen Bestimmungen betr. die Leistungen der Unfallversicherer. Das in Art. 8 DSG enthaltene Auskunftsrecht kann ohne jeglichen Interessennachweis auch ausserhalb eines Verwaltungsverfahrens geltend gemacht werden, wenn eine Behörde eine Datensammlung mit Daten über die betroffene Person besitzt. Wird das Auskunftsbegehren unabhängig von einer konkreten unfallversicherungsrechtlichen Streitigkeit gestellt, kann nicht davon ausgegangen werden, dass die verfahrensrechtliche Regelung von Art. 98 UVG eine spezialgesetzliche Regelung darstellt, welche der jüngeren Regelung von Art. 8 DSG vorgeht. Insoweit hat Art. 8 DSG eine eigenständige Bedeutung und Streitigkeiten darüber sind nicht im Verfahren nach Art. 105 ff. UVG, sondern im datenschutzrechtlich vorgesehenen Verfahren zu entscheiden (BGE 123 II 534 E. 2). 1146
- **Art. 117 KVV** beschlägt aus Irrtum oder Versehen ausgerichtete Leistungen des Sozialversicherers. Bereits vor Inkrafttreten des ATSG (1. Jan. 2003) hat das Bundesgericht entschieden, dass sich der Unfallversicherer bei der Rückforderung faktisch von ihm anerkannter und übernommener Heilkosten gegenüber der Krankenkasse über den Rückkommenstitel der prozessualen Revision oder der Wiedererwägung ausweisen muss (vgl. BGE 130 V 380 E. 2.2.2). Mit der in Art. 53 ATSG festgelegten und im Rahmen der Rückerstattung nach Art. 25 Abs. 1 Satz 1147

1 ATSG massgeblichen Ordnung wurde eine einheitliche Regelung für alle Sozialversicherungszweige geschaffen, wobei der Gesetzgeber betonte, dass keine Ausnahmen vorgesehen seien. Angesichts dieser Ausgangslage sind konkretisierende Ordnungen, welche von Art. 53 ATSG abweichen, ausgeschlossen; allfälligen verordnungsmässigen Bestimmungen gehen mithin die Grundsätze der prozessualen Revision oder der Wiedererwägung vor. Im Übrigen hat die Regelung des ATSG als lex posterior Vorrang gegenüber Art. 117 KVV (BGE 133 V 353 E. 4.4; BGer vom 14. Jan. 2009, 8C_512/2008, E. 3.3).

1148 – Nach **Art. 112 Abs. 2 BGG** kann, wenn es das kantonale Recht vorsieht, die Behörde ihren Entscheid ohne Begründung eröffnen, während sich für sozialversicherungsrechtliche Verfahren aus **Art. 61 lit. h ATSG** eine schriftliche Entscheidbegründungspflicht ergibt. Bei Art. 112 Abs. 2 BGG, welcher generell, bei Vorliegen des entsprechenden kantonalen Verfahrensrechts, die Möglichkeit des Verzichts auf eine Entscheidbegründung vorsieht, wenn die Parteien eine solche innert dreissig Tagen verlangen können, handelt es sich gegenüber Art. 61 ATSG um die neuere und damit massgebliche («lex posterior derogat legi priori») Regelung. Im Übrigen wird die mit Art. 61 lit. h ATSG normierte Entscheidbegründungspflicht kantonaler Versicherungsgerichte durch die Möglichkeit eines Verzichts weder verletzt noch ihrer Schutzfunktion beraubt. Indem jede Partei mit einer blossen formlosen Mitteilung eine Begründung verlangen und hierauf entscheiden kann, ob sie den Entscheid anfechten will oder nicht, ist sie stets in der Lage, einen mit Art. 61 lit. h ATSG konformen Entscheid zu erwirken (BGE 135 V 353 E. 5.3).

1149 – Bei **Beschwerden gemäss Art. 73 Abs. 3 StHG** durfte das Bundesgericht bisher bei Gutheissung des Rechtsmittels bloss das angefochtene Urteil aufheben und die Sache zur neuen Beurteilung an die Vorinstanz zurückweisen. Im Gegensatz dazu kann das Bundesgericht nunmehr, wenn es die Beschwerde gutheisst, selber in der Sache entscheiden oder sie zu neuer Beurteilung an die Vorinstanz oder an die erste Instanz zurückweisen (Art. 107 Abs. 2 BGG). Diese jüngere Bestimmung geht als lex posterior dem insoweit widersprechenden Art. 73 Abs. 3 StHG vor, zumal dessen formelle Anpassung an das Bundesgerichtsgesetz nur aus einem gesetzgeberischen Versehen unterblieben sein dürfte (BGE 134 II 186 E. 1.5 = Pra 98 [2009] Nr. 18; BGer vom 26. Juni 2008, 2C_188/2007, E. 1.6).

1150 – **Art. 17 Abs. 2 KV/FR** erlaubt es (neuerdings) dem Rechtsuchenden, sich in der Amtssprache seiner Wahl – Französisch oder Deutsch – an das Kantonsgericht zu wenden. Dies gilt unabhängig von der Verfahrenssprache gemäss dem jeweils anwendbaren Verfahrensgesetz. Das Kantonsgericht darf das Eintreten auf ein Rechtsmittel nicht davon abhängig machen, dass eine in der anderen Amtssprache abgefasste Rechtsschrift in die Verfahrenssprache übersetzt wird (BGE 136 I 149 E. 3-8).

1151 – **Art. 19 Abs. 2 IVV** steht zwar vom Wortlaut her einer Weiterausrichtung von Taggeldern der Invalidenversicherung während der Karenzzeit bei der Arbeitslosenversicherung nicht entgegen, doch würde eine derartige Auslegung den allgemeinen Grundsatz, gemäss welchem das neuere Gesetz das ältere aufhebt, missachten. Dieser Grundsatz ruft nach einer die jüngere AVIG-Norm berücksichtigenden Interpretation der älteren IVV-Bestimmung, dies insbesondere auch deshalb, weil es sich bei Ersterer um Gesetzesrecht, bei Letzterer aber lediglich um Verordnungsrecht handelt. Eine solche Auslegung ergibt nach dem Gesagten, dass die Taggelder der Invalidenversicherung während der fünftägigen Karenzzeit für die Ausrichtung der Arbeitslosentaggelder nicht (weiter-)fliessen können, weil sie andernfalls dem Zweck von Art. 18 Abs. 1bis AVIG bzw. Art. 18 Abs. 1 AVIG in der Fassung der Novelle vom 23. Juni 1995 zuwiderlaufen würden (BGE 123 V 20 E. 3c).

1152 – Besteht ein Widerspruch zwischen einem **älteren Staatsvertrag** und **einem jüngeren Bundesgesetz**, so geht zwar grundsätzlich der Staatsvertrag vor, doch ist das Gericht gemäss der sog. **Schubert-Praxis** ausnahmsweise an das (jüngere) Bundesgesetz gebunden, wenn der Gesetzgeber beim Erlass des Bundesgesetzes bewusst in Kauf nimmt, dass das von ihm erlassene Landesrecht dem (nicht zwingenden) Völkerrecht widerspricht (BGE 99 Ib 39 E. 3 und E. 4; ähnlich bereits BGE 94 I 669 E. 6a; neuerdings etwa BGE 136 III 168 E. 3.3.4; BVGer vom 23. März 2010, A-2744/2008, E. 1.4).

- **Art. 4 Abs. 2 aBV** kommt als jüngeres Recht nicht per se – nach dem Grundsatz des lex posterior – absoluter Vorrang gegenüber **Art. 74 Abs. 4 aBV**, wonach für Wahlen und Abstimmungen der Kantone und Gemeinden das kantonale Recht vorbehalten bleibt, zu. Es ist durch Auslegung zu ermitteln, ob Art. 4 Abs. 2 aBV betr. das Frauenstimmrecht Art. 74 Abs. 4 aBV vorgeht, was das Bundesgericht in Auslegung der massgebenden Bestimmungen bejaht hat (BGE 116 Ia 359 E. 9). 1153

4. Lex superior

Nach der **Lex-superior-Regel** geht das höherrangige Recht dem niederrangigen vor. 1154
Eine besondere Ausprägung der Lex-superior-Regel findet sich in Art. 49 Abs. 1 BV, wonach Bundesrecht entgegenstehendem kantonalem Recht vorgeht (sog. **derogatorische Kraft des Bundesrechts**). Der Grundsatz der derogatorischen Kraft des Bundesrechts nach Art. 49 Abs. 1 BV schliesst in Sachgebieten, welche die Bundesgesetzgebung abschliessend regelt, eine Rechtssetzung durch die Kantone aus. In Sachgebieten, die das Bundesrecht nicht abschliessend ordnet, dürfen die Kantone nur solche Vorschriften erlassen, die nicht gegen den Sinn und Geist des Bundesrechts verstossen und dessen Zweck nicht beeinträchtigen oder vereiteln (BGE 137 I 31 E. 4.1, 137 I 135 E. 2.5, 136 I 220 E. 6.1, 135 I 28 E. 5, 135 I 106 E. 2.1, 134 I 125 E. 2.1, 134 I 293 E. 3, 133 I 206 E. 4, 133 I 286 E. 3.1, 131 I 223 E. 3.2, 131 I 242 E. 3, 130 I 82 E. 2.2, 130 I 96 E. 3, 130 I 279 E. 2.2, 129 I 402 E. 2, 128 I 46 E. 5a, 127 I 60 E. 4a).

Wenn das **Bundesrecht** ein gewisses Gebiet an sich **abschliessend** regelt, kann kantonales Recht auf demselben Gebiet dennoch weiter bestehen, wenn es nachweislich andere Ziele als die bundesrechtliche Regelung verfolgt (BGE 128 I 295 E. 3b), dessen Wirkung bloss verstärkt (BGE 91 I 17 E. 5) oder selbst bei abschliessender bundesrechtlicher Regelung kantonale Handlungsspielräume verbleiben (BGE 130 I 82 E. 2.2). Nur wenn die Bundesgesetzgebung für einen bestimmten Bereich sowohl umfassenden als auch ausschliesslichen Charakter hat, entfallen die kantonalen Kompetenzen zu ergänzender Rechtssetzung vollständig, und zwar selbst zum Erlass von Vorschriften, die im Einklang mit der Bundesregelung stehen (BGE 130 I 82 E. 2.2, 128 I 295 E. 3b). 1155

Der **Vorrang des Völkerrechts** ergibt sich implizit aus **Art. 26 und Art. 27 VRK**, 1156
wonach ein völkerrechtlicher Vertrag die Parteien bindet und von ihnen nach Treu und Glauben zu erfüllen ist (pacta sunt servanda) und wonach sich eine Vertragspartei grundsätzlich nicht auf ihr innerstaatliches Recht berufen kann, um die Nichterfüllung eines Vertrags zu rechtfertigen (BGE 124 II 293 E. 4, 122 II 234 E. 4e, 120 Ib 360 E. 2c; BVGE 2010 E. 4.2). Art. 190 BV erklärt nur, dass die Bundesgesetze wie auch das Völkerrecht für das Bundesgericht und die übrigen rechtsanwendenden Behörden gleichermassen verbindlich sind. Hiermit ist keine grundsätzliche Entscheidung für den Vorrang des Völkerrechts vor den Bundesgesetzen oder vice versa getroffen worden. Art. 190 BV verbietet nicht, das betreffende Bundesgesetz darauf hin zu prüfen, ob es dem Völkerrecht tatsächlich widerspricht und allgemein anerkannte Prinzipien anzuwenden sind, um Verfassungs- und Völkerrecht in Einklang zu bringen (BGE 136 II 120 E. 3.5.1, 131 II 710 E. 5.4, 129 II 249 E. 5.4, 117 Ib 367 E. 2e; BVGE 2010/40 E. 3.3).

1157 Nach der bundesgerichtlichen Rechtsprechung geht im **Konfliktfall** das **Völkerrecht dem Landesrecht prinzipiell** vor, und zwar grundsätzlich unabhängig davon, ob das Völkerrecht jüngeren oder älteren Datums als das entsprechende Bundesgesetz ist (BGE 136 III 168 E. 3.3.2, 125 II 417 E. 4d, 122 II 234 E. 4e; BVGer vom 15. Juli 2010, A-4013/2010, E. 3.3). Eine Ausnahme besteht nur dann, wenn der Gesetzgeber beim Erlass des (jüngeren) Bundesgesetzes bewusst in Kauf nimmt, dass das von ihm erlassene Landesrecht dem (älteren) Völkerrecht widerspricht (vgl. BGE 99 Ib 39 E. 3 und E. 4: Schubert-Praxis). Völkerrechtlich sind hingegen die Staaten verpflichtet, ungeachtet ihres innerstaatlichen Rechts völkerrechtlichen Verpflichtungen nachzukommen; das Völkerrecht beansprucht absolute Geltung. Jeder Vertragsbruch stellt eine Völkerrechtsverletzung dar, für welche der handelnde Staat zumindest völkerrechtlich verantwortlich wird (BVGer vom 15. Juli 2010, A-4013/2010, E. 4.2; BVGE 2010/7 E. 3.3.3; zum Ganzen Rz. 644 ff. und Rz. 649 ff.).

Praxis:

1158 – Ein **kantonales Gesetz, welches die Zulässigkeit einer Beschwerde gegen die freihändige Vergebung** verneint, verstösst nicht gegen Art. 9 BGBM bzw. gegen den Grundsatz der derogatorischen Kraft des Bundesrechts (Art. 49 Abs. 1 BV), da Art. 9 BGBM selbst relativ unbestimmt ist und keine Schwellenwerte vorsieht, ab dessen Erreichen zwingend eine Ausschreibung zu erfolgen hätte (BGE 131 I 137 E. 2).

1159 – Es ist mit der Bestimmung von **Art. 119 Abs. 1 StGB** nicht vereinbar, für einen Schwangerschaftsabbruch nach der 12. Woche über die ärztliche Begutachtung durch den behandelnden Arzt hinaus mittels kantonaler Richtlinien eine Zweitbeurteilung durch einen Facharzt zu verlangen, welcher eine schwerwiegende körperliche Schädigung oder eine schwere seelische Notlage der betroffenen Frau zu bestätigen hat (BGE 129 I 402 E. 3).

1160 – Es ist den kantonalen Steuerbehörden gestützt auf das kantonale Steuergesetz nicht verwehrt, die **SBB** für Liegenschaften der Gewinn- und der Kapitalsteuer, der Zuschlagsteuer sowie der Kultussteuer zu unterwerfen, sofern es sich bei den interessierenden Grundstücken um solche handelt, die keine notwendige Beziehung zum Betrieb des Unternehmens haben. Die SBB ist nur soweit gemäss **Art. 21 Abs. 1 SBBG** von den **kantonalen Steuern** befreit, wie sie Dienstleistungen im Zusammenhang mit dem öffentlichen Verkehr erbringt (BGE 130 I 96 E. 3).

1161 – Die in **Art. 83 AsylG** vorgenommene Aufzählung der Gründe, um Fürsorgeleistungen ganz oder teilweise ablehnen, kürzen oder entziehen zu können, ist nicht abschliessend. Die Kantone sind frei, zusätzliche Vorschriften im Dienste der Missbrauchsbekämpfung zu erlassen und für Asylsuchende Fürsorgeleistungen zu kürzen. Die mit der Änderung des zürcherischen Sozialhilfegesetzes getroffene Regelung der Asylfürsorge verletzt den Grundsatz der derogatorischen Kraft des Bundesrechts demnach nicht (BGE 130 I 82 E. 3 und E. 4).

1162 – Das Bundesrecht räumt den **Gemeinden** als Arbeitgeberinnen nach **Art. 11 BVG** die Befugnis ein, zur Durchführung der beruflichen Vorsorge ihres Personals eine **eigene Vorsorgeeinrichtung** zu errichten oder sich zu diesem Zweck einer registrierten Vorsorgeeinrichtung, beispielsweise jener des betreffenden Kantons, anzuschliessen. In diese auf Art. 11 und 50 f. BVG gestützte Kompetenz dürfen die Kantone nicht eingreifen und etwa Gemeinden den Anschluss an eine bestimmte Vorsorgeeinrichtung vorschreiben (BGE 135 I 28 E. 5).

1163 – Die Bestimmung im kantonalen **Hundegesetz**, welche den Einzug eines Hundes bzw. dessen Fremdplatzierung als Mittel zur Durchsetzung der finanziellen Verpflichtungen des Hundehalters vorsieht, stellt keine in den Regelungsbereich des **Schuldbetreibungsrechts** eingreifende, unmittelbar der Vollstreckung der Geldleistungspflicht dienende Massnahme, sondern ein indirektes Druckmittel im Sinne eines administrativen Rechtsnachteils dar. Entsprechend liegt kein Verstoss gegen das bundesrechtliche Pfändungs- und Retentionsverbot von Heimtieren vor (BGE 134 I 293 E. 3 und E. 4).

- Das **Steuerharmonisierungsgesetz** regelt die zum **Zwecke der Wirtschaftsförderung zulässigen steuerlichen Massnahmen** nicht abschliessend (vgl. Art. 5 StHG, welcher Steuervergünstigungen für die Neuansiedlung von Unternehmen erlaubt und Art. 9 StHG, welcher die allgemeinen Abzüge mit Förderungswirkung [Energiesparen, Denkmalpflege, Altersvorsorge usw.] aufzählt). Die Tarifhoheit, das heisst die Kompetenz, die Steuertarife zu erlassen, ist den Kantonen ausdrücklich vorbehalten (Art. 129 Abs. 2 BV, Art. 1 Abs. 3 StHG). Wenn bei der Ausgestaltung des kantonalen Steuertarifs Förderungsmotive einfliessen, handelt es sich ausserdem nicht um Steuervergünstigungen i.S.v. Art. 5 StHG oder um allgemeine Abzüge nach Art. 9 StHG (BGE 133 I 206 E. 4). 1164

- Eine **kantonale Jugendstrafprozessordnung**, welche in Ausnahmefällen die gemeinsame Unterbringung von Jugendlichen und Erwachsenen während der Untersuchungshaft vorsieht, ist mit dem **Jugendstrafgesetz** nicht vereinbar. Das Jugendstrafgesetz sieht für die Trennung der Jugendlichen von den Erwachsenen ferner keine Übergangsfrist vor (BGE 133 I 286 E. 3.1). 1165

- Die **kantonale Zuständigkeitsordnung**, wonach die Kantonspolizei und die Stadtpolizeien von Zürich und Winterthur zur Anordnung von Massnahmen gemäss **BWIS** befugt sind, hält vor dem Bundesrecht stand. Das BWIS weist die Kantone in genereller Weise an, die Zuständigkeiten für den Vollzug der neu eingeführten Massnahmen festzulegen. Die Kantone sind grundsätzlich frei, diese Zuständigkeiten vor dem Hintergrund der kantonalen Besonderheiten und ihrer Organisations- und Verfassungsordnung zu bestimmen und dabei auch kommunale Behörden einzusetzen (BGE 134 I 125 E. 2.2). 1166

- Ein kantonaler Entscheid, welcher einem Inkasso-Unternehmen mit Sitz im Kanton Zürich die Zulassung zur Vertretung eines Gläubigers vor den Betreibungsbehörden des Kantons Genf verweigert, verletzt weder **Art. 27 SchKG** noch den Grundsatz des Vorrangs des Bundesrechts. Art. 27 Abs. 1 SchKG gibt den Kantonen lediglich einen Rahmen vor, in dem sie die Anforderungen an die Vertretung der Parteien im Zwangsvollstreckungsverfahren regeln können (BGE 135 I 106 E. 2.6). 1167

- **Kantonale oder kommunale Ladenschlussvorschriften** dürfen seit Inkrafttreten des eidgenössischen Arbeitsgesetzes nur noch dem Schutz der Nacht- und Feiertagsruhe bzw. aus sozialpolitischen Überlegungen allenfalls jenen der nicht dem Arbeitsgesetz unterstellten Personen dienen, nicht aber dem Schutz des Verkaufspersonals, welcher durch das Arbeitsgesetz abschliessend geregelt ist. Eine kantonale Ladenschlussvorschrift, wonach verlängerte Öffnungszeiten nur bei Beachtung eines Gesamtarbeitsvertrages in Anspruch genommen werden dürfen, verfolgt Ziele des Arbeitnehmerschutzes und ist mit der abschliessenden Ordnung des eidgenössischen Arbeitsgesetzes unvereinbar (BGE 130 I 279 E. 2.3-2.5). 1168

- Eine kantonale Regelung, gemäss welcher **Prämienverbilligungsbeiträge** mit **Steuerschulden verrechnet** werden können, ist mit der Zielsetzung des KVG nicht vereinbar und daher bundesrechtswidrig. Nach Art. 65 Abs. 3 Satz 2 KVG hat die Auszahlung der Prämienverbilligung so zu erfolgen, dass die anspruchsberechtigten Personen ihrer Prämienzahlungspflicht nicht vorschussweise nachkommen müssen. Eine Person, die ihre Prämien nicht bezahlt, läuft Gefahr, dass ihr Versicherer die Übernahme der Kosten für ihre Leistungen aufschiebt, was sich auf die betroffenen Versicherten negativ auswirken kann, da für sie unter Umständen keine adäquate Gesundheitsversorgung mehr gewährleistet ist (BGE 136 I 220 E. 6.4). 1169

- Das Bundesrecht sieht in **Art. 33 und 34 RPG** gewisse **bundesrechtliche Anforderungen an das kantonale Verfahren** vor. Die Frage der Entschädigung für materielle Enteignung und für den Heimschlag als Folge einer Planungsmassnahme im Sinne des RPG ist im Rahmen der Verwaltungsgerichtsbeschwerde zu prüfen. Das nach dem kantonalen Recht zur Verfügung stehende Klageverfahren zur Geltendmachung der Entschädigung genügt den Anforderungen gemäss Art. 33 Abs. 2 RPG nicht (BGE 132 II 188 E. 3.4). 1170

1171 – Die Bestimmung in einem kantonalen Anwaltsgesetz, welche die **Vereinbarung und Vermittlung von Prozessfinanzierungen** regelt und sich nicht nur auf Anwälte bezieht, stellt keine Berufsregel für Anwälte dar; daher ist insoweit keine Verletzung der derogatorischen Kraft des Bundesrechts gegeben (BGE 131 I 223 E. 3.6 und E. 3.7).

1172 – **Art. 17 Abs. 2 KV FR** erlaubt dem Rechtsuchenden, sich in der Amtssprache seiner Wahl – Französisch oder Deutsch – an das Kantonsgericht zu wenden. Diese Bestimmung geht als höherrangiges Recht dem anwendbaren Prozessgesetz vor. Das Kantonsgericht darf demnach das Eintreten auf ein Rechtsmittel gemäss Prozessgesetz nicht davon abhängig machen, dass eine in der anderen Amtssprache abgefasste Rechtsschrift in die Verfahrenssprache übersetzt wird (BGE 136 I 149 E. 7.4).

1173 – Nach Art. 6a Abs. 3 Satz 2 KVG entscheidet die vom Kanton bezeichnete Behörde über **Anträge um Befreiung von der Versicherungspflicht**. Vorbehalten werden Art. 18 Abs. 2bis und Abs. 2ter KVG. Ohne dass weiter geprüft werden muss, ob der Verordnungsgeber die Behandlung der betreffenden Gesuche absichtlich nicht der zuständigen kantonalen Stelle zugeordnet hat oder ob es sich dabei um eine ungewollte Unvollständigkeit handelt, geht die Gesetzesbestimmung (Art. 6a Abs. 3 Satz 2 KVG) als höherstufige Norm der Verordnungsregelung jedenfalls vor und verdrängt diese auch deshalb, weil es sich bei ihr um die neuere Norm handelt, mit der Folge, dass die Ausgleichskasse als zuständige kantonale Behörde rechtmässig über das Gesuch des Beschwerdeführers entschieden hat (BGer vom 23. April 2009, 9C_921/2008, E. 3).

1174 – Am 1. Juni 2002 sind die revidierten Bestimmungen des **FMPG** in Kraft getreten. Gemäss Art. 20 Abs. 1 FMPG ist die REKO MAW zuständig zur Beurteilung von Beschwerden gegen Verfügungen von Bundesbehörden im Zusammenhang mit eidgenössischen Medizinalprüfungen. Gemäss der bisher geltenden Verordnung ist gegen Verfügungen oder Beschwerdeentscheide beim zuständigen Departement (Eidgenössisches Departement des Innern [EDI]) Beschwerde zu führen. Diese Verordnungsbestimmung steht im Widerspruch zu den neuen gesetzlichen Vorschriften (Art. 20 Abs. 1 FMPG) und ist daher nicht mehr anwendbar (REKO MAW vom 27. Aug. 2002, in: VPB 67 [2003] Nr. 30 E. 1).

1175 – Das **Mittelschulgesetz** hat das vom Erziehungsrat erlassene **Aufnahmereglement** nicht ausdrücklich aufgehoben. Da das Aufnahmereglement zum jüngeren und gleichzeitig höherrangigen Recht im Widerspruch steht, ist es nicht mehr anwendbar (materielle Aufhebung). Ebenfalls unbeachtlich ist, dass der Vorrang des jüngeren Rechts nicht zwingend zum Tragen kommt, sofern ein neues allgemeines (jüngeres) Gesetz auf ein älteres Spezialgesetz stösst. Unabhängig davon, ob eine derartige Konstellation vorliegend überhaupt gegeben ist, geht das Mittelschulgesetz dem Aufnahmereglement als höherrangiges Recht vor (VerwG ZH vom 30. Sept. 2009, VB.2009.00430, E. 5.5).

1176 – **Der Begriff der materiellen Enteignung** ist Ausfluss der in Art. 22ter aBV gewährleisteten Eigentumsgarantie. Nach Absatz 3 dieser Bestimmung ist bei Eigentumsbeschränkungen, die einer Enteignung gleichkommen, volle Entschädigung zu leisten. Es ist dies eine Folge der in der Eigentumsgarantie enthaltenen Wertgarantie. Entsprechend verpflichtet Art. 5 Abs. 2 RPG die Gemeinden, volle Entschädigung zu leisten für Eigentumsbeschränkungen von Planungen, welche einer Enteignung gleichkommen. Die materielle Enteignung ist daher ein Begriff des Bundesrechts, und zwar umso mehr, als das Raumplanungsgesetz die Kantone zu raumplanerischen Massnahmen verpflichtet. Abweichungen durch Schaffung eines eigenständigen kantonalen Begriffs der materiellen Enteignung wären allein schon nach der allgemeinen Kollisionsregel, wonach die übergeordnete Rechtsnorm einer niedereren vorgeht (lex superior derogat legi inferiori), bundesrechtswidrig (Enteignungsgericht BL vom 13. April 1989, in: VGE 1989 S. 115 E. 6).

5. Verbot extensiver Auslegung von Ausnahmebestimmungen

Ausnahmebestimmungen sind weder extensiv noch restriktiv, sondern ihrem **Sinn und Zweck** entsprechend in Bezug zu dem im Gesetz festgelegten Grundsatz auszulegen (BGE 136 I 297 E. 4.1, 136 V 84 E. 4.3.2, 130 V 229 E. 2.2, 118 Ia 175 E. 2d, 117 Ib 114 E. 7c, 114 V 298 E. 3e; BGer vom 20. Jan. 2012, 2C_559/2011, E. 5.2; BVGer vom 12. Feb. 2010, A-2999/2007, E. 2.4, je mit Hinweisen). Dabei sind an die Voraussetzungen des Ausnahmefalles je nachdem hohe Anforderungen zu stellen, um zu verhindern, dass die als Ausnahmeklausel gedachte Bestimmung den Charakter eines leicht zugänglichen Auffangtatbestandes erhält und somit das Verhältnis zwischen Regel und Ausnahme in sein Gegenteil nicht mehr gewahrt ist (BGE 120 II 112 E. 3b/aa, 119 Ib 33 E. 3c; vgl. auch VerwG BL vom 18. April 2001, in: VGE 2001 S. 71 E. 5c). 1177

Vereinzelt wird darüber hinausgehend postuliert, **Ausnahmebestimmungen seien restriktiv** zu interpretieren (BGE 126 II 275 E. 5b [Art. 13 Abs. 2 WPEG]; BGer vom 11. Juli 2011, 2E_3/2009, E. 5.2.1, wonach staatsvertraglich vorgesehene Ausnahmen einschränkend auszulegen seien [mit Verweis auf BGE 110 Ia 123 E. 1, 100 Ia 418 E. 5a]; BGer vom 4. Okt. 2010, 4A_124/2010, E. 5.1, wonach der Vorbehalt des Ordre public bei der Anerkennung und Vollstreckung eines [ausländischen] Schiedsspruches eine Ausnahmebestimmung darstelle, die restriktiv auszulegen sei; BGer vom 19. Aug. 2010, 8C_103/2010, E. 1.3, wonach Art. 86 Abs. 3 BGG [Ausnahme von der Rechtsweggarantie für Entscheide mit vorwiegend politischem Charakter] als Ausnahmebestimmung restriktiv zu handhaben sei; ferner BGer vom 1. Juli 2009, 8C_307/2009, E. 3 [Art. 93 Abs. 1 BGG]; BGer vom 10. Mai 2006, 2A.669/2005, E. 3.4.2 und E. 4.4 [Art. 9 Abs. 2 HMG]; BGer vom 3. Juni 2002, 2A.163/2002, E. 3.2 [Art. 60 Abs. 2 SBG]; BVGer vom 4. Juni 2009, D-2221/2009, E. 6.2 [Art. 34 Abs. 3 lit. a AsylG]). 1178

Praxis:

- **Adoption Mündiger (Art. 266 Abs. 1 Ziff. 3 ZGB):** Der Sinn der Adoption besteht hauptsächlich darin, einem elternlosen Kind die Erziehung in einer Familie und zugleich kinderlosen Eltern das Erlebnis der Elternschaft zu ermöglichen. Dieser Sinn entfällt jedoch bei der Erwachsenenadoption, weshalb der Gesetzgeber die Adoption Mündiger nur ausnahmsweise zulassen wollte, nämlich dann, wenn eine der Unmündigenadoption vergleichbare Situation besteht. Der Ausnahmecharakter der Erwachsenenadoption wurde im Laufe der parlamentarischen Beratungen mehrfach hervorgehoben. Vor diesem Hintergrund kann die Auffassung der Beschwerdeführer, es entspreche nicht der Absicht des Gesetzgebers, der Erwachsenenadoption einen Ausnahmecharakter zuzuschreiben und Art. 266 ZGB restriktiv auszulegen, nicht geteilt werden. Auch in der neueren Literatur wird Art. 266 ZGB mehrheitlich als restriktiv auszulegende Ausnahmebestimmung bezeichnet (BGer vom 5. März 2009, 5A_803/2008, E. 5.1). 1179
- **Art. 93 BGG (Anfechtung von Zwischenentscheiden):** Das kantonale Urteil ist beim Bundesgericht nur anfechtbar, wenn die Voraussetzungen gemäss Art. 93 Abs. 1 BGG erfüllt sind. Nach der Rechtsprechung bildet die zuletzt genannte Norm eine Ausnahmebestimmung, die restriktiv auszulegen ist. Der Beschwerdeführer hat darzulegen, inwiefern bei einer sofortigen Beurteilung der Sache ein bedeutender Aufwand an Zeit und Kosten für ein weitläufiges Beweisverfahren erspart werden kann (BGer vom 4. Dez. 2007, 2D_81/2007, E. 1.2.3). 1180

1181 – **Art. 2 Abs. 2 lit. c DSG:** Das Datenschutzgesetz schliesst hängige Zivilprozesse, Strafverfahren, Verfahren der internationalen Rechtshilfe sowie staats- und verwaltungsrechtliche Verfahren mit Ausnahme erstinstanzlicher Verwaltungsverfahren von seinem Anwendungsbereich aus (Art. 2 Abs. 2 lit. c DSG). Diese Sonderregelung beruht auf der Idee, dass hier der Persönlichkeitsschutz durch die Spezialbestimmungen der entsprechenden Verfahren selber hinreichend gesichert und geregelt erscheint. Das gilt für die Amtshilfe nicht in gleichem Masse: Sie kann nicht einfach aus Praktikabilitätsgründen mit der internationalen Rechtshilfe in Zivil- und Strafsachen gleichgesetzt werden. Der Gesetzgeber hat die Rechtshilfe verfahrens- und datenschutzmässig als hinreichend ausgebaut erachtet, um die datenschutzrechtlichen Interessen der Betroffenen wirksam zu schützen. Entsprechendes ergibt sich für die Amtshilfe weder aus den Materialien noch aus dem Wortlaut oder der Systematik des Börsengesetzes. Es kann deshalb nicht generell gesagt werden, das Datenschutzgesetz sei auf die Amtshilfe – analog der Ausnahme von Art. 2 Abs. 2 lit. c DSG für die Rechtshilfe – zum Vornherein nicht anwendbar (BGer vom 1. Mai 2000, 2A.355/1999, E. 5a).

1182 – **Art. 34 Abs. 3 lit. a AsylG:** Ein Nichteintretensentscheid darf nicht gefällt werden, wenn Personen, zu denen die asylsuchende Person enge Beziehungen hat oder nahe Angehörige, in der Schweiz leben (vgl. Art. 34 Abs. 3 lit. a AsylG). Die Auslegung von Art. 34 Abs. 3 lit. a AsylG hat restriktiv zu erfolgen. Insbesondere entspricht es nicht dem Willen des Gesetzgebers, Art. 34 Abs. 3 lit. a AsylG bereits dann als erfüllt zu erachten, wenn zwischen einer asylsuchenden Person und einer in der Schweiz lebenden Bezugsperson eine irgendwie geartete Beziehung besteht. Es ist in jedem Fall vorauszusetzen, dass die asylsuchende Person in einer engen Beziehung zu einer in der Schweiz lebenden Person steht, sei diese nun eine nahe Angehörige oder eine andere Person. Eine enge Beziehung besteht vermutungsweise zwischen den Mitgliedern der Kernfamilie. Ausserhalb der Kernfamilie, das heisst in Bezug auf die Beziehungen zu übrigen nahen Angehörigen, besteht die Vermutung der engen Beziehung nicht, da zu diesen übrigen nahen Angehörigen in der Regel kein Abhängigkeitsverhältnis besteht und auch keine Zweckgemeinschaft beabsichtigt ist (BVGer vom 4. Juni 2009, D-2221/2009, E. 6.2).

1183 – **Dringendes Bedürfnis für die Bewilligung von Sonntagsverkäufen:** Ein dringendes Bedürfnis i.S.v. Art. 19 Abs. 3 ArG ist nur unter restriktiven Voraussetzungen anzunehmen. Das gesteigerte Konsumbedürfnis der Kundschaft in der Vorweihnachtszeit wird zwar anerkannt, rechtfertigt indessen nicht bereits die Annahme, es bestehe ein dringendes Bedürfnis an der Bewilligung von Sonntagsarbeit. Nicht nur die aktuelle politische Debatte, sondern auch die Abstimmungsresultate der letzten Jahre über die Liberalisierung der Ladenöffnungszeiten an Sonntagen zeigen, dass die Regelung der Sonntagsverkäufe keineswegs unumstritten ist. Vor diesem Hintergrund kann keine Rede davon sein, dass sich das öffentliche Interesse am Schutzzweck von Art. 19 Abs. 3 ArG unter geltungszeitlichen Aspekten eindeutig derart gewandelt hätte, dass eine weite Auslegung des dringenden Bedürfnisses durch Behörden und Gerichte indiziert wäre. Deshalb bleibt es einstweilen bei einer restriktiven Auslegung der Ausnahmebestimmung in Art. 19 Abs. 3 ArG (VerwG ZH vom 7. Nov. 2007, VB.2007.00278, E. 3.2).

1184 – **Auslegung eines Schutzzonenreglements (Grundwasserschutzzonen):** Als Sonderordnung geht die Grundwasserschutzzone den Nutzungsvorschriften der bau- und planungsrechtlichen Grundordnung der Gemeinde, dem Baureglement und dem Zonenplan (Nutzungsplan) vor, soweit sie abweichende Vorschriften enthält. Die Ausnahmebestimmungen eines Schutzzonenreglements sind aufgrund des regelmässig grösseren Interesses der Öffentlichkeit an der Sicherung der Trinkwasserversorgung gegenüber dem privaten Interesse an der ungehinderten Ausnutzung des Grundstückseigentümers grundsätzlich restriktiv auszulegen (VerwG SZ vom 30. Juni 2005, in: EGVSZ 2005 S. 188 E. 2.2).

1185 – **Nachtarbeitsverbot in Tankstellenshops:** Nach Art. 28 ArG ist die zuständige Behörde ermächtigt, in ihren Arbeitszeitbewilligungen ausnahmsweise geringfügige Abweichungen von den Vorschriften des Gesetzes oder einer Verordnung vorzusehen, soweit der Befolgung dieser Vorschriften ausserordentliche Schwierigkeiten entgegenstehen und das Einverständnis der

Mehrheit der beteiligten Arbeitnehmer oder deren Vertretung im Betriebe vorliegt. Die hier streitige Abweichung von vier Stunden vom grundsätzlichen Nachtarbeitsverbot kann nicht mehr als bloss geringfügig bezeichnet werden. Auch liegen vorliegend keine ausserordentlichen (organisatorischen) Schwierigkeiten vor. Die Abweichung vom Nachtarbeitsverbot in einer Konstellation wie der vorliegenden hätte zudem Folgen, die weit über den hier zu beurteilenden Einzelfall hinausgingen. Es ist nämlich anzunehmen, dass im Falle der Gewährung der verlangten Ausnahme auch andere Tankstellenshops in vergleichbarer Verkehrslage diesen offenbar lukrativen Zusatzverdienst anstreben und aus Gründen der Gleichbehandlung ebenfalls um eine solche Ausnahmebewilligung nachsuchen würden. Damit wäre über kurz oder lang eine Vielzahl von Personen von zusätzlicher Nachtarbeit betroffen. Kann nach dem Gesagten vorliegend nicht mehr von einer geringfügigen Abweichung gesprochen werden und fehlt es an ausserordentlichen entgegenstehenden Schwierigkeiten, erweisen sich die Beschwerden auch in dieser Hinsicht als unbegründet. In diesem Zusammenhang ist ergänzend darauf hinzuweisen, dass es dem Richter verwehrt wäre, die in den vorstehenden Erwägungen dargestellten Ausnahmebestimmungen über den Sinn und Zweck des Gesetzes hinaus auszulegen. Ergäben sich deutliche Anzeichen für eine sich allmählich wandelnde Bedürfnislage und Rechtsauffassung, wäre es Aufgabe des Gesetzgebers, die entsprechenden Vorschriften anzupassen (BVGer vom 7. Okt. 2009, B-738/2009, E. 7.3 und E. 7.4; vgl. auch BGE 134 II 265 E. 5.5, 126 II 106 E. 5a; BGer vom 14. Juni 2005, 2A.26/2005, E. 3.2.2).

6. Analogieschluss

Der **Analogieschluss** dient über die Lückenfüllung hinaus auch als Mittel sinngemässer **Auslegung** im Sinne einer **harmonisierenden Betrachtungsweise** (BGE 134 IV 297 E. 4.3.1, 128 IV 272 E. 2, 127 IV 198 E. 3b; BGer vom 14. Dez. 2007, 6B_530/2007, E. 4.1; GÄCHTER, a.a.O., S. 533 ff.). Voraussetzung ist, dass hinreichend vergleichbare Verhältnisse vorliegen (BGE 129 V 27 E. 2.2). Eng verwandte Tatbestände, die hinsichtlich ihrer Auswirkungen nach einer rechtsgleichen Behandlung rufen, sollen auch im Verwaltungsrecht gleich ausgelegt werden. So kann ein Gericht bei der Beurteilung der Lärmimmissionen Analogieschlüsse aus ähnlichen Lärmarten ziehen (VerwG AG vom 15. Feb. 2008, in: AGVE 2008 Nr. 23 E. 5); unzulässig ist hingegen, zur Bestimmung der zulässigen Lärmimmissionen eines Gartenrestaurants die Regelung der kommunalen Lärmschutzverordnung über den Arbeits- und Gewerbelärm analog heranzuziehen. Die Lärmimmissionen einer Gartenwirtschaft unterscheiden sich grundsätzlich – insbesondere von ihrem zeitlichen Auftreten – vom üblichen Gewerbelärm (BGer vom 15. Mai 2001, 1A.282/2000, E. 4d). 1186

Praxis:

- **Auslegung des Begriffs der Mahnung nach Art. 28 SuG:** Art. 28 Abs. 1 und 2 SuG setzen voraus, dass der Empfänger einer Finanzhilfe seine Aufgabe «trotz Mahnung» nicht erfüllt. Nach Ansicht der Vorinstanz konnte im vorliegenden Fall auf eine Mahnung verzichtet werden, weil die Beschwerdeführerin bereits mitgeteilt hatte, das Projekt könne nicht realisiert werden. Es fragt sich daher, wie die Voraussetzung der Mahnung zu qualifizieren ist. Nach den allgemeinen Bestimmungen des OR wird der Schuldner einer Leistung mit der Mahnung des Gläubigers in Verzug gesetzt, ohne vorher eine Frist zu setzen (Art. 102 Abs. 1 OR). Erst wenn der Schuldner in Verzug ist, kann der Gläubiger gemäss Art. 107 ff. OR den Rücktritt vom Vertrag erklären und hat – sofern es sich um eine Geldschuld handelt – Anspruch auf Verzugszinsen (Art. 104 Abs. 1 OR). Im Bereich des Subventionsgesetzes ist die Pflicht der Behörde, den Subventionsempfänger zunächst zu mahnen und eine Frist zu setzen, Ausdruck des Verhältnismässigkeitsprinzips. Der Subventionsempfänger soll die Fehlerhaftigkeit seines Han- 1187 delns rechtzeitig erkennen können. Diese Interpretation entspricht im Wesentlichen derjenigen im Sozialversicherungsrecht, wonach ein gesetzlich vorgeschriebenes Mahn- und Bedenkzeitverfahren die (rechtsunkundige) versicherte Person auf die Folgen ihrer Pflichtverletzung aufmerksam machen und sie so in die Lage versetzt werden soll, in Kenntnis aller wesentlichen Faktoren ihre Entscheidung zu treffen. Insofern beschlägt die Voraussetzung, den Subventionsempfänger zuerst zu mahnen und Frist zu setzen, auch den Anspruch auf rechtliches Gehör gemäss Art. 29 Abs. 2 BV bzw. das Recht auf Orientierung als dessen Teilgehalt. Auch wenn die Mahnung nicht die gleichen Rechtsfolgen nach sich zieht wie im Privatrecht, sondern als Ausdruck des Verhältnismässigkeitsprinzips zu verstehen ist, macht die Mahnung in erster Linie dann einen Sinn, wenn die ermahnte Person grundsätzlich in der Lage wäre, ihren Pflichten nachzukommen. Allerdings ist auch festzuhalten, dass der Wortlaut von Art. 28 SuG nicht ermöglicht, eine Finanzhilfe ohne vorgängige Mahnung (und Anhörung) zurückzufordern, obwohl vorliegend weitgehend unbestritten ist, dass das Projekt, wofür Subventionen zugesprochen wurden, nicht realisiert werden kann (BVGer vom 23. Juni 2009, C-6387/2007, E. 5.1.4).

7. «In dubio pro populo»

1188 Für die Beurteilung der **Rechtmässigkeit einer Initiative** ist das Initiativbegehren zwar nach den üblichen Auslegungsmethoden zu interpretieren. Grundsätzlich ist vom Wortlaut der Initiative auszugehen und nicht auf den subjektiven Willen der Initianten abzustellen. Es ist von verschiedenen Auslegungsmöglichkeiten jedoch jene zu wählen, welche dem Sinn und Zweck der Initiative am besten entspricht und zu einem vernünftigen Ergebnis führt. Diese Auffassung wird auch unter dem Stichwort «in dubio pro populo» zusammengefasst (BGer vom 9. Juli 2003, 1P.1/2003, E. 2.3 [in BGE 129 I 232 ff. nicht publ. E.]; RR LU vom 3. April 2007, in: LGVE 2007 III Nr. 2 E. 5).

1189 Nach Lehre und Rechtsprechung sind **zwei Aspekte** zu unterscheiden. Einerseits ist bei einer auslegungsbedürftigen Initiative im Rahmen der allgemeinen juristischen Interpretationsregeln von verschiedenen Auslegungsmöglichkeiten jene zu wählen, welche mit dem übergeordneten Recht vereinbar erscheint, andererseits ist ein Volksbegehren nur dann als ungültig zu erklären und der Volksabstimmung zu entziehen, wenn es offensichtlich rechtswidrig ist (vgl. RR LU vom 3. April 2007, in: LGVE 2007 III Nr. 2 E. 5; VerwG OW vom 21. Sept. 2004, in: VVGE 2004/05 Nr. 29 E. 2; RR BE vom 8. März 2000, in: BVR 2000 S. 483 E. 3).

Praxis:

1190 – **Gemeindeinitiative «Reitschule für alle»**: Die Gemeindeinitiative «Reitschule für alle» bezweckt eine Umnutzung des Reitschulareals in der Stadt Bern. Die Initiative hat die Form eines ausgearbeiteten Entwurfs für eine Überbauungsordnung (bestehend aus Plan und Überbauungsvorschriften [UeV]). Die Reitschulgebäude sollen äusserlich erhalten bleiben. Die neuen Vorschriften ermöglichen ein Einkaufszentrum mit überörtlicher Bedeutung und eine selbstständige Parkierungsanlage mit maximal 500 Autoabstellplätzen. Das kantonale Amt für Gemeinden und Raumordnung (AGR) gelangte in der Vorprüfung zum Schluss, dass die Initiative gegen das Umweltschutzrecht verstosse und daher nicht genehmigungsfähig sei. In der Folge erklärte der Gemeinderat die Initiative als ungültig. Hiergegen führte das Initiativkomitee Gemeindebeschwerde. Der Regierungsstatthalter II von Bern hielt die Initiative mit Ausnahme von Art. 6 Ziff. 2 UeV (Errichtung einer selbstständigen Parkierungsanlage mit maximal 500 Autoabstellplätzen) für zulässig und erklärte das Volksbegehren teilweise gültig. Das Initiativkomitee und der Gemeinderat der Stadt Bern führen mit entgegengesetzten Anträgen Beschwerde beim Regierungsrat des Kantons Bern. Der Regierungsrat heisst die Beschwerde des Initiativkomitees gut und erklärt die Initiative als vollumfänglich gültig. Erwägungen: Gemäss Art. 17 des Gemeindegesetzes vom 16. März 1998 (GG) kann der Gemeinderat rechtswidrige oder undurchführbare Initiativen ungültig erklären. Eine Volksinitiative ist gültig zu erklären und der Volksabstimmung zu unterstellen, wenn ihr ein Sinn beigemessen werden kann, der sie nicht klarerweise als unzulässig erscheinen lässt. Wegen der Unverletzbarkeit des Stimmrechts sind Initiativen stets in der für die Initianten günstigsten Weise auszulegen, wobei bei unformulierten Initiativen der Spielraum grösser ist als bei formulierten. Bei der Auslegung ist vom Initiativtext auszugehen und nicht vom subjektiven Willen der Initianten. Erlaubt es der Text, eine Initiative bei entsprechender Auslegung als mit höherrangigem Recht vereinbar zu bezeichnen, so ist sie gültig zu erklären und der Volksabstimmung zu unterbreiten. Die Ansicht, dass eine Initiative nur dann ungültig zu erklären ist, wenn sie offensichtlich rechtswidrig ist, wird auch von verschiedenen Autoren geteilt. Demnach soll die Prüfung durch den Gemeinderat nur als grobmaschiges Sieb wirken, das lediglich jene Vorschläge zurückbehält, die eindeutig unzulässig sind. Die dargestellte Auffassung ist unter dem Stichwort «in dubio pro populo» (im Zweifel für die Volksrechte) zusammengefasst. Vorliegend ist insb. die Zahl der Parkplätze umstritten, während es sich beim Bau eines Einkaufszentrums aus umweltschutzrechtlicher Sicht an sich nicht um eine problematische Nutzungserweiterung handelt. Problematisch ist lediglich die Parkplatzregelung in Art. 6 UeV. Die Ziff. 1 regelt den sich aus der Errichtung eines Einkaufszentrums resultierenden Bedarf an unselbstständigen Parkplätzen. Neben diesen soll gemäss Ziff. 2 eine selbstständige Parkierungsanlage mit maximal 500 Autoabstellplätzen errichtet werden können. Es ist hierbei zu berücksichtigen, dass es sich bei Ziff. 2 um eine «Kann-Vorschrift» mit der Angabe einer Maximalparkplatzzahl handelt. Demzufolge wird in dieser Bestimmung nicht festgelegt, ob bei Annahme der Initiative durch die Stimmberechtigten tatsächlich und gegebenenfalls in welchem Umfang eine selbstständige Parkierungsanlage errichtet wird. Weiter ist festzuhalten, dass der durch diese Bestimmung vorgesehene Spielraum einzig durch die obere Limite von maximal 500 Parkplätzen begrenzt wird. Das bedeutet, dass nach dem Wortlaut der Initiative auch eine selbstständige Parkierungsanlage von deutlich weniger als 500 Parkplätzen möglich und zulässig sein soll. Aus der Voruntersuchung und dem zusätzlichen Bericht des Ingenieurunternehmens geht hervor, dass voraussichtlich lediglich die Errichtung von maximal 320-380 Parkplätzen (je nach konkreter Ausgestaltung) umweltverträglich ist. Diese Maximalparkplatzzahl befindet sich jedoch in dem von den Initianten vorgesehenen Rahmen. Es ist davon auszugehen, dass eine Herabsetzung der oberen Begrenzung des erlaubten Rahmens zur Errichtung von Autoabstellplätzen auf ein umweltverträgliches Mass keinen substanziellen Eingriff in die Zielsetzungen der Initianten darstellt, da die angestrebten Nutzungserweiterungen und die Möglichkeit der Errichtung einer selbstständigen Parkierungsanlage bestehen bleiben. Der Grundsatz der Verhältnismässigkeit gebietet es, dass die Initiative «Reitschule für alle» vollumfänglich gültig erklärt wird und zur Abstimmung vorgelegt werden muss. Weiter wird der Gemeinderat die Stimmberechtigten darauf hinweisen müssen, dass trotz des in Art. 6 UeV vorgesehenen Maximalrahmens gemäss heutigem Erkenntnisstand ein Parkplatzangebot je nach konkretem Nutzungsprojekt (d.h. nach Aufteilung in unselbstständige Parkplätze und in selbstständige Parkierungsanlage) von höchstens 320-380 Autoabstellplätzen zulässig sein wird (RR BE vom 8. März 2000, in: BVR 2000 S. 483 E. 3-9).

8. Bemerkungen

1. **Formale Auslegungsregeln** sind im Allgemeinen der Schluss aus dem Gegenteil 1191
(«e contrario»), der Schluss vom Stärkeren auf das Schwächere («a fortiori»), der Schluss vom Grösseren auf das Kleinere («a maiore ad minus») oder das Verbot extensiver Auslegung von Ausnahmevorschriften. Weiter dienen eine Reihe von Regeln der Lösung von Normenkollisionen (Vorrang des jüngeren [«lex-posterior»], des spezielleren [«lex specialis»] bzw. des höherrangigen [«lex superior»] Rechts).

1192 2. Die formalen Auslegungsregeln stehen in **keinem hierarchischen Verhältnis** zueinander; es kann somit nicht von einem grundsätzlichen Vorrang des jüngeren, des spezielleren oder des höherrangigen Gesetzes ausgegangen werden. Die erwähnten **Kollisionsregeln** haben nur eine beschränkte Aussagekraft und führen in verschiedenen Konstellationen (älteres Spezialgesetz, zwei sich widersprechende Spezialgesetze, zwei sich ausschliessende allgemeine Gesetze, Ergänzung des allgemeineren Gesetzes durch speziellere Bestimmungen, jüngeres und allgemeineres Gesetz, Ergänzung des älteren Gesetzes durch besondere Bestimmungen usw.) zu keinem eindeutigen Ergebnis, sodass letztlich mit Hilfe der anerkannten **Auslegungsmethoden** zu ermitteln ist, welches Gesetz vorgeht (BVGE 2009/37 E. 7.2).

1193 3. Die formalen Auslegungsregeln wie lex posterior, lex superior oder lex specialis setzen voraus, dass die betrachteten Normen denselben **Inhalt** haben (1.), dieselbe **Regelungsstruktur** aufweisen (2.) und sich die **Antworten ausschliessen** (3.). Massgebend ist, ob aus dem Sinnzusammenhang heraus eine Rechtsnorm im Verhältnis zu einer anderen Rechtsnorm als **vorrangige Regelung** zu verstehen und zu behandeln ist (BVGE 2009/37 E. 7.3.1), was wiederum eine **Auslegungsfrage** darstellt (z.B. BGE 136 IV 88 E. 3, 135 II 338 E. 1.2.4). Die Frage des Verhältnisses zwischen zwei Rechtsnormen kann jedoch auch durch die **Gesetzgebung** selbst **vorentschieden** werden und sich im Laufe der Zeit ändern (BGE 137 II 222 E. 6.2, 136 II 291 E. 3.1, 133 II 68 E. 3.2 [jeweils betreffend LG im Verhältnis zum SBG]).

1194 4. Im Rahmen der Auslegung ist zu berücksichtigen, ob eine **speziellere Vorschrift auf höherrangiges Recht** trifft, ob mit dem **älteren Gesetz** eine für das betreffende Rechtsgebiet **einheitliche und allgemeingültige Ordnung** geschaffen worden ist, von der nur abgewichen werden darf, wenn dies das jüngere Gesetz ausdrücklich erlaubt (BGE 115 Ib 424 E. 4c [VwVG]), ob der **ältere Erlass durch besondere Bestimmungen** ergänzt worden ist, die dem grundsätzlich jüngeren Erlass vorgehen (vgl. BGE 134 II 329 E. 5.2 = Pra 98 [2009] Nr. 41 [Verhältnis BGBM und BGFA]), ob ein **älteres Spezialgesetz** einem jüngeren Erlass oder **zwei sich widersprechende Spezialgesetzen** gegenüberstehen, sodass die formalen Regeln zu keinem eindeutigen Ergebnis führen (BGE 123 II 534 E. 2; BVGE 2009/37 E. 7.2) oder ob das **höherrangige Recht** eine abschliessende und umfassende Ordnung aufstellt, die niederrangiges Recht verdrängt, unabhängig davon, ob das höherrangige Recht jüngeren oder älteren Datums ist (BGE 130 I 82 E. 2.2, 128 I 295 E. 3b; für das Völkerrecht: BGE 136 III 168 E. 3.3.2, 125 II 417 E. 4d, 122 II 234 E. 4e).

1195 5. Vereinzelt wird postuliert, **Ausnahmebestimmungen seien restriktiv** zu interpretieren (BGE 126 II 275 E. 5b; BGer vom 11. Juli 2011, 2E_3/2009, E. 5.2.1; BGer vom 4. Okt. 2010, 4A_124/2010, E. 5.1) und dürfen nicht derart ausgelegt werden, dass der Gesetzeszweck unterlaufen, die Ausnahme quasi zur Regel werde (BGE 120 II 112 E. 3b/aa, 119 Ib 33 E. 3c). Allerdings sind auch **Ausnahmebestimmungen** grundsätzlich ihrem **Sinn und Zweck** entsprechend in Bezug zu der in dem Gesetz verankerten Regel auszulegen (BGE 136 I 297 E. 4.1, 136 V 84 E. 4.3.2, 130 V 229 E. 2.2), was je nach den Wertungen, die der betreffenden Ausnahmebestimmung zugrunde liegen, zu einem gegenüber der allgemeinen Regel «extensiven» oder «restriktiven» Verständnis führen kann. Das Verhältnis zwischen Regel und Ausnahme wird demnach vom Gesetzgeber bestimmt und ist im Rahmen der Auslegung zu ermitteln.

IV. Lücken

1. Lückenbegriffe

Eine **echte Gesetzeslücke** liegt dann vor, wenn der Gesetzgeber etwas zu regeln unterlässt, was er hätte regeln sollen, und dem Gesetz diesbezüglich weder nach seinem Wortlaut noch nach dem durch Auslegung zu ermittelnden Inhalt eine Vorschrift entnommen werden kann. Von einer **unechten Lücke** ist demgegenüber die Rede, wenn dem Gesetz zwar eine Antwort, aber keine befriedigende, zu entnehmen ist. Echte Lücken zu füllen, ist dem Gericht aufgegeben, unechte zu korrigieren, ist ihm nach traditioneller Auffassung grundsätzlich verwehrt, sofern nicht die Berufung auf den als massgeblich erachteten Wortsinn der Norm geradezu rechtsmissbräuchlich war (BGE 138 II 1 E. 4.2, 136 III 96 E. 3.3, 134 V 131 E. 5.2, 133 V 1 E. 4.3, 132 III 470 E. 5.1, 131 II 562 E. 3.5, 129 III 656 E. 4.1, 128 I 34 E. 3b, 127 V 38 E. 4b/cc, 125 III 425 E. 3a, 125 V 8 E. 3, 124 V 271 E. 2a, 122 I 253 E. 6a, 121 III 219 E. 1d/aa; BGer vom 18. Okt. 2011, 8C_269/2011, E. 4.2; BVGer vom 13. Sept. 2010, B-3064/2008, E. 3). 1196

Neuerdings verzichtet die Praxis auf diese Unterscheidung und bezeichnet eine Lücke als **planwidrige Unvollständigkeit** des Gesetzes, die von den rechtsanwendenden Organen behoben werden kann, wenn sich eine Regelung als unvollständig erweist, weil sie jede Antwort auf die sich stellende Rechtsfrage schuldig bleibt, oder eine Antwort gibt, die aber als sachlich unhaltbar angesehen werden muss (BGE 132 III 470 E. 5.2, 131 V 233 E. 4.1, 129 II 438 E. 4.1.2, 129 V 1 E. 4.1.2, 127 V 38 E. 4b/cc und E. 4b/dd, 125 V 8 E. 3, 123 II 69 E. 3c; BVGE 2009/61 E. 6.3; BVGer vom 9. Nov. 2010, B-1215/2009, E. 4.2.3; vom 13. Sept. 2010, B-3064/2008, E. 3; vom 21. Jan. 2010, A-1571/2006, E. 1.3; vom 1. April 2008, B-2141/2006, E. 8.5.1). Nach wie vor orientiert sich ein Teil der Praxis aber an der bisherigen Lückenkonzeption und ihrer Unterscheidung zwischen echten und unechten Lücken (BGE 138 II 1 E. 4.2, 131 II 562 E. 3.5, 130 V 39 E. 4.3, 124 V 159 E. 4c; BGer vom 30. Juni 2009, 9C_98/2009, E. 5.1; vom 2. Dez. 2004, U 384/01, E. 5.3; vom 26. Juli 2004, C 74/03, E. 4.2). 1197

Praxis:

- **Art. 140c Abs. 3 PatG:** Art. 140c PatG hat folgenden Wortlaut: Anspruch auf das Zertifikat hat der Patentinhaber (Abs. 1). Je Erzeugnis wird das Zertifikat nur einmal erteilt (Abs. 2). Reichen jedoch aufgrund unterschiedlicher Patente für das gleiche Erzeugnis mehrere Patentinhaber ein Gesuch ein und ist ihnen noch kein Zertifikat erteilt worden, so kann das Zertifikat jedem Gesuchsteller erteilt werden (Abs. 3). Umstritten ist vorliegend die Auslegung von Abs. 3, namentlich des Halbsatzes «und ist ihnen noch kein Zertifikat erteilt worden». Dieser Halbsatz lässt sich einerseits derart auslegen, dass einem Gesuchsteller kein Zertifikat mehr erteilt werden kann, wenn bereits ein Dritter Inhaber eines Zertifikats ist. Andererseits kann diese Bestimmung auch derart interpretiert und angewendet werden, dass dem Patentinhaber je einzeln noch kein Zertifikat erteilt worden ist. Erwägungen: Durch Auslegung von Normen ist der konkrete Problemlösungsbedarf der Gegenwart mit den allgemeinen Wertungsentscheidungen des geschichtlichen Normsetzers in Übereinstimmung zu bringen. Auszugehen ist vom Wortlaut der Normen, um ein vernünftiges, praktikables und befriedigendes Ergebnis zu ermitteln. Normkorrekturen und rechtspolitische Umwertungen sind der rechtsanwendenden Behörde allerdings versagt. An einen klaren und unzweideutigen Gesetzeswortlaut ist sie grundsätzlich 1198 gebunden. Abweichungen vom klaren Wortlaut sind indessen zulässig oder sogar geboten, wenn triftige Gründe zur Annahme bestehen, dass er nicht dem wahren Sinn der Bestimmung entspricht. Lässt sich durch Auslegung dem Gesetz keine Anordnung für den Einzelfall entnehmen, besteht nach früherer Auffassung eine gesetzliche Lücke. «Echte Lücken» wurden nicht geregelte, unbeantwortet gebliebene Fallkonstellationen und Rechtsfragen genannt, «unechte Lücken» Regelungen, die im Einzelfall zu einem unbefriedigenden Ergebnis führen und sich darum als inhaltlich unrichtig oder ungerecht erweisen, sodass anzunehmen ist, dass der Gesetzgeber eine andere Regel aufgestellt hätte, wenn er an den entsprechenden Fall gedacht hätte. Das Bundesgericht hat allerdings festgestellt, dass mit dem Lückenbegriff «in seiner heutigen schillernden Bedeutungsvielfalt leicht die Grenze zwischen zulässiger richterlicher Rechtsfindung contra verba aber secundum rationem legis und grundsätzlich unzulässiger richterlicher Gesetzeskorrektur verwischt wird» (BGE 121 III 219 E. 1d/aa). Es hat die heikle Diskussion unechter Lücken zugunsten des Begriffs der «planwidrigen Unvollständigkeit des Gesetzes» aufgegeben. Nach neuerer Rechtsprechung wird eine gerichtlich zu schliessende Unvollständigkeit bejaht, wenn die gesetzliche Regelung «nach den dem Gesetz zugrunde liegenden Wertungen und Zielsetzungen als unvollständig und daher ergänzungsbedürftig erachtet werden muss». Für den vorliegenden Fall ist hieraus jedenfalls abzuleiten, dass die rechtsanwendenden Behörden auch bei Vorliegen einer nur unechten Lücke und sogar bei einem unmissverständlichen und für den konkreten Fall einschlägigen Gesetzeswortlaut sich nicht damit begnügen dürfen, diesem zu folgen, ohne auf dem Weg der Auslegung geprüft zu haben, welche Wertungen und Zielsetzungen dem Gesetz zugrunde liegen und ob und wieweit der betreffende Wortlaut diesen Grundsätzen entspricht. Da der Gesetzgeber die Gesetzesnovellen ferner unter ausdrücklicher Bezugnahme auf das Recht der damaligen EG und ohne erkennbare Absicht erlassen hat, in den Grundsätzen von der dort geltenden Regelung abzuweichen, ist die Auslegung von Art. 140c PatG zudem, wie Beschwerdeführerin und Vorinstanz dies in den Rechtsschriften bereits praktiziert haben, im Vergleich auf die in der EU geltende Regelung zu ermitteln. Zusammenfassend kommt das Bundesverwaltungsgericht zum Ergebnis, dass das grammatikalisch nächstliegende und das historische Verständnis der Bestimmung durch die damalige EG-Kommission und den damaligen schweizerischen Gesetzgeber – ohne dass es damals entgegen ihrer eigenen Absicht lückenhaft nachvollziehbar gewesen wäre – nicht den wahren und zeitgenössischen Sinn der Bestimmung wiedergibt. Der Wortlaut deutet zwar darauf hin, dass einem Gesuchsteller kein Zertifikat mehr erteilt werden kann, wenn bereits ein Dritter Inhaber eines solchen ist. Dieser Wortlaut erweist sich hingegen als lückenhaft, da zu weit gefasst. Namentlich in teleologischer Hinsicht, aber auch im Verhältnis zum aktuellen Schutzniveau in den EU-Mitgliedstaaten, der bewusst angestrebten Harmonisierung mit dem Recht der EU und da sprachliche, systematische und logische Inkonsistenzen von Art. 140c Abs. 3 PatG eine berichtigende Auslegung der Bestimmung verlangen, ist der strittige Halbsatz («und ist ihnen noch kein Zertifikat erteilt worden») so zu lesen und anzuwenden, dass allein den Gesuchstellern je einzeln, nicht aber anderen unter ihnen oder Dritten noch kein Zertifikat für das entsprechende Erzeugnis erteilt worden sein darf. Solange der einzelne Gesuchsteller demnach noch nicht im Besitz eines Zertifikats ist, kann ihm ein solches erteilt werden, unabhängig davon, ob bereits Dritten ein solches Zertifikat erteilt wurde (BVGer vom 13. Sept. 2010, B-3064/2008, E. 3 und E. 8).

2. Echte Lücke

1199 Eine **echte Lücke** liegt nach herkömmlicher Praxis dann vor, wenn sich eine **Regelung als unvollständig** erweist, weil sie jede Antwort auf die sich stellende Rechtsfrage schuldig bleibt und dem Gesetz auch durch Auslegung keine Vorschrift entnommen werden kann, welche eine Antwort auf die Frage gibt; hat der Gesetzgeber allerdings eine Rechtsfrage nicht übersehen, sondern stillschweigend – im negativen Sinn – mitentschieden (qualifiziertes Schweigen), bleibt kein Raum für richterliche

Lückenfüllung (BGE 135 III 385 E. 2.1, 135 V 279 E. 5.1, 134 V 131 E. 5.2, 132 III 470 E. 5.1, 129 V 1 E. 4.1.1; BGer vom 18. Okt. 2011, 8C_269/2011, E. 4.2; zum «qualifizierten Schweigen» unten Rz. 1229 ff.).

Eine **echte Lücke** liegt sodann auch dann vor, wenn **eine teleologische Reduktion des Wortsinns ergibt**, dass die positive Ordnung einer Regelung entbehrt, mithin eine verdeckte – aber echte – Lücke aufweist, die im Prozess der richterlichen Rechtsschöpfung zu schliessen ist (BGE 128 I 34 E. 3b, 121 III 219 E. 1d/aa; zur diesbezüglich uneinheitlichen Terminologie ERNST A. KRAMER, Juristische Methodenlehre, 3. Aufl., Bern u.a. 2010, S. 215). 1200

Praxis:

- **Versicherungsleistungen für die Pflege und den Spitalaufenthalt eines gesunden Neugeborenen:** Zusammenfassend lässt sich festhalten, dass die Kosten für Pflege und Aufenthalt des gesunden Neugeborenen im Spital grundsätzlich nicht aus der Versicherung des Kindes entschädigt werden können, weil in seiner Person keines der in Art. 1 Abs. 2 KVG genannten versicherten Risiken erfüllt ist. Die Hilflosigkeit des Kleinkindes ist keine Krankheit. Die Kosten sind andererseits in den besonderen Leistungen bei Mutterschaft (Art. 29 Abs. 2 KVG) nicht vorgesehen. Das Fehlen einer Regelung bezüglich der Kosten für Pflege und Spitalaufenthalt des gesunden Neugeborenen ist kein qualifiziertes Schweigen, sondern eine planwidrige Unvollständigkeit. Mangels Beantwortung einer sich unvermeidlich stellenden Frage liegt eine echte Lücke bei der Umschreibung der Leistungen in Art. 29 Abs. 2 KVG vor. Diese hat das Gericht nach jener Regel zu schliessen, die es als Gesetzgeber aufstellen würde (BGE 125 V 8 E. 4c). 1201
- **Nachzugsrecht für ausländische Kinder von Schweizer Bürgern:** Das Bundesgericht hat es in BGE 129 II 249 E. 5.4 abgelehnt, auf dem Weg der Auslegung die in Art. 17 Abs. 2 aANAG statuierte Alterslimite von 18 Jahren an die im Freizügigkeitsabkommen vorgesehene Alterslimite von 21 Jahren anzugleichen, wie dies eine vom Nationalrat am 20. März 2002 nicht überwiesene Motion Hubmann verlangt hatte. Damit hatte sich der Gesetzgeber dafür entschieden, Schweizern beim Familiennachzug zunächst nicht die gleichen Rechte zu gewähren, wie sie den Angehörigen von EG- oder EFTA-Mitgliedstaaten zustehen, sondern die Diskussion der Gleichstellung im Rahmen der Totalrevision des ANAG zu führen. Für eine höchstrichterliche Ausdehnung der Rechtsansprüche von Schweizern beim Familiennachzug über Art. 7 und Art. 17 Abs. 2 aANAG bzw. Art. 8 EMRK und Art. 13 Abs. 1 BV hinaus besteht somit verfassungsrechtlich kein Raum. Es liegt hier ein wesentlicher Unterschied zu der in BGE 118 Ib 153 E. 1b beurteilten Situation vor, indem dort eine Lücke im Nachzugsrecht des ANAG zu füllen war. Da Art. 17 Abs. 2 aANAG nur das Nachzugsrecht von hier niedergelassenen Ausländern regelt und ein solches Recht für Schweizer nicht vorsieht, war anzunehmen, dass der Gesetzgeber die Notwendigkeit eines Nachzugsrechts für ausländische Kinder von Schweizer Bürgern übersehen hatte. Es lag somit dort eine echte Lücke im Gesetz vor, die durch die Rechtsprechung zu füllen war (vgl. BGer vom 7. April 2004, 2A.20/2004, E. 4.2). 1202
- **Anfechtbarkeit einer Zwischenverfügung (Kostenvorschuss im Asylverfahren):** Gemäss Art. 17b Abs. 3 und 4 AsylG kann das Bundesamt von Personen, die nach rechtskräftigem Abschluss ihres Asyl- und Wegweisungsverfahrens ein Wiedererwägungsgesuch oder ein erneutes Asylgesuch stellen, einen Kostenvorschuss verlangen, bei dessen Nichtleistung auf das anhängig gemachte Verfahren grundsätzlich nicht einzutreten ist. Gemäss Art. 107 Abs. 1 AsylG können Zwischenverfügungen, die in Anwendung der Art. 10 Abs. 1-3 und 18-48 AsylG ergehen, nur durch Beschwerde gegen die Endverfügung angefochten werden. Art. 17b Abs. 4 AsylG ist nicht in dem in Art. 107 AsylG enthaltenen Katalog der Bestimmungen erwähnt, bei welchen eine Zwischenverfügung nicht selbstständig, sondern nur durch eine Beschwerde gegen die Endverfügung angefochten werden könnte. Das Bundesverwaltungsgericht bejaht das 1203

Vorliegen einer echten Lücke. Danach kann eine in Anwendung von Art. 17b AsylG ergangene Kostenvorschussverfügung des BFM nicht selbstständig angefochten werden, zumal auch ausgeschlossen werden kann, der Gesetzgeber hätte bei der Legiferierung von Art. 17b AsylG eine andere Absicht gehabt (selbstständige Anfechtbarkeit), denn er hat diese andere Absicht auch nicht ansatzweise im Gesetzgebungsverfahren zur Sprache gebracht. Es liegt folglich auch kein qualifiziertes Schweigen des Gesetzgebers vor (BVGE 2007/18 E. 4).

1204 – **Kostenbefreiung im Verfahren vor Personalrekursgericht:** Gemäss § 41 des Aargauischen Personalgesetzes (PersG) i.V.m. § 33 Abs. 2 des Verwaltungsrechtspflegegesetzes (VRPG) sind im Beschwerdeverfahren in der Regel dem Unterliegenden Kosten aufzuerlegen. Es fragt sich allerdings, ob die Regelung von Art. 343 OR, wonach bei Streitwerten unter Fr. 30'000.– keine Kosten auferlegt werden dürfen, analog anwendbar ist. Aus den Materialien kann geschlossen werden, dass – in Übereinstimmung mit dem Gesetzeswortlaut – grundsätzlich Verfahrenskosten zu erheben sind. Weiter fehlt im Gegensatz zu Art. 343 Abs. 3 OR eine Streitwertgrenze. Das Vorliegen einer Gesetzeslücke kann verneint werden. Ebenso wenig kommt Art. 343 Abs. 3 OR eine derart prioritäre Bedeutung zu, dass gestützt darauf geschlossen werden müsste, der Gesetzgeber sei stillschweigend von dessen Anwendbarkeit ausgegangen. Zusammenfassend ergibt sich, dass aufgrund des Gesetzeswortlauts sowie der Materialien, welche keine gegenteiligen Aussagen enthalten, davon auszugehen ist, dass im Verfahren vor dem Personalrekursgericht keine Kostenbefreiung i.S.v. Art. 343 OR zur Anwendung gelangt. Eine echte Lücke im Personalgesetz liegt nicht vor. Hinzunehmen ist auch die sich daraus ergebende Schlechterstellung der öffentlich-rechtlichen Angestellten im Verhältnis zu den privatrechtlichen (PRK AG vom 17. Dez. 2001, in: AGVE 2001 Nr. 117 E. III.1).

1205 – **Spielbankenbesteuerung (Berechnung des Steuersatzes der Spielbankenabgabe):** Die Gesellschaft X AG betreibt seit dem 15. Juli 2003 einen Kursaal. In ihrem ersten Geschäftsjahr, welches am 31. Dez. 2003 abgeschlossen wurde, erzielte die Gesellschaft einen Bruttospielertrag in der Höhe von Fr. 20'250'422.25. Der Steuersatz der Spielbankenabgabe betrug für das erste Betriebsjahr 43,28 %. Dieser Satz beruhte auf der Umrechnung der Bruttospielerträge auf zwölf Monate (Annualisierung), somit auf einem Jahresbruttoertrag von Fr. 43'478'847.77. Die Parlamentarier hatten zu keinem Zeitpunkt das hier fragliche Problem diskutiert, welches im Übrigen die Frage des Steuersatzes nur indirekt betrifft: Die Umrechnung auf ein Jahr stellt in Wirklichkeit einen der Aspekte des zeitlichen Charakters der Besteuerung dar, welcher im Zeitpunkt der Veranlagung geprüft werden muss; sie hängt von der Bemessungs- und Abgabeperiode sowie vom Anfang und vom Ende der Steuerpflicht ab. Es kann somit keine Rede sein von einem qualifizierten Schweigen zur streitigen Problematik. In Wirklichkeit beruht diese Regelungslücke auf einer versehentlichen Unterlassung des Verordnungsgebers, d.h. des Bundesrates, wie dies die Eidgenössische Kommission in ihren Erläuterungen zur Begründung des Revisionsentwurfs betr. die alte Spielbankenverordnung formuliert hat. Aus diesen Gründen muss folgerichtig angenommen werden, dass es sich beim Fehlen einer Bestimmung zur Frage der Annualisierung in der alten Spielbankenverordnung um eine echte Lücke handelt, welche die Behörden der unteren Instanzen mit Blick auf eine verfassungskonforme Auslegung füllen durften und füllen mussten (BGE 131 II 562 E. 3.6-3.8 = Pra 95 [2006] Nr. 90).

3. Unechte Lücke

1206 Eine **unechte Lücke** liegt gemäss Rechtsprechung vor, wenn das Gesetz auf eine sich stellende Frage zwar eine (vermeintliche) Antwort gibt, die jedoch im Ergebnis nicht befriedigt und als sachlich unhaltbar anzusehen ist (BGE 131 II 562 E. 3.5, 129 III 656 E. 4.1, 128 I 34 E. 3b, 127 V 38 E. 4b/cc, 125 III 425 E. 3a, 125 V 8 E. 3, 124 V 271 E. 2a; BGer vom 18. Okt. 2011, 8C_269/2011, E. 4.2; BVGer vom 31. Mai 2011, B-3988/2010, E. 3.2; vom 9. Nov. 2010, B-1215/2009, E. 4.2.3; vom 13. Sept. 2010, B-3064/2008, E. 3; vom 1. April 2008, B-2141/2006, E. 8.5.1).

Deren **Korrektur** steht nur dann zur Diskussion, wenn sich der Gesetzgeber offenkundig über gewisse Tatsachen geirrt hat oder wenn sich die Verhältnisse seit Erlass des Gesetzes in einem solchen Masse gewandelt haben, dass die Vorschrift unter gewissen Gesichtspunkten nicht mehr befriedigt und ihre Anwendung geradezu **rechtsmissbräuchlich** wird (BGE 134 V 131 E. 5.2, 132 III 470 E. 5.1, 131 II 562 E. 3.5, 129 V 381 E. 4.5, 127 V 41 E. 4b/cc, 126 V 153 E. 5b; BVGer vom 17. März 2011, A-5747/2008, E. 2.6; vom 21. Jan. 2010, A-1571/2006, E. 1.3; vom 11. Aug. 2008, A-1714/2006, E. 2.5) oder sich mit den Verfassungsgrundsätzen der Rechtsgleichheit (BGE 131 V 107 E. 3.4.2, 127 V 448 E. 3b) oder des Willkürverbots (BGE 131 I 61 E. 2, 129 I 58 E. 4, 128 I 182 E. 2.1) nicht vereinbaren lässt, sodass es ausnahmsweise Sache des Gerichts ist, eine allfällige unechte Lücke zu schliessen (BGE 130 V 39 E. 4.3). 1207

Praxis:

- **Durch Rückfall bewirkte Erhöhung des Invaliditätsgrades und massgeblicher Jahresverdienst:** Bei der durch einen Rückfall (oder eine Spätfolge) bewirkten Erhöhung des Invaliditätsgrades handelt es sich nicht um einen neuen Rentenanspruch, weshalb sich die Rente in revisionsrechtlicher Hinsicht weiterhin nach Massgabe des KUVG beurteilt. Daraus folgt, dass der revisionsweisen Neufestsetzung einer altrechtlichen Invalidenrente nach wie vor der einer Revision i.S.v. Art. 80 KUVG nicht zugängliche Jahresverdienst zugrunde zu legen ist, den der Versicherte innerhalb eines Jahres vor dem Unfall verdient hatte. Es liegt keine echte Gesetzeslücke vor, weil das Gesetz zur vorliegenden Rechtsfrage eine Antwort enthält. Es besteht allenfalls ein rechtspolitischer Mangel und damit eine unechte Lücke, welche das Gericht im Allgemeinen jedoch hinzunehmen hat. Sie auszufüllen, steht ihm nach Lehre und Praxis nur zu, wo der Gesetzgeber sich offenkundig über gewisse Tatsachen geirrt hat oder wo sich die Verhältnisse seit Erlass des Gesetzes in einem solchen Masse gewandelt haben, dass die Vorschrift unter gewissen Gesichtspunkten nicht bzw. nicht mehr befriedigt und ihre Anwendung rechtsmissbräuchlich wird. So verhält es sich hier jedoch nicht. Die gesetzliche Regelung führt in bestimmten Fällen zwar zu unbefriedigenden Ergebnissen, ihre Anwendung kann aber nicht als rechtsmissbräuchlich qualifiziert werden. Es ist daher Sache des Gesetzgebers, die für die Rentenbezüger nachteiligen Folgen der Festsetzung des massgebenden Jahresverdienstes bei Rückfall oder Spätfolgen auf Grund des im Jahr vor dem Unfall erzielten Einkommens zu beseitigen oder zu mildern, wenn der Revisionstatbestand längere Zeit nach dem Grundfall eintritt (BGer vom 18. April 2007, U 195/06, E. 2.2.2). 1208
- **Zuständigkeit des ESTI für die Erteilung einer forstrechtlichen Bewilligung (Niederhalteservitut für eine Hochspannungsleitung):** Umstritten ist die Zuständigkeit zum Entscheid über eine enteignungsrechtliche Einsprache gegen die Einräumung eines Niederhalteservituts, das der Sicherung des Betriebes einer bestehenden Hochspannungsleitung dienen soll. Ein solcher nachträglicher Rechtserwerb stellt einerseits eine Ergänzung des ursprünglichen Projektes dar und ist daher im spezialrechtlichen Plangenehmigungsverfahren (Art. 16 ff. EleG) vom ETSI bzw. vom Bundesamt für Energie auf seine Rechtmässigkeit hin zu prüfen; andererseits benötigt die Niederhaltung von Wald auch eine forstrechtliche Bewilligung (Art. 16 Abs. 1 WaG), die grundsätzlich von den Kantonen zu erteilen ist. Dabei ist zu berücksichtigen, dass das Verfahren zur Bewilligung von Starkstromanlagen und zum zwangsweisen Erwerb der erforderlichen Rechte – gleich wie für die meisten bundesrechtlich geregelten Werke – durch das Bundesgesetz vom 18. Juni 1999 über die Koordination und Vereinfachung von Entscheidverfahren vereinheitlicht worden ist, hingegen das Waldgesetz nicht angepasst wurde und «nur» die oben beschriebene, zu weitgehende Regelung (Zuständigkeit der Kantone für [alle] forstrechtliche Bewilligungen) enthält; eine Antwort darauf, wenn die Erteilung einer forstrechtlichen Bewilligung in einem engen Zusammenhang mit einer Starkstromleitung steht, fehlt. Das Bundesgericht füllt diese unechte Lücke mit Verweis auf die neue Verfahrensord- 1209

nung in dem Sinne, dass die Bewilligung von den grundsätzlich zuständigen Bundesbehörden zu erteilen ist (BGer vom 22. Dez. 2004, 1E.12/2004, E. 1.3).

1210 – **Verweigerung einer Geburtszulage in einem Adoptionsfall:** Die Tatsache, dass Art. 43 Abs. 2 BtG die Ausrichtung einer einmaligen Zulage bei der Geburt, nicht aber bei der Adoption eines Kindes vorsieht, stellt eine unechte Lücke dar, die von der rechtsanwendenden Behörde nicht korrigiert werden kann. Obwohl im Hinblick auf die Entwicklungen im Adoptionsrecht und der sozialen Bedeutung, die der Adoption zukommt, eine Ungleichbehandlung im Falle von Geburt und Adoption unbefriedigend erscheint, ist die Beschränkung der Zulage auf die Geburt eines Kindes nicht rechtsmissbräuchlich. Der Richter kann daher das Gesetz nicht in Anwendung von Art. 2 ZGB korrigieren. Die vorliegende Verweigerung einer einmaligen Zulage, während ein anderes Departement in einem ähnlichen Fall diese gewährte, bildet keine Ungleichbehandlung, weil letzteres Departement in freier Ermessensausübung und gestützt auf die konkret gegebenen Umstände gehandelt hat. Es gibt keinen gesetzlichen Anspruch auf Ausrichtung einer Zulage bei Adoption (BPK vom 10. Feb. 1997, in: VPB 61 [1997] Nr. 79 E. 3).

1211 – **Entsiegelung von Daten im Rahmen eines Rechtshilfeverfahrens:** Ein Entscheid über die Entsiegelung von Daten, die zum Zwecke der Rechtshilfe beschlagnahmt worden sind, ist ein Zwischenentscheid im Rechtshilfeverfahren. Art. 80e lit. b IRSG erlaubt die selbstständige Anfechtung von «Zwischenverfügungen, die einen unmittelbaren und nicht wieder gutzumachenden Nachteil bewirken: (1.) durch die Beschlagnahme von Vermögenswerten und Wertgegenständen; oder (2.) durch die Anwesenheit von Personen, die am ausländischen Prozess beteiligt sind.» Dieser Wortlaut spricht gegen die Möglichkeit, andere als die beiden ausdrücklich erwähnten Nachteile zu berücksichtigen, selbst wenn sie unmittelbar und nicht wieder gutzumachen sind. Vor der Aufzählung der Ziff. 1 und 2 steht ein Doppelpunkt, es fehlt ein vorangehendes Wort wie «insbesondere» und die beiden aufgezählten Fälle werden durch die Konjunktion «oder» getrennt. Die Auslegung von Art. 80e lit. b IRSG ergibt somit, dass die Aufzählung der selbstständig anfechtbaren Zwischenverfügungen in dessen Ziff. 1 und 2 grundsätzlich abschliessend ist. Eine Ausnahme könnte nur angenommen werden, wenn eine sachlich richtige Entscheidung, ausgerichtet auf ein angesichts der Wertungen der Rechtsordnung befriedigendes Ergebnis aus der ratio legis, in derartigen Fällen eine selbstständige Anfechtbarkeit des Zwischenentscheids verlangt und damit eine «unechte Lücke» vorliegt, was allerdings vorliegend zu verneinen ist (BGE 126 II 495 E. 5e/bb).

1212 – **Lauf der Kündigungsfrist gemäss Art. 336c Abs. 2 OR:** Nach Art. 336c Abs. 2 OR wird der Ablauf der Kündigungsfrist unterbrochen, wenn die Kündigung vor Beginn einer in Abs. 1 genannten Sperrfrist ausgesprochen wurde. Umstritten ist, ob der Wortlaut von Art. 336c Abs. 2 OR nicht insofern zu weit geht, als etwa Kurzabsenzen während der Kündigungsfrist zur Diskussion stehen. Für die Beantwortung der Streitfrage ist vom Sinn und Zweck des Art. 336c Abs. 2 OR auszugehen, der darin besteht, dass dem gekündigten Arbeitnehmer trotz zeitweiliger Arbeitsunfähigkeit eine ungekürzte Kündigungsfrist garantiert werden soll, damit er in der Lage ist, sich nach einer neuen Stelle umzusehen. Der Arbeitnehmer ist aber gerade gegen Ende seines gekündigten Arbeitsverhältnisses darauf angewiesen, dass eine allfällige Krankheit ihn beim Suchen einer Stelle möglichst nicht behindert. Das trifft insbesondere dann zu, wenn die Stellen in seiner Branche regelmässig kurzfristig besetzt werden. Der vom Gesetzgeber mit Art. 336c Abs. 2 OR verfolgte Zweck lässt sich demzufolge in befriedigender Weise nur verwirklichen, wenn die Möglichkeit der Stellensuche während der Schlussphase des bisherigen Arbeitsverhältnisses gewährleistet wird, auch wenn dies zur Folge hat, dass jede auch noch so kurze Krankheit des Arbeitnehmers während der Kündigungsfrist praktisch immer eine Verlängerung des Arbeitsverhältnisses um einen ganzen Monat bewirkt. Nach Art. 336c Abs. 2 OR hemmt auch eine kurze Arbeitsunfähigkeit den Lauf der Kündigungsfrist, denn nichts lässt darauf schliessen, dass der Gesetzgeber den Kündigungsschutz nur für Arbeitsunfähigkeit von einer gewissen Mindestdauer gewähren wollte (BGE 115 V 437 E. 3d).

4. Planwidrige Unvollständigkeit

a) Begriff

Die neuere Praxis sieht vermehrt von der Unterscheidung in echte und unechte Lücken ab und nimmt eine vom Gericht zu füllende (offene) Lücke an, wenn die **gesetzliche Regelung** aufgrund der dem Gesetz zugrunde liegenden **Wertungen und Zielsetzungen als unvollständig** und daher **ergänzungsbedürftig** erachtet werden muss (BGE 132 III 470 E. 5.2, 131 V 233 E. 4.1, 129 II 438 E. 4.1.2, 129 V 1 E. 4.1.2, 128 I 34 E. 3b, 127 V 38 E. 4b/cc, 123 II 69 E. 3c; BVGE 2010/63 E. 4.2.3, 2009/61 E. 6.3; BVGer vom 31. Mai 2011, B-3988/2010, E. 3.2; vom 9. Nov. 2010, B-1215/2009, E. 4.2.3; vom 13. Sept. 2010, B-3064/2008, E. 3; vom 21. Jan. 2010, A-1571/2006, E. 1.3; vom 1. April 2008, B-2141/2006, E. 8.5.1). Die kantonale Praxis folgt zunehmend dem neuen Lückenbegriff und unterscheidet nunmehr zwischen einer **planwidrigen Unvollständigkeit des Gesetzes**, welche von den Gerichten behoben werden darf, und **rechtspolitischen Lücken**, die es hinzunehmen gilt (VerwG BE vom 28. April 2010, in: BVR 2010 S. 512 E. 5.2.2; VerwG GR vom 9. Feb. 2010, R-09-103, E. 3b; VerwG AG vom 30. Juni 2009, in: AGVE 2009 Nr. 40 E. 2.4.2). 1213

Mit dem neuen Lückenbegriff besteht die Gefahr, dass die **Grenze** zwischen **zulässiger richterlicher Rechtsfindung** und grundsätzlich **unzulässiger richterlicher Gesetzeskorrektur** (rechtspolitische Lücken) verwischt wird (BGE 128 I 34 E. 3b, 121 III 219 E. 1d/aa). In differenzierender Auslegung ist **erstens** zu prüfen, ob der Wortsinn der Norm einem restriktiven Normsinn zu weichen habe, sodann **zweitens**, ob nicht bloss eine teleologisch nicht unterstützte Redundanz des grammatikalischen Rechtssinns gegeben sei, die durch eine Reduktion contra verba legis eingeschränkt werden muss. Der eigentliche **Lückenbegriff** – im Sinn einer ehemals echten Lücke – taugt diesfalls erst, wenn **drittens** die teleologische Reduktion des Wortsinns ergibt, dass die positive Ordnung einer Regelung entbehrt, mithin eine verdeckte – aber offene – Lücke aufweist, die im Prozess der richterlichen Rechtsschöpfung zu schliessen ist. Wo der zu weit gefasste Wortlaut durch zweckgerichtete Interpretation eine restriktive Deutung erfährt, liegt ebenso Gesetzesauslegung vor wie im Fall, wo aufgrund teleologischer Reduktion eine verdeckte Lücke festgestellt und korrigiert wird. In beiden Fällen gehört die so gewonnene Erkenntnis zum richterlichen Kompetenzbereich und stellt keine unzulässige berichtigende Rechtsschöpfung dar (BGE 128 I 34 E. 3b; grundlegend auch BGE 126 III 49 E. 2d, 121 III 219 E. 1d/aa). 1214

Praxis:

- **Liquidation eines gesetzwidrig tätigen Finanzintermediärs:** Die Kontrollstelle überwacht die Anwendung und Durchsetzung des Geldwäschereigesetzes und kann namentlich einem Finanzintermediär die Bewilligung entziehen. Ist die Gesellschaft vorwiegend als Finanzintermediärin tätig, hat der Entzug der Bewilligung deren zwangsweise Liquidation zur Folge (Art. 20 Abs. 2 GwG). Zwar sieht das Gesetz die Liquidation eines illegal tätigen Finanzintermediärs, dessen Tätigkeit nicht bewilligt werden kann, nicht ausdrücklich vor, doch handelt es sich hierbei, wie das Bundesgericht zur ähnlich lückenhaften Regelung im Börsenbereich festgestellt hat, um eine planwidrige Unvollständigkeit des Gesetzes, bestünde doch ohne diese Möglichkeit – neben allfälligen Bussen – kein effizientes Sanktionsmittel, um gegen illegal tätige Intermediäre wirksam vorzugehen, was Sinn und Zweck des Gesetzes widerspräche (BGE 129 II 438 E. 4.1.2). 1215

1216 – **Anrechnung von Ergänzungsleistungen im Rahmen des Opferhilfegesetzes:** Art. 12 Abs. 1 OHG (vgl. auch Art. 2 OHV) verweist zur Bestimmung der anrechenbaren Einnahmen auf Art. 3c ELG, der zwischen anrechenbaren (Abs. 1) und nicht anrechenbaren Einnahmen (Abs. 2) unterscheidet. Da Art. 3c ELG Grundlage für die Berechnung der Ergänzungsleistungen ist, äussert sich dieser Artikel naturgemäss nicht darüber, ob die (zu berechnenden) Ergänzungsleistungen (in anderem Zusammenhang) selber als anrechenbare Einnahmen zu qualifizieren sind oder nicht. Es bestehen keinerlei Hinweise darauf, dass Gesetz und Verordnung die Behandlung der Ergänzungsleistungen bei der Berechnung der opferhilferechtlichen Entschädigung bewusst nicht regeln wollten. Vielmehr wurde diese Konstellation offenbar übersehen (VerwG BE vom 22. Sept. 2004, in: BVR 2005 S. 250 E. 3.2.3).

1217 – **Geltungsbereich des Submissionsdekrets des Kantons Aargau (SubmD):** Dem Dekret unterstehen vorab öffentlich-rechtliche Verwaltungsträger, sodann privatrechtliche Träger, soweit der zu vergebende Auftrag von Bund, Kantonen, Gemeinden, Gemeindeverbänden oder anderen öffentlich-rechtlichen Organisationen zu mehr als 40 % subventioniert wird (lit. c). Auftraggeberin ist im vorliegenden Fall die gemischtwirtschaftliche Aktiengesellschaft A AG, deren Zweck die Übernahme von Abwässern von den angeschlossenen Abwasserverbänden ist, sodass davon auszugehen ist, dass diese öffentliche Aufgaben im Bereich der Abwasserbeseitigung und -reinigung wahrnimmt. Sie ist daher ungeachtet ihrer Rechtsform jedenfalls als Trägerin kantonaler bzw. kommunaler Aufgaben zu betrachten. Im Submissionsdekret fehlt allerdings eine auf den vorliegenden Sachverhalt direkt anwendbare Norm, welche die Unterstellung dieser Vergabe unter das Dekret begründen würde. Dies dürfte seinen Grund darin haben, dass der Dekretgeber den Einbezug von gemischtwirtschaftlichen Unternehmen überhaupt nicht bedachte. Es kann somit nicht von einem qualifizierten Schweigen des Gesetzgebers bzw. einer bewussten Nichtunterstellung solcher Unternehmungen unter das Dekret ausgegangen werden. Es drängt sich auf, die planwidrige Unvollständigkeit des Submissionsdekrets derart zu beheben, dass dem Dekret auch öffentliche Unternehmungen mit privatrechtlicher Struktur sowie gemischtwirtschaftliche Unternehmungen, welche in personeller oder finanzieller Hinsicht massgeblich von der öffentlichen Hand beherrscht werden, unterstehen (VerwG AG vom 25. Sept. 2001, in: AGVE 2001 Nr. 75 E. 1c/cc).

1218 – **Kündigungsbeschränkung im Krankheitsfall (Sperrfristen):** Weder in der kantonalen Angestelltenverordnung (AVO) noch in den vom Regierungsrat erlassenen Ausführungsbestimmungen zur AVO sind Sperrfristen oder vergleichbare Kündigungsbeschränkungen enthalten. Dem kantonalen öffentlichen Dienstrecht sind jedoch solche Kündigungsbeschränkungen nicht völlig unbekannt. Einzelne Erlasse verweisen auch auf die betreffenden Bestimmungen des Obligationenrechts. Für das privatrechtliche und nach dem Gesagten auch für vereinzelte öffentlich-rechtliche Arbeitsverhältnisse sieht Art. 336c Abs. 1 lit. b OR vor, dass der Arbeitgeber nicht kündigen darf, während der Arbeitnehmer ohne eigenes Verschulden durch Krankheit oder durch Unfall ganz oder teilweise an der Arbeitsleistung verhindert ist. Im öffentlichen Personalrecht wird von der Lehre eine Lücke namentlich dann bejaht, wenn etwas zum Kernbereich des Arbeitsvertragsrechtes gemäss OR gehört und das öffentlich-rechtliche Dienstrecht keine entsprechende Regelung aufweist. Keine oder eine lediglich unechte Lücke ist aber anzunehmen, wenn die öffentlich-rechtliche Regelung insgesamt auch so dem OR-Minimum entspricht oder gar darüber hinausgeht. Es kann indessen aus einer Unterschreitung des OR-Minimums in einem Einzelpunkt nicht schon auf eine planwidrige Lücke geschlossen werden. Vielmehr müssen die öffentlich-rechtlichen Bestimmungen, soweit sie inhaltlich zusammenhängen und dem gleichen Schutzzweck dienen, in ihrer Gesamtheit den durch das Obligationenrecht gewährten Schutz namhaft unterschreiten, was vorliegend der Fall ist, kennt doch die kantonale AVO überhaupt keine mit Art. 336c OR vergleichbaren Sperrfristen (VerwG AR vom 27. Juni 2001, in: GVP 2001 S. 30 E. a und E. b).

1219 – **Absolute Verjährung gemäss Verrechnungssteuergesetz:** Das Verrechnungssteuergesetz sieht – anders als andere Steuergesetze – keine absolute Verjährung vor. Hält man sich die Gründe für das Bestehen von Verjährungen vor Augen, so erscheint das Fehlen einer absoluten Verjährung als unbefriedigend. Das Institut der Verjährung dient der Rechtssicherheit sowie dem gesellschaftlichen Frieden. Daneben soll es den Schuldner davor bewahren, unbestimmt lang Belege aufbewahren zu müssen. Rechtsstreitigkeiten, in denen die Beweislage auf Grund des Zeitablaufs undurchsichtig wird, sollen verhindert werden. Die Möglichkeit der Verjährung soll dem Gläubiger Ansporn bieten, seine Forderungen innert einer vernünftigen Frist geltend zu machen und die Austragung allfälliger Streitigkeiten darüber nicht zu verzögern. Das Bundesverwaltungsgericht ist deshalb der Ansicht, auch im Verrechnungssteuerrecht sei eine absolute Verjährung geboten. Die bestehende Lücke ist dabei modo legislatoris durch Anwendung der Regelungen des MWSTG zu schliessen, bei welchen es ebenfalls um eine eigentliche Anspruchsverjährung geht. Es ist deshalb analog Art. 49 Abs. 4 aMWSTG auch im Verrechnungssteuerrecht von einer absoluten Verjährungsfrist von 15 Jahren nach Ablauf des Kalenderjahres, in dem der Anspruch entstanden ist, auszugehen (BVGer vom 21. Jan. 2010, A-1571/2006, E. 2.6.1).

- **Interkantonale Zuständigkeitsfragen bei der Unterstützung ausländischer Flüchtlinge:** Es kann davon ausgegangen werden, dass der Gesetzgeber sich bei Erlass von Art. 1 Abs. 3 ZUG nicht bewusst war, dass sich bei der Unterstützung ausländischer Flüchtlinge interkantonale Zuständigkeitsfragen stellen können, welche durch die Asylgesetzgebung nicht hinreichend beantwortet werden. Nur so ist zu erklären, dass Art. 1 Abs. 3 ZUG die Geltung des ZUG für die Unterstützung von Flüchtlingen generell ausschliesst und auf die Asylgesetzgebung verweist, obwohl diese sich bei der Zuständigkeitsregelung auf den Zuweisungskanton beschränkt und keine Bestimmungen zur Regelung interkantonaler Sachverhalte im Bereiche der Unterstützungszuständigkeit enthält. Es besteht somit eine Regelungslücke. Sachliche Gründe dafür, dass die Bestimmungen des ZUG auf anerkannte Flüchtlinge mit einer Niederlassungsbewilligung nicht anwendbar sind, lassen sich nicht erkennen. Um die Lücke zu füllen, sind bei anerkannten Flüchtlingen, welche die Niederlassungsbewilligung erlangt haben, die Bestimmungen des ZUG über die Unterstützung von Ausländern mit Wohnsitz in der Schweiz (Art. 20 i.V.m. Art. 4-10 ZUG) anwendbar. Nur ein solches Ergebnis verhindert Widersprüche mit den erwähnten Grundentscheidungen des Bundesgesetz- und Verfassungsgebers (VerwG AG vom 30. April 2008, in: AGVE 2008 S. 232 E. 1.4.3). 1220
- **Abgeltungsverbot:** Angestellten im Monatslohn dürfen Ferien grundsätzlich nicht durch Geldleistungen oder andere Vergünstigungen abgegolten werden (Art. 38 Abs. 1 VBPV). Ausnahmsweise können Ferien abgegolten werden, wenn sie vor der Auflösung des Arbeitsverhältnisses aus betrieblichen Gründen nicht bezogen werden können, oder wenn das Arbeitsverhältnis direkt im Anschluss an eine längere Abwesenheit aufgelöst wird (Art. 38 Abs. 2 lit. a und b VBPV). Der Gesetzgeber hat eine gegenüber dem OR restriktive Regelung gewählt und es rechtfertigt sich auch anzunehmen, dass sich der Bundesrat dabei bewusst nicht an die privatrechtliche Regelung gehalten (Art. 329d Abs. 2 OR: Möglichkeit der Barabgeltung) hat. Eine Lücke liegt folglich nicht vor, die durch Verweis auf das OR gefüllt werden könnte (vgl. PRK vom 5. Okt. 2004, in: VPB 69 [2005] Nr. 34 E. 4c). 1221

b) Ausnahmelücken

Eine sogenannte Ausnahmelücke liegt vor, wenn der **Wortlaut einer Norm zu weit gefasst ist** und dieser im Sinne einer **teleologischen Reduktion** auf seinen Normsinn eingeschränkt werden muss (BGE 131 V 242 E. 5.2, 129 V 293 E. 3.2.2, 128 I 34 E. 3b, 127 V 409 E. 3b, 126 III 49 E. 2d, 121 III 219 E. 1d/aa). Bei der teleologischen Reduktion handelt es sich nach zeitgemässem Methodenverständnis um einen zulässigen Akt richterlicher Rechtsschöpfung und nicht um einen unzulässigen Eingriff in die rechtspolitische Kompetenz des Gesetzgebers (BGE 121 III 219 E. 1d/aa). Bei der restriktiven Deutung eines zu weit gefassten Wortlauts liegt ein Akt der **Gesetzesauslegung** vor, was zum richterlichen Kompetenzbereich gehört und keine unzulässige berichtigende Rechtsschöpfung darstellt (BGE 128 I 34 E. 3b, 126 III 49 E. 2d, 121 III 219 E. 1d/aa). 1222

1223 Daraus ergibt sich, dass die rechtsanwendenden Behörden auch bei Vorliegen einer Ausnahmelücke und sogar bei einem unmissverständlichen und für den konkreten Fall einschlägigen Gesetzeswortlaut sich nicht damit begnügen dürfen, diesem zu folgen, ohne auf dem **Weg der Auslegung** geprüft zu haben, welche Wertungen und Zielsetzungen dem Gesetz zugrunde liegen und ob und wieweit der betreffende Wortlaut diesen Grundsätzen entspricht (BVGE 2010/48 E. 3). Beispielsweise hat das Bundesgericht geprüft, ob Art. 9 Abs. 2 lit. e AHVG, welcher den Einkauf von Beitragsjahren durch Arbeitgeber oder Selbstständigerwerbende ohne Arbeitnehmer im Rahmen der freiwilligen beruflichen Vorsorge zulässt, nicht zu weit geht und einer restriktiven Interpretation zu weichen hat, wonach lediglich ordentliche resp. laufende Einlagen, nicht hingegen Einkaufssummen in bestimmtem Umfang vom rohen Einkommen nach Art. 9 Abs. 1 AHVG abziehbar sind, was es nach Auslegung der massgebenden Bestimmung verneinen konnte (BGE 129 V 293 E. 3.2.2).

Praxis:

1224 – **Wohnsitzpflicht für Regierungsstatthalter:** Art. 2 Abs. 2 des Gesetzes über die Regierungsstatthalterinnen und Regierungsstatthalter (RstG) und Art. 44 Abs. 2 des Berner Gesetzes über die politischen Rechte (GPR) regeln die Wohnsitzpflicht der Regierungsstatthalter, und zwar in dem Sinne, dass nach ihrem klaren und eindeutigen Wortlaut die Regierungsstatthalter im Amtsbezirk Wohnsitz haben müssen. Die Regelung ist nach ihrem Wortlaut lückenlos. Die Wohnsitzpflicht für Regierungsstatthalter wurde beim Erlass des RstG 1995 bewusst beibehalten. Eine Ausnahmemöglichkeit von der Wohnsitzpflicht wurde allein für Gerichtspräsidentinnen und -präsidenten eingeführt. Wie der Grosse Rat im angefochtenen Entscheid selber ausführt, war man sich bei der Beratung des RstG «der Problematik der Wohnsitzpflicht in der heutigen Zeit durchaus bewusst», hielt aber «aufgrund der besonderen Stellung der Regierungsstatthalterin bzw. des Regierungsstatthalters im Amtsbezirk an der Wohnsitzpflicht fest, ohne dass eine Ausnahmemöglichkeit vorgesehen wurde». Anders als für Gerichtspräsidentinnen und -präsidenten, denen für die Übernahme von Doppelmandaten Ausnahmen von der Wohnsitzpflicht eingeräumt wurden, nahm man, wie der Grosse Rat an gleicher Stelle ausführt, in Kauf, dass in den acht kleinen Amtsbezirken in Zukunft nur noch Teilzeit-Regierungsstatthalterinnen und -statthalter amten würden. Damit entspricht der Wortlaut der Art. 2 Abs. 2 RstG und Art. 44 Abs. 2 GPR dem Wortsinn, wie ihn der Gesetzgeber diesen Bestimmungen verleihen wollte. Eine Lücke liegt demnach nicht vor (BGE 128 I 34 E. 3c).

1225 – **Anspruch auf öffentliche Parteiverhandlung gemäss Art. 30 Abs. 3 BV:** Nach Art. 30 Abs. 3 BV sind Gerichtsverhandlung und Urteilsverkündung in gerichtlichen Verfahren i.S.v. Abs. 1 dieser Bestimmung öffentlich, es sei denn, das Gesetz sehe eine Ausnahme vor. Entgegen dem doch relativ klaren Wortlaut ist das Bundesgericht gestützt auf eine historische Auslegung der Ansicht, dass Art. 30 Abs. 3 BV den in der bis dahin in der Bundesverfassung nicht enthaltenen Grundsatz der Öffentlichkeit gerichtlicher Verfahren aufnimmt, wie er in Art. 6 Ziff. 1 EMRK gewährleistet ist, was sich ebenso aus der Botschaft ergeben soll. Mit Ausnahme der von Art. 6 Ziff. 1 EMRK erfassten Fälle schafft dieser Grundsatz somit keinen Anspruch auf öffentliche (mündliche) Gerichtsverhandlungen, sondern er beschränkt sich auf die Garantie, dass die Verhandlungen vor einem Gericht öffentlich sind, sofern nicht ein höheres öffentliches oder privates Interesse oder besondere Umstände dem entgegenstehen (vgl. Art. 6 Ziff. 1 Satz 2 EMRK). Eine Ausweitung des Grundsatzes der Öffentlichkeit im Sinne einer Anerkennung eines gewissermassen allgemeinen Anspruchs auf eine öffentliche Verhandlung in gerichtlichen Verfahren, d.h. in allen von Art. 30 Abs. 1 BV – und nicht nur von Art. 6 Ziff. 1 EMRK – erfassten Fällen, steht demnach mit der historischen Auslegung der Verfassungsbestimmung im Widerspruch (BGE 128 I 288 E. 2.3-2.6).

- **Entzug der aufschiebenden Wirkung gemäss § 131 Abs. 2 VRG:** § 131 Abs. 2 des Verwaltungsrechtspflegegesetzes des Kantons Luzern (VRG) sieht vor, dass bei Entscheiden, die keine Geldleistungen betreffen, die Vorinstanz die aufschiebende Wirkung einer Verwaltungsbeschwerde oder einer Verwaltungsgerichtsbeschwerde entziehen darf. Der Wortlaut ist insofern klar und lässt darauf schliessen, dass mit dem Begriff «Geldleistung» jede Art von Geldleistung vom Gemeinwesen an den Einzelnen und vom Einzelnen an das Gemeinwesen gemeint ist. § 131 Abs. 2 VRG ist Art. 55 Abs. 2 VwVG nachgebildet. In seiner ursprünglichen Fassung erfasste Art. 55 Abs. 2 VwVG nur solche Verfügungen, die dem Beschwerdeführer eine Zahlungsverpflichtung auferlegen. Dieses Prinzip (nicht aber der Wortlaut) blieb in der parlamentarischen Beratung unangefochten. Auch die Auslegung anhand von Sinn und Zweck führt zu diesem Ergebnis. Aus dem Gesagten geht hervor, dass mit dem Begriff «Geldleistung» in § 131 Abs. 2 VRG nur solche Geldzahlungen gemeint sind, die ein Privater an das Gemeinwesen auszurichten hat. Hat die Verfügung dagegen eine Leistung des Gemeinwesens an den Beschwerdeführer zum Gegenstand, so kann die aufschiebende Wirkung der Beschwerde gestützt auf § 131 Abs. 2 VRG ausgeschlossen werden (VerwG LU vom 21. Aug. 2006, in: LGVE 2006 II Nr. 38 E. 2b). 1226

- **Ausschluss eines Mitglieds aus einem Verein (Art. 72 ZGB):** Die Entstehungsgeschichte von Art. 72 ZGB macht deutlich, dass es dem historischen Gesetzgeber ein Anliegen war, das Prinzip der Vereinsautonomie, insbesondere auch bei der Frage der Ausschliessung von Mitgliedern, in möglichst umfassender Form umzusetzen. In Einklang mit den erwähnten Materialien ist das Bundesgericht in seiner Rechtsprechung davon ausgegangen, dass eine Ausschliessung immerhin wegen vereinsinternen Verfahrensmängeln, mithin aus formellen Gründen, angefochten werden kann; zudem steht jede Ausschliessung unter dem Vorbehalt des Rechtsmissbrauchs. Hingegen hat das Bundesgericht eine Anfechtung aus materiellen Gründen stets abgelehnt. Entgegen dem an sich klaren Wortlaut von Art. 72 Abs. 2 ZGB hat das Bundesgericht in BGE 123 III 193 ff. für die Ausschliessung aus Berufs- oder Standesorganisationen bzw. aus Wirtschaftsverbänden eine Ausnahme vom Grundsatz der materiellen Unanfechtbarkeit gemacht. Das Bundesgericht hat dazu erwogen, die wirtschaftliche bzw. berufliche Bedeutung der Mitgliedschaft bei einer Berufs- oder Standesorganisation bzw. bei einem Wirtschaftsverband, insbesondere auch im Hinblick auf den geschäftlichen Ruf eines Mitglieds, verlange nach einer Beschränkung der Ausschliessungsfreiheit. Rechtsdogmatisch liegt diesem Entscheid eine teleologische Reduktion der Norm von Art. 72 Abs. 2 ZGB zu Grunde (BGE 131 III 97 E. 3). 1227

- **Begriff des «Dienstes» gemäss Art. 41 Abs. 3 Satz 1 KVG:** Art. 41 Abs. 3 KVG lautet folgendermassen: «Beansprucht die versicherte Person aus medizinischen Gründen die Dienste eines ausserhalb ihres Wohnkantons befindlichen öffentlichen oder öffentlich subventionierten Spitals, so übernimmt der Wohnkanton die Differenz zwischen den in Rechnung gestellten Kosten und den Tarifen des betreffenden Spitals für Einwohner und Einwohnerinnen des Kantons.» Vom Wortlaut her sind unter Dienste alle im betreffenden (ausserkantonalen) Spital erbrachten Leistungen, die der Diagnose oder Behandlung einer Krankheit dienen (Art. 25 Abs. 1 KVG), einschliesslich eines allfälligen Aufenthaltes, zu verstehen, also sowohl stationär als auch ambulant erbrachte Leistungen. Fraglich ist, ob triftige Gründe bestehen, dass der insoweit klare Wortlaut zu weit gefasst ist und in dem Sinne einer restriktiven Interpretation zu weichen hat, dass für ambulante Leistungen keine Differenzzahlungspflicht des Wohnkantons der versicherten Person besteht («teleologische Reduktion»). Gegen eine den Wortlaut einschränkende Auslegung kann ins Feld geführt werden, dass der Gesetzgeber die stationäre Behandlung und nur diese Form der Leistungserbringung in Art. 41 Abs. 3 KVG erwähnt hätte, wenn es seinem Willen entsprochen hätte. Umgekehrt kann daraus, dass in Art. 41 Abs. 1 und 2 KVG zwischen ambulant einerseits und teilstationär oder stationär anderseits unterschieden wird, nicht gefolgert werden, ambulante Spitalleistungen, die ohne Weiteres auch in einer Privatarztpraxis erbracht werden können, zählten nicht zu den Diensten i.S.v. Art. 41 Abs. 3 KVG. Danach besteht kein Anlass für eine den Wortsinn einschränkende Auslegung des Begriffs der Dienste im Sinne des Art. 41 Abs. 3 Satz 1 KVG (BGE 127 V 409 E. 3b). 1228

5. Qualifiziertes Schweigen

1229 Bevor eine ausfüllungsbedürftige Lücke angenommen werden darf, ist durch Auslegung zu ermitteln, ob das Fehlen einer ausdrücklichen Anordnung nicht eine **bewusst negative Antwort des Gesetzgebers** bedeutet und damit ein **qualifiziertes Schweigen** vorliegt (BGE 138 II 1 E. 4.2, 136 V 161 E. 6.2.2, 135 II 338 E. 1.2.4, 135 V 279 E. 5.1, 134 V 131 E. 5.2, 132 III 470 E. 5.1, 131 II 562 E. 3.5, 130 V 229 E. 2.3, 129 V 1 E. 4.1, 127 V 38 E. 4b/cc). Qualifiziertes Schweigen ist gegeben, wenn die Auslegung des Erlasses ergibt, dass der Gesetzgeber eine Rechtsfrage durch **bewusstes Schweigen** in negativem Sinne entscheiden wollte (BVGE 2009/61 E. 6.3; BVGer vom 8. Sept. 2010, B-1181/2010, E. 3.4.1; vom 21. Jan. 2010, A-1571/2006, E. 1.3; vom 10. Dez. 2008, C-3164/2006, E. 2.4). Hat der Gesetzgeber eine Rechtsfrage nicht übersehen, sondern stillschweigend – im negativen Sinn – mitentschieden (qualifiziertes Schweigen), bleibt kein Raum für richterliche Lückenfüllung (BGE 138 II 1 E. 4.2, 135 III 385 E. 2.1, 135 V 279 E. 5.1).

1230 Die **Abgrenzung im Einzelnen ist umstritten** und eine Frage der Auslegung der massgeblichen Bestimmungen (vgl. z.B. BGE 136 II 508 E. 5.2 [Streichen des Vorbehalts in Art. 12 Abs. 2 lit. a DSG im Zuge der Gesetzesrevision vom 24. März 2006]; BGer vom 25. Okt. 2001, I 628/99, E. 6 [Transportkosten im Zusammenhang mit Geburtsgebrechen]; BVGer vom 30. Nov. 2010, B-5272/2009, E. 1.3 [Parteistellung im Verfahren vor Bundesverwaltungsgericht gemäss Börsengesetz]). Erforderlich ist, dass die strittige Frage in den **Gesetzesmaterialien** ausdrücklich behandelt und eine Regelung explizit abgelehnt wurde oder sonst wie **konkrete Hinweise** auf ein qualifiziertes Schweigen vorliegen (BVGer vom 27. Jan. 2009, C-6085/2007, E. 8.1; vom 10. Dez. 2008, C-3164/2006, E. 2.4). Sind keine derartigen Anhaltspunkte ersichtlich, ist grundsätzlich davon auszugehen, dass der **Gesetzgeber keine negative Entscheidung** getroffen hat (BVGer vom 9. Nov. 2010, B-1215/2009, E. 4.2.1; vom 27. Jan. 2009, C-6085/2007, E. 8.1; REKO EVD vom 18. Juli 2003, in: VPB 68 [2004] Nr. 104 E. 5.3).

Praxis:

1231 – **Tod des schweizerischen Ehepartners während des Einbürgerungsverfahrens:** Nach dem Wortlaut und Sinn von Art. 27 Abs. 1 BüG müssen sämtliche Voraussetzungen sowohl im Zeitpunkt der Gesuchseinreichung als auch anlässlich der Einbürgerungsverfügung erfüllt sein. Fehlt es im Zeitpunkt des Entscheids an der ehelichen Gemeinschaft, darf die erleichterte Einbürgerung nicht ausgesprochen werden. Im Falle einer Scheidung oder Trennung während des Einbürgerungsverfahrens ist die erleichterte Einbürgerung nicht mehr möglich. Auf die Frage jedoch, wie es sich verhält, wenn die Ehe durch Tod des schweizerischen Ehepartners aufgelöst wird, gibt das Gesetz keine Antwort. Das Problem ist den gesetzgeberischen Behörden nicht entgangen. Anlässlich der Beratungen in den parlamentarischen Kommissionen wurde betont, dass der Verlust des schweizerischen Ehepartners nicht gleichzeitig mit dem Verlust jeglicher Möglichkeit einer erleichterten Einbürgerung verbunden sein sollte. Angesichts der Komplexität und des marginalen Charakters dieser Fälle wurde beschlossen, auf eine Regelung auf Gesetzesstufe zu verzichten und die Interpretation den mit der Rechtsanwendung betrauten Behörden zu überlassen. Daraus ist der Schluss zu ziehen, dass die Nichterwähnung dieses Spezialfalles im Gesetz kein qualifiziertes Schweigen ist (BGE 129 II 401 E. 2.3).

1232 – **Finanzmarktaufsicht und Meldepflicht:** Umstritten ist vorliegend, ob sich die Aufsicht der Vorinstanz auch auf Personen erstreckt, die zwar den Meldepflichten nach Art. 20 BEHG unterworfen, aber nicht ausdrücklich in Art. 3 FINMAG («Beaufsichtigte») erwähnt sind, mit der

Folge, dass der Erlass einer Feststellungsverfügung i.S.v. Art. 32 FINMAG gegenüber diesen Personen nicht möglich wäre. Solange – insbesondere in den Gesetzesmaterialien – keine Anhaltspunkte für ein qualifiziertes Schweigen vorliegen, ist beim Fehlen einer ausdrücklichen Regelung grundsätzlich davon auszugehen, dass der Gesetzgeber keine negative Entscheidung getroffen hat. Art. 3 FINMAG erläutert im Sinne einer Legaldefinition den im FINMAG verwendeten Begriff des Beaufsichtigten, wobei natürliche oder juristische Personen, die nach den Finanzmarktgesetzen keine Bewilligung, Anerkennung, Zulassung oder Registrierung benötigen, nicht erwähnt werden. Weder das FINMAG noch die Botschaft zum Bundesgesetz über die Eidgenössische Finanzmarktaufsicht vom 1. Feb. 2006, mit welcher die Legaldefinition des «Beaufsichtigten» eingeführt wurde, noch die älteren Materialien zum BEHG enthalten Ausführungen zur Frage, ob meldepflichtige Personen i.S.v. Art. 20 BEHG der Aufsicht der Vorinstanz unterworfen sind. Eine nach Wortlaut abschliessende Legaldefinition genügt jedoch nicht, um ein qualifiziertes Schweigen des Gesetzgebers zu bejahen. Vielmehr ist es unabdingbar, dass die strittige Frage in den Gesetzesmaterialien ausdrücklich behandelt wurde. Diesbezüglich liegen indes keine Anhaltspunkte vor, weshalb vorliegend ein qualifiziertes Schweigen zu verneinen ist (BVGer vom 9. Nov. 2010, B-1215/2009, E. 4.2.1 und E. 4.2.2).

– **Beteiligung des EDA an den Kosten für berufliche Vorsorge bei Begleitpersonen von Angestellten im Auslandseinsatz:** Art. 124 VBPV-EDA stellt als Kriterium, ob ein Anspruch besteht, auf das Erwerbseinkommen der Begleitperson ab, welches Fr. 44'000.– nicht übersteigen darf. Die Verordnung sieht keine spezielle Regelung vor für «Job-Sharing» oder für den Fall, dass zwei Ehegatten je Teilzeitanstellungen innehaben. Betrachtet wird lediglich die Situation der (einzelnen) Begleitperson, nicht aber die Situation des Partners (des Angestellten des EDA) oder des Haushalts als Ganzes. Da vorliegend die Beschwerdeführer, welche beide je als Begleitpersonen anzusehen sind, je einzeln die Einkommensgrenze von Fr. 44'000.– klar übertreffen, sind gemäss Art. 124 VBPV-EDA die Bedingungen für eine Kostenbeteiligung des EDA nicht erfüllt. Somit bleibt zu prüfen, ob betr. Job-Sharing die Verordnung eine planwidrige Unvollständigkeit (Lücke) aufweist oder ob von einem qualifizierten Schweigen auszugehen ist. Angesichts des Zwecks der Regelung von Art. 123 ff. VBPV-EDA ist davon auszugehen, dass der Verordnungsgeber bewusst in jedem Fall, in welchem die Begleitperson ein Einkommen von über Fr. 44'000.– erreicht, einen Anspruch verneinen wollte und dass er ebenso bewusst keine spezielle Regelung getroffen hat für die Sachlage, in welcher zwei Ehepartner im Auslandseinsatz beide Teilzeit bzw. im Job-Sharing arbeiten. Das Fehlen einer Spezialordnung für das Job-Sharing ist somit als qualifiziertes Schweigen des Verordnungsgebers zu werten. Übertrifft also wie vorliegend die Begleitperson (bzw. beide) mit ihrem Einkommen die Obergrenze von Fr. 44'000.–, entfällt nach dem Sinn und Zweck des Gesetzes der Anspruch auf einen Beitrag nach Art. 123 ff. VBPV-EDA; dies unabhängig von der gesamten Einkommens- und Beschäftigungssituation des Ehepaares (PRK vom 3. Mai 2006, in: VPB 70 [2006] Nr. 81 E. 3a). 1233

– **Anfechtbarkeit der Ausschreibungsunterlagen im Rahmen einer öffentlichen Vergabe:** Art. 29 lit. b BoeB nennt als selbstständige mit Beschwerde anfechtbare Verfügung die «Ausschreibung des Auftrags». Die Bedeutung dieses Begriffs ist nicht von vornherein klar. Darunter lässt sich grundsätzlich sowohl die öffentliche Ausschreibung der Beschaffung im massgebenden Publikationsorgan, d.h. die Bekanntmachung, dass die Vergabebehörde eine Auftragsvergabe vorsieht, verstehen als auch – in einem weiteren Sinn – die Ausschreibung des Auftrags als Gesamtes, einschliesslich der Ausschreibungsunterlagen. Festzustellen ist allerdings, dass das BoeB selbst zwischen den Begriffen «Ausschreibung» und «Ausschreibungsunterlagen» klar unterscheidet. Die zum Teil vertretene Auffassung, wonach die Ausschreibungsunterlagen als Bestandteil der (öffentlichen) Ausschreibung anzusehen sind, lässt sich für das Submissionsrecht des Bundes angesichts der hier unmissverständlich vorgenommenen Unterscheidung zwischen Ausschreibung und Ausschreibungsunterlagen nicht begründen. Sprechen somit sachliche Gründe gegen eine (selbstständige) Anfechtbarkeit der Ausschreibungsunterlagen, besteht auch keine Veranlassung, in diesem Punkt eine allfällige (planwidrige) Unvollständigkeit oder Lückenhaftigkeit der Regelung von Art. 29 BoeB anzunehmen. Vielmehr ist von einer diesbezüglich bewusst negativen Antwort des Gesetzes bzw. des Gesetzgebers auszugehen. 1234

Es liegt mit andern Worten ein qualifiziertes Schweigen vor. Mängel in den Ausschreibungsunterlagen können damit nicht selbstständig, sondern erst mit dem nächstfolgenden Verfahrensschritt, der in eine Verfügung nach Art. 29 BoeB mündet, angefochten werden, was in der Regel der Zuschlag sein wird (BRK vom 16. Nov. 2001, in: VPB 66 [2002] Nr. 38 E. 3b).

1235 – **Forderung wegen missbräuchlicher Kündigung:** Die Übernahme des obligationenrechtlichen Modells, wonach das Dienstverhältnis trotz rechtswidriger Kündigung aufgelöst wird und ein Anspruch auf eine finanzielle Abgeltung besteht, widerspricht der an sich systemgerechten Rechtsfolge im öffentlichen Recht, wonach rechtswidrige Kündigungen aufgehoben werden. Wegen dieser einschneidenden Wirkung muss diese Rechtsfolge – Auflösung des Arbeitsverhältnisses und finanzielle Abgeltung – ausdrücklich gesetzlich verankert sein, zumindest durch eine ausdrückliche Verweisung auf das Obligationenrecht. Es würde somit nicht genügen, über den Weg der Lückenfüllung die Lösungen des Obligationenrechts analog zu übernehmen und bei rechtsmissbräuchlicher Kündigung bloss eine Entschädigung zuzusprechen. Das Fehlen einer entsprechenden Regelung im Personalrecht bedeute demnach keine echte Lücke, die vom Richter auszufüllen wäre. Die Praxis neigt dazu, bei gut ausgebauten, eingehenden öffentlichrechtlichen Personalerlassen das Vorliegen einer Lücke zu verneinen und von einem qualifizierten Schweigen des Gesetzgebers auszugehen (VerwG SO vom 26. Mai 2003, in: SOG 2003 Nr. 24 E. 2b).

1236 – **Beschwerde der Staatsanwaltschaft in Haftsachen:** Gemäss Art. 78 BGG unterliegen der Beschwerde in Strafsachen Entscheide in Strafsachen. Darunter fallen ohne Zweifel Entscheide über die Anordnung der Untersuchungshaft oder der Sicherheitshaft gemäss Art. 212 ff. StPO. Gemäss Art. 81 Abs. 1 lit. a und b Ziff. 3 BGG ist der Staatsanwalt vor Bundesgericht grundsätzlich beschwerdeberechtigt. Allerdings ist gemäss Art. 222 StPO nur die verhaftete Person befugt, Entscheide über die Anordnung, die Verlängerung und die Aufhebung der Untersuchungs- oder Sicherheitshaft bei der Beschwerdeinstanz anfechten, was unter verschiedenen Gesichtspunkten problematisch erscheint. Der Ausschluss der Staatsanwaltschaft vom kantonalen Beschwerdeweg würde zu heiklen Situationen führen, wenn sowohl der Ankläger als auch die beschuldigte Person gegen einen Entscheid des Zwangsmassnahmengerichts Beschwerde erheben möchte. Die beschuldigte Person müsste bei der kantonalen Behörde Beschwerde führen, während die Staatsanwaltschaft die Beschwerde direkt an das Bundesgericht zu richten hätte, was die Gefahr sich widersprechender Entscheide und der Rechtsunsicherheit mit sich bringen würde. Wie aus den Materialen hervorgeht, scheint das Schweigen des Gesetzes bezüglich des Beschwerderechts der Staatsanwaltschaft keinesfalls absichtlich zu sein, sondern auf einem Versehen des Gesetzgebers zu beruhen. Nichts lässt in der Tat in den Materialien in diesem Punkt auf ein qualifiziertes Schweigen schliessen. Entgegen der vereinzelt in der Lehre vorgetragenen Meinungen liegt kein qualifiziertes Schweigen vor und der Staatsanwaltschaft ist im öffentlichen Interesse einer guten Rechtspflege das Recht zuzugestehen, bei der kantonalen Beschwerdebehörde gegen einen vom Zwangsmassnahmengericht gefällten Haftentlassungsentscheid Beschwerde zu führen (BGE 137 IV 22 E. 1 = Pra 100 [2011] Nr. 100).

6. Lückenfüllung

1237 Da es sich für ein Gericht häufig als schwierig erweist, generalisierbare Regeln, worauf Art. 1 Abs. 2 ZGB bei der Lückenfüllung verweist, aufzustellen, und darüber hinaus der Fächer der möglichen Lösungen zumeist sehr weit gespannt sein dürfte (VerwG LU vom 8. Nov. 2006, in: ZBl 2007 S. 551 E. 5b), erfolgt die Lückenfüllung vielfach in Anlehnung oder **Analogie an bestehende gesetzliche Regelungen** (VerwG ZH vom 19. April 2000, in: ZBl 2001 S. 91 E. d). Der Weg der Lückenfüllung kann auch **gesetzlich** vorgegeben sein (vgl. Art. 6 Abs. 2 BPG [Verweis auf die Bestimmungen des OR]; vgl. PRK vom 5. Okt. 2004, in: VPB 69 [2005] Nr. 34 E. 2b) oder durch Berufung auf **allgemeine Rechtsgrundsätze** erfolgen.

a) Lückenfüllung modo legislatoris («in freier Rechtsfindung»)

Beim Ausfüllen einer Gesetzeslücke hat ein Gericht grundsätzlich diejenige **Regel** zu bilden, die es als **Gesetzgeber** aufstellen würde (vgl. Art. 1 Abs. 2 ZGB). Die zu treffende Regelung muss sich widerspruchslos in das bestehende Gesetzesrecht und dessen Wertungen und Zielsetzungen einfügen (BGE 136 II 263 E. 7.1, 135 II 1 E. 3.5, 135 V 163 E. 5.3, 131 V 233 E. 4.1, 127 V 38 E. 4b/dd, 124 V 301 E. 4c). Dieses Verfahren steht damit der **teleologischen Auslegung**, die der Ermittlung des Sinnes und des Zwecks einer Gesetzesbestimmung dient, sehr nahe. Um Sinn und Zweck zu ermitteln, muss nach den Interessen gefragt werden, die der Gesetzgeber zu berücksichtigen hatte (BVGE 2010/63 E. 4.2.3). 1238

Bildet sich daraus eine gefestigte Gerichts- oder Behördenpraxis, liegt sogenanntes **Richterrecht** vor (vgl. Rz. 724 ff.). Paradebeispiel ist das Verbot der interkantonalen Doppelbesteuerung nach Art. 127 Abs. 3 BV. Bisher hat es der Gesetzgeber unterlassen, Regeln über die Abgrenzung der gliedstaatlichen Steuerhoheit zu erlassen, sodass es dem Bundesgericht oblag, Kollisionsregeln zu schaffen, um eine interkantonale Doppelbesteuerung zu verhindern (vgl. BGE 134 I 303 E. 2.1, 133 I 19 E. 2.1, 132 I 29 E. 2.1, 131 I 285 E. 2.1, 130 I 205 E. 4.1). 1239

Praxis:

- **Ausländerrechtliche Auswirkungen der Nichtigerklärung einer Einbürgerung:** Im Gesetz nicht geregelt sind die (ausländerrechtlichen) Auswirkungen einer Nichtigerklärung der Einbürgerung. Es liegt insofern eine Gesetzeslücke vor. Beim Ausfüllen einer solchen hat das Gericht diejenige Regel zu bilden, die es als Gesetzgeber aufstellen würde (vgl. Art. 1 Abs. 2 ZGB). Die zu treffende Regelung muss sich widerspruchslos in das bestehende Gesetzesrecht und dessen Wertungen einfügen. Die Niederlassungsbewilligung vermittelt dem Ausländer die nach schweizerischem Recht günstigste ausländerrechtliche Stellung, die bis zum Eintreten eines Erlöschens- oder Widerrufsgrunds oder ohne einen solchen bis zum Tod Gültigkeit hat. Eine Einbürgerung führt im Hinblick auf die mit dem Ausländerrecht verbundenen Rechtsfolgen grundsätzlich zu einer noch besseren Rechtsstellung. Wohl geht diese Verbesserung mit der Nichtigerklärung der Einbürgerung wieder verloren, doch spricht nichts dafür, dass dadurch auch die ausländerrechtliche Stellung verschlechtert werden sollte, die vorher bestand. Es ist nicht einzusehen, weshalb der Ausländer durch die Nichtigerklärung der Einbürgerung in einen schlechteren ausländerrechtlichen Status gesetzt werden sollte, als er ihn vor der Einbürgerung besass und wie er weiterhin gelten würde, wäre er nicht eingebürgert worden. Sachlogischer erscheint, ihm ausländerrechtlich die gleiche Rechtsstellung wie vor der Einbürgerung zuzuweisen. Vorbehalten bleiben inzwischen eingetretene Erlöschens- oder Widerrufsgründe nach Art. 9 Abs. 3 und 4 aANAG. Sind jedoch die Voraussetzungen des Erlöschens oder des Widerrufs der Bewilligung nach Art. 9 Abs. 3 und 4 aANAG nicht erfüllt, steht der betroffenen Person die Niederlassungsbewilligung zu (BGE 135 II 1 E. 3.5-3.8). 1240
- **Zeitliche Begrenzung einer ewigen Konzession:** Nennt die Konzessionsurkunde keine zeitliche Beschränkung, ist die Dauer der Konzession zu beschränken und durch richterliche Lückenfüllung zu bestimmen. Es ist dem Verwaltungsgericht folglich darin beizupflichten, dass die der Beschwerdeführerin erteilte Konzession, deren Dauer nicht bestimmt ist, nachträglich befristet werden durfte, ohne dass dadurch ein wohlerworbenes Recht bzw. das Willkürverbot oder das Gebot der Wahrung von Treu und Glauben verletzt worden wäre. Was die konkrete Befristung betrifft, so hat das Verwaltungsgericht die massgebenden Gesichtspunkte zutreffend gewürdigt. Nach einer Konzessionsdauer von 134 Jahren stellte sich insbesondere die Frage der Amortisation der Anlagen nicht mehr, und der Kanton St. Gallen konnte unter Gewährung einer angemessenen Übergangsfrist (fünfeinhalb Jahre ab dem Zeitpunkt der erstinstanzlichen 1241

Verfügung vom 30. Juni 1998, d.h. bis zum 31. Dez. 2003) die Konzession auflösen (BGE 127 II 69 E. 5b).

1242 – **Berechnung der Abgangsentschädigung:** Der Richter hat bei der Lückenfüllung die Vorgaben der Bundesverfassung zu beachten. Dabei gebietet auch der Grundsatz von Treu und Glauben eine Berücksichtigung des früheren Einkommens. Das Abstellen auf die Höhe des zuletzt ausgerichteten Gehalts erscheint allerdings dann als unzulässig, wenn dieses kurzfristig reduziert wurde. Sonst könnten die kantonalen Organe die Abgangsentschädigung weitgehend umgehen, indem Angestellte, die einen Anspruch auf eine Abgangsentschädigung erwerben, vor einer Kündigung für kurze Zeit zu einem kleinen Teilzeitpensum angestellt würden. Ein solches Vorgehen würde jedoch keinen Schutz verdienen. Im Gegenteil ist die Abgangsentschädigung gestützt auf den Durchschnittsmonatslohn der letzten fünf Jahre zu berechnen (OG UR vom 31. Jan. 2005, in: RB 2004 Nr. 39 E. 8).

b) Lückenfüllung durch Analogieschluss

1243 Die Lückenfüllung durch Analogieschluss stellt eine **wertende Generalisierung** gestützt auf das **Rechtsgleichheitsgebot** in dem Sinn dar, dass die Unterschiede zwischen den gesetzlich geregelten Fällen und den nicht geregelten Fällen nicht gewichtig genug sind, um eine unterschiedliche Behandlung zu rechtfertigen (BVGE 2009/7 E. 6.3; BVGer vom 10. Dez. 2008, C-3164/2006, E. 2.5; zum strafrechtlichen Analogieverbot insb. BVGE 2011/32 E. 12.4). Sie gilt als zulässig, wenn jener Regelungszusammenhang, für den eine Vorschrift im positiven Recht existiert, und jene Thematik, welche durch das Fehlen einer gesetzlichen Norm gekennzeichnet ist und für die sich die Frage der analogieweisen Heranziehung der anderen Regel stellt, hinreichende **Gemeinsamkeiten** im Sinne einer **«Ähnlichkeitsprüfung»** aufweisen bzw. keine sachlichen Gründe ersichtlich sind, die beiden Fälle unterschiedlich zu behandeln (BGE 130 V 71 E. 3.2.1, 129 V 345 E. 4.1). Die Gerichte schaffen daher nicht neues Recht, sondern vervollständigen es nur (REKO EVD vom 18. Juli 2003, in: VPB 68 [2004] Nr. 104 E. 5.4). Beim **Analogieschluss** ist nicht immer leicht zu entscheiden, ob sich dieser im Bereich der (extensiven) **Auslegung** oder demjenigen der **Lückenfüllung** bewegt (BGer vom 24. April 2003, 1P.159/2003, E. 2.1; BVGE 2009/30 E. 1.3.4; BVGer vom 10. Dez. 2008, C-3164/2006, E. 2.5).

1244 Der Analogieschluss hat die **Funktion**, Inkonsequenzen in den Wertentscheidungen der Rechtsordnung aufzudecken und zugleich – im Sinne der Lückenfüllung – ihrer Beseitigung den Weg zu öffnen (BVGer vom 10. Dez. 2008, C-3164/2006, E. 2.5). Im öffentlichen Personalrecht wird eine Lücke dann bejaht, wenn etwas zum Kernbereich des Arbeitsvertragsrechtes gemäss OR gehört und das öffentlich-rechtliche Dienstrecht keine entsprechende Regelung aufweist oder in seiner Gesamtheit den OR-Mindeststandard namhaft unterschreitet und damit eine Lücke enthält (BGE 124 II 53 E. 2b; BGer vom 22. Mai 2001, 2A.71/2001, E. 2d).

Praxis:

1245 – **Annualisierung der Einkünfte zur Bestimmung des Steuersatzes (Spielbankenabgabe):** Im Steuerrecht ist allgemein anerkannt und üblich, für die Satzbestimmung in unterjährigen Abgabeperioden mit progressivem Abgabesatz den im «Rumpfjahr» effektiv erzielten Ertrag auf zwölf Monate hochzurechnen. Eine derartige Regel fehlte in der Spielbankenverordnung (neu nun Art. 87 Abs. 1 VSBG). Ihre Übertragung auf den Spielbankenbereich (durch Analogieschluss) steht im Einklang mit Zweck und Systematik von Gesetz und Verordnung. Im schweizerischen Steuersystem wird die Annualisierung der Einkünfte zur Bestimmung des Steuersatzes als allgemein gültiger Grundsatz für die Besteuerung von Einkünften betrachtet, welche periodischen Charakter haben und einem progressiven Steuersatz unterworfen sind, wie dies in vielen Steuernormen zum Ausdruck kommt. Die Regel der Umrechnung der Einnahmen auf ein Jahr soll die Beachtung der verfassungsmässigen Grundsätze des Gebots der Gleichbehandlung der Steuerpflichtigen sowie der Besteuerung nach der wirtschaftlichen Leistungsfähigkeit garantieren (vgl. Art. 127 Abs. 2 BV). In einem System progressiver Besteuerung muss konsequenterweise das (periodische) Einkommen, welches von einem Steuerpflichtigen erzielt wird, der nur während eines Teils der Abgabeperiode der Steuerpflicht untersteht, bei der Satzfestsetzung auf zwölf Monate extrapoliert (auf ein Jahr umgerechnet) werden, damit die Steuerbelastung auch der tatsächlichen Steuerkraft des betroffenen Steuerpflichtigen entspricht. Aus diesen Gründen muss folgerichtig angenommen werden, dass es sich beim Fehlen einer Bestimmung zur Frage der Annualisierung in der alten Spielbankenverordnung um eine echte Lücke handelt, welche die Behörden mit Blick auf eine verfassungskonforme Auslegung und mit Blick auf zahlreiche Steuernormen füllen durften und füllen mussten (BGE 131 II 562 E. 3.6 = Pra 95 [2006] Nr. 90).

- **Kostenverlegung im Beschwerdeverfahren vor der REKO INUM in einem Enteignungsverfahren:** Vorliegend steht das Enteignungsrecht des Bundes im Streit. Es stellt sich deshalb die Frage, ob die enteignungsrechtlichen Bestimmungen über die Kostenregelung zur Anwendung gelangen. Das EntG äussert sich ausdrücklich in Art. 114 und Art. 116 zur Frage der Kostenverlegung. Erstere Bestimmung bezieht sich auf das Einspracheverfahren, Letztere auf das bundesgerichtliche Rechtsmittelverfahren. Das Beschwerdeverfahren vor der REKO INUM dagegen ist nicht erwähnt, es lässt sich auch nicht durch Auslegung unter Art. 114 subsumieren, dies nicht zuletzt deshalb, weil es im Zeitpunkt des Erlasses von Art. 114 EntG weder die REKO INUM noch eine ihr ähnliche Rechtsmittelinstanz gab. Art. 114 EntG bezieht sich demnach ausschliesslich auf das Einspracheverfahren. Die beiden Regelungen von Art. 114 und Art. 116 EntG, wonach der Enteigner in jedem Fall, d.h. auch bei Obsiegen, die Verfahrenskosten zu tragen hat, legen aber den Schluss nahe, das EntG sei mit Blick auf die Verfahrenskosten, die im Beschwerdeverfahren vor der REKO INUM entstehen, lückenhaft, wäre es doch stossend, würde das Entschädigungsprinzip lediglich für das Einsprache- und das bundesgerichtliche Verfahren, nicht jedoch für dasjenige bei der REKO INUM gelten. In Analogie zu Art. 114 und Art. 116 EntG hat deshalb der Enteigner grundsätzlich auch im Verfahren vor der REKO INUM die Kosten zu tragen, die aus der Geltendmachung des Enteignungsrechts entstehen (REKO INUM vom 27. April 2005, in: VPB 69 [2005] Nr. 112 E. 13). 1246

- **Erwerb des Weiterbildungstitels unter erleichterten Voraussetzungen:** Die gesetzliche und die verordnungsmässige Umschreibung des Kreises jener Ärzte, denen ein Weiterbildungstitel unter erleichterten Voraussetzungen erteilt werden kann, stimmen nicht überein. Während Art. 24 Abs. 3 FMPG vorsieht, dass all jene Ärzte weiterhin praktizieren dürfen und unter den vom Bundesrat zu bestimmenden (herabgesetzten) Voraussetzungen einen eidgenössischen Weiterbildungstitel erhalten sollen, die über eine kantonale Bewilligung zur selbstständigen Ausübung des Arztberufs verfügen, beschränkt Art. 11 Abs. 1 Weiterbildungsverordnung den Kreis der Anspruchsberechtigten auf Ärzte, welche den Arztberuf bereits selbstständig ausgeübt haben. Vorliegend besass der betreffende Arzt am Stichtag (1. Juni 2002) zwar bereits eine kantonale Berufsausübungsbewilligung, hatte jedoch die selbstständige ärztliche Tätigkeit noch nicht aufgenommen. Das Abstellen des Gesetzgebers auf den Zeitpunkt der Erteilung der kantonalen Praxisbewilligung und nicht etwa der Praxiseröffnung stellt keineswegs ein Versehen dar, sondern ist durchaus gewollt. Mit der Erteilung einer kantonalen Praxisbewilligung wurde ein eindeutig bestimmbarer, weniger als die Praxiseröffnung von Zufälligkeiten und dem Einfluss des Antragstellers unterliegender Zeitpunkt gewählt. Mangels einer entsprechenden Regelung in der Weiterbildungsverordnung ist es Sache der REKO MAW, die festgestellte Lücke gesetzeskonform zu schliessen. Aus Gründen der Rechtsgleichheit und analog zu Art. 24 Abs. 3 FMPG ist es angezeigt, diejenigen Ärzte, welche am 1. Juni 2002 bereits über eine Praxisbewilligung verfügten, von dieser aber erst danach Gebrauch gemacht haben, gleich zu behandeln wie jene, welche ihre Praxis unmittelbar vor dem Rechtswechsel eröffnet hatten (REKO MAW vom 30. Nov. 2004, in: VPB 69 [2005] Nr. 46 E. 3.2 und E. 3.3). 1247

1248 – **Schadenersatz für entgangenen Lohn bei einer rechtswidrigen Kündigung:** Das kantonale Personalgesetz(PG) regelt den Fall nicht, wenn im nachhinein festgestellt wurde, dass die Kündigung rechtswidrig war, der Betroffene hingegen bereits entlassen wurde. Hier eine generalisierbare Regel zu finden, erweist sich als schwierig, da der Fächer möglicher Lösungen sehr weit gespannt ist und es insofern eine ausgesprochene Wertungsfrage zu klären gilt. Näher liegt der Vergleich mit § 25 PG und der dort verankerten Abfindung im Falle von Entlassungen nach wenigstens zehn Dienstjahren von mindestens 40-jährigen Angestellten, und zwar aus Gründen, für die sie nicht einzustehen haben. Diese Abfindung soll höchstens zwölf Monatslöhne betragen. Zwar ist nicht zu verkennen, dass diese Abfindung einen anderen Zweck verfolgt als der vorliegend zu leistende Schadenersatz. Anderseits legt sie doch Zeugnis dafür ab, was ein ohne sein Zutun Entlassener über den Ablauf der Beendigungsfrist (§ 16 PG) hinaus maximal zu erwarten hat. Vermag somit § 25 PG zumindest als Orientierungshilfe zu dienen, scheint eine zeitliche Begrenzung des Schadenersatzes für entgangenen Lohn in der Weise angezeigt, dass der Kläger so zu stellen ist, wie wenn das Arbeitsverhältnis noch ein Jahr weiter gedauert hätte (VerwG LU vom 8. Nov. 2006, in: ZBl 2007 S. 551 E. 5a-5c).

1249 – **Geltungsdauer der Baubewilligung für öffentliche Strassenbauprojekte:** Die Geltungsdauer der Baubewilligung und des Vorentscheides beträgt zwei Jahre, gerechnet ab Rechtskraft des Entscheids (§ 65 Abs. 1 des Baugesetzes des Kantons Aargau [BauG]). Für die Strassenbauprojekte gemäss § 95 BauG findet sich dagegen keine analoge Bestimmung. Der Wortlaut von § 65 Abs. 1 BauG bezieht sich nur auf die Baubewilligung und den Vorentscheid, und in systematischer Hinsicht ist von Bedeutung, dass die Baubewilligung und das Bauprojekt für Strassenbauten in verschiedenen Teilen des BauG geregelt sind. Ferner verschafft die formell rechtskräftige Baubewilligung dem Bauherrn eine Vertrauensbasis, indem sie die Rechtslage stabilisiert. Analog sind in der Regel die Interessen der Nachbarn gelagert; sie haben Anspruch darauf, einmal endgültig zu wissen, was auf den Baugrundstücken tatsächlich geschieht. Auf ein öffentliches Strassenbauprojekt lassen sich diese Überlegungen nicht tel quel übertragen. Insbesondere wäre eine zweijährige Geltungsdauer bei Strassenbauprojekten klarerweise als zu knapp bemessen. Zu berücksichtigen ist schliesslich, dass auch ein öffentliches Strassenbauprojekt von zeitlichen Schranken nicht frei ist. Diese ergeben sich daraus, dass sich das Projekt an den vom Regierungsrat im Rahmen des Regierungsprogramms zu erstellenden Finanzplan zu halten hat; die Kreditvorlagen haben denn auch u.a. einen Vergleich mit der finanzpolitischen Planung sowie Vorstellungen über den zeitlichen Ablauf der Realisierung zu enthalten. Ungeachtet dessen, dass das Bauprojekt formell nicht befristet ist, bestehen also wirksame politische Instrumente, um zu verhindern, dass ein Bauprojekt verwirklicht wird, das dem politischen Willen (oder der Rechtslage) nicht mehr entspricht. Zusammenfassend ist unter diesem Titel somit festzuhalten, dass aufgrund der wörtlichen, systematischen und teleologischen Auslegung § 65 Abs. 1 BauG auf Strassenbauprojekte des Kantons nicht analog anwendbar ist (VerwG AG vom 18. Mai 2004, in: AGVE 2004 Nr. 50 E. 3b/cc/bbb).

c) Lückenfüllung durch Berufung auf privatrechtliche Normen

1250 Subsidiär kann bei der Lückenfüllung auf ähnliche, passende Regelungen im **Privatrecht** zurückgegriffen werden, soweit sich diese mit dem betreffenden Rechtsgebiet vereinbaren lassen (BGE 129 V 345 E. 4.2.1, 127 V 377 E. 5e/bb [Verzugszins analog Art. 104 Abs. 1 OR], 105 V 86 E. 2; VersG ZH vom 30. Juni 2003, UV.1999.00309, E. 6.2; vgl. auch Rz. 274 ff. und Rz. 667 ff.). Mit dem Instrument der Lückenfüllung dürfen nur Privatrechtsnormen herangezogen werden, welche die **Grundentscheidung** des betreffenden öffentlich-rechtlichen Erlasses respektieren und sich widerspruchsfrei in die Zielsetzungen und Werte des Gesetzes einfügen lassen (VerwG SO vom 26. Mai 2003, in: SOG 2003 Nr. 24 E. 2b).

Praxis:

- **Frist, ein Wiedererwägungsgesuch zu stellen:** Am 11. Sept. 1983 fand im Amtsbezirk Laufen die Volksabstimmung über den Anschluss des Laufentals an den Kanton Basel-Landschaft statt. Das Resultat über die Abstimmungsfrage ergab 3575 Ja-Stimmen und 4675 Nein-Stimmen. Der Regierungsrat des Kantons Bern erwahrte das Abstimmungsergebnis am 21. Sept. 1983 und teilte es am 12. Okt. 1983 dem Grossen Rat mit. Dieser nahm an seiner Sitzung vom 7. Nov. 1983 davon Kenntnis. Die Erwahrung wurde im Amtsblatt des Kantons Bern veröffentlicht. Am 3. Sept. 1985 erhoben Heinz Aebi, Konrad Düblin, Alfred Jeker, Ernst Mani und Walter Schmidlin, welche im Laufental stimmberechtigt sind, Abstimmungsbeschwerde. Sie beantragten, es sei die Laufentalabstimmung null und nichtig zu erklären, eventuell aufzuheben, und es sei über die gleiche Abstimmungsvorlage eine neue Abstimmung durchzuführen. Zur Begründung wiesen sie darauf hin, dass sich aus dem am 2. Sept. 1985 dem Grossen Rat eröffneten Untersuchungsbericht der Besonderen Untersuchungskommission (BUK) zum Bericht Hafner ergebe, dass dem Propaganda-Komitee «Aktion Bernisches Laufental» nebst einem im Jahre 1980 entrichteten Betrag von Fr. 60'000.– weitere Fr. 273'281.– aus den Lotteriegeldern für Abstimmungspropaganda bezahlt worden seien. Am 18. Nov. 1985 entschied der Grosse Rat, auf die Beschwerde nicht einzutreten. Zur Begründung führte er aus, die klare gesetzliche Regelung, wonach die Beschwerde spätestens drei Tage nach der Veröffentlichung der Ergebnisse der Abstimmung einzureichen sei, sei nicht eingehalten worden. Hiergegen erhoben die genannten Personen staatsrechtliche Beschwerde beim Bundesgericht. Das Bundesgericht nimmt die Beschwerde als Wiedererwägungsgesuch entgegen und heisst dieses gut. Erwägungen: Hinsichtlich der Frist, innert der ein Wiedererwägungsgesuch gestellt werden kann, ist der vom Regierungsrat in seiner Vernehmlassung vom 5. März 1986 bekundeten Auffassung insoweit beizupflichten, als nicht jede noch so weit zurückliegende Abstimmung bei Entdeckung von eventuell wesentlichen Formfehlern noch angefochten werden kann; auch der Möglichkeit der Wiedererwägung müssen aus Gründen der Rechtssicherheit zeitliche Grenzen gesetzt sein. Wenn es um schwerwiegende, verborgen gehaltene Mängel geht, kann es sich dabei aber nur um langfristige Grenzen handeln und nicht um eine blosse Dreitagesfrist, wie sie vorliegend für die Abstimmungsbeschwerde vorgesehen ist. Im öffentlichen Recht sind Verjährungs- oder Verwirkungsfristen oft nicht geregelt, sodass sie durch Richterrecht geschaffen werden müssen. Erwähnt seien in diesem Zusammenhang etwa die fünfjährige Verjährungsfrist bei Ansprüchen aus dem Nationalstrassenbau, die zehnjährige Verjährungsfrist bei Ansprüchen aus materieller Enteignung bei Fehlen kantonalrechtlicher Bestimmungen und die dreissigjährige Verwirkungsfrist für den Abbruch rechtswidrig erstellter Bauten. In einem Stimmrechtsfall der vorliegenden Art könnte u.U. auch eine analoge Anwendung von Art. 60 OR in Frage kommen, was eine absolute Verjährungsfrist von zehn Jahren seit der Abstimmung und eine relative Verjährungsfrist von einem Jahr ab Kenntnisnahme der beanstandeten Intervention bedeuten würde. Welche derartige absolute und relative Verjährungs- bzw. welche Verwirkungsfrist in der vorliegenden Sache tatsächlich gelten soll, kann allerdings offenbleiben. Nachdem das Wiedererwägungsgesuch bereits knapp zwei Jahre nach der fraglichen Abstimmung und an dem der Bekanntgabe der beanstandeten Intervention folgenden Tag eingereicht wurde, ist hier eine solche Frist noch keinesfalls abgelaufen (BGE 113 Ia 146 E. 3d). 1251

- **Verwirkungsfrist für Verzugszinsen auf ausstehenden AHV/IV/EO-Beiträgen:** Die zeitliche Begrenzung von Rechten findet sich im Privatrecht wie im öffentlichen Recht. Insbesondere stellt sich die Frage nach der Verwirkung oder Verjährung der Verzugszinsforderung auch und vorab im Privatrecht. Die gesetzliche Verzugszinsregelung in Art. 104 f. OR enthält hinsichtlich der Verjährung der Verzugszinsforderung keine positive Normierung. Lehre und Rechtsprechung bejahen den Grundsatz, wonach auch die Verzugszinsforderung der Verjährung unterliegt, jedoch sind die Auffassungen über die Dauer der Verjährungsfrist nicht einheitlich. Die zivilrechtliche Doktrin spricht sich überwiegend für die zehnjährige Verjährungsfrist für Verzugszinsen aus. Da dem Verzugszins sowohl im Privat- wie im Sozialversicherungsrecht die Funktion eines Vorteilsausgleichs wegen verspäteter Zahlung der Hauptschuld zukommt, besteht eine hinreichende sachliche Gemeinsamkeit für die analoge Anwendung der privatrechtlichen Regelung. So sind denn auch keine Gründe ersichtlich, weshalb die Verzugs- 1252 zinsproblematik im Bereich der Sozialversicherung anders als im Privatrecht gelöst werden sollte, wobei in dieser Hinsicht die unterschiedliche Dauer der jeweiligen Verjährungs- und Verwirkungsfristen nicht massgebend ist, da nur der Grundsatz (die Massgeblichkeit der Frist des jeweiligen Hauptanspruches oder der jeweils ordentlichen Frist), nicht aber die privatrechtliche Ordnung als solche, analog herangezogen wird. Privatrechtlich richtet sich die Verjährungsfrist der Verzugszinsen nach dem Hauptanspruch oder dauert gemäss der herrschenden Lehrmeinung in Anwendung der ordentlichen Verjährungsfrist zehn Jahre; dies führt im Hinblick auf die Sozialversicherung zu einer Verwirkungsfrist von fünf Jahren, da vorliegend die Verwirkungsfrist für den Hauptanspruch fünf Jahre beträgt; die ordentliche fünfjährige Verwirkungsfrist bildet in dieser Hinsicht das sozialversicherungsrechtliche Pendant zur zehnjährigen ordentlichen Verjährungsfrist im Privatrecht: Denn ebenso wie die privatrechtliche Verjährung dem Rechtsfrieden dient, nimmt die Verwirkung das spezifisch öffentlich-rechtliche Bedürfnis, zwischen Staat (oder Versicherer) und Betroffenem Rechtsfrieden eintreten zu lassen, wahr. Die Dauer der Verwirkungsfrist für Verzugszinsforderungen auf Beitragsforderungen beträgt somit fünf Jahre; dies nach Massgabe der Verwirkungsfrist für die materielle Forderung (vgl. auch Art. 133 OR), sodass die Verzugszinsforderung keine längere Verwirkungsfrist als die Hauptforderung aufweist (BGE 129 V 345 E. 4.2.1 und E. 4.2.2).

1253 – **Austritt aus der Krankenkasse:** Weder die Kassenstatuten noch das KUVG mit seinen Vollzugserlassen äussern sich dazu, ob ein Mitglied unter gewissen Voraussetzungen berechtigt ist, mit sofortiger Wirkung, d.h. ohne Einhaltung einer Kündigungsfrist, aus der Kasse auszutreten. Es rechtfertigt sich deshalb, diese Frage anhand der im Zivilrecht geltenden Grundsätze zu beantworten, soweit diese sich mit dem Sozialversicherungsrecht vereinbaren lassen. Sowohl für die Vereine als auch für die Genossenschaften hat die Rechtsprechung anerkannt, dass der sofortige Austritt möglich ist, wenn wichtige Gründe gegeben sind, d.h. wenn die Umstände das weitere Verbleiben im betreffenden Rechtsverhältnis unzumutbar machen. In analoger Weise muss dem Mitglied einer Krankenkasse das Recht zustehen, aus wichtigen Gründen mit sofortiger Wirkung aus der Kasse auszutreten. Als wichtiger Grund gilt eine Tatsache, die es als unzumutbar erscheinen lässt, dass das Mitglied noch bis zum Ablauf der Kündigungsfrist der Krankenkasse angehört. Ob eine solche Tatsache vorliegt, muss im konkreten Fall unter Würdigung aller Umstände nach vernünftigem Ermessen beurteilt werden (BGE 105 V 86 E. 2).

d) Lückenfüllung durch Berufung auf noch nicht in Kraft stehende Gesetzesbestimmungen («vorwirkende Gesetzgebung»)

1254 Nach der bundesgerichtlichen Rechtsprechung können **Vorarbeiten zu Gesetzesentwürfen**, die noch nicht in Kraft sind, bei der Lückenfüllung berücksichtigt werden (zur sog. faktischen Vorwirkung oben Rz. 879). Ist das Gesetzgebungsverfahren, mit welchem eine Lücke des geltenden Rechts gefüllt werden soll, bereits abgeschlossen, so kommt diesem besondere Bedeutung zu (BGE 131 II 13 E. 7.1, 129 V 455 E. 3, 125 III 401 E. 2a, 124 II 193 E. 5d, 122 IV 292 E. 2d; BGer vom 14. Nov. 2007, 5A_235/2007, E. 3). Die Lückenfüllung anhand von Vorarbeiten zu Gesetzesentwürfen rechtfertigt sich vor allem dann, wenn das geltende System nicht grundsätzlich geändert werden soll und nur eine Konkretisierung des bestehenden Rechtszustandes angestrebt wird oder wenn mit dem Gesetzesvorhaben gerade Lücken des geltenden Rechts ausgefüllt werden sollen (BGE 131 V 9 E. 3.5.1.3, 129 V 1 E. 4.3, 128 I 63 E. 4.4, 124 II 193 E. 5d).

Praxis:

- **Schulbeiträge für hochbegabte Kinder:** Den Rekurrenten und der Vorinstanz ist insoweit beizupflichten, als im geltenden Volksschulgesetz Vorschriften zur Förderung von Kindern mit besonderer Begabung fehlen. Es liegt eine Gesetzeslücke vor. Die derzeitigen Bestrebungen, gesetzliche Bestimmungen über Fördermassnahmen für besonders begabte bzw. hochbegabte Kinder zu schaffen, verdeutlichen, dass es sich um eine «unechte Gesetzeslücke» handelt. Das Bundesgericht kam bezüglich unechter Gesetzeslücken zum Schluss, dass die Gerichte im Allgemeinen solche Lücken hinzunehmen haben. Sie auszufüllen steht ihnen nur dort zu, wo der Gesetzgeber sich offenkundig über gewisse Tatsachen geirrt hat oder wo sich die Verhältnisse seit Erlass eines Gesetzes in einem solchen Mass gewandelt haben, dass die Vorschrift unter gewissen Gesichtspunkten nicht bzw. nicht mehr befriedigt und ihre Anwendung rechtsmissbräuchlich wird. Angesichts der Tatsache, dass die Schaffung gesetzlicher Grundlagen für die Förderung von Kindern mit erhöhter Begabung derzeit vorangetrieben wird, erachtet es der Erziehungsrat als gerechtfertigt, die Gesetzeslücke bis zum Inkrafttreten entsprechender gesetzlicher Bestimmungen zu füllen. Eine Pflicht der Schulgemeinde zur Zahlung von Beiträgen an die Privatbeschulung eines hochbegabten Kindes ist in diesem Sinn unter folgenden Voraussetzungen zu bejahen: Zunächst müssen die dem öffentlichen Volksschulträger zur Verfügung stehenden Möglichkeiten der Begabtenförderung ausgeschöpft worden sein. Weiter muss erstellt sein, dass die Förderung im Regelklassenunterricht der öffentlichen Volksschule nunmehr unzureichend erfolgen kann. Schliesslich ist die Kostenbeteiligung zur Wahrung der Kostenneutralität mit Blick auf die geltende Rechtslage zu beschränken (Erziehungsrat SG vom 21. Nov. 2001, in: GVP 2001 Nr. 86 E. E. 4). 1255

e) Lückenfüllung durch Berufung auf aufgehobene Gesetzesbestimmungen («nachwirkende Gesetzgebung»)

Praxis:

- **Kürzung von Kinderrenten wegen Überversicherung:** Mit Einführung der Viertelsrente im Rahmen der 2. IV-Revision auf den 1. Jan. 1988 hin erhielt Art. 38bis Abs. 3 IVG seinen heute noch geltenden Wortlaut, wonach der Bundesrat die Einzelheiten regelt, insbesondere die Kürzung von Teilrenten sowie von halben und Viertelsrenten. Der Bundesrat machte von dieser ihm eingeräumten Befugnis mit dem Erlass von Art. 33bis IVV unmittelbar Gebrauch. Die vom 1. Jan. 1988 bis Ende 1996 gültig gewesene Fassung von Abs. 2 der genannten Verordnungsbestimmung sah vor, dass sich die halben und die Viertelsrenten nach dem Verhältnis zur ganzen Rente bemessen. Im Zuge der auf den 1. Jan. 1997 in Kraft gesetzten 10. AHV-Revision erfuhr Art. 33bis IVV indes eine Neuformulierung, indem hinsichtlich der Kürzung der Kinderrenten nach Art. 38bis IVG nunmehr vollumfänglich auf Art. 54bis AHVV verwiesen wird und die hiervor dargelegte Regelung betr. Kürzung von halben und Viertelsrenten nach ihrem Verhältnis zur ganzen Rente ersatzlos entfiel. Bei dieser ausschliesslichen Verweisung auf die Kürzungsvorschriften im AHV-Bereich hat der Bundesrat offenkundig übersehen, dass die Alters- und Hinterlassenenversicherung keine halben oder Viertels-Kinderrenten/-Waisenrenten kennt und folglich für die Bruchteilsrenten der Invalidenversicherung auf Verordnungsstufe seit Anfang 1997 keine spezifische Kürzungsbestimmung mehr besteht. Dass ein Versehen des Verordnungsgebers vorliegen muss, ergibt sich auch aus den Erläuterungen des BSV zur Änderung der IVV im Rahmen der 10. AHV-Revision, wo bezüglich Art. 33bis IVV ausgeführt wird, es würden (lediglich) redaktionelle Anpassungen an die Neuordnung der Kinderrenten vorgenommen. Der geltenden IVV lässt sich demnach keine Antwort auf die sich unvermeidlicherweise stellende Rechtsfrage entnehmen, welche Kürzungsgrenzen bei halben und Viertels-Kinderrenten zu beachten sind. Diese planwidrige Unvollständigkeit stellt eine (echte) Verordnungslücke dar, welche das Gericht nach jener Regel zu schliessen hat, die es als Verordnungsgeber aufstellen würde. Unter den gegebenen Umständen drängt es sich auf, die bestehende Regelungslücke im Sinne der bis Ende 1996 während neun Jahren gültig gewesenen, 1256 versehentlich aufgehobenen Verordnungsbestimmung des Art. 33bis Abs. 2 IVV zu schliessen, welche vorsah, dass sich die halben und die Viertels-Kinderrenten nach dem Verhältnis zur ganzen Rente bemessen (BGE 131 V 233 E. 4.2.1).

f) Lückenfüllung durch Berufung auf Gewohnheitsrecht

1257 Die Lückenfüllung durch Berufung auf Gewohnheitsrecht setzt – nebst dem Vorliegen einer Lücke – eine **längere Zeit andauernde, ununterbrochene** Übung voraus, welche auf der **Rechtsüberzeugung** sowohl der rechtsanwendenden Behörden als auch der vom angewendeten Grundsatz Betroffenen (opinio iuris et necessitatis) beruht (vgl. Rz. 714).

Praxis:

1258 – **Kantonaler Höchstsatz für Konsumkreditkosten:** Der Bundesgesetzgeber hat in Art. 73 Abs. 3 OR die Bekämpfung der Zinsmissbräuche dem öffentlichen Recht (des Bundes oder der Kantone) vorbehalten; entsprechend kann sich darüber kein bundesprivates Gewohnheitsrecht bilden. Eine Lücke, die es zu füllen gälte, besteht gerade nicht. Hat das Bundesprivatrecht bewusst auf eine Regelung verzichtet, enthält es ein qualifiziertes Schweigen, eine negative Norm, welche der Bildung von Gewohnheitsrecht Schranken setzt, da derogierendes Gewohnheitsrecht grundsätzlich unzulässig ist. Bereits aus diesem Grund lässt sich die Auffassung nicht halten, der Maximalzinsfuss sei bundesprivatrechtlich durch Gewohnheitsrecht auf 18 % bestimmt. Die Botschaft des Bundesrates spricht bloss von einer «beinahe zu Gewohnheitsrecht gediehenen Höchstgrenze von 18 Jahresprozenten», wobei sie sich auf BGE 93 II 189 ff. beruft, welchem eine solche Auffassung aber nicht zu entnehmen ist. Das Bundesgericht hatte damals einzig zu beurteilen, ab welchem Mass ein Kreditzins gegen die guten Sitten (Art. 20 OR) verstosse. Es erachtete es dabei als bundesrechtskonform, zum Vergleich das Interkantonale Konkordat vom 8. Okt. 1957 über Massnahmen zur Bekämpfung von Missbräuchen im Zinswesen beizuziehen, welches einen entsprechenden Höchstzinssatz kennt. Das heisst indessen nicht, das Bundesgericht habe diesem Satz gewohnheitsrechtliche Verbindlichkeit beigemessen. Besteht aber mangels zu füllender Lücke im Obligationenrecht kein Raum für bundesprivates Gewohnheitsrecht, könnte sich solches höchstens als öffentliches, kantonales oder eidgenössisches Gewohnheitsrecht bilden. Indessen liegt auch hier eine Lücke nicht vor. Zahlreiche Kantone haben, sei es autonom oder konkordatsrechtlich, entsprechende gesetzliche Vorschriften erlassen. Unter solchen Umständen kann Gewohnheitsrecht, welches zwingend subsidiär ist, nicht entstehen. Die primäre Rechtsquelle des Gesetzes bleibt ausschliesslich anwendbar. Sie wird auch nicht etwa einer durch ihren Rechtsbestand bewirkten langjährigen Rechtsüberzeugung wegen gewohnheitsrechtlich zementiert und damit unabänderlich. Die gegenteilige Auffassung würde von vornherein jeder Praxisänderung zu einer langjährigen Gesetzesauslegung entgegenstehen, was indessen nicht zu vertreten ist. Wo gesetztes Recht besteht, bleibt Raum weder für abweichendes noch für bestätigendes Gewohnheitsrecht (BGE 119 Ia 59 E. 4c und E. 4d).

g) Lückenfüllung durch Berufung auf Verwaltungsverordnungen

1259 Insbesondere **vollzugslenkende Verwaltungsverordnungen** haben nicht nur eine einheitliche, gleichmässige und sachrichtige Praxis des Gesetzesvollzugs sicherzustellen, sondern dienen auch der **Auslegung** und **Lückenfüllung** (vgl. insb. BGE 109 Ib 205 E. 2; BVGer vom 14. April 2009, A-1543/2006, E. 4.5; VerwG ZH vom 13. Juli 2005, VB.2005.00130, E. 2.3; siehe auch Rz. 488 ff.).

Praxis:

- **Tod des schweizerischen Ehepartners während eines Einbürgerungsverfahrens:** Im Bürgerrechtsgesetz fehlt eine Regelung, wie es sich verhält, wenn die Ehe während oder kurz vor einem Einbürgerungsverfahren durch Tod des schweizerischen Ehepartners aufgelöst wird. Es gilt vielmehr, das lückenhafte Gesetz sachgerecht zu ergänzen. Dabei gelten als Massstab die dem Gesetz selbst zu Grunde liegenden Zielsetzungen und Werte. Nach dem angefochtenen Entscheid trifft das BFA praxisgemäss die Unterscheidung, ob der Tod des schweizerischen Ehepartners vor oder während des Einbürgerungsverfahrens eingetreten ist. Im ersten Fall tritt es auf ein Einbürgerungsgesuch ein, wenn schweizerische Kinder aus der Ehe hervorgegangen sind, wenn die Ehe lange gedauert hat (mehr als 10 Jahre) oder wenn zwischen dem Zeitpunkt des Todes und der Gesuchsstellung nur wenig Zeit vergangen ist. Diese Ausnahmemöglichkeit soll grundsätzlich unzumutbare Härten vermeiden und jenen Gesuchstellerinnen und Gesuchstellern zugutekommen, welche im Zeitpunkt des Todes des schweizerischen Ehegatten sämtliche Einbürgerungsvoraussetzungen erfüllten, indessen bis dahin noch kein Gesuch um erleichterte Einbürgerung eingereicht hatten. Beim Tod des schweizerischen Ehegatten während des Einbürgerungsverfahrens wird vom BFA die erleichterte Einbürgerung bewilligt, wenn die Einbürgerungsvoraussetzungen offensichtlich erfüllt sind und die Nichteinbürgerung eine unzumutbare Härte für den Gesuchsteller darstellen würde. Der Gesuchsteller hat durch die Ehe mit der Schweizer Ehefrau eine Vertrauensposition erworben, die er mit deren Tod nicht einfach verlieren soll. Indem die Verwaltung eine Sonderregelung für Härtefälle vorsieht, hat sie die Absicht des Gesetzgebers angemessen umgesetzt. Entsprechend kann die vorliegende Lücke im Sinne der bereits bestehenden Verwaltungspraxis gefüllt werden (BGE 129 II 401 E. 2.4 und E. 2.5). 1260
- **Haltungsnormen für gewisse Nutztiere:** Für gewisse Nutztiere wie beispielsweise für Pferde bestehen nach der Tierschutzverordnung keine weiteren verbindlichen Haltungsnormen, sondern allenfalls Richtlinien des Bundesamtes für Veterinärwesen. Diese Verordnungslücke überbrückt die vom Bundesamt für Veterinärwesen gestützt auf Art. 70 Abs. 1 TSchV erlassene Richtlinie 800.106.06 (2) vom 23. April 2001 zur Haltung von Pferden, Ponys, Eseln, Maultieren und Mauleseln (fortan Richtlinie). Die Richtlinie will die tiergerechte Haltung von Pferden fördern. Sie zeigt auf, wie die allgemein gültigen, tierschutzrechtlichen Bestimmungen für Pferdeartige auszulegen sind, für die derzeit keine verbindlichen Vorschriften existieren. Sie enthält zahlreiche Vorgaben, die verordnungsvertretender Natur sind. Solche Richtlinien stellen eine Ergänzung und Präzisierung der Bestimmungen der Tierschutzgesetzgebung aus der Sicht der Bundesbehörden dar und werden in der Regel unter Beizug externer Experten, Kommissionen und kantonaler Behörden ausgearbeitet. Es kommt ihnen zwar nicht der Charakter eigentlicher Rechtssätze zu, womit sie für den Bürger weder Rechte noch Pflichten begründen und auch für die Justizbehörden nicht verbindlich sind. Im Rahmen der Tierschutzgesetzgebung dienen sie jedoch der allgemeinen Auslegung und Lückenfüllung. Sie werden rechtlich als Verwaltungsvorschriften qualifiziert, die von den kantonalen Behörden im Sinne einer Vollzugshilfe zu beachten sind, um eine dem Einzelfall angepasste und gerecht werdende Auslegung der anwendbaren gesetzlichen Bestimmungen und einen einheitlichen und wirkungsvollen Vollzug zu gewährleisten. Vor allem technischen Richtlinien kommt insoweit eine präzisierende, die Auslegung beeinflussende Auswirkung zu, als sich das Gericht in der Regel wegen des darin verarbeiteten Fachwissens darauf stützt (VerwG ZH vom 13. Juli 2005, VB.2005.00130, E. 2.3). 1261
- **Umtausch und Aberkennung von ausländischen Führerausweisen:** X liess sich im Kanton Solothurn am 13. Sept. 1978 einen Lernfahrausweis für Motorfahrzeuge der Kategorie B ausstellen, welcher bis zum 11. Nov. 1980 verlängert wurde. An zwei theoretischen Prüfungen vom 5. Mai und 23. Juni 1980 hatte er keinen Erfolg. Vom 23. Nov. bis 5. Dez. 1981 besuchte er eine Intensiv-Fahrschule in Grassau/BRD. Am 7. Dez. 1981 bestand er die deutsche Führerprüfung für schwere Motorfahrzeuge. Gestützt auf diese Prüfung wurde ihm der deutsche Führerausweis ausgehändigt. Anschliessend betätigte er sich als Lastwagenführer im Raume Schweiz-Deutschland-Österreich-England. Am 12. Aug. 1982, einen Tag nach seiner Rück- 1262

meldung in Olten, legte X der Motorfahrzeugkontrolle (MFK) Solothurn den deutschen Führerausweis vor und ersuchte um Erteilung eines schweizerischen Führerausweises für die Kategorien B, C und E. Die MFK wies dieses Gesuch am 21. Sept. 1982 ab. Die dagegen erhobene Beschwerde wurde vom Polizeidepartement des Kantons Solothurn am 8. Dez. 1982 abgewiesen. Mit Urteil vom 10. Juni 1983 wies das Verwaltungsgericht des Kantons Solothurn die weitere Beschwerde von X ab, worauf dieser an das Bundesgericht gelangt. Erwägungen: Der Beschwerdeführer macht geltend, das Verwaltungsgericht habe seine Eignung als Fahrzeugführer zu Unrecht in Zweifel gezogen und die Erteilung des entsprechenden schweizerischen Führerausweises von einem mindestens einjährigen Auslandsaufenthalt abhängig gemacht. Damit werde das von Gesetzes wegen eingeräumte Ermessen missbraucht bzw. überschritten. Nach Art. 44 Abs. 3 VZV wird der schweizerische Führerausweis dem Inhaber eines gültigen ausländischen Ausweises der entsprechenden Kategorie grundsätzlich ohne Führerprüfung erteilt. Diese Bestimmung wird gemäss den Richtlinien der Vereinigung der Chefs der kantonalen Motorfahrzeugkontrollen vom 12. Mai 1977 unter anderem durch folgende «Sperrfrist» eingeschränkt (Ziff. 32 Abs. 5): «Eine früher in der Schweiz nicht bestandene Führerprüfung rechtfertigt keine Verweigerung des Umtausches, sofern der ausländische Ausweis während eines Aufenthaltes von mindestens einem Jahr im Ausland erworben wurde.» Wohl kommt diesen Richtlinien kein Gesetzescharakter zu. Sie können jedoch als Meinungsäusserung von Sachverständigen über die Auslegung des Gesetzes im Interesse der rechtsgleichen Behandlung berücksichtigt werden, sofern sie die dem Einzelfall angepasste und gerecht werdende Auslegung des Bundesrechts weder vereiteln noch erschweren und nicht über eine blosse Konkretisierung der bundesrechtlich vorgeschriebenen Voraussetzungen hinausgehen. Ihrer Anwendung auf Fälle der vorliegenden Art steht nichts entgegen. Die erwähnte «Sperrfrist» hat den Zweck, die in Art. 42 Abs. 4 und Art. 45 Abs. 1 VZV erwähnte Umgehung von schweizerischen Vorschriften im Hinblick auf die Anforderungen der Führerprüfung zu erschweren. Sie dient in erster Linie der Verkehrssicherheit, welche durch eine Umgehung der Vorschriften der VZV beeinträchtigt werden kann, wenn die ausländischen Prüfungsvoraussetzungen weniger streng sind. Die genannte Bestimmung hat jedoch selbstständigen Charakter und soll vorbeugend wirken. Sie ist deshalb unabhängig davon anzuwenden, ob die Prüfungsvoraussetzungen im ausländischen Staat im Schwierigkeitsgrad den schweizerischen entsprechen oder ob zusätzlich eine Umgehung der schweizerischen Zuständigkeitsbestimmungen i.S.v. Art. 45 Abs. 1 VZV vorliegt. Im vorliegenden Fall steht fest, dass der Beschwerdeführer in der Schweiz zweimal die theoretische Prüfung nicht bestand. Entgegen seiner Auffassung ist für die Anwendung von Ziff. 32 Abs. 5 der Richtlinien unerheblich, ob sich der Misserfolg bei der Prüfung auf den praktischen oder theoretischen Teil bezog, denn die Führerprüfung gilt in der Schweiz erst als «bestanden» im Sinne der Vorschriften, wenn beide Teile der Prüfung erfolgreich absolviert sind. Erst dann wird der schweizerische Führerausweis erteilt, um den es vorliegend einzig geht. Zu Gunsten des Beschwerdeführers kann davon ausgegangen werden, dass sein «Aufenthalt» in Deutschland vom 20. Nov. 1981 bis 11. Aug. 1982, also knapp 9 Monate dauerte, obwohl er sich erst am 9. Feb. 1982 in Olten abmeldete. Daraus folgt, dass er die Voraussetzung für den Umtausch des deutschen in einen schweizerischen Führerausweis (Auslandsaufenthalt von 12 Monaten) nicht erfüllt (Art. 44 Abs. 3 VZV in Verbindung mit Ziff. 32 Abs. 5 der Richtlinien). Die Verweigerung des Umtauschs ist daher nicht zu beanstanden (BGE 109 Ib 205 E. 2).

h) Lückenfüllung durch Berufung auf allgemeine Rechtsgrundsätze

1263 Allgemeine Rechtsgrundsätze gelten wegen ihrer umfassenden Tragweite sowohl im öffentlichen Recht wie auch im Privatrecht. Sie dienen insbesondere der Lückenfüllung, wobei die vom Privatrecht übernommenen Grundsätze nicht unbesehen auf das öffentliche Recht übertragen werden dürfen (zum Ganzen eingehend Rz. 667 ff.).

Praxis:

- **Bezahlung von Verzugszinsen im Abgaberecht:** Nach der Praxis des Bundesgerichts besteht eine Verzugszinspflicht für öffentlich-rechtliche Geldforderungen auch ohne besondere gesetzliche Grundlage, wenn dies nach allgemeinen Rechtsgrundsätzen, im Hinblick auf die für ähnliche zivilrechtliche Tatbestände geltende Ordnung, gerechtfertigt ist; diese Regel ist allerdings «nicht ausnahmslos» anwendbar, namentlich gilt sie nicht im Recht der eidgenössischen Sozialversicherung (neu: Art. 26 ATSG). Betreffend die Höhe des zu bezahlenden Verzugszinses hat das Bundesgericht seit BGE 93 I 382 ff. einen Zinssatz von 5 % angewendet. Im Sozialversicherungsrecht war bis vor Erlass des ATSG ohne entsprechende gesetzliche Grundlage kein Verzugszins geschuldet, ausser es hätten «besondere Umstände» wie widerrechtliche oder trölerische Machenschaften der Verwaltungsorgane vorgelegen (BGE 119 V 78 ff., 108 V 13 ff., 101 V 114 ff.). Da vorliegend im Gewässerschutzreglement keine gesetzliche Regelung des Verzugszinses enthalten ist, stellt sich die Frage, ob aus dem allgemeinen Rechtsgrundsatz eine Pflicht zur Bezahlung von Verzugszinsen abgeleitet werden kann. Der vom Bundesgericht aufgestellte allgemeine Rechtsgrundsatz der Verpflichtung zur Bezahlung von Verzugszinsen ist ohne gesetzliche Grundlage nicht strikte anzuwenden. Das Bundesgericht selbst macht eine Ausnahme für das Sozialversicherungsrecht und begründet diese mit dem auch in der Leistungsverwaltung gültigen Legalitätsprinzip. Für das Abgaberecht existiert kein höchstrichterliches Präjudiz betr. Verpflichtung zur Leistung eines Verzugszinses ohne gesetzliche Grundlage. Nachdem bei Kausalabgaben mit erhöhten Anforderungen an die gesetzliche Grundlage nach st. gallischem Recht auch nicht von einem privatrechtsähnlichen Tatbestand gesprochen werden kann, wären sachgerecht sowieso nicht die Bestimmungen des OR über den Verzug, sondern jene des Steuergesetzes heranzuziehen. Im Abgaberecht, wo die Erhebung von Abgaben und damit finanzielle Belange im Rahmen der Eingriffsverwaltung detailliert geregelt werden, ist das Legalitätsprinzip in ganz besonderer Weise zu beachten. Dieses steht als verfassungsmässiger Grundsatz über einem allgemeinen Rechtsgrundsatz auf Gesetzesstufe. Hinsichtlich der fehlenden Verzugsregelung ist daher von einem qualifizierten Schweigen des Gewässerschutzreglementes auszugehen, das keinen Raum für die Anwendung des allgemeinen Rechtsgrundsatzes betr. Verzugszinspflicht lässt. Im Übrigen ist es im Kanton St. Gallen üblich, dass kommunale Reglemente ausdrückliche Regelungen der Verzugszinspflicht bei Kausalabgaben enthalten. Die Rekurrentin kann daher mangels gesetzlicher Grundlage nicht zur Leistung eines Verzugszinses verpflichtet werden (Verwaltungsrekurskommission SG vom 21. Juni 2001, in: ZBl 2002 S. 490 E. 2e). 1264
- **Kostenbefreiung nach Art. 343 Abs. 3 OR in öffentlich-rechtlichen Arbeitsstreitigkeiten:** Gemäss § 41 des kantonalen Personalgesetzes (PersG) i.V.m. § 33 Abs. 2 des Verwaltungsrechtspflegegesetzes (VRPG) sind im Beschwerdeverfahren in der Regel dem Unterliegenden Kosten aufzuerlegen. § 41 PersG erklärt nur das Schlichtungsverfahren gemäss § 37 PersG als kostenlos. Im Übrigen wird auf die Bestimmungen des Verwaltungsrechtspflegegesetzes verwiesen. Aufgrund dieser Bestimmungen ergibt sich, dass im Gegensatz zum Schlichtungsverfahren sowohl das Beschwerde- als auch das Klageverfahren grundsätzlich kostenpflichtig sind. Allerdings fragt sich, ob die Regelung von Art. 343 OR, wonach bei Streitwerten unter Fr. 30'000.– keine Kosten auferlegt werden dürfen, analog anwendbar ist. Die Kostenbefreiung unterhalb der Streitwertgrenze von Art. 343 Abs. 3 OR gilt nicht nur für Streitigkeiten aus privatrechtlichen Arbeitsverhältnissen, sondern ist auch bei Streitigkeiten aus öffentlich-rechtlichen Arbeitsverhältnissen verbreitet. Von der Personalrekurskommission des Bundes werden nach konstanter Praxis keine Kosten erhoben, wenn die Streitwertgrenze von Art. 343 Abs. 3 OR nicht erreicht ist; dieselbe Praxis verfolgte das Bundesgericht vor der Schaffung der Personalrekurskommission. Auch § 80b des zürcherischen Verwaltungsrechtspflegegesetzes schreibt explizit die Kostenbefreiung unterhalb der Streitwertgrenze von Fr. 20'000.– vor. Andererseits besteht weder nach dem bernischen Verwaltungsrechtspflegegesetz noch nach der Praxis hierzu eine entsprechende Kostenbefreiung. In Rechtsprechung und Lehre lässt sich – soweit überschaubar – keine Aussage finden, wonach der Kostenbefreiung i.S.v. Art. 343 Abs. 3 OR die Bedeutung eines allgemeinen Rechtsgrundsatzes zukommen würde. Unabhängig davon, ob der umstrittenen Kostenbefreiung der Status eines allgemeinen Rechtsgrundsatzes beigemessen 1265

werden kann, ist wesentlich, dass eine Anwendung nur auf dem Wege der Lückenfüllung in Betracht käme; eine Lücke liegt aber nicht vor. Weiter ergibt sich, dass der Regelung kaum der Status eines allgemeinen Rechtsgrundsatzes beigemessen werden kann. Ebenso wenig kommt Art. 343 Abs. 3 OR eine derart prioritäre Bedeutung zu, dass gestützt darauf geschlossen werden müsste, der Gesetzgeber sei stillschweigend von dessen Anwendbarkeit ausgegangen. Zusammenfassend ergibt sich, dass aufgrund des Gesetzeswortlauts sowie der Materialien, welche je keine gegenteiligen Aussagen enthalten, davon auszugehen ist, dass im Verfahren vor dem Personalrekursgericht keine Kostenbefreiung i.S.v. Art. 343 OR zur Anwendung gelangt. Somit sind auch bei Streitwerten von weniger als Fr. 30'000.– Verfahrenskosten zu erheben. Dieses Resultat mag stossend wirken. Insbesondere erscheint schwer verständlich, weshalb das neue Personalrecht eine breite Anlehnung an das Obligationenrecht sucht, in der Frage der Verfahrenskosten aber davon abweicht. Zuständig für deren Erlass bzw. eine Änderung der Kostenregelung wäre aber einzig der Gesetzgeber (Personalrekurskommission AG vom 17. Dez. 2001, in: AGVE 2001 Nr. 117 E. III 1b/dd).

i) Lückenfüllung durch Berufung auf Völkerrecht

1266 Art. 190 BV hindert die Gerichte nicht daran, nationales Recht in Ausrichtung auf höherrangige (völkerrechtliche) Normen auszulegen sowie Lücken des nationalen Recht durch Berufung auf Völkerrecht zu füllen (BVGer vom 21. Jan. 2010, A-7789/2010, E. 3.1.1; VerwG SZ vom 20. Nov. 2008, in: EGV 2008 B 5.2 E. 4.1).

Praxis:

1267 – **Schadenersatzansprüche gestützt auf Art. 18 des Warschauer Abkommens (WA):** Art. 18 WA äussert sich nicht zur Anspruchsberechtigung. Demgegenüber kann dem Schweizer Recht eine ausdrückliche Regelung der Klageberechtigung entnommen werden. Art. 21 Abs. 1 LTrR sieht vor, dass für Ansprüche gegen den Luftfrachtführer aus Verlust nur klageberechtigt ist, wer über das Frachtgut verfügen kann. Im vorliegenden Fall ist das Verfügungsrecht der absendenden Bank mit der Ankunft der Wertsendung auf dem Flughafen Tallin grundsätzlich untergegangen, sodass gemäss Art. 21 Abs. 1 LTrR auch die Klageberechtigung der Klägerin zu verneinen wäre. Eine derart restriktive Regelung der Klagelegitimation, wie sie vom Schweizer Gesetzgeber getroffen wurde, wird in der Literatur mit guten Gründen abgelehnt. Einerseits ist zu berücksichtigen, dass sich die in Art. 18 WA vorgesehenen Schadenersatzansprüche auf Beförderungen beziehen, denen ein Frachtvertrag zu Grunde liegt. Der Frachtvertrag wird zwischen dem Absender und dem Luftfrachtführer abgeschlossen. Die sich aus dem Frachtvertrag ergebenden Rechte stehen somit in erster Linie dem Absender zu. Mit der restriktiven Regelung der Klageberechtigung in Art. 21 LTrR entzieht der schweizerische Gesetzgeber dem Absender das Recht auf Schadenersatz, auf das er gemäss Art. 18 WA einen völkerrechtlich verankerten Anspruch hat. Es steht daher zum Vornherein in Frage, ob Art. 21 LTrR nicht dem Warschauer Abkommen widerspricht. Andrerseits sprechen auch systematische Überlegungen gegen die in Art. 21 LTrR vorgesehene restriktive Regelung der Klagelegitimation. Gemäss Art. 30 Abs. 3 WA hat der Absender bei Sukzessivbeförderungen neben dem Empfänger einen Anspruch auf Schadenersatz. Wenn aber bei Sukzessivbeförderungen die völkerrechtliche Regelung der Aktivlegitimation (Art. 30 Abs. 3 WA) dem einschränkenderen Landesrecht (Art. 21 LTrR) vorgeht, ist nicht einzusehen, weshalb der Absender bei einer Sukzessivbeförderung in Bezug auf die Klageberechtigung besser gestellt sein soll als bei einer einfachen Beförderung. Es ist daher davon auszugehen, dass in analoger Anwendung von Art. 30 Abs. 3 WA die Klageberechtigung des Absenders zu bejahen ist. Das Handelsgericht hat zutreffend festgehalten, dass den Bestimmungen des Warschauer Abkommens (Art. 18 und 30 Abs. 3 WA) gegenüber den landesrechtlichen Normen (Art. 21 LTrR) der Vorrang einzuräumen ist (BGE 128 III 390 E. 4.2).

7. Bemerkungen

1268 1. Neuerdings wird zu Recht auf **die Unterscheidung zwischen echten und unechten Lücken verzichtet** und eine Lücke als **planwidrige Unvollständigkeit** des Gesetzes bezeichnet, die von den rechtsanwendenden Organen behoben werden darf, wenn die gesetzliche Regelung aufgrund der dem Gesetz zugrunde liegenden Wertungen und Zielsetzungen als unvollständig und daher als ergänzungsbedürftig zu erachten ist, mit anderen Worten keine **rechtspolitische Lücke** im Sinne einer plangemässen Unvollständigkeit des geltenden Rechts vorliegt (BGE 132 III 470 E. 5.2, 131 V 233 E. 4.1, 129 II 438 E. 4.1.2, 129 V 1 E. 4.1.2, 127 V 38 E. 4b/cc und E. 4b/dd; BVGE 2009/61 E. 6.3). Hat der Gesetzgeber eine Rechtsfrage nicht übersehen, sondern stillschweigend – im negativen Sinn – mitentschieden (**qualifiziertes Schweigen**), bleibt ebenfalls kein Raum für richterliche Lückenfüllung (BGE 135 V 279 E. 5.1, 134 V 131 E. 5.2, 132 III 470 E. 5.1, 129 V 1 E. 4.1.1).

1269 2. Die **Abgrenzung im Einzelnen** ist umstritten und wiederum eine Frage der Auslegung der massgeblichen Bestimmungen. Bevor eine ausfüllungsbedürftige (offene) Lücke bzw. planwidrige Unvollständigkeit angenommen werden darf, ist durch **Auslegung** zu ermitteln, ob die Lücke lediglich de lege ferenda vom Gesetzgeber behoben werden kann (**rechtspolitische Lücke**), ob das Fehlen einer ausdrücklichen Anordnung nicht eine bewusst negative Antwort des Gesetzgebers bedeutet und damit ein **qualifiziertes Schweigen** vorliegt, oder ob dem Gesetz darum keine Antwort entnommen werden kann, weil der Wortsinn der Norm zu weit greift und dieser durch eine Reduktion contra verbis legis («teleologische Reduktion») eingeschränkt werden muss, damit eine sachlich befriedigende Antwort vorliegt (vgl. BGE 128 I 34 E. 3b).

1270 3. Eine **offene Lücke** ist erst dann anzunehmen, wenn die gesetzliche Regelung aufgrund der dem Gesetz zugrunde liegenden Wertungen und Zielsetzungen als unvollständig und daher ergänzungsbedürftig zu erachten ist (BGE 132 III 470 E. 5.2, 131 V 233 E. 4.1, 129 II 438 E. 4.1.2, 129 V 1 E. 4.1.2, 128 I 34 E. 3b). Eine offene Lücke liegt sodann auch dann vor, wenn eine teleologische Reduktion des Wortsinns ergibt, dass die positive Ordnung einer Regelung entbehrt, mithin eine verdeckte, aber offene Lücke aufweist, die im Prozess der richterlichen Rechtsschöpfung zu schliessen ist (BGE 128 I 34 E. 3b, 121 III 219 E. 1d/aa). Hingegen ist eine **«Ausnahmelücke»** keine eigentliche Lücke, da sie den Tatbestand abdeckt, dass der Wortlaut einer Norm zu weit gefasst ist und dieser im Sinn einer **teleologischen Reduktion** einzuschränken ist. Die teleologische Reduktion im Sinne einer restriktiven Deutung des über Sinn und Zweck der Regelung hinausschiessenden Wortlauts ist ein Akt der Gesetzesauslegung und gehört zum richterlichen Kompetenzbereich (BGE 128 I 34 E. 3b).

1271 4. Da es sich für ein Gericht häufig als schwierig erweist, bei offenen (gesetzesimmanenten) Lücken **generalisierbare Regeln** – worauf Art. 1 Abs. 2 ZGB ein Gericht bei der Lückenfüllung grundsätzlich verweist – aufzustellen, und darüber hinaus der Fächer der möglichen Lösungen zumeist sehr weit gespannt sein dürfte (VerwG LU vom 8. Nov. 2006, in: ZBl 2007 S. 551 E. 5b), erfolgt die Lückenfüllung vielfach in Anlehnung oder **Analogie** an bestehende gesetzliche Regelungen (VerwG ZH vom 19. April 2000, in: ZBl 2001 S. 91 E. d). Die Lückenfüllung durch Analogieschluss stellt eine wertende Generalisierung in dem Sinn dar, dass die Unterschiede zwischen den gesetzlich geregelten Fällen und den nicht geregelten Fällen nicht gewichtig genug sind, um eine unterschiedliche Behandlung zu rechtfertigen, mit anderen Worten es an sachlichen Gründen für eine Ungleichbehandlung fehlt (BVGE 2009/7 E. 6.3; BVGer vom 10. Dez. 2008, C-3164/2006, E. 2.5). Vielfach können die Inkonsequenzen in den Wertentscheidungen der Rechtsordnung erst dann aufgedeckt werden, wenn die zu beurteilende Angelegenheit nach dem Modell anderer gesetzlicher Vorschriften untersucht und festgestellt wird, dass eine Lücke vorliegt und erst das analogieweise Heranziehen wertungsmässig zu einer sachlich befriedigenden Antwort führt; zugleich wird dergestalt der Weg zur Beseitigung der Lücke geöffnet (BVGer vom 10. Dez. 2008, C-3164/2006, E. 2.5).

1272 5. Entsprechend ist beim **Analogieschluss** nicht immer leicht zu entscheiden, ob sich dieser im Bereich der (extensiven) **Auslegung** oder demjenigen der **Lückenfüllung** bewegt (BGer vom 24. April 2003, 1P.159/2003, E. 2.1; BVGE 2009/30 E. 1.3.4; BVGer vom 10. Dez. 2008, C-3164/2006, E. 2.5). Im öffentlichen Personalrecht ist beispielsweise eine Lücke erst dann zu bejahen, wenn etwas zum Kernbereich des Arbeitsvertragsrechtes gemäss OR gehört, das öffentlich-rechtliche Dienstrecht keine entsprechende Regelung aufweist und in seiner Gesamtheit den OR-Mindeststandard namhaft unterschreitet und damit eine Lücke enthält, die entweder durch kantonales Personalrecht oder durch die entsprechenden Bestimmungen des OR ergänzt wird (BGE 124 II 53 E. 2b; BGer vom 22. Mai 2001, 2A.71/2001, E. 2d). Diese Vorgehensweise setzt allerdings voraus, dass das öffentliche Personalrecht im Lichte der OR-Bestimmungen dahin gehend geprüft wird, ob dieses den OR-Mindeststandard insgesamt namhaft unterschreitet.

1273 6. Eine besondere Form des Analogieschlusses stellt der **Verweis auf noch nicht in Kraft stehende Gesetzesbestimmungen** dar. Da mit Gesetzesvorhaben unter Umständen «nur» eine Konkretisierung des bestehenden Rechtszustandes angestrebt wird oder Lücken des geltenden Rechts gefüllt werden sollen, können Gesetzesentwürfe allenfalls bei der Lückenfüllung berücksichtigt werden. Ein solches Vorgehen bietet sich insbesondere dann an, wenn das geltende System nicht grundsätzlich geändert werden soll. Eher selten berufen sich hingegen Gerichte bei der Lückenfüllung auf **aufgehobene Gesetzesbestimmungen**, da die Überarbeitung und Revision des Gesetzes bestehende Defizite beheben und nicht neue schaffen sollte (für einen Anwendungsfall BGE 131 V 233 E. 4.2.1). Unter Umständen können vorhandene Lücken durch Berufung auf eine **Verwaltungsverordnung** oder eine blosse, nicht schriftlich festgehaltene **Praxis** gefüllt werden, da derartige Richtlinien gerade eine einheitliche, gleichmässige und sachrichtige Auslegung der betreffenden Gesetzesbestimmungen sicherstellen sollen.

§ 5 Grundprinzipien

I. Legalitätsprinzip

1. Begriff

Das Legalitätsprinzip gemäss Art. 5 Abs. 1 BV umfasst im Wesentlichen zwei Aspekte: Nach dem **Grundsatz des Erfordernis des Rechtssatzes** (auch: Rechtssatzvorbehalt [vgl. BGE 129 I 161 E. 2.1, 128 I 113 E. 3b, 123 I 1 E. 2b]) muss jede Staatstätigkeit, namentlich der Erlass von Verfügungen, auf einer genügend bestimmten, generell-abstrakten Grundlage beruhen (BGE 136 I 87 E. 3.1, 135 I 169 E. 5.4.1, 131 II 562 E. 3.1, 126 I 180 E. 2a/bb, 123 I 248 E. 2). 1274

Das **Erfordernis der Gesetzesform** (auch: Normstufe) hingegen verlangt, dass wichtige oder wesentliche Rechtsnormen in die Form eines Gesetzes (im formellen Sinn) zu kleiden sind (BGE 136 I 316 E. 2.4.1, 134 I 125 E. 3.2, 132 I 157 E. 2.2, 126 I 180 E. 2a/aa; ähnlich BVGE 2011/13 E. 15.4). Für einen schweren Eingriff in die Grundrechte ist daher eine klare und eindeutige Grundlage in einem Gesetz notwendig (Art. 36 Abs. 1 Satz 2 BV; vgl. BGE 136 I 1 E. 5.3.1, 133 II 220 E. 2.5, 130 I 360 E. 1.2, 126 I 112 E. 3c, 119 Ia 362 E. 3a, 118 Ia 384 E. 4a; BVGer vom 20. Juni 2011, C-6123/2009, E. 3.2; vom 5. Jan. 2010, B-1092/2009, E. 5.3.1); für leichte Eingriffe genügt eine Verordnung (vgl. BGE 130 I 360 E. 1.2, 109 Ia 188 E. 2, 108 Ia 33 E. 3a). 1275

Das Legalitätsprinzip dient damit einerseits dem **demokratischen Anliegen** der Sicherung der staatsrechtlichen Zuständigkeitsordnung, andererseits dem **rechtsstaatlichen Anliegen** nach Rechtsgleichheit, Berechenbarkeit und Vorhersehbarkeit des staatlichen Handelns (BGE 130 I 1 E. 3.1, 129 I 161 E. 2.1, 128 I 113 E. 3c, 123 I 1 E. 2b; BVGer vom 19. Juli 2010, A-5906/2008, E. 1.3.1; vom 22. Juni 2009, A-1552/2006, E. 2.1; vom 14. April 2009, A-1543/2006, E. 3.1). 1276

Das **Legalitätsprinzip** gilt grundsätzlich **für das ganze Verwaltungshandeln**, ist hingegen – abgesehen von seiner spezifischen Bedeutung im Strafrecht (BGE 118 Ia 137 E. 1c, 112 Ia 107 E. 3a) und im Abgaberecht (BGE 136 I 142 E. 3.1, 132 I 117 E. 4.1, 128 I 317 E. 2.2.1, 122 I 61 E. 2a, 120 Ia 265 E. 2a) – **kein verfassungsmässiges Individualrecht**, sondern ein Verfassungsgrundsatz, dessen Verletzung im Rahmen der subsidiären Verfassungsbeschwerde nicht selbstständig, sondern nur im Zusammenhang mit einem verfassungsmässigen Recht wie dem Grundsatz der Gewaltentrennung, der Rechtsgleichheit oder eines speziellen Grundrechts gerügt werden kann (BGE 130 I 1 E. 3.1, 129 I 161 E. 2.1, 127 I 60 E. 3a, 123 I 1 E. 2b). 1277

2. Geltungsbereich

a) Allgemeines

1278 Das Legalitätsprinzip gilt sowohl in der **Eingriffs**- als auch in der **Leistungsverwaltung** (BGE 134 I 313 E. 5.4, 130 I 1 E. 3.1, 128 I 113 E. 3c, 123 I 1 E. 2b, 103 Ia 369 E. 5; BGer vom 22. Jan. 1988, in: ZBl 1990 S. 27 E. 6a; BVGer vom 14. April 2009, A-1543/2006, E. 7.1.1.1). Ebenso untersteht die **Aufsichtstätigkeit** dem Legalitätsprinzip (BVGer vom 21. April 2011, A-6603/2010, E. 2.3). Die Anforderungen sind herabgesetzt, wenn ein Gemeinwesen **öffentlich-rechtliche Verträge** abschliesst oder im Rahmen der **Informationsverwaltung** (Warnungen, Empfehlungen, Erläuterungen, Stellungnahmen usw.) tätig wird (vgl. BGE 136 I 142 E. 4.1, 129 I 161 E. 2.4, 123 I 1 E. 4d, 118 Ib 473 E. 5).

Praxis:

1279 – **Leistungsverwaltung:** Im Bereich der öffentlichen Abgaben oder der Freiheitsbeschränkungen sind die Anforderungen an eine gesetzliche Grundlage im Allgemeinen sehr streng. Im Bereiche der Leistungserbringung (oder Leistungsverwaltung) sind die verlangten Anforderungen weniger streng. Die Stufe der Norm und ihr Bestimmtheitsgrad hängen von der Art der Massnahme ab. Bei regelmässig wiederkehrenden Sozialleistungen und bei gewissen Subventionen, wo die Beachtung des Legalitätsprinzips die Gleichbehandlung und die Objektivität der Zuteilungskriterien gewährleisten muss, ist es auf jeden Fall erforderlich, die Grundlinien des staatlichen Eingriffs im Gesetz festzulegen, damit das Prinzip der Gewaltentrennung nicht verletzt wird. Dies gilt beim Kreis der Leistungsempfänger, bei der Art und Weise der Festsetzung der Leistung und bei den Voraussetzungen ihrer Zusprechung. Demgegenüber können die konkreten Modalitäten der Leistungen in einer Verordnung geregelt sein (BGE 134 I 313 E. 5.4).

1280 – **Aufsichtstätigkeit des BAKOM:** Eine Aufsichtstätigkeit benötigt, wie jedes staatliche Handeln, eine gesetzliche Grundlage, die hinreichend klar und bestimmt sein muss, um dem Grundsatz der Gesetzmässigkeit und damit den Anforderungen an die Grundsätze rechtsstaatlichen Handelns gemäss Art. 5 Abs. 1 BV zu genügen). Für ihre Aufsichtstätigkeit über das übrige publizistische Angebot (üpA) kann sich das BAKOM auf Art. 86 RTVG abstützen. Ihre Aufsichtsbefugnis umfasst die Überprüfung, ob die dem RTVG unterstellten bzw. konzessionierten Programmveranstalter dieses Gesetz, die Ausführungsbestimmungen, eine allfällige Konzession und die einschlägigen internationalen Übereinkommen einhalten, also eine umfassende Rechtskontrolle. In diesem Rahmen verfügt die Aufsichtstätigkeit der Vorinstanz über eine hinreichend bestimmte gesetzliche Grundlage. Ob die Vorinstanz Art. 86 und 24 f. RTVG richtig angewandt und zu Recht ihre Zuständigkeit bejaht hat, kann aber nicht nur anhand des Gesetzeswortlautes und des Gesetzmässigkeitsprinzips beurteilt werden, vielmehr sind insbesondere die einschlägigen Vorgaben der Bundesverfassung im Rahmen der Auslegung zu berücksichtigen (BVGer vom 21. April 2011, A-6603/2010, E. 2.3).

1281 – **Verwaltungsrechtlicher Vertrag:** Der verwaltungsrechtliche Vertrag ist heute als Handlungsform des Verwaltungsrechts anerkannt und weit verbreitet. Um zu vermeiden, dass das Legalitätsprinzip ausgehöhlt wird, müssen zwei Voraussetzungen kumulativ erfüllt sein. Zunächst muss eine kompetenzgemäss erlassene Rechtsnorm den Vertrag vorsehen, dafür Raum lassen oder ihn jedenfalls nicht ausdrücklich ausschliessen; eine ausdrückliche gesetzliche Ermächtigung ist nicht erforderlich. Weiter muss der Vertrag nach Sinn und Zweck der gesetzlichen Regelung, die er im Einzelfall konkretisiert, die geeignetere Handlungsform sein als die Verfügung. Der Vertragsinhalt darf nicht gegen eine gültige Rechtsnorm verstossen und muss auf einem generell-abstrakten, genügend bestimmten Rechtssatz beruhen, der in Form eines Gesetzes erlassen worden sein muss, wenn es sich um eine wichtige Regelung handelt. Die Anforderungen an die Bestimmtheit des Rechtssatzes sind geringer als bei Verfügungen, sofern das Bedürfnis nach Rechtssicherheit und Rechtsgleichheit wegen der Zustimmung zur Ausgestaltung des Rechtsverhältnisses durch die Privaten als geringfügig erscheint. Auch die Grundlage im Gesetz kann bei Verträgen im Allgemeinen schmaler sein als bei Verfügungen, weil staatliche Eingriffe in die Rechte der Privaten weniger intensiv und damit weniger wichtig sind, wenn die Betroffenen ihnen zustimmen (BGE 136 I 142 E. 4.1).

– **Strafen und Massnahmen:** Eine Strafe oder Massnahme darf nur wegen einer Tat verhängt werden, die das Gesetz ausdrücklich unter Strafe stellt (Art. 1 StGB). Der Grundsatz der Legalität («nulla poena sine lege») ist ebenfalls in Art. 7 EMRK ausdrücklich verankert. Er ergibt sich auch aus Art. 5 Abs. 1, Art. 9 und Art. 164 Abs. 1 lit. c BV (BGE 129 IV 276 E. 1.1.1). Der Grundsatz ist verletzt, wenn jemand wegen eines Verhaltens strafrechtlich verfolgt wird, das im Gesetz überhaupt nicht als strafbar bezeichnet wird; wenn das Gericht ein Verhalten unter eine Strafnorm subsumiert, unter welche es auch bei weitestgehender Auslegung der Bestimmung nach den massgebenden Grundsätzen nicht subsumiert werden kann; oder wenn jemand in Anwendung einer Strafbestimmung verfolgt wird, die rechtlich keinen Bestand hat. Der Grundsatz gilt für das gesamte Strafrecht, mithin auch für das kantonale Übertretungsstrafrecht (BGE 118 Ia 137 E. 1c, 112 Ia 107 E. 3a). Er schliesst eine extensive Auslegung des Gesetzes zu Lasten des Beschuldigten nicht aus (BGE 137 IV 99 E. 1.2, 127 IV 198 E. 3b, 103 IV 129 E. 3a; zum Ganzen BGer vom 17. Nov. 2011, 6B_345/2011, E. 4.1). 1282

– **Kommunale Regelung über die Wohnbauförderung:** Das Legalitätsprinzip gilt für die Gemeinwesen aller Stufen, namentlich auch für die Gemeinden. Ob es für Gemeinden generell nur verminderte Bedeutung hat, ist umstritten. Dem Bundesgerichtsentscheid, den die Vorinstanz anführt – und der in der Lehre übrigens kontrovers diskutiert wird –, ist dies kaum zu entnehmen: Dieser Entscheid, der einen einmaligen kommunalen Beitrag für eine Bachverbauung betrifft, lässt bei Leistungen für Einzelvorhaben allgemeine Ziel- und Aufgabennormen in Verfassung und Gesetz als Rechtsgrundlage genügen. Zwar berücksichtigt das Bundesgericht darin auch die «bisherige kommunale Beitragspraxis» und hält fest, dass an die Gemeinden keine strengeren Massstäbe als an den Kanton angelegt werden dürfen, doch sieht es keine spezifische Lockerung des Legalitätsprinzips für Gemeinden vor (BGer vom 22. Jan. 1988, in: ZBl 1990 S. 27 E. 6; vgl. auch BGE 118 Ia 46 E. 5b, wo ein kantonaler Ausgabenbeschluss nach denselben Leitlinien behandelt wurde). Teile der Lehre machen denn auch keinen Unterschied zwischen der kantonalen und der kommunalen Ebene; andere Stimmen in der Lehre nehmen an, dass das Legalitätsprinzip für die kommunale Leistungsverwaltung nur beschränkte Bedeutung habe. Begründet wird dies erstens mit der demokratischen Legitimation der Ausgabenbeschlüsse, die auf kommunaler Ebene zumindest gleich sei wie jene der formellen Gesetze, zweitens mit der Praktikabilität und mit der beschränkten Kapazität kleinerer Gemeinwesen sowie drittens mit den Besonderheiten der kommunalen Aufgaben. In Bezug auf das erste Argument ist zu beachten, dass das Erfordernis der Gesetzesform und das Erfordernis des Rechtssatzes zugleich rechtsstaatliche Funktionen erfüllen. Was das zweite Argument betrifft – das auch mit Blick auf die kantonale Ebene vorgebracht wird –, so darf es jedenfalls nicht dazu führen, dass die Rechtswirklichkeit unbesehen zur Norm erhoben wird. Zusammenfassend kann festgehalten werden, dass den bedenkenswerten Anliegen, die allen drei Argumenten zugrunde liegen, im Rahmen der konkreten Prüfung Rechnung getragen werden kann, ohne dass von vornherein eine beschränkte Bedeutung des Legalitätsprinzips für die kommunale Ebene angenommen werden müsste (VerwG ZH vom 2. Sept. 2009, VB.2009.00083, E. 7.2.3). 1283

b) Leistungsverwaltung

Da die **Leistungsverwaltung** begünstigt und nicht belastet, sind üblicherweise die **Anforderungen an die Normstufe und -dichte weniger hoch** als in der Eingriffsverwaltung (BGE 134 I 313 E. 5.4, 131 II 361 E. 7.4, 129 I 161 E. 2.2; BVGer vom 26. Mai 2009, D-7792/2006, E. 3.1.3). Es ist im Bereich der Leistungsverwaltung üblich, dass der Gesetzgeber der Exekutive einen grösseren Ermessensspielraum als in der Eingriffsverwaltung zugesteht: Regelmässig ist den Delegationsgrundsätzen bereits Genüge getan, wenn die delegierte Materie und der potenziell betroffene Per- 1284 sonenkreis konkret bestimmt sind (BVGer vom 26. Mai 2009, D-7792/2006, E. 3.1.3). Hingegen bedürfen Massnahmen im Bereich der **Leistungsverwaltung** dann einer **klaren formell-gesetzlichen Grundlage**, wenn sie eine gewisse Intensität aufweisen, wenn dadurch eine gewisse Gruppe von Personen allenfalls zu Lasten einer anderen Gruppe Vorteile erlangt oder wenn sie geeignet sind, Rechte Dritter in schwerwiegender Weise zu verletzen (BGE 131 II 361 E. 7.4).

1285 Die Normstufe und der Bestimmtheitsgrad hängen von der **Art der Massnahme** ab: Für **einmalige Leistungen von geringer Höhe**, bei denen sich zudem keine Probleme der Gleichbehandlung und der Vorhersehbarkeit stellen, können schon **allgemeine (unbestimmte) Ziel- und Aufgabennormen** in Verfassung oder Gesetz eine hinreichende Rechtsgrundlage bilden (BGE 118 Ia 46 E. 5b; VerwG ZH vom 2. Sept. 2009, VB.2009.00083, E. 7.2.2; VerwG BS vom 2. Feb. 2001, in: BJM 2002 S. 198 E. 2d; BJ vom 29. März 1995, in: VPB 60 [1996] Nr. 1 S. 29 ff. [Schaffung einer Kinderkrippe durch den Bund zugunsten seines Personals]; vgl. auch ANDREAS LIENHARD/AGATA ZIELNIEWICZ, Zum Legalitätsprinzip bei Einzelfallsubventionen, in: FS für Paul Richli, Zürich/St. Gallen 2011, S. 459 ff.).

1286 Der in solchen Fällen bestehende weite Handlungsspielraum lässt sich nach dem Bundesgericht unter dem Gesichtswinkel der demokratischen Kompetenzordnung deswegen verantworten, weil das die **(Einzel-)Ausgaben bewilligende Parlament zugleich gesetzgebende Behörde** ist und in den Kantonen bei grösseren Ausgaben zudem noch eine Mitsprachemöglichkeit des Volkes im Rahmen des **Finanzreferendums** besteht (BGer vom 22. Jan. 1988, in: ZBl 1990 S. 27 E. 6a), wobei umstritten ist, ob ein Budgetbeschluss des Parlaments und allenfalls – je nach Höhe der Ausgabe – eine Mitsprachemöglichkeit der Stimmberechtigten eine gesetzliche Grundlage zu ersetzen vermögen (RUDOLF HERTACH, Das Legalitätsprinzip in der Leistungsverwaltung, Zürich 1984, S. 61 ff.).

1287 Sind **regelmässig wiederkehrende staatliche Leistungen** – insbesondere Sozialleistungen oder (wiederkehrende) Subventionen – zu beurteilen, ist in der Regel eine **spezialgesetzliche Normierung** erforderlich, die Voraussetzungen und Zweck dieser Leistungen zumindest in den Grundzügen umschreibt (BGE 134 I 313 E. 5.4, 118 Ia 46 E. 5b; BGer vom 22. Jan. 1988, in: ZBl 1990 S. 27 E. 6a). Dies gilt für den Kreis der Leistungsempfänger, die Art und Weise der Festsetzung der Leistungen und die Voraussetzungen ihrer Zusprechung; demgegenüber können die konkreten Modalitäten in einer Verordnung geregelt sein (BGE 134 I 313 E. 5.4; OG SH vom 24. März 2006, in: AB 2006 S. 110 E. 2c).

1288 Inwieweit sich die Voraussetzungen im Einzelnen in **genügend bestimmter Art und Weise** aus der gesetzlichen Grundlage selbst zu ergeben haben, hängt ferner von **Praktikabilitätsüberlegungen** ab: Allgemein formulierte Förderungsbestimmungen sind als zulässig zu erachten, wenn die Unbestimmtheit in der **Technizität oder Komplexität der Materie** begründet liegt, im Interesse der **Einzelfallgerechtigkeit** oder der Notwendigkeit **flexibler Regelungen** angebracht ist (VerwG ZH vom 2. Sept. 2009, VB.2009.00083, E. 7.4.1; OG SH vom 24. März 2006, in: AB 2006 S. 110 E. 2c). Ferner genügt im Bereich der Leistungsverwaltung bereits eine **feste Behörden- oder Gerichtspraxis** zu einer generalklauselartig umschriebenen Norm, um das Erfordernis der Normdichte zu erfüllen (BGE 129 I 161 E. 2.2, 123 I 1 E. 4b, 111 Ia 31 E. 4). Stützt sich die (ständige) Praxis auf eine (genügend bestimmte) **Ver-**

waltungsverordnung, genügt dies dem Erfordernis der Normdichte (VerwG ZH vom 2. Sept. 2009, VB.2009.00083, E. 7.9.6). Weiter erlaubt die Praxis selbst bei wiederkehrenden Leistungen, dass eine relativ **unbestimmte Regelung des Adressatenkreises kompensiert** werden kann durch eine **bestimmte Regelung von Leistungsart und Leistungsumfang** (und vice versa; vgl. OG SH vom 24. März 2006, in: AB 2006 S. 110 E. 2c).

Bei der **Anstellung im öffentlichen Dienst** dürfen **flexible oder leistungsbezogene Quoten** (als positive Massnahmen) durch ein blosses Reglement oder eine blosse Verwaltungsverordnung eingeführt werden, da der Akzent in erster Linie auf die Fähigkeiten der Kandidaten gelegt wird und die männlichen Kandidaturen nicht von vornherein und automatisch ausgeschlossen sind. Geht es hingegen um **starre oder strikte Quoten**, sind diese angesichts der Schwere der Verletzung, die solche Massnahmen für Stellensuchende des anderen Geschlechts mit sich bringen können, haben sich diese auf eine formell-gesetzliche Grundlage zu stützen (BGE 131 II 361 E. 7.4). 1289

Praxis:

- **Ausrichtung von Kantonsbeiträgen an die Löschwasserversorgung der Gemeinden:** 1290 Art. 35 des kantonalen Brandschutzgesetzes (BSG) bestimmt: «(1) Der Kanton beteiligt sich mit 25 % an den Investitionen für die Löschwasserversorgung der Gemeinden und der von ihnen betrauten Körperschaften. (2) Kantonsbeiträge setzen voraus, dass sich die Investitionen im Rahmen der kantonalen und regionalen Planungen und eines Gesamtkonzepts halten.» Diese Regelung wird in § 53 der Brandschutzverordnung (BSV) näher ausgeführt. In § 53 Abs. 2 BSV werden die subventionierten Kosten im Einzelnen aufgezählt und u.a. festgehalten, dass auch die Erweiterung des Leitungsnetzes für die Versorgung der Hydranten mit Löschwasser beitragsberechtigt ist (lit. f). § 53 Abs. 3 BSV sieht eine Kürzung der Beiträge um 50 % vor, wo die Anlagen und Einrichtungen überwiegend zur Verbesserung der Trink- und Brauchwasserversorgung dienen. In § 53 Abs. 5 BSV wird sodann festgehalten, dass u.a. Betriebs-, Unterhalts- und Reparaturkosten nicht beitragsberechtigt sind (lit. j). Das Obergericht kommt zum Schluss, dass die neue Regelung die heutigen Anforderungen an die gesetzliche Grundlage von Subventionsleistungen erfüllt. Beschlüsse über regelmässig auszurichtende Subventionen, wie sie vorliegend zur Diskussion stehen, bedürfen jedenfalls einer rechtssatzmässigen Grundlage; Stufe und Bestimmtheitsgrad der erforderlichen Regelung hängen aber von der Art der Materie, namentlich davon ab, ob es sich um einmalige oder wiederkehrende staatliche Leistungen handelt. Bei regelmässig wiederkehrenden Leistungen bedarf es für den sachgerechten und rechtsstaatlich befriedigenden Einsatz der Mittel meist einer spezialgesetzlichen Normierung, welche Voraussetzungen und Zweck dieser Leistungen detailliert umschreibt. Für einmalige Vorhaben, bei denen sich keine Probleme der Gleichbehandlung und der Voraussehbarkeit stellen, können dagegen schon allgemeine Ziel- und Aufgabennormen in Verfassung oder Gesetz eine hinreichende Rechtsgrundlage bilden. Hieraus ergibt sich, dass Subventionen als wiederkehrende Leistungen in Hinblick auf Gleichbehandlung und Voraussehbarkeit grundsätzlich einer hinreichend bestimmten Rechtsgrundlage und einer Verankerung in einem formellen Gesetz bedürfen. Inwieweit sich die Leistungsvoraussetzungen im einzelnen aus dem Gesetz selber ergeben müssen, lässt sich der bundesgerichtlichen Rechtsprechung jedoch nicht entnehmen; vielmehr besteht diesbezüglich ein Gestaltungsspielraum, bei dessen Handhabung auch praktische Gesichtspunkte wie Anpassungsfähigkeit, Komplexität und Technizität der Materie berücksichtigt werden dürfen. Unbestimmtheit bei der Festlegung der Begünstigten kann zudem ausgeglichen werden durch bestimmtere Regelung von Leistungsart und -umfang oder umgekehrt. Vorliegend finden sich die grundlegende Bestimmung über die Subventionsberechtigung (Gemeinden und von ihnen betraute Körperschaften) sowie über Voraussetzung, Umfang und Zweck der Subventionsleistung (Beitrag an die Investitionskosten für die Löschwasserversorgung) in genügend bestimmter Form im formellen Gesetz. Diese Regelung wird vom Regierungsrat in

§ 53 BSV näher konkretisiert, wobei die Subventionsberechtigung grundsätzlich auf die erstmalige Erstellung und Beschaffung von Anlagen und Einrichtungen der Löschwasserversorgung beschränkt wurde (Abs. 1). Grundsätzlich wird damit dem Erfordernis der Bestimmtheit des Rechtssatzes Genüge getan (OG SH vom 24. März 2006, in: ABSH 2006 S. 110 E. 2d).

1291 – **Staatlicher Beitrag aus dem Lotteriefonds an einen Verein (infoSekta):** Mit Beschluss vom 6. Feb. 1991 gewährte der Regierungsrat des Kantons Zürich dem Verein infoSekta (Verein Informations- und Beratungsstelle für Sekten- und Kultfragen) aus dem Fonds für gemeinnützige Zwecke einen «Starthilfebeitrag» von Fr. 75'000.–. Der Verein Scientology Kirche rügt eine Verletzung des Legalitätsprinzips. Erwägungen: Die Forderung nach einer formell-gesetzlichen Grundlage wäre begründet, wenn es um die Zulässigkeit einer staatlichen Anordnung ginge, durch die gewisse religiöse Gruppierungen einschneidenden rechtlichen Beschränkungen unterworfen werden. Ein derartiger Eingriff steht hier nicht in Frage. Es geht einzig darum, ob eine an sich durchaus zulässige, ihrerseits durch Grundrechtsgarantien geschützte Tätigkeit eines privaten Vereins durch einen staatlichen Beitrag gefördert werden darf. Die Betätigungsmöglichkeiten der durch das Informations- und Beratungsprogramm dieses Vereins berührten Religionsgemeinschaften werden durch eine solche Beitragsleistung an einen Dritten rechtlich in keiner Weise beschränkt. Es wird lediglich die Aktivität einer anderen Organisation, wie sie so oder so auch ohne Zutun des Staates stattfinden könnte, durch einen einmaligen Staatsbeitrag finanziell unterstützt. Ein schwerer Eingriff in die Religionsfreiheit, welcher allenfalls auf einer ausdrücklichen formell-gesetzlichen Grundlage beruhen müsste, kann hierin nicht erblickt werden. Wohl gilt das Legalitätsprinzip nach heutiger Anschauung nicht bloss im Bereich der Eingriffsverwaltung, sondern, mit gewissen Einschränkungen, auch im Bereiche der Leistungsverwaltung. Demzufolge bedürfen auch staatliche Ausgabenbeschlüsse einer rechtssatzmässigen Grundlage. Stufe und Bestimmtheitsgrad hängen aber von der Art der Materie ab. Bei regelmässig wiederkehrenden staatlichen Leistungen bedarf es für den sachgerechten und rechtsstaatlich befriedigenden Einsatz der Mittel meist einer spezialgesetzlichen Normierung, welche Voraussetzungen und Zweck dieser Leistungen detailliert umschreibt. Dies gilt insbesondere für Sozialleistungen und Subventionen. Für einmalige Vorhaben, bei denen sich keine Probleme der Gleichbehandlung und der Voraussehbarkeit stellen, können dagegen schon allgemeine Ziel- und Aufgabennormen in Verfassung oder Gesetz eine hinreichende Rechtsgrundlage bilden. Massgebend für den hier in Frage stehenden Beitrag ist vorab Art. 5 LG, wonach die den Kantonen zufliessenden Lotteriegelder nur für gemeinnützige oder wohltätige Zwecke und nicht zur Erfüllung öffentlich-rechtlicher gesetzlicher Verpflichtungen verwendet werden dürfen. Bereits diese bundesrechtliche Vorschrift stellt nach herrschender schweizerischer Praxis für Zuwendungen aus dem Lotteriefonds eine hinreichende gesetzliche Grundlage dar. Das zürcherische Finanzhaushaltsgesetz vom 2. Sept. 1979 bestimmt in § 45 seinerseits, dass die dem Kanton ausbezahlten Anteile aus dem Ertrag der Interkantonalen Landeslotterie in einen Fonds zu legen sind und nur für wohltätige oder gemeinnützige Zwecke verwendet werden dürfen. Diese nicht über die bundesrechtlichen Vorgaben hinausgehende Umschreibung belässt der zuständigen Behörde zwar einen weiten Spielraum, der sich aber von der Natur der Sache her rechtfertigen lässt; bei einer detaillierten gesetzlichen Normierung der Beitragsvoraussetzungen vermöchte diese Einrichtung, welche die einzelfallmässige Unterstützung förderungswürdiger Vorhaben ermöglichen will, ihren Zweck nicht richtig zu erfüllen. Die Zuständigkeit des Regierungsrates zur Beschlussfassung über den vorliegenden Beitrag ist gegeben. Nach einer vom Kantonsrat gestützt auf § 45 des Finanzhaushaltsgesetzes erlassenen Regelung ist der Regierungsrat ermächtigt, aus dem Fonds für gemeinnützige Zwecke einmalige Beiträge bis zu Fr. 300'000.– in eigener Kompetenz zu beschliessen, wobei die von ihm selbstständig vorgenommenen Zusprechungen den Gesamtbetrag von 5 Millionen Franken pro Jahr nicht übersteigen dürfen. Der hier in Frage stehende Beitrag hält sich im erwähnten betragsmässigen Rahmen (BGE 118 Ia 46 E. 5).

1292 – **Ausrichtung staatlicher Beiträge an den Besuch privater Schulen:** Die Beschwerdeführer beantragen staatliche Beiträge an den Besuch einer Privatschule. Eine derartige Unterstützung ist im kantonalen Schulgesetz (SchulG) nicht vorgesehen, ergibt sich hingegen aus den Richtlinien, welche der Vorsteher des Erziehungsdepartements erlassen hat. Gemäss § 16 SchulG haben die Primarschulen die Aufgabe, in Ergänzung und Unterstützung der Familienerziehung die körperliche und geistige Entwicklung der Schülerinnen und Schüler so zu fördern, dass diese sowohl den allgemein menschlichen als auch den beruflichen Anforderungen des Lebens gewachsen sind. Die Ausrichtung staatlicher Beiträge an den Besuch einer Privatschule ist gemäss § 16 SchulG zwar nicht verboten, aber auch nicht vorgesehen. Die Beschwerdeführer stützen sich auf Richtlinien zur Förderung besonders begabter Schülerinnen und Schüler an den Schulen des Kantons Basel-Stadt, welche der Vorsteher des Erziehungsdepartements erlassen hat. Diese Richtlinien enthalten auch Ausnahmebestimmungen für Kinder, deren Entwicklung bei einem Verbleib in der Staatsschule nachhaltig gefährdet wäre. Sie formulieren die Voraussetzungen, unter denen die Finanzierung des Besuchs einer privaten Lehranstalt durch den Kanton zulässig sein soll. Diese Richtlinien dienen indes in keiner Hinsicht als gesetzliche Grundlage; sie sind als Weisungen zu betrachten, die im Gegensatz zu Rechtsverordnungen kein objektives Recht darstellen. Bei der dargelegten Rechtslage fehlt es somit an einer gesetzlichen Grundlage, welche die Ausrichtung von staatlichen Beiträgen an den Besuch einer privaten Lehranstalt vorsieht. Zwar sind im Bereich der staatlichen Leistungsverwaltung die Anforderungen an die Bestimmtheit der Norm herabgesetzt, allerdings bedarf es bei immer wiederkehrenden staatlichen Leistungen für den sachgerechten und rechtsstaatlich befriedigenden Einsatz der Mittel meist einer genügend bestimmten spezialgesetzlichen Normierung, welche Voraussetzungen und Zweck dieser Leistung detailliert umschreibt, was vorliegend fehlt. Bei dieser Sachlage genügt eine allgemeine Aufgabennorm, wie sie § 16 SchulG darstellt, rechtlich keinesfalls als Grundlage für die Ausrichtung staatlicher Beiträge an den Besuch einer Privatschule, zumal es um wiederkehrende Leistungen geht und zumal das kantonale Verfassungsrecht (§ 15 aKV/BS) die (direkte oder indirekte) Subventionierung privater Schulen ausdrücklich nicht gestattet. Dieser Mangel kann auch nicht durch eine Verwaltungsverordnung gleichsam kompensiert werden (VerwG BS vom 2. Feb. 2001, in: BJM 2002 S. 198 E. 2d).

– **Berechnung des Landwerts bei der Wohnbauförderung:** Die Berechnung des Landwerts ist im Gesetz nur rudimentär geregelt. Das offen formulierte Gesetz wurde durch Richtlinien bzw. Verwaltungsverordnungen konkretisiert, was vor dem Bestimmtheitsgebot standhält. Massgeblich ist, dass im Bereich der Leistungsverwaltung bereits eine feste Behörden- oder Gerichtspraxis zu einer unbestimmten Norm genügen kann, um das Erfordernis der Normdichte zu erfüllen (mit Hinweis auf BGE 129 I 161 E. 2.2, 111 Ia 31 E. 4). Umso mehr muss dies gelten, wenn eine ständige Praxis sich auf eine hinreichend bestimmte Verwaltungsverordnung stützen kann. Im vorliegenden Fall vermochten die Richtlinien 65 zusammen mit der auf sie gestützten Praxis das Fehlen einer rechtssatzmässigen Grundlage auszugleichen. Ausschlaggebend ist schliesslich, dass die Richtlinien 65 seit ihrem Erlass in ständiger Praxis vom Stadtrat und vom Gemeinderat angewandt werden; Stadt- und Gemeinderat fühlen sich offensichtlich an sie gebunden. Die Richtlinien 65 und die darauf gestützte Behördenpraxis erfüllen damit seit über 40 Jahren ihre Funktion, eine rechtsgleiche Rechtsanwendung sicherzustellen. Angesichts der geringeren Anforderungen, die im Bereich der Leistungsverwaltung an das Legalitätsprinzip zu stellen sind und angesichts der besonderen Umstände im betreffenden Fall (Rechtsverhältnis, welches die Betroffenen freiwillig eingegangen sind), ist das Erfordernis des Rechtssatzes bzw. einer hinreichenden Normdichte durch die betreffenden Gesetzesbestimmungen in Verbindung mit den Richtlinien bzw. in Verbindung mit der darauf gestützten Praxis als erfüllt zu betrachten (VerwG ZH vom 2. Sept. 2009, VB.2009.00083, E. 7.9.6-7.9.8). 1293

c) Nutzung öffentlicher Sachen

Nach ständiger Rechtsprechung kann das Gemeinwesen ohne gesetzliche Grundlage die **über den schlichten Gemeingebrauch hinausgehende Benutzung öffentlicher Sachen** von einer **Bewilligung** abhängig machen (BGE 132 I 97 E. 2.2, 121 I 279 E. 2b, 119 Ia 445 E. 2a, 109 Ia 208 E. 4b, 105 Ia 91 E. 4a; in BGE 135 I 302 E. 3.2 konnte das Bundesgericht diese Frage offen lassen). Danach ersetzt gewissermassen die Sachherrschaft des Gemeinwesens eine gesetzliche Grundlage (BVGer vom 1294

20. Juni 2011, C-6123/2009, E. 3.2.2, betr. Verwaltungsvermögen [Zutrittsausweis zum Medienzentrum Bundeshaus]).

1295 Das Bundesgericht erachtet eine **rechtssatzförmige Regelung**, insbesondere wenn es um die Ausübung von Grundrechten auf öffentlichem Grund geht, als **wünschbar** (BGE 121 I 279 E. 2b, 119 Ia 445 E. 2a). Im Ergebnis hat jedoch das Gemeinwesen das Recht, gestützt auf seine Hoheit über öffentliche Sachen deren Benutzung durch Private «frei» zu regeln; das Bundesgericht sieht somit vom Erfordernis einer gesetzlichen Grundlage für eine Bewilligungspflicht für gesteigerten Gemeingebrauch ab (BGE 132 I 97 E. 2.2; BGer vom 20. Sept. 2005, 1P.336/2005, E. 5.4). Entsprechend kann die zuständige Behörde auch ohne formell-gesetzliche Grundlage die Kriterien festlegen, die sie bei der Erteilung von Bewilligungen anwendet (BGE 121 I 279 E. 2b) oder gestützt auf eine Verwaltungsverordnung die Tätigkeit auf öffentlichem Grund regeln (BVGer vom 29. März 2011, A-7454/2009, E. 10.3 und E. 10.4.1 [Verbot von Plakaten politischen Inhalts auf dem Areal der SBB]).

Praxis:

1296 – **Bewilligungserteilung für Zirkusdarbietungen auf öffentlichem Grund:** Mit Schreiben vom 15. Okt. 1992 an die Administrativen Dienste des Polizei- und Militärdepartements des Kantons Basel-Stadt ersuchte die Circus Gasser-Olympia AG um Erteilung einer Spielbewilligung für das Jahr 1994. Mit Verfügung vom 31. Aug. 1993 lehnte der Gewerbepolizeiliche Dienst der Administrativen Dienste das Gesuch ab. Nach der Bewilligungspraxis des Kantons Basel-Stadt werden jährlich vier Bewilligungen für Zirkusvorstellungen auf der Rosental-Anlage erteilt. Die vier Bewilligungen für die Rosental-Anlage werden seit 1993 so aufgeteilt, dass die zwei Zirkusse Basilisk und Knie jedes Jahr eine Bewilligung erhielten, während die dritte und vierte Bewilligung auf die zehn übrigen interessierten Zirkusse im Turnus verteilt wurde. Das hatte zur Folge, dass die übrigen 10 Zirkusse nur alle fünf Jahre einmal in Basel gastieren konnten. Die Beschwerden gegen diesen Entscheid wurden abgewiesen. Die Beschwerdeführerin rügt vor Bundesgericht das Fehlen einer gesetzlichen Grundlage, um die Inanspruchnahme des öffentlichen Grundes von einer Bewilligung abhängig zu machen. Erwägungen: Gemäss § 23 des baselstädtischen Gesetzes vom 7. Dez. 1933 über das Hausierwesen, die Wanderlager, den zeitweiligen Gewerbebetrieb, die öffentlichen Aufführungen und Schaustellungen sowie das Trödel- und Pfandleihgewerbe (Hausiergesetz) bedürfen öffentliche Aufführungen, Vorstellungen, Konzerte, sportliche Veranstaltungen und dergleichen einer «polizeilichen Bewilligung». Das Gesetz enthält keine Kriterien für die Erteilung oder Verweigerung der Bewilligungen. Nach ständiger Rechtsprechung kann jedoch auch ohne besondere gesetzliche Grundlage die über den Gemeingebrauch hinausgehende Benutzung öffentlicher Sachen von einer Bewilligung abhängig gemacht werden. Umso mehr kann die zuständige Behörde auch ohne formell-gesetzliche Grundlage die Kriterien festlegen, die sie zur Konkretisierung einer formell-gesetzlich festgelegten Bewilligungspflicht anwendet. Im Interesse einer rechtsgleichen und vorhersehbaren Verwaltungspraxis ist zwar eine rechtssatzmässige Normierung der Bewilligungsvoraussetzungen wünschbar, doch macht das Fehlen einer solchen die Verweigerung einer Bewilligung noch nicht verfassungswidrig. Die Rüge der fehlenden gesetzlichen Grundlage erweist sich daher als unbegründet (BGE 121 I 279 E. 2b).

1297 – **Zurverfügungstellung von Werbeflächen für Plakate politischen Inhalts auf dem Bahnhofsareal:** Die SBB AG veranlasste die Entfernung eines Plakates, welches sich inhaltlich gegen die Siedlungspolitik der israelischen Regierung richtete. Sie stützte sich dabei auf Ziff. 1.5 des Reglements über die Grundsätze für die Werbeflächen, welches das Aufhängen von brisanten aussenpolitischen Plakaten verbietet. Das Bundesverwaltungsgericht heisst eine dagegen gerichtete Beschwerde gut. Erwägungen: Was die Zulässigkeit und Voraussetzungen einer Bewilligungspflicht für den fraglichen Plakataushang betrifft, ist Folgendes festzuhalten: In der Lehre wird für die Statuierung einer Bewilligungspflicht zur Ausübung von Freiheitsrechten auf öffentlichem Grund mehrheitlich eine gesetzliche Grundlage verlangt. Das Bundesgericht sprach im Zusammenhang mit der Einführung einer Bewilligungspflicht für gesteigerten Gemeingebrauch von öffentlichen Sachen bereits unter der Herrschaft der Bundesverfassung von 1874 von der «Wünschbarkeit» einer rechtssatzmässigen Grundlage. In neueren Entscheiden betont es jedoch wiederum das Recht der Gemeinwesen, gestützt auf ihre Hoheit über die öffentlichen Sachen deren Benutzung durch Private frei zu regeln und sieht somit vom Erfordernis einer gesetzlichen Grundlage für eine Bewilligungspflicht für gesteigerten Gemeingebrauch ab. Vorliegend hat die SBB AG die Bewilligungspflicht in Ziff. 1.5 des internen Reglements konkretisiert. Wie soeben ausgeführt, ist aufgrund bundesgerichtlicher Rechtsprechung zurzeit eine gesetzliche Grundlage für eine Bewilligungspflicht nicht erforderlich. Dennoch ist wünschenswert, dass ein ohnehin vorhandenes Reglement in Zukunft auch der Öffentlichkeit leicht zugänglich gemacht wird, sodass sich Interessierte im vornherein über die Bewilligungspflicht im Zusammenhang mit dem Plakataushang im Bahnhof ins Bild setzen können. Somit ist vorfrageweise zu prüfen, ob die entsprechende Bestimmung der sich an die Divisionen und Zentralbereiche des Konzerns der SBB richtenden vollzugslenkenden Verwaltungsverordnung mit dem übergeordneten Recht vereinbar ist. Die Vorinstanz stützt das Verbot des Plakats auf Satz 1 von Ziff. 1.5.4 des Reglements, wonach Werbung/Botschaften zu aussenpolitisch brisanten Themen für sämtliche Medien ausgeschlossen sind. Aufgrund der geltenden bundesgerichtlichen Rechtsprechung ist zurzeit für die Bewilligungspflicht in Bezug auf die Benutzung des öffentlichen Grundes für Sonderzwecke keine gesetzliche Grundlage erforderlich und an die Bestimmtheit eines solchen Reglements können daher keine besonders hohen Anforderungen gestellt werden. Es genügt somit sowohl dem Erfordernis des Rechtssatzes wie auch der Gesetzesform (BVGer vom 29. März 2011, A-7454/2009, E. 10.3 und E. 10.4.1; bestätigt in BGer vom 3. Juli 2012, 2C_415/2011).

- **Zutrittsausweis zum Medienzentrum im Bundeshaus:** Am 5. März 2009 sandte die Bundeskanzlei ein Schreiben an den Beschwerdeführer. Darin teilte sie diesem mit, sein derzeit gültiger Ausweis für den Zutritt ins Medienzentrum Bundeshaus und ins Parlamentsgebäude laufe Ende März 2009 ab und müsse deshalb erneuert werden. Die am 1. Jan. 2008 in Kraft getretene Verordnung vom 30. Nov. 2007 über die Akkreditierung von Medienschaffenden (MAkkV), erlassen von der Bundeskanzlei, bringe gewisse Änderungen mit sich, insbesondere werde die Bundeskanzlei keine Zutrittsausweise mehr für Personen ausstellen, die zur Ausübung von Verbands-, PR- oder ähnlicher Tätigkeit Zutritt zum Medienzentrum Bundeshaus oder Parlamentsgebäude benötigten. Akkreditiert würden ferner auf Gesuch hin nur diejenigen Medienschaffenden, welche im Umfang von mindestens 60% einer Vollzeitstelle journalistisch zum Zweck der Information aus dem Bundeshaus tätig seien. Das Gesuch des Beschwerdeführers wurde abgewiesen. Erwägungen: Der Beschwerdeführer rügt, die MAkkV widerspreche dem übergeordneten Recht, insbesondere Art. 17 BV. Die Verweigerung des freien Zutritts zum Medienzentrum Bundeshaus stelle einen Eingriff in die Medienfreiheit dar, für den die MAkkV keine genügende gesetzliche Grundlage bildeten. Nachfolgend ist zu prüfen, wie es sich damit verhält. Vom Schutz der Medienfreiheit erfasst wird grundsätzlich jegliche Form der journalistischen Informationsbeschaffung, unabhängig davon, ob die Informationen allgemein zugänglich sind oder nicht (BGE 137 I 8 E. 2.5). Da der beantragte Zutritt zum Medienzentrum Bundeshaus und Parlamentsgebäude der Beschaffung von journalistisch relevanten Informationen dient, stellt die Nichterteilung des entsprechenden Zutrittsausweises einen Eingriff in die Medienfreiheit dar. Es handelt sich um einen leichten Eingriff, da durch die Nichterteilung des Zutrittsausweises die Informationsbeschaffung aus dem Bundeshaus nicht vollständig verunmöglicht wird. Das Medienzentrum Bundeshaus und das Parlamentsgebäude stehen im Verwaltungsvermögen der Eidgenossenschaft. Die Frage der Zutrittsberechtigung zu diesen Gebäuden betrifft somit ein Nutzungsverhältnis an einer öffentlichen Sache. Auf der formell-gesetzlichen Ebene statuiert Art. 62f RVOG, dass der Bund in seinen Gebäuden das Hausrecht ausübt. Das Gemeinwesen ist nicht ohne Weiteres verpflichtet, Privatpersonen die Nutzung seines Verwaltungsvermögens zu gestatten. In grundrechtsrelevanten Fällen kann sich jedoch für die gesuchstellende Partei – analog zum gesteigerten Gemeingebrauch von Strassen und Plätzen – ein bedingter Anspruch auf Nutzung der Verwaltungssache aus den betroffenen Grundrechten erge- 1298 ben. Akkreditierungsvorschriften normieren die Zutritts- und Informationsrechte von Medienschaffenden in Bezug auf Parlaments-, Verwaltungs- oder Gerichtsgebäude mit dem Zweck, aufgrund knapper räumlicher Ressourcen die Nutzung dieser Gebäude zu regulieren. Mit Blick auf die beschränkten Kapazitäten ist die Frage der Zutrittsberechtigung zum Medienzentrum Bundeshaus mit der Bewilligungspflicht für den gesteigerten Gemeingebrauch vergleichbar. Die Zulässigkeit der Bewilligungspflicht für die jeweilige Grundrechtsausübung wird von der Lehre bejaht. Es wird jedoch darauf hingewiesen, dass nicht nur die Verweigerung einer Bewilligung, sondern bereits das Bewilligungserfordernis als solches eine Grundrechtsbeschränkung darstellt, die gemäss Art. 36 BV einer gesetzlichen Grundlage bedarf. Die Meinung, wonach die Sachherrschaft des Gemeinwesens eine gesetzliche Grundlage gewissermassen ersetze, ist in Anbetracht der grundrechtlichen Relevanz dieses Nutzungsverhältnisses kritisch zu hinterfragen. Vorliegend bildet das in Art. 62f RVOG statuierte Hausrecht des Bundes den Rahmen für diese Rechtsetzungskompetenz des Bundesrates. Da nur eine leichte Einschränkung zur Diskussion steht, ist für den fraglichen Eingriff keine Grundlage auf der Ebene des Bundesgesetzes erforderlich. Zum gleichen Schluss führt Art. 164 Abs. 1 lit. c BV e contrario, indem die Akkreditierung von Medienschaffenden und die damit verbundene Gewährung oder Verweigerung des Zutritts zum Medienzentrum Bundeshaus und Parlamentsgebäude keine grundlegenden Rechte und Pflichten von Privatpersonen betrifft. Die Grundrechtsbeschränkung, welche vorliegend in einem Bewilligungserfordernis besteht, kann folglich direkt, ohne Delegation im formellen Gesetz, auf der Stufe einer Bundesratsverordnung vorgesehen werden. Es ist allerdings erforderlich, dass entweder der Bundesrat selbst diese Vorschriften erlässt, oder dass er die entsprechende Kompetenz an die Bundeskanzlei subdelegiert. Nach Art. 48 Abs. 1 RVOG ist der Bundesrat ermächtigt, die Zuständigkeit zum Erlass von Rechtssätzen auf die Departemente zu übertragen, was vorliegend nicht erfolgt ist. Aus den genannten Gründen kommt das Bundesverwaltungsgericht zum Schluss, dass die MAkkV und damit auch die angefochtene Verfügung einer genügenden gesetzlichen Grundlage entbehrt. Die Beschwerde ist daher gutzuheissen, und die angefochtene Verfügung ist aufzuheben (BVGer vom 20. Juni 2011, C-6123/2009, E. 3.2).

d) Bedarfsverwaltung/Randnutzung von Verwaltungsvermögen/Verwaltung des Finanzvermögens

1299 Die **Bedarfsverwaltung**, die **Randnutzung von Verwaltungsvermögen** sowie die **Verwaltung von Finanzvermögen** charakterisieren sich im Allgemeinen dadurch, dass das Gemeinwesen nur mittelbar eine öffentliche Aufgabe erfüllt und in diesem Bereich auch privatrechtlich handeln kann (für die Bedarfsverwaltung: BGE 134 II 297 E. 2.1, 128 III 250 E. 2b; BGer vom 28. Juni 2010, 4A_116/2010, E. 4.2; für das Finanzvermögen: OG SH vom 9. Nov. 2007, in: ZBl 2008 S. 539 E. 2b; für die Randnutzung von Verwaltungsvermögen: BGE 127 I 84 E. 4b; VerwG ZH vom 8. Dez. 2000, in: ZBl 2001 S. 378 E. 3b; zum Ganzen auch Rz. 138 ff.). Geht es hauptsächlich nur um eine zudienende, untergeordnete Tätigkeit im Rahmen der Erfüllung einer Staatsaufgabe, bedarf diese Art der Nutzung **keiner besonderen formell-gesetzlichen Grundlage**, sondern diese ergibt sich aus der Kompetenz, die betreffende staatliche Aufgabe zu erfüllen (BGE 103 Ib 324 E. 5c).

Praxis:

1300 – **Gebühr für die Reproduktion von Landeskarten:** Auf ein Gesuch, das die Schad + Frey AG im Auftrag des Verkehrsvereins Grindelwald an die Eidgenössische Vermessungsdirektion gerichtet hatte, erteilte die Eidgenössische Landestopografie mit Schreiben vom 17. Juli 1972 die einmalige Bewilligung zur Reproduktion und Veröffentlichung der Wanderkarte 1:25'000 «Grindelwald». Sie nannte die Reproduktionsbedingungen und Gebühren. Die Schad + Frey

AG druckte eine Vorauflage von 3'000 Stück der Wanderkarte. Dafür stellte ihr die Eidgenössische Vermessungsdirektion am 29. März 1973 Rechnung über Fr. 1'114.35, woran die Schad + Frey AG am 29. Mai 1973 Fr. 430.– zahlte. Für eine weitere Auflage der Wanderkarte von 40'000 Stück forderten die Vermessungsdirektion am 29. Aug. 1973 Fr. 14'858.– und die Landestopografie am 13. Aug. 1973 Fr. 4'704.–, was die Schad + Frey AG nicht bezahlte. Da die Schad + Frey AG nur den genannten Betrag von Fr. 430.– bezahlt hatte, beliefen sich die offenen Forderungen der eidgenössischen Ämter auf insgesamt Fr. 20'588.35. In der Folge reichte die Eidg. Finanzverwaltung namens der Schweizerischen Eidgenossenschaft beim Appellationshof des Kantons Bern gegen die Schad + Frey AG eine Klage auf Bezahlung des ausstehenden Betrages ein. Der Appellationshof wies die Klage zurück und verwies die Eidgenossenschaft auf den Verwaltungsweg. Dieses Urteil wurde vom Bundesgericht mit Entscheid vom 25. Nov. 1975 mit der Begründung bestätigt, die Eidgenossenschaft vereinbare die Benützungsbedingungen für Landeskarten mit Privaten nicht privatrechtlich, sondern trete diesen hoheitlich gegenüber. Sie habe darum gegen die Klägerin eine Verfügung zu erlassen. Am 25. Mai 1976 auferlegte die Eidg. Landestopografie der Schad + Frey AG mit einer Verfügung eine Gebühr von Fr. 5'046.–, um damit die Benützung der Landeskarte abzugelten. Gegen diese Verfügung erhebt die Schad + Frey AG Beschwerde beim Bundesgericht. Sie macht im Wesentlichen geltend, für Lizenzforderungen fehle eine gesetzliche Grundlage. Das Bundesgericht weist die Beschwerde ab. Erwägungen: Die Beschwerdeführerin ist der Ansicht, der vom Eidg. Militärdepartement erlassene Tarif für die Wiedergabe von Kartenwerken vom 28. Dez. 1972 könne sich nicht auf eine ausreichende gesetzliche Grundlage stützen. Die Gebühr, welche die Landestopografie ihr in Anwendung dieses Tarifs auferlegt habe, sei daher widerrechtlich. Das Bundesgesetz über die Erstellung neuer Landeskarten enthält keine Bestimmung über die für die Wiedergabe der eidgenössischen Kartenwerke zu erhebenden Gebühren. Die Gebührenpflicht und die Höhe der Gebühren werden dem Grundsatz nach erst in der Verordnung des Bundesrates vom 18. Dez. 1953 betr. die Wiedergabe der eidg. Kartenwerke geregelt. Nach Art. 7 Abs. 1 dieser Verordnung werden für die Erteilung von Bewilligungen für die Reproduktion von Landeskarten Gebühren erhoben, deren Höhe dem Umfang und der Bedeutung der Wiedergabe entsprechen. Mit der Festsetzung des Gebührentarifs wird in Art. 7 Abs. 2 der Verordnung das Eidg. Militärdepartement betraut. Dieses hat am 28. Dez. 1972 einen Tarif für die Wiedergabe von Kartenwerken erlassen, der seit dem 1. Jan. 1973 in Kraft ist. Die Eidg. Landestopografie verfügt somit über keine gesetzliche Grundlage im formellen Sinn, wenn sie Gebühren für die Reproduktion von Landeskarten erhebt. Soweit der Bund die Landeskarten für seinen eigenen, vor allem militärischen Gebrauch herstellt, gehören die Urheberrechte an diesen Karten zu seinem Verwaltungsvermögen. Auch wenn die Landeskarten trotz ihres militärischen Ursprungs durch Schule, Sport, Technik und wissenschaftliche Verbände zum allgemeinen Volksgut geworden sind, kann die Versorgung der Bevölkerung mit Karten nicht als eigenständige Bundesaufgabe betrachtet werden. Der Verkauf von Karten ist vielmehr ein Nebenprodukt der Kartenherstellung für den eigenen Gebrauch des Bundes. Noch weniger erfüllt der Bund eine öffentliche Aufgabe, wenn er Privaten Urheberrechte an Landeskarten für Reproduktionen überlässt. Die Übertragung der Urheberrechte dient dem Bund vor allem durch die damit erzielten Einnahmen. Sie ist somit eine Materie, die vom Bund kein hoheitliches Handeln erfordert. Die Urheberrechte können vielmehr durch privatrechtliche Verträge übertragen werden. Ein öffentlich-rechtliches Verfahren, d.h. die Möglichkeit, einseitig zu verfügen, kann in einem Fall wie dem vorliegenden aber dennoch sinnvoller sein als eine privatrechtliche Regelung, da eine Vielzahl von parallelen Fällen behandelt werden muss. Bei dieser Sachlage durfte der Bundesrat nach pflichtgemässem Ermessen die ihm als zweckmässig erscheinende Regelung für die Übertragung von Urheberrechten an Landeskarten wählen. Wenn der Bundesrat die Übertragung der Urheberrechte an Landeskarten privatrechtlich geregelt hätte, könnte der Private nicht eine formell-gesetzliche Grundlage für die Preise solcher Übertragungen verlangen. Er hätte nur Anspruch darauf, dass die Behörde bei der Abwicklung des Geschäftes nach Grundsätzen, d.h. nach pflichtgemässem Ermessen handelt. Bei einer öffentlichrechtlichen Regelung des gleichen, wahlweise öffentlich-rechtlich oder privatrechtlich zu regelnden Sachverhaltes erscheint es nicht als gerechtfertigt, dem Privaten einen wesentlich höheren Schutz zu gewähren als bei einer privatrechtlichen Abwicklung des Geschäftes. In einem solchen Fall dürfen nicht die strengen Anforderungen an die gesetzliche Grundlage der Gebühr gestellt werden, wie wenn die Materie notwendigerweise hoheitlich geregelt werden muss. In dieser Hinsicht ist die Rechtsprechung betr. die gesetzliche Grundlage von Gebühren zu ergänzen. Bei der öffentlich-rechtlichen Regelung von Geschäften, die auch durch privatrechtliche Verträge getätigt werden könnten, darf die Gebühr in ähnlicher Weise festgesetzt werden wie ein Preis bei der privatrechtlichen Abwicklung des gleichen Geschäftes. Darum kann bei Gebühren, die den Preisen eines privatrechtlichen Geschäftes entsprechen, die Kompetenz der Behörde, das Geschäft (sei es auf privat- oder öffentlich-rechtlicher Basis) zu tätigen, als ausreichende Grundlage für die Gebührenerhebung betrachtet werden. Bei der privatrechtlichen Regelung einer Materie ist nicht zu beanstanden, dass die anzuwendenden Preise in Form einer Preisliste durch die Exekutive oder eine dieser untergeordneten Behörde festgesetzt werden. Darum darf bei der hoheitlichen Abwicklung eines wahlweise privat- oder öffentlich-rechtlich regelbaren Geschäftes eine analoge Festsetzung der Gebühr ebenfalls als ausreichend betrachtet werden. Infolgedessen kann im vorliegenden Fall nicht beanstandet werden, dass Art. 7 der Verordnung betr. die Wiedergabe der eidgenössischen Kartenwerke nur einige allgemeine Grundsätze der Gebührenerhebung enthält, die Ausgestaltung des Gebührentarifs aber dem Eidg. Militärdepartement übertragen wird. Somit muss die Grundlage der Gebühr, welche als Entgelt für die Bewilligung der Reproduktion von Landeskarten verlangt wird, grundsätzlich als ausreichend betrachtet werden, solange die Gebühren nicht über marktgerechte Preise hinausgehen (BGE 103 Ib 324 E. 5c).

e) Besonderes Rechtsverhältnis

1301 Die Regelung der **Rechte und Pflichten von Personen** in einem besonderen Rechtsverhältnis zum Staat bedarf grundsätzlich einer **rechtssatzmässigen Grundlage**, doch hat das **Gesetz im formellen Sinn** lediglich die Begründung des Sonderstatusverhältnisses an sich vorzusehen; die konkrete Ausgestaltung des Verhältnisses darf weitgehend an Exekutivorgane delegiert werden (BGE 135 I 79 E. 6.2, 129 I 12 E. 8.5, 128 I 113 E. 3f, 123 I 296 E. 3, 119 Ia 178 E. 6b). Es genügt ausserdem dem Erfordernis der **Normdichte**, wenn auf allgemeine Weise durch nicht genau festgelegte Rechtsbegriffe die Werte bezeichnet werden, die beachtet werden müssen und die durch individuelle Verfügung konkretisiert werden können (BGE 123 I 296 E. 3). Die Grundsätze des öffentlichen Interesses und der Verhältnismässigkeit sind umso strenger zu prüfen, je schwerer sich die Einschränkungen erweisen und je ungenauer die gesetzliche Grundlage ist (BGE 123 I 296 E. 3, 120 Ia 203 E. 3a, 119 Ia 178 E. 6b).

1302 Nach der neueren Lehre liegt ein **besonderes Rechtsverhältnis** dann vor, wenn eine Person personal, räumlich und bürokratisch-hierarchisch in die staatliche Sphäre eingegliedert ist (BVGer vom 20. Juni 2011, C-6123/2009, E. 3.2.3; MARKUS MÜLLER, Das besondere Rechtsverhältnis, Bern 2003, S. 131 ff.; TSCHANNEN/ZIMMERLI/MÜLLER, § 43, Rz. 25 ff.). Fehlt es hingegen an dieser besonderen Eingliederung in die staatliche Organisation wie beispielsweise bei der Frage des Zutritts von Medienschaffenden zum Medienzentrum im Bundeshaus, handelt es sich um ein schlichtes oder allgemeines Verwaltungsrechtsverhältnis (BVGer vom 20. Juni 2011, C-6123/2009, E. 3.2.3). Die **Lockerung der Anforderungen** an die **Normstufe und -dichte** wird einerseits damit in Zusammenhang gebracht, dass sich die in Kauf zu nehmenden Einschränkungen bereits aus dem besonderen Rechtsverhältnis als solchem ergeben und andererseits damit begründet, dass insbesondere bei freiwillig eingegangenen besonderen Rechtsverhältnissen die Einwilligung die gesetzliche

Grundlage weitgehend substituiert (VerwG SG vom 19. Okt. 2006, in: GVP 2006 Nr. 1 E. 2c/aa).

Gegenüber **öffentlich-rechtlichen Angestellten** können Grundrechte gestützt auf eine unbestimmte, generalklauselartig umschriebene Regelungen eingeschränkt werden (BGE 136 I 332 E. 3.2 [Treuepflicht], 120 Ia 203 E. 3a). In Bezug auf die **Statuierung der Wohnsitzpflicht** wurden zumindest in der Vergangenheit regelmässig keine allzu hohen Anforderungen an das Legalitätsprinzip gestellt (siehe insb. BGE 106 Ia 28 E. 2a). Herabgesetzte Anforderungen gelten typischerweise im **schulischen Disziplinarrecht** (BGE 129 I 12 E. 8.5, 129 I 35 E. 8 und E. 9.1; BGer vom 16. Sept. 2010, 2C_446/2010, E. 5.4, jeweils betr. einen disziplinarischen Schulausschluss) oder bei der Regelung von **Rechten und Pflichten** von **Lehrpersonen** bzw. von **Schülerinnen und Schülern** (BGE 135 I 79 E. 6 und 119 Ia 178 E. 6 [Pflicht zum koedukativen Schwimmunterricht], 123 I 296 E. 3 [Kopftuchverbot]), was selbst bei einem schweren Grundrechtseingriff gilt (BGE 126 I 112 E. 4 [Zwangsmedikation], 123 I 296 E. 3 [Kopftuchverbot]; BGer vom 16. Sept. 2010, 2C_446/2010, E. 5.4 [vorübergehender Schulausschluss]; vgl. auch MÜLLER, a.a.O., S. 24 ff. und S. 44 f.). Eine Verordnung stellt eine genügende gesetzliche Grundlage dar, um die Verteilung eines Rundschreibens des Vereins Psychex an die Patientinnen und Patienten einer psychiatrischen Klinik bewilligungspflichtig zu erklären, selbst wenn die Verordnung keine Kriterien für den Entscheid über die Erteilung oder Verweigerung der Bewilligung enthält (VerwG ZH vom 11. Mai 2000, VB.2000.00066, E. 4b). 1303

Das Bundesgericht hat in mehreren Urteilen, in denen die Rechtsgrundlage für die Anordnung resp. Aufrechterhaltung der **Untersuchungs- bzw. Sicherheitshaft** wegen des besonderen Haftgrundes der **Wiederholungsgefahr** zu prüfen war, es als ausreichend erachtet, dass die jeweils einschlägige kantonale Bestimmung diesen Haftgrund nicht ausdrücklich aufführte und umschrieb, sondern ihn aufgrund einer nicht abschliessenden Aufzählung von andern Haftgründen oder aufgrund der Verwendung unbestimmter Rechtsbegriffe anwandte (BGE 125 I 361 E. 4a). Auch genügen gemäss bundesgerichtlicher Rechtsprechung relativ unbestimmte Bestimmungen in Gefängnisordnungen, um die **Rechte und Pflichten von Strafgefangenen** zu regeln (BGE 124 I 203 E. 2 [Weisung betr. Mitführen von Bargeld bei Besuchen im Betrag von maximal Fr. 20.–], 119 Ia 71 E. 3b [Verbot von Weiterleitung von Briefen mit «ungebührlichem Inhalt»]). 1304

Das Bundesgericht lässt ausserdem zu, dass die **Anstaltsleitung** auch ohne formell-gesetzliche Grundlage im Rahmen der Vollzugskompetenz befugt ist, eine **Anstaltsordnung** zu erlassen, soweit diese zur Wahrung des Anstaltszweckes notwendig ist. Zur Anstaltsordnung gehören etwa die Regelung der Disziplin oder die Organisation der Kurse bzw. Examina, nicht aber die Regelung der Zulassung zu dieser Anstalt durch einen Numerus clausus (BGE 121 I 22 E. 4a). 1305

Vereinzelt erwägt die Rechtsprechung eine **Praxisänderung**, da seit dem Inkrafttreten der Bundesverfassung schwerwiegende Grundrechtseinschränkungen in einem Gesetz selbst vorzusehen sind (Art. 36 Abs. 1 Satz 2), sodass fraglich ist, ob an der bisherigen Rechtsprechung noch festgehalten werden kann (vgl. OG SH vom 9. Sept. 2005, in: AB 2005 S. 151 E. 2c, mit Verweis auf RAINER J. SCHWEIZER, Zur Nachführung des Legalitätsprinzips, in: Mélanges Pierre Moor, Bern 2005, S. 517 ff., insb. S. 527). Das Bundesgericht hat die bisherige Praxis – soweit ersichtlich – fortgeführt 1306 und stellt im Rahmen von besonderen Rechtsverhältnissen nur herabgesetzte Anforderungen an die Normdichte und -stufe (BGE 135 I 79 E. 6.2, 129 I 12 E. 8.5).

Praxis:

1307 – **Dispensation vom gemischtgeschlechtlichen Schwimmunterricht:** Personengruppen, die wie Primarschüler zum Staat in einer besonders engen Rechtsbeziehung stehen (sogenanntes Sonderstatus- oder besonderes Rechtsverhältnis), können sich grundsätzlich ebenfalls auf die Religionsfreiheit berufen. In solchen Fällen hat die formell-gesetzliche Regelung – abgesehen von der Begründung des Sonderstatusverhältnisses selber – allerdings nicht ins Detail zu gehen, sondern darf der Natur des Rechtsverhältnisses entsprechend weit gefasst sein; namentlich darf die Regelung der Einzelheiten an Exekutivorgane delegiert werden (vgl. auch BGE 123 I 296 E. 3). Der Turn- und Sportunterricht ist an allen Volksschulen obligatorisch (Art. 68 Abs. 3 BV, Art. 2 Abs. 2 des Bundesgesetzes über die Förderung von Turnen und Sport). Die damit erfassten Sportfächer werden vom Bundesrecht nicht näher umschrieben. Sie werden indessen im Kanton Schaffhausen durch den Lehrplan bestimmt, der vom Erziehungsrat erlassen wird. Nach dem Lehrplan des Kantons Schaffhausen zählt zum Fachbereich Sport (Unterstufe) der Lernbereich Spiel und Sport im Wasser; eines der Lernziele bildet das Beherrschen einer frei wählbaren Schwimmart. Schwimmen ist somit im Kanton Schaffhausen Teil des obligatorischen Sportunterrichts. Gemäss Art. 62 Abs. 2 BV sorgen die Kantone für einen ausreichenden Grundschulunterricht, der obligatorisch ist und allen Kindern offensteht. Diese Bestimmung trifft keine Unterscheidungen nach der Geschlechtszugehörigkeit der Kinder; es ist daher davon auszugehen, dass von Verfassungs wegen der Grundschulunterricht grundsätzlich gemischtgeschlechtlich erteilt werden kann. Das kantonale Schulgesetz hält in dieser Hinsicht fest, dass beide Geschlechter Anspruch auf gleiche Bildungsmöglichkeiten haben (Art. 19 Abs. 1 SchulG) und dass für Knaben und Mädchen die gleiche Ausbildung anzubieten ist (Art. 22 Abs. 3 SchulG). Da somit auf Stufe der Grundschule keine Trennung der Geschlechter vorgesehen ist, darf bzw. soll auch der obligatorische Schwimmunterricht nach der gesetzlichen Regelung des Kantons Schaffhausen grundsätzlich gemischtgeschlechtlich stattfinden. Dass der Sportunterricht in höheren Klassen bzw. an der Oberstufe im Kanton Schaffhausen nach Geschlechtern getrennt erteilt wird, steht dem nicht entgegen. Angesichts des Sonderstatusverhältnisses, dem die Grundschüler unterstehen, bildet die in Frage stehende kantonale Regelung eine genügend bestimmte gesetzliche Grundlage für den obligatorischen, gemischtgeschlechtlichen Schwimmunterricht an der Unterstufe der öffentlichen Grundschulen im Kanton Schaffhausen (vgl. BGE 135 I 79 E. 6.3-6.5).

1308 – **Verbot des Tragens eines Kopftuchs beim Unterrichten in einer Staatsschule:** In Genf bestimmt Art. 6 des kantonalen Gesetzes vom 6. Nov. 1940 über das öffentliche Unterrichtswesen (LIP), dass der öffentliche Unterricht die Achtung der politischen und konfessionellen Überzeugungen der Schüler und der Eltern garantiert. Ausserdem geht aus den Art. 164 ff. KV/GE hervor, dass dieser Kanton eine klare Trennung von Kirche und Staat kennt. Im Schulbereich wird diese Trennung durch Art. 120 Abs. 2 LIP konkretisiert, wonach die Beamten konfessionell neutral sein müssen und nur beim Lehrkörper der Universität von dieser Bestimmung abgewichen werden kann. Vorliegend betrifft das Verbot des Tragens eines Kopftuches eine Genfer Primarlehrerin, mithin die betroffene Person in ihrer Eigenschaft als Genfer Staatsbeamtin. Nun sind die Beamten einem besonderen staatlichen Gewaltverhältnis unterworfen, in das sie freiwillig getreten sind und an dem sie Interesse finden, was es rechtfertigt, dass die Grundfreiheiten ihnen nur in beschränktem Masse zustehen können. Vor allem ist es nicht erforderlich, dass die gesetzliche Grundlage, welche die Einschränkungen dieser Freiheiten begründen muss, besonders genau ist. Denn die Vielfalt und die Verschiedenheit der täglichen Beziehungen zwischen dem Bediensteten und der Behörde, der er untersteht, schliessen es aus, dass die zu beschränkenden oder zu verbietenden Verhaltensweisen in einer erschöpfenden Aufstellung vorgesehen werden können. Es genügt deshalb, wenn das Gesetz auf allgemeine Weise, durch nicht genau festgelegte Rechtsbegriffe, die Werte bezeichnet, die beachtet werden müssen und die durch Verordnung oder individuelle Verfügung konkretisiert werden können. Hingegen müssen die Beschränkungen der Grundrechte in ihrem Inhalt durch das Ziel und das reibungslose Funktionieren der Institution gerechtfertigt sein. Im vorliegenden Falle konkretisiert das der Beschwerdeführerin auferlegte Verbot, ein klar die Zugehörigkeit zu einer bestimmten Religion bezeichnendes Kopftuch zu tragen, den in den vorerwähnten Bestimmungen ausgedrückten, vermehrten Willen des Genfer Gesetzgebers, im Schulwesen die Grundsätze der religiösen Neutralität und der Trennung von Kirche und Staat zu beachten. Deshalb stützt sich der angefochtene Entscheid auf eine genügende gesetzliche Grundlage, selbst wenn er einen schweren Eingriff in die Religionsfreiheit der Beschwerdeführerin beinhalten würde. Man könnte sich schliesslich fragen, ob ein Kanton sich direkt auf Art. 27 Abs. 3 aBV stützen kann, um seinen Lehrern anzuordnen, die religiöse Neutralität der Schule auch in ihrer äussern Erscheinung zu beachten, oder ob er diesbezüglich notwendigerweise über eine kantonale Vorschrift verfügen muss. Diese Frage kann indessen offenbleiben, da die Genfer Gesetzgebung eine solche gesetzliche Grundlage enthält (BGE 123 I 296 E. 3 = Pra 87 [1988] Nr. 47).

– **Numerus clausus:** Der Regierungsrat des Kantons Zürich beschloss am 10. Aug. 1994 mittels einer Verordnung eine Zulassungsbeschränkung zum Medizinstudium an der Universität Zürich. Dagegen wird Beschwerde an das Bundesgericht erhoben. Erwägungen: Der Regierungsrat bringt in seiner Vernehmlassung vor, er anerkenne, dass die Einführung eines allgemeinen Numerus clausus nach der Rechtsprechung des Bundesgerichts einer formellen Grundlage im kantonalen Recht bedürfe; er habe dem Kantonsrat am 2. Juni 1993 und 10. Aug. 1994 denn auch in diesem Sinn Antrag gestellt. Beim angefochtenen Beschluss habe er sich nicht auf das Unterrichtsgesetz gestützt, sondern auf Art. 37 KV/ZH, wonach er die oberste kantonale Vollzugs- und Verwaltungsbehörde sei. Er könne aus dieser Bestimmung zwar keine allgemeine Rechtsetzungskompetenz ableiten, doch ergebe sich für ihn daraus das Recht und die Pflicht zu handeln, wenn ein Eingreifen zwingend geboten erscheine. Nach dem Voranmeldungstermin für das Medizinstudium vom 1. Juni 1994 sei bekannt geworden, dass die Zahl der Studienbewerber in Medizin noch einmal erheblich zunehmen und die obersten Kapazitätsgrenzen der Universität mit grösster Wahrscheinlichkeit überschreiten werde. Die im Hinblick auf die Einführung des Numerus clausus für die Gesetzesänderung notwendige Volksabstimmung habe frühestens Anfang 1995 erwartet werden können, das heisst zu einem Zeitpunkt, an dem das Wintersemester 1994/95 schon fast vorbei gewesen wäre. In dieser Situation sei er gezwungen gewesen, geeignete Massnahmen zu treffen, da ansonsten an der Universität eine unhaltbare Situation entstanden wäre. Das Bundesgericht führt Folgendes aus: Die Einführung einer Zulassungsbeschränkung, auch wenn diese fachlich und zeitlich limitiert ist, geht über die Wahrnehmung einer blossen Vollzugskompetenz hinaus: Das Gesetz vom 23. Dez. 1859 über das gesamte Unterrichtswesen sieht einen Numerus clausus ebenso wenig vor wie die einschlägigen Bestimmungen des Reglements vom 17. Jan. 1967 für die Studierenden und Auditoren der Universität Zürich. Zwar handelt es sich bei der Universität um eine öffentlich-rechtliche Anstalt, in deren Rahmen der Benützer in ein besonderes Rechtsverhältnis zum Gemeinwesen tritt, doch gilt das Legalitätsprinzip für wichtige Fragen auch hier. Zur Anstaltsordnung, zu deren Normierung die Anstaltsleitung oder die Exekutive allenfalls auch ohne ausdrückliche formellgesetzliche Grundlage befugt ist, soweit sich dies zur Wahrung des Anstaltszwecks als nötig erweist, gehören etwa die Regelung der Disziplin und die Organisation der Kurse beziehungsweise der Examina. Eine Kompetenz der Exekutivorgane, nicht nur die Modalitäten, sondern auch die Zulassung als solche zu regeln, lässt sich aus dem Anstaltszweck dagegen regelmässig nicht ableiten. Die Einführung eines Numerus clausus stellt ferner einen gewichtigen Einbruch in die bisherige Zulassungspraxis nicht nur an der Universität Zürich, sondern an den schweizerischen Universitäten schlechthin dar und greift derart in die Rechtsstellung der künftigen Anstaltsbenützer ein, dass der Entscheid, ob und in welcher Ausgestaltung zu dieser Massnahme gegriffen werden soll, nicht dem Regierungsrat überlassen bleiben kann. Es ist Aufgabe des Gesetzgebers, zumindest die Grundzüge einer entsprechenden Regelung festzulegen (BGE 121 I 22 E. 4a). 1309

f) Verwaltungsrechtliche Verträge

1310 Der verwaltungsrechtliche Vertrag ist heute als **Handlungsform des Verwaltungsrechts anerkannt** (vgl. auch Rz. 2940 ff.). Um zu vermeiden, dass das Legalitätsprinzip ausgehöhlt wird, müssen **drei Voraussetzungen kumulativ** erfüllt sein. **Erstens** hat die gesetzliche Grundlage den Vertrag vorzusehen, dafür Raum zu lassen oder ihn jedenfalls nicht ausdrücklich auszuschliessen; eine ausdrückliche gesetzliche Ermächtigung ist demnach nicht erforderlich (BGE 136 I 142 E. 4.1, 136 II 415 E. 2.6.1, 105 Ia 207 E. 2a, 103 Ia 31 E. 2b, 103 Ia 505 E. 3a; BGer vom 2. Nov. 2010, 1C_61/2010, E. 3.2; vom 14. Dez. 2005, 2P.136/2005, E. 3.2; BVGer vom 8. Nov. 2010, C-4679/2007, E. 4.1.3; VerwG GR vom 22. Feb. 2011, S-09-54A, E. 3b; zum Ganzen Rz. 2965 ff.). Keinen Raum für vertragliche Vereinbarungen besteht, wenn nach Sinn und Zweck des Gesetzes die Ausgestaltung des Rechtsverhältnisses im Einzelfall durch Verfügung erfolgen muss oder wenn das Gesetz eine zwingende, abschliessende Regelung enthält, die der Behörde keine Handlungsfreiheit belässt (BGer vom 14. Dez. 2005, 2P.136/2005, E. 3.2; BVGer vom 14. Sept. 2009, C-1107/2006, E. 4.1; VerwG GR vom 22. Feb. 2011, S-09-54A, E. 3b).

1311 **Zweitens** muss der Vertrag nach Sinn und Zweck der gesetzlichen Regelung, die er im Einzelfall konkretisiert, die geeignetere Handlungsform sein als die Verfügung (BGE 136 I 142 E. 4.1; BGer vom 13. März 2006, 1A.266/2005, E. 2.4; VerwG GR vom 22. Feb. 2011, S-09-54A, E. 3b).

1312 **Drittens** darf der Vertragsinhalt nicht gegen eine gültige Rechtsnorm verstossen. Es dürfen keine Zugeständnisse gemacht werden, für die es keine gesetzliche Grundlage gibt (VerwG GR vom 22. Feb. 2011, S-09-54A, E. 3b). Der Regelungsgegenstand muss auf einem generell-abstrakten, genügend bestimmten Rechtssatz beruhen, der in Form eines Gesetzes erlassen worden sein muss, wenn es sich um eine wichtige Frage handelt. Die Anforderungen an die Bestimmtheit des Rechtssatzes sind geringer als bei Verfügungen, sofern das Bedürfnis nach Rechtssicherheit und Rechtsgleichheit wegen der Zustimmung zur Ausgestaltung des Rechtsverhältnisses durch die Privaten als geringfügig erscheint. Auch die Grundlage in einem formellen Gesetz kann bei Verträgen im Allgemeinen schmaler sein als bei Verfügungen, weil staatliche Eingriffe in die Rechte der Privaten weniger intensiv und damit weniger wichtig sind, wenn die Betroffenen ihnen zustimmen (BGE 136 I 142 E. 4.1, 136 II 415 E. 2.6.1, 129 I 161 E. 2.2; VerwG ZH vom 2. Sept. 2009, VB.2009.00083, E. 7.4.4; RR LU vom 14. Dez. 2010, in: LGVE 2010 III Nr. 11 E. III 1).

1313 In Bezug auf **Erschliessungsabgaben** erscheint es zulässig, wenn Private gegenüber einer Gemeinde auf dem Vertragsweg einen höheren Beitragssatz akzeptieren als im kommunalem Reglement vorgesehen, solange sie gesamthaft nicht mehr als den voraussichtlichen Gesamtaufwand der Erschliessung übernehmen. Im Übrigen erachten Rechtsprechung und Lehre verwaltungsrechtliche Verträge über die Abgabepflicht im Hinblick auf die Erschliessung von Bauland grundsätzlich als zulässig, sofern damit keine eigentliche Abgabevergünstigung bezweckt wird und die vertraglich vereinbarten Leistungen auf einer gesetzlichen Grundlage beruhen (BGE 136 I 142 E. 4.2, 105 Ia 207 E. 2a, 103 Ia 505 E. 3b; RR LU vom 14. Dez. 2010, in: LGVE 2010 III Nr. 11 E. III. 2). Sollen in einem verwaltungsrechtlichen Vertrag einen Ausgleich von planungsbedingten Vorteilen oder eine Lenkungsabgabe zur Beschränkung des Zweitwohnungsbaus festgelegt werden, bedarf dies einer kantonalen oder kommunalen

Gesetzesgrundlage (BGer vom 4. Jan. 2010, 1C_363/2009, E. 3; RR LU vom 14. Dez. 2010, in: LGVE 2010 III Nr. 11 E. V. 5). Anders liegen die Dinge, wenn die Lenkungsabgabe vereinbart wird mit der Bedingung, die Abgabe entfalle und müsse nachträglich zurückerstattet werden, wenn die mit der Planungszone in Aussicht genommene gesetzliche Grundlage nicht geschaffen werde. In diesem Fall bildet der verwaltungsrechtliche Vertrag eine rechtlich zulässige Grundlage für die vorläufige Abgabenerhebung (BGE 136 I 142 E. 4.3).

Praxis:

- **Öffentlich-rechtliche Anstellung durch Vertrag; Festsetzung der Besoldung einer Kindergartenlehrerin durch Vereinbarung:** Eine Kindergartenlehrerin wurde nicht durch Verfügung, sondern mittels einem öffentlich-rechtlichen Vertrag angestellt. Das Legalitätsprinzip verlangt, dass die angewendeten Rechtssätze eine angemessene Bestimmtheit aufweisen, wobei aber das Gebot der Bestimmtheit nicht in absoluter Weise verstanden werden kann. Unbestimmte Regelungen können insbesondere dann genügen, wenn ein Rechtsverhältnis zur Diskussion steht, welches die Betroffenen freiwillig eingegangen sind oder bei dem die Rechte und Pflichten zwischen Staat und Privaten frei ausgehandelt werden können. Schliesslich kann dem Bedürfnis nach Rechtsgleichheit auch durch eine gleichmässige Behördenpraxis entsprochen werden. Vorliegend wurde in einer Verordnung des Grossen Rates des Kantons Graubünden lediglich der Minimallohn für Kindergärtnerinnen festgesetzt. Unbestritten hat ferner die Stadt Chur die konkrete Festsetzung der Besoldung nicht in einem Rechtssatz festgelegt. Sie stützt sich vielmehr auf eine vom kantonalen Erziehungs-, Kultur- und Umweltschutzdepartement erlassene Gehaltstabelle, in welcher für Stellvertretungen ein Ansatz von Fr. 58.75 pro Stunde empfohlen wird, basierend auf einem Jahreslohn von Fr. 48'386.–, einem Wochenpensum von 20 Stunden und 38 Schulwochen pro Jahr. Es kann offenbleiben, ob diese Gehaltstabelle, verbunden mit dem von der Beschwerdegegnerin angerufenen Art. 46 des städtischen Schulgesetzes, eine genügende gesetzliche Grundlage darstellt. Die Beschwerdeführerin ist nicht durch Verfügung, sondern durch einen Vertrag angestellt worden. Dieser ist vom Verwaltungsgericht als öffentlich-rechtlicher Vertrag qualifiziert worden, was die Beschwerdeführerin nicht beanstandet. Zum Wesen eines Vertrages über eine Arbeitsleistung gehört an sich, dass das Gehalt vereinbart wird. Ein vertraglich vereinbartes Gehalt kann auch im öffentlich-rechtlichen Dienstverhältnis eine rechtssatzmässige Festsetzung der Besoldung ersetzen, jedenfalls dann, wenn der Vertrag seitens der privaten Partei wissentlich und freiwillig eingegangen worden ist. Vorliegend haben freilich die Parteien kein Gehalt vereinbart. Dies kann indessen nicht ohne Weiteres zur Folge haben, dass der maximal denkbare oder zulässige Lohn bezahlt wird. Im Privatrecht wird mangels einer vertraglichen Vereinbarung derjenige Lohn geschuldet, der «üblich» ist (Art. 322 Abs. 1 OR). Analoges muss mangels einer anderen anwendbaren Regelung auch im öffentlichen Recht gelten. Das Verwaltungsgericht hat ausgeführt, die Beschwerdegegnerin habe in langjähriger Praxis sämtliche Stellvertretungen nach dem in der kantonalen Gehaltstabelle empfohlenen Stundenansatz entschädigt. Dies wird auch von der Beschwerdeführerin nicht bestritten. Wenn ein Gemeinwesen in jahrelanger Praxis eine bestimmte Besoldung bezahlt, dann kann diese zumindest in vertraglichen Verhältnissen grundsätzlich als Ausdruck des Üblichen betrachtet werden und mangels einer rechtssatzmässig festgelegten Besoldungsregelung Anwendung finden. Anders verhielte es sich nur dann, wenn diese Besoldung an sich verfassungswidrig, namentlich rechtsungleich wäre, was vorliegend hingegen verneint werden kann (BGE 129 I 161 E. 2.2-2.5). 1314
- **Behandlung von Patienten in einem öffentlichen Spital:** Die Behandlung von Patienten in einem öffentlichen Spital gilt als Erfüllung einer öffentlichen Aufgabe, wobei der Patient zum Spital in ein öffentlich-rechtliches Verhältnis tritt. Das Rechtsverhältnis zwischen öffentlichem Spital und Patienten untersteht damit also grundsätzlich dem öffentlichen Recht. Daran ändert sich auch dann nichts, wenn das Spital – wie vorliegend das Kantonsspital – nicht öffentlich-rechtlich, sondern privatrechtlich organisiert ist. Denn soweit ein Verwaltungsträger unmittel- 1315

bar Verwaltungsaufgaben erfüllt, ist er in seinem Handeln materiell und formell an das anwendbare Verwaltungsrecht gebunden – und zwar unabhängig davon, ob er öffentlich-rechtlich organisiert ist oder ein Privatrechtssubjekt verkörpert. Mit der Aufnahme in ein öffentliches Spital wird entsprechend ein öffentlich-rechtliches Benützungsverhältnis zwischen Patient und Spital begründet. Nach traditioneller Auffassung erfolgt diese Begründung durch Verfügung. Nach neuerer Lehre soll dagegen ein verwaltungsrechtlicher Vertrag vorliegen, weil die Spitalbehandlung ein konstitutives Einverständnis des Patienten voraussetze. Daraus ergebe sich, dass der Vertrag das angemessene Handlungssystem für die ärztliche Behandlung darstelle, und zwar nicht nur für die inhaltliche Ausgestaltung der medizinischen Behandlung, sondern bereits für die Zulassung zum Spital. Die Zulässigkeit solcher verwaltungsrechtlicher Verträge unter den folgenden kumulativen Voraussetzungen ist heute unbestritten: (1.) Das Gesetz muss die Vertragsform ausdrücklich oder stillschweigend zulassen: Ausdrücklich ausgeschlossen ist die Vertragsform, wenn das Gesetz zur Regelung eines Rechtsverhältnisses die Verfügung vorsieht. Ein stillschweigender Ausschluss liegt vor, wenn das Gesetz eine detaillierte abschliessende Regelung vorsieht und der Behörde keine Handlungsfreiheiten belässt (kein Ermessen), oder wenn ein Ermessenstatbestand nach Sinn und Zweck des Gesetzes oder mit Rücksicht auf rechtsstaatliche Grundsätze einseitig konkretisiert werden muss. Das hier zu prüfende Rechtsverhältnis zwischen öffentlichem Spital und seinen Patienten wird im Rahmen der obligatorischen Krankenversicherung durch das Bundesgesetz über die Krankenversicherung (KVG) und im Falle von Zusatzversicherungen durch das Versicherungsvertragsgesetz (VVG) geregelt. Beide Bundesgesetze sehen keine Verfügungsbefugnis für den Leistungserbringer gegenüber dem Versicherten vor, sodass insofern die Vertragsform nicht ausgeschlossen ist. Das kantonale bündnerische Recht enthält sodann keine Bestimmungen zur Rechtsbeziehung zwischen öffentlichem Spital und dessen Patienten. (2.) Es müssen sachliche Gründe bestehen, welche die Vertragsform gegenüber der Verfügung als die angemessenere Handlungsform ausweisen: Raum für einen Vertrag verbleibt nur dort, wo das Gesetz nach seinem Sinn und Zweck der einvernehmlichen Konkretisierung bedarf (zulässige Vertragsmotive). Drei Motive stehen dabei im Vordergrund: Dauerhafte Bindung, konsensuale Konkretisierung eines erheblichen Ermessensspielraums und einvernehmliche Beilegung eines Konflikts. Die Verwaltung besitzt somit keine Wahlfreiheit zwischen Verfügung und Verwaltungsvertrag. Ein verwaltungsrechtlicher Vertrag kommt dort zum Zuge, wo er seiner Struktur nach geeignet erscheint bzw. erforderlich ist, um eine Verwaltungsaufgabe optimal zu erfüllen. (3.) Der Vertragsinhalt muss rechtmässig bleiben: Der Vertragsinhalt darf nicht gegen Verfassung, Gesetz oder Verordnung verstossen. Es dürfen keine Zugeständnisse gemacht werden, für die es keine gesetzliche Grundlage gibt. Bei einem Behandlungsverhältnis zwischen Patient und Spital bestehen zweifellos sachliche Gründe, die die Vertragsform geeigneter als eine Verfügung erscheinen lassen. Massgebend für die Differenzierung zwischen der Vertrags- und der Verfügungsform staatlichen Handelns ist jedoch nicht alleine die Eignung der Vertragsform zur Regelung einer Verwaltungsaufgabe, sondern – weil gerade keine Wahlfreiheit der Verwaltung, sondern lediglich ein Ermessen besteht – die Erforderlichkeit, ein Rechtsverhältnis vertraglich zu regeln. Da bereits zur Einweisung in ein Spital das konstitutive Einverständnis des Patienten vorausgesetzt ist, ist von einem vertraglichen Verhältnis zwischen öffentlichem Spital und seinen Patienten und nicht von einem hoheitlichen Handeln seitens des öffentlichen Spitals auszugehen. In Notfällen ist von einer hypothetischen Einwilligung auszugehen. Im Weiteren kann ein Patient die Beziehung zum Spital in verschiedener Hinsicht beeinflussen und gestalten (Selbstbestimmungsrecht des Patienten hinsichtlich Behandlung, Verpflegung, Betreuung, Abteilung usw.). Entsprechend ist mit der neueren Lehre davon auszugehen, dass das Rechtsverhältnis zwischen Patient und öffentlichem Spital als verwaltungsrechtlicher Vertrag ausgestaltet ist. Dass dieses vertragliche Verhältnis dabei rechtmässig bleiben und sich in den Grenzen des Gesetzes bewegen muss, versteht sich von selbst. Zusammenfassend ist somit festzuhalten, dass das Behandlungsverhältnis zwischen Patienten und dem Kantonsspital Graubünden dem öffentlichen Recht untersteht. Da eine konstitutive Einwilligung der Patienten für die Begründung und den Inhalt des Behandlungsverhältnisses vorauszusetzen ist und daher ein hoheitliches Handeln des öffentlichen Spitals mittels Verfügung nicht zulässig ist – gegenseitig übereinstimmende Willensäusserungen als zentrales Merkmal des Vertragsbegriffs und als zentrales Abgrenzungselement gegenüber der Verfügung –, wird das Verhältnis zwischen den Patienten und dem Kantonsspital durch verwaltungsrechtlichen Vertrag begründet. Das vertragliche Verhältnis zwischen öffentlichem Spital und Patienten (Spitalaufnahmevertrag) ist als Innominatvertrag mixti iuris sui generis mit Elementen aus Auftrag, Miete, Kauf und Werkvertrag zu qualifizieren. Infolgedessen ist das Kantonsspital nicht befugt, aus dem Behandlungsverhältnis hervorgehende umstrittene Ansprüche hoheitlich durch Verfügung festzustellen. Damit kann das Kantonsspital seine Patienten auch nicht durch Verfügung zur Bezahlung von offenstehenden Spitalrechnungen verpflichten. Vielmehr hat das Kantonsspital Ansprüche aus dem vertraglichen Behandlungsverhältnis zu seinen Patienten mit verwaltungsrechtlicher Klage beim Verwaltungsgericht geltend zu machen (VerwG GR vom 22. Feb. 2011, S-09-54A, E. 3).

– **Verwaltungsrechtlicher Vertrag über eine Lenkungsabgabe zur Beschränkung des Zweitwohnungsbaus:** Die X AG reichte bei der Gemeinde Samnaun am 23. Okt. 2008 ein Baugesuch für den Neubau eines Mehrfamilienhauses in der Wohnzone Samnaun-Ravaisch ein. Am 12. Nov. 2008 erliess der Gemeindevorstand Samnaun in Bezug auf das ganze Gemeindegebiet einstweilen für ein Jahr eine Planungszone mit dem Ziel, den Erstwohnungsbau zu fördern und den Zweitwohnungsbau einzuschränken. In der Folge unterstellte der Gemeindevorstand das Bauvorhaben der X AG der Planungszone. Am 26. Feb. 2009 publizierte der Gemeinderat Samnaun (Parlament) den bereinigten Entwurf «Förderung des Erst- und Einschränkung des Zweitwohnungsbaus (Gesetzesentwurf)». Dieser sieht in Art. 14 eine Lenkungsabgabe von Fr. 700.– pro m^2 Bruttogeschossfläche für nicht touristisch bewirtschaftete Zweitwohnungen vor. Nach Publikation des Gesetzesentwurfs ersuchte die Gemeinde die Bauherrschaften, welche bereits Baugesuche eingereicht hatten, zu erklären, ob sie sich der vorgesehenen neuen Regelung betr. die Förderung des Erst- und Einschränkung des Zweitwohnungsbaus vorläufig unterstellen wollten. Werde dies abgelehnt, so könnten die Baugesuche erst weiter behandelt werden, wenn über das Schicksal der Gesetzesvorlage definitiv Klarheit herrsche. Die X AG gab am 16. März 2009 die geforderte vorbehaltlose vorläufige Unterstellungserklärung ab. Am 25. März 2009 erteilte die Gemeinde Samnaun der X AG die nachgesuchte Baubewilligung. In Ziffer 2 des Dispositivs des Bewilligungsentscheids auferlegte die Gemeinde der Baugesuchstellerin zahlreiche Auflagen, u.a. eine Lenkungsabgabe in der Höhe von Fr. 355'257.–. Mit Urteil vom 15. Sept. 2009 hiess das Verwaltungsgericht die Beschwerde der X AG teilweise gut und hob die in Ziff. 2.4 der Baubewilligung verfügte Auflage auf. Im Übrigen wies es die Beschwerde ab, soweit es darauf eintrat. Mit Beschwerde in öffentlich-rechtlichen Angelegenheiten vom 6. Nov. 2009 beantragt die Gemeinde Samnaun, das Urteil des Verwaltungsgerichts sei aufzuheben, soweit darin die in Ziff. 2.4 der Baubewilligung vom 25. März 2009 verfügte Auflage betr. Lenkungsabgabe aufgehoben wurde. Das Bundesgericht heisst die Beschwerde gut und hebt das angefochtene Urteil auf. Erwägungen: Das Raumplanungsgesetz vom 6. Dez. 2004 für den Kanton Graubünden (KRG) enthält keine gesetzliche Grundlage für die Erhebung der umstrittenen Lenkungsabgabe. Nach Auffassung des Verwaltungsgerichts sind die Bündner Gemeinden gestützt auf Art. 27 Abs. 4 KRG i.V.m. Art. 2 Abs. 3 des kantonalen Gesetzes vom 31. Aug. 2006 über die Gemeinde- und Kirchensteuern (GKStG) befugt, eine gesetzliche Grundlage für die Erhebung einer raumplanerisch motivierten Lenkungsabgabe einzuführen. Vorliegend steht jedoch die spezifische gesetzliche Grundlage für die Erhebung der kommunalen Lenkungsabgabe noch nicht in Kraft. Es stellt sich demnach die Frage, ob die Lenkungsabgabe in einem verwaltungsrechtlichen Vertrag zwischen der Gemeinde und dem Baugesuchsteller vereinbart werden kann, wenn noch keine dem Legalitätsprinzip im Abgaberecht genügende gesetzliche Grundlage für die Abgabeerhebung besteht. In besonderen Fällen kann ein verwaltungsrechtlicher Vertrag auch dann abgeschlossen werden, wenn keine Norm ausdrücklich dazu ermächtigt, und es darf eine Vertragspartei auch zu Leistungen verpflichtet werden, die ihr die Behörde mittels Verfügung nicht auferlegen könnte; doch müssen die vertraglich vereinbarten Leistungen auf einer gesetzlichen Grundlage beruhen. Das gilt im Hinblick auf das Legalitätsprinzip im Abgaberecht umso mehr, wenn der Vertrag die Entrichtung öffentlicher Abgaben regelt. In Bezug auf Erschliessungsabgaben erscheint es zulässig, wenn Private gegenüber einer Gemeinde auf dem Vertragsweg einen höheren Beitragssatz akzeptieren als im kommunalem Reglement vorgesehen, solange sie gesamt- 1316 haft nicht mehr als den voraussichtlichen Gesamtaufwand der Erschliessung übernehmen. Im Übrigen erachten Rechtsprechung und Lehre verwaltungsrechtliche Verträge über die Abgabepflicht im Hinblick auf die Erschliessung von Bauland grundsätzlich als zulässig, sofern damit keine eigentliche Abgabevergünstigung bezweckt wird. Nach Art. 27 Abs. 4 KRG können die Gemeinden zur Sicherung eines genügenden Angebots an erschwinglichen Wohnungen für die ortsansässige Bevölkerung und eines angemessenen Verhältnisses zwischen dauernd bewohnten Wohnungen und Ferienwohnungen Erstwohnungsanteile festlegen oder gleichwertige Regelungen treffen. Dazu gehören grundsätzlich auch Vorschriften über Lenkungsabgaben. Die Gemeinde hat das Gesetzgebungsverfahren zur Umsetzung von Art. 27 Abs. 4 KRG eingeleitet und gleichzeitig gestützt auf Art. 21 KRG eine Planungszone erlassen, welche sich für neue Bauvorhaben mit Zweitwohnungen als Bausperre auswirkt. Die Art. 21 und 27 Abs. 4 KRG schliessen vertragliche Abreden zur Sicherstellung von Vorschriften über Regelungen des Erst- und Zweitwohnungsbaus nicht aus. Die vertragliche Vereinbarung zwischen Gemeinde und Bauherrschaft, welche Neubauten mit Zweitwohnungen unter Einhaltung der vorgesehenen Bestimmungen über die Lenkungsabgabe während der Bausperre ermöglicht, entspricht Sinn und Zweck der Art. 21 und 27 Abs. 4 KRG. Mit dem gewählten Vorgehen kann eine frühzeitige Anwendung von Bestimmungen zur Beschränkung des Zweitwohnungsbaus im Einzelfall erreicht werden. Die vertragliche Vereinbarung trägt zudem der Unsicherheit Rechnung, dass die endgültige abgaberechtliche Regelung anders lauten könnte als die in Aussicht genommene Gesetzesvorschrift. Die Lenkungsabgabe muss erst definitiv entrichtet werden, wenn die neue gesetzliche Regelung in Kraft tritt. Art. 21 und Art. 27 Abs. 4 KRG erscheinen somit als hinreichende gesetzliche Grundlage für den Vertrag der Gemeinde mit der Beschwerdegegnerin über die in Ziff. 2.4 des Dispositivs der Baubewilligung vom 25. März 2009 vorgesehene Lenkungsabgabe. Die Beschwerdegegnerin hat sich freiwillig bereit erklärt, die Lenkungsabgabe zu akzeptieren, bevor die kommunale gesetzliche Regelung in Kraft gesetzt wird. Sie tat dies im Wissen darum, dass die Abgabe aufzuheben ist, soweit der vom Samnauner Gemeindeparlament verabschiedete Gesetzesentwurf «Förderung des Erst- und Einschränkung des Zweitwohnungsbaus» oder Teile davon vom Gemeindesouverän abgelehnt oder von der Regierung nicht genehmigt werden. Der verwaltungsrechtliche Vertrag beruht somit insgesamt auf einer hinreichenden gesetzlichen Grundlage im KRG und stellt eine rechtmässige Grundlage für die Erhebung der Lenkungsabgabe im Rahmen der Baubewilligung dar (BGE 136 I 142 E. 4).

g) Abgaberecht

1317 Im Abgaberecht gilt grundsätzlich ein strenges Legalitätsprinzip: Aus dem Legalitätsprinzip im Abgaberecht folgt, dass die **formell-gesetzliche Grundlage** zumindest den **Kreis der Abgabepflichtigen, den Gegenstand und die Bemessungsgrundlagen** zu enthalten hat (BGE 136 I 142 E. 3.1, 136 II 149 E. 5.1, 136 II 337 E. 5.1, 132 II 371 E. 2.1, 131 II 735 E. 3.2, 130 I 113 E. 2.2, 128 I 317 E. 2.2.1). Diese Grundsätze gelten auch, wenn der Gesetzgeber die Kompetenz zur Festlegung einer Abgabe an eine nachgeordnete Behörde delegiert (BGE 136 I 142 E. 3.1, 132 II 371 E. 2.1). **Kanzleigebühren** sind wegen ihrer meist geringen Höhe vom Erfordernis der Gesetzesform weitgehend ausgenommen; eine Grundlage in einer Verordnung genügt (BGE 130 I 113 E. 2.2, 126 I 180 E. 2a/bb, 125 I 173 E. 9b, 118 Ia 320 E. 3a = Pra 82 [1993] Nr. 139, 112 Ia 39 E. 2a). Die erwähnten Grundsätze gelten umso mehr, wenn das Gesetz entsprechende Befugnisse an einen **privaten Verwaltungsträger** delegiert (vgl. BGE 136 I 316 E. 2.4.1; BGer vom 25. Okt. 2011, 2C_807/2010, E. 3.3).

1318 Die Rechtsprechung hat diese Vorgaben bei **gewissen Arten** von **Kausalabgaben** gelockert, falls das **Mass der Abgabe** durch überprüfbare **verfassungsrechtliche Prinzipien (Kostendeckungs- und Äquivalenzprinzip)** begrenzt wird, folglich nicht allein der Gesetzesvorbehalt diese Schutzfunktion erfüllt, und aus dem formellen

Gesetz hervorgeht, dass eine kostendeckende Gebührenbemessung dem Zweck und Charakter der Abgabe entspricht (BGE 135 I 130 E. 7.2, 134 I 179 E. 6.1, 132 I 117 E. 4.2, 132 II 371 E. 2.1, 130 I 113 E. 2.2; BVGer vom 6. Jan. 2010, A-4116/2008, E. 4.1; vom 28. Okt. 2009, A-5553/2008, E. 2.2.2; vom 31. Aug. 2009, A-1849/2009, E. 5.1; vom 10. Dez. 2007, B-16/2006, E. 4.1).

Das Kostendeckungs- und Äquivalenzprinzip dienen als **Gesetzessurrogate** und vermögen teilweise – was das Mass der Abgabe betrifft – eine Grundlage in einem Gesetz im formellen Sinn zu ersetzen. Die genannten **Lockerungen** betreffen nur die **Vorgaben zur Bemessung der Abgaben**, nicht die Umschreibung der Abgabepflicht (Subjekt und Objekt) als solcher (BGE 134 I 179 E. 6.1, 132 I 117 E. 4.2). Sie gelten nur für Kausalabgaben, nicht auch für Steuern. Bei **Steuern** müssen die Berechnungsgrundlage und das Steuermass (Steuersatz, Steuertarif) im formellen Gesetz enthalten sein (BGE 132 I 157 E. 2.2, 131 II 271 E. 7; BGer vom 4. Juli 2003, 2P.329/2001, E. 3.4; BVGer vom 14. April 2009, A-1543/2006, E. 3.5). 1319

Abgaben sind in rechtssatzmässiger Form ferner so festzulegen, dass **den rechtsanwendenden Behörden kein übermässiger Spielraum** verbleibt und die möglichen Abgabepflichten vorhersehbar sind (BGE 136 I 142 E. 3.1, 135 I 130 E. 7.2, 132 II 47 E. 4.1, 131 II 735 E. 3.2, 128 II 112 E. 5a, 126 I 180 E. 2a/bb, 123 I 248 E. 2; BGer vom 16. Nov. 2010, 2C_407/2010, E. 2.3). Die Anforderungen an die Normdichte hängen von der **Natur der jeweiligen Abgabe** ab (BGE 126 I 180 E. 2a/bb, 123 I 248 E. 2; BVGer vom 14. Sept. 2009, C-8790/2007, E. 3.2.2; vom 19. Jan. 2009, A-4620/2008, E. 3.3). Sie dürfen dort herabgesetzt werden, wo dem Bürger die Überprüfung der konkreten Höhe der Gebühr anhand anderer verfassungsrechtlicher Prinzipien (Kostendeckungsprinzip, Äquivalenzprinzip) ohne Weiteres offensteht (BGE 135 I 130 E. 7.2, 126 I 180 E. 2a/bb, 123 I 254 E. 2b, 106 Ia 249 E. 1). Je schlechter die Abgabe auf ihre Übereinstimmung mit dem Äquivalenz- und Kostendeckungsprinzip überprüft werden kann, umso strenger sind die Anforderungen an die Bestimmtheit der formell-gesetzlichen Grundlage (BGE 121 I 230 E. 3g/aa, 118 Ia 320 E. 4c = Pra 82 [1993] Nr. 139). 1320

Bei Kausalabgaben kann dem Erfordernis der Normdichte bereits Genüge getan sein, wenn die gesetzliche Grundlage die **maximale Höhe der Abgabe im Sinne einer Obergrenze** oder einen **Gebührenrahmen** festlegt (BGE 126 I 180 E. 2a/bb, 123 I 248 E. 3d, 121 I 230 E. 3g/aa; BVGer vom 28. Okt. 2009, A-5553/2008, E. 2.2.2). Das Bundesgericht hat im Bereich von **Gerichtsgebühren** auch sehr weit gefasste Gebührenrahmen nicht beanstandet (BGE 106 Ia 249 E. 3a), mit der Begründung, dass offene gesetzliche Regelungen in der Schweiz in diesem Bereich verbreitet sind, der Anwendungsbereich sachlich und personell bestimmt ist und ihre Anwendung einer neutralen Gerichtsinstanz obliegt, welche mit solchen Ermessensentscheiden vertraut ist, ferner weil die Angemessenheit der im Einzelfall auferlegten Gebühren anhand der verfassungsmässigen Grundsätze der Kostendeckung und der Äquivalenz überprüfbar ist (BGE 123 I 248 E. 3d, 120 Ia 171 E. 4, 106 Ia 249 E. 3a). 1321

Das Bundesgericht lässt ausserdem für **Kausalabgaben**, welche nach **marktwirtschaftlichen Prinzipien** berechnet werden können, **generalklauselartig umschriebene Delegationsnormen** zu (BGE 125 I 182 E. 4f [Landegebühr auf Flugplätzen], 121 I 230 E. 3g/dd [Infrastrukturabgabe von Belegärzten in Spitälern]), wenn aus dem Gesetz im formellen Sinn geschlossen werden kann, dass die Abgabe nach 1322 marktwirtschaftlichen Kriterien zu bemessen ist bzw. dass eine kostendeckende Gebührenbemessung geradezu dem Zweck und Charakter der Abgabe entspricht (BGE 123 I 254 E. 2b/aa; BVGer vom 19. Jan. 2009, A-4620/2008, E. 3.2). Die Einführung einer Emissionsabgabe sowie einer Landegebühr für Flugzeuge gestützt auf eine unbestimmte gesetzliche Grundlage (Art. 39 Abs. 1 LFG) verletzt das Bestimmtheitsgebot nicht, da die Flugzeughalter nicht erwarten können, dass ein Flughafenhalter diese Infrastruktur unentgeltlich zur Verfügung stellt (BGE 125 I 182 E. 4f).

Praxis:

1323 – **Verwaltungsgebühr:** X kollidierte am 17. Feb. 1996 als Lenker eines Personenwagens auf der Kantonsstrasse in der Nähe von Ilanz mit einem Reh. Im Anschluss an diesen Unfall rückte der Jagdaufseher aus und nahm ein Unfallprotokoll auf. Am 6. März 1996 stellte das Jagd- und Fischereiinspektorat des Kantons Graubünden X dafür Kosten von Fr. 124.– in Rechnung. Nachdem diese Rechnung unbezahlt geblieben war, erliess das Bau-, Verkehrs- und Forstdepartement des Kantons Graubünden am 10. Juli 1996 eine Verfügung, wodurch X der Betrag von Fr. 124.– zuzüglich Mahngebühr von Fr. 20.– und Kosten von Fr. 84.– auferlegt wurde. X erhob dagegen erfolglos Beschwerde an die Regierung des Kantons Graubünden. Das Bundesgericht heisst die staatsrechtliche Beschwerde gut. Erwägungen: Die Art. 36 Abs. 1 und 40 des kantonalen Gesetzes vom 3. Okt. 1982 über das Verfahren in Verwaltungs- und Verfassungssachen (VVG), auf welche der Kanton die Bemessung der streitigen Abgabe stützt, sehen vor, dass die Behörden für ihre Amtshandlungen den Beteiligten Kosten auferlegen können; der Rahmen für die Staatsgebühr beträgt Fr. 10.– bis Fr. 20'000.–. Das Gesetz umschreibt die Abgabepflichtigen (die «Beteiligten»), den Gegenstand der Abgabe («Amtshandlungen») und die Bemessung in den Grundzügen, nämlich durch einen Gebührenrahmen und die Kriterien für dessen Konkretisierung. Umstritten ist jedoch, ob diese Umschreibung genügend bestimmt ist, um als gesetzliche Grundlage gelten zu können. Der Begriff der Amtshandlung ist ausserordentlich weit. Er umfasst auch in der Auslegung des Regierungsrates alle amtlichen Verrichtungen des Staates, insbesondere auch Verrichtungen ausserhalb eines förmlichen Verfügungsverfahrens. Darunter können auch Tätigkeiten fallen wie der Einsatz der Polizei für die Verkehrsregelung, die Personenrettung oder die Aufklärung von Delikten, ferner die Durchführung von Kontrollen und Inspektionen jeder Art. Ebenso vage ist die Umschreibung der Abgabepflichtigen: «beteiligt» kann eine sehr unbestimmte Zahl von Personen sein, beispielsweise alle Teilnehmer an einer Demonstration oder an einem sportlichen oder kulturellen Anlass. «Beteiligt» sein können auch Personen, die ohne eigenes Verschulden und sogar ohne jegliches Aktivwerden Anlass für eine Amtshandlung wurden, wie z.B. Opfer von Naturkatastrophen oder Gewaltverbrechen. Auch der Bemessungsrahmen ist gemäss Art. 40 VVG sehr weit gefasst (Fr. 10.– bis Fr. 20'000.–). Im Bereich von Gerichtsgebühren hat freilich das Bundesgericht derart weit gefasste formell-gesetzliche Gebührenrahmen nicht beanstandet, weil offene gesetzliche Regelungen in der Schweiz in diesem Bereich verbreitet sind und ihre Anwendung einer neutralen Gerichtsinstanz obliegt, welche mit solchen Ermessensentscheiden vertraut ist, und weil die Angemessenheit der im Einzelfall auferlegten Gebühren anhand der verfassungsmässigen Grundsätze der Kostendeckung und der Äquivalenz überprüfbar ist. Vorliegend fehlt es an jeglicher rechtssatzmässigen Konkretisierung auf unterer Stufe. Zudem ist der personelle und sachliche Anwendungsbereich viel unbestimmter als bei Gerichtsgebühren. Hinzu kommt schliesslich, dass nach dem Wortlaut von Art. 36 Abs. 1 VVG die Behörden die Kosten auferlegen «können». Es liegt somit im Ermessen der Behörden, ob und für welche Amtshandlungen sie Kosten erheben wollen. Gesamthaft belässt die vorliegend herangezogene gesetzliche Grundlage den rechtsanwendenden Behörden einen übermässig weiten Spielraum. Sie weist nicht die erforderliche Bestimmtheit auf, um auch für Amtshandlungen ausserhalb des Bereiches von Verfügungsverfahren, auf den sich das Gesetz vorab bezieht, unmittelbar Grundlage für Gebühren- oder Kostenersatzverfügungen bilden zu können (BGE 123 I 248 E. 3).

– **Ersatzabgabe für die Entbindung vom Notfalldienst:** Das Gesetz des Kantons Thurgau vom 5. Juni 1985 über das Gesundheitswesen (GesG) sieht die Verpflichtung zur Beteiligung am Notfalldienst nicht nur für selbstständige Ärzte, sondern auch für unselbstständige Ärzte vor (§ 23a GesG). Nach dessen Abs. 1 haben die kantonalen Standesorganisationen der Ärzte, Zahnärzte, Apotheker und Tierärzte für eine zweckmässige Organisation des Notfalldienstes zu sorgen. Gemäss § 23a Abs. 3 GesG regeln die Standesorganisationen die sich aus dem Notfalldienst ergebenden Rechte und Pflichten. Sie können vom Notfalldienst entbinden und sowohl Mitglieder als auch Nichtmitglieder bei einer Entbindung zu zweckgebundenen Ersatzabgaben verpflichten. Erwägungen: Der kantonale Gesetzgeber hat den Standesorganisationen die Kompetenz übertragen, sowohl Mitglieder als auch Nichtmitglieder vom Notfalldienst zu dispensieren und zu einer zweckgebundenen Ersatzabgabe zu verpflichten. Diesem Auftrag entsprechend hat die Ärztegesellschaft ein Reglement erlassen und kraft der gesetzlichen Delegation den Notfalldienst sowohl in Bezug auf Mitglieder als auch auf Nichtmitglieder geregelt. Gegenüber allen diesen Personen befindet sie ebenfalls über die Befreiung vom Notfalldienst und über die von ihnen allenfalls zu leistende Ersatzabgabe gemäss § 23a Abs. 3 Satz 2 GesG. Öffentlich-rechtliche Geldleistungspflichten bedürfen grundsätzlich einer formell-gesetzlichen Grundlage. Das Erfordernis der gesetzlichen Grundlage (Legalitätsprinzip) im Abgaberecht ist ein selbstständiges verfassungsmässiges Recht, dessen Verletzung unmittelbar gestützt auf Art. 127 Abs. 1 BV geltend gemacht werden kann. Dieses Prinzip gilt von Bundesrechts wegen auch für die Kantone. Unter Umständen wird eine Lockerung des Legalitätsprinzips als angebracht erachtet. In Bezug auf dessen Tragweite bzw. Anforderungen ist demnach je nach Art der Abgabe zu differenzieren. Die von der Ärztegesellschaft gegen den Beschwerdeführer erhobene Forderung wird zur Ausgleichung eines individuellen Vorteils verlangt, der Letzterem aus dem Dispens vom Notfalldienst als Primärpflicht erwächst. Insoweit ist zu Recht von einer «Ersatzabgabe» die Rede. Diese ist im Prinzip nach dem Vorteil zu bemessen, den der Pflichtige aus der Befreiung von der Erfüllung der Primärpflicht zieht. Bei Befreiung von einer Dienstleistungspflicht dient häufig das Einkommen des Pflichtigen als Bemessungsmassstab. Allenfalls können auch die Gründe, die zur Befreiung führen, eine unterschiedliche Festsetzung der Ersatzabgabe rechtfertigen. Die Angemessenheit der Abgabesätze kann dabei nicht anhand des Kostendeckungsprinzips überprüft werden. Leisteten alle Ärzte Notfalldienst, würde die Ersatzabgabe zudem gar keinen Ertrag abwerfen, weshalb die Kosten ohnehin anders gedeckt werden müssten. Der Kanton geht zudem von vornherein davon aus, dass die Ersatzabgabe nicht unbedingt sämtliche Kosten im Zusammenhang mit dem Notfalldienst ausgleichen wird. Es handelt sich mithin um eine kostenunabhängige Abgabe. Es ist auch nicht geltend gemacht worden oder ersichtlich, dass der Befreiung vom Notfalldienst ein bezifferbarer Marktwert zukäme. Hierzu haben die Beteiligten und namentlich der Kanton keine Zahlen dargetan. Der Marktwert träte im Übrigen teilweise in den Hintergrund, wenn unter Umständen nach den Gründen für die Befreiung vom Notfalldienst zu unterscheiden wäre. Daher gelten für die interessierende Ersatzabgabe strengere Anforderungen an die gesetzliche Grundlage als etwa für kostenabhängige Abgaben oder für solche, die zwingend einen Bezug zu einem Marktwert haben. Dem geltenden Legalitätsprinzip zufolge darf den rechtsanwendenden Behörden kein übermässiger Spielraum verbleiben und die möglichen Abgabepflichten müssen voraussehbar und rechtsgleich sein. Delegiert der Gesetzgeber Kompetenzen zur rechtssatzmässigen Festlegung einer Abgabe, muss er in einer formell-gesetzlichen Grundlage zumindest den Kreis der Abgabepflichtigen, den Gegenstand und die Bemessungsgrundlagen selbst bestimmen. Das trifft nicht nur dann zu, wenn das Gesetz entsprechende Befugnisse an eine staatliche Stelle überträgt, sondern mindestens ebenso wenn solche an eine nicht staatliche Stelle – wie hier die Ärztegesellschaft – delegiert werden; die wichtigen Regelungen hat der Gesetzgeber selber zu erlassen. Dementsprechend muss die Höhe der Abgabe in hinreichend bestimmbarer Weise aus dem formellen Gesetz hervorgehen. Entgegen der Ansicht des kantonalen Departements genügt § 23a GesG/TG als Delegationsnorm diesen Anforderungen nicht. Es ergibt sich weder aus dieser Bestimmung noch aus einer anderen Regelung auf Gesetzesstufe der Betrag der Ersatzabgabe oder zumindest ein Rahmen und Berechnungsmodus für deren Festsetzung. Demzufolge war die Ärztegesellschaft mangels hinreichender Gesetzesgrundlage nicht befugt, die Höhe der 1324

Ersatzabgabe in ihrem Reglement festzulegen und vom Beschwerdeführer sodann eine entsprechende Zahlung zu verlangen (BGer vom 25. Okt. 2011, 2C_807/2010, E. 3).

1325 – **Gebühr für die Durchführung eines Eignungstests:** Der Regierungsrat des Kantons Basel-Stadt erliess am 24. März 1998 eine Verordnung über die Zulassungsbeschränkung zum Studium der Medizin an der Universität Basel. Die Verordnung regelt gemäss ihrem § 1 Zulassungsbeschränkungen für das Studium der Human-, Zahn- und Veterinärmedizin an der Universität Basel durch das Verfahren eines Eignungstests. Nach § 2 legt der Regierungsrat jährlich die maximale Aufnahmekapazität für das erste Studienjahr fest. Wenn die Anzahl der Voranmeldungen die Aufnahmekapazität um einen vom Regierungsrat festzulegenden Prozentsatz überschreitet, beschliesst der Regierungsrat, ob ein Eignungstest durchzuführen ist (§ 3). Die §§ 4-8 regeln das Verfahren des Eignungstests. Gemäss § 9 haben sich die Studienanwärter mit Fr. 200.– an den Kosten der Durchführung des Tests zu beteiligen. Eine formell-gesetzliche Grundlage für die Erhebung dieser Gebühr besteht nicht. Eine Ausnahme vom Erfordernis der formell-gesetzlichen Grundlage gilt für Kanzleigebühren. Darunter sind Abgaben für einfache Tätigkeiten der Verwaltung zu verstehen, die ohne besonderen Prüfungs- und Kontrollaufwand erbracht werden und sich in ihrer Höhe in einem bescheidenen Rahmen halten. Die vorliegend streitige Gebühr kann jedoch nicht als blosse Kanzleigebühr betrachtet werden. Zum Einen erscheint die Höhe von Fr. 200.– kaum als «bescheiden», zumal für Studienanfänger, welche typischerweise kein oder nur ein geringes Einkommen haben. Sodann handelt es sich bei der Durchführung des Eignungstests nicht um eine einfache, routinemässige Tätigkeit, sondern um eine eingehendere Prüfung, die nicht mehr unter den Begriff der Kanzleitätigkeit fällt. Die dafür erhobene Gebühr bedarf somit einer Grundlage in einem formellen Gesetz (BGE 125 I 173 E. 9b).

1326 – **Infrastrukturabgabe von Belegärzten in Spitälern:** Das zugerische Gesetz über das Spitalwesen vom 20. Feb. 1975 (Spitalgesetz, SpG) legt in seinem 2. Abschnitt (§§ 4-15) Subventionsbedingungen für die Spitäler fest. Gemäss § 8 SpG haben die Ärzte für die Ausübung einer privaten Tätigkeit in den subventionierten Krankenanstalten und die Benützung der Infrastruktur einen Teil der dabei erzielten Honorare abzuliefern. Die Höhe der Abgabe wird vom Regierungsrat linear festgelegt und darf 40 % nicht übersteigen. Mit Beschluss vom 6. Dez. 1993 setzte der Regierungsrat die Abgabe neu auf 35 % (vorher 30 %) fest. Gegen diesen Beschluss erhoben das Ärztekollegium der Klinik Liebfrauenhof sowie drei an Zuger Spitälern wirkende Belegärzte staatsrechtliche Beschwerde mit dem Antrag, der Beschluss des Regierungsrates sei aufzuheben. Das Bundesgericht weist die Beschwerde ab. Erwägungen: Das formelle Gesetz legt Objekt (Honorare für private Tätigkeit in subventionierten Spitälern) und Subjekt (Ärzte) der Abgabe fest. Fraglich ist, ob die Bemessungsgrundlagen genügend bestimmt festgelegt sind oder ob – wie die Beschwerdeführer geltend machen – das Gesetz dem Regierungsrat einen zu grossen Ermessensspielraum gibt. Die Anforderungen, die an die gesetzliche Grundlage gestellt werden, sind nach der Natur der in Frage stehenden Leistung zu differenzieren. So muss bei Steuern grundsätzlich die Höhe der Abgabe im formellen Gesetz enthalten sein. Bei Kausalabgaben, auch bei kostenunabhängigen, kann aber dem Legalitätsprinzip Genüge getan sein, wenn das formelle Gesetz die maximale Höhe der Abgabe im Sinne einer Obergrenze festlegt. Auf die Festlegung der Höhe darf der Gesetzgeber sodann verzichten, wenn die vom Staat erbrachte Leistung einen Handelswert aufweist, sodass die Bemessung der Abgabe nach dem Äquivalenzprinzip überprüft werden kann. Die dem Belegarzt zustehende Möglichkeit, unter Benützung der Spitalinfrastruktur ein privates Einkommen zu erzielen, hat einen wirtschaftlichen Wert. Müsste der Arzt eine vergleichbare Infrastruktur selber aufbauen und unterhalten, so wäre das für ihn ebenfalls mit Kosten verbunden. Zwar kann dieser Wert nicht genau beziffert werden. Nach allgemeiner Lebenserfahrung ist aber ein Infrastrukturanteil von 35 % des Umsatzes nicht offensichtlich unvernünftig hoch. Die Beschwerdeführer machen denn auch nicht geltend, dass die Abgabe in einem Missverhältnis zum Wert der Infrastruktur stehe. Hinzu kommt, dass der Belegarzt nicht wie zum Beispiel ein Grundeigentümer, von dem eine Mehrwertabgabe erhoben wird (vgl. dazu z.B. BGE 105 Ia 134 E. 5c, wo das Bundesgericht entschieden hat, dass ein gesetzlicher Spielraum von 40-60 % für eine raumplanungsrechtliche Mehrwertabgabe zu weit sei), einseitig hoheitlich verpflichtet wird, die Abgabe zu bezahlen.

Vielmehr ist er freiwillig als Belegarzt tätig. Rechtlich erhebt der Staat nicht eine hoheitliche Abgabe, sondern er bietet (indirekt, über die Subventionierung der Spitäler) den Ärzten an, zu bestimmten Konditionen im öffentlichen Spital private Patienten betreuen zu dürfen. Findet der Arzt die offerierten Konditionen wirtschaftlich nicht mehr interessant, so steht es ihm frei, nicht mehr im Spital tätig zu sein. Sollte die Abgabe so hoch sein, dass die Belegtätigkeit für die Ärzte generell nicht mehr lohnend ist und deshalb so viele Ärzte darauf verzichten, dass der Spitalbetrieb nicht mehr sichergestellt werden kann, wird sich der Kanton automatisch veranlasst sehen, die Abgaben wieder zu senken, wenn er nicht auf andere Art (zum Beispiel mit angestellten Ärzten) das Spital kostengünstiger betreiben kann. Soweit besteht in einem gewissen Sinne ein Marktmechanismus, der die Abgabenhöhe nach marktwirtschaftlichen Prinzipien reguliert. Das macht es zulässig, im Gesetz einen gewissen Ermessensspielraum festzulegen, damit der Regierungsrat auf Änderungen in der Marktsituation reagieren kann. Zwar können Erhöhungen des Abgabesatzes die beruflichen Dispositionen der einzelnen Belegärzte beeinträchtigen, doch steht der Arzt damit nicht anders da als viele andere selbstständige Unternehmer, die auf Änderungen der Marktverhältnisse ebenfalls mit entsprechenden unternehmerischen Umdispositionen reagieren müssen. Insgesamt erscheint daher die dem Regierungsrat eingeräumte Ermessensspanne nicht als unzulässig. Die Beschwerdeführer behaupten selber nicht, die im Gesetz genannte Maximalhöhe von 40 % oder die vom Regierungsrat festgelegte Höhe von 35 % verstosse als solche gegen das Äquivalenzprinzip. Solange der Regierungsrat in dem ihm vom Gesetz zulässigerweise eingeräumten Rahmen verbleibt, ist die Erhöhung der Abgabe deshalb auch dann nicht unzulässig, wenn sie mit dem Ziel der Einkommensbegrenzung motiviert sein sollte. Daher bleibt unerheblich, ob überhaupt das Einkommen der Ärzte gestiegen ist und ob ein allfälliger Anstieg mit oder ohne Zutun des Staates erfolgt ist. Ebenso ist unerheblich, ob in anderen Kantonen die Abgaben höher oder niedriger sind, da die Kantone in dieser Frage autonom sind (BGE 121 I 230 E. 3g).

h) Polizeiliche Generalklausel

Gestützt auf die polizeiliche Generalklausel kann das zuständige Gemeinwesen auch ohne eine gesetzliche Grundlage Massnahmen ergreifen, wenn **zentrale Rechtsgüter des Staates oder Privater schwer** und **zeitlich unmittelbar drohend** gefährdet sind und die Gefahr unter den konkreten Umständen nicht anders abgewendet werden kann als mit gesetzlich nicht ausdrücklich vorgesehenen Mitteln (siehe Rz. 541 ff.). Der Anwendungsbereich der polizeilichen Generalklausel ist auf **echte und unvorhersehbare Notfälle** beschränkt; ihre Anrufung ist grundsätzlich ausgeschlossen, wenn typische und erkennbare Gefährdungslagen trotz Kenntnis der Problematik nicht normiert werden (BGE 136 I 87 E. 3.1, 136 IV 97 E. 6.3.1, 130 I 369 E. 7.3, 126 I 112 E. 4b, 121 I 22 E. 4b); teilweise wird das letztgenannte Kriterium auch einschränkend interpretiert oder als Anwendungsvoraussetzung überhaupt darauf verzichtet (BGE 137 II 431 E. 3.3.1; BGer vom 30. Nov. 2009, 2C_166/2009, E. 2.3.2.1). 1327

Das Bundesgericht hat seine **Praxis betreffend das Kriterium der Unvorhersehbarkeit der Gefahr** jüngst dahin gehend **präzisiert**, dass ein Untätigsein des Gesetzgebers den Staat in einer Notsituation nicht zur Hingabe fundamentaler Rechts- bzw. Polizeigüter zwingen kann, wenn diese **Gegenstand staatlicher Schutzpflichten** bilden (BGE 137 II 431 E. 3.3.2; BGer vom 30. Nov. 2009, 2C_166/2009, E. 2.3.2.1). Ferner lässt das Bundesgericht ein Handeln gestützt auf die polizeiliche Generalklausel zu, wenn der Gesetzgeber auf den Erlass von Normen verzichtet, da er der Meinung ist, die **betreffende – grundsätzlich vorhersehbare – Gefahr** werde sich in Wirklichkeit mit grösster Wahrscheinlichkeit nie stellen und sei deshalb ledig- 1328 lich **abstrakter Natur** (BGE 136 IV 97 E. 6.3.2), oder diese sei derart komplex, dass sie im Einzelnen für den Gesetzgeber nicht erkennbar ist (BGE 130 I 369 E. 7.3). Die **neuere Praxis** geht noch einen Schritt weiter und betrachtet das **Erfordernis der Unvorhersehbarkeit der Gefahr** lediglich als ein zu berücksichtigendes Element im Rahmen der Interessenabwägung (BGE 137 II 431 E. 3.3.2; zum Ganzen vgl. Rz. 561 ff., insb. Rz. 564 f.).

Praxis:

1329 – **Einziehung von Propagandamaterial:** Der Propagandabeschluss stellt eine selbstständige Verordnung des Bundesrats dar, die sich auf Art. 102 Ziff. 8-10 aBV (neu Art. 185 Abs. 3 BV) abstützt und wozu er ohne Weiteres befugt ist. Eine solche Polizeinotverordnung stellt zwar für sich allein genommen kein formelles Gesetz dar. Zusammen mit den Verfassungsbestimmungen, auf die er sich abstützt, bildet er jedoch eine genügende gesetzliche Grundlage selbst für einen schweren Eingriff in die Grundrechte. Dies ergibt sich zudem auch daraus, dass der Propagandabeschluss lediglich eine Konkretisierung der polizeilichen Generalklausel für bestimmte Gefährdungslagen bildet und gestützt auf die Letztere die Grundrechte auch ohne ausdrückliche gesetzliche Grundlage in schwerwiegender Art und Weise eingeschränkt werden dürfen (BGE 125 II 417 E. 6b).

1330 – **Einführung eines Numerus Clausus an der medizinischen Fakultät der Universität Zürich:** Hat es der (formelle) Gesetzgeber unterlassen, die Möglichkeit eines Numerus clausus in der einschlägigen Gesetzgebung vorzusehen, muss die Exekutive in erster Linie auf organisatorischem Weg, allenfalls auch mit einer vorübergehenden Erhöhung der sachlichen und personellen Mittel, Abhilfe schaffen. Die Überlastung der medizinischen Studieneinrichtungen ist seit Jahren bekannt und hat immer wieder zu Diskussionen um Zugangsbeschränkungen geführt. Eine eigentliche Notsituation ist deshalb zu verneinen. Zwar führt die dauernde Überbelegung einer Studienrichtung unbestrittenermassen zu Beeinträchtigungen des Unterrichts, doch war die Überlastung vorhersehbar und es hätte längst eine formell-gesetzliche Grundlage geschaffen werden können (BGE 121 I 22 E. 4b).

1331 – **Euthanasierung eines gefährlichen Hundes:** Das Bundesgericht verlangt in seiner Rechtsprechung, dass der Anwendungsbereich der polizeilichen Generalklausel auf echte und unvorhersehbare Notfälle zu beschränken ist, was vorliegend eine Einschläferung des Hundes ausschliessen würde, handelt es sich doch unbestrittenermassen um Gefährdungen, die von einem Hund typischerweise ausgehen können. Geht es hingegen bei der Gefährdung um eine solche von Leib und Leben Dritter, ist dieses zusätzliche Kriterium nicht sachgerecht. Ein Untätigsein des Gesetzgebers darf dem möglichen Opfer einer ernsthaften und konkreten Gefährdung durch private Gewalt nicht zum Nachteil gereichen, zumal in diesem Bereich staatliche Schutzpflichten bestehen. Ferner erweist sich vorliegend die Euthanasierung des Hundes als verhältnismässig. Angesichts der unmittelbaren Gefahr mit dem grossen, massigen, 60 kg schweren, unmotiviert aggressiven Hund, der zudem nur den Hundebesitzer als seinen Meister akzeptierte, bestand ein offensichtliches Missverhältnis zwischen dem gewichtigen öffentlichen Interesse am Schutz der Allgemeinheit vor dem gefährlichen Hund und dem privaten Interesse am Eigentum des Beschwerdeführers. Die Euthanasierung war somit verhältnismässig (BGer vom 30. Nov. 2009, 2C_166/2009, E. 2.3.2).

1332 – **Verweigerung des Zugangs nach Davos gegenüber einem Journalisten anlässlich des Weltwirtschaftsforums (WEF) 2001:** Nach der Rechtsprechung ist der Anwendungsbereich der polizeilichen Generalklausel auf echte und unvorhersehbare sowie gravierende Notfälle ausgerichtet. Ihre Anrufung ist auf Fälle beschränkt, wo keine gesetzlichen Mittel vorhanden sind, um einer konkreten Gefahr zu begegnen. Sie kann indessen nicht angerufen werden, wenn typische und erkennbare Gefährdungslagen trotz Kenntnis der Problematik nicht normiert werden. Vorliegend gilt es festzuhalten, dass die Gefährdungslage anlässlich der Durchführung des WEF 2001 als sehr ernst und gravierend eingestuft werden durfte. Die v.a. im Jahre 2000 weltweit erfolgten Kundgebungen von Globalisierungsgegnern und die damit einhergehenden massiven Ausschreitungen gaben auch für das WEF 2001 zu grösster Besorgnis Anlass. Insoweit lag eine eigentliche Notlage vor. Die Gefährdungslage rund um die Durchführung des Weltwirtschaftsforums erweist sich als äusserst komplex und entzieht sich einer Einschätzung anhand einfacher Parameter und Kriterien. Die aus den Reihen der Antiglobalisierungsbewegung stammende Gegnerschaft des WEF ist ständigen und kurzfristigen Veränderungen unterworfen, und die international tätigen Protestbewegungen weisen unvorhersehbare Eigendynamiken auf. Diese Faktoren lassen eine typische oder typisierte Gefährdungslage gerade nicht erkennen und verunmöglichen das Abschätzen allfälliger Entwicklungen und Prognosen im Hinblick auf bestimmte Ereignisse weitestgehend. Schon in Anbetracht dieser Eigenart und Besonderheit kann nicht gesagt werden, dass sich die Gefährdungslage für das WEF 2001 klar hätte voraussehen lassen. Darüber hinaus ist festzuhalten, dass mit der tatsächlich erfolgten Eskalierung im Voraus nicht zu rechnen war. Angesichts dieser Umstände kann entgegen der Auffassung des Beschwerdeführers nicht gesagt werden, die Gefährdungslage im Jan. 2001 sei seit längerer Zeit voraussehbar oder im Einzelnen in typischer Form erkennbar gewesen. Bei dieser Sachlage hält es vor der Verfassung und der EMRK stand, zum Schutze von WEF, Gästen, Bevölkerung und Infrastrukturanlagen entsprechende Massnahmen zu treffen und diese auf die polizeiliche Generalklausel abzustützen (BGE 130 I 369 E. 7.3).

- **Einführung eines Rauchverbots in öffentlichen Räumen:** Am 22. Juni 2006 hat der Grosse Rat des Kantons Genf die Volksinitiative mit dem Titel «Passivrauchen und Gesundheit» gültig erklärt. Die Initiative wurde in der Abstimmung vom 24. Feb. 2008 vom Volk angenommen. Sie sieht einen neuen Art. 178B KV/GE vor, welcher im Wesentlichen bestimmt, dass das Rauchen in öffentlichen Räumen und in solchen, die einer Betriebsbewilligung bedürfen, verboten ist. Am 3. März 2008 hat der Genfer Staatsrat eine Vollziehungsverordnung zum Rauchverbot in öffentlichen Räumen erlassen (nachfolgend Verordnung). Die Verordnung definiert die Modalitäten des Rauchverbots in den öffentlichen Räumen gemäss Art. 178B KV und soll dessen Beachtung sicherstellen. Die angefochtene Verordnung lässt sich nicht auf die polizeiliche Generalklausel stützen. Die Kantonsregierung ist zweifellos ermächtigt, in dringlichen Fällen polizeiliche Massnahmen zu ergreifen. Dies setzt jedoch eine schwere und unmittelbare Gefahr voraus, der mit den ordentlichen gesetzlichen Mitteln nicht begegnet werden kann und die ein unverzügliches Einschreiten der Behörde erfordert. Im vorliegenden Fall hat sich der Genfer Verfassungsgeber klar für ein Rauchverbot in öffentlichen, geschlossenen Räumen ausgesprochen. Auch wenn es aus offenkundigen Gründen dem Schutz der öffentlichen Gesundheit gewiss wünschenswert ist und ferner dieses Verbot innert kürzester Frist umgesetzt werden sollte, befindet man sich nicht in einem Fall, der ein Zurückgreifen auf die polizeiliche Generalklausel, selbst wenn dies nur vorübergehend wäre, rechtfertigen würde (vgl. BGE 134 I 322 E. 2.7 = Pra 98 [2009] Nr. 62). 1333

- **Zwangsmedikation:** Das bernische Recht enthält keine einschlägige Rechtsgrundlage für die erfolgten Zwangseingriffe (Zwangsmedikation). Die Anwendung der polizeilichen Generalklausel erweist sich hier einerseits deshalb als heikel, weil Gefährdungslagen im psychiatrischen Anstaltsverhältnis der hier vorliegenden Art an sich typisch und einer gesetzlichen Regelung zugänglich sind. Andererseits gilt es aber die besonderen Umstände dieser Angelegenheit zu berücksichtigen. Am 6. Jan. 1998 sahen sich die zuständigen Ärzte angesichts ihrer Pflicht, in Notfällen Beistand zu leisten, vor die schwierige Aufgabe gestellt, einerseits den zunehmend aggressiver werdenden Beschwerdeführer in Respektierung seines Willens zu betreuen, andererseits das Klinikpersonal vor der von ihm ausgehenden Gefährdung zu schützen. Unter diesen Umständen schien die Vornahme einer medizinischen Zwangsbehandlung, mit welcher der Beschwerdeführer zugleich beruhigt und therapiert werden sollte, der Situation am besten gerecht zu werden. Das beanstandete ärztliche Vorgehen erweist sich demnach trotz fehlender Rechtsgrundlage nicht als verfassungswidrig, soweit es in sachlicher und zeitlicher Hinsicht zum Schutz von Leib und Leben erforderlich war (BGE 126 I 112 E. 4b und 4c). 1334

1335 – **Zwangsernährung wegen Protestfasten im Strafvollzug:** Das Erfordernis einer «atypischen und unvorhersehbaren» Situation soll daran erinnern, dass es ausgeschlossen ist, die polizeiliche Generalklausel anzurufen, wenn der Gesetzgeber trotz Kenntnis der Problematik von einer gesetzlichen Regelung absah. Es soll folglich verhindern, dass die Regierung, die Verwaltung und die Gerichte sich Befugnisse anmassen, die das Parlament, indem es kein Gesetz erliess, ihnen gerade nicht hatte erteilen wollen. Nun kann von diesem Standpunkt aus der Fall, in welchem die Parlamentarier keine gesetzliche Regelung beschliessen, weil sie der Ansicht sind, die geltenden Rechtsvorschriften genügten, nicht demjenigen gleichgesetzt werden, in welchem sie auf den Erlass von Normen verzichten, weil sie voraussehen, dass das, wenn auch theoretisch bestehende Problem, sich in der Wirklichkeit nicht stellen wird. In diesem letzteren Falle hindert die Exekutive oder die Judikative nichts daran, Massnahmen auf der Grundlage von Art. 36 Abs. 1 Satz 3 BV zu treffen, wenn alle anderen Voraussetzungen zur Anwendung der polizeilichen Generalklausel erfüllt sind. Zwar trifft es zu, dass das Protestfasten ein in der Strafvollzugsmedizin wohl bekanntes Problem ist. Aber das Fehlen jeglicher Gesetzesbestimmung auf Bundesebene und in den meisten Kantonen, die den Strafvollzugsbehörden angibt, wie zu reagieren ist, wenn ein Inhaftierter einen sich in die Länge ziehenden Hungerstreik durchführt, kann nicht anders erklärt werden als dadurch, dass in einem Lande, das weder mit einer radikalen politischen Auseinandersetzung noch mit sezessionistischen Aktionen konfrontiert ist, man von der Vorstellung ausging, dass auf jeden Fall eine Lösung gefunden werde, bevor der Gesundheitszustand des Betroffenen kritisch werde. Bis zu diesem Tage wurde diese Vermutung nur einmal widerlegt, durch den ausserordentlichen Entschluss des Beschwerdeführers. Die Exekutive kann daher die Zwangsernährung eines Gefangenen im Hungerstreik unmittelbar auf der Grundlage der polizeilichen Generalklausel anordnen, wenn diese Einschränkung der Meinungsäusserungsfreiheit und der persönlichen Freiheit dazu dient, auf verhältnismässige Weise ein bedeutendes öffentliches Interesse vor einem schweren und nicht anders abwendbaren Schaden zu schützen (BGE 136 IV 97 E. 6.3.2).

3. Normdichte

a) Allgemeines

1336 Das Erfordernis des Rechtssatzes verlangt eine **hinreichende Bestimmtheit** der anzuwendenden Rechtssätze im Dienste der Berechenbarkeit und Vorhersehbarkeit staatlichen Handelns sowie der rechtsgleichen Rechtsanwendung (BGE 136 I 87 E. 3.1, 135 I 169 E. 5.4.1, 132 I 49 E. 6.2, 131 II 271 E. 6.1, 128 I 327 E. 4.2; BVGer vom 20. Juni 2011, C-6123/2009, E. 3.2). Die rechtssatzmässige Grundlage hat so präzis formuliert zu sein, dass der **Private sein Verhalten danach richten** und die **Folgen** eines bestimmten Verhaltens mit einem den Umständen entsprechenden Grad an Gewissheit vorhersehen kann (BGE 136 II 304 E. 7.6, 125 I 361 E. 4a, 124 I 40 E. 3b, 119 IV 242 E. 1c, 117 Ia 472 E. 3e, 109 Ia 284 E. 4d; BGer vom 17. Nov. 2011, 6B_345/2011, E. 4.1; BVGer vom 20. Juni 2011, C-6123/2009, E. 3.2; vom 5. Jan. 2010, B-1092/2009, E. 5.3.2).

1337 Der Grad der erforderlichen Bestimmtheit lässt sich dabei nicht abstrakt festlegen. Er hängt unter anderem von der **Vielfalt der zu ordnenden Sachverhalte**, von der **Komplexität** und der **Vorhersehbarkeit** der im Einzelfall erforderlichen Entscheidungen, von den **Normadressaten**, von der **Schwere des Eingriffs** in Verfassungsrechte und von der erst bei der **Konkretisierung im Einzelfall** möglichen und sachgerechten Entscheidung ab (BGE 138 I 6 E. 5.3, 136 I 87 E. 3.1, 135 I 169 E. 5.4.1, 132 I 49 E. 6.2, 131 II 13 E. 6.5.1, 131 II 271 E. 6.1, 128 I 327 E. 4.2, 127 V 431 E. 2b/aa, 123 I 1 E. 4b).

Der Gesetz- und Verordnungsgeber kann je nach **Sachbereich** nicht völlig darauf verzichten, **allgemeine Begriffe** zu verwenden, die formal nicht eindeutig umschrieben werden können und die an die Auslegung durch die Behörde besondere Anforderungen stellen (für das Polizeirecht: BGE 138 I 6 E. 5.3, 136 I 87 E. 3.1, 132 I 49 E. 6.2, 130 I 369 E. 7.3, 128 I 327 E. 4.2). Weiter ist im Zusammenhang mit den **gewandelten Anforderungen an die öffentliche Verwaltung**, von welcher flexibles und zeitgerechtes Reagieren auf sich wandelnde Sachverhalte und Erkenntnisse verlangt wird, ein Abbau der Regelungsdichte und eine Tendenz zum vermehrten Erlass unbestimmter, offener Normen zu beobachten, deren «Freiräume» durch die Verwaltung im Rahmen der Rechtsanwendung aufzufüllen sind (BGE 127 V 431 E. 2b/bb). Ferner ist es zulässig, die Unbestimmtheit von Normen durch **verfahrens- und materiell-rechtliche Garantien** gleichsam zu kompensieren, wobei dem Grundsatz der Verhältnismässigkeit besondere Bedeutung zukommt (BGE 136 I 87 E. 3.1, 136 II 304 E. 7.6, 132 I 49 E. 6.2, 128 I 327 E. 4.2, 127 V 431 E. 2b/cc). 1338

Praxis:

- **Entscheid über die Zulassung als Heilbad:** Nach Art. 40 Abs. 1 KVG sind Heilbäder zugelassen, wenn sie vom Departement anerkannt sind. Abs. 2 der Bestimmung erteilt dem Bundesrat den Auftrag, die Anforderungen festzulegen, welche die Heilbäder hinsichtlich ärztlicher Leitung, erforderlichem Fachpersonal, Heilanwendungen und Heilquellen erfüllen müssen. Der Bundesrat ist diesem Auftrag mit dem Erlass von Art. 57 und 58 KVV nachgekommen. Gemäss Art. 57 KVV werden Heilbäder zugelassen, wenn sie unter ärztlicher Aufsicht stehen, zu Heilzwecken vor Ort bestehende Heilquellen nutzen, über das erforderliche Fachpersonal sowie die zweckentsprechenden diagnostischen und therapeutischen Einrichtungen verfügen und nach kantonalem Recht zugelassen sind (Abs. 1). Das Departement kann vom Erfordernis der vor Ort bestehenden Heilquelle Ausnahmen bewilligen. Es berücksichtigt dabei die bisherige Praxis der Krankenversicherer (Abs. 2). Art. 58 KVV bestimmt, dass als Heilquellen Quellen gelten, deren Wasser auf Grund besonderer chemischer oder physikalischer Eigenschaften und ohne jede Veränderung ihrer natürlichen Zusammensetzung eine wissenschaftlich anerkannte Heilwirkung ausüben oder erwarten lassen (Abs. 1). Die chemischen oder physikalischen Eigenschaften sind durch Heilwasseranalysen gutachtlich nachzuweisen und alle drei Jahre durch eine Kontrollanalyse durch die zuständige kantonale Instanz zu überprüfen (Abs. 2). Die erwähnten Bestimmungen nennen die Kriterien, welche für den Entscheid über die Zulassung als Heilbad massgebend sind. Sie enthalten jedoch keine genaue Umschreibung der Anforderungen, welche bezüglich der Kriterien im Einzelnen erfüllt sein müssen. Die Frage der Voraussetzungen einer Anerkennung als Heilbad wird somit durch ziemlich unbestimmt gehaltene Normen geregelt. Um Grundlage einer Verfügung bilden zu können, muss ein Rechtssatz dem Erfordernis der ausreichenden Bestimmtheit genügen. Grundanliegen des Bestimmtheitsgebotes ist die Gewährleistung von Rechtssicherheit und Rechtsgleichheit. Das Gebot nach Bestimmtheit rechtlicher Normen darf jedoch nicht in absoluter Weise verstanden werden. So kann der Gesetz- und Verordnungsgeber nicht völlig darauf verzichten, allgemeine Begriffe zu verwenden, die formal nicht eindeutig generell umschrieben werden können und die an die Auslegung durch die Behörde besondere Anforderungen stellen. Darüber hinaus sprechen die Komplexität der im Einzelfall erforderlichen Entscheidung, die Notwendigkeit einer erst bei der Konkretisierung möglichen Wahl sowie die nicht abstrakt erfassbare Vielfalt der zu ordnenden Sachverhalte im Einzelfall für eine gewisse Unbestimmtheit der Normen. Verlangt ist eine den jeweiligen Verhältnissen angemessene optimale Bestimmtheit bzw. eine unter Berücksichtigung aller massgebenden Gesichtspunkte, namentlich auch der Voraussehbarkeit der Verhältnisse, optimale Determinierung. Die Lehre weist darauf hin, dass Komplexität und Veränderlichkeit der zu regelnden Sachverhalte in jüngerer Zeit zugenommen haben. Im Zusammenhang mit dieser Entwicklung und den entsprechend gewandelten Anforderungen an die öf- 1339 fentliche Verwaltung, von welcher flexibles und zeitgerechtes Reagieren auf sich wandelnde Sachverhalte und Erkenntnisse verlangt wird, sind ein Abbau der Regelungsdichte und eine Tendenz zum vermehrten Erlass unbestimmter, offener Normen zu beobachten. Anzahl und Bedeutung von Rechtsnormen nehmen zu, welche durch Offenheit oder Unbestimmtheit charakterisiert sind und mit Generalklauseln, unbestimmten Rechtsbegriffen und Ermessensbefugnissen arbeiten, deren «Freiräume» durch die Verwaltung aufzufüllen sind. Als Folge der dargestellten Entwicklung verlieren die Garantien des – nunmehr in Art. 5 Abs. 1 BV festgehaltenen – Gesetzmässigkeitsprinzips an Wirksamkeit. Insbesondere weist eine im Ermessen der Behörde zu treffende Verfügung bei relativer Offenheit der materiellen Rechtsnormen für die Partei einen verminderten Grad an Voraussehbarkeit bezüglich Inhalt und Begründung auf. Unbestimmte Normen sind deshalb geeignet, zu einem Verlust an Rechtssicherheit zu führen. Ihnen müssen materiell-rechtliche und verfahrensrechtliche Sicherungen sowie mitunter besondere Anforderungen an die Begründungspflicht entgegengestellt werden. Die Unbestimmtheit der anzuwendenden Norm ist durch verfahrensrechtliche Garantien gewissermassen zu kompensieren. Nach dem Gesagten ist nicht zu beanstanden, dass die Art. 57 f. KVV die Voraussetzungen einer Anerkennung als Heilbad gemäss Art. 40 KVG in vergleichsweise unbestimmter Weise umschreiben, da die Erkenntnisse hinsichtlich Wirksamkeit, Zweckmässigkeit und Wirtschaftlichkeit (Art. 32 KVG) ändern können. Die Unbestimmtheit der anzuwendenden Rechtssätze ist jedoch durch eine Stärkung der Verfahrensrechte der Betroffenen gleichsam zu kompensieren (BGE 127 V 431 E. 2).

1340 – **Überwachung von versicherten Personen durch die Unfallversicherung:** Obliegt es gemäss Art. 43 ATSG dem Versicherungsträger, die notwendigen Abklärungen vorzunehmen, so stellt diese Gesetzesbestimmung – jedenfalls in Verbindung mit Art. 28 Abs. 2 ATSG, welcher eine allgemeine Auskunftspflicht der versicherten Person statuiert – eine Grundlage für die Anordnung einer Observation dar. Zu prüfen ist indessen, ob diese Normen bestimmt genug sind, um als gesetzliche Grundlage im Sinne von Art. 36 Abs. 1 BV zu dienen. Das Erfordernis der Bestimmtheit steht im Dienste des Grundsatzes des Gesetzesvorbehalts, der Rechtssicherheit mit den Elementen der Berechenbarkeit und Vorhersehbarkeit staatlichen Handelns sowie der rechtsgleichen Rechtsanwendung. Nach der Rechtsprechung darf das Gebot der Bestimmtheit rechtlicher Normen indes nicht in absoluter Weise verstanden werden. Der Gesetzgeber kann nicht darauf verzichten, allgemeine und mehr oder minder vage Begriffe zu verwenden, deren Auslegung und Anwendung der Praxis überlassen werden muss. Der Grad der erforderlichen Bestimmtheit lässt sich nicht abstrakt festlegen. Der Bestimmtheitsgrad hängt unter anderem von der Vielfalt der zu ordnenden Sachverhalte, von der Komplexität und der Vorhersehbarkeit der im Einzelfall erforderlichen Entscheidung, von den Normadressaten, von der Schwere des Eingriffs in Verfassungsrechte und von der erst bei der Konkretisierung im Einzelfall möglichen und sachgerechten Entscheidung ab. Eine regelmässige Observation versicherter Personen durch Privatdetektive stellt jedenfalls dann einen relativ geringfügigen Eingriff in die grundrechtlichen Positionen der überwachten Personen dar, wenn sie sich insbesondere auf den öffentlichen Raum beschränkt. In der Lehre wird teilweise gar die Ansicht vertreten, eine solchermassen beschränkte Observation beschlage den Schutzbereich des Grundrechts der Privatsphäre nicht. Der Kerngehalt von Art. 13 BV wird durch die Anordnung einer solchen Überwachung nicht angetastet. In der Regel werden zudem die Angaben der versicherten Personen, der Arbeitgeber und der medizinischen Fachpersonen für eine zuverlässige Beurteilung der Leistungsansprüche genügen; Nachforschungen durch einen Privatdetektiv werden nur in einem verschwindend kleinen Promillesatz der bei den Unfallversicherungen gemeldeten Fälle angezeigt sein. Der Anordnung einer Observation kommt somit in dem Sinne Ausnahmecharakter zu, als sie nur erfolgen wird, wenn die anderen Abklärungsmassnahmen nicht zu einem schlüssigen Ergebnis führten. Insgesamt sind daher die gesetzlichen Grundlagen für die Einschränkung der grundrechtlichen Positionen der versicherten Personen hinreichend bestimmt (BGE 135 I 169 E. 5.4.1).

1341 – **Teilrevision der Verordnung über die Kantonspolizei:** Der Grosse Rat des Kantons Graubünden beschloss am 28. Nov. 2001 eine Teilrevision der Verordnung über die Kantonspolizei (KaPoVo) und fügte ihr unter dem Titel «Ordnungs- und Sicherheitspolizei» neu die folgende

Bestimmung ein: Art. 8a – Sicherheitspolizeiliche Befugnisse: (1) Die Kantonspolizei kann zur Wahrung der Sicherheit und Ordnung sowie zur Gefahrenabwehr ereignisbezogen die notwendigen Massnahmen anordnen. (2) Insbesondere kann sie lit. a) Personen anweisen, einen bestimmten Ort oder ein bestimmtes Gebiet zu verlassen; lit b) das Betreten von Objekten, Grundstücken oder Gebieten untersagen; lit. c) den Aufenthalt in Objekten, Grundstücken oder Gebieten untersagen; lit. d) Gegenstände vorübergehend sicherstellen, von welchen eine Gefahr ausgeht oder bei denen der Verdacht einer missbräuchlichen Verwendung besteht. (3) Sie kann bei Nichtbefolgung der Anweisung diese mit den erforderlichen und angemessenen Mitteln durchsetzen. Die Beschwerdeführer rügen unter anderem, die angefochtene Norm sei vollkommen unbestimmt gehalten und genüge daher angesichts der vorgesehenen Grundrechtsbeschränkungen den Bestimmtheitsanforderungen an gesetzliche Grundlagen nicht. Erwägungen: Für das Polizeirecht stösst das Bestimmtheitserfordernis wegen der Besonderheit des Regelungsbereichs im Allgemeinen auf besondere Schwierigkeiten. Die Aufgabe der Polizei kann nicht von vornherein abschliessend und bestimmt umschrieben werden. Bereits die Begriffe der öffentlichen Sicherheit und Ordnung, zu deren Schutz die Polizei eingesetzt ist, lassen sich kaum abstrakt umschreiben, sind umfassend zu verstehen und enthalten sowohl polizeiliche als auch freiheitliche Elemente. Die Polizeitätigkeit richtet sich gegen nicht im Einzelnen bestimmbare Gefährdungsarten und Gefährdungsformen in vielgestaltigen und wandelbaren Verhältnissen und ist demnach situativ den konkreten Verhältnissen anzupassen. Die Schwierigkeit der Regelung der polizeilichen Tätigkeit ist denn auch der Grund, weshalb der geschriebene oder ungeschriebene Grundsatz der polizeilichen Generalklausel anerkannt wird, der in allgemeiner Weise die zuständige Behörde ermächtigt, polizeiliche Massnahmen zum Schutz der Polizeigüter zu treffen, um schwere und unmittelbare Gefahren abzuweisen oder erfolgte schwere Störungen zu beseitigen. Bei dieser Sachlage fällt es nicht leicht, im Bereich der Ordnungs- und Sicherheitspolizei bestimmte Normen zu schaffen. Wohl können unter Umständen in Einzelbereichen zumindest gewisse Wertungen getroffen und Güterabwägungen im Hinblick auf die Einzelfallentscheidung vorgenommen werden. Das mag etwa hinsichtlich des polizeilichen Schusswaffengebrauchs zutreffen. Für den allgemeinen Bereich der Ordnungs- und Sicherheitspolizei ist dies indessen kaum denkbar. So hat das Bundesgericht in andern Polizeibereichen allgemein gehaltene Eingriffsvoraussetzungen in verschiedensten Konstellationen als verfassungsgemäss erachtet, so etwa bei der (repressiven und präventiven) Telefonüberwachung oder bei der polizeilichen Personen- und Identitätskontrolle. In Bezug auf den vorliegend umstrittenen Bereich können Gefahrensituationen unterschiedlichster Natur sein und verschiedenartigste Dimensionen aufweisen. Weder die Voraussetzungen noch die notwendigen Massnahmen im Einzelfall (vgl. Art. 8a Abs. 2 KaPoVo) können daher präzise umschrieben werden. Vor dem Hintergrund der Entstehungsgeschichte der angefochtenen Norm gilt das gleichermassen für die Durchführung von Grossanlässen oder Kundgebungen, welche unterschiedliche und je im gegebenen Zeitpunkt zu beurteilende Gefährdungslagen hervorrufen können. Ferner beschränken sich auch die Polizeigesetze anderer Kantone darauf, die Polizeitätigkeit auf die Grundsätze der Rechtmässigkeit und der Verhältnismässigkeit zu verpflichten, den Polizeiorganen im Rahmen der polizeilichen Generalklausel einen weiten Handlungsspielraum einzuräumen und festzuhalten, dass das polizeiliche Handeln sich gegen die Störer zu richten habe. Nur vereinzelt werden Wegweisung und Fernhaltung näher umschrieben; auch diesfalls hängen indessen die polizeilichen Massnahmen im Wesentlichen vom Vorliegen ernsthafter und unmittelbarer Gefährdung von Personen oder ernsthafter Gefährdung oder Störung der öffentlichen Sicherheit und Ordnung ab. Bei dieser Sachlage kann dem Grossen Rat gesamthaft gesehen verfassungsrechtlich nicht vorgeworfen werden, in den neuen Bestimmungen der Kantonspolizei-Verordnung die Voraussetzungen und die einzelnen Massnahmen des polizeilichen Handelns zu unbestimmt umschrieben zu haben. Die Beschwerde erweist sich insofern als unbegründet (BGE 128 I 327 E. 4.2).

- **Generelles Verbot des Paintballspiels auf dem gesamten Gemeindegebiet:** In § 6 Abs. 1 1342
und 2 des kommunalen Polizeireglements (PR) wird festgehalten, dass Handlungen, die geeignet sind, die persönliche Sicherheit, die öffentliche Ruhe und Ordnung oder die zonengemässe Wohnqualität zu beeinträchtigen sowie jeder Unfug, der Personen belästigt oder Sachen ge-

fährdet, verboten sind. Als Unfug sollen dabei Handlungen gelten, die geeignet sind, andere Personen zu belästigen, zu erschrecken, in ihrer Ruhe zu stören oder die persönliche Sicherheit zu gefährden. Es bleibt zu prüfen, ob die Norm von § 6 PR genügend bestimmt ist, um gestützt darauf das sog. Paintballspiel zu verbieten. § 6 PR nennt zunächst einmal als Tatbestandsmerkmal ganz allgemein Handlungen, welche die persönliche Sicherheit, die öffentliche Ruhe und Ordnung oder die zonengemässe Wohnqualität beeinträchtigen. Da der Begriff der öffentlichen Ordnung in Literatur und Praxis auch einfach als Oberbegriff für den Polizeigüterschutz verwendet wird, sind damit grundsätzlich alle Handlungen gemeint, die Polizeigüter beeinträchtigen können. Dieser Teil der Bestimmung ist somit vollkommen offen formuliert und ungeeignet, in Grundrechte einzugreifen. Als zweites Tatbestandsmerkmal nennt § 6 PR zudem jeglichen Unfug, der Personen belästigt oder Sachen gefährdet. Der Unfug selbst wird in Abs. 2 definiert als Handlungen, die geeignet sind, andere Personen zu belästigen, zu erschrecken, in ihrer Ruhe zu stören oder die persönliche Sicherheit zu gefährden. Die darin enthaltenen Begriffe des Polizeirechts müssen mittels Werturteilen beantwortet werden. Zieht man Abs. 1 und 2 zusammen, so wird deutlich, dass die Bestimmung in sich widersprüchlich ist und ein umfassendes Feld abzudecken versucht. Unfug lässt sich mit einer solchen Umschreibung kaum von den anderen Handlungen des Abs. 1 abgrenzen und noch viel weniger von nicht tatbestandsmässigen Handlungen. Wird Unfug hingegen in Übereinstimmung mit Lehre und Rechtsprechung als ein mutwilliges, zweckloses, belästigendes Verhalten definiert, so lassen sich die Paintball-Veranstaltungen des Vereins X nicht darunter subsumieren. Diese haben nicht die Belästigung oder Beunruhigung von Leuten zum Zweck, sie sind höchstens ungewollte Nebenerscheinungen. Zusammenfassend ist demnach festzustellen, dass der Begriff des Unfugs entweder einzuschränken ist, auf ein ausschliesslich mutwilliges, zweckloses, belästigendes Verhalten. Dann sind Paintball-Veranstaltungen, in der Form wie sie der Verein X durchführt, nicht mehr tatbestandsmässig, weshalb sie nach dem Grundsatz «nulla poena sine lege» nicht verboten sind. Oder die Bestimmung von § 6 PR ist als derart offen zu verstehen, dass auch Paintball darunter subsumiert werden kann. Dann ist dieser Rechtssatz aber so unpräzise formuliert, dass der Bürger sein Verhalten nicht danach richten und die Folgen seines Verhaltens nicht mehr voraussehen kann. Die Norm ist damit als zu unbestimmt im Sinne der bundesgerichtlichen Anforderungen an das Bestimmtheitsgebot zu qualifizieren. Die angefochtene Verfügung vom 17. Sept. 2001 ist folglich wegen einer fehlenden, geeigneten gesetzlichen Grundlage aufzuheben (RR AG vom 8. April 2003, in: AGVE 2003 S. 451 E. 6b).

1343 – **Überwachung allgemein zugänglicher Orte mit technischen Geräten gemäss dem neuen Zürcher Polizeigesetz (PolG):** Das Polizeigesetz enthält in § 32 eine Bestimmung zur Überwachung allgemein zugänglicher Orte mit technischen Geräten. Die angefochtene Bestimmungen lautet: «§ 32 – Überwachung: Die Polizei darf zur Erfüllung ihrer gesetzlichen Aufgaben allgemein zugängliche Orte mit technischen Geräten offen oder verdeckt überwachen und soweit notwendig Bild- und Tonaufnahmen machen.» Das Bundesgericht heisst eine gegen diese Bestimmung erhobene Beschwerde gut. Erwägungen: Abgesehen davon, dass § 32 PolG die Natur der technischen Geräte und die Art ihres Einsatzes nicht präzisiert, werden laut § 32 PolG von der Überwachung sämtliche allgemein zugänglichen Orte erfasst. Dazu gehören ohne Zweifel öffentliche Strassen und Plätze. Die Norm erfasst ohne Einschränkung das ganze Kantonsgebiet, inklusive Wälder und Gewässer. Sie differenziert nicht nach ländlichen oder überbauten Gegenden, nach Dörfern oder Städten, nach Quartieren und Zentren oder nach besonders oder weniger gefährdeten Örtlichkeiten. Ferner dürfte dazu privater Raum zählen, welcher der Öffentlichkeit gewidmet ist. Schliesslich ist nach dem Wortlaut des Polizeigesetzes nicht auszuschliessen, dass auch faktisch zugängliches Privateigentum erfasst wird. § 32 PolG enthält keine Angaben darüber, welche es erlauben würden, aus der weiten Palette der technischen Einsatzmöglichkeiten sowie den möglichen Örtlichkeiten eine bestimmte Zielrichtung oder mehrere bestimmte Zweckausrichtungen erkennen zu lassen. Dies verunmöglicht es wiederum, i.S.v. Art. 36 Abs. 2 BV ein öffentliches Interesse oder private Schutzinteressen zur Rechtfertigung der Überwachungsmassnahmen herauszulesen oder gar zu beurteilen. Es reicht nicht, mit dem Schlagwort der Wahrung der öffentlichen Ordnung und Sicherheit unbeschränkte Überwachungen zu begründen, die in vielfältigsten Ausgestaltungen unterschiedlichen Zwecken dienen können. So lässt sich auch keine Zweck-Mittel-Relation bestimmen, die vor dem Hintergrund des Grundrechtseingriffs auf ihre Verhältnismässigkeit hin geprüft werden könnte. Mangels entsprechender Differenzierung können Überwachungsmassnahmen nicht am Grundsatz der Verhältnismässigkeit gemessen werden. Diese Ungewissheit lässt es denn auch nicht zu, in der in § 32 PolG enthaltenen Wendung «soweit notwendig» eine wirksame Schranke zu erblicken. Das Erfordernis der Notwendigkeit ist im vorliegenden Zusammenhang nicht geeignet, die Vornahme von Bild- und Tonaufnahmen auf bestimmte Zwecke auszurichten und im Sinne des Verhältnismässigkeitsgrundsatzes einzugrenzen. Die Offenheit und Unbestimmtheit von § 32 PolG lassen keinerlei Beschränkungen der Überwachung erkennen. Der Bestimmung lassen sich keine Voraussetzungen für den Einsatz von Überwachungsgeräten entnehmen, ebenso wenig irgendwelche Grenzen, Schranken oder Schwerpunkte. Die Bestimmung erlaubt vielmehr eine grenzenlose Überwachung des öffentlichen Raumes und gewisser Privaträume. Sie erlaubt, dass der öffentliche Raum auf dem ganzen Kantonsgebiet aus beliebigen polizeilichen Gründen offen oder verdeckt mit technischen Geräten überwacht wird und überdies Bild- und Tonaufnahmen gemacht werden, soweit das in irgendeiner Weise als notwendig betrachtet werden kann. Damit aber wird § 32 PolG zur grenzen- und konturlosen Blankettnorm, welche in gefestigte Grundrechtspositionen eingreift, ohne den erforderlichen Bestimmtheitsanforderungen zu genügen, in ihrer Weite und Offenheit einem hinreichenden öffentlichen Interesse zu entsprechen und ohne den zugrunde liegenden Grundrechten mangels jeglicher Grenzen gerecht zu werden. Es obliegt dem Gesetzgeber, Wertungen und Differenzierungen sowie entsprechende Einschränkungen vorzunehmen, die den Zweck der Überwachungen klar erkennen lassen und eine Beurteilung der Verhältnismässigkeit zulassen. Ebenso wenig kann der angefochtenen Norm allein unter Verweisung auf den in § 10 PolG festgehaltenen Grundsatz der Verhältnismässigkeit hinreichend bestimmte Konturen verliehen werden. Daraus ergibt sich, dass § 32 PolG vor der Verfassung nicht standhält und sich die Beschwerde in diesem Punkte als begründet erweist. Demnach ist § 32 PolG aufzuheben (BGE 136 I 87 E. 8.1-8.3).

b) Kriterien

aa) Flexibilitätsbedürfnisse

Der Gesetzgeber kann **je nach Materie** nicht völlig darauf verzichten, **allgemeine Begriffe** zu verwenden, die formal nicht eindeutig umschrieben werden können, wenn eine nicht abstrakt erfassbare **Vielfalt der zu ordnenden Sachverhalte**, das Bedürfnis nach einer **sachgerechten Entscheidung im Einzelfall** oder nach ständiger **Anpassung der Regelung an veränderte Verhältnisse** für eine gewisse Offenheit der fraglichen Norm sprechen. Die Anforderungen an das Bestimmtheitsgebot sind demnach weniger streng, wenn eine stark technische Materie oder unterschiedlich gelagerte Sachverhalte zu regeln sind, bei denen im Interesse einer sachgerechten Flexibilität oder der Einzelfallgerechtigkeit Differenzierungen im Anwendungsfall angebracht sind, solange die wesentlichsten Wertungen nicht von der rechtsanwendenden Behörde vorgenommen werden müssen (BGE 138 II 42 E. 4.2, 136 I 87 E. 3.1, 135 I 169 E. 5.4.1, 132 I 49 E. 6.2, 131 II 13 E. 6.5.1, 128 I 327 E. 4.2, 127 V 431 E. 2b/bb, 125 I 361 E. 4a, 124 I 40 E. 3a, 123 I 1 E. 4b, 123 I 112 E. 7a, 117 Ia 472 E. 3e; BGer vom 13. Jan. 2012, 2C_842/2010, E. 4.2.3; BVGer vom 5. Jan. 2010, B-1092/2009, E. 5.3.2; vom 2. Okt. 2008, A-1578/2006, E. 3.3.2; SRK vom 31. März 2004, in: VPB 68 [2004] Nr. 126 E. 3e/bb; VerwG BE vom 29. Sept. 2006, in: BVR 2007 S. 58 E. 5.3.1). 1344

Für das **Polizeirecht** insbesondere stösst das Bestimmtheitserfordernis wegen der **Eigenart des Regelungsbereichs** auf besondere Schwierigkeiten. Die Aufgabe der Polizei und die Begriffe der öffentlichen Sicherheit und Ordnung lassen sich kaum 1345 abstrakt umschreiben. Die Polizeitätigkeit richtet sich gegen nicht im Einzelnen bestimmbare Gefährdungsarten und Gefährdungsformen in vielgestaltigen und wandelbaren Verhältnissen und ist demnach situativ den konkreten Umständen anzupassen (BGE 138 I 6 E. 5.3, 136 I 87 E. 3.1, 132 I 49 E. 6.2, 130 I 369 E. 7.3, 128 I 327 E. 4.2). Die Schwierigkeit der Regelung der polizeilichen Tätigkeit ist denn auch der Grund, weshalb der geschriebene oder ungeschriebene Grundsatz der **polizeilichen Generalklausel** anerkannt wird, der in allgemeiner Weise die zuständige Behörde ermächtigt, polizeiliche Massnahmen zum Schutz der Polizeigüter zu treffen, um schwere und unmittelbare Gefahren abzuwenden oder erfolgte schwere Störungen zu beseitigen (BGE 136 I 87 E. 3.1, 132 I 49 E. 6.2, 130 I 369 E. 7.3, 128 I 327 E. 4.2).

1346 Bei dieser Sachlage fällt es nicht leicht, im Bereich der Ordnungs- und Sicherheitspolizei bestimmte Normen zu schaffen. Wohl können unter Umständen in **Einzelbereichen** zumindest gewisse Wertungen getroffen und Güterabwägungen im Hinblick auf die Einzelfallentscheidung vorgenommen werden, was beispielsweise für die Normierung des **polizeilichen Schusswaffengebrauchs** zutrifft (BGE 136 I 87 E. 4). Für den allgemeinen Bereich der Ordnungs- und Sicherheitspolizei ist dies indessen kaum denkbar (BGE 128 I 327 E. 4.2). So hat das Bundesgericht in **andern Polizeibereichen** allgemein gehaltene Eingriffsvoraussetzungen in verschiedensten Konstellationen als verfassungsgemäss erachtet, so etwa bei der **(repressiven und präventiven) Telefonüberwachung** (BGE 109 Ia 273 E. 6d und E. 6e sowie E. 9c), bei der polizeilichen **Personen- und Identitätskontrolle** (BGE 136 I 87 E. 5, 109 Ia 146 E. 4b und E. 5) oder bei der Voraussetzung, Durchführung und Dauer des **polizeilichen Gewahrsams** (BGE 136 I 87 E. 6.5).

1347 Auch **Wegweisungs- und Fernhaltemassnahmen** lassen sich auf eine offen formulierte gesetzliche Grundlage stützen, selbst wenn diese keinerlei Präzisierungen zum örtlichen, persönlichen und sachlichen Geltungsbereich enthält (BGE 132 I 49 E. 6.2, 128 I 327 E. 4.2). Der **Propagandabeschluss** erlaubt die Einziehung von Propagandamaterial, welche die innere oder äussere Sicherheit der Schweiz gefährdet, ohne dass eine präzise Umschreibung des Propagandamaterials oder des Begriffs der inneren oder äusseren Sicherheit erfolgt. Nach dem Bundesgericht ist es dem Gesetzgeber nicht verwehrt, bei der Einschränkung der Meinungsäusserungsfreiheit allgemeine Begriffe zu verwenden, wenn eine nicht abstrakt erfassbare Vielfalt der zu ordnenden Sachverhalte vorliegt, die gerade eine gewisse Offenheit der fraglichen Norm voraussetzen (BGE 125 II 417 E. 6c).

1348 Eine gewisse **Flexibilität** ist ausserdem im **öffentlichen Dienstrecht** unvermeidlich. Es ist verfassungsrechtlich zulässig, den Anstellungsbehörden bei der **Besoldung öffentlich-rechtlicher Angestellter** einen erheblichen Spielraum zu belassen (BGE 123 I 1 E. 4c; BGer vom 21. März 2000, 2P.369/1998, E. 2; OG SH vom 14. Dez. 2007, in: AB 2007 S. 113 E. 2d/dd). Ist hingegen die zu regelnde Angelegenheit wie beispielsweise die **Entbündelungsformen der «letzten Meile»** von **grosser Wichtigkeit**, betrifft sie nur wenige (juristische) Personen und erfasst sie nur wenige Sachverhalte, ist es für den Gesetzgeber ohne Weiteres möglich, selbst näher zu bestimmen, ob und welche Entbündelungsformen unter welchen Bedingungen gewährt werden sollen. Es ist kein spezifischer Bedarf an einer Verwendung von abstrakten Begriffen ersichtlich, auch wenn bei der Regelung der Interkonnektion gewisse technische und ökonomische Flexibilitätsbedürfnisse bestehen (BGE 131 II 13 E. 6.5.2).

Praxis:

- **Personenkontrollen und Identitätsfeststellungen gemäss dem Zürcher Polizeigesetz (PolG):** Die Beschwerdeführer fechten die Möglichkeit von Personenkontrollen und Identitätsfeststellungen gemäss § 21 PolG an. Die Bestimmung hat folgenden Wortlaut: «(1) Wenn es zur Erfüllung ihrer Aufgaben notwendig ist, darf die Polizei eine Person anhalten, deren Identität feststellen und abklären, ob nach ihr oder nach Fahrzeugen, andern Gegenständen oder Tieren, die sie bei sich hat, gefahndet wird. (2) Die angehaltene Person ist verpflichtet, Angaben zur Person zu machen, mitgeführte Ausweis- und Bewilligungspapiere vorzuzeigen und zu diesem Zweck Behältnisse und Fahrzeuge zu öffnen. (3) Die Polizei darf die Person zu einer Dienststelle bringen, wenn die Abklärungen gemäss Abs. 1 vor Ort nicht eindeutig oder nur mit erheblichen Schwierigkeiten vorgenommen werden können oder wenn zweifelhaft ist, ob die Angaben richtig oder die Ausweis- und Bewilligungspapiere echt sind.» Die Beschwerdeführer machen insb. geltend, § 21 PolG umschreibe die Voraussetzungen polizeilichen Handelns in ungenügender Weise und führe zu ungerechtfertigten und unverhältnismässigen Eingriffen in die persönliche Freiheit. Erwägungen: § 21 PolG erlaubt den Polizeiorganen, Personen zwecks Identitätsfeststellung anzuhalten, verpflichtet die angehaltenen Personen zur Auskunft und befugt die Polizeiorgane, solche Personen unter weiteren Bedingungen auf die Dienststelle zu führen. Die Notwendigkeit der Aufgabenerfüllung bildet nach dem Wortlaut von § 21 PolG die einzige Voraussetzung für Identitätsprüfungen. Es ist nachvollziehbar, dass die Beschwerdeführer diese Voraussetzung als zu unbestimmt erachten und überdies geltend machen, das polizeiliche Handeln sei nicht aus der Sicht der Aufgabenumschreibung und -erfüllung, sondern mit Blick auf Besonderheiten der konkreten Situation zu definieren und zu begrenzen. § 21 Abs. 1 PolG vermag nicht jegliche Identitätskontrollen zu rechtfertigen. Vielmehr muss die Personenidentifikation zur polizeilichen Aufgabenerfüllung nach dem ausdrücklichen Wortlaut notwendig sein. Ist die Massnahme nicht notwendig, kann sie von vornherein nicht als gerechtfertigt und verhältnismässig betrachtet werden. Mit dem Begriff der Notwendigkeit wird zum Ausdruck gebracht, dass spezifische Umstände vorliegen müssen, damit die Polizeiorgane Identitätskontrollen vornehmen dürfen, dass die Kontrolle nicht anlassfrei erfolgen darf. Erforderlich können solche etwa sein, wenn sich Auffälligkeiten hinsichtlich von Personen, Örtlichkeiten oder Umständen ergeben und ein entsprechendes polizeiliches Handeln gebieten. Es müssen objektive Gründe, besondere Umstände, spezielle Verdachtselemente dazu Anlass geben oder diese rechtfertigen. Dazu können Situationen zählen, wie sie die Beschwerdeführer aufzählen, etwa eine verworrene Situation, die Anwesenheit in der Nähe eines Tatortes, eine Ähnlichkeit mit einer gesuchten Person, Verdachtselemente hinsichtlich einer Straftat und dergleichen. All dies wird mit der Voraussetzung, dass die Massnahme zur Erfüllung der polizeilichen Aufgaben notwendig sein muss, abstrakt umschrieben. Umgekehrt wird ausgeschlossen, dass Identifikationen aus bloss vorgeschobenen Gründen, persönlicher Neugierde oder andern nichtigen Motiven vorgenommen werden. Angesichts der Vielfalt möglicher konkreter Situationen würde eine bestimmtere, Fallbeispiele aufzählende Formulierung kaum hilfreich sein und letztlich nicht zu grösserer Bestimmtheit führen. Entscheidend ist gesamthaft, dass Personenidentifikationen nicht über das Notwendige hinausreichen. Dieses Erfordernis vermag das polizeiliche Handeln in hinreichender Weise zu begrenzen. Im Übrigen werden von den Polizeiorganen Zurückhaltung und Respekt gefordert, wie dies das Bundesgericht zum Genfer Polizeigesetz ausgeführt hatte (BGE 109 Ia 146 E. 4b). Diese Grenzen sind auch im vorliegenden Zusammenhang zu beachten (BGE 136 I 87 E. 5.2). 1349

- **Wegweisungsverfügung gemäss dem Berner Polizeigesetz:** Nach Art. 29 lit. b (Wegweisung, Fernhaltung) des Bernischen Polizeigesetzes (PolG) kann die Polizei Personen von einem Ort vorübergehend wegweisen oder fernhalten, wenn der begründete Verdacht besteht, dass sie oder andere, die der gleichen Ansammlung zuzurechnen sind, die öffentliche Sicherheit und Ordnung gefährden oder stören. Die Beschwerdeführer bringen dagegen vor, diese Norm sei zu unbestimmt, um gestützt darauf Wegweisungen verfügen zu können. Erwägungen: Bei der Auslegung dieser Bestimmung sind die besonderen Bedingungen einer bestimmten Gesetzgebung im Bereiche des Polizeirechts zu berücksichtigen. Im Zusammenhang mit dem Schutz der öffentlichen Ordnung und Sicherheit fällt es im Allgemeinen schwer, sowohl hinsichtlich der 1350

Voraussetzungen als auch in Bezug auf die möglichen polizeilichen Massnahmen bestimmte Normen zu schaffen. Der in Art. 29 PolG verwendete Begriff des Schutzes der öffentlichen Ordnung und Sicherheit ist zwar unbestimmt gehalten, lässt indessen die generelle Ausrichtung entsprechend dem Polizeirecht klar erkennen. Gleichermassen sind die allgemein umschriebenen Eingriffsvoraussetzungen der Störung und Gefährdung in Art. 29 lit. b PolG aus dem Recht der Gefahrenabwehr aus verschiedensten Bereichen bekannt und nicht grenzenlos. Für das Vorliegen einer Störung oder Gefährdung setzt Art. 29 lit. b PolG einen «begründeten Verdacht» voraus. Dieser geht über den blossen, einfachen Verdacht hinaus. Ferner ist die nach Art. 29 lit. b PolG mögliche Massnahme mit den Worten «von einem bestimmten Ort vorübergehend wegweisen oder fernhalten» und dem Erfordernis einer «Ansammlung» in zeitlicher und sachlicher Hinsicht recht präzise umschrieben und damit eingegrenzt. In Anbetracht der Schwierigkeit der Vorhersehbarkeit der im Einzelfall erforderlichen Massnahme, des offenen Kreises der Normadressaten und der geringen Schwere des Grundrechtseingriffes kann die Norm von Art. 29 lit. b PolG als genügend bestimmt betrachtet werden. Es zeigt sich zudem, dass den Beschwerdeführern gegen die förmlichen Wegweisungsverfügungen der Rechtsmittelweg offenstand und sie ihre Rechte geltend machen konnten. Die Anwendung der umstrittenen Norm ist einer justizmässigen Prüfung und allfälligen Korrektur in wirksamer Weise zugänglich. Diese verfahrensrechtliche Sicherung vermag die gerügte Unbestimmtheit der angewandten Norm tatsächlich teilweise zu kompensieren. Das Polizeirecht muss schliesslich unter besonderer Beachtung der Verhältnismässigkeit ausgelegt und angewendet werden. Art. 29 lit. b PolG erlaubt der Polizei entgegen den Befürchtungen der Beschwerdeführer nicht, jederzeit und ohne sachlich ausreichenden Anlass Wegweisungs- und Fernhalteverfügungen zu erlassen. Es bestehen heute keine Anhaltspunkte für die Annahme, die kantonalen Instanzen würden Art. 29 lit. b PolG nicht in einer entsprechenden zurückhaltenden Art und Weise anwenden. Eine unbestimmt gehaltene Bestimmung schliesst eine Rücksichtnahme auf die Besonderheiten des Einzelfalls keineswegs aus und lässt sich verfassungskonform auslegen und anwenden. Damit erweist sich die Rüge der ungenügenden Bestimmtheit von Art. 29 lit. b PolG als unbegründet (BGE 132 I 49 E. 6.3).

1351 – **Interkonnektionspflicht und Entbündelung des Teilnehmeranschlusses:** Die Delegation an den Bundesrat in Art. 11 Abs. 1 FMG ist relativ weit gefasst: Selbst der Verordnungsgeber hat lediglich die Grundsätze und nicht die Detailregelung der Interkonnektion festzulegen, was an sich für ein eher weites Verständnis des Interkonnektionsbegriffs spricht. Diese Delegation ist jedoch an ihren Auswirkungen zu messen. Im Commcare-Entscheid führte das Bundesgericht dazu aus, die Interkonnektionspflicht bedürfe einer gesetzlichen Grundlage, die so bestimmt zu sein habe, dass sie den Fernmeldediensteanbietern ermögliche, verlässlich festzustellen, welche Dienste zu Interkonnektionsbedingungen zu erbringen seien. Daran ist festzuhalten. Ob die Entbündelung des Teilnehmeranschlusses unter die Interkonnektionspflicht fällt, muss sich also durch die Gesetzesauslegung verbindlich feststellen lassen. Bei der Interkonnektion besteht zwar ein gewisses technisches und ökonomisches Flexibilitätsbedürfnis; die Entbündelung des Teilnehmeranschlusses erfasst aber nur wenige Sachverhalte und unmittelbar nur wenige Unternehmungen. Dennoch zeitigt sie erhebliche wirtschaftliche Auswirkungen auf den Telekommunikationsmarkt. Gleichzeitig erweist sich der Begriff der Entbündelung des Teilnehmeranschlusses als wenig griffig. Es bieten sich verschiedene Formen der Entbündelung an; sie kann mehr oder weniger weit gehen und mit oder ohne Bedingungen und Auflagen erfolgen. Dabei ist es jedoch für den Gesetzgeber ohne Weiteres möglich, selber näher zu bestimmen, ob und welche Entbündelungsformen unter welchen Bedingungen gewährt werden sollen, wie das laufende Gesetzgebungsverfahren zeigt; es besteht somit kein spezifischer Bedarf an einer Verwendung von abstrakten Begriffen. Insgesamt ergibt sich demnach, dass es sich bei der Frage der Öffnung der «letzten Meile» um einen Grundentscheid handelt, der mit der nötigen begrifflichen Bestimmtheit vom Gesetzgeber selbst zu fällen ist (BGE 131 II 13 E. 6.5).

bb) Eingriffsintensität

Je **schwerwiegender oder intensiver ein Eingriff** in den Schutzbereich eines Grundrechts ist, desto **strengere Anforderungen** sind üblicherweise an die Normdichte wie im Übrigen auch an die Normstufe zu stellen (Art. 36 Abs. 1 Satz 2 BV; vgl. BGE 136 I 1 E. 5.3.1, 136 I 17 E. 3.3, 133 II 220 E. 2.5, 131 I 333 E. 4.2, 131 I 425 E. 6.1, 130 I 65 E. 3.3, 130 I 360 E. 1.2). Verbote von Berufsausübungen beispielsweise sind schwerwiegende Einschränkungen (vgl. etwa BGE 130 I 26 E. 5.1 [Nichtzulassung zur Kassenpraxis für die Dauer von drei Jahren]. Insoweit müssen diese im Gesetz selbst vorgesehen werden. Daneben werden aufgrund der intensiven Betroffenheit des Schutzobjektes auch höhere Anforderungen an die Normdichte gestellt (BGE 136 I 1 E. 5.3.1 [Verbot des Erwerbs, der Zucht und des Zuzugs von Hunden mit erhöhtem Gefährdungspotenzial]). Ist hingegen der schwere Eingriff dergestalt, dass er lediglich in einer beschränkten Anzahl von Fällen zur Anwendung kommt und nach dem Empfinden der Allgemeinbevölkerung eher von kleiner Relevanz ist, dürfen keine allzu hohen Anforderungen an die Bestimmtheit der gesetzlichen Grundlage gestellt werden. Unter diesen Umständen genügt es, wenn sich der Eingriff aus einem allgemeinen Grundsatz in einem formellen Gesetz ergibt (BGE 123 I 296 E. 3; BVGer vom 17. Juli 2008, B-6395/2007, E. 2.3.1). 1352

Im Bereich der **hoheitlich agierenden Eingriffsverwaltung** sind üblicherweise an die Dichte der gesetzlichen Grundlage höhere Anforderungen zu stellen, was insb. dann gilt, wenn derartige Verwaltungsaufgaben an Private übertragen werden (BVGer vom 28. Jan. 2008, A-391/2007, E. 5). Eine besondere Bedeutung hat die Forderung der Bestimmtheit auch bei Normen, die durch **Androhung von Sanktionen** unmittelbar ein bestimmtes Verhalten des Bürgers bewirken sollen (BGE 125 I 361 E. 4a, 117 Ia 472 E. 3e, 113 Ib 60 E. 3b) oder wenn eine **Vielzahl von ähnlich gelagerten Entscheiden** zu treffen ist (BGE 123 I 1 E. 4b). Sieht das öffentliche Recht **Strafnormen** oder **Zwangsmassnahmen** vor, müssen an die Bestimmtheit derartiger Normen höhere Anforderungen gestellt werden als an andere Normen, ansonsten der aus dem Legalitätsprinzip abgeleitete Grundsatz «keine Strafe ohne Gesetz» verletzt würde (BGE 125 I 369 E. 6). Die massgeblichen, die Strafe bzw. die Haft rechtfertigenden Gesichtspunkte haben im Rechtssatz selber in genügend bestimmter Weise enthalten zu sein (vgl. z.B. BGer vom 27. April 2000, 2A.142/2000, E. 3b/aa). 1353

Praxis:

- **Anordnung einer Untersuchungshaft wegen Wiederholungsgefahr:** K wurde wegen des Verdachts, gegenüber seinen Schwiegereltern telefonisch die Tötung verschiedener Familienangehöriger angedroht zu haben, sowie wegen Kollusionsgefahr festgenommen und auf Antrag der Bezirksanwaltschaft Bülach vom Haftrichter des Bezirks Bülach am 26. April 1999 in Untersuchungshaft versetzt. Am 10. Mai 1999 ersuchte K um Entlassung aus der Untersuchungshaft. Der Haftrichter des Bezirks Bülach wies diesen Antrag am 14. Mai 1999 ab. Gegen die Verfügung des Haftrichters führt K staatsrechtliche Beschwerde beim Bundesgericht. Er beantragt die Aufhebung der angefochtenen Verfügung sowie die Anordnung der unverzüglichen Haftentlassung. Zur Begründung beruft er sich auf das Grundrecht der persönlichen Freiheit. Erwägungen: Das Bundesgericht hat es in mehreren nicht veröffentlichten Urteilen, in denen die Rechtsgrundlage für die Anordnung resp. Aufrechterhaltung der Untersuchungs- bzw. Sicherheitshaft wegen des besonderen Haftgrundes der Wiederholungsgefahr zu prüfen war, unter dem Gesichtspunkt der genügend bestimmten gesetzlichen Grundlage als ausreichend er- 1354 achtet, dass die jeweils einschlägige kantonale Bestimmung diesen Haftgrund nicht ausdrücklich aufführte und umschrieb, sondern ihn aufgrund einer nicht abschliessenden Aufzählung von andern Haftgründen oder aufgrund der Verwendung unbestimmter Rechtsbegriffe anwandte. Folgt man vorliegend streng dem Wortlaut von § 58 Abs. 2 StPO/ZH, auf den der kantonale Haftrichter den Haftgrund der Ausführungsgefahr abstützte, so wird verlangt, dass der Angeschuldigte dringend verdächtigt wird, ein Verbrechen in strafbarer Weise versucht oder vorbereitet zu haben. Der angefochtenen Verfügung lässt sich ein solcher Vorwurf gegen den Beschwerdeführer nicht entnehmen. Der zuständige Bezirksanwalt und mit ihm der Haftrichter werfen dem Beschwerdeführer vor, mit seinen telefonischen Drohungen ernsthaft die Absicht bekundet zu haben, sich und verschiedene Familienangehörige zu töten. Es fragt sich, ob diese Drohungen unter den vorliegenden Umständen und im Lichte des Erfordernisses einer hinreichenden gesetzlichen Grundlage für den Eingriff in die persönliche Freiheit einem in strafbarer Weise versuchten oder vorbereiteten Verbrechen gleichgestellt werden können. Sinn und Zweck von § 58 Abs. 2 StPO/ZH ist primär die Verhütung von Verbrechen; die Haft ist somit überwiegend Präventivhaft. Vorausgesetzt sind konkrete Anhaltspunkte dafür, dass der Angeschuldigte ein in strafbarer Weise versuchtes oder vorbereitetes Verbrechen, dessen er dringend verdächtigt wird, ausführen werde. Dass der Haftrichter die Tötungsdrohungen, die dem Beschwerdeführer zur Last gelegt werden, dem Erfordernis der strafbaren Vorbereitungs- oder Versuchshandlung gemäss § 58 Abs. 2 StPO/ZH gleichsetzte und damit diesen Haftgrund der Ausführungsgefahr bejahte, entspricht dem Sinn und Zweck der gesetzlichen Regelung: Bei entsprechender konkreter Gefahr der Begehung von Verbrechen sollen diese durch die Haftanordnung verhindert werden. Die gesetzliche Regelung wäre nicht sachgerecht, wenn sie nicht erlaubte, in Fällen gleicher Gefahrenlage in gleicher Weise Haft anzuordnen, um Verbrechen zu verhindern. Die Vorschrift ist, auch wenn in verfassungskonformer Auslegung und Anwendung von einer nicht abschliessenden Aufzählung der Anlasstaten in Art. 58 Abs. 2 StPO/ZH auszugehen ist, genügend bestimmt im Sinne der angeführten Rechtsprechung. Das Ziel der Regelung ist klar, weshalb es zulässig ist, sie in den gebotenen engen Grenzen auch bei nicht ausdrücklich erwähnten, aber in Bezug auf die Begründung der Gefahr der Ausführung eines Verbrechens in jeder Hinsicht vergleichbaren Anlasstaten anzuwenden. Dass der Haftrichter hier die Tötungsdrohungen, die dem Beschwerdeführer zur Last gelegt werden, dem Erfordernis der strafbaren Vorbereitungs- oder Versuchshandlung gemäss § 58 Abs. 2 StPO/ZH gleichsetzte, hält nach dem Gesagten vor dem Legalitätsprinzip stand (BGE 125 I 361 E. 4).

1355 – **Verbot des Erwerbs, der Zucht und des Zuzugs von Hunden mit erhöhtem Gefährdungspotenzial:** Am 30. Nov. 2008 hat das Stimmvolk des Kantons Zürich das Hundegesetz vom 14. April 2008 (HuG) in der Variante mit Kampfhundeverbot angenommen. Dessen § 8 Abs. 1 und Abs. 2 lauten wie folgt: «(1) Der Erwerb, die Zucht sowie der Zuzug von Hunden mit erhöhtem Gefährdungspotenzial ist verboten. (2) Der Regierungsrat bezeichnet die Rassetypen mit erhöhtem Gefährdungspotenzial (Rassetypenliste II).» Erwägungen: Verbote von Berufsausübungen sind schwerwiegende Einschränkungen. Insoweit müssen diese im Gesetz selbst vorgesehen werden. Daneben werden aufgrund der intensiven Betroffenheit des Schutzobjektes auch höhere Anforderungen an die Normdichte gestellt. Zu prüfen ist, ob § 8 Abs. 1 und Abs. 2 HuG diese Anforderungen erfüllt. Nach § 8 Abs. 1 HuG ist u.a. die Zucht von Hunden mit erhöhtem Gefährdungspotenzial verboten. Nach dessen Abs. 2 bezeichnet der Regierungsrat die Rassetypen mit erhöhtem Gefährdungspotenzial (Rassetypenliste II). Die Beschwerdeführer scheinen bei der Bestimmung der Normdichte und der Normstufe von § 8 Abs. 1 HuG nur von dessen Wortlaut auszugehen. Dieser ist in der Tat wenig aussagekräftig. Der Normsinn ist indes nicht nur nach dem Wortlaut, sondern nach den anerkannten Auslegungsregeln zu bestimmen. Aus systematischer Sicht ist zunächst hervorzuheben, dass das Hundegesetz von drei verschiedenen Arten von Rassetypen ausgeht: «normale» Rassetypen, grosse und massige Rassetypen (Rassetypen der Liste I, § 7) sowie Rassetypen mit erhöhtem Gefährdungspotenzial (Rassetypen der Liste II, § 8). Je höher die Listennummer ist, desto grösser ist das Gefährdungspotenzial und desto anforderungsreicher ist der Umgang mit den Tieren. Hunde der Rassetypenliste II müssen somit gefährlicher sein als grosse und massige Hunderassen. Aus der Entstehungsgeschichte wird sodann ersichtlich, welche Hunderassen welcher Liste zugeordnet werden können. So führt der Antrag des Regierungsrates vom 18. April 2007 15 verschiedene Hunderassen für die Rasseliste I auf. Der Regierungsrat erläutert ferner, dass die Hunderassen, welche nach der damals geltenden Hundeverordnung einen Maulkorb tragen müssten oder an der Leine zu halten seien, einer Bewilligungspflicht zu unterstellen seien. Dies seien der American Pitbull Terrier, der American Staffordshire Terrier, der Bullterrier und der Staffordshire Bullterrier sowie Kreuzungen mit diesen Rassen. Eine Ausweitung sei nicht vorgesehen. In der parlamentarischen Beratung ging man ebenfalls nur von diesen Rassetypen aus. Diese wurden auch im Zusammenhang mit dem Antrag auf eine Variante mit Kampfhundeverbot hervorgehoben. Schliesslich hat der Regierungsrat im beleuchtenden Bericht zur Abstimmungsvorlage festgehalten, dass es sich bei beiden Varianten um American Pitbull Terrier, American Staffordshire Terrier, Bullterrier, Staffordshire Bullterrier sowie Kreuzungen mit diesen Rassen handle. Aufgrund der Auslegung ist genügend klar ersichtlich, welche Hunde welchen Massnahmen unterliegen: American Pitbull Terrier, American Staffordshire Terrier, Bullterrier und Staffordshire Bullterrier sowie Kreuzungen mit diesen Tieren dürfen u.a. nicht gezüchtet werden; werden diese zudem unter einem anderen Namen geführt, so gilt nichts anderes. Aufgrund der Aussagen des Kantonsrats und des Regierungsrates sollen keine weiteren Hunderassen dieser Liste beigefügt werden. Insoweit muss deshalb zum heutigen Zeitpunkt nicht beurteilt werden, ob weitere Hunderassen in die Rassetypenliste II aufgenommen werden dürfen. Die Bestimmung erweist sich insofern als genügend klar und bestimmt (BGE 136 I 1 E. 5.3.1).

– **Schutz vor Passivrauchen:** Nach dem mit Art. 8 des Gesetzes zum Schutz vor Passivrauchen (SchPG) eingeführten Art. 27 des Gastgewerbegesetzes (GGG) ist das Rauchen in öffentlich zugänglichen Innenräumen von Betrieben verboten, die eine Betriebs- oder Einzelbewilligung gemäss Gastgewerbegesetz benötigen (Abs. 1). Im Freien und in Fumoirs (abgeschlossene Räume mit einer eigenen Lüftung) bleibt das Rauchen gestattet (Abs. 2). Die verantwortliche Person und ihre Angestellten haben das Rauchverbot angemessen umzusetzen, wobei das Gesetz bestimmte erforderliche Massnahmen ausdrücklich nennt (Abs. 3). Nach Art. 27 BV ist die Wirtschaftsfreiheit gewährleistet. Dazu zählen insbesondere der freie Zugang und die freie Ausübung einer privatwirtschaftlichen Erwerbstätigkeit. Das Rauchverbot in Restaurants, deren Haupttätigkeit im Angebot von Speisen und Getränken besteht, schränkt die Wirtschaftsfreiheit ihrer Betreiber nicht direkt ein. In der Literatur wird sogar bezweifelt, ob insofern überhaupt von einem Eingriff in die Wirtschaftsfreiheit auszugehen ist, jedenfalls solange ein Wirt nicht ein spezifisches Angebot für Raucher unterhalten will. Der Kanton Bern verunmöglicht nicht das Wirten als solches, d.h. insbesondere die Abgabe von Speisen oder Getränken zum Konsum gegen Entgelt. Diese Tätigkeiten können unter der Geltung des Passivraucherschutzes weiterhin vollumfänglich ausgeübt werden. Selbst das Rauchverbot fällt nicht absolut aus. Ein abgetrennter Nebenraum darf als Fumoir unterhalten werden, womit das grundsätzliche Rauchverbot wieder gelockert wird. Mit den angefochtenen Bestimmungen wird den Wirten einzig untersagt, den Hauptraum des Gaststättenbetriebs als Fumoir zu benutzen. Auch wenn dies detailliert erst im Verordnungsrecht festgelegt wird, ergibt sich aus dem Gesetz doch eindeutig und in genügender Bestimmtheit, dass im Hauptbereich des Betriebes nicht geraucht werden darf und es sich beim Fumoir um einen Nebenraum handeln muss. Art. 8 SchPG erweist sich insofern als genügend bestimmt (BGE 136 I 17 E. 3.2). 1356

– **Bestrafung wegen Nacktwanderns:** X wanderte am Sonntag, den 11. Okt. 2009, bei schönem Wetter zwischen 15.40 und 16.00 Uhr nackt im Naherholungsgebiet Nieschberg bei Herisau/AR. Dabei ging er unter anderem an einer von einer Familie mit Kleinkindern besetzten Feuerstelle und an einem christlichen Rehabilitationszentrum für Drogenabhängige vorbei. Eine Passantin stellte ihn zur Rede und erstattete Strafanzeige. Das Verhöramt Appenzell A.Rh. verurteilte X mit Strafverfügung vom 23. Nov. 2009 wegen unanständigen Benehmens im Sinne von Art. 19 des Gesetzes über das kantonale Strafrecht des Kantons Appenzell A.Rh. (Strafrecht/AR) zu einer Busse von 100 Franken respektive zu einer Ersatzfreiheitsstrafe von einem Tag bei schuldhafter Nichtbezahlung der Busse. Die Kantonsgerichtspräsidentin sprach X mit Urteil vom 27. Mai 2010 frei. Das Obergericht verurteilte X mit Entscheid vom 17. Jan. 2011 in Gutheissung der Appellation der Staatsanwaltschaft wegen unanständigen Benehmens im Sinne von Art. 19 al. 2 Strafrecht/AR zu einer Busse von 100 Franken. Das Bundesgericht 1357 weist seine Beschwerde in Strafsachen ab. Erwägungen: Das inkriminierte Nacktwandern erfüllt unstreitig keinen Tatbestand des StGB. Ferner verstösst die Bestrafung des Nacktwanderns im öffentlichen Raum in Anwendung von kantonalem Übertretungsstrafrecht nicht gegen Art. 335 Abs. 1 StGB. Eine Strafe oder Massnahme darf nur wegen einer Tat verhängt werden, die das Gesetz ausdrücklich unter Strafe stellt (Art. 1 StGB). Der Grundsatz ist verletzt, wenn jemand wegen eines Verhaltens strafrechtlich verfolgt wird, das im Gesetz überhaupt nicht als strafbar bezeichnet wird; wenn das Gericht ein Verhalten unter eine Strafnorm subsumiert, unter welche es auch bei weitestgehender Auslegung der Bestimmung nach den massgebenden Grundsätzen nicht subsumiert werden kann; oder wenn jemand in Anwendung einer Strafbestimmung verfolgt wird, die rechtlich keinen Bestand hat. Der Grundsatz gilt für das gesamte Strafrecht, mithin auch für das kantonale Übertretungsstrafrecht. Das Strafrecht/AR stellt nicht ausdrücklich das Nacktwandern oder das Nacktsein in der Öffentlichkeit unter Strafe. Es droht in Art. 19 Strafrecht/AR für «unanständiges Benehmen» Busse an. Nach Art. 19 al. 1 Strafrecht/AR ist strafbar, wer sich in angetrunkenem oder berauschtem Zustand öffentlich ungebührlich aufführt. Gemäss Art. 19 al. 2 Strafrecht/AR wird bestraft, wer «in anderer Weise öffentlich Sitte und Anstand grob verletzt». Gleichartige oder ähnliche Strafbestimmungen betreffend Verletzung von Sitte und Anstand sind auch in Übertretungsstrafgesetzen beziehungsweise Einführungsgesetzen anderer Kantone enthalten. Art. 19 al. 2 Strafrecht/AR, wonach bestraft wird, wer öffentlich Sitte und Anstand grob verletzt, ist mit Rücksicht auf die gemäss der vorstehend zitierten Rechtsprechung massgebenden Kriterien hinreichend bestimmt. Aus der Norm ergibt sich klar und unmissverständlich, dass die grobe Verletzung von Sitte und Anstand in der Öffentlichkeit strafbar ist. Eine andere Frage ist, ob das inkriminierte Verhalten überhaupt Sitte und Anstand verletzt und ob eine allfällige Verletzung grob ist. Ob ein Verhalten Sitte und Anstand verletzt und ob diese Verletzung als grob erscheint, beurteilt sich nicht nach dem Eindruck des besonders unsensiblen oder des besonders empfindsamen, sondern nach der Einschätzung des durchschnittlich empfindenden Menschen. Darüber muss der Richter entscheiden. Es kommt entgegen der Meinung des Beschwerdeführers nicht in Betracht, die Frage, ob und gegebenenfalls in welchem Ausmass ein bestimmtes Verhalten unter welchen Voraussetzungen Sitte und Anstand verletzt, durch sog. repräsentative Umfragen zu klären. Die Anschauungen darüber, ob und in welchem Ausmass ein bestimmtes Verhalten als Sitte und Anstand verletzend empfunden wird, kann von Region zu Region verschieden sein. Das Nacktwandern unterscheidet sich wesentlich etwa vom Baden, Sonnenbaden sowie von der Ausübung von Sport und Spiel im Zustand der Nacktheit auf einem begrenzten Gelände. Das Nacktwandern ist hierzulande und fast überall anderswo heute und seit jeher völlig unüblich und ungewöhnlich. Der Mensch, der unterwegs ist, trägt wenigstens ein Kleidungsstück, welches den Intimbereich bedeckt. Nacktwandern widerspricht klar den Sitten und Gebräuchen, Gepflogenheiten und Konventionen. Es ist, auch gemessen an der traditionellen sog. Freikörperkultur, eine deutliche Grenzüberschreitung und ein Tabubruch. Bezeichnend ist, dass selbst in der heutigen Gesellschaft, die nach der Meinung des Beschwerdeführers freizügig und unter dem Einfluss von Medien aller Art an Nacktheit gewohnt ist, fast kein Mensch nackt wandert. Die Vorinstanz hat demnach das kantonale Recht nicht willkürlich angewendet, indem sie das dem Beschwerdeführer zur Last gelegte Nacktwandern unter Berücksichtigung der im Kanton Appenzell A.Rh. herrschenden Mentalität und Anschauung, deren Würdigung das Bundesgericht nur mit Zurückhaltung prüft, als grobe Verletzung von Sitte und Anstand im Sinne von Art. 19 Strafrecht/AR wertet (BGer vom 17. Nov. 2011, 6B_345/2011, E. 5).

cc) Behördenpraxis

1358 Das Bestimmtheitserfordernis kann je nach Sachbereich als erfüllt betrachtet werden, wenn eine gleichmässige und den besonderen Umständen Rechnung tragende **Behördenpraxis** besteht, die im Hinblick auf die umstrittene Fragestellung **hinreichend klar gefasst** ist. Diese Behördenpraxis kann sich auch auf eine **Verwaltungsverordnung** stützen (BGE 129 I 161 E. 2.2, 125 I 369 E. 6, 123 I 1 E. 4b, 111 Ia 31 E. 4;

VerwG ZH vom 2. Sept. 2009, VB.2009.00083, E. 7.9.6; VerwG BE vom 10. März 2005, in: BVR 2005 S. 506 E. 3.5.1; VerwG AG vom 24. März 2000, in: AGVE 2000 S. 168 E. 2a).

Praxis:

- **Verbot von täuschenden und unlauteren Werbemethoden auf öffentlichem Grund (Scientology Basel):** Der Grosse Rat des Kantons Basel-Stadt überwies am 12. Juni 1996 dem Regierungsrat eine Motion betr. Scientology und ihrer Werbemethoden auf öffentlichem Grund. Aufgrund dieser Motion verabschiedete der Regierungsrat am 7. Juli 1998 den Ratschlag Nr. 8838 betr. Ergänzung des kantonalen Übertretungsstrafrechts (ÜStG) mit einer Norm im Hinblick auf die Anwerbung auf der Allmend. Die besagte Norm lautet folgendermassen: (Nach diesem Gesetz wird bestraft) § 23a Anwerbung auf Allmend: «Wer durch täuschende oder unlautere Methoden Passantinnen und Passanten auf der Allmend anwirbt oder anzuwerben versucht. Die Polizei ist befugt, Anwerbende von einzelnen Orten oder generell wegzuweisen, wenn Anzeichen dafür bestehen, dass bei der Anwerbung widerrechtliche, insbesondere täuschende oder sonst unlautere Methoden angewendet oder Passantinnen und Passanten in unzumutbarer Weise belästigt werden.» Was täuschend ist, kann einer reichhaltigen Gerichtspraxis zu Art. 146 StGB und zu Art. 28 OR (Absichtliche Täuschung) entnommen werden. Im Gegensatz zu Art. 146 StGB stellt die angefochtene Norm in ihrem eingeschränkten Anwendungsbereich nicht nur die arglistige, sondern jede Täuschung beim Anwerben auf öffentlichem Grund unter Strafe, und weder eine Vermögensverfügung des Getäuschten ist notwendig, noch dass er einen Vermögensschaden erleidet. Es ist den Kantonen aber nicht verwehrt, Täuschungstatbestände, die nicht unter das StGB fallen, weil ein Tatbestandselement des Art. 146 StGB fehlt, aus Gründen der öffentlichen Ordnung unter Übertretungsstrafe zu stellen. Was unlautere Anwerbemethoden sind, ist schwieriger auszumachen. Der Begriff «unlauter» kommt in der Rechtsordnung auch ausserhalb des wirtschaftlichen Wettbewerbs vor. So sanktionieren verschiedene Prüfungsordnungen unter dem Titel «Unlauterkeit» das Erwirken der Zulassung zu einer Prüfung durch unrichtige oder unvollständige Angaben. Das Bundesgericht selbst benutzt «unlauter» als Oberbegriff für widerrechtliches, täuschendes oder sonst wie gegen Treu und Glauben verstossendes Verhalten. Bei diesem Verständnis des Begriffs unlauter werden mit der angefochtenen Regelung nicht nur Anwerbemethoden, die durch die übrige Rechtsordnung verboten sind (z.B. wucherisches, nötigendes oder an Religionsunmündige gerichtetes Anwerben) unter Strafe gestellt. Vielmehr richtet sich die umstrittene Bestimmung allgemein gegen solche Anwerbemethoden, die gegen Treu und Glauben verstossen. Zur Konkretisierung dieses Begriffs kann der Strafrichter auf Praxis und Lehre zu Art. 2 ZGB zurückgreifen, und dabei hauptsächlich die Fälle der Vertrauenshaftung bei sozialen Beziehungen ohne oder im Hinblick auf eine rechtsgeschäftliche Bindung berücksichtigen. Wie bei diesen Fällen von Vertrauenshaftung ist das Besondere an den von § 23a ÜStG anvisierten Situationen, dass in der Regel noch keine Sonderverbindung oder qualifizierte Beziehungsnähe zwischen Anwerbendem und Anzuwerbendem besteht. Für die meisten Verstösse gegen Art. 2 ZGB ist eine solche Beziehung nötig und in den vorerwähnten Bestimmungen, in denen die Rechtsordnung den Begriff «unlauter» verwendet, ist sie auch gegeben. Bei Anwerbeversuchen auf der Allmend dürfte sie aber nur sehr selten vorhanden sein. Ohne eine solche Beziehung und wenn es nicht zumindest um einen künftigen Vertragsschluss geht, dürften sich aber Pflichten aus Treu und Glauben über das Verbot der absichtlichen Täuschung hinaus nur ausnahmsweise ergeben. Auch welche Formen des Anwerbens unlauter sind, ist somit dank anderer Bestimmungen der Rechtsordnung und der Praxis und Lehre dazu genügend verständlich und bestimmt. Der Begriff ist daher genügend bestimmt und dementsprechend verfassungskonform anwendbar (BGE 125 I 369 E. 6a und E. 6b). 1359

- **Kommunale Regelung über die Wohnbauförderung durch Baurechtsverträge:** Mit Beschlüssen vom 23. Jan. 2008 genehmigte der Gemeinderat der Stadt Zürich vier am 13. Juli 2007 abgeschlossene Baurechtsverträge für diese Parzelle, je einen mit der Stiftung Alterswohnungen der Stadt Zürich und der Gemeinnützigen Bau- und Mietergenossenschaft Zürich sowie 1360 zwei mit der Baugenossenschaft R. Dagegen wurde Beschwerde erhoben und die Rüge vorgebracht, den entsprechenden Verträgen mangle es an einer genügend bestimmten gesetzlichen Grundlage. Erwägungen: Die gesetzliche Grundlage findet sich in den Grundsätzen betr. die Unterstützung des gemeinnützigen Wohnungsbaues, beschlossen vom Grossen Stadtrat (Legislative; heute: Gemeinderat) am 9. Juli 1924 (Grundsätze 24). In der kommunalen formellgesetzlichen Grundlage sind – soweit sie die Bestellung von Baurechten (mit-)betreffen – ausdrücklich geregelt: der Grundsatz der Unterstützung des gemeinnützigen Wohnungsbaus und die zur Verfügung stehenden Massnahmen (Art. I Grundsätze 24), die Voraussetzungen an die zu erstellenden Bauten (in den Grundzügen; Art. V Ziff. 2) und an die Empfängerinnen (Art. V Ziff. 5 und 11), die Verpflichtungen der Letzteren (Art. V Ziff. 3, 7 und 11) inklusive Regelungen für den Fall ihrer Auflösung (Art. V Ziff. 8) sowie die Aufsichts- und Mitspracherechte der Stadt (Art. V Ziff. 2, 4 und 9). Nähere Regelungen finden sich, soweit hier von Interesse, abgesehen von den Grundsätzen 24 in den Richtlinien des Stadtrats für die Anrechnung von Land beim Wohnungsbau auf städtischen Grundstücken vom 3. Dez. 1965 (Richtlinien 65). Im Anschluss an die von Praxis und Lehre herausgearbeiteten Kriterien für die Rechtsetzungsstufe und die Regelungsdichte ist festzuhalten, dass die finanzielle Bedeutung der Wohnbauförderung, deren indirekte Auswirkungen auf die wirtschaftliche Tätigkeit privater Dritter sowie die langfristigen Bindungen, welche die Stadt mit der Vereinbarung der Baurechte eingeht, für eine dichte Regelung auf der Stufe des formellen Gesetzes sprechen. Dies gilt insbesondere angesichts des Ausmasses der Förderung: Seit 1966 wurden über 75 Baurechtsverträge abgeschlossen. Zudem sind Verpflichtungen der privaten Bauberechtigten zu regeln, deren Einverständnis allerdings u.U. die Anforderungen an die gesetzliche Grundlage senken kann. Für eine eher offene Regelung auf der Stufe des formellen Gesetzes spricht dagegen die Notwendigkeit, dass die politischen Behörden angesichts der beschränkten städtischen Baulandressourcen und gerade wegen der langen Bindung der Parzellen nach dem Abschluss von Baurechtsverträgen (in der Regel: für 60 Jahre, hier: für mindestens 62 Jahre) über einige Flexibilität verfügen müssen, wie sie je nach den jeweils aktuellen Umständen und Prognosen die mit der Wohnbauförderung verbundenen sozialpolitischen Ziele anstreben wollen. Zu berücksichtigen ist schliesslich, dass die Baurechtsverträge vom Gemeinderat unter Vorbehalt des fakultativen Referendums genehmigt werden, womit jedenfalls dem demokratischen Gesichtspunkt, der dem Legalitätsprinzip zugrunde liegt, Genüge getan wird. Zudem gelten die aus dem Legalitätsprinzip fliessenden Anforderungen im kantonalen Gemeinderecht traditionell als niedrig. Die Normierungsdichte muss nicht sonderlich hoch sein. Ferner wird das offen formulierte formelle Gesetz in Richtlinien konkretisiert (Richtlinien 65). Ihre Funktion ist die Sicherstellung einer einheitlichen und rechtsgleichen Rechtsanwendung. Massgeblich ist, dass im Bereich der Leistungsverwaltung bereits eine feste Behörden- oder Gerichtspraxis zu einer bestimmten Norm genügen kann, um das Erfordernis der Normdichte zu erfüllen. Umso mehr muss dies gelten, wenn eine ständige Praxis sich auf eine hinreichend bestimmte Verwaltungsverordnung stützen kann. Im vorliegenden Fall vermögen die Richtlinien 65 zusammen mit der auf sie gestützten Praxis das Fehlen einer genügend bestimmten rechtssatzmässigen Grundlage auszugleichen. Was die Richtlinien 65 als solche betrifft, so stammen sie von jener Behörde – nämlich dem Stadtrat –, die auch zum Erlass einer Vollziehungsverordnung zuständig wäre. Sodann können sie inhaltlich kaum von einer Rechtsverordnung abgegrenzt werden. Ausschlaggebend erscheint schliesslich, dass die Richtlinien 65 anscheinend seit ihrem Erlass in ständiger Praxis vom Stadtrat und vom Gemeinderat angewandt werden; Stadt- und Gemeinderat fühlen sich offensichtlich an sie gebunden. Die Richtlinien 65 und die darauf gestützte Behördenpraxis erfüllen damit seit über 40 Jahren ihre Funktion, eine rechtsgleiche Rechtsanwendung sicherzustellen. Angesichts der erwähnten besonderen Umstände und angesichts der nicht besonders hohen Anforderungen, die im Bereich der Leistungsverwaltung (in casu kommunale Regelung der Wohnbauförderung) an das Legalitätsprinzip zu stellen sind, kann das Erfordernis des Rechtssatzes als durch das entsprechend offen formulierte Gesetz und die Richtlinien 65 in Verbindung mit der darauf gestützten Praxis als erfüllt gelten (VerwG ZH vom 2. Sept. 2009, VB.2009.00083, E. 7.4 und E. 7.9).

c) *Surrogate*

aa) Materiell- und verfahrensrechtliche Sicherungen

Unbestimmte Normen sind geeignet, zu einem Verlust an Rechtssicherheit zu führen. Ihnen müssen **materiell- und verfahrensrechtliche Sicherungen** entgegengestellt werden: Die Unbestimmtheit der anzuwendenden Norm kann gleichsam durch verfahrens- und materiell-rechtliche Garantien kompensiert werden und es kommt dem **Grundsatz der Verhältnismässigkeit** sowie der **Konkretisierung der Anforderungen**, welche unter dem Gesichtspunkt des **rechtlichen Gehörs** an die Ausgestaltung des Verwaltungsverfahrens zu stellen sind, besondere Bedeutung zu (BGE 136 I 87 E. 3.1, 136 II 304 E. 7.6, 132 I 49 E. 6.2, 129 I 232 E. 3.3, 128 I 327 E. 4.2, 127 V 431 E. 2b/cc, 123 I 296 E. 3, 119 Ia 178 E. 6b; BVGer vom 2. Okt. 2008, A-1578/2006, E. 3.3.2; VerwG GR vom 12. Juli 2001, in: PVG 2001 Nr. 32 E. 3). 1361

Je **offener und unbestimmter** die gesetzliche Grundlage ist und je schwerer sich der Eingriff auswirkt, desto **stärker** sind die **verfahrensrechtlichen und materiellrechtlichen Garantien** als Schutz vor unrichtiger Anwendung des unbestimmten Rechtssatzes auszubauen (BGE 129 I 232 E. 3.3, 127 V 431 E. 2b/cc, 123 I 296 E. 3, 120 Ia 203 E. 3a, 119 Ia 178 E. 6b; BVGer vom 2. Okt. 2008, A-1578/2006, E. 3.3.2). 1362

Der verfassungsrechtlich garantierte **Anspruch auf rechtliches Gehör ist verletzt**, wenn ein Betroffener nur in abstrakter, allgemeiner Weise orientiert und entsprechend Stellung nehmen kann zu einer Massnahme, die nicht in hinreichender Klarheit aus dem Gesetz hervorgeht und deren konkrete Begründung dieser folglich nicht kennt (BGE 127 V 431 E. 2b/cc, 114 Ia 14 E. 2b). Die verfassungskonforme Gewährung des rechtlichen Gehörs erfordert demnach, dass die Behörde, bevor sie in Anwendung einer unbestimmt gehaltenen Norm oder in Ausübung eines besonders grossen Ermessensspielraums einen Entscheid fällt, über ihre **Rechtsauffassung** orientiert und der davon betroffenen Person Gelegenheit bietet, nicht nur – wie üblich – zum Sachverhalt, sondern auch zu der voraussichtlichen rechtlichen Würdigung der Angelegenheit Stellung zu nehmen (BGE 129 II 497 E. 2.2, 128 V 272 E. 5b/dd, 127 V 431 E. 2b/cc und E. 3; BGer vom 27. Feb. 2006, 4P.324/2005, E. 6.1; BVGer vom 23. Nov. 2009, A-2391/2009, E. 5.3). 1363

Nach der bundesgerichtlichen Rechtsprechung sind ferner umso höhere Anforderungen an die **Begründung des Entscheids** zu stellen, je grösser der den Behörden eingeräumte Ermessensspielraum ist und je vielfältiger die tatsächlichen Voraussetzungen sind, die bei der Betätigung des Ermessens oder bei der Auslegung unbestimmter Rechtsbegriffe zu berücksichtigen sind (BGE 129 I 232 E. 3.3; BVGE 2008/26 E. 5.2.1; BVGer vom 2. Okt. 2008, A-1578/2006, E. 3.3.3). Gerade in solchen Fällen trägt die Begründungspflicht zur Rationalisierung der Entscheidfindung bei und verhindert, dass sich die Behörde von unsachlichen Erwägungen leiten lässt (BGE 129 I 232 E. 3.3; BVGer vom 2. Okt. 2008, A-1578/2006, E. 3.3.3). Schliesslich ist zu bedenken, dass eine sachgerechte Anfechtung und Überprüfung von Ermessensentscheiden nur möglich ist, wenn die zuständige Instanz die Gründe für ihren Entscheid eingehend darlegt (BGE 133 I 270 E. 3.1, 129 I 232 E. 3.3; BVGer vom 2. Okt. 2008, A-1578/2006, E. 3.3.3). Dies ist auch aus Gründen der **Rechtsgleichheit** gefordert: Erst die Begründung gibt im Grunde genommen Aufschluss darüber, wie die Behörde 1364 die betreffende (offene) Norm anzuwenden gedenkt und welche Sachverhalte sie in welcher Art und Weise künftig darunter subsumieren will (MÜLLER/SCHEFER, a.a.O., S. 662 ff.).

1365 Zur Kompensation sind auch **Massnahmen** denkbar, die **Transparenz** dafür schaffen, wie die rechtsanwendende Behörde die betreffende Norm verstehen und (künftig) anzuwenden gedenkt (BGE 136 II 304 E. 7.6). Können die Betroffenen ihre Rechte auf dem **Rechtsmittelweg** geltend machen, ist die Anwendung der umstrittenen Norm einer justizmässigen Prüfung und allfälligen Korrektur in wirksamer Weise zugänglich, sodass diese verfahrensrechtliche Sicherung die Unbestimmtheit einer angewandten Norm zumindest teilweise zu kompensieren vermag (BGE 132 I 49 E. 6.3, 127 V 431 E. 2b/cc).

Praxis:

1366 – **Begründung von Einbürgerungsentscheiden:** In der Vergangenheit wurden Einbürgerungsentscheide überwiegend als politische Entscheide verstanden. Dementsprechend war und ist heute noch in vielen Kantonen und Gemeinden die Legislative für Einbürgerungen zuständig. Traditionell bestand weder ein Rechtsanspruch auf Einbürgerung noch eine Rechtsschutzmöglichkeit gegen ablehnende Einbürgerungsentscheide. Dementsprechend wurde angenommen, der Entscheid liege im freien Ermessen des zuständigen Organs, das die Verleihung des Bürgerrechts auch dann ohne Begründung ablehnen könne, wenn die gesetzlichen Voraussetzungen erfüllt seien. Diese Auffassung kann heute nicht mehr aufrechterhalten werden: In Einbürgerungsverfahren wird über den rechtlichen Status von Einzelpersonen entschieden. Das Einbürgerungsverfahren wird auf Gesuch des Bewerbers eingeleitet. In diesem Verfahren wird insbesondere abgeklärt, ob der Bewerber in die schweizerischen Verhältnisse eingegliedert ist und mit den schweizerischen Lebensgewohnheiten, Sitten und Gebräuchen vertraut ist, d.h. es erfolgt eine einzelfallbezogene Prüfung. Das Verfahren endet mit der Erteilung des Bürgerrechts oder der Abweisung des Gesuchs, d.h. einer individuell-konkreten Anordnung, die alle Merkmale einer Verfügung erfüllt. Das Einbürgerungsverfahren ist kein Vorgang in einem rechtsfreien Raum: Auch wenn kein Anspruch auf Einbürgerung besteht, muss die zuständige Behörde die einschlägigen Verfahrensbestimmungen und den Anspruch der Bewerber auf möglichste Wahrung ihres Persönlichkeitsrechts, insbesondere im Bereich des Datenschutzes, beachten; sie darf weder willkürlich noch diskriminierend entscheiden. Sie muss ihr Ermessen – auch wenn es sehr weit ist – pflichtgemäss, nach Sinn und Zweck der Bürgerrechtsgesetzgebung ausüben. Es handelt sich somit materiell um einen Akt der Rechtsanwendung. Die Gesuchsteller haben im Einbürgerungsverfahren Parteistellung: Sie haben Anspruch auf einen Entscheid über ihr Gesuch, d.h. auf verfügungsmässige Erledigung des Einbürgerungsverfahrens. Als Partei eines Verwaltungsverfahrens haben sie Anspruch auf Gewährung des rechtlichen Gehörs und auf eine Begründung, wenn ihr Gesuch abgewiesen wird. Die Verfahrensgarantien gemäss Art. 29 BV stehen den Parteien eines Verwaltungs- oder Gerichtsverfahrens unabhängig von ihrer Berechtigung in der Sache zu; insofern kann das Fehlen eines Rechtsanspruchs auf Einbürgerung die Begründungspflicht nicht ausschliessen. Auch der weite Ermessensspielraum bei Einbürgerungsentscheiden spricht aus heutiger Sicht nicht gegen, sondern für eine Begründungspflicht: Nach der bundesgerichtlichen Rechtsprechung sind umso strengere Anforderungen an die Begründung zu stellen, je grösser der der Behörde eingeräumte Ermessensspielraum ist und je vielfältiger die tatsächlichen Voraussetzungen sind, die bei der Betätigung des Ermessens zu berücksichtigen sind (vgl. insb. BGE 128 I 327 E. 4.1 und 127 V 431 E. 2b/cc: Kompensierung der Unbestimmtheit der Rechtsgrundlage durch eine Stärkung der Verfahrensrechte). Gerade in solchen Fällen kann die Begründungspflicht im Sinne einer Selbstkontrolle zur Rationalisierung der Entscheidfindung beitragen und verhindern, dass sich die Behörde von unsachlichen Erwägungen leiten lässt. Schliesslich ist zu bedenken, dass eine sachgerechte Anfechtung und Überprüfung von Ermessensentscheiden nur möglich ist, wenn die zuständige Instanz die Gründe für ihren Entscheid darlegt (BGE 129 I 232 E. 3.3).

– **Entscheid über die Zulassung als Heilbad (siehe auch oben Rz. 1339):** Am 8. Dez. 1995 erliess das EDI die Verfügung über die Zulassung von Heilbädern als Leistungserbringer der Krankenversicherung, welche am 1. Jan. 1996 in Kraft trat und die Liste der anerkannten Heilbäder enthält. Die im Anschluss daran von der Mineral- und Heilbad X AG in Z, Betreiberin des in der Liste nicht aufgeführten Heilbades X in Y, erhobene Verwaltungsgerichtsbeschwerde hiess das EVG mit Urteil vom 22. Dez. 1997 in dem Sinne gut, dass es die Sache an das EDI zurückwies, damit es im Sinne der Erwägungen verfahre und über das Anerkennungsbegehren der Beschwerdeführerin verfüge. Das EDI fällte in der Folge keinen das Heilbad X betreffenden individuellen Entscheid im Rahmen eines Rückweisungsverfahrens, sondern entschied über dessen Anerkennungsbegehren im Rahmen der am 17. Jan. 2001 erlassenen neuen Verfügung über die Zulassung von Heilbädern als Leistungserbringer der sozialen Krankenversicherung, welche in Art. 1 die als Heilbäder nach Art. 40 KVG anerkannten Einrichtungen aufzählt und mit der Veröffentlichung im Bundesblatt am 30. Jan. 2001 (BBl 2001 192) in Kraft trat (Art. 3). Das Heilbad X ist in der neuen Liste (Art. 1 der Verfügung) wiederum nicht aufgeführt. Der Entscheid wurde der Betreiberin des Bades durch das BSV mit einem Begleitschreiben vom 23. Jan. 2001 eröffnet. Erwägungen: Nach Art. 40 Abs. 1 KVG sind Heilbäder zugelassen, wenn sie vom Departement anerkannt sind. Abs. 2 der Bestimmung erteilt dem Bundesrat den Auftrag, die Anforderungen festzulegen, welche die Heilbäder hinsichtlich ärztlicher Leitung, erforderlichem Fachpersonal, Heilanwendungen und Heilquellen erfüllen müssen. Der Bundesrat ist diesem Auftrag mit dem Erlass von Art. 57 und 58 KVV nachgekommen. Die erwähnten Bestimmungen nennen die Kriterien, welche für den Entscheid über die Zulassung als Heilbad massgebend sind. Sie enthalten jedoch keine genaue Umschreibung der Anforderungen, welche bezüglich der Kriterien im Einzelnen erfüllt sein müssen. Die Frage der Voraussetzungen einer Anerkennung als Heilbad wird somit durch ziemlich unbestimmt gehaltene Normen geregelt. Um Grundlage einer Verfügung bilden zu können, muss ein Rechtssatz dem Erfordernis der ausreichenden Bestimmtheit genügen. Die Unbestimmtheit der anzuwendenden Norm kann jedoch durch verfahrensrechtliche Garantien gewissermassen kompensiert werden. Beim Entscheid über die Zulassung oder Nichtzulassung hatte das Departement nach erfolgtem Abklärungsverfahren den durch Art. 29 Abs. 2 BV garantierten und in Art. 29 VwVG statuierten Anspruch auf rechtliches Gehör und die damit verbundenen Verfahrensgarantien, insbesondere die Mitwirkungsrechte der Betroffenen, zu beachten. Angesichts der Unbestimmtheit der anwendbaren materiellen Rechtsnormen ist das Anhörungsverfahren in der Weise auszugestalten, dass der Gesuchstellerin oder dem Gesuchsteller Gelegenheit geboten wird, sich zu den Ergebnissen des vorangegangenen Abklärungsverfahrens und zur in Aussicht genommenen Auslegung der massgebenden Bestimmungen zu äussern. Der Gesuchstellerin wurde vorliegend ein Fragebogen zugestellt, den sie ausgefüllt retournierte. Anlässlich einer Sitzung beschloss eine Arbeitsgruppe des BSV, die Einholung eines Gutachtens über die Heilwirkung des Wassers des Heilbades X zu empfehlen. Sie begründete dies damit, dass das Wasser keine gelösten Stoffe enthalte, die auffallen würden, und alkalisches Wasser höchstens für eine Trinkkur geeignet sei, wobei eine solche nicht als Badekur gelte. Mit Schreiben vom 13. Okt. 1999 forderte das BSV die Beschwerdeführerin auf, weitere Unterlagen zur Beurteilung der Heilwirkung des vom Heilbad verwendeten Quellwassers zum Zwecke einer Badekur sowie ein allenfalls vorhandenes Gutachten eines spezialisierten Institutes einzureichen. Die Beschwerdeführerin gab daraufhin ein medizinisch-balneologisches Gutachten in Auftrag, welches am 4. Jan. 2000 erstattet und dem BSV mit einem Begleitschreiben vom 13. Jan. 2000 eingereicht wurde. Mit Schreiben vom 23. Jan. 2001 eröffnete das BSV der Beschwerdeführerin den Entscheid des EDI vom 17. Jan. 2001 (Nichtaufnahme in die Liste der anerkannten Heilbäder). Zwischenzeitlich war die Beschwerdeführerin nicht mehr formell kontaktiert worden. Das beschriebene Vorgehen der Verwaltung wird den obgenannten Anforderungen an das Anhörungsverfahren gemäss Art. 29 und Art. 30 Abs. 1 VwVG nicht gerecht. Insbesondere bilden die Zustellung des Fragebogens und die Aufforderung zur Einreichung weiterer Unterlagen betreffend die Heilwirkung des Quellwassers ohne Bekanntgabe des vorgesehenen Beurteilungsmassstabes 1367 keine ausreichende Gewährung des rechtlichen Gehörs. Vielmehr hätte der Beschwerdeführerin nach dem Abschluss der sachverhaltlichen Abklärungen, aber vor dem Erlass des Entscheides des EDI Gelegenheit geboten werden müssen, sich zum Ergebnis der Abklärungen sowie zur Frage nach der Heilwirkung des Quellwassers, zu den für deren Beantwortung massgebenden Kriterien und zum anzuwendenden Massstab nochmals vernehmen zu lassen. Dass der Verband der Badekurorte die Interessen der Heilbäder in die Arbeitsgruppe, die den Fragebogen erarbeitete, einbringen konnte, vermag die Gehörsgewährung an die Beschwerdeführerin nicht zu ersetzen. Eine solche konnte auch nicht deshalb unterbleiben, weil die Beschwerdeführerin den Fragebogen ohne inhaltliche Kritik eingereicht hatte, denn darin kann kein Verzicht auf eine spätere Anhörung erblickt werden (BGE 127 V 431 E. 3).

1368 – **Anerkennung als Krankenkasse und Bewilligung zur Durchführung der sozialen Krankenversicherung:** Am 28. Juni 2001 stellten sowohl die KVD AG als auch die CMAR SA das Gesuch um Anerkennung als Krankenkasse und um Erteilung der Bewilligung für die Durchführung der sozialen Krankenversicherung ab 1. Jan. 2002. Dem Antragsschreiben beigelegt war u.a. ein vom selben Tag datierter Rückversicherungsvertrag mit der Helsana Versicherungen AG. Im Rahmen der Prüfung des Gesuchs forderte das instruierende BSV weitere Unterlagen ein, insbesondere Angaben zur Struktur des Helsana-Konzerns und zur Einbettung der beiden Firmen in denselben. Am 13. Juli 2001 beauftragte das Bundesamt Prof. Dr. iur. P, zu Fragen im Zusammenhang mit dem Auftreten und der Zusammenarbeit von Krankenversicherern, insbesondere wenn zwischen ihnen ein Rückversicherungsvertrag besteht, Stellung zu nehmen. Am 25. Sept. 2001 wurde das Rechtsgutachten zur «Zulässigkeit von aktuellen Entwicklungen auf gesellschaftsrechtlicher und vertraglicher Ebene zwischen den Krankenversicherern» erstattet. Mit Verfügung vom 28. Dez. 2001 lehnte das Departement das Gesuch sowohl der KVD AG als auch der CMAR SA (seit 8. Nov. 2001: sansan Versicherungen AG resp. avanex Versicherungen AG) um Anerkennung als Krankenkasse und um Erteilung der Bewilligung für die Durchführung der sozialen Krankenversicherung ab. Die sansan Versicherungen AG und die avanex Versicherungen AG führen je Verwaltungsgerichtsbeschwerde. Erwägungen: Vorliegend ist unbestritten, dass die gesetzlichen Grundlagen (Art. 11 ff. KVG und Art. 12 ff. KVV unbestimmt sind. Die Beschwerdeführerinnen rügen in formeller Hinsicht insbesondere, das Bundesamt habe weder die als massgeblich erachteten Akten noch die in Betracht gezogenen Rechtsgründe für die Gesuchsablehnung vor der Entscheidung des Departements mitgeteilt und zur Stellungnahme unterbreitet. Ebenfalls hätten sie sich nicht vorgängig zum Rechtsgutachten des Prof. Dr. P vom 25. Sept. 2001 äussern können. Mit Bezug auf Rechtsgutachten im Besonderen besteht nach der Rechtsprechung des Bundesgerichts im nicht streitigen Verwaltungsverfahren mit lediglich einer Partei grundsätzlich kein Anspruch darauf, zu einer Expertise, welche sich auf die blosse Beantwortung von Rechtsfragen beschränkt, vor Erlass der Verfügung oder des Entscheides Stellung zu nehmen. Soweit die rechtlichen Erörterungen im Gutachten in die Begründung des Erkenntnisses Eingang gefunden haben, ist mit der Möglichkeit, diese Rechtsanwendung im Rechtsmittelverfahren überprüfen zu lassen, der Gehörsanspruch gewahrt. In Bezug auf das in Art. 30 Abs. 1 VwVG statuierte Anhörungsrecht vor Erlass der Verfügung ist sodann der Grundsatz zu beachten, dass je offener und unbestimmter die den Verwaltungsakt tragenden materiellen Rechtsnormen sind, desto stärker die verfahrensrechtlichen Garantien als Schutz vor unrichtiger Rechtsanwendung auszubauen sind. Die verfassungskonforme Gewährung des rechtlichen Gehörs erfordert daher unter Umständen, dass die Behörde, bevor sie in Anwendung einer unbestimmt gehaltenen Norm oder in Ausübung eines besonders grossen Ermessensspielraums einen Entscheid von grosser Tragweite für die Betroffenen fällt, diese über ihre Rechtsauffassung orientiert und ihnen Gelegenheit bietet, dazu Stellung zu nehmen. Was die Rüge anbetrifft, das Rechtsgutachten vom 25. Sept. 2001 sei den Gesuchstellerinnen nicht vorgängig der Verfügungen zur Stellungnahme unterbreitet worden, ist zu beachten, dass die Anerkennungs- und Durchführungsbewilligungsordnung (Art. 11 ff. KVG, Art. 12 ff. KVV) in materieller Hinsicht einen relativ hohen Unbestimmtheitsgrad aufweist. In Bezug auf die Organisation und die Geschäftsführung (Art. 13 Abs. 2 lit. b KVG) im Besonderen, welche vorliegend nach Auffassung des Departements wegen der administrativen, finanziellen und personellen Abhängigkeit der Beschwerdeführerinnen von zum gleichen Konzern gehörenden Versicherungsgesellschaften die Einhaltung der gesetzlichen Vorschriften (u.a. wegen der Gefahr unzulässiger Risikoselektion) nicht gewährleisten, räumen Gesetz und Verordnung den Versicherern einen grossen Gestaltungsspielraum ein. Das vom Bundesamt eingeholte Rechtsgutachten vom 25. Sept. 2001 sollte offensichtlich die Grundlagen für die Formulierung von Kriterien liefern, welche die gesetzlichen Anerkennungs- und Durchführungsbewilligungsvoraussetzungen konkretisieren. Den Beschwerdeführerinnen hätte daher Gelegenheit gegeben werden müssen, vor der Verfügung zum Rechtsgutachten Stellung zu nehmen und in Kenntnis der von Bundesamt und Departement daraus entnommenen Grundsätze, welchen eine anerkannte Krankenkasse insbesondere in organisatorischer Hinsicht zu genügen hat, mit weiteren tatsächlichen und rechtlichen Vorbringen gehört zu werden (BGE 128 V 272 E. 5 c/cc).

bb) Einwilligung der betroffenen Person

Unbestimmte Regelungen können dann genügen, wenn ein Rechtsverhältnis zur Dis- 1369
kussion steht, welches die **Betroffenen freiwillig eingegangen** sind oder bei dem die **Rechte und Pflichten** zwischen Staat und Privaten **frei ausgehandelt** werden können (BGE 129 I 161 E. 2.2, 125 I 369 E. 6, 123 I 1 E. 4b, 121 I 230 E. 3g/dd; vgl. auch VerwG ZH vom 2. Sept. 2009, VB.2009.00083, E. 7.2.2, unter Vorbehalt von Interessen Dritter). Entsprechend sind die Anforderungen an die Normdichte herabgesetzt, wenn die Behörde **verwaltungsrechtliche Verträge** abschliesst, weil staatliche Eingriffe in die Rechte der Privaten weniger intensiv erscheinen, wenn die Betroffenen ihnen (freiwillig) zustimmen (BGE 136 I 142 E. 4.1; vgl. oben Rz. 1278 ff.). Die Lockerung der Anforderungen im Rahmen von **besonderen Rechtsverhältnissen** wird unter anderem damit begründet, dass bei freiwillig eingegangenen Rechtsverhältnissen die Einwilligung die gesetzliche Grundlage weitgehend substituiert (VerwG SG vom 19. Okt. 2006, in: GVP 2006 Nr. 1 E. 2c/aa). Entscheidend erscheint diesbezüglich, ob im **Zeitpunkt der Einwilligung feststeht** oder **nach Treu und Glauben vorhersehbar** ist, unter welchen Bedingungen und Voraussetzungen ein Rechtsverhältnis eingegangen wird (eingehend ISABELLE HÄNER, Die Einwilligung der betroffenen Person als Surrogat der gesetzlichen Grundlage bei individuell-konkreten Staatshandlungen, ZBl 2002, S. 64 ff.).

Der **Anfangsmietzins einer Dienstwohnung eines Schulhausabwarts** hat nicht im 1370
Gesetz festgelegt zu sein, da bei der Begründung des Dienstverhältnisses der Arbeitnehmer frei ist, ob er dieses gemäss den von der Wahlbehörde festgelegten Modalitäten eingehen will. Anders verhält es sich mit Anpassungen des Wohnungswerts im Lauf des Dienstverhältnisses. Was über zulässige Mietzinserhöhungen analog dem Mietrecht (Anpassung an die Teuerung, Mehrleistungen des Vermieters, Hypothekarzinserhöhungen usw.) hinausgeht, stellt einen einseitigen Eingriff in die von den Parteien im Gesamtrahmen als ausgewogen beurteilten Rechtsbeziehungen dar und bedarf deshalb einer quantitativ genügend bestimmten gesetzlichen Grundlage (VerwG ZH vom 15. Juni 1994, in: ZBl 1995 S. 233 E. 4b).

Die **Höhe der Gebühr einer Sondernutzungskonzession** kann auch ohne besondere 1371
gesetzliche Grundlage festgelegt werden, wenn die gegenseitigen Rechte und Pflichten in freier Vereinbarung festgelegt werden; dagegen ist eine Ausnahme vom Erfordernis des Rechtssatzes ausgeschlossen bei **typisierten Konzessionen**, welche den Interessenten unter gewissen Voraussetzungen regelmässig erteilt werden. Hier besteht ein Bedürfnis nach rechtssatzmässiger Verankerung der Gebühr, um die Vorhersehbarkeit der Abgabe und die rechtsgleiche Abgabenbemessung zu gewährleisten

(VerwG SG vom 24. Jan. 2003, in GVP 2003 Nr. 4 E. 1c/bb und E. 1d/bb [Bootsanlegestelle]). Verwaltungsrechtliche Verträge über die **Abgabepflicht** im Hinblick auf die **Erschliessung von Bauland** sind zulässig, sofern damit keine eigentliche Abgabevergünstigung bezweckt wird bzw. die Abgabe in etwa dem Äquivalenzprinzip entspricht (BGE 136 I 142 E. 4.2, 105 Ia 207 E. 2a, 103 Ia 505 E. 3b). Die **Einführung einer Emissionsabgabe sowie einer Landegebühr für Flugzeuge** gestützt auf eine unbestimmte gesetzliche Grundlagen verletzt das Bestimmtheitsgebot nicht, solange Abgabe nach marktwirtschaftlichen Prinzipien berechnet werden kann, da die Flugzeughalter nicht erwarten können, dass ein Flughafenhalter diese Infrastruktur unentgeltlich zur Verfügung stellt bzw. sie dieser Abgabe implizit zustimmen (BGE 125 I 182 E. 4f).

1372 Ein **vertraglich vereinbartes Gehalt** kann im öffentlichen Dienstrecht eine rechtssatzmässige Festlegung der Besoldung ersetzen, sofern die Parteien den Vertrag wissentlich und freiwillig eingegangen sind (BGE 129 I 161 E. 2.4). Selbst wenn die Besoldung mittels Verfügung festgesetzt wird, sind die Anforderungen an die Normdichte herabgesetzt, da es sich bei der Anstellung eines öffentlichen Bediensteten um einen mitwirkungsbedürftigen Verwaltungsakt handelt und der Bedienstete das Rechtsverhältnis freiwillig eingegangen ist (BGE 123 I 1 E. 4d).

Praxis:

1373 – **Besoldungsregelungen im öffentlichen Dienstrecht (Lohndifferenzierung zwischen Logopäden mit und ohne Patent):** X ist diplomierte Logopädin mit Vorbildung Matura und arbeitet als Logopädin an einer Primarschule. Sie erhält 90 % der Grundbesoldung für Primarlehrer und einer Zulage für Spezialunterricht. Logopäden, welche vor ihrer logopädischen Ausbildung eine Primarlehrerausbildung absolviert haben, erhalten demgegenüber die volle Grundbesoldung für Primarlehrer und die Zulage für Spezialunterricht. Es ist unbestritten, dass die zehnprozentige Kürzung der Grundbesoldung der Logopäden ohne Lehrerpatent nicht auf einem allgemeinen ausdrücklichen Rechtssatz des bernischen Rechts, sondern auf einer Ausnahmeregelung beruht (Art. 15 Abs. 3 der kantonalen Besoldungsverordnung), welche wie folgt lautet: «Für Ausnahmefälle nach Absatz 2 und Art. 9 Abs. 2 werden die Besoldung und eine allfällige Zulage von der Erziehungsdirektion festgesetzt. Im Streitfall trifft das Personalamt eine Verfügung.» Für das Bundesgericht hält Art. 15 Abs. 3 der Verordnung das Bestimmtheitsgebot ein, da die Rechte und Pflichten der öffentlichen Bediensteten, insbesondere deren Besoldung, sich zwar im Grundsatz aus einem (zumindest materiellen) Gesetz ergeben sollen, zumal sich vorliegend die Differenzierung der Besoldung nicht auf einzelfallrelevante Kriterien wie die individuellen Leistungen oder Fähigkeiten abstützt. Vielmehr werden sämtliche Logopäden mit Matura als Vorbildung schlechter entlöhnt als diejenigen mit einem Lehrerpatent, was offenbar eine grössere Zahl von Personen betrifft, sodass eine rechtssatzmässige Regelung im Interesse der Rechtssicherheit und Vorhersehbarkeit erwünscht wäre. Doch ist nicht erforderlich, dass alle Einzelheiten durch Rechtssatz geregelt werden. Eine gewisse Flexibilität ist im öffentlichen Dienstrecht unvermeidlich und zulässig, zumal durch die Besoldungsregelung nicht unmittelbar und hoheitlich ein sanktionierbares Verhalten vorgeschrieben wird. Vielmehr handelt es sich bei der Anstellung eines öffentlichen Bediensteten um einen mitwirkungsbedürftigen Verwaltungsakt. Der Lehrer hat die Wahl, die Stelle zu den gebotenen Bedingungen anzunehmen oder aber darauf zu verzichten und allenfalls eine Stelle in einem anderen Kanton oder in einer privaten Institution zu suchen, wo eine bessere Entlöhnung angeboten wird. Hinzu kommt, dass es der Erziehungsdirektion trotz der sehr weiten und unbestimmten Formulierung von Art. 15 Abs. 3 der Verordnung nicht freisteht, jede beliebige Ausnahmeregelung zu treffen; vielmehr ist sie dabei an verfassungsmässige Rechte und Grundsätze gebunden. Art. 15 Abs. 3 erlaubt somit eine gerichtlich überprüfbare verfassungskonforme Konkretisierung und verstösst daher trotz seiner erheblichen Unbestimmtheit jedenfalls nicht offensichtlich gegen das verfassungsrechtliche Bestimmtheitsgebot (BGE 123 I 1 E. 4d).

- **Verpflichtung einer Spitalangestellten zu einer präventiven Hepatitis B-Impfung:** Gemäss Art. 82 Abs. 1 UVG ist der Arbeitgeber verpflichtet, zur Verhütung von Berufsunfällen und Berufskrankheiten alle Massnahmen zu treffen, die nach der Erfahrung notwendig, nach dem Stand der Technik anwendbar und den gegebenen Verhältnissen angemessen sind. Die Verordnung über die Verhütung von Unfällen und Berufskrankheiten verlangt, dass der Arbeitgeber zur Wahrung der Arbeitssicherheit alle Anordnungen und Schutzmassnahmen zu treffen hat, die den Vorschriften dieser Verordnung und den für seinen Betrieb sonst geltenden Vorschriften über die Arbeitssicherheit sowie im Übrigen den anerkannten sicherheitstechnischen und arbeitsmedizinischen Regeln entsprechen (Art. 3 Abs. 1 VUV). Laut der Empfehlung der Suva sind alle Arbeitnehmenden aktiv gegen Hepatitis B zu impfen, die bei der beruflichen Tätigkeit Kontakt zu Blut oder potenziell infektiösen Körperflüssigkeiten haben können. Jeder Betreiber eines Spitals ist deshalb verpflichtet, bei den Arbeitnehmenden mit möglicher Gefährdung durch Infektionskrankheiten für den notwendigen Impfschutz zu sorgen (Empfehlung der Suva, S. 10). Die genannten gesetzlichen Grundlagen genügen den Anforderungen, welche aus dem Legalitätsprinzip abgeleitet werden. Zwar gilt der Grundsatz der Gesetzmässigkeit auch für das öffentliche Dienstverhältnis, jedoch werden weniger hohe Anforderungen an die Normdichte gestellt, und die Art des Sonderstatusverhältnisses ist zu berücksichtigen. Namentlich bei freiwillig eingegangenen Sonderstatusverhältnissen sind die Anforderungen an die Bestimmtheit der gesetzlichen Grundlage zu lockern bzw. weniger strenge Anforderungen an die Delegationsnormen im Gesetz zu stellen. Die Lockerung der Anforderungen an die gesetzliche Grundlage wird damit in Zusammenhang gebracht, dass sich die in Kauf zu nehmenden Einschränkungen bereits aus dem Sonderstatusverhältnis als solchem ergeben. Mehr an Bedeutung gewinnen dagegen die Anforderungen, dass ein öffentliches Interesse vorhanden sein muss und die Verhältnismässigkeit eingehalten wird. Anders als bei der zwangsweisen Begründung eines besonderen Rechtsverhältnisses stellt sich bei freiwillig eingegangenen besonderen Rechtsverhältnissen bzw. einer Einwilligung in eine Grundrechtsverletzung die Frage, ob es überhaupt eine genügend bestimmte Grundlage in einem Rechtssatz benötigt, da der Grundrechtsverzicht als Eingriffsermächtigung die gesetzliche Grundlage substituiert. Besteht ein Bedürfnis nach rascher Anpassung an veränderte Verhältnisse, ist es ausserdem zulässig, zum Zwecke der Einzelfallgerechtigkeit auf eine gesetzliche Grundlage zu verzichten, sofern der Eingriff auf ein Gesetz zurückgeführt werden kann, was vorliegend der Fall ist. Der Arbeitgeber kann demnach gestützt auf Art. 82 Abs. 1 UVG sowie Art. 3 Abs. 1 VUV eine Weisung erteilen, wonach alle Arbeitnehmenden sich präventiv gegen Hepatitis B impfen müssen (VerwG SG vom 19. Okt. 2006, in: GVP 2006 Nr. 1 E. 2c/aa). 1374

- **Landegebühr auf dem Flughafen Zürich:** Gestützt auf die Gebührenordnung vom 1. Nov. 1993 für den Flughafen Zürich werden für Landungen auf dem Flughafen Zürich Gebühren erhoben. In der ursprünglichen Version bemassen sich diese Gebühren nach dem Höchstabfluggewicht des Flugzeugs und einem nach verschiedenen Klassen abgestuften Lärmzuschlag. Am 20. Aug. 1997 beschloss der Regierungsrat des Kantons Zürich eine Änderung der Gebührenordnung. Dadurch wurden die in Art. 5 der Gebührenordnung enthaltenen gewichtsabhängigen Gebühren um durchschnittlich 5 % reduziert. Dafür wurde ein neuer Art. 5c eingefügt, welcher wie folgt lautet: «Auf dem Flughafen Zürich wird ein Emissionszuschlag zur geschuldeten Landegebühr erhoben. Der Zuschlag richtet sich nach der Klasseneinteilung der Triebwerke und ist in Prozenten der gewichtsabhängigen Landegebühren wie folgt festgelegt: Emissionsklassen Zuschlag in % der gewichtsabhängigen Landgebühr Klasse I 40 %, Klasse II 20 %, Klasse III 10 %, Klasse IV 5 %, Klasse V kein Zuschlag.» Erwägungen: Der Emissionszuschlag hat, wie die Landegebühr überhaupt, keine formell-gesetzliche Grundlage im kantonalen Recht. Eine solche Grundlage kann jedoch im Bundesrecht erblickt werden: Nach Art. 39 Abs. 1 LFG hat das Bundesamt für Zivilluftfahrt die Aufsicht über die von den öffentlichen Flugplätzen erhobenen Benützungsgebühren. Damit legt das Bundesgesetz zwar nicht ausdrücklich eine Gebührenpflicht fest, aber es geht implizit davon aus, dass Flughafengebühren erhoben werden. Dasselbe ergibt sich auch aus dem internationalen Recht (Art. 15 Chicago- 1375

Übereinkommen). Nach Art. 19 Abs. 1 lit. b VIL enthält sodann die Flugplatzbetriebskonzession das Recht, Flughafengebühren festzusetzen, und die Art. 32-35 VIL enthalten weitere Vorschriften über die Flughafengebühren. Diese gesetzlichen Grundlagen sind angesichts der Natur der in Frage stehenden Gebühren ausreichend: Die Flughafengebühr ist ein Entgelt für die freiwillige und kommerzielle Inanspruchnahme einer kostspieligen Infrastruktur. Es versteht sich von selbst, dass ein Flughafenhalter diese Infrastruktur nicht unentgeltlich zur Verfügung stellt. Dass vorliegend der Flughafen von einem Kanton betrieben wird, kann daran nichts ändern. Das gilt umso mehr, als der Flugplatz zu einem erheblichen Teil von Unternehmen benutzt wird, die nicht im Kanton Zürich ihren Sitz haben und deshalb auch nicht mit ihren Steuern zur Finanzierung des Flughafens beitragen. Der Verzicht auf die Erhebung von Flugplatzgebühren käme der Subventionierung einer kommerziellen Tätigkeit kantonsfremder Unternehmen gleich, wofür keine gesetzliche Grundlage bestünde. Die Landegebühr hat somit jedenfalls eine hinreichende gesetzliche Grundlage, soweit sie als kostenabhängige Benützungsgebühr ausgestaltet ist (BGE 125 I 182 E. 4f).

4. Normstufe

a) Allgemeine Kriterien

1376 Das Erfordernis der Gesetzesform erfüllt neben der rechtsstaatlichen auch eine demokratische Funktion: Alle **wichtigen rechtsetzenden Bestimmungen** sind in der Form eines **Gesetzes** und damit im ordentlichen Gesetzgebungsverfahren vom Parlament und – je nach Verfassung – unter Mitwirkung des Volkes zu erlassen (BGE 136 I 316 E. 2.4.1, 134 I 125 E. 3.2, 132 I 157 E. 2.2, 126 I 180 E. 2a/aa; BVGE 2011/13 E. 15.4; BVGer vom 28. Okt. 2009, A-5553/2008, E. 2.1). Diese Schranke der Normstufe findet ihren Ausdruck in den **Delegationsgrundsätzen**, wonach die Übertragung von Rechtsetzungsbefugnissen an die Exekutive in Form von gesetzesvertretenden Verordnungen nur zulässig ist, wenn das Gesetz im formellen Sinn die Grundzüge der delegierten Materie, d.h. die wichtigen Regelungen, selbst umschreibt (anstatt vieler BGE 128 I 113 E. 3c; BVGE 2011/13 E. 15.4). Im Allgemeinen kann nicht ein für alle Mal gesagt werden, welche Regelungen so bedeutend sind, dass sie in einem Gesetz (im formellen Sinn) enthalten sein müssen (BGE 130 I 1 E. 3.4.2, 128 I 113 E. 3c). Entscheidend sind die Umstände im Einzelfall und die Kombination der verschiedenen Kriterien, die das Bundesgericht in seiner Praxis entwickelt hat (BGE 133 II 331 E. 7.2.1, 130 I 1 E. 3.4.2).

1377 Das Bundesgericht erachtet im Allgemeinen **folgende Kriterien** als massgebend: **Intensität des Eingriffs** (schwere Eingriffe in die Rechte und Freiheiten der Privaten, insbesondere in deren Freiheitsrechte, müssen von einem Gesetz im formellen Sinn vorgesehen sein), **Zahl der von einer Regelung Betroffenen** (eine Regelung erfordert eher ein Gesetz im formellen Sinne, wenn ein grosser Kreis von Personen davon betroffen ist), **finanzielle Bedeutung** (Regelungen von grosser finanzieller Tragweite müssen eine Grundlage in einem Gesetz im formellen Sinn haben) und **Akzeptanz** der Regelung (Massnahmen, bei denen mit Widerstand der Betroffenen gerechnet werden muss, sollten ihre Grundlagen in einem demokratisch legitimierten Gesetz im formellen Sinn haben; zum Ganzen insb. BGE 133 II 331 E. 7.2.1, 131 II 13 E. 6.4, 130 I 1 E. 3.4.2; BGer vom 7. Mai 2003, 1P.363/2002, E. 2.3.1; BVGE 2008/44 E. 4.6.2; BVGer vom 5. Jan. 2010, B-1092/2009, E. 5.3.1; KG BL vom 26. Okt. 2005, in: KGE 2005 Nr. 38 E. 5f/dd).

Grundsätzlich gelten **strengere Anforderungen**, wenn es um eine **Einschränkung von Grundrechten** oder um die **Schaffung von öffentlich-rechtlichen Pflichten** geht, wobei die Natur und die Schwere des Eingriffs bzw. der Verpflichtung mit zu berücksichtigen sind (BGE 128 I 113 E. 3c, 126 I 112 E. 3c, 123 I 221 E. 4a; BVGer vom 5. Jan. 2010, B-1092/2009, E. 5.3.1). Auch für **wichtige politische Entscheide** ist ein formelles Gesetz erforderlich (BGE 128 I 113 E. 3c, 125 I 173 E. 4a, 123 I 254 E. 2b/bb). Wegleitend kann ferner eine verbreitete, seit langem bestehende und auch in anderen Kantonen gängige **Rechtswirklichkeit** sein; eine Regelung auf Verordnungsstufe ist eher zulässig, wenn sie dem **allgemein üblichen Standard** entspricht; umgekehrt verhält es sich mit bisher unüblichen Regelungen (vgl. BGE 130 I 1 E. 3.4.2, 128 I 113 E. 3c, 125 I 173 E. 9e, 123 I 254 E. 2b/bb, 122 I 130 E. 3b/cc). 1378

Zu berücksichtigen sind ausserdem **Flexibilitätsbedürfnisse** sowie die **Eignung des betreffenden Organs**: Regelungen, die ständiger Anpassungen an veränderte Verhältnisse wie z.B. an wirtschaftliche oder technische Entwicklungen bedürfen, werden zweckmässigerweise nicht in einem Gesetz im formellen Sinn getroffen, das nur unter grossem Zeitaufwand revidiert werden kann, sondern in einer Verordnung. Der Gesetzgeber trifft die Grundentscheidungen; er legt die grossen Linien fest. Der Verordnungsgeber befasst sich dagegen mit den Details sowie mit denjenigen Fragen, die **besondere Fachkenntnisse** verlangen (BGer vom 7. Mai 2003, 1P.363/2002, E. 2.3.2). 1379

Praxis:

- Die **Genfer Verordnung über das Verbot, in öffentlichen Räumen zu rauchen**, die sich direkt auf die Verfassung stützt, tangiert die gesamte Bevölkerung; es handelt sich um eine besonders sensible Frage. Ferner sieht die Verordnung Verpflichtungen für verschiedenste Personen (rauchenden Personen, Betreiber und Verantwortliche von Gaststätten und Betrieben) vor und es können Bussen bis zu Fr. 10'000.– angedroht werden, weshalb das vorgängige Tätigwerden des Gesetzgebers unabdingbar erscheint (BGE 134 I 322 E. 2.6.3). 1380
- Das **Rauchverbot in Restaurants**, welches das Gesetz vorsieht, schränkt die Wirtschaftsfreiheit ihrer Betreiber nicht direkt ein. Der Kanton Bern verunmöglicht nicht das Wirten als solches, d.h. insbesondere die Abgabe von Speisen oder Getränken zum Konsum gegen Entgelt. Diese Tätigkeiten können unter der Geltung des Passivraucherschutzes weiterhin vollumfänglich ausgeübt werden. Selbst das Rauchverbot fällt nicht absolut aus. Ein abgetrennter Nebenraum darf gemäss Gesetz als Fumoir unterhalten werden, womit das grundsätzliche Rauchverbot wieder gelockert wird. Mit den angefochtenen Bestimmungen wird den Wirten einzig untersagt, den Hauptraum des Gaststättenbetriebs als Fumoir zu benutzen. Aus dem Gesetz ergibt sich eindeutig, dass im Hauptbereich des Betriebes nicht geraucht werden darf und es sich beim Fumoir um einen Nebenraum handeln muss. Entsprechend durfte der Verordnungsgeber die Detailvorschriften festsetzen (BGE 136 I 17 E. 3.2). 1381
- Der **verwaltungsrechtliche Vertrag** ist heute als Handlungsform des Verwaltungsrechts anerkannt und weit verbreitet. Der **Vertragsinhalt** darf nicht gegen eine gültige Rechtsnorm verstossen und muss auf einem generell-abstrakten, genügend bestimmten Rechtssatz beruhen, der in Form eines Gesetzes erlassen worden sein muss, wenn es sich um eine wichtige Regelung handelt. Die Anforderungen an die Bestimmtheit des Rechtssatzes sind geringer als bei Verfügungen, sofern das Bedürfnis nach Rechtssicherheit und Rechtsgleichheit wegen der Zustimmung zur Ausgestaltung des Rechtsverhältnisses durch die Privaten als geringfügig erscheint. Auch die Grundlage im Gesetz kann bei Verträgen im Allgemeinen schmaler sein als bei Verfügungen, weil staatliche Eingriffe in die Rechte der Privaten weniger intensiv und damit weniger wichtig sind, wenn die Betroffenen ihnen zustimmen (BGE 136 I 142 E. 4.1). 1382

1383 – Das **Mass der Unterstützung durch Sozialhilfe** kann vom Regierungsrat geregelt werden. Von Bundesrechts wegen ist es nicht notwendig, dass die Höhe der Leistungen in der Form eines formellen Gesetzes festgelegt wird, solange die vorgesehenen Leistungen noch oberhalb dessen liegen, was nach Art. 12 BV als Minimum staatlicher Leistungen geboten ist. Die Regelung des Leistungsmasses ist eine Detailfrage. Sodann soll die fürsorgerechtliche Unterstützung gegebenenfalls individuelle und örtliche Bedürfnisse angemessen berücksichtigen, was ebenfalls eine gewisse Flexibilität im Einzelfall voraussetzt und gegen die Festlegung des Masses der Unterstützung auf gesetzlicher Stufe spricht (BGE 130 I 1 E. 4).

1384 – Bei der **Verweigerung des freien Zutritts zum Medienzentrum im Bundeshaus** bzw. bei der Nichterteilung des Zutrittsausweises handelt sich um einen leichten Eingriff in die Medienfreiheit. Vorliegend bildet das in Art. 62f RVOG statuierte Hausrecht des Bundes den Rahmen für diese Rechtsetzungskompetenz des Bundesrates. Da nur eine leichte Einschränkung zur Diskussion steht, ist für den fraglichen Eingriff keine Grundlage auf der Ebene des Bundesgesetzes erforderlich. Zum gleichen Schluss führt Art. 164 Abs. 1 lit. c BV e contrario, indem die Akkreditierung von Medienschaffenden und die damit verbundene Gewährung oder Verweigerung des Zutritts zum Medienzentrum im Bundeshaus und Parlamentsgebäude keine grundlegenden Rechte und Pflichten von Privatpersonen betrifft. Die Grundrechtsbeschränkung, welche vorliegend in einem Bewilligungserfordernis besteht, kann folglich direkt, ohne Delegation im formellen Gesetz, auf der Stufe einer Bundesratsverordnung vorgesehen werden (BVGer vom 20. Juni 2011, C-6123/2009, E. 3.2).

1385 – Die **Festlegung der Anstellungsbedingungen** darf nicht mittels Blankodelegation an eine neu geschaffene Anstalt übertragen werden. Die Anstellungsbedingungen berühren die Rechtsstellung der Mitarbeiter in verschiedener Hinsicht schwerwiegend. Es kann auch keineswegs auf eine lange geübte, von den verfassungsrechtlichen Grundlagen abweichende Praxis der Kantonsbehörden geschlossen werden. Schliesslich verlangt der angestrebte Handlungsspielraum für die neu geschaffene Anstalt nicht zwingend eine völlige Regelungsfreiheit im Bereich der Anstellungsbedingungen (BGE 128 I 113 E. 3).

1386 – Die Regelung der **Rückforderung, Verrechnung, Verjährung oder Verwirkung öffentlichrechtlicher Ansprüche** gehört zu den Rechtsinstituten, die den Gedanken des Gesetzgebers durch Aufstellen von Detailbestimmungen näher ausführen, um auf diese Weise die Anwendbarkeit des Gesetzes bzw. der darin festgelegten Ansprüche zu ermöglichen. Die Befristung gemäss der Sozialhilfeverordnung für die Geltendmachung des Rückerstattungsanspruchs an die unterstützungspflichtige Gemeinde greift ferner nicht in die Rechtsstellung Privater ein. Die Verwirkungsregelung richtet sich an die unterstützungspflichtigen Gemeinden und nicht an Privatpersonen (VerwG ZH vom 10. Mai 2007, VB.2007.00077, E. 6.2.3).

1387 – **Verwirkungsfristen für die Geltendmachung des Anspruchs auf Prämienverbilligung** gelten gemeinhin im Versäumnisfall als nicht wiederherstellbar. Ein Untergehen dieses Anspruchs wegen Versäumnis greift empfindlich in die Rechtsstellung der Betroffenen ein. Sie stellen keine rein technisch-organisatorische Massnahme dar. Hinzu kommt, dass die Frist neu 30 Tage betragen soll, während bisher eine einjährige Verwirkungsfrist üblich war. Will man von einer bisher üblichen Frist abweichen, stellt dies einen gewichtigen Einbruch in die bisherige Praxis dar, was vom Gesetzgeber selbst vorzusehen ist (KG BL vom 3. Sept. 2003, in: ZBl 2004 S. 602 E. 4).

1388 – Die **Einführung eines Numerus clausus** stellt einen gewichtigen Einbruch in die bisherige Zulassungspraxis nicht nur an der Universität Zürich, sondern an den schweizerischen Universitäten schlechthin dar und greift derart in die Rechtsstellung der künftigen Anstaltsbenützer ein, dass der Entscheid, ob und in welcher Ausgestaltung zu dieser Massnahme gegriffen werden solle, nicht dem Regierungsrat überlassen bleiben kann. Wegen der möglichen einschneidenden Wirkungen solcher Zulassungsbeschränkungen zu öffentlichen Bildungseinrichtungen bedarf die Einführung eines numerus clausus nach der bundesgerichtlichen Rechtsprechung grundsätzlich der Verankerung auf der Stufe des formellen Gesetzes (BGE 125 I 173 E. 4a, 121 I 22 E. 4a; BGer vom 14. März 2006, 2P.304/2005, E. 4.4). Solange hingegen die Zulassungsbedingungen die **Eignung der Kandidaten** betreffen, müssen sie nicht im Gesetz definiert sein

(BGE 121 I 22 E. 4a; BGer vom 14. März 2006, 2P.304/2005, E. 4.4; VerwG ZH vom 30. Sept. 2009, VB.2009.00430, E. 5.1).

- Delegiert ein Gesetz im formellen Sinn die Kompetenz zur **Festlegung einer Kausalabgabe** an den Verordnungsgeber, so muss es – Kanzleigebühren ausgenommen – zumindest den Kreis der Abgabepflichtigen, den Gegenstand und die Bemessungsgrundlagen der Abgabe selber festlegen. Für gewisse Arten von Kausalabgaben können die Anforderungen an die formell gesetzliche Festlegung der Bemessung – nicht aber der Umschreibung des Kreises der Abgabepflichtigen und des Gegenstands der Abgabe – gelockert werden, wenn das Mass der Abgabe durch überprüfbare verfassungsrechtliche Prinzipien (Kostendeckungs- und Äquivalenzprinzip) begrenzt wird und nicht allein der Gesetzesvorbehalt diese Schutzfunktion erfüllt (BGE 136 I 146 E. 3.1, 130 I 113 E. 2.2, 126 I 180 E. 2a/bb; BVGer vom 19. Jan. 2009, A-4620/2008, E. 3.2). 1389
- Nach der bundesgerichtlichen Praxis kann der Entscheid über die Höhe der **Studiengebühren** an den Verordnungsgeber delegiert werden, wenn sich dieser an das bisher Übliche hält, wobei auch die Höhe der Gebühren an anderen schweizerischen Hochschulen in Betracht gezogen werden dürfen. Wenn der Staat allerdings in Abweichung von der bisher verfolgten Politik seine Bildungsangebote in Zukunft nur noch zu kostendeckenden und marktgerechten Preisen anbieten will, ist dies ein wesentlicher bildungspolitischer Entscheid, der vom formellen Gesetzgeber selbst zu treffen wäre (BGE 130 I 113 E. 2.4-2.6, 123 I 254 E. 2b/bb). 1390
- Das kantonale Hundegesetz unterstellt das Halten **«potenziell gefährlicher Hunde»** einer Bewilligungspflicht, während der Verordnungsgeber zu bestimmen hat, welche Hunde als potenziell gefährlich einzustufen sind. Diese Regelung hält vor Art. 164 Abs. 1 BV stand; die in Frage stehende Bewilligungspflicht für die Haltung potenziell gefährlicher Hunde ist in einem formellen Gesetz vorgesehen, welches zugleich die Bewilligungsvoraussetzungen festlegt. Auch der Umfang der Bewilligungspflicht ist im Grundsatz auf Gesetzesstufe vorgegeben. Die nähere Umschreibung des Begriffes der potenziell gefährlichen Hunde durfte der Gesetzgeber zulässigerweise dem nachgeordneten Verordnungsrecht überlassen (BGE 132 I 7 E. 2.2). 1391
- Es ist durchaus üblich, den **Begriff des gewachsenen Bodens** auf Verordnungsstufe detaillierter zu definieren; die Definition des gewachsenen Bodens bedarf somit nicht zwingend einer formell-gesetzlichen Grundlage. Da ferner die Verordnungsbestimmung weder zu einem schweren Eingriff in das Eigentum der Beschwerdeführerin führt noch eine unübliche Regelung darstellt, ist eine Verletzung des Legalitätsprinzips zu verneinen (BGer vom 5. Jan. 2005, 1P.327/2004, E. 3.5.3). 1392
- Das Dienstverhältnis wie auch die **Besoldung der Oberärzte** am Kantonsspital Basel-Stadt wird weitgehend durch Verordnung geregelt. Diese stützt sich auf eine recht weitgehende Delegationsnorm im Lohn- und Beamtengesetz. Nach dem Bundesgericht entspricht eine derart weitgehende Delegation im Bereich der Besoldung der Rechtswirklichkeit. In den meisten Kantonen werden die Gehälter generell durch Verordnung oder Parlamentsdekret festgelegt. Das Gesetz enthält zumeist nur die Grundsätze, die durch Parlament oder Regierung konkretisiert werden (BGer vom 21. März 2000, 2P.369/1998, E. 2f). 1393
- Die Regelung des **Amtsauftrags** der **Lehrpersonen** (in casu Arbeitsverpflichtungen der Lehrpersonen an öffentlichen Schulen ausserhalb der Unterrichtszeit), welcher die verschiedenen Arbeitsleistungen der Lehrpersonen umschreibt, hat auf Gesetzesstufe zu erfolgen. Dass heute lediglich eine auf einer gesetzlichen Ermächtigung beruhende Regelung auf Dekretstufe besteht, wie dies früher zulässig war, ändert an der Gültigkeit dieser Bestimmung jedoch nichts, da gemäss Art. 119 Abs. 1 KV/SH Erlasse, die von einer nicht mehr zuständigen Behörde oder in einem nicht mehr zulässigen Verfahren geschaffen worden sind, vorläufig (bis zur Anpassung an das neue Recht) in Kraft bleiben (OG SH vom 9. Sept. 2005, in: AB 2005 S. 151 E. 2c). 1394
- Der **Warnungsentzug des Führerausweises wegen Auslandstaten** stellt einen erheblichen Eingriff in die Rechte und Freiheiten der Privaten dar. Von Bestimmungen, welche den Warnungsentzug wegen Auslandstaten vorsehen und regeln, ist ein grosser Personenkreis betroffen 1395

und werden von den Betroffenen nicht leicht akzeptiert, zumal die Auslandstat bereits im Tatortstaat mit Sanktionen geahndet und durch die Auslandstat die Verkehrssicherheit in der Schweiz nicht gefährdet worden ist. Es handelt sich daher um eine wichtige Bestimmung im Sinne von Art. 164 Abs. 1 Satz 1 BV, welche in der Form eines Gesetzes zu erlassen ist (BGE 133 II 331 E. 7.2.1).

1396 – Nach der Rechtsprechung bedürfen **strafrechtliche Sanktionen**, die einen **Freiheitsentzug** mit sich bringen, einer Grundlage in einem formellen Gesetz (BGE 124 IV 23 E. 1). Diese Erwägung lässt sich auch auf **Verwaltungssanktionen** übertragen. Soweit sie schwerwiegende Einschränkungen von Grundrechten zur Folge haben, bedarf ihre Verhängung einer Grundlage in einem formellen Gesetz. Administrative Zwangsmassnahmen bedürfen jedenfalls dann einer formell-gesetzlichen Grundlage, wenn sich der fragliche Eingriff nicht bereits aus der Sachverfügung ergibt, deren Durchsetzung die Sanktion sicherstellen will. Der Entzug einer Bewilligung muss demnach in einem formellen Gesetz vorgesehen sein, soweit er nicht allein wegen Wegfalls der Bewilligungsvoraussetzungen erfolgt (vgl. auch BGE 125 V 266 E. 6e). Der Entzug des Fahrzeugausweises und der Kontrollschilder wegen Nichtbezahlens der leistungsabhängigen Schwerverkehrsabgabe greift empfindlich in die Rechtsstellung des Beschwerdegegners ein. Wie die Vorinstanz ausführt, kann er bei einem Entzug seinen Beruf als selbstständiger Lastwagenfahrer nicht mehr ausüben, da er nicht in der Lage ist, die geschuldeten Abgaben in nützlicher Frist zu bezahlen. Die fragliche Verwaltungssanktion bewirkt daher einen schweren Eingriff in die Wirtschaftsfreiheit (Art. 27 BV) und ist aufgrund der obigen Erwägungen nur zulässig, wenn sie auf einem formellen Gesetz beruht. Sie ist ausserdem nicht bereits durch die Sachverfügung – die Pflicht zur Bezahlung der Schwerverkehrsabgabe – vorgezeichnet. Unter diesen Umständen bedarf die verfügte Sanktion einer ausdrücklichen Grundlage auf Gesetzesstufe (BGer vom 24. April 2007, 2A-705/2006, E. 3.7).

1397 – Für die **Einführung einer Altersschranke bei der Volkswahl der Staatsanwälte** ist eine formell-gesetzliche Grundlage unabdingbar. Art. 38 Abs. 1 lit. a KV/ZH verlangt ein Gesetz im formellen Sinn für die wesentlichen Bestimmungen über die Ausübung der Volksrechte; als solche hat die Regelung des passiven Wahlrechts zu gelten. Für eine Gesetzesdelegation bleibt im Anwendungsbereich von Art. 38 Abs. 1 KV kein Raum. Die Verfassung schreibt für wichtige Bestimmungen zwingend die Form des Gesetzes und damit die Zuständigkeit von Volk und Kantonsrat vor (VerwG ZH vom 26. Jan. 2011, PB.2010.00043, E. 3.4).

1398 – Der **Zulassungsstopp für Medizinalpersonal** (Nichtzulassung zur Kassenpraxis) für drei Jahre bewirkt eine schwerwiegende Einschränkung eines Grundrechts und kann in einer (delegierten) Bundesratsverordnung nur vorgesehen werden, wenn deren grundlegende Elemente bereits in einem formellen Gesetz enthalten sind (BGE 130 I 26 E. 5.1 und E. 5.2).

1399 – Die **Einsetzung von Kommissionen**, die im Kanton Bern wichtige Gemeindeaufgaben übernehmen können, wie auch ihre Aufgaben und Zuständigkeiten, ist als wichtige und grundlegende organisatorische Entscheidung anzusehen. Unter dieser Prämisse ist es inkonsequent, wenn das vom Gemeindeparlament beschlossene Reglement zwar die ständigen Kommissionen bezeichnet und ihre Wahl regelt, indessen nicht auch die wesentlichen Aufgaben dieser Kommissionen umreisst und die Frage entscheidet, ob ihnen selbstständige Entscheidungskompetenz zukommt oder nicht. Diese Fragen betreffen unmittelbar die Schaffung von Behörden samt den Grundzügen ihrer Organisation und Zuständigkeit, sind daher grundlegend und wichtig und dürfen nicht an den Gemeinderat (als Exekutive) delegiert werden (BGer vom 31. Mai 2002, 1P.27/2002, E. 6.2).

1400 – Die **Anordnung medizinischer Untersuchungen** an einer Person greift in das Recht auf Persönliche Freiheit ein, doch handelt es sich bei medizinischen Untersuchungen wie eine Begutachtung üblicherweise um einen leichten Eingriff in das Recht auf körperliche und geistige Integrität gemäss Art. 10 Abs. 2 BV, wofür eine Verordnung genügt (BGE 136 V 117 E. 4.2.2.1); die Befugnis, einen Patienten zwangsweise ärztlich zu behandeln, muss sich jedoch aus einem Gesetz im formellen Sinn ergeben (BGE 136 IV 97 E. 6.3.1).

- Die **Klassen- bzw. Schulschliessung stellt eine organisatorische Massnahme** dar, welche nicht von derartiger Wichtigkeit ist, dass die Entscheidkompetenz auf Reglementsebene ausdrücklich geregelt sein müsste. Die subsidiäre Generalkompetenz des Gemeinderats stellt zusammen mit dem einschlägigen Anhang zur Organisationsverordnung eine genügende gesetzliche Grundlage dar (VerwG BE vom 28. März 2011, in: BVR 2011 S. 314 E. 3.1-3.3). 1401
- In der schweizerischen Rechtspraxis ist es üblich, dass die **bildungsmässigen Voraussetzungen und die in Prüfungen nachzuweisenden Fähigkeiten** für die Aufnahme in eine höhere Schulstufe aufgrund relativ offen formulierter gesetzlicher Vorgaben durch nachgeordnete Rechtsetzungsorgane festgelegt und konkretisiert werden dürfen. Die Regierung ist demnach als zuständig zu betrachten, ein einheitliches Aufnahmeverfahren für den Eintritt ins Gymnasium zu erlassen (VerwG GR vom 25. Jan. 2011, V-09-3, E. 9). 1402
- Nach Art. 11 Abs. 1 FMG legt der Bundesrat die **Grundsätze der Interkonnektion** fest. Die Interkonnektion regelt unmittelbar die Rechte und Pflichten der betroffenen Fernmeldediensteanbieter und zeitigt mittelbar Auswirkungen auf die Rechtsstellung der Benützer der Telekommunikation, also der grossen Mehrheit, wenn nicht der Gesamtheit der schweizerischen Bevölkerung. Die wirtschaftlichen Folgen einer Entbündelung des Teilnehmeranschlusses sind erheblich, sodass die Entbündelung des Teilnehmeranschlusses als «wichtige Bestimmung» (Art. 164 Abs. 1 BV) einer genügenden Grundlage in einem formellen Bundesgesetz bedarf, die vorliegend fehlt (BGE 131 II 13 E. 6.4; heute: Art. 11 Abs. 1 lit. a FMG). 1403

b) Flexibilitätsbedürfnisse

Regelungen, die ständiger **Anpassungen an veränderte, schlecht vorhersehbare Verhältnisse** wie zum Beispiel an wirtschaftliche oder technische Entwicklungen bedürfen, oder bei denen zuerst im **Rahmen des Vollzugs gewisse Erfahrungen und Erkenntnisse** gewonnen werden müssen, werden zweckmässigerweise nicht in einem Gesetz im formellen Sinn, sondern in einer Verordnung erlassen (BGE 132 I 7 E. 2.2, 131 II 13 E. 6.5.1, 123 I 1 E. 4c; BGer vom 7. Mai 2003, 1P.363/2002, E. 2.3). Sodann kann eine gewisse Flexibilität und damit eine Regelung auf Verordnungsstufe dann angezeigt sein, wenn im Sinne der **Einzelfallgerechtigkeit** individuelle und örtliche Bedürfnisse angemessen berücksichtigt werden sollen, was beispielsweise bei Sozialhilfeleistungen gegen die Festlegung des Masses der Unterstützung auf gesetzlicher Stufe spricht (BGE 130 I 1 E. 4). 1404

Sind gewisse **Sachbereiche** wie beispielsweise das **öffentliche Dienstrecht** häufigen Anpassungen unterworfen, ist es nach der Rechtsprechung zulässig, Rechte und Pflichten auf untergesetzlicher Stufe zu konkretisieren, was auch hinsichtlich der **Festlegung der Besoldung** gilt (BGE 128 I 113 E. 3f, 123 I 1 E. 4c). In den meisten Kantonen werden die Gehälter generell durch Verordnung oder Parlamentsdekret festgelegt; das Gesetz enthält nur Grundsätze und legt häufig lediglich die Besoldungsklassen sowie Maximal- und Minimalbesoldungen fest. In der Regel erfolgt sodann die Einstufung der einzelnen Funktionen in eine bestimmte Klasse durch Verordnung der Regierung (vgl. z.B. BGer vom 21. März 2000, 2P.369/1998, E. 2f). Nicht zulässig ist hingegen, alle personalrechtlichen Rechtssetzungsbefugnisse an die Exekutive oder an eine öffentlich-rechtliche Anstalt bzw. Körperschaft zu delegieren (BGE 128 I 113 E. 3f). 1405

Praxis:

1406 – **Richtlinien über die Anstellungsbedingungen:** Am 10. Juni 2001 nahm das Stimmvolk des Kantons Graubünden das Gesetz über die Organisation der Kantonalen Psychiatrischen Dienste und Wohnheime für psychisch behinderte Menschen des Kantons Graubünden (Psychiatrie-Organisationsgesetz, POG) an. Dieses sieht in Art. 12 Abs. 2 POG vor, dass die Verwaltungskommission befugt ist, Richtlinien über die Anstellungsbedingungen zu erlassen. Vorliegend ist zwar die Delegation im formellen Gesetz enthalten und auf ein genau umschriebenes Gebiet – die Festlegung der Anstellungsbedingungen – begrenzt. Indessen enthält die Delegationsnorm (Art. 12 POG) nur die Übertragung der Rechtsetzungszuständigkeit auf die Verwaltungskommission. Es werden keinerlei Grundzüge für die zu erlassende Regelung festgelegt. Art. 12 Abs. 2 Satz 2 POG bestimmt einzig, dass die Personalverordnung gilt, soweit die Verwaltungskommission keine Vorschriften erlassen hat. Das Bundesgericht erachtet eine derart weitgehende Delegation als unzulässig. Insbesondere verlangt der angestrebte Handlungsspielraum für die neu geschaffene Anstalt nicht zwingend eine völlige Regelungsfreiheit im Bereich der Anstellungsbedingungen. Selbst eine flexible Betriebsführung setzt nicht voraus, dass die grundlegenden Vorschriften für das Personal oft und sehr kurzfristig geändert werden. Eine gewisse Planung und Beständigkeit ist unausweichlich, auch aus der Sicht der Mitarbeiter, die sich in persönlicher und finanzieller Hinsicht organisieren können müssen. Es ist nicht erkennbar, inwiefern die mit der Verselbstständigung angestrebten Ziele gefährdet sind, wenn der Grosse Rat die Grundzüge der Anstellungsbedingungen festlegt. Wohl werden im allgemeinen Dienstrecht weniger hohe Anforderungen an die gesetzliche Grundlage gestellt als in anderen Rechtsbereichen, insbesondere in den Bereichen der Eingriffsverwaltung. Nach der bundesgerichtlichen Rechtsprechung ist es zulässig, Rechte und Pflichten der Beamten auf untergesetzlicher Stufe zu konkretisieren, auch hinsichtlich der Festlegung der Besoldung. Eine Blankodelegation aller personalrechtlichen Rechtsetzungsbefugnisse an ein Exekutivorgan hat das Bundesgericht aber noch nie als zulässig erachtet und kann in der Rechtswirklichkeit der Kantone auch keineswegs als üblich bezeichnet werden. Es ergibt sich, dass die in Art. 12 Abs. 2 Satz 1 POG statuierte Delegation mit den Grundsätzen der Gewaltenteilung und der Gesetzmässigkeit, wie sie in der Graubündner Kantonsverfassung verankert sind, nicht vereinbar ist (BGE 128 I 113 E. 3).

1407 – **Grundsätze der Interkonnektion:** Nach Art. 11 Abs. 1 FMG legt der Bundesrat die Grundsätze der Interkonnektion fest, und nach Art. 62 Abs. 1 FMG vollzieht er, unter dem Vorbehalt der Zuständigkeit der Kommunikationskommission, das Fernmeldegesetz. Diese beiden Bestimmungen erteilen dem Bundesrat somit die Kompetenz zum Erlass von Vollzugsbestimmungen sowie im Falle der Interkonnektion einer ausführenden Regelung auf Verordnungsstufe. Der Bundesrat bleibt aber an die gesetzliche Regelung sowie an die sich aus dem Verfassungsrecht ergebenden Grundsätze gebunden. Vorweg ist festzulegen, ob die Interkonnektionspflicht im Sinne von Art. 164 Abs. 1 BV einer Grundlage in einem formellen Gesetz bedarf oder ob dafür eine Verordnung genügt. Die Interkonnektion regelt unmittelbar die Rechte und Pflichten der betroffenen Fernmeldediensteanbieter und zeitigt mittelbar Auswirkungen (insbesondere über den Preis, aber auch über die übrigen Vertragsbedingungen zwischen den Telekommunikationsunternehmungen und ihren Kunden) auf die Rechtsstellung der Benützer der Telekommunikation, also der grossen Mehrheit, wenn nicht der Gesamtheit der schweizerischen Bevölkerung. Die wirtschaftlichen Folgen einer Entbündelung des Teilnehmeranschlusses sind erheblich. Sie müssen daher demokratisch diskutiert und entschieden werden. Das ist angesichts der Bedeutung der sich stellenden Fragen nur im Gesetzgebungsprozess möglich, was nicht zuletzt auch die kontroverse Diskussion zeigt, die in der Öffentlichkeit darüber geführt wird. Allerdings werden Regelungen, die ständiger Anpassungen an veränderte Verhältnisse – beispielsweise an wirtschaftliche oder technische Entwicklungen – zweckmässigerweise nicht in einem Gesetz im formellen Sinn, sondern in einer Verordnung getroffen. Der Gesetzgeber trifft jedoch die Grundentscheidungen; er legt die grossen Linien fest. Der Verordnungsgeber befasst sich dagegen mit den Details sowie mit denjenigen Fragen, die besondere Fachkenntnisse verlangen. Die Delegation an den Bundesrat in Art. 11 Abs. 1 FMG ist relativ weit gefasst: Selbst der Verordnungsgeber hat lediglich die Grundsätze und nicht die Detailregelung der Interkonnektion festzulegen, was an sich für ein eher weites Verständnis des Interkonnektionsbegriffs spricht. Diese Delegation ist jedoch an ihren Auswirkungen zu messen. Insofern erscheint eine weite Übertragung der Rechtssetzungsbefugnis vor allem für die Umsetzung der einmal als anwendbar erkannten Interkonnektion zulässig, weniger aber für die Frage der grundsätzlichen Anwendbarkeit des Interkonnektionsregimes bzw. der Unterstellung unter dieses. Das Interkonnektionsregime muss sich aus dem Gesetz im formellen Sinn ergeben, sodass es den Fernmeldediensteanbietern ermöglicht, verlässlich festzustellen, welche Dienste zu Interkonnektionsbedingungen zu erbringen sind. Ob die Entbündelung des Teilnehmeranschlusses unter die Interkonnektionspflicht fällt, muss sich also durch die Gesetzesauslegung verbindlich feststellen lassen. Bei der Interkonnektion besteht zwar ein gewisses technisches und ökonomisches Flexibilitätsbedürfnis; die Entbündelung des Teilnehmeranschlusses erfasst aber nur wenige Sachverhalte und unmittelbar nur wenige Unternehmungen. Dennoch zeitigt sie erhebliche wirtschaftliche Auswirkungen auf den Telekommunikationsmarkt. Gleichzeitig erweist sich der Begriff der Entbündelung des Teilnehmeranschlusses als wenig griffig. Es bieten sich verschiedene Formen der Entbündelung an; sie kann mehr oder weniger weit gehen und mit oder ohne Bedingungen und Auflagen erfolgen. Dabei ist es jedoch für den Gesetzgeber ohne Weiteres möglich, selber näher zu bestimmen, ob und welche Entbündelungsformen unter welchen Bedingungen gewährt werden sollen, wie auch das laufende Gesetzgebungsverfahren zeigt (BGE 131 II 13 E. 6).

c) Üblicher Standard

Nach ständiger bundesgerichtlicher Rechtsprechung kann eine verbreitete, seit langem bestehende und auch in anderen Kantonen gängige Rechtswirklichkeit wegleitend sein; eine Regelung auf Verordnungsstufe ist eher zulässig, wenn sie dem **allgemein üblichen – allenfalls landesweiten – Standard** entspricht. Umgekehrt verhält es sich mit bisher im betreffenden Kanton oder im Vergleich zu anderen Kantonen unüblichen Regelungen (BGE 130 I 1 E. 3.4.2, 128 I 113 E. 3c, 122 I 130 E. 3b/cc, 121 I 22 E. 4a; BGer vom 5. Jan. 2005, 1P.327/2004, E. 3.5.3). 1408

Die **Einführung eines Numerus clausus** stellt einen gewichtigen Einbruch in die bisherige Zulassungspraxis nicht nur an der betreffenden Universität, sondern an den schweizerischen Universitäten schlechthin dar und greift derart in die Rechtsstellung der künftigen Studierenden ein, dass der Entscheid, ob und in welcher Ausgestaltung zu dieser Massnahme gegriffen werden soll, nicht dem Regierungsrat überlassen bleiben kann (BGE 121 I 22 E. 4a). Hingegen ist es in der schweizerischen Rechtspraxis üblich, dass die **bildungsmässigen Voraussetzungen** und die in **Prüfungen nachzuweisenden Fähigkeiten** für die Aufnahme in eine höhere Schulstufe durch nachgeordnete Rechtsetzungsorgane festgelegt und konkretisiert werden dürfen (VerwG GR vom 25. Jan. 2011, V-09-3, E. 9 [Aufnahmeverfahren für den Eintritt ins Gymnasium]). Auch eine **Festsetzung der Studiengebühren** durch den Verordnungsgeber ist zulässig, wenn sich die Gebühren noch in der Grössenordnung dessen bewegen, was an anderen Universitäten üblich ist, solange die Universitätskantone die Gebühren nicht gleichsam im Gleichschritt auf dem Verordnungsweg erhöhen (BGE 130 I 113 E. 2.4). 1409

Die Festlegung der **Besoldung durch eine Verordnung** gestützt auf eine recht weitgehende Delegationsnorm entspricht der in der Schweiz verbreiteten Rechtswirklichkeit, sodass das entsprechende Vorgehen sich ohne Weiteres als zulässig erweist (BGer vom 21. März 2000, 2P.369/1998, E. 2f). Hingegen sind **Verwirkungsfristen** für die Geltendmachung des Anspruchs auf Prämienverbilligung auf Gesetzesstufe zu 1410 regeln, wenn die bisher im betreffenden Kanton übliche Frist von einem Jahr auf neu 30 Tage verringert werden soll. Will man vom bisher üblichen Standard erheblich abweichen, stellt dies einen gewichtigen Einbruch in die bisherige Praxis dar, sodass die Frist vom Gesetzgeber selbst festzulegen ist (KG BL vom 3. Sept. 2003, in: ZBl 2004 S. 602 E. 5d). Es ist ferner in der Schweiz durchaus üblich, den **Begriff des gewachsenen Bodens** auf Verordnungsstufe detaillierter zu definieren, weshalb eine weit gefasste Delegationsnorm die aus dem Legalitätsprinzip abgeleiteten Anforderungen einhält (BGer vom 5. Jan. 2005, 1P.327/2004, E. 3.5.3).

Praxis:

1411 – **Zwangsweise Pensionierung von Volksschullehrern vor Erreichung des AHV-Alters:** Bezüglich einer zwangsweisen Pensionierung von Volksschullehrern vor Erreichung des AHV-Alters mittels einer Verordnung des Regierungsrates führt das Bundesgericht aus, dass strengere Anforderungen an das Gesetz im formellen Sinne zu stellen sind, wenn eingreifende neuartige Massnahmen getroffen werden, die von bisher feststehenden Regelungen abweichen. In weitergehendem Umfang zulässig ist die Delegation nur dann, wenn es um die Regelung untergeordneter Einzelheiten technischer oder organisatorischer Natur geht oder wenn häufig Anpassungen an sich rasch ändernde, schlecht voraussehbare Verhältnisse notwendig sind. Wegleitend kann dabei auch eine seit Langem bestehende oder verbreitete, auch in andern Kantonen übliche Rechtswirklichkeit sein. Im vorliegenden Fall (zwangsweise Pensionierung vor Erreichung des AHV-Alters) ist davon auszugehen, dass die neue Regelung des Rücktrittsalters, soweit damit gegen den Willen des Betroffenen eine Versorgungslücke entstehen kann, empfindlich in die Rechtsstellung des Lehrers eingreift. Zwar wird damit nicht ein spezielles Grundrecht in schwerer Weise eingeschränkt, doch erleidet der Betroffene einen finanziellen Ausfall im Umfang des Lohnanspruchs, den er bei einer fortdauernden Arbeitstätigkeit gehabt hätte, abzüglich der Ansprüche aus der Lehrerversicherungskasse. Die Festlegung des Rücktrittsalters ist sodann keine rein technisch-organisatorische Massnahme. Auch kann nicht gesagt werden, dass es erforderlich wäre, aus Gründen der Flexibilität die Kompetenz zur Festlegung des Rücktrittsalters dem Verordnungsgeber zu überlassen; es besteht keine Notwendigkeit, das Pensionierungsalter häufig oder kurzfristig zu ändern. Ein Blick auf die Rechtslage in anderen Kantonen ergibt ferner, dass die meisten das Pensionierungsalter der Staatsbeamten durch ein Gesetz im formellen Sinne oder zumindest durch eine Parlamentsverordnung festlegen. Einige regeln allerdings das Rücktrittsalter durch Verordnung des Regierungsrates, wobei auch die Höhe des Pensionierungsalters berücksichtigt werden muss, denn während langer Zeit sei es in der Schweiz allgemein üblich gewesen, dass Männer mit 65 Jahren in den Ruhestand treten. Wenn nun in Übereinstimmung mit einer langjährigen allgemeinen Anschauung ein Pensionierungsalter von 65 Jahren durch Regierungsverordnung festgelegt wird, ist dies anders zu würdigen, als wenn eine Neuregelung in Form einer zwangsweisen Pensionierung vor diesem Alter mit der Folge einer Versorgungslücke bis zum Erreichen des ordentlichen AHV-Alters getroffen wird. Gesamthaft betrachtet erweist sich, dass die Regierung mit der Festlegung der zwangsweisen Pensionierung vor Erreichen des AHV-Alters ohne entsprechende Kompensation eine wesentliche, einen grossen Personenkreis in erheblichem Mass berührende und in die Rechtsstellung der Beamten beträchtlich eingreifende Regelung getroffen hat, die weder durch eine langdauernde oder allgemein verbreitete Rechtspraxis noch durch die Notwendigkeit einer flexiblen Anpassung an gewandelte Umstände gerechtfertigt werden kann und demzufolge nicht bloss durch Verordnung der Regierung erlassen werden darf. Es kann deshalb nicht in der Entscheidungskompetenz des Verordnungsgebers liegen, ob die mit einer aufgezwungenen Rentenlücke verbundenen versorgungsmässigen Nachteile den Betroffenen zugemutet werden dürfen oder nicht; diese Abwägung hat der Gesetzgeber zu treffen. Die blosse Ermächtigung an die Regierung, die Vorschriften über die kantonale Lehrerversicherungskasse zu erlassen, stellt demzufolge keine genügende Grundlage für eine derart weitreichende Massnahme dar. Unerheblich ist, dass einige oder gar viele der Betroffenen die vorzeitige Pensionierung – trotz der damit verbundenen Versorgungslücke – als Vorteil und nicht als Belastung empfinden (BGer vom 22. März 1996, in: ZBl 1997 S. 75 E. 5d).

– **Erhöhung der Studiengebühren:** Am 19. Juni 2003 beschloss der Universitätsrat eine Ände- 1412
rung von § 1 Abs. 1 und Abs. 3 und von § 3 der Ordnung betr. die Erhebung von Gebühren an der Universität Basel vom 4. Aug. 1980 (Gebührenordnung). Mit dieser Änderung wurde die Semestergebühr für immatrikulierte Studierende von Fr. 600.– auf Fr. 700.– erhöht. Gemäss § 9 Ziff. 8 des Gesetzes vom 8. Nov. 1995 über die Universität Basel (Universitätsgesetz) hat der Universitätsrat die Kompetenz, eine Regelung über die Universitätsgebühren zu erlassen. Damit ergeben sich der Kreis der Abgabepflichtigen und der Gegenstand der Studiengebühren direkt aus dem Gesetz. Das Universitätsgesetz enthält allerdings keine Bemessungsgrundlagen für die Studiengebühren und nennt auch keine Obergrenzen. Das Bundesgericht hat in dieser Hinsicht unbestimmte gesetzliche Grundlagen im Zusammenhang mit Studiengebühren trotzdem ausnahmsweise als ausreichend erachtet, wenn sich das zur Gebührenfestsetzung zuständige Organ als durch die bisherige Übung gebunden betrachtete und sich die Gebühren nach der Erhöhung immer noch in der Grössenordnung bewegten, die an anderen schweizerischen Hochschulen üblich war. Es hat erkannt, dass das Element einer langdauernden Übung in diesem Bereich insoweit eine formell-gesetzliche Regelung zu ersetzen vermag. Das Bundesgericht hat seine Argumentation auch darauf gestützt, dass die Studiengelder seit jeher nur einen geringen Teil der finanziellen Aufwendungen eines Kantons für seine Universität decken, weshalb das Schutzbedürfnis des Einzelnen von vornherein nicht gleich intensiv ist wie bei kostendeckenden Gebühren. Es hat weiter erwogen, dass Studiengelder seit langer Zeit in annähernd gleichem Rahmen erhoben werden und sich die zuständigen Organe daran auch in einem weitergehenden Masse gebunden betrachten als in anderen Bereichen. Es ist zum Ergebnis gelangt, dass sich unter diesen besonderen Voraussetzungen für die Bemessung der Studiengebühren eine schematischere bzw. pauschalere Betrachtungsweise rechtfertigt als im Bereich der Kausalabgaben allgemein zulässig. Insbesondere hindert eine unbestimmte gesetzliche Ermächtigung das zuständige Organ nicht, Gebührenerhöhungen zu beschliessen, die sich im Rahmen des Üblichen halten, selbst wenn sie über die Anpassung an die Teuerung hinausgehen und finanzpolitisch motiviert sind. Das Bundesgericht hat allerdings auch darauf hingewiesen, dass dieser Anpassungsspielraum den Universitätskantonen nicht erlaubt, gleichsam im Gleichschritt auf dem Verordnungsweg ihre Studiengebühren beliebig zu erhöhen. Der Entscheid, einen wesentlich höheren Anteil des staatlichen Aufwandes als bisher den Studierenden zu überbinden oder gar kostendeckende Gebühren einzuführen, würde den Zugang zur universitären Ausbildung bedeutend erschweren und eine grundlegende bildungspolitische Wertungsfrage betreffen. Derartige bildungs- und hochschulpolitische Grundsatzentscheide sind auf der Stufe des formellen Gesetzes zu fällen. Solange die Gebühren jedoch nicht wesentlich von dem abweichen, was im betreffenden Sachbereich allgemein üblich ist, ohne dass vom Prinzip der bei weitem nicht kostendeckenden Gebühren abgewichen wird, sind Erhöhungen nach der bundesgerichtlichen Praxis selbst ohne gesetzliche Obergrenze oder Bemessungsregeln grundsätzlich zulässig. Die vorliegend umstrittene Erhöhung der Studiengebühren um Fr. 100.– kommt keiner bildungspolitischen Weichenstellung gleich. Im gesamtschweizerischen Vergleich liegen die Studiengebühren der Universität Basel auch nach der Erhöhung im Durchschnitt. Sie halten sich noch im Rahmen des landesweit Üblichen und damit im finanzpolitischen Ermessensspielraum des zur Gebührenfestsetzung zuständigen Organs. Die Erhöhung erfordert keinen Grundsatzentscheid des Gesetzgebers; sie hält der Überprüfung unter dem Blickwinkel des Legalitätsprinzips stand, was allerdings nicht heissen darf, dass es den Universitäten erlaubt wäre, die Studiengebühren «im Gleichschritt» zu erhöhen. Würde dies zutreffen, würde das Kriterium des landesweit Üblichen seine Bedeutung künftig einbüssen. Unter derartigen Umständen liesse es sich in Zukunft nicht mehr rechtfertigen, gestützt auf eine ungenügende gesetzliche Grundlage wie der vorliegenden Gebührenerhöhungen zu beschliessen, die deutlich über die Teuerung hinausgehen (BGE 130 I 113 E. 2.4-2.6).

d) Eignung der rechtsetzenden Behörde

1413 Bei der Festlegung der Rechtssetzungsstufe ist nebst den allgemeinen Kriterien, dem Flexibilitätsbedürfnis sowie dem Verweis auf den üblichen Standard auch die **Eignung der rechtsetzenden Behörde** zu beachten. Setzt die zu regelnde Materie **besondere Fachkenntnisse oder Vollzugserfahrung** voraus, ist es zulässig, dessen normative Umsetzung auf den Verordnungsweg zu verweisen (BGE 132 I 7 E. 2.2). Der Gesetzgeber trifft die Grundentscheidungen; er legt die grossen Linien fest. Der Verordnungsgeber befasst sich dagegen mit den Details sowie mit denjenigen Fragen, die besondere Fachkenntnisse verlangen (BGE 131 II 13 E. 6.5.1; BGer vom 7. Mai 2003, 1P.363/2002, E. 2.3). Die nähere Umschreibung des Begriffes der potenziell gefährlichen Hunde durfte der Gesetzgeber beispielsweise zulässigerweise dem nachgeordneten Verordnungsrecht überlassen, da die erforderlichen Abgrenzungen kynologisches Fachwissen voraussetzen, dessen normative Umsetzung zweckmässigerweise auf den Verordnungsweg zu verweisen ist (BGE 132 I 7 E. 2.2).

Praxis:

1414 – **Hunde-Rassenliste:** Das kantonale Hundegesetz verpflichtet Hundehalter, ihre Hunde der Gemeinde zu melden (§ 4). Es unterstellt darüber hinaus das Halten «potenziell gefährlicher Hunde» einer Bewilligungspflicht (§ 2a Abs. 1). § 3a des Hundegesetzes legt die Bewilligungsvoraussetzungen fest. Die nähere Ordnung des Bewilligungsverfahrens überträgt das Hundegesetz dem Regierungsrat, der auch zu bestimmen hat, welche Hunde als potenziell gefährlich einzustufen sind (§ 3 Abs. 3). Diesem Auftrag ist der Regierungsrat mit der von ihm am 3. Juni 2003 beschlossenen und am 1. Juli 2003 in Kraft getretenen Hundeverordnung nachgekommen. Deren § 1 (Marginale «Potenziell gefährliche Hunde») lautet: «(1) Als potenziell gefährliche Hunde gelten: lit. a) Bullterrier; lit. b) Staffordshire Bull Terrier; lit. c) American Staffordshire Terrier; lit. d) American Pit Bull Terrier; lit. e) Rottweiler; lit. f) Dobermann; lit. g) Dogo Argentino; lit. h) Fila Brasileiro; lit. i) Kreuzungen mit Rassen gemäss den Buchstaben a bis h sowie Hunde, die in Bezug auf die äussere Gestalt diesen Rassen und Kreuzungen ähnlich sind; lit. j) andere Hunde, die aufgrund ihres Verhaltens als potenziell gefährlich aufgefallen sind. (2) Im Zweifelsfall entscheidet die Kantonstierärztin bzw. der Kantonstierarzt.» Erwägungen: Diese Regelung lässt sich unter dem Gesichtswinkel der verfassungsrechtlichen Delegationsschranken bzw. des sinngemäss angerufenen Gewaltenteilungsprinzips nicht beanstanden. Nach § 36 Abs. 1 KV/BL darf die Befugnis zum Erlass grundlegender und wichtiger Bestimmungen vom Gesetzgeber nicht auf andere Organe übertragen werden. Eine entsprechende Schranke für die Delegation von Rechtsetzungsbefugnissen ergibt sich aus dem Bundesrecht. Die in Frage stehende Bewilligungspflicht für die Haltung potenziell gefährlicher Hunde ist in einem formellen Gesetz vorgesehen, welches zugleich die Bewilligungsvoraussetzungen festlegt. Auch der Umfang der Bewilligungspflicht – die Haltung «potenziell gefährlicher Hunde» – ist im Grundsatz auf Gesetzesstufe vorgegeben. Die nähere Umschreibung dieses Begriffes durfte der Gesetzgeber zulässigerweise dem nachgeordneten Verordnungsrecht überlassen. Die erforderlichen Abgrenzungen setzen kynologisches Fachwissen voraus, dessen normative Umsetzung zweckmässigerweise auf den Verordnungsweg zu verweisen ist. Damit ist auch die erwünschte Flexibilität zur Anpassung an die im Rahmen des Vollzuges gewonnenen Erfahrungen und Erkenntnisse besser gewährleistet, als wenn das Gesetz selber – zur genauen Bestimmung des Umfangs der Bewilligungspflicht – einen entsprechenden Katalog von Rassen oder Eigenschaften aufstellt (BGE 132 I 7 E. 2.2).

5. Parallelität der Rechtsformen

Nach dem **Grundsatz der Parallelität der Rechtsformen** kann eine Behörde ihre Anordnungen nur in jener Form gültig ändern, in der sie erlassen wurden (BGE 130 I 140 E. 4.3.2, 112 Ia 136 E. 3c, 108 Ia 178 E. 3d, 105 Ia 80 E. 6a). Unbefristete Erlasse können folglich einzig durch spätere Erlasse gleicher oder höherer Stufe ausser Kraft gesetzt werden (BGE 130 I 140 E. 4.3.2, 112 Ia 136 E. 3c). Ausnahmsweise ist erlaubt, (kantonales) Gesetzesrecht durch (kantonales) Verordnungsrecht zur Durchsetzung der verfassungsmässigen Ordnung abzuändern bzw. einzuschränken (BGE 130 I 140 E. 4.3.2, 112 Ia 136 E. 3c). Das Erfordernis der Parallelität der Form erfasst auch die in Merkblättern, Weisungen, Mitteilungen oder dergleichen publizierte Praxis (BGE 126 V 183 E. 5b; vgl. auch VerwG ZH vom 20. April 2005, VB.2004.00078, E. 5). Will die betreffende Behörde diese Praxis gestützt auf neue Erkenntnisse ändern, so hat sie die neue Praxis ebenfalls zu publizieren und darf nicht in einem Einzelfall von ihrer Weisung abweichen (BGE 126 V 183 E. 5b). 1415

Der **Grundsatz der Parallelität der Rechtsformen** schliesst eine **Kompetenzdelegation** zur Aufhebung einer formell-gesetzlichen Norm an den Verordnungsgeber nicht aus (vgl. BGE 112 Ia 136 E. 3c-3f). Allerdings muss sich gegebenenfalls die Befugnis des Verordnungsgebers zur Aufhebung der formell-gesetzlichen Norm in klarer Weise aus einer in einem dem Referendum unterstehenden Gesetz enthaltenen Delegationsnorm ergeben und die übrigen Delegationsvoraussetzungen einhalten (VerwG ZH vom 4. Nov. 2009, VB.2008.00439, E. 2.3.1). 1416

Praxis:

- **Verordnung des Schwyzer Regierungsrats zu verfassungskonformen Einbürgerungsverfahren:** Die angefochtene Vollziehungsverordnung regelt Zuständigkeit und Verfahren für die Erteilung des Gemeindebürgerrechts und damit ein Rechtsgebiet, das im Wesentlichen in die Gesetzgebungszuständigkeit der Kantone fällt. Bei der umstrittenen Verordnung geht es nicht um den Vollzug von Bundesrecht. Vielmehr soll die angefochtene Verordnung die Einhaltung von Art. 29 Abs. 2 und Art. 8 Abs. 2 BV im kantonalrechtlich geregelten Einbürgerungsverfahren gewährleisten. Die Grundrechte der Bundesverfassung gelten unmittelbar in allen Kantonen, ohne dass hierfür der Erlass von Ein- oder Ausführungsgesetzen erforderlich wäre. Selbstverständlich müssen die Kantone bei ihrer Rechtssetzung die Grundrechte der Bundesverfassung respektieren. Diese Verpflichtung trifft jedoch alle staatlichen Organe gleichermassen (Art. 5 Abs. 1 und Art. 35 BV) und kann keine selbstständige Verordnungskompetenz des Regierungsrats begründen: Jede Rechtsanwendungsbehörde ist zur Beachtung des Vorranges von Bundesrecht verpflichtet. Der Regierungsrat als oberste Vollziehungs- und Verwaltungsbehörde ist allerdings befugt und gegebenenfalls verpflichtet, durch Weisungen dafür zu sorgen, dass bundesrechtswidrige kantonale Erlasse nicht mehr angewendet werden und die Verfahrensgarantien der Bundesverfassung respektiert werden. Im Rahmen seiner Kompetenz, Vollziehungsverordnungen zu erlassen, ist er auch befugt, für den verfassungskonformen Vollzug kantonalen Rechts zu sorgen. Die förmliche Aufhebung oder Änderung einer verfassungswidrigen Norm kann dagegen nur durch einen Erlass derselben oder einer höheren Normstufe erfolgen (Erfordernis der Parallelität der Form). Die Verordnung enthält Abweichungen von der gesetzlichen Regelung, die auf die bundesgerichtlichen Entscheide zur Einbürgerung, insb. des Verbots von Urnenabstimmungen, zurückzuführen sind, und hat daher zum Ziel, verfassungsmässige Einbürgerungsentscheide sicherzustellen. Weiter weist die angefochtene Verordnung vorläufigen Charakter auf. Der Schwyzer Gesetzgeber wird bei der Schaffung einer definitiven Lösung die Möglichkeit haben, andere, unter verfassungsrechtlichen Gesichtspunkten mitunter vorzuziehende und leichter handhabbare Alternativen zu prüfen. Es wird Aufgabe des Regie- 1417 rungsrats sein, das ordentliche Gesetzgebungsverfahren einzuleiten. Dagegen war er nicht verpflichtet, seine Verordnung zeitlich zu befristen: Zieht sich das Gesetzgebungsverfahren in die Länge oder scheitert eine erste Vorlage in der Volksabstimmung, muss die Verordnung weiter anwendbar bleiben, damit über hängige Einbürgerungsgesuche innert angemessener Frist entschieden werden kann. Die Verordnung muss deshalb so lange in Kraft bleiben, bis das kantonale Recht im ordentlichen Gesetzgebungsverfahren angepasst worden ist. Nach dem Gesagten ist die Verordnung als Vollziehungsverordnung zu qualifizieren und durfte deshalb vom Regierungsrat in eigener Kompetenz erlassen werden (BGE 130 I 140 E. 4.3.2 und E. 5.3).

6. Unbestimmter Rechtsbegriff

a) Begriff

1418 Ein unbestimmter Rechtsbegriff liegt vor, wenn der Rechtssatz die **Voraussetzungen der Rechtsfolge** oder die **Rechtsfolge selbst in offener, unbestimmter Weise umschreibt** (BVGE 2009/35 E. 7.4; BVGer vom 9. Jan. 2012, B-3897/2011, E. 3; vom 8. April 2011, A-300/2010, E. 3.7; vom 8. Nov. 2010, B-6791/2009, E. 3.1; vom 14. Juli 2010, B-2673/2009, E. 4.2; vom 23. Juni 2009, B-342/2008, E. 4.4; vom 2. Okt. 2008, A-1578/2006, E. 3.3.1; VerwG SG vom 19. Aug. 2009, B-2008-224, E. 3.1.2; Schätzungskommission AG vom 23. Mai 2006, in: AGVE 2006 S. 333 E. 3.5.2).

1419 Die Auslegung und Anwendung eines unbestimmten Rechtsbegriffs gilt als **Rechtsfrage**, die im Rahmen der Rechtskontrolle grundsätzlich **ohne Beschränkung der (richterlichen) Kognition** zu überprüfen ist (BGE 127 II 184 E. 5a, 119 Ib 33 E. 3b, 114 Ia 245 E. 2b; BVGE 2011/11 E. 3.3, 2007/49 E. 3.1; BVGer vom 9. Jan. 2012, B-3897/2011, E. 3; vom 8. Nov. 2010, B-6791/2009, E. 3.1; BVGer vom 23. Juni 2009, B-342/2008, E. 4.4; VerwG LU vom 26. Feb. 2010, in: LGVE 2010 II Nr. 2 E. 5a; VerwG SG vom 19. Aug. 2009, B-2008-224, E. 3.1.2). Der Sinngehalt und die Tragweite des jeweiligen unbestimmten Rechtsbegriffs ist demnach – in Abgrenzung zur Einräumung von Ermessen – durch **Auslegung** und im Rahmen einer **Interessenabwägung** zu ermitteln (BGE 136 I 332 E. 3.2.1; BVGE 2009/63; BVGer vom 14. Dez. 2009, A-2742/2009, E. 5.5; VerwG ZH vom 16. Nov. 2005, SB.2005.00029, E. 3; VerwG AG vom 28. Jan. 2005, in: AGVE 2005 S. 307 E. 4a/aa).

1420 **Beispiele:** «Treuepflicht» (BGE 136 I 332 E. 3.2.1), «Gleichwertigkeit», «gleiche Bildungsstufe», «äquivalente Bildungsdauer», «vergleichbare Inhalte» (BVGer vom 14. Juli 2010, B-2673/2009, E. 4.2), «marktbeherrschende Stellung» (BVGE 2009/35 E. 7.4), «Kontrollaufwand» oder «mutmasslicher Einnahmenausfall» (BVGer vom 14. Dez. 2009, A-2742/2009, E. 5.5), «Gemeinnützigkeit» (BVGer vom 30. Jan. 2008, A-1396/2006, E. 2.3.2), «Gefährdung der Meinungs- und Angebotsvielfalt» (BVGE 2009/63 E. 3.3), «wichtiger persönlicher Grund» des weiteren Aufenthalts in der Schweiz (BVGer vom 15. Juli 2011, C-6133/2008, E. 7.1), «öffentliches Interesse» (BVGer vom 30. März 2011, A-7040/2009, E. 10.4.2), «Zumutbarkeit» der Versetzung (VerwG ZH vom 9. Feb. 2011, PB.2010.00042, E. 2.2), «Sozialhilfeabhängigkeit» (VerwG LU vom 26. Feb. 2010, in: LGVE 2010 II Nr. 2 E. 5a), «technisch notwendige Dachaufbaute» (VerwG SG vom 28. Jan. 2010, B-2009-104, E. 2.3.1), «hinreichende Erschliessung» eines Baugrundstückes (BGer vom 26. Aug. 2009, 1C_201/2009, E. 2.1), «Unabhängigkeit» (BVGE 2007/49 E. 2.2 und E. 3.1), «nächstmöglicher Termin» (RR BE vom 20. Juni 2007, in: BVR 2008 S. 289 E. 5), «angemessene Vergütung» (Schätzungskommission AG vom 23. Mai 2006, in: AGVE 2006 S. 333 E. 3.5.2), «Berufsethik» (VerwG AG vom 28. Jan. 2005, in: AGVE 2005 S. 307 E. 4a/aa), «kostenorientierte Preisgestaltung» (BVGer vom 8. April 2011, A-300/2010, E. 3.7), «wirtschaftliche Tragbarkeit» (VerwG ZH vom 8. März 2006, VB.2004.00483, E. 7.1), «Härtefall» (BVGer vom 23. Juni 2009, C-6387/2007, E. 5.2.3), «langjährige praktische Erfahrung» und «einwandfreie Erbringung» (BVGE 2011/11 E. 3.3).

Derartige offene Normen, deren «Freiräume» durch die rechtsanwendenden Behörden auszufüllen sind, sind in der Regel auf die **Komplexität und Veränderlichkeit der zu regelnden Sachverhalte** sowie auf die entsprechend **gewandelten Anforderungen an die öffentliche Verwaltung**, von welcher flexibles und zeitgerechtes Reagieren auf sich wandelnde Sachverhalte und Erkenntnisse verlangt wird, zurückzuführen (BGE 127 V 431 E. 2b/bb; BVGer vom 2. Okt. 2008, A-1578/2006, E. 3.3.2). Mittels unbestimmten Rechtsbegriffen öffnet der Gesetzgeber den rechtsanwendenden Behörden Gestaltungsspielräume, die im Rahmen der Vorgaben zwecks Realisierung einer **individualisierenden Einzelfallgerechtigkeit** zu konkretisieren sind; sie gebieten eine auf den Einzelfall bezogene Auslegung (BVGE 2011/11 E. 3.3; BVGer vom 15. Juli 2011, C-6133/2008, E. 7.1; vom 8. Sept. 2010, B-1181/2010, E. 3.1; vom 10. Okt. 2008, A-2660/2008, E. 2.2; vom 6. Dez. 2007, B-2480/2007, E. 3; VerwG BL vom 16. Okt. 2002, in: VGE 2002 S. 194 E. 5c). 1421

Die **Auslegung und Anwendung unbestimmter Rechtsbegriffe** steht im Zusammenhang mit der **Begründungspflicht** sowie der Anwendung des **Verhältnismässigkeitsgrundsatzes**: Je offener und unbestimmter die rechtssatzmässige Regelung ist, desto stärker sind die materiell- und verfahrensrechtlichen Garantien als Schutz vor unrichtiger Anwendung des unbestimmten Rechtssatzes auszubauen (BGE 136 I 87 E. 3.1, 132 I 49 E. 6.2, 128 I 327 E. 4.2, 127 V 431 E. 2b/cc; vgl. oben Rz. 1362). Schliesslich ist zu beachten, dass eine **Verletzung des rechtlichen Gehörs** gemäss herrschender Lehre und Praxis nur dann **geheilt** werden kann, wenn die unterlassene Gehörsgewährung in einem Rechtsmittelverfahren nachgeholt wird, das eine Prüfung der umstrittenen Angelegenheit im gleichen Umfang wie durch die Vorinstanz gestattet (vgl. etwa BGE 134 I 331 E. 3.1, 133 I 201 E. 2.2, 126 I 68 E. 2). Geht es bei der betreffenden Streitfrage um die Anwendung eines unbestimmten Rechtsbegriffes und somit um eine Rechtsfrage, kann die Verletzung des rechtlichen Gehörs im Rahmen des gerichtlichen Verfahrens geheilt werden; anders verhält es sich dagegen, wenn Ermessensfragen umstritten sind (vgl. z.B. VerwG ZH vom 5. Nov. 2008, VB.2008.00363, E. 3.3.2), ausser einem Gericht komme (ausnahmsweise) eine Angemessenheitskontrolle zu (vgl. z.B. Art. 49 lit. c VwVG). 1422

Praxis:

- Eine im Reglement vorgesehene **Würdigung der Gesamtleistung eines Kandidaten an einer Universität**, die über das Prädikat bestimmt, steht nicht im Ermessen der Fakultät, sondern ergibt sich rechnerisch aus den vergebenen Noten. Mit dem Prädikat wird die Gesamtleistung des Kandidaten beurteilt. Die Gesamtbeurteilung mündet in diesem Sinne in einen Feststellungsentscheid über die fachliche Prüfungsleistung, der nach rechtlichen Kriterien ergeht, die sich aus dem Reglement und den darauf gestützten weiteren Bestimmungen wie Richtlinien der Fakultät ergeben (BGE 136 I 229 E. 2.5.2). 1423

1424 – Gemäss **Art. 36 Abs. 2 EBV** soll den Reisenden ein **Warteraum** zur Verfügung stehen. Darauf kann nach Satz 2 derselben Bestimmung bei Strassenbahnen und Bahnen mit einer dichten Zugfolge verzichtet werden. Das Bundesamt für Verkehr (BAV) nimmt offenbar an, es komme ihr gestützt auf diesen Artikel ein Ermessensspielraum bei der Genehmigung von Warteräumen zu. Zunächst ist festzuhalten, dass gemäss Art. 36 Abs. 2 EBV als Grundsatz eine Pflicht zur Errichtung eines Warteraums besteht. Bei Strassenbahnen und Bahnen mit dichter Zugfolge sieht die Bestimmung im Sinne einer Ausnahme vor, dass auf einen Warteraum verzichtet werden kann. Die Bahnunternehmung wird damit ausnahmsweise von der Pflicht zur Bereitstellung eines Warteraums entbunden; eine Einschränkung des Rechts zur Errichtung von Bahnanlagen kann in Art. 36 Abs. 2 Satz 2 EBV aber nicht erblickt werden. Die Genehmigung der Wartehalle liegt damit nicht im Ermessen der Vorinstanz; sind die entsprechenden Voraussetzungen erfüllt, hat sie die Baute zu bewilligen (BVGer vom 15. Jan. 2008, A-2092/2007, E. 6.2).

1425 – Bei der **Ausnahmebewilligung** erstreckt sich nach der herrschenden Praxis das Ermessen nicht darauf, ob eine Ausnahmesituation gegeben ist. Das Ermessen besteht vielmehr darin, die dem Sonderfall entsprechende Rechtsfolge zu bestimmen. Der Verwaltungsbehörde steht demnach bei der Erteilung von Ausnahmebewilligungen lediglich ein Rechtsfolgeermessen zu. Das sogenannte «Tatbestandsermessen», d.h. die Frage, ob die Voraussetzungen zur Erteilung einer Ausnahmebewilligung gegeben sind, erweist sich bei genauer Betrachtung als eine Rechtsfrage, da es sich hierbei um die Auslegung von unbestimmten Rechtsbegriffen handelt, die der verwaltungsgerichtlichen Beurteilung zugänglich ist. Überall, wo die tatbeständlichen Voraussetzungen einer bestimmten Rechtsfolge nicht mit hinreichender Bestimmtheit festgelegt sind, wird nicht eigentliches Ermessen betätigt, sondern es werden Rechtsfragen beantwortet. Demnach ist uneingeschränkt zu überprüfen, ob die Voraussetzungen zur Erteilung von Ausnahmebewilligungen gegeben sind (VerwG BL vom 18. April 2001, in: VGE 2001 S. 71 E. 3b).

1426 – **§ 14 Abs. 2 der kantonalen Bürgerrechtsverordnung (BüV)** sieht vor, dass die zuständige Behörde das Verfahren einstweilen einstellt, wenn einzelne Voraussetzungen für die Einbürgerung nicht oder nur unvollständig gegeben sind, aber ihre Erfüllung innert nützlicher Frist zu erwarten ist. § 14 Abs. 2 BüV enthält mit dem Begriff der «nützlichen Frist» eine offene Formulierung, welche den Verwaltungsbehörden einen Entscheidungsspielraum gewährt. Je nachdem, ob es sich hierbei um die Einräumung von Ermessen oder um einen unbestimmten Rechtsbegriff handelt, variiert der Rechtsschutz durch das Verwaltungsgericht. Allerdings ist der Verwaltung auch bei der Anwendung von Rechtsbegriffen unter Umständen ein bestimmter Beurteilungsspielraum zuzugestehen: Wenn ein Rechtsbegriff zu unbestimmt ist, als dass er nur eine einzige Interpretation ermöglichte, und die von der Verwaltung ermittelte Auslegung vertretbar erscheint, darf das Gericht nicht eingreifen. Ob ein solcher Beurteilungsspielraum besteht, ist mittels Auslegung zu ermitteln. Der Begriff der «nützlichen Frist» ist zu offen, als dass dessen Auslegung auf eine bestimmte Dauer der Frist schliessen lassen könnte. Die Vorinstanz hat sinngemäss entschieden, dass das vorliegende Einbürgerungshindernis (Strafregistereintrag wegen grober Verletzung der Verkehrsregeln [Geschwindigkeitsüberschreitung]) nicht innert nützlicher Frist behoben werden kann, da erst Mitte März 2010 (nach bestandener Probezeit und damit verbundener Löschung des Strafregistereintrages) das Hindernis hinfällig wird. Dieser Schluss erweist sich als vertretbar Der Antrag des Beschwerdeführers, das Einbürgerungsverfahren gemäss § 14 Abs. 2 BüV zu sistieren, wurde folglich zu Recht abgewiesen (VerwG ZH vom 8. Juli 2009, VB.2009.00281, E. 3.3).

1427 – Nach **§ 28 des Personalgesetzes (PG)** muss die **Versetzung «im Rahmen der Zumutbarkeit»** erfolgen. Das Personalgesetz enthält keine Umschreibung der Zumutbarkeitskriterien. Die «Zumutbarkeit» einer Versetzung ist ein unbestimmter Rechtsbegriff, der von den rechtsanwendenden Instanzen unter Berücksichtigung aller relevanten Rechtsnormen im Einzelfall zu konkretisieren ist. Eine Versetzung gilt im Allgemeinen als zumutbar, wenn die neue Stellung der Ausbildung, den Fähigkeiten, der bisherigen Tätigkeit und beruflichen Stellung sowie den persönlichen Verhältnissen des Angestellten entspricht bzw. angemessen Rechnung trägt. Darüber hinaus darf die neue Anstellung nicht zu einer allzu grossen Lohneinbusse führen und muss in erreichbarer Distanz zum Wohnort auszuüben sein. Nicht erforderlich ist indessen die Gleichwertigkeit der angebotenen und der bisherigen Stelle. Eine gewisse Flexibilität ist von allen Angestellten des öffentlichen Dienstes zu erwarten, wenn keine wesentlichen Teile des fachlichen Einsatzgebietes betroffen und die hierarchischen Verschiebungen lediglich gering oder zeitlich beschränkt sind. Ausgeschlossen sind dagegen Versetzungen, welche es den Angestellten nicht mehr erlauben, ihre erworbenen Fähigkeiten zur Anwendung zu bringen. Davon ist etwa dann auszugehen, wenn die neue Tätigkeit nur noch wenig oder nichts mehr mit der bisherigen zu tun hat. Unzumutbar kann es aber auch sein, wenn die bisherigen Zuständigkeiten und Kompetenzen eines Angestellten in einem solchen Mass beschnitten werden, dass – von aussen betrachtet – eine wesentliche Abwertung gegenüber der bisherigen Funktion vorliegt (VerwG ZH vom 9. Feb. 2011, PB.2010.00042, E. 2.2).

- **Mehrwertsteuerpflichtig** ist, wer eine mit der Erzielung von Einnahmen verbundene gewerb- 1428
liche oder berufliche Tätigkeit selbstständig ausübt. Beim Begriff der **mehrwertsteuerlichen Selbstständigkeit** handelt es sich um einen unbestimmten Rechtsbegriff. Wichtige Indizien für die selbstständige Ausübung der Tätigkeit sind insbesondere, das Handeln und Auftreten in eigenem Namen gegenüber Dritten, das Tragen des unternehmerischen Risikos (Gewinn und Verlust), die Wahlfreiheit, eine Aufgabe anzunehmen oder nicht und diese selbstständig organisieren zu können. Daneben können die Beschäftigung von Personal, die Vornahme erheblicher Investitionen, eigene Geschäftsräumlichkeiten, verschiedene und wechselnde Auftraggeber sowie die betriebswirtschaftliche und arbeitsorganisatorische Unabhängigkeit eine Rolle spielen. Ob eine Tätigkeit im mehrwertsteuerlichen Sinn als selbstständig oder unselbstständig anzusehen ist, bestimmt sich stets aufgrund einer umfassenden Würdigung sämtlicher einschlägiger Faktoren. Weitere – aber nicht allein ausschlaggebende – Indizien für die mehrwertsteuerliche Behandlung bilden ferner die Art der Abrechnung der Sozialversicherungsbeiträge sowie die Qualifikation einer Person als selbstständig oder unselbstständig im Zusammenhang mit den direkten Steuern (BGer vom 18. Feb. 2009, 2C_426/2008 und 2C_432/2008, E. 2.2; BVGer vom 18. Jan. 2011, A-4011/2010, E. 2.2).

- **Treuepflicht** bedeutet, dass der Staatsangestellte bei der Erfüllung seiner Aufgabe über die 1429
eigentliche Arbeitsleistung hinaus die Interessen des Gemeinwesens wahrt. Die Treuepflicht bezweckt, die Funktionstüchtigkeit der öffentlichen Verwaltung zu sichern, indem das Vertrauen der Öffentlichkeit in den Staat nicht untergraben wird. Als unbestimmter Rechtsbegriff muss ihre Tragweite durch Interessenabwägung bestimmt werden. Beschränkungen der Meinungsfreiheit gestützt auf die Treuepflicht sind nur zulässig, soweit sie sachlich begründet sind und in einem vernünftigen Verhältnis zu deren Zweck stehen. Öffentliche Kritik gegenüber Vorgesetzten kann nur dann eine Verletzung der Treuepflicht beinhalten, wenn dadurch die Erfüllung der dienstlichen Aufgaben des Staatsangestellten oder das Vertrauen der Allgemeinheit in das Gemeinwesen beeinträchtigt wird. Erfasst ist aus dem gleichen Grund nur dienstrechtlich relevantes Verhalten. Grundsätzlich ist daher öffentliche Kritik nicht ausgeschlossen, zumal dort, wo es um Entscheidungen im eigenen Tätigkeitsgebiet geht und sich die Kritik daher notwendigerweise mit einer Kritik an der Tätigkeit der Vorgesetzten verbindet. Jedoch gebietet die Treuepflicht dem Staatsangestellten, sich insbesondere in der Art und Weise der Kritik eine gewisse Zurückhaltung aufzuerlegen und erst dann an die Öffentlichkeit zu gelangen, wenn auf interne Vorstösse nicht eingegangen wurde (BGE 136 I 332 E. 3.2.1).

b) Beurteilungsspielraum

aa) Allgemeines

Nach konstanter Praxis ist bei der **(gerichtlichen) Beurteilung von unbestimmten** 1430
Rechtsbegriffen im Rahmen der **Rechtskontrolle** Zurückhaltung zu üben und den Verwaltungsbehörden einen gewissen (eigenständigen) **Beurteilungsspielraum** anzuerkennen, solange es um **technische oder wissenschaftliche Spezialfragen** geht, in denen die Vorinstanz über ein besonderes Fachwissen verfügt oder sich Ausle-

gungsfragen stellen, welche die Verwaltungsbehörde aufgrund ihrer **örtlichen, sachlichen oder persönlichen Nähe zum Streitgegenstand** sachgerechter zu beurteilen vermag als die Beschwerdeinstanz (BGE 136 I 229 E. 5.4.1, 135 II 384 E. 2.2.2, 133 II 35 E. 3, 132 II 257 E. 3.2, 130 II 449 E. 4.1, 129 I 337 E. 4.1, 129 II 331 E. 3.2, 127 II 184 E. 5a/aa, 126 I 219 E. 2c, 125 II 225 E. 4a, 119 Ib 254 E. 2b, 116 Ib 270 E. 3b; BGer vom 7. Okt. 2009, 2C_421/2008, E. 2.2.2 [in BGE 135 II 405 ff. nicht publ. E.]; BVGE 2011/11 E. 3.3, 2009/35 E. 4, 2008/43 E. 5.1, 2007/49 E. 3.1; vgl. auch BVGer vom 9. Jan. 2012, B-3897/2011, E. 3; vom 8. April 2011, A-300/2010, E. 2; vom 15. März 2011, C-2300/2006, E. 2.1; vom 23. Juni 2009, B-342/2008, E. 4.4; vom 6. Dez. 2007, B-2480/2007, E. 3). **Unbestimmtheit** hat für sich allein betrachtet folglich **nicht zwingend einen Beurteilungsspielraum** zur Folge; dazu hat die begriffliche Offenheit des Gesetzes vielmehr auf einem **Bedarf an Handlungsspielraum** (Fachwissen, örtliche, sachliche oder persönliche Nähe zum Streitgegenstand usw.) zu beruhen (BGE 119 Ib 33 E. 2c; BVGE 2008/62 E. 4.2).

1431 Eine gewisse Zurückhaltung ist ferner auch dort angebracht, wo die **Rechtsanwendung eng mit der Sachverhaltsfeststellung** zusammenhängt (BGer vom 30. Juli 2007, 2A.112/2007, E. 3.2), insbesondere, wenn eine **künftige Entwicklung** zu beurteilen ist (VerwG ZH vom 8. März 2006, VB.2004.00483, E. 7.1), oder wenn ein **Rechtsbegriff zu unbestimmt** ist, als dass er nur eine einzige Interpretation ermöglicht (VerwG ZH vom 16. Juni 2010, PB.2010.00004, E. 2.5.1; vom 8. Juli 2009, VB.2009.00281, E. 3.3). Ferner kann eine gewisse Zurückhaltung auch durch die **Gemeindeautonomie** bedingt sein (BGer vom 21. Juni 2005, 1P.678/2004, E. 4; VerwG SG vom 24. Feb. 2010, B-2009-112, E. 3.3; VerwG ZH vom 8. März 2006, VB.2004.00483, E. 7.2).

1432 **Beispiele:** Tierversuche mit nichtmenschlichen Primaten (BGer vom 7. Okt. 2009, 2C_421/2008, E. 2.2.2 [in BGE 135 II 405 ff. nicht publ. E.]; Lohnklasseneinreihungen (BGE 125 I 71 E. 2c/aa, 124 II 409 E. 9b; KG BL vom 13. Aug. 2003, in: VGE 2002 S. 71 E. 8); Gleichwertigkeit eines Fachtitels (BVGer vom 23. Juni 2009, B-342/2008, E. 4.4); Prüfungen, falls keine Verfahrensfragen zu beurteilen sind (BGE 136 I 229 E. 5.4.1, 106 Ia 1 E. 3c; BGer vom 19. Okt. 2004, 2P.137/2004, E. 3.2.3); Baubewilligung (BGE 119 Ia 321 E. 5a, 114 Ia 245 E. 2b; VerwG ZH vom 23. Feb. 2005, VB.2004.00255, E. 5); Lärmschutzmassnahmen (VerwG ZH vom 8. März 2006, VB.2004.00483, E. 7.1 und E. 7.2); Anspruchssubvention (BVGer vom 16. April 2008, B-5075/2007, E. 4.2.3); Bewertung des Zuschlagskriteriums «Preis»: (BGer vom 5. März 2007, 2P.230/2006, E. 3.2); Anordnung einer Kontrollfahrt (BGE 127 II 122 E. 3b); Erteilung einer UKW-Radiokonzession (BVGE 2008/43 E. 5.1; BVGer vom 7. Dez. 2009, A-7801/2008, E. 5.2 und E. 5.3); Anerkennung eines ausländischen Diploms (BVGer vom 14. Juli 2010, B-2673/2009, E. 4.3); inhaltliche Festlegung von Interkonnektionsbedingungen (BGE 132 II 257 E. 3.2 und E. 3.3.2); Bedingungen des Zugangs zur Kabelkanalisation (BVGer vom 8. April 2011, A-300/2010, E. 2); Zulassungsvoraussetzungen für den Zivildienst (BVGer vom 6. Dez. 2007, B-2480/2007, E. 3); schützenswerte Objekte im Rahmen des Denkmalschutzes (BGE 120 Ia 270 E. 3b, 118 Ia 384 E. 4b); Ästhetikklausel (BGer vom 21. Juni 2005, 1P.678/2004, E. 4); Einweisung von Grundstücken in eine Gefahrenzone (BGE 114 Ia 245 E. 2c); Ausnahmebewilligung (VerwG ZH vom 23. Feb. 2005, VB.2004.00255, E. 5); Personensicherheitsprüfung (BVGer vom 29. Nov. 2010, A-103/2010, E. 2).

Steht der verfügenden Behörde einen **(eigenständigen) Beurteilungsspielraum** zu, weicht eine Beschwerdeinstanz – und zwar grundsätzlich unabhängig von ihrer Kognition – **nicht ohne Not** von der Auffassung der verfügenden Behörde ab, ausser sie verfügt selber über vergleichbare Kenntnisse («Ohne-Not-Praxis»; vgl. BGE 135 II 384 E. 3.4.1 und E. 3.4.2, 133 II 35 E. 3, 132 II 257 E. 3.2, 130 II 449 E. 4.1, 116 Ib 270 E. 3b; BVGE 2009/64 E. 5.1; BVGer vom 16. Juni 2011, A-6086/2010, E. 6.1; vom 3. April 2008, A-6121/2007, E. 5.1; VerwG ZH vom 27. März 2008, VB.2007.00156, E. 4.2). Füllt die Vorinstanz den ihr eingeräumten Beurteilungsspielraum hingegen **rechtsfehlerhaft** aus oder über- bzw. unterschreitet sie ihn, hat eine Beschwerdeinstanz einzuschreiten (BVGer vom 9. Jan. 2012, B-3897/2011, E. 3; vom 4. März 2008, B-3709/2007, E. 3.3). 1433

Liegt ein Bedarf an Handlungsspielraum vor, greifen die Beschwerdeinstanzen üblicherweise so lange nicht ein, soweit die **Auslegung der Verwaltungsbehörde als vertretbar** erscheint (BGE 127 II 184 E. 5a, 126 II 111 E. 3b, 125 II 225 E. 4a; BVGer vom 23. Juni 2009, B-342/2008, E. 4.4; vom 6. Dez. 2007, B-2480/2007, E. 3; vgl. auch VerwG ZH vom 30. Sept. 2009, VB.2009.00430, E. 3.2 [Haltbarkeits- und Vertretbarkeitskontrolle]), diese sich **nicht von sachfremden Erwägungen** hat leiten lassen (BGE 131 II 680 E. 2.3.2, 126 II 111 E. 3b, 125 II 591 E. 8a, 121 II 378 E. 1e/bb; BGer vom 19. Okt. 2004, 2P.137/2004, E. 3.2.3; BVGer vom 30. Juni 2009, B-517/2008, E. 5.2) und die für den Entscheid **wesentlichen Gesichtspunkte** geprüft und die erforderlichen Abklärungen sorgfältig und umfassend durchgeführt hat (BGE 136 I 184 E. 2.2.1, 135 II 384 E. 2.2.2, 132 II 257 E. 3.2, 131 II 680 E. 2.3.2; BVGE 2011/11 E. 3.3). 1434

Die Beschwerdeinstanz darf sodann die **Wahl unter mehreren sachgerechten Lösungen** der Vorinstanz überlassen (BGE 135 II 296 E. 4.4.3; BVGE 2010/19 E.4.2, 2009/64 E. 5.3). Es hat zusätzliche oder von der Auffassung der Vorinstanz abweichende Massnahmen nur dann selbst zu verfügen, wenn diese von Gesetzes wegen klar verlangt werden, keine fachtechnischen Abklärungen mehr nötig sind und kein Spielraum mehr besteht, sondern nur eine Lösung als möglich und rechtmässig erscheint (BGE 129 II 331 E. 3.2). Liegt ein unbestimmter Rechtsbegriff vor und ist der Tatbestand erfüllt, kommt der betreffenden Behörde indes keinen Beurteilungsspielraum dahin gehend zu, ob sie die gewünschte Rechtsfolge eintreten lassen will oder nicht (BVGer vom 15. Jan. 2008, A-2092/2007, E. 6.2; VerwG ZH vom 27. März 2008, VB.2007.00157, E. 3.1.3). 1435

Wenn die Gesetzesauslegung ergibt, dass der Gesetzgeber mit der offenen Normierung der Entscheidbehörde eine zu respektierende Entscheidungsbefugnis einräumen wollte, darf und muss eine Beschwerdeinstanz seine Kognition einschränken, ohne dass damit der Tatbestand einer **formellen Rechtsverweigerung** im Sinne von Art. 29 Abs. 1 BV gegeben wäre (BGE 135 II 384 E. 2.2.2, 135 II 296 E. 4.4.3, 132 II 257 E. 3.2, 131 II 680 E. 2.3.2; BVGE 2010/19 E. 4.2, 2009/35 E. 4; BVGer vom 28. Feb. 2012, A-2969/2010, E. 2.1). Es stellt daher keine formelle Rechtsverweigerung dar, wenn eine Beschwerdeinstanz – selbst unter Berücksichtigung einer allfälligen Angemessenheitskontrolle – nicht ohne Not von der Auffassung der Vorinstanz abweicht, solange es um die Beurteilung technischer, wissenschaftlicher oder wirtschaftlicher Spezialfragen geht, in denen die Vorinstanz über ein besonderes Fachwissen verfügt (BGE 135 II 296 E. 4.4.3, 133 II 35 E. 3; BVGE 2010/25 E. 2.4.1; 1436

BVGer vom 19. Okt. 2010, A-523/2010, E. 4). Eine derartige Zurückhaltung (der Gerichte) verstösst auch nicht gegen die **Rechtsweggarantie gemäss Art. 29a BV** bzw. gegen den Anspruch auf einen Entscheid durch ein Gericht nach **Art. 6 Ziff. 1 EMRK** (BGE 132 II 257 E. 3.2, 132 II 485 E. 1.2).

Praxis:

1437 – **Begriff des schwerwiegenden persönlichen Härtefalles nach Art. 13 lit. f aBVO:** Nach Art. 13 lit. f aBVO sind Ausländer von den Höchstzahlen ausgenommen, wenn ein schwerwiegender persönlicher Härtefall oder staatspolitische Gründe vorliegen. Bei der Figur des schwerwiegenden persönlichen Härtefalles handelt es sich um einen Rechtsbegriff, dessen Anwendung das Bundesgericht frei überprüft. Den Behörden kommt insofern, wie das Bundesgericht in BGE 117 Ib 321 E. 4a festgehalten hat, kein Ermessen zu. Da jeder Rechtsbegriff grundsätzlich auslegungsbedürftig ist, hat Unbestimmtheit für sich allein indessen nicht zwingend einen Beurteilungsspielraum zur Folge; dazu muss die begriffliche Offenheit des Gesetzes vielmehr auf einem Bedarf an Handlungsspielraum beruhen. Im vorliegenden Zusammenhang sind keine besonderen, namentlich technischen oder örtlichen, Gegebenheiten zu berücksichtigen, in welchen sich das Departement besser auskennen würde oder in denen es eines grösseren Handlungsspielraumes bedürfte als das Bundesgericht. Soweit es darum geht, die begrifflichen Grenzen des Härtefalles festzulegen, rechtfertigt sich eine Zurückhaltung daher nicht. In Frage kommt dies nur allenfalls bei der Würdigung der tatsächlichen Verhältnisse, soweit Umstände massgeblich sind, hinsichtlich derer die Verwaltungsbehörden über einen besseren Gesamtüberblick und damit über eine grössere Vergleichsbasis verfügen als das Bundesgericht, dem ja nur einzelne Fälle zum Entscheid vorgelegt werden (BGE 119 Ib 33 E. 2c).

1438 – **Art. 21 Abs. 1 MG:** Gemäss Art. 21 Abs. 1 MG wird von der Militärdienstleistung ausgeschlossen, wer infolge Verurteilung durch ein Strafgericht wegen Verbrechen oder Vergehen für die Armee untragbar geworden ist. Der Beschwerdeführer bringt vor, seine wirtschaftsrechtlich begründete Verurteilung betreffe den zivilen Bereich und stehe in keinem Zusammenhang mit seiner militärischen Funktion. Sein Verhalten sei daher im Sinn der genannten Bestimmung nicht als untragbar zu qualifizieren. Art. 21 Abs. 1 MG stellt insofern keine «Kann-Vorschrift» dar, als der Ausschluss zwingend zu erfolgen hat, wenn eine Verurteilung wegen Verbrechen oder Vergehen vorliegt und der Betroffene für die Armee untragbar geworden ist. Beim letztgenannten Element der «Untragbarkeit» handelt es sich um eine offene, unbestimmte Umschreibung einer tatbeständlichen Voraussetzung, die einer wertenden Konkretisierung bedarf. Es liegt somit ein unbestimmter Rechtsbegriff vor, der als solcher der Auslegung zugänglich ist. Ob die rechtsanwendenden Behörden einen unbestimmten Rechtsbegriff richtig konkretisiert haben, kann als Rechtsfrage im Verwaltungsjustizverfahren des Bundes überprüft werden (vgl. Art. 49 lit. a VwVG). Das Bundesverwaltungsgericht übt bei der Überprüfung der Anwendung von unbestimmten Rechtsbegriffen, die als Rechtsfrage an sich frei erfolgt, Zurückhaltung aus und billigt den Verwaltungsbehörden einen gewissen Beurteilungsspielraum zu, wenn der Entscheid besonderes Fachwissen oder Vertrautheit mit den tatsächlichen Verhältnissen voraussetzt. Auch nach der Praxis des Bundesgerichts hat die Auslegung von unbestimmten Rechtsbegriffen zwar dem Grundsatz nach einheitlich zu erfolgen, den Verwaltungsbehörden ist aber unter Umständen ein gewisser Beurteilungsspielraum einzuräumen. In einem ersten Schritt ist daher zu klären, ob die Vorinstanz den unbestimmten Rechtsbegriff richtig ausgelegt bzw. den ihr zustehenden Beurteilungsspielraum korrekt ermittelt hat. In einem zweiten Schritt ist sodann zu prüfen, ob die Vorinstanz in Ausübung dieses Beurteilungsspielraums beim Entscheid darüber, ob der Beschwerdeführer für die Armee untragbar geworden ist, sich an das Rechtsgleichheitsgebot, die Pflicht zur Wahrung der öffentlichen Interessen und das Prinzip der Verhältnismässigkeit gehalten, mithin den unbestimmten Rechtsbegriff vorliegend rechtmässig, d.h. im Rahmen des ihr zustehenden Beurteilungsspielraums, konkretisiert und angewendet hat (BVGer vom 24. Nov. 2010, A-3298/2010, E. 3.1).

- **Lohngleichheitsklage:** Die Bewertung bestimmter Funktionen in Bezug auf andere Funktionen oder auf bestimmte Anforderungskriterien kann nie objektiv und wertneutral erfolgen, sondern enthält zwangsläufig einen erheblichen Wertungsbereich, dessen Konkretisierung davon abhängt, wie eine bestimmte Aufgabe von der Gesellschaft bzw. vom Arbeitgeber bewertet wird. Wissenschaftliche Studien können diese Beurteilung unterstützen, indem sie die Tatsachen erheben und Vorurteile beseitigen, aber sie können nicht die normative Wertung ersetzen. Diese Entscheidung hängt einerseits von Sachverhaltsfragen ab, beispielsweise der Frage, was für Tätigkeiten im Rahmen einer bestimmten Funktion ausgeführt werden, welche ausbildungsmässigen Anforderungen dafür verlangt werden, unter welchen Umständen die Tätigkeit ausgeübt wird usw. Andererseits hängt sie ab von der relativen Gewichtung, welche diesen einzelnen Elementen beigemessen wird. Diese Gewichtung ist grundsätzlich nicht bundesrechtlich vorgegeben. Die zuständigen kantonalen Behörden haben, soweit nicht das für sie verbindliche kantonale Recht bestimmte Vorgaben enthält, einen grossen Ermessensspielraum. Bundesrechtlich vorgegeben sind jedoch die Schranken dieses Spielraums: Die Bewertung darf nicht willkürlich oder rechtsungleich erfolgen, und sie darf keine geschlechtsdiskriminierenden Elemente enthalten. Die Bewertung und Einstufung einer bestimmten Tätigkeit oder Funktion ist somit weder eine reine Sach- noch Rechts- noch Ermessensfrage, sondern enthält Elemente von allen drei. Die Anwendung des Gleichstellungsgesetzes kann daher nicht dazu führen, dass eine bestimmte Wertung als die rechtlich einzig richtige bezeichnet wird; sie kann nur bestimmte Wertungen als unzulässig, weil diskriminierend, qualifizieren. In diesem Rahmen bleibt ein erheblicher Ermessensspielraum der zuständigen politischen Behörden (BGE 125 II 385 E. 5b). 1439

- **Umschreibung und Abgrenzung von Moorlandschaften (Art. 23b NHG):** Bei den in Art. 23b NHG vorgegebenen Kriterien für die Umschreibung und Abgrenzung von Moorlandschaften (namentlich der engen ökologischen, visuellen, kulturellen oder geschichtlichen Beziehung zu den Mooren) handelt es sich um unbestimmte Gesetzesbegriffe. Grundsätzlich ist es Aufgabe der Gerichte, derartige unbestimmte Gesetzesbegriffe im Einzelfall auszulegen und zu konkretisieren. Wenn aber die Gesetzesauslegung ergibt, dass der Gesetzgeber mit der offenen Normierung der Verwaltung eine gerichtlich zu respektierende Entscheidungsbefugnis einräumen wollte und dies mit der Verfassung vereinbar ist, darf und muss das Gericht seine Kognition entsprechend einschränken. Im vorliegenden Fall hat der Gesetzgeber den Bundesrat und damit ein politisches Organ mit der Inventarisierung der Moorlandschaften und der Festlegung der Grenzen der Moorlandschaften beauftragt. Der Bundesrat ist als Verordnungsgeber für die normative Konkretisierung des Moorschutzes verantwortlich. Es liegt deshalb nahe anzunehmen, dass dem Bundesrat auch bei der Handhabung der unbestimmten Gesetzesbegriffe in Art. 23b NHG ein gewisser Konkretisierungsauftrag im Einzelfall und damit ein Beurteilungsspielraum eingeräumt worden ist. Dies gilt vor allem für die Abgrenzung des Perimeters am Rande einer Moorlandschaft: Die Frage, ob ein bestimmter Landschaftsteil noch eine hinreichend enge Beziehung zu den Mooren hat, lässt sich oft nicht eindeutig beantworten, sodass es mehrere mit dem Gesetz vereinbare, vertretbare Lösungen geben kann. Hat sich der Bundesrat im Einvernehmen mit dem betroffenen Kanton für eine – mit dem Gesetz vereinbare – Grenzziehung entschieden, ist diese Abgrenzung von den kantonalen Behörden und Gerichten zu respektieren. Sie dürfen die Grenzziehung nur korrigieren, wenn der Bundesrat seinen Beurteilungsspielraum überschritten oder missbraucht hat. Dieser Spielraum darf allerdings nicht so weit gefasst werden, dass eine effektive gerichtliche Kontrolle nicht mehr möglich ist. : Da die Aufnahme einer Parzelle in ein Moor- oder Moorlandschaftsinventar einschneidende Eigentumsbeschränkungen zur Folge haben kann, gebietet Art. 30 Abs. 1 BV eine gerichtliche Überprüfbarkeit der bundesrätlichen Festlegung. Das Verwaltungsgericht musste und durfte somit prüfen, ob der Bundesrat sich an die gesetzlichen Vorgaben in Art. 23b NHG gehalten und seinen Beurteilungsspielraum dem Zweck des Gesetzes, im Sinne des verfassungsrechtlichen Moorschutzes, ausgeübt hat. Es durfte auch einschreiten, wenn der Bundesrat von einem falschen Sachverhalt ausgegangen war. Dagegen durfte es nicht eine vertretbare Abgrenzung der Moorlandschaft durch eine andere ersetzen. Im Folgenden ist daher zu prüfen, ob das Verwaltungsgericht die bundesrätliche Abgrenzung zu Recht als gesetzwidrig bezeichnet oder ob es damit seine Überprüfungsbefugnis überschritten hat (BGE 127 II 184 E. 5a). 1440

1441 – **Lärmschutzmassnahmen im Hinblick auf den Betrieb einer Autowaschanlage (Beschränkung der Betriebszeiten):** Bei der Anwendung von Art. 11 Abs. 2 USG stellen sich mit Bezug auf die wirtschaftliche Tragbarkeit Sachverhalts- und Rechtsfragen. Ein eigentliches Rechtsfolgeermessen besteht nur bei der Wahl der Begrenzungsmassnahmen (Art. 12 Abs. 1 USG), die jedoch hier nicht umstritten ist. Wirtschaftliche Tragbarkeit ist ein unbestimmter Rechtsbegriff, bei dessen Anwendung der Vollzugsbehörde ebenfalls ein Beurteilungsspielraum zusteht, und einen solchen anerkennt die Praxis in vielen Fällen auch bei der Prüfung von Sachverhaltsfragen, insbesondere wo eine künftige Entwicklung zu beurteilen ist. Wie weit der Beurteilungsspielraum der Vollzugsbehörde im vorliegenden Fall reichte, braucht nicht im Einzelnen geprüft zu werden. Wird der Ermessensentscheid einer kommunalen Baubehörde angefochten, auferlegen sich die Baurekurskommissionen bei dessen Überprüfung trotz ihrer grundsätzlich umfassenden Kognition (§ 20 Verwaltungsrechtspflegegesetz [VRG]) Zurückhaltung. Beruht der angefochtene Entscheid auf einer vertretbaren Würdigung der massgebenden Sachumstände, so wird er von der Rekursinstanz respektiert und sie setzt nicht ihr eigenes Ermessen an die Stelle desjenigen der Baubehörde; sie greift erst dann ein, wenn sich die vorinstanzliche Ermessensausübung als offensichtlich unvertretbar erweist. Diese mit Bezug auf kommunale Behörden entwickelten Grundsätze beruhen allerdings wesentlich auf dem Respekt vor der Gemeindeautonomie. Wieweit sie auch in einem Fall wie dem vorliegenden zur Anwendung gelangen, in welchem eine kantonale Fachbehörde erstinstanzlich entschieden hat, ist nicht deutlich. Auf jeden Fall muss auch hier gelten, dass die Rekursinstanz den Entscheidungsspielraum der erstinstanzlichen Behörde nur beachten muss, wenn diese erkennbar davon Gebrauch gemacht hat; andernfalls prüft sie die sich stellenden Ermessensfragen selbstständig (VerwG ZH vom 8. März 2006, VB.2004.00483, E. 7.1 und E. 7.2).

bb) Natur der Regelungsmaterie

1442 Der Grad der Zurückhaltung variiert je nach **Regelungsmaterie**, der Natur der sich stellenden **Fragen** und dem hierzu erforderlichen **Fachwissen** (vgl. BVGE 2009/64 E. 5.4; BVGer vom 7. Dez. 2009, A-7801/2008, E. 5.3; vom 3. Dez. 2009, A-7799/2008, E. 2.2 [in BVGE 2009/63 nicht publ. E.]). So auferlegen sich beispielsweise Beschwerdeinstanzen bei der **Überprüfung von Examensleistungen** üblicherweise Zurückhaltung, indem sie in Fragen, die naturgemäss schwer überprüfbar sind, nicht ohne Not von der Beurteilung der erstinstanzlichen Prüfungsorgane und Experten abweichen (vgl. insb. BGE 136 I 229 E. 5.4.1 und E. 6.2, 131 I 467 E. 3.1, 121 I 225 E. 4b, 118 Ia 488 E. 4c, 106 Ia 1 E. 3c; BGer vom 19. Okt. 2004, 2P.137/2004, E. 3.2.3; vgl. BVGer vom 15. Juli 2008, B-7914/2007, E. 2 [in BVGE 2008/26 nicht publ. E.], vom 16. Aug. 2007, B-2214/2006, E. 3). Die Beschwerdeinstanzen beschränken dabei ihre Kognition nicht nur gegenüber der **Notengebung**, sondern gegenüber der gesamten **materiellen Beurteilung des Examens**, also auch gegenüber allfälliger Kritik an der Aufgabenstellung oder der Punkteverteilung (BGer vom 19. Okt. 2004, 2P.137/2004, E. 2).

1443 Diese **Zurückhaltung rechtfertigt sich hingegen nicht**, wenn die Auslegung und die Anwendung von **Rechtsvorschriften** streitig sind oder **Verfahrensmängel** («formelle Fragen») gerügt werden. Werden derartige «formelle Rügen» vorgebracht, hat die angerufene Rechtsmittelbehörde die erhobenen Einwendungen mit der ihr zustehenden Kognition zu prüfen, andernfalls sie eine formelle Rechtsverweigerung begehen würde (BVGer vom 15. Juli 2008, B-7914/2007, E. 2 [in BVGE 2008/26 nicht publ. E.]; vom 25. Juli 2007, B-2208/2006, E. 5.2; vom 23. März 2007, B-2207/2006, E. 5.3; VerwG ZH vom 18. Nov. 2009, VB.2009.00168, E. 2.3).

Auf **Verfahrensfragen** haben alle Einwendungen Bezug, die den **äusseren Ablauf** des Examens oder der Bewertung betreffen (falsche Zusammensetzung des Prüfungsgremiums, falsche Ermittlung der Gesamtpunktzahl, Abwesenheit eines Experten; BGE 106 Ia 2 E. 3c, BGer vom 9. Aug. 2004, 2P.83/2004, E. 5.1; VerwG ZH vom 2. Dez. 2009, VB.2009.00502, E. 5.2). Wird die Rüge einer **rechtsungleichen Behandlung** erhoben, übt das Bundesgericht Zurückhaltung, wenn die Rüge auf eine rechtsungleiche materielle Bewertung der Leistungen anderer Kandidaten zielt. Frei prüft das Bundesgericht jedoch Rügen, welche Ungleichbehandlungen im äusseren Ablauf des Verfahrens betreffen und eigentliche Verfahrensmängel darstellen (BGer vom 19. Okt. 2004, 2P.137/2004, E. 2). Die Rüge, bei der Notengebung sei in rechtsungleicher Weise von den in anderen Fällen befolgten Grundsätzen abgewichen bzw. es seien unterschiedliche Prüfraster verwendet worden, betrifft eine Verfahrensfrage, was zur Folge hat, dass die vorgebrachten Rügen ohne Zurückhaltung zu prüfen sind (KG BL vom 22. Juli 2009, 2007/432, E. 3). 1444

Praxis:

- **Überprüfung von Prüfungsleistungen:** Es entspricht der allgemeinen schweizerischen Praxis, dass die Rechtsmittelinstanzen ihre Prüfung auf die Frage beschränken dürfen, ob der Examensentscheid sachlich offensichtlich unhaltbar ist oder sich die Prüfungsbehörde sonst wie von sachfremden Erwägungen hat leiten lassen. Bei der Überprüfung von Examensleistungen auferlegt sich das Bundesgericht Zurückhaltung, indem es in Fragen, die durch die gerichtlichen Behörden naturgemäss schwer überprüfbar sind, nicht ohne Not von der Beurteilung der erstinstanzlichen Prüfungsorgane und Experten abweicht. Begründet wird dies im Wesentlichen mit der grösseren fachlichen Kompetenz der in der Sache zuständigen Prüfbehörde. Dogmatisch betrachtet handelt es sich dabei um eine Herabsetzung der Prüfungsdichte bei grundsätzlich voller Rechtskontrolle, da es um die Auslegung unbestimmter Rechtsbegriffe geht. Entsprechend rechtfertigt sich die Beschränkung der Kognition nur bei der inhaltlichen Bewertung von Prüfungsleistungen («materielle Fragen»), nicht aber, wenn die Auslegung und die Anwendung von Rechtsvorschriften streitig sind oder Verfahrensmängel («formelle Fragen») gerügt werden. Werden derartige «formelle Rügen» vorgebracht, hat die angerufene Rechtsmittelbehörde die erhobenen Einwendungen mit der ihr zustehenden Kognition zu prüfen, andernfalls sie eine formelle Rechtsverweigerung begehen würde. Auf Verfahrensfragen haben alle Einwendungen Bezug, die den äusseren Ablauf des Examens oder der Bewertung betreffen. Die Rüge, bei der Notengebung sei in rechtsungleicher Weise von den in anderen Fällen befolgten Grundsätzen abgewichen worden, betrifft eine Verfahrensfrage bzw. eine «formelle Frage», was zur Folge hat, dass das Gericht die vorgebrachten Rügen betr. Ungleichbehandlung ohne Zurückhaltung zu prüfen hat (KG BL vom 22. Juli 2009, 2007/432, E. 3). 1445
- **Realistische Preiskurve (Submissionsrecht):** Die Preiskurve beginnt vorliegend beim tiefsten Preis und endet, unabhängig von der Höhe der anderen Angebote, bei 100 % über dem tiefsten Preis. Dazwischen werden die Offertpreise nach einer linearen Interpolation bewertet. Die Beschwerdeführerin beanstandet die gewählte Methode vom System her nicht, ist jedoch der Auffassung, dass die Preiskurve die realistischen Preise abbilden sollte und es daher sachgerecht wäre, wenn die Kurve bei 40 % bis maximal 50 % – entsprechend dem teuersten Angebot (43,8 % über dem billigsten Preis) – enden würde. Erwägungen: Die Praxis zeigt, dass zahlreiche Methoden im Zusammenhang mit der Bewertung des Preiskriteriums bestehen und daher ein gewisses Risiko einer Manipulation von Seiten des Auftraggebers nicht von der Hand zu weisen ist. Zur Bewertung des Preiskriteriums lassen sich aber gemäss Lehre und Rechtsprechung folgende Grundregeln aufstellen: Die Abweichungen zwischen den Offertpreisen müssen sich auch in der Benotung niederschlagen. Eine Bewertungsmethode bzw. Benotungsskala, die diese Abweichungen relativiert, führt zu einer Verzerrung der Gewichtung des Preiskriteriums. Hiermit würde das Transparenzprinzip verletzt. Die Schwierigkeit bei der Wahl der Be- 1446

wertungsmethode besteht demnach darin, eine Rangstufe nach der Preisbenotung zu erstellen, die objektiv die Preisunterschiede berücksichtigt. Die günstigste Offerte muss die beste Note erhalten. Wie eine Bewertungsskala hinsichtlich der Angebotspreise festzulegen ist, lässt sich nicht in allgemeingültiger Weise bestimmen, sondern hängt stark von den Umständen des Einzelfalles ab. Immerhin muss die in den Ausschreibungsunterlagen bekannt gegebene Gewichtung des Zuschlagskriteriums «Preis» in der Bewertung derart zum Ausdruck kommen, dass das im Voraus bekannt gegebene Gewicht tatsächlich zum Tragen kommt. Mit anderen Worten muss die für das Preiskriterium gewählte Bandbreite der Bewertung realistisch sein. Eine geeignete Methode besteht darin, dass sich die Benotung linear zwischen null Punkten für die teuerste Offerte bis zum Punktemaximum für die günstigste Offerte erstreckt. Allerdings beinhaltet diese Methode den Nachteil, dass, wenn nur zwei Offerten eingereicht werden, die teuerste Offerte automatisch das Punkteminimum erhält ungeachtet des preislichen Abstandes von der günstigen Offerte. Eine andere Lösung besteht darin, dass das Punkteminimum in Relation zur billigsten Offerte gesetzt wird (zum Beispiel endet die Preiskurve bei der billigsten Offerte zuzüglich 20 %, dazwischen wird linear interpoliert). Die Gewichtung des Preiskriteriums darf eine gewisse Mindestgrenze nicht unterschreiten, wenn der Begriff des wirtschaftlich günstigsten Angebots nicht seines Gehalts entleert werden soll. Das Bundesgericht hat diese Untergrenze in BGE 129 I 313 ff. bei 20 % festgelegt. Diese Grenze gilt selbst bei einem komplexen Dienstleistungsauftrag. Aufgrund der dargelegten Grundsätze lässt sich festhalten, dass die vom Regierungsrat im konkreten Fall angewandte Bewertungsmethode zu einem unannehmbaren Ergebnis führt. Zwar handelt es sich bei der Frage, ob nun das Ende der Preiskurve bei der billigsten Offerte zuzüglich 50 % oder zuzüglich 25 % bzw. 30 % gezogen wird, um einen typischen Beurteilungsspielraum der Vergabebehörde. Dieser muss allerdings im Sinne der oben genannten Grundsätze dergestalt ausgeübt werden, dass die Preiskurve bzw. die Benotungsskala die tatsächlich in Frage kommende Bandbreite der eingegangenen Offerten berücksichtigt, mit anderen Worten realistisch ist. Nachdem sich vorliegend die Preisofferten im Rahmen von ca. 45 % über der billigsten Offerte bewegen, erscheint eine Preiskurve, die erst bei 100 % über der billigsten Offerte null Punkte ergibt, als Verletzung des Transparenzgebots sowie des Grundsatzes, dass der Zuschlag der wirtschaftlich günstigsten Offerte zu erteilen ist. Zu beachten ist ferner, dass das wirkliche Gewicht des Preiskriteriums, vorliegend 30 %, nicht abgeschwächt werden darf. Erhält nun die teuerste Offerte immer noch mehr als die Hälfte der Punkte, vorliegend 50 Punkte für eine Offerte von Fr. 11'877'194.–, und kommt die andere Hälfte der Punkte nur theoretisch in Betracht, wird die Gewichtung des Preises verfälscht; sie beträgt tatsächlich noch etwa 14 %, was angesichts der bundesgerichtlichen Rechtsprechung nicht mehr zulässig ist. Dies muss zur Aufhebung des Zuschlages führen, weshalb sich die entsprechende Rüge der Beschwerdeführerin als begründet erweist (KG BL vom 28. Juni 2006, 2006/61, E. 7).

1447 – **Bauzonengrösse (Verdoppelung der Nettobaufläche):** Gemäss Art. 15 RPG umfassen Bauzonen Land, das sich für die Überbauung eignet und entweder weitgehend überbaut ist (lit. a) oder voraussichtlich innert 15 Jahren benötigt und erschlossen wird (lit. b). Da es sich beim neu einzuzonenden Gebiet in Steinhaus unbestrittenermassen nicht um weitgehend überbautes Land im Sinne von lit. a handelt, setzte sich die Vorinstanz ausschliesslich mit den Voraussetzungen von lit. b auseinander. Dabei wendete sie die sogenannte Trendmethode an. Auszugehen ist bei dieser Bedarfsprognose vom Verhältnis der überbauten zu den innerhalb der Bauzone gelegenen noch unüberbauten Flächen. Aus der jährlichen Gegenüberstellung dieser Flächen wird die tatsächliche Beanspruchung der Baulandreserven in den vergangenen Jahren berechnet und der im Planungszeitraum zu erwartende Bedarf geschätzt. Diese Methode hat das Bundesgericht als Ausgangspunkt der Bedarfsberechnung wiederholt für sachlich vertretbar und zulässig erklärt. Dem Beschwerdeentscheid des Staatsrats vom 23. Juni 2010 ist vorliegend zu entnehmen, dass die neue Nettobaufläche ca. 2.09 ha beträgt, was eine Verdoppelung der heutigen Situation darstellt. Bereits in BGE 116 Ia 221 E. 3b hat das Bundesgericht dargelegt, dass eine auf die doppelte Bevölkerungszahl ausgerichtete Bauzonengrösse ohne Berücksichtigung der speziellen Verhältnisse der einzelnen Gemeinde mit den Grundsätzen des Raumplanungsgesetzes nicht vereinbar ist. Vorliegend kommt hinzu, dass nach der Sachverhaltsfeststellung der Vorinstanz Steinhaus während den vergangenen 15 Jahren sogar einen Bevölkerungsrückgang zu verzeichnen hatte. Weiter verkennt die Vorinstanz, dass für die Festlegung der Bauzonen Art. 15 RPG nicht allein massgebend ist. Die Bauzonenausscheidung hat vielmehr wie alle Raumplanung eine auf die erwünschte Entwicklung des Landes ausgerichtete Ordnung der Besiedlung zu verwirklichen (Art. 75 Abs. 1 BV, Art. 1 Abs. 1 und Art. 2 Abs. 1 RPG). Bei der Definierung der gewünschten Entwicklung ist den in Art. 1 und 3 RPG verankerten Zielen und Planungsgrundsätzen Rechnung zu tragen. Diesen kommt freilich für sich allein keine absolute Bedeutung zu. Es handelt sich vielmehr um Zielvorstellungen und Entscheidungskriterien, die bei der Schaffung und Revision von Nutzungsplänen zu beachten sind und die eine umfassende Berücksichtigung und Abwägung gegenüber weiteren räumlich wesentlichen Gesichtspunkten verlangen. Die Bauzonenausscheidung hat schliesslich auch der lokal und vor allem regional oder überregional erwünschten Entwicklung zu entsprechen. Hieraus folgt, dass es die Vorinstanz nicht bei dem – im Ansatz richtigen – Hinweis auf die Notwendigkeit einer gesamthaften Betrachtungsweise unter Bezugnahme auf die Gesamtsituation hätte bewenden lassen dürfen. Eine wirkliche Gesamtschau hätte eine optimale Berücksichtigung der im positiven Recht normierten und im öffentlichen Interesse liegenden Ziele und Grundsätze erfordert. Das ARE hat darauf hingewiesen, dass die periphere Lage von Steinhaus innerhalb des Gemeindegebiets und die vergleichsweise schlechte Erschliessung mit dem öffentlichen Verkehr eher dagegen sprächen, in Steinhaus ein Schwergewicht der Siedlungsentwicklung zu setzen (vgl. dazu das Urteil des Bundesgerichts vom 26. April 2010, 1C_220/2009, E. 8 [in BGE 136 II 204 ff. nicht publ. E.], wonach eine Einzonung, mit welcher der Bedarf nach Art. 15 lit. b RPG lokal überschritten wird, unter Umständen mit dem Raumplanungsrecht des Bundes vereinbar sein kann, wenn der Richtplan einen Entwicklungsschwerpunkt definiert, um eine bestimmte Nutzung in einem klar umrissenen Gebiet zu fördern, sofern die Bauzonen der umliegenden Gemeinden entsprechend knapp bemessen sind). Keiner der Verfahrensbeteiligten widerspricht der Darstellung des ARE, und es ist nicht ersichtlich, dass die Berücksichtigung von Gesichtspunkten, wie sie das ARE geltend macht, in der Planung für Steinhaus überhaupt erwogen worden wäre. Unter diesen Voraussetzungen kann die vorliegend zu beurteilende überproportionale Erweiterung der Bauzone eines isoliert gelegenen Ortsteils nicht als mit den Zielen und Planungsgrundsätzen des Raumplanungsgesetzes vereinbar bezeichnet werden (Art. 1 und 3 RPG). Die Genehmigung der Planung ist deshalb zu verweigern (BGer vom 29. Aug. 2011, 1C_35/2011, E. 2.5 und E. 2.6).

cc) Entscheid einer Fachbehörde

Der Bund insbesondere hat eine Reihe von **Kommissionen** eingesetzt, um **Fachfragen** zu beurteilen (ESBK, ComCom, Bankenkommission bzw. FINMA, WEKO usw.). Es handelt sich dabei nicht um eigentliche Vollzugsbehörden, sondern um **verwaltungsunabhängige Kollegialbehörden** mit besonderen Kompetenzen, deren Aufgabe es hauptsächlich ist, technisch anspruchsvolle Fragen unter Beizug von besonderem Fachwissen zu beantworten. Ihnen kommt aufgrund ihrer Fachkompetenz in der Beurteilung derartiger Fragen ein eigenständiger **Beurteilungsspielraum** zu (vgl. etwa für die **Bankenkommission bzw. FINMA**: BGE 135 II 356 E. 3.1, 132 II 382 E. 4.1, 126 II 111 E. 3b; BVGer vom 6. Juli 2010, B-2703/2010, E. 2.1; für die **Spielbankenkommission**: BGE 131 II 680 E. 2.3.3; BVGer vom 30. Juni 2009, B-517/2008, E. 5.2; für die **Kommunikationskommission**: BGE 132 II 47 E. 1.2, 132 II 257 E. 3.2, 131 II 13 E. 3.4; BVGE 2009/35 E. 4; BVGer vom 8. April 2011, A-300/2010, E. 2; vom 12. Feb. 2009, A-109/2008, E. 4; für die **WEKO**: BVGer vom 28. Feb. 2012, A-2969/2010, E. 2.2). 1448

1449 Dieser **Beurteilungsspielraum** wird von den Beschwerdeinstanzen nicht vollumfänglich überprüft, ohne dass diese jeweils im Detail prüfen, ob tatsächlich fachliche Fragen strittig sind (BGE 131 II 680 E. 2.3.2; BGer vom 7. Okt. 2009, 2C_421/2008, E. 2.2.2 [in BGE 135 II 405 ff. nicht publ. E.]; ferner BVGer vom 28. Feb. 2012, A-2969/2010, E. 2.2; vom 11. Nov. 2010, A-2606/2009, E. 4; vom 8. Juli 2010, A-2607/2009, E. 4; vom 19. Aug. 2010, A-5452/2009, E. 5).

1450 Entscheidet ein **Amt als Fachbehörde** und bestimmt beispielsweise das **BAKOM** darüber, ob ein Programm den gesetzlichen Anforderungen genügt, kommt ihm ebenso ein **Beurteilungsspielraum** zu (BGE 129 II 331 E. 3.2; BVGE 2010/19 E. 4.2; BVGer vom 7. Dez. 2009, A-7801/2008, E. 5.2; vom 15. Jan. 2008, A-8624/2007, E. 6.3.1; vom 8. Okt. 2007, A-6043/2007, E. 5.2.3; vgl. auch BVGer vom 19. Okt. 2010, A-527/2010, E. 2 [Fachstelle für Personensicherheitsprüfungen]; vom 4. Nov. 2009, A-486/2009, E. 5 [Bericht des Bundesamtes für Umwelt betr. Lärmschutzmassnahmen]; vom 6. Dez. 2007, B-2480/2007, E. 3 [Zulassungskommission für den Zivildienst]; vgl. auch BGE 114 Ia 245 E. 2c [kantonale Gefahrenkommission betr. die Einweisung eines Grundstücks in die Gefahrenzone]).

Praxis:

1451 – **Spielbankenkommission (Rechtsnatur eines Geldspielapparats):** Die Spielbankenkommission ist wie die Banken- oder die Kommunikationskommission keine reine Vollzugsbehörde, sondern eine verwaltungsunabhängige Spezialinstanz mit besonderen Befugnissen. Sie setzt sich aus unabhängigen Sachverständigen zusammen (Art. 46 Abs. 2 SBG) und hat generell die Einhaltung der Vorschriften des Spielbankengesetzes zu überwachen. Die Spielbankenkommission wirkt in einem Bereich, in dem sich Fachfragen technischer, ökonomischer, gesellschaftspolitischer und verhaltenspsychologischer Natur stellen. Es ist unter diesen Umständen nicht zu beanstanden, wenn die Rekurskommission deren Praxis gegenüber eine gewisse Zurückhaltung übt und im Zweifel nicht ihre eigene Einschätzung an die Stelle jener der für die kohärente Konkretisierung und Anwendung des Gesetzes primär verantwortlichen Fachinstanz stellt. Das Bundesgericht verfährt bei seinem Entscheid grundsätzlich gleich; dies befreit es aber nicht davon, die Rechtsanwendung durch die Spielbankenkommission unter Beachtung der entsprechenden Zurückhaltung auf ihre Vereinbarkeit mit dem Bundesrecht hin zu überprüfen. Anhaltspunkte dafür, dass die Spielbankenkommission ihren Abklärungspflichten nicht sorgfältig und umfassend nachgekommen wäre, bestehen vorliegend nicht; ebenso wenig liegen Hinweise dafür vor, dass die Rekurskommission in irgendeiner Abhängigkeit von ihr entschieden hätte. Hierfür genügt nicht, dass sie bei den technischen Fragen zulässigerweise eine gewisse Zurückhaltung geübt und auf den von der Spielbankenkommission festgestellten Sachverhalt abgestellt hat bzw. gestützt hierauf zur gleichen Lösung gelangt ist wie diese (BGE 131 II 680 E. 2.3.3 und E. 2.3.4).

1452 – **Kommunikationskommission (entbündelter Teilnehmeranschluss):** Der Kommunikationskommission kommt dann ein gewisser Beurteilungsspielraum zu, soweit sie unbestimmte Gesetzesbegriffe anzuwenden hat. Zwar ist es grundsätzlich Aufgabe der Gerichte, derartige unbestimmte Gesetzesbegriffe im Einzelfall auszulegen und zu konkretisieren. Wenn aber die Gesetzesauslegung ergibt, dass der Gesetzgeber mit der offenen Normierung der Entscheidbehörde eine gerichtlich zu respektierende Entscheidungsbefugnis einräumen wollte und dies mit der Verfassung vereinbar ist, darf und muss das Gericht seine Kognition entsprechend einschränken. Die Kommunikationskommission ist keine gewöhnliche Vollzugsbehörde, sondern eine verwaltungsunabhängige Kollegialbehörde mit besonderen Kompetenzen. Als Fachorgan ist sie sowohl autonome Konzessionsbehörde als auch Regulierungsinstanz mit besonderer Verantwortung. Dies rechtfertigt an sich eine gewisse Zurückhaltung des Bundesgerichts wenigstens insoweit, als die Kommunikationskommission unbestimmte Gesetzesbegriffe auszulegen und anzuwenden hat. Es befreit das Bundesgericht aber nicht davon, die Rechtsanwendung unter Beachtung dieser Zurückhaltung auf ihre Vereinbarkeit mit Bundesrecht zu überprüfen. Sodann amtet die Kommunikationskommission in einem höchst technischen Bereich, in dem besondere Fachfragen sowohl übermittlungstechnischer als auch ökonomischer Ausrichtung zu beantworten sind. Der Kommunikationskommission steht dabei wie anderen Behördenkommissionen auch ein eigentliches «technisches Ermessen» zu (BGE 131 II 13 E. 3.4).

– **Aufsichtskompetenzen der Bankenkommission:** Welcher Auskünfte und Unterlagen die 1453
Eidgenössische Bankenkommission zur Wahrnehmung ihrer Aufsichtsfunktionen im Einzelfall bedarf, ist weitgehend ihrem «technischen Ermessen» anheimgestellt; das Bundesgericht greift in dieses nur bei eigentlichen Ermessensfehlern ein. Bei der Wahl des geeigneten Mittels hat die Bankenkommission im Rahmen der allgemeinen Verwaltungsgrundsätze (Willkürverbot, Rechtsgleichheits- und Verhältnismässigkeitsgebot, Treu und Glauben) in erster Linie dem Hauptzweck der Banken- und Börsengesetzgebung, nämlich dem Schutz der Gläubiger und Anleger bzw. dem Funktionieren der Effektenmärkte (vgl. Art. 1 BEHG), Rechnung zu tragen; umgekehrt sollen sich die Auskünfte und die Herausgabe von Unterlagen auf das beschränken, was zur Erfüllung der Aufsichtstätigkeit und insbesondere zur Abklärung der Unterstellungspflicht tatsächlich erforderlich ist. Im Zweifelsfall legt das Bundesgericht die Auskunfts- und Mitwirkungspflicht des Betroffenen bei der Sachverhaltsfeststellung weit aus, da der präventive Beizug von genügenden und gesicherten Informationen im öffentlichen Interesse die frühzeitige Erkennung von Gesetzesverletzungen und sonstigen Missständen ermöglicht (BGE 126 II 111 E. 3b).

7. Ermessen

a) Begriff

1454 Unter Ermessen versteht man einen gesetzlich eingeräumten **Handlungsspielraum**, der dadurch entsteht, dass **Tatbestand und/oder Rechtsfolge einer Norm** nicht eindeutig festgelegt sind (BVGE 2008/43; BVGer vom 14. Okt. 2010, A-1764/2010, E. 5.1.1; vom 5. Jan. 2010, B-1092/2009, E. 6.1; vom 3. April 2008, A-6121/2007, E. 5.1; VerwG SG vom 22. Sept. 2009, B-2009-17, E. 3.2). Der Handlungsspielraum bezieht sich vorab auf die **Anordnung von Rechtsfolgen**. Lehre und Rechtsprechung unterscheiden diesbezüglich zwischen **Entschliessungs- und Auswahlermessen** (BVGer vom 1. April 2009, A-4236/2008, E. 7.4): **Entschliessungsermessen** liegt vor, wenn ein Rechtssatz der Behörde freistellt, ob überhaupt eine bestimmte Rechtsfolge anzuordnen sei. **Auswahlermessen** ist gegeben, wenn es ein Rechtssatz der Behörde überlässt, welche von mehreren gesetzlich vorgesehenen Rechtsfolgen anzuordnen ist (BVGer vom 1. April 2009, A-4236/2008, E. 7.4).

1455 Die Praxis hat den Ermessensbegriff ausgeweitet und setzt die **annäherungsweise Ermittlung eines Sachverhaltes** – so namentlich die aus Erfahrungswissen gewonnene zahlenmässige Bewertung einer Gegebenheit – dem Ermessen zumindest in verfahrensrechtlicher Beziehung gleich. Die Beschwerdeinstanzen üben daher bei der Beurteilung von **Schätzungsergebnissen** eine ähnliche Zurückhaltung wie gegenüber Entscheiden in Ermessensfragen aus (VerwG GR vom 2. Juli 2009, U-09-6, E. 1a).

1456 Ist hingegen der **Tatbestand und/oder die Rechtsfolge in offener Weise umschrieben** («wichtige Gründe», «schwerer Verstoss gegen die Disziplinarordnung», «Gefährdung der Sicherheit», «Sicherheitsinteressen» usw.), liegt ein **unbestimmter Rechtsbegriff** vor, dessen Auslegung eine Rechtsfrage bildet und grundsätzlich ohne Beschränkung der richterlichen Kognition zu überprüfen ist (vgl. oben Rz. 1418 f.).

Praxis:

1457 – Die **Zusprechung einer Parteientschädigung** steht vorliegend im Ermessen der entscheidenden Beschwerdeinstanz, welches sie fallgerecht anhand der von ihr als geeignet erachteten Kriterien ausüben darf und soll. Daran ändert auch die Tatsache nichts, dass sowohl die Einsprachebehörde als auch der Enteignungsrichter dieselbe Bestimmung (in casu Art. 115 EntG) anzuwenden haben. Daraus kann nicht geschlossen werden, dass die zuerst entscheidende Behörde Massstäbe setzt, die auch für die hernach amtende verbindlich sind. Grundsätzlich entscheiden Einsprache- und Enteignungsbehörde auf dem Gebiet ihrer sachlichen Zuständigkeit getrennt über die Kosten- und Entschädigungsfolgen und schliessen die nebeneinander bestehenden Kompetenz- und Ermessensbereiche die Bindung der einen Instanz an den Entscheid der anderen aus (BGE 129 II 106 E. 3.3).

1458 – Ist bei der **Bestimmung des Invalideneinkommens kein tatsächlich erzieltes Erwerbseinkommen** gegeben, können rechtsprechungsgemäss **Tabellenlöhne** beigezogen werden. Die Frage, ob und in welchem Ausmass Tabellenlöhne herabzusetzen sind, hängt von sämtlichen persönlichen und beruflichen Umständen des konkreten Einzelfalles ab (leidensbedingte Einschränkung, Alter, Dienstjahre, Nationalität/Aufenthaltskategorie und Beschäftigungsgrad), welche nach pflichtgemässem Ermessen gesamthaft zu schätzen sind. Dabei erlaubt ein Abzug vom statistischen Lohn von insgesamt höchstens 25 %, den verschiedenen Merkmalen, die das Erwerbseinkommen zu beeinflussen vermögen, Rechnung zu tragen (BGE 126 V 75 E. 5b/bb).

1459 – Bei der **Kostenverteilung für die in Art. 24 USG** vorgesehenen Massnahmen (in casu: Lärmschutzwände an einer Autobahn) steht zwar der entscheidenden Behörde ein gewisses Ermessen zu, doch darf diese nicht gänzlich vom Verursacherprinzip abweichen. Die Immissionen, welche die Massnahmen nach Art. 24 USG erforderlich gemacht haben, werden vorliegend durch die Autobahn verursacht, weshalb der Kanton als Werkeigentümer und Bauherr zum Kreis der Kostenpflichtigen zu zählen ist. Eine vollständige Überwälzung der Kosten für die Lärmschutzwände auf die Grundeigentümer würde dem Verursacherprinzip widersprechen und die Behörde würde das ihr zustehende Ermessen bei der Kostenverteilung überschreiten (BGE 132 II 371 E. 3.7).

1460 – Nach **Art. 4 aANAG** besteht grundsätzlich **kein Anspruch auf Erteilung einer Aufenthaltsbewilligung**, es sei denn, der Ausländer oder seine in der Schweiz lebenden Angehörigen könnten sich auf eine Sondernorm des Bundesrechts (einschliesslich Bundesverfassungsrecht) oder eines Staatsvertrages berufen; deren Erteilung steht grundsätzlich im freien Ermessen der Behörde (vgl. BGE 135 II 1 E. 1.1, 133 I 185 E. 2.3, 130 II 281 E. 2.1, 128 II 145 E. 1.1.1).

1461 – Nach **Art. 19 Abs. 2 RPG** hat das Gemeinwesen die Pflicht, **Bauzonen fristgerecht zu erschliessen**. Das Bundesrecht verpflichtet die öffentliche Hand demgegenüber nicht, auch **Nichtbauzonen** zu erschliessen. Da die Gemeinde grundsätzlich nicht verpflichtet ist, Liegenschaften ausserhalb der Bauzonen zu erschliessen, verfügt sie bei der Behandlung entsprechender Anschlussgesuche über ein relativ grosses Ermessen. Es ist mit dem kommunalen Bau- und Elektrizitätsrecht sowie Art. 19 Abs. 2 RPG somit vereinbar, wenn ein Ferienhaus, das ausserhalb der Bauzone liegt, nicht an das öffentliche Elektrizitätsnetz angeschlossen wird (BGE 127 I 49 E. 3).

1462 – Das Bundespersonalrecht regelt nicht explizit, aus welchen Gründen eine **Tieferbewertung der Funktion** erfolgen darf. Art. 52a BPV hält lediglich fest, die Lohnklasse im Arbeitsvertrag werde angepasst, wenn eine Funktion tiefer bewertet werden müsse (Abs. 1 Satz 1). Entgegen der Auffassung des Beschwerdeführers bedeutet dies nicht, dass eine Gesetzeslücke besteht. Vielmehr ist davon auszugehen, der Gesetzgeber habe auf eine Regelung verzichtet, um den Behörden den erforderlichen Handlungsspielraum zu belassen. Ob und in welchem Umfang eine Tieferbewertung zu erfolgen hat, liegt entsprechend in deren Ermessen. Eine Tieferbewertung erscheint daher als angemessen, wenn ernstliche, sachliche und nachvollziehbare Gründe dafür vorliegen (BVGer vom 14. Okt. 2010, A-1764/2010, E. 5.1.1).

- Sowohl der Entscheid, ob einem Bewerber eine **Konzession** erteilt werden kann, als auch die Beurteilung, welcher Bewerber – unter mehreren – am besten in der Lage ist, den Leistungsauftrag zu erfüllen, eröffnet einen beträchtlichen Ermessensspielraum. Die Behörde hat das ihr eingeräumte Ermessen pflichtgemäss, d.h. verfassungs- und gesetzeskonform auszuüben und insbesondere das Verhältnismässigkeitsprinzip zu beachten (BVGer vom 7. Dez. 2009, A-7801/2008, E. 5.1). 1463
- Nach **Art. 44 Abs. 2 RTGV** kann die Konzessionsbehörde die Vergabe (in casu Radiokonzession) verweigern, falls ein Bewerber die allgemeinen Konzessionsvoraussetzungen zwar erfüllt, allerdings zusätzlich eine ausländische Beteiligung oder Beherrschung aufweist und der betreffende Staat nicht in ähnlichem Umfang Gegenrecht gewährt. Art. 44 Abs. 2 RTGV stellt eine sog. «Kann-Vorschrift» dar. Das bedeutet, dass der Rechtssatz den Verwaltungsbehörden einen Spielraum beim Entscheid einräumt, ob eine Massnahme zu treffen sei oder nicht. Dieses sog. Entschliessungsermessen ermöglicht es den Verwaltungsbehörden, von der Anordnung einer Massnahme abzusehen, da das Gesetz den Eintritt der Rechtsfolge beim Vorliegen bestimmter Voraussetzungen nicht zwingend vorschreibt (BVGE 2008/43 E. 5.1). 1464
- Der **Bürgerversammlung** kommt beim **Entscheid über die Einbürgerung** ein weiter Ermessensspielraum zu. Weil die Bürgerrechtsgesetzgebung die Richtung der Einbürgerungspolitik bei der Ermesseneinbürgerung nicht bestimmt, also Ermessen von Grund auf gewährt, steht es der zuständigen Behörde frei, eine freizügige oder eine zurückhaltende Einbürgerungspolitik zu entwickeln. Es ist geradezu kennzeichnend für den Bereich der Einbürgerung, dass im positiven Recht nur gewisse Mindestanforderungen gesetzlich verankert sind. Die Erfüllung dieser Mindestanforderungen verschafft aber keinen Rechtsanspruch auf Einbürgerung. Da die Gemeindeversammlung in diesem Bereich über grundlegendes Ermessen verfügt und nicht auf eine bestimmte Zielsetzung des Bürgerrechtsgesetzes verpflichtet ist, steht ihr die Befugnis zu, in konkreten Einzelfällen die Voraussetzungen für die Erteilung des Bürgerrechts festzulegen und bei den einzelnen Gesuchstellern zu prüfen, ob diese weiteren Voraussetzungen erfüllt sind und ob gegebenenfalls bei der Erfüllung dieser weiteren Voraussetzungen das Bürgerrecht erteilt wird (VerwG SG vom 27. Feb. 2007, in: GVP 2007 Nr. 1 E. 2.4). 1465
- Gemäss Art. 3 Abs. 1 der **Disziplinarordnung** kann die Vorinstanz bei einem Verstoss gegen die Disziplinarordnung verschiedene Disziplinarmassnahmen verhängen, aber auch von einer Disziplinarmassnahme absehen. Zudem bestimmt sie unter verschiedenen möglichen Disziplinarmassnahmen, welche im konkreten Fall die angebrachteste ist. Sie verfügt demnach sowohl über ein Entschliessungs- als auch über ein Auswahlermessen (BVGer vom 1. April 2009, A-4236/2008, E. 7.5). 1466
- In Art. 1 Abs. 2 des Stipendiengesetzes wird festgelegt, dass **Studienbeihilfen in der Regel nur für den Besuch von Schulen in der Schweiz** ausgerichtet werden, die Regierung aber Ausnahmen bewilligen kann. Hier wird der Regierung ein Entschliessungsermessen eingeräumt, weshalb sie darüber entscheiden darf, ob jemand für eine Ausbildung im Ausland Stipendien erhält oder nicht. Ein Anspruch hierfür besteht jedoch nicht. Der Entscheid darf allerdings nicht willkürlich sein, sondern muss sachlich begründet werden können (VerwG GR vom 24. April 2007, U-07-8, E. 2). 1467
- Nach **Art. 10 Abs. 1 FMG** kann die Konzessionsbehörde einzelne Bestimmungen der **Konzession** vor Ablauf ihrer Dauer veränderten tatsächlichen oder rechtlichen Verhältnissen **anpassen**, wenn die Änderung zur Wahrung wichtiger öffentlicher Interessen notwendig ist. Art. 10 FMG stellt eine gesetzliche Grundlage dar für hoheitliche Eingriffe in laufende Konzessionsverhältnisse, die mit Blick auf wichtige öffentliche Interessen notwendig werden, wobei der Kommunikationskommission als Konzessionsbehörde aufgrund der Ausgestaltung der Norm als «Kann-Vorschrift» ein erheblicher Ermessensspielraum zukommt. Es erscheint deshalb fraglich, ob sich aus Art. 10 FMG ein Anspruch der Konzessionäre auf Konzessionsänderung ableiten lässt. Dies wäre jedenfalls nur dann denkbar, wenn die öffentlichen Interessen keine andere Lösung mehr zuliessen als eine Konzessionsänderung (BGE 132 II 485 E. 6.2.1). 1468

1469 – Nach § 18 Abs. 3 des Gesetzes über die öffentlichen Beschaffungen kann die **Vergabebehörde** ein **neues Vergabeverfahren** durchführen, wenn die Auftraggeberin die verlangte Leistung wesentlich ändert. Treten Entwicklungen ein, die aus sachlichen Gründen zu einer Überprüfung des öffentlichen Auftrags führen, so kann die Vergabebehörde im Rahmen der gesetzlichen Vorgaben das hängige Beschaffungsverfahren demnach abbrechen und wiederholen oder neu durchführen. Bei der Entscheidung darüber, ob ein Vergabeverfahren wiederholt oder neu durchgeführt werden soll, besitzt die Vergabebehörde einen Spielraum. Es liegt ein Entschliessungsermessen vor, das vom Verwaltungsgericht grundsätzlich nicht überprüft werden darf (VerwG LU vom 25. Jan. 2006, in: LGVE 2006 II Nr. 8 E. 4).

1470 – Das Bundesamt für Verkehr (BAV) verfügt hinsichtlich der **Gewährung und Festsetzung von Investitionsbeiträgen an den kombinierten Verkehr** über einen beachtlichen Handlungsspielraum. Bei der Prüfung von Investitionsgesuchen geht es zudem in hohem Masse um die Beurteilung besonderer Umstände – der Förderwürdigkeit und Förderbedürftigkeit des Projekts –, für welche die Vorinstanz über besondere Fachkenntnisse verfügt. Das Bundesverwaltungsgericht auferlegt sich deshalb bei der Beurteilung eines Investitionsgesuchs zur Förderung des kombinierten Verkehrs grosse Zurückhaltung. Soweit die Überlegungen der Vorinstanz als sachgerecht erscheinen, ist deshalb nicht in deren Ermessen einzugreifen (BVGer vom 3. April 2008, A-6121/2007, E. 5.2).

1471 – Der **Entzug des Führausweises** wegen fehlender Fahreignung aufgrund von Trunksucht greift tief in die Persönlichkeitsrechte der betroffenen Person ein. Es ist daher in jedem Fall und von Amtes wegen eine genaue Abklärung der persönlichen Verhältnisse und insbesondere der Trinkgewohnheiten der betroffenen Person vorzunehmen. Das Ausmass der notwendigen behördlichen Nachforschungen, namentlich die Frage, ob ein medizinisches Gutachten eingeholt werden soll, richtet sich nach den Umständen des Einzelfalles und liegt im Ermessen der Entzugsbehörde (BGE 133 II 384 E. 3.1, 129 II 82 E. 2.2).

b) Arten

aa) Entschliessungsermessen

1472 **Entschliessungsermessen** liegt vor, wenn ein Rechtssatz der Verwaltungsbehörde – zumeist mittels «Kann-Vorschrift» – einen Spielraum einräumt beim Entscheid darüber, **ob eine Massnahme zu treffen** ist oder nicht (BVGE 2010/14 E. 8.2, 2008/43 E. 5.1). Die Verwaltungsbehörden können demnach von der Anordnung einer Massnahme auch absehen, da das Gesetz den Eintritt der Rechtsfolge bei Vorliegen bestimmter Voraussetzungen nicht zwingenderweise vorschreibt, sondern der verfügenden Behörde überlässt (BVGE 2008/43 E. 5.1; BVGer vom 10. Okt. 2008, A-2660/2008, E. 2.3; vom 21. Jan. 2008, B-1962/2007, E. 3.1). Dabei sind die **Umstände des Einzelfalles** zu berücksichtigen (auch: «Einzelfallermessen»; vgl. VerwG BE vom 12. Nov. 2010, in: BVR 2011 S. 135 E. 3.2) sowie besonderes Augenmerk auf **Sinn und Zweck der gesetzlichen Ordnung** und die dort angelegten öffentlichen Interessen zu richten (VerwG BE vom 12. Nov. 2007, in: BVR 2008 S. 145 E. 6.1.2). Begriffswesentlich für Ermessenssubventionen ist beispielsweise, dass es im Entschliessungsermessen der verfügenden Behörde liegt, ob sie im Einzelfall eine Subvention zusprechen will oder nicht; das «ob» der Subventionsgewährung wird im Gesetz offengelassen (BVGer vom 22. März 2011, B-8207/2010, E. 2.2; vom 31. Jan. 2011, B-6272/2008, E. 4.3).

Praxis:

- **Verfügung über die Sicherstellung von LSVA-Abgaben:** Gemäss Art. 48 Abs. 1 SVAV können die Vollzugsbehörden Abgaben, Zinsen und Kosten, auch solche, die weder rechtskräftig festgesetzt noch fällig sind, sicherstellen lassen, wenn deren Bezahlung als gefährdet erscheint (lit. a) oder die abgabepflichtige Person mit der Zahlung der Abgabe in Verzug ist (lit. b). Art. 48 SVAV stellt eine sogenannte «Kann-Vorschrift» dar. Der Verwaltung kommt bei deren Handhabung ein relativ weiter Ermessensspielraum im Sinn eines Entschliessungsermessens zu. Allerdings muss die gegen einen Abgabepflichtigen erlassene Sicherstellungsverfügung auch verhältnismässig sein. Die Behörde soll sich keines strengeren Zwangsmittels bedienen, als es die Umstände verlangen. Dies gilt vorab einmal für die Höhe der verlangten Sicherheit. Sicherstellungsverfügungen müssen in jedem Fall ihren provisorischen Charakter behalten und den voraussichtlich geschuldeten Abgaben Rechnung tragen. Die Rechtsmittelinstanz hat nur zu prüfen, ob der Sicherstellungsbetrag nicht offensichtlich übersetzt ist. Insbesondere darf der Sicherstellungsbetrag nicht so hoch sein, dass der Weiterbestand des Betriebs unnötig gefährdet wird; allerdings ist die Erfüllung der Abgabepflicht zu sichern, um Wettbewerbsverzerrungen zugunsten säumiger Unternehmen zu verhindern (BVGer vom 19. Aug. 2011, A-3546/2011, E. 3.7.1; vom 23. Juni 2011, A 1662/2011, E. 2.1.1; vom 16. Juni 2011, A 1642/2011, E. 2.1.1; vgl. auch BGer vom 15. Mai 2008, 2C_753/2007, E. 2.2). 1473
- **Höhe der Parteientschädigung (Berücksichtigung des Streitwertes):** Die Beschwerdeinstanz kann der ganz oder teilweise obsiegenden Partei von Amtes wegen oder auf Begehren eine Entschädigung für die ihr erwachsenen notwendigen und verhältnismässig hohen Kosten zusprechen (Art. 64 Abs. 1 VwVG). Bei dieser «Kann-Vorschrift» handelt es sich nicht um ein Entschliessungsermessen in dem Sinn, dass die Beschwerdeinstanz frei entscheiden könnte, ob sie den Streitwert berücksichtigen will oder nicht. Auf den von der Beschwerdegegnerin geltend gemachten Streitwert kann vorliegend allerdings nicht abgestellt werden, da er nicht aufgrund von Kostendaten der Beschwerdeführerin berechnet wurde. Für die Bestimmung des Streitwerts liegen somit keinerlei Anhaltspunkte vor, weshalb er für die Bemessung der Parteientschädigung nicht berücksichtigt werden kann (BVGer vom 25. Jan. 2010, C-4292/2007, E. 8.2). 1474
- **Vergabe einer Radiokonzession:** Die Konzessionsbehörde kann die Vergabe einer Radiokonzession verweigern, selbst wenn ein Bewerber die allgemeinen Konzessionsvoraussetzungen erfüllt, wenn eine ausländische Beteiligung oder Beherrschung vorliegt und der betreffende Staat nicht in ähnlichem Umfang Gegenrecht gewährt (Art. 44 Abs. 2 RTVG). Es handelt sich um Entschliessungsermessen, welches es den Verwaltungsbehörden ermöglicht, von der Anordnung einer Massnahme abzusehen, da das Gesetz den Eintritt der Rechtsfolge beim Vorliegen bestimmter Voraussetzungen nicht zwingend vorschreibt (BVGE 2008/43 E. 5.1). 1475
- **Ermessens- und Anspruchssubventionen:** Nach Lehre und Rechtsprechung werden Finanzhilfen grundsätzlich unterteilt in Ermessens- und Anspruchssubventionen. Anspruchssubventionen begründen einen Rechtsanspruch auf die Subvention, sofern der Empfänger die gesetzlichen Voraussetzungen für die Subventionszusprechung erfüllt. Ein bundesrechtlicher Anspruch wird dann angenommen, wenn die Voraussetzungen eines Beitrages in einem Erlass erschöpfend umschrieben sind und der Entscheid über die Ausrichtung des Beitrags nicht im Ermessen der Verwaltung liegt. Verbleibt der Verwaltung hinsichtlich einzelner Beitragsvoraussetzungen ein gewisser Beurteilungsspielraum und kann sie innerhalb bestimmter Grenzen den Subventionssatz festsetzen, so nimmt dies einer Subvention nicht ihren Anspruchscharakter. Der anspruchsbegründende Charakter einer Subvention wird nicht dadurch ausgeschlossen, dass es an einer Festlegung der Höhe der Beiträge oder jedenfalls ihrer Mindesthöhe fehlt. Dagegen ist es bei Ermessenssubventionen dem Entschliessungsermessen der vollziehenden Behörde anheimgestellt, ob sie im Einzelfall eine Subvention zusprechen will oder nicht. Das «ob» der Subventionsgewährung wird im Gesetz offengelassen. Die Voraussetzungen sind nicht abschliessend, aber in der Regel dennoch – wenn auch oft in Form von unbestimmten Rechtsbegriffen – weitgehend geregelt. Eine Bestimmung, die als «Kann-Vorschrift» formuliert ist, weist eher auf eine Ermessenssubvention als eine «Ist-Bestimmung» (BVGer vom 22. März 2011, B- 1476

8207/2010, E. 2.2; vom 31. Jan. 2011, B-6272/2008, E. 4.3; vom 31. Aug. 2009, B-737/2008, E. 2.2; vom 24. Aug. 2009, C-4504/2008, E. 2.3.3; vom 26. Mai 2009, B-3548/2008, E. 4).

1477 – **Einstellung und Kürzung von Krankengehaltszahlungen wegen unkooperativen Verhaltens im Rahmen des Case-Managements:** Art. 53 der Personalverordnung (PV) ist als «Kann-Vorschrift» ausgestaltet und belässt der Behörde einen erheblichen Spielraum hinsichtlich der Entscheidung, ob überhaupt und in welchem Mass eine Reduktion des Krankengehalts angezeigt ist. Dieses Entschliessungsermessen ist pflichtgemäss, d.h. verfassungs- und gesetzeskonform auszuüben. Willkürverbot, Gleichbehandlungsgebot und Verhältnismässigkeit leiten die Ermessenstätigkeit. Darüber hinaus ist besonderes Augenmerk auf Sinn und Zweck der gesetzlichen Ordnung und die dort angelegten öffentlichen Interessen zu richten. Vorliegend ist wichtigste Richtschnur für den Ermessensentscheid der Grad der Widersetzlichkeit der Beschwerdeführerin. Unter dem Gesichtspunkt der Verhältnismässigkeit und mit Blick auf die in Art. 53 PV angelegten öffentlichen Interessen gilt es, die Familien- und finanziellen Verhältnisse der Beschwerdeführerin sowie Art, Schwere und Dauer ihrer Krankheit zu würdigen. Einzubeziehen sind auch die Umstände, die zur Widersetzlichkeit geführt haben (vorliegend etwa der Einfluss des Partners). Diese Elemente sind massgebend für die Festlegung der Sanktionsempfindlichkeit der Beschwerdeführerin. Das Kürzungsmass darf umso höher angesetzt werden, je kleiner die Sanktionsempfindlichkeit ausfällt. Ergänzend verpflichtet Art. 8 Abs. 1 der BV die Behörden zu rechtsgleicher Praxis bei der teilweisen Einstellung von Krankengehaltszahlungen (VerwG BE vom 12. Nov. 2007, in: BVR 2008 S. 145 E. 6.1.2).

1478 – **Gewährung einer Teuerungsanpassung:** Im hier betroffenen Bereich der weitergehenden beruflichen Vorsorge besteht kein gesetzlicher Anspruch auf Anpassung der Renten an die Preisentwicklung, weshalb sich die Teuerungsanpassung nach dem Reglement der Vorsorgeeinrichtung richtet. Nach Art. 15 und Art. 61 des Reglements der Pensionskasse werden die Renten der Preisentwicklung «im Rahmen der finanziellen Möglichkeiten» angepasst (Abs. 1). Dabei prüft die Verwaltungskommission jährlich die Notwendigkeit einer Anpassung der Renten an die Teuerung (Abs. 2). Gemäss Art. 45 lit. i des Reglements obliegt der Verwaltungskommission der Entscheid über eine «allfällige» Anpassung der Renten an die Preisentwicklung und nach Art. 46 Abs. 1 überwacht sie überdies die Einhaltung des Leistungsziels und des finanziellen Gleichgewichts der Kasse, einschliesslich der Amortisation des versicherungstechnischen Fehlbetrags. Aus dem in erster Linie massgebenden Wortlaut der Reglementsbestimmungen ergibt sich, dass der Verwaltungskommission beim Entscheid über die Gewährung einer Teuerungszulage ein weiter Ermessensspielraum zukommt. Ob es sich bei der Teuerungsanpassung ausschliesslich um einen Ermessensentscheid (Entschliessungsermessen) handelt oder – bei gegebener finanzieller Möglichkeit – zumindest ein grundsätzlicher Rechtsanspruch auf Teuerungsanpassung besteht und lediglich der Entscheid über deren Höhe Ermessenscharakter trägt (Auswahlermessen), ergibt sich aus Art. 15 und Art. 45 lit. i des Reglements nicht eindeutig. Der in Art. 15 enthaltene Verweis auf die finanziellen Möglichkeiten der Kasse verpflichtet die Verwaltungskommission jedoch, beim Entscheid über die Anpassung der Renten an die Preisentwicklung die gesamte Vermögenssituation in Rechnung zu stellen. Mit Blick auf die zweckmässige, verantwortungs- und wirkungsvolle Wahrnehmung der ihr in Art. 46 Abs. 1 des Reglements übertragenen Aufgabe, das finanzielle Gleichgewicht der Kasse zu überwachen, muss es ihr im Rahmen pflichtgemässer Ermessensausübung offenstehen, bei ihrem Entscheid auch die (voraussichtliche) mittelfristige wirtschaftliche Entwicklung und Prosperität der Pensionskasse mit zu berücksichtigen, und selbst dann, wenn eine Teuerungsanpassung aktuell (noch) verkraftet werden könnte, zu Gunsten der Verbesserung der Gesamtbilanz auf deren Ausrichtung zu verzichten. Aus teleologischer Sicht lässt sich daher aus Art. 15 weder in prinzipieller noch masslicher Hinsicht ein Anspruch auf Teuerungsanpassung für ein bestimmtes Jahr oder in zum Voraus fixierten, periodischen Abständen ableiten. Nach dem Gesagten besteht kein individueller, gerichtlich durchsetzbarer Rechtsanspruch der Beschwerdegegner auf eine Teuerungszulage für das Jahr 2001. Deren Ausrichtung liegt vielmehr im pflichtgemässen Ermessen der Pensionskasse (BGE 130 V 80 E. 3.2.2-3.2.5).

- **Änderung einer UMTS-Konzession:** Nach Art. 10 Abs. 1 FMG kann die Konzessionsbehörde einzelne Bestimmungen der Konzession vor Ablauf ihrer Dauer veränderten tatsächlichen oder rechtlichen Verhältnissen anpassen, wenn die Änderung zur Wahrung wichtiger öffentlicher Interessen notwendig ist. Die massgeblichen öffentlichen Interessen ergeben sich aus den in Art. 1 FMG definierten Gesetzeszwecken und sind vor allem solche der Endkonsumenten. Art. 10 FMG stellt eine gesetzliche Grundlage dar für hoheitliche Eingriffe in laufende Konzessionsverhältnisse, die mit Blick auf wichtige öffentliche Interessen notwendig werden, wobei der Kommunikationskommission als Konzessionsbehörde aufgrund der Ausgestaltung der Norm als «Kann-Vorschrift» ein erheblicher Ermessensspielraum zukommt. Es erscheint fraglich, ob sich aus Art. 10 FMG ein Anspruch der Konzessionäre auf Konzessionsänderung ableiten lässt. Dies wäre jedenfalls nur dann denkbar, wenn die öffentlichen Interessen keine andere Lösung mehr zuliessen als eine Konzessionsänderung. Immerhin sieht die vorliegend massgebliche Konzession in Ziffer 3.3.3 für die hier strittige Versorgungsauflage vor, dass diese abgeändert werden kann, wenn die Konzessionärin zu beweisen vermag, dass sie ihre Verpflichtung aus Gründen, die nicht in ihrem Einflussbereich liegen, nicht mehr erfüllen kann; dabei muss die Konzessionärin schlüssig beweisen, dass sie jeden Versuch unternommen hat, ihren Verpflichtungen nachzukommen. Auch hierbei handelt es sich freilich um eine «Kann-Vorschrift», die ein entsprechendes Entschliessungsermessen der Konzessionsbehörde begründet. Ein Anspruch auf Konzessionsänderung lässt sich daher ebenfalls nur dann annehmen, wenn keine andere verfassungskonforme Entscheidung mehr offen steht als die Abänderung der Abdeckungspflicht. So oder so wäre somit für einen Anspruch auf Konzessionsänderung erforderlich, dass die Konzessionärin beweisen könnte bzw. im vorliegenden Verfahren schlüssig bewiesen hätte, dass sie ihre Versorgungspflicht mit eigener UMTS-Netzinfrastruktur aus Gründen, die nicht in ihrem Einflussbereich liegen, nicht mehr erfüllen kann, obwohl sie dafür jeden Versuch unternommen hat (BGE 132 II 485 E. 6.2.1). 1479

bb) Auswahlermessen

Auswahlermessen ist gegeben, wenn es ein Rechtssatz der Behörde überlässt, welche von **mehreren gesetzlich vorgesehenen Massnahmen anzuordnen** oder wie die **Massnahme konkret auszugestalten** ist (BVGer vom 1. April 2009, A-4236/2008, E. 7.4). 1480

Praxis:

- **Einziehung unrechtmässiger Einnahmen aus Sponsoringverträgen:** Art. 89 Abs. 1 RTVG räumt der Aufsichtsbehörde bei festgestellten Rechtsverletzungen ein recht grosses Auswahlermessen hinsichtlich der zu ergreifenden Massnahmen ein: Sie kann die für die Verletzung verantwortliche Person anhalten, den Mangel zu beheben und Massnahmen zu treffen, damit die Verletzung sich nicht wiederholt. Weiter kann sie von ihr verlangen, sie über die getroffenen Vorkehren zu unterrichten, sie auffordern, die Einnahmen, die sie bei der Rechtsverletzung erzielt hat, an den Bund abzuliefern oder dem Departement beantragen, die Konzession durch Auflagen zu ergänzen, sie einzuschränken, zu suspendieren oder zu widerrufen. Zusätzlich steht nach neuem Recht (Art. 90 Abs. 1 RTVG) der Aufsichtsbehörde die Möglichkeit offen, bestimmte Rechtsverletzungen mit einer Verwaltungssanktion zu ahnden, welche bis zu zehn Prozent des in den letzten drei Geschäftsjahren durchschnittlich in der Schweiz erzielten Jahresumsatzes betragen kann. Ob die Behörde die betreffende Anordnung trifft und welche konkrete Massnahme sie anordnet, liegt folglich in ihrem Ermessen. Zieht die Behörde beispielsweise Vermögenswerte ein, liegt darin kein Verstoss gegen Treu und Glauben vor, selbst wenn die Vorinstanz vorliegend erstmals eine Einziehung verfügt hätte. Die bisherige Praxis darf ihr nicht entgegengehalten werden, könnte sie doch ansonsten das ihr von Gesetzes wegen eingeräumte Auswahlermessen gar nie vollumfänglich ausüben (BVGE 2009/36 E. 9 und E. 10). 1481

1482 – **Verwaltungsmassnahmen der Heilmittelbehörde im Marktüberwachungsverfahren:** Das Institut ist gemäss Art. 66 Abs. 1 HMG befugt, jene Verwaltungsmassnahmen anzuordnen, die zur Durchsetzung des Gesetzes (und auch der gestützt darauf erlassenen Verordnungen) erforderlich sind. Insbesondere kann es Beanstandungen aussprechen und eine angemessene Frist zur Wiederherstellung des rechtmässigen Zustandes ansetzen (Art. 66 Abs. 2 lit. a HMG), Zulassungen sistieren oder widerrufen (Art. 66 Abs. 2 lit. b HMG), gesundheitsgefährdende oder nicht den Vorschriften des Heilmittelgesetzes entsprechende Heilmittel beschlagnahmen, amtlich verwahren oder vernichten (Art. 66 Abs. 2 lit. d HMG), oder das Vertreiben und Abgeben von Heilmitteln verbieten und den Rückruf von Heilmitteln anordnen (Art. 66 Abs. 2 lit. e HMG). Vorliegend konnte die Beschwerdeführerin im Nachkontrollverfahren die Qualität des zu beurteilenden Präparates nicht durch ausreichende Unterlagen belegen. Unter diesen Umständen war das Institut gehalten, die erforderlichen Verwaltungsmassnahmen anzuordnen, was unter Umständen bedeuten kann, dass die Zulassung des Arzneimittels wegen Nichteinhaltung der gesetzlichen Zulassungsvoraussetzungen zu widerrufen oder zu sistieren ist (REKO HM vom 3. Sept. 2004, in: VPB 69 [2005] Nr. 23 E. 5).

1483 – **Unzumutbarer Schulweg:** Erweist sich ein Schulweg als unzumutbar, räumt § 8 Abs. 3 der kantonalen Verkehrssicherheitsverordnung (VSV) der Schulpflege Auswahlermessen ein, indem sie dieser die Wahl zwischen verschiedenen Massnahmen belässt. Sie ist in dieser Wertung allerdings nicht völlig frei, sondern hat ihr Ermessen pflichtgemäss auszuüben. Insbesondere ist sie an das Verbot des Ermessensmissbrauchs und der Ermessensüberschreitung gebunden. Ferner hat sie sich an den allgemeinen Rechtsgrundsätzen und den verwaltungsrechtlichen Grundprinzipien, namentlich dem allgemeinen Gebot rechtsgleicher Behandlung, dem Gebot von Treu und Glauben und dem Verhältnismässigkeitsprinzip zu orientieren. Welche Massnahmen die Beschwerdegegnerin nun konkret zu treffen hat, um den Kindern einen zumutbaren Schulweg zu ermöglichen, liegt also in ihrem Ermessen. Zu vermeiden ist vorliegend in erster Linie, dass die Kinder der Beschwerdeführenden der Schaffhauserstrasse entlanggehen und diese ungesichert überqueren müssen. Mit einer Umteilung in den Kindergarten Eigenacker liesse sich das umgehen; allerdings besteht darin nicht die einzige Möglichkeit der Gewährleistung eines sicheren Schulwegs. In Frage käme etwa auch die Einrichtung eines Begleitservices oder eine entsprechende verbindliche Routenfestlegung des Schulbusses (VerwG ZH vom 5. Nov. 2008, VB.2008.00363, E. 5).

1484 – **Vergabe eines Jagdreviers:** Bewerben sich mehrere Gruppen für die Vergabe eines Jagdreviers, die alle die Voraussetzungen des Jagdgesetzes erfüllen, kommt dem Gemeinwesen beim Vergabeentscheid Auswahlermessen zu und sie kann das Revier derjenigen Gruppe zuteilen, welche die bessere Gewähr für die Jagd im Sinne der Jagdgesetzgebung und deren Ziele bietet (VerwG SG vom 19. Aug. 2008, in: GVP 2008 Nr. 40 E. 2.2).

1485 – **Klärschlamm-Entsorgungsplan:** Nach dem Bundesrecht obliegt den Kantonen die Pflicht, Klärschlamm zu entsorgen und einen Klärschlamm-Entsorgungsplan zu erstellen, wobei ihnen bei der Auswahl der konkreten Entsorgungsmöglichkeiten und den damit verbundenen Varianten grosses Ermessen zukommt (BGer vom 10. Aug. 2006, 1A.15/2006, E. 3.2).

1486 – **Bewertung von Referenzobjekten:** Bei der Bewertung von Referenzobjekten im Rahmen eines Submissionsverfahrens steht der Jury ein grosses Auswahlermessen zu, dessen Ausübung insofern überprüfbar bleiben muss, als die Gründe bekannt zu geben sind, warum die Objekte in städtebaulicher oder architektonischer Hinsicht zu wenig überzeugt haben (OG SH vom 19. Dez. 2003, in: AB 2003 S. 134 E. 2c).

1487 – **Ermittlung des Invalideneinkommens gestützt auf Lohnangaben aus der DAP:** Will die SUVA das Invalideneinkommen gestützt auf Lohnangaben aus der Dokumentation von Arbeitsplätzen (DAP) ermitteln, erfüllt sie ihr Auswahlermessen, wenn sie zusätzlich zur Auflage von mindestens fünf DAP-Blättern Angaben macht über die Gesamtzahl der auf Grund der gegebenen Behinderung in Frage kommenden dokumentierten Arbeitsplätze, über den Höchst- und den Tiefstlohn sowie über den Durchschnittslohn der entsprechenden Gruppe (BGE 129 V 472 E. 4.2.2).

- **Höhe der Parteientschädigung bzw. von Ordnungsbussen:** Kantonale Prozessgesetze räumen den zuständigen Instanzen nicht nur Ermessen in Bezug auf die Frage, ob von der Möglichkeit der anteilmässigen Parteientschädigung an die obsiegende Partei Gebrauch gemacht werden soll (Entschliessungsermessen), sondern auch dahin gehend ein, wie hoch die Entschädigung im konkreten Einzelfall bemessen wird (vgl. z.B. BGer vom 29. Jan. 2010, 9C_964/2009, E. 2.3). Auch bei der Auferlegung von Ordnungsbussen räumt der Gesetz- oder Verordnungsgeber den rechtsanwendenden Behörden häufig Auswahlermessen ein, wenn er beispielsweise lediglich den Höchstbetrag oder einen Kostenrahmen festsetzt (vgl. z.B. BVGer vom 15. Okt. 2008, B-6199/2007, E. 8.1). 1488
- **Abweichung von der Prüfungsordnung:** Kann eine Prüfungskommission bei Vorliegen besonderer Umstände – etwa bei behinderten Kandidatinnen und Kandidaten – von der üblichen in der Prüfungsordnung vorgesehenen Vorgehensweise abweichen, wird sowohl der Entscheid über das Ob als auch derjenige in Bezug auf die Art und den Umfang allfälliger Abweichungen und Ausnahmen in das Ermessen der zuständigen Behörde gestellt (vgl. z.B. BVGE 2008/26 E. 5.1). 1489

cc) Tatbestandsermessen

Tatbestandsermessen liegt vor, wenn die Voraussetzungen für den Eintritt von Rechtsfolgen offen umschrieben sind (vgl. z.B. BGer vom 14. Okt. 2008, 9C_721/2008, E. 1.3.3 [Schätzung der Höhe des leidensbedingten Abzugs vom Invalideneinkommen]). Der zuständigen Behörde wird Tatbestandsermessen eingeräumt, wenn die **Tatbestandsvoraussetzungen gänzlich fehlen** bzw. vom Verordnungs- oder Gesetzgeber nicht weiter umschrieben werden (vgl. z.B. BVGer vom 14. Okt. 2010, A-1764/2010, E. 5.1.1) oder wenn **massgebende Sachumstände durch Schätzung festgestellt** werden müssen (vgl. VerwG BE vom 11. Juli 2007, in: BVR 2008 S. 181 E. 4.1; VerwG SZ vom 6. März 2007, in: EGVSZ 2007 S. 135 E. 4.5.2). 1490

Die **ermessensweise Schadensschätzung nach Art. 42 Abs. 2 OR** beruht auf Tatbestandsermessen, welches nach der Rechtsprechung des Bundesgerichts zur Feststellung des Sachverhalts gehört und nur nach Massgabe von Art. 97 und 105 Abs. 2 BGG überprüft werden kann (BGE 131 III 360 E. 5.1, 128 III 271 E. 2b/aa, 122 III 219 E. 3b). Auch die Frage, ob die **Höhe des Invalideneinkommens wegen «leidensbedingten Abzugs»** zu kürzen ist, beruht auf Schätzung, mit welcher verschiedenartige individuelle Faktoren erfasst und miteinander in Beziehung gesetzt werden, sodass Tatbestandsermessen ausgeübt wird (BGE 126 V 75 E. 5b/bb; BGer vom 14. Okt. 2008, 9C_721/2008, E. 1.3.3). Die **Ermessensveranlagung im Steuerrecht** bildet Bestandteil der mit der Rechtsanwendung verbundenen Sachverhaltsermittlung, welche zum Tatbestandsermessen und damit zu den Ermessensfragen gehört (entgegen VerwG BE vom 11. Juli 2007, in: BVR 2008 S. 181 E. 4.1, welches das Ermessen eng nur als Rechtsfolgeermessen versteht). 1491

Das **Bundespersonalrecht** regelt nicht explizit, aus welchen Gründen eine **Tieferbewertung der Funktion** und dementsprechend eine Anpassung der Lohnklasse erfolgen darf. Der Gesetzgeber hat auf eine Regelung verzichtet, um den Behörden den erforderlichen Ermessensspielraum in Form von Tatbestandsermessen zu belassen (BVGer vom 14. Okt. 2010, A-1764/2010, E. 5.1.1). Nach **Art. 4 aANAG** bestand grundsätzlich **kein Anspruch auf Erteilung einer Aufenthaltsbewilligung**, es sei denn, der Ausländer oder seine in der Schweiz lebenden Angehörigen konnten sich auf eine Sondernorm des Bundesrechts (einschliesslich Bundesverfassungsrecht) 1492 oder eines Staatsvertrages berufen; die Tatbestandsvoraussetzungen fehlten gänzlich, so dass deren Erteilung im freien Ermessen der Behörde stand (vgl. BGE 135 II 1 E. 1.1, 133 I 185 E. 2.3, 130 II 281 E. 2.1, 128 II 145 E. 1.1.1).

1493 Sind die Voraussetzungen der Zusprechung von **Ermessenssubventionen** im Gesetz offengelassen und nicht näher mittels unbestimmten Rechtsbegriffen umschrieben, handelt es sich um die Ausübung von Tatbestandsermessen (BVGer vom 31. Aug. 2009, B-737/2008, E. 2.2). Auch beim sogenannten **Planungsermessen** im Hinblick auf die Planfestsetzung und insbesondere auf die räumliche Abgrenzung der Zonen steht dem Gemeinwesen als Planungsbehörde ein erhebliches Tatbestandsermessen zu, das von den Rechtsmittelbehörden zu respektieren ist (vgl. etwa BGer vom 23. März 2011, 1C_562/2010, E. 3.1; vom 1. Dez. 2010, 1C_297/2010, E. 4.3; VerwG ZH vom 30. Juni 2009, VB.2008.00289, E. 2.4). Häufig muss die Grenze einfach irgendwo gezogen werden, ohne dass dies im Einzelnen rational begründet werden kann (BGE 114 Ia 245 E. 2b, 107 Ib 334 E. 4a).

1494 Werden hingegen die Voraussetzungen für den Eintritt von Rechtsfolgen in Form **offener Normen** umschrieben, liegt kein Tatbestandsermessen, sondern ein unbestimmter Rechtsbegriff und damit eine **Rechtsfrage** vor (BGer vom 16. Juni 2011, 6B_905/2010, E. 4.3 [Erteilung eines Einreisevisums: Ermessen steht nur dann zu, wenn die Voraussetzungen für die Erteilung eines Visums erfüllt sind]; entgegen BVGer vom 17. Dez. 2009, A-1844/2009; missverständlich auch VerwG ZH vom 8. Feb. 2007, VB.2006.00483, E. 4.2.5, wonach den Sozialhilfebehörden bei der Auslegung des unbestimmten Rechtsbegriffs «finanziell günstige Verhältnisse» Tatbestandsermessen zukomme; ferner VerwG ZH vom 8. Aug. 2006, VB.2006.00234, E. 3).

Praxis:

1495 – **Herabsetzung des durch Tabellenlöhne ermittelten Invalideneinkommens («leidensbedingter Abzug»):** Die Frage, ob und in welchem Ausmass Tabellenlöhne herabzusetzen sind, hängt von sämtlichen persönlichen und beruflichen Umständen des konkreten Einzelfalles ab (leidensbedingte Einschränkung, Alter, Dienstjahre, Nationalität/Aufenthaltskategorie und Beschäftigungsgrad), welche nach pflichtgemässem Ermessen gesamthaft zu schätzen sind. Dabei erlaubt ein Abzug vom statistischen Lohn von insgesamt höchstens 25 %, den verschiedenen Merkmalen, die das Erwerbseinkommen zu beeinflussen vermögen, Rechnung zu tragen. Die Rechtsprechung trägt dem Umstand Rechnung, dass persönliche und berufliche Merkmale einer versicherten Person, wie Alter, Dauer der Betriebszugehörigkeit, Nationalität oder Aufenthaltskategorie sowie Beschäftigungsgrad Auswirkungen auf die Lohnhöhe haben können. Die vom EVG herausgebildete Rechtsprechung, den mit Blick auf die Behinderung gewährten Abzug nicht schematisch, sondern in Berücksichtigung der gesamten Umstände des Einzelfalles vorzunehmen, hat den Zweck, ausgehend von statistischen Werten ein Invalideneinkommen zu ermitteln, welches der im Einzelfall zumutbaren erwerblichen Verwertung der noch möglichen Verrichtungen im Rahmen der (Rest-)Arbeitsfähigkeit am besten entspricht. Dieser Gesichtspunkt verdient auch hinsichtlich der übrigen in Betracht fallenden einkommensbeeinflussenden Merkmale, des Lebensalters, der Anzahl Dienstjahre, der Nationalität/Aufenthaltskategorie und des Beschäftigungsgrades den Vorzug. Ein Abzug soll auch diesbezüglich nicht automatisch, sondern dann erfolgen, wenn im Einzelfall Anhaltspunkte dafür bestehen, dass der Versicherte wegen eines oder mehrerer dieser Merkmale seine gesundheitlich bedingte (Rest-)Arbeitsfähigkeit auf dem allgemeinen Arbeitsmarkt nur mit unterdurchschnittlichem erwerblichem Erfolg verwerten kann. Ferner ist es nicht zulässig, für jedes zur Anwendung gelangende Merkmal separat quantifizierte Abzüge vorzunehmen und diese zusammenzuzählen, da damit Wechselwirkungen ausgeblendet werden. Ganz allgemein ist der Einfluss aller Merkmale auf das Invalideneinkommen (leidensbedingte Einschränkung, Alter, Dienstjahre, Nationalität/Aufenthaltskategorie und Beschäftigungsgrad) unter Würdigung der Umstände im Einzelfall nach pflichtgemässem Ermessen gesamthaft zu schätzen (BGE 126 V 75 E. 5b).

– **Festlegung der Zuschlagskriterien:** Es gilt der Grundsatz, dass alles Zuschlagsrelevante zum Voraus, mit der Ausschreibung, festgelegt und den Offerenten zur Kenntnis gebracht werden soll. Die Spielregeln dürfen danach nicht mehr geändert werden, damit Gewähr für eine willkürfreie Vergabe im öffentlichen Beschaffungswesen besteht. Dies bedeutet, dass es im Submissionsverfahren grundsätzlich nur Tatbestandsermessen in Gestalt einer Auswahl und verbindlichen Festlegung von vergaberechtlich zulässigen Kriterien gibt, das bei der Ausschreibung abschliessend wahrzunehmen ist; die Anwendung von Rechtsfolgeermessen beim Zuschlag ist dementsprechend praktisch ausgeschlossen. Was die ausschreibende Behörde bei der Ausschreibung an Ermessensausübung unterlassen hat, kann sie bei der Vergabe nicht mehr nachholen. Gerade wenn die Offertevaluation kein klares Ergebnis bringt in dem Sinne, dass sich keines der Angebote deutlich von den Konkurrenzofferten abzusetzen vermag, sind diese Grundsätze mit Blick auf die Zielsetzungen des Submissionsrechts von grosser Bedeutung. Denn ein ordnungsgemäss, d.h. in vollständiger Übereinstimmung mit den en détail und einschliesslich der Gewichtung publizierten Ausschreibungskriterien, erzieltes Resultat ist klar, auch wenn es knapp ausfällt. Sofern also das der Behörde zustehende Ermessen mit der Bezeichnung von auf das konkrete Projekt massgeschneiderten Vergabekriterien ausgeschöpft ist, gibt es nach der Anwendung des im voraus entwickelten Kriterienrasters gar keinen Bedarf an Ermessensausübung und damit kein Einfallstor für mögliche submissionsfremde Zuschlagsmotive mehr (VerwG BL vom 4. Juli 2001, in: VGE 2001 S. 155 E. 6b). 1496

– **Bewilligung um verlängerte Öffnungszeiten eines Lokals:** Nach § 16 Abs. 1 des kantonalen Gastgewerbegesetzes (GastgewerbeG) werden dauernde Ausnahmen von der Schliessungszeit bewilligt, wenn die Nachtruhe und die öffentliche Ordnung nicht beeinträchtigt werden; vorbehalten bleiben Einschränkungen nach dem Planungs-, Bau- und Umweltschutzrecht. Vorübergehende Ausnahmen werden nach den örtlichen Bedürfnissen der Gemeinde bewilligt (Abs. 2). Gemäss Weisungen und Richtlinien zum Gastgewerbegesetz der bis Ende 1997 für das Gastwirtschaftswesen zuständigen Direktion der Finanzen vom 17. Juli 1997 muss die Bewilligung zur dauernden Hinausschiebung der Schliessungsstunde gemäss § 16 GastgewerbeG erteilt werden, sofern die gesetzlichen Voraussetzungen zur Erteilung erfüllt sind (Zonenkonformität/Lärmschutz). Die Bewilligung kann nicht von einem Bedürfnis abhängig gemacht werden. Die kommunale Behörde hat im Rahmen von § 16 Abs. 1 GastgewerbeG nach dem Gesagten weder Entschliessungs- noch Auswahlermessen; in Bezug auf die Rechtsfolgen kommt ihr kein Ermessen zu, da ein bedingter Anspruch besteht und bei Erfüllen der Voraussetzungen die Bewilligung zu erteilen ist. Hingegen ist ein gewisser Entscheidungsspielraum der Gemeinde zu bejahen bei der Frage, ob die Voraussetzungen von § 16 Abs. 1 GastgewerbeG gegeben sind oder nicht («Tatbestandsermessen»). Die Ermessensbetätigung muss allerdings in jedem Fall pflichtgemäss sein; sie darf insbesondere nicht von sachfremden Motiven geleitet werden oder überhaupt unmotiviert sein. Die Ermessensausübung hat sich an den allgemeinen Rechtsgrundsätzen, den verwaltungsrechtlichen Grundprinzipien und den verfassungsrechtlichen Schranken zu orientieren. Als solche gelten insbesondere das Willkürverbot, das Verbot der rechtsungleichen Behandlung, das Gebot von Treu und Glauben sowie der Grundsatz der Notwendigkeit und der Verhältnismässigkcit staatlicher Massnahmen (VerwG ZH vom 8. Aug. 2006, VB.2006.00234, E. 3). 1497

c) Pflichtgemässes Ermessen

Der Entscheidungsspielraum, welcher der Behörden infolge Einräumung von Ermessen zukommt, darf nicht nach Belieben wahrgenommen werden, sondern ist **«pflichtgemäss»**, das heisst unter **Berücksichtigung der rechtsstaatlichen Grundsätze**, insbesondere des Willkürverbots, der Grundsätze der Rechtsgleichheit sowie der 1498

Verhältnismässigkeit, auszuüben (BGE 129 I 232 E. 3.3, 122 I 267 E. 3b; BVGE 2011/11 E. 3.3; BVGer vom 3. Jan. 2011, A-2684/2010, E. 5.4.3; vom 4. Feb. 2010, B-6261/2008, E. 4.2; vom 16. Sept. 2009, A-7143/2008, E. 5.1; vom 1. April 2009, A-4236/2008, E. 7.4). Dabei hat die Behörde neben den erwähnten Verfassungsprinzipien immer auch **Sinn und Zweck der gesetzlichen Ordnung** zu beachten (BGE 122 I 267 E. 3b; BVGE 2011/11 E. 3.3; BVGer 8. Sept. 2010, B-1181/2010, E. 3.1; vom 10. Okt. 2008, A-2660/2008, E. 2.3; ZRK vom 7. Juni 2002, in: VPB 67 [2003] Nr. 24 E. 2a).

1499 Die Verwaltung darf **nicht schematisch ohne Berücksichtigung der konkreten Umstände des Einzelfalles** entscheiden und sie hat die für den Entscheid wesentlichen Gesichtspunkte zu prüfen sowie die erforderlichen Abklärungen sorgfältig und umfassend vorzunehmen (vgl. BGE 133 II 35 E. 3; BVGer vom 10. Okt. 2008, A-2660/2008, E. 2.3). Des Weiteren steht die pflichtgemässe Bindung der Ermessensentscheide in einem Zusammenhang mit der Pflicht, **Entscheide zu begründen** (BVGE 2008/26 E. 5.1; VerwG ZH vom 17. Mai 2004, PB.2004.00002, E. 2.5): Die Entscheidung hat gestützt auf eine überprüfbare und sachliche Begründung zu erfolgen (VerwG GR vom 24. April 2007, U-07-8, E. 2). Nach der bundesgerichtlichen Rechtsprechung sind umso strengere Anforderungen an die Begründung zu stellen, je grösser der der Behörde eingeräumte Ermessensspielraum ist und je vielfältiger die tatsächlichen Voraussetzungen sind, die bei der Betätigung des Ermessens zu berücksichtigen sind (BGE 129 I 239 E. 3.3). Die Unbestimmtheit von Normen ist durch verfahrensrechtliche Garantien gleichsam zu kompensieren (BGE 136 I 87 E. 3.1, 132 I 49 E. 6.2, 128 I 327 E. 4.2, 127 V 431 E. 2b/cc; vgl. oben Rz. 1338). Schliesslich ist zu bedenken, dass eine sachgerechte Anfechtung und Überprüfung von Ermessensentscheiden nur möglich ist, wenn die zuständige Instanz die Gründe für ihren Entscheid darlegt (BGE 133 I 270 E. 3.1, 129 I 239 E. 3.3).

1500 Pflichtgemässe Ermessensausübung bedeutet, dass der Entscheid **angemessen** sowie **rechtmässig** zu sein hat (BVGer vom 10. Okt. 2008, A-2660/2008, E. 2.2). Entsprechend kann eine nicht pflichtgemässe Ermessensausübung – je nach Schwere des Fehlers – blosse **Unangemessenheit** oder aber **Rechtswidrigkeit** bedeuten (BVGE 2008/43 E. 5.1; BVGer vom 1. April 2009, A-4236/2008, E. 7.4). Dem **Vorwurf unangemessenen Handelns** setzt sich eine Behörde dann aus, wenn sie zwar innerhalb des rechtlich eingeräumten Ermessensspielraums bleibt, dieses Ermessen jedoch in einer Weise ausübt, die den Umständen des Einzelfalls nicht gerecht wird und deshalb unzweckmässig ist (BVGE 2009/64 E. 5.1, 2008/43 E. 5.1; BVGer vom 3. April 2008, A-6121/2007, E. 5.1). Eine **Rechtsverletzung** liegt vor, wenn für den Entscheid keine triftigen Gründe angeführt werden, die Entscheidung jeder sachlichen Begründung entbehrt oder wenn keine vorhersehbare Praxis bzw. rechtsgleiche Anwendung sichergestellt wird (BVGer vom 1. April 2009, A-4236/2008, E. 7.4).

Praxis:

1501 – **Art. 4 aANAG:** Bei rein ausländischen Ehen hängt der gesetzliche Anspruch auf eine Aufenthaltsbewilligung an den Gatten eines Niedergelassenen nicht nur vom formellen Bestand der Ehe, sondern ebenfalls davon ab, dass diese intakt ist. Der Kanton ist demnach nicht (mehr) zur Erteilung einer Bewilligung verpflichtet, wenn die Ehegatten nicht mehr zusammen wohnen. Erst recht gilt dies, wenn wie im vorliegenden Fall keiner der beiden ausländischen Ehegatten über die Niederlassungsbewilligung verfügt. In solchen Fällen können die kantonalen Behörden über die Erneuerung der Aufenthaltsbewilligung nach «freiem Ermessen» (Art. 4 aANAG) befinden. Das Bundesrecht verwehrt oder erschwert den kantonalen Behörden die Erneuerung der Bewilligung daher nicht, wenn die Ehegatten das eheliche Zusammenleben aufgeben; es verpflichtet sie aber auch nicht dazu. Das freie Ermessen im Sinne von Art. 4 aANAG ist immerhin, wie jedes staatliche Handeln, nicht nach Belieben wahrzunehmen, sondern pflichtgemäss, insbesondere unter Beachtung des Willkürverbots und des Grundsatzes der Verhältnismässigkeit auszuüben. Welche Praxis ein Kanton bei Auflösung des ehelichen Zusammenlebens einschlägt, ist damit allerdings nicht vorgegeben. Er kann, wie dies der Kanton Bern tut, regelmässig die Erneuerung der Bewilligung verweigern, da der Zulassungsgrund entfallen ist. Der Grundsatz der Verhältnismässigkeit gebietet allerdings, dies nicht unbesehen zu tun. Das hat die Polizei- und Militärdirektion im vorliegenden Fall nicht verkannt. Sie verweist auf die «Weisungen zur Ausländergesetzgebung» des Bundesamtes für Ausländerfragen (Ziff. 643.3), wonach in gewissen Fällen nach Auflösung der ehelichen Gemeinschaft die Aufenthaltsbewilligung verlängert werden könne, wobei folgende Umstände massgebend seien: Dauer der Anwesenheit, persönliche Beziehungen zur Schweiz (insbesondere wenn Kinder vorhanden sind), berufliche Situation, Wirtschafts- und Arbeitsmarktlage, Verhalten, Integrationsgrad. Unter Berücksichtigung dieser Gesichtspunkte erachtete die Behörde die Erneuerung der Bewilligung als nicht angezeigt, was nicht zu beanstanden ist (BGE 122 I 267 E. 3b).

– **Einbürgerungsentscheide:** Traditionell bestand weder ein Rechtsanspruch auf Einbürgerung noch eine Rechtsschutzmöglichkeit gegen ablehnende Einbürgerungsentscheide. Dementsprechend wurde angenommen, der Entscheid liege im freien Ermessen des zuständigen Organs, das die Verleihung des Bürgerrechts auch dann ohne Begründung ablehnen könne, wenn die gesetzlichen Voraussetzungen erfüllt seien. Diese Auffassung kann heute nicht mehr aufrechterhalten werden: In Einbürgerungsverfahren wird über den rechtlichen Status von Einzelpersonen entschieden. Das Einbürgerungsverfahren wird auf Gesuch des Bewerbers eingeleitet. In diesem Verfahren wird insbesondere abgeklärt, ob der Bewerber in die schweizerischen Verhältnisse eingegliedert ist und mit den schweizerischen Lebensgewohnheiten, Sitten und Gebräuchen vertraut ist, d.h. es erfolgt eine einzelfallbezogene Prüfung. Das Verfahren endet mit der Erteilung des Bürgerrechts oder der Abweisung des Gesuchs, d.h. einer individuell-konkreten Anordnung, die alle Merkmale einer Verfügung erfüllt. Das Einbürgerungsverfahren ist kein Vorgang in einem rechtsfreien Raum: Auch wenn kein Anspruch auf Einbürgerung besteht, muss die zuständige Behörde die einschlägigen Verfahrensbestimmungen und den Anspruch der Bewerber auf möglichste Wahrung ihres Persönlichkeitsrechts, insbesondere im Bereich des Datenschutzes, beachten; sie darf weder willkürlich noch diskriminierend entscheiden. Sie muss ihr Ermessen – auch wenn es sehr weit ist – pflichtgemäss, nach Sinn und Zweck der Bürgerrechtsgesetzgebung ausüben. Es handelt sich somit materiell um einen Akt der Rechtsanwendung. Die Gesuchsteller haben im Einbürgerungsverfahren Parteistellung: Sie haben Anspruch auf einen Entscheid über ihr Gesuch, d.h. auf verfügungsmässige Erledigung des Einbürgerungsverfahrens. Als Partei eines Verwaltungsverfahrens haben sie Anspruch auf Gewährung des rechtlichen Gehörs und auf eine Begründung, wenn ihr Gesuch abgewiesen wird. Die Verfahrensgarantien gemäss Art. 29 BV stehen den Parteien eines Verwaltungs- oder Gerichtsverfahrens unabhängig von ihrer Berechtigung in der Sache zu; insofern kann das Fehlen eines Rechtsanspruchs auf Einbürgerung die Begründungspflicht nicht ausschliessen. Auch der weite Ermessensspielraum bei Einbürgerungsentscheiden spricht aus heutiger Sicht nicht gegen, sondern für eine Begründungspflicht: Nach der bundesgerichtlichen Rechtsprechung sind umso strengere Anforderungen an die Begründung zu stellen, je grösser der der Behörde eingeräumte Ermessensspielraum ist und je vielfältiger die tatsächlichen Voraussetzungen sind, die bei der Betätigung des Ermessens zu berücksichtigen sind. Gerade in solchen Fällen kann die Begründungspflicht im Sinne einer Selbstkontrolle zur Rationalisierung der Entscheidfindung beitragen und verhindern, dass sich die Behörde von unsachlichen Erwägungen leiten lässt. Schliesslich ist zu bedenken, dass eine sachgerechte Anfechtung und Überprüfung von Ermessensentscheiden nur möglich ist, wenn die zuständige Instanz die Gründe für ihren Entscheid darlegt (BGE 129 I 232 E. 3.3). 1502

d) Technisches Ermessen

1503 Die Beschwerdeinstanzen belassen den verfügenden Behörden häufig dann einen **(eigenständigen) Beurteilungsspielraum**, wenn die Rechtsanwendung **technische Probleme oder Fachfragen** betrifft und die Behörde dabei über ein besonderes Fachwissen verfügt, (BGE 135 II 356 E. 3.1, 135 II 384 E. 2.2.2, 132 II 257 E. 3.2, 131 II 13 E. 3.4, 131 II 680 E. 2.3.2). Dieser Beurteilungsspielraum aufgrund des besonderen Fachwissens und der besonderen sich stellenden technischen oder wirtschaftlichen Fragen wird häufig auch **«technisches Ermessen»** genannt (BGE 135 II 356 E. 3.1, 135 II 384 E. 2.2.2, 133 II 232 E. 4.1, 132 II 47 E. 1.2, 132 II 257 E. 3.2, 131 II 13 E. 3.4; BGer vom 26. Juli 2011, 2C_44/2011, E. 5.3; vom 7. Okt. 2009, 2C_421/2008, E. 2.2.2 [in BGE 135 II 405 ff. nicht publ. E.]; BVGE 2009/35 E. 4; BVGer vom 28. Feb. 2012, A-2969/2010, E. 2.2; vom 21. Juli 2011, A-8884/2010, E. 4; vom 8. April 2011, A-300/2010, E. 2 und E. 3.7; vom 30. Nov. 2010, B-5272/2009, E. 5.1).

1504 Die Praxis verwendet den Begriff des «technischen Ermessens» überwiegend unabhängig davon, ob **Ermessen** ausgeübt wird oder **unbestimmte Rechtsbegriffe** ausgelegt werden (vgl. z.B. BGE 135 II 356 E. 3.1, 135 II 384 E. 2.2.2, 132 II 257 E. 3.2, 131 II 13 E. 3.4). Die Verwendung dieses Begriffs rechtfertigt sich allerdings nur dann, wenn die Behörde in **Ausübung von Ermessen** technische Fragen beurteilt und dabei über **besonderes Fachwissen** verfügt (BGer vom 5. März 2007, 2P.230/2006, E. 3.2). Die Beurteilung von Prüfungsleistungen oder die Bewertung von Zuschlagskriterien beispielsweise betrifft nicht die Ausübung von Ermessen, sondern die Konkretisierung unbestimmter Rechtsbegriffe; der Begriff «technisches Ermessen» ist diesbezüglich fehl am Platz (BGer vom 5. März 2007, 2P.230/2006, E. 3.2).

Praxis:

1505 – **Definition des Übertragungsnetzes gemäss Art. 4 Abs. 1 lit. h StromVG:** Art. 4 Abs. 1 lit. h StromVG definiert das Übertragungsnetz als Elektrizitätsnetz, das der Übertragung von Elektrizität über grössere Distanzen im Inland sowie dem Verbund mit den ausländischen Netzen dient und in der Regel auf der Spannungsebene 220/380 kV betrieben wird. Aus dem Gesetzeswortlaut von Art. 4 Abs. 1 lit. h StromVG ergibt sich, dass nach dem Willen des Gesetzgebers das Übertragungsnetz in der Regel auf der Spannungsebene 220/380 kV betrieben wird. Der Wortlaut des Gesetzes lässt mithin aufgrund der grammatikalischen Stellung des «in der Regel» in der Definition einzig Ausnahmen in Bezug auf die Spannungsebene 220/380 kV zu und nicht etwa auch in Bezug auf das Kriterium der Übertragung von Elektrizität über grössere Distanzen im Inland sowie den Verbund mit den ausländischen Netzen. Dass einzig eine Ausnahme in Bezug auf die Spannungsebene 220/380 kV möglich ist, ergibt sich noch deutlicher aus den französisch- und italienischsprachigen Gesetzestexten, in denen der 2. Teilsatz in Bezug auf die Spannungsebene mit einem Semikolon abgetrennt wird: «(…) par réseau de transport on entend le réseau électrique qui sert au transport d'électricité sur de grandes distances à l'intérieur du pays ainsi qu'à l'interconnexion avec les réseaux étrangers; il est généralement exploité à 220/380 kV» und «per rete di trasporto s'intendono rete elettrica per il trasporto di energia elettrica su lunghe distanze all'interno del Paese e per l'interconnessione con le reti estere; di regola funziona al livello di tensione 220/380 kV». Hätte der Gesetzgeber eine Ausnahmeformulierung auch in Bezug auf die anderen zwei Kriterien der Definition gewollt, hätte er «in der Regel» der Definition vorangestellt («In der Regel gilt als Übertragungsnetz ...»). Aufgrund dieses klaren Wortlauts kommt der Vorinstanz diesbezüglich auch kein technisches Ermessen zu (BVGer vom 21. Juli 2011, A-8884/2010, E. 7.1).

- **Bewertung des Zuschlagskriteriums Preis (Ausgestaltung der sog. «Preiskurve»):** Das Kantonsgericht hält im angefochtenen Entscheid fest, die Bestimmung der Preiskurve falle in den «Ermessensbereich» der Vergabebehörde. Mit dieser Wortwahl lehnt es sich an die Formulierungen an, wie sie auch die bundesgerichtliche Rechtsprechung verwendet. Diese Terminologie ist präzisierungsbedürftig: Zwar trifft zu, dass aufgrund der unbestimmten Vorgaben in der Ausschreibung – aber auch wegen des nicht ohne Weiteres voraussehbaren Inhalts der Offerten – bezüglich der Festsetzung der Preiskurve regelmässig eine grosse Gestaltungsfreiheit besteht. Dabei handelt es sich indessen nicht um ein eigentliches Ermessen, dass der Vergabebehörde zusteht; vielmehr geht es um eine Konkretisierung jener Vorgaben, welche sich für die Bewertung des Zuschlagskriteriums des Preises einerseits aus der Ausschreibung und andererseits aus den einschlägigen Rechtsnormen ergeben. Richtigerweise muss deshalb von einem Beurteilungsspielraum gesprochen werden, dessen Handhabung grundsätzlich der Rechtskontrolle der kantonalen Verwaltungsgerichte unterliegt, auch wenn diese dabei regelmässig eine gewisse Zurückhaltung üben (BGer vom 5. März 2007, 2P.230/2006, E. 3.2). 1506
- **Aufsichtskompetenzen der Eidgenössischen Bankenkommission (heute: FINMA):** Die Eidgenössische Bankenkommission bzw. die Eidgenössische Finanzmarktaufsicht überwacht die Einhaltung der gesetzlichen und reglementarischen Vorschriften über die Börsen und den Effektenhandel. Sie trifft die zu deren Vollzug notwendigen Anordnungen. Erhält sie von Verletzungen des Gesetzes oder von sonstigen Missständen Kenntnis, sorgt sie für ihre Beseitigung und die Wiederherstellung des ordnungsgemässen Zustands. Sie ist befugt, hierzu alle «notwendigen Verfügungen» zu treffen (Art. 35 Abs. 3 BEHG). Sie ist berechtigt, die im Gesetz vorgesehenen Mittel auch gegenüber Instituten (oder Personen) einzusetzen, deren Unterstellungs- bzw. Bewilligungspflicht umstritten ist. Ihre Befugnisse reichen bis zur Auflösung und Liquidation eines Unternehmens, das unerlaubt einer von vornherein nicht bewilligungsfähigen Tätigkeit nachgeht (vgl. Art. 37 Abs. 3 FINMAG). Bei der Wahl des geeigneten Mittels haben die EBK bzw. die FINMA im Rahmen der allgemeinen Verwaltungsgrundsätze (Willkürverbot, Rechtsgleichheits- und Verhältnismässigkeitsgebot, Treu und Glauben) in erster Linie den Hauptzwecken der finanzmarktrechtlichen Gesetzgebung, dem Schutz der Gläubiger bzw. Anleger einerseits und der Lauterkeit des Kapitalmarkts anderseits, Rechnung zu tragen (Anleger- und Funktionsschutz). Die Frage, wie die EBK ihre Aufsichtsfunktion im Einzelnen erfüllt, ist weitgehend ihrem «technischen Ermessen» anheimgestellt. Das Bundesgericht kann nur bei Rechtsverletzungen in die Beurteilung von dessen Handhabung durch das Bundesverwaltungsgericht korrigierend eingreifen (BGE 135 II 356 E. 3.1). 1507
- **Kommunikationskommission (Festlegung von Interkonnektionsbedingungen):** Unabhängig davon kommt der Kommunikationskommission dennoch ein gewisser Beurteilungsspielraum zu. Zunächst gilt dies, soweit sie unbestimmte Gesetzesbegriffe anzuwenden hat. Zwar ist es grundsätzlich Aufgabe der Gerichte, derartige unbestimmte Gesetzesbegriffe im Einzelfall auszulegen und zu konkretisieren. Wenn aber die Gesetzesauslegung ergibt, dass der Gesetzgeber mit der offenen Normierung der Entscheidbehörde eine zu respektierende Entscheidungsbefugnis einräumen wollte, darf und muss das Gericht seine Kognition entsprechend einschränken. Dies rechtfertigt eine gewisse Zurückhaltung des Bundesgerichts wenigstens insoweit, als die Kommunikationskommission unbestimmte Gesetzesbegriffe auszulegen und anzuwenden hat. Es befreit das Bundesgericht aber nicht davon, die Rechtsanwendung unter Beachtung dieser Zurückhaltung auf ihre Vereinbarkeit mit Bundesrecht zu überprüfen. Sodann amtet die Kommunikationskommission in einem höchst technischen Bereich, in dem Fachfragen sowohl übermittlungstechnischer als auch ökonomischer Ausrichtung zu beantworten sind. Der Kommunikationskommission steht dabei – wie anderen Behördenkommissionen auch – ein eigentliches «technisches Ermessen» zu. Im Rahmen dieses «technischen Ermessens» darf der verfügenden Behörde bei der Beurteilung von ausgesprochenen Fachfragen ein gewisser Ermessens- und Beurteilungsspielraum belassen werden, soweit sie die für den Entscheid wesentlichen Gesichtspunkte geprüft und die erforderlichen Abklärungen sorgfältig und umfassend durchgeführt hat. Eine solche Zurückhaltung in Fachfragen bzw. die Einräumung eines entsprechenden Ermessens verstösst im Übrigen nicht gegen den Anspruch auf einen Entscheid durch ein Gericht gemäss Art. 6 Ziff. 1 EMRK (BGE 132 II 257 E. 3.2, 131 II 13 E. 3.4). 1508

e) Ermessensfehler

1509 Im Rahmen einer **Rechtskontrolle** kann geprüft werden, ob die Vorinstanz ihr **Ermessen überschritten, unterschritten** oder **missbraucht** hat (BGE 132 V 393 E. 3.3, 131 V 153 E. 6.2, 129 I 139 E. 4.1.1; BGer vom 11. Feb. 2011, 8C_676/2010, E. 3; VerwG SG vom 22. Sept. 2009, B-2009-17, E. 3.2; KG BL vom 13. Dez. 2006, 2006/218, E. 5.2; VerwG GR vom 12. Sept. 2006, in: PVG 2006 Nr. 31 E. 2). Kommt einer Beschwerdeinstanz auch eine **Angemessenheitskontrolle** zu, ist zu prüfen, ob die Vorinstanz ihr Ermessen den **Umständen des Einzelfalles** gemäss, **zweckmässig** ausgeübt hat (BGE 129 I 139 E. 4.1.1).

aa) Unangemessenheit

1510 **Angemessenheit** bedeutet die den Umständen angepasste Lösung im rechtlich nicht normierten Handlungsspielraum (BGE 118 Ib 317 E. 3c); sie spricht die **Opportunität einer Massnahme** an, betrifft mithin die reine Ermessensausübung. Frage ist, welche unter mehreren vom Ermessensspielraum abgedeckten – rechtlich also gleichermassen zulässigen – Lösungen am ehesten angezeigt erscheint (KG BL vom 21./28. April 2004, 2003/135, E. 2a). Dem **Vorwurf unangemessenen Handelns** setzt sich eine Behörde dann aus, wenn sie zwar innerhalb des rechtlich eingeräumten Ermessensspielraums bleibt, dieses Ermessen jedoch in einer Weise ausübt, die den **Umständen des Einzelfalls nicht gerecht wird** und deshalb **unzweckmässig, aber noch rechtmässig** ist; zur Angemessenheitskontrolle gehört deshalb die Prüfung, ob es eine zweckmässigere, angemessenere Lösung gibt (BGE 137 V 71 E. 5.2, 133 II 35 E. 3, 130 II 449 E. 4.1, 129 I 139 E. 4.1.1, 126 V 75 E. 6; BVGE 2009/64 E. 5.1, 2008/43 E. 5.1; BVGer vom 24. Aug. 2010, A-5814/2009, E. 6.5; vom 3. April 2008, A-6121/2007, E. 5.1).

1511 Kommt der Beschwerdeinstanz eine **Angemessenheitskontrolle** zu, respektiert sie in Ermessensfragen häufig einen gewissen **Ermessensspielraum** der Vorinstanz, indem sie dieser die Wahl unter mehreren angemessenen Lösungen belässt (BGE 135 II 296 E. 4.4.3, 133 II 35 E. 3, 130 II 449 E. 4.1, 129 II 331 E. 3.2, 127 II 238 E. 3b/aa, 123 II 210 E. 2c; BVGE 2010/19 E. 4.2, 2009/64 E. 5.3; BVGer vom 19. Okt. 2010, A-523/2010, E. 4). Eine **Zurückhaltung** bei der Überprüfung vorinstanzlicher Bewertungen ist jedoch nur dann angezeigt, wenn die Ermessensausübung hoch stehende, spezialisierte technische oder wissenschaftliche Kenntnisse erfordert, in denen die Vorinstanz über ein besonderes Fachwissen verfügt, oder sich Auslegungsfragen stellen, welche die Vorinstanz aufgrund ihrer örtlichen, sachlichen oder persönlichen Nähe zum Streitgegenstand sachgerechter als die Beschwerdeinstanz zu beurteilen vermag (BGE 135 II 296 E. 4.4.3, 133 II 35 E. 3, 128 V 159 E. 3b/cc; BVGE 2011/11 E. 3.3, 2010/25 E. 2.4.1, 2010/19 E. 4.2; BVGer vom 28. Feb. 2012, A-2969/2010, E. 2.1; vom 13. Dez. 2010, C-7967/2008, E. 2.4.1; vom 10. Aug. 2010, C-2487/2008, E. 2.3.1), solange nicht die Beschwerdeinstanz über vergleichbare Fachkenntnisse wie die Vorinstanz verfügt (BGE 133 II 35 E. 3b, 130 II 449 E. 4.1, 116 Ib 270 E. 3c). Eine Fach-Beschwerdeinstanz darf den Entscheid der Vorinstanz nur dann schützen, wenn sie geprüft hat, ob sich keine zweckmässigere, angemessenere Lösung anbietet (BGE 133 II 35 E. 3, 130 II 449 E. 4.1).

Das **Bundesverwaltungsgericht** auferlegt sich bei der Überprüfung von zulässigerweise erfolgten **Ermessensveranlagungen** eine gewisse Zurückhaltung (BVGer vom 23. Feb. 2010, A-1113/2009, E. 2.4; vom 20. Okt. 2009, A-1560/2007, E. 4.5.2; vom 3. Juli 2009, A-4360/2007, E. 5.1; vom 26. Sept. 2008, A-1562/2006, E. 2.5.5). Es hebt einen Entscheid nur auf, wenn der Beschwerdeführer konkrete Anhaltspunkte vorbringt, welche den Entscheid als fehlerhaft oder unangemessen erscheinen lässt, beispielsweise weil er nicht nachvollziehbar begründet ist, weil die Vorinstanz sich von sachfremden Beurteilungskriterien hat leiten lassen oder weil sie ihr Ermessen rechtsungleich ausgeübt hat (BVGer vom 26. Mai 2009, B-3548/2008, E. 5.2; vom 23. Juli 2008 A-7822/2007, E. 4). 1512

Praxis:

- **Umweltverträglichkeit der Entsorgung:** Die Beschwerdeführerin kritisiert in verfahrensrechtlicher Hinsicht zunächst, die Rekurskommission habe ihre Überprüfungsbefugnis in unzulässiger Weise besonders eingeschränkt und damit eine formelle Rechtsverweigerung (Art. 29 Abs. 1 BV) begangen. Nach der Rechtsprechung hat auch eine Rechtsmittelbehörde, der volle Kognition zusteht, in Ermessensfragen einen Entscheidungsspielraum der Vorinstanz zu respektieren. Sie hat eine unangemessene Entscheidung zu korrigieren, kann aber der Vorinstanz die Wahl unter mehreren angemessenen Lösungen überlassen. Wenn es um die Beurteilung technischer oder wirtschaftlicher Spezialfragen geht, in denen die Vorinstanz über ein besonderes Fachwissen verfügt, kann den Rekursinstanzen zugebilligt werden, nicht ohne Not von der Auffassung der Vorinstanz abzuweichen. Dies gilt freilich dort nicht, wo von der Rekursinstanz verlangt werden kann, über vergleichbare Fachkenntnisse wie die Vorinstanz zu verfügen. Eine Fach-Beschwerdeinstanz darf den Entscheid der Vorinstanz nur dann schützen, wenn sie geprüft hat, ob sich keine zweckmässigere, angemessenere Lösung anbietet. Die Rekurskommission INUM hat im angefochtenen Entscheid die entscheidende Rechtsfrage nach der Umweltverträglichkeit der Entsorgung frei geprüft und auch die Angemessenheit der umstrittenen Entscheidung des BUWAL beurteilt. Dass sich die Rekurskommission INUM bei der Angemessenheitskontrolle (Art. 49 lit. c VwVG) und bei der Auslegung unbestimmter Rechtsbegriffe jedoch eine gewisse Zurückhaltung auferlegt, wenn spezielle, namentlich technische Gegebenheiten zu berücksichtigen sind und sich die Vorinstanz als Fachbehörde durch besonderen Sachverstand auszeichnet, ist nicht zu beanstanden. Dies trifft insbesondere auf die hier umstrittenen Kriterien für die Beurteilung der Umweltverträglichkeit der Aufbereitung von Altbatterien zu. Es handelt sich um eine technisch ausgesprochen anspruchsvolle Materie, bei welcher den Sachverständigen der Fachbehörde ein gewisser Beurteilungsspielraum zu belassen ist. Zu prüfen hat die Rekurskommission wie auch das Bundesgericht indessen, ob sich die Vorinstanz von sachfremden Erwägungen hat leiten lassen, den Sachverhalt korrekt festgestellt hat, die für den Entscheid wesentlichen Gesichtspunkte geprüft und die erforderlichen Abklärungen sorgfältig und umfassend vorgenommen hat. Diesbezüglich erhebt die Beschwerdeführerin, wie sich auch aus den nachfolgenden Erwägungen ergibt, die Rüge der unzulässigen Kognitionsbeschränkung zu Unrecht (BGE 133 II 35 E. 3). 1513
- **Planungsermessen:** Das kantonale Recht hat bei Nutzungsplänen wie dem vorliegenden im Interesse des Rechtsschutzes, d.h. zum Schutz der betroffenen Privaten, die volle Überprüfung durch wenigstens eine Beschwerdebehörde zu gewährleisten (Art. 33 Abs. 3 lit. b RPG). Daran ändert das Gebot, den nachgeordneten Behörden den zur Erfüllung ihrer Aufgaben nötigen Ermessensspielraum zu lassen (Art. 2 Abs. 3 RPG), im Prinzip nichts. Die Beschwerdebehörde hat trotzdem zu prüfen, ob das Planungsermessen richtig und zweckmässig ausgeübt worden ist, freilich im Bewusstsein ihrer spezifischen Rolle: Sie ist kantonale Rechtsmittel- und nicht kommunale Planungsinstanz. Das bundesrechtliche Gebot, den planerischen Handlungsspielraum zu belassen (Art. 2 Abs. 3 RPG), reduziert die volle Überprüfung nicht auf eine solche der blossen Rechtmässigkeit. Auch wo keine spezifischen positivrechtlichen Anforderungen bestehen, muss die jeweils angefochtene Nutzungsplanung voll überprüft werden, aber diffe- 1514

renzierend, eben nach Massgabe der Rolle, die die Rechtsmittelinstanz im betreffenden Sachzusammenhang sachlich und institutionell erfüllt. Die Überprüfung hat sich sachlich in dem Umfang zurückzuhalten, als es um lokale Anliegen geht, bei deren Wahrnehmung Sachnähe, Ortskenntnis und örtliche Demokratie (Art. 1 Abs. 1, Art. 4 Abs. 2 RPG) von Bedeutung sein sollen. Sie hat aber so weit auszugreifen, dass die übergeordneten, vom Kanton zu sichernden Interessen, wie etwa dasjenige an der Bauzonenbegrenzung (Art. 3 Abs. 3, Art. 15 RPG), einen angemessenen Platz erhalten. In diesem Zusammenhang kann auf die von der bundesgerichtlichen Rechtsprechung entwickelten Grundsätze zur Genehmigung von kommunalen Nutzungsplänen verwiesen werden. Die Rechtsmittelbehörde hat sich zudem institutionell auf ihre Kontrollfunktion zu beschränken, d.h. sie darf nichts Neues schöpfen, sondern sie hat die kommunale Planung an einem Sollzustand zu messen. Fehlt es an dem dazu erforderlichen Massstab, so kann die Natur der Sache einer Nachprüfung entgegenstehen. Dies ist vielfach bei der räumlichen Abgrenzung von Zonen der Fall. Häufig muss die Grenze einfach irgendwo gezogen werden, ohne dass dies im Einzelnen rational begründet werden kann (BGE 114 Ia 245 E. 2b). Ein Planungsentscheid ist daher zu schützen, wenn er sich als zweckmässig erweist, unabhängig davon, ob sich weitere, ebenso zweckmässige Lösungen erkennen lassen (BGE 127 II 238 E. 3b/aa).

1515 – **Rekurskommission für Wettbewerbsfragen:** Die Rekurskommission hat Entscheide des Preisüberwachers voll zu überprüfen mit Einschluss der Angemessenheit. Beschränkt sie ihre Überprüfung auf eine reine Rechtskontrolle oder gar eine blosse Willkürprüfung, so begeht sie eine formelle Rechtsverweigerung. Freilich darf auch eine Rechtsmittelbehörde, welcher eine volle Kognition zusteht, in Ermessensfragen einen Entscheidungsspielraum der Vorinstanz respektieren. Sie hat eine unangemessene Entscheidung zu korrigieren, kann aber der Vorinstanz die Wahl unter mehreren angemessenen Lösungen überlassen. Wenn es um die Beurteilung technischer oder wirtschaftlicher Spezialfragen geht, in denen die Vorinstanz über ein besonderes Fachwissen verfügt, kann den Rekursinstanzen zugebilligt werden, nicht ohne Not von der Auffassung der Vorinstanz abzuweichen. Dies gilt freilich dort nicht, wo von der Rekursinstanz verlangt werden kann, über vergleichbare Fachkenntnisse wie die Vorinstanz zu verfügen. Eine Fach-Beschwerdeinstanz darf den Entscheid der Vorinstanz nur dann schützen, wenn sie geprüft hat, ob sich keine zweckmässigere, angemessenere Lösung anbietet. Die Rekurskommission für Wettbewerbsfragen ist eine Spezialrekurskommission, welche gebildet worden ist, um eine unabhängige richterliche, trotzdem aber fachkundige Rechtsmittelinstanz sicherzustellen. Sie ist nur für wenige Spezialgebiete zuständig und hat über das Fachwissen in diesen Gebieten zu verfügen. Es besteht also kein Grund für eine besondere Einschränkung der Kognition (BGE 130 II 449 E. 4.1).

1516 – **Widerrechtlichkeit einer Ausschaffungshaft:** Nach Art. 13c Abs. 1 aANAG wird die Ausschaffungshaft von der Behörde des Kantons angeordnet, der für den Vollzug der Weg- oder Ausweisung zuständig ist. In der Folge hat gestützt auf Art. 13c Abs. 2 ANAG eine richterliche Instanz aufgrund einer mündlichen Verhandlung nicht nur die Rechtmässigkeit, sondern auch die Angemessenheit der Haft obligatorisch und von Amtes wegen innerhalb von 96 Stunden zu prüfen. Die Fremdenpolizei kann eine Ausschaffungshaft zwar nur bei Vorliegen der Voraussetzungen von Art. 13b ANAG anordnen; im Rahmen der Anwendung dieser Bestimmung steht ihr aber sowohl bezüglich der Rechtsfolge wie der Auslegung der verwendeten unbestimmten Rechtsbegriffe ein Ermessens- und Beurteilungsspielraum zu. Da der Haftrichter im Rahmen seiner Angemessenheitskontrolle auch die Handhabung dieser Freiräume überprüfen kann, liegt in der Verweigerung der Haftgenehmigung nicht notwendigerweise die Feststellung einer Rechtsverletzung bzw. einer entschädigungsauslösenden Widerrechtlichkeit. Ein Entscheid ist unangemessen, wenn er zwar innerhalb des Ermessens- und Beurteilungsspielraums der zuständigen Behörde bleibt, jedoch nicht richtig, d.h. unzweckmässig erscheint. Ein eigentlicher Ermessens- und damit ein Rechtsfehler liegt dagegen bei Ermessensmissbrauch, Ermessensüberschreitung oder Ermessensunterschreitung vor; bloss in diesen Fällen kann überhaupt von einer widerrechtlichen Inhaftierung und damit möglicherweise staatshaftungsrelevanten Verletzung von Art. 5 EMRK die Rede sein. Sieht das Gesetz ausnahmsweise eine richterliche Angemessenheitskontrolle vor, ist die gerichtliche Überprüfung eines Verwaltungsentscheids zwar auch im Bereich des der anordnenden Behörde zustehenden Ermessens- und Beurteilungsspielraums zulässig, doch kann aus einer Abänderung ihrer Verfügung dabei nicht automatisch auf deren Widerrechtlichkeit geschlossen werden (BGE 129 I 139 E. 4.1.1).

bb) Ermessensmissbrauch

Ermessensmissbrauch ist gegeben, wenn eine Behörde zwar im Rahmen des ihr eingeräumten Ermessens bleibt, sich aber von **sachwidrigen**, dem Zweck der massgebenden Vorschriften **fremden Gesichtspunkten** leiten lässt, sachgemässe Kriterien unberücksichtigt lässt, sich nicht auf objektive Kriterien stützt oder allgemeine Rechtsprinzipien, wie das Verbot von Willkür oder rechtsungleicher Behandlung, das Gebot von Treu und Glauben sowie den Grundsatz der Verhältnismässigkeit, verletzt (BGE 137 V 71 E. 5.1, 130 III 176 E. 1.2, 123 V 150 E. 2; BGer vom 11. Feb. 2011, 8C_676/2010, E. 3; vom 19. März 2010, 8C_190/2010, E. 3.3; vom 16. Sept. 2008, 1C_232/2008, E. 5.1; BVGer vom 14. Dez. 2010, D-5888/2010, E. 5.2; vom 30. April 2010, C-6540/2007, E. 3.2; vom 26. Feb. 2010, C-4658/2007, E. 2.2; VerwG SG vom 3. Dez. 2009, B-2009-30, E. 4.2; VerwG BE vom 16. Okt. 2009, in: BVR 2010 S. 1 E. 1.4; VerwG ZH vom 14. Nov. 2002, VB.2002.00038, E. 2b). 1517

Praxis:

- **Berechnung der Einstelltage:** Mit Verfügung vom 2. Feb. 1996 stellte die Öffentliche Arbeitslosenkasse Basel-Stadt S ab 3. Jan. 1996 für die Dauer von 60 Tagen in der Anspruchsberechtigung ein mit der Begründung, er habe der Kasse gegenüber unwahre Angaben betreffend die Stellensuche gemacht. Es fragt sich vorliegend, ob die Verwaltung mit der von ihr befolgten Praxis das ihr zustehende Ermessen im Rahmen des schweren Verschuldens (26-60 Einstellungstage) sachgerecht und mithin rechtsfehlerfrei oder missbräuchlich ausübt. Die Verwaltungspraxis, bei unwahren Angaben in der Regel eine maximale Einstellungsdauer zu verfügen, hält einer gerichtlichen Überprüfung auf pflichtgemässe Ermessensausübung nicht stand. Freies Ermessen erlaubt kein Entscheiden nach Belieben ohne überprüfbare sachliche Begründung. Wenn die rechtsanwendende Verwaltung das ihr eingeräumte Ermessen bei der Beurteilung des Verschuldens bei unwahren Angaben im Zusammenhang mit dem Nachweis der persönlichen Arbeitsbemühungen in der Weise handhabt, dass sie als Regel die obere Grenze des Ermessensspielraums wählt, so stellt dies einen Ermessensfehler dar, welcher als Rechtsverletzung der richterlichen Korrektur bedarf. Sachgerechte Ermessensbetätigung erfordert, den gesamten Ermessensspielraum nach oben und unten in einer dem jeweiligen Verschulden entsprechender Weise zu nutzen. Eine derartige schematische Wertung des Verschuldens beim hier zur Diskussion stehenden Tatbestand findet weder im Gesetz noch in der Verordnung eine Grundlage. Eine solche Festlegung der Einstellungsdauer übergeht das massgebliche gesetzliche Bemessungskriterium des individuellen Grades des Verschuldens (Art. 30 Abs. 3 AVIG) und muss insofern als von sachfremden Motiven geleitet bezeichnet werden (BGE 123 V 150 E. 3). 1518
- **Ablehnung einer Beförderung zum ordentlichen Professor infolge wissenschaftlicher Unlauterkeit (Doppelpublikation):** Bei der Ernennung bzw. Beförderung eines ausserordentlichen Professors zum ordentlichen Professor kommt den antragstellenden Organen und dem entscheidenden Universitätsrat ein gewisser Entscheidungsspielraum zu. In diesem Sinn gibt es grundsätzlich keinen Anspruch auf Beförderung zum Ordinarius. Allerdings sind die Organe der Universität in ihren Entscheidungen nicht völlig frei, sondern haben sie ihr Ermessen pflichtgemäss auszuüben. Vorliegend ist zu berücksichtigen, dass die Nichtbeförderung des Beschwerdeführers nach langjähriger und qualitativ unbestrittenermassen einwandfreier Forschungs- und Lehrtätigkeit erfolgte, dass seine Verfehlung zum Zeitpunkt der Nichtbeförderung bereits mehr als zehn Jahre zurücklag, dass der Beschwerdeführer diese zugegeben und bereut hatte und dass ihm seither keine solche mehr nachgewiesen werden konnte. Ferner ist zu 1519

berücksichtigen, dass der Universitätsrat sich seinerzeit damit begnügt hatte, den Beschwerdeführer schriftlich zu verwarnen und ihn zu bitten, Doppelpublikationen künftig zu unterlassen. Andere personalrechtliche bzw. disziplinarische Konsequenzen erfolgten nicht und der Beschwerdeführer blieb weiterhin in seiner Funktion als ausserordentlicher Professor an der Fakultät X tätig, wurde befördert, publizierte und trat als Fakultätsmitglied öffentlich in Erscheinung. Aus dem Umstand, dass der Beschwerdeführer im Laufe seiner wissenschaftlichen Tätigkeit – insbesondere auch nach seiner Doppelpublikation – zahlreiche Preise und Auszeichnungen erhalten hat und in Fachkreisen als renommierter Forscher gilt, kann zudem geschlossen werden, dass weder der Universität Zürich ein nachhaltiger Reputationsschaden entstanden ist noch das öffentliche Vertrauen in die Lauterkeit der wissenschaftlichen Forschung beeinträchtigt wurde. Vor dem Hintergrund all dieser Umstände ist das Fehlverhalten des Beschwerdeführers nicht als derart schwerwiegend zu beurteilen, dass seine Nichtbeförderung zum Ordinarius aus diesem Grund als gerechtfertigt erscheint. Nach dem Gesagten erweist sich die Nichtbeförderung des Beschwerdeführers allein mit der Begründung, er habe gegen die Regeln der wissenschaftlichen Lauterkeit verstossen, als ermessensmissbräuchlich und damit rechtsverletzend (VerwG ZH vom 1. April 2009, PB.2008.00050, E. 6.2 und E. 6.3).

cc) Ermessensüberschreitung

1520 **Ermessensüberschreitung** liegt vor, wenn eine Behörde Ermessen walten lässt, wo ihr das Gesetz keines oder nur geringes Ermessen einräumt, oder wo sie statt von zwei zulässigen Lösungen eine dritte, unzulässige Lösung wählt (BGE 137 V 71 E. 5.1, 116 V 307 E. 2; BGer vom 11. Feb. 2011, 8C_676/2010, E. 3; vom 19. März 2010, 8C_190/2010, E. 3.3; vom 16. Sept. 2008, 1C_232/2008, E. 5.1; BVGer vom 30. April 2010, C-6540/2007, E. 3.2; vom 11. Mai 2009, C-2356/2006, E. 2.2; VerwG ZH vom 14. Nov. 2002, VB.2002.00038, E. 2b). Ein Ermessensspielraum kann nur im **Rahmen einer gesetzlichen Regelung** offenstehen, das heisst innerhalb den vom Gesetz gezogenen Grenzen (BGE 125 II 29 E. 3d/aa).

1521 Rechtsprechungsgemäss ist bei der **Berechnung des Invalideneinkommens** gemäss den Tabellenlöhnen höchstens ein Abzug von 25 % zulässig. Ein Abzug von 30 % oder 40 % wäre angesichts der höchstrichterlichen Begrenzung nicht gestattet und wäre als Ermessensüberschreitung zu qualifizieren (BGE 126 V 75 E. 6; BVGer vom 26. Feb. 2009, C-1505/2007, E. 7.2.1). Auch eine Ermessensüberschreitung stellt dar, wenn die **Vergabebehörde** versucht, ein in wesentlichen Punkten unvollständiges und teilweise auch unrichtiges Angebot im Rahmen einer technischen Bereinigung durch entsprechende Rückfragen derart zu korrigieren, dass es mit den anderen Angeboten vergleichbar wird, anstatt es von der Vergabe auszuschliessen (VerwG AG vom 27. Dez. 1999, in: AGVE 1999 S. 341 E. 3c). Ergibt sich aus dem Gesetzeswortlaut, dass dieser lediglich Ausnahmen in Bezug auf ein Kriterium zulässt, überschreitet die Behörde ihr Ermessen, wenn sie auch in Bezug auf die anderen Kriterien Ausnahmen gewährleistet (BVGer vom 21. Juli 2011, A-8884/2010, E. 7.1 [Definition des Übertragungsnetzes gemäss Art. 4 Abs. 1 lit. h StromVG]).

Praxis:

1522 – **Zulässigkeit eines Gifteinsatzes in Gewässern zur Bekämpfung nicht einheimischer Krebsarten (in casu Roter Sumpfkrebs):** Nach Art. 6 Abs. 1 GSchG ist es untersagt, Stoffe, die Wasser verunreinigen können, mittelbar oder unmittelbar in ein Gewässer einzubringen. Die Anwendung dieser Norm erfordert vorerst keine Interessenabwägung etwa mit dem eidgenössischen Fischereirecht, wonach die Kantone dafür zu sorgen haben, dass die natürliche Artenvielfalt der Fische und Krebs erhalten bleibt (Art. 3 Abs. 1 lit. a BGF). Die Rechtsordnung ist zwar wenn immer möglich gesamthaft zum Tragen zu bringen, was eine materiell koordinierte Anwendung gleichrangiger Vorschriften erfordert. Dies setzt indes voraus, dass keine zweck- und verhältnismässige Alternative im Sinne von Art. 6 Abs. 1 GschG zur Verfügung steht. Kann der Rote Sumpfkrebs daher mit einer gewässerschutzrechtskonformen Massnahme geeignet bekämpft werden, so ist mit Rücksicht auf das Gebot der koordinierten Rechtsanwendung diese Massnahme zu ergreifen, und es besteht kein Raum für eine Interessenabwägung. Die entscheidenden Behörden haben daher vorerst zu prüfen, ob Alternativen zum Gifteinsatz, welche nicht gegen das Gewässerschutzrecht verstossen, bestehen (vorliegend bejaht: Einsatz von Raubfischen). Entgegen den Ausführungen der Vorinstanzen kann den Verwaltungsbehörden in diesem Zusammenhang kein Ermessen bei der Wahl der zu treffenden Massnahme zugebilligt werden. Ein Ermessensspielraum kann nur im Rahmen einer gesetzlichen Regelung offenstehen, d.h. innerhalb des Gesetzes. Es liegt nicht im Ermessen der Verwaltung zu entscheiden, ob sie vom Gesetz abweichen und einer gesetzwidrigen Massnahme (Gifteinsatz) den Vorzug vor einer gesetzeskonformen Massnahme (z.B. Einsatz von Raubfischen) geben will. Sie kann bei der Prüfung des Erfordernisses, eine vom Gesetz abweichende Massnahme zu ergreifen, höchstens insofern einen eigenen Entscheidungsbereich beanspruchen, als sich das Bundesgericht bei der Beurteilung von Fachfragen eine gewisse Zurückhaltung auferlegt, wenn es nicht über die gleichen fachlichen Kenntnisse wie die Vorinstanzen oder beigezogene Fachinstanzen verfügt (BGE 125 II 29 E. 3d).

- **Gewichtung von Offertpreis und Nebenkosten:** Der Vergabebehörde kommt sowohl bei der 1523
  Auswahl als auch bei der Gewichtung der Zuschlagskriterien ein weiter Ermessensspielraum zu. Auswahl und Gewichtung müssen sich aber im Einzelfall sachlich rechtfertigen lassen, d.h. sie haben sich am konkreten Auftrag, an dessen Anforderungen und Bedeutung zu orientieren, um so der Ermittlung des im Hinblick auf den zu vergebenden Auftrag wirtschaftlich günstigsten Angebots zu dienen. Eine sachwidrige Bewertung eines Kriteriums stellt eine Ermessensüberschreitung dar. Die Vorinstanz hat für das Unterkriterium «Offertpreis» maximal 9 und für das Unterkriterium «Nebenkostenschätzung» maximal 1 Punkt vergeben. Die eingegangenen Offertpreise bewegen sich zwischen Fr. 144'999.60 und Fr. 225'064.50; die Nebenkosten variieren zwischen Fr. 5'000.– und Fr. 15'000.–. Die Vorinstanz selbst führt in der Vernehmlassung vom 18. Mai 2001 aus, es sei davon auszugehen, dass nur geringe Nebenkosten anfallen würden, da vorhandene Unterlagen kostenlos abgegeben und Ergebnisse zum grossen Teil in elektronischer Form vorliegen würden. Dies bedeutet, dass die Nebenkosten im Vergleich mit dem Offertpreis in quantitativer Hinsicht nur von untergeordneter Bedeutung sind. Setzt man das Mittel der eingegangenen Offertpreise dem Durchschnitt der geschätzten Nebenkosten gegenüber, machen die Nebenkosten nicht einmal einen Zwanzigstel des Nettopreises aus. Unter diesen Umständen stellt die Gewichtung von Offertpreis und Nebenkosten im Verhältnis 9:1 eine nicht gerechtfertigte Überbewertung des Nebenkriteriums und damit eine Ermessensüberschreitung dar, die zur Aufhebung der angefochtenen Zuschlagsverfügung führt. Da es nicht Sache des Verwaltungsgerichts sein kann, eine angemessene Gewichtung zwischen Offertpreis und Nebenkosten festzulegen, ist die Streitsache an die Vorinstanz zur Durchführung eines neuen Bewertungsverfahrens unter Festlegung einer sachgerechten Gewichtung zurückzuweisen. Dabei steht es der Vorinstanz frei, die Nebenkosten zum Offertpreis hinzuzuschlagen oder die Nebenkosten mit einem entsprechend kleineren bzw. die Offertpreise mit einem entsprechend höheren Faktor zu gewichten (VerwG SG vom 21. Aug. 2001, in: GVP 2001 Nr. 21 E. a/bb).

- **Abzug von den Tabellenlöhnen bei der Berechnung des Invalideneinkommens:** Die vom 1524
  Eidg. Versicherungsgericht herausgebildete Rechtsprechung, den mit Blick auf die Behinderung gewährten Abzug nicht schematisch, sondern in Berücksichtigung der gesamten Umstände des Einzelfalles vorzunehmen, hat den Zweck, ausgehend von statistischen Werten ein Invalideneinkommen zu ermitteln, welches der im Einzelfall zumutbaren erwerblichen Verwertung der noch möglichen Verrichtungen im Rahmen der (Rest-)Arbeitsfähigkeit am besten entspricht. Dieser Gesichtspunkt verdient auch hinsichtlich der übrigen in Betracht fallenden einkommensbeeinflussenden Merkmale, des Lebensalters, der Anzahl Dienstjahre, der Nationali-

tät/Aufenthaltskategorie und des Beschäftigungsgrades, den Vorzug. Ein Abzug soll auch diesbezüglich nicht automatisch, sondern dann erfolgen, wenn im Einzelfall Anhaltspunkte dafür bestehen, dass der Versicherte wegen eines oder mehrerer dieser Merkmale seine gesundheitlich bedingte (Rest-)Arbeitsfähigkeit auf dem allgemeinen Arbeitsmarkt nur mit unterdurchschnittlichem erwerblichem Erfolg verwerten kann. Es rechtfertigt sich aber nicht, für jedes zur Anwendung gelangende Merkmal separat quantifizierte Abzüge vorzunehmen und diese zusammenzuzählen, da damit Wechselwirkungen ausgeblendet werden. Ganz allgemein ist der Einfluss aller Merkmale auf das Invalideneinkommen (leidensbedingte Einschränkung, Alter, Dienstjahre, Nationalität/Aufenthaltskategorie und Beschäftigungsgrad) unter Würdigung der Umstände im Einzelfall nach pflichtgemässem Ermessen gesamthaft zu schätzen. Letztlich ist der Abzug vom statistischen Lohn unter Berücksichtigung aller jeweils in Betracht fallenden Merkmale auf insgesamt höchstens 25 % zu begrenzen. In diesem Zusammenhang ist der Verwaltung und – im Beschwerdefall – dem Richter das verfassungsrechtliche Gebot der Begründungspflicht in Erinnerung zu rufen. Diese soll verhindern, dass sich die Behörde von unsachlichen Motiven leiten lässt, und dem Betroffenen ermöglichen, die Verfügung gegebenenfalls sachgerecht anzufechten. Dies ist nur möglich, wenn sowohl er wie auch die Rechtsmittelinstanz sich über die Tragweite des Entscheides ein Bild machen können. In diesem Sinn müssen wenigstens kurz die Überlegungen genannt werden, von denen sich die Behörde hat leiten lassen und auf welche sich ihre Verfügung stützt. Bezüglich der hier interessierenden Thematik hat die Verwaltung kurz zu begründen, warum sie einen Abzug vom Tabellenlohn gewährt, insbesondere welche Merkmale sie bei ihrer gesamthaften Schätzung berücksichtigt. Vorliegend hat das kantonale Gericht einen Abzug von insgesamt 40 % zugelassen. Wie ausgeführt, stellt der gesamthaft vorzunehmende Abzug eine Schätzung dar. Bei deren Überprüfung kann es nicht darum gehen, dass die kontrollierende richterliche Behörde bzw. das Bundesgericht ihr Ermessen an die Stelle der Vorinstanz setzt; es muss sich somit auf Gegebenheiten abstützen können, welche seine abweichende Ermessensausübung als naheliegender erscheinen lassen, was vorliegend erfüllt ist, übersteigt doch der von der Vorinstanz gemachte Abzug von 40 % bereits erheblich den maximal zulässigen Abzug von 25 % (BGE 126 V 75 E. 5b und E. 6).

dd) Ermessensunterschreitung

1525 Eine **Ermessensunterschreitung** und damit eine Rechtsverletzung liegt vor, wenn die entscheidende Behörde sich als gebunden betrachtet, obschon ihr vom Rechtssatz Ermessen eingeräumt wird, oder wenn sie zum vornherein auf die Ermessensausübung ganz oder teilweise verzichtet (BGE 137 V 71 E. 5.1, 116 V 307 E. 2; BGer vom 11. Feb. 2011, 8C_676/2010, E. 3; vom 19. März 2010, 8C_190/2010, E. 3.3; vom 16. Sept. 2008, 1C_232/2008, E. 5.1; BVGE 2007/17 E. 2.2; BVGer vom 20. Juni 2011, C-6123/2009, E. 4.3.3; vom 23. Sept. 2010, B-4717/2010, E. 6.3; vom 5. Okt. 2009, C-4260/2007, E. 6.3.1; vom 8. Aug. 2007, A-7367/2006, E. 6).

1526 Wo der Gesetzgeber Ermessen einräumt, erwartet er von den Verwaltungsbehörden, dass sie **sachliche Unterscheidungen** treffen und den **besonderen Umständen des konkreten Falles angemessene Rechtsfolgen** anordnen (VerwG ZH vom 19. Mai 2004, VB.2004.00123, E. 4.3.1). Bei einer Ermessensunterschreitung verletzen die Behörden diese Pflicht, indem sie auf sachliche Unterscheidungen verzichten, obwohl der Gesetzgeber einen differenzierten Entscheid für nötig hält (KG BL vom 13. Dez. 2006, 2006/218, E. 5.2).

1527 Eine **Ermessensunterschreitung** liegt beispielsweise vor, wenn ein Wasserbauprojekt (Hochwasserschutz) nicht dahin gehend überprüft wird, ob allenfalls Projektänderungen möglich sind, die für die einzelnen Einsprecher weniger einschneidende Folgen haben und dem öffentlichen Interesse gleichermassen dienen (VerwG ZH vom

28. Feb. 2008, BV.2007.00083, E. 4.3). Die **Rückerstattung rechtmässig bezogener wirtschaftlicher Hilfe** (unter bestimmten Voraussetzungen) unterscheidet sich im Kanton Zürich vom unrechtmässigen Bezug dadurch, dass sie ganz oder teilweise zurückgefordert werden kann (§ 27 Abs. 1 Sozialhilfegesetz des Kantons Zürich). Die zuständige Instanz hat demgemäss einen Ermessensentscheid darüber zu fällen, ob rechtmässig bezogene wirtschaftliche Hilfe überhaupt zurückgefordert wird und, falls ja, in welchem Umfang. Will die Behörde den ganzen Betrag zurückfordern, liegt eine Ermessensunterschreitung vor, wenn sie für dieses Vorgehen, welches grundsätzlich zulässig ist, keinerlei Begründung anführt (VerwG ZH vom 8. Feb. 2007, VB.2006.00483, E. 4.2.4). Weist die Baubehörde allein auf eine von ihr geübte Praxis hin und spricht deshalb ohne weitere Begründung eine **Bauverweigerung** aus, verzichtet sie zu Unrecht auf die Ausübung des ihr zustehenden Ermessens bei der konkreten Prüfung des Baubewilligungsgesuches, was eine rechtsverletzende Ermessensunterschreitung darstellt (VerwG SZ vom 24. Mai 2007, in: EGVSZ 2007 Nr. B 8.5 E. 2.4; VerwG ZH vom 20. Jan. 2005, VB.2004.00199, E. 3.2).

Zeigt sich, dass an der **Entstehung eines polizeiwidrigen Zustands mehrere Beteiligte** offensichtlich massgeblichen und unmittelbaren Anteil hatten, so ist zu prüfen, ob die Pflicht zur Beseitigung beziehungsweise Wiederherstellung nebst einem allfälligen Baugesuchsteller nicht auch weitere Beteiligte treffen sollte. Wenn die rechtsanwendende Behörde den Miteinbezug weiterer Beteiligter nicht erwägt, schöpft sie den ihr zustehenden Ermessensspielraum nicht aus und begeht eine Ermessensunterschreitung (RR SG vom 3. Okt. 2006, in: GVP 2006 Nr. 126 E. 9d). Sind die geschätzten **Anschlusskosten an die öffentliche Kanalisation** nicht unbeträchtlich und können die Grundeigentümer zugleich dartun, dass eine gewässerschutztechnisch mindestens ebenbürtige und erheblich kostengünstigere Alternative besteht, so kann die zuständige Behörde die berechtigten Anliegen nicht mit dem blossen Hinweis übergehen, die Kosten würden den zumutbaren Höchstbetrag noch nicht erreichen, sondern sie haben eine Abwägung der massgeblichen Kriterien vorzunehmen, ansonsten sie eine Ermessensunterschreitung begehen (VerwG ZH vom 4. Dez. 2002, VB.2002.00206, E. 4d). 1528

Praxis:

- **Dauer der Einstellung in der Anspruchsberechtigung wegen selbst verschuldeter Arbeitslosigkeit:** Streitig und zu prüfen ist, ob der Beschwerdegegner zu Recht wegen selbst verschuldeter Arbeitslosigkeit für die Dauer von 32 Tagen in der Anspruchsberechtigung eingestellt worden ist. Art. 45 Abs. 4 AVIV, wonach bei selbst verschuldeter Arbeitslosigkeit ein schweres Verschulden vorliegt, bildet bei Einstellungen nach Art. 44 Abs. 1 lit. b AVIV (selbst verschuldeter Arbeitslosigkeit) lediglich die Regel, von welcher beim Vorliegen besonderer Umstände im Einzelfall abgewichen werden darf. Massgebend für eine allfällige Milderung der Sanktion ist das Vorliegen entschuldbarer Gründe im Sinne von Art. 45 Abs. 4 AVIV, sofern solche eine Sanktion nicht geradezu ausschliessen. Diese im konkreten Einzelfall liegenden Gründe können sich – wie etwa gesundheitliche Probleme – auf die Situation der betroffenen Person oder auf eine objektive Gegebenheit beziehen. Mit Blick auf die Einstellungsdauer ist zu prüfen, ob die Verwaltung mit der von ihr befolgten Praxis – nämlich die zukünftige Dauer einer aufgegebenen Tätigkeit nur insoweit zu beachten, als es sich bei der Aufgabe eines befristeten Arbeitsverhältnisses einzig um ein leichteres schweres Verschulden handle – das ihr zustehende Ermessen sachgerecht und mithin rechtsfehlerfrei oder missbräuchlich ausgeübt hat. In diesem Zusammenhang ist die Ermessensunterschreitung bedeutsam, wenn die entscheidende Behörde sich als gebunden betrachtet, obschon sie nach Gesetz berechtigt wäre, nach Er- 1529 messen zu handeln, oder wenn sie auf eine Ermessensausübung ganz oder teilweise zum Vornherein verzichtet. Entgegen der Ansicht der Arbeitslosenkasse ist gerade bei Einstellungstatbeständen nach Art. 44 Abs. 1 lit. b AVIV das Ermessen von Verwaltung und Sozialversicherungsgericht nicht auf eine Einstellungsdauer im Rahmen des schweren Verschuldens beschränkt. Vorliegend hat es die Arbeitslosenkasse unterlassen, das Vorliegen entschuldbarer Gründe zu prüfen, womit sich die Kasse davon dispensiert hat, eine dem konkreten Sachverhalt angemessene Regelung zu treffen; sie hat somit ihren Ermessensspielraum unterschritten (BGer vom 17. Aug. 2005, C 123/05, E. 2.3).

1530 – **Entschädigung für die unentgeltliche Rechtsvertretung:** Die kantonalen Unterschiede in den kantonalen Gebührenordnungen und in den Entschädigungsansätzen der Gerichte im Falle der unentgeltlichen Verbeiständung sind Ausdruck der regional unterschiedlichen Kostenstruktur in der Advokatur. Wenn die Notwendigkeit der unentgeltlichen Verbeiständung bejaht und der gerechtfertigte, stundenmässig anrechenbare Aufwand festgesetzt ist, wird die geleistete Arbeit nur dann angemessen entschädigt, wenn sich der angewandte Stundentarif im regional gegebenen Rahmen bewegt. Wenn ohne Rücksichtnahme auf die regional unterschiedliche Kostenstruktur ein tiefer Einheitstarif Anwendung findet, führt dies dazu, dass entweder bei gegebener Stundenzahl die resultierende Entschädigung unangemessen tief ausfällt oder dass im Hinblick auf eine resultatmässig angemessene Entschädigung eine höhere Stundenzahl als eigentlich gerechtfertigt berücksichtigt werden müsste. Ein landesweit einheitlicher Stundenansatz bewirkt somit eine übermässige Schematisierung und verunmöglicht im Ergebnis eine Ermessensausübung, welche die bundesrechtlich beachtlichen Kriterien ausgewogen berücksichtigt. Der Einheitstarif führt zu einer Ermessensunterschreitung, die darin besteht, dass die entscheidende Behörde sich als gebunden betrachtet, obschon sie nach Gesetz berechtigt wäre, nach Ermessen zu handeln (VersG ZH vom 24. Mai 2004, IV.2004.00191, E. 6.3.3 und E. 6.3.4).

1531 – **Sozialhilfe (Weisung, eine günstigere Wohnung zu suchen):** Die wirtschaftliche Hilfe darf mit Auflagen und Weisungen verbunden werden, die sich auf die richtige Verwendung der Beiträge beziehen oder geeignet sind, die Lage des Hilfeempfängers und seiner Angehörigen zu verbessern (§ 21 des kantonalen Sozialhilfegesetzes [SHG]). Die Weisung, eine günstigere Wohnung zu suchen, dient dazu, die Lage des Hilfeempfängers und allfälliger Angehöriger durch eine Verringerung der finanziellen Belastung (Mietzins) zu verbessern. Bevor der Umzug in eine günstigere Wohnung verlangt wird, ist von der Behörde die Situation im Einzelfall genau zu prüfen. Dabei sind zu berücksichtigen: die Grösse und Zusammensetzung der Familie, eine allfällige Verwurzelung an einem bestimmten Ort, das Alter und die Gesundheit der betroffenen Person und der Grad ihrer sozialen Integration. Wie aus der Neuregelung der Höchstansätze für Mietzinsen hervorgeht, ist die Beschwerdegegnerin auf ihr Ermessen verwiesen, soweit es darum geht, im Einzelfall eine Anpassung an die neu festgelegten Miethöchstzinsen zu erreichen. Damit ist sie unter Wahrung des pflichtgemässen Ermessens grundsätzlich frei, darüber zu entscheiden, bei welchen Unterstützten sie eine Anpassung erreichen will und bei welchen nicht. Wird aber auf eine Anpassung hingearbeitet, hat die Ermessensausübung jedenfalls das Alter und die Gesundheit der betroffenen Person sowie den Grad ihrer sozialen Integration zu berücksichtigen. Daran gebricht es dem angefochtenen Entscheid. Wie aus den Arztzeugnissen hervorgeht, erlaubt die bestehende Wohnsituation der Beschwerdeführerin die Lebensführung ohne Hilfe von aussen. Zudem führt sie auch zu einer Beruhigung und Stabilisierung ihrer psychischen Befindlichkeit. Damit unterscheidet sich die Situation der Beschwerdeführerin entscheidend von derjenigen anderer Hilfesuchender. Üblicherweise ist ein Wohnungswechsel nicht mit derart schwerwiegenden Folgen für die Gesundheit wie bei der Beschwerdeführerin verbunden, deren psychische Stabilität durch die erteilte Weisung, sich eine günstigere Wohnung zu suchen, gefährdet ist und die bei einem Wohnungswechsel einer psychischen Dekompensation zu unterliegen droht, was in ihrem Alter (63 Jahre) umso schwerer wiegt. Die Vorinstanz hat diese Umstände zwar erkannt, jedoch unzureichend gewichtet, womit sie ihr Ermessen in rechtsverletzender Weise unterschritt (VerwG ZH vom 15. Aug. 2007, BV.2007.00219, E. 4.5).

8. Bemerkungen

1. Das **Legalitätsprinzip** gilt zwar grundsätzlich für das **gesamte Verwaltungshandeln** und erfasst **alle Arten der Verwaltungstätigkeit**, doch sind aus unterschiedlichen Gründen die aus dem Legalitätsprinzip abgeleiteten Anforderungen (insb. an die Normdichte und die Normstufe) namentlich im Bereich der **Leistungs- und Informationsverwaltung** herabgesetzt, ferner, wenn ein **Sonderstatusverhältnis** begründet wird (BGE 135 I 79 E. 6.2, 129 I 12 E. 8.5, 128 I 113 E. 3f), wenn das Mass der zu bezahlenden **Kausalabgaben** durch überprüfbare verfassungsrechtliche Prinzipien begrenzt wird (BGE 135 I 130 E. 7.2, 134 I 179 E. 6.1, 132 I 117 E. 4.2), wenn **vertragliche Vereinbarungen** geschlossen werden (BGE 136 I 142 E. 4.1), wenn die über den **schlichten Gemeingebrauch hinausgehende Benutzung öffentlicher Sachen** geregelt wird (BGE 132 I 97 E. 2.2, 121 I 279 E. 2b; ferner BVGer vom 29. März 2011, A-7454/2009, E. 10.4.1) oder wenn es um eine **untergeordnete Tätigkeit im Rahmen der Erfüllung staatlicher Aufgaben** geht (BGE 103 Ib 324 E. 5c; z.B. Bedarfsverwaltung, Verwaltung des Finanzvermögens, Randnutzung von Verwaltungsvermögen). 1532

2. **Normdichte:** Das Legalitätsprinzip wird in der Praxis erheblich relativiert, da die Anforderungen an den **Grad der erforderlichen Bestimmtheit** von **Praktikabilitätsüberlegungen** und **Flexibilitätsbedürfnissen** abhängen: Allgemein gehaltene Bestimmungen werden als zulässig erachtet, wenn die Unbestimmtheit in der Technizität oder Komplexität der Materie begründet liegt oder im Interesse der Einzelfallgerechtigkeit flexible Regelungen angebracht sind. Regelungen, die ständiger Anpassungen an veränderte Verhältnisse – beispielsweise an wirtschaftliche oder technische Entwicklungen – bedürfen, können in allgemeiner Art und Weise umschrieben sein, solange die wesentlichsten Wertungen nicht von der rechtsanwendenen Behörde vorgenommen werden müssen. Der Gesetzgeber kann ferner je nach Materie nicht völlig darauf verzichten, allgemeine Begriffe zu verwenden, die formal nicht eindeutig umschrieben werden können und die an die Auslegung durch die Behörde besondere Anforderungen stellen. Für das Polizeirecht beispielsweise stösst das Bestimmtheitserfordernis wegen der Eigenart des Regelungsbereichs auf besondere Schwierigkeiten. Die Aufgabe der Polizei und die Begriffe der öffentlichen Sicherheit und Ordnung lassen sich kaum abstrakt umschreiben. Die Polizeitätigkeit richtet sich gegen nicht im Einzelnen bestimmbare Gefährdungsarten und Gefährdungsformen in vielgestaltigen und wandelbaren Verhältnissen und ist situativ den konkreten Umständen anzupassen (BGE 136 I 87 E. 3.1, 132 I 49 E. 6.2, 130 I 369 E. 7.3, 128 I 327 E. 4.2). 1533

3. Das **Bestimmtheitserfordernis** kann ausserdem gleichsam **kompensiert** werden, wenn trotz generalklauselartig umschriebener gesetzlicher Grundlage eine gleichmässige und den besonderen Umständen Rechnung tragende **Behördenpraxis** vorliegt, die im Hinblick auf die umstrittene Fragestellung hinreichend klar gefasst ist. Stützt sich die betreffende Behördenpraxis auf eine Verwaltungsverordnung, die Ausdruck der von den Behörden vorgenommenen Auslegung der betreffenden Norm ist, genügt diese in Verbindung mit der allgemein gehaltenen gesetzlichen Grundlage dem Legalitätsprinzip und den daraus abgeleiteten Anforderungen an die Normdichte (BGE 129 I 161 E. 2.2, 125 I 369 E. 6, 123 I 1 E. 4b, 111 Ia 31 E. 4). Weiter ist etwa im Zusammenhang mit den gewandelten Anforderungen an die öffentliche Verwaltung, 1534

von welcher flexibles und zeitgerechtes Reagieren auf sich wandelnde Sachverhalte und Erkenntnisse verlangt wird, ein Abbau der Regelungsdichte und eine Tendenz zum vermehrten Erlass unbestimmter, offener Normen zu beobachten, deren «Freiräume» von der Verwaltung durch eine gleichmässige und den besonderen Umständen Rechnung tragende Behördenpraxis aufzufüllen sind (BGE 127 V 431 E. 2b/bb). Ferner lässt die Praxis **Kompensationen zwischen verschiedenen Tatbestandselementen** im Sinne eines «beweglichen Systems» (Wilburg) zu: Selbst bei wiederkehrenden Leistungen gilt es als zulässig, dass eine relativ unbestimmte Regelung des Adressatenkreises kompensiert werden kann durch eine bestimmte Regelung von Leistungsart und -umfang (oder umgekehrt; vgl. OG SH vom 24. März 2006, in: AB 2006 S. 110 E. 2c).

1535 4. Die Praxis anerkennt eine Reihe von weiteren **Surrogaten**: Die Unbestimmtheit der Norm ist dadurch zu kompensieren, dass die rechtsanwendende Behörde **Transparenz** dafür schafft, wie sie die betreffende Norm versteht und anzuwenden gedenkt (BGE 136 II 304 E. 7.6). Ist die besagte Norm einer **justizmässigen Prüfung** und allfälligen Korrektur in wirksamer Weise zugänglich, vermag diese verfahrensrechtliche Sicherung die Unbestimmtheit einer angewandten Norm bis zu einem gewissen Grad zu kompensieren (BGE 132 I 49 E. 6.3, 127 V 431 E. 2b/cc). Die Unbestimmtheit der anzuwendenden Norm kann ferner durch **verfahrensrechtliche und materiell-rechtliche Garantien** kompensiert werden; diesbezüglich kommt dem Grundsatz der **Verhältnismässigkeit** sowie der Konkretisierung der Anforderungen, welche unter dem Gesichtspunkt des **rechtlichen Gehörs** an die Ausgestaltung des Verwaltungsverfahrens zu stellen sind, besondere Bedeutung zu (BGE 136 I 87 E. 3.1, 136 II 304 E. 7.6, 132 I 49 E. 6.2). Die verfassungskonforme Gewährung des rechtlichen Gehörs erfordert, dass die Behörde, bevor sie in Anwendung einer offenen Normierung einen Entscheid fällt, über ihre **Rechtsauffassung** orientiert und der davon betroffenen Person Gelegenheit bietet, auch zu der voraussichtlichen rechtlichen Würdigung der Angelegenheit Stellung zu nehmen (BGE 129 II 497 E. 2.2, 128 V 272 E. 5b/dd, 127 V 431 E. 2b/cc und E. 3). Nach der bundesgerichtlichen Rechtsprechung sind ferner umso höhere Anforderungen an die **Begründung des Entscheids** zu stellen, je grösser der den Behörden eingeräumte Ermessensspielraum ist und je vielfältiger die tatsächlichen Voraussetzungen sind, die bei der Betätigung des Ermessens oder bei der Auslegung unbestimmter Rechtsbegriffe zu berücksichtigen sind (BGE 129 I 232 E. 3.3; BVGE 2008/26 E. 5.2.1; BVGer vom 2. Okt. 2008, A-1578/2006, E. 3.3.3). Unbestimmte Regelungen können dann genügen, wenn ein **Rechtsverhältnis** zur Diskussion steht, welches die Betroffenen **freiwillig eingegangen** sind oder bei dem die Rechte und Pflichten zwischen Staat und Privaten frei ausgehandelt werden (BGE 129 I 161 E. 2.2, 125 I 369 E. 6, 123 I 1 E. 4b, 121 I 230 E. 3g/dd), wie dies auf verwaltungsrechtliche Verträge zutrifft (BGE 136 I 142 E. 4.1).

1536 5. Das **Bestimmtheitsgebot** dient ebenso dem **rechtsstaatlichen Anliegen** nach Berechenbarkeit und Vorhersehbarkeit des staatlichen Handelns, was nicht gleichsam durch eine Stärkung der Verfahrensrechte oder einer differenzierteren Prüfung des Verhältnismässigkeitsprinzips kompensiert werden kann (vgl. HANGARTNER, St. Galler Kommentar, Art. 5 BV, Rz. 11). Je bestimmter eine Norm ist, desto stärker ist die Bindung der rechtsanwendenden Behörde daran und desto eher kann den oben genannten rechtsstaatlichen Anforderungen nach Berechenbarkeit und Vorhersehbarkeit staatlichen Handelns zum Durchbruch verholfen werden (BVGer vom 5. Jan.

2010, B-1092/2009, E. 5.3.2). In der bundesgerichtlichen Rechtsprechung bleibt häufig unklar, auf welche Weise die Verfahrensrechte oder das Verhältnismässigkeitsprinzip bei der Anwendung offener Normen konkret gestärkt werden sollen, zumal das Bundesgericht die Einhaltung des Verhältnismässigkeitsprinzips im Rahmen der Beschwerde in öffentlich-rechtlichen Angelegenheiten nur auf Willkür hin überprüft, wenn sich die Verfügung auf kantonales Recht stützt und auch ansonsten kein verfassungsmässiges Recht tangiert ist (grundlegend BGE 134 I 153 E. 4.3). Es ist zwar im Allgemeinen anerkannt, dass an die Begründung eines Entscheides umso höhere Anforderungen zu stellen sind, je grösser der den Behörden eingeräumte Ermessensspielraum ist, doch lassen sich in der Praxis kaum Entscheide finden, bei denen in derartigen Konstellationen die Verfügung wegen mangelnder Begründung aufgehoben worden wäre.

6. **Normstufe:** Das Legalitätsprinzip erfüllt neben der **rechtsstaatlichen** auch eine 1537
demokratische Funktion: Alle **wichtigen rechtsetzenden Bestimmungen** sind in der Form eines **formellen Gesetzes** und damit im ordentlichen Gesetzgebungsverfahren vom Parlament und – je nach Verfassung – unter Mitwirkung des Volkes zu erlassen (BGE 136 I 316 E. 2.4.1, 134 I 125 E. 3.2, 132 I 157 E. 2.2, 126 I 180 E. 2a/aa). Bei der Bestimmung der Normstufe ist die **Kombination der verschiedenen Kriterien** massgebend, namentlich, ob die Bestimmung einen erheblichen Eingriff in die Rechte und Freiheiten der Privaten vorsieht, ob von der Bestimmung ein grosser Kreis von Personen betroffen ist, ob gegen die Bestimmung angesichts ihres Inhalts mit Widerstand der davon Betroffenen zu rechnen ist oder ob die Bestimmung von grosser finanzieller Tragweite ist (BGE 133 II 331 E. 7.2.1, 130 I 1 E. 3.4.2).

7. Bei der **Bestimmung der Normstufe** ist darüber hinaus wegleitend, ob eine ver- 1538
breitete, seit Langem bestehende und auch in anderen Kantonen gängige Rechtswirklichkeit besteht; eine Regelung auf Verordnungsstufe ist eher zulässig, wenn sie dem **allgemein üblichen Standard** entspricht; umgekehrt verhält es sich mit bisher unüblichen Regelungen (vgl. BGE 130 I 1 E. 3.4.2, 128 I 113 E. 3c, 125 I 173 E. 9e, 123 I 254 E. 2b/bb, 122 I 130 E. 3b/cc). Ferner sind **Flexibilitätsbedürfnisse** sowie die **Eignung des betreffenden Organs** zu berücksichtigen: Regelungen, die ständiger Anpassungen an veränderte Verhältnisse wie z.B. an wirtschaftliche oder technische Entwicklungen bedürfen, werden zweckmässigerweise nicht in einem Gesetz im formellen Sinn getroffen, das nur unter grossem Zeitaufwand revidiert werden kann, sondern in einer Verordnung. Der Gesetzgeber trifft die Grundentscheidungen; er bestimmt die Strategie, die grossen Linien, während der Verordnungsgeber die Details festlegt (BGE 131 II 13 E. 6.5.1; BGer vom 7. Mai 2003, 1P.363/2002, E. 2.3.2). Setzt die zu regelnde Materie besondere **Fachkenntnisse** oder **Vollzugserfahrung** voraus, ist es zulässig, dessen normative Umsetzung auf den Verordnungsweg zu verweisen (BGE 132 I 7 E. 2.2); der Verordnungsgeber soll sich mit denjenigen Fragen befassen, die besondere Fachkenntnisse verlangen (BGE 131 II 13 E. 6.5.1; BGer vom 7. Mai 2003, 1P.363/2002, E. 2.3). Darüber hinaus ist je nach **Sachbereich** zu differenzieren: In der Schweiz ist es beispielsweise üblich, dass die personalrechtlichen Rechtssetzungsbefugnisse weitgehend an die Exekutive delegiert und beispielsweise die Gehälter generell durch Verordnung oder Parlamentsdekret festgelegt werden, während das Gesetz lediglich die Grundsätze enthält (vgl. z.B. BGer vom 21. März 2000, 2P.369/1998, E. 2f).

1539 8. Die Rechtsprechung hat **Kriterien** herausgearbeitet, anhand derer sich zumindest annähernd bestimmen lässt, was als wichtig oder wesentlich zu betrachten ist. Diese sind miteinander zu kombinieren, um verlässliche Aussagen über die Regelungslastverteilung zu gewinnen. «Defizite» auf der einen Seite können durch einen «Überschuss» auf der anderen Seite ausgeglichen werden. Mit Hilfe einer wertenden Abwägung kann der Entscheidungsvorgang transparenter gestaltet und Fehlbeurteilungen verhindert werden. Der teilweise in der Lehre erhobene Vorwurf, die Anwendung der Wesentlichkeitstheorie bzw. der oben genannten Kriterien erbringe für die Bestimmung des vom Gesetzgeber notwendig zu regelnden Inhalts nur einen geringen Mehrwert und es sei weitgehend eine offene Frage, was der parlamentarische Gesetzgeber zu regeln habe, ist durch die Rechtsprechung in Bund und Kantonen zumindest teilweise widerlegt worden. Mit Hilfe einer **Kombination** und **wertenden Abwägung** der verschiedenen genannten Gesichtspunkte und Einzelkriterien lassen sich in den meisten Fällen verlässliche Aussagen über die Regelungslastverteilung gewinnen (vgl. auch RENÉ WIEDERKEHR, Die Wesentlichkeitstheorie gemäss Art. 164 BV im Lichte der Verwaltungspraxis, recht 2007, S. 39).

1540 9. **Unbestimmter Rechtsbegriff:** Die Anwendung und Konkretisierung unbestimmter Rechtsbegriffe bildet eine **Rechtsfrage**, die von den übergeordneten Instanzen im Rahmen der Rechtskontrolle ohne Beschränkung ihrer Kognition zu überprüfen ist. Dennoch wird den rechtsanwendenden Behörden ein gewisser Beurteilungsspielraum bei der Konkretisierung unbestimmter Rechtsbegriffe zugestanden, häufig unabhängig davon, ob ein **Bedarf an Handlungsspielraum** (Fachwissen, örtliche, sachliche oder persönliche Nähe zum Streitgegenstand usw.; zum Begriff BGE 119 Ib 33 E. 2c; BVGE 2008/62 E. 4.2) besteht. Der Begriff «technisches Ermessen» jedenfalls ist diesbezüglich fehl am Platz, solange es um die Konkretisierung unbestimmter Rechtsbegriffe und deshalb um Rechtsfragen geht. Eine gewisse Zurückhaltung kann dann angebracht sein, wenn die Rechtsanwendung eng mit der Sachverhaltsfeststellung bzw. der Würdigung der tatsächlichen Verhältnisse zusammenhängt (BGer vom 30. Juli 2007, 2A.112/2007, E. 3.2). Haben **fachspezifischen Kommissionen** wie die Spielbankenkommission, die Kommunikationskommission oder die Eidgenössische Finanzmarktaufsicht unbestimmte Rechtsbegriffe anzuwenden, wird ihnen häufig ein grosser Handlungs- oder Entscheidungsspielraum eingeräumt, ohne dass jeweils im Detail geprüft wird, ob tatsächlich fachliche Fragen umstritten sind (vgl. etwa BGE 135 II 356 E. 3.1 [FINMA], 132 II 47 E. 1.2 [Kommunikationskommission], 131 II 680 E. 2.3.3 [Spielbankenkommission]). Eine **Zurückhaltung der Beschwerdeinstanz** bei der Überprüfung vorinstanzlicher Bewertungen ist allerdings nur dann angezeigt, wenn die Beschwerdeinstanz nicht über vergleichbare Fachkenntnisse wie die Vorinstanz verfügt oder keine Fach-Beschwerdeinstanz darstellt (BGE 133 II 35 E. 3, 130 II 449 E. 4.1).

1541 10. Sind tatsächlich Fragen umstritten, in denen die Vorinstanz über besonderes Fachwissen verfügt, oder stellen sich tatsächlich Auslegungsfragen, welche die rechtsanwendende Behörde aufgrund ihrer örtlichen, sachlichen oder persönlichen Nähe zum Streitgegenstand sachgerechter zu beurteilen vermag als die Beschwerdeinstanz, weicht diese – grundsätzlich unabhängig von ihrer Kognition – nicht **ohne Not** von der Auffassung der rechtsanwendenden Behörde ab (BGE 135 II 384 E. 3.4.1 und E. 3.4.2, 133 II 35 E. 3, BVGE 2009/64 E. 5.1). Die Beschwerdeinstanz hat zwar eine rechtswidrige Auslegung, die sich von sachfremden Erwägungen leiten lässt und die wesentliche Gesichtspunkte nicht berücksichtigt, zu korrigieren, darf und muss aber die **Wahl unter mehreren sachgerechten Lösungen** der Vorinstanz überlassen (BGE 135 II 296 E. 4.4.3; BVGE 2010/19 E.4.2, 2009/64 E. 5.3). Die Beschwerdeinstanz darf und muss seine Kognition einschränken, ohne dass damit der Tatbestand einer formellen Rechtsverweigerung im Sinne von Art. 29 Abs. 1 BV gegeben wäre (BGE 135 II 384 E. 2.2.2, 135 II 296 E. 4.4.3, 132 II 257 E. 3.2, 131 II 680 E. 2.3.2). Eine derartige Zurückhaltung (der Gerichte) verstösst auch nicht gegen die **Rechtsweggarantie gemäss Art. 29a BV** bzw. gegen den Anspruch auf einen Entscheid durch ein Gericht gemäss **Art. 6 Ziff. 1 EMRK** (BGE 132 II 257 E. 3.2, 132 II 485 E. 1.2).

11. **Ermessen:** Bei der **Ermessensausübung** respektieren die Beschwerdeinstanzen, 1542
selbst wenn ihnen eine Ermessenskontrolle zukommt, einen gewissen Beurteilungsspielraum der Vorinstanzen, wenn die Ermessensausübung hoch stehende, spezialisierte technische oder wissenschaftliche Kenntnisse erfordert (BGE 135 II 296 E. 4.4.3, 133 II 35 E. 3, 128 V 159 E. 3b/cc; BVGE 2010/25 E. 2.4.1). Der Ermessensspielraum, welcher den Behörden infolge Einräumung von Ermessen zukommt, darf allerdings nicht nach Belieben wahrgenommen werden, sondern ist **«pflichtgemäss»**, das heisst unter Berücksichtigung der rechtsstaatlichen Grundsätze auszunützen (BGE 129 I 232 E. 3.3, 122 I 267 E. 3b; BVGer vom 3. Jan. 2011, A-2684/2010, E. 5.4.3). Dabei hat die Behörde neben den rechtsstaatlichen Grundsätzen immer auch Sinn und Zweck der gesetzlichen Ordnung zu beachten (BGE 122 I 267 E. 3b; BVGer 8. Sept. 2010, B-1181/2010, E. 3.1) und darf nicht schematisch ohne Berücksichtigung der konkreten Umstände des Einzelfalles entscheiden (vgl. BGE 133 II 35 E. 3; BVGer vom 10. Okt. 2008, A-2660/2008, E. 2.3).

II. Rechtsgleichheit

1. Rechtsgleichheit in der Rechtssetzung

a) Begriff

Nach der von ARISTOTELES geprägten Formel ist **Gleiches nach Massgabe seiner** 1543
Gleichheit gleich (Gleichbehandlungsgebot), Ungleiches nach Massgabe seiner Ungleichheit ungleich (Differenzierungsgebot) zu behandeln (BGE 136 I 1 E. 4.1, 136 I 297 E. 6.1, 136 V 195 E. 7.5, 135 V 215 E. 6.1, 135 V 361 E. 5.4.1, 134 I 23 E. 9.1, 132 I 157 E. 4.1, 131 I 1 E. 4.2, 131 I 91 E. 3.4, 131 I 313 E. 3.2, 129 I 1 E. 3, 125 I 173 E. 6b, 124 I 289 E. 3b, 122 II 113 E. 2b, 121 II 198 E. 4a, 118 Ia 1 E. 3a). Das Gebot der Rechtsgleichheit ist demnach **verletzt**, wenn hinsichtlich einer **entscheidwesentlichen, vergleichbaren Tatsache** rechtliche Unterscheidungen getroffen werden, für die ein vernünftiger Grund in den zu regelnden Verhältnissen nicht ersichtlich ist, oder wenn Unterscheidungen unterlassen werden, die sich aufgrund der Verhältnisse geradezu aufdrängen, demzufolge Gleiches nicht nach Massgabe seiner Gleichheit gleich oder Ungleiches nicht nach Massgabe seiner Ungleichheit ungleich behandelt wird (BGE 137 I 167 E. 3.5, 136 I 17 E. 5.3, 136 I 297 E. 6.1, 136 II 120 E. 3.3.2, 136 V 195 E. 7.5, 136 V 231 E. 6.1, 135 V 361 E. 5.4.1, 134 I 23 E. 9.1, 133 V 569 E. 5.1, 131 I 91 E. 3.4; BVGE 2011/13 E. 8.2.5).

Praxis:

1544 – **Erhebung einer Beleuchtungsabgabe von Grundstückseigentümern im näheren Umkreis einer Strassenlampe:** Die Abgabe wird nicht von allen Grundeigentümern bzw. nicht voraussetzungslos erhoben, sondern bleibt gemäss ihrer Ausgestaltung im kommunalen Reglement auf jene (überbauten) Grundstücke beschränkt, welche aufgrund ihrer Distanz zu Lampen der öffentlichen Strassenbeleuchtung von dieser tatsächlich profitieren und insofern in den Genuss eines individuell zurechenbaren konkreten Vorteils kommen. Die Beschwerdeführer rügen eine Verletzung der Rechtsgleichheit und stützen sich in erster Linie auf das Bundesgerichtsurteil betr. die baselstädtische Strassenreinigungsabgabe (BGE 124 I 289 ff.). Vorliegend geht es um die Frage, ob die Kosten für Unterhalt und Betrieb öffentlicher Verkehrswege durch Sonderabgaben zu einem gewissen Teil den Eigentümern anstossender Grundstücke auferlegt werden dürfen. In Bezug auf die Aufwendungen für die Strassenreinigung wurde dies in BGE 124 I 289 ff. verneint, weil die Grundeigentümer als Personengruppe aus der Strassenreinigung keinen grösseren Nutzen ziehen als die übrige Bevölkerung, welche die öffentlichen Wege in gleichem Masse benützt, und weil die Abgabe aufgrund ihrer Ausgestaltung auch nicht darauf ausgerichtet war, die Kosten für die Beseitigung der von den anstossenden Grundstücken ausgehenden Verschmutzung abzugelten. Vorliegend hat zwar die Strassenbeleuchtung für gewisse Grundstücke einen fassbaren Vorteil, indem der Eingang zur Liegenschaft beleuchtet wird, was dem Eigentümer den Betrieb einer eigenen Beleuchtung ersparen oder zur Sicherheit des Grundstückes und seiner Bewohner beitragen kann. Gesamthaft betrachtet handelt es sich dabei aber um einen nebensächlichen Effekt. Die Strassenbeleuchtung wird in erster Linie aus Gründen der Verkehrssicherheit errichtet. Sie gehört heute im Innerortsbereich zur ordentlichen Ausstattung öffentlicher Strassen und dient der Sicherheit aller Benützer dieser Verkehrswege bzw. des öffentlichen Raumes. Die Kosten für die Erstellung, den Unterhalt und den Betrieb der Beleuchtung öffentlicher Strassen werden dementsprechend regelmässig vom zuständigen Gemeinwesen getragen. Als Verkehrsteilnehmer bzw. Benützer einer öffentlichen Sache im Gemeingebrauch bilden die Eigentümer der anstossenden Grundstücke keine Personengruppe, die von der Strassenbeleuchtung besonders profitiert, sodass die entsprechende Differenzierung gerechtfertigt wäre. Nach dem Gesagten verstösst die Beleuchtungsabgabe in der der Regelung der Einwohnergemeinde Bern zugrunde liegenden Konzeption mangels eines massgeblichen Sondervorteils der abgabepflichtig erklärten Grundeigentümer gegen das Rechtsgleichheitsgebot (BGE 131 I 313 E. 3.5; vgl. auch BGE 131 I 1 E. 4.4: Es ist mit dem Rechtsgleichheitsgebot nicht vereinbar, ausschliesslich die Grundeigentümer einer Gemeinde für die Instandhaltung und Reinigung des kommunalen Strassennetzes arbeits- und ersatzpflichtig zu erklären).

1545 – **Gesetz zum Schutz vor Passivrauchen und das Rauchen von Shishas:** Die Shisha Bar GmbH betreibt in Bern und Thun je eine Shisha-Bar, worin sie einerseits Getränke, andererseits die Möglichkeit anbietet, vor Ort Wasserpfeifen zu rauchen. Am 10. Sept. 2008 erliess der Grosse Rat des Kantons Bern das Gesetz zum Schutz vor Passivrauchen (SchPG), wonach in öffentlich zugänglichen Innenräumen von Betrieben das Rauchen verboten ist und nur im Freien und in Fumoirs (abgeschlossene Räume mit einer eigenen Lüftung) das Rauchen gestattet bleibt (Art. 8 SchPG). Die Shisha Bar GmbH erhebt Beschwerde in öffentlich-rechtlichen Angelegenheiten. Erwägungen: Bei der Shisha handelt es sich um eine Wasserpfeife arabischen Ursprungs, wobei der Tabak zumeist mit Fruchtaromen oder ähnlichen Geschmacksrichtungen geraucht wird. Vor dem Einatmen wird der Rauch zunächst durch ein sogenanntes Bowl (ein mit Wasser gefülltes Gefäss) gezogen. Der Rauch wird dadurch gefiltert und gekühlt. Um die Shisha entwickelte sich in den letzten Jahrhunderten eine Gemeinschaftskultur, die auch in den Bars der Beschwerdeführerin gepflegt wird. Wie die Volkswirtschaftsdirektion des Kantons Bern in ihrer Vernehmlassung an das Bundesgericht ausführt, ging der kantonale Gesetzgeber davon aus, dass das Gesetz die Bevölkerung vor den schädlichen Folgen des Passivrauchens in allen Formen schützen sollte. Die Volkswirtschaftsdirektion verweist dazu darauf, dass das Rauchen von Wasserpfeifen gemäss verschiedenen Fachinstanzen nicht weniger schädlich ist als das Rauchen von Zigaretten und bezüglich der Einflüsse auf die Gesundheit dem Rauchen gleichzustellen ist bzw. den gleichen Rechtsregeln zu unterwerfen sei. Der bernische Gesetzgeber trug dieser Einschätzung Rechnung. Der Regierungsrat des Kantons Bern hatte dazu ausdrücklich ausgeführt, das Passivrauchen von Tabak, vor dem zu schützen sei, erstrecke sich auch auf Pfeifen, Wasserpfeifen oder Zigarren. Daraus geht hervor, dass das Rauchen von Wasserpfeifen zum Tabakrauchen gehört und dem Geltungsbereich der Gesetzgebung zum Schutz vor Passivrauchen unterstellt ist. Der von der Beschwerdeführerin angerufene Rechtsgleichheitsgrundsatz nach Art. 8 Abs. 1 BV verlangt, dass Gleiches nach Massgabe seiner Gleichheit gleich oder Ungleiches nach Massgabe seiner Ungleichheit ungleich behandelt wird. Der Anspruch auf rechtsgleiche Behandlung wird insbesondere verletzt, wenn hinsichtlich einer entscheidwesentlichen Tatsache rechtliche Unterscheidungen getroffen werden, für die ein vernünftiger Grund in den zu regelnden Verhältnissen nicht ersichtlich ist, oder wenn Unterscheidungen unterlassen werden, die aufgrund der Verhältnisse hätten getroffen werden müssen. Die Beschwerdeführerin sieht eine massgebliche Differenz zwischen ihren Barbetrieben mit einem Angebot von Wasserpfeifen und anderen Gaststätten. Wie bereits dargelegt, gibt es jedoch mit Blick auf die hier wesentliche Frage des Schutzes vor Passivrauchen keine ernsthaften sachlichen Unterscheidungsmerkmale. Vielmehr drängt es sich im Gegenteil angesichts des vergleichbaren Gefährdungspotenzials für die Gesundheit Dritter auf, das Rauchen von Shishas gleichzubehandeln wie dasjenige anderer Tabakwaren. Das Rechtsgleichheitsgebot von Art. 8 Abs. 1 BV ist daher nicht verletzt (BGE 136 I 17 E. 2.4 und E. 5.3).

– **Alimentenbevorschussung; Berücksichtigung der Einkommens- und Vermögensverhältnisse des Konkubinatspartners:** Am 29. Juni 2000 wurde die Ehe zwischen Y und Z geschieden. Der gemeinsame Sohn X wurde unter die elterliche Sorge der Mutter (Y) gestellt. Zugleich wurden Z Unterhaltszahlungen von Fr. 730.– für das Kind und von Fr. 500.– für Y persönlich auferlegt. Seit Nov. 2000 lebt Y mit ihrem Sohn bei ihrem Freund A. Da keine Unterhaltszahlungen geleistet wurden, reichte sie beim Sozialamt der Gemeinde Kirchberg (SG) ein Gesuch um Bevorschussung der Alimente für ihren Sohn ein. Dieses wurde am 12. Feb. 2001 abgelehnt mit der Begründung, das anrechenbare Einkommen beider Konkubinatspartner übersteige die Bevorschussungsgrenze. Sämtliche gegen diese Verfügung erhobenen kantonalen Rechtsmittel blieben erfolglos. Erwägungen: Gemäss Art. 4 Abs. 1 lit. a des kantonalen Gesetzes über Inkassohilfe und Vorschüsse für Unterhaltsbeiträge vom 28. Juni 1979 (GIVU) wird der Kindesunterhaltsbeitrag bevorschusst, wenn das anrechenbare Einkommen das Mindesteinkommen nicht übersteigt. Art. 4bis GIVU hat die Ermittlung des anrechenbaren Einkommens zum Gegenstand. Danach ist anrechenbar das Einkommen des obhutsberechtigten Elternteils, des Konkubinatspartners und des Stiefelternteils. Nach Auffassung des Beschwerdeführers verletzt diese Regelung den allgemeinen Gleichheitssatz gemäss Art. 8 Abs. 1 BV. Der allgemeine Gleichheitssatz garantiert die Gleichbehandlung aller Rechtsunterworfenen durch die staatlichen Organe. Das Differenzierungsgebot verlangt, dass Ungleiches nach Massgabe seiner Ungleichheit ungleich behandelt wird. Das Konkubinat ist kein Institut des Familienrechts; dem Konkubinatspartner stehen keine Unterhalts- und Beistandsansprüche gegen den anderen Partner zu. Vielmehr steht es den Partnern frei, die Beziehungen unter sich durch vertragliche Vereinbarungen zu regeln. Insbesondere hat der Konkubinatspartner keinen Anspruch auf Beistand nach Art. 278 Abs. 2 ZGB. Indessen ist nicht von der Hand zu weisen, dass das Konkubinat gegenüber der Ehe begünstigt wird, wenn die finanziellen Verhältnisse des Stiefelternteils bei der Ermittlung des anrechenbaren Einkommens berücksichtigt werden, diejenigen namentlich des langjährigen Konkubinatspartners jedoch nicht. Diese Umstände lassen die Anrechnung des Einkommens des in einem stabilen Konkubinat lebenden Partners angesichts des dem kantonalen Gesetzgeber eingeräumten Gestaltungsspielraums als vertretbar erscheinen. Verfassungsrechtlich nicht haltbar wäre demgegenüber die Auffassung, jedes Zusammenleben eines Paares rechtfertige es, das Einkommen des Partners anzurechnen. Durch eine derartige Regelung würde den Unterschieden zwischen der Stellung des Stiefelternteils und derjenigen des Konkubinatspartners nicht hinreichend Rechnung getragen. Deshalb würde auch die Statuierung einer nicht widerlegbaren Vermutung, wonach mit dem Bezug einer gemeinsamen Wohnung ein stabiles Konkubinat vorliegt, zu einer unzulässigen Gleichbehandlung von Ungleichem führen. Indessen lässt sich die Vorschrift des Art. 4bis Abs. 1 GIVU, wonach das Einkommen des Partners angerechnet wird, ohne Weiteres so verstehen, dass die Anrechnung ein stabiles Konkubinat voraussetzt. Dies hat das Amt für Soziales des Kantons St. Gallen in An- 1546 lehnung an die bundesgerichtliche Rechtsprechung zum nachehelichen Unterhalt vorgeschlagen; eines der Regelkriterien sei eine bereits längerfristige bzw. mehrjährige tragfähige Beziehung, auf Dauer angelegt. Die Vorinstanz (Versicherungsgericht des Kantons St. Gallen) hat unter Hinweis auf die Materialien festgestellt, nach Ansicht des Gesetzgebers sei es Sache der Rechtsprechung, die Kriterien für das Vorliegen eines Konkubinats festzulegen. Das Konkubinat müsse sich, wenn damit die Folge der Berücksichtigung der finanziellen Verhältnisse des Partners verbunden werden solle, nach aussen hin als bereits gefestigt und auf eine dauerhafte Beziehung ausgerichtet manifestiert haben; es rechtfertige sich aber nicht, erst bei einer Dauer von mindestens fünf Jahren von einer solchen Lebensgemeinschaft auszugehen. Folgerichtig berücksichtigt das Versicherungsgericht im vorliegenden Fall den Umstand, dass der Konkubinatspartner das Kind der obhutsberechtigten Partnerin tatsächlich unterstützt. Darin sieht es ein über die blosse Begründung eines gemeinsamen Haushaltes hinausgehendes Indiz für ein (stabiles) Konkubinat im Sinne des GIVU. Insgesamt erweist sich die der akzessorischen Normenkontrolle zu unterwerfende Bestimmung, soweit die Zulässigkeit der Gleichbehandlung von Stiefelternteil und Konkubinatspartner in Frage steht, als verfassungskonformer Auslegung zugänglich. Damit steht der Anwendung der beanstandeten Norm auf den vorliegenden Fall insoweit nichts entgegen (BGE 129 I 1 E. 3.2.4).

b) Vergleichbarkeit der Sachverhalte

1547 Für die Anwendung des Gleichheitssatzes spielt die **Vergleichbarkeit der Sachverhalte eine beträchtliche Rolle** (BGE 136 I 17 E. 5.3, 136 V 195 E. 7.5, 132 I 157 E. 4.2, 131 I 1 E. 4.2, 129 I 265 E. 3.2, 127 I 185 E. 5, 127 V 448 E. 3b, 123 I 1 E. 6a; vgl. auch unten Rz. 1691 ff. [Gleichbehandlung im Unrecht]). Es genügt dabei, dass die zu **behandelnden Sachverhalte in Bezug auf die relevanten Tatsachen** vergleichbar sind (BGE 131 I 105 E. 3.1, 129 I 113 E. 5.1, 129 I 265 E. 3.2, 125 I 166 E. 2a; VerwG ZH vom 10. Dez. 2008, VB.2008.00406, E. 3.4.3).

1548 Die allenfalls ungerechtfertigte Gleich- bzw. Ungleichbehandlung muss sich mit anderen Worten auf eine **(entscheid-)wesentliche Tatsache** beziehen (BGE 136 I 1 E. 4.1, 131 I 1 E. 4.2, 129 I 1 E. 3, 129 I 265 E. 3.2, 127 I 185 E. 5, 127 V 448 E. 3b, 124 I 297 E. 3b, 123 II 16 E. 6a). Nicht erforderlich ist hingegen, dass die zu vergleichenden Tatsachen in all ihren tatsächlichen Elementen identisch sind (BGE 131 I 105 E. 3.1, 127 I 202 E. 3f/aa, 125 I 166 E. 2a; BVGer vom 3. Jan. 2011, D-1976/2008, E. 5.2; vom 12. April 2010, B-2419/2008, E. 10.1; vom 23. Feb. 2010, B-8186/2008, E. 5.1; vom 5. Mai 2009, D-1930/2009, E. 5.3).

1549 Je unterschiedlicher beispielsweise **Berufe** sind, desto weniger können sie im Hinblick auf eine verpönte Lohnungleichbehandlung überhaupt verglichen werden und desto zurückhaltender ist deshalb auf der Basis dieses Vergleiches eine ungerechtfertigte Ungleichbehandlung abzuleiten (VerwG BE vom 29. Mai 2000, in: BVR 2001 S. 49 E. 2c). Ein grosser Ermessensspielraum des Gesetzgebers besteht insbesondere dann, wenn nicht ein **Vergleich** zwischen verwandten, sondern **zwischen unterschiedlichen Tätigkeiten** zur Diskussion steht. Ob beispielsweise die Arbeit von Ärzten mehr oder weniger wert ist als diejenige von Lehrern, Psychologen, Juristen oder anderen Berufsgattungen, lässt sich nicht nach feststehenden Bewertungskriterien objektiv feststellen, sondern enthält zwangsläufig einen erheblichen Wertungsbereich, dessen Konkretisierung davon abhängt, wie eine bestimmte Tätigkeit von der Gesellschaft bewertet wird (BGE 125 II 385 E. 5b; VerwG ZH vom 6. Dez. 2006, PB.2005.00067, E. 4.3). Ein **Lohnvergleich** setzt demnach voraus, dass sich Berufe in Bezug auf Dauer und Art der Ausbildung, Anforderungen in körperlicher und/oder geistiger Hinsicht und Verantwortung überhaupt vergleichen lassen und zumindest in ihren wesentlichen Elementen übereinstimmen (OG ZH vom 22. Aug. 2006, in: ZR 2007 Nr. 59 E. 3.5).

Demgegenüber gibt es mit Blick auf die Frage des **Schutzes vor Passivrauchen** keine ernsthaften Unterscheidungsmerkmale zwischen dem **Rauchen von Wasserpfeifen und dem Rauchen von anderen Tabakwaren**; vielmehr drängt es sich im Gegenteil angesichts des vergleichbaren Gefährdungspotenzials für die Gesundheit Dritter auf, das Rauchen von Shishas gleichzubehandeln wie dasjenige anderer Tabakwaren (BGE 136 I 17 E. 5.3). Auch verlangt das Rechtsgleichheitsgebot, dass im Hinblick auf **Wasseranschlussgebühren** Ersatzbauten grundsätzlich gleich wie Um- und Erweiterungsbauten zu behandeln sind; wird bei Um- und Erweiterungsbauten bloss eine ergänzende Anschlussgebühr geschuldet, darf bei Ersatzbauten nicht eine volle Gebühr wie bei einem Neuanschluss einer bisher unbebauten Parzelle erhoben werden (BGer vom 8. Nov. 2010, 2C_722/2009, E. 3.4). 1550

Die Verhältnisse sind je nach zu regelndem **Sachbereich unterschiedlich** vergleichbar: Für das **Steuerrecht** beispielsweise ist die **Vergleichbarkeit der wirtschaftlichen Leistungsfähigkeit** in **vertikaler Richtung**, zwischen Personen in verschiedenen finanziellen Verhältnissen, geringer als in **horizontaler Richtung**, bei Personen mit gleicher wirtschaftlicher Leistungsfähigkeit (BGE 124 I 193 E. 3a, 112 Ia 240 E. 4b). Aus dem Prinzip der Besteuerung nach der Leistungsfähigkeit geht nicht direkt hervor, um wie viel die Steuer zunehmen muss, wenn das Einkommen um einen bestimmten Betrag steigt, um unter dem Gesichtswinkel der Leistungsfähigkeit gleichwertige Verhältnisse herzustellen. In dieser Hinsicht kann nicht viel mehr verlangt werden, als dass Steuertarif und Belastungskurve regelmässig verlaufen (BGE 133 I 206 E. 7.2, 132 I 157 E. 4.2, 128 I 240 E. 2.3, 126 I 76 E. 2a). 1551

Im **Markenrecht** ist der Grundsatz der Gleichbehandlung nur mit Zurückhaltung anzuwenden, weil bei Marken selbst geringfügige Unterschiede im Hinblick auf die Unterscheidungskraft von erheblicher Bedeutung sein können (BVGer vom 23. Feb. 2010, B-8186/2008, E. 5.1; vom 26. Feb. 2008, B-1759/2007, E. 9). Im **Strafrecht** ist gemäss Art. 47 StGB das Strafmass individuell nach dem **Verschulden eines Täters** im Rahmen des richterlichen Ermessens festzusetzen. Der Grundsatz der Individualisierung und der dem Sachrichter vom Gesetz bei der Strafzumessung eingeräumte weite Ermessensspielraum führen nach der Rechtsprechung notwendigerweise zu einer gewissen, vom Gesetzgeber in Kauf genommenen Ungleichheit. In diesem Rahmen ist zu beachten, dass selbst gleich oder ähnlich gelagerte Fälle unterschiedlich beurteilt werden, da sie sich massgeblich in zumessungsrelevanten Punkten unterscheiden (BGE 135 IV 191 E. 3.3, 123 IV 150 E. 2a). 1552

Praxis:

- **Einführung einer Tempo-30-Zone auf der Adligenswilerstrasse:** Die Adligenswilerstrasse ist nicht ohne Weiteres vergleichbar mit den von den Beschwerdeführern angeführten andern städtischen Strassen der 1. Klasse, bei denen Tempo 30 bereits eingeführt worden ist. Die betroffenen Siedlungs- und in den letzten Jahren neu entstandenen, angrenzenden Wohngebiete orientieren sich unbestrittenermassen alle Richtung Stadtzentrum, wobei die mit der Adligenswilerstrasse geschaffenen tangentialen Verkehrsbeziehungen von ebenso grosser Wichtigkeit sind wie die rasche Verbindung ins Zentrum. Diese Gebiete haben jeweils nur einen zentralen 1553

Zufahrtsbereich und orientieren sich räumlich nicht direkt zu den jeweiligen Verbindungsstrassen, also den hier in Frage stehenden Strassenabschnitten. Auch insofern ist die Adligenswilerstrasse nicht als siedlungsorientierte Strasse, wie sie in Siedlungskernen als übliche Quartierstrasse vorkommt, zu betrachten, sondern gehört zum übergeordneten Strassennetz der Stadt. Die Adligenswilerstrasse hat die Funktion einer Umfahrungsstrasse und gehört zu den Hauptverkehrsträgern. Der verkehrsorientierte Charakter manifestiert sich auch im Umstand, dass der durchschnittliche tägliche Verkehr (DTV) mehr als 10'000 Fahrzeuge beträgt. Abgesehen davon, dass diesen offenbar jeweils Erschliessungscharakter und damit siedlungsorientierte Funktion zukommt, ist die Einführung einer Tempo-30-Zone ohnehin anhand der jeweiligen örtlichen und räumlichen Verhältnisse und insbesondere des konkreten Bestimmungszwecks der betroffenen Strasse zu beurteilen. Inwiefern die räumlichen Gegebenheiten an der Adligenswilerstrasse identisch bzw. vergleichbar wären mit denjenigen von anderen beispielhaft aufgezählten kommunalen Strassen, legen die Beschwerdeführer nicht ansatzweise dar. Es ist vielmehr gerichtsnotorisch, dass das Strassenraumprofil dieser Strassen bedeutend enger und unübersichtlicher ist als jenes des strittigen Strassenabschnitts und sich somit für die Signalisation einer Temporeduktion allein schon deshalb besser eignet als die breit ausgebaute Adligenswilerstrasse. Somit kann auch keine Rede sein von einer Verletzung des Grundsatzes der Rechtsgleichheit (VerwG LU vom 10. Dez. 2009, in: LGVE 2010 II Nr. 7 E. 6b/bb).

1554 – **Wasseranschlussgebühren:** Werden für die Bemessung der Anschlussgebühr pauschale, liegenschaftsbezogene Faktoren (wie der Gebäudeversicherungswert oder ein Flächen- oder Volumenmass) herangezogen, wird damit regelmässig nicht die gesamte (maximal) mögliche bauliche Ausnützung einer Parzelle berücksichtigt, sondern lediglich auf das tatsächlich errichtete Gebäude bzw. das Ausmass der effektiven Nutzung im Moment des Anschlusses abgestellt. Bei einer derartigen Bemessungsmethode erscheint es daher systemkonform und nach ständiger Rechtsprechung zulässig, für die nachträgliche Erweiterung oder den Umbau einer bereits angeschlossenen (und hiefür bereits mit einer Anschlussgebühr belasteten) Baute eine ergänzende Anschlussgebühr (taxe complémentaire) zu erheben, wenn die massgebenden Vorschriften eine entsprechende Nachforderung vorsehen. Dabei verlangt das Rechtsgleichheitsgebot, dass Ersatzbauten grundsätzlich gleichzubehandeln sind wie Um- und Erweiterungsbauten; wird bei Um- und Erweiterungsbauten bloss eine ergänzende Anschlussgebühr geschuldet, darf bei Ersatzbauten – jedenfalls wenn die Lebensdauer des Gebäudes noch nicht erreicht ist – nicht eine volle Gebühr wie bei einem Neuanschluss einer bisher unbebauten Parzelle erhoben werden (BGer vom 8. Nov. 2010, 2C_722/2009, E. 3.4; vgl. auch VerwG GR vom 21. April 2009, A-08-74, E. 5c: Um- und Erweiterungsbauten sind betr. die Anschlussgebühren für Strom gleichzubehandeln wie Ersatzbauten. Diese Gleichbehandlung drängt sich bereits aus praktischen Gründen auf, da zwischen Um- und Erweiterungsbauten sowie Ersatzbauten oftmals keine scharfe Trennung gemacht werden kann).

1555 – **Zwangsfusion:** Der Grosse Rat des Kantons Wallis beschloss am 16. Sept. 2004 den verbindlichen Zusammenschluss der vier Munizipalgemeinden Ausserbinn, Ernen, Mühlebach und Steinhaus zu einer einzigen Gemeinde. Die Gemeinde Ausserbinn erhebt Beschwerde an das Bundesgericht. Erwägungen: Schliesslich rügt die Beschwerdeführerin eine Verletzung des Rechtsgleichheitsgebotes im Sinne von Art. 8 Abs. 1 BV. Sie macht in dieser Hinsicht insbesondere geltend, dass sie zwangsweise in die Fusion einbezogen worden sei, während die Gemeinde Binn von der Fusion ausgeschlossen blieb und damit selbstständig bleiben könne. Von einer rechtsungleichen Behandlung der Beschwerdeführerin im Vergleich zur Gemeinde Binn kann im vorliegenden Zusammenhang der Zwangsfusion nicht gesprochen werden. Die Situation der beiden Gemeinden unterscheidet sich in verschiedener Hinsicht. Zum einen darf berücksichtigt werden, dass sich die Gemeinde Binn schon seit längerer Zeit gegen jegliche Fusionspläne zur Wehr setzte, während die Gemeinde Ausserbinn dem Vorhaben eines Zusammenschlusses vorerst positiv gegenüberstand und nach einem ersten Scheitern eine Weiterverfolgung des Projektes befürwortete. In geografischer Hinsicht lässt sich die Lage der das ganze hintere Binntal umfassenden Gemeinde Binn mit derjenigen von der am Talausgang gegen das Rhonetal gelegenen Gemeinde Ausserbinn nicht vergleichen. Die Beschwerdeführerin macht ferner nicht geltend, ihre Situation sei etwa hinsichtlich Bevölkerungsanzahl oder der finanziellen Lage mit derjenigen von Binn vergleichbar; insbesondere bringt sie nicht vor, dass mit dem Weiterbestehen von Binn eine Kleinstgemeinde ohne finanzielle Sicherung für die Zukunft aufrechterhalten würde. Schliesslich macht sie auch nicht geltend, dass vor dem Hintergrund der aufgezeigten Bemühungen um den Zusammenschluss von Kleinstgemeinden das Rechtsgleichheitsgebot eine andere Ordnung der kleinen Gemeinden geboten hätte. Bei dieser Sachlage bestehen aus verfassungsrechtlicher Sicht hinreichende sachliche Gründe, die Gemeinden Binn und Ausserbinn im Hinblick auf die angeordnete Zwangsfusion unterschiedlich zu behandeln (BGE 131 I 91 E. 3.4).

– **Eigenmietwertbesteuerung:** Für die Anwendung des Gleichheitssatzes spielt die Vergleichbarkeit der Sachverhalte eine beträchtliche Rolle. Die Vergleichbarkeit in vertikaler Richtung, zwischen Personen in verschiedenen finanziellen Verhältnissen, ist bezüglich der wirtschaftlichen Leistungsfähigkeit geringer als in horizontaler Richtung, bei Personen gleicher wirtschaftlicher Leistungsfähigkeit, wo die Gestaltungsfreiheit des Gesetzgebers entsprechend enger ist. Das Prinzip der Besteuerung nach der wirtschaftlichen Leistungsfähigkeit verlangt aber auch im horizontalen Verhältnis keine absolut gleiche Besteuerung, da auch hier die Vergleichbarkeit beschränkt ist. Der Verfassungsrichter muss sich daher bei der Überprüfung der unvermeidlich nicht vollkommenen gesetzlichen Regelung eine gewisse Zurückhaltung auferlegen, läuft er doch stets Gefahr, neue Ungleichheiten zu schaffen, wenn er im Hinblick auf zwei Kategorien von Steuerpflichtigen Gleichheit erzielen will. Die Gleichbehandlung im horizontalen Vergleich hat das Bundesgericht bei der Eigenmietwertbesteuerung bereits unter verschiedenen Aspekten geprüft, namentlich zwischen Wohneigentümern und Mietern (BGE 131 I 377 ff.), und innerhalb der Eigentümergruppen zwischen selbst- und fremdfinanzierenden Eigentümern (BGE 123 II 9 ff.), zwischen Neuerwerbern und Eigentümern von Altliegenschaften (BGer vom 25. April 1986, A.280/1985), vermietenden und selbstbewohnenden Eigentümern (BGer vom 13. April 1983, P.428/1982) sowie zwischen Selbstnutzungseinkünften (Eigenmiete als Naturaleinkommen) und übrigen Einkünften (BGE 124 I 159 ff.). Aus dem Rechtsgleichheitsgebot von Art. 8 BV wird die Pflicht des Gemeinwesens abgeleitet, bei Wohnungseigentümern den Eigenmietwert zu besteuern. Dieser Eigenmietwert hat grundsätzlich dem Marktmietwert zu entsprechen, er kann auch tiefer festgesetzt werden, darf aber die Grenze von 60% nicht unterschreiten Das Bundesgericht hat sodann verschiedene Gründe angeführt, die bei der Festsetzung des Eigenmietwerts einen Abzug gegenüber dem Marktmietwert zu rechtfertigen vermögen. Genannt wurden wirtschafts- und sozialpolitische Gründe (BGE 124 I 159 E. 2e), die fiskalische Förderung der Eigentumsbildung (BGE 125 I 65 E. 3c, 124 I 159 E. 2h), die geringere Disponibilität in der Nutzung des Eigentums (BGE 116 Ia 321 E. 3g, 123 II 9 E. 4a) oder dass die Selbstnutzung anderer Vermögenswerte auch nicht besteuert wird (BGE 125 I 65 E. 3c, 124 I 193 E. 3a; zum Ganzen BGE 132 I 157 E. 4.2-4.5). 1556

c) *Sachlicher Grund*

aa) Allgemeines

Das Gebot der Rechtsgleichheit ist nicht verletzt, wenn in ihren **entscheidwesentlichen Tatsachen übereinstimmende Sachverhalte unterschiedlich** geregelt werden, sofern diese Ungleichbehandlung von grundsätzlich Gleichem auf einem **sachlichen Grund** beruht (vgl. etwa BGE 136 I 297 E. 6.1, 135 V 361 E. 5.4.1, 134 I 23 E. 9.1, 132 I 157 E. 4.1, 131 V 107 E. 3.4.2, 130 I 65 E. 3.6; BVGer vom 14. Dez. 2010, D-5888/2010, E. 5.2). Dabei kann die Frage, ob eine rechtliche Unterscheidung vergleichbarer Sachverhalte auf einem sachlichen Grund beruht, zu **verschiedenen Zeiten unterschiedlich** beantwortet werden, je nach den herrschenden Anschauungen und Zeitverhältnissen, der gesetzgeberischen Zielsetzung bzw. den durch das Gesetz verfolgten öffentlichen Interessen, der Wahrnehmung der gesellschaftlichen Wirklichkeit sowie deren wertender Beurteilung (BGE 136 I 297 E. 6.1, 134 I 23 1557

E. 9.1, 132 I 68 E. 4.1, 132 I 157 E. 4.1, 131 I 1 E. 4.2, 130 I 65 E. 3.6, 129 I 1 E. 3, 127 I 185 E. 5, 125 I 173 E. 6b, 123 I 1 E. 6a, 122 I 343 E. 4b).

1558 Dem **Gesetzgeber** bleibt ein **weiter Spielraum der Gestaltung**, den das Bundesgericht nicht durch eigene Gestaltungsvorstellungen schmälert (BGE 137 I 167 E. 3.5, 136 I 297 E. 6.1, 134 I 23 E. 9.1, 132 I 157 E. 4.1, 131 V 107 E. 3.4.2, 130 I 65 E. 3.6, 129 I 1 E. 3; vgl. Rz. 1639 ff.). Im Bereich des **Steuerrechts** oder von **Organisations- und Besoldungsfragen** beispielsweise hat sich ein Gericht bei der Überprüfung der unvermeidlich nicht vollkommenen gesetzlichen Regelung eine gewisse Zurückhaltung aufzuerlegen, läuft es doch stets Gefahr, neue Ungleichheiten zu schaffen, wenn es im Hinblick auf zwei Kategorien von Steuerpflichtigen Gleichheit erzielen oder Differenzierungen vornehmen will (BGE 132 I 157 E. 4.2, 128 I 240 E. 2.3, 126 I 76 E. 2a, 123 I 1 E. 6b). Aufgrund der **föderalistischen Staatsstruktur der Schweiz** verletzt ausserdem eine unterschiedliche Regelung der gleichen Materie in verschiedenen Kantonen oder Gemeinden das Rechtsgleichheitsgebot nicht (BGE 133 I 249 E. 3.4, 125 I 173 E. 6d).

Praxis:

1559 – **Einwohner verschiedener Kantone** dürfen bezüglich der Hundehaltung verschiedenen Regeln unterworfen werden (BGE 133 I 249 E. 3.4). Unzulässig ist gemäss Art. 37 Abs. 2 BV hingegen, Einwohner einer Gemeinde oder eines Kantons allein aufgrund des Bürgerrechts verschieden zu behandeln (BGE 132 I 68 E. 3.1, 122 I 209 E. 4).

1560 – Eine gänzlich **undifferenzierte Behandlung von Grau-** (Fahren mit einem lediglich in der zweiten Klasse gültigen Fahrschein in der ersten Klasse) **und Schwarzfahrern** (Fahren ohne Fahrschein) ist rechtsungleich und verstösst gegen Bundesrecht, weil offensichtlich sachliche Gründe ersichtlich sind, zwischen Grau- und Schwarzfahrern zu differenzieren (BGE 136 II 457 E. 7).

1561 – Das hauptsächlich aus Niederschlag bestehende **Fremdwasser** ist in der Regel unverschmutzt, sodass auch bei der an sich unerwünschten Einleitung in die Kanalisation nur geringfügige Betriebskosten entstehen. Es unterscheidet sich damit wesentlich vom **Schmutzwasser**. Das Bundesgericht verlangt deswegen, dass für verschmutztes und unverschmutztes Abwasser unterschiedliche Verteilungsschlüssel vorzusehen sind. Es ist nicht zulässig, die Gebühren für die Beseitigung der beiden Abwasserarten nach dem gleichen mengenmässigen Tarif zu bestimmen, ausser die Kosten für die Fremdwasserbeseitigung würden einen vernachlässigbaren Anteil des Gesamtaufwands ausmachen. Vorliegend entsprechen die Kosten für die Fremdwasserbeseitigung rund einem Viertel des gesamten Aufwandes für die kommunale Abwasserbeseitigung. Ein Anteil in dieser Grössenordnung darf bei der Kostenverteilung nicht vernachlässigt werden (BGer vom 26. Okt. 2010, 2C_275/2009, E. 6.2 [in BGE 137 I 107 ff. nicht publ. E.]).

1562 – Gemäss dem **Gesetz zum Schutz vor Passivrauchen** des Kanons Bern (SchPG) ist in öffentlich zugänglichen Innenräumen von Betrieben das Rauchen verboten und nur im Freien und in Fumoirs (abgeschlossene Räume mit einer eigenen Lüftung) gestattet (Art. 8 SchPG). Das Rauchen von **Wasserpfeifen** ist gemäss verschiedenen Fachinstanzen nicht weniger schädlich als das Rauchen von Zigaretten und bezüglich der Einflüsse auf die Gesundheit dem Rauchen gleichzustellen bzw. den gleichen Rechtsregeln zu unterwerfen. Mit Blick auf die hier wesentliche Frage des Schutzes vor Passivrauchen gibt es keine ernsthaften sachlichen Unterscheidungsmerkmale. Vielmehr drängt es sich im Gegenteil angesichts des vergleichbaren Gefährdungspotenzials für die Gesundheit Dritter auf, das Rauchen von Shishas gleichzubehandeln wie dasjenige anderer Tabakwaren. Das Rechtsgleichheitsgebot von Art. 8 Abs. 1 BV ist daher nicht verletzt (BGE 136 I 17 E. 5.3).

- Es verstösst gegen das Rechtsgleichheitsgebot, allein die **Grundstücke entlang dem neuen Strassenstück in den Perimeter** für die Erhebung von Strassenbeiträgen einzubeziehen, wenn die Parzellen entlang der alten Strasse, die bisher ebenfalls keine genügende Feinerschliessung aufweisen, von der neuen Strasse nicht wesentlich weniger profitieren als die direkt an ihr gelegenen Parzellen, wobei offengelassen werden kann, ob der vorliegend besonderen Situation allenfalls durch Schaffung unterschiedlicher Beitragsklassen Rechnung zu tragen ist (BGer vom 25. Feb. 2011, 2C_665/2009, E. 5.5). 1563
- **Gleichwertige Arbeit** darf **ungleich entlöhnt** werden, wenn sich die für die Besoldungshöhe relevanten **Anknüpfungspunkte** vernünftig (sachlich) begründen lassen. Neben der Qualität der geleisteten Arbeit werden in der Gerichtspraxis Motive wie Alter, Dienstalter, Erfahrung, Familienlasten, Qualifikation, Art und Dauer der Ausbildung, Arbeitszeit, Leistung, Aufgabenbereich oder übernommene Verantwortlichkeit als sachliche Kriterien zur Festlegung der Besoldungsordnung erachtet (BGE 131 I 105 E. 3.1, 123 I 1 E. 6c; BGer vom 25. Nov. 2011, 8C_372/2011, E. 2.1; vom 23. März 2011, 8C_199/2010, E. 6.2). 1564
- Das in der Wirtschaftsfreiheit enthaltene Gebot der **Gleichbehandlung direkter Konkurrenten** geht weiter als das allgemeine Rechtsgleichheitsgebot nach Art. 8 Abs. 1 BV (BGE 125 I 431 E. 4b/aa). Eine absolute Gleichbehandlung direkter Konkurrenten wird hingegen nicht verlangt. Unterscheidungen sind zulässig, sofern sie objektiven Kriterien entsprechen und nicht systemwidrig sind (BGE 132 I 97 E. 2.1). Aus kulturpolitischen Gründen darf der Zirkus Knie gegenüber dem Zirkus Gasser bei der Vergabe von Bewilligungen für die Benützung von öffentlichem Grund im gesteigerten Gemeingebrauch bevorzugt behandelt werden, solange sich die Bevorzugung als verhältnismässig erweist (BGE 121 I 279 E. 6b und E. 6c). 1565
- Kein vernünftiger Grund ist dafür ersichtlich, dass **privatrechtlich angestelltes Teilzeitpersonal** eines Stadttheaters nicht denselben Anspruch auf Ferien hat wie öffentlich-rechtlich angestelltes Teilzeitpersonal (OB SH vom 25. Feb. 2005, in: AB 2005 S. 81 E. 2c). 1566
- In einem kantonalen Erbschafts- und Schenkungssteuergesetz darf der Begriff der **«gefestigten Lebensgemeinschaft»** anders definiert werden als im Sozialhilferecht, da sich die Differenzierung auf zwei unterschiedliche Regelungsbereiche mit je unterschiedlicher Zwecksetzung bezieht (BGer vom 19. Juli 2010, 8C_196/2010, E. 5.3 und E. 5.4). 1567
- Aufgrund genetischer Merkmale (insb. Beisskraft) dürfen **potenziell gefährliche Hunde verboten** werden; ein gänzliches Verbot verfolgt darüber hinaus auch ein legitimes Ziel (Sicherheitsbedürfnis der Bevölkerung), welches bis zu einem gewissen Grad bei der Differenzierung zwischen verschiedenen Hunderassen mitberücksichtigt werden darf (BGE 136 I 1 E. 4.2, 132 I 7 E. 4). 1568
- Es ist zulässig, dass die **Erwerbsersatzordnung** den Erwerbstätigen nur Personen gleichstellt, die glaubhaft machen, dass sie eine Erwerbstätigkeit von **längerer Dauer** aufgenommen hätten, wenn sie nicht in den Militärdienst eingerückt wären (BGer vom 10. Juni 2010, 9C_364/2009, E. 6). 1569
- Die **Signalisation «Radio-Verkehrsinformationen»** auf Signaltafeln auf dem schweizerischen Nationalstrassennetz darf Sendern mit nationalem Programm vorbehalten werden. Damit soll sichergestellt sein, dass Verkehrsinformationen mit gleichbleibender Qualität gesamtschweizerisch empfangen werden können, was ein zulässiger Grund für eine Differenzierung zwischen Sendern mit nationalem und regionalem Programm darstellt (BVGer vom 28. April 2010, A-7778/2009, E. 4.2). 1570
- Der unterschiedliche Status und damit einhergehend unterschiedliche Verpflichtungen zwischen (gewählten) **Hauptlehrkräften** und **Lehrbeauftragten** kann zu einer unterschiedlichen Besoldung von bis zu 12 % führen, auch wenn hinsichtlich Ausbildung, Berufserfahrung und Aufgabenbereich keine wesentlichen Unterschiede bestehen, weil die Wahl zum Hauptlehrer eine entsprechende Qualifikation voraussetzt und diese Funktion in der Regel auch mit bestimmten zusätzlichen administrativen Aufgaben verbunden ist. Es gilt im öffentlichen Dienstrecht als zulässig, die Differenzierung anhand typischer genereller Merkmale und nicht oder nicht primär anhand der individuellen Leistung oder dem konkreten Einsatz des Angestellten 1571

vorzunehmen (BGE 121 I 102 E. 4d; VerwG ZH vom 14. Mai 2008, PB.2008.00005, E. 4.1.2; vom 6. Dez. 2006, PB.2005.00067, E. 4.3).

1572 – Es ist mit dem Rechtsgleichheitsgebot nicht vereinbar, ausschliesslich die **Grundeigentümer** einer Gemeinde für die **Instandhaltung und Reinigung des kommunalen Strassennetzes** arbeits- bzw. (subsidiär) ersatzabgabepflichtig zu erklären. Das Rechtsgleichheitsgebot wird dadurch verletzt, dass vorliegend innerhalb des erfassten Kreises der Grundeigentümer für das Mass der Belastung keine Differenzierungen vorgesehen sind. Es wäre unzulässig, den Eigentümer einer kleinen unüberbauten (bzw. unerschlossenen oder unüberbaubaren) Parzelle gleich stark zu belasten wie etwa den Eigentümer eines viele Wohnungen umfassenden Mietshauses oder eines verkehrsintensiven Gewerbebetriebes (BGE 131 I 1 E. 4.5; ferner BGE 138 II 111 E. 5.4.4 [Abfallgrundgebühr für Gebäudeeigentümer], 137 I 257 E. 6 [Pauschalgebühr für die Finanzierung der Entsorgung von Siedlungsabfällen], BGE 131 I 313 E. 3.5 [Beleuchtungsgebühr], 124 I 289 E. 3e [Strassenreinigungsabgabe]; vgl. auch VerwG ZH vom 21. Okt. 2009, VB.2009.00286, E. 4.2 [Unterhalt von Genossenschaftswegen]).

1573 – Nach **Art. 7 Abs. 1 FamZV** werden keine Familienzulagen ausgerichtet für Kinder mit Wohnsitz in einem Staat, mit welchem die Schweiz kein entsprechendes Sozialversicherungsabkommen abgeschlossen hat. Diese Regelung hält vor Art. 8 Abs. 1 BV stand. Aus dem Gebot der Rechtsgleichheit lässt sich nicht ableiten, dass staatsvertraglich begründete Sonderstellungen auf andere Staaten bzw. auf Angehörige anderer Staaten bei entsprechenden objektiven Bedingungen ausgedehnt werden müssten (BGE 136 I 297 E. 6.2; vgl. auch BGer vom 15. Sept. 2004, 2P.220/2004, E. 2.4).

1574 – Eine **Differenzierung nach verschiedenen Arten von Demonstrationen** (in casu kleine und grosse) im Hinblick auf den zu organisierenden Sicherheitsdienst ist aus Sicht der Rechtsgleichheit nicht erforderlich. Auch kleine Kundgebungen können Schutzmassnahmen erfordern. Umgekehrt sind grosse Demonstrationen vorstellbar, bei denen für die Behörde wenig Handlungsbedarf besteht. Die Regelung der Stadt Thun, welche – abgesehen von spontanen Kundgebungen – für sämtliche Demonstrationen eine Bewilligung bwz. einen von den Organisatoren zu stellenden Sicherheitsdienst verlangt, ist sachlich begründet (VerwG BE vom 13. Feb. 2008, in: BVR 2009 S. 193 E. 5.6; dazu auch BGer vom 17. März 2009, 1C_140/2008).

1575 – Aus dem Gedanken der Wohneigentumsförderung und der Notwendigkeit einer Wohnung hat das Bundesgericht abgeleitet, dass eine unterschiedliche Besteuerung des **Eigenmietwerts** von **Erst- und Zweitwohnungen** bzw. eine Unterscheidung zwischen Eigentümern, die ihre Liegenschaft als Hauptwohnsitz nutzen, und Zweitwohnungseigentümern, zulässig ist. Wenn der Kanton Glarus demnach die beiden Eigentümergruppen nicht gleichbehandelt, so verstösst er damit nicht gegen das Rechtsgleichheitsgebot, denn die Unterscheidung beruht auf vernünftigen Gründen, auf die sich im Übrigen auch der Bundesgesetzgeber beim Erlass des Wohnbau- und Eigentumsförderungsgesetzes gestützt hat (BGE 132 I 157 E. 4 und E. 5).

1576 – Aus dem Rechtsgleichheitsgebot nach Art. 8 BV wird die Pflicht des Gemeinwesens abgeleitet, bei Wohnungseigentümern den **Eigenmietwert** zu besteuern. Dieser Eigenmietwert hat grundsätzlich dem Marktmietwert zu entsprechen, er kann hingegen aus Gründen der Wohneigentumsförderung auch tiefer festgesetzt werden, darf aber die Grenze von 60 % nicht unterschreiten (BGE 132 I 157 E. 4.2-4.4).

1577 – Es fehlt ein sachlicher Grund, **Um- und Erweiterungsbauten** betr. die Anschlussgebühren für Strom anders zu behandeln als **Ersatzbauten** und nur für Erstere eine ergänzende Gebühr vorzusehen, während für Ersatzbauten wie für erstmals angeschlossene Bauten jeweils immer die volle Anschlussgebühr zu entrichten ist. Diese Gleichbehandlung drängt sich bereits aus praktischen Gründen auf, da zwischen Um- und Erweiterungsbauten sowie Ersatzbauten oftmals keine scharfe Trennung gemacht werden kann (VerwG GR vom 21. April 2009, A-08-74, E. 5c; vgl. auch BGer vom 8. Nov. 2010, 2C_722/2009, E. 3.4 [Wasseranschlussgebühren]).

1578 – Im Bereich der **Nutzung der Regalrechte** (Bergregal) kann der **Wohnsitz** zum Ausgangspunkt einer rechtlichen Unterscheidung gemacht werden und es können Auswärtige von der Nutzung gänzlich ausgeschlossen werden. Der Ausschluss ist ein sachliches Mittel, um der Gefahr der Übernutzung beispielsweise eines Bergregals zu begegnen (VerwG GR vom 3. Juli 2008, U-08-32, E. 3b). Es ist auch zulässig, die Erteilung eines Fischerei-Saisonpatents auf Ausländer mit Niederlassungsbewilligung zu beschränken und Ausländer mit anderen Aufenthaltstiteln auszuschliessen (BGer vom 7. Nov. 2003, 2P.142/2003, E. 3.3).

- Es ist verfassungsrechtlich zulässig, die in einem **Gemeinwesen Niedergelassenen** (in casu Zirkus Basilisk) hinsichtlich der **Benützung von öffentlichen Sachen im gesteigerten Gemeingebrauch** besser zu stellen als Auswärtige; wirtschafts- oder gewerbepolitische Gründe stellen sachliche Gründe dar, selbst wenn sie im Schutzbereich von Art. 27 BV verpönt sind (BGE 121 I 279 E. 5c, 100 Ia 287 E. 3b). 1579
- Es ist verfassungsrechtlich zulässig, **Anschlussgesuche an das elektrische Verteilnetz ausserhalb der Bauzonen** abzuweisen, soweit es sich nicht um zonenkonforme Bauten handelt, obwohl unbestritten ist, dass sich diese unter erschliessungsmässigen Gesichtspunkten in einer vergleichbaren Lage wie andere (zonenkonforme) Bauten befinden (BGE 127 I 49 E. 3d). 1580
- Es liegen sachliche Gründe vor, **Begutachtungen komplexer Problemstellungen oder Risiken** (in casu bei schweren Gewalt- und Sexualstraftaten, bei der Anordnung oder Überprüfung einer Verwahrung oder stationären Massnahme oder wenn aufgrund der Aktenlage Anzeichen für eine besondere oder erhöhte Gemeingefährlichkeit der zu begutachtenden Person bestehen) **auf psychiatrische Fachärzte zu beschränken** und diesbezüglich zwischen psychiatrischen Fachärzten und nichtärztlichen Psychotherapeuten zu differenzieren (BGer vom 9. Aug. 2011, 2C_121/2011, E. 4.5.5). 1581
- Der sogenannte **Unfreiwilligkeitszuschlag**, welche den Gegenwert für affektive Bindungen des Eigentümers an sein Hab und Gut bilden sollen und formell Enteigneten zukommt, hat zur Folge, dass diesen eine höhere Entschädigung zukommt als jenen, die sich einer Planungsmassnahme gegenübersehen und lediglich materiell enteignet werden. Für eine derartige Ungleichbehandlung fehlen sachliche Gründe und sie verstösst gegen das Rechtsgleichheitsgebot (BGE 127 I 185 E. 5). 1582

bb) Wohnsitz

1583 Eine unterschiedliche Behandlung nach dem **Wohnsitz** ist dann gerechtfertigt, wenn der Wohnsitz angesichts des Zweckes, den die betreffende Regelung verfolgt, ein sachliches Kriterium darstellt (BGE 119 Ia 123 E. 3b). Ein Kanton darf für die **Ausübung von Jagd und Fischerei** von nicht im Kanton wohnhaften Bewerberinnen und Bewerbern höhere Taxen verlangen als von (eigenen) Kantonseinwohnern oder die in einem anderen Kanton wohnhaften Bewerberinnen und Bewerber von der Ausübung der betreffenden Tätigkeit überhaupt ausschliessen. Diese Ungleichbehandlung von an und für sich Gleichem rechtfertigt sich aufgrund der Überlegung, dass die Nutzung des in einem Gebiet vorhandenen Wild- und Fischbestandes in erster Linie den Angehörigen und Steuerzahlern des betreffenden Gemeinwesens zustehen soll (BGE 119 Ia 123 E. 2b; BGer vom 7. Nov. 2003, 2P.142/2003, E. 3.3). Als unzulässig wurde hingegen erachtet, von im Kanton niedergelassenen Ausländern, die als solche gemäss der kantonalen Regelung zur Jagd zugelassen waren, höhere Gebühren als für schweizerische Kantonseinwohner zu verlangen (BGE 114 Ia 8 E. 3b; zum Ganzen auch BGer vom 7. Nov. 2003, 2P.142/2003, E. 3.3).

1584 Der Zugang **zum Verwaltungsvermögen** kann dem **ordentlichen Benutzerkreis** vorbehalten werden (z.B. Schülerinnen und Schüler der städtischen Schule; vgl. BGer vom 1. Dez. 2003, 2P.54/2003, E. 3.4 [Teilnahme an ausserschulischen Aktivitäten]); seine **ausserordentliche Nutzung** darf auf Personen beschränkt werden, die im betreffenden Gemeinwesen wohnen (BGE 100 Ia 287 E. 3) oder ordentliche Benutzer der betreffenden Anstalt sind (BGer vom 1. Dez. 2003, 2P.54/2003, E. 3.4). Auch zulässig ist es, bei Polizeibeamten mit ausserkantonalem Wohnsitz die Inkonvenienzenentschädigung zu kürzen, da diese weniger Belastungen und Beanspruchungen durch das Umfeld ausgesetzt sind als Beamte mit Wohnsitz im betreffenden Kanton (BGer vom 12. Juli 2005, 2P.205/2004, E. 3.3). Ferner darf von Schülern, die im betreffenden Kanton keinen Wohnsitz haben, ein Schulgeld erhoben werden; dabei ist nicht auf den steuerrechtlichen, sondern auf den zivilrechtlichen Wohnsitz abzustellen (VerwG ZH vom 7. Jan. 2008, VB.2007.00332, E. 3.2.5).

Praxis:

1585 – **Schwimmbadbenützung:** Die Primarschulgemeinde Küsnacht (Kanton Zürich) betreibt im Rahmen ihrer Schulanlage «Heslibach» in Küsnacht ein Kleinhallenbad. Dieses Kleinhallenbad ist, wenn es nicht von den Schulen der Gemeinde beansprucht wird, auch der Öffentlichkeit zugänglich. In der Benützungsordnung legt der Gemeinderat fest, dass nur die Einwohner von Küsnacht Zutritt zum Bad haben (Badeordnung Art. 1 Abs. 1 Satz 1). Gestützt auf diese Bestimmung wurde Dr. Allemann, der in Herrliberg wohnt, als er das Kleinhallenbad während der allgemeinen Öffnungszeit benützen wollte, vom Aufsichtspersonal abgewiesen. Erwägungen: Die Benützung einer Anstalt setzt regelmässig eine Zulassung voraus. Die Zulassung kann sehr formlos erfolgen und an keine besonderen Voraussetzungen geknüpft sein (z.B. Anmeldung und Registrierung als Bibliotheksbenützer, Zahlung einer Eintrittsgebühr bei Museen und Schwimmbädern). Oft verlangt aber die Art der Institution (z.B. höhere Schule) oder ihre beschränkte Kapazität (Schwimmbad, Sportanlage, Altersheim) eine gewisse Begrenzung des möglichen Benützerkreises. Es ist grundsätzlich Sache des Anstaltsträgers, die Benützungsordnung und die Zulassungsbedingungen festzulegen. Die Einrichtungen einer Gemeinde sind in der Regel nach ihrer Grösse und Aufnahmekapazität auf die Bedürfnisse der Einwohnerschaft zugeschnitten. Wenn zur Vermeidung eines übermässigen Andranges und unangenehmer Wartezeiten die Benützung eines Kleinhallenbades den Gemeindeeinwohnern, welche die Steuerzahler des die Institution tragenden Gemeinwesens sind, vorbehalten wird, so bedeutet dies keine Rechtsungleichheit. Aus Art. 4 aBV lässt sich nicht ableiten, dass eine Gemeinde als Trägerin einer öffentlichen Anstalt verpflichtet ist, deren Benützung jedermann – d.h. auch auswärtigen Interessenten – zu gestatten. Die Begrenzung des Benützerkreises auf Gemeindeeinwohner verletzt Art. 4 aBV folglich nicht. Zwar erscheint in dieser Beziehung eine gewisse interkommunale Grosszügigkeit und Solidarität als wünschenswert. In einer bevölkerungsdichten Agglomeration kann aber einer Gemeinde nicht zugemutet werden, dass sie die auf die Bedürfnisse ihrer Einwohner zugeschnittenen Anstalten ohne Weiteres auch Auswärtigen, insbesondere den Bewohnern benachbarter Gemeinden, öffnet und damit einen übermässigen Andrang in Kauf nimmt, zum Nachteil der Gemeindeeinwohner, für welche die Institutionen eigentlich bestimmt sind. Der sachlich begründete, einer vernünftigen Begrenzung des Benützerkreises dienende Ausschluss Auswärtiger von der Benützung kommunaler Anstalten ist nicht verfassungswidrig. Eine Gemeinde, die das Risiko der Überfüllung einer kommunalen Anstalt durch die Zulassung Auswärtiger nicht in Kauf nimmt, sondern zum Schutze der Gemeindeeinwohner den Benützerkreis von vornherein auf Personen mit engeren Beziehungen zur Gemeinde (Einwohner und Bürger) beschränkt, trifft auf jeden Fall nicht eine Unterscheidung, die vor Art. 4 aBV nicht haltbar ist, sondern bleibt mit dieser Benützungsordnung im Rahmen des verfassungsrechtlich Zulässigen (BGE 100 Ia 287 E. 3b).

1586 – **Unterschiedliche Ausgestaltung des Jagdsystems sowie der Höhe der Jagdpatentgebühren je nach Wohnsitz:** Das revidierte Jagd, Wild- und Vogelschutzgesetz des Kantons Bern (Jagdgesetz, GJV) sieht vor, dass den Bewerbern mit Wohnsitz ausserhalb des Kantons ein Jagdpatent jeweils nur für das gesamte Kantonsgebiet zu erteilen und die Möglichkeit der Patenterteilung nur für einen einzelnen Jagdkreis den im Kanton wohnhaften Bewerbern vorbehalten ist (Art. 19 Abs. 4 GJV). Als Träger des Jagdregals kann der Kanton über das Recht zur Ausübung der Jagd grundsätzlich frei verfügen und diese Verfügungsmacht auch fiskalisch nutzen; er legt das Jagdsystem fest und bestimmt die Voraussetzungen für die Jagdberechtigung. Entscheidet er sich für das System der Patentjagd, so ist er bei der Umschreibung der Patentberechtigung und der damit verbundenen Abgaben nicht an jene Schranken gebunden, die für Polizeibewilligungen gelten. Der Kanton darf, ausgehend von der Überlegung, dass die Nutzung des in seinem Gebiet vorhandenen Wildbestandes in erster Linie den Angehörigen und Steuerzahlern dieses Gemeinwesens vorbehalten sein soll, von nicht im Kanton wohnhaften Bewerbern eine höhere Taxe verlangen als von Kantonseinwohnern oder auswärts Wohnende vom Bezug des Patentes überhaupt ausschliessen. Aufgrund dieser für die Nutzung von Regalrechten geltenden besonderen Ausgangslage lässt sich die von den Beschwerdeführern angefochtene Regelung von Art. 19 Abs. 4 GJV verfassungsrechtlich nicht beanstanden. Die Beschwerdeführer verlangen sodann die Streichung von Art. 20 GJV nF mit der Begründung, es sei rechtsungleich und willkürlich, Personen mit Wohnsitz in einem andern Kanton bzw. im Ausland mit der dreifachen bzw. vierfachen Patentgebühr zu belasten. Auch diese Einwendungen dringen nicht durch. Da die Ausübung der Jagd, wie bereits ausgeführt, vorzugsweise den Kantonseinwohnern vorbehalten werden darf, ist es zulässig, von ausserhalb des Kantons wohnenden Bewerbern höhere Patentgebühren zu verlangen; hierin liegt nach dem Gesagten keine Verletzung des Gleichbehandlungsgebotes. Eine solche Mehrbelastung auswärts wohnender Bewerber ist selbst dann zulässig, wenn diese das Heimatbürgerrecht des betreffenden Kantons besitzen. Massgebender Anknüpfungspunkt kann im vorliegenden Zusammenhang nur der Wohnsitz bzw. die Niederlassung sein. Unstatthaft erscheint daher eine Differenzierung zwischen Kantonseinwohnern mit Schweizer Bürgerrecht und im Kanton niedergelassenen Ausländern, wie sie das hier angefochtene Gesetz in seiner bisherigen Fassung vorsah. Die in Art. 20 GJV bezüglich der Gebührenbemessung getroffene Unterscheidung zwischen auswärtigen Bewerbern mit Wohnsitz in der Schweiz (d.h. in einem andern Kanton) und solchen mit Wohnsitz im Ausland lässt sich dagegen unter dem Gesichtswinkel von Art. 4 aBV nicht beanstanden. Wer in der Schweiz wohnt und unter anderem als Steuerzahler die Lasten des Bundesstaates mitzutragen hilft, steht in einem anderen Verhältnis zum Kanton Bern als derjenige, der seinen Wohnsitz in einem ausländischen Staat hat; es ist daher vertretbar, diese letztere Gruppe gegenüber Bewerbern mit Wohnsitz in einem andern Kanton noch stärker zu belasten (BGE 119 Ia 123 E. 2 und E. 3).

- **Zugang zu ausserschulischen Aktivitäten für Schülerinnen und Schüler der städtischen Schulen:** Wohl wäre es möglich und sachlich durchaus vertretbar, die Zugänglichkeit zu den betreffenden Aktivitäten nicht vom Besuch der städtischen Schule, sondern allein vom Wohnsitz der Kinder abhängig zu machen und diese Leistungen allen in der Stadt Freiburg wohnhaften Kindern der betreffenden Altersgruppe anzubieten. Aber es besteht nach dem Gesagten, was die eingesetzten personellen und zum Teil auch die räumlichen Mittel anbelangt, ein klarer Zusammenhang mit dem kommunalen Schulbetrieb. Es erscheint insofern legitim, dass die Stadt ihr Angebot vorab den Schülern ihrer Schulen zukommen lassen will, nicht dagegen Schülern aus Drittgemeinden oder Schülern anderer Schulen. Diese Priorität rechtfertigt sich ohne Weiteres, soweit die Kapazität der offerierten Kurse beschränkt ist und nur ein Teil der interessierten Kinder hiefür zugelassen werden kann. Doch auch soweit solche Schranken nicht bestehen, kann nicht gesagt werden, dass die vorgenommene Abgrenzung jeder vernünftigen sachlichen Begründung entbehre. Die offerierten Leistungen sind für die Gemeinde mit finanziellen Aufwendungen verbunden, was eine Beschränkung des Benützerkreises rechtfertigt und notwendig macht. Zwar liegt die Vermutung nahe, dass der bewusste Ausschluss von Schülern der Freien Öffentlichen Schule Freiburg (FOSF) seinen Grund auch in der gegebenen Konkurrenzsituation zwischen den städtischen Schulen und der FOSF findet, was allenfalls als unsachliches oder sachfremdes Motiv zu werten wäre. Es könnte zudem ein gewisser Widerspruch darin erblickt werden, dass die Stadt Freiburg einerseits aufgrund ihrer bisherigen Zugehörigkeit zum Schulkreis der FOSF den Besuch dieser Schule durch in der Stadt wohnhafte Kinder unter gewissen Voraussetzungen zugelassen und hiefür entsprechende Schulkosten übernommen hat (bzw. im Falle der Kinder der Beschwerdeführer aufgrund der angefochtenen Urteile übernehmen muss), andererseits aber diese Gruppe von Schülern wie Kinder aus Drittgemeinden be- 1587 handelt, indem sie sie von den allgemeinen ausserschulischen Aktivitäten ausschliesst, obwohl sie durch ihren Wohnsitz und in räumlicher Beziehung ebenfalls zur Gemeinde gehören. Dass die beanstandete Abgrenzung unter diesem Gesichtswinkel, d.h. im Hinblick auf die (noch) bestehenden rechtlichen Bindungen zwischen der Stadt Freiburg und der FOSF, gegen Verfassungsrecht verstosse, wird in den vorliegenden staatsrechtlichen Beschwerden indessen nicht geltend gemacht, weshalb diese Frage vom Bundesgericht nicht weiterzuverfolgen ist. Die Verletzung des Gleichheitssatzes wird einzig darin erblickt, dass die Zugehörigkeit zur städtischen Schule für die Zulassung zu den ausserschulischen Aktivitäten mangels hinreichender Beziehung zum Schulbetrieb ein sachfremdes, unzulässiges Abgrenzungskriterium darstelle, was nach dem Gesagten nicht zutrifft (BGer vom 1. Dez. 2003, 2P.54/2003, E. 3.4).

cc) Staatsangehörigkeit/Anwesenheitsstatus

1588 Anknüpfungen an die **Staatsangehörigkeit** bzw. Differenzierungen zwischen Ausländern mit Niederlassungsbewilligung und solchen mit anderen Anwesenheitstiteln sind – unter Vorbehalt weitergehender staatsvertraglicher Garantien – zulässig, solang diese Differenzierung nicht zweckfremd ist; eine qualifizierte Rechtfertigung nach Art. 8 Abs. 2 BV (Diskriminierungsverbot) hat nicht zu erfolgen (vgl. BGE 131 I 166 E. 7.2.1, 130 I 1 E. 3.6.3, 129 I 217 E. 2.1, 129 I 232 E. 3.4.1, 126 II 377 E. 6a). Die Unterscheidung hat lediglich mit dem allgemeinen Rechtsgleichheitsgebot vereinbar zu sein, das heisst auf sachlichen Gründen zu beruhen (BGer vom 7. Nov. 2003, 2P.142/2003, E. 3).

1589 Sehen die bilateralen Verträge weitergehende Ansprüche als das entsprechende inländische Recht vor, kann unter Umständen eine sogenannte **Inländerdiskriminierung** nicht gänzlich ausgeschlossen werden. Die bilateralen Verträge untersagen lediglich Differenzierungen aufgrund der Staatsangehörigkeit im Geltungsbereich des Abkommens und mithin ausschliesslich bei Sachverhalten mit grenzüberschreitendem Anknüpfungspunkt. Eine derartige Ordnung verstösst zwar möglicherweise gegen das Gleichbehandlungsgebot, doch ist das Bundesgericht gemäss Art. 190 BV an diese vom Gesetzgeber gewollte und vorgegebene Ordnung gebunden (BGE 136 II 5 E. 3.6, 136 II 120 E. 3.2, 129 II 249 E. 4.3).

Praxis:

1590 – **Beschränkung der Erteilung eines Fischerei-Saisonpatents auf Ausländer mit Niederlassungsbewilligung:** Zur Beurteilung steht vorliegend, ob die Zulassung zum Fischerei-Saisonpatent auf Ausländer mit Niederlassungsbewilligung beschränkt werden darf. Die Regelung lässt sich verfassungsrechtlich nicht beanstanden: Dass Schweizer, die neu in den Kanton zuziehen, grundsätzlich sofort die gleichen Rechte wie alteingesessene Kantonseinwohner bzw. Kantonsbürger geniessen, entspricht Art. 37 Abs. 2 BV. Der Ausländer kann sich nicht auf diese Regel berufen. Im Gegensatz zu Schweizer Bürgern, welche von Verfassungs wegen die Niederlassungsfreiheit geniessen (Art. 24 BV) und an jedem Ort der Schweiz ihren Wohnsitz begründen können, bedarf der Ausländer zur Wohnsitznahme einer fremdenpolizeilichen Bewilligung, die von gewissen Bedingungen abhängt und in der Regel zunächst als befristete, periodisch zu erneuernde Aufenthaltsbewilligung erteilt wird, welche erst nach Erfüllung gewisser Voraussetzungen in eine unbefristete Niederlassungsbewilligung überführt werden kann. Es erscheint insoweit nicht als Verstoss gegen das Gleichbehandlungsgebot, für die Berechtigung zur Fischerei oder zur Jagd zwischen ausländischen Kantonseinwohnern mit und solchen ohne Niederlassungsbewilligung zu unterscheiden und lediglich die ersten den schweizerischen Kantonseinwohnern voll gleichzustellen. Es kann nicht von einer sachfremden und willkürlichen, gegen die Rechtsgleichheit verstossenden Differenzierung gesprochen werden, wenn der Kanton Appenzell Innerrhoden bezüglich des hier in Frage stehenden Saisonpatents zugezogene Ausländer erst dann voll den schweizerischen Kantonseinwohnern gleichstellt, wenn sie eine (unbefristete) Niederlassungsbewilligung erworben haben und damit als Einwohner des Kantons vorbehaltlos aufgenommen sind (BGer vom 7. Nov. 2003, 2P.142/2003, E. 3.3).

- **Nothilfe für Asylbewerber mit asylrechtlichem Nichteintretensentscheid:** § 4 Abs. 4 der solothurnischen Vollzugsverordnung sieht vor, dass für Personen mit rechtskräftigem Nichteintretens- und Wegweisungsentscheid keine Leistungen nach den SKOS-Richtlinien zu erbringen sind, sondern nur im Rahmen der Nothilfe unterstützt werden. Die betreffende Bestimmung verstösst nicht gegen das Rechtsgleichheitsgebot. § 16 des kantonalen Sozialhilfegesetzes bestimmt, dass Ausländer mit Wohnsitz oder Aufenthalt im Kanton im Rahmen des Sozialhilfegesetzes Sozialhilfe wie Schweizerbürger erhalten. Das lässt ohne Weiteres den Umkehrschluss zu, dass illegal anwesende Ausländer von Gesetzes wegen nicht gleich behandelt werden müssen wie Schweizer. Auch unter dem Gesichtswinkel des Rechtsgleichheitsgebots von Art. 8 BV ist eine solch unterschiedliche Behandlung bei der Sozialhilfe nicht zu beanstanden, stellt der Anwesenheitsstatus doch einen wesentlichen sachlichen Grund für entsprechende Differenzierungen dar. Namentlich rechtfertigt sich eine Ungleichbehandlung, die darauf abstellt, ob der Anwesenheitsstatus auf Integration abzielt oder nicht. Bei Schweizern und Ausländern mit einem Anwesenheitsrecht ist ein dauerhafter Aufenthalt sicherzustellen, bei dem auch eine gewisse Integration angestrebt wird. Die Nothilfe dürfte daher in der Regel einen grösseren Umfang erreichen als bei Asylbewerbern mit hängigem Verfahren, bei denen nicht von vornherein von einer dauerhaften Anwesenheit auszugehen ist. Quantitativ noch geringer darf die Nothilfe bemessen werden bei Personen, welche die Schweiz zu verlassen haben, insbesondere bei Asylbewerbern mit Nichteintretensentscheid; weder sind dabei Integrationsinteressen zu verfolgen, noch müssen dauerhafte Sozialkontakte gewährleistet werden. Minimalleistungen rechtfertigen sich auch, um Anreize zum Verbleiben zu vermeiden. Bei Personen mit asylrechtlichem Nichteintretensentscheid besteht kein Integrationsinteresse. Die hier strittige verordnungsrechtliche Sonderregelung hält damit vor dem Rechtsgleichheitsgebot stand (BGE 131 I 166 E. 7.2.1, 130 I 1 E. 3.6). 1591

dd) Bürgerrecht

Gemäss **Art. 37 Abs. 2 BV** darf niemand wegen seiner Bürgerrechte bevorzugt oder benachteiligt werden. Kantone und Gemeinden dürfen in ihrem Gebiet niedergelassene Bürger aus andern Kantonen und Gemeinden nicht aufgrund ihres Bürgerrechts anders behandeln als die eigenen; eine Ungleichbehandlung gestützt auf den Wohnsitz oder andere mit Art. 8 BV vereinbare Kriterien ist hingegen zulässig (BGE 132 I 68 E. 3.1, 122 I 209 E. 4, 103 Ia 369 E. 7c/bb, 100 Ia 287 E. 3d, 95 I 497 E. 2; BGer vom 7. Nov. 2003, 2P.142/2003, E. 3.2). Ausgenommen davon sind Vorschriften über die politischen Rechte in den Bürgergemeinden und Korporationen sowie über die Beteiligung an deren Vermögen. Bürgergemeinden und Korporationen dürfen ihre eigenen Mitglieder in den genannten Bereichen gegenüber Dritten bevorzugen. Innerhalb der Korporation gilt demgegenüber das Gleichbehandlungsgebot gemäss Art. 8 BV (BGE 132 I 68 E. 3.1). 1592

Praxis:

- **Weitergabe des Korporationsbürgerrechts:** Franziska Mächler ist heimatberechtigt in Schübelbach/SZ und wohnt in Lachen/SZ. Sie ist die Tochter von Alice Anna Marty Mächler und Donatus Mächler. Ihre Mutter ist Mitglied der Genosssame Lachen, ihr Vater hingegen nicht. Am 30. Dez. 2003 meldete sich Franziska Mächler zur Aufnahme in die Genosssame Lachen an. Der Genossenrat wies das Gesuch mit Beschluss vom 21. Jan. 2004 ab. Dieser Entscheid wurde vom Regierungsrat bestätigt. Daraufhin gelangte Franziska Mächler an das Verwal- 1593 tungsgericht des Kantons Schwyz, welches ihre Beschwerde guthiess. Die Genosssame Lachen ist mit staatsrechtlicher Beschwerde vom 16. Sept. 2005 an das Bundesgericht gelangt. Dieses weist die Beschwerde ab. Erwägungen: Die Beschwerdegegnerin ist die Tochter einer Genossenbürgerin gemäss § 4 der Statuten, trägt aber weder einen daselbst aufgeführten Familiennamen, noch ist sie in Lachen heimatberechtigt. Da ihre Eltern miteinander verheiratet sind, bestimmt sich ihr Status nach demjenigen des Vaters. Dieser ist nicht Mitglied der Genosssame. Kraft ausdrücklicher Regelung in § 7 der Statuten, wonach eine Weitergabe des Genossenbürgerrechts durch verheiratete Genossenbürgerinnen ausgeschlossen ist, kann die Mutter ihr das Genossenbürgerrecht auch nicht weitergeben. Demzufolge stehen der Beschwerdegegnerin keine Mitwirkungs- und Beteiligungsrechte an der Genosssame Lachen zu. Vorliegend liegt die Nichtzugehörigkeit der Beschwerdegegnerin zur Genosssame in einer Ungleichbehandlung innerhalb der Korporation. Die in Frage stehende Ungleichbehandlung wird daher durch Art. 37 Abs. 2 BV nicht abgedeckt und diese Verfassungsbestimmung ist insoweit nicht einschlägig. Die betreffende Regelung verletzt das Rechtsgleichheitsgebot und erweist sich zumindest in ihren Auswirkungen als diskriminierend. Wie das Verwaltungsgericht zu Recht ausgeführt hat, kann die Genossenbürgerin ihr Bürgerrecht nur dann an ihre Nachkommen weitergeben, wenn sie im massgeblichen Zeitpunkt nicht verheiratet ist oder wenn sie gestützt auf Art. 30 Abs. 2 ZGB vor der Verheiratung gemeinsam mit dem Bräutigam ein Gesuch beim Regierungsrat einreicht und dabei achtenswerte Gründe für die Wahl des Namens der Frau als Familiennamen darlegt. Dies führt nicht nur zu einer Ungleichbehandlung der Geschlechter, sondern überdies zu einer Ungleichbehandlung unter den weiblichen und unter den männlichen Mitgliedern der Genosssame. So kann gemäss § 7 Statuten ein unverheirateter Genossenbürger seinen Namen und sein Bürgerrecht nicht weitergeben, hingegen ein verheirateter Genossenbürger sehr wohl; dadurch werden die nichtehelichen gegenüber den ehelichen Nachkommen der Genossenbürger diskriminiert. Eine verheiratete Genossenbürgerin kann ihren Namen und ihr Bürgerrecht in der Regel nicht weitergeben, hingegen die nicht verheiratete Genossenbürgerin. Dadurch werden die ehelichen gegenüber den nichtehelichen Nachkommen der Genossenbürgerin diskriminiert. Nach heutiger Wertanschauung stellt der Zivilstand von Vater oder Mutter bzw. die eheliche Geburt der Nachkommen kein taugliches Kriterium für eine Ungleichbehandlung mehr dar. Zusammenfassend ist festzuhalten, dass der Vorwurf der Beschwerdeführerin, das Verwaltungsgericht verkenne die Tragweite des Gleichheitsgebotes von Art. 8 BV bei der Prüfung der Statuten, fehl geht und es zu Recht die Beschlüsse von Regierungsrat und Genossenrat aufgehoben und das Aufnahmegesuch der Beschwerdegegnerin in die Genosssame Lachen gutgeheissen hat (BGE 132 I 68 E. 4).

ee) Ehe/Konkubinat/Verwandtschaftsgrad

1594 Es ist nicht verfassungswidrig, wenn im **Steuerrecht kein besonderer Status für Konkubinatspartner** vorgesehen ist und diese den verheirateten Personen nicht gleichgestellt werden. Andererseits darf der Eheschluss nicht erschwert werden und darf kein Grund für eine höhere Besteuerung sein (BGE 120 Ia 329 E. 4, 118 Ia 1 E. 3, 110 Ia 7 E. 3d und E. 3e). Mit der Rechtsgleichheit lässt sich nicht vereinbaren, dass ein Ehepaar mit bestimmtem Gesamteinkommen ohne Weiteres derselben Progression unterliegt wie ein Alleinstehender mit gleichem Einkommen, denn die wirtschaftliche Leistungsfähigkeit des Ehepaars bzw. der beiden Ehepartner zusammen ist geringer als jene des Alleinstehenden (BGE 110 Ia 7 E. 3). Als Richtmass gilt dabei, dass die Belastung eines Ehepaars niedriger zu sein hat als die Belastung eines Alleinstehenden mit gleichem Einkommen, aber höher als die Belastung von zwei Alleinstehenden mit je der Hälfte des Einkommens des Ehepaars (BGE 120 Ia 329 E. 4b). Ferner verstösst es nicht gegen die Rechtsgleichheit, wenn die Erben in Abhängigkeit vom Verwandtschaftsgrad und nicht von ihren persönlichen Verhältnissen zum Erblasser von Steuern befreit werden (BGE 123 I 241 E. 6). Auch gilt es als zulässig, wenn bei der Alimentenbevorschussung die Einkommens- und Vermögensverhältnisse des Konkubinatspartners berücksichtigt werden, wenn es sich um ein stabiles Konkubinat handelt (BGE 129 I 1 E. 3.2.4, 112 Ia 251 E. 4; BGer vom 19. Aug. 2003, 1P.184/2003, E. 2.3).

Praxis:

- **Befreiung von der Handänderungssteuer zwischen Konkubinatspaaren:** Die Auflösung des Gesamteigentums an einem von zwei Konkubinatspartnern gehaltenen Wohnhaus und die damit verbundene Übernahme der Liegenschaft zu Alleineigentum unterliegt zur Hälfte der Handänderungssteuer. Dass nur die Grundstückübertragungen zwischen Ehegatten und nicht auch jene zwischen Konkubinatspaaren von der Handänderungssteuer befreit sind, verstösst nicht gegen die Verfassung. Die Handänderungssteuer ist ihrer Natur nach eine indirekte Steuer, welche den rechtlichen und wirtschaftlichen Übergang von Liegenschaften und Liegenschaftsanteilen belastet. Als Rechtsverkehrssteuer und reine Objektsteuer, welche auf der blossen Grundlage des Kaufpreises bemessen wird, lässt sie die besondere wirtschaftliche Leistungsfähigkeit des Steuersubjekts ausser Acht. Insofern lassen sich die oben erwähnten Grundsätze zur rechtsgleichen Besteuerung von (gemeinsam besteuerten) Ehepaaren und Konkubinatspaaren nicht ohne Weiteres auf diese Steuer übertragen. Dass Ehepaare gemäss Art. 9 lit. f und g des Gesetzes über die Handänderungssteuer von den Handänderungssteuern befreit sind, gibt dem Beschwerdeführer noch keinen Anspruch auf eine entsprechende Gleichbehandlung. Es entspricht gerade dem Wesen des Konkubinats, dass in verschiedener Hinsicht eine andere Rechtslage gilt als bei der Ehe. So obliegen die Konkubinatspaare während ihrer Gemeinschaft gesetzlich nicht den gleichen gegenseitigen Unterhalts- und Beistandspflichten. Ebenso besteht ein erheblicher Unterschied in Bezug auf die Erbansprüche. Dazu kommt, dass die rechtliche Erfassung eines Konkubinatsverhältnisses gewisse Probleme der Praktikabilität aufwirft. Unter diesen Umständen erscheint es zumindest als vertretbar, dass der freiburgische Gesetzgeber nur die Grundstücksübertragungen zwischen Ehegatten und nicht auch jene zwischen Konkubinatspaaren von den Handänderungssteuern befreit hat. Im Übrigen ist es ja auch in andern Bereichen des Wirtschaftslebens häufig so, dass je nach der von den Beteiligten gewählten Rechtsform unterschiedliche Steuerfolgen eintreten (VerwG FR vom 2. Nov. 2007, in: FZR 2008 S. 314 E. 3c). 1595
- **Berücksichtigung des Konkubinats im Rahmen der Erbschaftssteuer:** Das kantonale Gesetz legt ein System fest, gemäss welchem die Erben entsprechend dem Familienverhältnis zwischen ihnen und dem Erblasser steuerbefreit sind oder zu einem bevorzugten Satz besteuert werden. Die Verwandtschaftsgrade sind diejenigen des Zivilgesetzbuches. Ausserdem unterscheidet das kantonale Gesetz nicht zwischen den gesetzlichen oder eingesetzten Erben, sondern stützt sich einzig auf den Grad der Verwandtschaft mit dem Erblasser. Es berücksichtigt die tatsächlichen Bindungen wie ein Konkubinat nicht, welche zwischen dem Letzteren und dem Steuerpflichtigen hätten bestehen können. Die meisten kantonalen Gesetzgebungen betreffend die Erbschafts- und Schenkungssteuer sehen grundsätzlich einen privilegierten Steuersatz, sogar eine Steuerbefreiung, für den überlebenden Ehegatten und die nahen Verwandten des Erblassers oder des Schenkers vor. Ein solches System, welches ebenfalls im kantonalen Gesetz festgelegt ist, fördert vor allem die Verwirklichung der die Familie betreffenden, sozialen und sittlichen Ziele, auf welchen das private Erbrecht beruht, vor allem die Erbfolge der gesetzlichen Erben und die Pflichtteile, die einigen unter ihnen zustehen, wie dem überlebenden Ehegatten. Es bezweckt ausserdem, die Ehe und die Familie zu schützen aufgrund der wichtigen Aufgabe, die sie in der Gesellschaft haben. Es trägt ebenfalls der Tatsache Rechnung, dass der Erblasser und seine nahen Verwandten gewissen gegenseitigen gesetzlichen Unterhalts- und Beistandspflichten unterstehen, die den Konkubinatspartnern während ihrer Gemeinschaft nicht gesetzlich obliegen. An sich verstösst eine solche Regelung nicht gegen Art. 4 aBV. Zwar weist das langdauernde Konkubinat, wie die Beschwerdeführerin geltend macht, Gemeinsamkeiten mit der ehelichen Gemeinschaft auf, vor allem aufgrund der Bindungen und der moralischen Pflichten, die zwischen den Partnern entstehen. Die von ihr zitierte Rechtsprechung passt 1596

jedoch nicht auf den vorliegenden Fall. Denn sie betrifft Entscheide, die sich auf die Sozialversicherungen oder das Zivilrecht und nicht auf das Steuerrecht beziehen; sie hat zudem nicht die Tragweite, welche die Betroffene ihr beimessen will. Die Betroffene wünscht, dass die streitige Steuer entsprechend der Intensität der Bindungen zwischen dem Erblasser und dem Steuerpflichtigen festgesetzt werde; ein solches System würde jedoch auf einem Kriterium beruhen, das nicht objektiv ist und deshalb für die Steuerbehörde fast unüberwindbare Anwendungsschwierigkeiten schaffen würde, vor allem bei gewissen heiklen Situationen, wie z.B. bei einem verheirateten Erblasser, der aber mit einer andern Frau im Konkubinat lebte. Ein solches Kriterium müsste ausserdem nicht nur auf den Konkubinatspartner sondern auch auf jeden Steuerpflichtigen angewandt werden, der, wenn kein Familienverhältnis vorliegt, eine enge persönliche Beziehung zum Verstorbenen geltend machen könnte (wie z.B. ein Pate, eine Patin, ein Patenkind); es würde ausserdem zu einer schwereren Besteuerung der Verwandten oder Verschwägerten führen, die nur geringe oder keine Verbindung zu ihm hatten. Ein solches System, welches die persönlichen Bande zum Nachteil der Familienbande privilegiert, wird von Art. 4 aBV nicht verlangt. Da der kantonale Gesetzgeber ausserdem befugt ist, zur Vereinfachung der Steuerveranlagung schematische Lösungen zu treffen, erscheint die Nähe des Familienverhältnisses zwischen dem Erblasser und dem Erben als ein leicht anwendbares und durch die Steuerbehörde oder den Steuerpflichtigen überprüfbares Kriterium, vor allem durch die Zivilstandsregister, was die Rechtssicherheit ebenfalls verstärkt. In Anbetracht des Gesagten muss man feststellen, dass die – eng mit dem privaten Erbrecht verbundene – Regelung der streitigen Steuer nicht aus dem Grunde als unvereinbar mit Art. 4 BV betrachtet werden kann, weil sie kein besonderes Statut für die Konkubinatspaare vorsieht oder sie nicht einem Ehepaar gleichstellt. Es obliegt nicht dem Bundesgericht, aber gegebenenfalls dem kantonalen Gesetzgeber, das gesetzliche System im von der Betroffenen gewünschten Sinne zu ändern (BGE 123 I 241 E. 4-7).

d) Differenzierung aufgrund unterschiedlicher tatsächlicher Verhältnisse («interne Ziele»)

aa) Allgemeines

1597 Eine Ungleichbehandlung von grundsätzlich vergleichbaren Tatsachen kann sich aufgrund **unterschiedlicher tatsächlicher Verhältnisse** rechtfertigen. Das Bundesgericht verlangt, dass sich die Ungleichbehandlung auf einen **erheblichen tatsächlichen Unterschied** bzw. auf eine **wesentliche Tatsache** bezieht (BGE 136 I 1 E. 4.1, 131 I 1 E. 4.2, 129 I 1 E. 3, 124 I 297 E. 3b, 123 II 16 E. 6a). Das Bundesgericht betrachtet beispielsweise einen erheblichen tatsächlichen Unterschied, der zu einer **unterschiedlichen Steuerbelastung** führen muss, darin, dass unverheiratete Personen mit Kindern andere Lasten zu tragen haben als ledige Personen ohne Kinder (BGE 118 Ia 1 E. 4). Ferner wächst der Konsumbedarf einer Familie (oder Halbfamilie) mit der Anzahl der Kinder, weshalb die steuerliche Belastung niedriger zu sein hat, wenn Kinder vorhanden sind, als dann, wenn keine Kinder vorhanden sind (BGE 120 Ia 329 E. 4b). Die **Grundeigentümer** als Personengruppe ziehen aus der **Strassenreinigung oder der Strassenbeleuchtung** keinen grösseren Nutzen als die übrige Bevölkerung, welche die öffentlichen Wege in gleichem Masse benützt, sodass eine unterschiedliche Behandlung dieser zwei grundsätzlich vergleichbaren Gruppen nicht gerechtfertigt ist (BGE 131 I 1 E. 4.4 [Strassenunterhalt], 131 I 313 E. 3.5 [Beleuchtungsabgabe], 124 I 289 E. 3 [Strassenreinigung]).

Bei der Bemessung der **Wasseranschlussgebühren** ist zwischen **Alt-, Neu- und Umbauten** zu differenzieren. Einerseits ist offensichtlich, dass bei nachträglichen Änderungen eines Gebäudes, für dessen Anschluss bereits eine Abgabe bezahlt wurde, nicht nochmals eine volle Gebühr verlangt werden kann. Andererseits erscheint es gerechtfertigt, dass in Fällen, in denen die Anschlussgebühr nach der tatsächlichen Bebauung bemessen wird, nachträgliche Erweiterungen nicht unberücksichtigt bleiben dürfen und eine ergänzende Gebühr erhoben werden darf (BGer vom 10. Okt. 2007, 2C_153/2007, E. 3.2). Es ist ferner erlaubt, eine Differenzierung zwischen **Grossdemonstrationen und kleineren Kundgebungen** betreffend den von den Organisatoren bereitzustellenden **Sicherheitsdienst** zu unterlassen, weil einerseits auch kleinere Kundgebungen Schutzmassnahmen erfordern können und andererseits grössere Demonstrationen vorstellbar sind, die zu keinen besonderen Massnahmen Anlass geben (VerwG BE vom 13. Feb. 2008, in: BVR 2009 S. 193 E. 5.6). 1598

Die zu **beurteilenden tatsächlichen Verhältnisse** können ihrerseits das **Ergebnis rechtlicher Anordnungen** sein (MÜLLER/SCHEFER, S. 659). Aufgrund des in der Schweiz fehlenden Mietkostenabzugs leitet das Bundesgericht in konstanter Rechtsprechung aus Art. 8 Abs. 1 BV die Pflicht des Gemeinwesens ab, bei Wohneigentümern den Eigenmietwert zu besteuern, wenn Unterhaltskosten geltend gemacht werden können, um die Gleichbehandlung mit Mietern sicherzustellen. Entsprechend wäre es unzulässig, die Besteuerung des Eigenmietwertes vollständig und undifferenziert abzuschaffen, ohne ausgleichende Massnahmen für die übrigen Steuerpflichtigen zu treffen (BGE 131 I 377 E. 2.1, 124 I 145 E. 4a). Es ist verfassungsrechtlich nicht zu beanstanden, wenn für Dolmetscher gemäss Dolmetscherverordnung mit der Entschädigung sämtliche Spesen und Aufwendungen abgegolten werden, während für Zeugen und Auskunftspersonen eine Spesenentschädigung vorgesehen ist, da diese nicht freiwillig, sondern aufgrund einer gesetzlichen Pflicht vor Gericht auftreten müssen und einen anderen rechtlichen Status aufweisen (BGer vom 15. Nov. 2004, 1P.58/2004, E. 4.4). 1599

Praxis:

- **Kürzung der Inkonvenienzentschädigung bei ausserkantonalem Wohnsitz für Polizeibeamte:** Die der angefochtenen Regelung zugrunde liegende Überlegung, wonach ausserhalb des Kantons wohnhafte Polizeibeamte weniger Belastungen und Beanspruchungen durch das Umfeld ausgesetzt sind als Beamte mit Wohnsitz im Kanton, erscheint vertretbar. Der ausserkantonal wohnhafte Polizeibeamte wird von seiner privaten Umgebung, soweit seine dienstliche Funktion hier überhaupt bekannt ist, nicht oder weniger als Vertreter der Polizeigewalt wahrgenommen und damit in seiner Freizeit auch weniger mit entsprechenden Anliegen konfrontiert, als dies bei einem im Kanton wohnhaften und hier auch ausserhalb der Dienstzeit mit Amtsgewalt ausgestatteten Polizeibeamten der Fall ist. Ausserkantonal wohnhafte Polizeibeamte können auch eher öffentliche Ämter ausüben bzw. ehrenamtlichen Vereinstätigkeiten nachgehen als Mitarbeiter mit Wohnsitz im Kanton, die bei der Wahrnehmung solcher Tätigkeiten nicht selten mit ihrer beruflichen Funktion in Konflikt geraten dürften. Ferner ist zu berücksichtigen, dass Polizeibeamte unabhängig von dem ihnen zugeteilten Aufgabenbereich tätig werden müssen, wenn sie eine strafbare Handlung verhindern können oder wenn ihnen eine begangene Straftat bekannt wird. Von dieser Verpflichtung, die im Rahmen der Verhältnismässigkeit auch für die Freizeit gilt, sind die im Kanton wohnhaften Polizeibeamten eher betroffen als diejenigen mit einem ausserkantonalen Wohnsitz. Die beanstandete Differenzierung der Inkonvenienzentschädigung nach dem Wohnsitz lässt sich nach dem Gesagten mit sachlich halt- 1600 baren Argumenten begründen und verstösst damit als solche weder gegen das Willkürverbot noch gegen die Rechtsgleicheit (BGer vom 12. Juli 2005, 2P.205/2004, E. 3.3).

1601 – **Rassenzugehörigkeit eines Hundes als zulässiges Anknüpfungskriterium:** Die Rassenzugehörigkeit eines Hundes gibt für sich allein zwar noch keinen zuverlässigen Aufschluss über die Gefährlichkeit des Tieres. Das Wesen eines Hundes wird in wesentlichem Ausmass auch durch die Erziehung (Sozialisation) und durch Umwelteinflüsse geprägt. Zudem kann es innerhalb der gleichen Rasse Zuchtlinien mit erhöhter oder geringer Aggressivität geben. Es ist hingegen unbestritten, dass Hundegruppen wie Bullterrier, Staffordshire Bull Terrier oder Pit Bull Terrier im Hinblick auf angeborene Verhaltenseigenschaften potenziell gefährlicher als andere Rassen sind. Hunde bestimmter Rassen verursachen öfters Unfälle mit tödlichem Ausgang und schweren Verletzungen. Auch wenn andere Rassen oder Rassengruppen ebenfalls häufig oder noch häufiger an Beissunfällen beteiligt sein mögen, sind die Folgen in der Regel weniger schwer als bei Verletzungen durch die hier ins Auge gefassten Hunderassen. Es entspricht einer Erfahrungstatsache, dass gewisse Rassen von ihrer genetischen Anlage her (Körpergrösse, Körperbau sowie ursprüngliche Zuchtziele für bestimmte Einsatzzwecke wie Grosswildjagd, Bewachung von Herden vor Raubtieren oder Hundekämpfe) eher zu Aggressivität neigen oder zu entsprechendem Verhalten abgerichtet werden können als andere. Dass der Gesetz- oder Verordnungsgeber für die Bewilligungspflicht überhaupt an die Rasse der Hunde anknüpft, mag diskutabel sein, entbehrt indessen nicht jeglicher sachlichen Berechtigung. Die Rasse ist damit nicht ein zum vornherein verfehltes und geradezu willkürliches Abgrenzungskriterium, welches in Anbetracht der tatsächlichen Verhältnisse das Rechtsgleichheitsgebot verletzen würde. Bis zu einem gewissen Grad darf auch das subjektive Sicherheitsbedürfnis der Bevölkerung mitberücksichtigt werden. Nachdem es in jüngster Zeit immer wieder zu schweren Beissunfällen mit Hunden bestimmter Rassen gekommen ist, lassen sich sachliche Gründe dafür anführen, die Haltung von Hunden dieser Rassen zur Gewährleistung besserer Sicherheit generell zu verbieten oder einer Bewilligungspflicht zu unterwerfen. Die Beschränkung derartiger Massnahmen auf einige bestimmte Hunderassen erscheint unter dem Gesichtswinkel des Gebotes der rechtsgleichen Behandlung zwar nicht unbedenklich, lassen sich aber als Sofortmassnahme zur Verbesserung des Schutzes des Publikums vor gefährlichen Hundeattacken solange vertreten, als die ihr zugrunde liegenden Annahmen nach den bisherigen Erfahrungen einigermassen plausibel erscheinen. Falls die der Rassenliste zugrunde liegende Risikobeurteilung, sei es, was die potenzielle Gefährlichkeit der explizit erfassten Hunderassen bzw. die Einstufung nicht erfasster anderer Rassen oder aber die Tauglichkeit des Kriteriums der Rassenzugehörigkeit überhaupt betrifft, durch neue zuverlässige und aussagekräftige Erhebungen widerlegt werden sollte, wäre die jetzige Regelung diesen Erkenntnissen anzupassen (BGE 136 I 1 E. 4.2, 132 I 7 E. 4.2).

1602 – **Beschäftigung einer bestimmten maximalen Anzahl von Psychotherapeuten aus Gründen der Aufsicht:** Dr. med. A ersuchte die Gesundheitsdirektion des Kantons Zürich um Bewilligung zur Beschäftigung verschiedener Psychotherapierenden. Die Gesundheitsdirektion erteilte die beantragten Bewilligungen zur Beschäftigung der Genannten am 3. Nov. 2005, allerdings befristet bis am 1. Juni 2008. Sie verwies auf § 17 Abs. 3 der Verordnung über die nichtärztlichen Psychotherapeutinnen und Psychotherapeuten vom 1. Dez. 2004 (PsyV), wonach maximal sechs Psychotherapierende angestellt werden dürfen. Das Verwaltungsgericht erachtet § 17 Abs. 3 PsyV als verfassungsgemäss. Die Beschränkung nach Köpfen und nicht nach Stellenprozenten verstösst nicht gegen die Rechtsgleichheit. Die Zahl der Anstellungen ist im Interesse der bei der delegierten Therapie erforderlichen Aufsicht in einem für den Praxisinhaber überschaubaren Rahmen zu halten. Würde die Gesamtbeschränkung nicht nach Anstellungen, sondern nach Stellenprozenten vorgenommen, würde dies die Beschäftigung einer Vielzahl von Personen nicht ausschliessen und eine effektive Aufsicht verhindern (VerwG ZH vom 21. Dez. 2006, VB.2006.00357, E. 3.5).

1603 – **Unterschiedliche Stundenansätze für Dolmetscher, Sachverständige, amtliche Anwälte, Zeugen und Auskunftspersonen:** Der Kanton macht durchaus haltbare Gründe für die im Vergleich zu Sachverständigen tieferen Stundenansätze von Dolmetschern geltend. So werden die Dolmetscher für die ganze Dauer einer Verhandlung entschädigt, auch während Phasen, in denen nicht übersetzt wird, sodass die Dolmetscher eine Ruhe- und Erholungsphase haben. Gemäss Anhang zur Dolmetscherverordnung wird denn auch für Wartezeit der normale Stundenansatz vergütet. Bei Sachverständigen, welche Gutachten erstellen, wird demgegenüber üblicherweise nur die effektive Arbeitszeit vergütet. Im Vergleich mit den höheren Ansätzen der amtlichen Anwälte ist zudem zu berücksichtigen, dass mit dem Stundenansatz der Anwälte auch die erforderliche Sekretariatsinfrastruktur abgegolten wird, die bei einem Dolmetscher nicht oder jedenfalls nicht im gleichen Umfang anfällt. Ebenso wenig ist verfassungsrechtlich zu beanstanden, dass gemäss § 18 Abs. 5 der Dolmetscherverordnung mit der Entschädigung sämtliche Spesen und Aufwendungen abgegolten werden: Derartige Regelungen kommen häufig vor, wo nur relativ geringfügige Spesen anfallen. Offensichtlich geht es in erster Linie um Fahrtspesen. Die Reisezeit wird (bis zu 30 Minuten pro Weg) mit dem ordentlichen Stundenansatz von Fr. 70.– vergütet, was für eine reine Reisezeit relativ hoch ist. Es ist jedenfalls weder willkürlich noch rechtsungleich, wenn bei einem solchen Ansatz die Fahrtspesen als inbegriffen gelten. Der Beschwerdeführer macht selber nicht geltend, er habe besonders hohe Spesen, die mit dem Ansatz nicht kostendeckend vergütet würden. Zum Vergleich mit den Zeugen und Auskunftspersonen, denen die Spesen ersetzt werden, ist zu bemerken, dass diese nicht freiwillig, sondern aufgrund einer gesetzlichen Pflicht vor Gericht auftreten müssen, was von vornherein eine nicht vergleichbare Situation ist (BGer vom 15. Nov. 2004, 1P.58/2004, E. 4.4).

bb) Entsprechungsprüfung

Die «**Entsprechungsprüfung**» besagt, dass die Differenzierung entsprechend den Unterschieden in den tatsächlichen Verhältnissen zu erfolgen hat (RENÉ WIEDERKEHR, Rechtfertigung von Ungleichbehandlungen: Gilt Art. 36 BV auch bei der Einschränkung der Rechtsgleichheit?, AJP 2008, S. 397 ff.). Im Bereich der **Steuern** beispielsweise wird das Gebot der rechtsgleichen Behandlung gemäss Art. 8 Abs. 1 BV insbesondere durch die Grundsätze der Allgemeinheit und Gleichmässigkeit der Besteuerung sowie den Grundsatz der Besteuerung nach der wirtschaftlichen Leistungsfähigkeit konkretisiert (Art. 127 Abs. 2 BV). Nach dem **Grundsatz der Gleichmässigkeit der Besteuerung** sind Personen, die sich in gleichen Verhältnissen befinden, in derselben Weise mit Steuern zu belasten und es müssen wesentliche Ungleichheiten in den tatsächlichen Verhältnissen zu entsprechend unterschiedlichen Steuerbelastungen führen. Schliesslich besagt das Prinzip der Besteuerung nach der wirtschaftlichen Leistungsfähigkeit, dass die Steuerpflichtigen **entsprechend ihrer Leistungsfähigkeit an die Steuerlasten** beizutragen haben (BGE 137 I 145 E. 2.1, 133 I 206 E. 6.1 und E. 7.1, 114 Ia 221 E. 2c, 114 Ia 321 E. 3b). 1604

Eine von den Grundeigentümern zu entrichtende kommunale **Strassenreinigungsabgabe** hat innerhalb des erfassten Kreises der Grundeigentümer für das **Mass der Belastung Differenzierungen** vorzusehen. Es wäre unzulässig, den Eigentümer einer kleinen unüberbauten (bzw. unerschlossenen oder unüberbaubaren) Parzelle gleich stark zu belasten wie etwa den Eigentümer eines viele Wohnungen umfassenden Mietshauses oder eines verkehrsintensiven Gewerbebetriebes (BGE 131 I 1 E. 4.5). Die Grundeigentümer profitieren im Vergleich zur Allgemeinheit von der **Strassenbeleuchtung** nicht in einem besonderen Ausmass, sodass es nicht gerechtfertigt ist, von ihnen eine besondere Abgabe zu erheben. Mangels eines massgeblichen Sondervorteils verstösst eine derart ausgestaltete Beleuchtungsabgabe gegen das Rechtsgleichheitsgebot (BGE 131 I 313 E. 3.5). 1605

1606 Aus Gründen der Rechtsgleichheit darf ein **Ehepaar mit einem bestimmten Gesamteinkommen** nicht ohne Weiteres derselben Progression unterliegen wie ein Alleinstehender mit gleichem Einkommen, da die wirtschaftliche Leistungsfähigkeit des Ehepaars bzw. der beiden Ehepartner zusammen üblicherweise geringer als jene des Alleinstehenden ist und da die Besteuerung der wirtschaftlichen Leistungsfähigkeit zu entsprechen hat (BGE 120 Ia 329 E. 4b, 110 Ia 7 E. 3). Der unterschiedliche Status und damit einhergehend unterschiedliche Verpflichtungen zwischen (gewählten) **Hauptlehrkräften** und **Lehrbeauftragten** kann zu einer unterschiedlichen Besoldung führen, weil die Wahl zum Hauptlehrer in der Regel auch mit bestimmten **zusätzlichen administrativen Aufgaben** verbunden ist, sodass eine entsprechende Ungleichbehandlung gerechtfertigt ist (BGE 121 I 102 E. 4d). Der **Straftäter**, der ein bestimmtes Rechtsgut vorsätzlich verletzt, erhält grundsätzlich eine höhere Strafe als derjenige, welcher dasselbe Delikt fahrlässig begeht, da die **Strafe der jeweiligen Schuld zu entsprechen** hat. Die Schuldfähigkeit kann ferner herabgesetzt sein («verminderte Schuldfähigkeit»), woraus je nach Beeinträchtigung eine unterschiedliche Strafreduktion resultiert, obwohl beide Straftäter dasselbe Rechtsgut in derselben Art verletzt haben (BGE 129 IV 22 E. 6.2).

Praxis:

1607 – **Grundsatz der Besteuerung nach der wirtschaftlichen Leistungsfähigkeit und degressive Besteuerung:** Nach dem Grundsatz der Besteuerung nach der wirtschaftlichen Leistungsfähigkeit soll jede Person entsprechend der ihr zur Verfügung stehenden Mittel an die Finanzaufwendungen des Staates beitragen. Für den Bereich der Steuer vom Einkommen lässt sich dem Leistungsfähigkeitsprinzip unmittelbar entnehmen, dass Personen und Personengruppen gleicher Einkommensschicht gleich viel Steuern zu bezahlen haben (sog. horizontale Steuergerechtigkeit). Personen mit verschieden hohen Einkommen sind unterschiedlich zu belasten. Es darf somit nicht sein, dass jemand mit niedrigem Einkommen gleich viel Steuern zahlen muss wie jemand mit hohem Einkommen. Erst recht kann nicht verlangt werden, dass jemand Steuern zahlt, obschon er dazu nicht in der Lage ist. Das Prinzip ist bereits mit diesen drei Grundregeln geeignet, zur Steuergerechtigkeit beizutragen, und zwar sowohl in horizontaler wie auch in vertikaler Richtung. Im Übrigen handelt es sich beim Leistungsfähigkeitsprinzip aber – wie beim Begriff der Steuergerechtigkeit überhaupt – um ein unbestimmtes Konzept. In Bezug auf die wirtschaftliche Leistungsfähigkeit und die Steuerbelastung lassen sich die Sachverhalte in horizontaler Richtung, d.h. zwischen Steuerpflichtigen in gleichen wirtschaftlichen Verhältnissen, relativ leicht vergleichen. Aus dem Prinzip der Besteuerung nach der Leistungsfähigkeit geht hingegen nicht direkt hervor, um wie viel die Steuer zunehmen muss, wenn das Einkommen um einen bestimmten Betrag steigt, um unter dem Gesichtswinkel der Leistungsfähigkeit gleichwertige Verhältnisse herzustellen. Die Vergleichbarkeit ist daher in vertikaler Richtung erheblich geringer, und dem Gesetzgeber steht ein grosser Gestaltungsspielraum zu. In dieser Hinsicht kann nicht viel mehr verlangt werden, als dass Steuertarif und Belastungskurve regelmässig verlaufen. Wie das Bundesgericht im Urteil Hegetschweiler (BGE 110 Ia 7 ff.) feststellte, hängt die Ausgestaltung des Steuertarifs, jedenfalls was den Verlauf der Progression anbetrifft, in besonderem Mass von politischen Wertungen ab. Nach dem in der Finanzwissenschaft vertretenen opfertheoretischen Verständnis soll die Besteuerung in der Weise erfolgen, dass jeder aufgrund der individuellen Leistungsfähigkeit das gleiche (relative, absolute oder marginale) Opfer erbringen muss. Gemeinsam liegt diesen Theorien der Gedanke zugrunde, dass bei zunehmendem Einkommen der individuelle Nutzungszuwachs aus dem Mehreinkommen abnimmt, die Grenznutzenkurve also einen sinkenden Verlauf anzeigt. Allerdings lässt sich nicht ziffernmässig feststellen, um wie viel die Steuerbelastung bei einem Einkommenszuwachs steigen muss, um ein gleichwertiges «Opfer» abzufordern. Das Leistungsfähigkeitsprinzip verlangt eine adäquate Bemessungsgrundlage, ein bestimmter Tarifverlauf lässt sich ihm indessen nicht entnehmen. Es besteht dennoch in der Steuerrechtslehre ein breiter Konsens darüber, dass ein progressiver Tarifverlauf bei der Einkommenssteuer dem Grundsatz der Besteuerung nach der wirtschaftlichen Leistungsfähigkeit angemessen ist. In diesem Lichte sind auch degressive Tarife zu prüfen. Ein Steuertarif ist (partiell) degressiv, wenn ab einem bestimmten Einkommen oder Vermögen die durchschnittliche Steuerbelastung (Durchschnittssteuersatz) abnimmt. Da die Leistungsfähigkeit mit wachsendem Einkommen oder Vermögen zunimmt, bewirken degressive Steuertarife per definitionem eine Besteuerung entgegen der wirtschaftlichen Leistungsfähigkeit. Die Ungleichbehandlung kommt formal in der Kurve der durchschnittlichen Steuerbelastung, die im degressiven Teil rückläufig ist, zum Ausdruck und ist auch messbar. Der Tarifverlauf verstösst gegen die Steuergerechtigkeit, weil Gleichheit Regelhaftigkeit erfordert, welche im degressiven Teil des Steuertarifs verlassen wird. Die degressive Besteuerung führt zudem zu Wertungswidersprüchen, weil der Gesetzgeber im degressiven Teil des Steuertarifs den Grundsatz der Besteuerung nach der wirtschaftlichen Leistungsfähigkeit zugunsten anderer (fiskalischer oder nichtfiskalischer) Handlungsmotive aufgibt. Der neue Obwaldner Steuertarif verläuft zwar erst ab einem steuerbaren Einkommen von Fr. 300'000.– degressiv. Dennoch bewirkt er in Teilabschnitten Belastungsunterschiede, welche nicht mehr als unerheblich bezeichnet werden können und vor dem Grundsatz der rechtsgleichen Besteuerung und dem Grundsatz der Besteuerung nach der wirtschaftlichen Leistungsfähigkeit nicht standhalten (BGE 133 I 206 E. 7-9).

– **Unterschiedliche Besoldung von Hauptlehrkräften und Lehrbeauftragten:** Die Zürcher Verordnung vom 1. Okt. 1986 über das Dienstverhältnis der Lehrer an Berufsschulen (BSLV) unterscheidet zwischen Hauptlehrern (vom Regierungsrat auf eine Amtsdauer von sechs Jahren gewählt; §§ 11 ff. BSLV), Lehrbeauftragten I und II (semesterweise durch die Schulleitung ernannt; §§ 15 f. BSLV) sowie Lehrbeauftragten III (durch die Aufsichtskommission mit einer garantierten Zahl von Lektionen für sechs Semester ernannt; § 17 BSLV). Die Lehrbeauftragten II mit abgeschlossener pädagogischer Ausbildung und die Lehrbeauftragten III werden besoldungsmässig grundsätzlich gleich behandelt (vgl. § 3 Abs. 2 BSLV); Hauptlehrer sind dagegen lohnmässig besser gestellt (vgl. § 2 BSLV). In der Sache rügt der Beschwerdeführer vor allem die Verletzung des Rechtsgleichheitsgebotes nach Art. 4 Abs. 1 aBV aufgrund der unterschiedlichen Besoldung von Hauptlehrern und Lehrbeauftragten II und III an Berufsschulen. Erwägungen: Dem kantonalen Gesetz- bzw. Verordnungsgeber steht hinsichtlich Organisation und Besoldung im öffentlichen Dienst ein grosser Spielraum zu. Innerhalb der Grenzen des Willkürverbots und des Rechtsgleichheitsgebots ist er befugt, aus der Vielzahl denkbarer Anknüpfungspunkte die Tatbestandsmerkmale auszuwählen, die für die Einteilung und Besoldung von Lehrkräften massgebend sein sollen, und damit festzulegen, welche Kriterien eine Gleich- bzw. eine Ungleichbehandlung rechtfertigen. Im vorliegenden Fall hat der Verordnungsgeber bei der Besoldungsfestsetzung nur die Schulart (Berufsschule), die Ausbildung (vgl. § 3 Abs. 2 BSLV) und den Status (Lehrbeauftragter oder Hauptlehrer) berücksichtigt und von einer weiteren Differenzierung nach der Art der unterrichteten Fächer abgesehen. Die grundsätzliche Gleichbehandlung von Lehrkräften berufskundlicher und allgemeinbildender Fächer entspricht dem doppelten Auftrag der Berufsschulen, die notwendigen theoretischen Grundlagen zur Ausübung des Berufs zu vermitteln und durch eine allgemeine Bildung die Entfaltung der Persönlichkeit zu fördern, und dem grundsätzlich gleichen Stellenwert beider Fächergruppen für eine umfassende Berufsbildung. Der Beschwerdeführer ist allerdings der Auffassung, Statusunterschiede allein könnten eine unterschiedliche Besoldung nicht rechtfertigen. Insbesondere habe ein Lehrbeauftragter Anspruch auf das gleiche Gehalt, wenn er dieselbe Leistung wie ein Hauptlehrer erbringen und dieselben Fähigkeiten besitzen würde sowie denselben Belastungen ausgesetzt sei. Es mag zutreffen, dass im Fall des Beschwerdeführers hinsichtlich Ausbildung, Berufserfahrung, Verantwortung und Aufgabenbereich kein Unterschied zu Hauptlehrern an Berufsschulen besteht. Dass die Wahl zum Hauptlehrer eine entsprechende Qualifikation voraussetzt und diese Funktion in der Regel auch mit bestimmten zusätzlichen administrativen Aufgaben verbunden ist, darf jedoch bei der verfassungsrechtlichen Beurteilung der gerügten Ungleichbehandlung nicht ausser Acht gelassen werden. Es wäre auch realitätswidrig zu verlangen, dass der Status eines Beamten in diesem Zusammenhang völlig ohne Einfluss bleiben 1608 muss und die Besoldung allein nach der Qualität der geleisteten Arbeit bzw. den tatsächlich gestellten Anforderungen bestimmt werden dürfe. Der für den öffentlichen Dienst typischen Zuordnung bestimmter Stellen zu bestimmten Besoldungsstufen ist ein gewisser Schematismus inhärent, da an typische generelle Merkmale und nicht oder nicht primär an die individuelle Leistung und den Einsatz des konkreten Beamten angeknüpft wird. Der allgemeine Gleichheitsgrundsatz gemäss Art. 4 Abs. 1 aBV belässt in diesem Bereich sowohl dem Gesetzgeber wie auch den für die Besoldungsfestsetzung im Einzelfall zuständigen Behörden einen gewissen Spielraum. Es ist nicht von vornherein unzulässig und verfassungswidrig, dem auf Amtsdauer gewählten Hauptlehrer eine höhere Besoldung zu gewähren als dem mit gleichen fachlichen Aufgaben betrauten Lehrbeauftragten, zumal mit dem Status des Hauptlehrers typischerweise gewisse zusätzliche Rechtspflichten verbunden sind (BGE 121 I 102 E. 4a-d).

e) Differenzierung aufgrund öffentlicher Interessen («externe Ziele»)

aa) Allgemeines

1609 Beruhen die **Differenzierungen nicht ausschliesslich in tatsächlichen Unterschieden**, sondern zumindest auch aufgrund der Verwirklichung von **externen Regelungszielen («öffentlichen Interessen»)**, ist zu prüfen, ob das Ziel selbst sich als zulässig und legitim erweist und ob die Ungleichbehandlung zur Erreichung des vom Gesetzgeber verfolgten Zieles erforderlich ist (BGE 136 I 1 E. 4.3.2). In diesem Fall muss abgewogen werden zwischen dem Interesse an der Erreichung des Regelungsziels und dem Interesse an der Gleich- bzw. Ungleichbehandlung (BGE 136 II 120 E. 3.3.2). Die Zulässigkeit einer Ungleichbehandlung ist dementsprechend auch eine Frage der Verwirklichung der im öffentlichen Interesse liegenden Ziele und der Verhältnismässigkeit ihrer Auswirkungen (BGE 136 I 1 E. 4.3.2). Mit anderen Worten ist die Zulässigkeit solcher Unterschiede auch eine **Frage des Masses** (BGE 123 I 1 E. 6h, 121 I 102 E. 4d/aa).

Praxis:

1610 – **Dividendenbesteuerung:** In Abweichung von Art. 7 Abs. 1 StHG sieht Art. 42 Abs. 3 StG/BE vor, dass das Halbsatzverfahren nur für die Beteiligungen an Unternehmen mit Sitz in der Schweiz gelten soll, und sie lässt andererseits die Teilsatzbesteuerung nicht nur bei einer mindestens zehnprozentigen Beteiligungsquote, sondern unabhängig vom prozentualen Anteil auch für Beteiligungen zu, deren Verkehrswert mindestens zwei Millionen Franken beträgt. Diese Regelung erweist sich als verfassungswidrig. Eine sachliche Rechtfertigung dieser Ungleichbehandlung sieht der Gesetzgeber des Kantons Bern in der Vermeidung der sogenannten wirtschaftlichen Doppelbelastung. Wieweit es eine solche Doppelbelastung gibt, ist allerdings umstritten. Rechtlich werden Dividendeneinkünfte zum Vornherein nicht doppelt belastet. Zwar wird der erzielte Gewinn zunächst bei der Unternehmung als Gewinn besteuert, woraufhin die Dividende bzw. der Gewinnanteil aus der Beteiligung beim Teilhaber steuerlich ebenfalls erfasst wird. Dies beruht aber natürlicherweise darauf, dass sich eine juristische Person aufgrund ihrer eigenen Rechtsfähigkeit von der natürlichen Person unterscheidet bzw. ein eigenes Rechtssubjekt und Steuersubjekt ist. Wer sich als natürliche Person einer juristischen Person bedient, muss sich deren Selbstständigkeit entgegenhalten lassen und kann sich nicht auf wirtschaftliche Identität berufen. Auch lässt sich die Privilegierung der Beteiligung an inländischen Gesellschaften mit dem Anliegen der Förderung der einheimischen Wirtschaft nicht rechtfertigen. Die wirtschaftliche Doppelbelastung, deren Beseitigung mit der Unternehmenssteuerreform angestrebt wurde, besteht – soweit es sie überhaupt gibt – gleichermassen wie bei Beteiligungen an Unternehmen mit Sitz in der Schweiz auch bei Beteiligungen an Gesellschaften mit Sitz im Ausland, selbst wenn die Besteuerung der ausländischen Gesellschaft nicht immer leicht festzustellen sein wird und deshalb ein Vergleich im Einzelfall schwierig werden könnte.

Eine Rechtfertigung für die Ungleichbehandlung, die zudem im Widerspruch zur wirtschaftlichen Leistungsfähigkeit steht, ist nicht ersichtlich (BGE 136 I 49 E. 5.1-E. 5.7).

- **Grundsatz der Besteuerung nach der wirtschaftlichen Leistungsfähigkeit und degressive Besteuerung:** Der Obwaldner Steuertarif verstösst, soweit er für höhere Einkommen einen niedrigeren Durchschnittssteuersatz vorsieht als für tiefere Einkommen, gegen das Gebot der Besteuerung nach der wirtschaftlichen Leistungsfähigkeit (Art. 127 Abs. 2 BV) wie auch gegen den allgemeinen Gleichheitssatz (BGE 133 I 206 E. 7-9). Dieser Verstoss kann auch durch die seitens des Kantons angestellten Überlegungen und hervorgehobenen besonderen Umstände nicht gerechtfertigt werden. Die Verbesserung der Standortattraktivität und der Wohn- und Lebensqualität, wie der Regierungsrat sie mit der Gesetzesnovelle verfolgt, ist klarerweise eine Aufgabe, die sich im Rahmen der Zuständigkeit der Kantone (Art. 3 BV) hält und sich auch aus dem eigenen (kantonalen) Verfassungsauftrag zur Förderung des Gemeinwohls und der Wirtschaft ergibt. Dem Gesetzgeber ist es nicht grundsätzlich verwehrt, sich der Einkommens- und Vermögenssteuer als Instrument der Wirtschaftslenkung, zur Förderung sozialpolitischer Zwecke u. dgl. zu bedienen. Die steuerliche Förderung solcher Anliegen wird in der Steuerrechtsdoktrin kritisiert, weil sie das Leistungsfähigkeitsprinzip verfälscht und damit der Steuergerechtigkeit zuwiderläuft. Deshalb werden enge Schranken postuliert, innerhalb welcher der Steuergesetzgeber solche Ziele berücksichtigen darf. Verlangt wird eine klare gesetzliche oder sogar verfassungsmässige Grundlage. Auch muss die Steuergesetzgebung zur Erreichung des mit der Massnahme anvisierten Zwecks geeignet sein. Das öffentliche Interesse scheint umso legitimer, je mehr Bestimmtheit der Auftrag an den Gesetzgeber aufweist. Die Steuerrechtsprechung des Bundesgerichts nimmt auf diese Problematik nicht ausdrücklich Bezug, doch kommen die genannten Grundsätze in den bisherigen Entscheiden zumindest implizit zum Ausdruck: Je mehr das Leistungsfähigkeitsprinzip durch steuerliche Förderungsmassnahmen beeinträchtigt wird, desto höhere Anforderungen stellt das Bundesgericht an das öffentliche Interesse. In jüngerer Zeit haben vor allem die Fälle zur Eigenmietwertbesteuerung die Rechtsprechung geprägt. Diese Fälle lassen sich hingegen mit der hier zu beurteilenden Sachlage nicht vergleichen. Ein allgemeiner Steuertarif, welcher die Steuerlast für die Gesamtheit der Steuerpflichtigen regelt, bleibt daher den aus dem Gleichbehandlungsgebot folgenden Schranken unterworfen. Diese belassen, wie dargelegt, dem Gesetzgeber bei der Ausgestaltung des Tarifverlaufs wohl einen weiten Spielraum, schliessen aber degressive Durchschnittssteuersätze aus (BGE 133 I 206 E. 10 und E. 11). 1611

- **Inländerdiskriminierung beim Familiennachzug:** Ein Erlass verletzt das Gebot der Rechtsgleichheit (Art. 8 BV), wenn er rechtliche Unterscheidungen trifft, für die ein vernünftiger Grund in den zu regelnden Verhältnissen nicht ersichtlich ist, oder Unterscheidungen unterlässt, die sich aufgrund der Verhältnisse aufdrängen. Das Rechtsgleichheitsgebot ist insbesondere verletzt, wenn Gleiches nicht nach Massgabe seiner Gleichheit gleich oder Ungleiches nicht nach Massgabe seiner Ungleichheit ungleich behandelt wird. Allerdings kann eine Regelung, die Gleiches ungleich oder Ungleiches gleich behandelt, dann zulässig sein, wenn die Gleich- oder Ungleichbehandlung notwendig ist, um das Ziel der Regelung zu erreichen, und die Bedeutung des Ziels die Gleich- oder Ungleichbehandlung rechtfertigt. In diesem Fall muss abgewogen werden zwischen dem Interesse an der Erreichung des Regelungsziels und dem Interesse an der Gleich- bzw. Ungleichbehandlung. Es erscheint zweifelhaft, inwiefern heute ein sachlicher Grund bestehen soll, Schweizer Bürger bezüglich des Nachzugs ihrer ausländischen Familienangehörigen schlechter zu behandeln als EU- bzw. EFTA-Angehörige. Wohl liegt ein Unterschied darin, dass der sachliche Geltungsbereich des Freizügigkeitsabkommens genau gleich wie die entsprechende Grundfreiheit des Gemeinschaftsrechts auf grenzüberschreitende Sachverhalte zugeschnitten ist, also davon abhängt, ob das Recht auf Freizügigkeit in Anspruch genommen worden ist, was bei einem rein landesinternen Sachverhalt nicht der Fall ist. Aus dem Freizügigkeitsabkommen können deshalb keine Familiennachzugsrechte für schweizerische Staatsangehörige abgeleitet werden, die ihrerseits von der Freizügigkeit keinen Gebrauch gemacht haben. Das bedeutet allerdings nicht, dass schweizerisches Verfassungsrecht die daraus resultierende Ungleichbehandlung schweizerischer Staatsangehöriger erlaubt. Zwar mag es sachliche Gründe geben, welche es rechtfertigen können, eine strengere landesrechtliche Rege- 1612 lung aufrechtzuerhalten und auf schweizerische Staatsangehörige weiterhin anzuwenden, auch wenn eine entsprechende Regelung aufgrund der sektoriellen Abkommen Bürgern der EU bzw. der EFTA nicht entgegengehalten werden kann; solche sind indessen im vorliegenden Zusammenhang nicht ersichtlich, zumal die Verweigerung des Familiennachzugs einen nicht zu unterschätzenden Eingriff in das durch die Bundesverfassung und die EMRK garantierte Recht auf Achtung des Familienlebens (Art. 13 BV, Art. 8 EMRK) bedeutet. Zwar besteht dieses Recht nicht voraussetzungslos, sondern unterliegt es Einschränkungen, die sich unter anderem auch mit einer restriktiven Ausländerpolitik begründen lassen. Jedoch sind solche Beschränkungen, soweit sie zu Rechtsungleichheiten führen, nur statthaft, wenn sie in einer gemeinsamen Rechtsordnung, wie sie das Freizügigkeitsabkommen unter den Signatarstaaten schafft, in verhältnismässiger Weise einem schutzwürdigen Zweck dienen. Ob ein solcher für eine Schlechterstellung von Schweizer Bürgern beim Familiennachzug besteht, erscheint fraglich, nachdem der Gesetzgeber mit der Einführung von Art. 42 AuG erklärtermassen selber die gestützt auf das ANAG bestehende umgekehrte Diskriminierung von Schweizer Bürgern gegenüber Personen beseitigen wollte, die sich auf die günstigeren Bestimmungen des Freizügigkeitsabkommens und der Rechtsprechung dazu berufen konnten (BGE 136 II 120 E. 3.3.2 und E. 3.4).

1613 – **Unterschiedliche Besoldung zwischen einer Logopädin mit Vorbildung Matura und einer Logopädin mit Lehrerpatent:** Vorliegend beträgt der Besoldungsunterschied zwischen der Beschwerdeführerin und einer Logopädin mit Lehrerpatent 10% der Grundbesoldung. Wird die ganze Besoldung berücksichtigt, so beträgt die Differenz ca. 8-9%, da die Zulage für Sonderunterricht unterschiedslos ausgerichtet wird. Es ist nicht bestritten, dass die Beschwerdeführerin die gleiche Logopädieausbildung genossen hat und die gleiche Aufgabe versieht wie eine Logopädin mit Primarlehrerpatent. Als Rechtfertigung für die Ungleichbehandlung wird seitens des Kantons einzig die unterschiedliche Vorbildung (Lehrerpatent bzw. Matura) geltend gemacht. Das Verwaltungsgericht führt dazu aus, eine logopädische Lehrkraft mit Vorbildung Primarlehrerpatent verfüge über ein breiteres Wissen und Verständnis für die übrigen schulischen Belange und Lerninhalte. Ihre auf die ganze Schulbildung bezogenen methodischen, didaktischen und pädagogischen Kenntnisse liessen einen besseren Erfolg auch im Spezialgebiet und eine optimale Zusammenarbeit innerhalb des Lehrkörpers erwarten. Zudem dauere die Vorbildung Primarlehrerpatent länger als die Vorbildung Matura. Diese Überlegungen sind objektiv und sachlich haltbar. Entgegen der Auffassung der Beschwerdeführerin ist für die Beurteilung der Besoldungsdifferenzierung durch den Kanton nicht erheblich, dass nach der Auffassung von logopädischen Ausbildungsstätten oder Berufsverbänden die Logopädie eine medizinische oder therapeutische Massnahme ist. Im Kanton Bern ist die Logopädie als Spezialunterricht zum ordentlichen Schulunterricht in das Schulsystem integriert und wird nicht als medizinische, sondern als schulische Tätigkeit betrachtet. Der Kanton ist zu dieser Regelung kraft seiner Hoheit im Schul- wie im Gesundheitswesen befugt. Demgemäss wäre es auch verfassungsrechtlich zulässig, für den logopädischen Unterricht nur Personen zuzulassen, die über eine Lehrerausbildung verfügen. Wenn der Kanton auch Logopäden anerkennt, die als Vorbildung eine Matura haben, so ist er deshalb nicht verpflichtet, sie besoldungsmässig gleichzubehandeln. Das Bundesgericht hat erkannt, dass Unterschiede in der Ausbildung besoldungsmässig berücksichtigt werden können, wenn eine bessere Ausbildung für die Ausübung einer Funktion von Nutzen ist. Wird die Logopädie zulässigerweise als Teil der Schule betrachtet, so ist es haltbar, eine Lehrerausbildung als für die Ausübung des Logopädenberufs nützlich zu betrachten und dementsprechend besoldungsmässig zu berücksichtigen. Der Umstand, dass französischsprachige Logopäden offenbar gar nicht anders als über die Matura das Logopädiestudium absolvieren können, ändert daran nichts, da die Kantone nicht verfassungsrechtlich verpflichtet sind, ihre Besoldungsregelungen an die Gestaltung ausserkantonaler Ausbildungslehrgänge anzupassen. Ferner ist die Zulässigkeit von Besoldungsunterschieden auch eine Frage des Masses. Angesichts der quantitativen und qualitativen Unterschiede in der Vorbildung ist die Besoldungsdifferenz von fast 10 % im Lichte der bisherigen Praxis des Bundesgerichts und aufgrund des den Kantonen zustehenden grossen Gestaltungsspielraumes noch als verfassungsrechtlich haltbar zu betrachten (BGE 123 I 1 E. 6e-h).

bb) Besondere Gleichheitsrechte

Das Bundesgericht führt **im Rahmen besonderer Gleichheitsrechte** (BGE 135 I 49 E. 6.1 [Diskriminierungsverbot], 131 II 361 E. 5.3, 125 I 21 E. 3, 123 I 152 E. 7b [Gleichstellung der Geschlechter/Quotenregelungen], 133 I 206 E. 11.1-11.3 [Gleichmässigkeit der Besteuerung], 132 I 97 E. 2.1, 125 I 431 E. 4b/aa [Gleichbehandlung der Gewerbegenossen]) eine mit **Art. 36 BV weitgehend vergleichbare Prüfung** durch, während im Rahmen von Art. 8 Abs. 1 BV bisher eine derartige Prüfung – von wenigen Ausnahmen abgesehen – weitgehend unterblieben ist. 1614

Praxis:

- **Quotenregelung:** Nach der Initiative 2001 soll den in den politischen und juristischen Behörden des Kantons Solothurn untervertretenen Frauen von Gesetzes wegen eine ihrem Bevölkerungsanteil entsprechende Zahl von Sitzen in Parlament, Regierung und Gerichten garantiert sein. Bei einer solchen Regelung, welche die Frauen im Hinblick auf das Egalisierungsgebot privilegiert, jedoch vom Diskriminierungsverbot abweicht, treten der erste und der zweite Satz von Art. 4 Abs. 2 aBV miteinander in Widerstreit. Der Konflikt zwischen den beiden Verfassungsregeln ist durch eine Abwägung der Interessen zu lösen. Da sich aus der Verfassung kein Vorrang für das eine oder andere Interesse herleiten lässt und das «Prinzip praktischer Konkordanz» gebietet, dass keines der entgegenstehenden Interessen völlig zu Lasten des anderen verwirklicht wird, ist, wenn eine Frauenförderungsmassnahme vom Diskriminierungsverbot abweicht, jeweils abzuwägen zwischen dem Interesse an der Schaffung der Voraussetzungen faktischer Gleichheit und demjenigen an der Gleichbehandlung der Geschlechter. Bei der Prüfung der Verhältnismässigkeit ist zu untersuchen, ob die unterschiedliche Behandlung von Mann und Frau für die Erfüllung des Auftrags zur Herstellung der tatsächlichen Gleichstellung im konkreten Fall geeignet und erforderlich ist, und die vorgeschlagene Massnahme ist mit dem Zweck der faktischen Gleichstellung zu vergleichen. Das Zweck-Mittel-Verhältnis verlangt eine Abwägung zwischen dem Ziel der Gleichstellung und der Wirkung der mit der Massnahme verbundenen Eingriffe in die Grundrechtsstellung Dritter. Je schwerer diese Einwirkungen sind, desto grösser muss im entsprechenden Sachbereich das Interesse an der Herbeiführung der Gleichstellung der Geschlechter sein. Zum Verhältnis von Satz 1 zu Satz 2 des Art. 4 Abs. 2 aBV ist somit festzuhalten, dass diese Vorschrift positive Massnahmen zur Verwirklichung der tatsächlichen Gleichstellung der Geschlechter, insbesondere Frauenförderungsmassnahmen, und damit unter Umständen eine Abweichung vom Diskriminierungsverbot zulässt, sofern diese in einem vernünftigen Verhältnis zum Regelungsziel steht. Im Bereich der Gleichstellung der Geschlechter bildet das Diskriminierungsverbot demnach bloss eine relative Schranke des Egalisierungsgebots: Es schliesst «unverhältnismässige» Ungleichbehandlungen der Geschlechter aus (BGE 123 I 152 E. 3b; zum Ganzen auch BGE 131 II 361 E. 5.3, 125 I 21 E. 3). 1615
- **Gleichbehandlung der Gewerbegenossen (Marktreglement Fleurier):** Gemäss Art. 27 Abs. 1 BV ist die Wirtschaftsfreiheit gewährleistet. Sie umfasst insbesondere die freie Wahl des Berufes sowie den freien Zugang zu einer privatwirtschaftlichen Erwerbstätigkeit und deren freie Ausübung (Art. 27 Abs. 2 BV). Diese Freiheit schützt jede privatwirtschaftliche Tätigkeit, die beruflich und zu Erwerbszwecken ausgeübt wird. Nach dem Wortlaut von Art. 36 Abs. 1 BV bedarf jede Einschränkung von Grundrechten einer gesetzlichen Grundlage; schwerwiegende Einschränkungen müssen im Gesetz selbst vorgesehen sein. Ausgenommen sind Fälle ernster, unmittelbarer und nicht anders abwendbarer Gefahr. Einschränkungen von Grundrechten müssen durch ein öffentliches Interesse oder durch den Schutz von Grundrechten Dritter gerechtfertigt (Art. 36 Abs. 2 BV) und verhältnismässig sein (Art. 36 Abs. 3 BV). Der Kerngehalt der Grundrechte ist unantastbar (Art. 36 Abs. 4 BV). Die Rechtsprechung hat sodann festgehalten, dass der Grundsatz der Gleichbehandlung direkter Konkurrenten, das heisst von Angehörigen der gleichen Branche, die sich mit gleichen Angeboten an dasselbe Publikum 1616

richten, um das gleiche Bedürfnis zu befriedigen, wie er aus Art. 27 BV fliesst, nicht absolut ist und Differenzierungen zulässt, sofern diese sachlichen Kriterien entsprechen und sich aus dem System selbst ergeben. Es ist lediglich erforderlich, dass die so entstehenden Ungleichheiten auf das für den im öffentlichen Interesse angestrebten Zweck notwendige Minimum beschränkt sind (vgl. insb. auch BGE 125 I 431 E. 4 b/aa). Schliesslich sind Massnahmen wirtschaftspolitischer Art oder zum Schutz eines Berufs untersagt, soweit sie in den freien Wettbewerb eingreifen, um gewisse Berufsgattungen oder Bewirtschaftungsformen zu begünstigen. Gemäss Art. 664 Abs. 1 ZGB stehen die öffentlichen Sachen unter der Hoheit des Staates, in dessen Gebiet sie sich befinden. Folglich können die Kantone und die Gemeinden deren Gebrauch durch Private regeln. Sie sind also frei zu entscheiden, wer zu welchen Bedingungen den öffentlichen Grund benützen darf. Die Rechtsprechung hat jedoch den Rechtsunterworfenen ein bedingtes Recht auf gesteigerten Gemeingebrauch namentlich zu gewerblichen Zwecken zuerkannt, wie z.B. das Aufstellen eines Marktstandes an einer Messe. Eine Bewilligung kann nur unter Beachtung der Grundrechte, insbesondere der Rechtsgleichheit (Art. 8 BV) sowie der Wirtschaftsfreiheit (Art. 27 BV), also namentlich unter dem Blickwinkel der Gleichbehandlung von Gewerbegenossen, verweigert werden. Immer wenn der zur Verfügung stehende Platz begrenzt ist, muss die öffentliche Behörde eine sachlichen Kriterien folgende Wahl treffen. Sie kann Gesuche berücksichtigen, die am ehesten geeignet sind, dem Publikumsbedürfnis hinsichtlich Qualität und Vielfalt zu entsprechen. Schliesslich ist eine Interessenabwägung vorzunehmen. In diesem Rahmen kann auch kulturellen Interessen Rechnung getragen werden. Das Bundesgericht hat unter der Herrschaft von Art. 4 aBV (vgl. Art. 8 BV) die Besserstellung von ortsansässigen Personen als mit dem Gleichbehandlungsgebot vereinbar erachtet, allerdings ohne sich zur Gleichbehandlung von Gewerbegenossen zu äussern. Hingegen gibt es kein wohlerworbenes Recht auf das Beibehalten einer Bewilligung. Denkbar ist eine Warteliste, vorausgesetzt, dass diese nicht mit übermässigen Wartezeiten verbunden und eine gewisse Rotation sichergestellt ist, weil andernfalls neue Bewerber mit einem Gesuch kaum eine Chance hätten, was wiederum dem Grundsatz der Gleichbehandlung von Gewerbegenossen zuwiderliefe. Der angewendete Selektionsmodus muss hinsichtlich des Wettbewerbs möglichst neutral sein. Es ist nicht zulässig, dieselben Bewerber oder Bewerbergruppen gleicher Qualität systematisch zu bevorzugen (BGE 132 I 97 E. 2.1). Vermögen in diesem Rahmen haltbare öffentliche Interessen und Anliegen eine Abweichung vom Gebot der Gleichbehandlung in Grenzen zu rechtfertigen, muss eine entsprechend begründete Ungleichbehandlung ausserdem auch verhältnismässig sein; zudem darf sie das Gleichbehandlungsgebot nicht geradezu seiner Substanz entleeren. Zu vermeiden sind spürbare Wettbewerbsverzerrungen, was eine Abwägung der widerstreitenden Interessen voraussetzt (BGE 125 I 431 E. 4b/aa).

1617 – **Eigenmietwertbesteuerung:** Nach konstanter Rechtsprechung des Bundesgerichts ergibt sich aus Art. 4 aBV, dass Steuerpflichtige in gleichen wirtschaftlichen Verhältnissen gleich zu besteuern sind. Bezüglich der wirtschaftlichen Leistungsfähigkeit ist die Vergleichbarkeit in vertikaler Richtung, das heisst zwischen Personen in verschiedenen finanziellen Verhältnissen, geringer als in horizontaler Richtung, das heisst bei Personen gleicher wirtschaftlicher Leistungsfähigkeit. Nach der Rechtsprechung des Bundesgerichts würde die vollständige und undifferenzierte Abschaffung der Besteuerung des Eigenmietwertes ohne ausgleichende Massnahmen den Wohnungseigentümer gegenüber anderen Steuerpflichtigen mit gleicher finanzieller Leistungsfähigkeit in einer Weise begünstigen, welche vor Art. 4 aBV nicht standhält. Indessen hat das Bundesgericht zugelassen, dass der Eigenmietwert tiefer festgesetzt werden kann als der Marktmietwert. Das wird unter anderem mit der geringeren Disponibilität in der Nutzung des Eigentums begründet sowie damit, dass die Selbstnutzung anderer Vermögenswerte auch nicht besteuert wird. Zulässig ist auch das Anliegen, die Selbstvorsorge durch Eigentumsbildung fiskalisch zu fördern. Solche Abzüge haben sich allerdings an die durch Art. 4 aBV gesetzten Schranken zu halten. Bei zu niedrigen Eigenmietwerten kommt ein entsprechend grosser Teil der Hauseigentümer, je nach Höhe der Hypothekarzinsen und Unterhaltskosten, zu steuerlich abziehbaren negativen Liegenschaftserträgen, was zu einer entsprechenden Benachteiligung der Mieter führen kann, denen die Möglichkeit des Abzuges der Mietkosten verwehrt bleibt. Wie weit der Eigenmietwert vom Marktmietwert abweichen darf, ohne dass das in Art. 4 aBV enthaltene Gleichbehandlungsgebot verletzt wird, wurde vom Bundesgericht in seiner bisherigen Rechtsprechung noch nie in Form eines minimalen Prozentsatzes definiert; es wurde jeweils lediglich entschieden, ob bei den konkret zur Diskussion stehenden Werten die Grenze des Zulässigen noch eingehalten oder bereits überschritten sei. Im Interesse der Rechtsklarheit und Rechtssicherheit drängt sich auf, die untere Grenze des verfassungsrechtlich Zulässigen in genereller Weise festzulegen. Aus den ergangenen Urteilen lässt sich schliessen, dass diese Limite bei 60-70 % der Marktmiete liegen muss. Nachdem die Eidgenössische Steuerverwaltung im Rahmen der direkten Bundessteuer eine Limite von 70 % bei den Durchschnittswerten toleriert und der Spielraum der Kantone bei den kantonalen Steuern grösser ist, erscheint es richtig, die verfassungsrechtliche Limite bei 60 % anzunehmen. Es ist somit festzuhalten, dass für die Bemessung der Eigenmietwerte 60 % des effektiven Marktwertes in jedem Fall die untere Grenze dessen bilden, was mit Art. 4 aBV noch vereinbar ist (BGE 124 I 145 E. 4).

- **Nichteinbürgerung wegen Sozialhilfeabhängigkeit (behinderte Bewerberin, die in der Schweiz seit Längerem vorläufig aufgenommen ist):** Behinderte Personen werden durch das Erfordernis der wirtschaftlichen Selbsterhaltungsfähigkeit für die Einbürgerung (§ 21 Abs. 1 des Gemeindegesetzes des Kantons Zürich [GemeindeG]) wegen eines nicht selbst verschuldeten und nicht aufgebbaren Merkmals in spezifischer Art betroffen und gegenüber «gesunden» Bewerbern in besonderer Weise benachteiligt und rechtsungleich behandelt. Unter diesem Gesichtswinkel ist daher zu prüfen, ob die beanstandete Massnahme ein gewichtiges und legitimes öffentliches Interesse verfolgt, als geeignet und erforderlich betrachtet werden kann und sich gesamthaft als verhältnismässig erweist. Es ist unbestritten, dass die Beschwerdeführerin zur Zeit ihres Einbürgerungsgesuches von der eidgenössischen Asylfürsorge unterstützt worden ist und im Falle der Einbürgerung der Fürsorge durch die Gemeinde A zur Last fallen würde. Gleichermassen wird nicht in Frage gestellt, dass entsprechende Fürsorgeleistungen einen jährlichen Betrag von rund Fr. 100'000.– ausmachen würden. Es kann nicht in Abrede gestellt werden, dass die Gemeinde A. ein legitimes Interesse an einem gesunden Finanzhaushalt hat, und demnach ist verständlich, dass sie sich gegen die Übernahme von beträchtlichen Sozialleistungen zur Wehr setzt. Derartige finanzielle Interessen können nicht von vornherein als unerheblich bezeichnet werden. Allerdings ist in der vorliegenden Konstellation davon auszugehen, dass eine Regularisierung des Aufenthaltsstatus der Beschwerdeführerin, die nun bereits seit 13 Jahren in der Schweiz weilt, und damit eine Aufenthaltsbewilligung in einem früheren oder späteren Zeitpunkt tatsächlich in Betracht fällt, wenn die Beschwerdeführerin darum ersucht. Dies wiederum hätte zur Folge, dass die Gemeinde A, wo die Beschwerdeführerin ihren Wohnsitz hat, die Fürsorge ohnehin früher oder später zu übernehmen hätte. Bei dieser Sachlage erscheint die mit der Einbürgerung verbundene finanzielle Belastung der Gemeinde A in Form der Sozialhilfe in einem andern Lichte. Das öffentliche Interesse zur Rechtfertigung der (indirekten) Diskriminierung ist insoweit von geringerem Gewicht. Dem sind die Interessen der Beschwerdeführerin gegenüberzustellen. Die Frage der Einbürgerung ist für diese von grosser Bedeutung. Sie hat an der Erlangung des Bürgerrechts im Kanton Zürich, wo sie den grössten Teil ihres Lebens verbracht hat, ein gewichtiges Interesse. Dieses ist nicht nur ideeller Natur, sondern auch rechtlich von Bedeutung. Weiter kommt dem Umstand Gewicht zu, dass die Beschwerdeführerin angesichts ihrer Behinderung kaum mehr je in der Lage sein wird, ihre finanzielle Abhängigkeit aus eigenen Stücken zu beheben, eine wirtschaftliche Selbsterhaltungsfähigkeit zu erlangen und so die Voraussetzungen von § 21 Abs. 1 GemeindeG von sich aus zu schaffen. Vor diesem Hintergrund zeigt sich gesamthaft, dass die Beschwerdeführerin wegen ihrer aktuellen und fortdauernden Behinderung im Einbürgerungsverfahren gegenüber «gesunden» Bewerbern auf unbestimmte Zeit hinaus benachteiligt wird. Diese Benachteiligung kann in Anbetracht des Umstandes, dass die finanzielle Belastung der Gemeinde A nicht allein wegen der Einbürgerung auf lange Dauer angelegt ist, nicht wegen der finanziellen Aspekte in qualifizierter Weise gerechtfertigt werden (BGE 135 I 49 E. 6). 1618 cc) Verhältnismässigkeitsprüfung

1619 Eine Regelung, die **Gleiches ungleich** oder **Ungleiches gleich** behandelt, kann dann zulässig sein, wenn die Gleich- oder Ungleichbehandlung notwendig ist, um das Ziel der Regelung zu erreichen, und die Bedeutung des Ziels die Gleichbehandlung von Ungleichem bzw. die Ungleichbehandlung von Gleichem rechtfertigt. In diesem Fall muss abgewogen werden zwischen dem Interesse an der Erreichung des Regelungsziels und dem Interesse an der Gleich- bzw. Ungleichbehandlung (BGE 136 II 120 E. 3.3.2). Es ist mit anderen Worten zu prüfen, ob das Ziel selbst legitim und ob die Ungleichbehandlung angesichts der Verwirklichung des vom Gesetzgeber anvisierten (legitimen) Zieles verhältnismässig ist (BGE 136 I 1 E. 4.3.2; KG BL vom 6. April 2005, 2004/292, E. 5).

1620 Eine **degressive Besteuerung** ist zulässig, um an und für sich **legitime Ziele** wie die Förderung der Eigentumsbildung, günstige Rahmenbedingungen für eine leistungsfähige Wirtschaft oder Wirtschaftsförderungsmassnahmen zu verfolgen, doch hat die Steuergesetzgebung zur Erreichung des mit dieser Massnahme anvisierten Zieles geeignet, erforderlich und zumutbar zu sein. Das öffentliche Interesse erscheint umso legitimer, je bestimmter sich der Auftrag an den Gesetzgeber erweist (BGE 133 I 206 E. 11.1). Die Formel lautet: Je mehr das Leistungsfähigkeitsprinzip durch steuerliche Förderungsmassnahmen beeinträchtigt wird, desto höhere Anforderungen sind an die geltend gemachten öffentlichen Interessen und an die Verhältnismässigkeit der Massnahme zu stellen («abwägender Ansatz»: BGE 133 I 206 E. 11.2).

1621 Der **Eigenmietwert** kann wegen wirtschafts- und sozialpolitischen Gründen (vgl. BGE 124 I 159 E. 2e), der fiskalischen Förderung der Eigentumsbildung (vgl. BGE 125 I 68 E. 3c), der geringeren Disponibilität in der Nutzung des Eigentums (BGE 116 Ia 321 E. 3g) oder der Nichtbesteuerung der Selbstnutzung anderer Vermögenswerte (BGE 124 I 193 E. 3a) tiefer als der Marktmietwert festgesetzt werden, doch darf dieser Abzug die Grenze von 60 % nicht unterschreiten (vgl. insb. BGE 128 I 240 E. 2.4, 124 I 145 E. 4). Mit anderen Worten hat die Festlegung des Eigenmietwertes bzw. der Abzug vom Marktmietwert im Lichte der zu verwirklichenden – an und für sich legitimen – Ziele verhältnismässig zu sein; die Zulässigkeit einer Ungleichbehandlung zwischen Mietern und Eigentümern ist eine Frage des Masses (zum Ganzen auch BGE 132 I 157 E. 4-6).

1622 **Abweichungen vom Proporzverfahren** bzw. von der Erfolgswertgleichheit führen zwangsläufig zu einer Ungleichbehandlung von Wählerstimmen und sind nur zulässig, wenn für diesen Eingriff besondere (rechtfertigende) **sachliche Gründe** bestehen (überkommene Gebietseinteilung, ferner historische, föderalistische, kulturelle, sprachliche, ethnische oder religiöse Gründe), die sich umso gewichtiger erweisen müssen, desto grösser die Abweichungen vom Proporzverfahren und damit von der Erfolgswertgleichheit sind (BGE 136 I 352 E. 4, 136 I 376 E. 4.7, 131 I 85 E. 2.2, 129 I 185 E. 7.6.3; BGer vom 19. März 2012, 1C_407/2011, E. 5.1).

Praxis:

1623 – **Verbot potenziell gefährlicher Hunde:** Beruhen die Differenzierungen nicht ausschliesslich in tatsächlichen Unterscheidungen, sondern auch in externen Regelungszielen (Sicherheitsbedürfnis der Bevölkerung), ist zu prüfen, ob das Ziel selbst – Schutz der Bevölkerung – sich als zulässig und ob sich die Ungleichbehandlung zur Erreichung des vom Gesetzgeber verfolgten Zieles als verhältnismässig erweist. Der Schutz der Bevölkerung ist offensichtlich und auch unbestritten ein legitimes Ziel. Der Kanton Zürich hat den ihm von der Rechtsprechung zugestandenen grossen Gestaltungsspielraum in vertretbarer Weise genutzt: Die Massnahmen knüpfen einerseits an Anforderungen an Hundehaltern, wie etwa § 6 (Haftpflichtversicherung), § 7 (Praktische Hundeausbildung), § 9 ff. (Hundehaltung), und andererseits an die Rasse (§§ 8 und 30: Bewilligung und Verbot) an. In Anbetracht der dargestellten Gefährlichkeit dieser Hunderassen erweist sich ein Verbot als geeignet und auch als erforderlich, die Bevölkerung zu schützen. Die angeborenen Verhaltenseigenschaften, der Körperbau und die Gebisse, welche schwere bleibende Schäden verursachen können, die angesprochene leichtere Abrichtung zur Aggressivität und die notwendige richtige Haltung sowie die Berücksichtigung eines gewissen zulässigen Schematismus, lassen kein milderes Mittel als das Verbot erkennen. Schliesslich besteht auch kein offensichtliches Missverhältnis zwischen dem öffentlichen Interesse vor äusserst gefährlichen Hunden und dem privaten Interesse an der Haltung derartiger Hunde (BGE 136 I 1 E. 4.3.2).

- **Zulässige Lohnunterschiede:** Voraussetzung ist, dass die Ungleichheiten ein vertretbares 1624
Mass nicht überschreiten (vgl. auch BGE 118 Ia 245 E. 5d). Die Zulässigkeit von Besoldungsunterschieden ist nach der Rechtsprechung des Bundesgerichts auch eine Frage des Masses. Bis zu welchem Umfang sachlich begründete Ungleichheiten zulässig sind, lässt sich nicht abstrakt bestimmen. Es ist grundsätzlich anhand der konkreten Umstände zu prüfen, ob sich die beanstandeten Besoldungsunterschiede in einem vertretbaren Rahmen halten. Folgende Lohnunterschiede wurden erstens als sachlich haltbar anerkannt und zweitens auch in ihrem Ausmass als verhältnismässig beurteilt: fast 22 % zwischen Primar- und Orientierungsschullehrern, da Letztere eine längere Ausbildung absolvieren, einen komplexeren Schulstoff zu vermitteln und grössere Schwierigkeiten in disziplinarischer Hinsicht zu meistern haben (BGE 121 I 49 E. 4c); rund 6,6 % bzw. 12 % zwischen Hauptlehrern und Lehrbeauftragten, da die Wahl zum Hauptlehrer eine entsprechende, in einem besonderen Wahlverfahren festzustellende Qualifikation voraussetzt und diese Funktion typischerweise mit gewissen zusätzlichen Rechtspflichten verbunden ist (BGE 121 I 102 E. 4d/aa); rund 20-26 % zwischen zwei Lehrerkategorien, die sich in der Ausbildung unterscheiden (BGer vom 27. Sept. 1996, 2P.77/1996, E. 2); fast 10 % zwischen Logopädinnen mit Grundausbildung Matura und solchen mit Lehrerpatent, da eine logopädische Lehrkraft mit Vorbildung Primarlehrerpatent über ein breiteres Wissen und Verständnis für die übrigen schulischen Belange und Lerninhalte verfügt und überdies die Vorbildung Primarlehrerpatent länger als die Vorbildung Matura dauert (BGE 123 I 1 E. 6e und E. 6h); 6,73 % Besoldungsunterschied und zusätzlich 7,41 % Unterschied in der Zahl der Pflichtstunden zwischen kaufmännischen und gewerblich-industriellen Berufsschullehrern infolge der quantitativen und qualitativen Unterschiede in der Vorbildung (BGer vom 10. Aug. 1998, 2P.249/1997, E. 4); rund 18 % zwischen Mittelschullehrern und Berufsschullehrern trotz gleicher Ausbildung, da an den Mittelschulunterricht höhere Anforderungen als an den Berufsschulunterricht gestellt werden, Mittelschullehrer intensivere Betreuungsaufgaben zu erfüllen haben und überdies Selektionsverantwortung tragen; nicht mehr gerechtfertigt ist indes eine Honorardifferenz von 30 % für Supervisorinnen und Supervisoren, die einzig davon abhängt, ob jene über einen Universitätsabschluss oder einen Fachhochschulabschluss in Psychologie verfügen (BGE 129 I 161 E. 3.2; BGer vom 29. Mai 2009, 1C_295/2008, E. 2.7; vom 21. März 2000, 2P.369/1998, E. 2g; vom 6. Okt. 1999, 1P.413/1999, E. 3b; VerwG ZH vom 12. Jan. 2005, PB.2004.00074, E. 5.3).
- **Ausgestaltung des politischen Systems (Wahlkreiseinteilung):** Die natürlichen Quoren 1625
liegen im Kanton Zug in den meisten Wahlkreisen über 10 %. Das Bundesgericht hat festgehalten, dass natürliche Quoren (wie auch direkte, gesetzliche Quoren), welche die Limite von 10 % übersteigen, mit einem Verhältniswahlrecht grundsätzlich nicht zu vereinbaren sind. Dieser Wert gilt als Zielgrösse. Er ist allenfalls in Beziehung zu setzen zu überkommenen Gebietsorganisationen, die namentlich dem Schutz von Minderheiten dienen. Im vorliegenden Fall liegt der Durchschnitt für alle Gemeinden (ohne Neuheim) bei 14,8 % und überschreitet bereits die genannte kritische Grösse von 10 %. Schon in dieser Hinsicht kann nicht gesagt werden,

dass das zugerische Wahlverfahren einem echten Proporzverfahren entspricht. Gesamthaft zeigt sich, dass einerseits die hohen natürlichen Quoren mit einem echten Verhältniswahlrecht nicht vereinbar sind. Andererseits stehen die grossen Differenzen der für einen Sitzgewinn erforderlichen Stimmenanteile mit der Erfolgswertgleichheit im Widerspruch. Damit genügt das Wahlverfahren der sich aus Art. 34 Abs. 2 BV ergebenden Wahlfreiheit nicht, wonach kein Wahlergebnis anerkannt werden soll, das nicht den freien Willen der Wählenden zuverlässig und unverfälscht zum Ausdruck bringt. Die sich aus der verfassungsrechtlichen Garantie der politischen Rechte ergebenden Vorgaben werden deutlich verfehlt. Auch gewichtige politische Minderheiten sind vom Kantonsrat ausgeschlossen und eine grosse Anzahl von Wählerstimmen bleibt unbeachtlich. Darin liegt ein schwerwiegender Mangel, der mit den Grundsätzen des Verhältniswahlrechts unvereinbar ist. Das Bundesgericht hat in seiner Rechtsprechung im Grundsatz anerkannt, dass Gründe überkommener Gebietsorganisation proporzfremde Elemente und somit ein Abweichen vom Verhältniswahlrecht rechtfertigen können. Es kann sich dabei um historische, föderalistische, kulturelle, sprachliche, ethnische oder religiöse Gründe handeln, welche kleine Wahlkreise als eigene Identitäten und als «Sonderfall» erscheinen lassen und ihnen – auf Kosten des Proporzes – im Sinne eines Minderheitenschutzes einen Vertretungsanspruch einräumen. Die Rechtsprechung hat allerdings betont, dass es hierfür ausreichender sachlicher Gründe bedürfe. Je grösser die Abweichungen vom Proporzverfahren und von der Erfolgswertgleichheit sind, desto gewichtiger müssen sich die rechtfertigenden Gründe erweisen. In einzelnen Urteilen hat das Bundesgericht derartige Gründe anerkannt (BGE 131 I 85 E. 2.5), in andern verneint (BGE 136 I 352 E. 4, 129 I 185 E. 7.6.3). Entgegen der Auffassung der Parteien ist die Frage, ob Gründe überkommener Gebietsorganisation proporzfremde Elemente begründen und ein Abweichen vom Verhältniswahlrecht rechtfertigen können, im vorliegenden Fall nicht zu prüfen. Mit den aufgezeigten Möglichkeiten von Wahlkreisverbänden und mit der Methode Doppelter Pukelsheim bleibt der aus der Kantonsverfassung fliessende Grundsatz gewahrt, wonach die Einwohnergemeinden die Wahlkreise bilden. Den kleinen Einwohnergemeinden kommt im Sinne eines Minderheitenschutzes weiterhin eine entsprechende Vertretung zu. Sie können unter diesem System aufrechterhalten werden. Es braucht nicht geprüft zu werden, ob und in welchem Ausmass die Minderheitenvertretung kleiner Einwohnergemeinden allenfalls noch verstärkt werden könnte (BGE 136 I 376 E. 4.5-4.7).

dd) Gesetzliche Grundlage

1626 Je schwerwiegender oder intensiver sich ein Eingriff in den Schutzbereich eines Grundrechts erweist, desto strengere Anforderungen sind üblicherweise sowohl an die Normdichte als auch an die Normstufe der Rechtsgrundlage zu stellen (Art. 36 Abs. 1 Satz 2 BV; vgl. BGE 136 I 17 E. 3.3, 133 II 220 E. 2.5, 131 I 333 E. 4.2, 131 I 425 E. 6.1, 130 I 65 E. 3.3, 130 I 360 E. 1.2). Ob diese Anforderungen auch im **Schutzbereich von Art. 8 Abs. 1 BV** gelten, lässt das Bundesgericht offen (BGE 136 I 1 E. 4.3.2, 136 II 120 E. 3.3.2; vgl. hingegen BGE 133 I 206 E. 11.1 [degressive Besteuerung]). Die kantonale Praxis geht vereinzelt von der Notwendigkeit einer formell-gesetzlichen Regelung aus, wenn ein Erlass zu einer erheblichen Ungleichbehandlungen führt (KG BL vom 5. Feb. 2003, 2002/154, E. 2b; die Beschwerde dagegen hat das Bundesgericht abgewiesen, wobei es auf die betreffende Frage nicht eingegangen ist [BGE 130 I 1 E. 3.4.3]).

1627 Dem Gesetzgeber ist es nicht grundsätzlich verwehrt, sich der **Einkommens- und Vermögenssteuer** als Instrument der **Wirtschaftslenkung**, zur Förderung sozialpolitischer Zwecke und dergleichen zu bedienen, doch werden angesichts der Verfälschung des Leistungsfähigkeitsprinzips enge Schranken postuliert, innerhalb welcher der Steuergesetzgeber solche Ziele berücksichtigen darf. Verlangt wird eine **klare gesetzliche oder sogar verfassungsmässige Grundlage** (BGE 133 I 206 E. 11.1).

Zumindest im **Rahmen besonderer Gleichheitsrechte**, insbesondere der Gleichstellung zwischen Mann und Frau mittels Quoten, verlangt das Bundesgericht eine formell-gesetzliche Grundlage, wenn derartige positive Massnahmen eine **gewisse Intensität** aufweisen und wenn dadurch eine **gewisse Gruppe von Personen Vorteile** erlangt (BGE 131 II 361 E. 7.4). Gemäss Bundesgericht ist verfassungsrechtlich hingegen nicht zu beanstanden, wenn ein Besoldungssystem, welches zu gewissen Lohndifferenzierungen führt, in einer Verordnung festgelegt wird, da im öffentlichen Dienstrecht herkömmlicherweise nicht gleich hohe Anforderungen an die gesetzliche Grundlage gestellt werden. Es ist durchaus üblich und verfassungsrechtlich zulässig, Rechte und Pflichten der öffentlich-rechtlichen Angestellten, wozu auch die Festlegung der Lohnklassen gehört, auf untergesetzlicher Stufe zu konkretisieren (BGer vom 10. Mai 2004, 2P.262/2003, E. 4.3). 1628

Praxis:

- **Quotenregelung:** Im Okt. 2001 veröffentlichte die Universität Freiburg in verschiedenen Publikationen folgendes Inserat: «Im Rahmen von Massnahmen des Bundes zur Förderung des akademischen Nachwuchses schreibt die Rechtswissenschaftliche Fakultät der Universität die Stelle einer assoziierten Professorin oder einer Oberassistentin im öffentlichen Recht aus (Europarecht und internationales öffentliches Recht). Aufgrund der Kriterien, die im Programm zur Nachwuchsförderung festlegt sind, können für die Besetzung dieser Stelle nur Kandidaturen von Frauen berücksichtigt werden.» Am 1. Nov. 2001 bewarb sich Tiziano Balmelli für die ausgeschriebene Stelle. Sein Dossier wurde von der Kommission, die mit der Evaluation der Bewerbungen beauftragt war, nicht berücksichtigt, weil die Stelle einer Frau vorbehalten war. Eine entsprechende Verfügung focht Tiziano Balmelli erfolglos bei den verschiedenen kantonalen Beschwerdeinstanzen an; das Bundesgericht heisst seine Beschwerde gut. Erwägungen: Art. 7 der Verordnung des Eidgenössischen Departements des Inneren über projektgebundene Beiträge zur Förderung des Nachwuchses an den kantonalen Universitäten für die akademischen Jahre 2000/01 bis 2003/04 vom 12. April 2000 (Verordnung zum Nachwuchsförderungsprogramm 3. Phase) sieht vor, dass grundsätzlich jede Universität selber mindestens 40 % der Programmstellen mit Frauen besetzen muss (Abs. 1) und dass die Schweizerische Universitätskonferenz dafür sorgt, dass dieser Anteil auf jeden Fall gesamtschweizerisch erreicht wird (Abs. 2). Das Bundesgericht lässt vorliegend offen, ob diese starre Quote verhältnismässig ist, denn die Lehre ist sich darin einig, dass positive Massnahmen einer formellen gesetzlichen Grundlage bedürfen, wenn sie eine gewisse Intensität aufweisen und wenn dadurch eine gewisse Gruppe von Personen Vorteile erlangt, möglicherweise zu Lasten einer anderen Gruppe. Ganz allgemein ist zu sagen, dass dieses Erfordernis umso wichtiger ist, wenn die Massnahmen zwingenden Charakter haben, wenn sie geeignet sind, die Grundrechte Dritter in schwerwiegender Weise zu verletzen und wenn sie in der öffentlichen Meinung umstritten sind. Im letzteren Fall können sie nur gestützt auf einen klaren politischen Entscheid des formellen Gesetzgebers vorgesehen werden, weil sie sonst den Grundsatz der Gewaltenteilung verletzen. Weil die Quoten unter den verschiedenen in Frage kommenden positiven Massnahmen das direkteste und radikalste Mittel sind, um im Ergebnis eine Geschlechtergleichstellung zu erreichen, insbesondere wenn es sich um strikte Quoten handelt, geben sie oft zu engagierten Diskussionen in der Gesellschaft Anlass. Bis heute haben sie in der Schweiz noch keine Gnade gefunden, denn die verschiedenen Texte und Initiativen, mit denen sie in den unterschiedlichsten Bereichen wie Politik, Bildung oder Arbeit eingeführt werden sollten, wurden an der Urne sowohl bei eidgenössischen wie bei kantonalen Abstimmungen alle sehr klar verworfen. Bei der Anstellung im öffentlichen Dienst dürfen zwar flexible oder leistungsbezogene Quoten durch ein blosses Reglement oder eine blosse Verwaltungsverordnung eingeführt werden; dabei wird der Akzent in erster Linie auf die Fähigkeiten der Kandidaten gelegt und die männlichen Kandidaturen werden nicht von vornherein und automatisch ausgeschlossen. Ganz anders verhält es sich allerdings, wenn die Anstellungsverfahren des Personals im öffentlichen Bereich strikten 1629 oder starren Quoten unterstellt sind. Angesichts der Schwere der Verletzung, die solche Massnahmen für Stellensuchende des anderen Geschlechts mit sich bringen können, sind sie ausserhalb des Rahmens eines formellen Gesetzes kaum zulässig. Auch Art. 3 Abs. 3 GlG, wonach angemessene Massnahmen zur Verwirklichung der tatsächlichen Gleichstellung keine Diskriminierung darstellen, bildet keine gesetzliche Grundlage für solche Massnahmen; diese Bestimmung soll vor allem verhindern, dass Massnahmen, die ein Arbeitgeber ergreift, um den Anteil der Frauen in seinem Unternehmen zu erhöhen und ihre Stellung zu verbessern, als diskriminierend betrachtet werden. Ferner sieht der Art. 7 der Verordnung zur 3. Phase des Programms kein klares Quotensystem vor: Mit der Erwähnung eines Anteils von 40 % der Stellen, die an Frauen vergeben werden sollten, ist eher ein anzustrebendes Ziel als eine Quotenregelung gemeint, insbesondere auch deswegen, weil für den Fall des Nichteinhaltens von keiner Sanktion die Rede ist; darüber hinaus gibt es keinen Grund für eine Auslegung, wonach die Bestimmung strikte oder starre Quoten erlauben würde. Zwar gibt das Universitätsförderungsgesetz unter den besonderen Zielen des Bundes die Verwirklichung der Gleichstellung zwischen Frauen und Männern auf allen universitären Stufen an (Art. 2 Abs. 1 lit. b UFG); eine solch vage Grundlage kann aber auf keinen Fall eine genügende gesetzliche Grundlage darstellen, um der Exekutive oder einer Verwaltungsbehörde die Kompetenz zu erteilen, strikte Quoten einzuführen. Vor diesem Hintergrund ist davon auszugehen, dass die im Nachwuchsprogramm vorgesehene Quotenregelung, so wie sie verstanden und angewandt wurde, auf keiner genügenden gesetzlichen Grundlage beruht (BGE 131 II 361 E. 7.4-7.7).

f) Schematisierungen

1630 **Typisierungen oder Schematisierungen** stellen **Differenzierungsdefizite** dar; auf eine vollständige und lückenlose Verwirklichung des Regelungszwecks und einhergehend damit des Gleichheitsgedankens wird aus **Praktikabilitätsgründen** – als zulässiges öffentliches Interesse – verzichtet (BGer vom 2. Dez. 2010, 8C_1074/2009, E. 4.3.6; BVGer vom 5. Mai 2008, C-3189/2006, E. 6). Dem Gesetzgeber ist erlaubt, auf **einfache und praktikable Unterscheidungskriterien** abzustellen, selbst wenn daraus gewisse Rechtsungleichheiten resultieren (BGE 131 I 291 E. 3.2, 112 V 283 E. 4b). Ebenso ist der **Grundsatz der Verwaltungsökonomie** zu beachten, wonach das gewählte Anknüpfungskriterium nicht zu einem derart hohen Verwaltungsaufwand führen darf, dass ein Missverhältnis zwischen der vorgenommenen Differenzierung und der Kosten der Verwaltung entsteht (BVGer vom 5. Mai 2008, C-3189/2006, E. 6). Die der Verwaltung in Form einfacher Unterscheidungskriterien geschaffene Erleichterung hat allerdings die in einzelnen Fällen erfolgende Abweichung von der Rechtsgleichheit aufzuwiegen (BGE 107 V 203 E. 3a; BVGer vom 5. Mai 2008, C-3189/2006, E. 6).

1631 Im Bereich des **Raumplanungsrechts** ist in Lehre und Praxis weitgehend anerkannt, dass das Gebot rechtsgleicher Behandlung für die Planung der Zonen und insbesondere für die Festlegung der Zonengrenzen nur abgeschwächte Wirkung entfaltet (BGE 122 I 279 E. 5a, 121 I 245 E. 6d/bb, 118 Ia 151 E. 6c, 116 Ia 193 E. 3b; BGer vom 9. Juli 2009, 1C_37/2009, E. 3.5.2). Dass Grundstücke in ähnlicher Lage und von ähnlicher Art zonenrechtlich verschieden behandelt werden, lässt sich aus dem **Wesen der Planung** und aus **Praktikabilitätsgründen** erklären und kann mit dem Gleichheitsgebot vereinbart werden, wenn die konkrete Planung einigermassen vertretbar bzw. nicht gerade willkürlich erscheint (BGE 116 Ia 193 E. 3b, 115 Ia 384 E. 5b).

Im **Steuerrecht** ist häufig eine mathematisch exakte Gleichbehandlung jedes einzelnen Steuerpflichtigen aus praktischen Gründen nicht möglich. Deshalb sind im Interesse der Praktikabilität gewisse **Schematisierungen und Pauschalisierungen** unausweichlich (BGE 132 I 157 E. 4.2, 131 I 291 E. 3.2.2, 128 I 240 E. 2.3, 126 I 76 E. 2a, 125 I 65 E. 3c), solange die gesetzliche Regelung nicht in genereller Weise zu einer wesentlich stärkeren Belastung oder systematischen Benachteiligung bestimmter Gruppen von Steuerpflichtigen führt (BGE 131 I 291 E. 3.2.1, 126 I 76 E. 2a). 1632

Im **Kausalabgaberecht** erweist es sich oft als schwierig und unpraktikabel, den besonderen Vorteil, den Wert der staatlichen Gegenleistung oder der Naturallast für die jeweiligen Pflichtigen zu bestimmen, sodass es üblich und zulässig ist, Mehrwerte, Vorteile, den Umfang der Primärverpflichtung und dergleichen anhand schematischer Massstäbe, die leicht zu handhaben sind, zu bestimmen (BGE 136 II 457 E. 7.1, 135 II 224 E. 3.3, 135 IV 162 E. 3.5, 132 II 371 E. 2.1, 131 I 1 E. 4.5, 131 II 271 E. 7.2.4, 129 I 290 E. 3.2, 126 I 180 E. 3a/aa; VerwG ZH vom 21. Okt. 2009, VB.2009.00286, E. 3.2). 1633

Schematisierungen oder Pauschalisierungen sind ferner bei der **Festlegung der Lohnklassen** zulässig (BGE 123 I 1 E. 6b). Der für den öffentlichen Dienst typischen Zuordnung bestimmter Stellen zu bestimmten Besoldungsstufen ist ein gewisser Schematismus inhärent, da an **typische generelle Merkmale** und nicht oder nicht primär an die individuelle Leistung und den Einsatz des öffentlich-rechtlich Angestellten angeknüpft wird (BGE 121 I 102 E. 4d). 1634

Praxis:

- **Schätzung des Vermögenssteuerwerts von Grundstücken:** Der Verkehrswert im steuerrechtlichen Sinn ist nicht eine mathematisch exakt bestimmbare Grösse, sondern in der Regel ein Schätz- oder Vergleichswert. Das Steuerharmonisierungsgesetz schreibt den Kantonen keine bestimmte Bewertungsmethode vor. Mit jeder Schätzung ist, unabhängig von der angewendeten Methode, ein Streubereich der Ungenauigkeit verbunden. Daher erachtet es das Bundesgericht als zulässig, den Vermögenssteuerwert von Grundstücken aufgrund vorsichtiger, schematischer Schätzungen festzulegen, auch wenn das dazu führt, dass die so ermittelten Werte in einem gewissen Mass von den effektiven Marktwerten abweichen. Mithin kann das Bundesgericht die geregelten bzw. angewendeten Bewertungsmethoden nicht im Einzelnen auf ihre Angemessenheit überprüfen. Jede Schätzmethode führt zwangsläufig zu einer gewissen Pauschalierung und Schematisierung und vermag nicht allen Einzelaspekten völlig gerecht zu werden. Dies ist jedoch aus praktischen und veranlagungsökonomischen Gründen unvermeidlich und in einem gewissen Ausmass zulässig, auch wenn dabei die rechtsgleiche Behandlung nicht restlos gewährleistet wird. Aufzuheben sind Bewertungsnormen nicht schon dann, wenn einzelne Elemente der vorgesehenen Bewertungsmethode bei isolierter Beurteilung allenfalls kritisierbar wären, sondern nur dann, wenn ihre Anwendung insgesamt zu klar gesetzwidrigen oder unhaltbaren Ergebnissen führen würde. Das ist etwa der Fall, wenn die Regelungen in der Verordnung auf eine systematische und erhebliche Über- oder Unterbewertung hinauslaufen. Mit dem Grundsatz von Art. 14 Abs. 1 StHG ist unter anderem nicht vereinbar, die Vermögensbesteuerung von Grundstücken auf einen bestimmten Prozentsatz des (geschätzten) Steuerwerts zu beschränken oder einen generellen, z.B. rein eigentumspolitisch begründeten Abschlag auf dem Verkehrswert zu gewähren oder von vornherein eine allgemein deutlich unter dem realen Wert liegende Bewertung anzustreben (BGE 131 I 291 E. 3.2.2). 1635
- **Kontrollzuschlag für Grau- bzw. Schwarzfahrer:** Die Bundesbahnen erheben auf Strecken mit Selbstkontrolle von Graufahrern (Reisende in der ersten Klasse mit einem zeitlich und örtlich gültigen Fahrausweis, der nur für die zweite Klasse gilt) den gleichen Kontrollzuschlag 1636

wie für Schwarzfahrer (Kunden, die überhaupt kein Billett gelöst haben). Gleichzeitig ziehen sie keinen Fahrpreis ein, angeblich weil es zu aufwendig wäre, die Reisestrecke festzustellen. Dadurch haben Graufahrer im Ergebnis eine grössere Zahlung zu leisten als Schwarzfahrer, wenn sie in eine Kontrolle geraten. Dafür mögen allenfalls Gründe der Einfachheit und Praktikabilität sprechen. Überdies sind insofern – analog zu den Gebühren oder anderen vergleichbaren Kausalabgaben – gewisse Schematisierungen und Pauschalisierungen verfassungsrechtlich durchaus zulässig. Im Ergebnis ist die gänzlich undifferenzierte Behandlung von Grau- und Schwarzfahrern, soweit keine Hinweise auf absichtliches Verhalten bzw. Missbrauch bestehen, dennoch rechtsungleich und verstösst in mehrfacher Hinsicht gegen das Bundesrecht. So sieht Art. 10 Abs. 1 TG vor, dass die Tarife gegenüber jedermann gleich angewendet werden müssen, was umgekehrt auch den Ausgleich massgeblicher Unterschiede bedingt. Dasselbe ergibt sich aus Art. 8 Abs. 1 BV. Gemäss Art. 16 Abs. 3 TG richtet sich die Höhe des Zuschlags nicht nur nach dem Aufwand, den der Reisende der Unternehmung durch die erforderliche Kontrolle verursacht, sondern unter anderem auch nach dem mutmasslichen Einnahmenausfall. Dieser mag zwar auf Strecken mit Selbstkontrolle in der Regel eher gering sein, bildet aber doch ein gesetzliches Kriterium für die Bemessung des Zuschlags. Schliesslich besagt Art. 16 Abs. 1 TG, dass der Zuschlag ausser dem Fahrpreis, d.h. zusätzlich dazu, zu zahlen ist. Die Praxis, welche die Graufahrer den Schwarzfahrern gleichstellt bzw. im Vergleich dazu sogar benachteiligt, missachtet alle diese Grundsätze und erweist sich daher als klar bundesrechtswidrig (BGE 136 II 457 E. 7.1).

1637 – **Neues Besoldungssystem (Berücksichtigung der Erziehungs- und Betreuungsarbeit):** Die Bildungsdirektion lehnte es ab, der Beschwerdeführerin wegen der geleisteten Erziehungsarbeit einen Stufenanstieg zu gewähren, weil die fragliche Bestimmung erst nach der Betreuung ihrer Kinder in Kraft getreten ist und auch die Übergangsbestimmungen keine rückwirkende Berücksichtigung der geleisteten Erziehungsarbeit vorsehen. Das Bundesgericht folgt der Argumentation der Bildungsdirektion. Einerseits besteht keine Pflicht, die familiäre Erziehungsarbeit, die gegebenenfalls vor Jahrzehnten geleistet worden ist, heute im Rahmen eines neuen Besoldungssystems abzugelten. So können denn auch Ungleichheiten wie die vorliegend beanstandete kaum gänzlich vermieden werden, wenn eine neue Besoldungsordnung erlassen oder die bestehende modifiziert wird; sie müssen bis zu einem gewissen Mass in Kauf genommen werden. Voraussetzung ist lediglich, dass die Ungleichheiten gegenüber den vor der Anpassung angestellten Bediensteten ein vertretbares Mass nicht überschreiten. Bis zu welchem Umfang sachlich begründete Ungleichheiten zulässig sind, lässt sich nicht abstrakt bestimmen. Es ist grundsätzlich anhand der konkreten Umstände zu prüfen, ob sich die beanstandeten Besoldungsunterschiede in einem vertretbaren Rahmen halten. Vorliegend führt die Verweigerung eines nachträglichen Stufenanstiegs wegen geleisteter Erziehungs- und Betreuungsarbeit für die ins neue Recht überführten Lehrer nicht zu einer besoldungsmässigen Benachteiligung, welche gemessen an der Gesamtbesoldung ein unvertretbar hohes Mass erreicht. Im Übrigen lässt es sich schon aus Gründen der Praktikabilität rechtfertigen, wenn der Kanton eine lohnwirksame Berücksichtigung von Erziehungs- und Betreuungsarbeit nur für die nach dem Inkrafttreten der neuen Besoldungsordnung neu eingestellten Lehrkräfte vorsieht und diese Möglichkeit nicht auch – rückwirkend – auf bereits angestellte Lehrpersonen ausdehnt: Zum einen wäre Letzteres mit erhöhten Beweisschwierigkeiten verbunden und gegenüber Lehrkräften, die schon längere Zeit im Staatsdienst stehen, sachlich fragwürdig. Zum anderen müsste sich – angesichts einer analogen Regelung im allgemeinen Personalrecht – eine rückwirkende Anwendung letztlich wohl auf das gesamte Staatspersonal erstrecken, was zu einem völlig unverhältnismässigen administrativen Aufwand führen würde (BGer vom 21. Juni 2004, 2P.41/2004, E. 3.3 und E. 3.4).

1638 – **Arbeitsleistungspflicht für den Strassenunterhalt und Ersatzabgabe in der Höhe von Fr. 20.– bis Fr. 30.– pro Stunde:** Die angefochtene Regelung verstösst des Weiteren auch dadurch gegen das Gebot rechtsgleicher Behandlung, dass sie innerhalb des erfassten Kreises der Grundeigentümer für das Mass der Belastung keinerlei Differenzierungen vorsieht. Es müssten grundsätzlich sowohl die zu erbringende Arbeitsleistung wie auch die Höhe der allfälligen Ersatzabgabe entsprechend dem Mass des dem einzelnen Eigentümer erwachsenden individuellen Vorteils bestimmt werden. Es geht nicht an, den Eigentümer einer kleinen unüberbauten (bzw. unerschlossenen oder unüberbaubaren) Parzelle gleich stark zu belasten wie etwa den Eigentümer eines viele Wohnungen umfassenden Mietshauses oder eines verkehrsintensiven Gewerbebetriebes, selbst wenn gewisse Abgaben oder sonstige öffentlich-rechtliche Verpflichtungen aus Gründen der Einfachheit und Praktikabilität als einheitliche Pauschale ausgestaltet werden dürfen, wenn es um geringfügige Belastungen geht und wenn sich eine Abstufung gemäss den individuellen Verhältnissen nicht rechtfertigt (vgl. etwa BGer vom 10. Sept. 2004, 2P.298/2003 [einheitliche Kehrichtentsorgungsgebühr für alle Mehrpersonenhaushalte und Ferienhäuser in der Höhe von Fr. 120.– pro Jahr]; vom 13. Dez. 2002, 2P.111/2002 [Verkehrsabgaben im Sinne einer Kostenanlastungssteuer zulasten der Ferienhauseigentümer in der Höhe von Fr. 80.– pro Jahr]). Die vorliegend zur Diskussion stehenden Pflichten liegen indes klar über dieser Schwelle, weshalb ein einheitliches Belastungsmass für alle Grundeigentümer mit dem Grundsatz der Rechtsgleichheit, der auch die Pflicht zu gebotenen Differenzierungen in sich schliesst, nicht vereinbar ist (BGE 131 I 1 E. 4.5).

g) *Gestaltungsspielraum*

Das Bundesgericht belässt dem (kantonalen) Gesetzgeber im Rahmen der oben erwähnten Grundsätze einen **weiten Spielraum der Gestaltung** (BGE 137 I 167 E. 3.5, 136 I 297 E. 6.1, 134 I 23 E. 9.1, 132 I 157 E. 4.1, 131 V 107 E. 3.4.2, 130 I 65 E. 3.6, 129 I 1 E. 3). Ein grosser Handlungsspielraum besteht in besonderem Masse in **Steuer-, Organisations- und Besoldungsfragen** (BGE 131 I 105 E. 3.1, 129 I 161 E. 3.2, 123 I 1 E. 6b, 121 I 49 E. 3b, 121 I 102 E. 4a; BGer vom 21. Juni 2004, 2P.41/2004, E. 3.2; VerwG AG vom 18. Okt. 2004, in: AGVE 2004 Nr. 112 E. 3b/aa). Das Bundesgericht übt eine gewisse Zurückhaltung und greift von Verfassungs wegen bloss ein, wenn der Kanton mit den Unterscheidungen, die er trifft, eine Grenze zieht, die sich nicht vernünftig begründen lässt, die unhaltbar und damit in den meisten Fällen auch geradezu willkürlich ist (BGE 129 I 161 E. 3.2, 123 I 1 E. 6a). 1639

Verfassungsrechtlich ist nicht verlangt, dass die **Besoldung** allein nach den tatsächlich gestellten Anforderungen bestimmt wird; es lassen sich eine **Vielzahl objektiver Motive bzw. sachlicher Kriterien** finden, die eine Ungleichbehandlung rechtfertigen (BGE 131 I 105 E. 3.1, 123 I 1 E. 6a-6c; VerwG BE vom 13. Juni 2005, in: BVR 2006 S. 58 E. 5.2). Im Bereich der Lehrerbesoldung sind beispielsweise die notwendige Ausbildung, die Art der Schule, die Vorbildung, die Zahl der Unterrichtsstunden, der Status des Lehrers oder die Klassengrösse als sachliche Gründe für eine unterschiedliche Besoldung anerkannt (BGE 129 I 161 E. 3.2, 123 I 1 E. 6c, 121 I 102 E. 4d; zum Ganzen auch BGer vom 25. Nov. 2010, 8C_31/2010, E. 6; BVGer vom 22. April 2010, A-3551/2009, E. 8.2). 1640

Weiter hat das Bundesgericht den Kantonen im Bereich **der öffentlichen Sicherheit und Ordnung** einen weiten Gestaltungsspielraum zugesprochen und es nicht als verfehltes und daher geradezu willkürliches Abgrenzungskriterium bezeichnet, wenn der Gesetzgeber sich bei der Regelung eines Verbots für bestimmte Hunde auf die Rasse abstützt, solange die dem Rassekriterium zugrunde liegenden Annahmen nach bisherigen Erfahrungen einigermassen plausibel erscheinen (BGE 136 I 1 E. 4.2, 133 I 249 E. 4.3, 132 I 7 E. 4). Die Kantone sind gemäss konstanter Rechtsprechung des Bundesgerichts befugt, aus Gründen der öffentlichen Ruhe und Ordnung bzw. insbesondere zum Schutz der Nacht- und Feiertagsruhe Vorschriften über die Ladenschlusszeiten (BGE 130 I 279 E. 2.3.1, 122 I 90 E. 2c) und im Bereich des Gastwirt- 1641 schaftsgewerbes über die Polizeistunde bzw. über die möglichen Ausnahmen hiervon zu erlassen (BGer vom 20. Feb. 2009, 2C_378/2008, E. 3.2), wobei ihnen diesbezüglich ein weiter Gestaltungsspielraum zusteht (BGE 125 I 431 E. 4 [Ladenöffnungszeiten in den Zürcher «Zentren des öffentlichen Verkehrs»]).

1642 Das Bundesgericht hat wiederholt festgestellt, dass die Gestaltungsfreiheit bei den **öffentlichen Abgaben** und bei der Verteilung der Last auf die Abgabepflichtigen gross ist (BGE 134 I 248 E. 2, 133 I 206 E. 7.2 und E. 8.2, 133 II 305 E. 5.1, 131 I 291 E. 3.2, 122 I 101 E. 5a, 118 Ia 1 E. 3a, 114 Ia 321 E. 3b, 109 Ia 325 E. 4; BGer vom 13. Dez. 2002, 2P.111/2002, E. 4.2; VerwG GR vom 6. Juli 2004, in: PVG 2005 Nr. 2 E. 2b).

1643 Eine grosse Gestaltungsfreiheit besteht namentlich im **Steuerrecht in vertikaler Richtung**, zwischen Personen in verschiedenen finanziellen Verhältnissen; der Verfassungsrichter muss sich daher bei der Überprüfung der unvermeidlich unvollkommenen gesetzlichen Regelung eine gewisse Zurückhaltung auferlegen, läuft er doch stets Gefahr, neue Ungleichheiten zu schaffen, wenn er im Hinblick auf zwei Kategorien von Steuerpflichtigen Gleichheit erzielen will (BGE 133 I 206 E. 7.2, 132 I 157 E. 4.2, 128 I 240 E. 2.3, 126 I 76 E. 2a, 123 I 1 E. 6b, 120 Ia 329 E. 3).

1644 In dieser Hinsicht kann nicht viel mehr verlangt werden, als dass **Steuertarif und Belastungskurve regelmässig** verlaufen (BGE 133 I 206 E. 7.2, 118 Ia 1 E. 3a). Die Ausgestaltung des Steuertarifs, jedenfalls was den Verlauf der Progression anbetrifft, hängt in besonderem Mass von politischen Wertungen ab. Ob ein Steuergesetz den verfassungsrechtlichen Anforderungen genüge, kann nicht aufgrund formaler Kriterien entschieden werden, sondern fällt letztlich mit der Frage zusammen, ob das Gesetz gerecht sei. Gerechtigkeit sei jedoch ein relativer Begriff, der sich mit politischen, sozialen und wirtschaftlichen Verhältnissen wandelt (BGE 133 I 206 E. 7.2, 114 Ia 321 E. 3b, 110 Ia 7 E. 2b).

1645 Ferner steht den Kantonen und Gemeinden üblicherweise dann ein grosser Handlungsspielraum zu, wenn der betreffende **Regelungsbereich vom Bundesrecht nicht erfasst** wird wie früher beispielsweise die Regelung von **Familienzulagen** (vgl. z.B. BGE 129 I 265 E. 3.1; BGer vom 12. Mai 2004, 2P.290/2003, E. 4.1, neu: FamZG und FamZV) oder die **Ausgestaltung des politischen Systems** (vgl. BGE 136 I 352 E. 4, 136 I 364 E. 4, 136 I 376 E. 4.7, 131 I 74 E. 5.2, 131 I 85 E. 2.2, 129 I 185 E. 3.1, 121 I 138 E. 5b).

1646 Eine grosse Handlungsfreiheit des Gesetzgebers gilt auch bei der Ausgestaltung von **Übergangsbestimmungen** (vgl. z.B. BGer vom 17. Juni 2009, 9C_365/2008, E. 2.2). Es liegt in der Natur einer Rechtsänderung, dass eine Ungleichbehandlung eintritt zwischen denjenigen Sachverhalten, die nach der früheren Regelung beurteilt werden oder wurden und denjenigen, die unter die neue Regelung fallen. Dies kann als solches nicht unzulässig sein, wären doch sonst Rechtsänderungen an sich unzulässig (BGer vom 17. Juni 2009, 9C_365/2008, E. 2.2). Der Gesetzgeber kann etwa im Bereich des Pensionskassen- und Besoldungswesens für die bisherigen Bediensteten die altrechtlichen Regelungen weiter gelten lassen oder sie den neuen Bestimmungen unterstellen oder Zwischenlösungen treffen (BGer vom 17. Juni 2009, 9C_365/2008, E. 2.2; vom 3. Jan. 2008, 9C_566/2007, E. 2.5.2).

Aus dem allgemeinen Rechtsgleichheitsgebot ergibt sich kein direkter bundesrechtlicher Anspruch auf **rückwirkende Ausrichtung einer rechtsgleichen Besoldung**, wie dies für den Bereich der Lohngleichheitsgarantie zwischen Mann und Frau der Fall ist (BGE 131 I 105 E. 3.7; BVGer vom 18. Dez. 2008, A-2069/2008, E. 3.1.2.1). Es ist vertretbar, nur jene Beschäftigten, welche das Risiko eines Prozesses auf sich genommen haben, früher in den Genuss des Lohnausgleiches kommen zu lassen als die übrigen, welche den Ausgang des Prozesses abwarten wollten bzw. ihre Ansprüche erst nach Kenntnis des betreffenden Entscheides angemeldet haben (vgl. BGE 131 I 105 E. 3.8; VerwG ZH vom 22. Aug. 2007, PB.2007.00017, E. 2.4). Leistet hingegen ein Gemeinwesen Lohnnachzahlungen an bestimmte Angehörige einer Berufsgruppe, so ist zu prüfen, ob auch den anderen Angestellten Lohnnachzahlungen zu gewähren sind (VerwG ZH vom 13. Mai 2009, PB.2008.00019, E. 4.2). 1647

Praxis:

- **Lohneinstufung:** Den politischen Behörden steht bei der Ausgestaltung der Besoldungsordnung ein grosser Spielraum zu. Innerhalb der Grenzen des Willkürverbots und des Rechtsgleichheitsgebots sind sie befugt, diejenigen Kriterien auszuwählen, die für die Besoldung des Personals massgeblich sein sollen. Der grosse Ermessensspielraum des Gesetzgebers besteht umso mehr, wenn nicht ein Vergleich zwischen verwandten, sondern zwischen unterschiedlichen Tätigkeiten zur Diskussion steht. Ob beispielsweise die Arbeit von Ärzten mehr oder weniger wert ist als diejenige von Lehrern, Psychologen, Juristen oder anderen Berufsgattungen, lässt sich nicht nach feststehenden Bewertungskriterien objektiv feststellen, sondern enthält zwangsläufig einen erheblichen Wertungsbereich, dessen Konkretisierung davon abhängt, wie eine bestimmte Tätigkeit von der Gesellschaft bewertet wird (BGE 125 II 385 E. 5b). Die Entscheidung hängt einerseits von Sachverhaltsfragen ab, beispielsweise der Frage, was für Tätigkeiten im Rahmen einer bestimmten Funktion ausgeführt werden, welche ausbildungsmässigen Anforderungen dafür verlangt werden, unter welchen Umständen die Tätigkeit ausgeübt wird usw. Andererseits hängt sie ab von der relativen Gewichtung, welche diesen einzelnen Elementen beigemessen wird. Diese Gewichtung ist bundesrechtlich nicht vorgegeben, sondern liegt im Ermessen der kantonalen Behörden. Bundesrechtlich vorgegeben sind jedoch die Schranken des behördlichen Spielraums: Die Bewertung darf nicht rechtsungleich oder willkürlich erfolgen (BGer vom 29. Mai 2009, 1C_295/2008, E. 2.6). Verfassungsrechtlich ist auch nicht verlangt, dass die Besoldung allein nach der Qualität oder dem Schwierigkeitsgrad der geleisteten Arbeit bestimmt werden dürfe (BGE 123 I 1 E. 6c). Das Gemeinwesen ist nicht verpflichtet, seine Angestellten oder Beauftragten entsprechend einem irgendwie festgestellten «objektiven» Wert der Arbeit zu entschädigen. Grundsätzlich besteht ein öffentliches Interesse daran, dass der Staat die von ihm beanspruchten Dienstleistungen möglichst kostengünstig beschafft. Er darf daher bei der Festlegung seiner Entschädigungsansätze auch Marktüberlegungen berücksichtigen (BGer vom 15. Nov. 2004, 1P.58/2004, E. 4.3; vom 21. März 2000, 2P.369/1998, E. 2g). So hat das Bundesgericht bereits wiederholt auch rein finanzpolitische Überlegungen als haltbaren Grund für Besoldungsreduktionen bezeichnet, selbst wenn diese zu gewissen Ungleichheiten führten (BGer vom 7. Juli 2003, 2P.10/2003, E. 3.3). Ferner bewegt sich eine Differenz von 10 % in einem Bereich, der noch innerhalb des den Verwaltungsbehörden zustehenden Handlungsspielraums bei der Einreihung von gleichwertigen, aber nicht identischen Stellen in die Besoldungsstufen liegt (VerwG ZH vom 6. Dez. 2006, PB.2005.00067, E. 4.3). 1648
- **Ausrichtung von Ausbildungszulagen für Kinder im Alter von über 16 Jahren ohne Aufenthalt in der Schweiz (vgl. neu Art. 7 Familienzulagenverordnung):** Die Kantone können auf dem Gebiet der Familienzulagen autonom legiferieren, solange und soweit der Bund von seiner diesbezüglichen Kompetenz gemäss Art. 116 Abs. 2 BV (neu FamZG) nicht Gebrauch macht. Den Kantonen steht damit bei der Ausgestaltung ihrer Familienzulagenordnungen eine weitgehende Freiheit zu, so unter anderem auch, was die Bestimmung der zulagenberechtigten 1649

Arbeitnehmer bzw. der Kinder betrifft, für welche die Zulagen gewährt werden (BGE 129 I 265 E. 3.1). Insbesondere steht es – wie das Bundesgericht in BGE 117 Ia 97 E. 3b und BGE 114 Ia 1 E. 4 festgestellt hat – grundsätzlich in der Befugnis des kantonalen Gesetzgebers, für im Ausland wohnende Kinder generell oder für Kinder ausländischer Arbeitnehmer besondere Regelungen vorzusehen. Eine Reihe von Kantonen haben denn auch den Anspruch auf Kinderzulagen für im Ausland wohnende Kinder abweichend von demjenigen für in der Schweiz wohnende Kinder geordnet, was durchaus zulässt ist. Das Bundesgericht erachtet es auch als verfassungsrechtlich zulässig, Kinder mit zivilrechtlichem Wohnsitz im Ausland generell vom Bezug von Ausbildungszulagen, welche für über 16 Jahre alte, noch in Ausbildung stehende Kinder gewährt werden können, auszuschliessen. Das Bundesgericht führt verschiedene sachliche Gründe für die Differenzierung an: Einmal besteht die Gefahr der ungerechtfertigten Kumulation von Zulagen aus beiden Staaten. Sodann ist es dem kantonalen Gesetzgeber nicht verwehrt, das inländische öffentlich-rechtliche Ausgleichssystem in der Phase der Berufs- und Hochschulausbildung auf die im inländischen Ausbildungssystem absolvierte und gezielt auf die inländische Wirtschaft ausgerichtete Ausbildung zu begrenzen. Ferner bedarf die Frage, ob die Eltern für den Lebensunterhalt des Kindes infolge Absolvierung einer weiteren Ausbildung immer noch aufzukommen haben oder ob dieses einer Erwerbstätigkeit nachgeht, naturgemäss einer weitergehenden Prüfung. Es müsste bei Kindern im Ausland auf Bescheinigungen ausländischer Stellen mit unterschiedlicher Aussagekraft und nicht selten auch zweifelhafter Zuverlässigkeit abgestellt werden. Wenn der zürcherische Gesetzgeber, um solchen praktischen Schwierigkeiten vorzubeugen und um nicht heikle Differenzierungen zwischen einzelnen Staaten vornehmen zu müssen, die Gewährung von Kinderzulagen für im Ausland wohnende, über 16-jährige Kinder (vorbehaltlich der Sonderregelung für den EG- und EFTA-Raum) generell ausschloss, verstiess er damit nicht gegen das verfassungsrechtliche Gleichbehandlungsgebot (BGer vom 12. Mai 2004, 2P.290/2003, E. 4.1-4.3; vgl. auch BGE 136 I 297 E. 6.2 [Familienzulagen für Kinder mit Wohnsitz in einem Staat, mit welchem die Schweiz kein entsprechendes Sozialversicherungsabkommen abgeschlossen hat]; aus dem Gebot der Rechtsgleichheit kann nicht abgeleitet werden, dass staatsvertraglich begründete Sonderstellungen auf andere Angehörige anderer Staaten ausgedehnt werden müssen).

1650 – **Wahlkreiseinteilung:** Im Wahlkreis 1 der Stadt Zürich werden lediglich zwei Sitze vergeben. Die Grösse des Kreises 1 (2 Sitze) kann dort zur Folge haben, dass eine Partei mit etwas mehr als zwei Drittel der Stimmen beide Vollmandate und damit 100 % der Sitze erhält. Besonders stossend ist, dass unter Umständen gar weniger als 50 % der Parteistimmen ausreichen, um beide Mandate im Gemeindeparlament zu erringen. Aus der Rechtsgleichheit und der politischen Gleichberechtigung im Speziellen folgt sowohl die Zählwertgleichheit als auch die Erfolgswertgleichheit. Alle Stimmen sollen in gleicher Weise zum Wahlergebnis beitragen, und möglichst alle Stimmen sind bei der Mandatsverteilung zu berücksichtigen. Die Zahl der gewichtslosen Stimmen ist auf ein Minimum zu begrenzen. Verschiebungen und Einbrüche im System sind nur gestattet, wenn sie wirklich unvermeidbar sind, z.B. wenn im Rahmen der Restmandatsverteilung gewisse Stimmen unverwertet bleiben müssen. Die Erfolgswertgleichheit erfasst damit nicht nur den Anspruch auf Verwertung der Stimme, sondern bedingt auch eine innerhalb des gesamten Wahlgebietes gleiche Verwirklichung des Erfolgswertes. Damit hat sie wahlkreisübergreifenden Charakter. Die Kantone sind zwar in der Ausgestaltung ihres politischen Systems weitgehend frei, doch bildet Art. 8 Abs. 1 BV insofern Schranke für die Ausgestaltung des Wahlverfahrens, als die Aufnahme proporzfremder Elemente ins Wahlverfahren nur zulässig ist, wenn dafür ausreichende sachliche Gründe bestehen. Neben hohen direkten Quoren bewirken auch natürliche Quoren in Form kleiner Wahlkreise, dass nicht bloss unbedeutende Splittergruppen, sondern sogar Minderheitsparteien, die über einen gefestigten Rückhalt in der Bevölkerung verfügen, von der Mandatsverteilung ausgeschlossen werden. Die in der Stadt Zürich geltende Wahlkreiseinteilung gewährleistet nicht, dass in jedem Kreis bedeutende Minderheiten auch angemessen vertreten werden. Ein solches Ergebnis steht mit der Wahlrechtsfreiheit und dem Rechtsgleichheitsgebot von Art. 34 Abs. 2 BV (und Art. 8 Abs. 1 BV) nicht mehr im Einklang. Die Grössenunterschiede der Wahlkreise der Stadt Zürich und die dadurch bedingten Abweichungen von der durchschnittlich in einem Kreis für ein Mandat notwendigen Stimmenzahl sind mit dem Gleichbehandlungsgebot nicht mehr zu vereinbaren. Das natürliche Quorum im Kreis 1 liegt über einem Drittel. Die Anzahl der gewichtslosen Stimmen innerhalb des Wahlkreises bewegt sich ebenfalls in diesem Bereich. Eine so schwerwiegende Verletzung der Wahlrechtsfreiheit kann nach der Rechtsprechung nur ausnahmsweise durch historische, föderalistische, kulturelle, sprachliche, ethnische oder religiöse Motive gerechtfertigt werden, die vorliegend allerdings weder geltend gemacht werden noch ersichtlich sind (BGE 129 I 185 E. 7.6).

– **Lohnnachzahlungen:** Die Fachhochschule (vorliegend Beschwerdeführerin) reihte diejenigen Assistierenden, die per 1. Mai 2007 eine Anstellung bei ihr hatten, rückwirkend auf den Zeitpunkt der ersten Anstellung in die Lohnklasse 17 Stufe 3 ein und leistete entsprechende Lohnnachzahlungen. Dem Beschwerdegegner und anderen Assistierenden, die am 1. Mai 2007 bei der Beschwerdeführerin keine Anstellung mehr hatten, leistete sie demgegenüber keine Lohnnachzahlungen. Gemäss der bundesgerichtlichen Rechtsprechung verschafft zwar das allgemeine Rechtsgleichheitsgebot nicht unmittelbar ein subjektives Recht auf einen rechtsgleichen Lohn, sondern nur einen Anspruch auf Beseitigung der Ungleichheit pro futuro. Es ist deshalb nicht unhaltbar, einen rechtsungleichen Zustand erst mit Wirkung ab jenem Zeitpunkt zu korrigieren, in dem durch den Betroffenen ein entsprechendes Begehren überhaupt gestellt worden ist. Dies bedeutet allerdings nicht, dass eine Gleichbehandlung prinzipiell erst ab dem Zeitpunkt erfolgen kann, in welchem ein Angestellter ein Gleichstellungsbegehren gestellt hat. Das Bundesgericht hat es zwar als vertretbar erachtet, jene Beschäftigten, welche das Risiko eines Prozesses auf sich genommen hatten, früher in den Genuss des Lohnausgleiches kommen zu lassen als die übrigen, welche den Ausgang des Prozesses abwarten wollten bzw. ihre Ansprüche erst nach Kenntnis des betreffenden Rechtsmittelentscheides angemeldet haben. Vorliegend erfolgten hingegen die Lohnnachzahlungen von Amtes wegen; es kann keine Rede davon sein, dass die anderen Beschwerdegegner den Ausgang des Verfahrens abgewartet und hernach für sich (ebenfalls) eine Lohnnachzahlung verlangt hätten. Es fragt sich folglich, ob die vorgenommene Differenzierung (höherer Lohn rückwirkend nur an die über April 2007 hinaus weiter beschäftigten Assistierenden) gerechtfertigt ist. Vorliegend ist kein sachlicher Grund ersichtlich, nur den über den 1. Mai 2007 hinaus weiter beschäftigten Assistierenden rückwirkend mehr Lohn zu bezahlen. In dieser Ungleichbehandlung liegt eine klare Verletzung von Art. 8 Abs. 1 BV (VerwG ZH vom 13. Mai 2009, PB.2008.00019, E. 4). 1651

2. Rechtsgleichheit in der Rechtsanwendung

a) Grundsatz

Der Gleichheitssatz in der Rechtsanwendung wird verletzt, wenn **dieselbe Behörde** – vorab bei der Konkretisierung unbestimmter Rechtsbegriffe oder der Ausübung von Ermessen – **gleiche Verhältnisse ohne sachlichen Grund unterschiedlich** bzw. **unterschiedliche Verhältnisse ohne sachlichen Grund gleich** beurteilt (BGE 135 II 78 E. 2.4, 134 I 257 E. 3.1, 132 I 68 E. 4.1, 129 I 1 E. 3, 127 I 202 E. 3f/aa, 125 I 166 E. 2a, 117 Ia 257 E. 3b; BVGer vom 27. Aug. 2009, D-4255/2006, E. 4.4.3.1; vom 17. Dez. 2007, A-2583/2007, E. 8.2). Zulässig ist eine Ungleichbehandlung, soweit die massgebenden tatsächlichen Verhältnisse, die einem Entscheid zugrunde liegen, auch aus verfassungsrechtlicher Sicht verschieden sind (vgl. BGE 135 V 361 E. 5.4.2, 131 I 91 E. 3.4, 130 I 65 E. 3.6, 127 I 202 E. 3f/aa). Die hierfür notwendige Wertung richtet sich nach der herrschenden Rechtsauffassung und Wertanschauung (BGE 136 I 297 E. 6.1, 132 I 68 E. 4.1, 127 I 185 E. 5), setzt jedoch verallgemeinerungsfähige Kriterien voraus, was insbesondere dann gilt, wenn beschränkte staatliche Ressourcen oder Leistungen verteilt werden (BGE 136 V 395 E. 7.7). 1652

1653 Nicht erforderlich ist, dass die Sachverhalte in all ihren tatsächlichen Elementen identisch sind (BGE 131 I 105 E. 3.1, 127 I 202 E. 3f/aa, 125 I 166 E. 2a); ihre Ähnlichkeit muss aber bezüglich den für die zu fällende Entscheidung **rechtserheblichen Elementen** gegeben sein (BGE 131 I 105 E. 3.1, 130 I 65 E. 3.6, 129 I 113 E. 5.1, 129 I 265 E. 3.2, 125 I 166 E. 2a). Der Grundsatz der Gleichbehandlung greift ferner nur, sofern die **gleiche Behörde** gleiche Sachverhalte unterschiedlich beurteilt (BGE 115 Ia 81 E. 3c; BGer vom 10. Juni 2011, 8C_1033/2010, E. 5.6.1; vom 1. April 2005, 2P.74/2004, E. 2.2; VerwG ZH vom 8. Juli 2009, VB.2009.00281, E. 3.4.3). Ferner gilt das Gleichbehandlungsgebot nur zwischen verschiedenen Rechtssubjekten; zwei Sachverhalte, die zwar ein und denselben Rechtsträger betreffen, können ohne Weiteres unterschiedlicher Natur sein (BVGE 2008/19 E. 5.1.1 [Zulassung eines Produkts]).

Praxis:

1654 – **Rechtsgleiche Bedingungen im Prüfverfahren:** Eine Studentin, welche eine Prüfung zum zweiten Mal nicht bestanden hat, wurde gegenüber den Studierenden, welche die betreffende Vorlesung im Prüfungsfach besucht haben, vom Dozierenden nicht über ein zur Verfügung stehendes Hilfsmittel zur Prüfungsvorbereitung (Übungsfragen) informiert. Das Bundesverwaltungsgericht sieht darin keine ungerechtfertigte Ungleichbehandlung. Zum Gebot der rechtsgleichen Behandlung zählen bei einer schriftlichen Prüfung neben einer materiell gleichwertigen Aufgabenstellung und einem geordneten Verfahrensablauf auch die Gleichwertigkeit von zusätzlichen Examenshilfen wie abgegebenem Material, speziellen Erläuterungen oder Hinweisen vor oder während der Prüfung. Ungleiche Orientierungshilfen, wie nicht an alle Kandidaten abgegebene, dem Verständnis der Aufgabenstellung und damit der Lösungsfindung dienende Zusatzinformationen, widersprechen dem Grundsatz der rechtsgleichen Prüfungsbedingungen. Entsprechende Mängel stellen indessen nur in solchen Fällen einen rechtserheblichen Verfahrensmangel dar, wo sie in kausaler Weise das Prüfungsergebnis eines Kandidaten entscheidend beeinflussen können oder beeinflusst haben. Es ist vorliegend unbestritten, dass der Examinator die Studierenden während der Vorlesungen über den Prüfungsstoff und die Existenz der umstrittenen Übungsfragen informiert hat. Die Orientierung während der Vorlesungen erscheint durchaus zweckmässig. Wenn die Beschwerdeführerin (als Repetentin) am Vorlesungsbesuch verhindert war oder die Vorlesungen kein zweites Mal besuchen wollte, da diese weitgehend mit den von ihr bereits besuchten Lehrveranstaltungen übereinstimmten, hätte sie den Examinator oder seine Assistenz aufsuchen müssen, um sich über allfällige wissenswerte Informationen im Hinblick auf den zweiten Prüfungsversuch zu vergewissern. Ein Anspruch auf aktive Information der die Vorlesung nicht besuchenden Studierenden kann auch aus dem Gleichbehandlungsgebot nicht abgeleitet werden. Hinzu kommt, dass der Link zu den Übungsfragen auf der Homepage des Examinators ohne Weiteres sichtbar, auf derselben Hierarchiestufe wie der von der Beschwerdeführerin angeklickte Link «Prüfungen» platziert und sachgerecht beschriftet war. Die Beschwerdeführerin hätte die Übungsfragen ohne Weiteres erkennen und abrufen können (BVGer vom 11. Jan. 2010, A-2496/2009, E. 4).

1655 – **Wirtschaftlichkeitskontrolle hinsichtlich der ambulanten Behandlungen von frei praktizierenden Ärzten:** Die Wirtschaftlichkeitsprüfung der ärztlichen Tätigkeit nach Art. 56 KVG kann einerseits nach einer statistischen Methode erfolgen (Durchschnittskostenvergleich), andererseits aber auch nach einer analytischen Methode (Einzelfallprüfung), oder schliesslich nach einer Kombination beider Methoden. Nach der (anlässlich der Beurteilung ambulanter Leistungen) etablierten Rechtsprechung des BGer ist die statistische Methode der analytischen wo möglich vorzuziehen. Die Wirtschaftlichkeitskontrolle nach der statistischen Methode setzt namentlich voraus, dass sich das Vergleichsmaterial hinreichend ähnlich zusammensetzt. Hinsichtlich der ambulanten Behandlungen frei praktizierender Ärzte bedeutet dies, dass die wesentlichen Merkmale der Praxen der Vergleichsgruppe untereinander und mit der Praxis des geprüften Arztes übereinstimmen müssen, die Vergleichsgruppe eine Mindestgrösse mit einer Mindestzahl von Krankheitsfällen aufweisen muss, der Vergleich sich über einen genügend langen Zeitraum erstrecken und beim geprüften Arzt eine ausreichend grosse Zahl von Behandlungsfällen einbezogen werden muss. An die qualitative Zusammensetzung der Vergleichsgruppe sind – da sich sonst eben kein aussagekräftiger Vergleich anstellen lässt – hohe Ansprüche zu stellen. In quantitativer Hinsicht wird in der Literatur gut begründet vertreten, dass die Zahl von zehn Vergleichspraxen in keinem Fall unterschritten werden sollte (BVGer vom 29. Mai 2009, C-6570/2007, E. 4.2.3).

– **Vergleichbarkeit von Plakatwerbestellen:** Im Rekursverfahren hat die Beschwerdeführerin 1656
auf verschiedene Plakatstellen hingewiesen, die bei vergleichbaren Verhältnissen bewilligt worden seien, so unweit der geplanten Anlage an der L-Strasse, an der M-Strasse und an der N-Strasse. Die Vorinstanz bzw. Beschwerdegegnerin ist auf diese Fälle mit der Begründung nicht weiter eingegangen, es komme ihnen keine Bedeutung zu, weil die Rechtsgleichheit lediglich die Gleichbehandlung gleich gelagerter Sachverhalte verlange. Die Berufung auf ähnlich gelagerte Sachverhalte reiche nicht aus und identisch gelagerte Sachverhalte könne es bei der Gesamtbetrachtung, wie sie bei der Anwendung der Ästhetikklausel vorzunehmen sei, von vornherein nicht geben. Diese Betrachtungsweise greift zu kurz. Wie das Bundesgericht in einem die nämlichen Parteien betreffenden Entscheid erwogen hat, kann nicht verlangt werden, dass ein Vergleichsstandort in allen Aspekten dem streitigen Standort gleicht. Entscheidend ist viel mehr, ob sich die für die Bauverweigerung wesentlichen Elemente auch am Vergleichsstandort in gleicher oder ähnlicher Weise wiederfinden, bzw. ob dieser für die ästhetische Beurteilung wesentliche Unterschiede aufweist. Diese können auch darin bestehen, dass in der Nähe bereits eine Plakatwerbestelle bewilligt wurde und die Bewilligung einer weiteren eine gestalterisch unerwünschte Häufung von Werbestellen zur Folge hätte. Es ist sodann substanziiert darzulegen, dass sich am Vergleichsstandort die für die Bauverweigerung angeführten Elemente in gleicher oder ähnlicher Weise wieder finden (VerwG ZH vom 10. Dez. 2008, VB.2008.00406, E. 3.4.3).

– **Benützung eines öffentlichen Areals durch Zirkusse:** Nach der Praxis des Bundesgerichts ist 1657
es mit Art. 4 aBV vereinbar, die in einem Gemeinwesen Niedergelassenen hinsichtlich der Benützung öffentlicher Anstalten oder öffentlicher Sachen dieses Gemeinwesens besser zu stellen als Auswärtige. Das lässt sich generell mit der Überlegung, dass die öffentlichen Anlagen, die ein Gemeinwesen mit seinen eigenen Mitteln erstellt, zulässigerweise in erster Linie für die Einwohner dieses Gemeinwesens gedacht sind, rechtfertigen. Gesamthaft lässt sich folglich die Bevorzugung des Jugend-Zirkusses Basilisk gegenüber den anderen Zirkusunternehmen verfassungsrechtlich nicht beanstanden. Der Zirkus Knie ist demgegenüber ein direkter Konkurrent des Zirkus Gasser. Deren Benachteiligung gegenüber jenem ist daher aufgrund von Art. 31 aBV zu beurteilen. Geht es, wie hier, um die Zuteilung öffentlichen Grundes, bei der wegen des Überhanges der Nachfrage von vornherein nur ein kleiner Teil der interessierten Konkurrenten berücksichtigt werden kann, kommt dem Grundsatz der Gleichbehandlung der Gewerbegenossen nicht die gleiche Tragweite zu wie in Bereichen, wo die Regelung der Zulassungsvoraussetzungen nicht durch Kapazitätsschranken beeinflusst wird. Ferner ist es zulässig, sachliche Unterschiede, die in der Struktur der konkurrierenden Unternehmen begründet sind, mitzuberücksichtigen. So darf namentlich dem Umstand Rechnung getragen werden, dass kleinere Zirkusse eher auch in kleinen Ortschaften auftreten können, in denen ein Grosszirkus keinen Platz findet. Diese Überlegung rechtfertigt bis zu einem gewissen Masse, die Grosszirkusse in Grossstädten bevorzugt zu behandeln. Weiter können haltbare öffentliche Interessen und Anliegen eine Abweichung vom Gebot der Gleichbehandlung in gewissen Grenzen rechtfertigen. Dem Gemeinwesen steht ein grosses Ermessen zu in der Frage, wie es seine öffentlichen Anlagen nutzen will; es kann deshalb bei der Bewilligungserteilung auch andere als rein polizeiliche Interessen zugrunde legen, wie zum Beispiel kulturpolitische Anliegen. In diesem Rahmen erscheint es daher zulässig, Unterschiede im Programm der verschiedenen Bewerber zu berücksichtigen. So ist es ein haltbares Anliegen, dem Publikum den Besuch eines Grosszirkusses mit seinem umfangreicheren Angebot zu ermöglichen. Allerdings muss eine solcherart begründete

Ungleichbehandlung verhältnismässig sein und darf das Gleichbehandlungsgebot nicht seiner Substanz berauben (BGE 121 I 279 E. 5 und E. 6).

1658 – **Zulassung eines Produktes:** Das zu beurteilende Produkt ist für die Indikation «Alternaria solani» in Kartoffeln (Dürrfleckenkrankheit) zugelassen. Die Beschwerdeführerin beantragt, dieses Produkt auch zur Anwendung gegen die gleiche Krankheit in Karotten (Möhrenschwärze) zuzulassen. Sie stellt sich auf den Standpunkt, es stelle eine rechtsungleiche Behandlung dar, wenn ihr Produkt nicht auch gegen die gleiche Krankheit in Karotten zugelassen werde. Das Bundesverwaltungsgericht vermag keine rechtsungleiche Behandlung zu erkennen im Umstand, dass zwei (unterschiedliche) Sachverhalte ein und denselben Rechtsträger betreffen. Danach gilt Art. 8 Abs. 1 BV nur zwischen verschiedenen Rechtssubjekten und erfasst nicht zwei Sachverhalte, die ein und denselben Rechtsträger betreffen. In Frage kommt in einer derartigen Konstellation einzig die Rüge, das Willkürverbot sei verletzt worden. Das Bundesverwaltungsgericht prüft in der Folge dennoch, ob sachliche Gründe für eine derartige Differenzierung bestehen und kommt zum Schluss, dass zwar sowohl die Dürrfleckenkrankheit der Kartoffel als auch die Möhrenschwärze der Karotte Pilzerkrankungen darstellen, die durch Pilze der gleichen Gattung (Alternaria) verursacht werden, jedoch je durch solche einer anderen Art (solani bzw. dauci). Weiter betreffen diese Krankheiten unterschiedliche Kulturen (Kartoffeln bzw. Karotten). Allein diese Unterschiede legen bereits eine indikationsspezifische Beurteilung der Wirksamkeit von Präparaten nahe, welche in unterschiedlichen Kulturen bzw. Indikationen eingesetzt werden sollen. Ferner ist nicht erstellt, dass der Einsatz des betreffenden Produkts in Karottenkulturen erforderlich und auch nachgewiesen ist. Entgegen der Auffassung der Beschwerdeführer bestehen damit durchaus sachliche Gründe für eine ungleiche Beurteilung des Nutzens des vorliegend zu beurteilenden Präparats. Von einem willkürlichen Vorgehen kann folglich keine Rede sein (BVGE 2008/19 E. 5.1.1).

1659 – **Zumutbarer Schulweg (Unterscheidung zwischen Wohnort innerhalb und ausserhalb des Siedlungsgebiets):** Gemäss Art. 20 Abs. 1 lit. a des Volksschulgesetzes (VSG) hat die Schulgemeinde für den Transport von Kindern mit unzumutbarem Schulweg zu sorgen. Ob ein Schulweg als zumutbar gelten kann, ist gestützt auf eine Würdigung der konkreten Gesamtumstände zu beurteilen. Insbesondere ist die Person des Schülers, die Art des Schulwegs (Länge, Marschzeit, Höhenunterschied, Beschaffenheit) sowie die sich daraus ergebende Gefährlichkeit des Weges zu berücksichtigen. Massgebend ist damit immer die gesamthafte Beurteilung der Länge, Beschaffenheit und Gefährlichkeit des Schulweges im konkreten Einzelfall. Bei der Beurteilung, welche Anforderungen an ein Kind im Hinblick auf den Schulweg gestellt werden können, sind insbesondere das Alter sowie die physischen und intellektuellen Fähigkeiten des Kindes zu berücksichtigen. Unzulässig ist jedoch eine nicht auf die tatsächlichen Gegebenheiten abstellende, pauschal vorgenommene Differenzierung der zumutbaren Weglänge innerhalb der gleichen Schulgemeinde je nach Wohnort der Kinder. Die Vorinstanz ist davon ausgegangen, dass bei Kindern, die innerhalb des Siedlungsgebiets wohnen, der Schulweg generell weniger lang sein dürfe als bei Kindern, die ausserhalb des Siedlungsgebietes wohnen. Die Vorinstanz legt keine Gründe dar, die eine ungleiche Behandlung der Kinder je nach ihrem Wohnort als gerechtfertigt erscheinen lassen. Nicht stichhaltig ist insbesondere das Argument, dass Kindern, die ausserhalb des Siedlungsgebiets wohnen, ein längerer Weg zugemutet werden könne, weil die Eltern sich für diesen Wohnort fernab der ordentlichen Überbauungen entschieden hätten. Die Beschwerdeführerin hat zu Recht darauf hingewiesen, dass der Entscheid, ausserhalb des Siedlungsgebietes zu wohnen, nicht immer freiwillig erfolgt. Zudem erscheint die Sanktionierung einer freien Wohnsitzentscheidung nicht mit der verfassungsrechtlich gewährleisteten Niederlassungsfreiheit vereinbar. Eine Schulgemeinde kann bei der Konkretisierung der Voraussetzungen für einen Anspruch auf unentgeltlichen Schultransport die örtlichen Verhältnisse berücksichtigen; die festgelegten Kriterien sind dann aber für die gesamte Schulgemeinde gleich anzuwenden. Die vorinstanzliche Entscheidung beruht damit auf einer mit dem verfassungsrechtlichen Gleichbehandlungsgebot bzw. Differenzierungsverbot nicht zu vereinbarenden Begründung (VerwG SG vom 12. Feb. 2008, B-2007-200, E. 3.3.2).

b) *Praxisänderung*

Eine **Praxis muss geändert** werden, wenn sich erweist, dass das Recht bisher unrichtig angewendet worden ist oder eine andere Rechtsanwendung dem Sinne des Gesetzes oder veränderten Verhältnissen besser entspricht; andernfalls ist im Sinne der Rechtssicherheit die bisherige Praxis beizubehalten (BGE 136 II 5 E. 3.7, 136 III 6 E. 3, 135 I 79 E. 3, 135 II 78 E. 3.2, 135 III 66 E. 10, 134 I 75 E. 5-7, 134 V 72 E. 3.3, 134 V 359 E. 8.1, 133 I 19 E. 6, 133 V 37 E. 5.3.3, 132 I 201 E. 8, 127 I 49 E. 3c; BVGE 2011/22 E. 4). Ist eine ständige Praxis in einer **Weisung**, Richtlinie oder in einem Merkblatt verankert, sind ebenso die Grundsätze über die Praxisänderung zu berücksichtigen (vgl. auch BVGer vom 22. Juni 2009, A-1552/2006, E. 4.5.1 und E. 4.5.2; VerwG ZH vom 2. Sept. 2009, VB.2009.00083, E. 7.9). 1660

Die Änderung einer bestehenden Praxis ist im Allgemeinen mit der Rechtsgleichheit vereinbar, sofern (zum Ganzen insb. BGE 136 III 6 E. 3, 135 I 79 E. 3, 135 II 78 E. 3.2, 134 V 72 E. 3.3, 133 III 335 E. 2.3, 127 I 49 E. 3c, 126 I 122 E. 5, 125 I 458 E. 4a, 125 II 152 E. 4c/aa, 122 I 57 E. 3c/aa; BVGE 2007/14 E. 2.4): 1661

(1.) **ernsthafte und sachliche Gründe** für die neue Praxis sprechen, die – vor allem aus Gründen der Rechtssicherheit – umso gewichtiger sein müssen, je länger die als falsch oder nicht mehr zeitgemäss erkannte Rechtsanwendung gehandhabt worden ist; 1662

(2.) die Änderung **grundsätzlich** erfolgt; es darf sich nicht bloss um eine singuläre Abweichung handeln, sondern die neue Praxis muss für die Zukunft wegleitend sein für alle gleichartigen Sachverhalte. Die Änderung muss folglich auf alle künftigen gleichartigen Fälle anwendbar sein können sowie die im Verwaltungsrecht geltenden verfassungsmässigen Grundsätze beachten; 1663

(3.) das **Interesse an der richtigen Rechtsanwendung gegenüber demjenigen an der Rechtssicherheit überwiegt**, was bedeutet, dass eine Praxisänderung sich grundsätzlich nur begründen lässt, wenn die neue Lösung besserer Erkenntnis der ratio legis, veränderten äusseren Verhältnissen oder gewandelten Rechtsanschauungen entspricht; 1664

(4.) die Praxisänderung **keinen Verstoss gegen Treu und Glauben** darstellt; namentlich darf aus einer ohne Vorwarnung erfolgten Praxisänderung kein Rechtsnachteil erwachsen. 1665

Keine Praxisänderung liegt vor, wenn gesetzliche Bestimmungen lediglich restriktiver gehandhabt werden (BVGer vom 12. Nov. 2009, B-5092/2009, E. 6), wenn eine Rechtsfrage geklärt wird, die bisher noch nie Gegenstand der Rechtsprechung war (BVGer vom 24. Aug. 2009, A-76/2009, E. 4.2 [in BVGE 2009/58 nicht publ. E.]) oder wenn eine bisher noch nie festgestellte Lücke im Gesetz gefüllt wird. Eine Praxisänderung kann demnach nur dann vorliegen, wenn überhaupt über längere Zeit eine gefestigte Praxis bestanden hat, das heisst in mehreren Fällen jeweils gleich entschieden wurde und so eine Vertrauensbasis für künftige Fälle begründet wird. Eine ständige Praxis kann demnach nicht auf einzelne Fälle zurückgeführt werden (ZRK vom 13. Feb. 2002, in: VPB 66 [2002] Nr. 56 E. 4d). 1666

Praxis:

1667 – **Partieller Kirchenaustritt:** Nach Ansicht der kantonalen Instanzen strebt die Beschwerdeführerin mit ihrem Schreiben vom 22. Mai 2006 lediglich einen partiellen Kirchenaustritt an, d.h. sie wollte nur die katholische Kirchengemeinde der Stadt Luzern verlassen, der römisch-katholischen Kirche aber weiterhin angehören. Ein solcher bloss teilweiser Austritt sei unbeachtlich. Zum wirksamen Kirchenaustritt müsse sie ausdrücklich erklären, dass sie der «römisch-katholischen Konfession» nicht mehr angehöre. Zur Stützung ihrer Rechtsauffassung verweisen die kantonalen Instanzen auf ein Urteil des Bundesgerichts. Erwägungen: Die römisch-katholische Kirche ist eine hierarchisch strukturierte Gemeinschaft von Gläubigen, die vom Papst und von den Bischöfen geleitet wird. Sie hat eine eigene kirchliche Rechtsordnung, die vor allem im Codex Iuris Canonici – dem kirchlichen Gesetzbuch der römisch-katholischen Kirche – enthalten ist und nach ihrem Verständnis weltweit gilt. Sie verfügt auch über eine eigene Regelung der Zugehörigkeit. Die römisch-katholische Kirche bildet jedoch auch Teil des Glaubens. Katholiken bekennen sich zu der von ihnen als heilig verstandenen Kirche. Daneben haben sich die stimmberechtigten Angehörigen der römisch-katholischen Kirche im Kanton Luzern gestützt auf § 92 der Staatsverfassung des Kantons Luzern vom 29. Jan. 1875 und auf das kantonale Gesetz über die Kirchenverfassung vom 21. Dez. 1964 die Kirchenverfassung vom 25. März 1969 gegeben. Mit ihr organisieren sich die im Kanton wohnhaften Katholiken in der «römisch-katholischen Landeskirche». Diese ist eine Körperschaft des öffentlichen Rechts und gliedert sich in «römisch-katholische Kirchengemeinden», die zusammen das ganze Kantonsgebiet umfassen. Die Kirchengemeinden sind die öffentlich-rechtlichen Körperschaften ihrer katholischen Einwohner (vgl. §§ 1 und 2 der Kirchenverfassung). In innerkirchlichen Belangen anerkennen Landeskirche und Kirchengemeinden die Lehre und Rechtsordnung der römisch-katholischen Kirche (§ 5 Abs. 2 der Kirchenverfassung). Wegen dieses Nebeneinanders von römisch-katholischer Kirche einerseits und Landeskirche als staatskirchenrechtliche Organisation anderseits wird von einer dualistischen Kirchenstruktur gesprochen. Besteht neben der Glaubensgemeinschaft eine staatskirchenrechtliche Organisation, so muss es genügen, dass nur der Austritt aus der Letzteren erklärt wird. Denn im weltlichen Rechtsverkehr ist in einem solchen Fall nur der Austritt aus der staatlichen Zugehörigkeitsordnung massgebend. Mit der Erklärung des Austritts aus dieser – in casu aus der Landeskirche – kann bereits gewährleistet werden, dass Mitgliedschaftspflichten künftig nicht mehr zwangsweise durchgesetzt werden; unter anderem wird für die Zeit ab der Austrittserklärung die Kirchensteuer nicht mehr geschuldet. Zusätzliche, bekenntnishafte Erklärungen sind nach dem Gesagten für einen Kirchenaustritt nicht notwendig. Für das Erfordernis einer auch auf die römisch-katholische Kirche, Religionsgemeinschaft oder Konfession bezogenen Erklärung gibt es keinen zwingenden Grund. Daher ist dieses Erfordernis mit der Religionsfreiheit nicht zu vereinbaren (vgl. auch Art. 36 Abs. 2 und 3 BV). Welche religiösen, innerkirchlichen Konsequenzen der erklärte Austritt hat, namentlich ob noch Ansprüche auf Leistungen der Religionsgemeinschaft bestehen, ist nicht vom Staat, sondern von der jeweiligen Religionsgemeinschaft selber zu beantworten. § 12 der Kirchenverfassung ist demnach verfassungskonform so auszulegen, dass für den Kirchenaustritt eine Erklärung genügt, die sich auf die «Landeskirche» bezieht. Verfassungswidrig ist dagegen die vom Synodalrat vorgenommene Auslegung, wonach ausdrücklich zu erklären sei, nicht mehr der römisch-katholischen Konfession, Kirche oder Religionsgemeinschaft anzugehören. An der bereits erwähnten Rechtsprechung (BGE 129 I 68) kann demnach nicht festgehalten werden (BGE 134 I 75 E. 5-7).

1668 – **Kündigung ohne schriftliche Mahnung (Art. 12 Abs. 6 lit. a BPG):** Im Unterschied zu Art. 12 Abs. 6 lit. b BPG, wonach Mängel in der Leistung oder im Verhalten nur unter der Voraussetzung, dass sie trotz schriftlicher Mahnung anhalten oder sich wiederholen, einen Kündigungsgrund darstellen, erwähnt Art. 12 Abs. 6 lit. a BPG das Erfordernis einer vorgängigen Mahnung nicht ausdrücklich. Das Bundesgericht hat aber im Urteil 1C_277/2007 vom 30. Juni 2008 mittels historischer und teleologischer Auslegung festgestellt, dass auch eine Kündigung gestützt auf Art. 12 Abs. 6 lit. a BPG erst nach vorgängiger schriftlicher Mahnung erfolgen dürfe. Danach besteht kein Raum, im Einzelfall auf eine Mahnung zu verzichten. Entgegen der Ansicht der Vorinstanz hat das Bundesgericht allerdings keine Praxisänderung vorgenommen, sondern eine Rechtslage geklärt, die bisher noch nie Gegenstand der bundesgerichtlichen Rechtsprechung war und auch vom Bundesverwaltungsgericht oder der ehemaligen Eidgenössischen Personalrekurskommission noch nie in grundsätzlicher Weise entschieden worden ist. Aber selbst wenn die Rechtsprechung des Bundesgerichts, wonach auch eine Kündigung gestützt auf Art. 12 Abs. 6 lit. a BPG erst nach vorgängiger schriftlicher Mahnung erfolgen dürfe, als Praxisänderung betrachtet würde, könnte sich die Vorinstanz als Behörde nicht auf den sich aus Art. 9 BV ergebenden Grundsatz des Vertrauensschutzes berufen, welcher einzig Privaten unter bestimmten Voraussetzungen einen Anspruch vermittelt, in ihrem Vertrauen auf die bisherige Praxis geschützt zu werden (BVGer vom 24. Aug. 2009, A-76/2009, E. 4.2 [in BVGE 2009/58 nicht publ. E.]).

aa) Ernsthafte, sachliche Gründe

Gemäss der Rechtsprechung des Bundesgerichts lässt sich eine Änderung der Praxis regelmässig nur begründen, wenn die neue Lösung **besserer Erkenntnis der ratio legis, veränderten äusseren Verhältnissen** oder **gewandelter Rechtsanschauung** entspricht; andernfalls ist die bisherige Praxis beizubehalten. Eine Praxisänderung muss sich deshalb auf **ernsthafte sachliche Gründe** stützen können, die – vor allem im Interesse der Rechtssicherheit – umso **gewichtiger** sein müssen, je **länger die als nicht mehr richtig erkannte bisherige Praxis befolgt** wurde (BGE 137 V 210 E. 3.4.2, 136 III 6 E. 3, 135 I 79 E. 3, 135 II 78 E. 3.2, 135 III 66 E. 10, 134 V 72 E. 3.3, 133 III 335 E. 2.3, 127 I 49 E. 3c, 126 I 122 E. 5, 125 II 152 E. 4c/aa; BGer vom 23. Sept. 2011, 2C_53/2009, E. 3.4; vom 13. Aug. 2010, 1C_98/2010, E. 2.3.3). Besonders gewichtige Gründe müssen deshalb vorliegen, wenn eine gewisse Praxis – in casu Erhebung von Kirchensteuern von juristischen Personen – seit mehr als hundert Jahren besteht, das Bundesgericht mit dieser Praxis den Weg dafür geebnet hat, dass die meisten Kantone derartige Steuern eingeführt haben und ihre Änderung demnach erhebliche Auswirkungen hätte (BGE 126 I 122 E. 5; BGer vom 22. Sept. 2010, 2C_71/2010, E. 6). 1669

Ernsthafte, sachliche Gründe, auf eine bisher vertretene Auffassung zurückzukommen, können etwa darin bestehen, dass die **bisherige (kantonale) Praxis dem Bundesrecht widerspricht** (BGer vom 13. Aug. 2010, 1C_98/2010, E. 2.3.3); die bisherige Praxis die **betreffende Frage nicht konsistent** beurteilt hat und es an einer schlüssigen Begründung fehlte (BVGE 2009/34 E. 2.4.2); dass **neue technische Entwicklungen** eingetreten sind, die es zu berücksichtigen gilt (BGer vom 18. Aug. 2008, 1C_229/2008, E. 4 [Verbot, in den Gefängniszellen den eigenen Computer zu benützen]); dass mit der neuen Praxis eine **einheitliche Begriffsverwendung**, eine Kongruenz mit den Vorschriften anderer Gesetze oder eine mit dem europäischen Recht vereinbare Lösung erzielt wird (BGer vom 7. Feb. 2006, 2A.81/2005, E. 6.5); dass es darum geht, eine **rechtmässige Praxis wiederherzustellen** oder die Entwicklung der Rechtsauffassungen besser zu berücksichtigen (BGE 125 I 458 E. 4a); dass die neue Praxis die **Grundrechte** besser berücksichtigt (BVGE 2011/22 E. 4), oder dass Lehre und Rechtsprechung ernsthafte, sachliche **Kritik** an der betreffenden Praxis übten (BGer vom 23. Sept. 2011, 2C_53/2009, E. 3.6; vom 21. Mai 2003, 2A.517/2002, E. 3.3). 1670

Ferner ist eine **bisherige Praxis zu ändern**, wenn sie als **unrichtig erkannt** oder wenn deren Verschärfung wegen **veränderten Verhältnissen** oder zufolge zunehmenden **Missbräuchen** für zweckmässig gehalten wird (BGE 134 V 72 E. 3.3, 133 V 1671

37 E. 5.3.3, 132 V 357 E. 3.2.4.1, 131 V 107 E. 3.1, 130 V 369 E. 5.1, 129 V 370 E. 3.3, 127 V 268 E. 4a, 126 V 36 E. 5a, 125 I 458 E. 4a). Haben sich hingegen die äusseren Verhältnisse und die Rechtsanschauung in Bezug auf die zur Diskussion stehende Frage nicht geändert, ist die neue, vorgeschlagene Rechtsprechung in praktischer Hinsicht schwierig handhabbar oder wäre es Aufgabe des Gesetzgebers, eine adäquate und kohärente Lösung für eine anerkanntermassen unbefriedigende Situation zu schaffen, lässt sich eine Praxisänderung nicht begründen (BGE 135 III 66 E. 10 [Mankoteilung bei knappen finanziellen Verhältnisse im Rahmen von Art. 163 bzw. Art. 276 i.V.m. Art. 285 ZGB]).

1672 Äussert sich die **Lehre** selbst unklar, stellt diese die bisherige Rechtsprechung nicht ernsthaft in Frage oder begründet sie ihre allenfalls abweichende Sicht nicht näher, fehlen triftige Gründe, wieso die bisherige Auslegung nicht mehr zutreffend sein sollte (BGer vom 23. Sept. 2011, 2C_53/2009, E. 3.6 [Heilmittelabgabe durch Ärzte/Selbstdispensation]). Sachliche Gründe fehlen deshalb, wenn unterschiedliche Lehrmeinungen geäussert werden oder die bisherige Praxis lediglich vereinzelt kritisiert wird und sich das Bundesgericht bereits in seiner früheren Rechtsprechung eingehend mit der Literatur auseinandergesetzt hat (BGE 136 III 6 E. 4).

Praxis:

1673 – **Kirchensteuerpflicht von juristischen Personen:** Das Bundesgericht hält an seiner umstrittenen Praxis fest, wonach auch juristische Personen Kirchensteuern zu entrichten haben und sich nicht auf die Religionsfreiheit berufen können, um sich hiergegen zur Wehr zu setzen. Das Bundesgericht macht einmal geltend, dass die juristischen Personen, vor allem auch die Aktiengesellschaften, selbstständig besteuert werden und einer besonderen Steuer unterliegen. Dies entspricht der zivilrechtlichen Ordnung, nach der die juristische Person ein eigenes, von den daran beteiligten natürlichen Personen getrenntes Dasein führt, und ist auch fiskalisch begründet, denn damit werden unter eigenem Namen und auf eigene Rechnung wirtschaftliche Zwecke verfolgt. Werden aber die juristischen Personen allgemein als selbstständige Steuersubjekte behandelt, ohne dass auf die dahinter stehenden natürlichen Personen Rücksicht genommen wird, so ist gemäss Bundesgericht nicht einzusehen, weshalb einzig und allein für die Kirchensteuer dieser Durchgriff vorzunehmen wäre. Angesichts dieser Verschiedenheiten zwischen natürlichen Personen und juristischen Personen verstösst die Kirchensteuer der juristischen Personen auch nicht gegen das Gebot der Rechtsgleichheit, denn Verschiedenes darf verschieden behandelt werden. Massgeblich ist weiter, dass sich in den Kantonen kaum wesentliche Änderungen ergeben haben. In 20 Kantonen werden von den juristischen Personen Kirchensteuern erhoben; keine solchen Abgaben erheben die Kantone Aargau, Basel-Stadt, Appenzell Ausserrhoden, Schaffhausen, Genf und Waadt, wobei der Kanton Waadt die Kultusaufgaben aus dem Ertrag der ordentlichen Steuern finanziert. Einige Kantone haben sogar die Besteuerung juristischer Personen in der Kantonsverfassung verankert und die Bundesversammlung hat diesen Verfassungen die Gewährleistung erteilt. Auch im Hinblick auf die am 1. Jan. 2000 in Kraft getretene Bundesverfassung ergeben sich keine Hinweise, die auf eine Praxisänderung schliessen lassen. Aus den Vorarbeiten der Verfassungskommissionen des Stände- und Nationalrats geht eher hervor, dass an der Kirchensteuer für juristische Personen nichts geändert, insbesondere das Bundesgericht nicht zur Aufgabe seiner ständigen Praxis gezwungen werden sollte; auch die Verwendung des Personenbegriffs in Art. 15 Abs. 2 und 3 BV («jede Person») wurde insoweit nicht im Sinne eines Abweichens von der bisherigen Rechtsprechung verstanden. Im Hinblick auf die Verhältnisse in den Kantonen sowie mit Rücksicht auf das Ergebnis der Totalrevision der Bundesverfassung besteht somit kein Anlass, die nunmehr weit über 100 Jahre alte Praxis des Bundesgerichts zur Kirchensteuer juristischer Personen zu ändern. Vom zuletzt publizierten Bundesgerichtsentscheid von 1976 (BGE 102 Ia 468 ff.) ausgehend, sind seither keine neuen ernsthaften sachlichen Gründe für eine Praxisänderung aufgetreten bzw. geltend gemacht worden. Auch hat der Bundesgesetzgeber, trotz eines entsprechenden Vorbehalts in Art. 49 Abs. 2 Satz 2 aBV, keine – auch nicht im Zuge der Steuerharmonisierung – auf einen Wandel gerichtete Regelungen getroffen. Ebenso unterblieb dies bei der Nachführung der Bundesverfassung. Auch in den Kantonen haben sich in den letzten Jahrzehnten kaum wesentliche Änderungen ergeben, obwohl es ihnen selber nicht verwehrt wäre, ihre bestehenden Regelungen zu revidieren (BGE 126 I 122 E. 5; BGer vom 22. Sept. 2010, 2C_71/2010, E. 6).

- **Familiennachzug nach dem Freizügigkeitsabkommen:** Gemäss Art. 16 Abs. 2 FZA ist für 1674 die Anwendung des Freizügigkeitsabkommens die einschlägige Rechtsprechung des EuGH vor dem Zeitpunkt der Unterzeichnung (21. Juni 1999) massgebend. Das Bundesgericht kann aber, ohne dazu verpflichtet zu sein, zum Zwecke der Auslegung des Freizügigkeitsabkommens auch seither ergangene Urteile des Gerichtshofs heranziehen. Nach der bisherigen Rechtsprechung des Bundesgerichts muss sich ein Drittstaatsangehöriger, der nachgezogen werden will, allerdings bereits rechtmässig mit einem nicht nur vorübergehenden Aufenthaltstitel in der Schweiz oder einem anderen Vertragsstaat aufgehalten haben (BGE 130 II 1 E. 3.6). Diese Rechtsprechung geht auf das Urteil Akrich des Gerichtshofs der Europäischen Gemeinschaften (EuGH) vom 23. Sept. 2003 zurück (C-109/01, Slg. 2003 I-9607), in dem vor allem über die Anwendung der Regelung der Familienvereinigung gemäss der Verordnung (EWG) Nr. 1612/68 des Rates vom 15. Okt. 1968 über die Freizügigkeit der Arbeitnehmer innerhalb der Gemeinschaft zu entscheiden war. Mit dem Urteil vom 9. Jan. 2007 Jia Yunying (C-1/05, Slg. 2007 I-1) relativierte der Gerichtshof seine Rechtsprechung in dem Sinne, dass die Mitgliedstaaten nicht verpflichtet seien, die mit dem Urteil Akrich geschaffene zusätzliche Voraussetzung anzuwenden, Bewilligungen an Familienangehörige mit Drittstaatsangehörigkeit also auch erteilen könnten, wenn sich diese vorher nicht bereits rechtmässig in einem Vertragsstaat aufgehalten hätten. Das Bundesgericht sah darin gemäss einem Urteil vom 30. Nov. 2007 keine Veranlassung, seine Rechtsprechung zu ändern, insbesondere weil der EuGH die im Urteil Akrich anerkannte zusätzliche Voraussetzung der Bewilligungserteilung zwar nicht als verbindlich, aber auch nicht als unzulässig beurteilt hatte (vgl. BGE 134 II 10 E. 3). Seither hat sich der EuGH jedoch ausdrücklich vollständig von seiner in der Sache Akrich verfolgten Rechtsauffassung abgewendet. Danach hängt das Recht auf Familiennachzug nicht mehr von einem vorherigen rechtmässigen Aufenthalt in einem Mitgliedstaat ab bzw. verletzt eine solche Voraussetzung die gemeinschaftsrechtliche Regelung der Familienvereinigung (Urteil vom 25. Juli 2008 C-127/08 Metock u.a.). Den Gründen für die Änderung der Rechtsprechung durch den EuGH lässt sich die Überzeugungskraft nicht absprechen. Sie tragen den Bedenken Rechnung, die das Bundesgericht bereits in BGE 130 II 1 ff. unter Bezugnahme auf den Wortlaut und auf das Urteil i.S. MRAX angesprochen hatte. Der EuGH hält auch zu Recht fest, dass die gemeinschaftsrechtliche Regelung der Personenfreizügigkeit im Binnenmarkt gleiche Rechte gewährleisten will, unter denen sich der Freizügigkeitsberechtigte mit seiner Familie im Aufnahmemitgliedstaat niederlassen darf, was nicht zuträfe, wenn es für das Recht, die Familienangehörigen nachzuziehen, zusätzlich darauf ankäme, ob sich diese bereits rechtmässig im Gemeinschaftsgebiet aufhalten. Damit ergibt sich, dass bei der Anwendung des Freizügigkeitsabkommens zur Gewährleistung der parallelen Rechtslage in Angleichung an das Urteil Metock an der Geltung der Rechtsprechung gemäss dem Urteil Akrich nicht festgehalten werden kann. Der Nachzug eines Familienmitglieds mit Drittstaatsangehörigkeit gemäss dem Freizügigkeitsabkommen setzt demnach – in Abänderung der Rechtsprechung gemäss BGE 130 II 1 ff. und BGE 134 II 10 ff. – nicht voraus, dass sich dieser Familienangehörige bereits rechtmässig mit einem nicht nur vorübergehenden Aufenthaltstitel in der Schweiz oder einem anderen Vertragsstaat aufgehalten hat. Mit Blick auf die spanische Staatsangehörigkeit der Ehefrau können sich die Beschwerdeführer daher auf das Freizügigkeitsabkommen und die darin enthaltene Regelung des Familiennachzugs berufen (BGE 136 II 5 E. 3.3-3.7).
- **Zulassung der Heilmittelabgabe durch Ärzte (Selbstdispensation):** Nach bisheriger Recht- 1675 sprechung zieht Art. 37 Abs. 3 Satz 2 KVG den Kantonen bei der Regelung der ärztlichen Selbstdispensation keine verbindlichen Schranken, sondern hält sie lediglich im Sinne einer Richtungsweisung an, die Funktion der Apotheken bei der Medikamentenversorgung mitzube-

rücksichtigen. Dem zürcherischen Gesetzgeber ist es demnach nicht verwehrt, in § 17 des Gesundheitsgesetzes (GesG) die ärztliche Selbstdispensation generell zuzulassen, soweit er dabei die Rolle der Apotheken bei der Medikamentenversorgung in seine Erwägungen einbezieht. Für eine Praxisänderung bedarf es ernsthafter sachlicher Gründe. Sie müssen – im Interesse der Rechtssicherheit – umso gewichtiger sein, je länger die bisherige Praxis gedauert hat. Die kantonalen Behörden haben sich an der bisherigen Rechtslage orientiert. So erlauben dreizehn Kantone die ärztliche Abgabe von Medikamenten an die Patienten ohne jegliche Einschränkungen und vier unter gewissen Bedingungen; auch die eidgenössischen Organe gehen davon aus, dass die Regelung der Selbstdispensation bis heute vollumfänglich in der Kompetenz der Kantone verblieben ist. Angesichts der langen Tradition der kantonalen Regelungshoheit im Bereich der ärztlichen Selbstdispensation und der grossen praktischen Auswirkungen jeder Änderung bedürfte es sehr gewichtiger Gründe, damit sich nun eine Änderung der bisherigen Auslegung von Art. 37 Abs. 3 Satz 2 KVG rechtfertigen würde. Die Beschwerdeführer berufen sich für ihre Auffassung vor allem auf den Wortlaut von Art. 37 Abs. 3 Satz 2 KVG. Danach haben die Kantone die Zugangsmöglichkeiten zu einer Apotheke zu berücksichtigen. Die gewählte Ausdrucksweise ist allerdings sehr unbestimmt. Es erscheint aufgrund des Wortlauts unklar, ob und in welcher Weise in die kantonale Regelungshoheit eingegriffen werden sollte. Jedenfalls kann allein aufgrund des Wortlauts nicht auf ein Verbot oder eine Einschränkung der ärztlichen Selbstdispensation geschlossen werden. Das gilt umso mehr, als es sich dabei um eine politisch sehr umstrittene Frage handelt, deren Regelung einer klaren gesetzgeberischen Willensäusserung bedürfte. Das Bundesgericht hat in seiner bisherigen Rechtsprechung deshalb massgebliches Gewicht auf den gesetzgeberischen Willen gelegt, welcher der auszulegenden Norm zugrunde liegt. Vorliegend zeigt die lange Entstehungsgeschichte von Art. 37 Abs. 3 Satz 2 KVG, dass sich der bundesrätliche Vorschlag zu einer bundesrechtlichen Regelung der ärztlichen Selbstdispensation nicht durchzusetzen vermochte. Auch Bundesrätin Dreifuss sprach lediglich noch von einer «indication» und mass der Bestimmung keinen die Kantone verpflichtenden Charakter mehr bei. Das bedeutet, dass es sich bei Art. 37 Abs. 3 Satz 2 KVG nach dem Willen des Gesetzgebers um eine blosse Zielnorm mit lediglich programmatischem Charakter handelt, die den Kantonen bei der Regelung der ärztlichen Selbstdispensation die Richtung weist, aber keine verbindlichen Schranken zieht. Triftige Gründe, wieso die dargestellte Auslegung nicht mehr zutreffend sein sollte, werden von den Beschwerdeführern nicht dargetan und sind nicht ersichtlich. Auch die Doktrin stellt die bisherige bundesgerichtliche Rechtsprechung nicht in Frage. Sie äussert sich nur zurückhaltend zur Tragweite von Art. 37 Abs. 3 Satz 2 KVG und verweist darauf, dass der kantonale Gesetzgeber bei der Regelung der ärztlichen Selbstdispensation den Zugang der Patienten und Patientinnen zu einer Apotheke im Auge zu behalten habe. Es kommt hinzu, dass die Frage, ob und in welchem Umfang die ärztliche Selbstdispensation zugelassen werden soll, seit Langem politisch äusserst umstritten ist. In dieser Situation bedürfte eine Einschränkung der kantonalen Regelungskompetenz einer klaren Äusserung des Bundesgesetzgebers, die Art. 37 Abs. 3 Satz 2 KVG nicht entnommen werden kann. Ferner wird neuerdings auf Bundesebene nun tatsächlich eine Regelung der ärztlichen Selbstdispensation im Heilmittelgesetz angestrebt. In diesem Zusammenhang geht auch das zuständige Departement davon aus, dass die Regelung der Selbstdispensation heute vollumfänglich in der Kompetenz der Kantone liegt. Aus diesen Erwägungen rechtfertigt es sich nicht, von der bisherigen Rechtsprechung abzurücken und Art. 37 Abs. 3 Satz 2 KVG eine weiterreichende Tragweite beizumessen. Die Kantone sind demnach weiterhin grundsätzlich frei, auf ihrem Gebiet die Selbstdispensation teilweise oder vollumfänglich zuzulassen. Insbesondere verpflichtet Art. 37 Abs. 3 Satz 2 KVG die Kantone mit ärztlicher Selbstdispensation nicht, diese einzuschränken oder gar abzuschaffen; und umgekehrt zwingt er die Kantone, welche die ärztliche Abgabe von Medikamenten verbieten, nicht, diese inskünftig zu gestatten. Der erwähnten Norm kommt lediglich eine programmatische Bedeutung zu, indem sie den Kantonen die Zielrichtung vorgibt, an der sie sich bei der Regelung der Medikamentenversorgung zu orientieren haben. Demnach untersagt Art. 37 Abs. 3 Satz 2 KVG die in § 17 GesG/ZH vorgesehene generelle Zulassung der ärztlichen Selbstdispensation nicht (BGer vom 23. Sept. 2011, 2C_53/2009, E. 3.3-3.7).

- **Entzug der Fischereiberechtigung (Fischen während der Schonzeit):** Der Beschwerdeführer A macht eine rechtsungleiche Behandlung geltend, weil in der Vergangenheit für ähnlich gelagerte Fälle jeweils kein Entzug der Fischereiberechtigung, sondern lediglich eine Busse ausgesprochen worden sei. Tatsächlich liegt gemäss den Ausführungen des Amtes für Fischerei und Jagd mit dem vorliegenden Fall eine Praxisänderung vor. Nachfolgend ist nun die Zulässigkeit einer solchen Praxisänderung zu überprüfen. Dem Grundsatz nach sind Praxisänderungen zulässig. Keineswegs können bestehende Verhältnisse auf unbestimmte Zeit hin Geltung beanspruchen. Entscheidend ist jedoch, dass Praxisänderungen qualifiziert begründet sind. Gegenüber dem Postulat der Rechtssicherheit lässt sich eine Praxisänderung nur begründen, wenn die neue Lösung besser dem Gesetz oder veränderten äusseren Verhältnissen entspricht. Beides ist vorliegend der Fall: Das Fischereigesetz (FG) sieht gemäss klarem Wortlaut von § 12 Abs. 3 in Verbindung mit Abs. 2 zwingend den Entzug der Fischereiberechtigung vor, sofern kein Ausnahmetatbestand im Sinne von § 12 Abs. 4 FG gegeben ist, wenn während der Schonzeit gefischt wird. Bisher wurde jeweils in ähnlich gelagerten Fällen auf den Entzug der Fischereiberechtigung verzichtet, obwohl der Gesetzeswortlaut den Entzug dem Grundsatz nach verlangt. Mit der anvisierten Praxisänderung bewegt sich das Amt für Fischerei und Jagd näher an den Wortlaut des Gesetzes hin und erfüllt damit schon eine von Lehre und Rechtsprechung verlangte Bedingung zur Praxisänderung. Aber auch die äusseren Verhältnisse haben sich verändert. Das Amt für Fischerei und Jagd hat nämlich festgestellt, dass mit Bussen allein in Fällen wie diesem die gewünschte Verhaltenskorrektur der Fischer nicht erreicht werden kann. Dies muss umso mehr gelten als die Bussen mit einer Höhe von rund Fr. 60.– bis anhin recht moderat waren. Aus diesem Grund drängt sich ebenfalls eine Praxisänderung auf, wonach in Fällen wie dem vorliegenden grundsätzlich die Fischereiberechtigung entzogen wird. Nur so kann offenbar den Intensionen des Gesetzgebers genügend Nachachtung verschafft werden. Festzustellen bleibt, dass mit dem Entzug der Fischereiberechtigung ein wirksameres Mittel zur Durchsetzung der gesetzgeberischen Absichten zur Verfügung steht als dies mit einer blossen Busse der Fall ist. Im Übrigen muss eine Praxisänderung nicht angekündigt werden und es besteht gemäss Lehre und Rechtsprechung auch kein Anspruch auf Beibehaltung einer rechtswidrigen Praxis. Der Grundsatz der Gesetzmässigkeit der Verwaltung geht dem Rechtsgleichheitsprinzip im Konfliktfall vor. Wenn eine Behörde in einem Fall eine vom Gesetz abweichende Entscheidung getroffen hat, gibt das dem Privaten, der sich in der gleichen Lage befindet, grundsätzlich keinen Anspruch darauf, ebenfalls von der Norm abweichend behandelt zu werden. Selbstverständlich hat die Behörde eine vorgenommene Praxisänderung sofort und überall anzuwenden, d.h. dass inskünftig Fälle wie der vorliegende in der Regel – vorbehaltlich der Ausnahmeklausel von § 12 Abs. 4 FG – zwingend zu einem Entzug der Fischereiberechtigung führen müssen. Dies verlangen die Gebote der Rechtssicherheit und der Rechtsgleichheit. Nach dem Gesagten erweist sich die Beschwerde von A gegen die Verfügung des Amtes für Fischerei und Jagd als unbegründet, weshalb sie vollumfänglich abzuweisen ist (RR ZG vom 1. Mai 2001, in: GVP 2001 S. 233 E. II 3). 1676

bb) Grundsätzliche Änderung

Die neue Rechtsprechung muss auf **alle künftigen gleichartigen Fälle** anwendbar sein; sie darf nicht bloss im Sinne einer momentanen Schwankung oder einer singulären Abweichung erfolgen, sondern hat in grundsätzlicher Weise als zukünftig wegleitende Neuausrichtung für alle gleichartigen Sachverhalte zu gelten (BGE 125 I 458 E. 4a; BGer vom 7. Juni 2006, U 129/05, E. 5.2; vom 18. Aug. 2005, I 68/02, E. 3.3; vom 21. Mai 2003, 2A.517/2002, E. 3.2; BVGer vom 21. Sept. 2010, A-382/2010, E. 2.4.4; vom 19. März 2010, A-4521/2009, E. 5.3). Die Behörde hat demnach nach einheitlichen, über den Einzelfall hinaus gültigen Kriterien vorzugehen, mit anderen Worten wiederum eine (neue) Praxis zu begründen (BGE 125 II 152 E. 4c/aa). 1677

Praxis:

1678 – **Ausrichtung von Kleinkinderbetreuungsbeiträgen (KKBB) für die Zeit, in welcher vollzeitlich an der Dissertation gearbeitet wird:** Unbestritten ist, dass gemäss der früheren Praxis das vollzeitliche Verfassen einer Dissertation als volles Arbeitspensum im Sinn von § 26b lit. a JugendhilfeG angerechnet wurde, weshalb der Beschwerdeführer für seinen Sohn in den Jahren 2001 und 2002 KKBB erhalten hatte. Strittig ist nun die Praxisänderung, wonach ein Studium nur für die minimal zur Erreichung eines «Masters» oder eines äquivalenten Abschlusses benötigte Dauer als Arbeitspensum angerechnet wird, nicht aber das Verfassen einer Dissertation. Ausgelöst wurde die Praxisänderung offenbar durch das zeitlich nicht limitierte Kolel-Studium, welches zu langjähriger Ausrichtung von KKBB führen konnte. Sobald ein Studierender einen «Master» oder einen äquivalenten Abschluss erworben hat, steht in objektiver Hinsicht einer vollzeitlichen Erwerbstätigkeit nichts mehr entgegen. Die bisherige Praxis, wonach weiterführende Studien dennoch als Arbeitspensum angerechnet wurden, leuchtet denn in der Tat nicht ein. Sie führte zudem zu einer ungerechtfertigten Besserstellung von Studierenden, dies beispielsweise im Vergleich zu Arbeitslosen. Nicht zu beanstanden ist schliesslich, dass die neue Praxis als objektives Kriterium auf die minimale, für den Erwerb des jeweiligen Abschlusses notwendige Dauer abstellt. Der Auffassung des Beschwerdeführers, dass die Praxisänderung nicht in grundsätzlicher Weise erfolgt sei und es sich vielmehr bei der negativen Beurteilung seines Gesuchs um eine singuläre Abweichung handle, kann nicht gefolgt werden. Die Beschwerdegegnerin legt überzeugend dar, dass sie in sämtlichen künftigen Fällen nur noch Erststudien bis zum «Master» als Erwerbstätigkeit anerkennen werde. Wenn nun die neue Praxis intern am 24. Jan. 2007 kommuniziert wurde, ist es offensichtlich, dass das Gesuch des Beschwerdeführers vom 15. Feb. 2007 eines der ersten war, das unter dieser beurteilt wurde. Es liegt aber in der Natur von Praxisänderungen, dass sie einmal einen Anfang nehmen müssen, ohne dass es der Behörde zu diesem Zeitpunkt möglich wäre, verschiedene Präjudizien ins Recht zu legen, um ihren Willen zur grundsätzlichen Änderung der Praxis zu bekräftigen (VerwG ZH vom 23. Okt. 2008, VB.2008.00380, E. 6.2).

1679 – **Stipendien an auswärtige Kantonsbürger:** Gemäss Art. 6 Abs. 2 des kantonalen Stipendiengesetztes (StipG) können Kantonsbürgern mit Wohnsitz in einem anderen Kanton oder im Ausland Stipendien und Studiendarlehen gewährt werden, wenn sie keine oder ungenügende andere staatliche Stipendien oder Studiendarlehen erhalten. Diese Bestimmung führte in der Praxis zu einer Vorzugsstellung für Kantonsbürger, indem diesen auch bei fehlendem Wohnsitz im Kanton St. Gallen ohne Weiteres Stipendien zugesprochen wurden, soweit die übrigen stipendienrechtlichen Voraussetzungen erfüllt waren. In Einschränkung der bisherigen Praxis macht die Stipendienabteilung die Anwendung von Art. 6 Abs. 2 StipG gegenüber erstmaligen Bewerbern neuerdings alternativ davon abhängig, dass die Ausbildung in der Schweiz erfolgt, die in Ausbildung stehende Person in der Schweiz lebt oder wenigstens ein Elternteil zivilrechtlichen Wohnsitz in der Schweiz hat. Im Ausland lebende Kantonsbürger werden somit nicht mehr stipendiert, wenn sie ihre Ausbildung im Ausland absolvieren und sich der Wohnsitz der Eltern ebenfalls im Ausland befindet. Die Vorinstanz begründet ihre Praxisänderung zudem rechtsvergleichend mit der Praxis anderer Kantone sowie der Nachbarländer. Daraus erhellt, dass sich die Vorinstanz bei der Änderung ihrer Praxis durchwegs von sachlichen Gesichtspunkten leiten liess. Sie hat in erster Linie den veränderten tatsächlichen Rahmenbedingungen des Bundes Rechnung getragen. Es gibt keine Hinweise dafür, dass die Praxisänderung nicht in grundsätzlicher Weise erfolgt ist, zumal davon auszugehen ist, dass die Massnahme des Bundes nicht vorübergehender Natur ist. Die Vorinstanz handelt vielmehr aufgrund differenzierter Erwägungen, wenn sie in Zukunft die Gewährung von Stipendien nach Art. 6 Abs. 2 StipG im Rahmen des ihr zustehenden Ermessens von den erwähnten Bedingungen abhängig macht. Dies führt vorliegend zwar zu einer einschränkend formulierten Anspruchsgrundlage, doch ermöglicht das von der Vorinstanz in verstärktem Mass einbezogene Kriterium der persönlichen Beziehungsnähe zwischen Gesuchsteller und Heimatland nicht zuletzt unter dem Blickwinkel des Vertrauensschutzes sowie der Rechtssicherheit eine geradlinige, in sich geschlossene Praxis (RR SG vom 31. Okt. 1995, in: GVP 1995 Nr. 84 E. 2).

cc) Interessenabwägung

1680 Abzuwägen ist das **Interesse an der richtigen Rechtsanwendung** gegenüber dem Postulat der **Rechtssicherheit**. Das Interesse an der richtigen Rechtsanwendung geht grundsätzlich vor, wenn die neue Lösung besserer Erkenntnis der ratio legis, veränderten äusseren Verhältnissen oder gewandelten Rechtsanschauungen entspricht (BGE 137 V 210 E. 3.4.2, 135 I 79 E. 3, 135 II 78 E. 3.2, 134 V 72 E. 3.3, 132 III 770 E. 4). Die Rechtssicherheit bzw. das Vertrauen in die bisherige Praxis ist nicht besonders beeinträchtigt, wenn die damalige, nun als falsch erkannte Auslegung, singulär gewesen ist (BGer vom 13. Aug. 2010, 1C_98/2010, E. 2.3.3). Sprechen hingegen keine entscheidenden Gründe zugunsten einer Praxisänderung, ist die bisherige Praxis – im Sinne der Rechtssicherheit – beizubehalten (BGE 133 V 37 E. 5.3.3, 131 V 107 E. 3.1, 130 V 369 E. 5.1, 130 V 492 E. 4.1).

Praxis:

1681 – **Koedukativer Schwimmunterricht:** Seit dem Entscheid des Bundesgerichts im Jahre 1993 (BGE 119 Ia 178 ff.) haben die bereits in jenem Entscheid berücksichtigten wichtigen Integrationsanliegen in der Öffentlichkeit noch vermehrtes Gewicht erhalten. Verändert hat sich auch die religiöse Zusammensetzung der schweizerischen Wohnbevölkerung: Während im Jahre 1990 noch 152'200 Angehörige islamischer Gemeinschaften in der Schweiz lebten, waren es im Jahr 2000 bereits 310'800. Heute wird ihre Zahl auf gegen 400'000 geschätzt. Diese Zahlen zeigen, dass Streitigkeiten über einen Dispens vom Schwimmunterricht zwar auch Muslime schweizerischer Nationalität treffen können; sie präsentieren sich indessen schwergewichtig als Problem der Ausländerintegration. Die Vorinstanz spricht daher denn auch zu Recht von einer «multikulturellen Schulrealität». Diese verlangt heute noch vermehrt als früher Anstrengungen zur Angewöhnung und Einbindung der Kinder und Jugendlichen aus anderen Kulturen in die hier geltenden gesellschaftlichen Rahmenbedingungen. Nur auf diese Weise kann ihre Teilnahme am wirtschaftlichen, sozialen und kulturellen Leben und damit der soziale Frieden und die Chancengleichheit gewährleistet werden. Aufgabe des Verfassungsstaates ist namentlich, ein Mindestmass an innerem Zusammenhalt von Staat und Gesamtgesellschaft herzustellen, welches für ein harmonisches, von Achtung und Toleranz geprägtes Zusammenleben notwendig ist. Von Ausländern darf und muss erwartet werden, dass sie zum Zusammenleben mit der einheimischen Bevölkerung bereit sind und die schweizerische Rechtsordnung mit ihren demokratischen und rechtsstaatlichen Grundsätzen sowie die hiesigen sozialen und gesellschaftlichen Gegebenheiten akzeptieren. Im sozialen Einbindungsprozess kommt der Schule eine besonders wichtige Aufgabe zu. Sie soll zunächst eine Grundbildung vermitteln. Dieses Ziel kann sie nur erreichen, wenn seitens der Schüler die Verpflichtung besteht, die obligatorischen Fächer und Veranstaltungen zu besuchen. Im Gegenzug muss die Schule ein offenes, gesellschaftsübliches Umfeld bieten und den Geboten der weltanschaulichen Neutralität und der Laizität strikt nachleben. In diesem Rahmen darf die Schule angesichts der grossen Bedeutung des Pflichtangebots aber darauf bestehen, dass ihre Lehrveranstaltungen für alle obligatorisch sind und dass sie nicht für alle persönlichen Wünsche eine abweichende Sonderregelung vorsehen oder zulassen muss. Dies gilt auch für Ausnahmen zur Beachtung religiöser Gebote, die mit dem Schulprogramm kollidieren. Dem obligatorischen Schulunterricht kommt hier grundsätzlich der Vorrang zu, weshalb allfällige Ausnahmen nur mit Zurückhaltung zu gewähren sind. Der Sportunterricht dient zudem in hohem Mass der Sozialisierung der Schüler. Diesen Zweck kann er nur erfüllen, wenn der Unterricht, wie in der Schweiz allgemein üblich, gemeinsam stattfindet. Die Anerkennung eines Rechts, muslimische Kinder generell vom kollektiven Schwimmunterricht zu befreien, würde den vielfältigen Bestrebungen zur Integration dieser Bevölkerungsgruppe zuwiderlaufen. Namentlich würde damit den betroffenen Kindern erheblich erschwert, sich an das in der hiesigen Gesellschaft übliche natürliche Zusammensein mit dem anderen Geschlecht zu gewöhnen. Die Kinder müssten zur Vermeidung des Anblicks von

Personen des anderen Geschlechts in Badekostümen sogar auf die Benützung öffentlicher Badeanstalten und Strandbäder verzichten. Wenn daher die Behörden des Kantons Schaffhausen gestützt auf die im angefochtenen Entscheid angestellten grundsätzlichen Erwägungen die bisherige Dispensationspraxis nicht weiterführen, sondern den gemischtgeschlechtlichen Schwimmunterricht – verbunden mit flankierenden Massnahmen (eigene körperbedeckende Badebekleidung, getrenntes Umziehen und Duschen) – auch für muslimische Kinder vorschreiben wollen, kann darin kein unzulässiger Eingriff in die Religionsfreiheit erblickt werden (BGE 135 I 79 E. 7.2).

1682 – **Entschädigung des amtlichen Rechtsvertreters:** Es stellt sich die Frage, ob die geltende Rechtsprechung, gemäss welcher die Rechtsanwälte für amtliche Mandate von Verfassungs wegen nur Anspruch auf Deckung der Selbstkosten haben, aufrechterhalten werden kann. Die bisherige Rechtsprechung ist in der besonderen Stellung der Berufsgruppe der Rechtsanwälte begründet. Sie geht davon aus, dass diese ein gesichertes Auskommen haben. Auch wenn der Staat mit dem «Monopol» allgemeine Interessen der Rechtspflege verfolgt und nicht dem Anwaltsstand ein Privileg einräumen will, so darf er doch im Gegenzug für den so gewährten Konkurrenzschutz von den Rechtsanwälten die Übernahme der amtlichen Mandate zu einem reduzierten – bzw. nur gerade kostendeckenden – Honorar verlangen. Nun haben sich aber sowohl die gesellschaftlichen Verhältnisse und die Auffassung vom Rechtsstaat als auch der Beruf des Rechtsanwalts als solcher über die letzten Jahrzehnte hinweg wesentlich verändert: Einerseits hat das Institut der unentgeltlichen Rechtspflege immer mehr an Bedeutung gewonnen und nach und nach alle Verfahren, einschliesslich der nicht gerichtlichen sowie alle Rechtsgebiete erfasst. Als Ausfluss des allgemeinen Rechtsgleichheitsgebots (Art. 8 Abs. 1 BV) und des Anspruchs auf rechtliches Gehör (Art. 29 Abs. 2 BV) bildet es eine der zentralen Voraussetzungen dafür, dass in der Schweiz alle Personen Zugang zu den Gerichten erhalten. Es handelt sich deshalb beim fraglichen Institut um einen eigentlichen Pfeiler des Rechtsstaates. Andererseits sind die rechtlichen, wirtschaftlichen und sozialen Rahmenbedingungen für die Ausübung des Anwaltsberufs heute wesentlich andere als zur Zeit, in welcher die fragliche Praxis zur Entschädigung amtlicher Mandate begründet wurde. Zunächst hat die forensische Anwaltstätigkeit wirtschaftlich wesentlich an Bedeutung verloren. Lukrativ ist heute mehr und mehr die Beratung (vorab im Finanz-, Steuer- und Handelsrecht), welche oft unabhängig von einem konkreten Rechtsstreit nachgefragt wird und deshalb zum Vornherein nicht den Rechtsanwälten vorbehalten ist. Letzteren erwächst in diesem Tätigkeitsfeld immer stärkere Konkurrenz von Banken, Versicherungen, Treuhandbüros und Unternehmensberatern, die ihren Kunden umfassende Dienstleistungen unter Einschluss der erforderlichen rechtlichen Beratung anbieten können. Gleichzeitig hat im Rahmen der forensischen Tätigkeit die Bedeutung der öffentlich-rechtlichen Streitigkeiten zugenommen, für welche in aller Regel auch Parteivertreter ohne Rechtsanwaltspatent zugelassen sind; demzufolge werden die Anwälte in diesem Bereich vermehrt durch Unternehmensberatungsgesellschaften, Treuhandbüros oder Steuerberater konkurrenziert, die für ihre Kunden immer häufiger auch Gerichtsverfahren führen. Alle diese neuen Konkurrenten des Rechtsanwalts müssen keine staatlichen Pflichtmandate führen, im Rahmen derer sie ihre Dienstleistungen gegen eine reduzierte, allenfalls bloss kostendeckende Entschädigung zu erbringen haben. Schliesslich hat die steigende Zahl der Grosskanzleien mit Dutzenden von Anwälten den Wettbewerbsdruck auf die traditionellen Anwaltsbüros zusätzlich erhöht, was insoweit von Bedeutung ist, als es fast ausschliesslich die in solchen Kleinkanzleien tätigen Rechtsanwälte sind, welche die amtlichen Mandate übernehmen. Die Berufsgruppe der Rechtsanwälte findet daher heute zum Vornherein nicht mehr die gleich günstigen wirtschaftlichen Rahmenbedingungen vor wie früher. Gleichzeitig hat aber auch die Zahl der zu übernehmenden amtlichen Mandate stetig zugenommen; einerseits, weil der Anspruch auf unentgeltliche Verbeiständung immer neue Rechtsgebiete erfasst hat, und andererseits, weil dieses Institut von den Rechtsuchenden immer häufiger in Anspruch genommen wird bzw. werden muss. In Anbetracht der stark gewachsenen Zahl der amtlichen Mandate sowie der veränderten wirtschaftlichen Rahmenbedingungen erscheint es stossend, wenn ihnen für diesen Teil ihrer Tätigkeit bloss die eigenen Aufwendungen abgegolten werden. Es ist mit dem Willkürverbot und indirekt auch mit Art. 27 BV nicht mehr vereinbar, als Untergrenze für eine «angemessene Entschädigung» lediglich die Deckung der Selbstkosten vorzuschreiben. Nach dem Gesagten sind die Rechtsanwälte für amtliche Mandate von Verfassungs wegen entsprechend zu entlöhnen, wobei eine Kürzung des Honorars im Vergleich zum ordentlichen Tarif zulässig bleibt. Doch sind es aber nicht mehr die Selbstkosten des amtlichen Vertreters, welche die Untergrenze für eine verfassungskonforme Entschädigung bestimmen. Aufgrund der zumindest als Richtwert verwendbaren Ergebnisse der Studie des Schweizerischen Anwaltsverbands, gemäss welcher die allgemeinen Aufwendungen der Rechtsanwälte 114 bzw. 146 Franken pro Stunde betragen, kann von einem Mittelwert der Selbstkosten von rund 130 Franken ausgegangen werden. Gestützt hierauf lässt sich im Sinne einer Faustregel festhalten, dass sich die Entschädigung für einen amtlichen Anwalt im schweizerischen Durchschnitt heute in der Grössenordnung von 180 Franken pro Stunde (zuzüglich Mehrwertsteuer) bewegen muss, um vor der Verfassung standzuhalten, wobei kantonale Unterschiede eine Abweichung nach oben oder unten rechtfertigen können (BGE 132 I 201 E. 8).

dd) Vertrauensschutz

Eine **neue Praxis ist grundsätzlich sofort und in allen hängigen Verfahren** anzuwenden. Grundsätzlich kann sich der rechtsuchende Private gegenüber der Änderung der materiell-rechtlichen Praxis nicht auf den allgemeinen Grundsatz des **Vertrauensschutzes** berufen (BGE 133 V 96 E. 4.4.6, 132 II 153 E. 5.1). Aus dem Postulat der Rechtssicherheit bzw. dem Grundsatz des Vertrauensschutzes können sich jedoch folgende Einschränkungen ergeben: 1683

(1.) Erwägt die betreffende Rechtsmittelinstanz eine **Praxisänderung zuungunsten der rechtsuchenden Person**, mit der diese nicht rechnen konnte und auch nicht musste, kann es aus Gründen des Vertrauensschutzes geboten sein, der Beschwerde führenden Partei unter Hinweis auf die vorzunehmende (oder kürzlich vorgenommene) Praxisänderung das rechtliche Gehör zu gewähren und ihr Gelegenheit zu geben, die Beschwerde (allenfalls teilweise) zurückzuziehen (vgl. BVGE 2007/9 E. 7.2; BVGer vom 15. Jan. 2010, D-6797/2006, E. 2.4.5 und E. 2.4.6). Unterlässt dies die betreffende Behörde oder Beschwerdeinstanz, verletzt sie das rechtliche Gehör, was im Kostenpunkt entsprechend zu berücksichtigen ist (BVGE 2007/9 E. 7.2; BVGer vom 15. Jan. 2010, D-6797/2006, E. 2.4.6). 1684

(2.) Der verfassungsrechtliche Grundsatz des Vertrauensschutzes kann bei einer **verfahrensrechtlichen Änderung** bzw. Klarstellung der bisherigen Rechtsprechung dazu führen, dass eine Praxisänderung im Anlassfall noch nicht angewendet wird, wenn der Betroffene einen Rechtsverlust erleiden würde, den er hätte vermeiden können, wenn er die neue Praxis bereits gekannt hätte (BGE 135 II 78 E. 3.2, 133 V 96 E. 4.4.6, 132 II 153 E. 5.1, 130 IV 43 E. 1.5, 122 I 57 E. 3c/bb, 110 Ia 176 E. 2b; BVGer vom 21. Sept. 2010, A-382/2010, E. 2.4.4; vom 23. Feb. 2010, A-4785/2007, E. 2.3; VerwG ZH vom 25. Feb. 2009, VB.2008.00569, E. 1.2.5). Dies kann bei Änderungen der Rechtsprechung bei der **Berechnung der Rechtsmittelfristen** (BGE 135 II 78 E. 3.2, 133 V 96 E. 4.4.6, 132 II 153 E. 5.1, 130 IV 43 E. 1.5, 122 I 57 E. 3c/bb), bei der Auslegung von **Formvorschriften** für die **Einlegung eines Rechtsmittels** (BGE 133 V 96 E. 4.4.6) oder bei der **Zuständigkeit** (BGer vom 8. Juni 2009, 4A_161/2009, E. 2.3) zutreffen, **nicht aber**, wenn die **Zulässigkeit des Rechtsmittels als solches** in Frage steht (BGE 133 V 96 E. 4.4.6, 132 I 92 E. 1.5.3, 122 I 57 E. 3 c/bb; BGer vom 27. März 2006, 1P.83/2006, E. 1.5.3; vom 8. Juli 2003, 5P.83/2003, E. 2.1). 1685

1686 (3.) **Eine Behörde** kann sich nicht **zuungunsten des rechtsuchenden Privaten** auf den Grundsatz des Vertrauensschutzes berufen; nur Privaten wird unter bestimmten Voraussetzungen ein Anspruch vermittelt, in ihrem Vertrauen auf die bisherige Praxis geschützt zu werden. Als Behörde hat sie das Recht zu kennen und anzuwenden, auch wenn die anwendbaren Rechtsnormen lückenhaft, konkretisierungsbedürftig oder sonst wie auslegungsbedürftig sind (BVGer vom 24. Aug. 2009, A-76/2009, E. 4.2 [in BVGE 2009/58 nicht publ. E.], vom 15. Mai 2009, A-309/2009, E. 3.3).

1687 (4.) **Keine Einschränkungen** aus dem Grundsatz des **Vertrauensschutzes** ergeben sich dann, wenn sich herausstellt, dass die **bisherige Praxis gesetzeswidrig war** und an dieser nun im Sinne einer Praxisänderung nicht mehr festgehalten wird. Es besteht gegenüber der rechtsanwendenden Behörde kein Recht auf Beibehaltung einer als rechtswidrig erkannten Praxis; entsprechend dürfen an die Änderung einer klarerweise gesetzeswidrigen Praxis nicht derart hohe Anforderungen wie bei einer üblichen Praxisänderung im Rahmen des geltenden Rechts gestellt werden (BGE 126 I 122 E. 5, 125 II 152 E. 4c/aa; BVGer vom 5. Mai 2009, D-1930/2009, E. 5.3; vom 14. April 2009, A-1543/2006, E. 8.1.2.1; vom 4. April 2008, D-6316/2006, E. 4.3; BR vom 11. Feb. 2004, in: VPB 68 [2004] Nr. 63 E. 6).

Praxis:

1688 – **Beginn des Fristenlaufs nach Art. 20 Abs. 1 i.V.m. Art. 22a VwVG:** Das Bundesamt für Zivilluftfahrt genehmigte mit Verfügung vom 29. März 2005 ein sogenannt vorläufiges Betriebsreglement für den Flughafen Zürich, das die Flughafen Zürich AG am 31. Dez. 2003 vorgelegt hatte. Gemäss der Rechtsmittelbelehrung begann die Beschwerdefrist bei persönlicher Eröffnung an die Parteien an dem auf die Eröffnung folgenden Tag, für übrige Betroffene an dem auf die Publikation folgenden Tag zu laufen. Weiter enthielt die Rechtsmittelbelehrung einen Hinweis auf den Stillstand der Beschwerdefrist vom siebten Tag vor bis und mit dem siebten Tag nach Ostern. Der Ostersonntag fiel auf den 27. März 2005; der Fristenstillstand endete am 3. April 2005. Die Verfügung des Bundesamts wurde dem Regierungsrat des Kantons Aargau am 30. März 2005 zugestellt. Dieser beschwerte sich hiergegen mit Eingabe vom 29. April 2005 bei der Eidgenössischen Rekurskommission für Infrastruktur und Umwelt. Die Beschwerde wurde allerdings erst am 4. Mai 2005 der Post übergeben. Die Rekurskommission trat mit Entscheid vom 25. Aug. 2005 auf die Beschwerde wegen verspäteter Erhebung nicht ein; die Frist sei am 3. Mai 2005 abgelaufen. Gegen den Entscheid der Rekurskommission hat der Kanton Aargau am 22. Sept. 2005 Verwaltungsgerichtsbeschwerde erhoben. Das Bundesgericht heisst die Beschwerde gut. Erwägungen: Das Bundesgericht folgt der Auffassung des EVG, das den Fristbeginn während des Stillstands eintreten lässt und den ersten Tag nach dem Fristenstillstand als den ersten Tag nach der Mitteilung wertet (BGE 131 V 305 E. 4.4). Das Bundesgericht schliesst sich diesem Verständnis von Art. 20 Abs. 1 VwVG an. Bei der Zustellung einer Verfügung während des Fristenstillstands nach Art. 22a VwVG gilt mit anderen Worten der erste Tag nach dem Ende des Stillstands als erster zählender Tag für die Beschwerdefrist. Die neue Praxis ist grundsätzlich sofort und in allen hängigen Verfahren anzuwenden. Eine Einschränkung dieses Grundsatzes kann sich bei einer verfahrensrechtlichen Änderung bzw. Klarstellung der bisherigen Rechtsprechung aus dem Grundsatz des Vertrauensschutzes ergeben; diesfalls darf die neue Praxis nicht ohne vorgängige Ankündigung Anwendung finden. Der Vorrang des Vertrauensschutzes wird nach ständiger Rechtsprechung bejaht bei der Berechnung von Rechtsmittelfristen. In der Vernehmlassung macht die Vorinstanz geltend, sie habe mit ihrem Nichteintretensentscheid keine Praxisänderung vorgenommen, sondern erstmalig über die Frage entschieden. Die Vorinstanz hat sich für ihren Nichteintretensentscheid auf das nicht amtlich publizierte Urteil des EVG aus dem Jahre 1998 gestützt. Demgegenüber kann der Beschwerdeführer zwei spätere, amtlich veröffentlichte Entscheide von Eidgenössischen

Rekurskommissionen vorweisen. Objektiv besehen ist für den Zeitpunkt der Beschwerde an die Vorinstanz von einer uneinheitlichen Rechtsprechung auszugehen. Die im vorliegenden Verfahren bewirkte rechtliche Klärung darf für den Beschwerdeführer keinen Verlust seines Beschwerderechts bewirken; es ist anzunehmen, dass er die Beschwerde im Wissen um die richtige Auslegung rechtzeitig eingereicht hätte. Daher spielt es auch keine Rolle, dass der anwaltlich beratene Beschwerdeführer nicht vorbehaltlos auf die für ihn günstigere Fristberechnung vertraute. Im Ergebnis verletzte die Vorinstanz den Anspruch auf Vertrauensschutz, als sie ihre – an sich richtige – Auslegung zur Berechnung des Fristenlaufs bereits auf den vorliegenden Fall angewendet hat. Damit ist die Vorinstanz zu Unrecht auf das bei ihr eingereichte Rechtsmittel des Beschwerdeführers nicht eingetreten (BGE 132 II 153 E. 5).

- **Kündigung des Arbeitsverhältnisses:** Die Kündigung des Arbeitsverhältnisses des Beschwer- 1689
  deführers wurde am 6. Dez. 2007 ausgesprochen. Das Bundesgericht hat erst zu einem späteren Zeitpunkt, nämlich in seinem Entscheid 1C_277/2007 vom 30. Juni 2008 festgehalten, dass der Arbeitnehmer auch bei Kündigungen gemäss Art. 12 Abs. 6 lit. a BPG vorgängig schriftlich gemahnt werden müsse. Es ist daher zu prüfen, ob der Arbeitgeber gestützt auf die unterschiedlichen Wortlaute von Art. 12 Abs. 6 lit. a und b BPG davon ausgehen durfte, im vorliegenden Fall sei keine Mahnung erforderlich und ob er gegebenenfalls in diesem Vertrauen auf den Wortlaut der fraglichen Bestimmung zu schützen sei. Eine neue Praxis ist grundsätzlich sofort und in allen hängigen Verfahren anzuwenden. Eine Einschränkung dieses Grundsatzes kann sich bei einer verfahrensrechtlichen Änderung bzw. Klarstellung der bisherigen Rechtsprechung aus dem Grundsatz des Vertrauensschutzes ergeben; diesfalls darf die neue Praxis nicht ohne vorgängige Ankündigung Anwendung finden. Dabei kann sich allerdings die Behörde nicht zuungunsten des rechtsuchenden Privaten auf den Grundsatz des Vertrauensschutzes berufen, um an einer bisherigen Praxis festhalten zu können. Als Behörde hat sie das Recht zu kennen und anzuwenden, auch wenn die anwendbaren Rechtsnormen auslegungsbedürftig sind. Im Übrigen wären die Voraussetzungen für eine auf dem Vertrauensschutz gründende Nichtanwendung der mit dem Entscheid 1C_277/2007 vom 30. Juni 2008 begründeten Praxis auch inhaltlich nicht gegeben. Das Bundesgericht hat in diesem Entscheid eine Rechtsfrage geklärt, die bisher noch nicht Gegenstand der bundesgerichtlichen Rechtsprechung war. Auch das Bundesverwaltungsgericht bzw. die ehemalige Eidgenössische Personalrekurskommission haben die Frage der Notwendigkeit einer Mahnung vor einer Kündigung nach Art. 12 Abs. 6 lit. a BPG nie in grundsätzlicher Weise entschieden. Es bestand damit keine dem Entscheid 1C_277/2007 vom 30. Juni 2008 zuwiderlaufende Praxis, welche eine Vertrauenssituation der Behörde hätte begründen können (BVGer vom 15. Mai 2009, A-309/2009, E. 3).

- **Übergangsregelung:** Nach bisheriger Rechtsprechung des Verwaltungsgerichts verwirkte für 1690
  Gebühren und Beiträge der verschiedensten Art das Recht zur Veranlagung der Gebühr innert 10 Jahren nach Entstehung der Gebührenforderung. Diese Verwirkungsfrist, innert welcher die fraglichen Gebühren rechtskräftig veranlagt sein mussten, wurde in Analogie zu § 104 des damaligen Steuergesetzes bestimmt. Am 1. Jan. 1999 ist das total revidierte Zürcher Steuergesetz vom 8. Juni 1997 (StG) in Kraft getreten. Das Zürcher Steuergesetz sieht eine relative Veranlagungsverjährung von fünf und eine absolute Verjährung (Verwirkung) von 15 Jahren vor. Im Hinblick darauf hat das Verwaltungsgericht mit Urteil VB.2003.00273 vom 13. Nov. 2003 in Änderung der bisherigen Praxis erkannt, dass für Kanalisations- und Wasseranschlussgebühren sowie vergleichbare Kausalabgaben eine relative Verjährungsfrist von fünf Jahren und eine absolute Verwirkungsfrist von 15 Jahren gelten würde. Im Sinne einer Übergangsregelung hat das Gericht jedoch in Anlehnung an § 269 StG festgehalten, dass die Frage nach der massgeblichen Verjährungsfrist bei Gebühren auslösenden Sachverhalten, die sich vor dem 1. Jan. 1999 vollendet haben, nach der bisherigen Praxis zu entscheiden, während auf jüngere Sachverhalte grundsätzlich die neue Praxis anzuwenden sei. Um dem Umstand Rechnung zu tragen, dass die hiermit beschlossene Praxisänderung den Gemeinden eine angemessene Reaktionszeit belassen müsse, sei für die relative Verjährung ein zusätzliches Jahr vorzusehen, was konkret bedeutet, dass die relative Verjährung für die im Jahre 1999 verwirklichten gebührenpflichtigen Sachverhalte erst am 1. Jan. 2000 zu laufen beginnt und am 31. Dez. 2004 abläuft (VerwG ZH vom 12. Mai 2005, VB.2005.00079, E. 5.1).

c) Gleichbehandlung im Unrecht

aa) Allgemeines

1691 Nach der Rechtsprechung geht der **Grundsatz der Gesetzmässigkeit der Verwaltung in der Regel der Rücksicht auf eine gleichmässige Rechtsanwendung** vor. Der Umstand, dass das Gesetz in anderen Fällen nicht oder nicht richtig angewendet worden ist, gibt grundsätzlich keinen Anspruch darauf, ebenfalls abweichend vom Gesetz behandelt zu werden (BGE 135 IV 191 E. 3.3, 126 V 390 E. 6a; BGer vom 7. März 2012, 1C_398/2011, E. 3.6).

1692 Der Anspruch auf Gleichbehandlung im Unrecht wird nach der bundesgerichtlichen Rechtsprechung deshalb erst dann (ausnahmsweise) anerkannt, wenn (1.) eine **ständige gesetzwidrige Praxis** einer rechtsanwendenden Behörde vorliegt und (2.) die betreffende Behörde zu erkennen gibt, dass sie auch **in Zukunft nicht von dieser Praxis abzuweichen gedenkt** (BGE 136 I 65 E. 5.6, 135 IV 191 E. 3.3, 134 V 34 E. 9, 132 II 298 E. 4.4.4, 131 V 9 E. 3.7, 127 I 1 E. 3a, 126 V 390 E. 6a, 123 II 248 E. 3c, 122 II 446 E. 4a; BVGer vom 3. Jan. 2011, D-1976/2008, E. 5.2; vom 14. Jan. 2010, B-3189/2008, E. 8; vom 5. Mai 2009, D-1930/2009, E. 5.3; vom 10. März 2009, B-386/2008, E. 11.3; vom 15. Mai 2008, C-383/2006, E. 6.2; REKO UVEK vom 23. Juni 2003, in: VPB 67 [2003] Nr. 132 E. 6.2).

1693 Lehnt die Behörde die Aufgabe der in anderen Fällen geübten gesetzwidrigen Praxis ab, ist weiter zu prüfen, ob (3.) **nicht andere legitime private oder öffentliche Interessen durch die rechtswidrige Praxis verletzt** werden, worüber (4.) im Rahmen einer **Interessenabwägung** zu befinden ist (BGE 123 II 248 E. 3c, 115 Ia 81 E. 2).

Praxis:

1694 – **Praxis der Bundesanwaltschaft, ein Ermittlungsverfahren wegen Veröffentlichung amtlicher geheimer Verhandlungen nur bei Vorliegen einer schriftlichen Strafanzeige der betroffenen Bundesstelle einzuleiten:** In der «SonntagsZeitung» vom 26. Jan. 1997 erschienen unter den Überschriften «Botschafter Jagmetti beleidigt die Juden» und «Mit Bademantel und Bergschuhen in den Fettnapf» zwei von Martin Stoll signierte Artikel. Darin werden mehrere Passagen aus einem laut den Artikeln «vertraulichen» Strategiepapier des damaligen Schweizer Botschafters in den USA, Carlo Jagmetti, wiedergegeben. Das Eidgenössische Departement für auswärtige Angelegenheiten erstattete im Auftrag des Bundesrates Strafanzeige gegen Unbekannt wegen Verletzung des Amtsgeheimnisses (Art. 320 StGB). Die Bundesanwaltschaft stellte dieses Verfahren mit Verfügung vom 6. März 1998 ein. Gleichzeitig übertrug sie die Strafverfolgung wegen Veröffentlichung amtlicher geheimer Verhandlungen (Art. 293 StGB) dem Kanton Zürich. Der Einzelrichter in Strafsachen des Bezirkes Zürich verurteilte Martin Stoll am 22. Jan. 1999 wegen Veröffentlichung amtlicher geheimer Verhandlungen (Art. 293 StGB) zu einer Busse von Fr. 800.–. Am 25. Mai 2000 wies das Obergericht des Kantons Zürich die vom Gebüssten erhobene kantonale Nichtigkeitsbeschwerde ab. Auch das Bundesgericht weist die staatsrechtliche Beschwerde ab. Erwägungen: Der Beschwerdeführer erhebt den Anspruch auf eine Gleichbehandlung im Unrecht und rügt in diesem Zusammenhang eine Verletzung des Legalitätsprinzips. Zur Begründung verweist er auf einen Aufsatz eines Adjunkten des Bundesanwalts. Darin wird unter anderem ausgeführt, obschon der Tatbestand der Veröffentlichung amtlicher geheimer Verhandlungen ein Offizialdelikt sei, habe sich bei der Bundesanwaltschaft in den letzten Jahren die Praxis herausgebildet, dass ein Ermittlungsverfahren wegen Art. 293 StGB (und Art. 320 StGB) nur dann eingeleitet werde, wenn eine schriftliche Strafanzeige der betroffenen Bundesstelle vorliege. Hinzu komme im vorliegenden Fall, dass Passagen aus dem Strategiepapier des Botschafters nicht nur von ihm, sondern auch von anderen Journalisten in

Zeitungsartikeln wiedergegeben worden seien. Gegen diese Journalisten habe die Bundesanwaltschaft jedoch kein Ermittlungsverfahren eingeleitet. Dieses einseitige Vorgehen verstosse gegen das Gebot der rechtsgleichen Behandlung. Es muss hier nicht geprüft werden, aus welchen Gründen im Einzelnen die Bundesanwaltschaft nicht auch gegen die vom Beschwerdeführer genannten Journalisten wegen der von diesen verfassten Zeitungsartikel ein Ermittlungsverfahren wegen Veröffentlichung amtlicher geheimer Verhandlungen einleitete und ob diese Gründe für einen Verzicht ausreichten. Selbst wenn man Letzteres verneinen wollte, könnte der Beschwerdeführer daraus nichts zu seinen Gunsten ableiten. Die Voraussetzungen, unter denen nach der bundesgerichtlichen Rechtsprechung ausnahmsweise ein Anspruch auf Gleichbehandlung im Unrecht besteht, sind nach den zutreffenden Ausführungen im angefochtenen Entscheid und im erstinstanzlichen Urteil nicht erfüllt. Das Vorgehen der Bundesanwaltschaft in der hier gegebenen Konstellation begründet für sich allein noch keine ständige (allenfalls gesetzwidrige) Praxis, weder in dem Sinne, dass Journalisten ohne sachliche Gründe in der Regel nicht, sondern nur ganz ausnahmsweise wegen Veröffentlichung amtlicher geheimer Verhandlungen zur Rechenschaft gezogen werden, noch in dem Sinne, dass im Falle der Veröffentlichung von Passagen aus demselben vertraulichen Papier durch mehrere Journalisten in verschiedenen Zeitungsartikeln stets nur derjenige Journalist strafrechtlich verfolgt werde, dessen Verhalten der Bundesanwaltschaft aus irgendwelchen Gründen – etwa wegen der Aufmachung des Artikels oder wegen der Auswahl der zitierten Passagen – als vergleichsweise am verwerflichsten erscheint. Zudem ist nicht ersichtlich, dass eine (allenfalls gesetzwidrige) Praxis im einen oder anderen Sinne auch in Zukunft gehandhabt werde. Der Beschwerdeführer kann schliesslich auch aus der seines Erachtens gesetzwidrigen Praxis der Bundesanwaltschaft, ein Ermittlungsverfahren nur bei Vorliegen einer schriftlichen Strafanzeige der betroffenen Bundesstelle einzuleiten, nichts zu seinen Gunsten ableiten. Der Beschwerdeführer hätte allenfalls dann Anlass, sich über eine Ungleichbehandlung zu beschweren, wenn in seinem Fall keine schriftliche Strafanzeige der betroffenen Bundesstelle vorgelegen hätte und trotzdem, abweichend von der Praxis, ein Ermittlungsverfahren eingeleitet worden wäre. Dass aber eine ständige Praxis bestehe und in der Zukunft fortgeführt werde, Verhaltensweisen, die seinem Fall nach Art und Schwere vergleichbar sind, nicht zu verfolgen, legt der Beschwerdeführer nicht dar und ist auch nicht ersichtlich. Die im mehrfach zitierten Aufsatz dargestellten Fälle aus der Praxis (a.a.O., S. 116 ff.) sprechen deutlich gegen eine solche Annahme (BGE 127 I 1 E. 3).

– **Verurteilung wegen unzüchtiger Veröffentlichung:** Mit Strafbefehl vom 9. Okt. 1986 büsste die Bezirksanwaltschaft Winterthur die Inhaber einer Videothek wegen fortgesetzter unzüchtiger Veröffentlichung i.S.v. Art. 204 Ziff. 1 Abs. 3 StGB mit je Fr. 5'000.– Busse. Das Bundesgericht weist die staatsrechtliche Beschwerde ab. Erwägungen: Die Beschwerdeführer rügen, die Verurteilung verletze das in Art. 4 aBV vorgeschriebene Gleichbehandlungsgebot. Sie machen geltend, in fast jedem Videoshop in Zürich seien Filme erhältlich, wie sie im vorliegenden Fall zur Diskussion stünden. Das von den Beschwerdeführern in dieser Beziehung angeregte Beweisverfahren ist nicht nötig, da dem Bundesgericht bekannt ist, dass in vielen Fällen, in denen in Zürich pornografische Erzeugnisse verkauft werden, kein Strafverfahren durchgeführt wird. Vielmehr bildet das Nichteinschreiten die Regel und die Verurteilung die Ausnahme. Deshalb können sich die Beschwerdeführer grundsätzlich auf die Gleichbehandlung im «Unrecht» berufen. Weicht die Behörde nicht nur in einem oder in einigen Fällen, sondern in ständiger Praxis vom Gesetz ab, und gibt sie zu erkennen, dass sie auch in Zukunft nicht gesetzeskonform entscheiden werde, so kann der Bürger verlangen, gleich behandelt, d.h. ebenfalls gesetzwidrig begünstigt zu werden. Dieser Grundsatz gilt entgegen der Ansicht der Vorinstanz auf allen Rechtsgebieten und somit auch im Strafrecht; bloss die Interessenabwägung kann je nach Rechtsgebiet anders vorzunehmen sein. Nur wenn eine Behörde nicht gewillt ist, eine rechtswidrige Praxis aufzugeben, überwiegt das Interesse an der Gleichbehandlung der Betroffenen gegenüber demjenigen an der Gesetzmässigkeit, weil das Recht bloss in einem Einzelfall richtig angewendet, später aber wieder zur illegalen Praxis zurückgekehrt werden soll. Mit der Feststellung der Unrechtmässigkeit und dem Verbot der opportunistischen Durchbrechung der Praxis kann die Behörde hingegen veranlasst werden, sie grundsätzlich zu überprüfen und zu berichtigen, was auch der Gesetzmässigkeit dient. Äussert sich die Behörde nicht 1695 über ihre Absicht, so nimmt das Bundesgericht an, sie werde aufgrund der Erwägungen seines Urteils zu einer gesetzmässigen Praxis übergehen. Soweit vorliegend eine gesetzwidrige Praxis der Zürcher Untersuchungs- und Anklagebehörden bei der Untersuchung und Verfolgung von strafbaren Handlungen gemäss Art. 204 StGB besteht, werden die Behörden aufgefordert, sie aufzugeben. Die rechtsungleiche Behandlung im konkreten Fall wird durch diese Aufforderung, die jedenfalls für die Zukunft eine gesetzmässige Praxis zur Folge haben muss, behoben, sodass die Beschwerdeführer keinen Anspruch darauf haben, um der Rechtsgleichheit willen in Abweichung vom Gesetz von der Anklage der unzüchtigen Veröffentlichung freigesprochen zu werden. Im Übrigen verletzt eine rechtsanwendende Behörde den Gleichheitssatz nur, wenn sie zwei gleiche tatsächliche Situationen ohne sachlichen Grund unterschiedlich beurteilt. Die Beschwerdeführer wurden wegen unzüchtiger Veröffentlichung in der Form eigentlicher Pornografie zur Rechenschaft gezogen. Sie können deshalb nicht eine rechtsungleiche Behandlung geltend machen, indem sie sich auf den «Modus vivendi» mehrerer Kinobesitzer und Filmverleiher berufen, nach welchem sich diese, kurz gesagt, auf harmlosere Sexfilme beschränken und die Zürcher Untersuchungsbehörden diese faktisch tolerieren. Soweit dies der Fall ist, liegt eine im Vergleich mit dem Fall der Beschwerdeführer sachlich gerechtfertigte unterschiedliche Strafverfolgungspraxis vor. Diesbezüglich ist aber darauf hinzuweisen, dass gegenüber einem einzelnen, der wegen unzüchtiger Veröffentlichung in der im «Modus vivendi» umschriebenen Form verurteilt würde, auch eine rechtsungleiche Behandlung zu erblicken wäre, die im Sinne der zitierten Rechtsprechung des Bundesgerichts entweder zu einer Aufgabe dieser Praxis oder dann zur Freisprechung des Betroffenen führen müsste. Soweit sich die Beschwerdeführer schliesslich auf die Praxis in anderen Kantonen berufen, sind sie nicht zu hören, weil das Gebot rechtsgleicher Anwendung des Rechts nur verletzt ist, wenn die gleiche Behörde gleiche Sachverhalte unterschiedlich beurteilt und behandelt (BGE 115 Ia 81 E. 2 und E. 3).

1696 – **Abgangsentschädigung und massgeblicher Verdienst im Rahmen der Arbeitslosenversicherung:** Das damalige Bundesamt für Wirtschaft und Arbeit (heute: seco) hatte gestützt auf die bisherige Rechtsprechung in einem Kreisschreiben vom 18. März 1998 festgehalten, freiwillige Abgangsentschädigungen seien in Übereinstimmung mit der AHV-rechtlichen Qualifikation als Lohn zu betrachten, mit der Folge, dass gegebenenfalls während einer diesem Lohn entsprechenden Zeitspanne kein Anspruch auf Arbeitslosenentschädigung bestand. Das Kreisschreiben vom 18. März 1998 entsprach den gesetzlichen Grundlagen und bisheriger Praxis. Allerdings wurde dieses Kreisschreiben nach Gesprächen mit den Sozialpartnern mit Weisung vom 15. Mai 1998 rückwirkend aufgehoben. Das hatte zur Folge, dass die seither gestützt auf das Kreisschreiben erlassenen Verfügungen aufgehoben und die Fälle im Lichte der neuen Praxis (gemäss Weisung vom 15. Mai 1998) beurteilt wurden. Diese neue, mit Kreisschreiben vom 15. Mai 1998 begründete Praxis widersprach den gesetzlichen Anforderungen. Betroffen davon waren sämtliche am 18. März 1998 oder später hängigen Fälle, unabhängig davon, wann sich der ihnen zugrunde liegende Sachverhalt ereignet hatte. Die neue Verwaltungspraxis wurde (rückwirkend) auf den 18. März 1998 eingeführt. Die neue Praxis, welche mit der Weisung vom 15. Mai 1998 erlassen wurde, wurde im Interesse des Einvernehmens zwischen den Sozialpartnern und des für den sozialen Frieden wichtigen Instituts des Sozialplanes erlassen. Der Verwaltung schien bewusst zu sein, dass ihr Vorgehen vom Gesetz womöglich nicht gedeckt war. Daher kündigte sie zusammen mit dem Erlass der neuen Weisung an, im Rahmen der nächsten ordentlichen Gesetzesrevision werde diese Frage neu beurteilt und klar geregelt. Die auch in der Presse veröffentlichte neue Verwaltungspraxis fand in den nunmehr zweieinhalb Jahren ihrer Geltung auf zahlreiche Fälle, namentlich im Zusammenhang mit Restrukturierungsmassnahmen grosser Firmen, Anwendung. Somit liegt eine konstante gesetzeswidrige Praxis vor und es besteht Grund zur Annahme, die Verwaltung sei nicht gewillt, in Zukunft anders zu entscheiden. Vielmehr will sie ihre Praxis bei nächster Gelegenheit (AVIG-Revision 2003) gesetzlich absichern. Dies hat das seco in der (im vorliegenden Verfahren eingeholten) Auskunft vom 4. Sept. 2000 ausdrücklich bestätigt. Aus diesen Gründen ist vorliegend ausnahmsweise dem Grundsatz der Gleichbehandlung der Vorrang vor jenem der Gesetzmässigkeit des Verwaltungshandelns einzuräumen (BGE 126 V 390 E. 6).

bb) Vergleichbare Sachverhalte

Der Anspruch auf Gleichbehandlung im Unrecht setzt voraus, dass die zu beurteilenden **Sachverhalte identisch oder zumindest ähnlich** sind bzw. sich der Betroffene in einer gleichen oder vergleichbaren Lage befindet wie der Dritte, dem der rechtswidrige Vorteil gewährt wurde (BGE 135 IV 191 E. 3.3, 126 V 390 E. 6a, 123 II 248 E. 3c, 116 V 231 E. 4b; BGer vom 19. Mai 2008, 9C_808/2007, E. 4; vom 7. Juni 2007, 2A.647/2005, E. 4.1; BVGer vom 23. Feb. 2010, A-4785/2007, E. 2.5; vom 23. Jan. 2009, A-1696/2006, E. 6.6; vom 21. Aug. 2008, A-1572/2006, E. 3.4.4). Nicht als Vergleichsgrösse eignen sich beispielsweise Strafen (zweier Mittäter), obwohl die Sachverhalte durchaus ähnlich sein können, da jede Strafe als solche gemäss der Tathandlung wie auch der Schuldfähigkeit zu bemessen ist (BGE 135 IV 191 E. 3.3; ähnlich BGE 124 IV 44 E. 2c; zur Frage der Vergleichbarkeit der Sachverhalte oben Rz. 1547 ff.). 1697

Praxis:

- **Strafzumessung bei Mittätern, wenn aus formellen Gründen nur über einen Mittäter zu urteilen ist:** Gemäss Art. 63 aStGB (bzw. Art. 47 StGB) ist das Strafmass individuell nach dem Verschulden eines Täters im Rahmen des richterlichen Ermessens festzusetzen. Der Grundsatz der Individualisierung und der dem Sachrichter vom Gesetz bei der Strafzumessung eingeräumte weite Ermessensspielraum führen nach der Rechtsprechung notwendigerweise zu einer gewissen, vom Gesetzgeber in Kauf genommenen Ungleichheit. Unterschiedliche Gewichtungen der massgebenden Faktoren sind zudem Folge der Unabhängigkeit des Richters, der weiten Strafrahmen, der freien Beweiswürdigung sowie des erheblichen Ermessens des Sachrichters. In dieser Hinsicht ist zu beachten, dass selbst gleich oder ähnlich gelagerte Fälle sich durchwegs massgeblich in zumessungsrelevanten Punkten unterscheiden. Die aus diesen Umständen resultierende Ungleichheit in der Zumessung der Strafe reicht für sich allein nicht aus, um auf einen Missbrauch des Ermessens zu schliessen. Soweit die Strafe innerhalb des gesetzlichen Strafrahmens, gestützt auf alle wesentlichen Gesichtspunkte und im Rahmen des richterlichen Ermessens festgesetzt wurde, sind Unterschiede in der Strafzumessungspraxis innerhalb dieser Grenzen als Ausdruck unseres Rechtssystems hinzunehmen. Hat der Sachrichter im gleichen Verfahren zwei Mittäter zu beurteilen, so ist bei der Verschuldensbewertung mit zu berücksichtigen, in welchem gegenseitigen Verhältnis die Tatbeiträge stehen. Der Grundsatz der Gleichbehandlung und Gleichmässigkeit der Strafzumessung gebietet, dass sich jeder für den ihm zukommenden Anteil an der Unrechtmässigkeit der Tat zu verantworten hat. Ist der Tatbeitrag gleichwertig, so führt das zunächst zu einer gleichen (objektiven) Schuldeinschätzung. Erst wenn auch die subjektive Vorwerfbarkeit identisch ist und sich überdies namentlich die individuellen Täterkomponenten gleichmässig auswirken, drängt sich die gleiche Strafe für beide Mittäter auf. Häufig liegen jedoch ungleiche Strafzumessungsfaktoren vor, weil sich die subjektive Verschuldensbewertung oder die persönlichen Verhältnisse unterscheiden. In diesen Fällen kann es zu unterschiedlichen Strafen kommen. Der Grundsatz der Gleichmässigkeit ist nur verletzt, wenn es der Richter bei der Festlegung der einzelnen Strafen unterlässt, im Sinne einer Gesamtbetrachtung beide Strafzumessungen in Einklang zu bringen. Ist aus formellen Gründen nur über einen Mittäter zu urteilen, während die Strafe des andern bereits feststeht, so geht es darum, einen hypothetischen Vergleich anzustellen. Der Richter hat sich zu fragen, welche Strafen er ausfällen würde, wenn er beide Mittäter gleichzeitig beurteilen müsste. Dabei hat er sich einzig von seinem pflichtgemässen Ermessen leiten zu lassen. Es wäre mit der richterlichen Unabhängigkeit unvereinbar, müsste er sich gegen seine Überzeugung einem anderen Urteil anpassen. Der Richter findet sich in einer ähnlichen Ausgangslage, wenn er eine Zusatzstrafe zu einem früheren Urteil ausfällen muss. Die Autonomie des Richters kann zur Folge haben, dass die Strafen zweier Mittäter in einem Missverhältnis stehen. Dies ist verfassungsrechtlich unbedenklich und hinzunehmen, solange die in Frage stehende Strafe als solche angemes- 1698 sen ist. Allerdings ist zu verlangen, dass in der Begründung auf die Strafe des Mittäters Bezug genommen und dargelegt wird, weshalb sich diese nicht als Vergleichsgrösse eignet. Ein Anspruch auf «Gleichbehandlung im Unrecht» besteht grundsätzlich nicht. Die Rechtsprechung hat denn auch stets den Vorrang des Legalitätsprinzips vor dem Gleichheitsprinzip betont. Eine falsche Rechtsanwendung in einem Fall begründet grundsätzlich keinen Anspruch, seinerseits ebenfalls abweichend von der Norm behandelt zu werden (BGE 135 IV 191 E. 3.1-3.3).

1699 – **Moorschutz (unzulässiger Umbau im Sinne von Art. 23d NHG):** Der Beschwerdeführer räumt ein, unbewilligte und ungesetzliche Umbauten vorgenommen zu haben. Er habe sich darauf gestützt, dass die Baubehörde von Oberägeri verschiedene ungesetzliche Bauten toleriert habe. Damit erhebt der Beschwerdeführer Anspruch auf Gleichbehandlung im Unrecht. Indessen gibt der Umstand, dass das Gesetz in andern Fällen nicht oder nicht richtig angewendet worden ist, dem Bürger grundsätzlich keinen Anspruch darauf, ebenfalls abweichend vom Gesetz behandelt zu werden. Das gilt allerdings nur, wenn lediglich in einem oder in einigen wenigen Fällen eine vom Gesetz abweichende Behandlung dargetan ist. Wenn es dagegen die Behörden ablehnen, die in andern Fällen geübte, gesetzwidrige Praxis aufzugeben, kann der Bürger verlangen, dass die gesetzwidrige Begünstigung, die dem Dritten zuteil wird, auch ihm gewährt werde. Andererseits können dem ausnahmsweise einzuräumenden Anspruch auf Behandlung in Abweichung vom Gesetz gewichtige öffentliche Interessen oder das berechtigte Interesse eines privaten Dritten an gesetzmässiger Rechtsanwendung entgegenstehen; hierüber ist im Einzelfall im Rahmen einer Interessenabwägung zu entscheiden. Vorliegend fehlt es bereits an der Voraussetzung einer regelmässigen gesetzwidrigen Praxis der Baubewilligungsbehörde. Der Beschwerdeführer hat auf einige Fälle hingewiesen, in welchen das Gesetz nicht angewendet worden sein soll. Dabei geht es aber nach seinen nicht restlos klaren Darlegungen offenbar um die inkonsequente Durchsetzung von Gewässerschutzvorschriften. Schon aus diesem Grund fehlt es an einer Vergleichbarkeit mit seinem Fall. Die kommunale Baubehörde hat dargelegt, dass es sich bei dem vom Beschwerdeführer genannten Fällen um solche handle, die sich auch vom übrigen Sachverhalt her nicht mit demjenigen des Beschwerdeführers vergleichen lassen. Selbst wenn aber einzelne erteilte Baubewilligungen nicht in jeder Hinsicht gesetzeskonform gewesen sein sollten – was nicht belegt ist –, so ist in keiner Weise ersichtlich, dass die Baubehörde in Zukunft an einer gesetzeswidrigen Praxis festzuhalten beabsichtigt. Die Voraussetzungen für einen Anspruch auf Gleichbehandlung im Unrecht sind somit nicht erfüllt (BGE 123 II 248 E. 3c).

1700 – **Richtige oder falsche Antworten im Rahmen von Prüfungen:** Der Vorinstanz ist zuzustimmen, wenn sie ausführt, dass der Beschwerdeführer keinen Anspruch auf Gleichbehandlung im Unrecht hat und ihm deshalb für falsche Antworten keine zusätzlichen Punkte zu erteilen sind, auch wenn andere Kandidaten fälschlicherweise Punkte erhalten haben. Im konkreten Fall bestehen für das Bundesverwaltungsgericht jedoch Zweifel, ob die jeweiligen vergleichbaren Antworten der fraglichen Mitkandidaten tatsächlich falsch waren, aber dennoch bepunktet wurden. Der Experte, welcher die Nachkorrektur zu den verschiedenen Aufgaben durchführte, hat die Antworten der Mitkandidaten als falsch bewertet. Demgegenüber kamen die beiden Experten, welche die Prüfungsleistungen der Mitkandidaten ursprünglich bewertet haben, übereinstimmend zum Schluss, dass diese Antworten richtig bzw. teilweise richtig sind. Bei dieser Sachlage konnte sich die Vorinstanz nicht mit einer blossen Plausibilitätskontrolle begnügen, sondern war gehalten den Sachverhalt näher zu prüfen und die unterschiedlichen Bewertungen der gleichen bzw. ähnlichen Antworten gegebenenfalls einem Experten zur Klärung zu unterbreiten, ansonsten nicht schlüssig beantwortet werden kann, ob allenfalls ein Anspruch auf Gleichbehandlung im Unrecht besteht (BVGer vom 12. Dez. 2008, B-634/2008, E. 5.6).

1701 – **Verwendung eines Titels (Dr. med.):** Der Beschwerdeführer hat 1974 nach dem Abschluss des Medizinstudiums an der Universität Wien den Titel eines Doktor universae medicinae erhalten. Er war deshalb nach österreichischem Recht befugt, sich als Dr. med. univ. zu bezeichnen. Von 1988 bis 2003 arbeitete er als selbstständiger Arzt im Kanton St. Gallen. Am 9. Jan. 2003 liess ihn die Gesundheitsdirektion des Kantons Zürich als Leistungserbringer zulasten der obligatorischen Krankenpflegeversicherung zu und erteilte ihm am 20. Jan. 2003 die Bewilligung zur selbstständigen Ausübung der ärztlichen Tätigkeit, verweigerte ihm aber, sich mit «Dr. med.» auszukünden. Der Beschwerdeführer wirft den Zürcher Behörden vor, das Abkommen mit Österreich vom 10. Nov. 1993, wonach der Inhaber eines akademischen Grades berechtigt ist, diesen im jeweils anderen Vertragsstaat in der Form zu führen, wie er im Staate der Verleihung aufgrund der gesetzlichen Bestimmungen geführt werden darf, nicht korrekt und insbesondere nicht rechtsgleich anzuwenden. Mindestens drei weitere Ärzte, die den gleichen Abschluss der Universität Wien hätten wie er, würden im Kanton Zürich den Titel eines «Dr. med.» führen, ohne dass dies von der Gesundheitsdirektion beanstandet werde. Nach Meinung des Verwaltungsgerichts unterscheidet sich die Situation des Beschwerdeführers von den von ihm angerufenen Vergleichsfällen. Die drei genannten Ärzte waren schon vor dem Inkrafttreten des Abkommens vom 10. Nov. 1993 im Kanton Zürich tätig. Zwei haben eine eigene Praxis, einer ist an einem Zürcher Spital angestellt. Sie üben demnach ihre Praxistätigkeit seit Jahren im Kanton Zürich unangefochten aus. Die Situation ist deshalb im Hinblick auf den Publikumsschutz mit derjenigen des Beschwerdeführers nicht vergleichbar, der als Neuzuzüger dem Publikum noch unbekannt ist. Dieses darf davon ausgehen, dass die Neuzulassungen bzw. neue Auskündungen namentlich in Übereinstimmung mit dem Staatsvertragsrecht erfolgen. Insofern hält deshalb die Praxis der Gesundheitsdirektion, die Auskündung von Neuzuzügern anders zu behandeln als die seit Jahren bestehenden Auskündungen von bereits lang im Kanton ansässigen Ärzten, vor dem Gleichbehandlungsgebot stand. Für eine Gleichbehandlung des Beschwerdeführers im Unrecht besteht demnach kein Raum, erweisen sich doch die zu beurteilenden Sachverhalte als im Sinn der Rechtsprechung nicht identisch (BGer vom 10. Nov. 2005, 2A.254/2005, E. 3.7).

cc) Gleiche Behörde

Wie die Rechtsgleichheit im Allgemeinen ist auch die Gleichbehandlung im Unrecht nur tangiert, wenn die vergleichbaren Drittfälle, worauf sich die Beschwerde führende Partei beruft, von **derselben Behörde** ausgehen. Unerheblich ist deshalb das Bestehen einer gegenteiligen Praxis in anderen Kantonen oder in anderen Gemeinden (BGE 134 V 34 E. 9, 131 V 9 E. 3.7, 124 IV 44 E. 2c). Die Rechtsgleichheit bezieht sich nur auf den **Zuständigkeitsbereich ein und derselben Behörde** bzw. Gebietskörperschaft (BGE 125 I 173 E. 6d, 121 I 49 E. 3c). Aus der föderalistischen Staatsstruktur der Schweiz ergibt sich dementsprechend, dass die Kantone in ihrem Zuständigkeitsbereich unterschiedliche Regelungen treffen können (BGE 125 I 173 E. 6d, 122 I 44 E. 3b/cc 120 Ia 126 E. 6c). 1702

Die **Strafverfolgung** im Rahmen der Betäubungsmitteldelikte durch die Kantone bringt es mit sich, dass sich unterschiedliche kantonale Praxen entwickeln können. Insbesondere bei der Strafzumessung sind die richterlichen Behörden eines Kantons nicht an die Praxis anderer Kantone gebunden (BGE 124 IV 44 E. 2c). Auch wird die Rechtsgleichheit nicht verletzt, wenn die Gemeinden im Rahmen des Bundesumweltrechts die **Ruhezeiten** unterschiedlich regeln und in diesem Zusammenhang das Frühgeläut einer Kirche unterschiedlich beurteilen (BGE 126 II 366 E. 5c, 126 II 300 E. 4d/ee). Wenn einige Kantone **Zulassungsbeschränkungen** für ihre Universitäten eingeführt haben, während andere darauf verzichten, so kann darin ebenso keine Verletzung der Rechtsgleichheit liegen (BGE 125 I 173 E. 6d). Entsprechend ist unter dem Gesichtswinkel der Gleichbehandlung im Unrecht nichts dagegen einzuwenden, wenn **gleich oder ähnlich lautendes kantonales Recht** von Kanton zu Kanton verschieden und allenfalls – aus dem Gesichtswinkel der Praxis des einen Kantons betrachtet – gesetzwidrig gehandhabt wird (BGer vom 26. März 2007, 1P.10/2007, E. 5.1). 1703

1704 Das **Bundesgericht** ist nicht an eine allfällige **bundesrechtswidrige Praxis der Kantone gebunden.** Im Interesse der Durchsetzbarkeit des Bundesrechts muss das Bundesgericht Ansprüche auf gesetzwidrige Begünstigung verweigern und der gesetzeskonformen Rechtsanwendung zum Durchbruch verhelfen (BGE 122 II 446 E. 4a, 116 Ib 228 E. 4; BGer vom 12. März 2004, 2A.449/2003, E. 5.2; vom 25. Sept. 2002, 6A.67/2002, E. 3.2; vom 23. März 2001, 2A.411/2000, E. 4). Auch eröffnet die Berufung eines Kantons auf ein **nicht bundesrechtskonformes Verhalten anderer Kantone** grundsätzlich keinen Anspruch auf Gleichbehandlung im Unrecht (BGE 131 I 291 E. 2.9).

1705 **Entscheidungen ausländischer Behörden** kommt nach der bundesgerichtlichen Rechtsprechung grundsätzlich keine präjudizierende Wirkung zu, ausser es wäre ein Grenzfall zu beurteilen, der eine Berücksichtigung einer ausländischen Praxis unter Umständen rechtfertigen könnte (BGE 129 III 225 E. 5.5; BGer vom 25. Nov. 2004, 4A.5/2004, E. 4.3; BVGer vom 23. Feb. 2010, B-8186/2008, E. 5.3; vom 25. Feb. 2008, B-6910/2007, E. 8 [jeweils betr. Markeneintragsgesuchen]). Ein derartiger Grenzfall kann etwa dann vorliegen, wenn die Marke in Ländern mit ähnlicher Prüfpraxis im Markenregister eingetragen ist (BVGer vom 1. Dez. 2008, B-7204/2007, E. 9).

Praxis:

1706 – **Führerausweisentzug:** Am 16. Okt. 2001 um 14.35 Uhr fuhr X als Lenkerin ihres Personenwagens der Marke Porsche auf dem Gemeindegebiet von Castione auf einer Innerortsstrecke (gesetzliche Höchstgeschwindigkeit von 50 km/h) mit einer Geschwindigkeit von 73 km/h (nach Abzug der Sicherheitsmarge). Deswegen wurde ihr vom Strassenverkehrsamt des Kantons Graubünden der Führerausweis für die Dauer von einem Monat entzogen. Dagegen erhobene Rechtsmittel wurden zunächst vom zuständigen Departement und am 10. Juli 2002 vom Kantonsgericht von Graubünden abgewiesen. Auch das Bundesgericht weist die Beschwerde ab. Erwägungen: Nach konstanter Rechtsprechung des Bundesgerichtes ist bei einer Geschwindigkeitsüberschreitung innerorts von 23 km/h der Führerausweis zwingend zu entziehen, es sei denn, es lägen besondere Umstände vor. Die Beschwerdeführerin stellt dies grundsätzlich nicht in Frage. Sie macht geltend, gemäss konstanter Praxis im Kanton Tessin würde eine derartige Geschwindigkeitsüberschreitung nur mit einer Verwarnung sanktioniert. Es stelle eine Verletzung der Rechtsgleichheit dar, dass sie, weil im Kanton Graubünden wohnhaft, mit einem Führerausweisentzug von einem Monat belegt werde, während im Tatortkanton in derartigen Fällen bloss eine Verwarnung ausgesprochen würde. Nach der gesetzlichen Regelung ist für den Entzug des Führerausweises nicht der Tatort-, sondern der Wohnortkanton zuständig (Art. 22 Abs. 1 SVG). Der Wohnortkanton hat dabei das Bundesrecht und die in Konkretisierung von Bundesrecht ergangene bundesgerichtliche Rechtsprechung zu beachten. Die Vorinstanz hat offensichtlich kein Bundesrecht verletzt, wenn sie in Beachtung der ständigen Rechtsprechung des Bundesgerichtes einen Führerausweisentzug ausgesprochen hat. Die Vorinstanz geht – gestützt auf Abklärungen im kantonalen Verfahren – davon aus, dass im vorliegenden Fall im Kanton Tessin nur eine Verwarnung ausgesprochen worden wäre. Sollte dies zutreffen, würde diese Praxis eine Begünstigung von Fahrzeuglenkern mit Wohnsitz im Kanton Tessin darstellen. Daraus könnten jedoch Fahrzeuglenker mit Wohnsitz in einem anderen Kanton nichts für sich herleiten. Nach ständiger Rechtsprechung geht nämlich der Grundsatz der Gesetzmässigkeit dem Prinzip der Rechtsgleichheit in der Regel vor. Diese Regel kann durchbrochen werden, wenn eine Behörde nicht gewillt ist, eine rechtswidrige Praxis aufzugeben. Das Kantonsgericht von Graubünden hat jedoch weder eine rechtswidrige Praxis angenommen noch ist es an die Entscheide der Behörden des Kantons Tessin gebunden. Auch das Bundesgericht ist nicht an eine allfällige bundesrechtswidrige Praxis der Kantone gebunden, denn im Interesse der Durchsetzbarkeit des Bundesrechts muss es Ansprüche auf gesetzwidrige Begünstigung verweigern und der gesetzeskonformen Rechtsanwendung zum Durchbruch verhelfen. Gerade der vorliegende Fall zeigt, wie stossend es wäre, wenn die Praxis eines Kantons von der einheitlichen Rechtsprechung des Bundesgerichts abweichen würde. Fahrzeuglenker mit Wohnsitz im Kanton Tessin würden bei Geschwindigkeitsüberschreitungen innerorts milder behandelt als Fahrzeuglenker mit Wohnsitz in Kantonen, die sich an die bundesgerichtliche Rechtsprechung halten. Insofern lässt sich zwar ein gewisses Verständnis für die Argumentation der Beschwerdeführerin aufbringen. Auf der anderen Seite ist jedoch zu berücksichtigen, dass die Beschwerdeführerin nicht strenger behandelt wird als Fahrzeuglenker mit Wohnsitz in Kantonen, welche die bundesgerichtliche Rechtsprechung grundsätzlich beachten. Hierzu dürfte nach Kenntnis des Bundesgerichtes die grosse Mehrheit der schweizerischen Kantone gehören. Jedenfalls ist dem Bundesgericht abgesehen von der von den graubündnerischen Behörden festgestellten Praxis des Kantons Tessin nicht bekannt, dass andere kantonale Behörden der bundesgerichtlichen Rechtsprechung regelmässig die Gefolgschaft verweigern würden. Im Interesse einer rechtsgleichen Anwendung der eidgenössischen Vorschriften sind die Behörden des Kantons Tessin daher gehalten, den Führerausweisentzug stets anzuordnen, wenn dies nach der bundesgerichtlichen Rechtsprechung geboten ist, und zwar sowohl für Geschwindigkeitsüberschreitungen, die Fahrzeuglenker mit Wohnsitz im Kanton Tessin in anderen Kantonen begangen haben, als auch für solche, die sie im Kanton Tessin verübt haben. Es wird gegebenenfalls Sache des Bundesamtes für Strassen sein, in geeigneter Weise auf die bundesrechtskonforme Anwendung der Vorschriften betr. Führerausweisentzug hinzuwirken, sofern es zutreffen sollte, dass im Kanton Tessin in dieser Hinsicht eine abweichende Praxis besteht (BGer vom 25. Sept. 2002, 6A.67/2002, E. 3.2).

- **Abgrenzung des schweren vom leichten Falles beim Konsum von Betäubungsmitteln (Festsetzung der Strafe):** Der Beschwerdeführer behauptet schliesslich, die ihm auferlegte Strafe widerspreche der Praxis anderer Kantone und stelle somit eine Ungleichbehandlung dar. Die Strafverfolgung von Widerhandlungen gegen das BetmG obliegt den Kantonen (Art. 28 Abs. 1 BetmG). Daraus ergibt sich das Risiko, dass sich unterschiedliche kantonale Praktiken entwickeln. Dieses Risiko ist der Delegation der Strafverfolgung an die Kantone inhärent; es ist in gewisser Weise Ausfluss der föderalistischen Struktur des Landes, die von der Bundesverfassung selber gewollt ist. Es obliegt dem Angeklagten oder dem öffentlichen Ankläger, der der Ansicht ist, das Gesetz sei verletzt worden, den Kassationshof in Strafsachen des Bundesgerichts anzurufen, dessen Aufgabe es ist, über die richtige Anwendung des Bundesrechts zu wachen. Es würde selbstverständlich nicht genügen, wenn eine kantonale Behörde – unter Verletzung von Bundesrecht – entscheidet, das Gesetz nicht mehr anzuwenden, damit die anderen Kantone und das Bundesgericht verpflichtet werden, ihr zu folgen. Der Grundsatz der Gleichbehandlung kann daher auf interkantonaler Ebene nur eine beschränkte Rolle spielen. Anderseits hat die Rechtsprechung stets den Vorrang des Legalitätsprinzips vor dem Gleichbehandlungsgrundsatz bestätigt; es genügt nicht, dass das Gesetz in einem Fall schlecht angewendet worden ist, um das Recht auf Gleichbehandlung im Unrecht zu fordern. Es trifft zu, dass eine Ausnahme vorliegt, wenn eine Behörde auf einer rechtswidrigen Praxis beharrt, aber im vorliegenden Fall ist es offensichtlich, dass die neuenburgischen Gerichte durch die Entscheidungen der Gerichte eines anderen Kantons nicht gebunden sind. Ferner ist daran zu erinnern, dass sich die Unterschiede in diesem Bereich normalerweise durch den Grundsatz der Individualisierung der Strafen erklären. Der Beschwerdeführer zitiert keine andere Entscheidung des neuenburgischen Kassationshofes, sodass keine Spur einer Ungleichbehandlung seitens dieser Behörde auszumachen ist. Da Letztere in keiner Weise durch die in einem anderen Kanton gefällten Entscheidungen gebunden ist, stellt sich einzig die Frage, ob die streitige Strafe Bundesrecht verletzt oder nicht (BGE 124 IV 44 E. 2c). 1707

- **Unterbewertung von Grundstücken (prozentualer Abschlag vom Verkehrswert):** Die Grundstücke, die seit Jan. 2001 (Ablauf der Übergangsfrist nach dem Steuerharmonisierungsgesetz) keine neue Schätzung erfahren haben, waren gemäss § 28 Abs. 2 des damals geltenden Steuergesetzes des Kantons Schwyz nach dem Verkehrs- und Ertragswert bewertet worden, wobei auf dem so ermittelten Wert zehn Prozent zum Abzug kamen. Das Bundesgericht hat in 1708 einem Urteil vom 10. Juli 2002 festgehalten, dass eine Regelung, die einen generellen Abschlag auf dem Wert – auch von zehn Prozent – vorsieht, mit Art. 14 Abs. 1 StHG nicht vereinbar sei (BGE 128 I 240 E. 3.4.2). Der Regierungsrat des Kantons Schwyz hat sodann gestützt auf Art. 72 Abs. 3 StHG eine Verordnung erlassen, wonach Schätzungen des Vermögenssteuerwertes von Liegenschaften, die vor Ablauf der Frist des Art. 72 Abs. 1 StHG durchgeführt wurden und die den Anforderungen dieses Gesetzes nicht genügen, in erster Linie mittels pauschaler prozentualer Erhöhungen angepasst werden sollen. Die Beschwerdeführer erheben gegen diese Verordnung Beschwerde beim Bundesgericht. Erwägungen: Unbehelflich ist der Hinweis auf drei Kantone, für welche der sog. Repartitionsfaktor für die Bewertung von Grundstücken im Rahmen der interkantonalen Steuerausscheidung höher sein soll als für den Kanton Schwyz. Selbst wenn die Vermögenswertbesteuerung in jenen Kantonen dem Steuerharmonisierungsgesetz widersprechen sollte, die dortigen Kantonsregierungen daher möglicherweise gemäss Art. 72 Abs. 3 StHG zu vorläufigen Massnahmen aufgerufen wären, aber bislang nichts unternommen hätten, würde dies die Regierung des Kantons Schwyz nicht daran hindern, vorläufige Massnahmen vorzusehen. Andernfalls könnte ein einzelner säumiger Kanton die Durchsetzung des Steuerharmonisierungsgesetzes nach Art. 72 Abs. 3 StHG in anderen Kantonen zum Scheitern bringen. Dies ist jedoch nicht gewollt und widerspricht Sinn und Wesen des Steuerharmonisierungsgesetzes und der zu seiner Durchsetzung vorgesehenen Regelungen. Aus den gleichen Erwägungen muss auch die von den Beschwerdeführern in diesem Zusammenhang erhobene Forderung nach einer Gleichbehandlung im Unrecht zurückgewiesen werden. Im Übrigen sind die Voraussetzungen hierfür nicht gegeben. Denn die Berufung auf das nicht gesetzeskonforme Verhalten der Behörden eines anderen Kantons kommt dafür nicht in Betracht. Soweit das hier überhaupt eine Rolle spielen kann, hat auch der Bund nicht zu erkennen gegeben, dass er eine etwaige bundesrechtswidrige Praxis zur Vermögenswertbesteuerung in anderen Kantonen tolerieren will. Haltlos ist auch die Behauptung der Beschwerdeführer, das Bundesgericht toleriere die Unterbewertung in jenen drei Kantonen. Nach dem bestehenden Rechtssystem kann das Bundesgericht nicht wie eine Aufsichtsbehörde von Amtes wegen tätig werden. Wie die Beschwerdeführer zwar richtig bemerken, hat das Bundesgericht vorerst offen gelassen, ob die vom Gesetzgeber im Kanton Schwyz – mit Bezug auf die Eigenmietwertordnung – unternommenen Anstrengungen genügend und zeitgerecht waren. Das betraf indes einen Zeitraum vor Ablauf der Anpassungsfrist nach Art. 72 Abs. 1 StHG (BGE 131 I 291 E. 2.9).

dd) Ständige gesetzwidrige Praxis

1709 Ein Anspruch auf Gleichbehandlung im Unrecht kann sich immer nur dann ergeben, wenn eine **ständige (gesetzwidrige)** Praxis besteht. Eine falsche Rechtsanwendung **in einem einzigen Fall oder in einigen wenigen Fällen** begründet keinen Anspruch, seinerseits ebenfalls abweichend von der Norm behandelt zu werden (BGE 135 IV 191 E. 3.3, 132 II 485 E. 8.6, 131 V 9 E. 3.7, 126 V 390 E. 6a, 124 IV 44 E. 2c, 123 II 248 E. 3c, 122 II 446 E. 4a; BGer vom 9. Jan. 2003, 2P.224/2002, E. 3.2; BVGer vom 11. Mai 2009, D-4841/2006, E. 3.3.3; vom 15. Mai 2008, C-383/2006, E. 6.2).

1710 Ist die **Praxis uneinheitlich** und fehlt diesbezüglich eine klare Linie, kann nicht von einer ständigen gesetzwidrigen Praxis ausgegangen werden (BGer vom 12. März 2004, 2A.449/2003, E. 5.3; REKO HM vom 23. Dez. 2002, in: VPB 67 [2003] Nr. 58 E. 3.2.2). Ferner bezieht sich der Anspruch auf Gleichbehandlung im Unrecht nur auf eine **gesetzwidrige Praxis**; eine **gesetzmässige**, jedoch **verfassungswidrige Praxis** kann unter Umständen – selbst wenn sie gestützt auf eine kantonale Gesetzesbestimmung ergeht – vom Anwendungsgebot des Art. 190 BV gedeckt sein (BGE 136 I 65 E. 5.6).

Eine **gesetzwidrige Begünstigung**, welche Grundlage für einen Anspruch auf Gleichbehandlung im Unrecht bilden kann, muss sich nicht zwingend in einer gesetzwidrigen Bewilligungspraxis äussern, sondern kann auch vom blossen **Nichtvollzug einer belastenden Regelung** herrühren, dies jedenfalls dann, wenn der Behörde eine eigentliche Vollzugsverweigerung vorgehalten werden kann, weil diese in systematischer Weise das Recht nicht angewendet hat (BGer vom 7. März 2012, 1C_398/2011, E. 3.9). Der Fall einer systematisch unterlassenen Rechtsanwendung ist mithin einer gesetzwidrigen Bewilligungspraxis gleichzustellen (BGer vom 7. März 2012, 1C_398/2011, E. 3.9). 1711

Unklar bleibt, ob die Praxis auf eine **gewisse Anzahl von Entscheidungen** abstellt (BGE 135 IV 191 E. 3.3, 132 II 485 E. 8.6, 131 V 9 E. 3.7), die **Anzahl der Fälle**, worauf die behauptete gesetzwidrige Praxis beruht, in **Relation** zu der **Gesamtzahl** der von der zuständigen Behörde richtig entschiedenen Fällen setzt (REKO HM vom 23. Dez. 2002, in: VPB 67 [2003] Nr. 58 E. 3.2.2), oder ob sie – weil sich die betreffende Frage in der Vergangenheit eher selten gestellt hat – bereits **einige wenige Fälle** genügen lässt, um eine ständige (gesetzwidrige) Praxis zu begründen: In BGE 127 II 113 E. 9 wie auch in BGE 116 Ia 345 E. 6a/aa genügten bereits einige wenige Fälle; in BGE 127 I 1 E. 3b gelang es dem Beschwerdeführer nicht, aus drei anders entschiedenen Fällen eine gesetzwidrige Praxis abzuleiten (vgl. PIERRE TSCHANNEN, Gleichheit im Unrecht: Gerichtsstrafe im Grundrechtskleid, ZBl 2011, S. 70 ff.). 1712

Es ist grundsätzlich von Seiten der Beschwerde führenden Partei der **Nachweis zu erbringen**, dass die betreffende Behörde das Gesetz in ständiger Praxis missachtet (BGE 132 II 485 E. 8.6, 127 I 1 E. 3b, 123 II 248 E. 3c, 122 II 446 E. 4b; RR OW vom 12. Aug. 2003, in: VVGE 2004/05 Nr. 3 E. 6.2; VerwG BE vom 4. Dez. 2001, in: BVR 2002 S. 464 E. 7c), es sei denn, dass sich die Behörde auf ein **Kreisschreiben** oder dergleichen stützt (BGE 126 V 390 E. 6b), dass sie von sich aus die gesetzwidrige Praxis einräumt, indem sie beispielsweise der Beschwerdeinstanz **Unterlagen** zu ihrer Praxis einreicht (BGE 132 II 298 E. 4.4.4; BGer vom 12. März 2004, 2A.449/2003, E. 5.3), dass die uneinheitliche oder gesetzwidrige Praxis **gerichtsnotorisch** und anscheinend auch der Beschwerdeinstanz bekannt ist oder dass sich diese aus den **Akten** ergibt (REKO HM vom 23. Dez. 2002, in: VPB 67 [2003] Nr. 58 E. 3.2.2; aus dem Entscheid geht nicht mit letzter Klarheit hervor, worauf sich das Wissen der REKO HM über die uneinheitliche Praxis tatsächlich stützte). 1713

Praxis:

- **Zweimalige Falschanwendung:** Die Beschwerdeführerin hält dafür, die Oberzolldirektion (OZD) habe mit Schreiben vom 12. Dez. 2000 eine Praxisänderung vorgenommen. Vorher habe die Verwaltung in zwei vergleichbaren Fällen für im Veredlungsverkehr und ausserhalb des Kontingents eingeführtes Pouletfleisch die Nachverzollung zum Kontingentszollansatz vorgenommen. Die Beschwerdeführerin habe somit in ihrem Gesuch vom 7. Aug. 2000 um Nachverzollung zum Kontingentszollansatz genau das beantragt, was ihr einige Monate zuvor unter den gleichen Bedingungen anstandslos zugestanden worden sei. Nach Meinung der Zollrekurskommission begründet eine zweimalige Falschanwendung des Rechts noch keine Praxis der Verwaltung mit der Folge, dass eine Praxisänderung vorläge, wenn die OZD in einem dritten Fall das Bundesrecht richtig anwendet. Es liegen keinerlei Hinweise dafür vor, die Zollverwaltung habe tatsächlich in einer konstanten Praxis zugelassen, dass im Veredlungsverkehr und ausserhalb des Kontingents eingeführte Waren zum Kontingentszollansatz nachverzollt werden dürfen, wenn der Zollpflichtige einen im Nachhinein an ihn abgetretenen Zollkontingentsanteil 1714 nachgewiesen hatte. Es ist davon auszugehen, dass es sich um zwei Einzelfälle gehandelt hat. Dennoch kann eine zweimalige unrichtige Anwendung von Bundesrecht (quasi als Zusage) gegenüber der Beschwerdeführerin allenfalls ein zu schützendes berechtigtes Vertrauen begründen mit der Folge, dass sie in guten Treuen davon ausgehen durfte, auch im vorliegenden dritten Fall das Fleisch zum Kontingentszollansatz verzollen zu dürfen. Diesfalls müssten jedoch die in der Rechtsprechung entwickelten Voraussetzungen des Vertrauensschutzes gegeben sei, was vorliegend verneint werden kann (ZRK vom 13. Feb. 2002, in: VPB 66 [2002] Nr. 56 E. 4d).

1715 – **Zulassung als Prüfstelle:** Die Beschwerdeführerin stellte beim Eidgenössischen Gefahrgutinspektorat (EGI) den Antrag auf Zulassung als Prüfstelle für Tankfahrzeuge und Kesselwagen für den Gefahrguttransport auf der Strasse und auf der Schiene. Das EGI wies das Gesuch ab. Vor dem Bundesverwaltungsgericht macht die Beschwerdeführerin u.a. geltend, es widerspreche dem Rechtsgleichheitsgebot, wenn ihr die Zulassung zur Prüftätigkeit unter Verweis auf die fehlende gesetzliche Grundlage verweigert werde, während anderen Privaten solche Aufgaben übertragen würden. Unbestritten ist gemäss Bundesverwaltungsgericht einmal, dass das EGI bis 2004 Prüfaufträge an Private delegiert hat. Diese Übertragung wurde indes auf Intervention des Bundesamtes für Verkehr eingestellt. Anders sieht die Situation im Zusammenhang mit den von der Beschwerdeführerin unter dem Gesichtspunkt der Gleichbehandlung genannten Vornahme von Prüfhandlungen durch die Z AG aus. Hier ist erstellt, dass die Z AG weiterhin gewisse Prüfungen für die Erstinstanz ausführt. Fraglich erscheint aber aufgrund des Sachverhalts, ob die Aufträge an die Z AG eine Delegation von Prüfaufgaben oder lediglich Unteraufträge darstellen. Unbestritten ist hingegen, dass ausländische Prüfstellen weiterhin prüfen und dass die Erstinstanz auch ohne gesetzliche Grundlage nicht beabsichtigt, diese Praxis aufzugeben. Die Situation der Beschwerdeführerin und der ausländischen Prüfstellen erscheint bezogen auf die Frage der Zulassung zur Prüftätigkeit als vergleichbar. Dabei spielt keine Rolle, ob es sich bei den ausländischen Prüfstellen um private oder staatliche Organisationen handelt, sind sie doch in beiden Fällen nicht schweizerische Behörden. In Bezug auf die Weitergabe von Aufträgen an die Z AG liegt hingegen keine andauernde Praxis der Erstinstanz vor, welche einen Anspruch auf Gleichbehandlung im Unrecht geben würde. Vergleichbar erscheint nur die Delegation der Prüfung an ausländische Prüfstellen. Die Beschwerdeführerin hat damit aufgrund des Grundsatzes der Gleichbehandlung einen Anspruch, bei Erfüllung der entsprechenden Bedingungen ebenfalls als Prüfstelle zugelassen zu werden (BVGer vom 28. Jan. 2008, A-391/2007, E. 6 [in BVGE 2008/13 nicht publ. E.]).

1716 – **Härtefallbewilligung:** Der Beschwerdeführer, mazedonischer Staatsangehöriger, ist 1990 als Saisonnier in die Schweiz gekommen; seit 1991 hält er sich illegal in der Schweiz auf und beantragte 2005 ein Gesuch um Ausnahme von der zahlenmässigen Begrenzung (sog. Härtefallbewilligung). Der Gesuchsteller verweist in seiner Replik auf acht andere Gesuchsteller, bei welchen das BFM das Vorliegen eines schwerwiegenden persönlichen Härtefalls bejaht hat und deren Situation mit der seinigen vergleichbar sei. Aus den Akten ergibt sich jedoch, dass die acht genannten Personen, die ebenfalls aus Mazedonien stammen, zwar ungefähr im gleichen Zeitraum wie der Beschwerdeführer als Saisonnier in die Schweiz einreisten, d.h. zwischen 1989 und 1991. Die Verhältnisse unterscheiden sich indessen darin, dass in sieben der genannten Fälle sich die Gesuchsteller zwischen 5 und 8 Jahren legal in der Schweiz aufhielten, bevor sie infolge des Wegfalls des Saisonnierstatuts illegal in der Schweiz verweilten. Legale Aufenthalte sind bei der Beurteilung einer persönlichen Notlage anders und im Gegensatz zu illegalen Anwesenheiten zu berücksichtigen, weshalb die Verhältnisse in den genannten Fällen nicht mit der Situation des Beschwerdeführers vergleichbar sind, hielt sich der Beschwerdeführer doch bereits vor dem Wegfall des Saisonnierstatuts illegal in der Schweiz auf. In einem Fall ist dagegen nicht ersichtlich, ob die betreffende Person jemals über eine Aufenthaltsbewilligung verfügte. Insofern hätte sich diese Person zum Zeitpunkt der Gesuchseinreichung ebenfalls 15 Jahre illegal in der Schweiz aufgehalten. Dennoch kann der Beschwerdeführer aus dieser anscheinend von der Rechtsprechung abweichenden Entscheidung der Vorinstanz nichts zu seinen Gunsten ableiten. Ein allfälliger Anspruch auf Gleichbehandlung im Unrecht würde nach bundesgerichtlicher Rechtsprechung voraussetzen, dass die Vorinstanz in solchen Fällen das Vorliegen eines persönlichen Härtefalls in ständiger Praxis bejaht und diese Praxis auch in Zukunft fortsetzt, sodass nur der Beschwerdeführer nicht in Genuss der gewährten Begünstigung gekommen wäre. Dafür bestehen vorliegend jedoch weder Anhaltspunkte noch wird eine solche Praxis vom Beschwerdeführer geltend gemacht. Die Voraussetzungen für die Annahme eines Härtefalles sind demnach auch unter dem Gesichtswinkel von Art. 8 Abs. 1 BV nicht erfüllt (BVGer vom 15. Mai 2008, C-383/2006, E. 6.2).

- **Bewilligung von Fremdreklamen innerorts:** Das Verwaltungsgericht hat sich mit dem Vorwurf, im Kanton Schwyz bestehe für Strassenreklamen eine uneinheitliche Bewilligungspraxis, ausführlich auseinandergesetzt. Nach seinen für das Bundesgericht grundsätzlich verbindlichen Feststellungen gibt es im Kanton Schwyz sowohl innerorts wie ausserorts verschiedene wegweisende Reklamen, die den Vorschriften von Art. 96 Abs. 4 SSV nicht entsprechen, wobei die meisten bewilligungslos («wild») aufgestellt worden sind. Aufgrund der im Laufe der Beschwerdeinstruktion eingeholten Stellungnahmen von Kantonspolizei und Justizdepartement durfte das Verwaltungsgericht aber zulässigerweise davon ausgehen, dass die zuständigen Behörden in Zukunft gewillt und in der Lage sind, die geltenden Vorschriften durchzusetzen. Hinzu kommt, dass kaum eine fotografisch festgehaltene Situation, aus der die Beschwerdeführerin einen Anspruch auf Gleichbehandlung im Unrecht ableiten will, mit den vorliegenden Gegebenheiten vergleichbar ist. Im Übrigen gäbe eine allfällige rechtswidrige Erteilung von Bewilligungen in einzelnen Fällen der Beschwerdeführerin noch keinen Anspruch auf Gleichbehandlung im Unrecht. Ihre Rüge, die zuständigen Behörden hätten ihr aus Gründen der Rechtsgleichheit die anbegehrte Bewilligung erteilen müssen, dringt damit nicht durch (BGer vom 12. März 2004, 2A.449/2003, E. 5.3; ähnlich REKO HM vom 23. Dez. 2002, in: VPB 67 [2003] Nr. 58 E. 3.2.2). 1717

ee) Festhalten an der gesetzwidrigen Praxis

Ein Anspruch auf Gleichbehandlung im Unrecht ergibt sich nur dann, wenn die in der Sache zuständige Behörde es **ausdrücklich** ablehnt, eine gesetzwidrige Praxis aufzugeben (BGE 127 I 1 E. 3a, 122 II 446 E. 4a; BVGer vom 21. Sept. 2010, A-382/2010, E. 3.1.1; vom 1. Sept. 2008, C-5511/2007, E. 8). Nur in diesem Fall überwiegt grundsätzlich das Interesse an der Gleichbehandlung gegenüber demjenigen an der Gesetzmässigkeit (BGE 134 V 34 E. 9, 122 II 446 E. 4a). **Mangels expliziter Erklärung** der in der Sache zuständigen Behörde ist grundsätzlich davon auszugehen, dass diese künftig zu einer gesetzeskonformen, das Rechtsgleichheitsgebot beachtenden Praxis übergeht (BGE 122 II 446 E. 4a, 115 Ia 81 E. 2; BGer vom 21. März 2007, 2P.247/2006, E. 5.5; vom 21. April 2005, 2A.384/2004, E. 4.1; VerwG ZH vom 16. Jan. 2008, VB.2007.00309, E. 3.2 und E. 3.3; VerwG SG vom 21. Aug. 2001, in: GVP 2001 Nr. 1 E. 4c). 1718

Das in der bundesgerichtlichen Rechtsprechung umschriebene Kriterium, wonach die Behörde zu erkennen geben muss, auch inskünftig nicht gesetzeskonform entscheiden zu wollen, bezieht sich auf Fälle einer bestehenden **rechtswidrigen Praxis**. Bei einer **unterlassenen Rechtsanwendung** kommt die Bejahung eines Anspruchs auf Gleichbehandlung im Unrecht auch dann in Betracht, wenn die Behörde zwar künftig Besserung verspricht, nicht aber bereit ist, für eine gleichmässige Rechtsanwendung zu sorgen (BGer vom 7. März 2012, 1C_398/2011, E. 3.9). Um den Anspruch des Privaten auf Gleichbehandlung im Unrecht zu verneinen, genügt nicht, dass die Behörde im Sinne einer Absichtserklärung künftig Besserung verspricht; vielmehr hat sie den **Tatbeweis** zu erbringen, d.h. beispielsweise die entsprechenden Baukontrollen durchzuführen und gestützt darauf die erforderlichen Wiederherstellungsverfahren einzuleiten (BGer vom 7. März 2012, 1C_398/2011, E. 3.9). 1719

Praxis:

1720 – **Bewilligung einer Schreibkraft für die Notariatsprüfung:** Dr. X ist Advokat. In den Jahren 2001 und 2002 absolvierte er zweimal erfolglos das Notariatsexamen. 2003 ersuchte er erneut um Zulassung zum Notariatsexamen und beantragte gleichzeitig, Herrn Y als Schreibkraft zuziehen zu dürfen. Diesem Gesuch legte er neben den übrigen erforderlichen Unterlagen eine schriftliche Erklärung von Y bei, worin dieser erklärte, nicht Jurist zu sein und über keinerlei Praxis auf dem Gebiet des Notariats zu verfügen. Nach Absolvierung der Prüfung machten die Mitkandidaten die Notariatsprüfungsbehörde darauf aufmerksam, dass die von Dr. X zugezogene Schreibkraft Y Ökonom und eidg. dipl. Bücherexperte (Wirtschaftsprüfer) sei und bei der Steuerverwaltung des Finanzdepartements Basel-Stadt arbeite, worauf die Behörde das Examen von Dr. X annullierte und Dr. X die Möglichkeit verschaffte, sich ein weiteres – drittes und letztes – Mal der Prüfung zu unterziehen. Im Verfahren vor dem Verwaltungsgericht beruft sich X auf einen Fall aus dem Jahr 2000, der eine rechtskundige Schreibkraft betraf. Die Behörde hat indes gerade keine rechtswidrige Praxis entwickelt, sondern den Fall von 2000, der die Problematik einer rechtskundigen «Schreibkraft» erstmals aufzeigte, zum Anlass genommen, die Weisung zu ändern. Damit hat sie klar zu erkennen gegeben, dass sie in Zukunft rechtskundige Schreibkräfte ebenso ausschliessen will wie Schreibkräfte mit Praxis auf dem Gebiet des Notariats. Auch dass im Fall aus dem Jahre 2000 die Prüfung trotz des Beizugs einer fragwürdigen Hilfsperson bewertet und die Weisung erst nachträglich angepasst wurde, gibt dem Rekurrenten keinen Anspruch darauf, dass dies auch in seinem Fall so geschehe, hat doch die Behörde ihre Praxis längst geändert und seither konsequent angewendet. Ein Anspruch auf Gleichbehandlung (im Unrecht) besteht somit nicht (VerwG BS vom 8. Nov. 2006, in: BJM 2009 S. 314 E. 5.3).

1721 – **Aufstellen von Werbemittelträgern auf privatem Grund, welcher eine erhaltenswerte Grünfläche darstellt:** Die Plakanda AWI AG ersuchte in Basel um Bewilligung zum Aufstellen von Fremdreklame auf privatem Grund in einem Vorgarten, welcher eine erhaltenswerte Grünfläche darstellt, was ihr von den zuständigen Instanzen verweigert wurde. Die angefochtene Verfügung stützt sich auf § 18 der kantonalen Bau- und Planungsverordnung vom 19. Dez. 2000 (BPV), wonach Fremdreklamen in Vorgärten unzulässig sind; hierzu gehören gemäss kantonaler Praxis «erhaltenswerte Grünflächen». Die übrigen unbebauten Freiflächen unterliegen gemäss ständiger Praxis nicht dem Reklameverbot von § 18 BPV. Die erwähnte Verordnungsbestimmung statuiert damit kein gänzliches Verbot von Fremdreklamen auf Privatgrund. Ausserhalb von «erhaltenswerten Grünflächen» können im Kanton Basel-Stadt Fremdreklamen auch auf privatem Areal angebracht werden. Allerdings wurden in der Vergangenheit von den kantonalen Behörden Reklameträger auf öffentlichem Grund bewilligt, welcher eine «erhaltenswerte Grünfläche» darstellt. Die Beschwerdeführerin kann aufgrund des allgemeinen Rechtsgleichheitsgebots verlangen, dass Plakate auf privatem Areal in ästhetischer Hinsicht nicht ohne sachliche Gründe strengeren Beschränkungen unterworfen werden, als sie für Plakate auf öffentlichem Grund gelten, zumal das Gesetz für die Gestaltung des öffentlichen Grundes grundsätzlich eine strengere Beurteilung voraussetzt. Wenn das Gemeinwesen auf öffentlichem Areal durch eine liberale Bewilligungspraxis weitergehende Beeinträchtigungen des Ortsbildes durch Plakate in Kauf nimmt, als sie privaten Grundeigentümern gestattet sind, stellt dies letztlich auch die Verhältnismässigkeit der für die privaten Flächen aufgestellten Nutzungsbeschränkungen in Frage. In Bezug auf die Zulassung von Plakaten auf erhaltenswerten Grünflächen besteht folglich eine rechtsungleiche Praxis und die zuständigen kantonalen Behörden werden durch das angefochtene Urteil gehalten, die bisherige Bewilligungspraxis für Plakate auf öffentlichem Grund zu korrigieren (BGer vom 21. März 2007, 2P.247/2006, E. 5.3).

1722 – **Ersatz der ursprünglichen Holzfenster durch Fenster aus anderen Materialien in einem unter Denkmalschutz stehenden Quartier ohne Baubewilligung:** In tatsächlicher Hinsicht hat die Vorinstanz willkürfrei festgestellt, es sei kein Fall bekannt, in welchem bei einer schützens- oder erhaltenswerten Baute im Weissenstein-Quartier von der Einwohnergemeinde Bern oder vom Regierungsstatthalteramt als Baubewilligungsbehörde eine Baubewilligung für den

Ersatz von Holzfenster durch Fenster aus anderen Materialien erteilt worden sei. Ferner ist unbestritten, dass das Bauinspektorat als Baupolizeibehörde mindestens seit 2008 Kenntnis davon hat, dass bei mehreren schützens- oder erhaltenswerten Gebäuden im Weissenstein-Quartier ohne oder in Überschreitung einer erteilten Bewilligung und in Widerspruch zum städtischen Praxisblatt die bisherigen Holzfenster durch Fenster aus anderen Materialien ersetzt worden sind. Einige dieser Liegenschaften stehen im Eigentum der Einwohnergemeinde Bern. Das Bauinspektorat hat insoweit festgehalten, es habe unabhängig von der Grundeigentümerschaft in den letzten drei Jahren im Weissenstein-Quartier keine Massnahmen ergriffen und keine Wiederherstellungsverfügungen erlassen. Die Baupolizeibehörde hat unbestrittenermassen seit über drei Jahren Kenntnis von in den tatbestandserheblichen Sachverhaltselementen übereinstimmenden Fällen, in welchen Holzfenster bei schützens- oder erhaltenswerten Gebäuden im Weissenstein-Quartier durch Fenster aus anderen Materialien ersetzt worden sind. Erwägungen: Das Nichteinschreiten seitens der Baupolizeibehörde bedeutet eine unterlassene Anwendung von Art. 46 des kantonalen Baugesetzes (Wiederherstellungsverfahren). Eine gesetzeswidrige Begünstigung, welche Grundlage für einen Anspruch auf Gleichbehandlung im Unrecht bilden kann, muss sich nicht zwingend in einer rechtswidrigen Bewilligungspraxis äussern, sondern kann auch vom blossen Nichtvollzug einer belastenden Regelung herrühren, dies jedenfalls dann, wenn der Behörde eine eigentliche Vollzugsverweigerung vorgehalten werden muss. Der Fall einer systematischen unterlassenen Rechtsanwendung ist mithin einer rechtswidrigen Bewilligungspraxis gleichzustellen. Dabei haben Eigentümer, welche ohne oder in Überschreitung einer erteilten Bewilligung bauliche Änderungen vorgenommen haben, im Unterschied zu jenen Eigentümern, denen gestützt auf eine rechtswidrige Praxis eine Bewilligung erteilt worden ist und die sich an den Rahmen dieser Bewilligung gehalten haben, Wiederherstellungsverfahren zu gewärtigen. Anders als bei einer rechtswidrigen Bewilligungspraxis, die künftig aufgegeben werden kann, genügt es in Konstellationen jahrelanger Duldung bekannter rechtswidriger Zustände deshalb nicht, dass die Behörde im Sinne einer Absichtserklärung zukünftig Besserung verspricht. Vielmehr hat sie den Tatbeweis zu erbringen, d.h. die entsprechenden Baukontrollen durchzuführen und gestützt darauf die erforderlichen Wiederherstellungsverfahren einzuleiten. Das in der bundesgerichtlichen Rechtsprechung umschriebene Kriterium, wonach die Behörde zu erkennen geben muss, auch inskünftig nicht gesetzeskonform entscheiden zu wollen, bezieht sich auf Fälle einer bestehenden rechtswidrigen Bewilligungspraxis. Bei einer unterlassenen Rechtsanwendung hingegen kommt die Bejahung eines Anspruchs auf Gleichbehandlung im Unrecht auch dann in Betracht, wenn die Behörde zwar künftig Besserung verspricht, nicht aber bereit ist, mit einer Durchsetzung der Bewilligungspflicht für eine gleichmässige Rechtsanwendung zu sorgen. Die Vorinstanz anerkennt, dass der Beschwerdeführer nicht schlechter gestellt werden darf als die (zahlreichen) Hauseigentümerinnen und Hauseigentümer im Quartier, die ihre Fenster ohne oder in Überschreitung der erteilten Baubewilligung ersetzt haben. Sie geht weiter davon aus, dass das Bauinspektorat, wie angekündigt, die baurechtswidrigen Sachverhalte im Quartier erheben und ernsthaft prüfen wird und die erforderlichen Wiederherstellungsmassnahmen einleiten wird. Es besteht aufgrund des angefochtenen Entscheids jedoch keine Gewähr, dass die angekündigten Überprüfungen tatsächlich durchgeführt werden, weshalb die Gefahr einer Ungleichbehandlung des Beschwerdeführers weiter besteht. Dieser Gefahr kann dadurch begegnet werden, dass die Baubehörde ihre Absicht zur Durchsetzung der Baubewilligungspflicht unter Beweis stellt, indem sie die notwendigen Baubewilligungsverfahren (nachträglich) veranlasst und bei eigenmächtigem Vorgehen gewisser Hausbesitzer die erforderlichen Wiederherstellungsmassnahmen unter Beachtung der verfassungsrechtlichen Anforderungen anordnet. Die Vorinstanz wird die Baubehörde anzuweisen haben, den Tatbeweis für den von ihr in Aussicht gestellten Übergang zu einer rechtskonformen Bewilligungs- und Wiederherstellungspraxis zu erbringen. Trifft die Einwohnergemeinde Bern innert Frist die entsprechenden Vorkehren, so hat der Beschwerdeführer keinen Anspruch auf Gleichbehandlung im Unrecht. Bleibt sie hingegen weiterhin untätig, ist dem Beschwerdeführer aus Gründen der Rechtsgleichheit die ersuchte Bewilligung zu erteilen (BGer vom 7. März 2012, 1C_398/2011, E. 3.9).

ff) Interessenabwägung

1723 Dem in Ausnahmefällen aus dem Gleichheitsgebot abgeleiteten Anspruch auf gesetzwidrige Behandlung können **gewichtige öffentliche Interessen** oder berechtigte **Drittinteressen** entgegenstehen. In einem solchen Interessenkonflikt sind die einander widersprechenden Interessen zu gewichten und gegeneinander abzuwägen (BGE 127 I 1 E. 3, 126 V 390 E. 6a, 123 II 248 E. 3c, 115 Ia 81 E. 2, 108 Ia 212 E. 4a; BGer vom 30. Sept. 2004, 1A.12/2004, E. 4.2; VerwG GR vom 17. Nov. 2009, R-09-26, E. 3c; VerwG ZH vom 16. Jan. 2008, VB.2007.00309, E. 3.2). Die Interessenabwägung ist je nach **Rechtsgebiet** anders zu tätigen (BGE 115 Ia 81 E. 2). Im Bereich des Strafrechts, wo der Grundsatz der Gleichbehandlung im Unrecht gleichermassen gilt (BGE 115 Ia 81 E. 2), betont die Rechtsprechung stets den Vorrang des Legalitätsprinzips vor dem Gleichheitsgebot. Eine falsche Rechtsanwendung in einem Fall oder einigen wenigen Fällen begründet keinen Anspruch darauf, ebenfalls abweichend von der Norm behandelt zu werden (BGE 135 IV 191 E. 3.3, 124 IV 44 E. 2c).

1724 Das Interesse des Nachbarn an der Einhaltung der auch seinem Schutz dienenden Bauvorschriften überwiegt grundsätzlich jenes des Bauherrn, die projektierte Baute in Abweichung einer Vorschrift, aber in Übereinstimmung mit der bisherigen gesetzwidrigen Praxis, ausführen zu können (BGE 108 Ia 212 E. 4b), was umso mehr gilt, wenn ein Bauvorhaben umweltrelevante Auswirkungen hat oder ausserhalb der Bauzonen zu stehen kommen soll (BGE 117 Ib 414 E. 8c; VerwG GR vom 17. Nov. 2009, R-09-26, E. 3c; VerwG BL vom 21. Juni 2000, in: VGE 2000 S. 94 E. I 5a).

Praxis:

1725 – **Bauschutt-Recyclinganlage:** Die Beschwerdeführerin rügt eine Verletzung des Gleichheitsgebots, weil ihr als einziges Unternehmen eine Bewilligungspflicht auferlegt werde, während andere Unternehmen dem zeitaufwendigen und kostspieligen Bewilligungsverfahren nicht unterzogen worden seien. Aus dem Prüfbericht über die Umweltverträglichkeit (UVP) geht hervor, dass im Kanton Basel-Landschaft bei zwei Recyclinganlagen ein Baubewilligungsverfahren abgewickelt wurde, während sich die übrigen Betriebe auf Baubewilligungen für andere Tätigkeiten abstützen oder sich aufgrund von früheren Deponiebewilligungen etabliert haben. Gegenwärtig werden bei allen Anlagen die erforderlichen Verfahren geprüft. Somit kann festgehalten werden, dass die Baubewilligungsbehörden sämtliche Recyclinganlagen einem Bewilligungsverfahren unterziehen wollen. Die Beschwerdeführerin kann deshalb für sich keine Gleichbehandlung im Unrecht reklamieren. Dem in Ausnahmefällen aus dem Gleichheitsgebot abgeleiteten Anspruch auf gesetzeswidrige Begünstigung können zudem gewichtige öffentliche Interessen oder das berechtigte Interesse eines privaten Dritten an gesetzmässiger Rechtsanwendung entgegenstehen. In einem solchen Interessenkonflikt sind die einander widersprechenden Rechte und Interessen im Einzelfall gegeneinander abzuwägen. Vorliegend sind die privaten Interessen der betroffenen Anwohnerinnen und Anwohner an der Einhaltung von Bauvorschriften bzw. eines RPG-konformen Planungsverfahrens aufgrund der erheblichen umweltrelevanten Auswirkungen der betriebenen Anlage stärker zu gewichten. Die Einhaltung der raumrelevanten und umweltrelevanten Anforderungen an ein Bauprojekt stellt sodann ein gewichtiges öffentliches Interesse dar. Selbst die Einhaltung von (simplen und nicht umweltrelevanten) Bauvorschriften, die dem Schutze von Nachbarn dienen, überwiegt regelmässig das Interesse des Bauherrn, die projektierte Anlage in Abweichung von der Bauvorschrift, aber in Übereinstimmung mit einer längeren und konsequenten rechtswidrigen Praxis der zuständigen Behörde ausführen zu können. Auch aufgrund dieser Interessenabwägung kann deshalb die Beschwerdeführerin keinen Anspruch auf Gleichbehandlung im Unrecht ableiten (VerwG BL vom 21. Juni 2000, in: VGE 2000 S. 94 E. I 5a).

– **Einhaltung von Bauvorschriften, welche auch dem Schutz des Beschwerde führenden Nachbarn dienen:** Guido Schuler beansprucht für den Bau eines Appenzellerhauses mit talseitig drei sichtbaren Vollgeschossen eine von Art. 35 Abs. 2 des Baureglements der Gemeinde Gais vom 5. März 1972 (BR) abweichende Baubewilligung. Nach dieser Vorschrift dürfen in der Wohnzone WE unter anderem talseits nur zwei Geschosse voll in Erscheinung treten. Das Bundesgericht heisst die Beschwerde eines Nachbarn gut. Erwägungen: Der Regierungsrat geht vorliegend davon aus, dass seit Inkrafttreten des Baureglementes verschiedene Bauvorhaben bewilligt worden seien, die dem Baureglement widersprechen würden und in ihrer Geschosseinteilung und Lage zum gewachsenen Terrain dem heute angefochtenen Vorhaben entsprächen. Es bestehe somit eine gefestigte Praxis in der Bewilligung solcher Bauvorhaben. Im Sinne der bundesgerichtlichen Rechtsprechung hätten daher die Baugesuchsteller Anspruch auf Bewilligung derselben Ausnützung ihres Baugrundstücks. Nach der Rechtsprechung des Bundesgerichtes kann der Bürger verlangen, dass die gesetzwidrige Begünstigung, die dem Dritten zuteil wird, auch ihm gewährt werde, wenn die Behörden die Aufgabe der in andern Fällen geübten, gesetzwidrigen Praxis ablehnen. Diesem aus dem Gleichheitsgebot abgeleiteten Anspruch auf gesetzwidrige Begünstigung kann indessen wie hier das berechtigte Interesse eines Dritten an gesetzmässiger Rechtsanwendung entgegenstehen. Im vorliegenden Fall ergibt sich aus den Akten, dass der Gemeinderat Gais die angefochtene gesetzeswidrige Bewilligungspraxis nach dem Inkrafttreten des Baureglementes gehandhabt hat und sie weiterzuführen gedenkt. Wieviele Baubewilligungen tatsächlich in Verletzung von Art. 35 Abs. 2 BR erteilt worden sind, kann dahingestellt bleiben. Selbst wenn von einer seit 1972 konsequenten, aber rechtswidrigen Praxis des Gemeinderates zu sprechen wäre, könnte die hier vorzunehmende Interessenabwägung nicht zugunsten einer rechtswidrigen Bevorteilung des Beschwerdegegners führen. Das Interesse des Beschwerdeführers an der Einhaltung der auch seinem Schutz dienenden Bauvorschriften überwiegt jenes des Beschwerdegegners, die projektierte Baute in Abweichung von einer solchen Vorschrift unverändert ausführen zu können. Die streitige Überschreitung der zulässigen Geschosszahl kann ebenso wenig als geringfügig bezeichnet werden wie die daraus folgende Beeinträchtigung der Nachbarn. Gemäss Projekt treten talseits drei Geschosse in Erscheinung; nach Art. 35 Abs. 2 BR wären nur deren zwei zulässig. Unter diesen Umständen kann der Beschwerdegegner die Gleichbehandlung im Unrecht nicht beanspruchen. Die Beschwerde ist vielmehr begründet, was zur Aufhebung des angefochtenen Entscheids führen muss (BGE 108 Ia 212 E. 4). 1726

3. Bemerkungen

1. Das **Gebot der Rechtsgleichheit** ist **verletzt**, wenn trotz vergleichbarer Sachverhalte rechtliche Unterscheidungen getroffen werden, für die ein vernünftiger Grund in den zu regelnden Verhältnissen nicht ersichtlich ist, oder wenn trotz unterschiedlicher Sachverhalte Unterscheidungen unterlassen werden, die sich aufgrund der Verhältnisse geradezu aufdrängen, demzufolge Gleiches ungleich bzw. Ungleiches gleich behandelt wird (BGE 136 I 17 E. 5.3, 136 I 297 E. 6.1, 136 V 195 E. 7.5, 134 I 23 E. 9.1). Dabei spielt die **Vergleichbarkeit der Sachverhalte** eine beträchtliche Rolle (BGE 136 I 17 E. 5.3, 132 I 157 E. 4.2, 131 I 1 E. 4.2, 129 I 265 E. 3.2): Für das **Steuerrecht** beispielsweise ist die Vergleichbarkeit der wirtschaftlichen Leistungsfähigkeit in vertikaler Richtung geringer als in horizontaler Richtung, bei Personen gleicher wirtschaftlicher Leistungsfähigkeit (BGE 132 I 157 E. 4.2, 124 I 193 E. 3a, 112 Ia 240 E. 4b). Je unterschiedlicher **Berufe** sind, desto weniger können sie im Hinblick auf eine verpönte Lohnungleichbehandlung überhaupt verglichen werden. Im **Strafrecht** führt der Grundsatz der individuellen Festsetzung des Strafmasses je nach Verschulden des Täters dazu, dass selbst gleich gelagerte Fälle sich massgeblich in den zumessungsrelevanten Punkten unterscheiden. 1727

1728 2. Die Vergleichbarkeit der Verhältnisse ist abhängig von der **Wahl des Vergleichsmassstabes**: Wesentlich an der an ARISTOTELES anknüpfenden Formel des Bundesgerichts ist der Verweis auf einen Massstab («nach **Massgabe** der Gleichheit gleich bzw. nach **Massgabe** der Ungleichheit ungleich»). Erst mit Hilfe einer Vergleichsbasis lassen sich verlässliche Aussagen über die Zulässigkeit der Gleich- bzw. Ungleichbehandlung gewinnen. Darüber hinaus kann die Frage, ob eine rechtliche Unterscheidung auf einem sachlichen Grund beruht, zu verschiedenen Zeiten unterschiedlich beantwortet werden, je nach den herrschenden Anschauungen und Zeitverhältnissen, der Wahrnehmung der gesellschaftlichen Wirklichkeit und deren wertende Beurteilung (BGE 136 I 297 E. 6.1, 134 I 23 E. 9.1, 132 I 68 E. 4.1, 132 I 157 E. 4.1). Dem Gesetzgeber bleibt grundsätzlich ein weiter Spielraum der Gestaltung, den das Bundesgericht nicht durch eigene Gestaltungsvorstellungen schmälert (BGE 137 I 167 E. 3.5, 136 I 297 E. 6.1, 134 I 23 E. 9.1, 132 I 157 E. 4.1, 131 V 107 E. 3.4.2, 130 I 65 E. 3.6, 129 I 1 E. 3).

1729 3. Ungleiches darf gleich bzw. Gleiches darf ungleich behandelt werden, wenn diese Gleich- bzw. Ungleichbehandlung auf einem **sachlichen Grund** beruht (BGE 136 I 297 E. 6.1, 135 V 361 E. 5.4.1, 134 I 23 E. 9.1). Nach wohl herrschender Lehre und Praxis ist die **Rechtsgleichheit entweder verletzt oder nicht**, je nachdem, ob ein sachlicher Grund die Gleich- bzw. Ungleichbehandlung legitimiert. Eine eigentliche Rechtfertigungsprüfung findet nicht statt. In der Praxis wird dieser Ansatz allerdings bei Weitem nicht durchgehalten. Ob eine Gleichbehandlung bzw. Ungleichbehandlung gerechtfertigt ist bzw. ob diese auf einem sachlichen Grund beruht, ist vielfach eine **Frage des Masses**, was letztlich auf eine Verhältnismässigkeitsprüfung hinausläuft. Dass beispielsweise der Eigenmietwert den Marktmietwert unterschreiten darf, führen Lehre und Praxis auf sachliche Gründe wie insbesondere die Wohneigentumsförderung zurück. Jedoch darf der Eigenmietwert gegenüber dem Marktmietwert die Grenze von 60 % nicht unterschreiten. Die Bestimmung dieser Grenze ist Ausfluss des Verhältnismässigkeitsprinzips: Die Festlegung des Eigenmietwertes hat im Lichte der zu verwirklichenden – an und für sich legitimen – Ziele verhältnismässig zu sein (zum Ganzen BGE 132 I 157 E. 4-6).

1730 4. Je **gewichtiger sich der sachliche Grund** erweist, desto **grössere Abweichungen von der Rechtsgleichheit** sind zulässig. Bei der Beurteilung der degressiven Besteuerung hat das Bundesgericht eingehend geprüft, ob sachliche Gründe ersichtlich und wie gewichtig diese sind, um eine derartige Ausgestaltung des Tarifverlaufs zu rechtfertigen (BGE 133 I 206 E. 10 und E. 11). Die Formel lautet: Je mehr das Leistungsfähigkeitsprinzip durch steuerliche Förderungsmassnahmen beeinträchtigt wird, desto höhere Anforderungen sind an die geltend gemachten öffentlichen Interessen und an die Verhältnismässigkeit der Massnahme zu stellen («abwägender Ansatz»: BGE 133 I 206 E. 11.2). Ob sachliche Gründe eine Ungleichbehandlung zu rechtfertigen vermögen, hängt demnach von der Schwere des Eingriffs und von den geltend gemachten öffentlichen Interessen ab.

1731 5. Grundsätzlich ist **abzuwägen** zwischen dem **Interesse an der Erreichung des Regelungsziels** und dem **Interesse an der Gleich- bzw. Ungleichbehandlung** (BGE 136 II 120 E. 3.3.2). Es ist zu prüfen, ob das Ziel selbst sich als legitim erweist und ob die Ungleichbehandlung zur Erreichung des vom Gesetzgeber verfolgten Zieles verhältnismässig ist (BGE 136 I 1 E. 4.3.2; KG BL vom 6. April 2005, 2004/292,

E. 5). Im Rahmen besonderer Gleichheitsrechte (BGE 135 I 49 E. 6.1 [Diskriminierungsverbot], 133 I 206 E. 11.2, 123 I 152 E. 7b [Gleichstellung der Geschlechter/Quotenregelung], 125 I 431 E. 4b/aa [Gleichbehandlung der Gewerbegenossen] oder 133 I 206 E. 11.1-11.3 [Gleichmässigkeit der Besteuerung]) führt das Bundesgericht seit jeher eine mit **Art. 36 BV weitgehend analoge Prüfung** durch.

6. Die Anwendung des **Verhältnismässigkeitsprinzips** auf solche Güterkollisionen 1732
mag zwar gewisse Bedenken hervorrufen, nur stellt das Verhältnismässigkeitsprinzip das klassische Mittel dar, um miteinander kollidierende Prinzipien in praktische Konkordanz zu bringen. Der **Steuergesetzgeber** darf gewisse Ziele wie günstige Rahmenbedingungen für eine leistungsfähige Wirtschaft verfolgen und von dem aus Art. 8 Abs. 1 BV abgeleiteten Leistungsfähigkeitsprinzip abweichen, doch hat sich die zur Diskussion stehende Ausgestaltung der Steuergesetzgebung als verhältnismässig zu erweisen (BGE 133 I 206 E. 11.1).

7. Die Anknüpfung an einen **sachlichen Grund** vermag beispielsweise das **Problem** 1733
der Zulässigkeit von Quoten oder von **Typisierungen bzw. Schematisierungen** kaum adäquat zu lösen. Inwiefern Quoten oder Typisierungen zulässig sind und wie diese ausgestaltet werden müssen, um vor der Verfassung standzuhalten, kann nur mit Hilfe des Verhältnismässigkeitsprinzip adäquat beantwortet werden: Typisierungen oder Schematisierungen stellen **Differenzierungsdefizite** dar. Aus Praktikabilitätsgründen wird auf eine vollständige und lückenlose Verwirklichung des Regelungszwecks und einhergehend damit des Gleichheitsgedankens gerade verzichtet. Praktikabilitätsgründe stellen nichts anderes als öffentliche Interessen dar. Der Verzicht auf eine lückenlose Verwirklichung des Regelungszweckes gilt indes nur dann als zulässig, wenn die gesetzliche Regelung nicht in genereller Weise oder systematisch Dritte benachteiligt und sich nicht als unverhältnismässig erweist.

8. Es sind im Hinblick auf das Prüfprogramm **zwei Arten von Ungleichbehandlun-** 1734
gen zu unterscheiden. **Differenzierungen** können primär aufgrund **unterschiedlicher tatsächlicher Verhältnisse** (interne Gründe: Entsprechungsprüfung) getroffen werden oder sie beruhen hauptsächlich in der **Verwirklichung von im öffentlichen Interesse liegenden Regelungszielen** (externe Ziele: Rechtfertigungsprüfung analog Art. 36 BV). Beruhen die Gründe der umstrittenen Unterscheidung oder Gleichbehandlung hauptsächlich in den zu regelnden tatsächlichen Verhältnissen («interne Ziele»), hat eine Entsprechungsprüfung zu erfolgen. Verfolgt die umstrittene Bestimmung primär externe Regelungsziele, ist zu fragen, ob diese im öffentlichen Interesse liegen und sich die getroffenen Massnahmen als verhältnismässig erweisen. Trifft die umstrittene Bestimmung sowohl aufgrund tatsächlicher Unterschiede als auch aufgrund der Verwirklichung externer Regelungsziele Differenzierungen oder unterlässt diese, sind beide Prüfprogramme anzuwenden. Zu berücksichtigen ist ferner, dass die zu beurteilenden tatsächlichen Verhältnisse ihrerseits das Ergebnis rechtlicher Anordnungen sein können. Aufgrund des in der Schweiz fehlenden Mietkostenabzugs leitet das Bundesgericht in konstanter Rechtsprechung aus Art. 8 Abs. 1 BV die Pflicht des Gemeinwesens ab, bei Wohneigentümern den Eigenmietwert zu besteuern, um die Gleichbehandlung mit Mietern sicherzustellen. Entsprechend wäre es unzulässig, die Besteuerung des Eigenmietwertes vollständig und undifferenziert abzuschaffen, ohne ausgleichende Massnahmen für die übrigen Steuerpflichtigen zu treffen (BGE 131 I 377 E. 2.1, 124 I 145 E. 4a).

III. Verhältnismässigkeit

1. Allgemeines

1735 Das Gebot der **Verhältnismässigkeit** nach Art. 5 Abs. 2 BV verlangt, dass eine behördliche Massnahme für das Erreichen des im öffentlichen oder privaten Interesse liegenden Zieles **geeignet** und **erforderlich** ist und sich für die Betroffenen in Anbetracht der Schwere des Eingriffs in private Interessen als **zumutbar** erweist. Zu verlangen ist eine vernünftige Zweck-Mittel-Relation. Eine Massnahme ist unverhältnismässig, wenn das Ziel mit einem weniger schweren (Grundrechts-)Eingriff erreicht werden kann (BGE 137 I 31 E. 7.5.2, 136 I 29 E. 4.5, 136 I 87 E. 3.2, 136 IV 97 E. 5.2.2, 135 I 169 E. 5.6, 135 I 209 E. 3.3.1, 134 I 153 E. 4, 133 I 77 E. 4.1, 132 I 49 E. 7.2, 131 I 91 E. 3.3, 130 II 425 E. 5.2, 129 I 35 E. 10.2, 128 I 3 E. 3e/cc, 128 II 292 E. 5.1, 127 I 6 E. 9, 126 I 112 E. 5b, 125 I 474 E. 3, 124 I 107 E. 4c/aa, 123 I 152 E. 7, 121 I 334 E. 11; BVGE 2011/13 E. 17.5, 2009/61 E. 7.2, 2008/32 E. 8; BVGer vom 23. Nov. 2010, A-2521/2010, E. 5; vom 24. Feb. 2010, A-5549/2009, E. 6; vom 22. Jan. 2010, A-6085/2009, E. 6.1; vom 27. Mai 2009, A-3144/2008, E. 11.3).

1736 Das in Art. 5 Abs. 2 BV verankerte Gebot der Verhältnismässigkeit stellt ein **verfassungsmässiges Prinzip** und kein Grundrecht dar. Es kann zwar auch gegenüber Verfügungen gestützt auf kantonales Recht selbstständig geltend gemacht werden. Ausserhalb von Grundrechtseingriffen erfolgt vor Bundesgericht im Rahmen von Art. 95 lit. a BGG jedoch lediglich eine Prüfung auf Willkür: Eine Intervention des Bundesgerichts gestützt auf Art. 5 Abs. 2 BV kann nur gerechtfertigt sein, wenn das Gebot der Verhältnismässigkeit ganz offensichtlich missachtet worden ist und damit zugleich ein Verstoss gegen das **Willkürverbot** gemäss Art. 9 BV vorliegt (BGE 135 I 43 E. 1.3, 135 V 172 E. 7.3.2, 134 I 153 E. 4).

Praxis:

1737 – **Vermummungsverbot:** Das Vermummungsverbot zielt darauf ab, Gewalttätigkeiten bei Demonstrationen zu verhindern bzw. das einer Menschenansammlung inhärente Gefahrenpotenzial möglichst klein zu halten. Aufgrund der in den letzten Jahren im Kanton Basel-Stadt bei Demonstrationen gemachten Erfahrungen kann von der These des Regierungsrats ausgegangen werden, wonach die Anwesenheit Vermummter die Gefahr von Ausschreitungen wesentlich erhöht. Verhält es sich so, dann bildet das Verbot, sich bei solchen Veranstaltungen unkenntlich zu machen, eine geeignete und taugliche Massnahme, um die Gefahr von Gewalttaten möglichst klein zu halten und damit die öffentliche Sicherheit besser zu schützen. Was das Gebot der Erforderlichkeit bzw. Notwendigkeit eines Grundrechtseingriffs anbelangt, so ist auch eine geeignete Massnahme dann unzulässig, wenn eine gleich geeignete, mildere Anordnung für den angestrebten Erfolg ausreicht. Die Beschwerdeführer sind der Meinung, der angestrebte Zweck könne auch mit einem weniger einschneidenden Eingriff erreicht werden, nämlich dadurch, dass die Behörde im Einzelfall ein Vermummungsverbot mittels Auflage anordne. Es besteht indessen ein erhebliches Interesse daran, dass aus generalpräventiven Gründen eine generelle Ordnung geschaffen wird und nicht bloss von Fall zu Fall Anordnungen getroffen werden, bei denen im Übrigen stets die Gefahr besteht, dass sie nicht zur Kenntnis aller Teilnehmer gelangen. Ferner muss in einem Rechtsstaat nicht geduldet werden, dass durch gewalttätige Handlungen vermummter Teilnehmer die öffentliche Sicherheit und damit hochrangige Rechtsgüter (Leben, körperliche Unversehrtheit, Eigentum) schwer gefährdet werden. Wenn zur Abwehr dieser Gefahren das hier in Frage stehende Verbot der Unkenntlichmachung erlassen wurde, kann nicht gesagt werden, die Massnahme stehe in keinem vernünftigen Verhältnis zum angestrebten Zweck. Entscheidend ist sodann, dass das vorgesehene Verbot der Unkenntlichmachung nicht absolut gilt, sondern Ausnahmen bewilligt werden können, wenn die Behörde legitime Gründe für eine Unkenntlichmachung als gegeben erachtet. Der Regierungsrat hält denn auch in der Beschwerdeantwort fest, Ausnahmen vom Vermummungsverbot seien nicht nur dann möglich, wenn Interessen des Persönlichkeitsschutzes oder religiöse Anschauungen mitspielten (wie z.B. bei Kundgebungen von Homosexuellen oder von islamischen Frauen), sondern auch dann, wenn es sich um Demonstrationen handle, deren Motiv und Zweck nur durch Unkenntlichmachung des Gesichts in optimaler Weise dargestellt werden könnten (z.B. Veranstaltungen gegen die schlechte Luft mittels Gasmasken). Dies zeigt, dass die kantonale Behörde gewillt ist, beim Entscheid über die Ausnahmebewilligung die verschiedenen Interessen nach objektiven Gesichtspunkten gegeneinander abzuwägen und dabei dem legitimen Bedürfnis, Veranstaltungen mit Appellwirkung an die Öffentlichkeit durchführen zu können, angemessen Rechnung zu tragen. In Anbetracht all dieser Umstände kann nicht gesagt werden, der mit dem Vermummungsverbot verbundene Eingriff schränke das Recht auf freie Meinungsäusserung und freie Versammlung übermässig und unzumutbar ein und sei deshalb nicht mehr verhältnismässig (BGE 117 Ia 472 E. 3g).

- **Konkordat über Massnahmen gegen Gewalt anlässlich von Sportveranstaltungen (Rayonverbot/Meldeauflage/Polizeigewahrsam):** Dem Grundsatz der Verhältnismässigkeit kommt im Polizeirecht besondere Bedeutung zu. Er verlangt, dass behördliche Massnahmen im öffentlichen oder privaten Interesse geeignet und erforderlich sind und sich für die Betroffenen in Anbetracht der Schwere der Grundrechtseinschränkung zumutbar und verhältnismässig erweisen. Erforderlich ist eine vernünftige Zweck-Mittel-Relation. Dem Grundsatz der Verhältnismässigkeit sind auch die im Konkordat vorgesehenen polizeilichen Massnahmen verpflichtet. Sie weisen gesamthaft ein kaskadenartiges Konzept auf, wie sich aus den Materialien zum BWIS klar ergibt. Das Rayonverbot nach Art. 4 Konkordat bildet die mildeste Massnahme zur Verhinderung von Gewalt anlässlich von Sportveranstaltungen. Die Meldeauflage gemäss Art. 6 Konkordat greift stärker in die Grundrechte ein. Sie wird nur angeordnet, soweit ein Rayonverbot missachtet worden ist (Art. 6 Abs. 1 lit. a Konkordat). Die schärfste Massnahme ist der Polizeigewahrsam nach Art. 8 Konkordat. Er wird als «ultima ratio» bezeichnet. Voraussetzung ist, dass der Gewahrsam als einzige Möglichkeit erscheint, die betroffene Person von der Beteiligung an Gewalttätigkeiten abzuhalten (Art. 8 Abs. 1 lit. b Konkordat). Der Polizeigewahrsam gemäss Art. 8 Abs. 1 lit. b Konkordat darf demnach nur angeordnet werden, wenn ein Rayonverbot vorausgegangen ist und dieses sich als nicht wirksam herausgestellt hat, weil es nicht befolgt worden ist oder weil sich die betroffene Person nachweislich nicht daran halten will. Das Rayonverbot bildet Ausgangspunkt und Grundlage der Betrachtung des Polizeigewahrsams. Es ist diese mildere gesetzliche Verpflichtung des Rayonverbots, die mit dem schwerer wiegenden Polizeigewahrsam durchgesetzt werden soll. In Form des Polizeigewahrsams ohne Strafcharakter wird einer bestimmten Person die Freiheit entzogen, um ein ihr gegenüber konkret und bestimmt ausgesprochenes Rayonverbot umzusetzen. Auf diese Weise soll eine friedliche Durchführung von Sportveranstaltungen ermöglicht werden. Die dem Polizeigewahrsam zugrunde liegende gesetzliche Verpflichtung liegt somit im Rayonverbot (BGE 137 I 31 E. 7.5.2). 1738
- **Zuchtverbot für Hunde bestimmter Rassen:** Mit dem Verbot, Hunde einer bestimmten Rasse im Kanton Zürich zu züchten, wird das öffentliche Interesse des Schutzes der Bevölkerung verfolgt. Massnahmen, welche im öffentlichen Interesse sind, müssen verhältnismässig sein. Die Beschwerdeführer bestreiten sowohl die Eignung, die Erforderlichkeit und die Zumutbarkeit des Zuchtverbots zur Verwirklichung des Schutzes der Bevölkerung. Mit § 8 des Hundegesetzes (HuG) soll der Schutz der Bevölkerung so sichergestellt werden, dass im Kanton Zürich längerfristig keine Hunde der Rassetypenliste II mehr vorkommen; Ausnahmen sind nur für auswärtige Hunde vorgesehen, welche sich vorübergehend im Kanton Zürich aufhalten (§ 8 Abs. 3). Zu diesem Zweck ist der Erwerb von solchen Hunden verboten, was durch ein Verbot der Zucht, welche jenem zeitlich vorgelagert ist, unterstützt werden kann. Insofern ist das Zuchtverbot geeignet, das angestrebte, im öffentlichen Interesse liegende Ziel zu erreichen. Im 1739

Übrigen handelt es sich dabei um eine bewährte Regelungsstrategie, welche auch in verschiedenen anderen Bereichen zur Unterbindung des unerwünschten Handels mit bestimmten Gütern verfolgt wird. Das Verbot ist auch erforderlich: Mit dem Verbot des Erwerbs werden die Handänderungen zwischen dem Verkäufer bzw. Schenker und dem Erwerber erfasst. Das Zuchtverbot wäre deshalb auf den ersten Blick nicht erforderlich, denn wenn nichts erworben werden darf, wird zwangsläufig auch die professionelle Zucht für den Kanton Zürich von selbst nicht mehr rentabel sein und eingehen. Die Beschwerdeführer übersehen allerdings, dass trotz Erwerbsverbot die Hundehalter über eine lange Dauer weiterhin im Besitz von solchen Hunden sein können und damit das im öffentlichen Interesse liegende Regelungsziel unterlaufen würden. Dies trifft insbesondere dann zu, wenn sie durch eigene, unprofessionelle Zucht Hunde der verbotenen Hunderassen produzieren. Bergen bereits Hunde, welche professionell gezüchtet worden sind, ein erhöhtes Gefährdungspotenzial, so trifft dies bei unprofessioneller Züchtung umso mehr zu. Mit einer Bewilligungspflicht könnte der notwendige Schutz der Bevölkerung vor gefährlichen Hunden, welche insbesondere aus nicht professioneller Zucht stammen, nicht garantiert werden. Vielmehr kann nur mit einem Zuchtverbot diese Lücke geschlossen werden. Es steht deshalb keine mildere Massnahme zur Verfügung. Schliesslich ist das Zuchtverbot auch als zumutbar zu beurteilen: Zwar steht auf der einen Seite das private, wirtschaftliche Interesse, Hunde einer gewissen Rasse zu züchten. Auf der anderen Seite ist das gewichtige öffentliche Interesse am Schutz der Allgemeinheit vor gefährlichen Hunden. Angesichts deren bereits dargestellter Gefährlichkeit besteht im vorliegenden Fall ein offensichtliches Missverhältnis zwischen den privaten wirtschaftlichen Tätigkeiten und dem Schutz der Bevölkerung. Dabei ist auch zu berücksichtigen, dass die Einschränkung als solche nicht schwer wiegt, da nur die Zucht ganz weniger Rassen verboten wird; Hundezüchtern verbleibt daher immer noch ein weites Betätigungsfeld (BGE 136 I 1 E. 5.4).

1740 – **Observation einer versicherten Person durch Privatdetektive:** Durch die privatdetektivliche Observation einer versicherten Person sollen Tatsachen, welche sich im öffentlichen Raum verwirklichen und von jedermann wahrgenommen werden können (beispielsweise Gehen, Treppensteigen, Autofahren, Tragen von Lasten oder Ausüben sportlicher Aktivitäten), systematisch gesammelt und erwahrt werden. Auch wenn die Observation von einer Behörde angeordnet wurde, verleiht sie den beobachtenden Personen nicht das Recht, in die Intimsphäre der versicherten Person einzugreifen. Der Grundsatz der Verhältnismässigkeit verlangt sodann, dass der Grundrechtseingriff zur Erreichung des angestrebten Zieles geeignet und erforderlich ist und dass das verfolgte Ziel in einem vernünftigen Verhältnis zu den eingesetzten Mitteln, den zu seiner Verwirklichung notwendigen Freiheitsbeschränkungen, steht. Die Anordnung einer Observation durch einen Privatdetektiv ist zur Erreichung des angestrebten Zieles (wirksame Bekämpfung von Missbräuchen) geeignet und auch erforderlich, da nur diese Beweismittel – beispielsweise bei offensichtlich bestehenden Anhaltspunkten einer effektiv bestehenden Arbeitsfähigkeit – eine unmittelbare Wahrnehmung wiedergeben können. Bezüglich der Möglichkeit weiterer medizinischer Abklärungen als Ersatz für die Observation ist zu beachten, dass auch solche – soweit sie überhaupt geeignet wären, einen gleichwertigen Erkenntnisgewinn zu erbringen – ebenfalls einen nicht leichtzunehmenden Eingriff in die grundrechtlichen Positionen der versicherten Person voraussetzen würden. Die Anordnung einer Observation ist schliesslich auch im engeren Sinne verhältnismässig (BGE 135 I 169 E. 5.6).

1741 – **Entschädigungspflicht für eingezogene Waffen und Waffenbestandteile gestützt auf das Waffengesetz:** Zwar verletzt es die Eigentumsgarantie (Art. 26 BV) nicht, verbotene Gegenstände einzuziehen oder durch den Betroffenen vernichten zu lassen, solange der Vollzug im Einzelfall den verfassungsrechtlichen Anforderungen genügt, d.h. er auf einer hinreichenden gesetzlichen Grundlage beruht, im öffentlichen Interesse liegt und sich als verhältnismässig erweist (vgl. Art. 36 BV; BGE 118 Ia 305 E. 6 S. 317 f. [St. Galler Waffenverordnung]; BGE 130 I 360 E. 1.2 [Vernichtung von sichergestelltem Hanf]). Der Grundsatz der Verhältnismässigkeit verlangt, dass die in das Eigentum eingreifende Massnahme geeignet ist, das angestrebte Ergebnis herbeizuführen, und dass dieses nicht durch eine mildere Massnahme erreicht werden kann. Er verbietet alle Einschränkungen, die über das angestrebte Ziel hinausgehen, und erfordert ein vernünftiges Verhältnis zwischen diesem und den betroffenen öffentlichen und privaten Interessen. Die Beschlagnahmung und die anschliessende definitive Einziehung basieren im Waffengesetz auf einer klaren formell-gesetzlichen Grundlage, indessen regelt diese die Frage eines allenfalls damit verbundenen finanziellen (Teil-)Ersatzes nicht. Nach Art. 26 Abs. 2 BV sind alle «Eigentumsbeschränkungen, die einer Enteignung gleichkommen» entschädigungspflichtig; andere Beschränkungen müssen – besondere gesetzliche Regelungen vorbehalten – im Rahmen von Art. 26 BV hingegen regelmässig entschädigungslos hingenommen werden. Polizeilich motivierte Eigentumsbeschränkungen im engeren Sinn sind entschädigungslos zu dulden, soweit sie sich im Rahmen des Verhältnismässigkeitsgebots als notwendig erweisen. Eine Entschädigungspflicht kann bestehen, falls sie weiter gehen, als dies zur Abwehr der ernsthaften und unmittelbaren Gefahr selber erforderlich erscheint. Die Zulässigkeit bzw. die Verhältnismässigkeit eines polizeilich motivierten Eingriffs in die Eigentumsgarantie hängt allenfalls auch davon ab, wieweit für diesen ein gewisser Ersatz geleistet wird. Der unentgeltlich hinzunehmende Eingriff darf, falls damit kein (zusätzlicher) Sanktionscharakter verbunden sein soll, nicht weiter gehen, als dies zur Erreichung des gesetzlichen Zwecks erforderlich ist, was bei der Einziehung eines Gegenstands dessen Verwertung unter Herausgabe des Nettoerlöses an den Berechtigten gebieten kann. Sowohl die Beschlagnahmung, d.h. der Entzug des Waffenbesitzes im Sinne der tatsächlichen Herrschaft über die Waffe als vorläufige polizeiliche Sicherungsmassnahme, als auch die (definitive) Einziehung, falls eine Rückgabe ausgeschlossen erscheint, dienen vorliegend ausschliesslich Sicherungszwecken und bilden keine (zusätzliche) vermögensrechtliche Sanktion. Das Waffengesetz will im öffentlichen Interesse die missbräuchliche Verwendung von Waffen, Waffenbestandteilen, Waffenzubehör, Munition bzw. Munitionsbestandteilen bekämpfen bzw. das missbräuchliche Tragen von gefährlichen Gegenständen verhindern. Die Entschädigungslosigkeit für die hierzu erforderliche Beschlagnahme bzw. Einziehung geht ohne ausdrückliche gesetzliche Grundlage über das hierzu Erforderliche hinaus. Das Waffengesetz enthält keine Grundlage, um (auch) die Einziehung des Nettoerlöses der Verwertung der beschlagnahmten bzw. eingezogenen Gegenstände zu Gunsten des Staates anzuordnen. Kann der beschlagnahmte Gegenstand aus Sicherheitsgründen bzw. wegen Fehlens der Bewilligungsvoraussetzungen dem Eigentümer nicht mehr zurück- oder herausgegeben werden, ist deshalb in erster Linie die Verwertung der entsprechenden Waffen, Waffenbestandteile, des Waffenzubehörs oder der Munition unter Herausgabe des Erlöses an den Berechtigten – als weniger weitgehender Eingriff in die Eigentumsrechte als die entschädigungslose Überlassung, Vernichtung oder Verwertung zu Gunsten des Staates – zu prüfen (BGE 135 I 209 E. 3.3.1-3.3.3).

– **Verbot des Betreibens von Ausschankeinrichtungen in den Fumoirs:** Die angefochtenen Bestimmungen sind geeignet, jedenfalls die Angestellten vor den Auswirkungen des Passivrauchens zu schützen. Sie erweisen sich auch als erforderlich, sind doch keine wirksamen milderen Massnahmen erkennbar. Es ist zwar verständlich, dass die Beschwerdeführer grössere Verfügungsmöglichkeiten über ihre Einrichtungen beibehalten möchten, um ihre Betriebsabläufe zu optimieren; sie zeigen aber nicht auf, wie sie mit vergleichbarer Wirkung das Passivrauchen einzudämmen vermöchten. Zudem sind Ausschankanlagen für die Bedienung der Gäste im Raucherraum nicht unerlässlich. Es gibt in vielen Gastgewerbebetrieben Räumlichkeiten ohne eigene Ausschankeinrichtungen. Schliesslich ist die angefochtene Regelung auch zumutbar. Etliche Kantone schliessen sogar bediente Fumoirs aus, was nach Auffassung des Bundesrates keine Fragen der Vereinbarkeit mit höherrangigem Recht aufwirft. Den Wirten im Kanton Bern verbleibt ohnehin ein betriebswirtschaftlicher Spielraum. Die maximal zulässige Grösse der Raucherräume wird einerseits in absoluten Zahlen bestimmt, wobei Abweichungen in begründeten Einzelfällen zulässig sind. Andererseits wird sie im Verhältnis zur gesamten Betriebsgrösse festgelegt. Ein Rückbau bestehender Ausschankanlagen wird nicht vorgeschrieben. Das belässt den Betreibern eine gewisse Flexibilität (BGE 136 I 29 E. 4.5). 1742

2. Geltungsbereich

a) *Rechtssetzung/Rechtsanwendung*

1743 Der Grundsatz der Verhältnismässigkeit erfasst grundsätzlich sowohl die **Rechtssetzung** (vgl. z.B. BGE 136 I 87 E. 3.2, 135 I 233 E. 3.1, 135 V 172 E. 7.3.3) wie auch die **Rechtsanwendung** (vgl. z.B. BGE 135 I 169 E. 5.6, 135 I 209 E. 3.3.1). In gewissen Bereichen, wie dem **Polizeirecht,** kommt ihm besondere Bedeutung zu (BGE 136 I 87 E. 3.2). Das Bundesgericht auferlegt sich hingegen im Rahmen der **abstrakten Normenkontrolle** mit Rücksicht auf die aus dem Föderalismus fliessenden Prinzipien eine gewisse **Zurückhaltung**, wenn es die Verhältnismässigkeit einer kantonalen Norm prüft. Das Bundesgericht hebt die angefochtene Norm nur auf, wenn sie sich jeder verfassungskonformen Auslegung entzieht oder ihr Inhalt angesichts der Umstände mit einer gewissen Wahrscheinlichkeit zur Befürchtung Anlass gibt, sie werde in Zukunft verfassungswidrig ausgelegt (BGE 135 I 233 E. 3.2, 135 II 243 E. 2, 135 V 172 E. 7.3.2, 133 I 77 E. 2, 131 II 697 E. 4.1, 129 I 12 E. 3.2, 128 I 327 E. 3.1; BGer vom 30. Sept. 2009, 1C_179/2008, E. 2 [in BGE 136 I 87 ff. nicht publ. E.]).

1744 Ferner unterliegen dem Grundsatz der Verhältnismässigkeit nicht nur die in der Verfügung begründeten Rechte und Pflichten, sondern auch **Nebenbestimmungen** (BVGer vom 18. Dez. 2007, A-3491/2007, E. 5.3; vom 14. Sept. 2007, A-1870/2006, E. 5.1; VerwG ZH vom 5. Feb. 2009, VB.2008.00445, E. 4.2; VerwG SZ vom 15. April 2008, in: EGVSZ 2008 S. 110 E. 3.3), **Wiederherstellungsverfügungen** (vgl. z.B. BGE 136 II 359 E. 9, 123 II 248 E. 4a, 111 Ib 213 E. 6b; BGer vom 21. Juli 2011, 1C_157/2011, E. 5.1; vom 12. Sept. 2003, 1A.41/2003, E. 4.1) oder der **Widerruf bzw. die Nichtverlängerung einer Verfügung** (BGE 135 II 377 E. 4.3, betr. einer Aufenthaltsbewilligung; BVGer vom 24. Feb. 2010, A-5549/2009, E. 6). Der Grundsatz der Verhältnismässigkeit ist ebenso beim Entzug der **aufschiebenden Wirkung** oder bei der Anordnung **vorsorglicher Massnahmen** zu beachten (REKO UVEK vom 14. Juli 2000, in: VPB 64 [2000] Nr. 118 E. 10.3; VerwG SZ vom 30. Jan. 2003, in: EGVSZ 2003 S. 113 E. 2c), wobei diesbezüglich die **Interessenabwägung besonders strukturiert** ist (vgl. z.B. BVGE 2007/13 E. 2.2; BVGer vom 16. Juli 2009, B-3311/2009, E. 2.2).

1745 Der Grundsatz der Verhältnismässigkeit gilt ebenso für **Sanktionen** (BGE 134 I 92 E. 2.3.2 [Durchsetzungshaft], 134 I 140 E. 6 [Rayonverbot], 132 I 49 E. 7.2 [Wegweisungs- und Fernhaltemassnahmen], 131 V 263 E. 5.1, 130 II 425 E. 5.2, 130 V 214 E. 8, 129 I 35 E. 10.2, 129 V 267 E. 4.1.2; BGer vom 13. April 2005, 2P.274/2004, E. 4.1; BVGer vom 15. Nov. 2007, A-1508/2007, E. 3.4). Grundsätzlich dürfen **Sanktionen erst nach vorgängiger Androhung** – im Sinne einer milderen Massnahme (vgl. z.B. Art. 41 Abs. 2 VwVG) – angeordnet werden (BGer vom 11. März 2012, 2C_635/2011, E. 3.2; vom 18. Juni 2011, 2C_737/2010, E. 4.2; BVGer vom 20. Sept. 2010, A-3364/2008, E. 11.1), solange nicht ein schwerer Disziplinarverstoss zu beurteilen ist (BGE 129 I 12 E. 9.4 und E. 10.4) oder es um eine antizipierte Ersatzvornahme geht, die sofortiges Einschreiten notwendig macht (z.B. VerwG ZH vom 5. Jan. 2005, VB.2004.00165, E. 4, mit ergänzendem Hinweis, dass auch diesbezüglich der Grundsatz der Verhältnismässigkeit zu beachten ist; zum Ganzen Rz. 3079 ff.).

Auf das Verhältnismässigkeitsprinzip berufen kann sich auch ein **Bauherr, der nicht gutgläubig** gehandelt hat. Er muss aber in Kauf nehmen, dass die Behörden aus grundsätzlichen Erwägungen, namentlich zum Schutz der Rechtsgleichheit und der baulichen Ordnung, dem Interesse an der Wiederherstellung des gesetzmässigen Zustands erhöhtes Gewicht beimessen und die dem Bauherrn allenfalls erwachsenden Nachteile nicht oder nur in verringertem Masse berücksichtigen (BGE 132 II 21 E. 6.4, 111 Ib 213 E. 6b; BGer vom 7. März 2012, 1C_351/2011, E. 7.1; vom 25. Nov. 2011, 1C_287/2011, E. 3.2). 1746

Praxis:

- **Polizeirecht:** Dem Grundsatz der Verhältnismässigkeit kommt im Polizeirecht und für das Handeln der Polizeiorgane ein besonderes Gewicht zu. Er findet allgemein Ausdruck in Art. 5 Abs. 2 BV und ist unter dem Gesichtswinkel der Einschränkung von Grundrechten nach Art. 36 Abs. 3 BV sowie im entsprechenden Zusammenhang nach Art. 8 Ziff. 2 EMRK zu beachten. Das Gebot der Verhältnismässigkeit verlangt, dass eine behördliche Massnahme für das Erreichen des im öffentlichen oder privaten Interesse liegenden Zieles geeignet und erforderlich ist und sich für die Betroffenen in Anbetracht der Schwere der Grundrechtseinschränkung zumutbar und verhältnismässig erweist. Erforderlich ist eine vernünftige Zweck-Mittel-Relation. Eine Massnahme ist unverhältnismässig, wenn das Ziel mit einem weniger schweren Grundrechtseingriff erreicht werden kann. Das vorliegend zu beurteilende Polizeigesetz (PolG) bekräftigt das Gebot der Verhältnismässigkeit und gibt ihm in § 10 eine besondere Ausprägung. § 10 PolG (Übertitel: Verhältnismässigkeit) hat folgenden Wortlaut: (1) Polizeiliches Handeln muss zur Erfüllung der polizeilichen Aufgaben notwendig und geeignet sein. (2) Unter mehreren geeigneten Massnahmen sind jene zu ergreifen, welche die betroffenen Personen und die Allgemeinheit voraussichtlich am wenigsten beeinträchtigen. (3) Die Massnahmen dürfen nicht zu einem Nachteil führen, der in einem erkennbaren Missverhältnis zum verfolgten Zweck steht. (4) Massnahmen sind aufzuheben, wenn ihr Zweck erreicht ist oder sich zeigt, dass er nicht erreicht werden kann. An verschiedener Stelle ist das polizeiliche Handeln im Sinne eines Verhältnismässigkeitsgebotes und Übermassverbots davon abhängig, dass eine Massnahme zur Erfüllung der polizeilichen Aufgabe notwendig ist (vgl. etwa § 21 Abs. 1 PolG [Personenkontrollen und Identitätsfeststellungen]). Darüber hinaus ist die Polizei mit § 8 PolG verpflichtet, die Rechtsordnung zu beachten sowie die verfassungsmässigen Rechte und die Menschenwürde des Einzelnen zu achten. Überdies achtet sie nach § 11 PolG die besondern Schutzbedürfnisse von Minderjährigen und berücksichtigt deren Alter und Entwicklungsstand insbesondere bei der Anwendung von polizeilichem Zwang. Diese verfassungsrechtlich und kantonalgesetzlich vorgesehenen Gebote der Verhältnismässigkeit sind bei allen polizeilichen Massnahmen mitzuberücksichtigen und demnach im abstrakten Normkontrollverfahren in die Beurteilung der einzelnen Bestimmungen einzubeziehen. Dieses allgemeine Gebot entbindet allerdings nicht davon, jede einzelne Massnahme und Bestimmung in ihrem spezifischen Kontext auf ihre Verhältnismässigkeit im dargelegten Sinne hin zu prüfen. Eine spezifisch als unverhältnismässig erachtete Massnahme oder Regelung kann nicht allein wegen des Umstandes als verfassungsmässig betrachtet werden, dass die Polizeiorgane nach § 10 PolG zur Beachtung des Verhältnismässigkeitsgrundsatzes verpflichtet werden (BGE 136 I 87 E. 3.2). 1747
- **Regelung zur Beschränkung des Baus von Zweitwohnungen:** Eine Regelung zur Beschränkung des Baus von Zweitwohnungen stellt einen Eingriff in das Eigentumsrecht dar. Sie ist nur zulässig, wenn sie durch ein genügendes öffentliches Interesse gerechtfertigt und verhältnismässig ist (Art. 36 Abs. 2 und 3 BV). Das Gebot der Verhältnismässigkeit verlangt, dass die gewählte Massnahme für das Erreichen des gesetzten Ziels geeignet ist und dass dieses nicht mit einer weniger einschneidenden Massnahme erreicht werden kann; zudem muss das Ziel in einem vernünftigen Verhältnis zu den betroffenen Interessen stehen. Im Rahmen der abstrakten Normenkontrolle auferlegt sich das Bundesgericht mit Rücksicht auf die aus dem Föderalismus und der Verhältnismässigkeit fliessenden Prinzipien eine gewisse Zurückhaltung. Dabei ist 1748

massgebend, ob der betreffenden Norm nach anerkannten Auslegungsregeln ein Sinn zugemessen werden kann, der sie mit dem angerufenen Verfassungsrecht vereinbar erscheinen lässt. Für die Beurteilung dieser Frage sind namentlich die Tragweite des Grundrechtseingriffs, die Möglichkeit, bei einer späteren konkreten Normenkontrolle einen hinreichenden verfassungsrechtlichen Schutz zu erhalten, sowie die Umstände, unter denen die betreffende Bestimmung zur Anwendung gelangen wird, von Bedeutung. Das Bundesgericht hebt die angefochtene Norm nur auf, wenn sie sich jeder verfassungskonformen Auslegung entzieht oder ihr Inhalt angesichts der Umstände mit einer gewissen Wahrscheinlichkeit zur Befürchtung Anlass gibt, sie werde in Zukunft verfassungswidrig ausgelegt. Das Bundesgericht übt auch Zurückhaltung, wenn besondere örtliche Umstände zu würdigen sind oder es um reine Ermessensfragen geht (BGE 135 I 233 E. 3.1 und E. 3.2).

1749 – **Zulässigkeit von Auflagen zur Fahrerlaubnis bei gleichzeitigem Warnungsentzug:** Vorliegend stellt sich die Frage, ob nach einer Tat (Fahren in angetrunkenem Zustand), die einen Warnungsentzug nach sich zieht, zusätzlich Auflagen zur Fahrerlaubnis verfügt werden dürfen. Die Verfügung vom 30. Jan. 2002 enthält Auflagen zum Führerausweis gestützt auf Art. 10 Abs. 3 aSVG. Nach verwaltungsrechtlichen Grundsätzen können Bewilligungen mit Nebenbestimmungen verbunden werden, wenn sie aufgrund des Gesetzes ansonsten verweigert werden könnten. Aus besonderen Gründen können Führerausweise befristet, beschränkt oder mit Auflagen verbunden werden. Dies ist nicht nur bei der Ausweiserteilung, sondern auch in einem späteren Zeitpunkt möglich, um Schwächen hinsichtlich der Fahrtauglichkeit zu kompensieren. Solche Auflagen zur Fahrberechtigung sind somit im Rahmen der Verhältnismässigkeit stets zulässig, wenn sie der Verkehrssicherheit dienen und mit dem Wesen der Fahrerlaubnis im Einklang stehen. Erforderlich ist, dass sich die Fahreignung nur mit dieser Massnahme aufrechterhalten lässt. Zudem müssen die Auflagen erfüll- und kontrollierbar sein. Dass ein Fahrzeuglenker zum Alkoholmissbrauch neigt, stellt einen besonderen Grund dar, der Auflagen rechtfertigt. Die Fahreignung solcher Lenker bedarf der besonderen Kontrolle. Daran vermag der Umstand nichts zu ändern, dass der Beschwerdeführer grundsätzlich über die Eignung verfügt, ein Fahrzeug zu lenken, weil keine Alkoholsucht im medizinischen Sinne besteht. Angesichts der festgestellten Gefahr des Alkoholmissbrauchs erscheint es verhältnismässig, wenn die kantonalen Behörden die Fahrerlaubnis von der Einhaltung einer kontrollierten Abstinenz abhängig machen. Es besteht keine mildere Massnahme, mit der gewährleistet werden könnte, dass der Beschwerdeführer nicht in fahruntüchtigem Zustand am Verkehr teilnimmt. Die betreffende Auflage ist daher als erforderlich zu werten. Auch der Umstand, dass sich diese teilweise auf einen Zeitraum hätte erstrecken sollen, in welchem ihm infolge des Warnungsentzugs die Fahrberechtigung entzogen war, ändert daran nichts. Die ihm auferlegte abstinente Lebensweise bezweckt nämlich eine nachhaltige Sicherstellung der Fahreignung (BGE 131 II 248 E. 6).

1750 – **Widerruf einer Bewilligung (Aufenthaltsbewilligung):** In jedem Fall rechtfertigt sich ein Widerruf bzw. die Nichtverlängerung der Bewilligung aber nur, wenn die jeweils im Einzelfall vorzunehmende Interessenabwägung die entsprechende Massnahme auch als verhältnismässig erscheinen lässt. Dabei sind namentlich die Schwere des Verschuldens, der Grad der Integration bzw. die Dauer der bisherigen Anwesenheit sowie die dem Betroffenen und seiner Familie drohenden Nachteile zu berücksichtigen. Die Notwendigkeit einer Verhältnismässigkeitsprüfung ergibt sich auch aus Art. 8 Ziff. 2 EMRK: Danach ist ein Eingriff in das von Art. 8 Ziff. 1 EMRK geschützte Familienleben dann statthaft, wenn er gesetzlich vorgesehen ist und eine Massnahme darstellt, die in einer demokratischen Gesellschaft für die nationale Sicherheit, die öffentliche Ordnung, das wirtschaftliche Wohl des Landes, die Verteidigung der Ordnung oder zur Verhinderung von strafbaren Handlungen, zum Schutz der Gesundheit und Moral sowie der Rechte und Freiheiten anderer notwendig erscheint. Bei der Interessenabwägung im Rahmen von Art. 8 Ziff. 2 EMRK sind die Schwere des begangenen Delikts, der seit der Tat vergangene Zeitraum, das Verhalten des Ausländers während dieser Periode, die Auswirkungen auf die primär betroffene Person sowie deren familiäre Situation zu berücksichtigen. Zudem sind die Dauer der ehelichen Beziehung und weitere Gesichtspunkte relevant, welche Rückschlüsse auf deren Intensität zulassen (Geburt und Alter allfälliger Kinder; Kenntnis der Tatsache, dass die

Beziehung wegen der Straftat unter Umständen nicht in der Schweiz gelebt werden kann). Von Bedeutung sind auch die Nachteile, welche dem Ehepartner oder den Kindern erwachsen würden, müssten sie dem Betroffenen in dessen Heimat folgen (BGE 135 II 377 E. 4.3).

- **Erteilung der aufschiebenden Wirkung im Submissionsrecht:** Im Unterschied zu Art. 55 1751 Abs. 1 VwVG sieht Art. 28 Abs. 1 BoeB vor, dass der Beschwerde von Gesetzes wegen keine aufschiebende Wirkung zukommt. Die aufschiebende Wirkung kann vom BVGer auf Gesuch hin erteilt werden (Art. 28 Abs. 2 BoeB). Im vorliegenden Fall enthält die Beschwerde ein solches Begehren. Das BoeB selbst nennt keine Kriterien, die für die Frage der Gewährung oder Verweigerung der aufschiebenden Wirkung zu berücksichtigen sind. Es können indes jene Grundsätze übernommen werden, die Rechtsprechung und Lehre zu Art. 55 Abs. 1 VwVG entwickelt haben. Danach ist anhand einer Interessenabwägung zu prüfen, ob die Gründe, die für eine sofortige Vollstreckbarkeit sprechen, gewichtiger sind als jene, die für die gegenteilige Lösung angeführt werden können. Dem öffentlichen Interesse ist dabei nicht von vornherein ein stärkeres Gewicht beizumessen. Dass der Gesetzgeber im BoeB den Suspensiveffekt in Abweichung zum VwVG nicht von Gesetzes wegen gewährte, zeigt nämlich bloss, dass er sich der Bedeutung dieser Anordnung im Submissionsrecht bewusst war und eine individuelle Prüfung dieser Frage als notwendig erachtete, nicht aber, dass er diesen nur ausnahmsweise gewährt haben wollte. Liegt ein Gesuch um Erteilung der aufschiebenden Wirkung vor, so ist im Sinne einer Prima-facie-Würdigung der materiellen Rechtslage in einem ersten Schritt zu prüfen, ob aufgrund der vorliegenden Akten davon auszugehen ist, dass die Beschwerde offensichtlich unbegründet ist. In vergleichbarer Weise berücksichtigt die Verwaltungspraxis auch in anderem Zusammenhang die mangelnden Erfolgsaussichten der Beschwerde, wenn diese klar zutage treten. Ist dies der Fall, so ist die anbegehrte aufschiebende Wirkung von vornherein nicht zu gewähren. Werden der Beschwerde hingegen Erfolgschancen zuerkannt oder bestehen darüber Zweifel, so ist über das Begehren um aufschiebende Wirkung aufgrund der erwähnten Interessenabwägung zu befinden. Ob in Zukunft im Rahmen derselben auch die überwiegend negative (oder positive) Erfolgsprognose berücksichtigt werden soll, wie dies in der Lehre gefordert wird, kann im vorliegenden Fall offenbleiben. Einzubeziehen sind nach der ständigen Praxis die Interessen der Beschwerdeführerin, die öffentlichen Interessen der Auftraggeberin sowie allfällige private Interessen Dritter, insbesondere der übrigen an einem Beschaffungsgeschäft Beteiligten (BVGE 2007/13 E. 2).

- **Durchsetzungshaft:** Die Durchsetzungshaft setzt ein «schwebendes Ausweisungsverfahren» 1752 voraus und ist nur zulässig, um den Vollzug einer rechtskräftigen Weg- oder Ausweisung sicherzustellen; sie kann – anders als die Ausschaffungshaft – bloss verfügt werden, falls die betroffene Person ihrer Ausreisepflicht innerhalb der ihr angesetzten Frist nicht selber freiwillig nachgekommen ist. Der Betroffene soll – nachdem während der Ausschaffungshaft sämtliche zumutbaren Abklärungen und Bemühungen an seinem Verhalten gescheitert sind – dazu bewegt werden, seiner gesetzlichen Pflicht zur Ausreise nachzukommen und hierfür mit den Behörden zu kooperieren. Wie alle staatlichen Massnahmen muss auch die Durchsetzungshaft verhältnismässig sein. Es ist jeweils aufgrund der konkreten Umstände zu klären, ob sie (noch) geeignet bzw. erforderlich ist und nicht gegen das Übermassverbot, d.h. das sachgerechte und zumutbare Verhältnis von Mittel und Zweck, verstösst. Dabei ist dem Verhalten des Betroffenen, den die Papierbeschaffung allenfalls erschwerenden objektiven Umständen (ehemalige Bürgerkriegsregion usw.) sowie dem Umfang der von den Behörden bereits getroffenen Abklärungen Rechnung zu tragen und zu berücksichtigen, wieweit der Betroffene es tatsächlich in der Hand hat, seine Festhaltung zu beenden, indem er seiner Mitwirkungs- bzw. Ausreisepflicht nachkommt. Im vorliegenden Fall haben die schweizerischen Behörden umfassende Abklärungen getätigt; der Beschwerdeführer gesteht selber zu, dass er über «Freunde» die für die Ausschaffung erforderlichen Unterlagen beschaffen könnte, weigert sich aber beharrlich, dies zu tun. Damit ist die angefochtene Haftverlängerung zur Durchsetzung seiner Wegweisung geeignet und erforderlich; es ist nicht auszuschliessen, dass er sich doch noch eines Besseren besinnen wird. Dass er sich bisher konsequent geweigert hat, seine Identität offenzulegen, kann nicht dazu führen, dass die Durchsetzungshaft nicht mehr geeignet wäre, dieses Ziel zu erreichen; die Haft könnte sonst umso weniger angeordnet werden, je renitenter sich die betroffene

Person verhält und je stärker sie versucht, ihre Ausschaffung zu hintertreiben (BGE 134 I 92 E. 2.3.2).

1753 – **Wiederherstellungsverfügung:** Auch bei Vorliegen einer materiellen Baurechtsverletzung rechtfertigt sich eine Abbruchverfügung erst dann, wenn sie notwendig ist und verhältnismässig erscheint. Die Notwendigkeit eines Eingriffes ergibt sich aus dem öffentlichen Interesse an der Einhaltung der verletzten Baurechtsvorschriften. Von der Anordnung der Beseitigung derartiger Bauten kann ausnahmsweise, bei Vorliegen besonderer Umstände, abgesehen werden. So kann der Abbruch nach der bundesgerichtlichen Praxis etwa unterbleiben, wenn die formell rechtswidrige Baute nachträglich bewilligt werden kann oder wenn die Abweichung vom Erlaubten nur unbedeutend ist oder kein ausreichendes öffentliches Interesse für die Beseitigung besteht, ebenso wenn der Bauherr in gutem Glauben angenommen hat, er sei zur Bauausführung ermächtigt, und der Beibehaltung des ungesetzlichen Zustandes nicht schwerwiegende öffentliche Interessen entgegenstehen. Der Schutz des Vertrauens rechtfertigt sich jedoch nur, wenn der Bauherr die ihm nach den Umständen zumutbare Sorgfalt und Aufmerksamkeit hat walten lassen. Wer trotz vorhandenen und sich nach objektiven Massstäben aufdrängenden Zweifeln über die Tragweite einer Baubewilligung ohne entsprechende Abklärungen bei der verfügenden Behörde Bauarbeiten vornimmt, kann sich gegenüber einem Abbruchbefehl nicht mit Erfolg auf den Schutz seines guten Glaubens berufen. Ferner ist das mildeste Mittel zur Erreichung des gesetzmässigen Zustandes zu wählen. Dementsprechend ist auf einen umfassenden Abbruch zu verzichten, wenn der gesetzmässige Zustand durch einen Teilabbruch erreicht werden kann. Werden die Notwendigkeit und die Verhältnismässigkeit im so verstandenen Sinne bejaht, erfolgt eine Abwägung zwischen den öffentlichen Interessen an der Durchsetzung der Zwangsmassnahme und den privaten Interessen am Festhalten am gesetzwidrigen Zustand. Auf diese Interessenabwägung kann verzichtet werden, wenn der Abbruchbefehl bereits an der Notwendigkeit bzw. der Verhältnismässigkeit im oben verstandenen Sinne scheitert. Zur Rüge, dass ein Abbruchbefehl nicht notwendig oder unverhältnismässig ist, werden sowohl der Gut- als auch der Bösgläubige zugelassen. Bösem Glauben wird erst bei der Interessenabwägung Rechnung getragen. Dies erhellt aus dem Umstand, dass auch der Bösgläubige vor nicht notwendigen und unverhältnismässigen Verwaltungshandlungen geschützt werden soll. Folglich ist das Verhalten, das zum Abbruchbefehl geführt hat, erst bei der Interessenabwägung angemessen zu berücksichtigen. Bei materiell rechtswidrigen Bauten darf höchstens dann von einem Abbruchbefehl abgesehen werden, wenn die Abweichung sehr geringfügig ist und die berührten allgemeinen Interessen den aus dem Abbruch für den Eigentümer erwachsenden Schaden nicht zu rechtfertigen vermögen (VerwG GR vom 12. April 2010, R-10-4, E. 2).

b) Eingriffs- und Leistungsverwaltung

aa) Allgemeines

1754 Der Grundsatz der Verhältnismässigkeit ist **primär auf die Eingriffsverwaltung** zugeschnitten (für das Polizeirecht z.B. BGE 136 I 87 E. 3.2, 133 I 77 E. 4.1, 132 I 49 E. 7.2). In der **Leistungsverwaltung** ist das Verhältnismässigkeitsprinzip insbesondere dann von Bedeutung, wenn **Leistungen mittels Sanktionen** gekürzt werden (VerwG ZH vom 2. Juni 2005, VB.2005.00148, E. 5.1), ein **Ausschluss von Leistungen** droht (BGE 129 I 12 E. 9 [disziplinarischer Schulausschluss]), Personen **keinen Zugang** zu Leistungen haben (BGE 130 I 26 E. 6.3.4), **positive Fördermassnahmen Grundrechte Dritter tangieren** (BGE 131 II 361 E. 5.3, 125 I 21 E. 3, 123 I 152 E. 7b [Quotenregelungen]) oder sonstwie durch die **Leistungsverweigerung Grundrechte betroffen** sind (BGE 126 V 334 E. 2d, 119 V 255 E. 4, 113 V 22 E. 4d [faktische Beschränkung der Niederlassungsfreiheit durch Nichtgewährung von Fortbewegungsmittel]).

Praxis:

- 1755 **Anspruch auf berufliche Umschulungsmassnahmen (vom Polymechaniker zum Journalisten):** Die Eingliederungsmassnahme der erstmaligen beruflichen Ausbildung (Art. 16 Abs. 1 IVG) unterliegt den allgemeinen Anspruchsvoraussetzungen des Art. 8 Abs. 1 IVG. Sie hat somit neben den dort ausdrücklich genannten Erfordernissen der Geeignetheit und Notwendigkeit auch demjenigen der Angemessenheit (Verhältnismässigkeit im engeren Sinne) als drittem Teilgehalt des Verhältnismässigkeitsgrundsatzes zu genügen. Die versicherte Person hat in der Regel nur Anspruch auf die dem jeweiligen Eingliederungszweck angemessenen, notwendigen Massnahmen, nicht aber auf die nach den gegebenen Umständen bestmöglichen Vorkehren. Denn das Gesetz will die Eingliederung lediglich so weit sicherstellen, als diese im Einzelfall notwendig, aber auch genügend ist. Ferner muss der voraussichtliche Erfolg einer Eingliederungsmassnahme in einem vernünftigen Verhältnis zu ihren Kosten stehen. Diese Vorgabe ist Ausdruck des Verhältnismässigkeitsprinzips als Forderung nach einem angemessenen Verhältnis zwischen Leistungsaufwand und angestrebtem Eingliederungsziel. Eine Kostenbeteiligung der Invalidenversicherung setzt demnach voraus, dass die berufliche Eingliederungsmassnahme in sachlicher, zeitlicher, finanzieller und persönlicher Hinsicht angemessen ist: Die Massnahme muss daher ein bestimmtes Mass an Eingliederungswirksamkeit aufweisen, d.h. die versicherte Person muss in die Lage versetzt werden, wenigstens einen Teil ihres Unterhaltes selbst zu decken (sachliche Angemessenheit); der Eingliederungserfolg muss sodann von Dauer sein (zeitliche Angemessenheit) und in einem vernünftigen Verhältnis zu den Kosten der Massnahme stehen (finanzielle Angemessenheit) und schliesslich muss die Massnahme der versicherten Person unter Berücksichtigung ihrer persönlichen Verhältnisse zumutbar sein. Wird eine zwar grundsätzlich geeignete, zur Eingliederung aber nicht unerlässliche Ausbildung gewählt, hat die versicherte Person für die dabei entstehenden Mehrkosten selber aufzukommen. Auch wenn die subjektiven Neigungen, Fähigkeiten und Begabungen der versicherten Person bei der primär nach objektiven Gesichtspunkten zu beurteilenden Frage, ob eine notwendige und geeignete Eingliederungsmassnahme beruflicher Art gegeben ist, mitzuberücksichtigen sind, ist in erster Linie ausschlaggebend, welche erwerblichen Möglichkeiten ihr aufgrund einer bestimmten beruflichen Eingliederungsmassnahme konkret offenstehen. Die Vorinstanz hat zu Recht erwogen, es sei nicht ersichtlich, wieso ein Berufswechsel vom Polymechaniker zum Journalisten notwendig und geeignet sei. Aus medizinischer Sicht ist kein Grund ersichtlich, weshalb dem Versicherten die bisherige Arbeit als Polymechaniker an sich nicht zumutbar sein soll. Auch angesichts der Kosten erscheint eine Ausbildung zum Journalisten nicht als einfach und zweckmässig (BGer vom 6. Okt. 2008, 8C_812/2007, E. 7 und E. 8).
- 1756 **Positive Massnahmen zu Gunsten von Frauen (Quoten):** Im Urner Entscheid präzisierte das Bundesgericht in Übereinstimmung mit der Mehrheit der Lehre, dass mit positiven Massnahmen, die vom Gesetzgeber gestützt auf Art. 4 Abs. 2 Satz 2 aBV (Art. 8 Abs. 3 Satz 2 BV) vorgesehen werden können, nicht nur Massnahmen gemeint sind, welche die notwendigen Grundvoraussetzungen für eine Chancengleichheit der Geschlechter («Gleichheit der Startbedingungen») schaffen, sondern auch diejenigen, mit denen eine «Ergebnisgleichheit» angestrebt wird (BGE 125 I 21 E. 3 d/aa). Somit schloss dieser Entscheid Quotenregelungen als Massnahme der Frauenförderung nicht von vornherein aus, obwohl sie mit dem grundsätzlich absoluten Verbot der Diskriminierung aufgrund des Geschlechts in Konflikt geraten können (Art. 8 Abs. 3 Satz 1). Das Spannungsfeld, das zwischen dem Erfordernis der formalrechtlichen Gleichstellung einerseits und den gesetzgeberischen Massnahmen zur Verwirklichung der materiellen Gleichstellung der Geschlechter anderseits entstehen kann, muss nach dem Prinzip der praktischen Konkordanz aufgelöst werden, wonach beiden Aspekten des Gleichstellungsgrundsatzes der gleiche verfassungsmässige Stellenwert zukommt und in einer bestimmten Situation nach einer Abwägung der Interessen und unter Berücksichtigung aller Umstände des konkreten Falls zu entscheiden ist (Situation der Frauen und Männer im betreffenden Bereich, Interesse und Dringlichkeit, Massnahmen zu ergreifen, Natur, Intensität, Wirksamkeit, Dauer der in Frage kommenden Massnahmen, Möglichkeit, sie durch andere, weniger einschneidende, aber ebenso wirksame Massnahmen zu ersetzen usw.). So betrachtet ist die Verfassungsmässigkeit von positiven Massnahmen eng mit der Prüfung des Verhältnismässigkeitsprinzips mit seinen

drei Aspekten (Angemessenheit, Erforderlichkeit und Verhältnismässigkeit im engeren Sinne der fraglichen Massnahme) verbunden. Bei der Prüfung der Verhältnismässigkeit, die das Bundesgericht im Solothurner und beim Urner Fall vorzunehmen hatte, unterschied es sorgfältig zwischen flexiblen oder leistungsbezogenen Quoten, bei denen Frauen mit Qualifikationen, die gleich oder gleichwertig wie diejenigen der Männer sind, den Vorrang erhalten, und strikten oder starren Quoten, bei denen Frauen unabhängig von ihrer Qualifikation allein wegen ihres Geschlechts bevorzugt werden. Im Solothurner Fall hat das Bundesgericht strikte Quoten mit dem Verhältnismässigkeitsprinzip (im engeren Sinne) als nicht vereinbar beurteilt. Im Urner Fall hielt das Bundesgericht die angefochtene Volksinitiative für verfassungsmässig, soweit sie den politischen Parteien vorschrieb, auf den Listen für die direkte Volkswahl ebenso viele Frauen wie Männer aufzustellen, insbesondere weil eine solche Quote die Wahlfreiheit der Bürger nicht stark beeinträchtigte und weil sie nicht verhinderte, die Eignung der Kandidaten zu berücksichtigen. Nach der Rechtsprechung ist somit die Unterscheidung zwischen strikten und flexiblen Quoten entscheidend, um die Verhältnismässigkeit solcher Massnahmen zu beurteilen. Quotenregelungen aufgrund des Geschlechts sind als Frauenförderungsmassnahme i.S.v. Art. 8 Abs. 3 Satz 2 BV zulässig, solange sie geeignet sind, den beabsichtigten Zweck zu erreichen, d.h. die tatsächliche Gleichstellung (Angemessenheits- oder Geeignetheitsregel) zu erreichen, solange sie das am wenigsten einschneidende Mittel darstellen, um zu diesem Ziel zu gelangen, insbesondere bezüglich der Situation der Männer oder anderer in ihren Grundrechten ebenfalls berührten Personen (Erforderlichkeitsregel) und solange sie als vernünftige Massnahme erscheinen, den beabsichtigten Zweck angesichts der auf dem Spiele stehenden Interessen zu erreichen (Verhältnismässigkeit im engeren Sinne). Strikte Quotenregelungen können angesichts der Schwere der Verletzung des formellen Diskriminierungsverbots aufgrund des Geschlechts kaum zulässig sein (BGE 131 II 361 E. 5.3 und E. 5.4).

1757 – **Vorübergehender Schulausschluss aus disziplinarischen Gründen:** Bestritten ist im Weiteren die Verhältnismässigkeit des möglichen Ausschlusses. Den Beschwerdeführern ist darin zuzustimmen, dass der vorübergehende Schulausschluss als disziplinarische Massnahme aus pädagogischer und jugendpsychologischer Sicht in Fachkreisen umstritten ist. Auch wenn Fachleute aus dieser spezifischen Sicht Bedenken anmelden, kann davon ausgegangen werden, dass der vorübergehende Schulausschluss grundsätzlich zulässig und geeignet ist, um eine gestörte Schulordnung wiederherzustellen und um das angestrebte Ziel, der Schule die Erfüllung ihrer Aufgabe gegenüber den anderen Schülern wieder zu ermöglichen, zu erreichen. Ob ein Ausschluss auch erforderlich ist, kann nur im Einzelfall beurteilt werden; die Frage stellt sich im Verfahren der abstrakten Normenkontrolle bloss insoweit, als Situationen denkbar sein müssen, in denen das Kriterium der Erforderlichkeit grundsätzlich als erfüllt zu gelten hat. Solche (Extrem-)Situationen sind vorstellbar. Die Möglichkeit eines vorübergehenden Schulausschlusses sehen denn auch 19 Kantone in der einen oder anderen Form vor. Unter dem Gesichtspunkt der Verhältnismässigkeit ist nach Möglichkeit zunächst die jeweils weniger einschneidende Massnahme zu treffen. Der vorübergehende Ausschluss aus disziplinarischen Gründen ist daher erst zulässig, wenn weniger weit gehende Massnahmen, verbunden mit der Androhung des Ausschlusses, nicht den gewünschten Erfolg gezeigt haben, es sei denn, der Disziplinarverstoss sei so schwer, dass der fehlbare Schüler untragbar für die Schule geworden ist und diese, sofern der Schüler nicht entfernt wird, ihre Aufgabe nicht mehr richtig erfüllen kann. Der Ausschluss kommt somit nur als letzte und schärfste Massnahme (ultima ratio) infrage. Auch seine Dauer muss der Situation angemessen sein. Ein vorübergehender Ausschluss von der Schule muss sodann der Erziehungs- und Unterstützungsaufgabe untergeordnet werden, die dem Gemeinwesen gegenüber dem Kind ebenfalls obliegt. Diesen Anspruch gilt es bei einem Ausschluss vom Unterricht zusätzlich zu berücksichtigen. In der Regel hat dies durch die Gewährleistung einer Weiterbetreuung des ausgeschlossenen Schülers durch geeignete Personen oder Institutionen zu geschehen. In diesem Sinne bestimmt Art. 18 Abs. 1 des Volksschulgesetzes, dass Kinder, die nicht in Regelklassen oder besonderen Klassen geschult werden können, in Sonderschulen oder Heimen geschult werden müssen oder auf andere Weise Pflege, Erziehung, Förderung und angemessene Ausbildung erhalten (BGE 129 I 12 E. 9).

– **Gesuch um Abgabe eines neuen Automobils wegen Umzugs an einen anderen Ort:** Der Versicherte leidet seit 1966 als Folge eines Motorradunfalles an Paraplegie. Seit 1972 arbeitet er als Uhrmacher in Biel. Mit Verfügung vom 9. Feb. 1972 hatte ihm die Ausgleichskasse des Kantons Waadt Amortisations- und Reparaturkostenbeiträge für das Motorfahrzeug zugesprochen, welches er damals für die Überwindung des Arbeitsweges von Yvonand nach Biel benutzte. Nachdem er seinen Wohnsitz nach Biel/Mett (rund 1,7 km vom Arbeitsort entfernt) verlegt hatte, gewährte ihm die Ausgleichskasse mit unangefochten gebliebener Verfügung vom 21. Sept. 1979 Amortisations- und Reparaturkostenbeiträge für einen Elektrofahrstuhl, dies mit Wirkung ab 1. Jan. 1978. Im Jahr 1982 erwarb er ein kleineres altes Bauernhaus in Gerolfingen (Gemeinde Täuffelen). Er liess es umbauen und bezog es am 1. Feb. 1984. Dadurch verlängerte sich der Arbeitsweg von 1,7 km auf etwa 12 km. Am 13. Nov. 1984 ersuchte er die Invalidenversicherung um Abgabe eines neuen Automobils, da das bisher benutzte bei der nächsten Kontrolle nicht mehr zugelassen werden dürfte. Mit Verfügung vom 31. Mai 1985 lehnte die Ausgleichskasse des Kantons Bern das Begehren ab. Das Bundesgericht heisst die Beschwerde gut. Erwägungen: Grundrechtliche Überlegungen gebieten, die bisherige Abgrenzung der zumutbaren Schadenminderungspflicht des Versicherten von der Leistungspflicht der Invalidenversicherung zu überprüfen. Die Niederlassungsfreiheit verbürgt das Recht auf freie Wahl des Wohnsitzes; die Wirtschaftsfreiheit umfasst u.a. das Recht auf freie Wahl des Arbeitsortes. Die Ablehnung von Versicherungsleistungen auf der Grundlage der prioritären Schadenminderungspflicht des Versicherten stellt nun zwar keinen Grundrechtseingriff im herkömmlichen Sinne dar, weil dem Leistungsansprecher dadurch nicht untersagt wird, den Wohnsitz oder Arbeitsort – auf eigene Kosten oder unter Inanspruchnahme Dritter – zu verlegen. Doch kann die Ablehnung der Versicherungsleistungen die Wohnsitzverlegung erschweren oder verunmöglichen, wodurch der Versicherte in der Wahrnehmung seiner Grundrechte mittelbar beeinträchtigt wird; es kann daraus eine faktische Grundrechtsverletzung resultieren. Dies belegt die Einsicht, dass nicht nur Eingriffs-, sondern auch Leistungshandeln des Staates grundrechtsrelevant ist, was die neuere bundesgerichtliche Rechtsprechung anerkennt. Das bedeutet nach der bundesgerichtlichen Rechtsprechung nicht, dass der Versicherte durch Berufung auf seine Grundrechte direkt Leistungsansprüche gegenüber dem Staat geltend zu machen vermag. Anerkanntermassen ist aber bei der Auslegung sozialversicherungsrechtlicher Leistungsnormen sowie bei der Ermessungsüberprüfung den Grundrechten und verfassungsmässigen Grundsätzen Rechnung zu tragen. Bei den Anforderungen, welche unter dem Titel der Schadenminderung an den Versicherten gestellt werden, darf sich daher die Verwaltung nicht einseitig vom öffentlichen Interesse an einer sparsamen und wirtschaftlichen Versicherungspraxis leiten lassen, sondern sie hat auch die grundrechtlich geschützten Betätigungsmöglichkeiten des Leistungsansprechers in seiner Lebensgestaltung angemessen zu berücksichtigen. Welchem Interesse der Vorrang zukommt, kann nicht generell entschieden werden. Als Richtschnur gilt, dass die Anforderungen an die Schadenminderungspflicht zulässigerweise dort strenger sind, wo eine erhöhte Inanspruchnahme der Invalidenversicherung in Frage steht. Dies trifft beispielsweise zu, wenn der Verzicht auf schadenmindernde Vorkehren Rentenleistungen auslösen oder zu einer grundlegend neuen Eingliederung Anlass geben würde. Unter solchen Voraussetzungen kann die Verlegung oder Beibehaltung des Wohnsitzes oder des Arbeitsortes nach wie vor, auch bei Berücksichtigung grundrechtlicher Gesichtspunkte, eine zumutbare Massnahme der Schadenminderung sein. Wo es hingegen um die Zusprechung oder Anpassung einzelner Eingliederungsleistungen im Rahmen neuer Verhältnisse geht, welche auf grundrechtlich geschützte Betätigungen des Versicherten zurückzuführen sind, ist bei der Berufung auf die Schadenminderungspflicht Zurückhaltung geboten. Vorbehalten bleiben Fälle, in denen die Dispositionen des Versicherten nach den Umständen als geradezu unvernünftig oder rechtsmissbräuchlich betrachtet werden müssen. Im Lichte dieser Grundsätze kann dem Beschwerdeführer der Anspruch auf die streitigen Beiträge nicht abgesprochen werden. Es hiesse den Grundsatz der Schadenminderung überspannen, wenn ihm als knapp 40-jährigem Teilerwerbstätigen der Anspruch auf die Beiträge für sein Auto mit dem Argument verweigert würde, es sei ihm zumutbar, während der ganzen verbleibenden Aktivitätsdauer von über 20 Jahren in Biel wohnhaft zu bleiben. Die Verlegung des Wohnsitzes nach dem rund 12 km entfernten Gerolfingen ist aber auch deswegen kein Verstoss gegen die Schadenminderungspflicht, weil der Beschwerdeführer 1758 angesichts seiner Behinderung unbestrittenerweise bei jeder Distanz zwischen Wohn- und Arbeitsort auf ein Motorfahrzeug mit Automat angewiesen ist (BGE 113 V 22 E. 4 d und E. 4e).

bb) Sozialversicherungsleistungen insbesondere

1759 Grundsätzlich sind auch **Leistungen im Bereich der Sozialversicherungen** am Verhältnismässigkeitsprinzip zu messen: Die **obligatorische Krankenpflegeversicherung** übernimmt Leistungen nur dann, wenn die Massnahmen wirksam, zweckmässig und wirtschaftlich sind; die Leistungserbringer haben sich in ihren Leistungen auf das Mass zu beschränken, das im Interesse der Versicherten liegt und für den Behandlungszweck erforderlich ist (BGE 135 V 237 E. 4.6.1, 133 V 115 E. 3.1). Das **Wirtschaftlichkeitserfordernis** im Sinne von Art. 32 Abs. 1 KVG bezieht sich nach der Rechtsprechung auf die Wahl unter mehreren zweckmässigen Behandlungsalternativen: Bei vergleichbarem medizinischem Nutzen ist die kostengünstigste Variante bzw. diejenige mit dem besten Kosten-/Nutzen-Verhältnis zu wählen (BGE 130 V 532 E. 2.2, 127 V 43 E. 2b, 124 V 196 E. 3, 121 V 216 E. 2a/bb). Unter dem allgemeinen Gesichtspunkt der Verhältnismässigkeit, die für das gesamte Staatshandeln gilt (Art. 5 Abs. 2 BV), ist eine Leistung zu verweigern, wenn zwischen Aufwand und Heilerfolg ein grobes Missverhältnis besteht (BGE 136 V 395 E. 7.4, 120 V 121 E. 4b, 118 V 107 E. 7b, 109 V 41 E. 3).

1760 Jede **Hilfsmittelversorgung** unterliegt als **Eingliederungsmassnahme** den Anspruchsvoraussetzungen des Art. 8 Abs. 1 IVG. Sie hat neben den dort ausdrücklich genannten Erfordernissen der Geeignetheit und Notwendigkeit auch demjenigen der Zumutbarkeit als drittem Teilgehalt des Verhältnismässigkeitsgrundsatzes zu genügen. Die Abgabe eines Hilfsmittels hat in einem angemessenen Verhältnis zum angestrebten Eingliederungsziel zu stehen und ein bestimmtes Mass an Eingliederungswirksamkeit aufzuweisen; sodann muss gewährleistet sein, dass der angestrebte Eingliederungserfolg voraussichtlich von einer gewissen Dauer ist; des Weiteren muss der zu erwartende Erfolg in einem vernünftigen Verhältnis zu den Kosten der konkreten Eingliederungsmassnahme stehen; schliesslich muss die konkrete Massnahme dem Betroffenen auch zumutbar sein (BGE 132 V 215 E. 3.2.2, 130 V 488 E. 4.3.2).

Praxis:

1761 Das Bundesgericht hat im sogenannten **Myozyme-Entscheid** seine bisherige Rechtsprechung zusammengefasst (BGE 136 V 395 E. 7). Als **verhältnismässig** betrachtet wurden:

1762 – Behandlungskosten von Fr. 8'000.– bis Fr. 30'000.– für eine Daumenrekonstruktion bei einem 24-jährigen Bauführer, wodurch die Funktionstüchtigkeit der Hand im gesamten Lebensbereich verbessert wurde, wenn auch voraussichtlich in geringem Ausmass (BGE 109 V 41 E. 3).

1763 – Kosten von Fr. 532.70 für eine rund dreimonatige Methadontherapie (BGE 118 V 107 E. 7b).

1764 – Kosten von Fr. 6'000.– für eine Physiotherapie nach Bobath, mit welcher die Auswirkungen eines Downsyndroms gelindert werden konnten (BGE 119 V 446 E. 3).

1765 – Kosten von Fr. 15'300.– für eine Geschlechtsumwandlungsoperation (BGE 114 V 153 E. 4b).

1766 – Kosten von Fr. 60'000.– bis Fr. 80'000.– für eine Herztransplantation bei einer 46-jährigen Person (BGE 114 V 258 E. 4c/cc).

- Kosten von ca. Fr. 26'000.– für eine Therapie, die das Leben um rund ein Jahr verlängerte (BGE 130 V 532 ff., wobei dies nicht explizit aus dem bundesgerichtlichen Urteil, sondern aus dem vorinstanzlichen Entscheid hervorgeht). 1767
- Kosten von rund Fr. 39'000.– für eine computergesteuerte Kniegelenksprothese als Hilfsmittelversorgung (BGE 132 V 215 E. 4). 1768

Demgegenüber hat das Bundesgericht verschiedene Massnahmen als **nicht mehr verhältnismässig** beurteilt: 1769

- Eine an sich geeignete und zur Verbesserung des Zustands notwendige, aber komplizierte, kostspielige und riskante Handoperation; diese ist angesichts des geringfügigen Defektzustands unwirtschaftlich und deshalb unverhältnismässig (BGer vom 16. Dez. 1982, U 77/81). 1770
- Im Bereich der Pflegefinanzierung für Spitex-Leistungen wird als obere Grenze der Verhältnismässigkeit ein Aufwand bezeichnet, der ca. 3,5 mal höher liegt als der Aufwand in einem Pflegeheim und in absoluten Zahlen gegen Fr. 100'000.– pro Jahr beträgt (BGE 126 V 334 E. 3b). 1771
- Unwirtschaftlich sind Kosten, die vier- bis fünfmal höher sind als diejenigen im Pflegeheim und absolut über Fr. 100'000.– pro Jahr betragen (BGer vom 11. Mai 2004, K 95/03, E. 3.2). 1772
- Im Urteil 9C_56/2008 ging es um eine Therapie, die im Einzelfall Fr. 50'000.– bis Fr. 70'000.– kostete; unter Berücksichtigung der Behandlungswirksamkeit (Number Needed to Treat [NNT]) errechnete das Bundesgericht, dass zwischen Fr. 1,85 Mio. und Fr. 3,85 Mio. ausgegeben werden müssten, um ein Menschenleben zu retten, was als schlechtes Kosten-Wirksamkeitsverhältnis betrachtet wurde (E. 3.8). Selbst bei besserem Kosten-Nutzen-Verhältnis scheine die Bejahung eines hohen therapeutischen Nutzens fraglich (BGer vom 6. Okt. 2008, 9C_56/2008, E. 3.10). 1773
- Kosten in der Höhe von rund Fr. 750'000.– bis Fr. 900'000.– für eineinhalb Jahre zur Behandlung von Morbus Pompe mit dem Medikament Myozyme, zumal die betreffenden Kosten nicht verallgemeinerungsfähig wären (BGE 136 V 395 E. 7.8). 1774
- Die Anschaffung eines Vertikallifts im Sinne eines Schachtlifts in der Höhe von Fr. 104'327.– fällt mangels Verhältnismässigkeit ausser Betracht, zumal kostengünstigere Alternativen bestanden haben (BGer vom 20. Feb. 2008, 9F_3/2007, E. 5). 1775

c) Informationsverwaltung

Informationen wie Warnungen, Empfehlungen, Erläuterungen oder Stellungnahmen haben sich dann an den Grundsatz der Verhältnismässigkeit zu halten, wenn sie geeignet sind, in Grundrechte einzugreifen oder wenn sie schützenswerte Interessen Privater tangieren (BGE 128 II 340 E. 4 = Pra 91 [2002] Nr. 205, betr. Vollzugsempfehlungen des BUWAL betr. die Qualifikation eines Raumes als OMEN bei der Strahlenmessung einer Mobilfunkantenne; BGE 126 II 126 E. 5b/aa, betr. Übermittlung von Informationen im Rahmen der Amtshilfe; dazu auch BVGer vom 3. Mai 2011, B-934/2011, E. 5.2; vom 15. Feb. 2010, B-7107/2009, E. 5.1]; zum Ganzen PIERRE TSCHANNEN, Amtliche Warnungen und Empfehlungen, ZSR 1999 II, S. 412 ff. und S. 431 f.). Nach der bundesgerichtlichen Rechtsprechung zu Art. 34 Abs. 2 BV können **behördliche Informationen im Vorfeld von Sachabstimmungen** dann in unzulässiger Weise die Willensbildung der Stimmberechtigten beeinflussen, wenn die Behörden nicht mehr sachlich, objektiv oder zurückhaltend informieren oder bedeutend mehr finanzielle Mittel als die Gegner aufwenden bzw. sich verwerflicher Mittel wie politischer Propaganda bedienen (BGE 138 I 61 E. 6.2, 135 I 292 E. 4.2, 130 I 290 E. 3.2, 121 I 138 E. 3). 1776

Praxis:

1777 – **Laufental-Abstimmung:** Der Regierungsrat des Kantons Bern hat über ein privates Pro-Bern-Komitee («Aktion Bernisches Laufental») die Abstimmung im Laufental über seine Kantonsgehörigkeit zu beeinflussen versucht. Dieses Komitee, welches eigentliche politische Propaganda betrieb, wurde verdeckt mit relativ massiven Geldmitteln unterstützt. Das Bundesgericht heisst eine Beschwerde gegen das Abstimmungsergebnis gut und hebt die Abstimmung auf. Erwägungen: Die Freiheit der Meinungsbildung schliesst grundsätzlich jede direkte Einflussnahme der Behörden aus, welche geeignet wäre, die freie Willensbildung der Stimmbürger im Vorfeld von Wahlen und Abstimmungen zu verfälschen. Eine solche unerlaubte Beeinflussung liegt etwa dann vor, wenn die Behörde, die zu einer Sachabstimmung amtliche Erläuterungen verfasst, ihre Pflicht zu objektiver Information verletzt und über den Zweck und die Tragweite der Vorlage falsch orientiert. Eine unerlaubte Beeinflussung der Stimmbürger kann ferner vorliegen, wenn die Behörde in unzulässiger Weise in den Abstimmungskampf eingreift und entweder positive, zur Sicherung der Freiheit der Stimmbürger aufgestellte Vorschriften missachtet oder sich sonst wie verwerflicher Mittel bedient. Als verwerflich gilt unter anderem, wenn eine Behörde mit unverhältnismässigem Einsatz öffentlicher Mittel in den Abstimmungskampf eingreift. Ferner ist politische Propaganda seitens der Behörden verpönt. Bei der Intervention des Regierungsrates des Kantons Bern handelte es sich nun aber keinesfalls mehr um objektive und sachliche Information, sondern um klare Werbung. Es wurden nicht nur objektiv und sachlich Grundlagen geliefert und mit der einer Behörde auferlegten Zurückhaltung Empfehlungen abgegeben, sondern durch die «Aktion Bernisches Laufental» in der Art privater, politischer Werbung Schlagworte und Abstimmungsparolen vertreten, womit die Stimmbürger hätten überzeugt werden sollen, ein Nein in die Urne zu legen. Nach dem Gesagten ist aber solche politische Propaganda unzulässig. Ferner ist die Einflussnahme verdeckt erfolgt. Die zur Diskussion stehenden Mittel, die der bernische Regierungsrat der «Aktion Bernisches Laufental» hatte zukommen lassen (insgesamt rund Fr. 330'000.–) stammten aus einer Quelle, über deren Mittel nicht öffentlich abgerechnet wurde. Die Geldentnahme wurde in der Öffentlichkeit nicht nur nicht zugegeben, sondern sogar noch abgestritten. Eine derartige Unterstützung ist jedenfalls verwerflich, weil sie heimlich, d.h. für die Stimmbürger nicht erkennbar und ohne demokratische Kontrolle erfolgt. Solches Vorgehen bewirkt in hohem Masse die Gefahr, dass die demokratische Willensbildung verfälscht wird. Dazu kommt, dass auch finanzielle Leistungen an Abstimmungskämpfe im Allgemeinen einer gesetzlichen Grundlage bedürfen, weil nur so die demokratische Legitimation gewährleistet ist und auch die Minderheiten entsprechend zum Wort kommen. Für die Zahlungen in der Höhe von rund Fr. 330'000.–, die der Regierungsrat der «Aktion Bernisches Laufental» verdeckt überwiesen hatte, fehlt eine gesetzliche Grundlage. Der Einsatz öffentlicher Gelder für die «Aktion Bernisches Laufental» war auch unverhältnismässig. Rund 75 % der Gelder des Komitees wurden durch den Kanton Bern finanziert. Dieser Betrag erscheint unverhältnismässig hoch. Auch ist nicht zu übersehen, dass es der «Aktion Bernisches Laufental» ohne die massive finanzielle Unterstützung durch den bernischen Regierungsrat gar nicht möglich gewesen wäre, die aufwendige Abstimmungspropaganda durchzuführen (BGE 114 Ia 427 E. 4a und E. 6).

3. Eignung

a) Allgemeines

1778 Das **Gebot der Verhältnismässigkeit** verlangt, dass eine behördliche Massnahme für das Erreichen des im öffentlichen oder privaten Interesse liegenden Zieles überhaupt **dienlich und zwecktauglich** ist. Ungeeignet ist eine Massnahme erst dann, wenn sie am Ziel geradezu vorbeischiesst, das heisst keinerlei Wirkungen im Hinblick auf den angestrebten Zweck entfaltet oder die Erreichung dieses Zieles sogar erschwert oder verhindert; zu prüfen ist somit die sog. **Zwecktauglichkeit** oder eben die **Eignung**

einer Massnahme (BGE 136 I 1 E. 4.3.2, 130 I 140 E. 5.3.6, 128 II 292 E. 5.1, 126 I 112 E. 5b; BVGer vom 24. Nov. 2010, A-3298/2010, E. 3.6; vom 17. Sept. 2010, B-4137/2010, E. 7.2; vom 2. Juni 2010, B-6848/2008, E. 6.1; vom 16. Dez. 2009, A-318/2009, E. 7; vom 7. Okt. 2009, B-738/2009, E. 8.1; vom 30. April 2008, B-7370/2007, E. 8.1.2; VerwG ZH vom 25. Juni 2008, VB.2008.00125, E. 6.1.1). In der **Leistungsverwaltung** ist eine Massnahme dann als geeignet zu betrachten, wenn sie im Hinblick auf den angestrebten **Nutzen** zumindest einen gewissen Beitrag zu leisten vermag (BGE 133 V 115 E. 3.1 [medizinische Leistung im Rahmen der obligatorischen Krankenpflegeversicherung]).

Praxis:

- Gemäss **Art. 27 Abs. 2 VwVG** darf das **Einsichtsrecht** aus überwiegenden privaten oder öffentlichen Interessen lediglich so weit beschränkt werden, als effektiv Geheimhaltungsgründe bestehen. Auf ein Aktenstück, in welches die Einsichtnahme im Sinne von Art. 27 VwVG verweigert respektive eingeschränkt wurde, darf sodann gemäss Art. 28 VwVG zum Nachteil der Partei nur abgestellt werden, wenn ihr die Behörde von seinem für die Sache wesentlichen Inhalt mündlich oder schriftlich Kenntnis und ihr ausserdem Gelegenheit gegeben hat, sich zu äussern und Gegenbeweismittel zu bezeichnen. Bestehen bezüglich der betreffenden Akten gewichtige Geheimhaltungsinteressen, sind diese Interessen grundsätzlich geeignet, die Akteneinsicht einzuschränken. Vorliegend handelt es sich dabei um das genaue Vorgehen und die Prüfungspunkte bei einer internen Dokumentenanalyse und um zwei Gutachten, mit deren Hilfe Erkenntnisse über den Sozialisierungsort des Beschwerdeführers gewonnen werden sollten (BVGer vom 17. Feb. 2010, D-260/2008, E. 5.2-5.4). 1779
- **Kontrollen elektrischer Niederspannungsinstallationen** erweisen sich sowohl im Aussen- wie auch im Innenbereich von Gebäuden als geeignet, dem öffentlichen Interesse zum Schutz von Personen und Sachen vor Gefahren der Elektrizität gerecht zu werden. Der Vorschlag der Beschwerde führenden Parteien, nur Teile der elektrischen Installationen kontrollieren zu lassen, wobei insbesondere diejenigen nicht, welche sich in den Wohnräumen befänden, erweist sich als nicht geeignet. Wohl wäre dies ein milderes Mittel, allerdings würde damit die Sicherheit nur für einen Teil der elektrischen Installationen gewährleistet und für den anderen nicht (BVGer vom 25. Nov. 2008, A-4114/2008, E. 4.6.1). 1780
- Ein **Nachtarbeitsverbot an Tankstellenshops** ist nach Auffassung des Bundesverwaltungsgerichts eine geeignete Massnahme. Denn die Arbeitgeberin hat mittels tauglichen, sich im Rahmen des Gesetzes bewegender Massnahmen dafür zu sorgen, dass das in der Nacht für die Bedienung der Tankstelle und des gastgewerblichen Teils der Tankstation angestellte Personal umfassend geschützt ist (BVGer vom 7. Okt. 2009, B-738/2009, E. 8.3; vgl. auch BGE 136 II 427 ff.). 1781
- Als **nicht geeignet** erweist sich eine **Massnahme zur Verkehrsberuhigung** (Fahrverbot auf einer Gemeindestrasse, welche zwei Ortschaften verbindet), wenn nicht abgeklärt ist, welche Auswirkungen das betreffende Fahrverbot auf die Verkehrszunahme auf den restlichen Strassen der betreffenden Umgebung haben wird (VerwG SO vom 23. Jan. 2006, in: SOG 2006 Nr. 25 E. 5d). 1782
- **Rodungsmassnahmen im Zusammenhang mit der Feuerbrandbekämpfung (Schutz von Niederstammanlagen)** sind nicht geeignet, wenn sich in der näheren Umgebung des Beschwerdeführers kein Objekt (Baumschule, grössere Niederstammanlage) befindet, welches einen besonderen Schutz erfordert. Gemäss Gutachten bewirken die Massnahmen unter Annahme verschiedener Parameter (Witterung, Temperatur, trotz Rückschnitt besiedelte Stellen) sodann keine signifikante Reduktion des Infektionspotenzials, was dazu führt, dass sich der Bestand von anfälligen Hochstammobstbäumen in der Ostschweiz mit oder ohne Vollzug der verfügten Massnahmen weiter reduzieren wird. Infolge des starken Befalldrucks durch das Feuerbrandbakterium in der betreffenden Region kann folglich das Fällen einzelner befallener Bäu- 1783

me die weitere Verbreitung auf noch gesunde Hochstammobstbäume weder zeitlich massgebend verzögern noch verhindern. Die befallenen Bäume stellen in diesem Sinne und unter den erwähnten Bedingungen keine erhebliche Gefährdung für andere Wirtspflanzen dar, weshalb die Massnahmen Rodung oder Rückschnitt nicht geeignet sind, die Reduktion des Infektionspotenzials oder die Verhinderung der weiteren Ausbreitung des Feuerbrandes zu erreichen (BVGer vom 30. April 2008, B-7369/2007, E. 8.1.2).

1784 – Besteht bereits eine **flächendeckende öffentliche Entsorgungsinfrastruktur** und sollen Dritten darüber hinaus Abfallentsorgungsaufgaben delegiert werden, besteht die Gefahr, dass es bei Erteilung einer Monopolkonzession zu einer nicht im öffentlichen Interesse liegenden Verminderung der wirtschaftlichen Leistungsfähigkeit der öffentlichen Abfallentsorgung und damit zu einer stärkeren finanziellen Belastung der Öffentlichkeit kommen könnte. Die Erteilung einer befristeten oder mit Bedingungen verbundenen Monopolkonzession erscheint deshalb unter dem Gesichtspunkt der Verhältnismässigkeit als nicht geeignet, das öffentliche Interesse an der wirtschaftlichen Entsorgung von Siedlungsabfällen zu gewährleisten. Entgegen der Argumentation der Beschwerdeführerin kann die Erteilung einer Monopolkonzession den wirtschaftlichen Betrieb der öffentlichen Abfallentsorgung gefährden. Selbst bei der Erteilung einer befristeten Konzession oder einer solchen mit Bedingungen wäre die Gefahr einer Verminderung der Gebühreneinnahmen zu Lasten des Beschwerdebeteiligten und damit der öffentlichen Hand gross. Somit ist die Verweigerung der Erteilung der Monopolkonzession durch die Beschwerdegegnerin eine geeignete Massnahme zur Verwirklichung des öffentlichen Interesses an einer wirtschaftlichen Entsorgung von Siedlungsabfällen (VerwG SG vom 16. Juni 2009, B-2008-175, E. 2.4.6).

1785 – Ein **Verbot**, im Freien **Werbung für Tabak und für Getränke mit einem Alkoholgehalt von mehr als 15 Volumenprozenten** anzubringen, ist keine gänzlich ungeeignete Massnahme zur Durchsetzung der damit zu verwirklichenden öffentlichen Interessen (BGE 128 I 295 E. 5b/cc).

1786 – Das Abstellen auf die **Rasse eines Hundes** zur Durchsetzung bestimmter Massnahmen (Bewilligungspflicht, Leinenzwang, Maulkorb, Halteverbote usw.) ist nicht als ein völlig ungeeignetes Mittel zu betrachten, um die Menschen vor Hunden zu schützen, obwohl die Rassenzugehörigkeit für sich allein noch keinen zuverlässigen Aufschluss über die Gefährlichkeit des Tieres gibt und verschiedene Faktoren wie Erziehung, Umwelteinflüsse, Grösse oder Gewicht das Wesen bzw. die Gefährlichkeit eines Hundes prägen. Es entspricht hingegen einer Erfahrungstatsache, dass gewisse Rassen, von ihrer genetischen Anlage her (Körpergrösse, Körperbau sowie ursprüngliche Zuchtziele für bestimmte Einsatzzwecke wie Grosswildjagd, Bewachung von Herden vor Raubtieren oder Hundekämpfe) eher zu Aggressivität neigen oder zu entsprechendem Verhalten abgerichtet werden können als andere. Bestimmte Hunderassen sind in den vergangenen Jahren durch Beissvorfälle mit schweren Folgen für die Betroffenen aufgefallen, was ein entsprechendes Echo in den Medien gefunden hat. Auch wenn andere Rassen oder Rassengruppen ebenfalls häufig oder noch häufiger an Beissunfällen beteiligt sein mögen, sind die Folgen in der Regel weniger schwer als bei Verletzungen durch die hier ins Auge gefassten Hunderassen. Die Rasse ist damit nicht ein zum vornherein verfehltes, völlig ungeeignetes und geradezu willkürliches Abgrenzungskriterium, auch wenn, wie aus den Stellungnahmen der Fachleute hervorgeht, eine differenziertere Betrachtungsweise dem Problem von gefährlichen Hunden allenfalls besser gerecht würde (BGE 132 I 7 E. 4.2; KG BL vom 6. April 2005, 2004/292, E. 5a).

1787 – Die **Aufforderung an die SRG**, Vorkehren zur **Vermeidung künftiger Rechtsverletzungen** zu treffen (Einnahmen aus unzulässigem Sponsoring), ist ein wenig geeignetes Mittel, wenn in der Vergangenheit die betreffenden Rechtsverletzungen wiederholt aufgetreten sind; auch der Erlass einer Feststellungsverfügung erweist sich aus diesen Gründen als wenig geeignet (BVGE 2009/36 E. 11.5).

b) Lärmimmissionen insbesondere

1788 Nach bisheriger Praxis waren **geringfügige, nicht erhebliche Lärmimmissionen hinzunehmen**, da sich die entsprechenden Massnahmen höchstwahrscheinlich als wenig geeignet erwiesen hätten, um eine spürbare Lärmreduktion zu bewirken (BGE 126 II 300 E. 4c/bb, 124 II 219 E. 8b). Neuerdings prüft das Bundesgericht zu Recht, ob Massnahmen geeignet sind, zumindest einen gewissen Beitrag zur Reduktion von Immissionen zu leisten; eine generell-abstrakte Festlegung eines unteren Schwellenwerts ist erst dann zulässig, wenn vorbehaltlich neuer Erkenntnisse zusätzlichen Massnahmen kein geeignetes Mittel mehr darstellen und nicht mehr gefordert werden können (BGE 133 II 169 E. 3.2).

1789 Eine **Beschränkung der Flugbewegungszahl** (Flughafen Samedan) leistet nach Meinung des Bundesgerichts einen zu vernachlässigenden Beitrag, wenn im betreffenden Gebiet bereits ein reger Autoverkehr besteht und das Verkehrs- und Lärmaufkommen wegen zahlreichen sportlichen Grossveranstaltungen, Transportanlagen und mit Lautsprecheranlagen ausgerüstete Bergrestaurants bereits heute die Umwelt erheblich stört (BGE 129 II 331 E. 4.3; kritisch BEATRICE WEBER-DÜRLER, Zur neuesten Entwicklung des Verhältnismässigkeitsprinzips, in: Mélanges en l'honneur de Pierre Moor, Bern 2005, S. 595). Als wenig geeignet erweist sich die Zuweisung von Einsatzgebieten oder die Beschränkung der Flugbewegungszahl auf Helikopterflugfeldern als Mittel zur allgemeinen Lärmbekämpfung, wenn die betreffenden Einsatzgebiete auch von anderen Flugplätzen frei angeflogen werden können und die Beschränkung der Flugbewegungszahl nur einzelne Heliports betrifft (BGE 128 II 292 E. 5 und E. 6).

Praxis:

- 1790 **Beschränkung der Anzahl Flugbewegungen auf dem Flugplatz Samedan:** Die Rekurskommission UVEK änderte auf Beschwerde hin die Betriebskonzession für den Flugplatz Samedan u.a. in dem Sinne ab, dass sie die Konzessionärin verpflichtete, die Anzahl der jährlichen Flugbewegungen auf 21'000 zu beschränken, worauf die Konzessionärin Beschwerde beim Bundesgericht erhob. Erwägungen: Das Bundesgericht erachtet diese Beschränkung als wenig geeignetes Mittel. Die Rekurskommission UVEK räumt selbst ein, dass in der Umgebung des Flugplatzes Samedan die massgebenden Lärmbelastungsgrenzwerte eingehalten sind. Sie hält die Beschränkung der Flugbewegungen nur deshalb für erforderlich, weil im Gebiet des BLN-Objektes 1908 grösstmögliche Stille für den erholungssuchenden Wanderer gewährleistet werden müsse. Nun berühren die An- und Abflugrouten aus und in Richtung Südwesten das insgesamt rund 450 km^2 umfassende BLN-Objekt nur am Rande und zudem in einem Bereich, der angesichts der bestehenden Siedlungen und Infrastrukturanlagen ohnehin nicht als ruhig und naturnah gelten kann. Vielmehr ist im Engadiner Haupttal südwestlich des Flugplatzes Samedan mit regem Verkehr zu rechnen und herrschen insbesondere in St. Moritz und St. Moritz-Bad städtische Verhältnisse. Im fraglichen Gebiet finden zudem zahlreiche sportliche Grossveranstaltungen (Skirennen, Pferderennen, Langlauf- und Skateboard-Marathon, Wettkämpfe auf der Bobbahn St. Moritz-Celerina, Anlässe für Gleitschirmflieger, Segler, Surfer usw.) mit entsprechendem Verkehrs- und Lärmaufkommen statt. Der Betrieb der auf den Berghängen erstellten Transportanlagen vor allem für den Wintersport und der vielen, teils mit Lautsprecheranlagen ausgerüsteten Bergrestaurants trägt tagsüber ebenfalls zur Geräuschkulisse bei. Wer die Stille sucht, muss sich daher heute ohnehin – unabhängig vom Flugplatzbetrieb – vom Haupttal weg in die entlegeneren Täler begeben. Im Übrigen ist nicht zu vergessen, dass sich auch der Winter-Heliport St. Moritz im fraglichen BLN-Randbereich befindet und eine Beschränkung der Flugbewegungen auf dem Flugplatz Samedan die Verlagerung möglichst vieler Helikopterflüge auf den Heliport oder auf Aussenlandestellen zur Folge haben könnte. Unter diesen Umständen erscheint die Flugbewegungskontingentierung als wenig geeignetes Mittel, um das von der Rekurskommission UVEK genannte Ziel – die Gewährleistung der Ruhe im fraglichen BLN-Randgebiet – zu erreichen. Als insofern unverhältnismässige Massnahme kann sie weder gestützt auf Art. 6 NHG noch auf Art. 11 Abs. 2 USG angeordnet werden. Es darf ohne Weiteres davon ausgegangen werden, dass der blosse Anblick von Flugzeugen im An- oder Abflug – insbesondere wenn es sich wie hier um kleinere Typen handelt – vom Durchschnittsmenschen nicht als hässlich und damit als störend empfunden wird. Jedenfalls kann von einer ernsthaften Beeinträchtigung der Landschaft durch das Erscheinungsbild der vorbeifliegenden Flugzeuge, die eine zahlenmässige Beschränkung des Flugverkehrs rechtfertigen würde, keine Rede sein (BGE 129 II 331 E. 4.3).

1791 – **Zuweisung von Einsatzgebieten an einzelne Betreiber von Helikopterflugfeldern:** Die Rekurskommission UVEK hat das Begehren des VCS und des Kantons Bern, den drei Helikopterflugfeldern Gsteigwiler, Schattenhalb und Lauterbrunnen aus Lärmschutzgründen je ein Einsatzgebiet zur exklusiven Bedienung zuzuweisen, für grundsätzlich berechtigt erklärt. Sie räumt zwar ein, dass eine solche Regelung in die verfassungsmässig gewährleistete Wirtschaftsfreiheit eingreifen würde, doch seien entgegen der Meinung des BAZL die gesetzlichen Grundlagen für eine derartige Beschränkung vorhanden. In ihren Erwägungen hat die Rekurskommission UVEK im Weiteren das überwiegende öffentliche Interesse an der Zuweisung eines Einsatzgebietes bejaht, da durch die räumliche Konzentration die Flugbewegungen und damit der Lärm vermindert werden könnten. Die Aufteilung läge ebenfalls im Interesse des Naturschutzes, führe doch eine der An- und Abflugrouten vom Heliport Gsteigwiler in unmittelbarer Nähe von zwei Wildeinstandsgebieten vorbei und umfasse der engere Perimeter des Helikopterflugfeldes auch die im Bundesinventar der Auengebiete von nationaler Bedeutung verzeichnete Aue «Chappelistutz». Das Bundesgericht heisst die Beschwerde der Berner Oberländer Helikopter AG (BOHAG) gut. Erwägungen: Das Gebot der Verhältnismässigkeit verlangt, dass die vom Gesetzgeber oder von der Behörde gewählten Massnahmen für das Erreichen des gesetzten Zieles geeignet, notwendig und für den Betroffenen zumutbar sind. Im angefochtenen Entscheid ist davon die Rede, dass die Region Wengen-Interlaken-Meiringen durch Helikopterflüge bereits stark belastet sei und eine zusätzliche Belärmung mit einer Gebietsaufteilung vermieden werden könnte, weil sich dadurch die Anflugwege zum Einsatzort verkürzten. Hierzu fällt jedoch in Betracht, dass die Berner Alpen nicht nur von den drei Heliports Gsteigwiler, Schattenhalb und Lauterbrunnen, sondern auch von anderen Flugplätzen aus relativ leicht erreichbar sind, so insbesondere von Raron, Gampel, Sion, Gstaad, Saanen, Zweisimmen und Gruyères. Die erwünschte Verkürzung der Anflugwege könnte somit nur erreicht werden, wenn Flüge von anderen Flugfeldern in die fraglichen Einsatzgebiete untersagt würden. Können diese dagegen weiterhin von anderen Flugplätzen aus angeflogen werden, so wird der angestrebte Zweck nicht und allenfalls – da die Anflugwege länger werden – sogar das Gegenteil erreicht. Insofern erscheint die – isolierte – Massnahme der Zuweisung eines Einsatzgebietes an einzelne Heliports zur Lärmbekämpfung ungeeignet. Ausserdem haben sich die Einsätze der Beschwerdeführerin, wie schon dargelegt, nicht auf die Region Wengen-Interlaken-Meiringen beschränkt. Werden lediglich in diesem Bereich Einsatzgebiete ausgeschieden, so kann die Region nicht von Flügen entlastet werden, die vom Heliport Gsteigwiler zu entfernteren Zielen führen. Auch in dieser Hinsicht fehlt es an der Geeignetheit der geplanten Beschränkung. Weiter verlangt die Rekurskommission UVEK im angefochtenen Entscheid, dass die Wildeinstandsgebiete sowie die BLN-Schutz- und Randzonen von Helikopter-Überflügen und Aussenlandungen verschont bleiben müssten. Auch dieses Ziel wird mit der Zuweisung von Einsatzgebieten an einen oder wenige Heliports nicht erreicht, solange von anderen Flugplätzen aus die schützenswerten Zonen beliebig überflogen werden können. Dagegen könnte das UVEK zum Schutze solcher Zonen generelle Start-, Lande- und Überflugbeschränkungen für Helikopter erlassen, wie dies in Art. 53 Abs. 2 VIL ausdrücklich vorgesehen wird. Unter diesem Gesichtswinkel erweist sich die Zuweisung von Einsatzgebieten sowohl als unzweckmässige wie auch als nicht erforderliche Vorkehr (BGE 128 II 292 E. 5.1).

- **Kurzfristige Massnahmen gegen Sommersmog:** Der Regierungsrat des Kantons Luzern empfahl dem Grossen Rat, die vom Grünen Bündnis in der Form der allgemeinen Anregung eingereichte Volksinitiative «Für eine Luft zum Atmen!» als ungültig zu erklären. Diese Initiative sah eine Reihe von kurzfristig wirkenden Sofortmassnahmen vor, um die Luftschadstoffimmissionen vorab im Winter und Sommer erheblich zu reduzieren. Der Regierungsrat begründete seinen Antrag im Wesentlichen damit, dass an die im Bundesrecht definierten Immissionsgrenzwerte keine kurzfristigen, sondern nur lang- oder mittelfristige Massnahmen angeknüpft werden könnten. Am 20. März 1995 erklärte der Grosse Rat die Initiative als ungültig. Gegen den Beschluss des Grossen Rates erhoben das Grüne Bündnis sowie der im Kanton Luzern stimmberechtigte Louis Schelbert beim Bundesgericht staatsrechtliche Beschwerde. Erwägungen: Sinngemäss stellt der Grosse Rat die Verhältnismässigkeit der Gegenstand der Initiative bildenden Massnahmen in Frage. Der Grundsatz der Verhältnismässigkeit verlangt, dass durch Rechtssatz vorgesehene oder durch Verfügung angeordnete Massnahmen überhaupt dienlich, zwecktauglich sind. Während der Bundesrat 1988 in seinen Empfehlungen für das Vorgehen bei Wintersmog kurzfristige Massnahmen empfohlen hat, qualifizierte er im Rahmen eines am 16. Sept. 1992 gefällten Beschwerdeentscheides kurzfristige Massnahmen (konkret ging es um ein Fahrverbot für Motorfahrzeuge ohne Katalysator) in Bezug auf den Sommersmog als kaum wirksam und daher unverhältnismässig. Um die übermässigen Ozonimmissionen grossräumig auf das Niveau des Immissionsgrenzwertes der LRV, der als eigentlicher Zielwert und nicht als Alarmwert zu verstehen ist, zu senken, wäre eine grosse Emissionsverminderung notwendig. Dazu brauche es eine Vielzahl dauerhaft wirksamer Massnahmen, wogegen kurzfristige Sofortmassnahmen ein ungeeignetes Mittel zur Bekämpfung des Sommersmogs seien. Während eine drastische Emissionsverminderung der Stickoxide innerhalb kurzer Zeit mit Verboten (z.B. generelle oder partielle Fahrverbote) theoretisch zu erreichen wäre, sei eine kurzfristige drastische Emissionsverminderung bei den flüchtigen organischen Verbindungen, welche zusammen mit den Stickoxiden für die episodenhafte Ozonbildung hauptverantwortlich sind, nicht einmal theoretisch sichergestellt. Gemäss dem Initiativtext sollen die Massnahmen – mit Ausnahme der während der kalten Jahreszeit vorgesehenen Plafonierung der höchstzulässigen Raumtemperaturen – zum Zuge kommen, wenn immer die massgebenden IGW überschritten sind, demnach auch bei Sommersmog. Da kurzfristige Sofortmassnahmen nach dem aktuellen Wissensstand zumindest fragwürdig sind, um übermässige Ozonimmissionen wirksam zu bekämpfen, ist die Initiative unter diesem Gesichtspunkt unverhältnismässig und damit zu Recht als ungültig betrachtet worden (BGE 121 I 334 E. 11a). 1792

4. Erforderlichkeit

a) Übermassverbot

aa) Begriff

Eine Massnahme ist verhältnismässig, wenn mit keiner gleichermassen geeigneten, aber für die **Entscheidadressaten weniger einschneidenden Massnahme** der angestrebte Erfolg ebenso erreicht werden kann bzw. wenn sie in sachlicher, räumlicher, zeitlicher und personeller Hinsicht nicht über das Notwendige hinausgeht. Es ist das mildestmögliche Mittel zu ergreifen, welches als ebenso wirksam hinsichtlich der Zielerreichung wie die getroffene Massnahme zu beurteilen ist (BGE 136 I 29 E. 4.5, 135 II 105 E. 2.2.1, 134 II 201 E. 2.2, 133 I 77 E. 4.1, 132 I 49 E. 7.2, 129 I 35 E. 10.2, 126 I 112 E. 5b; BVGE 2009/36 E. 11.3; BVGer vom 24. Nov. 2010, A-3298/2010, E. 3.6; vom 16. Dez. 2009, A-318/2009, E. 7). Das Gebot der **Erforderlichkeit einer Massnahme** wird auch als Prinzip der «Notwendigkeit», des «geringstmöglichen Eingriffs» oder als «Übermassverbot» bezeichnet (BVGE 2009/44 E. 3.3). 1793

Praxis:

1794 – **Festlegung einer Projektierungszone für die Frachtentwicklung am Flughafen Zürich:** Das Bundesverwaltungsgericht bejaht die Erforderlichkeit für die Festlegung einer Projektierungszone im Rahmen der Frachtentwicklung am Flughafen Zürich. Der voraussichtliche Landbedarf für die Frachtentwicklung von 42'000 bis 75'000 m² bis im Jahre 2020 ist durch das Gesuch der Unique (Flughafen AG), den von ihr eingereichten Plan und den Erläuterungsbericht ausgewiesen. Er greift von seinem Umfang her in räumlicher Hinsicht nicht weiter als notwendig. Für eine zeitlich massvolle Einschränkung der Grundeigentümerbedürfnisse wiederum ist bereits nach Art. 37p des LFG besorgt, welcher von Gesetzes wegen die Frist der Projektierungszone auf maximal fünf Jahre (bzw. acht Jahre mit Verlängerung) beschränkt und deren Aufhebung verlangt, wenn die geplante Flughafenanlage nicht gebaut wird. Aufgrund des oben Dargelegten und der Akten ist eine mildere Massnahme in sachlicher Hinsicht für die Festsetzung einer Projektierungszone bzw. die Sicherung des künftigen Landbedarfs nicht ersichtlich. Wegen der engen räumlichen Verhältnisse in der «Zone Ost» des Flughafens kommt im heutigen Zeitpunkt kein anderer Standort für die Frachterweiterung in Frage. Der Aufbau einer komplett neuen Infrastruktur im Westen des Flughafens wäre ferner im heutigen Zeitpunkt klarerweise unverhältnismässig (BVGer vom 16. Dez. 2009, A-318/2009, E. 7).

1795 – **Verbot des Inverkehrbringens eines Verlängerungskabels:** Am 22. Okt. 2008 bemerkte das ESTI anlässlich einer Stichprobe, dass eine Firma auf ihrer Internetseite ein Verlängerungskabel mit Eurostecker 2,5 A (CH Typ 26) zum Verkauf anbot, welches einen gravierenden sicherheitstechnischen Mangel aufwies. Gestützt darauf erliess das ESTI am 23. Okt. 2008 eine Verfügung, in welcher es der Firma unter Androhung einer Ordnungsbusse bei Widerhandlung das Inverkehrbringen des Verlängerungskabels untersagte. Diese Massnahme ist zwar grundsätzlich geeignet, um Personen und Sachen vor Schaden zu bewahren. Dennoch erweist sich ein entsprechendes Verbot in dieser besonderen Konstellation als nicht erforderlich, da die Beschwerdeführerin die betreffende Ware lediglich ins Ausland exportiert und in der Schweiz gerade nicht in den Verkehr bringt. Die Anordnung schiesst demnach auch über ihr Ziel hinaus, soweit die Vorinstanz damit den an sich zulässigen Export des Verlängerungskabels ins Ausland mitgemeint hat. Das Bundesverwaltungsgericht erachtet einen blossen Hinweis auf der Internetseite der Beschwerdeführerin, dass das betreffende Verlängerungskabel in der Schweiz nicht in Verkehr gebracht werden darf, als mildere Massnahme (BVGE 2009/61 E. 7.2).

1796 – **Rayonverbot:** Die Stadtpolizei Zürich ordnete gegenüber A am 12. Nov. 2007 ein Rayonverbot an. Sie untersagte ihm, in der Zeit vom 12. Nov. 2007 bis 11. Nov. 2008 im Umfeld von Fussball- und/oder Eishockey-Sportveranstaltungen während eines Zeitraums von sechs Stunden vor bis sechs Stunden nach der Veranstaltung fünf bestimmte Rayons (R1 bis R5) der Stadt Zürich zu betreten oder sich darin aufzuhalten. Zur Begründung wurde ausgeführt, A habe sich anlässlich eines Fussballspiels zwischen dem FC Zürich und dem FC Basel beim Stadion Hardturm des Landfriedensbruchs und der Vermummung auf öffentlichem Grund strafbar gemacht und sei deshalb bei der Staatsanwaltschaft angezeigt worden. Die Massnahme verstösst gegen das Verhältnismässigkeitsprinzip; die Voraussetzung der Erforderlichkeit in sachlicher, räumlicher und zeitlicher Hinsicht wurde zu oberflächlich geprüft. Gemäss seinem Wortlaut beschlägt das Rayonverbot zunächst in sachlicher Hinsicht sämtliche Fussball- und/oder Eishockey-Sportveranstaltungen, ohne nähere räumliche Bestimmung. Bedenkt man, dass an einem gewöhnlichen Wochenende in der Stadt Zürich allein im Erwachsenenfussball gegen fünfzig Fussballspiele stattfinden, wäre es für den Beschwerdeführer unmöglich, festzustellen, wann er sich in den Rayons aufhalten darf und wann nicht. Eine Ausdehnung des Rayonverbotes auf sämtliche Fussball- und Eishockeyspiele ist in keiner Weise erforderlich. Bezüglich der Fussballspiele sind Ausschreitungen lediglich bei Heimspielen der in der Super League spielenden ersten Mannschaften des Grasshopper Club Zürich und des FC Zürich sowie bei in Zürich stattfindenden Länderspielen zu befürchten. Das Rayonverbot ist dementsprechend auf derartige Fussballspiele zu beschränken. In räumlicher Hinsicht ist zu beachten, dass das Rayon R1 das Hallenstadion in Oerlikon und dessen Umgebung beschlägt. Da nach dem Dargelegten das Rayonverbot im Umfeld von Eishockeyspielen aufgehoben wird, ist auch das Verbot betr. des nur bei Eishockeyspielen von Ausschreitungen bedrohten Rayons R1 aufzuheben. Nicht zu beanstanden ist das Rayonverbot hingegen betr. der Rayons R2 (Bahnhof Zürich-Altstetten und Umgebung), R3 (Stadion Letzigrund und Umgebung) und R4 (Hauptbahnhof und Umgebung). In zeitlicher Hinsicht ist festzuhalten, dass im Rayon R5, welches das Gebiet rund um das Bellevue und im Norden entlang der Limmat umfasst, nur während der Fussball-Europameisterschaft von möglichen Auseinandersetzungen gegnerischer Fangruppen bedroht ist. Ein über den 29. Juni 2008, dem Ende der Europameisterschaft, dauerndes Verbot ist bezüglich des Rayons R5 nicht erforderlich. Bezüglich der übrigen Rayons ist die zeitliche Dauer von einem Jahr, auch wenn es sich dabei um die Maximaldauer handelt, nicht zu beanstanden (VerwG ZH vom 19. Juni 2008, VB.2008.00237, E. 6.2).

- **Plakatmonopol auf privatem Grund:** Fraglich ist, ob das Plakatmonopol, soweit es die priva- 1797
ten Grundstücke miterfasst, das Verhältnismässigkeitsprinzip beachtet. Die Eignung des vorliegend streitigen Monopols steht ausser Frage; indem sich die Gemeinde das Recht zum Plakatanschlag auf ihrem gesamten Gebiet vorbehält bzw. unter restriktiven Auflagen auf eine einzelne Konzessionärin überträgt, kann sie bestmöglich über die Wahrung der in Frage stehenden öffentlichen Interessen wachen. Die Notwendigkeit der Reglementierung ergibt sich dabei einerseits aus verkehrspolizeilichen und andererseits aus landschafts- und ortsbildschützerischen bzw. ästhetischen Gründen. Eine Gemeinde ist indes zur Durchsetzung ihrer ästhetischen Anliegen auf ein den privaten Grund mitumfassendes allgemeines Monopol nicht angewiesen, wiewohl eine solche Regelung die Erreichung der angestrebten Sachziele wie auch die administrativen Abläufe erleichtern mag. Eine Bewilligungspflicht für Reklamen auf privatem Grund, verbunden mit entsprechenden Sachnormen, genügt. Dabei ist es der Gemeinde nicht verwehrt, die Modalitäten der Plakatierung im Rahmen eines ihr ganzes Gebiet erfassenden Gesamtkonzepts zu regeln. Zu unterscheiden ist zwischen Plakatstellen, an denen periodisch neue Plakate angebracht werden, die als solche jeweils keiner speziellen Bewilligung mehr bedürfen, und sonstigen fest angebrachten Reklamen. Für die Benutzung von Plakatstellen wird der private Grundeigentümer praktisch mit einer – von ihm ausgewählten – spezialisierten Plakatfirma kontrahieren müssen, welche ihrerseits nach Bedarf die Plakate ihrer Kunden anbringt und die einschlägigen Vorschriften kennt. Eine dahin gehende Forderung wird die Gemeinde unabhängig vom Bestand eines Monopols stellen dürfen, indem sie etwa verlangt, dass das Gesuch zum Anbringen der Plakatstelle von einer spezialisierten bzw. qualifizierten Firma gestellt wird, welche gleichzeitig mit oder anstelle des Grundeigentümers als Bewilligungsnehmerin ins Recht gefasst wird. Sodann kann sich die Gemeinde bei Plakatstellen auf privatem Grund auch eine Interventionsbefugnis vorbehalten, um gegen polizeiwidrige Anschläge einschreiten zu können oder um beispielsweise eine gewisse Ordnung bei Wahlkampagnen (Sicherstellung der Gleichbehandlung der Kandidaten) zu wahren. Die für ein Monopolregime sprechenden sachlichen Gründe erscheinen zwar nach wie vor als durchaus ausreichend, um das (faktische) Plakatmonopol für Reklamen auf öffentlichem Grund zu rechtfertigen (BGE 125 I 209 E. 10c und d). Sie besitzen – entgegen BGE 100 Ia 445 E. 5c – aber nicht das erforderliche Gewicht, um dieses Regime – als rechtliches Monopol – auf private Grundstücke ausdehnen zu können, da sich die verfolgten öffentlichen Anliegen nach dem Gesagten auch auf andere Weise hinreichend wahren lassen (BGE 128 I 3 E. 3e/cc).

bb) In sachlicher Hinsicht

Eine Massnahme ist dann **erforderlich**, wenn keine gleichermassen geeignete, aber 1798
in sachlicher Hinsicht mildere Anordnung das angestrebte Ziel ebenso erreichen würde (BVGer vom 25. Aug. 2011, A-8047/2010, E. 7; vom 18. Okt. 2010, A-3269/2010, E. 4; vom 19. Juli 2010, A-5906/2008, E. 1.5; vom 25. Nov. 2008, A-4114/2008, E. 4.6.2; vom 11. Dez. 2007, A-4676/2007, E. 6.3). Die Frage der Erforderlichkeit in sachlicher Hinsicht stellt sich folglich nur in Fällen, in denen **mehrere Massnahmen** zur Erfüllung desselben Ziels zur Verfügung stehen. Bei der Anordnung eines befristeten oder unbefristeten **Schulausschlusses** ist im Sinne der Erfor-

derlichkeit die Versetzung in eine andere Klasse, in ein anderes Schulhaus oder in eine andere Art von Schule (Werkschule, Sonderschule usw.) zu prüfen (BGE 129 I 12 E. 9.4, 129 I 35 E. 10.2; BGer vom 16. Sept. 2010, 2C_446/2010, E. 5.4; vom 31. Mai 2006, 2P.27/2006, E. 2.5.5; VerwG SZ vom 22. Jan. 2002, in: EGVSZ 2002 S. 198 E. 3.2).

1799 Die Verweigerung einer erneuten **Nummernzuteilung** (0901-Nummern) ist verhältnismässig, wenn in der Vergangenheit derartige Nummern zu rechtswidrigen Zwecken missbraucht worden sind. Es besteht kein milderes Mittel, wenn der Nutzer in der Vergangenheit nicht bereit oder nicht in der Lage war, die Nummern rechtmässig zu nutzen und die Nutzungsbedingungen zu beachten, sodass auch eine Zuteilung unter Auflagen als milderes Mittel nicht zur Diskussion steht (BVGer vom 9. Dez. 2010, A-3558/2010, E. 8.3; vgl. auch BVGer vom 8. Okt. 2007, A-2718/2007, E. 3.2). Hingegen ist eine **Verweigerung einer generellen Dispensation vom Unterricht** unverhältnismässig, wenn nicht im Einzelnen geprüft wird, ob nicht von näher bezeichneten Unterrichtsstunden oder von einzelnen Anlässen dispensiert werden könnte. Die Behörden sind demnach gehalten, generelle Dispensationsgesuche darauf hin zu prüfen, ob sie sich auch auf einzelne Stunden oder Veranstaltungen beziehen (BGer vom 11. April 2012, 2C_724/2011, E. 3.4.3).

1800 Eine **Enteignung ist nicht erforderlich**, wenn mit den Betroffenen auch **Dienstbarkeitsverträge** abgeschlossen werden können und diese zur Erreichung des Zieles genauso geeignet sind (vgl. z.B. BVGer vom 11. Dez. 2007, A-4676/2007, E. 6.4). Auch nicht erforderlich ist, die **Bewilligung** zur **selbstständigen ärztlichen Berufsausübung** wegen unkorrekter Aufbewahrung von Patientenakten, ungenügender postalischer Erreichbarkeit und negativer Finanzsituation zu entziehen; es stehen mildere Mittel wie die Verwarnung, die Erteilung konkreter Weisungen und Auflagen in Bezug auf die administrativen Belange und/oder die Erbringung eines Finanzierungsnachweises bei beabsichtigter Praxiseröffnung zur Verfügung (VerwG ZH vom 7. Juli 2005, VB.2005.00180, E. 2.6). Auch ist vorerst zu prüfen, ob eine Bewilligung «nur» vorübergehend – für eine bestimmte Dauer – zu entziehen bzw. unter Auflagen und Bedingungen (wieder) zu erteilen ist (VerwG BE vom 15. Sept. 2009, in: BVR 2010 S. 266 E. 6 [vorübergehender Entzug einer Bewilligung zum Handel mit alkoholischen Getränken, nachdem ein Angestellter des Betriebs einer jugendlichen Testperson Alkohol verkauft]).

1801 Hingegen ist nicht erkennbar, welche ebenso wirksamen, aber milderen Massnahmen im Hinblick auf das **Verbot des Betreibens von Ausschankvorrichtungen in Fumoirs** bestehen, zumal Ausschankanlagen für die Bedienung der Gäste im Raucherraum nicht unerlässlich sind und es in vielen Gastgewerbebetrieben Räumlichkeiten ohne eigene Ausschankeinrichtungen gibt (BGE 136 I 29 E. 4.5). **Temporäre Verkehrsanordnungen** wie Strassensperren/Fahrverbote zur Durchführung eines Public Viewing im Stadtzentrum von Zürich sind in sachlicher Hinsicht erforderlich; eine mildere, ebenso erfolgversprechende Massnahme ist nicht erkennbar, zumal der Zubringerdienst jederzeit möglich und das streitbetroffene Verkehrsregime auf rund drei Wochen befristet ist (VerwG ZH vom 26. Mai 2008, VB.2008.00207, E. 8.4.4). Die **Aushändigung von Natrium-Pentobarbital** bedarf eines ärztlichen Rezepts; die Verschreibungspflicht dient dem Schutz der Gesundheit und Sicherheit der Bevölkerung. Es ist kein milderes Mittel ersichtlich, um dieses Ziel ebenso wirksam zu erreichen (BVGer vom 10. Okt. 2008, C-178/2008, E. 5.4).

Praxis:

- **Wiederherstellungsbefehl (vollständige Entfernung einer rechtswidrig angebrachten Aussenisolation bei einem unter Denkmalschutz stehenden Gebäude):** Der vom Verwaltungsgericht bestätigte Totalabbruch der umstrittenen Aussenisolation stellt grundsätzlich eine geeignete Massnahme zur Wiederherstellung des rechtmässigen Zustands dar. Vor dem Hintergrund des Verhältnismässigkeitsprinzips stellt sich jedoch die weitere Frage, ob mit der Anordnung der vollständigen Entfernung der ohne baurechtliche Bewilligung angebrachten Aussenisolation in sachlicher Hinsicht tatsächlich die mildeste Massnahme ergriffen wurde, um das angestrebte Ziel zu erreichen. Am bundesgerichtlichen Augenschein hat sich ergeben, dass die umstrittene Isolation aus einer Dämmschicht aus Steinwolle und einer mit Sand beschichteten Kunststoffverkleidung besteht. Die beschichteten Kunststoffelemente verlaufen in vertikalen Bahnen, die vom Betrachter wahrgenommen werden können. Der Beschwerdeführer schlägt anstatt einer völligen Entfernung der Aussenisolation als mildere Massnahme vor, die beschichtete Kunststoffverkleidung mit einem mineralischen Farbanstrich zu überdecken und auf die Holzimitation im Giebelbereich zu verzichten, was zusätzliche Kosten in der Höhe von ca. Fr. 35'000.– verursachen würde. Die Kosten für die Entfernung der angebrachten Aussenisolation und der anschliessenden Wärmedämmung nach den Vorstellungen der Stadt Winterthur werden auf rund Fr. 60'000.– bis Fr. 65'000.– geschätzt. Die von der Vorinstanz bestätigte Pflicht zur vollständigen Entfernung der Aussenisolation und die im kommunalen Wiederherstellungsbefehl enthaltene Anordnung, eine kernzonentypische Renovation vorzunehmen, vermag angesichts der bereits getätigten Investitionen und deren positiven Auswirkungen in Bezug auf den Energieverbrauch und die Luftbelastung nicht vollauf zu befriedigen. Hinzu kommt, dass – wie am Augenschein glaubhaft dargelegt wurde – eine Wärmedämmung nach den Vorstellungen der Stadt Winterthur in bauphysikalischer Hinsicht mit Problemen behaftet wäre. Der Beschwerdeführer hat mit seinem Sanierungskonzept eine Lösung aufgezeigt, die zwar in ortsbildschützerischer Hinsicht nicht optimal ist, indessen insgesamt zu einer Verbesserung des ohne Bewilligung geschaffenen Zustands führt. Die energie- und umweltrechtlichen Vorteile können erhalten bleiben. Mit bauphysikalischen Problemen ist bei der Umsetzung dieses Sanierungskonzepts nach der Einschätzung der Baufachleute nicht zu rechnen. Die voraussichtlich erheblichen zusätzlichen Kosten von rund Fr. 35'000.– für diese Sanierung sind gemessen an den bereits entstandenen Aufwendungen für die ohne Bewilligung angebrachte Aussenisolation in Anbetracht des eigenmächtigen Vorgehens des Beschwerdeführers und der verbesserten Gesamtwirkung in der Kernzone nach der Sanierung mit dem Verhältnismässigkeitsprinzip vereinbar. Daraus folgt, dass der Beschwerdeführer zu verpflichten ist, anstelle des vollständigen Abbruchs der angebrachten Aussenisolation eine Sanierung nach dem im bundesgerichtlichen Verfahren vorgelegten Konzept vorzunehmen (BGer vom 6. Feb. 2009, 1C_270/2008, E. 3.4-3.6). 1802
- **Disziplinarischer Schulausschluss:** Das verfassungsmässige Gebot der Verhältnismässigkeit verlangt, dass eine behördliche Massnahme für das Erreichen eines im übergeordneten öffentlichen (oder privaten) Interesse liegenden Zieles geeignet, erforderlich und für den Betroffenen zumutbar ist. Der Eingriff bzw. die Leistungsbeschränkung muss möglichst schonend erfolgen Unter dem Gesichtspunkt der Verhältnismässigkeit ist nach Möglichkeit zunächst die jeweils weniger einschneidende Massnahme zu treffen. Der Ausschluss aus disziplinarischen Gründen ist daher erst zulässig, wenn weniger weitgehende Massnahmen, verbunden mit der Androhung des Ausschlusses, nicht den gewünschten Erfolg gezeigt haben, es sei denn, der Disziplinarverstoss sei so schwer, dass der fehlbare Schüler untragbar für die Schule geworden ist und diese, sofern der Schüler nicht entfernt wird, ihre Aufgabe nicht mehr richtig erfüllen kann. Der Ausschluss kommt somit nur als letzte und schärfste Massnahme (ultima ratio) in Frage. Auch seine Dauer muss der Situation angemessen sein. Angesichts der schwerwiegenden Störungen des Unterrichts durch den Beschwerdeführer sowie seines gewalttätigen Auftretens erscheint 1803

sein Ausschluss von der Schule als grundsätzlich geeignet, um die durch sein Verhalten und Auftreten gestörte Schulordnung wiederherzustellen und das angestrebte Ziel der Schule, die Erfüllung ihrer Aufgabe gegenüber den anderen Schülern wieder zu ermöglichen, zu erreichen. Der Beschwerdeführer wurde im Weiteren nicht unvermittelt ausgeschlossen. Dem Ausschluss sind vielmehr mehrere schriftliche Beanstandungen und ein Skilagerverbot vorausgegangen. Diese weniger einschneidenden Massnahmen haben sich indessen als unwirksam erwiesen. Nach dem Vorfall mit dem Schulhauswart, der zu dessen Hospitalisierung führte und in einem Schulbetrieb nicht tragbar ist, muss auch das Kriterium der Erforderlichkeit als erfüllt gelten. In Berücksichtigung der erwähnten Umstände und angesichts der gewissen Zurückhaltung, die sich das Bundesgericht in der Überprüfung von Disziplinarmassnahmen auferlegt, kann schliesslich nicht gesagt werden, der Ausschluss des Beschwerdeführers für den Rest des dritten Oberstufenschuljahres stehe in einem Missverhältnis zum angestrebten Zweck und sei für den Beschwerdeführer mit untragbaren Folgen verbunden. Damit erweist sich die angefochtene Massnahme als verhältnismässig (BGE 129 I 35 E. 10.2-10.5).

1804 – **Widerruf einer Nummer:** Die REKO/INUM hat bereits verschiedentlich festgehalten, der Widerruf einer Nummer stelle eine strenge Massnahme dar, weshalb es angebracht sei, zuerst nach milderen Mitteln zu suchen und diese einzusetzen, wenn sie den gleichen Erfolg versprechen. In Berücksichtigung einer entsprechenden Praxis der Vorinstanz hat die Rekurskommission jeweils ausgeführt, eine weniger einschneidende Massnahme sei etwa die Fristansetzung zur Vornahme von Korrekturmassnahmen oder zum Nachweis, dass beim Betrieb der zugeteilten Nummer alle Vorschriften eingehalten worden seien. Den schlussendlich doch verfügten Widerruf hat die REKO/INUM etwa in den folgenden Fällen als erforderlich und daher verhältnismässig angesehen: So als sich die betroffene Mehrwertdienstanbieterin auf Aufforderung hin nicht vernehmen liess und es weiter zu Konsumentenbeschwerden kam, als die Dienstbetreiberin nicht schlüssig aufzeigen konnte, dass die zuvor von der Vorinstanz festgestellten Mängel behoben wurden oder als die Nummerninhaberin zwar die nötigen Korrekturen vornahm, daraufhin aber erneut in der gleichen Weise gegen die Nutzungsbedingungen verstiess. Auch vorliegend hat die betroffene Nummerinhaberin Gelegenheit erhalten, die nötigen Korrekturen vorzunehmen bzw. nachzuweisen, die einschlägigen Regeln seien nicht verletzt worden. Der hier zu beurteilende Fall unterscheidet sich von den soeben erwähnten jedoch dadurch, dass es nach dem Schreiben, mit welchem der Nummernwiderruf angedroht wurde, keine Anzeigen aus dem Publikum mehr gab und auch die Vorinstanz selber keinen Verstoss feststellen konnte. Schwer verständlich ist deshalb, warum die Vorinstanz vorliegend – mehr als zwei Monate – nachdem die erste Frist abgelaufen war, die sie der Beschwerdeführerin gesetzt hatte, ohne Weiteres von einem fortwährenden Regelverstoss ausging. Aufgrund des Umstands, dass keine Anzeigen aus dem Publikum bei ihr eingingen, hätte sich für die Vorinstanz vielmehr der Schluss aufgedrängt, die Androhung des Nummernwiderrufs habe Wirkung gezeigt und die Beschwerdeführerin dazu bewogen, die vorgeworfenen Mängel zu beheben, zumal vorliegend nicht eindeutig davon ausgegangen werden konnte, dass es überhaupt etwas zu beheben gab. Für die Vorinstanz bestand im Juni 2004, nachdem die erste und bis dahin einzige Anzeige drei Monate zurücklag, somit kein Grund für die strittige Anordnung. Angezeigt wäre es vielmehr gewesen, die betreffende Nummer im Auge zu behalten und bei der Meldung bzw. Feststellung neuerlicher Verfehlungen umgehend zu intervenieren (REKO INUM vom 17. Jan. 2005, in: VPB 69 [2005] Nr. 68 E. 8.2.1).

1805 – **Einziehung von Einnahmen aus unzulässigem Sponsoring (Sendung «Meteo» und Reisesendung «einfachluxuriös» der SRG):** Eine Einziehung erweist sich dann als erforderlich, wenn die begangenen Rechtsverletzungen so schwerwiegend sind, dass eine anderweitige mildere Massnahme als nicht mehr ausreichend angesehen werden kann, um den rechtmässigen Zustand wiederherzustellen und ein zukünftiges rechtskonformes Verhalten des Fehlbaren zu gewährleisten. Es stellt sich somit die Frage, ob der angestrebte Erfolg nicht auch mit einer gleich geeigneten, aber in sachlicher Hinsicht milderen Massnahme erreicht werden kann. Eine mildere Massnahme bestünde darin, die Widerrechtlichkeit der gewählten Sponsorennennungen festzustellen und die Beschwerdeführerin aufzufordern, die Mängel zu beheben, Vorkehren zur Vermeidung zukünftiger Widerhandlungen zu ergreifen und darüber Bericht zu erstatten. Die

Aufforderung, Vorkehren zur Vermeidung zukünftiger Rechtsverletzungen zu treffen, erscheint aufgrund des bisherigen Verhaltens der Beschwerdeführerin als wenig erfolgversprechende Massnahme, da die begangenen Rechtsverletzungen wiederholt vorgekommen sind. Da die Beschwerdeführerin zudem nach Eröffnung bzw. Ausdehnung des Aufsichtsverfahrens die Mängel bereits von sich aus behoben und der Vorinstanz darüber berichtet hat, verbliebe damit als einzige mögliche (mildere) Alternative zur Einziehung der Gelder noch der Erlass einer blossen Feststellungsverfügung, deren Wirkung allerdings als sehr gering eingestuft werden muss. Es ist fraglich, ob mit dieser Massnahme ein künftiges, rechtskonformes Verhalten erzielt werden kann. Aufgrund einer eingehenden Analyse kommt das Bundesverwaltungsgericht zum Schluss, dass vorliegend keine milderen, ebenso geeigneten Massnahmen ersichtlich sind, zumal die begangenen Rechtsverletzungen als schwer zu beurteilen und auch wiederholt vorgekommen sind (BVGE 2009/36 E. 11.5).

– **Bewilligung zur selbstständigen Tätigkeit als Chirurg; Verbot invasiver Tätigkeit wegen** 1806
fehlender Haftpflichtversicherung: Der Beschwerdeführer bestreitet die Erforderlichkeit der Bewilligungseinschränkung in sachlicher Hinsicht. Er bringt vor, es würde genügen, vor jeder Operation vom Patienten eine schriftliche Erklärung einzuholen, dass er im Wissen um die fehlende Haftpflichtversicherung sein Einverständnis zur Operation erteile. Nach Meinung des Verwaltungsgerichts ist indes der vom Beschwerdeführer angegebene Zeitpunkt «vor jeder Operation» zu spät; es kann nicht angehen, vom Patienten, der nach eingehender Beratung beim Beschwerdeführer zur Operation bereit ist, erst dann eine solche Erklärung einzuholen, wenn er auf dem Operationstisch bereitliegt. Entgegen der Ansicht des Beschwerdeführers wäre damit die Freiheit des Patienten, über die Vornahme der Operation zu entscheiden, nicht mehr gewährleistet, da er sich innerlich dazu bereit erklärt und Leistungen des Beschwerdeführers bereits in Anspruch genommen hat. Eine solche Erklärung müsste vielmehr bei der ersten Konsultation vom Beschwerdeführer vorgelegt werden, damit Patienten die Wahl hätten, sich von Anfang an bei einem anderen Arzt beraten zu lassen, der den Eingriff ohne das Risiko einer fehlenden Sicherstellung von Schadenersatz vornehmen könnte. Denn vor dem Entscheid des Patienten darüber, ob er eine gewünschte Operation vornehmen lassen will oder nicht, steht der Entscheid des Patienten darüber, ob er die gewünschte Operation von einem Arzt vornehmen lassen will, der über keine Berufshaftpflichtversicherung verfügt. Diesen Entscheid muss der Patient aber zu Beginn der Erstkonsultation fällen können und nicht erst vor der Operation. Die angebotene Massnahme erscheint daher nicht tauglich, um als weniger weitgehender Eingriff wirksam zu sein (VerwG ZH vom 6. Dez. 2007, VB.2007.00486, E. 6.3.1).

– **Psychiatrische Zwangsbegutachtung:** Die kantonalen Behörden wollten die Beschwerdefüh- 1807
rerin zwecks psychiatrischer Begutachtung mit Polizeikräften abholen, nötigenfalls gegen ihren Willen in ein Fahrzeug (Ambulanz oder rollstuhltaugliches Transportmittel) setzen, zur Kantonalen Psychiatrischen Klinik Solothurn transportieren, dort ambulant begutachten und einige Stunden später wieder nach Hause transportieren. Das Bundesgericht erachtet eine solche Vorgehensweise als unverhältnismässig. Nach Meinung des Bundesgerichts liegt es auf der Hand, dass die von den kantonalen Behörden angeordnete Vorgehensweise für eine 89-jährige gebrechliche und pflegebedürftige Frau einschneidendere Belastungen nach sich zieht als die von ihr selbst vorgeschlagene Begutachtung an ihrem aktuellen Wohnort im Alters- und Pflegeheim. Das verfassungsmässige Gebot der Verhältnismässigkeit verlangt grundsätzlich den Einsatz der am wenigsten einschneidenden (tauglichen und angemessenen) Mittel, die zur Realisierung des gesetzlichen Zweckes zur Verfügung stehen. Die ambulante psychiatrische Begutachtung einer hochbetagten, gebrechlichen und pflegebedürftigen Person hat daher, soweit möglich, in ihrer gewohnten Umgebung bzw. am Pflegeort stattzufinden, sofern dies – insbesondere aus ärztlicher Sicht – sachlich vertretbar erscheint. Ausserdem sind zusätzliche psychische und physische Erschwernisse wie etwa ein aufsehenerregendes Abholen durch Polizeibeamte, beschwerliche Transporte und eine Zwangseinweisung in die ungewohnten (und gerade auf ältere Menschen verständlicherweise zusätzlich verunsichernd wirkenden) Räumlichkeiten einer psychiatrischen Klinik möglichst zu vermeiden. Es ist vorliegend kaum einzusehen, weshalb die ambulante Begutachtung nicht auch in den Räumlichkeiten des Alters- und Pflegeheims durchgeführt werden könnte, zumal sich der Gutachter nötigenfalls auch durch einen Po-

lizei- oder Fürsorgebeamten in zivil begleiten lassen kann. Es wird von den kantonalen Behörden weder behauptet oder belegt, dass eine fachgerechte Begutachtung im Alters- und Pflegeheim aus psychiatrieärztlichen Gründen nicht möglich ist. Wie im Übrigen den Akten zu entnehmen ist, beschränkt sich die vorgesehene Begutachtung im Wesentlichen auf ein psychiatrisches Untersuchungsgespräch. Eine sachliche Notwendigkeit, die Begutachtung in der psychiatrischen Klinik durchzuführen, ist aus den vorliegenden Akten nicht ersichtlich. Da der von den kantonalen Behörden angestrebte gesetzliche Zweck auch mit deutlich weniger einschneidenden angemessenen Mitteln erreicht werden kann, erweist sich der angefochtene Entscheid unter den vorliegenden Umständen als unverhältnismässig (BGE 124 I 40 E. 4).

1808 – **GPS-System zur Überwachung der Firmenfahrzeuge:** Nach der Rechtsprechung besteht der Grundsatz der Verhältnismässigkeit traditionsgemäss aus drei Elementen: dem Grundsatz der Geeignetheit oder der Angemessenheit, der verlangt, dass die gewählte Massnahme – hier das GPS-System – zur Erreichung des angestrebten Zwecks geeignet ist – hier die vom Arbeitgeber geltend gemachten Rechtfertigungsgründe; dem Grundsatz der Erforderlichkeit, der verlangt, dass unter mehreren geeigneten Mitteln dasjenige gewählt wird, welches die entgegenstehenden Interessen am wenigsten beeinträchtigt – hier die Gesundheit, die Bewegungsfreiheit, die Persönlichkeit der Arbeitnehmerinnen und Arbeitnehmer; dem Grundsatz der Verhältnismässigkeit im engeren Sinne, der verlangt, dass die Auswirkungen der gewählten Massnahme auf die betroffenen Personen und das erwartete Ergebnis im Vergleich zum verfolgten Zweck gegeneinander abzuwägen sind Die Arbeitgeberin unterstreicht in erster Linie, das GPS-System stelle für sie ein hervorragendes Mittel gegen Diebstahl dar, weil sie mit einer einfachen Anfrage an eine satellitengesteuerte Zentrale in Brüssel veranlassen könne, jedes ihrer Fahrzeuge, falls notwendig, sofort zu lokalisieren und anhalten zu lassen. Aus den Akten (vgl. die Werbeunterlagen des Lieferanten) geht jedoch hervor, dass eine solche Antidiebstahlvorrichtung auch eingerichtet werden kann, ohne sie, wie im vorliegenden Fall, mit einem Lokalisierungssystem zu verbinden, bei dem die Standorte der Fahrzeuge mit der entsprechenden Zeitangabe stets aufgezeichnet werden. Das angestrebte Ziel könnte daher mit einem weniger einschneidenden Mittel erreicht werden, sodass die streitige Massnahme nach dem Grundsatz der Erforderlichkeit nicht gerechtfertigt ist (BGE 130 II 425 E. 5.2 und E. 5.3).

cc) In räumlicher Hinsicht

1809 **Rayonverbote**, die sich auf ein bestimmtes, durch die Störungen betroffenes Areal beschränken bzw. sich nicht auf beliebige öffentliche Räume beziehen, sind in örtlicher Hinsicht nicht zu beanstanden (BGE 132 I 49 E. 7.2). Hingegen ist es unzulässig, einem bei Heimspielen der in der Super League spielenden ersten Mannschaften des Grasshopper Club Zürich und des FC Zürich beteiligten Randalierer Rayonverbote auszusprechen, welche sich auf Gebiete beziehen, in welchem Eishockey oder Fussball in den unteren Spielklassen gespielt wird (VerwG ZH vom 19. Juni 2008, VB.2008.00237, E. 6.2). Auch dürfte in der Regel die **Ausgrenzung** als strafprozessuale Massnahme bei Kollusionsgefahr als mildere Massnahme genügen; eine **Eingrenzung** fällt nur bei Fluchtgefahr in Betracht (BGE 137 IV 122 E. 6.4). Hingegen ist eine Ausgrenzung aus dem ganzen Kanton gemäss Art. 13e aANAG unverhältnismässig, wenn nur in einer Stadt Kontakte zur Drogenszene stattgefunden haben und der Ausgegrenzte Beziehungen zu Personen im übrigen Kantonsgebiet hat (VerwG BE vom 18. Juni 2001, in: BVR 2002 S. 97 E. 2c).

Praxis:

1810 – **Wegweisungs- und Fernhaltemassnahmen (Bahnhofsareal Bern)** sind verhältnismässig, wenn die betreffenden Personen die öffentliche Ordnung und Sicherheit erheblich gestört haben. Die betreffenden Störungen werden nicht im blossen Umstand des Vorhandenseins einer

Ansammlung von Personen erblickt. Sie stehen vielmehr in unmittelbarem Zusammenhang mit den Auswirkungen, die von Personenansammlungen, in denen in beträchtlichem Ausmass Alkohol konsumiert wird, regelmässig und erfahrungsgemäss ausgehen. Bei dieser Sachlage ist die Wegweisung und das vorübergehende Verbot, sich im Bahnhofsareal zu Alkohol konsumierenden Gruppen zusammenzufinden, geeignet, der durch diese Erscheinungen hervorgerufenen Gefährdung und Störung der öffentlichen Ordnung und Sicherheit zu begegnen. In örtlicher Hinsicht ist zu berücksichtigen, dass die angefochtenen Verfügungen die Beschwerdeführer lediglich vom eigentlichen Bahnhofsareal und den unmittelbaren Zugängen dazu fernhalten. Bei dem in den Fernhalteverfügungen konkret genannten Perimeter handelt es sich ausserdem nicht um einen beliebigen öffentlichen Raum. Es handelt sich vielmehr um die Zugänge zum Bahnhof und die Durchgänge zu Geleisen und Bahnhofseinrichtungen. Diese werden von allen Reisenden, Pendlern und Bahnhofsbenützern während der Betriebszeiten durchgehend und in grosser Anzahl begangen. Gerade in Anbetracht dieser speziellen Gegebenheit kommt der Sicherung der öffentlichen Ordnung und Sicherheit vor Gefährdungen und Störungen eine besondere Bedeutung zu. Die Massnahmen betreffen insgesamt betrachtet ein sehr beschränktes kleines Gebiet und haben überdies gesehen keine schwere Beeinträchtigung der Versammlungsfreiheit und der persönlichen Freiheit zur Folge (BGE 132 I 49 E. 7.2).

- Der **Leinenzwang für alle Hunderassen auf dem Gebiet verschiedener Anlagen (Primarschulanlage, Sportanlage sowie im Dickloo-Wald)** erweist sich als verhältnismässig, zumal das Anleingebot in räumlicher Hinsicht auf drei eng umgrenzte Areale beschränkt ist. Auf der Primarschulanlage werden davon nur zwei Fusswege betroffen. Den Hundehaltern ist es zuzumuten, beim Durchqueren dieses Areals wie auch der Sportanlage Chliriet ihre Vierbeiner an die Leine zu nehmen. Auch die Einschränkung im und entlang dem Wald Dickloo ist verhältnismässig, da im Wald für die Hundehalter eine erhöhte Aufsichtspflicht nach § 11 des alten Hundegesetzes des Kantons Zürich gilt (neu: § 9 Abs. 2 HG), welche je nach den Umständen ohnehin ein Anleinen erfordert (VerwG ZH vom 6. Dez. 2007, VB.2007.00391, E. 5.2). 1811

- Das **Verbot der Selbstdispensation nur in grösseren Städten des Kantons Zürichs (Winterthur und Stadt Zürich)** erweckt aus verfassungsrechtlicher Sicht gewisse Zweifel, da die vorgenommene räumliche Abgrenzung insofern nicht zu befriedigen vermag, als heute auch andere grosse Gemeinden im Kanton ein relativ dichtes Netz von Apotheken aufweisen und damit bezüglich der Medikamentenversorgung durch öffentliche Apotheken in gewissen Gebieten ausserhalb von Zürich und Winterthur ähnliche Verhältnisse wie in den genannten Städten bestehen. Das Bundesgericht betrachtet eine feinere räumliche Abgrenzung – falls überhaupt an einer abstrakten gebietsweisen Umschreibung des Geltungsbereiches der beiden Regimes festgehalten und nicht auf eine an die jeweilige lokale Versorgungslage anknüpfende Regelung umgestellt wird – als wünschbar (BGE 131 I 205 E. 3.2; vgl. nun BGer vom 23. Sept. 2011, 2C_53/2009, E. 5: Die Zulassung der ärztlichen Selbstdispensation gegenüber Patienten im ganzen Kanton Zürich verstösst weder gegen die Wirtschaftsfreiheit noch gegen den Grundsatz der Rechtsgleichheit). 1812

- **Planungszonen** dürfen sich in räumlicher Hinsicht nur so weit ausdehnen, als dies zur Erreichung des Sicherungs- bzw. Schutzziels notwendig ist. Werden durch die betreffende Schutzzone auch Parzellen einbezogen, die keinen hinreichenden räumlichen Zusammenhang mit dem schützenswerten Objekt aufweisen, ist die betreffende Massnahme als in räumlicher Hinsicht unverhältnismässig zu betrachten (BGE 133 II 353 E. 4; BGer vom 19. Okt. 2010, 1C_298/2010, E. 2.4; vom 21. Mai 2010, 1C_472/2009, E. 3.6 und E. 3.7 [generelles Bauverbot für Mobilfunkantennen]). Entsprechend geht üblicherweise ein Verbot zur Errichtung von Mobilfunkanlagen auf dem gesamten Gemeindegebiet in räumlicher Hinsicht über das hinaus, was notwendig ist, um die Zielsetzungen der kommunalen Mobilfunkplanung zu erreichen (BGer vom 19. Okt. 2010, 1C_298/2010, E. 2.4; vom 21. Mai 2010, 1C_472/2009, E. 3.7). Das Bundesverwaltungsgericht hat die Erforderlichkeit einer Projektierungszone im Rahmen der Frachtentwicklung am Flughafen Zürich (Frachterweiterung) bejaht, da einerseits der voraussichtliche Landbedarf für die Frachtentwicklung von 42'000 bis 75'000 m^2 bis im Jahre 2020 ausgewiesen ist und andererseits die Massnahme von ihrem Umfang her in räumlicher Hinsicht 1813 nicht weiter greift als notwendig; zudem kommt im heutigen Zeitpunkt kein anderer Standort für die Frachterweiterung in Frage und der Aufbau einer komplett neuen Infrastruktur im Westen des Flughafens wäre im heutigen Zeitpunkt unverhältnismässig (BVGer vom 16. Dez. 2009, A-318/2009, E. 7; vom 12. Okt. 2009, A-4654/2009, E. 8 [Projektierungszone für eine Verlängerung der Piste 10/28 nach Westen]).

1814 – Nicht zu beanstanden sind **Kontrollen der gesamten elektrischen Niederspannungsinstallationen**, die sich in räumlicher Hinsicht sowohl auf den **Innen- wie auch Aussenbereich** eines Hauses beziehen. Zwar würde die Beschränkung der Kontrollen auf den Aussenbereich ein milderes Mittel auch in sachlicher Hinsicht darstellen, allerdings würde damit die Sicherheit nur für einen Teil der elektrischen Installationen gewährleistet und für den anderen nicht, sodass die Massnahme zur Verwirklichung des öffentlichen Interesses als nicht mehr geeignet erscheinen würde (BVGer vom 25. Nov. 2008, A-4114/2008, E. 4.6.1).

dd) In persönlicher Hinsicht

1815 Die Erforderlichkeit in persönlicher Hinsicht fehlt, wenn alle von einer Massnahme betroffen sind, während das angestrebte Ziel auch durch individuelle Verbote oder Beschränkungen erreicht werden könnte (VerwG SG vom 19. Aug. 2009, B-2008-224, E. 3.2.1.2). **Wegweisungs- und Fernhalteverfügungen** haben sich somit direkt gegen diejenigen Personen zu richten, die durch ihr Verhalten für die Störung und Gefährdung der öffentlichen Sicherheit und Ordnung verantwortlich gemacht werden (BGE 132 I 49 E. 7.2). Insbesondere darf sich eine Massnahme nur gegen den unmittelbaren Störer bzw. Verursacher einer Gefahr richten (**Störerprinzip**; vgl. BGE 136 I 1 E. 4.4.3, 131 II 743 E. 3.1, 122 II 65 E. 6a; BGer vom 29. Nov. 2011, 1C_146/2011, E. 2; vom 11. Mai 2009, 1C_360/2008, E. 3.2.2; BVGE 2009/37 E. 6.2; BVGer vom 21. Juni 2010, B-4448/2009, E. 8.1), wobei zwischen **Verhaltensstörer, Zustandsstörer und Zweckveranlasser (als Störer)** zu unterscheiden ist (EJPD vom 26. Mai 2006, in: VPB 70 [2006] Nr. 93 E. 18.7; RR SZ vom 21. Okt. 2008, in: EGVSZ 2008 S. 224 E. 2.4; VerwG LU vom 20. April 2006, in: LGVE 2006 II Nr. 1 E. 6b; VerwG ZH vom 17. Juni 2005, VB.2005.00037, E. 6.3.3; RR SZ vom 25. Nov. 2003, in: ZBl 2004 S. 536 E. 5.2).

1816 **Verhaltensstörer** ist, wer durch eigenes Verhalten oder das unter seiner Verantwortung erfolgende Verhalten Dritter den Schaden oder die Gefahr verursacht hat (BGE 114 Ib 44 E. 2c/bb). **Zustandsstörer** ist, wer über die Sache, die den ordnungswidrigen Zustand bewirkt, rechtliche oder tatsächliche Gewalt hat. Dabei ist unerheblich, wodurch der polizeiwidrige Zustand der Sache verursacht worden ist und ob eine Person an dessen Verursachung ein Verschulden trifft; entscheidend ist allein die objektive Tatsache, dass eine Störung vorliegt und die Sache selbst unmittelbar die Gefahren- oder Schadensquelle gebildet hat (BGE 114 Ib 44 E. 2c/aa; zum Ganzen BGer vom 29. Nov. 2011, 1C_146/2011, E. 2). Der **Störer** ist polizeirechtlich verpflichtet, eine **Gefahr oder Störung zu beseitigen** oder die **Kosten** für die Massnahmen zur Herstellung des ordnungsgemässen Zustandes zu tragen (vgl. BGE 122 II 65 E. 6a; BVGer vom 21. Juni 2010, B-4448/2009, E. 8.1; RR SZ vom 21. Okt. 2008, in: EGVSZ 2008 S. 224 E. 2.3). Im **Heilmittelrecht** können im Rahmen der Marktüberwachung Massnahmen – im Sinne des Störerprinzips – sowohl gegen die Herstellerin bzw. die erste Inverkehrbringerin als auch gegen alle weiteren Inverkehrbringerinnen angeordnet werden (BVGer vom 19. April 2011, C-1355/2008, E. 7.1.1; vom 12. Dez. 2007, C-2093/2006, E. 5.3.1 und E. 5.3.2; ähnlich BVGer vom 21. Juni 2010, B-4448/2009, E. 8 [Anpreisung und Vertrieb von Futtermitteln]).

Ist eine **Mehrzahl von Störern** für einen polizeiwidrigen Zustand verantwortlich, so ist gemäss Praxis derjenige zu belangen, der für den **Zustand in erster Linie verantwortlich** ist, wobei diesbezüglich dem Mass des Verschuldens wesentliche Bedeutung zukommt. Zu belangen ist **in erster Linie der schuldhafte Verhaltensstörer** und **in letzter Linie ist der schuldlose Zustandsstörer** heranzuziehen (BGE 122 II 65 E. 6a, 107 Ia 19 E. 2a; BGer vom 4. März 2005, 1P.519/2004, E. 4; vom 27. Aug. 2004, 1A.178/2003, E. 6; vom 3. Mai 2000, 1A.214/1999, E. 2a; vom 12. Okt. 1990, in: ZBl 1991 S. 212 E. 6a; VerwG ZH vom 20. Dez. 2006, VB.2006.00391, E. 5.3; KG BL vom 29. Nov. 2006, 2005/276, E. 5.4-5.6; VerwG SO vom 6. März 2000, in: SOG 2000 Nr. 26 E. 2; RR AG vom 20. April 1994, in: ZBl 1996 S. 128 E. 4b). Ist die **Störung oder Gefahr unmittelbar drohend**, so wird die richtige Wahl auf jenen Störer fallen, der dem Gefahrenherd am nächsten und zudem sachlich und persönlich zur Beseitigung fähig ist; ist dagegen die Wiederherstellung der Ordnung nicht besonders dringlich und hat allenfalls der polizeiwidrige Zustand schon seit längerer Zeit angedauert, so kann eine andere, möglicherweise differenziertere Beseitigungsregelung getroffen werden (BGE 107 Ia 19 E. 2b; BVGer vom 21. Juni 2010, B-4448/2009, E. 8.2). 1817

Praxis:

- **Unzulässige Anpreisung und Vertrieb von Futtermittel durch eine Verteilfirma:** Die Beschwerdeführerin (Verteilfirma) macht geltend, dass die Vorinstanz gegen das aus dem Verhältnismässigkeitsprinzip folgende Störerprinzip verstossen habe. Unmittelbarer Verursacher der behaupteten unzulässigen Anpreisungen für die Futtermittel sei der Produktehersteller, der die Futtermittel und die dazugehörigen Verpackungen herstelle. Die Beschwerdeführerin sei nicht in der Lage, die vom Hersteller zur Verfügung gestellten Produkte zu überprüfen sowie die Zusammensetzung oder auch nur die Verpackungsanschriften zu ändern. Erwägungen: In Kapitel 3a der Futtermittel-Verordnung sind die Pflichten von Produzenten und Inverkehrbringern von Futtermitteln geregelt. Wer Futtermittel produziert, einführt oder in Verkehr bringt, muss im Rahmen seiner Tätigkeit geeignete Massnahmen ergreifen, damit die Futtermittel den gesetzlichen Anforderungen entsprechen (Art. 20b Futtermittel-Verordnung). Zu diesen gesetzlichen Anforderungen zählen zum einen Deklarationsvorschriften, zum anderen müssen auch die gesetzlichen Bestimmungen zur inhaltlichen Beschaffenheit der Futtermittel beachtet werden. Bei Verstössen gegen diese gesetzlichen Vorschriften durch Produzenten oder Inverkehrbringer können gestützt auf das Landwirtschaftsgesetz Verwaltungsmassnahmen ergriffen werden. Die Beanstandungen der Vorinstanz in der angefochtenen Verfügung beziehen sich zum einen auf die von der Beschwerdeführerin in ihrem Katalog und auf ihrer Webseite gemachten Angaben für Futtermittel. Für diese Angaben ist allein die Beschwerdeführerin verantwortlich. Beim Katalog und bei der Webseite handelt es sich um Werbe- und Verkaufsinstrumente, welche die Beschwerdeführerin als Inverkehrbringerin der Produkte unter ihrem Namen veröffentlicht resp. betreibt. Insoweit hat allein die Beschwerdeführerin als Verhaltensstörerin zu gelten. Es liegt dementsprechend keine Verletzung des Störerprinzips vor. Zum anderen beanstandet die Vorinstanz die Zusammensetzung eines von der Beschwerdeführerin in ihrem Katalog angebotenen Futtermittels. Für die Zusammensetzung des Produkts ist unbestrittenermassen die Produkteherstellerin verantwortlich, die insoweit als Verhaltensstörerin zu gelten hat. Dieser Umstand ändert jedoch nichts daran, dass die Beschwerdeführerin das nicht gesetzeskonforme Produkt in Verkehr bringt. Als Inverkehrbringerin eines Futtermittels, dessen Zusammensetzung nicht den gesetzlichen Anforderungen entspricht, hat auch die Beschwerdeführerin als Verhaltensstörerin zu gelten. Da die Inverkehrbringung von Futtermitteln mit nicht zugelassenen Inhaltsstoffen raschmöglichst unterbunden werden muss, die Beschwerdeführerin am nächsten bei den von ihr zum Verkauf angebotenen Produkten und sachlich sowie persönlich zur Beseitigung dieses gesetzeswidrigen Zustandes fähig ist, hat die Vorinstanz zu Recht 1818 die angefochtene Verfügung erlassen. Zusammenfassend gilt es festzuhalten, dass die Beschwerdeführerin vorliegend als Verhaltensstörerin zu qualifizieren ist und die angefochtene Verfügung das aus dem Verhältnismässigkeitsprinzip folgende Störerprinzip nicht verletzt (BVGer vom 21. Juni 2010, B-4448/2009, E. 8).

1819 – **Heizölaustritt:** Am Abend des 10. Jan. 2002 füllte P Heizöl in den Tank eines Wohnhauses in Oberdorf. Dabei wurde der Tank überfüllt, sodass rund 300 Liter Heizöl über die Tankdruckausgleichsleitung in den Garten der Liegenschaft gelangten. Das herbeigerufene Amt für Umweltschutz und Energie des Kantons Basel-Landschaft (AUE) ordnete die erforderlichen Massnahmen zum Schutz der Gewässer und zur Beseitigung der Verunreinigung an. Die Kosten für die Sanierungsarbeiten beliefen sich auf Fr. 41'869.40. Diese wurden von der Bau- und Umweltschutzdirektion des Kantons Basel-Landschaft (BUD) mit Verfügung vom 23. Aug. 2004 wie folgt festgelegt: P (Heizöllieferant): 50 % (Fr. 20'934.70); S (Tanklieferfirma): 25 % (Fr. 10'467.35); AUE: 15 % (Fr. 6'280.40); Liegenschaftseigentümer: 10 % (Fr. 2'093.50). Gegen die Verfügung vom 23. Aug. 2004 erhob der Heizöllieferant P mit Eingabe vom 6. Sept. 2004 erfolglos Beschwerde beim Regierungsrat. Das Kantonsgericht heisst die Beschwerde von P gut. Erwägungen: Aufgrund der vorliegenden Akten kann mehreren Verursachern ein wesentliches Verschulden am Überlaufen des Heizöls nachgewiesen werden. Weitgehend unbestritten geblieben ist, dass die S AG als Herstellerin und Lieferantin der Tankanlage die Havarie insofern mitverursacht hat, als sie einen Messstab lieferte, welcher das effektive Volumen der Anlage nicht korrekt angab. Dies hatte zur Folge, dass sich die Beschwerdeführerin über das tatsächliche Fassungsvermögen des Öltanks irrte, was schliesslich zum Überlaufen des Tankes geführt hat. Ferner ist weitgehend unbestritten geblieben, dass das AUE bei der Abnahme der Tankanlage im Juni 1995 diesen Mangel nicht entdeckte und sich somit mitverantwortlich für die Ölverschmutzung machte. Schliesslich ist anlässlich der heute stattfindenden Parteiverhandlung erstellt worden, dass die Beschwerdeführerin ihrer Pflicht, die sogenannte Überfüllsicherung anzuschliessen, mit hoher Wahrscheinlichkeit nicht nachgekommen ist. Das Gesetz definiert den Begriff «Verursacher» weder in Art. 59 USG noch in Art. 54 GSchG. Ist eine Mehrzahl von Störern für einen polizeiwidrigen Zustand verantwortlich, so liegt eine polizeirechtliche Haftungskonkurrenz vor. Gemäss bundesgerichtlicher Praxis sind sodann die Kosten für die Behebungsmassnahmen in sinngemässer Anwendung haftpflichtrechtlicher Grundsätze auf die Verursacher zu verteilen; dem Einzelnen ist ein Teilbetrag zu überbinden, der seiner Verantwortlichkeit und seinem Anteil an der Verursachung entspricht. Die Kostenverteilung ist in der Weise vorzunehmen, dass sie den subjektiven und objektiven Anteilen an der Verursachung Rechnung trägt. In erster Linie ist die Haftungsquote nach dem Verschulden zu bemessen. Neben dem Verschulden ist sodann zu berücksichtigen, in welchem objektiven Verhältnis die einzelnen Teilursachen zur entstandenen Gefahr bzw. zum eingetretenen Schaden einerseits und zu den übrigen Teilursachen andererseits stehen. Gemäss diesen Regeln fallen im vorliegenden Fall als Störer und mögliche Adressaten der Kostenverfügung sowohl der Tanklieferant, welcher den ordnungswidrigen Zustand als Lieferant des fehlerhaften Tankes herbeigeführt und mitverursacht hat als auch der Heizöllieferant in Betracht. Daneben hat das AUE den falsch geeichten Messstab ungenügend kontrolliert. Ob auch die Liegenschaftseigentümer als schuldlose Zustandsstörer in die Pflicht genommen werden können, kann offengelassen werden, denn vorliegend können zwei Hauptverursacher (Tanklieferant und Öllieferant) und – gemessen nach dem Ursachenanteil – ein Nebenverursacher (AUE) eruiert werden. Damit kann im Sinne eines Zwischenergebnisses festgehalten werden, dass sowohl der Beschwerdeführer (Öllieferant) als auch der Tanklieferant zu gleichen Teilen an den Kosten zu beteiligen sind. Entsprechend dem Anteil an der Verursachung des Ölunfalles ist dem AUE ein geringerer Anteil als derjenige der beiden Hauptverursacher zu überbinden. Diese Überlegungen führen zu einer Kostenverteilung, welche sich im Rahmen von 40 % (Beschwerdeführerin), 40 % (Tanklieferant) und 20 % (AUE) bewegt, wobei es naturgemäss im Ermessen der BUD ist, auf der Grundlage der vorliegenden Erwägungen eine neue Kostenverteilung festzulegen (KG BL vom 29. Nov. 2006, 2005/276, E. 5 und E. 6; vgl. ferner BGer vom 29. Nov. 2011, 1C_146/2011, E. 2-6).

– **Kosten von Gegendemonstrationen:** Das zentrale Kriterium für die Bestimmung des Störers ist die Verursachung. Nur wer durch sein Verhalten oder seine Sachen eine Gefahr oder Störung unmittelbar verursacht, ist polizeilich verantwortlich. Eine Ursache ist nur dann polizeilich erheblich, wenn sie selbst unmittelbar die konkrete Gefahr oder Störung setzt und damit die Gefahrengrenze überschreitet. Entferntere, bloss mittelbare Beiträge sind grundsätzlich polizeilich irrelevant. Die Person, die eine bloss mittelbare Ursache setzt, ist als Veranlasser nicht polizeipflichtig. Das Kriterium der unmittelbaren Verursachung soll sicherstellen, dass gegen den Störer und nicht gegen denjenigen, der selbst gestört wird, vorgegangen wird, mag dieser auch die Störung im weitesten Sinne mittelbar verursacht, d.h. veranlasst haben. Mit dieser auf den äusseren Kausalverlauf abstellenden Unmittelbarkeitstheorie werden die Versammlungs- und Demonstrationsfälle gelöst. In Demonstrationsfällen fehlt der Wirkungs- und Wertungszusammenhang zwischen dem Verhalten der Teilnehmer der Veranstaltung und den angekündigten Gegendemonstrationen, sodass die Veranstalter und Teilnehmer in dieser Hinsicht nicht als Störer gelten können. Sie werden im Gegenteil selbst durch die politischen Gegner gestört und müssen geschützt werden. Sind die Demonstranten für allfällige Ausschreitungen von politischen Gegnern nicht verantwortlich, können ihnen die Kosten für ihren eigenen polizeilichen Schutz folglich nicht auferlegt werden. Hingegen setzen die Organisatoren und Teilnehmer der Kundgebung selber die Ursache für anderweitige organisatorische Vorkehrungen, sodass sie in dieser Hinsicht als Störer zu betrachten sind und ihnen deren Kosten grundsätzlich überbunden werden dürfen, sofern die entsprechenden Voraussetzungen erfüllt sind (RR SZ vom 25. Nov. 2003, in: ZBl 2004 S. 536 E. 6). 1820

ee) In zeitlicher Hinsicht

Die angeordnete Massnahme muss auch in zeitlicher Hinsicht erforderlich sein. Im Allgemeinen sind **Fernhaltemassnahmen** für eine **Dauer von drei Monaten** (in casu vom Bahnhofsareal der Stadt Bern) in zeitlicher Hinsicht als geringer Eingriff in die Grundrechte zu beurteilen (BGE 132 I 49 E. 7.2), wohingegen eine **Datenaufbewahrung** von Überwachungskameras von mehr als 100 Tagen als ein schwerer Eingriff in das Recht auf informationelle Selbstbestimmung gilt (BGE 133 I 77 E. 5.3). Ein **Rayonverbot** gegenüber einem Hooligan ist im Gebiet rund um das Bellevue und im Norden entlang der Limmat über die Fussball-Europameisterschaft hinaus in zeitlicher Hinsicht nicht erforderlich, da während dieser Zeit im betreffenden Rayon keine Fussballspiele in der höchsten Liga stattfinden (VerwG ZH vom 19. Juni 2008, VB.2008.00237, E. 6.2). 1821

Ein **zeitlich unbeschränktes Verbot invasiver Tätigkeit wegen fehlender Haftpflichtversicherung** ist verhältnismässig, da der betroffene Arzt bei Abschluss einer derartigen Versicherung einen Anspruch auf eine unbeschränkte Bewilligung zur selbstständigen Tätigkeit hat, sofern er die übrigen gesetzlichen Voraussetzungen (weiterhin) erfüllt (VerwG ZH vom 6. Dez. 2007, VB.2007.00486, E. 6.3.2). **Leistungskürzungen und -einstellungen von Sozialhilfeleistungen** bei Fehlverhalten sind zu befristen, um dem Betroffenen die Gelegenheit zu geben, sich wiederum kooperativ zu verhalten (VerwG BE vom 19. Nov. 2009, in: BVR 2010 S. 129 E. 4.4). **Südanflüge** auf den Flughafen Zürich für die **Dauer von vier Tagen** sind zu bewilligen, da die temporäre Aktivierung des Luftraums angesichts ihrer vorgesehenen Dauer von lediglich 4 Tagen über ein Jahr gesehen nur eine marginale Zusatzbelastung der Südanflugschneise bewirkt und die in der Südanflugschneise wohnhaften Personen nur ausnahmsweise und lediglich zeitlich eng begrenzt von zusätzlichem Lärm betroffen sind (BVGer 16. Juli 2009, A-78/2009, E. 11.5). 1822

Praxis:

1823 – **Dauer der Datenaufbewahrung von Überwachungskameras:** Nach der Rechtsprechung wiegt die Aufbewahrung von erkennungsdienstlichen Daten für sich allein nicht schwer; allerdings fällt vorliegend die Dauer der Aufbewahrung der Aufzeichnungen von 100 Tagen ins Gewicht: Eine längere Aufbewahrungsdauer stellt bereits per se einen schwerer wiegenden Eingriff in das von Art. 13 Abs. 2 BV geschützte Recht auf informationelle Selbstbestimmung dar. Insoweit kommt der vom Polizeireglement vorgesehenen Aufbewahrungsdauer von 100 Tagen im Vergleich mit der vom Departement vorgesehenen Dauer von lediglich 30 Tagen eine nicht unerhebliche Bedeutung zu. Die Dauer von 100 Tagen erscheint zudem im Vergleich mit andern Regelungen als lang. Umgekehrt ist unter dem Gesichtswinkel einer effektiven Strafverfolgung im Dienste der Wahrung der öffentlichen Ordnung und Sicherheit den persönlichen Verhältnissen der von Straftaten betroffenen Personen Rechnung zu tragen. Hierfür fällt ins Gewicht, dass das Anzeigeverhalten der Betroffenen weitgehend von persönlichen Umständen abhängt. Es ist nachvollziehbar, dass z.B. bei Straftaten gegen die sexuelle Integrität oder gegen Jugendliche aus Furcht oder Scham oder mannigfaltigen anderen Gründen mit einer Anzeige oder einem Strafantrag eine gewisse Zeit zugewartet wird. In Bezug auf die streitige Videoüberwachung bedeutet ein längeres oder allzu langes Zögern, dass das Aufzeichnungsmaterial bereits gelöscht ist und als Beweismittel entfällt. Ein nur zögerndes Anzeigeverhalten kann für sich allein zwar nicht den Ausschlag für einen durch eine lange Aufbewahrungsdauer verstärkten Grundrechtseingriff bei den erfassten Personen geben. Doch ist den genannten persönlichen Umständen der durch Straftaten betroffenen Personen hinreichend Rechnung zu tragen, sollen die Aufzeichnungen zum Schutz der öffentlichen Ordnung und Sicherheit eine effektive Strafverfolgung tatsächlich ermöglichen und fördern. Insbesondere soll auch besonders gefährdeten Gruppen trotz anfänglicher Skepsis vor einem Verfahren eine effiziente Strafverfolgung zugestanden werden. Das sind erhebliche sachliche Gründe, die eine Aufbewahrungsdauer von 100 anstatt nur 30 Tagen grundsätzlich rechtfertigen (BGE 133 I 77 E. 5.3 und E. 5.4).

1824 – **Temporäre Verkehrsanordnungen (Strassensperren/Fahrverbote) zur Durchführung eines Public Viewing im Stadtzentrum ab 14 Uhr bis Mitternacht:** Die Public-Viewing-Zone öffnet täglich um 15.00 Uhr, und sie bleibt bis Mitternacht oder bis 01.00 Uhr geöffnet. Während der Vorrundenspiele (7. bis 17. Juni 2008) in der Schweiz sollen die Verkehrsanordnungen ab 14.00 Uhr greifen, da an all diesen Tagen Spiele mit Spielbeginn 18.00 Uhr gespielt werden. In Deutschland wurden die Public-Viewing-Zonen erst etwa zwei Stunden vor Spielbeginn eröffnet. Der grösste Anteil der Anreise in die Fanzone soll in den letzten zwei bis vier Stunden vor Spielbeginn erfolgen. Hauptprogramm in der Public-Viewing-Zone bleibt der Fussball, auch wenn daneben zusätzliche Attraktionen geboten werden. Entsprechend ist davon auszugehen, dass sie in erster Linie wegen der Übertragung der Fussballspiele und allenfalls deswegen, um sich zuvor oder danach dort zu verpflegen, aufgesucht wird. Der eigentliche Zustrom des Publikums dahin wird deshalb in den drei Stunden vor Spielbeginn mit der Öffnung der Public-Viewing-Arena stattfinden. Es rechtfertigt sich daher, in der Zeit vom 7. bis 17. Juni 2008, in der jeden Tag Fussballspiele stattfinden, die um 18.00 Uhr beginnen, den Zeitpunkt des Einsatzes der Fahrverbote generell auf 15.00 Uhr (statt 14.00 Uhr) festzulegen. Was den Tag der Eröffnung der EURO 08 in Zürich anbelangt (6. Juni 2008), findet an diesem Tag ein separates Programm statt, das später beginnt, weshalb die Anordnungen für diesen Tag nicht zu verändern sind. In der Zeit vom 18. bis 29. Juni 2008 finden sämtliche (Final-)Spiele täglich erst um 20.45 Uhr statt (ausgenommen spielfreie Tage). Diese werden wohl eher mehr Zuschauer anziehen als die Erstrundenspiele (mit Ausnahme derjenigen mit Schweizer Beteiligung oder besonders attraktiven Spielen wie etwa jenes zwischen Frankreich und Italien), weshalb es sich rechtfertigt, die Fahrverbote ab 18.00 Uhr einsetzen zu lassen. Damit ist nicht nur dem vermuteten zunehmenden Publikumsandrang genügend Rechnung getragen, sondern es ist auch davon auszugehen, dass ein erheblicher Teil des Feierabendverkehrs die Ausfallachse Utoquai stadtauswärts noch benützen und das Verkehrsnetz entsprechend entlasten kann (VerwG ZH vom 26. Mai 2008, VB.2008.00207, E. 8.4.5).

– **Temporäre Aktivierung des Flugraums für vier Tage wegen einer aussergewöhnlichen Wettersituation (Südanflüge):** Die Flughafen AG sah sich aufgrund der Wetterprognose von Meteo Schweiz vom 19./20. Nov. 2008 mit einer aussergewöhnlichen Wettersituation konfrontiert. Insbesondere musste ab 21. Nov. 2008 mit heftigen Nordwestwinden in Kombination mit starken Schneeschauern gerechnet werden. Zudem wurden schlechte Sichtverhältnisse und eine tief liegende Wolkenbasis sowie rutschige Pisten erwartet. Eine mildere Massnahme als die temporäre Aktivierung des Luftraums war angesichts der zu erwartenden Wetterverhältnisse somit nicht angezeigt. So hätten Südanflüge zwar auch ohne Aktivierung des benötigten Luftraums durchgeführt werden können. Mangels Information der Luftraumbenutzer und -benutzerinnen wäre diese Massnahme unter dem Aspekt der Sicherheit aber problematisch gewesen. Auch die Schliessung des Flugbetriebs wäre nicht in Frage gekommen. Eine solche hätte unter dem Gesichtspunkt «safety first» zu schwerwiegenden Problemen führen können, da es wegen der schlechten Grosswetterlage nicht ausgeschlossen war, dass auch andere europäische Flughäfen hätten gesperrt werden müssen. Auch hätten zusätzlicher Koordinationsaufwand für die Flugsicherung, Rückstau in den Warteräumen oder allfällige Treibstoffprobleme wartender Flugzeuge ein nicht zu unterschätzendes Sicherheitsproblem mit sich gebracht. Ausserdem wäre eine Schliessung aus ökologischen Gründen unverhältnismässig gewesen, da eine solche Warteschlaufen in der Luft, Durchstartmanöver und zusätzliche Flüge zur Folge gehabt hätte. Eine Schliessung des Flughafens ist nicht geboten, wenn – wie dies vorliegend der Fall war – mit der Verwendung einer anderen Piste trotz schlechten Wetterverhältnissen weiterhin ein sicherer Betrieb mit sicheren Landungen garantiert werden kann. Schliesslich hatte die temporäre Aktivierung des Luftraums angesichts ihrer vorgesehenen Dauer von lediglich 4 Tagen über ein Jahr gesehen nur eine marginale Zusatzbelastung der Südanflugschneise bewirkt. Das BAFU führt in diesem Zusammenhang aus, dass die temporäre Anpassung der Luftraumstruktur unbestrittenermassen nicht zu einer Erweiterung der Kapazität des Flughafens Zürich geführt hat. Aus umweltrechtlicher Sicht sind die Grundsätze der Rechtssicherheit und Planbeständigkeit deswegen nicht verletzt. Auch das Vorsorgeprinzip wird nicht verletzt, denn eine vollständige Schliessung des Flughafens ist wirtschaftlich nicht tragbar und die technische oder betriebliche Möglichkeit für den Anflug einer anderen Piste bei schlechten Wetterbedingungen ist nicht gegeben. Hinzu kommt, dass die Luftraumaktivierung den Schutz der Flugsicherheit und die Aufrechterhaltung des Flughafens Zürich als zentraler Landesflughafen der Schweiz bezweckt. Diesen öffentlichen Interessen steht das Interesse der in der Südanflugschneise wohnhaften Personen gegenüber, die ausnahmsweise und lediglich zeitlich eng begrenzt von zusätzlichem Lärm betroffen gewesen sind. Insgesamt erscheinen vorliegend die öffentlichen Interessen deutlich überwiegend, weshalb auch die Zumutbarkeit der verfügten Massnahme zu bejahen ist (BVGer 16. Juli 2009, A-78/2009, E. 11.5). 1825

b) *Untermassverbot*

Bei staatlichen **Schutzaufträgen oder -pflichten**, bei **Grundrechtskollisionen** oder bei der **Einschränkung von Leistungsgrundrechten** ist das aus dem Erforderlichkeitsprinzip abgeleitete **Untermassverbot** zu beachten (BGE 129 I 12 E. 6.4, 129 I 35 E. 8.2, 126 II 300 E. 5; BGer vom 16. Sept. 2010, 2C_446/2010, E. 5.3; BVGer vom 28. Juni 2011, C-1663/2007, E. 5.3). Die zu ergreifende Massnahme hat ein Mindestmass an Schutz zu garantieren, wenn durch die Massnahme Grundrechte Dritter betroffen sind (BVGer vom 23. Sept. 2009, C-3441/2007, E. 5.2; vom 24. April 2009, C-4173/2007, E. 6.2). Einschränkende Massnahmen von Leistungsgrundrechten sind daran zu messen, ob sie noch einen Minimalgehalt zu garantieren vermögen; entsprechend ist Art. 19 BV verletzt, wenn sich die Schulbehörde mit dem Schulausschluss begnügt, ohne dafür zu sorgen, dass dem Schüler im Sinne einer Ersatzmassnahme der ihm zustehende Unterricht in einer anderen geeigneten Form erteilt wird (BGer vom 16. Sept. 2010, 2C_446/2010, E. 5.2-5.4). 1826

1827 Stehen sich **unterschiedlichste Grundrechtsinteressen** gegenüberstehen, ist im Einzelfall nach möglichen praktischen Lösungen für eine optimale Grundrechtsverwirklichung zu suchen, die allen berechtigten Grundrechtsträgern **Schutz** garantiert (BGE 128 I 327 E. 4.3.2, 126 II 300 E. 5; vgl. auch BGE 127 I 164 E. 3 [Prioritätenordnung anlässlich von Kundgebungen auf öffentlichem Grund]). Im Sinne einer optimalen Grundrechtsgewährung und –koordination kann beispielsweise erforderlich sein, dass ein Arzneimittelverkäufer verpflichtet wird, die Ärztinnen und Ärzte dahin gehend zu informieren, dass die von ihm initiierte, umstrittene Marketing-Aktion nicht mit Art. 33 HMG vereinbar ist (BVGer vom 28. Juni 2011, C-1663/2007, E. 5.3).

Praxis:

1828 – **Disziplinarischer Schulausschluss:** Zu prüfen ist, ob der vorübergehende Schulausschluss des Sohnes des Beschwerdeführers vor der Bundesverfassung standhält. Art. 19 BV gewährleistet im Kapitel Grundrechte einen Anspruch auf ausreichenden und unentgeltlichen Grundschulunterricht. Dieses soziale Grundrecht verleiht einen individuellen subjektiven Anspruch auf eine staatliche Leistung, nämlich auf eine grundlegende Ausbildung. Es dient insbesondere der Verwirklichung der Chancengleichheit, indem in der Schweiz alle Menschen ein Mindestmass an Bildung erhalten, das nicht nur für ihre Entfaltung, sondern auch für die Wahrnehmung der Grundrechte unabdingbar ist. Nach Art. 62 BV sorgen die für das Schulwesen zuständigen Kantone für den ausreichenden, allen Kindern offenstehenden, und an öffentlichen Schulen unentgeltlichen obligatorischen Grundschulunterricht. Die Anforderungen, die Art. 19 BV an den obligatorischen Grundschulunterricht stellt («ausreichend»), belässt den Kantonen bei der Regelung des Grundschulwesens einen erheblichen Gestaltungsspielraum. Aus Art. 19 BV ergibt sich kein Anspruch auf optimale bzw. geeignetste Schulung eines Kindes. Es besteht jedoch ein solcher auf eine den individuellen Fähigkeiten des Kindes und seiner Persönlichkeitsentwicklung entsprechende, unentgeltliche Grundschulausbildung. Dieser wird verletzt, wenn die Ausbildung des Kindes in einem Masse eingeschränkt wird, dass die Chancengleichheit nicht mehr gewahrt ist, bzw. wenn es Lehrinhalte nicht vermittelt erhält, die in der hiesigen Wertordnung als unverzichtbar gelten. Nach der bundesgerichtlichen Rechtsprechung sind einschränkende Konkretisierungen durch den Gesetzgeber daran zu messen, ob sie mit dem verfassungsrechtlich garantierten Minimalgehalt noch zu vereinbaren sind. Bei der Bestimmung dieses Gehalts können in sinngemässer (Teil-)Anwendung von Art. 36 BV die Erfordernisse des überwiegenden öffentlichen oder privaten Interesses (Abs. 2) sowie der Verhältnismässigkeit (Abs. 3) herangezogen werden, wobei der Kernbereich des Verfassungsanspruches in jedem Fall gewahrt bleiben muss. Ist in solchem Zusammenhang eine Abwägung zwischen den in Frage stehenden öffentlichen Interessen und den Individualinteressen vorzunehmen, kann dem Grundsatz der Verhältnismässigkeit mitunter die Funktion eines Untermassverbotes zukommen. In Anwendung dieser Grundsätze kann ein vorübergehender, verhältnismässiger Ausschluss eines Schülers vom Unterricht verfassungsmässig sein. Vorausgesetzt ist, dass sich sonst ein geordneter und effizienter Schulbetrieb nicht mehr aufrechterhalten lässt und dadurch der Ausbildungsauftrag der Schule in Frage gestellt wird. Das Bundesgericht hat in diesem Sinne einen Ausschluss bis zu 12 Wochen als verfassungskonform beurteilt (BGE 129 I 12 ff.). Die Störung des Unterrichts muss allerdings andauern und kann insbesondere in einer Gefahr für die Sicherheit der Lehrkräfte oder für die Sicherheit, den Unterricht und Erziehung der anderen Schüler bestehen. Art. 19 BV wird indes verletzt, wenn sich die Schulbehörde mit dem Ausschluss begnügt, ohne dafür zu sorgen, dass dem Schüler im Sinne einer Ersatzmassnahme der ihm zustehende Unterricht in einer anderen geeigneten Form erteilt wird. In Fällen schweren Fehlverhaltens kann einer sofortigen Wegweisung insoweit auch der Charakter einer provisorischen Vorkehr bis zum definitiven Entscheid über die zu ergreifenden pädagogischen Massnahmen zukommen (BGer vom 16. Sept. 2010, 2C_446/2010, E. 5.2-5.4).

– **Verbot der Publikumswerbung für verschreibungspflichtige Arzneimittel:** Am 7. März 2007 reichte die Beschwerdeführerin beim Schweizerischen Heilmittelinstitut (Swissmedic) ein Feststellungsgesuch ein. Sie beantragte, es sei durch Verfügung festzustellen, dass ihr Internetauftritt, bei welchem der Zugang zu den nur für medizinische Fachpersonen in der Schweiz bestimmten Informationen (einschliesslich Fachwerbung für verschreibungspflichtige Arzneimittel) durch drei Warnhinweise gesichert sei, keine heilmittelrechtlichen Bestimmungen, insbesondere über die Arzneimittelwerbung, verletze und deshalb weder ein Verwaltungs- noch ein Strafverfahren gegen die Beschwerdeführerin oder ihre Organe zur Folge haben werde. Das Institut wies das Feststellungsbegehren ab, wogegen die Beschwerdeführerin an das Bundesverwaltungsgericht gelangt. Erwägungen: Vorliegend ist einmal unbestritten, dass nach dem Willen des Gesetzgebers und richtiger Auslegung von Art. 32 Abs. 2 HMG das Verbot der Publikumswerbung für verschreibungspflichtige Arzneimittel auch für Werbung im Internet gilt. Ferner ist aufgrund der Möglichkeiten zur Informationsbeschaffung und Verbreitung im Internet festzuhalten, dass grundsätzlich alle frei zugänglichen Inhalte im Internet, welche Werbung für verschreibungspflichtige Arzneimittel enthalten, als ans Publikum gerichtet zu qualifizieren sind. Derartige Publikumswerbung ist unzulässig. Aufgrund der technischen Möglichkeiten kann im Internet der Zugang zu bestimmten Inhalten beschränkt werden. Vorliegend ist bestritten, ob die von der Beschwerdeführerin angeordneten Schutzmassnahmen hinreichend sind, um das Verbot der Publikumswerbung zu gewährleisten. Bei Werbung für verschreibungspflichtige Arzneimittel ist im Internet der Zugang auf Fachpersonen zu beschränken. Der Internetbenutzer soll nicht mit Werbung für verschreibungspflichtige Arzneimittel konfrontiert werden. Es ist zu verhindern, dass (potenzielle) Arzneimittelkonsumenten mit werbenden Informationen konfrontiert werden, deren Bedeutung sie als medizinische Laien oftmals nicht oder nur ungenügend verstehen und die sie in den medizinisch-wissenschaftlichen Gesamtkontext nicht richtig einordnen können. Mangels genügenden Fachwissens sind sie nicht in der Lage, Wirksamkeit und Risiken eines bestimmten Arzneimittels und der Therapiealternativen gegeneinander abzuwägen. Ziel von Zugangsbeschränkungen, die zur Durchsetzung des Publikumswerbeverbotes für verschreibungspflichtige Arzneimittel unabdingbar sind, ist es daher sicherzustellen, dass möglichst nur Fachpersonen Zugang zu den fraglichen Internetseiten erlangen können. Es können nur solche Massnahmen als geeignet erscheinen, die eine wirksame Schranke gegen gesuchte oder zufällige Konfrontation des Publikums mit werbenden Informationen über verschreibungspflichtige Arzneimittel bilden, wobei eine vollständige Abschottung nicht erreichbar sein dürfte. Als untauglich erscheinen jedenfalls Lösungen, die den Zugang zu den fraglichen Seiten grundsätzlich jedem Internetnutzer ermöglichen. Auf der Eingangsseite der betreffenden Website der Beschwerdeführerin gelangt man durch Anklicken der entsprechenden Buttons bzw. Links relativ einfach auf Informationen, die ausschliesslich für medizinische Fachpersonen der Schweiz bestimmt sind. Die Schranke für den Zugang zu den betreffenden Seiten ist ausserordentlich niedrig, auch wenn Warnhinweise angebracht sind. Entgegen der Auffassung der Beschwerdeführerin darf es nicht allein in der Eigenverantwortung des Publikums liegen, ob Warnhinweise beachtet werden oder nicht. Adressat des Werbeverbotes ist der Werbende und nicht das Publikum. Dieser hat mit geeigneten Massnahmen dafür zu sorgen, dass der medizinische Laie grundsätzlich keinen Zugang zur Werbung für verschreibungspflichtige Arzneimittel erhält. Internetinhalte, welche durch einfaches Anklicken einer Zustimmungserklärung erreicht werden können, müssen als allgemein zugänglich betrachtet werden. Blosse Warnhinweise stellen eine unwirksame Art der Zugangsbeschränkung dar, die den gesetzlichen Anforderungen in keiner Weise entspricht. Vorliegend kommt hinzu, dass die fraglichen Webseiten unter Umgehung der Zustimmungserklärung bei einer Internetsuche aufgerufen werden können. Die zu beurteilenden Warnhinweise sind daher nicht geeignet, das Verbot der Publikumswerbung für verschreibungspflichtige Arzneimittel in ausreichender Weise durchzusetzen, sodass sie als ungenügend und damit als unverhältnismässig zu qualifizieren sind. Erforderlich wäre beispielsweise, den Zugang zur Werbung für verschreibungspflichtige Arzneimittel im Internet durch einen Passwortschutz zu beschränken, um den notwendigen Schutz des Publikums sicherzustellen (BVGer vom 24. April 2009, C-4173/2007, E. 6.2). 1829

5. Zumutbarkeit

a) Begriff

1830 Eine Verwaltungsmassnahme ist nur dann gerechtfertigt, wenn ein **vernünftiges (ausgewogenes) Verhältnis zwischen Eingriffszweck und Eingriffswirkung** (BVGer vom 28. Jan. 2011, C-2482/2009, E. 8.2) bzw. **zwischen dem angestrebten Ziel und der Wirkung** besteht (BGE 137 I 31 E. 7.5.2, 136 I 1 E. 4.3.2; BVGer vom 3. Sept. 2009, A-3042/2009, E. 3.2). Erforderlich ist eine **vernünftige Zweck-Mittel-Relation** (BGE 137 I 31 E. 7.5.2, 136 I 87 E. 3.2, 133 I 77 E. 4.1, 132 I 49 E. 7.2, 129 I 12 E. 9.1, 129 I 35 E. 10.2), was eine **Interessenabwägung** impliziert (BGE 136 IV 97 E. 5.2.2, 135 I 169 E. 5.6, 133 I 110 E. 7.1, 132 I 49 E. 7.2).

Praxis:

1831 – **Verweigerung der Einbürgerung einer auf Fürsorgeleistungen angewiesenen behinderten Gesuchstellerin:** Die 1986 geborene angolanische Staatsangehörige X reiste im März 1995 mit ihrer Mutter von Angola her in die Schweiz ein. Sie wohnte zunächst in den Gemeinden C und B und hat seit Mai 2002 Wohnsitz in der Gemeinde A (Kanton Zürich). Seit Mitte 2004 weilt sie in einem Heim, wo sie eine geeignete Ausbildung und berufliche Förderung erhält und einen geschützten Arbeitsplatz innehat. Mit Erreichen der Volljährigkeit wurde sie wegen Geistesschwäche unter Vormundschaft gestellt (Art. 369 ZGB). X befindet sich im Status der vorläufigen Aufnahme. X ersuchte um Einbürgerung, die vom Verwaltungsgericht abgelehnt wurde. Das Bundesgericht heisst die Beschwerde gut. Erwägungen: Es ist unbestritten, dass die Beschwerdeführerin zur Zeit ihres Einbürgerungsgesuches von der eidgenössischen Asylfürsorge unterstützt worden ist und im Falle der Einbürgerung der Fürsorge durch die Gemeinde A zur Last fallen würde. Gleichermassen wird nicht in Frage gestellt, dass entsprechende Fürsorgeleistungen einen jährlichen Betrag von rund Fr. 100'000.– ausmachen würden. Somit ist zu prüfen, ob dieser finanziellen Belastung der Gemeinde vor dem Hintergrund der konkreten Verhältnisse das erforderliche verfassungsmässige Gewicht zur Rechtfertigung der nachteiligen Behandlung der Beschwerdeführerin zukommt. Es kann nicht in Abrede gestellt werden, dass die Gemeinde A ein legitimes Interesse an einem gesunden Finanzhaushalt hat, und demnach ist verständlich, dass sie sich gegen die Übernahme von beträchtlichen Sozialleistungen zur Wehr setzt. Derartige finanzielle Interessen können nicht von vornherein als unerheblich bezeichnet werden. Allerdings gilt das öffentliche Interesse, keine Sozialleistungen übernehmen zu müssen, im Ausländerrecht nicht absolut. Dabei ist vorliegend davon auszugehen, dass eine Regularisierung des Aufenthaltsstatus der Beschwerdeführerin und damit eine Aufenthaltsbewilligung in einem früheren oder späteren Zeitpunkt tatsächlich in Betracht fällt, wenn die Beschwerdeführerin darum ersucht. Sowohl die Mehrheit als auch die Minderheit des Verwaltungsgerichts nehmen denn auch an, dass die Beschwerdeführerin in Anbetracht der konkreten Verhältnisse kaum mehr weggewiesen werden kann. Dies wiederum hätte zur Folge, dass die Gemeinde A, wo die Beschwerdeführerin ihren Wohnsitz hat, die Fürsorge ohnehin früher oder später zu übernehmen hätte. Insofern kann – entgegen der Ansicht des Verwaltungsgerichts – nicht gesagt werden, dass die Gemeinde A allein wegen der umstrittenen Einbürgerung die Unterstützung der Beschwerdeführerin auf Dauer und für sehr lange Zeit zu übernehmen hätte. Bei dieser Sachlage erscheint die mit der Einbürgerung verbundene finanzielle Belastung der Gemeinde A in Form der Sozialhilfe in einem andern Lichte. Das öffentliche Interesse zur Rechtfertigung der (indirekten) Diskriminierung ist insoweit von geringerem Gewicht. Dem sind die Interessen der Beschwerdeführerin gegenüberzustellen. Die Frage der Einbürgerung ist für diese von grosser Bedeutung. Sie hat an der Erlangung des Bürgerrechts im Kanton Zürich, wo sie den grössten Teil ihres Lebens verbracht hat, ein gewichtiges Interesse. Dieses ist nicht nur ideeller Natur, sondern auch rechtlich von Bedeutung. Die Einbürgerung würde der Beschwerdeführerin einen gesicherteren Status in der Schweiz einräumen als der bisherige der vorläufigen Aufnahme. Weiter kommt dem Umstand Gewicht zu, dass die Beschwerdeführerin angesichts ihrer Behinderung kaum mehr je in der Lage sein wird, ihre finanzielle Abhängigkeit aus eigenen Stücken zu beheben, eine wirtschaftliche Selbsterhaltungsfähigkeit zu erlangen und so die Voraussetzungen von § 21 Abs. 1 GemeindeG von sich aus zu schaffen. Vor diesem Hintergrund zeigt sich gesamthaft, dass die Beschwerdeführerin wegen ihrer aktuellen und fortdauernden Behinderung im Einbürgerungsverfahren gegenüber «gesunden» Bewerbern auf unbestimmte Zeit hinaus benachteiligt wird. Diese Benachteiligung kann in Anbetracht des Umstandes, dass die finanzielle Belastung der Gemeinde A nicht allein wegen der Einbürgerung auf lange Dauer angelegt ist, nicht wegen der finanziellen Aspekte in qualifizierter Weise gerechtfertigt werden (BGE 135 I 49 E. 6).

– **Tierversuche mit nichtmenschlichen Primaten:** Im Rahmen des zu beurteilenden Tierversuchs soll geprüft werden, ob die Schaltkreise in der Hirnrinde aller Säugetiere nach denselben Regeln aufgebaut sind, insbesondere, ob die strukturell und funktionell unterschiedlichen Areale des Neokortex bei Ratten, Katzen und Rhesusaffen in der Grundstruktur gleiche grundlegende neuronale Organisationseinheiten aufweisen. Angestrebt wird eine einheitliche Theorie des Neokortex. Dieser ist der stammesgeschichtlich jüngste Teil der Grosshirnrinde und kommt nur bei Säugetieren vor. Die Forscher sehen drei Verfahren vor, in welchen der Neokortex bei insgesamt 300 Ratten, 100 Katzen und 36 Rhesusaffen verglichen wird. Im ersten Verfahren wird ein Teil der Tiere narkotisiert, um in einer dreistündigen Operation Hirngewebe für In-vitro-Untersuchungen zu entnehmen und sie anschliessend zu töten. Im zweiten Verfahren werden wiederum einige Tiere 24 bis 72 Stunden betäubt, um die Schädeldecke zu öffnen und Elektroden zur Messung der Aktivitäten der Nervenzellen einzuführen; danach werden sie getötet. Im dritten Verfahren werden die restlichen Tiere bis zu 12 Stunden anästhesiert, um die Nervenverbindungen im Neokortex mithilfe von operativ injizierten Spurensubstanzen kenntlich zu machen. Nach einem Zeitraum von einem bis 14 Tagen werden sie erneut narkotisiert, um entweder Aktivitäten – wie im zweiten Verfahren – zu messen oder Hirngewebe – wie im ersten Verfahren – zu entnehmen. Anschliessend werden sie eingeschläfert. Der Rekurs gegen die erteilte Tierversuchsbewilligung wurde von der Gesundheitsdirektion des Kantons Zürich gutgeheissen; das Verwaltungsgericht wie auch das Bundesgericht bestätigen diesen Entscheid. Erwägungen: Nach Art. 61 Abs. 3 lit. d aTSchV darf ein Tierversuch nicht bewilligt werden, wenn er, gemessen am erwarteten Kenntnisgewinn oder Ergebnis, dem Tier unverhältnismässige Schmerzen, Leiden oder Schäden bereitet. Art. 61 Abs. 3 lit. d aTSchV verlangt eine umfassende Güterabwägung zwischen den Schmerzen, welche den Tieren zugefügt werden, einerseits und dem erwarteten Kenntnisgewinn oder Ergebnis des Versuchs andererseits. Danach darf der Tierversuch somit nicht über das zur Verfolgung des konkreten Versuchszwecks erforderliche Mass hinausgehen. Mit Blick auf Art. 13 aTSchG, wonach Tierversuche nicht nur auf das vernünftige oder notwendige, sondern auf das unerlässliche Mass zu beschränken sind, darf ein Tierversuch nicht leichthin zugelassen werden. Er soll ultima ratio bleiben, weshalb der Gesetz- bzw. der Verordnungsgeber denjenigen, der Tierversuche vornehmen will, u.a. auf alternative Verfahren und Methoden oder Versuche mit anderen Tieren verpflichtet. Abschliessend ist zu prüfen, ob der Versuch, gemessen am erwarteten Kenntnisgewinn oder Ergebnis, den nicht menschlichen Primaten unverhältnismässige Schmerzen, Leiden oder Schäden bereitet (Art. 61 Abs. 3 lit. d aTSchV). Hierfür sind die beiden gewichteten Elemente (erwarteter Erkenntnisgewinn einerseits und Belastung der nicht menschlichen Primaten andererseits) gegeneinander abzuwägen. Der Gesetzgeber hat für diese Interessenabwägung auf Vorgaben verzichtet, weil für die Beurteilung des Einzelfalles spezifisches Fachwissen nötig sei und es schwer falle, griffige allgemeinverbindliche Kriterien zu formulieren; letztlich bleibe immer ein erheblicher Ermessensspielraum. Bei der Prüfung der Frage, ob bei der eigentlichen Interessenabwägung die Vorinstanz Bundesrecht verletzt hat, ist von folgendem Grundsatz auszugehen: Je gewichtiger das eine und je weniger gewichtig das andere Interesse ist, desto eher ist die Interessenabwägung verhältnismässig bzw. unverhältnismässig. Im vorliegenden Fall muss berücksichtigt werden, dass der Nutzen des zu erwartenden Erkenntnisgewinns insgesamt, sowohl aufgrund der grundlagenwissenschaftlichen Erkenntnisse als auch aufgrund des Anwendungsnutzens, tief ist. Auf der anderen Seite ist die Belastung relativ hoch. Für ein Verbot des beantragten Tierversuchs spricht, dass die nicht menschlichen Primaten eine sehr starke geneti- 1832 sche und sinnesphysiologische Nähe zum Menschen aufweisen. Diese besondere Nähe ist aus rechtlicher Sicht von Bedeutung: So nimmt bereits Art. 1 aTSchG selbst eine rudimentäre Hierarchisierung zwischen Wirbeltieren und wirbellosen Tieren vor; nur jene sind grundsätzlich schutzwürdig, diese nur dann, wenn der Bundesrat eine Verordnungsvorschrift erlassen hat. Detaillierter und konkreter wird auf die Entwicklungsstufe bzw. Hierarchie der Tiere für den Tierversuch in Art. 16 Abs. 3 aTSchG und in Art. 61 Abs. 1 lit. d aTSchV Bezug genommen: Je höher ein Tier in der Hierarchiestufe ist, d.h. je näher es dem Menschen genetisch und sinnesphysiologisch steht, desto mehr Gewicht kommt der Belastung der Tiere zu und desto wahrscheinlicher ist die Unverhältnismässigkeit des Versuchs. Bei der Interessenabwägung ist zudem die Würde der Kreatur zu berücksichtigen. Auch wenn sie nicht mit der Menschenwürde gleichgesetzt werden kann und darf, so verlangt jene doch, dass über Lebewesen der Natur, jedenfalls in gewisser Hinsicht, gleich reflektiert und gewertet wird wie über Menschen. Diese Nähe zwischen der Würde der Kreatur und der Menschenwürde zeigt sich besonders bei nicht menschlichen Primaten, wenn in der Literatur ausdrücklich auf die Differenzen zum Menschen hingewiesen wird. Ebenfalls ins Gewicht fällt, dass eine grosse Anzahl von nicht menschlichen Primaten von diesem Versuch betroffen ist. Während somit zugunsten der nicht menschlichen Primaten deren starke genetische und sinnesphysiologische Nähe zum Menschen, die Würde der Kreatur sowie die grosse Anzahl der nicht menschlichen Primaten besonders ins Gewicht fallen, sprechen keine zusätzlichen Argumente zugunsten einer stärkeren Gewichtung des erwarteten Kenntnisgewinns. Aufgrund dieser zusätzlichen Argumente zugunsten der nicht menschlichen Primaten bereitet der vorliegende Tierversuch, gemessen am erwarteten Kenntnisgewinn, den Versuchstieren unverhältnismässige Schmerzen, Leiden, Schäden, Angst oder Beeinträchtigungen ihres Allgemeinbefindens. Die Vorinstanz hat deshalb zu Recht das Interesse der Versuchstiere an der Belastungsfreiheit höher gewichtet als das menschliche Interesse am Versuchsergebnis (BGE 135 II 384 E. 3.2.3 und E. 4.6.1).

1833 – **Zwangsfusion von Gemeinden:** Der Grosse Rat des Kantons Wallis beschloss am 16. Sept. 2004 den verbindlichen Zusammenschluss der vier Munizipalgemeinden Ausserbinn, Ernen, Mühlebach und Steinhaus zu einer einzigen Gemeinde. Gegen den entsprechenden Grossratsbeschluss erhob die Gemeinde Ausserbinn staatsrechtliche Beschwerde wegen Verletzung der Gemeindeautonomie. Das Bundesgericht weist die Beschwerde mit folgenden Erwägungen ab: Der Kanton fördert die Fusion von Gemeinden in allgemeiner Weise (Art. 129 GG) und unterstützt entsprechende Vorhaben mit finanziellen Leistungen (Art. 130 und 131 GG). Das gilt nicht nur für die Gemeinden Ernen (412 Einwohner), Mühlebach (76 Einwohner) und Steinhaus (44 Einwohner), sondern gleichermassen für die Gemeinde Ausserbinn, welche mit 41 Einwohnern als Kleinstgemeinde gilt und eine Rechnung mit Einnahmen aufweist, die zu 37 % aus dem ordentlichen Finanzausgleich gedeckt werden. Bei dieser Sachlage entspricht der zwangsmässige Einschluss der Gemeinde Ausserbinn in die Fusion der insgesamt vier Gemeinden den Bemühungen um Neustrukturierung auf kommunaler Stufe und darf zum Erreichen dieses Zieles auch als geeignet bezeichnet werden. Darüber hinaus kann die Zwangsfusion auch unter dem Gesichtswinkel der Verhältnismässigkeit im engeren Sinne nicht als unangemessen bezeichnet werden. Es ist der Beschwerdeführerin zwar einzuräumen, dass mit einem blossen Zusammenschluss der drei fusionswilligen Gemeinden mit insgesamt über 500 Einwohnern eine neue tragfähige Gemeinde geschaffen werden könnte. Dem stünde ein Nichteinbezug der Gemeinde Ausserbinn an sich nicht entgegen. Dies hätte indes zur Folge, dass entgegen den genannten Bestrebungen eine Kleinstgemeinde weiterhin bestehen bliebe. Heute gehört die Gemeinde Ausserbinn zu den finanzschwächsten Gemeinden im Kanton. Mehr als ein Drittel ihrer Einnahmen erhält sie aus dem ordentlichen Finanzausgleich. Dieser aber steht nunmehr in Revision, ohne dass sein Weiterbestand auf die Dauer garantiert und damit eine finanzielle Sicherheit der Gemeinde auf die Länge gewährleistet werden könnte. Solche Umstände lassen den zwangsweisen Anschluss der Gemeinde Ausserbinn an die drei fusionswilligen Gemeinden auf längere Sicht als vertretbar erscheinen. Die Fusion kann auch unter dem Gesichtswinkel der geografischen Verhältnisse nicht als unverhältnismässig bezeichnet werden. Zum einen erfordert das Gemeindegesetz für die Anordnung von Zwangsfusionen nicht eine geografische Verflechtung zwischen den vom Zusammenschluss betroffenen Gemeinden.

Zum andern ist die Distanz zwischen den Dorfkernen von Ausserbinn und Ernen derjenigen vergleichbar, wie sie zwischen Ernen, Mühlebach und Steinhaus besteht. Unter dem Gesichtswinkel der Verhältnismässigkeit ist schliesslich von Bedeutung, dass sich die Gemeinde Ausserbinn – anders etwa als die Gemeinde Binn – anlässlich der Abstimmung vom Nov. 2000 schon einmal für eine Fusion ausgesprochen hat und infolge des damaligen Scheiterns für eine Fortsetzung des Projektes eingetreten ist. Gesamthaft gesehen kann der angefochtene Fusionsbeschluss nicht als unverhältnismässig bezeichnet werden (BGE 131 I 91 E. 3.3).

- **Ladenöffnungszeiten (Sonderregelung für Tankstellenshops):** Für die Festlegung von abendlichen Schliessungszeiten kann sich der Kanton auf das öffentliche wie auch private Interesse an der Aufrechterhaltung der Abend- und Nachtruhe berufen. Diesem polizeilichen Interesse kann das Bedürfnis der Konsumenten entgegenstehen, Einkäufe auch während der Abendstunden oder allenfalls sogar nachts tätigen zu können, insbesondere bei Personen, die mit einem Fahrzeug unterwegs sind (vgl. zur ähnlichen Interessenlage im öffentlichen Verkehr, wo das Bundesgericht u.a. festhielt, der Berufspendler müsse den geänderten Arbeits- und Lebensbedingungen in Grossstadt-Agglomerationen entsprechend seine Grundbedürfnisse in einer dem Bahnreisen angemessenen Art und Weise am Bahnhof befriedigen können [BGE 123 II 317 E. 3 und E. 4, 117 Ib 114 E. 8 und E. 9; BGer vom 22. März 202, 2A.256/2001, E. 4]). Ein wachsendes Bedürfnis nach Einkäufen zu Randzeiten sowie an Sonn- und Feiertagen kann einen sachlichen Grund für eine grosszügigere Ausgestaltung der Ladenöffnungszeitenregelung darstellen; dies hat aber wettbewerbsneutral zu erfolgen. Andererseits kann das öffentliche Interesse der Nacht- und Sonntagsruhe gerade den Ausschluss erweiterter Öffnungszeiten gebieten, insbesondere hinsichtlich jener Betriebe, deren Frequentierung durch die Kundschaft zu erhöhten Immissionen führt, wobei auch Überlegungen des Umweltschutzes in Betracht gezogen werden können. Die Abwägung zwischen diesen verschiedenen Anliegen und die Gewichtung der verschiedenen öffentlichen und privaten Interessen liegt weitgehend im Ermessen des kantonalen Gesetzgebers. Wenn dieser für Tankstellenshops aus Gründen der Gleichbehandlung mit anderen Ladengeschäften mit vergleichbarem Warenangebot für die abendliche Schliessung an Werktagen keine Sonderregelung gewährt, hält er sich im Rahmen des ihm zuzugestehenden Spielraums. Auch aus dem sich aus der Wirtschaftsfreiheit ergebenden Grundsatz der Gleichbehandlung der Gewerbegenossen ergibt sich nichts anderes: Sieht ein Gesetz eine generelle Regelung mit Ausnahmemöglichkeit vor, so kann aus besagtem Grundsatz nicht gefolgert werden, dass allen Konkurrenten gleichermassen eine Ausnahmebewilligung erteilt werden müsste, würde doch dadurch die gesetzliche Regelung aus den Angeln gehoben; wenn sich erweist, dass eine behördliche Praxis in der Erteilung von Ausnahmebewilligungen den Grundsatz der Gleichbehandlung der Gewerbegenossen verletzt, so bedeutet das daher nicht ohne Weiteres, dass allen Konkurrenten eine Ausnahmebewilligung erteilt werden muss (BGer vom 7. Okt. 2004, 2P.78/2004, E. 3.3; vgl. auch BGE 136 II 427 E. 3.4 [Nachtarbeitsverbot in Tankstellenshops]). 1834

b) *Interessenabwägung*

Für die Interessenabwägung massgeblich sind die **Bedeutung der verfolgten öffentlichen Interessen einerseits** und das **Gewicht der betroffenen privaten Interessen** andererseits (BVGer vom 20. Nov. 2009, A-5335/2009, E. 3.8; VerwG ZH vom 5. Feb. 2009, VB.2008.00445, E. 5.1). Entsprechend sind zunächst die im **konkreten Fall relevanten Interessen zu ermitteln** (BGE 135 II 405 E. 4.3.1 und E. 4.3.2; BVGer vom 11. Dez. 2007, A-4676/2007, E. 6.5). Zu berücksichtigen sind die **Art der in der Interessenabwägung involvierten Rechtsgüter** sowie das **Mass ihrer Verwirklichung bzw. ihrer Beeinträchtigung** (BVGer vom 18. Nov. 2009, D-3913/2006, E. 4.5). Die Stellung der verletzten oder gefährdeten Rechtsgüter, die Besonderheiten des ordnungswidrigen Verhaltens bzw. der angeordneten Massnahme und die persönlichen Verhältnisse des Verfügungsbelasteten bilden dabei den Aus- 1835 gangspunkt der Überlegungen (BVGer vom 18. Feb. 2011, C-1132/2010, E. 6.1; vom 4. Okt. 2010, C-109/2006, E. 6; vom 7. Jan. 2010, C-4509/2009, E. 7; vom 4. Dez. 2009, C-5804/2007, E. 6). Es ist sodann eine **wertende Abwägung** vorzunehmen, welche die im konkreten Fall involvierten Interessen miteinander vergleicht (BGE 135 II 384 E. 3.2.3 und E. 4.6.1 [Tierversuche]; BGer vom 31. Mai 2012, 1C_230/2011, E. 10.3; BVGer vom 18. Feb. 2011, C-1132/2010, E. 6.1; vom 4. Okt. 2010, C-109/2006, E. 6; vom 3. Juni 2010, C-1786/2007, E. 7; vom 19. Jan. 2010, C-670/2007, E. 5.1; vom 30. April 2008, B-7369/2007, E. 8.1.4).

1836 Abzustellen ist auf die gesamten **Umstände des Einzelfalles**. Ausschlaggebend ist, ob sich die **Massnahme im Einzelfall** als verhältnismässig erweist (BGE 135 II 110 E. 2.1, 125 II 521 E. 2b). Von Bedeutung im Rahmen einer **abstrakten Normenkontrolle** kann ferner sein, ob **Ausnahmen** gewährleistet sind (BGE 117 Ia 472 E. 3g/bb [Vermummungsverbot]) oder ob **typisierte Situationen** aufzeigt werden, in denen gewisse Massnahmen in Betracht zu ziehen sind (BGE 136 I 87 E. 4 [Schusswaffengebrauch]).

1837 Bei einer **Nichtverlängerung einer Aufenthaltsbewilligung** beispielsweise ist die Schwere des Verschuldens der betroffenen Person, die Dauer des Aufenthaltes in der Schweiz, das Verhalten der Person während dieser Periode, der Grad der Integration, das Alter, die Auswirkungen auf die betroffene Person sowie deren familiäre Situation zu würdigen und zu prüfen, ob das private Interesse an einem weiteren Verbleib in der Schweiz höher zu gewichten ist als das öffentliche Interesse an der Durchsetzung einer restriktiven Migrationspolitik (BGE 135 I 143 E. 2, 135 II 110 E. 2.1, 135 II 377 E. 4.3, 134 II 1 E. 2.2; BGer vom 20. Okt. 2009, 2C_36/2009, E. 2.2; BVGer vom 8. Jan. 2010, C-2018/2007, E. 6.1.3; vom 22. Juli 2008, C-567/2006, E. 7.2; vom 19. Mai 2008, C-533/2006, E. 6.2; vom 7. Nov. 2007, C-571/2006, E. 4.3).

1838 Für die Beurteilung der Verhältnismässigkeit im Einzelfall ist bedeutsam, ob die **Haupttätigkeit** – z.B. Führen eines Gastronomiebetriebes – durch die Massnahme (Rauchverbot in öffentlich zugänglichen Innenräumen von Betrieben) gänzlich **verboten oder verunmöglicht** wird (BGE 136 I 17 E. 4.4.3). Verbote von Berufsausübungen stellen üblicherweise schwerwiegende Einschränkungen dar (BGE 130 I 26 E. 5.1 [Nichtzulassung zur Kassenpraxis für die Dauer von drei Jahren]), und es werden höhere Anforderungen an die Ausgestaltung der gesetzlichen Grundlage wie auch an die Verhältnismässigkeitsprüfung gestellt (BGE 136 I 1 E. 5.3.1). **Zuchtverbote** für **bestimmte, besonders gefährliche Hunderassen** greifen hingegen nicht erheblich in die Rechtsstellung der Hundezüchter ein, da nur die Zucht ganz weniger Rassen verboten wird und den Hundezüchtern immer noch ein weites Betätigungsfeld verbleibt (BGE 136 I 1 E. 5.4.4).

1839 Zu beurteilen sind sodann die **Vor- und Nachteile der getroffenen Lösung**: Im Rahmen emissionsbegrenzender Massnahmen nach Art. 11 Abs. 2 USG ist die wirtschaftliche Tragbarkeit – als Konkretisierung der Zumutbarkeit – dann zu bejahen, wenn ein angemessenes Verhältnis zwischen dem **Nutzen der Massnahme** und der **Schwere der damit verbundenen Nachteile** besteht (BGE 127 II 306 E. 8). Zur **Verhältnismässigkeit einer Sicherheitsmassnahme** gehören namentlich auch ihre technische Machbarkeit und ihre wirtschaftliche Tragbarkeit, wobei die Kosten der Massnahme in einem vernünftigen Verhältnis zur damit erreichbaren Reduktion der Risiken stehen müssen. Der blosse Umstand, dass eine Massnahme dem Schutz der menschlichen Sicherheit dient, rechtfertigt nicht jeden Aufwand, weil ein Null-Risiko auch mit beliebig hohem Aufwand ohnehin nie erreichbar ist (BGer vom 22. März 2011, 2C_905/2010, E. 3.3.1 [Betriebsbewilligung Kabinenbahn Schwarzsee-Furgg-Trockener Steg]).

Wird ein Quartier mittels **Fahrverbot auf einer Gemeindestrasse** vom Verkehr entlastet, sind die Vorteile für die Anwohner verkehrsberuhigter Strassen und damit für die Wohnqualität eines Quartiers gegenüber den Nachteilen, welche Gewerbebetriebe im betreffenden Quartier, aber auch die Anwohner der benachbarten Strassen und die Automobilisten in Kauf nehmen müssen, abzuwägen (VerwG SO vom 23. Jan. 2006, in: SOG 2006 Nr. 25 E. 6d). Müssen **Bäume oder Sträucher wegen Aussichtsschutz** auf der gesamten Länge des Grundstücks zurückgeschnitten werden, ist eine derartige Massnahme unverhältnismässig, wenn damit kein wesentlicher Beitrag zur Seesicht erzielt wird (BGer vom 15. März 2006, 1P.431/2005, E. 5.5). Private **(finanzielle) Interessen** wie Rentabilitätsüberlegungen privater Hauseigentümer im Hinblick auf Denkmalschutzmassnahmen sind grundsätzlich zu berücksichtigen; sie sind jedoch umso geringer zu gewichten, je schutzwürdiger die Baute ist (BGE 126 I 219 E. 2c); bei ausgewiesener Schutzbedürftigkeit können rein finanzielle (private) Interessen für sich allein nicht ausschlaggebend sein, um Schutzmassnahmen nicht anzuordnen (BGer vom 1. April 2011, 1C_55/2011, E. 7.1). 1840

Ist eine **Baute materiell gesetzeswidrig**, hat das noch nicht zur Folge, dass sie abgebrochen werden muss (BGE 123 II 248 E. 4b). Ist die Abweichung vom Gesetz gering und vermögen die berührten allgemeinen Interessen den Schaden, der dem Eigentümer durch den Abbruch entstünde, nicht zu rechtfertigen, ist ein Beseitigungsbefehl unverhältnismässig (BGer vom 28. Mai 2001, 1A.301/2000, E. 6c). Ein **Bauherr**, der **bösgläubig** gehandelt hat, muss in Kauf nehmen, dass die Behörden aus grundsätzlichen Erwägungen, nämlich zum Schutz der Rechtsgleichheit und der baurechtlichen Ordnung, dem Interesse an der Wiederherstellung des gesetzmässigen Zustandes erhöhtes Gewicht beimessen und die dem Bauherrn erwachsenden Nachteile nicht oder nur in verringertem Mass berücksichtigen (BGE 132 II 21 E. 6, 123 II 248 E. 4a, 111 Ib 213 E. 6b; BGer vom 24. April 2012, 1C_480/2011, E. 4.2; vom 21. Juli 2011, 1C_157/2011, E. 5.1). 1841

Praxis:

– **Schusswaffengebrauch gemäss Polizeigesetz des Kantons Zürich (PolG):** Die vorliegend umstrittene Gesetzesbestimmung hat folgenden Wortlaut: «§ 17 – Schusswaffengebrauch: 1 Wenn andere verfügbare Mittel nicht ausreichen, darf die Polizei in einer den Umständen angemessenen Weise von der Schusswaffe Gebrauch machen. 2 Der Gebrauch der Schusswaffe kann insbesondere gerechtfertigt sein, a. wenn Angehörige der Polizei oder andere Personen in gefährlicher Weise angegriffen oder mit einem gefährlichen Angriff unmittelbar bedroht werden, b. wenn eine Person ein schweres Verbrechen oder ein schweres Vergehen begangen hat oder eines solchen dringend verdächtigt wird und sie fliehen will, c. wenn Personen für andere eine unmittelbar drohende Gefahr an Leib und Leben darstellen und sich der Festnahme zu entziehen versuchen, d. zur Befreiung von Geiseln, e. zur Verhinderung eines unmittelbar drohenden schweren Verbrechens oder schweren Vergehens an Einrichtungen, die der Allgemeinheit dienen und die für die Allgemeinheit wegen ihrer Verletzlichkeit eine besondere Gefahr bilden. 3 Dem Schusswaffengebrauch hat ein deutlicher Warnruf vorauszugehen, sofern der Zweck und die Umstände es zulassen. Ein Warnschuss darf nur abgegeben werden, sofern die Umstände die Wirkung eines Warnrufes vereiteln.» Erwägungen: Die in § 17 Abs. 2 PolG aufge- 1842 führten Konstellationen von möglichem Schusswaffeneinsatz weisen Beispielcharakter auf und sollen die Grundausrichtung des Schusswaffeneinsatzes vor dem Hintergrund von Abs. 1 konkretisieren. Sie stellen keine Handlungsanweisungen dar, erlauben und rechtfertigen einen Schusswaffeneinsatz nicht schon für sich allein genommen. Sie zeigen lediglich typisierte Situationen auf, in denen der Einsatz von Waffen in Betracht fällt. Auch diesfalls hat sich ein solcher an der Grundnorm von § 17 Abs. 1 PolG auszurichten, ist im Einzelnen danach zu prüfen, ob er in Anbetracht der konkreten Umstände das letzte Mittel darstellt und verhältnismässig ist. Der Ingress zu § 17 Abs. 2 PolG besagt denn auch lediglich, dass der Gebrauch der Schusswaffe in den aufgezählten Tatbeständen gerechtfertigt sein kann. Trotz der beschränkten Bedeutung kommt der Aufzählung Gewicht zu, wird sie doch im Einzelfall wesentlicher Ausgangspunkt für Auslegung und Anwendung bilden. Der Einsatz von Schusswaffen kann unterschiedlichste Auswirkungen haben, die gezielt und gewollt oder aber aus Versehen und ungewollt hervorgerufen werden. Werden Schusswaffen direkt gegen Personen eingesetzt, erleiden diese möglicherweise schwere Verletzungen oder werden gar getötet. Auch der Einsatz von Schusswaffen auf Gegenstände zur Fluchtverhinderung, wenn beispielsweise auf die Pneus eines davonfahrenden Fahrzeugs geschossen wird, kann mittelbar schwerwiegende Folgen haben. In beiden Fällen können zudem Drittpersonen gefährdet werden. Von diesen tatsächlichen Auswirkungen hängt wiederum die Betroffenheit in unterschiedlichen Grundrechtsgewährleistungen ab. Bei den in § 17 Abs. 2 PolG aufgeführten Konstellationen kann zwischen präventivem und repressivem Schusswaffeneinsatz unterschieden werden. Der präventive Einsatz gemäss den lit. a, c, d und e dient der Abwehr einer unmittelbar drohenden Gefahr für Polizeiorgane (Notwehr), andere Personen (Notstandshilfe), Geiseln oder bedeutende Einrichtungen. Der repressive Einsatz von Schusswaffen gemäss lit. b ist ausgerichtet auf die Verfolgung von fliehenden Personen, die ein schweres Verbrechen oder schweres Vergehen begangen haben oder eines solchen dringend verdächtigt sind und sich durch Flucht der Strafverfolgung, der strafprozessualen Haft oder der Strafverbüssung zu entziehen versuchen. Im vorliegenden Verfahren steht einzig die Konstellation von § 17 Abs. 2 lit. b PolG in Frage. Es steht ausser Frage, dass an der Verfolgung von Personen, die eines schweren Verbrechens oder schweren Vergehens verdächtig sind, und am Strafvollzug von Personen, die solcher Straftaten für schuldig befunden worden sind, ein eminentes öffentliches Interesse besteht und daher deren Flucht zu verhindern ist. Das Interesse an Aufklärung und Ahndung von Straftaten ist umso grösser, je schwerer diese wiegen. Der Waffeneinsatz zum Zwecke, der fliehenden Person habhaft zu werden, und das damit einhergehende Risiko, die Person schwer zu verletzen oder gar zu töten, sind indes nur verhältnismässig, wenn das Recht des Staates an der Durchsetzung seines Strafanspruchs gesamthaft gesehen dem Abwehrrecht des Verfolgten vorgeht. § 17 Abs. 2 lit. b PolG setzt die Begehung bzw. den Verdacht eines schweren Verbrechens oder schweren Vergehens voraus. Diese Regelung stimmt überein mit denjenigen in andern Kantonen bzw. mit der Muster-Dienstanweisung über den Gebrauch der Schusswaffe durch die Polizei von 1976. Im Zusammenhang mit der Beurteilung strafbarer Handlungen von Polizeiorganen und ihrer allfälligen Rechtfertigung unter dem Gesichtswinkel von aArt. 32-34 StGB (Art. 13-14 StGB) hat das Bundesgericht Grundsätze zum Schusswaffengebrauch formuliert. Es hat erwogen, dass der Verdacht, ein Fahrzeug könnte gestohlen oder entwendet sein, es nicht rechtfertige, den bei der Identitätskontrolle flüchtenden Lenker durch Schuss auf den Führersitzbereich vorsätzlich der Gefahr erheblicher Körperverletzungen auszusetzen. Weiter hielt es fest, dass der Gebrauch der Schusswaffe, selbst wenn der Verdacht eines hinsichtlich der Strafwürdigkeit schweren Deliktes vorliegt, stets den Umständen angemessen und verhältnismässig sein müsse. So stehe das Risiko einer erheblichen Körperverletzung oder allfälligen Tötung in einem Missverhältnis zum Interesse an einer raschen Abklärung des Verdachts von Vermögensdelikten, die ohne Gewalt und Drohung erfolgten. Das Interesse an der Festnahme eines entwichenen Strafgefangenen, der unbewaffnet ist und nicht als gefährlich erscheint, werde in der Regel einen Schusswaffengebrauch mit Gefahr für Leib und Leben des Betroffenen nicht rechtfertigen. Lasse sich das Risiko schwerer Körperverletzungen praktisch ausschliessen, so dürfe der Einsatz der Schusswaffe auch bei blossen Vermögensdelikten eher zu verantworten sein (BGE 111 IV 113 E. 5). Diese Überlegungen haben auch für die verfassungsrechtliche Beurteilung der angefochtenen Bestimmung Gültigkeit. Die den repressiven Einsatz der Schusswaffe rechtfertigende Voraussetzung einer schweren Straftat bedeutet unter Berücksichtigung der im Spiel stehenden Grundrechte sowie des Verhältnismässigkeitsgebots, dass die fliehende Person eine besondere Gefährlichkeit oder Gewaltbereitschaft hat erkennen lassen. Dies trifft zu, wenn sie bewaffnet war oder wenn die Straftat, die sie beging oder der sie verdächtigt wird, andere Menschen an Leib, Leben oder Gesundheit verletzt, gefährdet oder bedroht hat. Dieses besondere Gefährdungspotenzial gegenüber Anderen mag es im Einzelfall rechtfertigen, zur Verhinderung der Flucht von der Schusswaffe Gebrauch zu machen. Das kommt etwa im Polizeigesetz des Kantons Basel-Stadt zum Ausdruck. Danach muss die fragliche Person eine schwere Straftat begangen haben, mit der sie andere Menschen an Leib und Leben verletzt, gefährdet oder bedroht hat, oder einer solchen Tat verdächtigt werden (§ 48 PolG/BS). Als verfassungsrechtliches Erfordernis folgt daraus, dass Schusswaffen zur Verhinderung der Flucht nur eingesetzt werden dürfen, soweit die schwere Straftat, die der Flüchtende begangen hat oder der er verdächtigt wird, eine besondere Gefahr für Leib, Leben und Gesundheit Anderer hat erkennen lassen und befürchten lässt, dass ein entsprechendes Gewaltpotenzial auch auf der Flucht umgesetzt wird. Aufgrund der genannten verfassungsrechtlichen Vorgaben ist § 17 Abs. 2 lit. b PolG in diesem Sinne auszulegen. Die Bestimmung kann auf diese Weise verfassungskonform angewendet werden. Damit erweist sich die Beschwerde als unbegründet, soweit sie die Aufhebung der Norm verlangt (BGE 136 I 87 E. 4).

– **Verweigerung einer «antifaschisten Platzkundgebung» des Bündnisses für ein «buntes Brunnen» wegen der Gefahr von rechtsextremen Gegendemonstrationen und gewalttätigen Auseinandersetzungen:** Die Behörden sind verpflichtet, durch geeignete Massnahmen wie etwa durch Gewährung eines ausreichenden Polizeischutzes dafür zu sorgen, dass öffentliche Kundgebungen tatsächlich stattfinden können und nicht durch gegnerische Kreise gestört oder verhindert werden. Im Bewilligungsverfahren sind in diesem Sinn nicht nur Zulässigkeit bzw. Unzulässigkeit einer Kundgebung, sondern ebenso sehr die Randbedingungen, allfällige Auflagen und eventuelle Alternativen zu prüfen. Auszugehen ist vorliegend davon, dass das kantonale Militär- und Polizeidepartement in seiner ersten Lagebeurteilung Nr. 1 vom 14. Nov. 2005 für den Fall eines gleichzeitigen rechten Aufmarsches und einer linken Demonstration in Brunnen Auseinandersetzungen mit hohem Gewaltpotenzial als sehr wahrscheinlich erachtet. Danach gefährden rechtsextrem motivierte Aktivitäten teils punktuell, teils lokal die öffentliche Ruhe und Ordnung erheblich; ferner gehe eine erhebliche Gefahr von linksextremen Exponenten aus. Ausgehend von dieser allgemeinen Lagebeurteilung und vor dem Hintergrund der Erfahrungen insbesondere des letzten Jahres durfte im konkreten Fall davon ausgegangen werden, dass rechtsextreme Kreise dieses Jahr erneut in Brunnen auftreten und in allgemeiner Weise wiederum gewalttätig werden würden. Weiter konnte angenommen werden, dass diese sich durch die in Aussicht genommene antifaschistische Kundgebung des Beschwerdeführers zusätzlich provoziert fühlen und daher mit grossem Gewaltpotenzial gegen die Kundgebung vorgehen könnten. Ein entsprechendes Zusammenprallen rechter und linker Gruppierungen lässt ernsthaft gewaltsame Auseinandersetzungen befürchten und solche lassen es für die Polizeikräfte von vornherein als schwierig erscheinen, die Polizeigüter im Allgemeinen zu schützen und im Speziellen den Teilnehmern an der Kundgebung des «Bündnisses» einen ruhigen Verlauf und Schutz vor Angriffen rechtsextremer Kräfte zu bieten. Über diese Einschätzung hinaus darf die Eigenart der vom Beschwerdeführer beabsichtigten Kundgebung mitberücksichtigt werden. Zum einen ist der Kreis der Teilnehmer des «antifaschistischen Strassenfestes» vollkommen offen. Gemäss den Angaben des Beschwerdeführers anlässlich der Besprechung mit Vertretern der Gemeinde vom 16. Dez. 2005 soll der Anlass für jedermann offenstehen und soll in Form einer öffentlichen Mobilisierung dazu eingeladen werden. Welche Kreise im Einzelnen schliesslich teilnehmen würden, lässt sich demnach in keiner Weise im Voraus bestimmen. Ferner sollte nach den Angaben des Beschwerdeführers keine gewaltsame Auseinandersetzung gesucht werden. In dieser Zusage kann keine Gewähr dafür erblickt werden, dass die Teilnehmer des «Bündnisses» sich nicht zu Gewalttätigkeiten hinreissen lassen könnten. Vielmehr durften die Behörden bei dieser Sachlage ohne Willkür annehmen, dass sich die Kundgebungsteilnehmer im Falle des Aufmarsches rechtsextremer Gruppen der damit verbundenen Konfrontation stellen würden. Zum andern zeigte sich der Beschwerdeführer nicht bereit und in der La- 1843 ge, irgendwelche Zusagen über einen Sicherheitsdienst zu machen. Daraus ergibt sich, dass die Umstände der vom Beschwerdeführer beabsichtigten Kundgebung die Aufrechterhaltung von Ordnung und Sicherheit im Allgemeinen sowie den Schutz der Teilnehmer der Kundgebung im Besonderen nicht erleichtern, sondern zusätzlich erschweren. Angesichts der gesamten Gegebenheiten durfte die Gefahr von gewaltsamen Auseinandersetzungen zwischen Kundgebungsteilnehmern und aufmarschierenden Rechtsextremen als wahrscheinlich, konkret und ernsthaft bezeichnet werden. Diese Beurteilung kann sich zudem auf Erfahrungen von Auseinandersetzungen zwischen rechten und linken Kreisen stützen, wie sie in jüngster Vergangenheit bei Demonstrationen verschiedentlich in der Schweiz vorgekommen sind und die über die einander gegenüberstehenden Lager unbeteiligte Dritte beeinträchtigten und zu (massiven) Sachbeschädigungen führten. Zudem haben solche Konfrontationen, wie das Verwaltungsgericht anmerkt, zur Folge, dass die Polizeikräfte in eine Sandwich-Situation versetzt werden, sich Gewalttätigkeiten auch gegen die Sicherheitskräfte richten und die Polizei nicht mehr in der Lage sei, ihrer Aufgabe nachzukommen. Daraus durfte gesamthaft geschlossen werden, dass sich der Einsatz von Sicherheitskräften äusserst schwierig gestaltet und die Polizeiorgane an die Grenzen ihrer Möglichkeiten stossen. Diese Einschätzung erscheint zudem vor dem Hintergrund der örtlichen Verhältnisse in einem besondern Lichte. Das Zentrum von Brunnen weist sehr enge Örtlichkeiten und keine klar trennbaren Räume auf und verfügt nur über ganz wenige für einen Polizeieinsatz geeignete Hauptachsen. Darüber hinaus gestaltet sich der erforderliche Einsatz von Polizeikräften wegen der Besonderheiten des 1. August als äusserst problematisch. Das Verwaltungsgericht hat im angefochtenen Entscheid dargelegt, dass breite Bevölkerungskreise den Nationalfeiertag in besinnlichen Feiern und in Volksfesten begehen. In Brunnen findet neben der traditionellen Feier auch alljährlich ein grosses Feuerwerk statt, das Tausende von Besuchern vom Lande und vom See mitverfolgen. Die 1.-August-Feiern bringen es mit sich, dass weite Teile des öffentlichen Grundes von den Besuchern benützt und belegt werden. Ihre zahlreiche Anwesenheit in Brunnen hat weiter zur Folge, dass ein effizienter Polizeieinsatz wesentlich erschwert oder gar verunmöglicht wird. Die wenigen Einsatzachsen für Polizeieinsätze wären weitestgehend belegt und die Polizeikräfte würden in den engen örtlichen Verhältnissen von Brunnen daran gehindert, entsprechend den Erfordernissen der momentanen Situation ziel- und zeitgerecht vorzugehen. Aufgrund all dieser Umstände – Aufmarsch rechtsextremer Kreise, Eigenart der vom Beschwerdeführer beabsichtigten Kundgebung, enge örtliche Verhältnisse in Brunnen, Besuch von Tausenden von Besuchern anlässlich der 1.-August-Feiern – sowie der ernsthaften und konkreten Gefahr von gewaltsamen Ausschreitungen bei einem Zusammentreffen von rechtsextremen Kreisen mit den Teilnehmern der Kundgebung durften die Behörden einen Polizeieinsatz als äusserst problematisch einschätzen und daraus den Schluss ziehen, dass die Polizeikräfte nicht in der Lage seien, die öffentliche Ordnung und Sicherheit im erforderlichen Masse sicherzustellen, Beeinträchtigungen von unbeteiligten Personen und von Eigentumsrechten Dritter wirksam zu verhindern und die Teilnehmer der Kundgebung hinreichend zu schützen. In Anbetracht der gesamten Verhältnisse hält es demnach vor der verfassungsmässigen Meinungs- und Versammlungsfreiheit stand, die vom Beschwerdeführer ersuchte Bewilligung für eine Kundgebung zu verweigern. Eine solche Verweigerung erscheint als einzige Möglichkeit, um die öffentliche Ordnung und Sicherheit aufrechtzuerhalten, und erweist sich als verhältnismässig. Dieser Schluss gründet auf der Einschätzung der konkreten Lage. Die Verweigerung der anbegehrten Bewilligung steht – unter Einbezug der Eigenart der vom Beschwerdeführer beabsichtigten Kundgebung – in erster Linie im Zusammenhang mit der Gefahr eines rechtsextremen Aufmarsches und den dadurch befürchteten gewaltsamen Ausschreitungen. Ein derartiges generelles Verbot politischer Kundgebungen lässt sich vor der Verfassung halten. Bei konkreter Gefahr von gewaltsamen Tumulten und Sachbeschädigungen fallen ausserordentliche Einschränkungen der Meinungs- und Versammlungsfreiheit in Betracht. Die Voraussetzungen für ein absolutes Verbot politischer Demonstrationen in Brunnen am 1. Aug. 2006 sind wegen der Gefahr von konkreten und ernsthaften, auch durch den massiven Einsatz von Polizeikräften nicht zügelbaren Auseinandersetzungen mit gewaltsamen Tumulten und Gefahren für Leib und Leben Dritter auch im vorliegenden Fall gegeben. Damit hält der angefochtene Entscheid des Verwaltungsgerichts vor der angerufenen Meinungs- und Versammlungsfreiheit stand (BGE 132 I 256 E. 4.4).

6. Bemerkungen

1. Mit dem **Verhältnismässigkeitsgrundsatz** ist die Aufgabe angesprochen, Mittel und Zweck in ein angemessenes Verhältnis zu bringen, durch die Gegenüberstellung von Eingriffsgrund und Eingriffswirkungen eine Erforderlichkeitsprüfung zu ermöglichen oder jede staatliche Aktivität als Mittel im Dienste eines Zweckes sachgerecht und angemessen zu beurteilen. Zu verlangen ist eine **vernünftige Zweck-Mittel-Relation**. Eine Massnahme ist unverhältnismässig, wenn das Ziel mit einem weniger schweren Eingriff erreicht werden kann (BGE 137 I 31 E. 7.5.2, 136 I 87 E. 3.2, 136 IV 97 E. 5.2.2, 135 I 169 E. 5.6). Vorausgesetzt, es lassen sich mehrere gleich geeignete Mittel zur Verwirklichung eines bestimmten Zweckes finden, gebietet das Verhältnismässigkeitsprinzip die Wahl derjenigen Massnahme, welche die individuellen Interessen am wenigsten beeinträchtigt (vgl. z.B. BGE 127 I 6 E. 9a [medikamentöse Zwangsbehandlung in einer psychiatrischen Klinik]). 1844

2. Der Grundsatz der Verhältnismässigkeit erfasst sowohl die **Rechtssetzung** (vgl. z.B. BGE 136 I 87 E. 4, 135 I 233 E. 3.1, 135 V 172 E. 7.3.3) wie auch die **Rechtsanwendung** (vgl. z.B. BGE 135 I 169 E. 5.6, 135 I 209 E. 3.3.1). Er ist zwar primär auf die **Eingriffsverwaltung** ausgerichtet; Massnahmen im Rahmen der **Leistungs- und Informationsverwaltung** wurden bisher nur vereinzelt daran gemessen, ob sie verhältnismässig sind, so beispielsweise, wenn Leistungen mittels Sanktionen gekürzt werden (VerwG ZH vom 2. Juni 2005, VB.2005.00148, E. 5.1), ein Ausschluss von staatlichen Leistungen droht (BGE 129 I 12 E. 9 [disziplinarischer Schulausschluss]), Personen keinen Zugang zu staatlichen Leistungen haben (BGE 130 I 26 E. 6.3.4), positive Fördermassnahmen Grundrechte Dritter tangieren (BGE 131 II 361 E. 5.3, 125 I 21 E. 3, 123 I 152 E. 7b [Quotenregelungen]) oder sonst wie durch die Leistungsverweigerung Grundrechte betroffen sind (BGE 126 V 334 E. 2d, 119 V 255 E. 4, 113 V 22 E. 4d [faktische Beschränkung der Niederlassungsfreiheit durch Nichtgewährung eines Fortbewegungsmittels]). 1845

3. Das Bundesgericht hat seit jeher im **Sozialversicherungsrecht** Leistungsgutsprachen daran gemessen, ob die Massnahmen zur Erreichung des Behandlungszweckes geeignet und erforderlich sind. Bei vergleichbarem medizinischem Nutzen ist die kostengünstigste Massnahme bzw. diejenige mit dem besten Kosten-Nutzen-Verhältnis zu wählen. Eine Leistung ist demnach zu verweigern, wenn zwischen Aufwand und Heilerfolg ein grobes Missverhältnis besteht. Das Bundesgericht hat im sogenannten Myozyme-Entscheid seine bisherige Rechtsprechung zur Anwendung des Verhältnismässigkeitsprinzips im Sozialversicherungsrecht zusammengefasst und die Leistungspflicht aus Wirtschaftlichkeitsgründen, d.h. mangels eines angemessenen Kosten-Nutzen-Verhältnisses, verneint (BGE 136 V 395 E. 7.8 [Übernahme von Kosten in der Höhe von rund Fr. 750‘000.– bis Fr. 900‘000.– für eineinhalb Jahre zur Behandlung von Morbus Pompe mit dem Medikament Myozyme]). 1846

4. Die **einzelnen Aspekte der Verhältnismässigkeitsprüfung** sind von **unterschiedlicher Relevanz**: Ungeeignet ist eine Massnahme erst dann, wenn sie am Ziel geradezu vorbeischiesst und keinerlei Wirkungen im Hinblick auf den angestrebten Zweck oder den angestrebten Nutzen entfaltet (BGE 136 I 1 E. 4.3.2, 130 I 140 E. 5.3.6). In der **Leistungsverwaltung** ist eine Massnahme dann als unwirksam zu bezeichnen, wenn sie objektiv ungeeignet ist, auf den angestrebten Nutzen hinzuwirken (BGE 133 1847

V 115 E. 3.1 [medizinische Leistung im Rahmen der obligatorischen Krankenpflegeversicherung]). In der Praxis ist das Kriterium der Eignung selten bedeutsam ist (vgl. z.B. BVGer vom 30. April 2008, B-7369/2007, E. 8.1.2 [Rodungsmassnahmen im Zusammenhang mit der Feuerbrandbekämpfung]). Jedenfalls ist auch unter dem Aspekt der Eignung einer Massnahme vorerst abzuklären, welche **Folgen und Auswirkungen** zu erwarten sind; bleiben diese ungeklärt, kann der Massnahme die Eignung abgesprochen werden, da diese unter Umständen am Ziel vorbeischiesst oder keinerlei Wirkungen im Hinblick auf die Zielerreichung entfaltet (VerwG SO vom 23. Jan. 2006, in: SOG 2006 Nr. 25 E. 5d [Fahrverbot auf einer Gemeindestrasse, welche zwei Ortschaften verbindet]).

1848 5. Das Bundesgericht prüft zu Recht, ob selbst bei geringfügigen **Lärmimmissionen** («umweltrechtliche Bagatellfälle») die getroffenen Massnahmen einen gewissen Beitrag zur Immissionsreduktion leisten (BGE 133 II 169 E. 3.2). Eine Festlegung eines unteren Schwellenwerts ist erst dann zulässig, wenn vorbehaltlich neuer Erkenntnisse zusätzliche Massnahmen kein geeignetes Mittel mehr darstellen (BGE 133 II 169 E. 3.2). Es spricht demnach immissionsreduzierenden Massnahmen selbst im Bereich «umweltrechtlicher Bagatellfälle» nicht von vornherein jegliche Wirkung bzw. Eignung ab. In einem gewissen Widerspruch dazu steht BGE 129 II 331 E. 4.3, wonach die Beschränkung der Anzahl Flugbewegungen auf dem Flughafen Samedan einen zu vernachlässigenden Beitrag leisten, wenn im betreffenden Gebiet bereits heute die Lärmimmission wegen zahlreicher Veranstaltungen erheblich ist.

1849 6. **Erforderlichkeit** liegt vor, wenn mit keiner gleichermassen geeigneten, aber für die Entscheidadressaten weniger einschneidenden Massnahme der angestrebte Erfolg ebenso erreicht werden kann. Die Massnahme ist verhältnismässig, wenn sie in sachlicher, räumlicher, zeitlicher und personeller Hinsicht nicht über das Notwendige hinausgeht («Übermassverbot»). Es ist das mildestmögliche Mittel zu ergreifen, welches als ebenso wirksam hinsichtlich der Zielerreichung wie die getroffene Massnahme zu beurteilen ist (BGE 136 I 29 E. 4.5, 135 II 105 E. 2.2.1; 134 II 201 E. 2, 133 I 77 E. 4.1, 132 I 49 E. 7.2). Das Gebot der **Erforderlichkeit einer Massnahme** wird daher auch als Prinzip der «Notwendigkeit», des «geringstmöglichen Eingriffs» oder als «Übermassverbot» bezeichnet (BVGE 2009/44 E. 3.3).

1850 7. Die Frage der Erforderlichkeit in sachlicher Hinsicht stellt sich nur in Fällen, in denen überhaupt **mehrere, gleichermassen geeignete Massnahmen zur Erfüllung desselben Ziels** zur Verfügung stehen. Sind hingegen in der Vergangenheit bereits mildere Massnahmen angeordnet worden und haben sich diese als wenig erfolgversprechend erwiesen, kann die Behörde darauf verzichten, derartige Massnahmen erneut zu prüfen (BVGE 2009/36 E. 11.5 [Einziehung von Einnahmen aus unzulässigem Sponsoring]). Entsprechend ist auch die Verweigerung einer erneuten Nummernzuteilung (0901-Nummern) verhältnismässig, wenn in der Vergangenheit derartige Nummern zu rechtswidrigen Zwecken missbraucht worden sind; es besteht kein milderes Mittel, zumal der Nutzer in der Vergangenheit nicht bereit oder nicht in der Lage war, die Nummern rechtmässig zu nutzen und die Nutzungsbedingungen zu beachten, sodass auch eine Zuteilung unter Auflagen als milderes Mittel nicht zur Diskussion steht (BVGer vom 9. Dez. 2010, A-3558/2010, E. 8.3). Mildere Mittel sind ferner dann nicht zu prüfen, wenn sich der Verstoss gegen die Rechtsordnung als derart schwer erweist, dass beispielsweise der fehlbare Schüler untragbar für die

Schule geworden ist und diese, sofern der Schüler nicht entfernt wird, ihre Aufgabe nicht mehr richtig erfüllen kann (BGE 129 I 35 E. 10.2). Zu prüfen ist sodann – im Sinne eines milderen Mittels zum befristeten oder unbefristeten Schulausschluss – die Versetzung in eine andere Klasse, in ein anderes Schulhaus oder in eine andere Art von Einrichtung (BGer vom 16. Sept. 2010, 2C_446/2010, E. 5.4).

8. Bei staatlichen **Schutzaufträgen** ist das aus dem Verhältnismässigkeitsprinzip 1851 abgeleitete **Untermassverbot** zu beachten (BGE 129 I 12 E. 6.4, 126 II 300 E. 5; BGer vom 16. Sept. 2010, 2C_446/2010, E. 5.3; BVGer vom 28. Juni 2011, C-1663/2007, E. 5.3). Trägt eine Massnahme zu wenig zur Erreichung eines Schutzziels bei, kann sie den angestrebten Zweck nicht verwirklichen (BVGer vom 23. Sept. 2009, C-3441/2007, E. 5.2; vom 24. April 2009, C-4173/2007, E. 6.2). Entsprechend wird Art. 19 BV verletzt, wenn sich die Schulbehörde mit dem Ausschluss begnügt, ohne dafür zu sorgen, dass dem Schüler im Sinne einer Ersatzmassnahme der ihm zustehende Unterricht in einer anderen geeigneten Form erteilt wird (BGer vom 16. Sept. 2010, 2C_446/2010, E. 5.2-5.4). Stehen sich unterschiedliche Grundrechtsinteressen antinomisch gegenüber, ist es dabei in erster Linie Sache der einschlägigen **Gesetzgebung**, einen Interessenausgleich zu finden und damit eine **Grenze zwischen Übermass- und Untermassverbot** zu ziehen (BGE 126 II 300 E. 5).

9. Eine Verwaltungsmassnahme ist weiter nur dann gerechtfertigt, wenn ein **vernünf-** 1852 **tiges (ausgewogenes) Verhältnis zwischen Eingriffszweck und Eingriffswirkung** (BVGer vom 28. Jan. 2011, C-2482/2009, E. 8.2) bzw. zwischen dem angestrebten Ziel und der Wirkung, welche die Massnahme hat, besteht (BGE 137 I 31 E. 7.5.2, 136 I 1 E. 4.3.2), was eine Interessenabwägung impliziert (BGE 136 IV 97 E. 5.2.2, 135 I 169 E. 5.6, 133 I 110 E. 7.1, 132 I 49 E. 7.2). Insgesamt ist ein angemessener Ausgleich zwischen den verschiedenen involvierten Interessen zu finden (BGE 137 II 58 E. 6). Es ist eine **wertende Abwägung** vorzunehmen, welche die im konkreten Fall involvierten Interessen miteinander vergleicht (BGE 135 II 384 E. 3.2.3 und E. 4 [Tierversuche]; BVGer vom 18. Feb. 2011, C-1132/2010, E. 6.1).

10. Entsprechend sind vorerst die im konkreten Fall relevanten und involvierten **Inte-** 1853 **ressen und deren Bedeutung** zu ermitteln (BGE 135 II 405 E. 4.3.1 und E. 4.3.2). **Ausgangspunkt** der Überlegungen bildet dabei die Art der in der Interessenabwägung involvierten Rechtsgüter, das Mass ihrer Verwirklichung, Gefährdung oder Beeinträchtigung, die Stellung der verletzten oder gefährdeten Rechtsgüter, die Art der angeordneten Massnahmen und die Umstände des Einzelfalles (BVGer vom 18. Feb. 2011, C-1132/2010, E. 6.1; vom 4. Okt. 2010, C-109/2006, E. 6; vom 18. Nov. 2009, D-3913/2006, E. 4.5). Es sind weiter **Vor- und Nachteile der getroffenen Lösung** bzw. der angeordneten Massnahmen qualitativ und quantitativ miteinander zu vergleichen. Dazu gehören auch Überlegungen wie technische Machbarkeit, wirtschaftliche Tragbarkeit, Reduktion der Risiken, Kosten, Kompensationsmassnahmen und zu erwartende Folgen der getroffenen Massnahmen.

IV. Öffentliches Interesse

1. Begriff

a) Allgemeines

1854 Beim Begriff des öffentlichen Interesses handelt es sich um eine **wertungsbedürftige Generalklausel**, einen **unbestimmten Rechtsbegriff**, welcher konkretisierungsbedürftig ist und verschiedenste Interessen beinhalten kann, die sich hauptsächlich aus der **Verfassung**, den **Ziel- und Zweckartikeln in Sachgesetzen** und in seltenen Fällen aus **Verordnungen** gewinnen lassen (BVGE 2011/13 E. 16.3, mit Verweis auf TSCHANNEN/ZIMMERLI/MÜLLER, § 20, Rz. 5 f.). Sie sind mit Rücksicht auf die dem **Wandel unterworfene ethische Wertordnung** und in Anbetracht der sich **verändernden Sozialverhältnisse** zu beurteilen (vgl. z.B. BGE 136 IV 97 E. 5.2.2.1 [ununterbrochener Vollzug der Strafe], 133 I 206 E. 10.2 [Verbesserung der Standortattraktivität und der Wohn- und Lebensqualität durch einen degressiven Steuertarif], 132 I 49 E. 7.1 [Schutz der öffentlichen Ordnung und Sicherheit durch Wegweisungen und Fernhaltungen], 130 I 369 E. 7.4 und 128 I 327 E. 4.3.1 [Durchführung von Grossanlässen wie das Weltwirtschaftsforum oder eine Skiweltmeisterschaft], 125 I 417 E. 4a [Schutz der Polizeigüter wie insb. der öffentlichen Ordnung, Ruhe, Sicherheit, Gesundheit und Sittlichkeit sowie von Treu und Glauben im Geschäftsverkehr], 124 I 85 E. 3a [Verpflichtung der Polizeibeamten, mit der Uniform ein Namensschild zu tragen], 118 Ia 427 E. 6b [Gesundheitsschutz]; BGer vom 2. Feb. 2009, 2C_592/2008, E. 4.1 [Fürsorge, Kunst und Wissenschaft, Bildung, Förderung der Menschenrechte, Heimat-, Natur- und Tierschutz oder Entwicklungshilfe]; OG ZH vom 18. Nov. 2008, in: ZR 2009 Nr. 19 E. 3.2 [Schutz der Sittlichkeit]).

1855 Im öffentlichen Interesse liegt grundsätzlich alles, was der **Staat zum Gemeinwohl** vorkehren muss, um eine ihm obliegende Aufgabe zu erfüllen (BVGer vom 24. Nov. 2010, A-3298/2010, E. 3.5; vom 25. Nov. 2008, A-4114/2008, E. 4.5; vom 11. Dez. 2007, A-4676/2007, E. 5.1; VerwG AG vom 24. März 2000, in: AGVE 2000 S. 168 E. 2b). Ob eine bestimmte Tätigkeit im Interesse der Allgemeinheit liegt, beurteilt sich nach der jeweils **«massgebenden Volksauffassung»**, wobei wichtige Erkenntnisquellen die rechtsethischen Prinzipien bilden, wie sie in der Bundesverfassung und in den schweizerischen Gesetzen und Präjudizien zum Ausdruck kommen (BGer vom 2. Feb. 2009, 2C_592/2008, E. 4.1). Das öffentliche Interesse ist **zeitlich wandelbar** und kann in gewissen Sachbereichen auch **örtlich verschieden** sein (BVGer vom 25. Nov. 2008, A-4114/2008, E. 4.5; vom 11. Dez. 2007, A-4676/2007, E. 5.1). Zudem darf bei der Bestimmung der polizeilichen Schutzgüter bis zu einem gewissen Grad das **subjektive Sicherheitsbedürfnis** mitberücksichtigt werden (BGE 136 I 1 E. 4.3.1 und E. 4.4.2, 132 I 49 E. 7.1). Öffentliche Interessen können **materieller oder ideeller Natur** sein. Zu den wichtigsten Gruppen öffentlicher Interessen gehören **polizeiliche, planerische, soziale und sozialpolitische sowie – in Sonderstellung – fiskalische** Interessen (BVGer vom 30. März 2011, A-7040/2009, E. 10.4.2).

1856 Das Erfordernis des öffentlichen Interesses hat sicherzustellen, dass **staatliche Massnahmen** dem **Gemeinwohl**, also den **Interessen der Allgemeinheit** und nicht bloss dem Anliegen einzelner Privatpersonen dienen (BVGer vom 8. Feb. 2011, C-6984/2008, E. 5.3.2). Soweit derartige staatliche Massnahmen wie beispielsweise die

Durchführung von Grossveranstaltungen (WEF Davos, Skiweltmeisterschaften und dergl.) gewissermassen **privaten Interessen** dienen, muss die Interessenabwägung besonders sorgfältig vorgenommen werden, insbesondere wenn die betreffenden Massnahmen geeignet sind, in Grundrechte einzugreifen (BGE 128 I 327 E. 4.3.2).

Zu den öffentlichen Interessen gehört auch der **Schutz von privaten Interessen bzw. der Schutz von Grundrechten Dritter** (Art. 36 Abs. 2 2. Satzteil), wie etwa der Schutz Einzelner vor Geruchs- und Lärmimmissionen (BGE 133 II 169 E. 3; BVGer 16. Juli 2009, A-78/2009, E. 11.5), vor Nacht- und Sonntagsarbeit (BGE 136 II 427 E. 3.2, 131 II 200 E. 6.3), vor Passivrauchen (BGE 136 I 17 E. 4.3, 136 I 29 E. 4.3), vor häuslicher Gewalt (BGE 134 I 140 E. 4.3), vor gefährlichen Hunden (BGE 136 I 1 E. 5.4, 133 I 249 E. 4.1) oder vor gewalttätigen Ausschreitungen und Krawallen (BGE 127 I 164 E. 3b). 1857

Praxis:

- **Wegweisungs- und Fernhaltemassnahmen (Bahnhof Bern):** Nach dem Grundsatzentscheid des Verwaltungsgerichts dient die umstrittene Norm des Polizeigesetzes nicht der Bekämpfung der (von Szenenbildungen ausgehenden) Beschaffungs- und Kleinkriminalität. Die Bestimmung ziele vielmehr darauf ab, den Drogen- und Alkoholszenen auf öffentlichem Grund und den von solchen regelmässig ausgehenden Störungen und Gefährdungen der öffentlichen Ordnung und Sicherheit zu begegnen. Die Störung und Gefährdung würden darin erblickt, dass im Zusammenhang mit Alkoholszenen regelmässig Passanten angepöbelt und aktiv behindert werden, in aggressiver Form gebettelt wird, in verschiedenen Formen laut und störend herumgeschrien und Lärm verursacht wird und unter solchen Umständen immer wieder unkontrolliert Abfall und Unrat abgelagert wird. All diese Erscheinungen seien geeignet, die öffentliche Ordnung und Sicherheit zu gefährden und zu stören und das Sicherheitsgefühl von Passanten zu beeinträchtigen. Es entspreche daher einem öffentlichen Interesse, solche Vorkommnisse zu verhindern und mittels Wegweisung und zeitlich limitierter Fernhaltung von entsprechenden Gruppen die Polizeigüter zu schützen. Erwägungen: Ausschlaggebend ist vorliegend, dass sich die Beschwerdeführer in Gruppen zusammengefunden haben, die dem Alkohol erheblich zugesprochen haben, mit Abfall und Unrat grosse Unordnung hinterlassen, grossen Lärm verursacht und damit ein Verhalten an den Tag gelegt haben, an welchem zahlreiche Passanten Anstoss genommen haben. Solche Erscheinungen sind geeignet, die öffentliche Ordnung und Sicherheit zu gefährden oder zu stören. Sie wirken sich direkt auf das den öffentlichen Raum benützende Publikum aus und beeinträchtigen die Passanten in einer Weise, die offensichtlich Anstoss erregt. Über die unmittelbare Störung durch Abfall und Unrat sowie den grossen Lärm hinaus können entsprechende Begebenheiten Verunsicherung oder Angstgefühle hervorrufen und die Passanten zu einem Ausweichen, einem Umweg oder gar zur Benützung eines andern Bahnhofzugangs veranlassen. All dies wirkt sich unmittelbar auf die öffentliche Ordnung und Sicherheit aus und stört und gefährdet die Polizeigüter. Darüber hinaus zeigt die Erfahrung, dass es unter solchen Umständen sehr oft zu eigentlichen aktiven Behinderungen von Passanten und aggressivem Betteln kommt. Bei dieser Sachlage kann ein öffentliches Interesse am Schutz der Polizeigüter nicht verneint werden. Das öffentliche Interesse kann es gebieten, das den öffentlichen Raum benützende Publikum und die Passanten vor derartigen Erscheinungen zu bewahren. Es rechtfertigt sich daher im Grundsatz, entsprechende Vorkehren zu treffen und Gruppen, von denen die Gefährdungen und Störungen ausgehen, wegzuweisen und fernzuhalten. An der Bejahung des öffentlichen Interesses an den umstrittenen Massnahmen ändert auch der Umstand nichts, dass dem Begriff der Gefährdung und Störung der öffentlichen Ordnung und Sicherheit eine subjektive Komponente anhaftet. Was wie im vorliegenden Fall bei mehreren Passanten Anstoss erregte oder gar zu Verunsicherung und Angstgefühlen führt, kann bei objektivierter Betrachtung als Beeinträchtigung der öffentlichen Ordnung und Sicherheit verstanden werden, der zu begegnen im öffentlichen Interesse liegt (BGE 132 I 49 E. 7.1). 1858

1859 – **Ununterbrochener Vollzug der Strafe (Hungerstreik eines Strafgefangenen [Fall Rappaz]):** Das öffentliche Interesse am ununterbrochenen Vollzug der Strafe weist verschiedene Aspekte auf. In erster Linie ist der Schutz der Gesellschaft zu berücksichtigen, der eine restriktive Anwendung von Art. 92 StGB gebietet, ganz besonders wenn die begangenen Straftaten schwer, die Täter gefährlich und die Strafen schwer sind). Zur Berücksichtigung dieses Sicherheitsgebotes kommt die Beachtung der Wirksamkeit der Strafen hinzu, zum Zwecke der General- und Spezialprävention, um gleichzeitig das Erfordernis der Umerziehung oder Resozialisierung des Verurteilten und die Funktion der Strafverbüssung zu erfüllen, in der Aussicht auf ein einwandfreies, auf Vermeidung einer Rückfallgefahr gerichtetes Verhalten in Freiheit. In dieser Hinsicht wurde die Wichtigkeit des Grundsatzes des Strafvollzugs ohne Unterbrechung bereits als Voraussetzung für die Wirksamkeit des progressiven Haftsystems zur Rückkehr zum Leben in Freiheit erwähnt. Das öffentliche Interesse umfasst ebenfalls die Wahrung der Glaubwürdigkeit des Strafvollzugsystems, weil der Staat den Vollzug der Strafen gemäss ihrem Zweck der Resozialisierung und der Sühne gewährleisten muss, ohne das Leben und die körperliche, physische und psychische Integrität der Gefangenen zu gefährden. Das Problem stellt sich vor allem unter der – sehr seltenen – Voraussetzung von Hungerstreiken, die in ihre Endphase kommen, weil es in einer zivilisierten Gesellschaft mit einem demokratischen System, das seinen Ausdruck im Rechtsstaat findet, kaum denkbar ist, dass ein Gefangener im Gefängnis an den Folgen seines Protestfastens stirbt. Diese Situation hat sich offensichtlich in Europa nie ereignet, unter Vorbehalt von ganz aussergewöhnlichen Fällen, insbesondere derjenigen, die im Zusammenhang von Unabhängigkeitsbewegungen erfolgten und gewisse Aspekte eines Bürgerkriegs aufwiesen. Die Typologie der Straftat muss ebenfalls beachtet werden, um gegen die allfällige Unterbrechung einer Strafe zu sein, die schwere Straftaten ahndet, welche die Gefährlichkeit des Täters zeigen oder die möglicherweise plötzlich und ohne grosse Vorbereitung während der Dauer der provisorischen Entlassung erneut begangen werden. Dies ist vor allem der Fall bei den strafbaren Handlungen gegen das Leben und die körperliche Unversehrtheit, bei gewissen Vermögensdelikten (Diebstahl, Raub), bei Verbrechen oder Vergehen gegen die Freiheit und gegen die sexuelle Integrität sowie bei Straftaten, die eine Gemeingefahr schaffen, zum Beispiel die Brandstiftung. Schliesslich ist das Gebot der Gleichbehandlung in der Repression zu berücksichtigen, indem dafür gesorgt wird, dass die Schwere des Problems, auf das der Verurteilte stösst, der eine Unterbrechung erlangt, den Unterschied in der Behandlung wirklich rechtfertigt, den er im Vergleich zu den anderen Verurteilten geniesst, die sich trotz ihrer eigenen Schwierigkeiten anstrengen, ihre Strafe zu verbüssen (BGE 136 IV 97 E. 5.2.2.1).

1860 – **Subjektives Sicherheitsbedürfnis (Zuchtverbote bestimmter Hunderassen):** Die Zugehörigkeit eines Hundes zu einer bestimmten Rasse gibt für sich allein zwar noch keinen zuverlässigen Aufschluss über die Gefährlichkeit des Tieres. Massgebend sind auch die Erziehung (Sozialisation) und die Umwelteinflüsse. Bei der Qualifikation der American Pitbull Terrier, American Staffordshire Terrier, Bullterrier, Staffordshire Bullterrier als Rassen mit erhöhtem Gefährdungspotenzial dürfen aber deren genetische Anlagen nicht ausser Acht gelassen werden. Ihre angeborenen Verhaltenseigenschaften und ihre Anatomie machen sie potenziell gefährlicher als andere Rassen. Sie können aufgrund ihres Körperbaus, ihres Gebisses, ihrer Kraft und ihrer Angriffsart sehr schwere Verletzungen bewirken. Nicht zu vergessen ist auch, dass sie gerade wegen ihrer Verhaltenseigenschaften leichter zur Aggressivität abgerichtet werden können und eine unrichtige Haltung verheerende Folgen haben kann. Zudem darf bei der Bestimmung der Massnahmen bis zu einem gewissen Grad auch das subjektive Sicherheitsbedürfnis mitberücksichtigt werden. Das Sicherheitsgefühl der Bevölkerung stellt ein Faktum dar, das die Rechtssetzung legitimerweise beeinflussen darf und muss, wenn es aufgrund von Erhebungen festgestellt wird. Mit Bezug auf die verbotenen Hunderassen handelt es sich somit nicht um ein pauschales Argument der Erhöhung der öffentlichen Sicherheit, sondern um ein konkretes (BGE 136 I 1 E. 4.3.1 und E. 4.4.2).

1861 – **Veranstaltungen privater Natur (WEF Davos):** Über diese allgemeinen Überlegungen hinaus ist weiter zu prüfen, ob die in der angefochtenen Regelung enthaltenen Grundrechtsbeschränkungen überwiegenden öffentlichen Interessen entsprechen oder dem Schutze von Grundrechten Dritter dienen und ob sie damit dem Grundsatz der Verhältnismässigkeit zu genügen vermögen. Die Beeinträchtigungen in der Ausübung der Grundrechte und insbesondere die Eingriffe in die Bewegungsfreiheit sind bei Absperrungsmassnahmen nicht besonders einschneidend. Es bedeutet keine wesentliche Beeinträchtigung, wenn Personen von einer Unfallstelle oder den Örtlichkeiten eines Naturereignisses weggewiesen werden. Zudem kann davon ausgegangen werden, dass trotz grossflächiger Absperrungen die Polizeiorgane Ersatzvorkehren treffen. Demgegenüber stehen der Vollzug der polizeilichen Aufgaben und sowohl bei kleineren Verkehrsunfällen als auch bei eigentlichen Grossereignissen die Rettung und Bergung von Personen und Gütern auf dem Spiel. Auch eigentliche Evakuierungen etwa bei drohenden Naturgefahren können sich in Anbetracht der Gefahren für Leib und Leben als verhältnismässig erweisen. Soweit die Durchführung von Grossveranstaltungen gewissermassen privater Natur in Frage stehen, muss die Interessenabwägung besonders sorgfältig vorgenommen werden. Über das allgemeine öffentliche Interesse an grundrechtsbeschränkenden Massnahmen tritt der Aspekt der Grundrechtsausübung von Dritten im Sinne von Art. 36 Abs. 2 BV. Dies gilt gleichermassen für die Ski-Weltmeisterschaft und das Weltwirtschaftsforum wie auch für Kundgebungen aller Art. Diesfalls können sich unterschiedlichste Grundrechtsinteressen von Veranstaltern, Teilnehmern, interessierten Dritten und Unbeteiligten gegenüberstehen. Sie erfordern eine besonders sorgfältige Interessenabwägung und Beachtung der Verhältnismässigkeit ohne einseitige Bevorzugung einzelner Gruppen. Im Einzelfall ist nach möglichen praktischen Lösungen für eine optimale Grundrechtsgewährung und -koordination zu suchen (vgl. BGE 127 I 164 E. 3 hinsichtlich Prioritätenordnung anlässlich von Kundgebungen auf öffentlichem Grund). Auch solche und ähnliche Veranstaltungen mögen je nach Einschätzung der Gefährdungslage Fernhaltemassnahmen erfordern. Solche beschränken die Grundrechtsausübung von Unbeteiligten oftmals nicht in schwerwiegender Weise. Mit Ersatzvorkehren kann den Bedürfnissen Einzelner hinsichtlich Bewegungsfreiheit, Nutzung von Eigentum oder beruflicher Ausübung Rechnung getragen werden. Im Sinne der Verhältnismässigkeit können etwa anstelle von vollständigen Abriegelungen Zugangskontrollen, temporäre Zugangsmöglichkeiten oder gar Bewilligungen für Zugang oder Durchgang zu bestimmten Örtlichkeiten in Betracht fallen. In diesem Sinne hat das Justiz-, Polizei- und Sanitätsdepartement in seinem Entscheid vom 12. Juli 2001 zur besseren Gewährleistung der Meinungs- und Versammlungsfreiheit aufsichtsrechtlich angeordnet, dass die Veranstaltung «The Public Eye on Davos» soweit wie möglich in die Sicherheitsmassnahmen rund um die Durchführung des Weltwirtschaftsforums zu integrieren sei (BGE 128 I 327 E. 4.3.2).

b) Aktuell, konkret und hinreichend bestimmt

Das öffentliche Interesse hat **hinreichend bestimmt, aktuell** und **konkret** zu sein. 1862
Das **Sicherheitsbedürfnis der Bevölkerung** bei Massnahmen zum Schutz vor gefährlichen Hunden darf legitimerweise berücksichtigt werden, wenn es aufgrund von Erhebungen wie beispielsweise einer Volksabstimmung zu einem neuen oder revidierten Hundegesetz festgestellt wird. Mit Bezug auf die verbotenen Hunderassen handelt es sich nicht um ein pauschales Argument der Erhöhung der öffentlichen Sicherheit, sondern um ein **konkretes** (BGE 136 I 1 E. 4.4.2; ferner BGE 132 I 7 E. 4.2). Es fehlt hingegen an einem hinreichend konkreten öffentlichen Interesse, gestützt auf eine – mit Blick auf den Gesamtzusammenhang – untergeordnete nachträgliche Planänderung eine Nachholung des Mitwirkungsverfahrens gemäss Art. 4 RPG zu verlangen (BGE 135 II 286 E. 4.2.3). Voraussetzung zur Festsetzung einer Zone für öffentliche Bauten und Anlagen ist, dass das geltend gemachte künftige Bedürfnis – das öffentliche Interesse an einer Landsicherung – in dem Sinn genügend konkretisiert ist, dass die Errichtung der öffentlichen Baute bzw. Anlage mit einiger Sicherheit zu erwarten ist (BGE 114 Ia 335 E. 2d).

1863 Staatliche Massnahmen dürfen nicht gestützt auf **Normen** ergehen, die derart **unbestimmt** sind, dass sich daraus keine klaren (konkreten) Ziele oder Zwecke herauslesen lassen (BGE 136 I 87 E. 8 [Überwachung von öffentlich zugänglichen Räumen]). Allenfalls ist aufgrund einer **Prognose**, die sich am bisherigen Verhalten bzw. an bisherigen Ereignissen orientiert, zu bestimmen, ob eine Massnahme angezeigt ist und im öffentlichen Interesse liegt (z.B. BVGE 2008/24 E. 4.2; BVGer vom 4. Okt. 2010, C-109/2006, E. 4.2; vom 2. Juli 2010, C-1118/2006, E. 6.2; vom 3. Dez. 2009, C-5308/2007, E. 4.1 und E. 6.4.3, jeweils betr. Einreisesperren). Aus **einzelnen Ereignissen** wie einem durch Kampfhunde verursachten Tod eines Kindes jedenfalls lässt sich nicht unbedingt auf ein öffentliches Interesse an bestimmten Massnahmen in der ganzen Gemeinde schliessen, wenn darüber hinaus kein erhöhtes Gefahrenpotenzial beispielsweise für Kinder ersichtlich ist (VerwG ZH vom 6. Dez. 2007, VB.2007.00391, E. 5.1). Ein öffentliches Interesse an einer Bewilligungspflicht für Unterschriftensammlungen auf öffentlichem Grund ohne Stand durch zwei bis drei Personen ist weitgehend **hypothetischer Natur**, weil eine derartige Benutzung des öffentlichen Grundes Dritte kaum tangiert und es ausserdem an einem konkreten Interesse der Koordination und der Prioritätensetzungen zwischen verschiedenen Nutzungen mangelt (BGE 135 I 302 E. 4.2).

Praxis:

1864 – **Zone für öffentliche Bauten und Anlagen:** Die Erbengemeinschaft G ist Eigentümerin der ungefähr 13'000 m^2 umfassenden Parzelle Nr. 828 im Gebiet «Untere Weitenzelg» in Romanshorn. Diese Liegenschaft bildet Teil einer grösseren Zone für öffentliche Bauten und Anlagen (Reservezone), welche im Zonenplan von 1975, dessen Rechtskraft im Jahre 1979 eintrat, festgesetzt worden war. Bei der Teilrevision des Zonenplanes von 1986 beantragte die Erbengemeinschaft G mit Einsprache und Beschwerde die Umzonung ihrer Parzelle in eine mehrgeschossige Wohnzone. Das Bundesgericht weist die Beschwerde ab. Erwägungen: Dass ein öffentliches Werk, für welches die Zone für öffentliche Bauten und Anlagen festgesetzt wird, erst nach Jahren realisiert wird, schliesst das öffentliche Interesse an der Landsicherung nicht aus. Es entspricht vielmehr der Aufgabe der Raumplanung, auf weite Sicht die zweckmässige Nutzung des Bodens festzulegen, um zu einer den Bedürfnissen der Bevölkerung entsprechenden Gestaltung der Siedlungen zu gelangen. Insbesondere sollen für die öffentlichen oder im öffentlichen Interesse liegenden Bauten und Anlagen sachgerechte Standorte bestimmt werden. Dabei ist darauf zu achten, dass Einrichtungen wie Schulen und Freizeitanlagen für die Bevölkerung gut erreichbar sind. Die bundesgerichtliche Rechtsprechung hat seit jeher anerkannt, dass das Gemeinwesen die für öffentliche Anlagen benötigten Flächen auf weite Sicht mit entsprechenden Zonenfestsetzungen sichern darf. Voraussetzung zur Festsetzung einer Zone für öffentliche Bauten und Anlagen ist freilich, dass das geltend gemachte zukünftige Bedürfnis genügend konkretisiert ist. Das Bedürfnis ist vom Gemeinwesen so genau wie möglich anzugeben, und die Errichtung der öffentlichen Baute bzw. Anlage muss mit einiger Sicherheit zu erwarten sein. Als unzulässig müsste die Schaffung von Zonen für öffentliche Bauten und Anlagen bezeichnet werden, wenn diese Zonenfestsetzung einzig ein Vorwand dafür wäre, dass sich das Gemeinwesen ausgedehnte Landflächen sichern wollte, um über eine möglichst grosse Handlungsfreiheit für die raumplanerische Gestaltung des Gemeindegebietes zu verfügen. Steht jedoch aufgrund sorgfältiger Analysen und Prognosen, welche gemäss den heute anerkannten Methoden der Raumplanung durchgeführt werden, fest, dass der geltend gemachte Landbedarf für bestimmte öffentliche Bedürfnisse ausgewiesen ist, so ist die Festsetzung der Zone für öffentliche Bauten und Anlagen nicht zu beanstanden. Im vorliegenden Fall ergibt sich entgegen der Auffassung der Beschwerdeführer aus den Akten mit genügender Deutlichkeit, dass die von der Gemeinde Romanshorn durchgeführte Sportstättenplanung den gesetzlichen Anforderungen, welche an die Raumplanung zu stellen sind, entspricht. Die Gemeinde hat ihre Sportstättenplanung für die Ortsplanungsrevision 1987 überarbeitet und dabei sowohl die vorhandenen als auch die noch fehlenden Anlagen möglichst genau genannt. Dass diese Anlagen vorzugsweise in Zentren zusammengefasst werden sollen, liegt auf der Hand. Das Gebiet «Untere Weitenzelg» eignet sich diesbezüglich besonders gut, da es zentral gelegen ist und somit dem raumplanerischen Grundsatz entspricht, dass entsprechende Einrichtungen für die Bevölkerung gut erreichbar sein sollen (BGE 114 Ia 335 E. 2).

– **Überwachung allgemein zugänglicher Orte mit technischen Geräten:** Nach Art. 32 des Zürcher Polizeigesetz (PolG) darf die Polizei zur Erfüllung ihrer gesetzlichen Aufgaben allgemein zugängliche Orte mit technischen Geräten offen oder verdeckt überwachen und soweit notwendig Bild- und Tonaufnahmen machen. Von der Überwachung werden laut § 32 PolG sämtliche allgemein zugänglichen Orte erfasst. Dazu gehören ohne Zweifel öffentliche Strassen und Plätze. Die Norm erfasst ohne Einschränkung das ganze Kantonsgebiet, inklusive Wälder und Gewässer. Sie differenziert nicht nach ländlichen oder überbauten Gegenden, nach Dörfern oder Städten, nach Quartieren und Zentren oder nach besonders oder weniger gefährdeten Örtlichkeiten. Ferner dürfte dazu privater Raum zählen, welcher der Öffentlichkeit gewidmet ist. Schliesslich ist nach dem Wortlaut des Polizeigesetzes nicht auszuschliessen, dass auch faktisch zugängliches Privateigentum erfasst wird, beispielsweise eine private Stichstrasse ohne Betretungs- oder Fahrverbote. Somit kann die Überwachung gemäss § 32 PolG uneingeschränkt allgemein zugängliche Orte erfassen, mithin den gesamten öffentlichen Raum auf dem gesamten Kantonsgebiet, ohne dass irgendwelche Einschränkungen, Präzisierungen oder Schwerpunkte zum Ausdruck kämen. § 32 PolG enthält keine Angaben darüber, welche es erlauben würden, aus der weiten Palette der aufgezeigten technischen Einsatzmöglichkeiten eine bestimmte Zielrichtung oder mehrere bestimmte Zweckausrichtungen erkennen zu lassen. Solche lassen sich auch aus dem Kontext von § 32 PolG nicht herauslesen. Das Fehlen von jeglichen Zweckangaben verunmöglicht es von vornherein, klare Ziele und ein öffentliches Interesse an entsprechenden Überwachungsmassnahmen zu ermessen. Daran vermag die Bezugnahme auf § 3 ff. PolG nichts zu ändern, wo die Aufgaben der Polizei allgemein umschrieben sind. Die Aufrechterhaltung der öffentlichen Sicherheit und Ordnung, die Verhütung von strafbaren Handlungen, die Erhöhung der Verkehrssicherheit und Verhütung von Unfällen im Strassenverkehr sowie die Abwehr von unmittelbar drohenden Gefahren liegen fraglos im öffentlichen Interesse. Diese Ziele vermögen indes keine hinreichenden Ausrichtungen von Überwachungsmassnahmen abzugeben, da sie auf unterschiedlichen Ebenen liegen und je einzeln betrachtet nach unterschiedlichen Anforderungen, Ausgestaltungen und auch Begrenzungen rufen. So erfordert eine generelle Verkehrsüberwachung in der Regel keine Personenidentifikationen. Solche mögen erforderlich erscheinen zur Beweissicherung im Zusammenhang mit allfälligen Straftaten oder bei der Überwachung von besonders gefährdeten Örtlichkeiten. Die Prävention an solchen Örtlichkeiten kann es als nötig erscheinen lassen, dass die Überwachung mit Hinweistafeln angezeigt wird; umgekehrt mag es Situationen geben, wo sich eine verdeckte Überwachung rechtfertigt. Damit zeigt sich, dass sich weder aus der Formulierung von § 32 PolG noch aus der allgemeinen Umschreibung der Polizeiaufgaben gemäss § 3 ff. PolG einigermassen klare Zweckausrichtungen ableiten lassen. Dies verunmöglicht es wiederum, im Sinne von Art. 36 Abs. 2 BV ein öffentliches Interesse oder private Schutzinteressen zur Rechtfertigung der Überwachungsmassnahmen herauszulesen oder gar zu beurteilen. Es reicht nicht, mit dem Schlagwort der Wahrung der öffentlichen Ordnung und Sicherheit unbeschränkte Überwachungen zu begründen, die in vielfältigsten Ausgestaltungen unterschiedlichen Zwecken dienen können. So lässt sich auch keine Zweck-Mittel-Relation bestimmen, die vor dem Hintergrund des Grundrechtseingriffs auf ihre Verhältnismässigkeit hin geprüft werden könnte. Die Offenheit und Unbestimmtheit von § 32 PolG lassen keinerlei Beschränkungen der Überwachung erkennen. Der Bestimmung lassen sich keine Voraussetzungen für den Einsatz von Überwachungsgeräten entnehmen, ebenso wenig irgendwelche Grenzen, Schranken oder Schwerpunkte. Die Bestimmung erlaubt vielmehr eine grenzenlose Überwachung des öffentlichen Raumes und gewisser Privaträume. Sie erlaubt, dass der öffentliche Raum auf dem ganzen Kantonsgebiet aus beliebigen polizeilichen Gründen offen oder verdeckt mit technischen Geräten überwacht wird und überdies Bild- und Tonaufnahmen gemacht werden, soweit das in 1865 irgendeiner Weise als notwendig betrachtet werden kann. Damit aber wird § 32 PolG zur grenzen- und konturlosen Blankettnorm, welche in gefestigte Grundrechtspositionen eingreift, ohne den erforderlichen Bestimmtheitsanforderungen zu genügen, in ihrer Weite und Offenheit einem hinreichenden öffentlichen Interesse zu entsprechen und ohne den zugrunde liegenden Grundrechten mangels jeglicher Grenzen gerecht zu werden (BGE 136 I 87 E. 8.3).

1866 – **Bewilligungspflicht für Unterschriftensammlungen auf öffentlichem Grund ohne Stand durch zwei bis drei Personen:** Das kantonale Verwaltungsgericht hat vorliegend zu Recht angenommen, dass eine Bewilligungspflicht für entsprechende Unterschriftensammlungen zu verneinen ist, da in derartigen Unterschriftensammlungen keine Beanspruchung des öffentlichen Grundes im gesteigerten Gemeingebrauch zu erblicken ist. Darüber hinaus stellt sich die weitere Frage, ob die Unterschriftensammlung an den entsprechenden Orten auf unterschiedlicher Grundlage gleichwohl einer Bewilligungspflicht unterstellt werden dürfe. Die Beschwerdeführerin (Stadt St. Gallen) erachtet die Bewilligungspflicht nicht in erster Linie wegen des von ihr angenommenen gesteigerten Gemeingebrauchs für erforderlich. Sie bringt vielmehr vor, die betroffenen Orte seien für verschiedenartigste Tätigkeiten äusserst attraktiv, insbesondere für unterschiedlichste Aktionen politischer, religiöser, gemeinnütziger oder kultureller Art. Es gelte, diese allesamt grundrechtlich geschützten Interessen bestmöglich zu koordinieren und ungestört zur Verwirklichung kommen zu lassen sowie eine Überbelastung der betroffenen Örtlichkeiten durch eine gleichzeitige Beanspruchung verschiedener Interessenten zu verhindern. Vor diesem Hintergrund und im Sinne einer umfassenden Grundrechtsgewährung rechtfertige sich eine Bewilligungspflicht gerade auch für das Sammeln von Unterschriften für Volksbegehren. Die Beschwerdeführerin bringt somit vor, dass Bewilligungen für gesteigerten Gemeingebrauch nicht nur dem Schutz von Polizeigütern, sondern auch der Koordination und Prioritätensetzung zwischen verschiedenen Nutzungen des öffentlichen Grundes dienten. Das Bundesgericht hat sich in der Tat in dieser Weise geäussert. Dabei geht es hingegen um Tätigkeiten, welche gesteigerten Gemeingebrauch darstellen und die gleichartige Mitbenutzung durch unbeteiligte Personen einschränken. Das macht eine Koordination unter den verschiedenen Benutzern erforderlich, umso mehr als etwa für die Durchführung einer Demonstration ein bedingter Anspruch auf Benützung von öffentlichem Grund besteht. Die Koordination ist dabei ausgerichtet auf die Sicherstellung der ursprünglichen Funktion des betroffenen öffentlichen Grundes zugunsten von unbeteiligten Dritten. Ein solches Bedürfnis ist im vorliegenden Fall nicht ersichtlich. Es steht nach dem Gesagten eine Tätigkeit wie das Sammeln von Unterschriften in Frage, die vom Verwaltungsgericht als gemeinverträglich befunden worden ist. Bei dieser Sachlage ist eine Koordination bzw. eine Sicherstellung der ursprünglichen Funktion nicht wirklich erforderlich und eine Steuerung mit einem Bewilligungsverfahren grundsätzlich entbehrlich. An diesen Erwägungen vermag auch eine grundrechtliche Optik nichts zu ändern. Es wird angenommen, dass bereits die Anordnung einer Bewilligungspflicht einen Grundrechtseingriff bedeutet. Das Bewilligungserfordernis für Kundgebungen auf öffentlichem Grund bewirkt Beschränkungen der aus Art. 16 und 22 BV fliessenden Gewährleistungen. Gleiches gilt für das Sammeln von Unterschriften für Volksbegehren. Zur Garantie der politischen Rechte gemäss Art. 34 Abs. 1 BV im Allgemeinen sowie der Initiativ- und Referendumsrechte im Besondern (auf Bundesebene nach Art. 136 Abs. 2 BV) gehört auch das Sammeln von Unterschriften, das weitgehend auf die Benützung von öffentlichem Grund angewiesen ist. Erforderlich ist daher, dass entsprechende Beschränkungen durch ein öffentliches Interesse oder durch den Schutz von Grundrechten Dritter gerechtfertigt sind. Unter diesem Gesichtswinkel ist im vorliegenden Fall ein öffentliches Interesse an einer Beschränkung zurzeit nicht ersichtlich. Es wird von Seiten der Beschwerdeführerin nicht nachgewiesen, dass die Freigabe der Unterschriftensammlung im Sinne der verwaltungsgerichtlichen Erwägungen zu konkreten Schwierigkeiten führen könnte. Es wird auch nicht dargelegt, dass sich in der Vergangenheit zahlreiche Gruppierungen um gleichzeitige Bewilligungen an gleichen Orten bemüht oder dass mehrere gleichzeitige Unterschriftensammlungen zu Nachteilen oder Störungen geführt hätten. Insoweit erweisen sich die Bedenken der Stadt St. Gallen als hypothetisch und vermögen daher kein aktuelles öffentliches Interesse an einer Einschränkung von Unterschriftensammlungen und einer entsprechenden Steuerung mit einem Bewilligungsverfahren zu begründen. Auch ein

Bedürfnis nach Schutz von dritten Grundrechtsträgern ist entgegen der Auffassung der Beschwerdeführerin zurzeit nicht ersichtlich. Ein allfälliges Schutzbedürfnis wird erst aktuell, wenn verschiedene Grundrechtsträger wie die genannten Gruppen politischer, religiöser, gemeinnütziger oder kultureller Art konkret zueinander in Konkurrenz treten oder miteinander in Konflikt geraten. Konkrete Hinweise auf derartige Situationen werden von Seiten der Beschwerdeführerin nicht namhaft gemacht. Soweit die Tätigkeiten solcher Gruppen im Bereich des schlichten Gemeingebrauchs bleiben, treten diese in natürliche Konkurrenz zueinander und sprechen die Passanten je auf ihre eigene Art an. Vor diesem Hintergrund bedarf es keines vorausgehenden Schutzes dieser Gruppen oder zwecks eines allfälligen Interessenausgleichs einer vorgängigen Steuerung von Seiten der Behörden (BGE 135 I 302 E. 4).

c) Zeitliche und örtliche Wandelbarkeit

Der Begriff des öffentlichen Interesses wie namentlich derjenige der öffentlichen 1867
Ordnung oder der «guten Sitte» hängt in starkem Masse von den herrschenden **sozialen und moralischen Anschauungen ab**, ist **örtlich verschieden** und **zeitlich wandelbar** (BGE 133 II 136 E. 5.3.1 [«Lovers TV»], 106 Ia 267 E. 3a [«Peepshow»]; BVGer vom 24. Nov. 2010, A-3298/2010, E. 3.5; vom 25. Nov. 2008, A-4114/2008, E. 4.5; vom 11. Dez. 2007, A-4676/2007, E. 5.1; OG ZH vom 18. Nov. 2008, in: ZR 2009 Nr. 19 E. 3.2 [«Dark room»]). Dabei sind nicht alle sittlichen Anschauungen und Anstandsformen schützenswert, sondern nur diejenigen **ethisch-moralischen Grundhaltungen**, die für das **menschliche Zusammenleben elementar** sind (Departement des Innern AG vom 8. April 2003, in: AGVE 2003 S. 451 E. 7a, wozu das Paintballspiel nicht gehört); allenfalls sind dieseaufgrund von **Erhebungen** festzustellen (BGE 136 I 1 E. 4.4.2 [Sicherheitsgefühl der Bevölkerung]).

Im Bereich des **Denkmalschutzes** ist ausschlaggebend, ob die Baute oder Anlage als 1868
wichtiger, besonders charakteristischer Zeuge einer bestimmten, auch jüngeren Epoche und deren kulturellen, gesellschaftlichen, wirtschaftlichen, baulichen oder technischen Gegebenheiten gelten kann. Gemäss Lehre und Rechtsprechung können daher auch Industriegebäude, Fabrik- und Bahnhofsbauten Baudenkmäler darstellen (vgl. BGE 121 II 8 E. 3b, 120 Ia 270 E. 4, 118 Ia 384 E. 5a). Das öffentliche Interesse am **Schutz des (einheitlichen) Familiennamens** trat hingegen infolge des rechtlichen und tatsächlichen Wandels in den letzten Jahren immer mehr in den Hintergrund (Appellationsgericht BS vom 5. Mai 2008, in: FAMPRA 2008 S. 364 E. 4.2). Hingegen lehnt es das Bundesgericht ab, das öffentliche Interesse am Beibehalten der althergebrachten **Tradition des nächtlichen Glockenschlags** angesichts des gesellschaftlichen Wandels geringer zu gewichten (BGer vom 20. Feb. 2006, 1A.159/2005, E. 3.3; zu Recht kritisch betr. die unreflektierte Berufung auf die althergebrachte Tradition des Glockenschlags YVO HANGARTNER, Besprechung des Urteils 1A.159/2005, in: AJP 2006, S. 876 f.; vgl. auch BGE 126 II 366 E. 5 [Frühgeläut]).

Praxis:

– **Ladenöffnungszeiten in den Zürcher Zentren des öffentlichen Verkehrs:** Die Kantone sind 1869
gemäss konstanter Rechtsprechung des Bundesgerichts befugt, aus Gründen der öffentlichen Ruhe und Ordnung bzw. insbesondere zum Schutz der Nacht- und Feiertagsruhe Vorschriften über die Ladenschlusszeiten zu erlassen (vgl. z.B. BGE 122 I 90 E. 2c, 119 Ib 374 E. 2b/bb; ferner aus der neueren Rechtsprechung BGE 130 I 279 E. 2.3.1). § 8a des Zürcher Gesetzes über die öffentlichen Ruhetage und über die Verkaufszeiten im Detailhandel (RuhetagsG) erlaubt in Zentren des öffentlichen Verkehrs, dass Verkaufsgeschäfte an Werktagen und öffentli-

chen Ruhetagen offen gehalten werden dürfen. Nach dem Bundesgericht darf der Kanton Zürich davon ausgehen, dass die Bedürfnisse nach dem Schutz der Nacht- und Sonntagsruhe in Zentren des öffentlichen Verkehrs nicht mehr in gleicher Weise schützenswert sind wie früher oder wie in ausgeprägten Wohngebieten. Es kann dem Kanton deshalb nicht verwehrt sein, seine entsprechende Gesetzgebung insofern zu liberalisieren. Im Vergleich zu anderen an Sonn- und Feiertagen ebenfalls belebten Gebieten unterscheiden sich die in § 8a RuhetagsG ausgeschiedenen dadurch, dass die Geschäftstätigkeit – wie im Hauptbahnhof Zürich und im Bahnhof Stadelhofen – weitgehend unterirdisch und in Verbindungsgängen zum Bahnhof erfolgt, womit von ihr eine weniger starke Beeinträchtigung der Sonntagsruhe ausgeht als etwa bei einer generellen, weitgehenden Sonntagsöffnung im Gebiet um die Bahnhöfe (BGE 125 I 431 E. 4e/aa).

1870 – **Öffentliche Sittlichkeit (Verbot einer «Peepshow»):** Der Begriff der Sittlichkeit hängt in starkem Masse von den herrschenden sozialen und moralischen Anschauungen ab. Er ist deshalb örtlich verschieden und zeitlich wandelbar. Gerade im Sexualbereich findet seit einigen Jahren ein Wandel in den Anschauungen statt, der sich jedoch nicht überall mit derselben Geschwindigkeit und Intensität vollzieht. Was deshalb zu einem gegebenen Zeitpunkt in einem bestimmten Kanton noch als sittlich zulässig gilt, kann in andern Regionen die Toleranzgrenze sittlichen Empfindens bereits überschreiten. Die Behörden des Kantons St. Gallen haben dargelegt, dass die Zurschaustellung nackter Frauen von der St. Galler Bevölkerung als menschenunwürdige, kommerzielle Ausbeutung des Sexualtriebs empfunden werde. Die «Peepshow» vermittle in dieser Hinsicht automatisierten und entpersonifizierten Sex. Die Frau werde als blosse Sache vorgeführt, die dem Betrachter für billiges Geld offenstehe. Wenn die Behörden übereinstimmend der Ansicht sind, eine «Peepshow» überschreite die im Kanton St. Gallen allgemein anerkannte Toleranzgrenze im sittlichen Bereich, so handelt es sich um eine Würdigung örtlicher Verhältnisse, bei deren Überprüfung das Bundesgericht Zurückhaltung übt (BGE 106 Ia 267 E. 3).

1871 – **Frühgeläut:** Es ist keineswegs zwingend, betreffend Glockengeläut auf die Regeln für Industrie- und Gewerbelärm (Nachtruhe von 19.00 bis 07.00 Uhr) abzustellen. Industrie- und Gewerbelärm sind Emissionen aus Berufsarbeit und hängen deshalb von den üblichen Arbeitszeiten ab. Strassen- und Bahnverkehr fällt hingegen zu einem grossen Teil vor und nach den üblichen Arbeitszeiten und auch in der Freizeit an, weshalb für ihn andere Nachtruhezeiten gelten (22.00 bis 06.00 Uhr). Es ist weder willkürlich noch unsachlich und verletzt Bundesrecht nicht, wenn Glockengeläut nicht dem Arbeitslärm gleichgestellt und morgens früher zugelassen wird als dieser. Soweit das Frühgeläut den Zweck hat, den Tag einzuläuten und zur Besinnung oder zum Gebet zu rufen, könnte es diesen Zweck teilweise gar nicht erfüllen, wenn es erst erklingen dürfte, wenn viele Leute bereits unterwegs zur Arbeit oder am Arbeitsort sind. Betriebseinschränkungen dürfen grundsätzlich nicht so weit gehen, dass sie den Zweck des Betriebs geradezu vereiteln, es sei denn, die Alarmwerte würden überschritten, was hier aber nicht angenommen werden kann. Schliesslich ist zu beachten, dass das Frühgeläut der reformierten Kirche Bubikon Tradition hat. Wie eine Eingabe von 300 Personen an den Gemeinderat zeigt, dürfte dieses einem gewissen öffentlichen Interesse entsprechen, selbst wenn nicht alle Einwohner und Einwohnerinnen der Gemeinde diese Einschätzung teilen mögen. Der Gemeinderat spricht in Ziff. 5 seiner Verfügung vom 1. Okt. 1997 von Brauchtum, das Teil des Zusammengehörigkeitsempfindens dieser ländlichen Gemeinde schlechthin sei. Eine solche Tradition rechtfertigt es, Einschränkungen nur mit Zurückhaltung anzuordnen. Obschon die Polizeiverordnung nur vom Gemeinderat und nicht vom Stimmvolk beschlossen worden ist, ist sie doch Ausdruck der in der Gemeinde vorherrschenden Meinung, dass es genügt, eine allgemeine Nachtruhe nur bis um 06.00 Uhr morgens vorzuschreiben (Art. 19 Abs. 1 PolV). Wohl ist an öffentlichen Ruhetagen und von 06.00 bis 07.00 Uhr der Vermeidung von Lärm besondere Beachtung zu schenken (Art. 19 Abs. 2 PolV). Wenn aber die örtlichen Behörden und mit ihnen die kantonalen Rechtsmittelinstanzen davon ausgehen, dass in der Gemeinde Bubikon ein Frühgeläut der reformierten Kirche um 06.00 Uhr (noch) allgemein akzeptiert werde und dass an der Aufrechterhaltung dieser Tradition ein öffentliches Interesse bestehe, so hat das Bundesgericht keinen Anlass, von dieser Beurteilung durch die mit den örtlichen Verhältnissen besser vertrauten Behörden abzuweichen. Es kann davon ausgegangen werden, dass sich in Bubikon nicht ein wesentlicher Teil der Bevölkerung durch das Frühgeläut im Wohlbefinden erheblich gestört fühlt, ansonst der Gemeinderat kaum darum herumkäme, bei den Kirchbehörden vorstellig zu werden oder sogar die Polizeiverordnung entsprechend anzupassen. Es ist nicht unverhältnismässig, wenn die Vorinstanzen dem Interesse an der Beibehaltung der erwähnten Tradition grösseres Gewicht beimessen als dem Ruhebedürfnis der Beschwerdeführerin. Auch verletzt es die Rechtsgleichheit nicht, wenn die Gemeinden in Bereichen, wo das Bundesumweltrecht Spielraum lässt, die Ruhezeiten verschieden regeln und wenn die kantonalen Rechtsmittelinstanzen im Zusammenhang mit der Beurteilung von Frühgeläut diesen unterschiedlichen kommunalen Regelungen Rechnung tragen (BGE 126 II 366 E. 5).

– **Unterschutzstellung von Bahnbauten und Objekten auf Bahngrundstücken:** Während früher ein Objekt, um als Denkmal anerkannt zu werden, sich hinsichtlich Schönheit, kunsthistorischem Wert und geschichtlicher Bedeutung auszeichnen musste, ist nach heutiger Auffassung ausschlaggebend, ob die Baute oder Anlage als wichtiger, besonders charakteristischer Zeuge einer bestimmten, auch jüngeren Epoche und deren kulturellen, gesellschaftlichen, wirtschaftlichen, baulichen oder technischen Gegebenheiten gelten könne. Gemäss Lehre und Rechtsprechung können daher auch Industriegebäude, Fabrik- und andere technische Anlagen – so auch Bahnhofsbauten und Bahnanlagen – Baudenkmäler sein. In Erfüllung der im öffentlichen Interesse liegenden Aufgabe der Denkmalpflege müssen deshalb auch Eisenbahnanlagen unter Schutz gestellt werden können, und zwar selbst dann oder sogar gerade dann, wenn sie noch betrieben werden. Da dieser Schutz wie dargelegt weitgehend nur durch kantonalrechtliche Massnahmen gewährleistet werden kann, muss insoweit das kantonale Recht zum Zuge kommen. Die Eisenbahngesetzgebung, insbesondere Art. 18 EBG, steht der Unterschutzstellung einer in Betrieb stehenden Eisenbahnbaute an sich nicht entgegen. Wohl sind gemäss Art. 18 Abs. 1 EBG die Pläne für die Erstellung und Änderung von Bauten, Anlagen und Fahrzeugen, die ganz oder überwiegend dem Bahnbetrieb dienen, vor ihrer Ausführung allein von der eisenbahnrechtlichen Aufsichtsbehörde zu genehmigen. Nach Abs. 2 und 3 dieses Artikels sind jedoch die beteiligten Kantone und Gemeinden vor der Plangenehmigung anzuhören und sollen die auf kantonales Recht gestützten Anträge soweit berücksichtigt werden, als die Bahnunternehmung in der Erfüllung ihrer Aufgaben nicht unverhältnismässig eingeschränkt wird. Solche auf kantonales Recht gestützten Anträge können sich auch auf den Denkmalschutz beziehen. Begehren auf diesem Gebiet sind aber zweifellos gewichtiger, wenn die Schutzwürdigkeit eines Objektes bereits abgeklärt und dieses als Denkmal bezeichnet ist. Ein generelles Zuwarten mit Unterschutzstellungen von Bahnbauten bis zur Einleitung eines Plangenehmigungsverfahrens für einen Umbau oder Abbruch hätte deshalb wenig Sinn: Einerseits bestünde für die Denkmalpflege die – erfahrungsgemäss nicht bloss theoretische – Gefahr, dass schützenswerte, aber noch nicht unter Schutz gestellte Bauten «gleichsam lautlos und über Nacht» verschwinden, andererseits wäre auch der bauwilligen Bahnunternehmung nicht gedient, wenn die Frage der Schutzwürdigkeit einer abzubrechenden oder abzuändernden Baute stets erst noch im Plangenehmigungsverfahren zu prüfen wäre. Allerdings dürfen, wie sich aus Art. 18 EBG ergibt, die denkmalschützerischen Massnahmen die Bahnunternehmung in der Erfüllung ihrer Aufgaben nicht unverhältnismässig einschränken. Die Unterschutzstellung setzt daher einerseits eine eingehende, auf wissenschaftliche Kriterien gestützte Beurteilung der Schutzwürdigkeit der fraglichen Eisenbahnbaute voraus. Andererseits darf eine Unterschutzstellung nur so weit gehen, als das denkmalpflegerische Interesse das Interesse der Bahn an einer uneingeschränkten Nutzung ihrer Anlagen überwiegt. Ferner steht ausser Frage, dass die Sicherheit des Bahnbetriebes stets den Vorrang hat. Die Unterschutzstellung einer noch in Betrieb stehenden Bahnanlage bedingt deshalb eine sorgfältige Abklärung des Sachverhaltes und die Erfassung aller auf dem Spiele stehenden Interessen. Eine sachgerechte, allen Anliegen Rechnung tragende Lösung wird letztlich am ehesten gefunden werden können, wenn die Unterschutzstellung in Absprache mit der Bahnunternehmung und allenfalls auch der eisenbahnrechtlichen Plangenehmigungsbehörde erfolgt (BGE 121 II 8 E. 3b). 1872

2. Arten

a) *Allgemeines*

1873 Zu den **öffentlichen Interessen** im Allgemeinen gehören etwa das **Durchsetzen einer restriktiven Einwanderungspolitik** (BGE 135 I 143 E. 2.2, 135 I 153 E. 2.2.1, 125 II 633 E. 2e und E. 3a; BVGer vom 7. Juni 2010, C-2217/2007, E. 4.1), die Kontingentierung der Einfuhr von Halalfleisch aus Gründen des **Tierschutzes** (BVGer vom 10. Juli 2008, B-292/2008, E. 3.2.1: Es besteht ein öffentliches Interesse, dass auch im Ausland nicht mehr Tiere nach einer in der Schweiz verbotenen Methode geschlachtet werden, als unter Achtung religiöser Bedürfnisse notwendig ist), der Schutz der **Gesundheit** (BGE 136 I 17 E. 4.3), **finanzielle Interessen** von Gemeinden in Form des Erfordernisses der wirtschaftlichen Selbsterhaltungsfähigkeit, welches an Einbürgerungswillige gestellt wird (BGE 135 I 49 E. 6.1), der **Schutz des Publikums** bzw. des Einzelnen in Form von Berufsausübungsvoraussetzungen oder Verschreibungspflichten für Betäubungs- und Heilmittel (BGE 133 I 58 E. 4.1 [Abgabe von Natrium-Pentobarbital für den begleiteten Suizid einer psychisch kranken Person], 128 I 92 E. 2b [fachliche Anforderungen an eine Grundausbildung in Psychologie für Psychotherapeuten]), die **Integration** bzw. das Zusammenleben der einheimischen und der ausländischen Wohnbevölkerung (BGE 134 II 1 E. 4), präventive Massnahmen zur **Verhütung von Straftaten** (BGE 133 I 77 E. 5.1 [Videoaufzeichnungen von öffentlichen Strassen und Plätzen]), **Mitwirkungspflichten oder Obliegenheiten** im Rahmen eines **Steuerveranlagungsverfahrens**, um eine vollständige und richtige Veranlagung zu ermöglichen (BGE 133 II 114 E. 3), die Aufrechterhaltung der **öffentlichen Sicherheit und Ordnung** (BGE 136 I 87 E. 3.4, 132 I 49 E. 7.1, 128 I 327 E. 4.3), ein **offenes und freiheitliches Mediensystem** (BGE 135 II 296 E. 4.2.1), die Gewährung **effektiven Rechtsschutzes** (BVGE 2007/13 E. 2.2), **Heimat- und Naturschutz** (BGE 128 II 292 E. 4 [Schutz von Objekten, die im Bundesinventar der Landschaften und Naturdenkmäler von nationaler Bedeutung verzeichnet sind]), die Aufrechterhaltung eines **geordneten Schulbetriebs** (BGE 129 I 12 E. 8.3 und E. 8.4, 129 I 35 E. 9.1) oder die **Wahrung und der Schutz der wissenschaftlichen Integrität** (VerwG ZH vom 1. April 2009, PB.2008.00050, E. 6.1).

Praxis:

1874 – **Disziplinarische Massnahmen (Schulausschluss):** Steht die Zulässigkeit eines vorübergehenden Ausschlusses von Schülern in Frage, ist zunächst zu prüfen, ob eine derartige teilweise Einschränkung des Leistungsanspruches einzelner Schüler auf genügenden Grundschulunterricht durch ein öffentliches Interesse oder durch den Schutz von Grundrechten Dritter gerechtfertigt erscheint. Gewiss können sich auch Personengruppen, die wie Schüler der Volksschule zum Gemeinwesen in einer besonders engen Rechtsbeziehung stehen (sogenanntes Sonderstatus- oder besonderes Rechtsverhältnis), auf die Grundrechte berufen. Zu beachten ist aber, dass auf Grund des Obligatoriums des Grundschulunterrichts ein gewichtiges öffentliches Interesse an einem geordneten Schulbetrieb und der regelmässigen Erfüllung der Schulpflicht besteht; dieses öffentliche Interesse überwiegt in aller Regel die privaten Interessen der einzelnen Schüler und rechtfertigt gewisse Einschränkungen, insbesondere ein schulisches Disziplinarrecht. Dabei gilt es allerdings zu beachten, dass auch an der Wiedereingliederung schwieriger Schüler in den weiteren Bildungsgang ein erhebliches öffentliches Interesse besteht. Auf Grund des Sonderstatusverhältnisses sind deshalb nicht nur Disziplinarmassnahmen zulässig, die zum Ziel haben, einen geordneten Schulbetrieb unmittelbar sicherzustellen; Disziplinarmassnahmen können auch präventiv-erzieherische Zwecke verfolgen. Die Schule erbringt ihre Leistungen nicht im eigenen Interesse, sondern im Interesse der Schüler. Die dabei verfolgten Ziele bilden in diesem Sinne Gesichtspunkte des Kindeswohls, weshalb der Schulbesuch auch gegen den Willen der Eltern durchgesetzt werden kann (BGE 129 I 12 E. 7).

- **Finanzielle Interessen einer Gemeinde an der Nichteinbürgerung einer sozialhilfeabhängigen behinderten Person:** Das Erfordernis der wirtschaftlichen Selbsterhaltungsfähigkeit im Sinne von § 21 Abs. 1 des Gemeindegesetzes (GemeindeG) wirkt sich auf alle sozialhilfeabhängigen Personen als Hindernis einer Einbürgerung aus und gilt gleichermassen für Schweizer wie für Ausländer. Das Verwaltungsgericht hat im angefochtenen Entscheid zur Rechtfertigung auf die finanziellen Folgen einer Einbürgerung für die Gemeinde abgestellt. Es hat im Einzelnen ausgeführt, bei der finanziellen Entlastung von Gemeinwesen handle es sich um eine zulässige Zielsetzung. Der mit § 21 Abs. 1 GemeindeG verfolgte Zweck, die Ausgaben der öffentlichen Hand reduzieren zu können, sei legitim. Soweit bei Sozialhilfebedürftigkeit nach einer Verhältnismässigkeitsprüfung selbst niedergelassene Ausländer aus der Schweiz oder einem Kanton ausgewiesen werden könnten, könne derselbe Grund diskriminierungsrechtlich gleichermassen die Verweigerung des Gemeindebürgerrechts rechtfertigen. Es ist unbestritten, dass die Beschwerdeführerin zur Zeit ihres Einbürgerungsgesuches von der eidgenössischen Asylfürsorge unterstützt worden ist und im Falle der Einbürgerung der Fürsorge durch die Gemeinde zur Last fallen würde. Gleichermassen wird nicht in Frage gestellt, dass entsprechende Fürsorgeleistungen einen jährlichen Betrag von rund Fr. 100'000.– ausmachen würden. Es kann nicht in Abrede gestellt werden, dass die Gemeinde ein legitimes Interesse an einem gesunden Finanzhaushalt hat, und demnach ist verständlich, dass sie sich gegen die Übernahme von beträchtlichen Sozialleistungen zur Wehr setzt. Derartige finanzielle Interessen können nicht von vornherein als unerheblich bezeichnet werden. Gerade der Vergleich mit dem Ausländerrecht zeigt, dass das öffentliche Interesse, keine Personen aufnehmen zu müssen, welche auf Sozialhilfe angewiesen sind (vgl. Art. 62 lit. d AuG und Art. 63 Abs. 1 lit. c AuG), allgemein anerkannt ist. Gleichwohl wird dieses Interesse relativiert im Falle von Personen, die sich während mehr als 15 Jahren in der Schweiz aufgehalten haben; diesfalls ist der Widerruf einer Niederlassungsbewilligung wegen Sozialhilfeabhängigkeit ausgeschlossen (Art. 63 Abs. 2 AuG). Gilt das öffentliche Interesse, keine Sozialleistungen übernehmen zu müssen, demnach im Ausländerrecht nicht absolut, so ist im gleichen Sinne das finanzielle Interesse der Gemeinde an einer Nichteinbürgerung in Anbetracht der konkreten Verhältnisse auf seine Bedeutung hin zu prüfen. Vor diesem Hintergrund fällt eine Regularisierung des Aufenthaltsstatus der Beschwerdeführerin und damit eine Aufenthaltsbewilligung in einem früheren oder späteren Zeitpunkt tatsächlich in Betracht, wenn die Beschwerdeführerin darum ersucht. Sowohl die Mehrheit als auch die Minderheit des Verwaltungsgerichts nehmen denn auch an, dass die Beschwerdeführerin in Anbetracht der konkreten Verhältnisse kaum mehr weggewiesen werden könne. Vor diesem Hintergrund fällt für die Beschwerdeführerin, die nun bereits seit 13 Jahren in der Schweiz weilt, eine Aufenthaltsbewilligung bei einem entsprechenden Gesuch in einem früheren oder späteren Zeitpunkt tatsächlich in Betracht. Dies wiederum hätte zur Folge, dass die Gemeinde, wo die Beschwerdeführerin ihren Wohnsitz hat, die Fürsorge ohnehin früher oder später zu übernehmen hätte. Insofern kann nicht gesagt werden, dass die Gemeinde allein wegen der umstrittenen Einbürgerung die Unterstützung der Beschwerdeführerin auf Dauer und für sehr lange Zeit zu übernehmen hätte. Bei dieser Sachlage erscheint die mit der Einbürgerung verbundene finanzielle Belastung der Gemeinde in Form der Sozialhilfe in einem andern Lichte. Das öffentliche Interesse ist insoweit von geringerem Gewicht (BGE 135 I 49 E. 6). 1875

- **Fernhaltemassnahmen zur Sicherung von (privaten) Grossanlässen (WEF Davos):** Ein allgemeines öffentliches Interesse am Schutz von Ordnung und Sicherheit und an der Anordnung der in einer gegebenen Situation erforderlichen Massnahmen kann nicht ernsthaft in Frage gestellt werden. Die Polizei muss über die erforderlichen Zuständigkeiten zur Erfüllung ihres Auftrages verfügen. Das gilt auch für Fernhaltemassnahmen, wie sie bei kleineren oder grösseren Unfällen, Notlagen oder gar Katastrophen angezeigt erscheinen mögen, um Bestandsaufnahmen, Rettungsmassnahmen und Bergung von Personen und Gütern zu ermöglichen oder den Aufenthalt an gefährlichen Örtlichkeiten (auch mittels Evakuierungen) zu verhindern. Eine Sicherstellung von Gegenständen kann in Betracht fallen, wenn von ihnen eine 1876

Gefahr ausgeht, beispielsweise Brände, Explosionen oder Verseuchungen drohen, dringende polizeiliche Arbeiten erheblich behindert werden oder die Gefahr missbräuchlicher Verwendung mit einer Gefährdung von Leben, Gesundheit oder Gütern von Dritten besteht. Zu prüfen sind die öffentlichen Interessen an den angefochtenen Massnahmen überdies vor dem Hintergrund der Entstehungsgeschichte. Grossanlässe wie das Weltwirtschaftsforum oder die Ski-Weltmeisterschaft bedingen für die reibungslose Durchführung umfangreiche Vorkehrungen wie Absperrungen oder vorübergehende Schliessungen von Strassen, Plätzen oder ganzen Gebieten. Gleichermassen können Kundgebungen auf öffentlichen Strassen entsprechende Massnahmen erfordern, weil die Meinungs- und Versammlungsfreiheit in gewissem Umfang die Zurverfügungstellung von öffentlichem Grund gebietet, insoweit die gleichartige Benützung und Grundrechtsausübung durch unbeteiligte Dritte ausschliesst und die Behörden gar zu Schutzmassnahmen zugunsten von Kundgebungen verpflichtet sind. Es kann auch geboten erscheinen, das Mittragen von Gegenständen, von denen Gefahren ausgehen oder die missbräuchlich verwendet werden könnten, zur Aufrechterhaltung der öffentlichen Sicherheit und Ordnung zu untersagen oder solche Gegenstände anlässlich von Kontrollen sicherzustellen. In all diesen Fällen können die mit derartigen Massnahmen einhergehenden Grundrechtsbeschränkungen durch öffentliche Interessen gerechtfertigt werden. Gewichtige öffentliche Interessen sind denn vom Bundesgericht im Zusammenhang mit Grossanlässen anerkannt worden (z.B. BGE 112 Ib 195 E. 4 zur Ski-Weltmeisterschaft Crans-Montana). In vergleichbarer Weise werden das Weltwirtschaftsforum und die Ski-Weltmeisterschaft 2003 im Engadin von den Behörden unterstützt und getragen. Daran vermag auch eine andere Wertung solcher Grossanlässe nichts zu ändern (BGE 128 I 327 E. 4.3.1).

1877 – **Verbesserung der Standortattraktivität durch einen degressiven Steuertarif:** Gemäss Abstimmungsbroschüre zur Kantonalen Volksabstimmung soll die Steuergesetzrevision vom 14. Okt. 2005 für sehr hohe Einkommen (und Vermögen) konkurrenzfähige Bedingungen schaffen. Mit der Korrektur des Steuertarifs für die natürlichen Personen will der Regierungsrat insbesondere erreichen, dass sich vermehrt finanzstarke Steuerpflichtige im Kanton niederlassen. Die Tarifkorrektur geht einher mit einer Entlastung der Unternehmen im Rahmen der Unternehmensbesteuerung. Der Kanton will damit aktiv am Steuerwettbewerb teilnehmen. Diese Steuerstrategie ist gemäss Botschaft des Regierungsrats Teil einer Gesamtstrategie zur Verbesserung der wirtschaftlichen Prosperität und Standortattraktivität des Kantons. Ein neues Raumordnungskonzept soll die Verfügbarkeit von Wohnbauland verbessern und in Verbindung mit Massnahmen auf dem Gebiet des Kantonsmarketings bewirken, dass der Kanton auch von aussen als attraktive Wohn- und dynamische Wirtschaftsregion mit guten steuerlichen Rahmenbedingungen wahrgenommen wird. Die Verbesserung der Standortattraktivität und der Wohn- und Lebensqualität, wie der Regierungsrat sie mit der Gesetzesnovelle verfolgt, ist klarerweise eine Aufgabe, die sich im Rahmen der Zuständigkeit der Kantone (Art. 3 BV) hält und sich auch aus dem eigenen (kantonalen) Verfassungsauftrag zur Förderung des Gemeinwohls und der Wirtschaft ergibt. Im Falle des Kantons Obwalden nehmen verschiedene Verfassungsbestimmungen darauf Bezug, wie der Auftrag zum Schutz der öffentlichen Ordnung, zur Förderung des Unterrichtswesens oder des Gesundheitswesens (vgl. Art. 24 ff. KV/OW). Zu diesen Aufgaben zählt namentlich auch die Wirtschaftsförderung (Art. 35 KV/OW). Dabei betreibt der Kanton auch Steuerpolitik und Steuerwettbewerb, dem er unausweichlich ausgesetzt ist. Das ist nicht zu beanstanden. Der Steuerwettbewerb ist nicht (steuer-)systemwidrig, sondern darauf zurückzuführen, dass die Steuerharmonisierung den Kantonen die Tarifautonomie belassen hat (Art. 129 Abs. 2 BV, Art. 1 Abs. 2 StHG). Daran hat auch die Neugestaltung des Finanzausgleichs und der Aufgaben zwischen Bund und Kantonen (NFA) nichts geändert. Durch die Beseitigung gewisser Wettbewerbsverzerrungen sollen für die Akteure möglichst gleichartige Startbedingungen geschaffen und die Unterschiede der Kantone in vertretbaren Grenzen gehalten werden. Im Übrigen soll aber das Grundprinzip des föderalen Steuerwettbewerbs weiterhin gelten. Der künftige Finanzausgleich beruht daher auch in Zukunft auf dem Prinzip des Steuerwettbewerbs. Es ist nicht Aufgabe des Verfassungsrichters, allgemeine Regeln zu formulieren, denen der Steuerwettbewerb zu genügen hat. Dies ist vielmehr Sache des Gesetzgebers bzw. der hierfür zuständigen politischen Organe, etwa über den Finanzausgleich. So hat denn auch die Finanzdirektorenkonferenz am 20. Jan. 2006 eine Grundsatzdebatte über den Steuerwettbewerb geführt und beschlossen, einen Ausschuss einzusetzen, der gewisse Leitsätze für die inhaltliche Gestaltung kantonaler Steuerordnungen entwerfen soll. Die Tatsache, dass zwischen den Kantonen Wettbewerb herrscht und unterschiedliche Verhältnisse bestehen, hebt jedoch den verfassungsrechtlichen Individualanspruch auf Gleichbehandlung (Art. 8 Abs. 1 BV) nicht auf. Es ist Aufgabe des Verfassungsrichters, dafür zu sorgen, dass diese Garantie unter dem Titel «Steuerwettbewerb» oder «Wirtschafts- und Standortförderung» nicht verletzt wird. Dem Gesetzgeber ist es nicht grundsätzlich verwehrt, sich der Einkommens- und Vermögenssteuer als Instrument der Wirtschaftslenkung, zur Förderung sozialpolitischer Zwecke u. dgl. zu bedienen. Das Steuerharmonisierungsgesetz selbst sieht solche Massnahmen vor, so z.B. in Art. 9 Abs. 2 lit. e StHG (Abzug von Beiträgen zum Erwerb vertraglicher Ansprüche aus anerkannten Formen der Selbstvorsorge), Art. 23 Abs. 1 lit. d StHG (Steuerbefreiung von Einrichtungen der beruflichen Vorsorge) oder Art. 9 Abs. 3 StHG (Abzüge für Umweltschutz, Energiesparen und Denkmalpflege bei privaten Grundstücken). Auch die Steuererleichterung für neu eröffnete Unternehmen nach Art. 5 und 23 Abs. 3 StHG ist eine wirtschaftliche Förderungsmassnahme (BGE 133 I 206 E. 10 und E. 11.1).

b) Schutz privater Interessen

Zu den öffentlichen Interessen gehört auch der **Schutz privater Interessen** (vgl. auch Art. 36 Abs. 2 2. Satzteil) wie etwa der Schutz vor Geruchs- und Lärmimmissionen (BGE 133 II 169 E. 3; BVGer 16. Juli 2009, A-78/2009, E. 11.5), der Schutz vor Nachtarbeit (BGE 136 II 427 E. 3.2), der Schutz vor Passivrauchen (BGE 136 I 17 E. 4.3, 136 I 29 E. 4.3) oder der Schutz vor gefährlichen Hunden (BGE 136 I 1 E. 5.4.1). Entsprechend gilt als **öffentliches Interesse**, wenn der Staat zum **Schutz privater Interessen** oder von **Grundrechten Dritter** Massnahmen ergreift (BGE 135 I 302 E. 4.2 [Polizeibewilligung zur Benutzung des öffentlichen Grundes], 134 I 140 E. 4.3 [Schutz vor häuslicher Gewalt], 132 I 49 E. 7.1 [Fernhaltemassnahmen zum Schutz von Passanten], 132 I 256 E. 4.4 [Demonstrationsverbote], 129 I 35 E. 9.1 [Disziplinarmassnahmen zur Aufrechterhaltung eines geordneten Schulbetriebs zum Schutz der Schülerinnen und Schüler]). 1878

Praxis:

– **Bewilligungserfordernis für eine Unterschriftensammlung auf öffentlichem Grund ohne Stand durch zwei bis höchstens drei Personen:** Die Gruppe für eine Schweiz ohne Armee (GSoA) ersuchte die Stadtpolizei St. Gallen um Bewilligung von Unterschriftensammlungen für die von ihr lancierte «Volksinitiative für ein Verbot von Kriegsmaterialexporten». Die Unterschriftensammlungen erfolgen ohne Stand, und es sind maximal drei Personen anwesend. Die Stadtpolizei erteilte der GSoA nur eine beschränkte Anzahl von Bewilligungen. Zur Begründung wurde ausgeführt, dass nach dem kommunalen Polizeigesetz maximal 6 Aktionstage pro Monat bewilligt werden könnten. Das Verwaltungsgericht beurteilte die entsprechende Nutzung des öffentlichen Grundes als gemeinverträglich und hiess eine Beschwerde der GSoA gut, wogegen die Gemeinde St. Gallen Beschwerde beim Bundesgericht erhebt. Das Bundesgericht weist die Beschwerde ab. Erwägungen: Für die Beurteilung der vorliegenden Angelegenheit ist davon auszugehen, dass das Sammeln von Unterschriften für eine Volksinitiative durch Einzelpersonen bzw. durch zwei oder höchstens drei Personen an den genannten Örtlichkeiten in Frage steht. Es handelt sich um Orte in den Fussgängerzonen der St. Galler Innenstadt. Bei den vorliegenden Örtlichkeiten ist weiter davon auszugehen, dass sie eine für Fussgängerzonen in der Altstadt übliche Frequentierung aufweisen und daher kaum mit eigentlichen Durchgangspassagen verglichen werden können, in denen grosse Passantenströme durch Unterschriftensammlungen erheblich gestört werden könnten. Aus den Akten ergibt sich, dass die betroffenen Orte und Gassen an jenen Stellen, etwa mit alten Brunnen, eine gewisse Verengung 1879 aufweisen. Gleichwohl kann nicht angenommen werden, dass das Zirkulieren von Passanten durch das Sammeln von Unterschriften erheblich beeinträchtigt oder gestört würde und die Unterschriftensammlung vor dem Hintergrund der allgemeinen Zweckbestimmung zugunsten der Fussgänger nicht mehr gemeinverträglich wäre. Die Beschwerdeführerin räumt denn auch ein, dass die Unterschriftensammlung durch eine Einzelperson kaum zu erheblichen «Störungen des Verkehrsflusses» führen würde. Bei dieser Sachlage ist es sachlich haltbar, dass das Verwaltungsgericht eine Bewilligungspflicht für entsprechende Unterschriftensammlungen verneint hat. Die Gemeinde St. Gallen bringt weiter vor, dass Bewilligungen nicht nur dem Schutz von Polizeigütern, sondern der Koordination und Prioritätensetzungen zwischen verschiedenen Nutzungen des öffentlichen Grundes dienten. Ein solches Bedürfnis ist im vorliegenden Fall indes nicht ersichtlich. Es steht nach dem Gesagten eine Tätigkeit wie das Sammeln von Unterschriften in Frage, die vom Verwaltungsgericht als gemeinverträglich befunden worden ist. Bei dieser Sachlage ist eine Koordination bzw. eine Sicherstellung der ursprünglichen Funktion nicht wirklich erforderlich und eine Steuerung mit einem Bewilligungsverfahren grundsätzlich entbehrlich. Unter diesem Gesichtswinkel ist im vorliegenden Fall ein öffentliches Interesse an einer Beschränkung zurzeit nicht ersichtlich. Auch ein Bedürfnis nach Schutz von dritten Grundrechtsträgern ist entgegen der Auffassung der Beschwerdeführerin zurzeit nicht ersichtlich. Ein allfälliges Schutzbedürfnis wird erst aktuell, wenn verschiedene Grundrechtsträger wie die genannten Gruppen politischer, religiöser, gemeinnütziger oder kultureller Art konkret zueinander in Konkurrenz treten oder miteinander in Konflikt geraten. Konkrete Hinweise auf derartige Situationen werden von Seiten der Beschwerdeführerin nicht namhaft gemacht (BGE 135 I 302 E. 3.4 und E. 4.2).

1880 – **Schutz vor Passivrauchen (Verbot des Betreibens von Ausschankeinrichtungen in den Fumoirs):** Der Schutz vor dem Passivrauchen dient dem Gesundheitsschutz insbesondere der Gäste und der Angestellten von Restaurationsbetrieben. Dies liegt im öffentlichen Interesse und vermag selbst Rauchverbote zu rechtfertigen (vgl. auch BGE 133 I 110 E. 7.1.1). Analoges gilt für das Verbot des Betreibens von Ausschankeinrichtungen in den Fumoirs. Selbst wenn bzw. gerade weil die Fumoirs im Kanton Bern bedient sein dürfen, gewährleistet das angefochtene Verbot, dass jedenfalls die Angestellten sich nicht ständig im Raucherraum aufhalten. Sie müssen diesen vor allem für die mit der Bedienung zusammenhängenden Tätigkeiten wie insbesondere die Aufnahme von Bestellungen, die Bedienung mit Speisen und Getränken sowie das Einziehen der Zeche aufsuchen. Zwischendurch können sie das Fumoir aber verlassen, was mit dem Betrieb von Ausschankeinrichtungen, der eine permanente Anwesenheit voraussetzt, nicht zuträfe. Das entsprechende Verbot liegt damit im vom Gesetz verfolgten öffentlichen Interesse und erweist sich ausserdem als dem Gesundheitsschutz dienende Massnahme mit dem Grundsatz der Wirtschaftsfreiheit vereinbar. Dürfte sodann der Hauptausschankraum eines Gastgewerbebetriebes als Fumoir genutzt werden, würde sich der Gesamtcharakter des Betriebes ändern. Der Nutzung als Raucherbetrieb käme mindestens dieselbe Bedeutung zu wie der Nutzung als Restaurant. Ferner sind aus betriebswirtschaftlicher Sicht Ausschankanlagen für die Bedienung der Gäste im Raucherraum nicht unerlässlich. Es gibt in vielen Gastgewerbebetrieben Räumlichkeiten ohne eigene Ausschankeinrichtungen. Den Wirten verbleibt ohnehin ein betriebswirtschaftlicher Spielraum. Die maximal zulässige Grösse der Raucherräume wird einerseits in absoluten Zahlen bestimmt (60 m^2), wobei Abweichungen in begründeten Einzelfällen zulässig sind. Andererseits wird sie im Verhältnis zur gesamten Betriebsgrösse festgelegt (höchstens ein Drittel der Bodenfläche aller Ausschankräume); ein Rückbau bestehender Ausschankanlagen wird nicht vorgeschrieben. Das belässt den Betreibern eine gewisse Flexibilität (BGE 136 I 29 E. 4.3-4.5).

1881 – **Disziplinarische Massnahmen:** Die Berücksichtigung von Interessen einzelner Schüler findet dort ihre Schranken, wo ein geordneter und effizienter Schulbetrieb nicht mehr aufrechterhalten werden kann und dadurch der Ausbildungsauftrag der Schule in Frage gestellt wird. Die Ausübung des Anspruches auf einen den individuellen Fähigkeiten entsprechenden Grundschulunterricht durch einen Schüler wird insoweit durch den entsprechenden Anspruch der anderen Schüler begrenzt. Wird der geordnete Schulbetrieb durch einen Schüler derart gestört, dass dadurch der Bildungsauftrag der Schule gegenüber anderen Schülern der Klasse oder des betreffenden Schulhauses in Frage gestellt wird, liegt der vorübergehende Ausschluss des Störers vom Unterricht sowohl im öffentlichen Interesse als auch im (überwiegenden) privaten Interesse der übrigen Schüler an einer genügenden unentgeltlichen Schulbildung. Anlässlich der Beratung der Revisionsvorlage im Grossen Rat des Kantons Bern wurde der angefochtene Artikel zur Hauptsache mit dem verfassungsmässigen Anspruch der anderen Schüler auf Grundschulunterricht begründet, der durch das Verhalten einzelner Schüler beeinträchtigt werden könne. Die Möglichkeit eines Ausschlusses sei erforderlich, um die Schule und die übrigen Schüler zu schützen. Die Befugnis zur Anordnung von Disziplinarmassnahmen zur Aufrechterhaltung eines geordneten Schulbetriebes ergibt sich demnach nicht nur aus der grundsätzlichen Befugnis zum Erlass einer Anstaltsordnung, sondern auch aus der grundrechtlichen Schutzpflicht vor Gefährdungen, die von Dritten ausgehen. Diese kann dazu führen, dass der Staat tatsächliche Hindernisse einer wirksamen Grundrechtsausübung aus dem Weg zu räumen und präventive organisatorische Massnahmen zum Schutze von Grundrechten vor Störungen durch Dritte vorzusehen hat (BGE 129 I 12 E. 8).

– **Schutzmassnahmen gegen häusliche Gewalt nach dem zürcherischen Gewaltschutzgesetz:** 1882
Das Zürcher Gewaltschutzgesetz (GSG) wird dem Bereich des öffentlichen Rechts zugeordnet, nicht aber als Strafsache qualifiziert. Die Anordnung von Gewaltschutzmassnahmen ist nicht zwingend mit der Einleitung eines Strafverfahrens verbunden. Das Gewaltschutzgesetz bezweckt den Schutz, die Sicherheit und die Unterstützung von Personen, die durch häusliche Gewalt betroffen sind. Anders als im Strafverfahren steht beim Gewaltschutzgesetz nicht das Verhalten der gewalttätigen Person, sondern das Schutzbedürfnis der gefährdeten Person im Vordergrund. Dies zeigt sich deutlich anhand der Rechtsfolgen der Ausübung häuslicher Gewalt (vgl. § 3 Abs. 2 GSG/ZH): Die Polizei kann die gefährdende Person aus der Wohnung oder dem Haus weisen (Wegweisung), ihr untersagen, bestimmte Gebiete zu betreten (Rayonverbot), und ihr verbieten, mit der gefährdeten Person in irgendeiner Form Kontakt aufzunehmen (Kontaktverbot). Die polizeilichen Schutzmassnahmen gelten unter der Strafdrohung von Art. 292 StGB während 14 Tagen (§ 3 Abs. 3 GSG/ZH). Sie können gerichtlich um maximal drei Monate verlängert werden (§ 6 Abs. 3 GSG/ZH). Überdies kann die gefährdende Person zum Schutz der gefährdeten Person in Gewahrsam genommen werden (§ 13 f. GSG/ZH). Die genannten Gewaltschutzmassnahmen sind in ihrer Zielsetzung nicht darauf ausgerichtet, die gewaltausübende Person zu bestrafen, sondern eine konkrete Person in einer bestimmten Gewaltsituation zu schützen (vgl. § 2 Abs. 1 GSG/ZH). Auch die Konsequenzen für die gefährdende Person – die Pflicht zur Einhaltung eines rechtlich gebotenen Verhaltens – sind nicht mit denjenigen einer strafrechtlichen Sanktion vergleichbar. Die Auferlegung von Gewaltschutzmassnahmen fällt demnach nicht unter den Begriff «strafrechtliche Anklage» im Sinne von Art. 6 EMRK, und es können die spezifischen Garantien im Strafverfahren (Art. 6 Ziff. 2 und 3 EMRK, Art. 32 BV) nicht angerufen werden (BGE 134 I 140 E. 4.3).

c) *Polizeiliche Interessen*

Zu den polizeilichen Interessen gehören namentlich die sogenannten **Polizeigüter** 1883
wie der Schutz der **öffentlichen Ordnung, Ruhe, Sicherheit, Gesundheit** und **Sittlichkeit** sowie von **Treu und Glauben im Geschäftsverkehr** (BGE 136 I 87 E. 3.4, 132 I 49 E. 7.1, 125 I 417 E. 4a; BVGer vom 24. Nov. 2010, A-3298/2010, E. 3.5; vom 25. Nov. 2008, A-4114/2008, E. 4.5; vom 11. Dez. 2007, A-4676/2007, E. 5.1). Polizeiliche Hauptaufgabe ist die Abwehr von Gefahren, die der öffentlichen Ordnung und Sicherheit durch privates Handeln erwachsen. Schutzgut polizeilichen Handelns sind neben anderen die Unversehrtheit der Rechtsordnung und die Unverletzlichkeit der von ihr geschützten subjektiven Rechte und Rechtsgüter (VerwG ZH vom 26. Mai 2008, VB.2008.00207, E. 8.4.2.1).

1884 Dazu zählen im Einzelnen etwa **präventive Massnahmen zur Verhütung von Straftaten** mittels Videoaufzeichnungen von öffentlichen Strassen und Plätzen (BGE 133 I 77 E. 5.1); **Wegweisungs- und Fernhalteverfügungen** wegen Störungen und Gefährdungen der öffentlichen Ordnung und Sicherheit gegenüber Personen, die sich regelmässig in Gruppen an stark frequentierten Orten zusammenfinden und die dem Alkohol erheblich zusprechen, mit Abfall und Unrat grosse Unordnung hinterlassen, grossen Lärm verursachen und damit ein Verhalten an den Tag legen, an welchem zahlreiche Passanten Anstoss nehmen (BGE 132 I 49 E. 7.1); **Rayonverbote, Meldeauflage und Polizeigewahrsam** gegen Personen, die an Sportveranstaltungen Gewalt ausüben (BGE 137 I 31 E. 3); **Fernhaltemassnahmen** wegen eines erhöhten Sicherheits- und Gefahrenrisiko (BGE 130 I 369 E. 7.4 [Verweigerung des Zugangs nach Davos gegenüber einem Journalisten anlässlich des Weltwirtschaftsforums 2001]), **Observationen einer versicherten Person** durch Privatdetektive, um einen Versicherungsbetrug aufzudecken bzw. zu verhindern und um einen allfälligen Missbrauch wirksam zu bekämpfen (BGE 135 I 169 E. 5.5), Regeln über den **Schusswaffengebrauch** (BGE 136 I 87 E. 4.4), das **Verbot der aufdringlichen Werbung für Anwälte** (BGE 125 I 417 E. 4b, 123 I 12 E. 2c), die **Beschränkung des Medikamentenverkaufs durch Ärzte** (BGE 118 Ia 175 E. 3c), der **Schutz der Bevölkerung vor gefährlichen Hunden** (BGE 136 I 1 E. 4.3.2), die **Statuierung fachlicher Berufsanforderungen** (BGE 128 I 92 E. 2b) oder das **Verbot einer bestimmten Fernsehsendungen** aus Gründen der öffentlichen Sittlichkeit (BGE 133 II 136 E. 5.3 [«Star-TV»]; vgl. auch BGE 106 Ia 267 E. 3a [«Peepshow»]; zur Problematik des Begriffs der öffentlichen Sittlichkeit auch BGer vom 17. Nov. 2011, 6B_345/2011, E. 3.4 [Bestrafung wegen Nacktwanderns]; PIERRE TSCHANNEN, «Öffentliche Sittlichkeit»: Sozialnormen als polizeiliches Schutzgut? in: Benoît Bovay/Minh Son Nguyen (Hrsg.), Mélanges en l'honneur de Pierre Moor, Bern 2000, S. 553 ff.).

Praxis:

1885 – **Konkordat über Massnahmen gegen Gewalt anlässlich von Sportveranstaltungen:** Das vorliegend umstrittene Konkordat stellt spezifisches Polizeirecht dar. Es ist auf die besondere Erscheinung der Gewalttätigkeiten im Umfeld von Sportveranstaltungen ausgerichtet. Das Konkordat bezweckt, mit den speziellen Massnahmen von Rayonverboten, Meldeauflagen und Polizeigewahrsam solche Gewalttätigkeiten zu verhindern und auf diese Weise eine friedliche Durchführung von Sportanlässen zu ermöglichen. Das Konkordat wird ergänzt durch die im BWIS vorgesehenen Massnahmen. Als besonderes Polizeirecht reiht sich das Konkordat in das allgemeine Polizeirecht ein, das unabhängig davon nach seinen eigenen Regeln zur Anwendung gelangt. Es ist für den Kanton Zürich insbesondere im Polizeigesetz vom 23. April 2007 umschrieben (PolG; vgl. BGE 136 I 87 ff.). Dieses sieht in allgemeiner Weise polizeilichen Zwang und polizeiliche Massnahmen vor und nennt als besondere Vorkehren u.a. die Wegweisung und Fernhaltung (§ 33 PolG) sowie den polizeilichen Gewahrsam (§ 25 PolG). Im Entscheid zum Zürcher Polizeigesetz führte das Bundesgericht allgemein aus, das Polizeirecht sei grundsätzlich öffentlich-rechtlicher Natur, auch wenn es im Einzelnen Bezüge zum Straf- und insbesondere zum Strafprozessrecht aufweise. Polizeiliche Massnahmen wie etwa der Polizeigewahrsam stellten verwaltungsrechtliche Anordnungen dar (BGE 136 I 87 E. 3.4 und E. 6.5). Vor diesem Hintergrund ist auch für die im Konkordat vorgesehenen Massnahmen der Rayonverbote, der Meldeauflagen und des Polizeigewahrsams die öffentlich-rechtliche, verwaltungsrechtliche Natur zu bejahen. Was die Beschwerdeführer dagegen vorbringen, vermag nicht zu überzeugen. Sie übersehen, dass das Konkordat bezweckt, Gewalt anlässlich von Sportveranstaltungen frühzeitig zu erkennen und zu bekämpfen. Im Vordergrund steht die Prävention, die Verhinderung von Gewalttätigkeiten anlässlich von Sportveranstaltungen. Die Massnahmen sind auf Gefährdungen der öffentlichen Sicherheit durch Gewalttätigkeiten unterschiedlichster Art ausgerichtet. Sie weisen keinen pönalen, repressiven Charakter auf, werden nicht wegen Erfüllung von Straftatbeständen ausgesprochen und bezwecken nicht die Besserung der betroffenen Person. Die umstrittenen Massnahmen der Rayonverbote, der Meldeauflagen und des Polizeigewahrsams weisen somit keinen strafrechtlichen Charakter auf. Aus diesem Grund liegt auch keine Verletzung der Unschuldsvermutung gemäss Art. 32 Abs. 1 BV und Art. 6 Ziff. 2 EMRK vor (BGE 137 I 31 E. 3 und E. 4).

- **Verweigerung des Zugangs nach Davos gegenüber einem Journalisten anlässlich des Weltwirtschaftsforums 2001:** Der Beschwerdeführer stellt das Vorhandensein eines öffentlichen Interesses am polizeilichen Handeln und an den damit verbundenen Grundrechtseingriffen in Frage. Das Bundesgericht hatte bereits mehrmals Gelegenheit, das öffentliche Interesse an Schutzmassnahmen und Beschränkungen von Freiheitsrechten im Zusammenhang mit der Durchführung des WEF hervorzuheben. Im Bezug auf die Verweigerung einer Demonstration am 27. Jan. 2001 wies es auf das Sicherheits- und Gefahrenrisiko für unbeteiligte Dritte und Sicherheitskräfte hin. Es stellte namentlich die weltweiten Aktivitäten der Globalisierungsgegner, die Aufrufe zu gewaltsamer Demonstration in Davos und den «Kleinen Ratgeber für AktivistInnen am Anti-WEF Davos 2001» in Rechnung. Damit war das hinreichende öffentliche Interesse an der Einschränkung der Meinungs- und Versammlungsfreiheit gerechtfertigt (BGE 127 I 164 E. 4b). Im Zusammenhang mit der Revision der Verordnung über die Kantonspolizei und den neuen Bestimmungen über sicherheitspolizeiliche Befugnisse hielt das Bundesgericht fest, dass ein allgemeines öffentliches Interesse am Schutz von Ordnung und Sicherheit und an den erforderlichen Massnahmen in einer gegebenen Situation nicht ernsthaft in Frage gestellt werden könne. Dies gelte auch für die Durchführung von Grossanlässen wie das Weltwirtschaftsforum oder die Skiweltmeisterschaft im Oberengadin, welche von den Behörden unterstützt und mitgetragen werden. Am öffentlichen Interesse an solchen Anlässen ändere insbesondere auch der Umstand nichts, dass diese unterschiedlich bewertet und eben auch abgelehnt werden könnten (BGE 128 I 327 E. 4.3.1). Diese Überlegungen können uneingeschränkt auch für den vorliegenden Fall Gültigkeit beanspruchen. Das Gefahren- und Sicherheitsrisiko bezüglich des WEF 2001 vermochte bereits Einschränkungen der Meinungs- und Versammlungsfreiheit in Form des Verbotes einer Demonstration am 27. Jan. 2001 zu rechtfertigen. Dieses begründet gleichermassen das öffentliche Interesse am Schutz der Davoser Bevölkerung und der WEF-Teilnehmer vor gewaltsamen Ausschreitungen, an Massnahmen zur Verhinderung eben dieser nicht bewilligten Demonstration und damit am Zugang nach Davos. Der Umstand, dass die Absperrmassnahme im vorliegenden Fall einen Journalisten betraf und für diesen Einschränkungen der Meinungsfreiheit nach Art. 10 EMRK nach sich zog, vermag am öffentlichen Interesse der polizeilichen Massnahme nichts zu ändern (BGE 130 I 369 E. 7.4). 1886

- **Überwachung des öffentlichen Raumes durch Videokameras:** Die öffentliche Sicherheit und Ordnung wird durch die Überwachung nicht in direkter Weise gewährleistet. Wie dargetan, wird der öffentliche Raum nicht permanent observiert und dienen die Videokameras nicht dazu, im Falle besonderer Ereignisse einen unmittelbaren Einsatz von Polizeikräften auszulösen. Die Überwachung mittels Videoaufzeichnungen soll vielmehr die Feststellung von Straftaten ermöglichen, personenidentifizierende Beweise sichern und eine repressive Strafverfolgung sicherstellen. Die Aufzeichnungen und deren Aufbewahrung während 100 Tagen stellen eine präventive Massnahme zur Verhütung von Straftaten dar. Es sollen Beweise sichergestellt und damit eine effiziente Aufdeckung von Straftaten ermöglicht werden. Mit dem damit verbundenen Abschreckungseffekt soll im Dienste der Wahrung der öffentlichen Sicherheit und Ordnung und der Gewährleistung der Sicherheit von Benützern öffentlicher Strassen und Plätze Straftaten begegnet werden. Es steht nicht in Frage, dass diese Zielsetzung im öffentlichen Interesse liegt (BGE 133 I 77 E. 5.1). 1887

- **Vermummungsverbot:** Es stellt sich sodann die Frage, ob die beanstandete Einschränkung der Meinungsäusserungs- und der Versammlungsfreiheit im öffentlichen Interesse liegt und ob dieses das entgegenstehende private Interesse der Beschwerdeführer überwiegt. Mit dem in § 40 Abs. 4 des Übertretungsstrafgesetzes (ÜStG) statuierten Verbot der Unkenntlichmachung wer- 1888 den, wie sich aus dem Ratschlag und der Beschwerdeantwort des Regierungsrats ergibt, zwei Ziele verfolgt. Zum einen soll das Verbot dazu beitragen, Gewalttätigkeiten bei Demonstrationen zu verhindern bzw. das einer Menschenansammlung, insbesondere einer Demonstration, inhärente Gefahrenpotenzial möglichst klein zu halten. Zum anderen soll mit der Massnahme verhindert werden, dass jemand aus der Anonymität heraus Straftaten begehen und damit die Ermittlungstätigkeit der Polizei erschweren oder gar vereiteln kann. Kommt es bei Demonstrationen oder sonstigen Menschenansammlungen auf öffentlichem Grund zu gewalttätigen Handlungen (z.B. Werfen von Steinen, Farbbeuteln oder Molotowcocktails), werden die öffentliche Ordnung und Sicherheit beeinträchtigt, denn solche Handlungen stellen eine erhebliche Gefahr für die in der Nähe befindlichen Menschen und Sachen und damit für die Rechtsgüter Leben, körperliche Unversehrtheit und Eigentum dar. Es liegt daher im öffentlichen Interesse, dass eine Massnahme ergriffen wird, um die Gefahr von Gewalttätigkeiten bei Demonstrationen möglichst klein zu halten. Das gleiche gilt für den andern Zweck, der mit dem Vermummungsverbot angestrebt wird. Es besteht ein gewichtiges öffentliches Interesse, dass die Tätigkeit der Polizei bei der Ermittlung von Straftätern nicht erschwert oder gar verunmöglicht wird. Die beanstandete Einschränkung der Meinungsäusserungs- und der Versammlungsfreiheit ist somit durch ein öffentliches Interesse gedeckt. Dieses hat nach dem Gesagten ein sehr erhebliches Gewicht. Die mit der Massnahme verbundene Grundrechtseinschränkung ist demgegenüber von geringerem Gewicht. Sie hindert den Bürger nicht, seine Meinung frei zu bilden, zu äussern und sie anderen bekannt zu geben, und lässt ihm auch die Freiheit, mit anderen zur gemeinsamen Verfolgung eines bestimmten Zwecks zusammenzukommen. Die Massnahme hat einzig zur Folge, dass der Bürger nicht an einer grösseren Veranstaltung teilnehmen darf, wenn er sich unkenntlich macht. Bei dieser Situation ergibt sich, dass das öffentliche Interesse am Verbot der Unkenntlichmachung das entgegenstehende Interesse des Privaten an einer uneingeschränkten Grundrechtsausübung eindeutig überwiegt (BGE 117 Ia 472 E. 3f).

1889 – **Bestrafung wegen Nacktwanderns:** Der Beschwerdeführer ist der Meinung, dass die öffentliche Sittlichkeit in der heutigen Zeit nicht mehr als selbstständiges beziehungsweise legitimes Schutzgut des (kantonalen) Polizeirechts tauge. Der Beschwerdeführer macht geltend, als Terminus des allgemeinen Polizeirechts sei die «öffentliche Sittlichkeit» im freiheitlich-demokratischen Rechtsstaat nicht zu halten. Die «öffentliche Sittlichkeit» könne nur einen qualifizierten Ausschnitt aus den sozialethischen Regeln des Zusammenlebens abdecken, nämlich jenen, über dessen kollektive Beachtlichkeit ein ausreichend breiter Konsens bestehe, der empirisch nachweisbar sei. Das sittliche Empfinden der Bevölkerung könne rechtlichen Schutz nur geniessen, soweit es zum Zweck eines verträglichen Zusammenlebens in einem pluralistischen Gemeinwesen unerlässlich sei. Die «öffentliche Sittlichkeit» sei ein Relikt aus der «guten Polizey», ein staatspaternalistischer Versuch, bürgerliche Sekundärtugenden amtlich zu erzwingen. Das Verwaltungsrecht des freiheitlich-demokratischen Rechtsstaates lasse dafür keinen Raum. Die Vorbringen des Beschwerdeführers gehen an der Sache vorbei. Es mag zutreffen, dass Einschränkungen und Verbote durch polizeiliche Realakte und durch Verfügungen der Verwaltung einzig unter Berufung auf die «öffentliche Sittlichkeit» problematisch sein können. Daraus wird die Forderung abgeleitet, die «öffentliche Sittlichkeit» aus dem verwaltungsrechtlichen Begriffsrepertoire zu tilgen und Sozialnormen, die das Gemeinwesen amtlich geschützt sehen will, durch explizite Verhaltensvorschriften gesetzlich, d.h. rechtssatzmässig, zu verankern, was genügen müsse. Letzteres ist hier gegeben. Vorliegend geht es nicht darum, ob ein bestimmtes Verhalten allein unter Berufung auf die «öffentliche Sittlichkeit» als Teilgehalt der «öffentlichen Ordnung» durch Erlass einer Verfügung oder durch einen polizeilichen Realakt verboten werden darf, ob mit andern Worten das hiefür allenfalls erforderliche öffentliche Interesse allein damit begründet werden kann, dass das zu verbietende Verhalten gegen die «öffentliche Sittlichkeit» verstosse. Vorliegend geht es um etwas anderes, nämlich um die Auslegung und Anwendung einer vom hiefür zuständigen Gesetzgeber erlassenen Strafbestimmung, mithin eines Rechtssatzes, wonach bestraft wird, wer öffentlich Sitte und Anstand grob verletzt. Eine solche Bestimmung ist entgegen der Meinung des Beschwerdeführers nicht deshalb unzulässig und nicht anzuwenden, weil die «öffentliche Sittlichkeit» kein selbstständiges beziehungsweise legitimes polizeiliches Schutzgut mehr ist. Dem Gesetzgeber ist es grundsätzlich unbenommen, eine solche Strafbestimmung zu erlassen. Der Richter seinerseits hat – unter Vorbehalt des Grundrechtsschutzes – nicht zu prüfen, ob die Strafbestimmung als solche beziehungsweise ihre Anwendung im konkreten Einzelfall im öffentlichen Interesse liege und ob sich dieses mit dem Schutzgut der «öffentlichen Sittlichkeit» begründen liesse. Er hat auch nicht zu prüfen, ob das in der Strafbestimmung zum Ausdruck gebrachte Verbot und die Ausfällung einer Strafe im Falle von dessen Missachtung generell beziehungsweise im konkreten Einzelfall für ein verträgliches Zusammenleben in einer pluralistischen Gesellschaft unerlässlich sei. Mit den Fragen des öffentlichen Interesses und dessen Begründung hat sich der Strafrichter – im Rahmen seiner Kognition – nur zu befassen, soweit er allenfalls prüfen muss, ob durch die Strafbestimmung beziehungsweise ihre Anwendung im konkreten Einzelfall Grundrechte eingeschränkt werden, was gemäss Art. 36 Abs. 2 BV entweder durch ein öffentliches Interesse oder durch den Schutz von Grundrechten Dritter gerechtfertigt sein muss (BGer vom 17. Nov. 2011, 6B_345/2011, E. 3.4).

d) Umwelt-, Natur-, Tier-, Landschafts-, Denkmal- und Heimatschutz und Raumplanung

Am **Umwelt-, Natur-, Tier- oder Landschaftsschutz** besteht ein gewichtiges öffentliches Interesse (BGE 137 II 266 [Landschaftsschutz: Verkabelung einer Starkstromleitung], 135 I 233 E. 2.7 und E. 3.3 [haushälterische Nutzung des Bodens: Regelungen zur Beschränkung des Baus von Zweitwohnungen], 134 II 217 E. 4 [Sicherung von Fruchtfolgeflächen bei einem Goldplatzprojekt], 132 II 21 E. 6.4 [Trennung zwischen Bau- vom Nichtbaugebiet]; 129 II 331 E. 4.3 [Lärmschutz: Beschränkung der Anzahl Flugbewegungen auf dem Flugplatz Samedan], 128 II 292 E. 5 [Lärmschutz: Zuweisung von Einsatzgebieten an Betreiber von Helikopterflugfeldern], 126 II 399 E. 3 [Schutz vor nichtionisierenden Strahlen einer Mobilfunkantenne], 124 II 146 E. 5 und E. 6d/bb [Schonung des Landschaftsbildes und Schutz der Wildpopulation: Verzicht auf Einzäunung des Schienenareals]; 121 I 334 E. 11 [Massnahmen gegen Sommersmog]; BVGer vom 22. Sept. 2011, B-8533/2010, E. 7.3.2 [Verweigerung landwirtschaftlicher Direktzahlungen wegen Mängeln beim Tierschutz]; VerwG ZH vom 26. Aug. 2010, VB.2010.00323, E. 3.4.4 [Taxiverordnung: Gebührenreduktion für schadstoffarme Fahrzeuge]). 1890

Praxis:

– **Planung und Errichtung von Eisenbahnanlagen; Schonung des heimatlichen Landschaftsbildes, der Fauna und Flora sowie der Wildpopulation (Verzicht auf Einzäunung des Schienenareals):** Die Planung und Errichtung von Eisenbahnanlagen sowie die Erteilung der dazu erforderlichen Bewilligungen stellen Bundesaufgaben gemäss Art. 2 lit. a und b NHG dar. Bei der Erfüllung von Bundesaufgaben haben die Bundesbehörden und die SBB dafür zu sorgen, dass das heimatliche Landschaftsbild sowie die Naturdenkmäler geschont werden und, wo das allgemeine Interesse an ihnen überwiegt, ungeschmälert erhalten bleiben (Art. 3 Abs. 1 NHG). Sie erfüllen diese Pflicht unter anderem, indem sie eigene Bauten und Anlagen entsprechend gestalten (Art. 3 Abs. 2 lit. a NHG). Diese Grundsätze gelten auch dann, wenn nicht ein in einem Bundesinventar nach Art. 5 NHG verzeichnetes Objekt betroffen ist und dieses dementsprechend nicht den verstärkten Schutz nach Art. 6 NHG geniesst. Art. 9 Abs. 1 EntG verpflichtet einen Enteigner, Naturschönheiten soweit als möglich zu erhalten; öffentliche Werke sind so auszuführen, dass sie das landschaftliche Bild möglichst wenig stören (Art. 9 Abs. 2 EntG). Das RPG bestimmt, dass die Landschaft zu schützen bzw. zu schonen ist (Art. 1 Abs. 2 lit. a und Art. 3 Abs. 2 RPG). Für öffentliche oder im öffentlichen Interesse liegende Bauten und Anlagen sind sachgerechte Standorte (bzw. Linienführungen) zu bestimmen; nachteilige Auswirkungen auf die natürlichen Lebensgrundlagen sollen vermieden oder gesamthaft gering 1891 gehalten werden (Art. 3 Abs. 4 lit. c RPG). Darüber ist im Rahmen einer Interessenabwägung zu entscheiden. Im Rahmen dieser Abwägung sind die berührten Interessen zu ermitteln, zu beurteilen und aufgrund dieser Beurteilung möglichst umfassend zu berücksichtigen (Art. 3 Abs. 1 RPV). Hinsichtlich des von den Beschwerdeführern besonders betonten Schutzes der Wildpopulation im Gebiet des Buechwaldes ist zunächst auf Art. 1 Abs. 1 lit. a JSG zu verweisen. Danach sollen die Artenvielfalt und die Lebensräume der einheimischen wildlebenden Säugetiere und Vögel erhalten bleiben. Zu diesem Zweck werden unter anderem Schutzgebiete (Jagdbanngebiete usw.) ausgeschieden (Art. 11 JSG). Das Eisenbahnprojekt berührt kein eidgenössisches Jagdbanngebiet. Abgesehen davon kann nicht gesagt werden, das EVED habe der Erhaltung genügend grosser Lebensräume für das Wild, welches im Übrigen (auch) im fraglichen Bereich nicht vom Aussterben bedroht ist (vgl. Art. 18 Abs. 1 NHG), überhaupt kein Gewicht beigemessen. Es ist durch das vom Kanton Solothurn ins Recht gelegte Gutachten der Vogelwarte Sempach vom 9. April 1997 sowie durch den von der gleichen Stelle verfassten Expertenbericht Fauna/Flora vom Dez. 1990 erstellt, dass das Gebiet im und um den Buechwald einen hochwertigen Lebensraum für das Wild darstellt. Mit der vorgesehenen offenen Linienführung wird es jedenfalls während der Bauphase massiv beeinträchtigt. Indes belegen die beiden Expertenberichte nicht, dass das Gebiet nach dem Eisenbahnbau für das Wild vollumfänglich verloren wäre. Um einen Wildwechsel in das Gebiet nach Erstellung der neuen Bahnstrecke zu ermöglichen, verfügte das EVED den Verzicht auf eine Einzäunung des Schienenareals. Wie das Departement in der angefochtenen Verfügung darlegt, ist mit dieser Massnahme nach den bisherigen Erfahrungen an anderen Orten des SBB-Netzes damit zu rechnen, dass der Wildbestand selbst bei einem Verzicht auf eine Oeko-Brücke nicht nachhaltig gefährdet wird. Die Berechtigung dieser Annahme wird durch den genannten Expertenbericht Fauna/Flora aufgrund von Erfahrungen bei bestehenden Bahnlinien im Kanton Bern erhärtet. Der Wald wird mithin insoweit seine Schutz- und Wohlfahrtsfunktionen erhalten können (Art. 1 WaG). Von einem vollumfänglichen Verlust des Gebietes als Erholungsraum kann ebenfalls keine Rede sein (BGE 124 II 146 E. 5 und E. 6d/bb).

1892 – **Erstellung eines Golfplatzes; Pflicht zur haushälterischen Nutzung des Bodens, zur Schonung der Landschaft und zum Erhalt von genügenden Flächen geeigneten Kulturlandes:** Vorliegend sieht die Abänderung des Richtplanes den Ausschluss einer Fläche von mehr als 31 Hektaren aus der Landwirtschaftszone vor, um diese für einen Golfplatz von 9 Löchern und den damit zusammenhängenden Anlagen zu bestimmen. Es handelt sich um ein weites und ebenes, gemäss dem Kataster der landwirtschaftlichen Eignung für den Ackerbau sehr geeignetes Gebiet. Die Entziehung eines so weiten und hochwertigen Bereiches, der sich besonders gut für die landwirtschaftliche Nutzung eignet, aus dem landwirtschaftlichen Gebiet muss durch überwiegende Motive gerechtfertigt sein. Die streitige Abänderung des Richtplanes setzt deshalb eine sorgfältige und umfassende Gewichtung der berührten Interessen, zu der auch die Feststellung der Tragweite der Auswirkung auf die durch den Kanton Tessin zu sichernde Fruchtfolgefläche (FFF) gehört, voraus. Die mit Planungsaufgaben beauftragten Behörden sind gehalten, die Landschaft zu schonen und insbesondere der Landwirtschaft genügend Flächen geeignetes Kulturland zu erhalten (Art. 3 Abs. 2 lit. a RPG). Die Fruchtfolgeflächen sind Teil des für die Landwirtschaft geeigneten Gebietes (Art. 6 Abs. 2 lit. a RPG); sie bestehen aus den zur Kultur geeigneten Flächen, die vor allem die Äcker, die Kunstwiesen in Rotation sowie die ackerfähigen Naturwiesen umfassen, und werden mit Massnahmen der Raumplanung gesichert (Art. 26 Abs. 1 RPV). Ein Mindestumfang der FFF wird benötigt, damit in Zeiten gestörter Zufuhr die ausreichende Versorgungsbasis des Landes im Sinne der Ernährungsplanung gewährleistet werden kann (Art. 26 Abs. 3 RPV). Aufgrund von Art. 29 RPV hat der Bund im Sachplan Fruchtfolgeflächen vom 8. April 1992 den gesamten Mindestumfang der FFF und die diesbezügliche Verteilung unter den Kantonen festgesetzt und dabei für den Kanton Tessin einen Mindestanteil von 3500 Hektaren bestimmt (BBl 1992 II 1649). Art. 30 RPV auferlegt den Kantonen, dafür besorgt zu sein, dass die FFF den Landwirtschaftszonen zugeteilt werden (Abs. 1), und zu gewährleisten, dass ihr Anteil am Mindestumfang dauernd sichergestellt ist (Abs. 2). Vorliegend ist weitgehend unbestritten, dass der Kanton Tessin zu den Kantonen zählt, die den eigenen FFF-Anteil nicht gewährleisten können, welcher nicht nur durch das vorliegend zu beurteilende Golfplatzprojekt, sondern darüber hinaus auch von der Realisierung wichtiger Verkehrsinfrastrukturen wie die neue alpine Eisenbahntransversale betroffen ist. Die beschränkte Verfügbarkeit an FFF-Areal vermindert die Möglichkeit allfälliger Ausgleiche und muss daher bei der Planung neuer Zonen auf solchen Geländen, die grundsätzlich als Fruchtfolgeflächen in Frage kommen, in Betracht gezogen werden. Gemäss der Rechtsprechung des Bundesgerichtes muss dem Schutz der ackerfähigen Böden und der Sicherung der Fruchtfolgeflächen eine erhebliche Bedeutung beigemessen werden, wobei grundsätzlich nicht ausgeschlossen ist, dass die Fruchtfolgeflächen auch für eine andere Nutzung als die landwirtschaftliche in Betracht gezogen werden können. Diesbezüglich ist eine vollständige Abwägung sämtlicher beteiligten privaten und öffentlichen Interessen notwendig (Art. 3 RPV), wobei darüber hinaus zu berücksichtigen ist, dass der dem Kanton zugewiesene Mindestanteil von FFF dauernd sichergestellt sein muss (Art. 30 Abs. 2 RPV). Es muss daher geklärt werden, welches die Auswirkung der neuen Einzonung auf die Fruchtfolgefläche ist und in welchem Ausmass das betroffene Areal im Fall von Versorgungsnot rekultiviert werden kann. Es ist auch erforderlich, die Möglichkeit einer Kompensation der wegen der landwirtschaftsfremden Verwendung verloren gegangenen Fruchtfolgefläche zu prüfen, insbesondere wenn der vom Bundesrecht vorgesehene Anteil an Mindestfläche bloss knapp garantiert oder sogar nicht einmal erreicht wird. Im vorliegenden Fall ist der Anteil der Fruchtfolgefläche, der zufolge der Eingriffe und der Bodenveränderungen in dem für das Golfspiel bestimmten Gebiet verloren ginge, nicht ermittelt worden. Es ist auch nicht abgeklärt und in Betracht gezogen worden, in welchem Umfang die veränderten Flächen allenfalls rekultiviert werden können. Eine eingehende Abwägung der oben genannten Interessen ist unterblieben. Damit die Gewichtung der Interessen vollständig und mit Sachkenntnis vorgenommen werden kann, ist es notwendig, schon im Planungsverfahren diese Aspekte zu klären und in Betracht zu ziehen und sie dabei im Zusammenhang mit dem Kanton Tessin zugewiesenen Anteil am Mindestumfang zu gewichten (BGE 134 II 217 E. 4 = Pra 98 [2009] Nr. 3).

– **Regelungen zur Beschränkung des Baus von Zweitwohnungen (Quoten und Kontingente):** 1893
Gemäss Rechtsprechung handelt es sich bei siedlungspolitischen Massnahmen, mit denen der Erstwohnungsbau gefördert und der Zweitwohnungsbau beschränkt werden sollen, um Raumplanungsmassnahmen, da sie entsprechend den in Art. 75 BV festgelegten Zielen eine zweckmässige und haushälterische Nutzung des Bodens bezwecken. Mit diesen Massnahmen kann in Tourismusregionen ein Überhandnehmen der Zweitwohnungen bekämpft werden, dessen Folgen eine verschwenderische Beanspruchung des Baulandes und eine Verteuerung der Bodenpreise zum Nachteil der ortsansässigen Bevölkerung sind, die verdrängt wird. Auch der Bau von überproportionierten, unterbeanspruchten Infrastrukturen kann damit vermieden werden. Die Festsetzung von Zweitwohnungskontingenten oder die Verpflichtung, eine Mindestfläche der Bruttogeschossflächen für Hauptwohnungen zu reservieren, stellen somit tatsächlich Planungsmassnahmen dar. Gemäss Rechtsprechung sind Massnahmen der Raumplanungspolitik, die darauf abzielen, den Bau von Erstwohnungen zu begünstigen und denjenigen von Zweitwohnungen zu begrenzen, mit der Eigentumsgarantie vereinbar, sofern sie in Übereinstimmung mit den in Art. 1 Abs. 2 lit. b und c und Art. 3 RPG festgelegten Zielen und Grundsätzen der zweckmässigen Nutzung des Bodens dienen, wohnliche Siedlungen schaffen und erhalten, das soziale, wirtschaftliche und kulturelle Leben in den einzelnen Landesteilen fördern sowie auf eine angemessene Dezentralisation der Besiedelung hinwirken. Das Überhandnehmen von Zweitwohnungen in den Tourismusgegenden hat vom raumplanerischen Gesichtspunkt aus unerwünschte Folgen: Es begünstigt eine Verschwendung von Bauland und übt Druck auf die Bodenpreise aus zum Nachteil der einheimischen Bevölkerung, deren Wegzug es zur Folge hat. Es besteht somit ein gewichtiges öffentliches Interesse, das übermässige Bauen von während des grössten Teils des Jahres nicht benutzten Zweitwohnungen zu verhindern und gleichzeitig die Schaffung von überdimensionierten und häufig unterbeanspruchten Infrastrukturen zu vermeiden. In diesem Rahmen stellen die Festsetzung von Kontingenten für grossräumige Wohnungen oder die Verpflichtung, eine Mindestfläche der Bruttogeschossfläche für Hauptwohnungen zu reservieren, Raumplanungsmassnahmen dar, die mit Art. 26 BV vereinbar sind (BGE 135 I 233 E. 2.7 und E. 3.3).

1894 – **Verkabelung einer Starkstromleitung im Bereich des Gäbihübels, welcher eine landschaftlich wertvolle und schützenswerte Region darstellt:** Das Hauptargument gegen die Verkabelung, nämlich der grössere zeitliche Aufwand für Reparaturen, entfällt bei der vom Gutachter vorgeschlagenen Mitverlegung einer kompletten, zusätzlichen Kabellänge. Dagegen hat das Kabel gegenüber der Freileitung den wesentlichen Vorteil, dass es gegenüber Stürmen, herabfallenden Bäumen, Schnee- und Eisbehang unempfindlich ist. Zwar betragen die Investitionskosten der Teilverkabelung Riniken ein Mehrfaches der Investitionskosten für den Freileitungsabschnitt. Bei der Gesamtkostenrechnung müssen aber auch die erheblich grösseren Energieverlustkosten der Freileitung mitberücksichtigt werden. Dies führt für eine Betriebsdauer von 80 Jahren zu einer Annäherung der Gesamtkosten von Kabel und Freileitung. Sollten die Energiekosten in den nächsten Jahren stärker ansteigen als die allgemeine Teuerungsrate, kann die Verkabelung sogar wirtschaftlich günstiger sein als die Freileitung. Für die Verkabelung spricht das gewichtige energiepolitische Interesse an der Vermeidung unnötiger Stromverluste. Mit dem Bundesverwaltungsgericht ist davon auszugehen, dass die Verkabelung aus Sicht des Landschaftsschutzes die beste Lösung darstellt, und zwar selbst dann, wenn Übergangsbauwerke für den Anschluss der Kabelsysteme an die Freileitung erforderlich sind. Könnte ganz auf Übergangsbauwerke verzichtet werden, würde sich die Landschaftsbilanz der Verkabelung noch verbessern. Die Gefahr einer Austrocknung der Vegetation durch Bodenerwärmung erscheint vernachlässigbar. Ferner sprechen vorliegend auch keine Gründe des Gewässerschutzes gegen die Verkabelung. Entgegen der Auffassung des Bundesverwaltungsgericht erscheint die Freileitung auch nicht als günstigere Lösung für den Wald: Die geplante Freileitung würde den Wald «Loohölzli» queren, der nicht nur durch die Mastfundamente, sondern insbesondere durch Niederhaltungsservitute beeinträchtigt würde. Dagegen verläuft die Kabeltrasse im Wesentlichen durch Wiesengelände und am Waldrand. Unter diesen Umständen überwiegt im vorliegenden Fall das Interesse an der ungeschmälerten Erhaltung des Gäbihübels durch eine Teilverkabelung der Hochspannungsleitung. Zu betonen ist, dass der vorliegende Fall eine kurze Teilstrecke (950 m) in einem gut zugänglichen Gebiet ohne besondere topografische oder geologische Schwierigkeiten betrifft. Die vorstehenden Erwägungen können somit nicht ohne Weiteres auf andere Strecken übertragen werden; vielmehr ist immer einer Prüfung der Verhältnisse des Einzelfalls erforderlich (BGE 137 II 266 E. 7).

e) Sozialpolitische Interessen

1895 **Sozialpolitische Interessen** sind beispielsweise die **Förderung des Wohneigentums** (BGer vom 3. Feb. 2010, 2C_453/2009, E. 2.2; vgl. auch BGE 118 Ib 417 E. 4a [Wohnbauförderung durch eine Baulandumlegung gemäss WEG]), die **Befreiung bestimmter Personengruppen von den Radio- und Fernsehgebühren** (BVGer vom 11. Okt. 2010, A-180/2010, E. 4.4), ein **reduzierter Mehrwertsteuersatz** für Medikamente, die in Drogerien und Apotheken erhältlich sind (BVGer vom 9. Juni 2010, A-3038/2008, E. 2.3.1) oder für Güter des täglichen Bedarfs, weil sie zum Existenzbedarf gehören (BGer vom 11. Nov. 2009, 2C_830/2008, E. 4.1), **Spielverbote** für Personen unter 18 Jahren gemäss Art. 21 SBG (BGer vom 2. April 2008, 1C_268/2007, E. 2.4), die **Sicherstellung des Bestands preisgünstigen Wohnraums für Familien** (VerwG BS vom 20. Feb. 2008, VD-2007-638, E. 3.2.3), ein **öffentliches Angebot an Alters- und Pflegeheimen** (VerwG LU vom 13. Mai 2008, in: LGVE 2008 II Nr. 5 E. 3a) oder **Fürsorgeleistungen** (VerwG ZH vom 8. April 2008, VB.2008.00061, E. 5.1).

1896 Im Bereich der **Wirtschaftsfreiheit** sind zu den **grundsatzkonformen Massnahmen** auch Massnahmen **sozialen oder sozialpolitischen Charakters** zu zählen (BGE 131 I 223 E. 4.2, 130 II 87 E. 3, 125 I 335 E. 2a, 125 I 417 E. 4a). Als sozialpolitisch begründete Einschränkungen der Wirtschaftsfreiheit erachtet das Bundesgericht etwa die Beschränkung im Interesse der Versorgung der Bevölkerung mit lebenswichtigen Gütern (BGE 131 I 205 E. 3, 118 Ia 175 E. 3 [Verbot der Medikamentenabgabe durch Ärzte]), das Verbot von Geldspielautomaten (BGE 120 Ia 126 E. 4), ein kantonaler Höchstsatz für Konsumkreditkosten von 15 % (BGE 119 Ia 59 E. 6b), Bestimmungen, wonach der Staat bei subventionierten Wohnungen einen Teil der Mieter selbst bestimmen darf (BGE 131 I 333 E. 4) oder die vorübergehende Enteignung leerstehender Mietwohnungen (BGE 119 Ia 348 E. 3b).

Praxis:

– **Medikamentenabgabe durch Ärzte:** Der Regierungsrat des Kantons Zürich beschloss am 10. März 2004 in Vollzug eines Urteils des Verwaltungsgerichts, dass Ärzte nunmehr im ganzen Kantonsgebiet, d.h. auch in den Städten Zürich und Winterthur, mit Bewilligung der Gesundheitsdirektion eine Privatapotheke führen können, obwohl § 17 des Gesundheitsgesetzes (GesG) eine Selbstdispensation in den Städten Zürich und Winterthur verbietet. Der Apothekerverband des Kantons Zürich sowie drei Inhaber von in Zürich, Winterthur und Fehraltdorf gelegenen Apotheken führen gegen diesen Beschluss des Regierungsrates am 19. Mai 2004 staatsrechtliche Beschwerde mit dem Antrag, die Verordnungsänderung sei aufzuheben. Das Bundesgericht heisst die Beschwerde gut. Erwägungen: Es ist zuzugeben, dass die in § 17 GesG bezüglich des räumlichen Geltungsbereiches des Selbstdispensationsverbotes getroffene Unterscheidung sehr pauschal erscheint. Die vorgenommene räumliche Abgrenzung vermag insofern nicht zu befriedigen, als heute auch andere grosse Gemeinden im Kanton ein relativ dichtes Netz von Apotheken aufweisen und damit bezüglich der Medikamentenversorgung durch öffentliche Apotheken in gewissen Gebieten ausserhalb von Zürich und Winterthur ähnliche Verhältnisse wie in den genannten Städten bestehen können. Eine feinere räumliche Abgrenzung – falls überhaupt an einer abstrakten gebietsweisen Umschreibung des Geltungsbereiches der beiden Regimes festgehalten und nicht, wie in den beiden abgelehnten Gesetzesvorlagen vorgesehen, auf eine an die jeweilige lokale Versorgungslage anknüpfende Regelung umgestellt wird – wäre daher wünschbar. Damit ist aber noch nicht gesagt, dass die in § 17 GesG/ZH festgelegte Abgrenzung aufgrund der heutigen Verhältnisse geradezu als verfassungswidrig einzustufen ist. Dem Gesetzgeber sind schematische Aufteilungen, wenn sie tendenziell vernünftig und sachgerecht erscheinen, nicht verwehrt. Die in § 17 GesG/ZH vorgenommene gebietsmässige Aufteilung hat insofern nach wie vor ihre Berechtigung, als jedenfalls in den beiden grossen Städten Zürich und Winterthur ein dichtes und durch öffentliche Verkehrsmittel gut erschlossenes Apothekennetz besteht, sodass für dieses Gebiet das Bedürfnis nach ärztlicher Selbstdispensation zulässigerweise generell verneint werden darf, während im übrigen Kantonsgebiet die Versorgungsmöglichkeit mit Medikamenten tendenziell nicht im gleichen Masse gewährleistet ist. Wohl mögen die Verhältnisse, was die Apothekendichte und die Erschliessung durch öffentliche Verkehrsmittel anbelangt, in gewissen Gebieten sich von jenen in den beiden grossen Städten kaum mehr unterscheiden, und die Versorgungslage, welcher der Gesetzgeber mit § 17 GesG/ZH Rechnung tragen wollte, dürfte sich im Laufe der Zeit auch insgesamt wesentlich geändert haben. Jedoch widerspricht die durch die Verordnung vorgenommene Änderung dem Willen des historischen Gesetzgebers. Eine Änderung des heutigen Zustandes in die eine oder andere Richtung hätte aber auch weitreichende sachliche Konsequenzen. Ferner ist zu beachten, dass die Ungereimtheiten der heutigen räumlichen Abgrenzung des Selbstdispensationsverbotes unter dem Gesichtswinkel der Rechtsgleichheit wie auch des Gebotes der Gleichbehandlung der Gewerbegenossen insofern nicht schwer ins Gewicht fallen, als sie nicht den Kern der ärztlichen Tätigkeit, sondern nur einen potenziellen Nebenbereich derselben betreffen, welcher aufgrund der ausbildungsbedingten Aufgabenteilung zwischen Ärzten und Apothekern so oder so von untergeordneter Bedeutung bleiben muss und legitimerweise nicht zu einem wichtigen Teil der ärztlichen Erwerbstätigkeit werden darf. Eine Abwägung dieser Umstände führt zum Schluss, dass die in § 17 GesG/ZH festgelegte Regelung, auch wenn sie mit nicht unbedenklichen Mängeln behaftet ist, weiterhin Geltung bean- 1897 spruchen darf, solange der zuständige kantonale Gesetzgeber keine neue Ordnung beschlossen hat. Damit ist zugleich gesagt, dass für die streitige Verordnungsänderung kein Raum besteht. Die angefochtene neue Verordnungsvorschrift ist in Gutheissung der staatsrechtlichen Beschwerde wegen Verletzung des Grundsatzes der Gewaltentrennung aufzuheben (BGE 131 I 205 E. 3; vgl. nun BGer vom 23. Sept. 2011, 2C_53/2009, E. 3.3-3.7).

f) Fiskalische Interessen

1898 Nach neuerer Praxis zählen auch die sogenannten **fiskalischen oder finanziellen Interessen zu den öffentlichen Interessen** (VerwG SG vom 13. April 2010, B-2010-9, E. 3.3.3; VerwG GR vom 25. Jan. 2008, U-07-91, E. 2e). Zu den **fiskalischen Interessen in einem weiteren Sinn** zählen auch Massnahmen, mit welchen die Ausgaben reduziert und das Gemeinwesen finanziell entlastet wird (BGE 135 I 49 E. 6.3) oder Massnahmen, mit welchen Einnahmeverluste – zum Beispiel durch Schwarzfahren – vermieden werden sollen (VerwG ZH vom 19. Juni 2008, VB.2008.00143, E. 5.6). Wegen einer ungünstigen finanziellen Entwicklung des Gemeindehaushaltes kann indes ein Gemeinwesen nicht ohne Weiteres auf eine Unterschutzstellung zurückkommen (BGer vom 28. April 1998, in: ZBl 2000 S. 41 E. 4c; VerwG SG vom 13. April 2010, B-2010-9, E. 3.3.3). Auch können öffentlich-rechtliche Verträge nicht allein aus fiskalischen Gründen angepasst werden (VerwG ZH vom 21. Feb. 2007, in RB 2007 Nr. 89 E. 4.3-4.5).

1899 Umstritten ist, ob rein **fiskalische Interessen** genügen, um **Grundrechte** einzuschränken (tendenziell verneinend: BGE 134 I 293 E. 5.2.2, 128 I 3 E. 3a, 128 I 280 E. 4.2; VerwG ZH vom 3. Dez. 2009, VB.2009.00522, E. 5.4). Unzulässig ist jedenfalls, **neue kantonale Monopole** aus rein **fiskalischen Interessen** zu errichten (BGE 128 I 3 E. 3a [Plakatmonopol]; ferner BGE 125 I 209 E. 10a, 124 I 11 E. 3a/b) oder die **Niederlassungsfreiheit** ohne Vorliegen sachlicher Gründe (dienstliche Notwendigkeit, enge Verbundenheit mit der Bevölkerung usw.) aus **finanziellen Interessen** (an zusätzlichen Steuereinnahmen) einzuschränken (BGE 128 I 280 E. 4.2 [Statuierung einer Wohnsitzpflicht für Beurkundungspersonen]). Anerkannt ist ferner, dass fiskalische Interessen allein keinen Eingriff in die **Eigentumsgarantie** rechtfertigen und **Kausalabgaben** nicht allein aus fiskalischen Gründen erhoben werden dürfen, was im Grunde genommen bereits im Äquivalenz- und Kostendeckungsprinzip zum Ausdruck kommt (VerwG ZH vom 2. Okt. 2008, VB.2008.00324, E. 4.2). Ferner stellen üblicherweise finanzielle Interessen des Gemeinwesens keine überwiegenden schutzwürdigen öffentlichen Interessen im Rahmen des Vertrauensschutzes dar (BGer vom 14. April 2008, 8C_542/2007, E. 4.2.2).

Praxis:

1900 – **Entzug der Taxibetriebsbewilligung wegen Nichtbezahlung der Bewilligungsgebühren:** Der Entzug von Taxibetriebsbewilligungen wegen Nichtbezahlung der Bewilligungsgebühren erfolgt nicht hauptsächlich aus fiskalischen Interessen. Vorliegend ist zu beachten, dass die Betriebsbewilligungen die Inhaber unter anderem dazu berechtigen, mit den zugelassenen Fahrzeugen von öffentlichen Standplätzen aus Taxifahrten durchzuführen. Die Benützung der öffentlichen Standplätze ist gesteigerter Gemeingebrauch. Die für die Betriebsbewilligung zu entrichtende Abgabe ist demnach teilweise eine Benützungsgebühr. Sie ist damit partiell Entgelt für das Zurverfügungstellen des öffentlichen Grundes für Standplätze. Erscheint die Gebühr aber zumindest teilweise als Gegenwert für eine staatliche Leistung, so ist nicht zu beanstanden, wenn die Leistung nur gegen Entrichtung der Gebühr erbracht wird. So würde es dem Beschwerdegegner grundsätzlich gar freistehen, die Erteilung von Taxibetriebsbewilligungen vom Nachweis der Bezahlung der entsprechenden Gebühren abhängig zu machen. Dass er eine den Taxifahrern entgegenkommende Regelung getroffen hat, indem die Bewilligungen zunächst erteilt – und so den Bewilligungsinhabern bereits die Erzielung eines Einkommens ermöglicht wird – und erst entzogen werden, wenn die Gebühren innert 90 Tagen nach Rechnungstellung nicht bezahlt werden, kann nicht zu seinem Nachteil gereichen. Insofern erweist sich die Regelung als zulässig und vermag einen Eingriff in die Wirtschaftsfreiheit zu rechtfertigen. Im Übrigen trifft es nicht zu, dass die Gebühr aus rein fiskalischen Interessen erhoben wird. Es besteht auch ein öffentliches Interesse daran, dass pro Taxibetreiber nur so viele Bewilligungen eingelöst werden, wie von ihm auch finanziert werden können. Es gilt zu verhindern, dass Bewilligungen gehortet und damit andere Interessenten von der Ausübung des Taxi-Gewerbes abgehalten werden (VerwG ZH vom 3. Dez. 2009, VB.2009.00522, E. 5.4).

– **Verweigerung der Einbürgerung einer auf Fürsorgeleistungen angewiesenen behinderten Gesuchstellerin:** Das Verwaltungsgericht hat im angefochtenen Entscheid zur Rechtfertigung der rechtsungleichen Behandlung bzw. der Nichteinbürgerung auf die finanziellen Folgen einer Einbürgerung für die Gemeinde A abgestellt. Grundsätzlich ist dabei die finanzielle Entlastung von Gemeinwesen eine zulässige Zielsetzung. Der mit § 21 Abs. 1 des Gemeindegesetzes (GemeindeG) verfolgte Zweck, die Ausgaben der öffentlichen Hand reduzieren zu können, ist legitim, zumal in der vorliegenden Konstellation unbestritten ist, dass entsprechende Fürsorgeleistungen einen jährlichen Betrag von rund Fr. 100'000.– ausmachen würden. Es kann nicht in Abrede gestellt werden, dass die Gemeinde ein legitimes Interesse an einem gesunden Finanzhaushalt hat, und demnach ist verständlich, dass sie sich gegen die Übernahme von beträchtlichen Sozialleistungen zur Wehr setzt. Derartige finanzielle Interessen können nicht von vornherein als unerheblich bezeichnet werden. Gerade der Vergleich mit dem Ausländerrecht zeigt, dass das öffentliche Interesse, keine Personen aufnehmen zu müssen, welche evtl. dauerhaft und in erheblichem Ausmasse auf Sozialhilfe angewiesen sind (vgl. Art. 62 lit. d sowie Art. 63 Abs. 1 lit. c AuG), allgemein anerkannt ist. Allerdings ist zu prüfen, ob das finanzielle Interesse der Gemeinde an einer Nichteinbürgerung in Anbetracht der konkreten Verhältnisse das private Interesse überwiegt, was das Bundesgericht vorliegend verneint (BGE 135 I 49 E. 6.3). 1901

– **Fahrausweiskontrollen:** Was die Frage eines hinreichenden öffentlichen Interesses an Fahrausweiskontrollen anbelangt, ist hier vorab festzuhalten, dass nicht ersichtlich ist und vom Beschwerdeführer auch nicht dargelegt wird, weshalb es unter diesem Gesichtswinkel relevant sein soll, ob die Kontrolle nur im Fahrzeug oder auch beim Aussteigen und unmittelbar danach auf dem Trottoir durchgeführt wird. Mit den Vorinstanzen ist davon auszugehen, dass effiziente Fahrausweiskontrollen im öffentlichen Interesse liegen. Dabei geht es nicht nur um die Vermeidung der beim Schwarzfahren bewirkten Einnahmenverluste, sondern – über dieses fiskalische Interesse hinaus – darum, Personen zu erfassen, die mit ihrem Verhalten allenfalls den Straftatbestand von Art. 150 StGB erfüllen. Effiziente Fahrausweiskontrollen tragen damit auch dazu bei, dass in der Bevölkerung der Eindruck vermieden wird, ein solches Verhalten werde toleriert; darin liegt ein über den bloss fiskalischen Aspekt hinausführender Beweggrund. Im Übrigen darf der in der Rechtsprechung entwickelte Grundsatz, wonach bloss fiskalische Interessen keine hinreichende Grundalge im Sinn von Art. 36 Abs. 2 BV für einen Eingriff in Grundrechte bilden, nicht verabsolutiert werden. Soweit ersichtlich, hat die Rechtsprechung diesen Grundsatz in Fällen entwickelt, die bezüglich Eingriffsintensität mit dem vorliegend zu beurteilenden Sachverhalt nicht vergleichbar sind (VerwG ZH vom 19. Juni 2008, VB.2008.00143, E. 5.6). 1902

– **Verschlechterung der kommunalen Finanzsituation, um auf eine Unterschutzstellung eines Gebäudes zurückzukommen:** Der Stadtrat von Winterthur hob 1996 die 1991 erfolgte Unterschutzstellung einer Liegenschaft auf, weil den Grundeigentümern eine Entschädigung aus materieller Enteignung von Fr. 6 Mio. zugesprochen wurde. Nachdem die Grundeigentümer den Heimschlag der Liegenschaft erklärten, hob der Stadtrat Winterthur die Unterschutzstellung im Jahre 1996 wieder auf, wogegen Beschwerde geführt wurde. Das Verwaltungsgericht hat die von der Schätzungskommission festgesetzte Entschädigung von Fr. 6 Mio. zwar 1903 als beträchtlich bezeichnet, diesen Betrag aber nicht als einen wesentlichen neuen Umstand betrachtet, der den Widerruf rechtfertigen könne. Es ist richtig, dass die absolut betrachtet hohe Entschädigungssumme relativiert werden muss. Zum einen steht ihr ein geschätzter Gegenwert der Liegenschaft von ca. Fr. 2,7 Mio. gegenüber. Zum andern kann eine einmalige Entschädigungszahlung von (netto) Fr. 3,3 Mio. bei einem Gemeindehaushalt mit jährlichen Aufwendungen von rund Fr. 800 Mio. nicht als sehr bedeutend bezeichnet werden. Es kommt hinzu, dass die Gemeinde schon im Zeitpunkt der Unterschutzstellung mit einer erheblichen Entschädigung rechnen musste. Wesentlich sind sodann die Feststellungen der kantonalen Behörden, wonach sich die ungünstige Entwicklung der kommunalen Finanzen bereits im Zeitpunkt der Unterschutzstellung abzeichnete. Die Finanzlage und die finanziellen Aussichten der Beschwerdeführerin waren im Zeitpunkt der Unterschutzstellung keineswegs wesentlich günstiger als 1996, als der Widerruf verfügt wurde. Es liegen auch keine Hinweise oder Belege dafür vor, dass der Stadtrat die finanziellen Aussichten Anfang der Neunzigerjahre grundlegend falsch eingeschätzt hätte. Es mag zwar zutreffen, dass er zu optimistisch war und schon früher mit einer Erholung der kommunalen Finanzsituation rechnete als einige Jahre später. Der eigentliche finanzielle Einbruch im Stadthaushalt erfolgte jedoch bereits Anfang der Neunzigerjahre, als die Unterschutzstellung mit voraussehbaren Entschädigungsfolgen verfügt wurde. Bei dieser Sachlage leuchtet die Argumentation des Verwaltungsgerichts ein, wonach die finanzielle Entwicklung in den grossen Zügen schon im Zeitpunkt der Unterschutzstellung absehbar war und bis zum Widerruf keine überraschende, markante Verschlechterung der kommunalen Finanzsituation eintrat, die ein Zurückkommen auf die Schutzverfügung rechtfertigen konnte. Mit gewissen Schwankungen im Gemeindehaushalt muss stets gerechnet werden, und eine ungünstige finanzielle Entwicklung kann nur dann ein Zurückkommen auf rechtskräftige Anordnungen wie die hier interessierende rechtfertigen, wenn sie bedeutend ist und aus dem Rahmen des zu Erwartenden fällt. Das Verwaltungsgericht hat das Vorliegen hinreichend veränderter finanzieller Verhältnisse deshalb mit haltbaren Gründen verneint (BGer vom 28. April 1998, in: ZBl 2000 S. 41 E. 4c).

g) Weitere öffentliche Interessen

Praxis:

1904 – **Kundgebungsverbot auf dem Klosterplatz Einsiedeln:** Die Behörde, welcher die Aufsicht und die Verfügung über den öffentlichen Boden zusteht, darf beim Entscheid über die Bewilligung einer Demonstration neben den polizeilichen auch andere öffentliche Interessen berücksichtigen und namentlich dem Gesichtspunkt der zweckmässigen Nutzung der vorhandenen öffentlichen Anlagen im Interesse der Allgemeinheit und der Anwohner Beachtung schenken. Ferner kommt gerade dem Platz vor dem Kloster Einsiedeln aufgrund seiner Funktion und Lage ein besonderer Stellenwert zu. Er dient nicht nur als Zugang zur Klosterkirche, sondern auch als sakrale Stätte und Wallfahrtsort für viele Pilger, weshalb er sich als auf Störungen besonders empfindlich erweist. Es steht den lokalen Behörden ohne Weiteres zu, diese Zweckbestimmung des Klosterplatzes durch den Ausschluss einzelner Aktivitäten wie namentlich von Demonstrationen auf diesem Gelände zu unterstreichen (BGE 124 I 267 E. 3a und E. 3c).

1905 – **Nutzung des öffentlichen Grundes:** Handelt es sich bei den zu regelnden Tätigkeiten um gesteigerten Gemeingebrauch, ergibt sich das öffentliche Interesse auch daraus, dass eine möglichst ungestörte Nutzung durch die Allgemeinheit gewährleistet wird und die Beeinträchtigungen Dritter möglichst gering sein sollen (BGE 126 I 133 E. 4d; BGer vom 10. Aug. 2005, 2P.191/2004, E. 5.2).

1906 – **Schutz der Landwirtschaft durch Landumlegungsverfahren:** Die Interessen der Landwirtschaft können selbst bei einem Verzicht auf den Ösch-Önz-Tunnel bzw. bei einer oberirdischen Linienführung trotz unumgänglichen Verlusten an Kulturland bzw. Fruchtfolgeflächen hinreichend gewahrt werden. Im eingeleiteten Landumlegungsverfahren ist der Anspruch auf wertgleichen Realersatz verfassungsrechtlich garantiert. Eine optimale Arrondierung der landwirtschaftlich genutzten Parzellen wird weiterhin eine effiziente Bewirtschaftung ermöglichen (BGE 124 II 146 E. 6d/cc).

- **Treuepflicht:** Das öffentlich-rechtliche Dienstverhältnis ist ein besonderes Rechtsverhältnis. 1907
  Der Beamte ist nicht nur zur gewissenhaften Erfüllung seiner dienstlichen Obliegenheiten verpflichtet; ihn trifft vielmehr regelmässig auch eine gewisse allgemeine Treuepflicht, die sich auch auf das ausserdienstliche Verhalten erstreckt. Der Beamte hat ausser Dienst alles zu unterlassen, was die Vertrauenswürdigkeit hinsichtlich seiner dienstlichen Tätigkeit beeinträchtigen könnte. Er ist in seiner persönlichen Lebensgestaltung im Rahmen der allgemeinen Rechtsordnung zwar grundsätzlich frei; er hat jedoch jene Schranken zu respektieren, die seine besondere dienstrechtliche Stellung erfordert: Die Meinungsäusserungsfreiheit beispielsweise findet dort ihre Grenzen, wo sein Verhalten die Amtsführung und das Vertrauen der Öffentlichkeit in die Verwaltung beeinträchtigt (VerwG BE vom 20. Mai 2009, in: BVR 2009 S. 443 E. 2.3).
- **Pflicht, den Schwimmunterricht zu besuchen:** Der obligatorische Schulbesuch einschliess- 1908
  lich der vom kantonalen Recht statuierten Pflicht zur Teilnahme am Schwimmen im Rahmen des Sportunterrichts dient der Wahrung der Chancengleichheit aller Kinder und darüber hinaus auch derjenigen zwischen den Geschlechtern bzw. der Gleichstellung von Mann und Frau in der (Aus-)Bildung; sie fördert zudem die Integration von Angehörigen anderer Länder, Kulturen und Religionen und ist somit unbestrittenermassen von gewichtigem öffentlichem Interesse. Heute werden immer mehr Wassersportarten auch von Kindern und Jugendlichen ausgeübt (Aquaparks, Thermalbäder, Kanufahren, Riverrafting, Wasserwandern, Windsurfen usw.). Es ist deshalb zunehmend von Bedeutung, dass schon Kinder mit dem Element Wasser vertraut gemacht werden und schwimmen können. Mitunter ertrinken heute Kinder und Jugendliche u.a. auch bei Schulanlässen, weil sie nicht schwimmen können. Dem gemeinsam geführten Sportunterricht kommt im in der Schweiz bestehenden gesellschaftlichen Umfeld zudem eine im Interesse des Kindes liegende wichtige sozialisierende Funktion zu (BGE 135 I 79 E. 7.1).
- **Plakatmonopol auf öffentlichem und privatem Grund:** Für ein Plakatmonopol liegt – auch 1909
  soweit sich dieses auf privaten Grund bezieht – ein öffentliches Interesse vor. Eine Normierung des Plakatanschlags drängt sich zunächst aus Gründen der Verkehrssicherheit auf, wobei es auch den reibungslosen widmungskonformen Gebrauch des öffentlichen Grundes im Allgemeinen zu gewährleisten gilt. Sodann bedarf es entsprechender Vorschriften zum Schutz des Landschafts-, Orts- und Strassenbildes; Rechnung zu tragen ist dabei dem Erscheinungsbild einer Ortschaft als Ganzes, der Ästhetik einzelner Strassenzüge und Plätze, wie auch der Würde von historischen Stätten und Amtsgebäuden sowie der Einzigartigkeit von Natur- und Kunstdenkmälern. Für die Verwirklichung dieser Anliegen ist die Erfassung sämtlicher vom öffentlichen Raum aus wahrnehmbarer Plakat- und Reklameeinrichtungen grundsätzlich unerlässlich – unabhängig davon, ob diese sich auf öffentlichem oder auf privatem Grund befinden. Dass mit dem vorliegenden Plakatmonopol, soweit es sich auf privaten Grund bezieht, rein fiskalische Interessen verfolgt würden, kann schon angesichts der relativ geringen Einnahmen von Fr. 12'000.– bis Fr. 13'000.–, welche die Gemeinde aus dem Vertrag mit der Konzessionärin jährlich erzielt, ausgeschlossen werden (BGE 128 I 3 E. 3e/bb).

3. Interessenabwägung

Es ist eine **wertende Abwägung** vorzunehmen, welche im konkreten Fall involvier- 1910
ten öffentlichen Interessen in welcher Art und Weise verwirklicht werden können (BGE 135 I 143 E. 2.1, 128 I 327 E. 4.3.2 [sicherheitspolizeiliche Befugnisse, private Veranstaltung wie das WEF Davos zu schützen], 127 I 164 E. 3 [Prioritätenordnung anlässlich von Kundgebungen auf öffentlichem Grund]; BVGer vom 10. Juni 2010, C-6683/2008, E. 5.2.3; vom 30. April 2008, B-7369/2007, E. 8.1.4; vgl. zur Interessenabwägung im Rahmen der Zumutbarkeitsprüfung oben Rz. 1835 ff.). Es sind erstens die im **konkreten Fall relevanten Interessen zu ermitteln** (BVGer vom

11. Dez. 2007, A-4676/2007, E. 6.5). Zweitens sind sie mit Hilfe rechtlich ausgewiesener Massstäbe zu **beurteilen** und schliesslich drittens zu **optimieren**, sodass sie mit Rücksicht auf die Beurteilung, die ihnen zuteil wurde, im Entscheid möglichst umfassend zur Geltung gebracht werden können (BVGer vom 30. März 2011, A-7040/2009, E. 10.4.2).

1911 Die involvierten öffentlichen Interessen können an sich **antinomischer, neutraler** oder **gleichgerichteter** Natur sein. **Kollisionen** zwischen **verschiedenen öffentlichen Interessen** sind durch wertende Gegenüberstellung und Interessenabwägung zu lösen (BGE 137 II 266 E. 4, 135 II 384 E. 4.1.1, 124 II 146 E. 5a, 104 Ia 88 E. 6). Dagegen verstösst, wenn ein öffentliches Interesse der uneingeschränkten Wahrung des andern geopfert wird (BGE 110 Ia 30 E. 4). Den involvierten öffentlichen Interessen kommt für sich alleine **keine absolute Bedeutung** zu. Es sind vielmehr Zielvorstellungen, Wertungshilfen und Entscheidungskriterien, die zu beachten sind und eine umfassende Berücksichtigung und Abwägung verlangen (für die Raumplanung illustrativ BGE 117 Ia 302 E. 4b).

1912 In **Konflikt** geraten können beispielsweise das öffentliche Interesse an der Erweiterung eines Kunsthauses und dasjenige an der Erhaltung von Turnhallen und Turnplätzen (VerwG ZH vom 5. Feb. 2009, VB.2008.00481, E. 6), das Interesse an einer neuen Schiessanlage und Natur- und Umweltschutzinteressen (BGer vom 30. Mai 2005, 1A.122/2004, E. 3), das Interesse an der Unterschutzstellung eines Gebäudes und finanzielle Interessen des Gemeinwesens (BGer vom 28. April 1998, in: ZBl 2000 S. 41 E. 4b), der Schutz der Landschaft und die Erstellung von Stromleitungen (BGE 137 II 266 E. 4 und E. 7), die Gleichheit zwischen Mann und Frau und Frauenförderungsmassnahmen (BGE 131 II 361 E. 5), Massnahmen zur Sicherstellung der freien Fischwanderung und Energieförderung (VerwG BE vom 29. Okt. 2001, in: BVR 2002 S. 273 E. 3), das Interesse an der Ausbeutung von Kiesvorkommen und Landschaftsschutz, Erhaltung des Kulturlandes sowie Umweltschutz (BGE 112 Ib 26 E. 3-6), Interessen der Landesverteidigung und des Naturschutzes (BGE 128 II 1 E. 3d [Wildtierkorridor beim Standort «Au»]; BVGer vom 29. März 2012, A-1187/2011, E. 6 [Überprüfung von Armee-Trainingsflügen rund um den Speer]).

Praxis:

1913 – **Verkabelung von Hochspannungsleitungen:** Die Nordostschweizerische Kraftwerke AG reichte dem ESTI am 22. April 2008 das Plangenehmigungsgesuch für den Umbau und die Verlegung einer Teilstrecke der bestehenden 50 KV-Leitung von Altgass bzw. Horgen bis Obfelden ein. Die bestehende Leitung zwischen Mast Nr. 35 in Knonau und Mast Nr. 60 in Obfelden soll abgebrochen und durch eine neue, rund 4 km lange, 110 kV-Betonmastleitung entlang der Nationalstrasse N4 ersetzt werden. Am 27. Okt. 2009 genehmigte das BFE die Planvorlage der Axpo AG. Dagegen erhoben die Einsprecher am 25. Nov. 2009 Beschwerde ans Bundesverwaltungsgericht mit dem Antrag auf Aufhebung der Plangenehmigungsverfügung. Sie vertraten die Auffassung, die Leitung sei im Sinne der «Variante blau» auf dem alten Trassee beizubehalten. Eventualiter sei die Leitung an kritischen Stellen, namentlich im Bereich der Autobahnüberdeckung, zu verkabeln. Am 14. Juli 2010 führte das Bundesverwaltungsgericht einen Augenschein durch. Am 9. Nov. 2010 wies es die Beschwerde ab. Das Bundesgericht heisst eine dagegen erhobene Beschwerde teilweise gut. Erwägungen: Näher zu prüfen ist, ob die Interessenabwägung den bundesrechtlichen Anforderungen entspricht. Das Bundesverwaltungsgericht ging von der bisherigen Praxis aus, wonach für die Verkabelung von Hochspannungsleitungen hohe Anforderungen an die Schutzwürdigkeit des Gebiets gestellt wurden. Im Urteil

BGE 137 II 266 E. 4.2 hat das Bundesgericht diese Praxis jedoch modifiziert. Es hat festgehalten, dass Kabelanlagen aufgrund des technischen Fortschritts leistungsfähiger, zuverlässiger und kostengünstiger geworden seien, weshalb die Verkabelung nicht mehr nur auf absolute Ausnahmefälle zu beschränken sei, sondern auch bei Landschaften von bloss mittlerer bzw. lokaler Bedeutung in Betracht fallen könne. Ob eine Verkabelung zur Schonung der Landschaft gemäss Art. 3 NHG geboten ist, sei in jedem Einzelfall aufgrund einer umfassenden Interessenabwägung zu prüfen. Das Bundesverwaltungsgericht ging bei seiner Interessenabwägung davon aus, dass kurze Teilverkabelungen besonders störungsanfällig seien. Diese Aussage wird allerdings nur mit einem Verweis auf den Plangenehmigungsentscheid belegt. Im Verfahren 1C_398/2010 hatte die Axpo AG selbst anerkannt, dass die Ausfallraten von Kabelanlagen heute deutlich tiefer liegen als diejenigen von Freileitungen (vgl. dazu BGE 137 II 266 E. 6.3). Weshalb dies bei kurzen Strecken anders sein soll, ist nicht nachvollziehbar, zumal bei diesen auf Verbindungsmuffen verzichtet und dadurch eine potenzielle Störungsquelle eliminiert werden kann. Die Reparaturdauer bei Kabelanlagen kann durch bauliche und organisatorische Massnahmen reduziert werden. Sofern die Versorgungssicherheit eine Reparatur innert Tagesfrist bedingen sollte, besteht auch die Möglichkeit, vorsorglich eine zusätzliche Kabellänge mitzuverlegen. Das Bundesverwaltungsgericht ging weiter davon aus, die Verkabelung werde um einen Faktor 3,25 teurer sein als die Freileitung im betreffenden Abschnitt. Wie das Bundesgericht im Entscheid BGE 137 II 266 E. 4.3 festgehalten hat, müssen beim Kostenvergleich alle während der Lebensdauer der Anlage anfallenden Kosten berücksichtigt werden. Dazu gehören neben den Investitions- auch die Betriebskosten und namentlich die Stromverlustkosten. Letztere sind bei einer Freileitung i.d.R. wesentlich höher als bei einer erdverlegten Leitung. Der Stromverlustanteil ist auch aus ökologischer Sicht ein wichtiges Kriterium, das bei einer umfassenden Interessenabwägung nicht ausser Acht gelassen werden darf. Die Stromverlustkosten der streitigen 110 kV-Freileitung sind etwa doppelt so hoch wie diejenigen der erdverlegten Leitung, mit der Folge, dass die Kabelanlage (gemäss Angaben der Axpo AG) nur noch um einen Faktor 2 teurer ist als die Freileitung. Schliesslich argumentierte das Bundesverwaltungsgericht, dass eine Verkabelung aufgrund der augenfälligen Übergangsbauwerke keine wesentliche Verbesserung der Aussicht bewirken würde; vielmehr würde die gesamte Anzahl der Masten im Vergleich zur genehmigten Variante sogar erhöht. Die Erhöhung der Mastanzahl würde jedoch den von der Autobahn bereits beeinträchtigten Landschaftsabschnitt betreffen. Dagegen könnte die Überdeckung Rüteli und der in diesem Bereich wiederhergestellte Drumlin mit einer Teilverkabelung von störenden Masten ganz freigehalten werden. Diese Lösung wurde daher vom ARE am Augenschein (trotz der Übergangsbauwerke) als aus raumplanerischer Sicht beste Lösung bezeichnet. Im Übrigen wurde bislang nicht geprüft, ob der Übergang zwischen Freileitung und Teilverkabelung landschaftsverträglicher gestaltet werden könnte. Zu denken ist in erster Linie an die Möglichkeit, den Übergang Kabel/Freileitung direkt auf den Endmasten Nrn. 40 und 42 zu realisieren. Erwägenswert wäre aber auch, die Kabelstrecke etwas zu verlängern, um eine Ballung von Masten im Bereich der Tunnelportale zu vermeiden. Insgesamt weist die Interessenabwägung daher wesentliche Lücken und Mängel auf. Der angefochtene Entscheid ist somit aufzuheben und zu neuer Prüfung der Verkabelung im Bereich der Überdeckung Rüteli an das Bundesverwaltungsgericht zurückzuweisen (BGer vom 14. Juli 2011, 1C_560/2011, E. 8).

– **Zonenplanung:** Bei der Erfüllung raumplanerischer Aufgaben und der Festsetzung von Zonen 1914
haben die Planungsbehörden die im positiven Recht normierten, im öffentlichen Interesse liegenden Ziele und Grundsätze optimal zu berücksichtigen. Solche ergeben sich aus dem Bundesrecht und dem kantonalen Recht (vgl. insb. Art. 1 und Art. 3 RPG). Nach ständiger Rechtsprechung des Bundesgerichts liegen Massnahmen, die geeignet sind, das Entstehen überdimensionierter Bauzonen zu verhindern oder solche Zonen zu verkleinern, im öffentlichen Interesse. Erheblich sind unter anderem auch die Bestrebungen, die natürlichen Lebensgrundlagen zu schützen, eine ausreichende Versorgungsbasis des Landes zu sichern und der Landwirtschaft genügende Flächen geeigneten Kulturlandes zu erhalten. Diesen Grundsätzen kommt für sich alleine keine absolute Bedeutung zu. Es sind vielmehr Zielvorstellungen, Wertungshilfen und Entscheidungskriterien, die bei der Schaffung und Revision von Nutzungsplänen zu beachten

sind und eine umfassende Berücksichtigung und Abwägung verlangen. Bei der Durchführung einer Planung sind alle Interessen, seien es öffentliche oder private, zu beachten; Planungsmassnahmen sind nur dann verfassungskonform, wenn neben den Planungsgrundsätzen auch die konkreten, für den einzelnen Fall massgebenden Gesichtspunkte bei der Interessenabwägung berücksichtigt werden (BGE 117 Ia 302 E. 4b).

1915 – **Erhaltung eines Wildtierkorridors und Genehmigung einer militärischen Ausbildungsanlage:** Aufgrund der Stellungnahmen und Gutachten ist unbestritten, dass der Bau der Anlage am Standort Au – auch wenn man die Auswirkungen nicht in allen Einzelheiten voraussagen kann – jedenfalls zu einer erheblichen Beeinträchtigung des Wildtierkorridors führen wird. Es stehen sich beim Standort Au somit zwei nationale Interessen gegenüber, nämlich einerseits das der Landesverteidigung und anderseits das an der Erhaltung des Wildtierkorridors. Diese Interessen schliessen sich gegenseitig aus, d.h. sie können nicht miteinander versöhnt werden. Je nachdem, ob man die Sache eher aus dem Blickwinkel der Landesverteidigung oder eher aus dem des Naturschutzes betrachtet, ist man geneigt, dem einen oder anderen Interesse den Vorrang zu geben. Dies kommt auch in den insoweit voneinander abweichenden Stellungnahmen der betroffenen Fachbehörden zum Ausdruck. Für die eine wie für die andere Betrachtungsweise gibt es Gründe. Sowohl das Interesse der Landesverteidigung (Art. 57 ff. BV) als auch das Interesse des Naturschutzes (Art. 78 BV) haben Verfassungsrang. Dass das eine dieser Interessen allgemein höher zu bewerten sei als das andere, lässt sich der Verfassung nicht entnehmen. Die beiden Interessen sind deshalb als grundsätzlich gleichwertig zu betrachten. Wie dargelegt, bedarf die Anlage in der Au gemäss Art. 126 Abs. 4 MG der Grundlage in einem Sachplan. Wie das ARE in der Vernehmlassung zutreffend darlegt, hat damit der Verordnungsgeber zum Ausdruck gebracht, dass wichtige Ermessensentscheide von der Sachplanbehörde zu treffen sind. Bei der Frage, welchem von zwei sich widerstreitenden gleichwertigen nationalen Interessen der Vorrang zu geben ist, handelt es sich um einen bedeutenden Ermessensentscheid, den klarerweise die Sachplanbehörde zu treffen hat. Diese hat in den Erläuterungen zum Sachplan im Einzelnen darzulegen, weshalb sie sich zu Gunsten des einen oder anderen Interesses entschieden hat. Dass der Entscheid der Sachplanbehörde obliegt, ist sachlich begründet. Die Sachplanbehörde – hier der Bundesrat – verfügt über die erforderliche Distanz und ist befähigt, auf übergeordneter Stufe in einer Gesamtschau die Interessen abzuwägen; die Gefahr der Verengung des Blickwinkels besteht nicht. Fachbehörden neigen demgegenüber dazu, ihre fachspezifischen Interessen in den Vordergrund zu stellen. Dem Sachplan Waffen- und Schiessplätze vom 19. Aug. 1998 ist zum Wildtierkorridor in der Au nichts zu entnehmen. Zwar ergibt sich aus den Akten, dass dem Bundesrat der Korridor vor Verabschiedung des Sachplanes bekannt war. So hat er am 14. Jan. 1998 den Richtplan des Kantons Aargau, in dem der Korridor vermerkt ist, genehmigt; überdies hat die Vorinstanz den Bundesrat in einem Schreiben vom 1. Juli 1998 auf den Korridor aufmerksam gemacht. Gestützt darauf lässt sich jedoch nicht sagen, der Bundesrat habe bei der Festsetzung des Sachplanes den erwähnten Interessenkonflikt in der wirklichen Tragweite gekannt und sich klar für den Vorrang der militärischen Interessen entschieden. Dafür fehlen jegliche Hinweise im Objektblatt. Der Entscheid über den gegebenen Interessenkonflikt muss mit der nötigen Klarheit aus der Sachplanfestsetzung selbst hervorgehen. Das trifft hier nicht zu. Für das Vorhaben, wie es der angefochtenen Plangenehmigung zu Grunde liegt, fehlt damit in materieller Hinsicht die vorausgesetzte Festlegung im Sachplan. Dieser Mangel steht der Bewilligung des Projekts am Standort Au entgegen. Die Bewilligungsfähigkeit setzt voraus, dass auch auf der Stufe Sachplanung die Auswirkungen auf den Wildtierkorridor bei der Standortwahl hinreichend in Betracht gezogen werden (BGE 128 II 1 E. 3d).

1916 – **Bau eines Kirchengemeindezentrums in einer Grünzone:** Die reformierte Kirchengemeinde Estavayer-le-Lac ist Eigentümerin von 2 benachbarten Parzellen in der Altstadt der Gemeinde Estavayer-le-Lac. Auf einem Teil der Parzelle Nr. 1168 steht die protestantische Kirche. Der Rest dieser Parzelle Nr. 1168 und Parzelle Nr. 2098 sind unüberbaut. Die Kirchengemeinde plante seit langem, auf Parzelle Nr. 2098 ein Kirchengemeindezentrum zu bauen. Aus dem Zonenplan für die Altstadt, der am 5. Dez. 1978 öffentlich aufgelegt wurde, geht hingegen hervor, dass Parzelle Nr. 2098 neu der Grünzone zugewiesen werden sollte, für welche ein Bauverbot gilt. Vorliegend geht es einerseits darum, eine der seltenen Grünflächen, die innerhalb des Altstadtbereiches überlebt haben, zu bewahren. Grünflächen in der Altstadt fehlen praktisch. Andererseits verfügt die Kirchengemeinde nicht über genügend Raum, um die sozialen Aufgaben, denen sie sich widmet, erfüllen zu können. Man kann infolgedessen mit ihr davon ausgehen, dass die Errichtung eines Kirchengemeindezentrums in unmittelbarer Nähe der Kirche zur Erfüllung ihrer Aufgaben notwendig ist. Diese Aufgaben sind unmittelbar mit den Tätigkeiten, die sie für die Öffentlichkeit wahrnimmt und aufgrund welcher sie der kant. Gesetzgeber zu einer öffentlich-rechtlichen Körperschaft ausgestaltet hat, verbunden. Im vorliegenden Fall handelt es sich also nicht darum, das öffentliche Interesse der Gemeinschaft mit dem Privatinteresse eines Bürgers zu vergleichen, sondern vielmehr darum, 2 öffentliche Interessen, von denen eines dem andern durch die umstrittene Planung geopfert wurde, gegeneinander abzuwägen. Ein Ausgleich dieser Interessen erscheint vorliegend nicht ausgeschlossen. Das Bauwerk ist in sachlicher Hinsicht durchführbar, ohne dass auf Parzelle Nr. 2098 jegliche andere Nutzung ausgeschlossen würde. Die Einzelheiten einer solchen Gestaltung müssten in einem Flächenplan präzisiert werden. Der angefochtene Plan schliesst eine Lösung aus, welche auf diese Weise eine Harmonisierung der Streitgegenstand bildenden Interessen zulassen würde (BGE 110 Ia 30 E. 4 = Pra 73 [1984] Nr. 169).

– **Neubaustrecke Mattstetten-Rothrist (Verzicht auf den Ösch-Önz-Tunnel):** Die Planung und Errichtung von Eisenbahnanlagen sowie die Erteilung der dazu erforderlichen Bewilligungen stellen einmal Bundesaufgaben dar. Die Linienführung hängt von Gesichtspunkten des Landschafts-, Gewässer- und Lärmschutzes ab. Der Bau der Neubaustrecke Mattstetten-Rothrist führt zweifellos zu einem schweren Landschaftseingriff. Aus diesen Gründen wird auch vorgeschlagen, den Ösch-Önz-Tunnel zu bauen, doch wird im Expertenbericht ausdrücklich nicht ausgeschlossen, dass bei Nichtrealisierung dieses Tunnels mit gewissen Massnahmen ein vertretbarer Schutz der Landschaft erreicht werden kann. Entsprechendes Gewicht im Rahmen der Interessenabwägung muss haben, dass die Stimmberechtigten der Schweizerischen Eidgenossenschaft die Realisierung des Konzeptes BAHN 2000 verbindlich beschlossen haben. Jedenfalls kann eine ungeschmälerte Erhaltung der hier betroffenen Landschaft angesichts der zahlreichen und vielfältigen raumrelevanten Konflikte im schweizerischen Mittelland beim gegebenen Stand der Infrastrukturplanung und des vorhandenen Verkehrsnetzes kaum mehr in Betracht kommen. Es kann daher in erster Linie nur um die Frage gehen, in welchem Umfang das umstrittene Projekt zu optimieren ist. Bereits durch die Verlängerung des Hersiwil- und des Önzberg-Tunnels reduziert sich die offene Strecke mit Einschnitten in die Landschaft wesentlich. Als hauptsächlichster Stein des Anstosses verbleibt die Strecke im Buechwald und Hasenacker zwischen Hersiwil und Aeschi, die nicht zuletzt auch deshalb offen geführt werden soll, um zusätzliche Baukosten für eine weitere Untertunnelung zu vermeiden. Ferner bringt die von den Beschwerdeführern geforderte vollumfängliche Untertunnelung der Strecke (Ösch-Önz-Tunnel) nicht nur Vor-, sondern auch bedeutende Nachteile mit sich. Insbesondere ermöglicht der Verzicht auf den Ösch-Önz-Tunnel die Erhöhung des Längenprofiles der SBB-Strecke. Damit können die Feucht- und Nassstandorte vor allem im Bereich des Buechwaldes im Rahmen des Möglichen geschont bzw. erhalten werden, eine Massnahme, die übrigens im UVP-Bericht ausdrücklich vorgeschlagen wird. Ferner verfügte das EVED, um einen Wildwechsel in das Gebiet nach Erstellung der neuen Bahnstrecke zu ermöglichen, den Verzicht auf eine Einzäunung des Schienenareales. Der Wald wird mithin insoweit seine Schutz- und Wohlfahrtsfunktionen erhalten können (Art. 1 WaG). Von einem vollumfänglichen Verlust des Gebietes als Erholungsraum kann ebenfalls keine Rede sein. Schliesslich können die Interessen der Landwirtschaft bei einem Verzicht auf den Ösch-Önz-Tunnel trotz unumgänglichen Verlusten an Kulturland bzw. Fruchtfolgeflächen durch das Landumlegungsverfahren hinreichend gewahrt werden. Aus dem Gesagten ergibt sich, dass die Linienführung und Projektgestaltung zwischen der Gemeinde Hersiwil und dem Önzberg den Anforderungen des Bundesrechts entspricht. Es besteht daher kein Anlass für weitergehende Projektverbesserungen (BGE 124 II 146 E. 6). 1917

4. Bemerkungen

1918 1. Beim Begriff des öffentlichen Interesses handelt es sich um eine **wertungsbedürftige Generalklausel** bzw. einen **unbestimmten Rechtsbegriff**, welcher konkretisierungsbedürftig ist und verschiedenste Interessen beinhalten kann, die sich hauptsächlich aus der **Verfassung**, den **Ziel- und Zweckartikeln in Sachgesetzen** und in seltenen Fällen aus **Verordnungen** gewinnen lassen (BVGE 2011/13 E. 16.3, mit Verweis auf TSCHANNEN/ZIMMERLI/MÜLLER, § 20, Rz. 5 f.). Das öffentliche Interesse ist **zeitlich wandelbar** und kann in gewissen Sachbereichen auch **örtlich verschieden** sein. Im öffentlichen Interesse liegt grundsätzlich alles, was der Staat zur Förderung des Gemeinwohls, als der Interessen der Allgemeinheit, vorzukehren hat.

1919 2. Das öffentliche Interesse hat **hinreichend bestimmt** und **konkret** zu sein. Es verbietet staatliche Massnahmen gestützt auf Normen, die derart unbestimmt sind, dass sich daraus keine konkreten Ziele oder Zwecke bzw. öffentliche Interessen herauslesen lassen (BGE 136 I 87 E. 8 [Überwachung von öffentlich zugänglichen Räumen]). Allenfalls ist aufgrund einer **Prognose**, die sich am bisherigen Verhalten bzw. an bisherigen Ereignissen oder am künftigen Bedürfnis orientiert, zu bestimmen, ob eine Massnahme angezeigt ist und im öffentlichen Interesse liegt (BGE 132 I 256 E. 4.4 [generelles Demonstrationsverbot am 1. Aug. 2006 in Brunnen wegen Gefahr gewalttätiger Auseinandersetzungen]). Ein öffentliches Interesse an einer Bewilligungspflicht für Unterschriftensammlungen auf öffentlichem Grund ohne Stand durch zwei bis drei Personen beispielsweise ist weitgehend **hypothetischer Natur**, wenn eine derartige Benutzung des öffentlichen Grundes Dritte kaum tangiert und es im Einzelfall ausserdem an einem konkreten Interesse der Koordination und der Prioritätensetzungen zwischen verschiedenen Nutzungen mangelt (BGE 135 I 302 E. 4.2).

1920 3. Aus **einzelnen Ereignissen** (durch Kampfhunde verursachter Tod eines Kindes) lässt sich nicht unbedingt auf ein öffentliches Interesse an einem Verbot potenziell gefährlicher Hunde auf dem Gebiet der ganzen Gemeinde schliessen, wenn darüber hinaus kein erhöhtes Gefahrenpotenzial beispielsweise für Kinder ersichtlich ist (VerwG ZH vom 6. Dez. 2007, VB.2007.00391, E. 5.1), obwohl gerade bei der Bestimmung der polizeilichen Schutzgüter bis zu einem gewissen Grad auch das **subjektive Sicherheitsbedürfnis** mitberücksichtigt werden darf, solange es auf Erhebungen beruht und nicht lediglich pauschaler oder hypothetischer Natur ist (BGE 136 I 1 E. 4.4.2 [Massnahmen zum Schutz vor gefährlichen Hunden]).

1921 4. Zu den wichtigsten Gruppen öffentlicher Interessen gehören **polizeiliche, planerische, soziale und sozialpolitische sowie – in Sonderstellung – fiskalische** Interessen. Umstritten ist namentlich, ob rein fiskalische Interessen genügen, um Grundrechte einzuschränken (BGE 134 I 293 E. 5.2.2, 128 I 3 E. 3a, 128 I 280 E. 4.2), was für die Niederlassungsfreiheit, die Eigentumsgarantie, die Wirtschaftsfreiheit (jedenfalls im Hinblick auf die Errichtung neuer kantonaler Monopole) zu verneinen ist. Darüber hinaus tendiert die Praxis zu Recht dazu, fiskalische Interessen zu den öffentlichen Interessen zu zählen. Zu den fiskalischen Interessen in einem weiteren Sinn zählen auch Massnahmen, mit welchen die Ausgaben reduziert und das Gemeinwesen finanziell entlastet wird (BGE 135 I 49 E. 6.3) oder Massnahmen, mit welchen Einnahmeverluste – zum Beispiel durch Schwarzfahren – vermieden werden sollen (VerwG ZH vom 19. Juni 2008, VB.2008.00143, E. 5.6). Zu den öffentlichen Interessen gehört auch der **Schutz privater Interessen** wie etwa der Schutz vor Geruchs- und Lärmimmissionen (BGE 133 II 169 E. 3), der Schutz vor Nachtarbeit (BGE 136 II 427 E. 3.2), der Schutz vor Passivrauchen (BGE 136 I 17 E. 4.3, 136 I 29 E. 4.3) oder der Schutz vor gefährlichen Hunden (BGE 136 I 1 E. 5.4.1). Entsprechend liegt es im öffentlichen Interesse, wenn der Staat zum Schutz privater Interessen oder zum Schutz von Grundrechten bestimmte Massnahmen ergreift (vgl. z.B. BGE 134 I 140 E. 4.3 [Schutz vor häuslicher Gewalt], 132 I 49 E. 7.1 [Fernhaltemassnahmen zum Schutz von Passanten], 129 I 35 E. 9.1 [Disziplinarmassnahmen zur Aufrechterhaltung eines geordneten Schulbetriebs zum Schutz der Schülerinnen und Schüler]).

5. Die im konkreten Fall relevanten öffentlichen oder privaten Interessen können an sich **antinomischer, neutraler oder gleichgerichteter Natur** sein. **Kollisionen** zwischen verschiedenen öffentlichen und/oder privaten Interessen sind durch **wertende Gegenüberstellung und Interessenabwägung** zu lösen (BGE 135 II 384 E. 4.1.1, 124 II 146 E. 5a, 104 Ia 88 E. 6). Gegen dieses Gebot einer wertenden Gegenüberstellung und Abwägung wird verstossen, wenn ein öffentliches Interesse der uneingeschränkten Wahrung eines anderen Interesses geopfert wird (BGE 110 Ia 30 E. 4). 1922

6. Den involvierten öffentlichen Interessen kommt für sich alleine **keine absolute Bedeutung** zu. Es sind vielmehr Zielvorstellungen, Wertungshilfen und Entscheidungskriterien, die zu beachten sind und eine umfassende Berücksichtigung und **Abwägung** verlangen (für die Raumplanung illustrativ BGE 117 Ia 302 E. 4b). Es ist im Rahmen einer Güterabwägung zu bestimmen, welche im konkreten Fall involvierten öffentlichen Interessen in welcher Art und Weise verwirklicht werden. Dabei sind **erstens** die konkreten Interessen zu ermitteln, **zweitens** sind diese mit Hilfe rechtlich ausgewiesener Massstäbe zu beurteilen und schliesslich **drittens** zu optimieren, sodass sie mit Rücksicht auf die Beurteilung, die ihnen zuteil wurde, im Entscheid möglichst umfassend zur Geltung gebracht werden können (BVGer vom 30. März 2011, A-7040/2009, E. 10.4.2). 1923

V. Willkürverbot

1. Willkür in der Rechtsanwendung

Nach der ständigen Praxis des Bundesgerichts liegt **Willkür in der Rechtsanwendung** vor, wenn der angefochtene Entscheid offensichtlich unhaltbar ist, mit der tatsächlichen Situation in klarem Widerspruch steht, eine Norm oder einen unumstrittenen Rechtsgrundsatz krass verletzt oder in stossender Weise dem Gerechtigkeitsgedanken zuwiderläuft. Das Bundesgericht hebt einen Entscheid nur auf, wenn nicht bloss die Begründung, sondern auch das **Ergebnis offensichtlich unhaltbar** ist; dass eine andere Lösung ebenfalls als vertretbar oder gar zutreffender erscheint, genügt nicht (BGE 137 I 1 E. 2.4, 136 I 316 E. 2.2.2, 135 V 2 E. 1.3, 134 I 140 E. 5.4, 134 II 124 E. 4.1, 133 I 149 E. 3.1, 133 II 257 E. 5.1, 132 I 175 E. 1.2, 131 I 467 E. 3.1, 128 I 273 E. 2.1, 127 I 54 E. 2b, 127 I 60 E. 5a, 126 I 168 E. 3a). Das Willkürverbot besitzt – ähnlich wie das Rechtsgleichheitsgebot – **kein spezielles Schutzobjekt**, das an einen bestimmten Schutzbereich oder an ein bestimmtes Rechtsinstitut anknüpft (BGE 126 I 81 E. 3c, 121 I 267 E. 3c). 1924

Praxis:

1925 – **Verweigerung der Einbürgerung:** Am 28. Juni 2008 hatten A und ihre Töchter, allesamt Staatsangehörige von Bosnien und Herzegowina, bei der Bürgergemeinde B das Gesuch um Erteilung des Schweizer Bürgerrechts gestellt. Anlässlich der Bürgerversammlung vom 17. April 2009 wurde den Töchtern das Bürgerrecht der Gemeinde zugesichert. Hingegen wurde diese Zusicherung für die Mutter abgelehnt. Das Verwaltungsgericht hebt auf Beschwerde hin dieses Urteil auf. Erwägungen: Gemäss dem schriftlich am 4. Juni 2009 begründeten Beschluss der Bürgerversammlung erfolgte die Ablehnung, weil der Ehemann der Gesuchstellerin zu Beginn der Neunzigerjahre des letzten Jahrhunderts wegen bandenmässigen Diebstahls verhaftet und ausgeschafft worden sei. Die Ehe sei dann in der Folge zwar am 8. April 1994 geschieden worden, doch hätten sie sich am 17. Okt. 1996 erneut verheiratet, obwohl die Ehe im Scheidungsurteil als unheilbar zerrüttet bezeichnet worden sei. Der Ehemann lebe seit 1994 in Wien. Die Gesuchstellerin hätte regelmässigen Kontakt zu ihm, was grundsätzlich nicht zu beanstanden sei. Erhebungen der Kantonspolizei wie auch eigene Erfahrungen der Bürgergemeinde hätten jedoch ergeben, dass der Ehemann trotz der grossen räumlichen Distanz einen starken Einfluss auf die Familie ausübe. Gemäss Art. 3 Abs. 1 des kantonalen Bürgerrechtsgesetzes (KBüG) setzt die Aufnahme ins Bürgerrecht voraus, dass die Gesuchstellerin nach Prüfung der persönlichen Verhältnisse als geeignet erscheint. Dies erfordert nach Abs. 2 dieser Vorschrift insbesondere, dass sie in die kantonale und kommunale Gemeinschaft integriert ist (lit. a), mit den kantonalen und kommunalen Lebensgewohnheiten und Verhältnissen sowie einer Kantonssprache vertraut ist (lit. b), die schweizerische Rechtsordnung beachtet (lit. c), die innere und äussere Sicherheit der Schweiz nicht gefährdet (lit. d) und über eine gesicherte Existenzgrundlage verfügt (lit. e). Die von der Beschwerdegegnerin vorgebrachten Überlegungen, mit welcher sie die Abweisung des Einbürgerungsgesuches nachträglich zu rechtfertigen versucht, nehmen nicht einmal im Ansatz Bezug auf eine der im Gesetz aufgeführten Voraussetzungen und müssen entsprechend als reine Schutzbehauptungen bezeichnet werden. Angesichts der aktenkundigen Abklärungen der Bürgergemeinde und des entsprechenden Antrags des Bürgerrats an die Bürgerversammlung darf ohne Weiteres davon ausgegangen werden, dass die Beschwerdeführerin die vom KBüG verlangten, gesetzlichen Einbürgerungsvoraussetzungen erfüllt. Dass dies so ist, bestätigt letztlich die Beschwerdegegnerin im vorliegenden Verfahren selbst, wenn sie ausführen lässt, dass das Einbürgerungsgesuch positiv beurteilt werden könnte, wenn die Gesuchstellerin nicht mehr mit ihrem – vor Jahren straffällig gewordenen und aus der Schweiz ausgewiesenen – Ehemann verheiratet wäre. Als neue, gesetzwidrige Voraussetzung verlangt die Beschwerdegegnerin faktisch, dass die Gesuchstellerin sich wieder von ihrem Ehemann scheiden lassen müsse, um das Bürgerrecht zu erhalten. Solches erscheint nun schlichtweg gesetz- und verfassungswidrig. Die Überlegungen (Aufrechterhaltung der Ehe mit ihrem in Österreich lebenden Mann), von welchen sich die Beschwerdegegnerin bei der Begründung ihres ablehnenden Einbürgerungsentscheides leiten liess, sind zudem in grobem Masse willkürlich. Dies bereits deshalb, weil damit keinerlei Bezug auf eine der in Art. 3 KBüG aufgeführten gesetzlichen Einbürgerungsvoraussetzungen genommen, sondern ihr ein legitimes, persönliches Verhalten, die Aufrechterhaltung der Ehe mit dem in Wien lebenden Vater ihrer vier gemeinsamen Kinder, vorgehalten wird, um ihre Eignung verneinen und das Einbürgerungsgesuch ablehnen zu können. Die gemeindliche Argumentation erscheint mehr als gesucht und ist aufgrund der Aktenlage und der Vorbringen der Parteien denn auch nicht nachvollziehbar, zumal auch nichts ersichtlich ist, was im Zusammenhang mit der ihr entgegen gehaltenen Ehe zu einem negativen Ergebnis der Prüfung der persönlichen Verhältnisse der Beschwerdeführerin führen und das bisherige (positive) Ergebnis in Frage stellen würde. Unter Gutheissung der Beschwerde ist der angefochtene Beschluss daher aufzuheben und die Beschwerdegegnerin anzuweisen, der Beschwerdeführerin die Zusicherung zur Einbürgerung zu erteilen (VerwG GR vom 20. Okt. 2009, U-09-53, E. 3).

a) Grobe Fehler in der Sachverhaltsermittlung

Willkür in der Sachverhaltsermittlung liegt nicht schon dann vor, wenn der von der Vorinstanz als erstellt erachtete Sachverhalt nicht mit der Darstellung des Beschwerdeführers übereinstimmt, eine andere Sachverhaltsdarstellung ebenfalls als vertretbar erscheinen oder sogar vorzuziehen ist, die vorinstanzliche Sachverhaltsfeststellung zweifelhaft oder fraglich ist (BGE 133 II 249 E. 1.2.2, 133 II 384 E. 4.2.2; BGer 17. März 2010, 1C_310/2009, E. 3.2). Erforderlich ist vielmehr, dass die **Sachverhaltsfeststellungen** der Vorinstanz **offensichtlich unhaltbar** bzw. qualifiziert falsch sind, zur tatsächlichen Situation in klarem Widerspruch stehen oder zu Folgerungen führen, die unhaltbar sind, sich in sachlicher Hinsicht in keiner Weise rechtfertigen lassen, unvollständig oder grob unrichtig sind, indem wesentliche Sachverhaltselemente nicht untersucht wurden oder deren Berücksichtigung auf einem offenkundigen Versehen beruht (BGE 133 III 393 E. 7.1, 130 I 258 E. 1.3, 129 I 173 E. 3.1, 128 I 81 E. 2, 126 I 97 E. 3e; BGer vom 11. Dez. 2009, 2C_855/2008, E. 1.2). 1926

Eine **Beweiswürdigung** ist dann **willkürlich**, wenn sie nicht mit den Akten oder der tatsächlichen Situation übereinstimmt, wenn die Behörden ohne ernsthafte Gründe Elemente ausser Acht lassen, die die Entscheidung beeinflussen könnten, wenn die Behörde sich über deren Tragweite täuscht, oder wenn sie sich auf zufällige Elemente abstützt und daraus unhaltbare Schlüsse zieht (BGE 137 I 58 E. 4.1.2, 134 V 53 E. 4.3, 130 II 425 E. 2.1, 124 I 208 E. 4a, 118 Ia 28 E. 1b; BGer vom 8. Dez. 2008, 2C_494/2008, E. 2.4). Willkür in der Beweiswürdigung liegt ferner dann vor, wenn der Entscheid auf einer widersprüchlichen Beweiswürdigung beruht, wenn Sinn und Tragweite eines Beweismittels offensichtlich verkannt worden sind, wenn die Beschwerdeinstanz ohne hinreichenden Grund ein wichtiges Beweismittel, das für den Entscheid wesentlich sein könnte, unberücksichtigt lässt, wenn diese einseitig einzelne Beweise berücksichtigt, obschon gewichtige Tatsachen oder Indizien deren Überzeugungskraft ernstlich erschüttern oder wenn diese auf der Grundlage der gesammelten Beweismittel eine unhaltbare Schlussfolgerung trifft (BGE 137 III 455 E. 2.4, 136 III 552 E. 4.2, 130 I 337 E. 5.4.1, 129 I 8 E. 2.1, 121 I 225 E. 4c, 119 Ia 197 E. 1d, 118 Ia 28 E. 1b, 116 Ia 85 E. 2b). 1927

Qualifiziert unkorrekt ist eine Beweiswürdigung ferner dann, wenn ohne Gründe von einem Gutachten abgewichen wird, ein nicht fachkundiges Gericht eine Frage, die nur auf Grund von Fachwissen beurteilt werden kann, selber beantwortet oder ohne Beizug eines unabhängigen gerichtlichen Sachverständigen auf eine bestrittene Parteibehauptung abstellt (BGE 132 III 83 E. 3.5; BGer vom 5. Feb. 2008, 9C_712/2007, E. 4.1). Nach der Rechtsprechung kann ein Gericht hingegen, ohne in Willkür zu verfallen, das **Beweisverfahren schliessen**, wenn Beweisanträge eine nicht erhebliche Tatsache betreffen, offensichtlich untauglich sind oder wenn es auf Grund bereits abgenommener Beweise seine Überzeugung gebildet hat und in vorweggenommener Beweiswürdigung annehmen kann, dass seine Überzeugung durch weitere Beweiserhebungen nicht geändert würde (sog. «**antizipierte Beweiswürdigung**»; vgl. BGE 134 I 140 E. 5.3, 131 I 153 E. 3, 130 II 425 E. 2.1, 125 I 127 E. 6c/cc, 124 I 208 E. 4a). 1928

Praxis:

1929 – **Unvollständige Bewertung einer Hausarbeit im Rahmen einer Anwaltsprüfung:** Dr. iur. X legte im 1. Halbjahr 2005 das basel-städtische Advokaturexamen ab. Am 17. Juni 2005 teilte ihm die Advokaturprüfungsbehörde Basel-Stadt mit, dass er das Examen nicht bestanden habe. Unter anderem war die von Prof. Dr. Y gestellte Hausarbeit als ungenügend bewertet worden. X hat gegen den Prüfungsentscheid am 15. Juli 2005 staatsrechtliche Beschwerde an das Bundesgericht erhoben. Der Beschwerdeführer beantragt neben der Aufhebung des angefochtenen Entscheids, die Sache sei an die Prüfungsbehörde zurückzuweisen mit der Vorgabe, seine Hausarbeit durch einen unabhängigen, unbefangenen, prüfungserfahrenen und mit Bezug auf das Thema fachkompetenten Sachverständigen bewerten zu lassen sowie gestützt auf eine ordentlich und verfassungskonform begründete Neubewertung der Hausarbeit einen neuen Prüfungsentscheid zu fällen. Der Beschwerdeführer erblickt einen Verstoss gegen das Willkürverbot darin, dass der angefochtene Entscheid bzw. das Gutachten sich letztlich nur mit einem Bruchteil der Entscheidungsgrundlagen auseinandersetze. Die Rüge erweist sich als begründet: Das umstrittene Gutachten geht zunächst auf allgemeine Aspekte der Arbeit des Beschwerdeführers ein. Es hält fest, dass die Arbeit in sprachlicher und formeller Hinsicht in Ordnung und logisch aufgebaut sei, dass aber häufig anstelle des Gesetzes willkürlich Literatur zitiert werde und der einleitende allgemeine Teil im Verhältnis zur eigentlichen Problemstellung eher breit geraten und wesentlich schwächer sei als der zweite, die eigentliche Problemstellung behandelnde Teil; die Arbeit werde immer besser, je weiter man «nach hinten» komme. Vorliegend fällt auf, dass die ungenügende Note im Gutachten ausschliesslich mit Erwägungen zu demjenigen Teil der 40-seitigen Arbeit begründet wird, die sich mit allgemeinen Ausführungen zu den Grundprinzipien des Pfandrechts befassen (bis S. 18). Hingegen findet sich im Gutachten keine inhaltliche Würdigung der andern, zentralen Teile der Arbeit: «Dienstbarkeiten» (S. 18 ff.), «Vollstreckung grundpfandgesicherter Forderungen» (S. 21 ff.) sowie «Verhältnis zwischen Pfandrechten und Servituten» (S. 30 ff.) – ausser eben dem Hinweis, dass die Arbeit «nach hinten» immer besser werde; auch das «Fazit» der Arbeit (S. 38 f.) wird vom Gutachter nur erwähnt, soweit dieses wiederum auf den von ihm kritisierten Teil Bezug nimmt. Diese Gegenüberstellung von Gutachten und Hausarbeit zeigt, dass der Experte seine Beurteilung umfangmässig auf lediglich knapp einen Drittel der 40-seitigen Arbeit abstützt. Der Beschwerdeführer wendet denn auch zu Recht ein, dass eine detaillierte und konkret nachvollziehbare Begründung der Bewertung eigentlich nur mit Bezug auf die Pfandrechte, genaugenommen auf die Seiten 12 bis 16 der Hausarbeit vorliege. Verschärft wird die Problematik noch dadurch, dass es sich beim (einzig) bewerteten Abschnitt bloss um einen Teil der etwas breit geratenen, hinsichtlich ihrer Bedeutung aber eher untergeordneten Einleitung in das sachlich viel wichtigere Thema der Arbeit («Das Verhältnis von Pfandrechten und Dienstbarkeiten am gleichen Grundstück in der Zwangsverwertung») handelt. Die weiteren Abschnitte, darunter gerade der inhaltliche Kern der Arbeit, werden im Gutachten weder gewürdigt noch gegen den als fehlerhaft qualifizierten Teil der Einleitung abgewogen. Ein solches Vorgehen lässt die Beurteilung als methodisch derart mangelhaft erscheinen, dass sie als unhaltbar und damit als willkürlich qualifiziert werden muss (BGer vom 5. Juli 2006, 2P.55/2006, E. 4.3.1 und E. 4.3.2).

1930 – **Würdigung eines Gutachtens:** Nach einer speziellen Herzoperation wurde der Patient A nach 10 Tagen von der Intensivstation auf die normale Bettenstation verlegt. Dort sprang er in geistiger Verwirrtheit abends aus dem Fenster und verstarb noch auf der Unfallstelle. Das vom Herzchirurgen G verfasste Gutachten stellte fest, dass in anderen Spitälern nach derartigen Operationen Sitzwachen angeordnet würden. Dabei gehe es um ein nach herzchirurgischen Eingriffen nahezu alltägliches Problem, das mit einer Wahrscheinlichkeit von 20 bis 30 % auftritt. Das Hauptmerkmal des mit den Begriffen «Verwirrtheitszustand», «Delir» oder «Durchgangssyndrom» bezeichneten Zustandes bestehe stets in der Störung der Aufmerksamkeit. Eine ausgewogene und geordnete Wahrnehmung und Reizverarbeitung im Gehirn der Patientin oder des Patienten sei im akuten Stadium des Delirs nicht mehr möglich. Das Gutachten kam daher zum Ergebnis, dass eine Sitzwache ohne Weiteres den Tod von A hätte verhindern können. Das Verwaltungsgericht erachtete hingegen gewisse Aussagen im Gutachten als nicht schlüssig, folgte dem Gutachten des Psychiaters H, welcher eine Sorgfaltspflichtverletzung des Spitals verneinte, und kam ohne eingehende Begründung zum Schluss, dass das Spital für den Tod des A nicht haftbar gemacht werden kann. Das Bundesgericht heisst eine gegen dieses Urteil erhobene Beschwerde gut. Erwägungen: Das Gericht darf in Fachfragen nicht ohne triftige Gründe von einem Gutachten abweichen bzw. muss Abweichungen begründen. Weicht das Gericht von einem Gutachten ab, kann ihm keine Willkür vorgeworfen werden, wenn die Glaubwürdigkeit des Gutachtens durch die Umstände ernsthaft erschüttert ist. Dagegen kann das Gericht dann in Willkür verfallen, wenn es Zweifel an der Richtigkeit des Gutachtens hegt und dennoch keine ergänzende Abklärung anordnet, um diese Zweifel zu beseitigen. Im vorliegenden Fall hat das Verwaltungsgericht in keiner Weise auf Umstände hingewiesen, welche die Glaubwürdigkeit des Gutachters G mit Bezug auf die Aussage, wonach in anderen Spitälern in einer Vielzahl von Fällen Sitzwachen angeordnet werden, erschüttern könnten. Ebenso wenig sind dem angefochtenen Urteil irgendwelche Zweifel an der Richtigkeit dieser Aussage zu entnehmen. Indem das Verwaltungsgericht vom Gutachten des als Experten beigezogenen Herzchirurgen G ohne erkennbaren Grund abgewichen ist, ist es der Willkür verfallen. Eine vertiefte Auseinandersetzung mit der Aussage des Herzchirurgen G wäre im Übrigen umso mehr geboten gewesen, als die Herzchirurgen im Umgang mit den recht zahlreichen Delirpatienten unter den Herzoperierten (20 bis 30 %) über mehr Erfahrung verfügen als die Psychiater, die nach den Feststellungen im angefochtenen Urteil in der Regel nicht einmal zur Diagnosestellung beigezogen werden (BGE 130 I 337 E. 5.4.1).

– **Aktengutachten:** Über den Beschwerdeführer, welcher verwahrt wird und Antrag auf Haftentlassung stellt, wurden bereits 1994 und 1997 je ein Gutachten erstellt. Da die Notwendigkeit der Verwahrung noch nicht hinreichend geklärt war, wurde vom Obergericht 1999 ein Zusatzgutachten in Auftrag gegeben. Die Untersuchung im Rahmen des Gutachtens lehnte der Beschwerdeführer ab, worauf der Gutachter anhand der Akten prüfte, ob und wieweit es gestützt darauf möglich sei, zu den vom Obergericht gestellten Fragen eine Antwort zu finden. Der Beschwerdeführer erachtet in dieser Vorgehensweise Willkür. Das Bundesgericht weist seine Beschwerde ab. Erwägungen: Das Schrifttum geht mehrheitlich von einer persönlichen Exploration des Probanden aus; Ausnahmen sind etwa möglich, wenn über den zu begutachtenden Täter bereits ein oder mehrere Gutachten erstattet worden sind, die überdies jüngeren Datums sein müssen, und wenn sich die Grundlagen der Begutachtung nicht wesentlich geändert haben (nach wie vor gleiches Krankheitsbild). Ein Aktengutachten kommt auch in Betracht, wenn der Proband nicht oder nur schwer erreichbar ist oder sich einer Begutachtung verweigert. Ob bei einer derartigen Konstellation sich ein Aktengutachten verantworten lässt, hat in erster Linie der angefragte Sachverständige zu beurteilen. Dem Obergericht lagen zwei Gutachten neueren Datums vor und das Krankheitsbild des Beschwerdeführers hatte sich nicht wesentlich verändert. Das Obergericht durfte damit, ohne in Willkür zu verfallen, davon ausgehen, dass sich die persönliche Exploration des Beschwerdeführers wegen der von diesem eingenommenen Verweigerungshaltung als unmöglich erwiesen habe (BGE 127 I 54 E. 2b). 1931

– **Wortlaut des Arbeitszeugnisses:** Das Verwaltungsgericht des Kantons Luzern hiess die Beschwerde eines Arbeitnehmers gut und legte den Wortlaut des Arbeitszeugnisses selbst fest. Gegen dieses Urteil führt die Stadt Luzern als Arbeitgeberin Beschwerde beim Bundesgericht. Das Bundesgericht heisst die Beschwerde gut. Erwägungen: Die Stadt Luzern erachtet zwei Passagen des neu auszustellenden Arbeitszeugnisses als derart krass unrichtig und für Dritte täuschend, dass sie es als unzumutbar erachtet, dieses Zeugnis zu unterschreiben. Die erste der kritisierten Aussagen bescheinigt dem Arbeitnehmer berufliche Kompetenz und hält fest, dass er seine Aufgaben zuverlässig und verantwortungsbewusst wahrnahm. Nach Meinung des Bundesgerichts wäre das Verwaltungsgericht, in Anbetracht der Tatsache, dass die Stadt Luzern die Qualifikation des Arbeitnehmers und die Zuverlässigkeit seiner Aufgabenerfüllung im Verfahren vor Verwaltungsgericht vehement bestritten und diesbezüglich auch Beweisanträge gestellt hat, gestützt auf Art. 29 Abs. 2 BV verpflichtet gewesen, beweismässig näher abzuklären, ob eine solche vorbehaltlos positive Aussage sachlich zu vertreten war. Indem es dies unterliess, hat es den Anspruch der Stadt Luzern auf Gewährung des rechtlichen Gehörs verletzt und ist in Willkür verfallen (BGer vom 14. März 2005, 2P.104/2004, E. 5). 1932

b) *Offensichtlich falsche Gesetzesauslegung*

1933 **Willkürlich** ist eine Auslegung oder Anwendung des Gesetzes nicht schon dann, wenn eine andere Lösung ebenfalls vertretbar erscheint oder gar vorzuziehen wäre, wenn sich aus dem Wortlaut der angewendeten Bestimmung die davon abgeleitete Folge nicht zweifelsfrei ergibt, mehrere Auslegungsvarianten offen bleiben, aber die Interpretation sachlich vertretbar ist, oder wenn die Meinung der Beschwerdeinstanz nur undeutlich in den massgeblichen Bestimmungen zum Ausdruck kommt, sondern erst dann, wenn das **Gesetz offensichtlich falsch** ausgelegt worden ist, wenn die eigentlich anwendbare Norm zwar erkannt und benannt, das Vorliegen ihrer Voraussetzungen jedoch irrtümlicherweise verneint oder wenn die betreffende Norm nicht auf den Sachverhalt angewendet worden ist (BGE 122 III 439 E. 3a; BGer vom 2. Dez. 2010, 8C_1074/2009, E. 3.3.2; vom 7. Dez. 2007, 1C_103/2007, E. 3; BVGer vom 11. Juli 2008, B-5476/2007, E. 3.3).

1934 Auf einer **willkürlichen Auslegung** des kantonalen Verfahrensrechts beruht es, Parteien die formelle Beschwer und damit die Beschwerdelegitimation abzusprechen, obwohl sie von einer Verfügung zumindest als Drittbetroffene materiell belastet werden (BGer vom 18. Mai 2011, 2C_491/2009, E. 6). Ebenso stellt es eine willkürliche Auslegung des kantonalen Verfahrensrechts dar, den Beschwerdeführer als nur teilweise obsiegend zu betrachten, nachdem das kantonale obere Gericht den erstinstanzlichen Schuldspruch wegen gravierender Verfahrensmängel aufgehoben und die Sache zur Ergänzung der Untersuchung zurückgewiesen hatte (BGer vom 29. März 2011, 6B_898/2010, E. 3.5). Ebenso ist es willkürlich, wenn ein kantonales Verwaltungsgericht, welches eine Sache an die Verwaltung zur neuen Entscheidung zurückweist, dies als teilweises Unterliegen des grundsätzlich obsiegenden Beschwerdeführers wertet (BGE 137 V 57 E. 2.2; BGer vom 12. Mai 2011, 2C_60/2011, E. 2.5; vom 7. Nov. 2001, 1P.289/2001, E. 2).

1935 Eine **willkürliche Auslegung** stellt weiter dar, wenn eine Beschwerdeinstanz die für den Bau landwirtschaftlicher Gebäude geltenden Bestimmungen verkennt und weniger strenge Voraussetzungen annimmt (BGer vom 5. April 2011, 1C_25/2011, E. 3.5.3); wenn eine Verweisung auf die SIA-Norm 116 nicht ausgelegt und von einer dynamischen Verweisung ausgegangen wird, die unter verfassungsrechtlichen Gesichtspunkten betrachtet nicht unproblematisch ist und einer Delegationsnorm bedarf (BGE 136 I 316 E. 2.4.2 und E. 2.4.3); wenn eine kommunale Norm zulasten eines Abgabepflichtigen angewendet wird, obwohl sie nach dem höherrangigen kantonalen Recht nicht rechtsgültig geworden ist (BGer vom 19. Nov. 2009, 2C_86/2009, E. 7.2); wenn die Besteuerung im Einzelfall je nach Auslegung der betreffenden Norm von Zufälligkeiten abhängt (BGer vom 9. April 2009, 2C_799/2008, E. 5.3 [Grundstücksgewinnsteuer]); wenn bei der Nutzungsübertragung gemäss Bau- und Planungsgesetz Parzellen einbezogen werden, die lediglich früher noch aneinander grenzten, die jedoch heute weder benachbart noch in demselben Gestaltungsperimeter liegen, auch wenn deren Eigentümer eine dienstbarkeitsrechtliche (privatrechtliche) Ausnützungsvereinbarung getroffen haben (BGer vom 3. Okt. 2008, 1C_416/2007, E. 2.6); wenn beträchtliche Überlängen vorliegen, ohne dass von den Entscheidinstanzen geprüft wird, ob die geplante Baute eine Ausnahmebewilligung benötigt (BGer vom 3. Okt. 2008, 1C_416/2007, E. 3.4); wenn die Vorinstanzen eine neue Erschliessung mittels Kanalisation (mit entsprechender Beitragspflicht) annehmen, obwohl die bisherige Erschliessung nur in formeller Hinsicht – sie war im Plan nicht verzeichnet – dem bisher gültigen Generellen Kanalisationsprojekt nicht entsprach (BGer vom 4. Dez. 2007, 2D_81/2007, E. 4.3); wenn eine kantonal angestellte Primarlehrerin bei einer Wiedereinstellung allein deshalb tiefer eingestuft wird, weil sie vorübergehend während zweier Jahre mit reduziertem Pensum angestellt war (VerwG ZH vom 14. Feb. 2005, PB.2004.00081, E. 2.3.2); wenn überhaupt nicht abgeklärt wird, ob die Bietergemeinschaft aus früheren Mandaten einen konkreten Wettbewerbsvorteil gezogen und allenfalls vorbefasst gewesen ist (BGer vom 25. Jan. 2005, 2P.164/2004, E. 5.7).

Praxis:

- **Bestimmungen über die Zusammensetzung des Prüfungsgremiums:** V begann im Wintersemester 1999/2000 das Studium an der Berner Fachhochschule für Gestaltung, Kunst und Konservierung (im Folgenden: Fachhochschule). Im Herbst 2001 trat er das erste Mal zur Vordiplomprüfung an, welche in der Folge als ungenügend bewertet wurde. Am 12. Dez. 2001 erreichte er bei der Wiederholung der Prüfung im Fach Kunsttechnologie und Konservierung die ungenügende Note 2,5. Am 15. Jan. 2002 eröffnete die Fachhochschule V, dass er die Vordiplomprüfung wiederum nicht bestanden habe und deshalb nicht ins Hauptstudium aufgenommen werden könne. Vor Bundesgericht macht der Beschwerdeführer geltend, an der ersten Prüfung im Fach Kunsttechnologie und Konservierung im Herbst 2001 seien insgesamt sieben Personen anwesend gewesen, wovon vier geprüft hätten. Bei der Nachprüfung am 12. Dez. 2001 seien fünf Personen anwesend gewesen, wobei der Beschwerdeführer von vier Prüfenden befragt worden sei. Dies ergäbe sich ohne Weiteres aus dem Prüfungsprotokoll vom 12. Dez. 2001. Das Bundesgericht heisst die Beschwerde gut. Erwägungen: Nach Art. 30 Abs. 1 der Studienordnung wird die Vordiplomprüfung von der Promotionskonferenz abgenommen und bewertet. Die einzelnen Prüfungen werden durch zwei Prüfende abgenommen. Bei Bedarf können externe Experten beigezogen werden. Mündliche Prüfungen werden protokolliert. Nach Art. 30 Abs. 2 der Studienordnung ergibt sich die Prüfungsnote aus dem Mittel der Bewertung der beiden Prüfenden. Wie bereits die Erziehungsdirektion zu Recht festgestellt hat, ist Art. 30 Abs. 1 der Studienordnung klar: Die Vordiplomprüfung wird durch zwei Prüfende abgenommen. Der Zuzug eines externen Experten ist möglich. Dies bedeutet aufgrund des unmissverständlichen Wortlauts, dass zwei Prüfende Fragen stellen, wobei ein externer Experte als Zuhörer beigezogen werden kann. Diese klare und eindeutige Auslegung ergibt sich sodann auch aus Abs. 2 der genannten Bestimmung, wonach die Prüfungsnote im einzelnen Prüfungsfach sich aus dem Mittel der Bewertung der beiden Prüfenden ergibt. Auch daraus ist ersichtlich, dass nur zwei Prüfende die mündliche Prüfung mit Noten bewerten. Die externen Experten wirken somit nur beratend, nicht aber bei der Notengebung selbst mit. Aus dem Protokoll vom 12. Dez. 2002 über die Nachprüfung ergibt sich hingegen, dass insgesamt vier Prüfende, worunter der Protokollführer, den Beschwerdeführer befragt haben. Bei den Nachfragen des Protokollführers handelte es sich, wie die Erziehungsdirektion feststellte, um Fragen, die über rein akustische Verständnisfragen zwecks Erstellung des Protokolls hinausgingen und eigentliche eigenständige Examensfragen darstellten. Der Beschwerdeführer macht somit zu Recht geltend, Art. 30 der Studienordnung sei offensichtlich verletzt worden. Bei der Bestimmung über die Zusammensetzung des Prüfungsgremiums handelt es sich um eine wichtige Verfahrensregel, die klar formuliert ist und im Hinblick auf die prozedurale Rechtssicherheit und Rechtsgleichheit streng zu befolgen ist. Dabei ist nicht von Belang, ob sich die unzulässige Anzahl von Prüfenden konkret auf das Ergebnis ausgewirkt hat oder nicht, was sich ohnehin kaum je mit genügender Sicherheit nachträglich feststellen lässt. Die eindeutige Verfahrensregel ist als solche einzuhalten. Indem sich die Fachhochschule im vorliegenden Fall nicht daran gehalten hat, hat sie die Studienordnung willkürlich angewendet. Der angefochtene Entscheid erweist sich schon aus diesem Grund als verfassungswidrig (BGer vom 1. Sept. 2003, 2P.26/2003, E. 3.3 und E. 3.4). 1936

1937 – **Kein Anspruch auf Bekanntgabe der Taggelder, welche an Richter bezahlt werden:** Gemäss § 23 des kantonalen Gesetzes über die Information und den Datenschutz (IDG) kann die Bekanntgabe von Informationen ganz oder teilweise verweigert oder aufgeschoben werden, wenn der Bekanntgabe ein überwiegendes öffentliches oder privates Interesse entgegensteht. Die von der Beschwerdeführerin nachgesuchten Informationen stehen in einem engen Zusammenhang mit der Leistungsbeurteilung von Richtern und der dieser durch die richterliche Unabhängigkeit gesetzten Schranken. Die Bekanntgabe eines einzelnen und nicht aussagekräftigen Indikators kann nicht nur Missverständnisse heraufbeschwören, sondern die zusätzliche Gefahr bergen, dass der Richter als Reflex darauf durch unsachgemässen Druck beeinflusst werden könnte. Es geht auch um die präjudizielle Wirkung der Anerkennung eines Rechts auf Zugang zur umstrittenen Information. Wäre im vorliegenden Fall der Zugang zur Information zu gewähren, wäre er konsequenterweise in jedem andern Fall ebenfalls zu gewähren und würden mit der Bekanntgabe der Anzahl Taggelder die Parteien und letztlich die Öffentlichkeit erfahren, wie viel Zeit ein Richter in einen Fall investiert hat. Das aber liefe darauf hinaus, dass der Richter über die für die Vorbereitung eines Urteils aufgewendete Zeit den Parteien und der Öffentlichkeit Rechenschaft schuldig wäre und entsprechend unter Druck käme. Dadurch würden seine Arbeitsweise und damit auch der Ausgang eines Verfahrens durch prozessfremde Elemente beeinflusst und die Unabhängigkeit des Gerichts in Frage gestellt. Kann sich nach dem Gesagten die Bekanntgabe der Anzahl der Taggelder für ein konkretes Verfahren negativ auf die richterliche Unabhängigkeit auswirken, so ist die Vorinstanz nicht in Willkür verfallen, wenn sie angenommen hat, an der Geheimhaltung bestehe ein überwiegendes öffentliches Interesse (BGE 137 I 1 E. 2.5).

c) *Krasse Missachtung eines unumstrittenen Rechtsgrundsatzes*

1938 Willkür liegt sodann vor, wenn der Entscheid einen **unumstrittenen Rechtsgrundsatz** krass verletzt (BGE 136 I 316 E. 2.2.2, 134 II 124 E. 4.1, 132 I 175 E. 1.2, 131 I 467 E. 3.1). Die Abgrenzung zu den **allgemeinen Rechtsgrundsätzen** ist unklar, zumal als allgemeine Rechtsgrundsätze auch Institute bezeichnet werden, die für die Rechtsordnung eine fundamentale und in diesem Sinne unumstrittene Bedeutung aufweisen und nicht nur – wie üblicherweise – Normen darstellen, die wegen ihrer allgemeinen Tragweite sowohl im öffentlichen Recht wie auch im Privatrecht gewährleistet sind (zum Ganzen Rz. 667 ff.). Beispielsweise werden etwa die **Kriterien zur Unterscheidung von öffentlichem und privatem Recht** (Subordinations-, Interessen- und Funktionstheorie sowie modale Theorie), deren offensichtliche Missachtung willkürlich sein kann, als unumstrittene Rechtsgrundsätze bezeichnet (BGE 132 I 270 E. 5.7).

1939 Zu prüfen ist beispielsweise, ob der (allgemeine) **Grundsatz des Verbots der reformatio in peius** missachtet wurde, was willkürlich wäre (BGE 129 I 65 E. 2.3, 129 III 417 E. 2.1.1, 110 II 113 E. 3c; BGer vom 10. Juni 2009, 6B_999/2008, E. 2.3; vom 2. Nov. 2007, 6B_411/2007, E. 1.3). Zu prüfen ist ebenso, ob der Regierungsrat in Willkür verfallen ist, indem er gegen den **Grundsatz der Gewaltentrennung** verstossen hat, weil dieser eine am 25. Aug. 2003 beschlossene Änderung des Steuergesetzes aus finanzpolitischen Gründen erst auf den 1. Jan. 2006 in Kraft gesetzt hat (das Bundesgericht hat eine Verletzung des Willkürverbots verneint [BGE 130 I 174 E. 2.2], während diese von HANGARTNER bejaht wird [YVO HANGARTNER, Entscheidbesprechung, AJP 2004, S. 1547]).

Praxis:

- **Verbot der reformatio in peius (Herabsetzung des Honorars):** Im Rahmen eines hängigen Scheidungsverfahrens regelte das Vizegerichtspräsidium Arbon mit Verfügung vom 4. März 2002 die Kinderbelange (Ziff. 1-4) und sprach dem Offizialanwalt der Ehefrau zu Lasten des Staates ein Honorar von Fr. 2'152.– zu (Ziff. 5). Nachdem diese beschränkt auf die Kinderalimente rekurriert hatte, setzte das Obergericht des Kantons Thurgau die Entschädigung des Offizialanwaltes für das erstinstanzliche Verfahren mit Entscheid vom 8. April 2002 von Amtes wegen auf Fr. 1'400.– herab. Das Bundesgericht heisst die gegen die Honorarkürzung erhobene staatsrechtliche Beschwerde des Offizialanwaltes gut. Der Beschwerdeführer stellt sich auf den Standpunkt, er habe einzig gegen Ziff. 4 des erstinstanzlichen Entscheides (Kinderunterhalt) rekurriert, nicht aber gegen die von der ersten Instanz festgelegte Parteientschädigung. Gemäss § 237 ZPO/TG hemmt der Rekurs Rechtskraft und Vollstreckbarkeit des angefochtenen Entscheides im Umfang der Rekursanträge, und die Rekursinstanz hat nach § 241 ZPO/TG Verfahren und Entscheid der ersten Instanz im Rahmen der Rekursanträge zu prüfen. Für den Kanton Thurgau sieht die Prozessordnung demnach vor, dass die obere Instanz die Streitsache einzig im Rahmen der Rekursanträge überprüfen darf (§ 241 ZPO/TG), während die nicht angefochtenen Ziffern des Dispositivs in Rechtskraft erwachsen sind (§ 237 ZPO/TG). Die Herabsetzung des Honorars bedeutet für den amtlichen Anwalt eine Reformatio in peius. Die thurgauische Zivilprozessordnung enthält keine gesetzliche Grundlage für eine von keiner Seite beantragte, sondern von Amtes wegen vorgenommene Honorarkürzung. Da es sich beim Verbot der Reformatio in peius um einen klaren und unumstrittenen Rechtsgrundsatz handelt, begründet dessen Missachtung Willkür (BGE 129 I 65 E. 2.3). 1940

- **Rechtsnatur der Alpgenossenschaften:** Das Bündner Verwaltungsgericht hat die Alpgenossenschaften der Gemeinde Schiers als privatrechtlich qualifiziert, worauf die Gemeinde Beschwerde beim Bundesgericht erhoben hat. Das Bundesgericht heisst die Beschwerde gut. Erwägungen: Die Beschwerdeführerin leitet die öffentlich-rechtliche Natur aus den Bestimmungen des kommunalen Weidgesetzes ab. Sie erachtet es als willkürlich, dass das Verwaltungsgericht die Genossenschaften als privatrechtlich qualifiziert habe, obwohl deren Selbstbestimmungsrecht in diesem kommunalen Erlass grundlegend beschränkt werde. Das Bundesgericht kommt nach eingehender Würdigung der Rechtsgrundlagen zum Schluss, dass die Genossenschaften einen öffentlichen Zweck verfolgen, indem sie die gemeindlichen Alpen für diejenigen Personen offenhalten, die gemäss althergebrachter Übung und nach dem späteren kantonalen Recht zur Nutzung berechtigt sind. Im Vergleich dazu erweist sich der private Nutzen, den die jeweiligen Mitglieder aus der Genossenschaft ziehen können, lediglich als Folge dieses öffentlichen Zwecks. Dem öffentlich-rechtlichen Charakter der Genossenschaften tut es keinen Abbruch, dass die Mitgliedschaft heute nicht automatisch mit der Begründung des landwirtschaftlichen Domizils in der Gemeinde entsteht; es genügt, dass ein öffentlich-rechtlicher Rechtsanspruch auf den Erwerb der Mitgliedschaft besteht. Ebenso wenig kann es darauf ankommen, dass bei den fraglichen Korporationen kein Beitrittszwang der Nutzungsberechtigten vorgeschrieben ist. Unhaltbar ist es sodann, wenn das Verwaltungsgericht die im Weidgesetz von 1986 verankerte Pflicht, die Genossenschaftsstatuten von der Gemeinde genehmigen zu lassen, als mit einer privatrechtlichen Struktur vereinbar wertet. Wesensmerkmal privatrechtlicher Körperschaften ist nach dem bündnerischen Recht ihr Selbstbestimmungsrecht. Eine Genehmigung ihrer Statuten ist dem Bündner Recht fremd. Ein solches besteht dagegen bei öffentlich-rechtlichen Körperschaften im Rahmen des öffentlichen Rechts. Fehl geht das kantonale Gericht schliesslich, wenn es aus einzelnen Meinungsäusserungen und Verfügungen der Behörden den Schluss zieht, die Gemeinde habe den privaten Charakter der fraglichen Genossenschaften anerkannt. Für eine Privatisierung hätte es einen Entscheid des Gemeindegesetzgebers erfordert, das Weidgesetz von 1986 in diese Richtung zu ändern. Die erörterten Vorgaben des bisher geltenden kommunalen Rechts an die fraglichen Alpkorporationen sprechen damit eindeutig für deren öffentlich-rechtliche Natur sprechen. Die gegenteilige Auffassung des Verwaltungsgerichts verstösst gegen unumstrittene Rechtsgrundsätze (Abgrenzungskriterien zwischen öffentlichem Recht und Privatrecht) und erweist sich als willkürlich (BGE 132 I 270 E. 5). 1941

d) *Grobe Ermessensfehler*

1942 Ein Entscheid ist willkürlich, wenn eine **schlechthin unhaltbare oder missbräuchliche Betätigung** des **Ermessens** vorliegt (BGE 131 I 57 E. 2; BGer vom 19. März 2010, 8C_190/2010, E. 3.3; vom 14. Jan. 2010, 8C_723/2009, E. 3.3; vom 25. Feb. 2009, 8C_140/2008, E. 11.2; BVGer vom 1. April 2011, B-4117/2010, E. 6.5).

1943 Die **Festsetzung eines Anwaltshonorars ist willkürlich**, wenn sie ausserhalb jedes vernünftigen Verhältnisses zu den mit Blick auf den konkreten Fall notwendigen anwaltlichen Bemühungen steht und in krasser Weise gegen das Gerechtigkeitsgefühl verstösst (BGer vom 14. Jan. 2010, 8C_723/2009, E. 3.3; vom 25. Feb. 2009, 8C_140/2008, E. 11.2; vom 5. Nov. 2007, C 33/07, E. 4.3; vom 8. Aug. 2007, U 370/06, E. 2.3; vom 22. Juni 2000, 1P.201/2000, E. 2b). Eine **Vergabebehörde** übt ihr eingeräumtes Ermessen in willkürlicher Art und Weise aus, wenn sie bei der Fällung des Zuschlagsentscheids Gesichtspunkte in die Beurteilung der Angebote einfliessen lässt, die sich nicht aus den vorgängig publizierten Kriterien ergeben (VerwG GR vom 7. Juli 2009, U-09-38, E. 3a).

1944 Willkürlich ist eine **Steuerveranlagung nach Ermessen** dann, wenn sie sich nach den Akten als geradezu unmöglich, als sachlich nicht begründbar erweist (VerwG ZH vom 10. Mai 2006, SB.2005.00084, E. 3; vom 20. Okt. 2004, SB.2003.00074, E. 6). Die **Verweigerung einer Einbürgerung** ist willkürlich, wenn die Gemeinde neue, dem kantonalen Recht widersprechende Kriterien einführt, die keinerlei Bezug zu den gesetzlich verankerten Einbürgerungsvoraussetzungen aufweisen und sich letztlich als sachwidrig erweisen (VerwG GR vom 20. Okt. 2009, U-09-53, E. 3 [Verweigerung der Einbürgerung mit der Begründung, dass sich die Gesuchstellerin zuvor von ihrem aus der Schweiz ausgewiesenen Ehemann hätte scheiden lassen müssen]).

Praxis:

1945 – **Berechnung des Zeitaufwandes bei der Festsetzung des Anwaltshonorars:** Das kantonale Versicherungsgericht setzte die Parteientschädigung unter Würdigung der Bedeutung und Schwierigkeit der Streitsache, des Umfangs der Arbeitsleistung sowie der durch den Rechtsstreit entstandenen Auslagen auf pauschal Fr. 800.– (inkl. Auslagen und Mehrwertsteuer) fest, indem sie den Zeitaufwand bei maximal drei Stunden ansetzte. Die im vorinstanzlichen Verfahren eingereichte Beschwerdeschrift umfasste knapp acht Seiten, wovon fünf der materiellen Begründung gewidmet waren. Es stellten sich relativ schwierige Rechtsfragen, ging es doch darum, ob der zu 80 % als Lehrer beschäftigt gewesene Versicherte als Voll- oder Teilerwerbstätiger zu qualifizieren ist und ob im Falle der Invaliditätsbemessung nach der gemischten Methode (Teilerwerbstätigkeit) als Tätigkeit im Aufgabenbereich die Besorgung des Einpersonenhaushaltes und/oder die Malerei zu berücksichtigen ist. Die Erwägungen der Vorinstanz zu diesen Fragen umfassten sechs Seiten, wobei sie sich nicht auf eine veröffentlichte höchstrichterliche Rechtsprechung zum Fall eines teilzeitlich erwerbstätigen, einen Einpersonenhaushalt führenden Versicherten abstützen konnte. Mit Blick auf die zu beurteilenden Rechtsfragen handelte es sich um einen komplexen Fall, der auch eine erfahrene Anwältin vor besondere Schwierigkeiten stellte. Da sie den Beschwerdeführer im Verwaltungsverfahren noch nicht vertreten hatte, fiel ihr Aufwand dementsprechend höher aus. Es ist davon auszugehen, dass ein Anwalt oder eine Anwältin für die Erstellung einer solchen Rechtsschrift sowie für die vorangehende Besprechung mit dem Klienten und das Aktenstudium erheblich mehr als drei Stunden braucht, weshalb die vorinstanzliche Veranschlagung als willkürlich erscheint (BGer vom 15. Juli 2003, I 12/03, E. 5.3; vgl. auch BGer vom 14. Jan. 2010, 8C_723/2009, E. 4).

– **Bewertung von Vergabekriterien:** Die Gemeinde schrieb Spengler- und Flachdacharbeiten am 9. Feb. 2009 im offenen Verfahren im Kantonsamtsblatt aus. Als Zuschlagskriterien wurden u.a. auch die Lehrlingsausbildung (4 %) festgelegt. Mit Verfügung vom 28. April 2009 vergab die Gemeinde den Auftrag an die X AG mit der Begründung, sie habe das wirtschaftlich günstigste Angebot eingereicht. Dagegen erhob die Y am 11. Mai 2009 Beschwerde an das Verwaltungsgericht mit dem Antrag, der Zuschlag sei aufzuheben und der Auftrag sei an die Beschwerdeführerin zu vergeben. Beim Kriterium «Lehrlingsausbildung» sei die Vorinstanz in geradezu willkürlicher Art und Weise vorgegangen. Dieses Kriterium sei zwar mit 4 % bewertet worden, jedoch derart angewendet worden, dass jeder Anbieter bei diesem Kriterium 5,25 Punkte (bei maximal 8 Punkten) erreicht habe. Auch die berücksichtigte Firma habe hier 5,25 Punkte erhalten, obwohl sie keinen einzigen Lehrling ausbilde, sondern sich lediglich bereit erklärte, Lehrlinge auszubilden. Erwägungen: Den Vergabebehörden kommt insbesondere bei der Bewertung der einzelnen Angebote aufgrund der ausgewählten Zuschlagskriterien ein weiter Ermessensspielraum zu. Ein verwendetes Bewertungs- und Benotungssystem muss sachlich haltbar sein und auf alle Anbietenden in gleicher Weise und nach gleichen Massstäben angewendet werden. Nach der Praxis des Gerichtes darf die Bewertungsmethode dabei nicht zu Ergebnissen führen, welche die Gewichtung der Zuschlagskriterien verwischt oder gar in ihr Gegenteil verkehrt. Die erfolgte Festsetzung der massgeblichen Zuschlags- und Unterkriterien (samt Gewichtung) für die Beurteilung des wirtschaftlich günstigsten Angebotes ist bei der Zuschlagserteilung für die Vergabestelle und die Anbieter verbindlich und schränkt in diesem Sinne das der Vergabestelle zustehende Ermessen bei der Bestimmung des auszuwählenden Angebotes ein. Eine Vergabebehörde handelt rechtswidrig, wenn sie den Zuschlagsentscheid nicht (ausschliesslich) aufgrund der bekannt gegebenen Zuschlags- bzw. Subkriterien und des ebenso vorgängig bekannt gegebenen (relativen) Gewichts eines jeden Kriteriums. Der Grundsatz, dass die Bewertungsmethode so zu wählen ist, dass die bekannt gegebene Gewichtung zum Tragen kommt, gilt nicht nur für das Preiskriterium, sondern auch für die Bewertung der übrigen Zuschlagskriterien. Vorliegend hat die Vorinstanz der Beschwerdegegnerin 2 beim Kriterium Lehrlingsausbildung 5,25 von 8 möglichen Punkten gegeben, obwohl diese Firma in der Offerte deklariert hatte, dass sie keine Lehrlinge ausbilde. Dazu ist zunächst einmal festzuhalten, dass sowohl der Anbieter als auch die Vergabebehörde grundsätzlich an die Angaben in der Offerte gebunden sind. Es ist also unbehelflich, durch nachträglich eingeholte Auskünfte oder Akteneinlagen ein anderes Bild vermitteln zu wollen. Das Angebot der Beschwerdegegnerin 2 hätte vielmehr korrekterweise für ungültig erklärt werden sollen, da sie gemäss eigener Deklaration ein Kriterium überhaupt nicht erfüllte. Sodann geht es nicht an, aufgrund der eingeholten Auskünfte nachträglich ein neues Kriterium wie «grundsätzliche Bereitschaft, Lehrlinge auszubilden», einzuführen. Verlangt wurde im Devis vielmehr einzig der Nachweis, dass tatsächlich Lehrlinge ausgebildet würden, und diesen hat die Beschwerdegegnerin in ihrer Offerte nicht erbracht. Der angefochtene Entscheid erweist sich schon aus diesen Gründen als rechtswidrig. Bei der Bewertung des umstrittenen Kriteriums hat die Vorinstanz eine in keiner Weise nachvollziehbare Formel zur Anwendung gebracht, die dazu führte, dass die Beschwerdegegnerin 5,25 von 8 möglichen Punkten erhielt, obwohl sie nach eigenen Angaben keine Lehrlinge ausbildet. Dies ist offensichtlich willkürlich. Wenn Angebote mit keinen Lehrlingen 5,25 Punkte, also etwa zwei Drittel der maximal möglichen Punkte erhalten, wird nicht auf die ganze Bandbreite der erzielbaren Punkte abgestellt, sondern eine Skalierung gewählt, welche allein den über 5,25 Punkten liegenden Punktebereich benotet. Dadurch wird das Gewicht dieses Zuschlagskriteriums gegenüber der bekanntgegebenen Gewichtung deutlich verringert, was nach dem Gesagten unzulässig ist (VerwG GR vom 7. Juli 2009, U-09-38, E. 3a). 1946

e) Widersprüchliche Entscheide

1947 Willkür liegt ferner dann vor, wenn der Entscheid zur **tatsächlichen Situation in klarem Widerspruch** steht (BGE 129 I 173 E. 3.1) oder in seinen **rechtlichen Erwägungen an einem inneren, nicht auflösbaren Widerspruch** leidet (BGE 132 I 1 E. 3.3, 130 I 147 E. 3.2). In diesem Sinn ist es willkürlich, wenn sämtliche Amtsstellen einem Einbürgerungswilligen gute Sprachkenntnisse attestieren, das Einbürgerungsgesuch hingegen wegen mangelnder sprachlicher Ausdrucksweise abgelehnt wird (RR ZG vom 20. Nov. 2007, in: GVP 2007 S. 269 E. 3c). Obsiegt ein Beschwerdeführer zu 30 % und will die Vorinstanz erklärtermassen das Obsiegen bei der Kostenverlegung berücksichtigen, ist es widersprüchlich, den Beschwerdeführer mit deutlich mehr als 70 % der Gesamtkosten zu belasten (BGer vom 10. Okt. 2011, 2D_20/2011, E. 3.7).

Praxis:

1948 – **Entzug des Führerausweises (willkürliche Feststellung der beruflichen Massnahmeempfindlichkeit):** Die Dauer des Warnungsentzugs richtet sich gemäss Art. 33 Abs. 2 VZV auch nach der beruflichen Notwendigkeit, ein Motorfahrzeug zu führen. Die Vorinstanz hält fest, gemäss Bestätigung des Arbeitgebers bestehe bei dem als Verkäufer/Innenarchitekt tätigen Beschwerdeführer eine erheblich gesteigerte Massnahmeempfindlichkeit, weil er für die Ausübung der Kundenkontakte, die ausserhalb der mit öffentlichen Verkehrsmitteln erreichbaren Gegenden liegen, auf sein Fahrzeug angewiesen sei und dieses zeitweise auch als Transportmittel für Kleinmöbel und Katalogmaterial benötige. Allerdings, so die Vorinstanz weiter, gelte es zu berücksichtigen, dass ein Grossteil der Kundschaft mit öffentlichen Verkehrsmitteln erreichbar und es dem Beschwerdeführer daher zuzumuten sei, sich für die Fahrten zu der übrigen Kundschaft zweckdienlich zu organisieren. Es werde daher lediglich von einer leicht erhöhten Massnahmeempfindlichkeit ausgegangen. Diese Erwägungen sind gemäss Bundesgericht widersprüchlich und jedenfalls im Ergebnis unhaltbar. Die tatsächliche Feststellung der Vorinstanz – Erreichbarkeit der Kundenmehrheit mit dem öffentlichen Verkehr – weicht klar von der Bestätigung des Arbeitgebers ab. Worauf die vorinstanzliche Annahme basieren soll, ist nicht ersichtlich. Damit ist die Willkürrüge begründet (BGE 128 II 182 E. 3d).

1949 – **Postulationsfähigkeit und Vergleichsverhandlungen:** A (Beschwerdeführer) war bei B (Beschwerdegegner) als Kellner im Restaurant X in Uster angestellt. Am 27. April 2004 erhob A Klage beim Bezirksgericht Uster mit dem Antrag, der Beschwerdegegner sei zu verpflichten, ihm insgesamt Fr. 18'091.85 nebst 5 % Zins seit 1. Okt. 2003 zu bezahlen. Am 15. Juni 2004 wurde vor Bezirksgericht Uster die Hauptverhandlung durchgeführt. Nach der Klagebegründung und der Klageantwort wurde der anwaltlich nicht vertretene Beschwerdeführer aufgefordert, die Replik vorzutragen. Dazu war er offensichtlich unfähig, weshalb ihn der erstinstanzliche Richter gemäss § 29 Abs. 2 ZPO/ZH aufforderte, sich um einen Anwalt zu bemühen. Trotz der vom Einzelrichter festgestellten Unfähigkeit des Beschwerdeführers, die Sache selbst gehörig zu führen, wurde die Hauptverhandlung nicht ausgesetzt, sondern eine Vergleichsverhandlung durchgeführt. Im Verlauf der Vergleichsgespräche schlossen die Parteien einen Vergleich, gegen welchen der Beschwerdeführer wegen Willensmängeln Rekurs führte. Das Bundesgericht heisst die Beschwerde gut: Die Vorinstanz geht im Ergebnis davon aus, dass auch eine nicht postulationsfähige Partei an Vergleichsverhandlungen mitwirken und einen Vergleich abschliessen kann, solange ihre Prozessfähigkeit zu bejahen sei. Dieser Auffassung kann nicht beigepflichtet werden. Ausgangspunkt ist die Feststellung, dass der Beschwerdeführer in Bezug auf die Erstattung der Replik nicht postulationsfähig war. Er war offensichtlich unfähig, seine Sache selbst gehörig zu führen. Dabei ist die Fähigkeit, die eigene Sache gehörig zu führen, nicht nur isoliert bezogen auf die Erstattung der Replik zu beurteilen, sondern danach zu bemessen, ob die betreffende Partei fähig ist, ihre Sache als Ganzes gehörig zu führen. Wenn eine Partei «offensichtlich unfähig» ist, im Rahmen der Hauptverhandlung die Replik gehörig zu erstatten, dann ist anzunehmen, dass die gleiche Partei ebenso unfähig ist, die Vergleichsverhandlungen sinnvoll zu führen. Die Vergleichsgespräche stellen an Richter und Parteien hohe Anforderungen. Die Beteiligten müssen den Prozessstoff überblicken und in voller Kenntnis desselben zu den Streitpunkten Stellung nehmen können. Wenn eine Vergleichsverhandlung wie im vorliegenden Fall vor dem Abschluss des Behauptungsverfahrens durchgeführt wird, werden die Parteien zudem ihre Positionen, die sie in der Replik und Duplik vorgetragen hätten, in der Regel in modifizierter Form in die Vergleichsverhandlung einbringen. Die Mitwirkung der Parteien erschöpft sich somit nicht einzig in der Annahme oder Ablehnung eines Vergleichsvorschlages, für welchen Entscheid das Vorliegen der Prozessfähigkeit genügen könnte. Wenn der Richter den Beschwerdeführer für «offensichtlich unfähig» hält, nicht einmal mit Hilfe der richterlichen Befragung (§ 55 ZPO/ZH) die Replik zu erstatten, kann keine Rede davon sein, dass die gleiche Partei ihre Position in den mindestens so anforderungsreichen Vergleichsverhandlungen ohne rechtskundige Vertretung wirksam zu vertreten vermag. Zumindest hätte unter diesen Umständen Anlass bestanden, den Vergleich mit einem Ratifikations- oder Widerrufsvorbehalt abzuschliessen, um der nicht postulationsfähigen Prozesspartei wenigstens die Möglichkeit einer nachträglichen Rechtsberatung einzuräumen. Demgegenüber ist widersprüchlich und damit willkürlich, einerseits die Postulationsfähigkeit für die Erstattung der Replik zu verneinen, für die Mitwirkung an Vergleichsgesprächen aber vorbehaltlos zu bejahen. Aus diesen Gründen ist die staatsrechtliche Beschwerde gutzuheissen (BGE 132 I 1 E. 3.3).

f) Stossender Widerspruch zum Gerechtigkeitsgedanken

Willkür liegt ferner vor, wenn ein Entscheid in **stossender Weise dem Gerechtigkeitsgedanken zuwiderläuft** (BGE 135 II 356 E. 4.2.1, 116 Ia 85 E. 2b), was beispielsweise dann gegeben sein kann, wenn mehrere Normen über die Steuerpflicht zusammentreffen und in ihrem Ergebnis zu einer unhaltbaren hohen steuerlichen Belastung führen (BGE 106 Ia 342 E. 6c). Eine Kostenauflage stösst sich am Gerechtigkeitsgedanken, wenn ein klares Fehlverhalten einer Partei vorliegt und das von ihr verursachte Verfahren klarerweise unnötig erscheint, diese aber nicht vollumfänglich, sondern nur hälftig mit Kosten belastet wird (BGer vom 23. Mai 2011, 4A_166/2011, E. 2.4 [vorsorgliche Massnahme betreffend ein ergänzendes Schutzzertifikat]; vgl. auch BGer vom 30. Nov. 2010, 2C_612/2010, E. 2.2 [Kostenauflage im Hinblick auf ein Steuererlassgesuch]). 1950

Es ist stossend und läuft dem Gerechtigkeitsgedanken zuwider, nur denjenigen Assistierenden eine rückwirkende Lohnnachzahlung zu leisten, die zu einem gewissen Zeitpunkt (1. Mai 2007) noch eine Anstellung bei der Arbeitgeberin (ZHAW) hatten, und denjenigen keine Nachzahlung zu gewähren, die ab diesem Zeitpunkt an der ZHAW nicht mehr angestellt waren (VerwG ZH vom 13. Mai 2009, PB.2008.00019, E. 5.2). Besteht ein Tunnel der Eisenbahn seit dem 19. Jahrhundert, wird hingegen das darüber liegende Land erstmals 1950 überbaut, wäre es äussert stossend und es widerspräche dem Gerechtigkeitsgedanken, wenn das Recht der SBB auf den Tunnelbetrieb dem Ausübungsinteresse der Grundstückseigentümer weichen müsste (BVGer vom 25. Nov. 2008, A-365/2008, E. 4.3). Auch stossend wäre es, nach der Flucht aus dem Strafvollzug die Sistierung der Invalidenrente aufzuheben, da der Beschwerdeführer aus einer rechtswidrigen Handlung Nutzen ziehen könnte (BGer vom 21. Aug. 2008, 9C_20/2008, E. 5). 1951

Praxis:

1952 – **Höhe der Genugtuung (Untersuchungshaft):** Der Beschwerdeführer forderte mit seinem Entschädigungsbegehren eine Genugtuung von Fr. 300'000.–. Demgegenüber hat ihm das Kantonsgericht lediglich eine Genugtuung von Fr. 20'000.– zugesprochen. Der Beschwerdeführer befand sich nur während acht Tagen in Untersuchungshaft. Diese Dauer erheischt es zwar für sich allein genommen nicht, wesentlich über die genannte Summe von Fr. 20'000.–, wie sie für Fälle kürzeren Freiheitsentzuges gewährt wird, hinauszugehen. Von entscheidendem Gewicht sind vielmehr die gesamten Umstände der Haft und des Verfahrens. Der Beschwerdeführer wurde direkt vom Arbeitsplatz verhaftet. Die Untersuchungshaft wurde mit dem Verdacht schwerwiegender Vergehen und Verbrechen begründet, die den Beschwerdeführer sowohl in privater und sozialer Hinsicht wie auch in Bezug auf Tätigkeit und Ansehen in seinem Beruf ausserordentlich schwer treffen mussten; er hatte über seine Suspendierung in seiner amtlichen Funktion über lange ungewisse Zeit die (schliesslich ausgesprochene) Entlassung aus dem Staatsdienst zu gewärtigen. Der Angelegenheit wurde hinsichtlich der persönlichen und intimen Verhältnisse des Betroffenen grösste und landesweite Publizität zuteil. Die Behörden haben denn auch mit entsprechenden Pressecommuniqués über den Vorfall informiert. Der Beschwerdeführer hatte zahlreiche Zwangsmassnahmen zu erdulden (Hausdurchsuchung, Telefonabhörungen und -kontrollen). Im Laufe des Verfahrens ist er sehr ausgiebig und sehr eingehend (auch zu intimen Bereichen) befragt worden. Von ausserordentlichem Gewicht ist schliesslich die besonders lange Verfahrensdauer von fast fünf Jahren (zwischen der Verhaftung und dem freisprechenden Urteil des Strafappellationshofes), während welcher der Beschwerdeführer als Beschuldigter betrachtet wurde und die als Ungewissheit über ihm lastete und ihm in sozialer und beruflicher Hinsicht ein Fortkommen erschwerte bzw. gar verunmöglichte. Diese Gegebenheiten zeigen gesamthaft eine aussergewöhnliche Kumulierung von schwerwiegenden Umständen. Auf der einen Seite stehen insbesondere die schweren strafrechtlichen Anschuldigungen, die weittragenden Vorwürfe in beruflicher und persönlicher Hinsicht mit folgenschweren Auswirkungen auf Privat- und Familienleben und die ausserordentliche, weit über den Kanton hinausreichende Publizität in den Medien. Diese an sich schon einschneidende Last dauerte auf der andern Seite über eine ungewöhnlich lange Zeitspanne von fast fünf Jahren an. Aus dieser Kombination heraus ergibt sich eine seelische Unbill von seltenem Ausmass. Auch wenn das Kantonsgericht die einzelnen Elemente in den Erwägungen erwähnte, vermag deren Gewichtung dem tatsächlichen Ausmass der seelischen Unbill nicht gerecht zu werden. In diesem Lichte erscheint die zugesprochene Genugtuung als unzureichend und läuft in stossender Weise dem Gerechtigkeitsgedanken im Sinne von Art. 9 BV zuwider (BGer vom 2. Juni 2004, 1P.57/2004, E. 3).

2. Willkür in der Rechtssetzung

1953 Ein **Erlass ist willkürlich**, wenn er sinn- und zwecklos erscheint, in sich widersprüchlich ist oder sich offensichtlich nicht auf ernsthafte, sachliche Gründe stützen kann (BGE 136 I 241 E. 3.1, 136 II 120 E. 3.3.2, 134 I 23 E. 8, 133 I 145 E. 4.2, 132 I 157 E. 4.1, 131 I 313 E. 3.2, 129 I 1 E. 3, 127 I 185 E. 5, 124 I 11 E. 7e, 124 I 297 E. 3b, 123 II 16 E. 6a). Das **Willkürverbot** nach Art. 9 BV und das **Gleichbehandlungsgebot** nach Art. 8 Abs. 1 BV sind insofern eng miteinander verbunden, als ein Verstoss gegen die Rechtsgleichheit als eine besondere Form der Willkür erscheint, in dem ohne sachliche Gründe etwas ungleich statt wie notwendig gleich (oder umgekehrt) behandelt wird (BGE 134 I 23 E. 8, 134 I 293 E. 5, 133 I 259 E. 4.3, 131 I 1 E. 4.2, 131 I 394 E. 4.2, 129 I 1 E. 3, 128 I 102 E. 6, 127 I 185 E. 5, 123 I 241 E. 2b). Beim Willkürverbot genügt es indes, wenn der Erlass für sich allein betrachtet qualifiziert unrichtig ist und beispielsweise alle Sachverhalte gleich, aber qualifiziert unrichtig oder stossend regelt.

Eine Maulkorbpflicht für (alle) Hunde, die sich in öffentlichen Parks aufhalten, ist willkürlich, da bereits die Leinenpflicht genügt, um die Sicherheit der Bevölkerung zu gewährleisten (BGE 133 I 145 E. 4.2). Ferner ist es willkürlich, den amtlichen Rechtsvertretern bloss deren eigene Aufwendungen zu ersetzen; die Entschädigung für Pflichtmandate ist so zu bemessen – und entsprechend in den kantonalen Prozessordnungen festzulegen –, dass es den Anwälten möglich ist, einen bescheidenen (nicht bloss symbolischen) Verdienst zu erzielen (BGE 132 I 201 E. 8.6 und E. 8.7). Willkürlich ist es auch, ein Unterhaltsreglement betreffend die Kostenverteilung für den Unterhalt von Flur- und Genossenschaftswegen so auszugestalten, dass auch Liegenschaften in den Perimeter aufgenommen werden, die eine Strasse oder einen Weg gar nicht nutzen können und denen auch kein Sondervorteil zukommt (VerwG ZH vom 21. Okt. 2009, VB.2009.00286, E. 4.2.3). Wird eine für bestimmte Zwecke erhobene öffentlich-rechtliche Abgabe (Gästetaxen/Tourismustaxen) Privaten (Vermieter von Ferienwohnungen) zur eigenen Verwendung überlassen, so liegt darin offensichtlich ein schwerer innerer Widerspruch zum Wesen, Sinn und Zweck einer solchen Abgabe, sodass die betreffende Verordnungsbestimmung wegen Willkür aufzuheben ist (VerwG GR vom 27. Jan. 2009, V-08-4, E. 2a). 1954

Praxis:

- **Maulkorbpflicht für alle Hunde:** Das Genfer Hundereglement verbietet in Art. 11 allen Hunden den Zugang zu verschiedenen Orten wie Kinderspielplätzen, Planschbecken oder Spielwiesen. Gemäss Art. 12 Hundereglement sind Hunde an verschiedenen Orten an der Leine zu führen, wie auf Spazier- und Uferwegen, in öffentlichen Gärten und Parks und ähnlichen Orten, welche der Öffentlichkeit zugänglich sind (Abs. 1 lit. b). In der Folge wurde wegen eines schweren Vorfalls dieses Hundereglement dahin gehend verschärft, dass neu alle Hunde in öffentlichen Parks einen Maulkorb tragen müssen (Art. 2 lit. b). Das Bundesgericht erachtet diese Verschärfung als willkürlich. Es hält fest, dass Hunde in öffentlichen Parks, die nicht ohnehin für diese gesperrt sind, an der Leine geführt werden müssen. Soweit es sich um Hunde handelt, die weder als gefährlich bezeichnet noch von einer Einzelfallanordnung i.S.v. Art. 2 lit. c Hundereglement betroffen sind, genügen diese von den Behörden durchzusetzenden Massnahmen, um die Sicherheit der Öffentlichkeit zu gewährleisten. Unter diesen Voraussetzungen ist die zusätzliche Maulkorbpflicht, bei allen damit für die Hunde verbundenen Nachteilen, offensichtlich unverhältnismässig und daher willkürlich (BGE 133 I 145 E. 4.2). 1955
- **§ 23 der Verordnung über die kantonalen Polizeigefängnisse (Betten hochklappen tagsüber):** § 23 PVO schreibt vor, dass die Betten in den Zellen tagsüber hochzuklappen sind. Der Gefangenenwart bewilligt Ausnahmen bei Krankheiten, Gebrechlichkeit und Unpässlichkeit sowie bei einer Haftdauer von mehr als einer Woche als Belohnung für Reinlichkeit und gute Führung. Die Verordnung über die Bezirksgefängnisse enthält keine entsprechende Bestimmung. § 23 PVO soll nach der Darstellung des Regierungsrates die gute Ordnung in den Zellen sicherstellen. In den recht engen Räumen werde durch das Hochklappen der Betten Bewegungsraum geschaffen. Erfahrungsgemäss hätten die wenigsten Gefangenen das Bedürfnis, sich tagsüber hinzulegen, weil sie sonst nachts nicht mehr schlafen könnten. Zudem seien unter den in § 23 genannten Voraussetzungen Ausnahmen möglich. Diese Überlegungen vermögen die angefochtene Vorschrift nicht zu rechtfertigen. Wenn das Bett tagsüber hochgeklappt werden muss, so hat der Inhaftierte lediglich noch die Wahl, auf dem in der Zelle vorhandenen Stuhl zu sitzen oder sich, wenn er nicht stehen will, auf den blanken Boden zu legen. Die Möglichkeit, sich tagsüber auf sein Bett zu legen, ist eine der elementarsten Freiheiten, die ein Gefangener in Einzelhaft beanspruchen kann. Sie ihm zu verweigern, lässt sich mit sachlichen Gründen schlechterdings nicht rechtfertigen. Dass die dafür vorgebrachten Gründe nicht stichhaltig sind, belegt schon die angefochtene Vorschrift selber, kann doch den Gefangenen das Herabklappen der Betten «als Belohnung» für Reinlichkeit und gute Führung gestattet werden. Die Verpflich- 1956

tung, das Bett in der Zelle tagsüber hochzuklappen, mag aus Gründen der Anstaltsordnung im Einzelfall gerechtfertigt sein, wenn ein Gefangener sich unreinlich benimmt. In seiner allgemeinen Fassung aber widerspricht § 23 PVO dem verfassungsmässigen Gebot eines menschenwürdigen, von schikanösen und sachlich nicht begründeten Beschränkungen freien Vollzugs. Die Vorschrift ist deshalb aufzuheben (BGE 102 Ia 279 E. 4).

1957 – **Ausführungsgesetzgebung zum Rauchverbot gemäss Art. 178B KV/GE:** Die Beschwerdeführer erheben die Rüge der Willkür. Art. 178B Abs. 2 KV/GE sehe ein absolutes Rauchverbot vor. Demgegenüber erlaube die Ausführungsgesetzgebung die Schaffung von Raucherräumen an allen öffentlichen Orten. Es sei willkürlich, Raucherräume als Ausnahmen zu betrachten. Das Bundesgericht weist die Beschwerde ab. Erwägungen: Dem kantonalen Gesetzgeber, der als politisches Organ der demokratischen Kontrolle unterworfen ist, muss bei der Ausarbeitung von Gesetzen eine grosse Freiheit zustehen. Art. 178B KV/GE stellt ohne Zweifel ein grundsätzliches Raucherverbot auf. Formuliert als allgemeiner Grundsatz, verbunden mit einem Auftrag an den Gesetzgeber, hat er dennoch keinen absoluten normativen Charakter. Er lässt im Gegenteil Ausnahmen zu, welche der Gesetzgeber vorsehen kann, um den gegebenen Interessen besser gerecht zu werden. In diesem Zusammenhang würde lediglich ein Gesetz als willkürlich erscheinen, das durch die vorgesehene Zahl von Ausnahmen den von der Verfassungsnorm aufgestellten Grundsatz praktisch seines Sinnes entleeren oder dessen Umsetzung kompromittieren würde. Dies ist vorliegend offensichtlich nicht der Fall. Art. 4 des Gesetzes befasst sich mit den Ausnahmen vom Raucherverbot. Die Abs. 1 und 2 dieser Bestimmung sind den Ausnahmen gewidmet, zu denen (lit. a) geschlossene und gut belüftete Raucherräume in öffentlichen Einrichtungen und Orten zu zählen sind. Den Beschwerdeführern kann nicht gefolgt werden, soweit sie geltend machen, die Ausnahmen zu Gunsten von Raucherräumen in öffentlichen Orten würden den Sinn des Raucherverbots vollkommen verfälschen. Tatsächlich kann aber die Schaffung von Raucherräumen nicht zu beliebigen Bedingungen bewilligt werden. Das Gesetz verlangt in der Tat geschlossene und vorschriftsgemäss belüftete Lokale ohne jede Bedienung. Ausserdem muss der Betreiber sein Gesuch dem kantonalen Gesundheitsdepartement zur Genehmigung unterbreiten. Ferner umschreibt die entsprechende Ausführungsverordnung, welche gleichzeitig mit dem Gesetz in Kraft getreten ist, in sehr strenger Weise das Bewilligungsverfahren und die materiellen Voraussetzungen, denen die Raucherräume unterstellt sind. Unter Berücksichtigung der Gesamtheit dieser Bedingungen erscheint es doch so, dass die Betriebsbewilligung für einen Raucherraum in einem öffentlichen Lokal nicht leichthin erteilt werden wird. Die Anforderungen an diese Raucherräume, insbesondere was deren Belüftung betrifft, sowie der Einrichtungen, die verhindern sollen, dass der Rauch entweichen kann, erscheinen sowohl aus technischer als auch aus wirtschaftlicher Sicht genügend zwingend, als dass eine unkontrollierte Zunahme der Lokale mit Raucherräumen befürchtet werden müsste. Das kantonale Gesetz nimmt eine Abwägung der vorhandenen Interessen vor, indem es die Raucher nicht systematisch von öffentlichen Lokalen ausschliesst, ohne dadurch das Ziel der öffentlichen Gesundheit zu kompromittieren, das die Grundlage von Art. 178B KV/GE bildet. Das Gesetz kann damit nicht als willkürlich qualifiziert werden (BGE 136 I 241 E. 3).

3. Bemerkungen

1958 1. Das Willkürverbot gemäss Art. 9 BV schützt vor **elementarer Ungerechtigkeit**; in der heutigen Rechtssprache bedeutet Willkür **grobe Unrichtigkeit**. Das Bundesgericht formuliert dies in ständiger Rechtsprechung etwa wie folgt: Willkür liegt vor, wenn ein Entscheid in stossender Weise dem Gerechtigkeitsgedanken zuwiderläuft, eine Norm krass verletzt, offensichtlich unhaltbar erscheint oder zur tatsächlichen Situation in klarem Widerspruch steht. Das Willkürverbot gehört damit zu den unverzichtbaren Grundlagen des Rechtsstaates, indem es einen Minimalstandard an Gerechtigkeit gewährleistet; alle sollen einen Anspruch darauf haben, vom Staat und seinen Organen ohne Willkür behandelt zu werden.

2. Willkür bedeutet einen **Fehler des Ergebnisses** und **nicht bloss der Motive**. Willkür liegt also nicht bereits dann vor, wenn eine andere Lösung ebenfalls vertretbar erscheint oder vorzuziehen wäre, sondern erst dann, wenn der Entscheid offensichtlich unhaltbar ist und massiv gegen das Gerechtigkeitsempfinden verstösst (BGE 137 I 1 E. 2.4, 136 I 316 E. 2.2.2, 135 V 2 E. 1.3, 134 I 140 E. 5.4). Diese qualifizierte Fehlerhaftigkeit muss **evident** sein. Das Bundesgericht bringt dies mit den Attributen «klar», «krass», «massiv», « offensichtlich» oder «stossend» zum Ausdruck. 1959

3. Ähnlich wie bei der Rechtsgleichheit pflegt man zwischen **Willkür in der Rechtssetzung** und **Willkür in der Rechtsanwendung** zu unterscheiden. Ein **Erlass** ist **willkürlich**, wenn er sinn- und zwecklos erscheint und sich offensichtlich nicht auf ernsthafte, sachliche Gründe stützen kann. Fehlen sachliche Gründe, um eine Differenzierung zu rechtfertigen und erscheint die Regelung zugleich auch sinn- oder zwecklos, ist sowohl der Schutzbereich von Art. 8 Abs. 1 BV als auch derjenige von Art. 9 BV eröffnet. Beim Willkürverbot genügt, wenn der Erlass für sich allein betrachtet qualifiziert unrichtig ist. 1960

4. Das Willkürverbot besitzt – ähnlich wie das Rechtsgleichheitsgebot – **kein spezielles Schutzobjekt**, das an einen bestimmten Schutzbereich oder an ein bestimmtes Rechtsinstitut anknüpft (BGE 126 I 81 E. 3c, 121 I 267 E. 3c). Es erfasst sämtliche Sachbereiche und kann demnach jedes Sach- und Rechtsgebiet, jede Fragestellung berühren. Dem Willkürverbot kommt wie dem Rechtsgleichheitsgebot damit **Querschnittsfunktion** zu. Es gilt **umfassend**, dies etwa im Gegensatz zu den meisten Grundrechten wie Pressefreiheit, Eigentumsgarantie, Glaubens- oder Wirtschaftsfreiheit, die einen bestimmten Sachbereich schützen. 1961

5. Im Rahmen einer **willkürlichen Rechtsanwendung** lassen sich sechs typische Fallgruppen bilden; Willkür liegt vor, wenn der Entscheid (1.) in sich widersprüchlich ist oder mit der tatsächlichen Situation in klarem Widerspruch steht (BGE 132 I 1 E. 3.3 [Parteistellung von A wird verneint, trotzdem wird A zu einem gerichtlichen Vergleichsgespräch vorgeladen]), (2.) auf einer krass falschen Sachverhaltsermittlung beruht (BGE 133 III 393 E. 7.1 [wesentliche Sachverhaltselemente werden in der Entscheidfindung überhaupt nicht berücksichtigt]), (3.) eine Norm (BGE 122 III 439 E. 3a [offensichtlich falsche Auslegung]) oder (4.) einen unumstrittenen Rechtsgrundsatz (BGE 132 I 270 E. 5.7 [Kriterien zur Unterscheidung von öffentlichem und privatem Recht]) krass verletzt, (5.) in stossender Weise dem Gerechtigkeitsgedanken zuwiderläuft (BGE 106 Ia 342 E. 6c [konfiskatorische Besteuerung]) oder (6.) auf einem groben Ermessensfehler beruht (BGer vom 15. Juli 2003, I 12/03, E. 5.3 [vollständiges Obsiegen, gleichzeitig wird eine viel zu tiefe Parteientschädigung festgesetzt, die höchstens einer teilweisen Gutheissung der Beschwerde entspricht]). 1962

6. Das Willkürverbot lässt sich damit folgendermassen charakterisieren: es ist **gerechtigkeitshaltig** (schützt einen Minimalstandard an Gerechtigkeit). Als Schutz vor grober Ungerechtigkeit, vor einem sinn- und zwecklosen Handeln des Staates stellt das Willkürverbot die letzte Bastion, das letzte Mittel gegen staatliches Unrecht dar und kann damit auch nicht weiter eingeschränkt werden. Es ist **absolut**, ähnlich wie etwa das Grundrecht auf Menschenwürde oder auf Hilfe in Notlagen. Es wirkt **umfassend** und erfasst ähnlich wie die Rechtsgleichheit alle Lebensbereiche im Gegensatz etwa zu den klassischen Grundrechten. Es ist **subsidiär**; als Auffanggrundrecht erlangt es erst dann selbstständige Bedeutung, wenn kein anderes Recht Schutz bietet. 1963

VI. Treu und Glauben

1. Allgemeines

1964 Der **Grundsatz von Treu und Glauben** gebietet ein **loyales und vertrauenswürdiges Verhalten im Rechtsverkehr** und bedeutet, dass die Behörden und die Privaten in ihren Rechtsbeziehungen aufeinander **Rücksicht** zu nehmen haben (BGE 136 II 187 E. 8.1; BGer vom 16. März 2010, 1C_502/2009, E. 3.2; vom 25. Mai 2009, 1C_402/2008, E. 5.3; vom 23. Dez. 2008, 1B_307/2008, E. 3.2; BVGE 2011/28 E. 3.3.3; BVGer vom 4. Feb. 2011, A-5409/2009, E. 2.8.1; vom 24. Dez. 2010, A-122/2010, E. 7.1; vom 4. März 2010, B-2625/2009, E. 4.4; VerwG ZH vom 12. Jan. 2011, VB.2010.00525, E. 3.3). In dieser Ausgestaltung bindet das Prinzip von Treu und Glauben nicht nur den Staat, sondern auch die Privaten sowie die Gemeinwesen untereinander (BGE 134 V 145 E. 5.2, 133 I 234 E. 2.5.1, 130 V 270 E. 4.2; BGer vom 7. April 2005, 1P.701/2004, E. 4.2; BVGer vom 4. Feb. 2011, A-5409/2009, E. 2.8.1; vom 8. Nov. 2010, A-6642/2008, E. 4.2.2; vom 28. Okt. 2009, A-5555/2008, E. 1.6).

1965 Der Grundsatz von Treu und Glauben wirkt sich im Verwaltungsrecht vor allem in **zweifacher Hinsicht** aus: In Form des **Vertrauensschutzes** (Art. 9 BV) verleiht er den Privaten einen Anspruch auf Schutz ihres berechtigten Vertrauens in das bestimmte Erwartungen begründende Verhalten der Behörden (BGE 137 I 69 E. 2.5.1, 132 II 240 E. 3.2.2, 131 II 627 E. 6, 130 I 26 E. 8.1, 129 I 161 E. 4.1 und E. 4.2, 126 II 377 E. 3a). Als **Verbot widersprüchlichen Verhaltens** und als **Verbot des Rechtsmissbrauchs** (Art. 5 Abs. 3 BV) verbietet der Grundsatz von Treu und Glauben sowohl den staatlichen Behörden wie auch den Privaten, sich in ihren öffentlich-rechtlichen Beziehungen widersprüchlich oder rechtsmissbräuchlich zu verhalten (BGE 137 I 247 E. 5.1.1, 136 II 5 E. 3.5, 134 I 65 E. 5.1 = Pra 97 [2008] Nr. 86, 133 II 6 E. 3.2, 131 I 185 E. 3.2.4, 131 II 265 E. 4.2 = Pra 95 [2006] Nr. 38; BVGE 2007/9 E. 5.1.2).

Praxis:

1966 – **Schadenersatzanspruch eines während des Zweiten Weltkriegs zurückgewiesenen und den deutschen Behörden übergebenen jüdischen Flüchtlings:** Haftungsansprüche gegen die Eidgenossenschaft aus Handlungen der Grenzorgane während des Zweiten Weltkriegs sind nach Art. 20 Abs. 1 VG absolut verwirkt, soweit die Berücksichtigung der entsprechenden Frist von zehn Jahren nicht gegen Treu und Glauben verstösst. Der Kläger macht geltend, dass verschiedene Umstände seiner Rückweisung an der Grenze und seiner Übergabe an die deutschen Behörden mit der Öffnung gewisser Archive und dank der erst kürzlich eingeleiteten kritischen Aufarbeitung der Schweizer Geschichte dieser Periode bekannt geworden seien. Er übersieht dabei indessen, dass sich die absolute Verwirkungsfrist weder ab der Kenntnis des Schadens oder des Schädigers noch gar des Anspruchs selber berechnet, sondern einzig ab dem Tag der «schädigenden Handlung des Beamten», was bei einer Kausalhaftung, wie sie das Verantwortlichkeitsgesetz vorsieht, als Tag des haftungsbegründenden Ereignisses zu verstehen ist. Verwirkungsfristen sind in der Regel weder einer Erstreckung noch einer Unterbrechung oder Wiederherstellung zugänglich, doch haben Rechtsprechung und Lehre gewisse Lockerungen der damit verbundenen Strenge anerkannt. Das Eidgenössische Versicherungsgericht geht davon aus, dass im Falle einer unverschuldeten Verhinderung an der rechtzeitigen Vornahme rechtlich bedeutsamer Handlungen eine Wiederherstellung von gesetzlichen Verwirkungsfristen möglich sei; es spricht in diesem Zusammenhang von einem generell anerkannten «allgemeinen Grundsatz». Nach gewissen Lehrmeinungen können zudem nicht nur Verjährungs-, sondern auch Verwirkungsfristen gehemmt werden, insbesondere, wenn der Gläubiger aus rechtlichen Gründen nicht in der Lage war, seinen Anspruch rechtzeitig geltend zu machen. Im Übrigen gilt der Zeitablauf als Hinderungsgrund für die Durchsetzbarkeit bzw. als Untergangsgrund für einen Anspruch nur unter dem allgemeinen Vorbehalt von Treu und Glauben. Eine Berufung auf die Verjährung kann dann als rechtsmissbräuchlich bzw. deren Beachtung als stossend empfunden werden, wenn der Schuldner den Gläubiger durch ein dessen Vertrauen erweckendes Verhalten von der rechtzeitigen Geltendmachung seines Anspruchs abgehalten, d.h. ihn veranlasst hat, die Frist unbenutzt verstreichen zu lassen, nicht aber, wenn die Verjährung ohne Zutun des Schuldners eingetreten ist. Das Verhalten des Schuldners muss zwar nicht geradezu arglistig sein. Es kann allenfalls schon eine Handlung genügen, mit der beim Gläubiger die berechtigte Hoffnung auf eine gütliche Einigung geweckt wird, was ihn von einer rechtzeitigen wirksamen Geltendmachung bzw. von einer verjährungsunterbrechenden Handlung abhält. Voraussetzung für die Nichtbeachtung der Verjährung und allenfalls der Verwirkung ist jedoch stets ein Verhalten des Schuldners, das kausal dafür ist, dass der Gläubiger seinen Anspruch nicht innert Frist geltend gemacht bzw. durchgesetzt hat. Ein wie auch immer geartetes Handeln des Schuldners bei der Entstehung der Forderung kann daher für sich allein mit Blick auf deren Verjährung/Verwirkung nicht berücksichtigt werden, wenn der Gläubiger es ohne Zutun des Schuldners versäumt hat, seinen Anspruch vor Ablauf der Verjährungs- bzw. Verwirkungsfrist rechtlich durchzusetzen. Im vorliegenden Fall rechtfertigt es sich unter keinem dieser Titel, ausnahmsweise von einer Berücksichtigung der absoluten Verjährung bzw. der Verwirkung abzusehen; es erübrigt sich deshalb, abzuklären, ob und in welchem Umfang die dargelegten, in erster Linie zur Verjährung entwickelten Grundsätze überhaupt auf die haftungsrechtlichen Verwirkungsfristen übertragen werden können: Der Kläger ist von der Beklagten nicht davon abgehalten worden, eine allfällige auf das Verhalten der Grenzorgane und des Bundesrats zurückgehende haftungsrechtliche Forderung geltend zu machen. Selbst bei Berücksichtigung der Tatsache, dass er dies allenfalls sinnvollerweise erst ab Inkrafttreten des Verantwortlichkeitsgesetzes von 1958 und gestützt auf die dadurch eingeführte primäre Kausalhaftung der Beklagten tun konnte, wäre sein Anspruch heute offensichtlich verwirkt. Der Kläger hat in der Nachkriegszeit seine Forderungen gegenüber Deutschland geltend gemacht, wobei er eine Genugtuungssumme von 5 Mark pro KZ-Tag erhalten haben soll. Spätestens seit dem Inkrafttreten des Verantwortlichkeitsgesetzes am 1. Jan. 1959 hätte er aber auch allfällige Ansprüche gegen die Schweiz rechtlich wie tatsächlich geltend machen können und müssen; dies auch bei Berücksichtigung des damaligen historischen Kenntnisstands über die entsprechende Periode, soweit es hierauf im Rahmen der absoluten Verwirkungsfrist überhaupt ankommen kann: Die schweizerische Asyl- und Flüchtlingspolitik bildete bereits während des Krieges wie unmittelbar danach Gegenstand kontroverser Diskussionen, weshalb der Bundesrat Mitte der Fünfzigerjahre Professor Carl Ludwig beauftragte, diese nachzuzeichnen und zu analysieren. In dessen Bericht «Die Flüchtlingspolitik der Schweiz in den Jahren 1933 bis 1955» wurden in der Folge die umstrittene Politik und deren rechtliche Grundlagen der Öffentlichkeit umfassend zugänglich gemacht. Wenn heute zusätzliche Unterlagen vorliegen und gestützt darauf gewisse Korrekturen angezeigt erscheinen, hätte der Kläger seine Ansprüche doch spätestens ab Ende der Fünfzigerjahre geltend machen können. Ende der Sechziger- und Anfang der Siebzigerjahre erschienen erneut verschiedene Werke, welche wiederum die Konsequenzen der schweizerischen Flüchtlings- und Asylpolitik, deren Opfer der Kläger geworden ist, unterstrichen. Der inzwischen vorliegende Bericht der Unabhängigen Expertenkommission Schweiz – Zweiter Weltkrieg «Die Schweiz und die Flüchtlinge zur Zeit des Nationalsozialismus» (EDMZ, Bern 1999; «Bergier»-Bericht) unterstreicht dies mit zusätzlichen neuen Einzelheiten, welche das Bild abrunden, dieses gegenüber den bereits vorliegenden Erkenntnissen indessen nicht grundsätzlich neu zu zeichnen vermögen. Andere Gründe, die den Kläger daran gehindert hätten, seinen Genugtuungsanspruch früher einzuklagen, wobei der Sachverhalt allenfalls im Beweisverfahren weiter hätte erstellt werden können, sind weder geltend gemacht noch ersichtlich (BGE 126 II 145 E. 3).

1967 – **Schadenersatzanspruch der Witwe eines Asbestopfers**: Die absolute Verwirkungsfrist von zehn Jahren beginnt entsprechend dem Wortlaut von Art. 20 Abs. 1 VG mit dem Tag der schädigenden Handlung bzw. Unterlassung mit der Konsequenz, dass der Schadenersatzanspruch vor Eintritt des Schadens – hier Ausbruch der Krankheit/Tod – verwirkt sein kann. Zu prüfen bleibt schliesslich, ob der Berücksichtigung der Verwirkungsfrist von zehn Jahren ab dem Tag der schädigenden Handlung, wie sie Art. 20 Abs. 1 VG vorsieht, im vorliegenden Fall Rechtssätze des internationalen oder schweizerischen Rechts entgegenstehen, die es gebieten, dem Zeitablauf keine Rechnung zu tragen. Der Zeitablauf als Hinderungsgrund für die Durchsetzbarkeit bzw. als Untergangsgrund für einen Anspruch gilt unter dem allgemeinen Vorbehalt von Treu und Glauben. Die Beschwerdeführerin ruft den Grundsatz von Treu und Glauben, welcher ein loyales und vertrauenswürdiges Verhalten im Rechtsverkehr gebietet, lediglich im Zusammenhang mit der Wiederherstellung der Frist an. Dass die fehlende Kenntnis des Schadens nicht als unverschuldeter, unüberwindbarer Grund der verspäteten Geltendmachung des Anspruchs und somit als Wiederherstellungsgrund der Verwirkungsfrist gelten kann, wurde bereits dargelegt. Eine anderweitige Verletzung des Grundsatzes von Treu und Glauben wird nicht geltend gemacht und ist auch aus den Akten nicht ersichtlich. Namentlich liegt kein Verhalten des Schuldners vor, welches den Gläubiger bzw. die Gläubigerin von der rechtzeitigen Geltendmachung des Anspruchs abgehalten hätte, sondern ist die Frist ohne Zutun des Schuldners unbenutzt verstrichen. Ferner verstösst vorliegend der Eintritt von Verjährung/Verwirkung des Schadenersatzanspruchs vor Kenntnis des Schadens auch nicht gegen den Grundsatz des fairen Verfahrens und des freien Zugangs zum Gericht gemäss Art. 6 EMRK (BGE 137 II 187 E. 8).

1968 – **Frist für die Infragestellung eines zu Unrecht formlos mitgeteilten Fallabschlusses:** Eine versicherte Person verhält sich nicht rechtsmissbräuchlich im Sinne der zweckwidrigen Verwendung eines Rechtsinstituts, wenn sie erst mehrere Monate nach einem unzulässigerweise im formlosen Verfahren erfolgten Fallabschluss den Erlass einer formellen Verfügung verlangt. Es ginge nun allerdings zu weit anzunehmen, die versicherte Person könne in dieser Konstellation ohne jede zeitliche Beschränkung auf dem Erlass einer Verfügung bestehen. Ebenso wie sich die Umschreibung der Rechtsfolgen der mangelhaften Eröffnung einer Verfügung an einer Abwägung zu orientieren hat, welche einerseits dem Rechtsschutzinteresse der betroffenen Person und andererseits dem Gebot der Rechtssicherheit Rechnung trägt, wobei der Grundsatz von Treu und Glauben als Richtschnur dient, rechtfertigt es sich auch im hier zu beurteilenden Kontext nicht, den Interessen der versicherten Person uneingeschränkt den Vorrang einzuräumen. Vielmehr ist ihre Befugnis, einen formell korrekten Entscheid des Versicherers zu verlangen, insbesondere mit Blick auf das Gebot der Rechtssicherheit sowie den Verfassungsgrundsatz von Treu und Glauben gemäss Art. 5 Abs. 3 BV, der auch Private in ihrem Verhältnis zu staatlichen Organen bindet, zeitlich zu beschränken. Unterbleibt eine fristgerechte Intervention, entfaltet der im formlosen Verfahren ergangene Entscheid in gleicher Weise Rechtswirkungen, wie wenn er im durch Art. 51 Abs. 1 ATSG umschriebenen Rahmen erlassen worden wäre. Zu prüfen bleibt, innerhalb welcher Frist die betroffene Person gegen den unzulässigerweise formlos mitgeteilten Fallabschluss durch den obligatorischen Unfallversicherer zu intervenieren hat. In Anbetracht der einander gegenüberstehenden Interessen sowie unter Berücksichtigung des Verfassungsgrundsatzes von Treu und Glauben erscheint es für den Regelfall als gerechtfertigt, von der betroffenen Person zu erwarten, dass sie innerhalb eines Jahres seit der unzulässigerweise im formlosen Verfahren erfolgten Mitteilung des Fallabschlusses an den Unfallversicherer gelangt, wenn sich dieser seither nicht mehr gemeldet hat. Eine längere Frist kommt allenfalls dann in Frage, wenn die Person – insbesondere wenn sie rechtsunkundig und nicht anwaltlich vertreten ist – in guten Treuen annehmen durfte, der Versicherer habe noch keinen abschliessenden Entscheid fällen wollen und sei mit weiteren Abklärungen befasst. Vorliegend geht aus dem Schreiben der National vom 8. Mai 2002 unmissverständlich hervor, dass es der Versicherer ablehnte, die beantragten Leistungen zu erbringen. Von weiteren Abklärungen war nicht die Rede. Die nach Lage der Akten bereits seit Sept. 2001 anwaltlich vertretenen Beschwerdegegner waren deshalb nach dem Gesagten gehalten, innerhalb eines Jahres seit Zugang des Schreibens zu reagieren und ihr Nichteinverständnis zu bekunden. Die erst am

14. Juni 2005, nach Ablauf von mehr als drei Jahren, erfolgte Intervention vermochte somit keine Verpflichtung des Unfallversicherers mehr auszulösen, in Verfügungsform über die streitigen Ansprüche zu entscheiden. Vielmehr hatte der im formlosen Verfahren ergangene Entscheid vom 8. Mai 2002 inzwischen Rechtswirksamkeit erlangt, wie wenn er im durch Art. 51 Abs. 1 ATSG umschriebenen Rahmen erlassen worden wäre. Die National beging demzufolge keine Rechtsverweigerung, als sie es ablehnte, eine Verfügung zu erlassen (BGE 134 V 145 E. 5.2 und E. 5.3).

- **Völkerrechtswidrige Entführung:** Ein wegen gewerbsmässigen Betrugs Angeschuldigter ist in die Dominikanische Republik geflüchtet, von den dortigen Behörden ausgewiesen und dabei den schweizerischen Behörden übergeben worden. Nach den Grundsätzen des Völkerrechts ist jeder Staat verpflichtet, die Souveränität anderer Staaten zu beachten. Handlungen eines Staates auf fremdem Staatsgebiet sind daher unzulässig. Soweit eine verfolgte Person sich im Ausland befindet, kann sie dem verfolgenden Staat nur mittels eines hoheitlichen Aktes des Staates, auf dessen Gebiet sie sich befindet, überstellt werden. Werden Organe des verfolgenden Staates ohne Bewilligung auf dem Gebiet eines anderen Staates tätig, bemächtigen sie sich insbesondere des Verfolgten mittels Gewalt, List oder Drohung, verletzen sie die Souveränität. Das Verbot, fremde Staatsangehörige mit List in den eigenen Machtbereich zu locken, ergibt sich auch aus dem innerstaatlichen wie völkerrechtlichen Gebot von Treu und Glauben. Vorliegend haben die schweizerischen Behörden den Beschwerdeführer nicht in Missachtung der Souveränität der Dominikanischen Republik unter Anwendung von Gewalt oder Zwang aus jenem Staat verschleppt. Ebenso wenig haben sie den Beschwerdeführer mit List aus der Dominikanischen Republik herausgelockt, um ihn dann verhaften zu können. Die schweizerischen Behörden haben vielmehr korrekt um die Verhaftung des Beschwerdeführers ersucht und stets in Absprache mit den dominikanischen Behörden gehandelt, ohne diese je getäuscht zu haben. Die Schweiz hat die Souveränität der Dominikanischen Republik stets beachtet. Den schweizerischen Behörden kann auch kein Verhalten gegen Treu und Glauben vorgeworfen werden. Das Bundesamt für Justiz hat den dominikanischen Behörden mit Schreiben vom 1. März 2006 mitgeteilt, nach der Festnahme des Beschwerdeführers werde um dessen Auslieferung ersucht werden. Die schweizerischen Behörden haben somit nicht beabsichtigt, ein Auslieferungsverfahren zu umgehen. Dazu hatten sie gar keinen Grund, da nicht ersichtlich ist, weshalb die Auslieferung des Beschwerdeführers nicht hätte erfolgen können sollen; dieser ist deutscher, nicht dominikanischer Staatsangehöriger und es werden ihm schwerwiegende gemeinrechtliche Straftaten vorgeworfen. Die dominikanischen Behörden haben den schweizerischen am 9. Aug. 2006 mitgeteilt, der Beschwerdeführer sei festgenommen worden; da er über keine Papiere verfüge, die seinen rechtmässigen Aufenthalt in der Dominikanischen Republik beweisen könnten und kein Auslieferungsvertrag zwischen der Dominikanischen Republik und der Schweiz bestehe, stehe seine Ausweisung unmittelbar bevor. In Anbetracht dieser Mitteilung hatten die schweizerischen Behörden keinen Anlass, die Auslieferung des Beschwerdeführers zu verlangen. Ein Auslieferungsersuchen wäre sinnlos gewesen, da die dominikanischen Behörden den Beschwerdeführer ohnehin ausweisen und ihn dabei den schweizerischen Behörden übergeben wollten. Der Fall läge anders, wenn die schweizerischen Behörden in der Absicht, ein Auslieferungsverfahren zu umgehen, von den dominikanischen Behörden die fremdenpolizeiliche Ausweisung des Beschwerdeführers verlangt hätten. So verhält es sich aber nicht. Vielmehr haben die dominikanischen Behörden von sich aus mitgeteilt, der Beschwerdeführer werde ausgewiesen. Dass ein Staat das Recht hat, Ausländer ohne gültige Aufenthaltspapiere auszuweisen, liegt auf der Hand und brauchte bei den schweizerischen Behörden keinen Argwohn zu erwecken. Wie der Mitteilung der dominikanischen Behörden vom 15. Aug. 2006 zu entnehmen war, stand dem Beschwerdeführer in der Dominikanischen Republik im Übrigen ein Verfahren zur Verfügung, in dem über die Rechtmässigkeit des dortigen Freiheitsentzuges befunden wurde. Entscheidend ist, dass die Schweiz die Souveränität der Dominikanischen Republik beachtet und weder Zwang, List, Drohung noch sonst wie einen «üblen Polizeitrick» angewandt hat, um des Beschwerdeführers habhaft zu werden. Bei dieser Sachlage ist ein Hafthinderungsgrund zu verneinen (BGE 133 I 234 E. 2.6). 1969

2. Vertrauensschutz

a) *Voraussetzungen*

1970 Der in Art. 9 BV verankerte Grundsatz von Treu und Glauben verleiht einer Person **Anspruch auf Schutz des berechtigten Vertrauens** in **förmliche behördliche Akte** oder sonstiges, bestimmte Erwartungen begründendes Verhalten der Behörden. Vorausgesetzt ist, dass (1.) die Behörde in einer konkreten Situation mit Bezug auf bestimmte Personen handelt und dadurch bestimmte Erwartungen begründet; (2.) der Private nicht ohne Weiteres erkennen kann, dass die Behörde sich falsch verhält, wobei auf die individuellen Fähigkeiten und Kenntnisse der sich auf den Vertrauensschutz berufenden Person abzustellen ist (Gutgläubigkeit); (3.) der Private im Vertrauen auf die Richtigkeit des Verhaltens der Behörde Dispositionen getroffen hat, die nicht ohne Nachteil rückgängig gemacht werden können und (4.) das private Interesse am Vertrauensschutz das öffentliche Interesse an der richtigen Rechtsanwendung überwiegt (BGE 134 I 199 E. 1.3.1, 131 II 627 E. 6.1, 131 V 472 E. 5, 130 I 26 E. 8.1, 129 I 161 E. 4.1, 127 I 31 E. 3a; BVGer vom 15. Nov. 2011, A-8516/2010, E. 6.4.1; vom 4. Feb. 2011, A-5409/2009, E. 2.8.3; vom 8. Nov. 2010, A-6642/2008, E. 4.2.1; vom 2. Sept. 2010, A-3198/2009, E. 2.6.2).

1971 Nach dem in Art. 9 BV verankerten Grundsatz von Treu und Glauben kann eine **Auskunft** oder **Zusicherung**, welche eine Behörde dem Bürger erteilt, unter gewissen Umständen Rechtswirkungen entfalten, wobei die **Voraussetzungen** wie folgt zu modifizieren sind: Voraussetzung ist, dass (1.) es sich um eine vorbehaltlose Auskunft der Behörden handelt; (2.) die Auskunft sich auf eine konkrete, den Bürger berührende Angelegenheit bezieht; (3.) die Amtsstelle, welche die Auskunft gegeben hat, hiefür zuständig war oder der Bürger sie aus zureichenden Gründen als zuständig betrachten durfte; (4.) der Bürger die Unrichtigkeit der Auskunft nicht ohne Weiteres hat erkennen können; (5.) der Bürger im Vertrauen hierauf nicht ohne Nachteil rückgängig zu machende Dispositionen getroffen hat; (6.) die Rechtslage zur Zeit der Verwirklichung noch die gleiche ist wie im Zeitpunkt der Auskunftserteilung (entfällt bei Zusicherungen als Sollensaussagen) und (7.) das Interesse an der richtigen Durchsetzung des objektiven Rechts dasjenige des Vertrauensschutzes nicht überwiegt (BGE 137 II 182 E. 3.6.2, 131 II 627 E. 6.1, 129 I 161 E. 4.1, 127 I 31 E. 3a, 126 II 377 E. 3a, 118 Ia 245 E. 4b).

1972 Der Vertrauensschutz gilt für die **gesamte Rechtsordnung** und für sämtliches staatliches Handeln (BGE 131 II 627 E. 6.1, 111 Ib 116 E. 4; BGer vom 2. Juli 2003, C 258/01, E. 3.3; BVGer vom 11. Nov. 2009, C-8334/2007, E. 2.1). Alle Behörden sind gegenüber den Rechtsunterworfenen an diesen Grundsatz gebunden (BVGer vom 10. Nov. 2010, A-3143/2010, E. 6.1; vom 10. Juni 2009, A-6788/2008, E. 4.1; vom 25. Nov. 2008, A-3045/2008, E. 5.3.2; vom 29. Jan. 2008, A-5537/2007, E. 4.2). Der Anspruch auf Vertrauensschutz gilt ebenso **im Verhältnis zwischen verschiedenen Gemeinwesen** (BVGer vom 15. Feb. 2010, C-2961/2007, E. 5; vom 13. März 2009, C-1052/2006, E. 5).

1973 In gewissen Rechtsbereichen wie beispielsweise im **Steuer- und Kausalabgaberecht** ist die Tragweite dieses Grundsatzes geringer als in anderen Bereichen. Als Folge der Bedeutung des **Legalitätsprinzips im Abgaberecht** kann eine vom Gesetz abweichende Behandlung eines Abgabepflichtigen nur in Betracht fallen, wenn die Voraussetzungen des Vertrauensschutzes klar und eindeutig erfüllt sind. Einem Abgabepflichtigen darf aufgrund einer unrichtigen Auskunft oder einer bis anhin tolerierten gesetzwidrigen Behandlung nicht ein Vorteil erwachsen, der zu einer krassen Ungleichbehandlung führen würde (BGE 131 II 627 E. 6.1; BGer vom 21. Mai 2010, 2C_842/2009, E. 3.2; vom 5. Mai 2010, 2C_123/2010, E. 4.1; vom 4. Mai 2010, 2C_693/2009, E. 2.1; vom 11. Nov. 2009, 2C_830/2008, E. 5.2; vom 29. Okt. 2001, 2A.261/2001, E. 2d/cc; BVGer vom 4. Feb. 2011, A-5409/2009, E. 2.8.4; vom 25. Nov. 2010, A-2925/2010, E. 4.2.4; vom 8. Nov. 2010 A-6642/2008 E. 4.2.1; vom 2. Sept. 2010, A-3198/2009, E. 2.6.3; vom 15. Feb. 2010, A-7703/2007, E. 4.1; vom 22. Dez. 2009, A-8485/2007, E. 2.4).

Praxis:

- **Begriff des landwirtschaftlichen Gewerbes:** X hat am 11. Sept. 2007 von seinem Grossvater Y zwei landwirtschaftliche Liegenschaften, welche in der Bergzone I liegen, gekauft. Gleichentags erging auch die Anmeldung an das Grundbuchamt. Im Kaufvertrag wurde u.a. festgehalten, dass es sich bei den beiden Liegenschaften um ein landwirtschaftliches Gewerbe im Sinne von Art. 7 BGBB handle. Am 7. Jan. 2008 starb Y. Am 27. März 2008 beantragte X den Erlass einer Feststellungsverfügung zur Frage, ob es sich bei den beiden erwähnten Liegenschaften um ein landwirtschaftliches Gewerbe oder um landwirtschaftliche Grundstücke handle. Grund für den Antrag bildete die erbrechtliche Auseinandersetzung. Das Landwirtschaftsamt des Kantons Schwyz stellte mit Verfügung vom 25. April 2008 fest, dass die beiden Grundstücke landwirtschaftliche Grundstücke seien, allerdings kein landwirtschaftliches Gewerbe bildeten. Dagegen hat X erfolglos beim Bundesgericht Beschwerde erhoben. Erwägungen: Der Beschwerdeführer rügt vor Bundesgericht u.a. eine Verletzung des Vertrauensschutzes. Ihm sei auf Anfrage vom kantonalen Landwirtschaftsamt vor Erlass der Feststellungsverfügung in einer E-Mail vom 27. März 2008 bestätigt worden, dass es sich beim strittigen Betrieb um ein landwirtschaftliches Gewerbe nach Art. 7 BGBB handle. Nach dem in Art. 9 BV verankerten Grundsatz von Treu und Glauben kann eine (selbst unrichtige) Auskunft, welche eine Behörde dem Bürger erteilt, unter gewissen Umständen Rechtswirkungen entfalten. Voraussetzung dafür ist, dass: a) es sich um eine vorbehaltlose Auskunft der Behörden handelt; b) die Auskunft sich auf eine konkrete, den Bürger berührende Angelegenheit bezieht; c) die Amtsstelle, welche die Auskunft gegeben hat, hiefür zuständig war oder der Bürger sie aus zureichenden Gründen als zuständig betrachten durfte; d) der Bürger die Unrichtigkeit der Auskunft nicht ohne Weiteres hat erkennen können; e) der Bürger im Vertrauen hierauf nicht ohne Nachteil rückgängig zu machende Dispositionen getroffen hat; f) die Rechtslage zur Zeit der Verwirklichung noch die gleiche ist wie im Zeitpunkt der Auskunftserteilung; g) das Interesse an der richtigen Durchsetzung des objektiven Rechts dasjenige des Vertrauensschutzes nicht überwiegt. Die Vorinstanz hat festgehalten, dass die behördliche Auskunft zwar unrichtig gewesen sei, doch aufgrund dieser seien keine nachteiligen Dispositionen getroffen worden. Als solche könne einzig das Gesuch um eine Feststellungsverfügung betrachtet werden, woraus sich allerdings keine Nachteile ergeben hätten. Der Kaufvertrag sei bereits vorher rechtsgültig abgeschlossen worden, und aufgrund der erbrechtlichen Auseinandersetzung sei die Frage, ob der strittige landwirtschaftliche Betrieb ein landwirtschaftliches Gewerbe sei, ohnehin gestellt worden. Auch wenn der Beschwerdeführer somit kein Feststellungsbegehren eingereicht hätte, wäre die Gewerbeeigenschaft des Betriebs zu prüfen gewesen. Diesen Argumenten der Vorinstanz ist voll zuzustimmen. Es könnte sich einzig noch die Frage stellen, ob angesichts des notwendigen Erlasses einer Feststellungsverfügung, welche zudem auch von Dritten beantragt oder angefochten werden kann, der Beschwerdeführer, der anwaltlich vertreten war, überhaupt davon ausgehen durfte, dass es sich um eine vorbehaltlose Auskunft gehandelt hatte. Diese Frage kann indes offengelassen werden: Die sieben aufgeführten Voraussetzungen müssen kumulativ erfüllt sein; ist bereits eine nicht gegeben, erübrigt es sich deshalb, die logisch vorangehenden zu prüfen (BGE 137 II 182 E. 3.6). 1974

b) *Vertrauensgrundlage*

aa) Allgemeines

1975 Der Vertrauensschutz gemäss Art. 9 BV verschafft nur dann einen Anspruch auf Schutz berechtigten Vertrauens, sofern sich die behördliche Mitteilung oder Auskunft auf eine **konkrete, den betreffenden Bürger berührende Angelegenheit bezieht** (BGE 132 II 240 E. 3.2.2, 130 I 26 E. 8.1, 129 I 161 E. 4.1 und E. 4.2, 126 II 377 E. 3a, 122 II 113 E. E. 3b/cc; BVGer vom 9. Sept. 2009, A-2541/2008, E. 2.2), wobei grundsätzlich **jede Form behördlichen Verhaltens** den öffentlich-rechtlichen Vertrauensschutz auslösen kann (BGE 131 II 627 E. 6.1, 111 Ib 116 E. 4; BGer vom 2. Juli 2003, C 258/01, E. 3.3; BVGer vom 11. Nov. 2009, C-8334/2007, E. 2.1; vom 2. Sept. 2009, C-875/2008, E. 3.3.1; VerwG BE vom 8. Dez. 2009, in: BVR 2010 S. 138 E. 2.5).

1976 Entscheidend ist nicht die Rechtsnatur eines staatlichen Aktes, sondern dessen **Bestimmtheitsgrad**; dieser hat so gross zu sein, dass der Private daraus im Hinblick auf die konkrete Angelegenheit die für seine Dispositionen massgebenden Informationen entnehmen kann (BGE 134 I 23 E. 7.5, 130 I 26 E. 8.1; BGer vom 10. Nov. 2005, 2A.254/2005, E. 2.2; vom 6. April 2005, 2P.284/ 2004, E. 4.2; BVGer vom 4. Feb. 2011, A-5409/2009, E. 2.8.1; vom 8. Nov. 2010, A-6642/2008, E. 4.2.1). Nicht entscheidend ist grundsätzlich, auf welche Art und Weise das Gemeinwesen handelt: Wird beispielsweise ein Dokument im Internet auf der Homepage einer Gemeinde oder eines Kantons publiziert, kann diese Art von Publikation eine Vertrauensgrundlage darstellen, wenn sie genügend bestimmt ist bzw. der Orientierung im Hinblick auf eine konkrete Angelegenheit dient (VerwG GR vom 16. März 2010, R-09-105, E. 3a; ähnlich HÄFELIN/MÜLLER/UHLMANN, Rz. 670a).

1977 Eine **allgemeine Handlung oder ein sonstiges, an eine unbestimmte Vielzahl von Personen gerichtetes Verhalten**, das weder den Einzelnen noch dessen konkrete Situation betrifft, ist gemäss Praxis üblicherweise nicht geeignet, eine Vertrauensgrundlage zu bilden (BGE 125 I 267 E. 4c, 111 V 161 E. 5b; BGer vom 30. April 2010, 9C_1033/2009, E. 3.1; vom 8. Mai 2009, 2C_762/2008, E. 2.3). In der Regel stellen daher **Rechtssetzungsakte** keine Vertrauensgrundlage dar (BGE 130 I 26 E. 4.1). Auch mangelt es an einer Vertrauensgrundlage, wenn ein Schreiben an die betreffende Person lediglich eine **gewisse Grundhaltung der zuständigen Behörde** zum Ausdruck bringt, welche kein bestimmtes Verhalten (Erteilung einer Betriebsbewilligung) verbindlich zusichert und nicht geeignet ist, beim Privaten bestimmte Erwartungen auszulösen (BGer vom 16. Aug. 2010, 2C_217/2010, E. 4.2.2).

1978 Der Vertrauensschutz kommt ausserdem nur zum Tragen, soweit die Behörde gestützt auf eine **richtige und vollständige Sachverhaltsfeststellung** eine Auskunft erteilt (BGer vom 30. April 2010, 9C_1033/2009, E. 3.1; BVGer vom 8. Jan. 2010, C-2018/2007, E. 5.2.2). Eine durch unvollständige oder unrichtige Angaben erwirkte Auskunft stellt keine Vertrauensgrundlage dar (BGer vom 9. Nov. 2009, 4A_447/2009, E. 2.2, bezogen auf einen Widerruf einer Verfügung). Es besteht keinerlei behördliche Pflicht, bei Auskünften den Sachverhalt nach Eventualitäten zu durchforschen. Ebenso wenig unterliegt die Verwaltung – vorbehaltlich einer gesetzlichen Grundlage – einer allgemeinen Informations-, Aufklärungs- oder gar Beratungspflicht gegenüber der Auskunft verlangenden Person, wenn nicht das Gebot des staatlichen Handelns nach Treu und Glauben es im konkreten Einzelfall erfordert, dass die Verwaltung den Privaten auf gewisse Folgen seines Handelns aufmerksam macht (BVGer vom 10. Jan. 2008, A-4896/2007, E. 2.1).

Wird eine **Auskunft** nur **provisorisch** erteilt, an gewisse **Vorbehalte** (z.B. vorläufige Aufnahme unter Vorbehalt des Vollzugs der Wegweisung) geknüpft oder bringt die Behörde dem Sinn nach zum Ausdruck, dass sie sich nicht festlegen will, wird die Entstehung einer Vertrauensgrundlage von vornherein verhindert (BGer vom 16. Aug. 2010, 2C_217/2010, E. 4.2.2; BVGer vom 18. Nov. 2010, B-1264/2010, E. 4.1; vom 12. Mai 2009, A-6523/2008, E. 9.2.2; vom 10. Feb. 2009, D-916/2007, E. 8; vom 25. Nov. 2008, A-3045/2008, E. 5.3.2; VerwG ZH vom 7. Feb. 2007, VB.2006.00407, E. 5.2). Eine Vertrauensgrundlage fehlt ferner, wenn in der Verfügung ausdrücklich festgehalten wird, dass ein erneutes Gesuch nur nach umfassender Prüfung der Voraussetzungen erteilt wird (VerwG ZH vom 18. Juni 2008, VB.2008.00151, E. 5, betr. ein Gesuch um Wiedererteilung des Führerausweises). Auch ist eine **Prognose** von vornherein nicht geeignet, eine Vertrauensgrundlage zu schaffen, da diese definitionsgemäss keine definitive Aussage – in casu über das Bestehen der Probezeit – enthält (VerwG ZH vom 2. April 2008, VB.2008.00050, E. 4.1 [Zwischenbeurteilung während der Probezeit]). 1979

Praxis:

- **Ärztliche Stellungnahmen und Gutachten** zur Beurteilung der medizinischen Voraussetzungen des Leistungsanspruchs im Rahmen eines IV-Verfahrens stellen keine Vertrauensgrundlage dar. Einerseits entsprechen diese Beurteilungen noch nicht einer definitiven Leistungszusage, sondern stehen unter dem Vorbehalt, dass die IV-Stelle anders entscheidet. Ferner kann auf die betreffenden Stellungnahmen nur abgestellt werden, wenn diese den allgemeinen beweisrechtlichen Anforderungen an einen ärztlichen Bericht genügen, was ein Gericht eingehend zu prüfen hat (BGer vom 22. Jan. 2010, 9C_1063/2009, E. 4.2.3). 1980
- X wurde auf Anfrage vom kantonalen Landwirtschaftsamt vor Erlass der Feststellungsverfügung in einer **E-Mail vom 27. März 2008** bestätigt, dass es sich beim strittigen Betrieb um ein landwirtschaftliches Gewerbe nach Art. 7 BGBB handle. Diese E-Mail stellt eine Vertrauensgrundlage dar, auf welche sich der Beschwerdeführer berufen kann (BGE 137 II 182 E. 3.6.3). 1981
- Die blosse **Erteilung einer Aufenthaltsbewilligung** begründet für sich allein kein schutzwürdiges Vertrauen in die Erneuerung derselben (BGE 126 II 377 E. 3b). 1982
- Das **Versprechen des Gemeinderates**, keine Kündigungen im Zusammenhang mit der Einführung des «new public managements» vorzunehmen, kann nicht so verstanden werden, dass es auf unbestimmte Zeit überhaupt zu keinen ordentlichen Kündigungen kommt, sondern nur dahin gehend, dass kein Mitarbeiter entlassen werde, weil seine Stelle wegen der mit dem «new public management» verbundenen Rationalisierungen überflüssig wird (BGer vom 6. Juli 2000, 1P.97/2000, E. 3). 1983
- **Allgemein gehaltene Schreiben oder Äusserungen** wie die **Mitteilung des Schweizerischen Heilmittelinstituts** betr. Umwandlungsverfahren (Erteilung einer Swissmedic-Zulassung bei Ablauf der IKS-Registrierung) sind zu wenig bestimmt, um eine Vertrauensgrundlage zu bilden, zumal sich die oben genannte Mitteilung im Wesentlichen auf die Frage bezog, welche Unterlagen im Rahmen eines Umwandlungsverfahrens zwingend vorgelegt werden müssen (REKO HM vom 14. Juli 2004, in: VPB 69 [2005] Nr. 21 E. 4.3). 1984
- Beziehen sich die **Mitteilungen eines Amtes** auf eine **ständige Praxis** der betreffenden Behörde, sind sie grundsätzlich geeignet, eine Vertrauensgrundlage darzustellen (BGE 129 II 125 E. 5.6). 1985

1986 – Wenn in der Begründung der Verfügung festgehalten wird, dass ein **Gesuch um Wiedererteilung des Führerausweises** nur Erfolg haben kann, wenn die betreffende Person ein Zeugnis einreicht, welches über einen Zeitraum von 12 Monaten bestätigt, dass keine Synkopen (wegen chronischem Alkoholmissbrauch) aufgetreten sind, stellt diese Formulierung keine Zusicherung dar, dass der Führerausweis mit Einreichung eines entsprechenden Zeugnisses auf jeden Fall wiedererteilt wird. Ferner muss dem anwaltlich vertretenen Beschwerdeführer bewusst sein, dass die zuständige Behörde das ärztliche Zeugnis und die Fahreignung des Beschwerdeführers nicht selbst beurteilen kann, sondern hiermit wiederum das fachkundige Institut für Rechtsmedizin beauftragen wird (VerwG ZH vom 18. Juni 2008, VB.2008.00151, E. 5).

1987 – Sind die jeweiligen Verfügungen über die **Zusprache von Stipendien provisorischer Natur**, können sie als solche grundsätzlich kein Vertrauen in ihren Bestand erwecken. Ferner muss sich die Beschwerdeführerin entgegenhalten lassen, dass sie nie die ausschlaggebenden Unterlagen zur Ermittlung des von ihr tatsächlich erzielten Einkommens während der jeweiligen Gesuchsperioden eingereicht hat, sodass der Rückforderung der Stipendien durch die Behörde der Vertrauensschutz nicht entgegensteht (VerwG ZH vom 7. Feb. 2007, VB.2006.00407, E. 5.2).

1988 – Gründet die **Auskunft eines Steueramtes** betr. die Möglichkeit einer Aktivierung bzw. Abschreibung eines entgeltlich erworbenen Goodwills auf einem von den Beschwerdeführern bzw. von der Treuhandfirma **falsch dargestellten Sachverhalt**, vermag die Auskunft das Steueramt nicht zu binden (BGer vom 26. Aug. 2009, 2C_6/2009, E. 3.2.2).

1989 – Die von der Beschwerdeführerin ins Feld geführten **Anträge des Regierungsrates an den Grossen Rat**, einen bestimmten Betrag als Kostendach für eine Subventionierung zu bewilligen, können jedenfalls nicht mit dem entsprechenden Parlamentsbeschluss selbst oder mit einer verbindlichen Zusicherung des finanzkompetenten Organs gleichgesetzt werden. Trotz eines bestimmten Antrags des Regierungsrates bleibt es dem Grossen Rat unbenommen, anderes zu beschliessen, weshalb ein solcher Antrag zum vornherein nicht geeignet ist, von der betroffenen potenziellen Subventionsempfängerin als feste Zusage verstanden zu werden (BGer vom 8. Mai 2009, 2C_762/2008, E. 2.2 und E. 2.3).

1990 – Wird in einer Verfügung ein **Widerrufsvorbehalt** angebracht (vorläufige Aufnahme unter Vorbehalt, dass die Aufnahme aufgehoben werden kann, wenn der Vollzug der Wegweisung möglich, zumutbar und zulässig ist; vgl. Art. 84 Abs. 2 Aug) und wurde dem Beschwerdeführer dieser Vorbehalt in der betreffenden Verfügung ausdrücklich zur Kenntnis gebracht, musste ihm klar sein, dass die vorläufige Aufnahme, auch wenn sie bereits mehrmals verlängert wurde, kein wohlerworbenes Recht begründet und jederzeit aufgehoben werden kann, wenn und sobald festgestellt wird, dass die Voraussetzungen nicht (mehr) erfüllt sind. Die Entstehung einer Vertrauensgrundlage wird dadurch von vornherein verhindert (BVGer vom 10. Feb. 2009, D-916/2007, E. 8).

1991 – Eine **Korrespondenz** mit dem Beschwerdeführer, in der nie ausdrücklich über die Berechtigung des Beschwerdeführers befunden wurde, dass sich dieser mit dem Titel Dr. med. auskünden darf, bildet keine ausreichende Vertrauensgrundlage. Dies kann auch nicht implizit angenommen werden, obwohl die Zürcher Gesundheitsdirektion den Beschwerdeführer in der Korrespondenz im Zusammenhang mit seinem Praxisbewilligungsgesuch für den Kanton Zürich mit dem Titel Dr. med. angeschrieben hat. Denn die Zürcher Gesundheitsdirektion hat in diesem Gesuchsverfahren lediglich geprüft, ob die Voraussetzungen für eine Praxisbewilligung erfüllt sind, nicht aber die Frage, unter welchem Titel er auskünden darf (BGer vom 10. Nov. 2005, 2A.254/2005, E. 2.3).

1992 – **Generelle Äusserungen eines Departementsvorstehers über eine bevorstehende voraussichtliche Praxisänderung**, die weder an den Beschwerdeführer adressiert waren noch dessen konkrete Situation betrafen, vermögen keine Vertrauensgrundlage zu bilden. Die Verbindlichkeit behördlicher Äusserungen auch auf derartige allgemeine Verlautbarungen auszudehnen, hätte zur Folge, dass in einem weiten Umfang das objektive Recht zur Disposition der rechtsanwendenden Behörden gestellt würde, indem diese durch gesetzlich nicht abgedeckte Meinungsäusserungen einem breiten Publikum die Berufung auf eine gesetzwidrige Praxis ermöglichen könnten (BGE 125 I 267 E. 4c).

- **Äusserungen und Stellungnahmen von Behördenmitgliedern im Vorfeld von Abstimmungen** (Mehrwertsteuerpflicht eines Privatunternehmens für den Verkauf von Kehrichtgebührenmarken) sind allgemeine Informationen zur Willens- und Meinungsbildung der Stimmberechtigten. Derartige Aussagen weisen lediglich einen globalen, allgemeingültigen Charakter auf und ergehen zudem in zukünftiger, ungewisser Weise. Keinesfalls können darin Stellungnahmen für einen genau umschriebenen Sachverhalt oder für einen exakt bestimmten Personenkreis gesehen werden. Bei solchen Äusserungen mangelt es folglich an den grundlegenden Voraussetzungen, damit sie als Auskünfte oder Zusicherungen im Sinne des Vertrauensschutzes Geltung beanspruchen könnten (SRK vom 19. April 2004, in: VPB 68 [2004] Nr. 127 E. 4b/bb). 1993

- Eine **erneute Zustellung einer Verfügung oder eines Entscheids** vermag nach der Rechtsprechung des Bundesgerichts an der erfolgten (ersten) Zustellung nichts zu ändern, mit der Folge, dass keine neue Rechtsmittelfrist ausgelöst wird (BGE 117 V 131 E. 4a, 115 Ia 12 E. 3a); vorbehalten bleibt, wenn während noch laufender Rechtsmittelfrist der betreffende Entscheid mit einer vorbehaltlosen Rechtsmittelbelehrung erneut zugestellt wird (BGE 115 Ia 12 E. 4c; VerwG ZH vom 11. Juni 2008, SB.2008.00005, E. 2.2). 1994

- **Kulturförderungsbeiträge**, die bisher **jahrelang und in unveränderter Höhe gewährleistet wurden**, dürfen gekürzt werden, wenn die Behörde die vom Kantonsrat vorgegebene Kreditsumme auf mehr Gesuchsteller verteilen will. Die mehrjährige Gewährung eines höheren Beitrags stellt für sich allein genommen noch keine Vertrauensgrundlage dar, zumal das Kulturförderungsgesetz ausdrücklich jegliches Vorhandensein von Leistungsansprüchen ausschliesst (Departement des Innern SG vom 31. Juli 2007, in: GVP 2007 Nr. 113 E. 4.2). 1995

- **Verfügungen** wie auch **verwaltungsrechtliche Verträge** sind grundsätzlich geeignet, eine Vertrauensgrundlage zu bilden, denn mit dem Erlass einer konkreten Verfügung wird in der Regel eine noch viel eindeutigere Vertrauensbasis geschaffen als mit einer blossen Auskunft (BGer vom 16. Dez. 2010, 2C_120/2010, E. 2.5.1; vom 29. März 2007, C 32/06, E. 5.2.3.1); ferner hat gerade ein verwaltungsrechtlicher Vertrag – wie im Übrigen jeder Vertrag – unter anderem die Funktion, Vertrauen in das künftige Verhalten zu begründen (BGer vom 25. Jan. 2010, 1C_450/2009, E. 2.4.2). 1996

- Die **Untätigkeit einer Behörde** vermag grundsätzlich **keinen Vertrauenstatbestand** zu schaffen, ausser es würden Auskunfts- oder Beratungspflichten bestehen, nach den Umständen des Einzelfalles wäre eine Auskunft geboten gewesen oder es würden sonst wie besondere Umstände vorliegen, was etwa dann der Fall sein kann, wenn der Bürger zu einer bestimmten, ihn betreffenden Frage eine Auskunft verlangt, die Behörde diese nicht erteilt und ihm stattdessen ein Merkblatt abgibt, welchem die betreffenden Informationen entnommen werden können. Damit kann eine individuell-konkrete Zusicherung verbunden sein und der Betroffene kann sich auf die Unrichtigkeit der Auskunft berufen, sofern die übrigen Voraussetzungen des Vertrauensschutzes erfüllt sind (BGE 109 V 52 E. 3b). 1997

- **Duldet die Behörde einen rechtswidrigen Zustand über Jahre hinweg**, obschon ihnen die Gesetzwidrigkeit bekannt war oder sie diese bei Anwendung der gebotenen Sorgfalt hätten kennen müssen, kann diese langjährige bewusste Duldung einen Vertrauenstatbestand begründen, was etwa dann zu bejahen ist, wenn die Baubehörden während 24 Jahren nichts gegen eine rechtswidrige Baute unternehmen (BGer vom 19. Sept. 2001, 1P.768/2000, E. 4c). 1998

- Ein **Merkblatt** stellt eine Vertrauensgrundlage dar, wenn es eine **abstrakte Rechtslage soweit konkretisiert, dass es auf einen bestimmten Sachverhalt anwendbar** ist (BVGer vom 6. April 2009, B-6696/2008, E. 5). 1999

- Eine **Zwischenbeurteilung während der Probezeit in Form** eines Schreibens zu Handen der Eltern wäre zwar grundsätzlich zur Begründung von Vertrauen betr. das Bestehen der Probezeit geeignet. Die Berufung auf Vertrauensschutz muss jedoch versagen, weil anlässlich der Probezeit mittels Zwischenbeurteilungen die Lehrpersonen abzuschätzen versuchen, ob der betref- 2000 fende Schüler die Probezeit mit Erfolg bestehen kann. Eine **Prognose** ist von vornherein nicht geeignet, eine definitive Aussage über das Bestehen der Probezeit abzugeben, sodass sich der Beschwerdeführer im Hinblick auf das Bestehen der Probezeit nicht auf den Grundsatz des Vertrauensschutzes berufen kann (VerwG ZH vom 2. April 2008, VB.2008.00050, E. 4.1).

2001 – **Schulgelderhöhungen während des laufenden Schuljahres** verstossen gegen den Grundsatz des Vertrauensschutzes, wenn diese erst nach Beginn des betreffenden Schuljahres mitgeteilt werden und sich die Betroffenen bereits einige Monate vorher für den einjährigen Kurs anmelden mussten. Die Kursteilnehmer haben sich also, ohne mit der Erhöhung des Schulgeldes rechnen zu müssen, für den Kurs angemeldet und die entsprechenden, nicht leicht wieder rückgängig zu machenden Dispositionen, wie z.B. Kündigung der Arbeitsstelle, getroffen. Der Kanton hätte eine Übergangsregelung schaffen sollen, die den Kursteilnehmern, die im Vertrauen auf ein bestimmtes Kursgeld die Ausbildung begonnen haben, erlaubt hätte, die Ausbildung zu diesem Preis zu beenden. Indem er keine solche Übergangsregelung getroffen hat, hat er gegenüber den Kursteilnehmern das Prinzip von Treu und Glauben verletzt (BGer vom 13. Juli 2004, 2P.149/2003, E. 2).

bb) Verfügungen

aaa) Allgemeines

2002 Verfügungen sind grundsätzlich geeignet, eine **Vertrauensgrundlage** zu bilden, denn mit dem Erlass einer konkreten Verfügung wird in der Regel eine noch viel eindeutigere Vertrauensbasis geschaffen als mit einer blossen Auskunft (BGer vom 16. Dez. 2010, 2C_120/2010, E. 2.5.1; vom 29. März 2007, C 32/06, E. 5.2.3.1; BVGer vom 10. Nov. 2010, A-3143/2010, E. 6.1.1; vom 12. Okt. 2009, C-7155/2007, E. 5.2.1; vom 3. Juli 2008, B-3405/2007, E. 4.3). Die weitaus wichtigsten Anwendungsfälle betreffen den **Widerruf von Verfügungen** (siehe Rz. 2712 ff.) und eine **fehlerhafte Rechtsmittelbelehrung** (vgl. Rz. 2008 ff.).

2003 Zu unterscheiden sind **Dauerverfügungen** von **zeitlich befristeten Verwaltungsakten**. Eine **Dauerverfügung**, die wie beispielsweise eine Betriebs- oder Niederlassungsbewilligung dem Adressaten eine bestimmte Berechtigung verschafft, ist regelmässig mit dem Vertrauen auf eine fortdauernde Geltung verbunden und kann nur unter Beachtung bestimmter Voraussetzungen entzogen oder angepasst werden (BGer vom 23. März 2011, 2C_572/2010, E. 7.2; vom 9. April 2008, 1C_43/2007, E. 5.3 [in BGE 134 II 142 ff. nicht publ. E.]), während es in der Natur **zeitlich befristeter Verfügungen** liegt, dass ihre Erteilung für sich allein nicht geeignet ist, ein schutzwürdiges Vertrauen auf eine künftige Handlung zu begründen (BVGer vom 8. Jan. 2010, C-2018/2007, E. 5.2.6-5.2.8 [Verlängerung einer Aufenthaltsbewilligung]).

2004 Im Einzelfall kann **umstritten** sein, welche **Verwaltungsakte auf Dauer** angelegt sind: Jedenfalls begründet der blosse Umstand, dass **Subventionen** in bestimmter Höhe bezahlt werden oder worden sind, noch kein schutzwürdiges Vertrauen darauf, dass sie weiterhin in dieser Höhe erfolgen, wenn nicht verbindliche Zusicherungen oder andere besondere Umstände vorliegen, die auf ein erhöhtes Interesse des Gesuchstellers schliessen lassen (BGer vom 8. Mai 2009, 2C_762/2008, E. 2.3; vom 21. März 2000, 2P.56/1999, E. 4c). Entsprechend kann die zuständige Behörde Kulturförderungsbeiträge, die bisher im Umfang von Fr. 4'000.– entrichtet wurden, auf neu Fr. 2'000.– festsetzen, wenn die Behörde einerseits aufgrund einer Überprüfung zu einem anderen Ergebnis als früher kommt und andererseits die vom Parlament vorgegebene Kreditsumme auf mehr Gesuchsteller verteilt werden muss (Departement des Innern SG vom 31. Juli 2007, in: GVP 2007 Nr. 113 E. 4.2). Die Zuteilung von Gemeinden an eine Spitalregion ist nicht einer Dauerverfügung gleichzusetzen. Soweit sie als Instrument für die Berechnung der kantonalen Subventionen dient, darf sie legitimerweise modifiziert werden (BGer vom 23. März 2011, 2C_572/2010, E. 7.2).

Praxis:

- **Gesuch um Wiedererteilung des Führerausweises (Verweigerung aus medizinischen Gründen):** A vollendete im Jahr 2005 das 70. Altersjahr. Am 13 April 2005 wurde er von der Sicherheitsdirektion des Kantons Zürich (Strassenverkehrsamt, Abteilung Administrativmassnahmen) zu einer vertrauensärztlichen Kontrolluntersuchung aufgefordert. Gestützt auf ein Gutachten des Instituts für Rechtsmedizin der Universität Zürich (IRM) vom 12. Aug. 2005 entzog die Sicherheitsdirektion des Kantons Zürich A mit unangefochten gebliebener Verfügung vom 9. Sept. 2005 den Führerausweis mit Wirkung ab 17. Sept. 2005 auf unbestimmte Zeit. Die Wiedererteilung des Ausweises machte sie vom Vorliegen eines günstig lautenden verkehrsmedizinischen Gutachtens abhängig. Am 19. April 2006 stellte A das Begehren um Wiedererteilung des Führerausweises. Mit Verfügung vom 10. Jan. 2007 lehnte es die Sicherheitsdirektion des Kantons Zürich gestützt auf ein neu eingeholtes Gutachten des IRM ab, A den Führerausweis wieder zu erteilen. Die Wiedererteilung wurde vielmehr erneut von einem günstig lautenden verkehrsmedizinischen Gutachten abhängig gemacht. Gegen diese Verfügung wandte sich A mit Rekurs vom 9. Feb. 2007 an den Regierungsrat des Kantons Zürich. Dieser wies den Rekurs mit Beschluss vom 5. März 2008 ab. Auch das Verwaltungsgericht weist seine Beschwerde ab. Erwägungen: Das Gesuch des Beschwerdeführers um Wiedererteilung des Führerausweises vom 19. April 2006 wurde von der zuständigen Behörde abgelehnt, weil ein neues Gutachten des IRM einen chronischen Alkoholmissbrauch diagnostizierte. Vor dem Verwaltungsgericht bringt der Beschwerdeführer vor, die Verfügung vom 9. Sept. 2005 betr. Entzug des Führerausweises habe den Vermerk enthalten, dass er mit einem Gesuch um Wiedererteilung des Führerausweises nur Erfolg haben könne, wenn er ein Zeugnis einreiche, welches über einen Zeitraum von 12 Monaten bestätige, dass keine Synkopen aufgetreten seien. Die Fahreignung werde dann anhand des eingereichten Zeugnisses beurteilt. Daran habe sich die Sicherheitsdirektion nicht gehalten, indem sie 2006 weitere Untersuchungen veranlasst habe. Damit habe sie das Vertrauen, das der Beschwerdeführer in den behördlichen Akt gesetzt habe, enttäuscht. Das Verwaltungsgericht verneint das Vorliegen einer Vertrauensgrundlage. In der Begründung der Verfügung vom 9. Sept. 2005 wurde festgehalten, der Betroffene werde mit einem Gesuch um Wiedererteilung des Führerausweises bzw. Aufhebung der Massnahme nur Erfolg haben, wenn er ein Zeugnis einreiche, welches über einen Zeitraum von 12 Monaten bestätige, dass keine Synkopen aufgetreten seien. Die Fahreignung werde dann anhand des eingereichten Zeugnisses beurteilt. Damit sollte der Beschwerdeführer offensichtlich nur darauf aufmerksam gemacht werden, dass er sich über 12 Monate einer ärztlichen Kontrolle unterziehen müsse, wenn er den Führerausweis wiedererlangen möchte. Eine Zusicherung, dass der Führerausweis mit Einreichung eines entsprechenden Zeugnisses auf jeden Fall wiedererteilt würde, kann darin nicht erkannt werden. Auch musste dem anwaltlich vertretenen Beschwerdeführer bewusst sein, dass die Beschwerdegegnerin das ärztliche Zeugnis und die Fahreignung des Beschwerdeführers nicht selbst beurteilen, sondern hiermit wiederum das fachkundige IRM beauftragen werde (VerwG ZH vom 18. Juni 2008, VB.2008.00151, E. 5). 2005

- **Rückforderung zu Unrecht ausbezahlter Stipendien:** Der Beschwerdeführerin wurden Stipendien gewährt. Der Entscheid enthielt den Hinweis, dass es sich um eine provisorische Berechnung handle, bis die definitiven Steuerzahlen der Eltern sowie der Bewerberin selbst feststehen würde. Die Beschwerdeführerin reichte erst verspätet die Unterlagen ein, worauf die Behörde einen Teil der ausbezahlten Beträge zurückforderte. Die Rückforderung gestützt auf § 13 aStipendienV steht einzig unter dem Vorbehalt des Vertrauensschutzes. Erwägungen: Zunächst muss demnach geprüft werden, ob das Verhalten des Beschwerdegegners als Vertrau- 2006 ensgrundlage in Frage kommt und bei der Beschwerdeführerin bestimmte Erwartungen auslösen konnte. Wie die Vorinstanz zutreffend ausführt, waren die jeweiligen Verfügungen über die Zusprache von Stipendien provisorisch und konnten als solche grundsätzlich kein Vertrauen in ihren Bestand erwecken. Ferner muss sich die Beschwerdeführerin jedenfalls entgegenhalten lassen, dass sie nie die ausschlaggebenden Unterlagen zur Ermittlung des von ihr tatsächlich erzielten Einkommens während der jeweiligen Gesuchsperioden (Okt. bis Sept. 2001/02 bzw. 2002/03 und 2003/04) eingereicht hat. Weder die von der Beschwerdeführerin mit dem ersten Gesuch eingereichte Steuererklärung inkl. Lohnausweis (für das Jahr 2000) noch die mit dem ersten Erneuerungsgesuch eingereichten Unterlagen (Steuererklärung und Lohnausweis 2001) vermochten Hinweise dafür zu liefern, wie viel das tatsächliche Einkommen der Beschwerdeführerin während der ersten Bemessungsperiode (Schuljahr 2001/02) betrug. So konnte es dem Beschwerdegegner denn auch erst anlässlich der Prüfung des Gesuchs vom Aug. 2003, welchem Steuererklärung und Lohnausweis 2002 beilagen, auffallen, dass die Beschwerdeführerin in der Bemessungsperiode 2001/02 ein existenzsicherndes Einkommen erzielt hatte. Andere einschlägige Angaben zum Einkommen der Beschwerdeführerin während der jeweiligen Bemessungsperioden haben nämlich stets gefehlt. Anhand der Aufforderungen in verschiedenen Dokumenten hätte die Beschwerdeführerin von selber bemerken müssen, dass sie der Stipendienbehörde noch Angaben zu ihrem Einkommen schuldig war, auch wenn sie von dieser nicht ausdrücklich darauf hingewiesen wurde. Die provisorisch ergangenen Stipendienentscheide waren somit nicht geeignet, eine Vertrauensgrundlage zu schaffen (VerwG ZH vom 7. Feb. 2007, VB.2006.00407, E. 5.2).

2007 – **Neuzuteilung von Gemeinden an eine Spitalregion mit Verfügung vom 23. April 2008:** Die Beschwerdeführer rügen eine Verletzung des Vertrauensgrundsatzes: Die Neuzuteilung sei eine Änderung einer Dauerverfügung, was eine Änderung der massgebenden Sachumstände oder Rechtsgrundlagen voraussetze. Die Sachumstände hätten sich jedoch nicht geändert, da sich die Patientenströme seit der früheren Zuteilung nicht wesentlich geändert hätten. Zudem seien die vermeintlichen Veränderungen auch nicht dauerhaft, da das Spital Limmattal saniert werde, was wiederum die künftigen Patientenströme beeinflussen werde. Erwägungen: Eine Dauerverfügung, die wie beispielsweise eine Betriebs- oder Niederlassungsbewilligung dem Adressaten eine bestimmte Berechtigung verschafft, ist regelmässig mit dem Vertrauen auf eine fortdauernde Geltung verbunden und kann unter bestimmten Voraussetzungen eine Vertrauensgrundlage darstellen. Die Zuteilung von Gemeinden an eine Spitalregion ist jedoch nicht einer solchen Dauerverfügung gleichzusetzen. Soweit sie als Instrument für die Berechnung der kantonalen Subventionen dient, darf sie legitimerweise modifiziert werden. Der blosse Umstand, dass einmal Subventionen in bestimmter Höhe bezahlt worden sind, begründet noch kein schutzwürdiges Vertrauen darauf, dass sie weiterhin in dieser Höhe erfolgen. Andererseits enthält die Zuteilung zu den Spitalregionen gewisse spitalplanerische Elemente. Insoweit ist sie eher mit einer Nutzungsplanung vergleichbar, wo eine Planänderung nicht nur bei einer Änderung der sachverhaltlichen Grundlagen, sondern unter Vorbehalt des Vertrauensschutzes in besonderen Konstellationen auch bei einer sachlich begründeten Änderung der Planungsabsichten zulässig ist. Die bisherige Zuteilung kann somit für sich allein nicht eine Vertrauensgrundlage dafür schaffen, dass die Zuteilung weiterhin unverändert bleiben wird (BGer vom 23. März 2011, 2C_572/2010, E. 7.2).

bbb) Fehlerhafte oder fehlende Rechtsmittelbelehrung insbesondere

2008 Aus einer **unrichtigen Rechtsmittelbelehrung** dürfen den Beschwerde führenden Parteien **keine Nachteile** erwachsen (BGE 134 I 199 E. 1.3.1, 132 I 92 E. 1.6). Wird aufgrund einer unrichtigen Belehrung ein falsches Rechtsmittel ergriffen, kann die Sache daher von Amtes wegen an die zuständige Instanz überwiesen werden (BGE 134 I 199 E. 1.3.1, 123 II 231 E. 8b = Pra 86 [1997] Nr. 137; VerwG ZH vom 7. Juli 2004, VB.2004.00212, E. 6.1.1). Allerdings geniesst nur Vertrauensschutz, wer die Unrichtigkeit der Rechtsmittelbelehrung nicht kennt und sie auch bei gebührender

Aufmerksamkeit nicht hätte erkennen können (BGE 135 III 489 E. 4.4, 134 I 199 E. 1.3.1), wobei nur eine **grobe prozessuale Unsorgfalt** der betroffenen Partei oder ihres Anwaltes eine falsche Rechtsmittelbelehrung aufzuwiegen vermag (BGE 129 II 125 E. 3.3, 124 I 255 E. 1a/aa, 106 Ia 13 E. 3b).

Eine Partei geniesst **keinen Vertrauensschutz**, wenn sie oder ihr Anwalt die Mängel der Rechtsmittelbelehrung durch Konsultierung des massgebenden Gesetzestextes allein erkennen konnte (BGE 134 I 199 E. 1.3.1, 129 II 125 E. 3.3, 124 I 255 E. 1a/aa, 118 Ib 326 E. 1c). Dagegen wird von einem Anwalt nicht verlangt, dass neben den Gesetzestexten auch noch die einschlägige Literatur oder Rechtsprechung nachgeschlägt (BGE 135 III 489 E. 4.4, 134 I 199 E. 1.3.1, 131 II 627 E. 6.1, 131 V 472 E. 5, 130 III 396 E. 1.2.3, 124 I 255 E. 1a/aa, 117 Ia 119 E. 4a; BGer vom 2. Feb. 2012, 1C_394/2011, E. 2.2.2; vom 26. Feb. 2008, 5A_33/2008, E. 2.2). 2009

Wann der Prozesspartei, die sich auf eine unrichtige Rechtsmittelbelehrung verlassen hat, eine als **grob zu wertende Unsorgfalt** vorzuwerfen ist, beurteilt sich nach den konkreten Umständen und nach ihren Rechtskenntnissen (BGE 135 III 374 E. 1.2.2.1, 106 Ia 13 E. 4). Ist die Prozesspartei **rechtsunkundig** und auch **nicht rechtskundig vertreten**, darf sie nicht der anwaltlich vertretenen Partei gleichgestellt werden, es sei denn, sie verfüge namentlich aus früheren Verfahren über einschlägige Erfahrungen. Eine Überprüfung der in der Rechtsmittelbelehrung enthaltenen Angaben kann von einer nicht anwaltlich vertretenen Prozesspartei nur dann verlangt werden, wenn diese über die Kenntnisse verfügt, die es ihr überhaupt ermöglichen, die massgebende Gesetzesbestimmung ausfindig zu machen und gegebenenfalls auszulegen (BGE 135 III 374 E. 1.2.2.1; BGer vom 17. Aug. 2010, 5A_399/2010, E. 3.3). 2010

Sinngemäss das Gleiche hat bei **fehlender Rechtsmittelbelehrung** zu gelten: Wer erkennt oder hätte erkennen sollen, dass die Behörde in Form einer Verfügung hat handeln wollen und hätte handeln sollen, kann sich nicht auf die fehlende Rechtsmittelbelehrung berufen, sondern muss sich das Schreiben entgegenhalten lassen (BGE 129 II 125 E. 3.3, 124 I 255 E. 1a/aa; BVGer vom 7. April 2009, A-3932/2008, E. 2.2.3; vom 15. Dez. 2008, A-1625/2006, E. 4.2). Dasselbe gilt, wenn eine **Verfügung mündlich** eröffnet wird (VerwG ZH vom 22. Juni 2005, VB.2005.00050, E. 3.2). Vom Rechtsuchenden wird erwartet, dass er sich nach dem zulässigen Rechtsmittel erkundigt und letztlich innert angemessener und vernünftiger Frist allenfalls ein solches ergreift, solange erkennbar ist oder hätte erkannt werden müssen, dass die mündliche Aussage eine Verfügung darstellen sollte (zum Ganzen VerwG ZH vom 11. Mai 2005, PB.2005.00002, E. 5.1). 2011

Der Vertrauensschutz geht jedoch nicht so weit, dass er Anspruch auf ein nach Gesetz nicht gegebenes Rechtsmittel oder eine nicht gegebene Beschwerdeinstanz verschafft, selbst wenn die Rechtsmittelbelehrung darauf verweist. Die Zuständigkeit einer Beschwerdeinstanz kann nicht gleichsam im Sinne einer «Einlassung» begründet werden (BVGer vom 27. Aug. 2010, B-3060/2010, E. 1.2; vom 25. Sept. 2008, B-1773/2006, E. 1.2). Jedoch dürfen in solchen Fällen keine Verfahrenskosten auferlegt werden, ansonsten ein Nachteil aus der fehlerhaften Rechtsmittelbelehrung resultieren würde (BGer vom 22. Aug. 2008, 5A_139/2008, E. 4.1). 2012

Praxis:

2013 – **Mündliche Eröffnung einer Verfügung:** Die Beschwerdeführerin ersuchte im Jahr 2003 und erneut im Jahr 2004 um Verlängerung ihrer Aufenthaltsbewilligung. Sie wurde im Feb. 2004 zu einer polizeilichen Befragung bezüglich ihrer ehelichen Verhältnisse vorgeladen. Während der Befragung wies sie der Beamte darauf hin, dass das Migrationsamt ihre Aufenthaltsbewilligung nicht verlängert habe. Daraufhin zeigte er ihr die Wegweisungsverfügung und fragte die Beschwerdeführerin, ob sie die Verfügung erhalten habe, was von ihr verneint wurde. In der Folge vertrat die zuständige Behörde die Auffassung, dass sie die Verfügung anlässlich der polizeilichen Befragung rechtsmässig eröffnet und der Beschwerdeführerin mitgeteilt habe, diese es aber unterlassen habe, dagegen Rekurs bzw. Beschwerde einzureichen. Erwägungen: Das Verwaltungsgericht verneint, dass ein zureichender Grund für eine mündliche Eröffnung vorliegend ersichtlich ist. Lehre und Praxis sehen nur aus zwei Gründen eine zulässige mündliche Eröffnung einer Verfügung vor, nämlich wenn Gefahr in Verzug ist oder die Behörde zu wenig Zeit hat, um eine schriftliche Verfügung zu erlassen. Die mündliche Eröffnung im Rahmen der polizeilichen Befragung stellt keine zulässige Ausnahme von der Regel der Schriftlichkeit gemäss § 10 Abs. 1 Verwaltungsrechtspflegegesetz (VRG) dar, zumal oben genannte Ausnahmen vorliegend als nicht erfüllt gelten können und die Behörde sich im Übrigen auch nicht darauf beruft. Es fragt sich allerdings, ob die betroffene Person nach Treu und Glauben hätte erkennen müssen, dass sie während der Befragung auf die Wegweisungsverfügung hingewiesen wurde bzw. ihr die Wegweisungsverfügung mündlich eröffnet wurde. Die Beschwerdeführerin wusste vor der Einvernahme nur, dass sie zu ihren ehelichen Verhältnissen befragt würde. Sie erschien zur Befragung ohne Rechtsbeistand. Laut Protokoll war kein Übersetzer anwesend. Der Beamte führte die Befragung auf Portugiesisch durch und teilte ihr dabei mit, dass ihre Aufenthaltsbewilligung nicht verlängert worden sei. Das entsprechende Gesuch hatte die Beschwerdeführerin bereits ein Jahr zuvor gestellt; über das Schicksal ihres Antrags wurde sie nicht informiert, weshalb sie ein zweites Gesuch einreichte. Als sie zur Befragung erschien, musste sie davon ausgehen, dass sie wegen dieses neuen Gesuches befragt würde und nicht zu jenem des Vorjahres. Zudem wurde ihr die Wegweisungsverfügung, die auf Deutsch abgefasst war, bloss vorgelegt. Zieht man all diese Umstände in Betracht, konnte von der Beschwerdeführerin nicht erwartet werden, die Tragweite des mündlichen Hinweises zu erkennen. Damit war ihr gestützt auf den Grundsatz von Treu und Glauben auch nicht zuzumuten, weitere Nachforschungen anzustellen. Der Hinweis während der Befragung blieb damit ohne rechtliche Wirkungen (VerwG ZH vom 22. Juni 2005, VB.2005.00050, E. 3).

2014 – **Schreiben eines Bundesamtes:** Das in Frage stehende Schreiben des Bundesamtes war weder als Verfügung bezeichnet, noch enthielt es eine Rechtsmittelbelehrung. Es wurde den bereits damals durch einen Rechtsanwalt vertretenen privaten Personen in Kopie zugestellt. Auch der Empfänger einer nicht als solchen bezeichneten Verfügung ohne Rechtsmittelbelehrung kann diese nicht einfach ignorieren; er ist vielmehr gehalten, sie innert der gewöhnlichen Rechtsmittelfrist anzufechten oder sich innert nützlicher Frist nach den in Frage kommenden Rechtsmitteln zu erkundigen. Dies gilt allerdings nur dann, wenn der Verfügungscharakter erkennbar ist oder bei zumutbarer Sorgfalt hätte erkannt werden müssen. Weil vorliegend die gesetzlichen Grundlagen im Hinblick auf die Zuständigkeit der betreffenden Behörde unklar sind und das Schreiben des Bundesamtes keine eindeutigen Hinweise enthielt, das Bundesamt ferner selbst davon ausgegangen ist, es liege keine Verfügung vor, kann dem Einzelnen nicht entgegengehalten werden, er hätte den Verfügungscharakter des seinem Rechtsvertreter lediglich in Kopie «zur Kenntnisnahme» zugestellten Schreibens erkennen und innert der gesetzlichen Frist von 30 Tagen (Art. 50 VwVG) Beschwerde erheben müssen. Da ihm durch die fehlerhafte Eröffnung der Verfügung kein Nachteil erwachsen darf (Art. 38 VwVG), konnte er dieses Schreiben auch dann noch anfechten, nachdem er erkannt hatte oder erkennen mussten, dass es sich um eine anfechtbare Verfügung handelte. Das Vorgehen der Vorinstanz, unter diesen Umständen aus Gründen der Prozessökonomie von einer Rückweisung der Sache zur formrichtigen Eröffnung der Verfügung abzusehen und die Vernehmlassung als selbstständige Beschwerde entgegenzunehmen, verletzt daher kein Bundesrecht (BGE 129 II 125 E. 3.3 und E. 3.4).

- **Anfechtung kommunaler Kreditbeschlüsse:** In der vorliegenden Angelegenheit sind kommunale Kreditbeschlüsse umstritten, welche wegen Verletzung der politischen Rechte angefochten wurden. Der angefochtene Entscheid des Regierungsrates enthält eine Rechtsmittelbelehrung, nach welcher gegen den Regierungsratsentscheid direkt beim Bundesgericht Beschwerde in öffentlich-rechtlichen Angelegenheiten erhoben werden könne. Diese Rechtsmittelbelehrung erweist sich im vorliegenden Fall als falsch. Es hätte vorerst gemäss Art. 86 Abs. 2 BGG ein oberes kantonales Gericht darüber entscheiden müssen. Aus einer unrichtigen Rechtsmittelbelehrung dürfen den Parteien keine Nachteile erwachsen. Wird aufgrund einer unrichtigen Belehrung ein falsches Rechtsmittel ergriffen, kann die Sache daher von Amtes wegen an die zuständige Instanz überwiesen werden. Allerdings geniesst nur Vertrauensschutz, wer die Unrichtigkeit der Rechtsmittelbelehrung nicht kennt und sie auch bei gebührender Aufmerksamkeit nicht hätte erkennen können. Rechtsuchende geniessen keinen Vertrauensschutz, wenn der Mangel für sie bzw. ihren Rechtsvertreter allein schon durch Konsultierung der massgeblichen Verfahrensbestimmung ersichtlich ist. Dagegen wird nicht verlangt, dass neben den Gesetzestexten auch noch die einschlägige Rechtsprechung oder Literatur nachgeschlagen wird. Der angefochtene Beschluss enthält eine unrichtige Rechtsmittelbelehrung. Es war für die nicht anwaltlich vertretenen Beschwerdeführer nicht ohne Weiteres erkennbar, dass das Verwaltungsgericht als letzte kantonale Instanz zur Beurteilung der vorliegenden Stimmrechtsangelegenheit zuständig gewesen wäre und ist, da dies nicht dem Wortlaut von § 5 der Verordnung des Regierungsrats des Kantons Zürich vom 29. Nov. 2006 über die Anpassung des kantonalen Rechts an das Bundesgerichtsgesetz (VO BGG) und § 43 Abs. 2 des kantonalen Verwaltungsrechtspflegegesetzes (VRG) entnommen werden kann, sondern nur im Zusammenhang mit den Neuerungen, die sich aus der Beschwerde in öffentlich-rechtlichen Angelegenheiten ergeben, ersichtlich ist. Unter diesen Umständen ist die Beschwerde dem Verwaltungsgericht des Kantons Zürich zur Behandlung zu überweisen (BGE 134 I 199 E. 1.3). 2015
- **Entscheid einer kantonalen Aufsichtsbehörde in Schuldbetreibungs- und Konkurssachen:** Bei Entscheiden der kantonalen Aufsichtsbehörden in Schuldbetreibungs- und Konkurssachen gilt eine Beschwerdefrist von zehn Tagen (Art. 100 Abs. 2 lit. a BGG). Diese wurde vorliegend klarerweise nicht eingehalten. In der Rechtsmittelbelehrung des angefochtenen Entscheids wird hingegen auf die für Beschwerden an das Bundesgericht im Allgemeinen geltende Beschwerdefrist von 30 Tagen (Art. 100 Abs. 1 BGG) hingewiesen. Diese Frist wäre vorliegend eingehalten worden. Gemäss Art. 49 BGG dürfen den Parteien aus unrichtiger Rechtsmittelbelehrung keine Nachteile erwachsen. Den erwähnten Schutz kann eine Prozesspartei nur dann beanspruchen, wenn sie sich nach Treu und Glauben auf die fehlerhafte Rechtsmittelbelehrung verlassen durfte. Wer die Unrichtigkeit erkannte oder bei gebührender Aufmerksamkeit hätte erkennen können, kann sich nicht auf Art. 49 BGG berufen, wobei allerdings nur eine grobe prozessuale Unsorgfalt der betroffenen Partei oder ihres Anwalts eine unrichtige Rechtsmittelbelehrung aufzuwiegen vermag. Der Vertrauensschutz versagt zudem nur dann, wenn der Mangel in der Rechtsmittelbelehrung für den Rechtsuchenden bzw. seinen Rechtsvertreter allein schon durch Konsultierung der massgebenden Verfahrensbestimmung ersichtlich gewesen wäre. Wann der Prozesspartei, die sich auf eine unrichtige Rechtsmittelbelehrung verlassen hat, eine als grob zu wertende Unsorgfalt vorzuwerfen ist, beurteilt sich nach den konkreten Umständen und nach ihren Rechtskenntnissen. Ist sie rechtsunkundig und auch nicht rechtskundig vertreten, darf sie nicht der anwaltlich vertretenen Partei gleichgestellt werden, es sei denn, sie verfüge namentlich aus früheren Verfahren über einschlägige Erfahrungen. Eine Überprüfung der in der Rechtsmittelbelehrung enthaltenen Angaben kann von einer Prozesspartei im Übrigen nur dann verlangt werden, wenn diese über die Kenntnisse verfügt, die es ihr überhaupt ermöglichen, die massgebende Gesetzesbestimmung ausfindig zu machen und gegebenenfalls auszulegen. Die Beschwerdeführerin ist nicht anwaltlich vertreten und war es auch im kantonalen Verfahren nicht. Anhaltspunkte dafür, dass die für sie handelnde Person über hinreichende Rechtskenntnisse verfügte oder (namentlich aufgrund früherer Verfahren) die Länge der Frist für Beschwerden gegen Entscheide der kantonalen Aufsichtsbehörden in Schuldbetreibungs- und Konkurssachen gekannt hätte oder zumindest hätte kennen müssen, sind nicht ersichtlich. Wenn die erwähnte Person unter den gegebenen Umständen den – auf die ordentliche Frist für 2016

Beschwerden in Zivilsachen (Art. 100 Abs. 1 BGG) hinweisenden – Angaben des Einzelrichters vertraut und diese nicht überprüft hat, liegt darin keine Unsorgfalt, die es nicht zuliesse, das Vertrauen auf die unzutreffende Rechtsmittelbelehrung zu schützen. Im Übrigen ist zu bemerken, dass die Vorinstanz den die Beschwerdefrist regelnden Art. 100 BGG nicht ausdrücklich genannt hat und dass zudem diese Bestimmung nicht für jeden juristischen Laien ohne Weiteres verständlich ist. Bei einer hier durch die Zustellung des angefochtenen Entscheids am 6. Nov. 2008 ausgelösten Frist von 30 Tagen war die Beschwerde spätestens am 8. Dez. 2008 aufzugeben, zumal der dreissigste Tag, der 6. Dez. 2008, auf einen Samstag fiel. Die am 3. Dez. 2008 der Post übergebene Beschwerde ist nach dem Gesagten als rechtzeitig eingereicht zu betrachten, sodass auf sie aus dieser Sicht einzutreten ist (BGE 135 III 374 E. 1.2.2).

cc) Verwaltungs- und Gerichtspraxis

2017 Die **bisherige Praxis** begründet grundsätzlich **keine Vertrauensgrundlage**. Eine Änderung der Rechtsprechung verstösst nicht gegen das Recht auf Schutz von Treu und Glauben, wenn sie sich auf objektive Gründe stützt (siehe auch oben Rz. 1660 ff.). Grundsätzlich ist eine neue Rechtsprechung sofort und auf die im Zeitpunkt, in dem sie übernommen wird, hängigen Geschäfte anzuwenden, wenn die **Praxisänderung** zu **keinem Rechtsnachteil** führt (BGE 135 II 78 E. 3.2, 132 II 153 E. 5.1, 122 I 57 E. 3c/bb). Die Rechtsprechung wendet daher eine neue Praxis noch nicht im dazu Anlass gebenden Fall an, wenn diese zu einer Änderung bei der Berechnung von Rechtsmittelfristen, bei der Auslegung von Formvorschriften für die Einlegung eines Rechtsmittels oder bei der Zuständigkeit der Beschwerdeinstanz führt und die sofortige Anwendung der neuen Praxis einen Rechtsverlust herbeiführen würde (BGE 135 II 78 E. 3.2, 133 V 96 E. 4.4.6, 132 II 153 E. 5.1, 130 IV 43 E. 1.5 = Pra 93 [2004] Nr. 123, 122 I 57 E. 3c/bb), nicht aber, wenn die Zulässigkeit des Rechtsmittels als solches in Frage steht (BGE 133 V 96 E. 4.4.6, 132 I 92 E. 1.5.3, 122 I 57 E. 3 c/bb; vgl. ferner Rz. 1683 ff.).

2018 Weiter ist den beteiligten Parteien das **rechtliche Gehör** zu gewähren und ihnen die Gelegenheit zu bieten, ihre Beschwerde zurückzuziehen, wenn eine Behörde eine Praxisänderung in materieller Hinsicht zuungunsten der rechtsuchenden Person erwägt, mit der diese nicht rechnen konnte und auch nicht musste (vgl. BVGE 2007/9 E. 7.2; BVGer vom 15. Jan. 2010, D-6797/2006, E. 2.4.5 und E. 2.4.6). Unterlässt dies die betreffende Behörde oder Beschwerdeinstanz, verletzt sie das rechtliche Gehör, was im Kostenpunkt entsprechend zu berücksichtigen ist (BVGE 2007/9 E. 7.2; BVGer vom 15. Jan. 2010, D-6797/2006, E. 2.4.6).

Praxis:

2019 – **Verfolgungsbegriff im asylrechtlichen Verfahren:** Gemäss bundesgerichtlicher Rechtsprechung ist eine neue Praxis grundsätzlich sofort und in allen hängigen Verfahren anzuwenden. Eine Einschränkung dieses Grundsatzes kann sich bei einer Klarstellung der bisherigen Rechtsprechung aus dem Grundsatz des Vertrauensschutzes ergeben. In einem solchen Fall darf die neue Praxis nicht ohne vorgängige Ankündigung Anwendung finden. Der Gesuchsteller durfte zum Zeitpunkt der Beschwerdeeinreichung davon ausgehen, dass aufgrund der damaligen Praxis in Bezug auf den weiten Verfolgungsbegriff seinen Beschwerdebegehren zu entsprechen gewesen wäre. Selbst die Beschwerdeinstanz ging davon aus, in der ursprünglichen Verfahrenskonstellation hätte die angefochtene Verfügung des Bundesamtes kassiert werden müssen. Im Grundsatzurteil vom 19. Sept. 2003 wurde indessen der weite Verfolgungsbegriff insoweit eingeschränkt, als darunter nicht sämtliche Wegweisungsvollzugshindernisse fallen, sondern nur solche erlittene oder befürchtete Nachteile, die von Menschenhand zugefügt werden. Im Urteil vom 9. Okt. 2003 wurde denn auch gestützt auf diese neue Praxis erwogen, das Alter und die damalige Minderjährigkeit des Gesuchstellers seien nicht mehr unter den weiten Verfolgungsbegriff zu subsumieren, weshalb die Beschwerde in Bezug auf das Nichteintreten abgewiesen wurde. Aus Gründen des Vertrauensschutzes wäre es deshalb vorliegend geboten gewesen, dem Gesuchsteller unter Hinweis auf die vorgenommene Praxisänderung, die in der vorgelegenen Konstellation zu seinem Nachteil führt, das rechtliche Gehör zu gewähren und ihm Gelegenheit zu gewähren, die Beschwerde allenfalls teilweise zurückzuziehen. Indem dies die ARK unterliess, verletzte sie das rechtliche Gehör. Ohne die zwischenzeitlich eingetretene Praxisänderung wäre die Verfügung klarerweise zu kassieren gewesen. Damit hätte dem Hauptantrag des Gesuchstellers auf Aufhebung der angefochtenen Verfügung entsprochen werden müssen. Indessen wurde die Beschwerde in Bezug auf das Nichteintreten aufgrund der nachträglichen Praxisänderung abgewiesen. Diese Konstellation ist im Kostenpunkt entsprechend zu berücksichtigen (BVGer vom 15. Jan. 2010, D-6797/2006, E. 2.4.5 und E. 2.4.6).

– **Einsprachefrist gemäss Art. 12a NHG (neu: Art. 12b NHG):** Durch Publikation im Amtsblatt des Kantons Wallis vom 30. Sept. 2005 ist ein Baubewilligungsgesuch für einen Klettersteig öffentlich aufgelegt worden. In dieser Bekanntmachung wurde entsprechend Art. 41 Abs. 1 des kantonalen Baugesetzes vom 8. Feb. 1996 (BauG) eine Einsprachefrist von zehn Tagen von der Publikation an angegeben. Am 24. Okt. 2005 haben die Stiftung WWF Schweiz (nachfolgend: WWF Schweiz) und der Verein WWF Wallis Einsprache erhoben. Sie sind namentlich der Meinung, dass die Bekanntmachung in Abweichung von Art. 10a Abs. 1 NHG unrichtigerweise eine Einsprachefrist von zehn Tagen angebe. Die kantonalen Behörden traten auf die Einsprache nicht ein, da diese verspätet erhoben worden sei. Das Bundesgericht weist die Sache mit der Auflage an das Kantonsgericht zurück, dass dieses die Behörde bestimmt, die erneut über die Einsprache und die Erteilung der Baubewilligung zu entscheiden hat. Erwägungen: Im Eventualstandpunkt macht der Beschwerdeführer das Recht auf den Schutz von Treu und Glauben und den Grundsatz der Rechtssicherheit geltend. Er führt aus, rechtmässig gehandelt zu haben, indem er sich auf ein Urteil des Kantonsgerichts vom 2. Juni 2003 gestützt habe. Dort habe das Kantonsgericht entschieden, dass die Einsprachefrist auf dreissig Tage festgesetzt werden müsse, soweit eine anerkannte Naturschutzorganisation in Anwendung von Art. 12 ff. NHG Einsprache erhebe. In diesem Urteil hatte das Kantonsgericht entschieden, dass die Frist des alten Art. 12a Abs. 1 NHG für alle Geschäfte gelte, in denen die Art. 12 ff. NHG anwendbar waren. Es wurde ausdrücklich angenommen, dass der alte Art. 12a NHG die Frist für die öffentliche Auflage auf dreissig Tage festsetze und vor dem kantonalen Recht Vorrang hat. Eine Änderung der Rechtsprechung verstösst nicht gegen die Rechtssicherheit, das Recht auf den Schutz von Treu und Glauben und das Willkürverbot, wenn sie sich auf objektive Gründe stützt. Grundsätzlich muss eine neue Rechtsprechung sofort und auf die im Zeitpunkt, in dem sie übernommen wird, hängigen Geschäfte angewendet werden. Der Anspruch auf den Schutz von Treu und Glauben, der sich aus Art. 9 BV ergibt, muss dennoch berücksichtigt werden. Das Bundesgericht hat diesbezüglich präzisiert, dass die Änderung einer sich auf die Bedingungen für die Zulässigkeit einer Beschwerde, namentlich die Berechnung der Beschwerdefrist, beziehenden Rechtsprechung nicht ohne Warnung erfolgen kann, wenn sie die Verwirkung eines Rechts nach sich zieht. Im vorliegenden Fall begründet das angefochtene Urteil eine neue Rechtsprechung mit der Erwägung, dass die frühere Argumentation auf einer falschen Prämisse beruhe, die weder dem Willen des Gesetzgebers noch dem Wortlaut des zweiten Satzes von Art. 12b Abs. 1 NHG entspreche. Vorliegend hat die Behörde demnach durch die Verkürzung der Einsprachefrist letztlich den Rechtsuchenden daran gehindert, seine Rechte geltend zu machen, da er in der Lage gewesen wäre, rechtzeitig an diese zu gelangen, wenn er die neue Rechtsprechung gekannt hätte. Der Beschwerdeführer hatte überdies keine Ursache zur Annahme, dass das Kantonsgericht auf sein Urteil vom 2. Juni 2003 zurückkommen würde. Das Kantonsgericht war entsprechend nach dem Grundsatz von Treu und Glauben gehalten, die Rechtsuchenden vorgängig über eine Änderung der Rechtsprechung hinzuweisen oder zumindest sie nicht daran zu hindern, im Einzelfall ihre Rechte geltend zu machen. Demzufolge muss der Beschwerdeführer in den Genuss der Praxis des Kantonsgerichts gemäss Ur- 2020 teil vom 2. Juni 2003 kommen, da keinerlei Information über eine diesbezügliche Änderung erfolgt war. Unter diesen Umständen verletzt der Nichteintretensentscheid wegen Fristversäumnis den Grundsatz des Vertrauensschutzes. Die Beschwerde muss aus diesem letzten Grund gutgeheissen werden und die kantonale Behörde muss im Sinne einer Ausnahme zulassen, dass die Einsprache fristgerecht erhoben worden ist (BGE 135 II 78 E. 3.2).

2021 – **Frist zur Beschwerde gegen die Durchsuchung und Beschlagnahme eines Bankkontos (Art. 217 BStP):** Gemäss einer Präzisierung der bisherigen Rechtsprechung in diesem Urteil läuft die Frist von 5 Tagen gemäss Art. 217 BStP, innert welcher bei der Anklagekammer eine Beschwerde gegen eine Durchsuchungs- und Beschlagnahmeverfügung einzureichen ist, ab dem Zeitpunkt, in dem der betroffene Kontoinhaber tatsächlich von der Verfügung Kenntnis erhält. Die Mitteilung der Verfügung an die Bank gilt für sich allein nicht als Mitteilung an den Kontoinhaber. Vorliegend hat der Kontoinhaber erst über vier Monate nach Erlass der Verfügung vom 5. Dez. 2002 Beschwerde an die Anklagekammer erhoben. Erwägungen: Im konkreten Fall datiert die angefochtene Verfügung vom 5. Dez. 2002. Die Rechtsprechung des Bundesgerichts zur Rechtzeitigkeit der Erhebung eines Rechtsmittels gegen eine Beschlagnahmeverfügung stellt auf den Zeitpunkt ab, in dem der Kontoinhaber von der Bank die Mitteilung der gegen sein Vermögen angeordneten Massnahme tatsächlich erhält, unter der Voraussetzung, dass die Bank, bei der die Beschlagnahme erfolgte, das in ihrer Macht stehende unternommen hat, um ohne Verzug zu informieren. Offensichtlich kann die Rechtzeitigkeit der Information des Kunden unter besonderen Umständen wie dessen Entfernung oder seine zeitweilige Unerreichbarkeit für einige Tage in Bezug auf den Zeitpunkt variieren, in welchem die Bank über die Massnahme informiert wurde. Somit ist es nicht möglich, a priori eine verbindliche Frist festzusetzen, innert der die Bank ihre Kunden zu informieren hat. Dies bedeutet nicht, dass es im Ermessen der Bank steht zu entscheiden, wann sie dem Kunden eine Kopie des Entscheids sendet, und dass sie nach Belieben die Blockierung oder Beschlagnahme eines Kontos durch die gerichtliche Behörde verzögern kann. Der allgemeine Grundsatz, wonach die Zulässigkeit der Rechtsmittel vom Bundesgericht von Amtes wegen geprüft wird, entbindet die Beschwerde führende oder rekurrierende Partei jedoch nicht davon, nicht nur Vorbringen zur Sache selbst zu machen, sondern auch alle Tatsachenumstände, die sich für die Überprüfung der Rechtzeitigkeit (und allgemeiner der Zulässigkeit) des Rechtsmittels als nützlich erweisen, darzutun und die geeigneten Beweismittel zu nennen. Vorliegend gibt es keine Anhaltspunkte dafür, dass die Verfügung nicht unverzüglich via Fax oder per eingeschriebenem Brief der Bank, bei welcher die Beschlagnahme vollzogen wurde, zugestellt wurde. Zwischen der Mitteilung der Massnahme der Beschlagnahme an die Bank und der Einreichung der Beschwerde an die Anklagekammer sind mehr als vier Monate vergangen; eine Begründung zur Rechtfertigung dieser verstrichenen Zeit gibt es nicht. Da sich die Anklagekammer in Ermangelung jeglicher Erklärungen des Beschwerdeführers weder zu den Gründen einer solchen Verspätung noch zu einer möglichen Verantwortung des Beschwerdeführers, der Bank oder der Treuhandgesellschaft äussern kann, blieb ihr nichts anderes übrig, als die Beschwerde als klar verspätet anzusehen. Unter Berücksichtigung, dass die obigen Erwägungen eine Präzisierung der Rechtsprechung zu den Begründungsvoraussetzungen einer Beschwerde darstellt, erscheint es angezeigt, diese Präzisierung den Betroffenen vorgängig zur Kenntnis zu bringen, bevor sie tatsächlich Anwendung findet. Daher wird der vorliegende Fall auch in der Sache selbst geprüft (BGE 130 IV 43 E. 5.1 = Pra 93 [2004] Nr. 123).

dd) Verwaltungsrechtliche Verträge

2022 Ein **verwaltungsrechtlicher Vertrag** hat – wie jeder Vertrag – unter anderem die Funktion, Vertrauen in das künftige Verhalten zu begründen (BGE 103 Ia 505 E. 4a; BGer vom 25. Jan. 2010, 1C_450/2009, E. 2.4.2; BVGer vom 10. Juni 2009, A-6788/2008, E. 4.2; siehe Rz. 2940 ff., insb. Rz. 2948). Der wichtigste Anwendungsfall betrifft den **Widerruf** oder die **Anpassung** eines verwaltungsrechtlichen Vertrages: Ein (rechtswidriger) verwaltungsrechtlicher Vertrag kann nur dann aufgehoben oder angepasst werden, wenn das Interesse an der Verwirklichung des objektiven Rechts das Interesse an der Rechtssicherheit und am Schutz des Vertrauens in den Bestand des Vertrags überwiegt (BGE 105 Ia 207 E. 2b, 103 Ia 505 E. 4; BVGer vom 29. Juli 2010, A-6800/2009, E. 4.3.3; vom 17. Dez. 2007, A-2583/2007, E. 5.6). Noch weitgehend ungeklärt ist, ob gegenüber dem Widerruf von Verfügungen erhöhte Anforderungen gelten sollen (bejahend BEATRICE WEBER-DÜRLER, Neuere Entwicklung des Vertrauensschutzes, ZBl 2002, S. 299 f.).

Ein Gesetz, welches die **Anpassung** verwaltungsrechtlicher Verträge (Arbeitsverträge) und insofern deren Kündigung zur Folge hat, kann aus diesen Gründen nicht sofort in Kraft gesetzt werden, sondern es sind im Sinne einer Übergangsregelung und aus Gründen des Vertrauensschutzes die Auflösungsmodaliäten bzw. die **Kündigungsfristen** der verwaltungsrechtlichen Verträge zu berücksichtigen (BGer vom 21. April 2009, 1C_168/2008, E. 5.2). 2023

Verwaltungsrechtliche Verträge können **wohlerworbene Rechte** begründen, so insbesondere Konzessionsverträge, mit der Folge, dass sie nur beschränkt an eine neue Rechtslage angepasst bzw. gekündigt werden können (BGE 132 II 485 E. 9.5, 131 I 321 E. 5.3, 127 II 69 E. 5b; vgl. auch VerwG ZH vom 11. Aug. 2010, VB.2009.00661, E. 2.5), wobei auch diesbezüglich eine Interessenabwägung zu tätigen ist (so jedenfalls VerwG ZH vom 27. Okt. 2000, VK.2000.00006, E. 4d; das Verwaltungsgericht lehnt es ab, Ansprüchen Privater aus öffentlich-rechtlichen Verträgen von vornherein absolute Gesetzesbeständigkeit zuzusprechen). Der Konzessionär bedarf zwar mit Blick auf seine Investitionen einer gewissen Sicherheit über die finanziellen Lasten (BGE 132 II 485 E. 9.5). Vertrauensschutz setzt jedoch voraus, dass der Konzessionär seine Rechte auch im Vertrauen auf die ihm eingeräumte Rechtspositionen nutzt und sich die Rechtsbeständigkeit aus dem anwendbaren Rechtssatz bzw. aus dem Konzessionsakt ergibt (vgl. BGE 128 II 112 E. 10). 2024

Praxis:

- **Änderung des Spitalgesetzes mit gleichzeitiger Änderung der Anstellungsverträge der Kaderärzte:** Der Landrat des Kantons Basel-Landschaft änderte am 12. Dez. 2007 das Spitalgesetz und setzte es auf den 1. Jan. 2008 in Kraft. Die Änderungen hatten u.a. zur Folge, dass die bisherigen öffentlich-rechtlichen Anstellungsverträge mit den Kaderärzten den veränderten Umständen angepasst bzw. teilweise aufgehoben und neu durch gesetzliche Vorschriften ersetzt wurden. Das Bundesgericht erblickt im erwähnten Vorgehen des Landrates einen Verstoss gegen den Grundsatz von Treu und Glauben. Zwar dürfen Anstellungsverträge jederzeit geändert werden. Dem Gesetzgeber ist es nicht verwehrt, die anwendbaren Rechtsgrundlagen an neue Gegebenheiten und Anschauungen anzupassen und insoweit auch in die bestehenden Anstellungsverträge einzugreifen. Diese Ausgangslage ändert indes nichts am Umstand, dass mit den Anstellungsverträgen aufgrund einer zweiseitigen Vereinbarung eine gegenseitige Vertrauensbasis geschaffen worden ist. Sowohl der Kanton wie auch die Beschwerdeführer dürfen davon ausgehen und darauf vertrauen, dass die Anstellungsverträge, so wie sie abgeschlossen sind und vorbehaltlich besonderer Vorkommnisse, insofern tatsächlich eingehalten und aufrechterhalten werden, dass den vertraglichen Pflichten beidseits nachgekommen wird. Dies bedeutet zumindest, dass für den Fall einer Auflösung des Anstellungsverhältnisses die Kündigungs- bzw. Anzeigefristen von beiden Seiten beachtet werden. In diesem Sinne gilt der Grundsatz Pacta sunt servanda. Dieses Gebot hat der Landrat verletzt. Die praktisch sofortige Aufhebung der bisherigen Anstellungsverträge lässt sich mit den Grundsätzen von Treu und Glauben nach Art. 5 Abs. 3 und Art. 9 BV nicht vereinbaren. Der Kanton stellte mit den Anstellungsverträgen eine Vertrauensgrundlage her, die auch vom Gesetzgeber zu beachten ist. 2025

Die spezielle Vertrauensgrundlage gründet in der vertraglichen Konzeption der Anstellungsverträge. Sie hat zur Folge, dass die Anstellung der Betroffenen nicht einfach durch einen gesetzgeberischen Akt auf eine neue Grundlage gestellt werden kann, ohne die vertraglichen Regeln über die Auflösung zu beachten. Aus der Sicht der Beschwerdeführer darf ferner berücksichtigt werden, dass sich diese aufgrund der Anstellungsverträge auf eine Tätigkeit an den entsprechenden Institutionen eingelassen haben. Die Beschwerde ist somit gutzuheissen und es wird nunmehr Sache des Landrates sein, eine neue Übergangsregelung zu treffen und dabei den verfassungsrechtlichen Vertrauensgrundsätzen und den bestehenden Kündigungs- bzw. Anzeigefristen ebenso Rechnung zu tragen wie dem Interesse an einer baldigen Umsetzung der Revision der Spitalgesetzgebung (BGer vom 21. April 2009, 1C_168/2008, E. 5).

2026 – **Vergleichsvertrag über die Erschliessung eines Grundstücks:** Z ist Eigentümer der Parzelle Nr. 395 in Falera, welche über die Quartierstrasse Via Suriet erschlossen wird. Gegen die Einleitung einer Quartierplanung für das Gebiet «Er Liung», das auch die Parzelle Nr. 395 umfasst, führte Z Rekurs beim Verwaltungsgericht des Kantons Graubünden. Im Laufe des Verfahrens kam es zu einer gütlichen Einigung zwischen der Gemeinde Falera und Z, worauf dieser das Rechtsmittel zurückzog. Der Vergleich zwischen der Gemeinde und Z sah unter anderem vor, dass die Zufahrt zur Garage auf Parzelle Nr. 395 erhalten bleiben muss. In der Folge wurde der Quartierplan öffentlich aufgelegt und 1999 genehmigt. Er sieht eine neue Erschliessungsstrasse vor, die oberhalb der Parzelle Nr. 395 verläuft, wobei unklar bleibt, ob die Zufahrt zur Garage weiterhin gewährleistet ist. Am 27. März 2009 wurde das Projekt «Quartiererschliessung Er Liung, 2. Etappe, auf Parzelle 1439 in Vallà» öffentlich aufgelegt. Die Gemeinde Falera wies mit Verfügung vom 30. Juni 2009 eine von Z erhobene Einsprache ab und erteilte die Baubewilligung. Gegen diese Verfügung führte Z Beschwerde vor dem Verwaltungsgericht des Kantons Graubünden. Mit Urteil vom 11. Sept. 2009 wies dieses das Rechtsmittel ab. Das Verwaltungsgericht ging von einem generellen Vorrang des Quartierplanes aus. Das Bundesgericht heisst die Beschwerde gut. Erwägungen: Vertrauensgrundlage bildet vorliegend der Vertrag zwischen der Gemeinde Falera und Z. Wortlaut und Zweck der im Zentrum stehenden Vertragsbestimmung sind, insoweit vorliegend von Bedeutung, klar. Die Gemeinde Falera verpflichtete sich, die Zufahrt zur Garage auf Parzelle Nr. 395 zu erhalten. Für die Auslegung einer Vertragsbestimmung kann weiter das Verhalten der Parteien nach Vertragsabschluss bedeutsam sein. Dieses ist jedoch nur insofern zu berücksichtigen, als es Rückschlüsse auf die Willenslage bei Vertragsabschluss erlaubt. Das ist hier nicht der Fall. Der blosse Umstand, dass der Beschwerdeführer es unterliess, gegen den Quartierplan ein Rechtsmittel zu ergreifen, lässt keinen derartigen Rückschluss zu. Der Beschwerdeführer hat sich berechtigterweise darauf verlassen, dass die Gemeinde Falera die Zufahrt zur Parzelle Nr. 395 erhalten werde. Er durfte davon ausgehen, dass der öffentlich aufgelegte Gestaltungsplan nicht dem kurz zuvor abgeschlossenen Vergleich widerspreche, welcher zudem einen wesentlichen Aspekt des Gestaltungsplans zum Gegenstand hatte. Als Folge seines Vertrauens hat es der damals noch nicht anwaltlich vertretene Beschwerdeführer unterlassen, den Gestaltungsplan rechtzeitig auf seine Vereinbarkeit mit dem Vergleich zu prüfen, um Ersteren gegebenenfalls anzufechten. Aus dieser Unterlassung kann deshalb auch nicht auf einen konkludenten Verzicht auf Ansprüche aus dem verwaltungsrechtlichen Vertrag geschlossen werden. Ein den Vertrauensschutz überwiegendes öffentliches Interesse kann die Gemeinde Falera, die als Vertragspartnerin des Vergleichs und nun auch als Bauherrin auftritt, nicht geltend machen. Schliesslich ist dem Beschwerdeführer auch nicht vorzuwerfen, wider Treu und Glauben mit der Ergreifung eines Rechtsmittels zugewartet zu haben, zumal er gegen die Baubewilligung vom 30. Juni 2009 Beschwerde führte. Zusammenfassend ergibt sich, dass sich der angefochtene Entscheid mit dem Grundsatz von Treu und Glauben (Art. 9 BV) nicht vereinbaren lässt und aufzuheben ist. Da die Vorinstanz fälschlicherweise vom generellen Vorrang des rechtskräftigen Quartierplans ausging, setzte sie sich nicht mit der Frage auseinander, inwiefern die vorliegend strittige Baubewilligung die Zufahrt zur Parzelle Nr. 395 tatsächlich tangiert bzw. im Widerspruch zum Vergleichsvertrag steht. Sie wird sich in einem neuen Entscheid mit dieser Frage auseinanderzusetzen haben (BGer vom 25. Jan. 2010, 1C_450/2009, E. 2.4 und E. 2.5).

ee) Raumpläne

Pläne bilden dann eine Vertrauensgrundlage, wenn der zu ändernde Plan nicht nur die nutzungsrechtliche Grundordnung bestimmt, sondern darüber hinaus **individuell-konkrete Anordnungen** beinhaltet, das für den Erlass des Planes zuständige Organ eine Zoneneinteilung bzw. eine Nutzungsmöglichkeit für eine bestimmte Dauer zugesichert oder eine **Zusicherung** bezüglich einer in naher Zukunft zu erfolgenden Zonenordnung erteilt hat. Nach der Rechtsprechung kann darüber hinaus auch ohne Vorliegen von Zusicherungen der **Vorgeschichte einer Nutzungsplanfestsetzung** ein solches Gewicht zukommen, dass sich daraus die begründete Erwartung einer Einweisung von Land in eine Bauzone ergibt (BGE 132 II 218 E. 6, 125 II 431 E. 6, 119 Ib 397 E. 6e, 118 Ia 151 E. 5a; BGer vom 8. Feb. 2012, 1C_89/2011, E. 2.1; vom 9. Juni 2010, 1C_120/2010, E. 4.2). 2027

Namentlich die **Erschliessungsplanung** oder **durchgeführte Baulandumlegungen** vermögen das Vertrauen zu wecken, davon erfasstes Land werde im neu zu erlassenden Zonenplan der Bauzone zugewiesen bzw. verbleibe auch weiterhin in einer Bauzone (BGE 132 II 218 E. 6; BGer vom 5. Jan. 2012, 1C_334/2011, E. 5.1; vom 22. Mai 2008, 1C_285/2007, E. 7.1). Nicht ausreichend für die Begründung schutzwürdigen Vertrauens im Rahmen eines **Waldfeststellungsverfahrens** ist hingegen der Umstand, dass das ganze Grundstück immer der Bauzone angehört hat, sich im Baumbestand nicht verändert hat und dass im Rahmen einer früheren Ortsplanung nach Inkrafttreten des WaG auf ein Waldfeststellungsverfahren verzichtet wurde (BGE 118 Ib 433 E. 3a; BGer vom 11. Juni 2008, 1C_242/2007, E. 3.3.2). Aus dem **Abstimmungsverhalten des Gemeinderats** (einstimmige Annahme einer Teilrevision der Orts- und Zonenordnung) und der **Haltung des Stadtrats** (engagierte Verteidigung der Teilrevision im Rechtsmittelverfahren) allein lässt sich kein schutzwürdiges Vertrauen herleiten (BGer vom 5. Jan. 2012, 1C_334/2011, E. 5.1; vom 9. Juni 2010, 1C_120/2010, E. 4.3 und E. 4.4). 2028

Dem Grundeigentümer kommt kein Anspruch auf dauernden Verbleib seines Landes in derselben Zone zu (BGE 123 I 175 E. 3a, 123 II 481 E. 6c). Ein Zonenplan kann zwar seinen Zweck nur erfüllen, wenn er eine gewisse Beständigkeit aufweist (BGE 120 Ia 227 E. 2b). Nach Ablauf des Planungshorizontes, der für Bauzonen 15 Jahre beträgt (Art. 15 lit. b RPB), sind Zonenpläne jedoch einer Überprüfung zu unterziehen und nötigenfalls anzupassen. Je näher eine Planungsrevision dieser Frist kommt, desto geringer ist das Vertrauen auf die Beständigkeit des Plans, und umso eher können geänderte Anschauungen und Absichten der Planungsorgane als zulässige Begründung für eine Revision berücksichtigt werden (zum Ganzen BGer vom 9. Jan. 2012, 1C_349/2011, E. 3.5; vom 2. Dez. 2010, 1C_306/2010, E. 2.1; vom 12. Okt. 2009, 1C_202/2009, E. 3.3). Je neuer ein Zonenplan ist, umso mehr darf mit seiner Beständigkeit gerechnet werden, und umso gewichtiger müssen die Gründe sein, die für die Planänderung sprechen (BGE 120 Ia 227 E. 2c, 113 Ia 444 E. 5b). 2029

Praxis:

- **Quartierplanverfahren (materielle Enteignung):** Das Verfahren für einen Quartierplan Kürberghang war bereits 1972 eingeleitet worden; später wurde das Verfahren dem neuen Recht unterstellt. Am 4. Juni 1986 setzte der Zürcher Stadtrat den Quartierplan fest. Dabei wurde innerhalb des Quartierplangebiets ein engerer Planperimeter für die Erschliessungskos- 2030 ten ausgeschieden. Die Parzellen von A lagen weder im weitgehend überbauten Gebiet noch waren sie baureif, befanden sich jedoch in diesem engeren Perimeter. Nachdem die gegen den Planerlass erhobenen Rechtsmittel im Nov. 1988 rechtskräftig erledigt worden waren, bescheinigte das Verwaltungsgericht am 3. Feb. 1989 die Rechtskraft. Der Regierungsrat genehmigte den Quartierplan am 25. Okt. 1989. Zuvor verabschiedete der Stadtrat am 9. Feb. 1989 die BZO-Vorlage (BZO 1992), mit der eine Freihaltezone auf einem Teilareal des Quartierplangebiets und damit auch für die Parzellen des Beschwerdeführers 1 geplant wurde. Die Vorlage für die BZO 1992 wurde vom Gemeinderat der Stadt Zürich am 23. Okt. 1991 beschlossen und vom Volk am 17. Mai 1992 angenommen. Mit der Gesamtrevision hat die Stadt Zürich ihre Nutzungsplanung an die Anforderungen des RPG angepasst. A meldete danach Entschädigungsforderungen aus materieller Enteignung an. Die Schätzungskommission I des Kantons Zürich bejahte hinsichtlich aller drei Grundstücke eine materielle Enteignung und sprach den Grundeigentümern eine Entschädigung zu. Gegen den Beschluss der Schätzungskommission rekurrierten u.a. die Stadt Zürich erfolgreich beim Verwaltungsgericht. A erhebt Verwaltungsgerichtsbeschwerde an das Bundesgericht. Das Bundesgericht heisst die Beschwerde gut. Erwägungen: Die im Rahmen der BZO 1992 erfolgte Zuteilung der Grundstücke des Beschwerdeführers zur Freihaltezone stellen eine Nichteinzonung im Sinne der bundesgerichtlichen Rechtsprechung dar. Nichteinzonungen lösen grundsätzlich keine Entschädigungspflicht aus. Sie treffen den Eigentümer nur ausnahmsweise enteignungsähnlich, etwa dann, wenn besondere Gesichtspunkte des Vertrauensschutzes so gewichtig sind, dass ein Grundstück unter Umständen hätte eingezont werden müssen. Entscheidend im Hinblick auf die Frage, ob hier schutzwürdiges Vertrauen enttäuscht wurde, ist die rechtliche Situation am 9. Feb. 1989; ab der Verabschiedung der BZO-Vorlage durch den Stadtrat hätten allfällige Baugesuche wegen mangelnder Baureife im Sinne von § 234 PBG/ZH verweigert werden können. Mit der Festsetzung des Quartierplans gut zweieinhalb Jahre zuvor hatte der Stadtrat für die Parzellen im engeren Quartierplanperimeter ein grundsätzlich vertrauensbegründendes Element für die Überbaubarkeit gesetzt. Unmittelbar nachdem die Rechtskraft dieser Anordnung bestätigt worden war, setzte sich der Stadtrat dazu in Widerspruch, indem er dort eine Freihaltezone im Rahmen der BZO-Vorlage plante. Im kantonalen Verfahren hat die Stadt Zürich vorgebracht, spätestens seit Inkrafttreten des RPG hätte der Beschwerdeführer 1 im Bereich des oberen Hanggebiets von Höngg mit der Schaffung zusätzlicher Freihalteflächen wegen des Landschafts- und Aussichtsschutzes bzw. für Naherholungszwecke rechnen müssen. Die Beschwerdegegnerin erwähnt dabei zwei Weisungen des Zürcher Stadtrats. Diejenige vom 17. Nov. 1982 stand im Zusammenhang mit der Volksinitiative zur Rettung des Burghölzlihügels; eine weitere Weisung betraf die Gemeindeabstimmung vom 10. März 1985 über eine Volksinitiative zur Freihaltung aller Grünflächen, die damals der öffentlichen Hand gehörten. In diesen beiden politischen Stellungnahmen behielt sich der Stadtrat in allgemeiner Weise die Ausscheidung zusätzlicher Freihaltezonen im Rahmen der bevorstehenden Anpassung der Nutzungsplanung an das RPG vor. In diesen Weisungen wurde aber ausgeführt, praktisch die Hälfte des Stadtgebiets diene bereits Erholungszwecken; damit stehe die Stadt Zürich im Vergleich mit anderen Städten sehr gut da. Unbefriedigend sei die Verteilung des Grüns über das Stadtgebiet. Anzustreben sei vor allem eine bessere Durchgrünung in gewissen innerstädtischen Bereichen; am Stadtrand gebe es bereits viel Freifläche. Aufgrund der soeben genannten, allgemeinen Erwägungen hatte der Beschwerdeführer keinen Anlass, an der Überbaubarkeit seiner Parzellen nach Abschluss des Quartierplanverfahrens zu zweifeln. Der Quartierplan enthielt Vorschriften zu seiner Durchführung und zur Gestaltung der Neubauten im Plangebiet; Letztere bezogen sich unter anderem auf die Grundstücke des Beschwerdeführers. Weder wird von der Beschwerdegegnerin behauptet noch ist aus den Akten ersichtlich, dass sie im Quartierplanverfahren Vorbehalte gegen die Überbaubarkeit der Grundstücke des Beschwerdeführers angebracht hätte. Insgesamt liegen beim Beschwerdeführer besondere Umstände vor, aufgrund derer eine materielle Enteignung zu bejahen ist. Im massgeblichen Zeitpunkt durfte er aufgrund der Vorgeschichte mit hoher Wahrscheinlichkeit mit einer Überbauung seiner Parzellen rechnen. Demgegenüber spielt es im Rahmen der Gesamtschau insoweit keine entscheidende Rolle, dass die Parzellen damals weder im weitgehend überbauten Gebiet lagen noch baureif waren (BGE 132 II 218 E. 6.3-6.6).

– **Waldfeststellungsverfügung bei Parzellen, welche in einem früher genehmigten Quartierplan als waldfrei galten:** Am 16. Feb. 1976 stimmte die Einwohnergemeindeversammlung Ettingen einem Quartierplan für die Erstellung einer Treppenhaussiedlung auf den Parzellen Nr. 1252 und 1253 zu. Der Regierungsrat genehmigte diesen Quartierplan mit Beschluss vom 6. Juli 1976. Im Rahmen der Überbauungsstudien hatte am 9. Okt. 1974 eine Besprechung mit dem damaligen kantonalen Oberförster stattgefunden, bei welcher davon ausgegangen wurde, die beiden Grundstücke seien nicht bewaldet. Als Waldgrenze wurde im Westen die Parzellengrenze, im Süden die gegenüberliegende Strassenseite der Hofstettenstrasse angenommen. Der Kantonsförster verlangte die Einhaltung des Waldabstandes von 20 m, wovon in der Folge bei der Ausarbeitung des Quartierplanes ausgegangen wurde. Am 20. Juni 1989 fasste der Regierungsrat einen Waldfeststellungsbeschluss, wonach auf Parzelle Nr. 1252 1'280 m^2 und auf Parzelle Nr. 1253 1'152 m^2 Wald bestünden. Dagegen erhoben die Grundstückseigentümerin und die Bürgergemeinde Ettingen je Verwaltungsgerichtsbeschwerde, welche vom Bundesgericht nach Durchführung eines Augenscheins aus den folgenden Erwägungen abgewiesen werden: Gemäss konstanter Rechtsprechung hat kein Grundeigentümer Anspruch darauf, dass sein Land dauernd in jener Zone verbleibt, in die es einmal eingewiesen worden ist. Pläne können und müssen angepasst werden, wenn sich die Verhältnisse erheblich geändert haben (Art. 21 Abs. 2 RPG). Die Rüge, die Waldfeststellungsverfügung verletze den Grundsatz von Treu und Glauben, begründet die Bürgergemeinde mit dem Hinweis auf den im Jahre 1976 genehmigten Quartierplan. Sie ist der Meinung, das Vertrauen in die Beständigkeit dieses Sondernutzungsplanes müsse gegenüber einer möglichen Durchsetzung der Forstpolizeiverordnung bzw. neu des Waldgesetzes obsiegen. Entgegen der Auffassung der Bürgergemeinde trifft dies nicht zu. Abgesehen davon, dass am 1. Jan. 1980 das RPG in Kraft trat, das zu einer Überprüfung der bestehenden Nutzungspläne Anlass geben musste (Art. 35 RPG), ist die seit der Genehmigung des Quartierplanes bis zum Waldfestsetzungsbeschluss verstrichene Frist von über 14 Jahren derart lang, dass sich die Grundeigentümer, welche nach der Plangenehmigung keine Anstalten zur baulichen Verwirklichung der Treppenhaussiedlung getroffen haben, nicht mit Erfolg auf die Beständigkeit dieses Sondernutzungsplanes berufen können. Die detaillierte Natur dieses Planes, die einem baupolizeilichen Vorentscheid nahe kommt, spricht entgegen der Auffassung der Bürgergemeinde gegen die Annahme einer so langen Geltungsdauer. Üblicherweise fällt eine Baubewilligung dahin, wenn nicht innert eines Jahres mit den Bauarbeiten begonnen wird. Auch Vorentscheide sind zeitlich nur begrenzt gültig. Für Sondernutzungspläne im Sinne von Quartierplänen, welche die Art und Lage der Bauten detailliert festlegen, ist ein längerer Bestand dann gerechtfertigt, wenn gestützt darauf gebaut worden ist. Wird jedoch nicht gebaut und dient der Plan vielmehr als Grundlage eines wiederholten Verkaufes, so können sich die Eigentümer jedenfalls nach einem Zeitablauf von über 10 Jahren nicht mehr auf die Beständigkeit dieser speziellen Planung berufen. Das Raumplanungsgesetz verlangt in der Regel alle 10 Jahre eine gesamthafte Überprüfung der Richtpläne. Aus dieser Überprüfung können Anpassungen der Nutzungspläne im Sinne von Art. 21 RPG hervorgehen. Im vorliegenden Falle mussten die Eigentümer umso mehr mit einer Änderung der Nutzungsplanung rechnen, als der im Jahre 1973 ausgearbeitete Plan einer Treppenhaussiedlung wohl kaum als ein den Anforderungen der Raumplanungsgesetzgebung genügender Plan bezeichnet werden kann. Unter diesen Umständen ginge aber auch das öffentliche Interesse an der Durchsetzung des geltenden Rechts dem Vertrauen in einen in den Jahren 1973-1976 ausgearbeiteten speziellen Nutzungsplan für eine Treppenhaussiedlung vor, welche in der Folge von den Eigentümern nicht verwirklicht wurde. Die Berufung auf Treu und Glauben vermag daher nicht zu helfen. Das Bundesgericht hält im Übrigen auch in seiner neueren Rechtsprechung am dynamischen Waldbegriff fest. Auch junger Waldwuchs, der in offenes Land vordringt, ist forstrechtlich als Wald geschützt, wenn er älter als 10 bis 15 Jahre ist. Diese Zeitspanne lässt erkennen, dass sich die Beschwerdeführerinnen nicht auf einen im Jahre 1973 ausgearbeiteten Quartierplan berufen können, dessen Verwirklichung sie nicht in Angriff genommen haben. Es ergibt sich hieraus, dass von einer Verletzung des Grundsatzes von Treu und Glauben auch aus forstrechtlichen Gründen nicht die Rede sein kann (BGE 116 Ib 185 E. 4b). 2031 ff) Untätigkeit der Behörde («Schweigen»)

2032 Blosses Schweigen einer Behörde vermag grundsätzlich **keinen Vertrauenstatbestand** zu schaffen (BGE 132 II 21 8.1; BGer vom 11. Mai 2012, 2C_277/2012, E. 5.2; vom 22. Aug. 2005, 1A.63/2005, E. 5.2.1; BVGer vom 25. Nov. 2010, A-2925/2010, E. 4.2.2; vom 30. März 2009, A-1765/2006, E. 2.4). Reagiert die Werbeaufsichtsbehörde auf eine unaufgefordert und nach Abschluss eines Vorkontrollverfahrens eingereichte Eingabe nicht, kann dieses Schweigen nicht als Zustimmung zu den in der neuen Eingabe getätigten Änderungen gedeutet werden (REKO HM vom 26. Feb. 2004, in: VPB 69 [2005] Nr. 96 E. 3.2). Ob die Behörde infolge Untätigkeit **ausnahmsweise** einen Vertrauenstatbestand geschaffen hat, bestimmt sich grundsätzlich danach, ob ihr Stillschweigen bei objektiver Betrachtungsweise geeignet war, beim Beschwerdeführer eine entsprechende Erwartung zu wecken (BGE 132 II 21 E. 2.2; BGer vom 11. Mai 2012, 2C_277/2012, E. 5.2; vom 17. Okt. 2011, 2C_350/2011, E. 2.4).

2033 Etwas anderes gilt dann, wenn ein **Gesetz** bestimmte **Auskunfts- oder Beratungspflichten** vorsieht oder eine **Auskunft nach den Umständen des Einzelfalles** geboten ist. Unterbleibt eine Auskunft in derartigen Fällen, wird das Schweigen der Erteilung einer Auskunft gleichgestellt (BGE 131 V 472 E. 5, 124 V 215 E. 2b/aa; BVGer vom 25. Nov. 2010, A-2925/2010, E. 4.2.3; vom 13. Mai 2008, B-7898/2007, E. 4.1). **Besondere Umstände** liegen etwa dann vor, wenn der Bürger zu einer bestimmten, ihn betreffenden Frage eine Auskunft verlangt, die Behörde diese nicht erteilt bzw. schweigt und stattdessen ein Merkblatt abgibt, welchem die betreffenden Informationen entnommen werden können. Damit kann eine individuell-konkrete Zusicherung verbunden sein und der Betroffene kann sich auf das Merkblatt berufen, sofern die übrigen Voraussetzungen des Vertrauensschutzes erfüllt sind (BGE 109 V 52 E. 3b).

Praxis:

2034 – **Art. 27 Abs. 2 ATSG:** Der 1982 geborene F meldete sich am 21. Nov. 2003 bei der Arbeitslosenversicherung zur Stellenvermittlung und am 10. Dez. 2003 zum Bezug von Arbeitslosenentschädigung (mit Wirkung ab 27. Okt. 2003) an. Im Antragsformular erklärte er, dass er bereit und in der Lage sei, eine Vollzeittätigkeit anzunehmen, und seit 24. Nov. 2003 stundenweise als PC/LAN-Supporter für die von ihm neu gegründete Firma X tätig sei, ohne indessen ein Einkommen zu erzielen. Anlässlich des Erstgespräches vom 18. Dez. 2003 gab F an, dass er beabsichtige, im Feb. 2004 einen fünfmonatigen Sprachaufenthalt in Z anzutreten, was er in einem an das Regionale Arbeitsvermittlungszentrum (RAV) Rapperswil gerichteten Schreiben vom 19. Jan. 2004 bestätigte. Das von der Arbeitslosenkasse um Prüfung der Vermittlungsfähigkeit angefragte RAV eröffnete dem Versicherten mit Verfügung vom 20. Jan. 2004, er sei ab Antragstellung (d.h. ab 21. Nov. 2003) nicht vermittlungsfähig gewesen. Zur Begründung gab es im Wesentlichen an, dass die nur gerade zweieinhalb Monate betragende Zeit zwischen der Antragstellung und dem Beginn des Sprachaufenthaltes zu kurz sei, um die Vermittlungsfähigkeit zu bejahen, und dass eine versicherte Person grundsätzlich in der Lage sein müsse, eine Dauerstelle anzunehmen. An diesem Standpunkt hielt das RAV auf Einsprache des Versicherten hin fest (Entscheid vom 12. Feb. 2004). Die hiergegen erhobene Beschwerde hiess das Versicherungsgericht des Kantons St. Gallen mit Entscheid vom 2. Aug. 2004 gut. Das RAV erhebt Verwaltungsgerichtsbeschwerde, die das Bundesgericht teilweise gutheisst. Erwägungen: Es steht fest und ist unbestritten, dass der Beschwerdegegner wegen des beabsichtigten fünfmonatigen Auslandsaufenthalts (ab 6. Feb. 2004) in den zweieinhalb Monaten, die ihm zwischen Antragstellung und Abreise zur Verfügung standen, nicht vermittlungsfähig war (Art. 8 Abs. 1 lit. f AVIG i.V.m. Art. 15 Abs. 1 AVIG). Streitig und zu prüfen ist, ob das RAV seine Beratungspflicht gemäss Art. 27 Abs. 2 ATSG verletzt hat, wenn es den Versicherten nicht bereits anlässlich des Erstgespräches vom 18. Dez. 2003 auf die möglicherweise fehlende Vermittlungsfähigkeit aufmerksam gemacht hat. Ist dies zu bejahen, stellt sich weiter die (im angefochtenen Entscheid ebenfalls bejahte) Frage, ob dies zur Folge hat, dass der Versicherte gestützt auf vertrauensschutzrechtliche Grundsätze so zu stellen ist, wie wenn seine Vermittlungsfähigkeit gegeben wäre. Gemäss Art. 27 Abs. 2 ATSG hat jede Person Anspruch auf grundsätzlich unentgeltliche Beratung über ihre Rechte und Pflichten. Nach der Literatur bezweckt die Beratung, die betreffende Person in die Lage zu versetzen, sich so zu verhalten, dass eine den gesetzgeberischen Zielen des betreffenden Erlasses entsprechende Rechtsfolge eintritt. Wo die Grenzen der in Art. 27 Abs. 2 ATSG statuierten Beratungspflicht in generell-abstrakter Weise zu ziehen sind, braucht vorliegend nicht entschieden zu werden. Aufgrund des Wortlautes sowie des Sinnes und Zwecks der Norm (Ermöglichung eines Verhaltens, welches zum Eintritt einer den gesetzgeberischen Zielen des betreffenden Erlasses entsprechenden Rechtsfolge führt) steht mit Blick auf den vorliegend zu beurteilenden Sachverhalt fest, dass es auf jeden Fall zum Kern der Beratungspflicht gehört, die versicherte Person darauf aufmerksam zu machen, dass ihr Verhalten (vorliegend: der Antritt eines Auslandsaufenthaltes im Feb. 2004) eine der Voraussetzungen des Leistungsanspruches (vorliegend: die Anspruchsvoraussetzung der Vermittlungsfähigkeit) gefährden kann. Unterbleibt eine Auskunft entgegen gesetzlicher Vorschrift oder obwohl sie nach den im Einzelfall gegebenen Umständen geboten war, hat die Rechtsprechung dies der Erteilung einer unrichtigen Auskunft gleichgestellt. Es sind keine Gründe ersichtlich, diese Gleichstellung von pflichtwidrig unterbliebener Beratung und unrichtiger Auskunftserteilung nach der Kodifizierung einer umfassenden Beratungspflicht im ATSG aufzugeben. Im Übrigen wird auch in der Lehre die Auffassung vertreten, dass eine ungenügende oder fehlende Wahrnehmung der Beratungspflicht gemäss Art. 27 Abs. 2 ATSG einer falsch erteilten Auskunft des Versicherungsträgers gleichkommt und dieser in Nachachtung des Vertrauensprinzips hiefür einzustehen hat. Danach steht fest, dass das RAV den Beschwerdegegner am 18. Dez. 2003, als er seine Pläne betr. Auslandsaufenthalt bekannt gab, darauf hätte hinweisen müssen, dass sein Verhalten die Anspruchsvoraussetzung der Vermittlungsfähigkeit gefährden kann. Weiter bleibt zu prüfen, ob sich die Unterlassung dieser Information zum Zeitpunkt des Erstgespräches für den Versicherten nachteilig ausgewirkt hat. Es ist aufgrund der Akten nicht mit dem erforderlichen Beweisgrad der überwiegenden Wahrscheinlichkeit erstellt, dass hinsichtlich der Möglichkeit, den Auslandsaufenthalt zu verschieben, in der Zeit zwischen dem 18. Dez. 2003 (Termin des Erstgespräches) und der Zustellung der Verfügung vom 20. Jan. 2004 (mit welcher die Vermittlungsfähigkeit verneint wurde) eine Änderung zu Ungunsten des Versicherten eingetreten ist. Die Sache wird daher an die Vorinstanz zurückgewiesen, damit sie den Beschwerdegegner auffordert, den Nachweis für die in der Zeit zwischen dem 18. Dez. 2003 und der Zustellung der Verfügung vom 20. Jan. 2004 eingetretene Änderung in der Möglichkeit, den Auslandsaufenthalt zu verschieben, zu erbringen (BGE 132 V 472 E. 5).

– **Abgabe eines Merkblattes:** Bärtschi war Direktor der Firma X. Im Nov. 1979 kündigte er das Arbeitsverhältnis gemäss der vertraglichen Kündigungsfrist von zwölf Monaten auf den 30. Nov. 1980. In der Folge wurde er auf den 28. Feb. 1980 fristlos entlassen. Ab dem 29. Dez. 1980 unterzog sich Bärtschi der Stempelkontrolle und am 5. Jan. 1981 reichte er bei der Staatlichen Arbeitslosenkasse Basel-Stadt ein Taggeldgesuch ein. Mit Verfügung vom 15. Mai 1981 verneinte die Kasse die Anspruchsberechtigung für die ab dem 29. Dez. 1980 gestempelten Tage, da sich der Versicherte im massgebenden Zeitraum (29. Dez. 1979 bis 28. Dez. 1980) lediglich über 54 volle beitragspflichtige Arbeitstage ausweisen könne. Das Bundesgericht heisst die Beschwerde gut. Erwägungen: Gemäss Art. 24 Abs. 2 lit. b AlVG in Verbindung mit Art. 9 Abs. 2 AlVB und Art. 12 Abs. 1 AlVV hat der Versicherte bei der erstmaligen Geltendmachung eines Anspruchs auf Arbeitslosenentschädigung im Kalenderjahr nachzuweisen, dass er in den 365 Tagen, die dem Beginn der Arbeitslosigkeit vorausgegangen sind, eine beitragspflichtige Beschäftigung von 150 vollen Arbeitstagen ausgeübt hat. Die für den Nachweis einer beitragspflichtigen Beschäftigung während mindestens 150 vollen Arbeitstagen geltende Frist von 365 Tagen bestimmt sich nicht rückwirkend vom ersten Tag, an welchem der Versicherte 2035 ohne Arbeit ist, sondern vom Zeitpunkt an, in welchem er erstmals einen Anspruch auf Arbeitslosenentschädigung geltend macht und die übrigen Anspruchsvoraussetzungen erfüllt, in der Regel somit vom ersten Stempeltag an. Der Beschwerdeführer hat erstmals am 29. Dez. 1980 die Stempelkontrolle besucht. Wird davon ausgegangen, dass in jenem Zeitpunkt die übrigen Anspruchsvoraussetzungen erfüllt waren, ist für den Nachweis der 150 vollen Arbeitstage die Zeitspanne vom 29. Dez. 1979 bis 28. Dez. 1980 massgebend. Für diese Periode vermag sich der Beschwerdeführer nach den unbestritten gebliebenen Erwägungen der Vorinstanz nicht über eine beitragspflichtige Beschäftigung von 150 vollen Arbeitstagen auszuweisen. Der Beschwerdeführer macht indessen geltend, er habe Anfang März 1980 bei der Arbeitslosenkasse vorgesprochen und Auskunft über das Verhalten bei Arbeitslosigkeit verlangt, worauf ihm das vom Bundesamt für Industrie, Gewerbe und Arbeit herausgegebene Merkblatt über die obligatorische Arbeitslosenversicherung (Übergangsordnung), Ausgabe 1977, ausgehändigt worden sei. Darin heisse es unter Ziffer III.1.b, dass «in den dem Beginn der Arbeitslosigkeit vorausgegangenen 365 Tagen» eine beitragspflichtige Beschäftigung von 150 Tagen nachzuweisen sei; dagegen werde nicht gesagt, dass (gemäss Art. 12 Abs. 1 Satz 2 AlVV) für die Berechnung dieses Zeitraumes der erste Tag massgebend sei, für den Arbeitslosenentschädigung beansprucht werde und an dem die übrigen Anspruchsvoraussetzungen erfüllt seien. Hätte das Merkblatt diesen wichtigen Satz enthalten, so hätte er dementsprechend gehandelt. Aufgrund des Merkblattes habe er dagegen keinen Anlass gehabt, sich unverzüglich der Stempelkontrolle zu unterziehen, da er in den dem Beginn der Arbeitslosigkeit vorausgegangenen 365 Tagen eine beitragspflichtige Beschäftigung von 150 vollen Arbeitstagen ausgeübt habe. Das Merkblatt ist im streitigen Punkt als falsch zu qualifizieren, womit sich die Frage stellt, ob sich der Beschwerdeführer nach Treu und Glauben auf die Unrichtigkeit der ihm erteilten Auskunft berufen und damit erreichen kann, dass der für den Nachweis der vorausgesetzten Arbeitstage massgebende Zeitraum abweichend von der geltenden Regelung festzusetzen ist. Hinsichtlich der Voraussetzung, die erfüllt sein müssen, damit sich eine Person auf den Vertrauensschutz berufen kann, ist festzustellen, dass ein von der Verwaltung herausgegebenes fehlerhaftes Merkblatt in der Regel keine vom materiellen Recht abweichende Behandlung zu begründen vermag, weil es sich an einen unbestimmten Adressatenkreis richtet und eine Vielzahl von Sachverhalten betrifft. Verlangt der Bürger aber zu einer bestimmten, ihn betreffenden Frage eine Auskunft und erteilt ihm die Behörde diese in Form der Abgabe eines Merkblattes (oder einer ähnlichen behördlichen Information), kann damit eine individuell-konkrete Zusicherung verbunden sein. Trifft dies zu, kann sich der Betroffene auf die Unrichtigkeit der Auskunft berufen, sofern die übrigen Voraussetzungen des Vertrauensschutzes erfüllt sind. Insoweit gilt auch hier, dass die Form, in welcher eine Auskunft erteilt wird, nicht entscheidend ist. Im vorliegenden Fall hat der Beschwerdeführer unwidersprochen geltend gemacht, er sei Anfang März 1980 bei der Kasse vorstellig geworden und habe «Auskunft über das Verhalten bei Arbeitslosigkeit» verlangt. Im Hinblick darauf, dass die Vorsprache kurz nach Beginn der Arbeitslosigkeit stattfand, darf davon ausgegangen werden, dass der Beschwerdeführer nicht nur generell um Auskunft über die Arbeitslosenversicherung ersuchte bzw. um blosse Aushändigung des Merkblattes bat, sondern sich konkret bezüglich seines Falles erkundigte, was namentlich auch die Frage umfasste, was er allenfalls zur Wahrung seiner Versicherungsansprüche vorzukehren hatte. Es muss unter dem Gesichtspunkt des Vertrauensschutzes genügen, dass er Auskunft über sein «Verhalten bei Arbeitslosigkeit» verlangt hat, womit mit der Abgabe des Merkblattes eine individuell-konkrete Zusicherung verbunden war. Als erfüllt zu erachten sind auch die übrigen Voraussetzungen des Vertrauensschutzes. Zusammengefasst ergibt sich somit, dass die Voraussetzungen für eine vom materiellen Recht abweichende Beurteilung nach dem Vertrauensgrundsatz erfüllt sind. Dabei ist davon auszugehen, dass sich der Beschwerdeführer bei richtiger Auskunft spätestens Ende März 1980 der Stempelkontrolle unterzogen hätte. Weil anzunehmen ist, dass er in diesem Zeitpunkt auch die übrigen Anspruchsvoraussetzungen erfüllt hätte, ist das Erfordernis der 150 vollen Arbeitstage aufgrund der Zeitspanne vom 1. April 1979 bis 31. März 1980 zu prüfen, was unzweifelhaft ergibt, dass der verlangte Nachweis erbracht ist. Der Beschwerdeführer hat daher grundsätzlich Anspruch auf Arbeitslosenentschädigung, welche von der Arbeitslosenkasse festzusetzen ist (BGE 109 V 52 E. 3 und E. 4).

gg) Duldung eines rechtswidrigen Zustands

Die **vorübergehende Duldung** eines **rechtswidrigen Zustands** hindert die Behörde grundsätzlich nicht an der späteren Behebung dieses Zustandes; damit sich der betroffene Einzelne auf den Vertrauensschutz berufen kann, müssen zusätzliche Anhaltspunkte vorliegen, die bei dem Betroffenen die Meinung aufkommen lassen, rechtmässig gehandelt zu haben (BVGer vom 15. Feb. 2010, C-2961/2007, E. 5.3; vom 11. Juni 2009, C-1192/2006, E. 13.3; VerwG ZH vom 14. Feb. 2007, VB.2006.00488, E. 2.3). 2036

Praxisgemäss müssen die (hierfür zuständigen) Behörden (1.) den **rechtswidrigen Zustand über Jahre hinweg dulden**, obschon ihnen (2.) **die Gesetzwidrigkeit bekannt** ist oder sie diese bei Anwendung der gebotenen Sorgfalt hätten kennen müssen (BGE 136 II 359 E. 7, 132 II 21 E. 8.1, 107 Ia 121 E. 1c; BGer vom 7. Okt. 2010, 1C_191/2010, E. 3.2; vom 28. Jan. 2010, 1C_176/2009, E. 2.2; vom 8. Feb. 2005, 1E.13/2004, E. 5.1; vom 19. Sept. 2001, 1P.768/2000, E. 3a = Pra 91 [2002] Nr. 3; vom 22. Aug. 2001, 1A.19/2001, E. 4b; BVGer vom 13. März 2009, C-1052/2006, E. 6.4); ferner darf (3.) die **Verletzung der öffentlichen Interessen nicht schwer** wiegen, ansonsten die Behörden auch nach Ablauf einer sehr langen Frist den rechtswidrigen Zustand, ohne Art. 9 BV zu verletzen, beheben dürfen (BVGer vom 15. Feb. 2010, C-2961/2007, E. 5.3; vom 13. März 2009, C-1052/2006, E. 6.4). 2037

Nach der Rechtsprechung ist die Befugnis des Gemeinwesens, den **Abbruch eines baurechtswidrigen Gebäudes** oder Gebäudeteils anzuordnen, grundsätzlich auf **30 Jahre befristet**, ausser es stehen gewichtige öffentliche Interessen auf dem Spiel (ernsthafte und unmittelbare Gefahr für Leib und Leben der Bewohner oder der Passanten); diesfalls können die Baubehörden den Abbruch des betreffenden Gebäudes oder Gebäudeteils auch nach Ablauf dieser Frist verfügen (BGE 132 II 21 E. 6.3, 107 Ia 121 E. 1a; BGer vom 28. Jan. 2010, 1C_176/2009, E. 2.2.1; vom 19. Aug. 2003, 1P.198/2003, E. 3.1; vom 19. Sept. 2001, 1P.768/2000, E. 4c; zur Verwirkung unten Rz. 2094 ff.). Allenfalls können kürzere Fristen resultieren, falls oben genannten Voraussetzungen, insbesondere die bewusste Duldung des rechtswidrigen Zustands durch die Behörden, erfüllt sind (BGE 136 II 359 E. 7.1), solange die betroffene Person selbst in gutem Glauben gehandelt hat (BGE 132 II 21 E. 6.3, 111 Ib 213 E. 6a), d.h. angenommen hat und (unter Anwendung zumutbarer Sorgfalt) annehmen durfte, die von ihm ausgeübte Nutzung sei rechtmässig und stehe mit der Baubewilligung in Einklang (BGE 136 II 359 E. 7.1, 132 II 21 E. 6, 111 Ib 213 E. 6a). 2038

Im Urteil 1P.768/2000 vom 19. Sept. 2001, E. 4c würdigte das Bundesgericht die Untätigkeit der Baubehörden während 24 Jahren als Duldung des (dort allfälligen) rechtswidrigen Zustandes, welche grundsätzlich geeignet war, einen Vertrauenstatbestand zu begründen. In einem Urteil vom 9. Mai 1979 (in: ZBl 1980 S. 72 E. 3b) bejahte das Bundesgericht einen Vertrauenstatbestand in einem Fall, in dem die Behörden während 20 Jahren nichts gegen eine rechtswidrige Baute unternommen hatten. Einen Vertrauenstatbestand verneinte das Bundesgericht dagegen in einem Fall, in dem die Behörde bis zum Erlass der Abbruchverfügung 1 1/2 Jahre zugewartet hatte (BGer vom 22. Aug. 2001, 1A.19/2001, E. 4b), ebenso in zwei Fällen, in denen die Behörde mit ihrer Intervention je über 2 1/2 Jahre zugewartet hatte; ausserdem in einem Fall, in dem die Behörde gegen die rechtswidrige Nutzung einer Wohnung gut drei Jahre nicht eingeschritten war (zum Ganzen BGer vom 28. Jan. 2010, 2039

1C_176/2009, E. 2.2.2). Angesichts eines erheblichen Verstosses gegen das Raumplanungsrecht (Erweiterung eines ausserhalb der Bauzone unzulässigen Werkhofs) und in Würdigung der gegebenen Umstände sah das Bundesgericht keinen Anlass, den Anspruch der Behörden auf Wiederherstellung des rechtmässigen Zustands nach Ablauf von 23 Jahren seit Errichtung der Scheune als verwirkt zu betrachten, zumal der Beschwerdeführer nicht in gutem Glauben gehandelt hatte (BGE 132 II 21 E. 6.3). Ebenso kann die Behörde die Wiederherstellung des rechtmässigen Zustands verlangen und den Abbruch der Bauten anordnen, wenn die vor über 30 Jahren errichtete illegale Baute laufend ausgebaut und vergrössert worden ist, sodass es praktisch unmöglich ist, den Zustand vor 30 Jahren zu eruieren und den Beginn der Verwirkungsfrist festzulegen (BGE 136 II 359 E. 8).

Praxis:

2040 – **Erweiterung eines ausserhalb der Bauzone liegenden Werkhofs:** Am 15. Sept. 1980 erteilte die Baukommission Turbenthal Jakob Bosshard die baurechtliche Bewilligung für die Erstellung einer Scheune mit Einstellraum auf dem Grundstück Kat.–Nr. 4898 im «Übrigen Gemeindegebiet» von Turbenthal. In einer Nebenbestimmung wurde festgehalten, dass die Scheune nur für landwirtschaftliche Zwecke verwendet werden dürfe und jede Zweckänderung der Bewilligungspflicht unterliege. Die geplante Scheune wurde im Jahre 1981 erstellt und von Jakob Bosshard samt dem Platz um die Scheune für sein im Aufbau begriffenes Tiefbauunternehmen genutzt. Gleichzeitig wurde auch auf den Grundstücken Kat.–Nrn. 4883, 4885 und 4886 ein Umschlag-, Recycling- und Kiesplatz eingerichtet. Im Frühjahr 2003 ersuchte Jakob Bosshard u.a. um nachträgliche Bewilligung des erstellten Umschlag-, Recycling- und Kiesplatzes. Das Gesuch wurde von allen Instanzen abgewiesen. Erwägungen: Im Gegensatz zur Scheune holte der Beschwerdeführer für die Nutzung der Grundstücke Kat.–Nrn. 4883, 4885 und 4886 als Umschlag-, Recycling- und Kiesplatz keine Baubewilligung ein. Nach den Erwägungen des Verwaltungsgerichts musste ihm als Tiefbauunternehmer jedoch klar sein, dass der Wechsel von einer forstwirtschaftlichen/standortgebundenen zu einer baugewerblichen Platznutzung und die immense Vergrösserung des Platzes nicht ohne förmliche Bewilligung erfolgen durften. Was der Beschwerdeführer dagegen vorbringt, überzeugt nicht. Dass die Bewilligungspflicht für die baugewerbliche Nutzung von Land ausserhalb der Bauzonen im Zeitpunkt der Betriebsaufnahme 1981 erst wenige Jahre alt war, vermag ihn nicht zu entlasten. So konnte ihm bei gehöriger Sorgfalt nicht verborgen bleiben, dass sich die Gesetzgebung in dieser Hinsicht geändert hatte und seither für Bauten und Anlagen ausserhalb der Bauzonen strenge Anforderungen gelten. Abgesehen davon hätten allein die neue wirtschaftliche Zweckbestimmung der beanspruchten Grundstücke und die hierbei im Verlauf der Zeit vorgenommene flächenmässige Ausdehnung für den Beschwerdeführer Grund genug sein müssen, sich über die Rechtmässigkeit seiner Tätigkeit bei der hierfür zuständigen Amtsstelle zu erkundigen. Dass er in dieser Hinsicht etwas unternommen hätte und ihm bestimmte Zusicherungen gemacht worden wären, behauptet er nicht. Stattdessen macht er geltend, die örtliche Baubehörde habe durch ihr Stillschweigen während 23 Jahren einen Vertrauenstatbestand geschaffen. Danach habe er von der Zulässigkeit der heute umstrittenen Nutzung ausgehen dürfen. Mit seiner Argumentation lässt der Beschwerdeführer ausser Acht, dass die Erteilung der Bewilligung für die umstrittene Anlage schon bei Aufnahme seines Betriebs im Jahre 1981 nicht in die Zuständigkeit der örtlichen Baubehörde, sondern der kantonalen Baudirektion fiel. Der Beschwerdeführer kann sich daher nur dann auf den Vertrauensschutz berufen, wenn er sich darauf verlassen durfte, dass hierfür die örtliche Baubehörde zuständig sei. Dies setzt voraus, dass er die ihm nach den Umständen zumutbare Sorgfalt und Aufmerksamkeit hat walten lassen. Davon kann jedoch keine Rede sein. Wer – wie der Beschwerdeführer – Grundstücke ausserhalb der Bauzonen für gewerbliche Zwecke nutzt, ohne sich um eine Baubewilligung zu bemühen und sich nach der diesbezüglichen Zuständigkeit zu erkundigen, missachtet die ihm obliegenden Sorgfaltspflichten in krasser Weise. Das Stillschweigen der (unzuständigen) örtlichen Baubehörde berechtigte den

Beschwerdeführer daher nicht zur Annahme, die gewerbliche Nutzung seiner Grundstücke Kat.–Nrn. 4883, 4885 und 4886 als Umschlag-, Recycling- und Kiesplatz sei rechtmässig. Im Übrigen bleibt darauf hinzuweisen, dass die Untätigkeit einer Behörde ohnehin grundsätzlich keinen Vertrauenstatbestand zu schaffen vermag (BGE 132 II 21 E. 8.1).

- **Von den Behörden geduldete Nutzung einer Wohnung als Massagesalon:** Mindestens seit Mitte der Siebzigerjahre wurde eine Dreizimmerwohnung ausschliesslich zu sexgewerblichen Zwecken genutzt. Eine Bewilligung für diese Nutzweise ist nie erteilt worden. Die städtische Sittenpolizei registrierte den Betrieb des Massagesalons erstmals per 15. Juli 1975. Die städtischen Baubehörden unternahmen bis 1999, also während 24 Jahren, nichts gegen die sexgewerbliche Nutzung der betreffenden Dreizimmerwohnung, obwohl zumindest die Sittenpolizei seit Juli 1975 Kenntnis von dieser Nutzweise hatte. Damit kann die langjährige Untätigkeit der Baubehörden als Duldung des (allfällig) rechtswidrigen Zustandes gedeutet werden, die grundsätzlich geeignet ist, einen Vertrauenstatbestand zu begründen. Der Umstand, dass die Baupolizei aus personellen und zeitlichen Gründen nicht in der Lage ist, systematisch gegen alle Salons vorzugehen, sondern nur eingreifen kann, wo Klagen aus der Bevölkerung bzw. der Nachbarschaft vorgebracht werden oder wo sie selber direkt Kenntnis erhält, steht dem Vertrauensschutz nicht entgegen. Ferner wäre es für die städtischen Baubehörden ohne Weiteres möglich gewesen, sich einen Überblick darüber zu verschaffen, welche von der Sittenpolizei registrierten Wohnungen rechtswidrig als Massagesalons genutzt wurden. Die Baubehörden müssen sich somit dass Wissen der Sittenpolizei anrechnen lassen. Bei der Anwendung der gebotenen Sorgfalt wäre die für die gesamte Dauer von 24 Jahren vorliegende Gesetzwidrigkeit jedenfalls erkennbar gewesen (BGer vom 19. Sept. 2001, 1P.768/2000, E. 4c). 2041

- **Duldung einer rechtswidrigen Abrechnungspraxis des Kantons Basel-Landschaft durch die Bundesbehörden:** Gestützt auf entsprechende Vorgaben des Bundes unterbreiten die Kantone die Abrechnungen für alle sozialhilfeabhängigen Personen des Asylrechts auf ihrem Kantonsgebiet quartalsweise dem BFM, das nach formeller Prüfung die geschuldeten Pauschalen vergütet. Mit dem auf den 1. April 2004 in Kraft getretenen Bundesgesetz vom 19. Dez. 2003 über das Entlastungsprogramm 2003 (AS 2004 1633, nachfolgend: Entlastungsprogramm 2003) wurden die rechtlichen Grundlagen hinsichtlich der Kostenerstattungspflicht des Bundes im Asylrecht geändert; nach dieser Neuregelung endete die asylrechtliche Kostenerstattungspflicht des Bundes in diesen Fällen mit der Rechtskraft eines Nichteintretensentscheides. Der Kanton Basel-Landschaft verrechnete gewisse Positionen während zwei bis drei Jahren nicht gemäss den neuen gesetzlichen Grundlagen, worauf dieser 2006 vom Bund aufgefordert wurde, den entsprechenden Betrag zurückzubezahlen. Der Kanton machte dagegen geltend, dass die Bundesbehörden die Abrechnungen jeweils genehmigt hätten. Gemäss dem Bundesverwaltungsgericht kann aus der Konzeption und Idee der Abrechnungsprüfung keine nachträgliche Vertrauensbasis entstehen. Nach Eingang der Quartalsabrechnungen wird den Kantonen normalerweise in einem standardisierten Schreiben mitgeteilt, dass das Bundesamt eine formelle Kontrolle der Abrechnung vorgenommen hat. Die Zahlung des vom Kanton in Rechnung gestellten Betrages erfolgt hierbei unter dem Vorbehalt der materiellen Prüfung und einer späteren Revision. Die Notwendigkeit des Vorbehaltes einer nachträglichen Korrektur wird seitens der Vorinstanz damit begründet, dass es ihr in Massenverfahren nicht möglich ist, alle Einzelfälle auch nur summarisch einer materiellen Kontrolle zu unterziehen. Die Nichtbeanstandung einer Quartalsabrechnung kann daher üblicherweise nicht als Genehmigung oder Zusicherung ausgelegt werden. Der Kanton Basel-Landschaft durfte daher nicht in guten Treuen annehmen, die betreffenden Quartalsabrechnungen seien in Ordnung gewesen. Abgesehen davon hat das Bundesamt nie sein Einverständnis zu dieser von den geltenden Vorschriften abweichenden Abrechnungsweise gegeben. Die unfreiwillige Duldung wiederum beschränkte sich ausserdem auf eine vergleichsweise kurze Zeitspanne von zwei bis drei Jahren (BVGer vom 15. Feb. 2010, C-2961/2007, E. 5.3). 2042

hh) Erlasse

2043 Der **Vertrauensschutz entfällt in der Regel bei einer Änderung von Erlassen**, da diese zu wenig bestimmt sind, um gewisse Erwartungen zu wecken, und da sie gemäss dem demokratischen Prinzip jederzeit geändert werden können (vgl. BGE 134 I 23 E. 7.5, 130 I 26 E. 8.1, 123 II 385 E. 10, 122 II 113 E. 3b/cc, 120 Ia 1 E. 3i; BGer vom 20. April 2012, 2C_158/2012, E. 3.4; BGer vom 21. April 2009, 1C_168/2008, E. 4.3; vom 20. Feb. 2009, 2C_378/2008, E. 2.3, betr. Regelung der Öffnungszeiten von Gastwirtschaftsbetrieben; BVGer vom 19. April 2010, A-1247/2010, E. 5.2; VerwG ZH vom 13. Mai 2009, PB.2008.00042, E. 3.3.2).

2044 Der Grundsatz von Treu und Glauben vermag einer Rechtsänderung insbesondere dann entgegenzustehen, wenn diese gegen das **Rückwirkungsverbot** (1.) verstösst, das bisherige Gesetz selbst eine **Zusicherung oder Vertrauensgrundlage** (2.) enthält, dass eine Bestimmung während einer gewissen Zeitdauer unverändert Geltung hat, oder durch das bisherige Recht begründete **wohlerworbene Rechte** oder **vertragliche Rechtsverhältnisse** (3.) durch die Gesetzesänderung tangiert werden (BGE 130 I 26 E. 8.1, 128 II 112 E. 10b/aa, 123 II 385 E. 10, 122 II 113 E. 3b/cc; BGer vom 20. April 2012, 2C_158/2012, E. 3.5-3.8; vom 3. Juni 2009, 1C_11/2009, E. 6.2; BVGer vom 22. März 2010, A-2391/2008, E. 3.2.2; vom 1. Okt. 2008, B-3024/2008, E. 4.4.1; vom 1. April 2008, B-2141/2006, E. 9.1.1).

2045 Der Vertrauensschutz vermag einer Rechtsänderung ferner dann entgegenzustehen, wenn der **Private durch eine unvorhersehbare Rechtsänderung in schwerwiegender Weise** (4.) in seinen gestützt auf die bisherige Rechtslage getätigten Dispositionen getroffen wird und keine Möglichkeit der Anpassung an die neue Rechtslage besteht (BVGer vom 1. Okt. 2008, B-3024/2008, E. 4.4.1), wobei abzuklären ist, ab wann der Private grundsätzlich mit der Rechtsänderung rechnen musste (BGE 123 II 385 E. 9c, 117 Ia 285 E. 3g). Greift beispielsweise der Staat im Rahmen seiner wirtschaftslenkenden Tätigkeit zu gegenüber der bestehenden Rechtslage neuartigen einschränkenden Massnahmen, wie das beispielsweise bei der Aufhebung der Milchkontingentierung geschah, kann immerhin verlangt werden, dass er dies nicht überfallartig tut (BGE 118 Ib 241 E. 9b; BVGer vom 1. April 2008, B-2141/2006, E. 9.1.1). Durch ein sofortiges Inkrafttreten hervorgerufene **unzumutbare Härten** sollen nach Möglichkeit verhindert werden (BGE 106 Ia 254 E. 4c).

2046 Ferner kann sich bei einer Änderung der gesetzlichen Bestimmungen das Gebot des Handelns nach Treu und Glauben in Form des **Vertrauensschutzes** in ähnlicher Weise wie bei falschen behördlichen Auskünften oder unrichtigen Verfügungen konkretisieren, nämlich dann, wenn der Rechtsunterworfene gestützt auf die bisherigen gesetzlichen Bestimmungen **gutgläubig Dispositionen** (5.) getätigt hat, die er nicht ohne Weiteres rückgängig machen kann (BGE 130 I 26 E. 8.1, 125 II 152 E. 5, 123 II 433 E. 9, 122 V 405 E. 3b/bb, 118 Ib 241 E. 6c und 9b). Insbesondere geht es darum, durch ein verzögertes Inkrafttreten des Erlasses eine angemessene Amortisation von Investitionen zu ermöglichen bzw. zu verhindern, dass gutgläubig getätigte Investitionen durch ein sofortiges Inkrafttreten nutzlos werden (BGE 134 I 23 E. 7.1, 130 I 26 E. 8.1, 125 II 152 E. 5, 123 II 433 E. 9, 118 Ib 241 E. 6c).

Allenfalls kann es in derartigen Fallkonstellation aus Gründen des Vertrauensschutzes geboten sein, eine **angemessene Übergangsregelung** oder **Übergangsfristen** vorzusehen (BGE 134 I 23 E. 7.6.1, 130 I 26 E. 8.1, 128 II 112 E. 10b/aa, 122 V 405 E. 3b/bb; BGer vom 19. Dez. 2011, 2C_694/2011, E. 4.9.2; BVGer vom 1. Okt. 2008, B-3024/2008, E. 4.4.1). Das Bundesgericht hat allerdings keine unzumutbare Härte darin erblickt, dass die Dauer der Lehrerausbildung auch mit Wirkung für diejenigen, die diese Ausbildung bereits begonnen haben, verlängert wird (BGE 106 Ia 254 E. 4c); als genügend erachtet wurde ferner eine Frist von 3 bis 4 Monaten für das Inkrafttreten eines Verbots von Spielautomaten (BGE 106 Ia 191 E. 7a, 101 Ia 336 E. 8b; zum Ganzen auch Rz. 736 ff.). 2047

Darüber hinaus kann sich nach einem Teil der Lehre und Praxis der Private dann auf Art. 9 BV berufen, wenn er **sein Verhalten dem Wortlaut des Gesetzes anpasst, auch wenn der betreffenden Norm grundsätzlich ein anderer Sinn beigemessen** (6.) wird (BGE 128 IV 137 E. 3b, 123 II 231 E. 8b, 112 Ia 116; BGer vom 28. Juni 2005, 1P.586/2004, E. 4.5.2.3). Er befindet sich dann in einer Lage, die mit derjenigen des Rechtsunterworfenen vergleichbar ist, welcher auf eine falsche Rechtsmittelbelehrung vertraut (BGE 123 II 231 E. 8b, 117 Ia 119 E. 3). Das Bundesgericht schützt das Vertrauen in den Wortlaut einer Rechtsnorm hingegen nur dann, wenn zusätzlich zum (irreführenden) Wortlaut eine entsprechende **Behördenpraxis massgebend** ist, auf die der Private letztlich hat vertrauen dürfen (BGer vom 28. Juni 2005, 1P.586/2004, E. 4.5.2). Ferner darf von einem professionellen Rechtsvertreter erwartet werden, dass er eine missverständliche Vorschrift nach allen Regeln der Methodik, insbesondere unter Berücksichtigung der Materialien und der Literatur, auslegt. Argumente der Rechtssicherheit und des Vertrauensschutzes sind im Falle professioneller Rechtsvertretung nicht allzu hoch zu gewichten (RR BE vom 5. Juli 2000, in: BVR 2000 S. 549 E. 2; siehe auch Rz. 1091). 2048

Praxis:

- **Zulassungsstopp für Medizinalpersonal (Einführungsverordnung des Kantons Zürich):** 2049
  Am 3. Juli 2002 erliess der Bundesrat die Verordnung über die Einschränkung der Zulassung von Leistungserbringern zur Tätigkeit zu Lasten der obligatorischen Krankenpflegeversicherung. In Anhang 1 zur Verordnung wird die maximale Anzahl Leistungserbringer für die einzelnen Kategorien aufgelistet. Anhang 2 nennt die jeweiligen Versorgungsdichten je 100'000 Einwohner bezogen auf die Kantone sowie auf die Regionen Westschweiz, Mittelland, Nordwestschweiz, Zürich, Ostschweiz, Zentralschweiz und Tessin sowie die Schweiz insgesamt. Am 23. Okt. 2002 erliess der Regierungsrat des Kantons Zürich die kantonale Einführungsverordnung zum Zulassungsstopp. Nach deren § 1 gilt die bundesrätliche Verordnung für alle Ärztinnen und Ärzte unbesehen ihrer Spezialisierung oder Fachausrichtung, nicht aber für die übrigen Kategorien von Leistungserbringern. Gemäss § 2 werden während der Geltungsdauer der Verordnung im Kanton Zürich keine neuen Ärztinnen und Ärzte als Leistungserbringer zu Lasten der obligatorischen Krankenpflegeversicherung zugelassen. Die Verordnung trat rückwirkend auf den 4. Juli 2002 in Kraft; sie ist auf drei Jahre befristet und nicht anwendbar auf Gesuche, die vor ihrem Inkrafttreten eingereicht worden sind, enthält aber keine Übergangsfrist für das Einreichen neuer Gesuche nach diesem Zeitpunkt. Die Beschwerdeführer machen insb. geltend, die angefochtene Regelung verletze das Prinzip von Treu und Glauben, da sie ein Medizinstudium und eine Weiterbildung auf sich genommen hätten im schutzwürdigen Vertrauen darauf, ihren Beruf dereinst selbstständig ausüben zu können. Das Bundesgericht verneint eine Verletzung von Art. 9 BV. Erwägungen: Der Vertrauensgrundsatz vermag einer Rechtsänderung nur entgegenzustehen, wenn diese gegen das Rückwirkungsverbot verstösst oder in wohl-

erworbene Rechte eingreift. Öffentlich-rechtliche Ansprüche gelten nur dann als wohlerworben, wenn das Gesetz die entsprechenden Beziehungen ein für allemal festlegt und von den Einwirkungen der gesetzlichen Entwicklung ausnimmt oder wenn bestimmte individuelle Zusicherungen abgegeben oder Verträge geschlossen worden sind, was vorliegend gemäss Bundesgericht nicht der Fall ist. Eine ins Auge gefasste oder bereits absolvierte Ausbildung verschafft kein wohlerworbenes Recht darauf, den erlernten Beruf zu den ursprünglich geltenden Rahmenbedingungen ausüben zu können. Auch ergibt sich vorliegend kein Recht auf eine angemessene Übergangsregelung. Es musste bereits seit der Verabschiedung des revidierten KVG am 24. März 2000 damit gerechnet werden, dass der Bundesrat eine Zulassungsbeschränkung einführen würde. Zudem sind im Vorfeld der Bundesratsverordnung die Verbände der Leistungserbringer informiert und angehört worden. Sodann ist die angefochtene Regelung in ihrer Geltungsdauer auf drei Jahre befristet. Die Eröffnung einer eigenen Praxis wird damit nicht definitiv verunmöglicht, sondern um höchstens drei Jahre verzögert. Diese Regelung ist in ihren Auswirkungen etwa mit einer Änderung vergleichbar, welche die Ausbildungsanforderungen erhöht. Eine solche ist grundsätzlich zulässig. In der Regel dürften die durch die Zulassungsbeschränkung betroffenen Personen auch noch keine erheblichen Investitionen im Hinblick auf die Eröffnung der eigenen Praxis getätigt haben. Weiter hat der Regierungsrat darauf hingewiesen, dass die Gesundheitsdirektion, um Härtefälle zu vermeiden, mit seiner Ermächtigung auch unter das neue Recht fallenden Gesuchstellern, die vor Inkrafttreten des Zulassungsstopps namhafte vertragliche Verpflichtungen eingegangen seien und im Hinblick auf eine Praxiseröffnung nachweisbar Investitionen getätigt hätten, eine Zulassung erteilt oder in Aussicht gestellt habe. Damit wird die umstrittene Verordnung verfassungskonform gehandhabt (BGE 130 I 26 E. 8.2).

2050 – **Schulgelderhöhung während des laufenden Schuljahres:** Nach Beginn des Vorkurses im Aug. 2001, welcher ein Jahr dauert, teilte die Verwaltung den Kursteilnehmern mit Wohnsitz in der Stadt St. Gallen schriftlich mit, dass infolge einer neuen Trägerschaft (Kanton St. Gallen) das Schulgeld ab dem 1. Jan. 2002 von alt Fr. 3'300.– auf neu Fr. 7'000.– pro Jahr wegen des Wegfalls der Verbilligung für Einwohner der Stadt St. Gallen erhöht werde. Erwägungen: Die Betroffenen mussten sich bis Ende April 2001 für den Vorkurs anmelden. In der an einer Orientierungsversammlung im Jahr 2000 abgegebenen Broschüre wurde diese Erhöhung nicht erwähnt. Die Kursteilnehmer wurden erst im Sept. 2001 über die Erhöhung informiert, als der Vorkurs bereits begonnen hatte. Die Kursteilnehmer haben sich also, ohne mit dem Wegfall der Verbilligung rechnen zu müssen, für den Kurs angemeldet und die entsprechenden, nicht leicht wieder rückgängig zu machenden Dispositionen, wie z.B. Kündigung der Arbeitsstelle, getroffen. Daran ändert nichts, dass auf der Broschüre, welche im Jahr 2000 abgegeben wurde, auf eine eventuelle Änderung der Tarife hingewiesen worden war. Ferner ist auch der neue Träger der Schule, der Kanton St. Gallen, an den Vertrauensschutz gebunden. Ist das Rechtsverhältnis zwischen den Kursteilnehmern und der Stadt mit allen Rechten und Pflichten auf den Kanton übergegangen, so gilt das von der Stadt geschaffene Vertrauen in den Weiterbestand der Kursgeldverbilligung vorerst auch gegenüber dem Kanton. Dieser darf die Kursgeldverbilligung zwar in der Folge abschaffen; er muss es sogar tun, denn das Gebot der Rechtsgleichheit verbietet ihm, Bewohner der Stadt St. Gallen in Bezug auf das Kursgeld besser zu stellen als die übrigen Kantonseinwohner. Eine solche Neuregelung darf er aber erst nach einer angemessenen Übergangsfrist treffen, d.h. erst für die Teilnehmer der folgenden Jahreskurse, denen keine verbilligten Tarife in Aussicht gestellt worden sind. Der Kanton hätte also eine Übergangsregelung schaffen sollen, die den Kursteilnehmern, die im Vertrauen auf ein bestimmtes Kursgeld die Ausbildung begonnen haben, erlaubt hätte, die Ausbildung zu diesem Preis zu beenden. Indem er keine solche Übergangsregelung getroffen hat, hat er gegenüber den Kursteilnehmern das Prinzip von Treu und Glauben verletzt (BGer vom 13. Juli 2004, 2P.149/2003, E. 2).

2051 – **Verlängerung der Lehrerausbildung auch für diejenigen, die die Ausbildung bereits begonnen haben:** Für die Lehramtskandidaten, die noch unter altem Recht mit ihrer Ausbildung als Primarlehrer begonnen hatten, verlängerte sich ihre Ausbildungszeit zum Primarlehrer um ein Jahr und vier Monate. Der Regierungsrat des Kantons Zürich beschloss im Sinne einer Übergangsordnung, diesen Lehramtskandidaten die Pflicht zur Absolvierung des viermonatigen ausserschulischen Praktikums gemäss § 19 Lehrerbildungsgesetz zu erlassen, sodass sich im Ergebnis ihre Ausbildung um ein Jahr verlängerte. Gegen den Regierungsratsbeschluss reichen dreizehn Seminaristen und Seminaristinnen staatsrechtliche Beschwerde ein. Das Bundesgericht weist die Beschwerde ab. Erwägungen: Ein Erlass ist grundsätzlich ohne Verzug in Kraft zu setzen, wenn nicht besondere Gründe gebieten, den Termin des Wirksamwerdens hinauszuschieben. Es trifft zwar zu, dass mit einer verlängerten Ausbildung in der Regel Belastungen finanzieller und persönlicher Art verbunden sind. Solche Belastungen können unter Umständen für die Betroffenen etwa dann eine Härte bedeuten, wenn sie sich in einer Zweit- oder Weiterbildung befinden, deren Auswirkungen sie insb. in finanzieller Hinsicht vorher abgeklärt haben. Die Beschwerdeführer haben jedoch das Lehramt als primäres Berufsziel gewählt. Abgesehen davon, dass gerade bei der Wahl des Lehrerberufes qualitative Überlegungen im Vordergrund stehen dürften und der Dauer der Ausbildung demgegenüber in der Regel eher untergeordnete Bedeutung zukommt, lässt sich nach allgemeiner Erfahrung die Dauer der primären Berufsausbildung nicht zum vornherein auf ein Jahr genau festlegen; auch besteht keine Gewähr, dass unmittelbar nach Abschluss der Ausbildung der Lehrerberuf auch wirklich ausgeübt werden kann. Eine verlängerte Ausbildung vermag dagegen den Beschwerdeführern als angehenden Primarlehrern nicht bloss eine bessere Allgemeinbildung zu vermitteln, sondern erhöht mit einem vermehrten berufsspezifischen Angebot auch zweifellos die Chancen einer erfolgreichen Berufsausübung. Namentlich kann nicht angenommen werden, die teilweise Anwendung des Lehrerbildungsgesetzes, wie sie die Übergangsordnung vorsieht, bedeute einen plötzlichen, mit übertriebener Härte durchgeführten Eingriff in einen Dauersachverhalt. Die Beschwerdeführer legen selbst dar, das Gesetzgebungsverfahren habe mehr als zehn Jahre gedauert. Während dieser Zeit mussten sie mit einer Änderung der Lehrerausbildung – auch für deren Dauer – rechnen. Ausserdem hat der Regierungsrat des Kantons Zürich (wie übrigens bereits der Gesetzgeber, vgl. § 20 Abs. 3 Lehrerbildungsgesetz) die Neuregelung gerade nicht vollständig in Kraft gesetzt, sondern einer Übergangsregelung dem Umstand Rechnung getragen, dass die Beschwerdeführer ihre Ausbildung noch unter der alten Regelung begonnen haben; er hat deshalb das gesetzliche Erfordernis eines viermonatigen ausserschulischen Praktikums für sie als noch nicht anwendbar erklärt. Unter diesen Umständen kann von einer Härte für die Beschwerdeführer, die nach dem Zweck der Neuregelung als offensichtlich nicht gerechtfertigt erschiene, nicht gesprochen werden. Die Beschwerde erweist sich als unbegründet und ist abzuweisen (BGE 106 Ia 254 E. 4).

ii) Merkblätter

Merkblätter enthalten üblicherweise **generelle Ansichtsäusserungen**, die weder an den Einzelnen adressiert sind noch dessen konkrete Situation betreffen und deshalb grundsätzlich keine Vertrauensgrundlage bilden (BGE 125 I 267 E. 4c; BGer vom 7. Jan. 2002, 2A.428/2001, E. 3c; BVGer vom 6. Mai 2009, C-7020/2007, E. 6.2; REKO MAW vom 21. Juni 2003, in: VPB 68 [2004] Nr. 29 E. 6.2.3). Ein Merkblatt stellt dann eine Vertrauensgrundlage dar, wenn es eine abstrakte Rechtslage soweit konkretisiert, dass es auf einen bestimmten Sachverhalt anwendbar ist (BGE 129 II 125 E. 5.6; ähnlich BGE 126 II 97 E. 4; BVGer vom 6. April 2009, B-6696/2008, E. 5; offengelassen VerwG ZH vom 8. Juli 2009, VB.2009.00279, E. 6.2.1; zu einem Spezialfall [BGE 109 V 52 E. 3b] siehe oben Rz. 2033 und Rz. 2035). 2052

Praxis:

– **Bundeshilfe gemäss dem Wohnbau- und Eigentumsförderungsgesetz (Abweichung vom Mietzinsplan bei Wohnungen innerhalb derselben Liegenschaft gemäss entsprechender Richtlinie «interner Mietzinsausgleich»):** Die auf Grund des Wohnbau- und Eigentumsförderungsgesetzes verbilligten Mietzinse unterliegen während mindestens 25 Jahren einer amtlichen Mietzinsüberwachung. Die von den zuständigen Behörden genehmigten Mietzinse dürfen 2053 in diesem Zeitraum nur im Rahmen der vom Bundesrat zu ordnenden Mietzinsanpassungen geändert werden (Art. 45 WEG). Daraus ergibt sich, dass sich die Mietzinsüberwachung in erster Linie auf die Einhaltung der zuvor nach Massgabe des Finanzierungsplanes behördlich genehmigten Mietzinse beschränkt. In gefestigter Praxis hat das Bundesamt allerdings auch ohne vorgängige Bewilligung innerhalb derselben Liegenschaft einen internen Mietzinsausgleich im Sinne eines sogenannten Stockwerkzuschlages von maximal Fr. 150.– zugelassen. Hierfür fehlt es zwar an einer ausdrücklichen gesetzlichen Grundlage. Darauf kann es indessen nicht ausschliesslich ankommen. Denn massgebend für den Vermieter einer mit Bundeshilfe erstellten Liegenschaft ist in erster Linie der mit dem Bundesamt abgeschlossene öffentlich-rechtliche Vertrag, so wie er ihn nach Treu und Glauben verstehen musste und durfte. Er darf sich grundsätzlich auf diesen Vertrag verlassen. Für dessen Verständnis sind auch die Auslegungshilfen (Informationen und Merkblätter der Verwaltung) sowie die gefestigte, bekannte Verwaltungspraxis heranzuziehen. Das Bundesamt hat in seinen «Informationen für Verwaltungen» ausdrücklich festgehalten, die grundverbilligten Mietzinse der einzelnen Wohnungen (innerhalb einer Liegenschaft) könnten die Vermieter auf Grund des Stockwerkes, der Lage, des Innenausbaues usw. unterschiedlich festsetzen. Die Summe der grundverbilligten Mietzinse dürfe jedoch den im Lastenplan festgesetzten Betrag nicht übersteigen und der monatliche Einzel-Mietzins dürfe gegenüber dem Mietzinsplan um maximal Fr. 150.– nach oben oder nach unten abweichen. Die Informationen des Bundesamtes für Verwaltungen und Mieterinnen und Mieter sind als Merkblätter ausgestaltet und als Verwaltungsrichtlinien für die Praxis der Wohnbau- und Eigentumsförderung zu betrachten. Sie gewährleisten eine einheitliche und rechtsgleiche Praxis der Wohnbauförderung und stellen generelle Auskünfte über das in diesem Bereich geltende Recht dar. Auf solche amtlichen Erläuterungen dürfen sich die Adressaten grundsätzlich verlassen, weshalb das Bundesamt nicht ohne Weiteres von seinem darin öffentlich vertretenen Standpunkt abweichen und das dadurch erweckte Vertrauen enttäuschen kann; dasselbe gilt für die damit zusammenhängende gefestigte Verwaltungspraxis. Die Vermieter durften nach Treu und Glauben davon ausgehen, der mit dem Bundesamt geschlossene Vertrag erlaube ihnen die entsprechenden Zuschläge bzw. Umschichtungen auch ohne besondere Bewilligung bzw. die erforderliche Bewilligung gelte in diesem Rahmen als generell erteilt. In diesem Vertrauen sind sie zu schützen. Demnach dürfen die Vermieter interne Mietzinsabweichungen gegenüber dem Mietzinsplan von nicht mehr als Fr. 150.– nach oben oder unten vornehmen, wenn der gesamte Mietertrag denjenigen gemäss Finanzierungsplan nicht übersteigt. Das bedeutet, dass die Mietzinsanpassungen des Beschwerdeführers als zulässig zu betrachten sind, soweit sie sich in diesem Rahmen halten (BGE 129 II 125 E. 5.6).

2054 – **Publizierte Mitteilung des Schweizerischen Heilmittelinstituts betreffend Umwandlungsverfahren:** Das Arzneimittel X war längere Zeit bei der Interkantonalen Kontrollstelle für Heilmittel (IKS) registriert. Am 25. Juni 2003 reichte die Beschwerdeführerin beim Institut ein Gesuch um Erteilung einer Swissmedic-Zulassung ein (Umwandlungsgesuch). Diesem Gesuch legte sie unter anderem eine überarbeitete Arzneimittelinformation, nicht aber Unterlagen zur Qualität des Präparates bei. Mit Verfügung vom 5. Dez. 2003 wies das Institut das Umwandlungsgesuch ab. Die Beschwerdeführerin macht im Beschwerdeverfahren vor Bundesverwaltungsgericht u.a. geltend, sie habe gestützt auf den Grundsatz von Treu und Glauben Anspruch auf Gutheissung ihres Umwandlungsgesuches. Aufgrund der Ausführungen des Instituts in der «Mitteilung betr. Erteilung einer Swissmedic-Zulassung im Rahmen des neuen Heilmittelgesetzes bei Ablauf der Gültigkeit einer IKS-Registrierung» habe sie darauf vertraut, dass im Rahmen des Umwandlungsverfahrens die Qualität des zu beurteilenden Präparates nicht neu belegt werden müsse. Erwägungen: Die Mitteilung betr. Umwandlungsverfahren ist sehr allgemein gehalten und betrifft im Wesentlichen nur die Frage, welche Unterlagen im Rahmen eines Umwandlungsverfahrens zwingend vorgelegt werden müssen. Angesichts der Besonderheiten, welche sich aufgrund der in casu nicht genehmigten Änderung der Hilfsstoffzusammensetzung und der darauf zurückzuführenden Mängel des Qualitätsnachweises ergeben, kann diese Mitteilung in concreto nicht als ausreichend bestimmt qualifiziert werden. Es ist offensichtlich, dass das Institut mit der Mitteilung keineswegs seine Haltung zu Sonderfällen wie dem Vorliegenden dargelegt hat, sondern den Normalfall eines den Zulassungsvoraussetzungen entsprechenden Arzneimittels vor Augen hatte. Es handelt sich damit um eine generelle Ansichtsäusserung des Instituts, die weder an die Beschwerdeführerin adressiert war, noch deren konkrete Situation betraf. Der behördlichen Auskunft fehlt damit ein ausreichender Bezug zur vorliegenden Streitsache, sodass ein allfälliges Vertrauen der Beschwerdeführerin in die Mitteilung betr. Umwandlungsverfahren nicht zu schützen ist (REKO HM vom 14. Juli 2004, in: VPB 69 [2005] Nr. 21 E. 4.3).

jj) Gentlemen's Agreements

Gentlemen's Agreements stellen lediglich moralische Verpflichtungen dar, die allenfalls insofern Folgen zeitigen, als bei einem Verstoss gegen dieselben gesellschaftliche oder wirtschaftliche Nachteile resultieren (BVGer vom 4. März 2010, B-2625/2009, E. 4.5). Derartige Vereinbarungen sind rechtlich unverbindlich (vgl. BGE 118 Ib 367 E. 9b). Jedoch kommt einem Gentlemen's Agreement zumindest unter den Beteiligten eine verpflichtende Wirkung zu, sodass gemäss Praxis nicht auszuschliessen ist, dass sich diese auf den Schutz berechtigten Vertrauens berufen können (in diese Richtung wohl BVGer vom 4. März 2010, B-2625/2009, E. 4.6). 2055

Praxis:

- **Vereinbarung über den Rückzug von Mehrmengengesuchen für Milch:** Die Produzentenorganisation Ostschweiz (nachfolgend: Beschwerdeführerin) ist vom Bundesamt für Landwirtschaft mit Verfügung vom 17. Jan. 2006 vorzeitig aus der Milchkontingentierung entlassen worden. Mit verschiedenen Eingaben im Jahr 2008 und 2009 ersuchte die Beschwerdeführerin um Bewilligung einer Mehrmenge von insgesamt 7'670'000 kg Milch, was das Bundesamt ablehnte, worauf die Beschwerdeführerin Beschwerde beim Bundesverwaltungsgericht erhob. An einem runden Tisch im Jahr 2009 vereinbarten die daran Beteiligten Organisationen, sie würden ihre Mehrmengengesuche zurückziehen. Die Beschwerdeführerin hat sich an den Verhandlungen am runden Tisch nicht beteiligt. Sie macht vor Bundesverwaltungsgericht unter anderem geltend, sie sei an der Vereinbarung am runden Tisch Ende Jan. 2009 nicht beteiligt gewesen und habe deshalb ihre Mehrmengengesuche nicht zurückgezogen. Das Bundesamt bringt dagegen vor, der Bund habe sich aufgrund der schlechten Lage auf dem Milchmarkt im Jahr 2009 mit Fr. 14 Mio. an den Kosten befristeter Marktentlastungsmassnahmen beteiligt, unter der Voraussetzung, dass die Organisationen ihrerseits Leistungen erbrächten, u.a. den Rückzug der Mehrmengengesuche. Das Bundesamt wirft der Beschwerdeführerin ein treuwidriges Verhalten vor. Im Gegensatz zur Beschwerdeführerin hätten verschiedene andere Organisationen aufgrund dieser Vereinbarung ihre Mehrmengengesuche zurückgezogen. Das Bundesverwaltungsgericht weist die Beschwerde ab, vermag allerdings kein treuwidriges Verhalten der Beschwerdeführerin darin zu erkennen, dass sie ihre Mehrmengengesuche nicht zurückgezogen hat. Bei dieser Vereinbarung handelt es sich um ein Gentlemen's Agreements, in der die Beteiligten sich zu einer gewissen Verhaltensweise verpflichten. Aufgrund der Vereinbarung am runden Tisch durfte die Vorinstanz zwar bis zu einem gewissen Grad erwarten, dass die Beschwerdeführerin ihre bereits eingereichten Mehrmengengesuche zurückziehen und keine neuen Gesuche einreichen würde. Diese Erwartung war der Beschwerdeführerin aufgrund der Pressemitteilung vom 29. Jan. 2009 und des Schreibens vom 12. Feb. 2009 bekannt. Die Beschwerdeführerin war an den Sitzungen jedoch nicht beteiligt und die Vertretungsverhältnisse waren unklar. Die Vorinstanz macht auch nicht geltend, und es ist auch nicht ersichtlich, dass die am «runden Tisch» beteiligten Organisationen die Beschwerdeführerin rechtsgültig hätten vertreten dürfen. Zudem kommt einem Gentlemen's Agreement kein rechtsverbindlicher Charakter zu. Jedenfalls vermochte das Gentlemen's Agreement Dritte, die an deren Aushandlung nicht beteiligt waren und die es später auch nicht guthiessen, nicht zu binden. Die Beschwerdeführerin war somit nicht verpflichtet, ihre hängigen Mehrmengengesuche zurückzuziehen bzw. 2056 keine neuen Gesuche einzureichen. Ihr kann insoweit kein treuwidriges Verhalten vorgeworfen werden (BVGer vom 4. März 2010, B-2625/2009, E. 4.6).

kk) Auskünfte und Zusicherungen

2057 Mündliche oder schriftliche Auskünfte und Zusicherungen einer Verwaltungsbehörde, wobei Erstere Seinsaussagen und Letztere Sollensaussagen darstellen, sind bindend, wenn sie sich auf eine **konkrete**, den **betreffenden Bürger berührende Angelegenheit beziehen** (BGE 137 II 182 E. 3.6.2, 131 II 627 E. 6.1, 125 I 267 E. 4c, 122 II 113 E. 3b/cc; BGer vom 4. Juli 2011, 1C_140/2011, E. 6; vom 17. Aug. 2010, 2C_117/2010, E. 5.3.1; vom 17. Juni 2010, 2C_434/2009, E. 4.2; BVGer vom 4. Feb. 2011, A-5409/2009, E. 2.8.3; vom 10. Nov. 2010, A-3143/2010, E. 6.1.1; REKO HM vom 14. Juli 2004, in: VPB 69 [2005] Nr. 21 E. 4.3; VerwG ZH vom 2. April 2008, VB.2008.00050, E. 4.1.2).

2058 Die Auskunft hat derart bestimmt zu sein, dass der Private daraus die für seine **Dispositionen massgebenden Informationen** entnehmen kann und dass diese ein mit bestimmten Erwartungen verknüpftes Verhalten zu begründen vermag (BGE 130 I 26 E. 8.1; BGer vom 10. Nov. 2005, 2A.254/2005, E. 2.2; vom 6. April 2005, 2P.284/2004, E. 4.2; BVGer vom 4. Feb. 2011, A-5409/2009, E. 2.8.1; vom 8. Nov. 2010, A-6642/2008, E. 4.2.1; vom 15. März 2010, A-498/2007, E. 4.1).

2059 **Nicht schutzwürdig** ist das Vertrauen Privater in eine Auskunft, wenn die Behörde wenigstens dem Sinn nach klar zum Ausdruck bringt, dass sie sich nicht festlegen will oder wenn diese einen entsprechenden **Vorbehalt** anbringt («Vorbehaltlosigkeit der Auskunft»; vgl. BVGer vom 18. Nov. 2010, B-1264/2010, E. 4.1; vom 12. Mai 2009, A-6523/2008, E. 9.2; vom 25. Nov. 2008, A-3045/2008, E. 5.3.2). Ferner bilden insbesondere **schriftliche Auskünfte allgemeiner Art** im Regelfall keine Vertrauensgrundlage (BVGer vom 13. März 2009, C-1052/2006, E. 6.6), ausser diese beziehen sich auf die ständige Praxis der betreffenden Behörde (vgl. oben BGE 129 II 125 E. 5.6), sind zumindest auch konkreter Natur (BVGer vom 6. April 2009, B-6696/2008, E. 5) oder die betroffene Person hat zu einer bestimmten, sie betreffenden konkreten Frage eine Auskunft verlangt (vgl. oben BGE 109 V 52 E. 3b). Auskünfte, welche erst **nach Vornahme des rechtlich relevanten Verhaltens erteilt** werden, rechtfertigen keine Abweichung vom Legalitätsprinzip, weshalb das Vertrauen in die erteilte Auskunft nicht geschützt wird (VerwG ZH vom 19. März 2003, SB.2002.00076, E. 2b).

2060 Die blosse, **unbelegte Behauptung einer telefonischen Auskunft oder Zusage** genügt nicht, um einen Anspruch aus dem Grundsatz des Vertrauensschutzes zu begründen (BGer vom 21. Mai 2010, 2C_842/2009, E. 3.2; vom 15. März 2010, 2C_728/2009, E. 3.2; BVGer vom 17. Juli 2010, A-568/2009, E. 2.3; vom 19. Aug. 2009, A-2036/2008, E. 2.4.2; vom 1. Okt. 2008, A-1500/2006, E. 3.2 und E. 6.2.2; vom 13. März 2008, A-1681/2006, E. 5.2.7). Eine (mündliche) Auskunft muss durch **schriftliche Unterlagen** belegt werden können; entsprechend wird verlangt, dass derjenige, der sich auf eine mündliche Auskunft oder Zusicherung berufen will, sich diese von der Verwaltung schriftlich bestätigen lässt (BVGer vom 17. Juli 2010, A-568/2009, E. 2.3; vom 29. April 2010, A-7657/2009, E. 3; vom 19. Aug. 2009, A-2036/2008, E. 2.4.2; vom 1. Okt. 2008, A-1500/2006, E. 3.2 und E. 6.2.2; vom 16. Jan. 2008, A-1391/2006 E. 3.2).

Von der **Verwaltung erstellte (interne) Notizen** können herangezogen werden, um die Verbindlichkeit von mündlichen Auskünften zu beurteilen. In einem solchen Fall bilden hingegen nicht die Notizen die Vertrauensgrundlage, sondern die erteilte (individuell-konkrete) Auskunft; die Notizen dienen lediglich zu deren Beweis (BVGer vom 19. Aug. 2009, A-2036/2008, E. 2.4.2; vom 1. Okt. 2008, A-1500/2006, E. 3.2 und E. 6.2.2). Erweist es sich als unmöglich, im Rahmen des Untersuchungsgrundsatzes den Sachverhalt zu ermitteln, der zumindest die Wahrscheinlichkeit für sich hat, der Wirklichkeit zu entsprechen, greift die Beweisregel Platz, wonach im Falle der Beweislosigkeit der Entscheid zu Ungunsten jener Partei ausfällt, die aus dem unbewiesen gebliebenen Sachverhalt Rechte ableiten wollte (BGer vom 3. Juni 2009, 8C_237/2009, E. 3.2). 2061

Praxis:

- **Beendigung eines Dienstverhältnisses; Versprechen des Gemeinderates, keine Kündigungen im Zusammenhang mit der Einführung des «new public managements» vorzunehmen:** In der Wiederwahl des auf Grund des Angestelltenreglements angestellten Beschwerdeführers für eine Amtsperiode kann keine Zusicherung gesehen werden, dass ihm während dieser Amtsperiode entgegen dem Reglement nicht ordentlich gekündigt werde. Der Beschwerdeführer konnte seine Wiederwahl insbesondere deshalb nicht so verstehen, weil das Reglement die Möglichkeit einer ordentlichen Kündigung gegenüber definitiv für eine Amtsperiode gewählten Mitarbeitern ausdrücklich vorsieht. Der Gemeinderat hat an seiner Sitzung vom 19. Aug. 1997 im Zusammenhang mit der Einführung der Organisation der Gemeinde nach den Grundsätzen des «new public management» das Versprechen abgegeben, dass es beim Personal zu keinen Entlassungen komme. Dieses Versprechen konnte jedoch nicht so verstanden werden, dass es auf unbestimmte Zeit zu keinen ordentlichen Kündigungen in der Gemeinde Visp mehr kommen werde. Es konnte auch nicht so ausgelegt werden, dass kein Mitarbeiter entlassen werde, wenn er die Grundsätze des «new public management» in seinem Bereich nicht einzuführen bereit ist. Mit einem solchen Versprechen hätte der Gemeinderat auf seine politische Leitungsfunktion gegenüber der Verwaltung verzichtet. Vielmehr konnte das Versprechen nur als Zusicherung verstanden werden, dass kein Mitarbeiter entlassen werde, weil seine Stelle wegen der mit dem «new public management» verbundenen Rationalisierungen überflüssig würde. Es wurde mithin zugesichert, dass es zu keinen Entlassungen aus gewissermassen wirtschaftlichen oder organisatorischen Gründen komme. Die Stelle des Beschwerdeführers wurde nach seinem Abgang nicht aufgehoben, sondern wieder besetzt. Somit hat der Gemeinderat sein Versprechen eingehalten, ihn nicht aus Gründen der Optimierung der Verwaltung im Rahmen des «new public management» zu entlassen (BGer vom 6. Juli 2000, 1P.97/2000, E. 3). 2062
- **Zwischenbeurteilung während der Probezeit:** Anlässlich einer Zwischenbeurteilung vom 1./2. Okt. 2007 wurde X nicht darüber orientiert, dass sein Sohn die Probezeit allenfalls nicht bestehen könnte. X leitet aus einem Orientierungsschreiben der Kantonsschule vom 10. Sept. 2007 an die Eltern eine Vertrauensgrundlage ab. Demnach hätten die Eltern anlässlich der Probezeit-Zwischenbeurteilungen vom 1./2. Okt. 2007 über ein allfälliges Nichtbestehen der Probezeit ihres Sohnes informiert werden müssen. Im Orientierungsschreiben der Beschwerdegegnerin vom 10. Sept. 2007 wurden die Eltern darüber informiert, dass am 1./2. Okt. 2007 Probezeit-Zwischenbeurteilungen der Schülerinnen und Schüler stattfänden. Dabei gäben die Lehrpersonen zu Handen der Klassenlehrperson eine Beurteilung der Leistung ab und versuchten abzuschätzen, ob der betreffende Schüler die Probezeit mit Erfolg bestehen könne. Weiter werde festgehalten, dass die Zwischenbeurteilung für die Schule und die Eltern sehr wichtig sei, da dadurch rechtzeitig und in Absprache mit allen Betroffenen die notwendigen Massnahmen getroffen werden könnten. Gemäss der Rekursantwort der Kantonsschule fiel der Sohn von X bei der Zwischenbeurteilung nicht auf. Im Klassenkonvent am Ende der Probezeit habe sich allerdings gezeigt, dass der Sohn von X in der zweiten Hälfte der Probezeit deutlich schlechtere 2063

Leistungen erbracht habe. Das Verwaltungsgericht weist die Beschwerde von X ab. Erwägungen: Nach Lehre und Rechtsprechung entsteht eine Vertrauensgrundlage durch behördliche Zusicherung regelmässig nur dann, wenn Letztere einen gewissen Bestimmtheitsgrad aufweist und sich auf einen konkreten, die auskunftserheischende Person direkt betreffenden Sachverhalt bezieht. Vor diesem Hintergrund war das Orientierungsschreiben der Beschwerdegegnerin vom 10. Sept. 2007 zwar grundsätzlich zur Begründung von Vertrauen geeignet. Die Berufung auf Vertrauensschutz muss jedoch im vorliegenden Fall deshalb versagen, weil die Beschwerdegegnerin keine vorbehaltlose Zusicherung abgab: Anlässlich der Probezeit-Zwischenbeurteilungen versuchen die Lehrpersonen abzuschätzen, ob der betreffende Schüler die Probezeit mit Erfolg bestehen kann. Eine Prognose ist von vornherein nicht geeignet, eine definitive Aussage über das Bestehen der Probezeit abzugeben. Auch aus der Tatsache, dass die Klassenlehrperson keinen Kontakt zum Schüler und/oder den Eltern aufnimmt, kann nicht automatisch geschlossen werden, dass der Schüler die Probezeit bestehen wird. Erst am Ende der Probezeit und aus dem Gesamtbild der Noten ergibt sich, ob ein Schüler die Probezeit besteht oder nicht. Vorliegend erfolgte das Nichtbestehen der Probezeit im Wesentlichen aufgrund der deutlich schlechteren Leistungen des Sohns des Beschwerdeführers in der zweiten Hälfte der Probezeit. Dies hätten die Eltern erkennen sollen. Zusammengefasst ergibt sich, dass sich der Beschwerdeführer nicht auf den Grundsatz des Vertrauensschutzes berufen kann (VerwG ZH vom 2. April 2008, VB.2008.00050, E. 4.1).

c) Zuständigkeit

2064 Die unrichtige oder falsche **Auskunft bzw. Zusicherung** bindet nur insoweit, als die in der **Sache zuständige Behörde** gewisse Erwartungen begründet, wobei es genügt, dass eine Privatperson in guten Treuen annehmen durfte, die Behörde sei zur Erteilung der schriftlichen oder mündlichen Auskunft befugt (BGE 137 II 182 E. 3.6.2, 134 I 199 E. 1.3.1, 131 II 627 E. 6.1, 129 I 161 E. 4.1, 127 I 31 E. 3a; BVGer vom 4. Feb. 2011, A-5409/2009, E. 2.8.3; vom 8. Nov. 2010, A-6642/2008, E. 4.2.1; vom 2. Sept. 2010, A-3198/2009, E. 2.6.2).

2065 Eine nicht zuständige Behörde kann nicht gültig das Vorgehen einer anderen Behörde versprechen; sind ferner für ein Vorhaben **offensichtlich mehrere Behörden** zuständig, darf der Private nicht auf das Verhalten nur einer Behörde vertrauen (BGE 129 II 361 E. 7.2). Stützt sich der Adressat auf **private Auskunftspersonen oder -stellen**, hat der Staat hiefür nicht einzustehen (BGer vom 18. Juli 2000, 1P.182/2000, E. 6c).

2066 Der **Schutz des guten Glaubens** fällt nur dahin, wenn die **Unzuständigkeit klar erkennbar** ist. Ob dies zutrifft, muss auf Grund objektiver und subjektiver Elemente beurteilt werden. Objektiv fällt vor allem die Natur der gegebenen Auskunft und die Rolle der sie erteilenden Auskunftsperson in Betracht; subjektiv muss einer allfälligen besonderen Stellung oder Befähigung des Privaten, welche ihnen die Erkennbarkeit der Unzuständigkeit erleichterte, Rechnung getragen werden (BGE 129 II 361 E. 7.2; BVGer vom 10. Nov. 2010, A-3143/2010, E. 6.1.2; vom 29. Jan. 2008, A-5537/2007, E. 4.4).

2067 Es ist beispielsweise offensichtlich nicht Sache des RAV, das AHV-rechtliche Beitragsstatut festzusetzen, weshalb derartigen Auskünften keine Bindungswirkung zukommt (BGer vom 10. Juli 2002, C 47/02, E. 3). Ferner ist ein Sozialarbeiter für die Erteilung von Auskünften über Mietzinsobergrenzen in der Gemeinde offensichtlich unzuständig. Aufgrund einer derartigen Auskunft ist dem Privaten die Berufung auf den Grundsatz des Vertrauensschutzes verwehrt (VerwG GR vom 25. Jan. 2010, U-09-82, E. 5b).

Praxis:

- **Berechnung der Rechtsmittelfrist:** Der hier umstrittene Beschluss wurde am 12. Feb. 1998 der Post übergeben und konnte dem seinerzeitigen Rechtsanwalt des Beschwerdeführers vorerst nicht zugestellt werden. Deshalb legte der Postbote eine Abholeinladung in den Briefkasten des Anwalts, mit welcher dieser aufgefordert wurde, den eingeschriebenen Brief vom 14. bis zum 23. Feb. 1998 bei der Hauptpost von Baden abzuholen. Dieser Aufforderung kam der Anwalt am 23. Feb. 1998 nach und führte gegen den Beschluss des Gemeinderats am 16. März 1998 (einem Montag) Verwaltungsbeschwerde an das Baudepartement des Kantons Aargau. Dieses trat auf die Beschwerde nicht ein, mit dem Hinweis, dass die Rechtsmittelfrist bereits abgelaufen sei. Das Bundesgericht erachtete das Vorgehen der Rechtsmittelbehörde als zulässig. Erwägungen: Die von der Praxis festgelegte Zustellfiktion betrifft Fälle, in denen eine Sendung innerhalb der siebentägigen Abholfrist nicht abgeholt wird. Die Zustellfiktion betrifft nicht die von der Post durch die genannte Frist geregelte Frage, wie lange eine Sendung abgeholt werden kann, sondern orientiert sich an einer anderen Regel, um eine andere Frage zu beantworten. Die Frist bis zum Eintreten der Zustellfiktion wird nicht verlängert, wenn ein Abholen nach den anwendbaren Bestimmungen der Post auch noch länger möglich ist, etwa in Folge eines Zurückbehaltungsauftrags. Die Frage, wann die Zustellfiktion eintritt, ist unabhängig von derjenigen zu beantworten, bis wann die Sendung abgeholt werden kann; es fehlt in der hier entscheidenden Frage schon an einer Zusicherung der Post. Im Übrigen ist der Mitarbeiter der Post auch nicht zur Zusicherung von Rechtsmittelfristen zuständig. Ferner war im vorliegenden Fall das Auseinanderklaffen des Datums der Zustellfiktion einerseits und des letzten Tages der Abholfrist andererseits für den Empfänger tatsächlich erkennbar. Von einem Anwalt kann angesichts der jahrzehntealten diesbezüglichen Praxis erwartet werden, dass er weiss, dass die Zustellfiktion nach einer siebentägigen Frist eintritt. Es ist auch ohne Weiteres erkennbar und zu berechnen, wie lange eine siebentägige Frist dauert (BGE 127 I 31 E. 3b). 2068

- **Zusicherung einer Abgangsentschädigung:** Als Vertrauensgrundlage kommt vorliegend die vom Beschwerdeführer behauptete, angeblich im Herbst 2004 mündlich erteilte Auskunft der Personalbereichsleiterin Wissenschaft und Technologie von armasuisse in Frage, wonach dem Beschwerdeführer bei einem allfälligen Wechsel der Arbeitsstelle eine Abgangsentschädigung in der Höhe von sechs bis neun Monatslöhnen erteilt werde. Im Schreiben des Leiters Wissenschaft und Technologie von armasuisse vom 24. Nov. 2005 wird explizit erwähnt, dass dem Beschwerdeführer im Rahmen der Verhandlungen vom Herbst 2004 durch die damalige Personalbereichsleiterin eine Abgangsentschädigung versprochen worden sei; sehr präzise heisst es in jenem Schreiben sogar, die versprochene Entschädigung liege «zwischen 6 und 9 Monatssalären, mit dem hohen Dienstalter eher bei 9 als bei 6». Es ist zwar der Vorinstanz darin zuzustimmen, dass für die Zusicherung einer Abgangsentschädigung in der geltend gemachten Höhe von Gesetzes wegen das Generalsekretariat VBS zuständig gewesen wäre; dies ist jedoch unter Vertrauensschutzaspekten nicht relevant. Entscheidend ist vielmehr, ob der Beschwerdeführer die ihm Auskunft erteilende Stelle in guten Treuen als dafür zuständig erachten durfte. Die Zusicherung einer Abgangsentschädigung durch armasuisse erfolgte gemäss Schreiben des Leiters Wissenschaft und Technologie vom 24. Nov. 2005 «im Rahmen der Verhandlungen». Anlässlich dieser Verhandlungen, welche stets mit armasuisse stattfanden, wurden die Formalitäten im Hinblick auf den Stellenwechsel und die Konditionen für eine Auflösung des Arbeitsvertrages mit armasuisse in gegenseitigem Einvernehmen ausgehandelt. Da armasuisse offensichtlich zuständig war, die Vertragsbedingungen und die Konditionen für eine einvernehmliche Auflösung des Arbeitsvertrages auszuhandeln, durfte der Beschwerdeführer sich darauf verlassen, dass diese ihm auch eine Abgangsentschädigung zusichern durfte. Aufgrund der hiervor erwähnten Umstände war die Unzuständigkeit von armasuisse für den Beschwerdeführer jedenfalls nicht klar ersichtlich (BVGer vom 29. Jan. 2008, A-5537/2007, E. 4.4). 2069

d) Gutgläubigkeit

2070 Nur derjenige kann Vertrauensschutz geltend machen, der die Unrichtigkeit der Vertrauensgrundlage nicht kennt und sie auch bei gebührender Aufmerksamkeit nicht hätte erkennen können (BGE 137 II 182 E. 3.6.2, 136 II 359 E. 7.1, 132 II 21 E. 6.3). Bei **Schweigen** lautet diese Voraussetzung: wenn die Person den Inhalt der unterbliebenen Auskunft nicht kannte oder deren Inhalt so selbstverständlich war, dass sie mit einer anderen Auskunft nicht hätte rechnen müssen (BGE 131 V 472 E. 5).

2071 Das Mass der pflichtgemässen Sorgfalt bestimmt sich nach den **Umständen des Einzelfalles** und nach den **individuellen Fähigkeiten und Kenntnissen** der sich auf den Vertrauensschutz berufenden Privatpersonen (BGE 137 I 69 E. 2.5.2, 132 II 21 E. 6.3, 129 II 361 E. 7.2). Dem Einzelnen ist umso eher eine Rückfrage zuzumuten, je unklarer Sinn und Bedeutung einer behördlichen Auskunft sind (BVGer vom 1. Sept. 2009, A-1274/2008, E. 3.2; VerwG SG vom 12. Feb. 2008, B-2007-112, E. 3.5.2). Keinen Vertrauensschutz kann somit beanspruchen, wer nicht selber die zur Wahrung seiner Rechte notwendigen Schritte unverzüglich unternommen hat, die ihm Treu und Glauben geboten hätten (BGE 127 II 227 E. 1b; BGer vom 23. Nov. 2006, U 187/06, E. 3.3.1; vom 15. Juli 2005, 5P.158/2005, E. 2.2). Ferner ist auch das **Verhalten der Behörde** zu berücksichtigen (BGE 132 II 21 E. 6.1): Hat sich die Behörde in der Vergangenheit wiederholt nicht gesetzeskonform verhalten, liegt es nicht am Privaten, die massgebenden Gesetzestexte zu konsultieren und die Behörde auf ihr Fehlverhalten aufmerksam zu machen (BGE 137 I 69 E. 2.5.2).

2072 An die aufzuwendende Sorgfalt des Privaten wird im Allgemeinen **kein allzu strenger Massstab** gelegt. Sein Vertrauen ist erst dann nicht mehr gerechtfertigt, wenn er die Unrichtigkeit ohne Weiteres hätte erkennen können (BVGer vom 10. Nov. 2010, A-3143/2010, E. 6.1.2). Wer trotz sich gebieterisch aufdrängender Zweifel ohne Rückfrage eine ihm erteilte Auskunft in dem für ihn günstigen Sinne auslegt, ist nicht gutgläubig und kann sich deshalb nicht auf den aus dem Grundsatz von Treu und Glauben fliessenden Vertrauensschutz berufen (BGer vom 7. Feb. 2011, 8C_804/2010, E. 6.1). Eigentliche **Nachforschungen** über die Richtigkeit behördlichen Handelns werden vom Bürger im Allgemeinen nicht erwartet; Anlass zu Kontrollmassnahmen, wie etwa einer Rückfrage bei einer Behörde, besteht nur dort, wo die Fehlerhaftigkeit der Auskunft leicht erkennbar ist, so wenn eine Auskunft offensichtlich unvernünftig ist (BGer vom 15. Nov. 2001, 2A.308/2001, E. 4c; BVGer vom 11. Jan. 2011, B-1737/2010, E. 4.4; Entscheid des ETH-Rates vom 16. Sept. 1998, in: VPB 63 [1999] Nr. 48 E. 4a; KG BL vom 11. Sept. 2003, in: VGE 2002, S. 411 E. 3c/cc).

2073 Eine anwaltschaftlich vertretene Partei geniesst keinen Vertrauensschutz, wenn sie oder ihr Anwalt die Mängel der **Rechtsmittelbelehrung** durch Konsultierung des massgebenden Gesetzestextes allein hätte erkennen können, wobei in diesem Zusammenhang auch von einem Anwalt nicht verlangt wird, dass er neben dem Gesetzestext Literatur oder Rechtsprechung nachschlägt (BGE 134 I 199 E. 1.3.1, 129 II 125 E. 3.3, 124 I 255 E. 1a/aa, 118 Ib 326 E. 1c; vgl. Rz. 2009). Wird eine **Verfügung mündlich** eröffnet, muss anhand der Umstände des Einzelfalles entschieden werden, ob die betroffene Person nach Treu und Glauben darum besorgt sein muss, den Inhalt der Verfügung und deren Begründung in Erfahrung zu bringen (VerwG ZH vom 22. Juni 2005, VB.2005.00050, E. 3.2).

Praxis:

- **Erneute Ansetzung eines Besprechungstermins:** B arbeitete seit 1992 bei der kantonalen Verwaltung. Am 11. Jan. 2001 wurde mit ihm eine Mitarbeiterbeurteilung durchgeführt. Da bereits zu diesem Zeitpunkt eine Kündigung wegen unbefriedigenden Verhaltens in Aussicht gestellt wurde, setzte ihm die Leitung eine dreimonatige Bewährungsfrist an. Am 10. April 2001 wurde eine weitere Mitarbeiterbeurteilung durchgeführt. Bei dieser Gelegenheit wurde B eröffnet, dass er die Bewährungsfrist nicht bestanden habe und ihm voraussichtlich gekündigt werde. Mit dem Protokoll dieser Sitzung wurde ihm auch eine Frist bis zum 18. April 2001 eingeräumt, um zur Beurteilung und zur vorgesehenen Kündigung Stellung zu nehmen. Am 12. April 2001 wurde ein neuer Besprechungstermin auf den 24. April 2001 festgesetzt. Mit Verfügung vom 20. April 2001 wurde das Anstellungsverhältnis von B mit dreimonatiger Kündigungsfrist per 31. Juli 2001 aufgelöst. Das Verwaltungsgericht kommt zum Schluss, dass durch die Ansetzung eines (neuen) Besprechungstermins der Beschwerdeführer einerseits darauf habe vertrauen dürfen, die Gehörfrist sei verlängert worden, andererseits durfte er sich nach Treu und Glauben darauf verlassen, dass mit der Kündigung zumindest bis nach der Besprechung vom 24. April 2001 zugewartet werde. Das Gericht verneint eine Pflicht des Betroffenen, trotz erklärter Teilnahmebereitschaft am Gespräch vom 24. April 2001 nachzufragen, ob damit auch die Gehörfrist verlängert worden sei. Zu berücksichtigen ist dabei, dass das Verhältnis durch eine Reihe von Vorfällen und Streitigkeiten zwischen dem Beschwerdeführer und dem Geschäftsleiter seit geraumer Zeit gestört war. Die Androhung der Entlassung des Beschwerdeführers, die Ansetzung der Bewährungsfrist und die wiederum negative Qualifikation des Beschwerdeführers vom 10. April 2001 haben das Gesprächsklima zwischen den Beteiligten zweifellos verschlechtert. Zu bedenken ist auch, dass für den Beschwerdeführer mit der in Aussicht gestellten Entlassung eine Frage von erheblicher Bedeutung auf dem Spiel stand. Soweit ersichtlich musste er in seinem bisherigen beruflichen Werdegang noch nie eine Stelle unfreiwillig verlassen und verfügte dementsprechend auch über keine einschlägigen Erfahrungen. Alle diese Faktoren lassen erkennen, dass die Kommunikation zwischen dem Beschwerdeführer und dem Geschäftsleiter nicht an einem durchschnittlichen Massstab gemessen werden darf. Wenn deshalb die Finanzdirektion ausführt, der Beschwerdeführer hätte sich aktiv vergewissern müssen, ob mit der Ansetzung des Besprechungstermins die Gehörfrist verlängert worden sei, so wendet sie auf das angespannte Verhältnis einen Massstab an, welcher der Situation nicht gerecht wird. In der beschriebenen Situation konnte dies nach Treu und Glauben vom Beschwerdeführer nicht verlangt werden (VerwG ZH vom 6. Dez. 2001, PB.2001.00021, E. 3c). 2074

- **Umnutzung einer Scheune:** Am 15. Sept. 1980 erteilte die Baukommission Turbenthal Jakob Bosshard die baurechtliche Bewilligung für die Erstellung einer Scheune mit Einstellraum im «übrigen Gemeindegebiet» von Turbenthal. In einer Nebenbestimmung wurde festgehalten, dass die Scheune nur für landwirtschaftliche Zwecke verwendet werden dürfe und jede Zweckänderung der Bewilligungspflicht unterliege. Die geplante Scheune wurde im Jahre 1981 erstellt und in der Folge von Jakob Bosshard samt dem Platz um die Scheune für sein im Aufbau begriffenes Tiefbauunternehmen genutzt. Im Frühjahr 2003 ersuchte Bosshard unter anderem um eine nachträgliche Bewilligung der bereits erfolgten Umnutzung der Scheune. Nachdem die kantonalen Instanzen sein Gesuch abgewiesen haben, beruft sich der Beschwerdeführer vor Bundesgericht auf den Grundsatz von Treu und Glauben. Das Bundesgericht führt aus, dass aus der Baubewilligung vom 15. Sept. 1980 mit hinreichender Klarheit hervorgeht, dass die Scheune ausschliesslich zu landwirtschaftlichen Zwecken genutzt werden durfte. Sollte der Beschwerdeführer die Baubewilligung trotz des unmissverständlichen Wortlauts vor allem im Zusammenhang mit den weiteren Baubewilligungsakten anders verstanden haben, so berechtigte ihn dies nicht, die Scheune in dem von ihm verstandenen Sinn zu nutzen. Vielmehr wäre er diesfalls gehalten gewesen, sich bei der zuständigen Baudirektion zu erkundigen und sie insbesondere anzufragen, ob eine gewerbliche Nutzung der Scheune für sein Tiefbauunternehmen trotz der Nutzungsauflage in der Baubewilligung zulässig sei. Da der Beschwerdeführer dies jedoch unterliess und ihm insofern zumindest fahrlässiges Verhalten zur Last gelegt werden muss, kann er sich hinsichtlich der von ihm ausgeübten gewerblichen Nutzung der Scheune jedenfalls insoweit nicht auf seinen guten Glauben berufen, als er sich dazu auf die Baugesuchs- 2075 akten und die Baubewilligung abstützt. Auch das weitere Verhalten der Behörden im Nachgang zur erteilten Baubewilligung war nicht geeignet, beim Beschwerdeführer ein berechtigtes Vertrauen auf die Rechtmässigkeit seiner gewerblichen Nutzung zu erwecken. Insbesondere hat sich der Beschwerdeführer im zweiten Baubewilligungsverfahren 1997 von einem Siedlungsplaner HTL vertreten lassen. Diesem Fachmann musste ohne Weiteres klar sein, dass jegliche bauliche Veränderungen an zonenwidrigen Bauten ausserhalb der Bauzonen nur mit Zustimmung einer kantonalen Behörde bewilligt werden durften, dass mithin sowohl ein kommunaler Bewilligungs- als auch ein kantonaler Zustimmungsakt notwendig waren. Etwas anderes kann vernünftigerweise nicht angenommen werden. Dieses Wissen hat sich der Beschwerdeführer anrechnen zu lassen (BGE 132 II 21 E. 6.1 und E. 6.2; vgl. auch BGE 136 II 359 E. 7.1, 129 II 361 E. 7.2).

2076 – **Umnutzung eines Sexshops in einen Videokabinenbetrieb:** Ob im früheren Sexshop tatsächlich zwei Videokabinen betrieben wurden, braucht nicht weiter untersucht zu werden. Ebenso kann offen bleiben, ob irgendeine städtische Amtsstelle von diesen beiden Kabinen Kenntnis hatte. Auch wenn dies zutreffen würde, hätte der Beschwerdeführer aus der Duldung dieser beiden Kabinen nicht schliessen dürfen, dass die Umwandlung des bisherigen Sex-Shops mit Videothek in einen reinen Videokabinen-Betrieb keine baurechtliche Bewilligung erfordere. Dass ein Ladenlokal, in dem an ein unbestimmtes Publikum erotische Artikel und Videos verkauft bzw. ausgeliehen werden, in baurechtlicher Hinsicht eine wesentlich andere Nutzung darstellt als für Filmvorführungen, muss auch einem baurechtlichen Laien bewusst sein. Zudem darf angenommen werden, dass dem Beschwerdeführer die behördlichen Bestrebungen zur Eindämmung des Sexgewerbes im Kreis 4 nicht verborgen geblieben sein konnten. Über das Vorgehen der Stadt Zürich gegen sexgewerbliche Betriebe in Gebieten mit hohem Wohnanteil ist in der Tagespresse eingehend berichtet worden. Ein im Sexgewerbe tätiger Unternehmer kann sich spätestens seit dem 26. Nov. 1997, als auch das Bundesgericht die Praxis der Zürcher Behörden schützte, nicht mehr darauf berufen, vom Bewilligungserfordernis und von der Unzulässigkeit sexgewerblicher Betriebe in Wohn- und Kernzonen mit einem Wohnanteil von 50 % und mehr nicht gewusst zu haben. Auch aus dieser Sicht konnte der Beschwerdeführer aus der behaupteten Duldung zweier Videokabinen nicht in guten Treuen schliessen, er sei ohne Bewilligung zur Umnutzung des bisherigen Sexshops mit Videothek in einen Videokabinen-Betrieb befugt (VerwG ZH vom 18. Aug. 2004, VB.2004.00167, E. 6).

2077 – **Wiederherstellung des rechtmässigen Zustands (siehe auch Rz. 2088 und Rz. 2098):** X ist Eigentümer des Grundstücks Nr. 5228, GB Kriens, das ausserhalb der Bauzone im Krienser Hochwald auf der Krienseregg liegt. Er hat das Grundstück am 3. Jan. 1972 von seinem Vater erworben. Auf der Parzelle befand sich gemäss Bauanzeige vom 7. Aug. 1967 früher eine Holzbaracke auf Zementsockel, die 3 m lang, 2,5 m breit und 2,5 m hoch war. Mit den Jahren wurde die Baracke verschiedentlich vergrössert und abgeändert; im Jahre 1990 wurde ein Anbau bzw. Garage als Unterstand für einen Forsttraktor bewilligt. Weiter befinden sich auf dem Grundstück diverse Unterstände. Ausser dem 1990 bewilligten Anbau wurden die diversen Bauten ohne Baubewilligung errichtet. Nach wiederholten Aufforderungen der Gemeinde reichte X am 20. Sept. 2006 ein nachträgliches Baugesuch für die bisher nicht bewilligten Bauten und Anlagen ein. Der Gemeinderat Kriens wies das Baugesuch am 24. Sept. 2008 ab und verpflichtete den Eigentümer, verschiedenste Bauten und Anlagen abzubrechen. Das Verwaltungsgericht bestätigte die von der Gemeinde erlassene Wiederherstellungsverfügung, mit Ausnahme des Abbruchbefehls für den Anbau. Das Bundesgericht heisst eine vom ARE erhobene Beschwerde gut. Dieses beantragt den Abbruch sämtlicher Bauten und Anlagen. Erwägungen: Nach der bundesgerichtlichen Rechtsprechung verwirkt der Anspruch der Behörden auf Wiederherstellung des rechtmässigen Zustands im Interesse der Rechtssicherheit grundsätzlich nach 30 Jahren, sofern der Kanton keine kürzeren Verwirkungsfristen vorsieht. Kürzere Verwirkungsfristen können sich jedoch aus Gründen des Vertrauensschutzes ergeben. Dies ist namentlich dann der Fall, wenn die Baupolizeibehörden zwar vor Ablauf der 30-jährigen Frist einschreiten, den baurechtswidrigen Zustand aber über Jahre hinaus duldeten, obschon ihnen die Gesetzwidrigkeit bekannt war oder sie diese bei Anwendung der gebotenen Sorgfalt hätten kennen müssen. Darauf kann sich nach der bundesgerichtlichen Rechtsprechung aber nur berufen, wer selbst im guten Glauben gehandelt hat, d.h. angenommen hat und (unter Anwendung zumutbarer Sorgfalt) annehmen durfte, die von ihm ausgeübte Nutzung sei rechtmässig bzw. stehe mit der Baubewilligung in Einklang. Dies ist vorliegend klarerweise nicht der Fall: Schon die ursprüngliche Waldhütte war vom Vater des Beschwerdegegners ohne Baubewilligung errichtet und vergrössert worden. In der Folge wurde sie vom Beschwerdegegner weiter vergrössert und ausgebaut, obwohl er von der Gemeinde immer wieder auf die Unrechtmässigkeit seines Tuns hingewiesen wurde: Bereits 1973 wurde er vom Kreisforstamt aufgefordert, die Hütte zu entfernen. 1974 wurde die nachträgliche Baubewilligung verweigert, wobei ausgeführt wurde, dass das Haus dem Raumplanungs-, dem Naturschutz- und dem Waldrecht widerspreche. 1986 wurde die Einstellung jeglicher Bauarbeiten verfügt, auch innerhalb der Hütte, und Strafanzeige beim Amtsstatthalter erstattet. 1987 wies der Gemeindeammann den Beschwerdegegner darauf hin, falls keine Baubewilligung für das Ferienhaus aufgefunden werde, sehe sich die Gemeinde gezwungen, das Baubewilligungsverfahren für die gesamte Baute, mit allen seinen Folgen bei einer negativen Beurteilung für die gesamte Baute, einzuleiten. Die einzige Baubewilligung, die je erteilt wurde, betrifft die Garage für die Unterstellung eines Forsttraktors (1990). Aus der Bewilligung geht klar hervor, dass sie nur für die Garage erteilt wurde und keine nachträgliche Bewilligung des Ferienhauses beinhaltet. Der Beschwerdegegner wusste somit, dass sein Ferienhaus formell und materiell baurechtswidrig war. Er durfte das Verhalten der Behörden, welche die 1973 ausgesprochene Abbruchanordnung des Kreisforstamts nicht durchsetzten und keine neue Abbruchverfügung erliessen, deshalb nicht als nachträgliche Legalisierung seines Bauvorhabens verstehen, sondern allenfalls als Duldung auf Zusehen hin. Dies gilt auch, soweit das Grundstück 1976 an die Abwasserkanalisation angeschlossen wurde. Ob dieser Anschluss zu Recht erfolgte, ist vorliegend nicht zu prüfen. Aus den vom Beschwerdegegner eingereichten Unterlagen ergibt sich, dass der Anschluss allein aus gewässerschutzrechtlichen Gründen erfolgte, für alle im Krienser Hochwald befindlichen Bauten, unabhängig von ihrer raumplanungs- und baurechtlichen Beurteilung. Insofern durften der Anschluss und der Beitragsbescheid von den betroffenen Grundstückseigentümern nicht als nachträgliche Legalisierung aller bestehenden Bauten verstanden werden. Der Auszug aus dem Gemeindeprotokoll 1982, als der Gemeinderat Kriens auf den Erlass eines Abbruchbefehls verzichtete, wurde dem Beschwerdegegner, soweit ersichtlich, nicht zugestellt, und konnte schon deshalb keinen Vertrauenstatbestand begründen. Im Übrigen ergibt sich auch aus diesem Auszug kein definitiver Verzicht auf Wiederherstellungsmassnahmen für alle Zukunft, sondern lediglich die Notwendigkeit eines koordinierten Vorgehens, unter Berücksichtigung aller unrechtmässigen Bauten im Gebiet des Krienser Hochwalds. Schliesslich ist auch nicht ersichtlich, dass der Beschwerdegegner im Vertrauen auf diesen Gemeinderatsbeschluss Dispositionen getroffen hätte: Der Beschwerdegegner hat die baulichen Dispositionen, die bei der Kontrolle 1982 festgestellt worden waren, gerade nicht gestützt auf behördliches Verhalten bzw. Verfügungen getroffen. Nach dem Gesagten stehen somit Gründe des Vertrauensschutzes der Wiederherstellung nicht entgegen (BGE 136 II 359 E. 7).

e) *Vertrauensbetätigung*

Das Vertrauen in eine (fehlerhafte) behördliche Auskunft verdient nur dann Schutz, wenn der Adressat gestützt auf die Auskunft **nachteilige Dispositionen** getroffen hat, die er **nicht ohne Schaden rückgängig** machen kann (BGE 137 II 182 E. 3.6.2, 131 II 627 E. 6.1, 131 V 472 E. 5, 130 III 345 E. 3.2, 129 I 161 E. 4.1, 121 V 65 E. 2b; BVGer vom 4. Feb. 2011, A-5409/2009, E. 2.8.3; vom 2. Sept. 2010, A-3198/2009, E. 2.6.2; vom 15. März 2010, A-498/2007, E. 4.1; REKO HM vom 14. Juli 2004, in: VPB 69 [2005] Nr. 21 E. 4.4). 2078

Als Dispositionen können auch **Unterlassungen** gelten. Relevant ist, dass der Adressat die Disposition im Vertrauen auf die Richtigkeit der Auskunft getroffen bzw. unterlassen hat, was ihm zum Nachteil gereicht (BGE 131 V 472 E. 5, 121 V 65 E. 2a 2079 und E. 2b; 111 V 72 E. 4c, 110 V 156 E. 4b, 106 V 72 E. 3b; BVGer vom 4. Feb. 2011, A-5409/2009, E. 2.8.5; vom 2. Sept. 2010, A-3198/2009, E. 2.6.4; vom 15. März 2010, A-498/2007, E. 4.1; vom 28. Feb. 2007, A-1366/2006, E. 3.1). Die behördliche Auskunft muss somit für die nachteilige Disposition **kausal** sein, wobei bereits genügt, wenn es aufgrund der allgemeinen Lebenserfahrung als glaubhaft erscheint, dass sich der Betreffende ohne die fragliche Auskunft anders verhalten hätte (BGE 121 V 65 E. 2b; BGer vom 7. Feb. 2011, 8C_804/2010, E. 7.1; vom 22. Feb. 2010, 8C_475/2009, E. 5.3; vom 11. Sept. 2009, 8C_784/2008, E. 5.3 [in BGE 135 V 412 ff. nicht publ. E.]; BVGer vom 4. Feb. 2011, A-5409/2009, E. 2.8.5).

2080 In **Ausnahmefällen** ist der Vertrauensschutz auch denkbar, **ohne** dass der Betroffene **nachteilige Dispositionen** tätigt, wenn etwa ein subjektives Recht entstanden oder dem Verwaltungsakt ein besonderes qualifiziertes Verfahren vorangegangen ist (BVGer 29. Okt. 2008, B-2785/2008, E. 4.6.2); ferner, wenn dem Privaten die Einreihung in eine höhere Lohnklasse oder eine Pension in einer bestimmten Höhe zugesichert worden ist. Beabsichtigt die Behörde in der Folge eine Kürzung dieser Pension bzw. die Einreihung in eine tiefere Lohnklasse, kann sich der Betroffene auch dann auf das Prinzip des Vertrauensschutzes berufen, wenn er im Hinblick auf die zugesicherte Pension bzw. Lohnklasse (noch) keine Dispositionen getroffen hat (BVGer vom 10. Nov. 2010, A-3143/2010, E. 6.1.3).

Praxis:

2081 – **Auslandsaufenthalt:** Der 1982 geborene F meldete sich am 21. Nov. 2003 bei der Arbeitslosenversicherung zur Stellenvermittlung und am 10. Dez. 2003 zum Bezug von Arbeitslosenentschädigung an. Anlässlich des Erstgespräches vom 18. Dez. 2003 gab F an, dass er beabsichtige, im Feb. 2004 einen fünfmonatigen Sprachaufenthalt im Ausland anzutreten, was er in einem an das Regionale Arbeitsvermittlungszentrum (RAV) Rapperswil gerichteten Schreiben vom 19. Jan. 2004 bestätigte. Das von der Arbeitslosenkasse um Prüfung der Vermittlungsfähigkeit angefragte RAV eröffnete dem Versicherten mit Verfügung vom 20. Jan. 2004, er sei ab Antragstellung (d.h. ab 21. Nov. 2003) nicht vermittlungsfähig gewesen. Das Versicherungsgericht hiess die Beschwerde des Versicherten gut, worauf das RAV Beschwerde beim Bundesgericht erhebt. Erwägungen: Nach dem Bundesgericht hätte die Arbeitslosenkasse den Versicherten am 18. Dez. 2003, als er seine Pläne betr. Auslandsaufenthalt bekannt gab, darauf hinweisen müssen, dass sein Verhalten die Anspruchsvoraussetzung der Vermittlungsfähigkeit gefährden kann. Allerdings bleibt zu prüfen, ob sich die Unterlassung dieser Information zum Zeitpunkt des Erstgespräches für den Versicherten nachteilig ausgewirkt hat. Es ist aufgrund der Akten nicht mit dem erforderlichen Beweisgrad der überwiegenden Wahrscheinlichkeit erstellt, dass hinsichtlich der Möglichkeit, den Auslandsaufenthalt zu verschieben, in der Zeit zwischen dem 18. Dez. 2003 (Termin des Erstgespräches) und der Zustellung der Verfügung vom 20. Jan. 2004 (mit welcher die Vermittlungsfähigkeit verneint wurde) eine Änderung zu Ungunsten des Versicherten eingetreten ist. Vielmehr finden sich in den Akten hiezu nur die Darstellungen des Versicherten, wonach er bezüglich des Zeitpunktes des Auslandsaufenthaltes flexibel gewesen wäre bzw. den Auslandsaufenthalt entsprechend den Bedürfnissen eines potenziellen (temporären) Arbeitgebers hinausgeschoben hätte, und die Behauptung, dass die Möglichkeit der Verschiebung bis Ende Dez. 2004 bestanden hätte. In diesem Sinne beanstandet das RAV in der Verwaltungsgerichtsbeschwerde zu Recht, dass die Vorinstanz aufgrund der blossen Parteibehauptung ohne weitere Prüfung beispielsweise der Stornierungsbedingungen angenommen hat, dass der Versicherte bei rechtzeitiger Information ohne Weiteres in der Lage gewesen wäre, den Sprachaufenthalt (z.B. auf Ende 2004) zu verschieben. Die Sache wird daher an die Vorinstanz zurückgewiesen, damit sie den Beschwerdegegner auffordere, den Nachweis für die in der Zeit zwischen dem 18. Dez. 2003 und der Zustellung der Verfügung vom 20. Jan. 2004 eingetretene Änderung in der Möglichkeit, den Auslandsaufenthalt zu verschieben, zu erbringen. Ist der Versicherte dazu nicht in der Lage, hätte er, der aus der unbewiesen gebliebenen Tatsache Rechte ableiten wollte, die Folgen der Beweislosigkeit zu tragen und könnte die Verwaltung nicht verpflichtet werden, nach den Regeln des Vertrauensschutzes für die am 18. Dez. 2003 unterbliebene Auskunftserteilung einzustehen. Kann hingegen der erforderliche Nachweis erbracht werden, wird die Vorinstanz der Frage nachzugehen haben, ob der Versicherte, wäre er im Dez. 2003 über die möglicherweise fehlende Vermittlungsfähigkeit aufgeklärt worden, mit Blick auf den geplanten Beginn des Auslandsaufenthalts mit überwiegender Wahrscheinlichkeit bereit gewesen wäre, mit dem Sprachaufenthalt zuzuwarten, nachdem dies – wie das RAV zu Recht geltend macht – u.U. eine Verschiebung um ein Jahr zur Folge gehabt hätte (BGE 131 V 472 E. 6).

f) Keine Änderung von Sach- oder Rechtslage

Auskünfte vermögen nur in Bezug auf den **Sachverhalt**, wie er der Behörde zur Kenntnis gebracht wird, eine Vertrauensgrundlage zu begründen. Ändert sich die tatsächliche Situation, so hat die Behörde den neuen Sachverhalt zu beurteilen und ist an ihre früheren Aussagen nicht mehr gebunden (BGE 121 II 473 E. 2c; BVGer vom 22. Dez. 2009, A-8485/2007, E. 2.4; vom 2. Juli 2008, A-1336/2006, E. 4.4). Die Auskunft steht ferner unter dem **Vorbehalt**, dass sich das **Recht seit der Auskunftserteilung nicht geändert hat** (BGE 137 II 182 E. 3.6.2, 133 II 1 E. 4.3.3, 131 V 472 E. 5), es sei denn, die auskunftserteilende Behörde sei für die spätere Rechtsänderung selber zuständig und die Auskunft sei gerade im Hinblick auf diese Änderung erteilt worden oder die Behörde hätte die Pflicht zur Orientierung auch über die möglichen Rechtsänderungen gehabt (ARK vom 9. Nov. 2001, in: VPB 2002 Nr. 45 E. 3b; VerwG ZH vom 7. Sept. 2011, VB.2011.00326, E. 4.2). 2082

Im Gegensatz zu Auskünften muss bei **Zusicherungen**, wenn die Behörde, welche die Zusicherung gab, auch für die spätere Rechtsänderung zuständig ist, die gegebene Zusicherung auch unter neuem Recht honoriert werden (VerwG ZH vom 21. Sept. 2011, VB.2011.00086, E. 5.2; vom 7. Sept. 2011, VB.2011.00326, E. 4.2; TSCHANNEN/ZIMMERLI/MÜLLER, § 22, Rz. 15 und Rz. 19). Als Zusicherung gilt dabei nicht, dass die Renten, die während Jahren uneingeschränkt an die Teuerung angepasst wurden, auch nach einer Rechtsänderung weiter (im gleichem Mass) an die Teuerung angepasst werden müssen (OG SH vom 15. Aug. 2003, in: AB 2003 S. 98 E. 3c/cc). 2083

Praxis:

- **Zusicherung über die Überbaubarkeit eines Grundstückes aufgrund der Rechtslage von 1971:** R ist Eigentümer verschiedener Parzellen in der Gemeinde Seengen. In der betreffenden Zone war die lockere und offene Überbauung mit Einfamilienhäusern von max. 15 m Länge und 7 m Höhe zulässig. R reichte am 12. Jan. 1971 ein Baugesuch für ein zweistöckiges Wohnhaus auf seinen vier Parzellen ein. Gegen dieses Baugesuch erhoben verschiedene Vereinigungen Einsprache. In der Folge fand am 8. April 1971 zwischen R und dem Baudirektor eine Besprechung statt, an der vereinbart wurde, das Baugesuch zu sistieren, um dem Baudepartement Gelegenheit einzuräumen, womöglich zu einer Einigung über das weitere Vorgehen und das Schicksal des Baugesuches zu gelangen. In der Folge einigten sich die Parteien auf eine Sistierung, wobei der Baudirektor R am 13. Juli 1971 mitteilte, dass diesem «durch diese Sistierung keinerlei Rechtsnachteile entstehen» würden. Ferner wurde ihm mündlich zugesichert, bei einer Änderung der gesetzlichen Bestimmungen über das Bauen in jener Gegend hätte er das Recht, das Gesuch noch unter den heute geltenden Bestimmungen behandeln zu lassen. Am 13. Mai 1986 erliess der Grosse Rat des Kantons Aargau das Dekret zum Schutz der Hallwiler- 2084 seelandschaft (Hallwilerseeschutzdekret; HSD). Es trat am 27. Juli 1986 in Kraft. Nach diesem Dekret und dem dazugehörenden Schutzplan ist ein Uferstreifen von 25 m Breite der Sperrzone und der Rest der Parzellen von R der Schutzzone zugewiesen. In der Sperrzone sind Bauten und Anlagen jeder Art verboten, in der Schutzzone sind nur betriebsnotwendige Bauten für die ordentliche Bewirtschaftung des Landes zulässig (§§ 5 und 6 HSD). R verlangte am 4. Sept. 1986, die im Jahre 1971 verfügte Sistierung des Baubewilligungsverfahrens sei aufzuheben und es sei ein Entscheid über sein Baugesuch aus dem Jahre 1971 zu fällen. Am 30. Sept. 1986 wies das Baudepartement des Kantons Aargau den Gemeinderat an, das Baugesuch abzuweisen. Am 6. Okt. 1986 erteilte der Gemeinderat den Bauabschlag; dieser blieb unangefochten. Gleichentags reichte R bei der Schätzungskommission nach Baugesetz und Gewässerschutzgesetz des Kantons Aargau Klage mit dem Begehren ein, der Kanton Aargau habe eine Entschädigung aus materieller Enteignung von Fr. 706'694.– zu bezahlen. Am 16. Aug. 1988 wies die Schätzungskommission das Entschädigungsbegehren ab. Mit Urteil vom 19. Feb. 1991 hiess das Verwaltungsgericht des Kantons Aargau die von R dagegen erhobene Beschwerde gut. Mit Verwaltungsgerichtsbeschwerde verlangen der Regierungsrat des Kantons Aargau und das Bundesamt für Raumplanung die Aufhebung dieses Urteils. Das Bundesgericht heisst die beiden Beschwerden gut. Erwägungen: Das im Jan. 1971 eingeleitete Baubewilligungsverfahren wurde im Einvernehmen zwischen dem Beschwerdegegner und dem Baudepartement Ende April 1971 sistiert. Diese Sistierung dauerte in der Folge bis in die zweite Hälfte des Jahres 1986, somit über 15 Jahre. Innert dieser Zeit änderte sich die für die Überbauung von Grundstücken massgebende Rechtslage wiederholt. Am 1. Mai 1972 trat das Baugesetz des Kantons Aargau vom 2. Feb. 1971 (BauG) mit seinen verbindlichen Vorschriften für die Planung der Bodennutzung (§§ 116 ff.), für die Ortsplanung (§§ 126 ff.) und die Regelung des Baubewilligungsverfahrens und der Erschliessungsanforderungen (§§ 150 ff.) in Kraft. Das Bundesgesetz über den Schutz der Gewässer gegen Verunreinigung vom 8. Okt. 1971 (GSchG 1971) mit seinen verbindlichen Vorschriften für die Beseitigung der Abwässer aus dem grundsätzlich für das innert höchstens 15 Jahren zur Erschliessung vorgesehene Baugebiet wurde auf den 1. Juli 1972 in Kraft gesetzt. Am 21. Nov. 1977 trat die gestützt auf das NHG erlassene VBLN in Kraft, in welcher unter Ziff. 1303 der Hallwilersee aufgenommen wurde. Dies hatte zur Folge, dass das Schutzobjekt, welches auch die Grundstücke des privaten Beschwerdegegners erfasst, ungeschmälert zu erhalten oder jedenfalls grösstmöglich zu schonen ist, worüber auch Bundesbehörden zu wachen haben (Art. 6-10 NHG). Am 1. Jan. 1980 schliesslich trat das Bundesgesetz RPG in Kraft. Werden diese überwiegend durch das übergeordnete Bundesrecht erfolgten Rechtsänderungen berücksichtigt, so kann der Folgerung des Verwaltungsgerichts, aus der Korrespondenz des Beschwerdegegners in den Jahren 1971 und 1973 mit dem Vorsteher des Baudepartements könne geschlossen werden, dass der Beschwerdegegner mit der Einweisung seiner Grundstücke in eine Bauzone habe rechnen dürfen, nicht zugestimmt werden. Auch wenn sich der Beschwerdegegner mit einer Sistierung des Baugesuchsverfahrens einverstanden erklärte, konnte er im besten Falle aus dem Briefwechsel vom Aug. 1971 annehmen, dass bei Aufhebung der Sistierung das Baugesuch nach den im Zeitpunkt der Einreichung geltenden Bestimmungen beurteilt werde. Nachdem der Beschwerdegegner die Aufhebung der Sistierung nicht verlangte, verstrichen bis zum Erlass des Hallwilerseeschutzdekretes rund fünfzehn Jahre. Nach derart langer Dauer entfällt eine allfällige Bindungswirkung. Eine solche kann ohnehin nicht angenommen werden, wenn sich die Rechtslage bis zum Zeitpunkt der Verwirklichung des Sachverhalts, der Anlass zur Auskunft gab, ändert. Das Verwaltungsgericht erachtete diesen Vorbehalt deshalb nicht als massgebend, weil sich die Auskunft im Jahre 1971 gerade im Hinblick auf eine allfällige Änderung der Rechtslage bezogen habe. Seine Überlegung ist verständlich, doch kann ihr jedenfalls für die Anwendung neuen Bundesrechts nicht zugestimmt werden. Andernfalls würde der Grundsatz des Vorranges des Bundesrechts verletzt. Eine aus Gründen des Vertrauensschutzes entschädigungspflichtige Nichteinzonung liegt somit nicht vor (BGE 119 Ib 138 E. 4).

g) *Interessenabwägung*

Es ist im Rahmen einer **Interessenabwägung** zu entscheiden, ob der Geltendmachung des Vertrauensschutzes erhebliche öffentliche Interessen entgegenstehen. Eine dem objektiven Recht widersprechende Verfügung kann dann aufgehoben oder angepasst werden, wenn das Interesse an der Verwirklichung des objektiven Rechts das Interesse an der Rechtssicherheit und am Schutz des Vertrauens in den Bestand der Verfügung überwiegt (BGE 137 I 69 E. 2.3, 135 V 201 E. 6.2, 127 II 306 E. 7a, 121 II 273 E. 1a/aa, 121 V 157 E. 4a; BVGE 2007/29 E. 4.2; BVGer vom 10. Nov. 2010, A-3143/2010, E. 6.1.4; vom 12. Okt. 2009, C-7155/2007, E. 5.2.2; vom 21. Juli 2008, B-7899/2007, E. 5.4; VerwG BS vom 8. Nov. 2006, in: BJM 2009 S. 314 E. 3.2; VerwG AG vom 13. Sept. 2006, in: AGVE 2006 Nr. 50 E. 3.2). 2085

Dabei genügen irgendwie geartete Interessen der Allgemeinheit nicht, um die privaten Interessen aufzuwiegen. Weiter ist dem Umstand Beachtung zu schenken, dass der Schutz berechtigten Vertrauens je nach Natur und Dauer des in Frage stehenden Rechtsverhältnisses abnimmt bzw. dass dem Interesse an der richtigen Durchsetzung des objektiven Rechts im Laufe der Zeit erhöhtes Gewicht zukommen kann (zum Ganzen BGer vom 14. April 2008, 8C_542/2007, E. 4.2.2). Zu berücksichtigen ist allenfalls auch, dass sich die künftigen Auswirkungen einer erteilten Bewilligung (als Vertrauensgrundlage) im Voraus oft nicht genau ermitteln und sich die Wirksamkeit der bereits angeordneten betrieblichen oder baulichen Massnahmen (zur Lärmbekämpfung) nicht immer ausreichend vorausbestimmen lassen, sodass sich im Laufe der Zeit die Interessenlage erheblich ändern kann (VerwG ZH vom 10. Dez. 2008, VB.2008.00003, E. 1.1). 2086

Praxis:

- **Einzonung eines rund 17,8 ha grossen Gebiets aufgrund eines Beschlusses der Gemeindeversammlung von 1984; Vorrang einer RPG-konformen Zonenordnung:** Aufgrund eines Beschlusses der Gemeindeversammlung Münchenstein von 1984, welcher die Einzonung eines 17,8 ha grossen Gebietes in 15 Jahren in Aussicht stellte, verlangten die betroffenen Grundeigentümer nach Ablauf von 15 Jahren, im Jahr 1999, dass ihr Land eingezont werde. Das Kantonsgericht konnte die Frage, ob im betreffenden Beschluss von 1984 überhaupt eine Vertrauensgrundlage zu erblicken sei, offen lassen, weil die Interessenabwägung zu Ungunsten der betroffenen Grundeigentümer ausfiel. Erwägungen: Die Verwirklichung einer den Grundsätzen des RPG, insbesondere Art. 15 RPG, konformen Planung hat Vorrang vor dem Gebot der Beständigkeit und des darin zum Ausdruck kommenden Vertrauensschutzes. In ständiger Praxis hebt auch das Bundesgericht hervor, dass sich die Frage der Rechtssicherheit und damit der Planbeständigkeit nur für bundesrechtskonforme Pläne stelle. Das Bundesgericht hat deshalb in mehreren Entscheiden festgehalten, dass der Eintritt einer Bedingung, welche zu einer zu grossen, den Grundsätzen des RPG nicht entsprechenden Bauzone führt, bundesrechtswidrig ist. Eine Planungsmassnahme, die ein solches Resultat zulässt, steht im Widerspruch zur Pflicht zur Festsetzung RPG-konformer Bauzonen, zumal die Gemeinde weder Planungsmassnahmen noch andere Schritte in die Wege geleitet hat, welche einen verstärkten Schutz berechtigten Vertrauens zu rechtfertigen vermögen. Vorliegend ergibt sich aufgrund der Akten, dass die Gemeinde Münchenstein eine stabile Einwohnerzahl anstrebt, was dem bisherigen Trend entspricht. Ihre Baulandreserven ohne das betreffende rund 18 ha grosse Gebiet genügen, um dem Trend nach mehr Wohnfläche Rechnung tragen zu können. Ausserdem will die Gemeinde eine bestimmte Anzahl von Wohneinheiten durch bauliche Verdichtungen realisieren, was nicht zu beanstanden ist, im Gegenteil dem im RPG sowie im RBG verankerten Ziel eines haushälterischen Umgangs mit dem Boden entspricht. Auch aus regionalem Blickwinkel ist das Vorgehen 2087 der Gemeinde korrekt. In der Region Leimental/Birseck reichen die Wohnbaureserven selbst bei einem erhöhten Wachstum für deutlich mehr als die nächsten 20 Jahre aus, sodass die Interessenabwägung zu Ungunsten der Beschwerdeführer ausfällt (KG BL vom 21. April 2004, 2003/135, E. 8h und E. 9c).

2088 – **Wiederherstellung des rechtmässigen Zustands (zum Sachverhalt auch oben Rz. 2077):** X ist Eigentümer des Grundstücks Nr. 5228, GB Kriens, das ausserhalb der Bauzone im Krienser Hochwald auf der Krienseregg liegt. Er hat das Grundstück am 3. Jan. 1972 von seinem Vater erworben. Das Gelände ist Teil des Schutzperimeters der Schutzverordnung Krienser Hochwald vom 29. Juni 2000 (SchutzV). Die Parzelle Nr. 5228 liegt teilweise in der Zone «Wald ohne Bewirtschaftung», in welcher sämtliche Nutzungen land- und waldwirtschaftlicher Art, Erholungs-, Sportaktivitäten und dergleichen verboten sind (Art. 9 SchutzV). Der südliche Bereich des Grundstücks liegt in der Zone «Mahd», in welcher alle landwirtschaftlichen Nutzungsarten untersagt sind, ausgenommen das Mähen (Art. 10 SchutzV). Zudem befindet sich das Grundstück im Perimeter des Furenmooses, eines Hochmoors von nationaler Bedeutung. Auf der Parzelle befand sich gemäss Bauanzeige vom 7. Aug. 1967 früher eine Holzbaracke auf Zementsockel, die 3 m lang, 2,5 m breit und 2,5 m hoch war. Mit den Jahren wurde die Baracke verschiedentlich vergrössert und abgeändert; ferner wurden auf dem Grundstück diverse Bauten und Anbauten errichtet. Nach wiederholten Aufforderungen der Gemeinde reichte X am 20. Sept. 2006 ein nachträgliches Baugesuch für die bisher nicht bewilligten Bauten und Anlagen ein. Der Gemeinderat Kriens wies das Baugesuch am 24. Sept. 2008 ab und verpflichtete den Eigentümer, verschiedenste Bauten und Anlagen abzubrechen. Das Verwaltungsgericht bestätigte die von der Gemeinde erlassene Wiederherstellungsverfügung, mit Ausnahme des Abbruchbefehls für den Anbau. Gegen die Entscheide des Verwaltungsgerichts erhob das ARE am 22. Dez. 2009 Beschwerde in öffentlich-rechtlichen Angelegenheiten ans Bundesgericht. Es beantragt den Abbruch sämtlicher Bauten und Anlagen. Das Bundesgericht heisst die Beschwerde gut. Erwägungen: Vorliegend steht dem vollständigen Abbruch der Vertrauensschutz nicht entgegen; ferner ist das Recht der Behörden, den Abbruch anzuordnen, nicht verwirkt. Zu prüfen ist folglich, ob dem Abbruchbefehl erhebliche private Interessen entgegenstehen. Das öffentliche Interesse an der vollständigen Wiederherstellung des rechtmässigen Zustands ist erheblich: Der rechtswidrige Bau verletzt nicht nur das für die Raumplanung grundlegende Prinzip der Trennung von Bau- und Nichtbauzone, sondern befindet sich im Perimeter eines Hochmoors von nationaler Bedeutung und im Perimeter der Schutzverordnung Krienser Hochwald vom 29. Juni 2000, d.h. in einer besonders sensiblen und schutzwürdigen Umgebung, in der Bauten jeder Art verboten sind (vgl. Art. 5 lit. b Hochmoorverordnung), und auch keine Erholungs-, Sportaktivitäten und dergleichen zulässig sind (Art. 9 SchutzV). Der Fortbestand eines Ferien- und Wochenendhauses in dieser Umgebung widerspricht somit diametral den Schutzzielen. Hinzu kommt, wie sich in der Vergangenheit gezeigt hat, dass der Bestand der Anlage zu unzulässigen Erweiterungen und Ergänzungen offenbar geradezu einlädt. Bei dieser Sachlage kann offenbleiben, ob die streitige Baute auch auf Waldareal steht oder «nur» im Waldabstand. Die genannten öffentlichen Interessen überwiegen deutlich die privaten Interessen des Beschwerdegegners. Zwar werden mit dem Abbruch (für den Beschwerdegegner) bedeutende Vermögenswerte vernichtet. Der Beschwerdegegner hat diese Investitionen jedoch in Kenntnis ihrer Rechtswidrigkeit getätigt und damit auf eigenes Risiko gehandelt. Überdies hat er seit über 30 Jahren von der rechtswidrigen Situation profitiert, indem er sein Grundstück zu Wohn- und Erholungszwecken nutzen konnte. Er hat aber keinen Anspruch darauf, diese rechtswidrige, dem Raumplanungsrecht widersprechende Wohnnutzung auch in Zukunft fortzusetzen (BGE 136 II 359 E. 9).

2089 – **Lehrdiplom für Klavier (Abschlussprüfung ohne Publikum):** X bestand nach vier Jahren Schule in der Berufsklasse der Musikhochschule des Konservatoriums Freiburg die Ausscheidungsprüfung im April 2008. Diese berechtigte ihn zur Abschlussprüfung, welche – als öffentlich vorgetragener Klaviervortrag – er am 26. Juni 2008 nicht bestand. Der Grund lag darin, dass er sich in einem Zustand eines offensichtlichen Unwohlseins und einer emotionalen Blockade befand. Die Prüfungskommission entschied danach, dass X die Prüfung im Okt. 2008 unter Ausschluss der Öffentlichkeit wiederholen könne. Am 13. Okt. 2008 bestand dieser das

Examen, was ihm durch die Aushändigung des von der Kommission unterzeichneten Protokolls mitgeteilt wurde. Mit Schreiben vom 14. Okt. 2008 wurde ihm bestätigt, dass er die Ausbildung zum Lehrdiplom erfolgreich bestanden habe. Der Direktor des Konservatoriums beantragte Ende Nov. 2008 bei der für die Ausstellung der Diplome zuständigen Direktion für Erziehung, Kultur und Sport des Kantons Freiburg (EKSD), X sei kein Diplom auszustellen, da der Klaviervortrag nicht öffentlich erfolgt sei. In der Folge verweigerte diese am 2. März 2009 die Ausstellung des Diploms. Die dagegen erhobene Verwaltungsgerichtsbeschwerde war erfolglos. Vor Bundesgericht beantragt X, die EKSD sei anzuweisen, dem Beschwerdeführer das Lehrdiplom innert einer Frist von 10 Tagen seit Eröffnung des Entscheides des Bundesgerichts auszustellen. Er macht im Wesentlichen eine Verletzung des Grundsatzes von Treu und Glauben nach Art. 9 BV geltend. Das Bundesgericht heisst die Beschwerde gut. Erwägungen: Die von der Schulleitung angeordnete Abschlussprüfung ist nicht vor Publikum erfolgt und steht somit im Widerspruch zu den rechtlichen Vorgaben. Um das Gewicht des Interesses an der richtigen Durchführung des objektiven Rechts zu bestimmen, ist indes die Prüfung in ihrer Gesamtheit zu betrachten. Die Abschlussprüfung bildet lediglich den Abschluss der gesamten vierjährigen Ausbildung; für das Lehrdiplom (Studiengang I für Klavier) werden neben den Voraussetzungen, welche alle Studiengänge betreffen, vor allem der Abschluss verschiedener Praktika und die Annahme einer Pädagogikdiplomarbeit verlangt. Die Abschlussprüfung muss zwar vor Publikum erfolgen, doch kommt dem öffentlichen Vortrag nicht bei allen Studiengängen das gleiche Gewicht zu, da das dahinter stehende Interesse unterschiedlich ist: Dass für das Konzertdiplom und für das Solistendiplom (Studiengang II) sowie für das höhere Studienzertifikat für Chorleitung oder für das höhere Studienzertifikat für Blasorchester (Studiengang IV) der Vortrag vor Publikum wesentlich ist, ist offensichtlich. Die diesen Prüfungen zugrunde liegenden Tätigkeiten werden grundsätzlich nur vor Publikum ausgeübt. Für das Lehrdiplom trifft dies nicht zu, worauf der Beschwerdeführer zu Recht hinweist. Die Fähigkeiten, über welche ein Klavierlehrer verfügen muss, bestehen vor allem darin, das technische Können sowie das Verstehen der Musikstücke zu vermitteln; sie bestehen mithin in pädagogische Fähigkeiten, die als besondere Voraussetzung für das Lehrdiplom verlangt werden. Das Vortragen von Werken vor Publikum ist demgegenüber weniger bedeutsam. Bei der Gewichtung des Vertrauensinteresses ist grundsätzlich von der erfolgten Vertrauensbetätigung der Schulleitung auszugehen, im vorliegenden Fall also von der Unterlassung, im Jahre 2008 eine Prüfung vor Publikum zu verlangen. Das Gewicht wird dabei vor allem durch den Nachteil bestimmt, der dem Beschwerdeführer im Falle des Vertrauensbruchs droht. In einem solchen Fall hätte er die Prüfung oder mehrere Prüfungen mit allen dadurch verbundenen Unannehmlichkeiten nachzuholen, allenfalls sich wieder für einen Studiengang, welcher nach der Rechtsänderung neuerdings nicht mehr in Freiburg möglich ist, einzuschreiben sowie finanzielle Verluste durch den Studiengang und dem Ausbleiben eines Verdienstes hinzunehmen. Allenfalls müsste der Beschwerdeführer sogar auf eine Fortsetzung und einen Abschluss des Studiengangs verzichten, weshalb die vierjährige Ausbildung viel von ihrem Nutzen verlöre. Das Gewicht des öffentlichen Interesses an einer rechtmässigen Prüfung vor Publikum ist entsprechend den Ausführungen gering, während das Vertrauensinteresse relativ gewichtig ist. Mit einer Prüfung unter Ausschluss der Öffentlichkeit wird die ratio legis für das Lehrdiplom I nicht stark tangiert, sind doch dafür vor allem die pädagogischen Fähigkeiten ausschlaggebend. Zudem ist zu berücksichtigen, dass die Schulleitung selbst den Beschwerdeführer veranlasst hat, die Prüfung unter Ausschluss der Öffentlichkeit abzuhalten, womit sie auch für eine gesteigerte Vertrauenslage verantwortlich ist. Angesichts dieses Umstandes ist das Interesse an der Rechtssicherheit der Verfügung aufgrund der Vertrauensgrundlage, des guten Glaubens und der Vertrauensbetätigung höher zu gewichten als die Einhaltung des objektiven Rechts. Insofern ist der Staat an die von ihm geschaffene Vertrauensgrundlage gebunden (BGE 137 I 69 E. 2.6).

- **IV-Zusatzrente:** Mit Verfügung vom 6. Juli 2001 sprach die IV-Stelle des Kantons Graubünden dem 1964 geborenen H rückwirkend ab 1. Juli 1999 eine ganze Invalidenrente, zwei Kinderrenten sowie eine Zusatzrente für die Ehefrau B zu. Ab 1. Feb. 2004 wurden die Kinderrenten sowie die Zusatzrente direkt an die Ehegattin B ausbezahlt. Am 23. Sept. 2004 gelangte B an die IV-Stelle und ersuchte um Auskunft u.a. hinsichtlich der Frage, welche Auswirkung eine 2090

Ehescheidung auf die ihr aktuell im Betrag von Fr. 501.– monatlich entrichtete IV-Zusatzrente bezüglich ihrer Höhe und Dauer habe, unter der Voraussetzung, dass der Ehemann monatliche Alimente von je Fr. 715.– für die Kinder bis zu deren Volljährigkeit leiste und die monatlichen IV-Kinderrenten von je Fr. 668.– ihr direkt ausbezahlt würden. Mit Schreiben vom 27. Sept. 2004 liess sich die AHV-Ausgleichskasse des Kantons Graubünden wie folgt vernehmen: «(...) Falls sich die IV-Rente des Mannes verändern sollte, so hat dies auch einen Einfluss auf die Zusatzrente der Frau, da diese 30 % (max. Fr. 633.–) der entsprechenden IV-Rente beträgt. Der Anspruch auf eine Zusatzrente erlischt mit Wegfall des Rentenanspruches des Mannes, bei allfälligem eigenem Rentenanspruch, bei Wiederheirat, bei Entzug der zugesprochenen elterlichen Sorge der Kinder oder bei Erreichen des 18. bzw. für Kinder in Ausbildung des 25. Altersjahres der Kinder.» Mit Urteil vom 31. Mai 2005 erfolgte die Scheidung der Eheleute, wobei namentlich festgehalten wurde, B solle «auch in Zukunft die IV-Zusatzrente für den Ehegatten, derzeit Fr. 501.– pro Monat, direkt erhalten». Die IV-Stelle eröffnete der Geschiedenen mit Verfügung vom 15. Aug. 2005, dass, weil sie nicht überwiegend für die unter ihrer Obhut stehenden Kinder aufkomme, seit dem 1. Juli 2005 kein Anspruch auf eine IV-Zusatzrente mehr bestehe und die vom 1. Juli bis 31. Aug. 2005 zu viel bezogenen Rentenleistungen im Betrag von Fr. 1'022.– (2 x Fr. 511.–) zurückzuerstatten seien. Erwägungen: Unbestrittenermassen besteht auf Grund der gesetzlichen Lage – die geschiedene, sorgeberechtigte Beschwerdeführerin kommt für die unter ihrer Obhut stehenden Kinder nicht überwiegend auf – ab Zeitpunkt des Inkrafttretens des Scheidungsurteils kein Anspruch des H auf die ihm per 1. Juli 1999 gewährte, seit 1. Feb. 2004 direkt an seine ehemalige Ehefrau ausbezahlte Zusatzrente mehr. Streitgegenstand bildet indessen die Frage, ob infolge der mit Schreiben der AHV-Ausgleichskasse vom 27. Sept. 2004 gegebenen Auskünfte eine Vertrauensgrundlage geschaffen wurde, die eine Weiterausrichtung der Zusatzrente (bis längstens 31. Dez. 2007) und/oder die Zusprechung einer Entschädigung rechtfertigt. Die Verfahrensbeteiligten gehen zu Recht übereinstimmend davon aus, dass die obgenannten Voraussetzungen des Vertrauensschutzes mit Blick auf die im Schreiben der AHV-Ausgleichskasse vom 27. Sept. 2004 unvollständigen Auskünfte bezüglich der Weitergewährung der IV-Zusatzrente nach der Scheidung vorliegend zu bejahen sind. Dies gilt jedoch unstreitig lediglich für den Zeitraum bis Ende 2007, da auf den 1. Jan. 2008 sämtliche laufenden Zusatzrenten aufgehoben wurden und damit ab diesem Moment das fünfte Erfordernis (vorliegend: keine Änderung der gesetzlichen Ordnung) als nicht mehr erfüllt angesehen werden kann. Auch wenn die Voraussetzungen für den Schutz des Vertrauens der Privaten in eine unrichtige Auskunft erfüllt sind, bleibt abzuwägen, ob ausnahmsweise das öffentliche Interesse an der richtigen Rechtsanwendung nicht dennoch dem Vertrauensschutz vorzugehen hat. In einem solchen Fall besteht aber allenfalls Anspruch auf Schadenersatz. Entweder bewirkt der Vertrauensschutz folglich eine Bindung der Behörde an die Vertrauensgrundlage und gewährleistet damit den sogenannten Bestandesschutz oder er verschafft dem Bürger lediglich einen Entschädigungsanspruch gegen den Staat. Der finanzielle Ausgleich von Vertrauensschäden kommt vor allem dann in Betracht, wenn vermögenswerte Interessen Privater durch die im Vertrauen auf behördliches Verhalten getroffenen Massnahmen beeinträchtigt werden. Früher wurde die Möglichkeit, einen Ersatz des Vertrauensschadens zu gewähren, verneint. Auch heute kommt ihr eine eher geringe praktische Bedeutung zu, da Entschädigungen ohne spezielle gesetzliche Grundlage nur sehr zurückhaltend zugesprochen werden. Bloss wenn die Bindung an die Vertrauensgrundlage wegen überwiegender öffentlicher Interessen nicht in Frage kommt, d.h. das Gemeinwesen auf Regelungen, Entscheide oder Zusicherungen zulässigerweise zurückkommt, kann es sich rechtfertigen, gewisse durch die Betroffenen gestützt auf das vertrauensbegründende Verhalten vorgenommene Aufwendungen zu entschädigen. Das kantonale Gericht hat erwogen, dass es sich vorliegend angesichts des Bestehens eines Dauerverhältnisses nicht rechtfertige, die Verwaltungsbehörde «auf immer und ewig an ihre falsche Auskunft» zu binden. Das Interesse an der richtigen Rechtsanwendung gehe wegen der allfälligen überlangen Bindungswirkung den privaten Interessen an der Bestandesgarantie (in Form der Weiterausrichtung der IV-Zusatzrente) eindeutig vor. Es gilt in grundsätzlicher Hinsicht festzuhalten, dass nicht irgendwie geartete Interessen der Allgemeinheit genügen, um die privaten Vermögensinteressen aufzuwiegen. Insbesondere kann der Sinn des Vertrauensschutzes gerade auch darin liegen, dem Rechtsuchenden eine vom Gesetz abweichende Behandlung zu gewähren. Keine überwiegenden schutzwürdigen öffentlichen Interessen stellen sodann finanzielle Interessen des Gemeinwesens dar. Beachtung zu schenken ist jedoch auch dem Umstand, dass der Schutz des Vertrauens in eine Zusicherung auf eine bestimmte Zeit beschränkt ist, die sich je nachdem in Frage stehenden Rechtsverhältnis bestimmt. Ob und während welcher Zeit sich die rechtsuchende Person auf eine einmal geschaffene Vertrauensgrundlage berufen kann, ist im Rahmen einer Interessenabwägung zu entscheiden. Eine erhöhte Bedeutung öffentlicher Interessen wurde in diesem Sinne etwa bejaht in Konstellationen, in welchen die unrichtige Auskunft eine Zusicherung auf dauernde staatliche Leistungen betraf bzw. wenn die vom Bürger angestrebte Bindung an die Vertrauensgrundlage in die (unbeschränkte) Zukunft wirkt, so beispielsweise im Falle einer zu Unrecht zugesagten oder gewährten Rente. Vor diesem Hintergrund erscheint die vorinstanzliche Lösung, wonach der Vertrauensschutz der Beschwerdeführerin in Form des Bestandesschutzes vor den in derartigen Fällen generell höher zu veranschlagenden öffentlichen Interessen zu weichen hat, auf den ersten Blick vertretbar. Nur ungenügend berücksichtigt wird in diesem Zusammenhang aber, dass die noch laufenden altrechtlichen Ehegattenzusatzrenten im Rahmen der 5. IV-Revision per 1. Jan. 2008 ebenfalls abgeschafft worden sind. Es kann somit – retrospektiv gesehen – nicht davon ausgegangen werden, dass durch die unrichtige behördliche Auskunft vom 27. Sept. 2004 eine Vertrauensgrundlage geschaffen wurde, die eine übermässig lange, in die unbeschränkte Zukunft gerichtete Bindungswirkung der Verwaltung zur Folge hat(te). Dieser Umstand, mit welchem der primäre Grund für die höhere Gewichtung der öffentlichen Interessen in derartigen Sachverhalten nachträglich entfallen ist, erweist sich, wenn er auch im Zeitpunkt des Einspracheentscheides der Beschwerdegegnerin (vom 12. Dez. 2006) noch nicht definitiv absehbar war (vgl. Änderung des IVG vom 6. Okt. 2006 [5. IV-Revision], angenommen durch Volksabstimmung vom 17. Juni 2007), als entscheidrelevant. Er hat dazu zu führen, dass dem Interesse der Beschwerdeführerin an einem Vertrauensschutz in Form des Bestandesschutzes stattzugeben ist. Es besteht demnach Anspruch auf Weiterausrichtung der IV-Zusatzrente bis 31. Dez. 2007 (BGer vom 14. April 2008, 8C_542/2007, E. 4.2.2).

h) Rechtsfolgen

2091 Der Vertrauensschutz bewirkt üblicherweise eine **Bindung der Behörde an die Vertrauensgrundlage** (Bestandesschutz); allenfalls wird lediglich ein **Entschädigungsanspruch** gewährleistet (BGE 132 II 218 E. 2.2, E. 2.3 und E. 6, 125 II 431 E. 6; BGer vom 14. April 2008, 8C_542/2007, E. 4.2). Der finanzielle Ausgleich von **Vertrauensschäden** fällt vor allem dann in Betracht, wenn zwar vermögenswerte Interessen Privater durch die im Vertrauen auf behördliches Verhalten getroffenen Massnahmen beeinträchtigt werden, aber der Bindung an die Vertrauensgrundlage überwiegende öffentliche Interessen gegenüberstehen (BGE 125 II 431 E. 6, 122 I 328 E. 7a). Allenfalls bewirkt der Vertrauensschutz auch eine **Wiederherstellung von Fristen** oder bei Gesetzesänderungen einen Anspruch auf eine **angemessene Übergangsregelung** (BGE 134 I 23 E. 7.6.1, 122 V 405 E. 3b/bb; BGer vom 29. Nov. 2010, 1C_313/2010, E. 2.5), womit insbesondere verhindert werden soll, dass gutgläubig getätigte Investitionen nutzlos werden (BGE 130 I 26 E. 8.1, 125 II 152 E. 5, 123 II 433 E. 9, 118 Ib 241 E. 6c).

Praxis:

- **Anspruch auf Ersatz von Planungskosten:** Der Hörnligraben ist eine bisher weitgehend unüberbaute, landwirtschaftlich genutzte Talmulde östlich des Dorfes Rieden im Gemeindebann Wallisellen. Im Jahre 1970 wurde in diesem Gebiet ein privates Quartierplanverfahren durchgeführt. Der Vollzug des Quartierplans kam nicht über die Grundbuchmutationen hinaus. Am 14. Juni 1981 wurde in Wallisellen eine Initiative angenommen, gemäss welcher das Hörn- 2092 ligrabengebiet, soweit es noch nicht überbaut war, der Freihaltezone zugeteilt wurde. Dieser Entscheid blieb unangefochten und wurde vom Regierungsrat des Kantons Zürich am 14. Okt. 1981 genehmigt. In den Jahren 1981 und 1982 meldeten die meisten Eigentümer von Grundstücken in der Freihaltezone Entschädigungsforderungen aus materieller Enteignung für unnütz gewordene Planungskosten an. Das Verwaltungsgericht wie auch das Bundesgericht verneinen eine Entschädigung wegen Vertrauensschaden. Erwägungen: Nach der Rechtsprechung des Bundesgerichts hat ein Bauherr keinen Anspruch auf Ersatz nutzlos gewordener Planungskosten, wenn sein Vorhaben aufgrund der geltenden Bauvorschriften nicht bewilligt werden kann. Dies würde selbst dann gelten, wenn der Bauherr ein dem geltenden Recht entsprechendes Baugesuch eingereicht hätte, dann aber bis zum Entscheid über die Bewilligung die gesetzlichen Grundlagen zum Nachteil des Gesuchstellers geändert worden wären. Hat jedoch gerade die Einreichung eines bestimmten Baugesuchs Anlass zur Änderung der Bauordnung gegeben, weil die Baubehörden die Ausführung des Vorhabens auf diese Weise verhindern wollten, so kann eine Entschädigung für die nutzlos gewordenen Aufwendungen ohne Verletzung von Art. 4 aBV in Verbindung mit Art. 22ter aBV nicht verweigert werden, wenn die Absicht der Baubehörden für den Grundeigentümer nicht voraussehbar war. Ersatz muss sodann auch in denjenigen Fällen geleistet werden, in welchen dem Bauwilligen vor Einreichung des Baugesuchs Zusicherungen auf den Fortbestand der geltenden Bauvorschriften gegeben worden waren und dieser im Vertrauen darauf Projektierungskosten aufgewendet hatte. Vorliegend sind diese Voraussetzungen jedoch nicht erfüllt. Die Grundeigentümer hatten den Quartierplan für die Feinerschliessung im damaligen privaten Quartierplanverfahren in Kenntnis der Erschliessungsproblematik aufgestellt. Der Verlauf ihrer Bemühungen bestätigt, dass sie aus eigener Initiative die Quartierplanung in der Hoffnung durchführten, der Anschluss des Quartierplangebietes an das übergeordnete Strassennetz lasse sich verwirklichen. Dass die Gemeinde am privaten Quartierplanverfahren mitgewirkt und verlangt hatte, das Areal für die geplante Haupterschliessungsstrasse, die Hörnligrabenstrasse, müsse ausgeschieden werden, entspricht dem Quartierplanrecht, ist aber für die Beurteilung der Entschädigungsfrage nicht entscheidend: die Mitwirkung der Gemeinde war für die Planungsarbeiten nicht kausal und bedeutete auch keine Zusicherung, den Plan ausführen zu dürfen. Weil das Hörnligrabengebiet nicht an das übergeordnete Strassennetz angeschlossen und daher auch die Hörnligrabenstrasse nicht realisiert werden konnte, konnten die Beschwerdeführer ihre Grundstücke nicht überbauen. Aus der Zustimmung der Gemeinde zum privaten Quartierplan kann keine Verpflichtung der Gemeinde zum Ausbau des übergeordneten Strassennetzes abgeleitet werden. Vertrauen in den Bestand des Planes, das gegebenenfalls eine Entschädigungspflicht des Gemeinwesens zu begründen vermöchte, könnten die Beschwerdeführer nur geltend machen, wenn es ihnen möglich gewesen wäre, aus eigener Kraft ihre Grundstücke in naher Zukunft baureif zu machen. Da ihnen das nicht möglich war und sie die private Quartierplanung auf ihr Risiko ausführten, entfällt ein Anspruch auf Ersatz der für das Quartierplanverfahren aufgewendeten Kosten (BGE 117 Ib 497 E. 7b und E. 7c).

2093 – **Entschädigung bei Nichteinzonung:** Die Parzelle Nr. 1026 im sog. Unteren Lenzhardfeld lag Anfang der Siebzigerjahre in der Industriezone der Einwohnergemeinde Niederlenz und gehörte den Gebrüdern Wiederkehr. Am 5. April 1984 wurde das Grundstück in vier Parzellen aufgeteilt, von denen die Max Fischer AG eine erwarb und Arthur Wiederkehr die restlichen. Im Rahmen der Revision des kommunalen Zonenplans stimmte die Gemeindeversammlung von Niederlenz am 30. Nov. 1984 dem neuen Zonenplan zu. Sie lehnte dabei mit überwiegender Mehrheit einen Antrag auf Umzonung des noch weitgehend unbebauten Unteren Lenzhardfelds ab, sodass dieses in der Industriezone 2 verblieb. Am 12. Juni 1986 schloss die Max Fischer AG mit der Nickelmesh AG einen Kaufvertrag über die neue Parzelle Nr. 1026 ab. Dieser Vertrag enthält eine Rücktrittsklausel zugunsten der Käuferin, falls die von ihr projektierte Industriebaute nicht bewilligt würde. Die Käuferin reichte daraufhin das entsprechende Baugesuch ein. Mit Blick auf dieses Gesuch sammelten Stimmberechtigte der Gemeinde Niederlenz Unterschriften und reichten eine kommunale Volksinitiative zur Umzonung des Unteren Lenzhardfelds in die Nichtbauzone ein. Am 31. März 1987 entsprach die Gemeindeversammlung dem Volksbegehren und beschloss die Zuweisung des Unteren Lenzhardfelds in die Nichtbauzone. Am 31. Mai 1988 wurde der revidierte kommunale Zonenplan vom Kantonsparlament genehmigt. Arthur Wiederkehr und die Max Fischer AG stellten bei der Schätzungskommission des Kantons Aargau ein Entschädigungsgesuch wegen materieller Enteignung, welches von den kantonalen Instanzen abgewiesen wurde. Das Bundesgericht heisst die Beschwerde gut. Erwägungen: Vorliegend steht einmal fest, dass die Beschwerdeführer im massgeblichen Zeitpunkt (Mai 1988) grob erschlossenes Land besassen, das von einem gewässerschutzrechtskonformen GKP erfasst wurde, und dass sie für die Erschliessung ihres Landes schon erhebliche Kosten aufgewendet hatten. Die Nichteinzonung ihres Landes durch die Beschwerdegegnerin trifft sie somit enteignungsähnlich und löst eine Entschädigungspflicht der Einwohnergemeinde Niederlenz aus. Die Nichteinzonung müsste im Übrigen schon mit Blick auf die zu beachtenden besonderen Gesichtspunkte des Vertrauensschutzes entschädigt werden. Anlässlich der in der ersten Hälfte der Achtzigerjahre vorbereiteten Anpassung der Zonenplanung an das RPG war stets vorgesehen gewesen, das Areal der Beschwerdeführer einer Bauzone zuzuweisen. Die Stimmbürgerschaft der Einwohnergemeinde Niederlenz beschloss an der Gemeindeversammlung vom 30. Nov. 1984 denn auch die Belassung des Landes der Beschwerdeführer in der Industriezone. Dies geschah nicht nur stillschweigend durch die Genehmigung des entsprechenden Planentwurfs; vielmehr verwarf die Gemeindeversammlung einen Antrag auf Auszonung der Industriezone 2 ausdrücklich. Gewiss war die neue Zonenordnung damit noch nicht rechtskräftig und die Beschwerdeführer konnten nicht ohne Weiteres ausschliessen, dass dem neuen Zonenplan die Genehmigung durch die kantonalen Instanzen verweigert würde. Diese Möglichkeit musste aber als wenig wahrscheinlich gelten. Nicht nur kommt den Gemeinden in diesen Fragen ein gewisses Planungsermessen zu, sondern von Kantonsseite wurden auch nie Bedenken hinsichtlich dieser Planungsmassnahme geäussert. Selbst der Gemeinderat von Niederlenz vertrat in seinen Erläuterungen zur Gemeindeversammlung vom 31. März 1987, an welcher die Zuweisung des interessierenden Landes ins übrige Gemeindegebiet beschlossen wurde, nicht die Auffassung, die Zonenplanänderung sei wegen der überdimensionierten Zonengrösse erforderlich. Gestützt auf diese Sachlage und im Vertrauen auf den Verbleib ihres Landes in der Industriezone hat jedenfalls die Beschwerdeführerin Max Fischer AG mit dem Verkauf ihres Landes an die Nickelmesh AG massgebliche Dispositionen getroffen. Bedeutsam sind dabei auch die mit der geplanten Veräusserung verbundenen Aufwendungen wie die Suche einer Käuferschaft, Notariats- und Verschreibungskosten, Aufwendungen im Zusammenhang mit der Rückabwicklung des Geschäfts usw. Auch aufgrund dieser Vertrauensbetätigung der Max Fischer AG erscheint die von der Beschwerdegegnerin beschlossene Nichteinzonung als entschädigungspflichtige Massnahme (BGE 125 II 431 E. 6).

i) Verwirkung

Der **Schutz berechtigten Vertrauens** ist zumeist auf eine **bestimmte Dauer**, die sich nach dem in Frage stehenden Rechtsverhältnis bemisst, beschränkt (BGE 119 Ib 138 E. 4e). In einem Urteil vom 23. März 1977 hielt das Bundesgericht fest, ein Bürger dürfe nicht damit rechnen, dass die Gemeinde ihr Einverständnis gegenüber einem Bauvorhaben noch nach Jahren aufrechterhalte (BGer vom 23. März 1977, in: ZBl 1977 S. 558 E. 4a). In zwei weiteren Urteilen genügte bereits der Ablauf von zwei bzw. vier Jahren, innert welcher der Eigentümer nicht nach der geltend gemachten Zusicherung handelte und die in Aussicht gestellte Bau- oder Rodungsbewilligung einholte, um eine Berufung auf den Grundsatz von Treu und Glauben auszuschliessen (nicht publizierte Urteile des Bundesgerichtes vom 14. Juli 1976 i.S. B gegen Staatsrat Tessin, E. 2, und vom 2. März 1973 i.S. S gegen Staatsrat Tessin, E. 4; zum Ganzen BGE 119 Ib 138 E. 4e). In einem weiteren Entscheid hielt das Bundesgericht zudem fest, nach vierzehn Jahren könne sich ein Privater nicht mehr auf einen (damals) allenfalls vertrauensbegründenden Umstand berufen (BGE 116 Ib 185 E. 4b). In einem weiteren Fall lagen zwischen der umstrittenen Zusicherung und dem Inkraft- 2094 treten eines bestimmten Dekretes gut fünfzehn Jahre. Zwischenzeitlich trat das RPG in Kraft, welches die Planungsträger verpflichtet, bestehende Richt- und Nutzungspläne in der Regel alle zehn bis fünfzehn Jahre zu überprüfen (Art. 9 und 21 RPG). Aufgrund des langen Zeitablaufs sowie der Änderung des Bundesrechts ist eine solche Zusicherung nicht mehr verbindlich (BGE 119 Ib 138 E. 4e). Der sog. dynamische Waldbegriff schliesst ferner eine Berufung auf den Vertrauensschutz nach etwa 10-15 Jahren grundsätzlich aus (BGE 116 Ib 185 E. 4b).

2095 Auch das Recht der **Behörden**, den rechtmässigen Zustand wieder herzustellen, kann verwirken: Nach der Rechtsprechung ist die Befugnis des Gemeinwesens, den Abbruch eines baugesetzwidrigen Gebäudes oder Gebäudeteils anzuordnen, grundsätzlich auf **30 Jahre beschränkt** (BGE 132 II 21 E. 6.3, 107 Ia 121 E. 1a; ferner oben Rz. 2036 ff.). Sie beginnt mit der Fertigstellung des baugesetzwidrigen Gebäudes bzw. Gebäudeteils zu laufen (BGE 107 Ia 121 E. 1a und E. 1b). Die Frist von 30 Jahren wurde in Anlehnung an die ausserordentliche Ersitzung von Grundeigentum gemäss Art. 662 ZGB festgelegt (BGE 136 II 359 E. 8). In der Rechtsprechung wurde sie im Bereich des **Forstrechts** (BGE 105 Ib 265 ff.) und auf **Bauten innerhalb der Bauzone** angewendet (BGE 107 Ia 121 ff.); dagegen hat das Bundesgericht bisher **offengelassen**, ob die Frist von 30 Jahren auch auf **Bauten ausserhalb der Bauzone** übertragen werden kann (BGE 136 II 359 E. 8.1, 132 II 21 E. 6.3). Ebenfalls offengelassen hat das Bundesgericht die Frage, ob diese Frist auch dann gilt, wenn die Behörden zwar keinen Abbruchbefehl erlassen oder durchgesetzt haben, aber auch nicht einfach untätig geblieben sind (BGE 136 II 359 E. 8.2).

2096 Die **Frist von dreissig Jahren ist unbeachtlich**, wenn die Wiederherstellung des rechtmässigen Zustandes aus **zwingenden öffentlichen Interessen** geboten ist. Wird durch den Fortbestand eines baugesetzwidrigen Gebäudes oder Gebäudeteils eine konkrete, das heisst ernsthafte und unmittelbare Gefahr für Leib und Leben der Bewohner oder der Passanten geschaffen, können die Behörden den Abbruch des Gebäudes oder Gebäudeteils unbekümmert um den Zeitablauf verfügen (BGer vom 28. Jan. 2010, 1C_176/2009, E. 2.2.1). Unter Umständen kann das Recht der Behörden, den Abbruch eines baugesetzwidrigen Gebäudes oder Gebäudeteils anzuordnen, schon **vor Ablauf der Frist von dreissig Jahren verwirken**. Dies ist dann der Fall, wenn die Baupolizeibehörden die rechtswidrigen Gebäude oder Gebäudeteile über Jahre hinaus duldeten und ihnen die Gesetzwidrigkeit bekannt war oder sie diese bei Anwendung der gebotenen Sorgfalt zumindest hätten kennen müssen (BGE 136 II 359 E. 7, 132 II 21 E. 8.1, 107 Ia 121 E. 1c; BGer vom 28. Jan. 2010, 1C_176/2009, E. 2.2.1; vom 19. Sept. 2001, 1P.768/2000, E. 3a; vom 22. Aug. 2001, 1A.19/2001, E. 4b; vgl. oben Rz. 2038 f.).

Praxis:

2097 – **Wiederherstellung des rechtmässigen Zustands:** Am 27. Nov. 2007 verfügte die Baukommission der Einwohnergemeinde Rüttenen (im Folgenden: Baukommission), die ohne Baubewilligung erstellten Bauten auf Grundbuch Nr. 146 am nördlichen Rand des «Bargetzi-Steinbruchareals» seien bis zum 31. März 2008 zu entfernen. Falls die Bauten nicht innert Frist beseitigt würden, werde das Oberamt mit der Vollstreckung beauftragt. Die Baukommission erwog, die Eheleute X lebten als Fahrende in Rüttenen. Sie hätten auf Grundbuch Nr. 146 am genannten Ort Bauten ausserhalb der Bauzone errichtet. Ein Baugesuch hätten sie dafür nie eingereicht. Eine nachträgliche Bewilligung sei ausgeschlossen, weil die Bauten materiell baurechtswidrig seien. Die von den Eheleuten X hiergegen eingereichte Beschwerde hiess das Verwaltungsgericht des Kantons Solothurn am 11. März 2009 gut. Das Verwaltungsgericht erwog, die Kleinsiedlung der Eheleute liege in der Gewerbezone. Sie sei zwar nicht bewilligungsfähig. Nach der bundesgerichtlichen Rechtsprechung sei die Befugnis der Behörden, den Abbruch eines baugesetzwidrigen Gebäudes oder Gebäudeteils anzuordnen, allerdings grundsätzlich auf 30 Jahre befristet. Die ältesten Gebäude bestünden hier seit 21 Jahren. Vor knapp zehn Jahren sei eine Erweiterung vorgenommen worden. Eine konkrete Gefahr für Leib und Leben gehe von der Kleinsiedlung nicht aus. Das Bundesgericht heisst die Beschwerde der Einwohnergemeinde Rüttenen gut. Erwägungen: Die Vorinstanz legt dar, die Beschwerdeführerin habe die Situation jahrelang hingenommen. Nun könne baupolizeilich nicht plötzlich Remedur geschaffen werden. Dazu, wie es sich in tatsächlicher Hinsicht verhält, hat die Vorinstanz keine hinreichenden Feststellungen getroffen. Zwar führt sie aus, die Siedlung sei vor ungefähr zehn Jahren erweitert worden und die Nutzung habe sich intensiviert, indem die Beschwerdegegner nicht mehr nur während einiger Wintermonate dort wohnten. Sie legt jedoch nicht mit hinreichender Klarheit dar, wie die Situation zu Beginn der Anwesenheit der Beschwerdegegner auf dem Platz vor über zwanzig Jahren ausgesehen hat und welche baulichen Erweiterungen diese vor ungefähr zehn Jahren vorgenommen haben. Die Vorinstanz schweigt sich sodann insbesondere dazu aus, wie lange die Beschwerdeführerin die durch die baulichen Erweiterungen entstandene neue Situation genau hingenommen haben soll. Entgegen der Auffassung der Vorinstanz ergibt sich nichts zugunsten der Beschwerdegegner aus dem Umstand, dass ihnen die Beschwerdeführerin mit Schreiben vom 22. Jan. 2001 das Aufstellen eines Heizöltanks erlaubt hat. Die Beschwerdeführerin hat die Benutzung des Platzes durch die Beschwerdegegner als Winterquartier unstreitig geduldet und sie ist dazu auch heute noch bereit. Dann ist es nachvollziehbar, dass sie den Beschwerdegegnern das Aufstellen des Tanks gestattet und diesen damit ermöglicht hat, ihre Wagen zu beheizen. Einen Vertrauenstatbestand gesetzt hat die Beschwerdeführerin auch nicht dadurch, dass sie den Sohn der Beschwerdegegner in ihre Schule aufgenommen hat. Dies kann nicht dahin gedeutet werden, dass die Beschwerdeführerin mit der rechtswidrigen Errichtung von Bauten und Anlagen einverstanden war. Selbst wenn sich in tatsächlicher Hinsicht ergeben sollte, dass die Beschwerdeführerin den Ausbau zu einer Kleinsiedlung im Sinne der dargelegten Rechtsprechung über Jahre hinaus geduldet hat, könnten sich die Beschwerdegegner auf Vertrauensschutz nur berufen, wenn sie gutgläubig gewesen wären. Dazu äussert sich die Vorinstanz nicht. Auch insoweit hat sie den Sachverhalt nicht hinreichend abgeklärt. Die Feststellung des rechtserheblichen Sachverhalts ist nicht Aufgabe des Bundesgerichts. Das angefochtene Urteil wird deshalb aufgehoben und die Sache an die Vorinstanz zurückgewiesen. Diese wird den Sachverhalt zu vervollständigen und alsdann unter Zugrundelegung der angeführten Rechtsprechung neu zu entscheiden haben (BGer vom 28. Jan. 2010, 1C_176/2009, E. 2.2 und E. 2.3).

– **Wiederherstellung des rechtmässigen Zustands (zum Sachverhalt auch oben Rz. 2077):** X ist Eigentümer des Grundstücks Nr. 5228, GB Kriens, das ausserhalb der Bauzone im Krienser Hochwald auf der Krienseregg liegt. Er hat das Grundstück am 3. Jan. 1972 von seinem Vater erworben. Das Gelände ist Teil des Schutzperimeters der Schutzverordnung Krienser Hochwald vom 29. Juni 2000 (SchutzV). Die Parzelle Nr. 5228 liegt teilweise in der Zone «Wald ohne Bewirtschaftung», in welcher sämtliche Nutzungen land- und waldwirtschaftlicher Art, Erholungs-, Sportaktivitäten und dergleichen verboten sind (Art. 9 SchutzV). Der südliche Bereich des Grundstücks liegt in der Zone «Mahd», in welcher alle landwirtschaftlichen Nutzungsarten untersagt sind, ausgenommen das Mähen (Art. 10 SchutzV). Auf der Parzelle befand sich gemäss Bauanzeige vom 7. Aug. 1967 früher eine Holzbaracke auf Zementsockel, die 3 m lang, 2,5 m breit und 2,5 m hoch war. Mit den Jahren wurde die Baracke verschiedentlich vergrössert und abgeändert; die Baute weist heute eine Länge von 9,15 m, eine Breite von 5,2 m und eine Höhe von 5 m auf und wird als Ferien- und Wochenendhaus benutzt. Im Jahre 1990 wurde ein Anbau von 4x4x4 m als Unterstand für einen Forsttraktor bewilligt. Weiter befinden sich auf dem Grundstück ein Holzunterstand (bestehend aus zwei massiven Hütten mit Blechdach und Abschlussblachen), ein Unterstand für einen Forsttraktor mit einer Fläche von 36 m^2 und ein Torbogen. Zudem wurde der Boden mit Asphalt und anderen Materialien befes- 2098 tigt und ein Teil des Grundstücks eingezäunt. Nach wiederholten Aufforderungen der Gemeinde reichte X am 20. Sept. 2006 ein nachträgliches Baugesuch für die bisher nicht bewilligten Bauten und Anlagen ein. Dagegen erhoben Pro Natura und ihre Sektion Pro Natura Luzern Einsprache. Mit Entscheid vom 12. März 2008 verweigerte die Dienststelle Raumentwicklung, Wirtschaftsförderung und Geoinformation des Kantons Luzern (RAWI) die raumplanungs- und waldrechtlichen Ausnahme- und Sonderbewilligungen für die verschiedenen baulichen Massnahmen. Der Gemeinderat Kriens wies das Baugesuch am 24. Sept. 2008 ab und verpflichtete den Eigentümer, verschiedenste Bauten und Anlagen abzubrechen. Das Verwaltungsgericht bestätigte die von der Gemeinde erlassene Wiederherstellungsverfügung, mit Ausnahme des Abbruchbefehls für den Anbau. Gegen die Entscheide des Verwaltungsgerichts erhob das ARE am 22. Dez. 2009 Beschwerde in öffentlich-rechtlichen Angelegenheiten ans Bundesgericht. Es beantragt den Abbruch sämtlicher Bauten und Anlagen. Das Bundesgericht heisst die Beschwerde gut. Erwägungen: Nach der bundesgerichtlichen Rechtsprechung verwirkt der Anspruch der Behörden auf Wiederherstellung des rechtmässigen Zustands im Interesse der Rechtssicherheit grundsätzlich nach 30 Jahren, sofern der Kanton keine kürzeren Verwirkungsfristen vorsieht. Kürzere Verwirkungsfristen können sich jedoch aus Gründen des Vertrauensschutzes ergeben, wenn die Baupolizeibehörden zwar vor Ablauf der 30-jährigen Frist einschreiten, den baurechtswidrigen Zustand aber über Jahre hinaus duldeten, obschon ihnen die Gesetzwidrigkeit bekannt war oder sie diese bei Anwendung der gebotenen Sorgfalt hätten kennen müssen. Darauf kann sich nach der bundesgerichtlichen Rechtsprechung aber nur berufen, wer selbst im guten Glauben gehandelt hat, d.h. angenommen hat und (unter Anwendung zumutbarer Sorgfalt) annehmen durfte, die von ihm ausgeübte Nutzung sei rechtmässig bzw. stehe mit der Baubewilligung in Einklang Dies ist vorliegend klarerweise nicht der Fall. Näher zu prüfen ist dagegen die Verwirkung. Nach der bundesgerichtlichen Rechtsprechung ist die Befugnis der Behörden, den Abbruch eines baugesetzwidrigen Gebäudes oder Gebäudeteils anzuordnen, grundsätzlich auf 30 Jahre beschränkt. Diese Praxis beruht auf dem Gesichtspunkt der Rechtssicherheit wie auch auf praktischen Überlegungen (Schwierigkeit der Abklärung der tatsächlichen und rechtlichen Verhältnisse vor über 30 Jahren). Nach der bundesgerichtlichen Rechtsprechung beginnt die Verwirkungsfrist erst mit der Fertigstellung des Gebäudes oder des streitigen Gebäudeteils zu laufen. Im vorliegenden Fall wurde die illegal errichtete Waldhütte vom Beschwerdegegner (einem Schreinermeister) laufend ausgebaut und vergrössert. Wie die in den Akten liegenden Fotos (aus den Jahren 1977 bis 2002) und die Pläne der Baugesuche 1973 und 2006 zeigen, entwickelte sich die Baute von einer einfachen Holzbaracke zu einem komfortablen Ferienhaus. In einem solchen Fall ist es praktisch unmöglich, den Zustand von vor 30 Jahren zu eruieren. Dies zeigt der vorliegende Fall deutlich. Wenn überhaupt, so käme eine «Ersitzung» allenfalls für die vermutlich Ende der Sechzigerjahre erstellte Hütte mit 3 m Länge, 2,5 m Breite und 2,5 m Höhe in Betracht. Diese ist durch Fotos und durch das nachträgliche Baugesuch 1974 dokumentiert und bestand während längerer Zeit. Ein Vergleich mit den Aufnahmen aus den Jahren 1981-1985 zeigt, dass diese Hütte (zumindest äusserlich) unverändert bis Anfang der Achtzigerjahre bestand, dagegen ab 1981 laufend verändert und erweitert wurde. Das heute bestehende Haus hat mit der ursprünglichen Holzhütte praktisch nichts mehr gemein. Die Baute aus den Sechzigerjahren existiert heute nicht mehr und kann schon aus diesem Grund nicht mehr abgebrochen werden. Der vom ARE verlangte Abbruchbefehl betrifft somit im Wesentlichen die seit 1980 kontinuierlich entstandene neue Bausubstanz. Diesbezüglich ist keine Verwirkung eingetreten (BGE 136 II 359 E. 8.3).

3. Rechtsmissbrauch

a) *Allgemeines*

Rechtsmissbrauch nach Art. 5 Abs. 3 BV liegt insbesondere dann vor, wenn ein Rechtsinstitut **zweck- und treuwidrig zur Verwirklichung von Interessen verwendet wird, die dieses Rechtsinstitut nicht schützen** will (BGE 137 I 247 E. 5.1.1, 136 II 5 E. 3.5, 134 I 65 E. 5.1 = Pra 97 [2008] Nr. 86, 133 II 6 E. 3.2, 131 I 185 E. 3.2.4, 131 II 265 E. 4.2, 130 II 113 E. 10.2, 128 II 145 E. 2.2, 127 II 49 E. 5a, 121 I 367 E. 3b, 121 II 97 E. 4; BVGer vom 24. Dez. 2010, A-122/2010 E. 7.1; vom 1. Dez. 2010, C-6578/2007, E. 5.3; vom 8. Juni 2010, B-1308/2009, E. 4.3.1; vom 8. Juni 2009, C-4769/2007, E. 5.2), oder anders ausgedrückt, wenn die Inanspruchnahme eines Rechts zu einem **stossenden, vom Gesetzgeber nicht gewollten Resultat führt** (BGer vom 20. Dez. 2010, 8C_528/2010, E. 3.2; vom 27. März 2009, 8C_585/2008, E. 5.3.1; BVGer vom 26. Aug. 2009, A-6006/2008, E. 10). Rechtsmissbrauch wird unter anderem dann angenommen, wenn ein **Recht ohne jegliches schützenswertes Interesse** ausgeübt wird oder wenn dessen Ausübung zu einem **krassen Missverhältnis berechtigter Interessen** führt (vgl. BGE 132 III 115 E. 2.4, 129 III 493 E. 5.1). Rechtsmissbrauch setzt der Ausübung eines Anspruchs, der formal im Einklang mit der Rechtsordnung steht, jedoch treuwidrig und damit unredlich geltend gemacht wird, eine ethisch-materielle Schranke (BGer vom 17. März 2010, 2C_606/2009, E. 2.4.1). Es lässt scheinbares Recht weichen, wo offenbares Unrecht geschaffen würde (BGE 125 III 257 E. 2c; BGer vom 27. März 2009, 8C_585/2008, E. 5.3.1). 2099

Praxis:

- Ein offenbarer Missbrauch ist zu bejahen, wenn ein Anwalt oder eine sonstige rechtskundige Person eine **bewusst mangelhafte Rechtsschrift** einreicht, um damit eine **Nachfrist** zur Begründung zu erwirken (BGE 134 V 162 E. 4.1). 2100
- Das Verhalten einer **UVG-versicherten Person**, welche den bereits aus **Haftpflichtrecht** vergüteten Schaden aus einem Unfallereignis ein zweites Mal beim Unfallversicherer geltend macht und gleichzeitig mit ihrem Prozessverhalten die Verjährung von dessen Regressanspruch bewirkt hat, ist als rechtsmissbräuchlich zu beurteilen (BGE 137 V 394 E. 6-8). 2101
- Eine **rechtsmissbräuchliche Nachfristbeantragung** liegt **nicht** vor, wenn aufgrund der Sachlage eine rechtsgenügliche Beschwerdebegründung ohne Aktenkenntnis praktisch nicht möglich ist, die rechtsunkundige Partei, welche selber die Akten nicht besitzt, in gutem Glauben erst kurz vor Ablauf der Beschwerdefrist einen Rechtsvertreter mandatiert, und diesem weder eine rechtzeitige Aktenbeschaffung noch eine sonstige hinreichende Beurteilung des Sachverhalts möglich ist (BGE 134 V 162 E. 5.2). 2102
- Eine versicherte Person verhält sich **nicht rechtsmissbräuchlich**, wenn sie erst **mehrere Monate nach einem unzulässigerweise im formlosen Verfahren erfolgten Fallabschluss den Erlass einer formellen Verfügung** verlangt. Allerdings ist ihre Befugnis, einen formell korrekten Entscheid des Versicherers zu verlangen, insbesondere mit Blick auf das Gebot der Rechtssicherheit sowie den Verfassungsgrundsatz von Treu und Glauben, der auch Private in ihrem Verhältnis zu staatlichen Organen bindet, zeitlich auf ein Jahr zu beschränken (BGE 134 V 145 E. 5.2 und E. 5.3). 2103
- Eine ganze oder teilweise **Verweigerung** der **Teilung der Austrittsleistung** ist wegen offensichtlicher Unbilligkeit gemäss Art. 123 Abs. 2 ZGB sowie wegen offenbaren Rechtsmissbrauchs nach Art. 2 Abs. 2 ZGB möglich. Das Bundesgericht erachtet ehewidriges Verhalten 2104

und die Gründe, die zur Scheidung geführt haben, in der Regel als nicht ausreichend für die Annahme eines Rechtsmissbrauchs. Dieser liegt aber bei einer Scheinehe oder dann vor, wenn die Ehe gar nicht gelebt beziehungsweise ein gemeinsamer Haushalt gar nie aufgenommen wird (BGE 136 III 449 E. 4.5.2, 133 III 497 E. 5.2).

2105 – Im **Abgaberecht** liegt ein **Umgehungstatbestand** dann vor, wenn die von den beteiligten Parteien gewählte Rechtsgestaltung lediglich deswegen getroffen wurde, um einen Vorteil zu generieren, die Rechtsgestaltung sachwidrig, insbesondere den wirtschaftlichen Verhältnissen unangepasst erscheint und das gewählte Verhalten tatsächlich auch zu einem Vorteil führt, soweit es anerkannt würde. Sind diese Voraussetzungen, was anhand der konkreten Umstände des Einzelfalls zu überprüfen ist, erfüllt, ist für die Beurteilung derjenige Sachverhalt massgeblich, der sachgemäss gewesen wäre, um den eigentlichen wirtschaftlichen Zweck zu erreichen (BGE 131 II 627 E. 5.2; BVGer vom 8. Juni 2010, B-1308/2009, E. 4.3.1).

2106 – Gestützt auf das Rechtsmissbrauchsverbot lässt es sich im Einzelfall rechtfertigen, die **rechtliche Selbstständigkeit einer juristischen Person nicht zu beachten**, sofern diese durch eine hinter ihr stehende, beherrschende Person zweckwidrig und damit rechtsmissbräuchlich verwendet wird. So sind auch Fälle rechtsmissbräuchlicher Vereinsgründungen denkbar, in denen die Verwendung der Rechtsform des Vereins bloss vorgeschoben wird, in Wirklichkeit aber Umgehungszwecken dient. Solche Fälle sind gemäss den allgemeinen Grundsätzen zum sogenannten **Durchgriff** zu beurteilen (BVGer vom 12. Mai 2009, A-6523/2008, E. 11.3.1).

2107 – Ein **Revisionsgesuch** ist als rechtsmissbräuchlich zu qualifizieren, wenn es sich auf Tatsachen stützt, welche der Gesuchsteller von Anfang an kannte und ohne berechtigten Grund verschwieg (BGE 130 IV 72 E. 2.2).

2108 – **Initianten**, welche mit ihrem Begehren **den Grundsatz der Einheit der Materie bewusst nicht beachten**, können von den kantonalen Behörden nicht verlangen, dass ihr Anliegen in verschiedene Aspekte aufgeteilt und so dem Volk zur Abstimmung unterbreitet wird (BGE 129 I 381 E. 4.3).

2109 – Im Bereich des **Ausländerrechts** liegt rechtsmissbräuchliches Verhalten dann vor, wenn der ausländische Ehegatte sich auf eine Ehe beruft, die nur noch formell aufrechterhalten wird mit dem einzigen Ziel, die Aufenthaltsbewilligung erhältlich zu machen (vgl. z.B. BGE 136 II 113 E. 3.2, 130 II 113 E. 4.2, 128 II 145 E. 3, 127 II 49 E. 5a).

2110 – Es verletzt das Rechtsmissbrauchsverbot, wenn die **Bauherrschaft** im Rahmen des Bewilligungsverfahrens einer **Kompromisslösung** zustimmt und danach Beschwerde gegen die erteilte Baubewilligung erhebt und geltend macht, die Durchsetzung der Kompromisslösung sei unverhältnismässig (VerwG ZH vom 8. Dez. 2004, VB.2004.00356, E. 3.2).

2111 – Das Rechtsmissbrauchsverbot gilt auch für **Behörden**: So erscheint etwa als rechtsmissbräuchlich ein Verhalten der Behörde, wenn diese die Einrede der Verjährung in einem Enteignungsverfahren zu spät erhebt (BGE 124 II 543 E. 7) oder das Verfahren derart lange hinauszögert, bis sich die Rechtslage zum Nachteil des Betroffenen verändert hat (BGE 110 Ib 332 E. 3a).

2112 – Ferner ist eine **Berufung auf die Verjährung** dann als rechtsmissbräuchlich zu beurteilen, wenn die Behörde oder der Private den Gläubiger durch ein dessen Vertrauen erweckendes Verhalten von der rechtzeitigen Geltendmachung seines Anspruchs abhält, d.h. ihn dazu veranlasst, während der Verjährungsfrist rechtliche Schritte zu unterlassen und die Säumnis deshalb verständlich ist, wobei ein arglistiges Verhalten nicht erforderlich ist, damit die Frist unbenutzt verstreicht (BGE 137 V 394 E. 7, 131 III 430 E. 2, 126 II 145 3b/aa; BGer vom 9. Feb. 2012, 1C_478/2011, E. 2.5; VerwG SO vom 21. Juli 2008, in: SOG 2008 Nr. 27 E. 4h).

2113 – Rechtsmissbräuchlich ist auch, einen **Auftrag aufzuteilen**, um die **Anwendung der Vergabebestimmungen zu umgehen** (VerwG ZG vom 27. Nov. 2007, in: GVP 2007 S. 100 E. 3a).

2114 – Es ist rechtsmissbräuchlich, einerseits kurzfristig auf die **Inanspruchnahme eines Anwalts für eine Verhandlung zu verzichten**, um dadurch deren Vertagung zu erreichen, und andererseits dennoch grundsätzlich an ihm als **Rechtsbeistand festzuhalten**. Das Rechtsinstitut der notwendigen Verteidigung dient dem Zweck, dem Angeklagten einen fairen Prozess zu sichern. Es geht nicht an, dass ein Angeschuldigter versucht, es diesem Zweck zu entfremden und für Verzögerungsmanöver zu benutzen. Folge davon ist, dass das Gericht die Verhandlung trotz Fernbleiben des Anwalts und ohne Bestellung eines amtlichen Verteidigers durchführen darf (BGE 131 I 185 E. 3.2.4).

- Das wirkliche Motiv, **Kinder nach Erfüllung der Schulpflicht** in der Heimat in die **Schweiz nachkommen** zu lassen, ist oft, ihnen hier die Aufnahme einer Erwerbstätigkeit zu ermöglichen. Dies lässt auf eine zweckwidrige Inanspruchnahme der Bestimmungen über den Familiennachzug schliessen, was insb. dann gilt, je länger mit der Ausübung des Nachzugsrechts ohne sachlichen Grund zugewartet wird und je knapper die verbleibende Zeit bis zur Volljährigkeit ist. Umso eher stellt sich in solchen Fällen bei im Ausland verbliebenen gemeinsamen Kindern zusammenlebender Eltern die Frage, ob wirklich die Herstellung der Familiengemeinschaft beabsichtigt ist oder ob die Ansprüche aus Art. 17 aANAG zweckwidrig für das blosse Verschaffen einer Aufenthalts- bzw. Niederlassungsbewilligung geltend gemacht werden (BVGer vom 8. Juni 2009, C-4769/2007, E. 5.2). 2115
- Es ist rechtsmissbräuchlich, wenn **Investoren, die im Ausland** wohnen, sich an einer **Kommanditgesellschaft** beteiligen, um als Selbstständigerwerbende in den Genuss von AHV-Renten zu kommen. Die Stellung als Kommanditär wird zwar sozialversicherungsrechtlich als selbstständige Erwerbstätigkeit statuiert und hat damit die Versicherungspflicht sowie einen späteren Rentenanspruch zur Folge. Diese Überlegung ist jedoch nur solange und insoweit zulässig, als sie sich im Kontext des Zweckes der AHV bewegt. In derartigen Konstellationen wird die AHV nicht mehr im Sinn einer Volksversicherung gesehen, welche die Folgen der sozialen Risiken Tod und Alter absichern soll, sondern sie wird in ein reines Finanzanlageobjekt verwandelt, mit dem unter Ausnutzung der versicherungstechnischen Solidarität eine möglichst grosse individuelle Rendite erwirtschaftet werden soll. Ausländische Investoren können sich folglich nicht auf das Recht auf Aufnahme in die AHV berufen, da sie das entsprechende Recht zweckwidrig ausüben wollen (BGE 131 V 97 E. 4.3.3). 2116
- Eine **Kündigung** kann **rechtsmissbräuchlich** sein wegen der Art und Weise, wie sie ausgesprochen wurde, weil die kündigende Partei ein falsches und verdecktes Spiel treibt, das Treu und Glauben krass widerspricht, wegen einer schweren Persönlichkeitsverletzung im Umfeld der Kündigung, bei einem offensichtlichen Missverhältnis der auf dem Spiel stehenden Interessen oder wenn das Kündigungsrecht zweckwidrig ausgeübt wird. Mobbing an sich begründet den Missbrauch des Kündigungsrechts nicht ohne Weiteres. Denkbar ist in diesem Zusammenhang allerdings, dass eine Kündigung etwa dann missbräuchlich sein kann, wenn sie wegen einer Leistungseinbusse des Arbeitnehmers ausgesprochen wird, die sich ihrerseits als Folge des Mobbing erweist. Denn die Ausnutzung eigenen rechtswidrigen Verhaltens bildet einen typischen Anwendungsfall des Rechtsmissbrauchs (BGer vom 25. Aug. 2011, 8C_594/2010, E. 5.1). 2117

b) *Offenbarer Missbrauch*

Nur **stossendes, zweckwidriges Verhalten** im Sinne eines offenbaren Missbrauchs erscheint rechtsmissbräuchlich und soll über das Rechtsmissbrauchsverbot sanktioniert werden (BGE 134 V 28 E. 4, 133 II 6 E. 3.2, 131 II 265 E. 4.2, 131 V 97 E. 4.3.4; BGer vom 17. März 2010, 2C_606/2009, E. 2.3). Entsprechend kann nur eine grobe Verletzung des Gerechtigkeitsgedankens zu der Annahme des offenbaren Rechtsmissbrauchs führen (BGE 136 III 449 E. 4.5.4, 133 III 497 E. 5.1 und E. 5.2). 2118

Wo das Gesetz **spezialrechtliche Normen** aufstellt, um Missbrauchssituationen zu vermeiden, kann die gesetzliche Regelung **abschliessend** sein, was die Berufung auf das allgemeine Rechtsmissbrauchsverbot ausschliesst (BGE 133 III 175 E. 3.3). Wo sich die spezialrechtliche Regelung demgegenüber **nicht als abschliessend** erweist, kann durchaus Raum für die Anwendung des allgemeinen Rechtsmissbrauchsverbots 2119 bleiben (BGE 134 III 108 E. 7.1). Allerdings ist das Rechtsmissbrauchsverbot dann auf seinen Kernbereich einzuschränken (BGE 137 I 247 E. 5.1.1), das heisst auf eigentliche **Machenschaften**, um die **Behörden zu täuschen**, um beispielsweise eine Bewilligung zu erschleichen (BGE 137 I 247 E. 5.1.1, 131 I 185 E. 3.2.4; zum Ganzen auch BGer vom 23. Aug. 2011, 2C_261/2011, E. 2.1).

Praxis:

2120 – **Verwirkung des Staatshaftungsanspruchs eines während des Zweiten Weltkriegs zurückgewiesenen und den deutschen Behörden übergebenen jüdischen Flüchtlings:** Der am 18. Jan. 1927 in Berlin geborene Joseph Sprung bzw. Joseph Spring, welcher seine polnische Staatsbürgerschaft auf Grund eines gegen die Juden gerichteten Erlasses verloren hatte, lebte seit 1939 als Emigrant in Belgien. Nachdem im Aug. 1942 die Deportationen durch die Nationalsozialisten eingesetzt hatten, floh er nach Frankreich. Er versuchte 1943 die Schweizer Grenze zu überschreiten. Dabei wurde er von den schweizerischen Grenzbeamten unter der Androhung, bei einer erneuten Einreise direkt den deutschen Behörden übergeben zu werden, nach Frankreich zurückgewiesen. Wenige Tage später ist er erneut im schweizerischen Grenzgebiet angehalten und den deutschen Grenzorganen übergeben worden. Er wurde später von Deutschland nach Auschwitz deportiert. Joseph Spring überlebte das Konzentrationslager und vermochte sich im April 1945 in amerikanische Obhut zu retten. Am 26. Jan. 1998 reichte Joseph Spring beim Eidgenössischen Finanzdepartement gestützt auf Art. 3 i.V.m. Art. 6 Abs. 2 VG ein Genugtuungsbegehren über Fr. 100'000.– ein. Der Bundesrat nahm hierzu am 22. Juni 1998 negativ Stellung. Auch das Bundesgericht weist seine Klage wegen Verwirkung des Anspruchs ab, spricht dem Kläger jedoch eine Parteientschädigung von Fr. 100'000.– zu. Erwägungen: Eine Berufung auf die Verjährung kann dann als rechtsmissbräuchlich bzw. deren Beachtung als stossend empfunden werden, wenn der Schuldner den Gläubiger durch ein dessen Vertrauen erweckendes Verhalten von der rechtzeitigen Geltendmachung seines Anspruchs abgehalten, d.h. ihn veranlasst hat, die Frist unbenutzt verstreichen zu lassen, nicht aber, wenn die Verjährung ohne Zutun des Schuldners eingetreten ist. Das Verhalten des Schuldners muss zwar nicht geradezu arglistig sein. Es kann allenfalls schon eine Handlung genügen, mit der beim Gläubiger die berechtigte Hoffnung auf eine gütliche Einigung geweckt wird, was ihn von einer rechtzeitigen wirksamen Geltendmachung bzw. von einer verjährungsunterbrechenden Handlung abhält. Voraussetzung für die Nichtbeachtung der Verjährung und allenfalls der Verwirkung ist jedoch stets ein Verhalten des Schuldners, das kausal dafür ist, dass der Gläubiger seinen Anspruch nicht innert Frist geltend gemacht bzw. durchgesetzt hat. Ein wie auch immer geartetes Handeln des Schuldners bei der Entstehung der Forderung kann daher für sich allein mit Blick auf deren Verjährung/Verwirkung nicht berücksichtigt werden, wenn der Gläubiger es ohne Zutun des Schuldners versäumt hat, seinen Anspruch vor Ablauf der Verjährungs- bzw. Verwirkungsfrist rechtlich durchzusetzen. Im vorliegenden Fall rechtfertigt es sich unter keinem dieser Titel, ausnahmsweise von einer Berücksichtigung der absoluten Verjährung bzw. der Verwirkung abzusehen; es erübrigt sich deshalb, abzuklären, ob und in welchem Umfang die dargelegten, in erster Linie zur Verjährung entwickelten Grundsätze überhaupt auf die haftungsrechtlichen Verwirkungsfristen übertragen werden können: Der Kläger ist – zumindest vor Ablauf der absoluten Verwirkungsfrist und damit vor den in Amerika hängig gemachten «Class-Action»-Verfahren – von der Beklagten nicht davon abgehalten worden, eine allfällige auf das Verhalten der Grenzorgane und des Bundesrats zurückgehende haftungsrechtliche Forderung geltend zu machen. Selbst bei Berücksichtigung der Tatsache, dass er dies allenfalls sinnvollerweise erst ab Inkrafttreten des Verantwortlichkeitsgesetzes von 1958 und gestützt auf die dadurch eingeführte primäre Kausalhaftung der Beklagten tun konnte, wäre sein Anspruch heute offensichtlich verwirkt (BGE 126 II 145 E. 3b/aa).

2121 – **«Umgekehrter» Familiennachzug:** X (geb. 1977) stammt aus Kamerun. Sie war vom 14. Juni 1999 bis zum 1. Juli 1999 in Zürich illegal als Prostituierte tätig. Am 8. Aug. 1999 wurde sie in ihre Heimat ausgeschafft und mit einer Einreisesperre bis zum 6. Aug. 2002 belegt. Im Jahr

2001 reiste X wiederum illegal in die Schweiz ein, wo sie sich anschliessend bei ihrem Schweizer Freund aufhielt. Am 23. Juni 2003 ersuchte X in Kamerun um eine Einreisemöglichkeit in die Schweiz, da sie ihr Kind hier zur Welt bringen wollte. Weil der Kindesvater nicht bereit war, für sie aufzukommen, wurde Y am 8. Sept. 2003 in Kamerun geboren. Am 27. Juli 2007 anerkannte der Vater Y, worauf diese am 3. Nov. 2008 erleichtert eingebürgert wurde. Im Aug. 2005 lernte X in Kamerun den Schweizer Z (geb. 1954) kennen, den sie am 19. Mai 2006 in Yaoundé heiratete. Am 19. Feb. 2007 reisten X und Y in die Schweiz ein, wo ihnen je eine bis zum 19. Feb. 2008 gültige Aufenthaltsbewilligung erteilt wurde. Ab April 2007 trennte sich X von ihrem Mann. Die Ehe wurde am 23. Okt. 2008 geschieden. Am 12. Sept. 2007 informierte die Dienststelle für Bevölkerung und Migration (DBM) des Kantons Wallis X, dass sie beabsichtige, ihre Aufenthaltsbewilligung zu widerrufen und sie und ihre Tochter aus der Schweiz wegzuweisen. Am 9. Feb. 2009 lehnte sie das Gesuch ab, die Aufenthaltsbewilligung von X zu verlängern. Der Staatsrat und das Kantonsgericht des Kantons Wallis bestätigten diesen Entscheid auf Beschwerde hin am 9. Sept. 2009 bzw. 26. Feb. 2010. X (Beschwerdeführerin 1) und Y gelangten hiergegen an das Bundesgericht, welches ihre Beschwerden gutheisst und die Dienststelle für Bevölkerung und Migration des Kantons Wallis anweist, die Aufenthaltsbewilligung von X zu verlängern. Erwägungen: Der vorliegende Fall wirft die Frage auf, welches negative Verhalten des sorgeberechtigten ausländischen Elternteils geeignet erscheint, das private Interesse des Schweizer Kindes zu überwiegen, mit diesem im Land verbleiben zu dürfen. Das Bundesgericht hat bisher einerseits festgestellt, dass lediglich Beeinträchtigungen der öffentlichen Ordnung und Sicherheit von einer gewissen Schwere ins Gewicht fallen können; andererseits hat es ein rechtsmissbräuchliches Vorgehen als allfälliges öffentliches Interesse bezeichnet, welches gegen die Erteilung einer Aufenthaltsbewilligung an den sorgeberechtigten Elternteil sprechen kann Der Gesetzgeber hat im Ausländergesetz die einzelnen Bewilligungs- bzw. Missbrauchssituationen und die sie prägenden Wertentscheidungen neu und detaillierter gefasst, was es nahelegt, das Rechtsmissbrauchsverbot heute wieder stärker auf seinen Kernbereich zu beschränken, d.h. auf eigentliche Machenschaften, um die Behörden zu täuschen bzw. eine Bewilligung zu erschleichen. Zu denken ist dabei an Lügengebäude und falsche, täuschende Angaben, an Umgehungsanerkennungen bzw. -adoptionen oder Umgehungsehen (auch «Ausländerrechts- oder Scheinehen» genannt). Auch in solchen Fällen ist jedoch ausländerrechtlich dem Wohl des Schweizer Kindes im Einzelfall jeweils sachgerecht und nicht schematisierend Rechnung zu tragen; das Kindeswohl muss dem gegenläufigen öffentlichen Interesse der Generalprävention und Missbrauchsbekämpfung gegenübergestellt und sorgfältig abgewogen werden. Obwohl das Eingehen einer Scheinehe ein rechtsmissbräuchliches Verhalten darstellt, soll dem Schweizer Kind ein bloss mutmasslich missbräuchliches Verhalten des sorgeberechtigten Elternteils im Rahmen der ausländerrechtlichen Interessenabwägung nicht entgegengehalten werden, solange sein zivilrechtlicher Status und die daran geknüpften Rechtswirkungen fortbestehe. Ist die Erteilung oder Verlängerung der Aufenthaltsbewilligung eines ausländischen erziehungsberechtigten Elternteils mit Schweizer Kind zu beurteilen, genügen unerhärtete Hinweise dafür, dass der ausländische Elternteil versucht haben könnte, ein Anwesenheitsrecht zu erwirken, für sich allein regelmässig nicht, um dem Interesse des Schweizer Kindes am Verbleib im Land vorzugehen. Erforderlich sind auch in diesem Fall zusätzlich besondere, namentlich ordnungs- und sicherheitspolizeiliche Gründe, welche die mit der Ausreise für das Schweizer Kind verbundenen weitreichenden Folgen rechtfertigen. Die Vorinstanz ging davon aus, die Beschwerdeführerin 1 sei in der Schweiz wiederholt straffällig geworden; zudem bestünden konkrete Anhaltspunkte dafür, dass ihr Aufenthalt mit erheblicher Wahrscheinlichkeit zu weiteren Verstössen gegen die öffentliche Sicherheit und Ordnung führen werde. Ihr Verhalten sei alles andere als korrekt gewesen: Das illegale Einreisen (1999 und 2001 bis 2003), das Erwarten eines Kindes von einem Schweizer Bürger, verbunden mit der Absicht, das Kind in der Schweiz zu gebären (2003), sowie die Heirat mit einem anderen Schweizer Bürger (2006) und die anschliessende Einreise in die Schweiz (2007) bzw. das Verhalten als Ehefrau (Verlassen des gemeinsamen Haushalts und Aufenthalt in Zürich, Prostitution, Indizien für Scheinehe) liessen darauf schliessen, dass sie mit allen Mitteln versucht habe, in die Schweiz zu gelangen und sich hier längerfristig aufzuhalten. Ihrem Nachzug habe eine «geplante rechtsmissbräuchliche Strategie» zugrunde gelegen. Entgegen der Ansicht der Vorinstanz überwiegen die nach dem Gesagten vorrangig zu berücksichtigenden Interessen des Schweizer Kindes am Verbleib mit der Mutter im Land indessen diese Aspekte. Die Einschätzung des Kantonsgerichts klammert die Interessen des Schweizer Kindes, auf die es entscheidend ankommt, vollständig aus und hält diesem einseitig das Verhalten der sorgeberechtigten Mutter entgegen. Deren Straffälligkeit ist im Übrigen zu relativieren: Die Verurteilungen wiegen nicht derart schwer, dass sie aus sicherheitspolizeilichen Gründen das Recht des Schweizer Kindes überwiegen würden, mit dem sorgeberechtigten Elternteil in seinem Heimatland verbleiben zu dürfen. Es handelt sich um Bagatelldelikte, welche für sich allein nicht geeignet erscheinen, dem Interesse des Schweizer Kindes vorzugehen. Zwar weisen die kantonalen Behörden darauf hin, dass Anhaltspunkte dafür bestünden, dass die Beschwerdeführerin 1 eine Scheinehe eingegangen sei, um mit ihrem Kind in der Schweiz leben zu können; sie haben indessen nicht festgestellt, dass dies tatsächlich so gewesen ist. Tatsächlich heiratete die Beschwerdeführerin 1 am 19. Mai 2006 den 23 Jahre älteren Z., doch kann aufgrund der Feststellungen der Vorinstanz trotz der kurzen Dauer der Ehe nicht als erwiesen gelten, dass diese ausschliesslich eingegangen worden ist, um die Bestimmungen über die Zulassung und den Aufenthalt von Ausländerinnen und Ausländern zu umgehen. Dass die Beschwerdeführerin eine Aufenthaltsmöglichkeit in der Schweiz gesucht hat und die Ehe schon wenige Wochen nach der Einreise als gescheitert gelten musste, genügt hierfür nicht; es ist aufgrund der Akten und der Feststellungen der Vorinstanz nicht erwiesen, dass von Anfang an bei der Heirat in Kamerun keinerlei Lebensgemeinschaft angestrebt gewesen wäre (BGE 137 I 247 E. 5).

4. Verbot widersprüchlichen Verhaltens

2122 Nach dem **Verbot widersprüchlichen Verhaltens** dürfen Verwaltungsbehörden nicht einen einmal in einer **bestimmten Angelegenheit eingenommenen Standpunkt ohne sachlichen Grund ändern**; untersagt ist folgewidriges und schwankendes Handeln (BVGer vom 4. Feb. 2011, A-5409/2009, E. 2.8.2; vom 8. Nov. 2010, A-6642/2008, E. 4.2.2; vom 28. Okt. 2009, A-5555/2008, E. 1.6; vom 27. April 2009, D-3079/2008, E. 5.1). Verhält sich eine Verwaltungsbehörde widersprüchlich und vertrauen Private auf deren ursprüngliches Verhalten, stellt das widersprüchliche Verhalten zugleich eine Verletzung des Vertrauensschutzprinzips dar, sodass die Unterscheidung zwischen dem Verbot widersprüchlichen Verhaltens und dem Vertrauensschutzprinzip schwer fällt (BVGer vom 8. Dez. 2009, A-3595/2009, E. 5.2). Vielfach wird widersprüchliches Verhalten nur bei Vorliegen derjenigen Voraussetzungen bejaht, die nach bisheriger Rechtsprechung für Zusicherungen und Auskünfte entwickelt wurden (BVGer vom 24. Nov. 2008, A-2206/2007, E. 4.1.2.1).

2123 **Widersprüchliches Verhalten** liegt etwa dann vor, wenn der Fiskus ein und denselben Sachverhalt einmal nach der äusseren rechtlichen Form und ein anderes Mal nach dem wirtschaftlichen Hintergrund beurteilt (BGE 103 Ia 20 E. 4d). Ändern die Behörden jedoch ihre Praxis und sind sie gewillt, diese in Zukunft beizubehalten, kann darin kein widersprüchliches Verhalten erblickt werden, wenn hierfür sachliche Gründe geltend gemacht werden (vgl. z.B. BGE 125 II 152 E. 4c). Es ist widersprüchlich, Ehepaare als Einheit zu besteuern und somit einerseits jegliche Trennung zwischen den Eheleuten in Bezug auf die Bemessungsgrundlage zu unterlassen, andererseits aber eine solche Unterscheidung hinsichtlich ihrer Steuerpflicht vornehmen zu wollen (BGE 128 I 317 E. 2.2.4). Auch ist es widersprüchlich, einer Verfahrenspartei für das gestützt auf eine unrichtige Rechtsmittelbelehrung anbegehrte Verfahren die Kosten aufzuerlegen (BGE 122 I 57 E. 3d). Widersprüchliches Verhalten liegt ferner dann vor, wenn die Verwaltung die Korrespondenz direkt an die Beschwerdeführerin ins Ausland sendet, aber die Verfügung am Zustelldomizil in der Schweiz eröffnet; entsprechend beginnt die Rechtsmittelfrist erst ab Mitteilung der besagten Verfügung an die Korrespondenzadresse im Ausland zu laufen (ZRK vom 23. Mai 2005, in: VPB 69 [2005] Nr. 121 E. 4b). Widersprüchlich ist auch, wenn eine Opferhilfestelle nach Einreichung eines Entschädigungs- und Genugtuungsbegehrens (zu Recht) zur Substanziierung der Schadensposten auffordert, aber keine weiteren Angaben verlangt, und das Gesuch danach mangels weiterer Angaben abweist (BGE 126 II 97 E. 4).

Kein widersprüchliches Verhalten liegt hingegen vor, wenn der Betreuer einer universitären Masterarbeit beim vorweg zugestellten Gliederungsvorschlag keinen Vorbehalt macht, hingegen bei der Korrektur auf Lücken hinweist (Einarbeitung des Völkerrechts und Erwägungen zur Rechtsvergleichung). Es ist nicht zwingend, die Kandidaten bei der Rückmeldung zu einer vorläufigen Disposition auf sämtliche möglichen Lücken hinzuweisen, sondern es geht insoweit lediglich im Sinne einer Dienstleistung darum, ihnen eine grundsätzliche Hilfestellung zu gewähren, damit sie nicht völlig in eine falsche Richtung hinarbeiten (BGE 136 I 229 E. 6.4). 2124

Das Verbot widersprüchlichen Verhaltens bindet auch die **Privaten** im Rechtsverkehr mit den staatlichen Behörden, wobei die Anforderungen unterschiedlich hoch ausfallen. Unter Berücksichtigung des **Subordinationsverhältnisses** zwischen den Privaten und dem Staat sowie verschiedener verfassungsmässiger Vorgaben sind die Anforderungen an die **Bindung der Privaten an deren Vorverhalten** bedeutend höher anzusetzen als diejenigen der Behörden (BVGer vom 24. Dez. 2010, A-122/2010, E. 7.1). In Anlehnung an die privatrechtliche Doktrin zu Art. 2 Abs. 2 ZGB kann Widersprüchlichkeit einerseits auf der Unvereinbarkeit zweier Verhaltensweisen und andererseits auf dem Verbot, begründete Erwartungen eines anderen zu enttäuschen, beruhen, wobei zentral die Abwägung der Interessen und eine allfällige Vertrauensbetätigung der Behörden ist (BGE 137 V 394 E. 7.1). 2125

Wer **Verfahrensmängel** wie Ausstandsgründe nicht unverzüglich vorbringt, wenn er davon Kenntnis erhält oder bei Beachtung der gebotenen Sorgfalt hätte Kenntnis erlangen können, sondern sich stillschweigend auf ein Verfahren einlässt, verwirkt den Anspruch auf spätere Anrufung der vermeintlich verletzten Ausstandsbestimmungen (BGE 132 II 485 E. 4.3, 128 V 82 E. 2b). Widersprüchlich handelt auch, wer sich erst im Verfahren vor Bundesgericht auf eine Verletzung des Öffentlichkeitsprinzips beruft, wenn er es im Hauptverfahren vor dem kantonalen Verwaltungsgericht versäumt hat, ausdrücklich eine öffentliche Verhandlung zu beantragen (BGE 132 II 485 E. 4.3, 121 I 30 E. 6a). Entsprechend sind Mängel bei der Vorbereitung eines Urnengangs grundsätzlich sofort, das heisst innert Beschwerdefrist ab der förmlichen Eröffnung oder Kenntnisnahme, zu rügen, wenn nicht das kantonale oder kommunale Recht eine andere Regelung vorsieht (z.B. Anfechtung erst mit der Veröffentlichung des amtlichen Endergebnisses; zur Rechtslage im Kanton Bern RR BE vom 20. Dez. 2006, in: BVR 2007 S. 385 E. 2.4 und E. 2.5). Die allfälligen Beschwerdeführer dürfen nicht abwarten, ob ihnen das Ergebnis der Wahl oder Abstimmung zusagt oder nicht (BGE 118 Ia 271 E. 1d). 2126

Praxis:

2127 – **Aufhebung der vorläufigen Aufnahme:** Der Beschwerdeführer, ein irakischer Staatsangehöriger kurdischer Ethnie, gemäss seinen eigenen Angaben aus E stammend, wurde am 9. Dez. 2005 wegen Unzumutbarkeit des Wegweisungsvollzugs die vorläufige Aufnahme gewährt. Gestützt auf eine LINGUA-Analyse vom 30. Sept. 2005, die zum Zeitpunkt der Verfügung bereits vorlag, hob das BFM mit Verfügung vom 8. April 2008 die vorläufige Aufnahme auf und setzte dem Beschwerdeführer eine Frist zum Verlassen der Schweiz. Das BFM kam gestützt auf die Analyse zum Schluss, der Beschwerdeführer stamme richtigerweise aus F. Dieser erhob dagegen Beschwerde beim Bundesverwaltungsgericht und macht geltend, die Tatsache, dass die LINGUA-Analyse im Asylentscheid vom 9. Dez. 2005 nicht erwähnt worden sei, diese nun aber im vorliegenden Verfahren betr. die Aufhebung der vorläufigen Aufnahme plötzlich gegen ihn verwendet werde, begründe einen Verstoss gegen den Grundsatz von Treu und Glauben. Das Bundesverwaltungsgericht weist seine Beschwerde ab. Erwägungen: Für den vorliegenden Fall ist festzustellen, dass die Vorinstanz im Rahmen ihres Asylentscheids vom 9. Dez. 2005 tatsächlich mit keinem Wort auf die LINGUA-Analyse eingegangen ist. Weshalb die Analyse damals nicht nur inhaltlich unberücksichtigt, sondern gänzlich unerwähnt geblieben ist, lässt sich aufgrund der Akten nicht eruieren. Entgegen der Auffassung des Beschwerdeführers weist indessen nichts darauf hin, dass das BFM die fragliche Analyse im damaligen Zeitpunkt als nicht aussagekräftig oder nicht überzeugend qualifizierte und deshalb auf deren Verwendung im Asylentscheid verzichtete. Ebenso wenig kann aufgrund der Aktenlage angenommen werden, das BFM habe die vom Beschwerdeführer geltend gemachte Herkunft aus E in Kenntnis des Ergebnisses der LINGUA-Analyse stillschweigend als glaubhaft erachtet. Vielmehr ist festzustellen, dass das BFM in seiner Verfügung vom 9. Dez. 2005 weder eine inhaltliche Bewertung der LINGUA-Analyse vorgenommen noch die Herkunftsangabe des Beschwerdeführers einer Glaubhaftigkeitsprüfung unterzogen hat. Das BFM hat in diesen Fragen somit überhaupt keinen Standpunkt eingenommen, weshalb der Vorwurf, es sei im vorliegenden Verfahren von seiner früher vertretenen Auffassung abgewichen, offensichtlich fehlgeht. Das BFM hat hinsichtlich der Glaubhaftigkeit der vom Beschwerdeführer gemachten Herkunftsangabe und der Eignung der Analyse als Indiz für die Feststellung der tatsächlichen Herkunft des Beschwerdeführers überhaupt keine vertrauensbildenden Aussagen gemacht. Wenn das BFM nun im vorliegenden Verfahren erstmals die LINGUA-Analyse beizieht und unter Berücksichtigung deren Inhalts zum Schluss kommt, der Beschwerdeführer stamme entgegen seinem Vorbringen nicht aus E, sondern aus F, kann dieses Vorgehen daher nicht als widersprüchliches Verhalten qualifiziert werden. Die Rüge, wonach das BFM gegen das Gebot von Treu und Glauben verstossen habe, ist nach dem Gesagten unbegründet (BVGer vom 27. April 2009, D-3079/2008, E. 5.1).

2128 – **Gesuch um Wiederaufnahme eines abgeschriebenen Beschwerdeverfahrens:** Am 4. April 2001 hob das BFF die vorläufige Aufnahme des Gesuchstellers auf und verfügte den Vollzug der Wegweisung. Gegen diese Verfügung erhoben der Gesuchsteller bei der Schweizerischen Asylrekurskommission (ARK) Beschwerde. Das kantonale Ausländeramt teilte der ARK am 3. Okt. 2002 mit, der Gesuchsteller sei seit dem 24. Sept. 2002 unbekannten Aufenthalts. Auch der damalige Rechtsvertreter konnte über den Aufenthaltsort keinerlei Angaben machen. Mit Beschluss der ARK vom 6. Nov. 2002 wurde die Beschwerde des Gesuchstellers mangels Rechtschutzinteresses als gegenstandslos geworden abgeschrieben. Mit Eingabe vom 27. Mai 2003 ersuchte der Gesuchsteller um Wiederaufnahme des Beschwerdeverfahrens. Zur Begründung führt er im Wesentlichen aus, der Abschreibungsbeschluss sei ihm nicht zugegangen. Die ihn (den Gesuchsteller) betreffende Post, welche die Rechtsvertretung an seine Ehefrau zugestellt habe, sei von seiner ihm nicht wohl gesinnten Ehefrau nicht an ihn weitergeleitet worden. Ferner könne er die Belastung eines rechtlich ungeregelten Aufenthalts in der Schweiz nicht mehr ertragen, da er nunmehr gesundheitlich geschwächt sei. Die ARK tritt auf das Gesuch nicht ein. Erwägungen: Was das Gesuch um Wiederaufnahme des Beschwerdeverfahrens anbelangt, so ist vorab festzuhalten, dass der Gesuchsteller darin keine entschuldbaren Gründe vorzubringen vermag, welche ihn daran gehindert hätten, den Abschreibungsbeschluss nicht schon früher in Erfahrung zu bringen. Der Gesuchsteller begründet sein Gesuch zur Hauptsache damit, dass er zufolge seines geschwächten Gesundheitszustands den rechtlich ungeregelten Aufenthalt in der Schweiz nicht mehr ausgehalten habe. Daraus – und aus dem Umstand, dass der Gesuchsteller jeglichen Kontakt zu den schweizerischen Behörden abgebrochen hat – ist zu folgern, dass dem Gesuchsteller bereits längere Zeit, bevor der Abschreibungsbeschluss vom 6. Nov. 2002 erfolgte, bewusst war respektive sein musste, sein Aufenthalt in der Schweiz könnte ungeregelt sein. Er hat diesen Rechtszustand mithin freiwillig und willentlich gewählt. Wenn er nun im Nachhinein – namentlich nachdem er offenbar gesundheitliche Probleme bekam – vorbringt, er möchte seinen Aufenthalt in der Schweiz jetzt wieder in Einklang mit den gesetzlichen Bestimmungen bringen, verhält er sich zumindest klar widersprüchlich, wenn nicht gar rechtsmissbräuchlich. Aus den genannten Gründen rechtfertigt es sich daher nicht, das Beschwerdeverfahren wieder aufzunehmen. Das entsprechende Gesuch ist demnach abzuweisen (ARK vom 9. Juli 2003, in: VPB 68 [2004] Nr. 41 E. 3c).

– **Erneute Anordnung einer Kontrollfahrt:** Gestützt auf den Untersuchungsbericht des Vertrauensarztes bot die Motorfahrzeugkontrolle den Beschwerdeführer zu einer Kontrollfahrt auf, die am 21. April 2004 durchgeführt wurde. Obwohl diverse Mängel zu verzeichnen waren, wurde die Kontrollfahrt vom Experten als bestanden beurteilt, verbunden mit der Empfehlung, Ende Okt. 2004 eine neue Kontrollfahrt durchzuführen, mit der Begründung, dass immer noch gewisse Zweifel an der Fahreignung des Beschwerdeführers bestehen würden. Mit Verfügung vom 19. Mai 2004 ordnete die Kantonspolizei die Durchführung einer zweiten Kontrollfahrt per Ende Okt. 2004 an. Der Beschwerdeführer erhebt Beschwerde und beantragt, dass die zweite Kontrollfahrt nicht durchgeführt werden dürfe. Ein sachlicher Grund für die Anordnung einer zweiten Fahrt innert derart kurzer Frist sei nicht ersichtlich, selbst wenn er bei der ersten Kontrollfahrt Fehler gemacht habe. Das Kantonsgericht beurteilt das entsprechende Verhalten der Behörden als widersprüchlich und als Verstoss gegen Treu und Glauben: Die zuständige Behörde darf nicht ohne triftige Gründe eine erneute Kontrollfahrt innert derart kurzer Frist anordnen. Besteht der Fahrzeuglenker die Kontrollfahrt nicht, muss ihm gemäss Art. 29 Abs. 2 VZV entweder der Führerausweis entzogen oder ein Fahrverbot verfügt werden. Entsprechend kann die Kontrollfahrt gemäss Art. 29 Abs. 3 VZV nicht wiederholt werden. Besteht demgegenüber der Fahrzeuglenker die Kontrollfahrt, darf sein Führerausweis nicht entzogen werden, und zwar unabhängig davon, ob allenfalls noch gewisse Bedenken hinsichtlich seiner Fahreignung vorhanden sind. Demnach ist es der Behörde nicht erlaubt, innert derart kurzer Frist eine neue Kontrollfahrt anzuordnen, ohne dass sie neue, nach Abschluss der Kontrollfahrt auftretende Bedenken an der Eignung des Fahrzeuglenkers vorbringt. Vermag die Behörde keine sachlichen Gründe für eine Wiederholung der Kontrollfahrt geltend zu machen, widerspricht ein solches Vorgehen dem Grundsatz von Treu und Glauben und erweist sich als widersprüchlich (KG BL vom 27. Okt. 2004, 2004/328, E. 3). 2129

– **Ausschluss vom Studium wegen zweimaligen Nichtbestehens eines Prüfungsblocks:** Anlässlich der Sommerprüfungssession 2008 an der ETH hat A im Bachelor-Studiengang Architektur den Prüfungsblock 5 abgelegt und zum zweiten Mal nicht bestanden. Die ETH wie ebenso die ETH-Beschwerdekommission wiesen ein Annullierungsgesuch ab, worauf A an das Bundesverwaltungsgericht mit dem Begehren gelangt, es sei eine zweite Wiederholungsprüfung des Blocks 5 anzuordnen, mit der Begründung, sie habe trotz zweimaligen Nichtbestehens des Prüfungsblocks weiterstudieren können und sei zu weiteren Leistungskontrollen zugelassen worden. Erwägungen: Nach den entsprechenden gesetzlichen Bestimmungen dürfen nicht bestandene Leistungskontrollen nur einmal wiederholt werden; wer einen Prüfungsblock zweimal nicht besteht, wird in der Regel vom Studiengang ausgeschlossen. Indem die ETH es – anders als in anderen vergleichbaren Fällen – unterlassen hat, A nach dem zweimaligen Nichtbestehen des Prüfungsblocks 5 vom Studiengang auszuschliessen, hat sie bei der Beschwerdeführerin die Erwartung geweckt, es bestehe die Möglichkeit, ihr Studium noch erfolgreich abzuschliessen. Dieses Vertrauen hat sie noch bestärkt, indem sie es der Beschwerdeführerin ermöglicht hat, sich für weitere Semester zu immatrikulieren, und sie als reguläre Studentin zu weiteren Lehrveranstaltungen und Prüfungen zuliess. Die ETH hat ferner weder vor der Vorinstanz noch im vorliegenden Verfahren einen allfälligen Ausschluss überhaupt thematisiert. Als Folge des Nichtausschlusses hat die Beschwerdeführerin weiterstudiert und damit einen grossen zeitli- 2130 chen und finanziellen Aufwand auf sich genommen. Angesichts der durch das ursprüngliche Verhalten der Erstinstanz begründeten Erwartungen und des von der Beschwerdeführerin als Folge davon getätigten zeitlichen und finanziellen Aufwands erscheint es nach dem Grundsatz von Treu und Glauben zum jetzigen Zeitpunkt nicht mehr zumutbar, der Beschwerdeführerin das Ablegen einer zweiten Wiederholung des Prüfungsblocks 5 zu verweigern (BVGer vom 8. Dez. 2009, A-3595/2009, E. 5).

5. Bemerkungen

2131 1. Gemäss der bundesgerichtlichen Rechtsprechung wird durch das Gebot von Treu und Glauben ein allgemeiner Grundsatz eines **gewissenhaften, auf Fairness beruhenden Verhaltens der Verwaltungsbehörden** garantiert (Art. 5 Abs. 3 BV), dem ein justiziabler Anspruch des Bürgers auf **Schutz des berechtigten Vertrauens** in behördliche Zusicherungen und Auskünfte sowie in sonstiges, bestimmte Erwartungen begründendes Verhalten der Behörden entspricht (Art. 9 BV). Der Grundsatz von Treu und Glauben gebietet im Allgemeinen ein loyales und vertrauenswürdiges Verhalten im Rechtsverkehr und bedeutet, dass die Behörden und die Privaten in ihren Rechtsbeziehungen aufeinander Rücksicht zu nehmen haben (BGE 136 II 187 E. 8.1; BGer vom 16. März 2010, 1C_502/2009, E. 3.2; vom 25. Mai 2009, 1C_402/2008, E. 5.3).

2132 2. Der Grundsatz von Treu und Glauben wirkt sich im Verwaltungsrecht vor allem in **zweifacher Hinsicht** aus: In Form des **Vertrauensschutzes** (Art. 9 BV) verleiht er den Privaten einen Anspruch auf Schutz ihres berechtigten Vertrauens in das bestimmte Erwartungen begründende Verhalten der Behörden. Als **Verbot widersprüchlichen Verhaltens** und als **Verbot des Rechtsmissbrauchs** (Art. 5 Abs. 3 BV) verbietet der Grundsatz von Treu und Glauben sowohl den staatlichen Behörden wie auch den Privaten, sich in ihren öffentlich-rechtlichen Beziehungen widersprüchlich oder rechtsmissbräuchlich zu verhalten.

2133 3. Nach dem **Verbot widersprüchlichen Verhaltens** dürfen Verwaltungsbehörden nicht einen einmal in einer bestimmten Angelegenheit eingenommenen Standpunkt ohne sachlichen Grund wechseln; untersagt ist folgewidriges, widersprüchliches und schwankendes Handeln (BVGer vom 4. Feb. 2011, A-5409/2009, E. 2.8.2; vom 8. Nov. 2010, A-6642/2008, E. 4.2.2). Das Verbot widersprüchlichen Verhaltens bindet auch **Private** im Rechtsverkehr mit den staatlichen Behörden, wobei die Anforderungen an die Bindung von Privaten (an deren Vorverhalten) unter Berücksichtigung des Subordinationsverhältnisses zwischen Staat und Privaten bedeutend höher anzusetzen sind als diejenigen für die Behörden (BVGer vom 24. Dez. 2010, A-122/2010, E. 7.1). Verhält sich eine Verwaltungsbehörde widersprüchlich und vertrauen Private auf deren ursprüngliches Verhalten, stellt das widersprüchliche Verhalten zugleich eine Verletzung des Vertrauensschutzprinzips dar, was der häufigste Anwendungsfall darstellen dürfte; entsprechend wird widersprüchliches Verhalten häufig nur bei Vorliegen derjenigen Voraussetzungen bejaht, die nach bisheriger Rechtsprechung für Zusicherungen und Auskünfte entwickelt wurden (BVGer vom 24. Nov. 2008, A-2206/2007, E. 4.1.2.1).

4. Ein vertrauenswürdiges Verhältnis zwischen Staat und Bürger gebietet ausserdem, dass Rechtsinstitute zur Verwirklichung von Interessen verwendet werden, die dieses Rechtsinstitut auch schützen will (BGE 137 I 247 E. 5.1.1, 136 II 5 E. 3.5). Das **Verbot des Rechtsmissbrauchs** beschränkt sich folglich auf die Ausübung oder Anwendung des Rechts; es darf nicht dergestalt in Anspruch genommen werden, dass dies zu einem vom Gesetzgeber nicht gewollten Resultat führt. Allerdings erscheint nur stossendes, zweckwidriges Verhalten im Sinne eines **offenbaren Missbrauchs** als rechtsmissbräuchlich. Wo das Gesetz **spezialrechtliche Normen** aufstellt, um Missbrauchssituationen zu vermeiden, kann die gesetzliche Regelung abschliessend sein, was die Berufung auf das allgemeine Rechtsmissbrauchsverbot ausschliesst (BGE 133 III 175 E. 3.3). Wo sich die spezialrechtliche Regelung demgegenüber nicht als abschliessend erweist, kann durchaus Raum für die Anwendung des allgemeinen Rechtsmissbrauchsverbots bleiben (BGE 134 III 108 E. 7.1). Noch weitgehend offen ist, ob in derartigen Fällen das Rechtsmissbrauchsverbot auf seinen Kernbereich einzuschränken ist und eigentliche Machenschaften bzw. eine rechtsmissbräuchliche Strategie im Sinne eines Lügengebäudes, von täuschendem Verhalten oder Angaben zu verlangen sind (BGE 137 I 247 E. 5.1.1, 131 I 185 E. 3.2.4; zum Ganzen auch BGer vom 23. Aug. 2011, 2C_261/2011, E. 2.1). Die erwähnte Verschärfung der bundesgerichtlichen Rechtsprechung liegt nicht auf der Hand, da ein Grundsatz, falls er überhaupt – vorliegend bei nicht abschliessender spezialgesetzlicher Regelung – zur Anwendung gelangt, nicht unterschiedlich ausgelegt werden darf, je nach dem, ob die gesetzliche Regelung bereits einige Tatbestände erfasst oder nicht. Sie ist vor dem Hintergrund zu betrachten, dass in der Vergangenheit im Ausländerrecht eine sogenannte Scheinehe per se mit rechtsmissbräuchlichem Verhalten gleichgestellt worden ist, unabhängig davon, ob der Missbrauch offensichtlich oder stossend war. 2134

5. Das von Treu und Glauben geforderte loyale Verhalten im Verhältnis zwischen Staat und Bürger hat sich als Gebot des Schutzes berechtigten Vertrauens zu einem justiziablen Anspruch verdichtet. Der **Vertrauensschutz** gemäss Art. 9 BV setzt voraus, dass sich die behördliche Mitteilung oder Auskunft auf eine **konkrete, den betreffenden Bürger individuell** berührende Angelegenheit bezieht (BGE 132 II 240 E. 3.2.2, 130 I 26 E. 8.1). Entscheidend ist nicht die Rechtsnatur eines staatlichen Aktes, sondern dessen **Bestimmtheitsgrad**; dieser hat so gross zu sein, dass der Private daraus im Hinblick auf die konkrete Angelegenheit die für seine Dispositionen massgebenden Informationen entnehmen kann (BGE 134 I 23 E. 7.5). Nicht entscheidend ist grundsätzlich, in welcher Form und Art das Gemeinwesen handelt (VerwG GR vom 16. März 2010, R-09-105, E. 3a [auf der Homepage einer Gemeinde publiziertes Dokument]). 2135

6. In der Regel entfällt daher bei **Erlassen** der Vertrauensschutz (BGE 134 I 23 E. 7.5, 130 I 26 E. 4.1); eine Handlung oder ein sonstiges Verhalten, das weder an den Privaten gerichtet ist, noch dessen konkrete Situation betrifft, ist gemäss Praxis nicht geeignet, eine Vertrauensgrundlage zu bilden (BGE 125 I 267 E. 4c, 111 V 161 E. 5b). Auch mangelt es an einer Vertrauensgrundlage, wenn die Mitteilung lediglich eine **gewisse Grundhaltung** zum Ausdruck bringt, eine **Prognose** und keine definitive Aussage beinhaltet, nur **provisorisch** erteilt oder an gewisse **Vorbehalte** geknüpft wird bzw. zum Ausdruck bringt, dass die Behörde sich nicht festlegen will (BGer vom 16. Aug. 2010, 2C_217/2010, E. 4.2.2). Der Vertrauensschutz kommt ausserdem nur zum Tragen, soweit die Behörde gestützt auf eine **richtige und vollständige** 2136

Sachverhaltsfeststellung eine (schriftliche oder mündliche) Auskunft erteilt (BGer vom 30. April 2010, 9C_1033/2009, E. 3.1).

2137 7. Typischerweise sind daher **Verfügungen** und **verwaltungsrechtliche Verträge** grundsätzlich geeignet, eine Vertrauensgrundlage zu bilden, denn mit dem Erlass einer (individuell-konkreten) Verfügung oder dem Abschluss eines Vertrages wird in der Regel eine noch viel eindeutigere Vertrauensbasis geschaffen als mit einer blossen Auskunft (BGer vom 16. Dez. 2010, 2C_120/2010, E. 2.5.1). Aus diesen Gründen wäre grundsätzlich auch **eine (ständige) Verwaltungs- oder Gerichtspraxis** geeignet, eine Vertrauensgrundlage zu schaffen; diese steht allerdings unter dem (stillschweigenden) Vorbehalt einer Praxisänderung und kann demnach – vorbehaltlich gewisser Ausnahmefälle – jederzeit geändert und sofort in allen hängigen Verfahren angewendet werden (BGE 135 II 78 E. 3.2, 132 II 153 E. 5.1). Eine Ausnahme gilt nur dann, wenn die Praxisänderung zu einer Änderung bei der Berechnung von Rechtsmittelfristen, bei der Auslegung von Formvorschriften für die Einlegung des Rechtsmittels oder bei der Zuständigkeit führt und die sofortige Anwendung der neuen Praxis im Anlass gebenden Fall einen Rechtsverlust herbeiführen würde (BGE 135 II 78 E. 3.2, 133 V 96 E. 4.4.6).

2138 8. **Besondere Konstellation: Schweigen einer Behörde** vermag grundsätzlich keinen Vertrauenstatbestand zu schaffen (BGE 132 II 21 8.1), ausser ein **Gesetz** sieht bestimmte **Auskunfts- oder Beratungspflichten** vor oder eine **Auskunft ist nach den Umständen des Einzelfalles geboten**. Unterbleibt eine Auskunft in derartigen Fällen, wird dies der Erteilung einer unrichtigen Auskunft gleichgestellt (BGE 131 V 472 E. 5, 124 V 215 E. 2b/aa). Die (vorübergehende) **Duldung eines rechtswidrigen Zustandes** hindert die Behörde grundsätzlich nicht an der späteren Behebung dieses Zustandes; praxisgemäss müssen die (hierfür zuständigen) Behörden den rechtswidrigen Zustand über Jahre hinweg dulden, obschon ihnen die Gesetzwidrigkeit bekannt ist oder sie diese bei Anwendung der gebotenen Sorgfalt hätten kennen müssen; ferner darf die Verletzung der öffentlichen Interessen nicht schwer wiegen, ansonsten die Behörden auch nach Ablauf einer sehr langen Frist noch einschreiten können (BGE 136 II 359 E. 7, 132 II 21 E. 8.1, 107 Ia 121 E. 1c).

2139 9. **Merkblätter**, Weisungen, Richtlinien oder Mitteilungen enthalten üblicherweise **generelle Ansichtsäusserungen**, die weder an den Einzelnen adressiert noch dessen konkrete Situation betreffen. Sie können nur dann eine Vertrauensgrundlage bilden, wenn sie eine abstrakte Rechtslage soweit konkretisieren, dass sie auf einen bestimmten Sachverhalt anwendbar sind oder sich auf eine ständige Praxis der Behörden beziehen (BGE 129 II 125 E. 5.6; ähnlich BGE 126 II 97 E. 4; BVGer vom 6. April 2009, B-6696/2008, E. 5), und dementsprechend der Private daraus im Hinblick auf die konkrete Angelegenheit die für seine Dispositionen massgebenden Informationen entnehmen kann (vgl. auch BGE 109 V 52 E. 3b).

2140 10. Der Vertrauensschutz bewirkt üblicherweise eine **Bindung** der Behörde an die Vertrauensgrundlage (BGE 132 II 218 E. 2.2, E. 2.3 und E. 6, 125 II 431 E. 6; BGer vom 14. April 2008, 8C_542/2007, E. 4.2); allenfalls wird lediglich ein **Entschädigungsanspruch** gewährleistet, wenn vermögenswerte Interessen Privater durch die im Vertrauen auf behördliches Verhalten getroffenen Massnahmen beeinträchtigt werden, der Bindung an die Vertrauensgrundlage aber überwiegende öffentliche Interessen gegenüberstehen (BGE 125 II 431 E. 6, 122 I 328 E. 7a). Allenfalls bewirkt der Vertrauensschutz auch eine **Wiederherstellung von Fristen** oder bei Gesetzesänderungen einen Anspruch auf eine **angemessene Übergangsregelung** (BGE 134 I 23 E. 7.6.1, 122 V 405 E. 3b/bb; BGer vom 29. Nov. 2010, 1C_313/2010, E. 2.5).

11. Der Schutz berechtigten Vertrauens kann **verwirken**; unter Umständen genügt 2141
bereits der Ablauf von wenigen Jahren, um eine Berufung auf den Grundsatz von Treu und Glauben auszuschliessen (BGE 119 Ib 138 E. 4e), was nach dem in Frage stehenden Rechtsverhältnis zu bestimmen ist. Ein Bürger darf nicht damit rechnen, dass die Gemeinde ihr Einverständnis gegenüber einem Bauvorhaben noch nach Jahren aufrechterhält. Handelt der Eigentümer nicht nach der geltend gemachten Zusicherung und holt er die in Aussicht gestellte Bau- oder Rodungsbewilligung erst nach einigen Jahren ein, kann er sich nicht mehr auf den Grundsatz von Treu und Glauben berufen, zumal das RPG die Planungsträger verpflichtet, bestehende Richt- und Nutzungspläne in der Regel alle zehn bis fünfzehn Jahre zu überprüfen (Art. 9 und 21 RPG). Ausserdem schliesst der sog. dynamische Waldbegriff eine Berufung auf den Vertrauensschutz nach etwa 10-15 Jahren grundsätzlich aus (BGE 116 Ib 185 E. 4b). Auch die **Behörden** werden durch den **Vertrauensschutz** gebunden: Nach der Rechtsprechung ist die Befugnis des Gemeinwesens, den Abbruch eines baugesetzwidrigen Gebäudes oder Gebäudeteils anzuordnen, befristet. Die Frist beträgt grundsätzlich dreissig Jahre, solange die Wiederherstellung des rechtmässigen Zustands nicht aus **zwingenden öffentlichen Interessen** geboten ist (BGer vom 28. Jan. 2010, 1C_176/2009, E. 2.2.1).

§ 6 Formen des Verwaltungshandelns

I. Verfügung

1. Begriff

Eine **Verfügung** ist ein individueller, an den Einzelnen gerichteter Hoheitsakt, durch den ein konkretes verwaltungsrechtliches Rechtsverhältnis rechtsgestaltend oder feststellend in verbindlicher und erzwingbarer Weise geregelt wird (BGE 135 II 38 E. 4.3, 135 II 328 E. 2.2, 132 I 229 E. 4.1, 132 V 93 E. 3.2, 131 II 13 E. 2.2, 130 V 388 E. 2.3, 126 II 300 E. 1a; BGer vom 19. Jan. 2011, 2C_786/2010, E. 2.1; vom 15. April 2009, 2C_715/2008, E. 4; BVGer vom 29. Juli 2010, A-6800/2009, E. 3.2; vom 24. Feb. 2010, B-2050/2007, E. 1.1; vom 18. Nov. 2009, B-4364/2009, E. 2.1; vom 20. Okt. 2009, E-4934/2009, E. 4.2; vom 29. Sept. 2009, C-5058/2007, E. 1.1.1; VerwG BE vom 9. März 2009, in: BVR 2009 S. 458 E. 3.3; VerwG ZH vom 30. Sept. 2009, VB.2009.00376, E. 1.2; vom 11. Mai 2005, PB.2005.00002, E. 4.2; zur Legaldefinition auch Art. 5 VwVG). 2142

Die **Qualifikation** eines Hoheitsakts hängt vom **Inhalt der Anordnung** und nicht von der gewählten Form ab (BGE 135 II 328 E. 2.2 [Verordnung über die Situation der Ferienhäuser am Ufer des Neuenburgersees]; VerwG ZH vom 15. März 2006, PB.2005.00058, E. 2.2). Ein (generell-abstrakter) Akt wird nicht allein deswegen zu einer Verfügung, weil er als solcher bezeichnet wird oder deren Formvoraussetzungen einhält (BVGer vom 14. April 2009, A-1543/2006, E. 6.1.2). Dabei dürfen das **Dispositiv** und die **Begründung** der Verfügung nie isoliert voneinander betrachtet werden, sondern vielmehr ist zur Auslegung des Dispositivs jeweils die Begründung der Verfügung heranzuziehen (BGE 131 II 13 E. 2.3; BGer vom 10. Juli 2003, 5P.428/2001, E. 4.3.2; BVGer vom 26. Mai 2011, B-6582/2010, E. 8.1). 2143

Massgebend ist, ob die **typischen inhaltlichen Strukturelemente** einer Verfügung vorliegen (sog. **materieller Verfügungsbegriff**; BGer vom 6. Juli 2001, 2A.111/1999, E. 3c/d; BVGE 2009/43 E. 1.1.4; BVGer vom 3. Jan. 2011, A-2160/2010, E. 1.3; vom 29. Juli 2010, A-6800/2009, E. 3.2; vom 8. Juni 2010, C-1454/2008, E. 2.2; vom 29. Sept. 2009, C-5058/2007, E. 1.1.1; vom 26. Aug. 2009, A-6006/2008, E. 6.4; vom 14. April 2009, A-1543/2006, E. 4.1; vom 18. Sept. 2008, A-8518/2007, E. 4.4; vom 10. Dez. 2007, B-16/2006, E. 1.3; VerwG ZH vom 11. Mai 2005, PB.2005.00002, E. 4.2; anders BGE 134 V 145 E. 3.2 [«formeller Verfügungsbegriff»]; kritisch zum formellen Verfügungsbegriff und der in BGE 134 V 145 ff. begründeten Praxis JÜRG BICKEL/MAGNUS OESCHGER, Der Verfügungsbegriff im ATSG, HAVE 2009, S. 166 ff.). **Charakteristisches Merkmal** einer Verfügung ist – insbesondere in Abgrenzung zu den generell-abstrakten Erlassen – deren **unmittelbare Vollziehbarkeit** (BGE 134 II 272 E. 3.2; VerwG ZH vom 26. Aug. 2010, VB.2010.00232, E. 4.3.2; vom 15. März 2006, PB.2005.00058, E. 2.2). 2144

Die Verfügung hat folgende **Strukturmerkmale** aufzuweisen: (1.) hoheitliche (einseitige) Anordnung einer Behörde, (2.) individuell-konkret, (3.) auf Rechtswirkungen ausgerichtet, (4.) verbindlich, erzwingbar und (5.) in Anwendung von öffentlichem 2145

Recht (BVGer vom 19. Juni 2007, A-3427/2007, E. 1.2, zusätzlich differenzierend zwischen Einseitigkeit und Hoheitlichkeit).

2146 Darüber hinaus ist auch auf das **Rechtsschutzinteresse** von Bedeutung: Danach ist ein individuell-konkreter Hoheitsakt hauptsächlich in jenen Fällen gegeben, in denen an der Anfechtbarkeit des Rechtsaktes ein erhöhtes Rechtsschutzinteresse besteht (BGE 138 I 6 E. 1.2, 137 V 210 E. 3.4.2.4, 130 I 369 E. 6.1, 126 I 250 E. 2d; ferner BGE 133 II 450 E. 2.1 [Talibanverordnung], 132 I 229 E. 4.4 [Vermögenssperre], 126 II 300 E. 1a [Weisungen betr. das Schiessen am Banntag]; BGer vom 8. Juni 2001, 2P.96/2000, E. 5). Allerdings vermag das Rechtsschutzinteresse die Begriffsmerkmale einer Verfügung nicht vollständig zu ersetzen, sondern ist lediglich ein im Interpretationsfall beizuziehendes Grundmotiv derselben (vgl. KÖLZ/BOSSHART/RÖHL, Vorbemerkungen zu §§ 4-31, Rz. 19; kritisch auch FELIX HAFNER, Verfügung als Risiko, in: Risiko und Recht, Festgabe zum Schweizerischen Juristentag 2004, Basel/Bern 2004, S. 262; vgl. auch BGE 130 I 369 E. 6.1; BVGer vom 1. April 2008, B-8057/2007, E. 2.4.1; RR AG vom 6. Nov. 2002, in: ZBl 2004 S. 218 E. 2c; vom 23. Mai 2001, in: AGVE 2001 S. 611 E. 1c).

2147 Eine Verfügung wirkt zwar grundsätzlich rechtsgestaltend, doch ist eine **Feststellungsverfügung**, mit welcher die Behörde eine Rechtslage lediglich feststellt, rechtsgestaltenden Verfügungen gleichgestellt (vgl. z.B. BVGE 2009/43 E. 1.1.4). Umfasst werden vom Verfügungsbegriff auch generell-konkrete Anordnungen, sogenannte **Allgemeinverfügungen**; sie werden, insbesondere was deren Eignung als Anfechtungsobjekt betrifft, wie **Verfügungen** behandelt (vgl. etwa BGE 134 II 272 E. 3.2, 126 II 300 E. 1a, 125 I 313 E. 2a, 119 Ia 141 E. 5c/cc).

2148 Eine **Verfügung** liegt auch dann vor, wenn die Vorinstanz es wegen Fehlens von Prozessvoraussetzungen ausdrücklich ablehnt, **auf ein Gesuch einzutreten** (BGE 125 I 313 E. 2a; BVGer vom 30. Jan. 2008, A-2723/2007, E. 1.1 [in: BVGE 2009/1 nicht publ. E.]). Ferner stellen ebenso **fehlerhaft eröffnete Verfügungen** individuell-konkrete Anordnungen dar; die Einhaltung der Formvorschriften ist nicht Voraussetzung, sondern Folge davon, dass eine Verfügung vorliegt (BVGE 2009/43 E. 1.1.6-1.1.11; BVGer vom 29. Juli 2010, A-6800/2009, E. 3.2). Der Inhalt **mitwirkungsbedürftiger Verfügungen** ergibt sich zwar nicht unmittelbar und ausschliesslich aus den massgeblichen Rechtsvorschriften, sondern ist von den Beteiligten auszuhandeln und weist damit vertragliche Elemente auf, dennoch werden solche Rechtsverhältnisse letztlich durch einseitigen Hoheitsakt begründet (z.B. BVGer vom 2. März 2009, A-6827/2008, E. 1.3.2, betr. Konzession). Als Verfügungen gelten ferner **Vollstreckungsverfügungen, Zwischenverfügungen, Einspracheentscheide, Beschwerdeentscheide**, Entscheide im Rahmen einer **Revision** und die **Erläuterung** (z.B. BVGer vom 18. Nov. 2009, B-4364/2009, E. 2.1; vgl. auch Art. 5 Abs. 2 VwVG).

2149 Dem Verfügungsbegriff kommen verschiedene **Funktionen** zu: Als Handlungsform der Verwaltung legt die Verfügung das verwaltungsrechtliche Rechtsverhältnis für die Beteiligten verbindlich und erzwingbar fest; sie bildet insoweit ein **Institut des materiellen Verwaltungsrechts**. Als Anfechtungsgegenstand und Sachentscheidvoraussetzung ist sie ein **Institut des Verwaltungsprozessrechts**, das den Zugang zum Rechtsmittelverfahren regelt (VerwG ZH vom 11. Mai 2005, PB.2005.00002, E. 4.2).

2. Strukturmerkmale

a) Hoheitliche Anordnung einer Behörde

Als staatliche Hoheitsakte ergehen Verfügungen in **Ausübung hoheitlicher Funktionen**, indem ein **Verwaltungsträger** dem Einzelnen gegenüber **übergeordnet** und **einseitig** auftritt; die Verfügung ist damit vom **verwaltungsrechtlichen Vertrag** abzugrenzen (VerwG GR vom 14. Juli 2009, R-09-25, E. 2b; UHLMANN, VwVG-Praxiskommentar, Art. 5 VwVG, Rz. 24 ff.; ferner Rz. 2940 ff.). 2150

aa) Hoheitlichkeit

Hoheitliche Tätigkeit liegt vor, wenn ein Rechtsverhältnis **einseitig** – im Gegensatz zum verwaltungsrechtlichen Vertrag – geregelt ist und das Gemeinwesen dem Privaten gegenüber **übergeordnet** auftritt (BGE 114 V 219 E. 3c). Die Behörde tritt übergeordnet auf, wenn diese einseitig Bedingungen festlegen, durch einseitige Willensäusserungen Pflichten auferlegen und entsprechend auch durchsetzen oder zwangsweise in die Rechtsstellung des Privaten eingreifen kann (BGE 126 III 431 E. 2c/bb [Anordnung einer Zwangsverwaltung über eine Liegenschaft]; VerwG BE vom 2. Feb. 2007, in: BVR 2007 S. 371 E. 3.2.5 [Anordnung einer fürsorgerischen Freiheitsentziehung]). Kann folglich der Private auf den Inhalt des Rechtsverhältnisses keinen oder nur einen sehr geringen Einfluss nehmen und hat er dieses – Rechtsweg ausgenommen – zu akzeptieren, unabhängig davon, ob er damit einverstanden ist oder nicht, liegt hoheitliches (einseitiges und übergeordnetes) Handeln vor (BGE 109 Ib 146 E. 2e; BGer vom 19. Feb. 2002, 4C.326/2001, E. 2b). 2151

Nicht alle Rechtsakte lassen sich eindeutig dem (zweiseitigen) Vertrag oder der (einseitigen) Verfügung zuordnen. In der Praxis finden sich **Kombinationen zwischen öffentlich-rechtlichem Vertrag und Verfügung** bei **Erschliessungsvereinbarungen** in Verbindung mit einer Baubewilligung (BGE 112 II 107 E. 1) oder bei **Anstellungsverhältnissen** im öffentlichen Dienst, wenn sie zwar durch eine mitwirkungsbedürftige Verfügung begründet, doch Fragen durch ergänzende Parteivereinbarung geregelt werden, die nicht generell-abstrakt und verbindlich normiert bzw. ihrer Natur nach nur schwer durch Verfügung festlegbar sind (VerwG ZH vom 14. Aug. 2002, PK.2002.00003, E. 2b; vom 6. Okt. 1983, in: ZBl 1984 S. 63 E. 2 a/aa und E. 2a/bb). Schliesslich weisen **Leistungsvereinbarungen** ähnlich wie **Konzessionen** häufig einen nicht dispositiven Verfügungsteil und einen dispositiven Vertragsteil auf (BGE 130 II 18 E. 3.1; BVGer vom 25. Feb. 2011, B-4528/2010, E. 2.2; VerwG ZH vom 11. Aug. 2010, VB.2009.00661, E. 2.2). 2152

Die **Konzession** wird mehrheitlich als ein gemischter Rechtsakt betrachtet, da sie sowohl **Elemente der Verfügung** als auch solche, die dem **(öffentlich-rechtlichen) Vertrag** zugeschrieben werden, beinhaltet. Zum Verfügungsteil gehören diejenigen Konzessionsbestimmungen, die durch das Gesetz weitgehend festgelegt sind und Pflichten des Konzessionärs regeln, an deren Erfüllung ein wesentliches öffentliches Interesse besteht. Vertraglich sind diejenigen Teile der Konzession, bei denen die Bestimmtheit der gesetzlichen Grundlage gering und damit der Spielraum für die Ausgestaltung des Konzessionsverhältnisses im einzelnen Fall gross ist (BVGer vom 15. Nov. 2011, A-8516/2010, E. 7.1). 2153

Praxis:

2154 – Die sog. **Zahlstellen-Register-Nummer (ZSR-Nr.)** wird von der santésuisse auf «Gesuch hin» erteilt. Verweigert die santésuisse einer privaten Spitex-Organisation die ZSR-Nr., weist diese Handlung keine vertraglichen Elemente im Sinne privatautonomer Gestaltung auf. Vielmehr liegt ein einseitiger, mit hoheitlichen Zügen ausgestatteter Akt vor, dessen Bedingungen von der privaten Spitex-Organisation nicht abgeändert werden können (BGE 132 V 303 E. 4.4.2).

2155 – Der Registerbetreiberin **Switch** kommt bei der **Zuteilung von Domain-Namen** keine Verfügungskompetenz zu. Zwar nimmt die Switch gemäss Fernmeldegesetz eine Verwaltungsaufgabe wahr, doch tritt die Switch gegenüber den Nutzern nicht hoheitlich auf. Die Zuteilung von Domain-Namen gehört zur Leistungsverwaltung, die keines Verwaltungszwangs bedarf. Die Registerbetreiberin überträgt den Nutzerinnen und Nutzern wie bis anhin die Domain-Namen durch privatrechtlichen Vertrag (BGE 131 II 162 E. 2.4).

2156 – **Einbürgerungsentscheide** sind hoheitliche Anordnungen, unabhängig davon, von welchem Organ diese ausgehen, ob diese politische Akte darstellen und ob dem hierfür zuständigen Organ ein grosses Ermessen eingeräumt wird (BGE 129 I 232 ff. und 129 I 217 ff.; ferner BGE 134 I 49 ff., 132 I 167 ff., 130 I 140 ff.).

2157 – Nach der bundesgerichtlichen Rechtsprechung ist die **öffentliche Beurkundung** eine amtliche, hoheitliche Tätigkeit und die Urkundsperson ein Verwaltungsträger, auch wenn nach kantonalem Recht ein freierwerbender Notar oder Anwalt damit beauftragt ist (BGE 128 I 280 E. 3).

2158 – Das Rechtsverhältnis zwischen der **Allgemeinen Plakatgesellschaft**, welcher von den städtischen Verkehrsbetrieben das Alleinrecht zum Anbringen von Reklamen an Fahrzeugen und Einrichtungen erteilt wurde, und den einzelnen privaten Kontrahenten untersteht zwar grundsätzlich dem Privatrecht. Haben sich indes die städtischen Verkehrsbetriebe in der der Plakatgesellschaft erteilten Konzession bezüglich der Verwendung von Aussenflächen von Bussen für Werbezwecke ein Genehmigungs- bzw. Vetorecht ausbedungen und gestützt hierauf eine umstrittene Buswerbung hoheitlich und autoritativ abgelehnt, liegt eine Verfügung vor, durch welche das beteiligte Gemeinwesen von der ihm in der Konzession vorbehaltenen Aufsichtsbefugnis in hoheitlicher Form Gebrauch macht, indem es den Abschluss eines mit der Plakatgesellschaft angestrebten Werbevertrags autoritativ untersagt (BGE 127 I 84 E. 4a).

2159 – Die **Schweizer Mustermesse AG** (gemischtwirtschaftliche AG nach Art. 762 OR) handelt bei der Verteilung von Standplätzen nicht hoheitlich (betr. internationale Kunstmesse ART in Basel). Es bestehen keine besonderen öffentlich-rechtlichen Vorschriften, welche diese Gesellschaft verpflichten würden, interessierte Private unter bestimmten Voraussetzungen als Aussteller zuzulassen, und die ihr überdies die Kompetenz gäben, über streitige Fragen des Benutzungsverhältnisses einseitig durch eine hoheitliche Verfügung zu entscheiden. Das für die Messeveranstaltungen bestimmte Gelände wurde der Schweizer Mustermesse AG bzw. ihrer Rechtsvorgängerin vom Kanton im Baurecht abgetreten und gehört damit nicht mehr zu jenen öffentlichen Flächen, welche allenfalls gestützt auf die Wirtschaftsfreiheit vorübergehend auch interessierten Privaten zur Verfügung gestellt werden müssten und worüber mittels Verfügung zu entscheiden wäre (BGE 126 I 250 E. 2).

2160 – Wird die **Vergabe eines Standplatzes auf einem öffentlichen, unter direkter Herrschaft des Gemeinwesens verbliebenen Areals** verweigert oder für die Nutzung Rechnung gestellt, hat darüber in der Regel das Gemeinwesen oder ein dafür beauftragter Verein auf dem Wege einer anfechtbaren Verfügung hoheitlich zu entscheiden (BGer vom 8. Juni 2001, 2P.96/2000, E. 5 [Verein «Braderie»]).

2161 – Die **Stiftungsaufsicht** ist **hoheitlicher Natur**, weil die entsprechenden Bestimmungen im ZGB der Aufsichtsbehörde die Kompetenz verleihen, von Amtes wegen in die Angelegenheiten einer Stiftung einzugreifen (BGE 96 I 406 E. 2c), was ebenso für die automatische **Auflösung einer Stiftung**, deren Zweck nicht mehr realisierbar ist, gilt (BGE 120 II 412 E. 1 und E. 2).

2162 – Die **Pachtlandzuteilung** einer Ortsgemeinde **hinsichtlich einer Alpliegenschaft** hat nicht in Verfügungsform zu ergehen, auch wenn die Ortsgemeinde Eigentümerin der Alpliegenschaft ist. Die Alpliegenschaft ist dem Finanzvermögen zuzuordnen und ihre Verwaltung ist somit grundsätzlich eine Angelegenheit des Privatrechts (Departement für Inneres und Militär SG vom 15. Feb. 2002, in: GVP 2002 Nr. 124 E. 7). Auch bei der **Abgabe von Immobilien** im Baurecht tritt das Gemeinwesen nicht hoheitlich, sondern als Privatsubjekt auf; es kann dabei im Rahmen der Finanzkompetenzen frei über die Vermögenswerte des Finanzvermögens verfügen. Die Tatsache, dass die Gemeinde vorerst ein förmliches Verfahren durchgeführt und am Ende mit einer Verfügung abgeschlossen hat, ändert daran nichts. Auf die Beschwerde ist deshalb mangels anfechtbaren Entscheids nicht einzutreten (VerwG GR vom 25. Jan. 2010, U-09-76, E. 1b).

- Mit der Anordnung der **Zwangsverwaltung über eine Liegenschaft** greift der Staat in hoheit- 2163
licher Funktion in die Rechte des Betroffenen ein (BGE 126 III 431 E. 2c).

- Die **Unique Flughafen Zürich AG** als gemischtwirtschaftliche Unternehmung nach Art. 762 2164
OR und Betreiberin des Flughafen Zürich kann zwar in gewissen Bereichen hoheitlich handeln; überträgt sie hingegen der SR Technics das Recht und die Pflicht, auf dem Flughafen Zürich bestimmten Bodenabfertigungstätigkeiten nachzugehen und erhebt sie dafür von der SR Technics «Nutzungsentgelte», kann sie in diesem Bereich nicht hoheitlich auftreten; es fehlt ihr die Befugnis, Gebühren zu erheben (BGer vom 15. April 2009, 2C_715/2008, E. 4).

- Gemäss Art. 18 Abs. 1 PG können Entscheide der **Post** über die Gewährung von **Vorzugsprei-** 2165
sen für die Beförderung von Zeitungen und Zeitschriften durch Beschwerde angefochten werden. Daraus schliesst die Praxis, dass die Post in diesem Bereich ausnahmsweise Verfügungsbefugnis hat und hoheitlich handeln kann (BVGer vom 8. März 2012, A-3049/2011, E. 1.1; vom 12. Mai 2009, A-6523/2008, E. 9.2.2; vom 23. April 2007, A-2039/2006, E. 2.2.2).

- Hoheitliches Handeln der **SBB AG** liegt vor, wenn die Anordnung unter den behördlichen 2166
Wirkungskreis der SBB AG fällt (REKO UVEK vom 17. Okt. 2000, in: VPB 65 [2001] Nr. 63 E. 5.3 [Verbot, Gratiszeitungen an Bahnhöfen zu verteilen]; BVGer vom 29. März 2011, A-7454/2009, E. 1.1.2 [Verbot, bestimmte Plakate an der Bahnhofswand aufzuhängen]).

- Die **SRG** handelt bei der **Akquisition und Ausstrahlung von Werbung** nicht hoheitlich, d.h. 2167
nicht im Rahmen einer ihr übertragenen öffentlich-rechtlichen Aufgabe (Programmauftrag), sondern grundsätzlich privatrechtlich. Da die SRG damit nicht im Rahmen einer ihr übertragenen öffentlich-rechtlichen Aufgabe handelt, ist sie ferner bundesrechtlich auch nicht verpflichtet, über die (Nicht-)Zulassung des Werbespots des Beschwerdeführers förmlich zu verfügen (BGE 136 I 158 E. 3.1, 123 II 402 E. 3).

- Die **Versorgung von Gemeindeeinwohnern mit Elektrizität** durch ein **Gemeindeelektrizi-** 2168
tätswerk kann nicht allein dadurch, dass eine öffentliche Aufgabe erfüllt wird und das Elektrizitätswerk in Form einer öffentlich-rechtlichen Anstalt konstituiert ist, also behördliches Handeln vorliegt, zur Schlussfolgerung führen, dass das Elektrizitätswerk hoheitlich auftritt. Es ist zu prüfen, ob die Anstaltsbenutzung bzw. Versorgung mit Elektrizität durch Gesetz oder Verwaltungsverordnung unabänderlich geregelt oder freier Gestaltung durch die Beteiligten auf dem Boden der Gleichberechtigung zugänglich ist. Legt die Anstalt die Bedingungen für die Stromlieferung einseitig in der Weise fest, dass beim Vorliegen der gleichen Umstände ohne Weiteres die gleichen Bedingungen gelten, tritt die Anstalt hoheitlich auf. Wo aber die Benutzungsordnung gestattet, wesentliche Einzelheiten des Bezugs, insbesondere das Entgelt, durch besondere Vereinbarung von Fall zu Fall verschieden zu gestalten, liegen Vertragsverhältnisse des Privatrechts vor (BGer vom 27. Sept. 1996, in: ZBl 1997 S. 410 E. 1b; vgl. auch BGE 105 II 234 E. 2; KG SG vom 17. Feb. 2010, BZ-2009-86, E. III/3).

- Die **Haftung nach Art. 429a ZGB** knüpft an eine hoheitliche Tätigkeit im Anschluss an eine 2169
widerrechtliche fürsorgerische Freiheitsentziehung an. Der Kanton tritt der oder dem Betroffenen im Rahmen des fürsorgerischen Freiheitsentzugs mit obrigkeitlicher Gewalt und nicht als gleichberechtigtes Rechtssubjekt gegenüber (VerwG BE vom 2. Feb. 2007, in: BVR 2007 S. 371 E. 3.2.5).

2170 – Wenn ein Gemeinwesen aus **Sicherheitsgründen Material auf den Parzellen eines Privaten** entfernen lässt, um erneute Überschwemmungen zu verhindern, tritt die Behörde dem Betroffenen gegenüber hoheitlich auf und legt einseitig Bedingungen fest; der Private unterliegt diesen Bedingungen, unabhängig davon, ob er damit einverstanden ist oder nicht (BGer vom 19. Feb. 2002, 4C.326/2001, E. 2b).

2171 – Ein **Kanton** kann **gegenüber dem andern Kanton nicht hoheitlich** handeln. Die **Unterstützungsanzeige** i.S.v. Art. 31 Abs. 1 ZUG stellt keine hoheitliche Verfügung dar; gleichwohl kommt ihr rechtsgestaltende Wirkung zu, indem sie den Kanton, an den sie gerichtet ist, rechtskräftig zum Kostenersatz verpflichtet, wenn dieser nicht mit einer Einsprache nach Art. 33 ZUG form- und fristgerecht dagegen reagiert (BGE 136 V 351 E. 2.3).

2172 – Im **sozialversicherungsrechtlichen Abklärungsverfahren** obliegt die Leitung des Verfahrens dem **Versicherungsträger** (Grundsatz des Amtsbetriebes); dieser hat einen Sozialversicherungsfall hoheitlich zu bearbeiten und mit dem Erlass einer materiellen Verfügung zu erledigen (BGE 136 V 113 E. 5.2).

2173 – Ist der **Medizinische Bezirksverein Bern-Stadt (MBV)** als privatrechtlicher Verein (Art. 60 ff. ZGB), welcher in Zusammenarbeit mit den zuständigen Behörden der Gemeinde Bern einen ständigen ärztlichen Notfalldienst organisiert, gemäss Gesetz nicht befugt, Gebührenverfügungen zu erlassen, liegt diesbezüglich kein hoheitliches Handeln vor. Weigert sich ein Arzt, der Notfalldienstpflicht nachzukommen, darf der private Verein diesen nicht zur Zahlung einer Ersatzabgabe verpflichten. Das zuständige kantonale Amt hat hierüber eine hoheitliche Verfügung zu erlassen, welche mit den ordentlichen Rechtsmitteln anfechtbar ist (VerwG BE vom 15. Nov. 2004, in: BVR 2005 S. 372 E. 2; vgl. auch BGer vom 25. Okt. 2011, 2C_807/2010, E. 2.6).

2174 – Streiten sich **zwei Unfallversicherer** über die zu erbringenden Leistungen, kann **kein Unfallversicherer gegenüber dem andern die Zuständigkeitsfrage hoheitlich** in seinem Sinn regeln. Prozessual wird dem dadurch Rechnung getragen, dass insbesondere solche gestützt auf die angenommene fehlende Zuständigkeit erlassene Ablehnungsverfügungen und Einspracheentscheide nebst dem Versicherten nach Art. 129 UVV auch dem konkurrierenden Unfallversicherer zu eröffnen sind. Bei einem negativen Kompetenzkonflikt hat das BSV eine Verfügung zu erlassen, gegen welche vom betreffenden Unfallversicherer Beschwerde erhoben werden kann (BGE 125 V 324 E. 1b).

2175 – Aufgrund des **Territorialitätsprinzips** kann eine wirksame und effiziente **kantonale Aufsicht über private oder öffentliche Behandlungsstellen** (Therapieeinrichtungen für betäubungsmittelabhängige Personen) durch die entsprechenden Behörden nur in der Schweiz erfolgen. Die schweizerischen Behörden verfügen nicht über die Kompetenz, bei Schwierigkeiten mit im Ausland tätigen Behandlungsstellen hoheitlich intervenieren zu können (BVGer vom 13. März 2009, C-4682/2007, E. 7.2.3).

2176 – Derjenige Arbeitgeber, der obligatorisch zu versichernde Arbeitnehmer beschäftigt, hat eine in das Register für die berufliche Vorsorge eingetragene **Vorsorgeeinrichtung** zu errichten oder sich einer solchen anzuschliessen. Kommt der Arbeitgeber trotz behördlicher Aufforderung nach Ablauf der gesetzlichen Frist dieser Pflicht nicht nach, wird er der Auffangeinrichtung zum Anschluss gemeldet. Die Auffangeinrichtung kann sodann einen zwangsweisen Anschluss hoheitlich mittels Verfügung vollziehen (BGer vom 2. Sept. 2009, 9C_655/2008, E. 4.1).

2177 – Führt ein **Mitarbeiter des Bauamts** wegen einer verstopften **Abwasserleitung eine Leitungsspülung** durch und stellt das zuständige Bauamt für das Spülen der Schmutzwasserleitung einen gewissen Betrag in Rechnung, liegt zwar formell behördliches Handeln vor; massgebend ist jedoch, ob die Gemeinde hoheitlich (einseitig, verpflichtend) aufgetreten ist, was vorliegend verneint werden kann. Der Angestellte der politischen Gemeinde wurde im Auftrag des Privaten tätig; dieser hätte den Auftrag ohne Weiteres auch einem anderen Sanitärinstallateur, der entsprechend ausgerüstet ist, erteilen können (Verwaltungsrekurskommission SG vom 13. Dez. 2007, in: GVP 2007 Nr. 69 E. 3b).

bb) Behörde

Verfügungen ergehen regelmässig von **staatlichen Organen oder Behörden**, ausser **private** bzw. **dezentralisierte Verwaltungsträger** sind in gesetzmässiger Weise damit betraut, Verwaltungsaufgaben zu erfüllen (BGE 135 II 38 E. 4.4). Demnach ist **Behörde** jeder Akteur, der unmittelbar Verwaltungsaufgaben erfüllt bzw. jede Person, die mit der Erfüllung von Staatsaufgaben betraut ist und dabei – in Erfüllung der Verwaltungsaufgabe – ein Rechtsverhältnis einseitig regeln kann (**«materieller Behördenbegriff»**; vgl. BGE 121 II 454 E. 2b; BGer vom 15. April 2009, 2C_715/2008, E. 3; BVGE 2009/43 E. 1.1.4; BVGer vom 29. März 2011, A-7454/2009, E. 1.1.1; vom 10. Juni 2009, A-8222/2008, E. 1.2). 2178

Wer zur **Erfüllung einer Staatsaufgabe** sachlich, örtlich und funktionell zuständig ist, ist grundsätzlich auch zuständig, damit verbundene Verwaltungsrechtsverhältnisse durch Verfügung zu regeln (BGE 115 V 375 E. 3a; BGer vom 15. April 2009, 2C_715/2008, E. 3.2; BVGE 2009/43 E. 1.1.4; BVGer vom 29. März 2011, A-7454/2009, E. 1.1.1), was nach umstrittener Praxis selbst dann gelten soll, wenn das Gemeinwesen einem privatrechtlichen Verein keine Kompetenzen übertragen hat, hoheitlich über die Benützung des öffentlichen Grundes zu bestimmen bzw. darüber Verfügungen zu erlassen (BGer vom 8. Juni 2001, 2P.96/2000, E. 5 [Verein «Braderie»]). 2179

Die **Verfügungsbefugnis** reicht grundsätzlich so weit, als für die Übertragung der Aufgabe eine gesetzliche Grundlage vorliegt und diese die Berechtigung zu einseitiger verbindlicher Regelung allfälliger Rechtsverhältnisse mit enthält (BGer vom 15. April 2009, 2C_715/2008, E. 3.2). Ob eine Verfügungsbefugnis besteht, ist demnach im Rahmen der gesetzlichen Grundlage zu ermitteln bzw. durch Auslegung der betreffenden Normen zu bestimmen (BGer vom 15. April 2009, 2C_715/2008, E. 4). Die Praxis lässt davon die Ausnahme zu, wenn die betreffende Anordnung zur Durchsetzung der Sachherrschaft im engeren Sinn erforderlich ist (Verbot der SBB AG, auf dem Bahnhofsareal Plakate aufzuhängen [BVGer vom 29. März 2011, A-7454/2009, E. 1.1.2] oder Gratiszeitungen zu verteilen [REKO UVEK vom 17. Okt. 2000, in: VPB 65 [2001] Nr. 63 E. 5.3 und E. 5.4]. 2180

Trotz **Verwaltungsbefugnis entfällt die Verfügungsbefugnis**, wenn das Gesetz andere verwaltungsrechtliche Handlungsformen vorschreibt (namentlich die Form des verwaltungsrechtlichen Vertrages) oder wenn das Rechtsverhältnis unter das Zivilrecht fällt (BVGer vom 10. Juni 2009, A-8222/2008, E. 1.2). Gleich wie die Übertragung einer öffentlichen Aufgabe bedarf demnach die Verfügungsbefugnis eine gesetzliche Grundlage (BGE 135 II 38 E. 4.4; BGer vom 15. April 2009, 2C_715/2008, E. 3.2); fehlt eine Berechtigung zu einseitig verbindlicher Regelung oder ist diese spezialgesetzlich wegbedungen worden, kann das Verwaltungsrechtsverhältnis nicht mittels Verfügung geregelt werden (vgl. BGE 115 V 375 E. 3b; BGer vom 15. April 2009, 2C_715/2008, E. 3.2). 2181

Praxis:

- Das Schreiben der **ComCom**, mit dem diese einerseits feststellt, die Tele 2 könne im Verfahren um die Erneuerung der Frequenzen der Swisscom, Orange und Sunrise keine Parteirechte nach dem VwVG beanspruchen, und andererseits festhält, dass für Tele 2 weder im Bereich von 2182

900 MHz noch in demjenigen von 1800 MHz freie Frequenzen verfügbar seien, stellt eine Verfügung dar. Gemäss Art. 1 Abs. 2 lit. d VwVG gelten die eidgenössischen Kommissionen als Behörden. Der Brief erging ohne Zustimmung der Beschwerdeführerin und daher einseitig (BVGer vom 19. Juni 2007, A-3427/2007, E. 1.3).

2183 – Die **Interkantonale Lotterie- und Wettkommission (Comlot)** ist eine Behörde und kann der «Swisslos Interkantonale Landeslotterie» eine Zulassungsbewilligung für eine bestimmte Lotterie erteilen, gegen die Beschwerde bei der Rekurskommission Interkantonale Vereinbarung Lotterien und Wetten erhoben werden kann (BGE 137 II 164 ff.).

2184 – Der Registerbetreiberin **Switch** nimmt bei der **Zuteilung von Domain-Namen** zwar gemäss Fernmeldegesetz eine Verwaltungsaufgabe wahr, doch tritt die Switch gegenüber den Nutzern nicht hoheitlich auf und kann ihnen gegenüber nicht verfügen (BGE 131 II 162 E. 2.4).

2185 – Die **Stiftung Auffangeinrichtung BVG** ist eine Behörde im Sinne von Art. 33 lit. h VGG, zumal sie im Bereich der beruflichen Vorsorge öffentlich-rechtliche Aufgaben des Bundes erfüllt und von den Arbeitgebern nicht bezahlte Beiträge einfordern kann (BVGer vom 29. Nov. 2011, C-8115/2009, E. 1.2).

2186 – Die **SRG** stellt grundsätzlich eine Behörde im Sinne von Art. 1 Abs. 2 lit. e VwVG dar und kann im Rahmen des Programmauftrages, nicht hingegen bei der Akquisition und Ausstrahlung von Werbung, hoheitlich handeln (BGE 136 I 158 E. 3.1, 123 II 402 E. 2b/bb und E. 3).

2187 – Die **Eidgenössische Elektrizitätskommission (ElCom)** gehört zu den Behörden nach Art. 33 lit. f VGG und ist verfügungsberechtigt (z.B. BVGer vom 4. Mai 2011, A-1682/2010, E. 1.1).

2188 – Die **Stiftung ombudscom** ist als Schlichtungsstelle der Telekombranche gemäss Art. 12c Abs. 1 sowie Art. 42 Abs. 1 FDV eine Organisation ausserhalb der Bundesverwaltung, die in Erfüllung ihr übertragener öffentlich-rechtlicher Aufgaben des Bundes verfügt. Sie ist eine Vorinstanz des Bundesverwaltungsgerichts gemäss Art. 33 lit. h VGG (BVGer vom 23. Aug. 2011, A-8603/2010, E. 1.2).

2189 – Eine **Unfallversicherung**, die Daten als Versicherungsunternehmen i.S.v. Art. 68 Abs. 1 lit. a UVG bearbeitet, nimmt diesbezüglich eine öffentliche Aufgabe wahr, wird insofern als Behörde tätig und kann in diesem Rahmen hoheitlich handeln (BVGer vom 8. Aug. 2007, A-7367/2006, E. 1.1).

2190 – Die **SUVA** ist eine Behörde im Sinne des VwVG, welche Verfügungen gestützt auf öffentliches Recht des Bundes erlassen kann (BGE 115 V 297 E. 2b).

2191 – Nach der bundesgerichtlichen Rechtsprechung ist die **öffentliche Beurkundung** eine amtliche Tätigkeit und die **Urkundsperson ein Verwaltungsträger**, auch wenn nach kantonalem Recht ein freierwerbender Notar oder Anwalt damit beauftragt ist (BGE 128 I 280 E. 3).

2192 – Der **Skyguide** sind im Bereich der Flugsicherung öffentlich-rechtliche Aufgaben des Bundes übertragen worden und sie gelten im Sinne von Art. 19 VG (Verantwortlichkeit des Bundes) sowie von Art. 33 lit. h VGG als Bundesbehörde (BGer vom 24. Okt. 2011, 2C_303/2010, E. 2.1; BVGer vom 19. Feb. 2010, A-3524/2008, E. 2.1).

2193 – Der **Medizinische Bezirksverein Bern-Stadt (MBV)** als privatrechtlicher Verein (Art. 60 ff. ZGB) organisiert in Zusammenarbeit mit den zuständigen Behörden der Gemeinde Bern einen ständigen ärztlichen Notfalldienst und kann gemäss Statuten Gebühren von denjenigen Ärzten erheben, die keinen Notfalldienst leisten wollen. Obwohl der Verein grundsätzlich eine öffentliche Aufgabe wahrnimmt und ein Verwaltungsträger darstellt, ist er gemäss Gesetz nicht befugt, (hoheitlich) Gebührenverfügungen zu erlassen (VerwG BE vom 15. Nov. 2004, in: BVR 2005 S. 372 E. 2).

2194 – Der Gesetzgeber des Kantons Thurgau hat der **Ärztegesellschaft** entsprechende Kompetenzen im Hinblick auf die Regelung des Notfalldienstes (als öffentliche Aufgabe) übertragen. Diese tritt gegenüber den Ärzten hoheitlich, kraft der ihr übertragenen Kompetenzen, auf ungeachtet dessen, ob diese ihre Mitglieder sind oder nicht und kann von diesen grundsätzlich eine Ersatzabgabe erheben, wenn sie keinen Notfalldienst leisten wollen (BGer vom 25. Okt. 2011,

2C_807/2010, E. 2.6 [in casu war allerdings die Ärztegesellschaft mangels hinreichend bestimmter Gesetzesgrundlage nicht befugt, die Höhe der Ersatzabgabe in ihrem Reglement festzulegen und von den Ärzten eine entsprechende Abgabe zu verlangen]).

- Die **Industriellen Werke Basel** sind als Anstalt des öffentlichen Rechts mit der Energie- und Trinkwasserversorgung betraut. Sie sind befugt, die Lieferung von Energie und Trinkwasser einzustellen (sog. Liefersperre), wenn nach der zweiten Mahnung eine rechtskräftig festgesetzte Gebühr nicht bezahlt wird, sofern die Einstellung der Lieferung für Dritte, die in keinem Benützungsverhältnis zum Kanton stehen, keine unzumutbare Härte bedeutet. Derartige Anordnungen stellen Verfügungen dar und sind auch den Mietern gegenüber zu eröffnen (BGer vom 15. Dez. 2010, 2C_450/2010, E. 1 und E. 5.3). 2195
- Die **kantonale Aufsichtsbehörde** über die Vorsorgeeinrichtungen kann die Stadt Zürich in ihrer Eigenschaft als Arbeitgeberin nicht hoheitlich verpflichten, Beiträge zu leisten, sondern nur die betreffende Pensionskasse dazu anhalten, bei den Arbeitgebern Beiträge einzufordern (BGer vom 25. März 2010, 9C_743/2009, E. 1.2). 2196
- Die **SBB AG** als spezialgesetzliche öffentlich-rechtliche Aktiengesellschaft ist zwar mit öffentlichen Aufgaben des Bundes betraut. Die Behördeneigenschaft kommt der SBB AG jedoch nicht für ihren gesamten Tätigkeitsbereich zu. Sie erbringt im Rahmen des Personentransports grundsätzlich wirtschaftliche Leistungen und handelt nicht hoheitlich, sondern privatrechtlich; es liegen folglich zivilrechtliche Streitigkeiten vor (BGE 136 II 489 E. 2.4; BVGer vom 14. Dez. 2009, A-2742/2009, E. 2.2 und E. 2.3 [Kontroll- oder Taxzuschläge]). Dasselbe gilt betr. Fundsachen, obwohl die Verordnung über die Personenbeförderung (VPB) diesbezüglich bestimmte Rechte und Pflichten der Transportunternehmungen, des Finders und des Verlierers von Gegenständen regelt (Art. 72 VPB). Es handelt sich dabei um Nebenpflichten aus Personentransportverträgen, weshalb eine privatrechtliche Streitigkeit vorliegt (BGE 102 Ib 314 E. 3a sowie BVGer vom 3. Sept. 2007, A-420/2007, E. 1.4). Entsprechend ist die SBB AG im Rahmen ihrer privatrechtlichen Tätigkeit (Bearbeitung von Kundendaten) nicht verfügungsberechtigt (BVGer vom 3. Sept. 2007, A-420/2007, E. 1.2 und E. 2.3). Hoheitliches (öffentlichrechtliches) Handeln liegt hingegen vor, wenn die Anordnung unter den behördlichen Wirkungskreis der SBB AG fällt und zur Ausübung der Sachherrschaft erforderlich ist (BVGer vom 29. März 2011, A-7454/2009, E. 1.1.2 [Verbot, bestimmte Plakate an der Bahnhofswand aufzuhängen]; REKO UVEK vom 17. Okt. 2000, in: VPB 65 [2001] Nr. 63 E. 5.3 [Verbot, Gratiszeitungen an Bahnhöfen zu verteilen]). 2197
- Die **SBB AG**, welche von einem Privaten für die Fahrt mit dem Zug einen **Kontrollzuschlag** verlangen will, kann diesen Betrag nicht mittels Verfügung einfordern. Im Zusammenhang mit Tariffragen ist das **Bundesamt für Verkehr (BAV)** befugt, auf eigene Veranlassung oder auf Anzeige hin zu prüfen, ob die Tarife an sich rechtskonform sind. Innerhalb dieser Aufsichtskompetenz ist sie sodann ermächtigt, jegliche Art von Beschlüssen oder Anordnungen der Transportunternehmung gegebenenfalls aufzuheben bzw. im Zusammenhang damit Massnahmen (hoheitlich) anzuordnen. Aufsichtsentscheide nach dem Transportgesetz zählen – wie behördliche Aufsichtstätigkeiten im Allgemeinen – zum öffentlichen Recht, und zwar unabhängig davon, ob die Erhebung des Zuschlages im Einzelfall dem öffentlichem Recht oder dem Zivilrecht zuzuordnen ist (BGE 136 II 457 E. 2.2; vgl. auch BVGer vom 14. Dez. 2009, A-2742/2009, E. 2.2 und E. 2.3). 2198
- Die **Post** als selbstständige Anstalt des öffentlichen Rechts schliesst mit ihren Kunden grundsätzlich privatrechtliche Verträge ab, selbst wenn sie im Bereich der sog. reservierten Dienste tätig ist und damit eine öffentliche Aufgabe bzw. eine Verwaltungsaufgabe wahrnimmt (BGE 129 III 35 E. 4.1). **Ausnahme**: Gemäss Art. 18 Abs. 1 PG können Entscheide der Post über die Gewährung von **Vorzugspreisen** für die Beförderung von Zeitungen und Zeitschriften durch Beschwerde angefochten werden. Daraus schliesst die Praxis, dass die Post in diesem Bereich ausnahmsweise hoheitlich handeln und Verfügungen erlassen kann (BVGer vom 8. März 2012, A-3049/2011, E. 1.1; vom 12. Mai 2009, A-6523/2008, E. 9.2.2; vom 23. April 2007, A-2039/2006, E. 2.2.2). 2199

2200 – Das **Schreiben eines Stiftungsrates einer Klinik**, mit welchem dieser die Gründe für seinen Austritt aus dem Stiftungsrat darlegt und dem Chefarzt der Klinik ein unredliches Verhalten vorwirft, stellt keine Verfügung dar. Dass der Chefarzt die in diesem Brief geäusserte Meinung als Eingriff in seine Persönlichkeit empfindet, macht das Schreiben ebenso wenig zur behördlichen Anordnung, wie der Gebrauch von Amtspapier und die Unterschrift (KG GR vom 29. April 2009, SK2-09-15, E. 2b).

2201 – Nach Art. 23 quater BankG bzw. Art. 137 KAG kann die **FINMA** eine unabhängige und fachkundige Person damit beauftragen, den aufsichtsrechtlich relevanten Sachverhalt abzuklären oder angeordnete aufsichtsrechtliche Massnahmen umzusetzen. Die Berichterstattung des Untersuchungsbeauftragten hat keinen zwingenden Charakter; hoheitlich entscheidende Behörde ist und bleibt die FINMA (BVGer vom 30. März 2009, B-7734/2008, E. 5.2).

2202 – Die **Schweizerische Inkassostelle für Radio- und Fernsehempfangsgebühren (Billag AG)** erlässt für das ganze Gebiet der Schweiz in Anwendung von Art. 69 Abs. 1 RTVG und Art. 65 Abs. 2 lit. b RTVV erstinstanzlich Verfügungen über die Erhebung der Empfangsgebühren, welche beim Bundesamt für Kommunikation (BAKOM), danach beim Bundesverwaltungsgericht und letztinstanzlich beim Bundesgericht angefochten werden können (BGE 130 III 524 E. 1.2; BVGer vom 13. April 2012, A-2811/2011, E. 3.1).

2203 – Die **santésuisse** (ehemals: Konkordat der Schweizerischen Krankenversicherer) nimmt im Bereich der Verwaltung der sog. Zahlstellen-Register-Nummer (ZSR-Nr.) eine staatliche Aufgabe war und kann diesbezüglich auch hoheitlich handeln (BGE 132 V 303 E. 4.4.2).

2204 – Die **Allgemeine Plakatgesellschaft (APG)**, welcher von den städtischen Verkehrsbetrieben mittels Konzession das Alleinrecht zum Anbringen von Reklamen an Fahrzeugen übertragen wurde, tritt gegenüber den einzelnen privaten Kontrahenten nicht hoheitlich auf. Wenn die Plakatgesellschaft den Abschluss eines Vertrages mit einem interessierten Privaten ablehnt, liegt darin kein hoheitlicher Akt, gegen den Beschwerde geführt werden kann (BGE 127 I 84 E. 4a).

2205 – Für die Anerkennung vom ausländischen Staat ausgestellter oder anerkannter ausländischer Diplome oder Ausweise von Osteopathen zuständige Behörde ist die **Gesundheitsdirektorenkonferenz**, die darüber verbindlich verfügen kann. Die entsprechenden Anerkennungsentscheide können bei der Rekurskommission der Schweizerischen Konferenz der kantonalen Erziehungsdirektoren und der Schweizerischen Konferenz der kantonalen Gesundheitsdirektoren (Rekurskommission EDK/GDK) angefochten werden (BGer vom 2. Dez. 2011, 2C_654/2011, E. 3.1).

2206 – Die Rechtsbeziehungen der **Schweizerischen Mustermesse AG** (gemischtwirtschaftliche Unternehmung im Sinne von Art. 762 OR) und einem Aussteller betr. die Zuteilung von Standplätzen unterstehen den einschlägigen Regeln des Privatrechts, soweit keine anderslautenden Vorschriften bestehen. Das für die Messeveranstaltungen bestimmte Gelände wurde der Schweizer Mustermesse AG bzw. ihrer Rechtsvorgängerin vom Kanton im Baurecht abgetreten und gehört damit nicht mehr zu jenen öffentlichen Flächen, welche allenfalls gestützt auf die Wirtschaftsfreiheit vorübergehend auch interessierten Privaten zur Verfügung gestellt werden müssen (BGE 126 I 250 E. 2).

2207 – Die **Unique** Flughafen Zürich AG als gemischtwirtschaftliche Unternehmung nach Art. 762 OR und Betreiberin des Flughafen Zürichs stellt eine Behörde im Sinne des VwVG dar. Sie nimmt mit dem Betrieb eines dem öffentlichen Verkehr dienenden Flughafens eine öffentliche Aufgabe des Bundes wahr, die einer entsprechenden Konzession durch den Bund bedarf (BGer vom 15. April 2009, 2C_715/2008, E. 4).

2208 – Eine **Gemeindevereinigung**, die sich durch vertragliche Vereinbarung zur gemeinsamen Entsorgung von Kehricht und Altpapier zusammengeschlossen hat, ohne eine öffentlich-rechtliche Körperschaft oder einen Zweckverband zu bilden, ist keine Behörde und dementsprechend nicht zum Erlass von Verfügungen befugt. Eine von einer solchen Gemeindevereinigung als Verfügung eröffnete hoheitliche Anordnung ist nichtig (VerwG SG vom 23. Jan. 2007, in: GVP 2007 Nr. 6 E. 1.1).

b) Individuell-konkret

aa) Begriff

Die Verfügung als Einzelakt richtet sich an einen **Einzelnen** oder an eine **bestimmte Anzahl von Adressaten** («individuell»); sie enthält eine (verbindliche) Anordnung, durch die eine **bestimmte Rechtsbeziehung** («konkret») rechtsbegründend, -aufhebend, -gestaltend oder -feststellend geregelt wird (BGE 135 II 38 E. 4.3, 131 II 13 E. 2.2, 125 I 313 E. 2a, 121 II 473 E. 2a). Eine Verfügung ist demnach eine **individuell-konkrete** Anordnung, mit welcher das Recht auf einen konkreten Fall (eventuell eine bestimmte Mehrzahl von Fällen) und einen (oder eine bestimmte Mehrzahl von) individuellen Adressaten angewendet wird (BVGer vom 10. Juni 2009, A-8222/2008, E. 1.2; vom 14. April 2009, A-1543/2006, E. 4.3; VerwG GR vom 14. Juli 2009, R-09-25, E. 2b). 2209

Unter Berücksichtigung der **Allgemeinverfügung**, das heisst von Anordnungen, die sich zwar an unbestimmt viele Personen wenden (generell), aber einen bestimmten Sachverhalt (konkret) betreffen (BGE 134 II 272 E. 3.2, 126 II 300 E. 1a, 125 I 313 E. 2a, 119 Ia 141 E. 5c/cc, 112 Ib 249 E. 2b; vgl. Rz. 2227 ff.), liegt der entscheidende Unterschied zwischen Einzelakt und Rechtssatz in der Qualifikation als **«konkret»** bzw. **«abstrakt»** und weniger in derjenigen als «individuell» bzw. «generell» (BVGer vom 14. April 2009, A-1543/2006, E. 4.1-4.4). Ob eine staatliche Anordnung konkreter oder abstrakter Natur ist, beurteilt sich danach, inwiefern das **Anordnungsobjekt bestimmt bzw. bestimmbar** ist (TOBIAS JAAG, Die Allgemeinverfügung im schweizerischen Recht [zit. Allgemeinverfügung], ZBl 1984, S. 440 ff.; dazu auch Rz. 333 ff.). 2210

Mit einer Verfügung wird ein **bestimmtes Rechtsverhältnis** bzw. ein **bestimmter, räumlich und zeitlich abgegrenzter Lebenssachverhalt** verbindlich geregelt (BGE 125 I 313 E. 2a, 121 II 473 E. 2a; BVGer vom 14. April 2009, A-1543/2006, E. 4.3). **Anordnungsobjekt** bildet dabei diejenige Sache gegenständlicher oder nichtgegenständlicher Natur, welche Gegenstand der den Adressaten auferlegten Rechten oder Pflichten bildet (VerwG ZH vom 30. Sept. 2009, VB.2009.00376, E. 3.2.2). Dies gilt ebenso für eine Feststellungsverfügung, welche sich auf bestimmte Sachverhalte bezieht und nicht die abstrakte Beurteilung einer Rechtsfrage zum Inhalt haben darf (BGE 131 II 13 E. 2.2; BGer vom 6. Juli 2001, 2A.111/1999, E. 3a; BVGer vom 14. April 2009, A-1543/2006, E. 4.3; zur Feststellungsverfügung Rz. 2383 ff.). 2211

Demgegenüber sind **Erlasse** (Rechtssätze) Anordnungen genereller und abstrakter Natur, die für eine unbestimmte Vielzahl von Personen gelten und eine unbestimmte Vielheit von Sachverhalten regeln ohne Rücksicht auf einen bestimmten Einzelfall oder auf eine einzelne Person, das heisst die letztlich Allgemeinverbindlichkeit beanspruchen (BGE 135 II 38 E. 4.3, 125 I 313 E. 2a; BVGer vom 14. April 2009, A-1543/2006, E. 4.3 und E. 4.4). Zu berücksichtigen ist, dass unter Umständen Rechtssätze auch konkrete (nicht rechtsetzende) Bestimmungen enthalten, weil je nach zu regelnder Angelegenheit die Abgrenzung zu den Einzelakten schwierig und die Übergänge fliessend sind (vgl. Rz. 294). 2212

Ein **Einzelakt** lässt sich ferner – in Abgrenzung zu einem generell-abstrakten Rechtssatz – dadurch charakterisieren, dass er dermassen spezifiziert und typisiert ist, dass er sich **unmittelbar vollziehen** lässt (BGE 134 II 272 E. 3.2, 125 I 313 E. 2a; VerwG 2213

ZH vom 26. Aug. 2010, VB.2010.00232, E. 3.3.2; vom 15. März 2006, PB.2005.00058, E. 2.2; KÖLZ/BOSSHART/RÖHL, Vorbemerkungen zu §§ 4-31, Rz. 16). Entsprechend qualifiziert die Praxis Beschlüsse, die ohne weitere Konkretisierungsverfügungen unmittelbar durchsetzbar sind, häufig als Einzelakte (RR OW vom 4. Juli 2000, in: VVGE 2000/01 Nr. 3 E. 1c [einmalige Erhöhung der Löhne]). Die unmittelbare Vollziehbarkeit ist damit ein entscheidende Kriterium dafür, ob ein individueller Akt genügend konkretisiert ist, um als Verfügung zu gelten (VerwG ZH vom 26. Aug. 2010, VB.2010.00232, E. 4.3.2).

2214 Aufgrund der **Bestimmtheit** des **Anordnungsobjekts** sind folgende Anordnungen **individuell-konkreter Natur**:

Praxis:

2215 – **Genehmigung** bzw. die **Nichtgenehmigung** von generell-abstrakten Erlassen, Reglementen und dergleichen, die sich an ein untergeordnetes Gemeinwesen oder an einen privaten oder dezentralen Verwaltungsträger richtet. Dieser Entscheid erfüllt gegenüber der Korporation oder Organisation, welche die fragliche Regelung getroffen hat, die Merkmale einer Verfügung (BGE 135 II 38 E. 4.6; BGer vom 13. Mai 2008, 2C_527/2007, E. 2 [Genehmigung eines urheberrechtlichen Verteilungsreglements gegenüber der SUISA]; anders VerwG SZ vom 28. Sept. 2001, in: EGVSZ 2001 S. 154 E. 2f. [Nichtgenehmigung einer Kirchenverfassung durch den Kantonsrat]; vgl. auch BGer vom 18. Dez. 2007, 9C_599/2007, E. 1.1: Die Genehmigung von Prämientarifen durch den Bundesrat ist aus der Optik des Versicherten grundsätzlich generell-abstrakter Natur, weist jedoch gegenüber den Krankenkassen die Merkmale einer Verfügung auf).

2216 – **Streichung aus der Talibanverordnung**; der Gesuchsteller ist unmittelbar und speziell in Grundrechtspositionen berührt; sein Antrag auf Streichung aus der im Anhang 2 sich befindenden Personenliste wurde mit Erlass einer Verfügung beantwortet, obwohl er im Grunde genommen die Abänderung eines generell-abstrakten Erlasses begehrt (BGE 133 II 450 E. 2.1).

2217 – **Vermögenssperre**, wenn das Guthaben festgelegt ist und nur eine bestimmte Person bzw. bestimmte Güter betrifft; bei einer Vielzahl von Personen und verschiedenen Gütern liegt ein (generell-abstrakter) Erlass vor (BGE 132 I 229 E. 4).

2218 – **Einbürgerungsentscheide** (BGE 129 I 217 E. 2.2, 129 I 232 E. 3.3).

2219 – **Spitalliste**, die ein Bündel von Individualverfügungen darstellt (BVGer vom 2. April 2012, C-5301/2010, E. 3.2.6).

2220 – **Waffenerwerbsschein** gemäss Art. 8 WG, mit welchem von der Behörde hoheitlich festgestellt wird, dass der Antragsteller im fraglichen Zeitpunkt die Bedingungen zum Erwerb einer Waffe erfüllt bzw. kein Hinderungsgrund gemäss Art. 8 Abs. 2 WG vorliegt (BGer vom 30. März 2001, 2A.358/2000, E. 5a; VerwG ZH vom 19. März 2009, VB.2008.00560, E. 2.2).

2221 – **Zuweisung einer bestimmten Abwasserreinigungsanlage** zu jeweils einer bestimmten Aufbereitungs- oder Entsorgungsanlage (VerwG ZH vom 12. Mai 2004, VB.2004.00034, E. 1.2).

2222 – Eine **Konzession** für Spielbanken; werden hingegen in einer Konzession **Bedingungen** festgelegt, welche im Hinblick auf eine mögliche Abgabeermässigung eingehalten werden müssen und die alle Spielbanken betreffen, handelt es sich hierbei um generell-abstrakte Anordnungen (BVGer vom 14. April 2009, A-1543/2006, E. 6.1.2).

2223 – Der **Entscheid des Bundesamtes** für Migration über das **Gesuch um Kantonswechsel**; es wird eine konkrete Rechtsbeziehung im Hinblick auf eine Person verbindlich geregelt (BVGer vom 13. Feb. 2009, D-7775/2006, E. 1.2).

- Eine **Baubewilligung**; sie bezieht sich in Anwendung von Verwaltungsrecht auf einen konkreten Fall und richtet sich zumeist an einen individuellen Adressaten (VerwG GR vom 14. Juli 2009, R-09-25, E. 2b). 2224
- Das Schreiben an den Beschwerdeführer mit der Aufforderung, **Unterhaltsarbeiten an einem Flugzeug** zu tätigen; es wurde ein spezifischer Sachverhalt geregelt und es war an eine Person gerichtet (BVGer vom 11. Dez. 2008, A-5530/2008, E. 2.2 [in casu enthielt das betreffende Schreiben hingegen keine auf Rechtswirkungen ausgerichtete Anordnungen]). 2225
- Eine **aufsichtsrechtliche Weisung** des BAG gegenüber einem Krankenversicherer; diese Weisung greift in dessen Autonomiebereich ein und ist als Verfügung zu qualifizieren (BVGer vom 10. Juli 2007, C-7604/2006, E. 1.4). 2226

bb) Abgrenzungen

aaa) Generell-konkret (Allgemeinverfügungen)

Allgemeinverfügungen regeln einen konkreten, weil bestimmten Lebenssachverhalt, richten sich aber an eine individuell nicht bestimmte Anzahl von Adressaten, wobei der Adressatenkreis offen oder geschlossen sein kann. Sie werden nicht als eigene Kategorie – abgesehen von verfahrensrechtlichen Besonderheiten –, sondern weitgehend, insbesondere was deren Eignung als Anfechtungsobjekt betrifft, wie **Verfügungen** behandelt (vgl. etwa BGE 134 II 272 E. 3.2, 126 II 300 E. 1a, 125 I 313 E. 2a, 119 Ia 141 E. 5c/cc; BGer vom 26. Okt. 2011, 2C_457/2011, E. 4.2; 22. Aug. 2011, 2C_348/2011, E. 3.1; vom 31. März 2010, 2C_585/2009, E. 2.2; BVGE 2008/18 E. 1; BVGer vom 2. April 2012, C-5301/2010, E. 3.2.4; zur Abgrenzung vom Rechtssatz Rz. 370 f.). 2227

Allgemeinverfügungen sind aufgrund ihrer Konkretheit in Bezug auf ihre **Anfechtbarkeit** grundsätzlich **Verfügungen** gleichgestellt (BGE 125 I 313 E. 2b; BGer vom 26. Okt. 2011, 2C_457/2011, E. 4.2). Die Konkretheit der Allgemeinverfügung hat zur Folge, dass diese häufiger als die Rechtssätze Spezialadressaten aufweist, die verfahrensrechtlich allenfalls anders wie Normaladressaten zu behandeln sind (BVGer vom 11. Feb. 2010, A-1899/2006, E. 2.2). Spezialadressaten sind jene wegen ihrer örtlichen Nähe unmittelbar Betroffenen, an die sich die Verfügung von ihrem Regelungsinhalt her richtet und in deren Rechtsstellung wesentlich schwerwiegender eingegriffen wird als bei den übrigen Adressaten (BVGE 2008/18 E. 2.1; BVGer vom 11. Feb. 2010, A-1899/2006, E. 2.2). Zu **differenzieren** ist in **mehrfacher Hinsicht**: 2228

1. Publikation: Bei (dauerhaften) Allgemeinverfügungen hat die Eröffnung durch **Publikation im Amtsblatt** zu erfolgen; aus der Publikation im Amtsblatt folgt auch, dass derartig eröffnete Allgemeinverfügungen keine Begründung zu enthalten haben (VerwG SG vom 19. Feb. 2009, B-2008-115, E. 4.2 [Verkehrsanordnungen]; VerwG BE vom 3. Mai 2001, in: BVR 2002 S. 80 E. 2d). 2229

2. Rechtliches Gehör: Das Bundesgericht räumt nur **Spezialadressaten** einen Anspruch auf rechtliches Gehör (Anhörung, Begründung usw.) ein; ferner ist gegenüber Spezialadressaten die Allgemeinverfügung – wie eine Verfügung – **individuell und persönlich zu eröffnen**, das heisst die anordnende Behörde kann sich gegenüber Spezialadressaten nicht auf die öffentliche Bekanntmachung der Allgemeinverfügung beschränken (BGE 121 I 230 E. 2c, 119 Ia 141 E. 5c/cc; BVGE 2008/18 E. 5.2; 2230

VerwG ZG vom 30. Juli 2004, in: GVP 2004 S. 151 E. 2b; VerwG BE vom 3. Mai 2001, in: BVR 2002 S. 80 E. 2b/bb).

2231 **3. Anfechtbarkeit**: Ist wie etwa bei Verkehrsanordnungen der **Kreis der Adressaten offen**, so muss die Allgemeinverfügung im **Anwendungsfall**, das heisst beim Erlass einer darauf gestützten Verfügung, zumindest von den Normaladressaten noch vorfrageweise auf ihre Rechtmässigkeit hin überprüft werden können (BGE 134 II 272 E. 3.3, 125 I 313 E. 2b, 112 Ib 249 E. 2b). Ob und inwieweit Normaladressaten derartige Allgemeinverfügungen mit weitgehend offenem Adressatenkreis auch unmittelbar an deren Erlass anfechten können, ist umstritten (BGE 125 I 313 E. 2b). Das Bundesverwaltungsgericht hat jedenfalls festgehalten, dass eine Allgemeinverfügung mit offenem Adressatenkreis, die bei Dritten unmittelbare Auswirkungen zeitigt, von diesen direkt angefochten werden können, sofern namentlich in örtlicher Hinsicht ein genügend enger Bezug zur strittigen Massnahme besteht (BVGE 2008/18 E. 2.1 [Luftraumstruktur Flughafen Zürich]; BVGer vom 16. Juli 2009, A-78/2009, E. 1 und E. 2). Weiter ist umstritten, ob **Spezialadressaten** (etwa Anwohner der betreffenden Strasse) verpflichtet sind, derartige Allgemeinverfügungen unmittelbar an deren Erlass anzufechten, ferner, ob Allgemeinverfügungen mit geschlossenem Adressatenkreis auch noch im Anlass gebenden Fall auf ihre Rechtsmässigkeit hin überprüft werden können (vgl. TSCHANNEN/ZIMMERLI/MÜLLER, § 30, Rz. 60).

2232 **Allgemeinverfügung (generell-konkret)** stellen dar:

Praxis:

2233 – **Verbot des «Paintball-Spiels»** auf dem ganzen Gemeindegebiet (RR AG vom 6. Nov. 2002, in: ZBl 2004 S. 218 E. 3a).

2234 – **Verkehrsanordnungen**, welche den Verkehrsteilnehmenden (Automobilisten, Radfahrern oder Fussgängern) an einer örtlich genau bestimmten oder bestimmbaren Stelle ein Verhalten vorschreiben wie z.B. Park- oder Fahrverbote oder temporäre Verkehrsanordnungen für die EURO 08 (vgl. BGE 119 Ia 141 E. 5d/bb; BGer vom 16. Aug. 2007, 6B_113/2007, E. 2.6; VerwG GR vom 25. Jan. 2008, U-07-91, E. 1c; VerwG ZH vom 26. Mai 2008, VB.2008.00207, E. 8.1; VerwG ZG vom 30. Juli 2004, in: GVP 2004 S. 151 E. 2b).

2235 – **Leinenzwang für Hunde oder Reitverbot mit örtlich beschränktem Geltungsbereich** (z.B. Reitverbot entlang dem Tössufer, Leinenzwang am Limmatuferweg oder auf den Gebieten Sportanlage Chliriet, Dickloo-Wald und Fusswege zur Primarschulanlage in Oberglatt; vgl. BGE 101 Ia 73 E. 3b; VerwG ZH vom 6. Dez. 2007, VB.2007.00391, E. 1; vom 13. Juli 2001, VB.2001.00153, E. 1b).

2236 – **Regelung von Schiesszeiten einer Schiessanlage**; erlässt hingegen der Kanton für alle Anlagen auf dem Kantonsgebiet ein Reglement über die Schiesszeiten, müsste dies mittels generell-abstraktem Erlass erfolgen (VerwG BE vom 30. Aug. 2000, in: BVR 2001 S. 327 E. 1b/bb).

2237 – **Beschluss, regionalen Spitälern einen für die Bemessung von Staatsbeiträgen relevanten Einzugsbereich von einer oder mehreren Gemeinden** zuzuordnen. Eine solche Zuordnung hat nur finanzielle Leistungen zugunsten von Spitälern – mit allfälligen finanziellen Auswirkungen für die Gemeinden – zur Folge; sie umfasst jedoch keine allgemeinen Verhaltensvorschriften (VerwG ZH vom 31. Mai 2007, VB.2007.00024, E. 4.1).

2238 – **Rayonverbote** (vgl. BGE 132 I 49 ff.).

2239 – **Tarife**, wenn diese den Besuch eines Museums oder den Preis eines Medikaments betreffen (VerwG ZH vom 2. Sept. 2009, VB.2009.00388, E. 1.1).

- **Beschränkung der Öffnungszeiten in einem städtischen Vergnügungsviertel** (ob generell-konkret oder generell-abstrakt wurde im Entscheid allerdings offengelassen; vgl. VerwG GR vom 23. Feb. 2007, V-06-10, E. 3b). 2240

- **Verordnung zum Schutz des Pfäffikerseegebietes**, auch wenn die Schutzverordnung formell als «Verordnung», d.h. als Erlass, ergangen ist. Materiell enthält die Verordnung Schutzmassnahmen für ein bestimmtes Gebiet: Sie stellt den Pfäffikersee und die umgebende Landschaft unter Schutz und gliedert das Schutzgebiet in verschiedene Zonen. Die Lage sowie die Grenzen und Zonen des Schutzgebietes sind auf einem Übersichtsplan verzeichnet, derartige Schutzanordnungen werden vom Bundesgericht wegen der Konkretheit der Regelung als Allgemeinverfügung bzw. als Nutzungsplan i.S.v. Art. 33 RPG qualifiziert (BGer vom 12. Nov. 2002, 1A.143/2002, E. 1.2; vgl. auch BGE 135 II 328 E. 2.2 [Verordnung über die Situation der Ferienhäuser am Ufer des Neuenburgersees]; VerwG ZH vom 7. Feb. 2002, VB.2001.00194, E. 1a [Grundwasserschutzzonenplan samt Reglement]). 2241

- **Emissionsplan**; dessen Inhalt kann beim Erlass der konkreten Lärmschutzmassnahmen akzessorisch betr. die Einhaltung des Bundesrechts überprüft werden (REKO UVEK vom 4. Feb. 2003, in: VPB 67 [2003] Nr. 130 E. 9.1). 2242

- **Nutzungspläne** werden im Wesentlichen **Allgemeinverfügungen** gleichgestellt und den Regeln der Einzelanfechtung unterworfen (vgl. Art. 82 lit. a BGG; BGer vom 9. Jan. 2012, 1C_437/2011, E. 1.1; vom 1. Okt. 2010, 1C_164/2010, E. 4.1). Dies gilt insbesondere dann, wenn der betreffende Nutzungsplan derart detaillierte Anordnungen enthält, dass ein nachfolgendes (Bau-)Bewilligungsverfahren weitgehend präjudiziert oder gleichsam überflüssig erscheint (BGE 133 II 353 E. 3.3, 119 Ia 285 E. 3c, 117 Ia 302 E. 3, 116 Ia 207 E. 3b; BGer vom 6. Dez. 2007, 1C_153/2007, E. 1.2; vom 22. Jan. 2003, 1A.154/2002, E. 4.1). Solches trifft z.B. auf Quartier- und Gestaltungspläne, Überbauungsordnungen oder Sondernutzungspläne zu (BGE 118 Ib 11 E. 2, 118 Ib 66 E. 1, 115 Ib 505 E. 2). 2243

- **Aufnahme in die Liste der nicht bewilligungspflichtigen Pflanzenschutzmittel** (BGer vom 13. Sept. 2002, 2A.98/2002, E. 2.3.1; BVGer vom 29. Jan. 2010, C-8602/2007, E. 1; vom 17. Sept. 2009, C-717/2007, E. 1; vom 19. März 2008, C-824/2007, E. 4.1). 2244

- **Weisungen, die das Schiessen am Banntag regeln**; die umstrittenen Weisungen richten sich an die Banntagsschützen, einen nicht namentlich bekannten, aber bestimmbaren, eingeschränkten Personenkreis. Sie regeln das Verhalten dieser Personen an einem bestimmten einmaligen Anlass und gelten formell zwar für das ganze Gemeindegebiet, in erster Linie jedoch für das Schiessen im Zentrum von Liestal. Sie regeln damit konkret das Schiessen an einem begrenzten Ort zu einem bestimmten Zeitpunkt und sind daher als Allgemeinverfügungen zu betrachten, die der Verwaltungsgerichtsbeschwerde unterliegen, selbst wenn sie für das ganze Gemeindegebiet gelten und später in der Form einer Verordnung erlassen wurden (BGE 126 II 300 E. 1a). 2245

- **Sistierung der Gehaltserhöhung für ein bestimmtes Schuljahr** (BGE 125 I 313 E. 2a). 2246

- **Sistierung der Anrechnung der Erfahrungsstufe für eine Berufsgruppe für ein Jahr** oder **einmalige Erhöhung der Löhne einer Berufsgruppe**, da der Beschluss ohne weitere Konkretisierungsverfügung unmittelbar durchsetzbar ist (VerwG SG vom 4. Juni 2002, in: GVP 2002 Nr. 75 E. 2c; RR OW vom 4. Juli 2000, in: VVGE 2000/01 Nr. 3 E. 1c); müssten hierfür indes generell-abstrakte Bestimmungen wie z.B. die Personalverordnung abgeändert werden, liegt ein Erlass vor (Parallelität der Rechtsformen: VerwG ZH vom 15. März 2006, PB.2005.00058, E. 2.3 und E. 2.4, betr. Nichtgewährung des Teuerungsausgleichs; anders wiederum, wenn der Teuerungsausgleich zwar in Form eines generell-abstrakten Beschlusses erlassen wurde, im Einzelfall hingegen nicht gewährt wird [BVGer vom 16. Juli 2009, A-3260/2009, E. 2.1: Der Arbeitgeber hätte das Gesuch des Arbeitnehmers um Teuerungsausgleich mit einer Verfügung beantworten müssen]). 2247

- **Anordnungen über die Luftraumstruktur** (BGer vom 31. März 2010, 2C_585/2009, E. 2.2; BVGE 2008/18 E. 1; REKO INUM vom 30. Nov. 2004, in: VPB 69 [2005] Nr. 45 E. 1). 2248

2249 – **Koordination von An- und Abflügen auf Gebirgslandeplätzen,** die Festlegung und Regelung von Gebirgslandeplätzen oder Verbot von Personentransport bei sog. Unterlastflügen von Helikopterunternehmungen (BVGer vom 1. Dez. 2011, A-8386/2010, E. 1.1; vom 14. Dez. 2007, A-1553/2007, E. 4.2; vom 3. Dez. 2007, A-1982/2006, E. 1).

2250 – **Globalbewilligung des seco für Sonntagsarbeit für Lehrtöchter und Lehrlinge des Gastgewerbes** (REKO EVD vom 18. Juli 2003, in: VPB 68 [2004] Nr. 104 E. 1.1).

2251 – Anordnung des Kantons, dass die Gemeinden zwecks **Bekämpfung des Feuerbrandes** bestimmte Pflanzen zu roden haben (VerwG BE vom 3. Mai 2001, in: BVR 2002 S. 80 E. 2b/bb).

bbb) Individuell-abstrakt («Einzelfallgesetze»)

2252 «Einzelfallgesetze» werden von der Rechtsprechung je nach **Rechtsschutzbedürfnis** auch **Verfügungen gleichgestellt** (BGE 133 II 450 E. 2.1 [Talibanverordnung], 132 I 229 E. 4.4 [Vermögenssperre]. Die **Sperrung von Vermögenswerten der Familie Mobutu im Jahr 2003** gilt als Verordnung; erst eine sie ausführende Verfügung, die Stellung dazu nimmt, ob gewisse Vermögenswerte («konkret») von bestimmten Personen («individuell») unter die Vermögenssperre fallen, stellt einen Einzelakt dar und könnte in Bezug auf ihren Gegenstand mit Beschwerde angefochten werden (zur freilich uneinheitlichen Praxis BGE 132 I 229 E. 4). Verlangt ein Gesuchsteller die **Streichung aus der Talibanverordnung**, wäre im Ergebnis die Verordnung abzuändern. Da der Gesuchsteller den Sanktionen der betreffenden Verordnung unterstellt und damit unmittelbar und speziell in Grundrechtspositionen berührt war, wurde der Antrag auf Streichung aus der im Anhang 2 sich befindenden Personenliste aus Rechtsschutzgründen mit Erlass einer Verfügung beantwortet (BGE 133 II 450 E. 2.1; zum Ganzen Rz. 378 ff.).

ccc) Generell-abstrakt

2253 Rechtssätze oder Erlasse sind **generell-abstrakte Normen**, die eine unbestimmte Zahl von Lebenssachverhalten regeln, ohne Rücksicht auf einen bestimmten Einzelfall oder auf eine Person und insofern letztlich Allgemeinverbindlichkeit beanspruchen (BGE 135 II 38 E. 4.3, 125 I 313 E. 2a; BVGer vom 14. April 2009, A-1543/2006, E. 4; vgl. Rz. 294 ff.). Davon zu unterscheiden sind **Verwaltungsverordnungen**, die zwar wie Rechtssätze generell-abstrakter Natur und zumindest gegenüber der untergeordneten Behörde verbindlich sind, sich jedoch grundsätzlich als Normen des «Innenrechts» nur an die Behörden richten und nur ausnahmsweise eine Aussenwirkung (auf die Privaten) zeitigen. Sie stellen deshalb gemäss Praxis keine Rechtsgrundlage zum Erlass einer Verfügung dar und gelten nicht als Rechtsquelle des Verwaltungsrechts (BGE 136 II 415 E. 1.1, 128 I 167 E. 4.3, 121 II 473 E. 2b; BVGer vom 14. April 2009, A-1543/2006, E. 4.5; vgl. Rz. 374 ff.).

2254 **Generell-abstrakte Anordnungen** stellen dar:

Praxis:

2255 – **Festlegung von Betreibungskreisen**; der Beschluss erfasst sämtliche in diesen Gemeinden wohnhaften oder sich aufhaltenden Personen, ist Teil der für das ganze Kantonsgebiet geltenden Reorganisation des Betreibungswesens und ist zudem ordnungsgemäss gefasst worden (VerwG ZH vom 30. Sept. 2009, VB.2009.00376, E. 3.2.2 und E. 3.3; vgl. auch BGer vom 23. Nov. 2009, 5C_4/2009, E. 6.1 und E. 6.2).

- **Klärschlammentsorgungsplan**; es werden die Grundzüge des Entsorgungskonzepts und die Pflichten der betroffenen Gemeinden und Gemeindeverbände in allgemeiner Weise festgelegt. Dieser richtet sich insofern auch an sämtliche Inhaber von öffentlichen Abwasserreinigungsanlagen (VerwG ZH vom 12. Mai 2004, VB.2004.00034, E. 1.2). 2256
- **Hundeverbot für Parkanlagen**, wenn (1) die mit einem Hundeverbot belegten Parkanlagen in einer Liste festgehalten werden und dieses Verbot einen grossen Teil sämtlicher Parkanlagen des Kantons erfasst, (2) alle Hundehalter des Kantons betrifft und (3) ordnungsgemäss erlassen wurde (BGer vom 21. Nov. 2008, 2C_118/2008, E. 1.1). 2257
- **Bewilligungssperre für den Erwerb von Grundstücken**, weil davon alle Grundstücke in der betreffenden Gemeinde gleichermassen betroffen sind (BGE 112 Ib 249 E. 2). 2258
- **Änderung des Normalstudienplans** (BGE 98 Ib 461 E. 1). 2259
- **Unterschutzstellung sämtlicher vor 1920 erstellten Gebäude in der Altstadt von St. Gallen**; das Anordnungsobjekt – Schutz aller Häuser und nicht eines bestimmten Hauses – ist weitgehend unbestimmt, sodass eine generell-abstrakte Anordnung vorliegt (VerwG SG vom 18. Nov. 2003, in: GVP 2003 S. 62 E. 2b). 2260
- **Kantonale Höchstmengen für das Rebjahr 1999 nach Massgabe der jeweiligen Fläche**, womit eine Vielzahl von Tatbeständen geregelt wird (BGer vom 6. April 2001, 2A.422/2000, E. 2b/aa). 2261
- **Vermögenssperre**, wenn das Guthaben nicht festgelegt ist, diese eine Vielzahl von Personen und verschiedene Güter betrifft (BGE 132 I 229 E. 4). 2262
- Eine für das ganze **Gemeindegebiet** geltende **Ladenschlussordnung** (Hinweis aus VerwG ZH vom 30. Sept. 2009, VB.2009.00376, E. 3.2.2). 2263
- Anordnungen **interkantonaler Organe**, wenn sich diese auf eine gesetzliche Grundlage, d.h. eine interkantonale Vereinbarung, stützen können; ansonsten liegen lediglich Empfehlungen oder Mitteilungen vor (BGer vom 6. Nov. 2008, 2C_561/2007, E. 1.1.2, betr. ein von der Gesundheitsdirektorenkonferenz beschlossenes Prüfungsreglement für Osteopathen). 2264
- **Widerruf aller bisher erfolgten Verfügungen** im betreffenden Sachbereich (BGer vom 20. Feb. 2001, 6S.462/2000, E. 2b, betr. den Widerruf aller bisher homologierten Typen von Geldspielautomaten mittels einer Verordnung; materiell geht es hingegen um einen Widerruf einer Sammelverfügung). 2265
- **Tarife**, wenn sie in allgemeiner Weise eine Leistung zum Gegenstand haben wie beispielsweise ein Reglement über die Studiengebühren oder einen Gebührentarif für ein Alters- und Pflegeheim (VerwG ZH vom 2. Sept. 2009, VB.2009.00388, E. 1.1). 2266

ddd) Doppelanordnungen

Doppelanordnungen enthalten **sowohl individuell-konkrete als auch generell-abstrakte Elemente**. Das Bundesgericht differenziert je nach Art der erhobenen Rügen (vgl. BGE 133 II 353 E. 3.3, betr. Nutzungspläne). Doppelanordnungen sind etwa: 2267

Praxis:

- **Klärschlamm-Entsorgungspläne**, welche sowohl abstrakte (hinsichtlich der Grundzüge des Entsorgungskonzepts sowie der Bestimmung der Entsorgungskreise) als auch konkrete (hinsichtlich der Zuweisung der Klärschlammanlage zu einer Entsorgungsanlage) Anordnungen enthalten können (VerwG ZH vom 12. Mai 2004, VB.2004.00034, E. 1.2). 2268
- **Polizeieinsatzbefehle**, welche einerseits die von den politischen Behörden umschriebenen Richtlinien enthalten und andererseits diese für den konkreten Einsatz mit Aufträgen an die Po- 2269

lizeikräfte und Anordnungen organisatorischer, personeller und materieller Natur umsetzen. Sie sind betr. ihres generell-abstrakten Teils als Verwaltungsverordnungen, im Hinblick auf den konkreten Einsatz als Verfügungen zu beurteilen (VerwG BE vom 2. April 2007, in: BVR 2007 S. 441 E. 3.3; vom 31. Aug. 2006, in: BVR 2006 S. 538 E. 1.1; vom 24. Juli 2006, in: BVR 2006 S. 481 E. 2 und E. 3; vgl. auch BGE 128 I 167 ff.).

2270 – **Aufsichtsmassnahmen** sind je nach Inhalt generell-abstrakt oder individuell-konkret (vgl. VerwG ZH vom 13. Nov. 2003, VB.2003.00298, E. 1b [Weisung, mit dem Inhalt, bei der Bemessung der Sozialhilfe die von der SKOS beschlossene Anpassung der Ansätze um 2 % an die Teuerung ab 1. Jan. 2003 zu berücksichtigen, ist generell-abstrakt]); wird aufsichtsrechtlich eine neue Bauzonenordnung oder ähnliches verfügt, liegt keine Verfügung, sondern ein generell-abstrakter Erlass vor, weil ein enger Sachzusammenhang zur Bauzonenordnung besteht. Eine aufsichtsrechtliche Weisung des BAG gegenüber einem Krankenversicherer, welche in dessen Autonomiebereich eingreift, ist hingegen als Verfügung zu qualifizieren (BVGer vom 10. Juli 2007, C-7604/2006, E. 1.4).

2271 – **Genehmigungsakte**; eine konstitutiv wirkende Genehmigung eines Erlasses ist grundsätzlich Bestandteil des Rechtssetzungsverfahrens und deshalb generell-abstrakter Natur (BVGer vom 1. April 2008, B-8057/2007, E. 2.4). Richtet sich hingegen die Genehmigung bzw. die Nichtgenehmigung an ein untergeordnetes Gemeinwesen oder an einen privaten oder dezentralen Verwaltungsträger, erfüllt dies gegenüber der Korporation oder Organisation, welche die fragliche Regelung getroffen hat, die Merkmale einer Verfügung (BGE 135 II 38 E. 4.6, mit Hinweisen auf die Genehmigung von Prämientarifen durch den Bundesrat gegenüber den Krankenkassen [BGer vom 18. Dez. 2007, 9C_599/2007, E. 1.1], die Genehmigung eines urheberrechtlichen Verteilungsreglements gegenüber der SUISA [BGer vom 13. Mai 2008, 2C_527/2007, E. 2] oder im Bereich des Grundstückerwerbs durch Personen im Ausland [vgl. BGE 130 II 290 E. 2.6]).

c) *Anwendung von öffentlichem Recht*

2272 Die Abgrenzung zwischen privatrechtlichen und öffentlich-rechtlichen Angelegenheiten ist **kasuistisch** geprägt und es sind dafür **verschiedene Theorien** entwickelt worden, die im **Einzelfall** herangezogen werden, soweit sie sich am besten zur Lösung der konkreten Fragestellung eignen. In Betracht fallen vornehmlich die **Subordinationstheorie**, welche das Gewicht auf die Gleich- oder Unterordnung der Beteiligten bzw. die Ausübung von hoheitlichem Zwang legt; daneben werden aber auch die **Interessen**- und **Funktionstheorie** sowie die **modale Theorie** berücksichtigt, die danach unterscheiden, ob private oder öffentliche Interessen verfolgt bzw. öffentliche Aufgaben erfüllt werden und wie die Sanktionen ausgestaltet sind (BGE 132 V 303 E. 4.4.2, 128 III 250 E. 2a, 126 III 431 E. 2c/bb, 120 II 412 E. 1b; vgl. Rz. 10 ff.).

Praxis:

2273 – Wenn der Bund Privaten gegen ein Entgelt erlaubt, **Landeskarten zu reproduzieren** und zu veröffentlichen, handelt es sich bei diesem Entgelt um keine Urheberrechtsgebühr, sondern um eine **verwaltungsrechtliche Gebühr**. Dies ergibt sich gemäss Bundesgericht daraus, dass es sich bei der Erstellung und Unterhaltung neuer Landeskarten um eine im öffentlichen Interesse liegende Angelegenheit handelt (Interessentheorie) und der Staat auch mit Rücksicht auf die Landesverteidigung diese Aufgabe zu erfüllen hat (Funktionstheorie). Ferner ist die gesetzliche Ordnung der Landeskartografie öffentlich-rechtlicher Natur und der Bund tritt den Privaten obrigkeitlich gegenüber (BGE 101 II 366 E. 2-4).

- Nach der bundesgerichtlichen Rechtsprechung ist die **öffentliche Beurkundung** eine amtliche, hoheitliche Tätigkeit und die Urkundsperson ein Verwaltungsträger, auch wenn nach kantonalem Recht ein freierwerbender Notar oder Anwalt damit beauftragt ist (BGE 128 I 280 E. 3). 2274
- Mit der Anordnung der **Zwangsverwaltung über eine Liegenschaft** greift der Staat in hoheitlicher Funktion in die Rechte des Betroffenen ein. Es liegt eine öffentlich-rechtliche Streitsache vor. Es werden nicht Ansprüche zwischen gleichberechtigten oder gleichgeordneten Trägern von (privaten) Rechten geregelt (BGE 126 III 431 E. 2c). 2275
- Die automatische **Auflösung einer Stiftung**, deren Zweck nicht mehr realisierbar ist, fällt in die Zuständigkeit einer Verwaltungsbehörde. Löst diese die Stiftung auf, liegt eine öffentlich-rechtliche Streitigkeit vor. Die Konsequenzen der Auflösung sind öffentlich-rechtlicher Natur, sodass auch keine Gerichtsstandsvereinbarung abgeschlossen werden könnte bzw. diese nichtig wäre (BGE 120 II 412 E. 1 und E. 2). 2276
- Die Forderung des **Berufsverbandes** gegenüber einem Lehrbetrieb auf Bezahlung der Kurskosten ist öffentlich-rechtlicher Natur, wenn die (privaten) Berufsverbände zusammen mit den Kantonen verpflichtet werden, Einführungskurse für Absolventen von Berufslehren anzubieten, welche für alle Lehrlinge obligatorisch sind. (BGer vom 7. Nov. 2002, 2A.249/2002, E. 2). 2277
- Auch wenn die Krankenversicherung weitgehend öffentlich-rechtlich geregelt ist, unterstehen die von den **Krankenkassen angebotenen Zusatzversicherungen** dem Privatrecht, womit auf sie das VVG anwendbar ist. Sie dienen hauptsächlich privaten Interessen. Dies gilt selbst unter der Bedingung, dass die Krankenkassen gemäss Art. 102 Abs. 2 KVG den bisherigen Versicherungsschutz gewährleisten müssen, indem sie verpflichtet werden, die bisher über das gesetzliche Minimum hinaus gewährten Leistungen auf vertraglicher Basis ungeschmälert weiterzuführen (BGE 124 III 44 E. 1). 2278
- Als öffentlich-rechtlich gelten **Enteignungen oder die Ausrichtung von Subventionen** (BGE 126 II 443 E. 6c; BGer vom 28. Juni 2010, 4A_116/2010, E. 4.2). 2279
- Die **Benutzung von Verwaltungsvermögen** und das Verhältnis zwischen Staat und Benutzer sind im Allgemeinen öffentlich-rechtlich geregelt (BGE 127 I 84 E. 4b); das Entgelt für die Benutzung stellt dementsprechend eine öffentliche Abgabe, nicht einen Mietzins dar (KG ZG vom 11. Sept. 2003, in: GVP 2003 S. 198 E. 1.3). 2280
- Die **Randnutzung oder ausserordentliche Nutzung von Verwaltungsvermögen** schliesst die Anwendbarkeit des Zivilrechts nicht völlig aus, soweit dies mit der Zweckbestimmung vereinbar ist und sofern das Gesetz nicht ausdrücklich etwas anderes bestimmt (BGE 120 II 321 E. 2b, 112 II 107 E. 1). Ein Tierspital nimmt nur in einem sehr beschränkten Umfang eine den Kantonsspitälern vergleichbare öffentliche Aufgabe wahr. Die medizinische Versorgung ist anders als bei Spitälern nicht zentraler Inhalt der Aufgabe, sondern eher als Rand- oder Nebennutzung zu verstehen; es liegt eine Art von Nebentätigkeit vor, die privatrechtlicher Natur sein kann (VerwG ZH vom 8. Dez. 2000, in: ZBl 2001 S. 378 E. 3b). 2281

d) Rechtswirkungen

Mit einer **Verfügung** soll ein verwaltungsrechtliches Rechtsverhältnis, das **Rechtswirkungen nach aussen** zeitigt, definitiv und in erzwingbarer Weise festgelegt werden. Die Rechtswirkungen entfalten sich sowohl für die Behörden als auch für die Verfügungsadressaten unmittelbar (BVGer vom 18. Mai 2010, A-5646/2009, E. 3.1). Entscheidend dabei ist, ob das Handlungsziel der Behörden die ausdrückliche und verbindliche Gestaltung der Rechtsstellung des Betroffenen ist, indem sie bewusst Rechte und Pflichten begründet (BVGer vom 9. Sept. 2010, A-6805/2009, E. 2) oder ob die Behörden lediglich auf einen **tatsächlichen Erfolg (Realakte)** oder auf eine **Innenwirkung (Weisung)** abzielen (BVGer vom 9. Sept. 2010, A-6805/2009, E. 2; vom 10. Juni 2009, A-8222/2008, E. 1.2.2). 2282 aa) Realakt

2283 **Realakte** sind nicht auf einen rechtlichen, sondern auf einen **tatsächlichen Erfolg** gerichtet (BGE 130 I 369 E. 6.1; BVGer vom 7. Sept. 2011, A-101/2011, E. 4.1; vom 9. Sept. 2010, A-6805/2009, E. 2; vom 18. Mai 2010, A-5646/2009, E. 3.2; vom 10. Juni 2009, A-8222/2008, E. 1.2.2). Der **Begriff des «Realakts»** wird dabei **weit verstanden**; er dient als Auffangbegriff oder Oberbegriff für staatliches, auf öffentlichem Recht beruhenden Handeln ausserhalb der Verfügung und ausserhalb des öffentlich-rechtlichen oder privatrechtlichen Vertrags bzw. ausserhalb der Formgebundenheit sowie der Rechtsverbindlichkeit (umfassend Rz. 2812 ff.).

2284 Staatliches Handeln in Form eines Realaktes kann an formgebundene bzw. verbindliche Verwaltungsakte **anschliessen** (z.B. Vollstreckungsmassnahmen), diesen auch **vorgeschaltet** sein (sog. «verfügungsbezogene Realakte»; vgl. z.B. BGE 116 Ib 260 E. 1d) oder eine **Verfügung vertreten** und damit ähnliche Rechtswirkungen wie eine Verfügung zeitigen (sog. «verfügungsvertretende Realakte»; vgl. z.B. VerwG BE vom 31. Aug. 2006, in: BVR 2006 S. 538 E. 1.1 [Wohnungsräumungen oder polizeiliche Hausdurchsuchungen]). Lehre und Rechtsprechung nehmen weiter an, dass bei **schwerwiegenden Nachteilen** für die Betroffenen die Anfechtbarkeit eines Realaktes selbst dann zu bejahen ist, wenn dieser nicht sämtliche Merkmale einer Verfügung erfüllt, sondern einzelne wie etwa jenes der rechtsverbindlichen Wirkung fehlen (VerwG ZH vom 5. Okt. 2005, VB.2005.00258, E. 2.4).

Praxis:

2285 – In einem Urteil vom 8. Feb. 2006 erwog das Eidg. Versicherungsgericht, die **Anordnung einer Begutachtung** stelle keine anfechtbare Zwischenverfügung, sondern letztlich einen Realakt bzw. eine sozialversicherungsrechtliche Last dar (BGE 132 V 93 E. 5.2.6 und 5.2.7). Neuerdings hat die Anordnung einer Administrativbegutachtung in Form einer Zwischenverfügung zu ergehen (BGE 137 V 210 E. 3.4.2.6).

2286 – Die **Nichtberücksichtigung einer Stellenbewerbung** stellt grundsätzlich einen Realakt dar. Der abgewiesene Stellenbewerber hat allerdings die Möglichkeit, den Erlass einer Verfügung zu verlangen, selbst wenn dieser keine Diskriminierung gestützt auf das Geschlecht geltend macht (BVGer vom 12. Okt. 2010, A-2757/2009, E. 7 und E. 8).

2287 – Wird eine **Liefersperre** von Elektrizität wegen Nichtbezahlens von Rechnungen auf Seiten der Industriellen Werke Basel (IWB) beschlossen, handelt es sich dabei grundsätzlich um einen Realakt, dem üblicherweise jedoch eine Verfügung vorangeht (BGE 137 I 120 E. 5.5).

2288 – Im Allgemeinen ergeht die **Polizeitätigkeit** wie Schusswaffengebrauch, Personenkontrollen, Anhaltungen, Identitätsfeststellungen, Überwachung von Personen oder Örtlichkeiten, erkennungsdienstliche Massnahmen oder der polizeiliche Gewahrsam in Form von Realakten (BGE 136 I 87 E. 4-8; VerwG BE vom 2. April 2007, in: BVR 2007 S. 441 E. 3.2).

2289 – Bei der Weigerung des **Psychiatriezentrums** gegenüber einem Rechtsanwalt, ihn sofort telefonisch mit seinen Mandaten zu verbinden, handelt es sich um einen Realakt. Die Vorinstanz bejahte ein schutzwürdiges Interesse des Beschwerdeführers an einem Feststellungsentscheid und traf einen solchen unmittelbar im Rekursverfahren, was grundsätzlich zulässig ist (VerwG ZH vom 24. Aug. 2006, VB.2006.00222, E. 2).

2290 – Die Durchführung einer **Bestattung** ist zwar ein Realakt, dieser bedarf jedoch in der Regel einer vorangehenden Verfügung, in welcher der Ort der Bestattung, die Art der Bestattung sowie die Art des Grabes festgelegt werden (VerwG ZH vom 2. Dez. 2004, VB.2004.00366, E. 3.2).

- **Fahrausweiskontrollen** stellen Realakte dar, bei denen sich danach üblicherweise ein schutzwürdiges Interesse auf Erlass einer Verfügung ergibt, um die Rechtmässigkeit des Vorgehens zu beurteilen (VerwG ZH vom 19. Juni 2008, VB.2008.00143, E. 2). 2291
- Bei **Flugbewegungen der FA-18 und Tiger-Kampfjets im Trainingsraum** (Gebiet Meiringen und Umgebung) handelt es sich um verfügungsfreie Realakte. Diese sind allerdings geeignet, die Gesundheit und Integrität einer Person zu gefährden, weshalb nach Art. 10 Abs. 2 BV ein Grundrecht tangiert und gemäss Art. 25a VwVG in Rechte und Pflichten des Privaten eingegriffen wird. Hingegen ist ein schutzwürdiges Feststellungsinteresse hinsichtlich der Beurteilung von Flugbewegungen in direktem Zusammenhang mit dem Flugplatz zu verneinen, weil die Gesuchsteller insoweit die Möglichkeit haben, Einsprache gegen die Gewährung von Erleichterungen im hängigen Sanierungsverfahren zu erheben und eine anfechtbare Verfügung zu erlangen (BVGer vom 7. Sept. 2011, A-101/2011, E. 4.3; bestätigt BGer vom 12. März 2012, 1C_455/2011, E. 4.5-4.7). 2292
- Eine **Schneeräumung** ist ein Realakt (RR SZ vom 11. Mai 2010, in: EGV 2010 Nr. C. 16.1, E. 4.3.2). 2293
- Als Realakte gelten auch **amtliche Warnungen oder Empfehlungen** (BVGer vom 27. Mai 2009, A-3144/2008, E. 13.1) oder Abstimmungserläuterungen und -informationen (BGer vom 29. Juni 2009, 1C_82/2009, E. 2.2.2). Eine Medienmitteilung, in welcher staatliche Empfehlungen abgegeben werden, ist als Realakt zu qualifizieren (REKO HM vom 2. Juni 2005, in: VPB 70 [2006] Nr. 21 E. 1.1.1). 2294
- Bei **Zahlungsplänen** oder bei der **Bewilligung von Ratenzahlungen** handelt es sich nicht um eine Verfügung, sondern um eine individuelle und befristete Zusage der betreffenden Behörde an den säumigen Schuldner, die Forderung auf dem Betreibungsweg für die Dauer der Zusage bei Einhaltung gewisser Bedingungen nicht geltend zu machen; mit anderen Worten liegt einfaches Verwaltungshandeln vor (BVGer vom 18. März 2011, A-4136/2009, E. 2.3.2; vom 24. Dez. 2010, A-122/2010, E. 5.2). 2295
- Die von den zuständigen Bewilligungsbehörden gemäss Art. 21 UVPV abgegebene **Stellungnahme** im Hinblick auf den Erlass einer Verfügung durch ein anderes Amt stellt ein Entscheidungselement im Rahmen der Umweltverträglichkeitsprüfung dar und hat nicht die Tragweite einer Verfügung i.S. von Art. 5 VwVG (BGE 116 Ib 260 E. 1d). 2296
- **Rechnungsstellungen** oder **Zahlungsaufforderungen** sind in der Regel nicht auf Rechtswirkungen ausgerichtet, besitzen mit anderen Worten keinen Verfügungscharakter, sondern stellen Erscheinungsformen des sog. tatsächlichen Verwaltungshandelns dar (BVGE 2008/41 E. 6.4; BVGer vom 10. Dez. 2007, B-16/2006, E. 1.3). 2297
- Die eigentliche **Vernichtung von Hanfpflanzen** durch die Kantonspolizei ist als reine Vollstreckungshandlung und damit als (verfügungsbezogener) Realakt zu qualifizieren (VerwG BE vom 16. März 2007, in: BVR 2008 S. 163 E. 5.3). 2298
- Eine **vertrauensärztliche Untersuchung** im Rahmen eines Arbeitsverhältnisses stellt keine Verfügung, sondern einen Realakt dar (BGer vom 3. Aug. 2010, 8C_373/2010, E. 6.1). 2299
- Die **Einleitung eines Disziplinarverfahrens** oder einer **Administrativuntersuchung** stellt nach der Rechtsprechung keine verbindliche und anfechtbare Regelung eines Rechtsverhältnisses dar (BR vom 22. Dez. 2004, in: VPB 2005 Nr. 54 E. 2c); dasselbe gilt für die **Abweisung eines Antrags auf Einstellung des Verfahrens** (VerwG ZH vom 29. Juni 2006, VB.2006.00229, E. 2.2.1). 2300
- **Absichtserklärungen**, in casu die Erklärung einer Behörde, man beabsichtige, das Aufnahmegesuch abzuweisen (Aufnahme in die Arzneimittelliste mit Tarif), stellen eine (einfache) Mitteilung über das beabsichtigte Vorgehen dar, die lediglich eine Vorstufe zur Verfügung und demzufolge nicht anfechtbar ist (BGer vom 4. Juli 2005, 5P.84/2005, E. 3.2; BVGer vom 29. Sept. 2009, C-5058/2007, E. 1.1.3). 2301

2302 – Bei der Ankündigung, eine **technischen Kontrolle** der elektrischen Niederspannungsinstallationen durchzuführen, handelt es sich um eine blosse Vollstreckungshandlung bzw. um einen Realakt, nachdem gegenüber dem Betroffenen verfügt wurde, dieser habe den Sicherheitsnachweis für die elektrischen Niederspannungsinstallationen seiner Liegenschaft einzureichen (BVGer vom 18. Mai 2010, A-5646/2009, E. 3.2).

2303 – Die **Euthanisierung eines Hundes ohne vorgängige Verfügung** stellt einen verfügungsvertretenden Realakt dar. Erlässt das zuständige Amt danach eine Verfügung, kann diese angefochten werden (BGer vom 30. Nov. 2009, 2C_166/2009, E. 1.2.2).

bb) Interne Anordnung

2304 **Interne Anordnungen** können zwar ebenfalls einseitig, individuell-konkret und verbindlich sein sowie in Anwendung von öffentlichem Recht ergehen, weisen jedoch **keine Rechtswirkungen nach aussen** auf, sondern sind lediglich **innenwirksam** (BGE 136 I 323 E. 4.4, 121 II 473 E. 2b; BVGer vom 12. März 2008, A-7385/2007, E. 1.1; VerwG BE vom 2. April 2007, in: BVR 2007 S. 441 E. 3.2). Häufig ergehen derartige Anordnungen oder Weisungen gestützt auf (generell-abstrakte) **Verwaltungsverordnungen**, wobei diese als blosses Innenrecht keine Rechtsquellen des Verwaltungsrechts darstellen (BGE 136 II 415 E. 1.1, 128 I 167 E. 4.3, 126 II 275 E. 4c, 123 II 16 E. 7, 122 I 44 E. 2a, 121 II 473 E. 2b; BVGE 2010/22 E. 4.4; BVGer vom 3. April 2009, C-4349/2008, E. 7; dazu Rz. 374 ff.).

2305 Die **Abgrenzung** kann umstritten sein. Im **öffentlichen Dienstrecht** beispielsweise ist zu unterscheiden zwischen den Dienstbetrieb betreffenden internen Weisungen einerseits («Betriebsverhältnis») und Anordnungen andererseits, welche die Aussenrechtsbeziehung zwischen Staat und Bediensteten regeln («Grundverhältnis»); nur im zweiten Fall liegt eine Verfügung vor (BGE 131 IV 32 E. 3; VerwG BE vom 9. März 2009, in: BVR 2009 S. 458 E. 3.4). Die Umschreibung der Tätigkeiten in einem Pflichtenheft, Instruktionen über die Art der Abwicklung eines Geschäfts oder eine vertrauensärztliche Untersuchung stellen Dienstanweisungen oder Dienstbefehle dar, die das Betriebsverhältnis regeln und insofern nicht anfechtbar sind (BGE 136 I 323 E. 4.4, 131 IV 32 E. 3; BGer vom 3. Aug. 2010, 8C_373/2010, E. 6.1, vom 3. Jan. 2002, 1P.555/2001, E. 4.3; dazu Rz. 2872 ff.).

Praxis:

2306 – Typische interne Weisungen oder Anordnungen sind die **Festlegung der Essenszeiten in einer Empfangsstelle für Asylbewerber** oder die **Zellenzuteilung** in einer Haftanstalt (BVGer vom 8. Mai 2008, B-7150/2007, E. 4.1).

2307 – **Arbeitszeugnisse** gelten nicht als Verfügung, sondern erst der Entscheid über dessen beantragte Änderung (VerwG ZH vom 7. Jan. 2004, PB.2003.00016, E. 5.4.1; vom 1. Sept. 2002, VB.2002.00326, E. 5.2).

2308 – Die **Weisung des Regierungsrates** an den Gemeinderat, einen rechtskräftigen **Bauentscheid** zu vollziehen, stellt lediglich eine interne Anordnung dar (VerwG SG vom 14. Okt. 2010, B-2010-60, E. 1.1). Auch trifft der Gemeinderat mit der Zusicherung, einen positiven Antrag an die zur Einzonung des streitbetroffenen Landes zuständigen Organe zu stellen, keinen Hoheitsakt, mit welchem Rechtspositionen der Gesuchstellerin rechtsgestaltend oder feststellend in verbindlicher und erzwingbarer Weise geregelt worden wären (VerwG ZH vom 24. März 2005, VB.2004.00566, E. 3.4).

- Die vorsorgliche **Zuteilung eines einzuschulenden Kindes in eines von mehreren Primarschulhäusern** eines Primarschulkreises soll nach umstrittener Rechtsprechung lediglich eine organisatorische Anordnung innerhalb des durch die Einschulung begründeten besonderen Rechtsverhältnisses mit der Schulanstalt darstellen (VerwG LU vom 9. Okt. 1997, in: LGVE 1997 II Nr. 4 E. 2c; anders BGer vom 28. März 2002, 2P.324/2001, E. 3.4). 2309
- Bei der **Anordnung des Betreibungsamtes** gegenüber einer Person, dem das Amt die Verwaltung eines Grundstücks übertragen hat, handelt es sich nach dem Bundesgericht um eine interne Anordnung, welche nicht die Rechtsstellung eines Dritten zum Gegenstand hat, sondern sich lediglich auf die Verwaltungstätigkeit dieser Person bezieht (BGE 131 IV 32 E. 3). 2310
- Die **Versetzung im Amt**, die **Zuweisung einer anderen Tätigkeit** oder die **Umgestaltung des Dienstverhältnisses** gehören zum nicht justiziablen Betriebsverhältnis (BVGer vom 7. April 2011, A-7309/2010, E. 2.2 und E. 2.3). Eine (nicht disziplinarische) Versetzung stellt dann keine interne Massnahme dar, wenn die neue Funktion ein **völlig anderes Pflichtenheft** als die alte zum Inhalt hat und die neue Funktion weder den Fähigkeiten noch den Erfahrungen entspricht (BGE 136 I 323 E. 4.5-4.7). 2311
- **Polizeieinsatzbefehle** richten sich typischerweise an die der Befehlsgewalt des Polizeikommandos unterstellten Polizeikräfte und dienen nicht der Regelung konkreter Verwaltungsrechtsverhältnisse, enthalten häufig jedoch darüber hinaus auch Anordnungen mit Aussenwirkungen (BGE 128 I 167 E. 4.4 und E. 4.5; vgl. auch VerwG BE vom 2. April 2007, in: BVR 2007 S. 441 E. 3.2; vom 24. Juli 2006, in: BVR 2006 S. 481 E. 3.2). Die Einsatzermächtigung in Form einer polizeilichen Hausdurchsuchung und Wohnungsräumung beinhaltet gleichzeitig die Verpflichtung des Betroffenen, das Vorgehen der Polizei und die damit einhergehenden Grundrechtseingriffe auch gegen seinen Willen zu dulden und stellt so besehen eine Verfügung dar (VerwG BE vom 31. Aug. 2006, in: BVR 2006 S. 538 E. 1.1). 2312
- Werden die **Sitze der Weinhandelskommission** im Hinblick auf eine bestimmte Amtsperiode neu aufgeteilt, liegt eine interne, organisatorische Anordnung vor (BR vom 7. Dez. 1998, in: VPB 63 [1999] Nr. 56 E. 3.2.4 und E. 3.2.5). 2313
- Wenn der Gemeinderat **Rahmenbedingungen** festlegt, welche bei der **Durchführung des Open Airs** bzw. bei der Erteilung der Bewilligung zu beachten sind, handelt es sich dabei um innerkommunale Festlegungen, die keine Verfügungen darstellen (RR BE vom 20. Aug. 2008, in: BVR 2008 S. 463 E. 1.1). 2314
- Bei der **Rückweisung der Habilitation** bzw. der **Nichterteilung des Titels «Privatdozent»** geht es nicht lediglich um eine organisatorische Massnahme, in welche Richtung sich eine Hochschule künftig entwickeln will, wie sie vorgeht bei der Nachwuchsplanung für den Lehrkörper und wie sich die Fächer und allgemein das Studienprogramm entwickeln. Darüber hinaus verschafft sie dem Betroffenen im Vergleich zu anderen insofern eine günstige Ausgangslage, als dass ihm die Einrichtung mit dessen Erteilung u.a. als fähig hält, einen Lehrauftrag zu übernehmen. In dieser Hinsicht bildet die Verweigerung der Habilitation eine Massnahme, welche die künftige Rechtslage des Kandidaten beeinflussen kann; daher setzt die Rechtsprechung solche Massnahmen Verwaltungsverfügungen gleich (REKO ETH vom 30. Okt. 1995, in: VPB 61 [1997] Nr. 63 E. 1.2). 2315
- Ein neues **Funktionendiagramm** ist eine organisatorische Anordnung und bezieht sich auf die amtlich-betriebliche Stellung (Betriebsverhältnis) aller von ihnen betroffenen Dienstnehmerinnen und Dienstnehmer, indem es konkreten Anweisungen erteilt, wie die Amtsobliegenheiten künftig zu erfüllen sind (VerwG BE vom 9. März 2009, in: BVR 2009 S. 458 E. 4). 2316
- Entscheide, mit welchen Begehren um die **Einstufung in eine höhere Lohnklasse** oder um die **Zuordnung zu einer besseren Funktionsstufe** abgewiesen werden, berühren die Rechtsstellung der davon betroffenen Privatperson, weshalb ihnen Verfügungscharakter zukommt (vgl. z.B. BVGer vom 22. März 2007, A-840/2007, E. 3.2). 2317
- Die **«Weisung Belegarztverträge»** regelt die Entschädigungen, welche kantonale und kantonal subventionierte Krankenhäuser an die Belegärzte ausrichten. Den subventionierten Kran- 2318

kenhäusern wird dabei nicht untersagt, die Belegärzte anders zu entschädigen, doch werden bei der Subventionsberechnung durch den Kanton höchstens die der Weisung entsprechenden Ausgaben berücksichtigt. Die Verfahrensbeteiligten gehen übereinstimmend und zu Recht davon aus, dass es sich bei der angefochtenen Weisung um eine interne Verwaltungsanweisung handelt, mit welcher nicht direkt Rechtsbeziehungen zwischen dem Staat und den Beschwerdeführern oder anderen Privaten festgelegt werden (BGer vom 23. Sept. 2004, 2P.67/2004, E. 1.3).

2319 – Der vorliegend angefochtene Entscheid des BFM vom 17. Juni 2006 über das **Gesuch um Kantonswechsel** stellt entgegen der vom BFM in seiner Vernehmlassung vom 25. Sept. 2006 vertretenen Auffassung keine interne, organisatorische Massnahme, sondern eine Verfügung i.S.v. Art. 5 VwVG dar, zumal darin durchaus ein Rechtsverhältnis geregelt wird: Es wird damit nämlich verbindlich festgelegt, in welchem Kanton die vorläufig aufgenommene Person für die Dauer der vorläufigen Aufnahme aufenthaltsberechtigt ist (BVGer vom 13. Feb. 2009, D-7775/2006, E. 1.2).

cc) Ankündigung oder in Aussicht stellen einer Verfügung, Androhung, Rechnungsstellung, Zahlungsaufforderung, Mahnung, Verzeigung usw.

2320 Nach der Rechtsprechung sind **behördliche Mahnungen, Belehrungen, Verweise, Verwarnungen oder Androhungen belastender Massnahmen** einer **Verfügung** im Sinne von Art. 5 VwVG gleichzustellen, wenn diese rechtliche Folgen zeitigen, die Rechtsstellung der Betroffenen verschlechtern, den Vorwurf rechtswidrigen Verhaltens in sich schliessen, notwendige Voraussetzung für spätere, schärfere Massnahmen bilden oder sonst wie konkrete Handlungsanweisungen beinhalten bzw. direkt eine Disziplinarmassnahme bilden (BGE 125 I 119 E. 2a, 103 Ib 350 E. 2; BGer vom 18. Juni 2011, 2C_737/2010, E. 4.2; vom 12. Aug. 2003, 5P.199/2003, E. 1.1; BVGer vom 8. Juni 2010, C-1454/2008, E. 2.3; vom 18. Sept. 2008, A-8518/2007, E. 4.4.2; VerwG ZH vom 18. Nov. 2009, PB.2009.00027, E. 1.2; zum Ganzen auch KÖLZ/BOSSHART/RÖHL, § 19, Rz. 14).

2321 **Die Androhung der schweizerischen Bankenkommission** (heute: FINMA) gegenüber der bankengesetzlichen Revisionsstelle X, im Fall der Nichtbefolgung der erteilten Weisungen werde die Anerkennung als bankengesetzliche Revisionsstelle entzogen, stellt eine anfechtbare Verfügung dar, da in gewissen Fällen gesetzlich vorgeschrieben ist, dass der Entzug einer Bewilligung oder ähnlicher Berechtigungen oder einer Anerkennung nur nach vorangegangener Androhung erfolgen darf (BGE 103 Ib 350 E. 2). Bei der Androhung, es würden bei einer unterlassenen Kündigung der Wohnung allenfalls Sozialhilfeleistungen angemessen gekürzt, handelt es sich um keine Verfügung; entsprechend genügt eine einfache (schriftliche) Mitteilung zu Handen des Betroffenen (BGer vom 21. Jan. 2010, 8C_650/2009, E. 6.2.1).

2322 Umstritten ist, ob die **Androhung der Vollstreckung** unter Ansetzung einer letzten Erfüllungsfrist eine Verfügung darstellt (HÄFELIN/MÜLLER/UHLMANN, Rz. 1151); dies muss jedenfalls dann gelten, wenn damit verbunden – was häufig der Fall sein wird – auch die Vollstreckungsmodalitäten (wann, wo und wie sowie ungefähre Kosten der Vollstreckung) mitgeteilt werden und damit eine Vollstreckungsverfügung vorliegt (zur freilich uneinheitlichen Praxis VerwG ZH vom 26. Aug. 2010, VB.2010.00232, E. 3.2; VerwG BE vom 16. Dez. 2008, in: BVR 2009 S. 557 E. 1.2; VerwG AR vom 30. April 2008, in: GVP 2008 S. 54 E. 3; Bau-, Verkehrs- und Energiedirektion BE vom 12. Nov. 2003, in: BVR 2005 S. 91 E. 2; siehe Rz. 2458 ff., insb. Rz. 2463).

Im Falle einer **Belehrung**, eines **Verweises**, einer **Mahnung** oder dergleichen ist zu prüfen, ob ihnen **Sanktionscharakter** zukommt, was zu bejahen ist, wenn der Akt den Vorwurf rechtswidrigen Verhaltens in sich schliesst und objektiv betrachtet eine Massregelung darstellt, indem dem Betreffenden nahegelegt wird, ein Verhalten in Zukunft zu unterlassen (BGE 125 I 119 E. 2a; BGer vom 12. Aug. 2003, 5P.199/2003, E. 1.1; BVGE 2011/31 E. 3.2.2, wonach eine Mahnung, die einer Kündigung gemäss Art. 12 Abs. 6 lit. b BPG vorausgeht, im Gegensatz zu Art. 25 Abs. 2 BPG [Verwarnung] keine anfechtbare Verfügung darstellt; BVGer vom 8. Juni 2010, C-1454/2008, E. 2.3). Von Bedeutung kann sein, inwiefern sich die verhängte Massnahme bei der Beurteilung in einem allfällig später eingeleiteten Disziplinarverfahren auswirken wird (BVGer vom 8. Juni 2010, C-1454/2008, E. 2.3). Eine **Verzeigung beim Statthalteramt** durch die Baubehörde wegen Verletzung von Bauvorschriften ist ein Realakt und damit nicht anfechtbar. Aus der Verzeigung erwächst der Rekurrentin keinen Nachteil, besagt doch die Verzeigung nicht, in welchem Umfang ein Strafverfahren eingeleitet und ob überhaupt eine Strafe ausgefällt wird (Baurekurskommission ZH vom 19. Nov. 2002, in: BEZ 2002 Nr. 69 E. 2b). 2323

Rechnungsstellungen oder **Zahlungsaufforderungen** sind in der Regel nicht auf Rechtswirkungen ausgerichtet, besitzen mit anderen Worten keinen Verfügungscharakter, sondern stellen Erscheinungsformen des sog. tatsächlichen Verwaltungshandelns dar (BVGE 2008/41 E. 6.4; BVGer vom 10. Dez. 2007, B-16/2006, E. 1.3). Sie sind lediglich eine Vorstufe zur Verfügung oder ergehen gestützt auf eine Verfügung und stellen im Anschluss daran lediglich Vollzugsakte dar (BGer vom 17. März 2005, 2A.511/2004, E. 4.3). Bei Streitigkeiten über eine Rechnung verpflichtet Art. 11 Abs. 2 AllgGebV die Bundesverwaltung, eine (anfechtbare) Gebührenverfügung zu erlassen (vgl. auch REKO INUM vom 2. Aug. 2005, in: VPB 70 [2006] Nr. 17 E. 1, wobei die Rekurskommission die Rechnung als Verfügung [über eine Gebühr] interpretiert hat). Ferner können Rechnungen direkt in Verfügungsform erlassen und mit einer Rechtsmittelbelehrung versehen werden (vgl. z.B. VerwG GR vom 11. Jan. 2008, A-07-53, E. 1). 2324

Bei **Zahlungsplänen** oder bei der **Bewilligung von Ratenzahlungen** handelt es sich nicht um Verfügungen, sondern um eine individuelle und befristete Zusage der betreffenden Behörde an den säumigen Schuldner, die Forderung auf dem Betreibungsweg für die Dauer der Zusage bei Einhaltung gewisser Bedingungen nicht geltend zu machen (BVGer vom 24. Dez. 2010, A-122/2010, E. 5.2 [Steuerschuld]; vgl. auch Finanzdepartement AG vom 19. Dez. 2000, in: AGVE 2000 S. 462 E. 2.5.3 [Akontozahlungen]). Der Säumige wird dadurch nicht verbindlich und durchsetzbar zu etwas Neuem verpflichtet oder berechtigt. Er kann seine Schuld auch bei einem Abzahlungsplan jederzeit sofort begleichen und bleibt in der gleichen rechtlichen Stellung, wenn er sich nicht daran hält. Bei derartigen Zusagen handelt es sich somit um einfaches, im Ermessen der Behörde stehendes Verwaltungshandeln über das weitere Vorgehen, das keiner justizmässigen Überprüfung unterworfen ist und eine Vollzugshandlung darstellt (BGer vom 23. Dez. 2002, 2A.344/2002, E. 3.1; BVGer vom 18. März 2011, A-4136/2009, E. 2.3.2; vom 24. Dez. 2010, A-122/2010, E. 5.2; VerwG GR vom 20. März 2007, in: PVG 2007 S. 95 E. 1). 2325

2326 **Lohnabrechnungen** sind grundsätzlich als eine schriftliche Bestätigung der erfolgten Überweisung bzw. des vereinbarten Lohnes und dementsprechend als Vollzugshandlungen zu beurteilen, wenn diese nicht neue Aspekte (z.B. Abgangs- oder Überstundenentschädigung) beinhalten (BVGer vom 29. Juli 2010, A-6800/2009, E. 3.3). Ebenso bedarf die **Auszahlung von Subventionen** in der Regel dann keiner weiteren Verfügung, wenn lediglich der vorher in Verfügungsform festgelegte Betrag ausbezahlt wird, also keine neuen Rechte und Pflichten begründet werden. Setzt aber die Behörde den Betrag abweichend vom ursprünglichen Betrag fest, legt sie damit Rechte und Pflichten des Subventionsempfängers neu verbindlich fest, was in Form einer Verfügung zu geschehen hat (BVGer vom 26. Aug. 2009, A-6006/2008, E. 6.4).

Praxis:

2327 – **Gebührenverfügungen** des Bundesamts für Meteorologie und Klimatologie (Meteo Schweiz), welche dieses gestützt auf Art. 16 MetV erlässt, stellen grundsätzlich Verfügungen i.S.v. Art. 5 VwVG dar. Hingegen sind **Rechnungsstellungen oder Zahlungsaufforderungen** in der Regel nicht auf Rechtswirkungen gerichtet, besitzen mit anderen Worten keinen Verfügungscharakter, sondern stellen Erscheinungsformen des sog. tatsächlichen Verwaltungshandelns dar. Das vorliegend als Rechnung bezeichnete Schreiben der Vorinstanz hält ausdrücklich fest, dass der Adressat innert 10 Tagen eine anfechtbare Verfügung verlangen kann, sollte er mit der Rechnung nicht einverstanden sein. Die erhobene Forderung wird damit in dem als Rechnung überschriebenen Schreiben nicht rechtsverbindlich festgelegt und in erzwingbarer Weise ausgewiesen. Die Rechnung vom 22. Dez. 2005 stellt folglich keine Verfügung nach Art. 5 VwVG dar, sondern ist vielmehr eine rechtlich unverbindliche, amtliche Mitteilung der Vorinstanz. Sie erwächst mangels Verfügungscharakter nicht in Rechtskraft und kann nicht mit Beschwerde angefochten werden. Auf die Beschwerde vom 26. Jan. 2006 gegen die Rechnung vom 22. Dez. 2005 ist somit nicht einzutreten (BVGer vom 10. Dez. 2007, B-16/2006, E. 1.3).

2328 – Die von einem privaten Verein, welcher ein Fest auf öffentlichem Grund organisiert hatte, an die Standbetreibenden versandten **Rechnungen** stellen keine Verfügungen dar. Allerdings ist das Bundesgericht auf eine Beschwerde der Standbetreibenden eingetreten. Es begründete dies damit, dass der Verein infolge der formlosen Überlassung des öffentlichen Grundes durch die betreffende Gemeinde in die Lage gekommen war, die Grundrechte der Standbetreibenden zu verletzen (BGer vom 8. Juni 2001, 2P.96/2000, E. 5c).

2329 – Die **Androhung** der schweizerischen Bankenkommission gegenüber der bankengesetzlichen Revisionsstelle X, im Fall der Nichtbefolgung der erteilten Weisungen werde die Anerkennung als bankengesetzliche Revisionsstelle entzogen, stellt eine anfechtbare Verfügung dar. Zwar schafft diese Androhung an sich keine neuen Pflichten zu Lasten des Betroffenen und stellt auch keine solchen fest. Sie ist aber nicht bedeutungslos. In gewissen Fällen ist es gesetzlich vorgeschrieben, dass der Entzug einer Bewilligung oder ähnlicher Berechtigungen oder einer Anerkennung nur nach vorangegangener Androhung erfolgen darf. Die Androhung, der Entzug der Anerkennung werde bei Nichterfüllung gewisser Auflagen erfolgen, ist eine solche Mahnung. Hinsichtlich der Revisionsstelle nach BankG ist freilich eine derartig vorangehende Mahnung nicht vorgeschrieben. Dennoch erleichtert die vorausgegangene Mahnung oder Androhung den späteren Entzug einer Berechtigung, der sonst möglicherweise als unverhältnismässig erscheinen könnte. Sie verschlechtert daher die Rechtsstellung des Betroffenen, sodass dieser die Möglichkeit haben muss, sie anzufechten. Die Androhung ist deshalb, wenn sie von einer zuständigen Aufsichtsbehörde ausgeht, einer Verfügung im Sinne von Art. 5 VwVG gleichzustellen (BGE 103 Ib 350 E. 2).

2330 – Hinsichtlich einer **Missfallensäusserung** der schweizerischen Bankenkommission gegenüber der bankengesetzlichen Revisionsstelle X erscheint es als fraglich, ob es sich dabei um eine Verfügung handelt. Sie hat eine gewisse Ähnlichkeit mit einem Verweis. Der Verweis ist eine Verfügung, wenn er als Disziplinarstrafe ausgestaltet ist. Der Bankenkommission kommt nun aber, wie diese in ihrer Vernehmlassung selbst anerkennt, keine Disziplinargewalt gegenüber den bankengesetzlichen Revisoraten zu. Es ist ihr daher zu glauben, dass sie mit der Missfallensäusserung keine disziplinarische Sanktion ausfällen wollte. Es ist aber nicht zu verkennen, dass die Missfallenskundgebung, ähnlich wie die Androhung einer Massnahme, die Rechtsstellung des Betroffenen aus den gleichen Gründen beeinträchtigt. Sie ist daher einer Verfügung im Sinne von Art. 23ter Abs. 1 BankG gleichzustellen (BGE 103 Ib 350 E. 2).

- Beim **Verweis** i.S.v. § 30 Abs. 1 des Personalgesetzes vom 27. Sept. 1998 (PG) handelt es sich trotz der mündlichen Form um eine Verfügung, d.h. um einen an den Einzelnen gerichteten, rechtlich verbindlichen Hoheitsakt. Mit dem Verweis wird die Pflichtverletzung des Betroffenen ausdrücklich und hoheitlich festgestellt und formell missbilligt. Die Rechtsstellung des Arbeitnehmers wird durch den Verweis insoweit verschlechtert, als ein solcher bei weiteren Dienstpflichtverletzungen zu schärferen Massnahmen Anlass geben kann. Auch wenn – wie in § 30 Abs. 2 PG – die mündliche Eröffnung vorgesehen ist, muss der Verweis im Interesse des Rechtsschutzes auf Verlangen schriftlich bestätigt werden (VerwG ZH vom 18. Nov. 2009, PB.2009.00027, E. 1.2). 2331

- Der Regierungsrat stellte mit Beschluss Nr. 3101 vom 19. Okt. 2005 fest, die Entlassung sei von der Arbeitnehmerin verschuldet erfolgt, da ihr eine zumutbare Stelle angeboten worden sei, die sie allerdings abgelehnt habe. Gemäss dem Personalgesetz dient die **(negative) Verschuldensfeststellung** u.a. als Anspruchsvoraussetzung für die Zusprechung einer Abgangsentschädigung. In dieser personalrechtlichen Verschuldensfeststellung, die zwar grundsätzlich eine behördliche Parteierklärung darstellt, sind gemäss Gericht sämtliche Begriffselemente der Verfügung vereint. Insbesondere bewirkt diese behördliche Handlung einen Eingriff in die Rechtsstellung des Betroffenen, funktioniert sie doch als Vorstufe (Anspruchsvoraussetzung) der Abgangsentschädigung (VerwG BE vom 15. Feb. 2008, in: BVR 2008 S. 241 E. 1.5.3). 2332

- Der Einwohnergemeinderat Alpnach hat in seinem Beschluss vom 24. April 2006 festgehalten, dass beim Verhöramt Strafanzeige erstattet werde, wenn der rechtmässige Zustand nicht wiederhergestellt werde. Die **Drohung** mit einer **Strafanzeige im Unterlassungsfall** ist keine Verfügung, sondern ein Realakt. Mit der Drohung zur Einreichung einer Strafanzeige wird die Beschwerdeführerin nicht in ihren verfassungsmässigen Rechten tangiert. Gegen derartige Realakte ist kein Rechtsmittel gegeben (RR OW vom 27. März 2007, in: VVGE 2008/09 Nr. 19 E. 2). 2333

- **Lohnabrechnungen** sind zwar grundsätzlich als reine schriftliche Bestätigung der erfolgten Überweisung zu beurteilen; ist hingegen der Arbeitnehmer mit der vereinbarten Abgangsentschädigung, welche in einem Aufhebungsvertrag vereinbart worden ist, nicht einverstanden und verlangt er ausdrücklich eine beschwerdefähige Verfügung, hält die zuständige Behörde jedoch an der vereinbarten Entschädigung fest und bezahlt dem Arbeitnehmer mit dem letzten Lohn die vereinbarte Abgangsentschädigung, liegt ein Hoheitsakt vor, mit dem die betreffende Behörde die Geltung des Aufhebungsvertrags und der vereinbarten Abgangsentschädigung feststellt und so in verbindlicher und – grundsätzlich – erzwingbarer Weise die Rechtsbeziehung zum Arbeitnehmer regelt (BVGer vom 29. Juli 2010, A-6800/2009, E. 3.3). 2334

- Die vom Obergericht angeordneten Massnahmen im Sinne von **Ermahnungen** im Zusammenhang mit der **Ausübung des Willensvollstreckeramtes** betreffen die Amtsführung, indem allgemein auf bestimmte Pflichten des Willensvollstreckers sowie auf die gesetzlichen Vorschriften hingewiesen wird. Eigentlichen Sanktionscharakter haben diese Ermahnungen, von denen der Beschwerdeführer auch nur die letzte angefochten hat, nicht. Die Ermahnung, (inskünftig) die gesetzlichen Vorschriften zu beachten und erforderliche Zustimmungen bzw. Genehmigungen einzuholen, versteht sich nach dem Verweis für früher begangene Pflichtverletzungen von selbst; sie erscheint deshalb als deklaratorische Natur und hat insoweit als eigene Massnahme keine selbstständige Bedeutung. Dass sie sich allein in einem späteren Disziplinarverfahren für den Beschwerdeführer nachteilig auswirken könnte, lässt sich mit Blick auf die unangefochten gebliebenen und teilweise schärferen Massnahmen nicht sagen (BGer vom 12. Aug. 2003, 5P.199/2003, E. 1.3). 2335

2336 – Die **Ermahnungen** der **SUVA**, die Arbeiten ab 3,0 m ohne Fassadengerüst einzustellen, sind in der Regel notwendige Voraussetzung für eine spätere Sanktionierung in Form einer Prämienerhöhung nach Art. 92 Abs. 3 UVG in Verbindung mit Art. 66 Abs. 1 VUV und verschlechtern die aktuelle Rechtsstellung eines betroffenen Betriebes. Diesen Ermahnungen kommt demnach Sanktionscharakter im Sinne der Rechtsprechung zu. Das Bundesverwaltungsgericht hat deshalb die Rechtsprechung der Eidgenössischen Rekurskommission für die Unfallversicherung (REKU) übernommen und die Anfechtbarkeit derartiger Ermahnungen grundsätzlich bejaht (BVGE 2010/37 E. 2.3 und E. 2.4.3; BVGer vom 18. Aug. 2009, C-640/2008, E. 2 und E. 5; vom 6. Juli 2007, C-3183/2006, E. 3.5).

2337 – Wird einem **Arbeitnehmer in Form einer Ermahnung** vorgeworfen, eine Arbeitskollegin sexuell belästigt zu haben und wird ihm verboten, mit ihr in Kontakt zu treten, so sieht sich der Arbeitnehmer schwerwiegenden Vorwürfen ausgesetzt. Er wird verdächtigt, sowohl den Tatbestand einer Übertretung als auch eines Vergehens nach Strafgesetzbuch erfüllt zu haben. Diese Vorwürfe greifen seine Ehre an, sie stellen folglich einen Eingriff in seine verfassungsmässig geschützte persönliche Freiheit dar. Gleichsam greift das Kontaktverbot in seine verfassungsmässigen Rechte ein. Der Arbeitnehmer hat demnach ein konkretes Rechtsschutzinteresse, das allein ihn bereits berechtigt, die Ermahnung des Bundesamts anzufechten (BVGer vom 18. Sept. 2008, A-8518/2007, E. 5.1).

2338 – Eine **Mahnung** erinnert an die bestehenden gesetzlichen oder vertraglichen Pflichten und begründet insofern keine neuen Rechte oder Pflichten. Allenfalls führt sie die bestehenden gesetzlichen oder vertraglichen Pflichten näher aus, ergänzt diese oder legt auch neue Pflichten fest. Eine derartige Mahnung begründet «neue» Rechte und Pflichten. Vor allem aber wird dem Arbeitgeber ermöglicht, im Falle einer Wiederholung oder des Fortbestehens der Mängel die Kündigung auszusprechen (BVGer vom 18. Sept. 2008, A-8518/2007, E. 4.4.2).

2339 – Das **Kantonsgericht** teilte Radio Munot mit Schreiben vom 26. Mai 2003 mit, dass dessen akkreditierte Gerichtsberichterstatter aufgrund der Vorfälle vom 15. Jan. und vom 22. Mai 2003 während mindestens eines Jahres nicht mehr zu nicht öffentlichen Strafverhandlungen zugelassen würde. Entgegen der Auffassung des Kantonsgerichts handelt es sich bei diesem Beschluss nicht lediglich um die Ankündigung oder allenfalls Androhung einer späteren Verfügung. Vielmehr wurde die Nichtzulassung für mindestens ein Jahr definitiv beschlossen und insofern ein Rechtsverhältnis rechtsverbindlich geregelt (OG SH vom 24. Okt. 2003, in: AB 2003 S. 110 E. 2c).

2340 – Wehrt sich ein Betroffener gegen den von der Behörde im Falle eines erneuten Verstosses **angedrohten Entzug der Berufsausübungsbewilligung**, ist auf die Beschwerde nicht einzutreten. Da diese Androhung auch in einem allfälligen späteren Verfahren keine direkten rechtlichen Folgen hat, sondern lediglich der Ermahnung unter Hinweis auf möglich rechtliche Konsequenzen dient, fehlt ihr der Verfügungscharakter (VerwG ZH vom 13. Sept. 2007, VB.2007.00104, E. 2).

dd) Einfache behördliche Äusserungen (Mitteilungen, Orientierungen, Hinweise, Auskünfte, Empfehlungen, Berichte, Absichtserklärungen usw.)

2341 **Behördliche Auskünfte, Zusicherungen Empfehlungen, Stellungnahmen, Vernehmlassungen, Expertisen, Belehrungen oder Mitteilungen** (auch: **informales Verwaltungshandeln**) legen üblicherweise **keine Rechtsfolgen** verbindlich fest. Solche Mitteilungen stellen grundsätzlich keine Verfügungen dar und sind folglich nicht anfechtbar (BGE 121 II 473 E. 2c, 116 Ib 260 E. 1; BGer vom 12. Aug. 2003, 5P.199/2003, E. 1.1; BVGer vom 29. Sept. 2009, C-5058/2007, E. 1.1.1; VerwG ZH vom 7. Sept. 2011, VB.2011.00326, E. 4.2), solange nicht unmittelbar in Rechte und Pflichten des Privaten eingegriffen wird (BVGer vom 10. Juni 2009, A-8222/2008, E. 1.2.2 [Nichtzulassung zum diplomatischen Dienst]).

Mitteilungen der Behörde an den Privaten werden auch als **Realakte** bezeichnet (BGer vom 13. März 2009, 1C_448/2008, E. 5.1 [Mitteilung der St. Galler Kantonsregierung an den Bund im Rahmen eines Vermittlungsverfahrens, sie distanziere sich von der Vorgehensweise des beauftragten Gutachters]; BVGer vom 12. Okt. 2010, A-2757/2009, E. 7 und E. 8 [Mitteilung an einen Stellenbewerber, er werde nicht berücksichtigt, wobei neuerdings Anspruch auf Erlass einer Feststellungsverfügung besteht]; VerwG AR vom 30. April 2008, in: GVP 2008 S. 54 E. 3 [Mitteilung der Behörde, es müsse für das betreffende Vorhaben ein Baugesuch eingereicht werden]). 2342

Pressemitteilungen stellen üblicherweise Informationshandlungen dar, welche die Rechtsstellung von Dritten nicht verschlechtern und deshalb nicht selbstständig anfechtbar sind (BVGer vom 1. Juni 2010, B-420/2008, E. 11). Beinhaltet die Information der Öffentlichkeit hingegen staatliche Empfehlungen, die grundrechtlich geschützte Interessen beeinträchtigen können, sind diese einer Verfügung gleichzustellen («Fiktion einer Verfügung»; vgl. REKO HM vom 2. Juni 2005, in: VPB 70 [2006] Nr. 21 E. 1.1.1). 2343

Die **Erklärung einer Behörde**, man **beabsichtige** das Aufnahmegesuch abzuweisen (Aufnahme in die Arzneimittelliste mit Tarif), stellt lediglich eine (einfache) Mitteilung über das beabsichtigte Vorgehen dar und ist demzufolge nicht anfechtbar (sog. **Absichtserklärung**; vgl. z.B. BGer vom 4. Juli 2005, 5P.84/2005, E. 3.2; BVGer vom 29. Sept. 2009, C-5058/2007, E. 1.1.3). Definiert hingegen in einer derartigen Absichtserklärung die betreffende Behörde in klarer Weise die Haltung, welche sie künftig einzunehmen gedenkt, schränkt sie ihren künftigen Ermessensspielraum ein, womit eine Verfügung im Sinne von Art. 5 VwVG vorliegt, ohne dass die betroffene Person die Verweigerung einer bestimmten Bewilligung abzuwarten hat (BGE 114 Ib 190 E. 1a; ARK vom 9. Nov. 2001, in: VPB 2002 Nr. 45 E. 1b). 2344

Garantieerklärungen stellen keine Verfügungen dar, wenn die Behörde, welche eine derartige Erklärung verlauten lässt, partnerschaftlich und damit als gleichberechtigtes Rechtssubjekt auftritt und nicht hoheitlich – beispielsweise im Rahmen ihrer Aufsichtstätigkeit – tätig wird (BVGer vom 8. Nov. 2010, C-4679/2007, E. 4.1.3). **Empfehlungen des Eidgenössischen Datenschutz- und Öffentlichkeitsbeauftragten** gestützt auf Art. 29 Abs. 3 DSG sind zwar rechtlich nicht verbindlich und können von den betroffenen Privatpersonen abgelehnt werden, doch kann dieser die Angelegenheit mit Klage dem Bundesverwaltungsgericht vorlegen, worüber dieses verbindlich zu entscheiden hat (BGE 136 II 508 E. 1.1; BVGE 2009/44 E. 1.4). 2345

Praxis:

- **Art. 29 BöB** bezeichnet die durch **Beschwerde selbstständig anfechtbaren Verfügungen**. Es sind dies der Zuschlag oder der Abbruch des Vergabeverfahrens, die Ausschreibung des Auftrags, der Entscheid über die Teilnehmerauswahl im selektiven Verfahren, der Ausschluss vom Vergabeverfahren nach Art. 11 BöB sowie der Entscheid über die Aufnahme eines Anbieters in ein Verzeichnis im Rahmen eines Prüfungssystems. Die im Gesetz vorgesehene Möglichkeit zur selbstständigen Anfechtung der oben aufgeführten Verwaltungshandlungen bedeutet, dass andere als die oben aufgeführten Handlungen nicht in Verfügungsform zu ergehen haben, sondern allgemeine behördliche Äusserungen oder Mitteilungen darstellen (vgl. z.B. BRK vom 13. Feb. 2006, in: VPB 70 [2006] Nr. 51 E. 2b/aa). 2346

2347 – Das **Schreiben, mit dem die Genehmigung der vorgeschlagenen neuen Arzneimittelinformation in Aussicht gestellt wird**, kann höchstens insoweit als Verfügung qualifiziert werden, als die Beschwerdeführerin aufgefordert wurde, in der Arzneimittelinformation des zu beurteilenden Präparates das Auszugsmittel anzugeben. Soweit dagegen der Beschwerdeführerin mitgeteilt worden ist, der Text sei gemäss Beilage geprüft worden und man erwarte die Vorlage der Faltschachtel und der Patienteninformation im Originaldruck zur Genehmigung, kommt diesem Schreiben keine Verfügungsqualität zu. Es ist als blosse behördliche Auskunft (oder allenfalls Empfehlung) zu qualifizieren, die keine unmittelbaren Rechtsfolgen zeigt (REKO HM vom 23. Dez. 2002, in: VPB 67 [2003] Nr. 58 E. 4.1).

2348 – Der **Kanton kann gegenüber dem andern Kanton** nicht hoheitlich handeln und entsprechend kann die **Anzeige** im Sinne von **Art. 31 Abs. 1 ZUG** keine hoheitliche Verfügung darstellen; gleichwohl kommt ihr rechtsgestaltende Wirkung zu, indem sie den Kanton, an den sie gerichtet ist, rechtskräftig zum Kostenersatz verpflichtet, wenn dieser nicht mit einer Einsprache nach Art. 33 ZUG form- und fristgerecht dagegen reagiert (BGE 136 V 351 E. 2.3).

2349 – Gemäss Art. 41 Abs. 1 BüG kann die **Einbürgerung vom Bundesamt mit Zustimmung der Behörde des Heimatkantons** innert fünf Jahren nichtig erklärt werden, wenn sie durch falsche Angaben oder Verheimlichung erheblicher Tatsachen erschlichen worden ist. Die **Zustimmungserklärung** vermag für sich allein keine Nichtigerklärung der Einbürgerung zu bewirken, weshalb sie nicht als Verfügung qualifiziert werden kann. Gilt die kantonale Zustimmungserklärung gemäss Art. 41 Abs. 1 BüG nicht als Verfügung, waren die Behörden nicht verpflichtet, diese dem Beschwerdeführer zu eröffnen. Nach dieser Bestimmung stellt die kantonale Zustimmungserklärung eine notwendige, nicht aber hinreichende Voraussetzung für die Nichtigerklärung einer Einbürgerung dar. Im Verhältnis zum Betroffenen wirkt deshalb erst die Verfügung des Bundesamts rechtsgestaltend, wobei sich dieser Entscheid wie dargelegt nicht allein auf die kantonale Zustimmungserklärung abstützen darf (BGer vom 16. Nov. 2009, 1C_324/2009, E. 2.2).

2350 – Mit Gesuch vom 10. Okt. 2006 hat der **Blutspendedienst SRK** beim Bundesamt für Gesundheit (BAG) einen **Antrag** zur Etablierung eines Tarifs für ein bestimmtes Konzentrat in der Arzneimittelliste mit Tarif gestellt. Das BAG hat dem Beschwerdeführer am 12. Dez. 2006 mitgeteilt, man beabsichtige, das Aufnahmegesuch abzuweisen. Mit einem als Verfügung bezeichneten und mit einer Rechtsmittelbelehrung versehenen Schreiben vom 26. Juni 2007 wurde dem Beschwerdeführer sodann mitgeteilt, sein Gesuch werde abgewiesen. Das erste Schreiben vom 12. Dez. 2006 regelt kein konkretes Rechtsverhältnis, sondern stellt lediglich eine Mitteilung über das beabsichtigte Vorgehen dar und wäre demzufolge nicht anfechtbar. Dagegen wurde mit der Verfügung vom 26. Juni 2007 ein konkretes Rechtsverhältnis durch behördliche Anordnung verbindlich geregelt, indem das Aufnahmegesuch des Beschwerdeführers abgewiesen wurde. Dabei handelt es sich demzufolge um eine Verfügung i.S.v. Art. 5 VwVG, welche beim Bundesverwaltungsgericht angefochten werden kann (BVGer vom 29. Sept. 2009, C-5058/2007, E. 1.1.3).

2351 – Das **Schreiben, X wird als Hauptlehrer am Gymnasium Münchenstein nicht wiedergewählt**, stellt keine einfache Mitteilung dar. Es wird darin hoheitlich festgelegt, dass X ab dem Sommersemester 1977 die Stellung eines Hauptlehrers nicht mehr zukommt. Es handelt sich nicht um eine Voranzeige oder blosse Absichtserklärung (BGE 104 Ia 26 E. 4d).

2352 – Die **Mitteilung** der **Noten der einzelnen Fächer** bilden lediglich Elemente, die zur Gesamtbeurteilung führen. Einzelnoten sind daher grundsätzlich nicht selbstständig anfechtbar. Nicht anders verhält es sich mit der Betragensnote; sie enthält eine tatsächliche Feststellung über das schulische Verhalten und bewertet dieses. Unmittelbare rechtsrelevante Folgen sind daran nicht geknüpft. Insbesondere stellt eine solche Feststellung keine Disziplinarmassnahme dar (BGer vom 8. Sept. 2005, 2P.208/2005, E. 2.1). Eine Anfechtung ist nur ausnahmsweise möglich, nämlich dann, wenn an die Höhe der einzelnen Noten bestimmte Rechtsfolgen geknüpft sind, z.B. die Möglichkeit, bestimmte zusätzliche Kurse oder Weiterbildungen zu absolvieren oder besondere Qualifikationen zu erwerben (etwa Zulassung zum Doktorat), oder wenn sich die Noten später als Erfahrungsnoten in weiteren Prüfungen auswirken. Einzelne Noten, die für das

Bestehen der Prüfung und den Erwerb des Diploms nicht ausschlaggebend sind, beeinflussen ebenso wie der Notendurchschnitt die Rechtslage des Prüfungskandidaten bei positivem Examensergebnis grundsätzlich nicht. Die Prüfungsnoten geben regelmässig allein die Qualität der Leistung bei der Prüfung wieder. Bestehen in diesem Sinne keine weitergehenden rechtlichen Nachteile, stellt die einzelne Note oder das Zeugnis für sich allein keine anfechtbare Verfügung dar (BGE 136 I 229 E. 2.2).

- Mit **Schreiben** vom 4. Nov. 2008 wurde festgestellt, dass der Beschwerdeführer kein Recht habe, sich für die Passerelle 40, wonach EDA-Mitarbeitende ab 40 Jahren unter gewissen Voraussetzungen in den diplomatischen Dienst aufgenommen werden könnten, zu bewerben. Indem die Vorinstanz dem Beschwerdeführer das Recht abspricht, sich im Rahmen der Passerelle 40 zu bewerben, greift sie in seine Rechte ein. Das Schreiben vom 4. Nov. 2008 enthält nicht nur eine blosse Auskunft an den Beschwerdeführer, sondern verschlechtert seine Rechtsposition unmittelbar. Auch wenn der Beschwerdeführer unbestrittenermassen keinen Anspruch auf Anstellung hat, hat er doch einen Anspruch darauf, sich zu bewerben, wenn er die Anstellungsvoraussetzungen erfüllt. Die Frage, ob der Beschwerdeführer auch tatsächlich die Anstellungsvoraussetzungen erfüllt, bildet hingegen Gegenstand der materiellen Prüfung. Das fragliche Schreiben ist somit auf die Herbeiführung eines rechtlichen Erfolgs für einen bestimmten Lebenssachverhalt im Verhältnis zwischen der Vorinstanz und dem Beschwerdeführer gerichtet und wirkt demnach individuell-konkret (BVGer vom 10. Juni 2009, A-8222/2008, E. 1.2.2). 2353

- Mit **Schreiben vom 28. Juli 2008** gelangte das **BAZL** an diejenigen **Luftfahrzeughalter**, welche die Inspektionen an einem bestimmten Flugzeugtyp noch nicht durchführen liessen, darunter auch an X. X wurde mitgeteilt, dass die Inspektion bis spätestens zum 31. Okt. 2008 zu erfolgen habe und eine Fristverlängerung nur unter bestimmten Voraussetzungen und auf schriftlichen Antrag des Halters/Eigentümers gewährt werde. Dieses Schreiben ist nicht auf Rechtswirkungen ausgerichtet. Zwar wird dem Beschwerdeführer im Schreiben eine Frist angesetzt; indessen hat die Vorinstanz für den Fall, dass er die Frist verpasst, keine Rechtsfolgen angeordnet. Das Verpassen der Frist hatte für den Beschwerdeführer einzig zur Folge, dass er mit einem weiteren Schreiben vom 11. Nov. 2008 erneut zur Durchführung der verlangten Inspektionen aufgefordert wurde. Damit ist das Vorliegen einer auf Rechtswirkungen ausgerichteten Anordnung und damit einer Verfügung i.S.v. Art. 5 VwVG zu verneinen (BVGer vom 11. Dez. 2008, A-5530/2008, E. 2.2). 2354

- Verschiedene Personen richteten je ein **Schreiben** mit dem Titel **«Anspruch auf gesunde Luft»** u.a. an das BAFU. Die Privatpersonen machten geltend, dass die wiederholte Überschreitung der Immissionsgrenzwerte verschiedener Luftschadstoffe bei ihnen zu gesundheitlichen Beeinträchtigungen und teilweise zu einem daraus folgenden finanziellen Schaden führen würden und verlangten verschiedenste Massnahmen. Mit Schreiben vom 15. März 2007 teilte das BAFU den Personen mit, welche Massnahmen vom Bund gegen die hohen Schadstoffkonzentrationen in der Luft bereits getroffen worden seien. Dieses Schreiben vom 15. März 2007 beinhaltet weder auf Rechtswirkungen ausgerichtete Anordnungen noch werden bestehende Rechte oder Pflichten individuell-konkret festgestellt. Von einer Verfügung wäre nur auszugehen, wenn die Vorinstanz es ausdrücklich abgelehnt hätte, auf das Gesuch einzutreten. Das Schreiben der Vorinstanz vom 15. März 2007 stellt somit keine anfechtbare Verfügung i.S.v. Art. 31 VGG i.V.m. Art. 5 Abs. 1 VwVG dar (BVGer vom 30. Jan. 2008, A-2723/2007, E. 1.2 [in: BVGE 2009/1 nicht publ. E.]). 2355

- Das **Schreiben des Bundesamtes** für Berufsbildung und Kommunikation (BBT) betr. **Auflagen** im Hinblick auf einen **«Vor-Ticketentscheid»** stellt keine anfechtbare Verfügung dar. Mit dem sog. Vor-Ticket wird grundsätzlich nur ein Schritt auf dem Weg hin zu einer neuen Berufsbildungsverordnung unternommen, ohne dass dabei ein rechtlich zu regelnder Sachverhalt festgelegt werden soll. Die zentralen Aufgaben vor der Vor-Ticket-Erteilung treffen zur Hauptsache die Organisationen der Arbeitswelt respektive die Projektleitung und finden ohne besondere Einflussnahme statt. Derartige Informationen regeln daher kein Rechtsverhältnis im Sinn von Art. 5 Abs. 1 VwVG (BVGer vom 30. Mai 2007, B-2186/2006, E. 7.4). 2356

2357 – Die **Stellungnahme des Gemeinderates zu einem Pressetext der Rechnungs- und Geschäftsprüfungskommission (RGPK)** ist keine Verfügung. Stellungnahmen, Meinungsäusserungen oder Auskünfte von Behörden oder Behördenmitgliedern entfalten keine verbindlichen Rechtswirkungen. Lässt sich die Stellungnahme des Gemeinderates rechtlich aber nicht als Verfügung qualifizieren, so hat dies zur Folge, dass diese auch kein taugliches Anfechtungsobjekt eines Verwaltungsbeschwerdeverfahrens darstellen kann (KG BL vom 22. Okt. 2003, in: VGE 2002 S. 296 E. 2).

2358 – Soweit der **Gemeinderat** zum Ausdruck geben wollte, er werde das **Einbürgerungsgesuch** mit einem **negativen Antrag der Gemeindeversammlung** vorlegen, werden mit einer solchen Massnahme keine Rechte oder Pflichten geregelt und es kommt ihr keine Verbindlichkeit zu. Es steht der Gemeindeversammlung frei, dem Antrag des Gemeinderates zu folgen oder nicht. Erst der Beschluss der Gemeindeversammlung, als die in der Sache endgültig zuständige Behörde, ist mögliches Anfechtungsobjekt. Anträge des Gemeinderates zu Handen der Gemeindeversammlung, ob sie nun positiv oder negativ lauten, sind demnach nicht anfechtbar (VerwG FR vom 11. Jan. 2006, in: FZR 2006 S. 8 E. 5b; vgl. auch VerwG ZH vom 24. März 2005, VB.2004.00566, E. 3.4, betr. Zusicherung des Gemeinderates, einen Antrag an die zur Einzonung des streitbetroffenen Landes zuständigen Organe zu stellen).

2359 – Im Rahmen eines Patentstreites widerriefen die Beschwerdekammern des Europäischen Patentamtes ein Patent für die Herstellung eines Arzneimittels. Am 22. Nov. 2004 veröffentlichte das **Schweizerische Heilmittelinstitut (Institut)** auf seiner Webseite und anschliessend auch im Swissmedic-Journal 11/2004 eine **Mitteilung** mit dem Inhalt, sie begrüsse den Entscheid des Europäischen Patentamts und hoffe, dass weitere Inverkehrbringer bei Swissmedic Gesuche um Zulassung entsprechender Präparate einreichen würden. Die Beschwerdeführerin verlangte die Entfernung der entsprechenden Mitteilung, was das Institut ablehnte. Die REKO HM qualifiziert diese Mitteilung als blosse Empfehlung, gegen die sich Drittbetroffene wehren können müssen, wenn sie durch die Auswirkungen der Empfehlung in grundrechtlich geschützten Interessen beeinträchtigt werden, was vorliegend der Fall ist, sodass die Weigerung des Instituts, die Medienmitteilung zurückzuziehen, als Verfügung zu qualifizieren ist («Fiktion einer Verfügung»; REKO HM vom 2. Juni 2005, in: VPB 70 [2006] Nr. 21 E. 1.1.1).

2360 – Ein **Arbeitszeugnis** gilt grundsätzlich nicht als Verfügung, sondern als einfache Mitteilung; aufgrund des Rechtsschutzinteresses fassen Praxis und Lehre den Entscheid der Anstellungsbehörde über die von der Arbeitnehmerin bzw. dem Arbeitnehmer beantragte Änderung des Arbeitszeugnisses hingegen als anfechtbare Verfügung auf (VerwG ZH vom 7. Jan. 2004, PB.2003.00016, E. 5.4.1; vom 1. Sept. 2002, VB.2002.00326, E. 5.2).

e) Verbindlichkeit/Erzwingbarkeit

2361 Eine Verfügung verpflichtet eine Person **verbindlich und erzwingbar** zu einem bestimmten Handeln, Unterlassen oder Dulden; es gelangt mit anderen Worten eine gegenüber dem Privaten erzwingbare öffentlich-rechtliche Regelung zur Anwendung (BGer vom 28. Dez. 2005, 2A.197/2005, E. 3.1; vom 26. Feb. 2002, 2A.389/2001, E. 4.3; BVGer vom 3. Sept. 2010, A-1669/2006, E. 5.2). Um als Verfügung zu gelten, muss ein individueller Verwaltungsakt demnach soweit konkretisiert sein, dass er unmittelbar durchgesetzt und vollzogen werden kann (VerwG SG vom 6. Dez. 2002, in: GVP 2002 Nr. 65 E. c). Gegen eine vorbehaltene, aber noch nicht angeordnete Massnahme kann demnach kein Rechtsmittel erhoben werden (VerwG ZH vom 24. Feb. 2010, VB.2010.00002, E. 1.3; vom 25. Jan. 2001, in: BEZ 2001 Nr. 6 E. 5a). So fehlt einem Absageschreiben, gemäss welchem die ausgeschriebenen Leistungen «unter vorbehaltlicher Zustimmung des Verwaltungsrats» an die Konkurrentin vergeben wird, die erforderliche Verbindlichkeit (VerwG ZH vom 24. Feb. 2010, VB.2010.00002, E. 1.3).

Zu den **nicht erzwingbaren Anordnungen** gehört insbesondere die Festlegung gewisser Pflichten, deren Nichtbefolgung nicht erzwungen, sondern lediglich zu gewissen Rechtsnachteilen führen kann, wie zum Beispiel, wenn der Anordnung einer Begutachtung keine Folge geleistet wird (vgl. BGE 132 V 93 E. 5; UHLMANN, VwVG-Praxiskommentar, Art. 5 VwVG, Rz. 114; anders nun BGE 137 V 210 E. 3.4.2.6) oder wenn in einem Baugesuchsverfahren keine Korrekturpläne eingereicht werden (VerwG SG vom 14. Sept. 2006, in: GVP 2006 Nr. 33 E. 1b). Der Eidgenössische Datenschutz- und Öffentlichkeitsbeauftragte kann in einem Klageverfahren gestützt auf Art. 29 DSG in Verbindung mit Art. 35 lit. b VGG lediglich verlangen, dass das Gericht die von ihm empfohlenen und nun klageweise geltend gemachten Massnahmen gegenüber den betreffenden Datenbearbeitern verfügt. Damit wird die Empfehlung zwar nicht verbindlich, doch wird ihr – soweit begehrt und gutgeheissen – ein entsprechendes Urteil zur Seite gestellt, welches nun seinerseits verbindlich und erzwingbar ist (vgl. z.B. BGE 136 II 508 E. 1.1; BVGE 2009/44 E. 1.4). 2362

Praxis:

- Mit der **Auflage**, sich entweder für das **Arbeitsprojekt B oder das Projekt C zu entscheiden**, wurde der Sozialhilfeempfänger zur Teilnahme an einem Arbeitsprojekt verpflichtet. Eine solche Pflicht ist rechtsverbindlich und wird durch Sanktionen (Kürzung der Sozialhilfe) erzwingbar. Die Auflage stellt demnach – wie beispielsweise auch die Weisung, eine geeignete Arbeit zu suchen – entgegen der Darlegung des Bezirksrats keinen blossen Realakt, sondern eine anfechtbare Verfügung dar (VerwG ZH vom 22. Nov. 2007, VB.2007.00378, E. 2.2). 2363
- Gibt eine **Aufsichtsbehörde** einer **Anzeige** keine Folge, liegt darin in der Regel nicht eine erzwingbare, verbindliche und beschwerdefähige Verfügung, da dem Anzeiger im Aufsichtsverfahren keine Parteirechte zustehen (Art. 71 Abs. 2 VwVG) und er auch keinen Anspruch darauf hat, dass sich die zuständige Behörde mit der angezeigten Angelegenheit befasst. Etwas anderes gilt nur, wenn der Betroffene einwendet, seine Eingabe sei zu Unrecht als Aufsichtsbeschwerde und nicht als ordentliches Rechtsmittel entgegengenommen worden (BGE 123 II 402 E. 1a/bb, 119 Ib 241 E. 1c, 104 Ib 239 E. 3). 2364
- **Zahlungserleichterungen** in Form von **Zahlungsplänen** oder von **Ratenzahlungen** verpflichten den säumigen Steuerschuldner nicht verbindlich und durchsetzbar zu etwas Neuem, sodass ein einfaches, im Ermessen der Behörde stehendes Verwaltungshandeln über das weitere Vorgehen für den Bezug der Steuer, das keiner justizmässigen Überprüfung unterworfen ist, vorliegt (BGer vom 23. Dez. 2002, 2A.344/2002, E. 3.1; BVGer vom 24. Dez. 2010, A-122/2010, E. 5.2). 2365
- Wenn die eingereichten Planunterlagen den konkreten Anforderungen nicht genügen, ist die Behörde zwar berechtigt, die notwendigen bzw. ergänzenden Unterlagen zu verlangen. Indes enthält diese **Aufforderung zur Einreichung von zusätzlichen Plänen** keine verbindliche Begründung, Änderung oder Aufhebung eines Rechtsverhältnisses. Erst mit dem verbindlichen Entscheid, ein Bauvorhaben könne gestützt auf die eingereichten Pläne nicht bewilligt werden, werden Rechtsverhältnisse gestaltet bzw. Eingriffe in solche gemacht. Die Aufforderung zur Einreichung von Korrekturplänen kann mangels bindender Wirkung nicht als Verfügung qualifiziert werden. Ist die Baubehörde der Auffassung, dass die vorgenommenen baulichen Massnahmen gestützt auf die eingereichten Pläne rechtlich nicht beurteilt werden können, hat sie das Baugesuch abzuweisen (VerwG SG vom 14. Sept. 2006, in: GVP 2006 Nr. 33 E. 1b). 2366
- Gemäss klarem Wortlaut von Art. 18 und 19 des Sozialhilfegesetzes ist nur der **Unterstützte zur Rückerstattung von Sozialhilfeleistungen** verpflichtet. Weitere Personen sind nicht vorgesehen. Primär soll somit ausschliesslich der Unterstützte der Rückerstattungspflicht unterliegen, und zwar selbst dann, wenn er sowohl für sich als auch für seinen Ehegatten und seine unmündigen Kinder finanzielle Sozialhilfe bezogen hat. Die Ehefrau ist somit nicht rückerstat- 2367

tungspflichtig. Selbst wenn der Ehegatte von der finanziellen Sozialhilfe profitiert, kann er nicht direkt zur Rückerstattung verpflichtet werden; eine derartige Verfügung ist rechtlich nicht erzwingbar und entsprechend nicht vollstreckbar (Verwaltungsrekurskommission SG vom 2. Juli 2003, in: GVP 2003 Nr. 14 E. 4a).

2368 – Die **Aufforderung** des Veterinäramtes, der **Nährzustand der Pferde sei unverzüglich zu verbessern**, enthält keine verbindliche und erzwingbare Begründung, Änderung oder Aufhebung eines Rechtsverhältnisses. Die Anordnung erweist sich als zu unbestimmt und zu wenig spezifiziert, um vollzogen werden zu können. Insbesondere mangelt es ihr insofern an Verbindlichkeit, als eine objektive Grösse fehlt, welche eine Überprüfung gestatten würde. Denkbar wäre in diesem Zusammenhang beispielsweise die Anordnung von konkreten Ernährungsvorschriften für die Pferde (VerwG SG vom 6. Dez. 2002, in: GVP 2002 Nr. 65 E. c).

2369 – Dem **Absageschreiben** an die Beschwerdeführerin vom 22. Dez. 2009 war ein Blatt mit der Aufschrift «Submissionsergebnis/Verfügung» beigelegt, gemäss welchem die ausgeschriebenen Leistungen **«unter vorbehaltlicher Zustimmung des Verwaltungsrats»** an die Mitbeteiligte vergeben werden. Es enthielt zudem eine Rechtsmittelbelehrung, in der die Beschwerde an das Verwaltungsgericht angegeben wurde. Da jedoch vorliegend der Verwaltungsrat für das Vergabegeschäft zuständig ist und dieser erst nach Zustellung des Absageschreibens die Vergabe des Auftrags an die Mitbeteiligte beschlossen hat, fehlt dem Absageschreiben vom 22. Dez. 2009 samt Beilage die erforderliche Verbindlichkeit. Somit liegt keine anfechtbare Anordnung vor, weshalb auf die Beschwerde nicht eingetreten werden kann (VerwG ZH vom 24. Feb. 2010, VB.2010.00002, E. 1.3).

2370 – Wie die Beschwerdeführerin zu Recht ausführt, hat die **Post** sowohl im **Schreiben** vom 16. Dez. 2005 als auch in demjenigen vom 2. März 2006 unmissverständlich festgehalten, dass sie die bezahlten Zuschläge für die Beförderung von im Ausland gedruckten schweizerischen Zeitungen nicht zurückerstatten werde. Im Schreiben vom 2. März 2006 wird auch auf den Brief der Beschwerdeführerin vom 23. Dez. 2005, in dem diese den Erlass einer Verfügung verlangte, Bezug genommen. Die Vorinstanz relativiert die Verbindlichkeit ihrer Ablehnung weder durch einen ausdrücklichen noch durch einen stillschweigenden Vorbehalt. Die Anordnung ist als verbindlich zu betrachten (BVGer vom 23. April 2007, A-2039/2006, E. 2.2.3).

2371 – Die **Teilnahme an der Begutachtung** kann rechtlich nicht erzwungen werden. Das ablehnende Verhalten wirkt sich vielmehr dahin gehend aus, dass die Sozialversicherungsstelle bei schuldhafter Verweigerung einer Begutachtung unter Ansetzung einer angemessenen Frist und Darlegung der Säumnisfolgen aufgrund der Akten beschliessen kann. Eine solche Anordnung stellt eine sozialversicherungsrechtliche Last dar (BGE 132 V 93 E. 5).

2372 – **Vermögensrechtliche Streitigkeiten** aus einem öffentlich-rechtlichen Dienstverhältnis waren im Kanton Zürich früher dem **Klageverfahren** unterstellt. Wenn die Mitteilung betr. Erhöhung des Mietzinses für eine Dienstwohnung in Form einer Verfügung ergeht, konnte diese de facto nicht durchgesetzt werden, weil dafür das Klageverfahren vorgesehen war (VerwG ZH vom 15. Juni 1994, in: ZBl 1995 S. 233 E. 3a).

2373 – Die angefochtene **Verfügung** sah in Dispositiv Ziff. 5 für den Fall, dass der festgelegte Grenzwert innert der gesetzten Frist nicht eingehalten wird, vor, dass die besonders **geruchsbelasteten Prozesse stillzulegen** seien. Ziff. 5 des Dispositivs ist nicht ausreichend konkretisiert, um als Verfügung zu gelten. Gegen eine vorbehaltene, aber noch nicht angeordnete Massnahme kann kein Rechtsmittel erhoben werden. Die Bestimmung legt nicht fest, welche Prozesse als besonders geruchsbelastet zu gelten haben und im Fall einer Überschreitung des Grenzwertes stillzulegen seien. Ferner ist nicht geklärt, ob jede noch so geringfügige und kurzfristige Überschreitung des Grenzwertes zur Stilllegung der betreffenden Prozesse führen müsste. Eine derart unbestimmte Anordnung kann nicht vollstreckt werden. Dispositiv Ziff. 5 der angefochtenen Verfügung enthält somit keine Anordnung im Sinn eines konkreten, selbstständig vollstreckbaren Verwaltungsakts (VerwG ZH vom 25. Jan. 2001, in: BEZ 2001 Nr. 6 E. 5a).

3. Arten

a) Rechtsgestaltende Verfügung

Mit einer rechtsgestaltenden Verfügung werden **verbindlich Rechte und Pflichten des Privaten festgesetzt, geändert oder aufgehoben** (BGE 135 II 38 E. 4.3, 131 II 13 E. 2.2; BVGer vom 14. Juni 2011, B-8675/2010, E. 1.1; vom 14. April 2009, A-1543/2006, E. 4.3). 2374

Das **Gesuch eines Selbstständigerwerbenden** um **Anschluss und Registrierung an eine Ausgleichskasse** zielt nicht auf einen reinen Feststellungsentscheid; vielmehr will die versicherte Person in ein Rechtsverhältnis mit der (zuständigen) Ausgleichskasse treten im Hinblick auf die Entrichtung persönlicher Beiträge, wozu sie gleichzeitig gesetzlich verpflichtet und berechtigt ist. Wird ein entsprechendes Gesuch abgelehnt, ist dieser Entscheid rechtsgestaltender Natur im Sinne von Art. 5 Abs. 1 lit. a oder c VwVG (BGE 132 V 257 E. 2.4.2). 2375

Die **Anstellungsverfügung** regelt – selbst wenn sie sich inhaltlich als rechtsfehlerhaft erweisen sollte – die Rechtsbeziehung zwischen dem Angestellten und dem Gemeinwesen und setzt deren Rechte und Pflichten fest (VerwG BE vom 5. Feb. 2010, in: BVR 2011 S. 1 E. 3). Wird mit dem angefochtenen Beschluss ein **Quartierplanverfahren eingestellt**, wird eine rechtsgestaltende Verfügung getroffen, die allerdings «lediglich» die Einstellung des Verfahrens regelt und darüber hinaus keine rechtsverbindliche Feststellung über den Erschliessungsgrad einzelner Grundstücke bzw. des Quartierplangebiets trifft (VerwG ZH vom 6. Dez. 2007, VB.2007.00405, E. 2.1). Die Pflicht zur **Bezahlung der Strafverfahrenskosten** entsteht durch die entsprechende Verfügung; diese wirkt nicht feststellend, sondern rechtsgestaltend (BGer vom 15. Mai 2006, 1P.139/2006, E. 7.3). 2376

Wird rückwirkend die **Anspruchsberechtigung für den Bezug von Arbeitslosenentschädigung** verneint und werden die bisher ausgerichteten Leistungen zurückgefordert, hat die Arbeitslosenkasse direkt eine rechtsgestaltende Verfügung über den betreffenden Betrag zu erlassen. Der Erlass einer blossen Feststellungsverfügung des Inhalts, dass bezüglich der genannten Zeitspanne kein Leistungsanspruch bestanden habe, ist unzulässig (BGer vom 29. Juni 2006, C 12/06, E. 1). Eine **Einreisesperre** wird mittels rechtsgestaltender Verfügung angeordnet; es besteht darüber hinaus kein schutzwürdiges Interesse, die Datenbearbeitung, auf deren Grundlage die Einreisesperre verfügt wurde, als widerrechtlich feststellen zu lassen (BR vom 22. Dez. 2004, in: VPB 69 [2005] Nr. 26 E. 3). 2377

Gemäss Art. 41 Abs. 1 BüG kann die **Einbürgerung vom Bundesamt mit Zustimmung der Behörde des Heimatkantons** innert fünf Jahren nichtig erklärt werden, wenn sie durch falsche Angaben oder Verheimlichung erheblicher Tatsachen erschlichen worden ist. Im Verhältnis zum Betroffenen wirkt die Verfügung des Bundesamts rechtsgestaltend, wobei sich dieser Entscheid nicht allein auf die kantonale Zustimmungserklärung abstützen darf (BGer vom 16. Nov. 2009, 1C_324/2009, E. 2.2). Eine **Auflage** ist als eine mit einer **Baubewilligung** verbundene Anordnung der Baubehörde zu verstehen, bei der das rechtsgestaltende Element besonders stark ausgeprägt ist (VerwG GR vom 30. Sept. 2008, R-08-20, E. 3). Bei der **Festlegung einer Kiesabbauzone** handelt es sich um eine behördliche Anordnung im Einzelfall, durch 2378 welche eine konkrete verwaltungsrechtliche Rechtsbeziehung in Bezug auf bestimmte Grundstücke rechtsgestaltend in verbindlicher Weise geregelt wird (BGE 123 II 88 E. 1a/aa).

Praxis:

2379 – **Anschluss an eine Vorsorgeeinrichtung:** Unter der Marginalie «Anschluss an eine Vorsorgeeinrichtung» sieht Art. 11 BVG vor, dass derjenige Arbeitgeber, der obligatorisch zu versichernde Arbeitnehmer beschäftigt, eine in das Register für die berufliche Vorsorge eingetragene Vorsorgeeinrichtung errichten oder sich einer solchen anschliessen muss (Abs. 1). Kommt der Arbeitgeber trotz behördlicher Aufforderung nach Ablauf der gesetzlichen Frist dieser Pflicht nicht nach, wird er der Auffangeinrichtung zum Anschluss gemeldet (Art. 11 Abs. 5 BVG in der ursprünglichen Fassung) bzw. meldet ihn die Ausgleichskasse der Auffangeinrichtung rückwirkend zum Anschluss (Art. 11 Abs. 6 BVG, in der Fassung der 1. BVG-Revision, in Kraft seit 1. Jan. 2005). Selbst wenn der Arbeitgeber keiner Vorsorgeeinrichtung beigetreten ist, obschon er nach BVG obligatorisch zu versichernde Arbeitnehmer beschäftigt, steht es ihm vorerst frei, eine andere Vorsorgeeinrichtung als die Auffangeinrichtung zu wählen (Art. 11 Abs. 5 BVG). Die Auffangeinrichtung ist erst verpflichtet, Arbeitgeber zwangsweise anzuschliessen, wenn diese den Nachweis, einer registrierten Vorsorgeeinrichtung angeschlossen zu sein, nicht innert gesetzter Frist erbringen (Art. 60 Abs. 2 lit. a BVG). Den zwangsweisen Anschluss kann sie hoheitlich mit Verfügung vollziehen (Art. 60 Abs. 2bis BVG). Einer derartigen Verfügung kommt rechtsgestaltender Charakter zu, zumal das Zwangsanschlussverfahren voraussetzt, dass noch kein Rechtsverhältnis zu einer Vorsorgeeinrichtung besteht (BGer vom 2. Sept. 2009, 9C_655/2008, E. 4.1).

2380 – **Gesuch um Anschluss und Registrierung als Selbstständigerwerbender:** Das Gesuch um Anschluss und Registrierung als Selbstständigerwerbender mit einer Ausgleichskasse zielt nicht auf einen reinen Feststellungsentscheid ab. Vielmehr will die versicherte Person in ein Rechtsverhältnis mit der Ausgleichskasse treten im Hinblick auf die Entrichtung persönlicher Beiträge, wozu sie gleichzeitig gesetzlich verpflichtet und berechtigt ist. Wird ein entsprechendes Gesuch abgelehnt, ist dieser Entscheid rechtsgestaltender Natur im Sinne von Art. 5 Abs. 1 lit. a oder c VwVG und nicht bloss ein reiner Feststellungsentscheid. Zu beachten ist sodann, dass die oder eine zuständige Ausgleichskasse bei gänzlicher oder teilweiser Ablehnung eines Anschlussgesuchs, weil sie die versicherte Person als unselbstständigerwerbend oder bestimmte ihrer Tätigkeiten als unselbstständig erachtet, nicht die Möglichkeit hat, eine Verfügung über paritätische Beiträge zu erlassen oder eine solche von der Ausgleichskasse des anzusprechenden Arbeitgebers zu erwirken. Umgekehrt ist ein die paritätische Beitragspflicht des angesprochenen Arbeitgebers verneinender rechtskräftiger Entscheid für die zuständige Ausgleichskasse des mitbetroffenen «Arbeitnehmers» verbindlich. Diese Rechtslage spricht ebenfalls für den rechtsgestaltenden Charakter des Entscheids der Ausgleichskasse, das Anschlussgesuch abzuweisen (BGE 132 V 257 E. 2.4.2).

2381 – **Auflösung eines Arbeitsverhältnisses mittels feststellender anstatt rechtsgestaltender Verfügung:** Der Beschwerdeführer macht geltend, ein auf Verfügung beruhendes öffentlich-rechtliches Anstellungsverhältnis könne nur durch eine rechtsgestaltende Verfügung aufgelöst werden. Die feststellende Verfügung vom 10. Mai 2002 sei deshalb rechtswidrig und nichtig. Damit behauptet der Beschwerdeführer sinngemäss eine Verletzung des Grundsatzes der Parallelität der Formen, welcher sich aus dem Legalitätsprinzip gemäss Art. 5 Abs. 1 BV ableitet. Danach muss eine Rechtsnorm im gleichen Verfahren geändert oder aufgehoben werden, wie sie erlassen wurde. Das Dispositiv der Verfügung vom 10. Mai 2002 enthält dem Wortlaut nach sowohl feststellende als auch rechtsgestaltende Elemente und unterscheidet sich damit in formeller Hinsicht von der rein rechtsgestaltend formulierten Anstellungsverfügung vom 11. Sept. 2001. Materiell betrachtet sind jedoch nur einzelne Dispositiv-Ziffern der Auflösungsverfügung rechtsgestaltender Natur. Die Abweichung der in den beiden Verfügungen gewählten Form erscheint nicht als wesentlich. Durch die allenfalls unpräzise Formulierung der

Verfügung vom 10. Mai 2002 wurde der Beschwerdeführer nicht schlechter gestellt, als wenn rein rechtsgestaltend verfügt worden wäre. Die Wirkung der Verfügung – und damit die Auflösung des Arbeitsverhältnisses – trat jedenfalls per Ende März 2002 ein. Dem Beschwerdeführer entstanden keine Rechtsnachteile. Insbesondere wurde ihm auch das rechtliche Gehör ausreichend gewährt (VerwG ZH vom 20. April 2005, PB.2004.00078, E. 5).

b) Verweigernde Verfügung

Mit einer verweigernden Verfügung wird der Erlass einer rechtsgestaltenden Verfügung abgelehnt. **Um rechtsverweigernde Verfügungen** handelt es sich beispielsweise bei der Verweigerung der Bewilligung zur Einreise in die Schweiz und Ablehnung des Asylgesuches (BVGer vom 20. Sept. 2011, D-5022/2011, E. 1), der Ablehnung des Gesuches auf Erhebung der Verrechnungssteuer im Meldeverfahren (BVGer vom 4. Aug. 2011, A-2114/2009, E. 5.1), der Ablehnung des Gesuchs um Erteilung einer Baubewilligung (VerwG GR vom 1. Feb. 2011, R-10-67, E. 1), der Ablehnung einer Zusprechung einer Invalidenrente (BGer vom 25. Aug. 2010, 8C_492/2010), der Verweigerung der Bewilligung einer Arzneimittelwerbung (BVGer vom 30. März 2010, C-1592/2008, E. 1.3.3), der Ablehnung des Gesuchs um Familienasyl (BVGer vom 5. Feb. 2010, D-7985/2008, E. 4.2), der Nichtverlängerung der Aufenthaltsbewilligung (VerwG SG vom 15. Okt. 2009, B-2009-46, E. 3.4 und E. 3.5), der Ablehnung des Gesuches um Erteilung einer A-Taxibewilligung (BGer vom 5. Okt. 2009, 2C_61/2009, 3.2), der Verweigerung der Bewilligung für das Inverkehrbringen eines Pflanzenschutzmittels (BVGer vom 5. Okt. 2009, C-4260/2007, E. 6.2), der Nichterneuerung einer abgelaufenen Bewilligung zur selbstständigen ärztlichen Tätigkeit (VerwG ZH vom 17. Sept. 2009, VB.2009.00401), der Ablehnung der Bewilligung einer Mehrmenge von 12 Mio. kg Milch für das Milchjahr 2006/07 (BVGer vom 15. Okt. 2008, B-6199/2007), der Ablehnung des Gesuches um Erteilung einer Bewilligung zur selbstständigen Berufsausübung als medizinische Masseurin (BGer vom 26. März 2004, 2P.289/2003), der Verweigerung der Erteilung eines Waffenerwerbsscheines (RR ZH vom 7. Juni 2000, in: ZBl 2002 S. 167), der Verweigerung von Versicherungsleistungen nach erneutem Unfall (BGE 125 V 324 E. 1), der Ablehnung des Gesuches um Selbstdispensation (BGE 118 Ia 175 E. 1), der Verweigerung des Gesuches zur Führung einer Brotgetreidesammelstelle (BGE 113 Ib 246 ff.), der Verweigerung eines Wirtschaftspatents bzw. Ablehnung der Bewilligung um verlängerte Öffnungszeiten (BGE 108 Ia 151 ff.), der Ablehnung des Gesuches, ein Strassentheater aufführen zu dürfen (BGE 100 Ia 392 ff.) oder der Ablehnung des Gesuches um ausserkantonale Wohnsitznahme (BGE 98 Ia 460 ff.). 2382

c) Feststellende Verfügung

aa) Begriff

Nach der Rechtsprechung ist der Erlass einer **Feststellungsverfügung** zulässig, wenn ein **schutzwürdiges**, mithin **rechtliches oder tatsächliches Interesse** an der sofortigen Feststellung des Bestehens oder Nichtbestehens eines Rechtsverhältnisses nachgewiesen ist, dem keine erheblichen **öffentlichen oder privaten Interessen** entgegenstehen, und welches nicht durch eine **rechtsgestaltende Verfügung** gewahrt werden kann (BGE 137 II 199 E. 6.5, 135 II 60 E. 3.3.2, 132 V 166 E. 7, 132 V 257 E. 1, 131 II 13 E. 2.2, 130 V 388 E. 2.4, 129 V 289 E. 2.1, 128 V 41 E. 3a, 126 II 300 2383

E. 2c, 125 V 21 E. 1b, 123 II 402 E. 4b/aa, 121 V 311 E. 4a; BGer vom 6. Juli 2011, 2C_739/2010, E. 3.2; vom 21. Okt. 2010, 5D_117/2010, E. 3.2; BVGE 2007/24 E. 1.3; BVGer vom 2. Sept. 2010, A-3198/2009, E. 1.4.2; vom 10. Juli 2008, B-292/2008, E. 1.2.2).

2384 Diese Erfordernisse gelten auch für den Erlass von Feststellungsverfügungen, welche ein **Hoheitsträger** nicht auf Ersuchen, sondern **von Amtes wegen** erlässt (BGE 137 II 199 E. 6.5, 130 V 388 E. 2.4; BGer vom 18. Juni 2011, 2C_737/2010, E. 4.6; BVGer vom 19. Okt. 2007, C-2783/2006, E. 4.3.3). Ist eine Feststellungsverfügung ergangen, ohne dass diese Voraussetzungen erfüllt sind, ist sie im Anfechtungsfall durch die Beschwerdeinstanz aufzuheben (BGE 129 V 289 E. 3.3, 126 II 514 E. 3f).

2385 Vereinzelt ist **bestritten**, ob angesichts der relativ hohen Anforderungen an ein Feststellungsinteresse auf das zusätzliche Erfordernis, dass einem Feststellungsbegehren keine überwiegenden öffentlichen oder privaten Interessen entgegenstehen dürfen, nicht verzichtet werden sollte, zumal sich dieses Element soweit ersichtlich in der Praxis selten entscheidwesentlich auswirkt (gegen dieses zusätzliche Erfordernis KG BL vom 11. Sept. 2003, in: VGE 2002/03 S. 411 E. 1c).

2386 Der **Erlass einer Feststellungsverfügung** kann **gesetzlich** geregelt sein: Gemäss Art. 84 lit. b BGBB kann bei Vorliegen eines schutzwürdigen Interesses von der Bewilligungsbehörde die Feststellung verlangt werden, ob der **Erwerb eines landwirtschaftlichen Grundstücks** bewilligt werden kann. Die daraufhin ergehende, die Bewilligungsfähigkeit feststellende Verfügung ersetzt die Bewilligung jedoch nicht. Es muss danach immer noch das formelle Bewilligungsverfahren durchlaufen werden (BGer vom 28. März 2011, 5A_9/2011, E. 4.2). Ebenso kann, wer ein schutzwürdiges Interesse nachweist, von der kantonalen Behörde den Erlass einer Feststellungsverfügung verlangen, ob einer **bestimmten Fläche Waldcharakter** zukommt (Art. 10 Abs. 1 WaG i.V.m. Art. 12 WaV). Geprüft wird dabei nur, ob die fraglichen Flächen die Kriterien von Art. 2 WaG und der kantonalen Ausführungsvorschriften erfüllen; dagegen finden andere Fragen darin keinen Platz (BVGer vom 11. Jan. 2011, B-1737/2010, E. 4.1.1). Ferner kann die entsprechende Fachstelle des Bundes über das **Ergebnis einer Sicherheitsprüfung** bei Personen, welche eine nach Art. 19 lit. a-e BWIS sensible Arbeit verrichten oder verrichten würden, eine Feststellungsverfügung erlassen (Art. 21 Abs. 1 lit. d PSPV).

Praxis:

2387 – **Interkonnektionsbedingungen:** Am 26. März 2003 verlangte die TDC Switzerland AG (sunrise) von der Swisscom Fixnet AG die Aufnahme von Verhandlungen über ein Angebot über den gemeinsamen und vollständig entbündelten Zugang zum Teilnehmeranschluss im Fernmeldebereich auf Festnetzen. Nach zwei Sitzungen vom 10. April und 19. Mai 2003 stellten die Parteien in einem gemeinsamen Protokoll vom 19. Mai 2003 das Scheitern der Verhandlungen fest. Am 29. Juli 2003 reichte sunrise beim BAKOM zuhanden der ComCom ein Gesuch um Verfügung der Bedingungen für die Interkonnektionsdienste gemeinsamer Zugang (Shared Line Access) und vollständig entbündelter Zugang zum Teilnehmeranschluss (Full Access) im Sinne von Art. 11 Abs. 1 FMG ein. Dabei stellte sie unter anderem folgenden Verfahrensantrag: Es sei vorab in einem Teilentscheid festzustellen, dass sowohl der gemeinsame als auch der vollständig entbündelte Zugang zum Teilnehmeranschluss Anwendungsfälle der Interkonnektion sind, dass diese beiden Interkonnektionsdienste von marktbeherrschenden Anbieterinnen gemäss den Bedingungen von Art. 11 Abs. 1 FMG angeboten werden müssen, und dass für deren Unterstellung unter das Interkonnektionsregime eine genügende gesetzliche Grundlage besteht. Am 25. Aug. 2003 entsprach das BAKOM als instruierende Behörde dem Verfahrensantrag der sunrise und beschränkte das Verfahren auf die erwähnten Fragen, nachdem sich die Swisscom Fixnet AG ebenfalls dafür ausgesprochen hatte. Diese beantragte in der Folge die Abweisung des Interkonnektionsgesuchs. Am 19. Feb. 2004 traf die ComCom die folgende Verfügung: «Es wird festgestellt, dass sowohl der gemeinsame als auch der vollständig entbündelte Zugang zum Teilnehmeranschluss Anwendungsfälle der Interkonnektion sind, dass diese beiden Interkonnektionsdienste von marktbeherrschenden Anbieterinnen gemäss den Bedingungen von Art. 11 Abs. 1 FMG angeboten werden müssen, und dass für deren Unterstellung unter das Interkonnektionsregime eine genügende gesetzliche Grundlage besteht.» Hiergegen erhob die Swisscom Verwaltungsgerichtsbeschwerde an das Bundesgericht. Erwägungen: Die Beschwerdeführerin stellt in Abrede, dass es sich beim angefochtenen Entscheid um eine Verfügung handelt, und erhebt ihre Verwaltungsgerichtsbeschwerde unter dem ausdrücklichen Vorbehalt, dass das Bundesgericht den Entscheid der ComCom als rechtsgenügliches Anfechtungsobjekt erachte. Nach Art. 11 Abs. 1 FMG müssen marktbeherrschende Anbieterinnen von Fernmeldediensten andern Anbieterinnen nach den Grundsätzen einer transparenten und kostenorientierten Preisgestaltung auf nicht diskriminierende Weise Interkonnektion gewähren, wobei sie die Bedingungen und Preise für ihre einzelnen Interkonnektionsdienstleistungen gesondert auszuweisen haben. Grundsätzlich werden die Bedingungen der Interkonnektion zwischen den beteiligten Unternehmungen direkt vereinbart. Eine behördliche Regelung ist gesetzlich nur subsidiär für den Fall vorgesehen, dass sich die Parteien nicht innert vernünftiger Frist einigen können. In diesem Fall verfügt gemäss Art. 11 Abs. 3 FMG die ComCom auf Antrag des Bundesamtes für Kommunikation die Interkonnektionsbedingungen nach markt- und branchenüblichen Grundsätzen. Feststellungsverfügungen im Sinne von Art. 5 Abs. 1 lit. b VwVG haben stets individuelle und konkrete Rechte und Pflichten, d.h. Rechtsfolgen zum Gegenstand. Nicht feststellungsfähig ist namentlich eine abstrakte Rechtslage, wie sie sich aus einem Rechtssatz für eine Vielzahl von Personen und Tatbeständen ergibt. Das Dispositiv des angefochtenen Entscheids enthält in der Tat abstrakt formulierte Feststellungen. Zur Auslegung des Dispositivs ist jedoch die Begründung heranzuziehen. Daraus ergibt sich zweifelsfrei, dass es um ein Interkonnektionsverfahren zwischen den beiden Parteien geht und der angefochtene Entscheid im Sinne von Art. 5 VwVG einen Einzelfall regelt. Der angefochtene Entscheid enthält nicht die definitive Interkonnektionsverpflichtung und bestimmt auch noch nicht die von der Beschwerdeführerin zu gewährenden Interkonnektionsbedingungen. Er ist in diesem Sinne nicht rechtsgestaltend, sondern stellt lediglich fest, dass die Beschwerdeführerin unter bestimmten, noch zu prüfenden Voraussetzungen der Interkonnektionspflicht unterliegt. Mit anderen Worten prüfte die Kommunikationskommission bisher nur einen Teil der gesetzlichen Voraussetzungen. Die Vorinstanz war denn auch befugt, über gewisse sich stellende materielle Teilfragen des eingereichten Interkonnektionsbegehrens einen – selbstständig anfechtbaren – Teilentscheid zu fällen, und es konnte der Gesuchstellerin nicht verwehrt sein, einen dahin gehenden Verfahrensantrag zu stellen. Beim vorinstanzlichen Entscheid handelt es sich demnach nicht um einen (prozessualen) Zwischenentscheid, sondern um einen feststellenden Teilentscheid in der Hauptsache, der grundsätzlich gleich wie ein Endentscheid selbstständig mit Verwaltungsgerichtsbeschwerde beim Bundesgericht angefochten werden kann (BGE 131 II 13 E. 2).

bb) Schutzwürdiges Interesse

Der Erlass einer Feststellungsverfügung auf Begehren setzt voraus, dass der **Gesuchsteller** ein **schutzwürdiges, rechtliches oder tatsächliches Interesse** an der sofortigen Feststellung des Bestehens oder Nichtbestehens eines Rechtsverhältnisses nachweisen kann, das **konkrete Rechte oder Pflichten** zum Gegenstand hat (BGE 137 II 199 E. 6.5, 132 V 166 E. 7, 131 II 13 E. 2.2, 126 II 300 E. 2c; BVGer vom 6. April 2011, B-3694/2010, E. 2.1.2; vom 7. April 2009, A-3932/2008, E. 2.2.1). Dabei ist 2388 der **Begriff des schutzwürdigen Interesses** zumindest auf Bundesebene im Ergebnis gleich zu verstehen wie bei der Anwendung der Vorschriften über die Beschwerdelegitimation gemäss Art. 48 Abs. 1 lit. c VwVG oder Art. 89 Abs. 1 lit. c BGG (BGE 114 V 201 E. 2c; BVGer vom 9. Aug. 2010, A-561/2009, E. 4.5; vom 16. Juli 2009, A-78/2009, E. 3.1; vom 7. April 2009, A-3932/2008, E. 2.2.1).

2389 Verlangt ist ein **Sondernachteil**, welcher **aktuell und praktisch** sein muss (BVGer vom 7. Sept. 2011, A-101/2011, E. 4.4.1). Das schutzwürdige Interesse besteht im **praktischen Nutzen**, den die erfolgreiche Beschwerde der beschwerdeführenden Partei in ihrer rechtlichen oder tatsächlichen Situation eintragen würde oder in der **Abwendung des materiellen oder ideellen Nachteils**, den die Verfügung zur Folge hätte (BGE 133 II 468 E. 1, 133 V 188 E. 4.3.1, 131 II 587 E. 2.1, 131 II 649 E. 3.1, 130 V 560 E. 3.3, 125 I 7 E. 3c, 123 II 376 E. 2, 121 II 176 E. 2a, 119 Ib 374 E. 2a/aa, 119 V 11 E. 2a; BVGer vom 9. Aug. 2010, A-561/2009, E. 4.5).

2390 Praktisch im Vordergrund steht das Interesse, dank der vorzeitigen Rechtsklärung das **Risiko nachteiliger Dispositionen** zu vermeiden: Das Rechtsschutzinteresse besteht insbesondere darin, dass ein Nachteil abgewendet werden kann, wenn die Feststellungsverfügung erlassen wird bzw. der Private bei Verweigerung der nachgesuchten Feststellungsverfügung Gefahr laufen würde, Massnahmen zu treffen oder zu unterlassen, aus denen ihm konkrete, unzumutbare Nachteile entstehen könnten (BGE 112 V 81 E. 2a; BGer vom 6. Juli 2011, 2C_739/2010, E. 3.2; BVGE 2009/43 E. 1.1.10; BVGer vom 6. April 2011, B-3694/2010, E. 2.1.2; vom 29. Sept. 2010, A-4038/2009, E. 1.3; vom 26. Mai 2010, B-668/2010, E. 2.1; vom 23. März 2010, A-6820/2009, E. 5.1; vom 7. April 2009, A-3932/2008, E. 2.2.1).

2391 Als **typische Konstellationen** gelten Fälle, in denen Private vor einem Dilemma zwischen einem für sie vorteilhaften Verhalten und den damit möglicherweise verbundenen nachteiligen Rechtsfolgen stehen; ferner geht es um solche Fälle, in denen sich der Betroffene ohne Erlass einer Feststellungsverfügung zu erheblichen, sich später unter Umständen als nutzlos erweisenden Aufwendungen gezwungen sieht oder solche, in denen private Verhaltensentscheide von einer klärenden Feststellungsverfügung abhängen (BVGer vom 26. Mai 2010, B-668/2010, E. 2.1).

2392 Im Weiteren hat das Interesse **aktuell** und **praktisch** zu sein (BGE 114 V 201 E. 2c; BGer vom 6. Juli 2001, 2A.111/1999, E. 3a; BVGer vom 19. Aug. 2009, A-2036/2008, E. 1.4.2.1; vom 16. Juli 2009, A-78/2009, E. 3.1; VerwG ZH vom 20. Mai 2010, VB.2010.00080, E. 3.5). Eine **Ausnahme** hierzu macht die Rechtsprechung nur dann, wenn sich die aufgeworfenen Rechtsfragen jeweils unter gleichen oder ähnlichen Umständen wieder stellen könnten, an ihrer Beantwortung angesichts ihrer grundsätzlichen Bedeutung ein hinreichendes öffentliches Interesse besteht und eine rechtzeitige, richterliche Prüfung im Einzelfall kaum je stattfinden könnte (BGE 136 II 101 E. 1.1, 135 I 79 E. 1.1, 131 II 361 E. 1.2; BGer vom 18. Juni 2011, 2C_737/2010, E. 4.6; vom 30. Nov. 2009, 2C_166/2009, E. 1.2.1; BVGer vom 26. Mai 2010, B-668/2010, E. 2.1; vom 16. Juli 2009, A-78/2009, E. 3.1).

Praxis:

Das **Feststellungsinteresse** (einer Behörde oder einer Privatperson) ist in folgenden Konstellationen zu **bejahen**: 2393

- **Begriff des landwirtschaftlichen Gewerbes**; wird ein landwirtschaftliches Grundstück veräussert, so hat der Pächter u.U. ein Vorkaufsrecht. Der Pächter hat mithin ein schutzwürdiges Interesse feststellen zu lassen, was als landwirtschaftliches Gewerbe gilt (BGer vom 14. Juli 2009, 2C_876/2008, E. 1.2). 2394
- Von einer **Amtshilfemassnahme möglicherweise betroffene Kunden einer Bank** (BGE 127 II 323 E. 5). 2395
- **Steueraufschub infolge Ersatzbeschaffung von selbstbewohntem Wohneigentum**; es besteht regelmässig ein schützenswertes Interesse der Betroffenen an der definitiven Festlegung des aufgeschobenen Gewinns (BGE 137 II 419 E. 3.3). 2396
- **Abklärung der subjektiven Steuerpflicht und des Veranlagungsortes** (BGE 121 II 473 E. 2d). 2397
- **Ergebnis einer Sicherheitsprüfung** (BVGE 2009/43 E. 1.1). 2398
- **Klärung der Frage** vor dem Tod des Lebenspartners, ob im **Zeitpunkt des Todes des Lebenspartners Anspruch auf eine Lebenspartnerrente** besteht (BGE 137 V 105 E. 1.2). 2399
- **Berechtigung für Zollkontingent für die Einfuhr von Halalfleisch**; ist umstritten, ob das durch die Beschwerdeführer neu zu gründende Unternehmen für die Einfuhr von Halalfleisch zollkontingentsanteilsberechtigt sein wird oder nicht, ist die Beantwortung dieser Frage für die Beschwerdeführer im Hinblick auf die Versteigerung der Zollkontingentsanteile für Halalfleisch, welche quartalsweise stattfindet, essenziell. Sollte rechtskräftig festgestellt werden, dass das Unternehmen für die Einfuhr von Halalfleisch nicht zollkontingentsanteilsberechtigt sein wird, ist anzunehmen, dass die Gesellschaft nicht oder zumindest nicht in der beabsichtigten Form gegründet wird (BVGer vom 10. Juli 2008, B-292/2008, E. 1.2.2). 2400
- **Beurteilung, ob es sich bei einem nicht automatisierten Spiel um ein Glücks- oder Geschicklichkeitsspiel** handelt (BVGer vom 18. März 2008, B-506/2008, E. 3.1.1). 2401
- **Beurteilung**, ob die zum Vertrieb in der Schweiz vorgesehenen Produkte (in casu «Conelly Cocktails») als **Alcopops** zu qualifizieren sind und damit bei der Einfuhr aus dem Ausland der um 300 Prozent erhöhten Sondersteuer (für Alcopops) unterstehen. Ohne diese Feststellung stehen die Steuerbelastung und damit der Preis für die Konsumenten nicht fest, und die Beschwerdeführerin kann deshalb keine Kalkulation vornehmen und ihre voraussichtlichen Einnahmen nicht abschätzen. Dies ist jedoch für ihren Entscheid, ob sie die Produkte in der Schweiz überhaupt vertreiben will, erforderlich (BVGer vom 8. Juli 2011, A-5814/2010, E. 1.1.2; bestätigt BGer vom 19. Jan. 2012, 2C_712/2011, E. 1.2). 2402
- **Modalitäten der Umsetzung eines Tarifmodells** im Bereich der Krankenversicherung (BR vom 19. Dez. 2001, in: VPB 66 [2002] Nr. 78 E. 1.7.1). 2403
- **Abrechnung nach Saldosteuersätzen**; die betreffende AG wurde bisher nach Pauschalsteuersätzen abgerechnet. Es stellen sich also eher abstrakte Rechtsfragen. Allerdings besteht ein enger sachlicher Zusammenhang in der Anwendung zwischen den Pauschalsteuersätzen einerseits und den Saldosteuersätzen andererseits (SRK vom 13. Juli 2001, in: VPB 66 [2002] Nr. 12 E. 1b). 2404
- **Ausschluss aus einem Vergabeverfahren** (KG BL vom 11. Sept. 2003, in: VGE 2002/03 S. 411 E. 1). 2405
- **Widerrechtlichkeit der Nichtwiederwahl, selbst wenn gleichzeitig ein Begehren um Entschädigung gestellt wird**, da im Hinblick auf das berufliche Fortkommen ein Interesse der betroffenen Person an der Feststellung einer allfälligen Widerrechtlichkeit der Nichtwiederwahl besteht (Personalrekursgericht AG vom 27. Mai 2002, in: AGVE 2002 Nr. 138 E. 1b). 2406

2407 – **Klärung, ob Massnahmen zur Eingangskontrolle in die Strafanstalt rechtsmässig waren** (RR AG vom 23. Mai 2001, in: AGVE 2001 Nr. 131 E. 2b).

2408 – **Festsetzung des Invaliditätsgrades auf 23 % und 30 % resp. 35 %**; diese hat zwar nicht die Zusprechung einer Invalidenrente der Invalidenversicherung zur Folge (Art. 28 Abs. 2 IVG) und ein Feststellungsinteresse ist demnach aus invalidenversicherungsrechtlicher Sicht zu verneinen. Kann jedoch die anbegehrte Festsetzung des Invaliditätsgrades gemäss Vorsorgereglement Invalidenleistungen der beruflichen Vorsorge auslösen, da beispielsweise gemäss Reglement bereits ein Invaliditätsgrad von 20 % genügt, ist ein Interesse an der anbegehrten Festsetzung zu bejahen (BGer vom 15. Dez. 2010, 9C_909/2010, E. 2.1).

2409 – **Nichtberücksichtigung einer Stellenbewerbung**; der abgewiesene Stellenbewerber hat die Möglichkeit, den Erlass einer Verfügung zu verlangen, selbst wenn er keine Diskriminierung gestützt auf das Geschlecht geltend macht (Art. 8 GlG); das dafür erforderliche Rechtsschutzinteresse ist zu bejahen. Die Nichtberücksichtigung einer Stellenbewerbung ist zwar nicht von Anfang an durch Verfügung zu eröffnen, falls hingegen eine Verfügung verlangt wird, ist eine solche zu erlassen (BVGer vom 12. Okt. 2010, A-2757/2009, E. 7 und E. 8).

2410 – **Qualifikation als Endverbraucher mit Grundversorgung i.S.v. Art. 6 Abs. 1 StromVG**; diese hat massive Auswirkungen auf die gegenwärtigen und zukünftigen Stromkosten; ferner kann durch den Erlass einer Feststellungsverfügung hinsichtlich dieser grundlegenden Rechtsfrage (Qualifikation als Endverbraucher) ein aufwendiges Verfahren bezüglich der Überprüfung des Strompreises/Elektrizitätstarifs vermieden werden, sodass ein schutzwürdiges Feststellungsinteresse zu bejahen ist (BVGer vom 19. Aug. 2010, A-5452/2009, E. 2.2.2; vgl. auch BGer vom 6. Juli 2011, 2C_739/2010, E. 3.3).

2411 – **Klärung der Frage, ob jemand mit einer bestimmten Ausbildung zu den von der Prüfungskommission organisierten (schweizerischen) Prüfungen zugelassen wird** (BGer vom 2. Dez. 2011, 2C_654/2011, E. 3.3 [Prüfung der Zulassungsvoraussetzungen zur interkantonalen Prüfung von Osteopathen durch die Interkantonale Prüfungskommission in Osteopathie]).

2412 – **Verfügungen über das AHV-Beitragsstatut**; die Praxis bejaht ein Feststellungsinteresse bei **komplizierten Verhältnissen**, wo der mit der Abrechnung über paritätische Beiträge verbundene Arbeitsaufwand oft nur dann zumutbar ist, wenn bereits feststeht, dass eine unselbstständige Erwerbstätigkeit ausgeübt wird und die Abrechnungs- und Beitragszahlungspflicht der als Arbeitgeber oder Arbeitgeberin angesprochenen Person erstellt ist. Für die Bejahung eines schutzwürdigen bzw. schützenswerten Interesses im dargelegten Sinne sprechen u.a. die grosse Zahl von betroffenen Versicherten und der Umstand, dass die Rechtsfrage nach dem Beitragsstatut wegen besonderer Verhältnisse neuartig ist (BGE 132 V 257 E. 2.1).

2413 Das **Feststellungsinteresse** (einer Behörde oder einer Privatperson) ist in folgenden Konstellationen zu **verneinen**:

2414 – Begehren um Feststellung, dass gegen **einen Anwalt kein Disziplinarverfahren eingeleitet wurde**; nach konstanter Rechtsprechung dient das anwaltsrechtliche Disziplinarverfahren dem allgemeinen öffentlichen Interesse an der korrekten Berufsausübung durch die Rechtsanwälte und nicht der Wahrung individueller privater Anliegen. Der Anzeiger wird durch die Nichteinleitung oder Einstellung eines Disziplinarverfahrens deshalb nicht in schutzwürdigen eigenen Interessen betroffen (BGer vom 22. Sept. 2009, 2C_122/2009, E. 3).

2415 – Wurde bereits ein **negatives Leistungsbegehren** (Antrag auf Aufhebung der angefochtenen Steuernachforderung) gestellt, kann anhand des konkreten Falles entschieden werden, ob der Beschwerdeführer Steuern zu entrichten hat bzw. die Steuernachforderung rechtmässig war; dies lässt das Feststellungsinteresse hinfällig werden (BVGer vom 10. März 2010, A-4417/2007, E. 1.2).

2416 – Begehren um Feststellung der **Beendigung des Arbeitsverhältnisses**, da mit diesem Begehren Lohnforderungen und allenfalls weitere geldwerte Ansprüche in Zusammenhang stehen, die der Beschwerdeführer im Falle eines unbefristeten Arbeitsverhältnisses gegen den früheren Arbeitgeber geltend machen könnte. Ausstehende Geldforderungen können indessen direkt mit einem Leistungsbegehren gestellt werden. Der Umweg über die Feststellungsverfügung ist dazu nicht erforderlich (BGer vom 22. Aug. 2007, 1C_6/2007, E. 3.4).

- **Überprüfung einer freihändigen Arbeitsvergabe unterhalb des Schwellenwertes**; liegt der geschätzte Wert des zu vergebenden Auftrags unter dem Schwellenwert, ist es zulässig, dass der kantonale Gesetzgeber dafür das freihändige Verfahren wählen kann; entsprechende Rechtsschutz- und Verfassungsbestimmungen sind in einem solchen Fall nicht anwendbar. Entsprechend fehlt auch ein schutzwürdiges Interesse, feststellen zu lassen, die Auftragsvergabe sei rechtswidrig erfolgt (BGE 131 I 137 E. 2.3 und E. 2.4). 2417
- Begehren der A AG um Feststellung, dass sie bei der geplanten **Liquidation gemäss DBG privilegiert** zu behandeln sei (BGE 126 II 514 E. 3e). 2418
- **Zolltarifeinreihung, wenn bereits ein negatives Leistungsbegehren gestellt wurde** (BVGer vom 16. Okt. 2009, A-2748/2008, E. 1.2). 2419
- **Ziffernmässige Feststellung der künftigen Arbeitgeberzusatzleistungen**, wenn zum Zeitpunkt des Begehrens die Höhe der Rente ungewiss ist (PRK vom 29. März 2005, in: VPB 69 [2005] Nr. 83 E. 4b). 2420
- Wurde die **Beschwerdefrist verpasst,** kann nicht mittels Begehren um Erlass einer Feststellungsverfügung im Ergebnis die verpasste Beschwerdefrist wiederhergestellt werden (ARK vom 19. April 2000, in: VPB 65 [2001] Nr. 7 E. 2c). 2421
- Beurteilung der grundsätzlichen Zulässigkeit von **Gross- bzw. Schwerpunktkontrollen ausserhalb der Fahrzeuge der Verkehrsbetriebe**, da unabhängig der konkreten Kontrolle eine abstrakte Rechtsfrage zu beurteilen wäre (VerwG ZH vom 19. Juni 2008, VB.2008.00143, E. 2). 2422
- Wenn die beschwerdeführende Partei die **(behauptete) Rechtswidrigkeit einer Verfügung oder eines Realaktes** im Hinblick auf einen **Schadenersatzprozess** feststellen lassen will; das Feststellungsbegehren ist subsidiär zum Leistungsbegehren im Staatshaftungsverfahren (VerwG BE vom 1. Sept. 2008, in: BVR 2008 S. 569 E. 3.3.1; vom 2. April 2007, in: BVR 2007 S. 441 E. 4.1). 2423
- **Widerrechtlichkeit einer geschlechtsspezifischen Diskriminierung**, wenn es hauptsächlich um die Entlöhnung und/oder Beförderung geht (VerwG ZH vom 8. Nov. 2006, PB.2006.00021, E. 2.1). 2424
- **Berechnung der Abwassergebühren** durch den Gemeinderat für das Jahr 1996 und die darauf folgenden Jahre, da der Zeitraum unbestimmt war und künftige Anpassungen die Privaten nur dann hätten durchsetzen können, wenn sich der Sachverhalt verändert hätte (VerwG AG vom 24. Okt. 2001, in: AGVE 2001 Nr. 83 E. 3b). 2425
- Wenn sich die **Beanstandungen** (Kontrolle der ein- und ausgehenden Post) auf den Aufenthalt in einem Psychiatriezentrum beziehen, der bereits beendet worden ist und nicht davon ausgegangen werden kann, der Beschwerdeführer werde künftig mit hoher Wahrscheinlichkeit erneut in das Psychiatriezentrum eingewiesen. Ferner kann nicht davon ausgegangen werden, dass ein allfälliger künftiger Aufenthalt von so kurzer Dauer wäre, dass entsprechende Beanstandungen nicht rechtzeitig durch ein Gericht überprüft werden könnten (VerwG ZH vom 20. Mai 2010, VB.2010.00080, E. 3.5). 2426
- **Eintrag im Register der Mehrwertsteuerpflichtigen**; diesem kommt nur deklaratorische Wirkung zu. Eintragung wie auch Löschung stellen Verwaltungsakte ohne materielle Rechtskraft dar. Dies bedeutet, dass die ESTV die Beschwerdeführerin ohne Weiteres in ihrem Register löschen kann, sofern das Bundesverwaltungsgericht die subjektiven und objektiven Voraussetzungen der Steuerpflicht hinsichtlich der im Recht liegenden Steuerperioden als nicht gegeben erachtet. Einer ausdrücklichen richterlichen Anordnung oder einer Feststellungsverfügung der ESTV bedarf es hierfür nicht (BVGer vom 11. Juni 2010, A-5745/2008, E. 1.4.5). 2427

2428 – Das **Melde- und Widerspruchsverfahren nach Art. 49a Abs. 3 lit. a KG** dient nicht dazu, die materiell-rechtliche Zulässigkeit einer wettbewerbsrelevanten Verhaltensweise definitiv zu klären; es soll – als Verfahren sui generis – vor direkten Sanktionen schützen, bis das Sekretariat der Wettbewerbskommission seine Bedenken (innert 5 Monaten seit der Meldung) durch die Eröffnung eines (ordentlichen) Kartellverfahrens (Vorabklärung; Art. 26 KG oder Untersuchung; Art. 27 ff. KG) kundgetan hat oder die entsprechende Frist unbenützt verstreichen liess. Entsprechend haben Banken, welche der WEKO Mitte 2004 zusammen mit der Telekurs Multipay AG ihre Absicht gemeldet hatten, auf Zahlungen mit Maestro-Debitkarten eine gemeinsam vereinbarte, preisabhängige Gebühr einzuführen, keinen Anspruch darauf, dass die WEKO über deren Zulässigkeit definitiv entscheidet (BGE 135 II 60 E. 2.3 und E. 3; vgl. auch BGE 137 II 199 E. 6.4).

2429 – Es besteht für einen in **Zürich wohnhaften Beschwerdeführer** kein schutzwürdiges Interesse an der Feststellung, ob die anlässlich der Volksabstimmung vom 29. Nov. 2009 über die Initiative «Gegen den Bau von Minaretten» in der Stadt Chur aufgehängten religiöse Gefühle Dritter verletzt hätten oder eine gegen den Islam gerichtete Einstellung in der Bevölkerung schüren würden. Der Beschwerdeführer beruft sich nicht auf eigene, persönliche Interessen, sondern bringt vielmehr Interessen Dritter bzw. allfällige ungünstige Folgen des Aushangs für dieselben vor. Es ist nicht ersichtlich, dass seine eigene Position durch den Ausgang dieses Verfahrens unmittelbar beeinflusst werden bzw. welcher unmittelbare Nachteil mit der Beschwerde von ihm abgewendet werden könnte (VerwG GR vom 17. Nov. 2009, U-09-89, E. 3).

2430 – Es fehlt an einem schutzwürdigen Interesse, vom betreffenden Bundesamt feststellen zu lassen, dass der Bund verpflichtet sei, mittels **geeigneter Massnahmen** vorzukehren, dass die **Immissionsgrenzwerte** betr. Feinstaub, Ozon und Stickoxiden eingehalten würden bzw. dass ein Immissionsniveau erreicht werde, welches für die Beschwerdeführenden nicht gesundheitsschädigend oder lästig sei. Ihre Anliegen richten sich nicht gegen den Schadstoffausstoss einer oder einzelner bestimmter Quellen, sondern generell gegen die Luftverunreinigung vorab durch Motorfahrzeuge in der ganzen Schweiz. Weil die Grenzwerte für Luftschadstoffe regelmässig praktisch flächendeckend im gesamten Siedlungsgebiet der Schweiz und nicht bloss in einzelnen Gebieten überschritten werden, sind die Beschwerdeführenden davon nicht mehr und stärker betroffen als andere Einwohnerinnen und Einwohner. Sie stehen deshalb nicht in einer für die Parteirechte erforderlichen unmittelbaren und besonderen Beziehungsnähe zu den Emissionen, sondern setzen sich im Ergebnis im Interesse der Allgemeinheit für die Einhaltung der Luftschadstoff-Grenzwerte ein (BVGE 2009/1 E. 6).

2431 – Die Feststellung, es seien **Tierschutzvorschriften** verletzt worden, kann in einem **Verfahren betr. Verweigerung von Direktzahlungen** nicht Gegenstand einer Feststellungsverfügung bilden. Nach Art. 70 Abs. 1 lit. e der Direktzahlungsverordnung (DZV) werden die Beiträge gekürzt oder verweigert, wenn der Gesuchsteller landwirtschaftsrelevante Vorschriften des Gewässerschutz-, des Umweltschutz- oder des Natur- und Heimatschutzgesetzes nicht einhält. Die Nichteinhaltung dieser Vorschriften muss mit einem rechtskräftigen Entscheid festgestellt werden (Art. 70 Abs. 2 DZV). Tierschutzvorschriften sind in diesem Zusammenhang nicht genannt. Ferner bleibt es dem Beschwerdeführer ohne Weiteres möglich, im Direktzahlungsverfahren solche Verletzungen zu bestreiten. Ein schutzwürdiges Interesse an einer gesonderten Feststellungsverfügung kann daraus nicht abgeleitet werden (BGer vom 18. Juni 2011, 2C_737/2010, E. 4.8).

cc) Gegenstand

2432 Feststellungsverfügungen haben stets (bestimmbare) **individuell-konkrete**, sich aus einem hinreichend festgelegten Sachverhalt ergebende Rechte und Pflichten zum Gegenstand, was im Grunde genommen bereits aus dem Verfügungsbegriff folgt (BGE 130 V 388 E. 2.4; BVGer vom 14. Juli 2010, B-3608/2009, E. 2.2.1; vom 19. Aug. 2009, A-2036/2008, E. 1.4.2.1; BR vom 22. Dez. 2004, in: VPB 69 [2005]

Nr. 26 E. 3). Das Feststellungsinteresse hat mit anderen Worten **konkrete Rechtsfolgen** und nicht nur **theoretische bzw. abstrakte Rechtsfragen** oder bloss **tatbeständliche Feststellungen bzw. Sachverhaltsfragen** zum Gegenstand (BGE 137 II 199 E. 6.5, 135 II 60 E. 3.3.3, 131 II 13 E. 2.2, 130 V 388 E. 2.5, 126 II 300 E. 2c, 123 II 16 E. 2b, 122 II 97 E. 3; BGer vom 6. Juli 2011, 2C_739/2010, E. 3.2; vom 21. Juli 2009, 2C_803/2008, E. 4.2.2; vom 6. Juli 2001, 2A.111/1999, E. 3a; BVGer vom 6. April 2011, B-3694/2010, E. 2.1.2; vom 25. Nov. 2010, A-6854/2008, E. 1.3; vom 14. Juli 2010, B-3608/2009, E. 2.2.1; vom 14. April 2009, A-1543/2006, E. 4.3; vom 18. Dez. 2008, B-8363/2007, E. 2.1).

Ein schutzwürdiges Interesse an der Feststellung **künftiger öffentlich-rechtlicher** 2433 **Rechte und Pflichten** besteht dann, wenn diese im Zeitpunkt des Feststellungsbegehrens schon hinreichend **bestimmt** bzw. **bestimmbar** sind (BGE 135 II 60 E. 3.3, 126 II 514 E. 3, 121 II 473 E. 2d, 114 Ib 44 E. 3, 108 Ib 540 E. 3; BVGer vom 6. April 2011, B-3694/2010, E. 2.1.2; vom 4. Okt. 2007, A-563/2007, E. 1.3 [in BVGE 2008/29 nicht publ. E.]). Damit der Rechtsunterworfene ein schutzwürdiges Interesse an zukünftigen Rechten und Pflichten hat, muss die Feststellungsverfügung geeignet sein, die **Ungewissheit zu beseitigen**; mit anderen Worten würde dieser wegen der Unkenntnis seiner (künftigen) Rechte oder Pflichten allenfalls Nachteile erleiden (BGE 137 V 105 E. 1.1). Indessen genügt nicht jede Ungewissheit. Vielmehr ist erforderlich, dass ihre Fortdauer den Kläger hindert, seine Entscheidungen zu treffen, und ihm diese Ungewissheit deshalb unzumutbar ist (BGE 137 V 105 E. 1.1, 122 III 279 E. 3a, 120 II 20 E. 3).

Diese **zurückhaltende Praxis** ergibt sich aus dem Wesen der Verfügung: Diese ist 2434 darauf ausgerichtet, **konkrete Anordnungen** zu treffen oder das Bestehen oder Nichtbestehen von Rechten und Pflichten festzustellen (Art. 5 Abs. 1 VwVG); sie dient nicht der blossen Feststellung **vergangener oder künftiger Ereignisse**, wenn damit keine konkreten Rechtsfolgen verbunden sind. Stehen hingegen konkrete Rechtsfolgen oder Anordnungen zur Diskussion, so sind derartige Feststellungen nur ein Schritt auf dem Weg zur Verfügung und es besteht kein Anlass, darüber eine gesonderte Verfügung zu erlassen (vgl. BGer vom 18. Juni 2011, 2C_737/2010, E. 4.7; vom 11. April 2011, 2C_344/2010, E. 6).

Das **Institut der Feststellungsverfügung** dient ferner nicht dazu, auf indirektem 2435 Weg eine **abstrakte Normenkontrolle** einzuführen (BGer vom 6. Juli 2001, 2A.111/1999, E. 3c; VerwG ZH vom 19. Juni 2008, VB.2008.00143, E. 2). Ebenso wenig kann es Aufgabe staatlicher Behörden sein, mittels Feststellungsverfügungen **Rechtsgutachten** zu erstatten (BGE 131 II 13 E. 2.2, 130 V 388 E. 2.4 und E. 2.5) oder **Grundsatzentscheidungen** zu fällen, wonach die Behörde bestimmte Begehren grundsätzlich in dieser oder jener Weise behandeln soll (BVGer vom 6. April 2011, B-3694/2010, E. 2.1.2).

Allerdings gilt es als zulässig, mit einer Feststellungsverfügung gewisse **grundlegende Rechtsfragen vorweg zu beantworten**, wenn daran erhebliche materiell- 2436 rechtliche oder prozessuale Folgen geknüpft sind und damit auf die Einleitung eines unter Umständen aufwendigen Verfahrens zumindest vorläufig verzichtet werden kann (BGE 135 II 60 E. 3.3.3, 131 II 13 E. 2.3; BGer vom 6. Juli 2011, 2C_739/2010, E. 3.2; vom 22. Aug. 2007, 1C_6/2007, E. 3.4; KG BL vom 11. Sept. 2003, in: VGE 2002/03 S. 411 E. 1c). Ist beispielsweise die Voraussetzung der Widerrechtlichkeit im Hinblick auf einen späteren Staatshaftungsprozess oder die Kausalität in sozialversicherungsrechtlichen Fragen umstritten, ist durchaus ein schutzwürdiges Interesse gegeben, diese Frage vorweg abklären zu lassen (BGer vom 27. März 2007, K.226/05, E. 3.2.2; entgegen VerwG BE vom 2. April 2007, in: BVR 2007 S. 441 E. 4.1, wonach im Staatshaftungsrecht das Feststellungsbegehren subsidiär zum Leistungsbegehren ist).

2437 Entsprechend hat auch der Bundesrat gewisse **grundlegende Fragen** im Hinblick auf die Modalitäten bei der Umsetzung eines Tarifmodells im Bereich der Krankenversicherung im Rahmen eines Feststellungsentscheids geklärt (BR vom 19. Dez. 2001, in: VPB 66 [2002] Nr. 78 E. 1.7.1). Die Feststellungsverfügung dient in diesem Sinn der Verfahrensökonomie sowie der Rechtssicherheit, weil sie als Vorstufe einer allenfalls später zu erfolgenden Leistungsverfügung Rechte und Pflichten verbindlich feststellt (vgl. auch ANDREAS KLEY, Die Feststellungsverfügung – eine ganz gewöhnliche Verfügung?, in: Ehrenzeller/Mastronardi/Schaffhauser/Schweizer/Vallender, Der Verfassungsstaat vor neuen Herausforderungen, FS für Yvo Hangartner, St. Gallen/Lachen 1998, S. 230; VerwG ZH vom 23. März 2011, VB.2010.00383, E. 5.1).

2438 Die **generelle Beanstandung** hingegen, eine Behörde sei in rechtswidriger Weise untätig geblieben oder habe ungenügende Massnahmen ergriffen, kann nur als **Aufsichtsbeschwerde** vorgebracht werden, die dem Anzeiger keinerlei Parteirechte verschafft und gegen deren Behandlung kein Rechtsmittel besteht (BGE 126 II 300 E. 2c, 124 II 383 E. 1, 120 Ib 351 E. 5). Ist ein **Rechtsstreit bereits formell rechtskräftig** entschieden worden, kann er ferner nicht über ein Feststellungsgesuch wieder neu initiiert und damit die Rechtskraft unterlaufen werden (BGer vom 21. Juli 2009, 2C_803/2008, E. 4.3.3). Das Prinzip der Einmaligkeit des Rechtsschutzes schliesst eine nochmalige Überprüfung einer individuell-konkreten Anordnung in einem späteren Verwaltungsverfahren grundsätzlich aus (BVGer vom 7. April 2009, A-3932/2008, E. 2.2.1).

Praxis:

2439 – **Feststellung der Kommunikationskommission (ComCom) betr. Interkonnektion:** Die Feststellung der Kommunikationskommission (ComCom), dass sowohl der gemeinsame als auch der vollständig entbündelte Zugang zum Teilnehmeranschluss Anwendungsfälle der Interkonnektion sind, dass diese beiden Interkonnektionsdienste von marktbeherrschenden Anbieterinnen gemäss den Bedingungen von Art. 11 Abs. 1 FMG angeboten werden müssen, und dass für deren Unterstellung unter das Interkonnektionsregime eine genügende gesetzliche Grundlage besteht, stellt eine individuell-konkrete Verfügung dar. Zwar ist nicht feststellungsfähig namentlich eine abstrakte Rechtslage, wie sie sich aus einem Rechtssatz für eine Vielzahl von Personen und Tatbeständen ergibt. Das Dispositiv des angefochtenen Entscheids enthält zwar abstrakt formulierte Feststellungen. Allerdings ist zur Auslegung des Dispositivs die Begründung heranzuziehen. Daraus ergibt sich zweifelsfrei, dass es um ein Interkonnektionsverfahren zwischen den beiden Parteien sunrise und Swisscom geht. Das Dispositiv ist so zu verstehen, dass die Beschwerdeführerin (Swisscom) der Beschwerdegegnerin (sunrise) entsprechend deren Gesuch Interkonnektion gemäss Art. 11 Abs. 1 FMG gewähren muss, dass insbesondere die dafür erforderliche gesetzliche Grundlage als genügend erachtet wird, sofern die Beschwerdeführerin von der Kommunikationskommission aufgrund eines noch einzuholenden Gutachtens der Wettbewerbskommission für die fraglichen Interkonnektionsdienste als marktbeherrschend erachtet wird. Damit betrifft der angefochtene Entscheid im Sinne von Art. 5 VwVG einen Einzelfall und regelt einzig das Verhältnis zwischen den Parteien. Dass sich daraus auch allgemeinere Auswirkungen, namentlich eine Präjudizwirkung für andere Fälle, ergeben könnten, ist Folge davon, dass es sich beim vorliegenden Verfahren um einen Pilotprozess handelt, und ändert an dessen grundsätzlich individuell-konkretem Charakter nichts (BGE 131 II 13 E. 2.3).

- **Feststellung der Gemeinde A, dass die Firma X für die Sanierung des Grundwassers und die allfällige Beseitigung des verseuchten Erdmaterials haftbar ist**: In der dem angefochtenen Entscheid zugrunde liegenden Verfügung des Gemeinderates wird festgestellt, die Firma X werde für die Sanierung des Grundwassers und die allfällige Beseitigung des verseuchten Erdmaterials im Bereich ihrer Betriebsliegenschaft sowie für alle in diesem Zusammenhang entstehenden Untersuchungskosten haftbar gemacht. Das Bundesgericht erachtet die Voraussetzungen für den Erlass einer solchen Feststellungsverfügung als erfüllt. Insbesondere hält es das rechtliche Interesse der Gemeinde O an der Feststellung der grundsätzlichen Ersatzpflicht der Beschwerdeführerin für gegeben, zumal sich mangels Kenntnis des Ausmasses der zur Beseitigung der Gewässerverschmutzung notwendigen Massnahmen die daraus erwachsenden Kosten noch nicht bestimmen bzw. durch gestaltende Verfügung auf die Beschwerdeführerin überbinden lassen. Des Weiteren ist ein aktuelles Interesse der Gemeinde an der sofortigen Feststellung der grundsätzlichen Ersatzpflicht anzunehmen, weil ihr nur aufgrund der vorgängigen Ausräumung der Ungewissheit über die Ersatzpflicht ermöglicht wird, hinsichtlich der einzelnen Sanierungsmassnahmen ein möglichst einvernehmliches Vorgehen mit der Ersatzpflichtigen zu wählen. Im Übrigen verlangt auch die Rechtssicherheit, dass ein Feststellungsentscheid über die grundsätzliche Frage der Ersatzpflicht ergehen kann. Würde nämlich die Zulässigkeit einer solchen Verfügung verneint, bestünde lediglich die Möglichkeit, nach Durchführung der einzelnen Gewässerschutzmassnahmen durch entsprechende Leistungsverfügungen die jeweiligen Massnahmekosten der Beschwerdeführerin zu überbinden. Bei Zulässigkeit des Feststellungsentscheides kann eine widersprüchliche Rechtslage vermieden werden, weil durch Feststellungsverfügung einheitlich über die grundsätzliche Frage der Ersatzpflicht entschieden wird und bei den späteren Leistungsverfügungen lediglich noch die Notwendigkeit der einzelnen Massnahmen oder die Angemessenheit der Kosten in Frage gestellt werden kann (BGE 114 Ib 44 E. 3). 2440

- **Begehren an das eidgenössische Personalamt um ziffernmässige Feststellung der künftigen Arbeitgeberzusatzleistungen:** X ist Angehöriger der Armee und erhält ab seiner vorzeitigen Pensionierung mit Vollendung des 58. Altersjahres nebst seiner ordentlichen monatlichen Rente finanzielle Zusatzleistungen des Bundes (sogenannte Arbeitgeberzusatzleistungen AGZL). Basierend auf der provisorischen Rentenberechnung nahm das EPA im Schreiben vom 26. März 2004 eine provisorische Berechnung der AGZL per 31. Aug. 2007 für X vor und stellte zudem fest, dass nur die vom EPA erstellte Abrechnung für die AGZL im Pensionierungsfall verbindlich sei. X gelangte an das EPA mit dem Begehren, es sei durch Erlass einer Feststellungsverfügung bekannt zu geben, wie hoch die AGZL für jedes Jahr ab seinem 58. Altersjahr voraussichtlich ausfallen werde. Das EPA hat dem Beschwerdeführer mit Schreiben vom 26. März 2004 im Sinne einer provisorischen Berechnung die Höhe seiner monatlichen AGZL bekannt gegeben, auf den förmlichen Erlass einer Feststellungsverfügung hingegen verzichtet. Erwägungen: Dem Begehren des Beschwerdeführers um Erlass einer Feststellungsverfügung ist nur zu entsprechen, wenn der Gesuchsteller an der Beseitigung einer Unklarheit über den Bestand, Nichtbestand oder Umfang öffentlich-rechtlicher Rechte und Pflichten interessiert ist, weil er sonst Gefahr laufen würde, ihm nachteilige Massnahmen zu treffen oder zu unterlassen. Durch die Unmöglichkeit der ziffernmässigen Feststellung der zukünftigen AGZL durch das EPA erwachsen dem Beschwerdeführer zumindest keine nicht wieder gutzumachenden Nachteile. Dem Gesagten kann zugemutet werden, die Berechnung seiner zukünftig verfügbaren finanziellen Mittel auf Grund der errechneten und im Schreiben vom 26. März 2004 eröffneten Zahlen vorzunehmen. Ob die Interessen angesichts der baldigen Pensionierung zudem aktuell und praktisch sind und darum den Erlass einer Feststellungsverfügung rechtfertigen, kann im vorliegenden Fall offenbleiben, da das Feststellungsinteresse durch die Ungewissheit – Unbestimmbarkeit der Höhe der Rente und der sich daraus ergebenden Beiträge der AGZL – ohnehin zu verneinen ist (PRK vom 29. März 2005, in: VPB 69 [2005] Nr. 83 E. 4b). 2441

2442 – **Begehren um Feststellung, dass die A AG bei der allfälligen Liquidation gemäss DBG privilegiert zu behandeln sei:** Die Eidgenössische Steuerverwaltung geht davon aus, dass die Kantonale Steuerverwaltung in einer Frage verfügt habe, zu welcher sie lediglich eine Auskunft hätte geben dürfen. Bei dem Gesuch der Beschwerdegegnerin handle es sich bloss um einen vorsorglich, noch nicht verwirklichten Sachverhalt, worüber keine Feststellungsverfügung ergehen könne. Erwägungen: Anders als bei der Mehrwertsteuer, der Verrechnungssteuer und den Stempelabgaben ist bei der direkten Bundessteuer eine Feststellungsverfügung über Steuerfolgen eines in Aussicht genommenen Sachverhalts gesetzlich nicht vorgesehen. In der Literatur sind mit Bezug auf die Zulässigkeit von Feststellungsverfügungen bei der direkten Bundessteuer für in Aussicht genommene Sachverhalte unterschiedliche Auffassungen zu finden; die Verwaltungspraxis steht den Feststellungsansprüchen überwiegend ablehnend gegenüber. Das Bundesgericht hat sich in dieser Frage bisher zurückgehalten. Es hat bislang grundsätzlich nur Feststellungsentscheide zur Abklärung der subjektiven Steuerpflicht und des Veranlagungsortes zugelassen. Eine zurückhaltende Praxis im Bereich der direkten Bundessteuer mit Bezug auf die Zulässigkeit von gesetzlich nicht geregelten Feststellungsentscheiden erscheint weiterhin geboten. Auch wenn ein praktisches Interesse der Steuerpflichtigen an Auskünften für geplante Tatbestände nicht zu verkennen ist, so soll der Steuerjustiz die Funktion eines Rechtsberaters nicht aufgezwungen werden. Den Steuerpflichtigen steht in der Praxis die Möglichkeit offen, bei den Steuerverwaltungen Rechtsauskünfte zu verlangen. Solche vorgängigen Auskünfte haben keinen Verfügungscharakter und können deshalb nicht wie Feststellungsverfügungen durch Rechtsmittel angefochten werden. Trotzdem können sie nach den allgemein anerkannten Grundsätzen von Treu und Glauben und des Vertrauensschutzes Rechtsfolgen gegenüber den Behörden auslösen. Im vorliegenden Fall steht nicht eine Frage der subjektiven Steuerpflicht zur Diskussion. Zu prüfen war einzig die Privilegierung einer von der Beschwerdegegnerin geplanten Liquidation. Über diese Frage kann auch im ordentlichen Veranlagungsverfahren befunden werden. Die Steuerpflichtige ist auf dieses zu verweisen, wenn sie sich mit der ablehnenden Auskunft der Steuerverwaltung nicht einverstanden erklären kann oder will. Eine Feststellungsverfügung hätte im vorliegenden Fall nicht ergehen dürfen, nachdem solche bei der direkten Bundessteuer nur restriktiv zulässig sind. Die Veranlagungsbehörde hätte sich diesbezüglich mit der gewöhnlichen Auskunft begnügen müssen und nicht einen Feststellungsentscheid abgeben dürfen. Wurde deshalb zu Unrecht eine Verfügung erlassen, so ist diese aufzuheben (BGE 126 II 514 E. 3).

dd) Subsidiarität

2443 Laut bundesgerichtlicher Rechtsprechung ist der Anspruch auf Erlass einer Feststellungsverfügung **subsidiär** gegenüber rechtsgestaltenden Verfügungen; eine Feststellungsverfügung ist nur zu treffen, wenn das Interesse daran nicht durch eine rechtsgestaltende Verfügung gewahrt werden kann (BGE 137 V 105 E. 1.1, 135 II 60 E. 3.3.2, 132 V 257 E. 1, 129 V 289 E. 2.1, 126 II 300 E. 2c, 123 II 402 E. 4b/aa, 119 V 11 E. 2a; BGer vom 20. Jan. 2010, 2C_726/2009, E. 1.3; vom 24. Sept. 2009, 1C_79/2009, E. 3.5; BVGE 2007/24 E. 1.3; BVGer vom 6. April 2011, B-3694/2010, E. 2.1.2; vom 17. März 2011, A-5747/2008, E. 1.3; vom 18. Jan. 2011, A-4011/2010, E. 1.4; vom 2. Sept. 2010, A-3198/2009, E. 1.4.2; vom 16. Jan. 2009, A-2677/2007, E. 1.4).

2444 Das Gebot der Subsidiarität gilt auch, wenn eine **Behörde** im Rahmen ihrer Vollzugsaufgaben von sich aus eine Verfügung erlässt (BVGE 2010/19 E. 11, 2009/9 E. 2.2). Steht der verfügenden Instanz die Möglichkeit offen, gestaltend das Rechtsverhältnis zwischen den beteiligten Parteien zu regeln, bleibt kein Raum für den Erlass einer Feststellungsverfügung (BGE 126 II 300 E. 2c; BVGE 2010/19 E. 11, 2007/24 E. 1.3).

Das **Erfordernis der Subsidiarität** gilt **nicht absolut**. Kann das schutzwürdige Interesse mit einer Feststellungsverfügung besser gewahrt werden als mit einer Leistungs- oder Gestaltungsverfügung, ist die Legitimation ausreichend dargetan. Namentlich, wenn mit dem vorgängigen Erlass einer Feststellungsverfügung grundlegende Fragen vorweg geklärt oder ein aufwendiges Verfahren vermieden werden kann, hat aus **prozessökonomischen Gründen** das Erfordernis der Subsidiarität zu weichen (BVGer vom 19. Aug. 2010, A-5452/2009, E. 2.2.1; vom 26. Mai 2010, B-668/2010, E. 2.1), ebenso, wenn dem Gesuchsteller ansonsten unzumutbare Nachteile entstehen würden (BGE 112 V 81 E. 2a; BGer vom 21. Juli 2009, 2C_803/2008, E. 4.2.2; BVGer vom 4. Okt. 2007, A-563/2007, E. 1.3 [in BVGE 2008/29 nicht publ. E.]). 2445

Praxis:

- **Qualifikation als Endverbraucher mit Grundversorgung i.S.v. Art. 6 Abs. 1 StromVG:** Die Beschwerdeführerin verlangt, es sei festzustellen, dass sie Endverbraucherin im Sinne von Art. 6 Abs. 1 StromVG sei und dies bleibe, solange sie auf den Netzzugang verzichte und ein entsprechendes Wahlrecht nicht ausübe. Anspruch auf Erlass einer Feststellungsverfügung besteht gemäss Art. 25 Abs. 2 VwVG, wenn der Gesuchsteller ein schutzwürdiges Interesse nachweist. Ein schutzwürdiges Interesse liegt vor, wenn glaubhaft ein rechtliches oder tatsächliches und aktuelles Interesse an der sofortigen Feststellung des Bestehens oder Nichtbestehens eines Rechtsverhältnisses besteht. Der in Art. 25 Abs. 2 VwVG verwendete Begriff des schutzwürdigen Interesses ist im Ergebnis gleich zu verstehen wie in Art. 48 Abs. 1 Bst. c VwVG. Eine weitere, das Feststellungsinteresse betreffende Anforderung ist, dass eine Feststellungsverfügung nur dann erlassen werden kann, wenn das schutzwürdige Interesse nicht ebenso gut mit einer Leistungs- oder Gestaltungsverfügung gewahrt werden kann. Das Erfordernis der Subsidiarität gilt jedoch nicht absolut. Kann das schutzwürdige Interesse mit einer Feststellungsverfügung besser gewahrt werden als mit einer Leistungs- oder Gestaltungsverfügung, ist die Legitimation ausreichend dargetan. Namentlich wenn mit dem vorgängigen Erlass einer Feststellungsverfügung grundlegende Fragen vorweg geklärt und ein aufwendiges Verfahren vermieden werden kann, hat das Erfordernis der Subsidiarität zu weichen. Da die Qualifikation der Beschwerdeführerin als Endverbraucherin massive Auswirkungen auf ihre gegenwärtigen und zukünftigen Stromkosten hat und vorliegend durch den Erlass einer Feststellungsverfügung hinsichtlich der grundlegenden Rechtsfrage, ob sie als Endverbraucherin im Sinne von Art. 6 Abs. 1 StromVG zu gelten hat, ein aufwendiges Verfahren bezüglich der Überprüfung des Strompreises/Elektrizitätstarifs vermieden werden kann, ist ein schutzwürdiges Feststellungsinteresse der Beschwerdeführerin zu bejahen (BVGer vom 19. Aug. 2010, A-5452/2009, E. 2.2). 2446
- **AHV- Beitragsstatut:** Die Stiftung X verfolgt ideelle Ziele und unterhält ein Begegnungszentrum, in welchem C und weitere Mitbetroffene zeitweise zugunsten der Stiftungsziele tätig sind. Diese Personen werden für ihre Tätigkeit nicht entlöhnt, erhalten hingegen während dieser Zeit freie Unterkunft und Verpflegung. In diesen Naturalleistungen erblickte die Verbandsausgleichskasse, welcher die Stiftung als Arbeitgeberin angeschlossen ist, massgebenden Lohn und verfügte entsprechende Lohnbeiträge mit Entscheid vom 11. Mai 1981. Mit Entscheid vom 1. Dez. 1981 hiess die damals zuständige Rekursbehörde die gegen diese Veranlagungsverfügung erhobene Beschwerde teilweise gut, wobei sie in der Frage des Beitragsstatuts von C und der weiteren Mitbetroffenen wie die Verbandsausgleichskasse grundsätzlich auf unselbstständige Erwerbstätigkeit erkannte. Weil C und weitere Mitbetroffene in den Jahren 1980 bis 1982 teilweise kein beitragspflichtiges Erwerbseinkommen bei der Stiftung erzielten, wandten sie sich an die kant. Ausgleichskasse ihres Wohnsitzes und verlangten den Anschluss als Nichterwerbstätige. Die kant. Ausgleichskasse verfügte, dass ein Anschluss als Nichterwerbstätige wegen der bei der Stiftung ausgeübten Erwerbstätigkeit nicht möglich sei. Mit Beschwerde fochten C und die übrigen Mitbetroffenen diese Feststellung der Ausgleichskasse erfolgreich 2447

an (Entscheid der Rekursbehörde vom 22. Nov. 1984). Die kant. Ausgleichskasse führt gegen diesen Entscheid Verwaltungsgerichtsbeschwerde, welche vom EVG gutgeheissen wird. Erwägungen: Nach Lehre und Rechtsprechung kann eine Behörde nur dann eine Feststellungsverfügung erlassen, wenn an der sofortigen Feststellung des Bestehens oder Nichtbestehens eines Rechtsverhältnisses ein rechtliches und aktuelles schutzwürdiges Interesse besteht, welchem keine erheblichen öffentlichen oder privaten Interessen entgegenstehen, und wenn dieses schutzwürdige Interesse nicht durch eine rechtsgestaltende Verfügung, d.h. durch die Festlegung von Rechten oder Pflichten, gewahrt werden kann. Zum Beitragsstatut von Versicherten hat die Rechtsprechung festgehalten, dass dieses für sich allein Gegenstand einer Feststellungsverfügung sein kann, sofern ein gewichtiges Interesse an seiner vorgängigen Abklärung besteht. Dies ist bei komplizierten Sachverhalten gegeben, bei welchen vernünftigerweise Abrechnungen über Lohnbeiträge erst verlangt werden können, nachdem das Vorliegen unselbstständiger Erwerbstätigkeit und damit die Beitragspflicht des betroffenen Arbeitgebers erwiesen ist. Solche Verhältnisse können namentlich gegeben sein, wenn die beitragsmässige Stellung einer grossen Zahl von Versicherten durch eine an ihren gemeinsamen Arbeitgeber gerichtete Verfügung betroffen ist, besonders wenn diese grosse Zahl die Verwaltung und den Richter davon entbindet, die Betroffenen in das Verfahren einzubeziehen. Vorliegend fehlen überzeugende Gründe, welche die Feststellungsverfügungen der kant. Ausgleichskasse hinsichtlich des AHV-Beitragsstatuts zu rechtfertigen vermögen. Die Zahl der betroffenen Versicherten ist nicht sehr gross und ihr Fall ist – hinsichtlich der Grundsatzfrage – nicht derart komplex, dass die zuständige Ausgleichskasse nicht Beitragsverfügungen hätte erlassen können. Die von der zitierten Rechtsprechung verlangten restriktiven Voraussetzungen zum Erlass von Feststellungsverfügungen sind daher nicht erfüllt. Ferner gilt es hervorzuheben, dass Zweck und Nutzen von Feststellungsverfügungen in der Klärung von rechtlich noch unsicheren Sachverhalten zu suchen sind. Infolgedessen fehlt es an einem schutzwürdigen Interesse an der Feststellung von Rechten und Pflichten, wenn diese schon Gegenstand einer rechtsgestaltenden Verfügung waren. Mit einer beschwerdefähigen Feststellungsverfügung würde im Übrigen die Möglichkeit eröffnet, den Eintritt der formellen Rechtskraft einer früheren Verfügung zu umgehen. Vorliegend hat die Verbandsausgleichskasse, welcher die Stiftung als Arbeitgeberin angeschlossen ist, am 11. Mai 1981 eine rechtsgestaltende Verfügung hinsichtlich der für die Betroffenen geschuldeten Lohnbeiträge erlassen. Die Frage der Unterstellung dieser Versicherten als (unselbstständig) Erwerbstätige unter die AHV war somit schon Gegenstand einer Verfügung, welche im Übrigen auch gerichtlich beurteilt wurde. Mit Entscheid vom 1. Dez. 1981, welcher weder von den Betroffenen noch vom BSV angefochten wurde, hat die damals zuständige Rekurskommission die Voraussetzungen erläutert, unter welchen sie die Versicherten als erwerbstätig bzw. als nichterwerbstätig erachtete. In Ausführung dieses Urteils hat die Verbandsausgleichskasse neue Abrechnungen über Lohnbeiträge erstellt, welche weder die Versicherten noch die Stiftung in Zweifel zogen. Unter diesen Umständen hatten sie – soweit dies die Absicht war – kein schutzwürdiges Interesse an der Feststellung des Beitragsstatus. Damit konnte die kant. Ausgleichskasse die Unterstellungsbegehren der Versicherten aber auch nicht mit Feststellungsverfügungen beantworten. Die Vorinstanz hätte somit auf die Beschwerde der Versicherten nicht eintreten dürfen, weshalb ihr Entscheid aufzuheben ist (BGE 112 V 81 E. 2).

ee) Dispositiv

2448 Die zuständige Behörde hat grundsätzlich einen **Nichteintretensentscheid** zu erlassen, wenn es an einem hinreichenden schutzwürdigen Interesse am Erlass der ersuchten Feststellungsverfügung oder an einer anderen Voraussetzung fehlt (BGE 130 II 521 E. 2.5). Tritt die Behörde auf das Begehren um Erlass einer Feststellungsverfügung nicht ein, so kann dies zwar mit Beschwerde beanstandet werden (BGE 126 II 300 E. 2c). In derartigen Fällen prüft die entsprechende Beschwerdeinstanz allerdings nur die Rechtsfrage, ob die Vorinstanz auf die bei ihr vorgebrachte Eingabe zu Recht nicht eingetreten ist. Damit wird das Anfechtungsobjekt auf die Eintretensfrage beschränkt (BGer vom 27. Jan. 2010, 4A_330/2008, E. 2.1 [in BGE 136 III 102 ff. nicht publ. E.]; BVGer vom 26. Mai 2010, B-668/2010, E. 2.1; vom 17. Sept. 2009, B-607/2009, E. 2; vom 3. März 2008, A-1471/2006, E. 1.2).

Auf die im Rahmen einer **Beschwerde gegen einen Nichteintretensentscheid** enthaltenen materiellen Begehren darf deshalb nicht eingetreten werden (BGer vom 27. Jan. 2010, 4A_330/2008, E. 2.1 [in BGE 136 III 102 ff. nicht publ. E.]; BVGer vom 26. Mai 2010, B-668/2010, E. 2.1). Die Gutheissung der Beschwerde hat allein die Aufhebung der angefochtenen Verfügung zur Folge, was bedeutet, dass sich die Vorinstanz materiell mit den Vorbringen des Beschwerdeführers auseinanderzusetzen hat (BGE 132 V 74 E. 1.1; BVGer vom 23. März 2010, A-6820/2009, E. 3; vom 2. März 2009, A-6827/2008, E. 1.4). 2449

Ist eine **Feststellungsverfügung** durch eine **Vorinstanz zu Unrecht ergangen bzw. hat diese zu Unrecht ein schutzwürdiges Interesse angenommen**, so muss die Beschwerdeinstanz auf die Beschwerde eintreten und die Verfügung aufheben (BGE 130 V 388 E. 2.3-2.5). Die gegenteilige Lösung (Nichteintreten) ist mit dem Entscheid BGE 129 V 289 ff. (= Pra 93 [2004] Nr. 136) aufgegeben worden, und zwar aus folgenden Gründen: Einerseits muss eine Rechtsmittelinstanz auf die Beschwerde eintreten, wenn diese die Frage des schutzwürdigen Interesses prüfen will. Dasselbe gilt im Übrigen, wenn ein Gericht prüft, ob die Vorinstanz zu Recht nicht auf eine Beschwerde eingetreten ist. Ferner muss ein Gericht auf eine Beschwerde eintreten, damit es überhaupt die unzulässige Feststellungsverfügung aufheben kann. Würde das Gericht mangels schutzwürdigen Interesses nicht auf die Beschwerde eintreten, könnte es de jure die Feststellungsverfügung materiell nicht aufheben; diese würde (zu Unrecht) bestehen bleiben (BGE 129 V 289 E. 3.3). 2450

Praxis:

- **AHV- Beitragsstatut:** Das erstinstanzliche Gericht ist vorliegend auf eine Beschwerde gegen eine Feststellungsverfügung, welche mangels schutzwürdigen Interesses an einer Feststellung des Beitragsstatuts zu Unrecht ergangen ist, nicht eingetreten. Dieser Nichteintretensentscheid wurde beim Bundesgericht angefochten. Nach der Rechtsprechung kann das AHV-Beitragsstatut der Versicherten für sich allein Anlass zum Erlass einer Feststellungsverfügung geben, wenn ein überwiegendes Interesse die vorgängige Abklärung dieser Frage erfordert. So verhält es sich etwa bei gewissen komplexen Fällen, wo es nicht zumutbar ist, komplizierte paritätische Beitragsabrechnungen zu verlangen, bevor das Bestehen einer unselbstständigen Erwerbstätigkeit und die Beitragspflicht des betreffenden Arbeitgebers feststehen. Dies ist namentlich dann der Fall, wenn zahlreiche Versicherte von der ihrem gemeinsamen Arbeitgeber zugestellten Verfügung betreffend ihre Stellung als Arbeitnehmer betroffen sind, insbesondere wenn die Zahl der Versicherten so hoch ist, dass die Verwaltung oder der Richter sie nicht als Betroffene in das Verfahren einbeziehen muss. Vorliegend muss der Anspruch auf Erlass einer Feststellungsverfügung verneint werden. In BGE 112 V 81 ff. erwog das EVG, dass das erstinstanzliche Gericht nicht auf die Beschwerde hätte eintreten dürfen, welche gegen eine zu Unrecht erlassene Feststellungsverfügung eingereicht worden war. In einem späteren Entscheid erwog das EVG, das erstinstanzliche Gericht hätte mangels eines schutzwürdigen Interesses an der Feststellung der Statutsfrage die Kassenverfügung mit dieser Begründung aufheben müssen und nicht auf die Frage des AHV-Beitragsstatuts eintreten dürfen. Im nicht veröffentlichten Entscheid C. vom 11. Nov. 2002 (C 81/01) gelangte es zum Schluss, dass die Beschwerdeinstanz mangels eines schutzwürdigen Interesses an der Feststellung des Anspruchs auf Arbeitslosenentschädigung die Kassenverfügung hätte aufheben müssen, soweit diese bereits er- 2451 brachte Leistungen betraf. Die unterschiedlichen Lösungen rechtfertigen eine erneute Prüfung der Frage. Die Begründung des Entscheids in BGE 112 V 81 E. 2c hat zur Folge, dass das erstinstanzliche Gericht nicht auf die Beschwerde gegen eine zu Unrecht erlassene Feststellungsverfügung einzutreten hat. Diese Lösung ist nicht befriedigend. Tatsächlich ist es notwendig, dass das erstinstanzliche Gericht überprüft, ob die Voraussetzungen von Art. 25 Abs. 2 VwVG erfüllt sind, und dass es auf die Beschwerde eintritt, wenn es die Prüfung der Frage des schutzwürdigen Interesses an der Feststellung des Beitragsstatuts vornimmt. Soweit das erstinstanzliche Gericht auf die Beschwerde eintreten muss, um über die Frage des schutzwürdigen Interesses zu befinden, kann diese deshalb nicht als unzulässig erklärt werden. Andererseits muss das erstinstanzliche Gericht, wenn es nach vorgenommener Prüfung jedes schutzwürdige Interesse an der Feststellung des Beitragsstatuts verneint, die zu Unrecht erlassene Feststellungsverfügung aufheben. Auch aus diesem Grunde kann die gegenteilige Lösung des Entscheides BGE 112 V 81 ff. nicht beibehalten werden, da sie das erstinstanzliche Gericht verpflichtet, nicht auf die gegen eine zu Unrecht erlassene Feststellungsverfügung eingereichte Beschwerde einzutreten, und es so daran hindert, diese Verfügung aufzuheben. Nun besteht aber die Pflicht, auf die Beschwerde einzutreten, selbst im Falle, wo Nichtigkeit einer Feststellungsverfügung geltend gemacht wird. Im vorliegenden Fall hätte die Vorinstanz mangels eines schutzwürdigen Interesses an der sofortigen Feststellung des AHV-Beitragsstatuts der Beschwerdeführerin die zu Unrecht erlassene Feststellungsverfügung vom 9. Dez. 1999 von Amtes wegen aufheben müssen (BGE 129 V 289 E. 3).

d) *Mitwirkungsbedürftige Verfügung*

2452 Eine **mitwirkungsbedürftige Verfügung** zeichnet sich dadurch aus, dass sie nebst autoritativ hoheitlich anzuordnenden Aspekten auch **Verhandlungselemente** beinhaltet, die der Zustimmung des Betroffenen bedürfen (BVGer vom 2. März 2009, A-6827/2008, E. 1.3.2; RR OW vom 11. Dez. 2007, in: VVGE 2008/09 Nr. 13 E. 3.1). Eine öffentlich-rechtlich angestellte Person geht ihr **Arbeitsverhältnis** mit dem Gemeinwesen, solange kein öffentlich-rechtlicher Vertrag vorliegt, üblicherweise mittels einer mitwirkungsbedürftigen Verfügung ein (VerwG LU vom 27. Nov. 2008, in: LGVE 2008 Nr. II Nr. 1 E. 7a; VerwG ZH vom 12. Jan. 2005, PB.2004.00074, E. 2.1). Ebenso stellt die **Einsetzung eines amtlichen Verteidigers** (BGer vom 15. März 2005, BK.2006.1, E. 2.2.1) oder die **Wahl eines Richters** (BGE 116 Ia 8 E. 3d) eine mitwirkungsbedürftige Verfügung dar.

2453 Eine **Konzession** wird als mitwirkungsbedürftige Verfügung oder als ein gemischter Rechtsakt betrachtet, da sie sowohl Elemente der Verfügung als auch solche, die dem (öffentlich-rechtlichen) Vertrag zugeschrieben werden, beinhaltet (BGE 130 II 18 E. 3.1; BVGer vom 15. Nov. 2011, A-8516/2010, E. 7.1; vom 14. April 2009, A-1543/2006, E. 6.1.1; VerwG ZH vom 7. Feb. 2006, VB.2005.00279, E. 5.2). Zum Verfügungsteil gehören diejenigen Konzessionsbestimmungen, die durch das Gesetz weitgehend festgelegt sind und Pflichten des Konzessionärs regeln, an deren Erfüllung ein wesentliches öffentliches Interesse besteht. Vertraglich sind diejenigen Teile der Konzession, bei denen die Bestimmtheit der gesetzlichen Grundlage gering und damit der Spielraum für die Ausgestaltung des Konzessionsverhältnisses im einzelnen Fall gross ist (BVGer vom 15. Nov. 2011, A-8516/2010, E. 7.1). Je nach gesetzlicher Grundlage kann die Konzedentin, wenn über die mittels Vertrag aushandelbaren Aspekte keine Einigung erzielt wird, zumindest die wesentlichen Bestandteile der Konzession wie die Konzessionsdauer auch in Form einer Verfügung festlegen (VerwG ZH vom 7. Feb. 2006, VB.2005.00279, E. 5.2).

Die **Übergänge** zwischen Verfügung, mitwirkungsbedürftiger Verfügung und verwaltungsrechtlichem Vertrag sind fliessend: Besteht bezüglich der **inhaltlichen Ausgestaltung ein erheblicher (potenzieller) Spielraum**, der nicht durch Regelungen (z.B. Anstellungs- oder Besoldungsvorschriften) eingeengt wird, können wesentliche Punkte des Inhaltes von den Parteien verhältnismässig frei gestaltet werden, so ist von einem verwaltungsrechtlichen Vertrag auszugehen, andernfalls liegt eine (mitwirkungsbedürftige) Verfügung vor (VerwG ZH vom 12. Aug. 2005, PB.2005.00018, E. 6.1, betr. Anstellungsvertrag). 2454

Welche **Punkte als wesentlich** zu betrachten sind, lässt sich abstrakt nicht feststellen, sondern ergibt sich je nach zu beurteilender Angelegenheit. Für das Anstellungsverhältnis beispielsweise sind wesentliche Elemente der Lohn, die Arbeitszeit, die Ferien oder die Kündigungsbedingungen (vgl. VerwG ZH vom 14. Aug. 2002, in: ZBl 2003 S. 428 E. 2c/dd). Entsprechend wird je nach Ausgestaltung der kantonalen oder kommunalen Rechtsordnung ein öffentlich-rechtliches Dienstverhältnis durch Vertrag oder durch mitwirkungsbedürftige Verfügung begründet (BGer vom 20. Sept. 2005, 2P.56/2005, E. 3.4.2; vom 10. April 2001, 1P.299/2000, E. 3c; VerwG AR vom 30. Mai 2001, in: GVP 2001 S. 35 E. 3), wobei sich gerade im Personalrecht die beiden Handlungsformen stark annähern (VerwG LU vom 27. Nov. 2008, in: LGVE 2008 II Nr. 1 E. 7a). 2455

Praxis:

- **Arbeitsverhältnis:** Die Gemeinden verfügen bei der Regelung ihres materiellen Personalrechts über weitgehende Autonomie; die kantonalrechtlichen Vorgaben für die Ausgestaltung ihrer Personalordnungen beziehen sich in erster Linie darauf, dass die Anstellungsverhältnisse des Staats- und Gemeindepersonals dem öffentlichen Recht unterworfen sind. Es steht ihnen demnach grundsätzlich frei, die Anstellungsverhältnisse generell mit Vertrag und nicht mit Verfügung zu begründen, wobei ein solches Vorgehen vorgesehen sein muss oder mindestens durch das anwendbare Recht nicht ausgeschlossen sein darf. Es ist aber nicht bereits dann von einem vertraglich begründeten Anstellungsverhältnis auszugehen, wenn dieses von der anwendbaren Personalordnung als solches bezeichnet wird. Massgeblich ist vielmehr, ob das anwendbare Personalrecht überhaupt genügend potenziellen Gestaltungsspielraum belässt, um individualisierte Lösungen zu treffen. Nach Art. 13 der kommunalen Besoldungsverordnung (BVO) wird das Arbeitsverhältnis in der Regel durch Verfügung begründet; in begründeten Fällen kann es durch öffentlich-rechtlichen Vertrag zustande kommen. Diese Regelung entspricht § 12 des kantonalen Personalgesetzes (PG). Nach der verwaltungsgerichtlichen Praxis kann das öffentlich-rechtliche Anstellungsverhältnis nur dann als vertraglich begründet gelten, wenn es die Vertragsparteien als gleichgestellte Vertragspartner eingegangen sind. Als solche sind die Parteien aber nur dann zu betrachten, wenn sie beim Eingehen des Anstellungsverhältnisses über einen massgeblichen Handlungsspielraum verfügt haben. Entscheidend ist dabei nicht der zweifellos erforderliche Konsens. Ein solcher muss auch bei einer mitwirkungsbedürftigen Verfügung gegeben sein, mit der nach der traditionellen Ansicht öffentlich-rechtliche Anstellungsverhältnisse begründet werden. Entscheidend ist vielmehr die inhaltliche Gestaltungsfreiheit: Besteht bezüglich der inhaltlichen Ausgestaltung ein erheblicher (potenzieller) Spielraum, der nicht durch eine vom anstellenden Gemeinwesen als bindend erachtete Ordnung (bindende Anstellungs- oder Besoldungsvorschriften) eingeengt wird, können also wesentliche Punkte des Vertragsinhaltes von den diesbezüglich als gleichgestellt zu betrachtenden Parteien verhältnismässig frei gestaltet werden, so kann gegebenenfalls von einem vertraglich begründeten Anstellungsverhältnis ausgegangen werden. Das ist vorliegend nicht der Fall: Das Anstellungsverhältnis wird im Einzelnen durch die kommunale Besoldungsverordnung und ergänzend durch das kantonale Personalgesetz geregelt. Von Ersterer weicht der «Anstellungsvertrag» in- 2456 haltlich – zweckmässigerweise – insofern ab, als nicht die Kündigungsfristen bzw. -termine gemäss Art. 21 BVO gelten, sondern jene nach § 8 des Lehrerpersonalgesetzes. Beim «Anstellungsvertrag» handelt es sich somit richtig besehen in der Sache um eine (mitwirkungsbedürftige) Verfügung (VerwG ZH vom 12. Aug. 2005, PB.2005.00018, E. 6.1).

2457 – **Schiffs-Standplatz-Mietvertrag:** § 10 Abs. 1 der Stationierungsverordnung sieht für die Vergabe von Liegeplätzen an einen Dritten sowohl die Unterkonzession als auch den Vertrag vor. Das von den Parteien 1986 unterzeichnete Dokument trägt den Titel «Schiffs-Standplatz-Mietvertrag» und bezeichnete die Gemeinde (Beklagte) als Vermieterin und die Privatperson (Klägerin) als Mieterin. Wenngleich die von den Parteien verwendete Bezeichnung der Vergabegrundlage nicht zwingend deren rechtliche Qualifikation bestimmt, ist darin zumindest ein wichtiges Indiz auf die vertragliche Natur der Vergabe zu erblicken. Neben den essenziellen Bestandteilen auf dem Deckblatt enthält das Dokument zusätzlich 12 Artikel, welche im Wesentlichen die Rechte der Mieter von Schiffsstandplätzen (Hafen-, Trocken- und Bojenplätze) begrenzen und deren Pflichten detaillieren. Indem die Beklagte diese Bestimmungen zum Bestandteil des individuellen Rechtsverhältnisses machte und darauf verzichtete, Rechte und Pflichten der Nutzer etwa generell abstrakt in einer kommunalen Verordnung zu regeln, brachte sie einen Vertragswillen zum Ausdruck, der hoheitliches Handeln gegenüber den Nutzern grundsätzlich ausschliesst. Die Beklagte geht daher zu Recht von einer vertraglichen Grundlage aus (VerwG ZH vom 6. Dez. 2001, VK.2001.00003, E. 1d).

e) Vollstreckungsverfügung

2458 **Vollstreckungsverfügungen** sind Verfügungen, mit denen ein früherer, rechtskräftiger Entscheid vollzogen oder bestätigt wird (BGer vom 28. Nov. 2008, 8C_300/2008, E. 3). Sie können nach Massgabe der jeweiligen kantonalen und bundesrechtlichen Vorschriften **Gegenstand eines Rechtsmittelverfahrens** bilden (BVGer vom 18. Mai 2010, A-5646/2009, E. 4.1; vom 3. Nov. 2009, C-3134/2007, E. 1.1.1; vom 1. April 2008, B-8057/2007, E. 2.1, jeweils betr. Art. 5 Abs. 2 VwVG), sind jedoch nur soweit **anfechtbar**, als die **gerügte Rechtswidrigkeit in der Vollstreckungsverfügung selbst** begründet ist (BGer vom 5. Sept. 2011, 1C_200/2011, E. 2.1; vom 13. Jan. 2010, 1C_539/2009, E. 4; vom 8. Dez. 2009, 1C_399/2009, E. 1.5; vom 28. Nov. 2008, 8C_300/2008, E. 3; vom 17. Juli 2007, 5D_38/2007, E. 2).

2459 Die **Rüge** hat gegenüber der **Sachverfügung etwas Neues** zu beinhalten, wie zum Beispiel die Kosten seien zu hoch, die Mittel ungeeignet oder nicht erforderlich oder der Zeitpunkt bzw. die gesetzte Frist unangemessen (VerwG GR vom 25. Jan. 2008, in: PVG 2008 Nr. 30 E. 2b; VerwG ZH vom 5. Nov. 2003, VB.2003.00281, E. 2b; vom 27. Aug. 2003, VB.2003.00057, E. 1). Demzufolge sind Vollzugshandlungen, die eine frühere rechtskräftige Verfügung lediglich konkretisieren und dabei dem Betroffenen keine neue Belastung überbinden sowie blosse Bestätigungsverfügungen, nicht anfechtbar (VerwG GR vom 25. Jan. 2008, in: PVG 2008 Nr. 30, E. 2b; VerwG ZH vom 2. Dez. 2004, VB.2004.00366, E. 3.4).

2460 Mit Beschwerde gegen eine Vollstreckungsverfügung kann ferner geltend gemacht werden, die der Vollstreckungsverfügung zugrunde liegende **Sachverfügung** sei nachträglich **ungültig** oder **gegenstandslos** geworden oder sei sonst wie **dahingefallen** (VerwG ZH vom 17. Dez. 2003, VB.2003.00337, E. 2.1). Grundsätzlich ausgeschlossen ist die Rüge, die frühere (materielle) Verfügung sei rechtswidrig. Eine solche Rüge ist verspätet. Eine Ausnahme von diesem Grundsatz macht das Bundesgericht allenfalls dann, wenn der Beschwerdeführer die **Verletzung von unverzichtbaren und unverjährbaren** oder von **fundamentalen Aspekten von Grundrechten** geltend macht oder wenn die **Nichtigkeit der ursprünglichen Verfügung** zur Diskussion steht (BGE 129 I 410 E. 1.1, 119 Ib 492 E. 3c/cc, 118 Ia 209 E. 2c; BGer vom 5. Sept. 2011, 1C_200/2011, E. 2.1; vom 13. Jan. 2010, 1C_539/2009, E. 4; vom 8. Dez. 2009, 1C_399/2009, E. 1.5; vom 28. Nov. 2008, 8C_300/2008, E. 3; vom 17. Juli 2007, 5D_38/2007, E. 2; BVGer vom 24. Nov. 2007, C-2276/2007, E. 7.2).

Die **Vollstreckungsverfügung** setzt eine **vollstreckungsfähige Sachverfügung** voraus. In diesem Sinne vollstreckungsfähig sind nur inhaltlich hinreichend bestimmte Verfügungen, das heisst der Adressat muss diesen klar entnehmen können, was er zu tun hat; eine Verfügung kann hingegen nicht als vollstreckbar gelten, wenn sie derart allgemein gehalten ist, dass es späterer Konkretisierungen bedarf, damit die Pflichten der Adressaten ersichtlich sind. In diesem Fall hat eine neue Sachverfügung zu ergehen (BGer vom 7. Juni 2007, 2A.711/2006, E. 3). Entsprechend kann umstritten sein, ob lediglich eine Betätigungsverfügung, eine Vollstreckungsverfügung (mit Regelung der Vollstreckungsmodalitäten) oder gar eine (neue) Sachverfügung vorliegt, die (vollumfänglich) anfechtbar wäre (vgl. BGer vom 7. Juni 2007, 2A.711/2006, E. 2; RR SZ vom 3. Juni 2008, in: EGVSZ 2008 S. 155 E. 3.1; VerwG GR vom 16. Jan. 2007, S-06-114, E. 2; VerwG ZH vom 2. Dez. 2004, VB.2004.00366, E. 3.4). 2461

Die **Vollstreckung** wird in mehreren Schritten vollzogen, die nur **teilweise Verfügungsqualität** aufweisen (vgl. TSCHANNEN/ZIMMERLI/MÜLLER, § 32, Rz. 15 f.): Als eigentliche **Vollstreckungsverfügung** gilt dabei in der Regel die Bekanntgabe der Vollstreckungsmodalitäten (Mittel, ungefähre Kosten, Zeitpunkt usw.), nicht hingegen die Mitteilung, es werde nunmehr – nach Ablauf der Erfüllungsfrist – zur Vollstreckung geschritten sowie die Anwendung des Zwangsmittels bzw. die Vollstreckungshandlung selbst, die einen Realakt darstellt. Diese Verwaltungsverrichtungen dienen der zwangsweisen Durchsetzung vorgängig verfügter Rechte und Pflichten. Als Realakte sind sie nicht auf Rechtswirkungen gerichtet, besitzen mit anderen Worten keinen Verfügungscharakter, sondern stellen Erscheinungsformen des sog. tatsächlichen Verwaltungshandelns dar (BVGer vom 18. Mai 2010, A-5646/2009, E. 3.2 [Durchführung der technischen Kontrolle der elektrischen Installationen im Anschluss an eine Sach- und Vollstreckungsverfügung]). 2462

Umstritten ist, ob die alleinige **Androhung der Vollstreckung** unter Ansetzung einer letzten **Erfüllungsfrist** ohne Bekanntgabe der weiteren Vollstreckungsmodalitäten eine Verfügung darstellt (bejahend HÄFELIN/MÜLLER/UHLMANN, Rz. 1151; TSCHANNEN/ZIMMERLI/MÜLLER, § 32, Rz. 15 f.; siehe oben Rz. 2322). Die Praxis ist uneinheitlich, wobei nicht immer klar ersichtlich ist, ob mit der Androhung der Vollstreckung auch die weiteren Modalitäten bekannt gegeben worden sind (vgl. VerwG ZH vom 26. Aug. 2010, VB.2010.00232, E. 3.2; VerwG BE vom 16. Dez. 2008, in: BVR 2009 S. 557 E. 1.2; VerwG AR vom 30. April 2008, in: GVP 2008 S. 54 E. 3; Bau-, Verkehrs- und Energiedirektion BE vom 12. Nov. 2003, in: BVR 2005 S. 91 E. 2). Wird die **Androhung der Ersatzvornahme** unter Fristansetzung **selbstständig** erlassen, kann hiergegen zumindest vorgebracht werden, die Frist sei zu kurz bemessen (VerwG ZH vom 6. Juli 2000, VB.2000.00146, E. 2b). 2463

Die Vollstreckungsverfügung hat nicht zwingend gesondert zu ergehen, sondern lässt sich auch mit der Sachverfügung verbinden (sog. **unselbstständige Vollstreckungsverfügung**; vgl. BGer vom 25. Aug. 2005, 2A.313/2005, E. 3.3 [Ausweisung und Vollzug der Ausweisung]; BVGer vom 21. Sept. 2010, C-352/2008, E. 10.2 [Anord- 2464 nung einer Wegweisung in einem negativen ausländerrechtlichen Bewilligungsentscheid]; RR SZ vom 3. Juni 2008, in: EGVSZ 2008 S. 155 E. 2.2; vgl. auch VerwG ZH vom 25. Sept. 2007, VB.2007.00248, E. 3.1 [antizipierte Ersatzvornahme, bei der Sachverfügung, Vollstreckungsverfügung und Vollstreckung [als Realakt] zusammenfallen]). Immerhin muss mindestens einmal – ob als selbstständige oder als unselbstständige Vollstreckungsverfügung – verbindlich festgelegt werden, wie die in der Sachverfügung begründeten Pflichten durchgesetzt werden (VerwG BE vom 16. Dez. 2008, in: BVR 2009 S. 557 E. 1.2 [Modalitäten der Zwangsvollstreckung]).

2465 In der eigentlichen **Vollstreckungsverfügung** ist – unabhängig davon, ob diese selbstständig oder unselbstständig ergeht – jedenfalls immer anzugeben, mit welchen Mitteln, auf welche Weise, innert welcher Frist und zu welchen ungefähren Kosten die Verfügung im Weigerungsfall vollstreckt wird; mit anderen Worten hat auch die Vollstreckungsverfügung genügend konkretisiert zu sein (Baudepartement SG vom 27. Sept. 2007, in: GVP 2007 Nr. 128 E. 3.2; Bau-, Verkehrs- und Energiedirektion BE vom 12. Nov. 2003, in: BVR 2005 S. 91 E. 2). Eine Vollstreckungsverfügung ist demnach so auszugestalten, dass die dem Pflichtigen auferlegten Massnahmen in der Verfügung soweit zur Kenntnis gebracht werden, dass er in der Lage ist, deren Recht- und Verhältnismässigkeit zu beurteilen und gegebenenfalls anzufechten (VerwG ZH vom 20. Dez. 2006, in: ZBl 2008 S. 105 E. 6.1).

Praxis:

2466 – **Ausweisung:** Das Kantonsgericht hielt fest, dass der Problematik des Non-Refoulement-Prinzips bzw. des Folterverbots bei der Vollstreckung der Ausweisung im Rahmen einer entsprechenden weiteren Verfügung Rechnung zu tragen sein werde. Es habe zurzeit nur zu prüfen, ob die Ausweisung zulässig sei, weil der Beschwerdeführer die innere und äussere Sicherheit der Schweiz gefährdet oder die öffentliche Ordnung in schwerwiegender Weise missachtet habe. Demgemäss werde das Amt für Migration in einem weiteren anfechtbaren (Vollstreckungs-)Entscheid noch darüber befinden müssen, ob dem Vollzug Gründe entgegenstehen würden (Rückschiebeverbot, Folterverbot usw.). Das Bundesgericht hält ein solches Vorgehen zwar nicht für bundesrechtswidrig, jedoch für wenig zweckmässig; es sollte mit Blick auf den Grundsatz der Verfahrensbeschleunigung die Ausnahme bilden. Das Bundesgericht selbst hat festgehalten, dass der Grundsatz der Nichtrückschiebung und Art. 3 EMRK einer Landesverweisung nicht entgegenstehe; die entsprechenden Gesichtspunkte seien indes erst bei deren Vollzug zu berücksichtigen (BGE 116 IV 105 E. 4f). Das Entscheidungsverfahren müsse streng vom Vollstreckungsverfahren getrennt werden. In der Regel habe die Vollzugsbehörde deshalb eine separate Vollstreckungsverfügung zu erlassen, in der erst über die asyl- und menschenrechtliche Zulässigkeit des Vollzugs der Landesverweisung zu befinden sei. Diese Praxis wurde wiederholt bestätigt (BGE 123 IV 107 ff., 121 IV 345 ff., 118 IV 221 ff.). Allerdings ergehen in fremdenpolizeilichen Ausweisungsverfahren kaum je selbstständige Vollstreckungsverfügungen. Das Bundesgericht wertet es deshalb als sachgerecht, bereits im Ausweisungsentscheid selber über die Vollziehbarkeit unter dem Gesichtspunkt des Grundsatzes der Nichtrückschiebung bzw. der Europäischen Menschenrechtskonvention zu befinden (vgl. auch BGE 125 II 105 E. 2c und 3b), schliesst indes die von der Vorinstanz gewählte, der Rechtsprechung zur strafrechtlichen Landesverweisung analoge Vorgehensweise nicht aus (in der Regel getrennt von der Anordnung der Landesverweisung zu treffende Vollstreckungsverfügung), falls zwischen dem Ausweisungsentscheid und dessen Vollzug eine gewisse Zeit liegt (BGer vom 25. Aug. 2005, 2A.313/2005, E. 3.3; zur Problematik auch BGer vom 19. Dez. 2003, 2P.143/2003, E. 4-6).

– **Durchführung einer Ersatzvornahme und Auferlegung der Kosten (Zurückschneiden von Bäumen und Sträuchern):** Die Gemeinde erliess am 12. Dez. 2002 gegen diverse Waldeigentümer baupolizeiliche Verfügungen, wonach diese innert der angesetzten Frist (bis zum 31. Jan. 2003) auf ihren Parzellen die Bäume und Sträucher auf das Lichtraumprofil des angrenzenden Flurweges zurückzuschneiden hätten. Gleichzeitig hat sie für den Unterlassungsfall die Ersatzvornahme auf Kosten der Beschwerdeführenden angedroht, ohne diese jedoch näher zu bezeichnen. Nach Ablauf der Frist beauftragte sie einen privaten Forstunternehmer mit der Ausführung der verlangten Arbeiten. Die Kosten dieser Ersatzvornahme in der Höhe von Fr. 7'513.– überwälzte die Gemeinde auf die einzelnen Waldeigentümer. Dagegen wehren sich die Beschwerdeführenden bei der Bau-, Verkehrs- und Energiedirektion des Kantons Bern (BVE). Sie verlangen die Aufhebung der Kostenverfügungen und machen Real- und Schadenersatz für das geschlagene Holz geltend. Die BVE heisst ihre Beschwerde gut. Erwägungen: Im vorliegenden Fall hat die Gemeinde in ihren Sachverfügungen vom 12. Dez. 2002 die Beschwerdeführenden zwar aufgefordert, die Bepflanzungen auf das Lichtraumprofil zurückzuschneiden, und ihnen hierzu Frist bis 31. Jan. 2003 gesetzt. Die Verfügungen enthalten indes keinerlei Angaben zu den ungefähren finanziellen Konsequenzen für die einzelnen Waldbesitzer. Nach Ablauf der Frist ist die Gemeinde unmittelbar zur Ersatzvornahme geschritten, indem sie die Forstarbeiten durch eine Drittunternehmung ausführen liess. Eine Vollstreckungsverfügung, die gegenüber den Beschwerdeführenden die Einzelheiten der Ersatzvornahme rechtsverbindlich festhielt, hat sie indessen nicht erlassen. Dieses Vorgehen der Gemeinde entspricht nicht den gesetzlichen Anforderungen an ein Vollstreckungsverfahren. Die Vollstreckungsverfügung könnte zwar nach der dargelegten Praxis grundsätzlich zusammen mit der Sachverfügung erlassen werden. In diesem Fall müssten darin jedoch sämtliche Modalitäten der Ersatzvornahme eindeutig bestimmt sein und der Umfang des Eingriffs den Betroffenen deutlich gemacht werden. Vorliegend entsprechen die Sachverfügungen vom 12. Dez. 2002 diesen Anforderungen nicht. Die Verfügungen enthalten keine Angaben über den Zeitpunkt und den genauen Ort der Ersatzvornahme. Auch der jeweilige Umfang der zurückzuschneidenden Waldbereiche ist nicht näher aufgeführt. Insbesondere fehlen aber jegliche Angaben über die voraussichtlichen Kosten, welche die Beschwerdeführenden zu erwarten hätten. Die Einzelheiten der Ersatzvornahme und deren Umfang waren deshalb vor der tatsächlichen Durchführung nicht hinreichend klar bestimmt. Das Vorgehen der Gemeinde genügt den Anforderungen an eine rechtsgültige Ersatzvornahme offensichtlich nicht. Aus diesen Gründen war die Gemeinde auch nicht berechtigt, die Kosten für die von ihr in Auftrag gegebenen Arbeiten auf die Beschwerdeführenden zu überwälzen (BVE vom 12. Nov. 2003, in: BVR 2005 S. 91 E. 2). 2467

– **Erteilung einer Baukonzession für eine Flughafenerweiterung:** Der Kanton Zürich als Halter des Flughafens Zürich-Kloten reichte im Herbst 1997 beim Eidgenössischen Verkehrs- und Energiewirtschaftsdepartement (EVED; heute: UVEK) ein Gesuch um Erteilung einer Baukonzession für eine Flughafenerweiterung ein. Zentraler Bestandteil dieses Antrags war das Dock Midfield (heute Dock E genannt). Am 5. Nov. 1999 erteilte das UVEK dem Kanton Zürich die Baukonzession für das Dock E. Dabei verlangte es unter anderem die Einhaltung der Auflagen des Arbeitsinspektorats des kantonalen Amts für Wirtschaft und Arbeit (AWA) vom 30. April 1998. Dieser Passus wurde nicht angefochten und erwuchs in der Folge in Rechtskraft. Mit der Erteilung der Betriebskonzession für den Flughafen Zürich an die Flughafen Zürich AG per 1. Juni 2001 ging auch die dem Kanton Zürich für das Dock E erteilte Baukonzession auf diese über. Im März und im Juni 2003 ersuchte die Flughafen Zürich AG um Erteilung der Plangenehmigung für Projektänderungen gegenüber dem konzessionierten Bauvorhaben. Mit Verfügung vom 10. Jan. 2006 genehmigte das UVEK die Planänderungen. Gleichzeitig räumte es der Flughafen Zürich AG – unter Androhung der Ersatzvornahme – eine Frist von sechs Monaten ein zur Durchsetzung noch nicht erfüllter Auflagen zum Arbeitnehmerschutz beim Dock E. Dabei verwies das UVEK auf die Auflagen des AWA. Wegen eines Teils der Auflagen zum Arbeitnehmerschutz gelangte die Flughafen Zürich AG an die Eidgenössische Rekurskommission für Infrastruktur und Umwelt. Die Rekurskommission hiess die Beschwerde teilweise gut und verlängerte die Umsetzungsfrist von sechs auf neun Monate ab Rechtskraft des Entscheides. Im Übrigen trat sie auf die Beschwerde mit der Begründung nicht ein, dass 2468 über die Auflagen bereits in einer früheren, rechtskräftigen (Sach-)Verfügung entschieden worden sei. Insoweit handle es sich bei der Verfügung vom 10. Jan. 2006 lediglich um eine Vollstreckungsverfügung. Die Auflagen seien daher nunmehr einer materiellen Überprüfung entzogen, sodass auf die entsprechenden Rügen der Flughafen Zürich AG nicht einzutreten sei. Mit Verwaltungsgerichtsbeschwerde vom 24. Nov. 2006 ersucht die Flughafen Zürich AG das Bundesgericht, den Entscheid der Rekurskommission insofern aufzuheben, als diese auf ihre materiellen Rügen nicht eingetreten ist. Die Sache solle an die Rekurskommission zu neuem Entscheid zurückgewiesen werden. Eventualiter beantragt die Flughafen Zürich AG, die Frist für die Umsetzung der Auflagen von neun auf zwölf Monate zu verlängern. Erwägungen: Wie erwähnt, stellt die Rekurskommission im Wesentlichen darauf ab, ob die Verfügung des UVEK vom 10. Jan. 2006 bezüglich der Auflagen zum Arbeitnehmerschutz als Sach- oder Vollstreckungsverfügung anzusehen ist. Eine Verfügung, welche auf einer rechtskräftigen früheren Verfügung beruht und diese lediglich vollstreckt, kann – von hier nicht zutreffenden Ausnahmen abgesehen – nicht mit der Begründung angefochten werden, die frühere (materielle) Verfügung sei rechtswidrig; eine solche Rüge ist verspätet. Die Beschwerdeführerin rügt, aus den Schreiben des AWA vom 5. Juli 2002, 17. April, 11. Juni und 11. Juli 2003 ergäben sich zum einen erweiterte bzw. neue Verpflichtungen. Zum anderen habe die ursprüngliche Sachverfügung unklare, konkretisierungs- und interpretationsbedürftige Auflagen enthalten. Erst mit den erwähnten Schreiben habe die erforderliche Konkretisierung stattgefunden. Diese Schreiben bzw. deren Inhalt seien ihr gegenüber vor dem 10. Jan. 2006 jedoch nie verfügt worden. In der Tat wurde der Inhalt der erwähnten Schreiben des AWA vor der interessierenden Verfügung vom 10. Jan. 2006 offenbar nie gegenüber der Beschwerdeführerin verfügt. Die Rekurskommission meint allerdings, die erwähnten späteren Schreiben enthielten teils identische Auflagen wie in der ursprüngliche Baukonzession vom 5. Nov. 1999. Teils seien die späteren Auflagen mit den ursprünglichen zwar nicht deckungsgleich, aber ohne Weiteres aus diesen ableitbar. Die Vollstreckung setzt eine vollstreckungsfähige Sachverfügung voraus. In diesem Sinne vollstreckungsfähig sind nur inhaltlich hinreichend bestimmte Verfügungen, d.h. der Adressat muss diesen klar entnehmen können, was er zu tun hat. Eine Verfügung kann hingegen nicht als vollstreckbar gelten, wenn sie derart allgemein gehalten ist, dass es späterer Konkretisierungen bedarf, damit die Pflichten der Adressaten ersichtlich sind. Die Beschwerdeführerin übersieht vorliegend, dass die betreffenden Schreiben bzw. die in diesen Schreiben erwähnten Auflagen denjenigen entsprechen, die bereits in der Baukonzession vom 5. Nov. 1999 enthalten waren. Auch wenn seinerzeit der Kanton Zürich und nicht die Beschwerdeführerin Adressat der Baukonzession war, kann Letztere deswegen nicht Teile der Baukonzession nachträglich anfechten. Mit der Baukonzession ging auch die Pflicht zur Erfüllung der darin enthaltenen Auflagen zum Arbeitnehmerschutz vollumfänglich auf sie über. Ferner haben die besagten Schreiben die erwähnten Auflagen nicht verschärft. Die Beschwerdeführerin wandte sich vor der Rekurskommission auch gegen Auflagen zu den Fluchtwegen, die im Schreiben des AWA vom 11. Juli 2003 aufgeführt sind. Diese Regelungen entsprechen indes denjenigen in den Schreiben vom 30. April 1998, die Gegenstand der Baukonzession waren, sodass insoweit mit der Verfügung vom 10. Jan. 2006 keine neue (anfechtbare) Sachverfügung ergangen ist. Das gilt auch in Bezug auf Ziff. 6.6 des Schreibens vom 11. Juli 2003. Die von Anfang an geforderte Sichtverbindung war hinreichend klar und bedurfte nicht einer Konkretisierung, damit sie realisiert werden konnte. Insgesamt betrachtet brauchte somit die Vorinstanz mangels entsprechender Beanstandungen hierauf nicht weiter einzutreten, auch wenn sie davon ausgeht, die Verfügung des UVEK vom 10. Jan. 2006 stelle bezüglich dieser Auflagen (teilweise) eine Sachverfügung dar (BGer vom 7. Juni 2007, 2A.711/2006, E. 2-4).

4. Nebenbestimmungen

a) Zweck

aa) Allgemeines

Nebenbestimmungen erlauben einer verfügenden Behörden, den ihr zustehenden Beurteilungsspielraum in angemessener Weise zu nutzen und die durch eine Verfügung begründeten verwaltungsrechtlichen Pflichten und Rechte entsprechend den konkreten Umständen näher auszugestalten, um den Besonderheiten des Einzelfalls besser gerecht zu werden (BVGE 2009/13 E. 7.1; BVGer vom 1. Dez. 2010, C-2979/2008, E. 7.2.1; vom 30. März 2010, C-1592/2008, E. 5.2; vom 10. Dez. 2009, A-1936/2006, E. 56.1.3 [in BVGE 2011/19 nicht publ. E.]; vom 12. März 2008, C-2249/2006, E. 5.5.1; vom 14. Sept. 2007, A-1870/2006, E. 3; REKO HM vom 11. April 2005, in: VPB 70 [2006] Nr. 22 E. 4.3; Rekursgericht Ausländerrecht AG vom 24. Nov. 2006, in: AGVE 2006 Nr. 85 E. 2.5; RR SZ vom 25. Nov. 2003, in: ZBl 2004 S. 536 E. 8.4). 2469

Mit **Nebenbestimmungen** wird die rechtmässige Ausübung eines eingeräumten Rechts oder einer Bewilligung oder die zweckkonforme Verwendung von staatlichen Leistungen sichergestellt (BGE 131 I 166 E. 4.4). Sie regeln trotz des etwas irreführenden Begriffes nicht Nebensächliches, sondern stehen «neben» dem Hauptakt und geben einer Bewilligung häufig erst ihre rechtlich fassbaren Konturen (BVGer vom 14. Sept. 2007, A-1870/2006, E. 3). **Formell** zeichnet sich eine Nebenbestimmung (etwa gegenüber einer gesetzlichen Voraussetzung, welche unmittelbar gilt) dadurch aus, dass sie in der zugehörigen Verfügung ausdrücklich zu vermerken ist (Rekursgericht Ausländerrecht AG vom 24. Nov. 2006, in: AGVE 2006 Nr. 85 E. 2.4; VerwG ZH vom 13. Okt. 2004, in: BEZ 2004 Nr. 67 E. 5.1). 2470

Nebenbestimmungen müssen mit der **Verfügung**, zu der sie gehören, bzw. deren Hauptzweck in einem **sachlichen Zusammenhang** stehen und aus dem mit der Verfügung verfolgten öffentlichen Interesse hervorgehen; **sachfremde Nebenbestimmungen sind unzulässig** (BGE 131 I 166 E. 4.4; BVGer vom 14. April 2009, A-1543/2006, E. 6.1.1; VerwG BE vom 21. Juni 2010, in: URP 2011 S. 170 E. 5.1). Ihr Vollzug muss deshalb dazu führen, dass der **Normzweck** bzw. der mit der Verfügung verfolgte Zweck erreicht wird (BGE 131 I 166 E. 4.4). 2471

Praxis:

- **Gewährung der Nothilfe (Art. 12 BV) unter der Bedingung, gewisse Mitwirkungspflichten zu erfüllen:** Das Bundesamt für Flüchtlinge trat am 8. April 2004 auf ein Asylgesuch von X (geb. 1987) nicht ein, da er vermutlich nicht – wie von ihm behauptet – aus Kamerun, sondern vielmehr aus Nigeria stammen dürfte; es forderte ihn auf, das Land umgehend zu verlassen. Dieser Entscheid wurde rechtskräftig. X befolgte die ihm auferlegte Wegweisung indessen nicht. Seit dem 4. Juni 2004 musste ihn das Amt für Gemeinden und soziale Sicherheit des Kantons Solothurn in der Folge während 147 Tagen mit Nothilfeleistungen von insgesamt Fr. 3'087.– unterstützen. Mit Verfügung vom 29. Okt. 2004 entschied das Departement des Innern des Kantons Solothurn, dass X keine ordentliche Nothilfe, sondern lediglich noch ein «Zehrgeld» für fünf Tage von insgesamt Fr. 105.– ausgerichtet werde. Sollte er in dieser Zeit nicht ausreisen, erhalte er keine weiteren Hilfeleistungen mehr; nur falls er rechtsgenüglich zu beweisen vermöge, dass er sich um eine Rückkehr in seine Heimat ernsthaft bemüht habe, werde ein Antrag auf Ausrichtung zusätzlicher Nothilfe gegebenenfalls neu geprüft. Die dagegen 2472 erhobene Beschwerde wies das Verwaltungsgericht des Kantons Solothurn ab. Das Bundesgericht heisst die staatsrechtliche Beschwerde im Sinne der Erwägungen gut, soweit es darauf eintritt. Erwägungen: Nach Art. 12 BV hat der in Not Geratene nur Anspruch auf Unterstützungsleistungen des Staates, wenn er nicht in der Lage ist, selbst für sich zu sorgen (Subsidiaritätsprinzip). Keinen Anspruch hat, wer solche Leistungen beansprucht, obwohl er objektiv in der Lage wäre, sich aus eigener Kraft die für das Überleben erforderlichen Mittel selbst zu verschaffen; denn solche Personen stehen nicht in jener Notsituation, auf die das Grundrecht auf Hilfe in Notlagen zugeschnitten ist. Bei ihnen fehlt es bereits an den Anspruchsvoraussetzungen. Im vorliegenden Fall sind die kantonalen Instanzen der Ansicht, der Beschwerdeführer erfülle mit seiner Weigerung, am Wegweisungsvollzug mitzuarbeiten, die Anforderungen an das Subsidiaritätsprinzip nicht. Durch Mitwirken könnte er sich aus eigener Kraft die zum Überleben erforderlichen Mittel beschaffen, weshalb die Voraussetzungen für die Anwendbarkeit von Art. 12 BV nicht erfüllt seien. Es steht ausser Zweifel, dass der Beschwerdeführer nach Art. 44 AsylG bzw. Art. 12 ANAG zur Ausreise aus der Schweiz verpflichtet ist. Unbestritten ist auch, dass der Beschwerdeführer seiner Mitwirkungspflicht gemäss Art. 8 AsylG bzw. Art. 13f ANAG nicht nachkommt. Danach haben ausländische Personen insbesondere die Pflicht, ihre Identität offenzulegen und die erforderlichen Ausweispapiere zu beschaffen oder bei deren Beschaffung durch die Behörden mitzuwirken. Es ist mit Nachdruck zu unterstreichen, dass diese gesetzlichen Pflichten den Beschwerdeführer weiterhin treffen und dass die Behörden unverändert alles zu unternehmen haben, die verfügte Wegweisung zu vollziehen. Zu prüfen ist hier jedoch einzig, ob die Ausrichtung der Hilfeleistungen nach Art. 12 BV an die Bedingung oder Auflage geknüpft werden darf, dass die um Hilfe ersuchenden Ausländer die ihnen obliegenden ausländerrechtlichen Mitwirkungspflichten erfüllen. Nach dem Wortlaut von Art. 12 BV bedeutet Subsidiarität, dass ein Bedürftiger «nicht in der Lage ist, für sich zu sorgen». Der grundrechtliche Anspruch ist demnach nur ausgeschlossen, wenn der Bedürftige selbst die Notlage rechtzeitig verhindern kann. In diesem Sinne braucht es einen sachlichen Zusammenhang zur tatsächlichen Beendigung der Notlage, d.h. die betroffene Person muss aufgrund der bestehenden Möglichkeit konkret und aktuell in der Lage sein, die Notlage selbst abzuwenden oder zu beenden. Im Sozialhilferecht gilt dabei allgemein der Grundsatz, dass es auf die Ursachen der Bedürftigkeit an sich nicht ankommt, was nicht ausschliesst, dass Fehlverhalten zum Beispiel durch eine Kürzung der Sozialhilfe geahndet werden kann, wenn das zum Überleben Notwendige noch gewährleistet ist. In analoger Weise hielt das Bundesgericht in BGE 121 I 367 E. 3b fest, beim Recht auf Existenzsicherung seien die Ursachen der Bedürftigkeit grundsätzlich nicht massgeblich. Auch die Lehre geht praktisch einhellig von der Verschuldensunabhängigkeit von Art. 12 BV aus. Grundsätzlich sind Auflagen und Bedingungen, d.h. Nebenbestimmungen, für Leistungen aus Art. 12 BV nicht ausgeschlossen. Mit Nebenbestimmungen werden die rechtmässige Ausübung eines eingeräumten Rechts oder einer Bewilligung oder die zweckkonforme Verwendung von staatlichen Leistungen sichergestellt. Ihr Vollzug muss deshalb dazu führen, dass der Normzweck erreicht wird und ein rechtmässiger Zustand resultiert. Sachfremde Nebenbestimmungen sind demgegenüber unzulässig. Im Zusammenhang mit der Gewährung von Nothilfe kann vom Leistungsansprecher insbesondere eine gewisse Mitwirkung bei der Feststellung verlangt werden, ob bei ihm eine Notlage vorliegt. Auch kann der Leistungsbezug an Auflagen geknüpft werden, etwa an das (zumutbare) persönliche Abholen der Leistungen oder an die geeignete Individualisierung des Bezügers, um eine mehrfache Ausrichtung zu vermeiden. Solche Nebenbestimmungen müssen aber darauf gerichtet sein, die verfassungsmässige Ausübung des Grundrechts zu sichern. Werden die Auflagen oder Bedingungen nicht erfüllt und deshalb zwangsweise durchgesetzt, so muss dies zu einem verfassungsmässigen Zustand führen. Ausgeschlossen bleiben demnach Nebenbestimmungen, die – wenn sie durchgesetzt werden bzw. werden müssen – nicht zur Beseitigung der Notlage führen, sondern diese gerade aktualisieren und damit anderen, von Art. 12 BV nicht geschützten Zwecken dienen. Vorliegend hat die vom Beschwerdeführer geforderte Mitwirkung bei der Papierbeschaffung oder Ausreise keinen Einfluss darauf, dass er bedürftig ist bzw. sich in einer Notlage befindet. Die Mitwirkungspflichten zielen nicht auf die Beseitigung der Notlage, sondern auf die Vollstreckung der Wegweisung hin. Sie dienen somit nicht dem Zweck, den von Art. 12 BV geschützten verfassungsmässigen Zustand herbeizuführen. Dem Beschwerdeführer darf daher die Leistung der für ein menschenwürdiges Dasein erforderlichen minimalen Überlebenshilfe nicht – auch nicht unter Berufung auf das Subsidiaritätsprinzip – durch ausländerrechtliche Auflagen oder Bedingungen verweigert werden. Solche Nebenbestimmungen erweisen sich nach dem Ausgeführten im Zusammenhang mit der Nothilfe als sachfremd (BGE 131 I 166 E. 4).

bb) Behebung untergeordneter Mängel

Nebenbestimmungen dienen der **Sicherstellung, der Kontrolle oder der Verbesserung** der Verfügung, **nicht aber als Ersatz für fehlende Bewilligungs- oder Anspruchsvoraussetzungen** (BVGE 2009/13 E. 7.2; BVGer vom 8. Feb. 2011, C-6984/2008, E. 5.3.5.3; vom 1. Dez. 2010, C-2979/2008, E. 7.2.1; vom 30. März 2010, C-1592/2008, E. 5.2; vom 12. März 2008, C-2249/2006, E. 5.5.1; REKO HM vom 11. April 2005, in: VPB 70 [2006] Nr. 22 E. 4.3). Entsprechend dürfen Auflagen und Bedingungen zu (heilmittelrechtlichen) Bewilligungen nur bei erfüllten Bewilligungsvoraussetzungen erteilt werden (BVGer vom 1. Dez. 2010, C-2979/2008, E. 7.2.1; vom 30. März 2010, C-1592/2008, E. 5.2; vom 12. März 2008, C-2249/2006, E. 5.5.1; VerwG BE vom 31. März 2010, in: BVR 2010 S. 351 E. 5.3). 2473

In erster Linie dienen derartige Nebenbestimmungen somit der Sicherstellung (z.B. Nachinspektion bei geringfügigen Mängeln) oder der Verbesserung (Nachreichung von formellen Unterlagen) eines an sich **genügenden Gesuches** (REKO HM vom 11. April 2005, in: VPB 70 [2006] Nr. 22 E. 4.3). Baugesuchsteller, deren Bauvorhaben den gesetzlichen Anforderungen vollumfänglich genügen, haben entsprechend Anspruch auf Erteilung einer unbefristeten, unbedingten und unbelasteten Baubewilligung (VerwG GR vom 26. Aug. 2008, R-08-26A, E. 2b; VerwG SZ vom 15. April 2008, in: EGVSZ 2008 S. 110 E. 3.3; Bau-, Verkehrs- und Energiedirektion BE vom 28. Nov. 2000, in: BVR 2001 S. 307 E. 5). 2474

Gravierende oder bedeutende Mängel einer zu erteilenden Verfügung lassen sich durch Nebenbestimmungen nicht beheben (BVGE 2009/13 E. 7.2; BVGer vom 8. Feb. 2011, C-6984/2008, E. 5.3.5.3; vom 1. Dez. 2010, C-2979/2008, E. 7.2.1; vom 30. März 2010, C-1592/2008, E. 5.2; vom 12. März 2008, C-2249/2006, E. 5.5.1; REKO HM vom 11. April 2005, in: VPB 70 [2006] Nr. 22 E. 4.3; VerwG BE vom 31. März 2010, in: BVR 2010 S. 351 E. 5.3). Entsprechend ist die Einhaltung grundlegender Baurechtsnormen im Baubewilligungsverfahren zu prüfen und kann nicht mittels Auflage (später) durch die Beschwerdeinstanzen durchgesetzt werden (VerwG SG vom 24. Aug. 2010, B-2010-30, E. 3.3). 2475

Nebenbestimmungen können folglich im Vergleich zu den in der Verfügung festgelegten Rechte und Pflichten «nur» **untergeordneter Natur** sein und dürfen nicht zu einer Veränderung der in der Verfügung angeordneten Aspekte – der «Hauptbestimmungen» – führen (BGer vom 14. April 2011, 1C_37/2011, E. 3.3 [Baubewilligung]; BVGer vom 2. Juli 2008, A-7362/2007, E. 8 [in BVGE 2008/42 nicht publ. E.]; VerwG SG vom 24. Aug. 2010, B-2010-30, E. 3.3; VerwG BE vom 31. März 2010, in: BVR 2010 S. 351 E. 5.5; VerwG ZH vom 11. März 2009, VB.2008.00163, E. 3.1; VerwG SG vom 22. Jan. 2009, B-2008-117, E. 2.1; VerwG ZH vom 21. Nov. 2007, VB.2007.00180, E. 3.2; vom 14. Juni 2006, VB.2005.00485, E. 3.2; Bau-, Verkehrs- und Energiedirektion BE vom 28. Nov. 2000, in: BVR 2001 S. 307 E. 5). 2476

2477 **Nebensächlich oder untergeordnet** sind inhaltliche oder formale Mängel, wenn sie ohne besondere Schwierigkeiten behoben werden können (VerwG GR vom 19. Okt. 2010, R-10-39, E. 2; VerwG ZH vom 25. März 2009, VB.2008.00227, E. 5.1 [Erteilung einer Baubewilligung]; VerwG GR vom 26. Aug. 2008, R-08-26A, E. 2b; VerwG ZH vom 4. Okt. 2007, VB.2007.00300, E. 6.5; VerwG SZ vom 31. Jan. 2006, EGVSZ 2006 S. 216 E. 2.3). Ohne «besondere Schwierigkeiten» behebbar ist ein solcher Mangel dann, wenn er **quantitativ und qualitativ als geringfügig** erscheint (VerwG ZH vom 25. März 2009, VB.2008.00227, E. 5.1).

Praxis:

2478 – **Auslegung von Bestimmungen in einer Spielbankenkonzession betr. Reduktion der Abgabe:** Die Spielbankenkonzession dient der Verleihung des Rechts zur Ausübung einer monopolisierten Tätigkeit, nämlich zum Betrieb einer Spielbank (Art. 106 Abs. 2 BV; Art. 4 Abs. 1 und Art. 10 SBG). Zu diesem eigentlichen Zweck der Konzession stehen die Regeln in Ziff. 3.5 der Konzession betr. Abgabereduktion nicht in dem für Nebenbestimmungen typischen bzw. für deren Zulässigkeit nötigen sachlichen Konnex. Diese regeln nichts im Zusammenhang mit der Zulassung zur monopolisierten Tätigkeit. Sie fallen auch offensichtlich nicht unter die in Art. 12 Abs. 2 SBG vorgesehenen Bedingungen und Auflagen. Weiter hätte die Konzession ohne die Aufnahme dieser Bestimmungen in die Konzession nicht verweigert werden können; diese waren für die Konzessionserteilung nicht erforderlich, denn die notwendigen Grundlagen zur Abgabeermässigung befinden sich in Gesetz und Verordnung. Die Vorschriften in Ziff. 3.5 der Konzession können folglich weder unter den Begriff der Nebenbestimmungen (zur Konzessionserteilung) subsumiert werden, noch erfüllen sie die Voraussetzungen für deren Zulässigkeit. Hätten die fraglichen Bestimmungen inhaltlich gesehen überhaupt Verfügungscharakter, wären sie vielmehr als «Haupt»-Bestimmungen einer von der Konzession als solcher unabhängigen Verfügung zu behandeln und zu beurteilen (BVGer vom 14. April 2009, A-1543/2006, E. 6.1.1).

2479 – **Gesuch um «Roaming» (Benutzung der Infrastruktur):** Die Beschwerdeführerin beantragte unter anderem, dass alle Mobilfunkunternehmungen zu verpflichten seien, ihr Netz entgeltlich zur Verfügung zu stellen (Roaming). Die Vorinstanz hat das Gesuch der Beschwerdeführerin um Einführung des nationalen Roamings abgewiesen. Sie führte aus, für eine entsprechende Verpflichtung gegenüber den übrigen Konzessionärinnen fehle eine gesetzliche Grundlage. Die Beschwerdeführerin bringt vor, eine Roamingverpflichtung sei lediglich eine Nebenverpflichtung in den Konzessionen und bedürfe als solche keiner gesetzlichen Grundlage, sie müsse lediglich dem Sinn und Zweck des Gesetzes entsprechen und verhältnismässig sein. Erwägungen: Das Bundesverwaltungsgericht erachtet die Verpflichtung, Konkurrentinnen die Benutzung der Infrastruktur zu gestatten, mithin das Roaming zu ermöglichen, als einen Eingriff in die Wirtschaftsfreiheit einer Mobilfunkunternehmung gemäss Art. 27 BV. Als solcher bedarf das Roaming einer gesetzlichen Grundlage (Art. 36 Abs. 1 BV). Vorliegend besteht keine gesetzliche Grundlage für eine derartige Verpflichtung, was auch die Beschwerdeführerin nicht bestreitet. Angesichts des mit einer Roamingverpflichtung verbundenen Eingriffs in die Vertragsfreiheit der Konzessionärinnen und der möglichen erheblichen wirtschaftlichen Auswirkungen kann auch nicht von einer Nebenbestimmung der Konzession von untergeordneter Natur ausgegangen werden. Es kann damit offenbleiben, ob – wie von der Beschwerdeführerin geltend gemacht – vom Erfordernis einer gesetzlichen Grundlage allenfalls abgewichen werden könnte, wenn lediglich eine Nebenbestimmung von untergeordneter Bedeutung zu beurteilen wäre. Die Beschwerde erweist sich in diesem Punkt als unbegründet und ist abzuweisen (BVGer vom 2. Juli 2008, A-7362/2007, E. 8 [in BVGE 2008/42 nicht publ. E.]).

2480 – **Suspendierung der Bewilligungen für das Inverkehrbringen von Pflanzenschutzmitteln mit dem Wirkstoff B, da dieser den neuen Spezifikationen der FAO nicht entspricht:** Dass eine mildere Massnahme als die Suspendierung für den angestrebten Erfolg ausreichend wäre, ist nicht ersichtlich. Hinsichtlich des Eventualantrags der Beschwerdeführerin, es seien anstelle der verfügten Suspendierung nur Auflagen anzuordnen, ist Folgendes festzuhalten: Die Anforderung, dass ein Pflanzenschutzmittel nur den Wirkstoff B enthalten darf, welches die FAO-Spezifikationen erfüllt, beschlägt die vorausgesetzten physikalischen, chemischen und technischen Eigenschaften eines Produkts. Diese bilden unabdingbaren Bestandteil der Zulassungsbewilligung (vgl. Art. 4 Abs. 2 lit. a PSMV). Werden diese Anforderungen nicht eingehalten, erfüllen die vorliegend zu beurteilenden Produkte die Bewilligungsvoraussetzungen bezüglich der ausreichenden Qualität und Sicherheit (Art. 10 Abs. 1 lit. b Ziff. 4 PSMV) nicht mehr. Nach ständiger Praxis im Gesundheitspolizeirecht dienen Auflagen der Sicherstellung oder der Verbesserung eines an sich genügenden Zulassungsstatus, nicht aber als Ersatz für fehlende Zulassungsvoraussetzungen. Bedeutende Mängel der Qualität, Sicherheit und Wirksamkeit lassen sich daher durch Nebenbestimmungen der Zulassungsbewilligung nicht beheben. Vorliegend wäre die von der Beschwerdeführerin eventualiter beantragte Auflage, ab 1. Okt. 2008 nur noch B einzuführen und für die Produktion von Pflanzenschutzmitteln zu verwenden, welches den FAO-Spezifikationen entspricht, nicht geeignet, den angestrebten gesundheitspolizeilichen Zweck zu erreichen, könnten doch potenziell gefährliche ältere Lagerbestände weiterhin verkauft werden. Erforderlich ist vielmehr, dass sichergestellt wird, dass die zu beurteilenden Pflanzenschutzmittel nur noch in zulassungsfähiger, den FAO-Spezifikationen entsprechender Form in Verkehr gebracht werden (BVGer vom 8. Feb. 2011, C-6984/2008, E. 5.3.5.3).

– **Änderung von Arzneimittelinformationen:** Die Arzneimittelinformation (Fach- und Patienteninformation) bildet Bestandteil der Zulassung von Arzneimitteln. Ihre Änderung ist in der Regel genehmigungspflichtig Die Beschwerdeführerin macht geltend, das Institut habe den Grundsatz der Verhältnismässigkeit verletzt, da es den Antrag um Aufnahme der Daten aus der C.-Studie in der Fachinformation auch unter einer geeigneten Auflage hätte gutheissen können – beispielsweise mit der Verpflichtung zur Einreichung eines local risk mitigation plan (zusätzlich zum bereits eingereichten european patient risk management plan). Erwägungen: Die Zulassung wie auch die Genehmigung von Zulassungsänderungen stellen Polizeibewilligungen dar, auf deren Erteilung die Gesuchstellerin dann Anspruch hat, wenn sie die gesetzlichen Voraussetzungen erfüllt. Auflagen und Bedingungen zur Zulassung und Genehmigung erlauben es dem Institut, den ihm zustehenden Beurteilungsspielraum in angemessener Weise zu nutzen und den Besonderheiten des Einzelfalls gerecht zu werden. Allerdings dürfen Zulassungen und Genehmigungen nur bei erfüllten Zulassungsvoraussetzungen erteilt werden, wenn also die Einhaltung der gesetzlichen Voraussetzungen nachgewiesen ist. Auflagen und Bedingungen können der Sicherstellung (z.B. monitored release) oder der Verbesserung (z.B. Nachreichung von formellen Unterlagen) eines an sich genügenden Zulassungsstatus dienen, nicht aber als Ersatz für fehlende Zulassungsvoraussetzungen. Auch bei Änderungen der Fachinformation hat das Institut zu prüfen, ob die gesetzlichen Voraussetzungen in Bezug auf den neuen Informationstext erfüllt sind. Ergibt die Prüfung der Unterlagen, dass diese Erfordernisse nicht erfüllt sind, so ist das Gesuch um Genehmigung der Änderungen abzuweisen. Auch in diesem Verfahren können durch Auflagen und Bedingungen gravierende Mängel nicht behoben werden. Es widerspräche Art. 16 Abs. 1 und 3 HMG, wenn im Rahmen von Verfahren um Genehmigung von Änderungen der Fachinformation auf die Prüfung der Einhaltung der gesetzlichen Zulassungsvoraussetzungen – zu denen auch die Anforderungen an die Fachinformation zählen – verzichtet und die Zulassung erteilt würde, ohne dass die Voraussetzungen erfüllt sind. Das Institut hat die von der Beschwerdeführerin gewünschte Ergänzung der Fachinformation im Rahmen des ihm zustehenden Beurteilungsspielraums geprüft und ist dabei zu Recht zum Schluss gekommen, dass der Inhalt dieser Ergänzung nicht genehmigungsfähig ist. Das Institut macht in seiner Vernehmlassung zu Recht geltend, dass der von der Beschwerdeführerin vorgeschlagene local risk mitigation plan nicht geeignet ist, diese potenzielle Gefahr für die öffentliche Gesundheit auszuschliessen, zumal der Plan lediglich aufzeigen könnte, wie bestimmte Risiken überwacht werden sollen. Andere, allenfalls geeignete Auflagen oder Bedingungen werden nicht geltend gemacht und sind auch nicht ersichtlich. Eine Genehmigung des Gesuchs um Änderung der Fachinformation kommt daher auch unter Auflagen nicht in Betracht (BVGE 2009/13 E. 7). 2481

2482 – **Verweigerung der Baubewilligung wegen ungenügender Erschliessung des Grundstücks für den Zulieferverkehr:** Die Beschwerdeführerin führt aus, sie akzeptiere die vorinstanzliche Beurteilung, wonach die Erschliessung des Grundstücks für den Zulieferverkehr ungenügend sei. Die Aufhebung der Baubewilligung alleine wegen dieses Projektmangels sei jedoch unverhältnismässig. Vielmehr hätte die Baubewilligung gestützt auf § 321 Abs. 1 des kantonalen Bau- und Planungsgesetzes (PBG) mit einer Nebenbestimmung verknüpft werden können. Indem die Vorinstanz diese Möglichkeit einer Bewilligungserteilung unter Auflagen nicht geprüft habe, habe sie eine formelle Rechtsverweigerung begangen. Eine solche Prüfung ergebe, dass der inhaltliche Mangel des Bauvorhabens problemlos behoben werden könne. Erwägungen: Können inhaltliche oder formale Mängel des Bauvorhabens ohne besondere Schwierigkeiten behoben werden oder sind zur Schaffung oder Erhaltung des rechtmässigen Zustands Anordnungen nötig, so sind gemäss § 321 Abs. 1 PBG mit der Bewilligung die gebotenen Nebenbestimmungen (Auflagen, Bedingungen, Befristungen) zu verknüpfen. Die Verknüpfung der Baubewilligung mit einer Nebenbestimmung kommt nur zur Behebung von untergeordneten Mängeln in Betracht. Die Möglichkeit, nach § 321 Abs. 1 PBG/ZH vorzugehen, entfällt hingegen, wenn die Mängel eine wesentliche Projektänderung erfordern. Die aus der mangelhaften Erschliessung des Grundstücks für den Zulieferverkehr resultierende Gefährdung der Verkehrssicherheit stellt einen schwerwiegenden Mangel dar. Dieser Mangel kann auf verschiedene Art und Weise behoben werden, kann doch die Verkehrserschliessung vorliegend entweder rückwärtig oder durch Zusammenfassung mehrerer Ausfahrten erfolgen. In beiden Fällen sind aber erhebliche Änderungen des Bauprojekts unabdingbar. Dies zeigt sich auch daran, dass die Beschwerdeführerin durch ein spezialisiertes Ingenieurbüro einen Bericht erstellen liess, worin dargelegt wird, wie die Garagenzufahrt konkret ausgestaltet sein müsste, um den Anforderungen von § 240 Abs. 1 PBG zu genügen. Kann ein Mangel nur durch wesentliche Projektänderungen beseitigt werden, obliegt es der Baugesuchstellerin zu entscheiden, ob sie das Bauprojekt weiterverfolgen und – falls ja – in welcher Form sie die hinreichende Erschliessung sicherstellen will. Eine Bewilligungserteilung unter Auflagen – notabene ohne Vorliegen überarbeiteter Baupläne – kommt bei dieser Sachlage hingegen nicht in Betracht. Es stellt daher keine Rechtsverweigerung dar, dass sich die Vorinstanz nicht mit § 321 Abs. 1 PBG/ZH auseinandergesetzt hat. Erst recht kann der Vorinstanz keine willkürliche Nichtanwendung dieser Bestimmung angelastet werden (BGer vom 14. April 2011, 1C_37/2011, E. 3.2-3.4).

2483 – **Erhebliche Mängel eines Bauvorhabens (nächtliche Geräuschimmissionen eines Hühnerstalles):** Die Baubehörde ergänzte die Baubewilligung mit der Auflage, dass nachts die Ställe zwecks Eindämmung der Geräuschimmissionen vollständig zu schliessen sind und verpflichtete die Bauherrschaft, die Lüftung der Ställe sicherzustellen. Zu diesem Zweck musste die Bauherrschaft die eingereichten Pläne nachbessern. Mit Eingabe vom 23. Okt. 2008 reichte die Bauherrschaft geänderte Pläne ein, welche jedoch weitgehend den Baueingabeplänen entsprachen und insbesondere lediglich bei einem der Ställe Hinweise darüber gaben, wie die Dämmung ausgeführt werden soll. Auch hier wollte die Bauherrschaft aber nachts für die Belüftung zwei Törchen offen lassen, sodass der Auflage der Baubehörde, die Ställe vollständig zu schliessen, nicht nachgelebt wird. Bei den übrigen Ställen fanden sich nur mit Drahtgitter oder gewöhnlichem Fensterglas versehene Öffnungen, ohne dass aufgezeigt wird, wie hier das Krähen der Hähne wirksam gedämpft werden soll. Erwägungen: Können inhaltliche oder formale Mängel des Bauvorhabens ohne besondere Schwierigkeiten behoben werden oder sind zur Schaffung oder Erhaltung des rechtmässigen Zustands Anordnungen nötig, so sind gemäss § 321 Abs. 1 des Planungs- und Baugesetzes (PBG) mit der Baubewilligung die gebotenen Nebenbestimmungen zu verknüpfen. Ohne «besondere Schwierigkeiten» behebbar ist ein solcher Mangel dann, wenn er quantitativ und qualitativ als geringfügig sowie als behebbar erscheint. Aufgrund ihrer zutreffenden Würdigung, dass das nächtliche Krähen der Hähne eine lärmschutzrechtlich unzulässige Störung darstellt, hat die Baubehörde angeordnet, dass das Geflügel jeweils von 20.00 Uhr bis 07.00 Uhr in den vollständig geschlossenen Hühnerställen zu halten ist, welche derart zu dämmen sind, dass Drittpersonen nicht durch Lärm belästigt werden (Dispositiv-Ziffer I.1.1 und 1.2 der Baubewilligung). Da die bestehenden Ställe, um deren nachträgliche Bewilligung ersucht wurde, diesen Anforderungen nicht entsprechen, hat die

Baubehörde zudem in Dispositiv-Ziffer I.1.3 der Bewilligung verlangt, dass die sich daraus ergebenden «Anpassungen und Änderungen der Konstruktions- und Materialwahl für die umzubauenden resp. neuen Hühnerställe» detailliert aufzuzeigen und von ihr genehmigen zu lassen seien. Wie der Augenschein des Verwaltungsgerichts gezeigt hat, ist nicht nur die gegenwärtige Dämmung der Ställe völlig unzureichend, sondern ist auch unklar, in welcher Weise die von der Baubehörde verlangte Dämmung erreicht werden soll, insbesondere wie die Ställe vollständig geschlossen werden sollen, wenn gleichzeitig die Frischluftzufuhr für die Tiere gewährleistet bleiben muss. Anlässlich der im Zusammenhang mit dem Augenschein durchgeführten Referenten-Audienz ist die Bauherrschaft auf diese Problematik hingewiesen und in der Folge mit Verfügung vom 17. Sept. 2008 aufgefordert worden, entsprechend geänderte Pläne einzureichen. Mit Eingabe vom 23. Okt. 2008 reichte die Bauherrschaft geänderte Pläne ein, welche jedoch weitgehend den Baueingabeplänen entsprechen und insbesondere lediglich bei einem der Ställe Hinweise darüber geben, wie die Dämmung ausgeführt werden soll. Auch hier will die Bauherrschaft aber nachts für die Belüftung zwei Törchen offen lassen, sodass der Auflage der Baubehörde, die Ställe vollständig zu schliessen, nicht nachgelebt wird. Bei den übrigen Ställen finden sich nur mit Drahtgitter oder gewöhnlichem Fensterglas versehene Öffnungen, ohne dass aufgezeigt wird, wie hier das Krähen der Hähne wirksam gedämpft werden soll. Jedenfalls ist auch aus den nachgereichten Plänen nicht ersichtlich, wie die Ställe wirksam schallgedämmt werden sollen und wie sie trotz der von der Baubehörde zu Recht verlangten vollständigen Schliessung noch hinreichend belüftet werden können, um den rund 200 Tieren, die jeweils im Sommer gehalten werden, das Überleben zu sichern. Abgesehen davon, dass schon fraglich ist, ob die unzureichende Schalldämmung der Ställe angesichts der mit der Haltung von Hähnen in der Nähe von Wohnungen erfahrungsgemäss verbundenen Lärmproblematik noch ein geringfügiger Mangel ist, hat er sich jedenfalls als auflageweise nicht behebbar erwiesen, nachdem die Bauherrschaft nicht einmal gewillt zu sein scheint, die Ställe in der lärmschutzrechtlich gebotenen Weise zu dämmen. Die Bauherrschaft hat höchstens ansatzweise aufgezeigt, wie eine solche nachträgliche Dämmung vorgenommen werden könnte. Damit erweist sich die Nebenbestimmung gemäss § 321 Abs. 1 PBG als unzulässig, was zur Aufhebung der Baubewilligung führen muss (VerwG ZH vom 25. März 2009, VB.2008.00227, E. 5).

b) Arten

Zu unterscheiden sind **echte von unechten Nebenbestimmungen: Echte Nebenbestimmungen** wie Auflage, Bedingung oder Befristung sind verbindliche, individuell-konkrete und erzwingbare Rechtsakte, die rechtlich auf den Hauptakt ausstrahlen und zumeist erst mit der Realisierung des Vorhabens wirksam werden; **unechte Nebenbestimmungen** wie Anregungen, Wünsche oder Hinweise haben lediglich informativen Charakter und betreffen nicht die nähere Ausgestaltung der von der Verfügung geregelten Rechte und Pflichten (BVGer vom 10. Dez. 2009, A-1936/2006, E. 56.1.3 [in BVGE 2011/19 nicht publ. E]; vom 14. Sept. 2007, A-1870/2006, E. 3). Verfügungen können mit einer Vielzahl von Nebenbestimmungen verknüpft werden, wobei es sich um Anregungen, Bedingungen, Befristungen, Auflagen oder um eine aus verschiedenen Arten zusammengesetzte Nebenbestimmung handeln kann (sog. **gemischte Nebenbestimmung**; vgl. VerwG ZH vom 13. Okt. 2004, in: BEZ 2004 Nr. 67 E. 5.1). 2484

Ist die **Natur der Nebenbestimmung zweifelhaft**, ist durch Auslegung zu ermitteln, welche Art vorliegt (BGE 129 II 361 E. 4.3; BGer vom 10. Mai 2005, 1P.702/2004, E. 3.2; BVGer vom 10. Dez. 2009, A-1936/2006, E. 56.1.3 [in BVGE 2011/19 nicht publ. E]). Entscheidend ist dabei der objektivierte Wille der Behörde und es ist insbesondere nach dem Sinn und Zweck einer umstrittenen Bestimmung zu fragen (BVGer vom 10. Dez. 2009, A-1936/2006, E. 56.1.3 [in BVGE 2011/19 nicht publ. E]). 2485 aa) Befristung

2486 Unter der **Befristung einer Verfügung** ist die zeitliche Begrenzung ihrer Geltung oder Rechtswirksamkeit zu verstehen (BVGer vom 10. Dez. 2009, A-1936/2006, E. 56.1.3 [in BVGE 2011/19 nicht publ. E]; VerwG ZH vom 12. Jan. 2011, PB.2010.00005, E. 4 [befristetes Arbeitsverhältnis]; VerwG FR vom 21. Juni 2007, in: FZR 2008 S. 133 E. 2b).

2487 Bewilligungen können **befristet** werden, um einerseits den Behörden die Möglichkeit der regelmässigen Überprüfung der gesetzlichen Voraussetzungen zu geben oder um andererseits vorschriftswidrige Anlagen temporär zu genehmigen (VerwG ZH vom 17. Dez. 2009, VB.2009.00308, E. 8.2, betr. Baubewilligung, wenn eine definitive Bewilligung aus rechtlichen Gründen nicht möglich ist oder wenn die typischen Merkmale eines Provisoriums gegeben sind; ferner VerwG ZH vom 28. März 2007, VB.2006.00490, E. 3.1).

2488 Eine **Befristung einer Dauerleistung** kann hingegen nicht dazu führen, dass damit die Leistungsgewährung über den festgesetzten Termin hinaus als abgelehnt oder verweigert gilt; insofern kommt dem zeitlichen Element der Befristung keine selbstständige Bedeutung zu, wenn nicht Gesetz oder Verordnung eine bestimmte Leistung altersmässig begrenzen, eine maximale Dauer normativ festgelegt ist oder sich eine unter Umständen vorläufige Befristung (von Dauerleistungen) von der Sache her rechtfertigt wie beispielsweise bei schulischen oder beruflichen Eingliederungsmassnahmen (BGE 125 V 410 E. 2c; BGer vom 4. April 2007, I 489/05, E. 5.4).

2489 Eine **Befristung** kann dann sinnvoll sein, wenn es sich bei der zu erteilenden Bewilligung – z.B. einer Baubewilligung für die Nutzung einer Fassade für grossformatige Werbeposter – um ein vergleichsweise neues Phänomen handelt und demzufolge die Bewilligung nur für eine beschränkte Dauer erteilt wird. Stellt der Bauherr vor Ablauf der Bewilligungsdauer ein neues Gesuch, kann die Behörde gestützt auf die gemachten Erfahrungen die Bewilligung erneut erteilen, diese gegebenenfalls mit Nebenbestimmungen versehen oder aber verweigern (VerwG ZH vom 10. März 2004, VB.2003.00336, E. 4).

2490 Unter Umständen ist auf eine **Befristung** zu **verzichten**, etwa wenn eine vorläufig erteilte (provisorische) Bewilligung – in casu ein vorläufig genehmigtes Betriebsreglement – endet, bevor die definitive Bewilligung beantragt werden kann. In einem solchen Fall wurde unter Umständen kein gültiges Betriebsreglement mehr bestehen, wenn die Bewilligung befristet worden wäre (BGer vom 22. Dez. 2010, 1C_58/2010, E. 3.4, betr. Betriebsreglement für den Flughafen Zürich [in BGE 137 II 58 ff. nicht publ. E.]).

Praxis:

2491 – **Befristete Bewilligung für den grenzüberschreitenden Linienbusverkehr:** Im Zeitpunkt der Bewilligungserneuerung waren gegen die Beschwerdeführerin in der Schweiz und in Kroatien Strafverfahren wegen Verstössen gegen die Bestimmungen über den grenzüberschreitenden Linienbusverkehr hängig [u.a. wegen Nichtführens von Passagierlisten, Mitführen von Passagieren anderer Linien oder im Binnenverkehr]). Das Bundesamt für Verkehr limitierte daher die Dauer der erneuerten Bewilligungen auf ein Jahr, weil es die Einhaltung der einschlägigen Bestimmungen durch die Gesuchstellerin wegen diesbezüglich hängiger Strafverfahren nicht als gesichert erachtete. Erwägungen: Die Bewilligungsbehörde konnte sich auf die entsprechende, in Art. 40 Abs. 1 lit. a VPK ausdrücklich genannte Bewilligungsvoraussetzung stützen. Sodann können allfällige Zweifel an der Einhaltung der Bewilligungsauflagen durchaus einen zulässigen Grund dafür bilden, die Bewilligung gemäss Art. 37 lit. a VPK nicht auf die zulässige Maximaldauer auszustellen, sondern sie kürzer zu befristen. Das Personenbeförderungsgesetz enthält keine Regelung, welche eine derartige Differenzierung ausschliessen würde. Vom Gesuchsteller kann die Einhaltung sämtlicher einschlägiger Bestimmungen verlangt werden, insbesondere der Normen betr. die Personenbeförderung, den Strassenverkehr sowie den Arbeitnehmerschutz. Die Befristung der Bewilligungserneuerung auf ein Jahr lässt sich aufgrund der hängigen Strafverfahren damit im Grundsatz nicht beanstanden. Die Bewilligungsbehörde ist in einem solchen Fall nicht verpflichtet, die Bewilligung auf die zulässige Maximaldauer auszustellen («höchstens fünf Jahre», vgl. Art. 41 VPK), zumal ein allfälliger Widerruf der Bewilligung nach der Rechtsprechung wesentlich strengeren Voraussetzungen unterworfen ist. Ein solcher Widerruf ist damit entsprechend schwieriger innert nützlicher Frist durchzusetzen Die Befristung der Bewilligung auf ein Jahr erscheint im Hinblick auf den Verfahrensaufwand zur jeweiligen Erneuerung derselben allerdings recht kurz, insbesondere wenn die für Erneuerungsgesuche einzuhaltende Frist von vier bis zehn Monaten (vgl. Art. 20 Abs. 1 VPK) berücksichtigt wird. Eine allzu kurze Befristung der Bewilligung führt, wie der vorliegende Fall exemplarisch zeigt, aber auch zu verfahrensrechtlichen Komplikationen beim Weiterzug eines Bewilligungsentscheides. Die neuen Richtlinien des Bundesamtes für Verkehr sehen daher vor, dass bei Neuerteilung einer Bewilligung oder bei hängigen strafrechtlichen Verfahren bzw. bei Vorliegen von leichten strafrechtlichen Verfehlungen die Geltungsdauer grundsätzlich auf zwei Jahre befristet wird; eine kürzere, beispielsweise einjährige Geltungsdauer wird damit von der Bewilligungsbehörde selber nicht (mehr) als opportun erachtet. Es erscheint vorliegend als gerechtfertigt, diese (neue), dem Verhältnismässigkeitsgebot besser entsprechende Praxis der Verwaltung bereits auf den vorliegenden Fall anzuwenden. Die Beschwerde ist in diesem Sinne teilweise gutzuheissen (BGer vom 14. Aug. 2008, 2C_137/2008, E. 2.3-2.5).

– **Befristung einer Sondernutzungskonzession:** Die Stadt Zürich hat eine Konzession für die Beanspruchung des öffentlichen Grundes für ein unterirdisches Anlieferungssystem auf 25 Jahre befristet; auf Rekurs hin hob die Baurekurskommission diese Befristung auf und erachtete eine Konzessionsdauer von 80 Jahre als sachgerecht. Die Beschwerde der Stadt Zürich heisst das Verwaltungsgericht mit folgenden Erwägungen gut: Sondernutzungsrechte sind zwingend zu befristen (BGE 130 II 18 E. 3.2, 127 II 69 E. 4c). Daraus lässt sich ableiten, dass die Befristung keiner ausdrücklichen gesetzlichen Grundlage bedarf. Es ist daher unerheblich, dass das Gebührenreglement grundsätzlich von der Erteilung unbefristeter Konzessionen auszugehen scheint. Bei der Bemessung der Frist steht dem Gemeinwesen ein weites Ermessen zu. Das hier anwendbare kommunale Recht enthält nur indirekt Anhaltspunkte zur Konzessionsdauer. Art. 15 Abs. 2 des Reglements über Gebühren für Sondernutzungskonzessionen sieht vor, dass nach einer Benutzungsdauer von 25 Jahren eine allfällige einmalige Konzessionsgebühr nicht mehr rückerstattet wird. Das Bundesrecht kennt Konzessionsdauern von bis zu 80 Jahren; das kantonale Recht sieht Konzessionsdauern von grundsätzlich 40 bis 60 Jahren für die Wasserkraftnutzung und von grundsätzlich 15 bis 40 Jahren für die Inanspruchnahme von Gewässern vor. Sind für die Nutzung hohe Investitionskosten erforderlich und sind die Auswirkungen der Nutzungen auf das Gewässer für längere Zeit überschaubar, kann die Dauer bis auf 80 Jahre festgesetzt werden. Angaben zu anderen Konzessionen enthält das kantonale Recht nicht. Einigkeit besteht darüber, dass die Konzessionsdauer für eine wirtschaftlich sinnvolle Nutzung ausreichen muss und deshalb von der Höhe der Investitionen abhängt. Die Konzessionsdauer muss mindestens so lange sein, dass eine nach ökonomischen Grundsätzen sinnvolle Amortisation der Investitionen möglich ist. Massgeblich ist – entgegen der in der Vernehmlassung geäusserten Ansicht der Vorinstanz – die Amortisations-, nicht die Gebrauchsdauer Das Gericht kommt nach Würdigung aller Interessen zum Schluss, dass die Befristung der Konzession auf 25 Jahre haltbar ist. Die Vorinstanz hat daher mit der Anordnung, die Konzession sei für mindestens 80 Jahre zu erteilen, unzulässigerweise in den Ermessensbereich der Stadt Zürich eingegriffen (VerwG ZH vom 7. Feb. 2006, VB.2005.00279, E. 5.3). 2492

2493 – **Erteilung einer befristeten Berufsausübungsbewilligung im Zusammenhang mit dem dreijährigen Zulassungsstopp für Ärzte und Ärztinnen in freier Praxis (in Kraft seit dem 1. Juli 2002):** Dr. X stellte am 28. Juni 2002 ein Gesuch um Erteilung einer Praxisbewilligung per 1. Jan. 2005. Im Zeitpunkt der Einreichung des Gesuchs war er dabei, noch während rund eines Jahres eine medizinische Zusatzausbildung zu absolvieren. Anschliessend beabsichtigte er, bis Ende 2004 Berufserfahrungen auf diesem Fachgebiet zu sammeln, um ab 1. Jan. 2005 in einer bestimmten Ortschaft im Kanton Schwyz eine eigene Arztpraxis zu eröffnen. Der Regierungsrat erteilte am 13. Nov. 2002 die nachgesuchte Bewilligung mit folgender Einschränkung: «Die Praxis ist innerhalb eines Jahres nach Bewilligungserteilung zu eröffnen. Ansonsten erlischt die vorliegende Bewilligung.» Erwägungen: Die Befristung erweist sich als rechtmässig. Bei dieser Prüfung hat sich die Bewilligungsbehörde von den Grundsätzen rechtsstaatlichen Handelns i.S.v. Art. 5 BV leiten zu lassen, d.h. Grundlage und Schranke ihres Handelns hat das Recht zu sein, ihr Handeln hat im öffentlichen Interesse zu liegen und verhältnismässig zu sein. Vorliegend bedeutet dies, dass die Bewilligungsbehörde bei einer Gesuchseinreichung vor Inkrafttreten der Zulassungsbeschränkung grundsätzlich eine Bewilligung zu erteilen hat. Im öffentlichen Interesse liegt es indessen, dass die auf drei Jahre befristete Zulassungsbeschränkung nicht durch Gesuche, die noch kurz vorher gewissermassen auf Vorrat eingereicht werden, ihres Sinns und Zweckes beraubt wird, was auf einfachste Weise durch eine generelle Verweigerung von Bewilligungen erreicht würde. Dies hiesse freilich, der Zulassungsbeschränkung eine grundsätzlich unzulässige Vorwirkung zuzueignen. Die Überbrückung dieses Spannungsfeldes erfolgt idealerweise durch die Erteilung einer befristeten Bewilligung unter Wahrung der Verhältnismässigkeit der Befristung. Durch das Mittel der Befristung kann ferner sichergestellt werden bzw. lässt sich nachträglich feststellen, ob die Gesuchseinreichung ernsthaft oder bloss auf Vorrat erfolgte. Mit diesem Vorgehen einer befristeten Bewilligung wird gleichzeitig auch dem verfassungsmässigen Anspruch auf Gleichbehandlung Rechnung getragen. Unter den Aspekten der Rechtsgleichheit und des Fairnessprinzips wäre es geradezu stossend, Gesuchstellern, welche eine Bewilligung lediglich im Hinblick auf den drohenden Numerus clausus bzw. Bewilligungsstopp mit Ausnahmen kurz vor Inkraftsetzung der neuen Verordnung auf Vorrat einholen, Bewilligungen ohne zeitliche Befristung zu erteilen, während die kurz nach dem Bewilligungsstopp eingehenden Gesuche u.U. allein deshalb abgewiesen werden müssten, weil eine auf Vorrat eingeholte Bewilligung «den Platz versperrt». Abgesehen davon schliesst auch der Begriff der Polizeierlaubnis per se trotz des grundsätzlichen Rechtsanspruches auf Erteilung einer Polizeierlaubnis Nebenbestimmungen unter den üblichen Voraussetzungen nicht aus. Ohne ausdrückliche gesetzliche Grundlage sind Nebenbestimmungen generell zulässig, sofern sie in einem engen Zusammenhang mit dem Zweck stehen und verhältnismässig bleiben. Mit Auflagen und Bedingungen darf hingegen nicht ein Verhalten gefordert werden, das dem Gesuchsteller nicht durch allgemeines Gesetz vorgeschrieben ist. Die Befristung der Bewilligung ist vorliegend ohne Weiteres im Sinne der vorstehenden Ausführungen durch den Sachzusammenhang abgedeckt. Die Befristung auf ein Jahr kann auch nicht als unverhältnismässig bezeichnet werden. Einerseits wurden Gesuche bis anhin stets auf konkrete Praxiseröffnungen im Kanton Schwyz bezogen. Anderseits darf eine Bewilligungsbehörde davon ausgehen, dass ein Gesuchsteller mit ernsthaften Absichten sein Projekt auch innert Jahresfrist zu realisieren vermag (VerwG SZ vom 18. Feb. 2003, in: EGVSZ 2003 S. 135 E. 3f und E. 3g).

2494 – **Neuanmeldung nach befristeter Leistungsgewährung:** Mit Verfügung vom 10. Sept. 1996 sprach die IV-Stelle Bern der 1982 geborenen P. einen Kostgeldbeitrag für auswärtige Verpflegung und Unterkunft zur Gewährleistung des Übertritts von der Sonder- in die Volksschule für die Dauer von einem Jahr zu. Zugleich wies die IV-Stelle darauf hin, dass eine Verlängerung dieser Kostengutsprache nicht möglich sei. Die Verfügung erwuchs unangefochten in Rechtskraft. Am 25. Okt. 1997 ersuchten die Eltern von P. um Verlängerung der Kostengutsprache. Mit Verfügung vom 9. April 1998 trat die IV-Stelle darauf nicht ein. Die dagegen erhobene Beschwerde hiess das Verwaltungsgericht des Kantons Bern mit Entscheid vom 3. Dez. 1998 gut. Es wies die Sache zur materiellen Beurteilung an die IV-Stelle zurück. Das Bundesamt für Sozialversicherung führt Verwaltungsgerichtsbeschwerde mit dem Antrag, der kantonale Entscheid sei aufzuheben. Das Bundesgericht weist die Beschwerde ab. Erwägungen: Vorliegend stellt sich die Frage, ob die IV-Stelle zu Recht nicht auf das Verlängerungsgesuch eingetreten ist. Praxisgemäss ist es grundsätzlich nicht zulässig, zukünftige Dauerleistungen nur für eine begrenzte Zeitspanne zuzusprechen. Dem Bedürfnis, die Anspruchsvoraussetzungen insbesondere in Renten- und Hilflosenentschädigungsfällen periodisch zu überprüfen, wird bei solchen Dauerleistungen dadurch Rechnung getragen, dass verwaltungsintern ein Revisionstermin vorgemerkt wird. Ausnahmen von diesem Grundsatz mögen dort in Betracht kommen, wo Gesetz oder Verordnung eine bestimmte Leistung altersmässig begrenzen oder wo eine maximale Leistungsdauer normativ festgelegt ist. Vorbehalten bleiben ferner jene Fälle, in denen eine (unter Umständen vorläufige) Befristung von der Sache her gerechtfertigt ist, wie beispielsweise bei schulischen oder beruflichen Eingliederungsmassnahmen (BGE 109 V 262 E. 4). Dabei bedeutet eine in die leistungszusprechende Verfügung aufgenommene Befristung jedoch nicht, dass damit die Leistungsgewährung über den festgesetzten Endtermin hinaus als abgelehnt oder verweigert gilt. Sie ist vielmehr bloss in dem Sinne zu verstehen, dass nach Ablauf der Leistungsdauer auf Gesuch hin erneut geprüft wird, ob die Voraussetzungen für eine Verlängerung der Leistungsgewährung erfüllt sind. Insofern kommt dem zeitlichen Element der Befristung keine selbstständige Bedeutung zu. Insbesondere ist daraus nicht abzuleiten, dass nach vorausgegangener rechtskräftiger Verfügung mit Befristung einer Leistung ein neues Gesuch erschwerten Eintretensvoraussetzungen zu genügen hätte. Vorliegend hat die IV-Stelle die ursprüngliche Leistungsgewährung befristet, weil Art. 11 Abs. 3 aIVV die Kostgeldzusprechung für höchstens ein Jahr erlaubt hat. War die IV-Stelle der Auffassung, dass diese normative Ausgangslage einer Beitragsverlängerung entgegenstehe, hätte sie das neue Gesuch vom 25. Okt. 1997 materiell behandeln und ablehnen müssen, nicht jedoch durch Nichteintreten erledigen dürfen. Dieser formelle Fehler ändert jedoch nichts daran, dass sich die Ablehnung eines weiteren Kostgeldbeitrags auf Grund von Art. 9ter Abs. 2 IVV (neue Fassung) im Ergebnis als richtig erweist, da diese Vorschrift die Dauer der Kostgeldgewährung ebenfalls auf höchstens ein Jahr beschränkt (BGE 125 V 410 E. 2).

bb) Bedingung

Eine **Bedingung** liegt dann vor, wenn die Rechtsfolgen der Verfügung vom Eintreten eines bestimmten oder unbestimmten Ereignisses abhängig gemacht werden sollen (BVGer vom 14. Dez. 2009, A-8437/2007, E. 3.5.6.1; vom 10. Dez. 2009, A-1936/2006, E. 56.1.3 [in BVGE 2011/19 nicht publ. E.]; vom 14. April 2009, A-1543/2006, E. 6.1.1; vom 14. Sept. 2007, A-1870/2006, E. 3; VerwG SG vom 24. Aug. 2010, B-2010-30, E. 3.3; VerwG ZH vom 10. Feb. 2010, PB.2009.00032, E. 2.3.1). Angesichts der strengen Folgen der Nichtbeachtung einer Bedingung – automatisches Dahinfallen der Verfügung – und der je nach Sachbereich relativ geringen Häufigkeit einer solchen Klausel in der Praxis wird eine Bedingung nur angenommen, wenn sie klar aus der Bewilligung hervorgeht, auf die sie sich bezieht und wenn die Rechtswirksamkeit der Verfügung davon abhängt (BGE 129 II 361 E. 4.2 und E. 4.6 [Grundstückserwerb durch Ausländer]). 2495

Bei der **Suspensivbedingung** tritt die Rechtswirksamkeit der Verfügung erst ein, wenn die Bedingung erfüllt ist. Bei der **Resolutivbedingung** endigt die Rechtswirksamkeit der Verfügung mit Eintritt der Bedingung (VerwG SZ vom 15. April 2008, in: EGVSZ 2008 S. 110 E. 3.3; vom 31. Jan. 2006, in: EGVSZ 2006 S. 216 E. 2.3). Geht es der verfügenden Behörde darum, dem Verfügungsadressaten oder einem Dritten bestimmte Verhaltenspflichten aufzuerlegen, welche die Geltung der Verfügung nicht berühren sollen, jedoch selbstständig vollstreckt werden können, handelt es sich um keine Bedingung, sondern um eine Auflage (vgl. VerwG ZH vom 13. Okt. 2004, in: BEZ 2004 Nr. 67 E. 5.1). Auf eine Bedingung ist nur zu schliessen, wenn ihre Erfüllung für eine sinnvolle Durchführung des Verwaltungsakts unerlässlich und 2496 nicht selbstständig erzwingbar ist (BGer vom 27. Sept. 2011, 1C_271/2011, E. 2.3; VerwG ZH vom 13. Okt. 2004, in: BEZ 2004 Nr. 67 E. 5.1).

2497 Wird eine **Bewilligung mit einer Resolutivbedingung** verknüpft, weiss der Berechtigte, dass ihm die Bewilligung nur bis zum Bedingungseintritt erteilt wird; er kann sich ab diesem Zeitpunkt nicht mehr auf den **Vertrauensschutz** berufen. Wird hingegen eine Bewilligung ohne Resolutivbedingung erteilt, bleibt diese bestandeskräftig und kann nur widerrufen werden, wenn die entsprechenden Voraussetzungen erfüllt wären, was bei Baubewilligungen wegen des Bestandes- bzw. Dispositionsschutzes eher selten der Fall ist (BGer vom 25. Feb. 2009, 1C_14/2008, E. 5.2 [Mobilfunkanlage in der Landwirtschaftszone]).

2498 Bei einer **suspensiv oder resolutiv erteilten Bewilligung** kann der **Eintritt der Bedingung** nicht unbeschränkt lange aufgeschoben werden. Abzuwägen ist das Interesse des Verfügungsinhabers an einer Klärung der Rechtslage gegenüber öffentlichen Interessen an der Aufrechterhaltung der Bedingung. Das private Interesse verlangt, dass innert angemessener Frist Gewissheit darüber geschaffen wird, ob beispielsweise eine Bewilligung definitiv und ohne Widerrufsvorbehalt gewährt ist (BGE 109 Ia 128 E. 5e [Erteilung eines Wirtschaftspatents «auf Zusehen und Wohlverhalten hin»]). Gemäss Praxis kann der Nachweis der hinreichenden Erschliessung mittels Suspensivbedingung vom Zeitpunkt der Baubewilligung auf denjenigen des Baubeginns verschoben werden, doch darf damit keine Baubewilligung «auf Vorrat» erteilt werden, wenn die Erfüllung der Suspensivbedingung in zeitlicher und tatsächlicher Hinsicht höchst ungewiss ist (VerwG SZ vom 15. April 2008, in: EGVSZ 2008 S. 110 E. 3.3), wobei bei einer Baubewilligung diese Gefahr gering ist, weil in den meisten Kantonen die Baubewilligung innert weniger Jahre nach dem Eintritt der formellen Rechtskraft verfällt, wenn nicht mit dem Bau begonnen wird.

Praxis:

2499 – **Patenterteilung auf «Zusehen und Wohlverhalten» hin:** Mit Schreiben vom 23. Sept. 1982 eröffnete das Kantonspolizeiamt Appenzell A.Rh. Q, das von ihm beantragte Wirtschaftspatent für das Gasthaus X werde ihm demnächst zugestellt werden. Ferner ist im erwähnten Brief Folgendes festgehalten: «Wie Ihnen bereits mündlich eröffnet worden ist, teilen wir Ihnen im Auftrage der Polizeidirektion von Appenzell Ausserrhoden mit, dass Sie mit dem sofortigen Entzug des Wirtschaftspatentes zu rechnen haben, falls Sie zu irgendeiner Klage Anlass geben. Die Patenterteilung erfolgt deshalb auf Zusehen und Wohlverhalten hin.» Q weist drei Vorstrafen auf, die auch der kantonalen Bewilligungsbehörde im Zeitpunkt der Erteilung des Wirtschaftspatentes bekannt waren. Nach Aufnahme des Wirtschaftsbetriebes musste Q im Zeitraum zwischen 20. Okt. 1982 und 14. Dez. 1982 dreimal wegen Übertretung wirtschaftspolizeilicher Vorschriften (wiederholtes Überwirten, Nichteintragen von Gästen in die Hotelkontrolle, widerrechtliche Publikation einer nicht bewilligten Verlängerung) bestraft werden. Mit Verfügung vom 21. Dez. 1982 entzog die Polizeidirektion des Kantons Appenzell A.Rh. Q das Wirtschaftspatent. Auf Rekurs des Q hin bestätigte der Regierungsrat des Kantons Appenzell A.Rh. die angefochtene Verfügung mit Beschluss vom 22. Feb. 1983. Q führt staatsrechtliche Beschwerde. Das Bundesgericht weist die Beschwerde ab, soweit es darauf eintritt. Erwägungen: Vorliegend fehlt im kantonalen Wirtschaftsgesetz eine gesetzliche Grundlage, ein Patent nur «auf Zusehen und Wohlverhalten hin» zu erteilen. Das Wirtschaftspatent gilt nach Lehre und Rechtsprechung als Polizeierlaubnis, egal ob die Voraussetzungen für dessen Erteilung polizeilich oder gewerbepolitisch motiviert sind. Die Patenterteilung schliesst die Feststellung ein, dass der Aufnahme des Wirtschaftsbetriebes keine öffentlich-rechtlichen Hindernisse im Wege stehen. Auf die Erteilung einer solchen Bewilligung besteht nach allgemeinen Grundsätzen ein

Rechtsanspruch, soweit sich der Bewerber über alle geforderten Voraussetzungen auszuweisen vermag. D.h. indes nicht, dass die Bewilligung nur frei von Einschränkungen, wie z.B. Bedingungen oder Auflagen, erteilt werden darf. Generell bedingungsfeindliche Verfügungen bilden vielmehr die Ausnahme. So kann statt einer negativen Verfügung eine mit Bedingungen und Auflagen versehene positive erlassen werden. Als Beispiel einer resolutiv bedingten ist die Verfügung mit Widerrufsvorbehalt zu nennen. Als solche qualifiziert sich auch die Erteilung des Wirtschaftspatents «auf Zusehen und Wohlverhalten hin». Gleich wie ein (suspensiv) bedingt ausgesprochener Entzug des Wirtschaftspatentes, dessen Vollzug aufgeschoben wird, weil dem Betroffenen Gelegenheit gegeben werden soll, sich während eines bestimmten Zeitraums zu bewähren, kann auch die (erstmalige oder erneute) Patenterteilung in dem Sinne bedingt ausgesprochen werden, dass der Betroffene damit rechnen muss, die Behörde werde im Falle von Beanstandungen die Bewilligung widerrufen. Voraussetzung einer solchen bedingten Bewilligung ist jedoch ein sachlich vertretbares öffentliches Interesse. Ein solches ist dann vorhanden, wenn ernsthafte Zweifel bestehen, dass der Bewerber alle Erfordernisse erfüllt, weshalb die anbegehrte Polizeierlaubnis sogar ganz verweigert werden könnte. Der Situation des Betroffenen trägt eine solche Bewilligung mit Widerrufsvorbehalt gebührend Rechnung: er wird dadurch günstiger gestellt als bei einer gänzlichen Verweigerung der Bewilligung; so kann er seine Berufstätigkeit frei ausüben, und er hat es in der eigenen Hand, den Beweis zu erbringen, dass er die geforderten Voraussetzungen erfüllt. Zu beachten ist aber auch, dass eine solche probeweise Patenterteilung nicht unbeschränkt lange aufrechterhalten werden kann. Insbesondere das Interesse des Patentinhabers an einer Klärung der Rechtslage verlangt nämlich, dass innert angemessener Frist Gewissheit darüber geschaffen wird, ob das Patent definitiv und ohne Widerrufsvorbehalt gewährt ist. Eine zeitlich bestimmte Probezeit braucht hierfür indes nicht angesetzt zu werden. Vielmehr genügt es, wenn nach einem den Umständen angemessenen Zeitraum beginnend ab der Aufnahme des Wirtschaftsbetriebes die Behörde prüfen kann, ob die bestehenden Zweifel beseitigt sind, mithin die Voraussetzungen der definitiven Patenterteilung erfüllt sind. Wie lange ein solches Provisorium von Verfassungs wegen dauern darf, braucht im vorliegenden Verfahren indes nicht näher geprüft zu werden, folgten doch die dem Beschwerdeführer vorgeworfenen Übertretungen praktisch unmittelbar im Anschluss an die Aufnahme des Wirtschaftsbetriebes. Zu diesem Zeitpunkt jedenfalls war der Widerrufsvorbehalt zweifellos wirksam. Stellt aber die Bewilligung mit Widerrufsvorbehalt einen milderen Eingriff dar als die Patentverweigerung, deren Voraussetzungen im Gesetz enthalten sind, so bedarf sie keiner ausdrücklichen gesetzlichen Grundlage. Dass auf der andern Seite das ausserrhodische Wirtschaftsgesetz eine solche Bewilligung ausdrücklich verbiete, wird vom Beschwerdeführer nicht behauptet und ist dem Gesetz im Übrigen nicht zu entnehmen (BGE 109 Ia 128 E. 5).

– **Bedingung in einer Baubewilligung, dass die Bauherrschaft für die Öffentlichkeit ein Fusswegrecht einräumt:** Der Gemeinderat Schübelbach erteilte die Baubewilligung für ein Mehrfamilienhaus mit der Bedingung, dass die Bauherrschaft der Gemeinde Schübelbach zur Ausübung durch die Öffentlichkeit auf der im Plan ad acta rot eingezeichneten Wegfläche ein unbeschränktes Fusswegrecht einräumt. Der Regierungsrat erachtet diese Bedingung als nicht sachgerecht und unverhältnismässig. Erwägungen: Im konkreten Fall ist von einer Suspensivbedingung auszugehen. Die Beschwerdeführerin darf gemäss der umstrittenen Bedingung mit den Bauarbeiten erst beginnen, wenn das einzuräumende Fusswegrecht grundbuchamtlich vollzogen ist. Der verlangte Fussweg beginnt an der Nordringstrasse und führt entlang der Westgrenze der Grundstücke Richtung Süden. Die Breite des Fussweges soll 1.80m betragen. Weder der Baubewilligung noch dem Einspracheentscheid ist zu entnehmen, dass die Erschliessung des Bauvorhabens nicht genügend sein soll. Gemäss den Planunterlagen ist denn die tatsächliche Erschliessung offensichtlich zureichend. Auch bestehen keinerlei Anhaltspunkte, dass die rechtliche Erschliessung nicht gegeben sein soll. Im Weiteren geht aus den erwähnten Verfügungen nicht ansatzweise hervor, dass das Bauprojekt aus baupolizeilichen oder weiteren in direktem Zusammenhang mit dem Bauvorhaben stehenden Gründen nicht bewilligungsfähig ist, sofern das Fusswegrecht nicht gewährt wird. Demzufolge hängt die Erteilung der Baubewilligung nicht von der Einräumung der umstrittenen Dienstbarkeit ab. Die Vorinstanz spricht 2500 in ihrer Vernehmlassung in sehr allgemeiner Weise davon, dass im Interesse der Allgemeinheit entlang der Westgrenze der Liegenschaft ein öffentliches Fusswegrecht einbedungen werden solle. Sie begründet dies vorab damit, dass ursprünglich von einer Ringstrasse zum Nordringquartier ausgegangen worden sei, dass der fragliche Bereich seit Jahrzehnten als Fusswegverbindung vom Dorf Siebnen zum Nordringquartier genutzt werde, dass die Verbindung für Fussballer des SC Siebnen und Kinder der Montessorischule als direktere Verbindung (ohne Benutzung der Nordringstrasse) ideal wäre, und dass bereits ein Fuss- und Fahrwegrecht zu Gunsten der Genossame Siebnen bestehe. Zwar ist nicht zu verkennen, dass das von der Vorinstanz angestrebte öffentliche Fusswegrecht faktisch Vorteile mit sich bringen würde. Diese bestehen insbesondere in einer direkteren und sichereren Verbindung vom Dorf Siebnen zum Nordringquartier, wobei aber festzuhalten ist, dass das Nordringquartier grundsätzlich über die Nordringstrasse erschlossen ist. Es geht nun aber nicht an, das angestrebte Ziel über eine Bedingung in einer Baubewilligung zu erreichen, zumal das vorliegende Vorhaben auch ohne Einräumung eines öffentlichen Fusswegrechtes bewilligungsfähig ist. Eine gesetzliche Grundlage für die umstrittene Bedingung ist nicht vorhanden. Auch ist das besagte Vorgehen der Vorinstanz nicht verhältnismässig, zumal die Bedingung in keinem Zusammenhang zum Bauvorhaben steht, auf der anderen Seite aber eine relativ starke Einschränkung für die Bauherrschaft darstellt. Die Vorinstanz kann ihr Ziel, im betreffenden Bereich ein öffentliches Wegrecht zu erhalten, auf andere Weise erreichen. So wäre es beispielsweise möglich, das angestrebte öffentliche Wegrecht mittels vertraglicher Vereinbarung und entsprechend gegen Entgelt erhältlich zu machen. Sollte der vertragliche Weg zu keinem Erfolg führen, könnte u.U. auch ein Enteignungsverfahren in Betracht gezogen werden. Dieses Ergebnis wird zusätzlich durch die Rechtsprechung im Zusammenhang mit dem Erlass von Gestaltungsplänen untermauert. Unzulässig sind danach Planinhalte und Sonderbauvorschriften, die nicht in den Regelungsbereich des Planungs- und Baurechts fallen (z.B. Signalisationsmassnahmen) und insbesondere jene, die ihre Grundlage nicht im öffentlichen Recht haben (z.B. die Verpflichtung, bestimmte Dienstbarkeiten einzugehen, oder Fragen der Finanzierung bzw. Abgeltung). So wurde beispielsweise eine Suspensivbedingung in einem Gemeinderatsbeschluss, wonach der Initiant eines Gestaltungsplanes im Hinblick auf eine von der Gemeinde geplante Umfahrungsstrasse verpflichtet wurde, mit der Gemeinde einen Kaufrechtsvertrag zu schliessen, als unzulässig bezeichnet. Nach dem Gesagten ist die Bedingung rechtlich nicht haltbar und in Gutheissung der Beschwerde ersatzlos aufzuheben (RR SZ vom 31. Jan. 2006, in: EGVSZ 2006 S. 216 E. 2.5).

2501 – **Erteilung einer Ausnahmebewilligung für eine Mobilfunkantenne verknüpft mit einer Resolutivbedingung, dass die Bewilligung dahinfällt, wenn im Abdeckungsgebiet der bewilligten Anlage aus Kapazitätsgründen eine weitere Antennenanlage notwendig wird:** Das Bundesgericht bejaht die Standortgebundenheit der vorliegend zu prüfenden Mobilfunkantenne. Zu prüfen ist weiter, ob einer unbedingten Erteilung der Ausnahmebewilligung überwiegende raumplanerische Interessen entgegenstehen (Art. 24 lit. b RPG), wie dies das ARE geltend macht. Das ARE äussert sich in seiner Vernehmlassung zur Standortgebundenheit der umstrittenen Anlage. Für den Fall, dass das Bundesgericht die Bewilligung grundsätzlich bestätige, beantragt es die Aufnahme einer Resolutivbedingung, wonach die Bewilligung dahinfalle, wenn die Bewilligungsvoraussetzungen nicht mehr erfüllt seien, insbesondere wenn im Abdeckungsgebiet der bewilligten Anlage aus Kapazitätsgründen eine weitere Antennenanlage notwendig werde. Nachdem die Ausnahmebewilligung insgesamt angefochten wurde, kann das Bundesgericht diese ganz oder teilweise verweigern oder die Bewilligung unter zusätzlichen Auflagen oder Bedingungen erteilen. Insofern kann das Bundesgericht auf Anregung des ARE prüfen, ob die Ausnahmebewilligung mit einer Nebenbestimmung versehen werden muss. Dabei steht dem Bundesgericht allerdings kein Ermessen zu, d.h. dieser Anregung kann nur gefolgt werden, wenn die Erteilung einer unbedingten Ausnahmebewilligung rechtswidrig wäre. Das Anliegen des ARE ist verständlich: Die Bejahung der (relativen) Standortgebundenheit erfolgt aufgrund einer Interessenabwägung, gestützt auf die tatsächliche Situation im Zeitpunkt der Bewilligung. Verändern sich die Verhältnisse, beispielsweise durch die Errichtung zusätzlicher Mobilfunkanlagen innerhalb der Bauzone, so kann dies zur Folge haben, dass die Anlage nicht mehr ausserhalb der Bauzone bewilligt werden dürfte. Wurde die Ausnahmebewilligung ohne eine entsprechende Nebenbestimmung erteilt, bleibt sie jedoch bestandskräftig. Zwar ist der Widerruf einer ursprünglich fehlerfreien Verfügung aufgrund veränderter Verhältnisse möglich, wenn das Interesse an der richtigen Rechtsanwendung das Interesse am Vertrauensschutz und an der Rechtssicherheit überwiegt. Dem Interesse am Vertrauensschutz wird jedoch regelmässig der Vorrang eingeräumt, wenn mit der Verfügung eine Befugnis eingeräumt wurde (wie z.B. bei der Baubewilligung), von der der Berechtigte bereits Gebrauch gemacht hat, sofern dies erhebliche Investitionen erforderte und zur Schaffung eines Zustands geführt hat, der nur unter Vernichtung gutgläubig geschaffener Werte wieder beseitigt werden kann. Wird die Ausnahmebewilligung dagegen mit einer Resolutivbedingung erteilt, weiss der Berechtigte, dass ihm die Bewilligung nur bis zum Bedingungseintritt erteilt wird, und kann sich zu diesem Zeitpunkt nicht mehr auf Vertrauensschutzgesichtspunkte berufen. Zwar besteht eine konzessionsrechtliche Verpflichtung, Antennenanlagen abzubauen, die für den Netzzusammenhang nicht mehr benötigt werden. Daraus folgt aber keine Verpflichtung der Mobilfunkbetreiber, auf rechtskräftig bewilligte und für den Netzaufbau verwendete Antennenanlagen ausserhalb der Bauzone zu verzichten, wenn deren Funktion von neueren Mobilfunk-Basisstationen innerhalb der Bauzone übernommen werden könnte. Die Verbindung einer Bewilligung mit Auflagen und Bedingungen bedarf grundsätzlich einer gesetzlichen Grundlage, wobei es genügen kann, wenn sich die Zulässigkeit der Nebenbestimmung aus dem mit dem Gesetz verfolgten Zweck ergibt. Eine Bewilligung kann insbesondere mit einer Nebenbestimmung verbunden werden, wenn sie aufgrund der gesetzlichen Bestimmungen überhaupt verweigert werden könnte. Die Anordnung einer Resolutivbedingung wäre somit zulässig und (als mildere Massnahme) möglicherweise geboten, wenn die Gesamtinteressenabwägung nach Art. 24 lit. b RPG ansonsten negativ ausfallen würde. Das ARE macht geltend, dass es sich bei Mobilfunkanlagen um eine zahlenmässig bedeutende Gruppe von Bauten und Anlagen ausserhalb der Bauzone mit einer vergleichsweise geringen Lebensdauer handle, bei denen sich die Verhältnisse rasch änderten und immer wieder neue Bedürfnisse hinzukämen, weshalb ein öffentliches Interesse an einer zeitlichen Beschränkung der Bewilligung für Mobilfunkanlagen ausserhalb der Bauzonen bestehe. Allerdings handelt es sich hierbei um ein generelles, nicht nur Mobilfunkanlagen betreffendes Problem: Es besteht ein öffentliches Interesse daran, Anlagen, die aufgrund veränderter Verhältnisse nicht mehr benötigt werden oder nicht mehr auf einen Standort ausserhalb der Bauzone angewiesen sind, zu beseitigen bzw. in die Bauzonen verlegen zu können. Dieses Problem wird bei Mobilfunkanlagen durch die relativ kurze Lebensdauer der Sendeantennen entschärft: Müssen diese ersetzt oder ergänzt werden, bedarf es regelmässig einer neuen Ausnahmebewilligung gemäss Art. 24 RPG, weshalb erneut geprüft werden kann und muss, ob die Anlage aufgrund der aktuellen Verhältnisse auf einen Standort ausserhalb der Bauzone angewiesen ist und ihr keine überwiegenden Interessen entgegenstehen. Dies ist zu verneinen, wenn raumplanungsrechtlich bessere Mobilfunkstandorte innerhalb oder ausserhalb der Bauzone vorhanden oder geplant sind. Der Auffassung des ARE, dass die Interessenabwägung im vorliegenden Fall ohne Bedingung oder Befristung der Bewilligung negativ ausfallen würde, ist nicht zu folgen. Vielmehr liegen aktuell die Voraussetzungen für die Erteilung einer Ausnahmebewilligung vor. Die vorgeschlagene Resolutivbedingung stellt deshalb keine mildere Massnahme dar, sondern verschlechtert die Rechtsposition der Beschwerdegegnerinnen, indem sie ihnen den mit einer Baubewilligung üblicherweise verbundenen Vertrauens- und Bestandesschutz verweigert. Nach dem Gesagten waren die kantonalen Behörden nicht gehalten, die Ausnahmebewilligung mit einer Resolutivbedingung zu erteilen (BGer vom 25. Feb. 2009, 1C_14/2008, E. 5).

cc) Auflage

aaa) Begriff

Eine **Auflage** ist die mit einer Verfügung verbundene zusätzliche Verpflichtung zu einem **Tun, Dulden oder Unterlassen**, die sich **sachlich auf die Hauptregelung** bezieht, sich jedoch nicht auf deren Rechtswirksamkeit auswirkt (BGE 129 II 361 2502

E. 4.2; BGer vom 7. März 2012, 1C_406/2011, E. 2.4; BVGer vom 9. Dez. 2010, A-3558/2010, E. 8.3.3; vom 10. Dez. 2009, A-1936/2006, E. 50.3.5 [in BVGE 2011/19 nicht publ. E]; vom 3. Sept. 2009, A-3042/2009, E. 3.2; vom 14. April 2009, A-1543/2006, E. 6.1.1; vom 14. Sept. 2007, A-1870/2006, E. 3; VerwG SG vom 24. Aug. 2010, B-2010-30, E. 3.3; VerwG ZH vom 10. Feb. 2010, PB.2009.00032, E. 2.3.1; VerwG GR vom 30. Sept. 2008, R-08-20, E. 3; VerwG ZH vom 13. Okt. 2004, in: BEZ 2004 Nr. 67 E. 5.1).

2503 **Voraussetzung** einer Auflage ist demnach, dass diese mit der Bewilligung in einem sachlichen Zusammenhang steht und notwendig ist, um einen rechtmässigen Zustand zu sichern (VerwG GR vom 13. Okt. 2009, R-09-15, E. 3c; vom 26. Feb. 2008, in: PVG 2008 Nr. 21 E. 2c). Demnach ist es mittels einer Auflage allein nicht möglich, **Dritte** unmittelbar zu einem Tun, Dulden oder Unterlassen zu verpflichten (VerwG SG vom 22. Jan. 2009, B-2008-17, E. 2.1; ähnlich BGer vom 7. März 2012, 1C_406/2011, E. 2.3 und E. 2.4).

Praxis:

2504 – Eine **Neuzuteilung von Telefonnummern (0901-Nummern)** unter zusätzlichen **Auflagen** wäre zwar ein milderes Mittel, ist aber nicht geeignet, wenn die Gesuchstellerin in der Vergangenheit schwerwiegend gegen geltendes Recht verstossen hat, was den Widerruf sämtlicher Einzelnummern erfordert. Die gänzlich verweigerte Zuteilung der Nummern erweist sich demnach als verhältnismässig (BVGer vom 9. Dez. 2010, A-3558/2010, E. 8.3.4).

2505 – Wird die erforderliche **Schriftgrösse für Arzneimittelwerbung** nicht eingehalten, stellt dies einen schwerwiegenden Mangel des zu beurteilenden Inserates dar, wird doch eine gesetzliche Bewilligungsvoraussetzung nicht erfüllt. Dieser Mangel lässt sich nicht durch die blosse Auflage beheben, für die Pflichtangabe eine angemessene, von der Vorinstanz noch zu bestimmende Schriftgrösse zu verwenden (BVGer vom 30. März 2010, C-1592/2008, E. 5.3).

2506 – Bei den von der Bau- und Umweltkommission getroffenen Anordnungen im Zusammenhang mit einer **Baubewilligung** (Einreichung eines Verkehrsregimes und der Entsorgung der Bauabfälle) handelt es sich um typische Nebenbestimmungen von untergeordneter Bedeutung, welche in der Form von Auflagen verfügt werden dürfen (VerwG SG vom 24. Aug. 2010, B-2010-30, E. 3.3).

2507 – Eine **Baubewilligung für eine Überbauung mit 34 Wohneinheiten** kann mit einer Auflage betr. **Ausrüstung des Kinderspielplatzes** verbunden werden (VerwG ZH vom 20. Dez. 2006, in: ZBl 2008 S. 105 E. 5.1).

2508 – **Tankmischungen** werden als Auflage bei der Erteilung der Zulassung eines Pflanzenschutzmittels verfügt (BVGer vom 20. Mai 2009, C-344/2007, E. 4.1.1).

2509 – Eine **Bewilligung zum Bau eines Einkaufszentrums** wird unter Auflagen im Hinblick auf den Einsatz von Sicherheitspersonal, Warenanlieferung und Ausrüstung der Lieferfahrzeuge erteilt, was ohne Weiteres zulässig ist (BGE 125 II 129 E. 5).

2510 – Eine **Bewilligung zum Erwerb eines Grundstücks** wird mit der Auflage verbunden, dieses weiterhin zu gewerblichen Zwecken (Hotelbetrieb) zu nutzen (BGE 129 II 361 E. 4).

2511 – Eine **Baubewilligung** wird mit einem **Beseitigungsrevers** verknüpft (BGE 99 Ia 482 E. 3). Reverse in der Form von Auflagen sind beispielsweise Benützungsbeschränkungen oder Zweckentfremdungsverbote (VerwG ZH vom 13. Okt. 2004, in: BEZ 2004 Nr. 67 E. 5.1).

2512 – Eine **Aufenthaltsbewilligung** kann mit der Auflage des Zusammenlebens in ehelicher Gemeinschaft verknüpft werden (Rekursgericht Ausländerrecht AG vom 24. Nov. 2006, in: AGVE 2006 Nr. 85 E. 2).

- **Demonstrationsbewilligungen** werden häufig mit Auflagen betr. Routenwahl, Zeitpunkt, Ordnungsdienst, Sicherheitsdispositiv usw. verbunden (RR SZ vom 25. Nov. 2003, in: ZBl 2004 S. 536 E. 8). 2513
- Wenn der **Nutzungsmix für die Umweltverträglichkeit** eines zu erstellenden **Fachmarktzentrums** bedeutsam ist, muss die aus den vorgesehenen Nutzungen einer publikumsintensiven Einrichtung resultierende Fahrtenzahl Gegenstand des Baubewilligungsverfahrens bilden. Dieser Nutzungsmix kann zwar mittels Auflage vorgeschrieben werden, um die Einhaltung des Fahrtenkontingents präventiv sicherzustellen, muss sich indes in genügend konkretisierter Art und Weise aus der Baubewilligung ergeben (VerwG BE vom 21. Juni 2010, in: URP 2011 S. 170 E. 4.4 und E. 5). 2514
- Können die umweltrechtlichen Vorgaben eines **Bauvorhabens** nicht eingehalten werden (in casu: Einkaufszentrum bzw. Fachmärkte), kann dieser Mangel nur dann durch Auflagen geheilt werden, wenn diese genügend bestimmt sind (z.B. Beschränkung der Öffnungszeiten, der Parkplätze, Anbindung an den öffentlichen Verkehr usw.), damit die umweltrechtlichen Ziele eingehalten werden können (VerwG BE vom 31. März 2010, in: BVR 2010 S. 351 E. 5.5). 2515
- Eine **ungenügende Verkehrserschliessung des Baugrundstücks** ist kein untergeordneter Mangel, der mittels Auflage im Verfahren vor dem Verwaltungsgericht geheilt werden könnte (BGer vom 17. Nov. 2009, 1C_192/2009, E. 2.4). 2516

bbb) Erzwingbarkeit

2517 Von der Bedingung unterscheidet sich die Auflage dadurch, dass die Rechtswirksamkeit der Hauptregelung nicht von der Erfüllung der Auflage abhängt und dass diese – im Gegensatz zur Bedingung – **selbstständig erzwingbar** ist (BGE 129 II 361 E. 4.2; BVGer vom 4. Dez. 2007, C-1279/2006, E. 5; vom 14. Sept. 2007, A-1870/2006, E. 3; VerwG SZ vom 15. April 2008, in: EGVSZ 2008 S. 110 E. 3.3; VerwG FR vom 21. Juni 2007, in: FZR 2008 S. 133 E. 2b; VerwG ZH vom 20. Dez. 2006, in: ZBl 2008 S. 105 E. 5.1; vom 13. Okt. 2004, in: BEZ 2004 Nr. 67 E. 5.1).

2518 Die Auflage kann aufgrund ihrer eigenständigen Natur unabhängig von der übrigen Verfügung **Gegenstand einer Beschwerde** und damit ein eigenständiges Anfechtungsobjekt bilden, selbst wenn sie sich im Dispositiv der Verfügung befindet (BGE 129 II 361 E. 4.2). Wird die Auflage nicht oder nicht mehr erfüllt, berührt dies zwar nicht die Gültigkeit der Verfügung, kann aber einen Grund für deren **Widerruf** darstellen (BVGer vom 9. Dez. 2010, A-3558/2010, E. 8.3.3; VerwG AG vom 3. Mai 2001, in: AGVE 2001 Nr. 40 E. 1c). Eine Verfügung ist also nicht unwirksam und wird nicht allein durch die Tatsache hinfällig, dass eine Auflage nicht oder nicht mehr beachtet wird. Die Verfügung ist im Gegenteil solange wirksam, als sie nicht widerrufen wird (BGE 129 II 361 E. 4.2).

2519 Da **Auflagen selbstständig durchsetzbar** sind, müssen sie **hinreichend bestimmt** sein, das heisst den Inhalt der jeweiligen Rechte und Pflichten im Detail festlegen (VerwG BE vom 31. März 2010, in: BVR 2010 S. 351 E. 5.5). Diesen Anforderungen genügt die Auflage nicht, wonach ein geplantes Einkaufszentrum nicht mehr als 2'000 Fahrten des durchschnittlichen täglichen Verkehrs (DTV) erzeugen dürfe. Eine derartige Auflage lässt sich allenfalls nur mit Nutzungseinschränkungen realisieren, die in der Baubewilligung selbst oder in einer Auflage anzuordnen sind, damit sie von den Behörden durchgesetzt werden können (VerwG BE vom 31. März 2010, in: BVR 2010 S. 351 E. 5.5).

Praxis:

2520 – **Wildtierhaltebewilligung mit der Auflage, einen Leoparden nicht ausserhalb des Geheges an der Leine spazieren zu führen:** Nach Art. 6 Abs. 2 TSchG bedarf das private Halten von Wildtieren einer kantonalen Bewilligung, wenn diese – wie das bei einem Leoparden offensichtlich der Fall ist – besondere Ansprüche an Haltung und Pflege stellen. Die Bewilligung kann sodann die Fütterung, Pflege und Unterkunft näher regeln und mit Bedingungen und Auflagen verbunden werden (Art. 43 Abs. 4 TSchV). Dies ist im vorliegenden Fall insofern geschehen, als das Veterinäramt den Beschwerdeführer verpflichtet hat, seinen Leoparden allzeit in einem ausbruchsicheren und geeigneten Gehege zu halten und ihn nicht ausserhalb des für die Haltung bestimmten Geheges an einer Leine zu bewegen oder frei laufen zu lassen. Die umstrittene Auflage weist demnach eine gesetzliche Grundlage auf. Das Verbot, den Leoparden ausserhalb des Geheges an der Leine spazieren zu führen, ist entgegen den Einwendungen des Beschwerdeführers auch sachlich gerechtfertigt. Es besteht ein gewichtiges öffentliches Interesse daran, dem Beschwerdeführer die Spaziergänge mit seinem Leoparden zu untersagen, zumal diese für das Tier zwar abwechslungsreich und interessant sein mögen, von der Expertin jedoch als nur bedingt artgerecht bezeichnet werden. Ferner kann es immer wieder heikle Situationen geben, die der Beschwerdeführer bei aller Fachkenntnis nicht zu kontrollieren vermag. Die von ihm vorgeschlagenen milderen Massnahmen (auffällige Kleidung, Warnpfeife, Warntafeln usw.) sind nicht geeignet, die Recht- und Verhältnismässigkeit der Auflage in Frage zu stellen, nachdem diese Vorkehrungen nicht sicher zu verhindern vermöchten, dass es nicht dennoch zu Vorfällen mit gravierenden Folgen kommen könnte. Dieses Risiko lässt sich letztlich nur durch das angeordnete Verbot mit der erforderlichen Sicherheit ausschliessen (BGer vom 2. Juli 2003, 2A.12/2003, E. 3).

2521 – **Anmerkung einer öffentlich-rechtlichen Eigentumsbeschränkung:** Die Baurekurskommission hat im Weiteren erwogen, die Baubewilligung vom 18. Sept. 1989 sei davon abhängig gemacht worden, dass die umstrittene öffentlich-rechtliche Eigentumsbeschränkung im Grundbuch angemerkt und hierüber ein Zeugnis des Grundbuchamts eingereicht werde. Dabei handle es sich um eine aufschiebende Bedingung für die Rechtswirksamkeit der Baubewilligung, die sich mangels Zustimmung der Eigentümerin nie verwirklicht habe. Daraus folge, dass die Baubewilligung vom 18. Sept. 1989 als Ganzes nicht rechtswirksam geworden sei. Erwägungen: Die umstrittene Eigentumsbeschränkung stützt sich auf § 321 PBG/ZH, wonach unter anderem zur Schaffung und Erhaltung des rechtmässigen Zustands die Baubewilligung mit den notwendigen Nebenbestimmungen zu verknüpfen ist. Als solche Nebenstimmungen fallen neben Befristungen insbesondere Bedingungen und Auflagen in Betracht. Sind damit öffentlich-rechtliche Eigentumsbeschränkungen verbunden, die in die Zukunft wirken, wird von Reversen gesprochen. Bei der Beantwortung der Frage, ob ein Revers als Bedingung, Befristung, Auflage oder gemischte Nebenbestimmung zu qualifizieren ist, kann nicht einzig auf den Wortlaut der Baubewilligungen abgestellt werden, in denen oft von «Bedingungen» die Rede ist, auch wenn es sich der Sache nach um Befristungen oder Auflagen handelt. Die Zuordnung hat vielmehr nach dem mit der betreffenden Nebenbestimmung verfolgten Zweck und unter Berücksichtigung des Verhältnismässigkeitsprinzips zu erfolgen. Eine Bedingung liegt nur vor, wenn die Rechtsfolgen der Bewilligung vom Eintreten eines bestimmten oder unbestimmten Ereignisses abhängig gemacht werden sollen; in der Regel geht es der Bewilligungsbehörde jedoch darum, dem Bauwilligen oder einem Dritten bestimmte Verhaltenspflichten aufzuerlegen, welche die Geltung der Baubewilligung nicht berühren sollen, jedoch selbstständig vollstreckt werden können. Die Auflage ist deshalb gleichsam der «Normalfall» der baurechtlichen Nebenbestimmung. Im Zweifelsfall ist deshalb eine Auflage und nicht eine Bedingung anzunehmen; auf eine Bedingung ist nur zu schliessen, wenn ihre Erfüllung für eine sinnvolle Durchführung des Verwaltungsakts unerlässlich ist. Vorliegend ergibt die Auslegung der betreffenden Nebenbestimmungen, dass damit der Bauherrschaft Pflichten überbunden werden, denen diese teils vor, teils nach Baubeginn nachzukommen hat. Daraus geht bereits hervor, dass die Rechtskraft der Baubewilligung durch die entsprechenden Pflichten nicht gehemmt werden sollte. Bereits aus diesem Grund kann keine Bedingung, sondern nur eine Auflage vorliegen; entsprechend erweist sich auch die Rechtsauffassung der Baurekurskommission als falsch und die Baubewilligung ist grundsätzlich in Rechtskraft erwachsen (VerwG ZH vom 13. Okt. 2004, in: BEZ 2004 Nr. 67 E. 5.1 und E. 5.2).

- **Umnutzung eines Dienstleistungsgebäudes in einen Fachmarkt, in Ausstellungsflächen und in ein Lager für ein Möbelfachgeschäft:** Zu prüfen bleibt, ob das Vorhaben unter der Auflage zu bewilligen ist, wonach das umgenutzte Dienstleistungsgebäude nicht mehr als 2'000 Fahrten im durchschnittlichen täglichen Verkehr (DTV) erzeugen dürfe. Nach Ansicht der Vorinstanz kann das Bauvorhaben nicht mit einer solchen Auflage bewilligt werden, da aufgrund der Prognose feststeht, dass die Obergrenze von 2'000 Fahrten DTV klar nicht eingehalten werden kann. Die Beschwerdeführerin vertritt in ihrem Eventualstandpunkt die Auffassung, die Auflage könne die Einhaltung der Umweltvorschriften sicherstellen. Mit der Baubewilligung können Bedingungen und Auflagen verbunden werden. Solche Nebenbestimmungen kommen namentlich bei Bauvorhaben in Betracht, die je nach ihrer näheren Gestaltung oder Einrichtung oder je nach der Art der Nutzung oder Betriebsführung sowohl gesetzeskonform als auch gesetzwidrig sein können. Erwägungen: Wenn ein Bauvorhaben den gesetzlichen Anforderungen nicht entspricht, kann der Mangel aber in der Regel nicht mit Bedingungen oder Auflagen «geheilt» werden. Es bedarf dazu entweder einer Projektänderung oder einer Ausnahmebewilligung. Das Dienstleistungsgebäude verursacht mit dem neu vorgesehenen Möbelfachmarkt mit Lager selbst auf der Grundlage der von der Beschwerdeführerin genannten Zahlen deutlich mehr als 2'000 Fahrten DTV. Auszugehen ist nach dem heutigen Kenntnisstand von mindestens 2'414 Fahrten DTV. Das Vorhaben ist daher nicht umweltverträglich. Insofern unterscheidet es sich vom Projekt WESTside Brünnen. In jenem Fall dienten die Auflagen dazu, die Umweltverträglichkeit über den Zeitpunkt der Baubewilligung hinaus sicherzustellen. Zu denken ist beispielsweise an die Situation, dass die angenommene Fahrtenzahl wider Erwarten nicht eingehalten werden kann oder sich die aus heutiger Sicht vertretbaren Prognosen nachträglich als unrichtig erweisen. Im vorliegenden Fall steht demgegenüber bereits heute fest, dass die umweltrechtlichen Vorgaben nicht eingehalten werden können. Bei dieser Sachlage hätte die Auflage konkrete Massnahmen zu nennen, um die Fahrtenzahl zu reduzieren. Denn Nebenbestimmungen müssen unter anderem durchsetzbar sein. Soweit sie die mit einer Bewilligung verbundenen Rechte und Pflichten festlegen, müssen sie deshalb hinreichend bestimmt sein, d.h. den Inhalt der jeweiligen Rechte und Pflichten im Detail festlegen. Sie sind klar und eindeutig im Verfügungsdispositiv festzuhalten, damit ihr Vollzug sicher und mit vernünftigem Aufwand für die Behörden möglich ist. Diesen Anforderungen genügt die Auflage, wonach das Dienstleistungsgebäude nicht mehr als 2'000 Fahrten DTV erzeugen dürfe, nicht. Die Beschwerdeführerin hat insbesondere auch aufgrund der Wirtschaftsfreiheit keinen Anspruch auf Bewilligung des Vorhabens, um sich dann überlegen zu können, ob sie die Verkaufsnutzung mit allfälligen Einschränkungen realisieren will oder nicht. Derartige Einschränkungen müssen vielmehr in der Auflage selbst angeordnet werden, um von den Behörden durchgesetzt werden zu können. Die Beschwerdeführerin beantragt keine konkreten Massnahmen zur Reduktion der Fahrtenanzahl. Sie stellt nur allgemein eine Einschränkung der Öffnungszeiten für die im Dienstleistungsgebäude tätigen Verkaufsgeschäfte zur Diskussion. Dabei handelt es sich zwar um ein mögliches Mittel zur Begrenzung der Emissionen, die durch den Kundenverkehr entstehen. Wie diese Zeiten ausgestaltet werden müssten, um die Fahrten im erforderlichen Umfang zu reduzieren, legt die Beschwerdeführerin aber nicht dar. Ob die Obergrenze von 2'000 Fahrten DTV auf diesem Weg eingehalten werden könnte, erscheint fraglich, müsste das Dienstleistungsgebäude doch nach dem vorstehend Gesagten im Minimum über 400 Fahrten DTV weniger verursachen; dies entspricht nahezu der Hälfte der für den Möbelfachmarkt prognostizierten 850 Fahrten DTV. Wie es sich damit im Einzelnen verhält, muss hier jedoch nicht vertieft werden. Es ist nicht Sache der Behörden, das Projekt von Amtes wegen so auszugestalten, dass es bewilligungsfähig ist. Dafür hätte vielmehr die Beschwerdeführerin sorgen müssen. Die Vorinstanz hat somit mit Recht entschieden, dass das Vorhaben auch mit Auflagen nicht bewilligungsfähig ist. Die Beschwerde erweist sich demzufolge in allen Teilen als unbegründet und ist abzuweisen (VerwG BE vom 31. März 2010, in: BVR 2010 S. 351 E. 5). 2522

dd) Unechte Nebenbestimmungen

2523 **Unechte Nebenbestimmungen** wie behördliche Anregungen, Wünsche, Informationen oder Hinweise betreffen nicht die nähere Ausgestaltung von in der Verfügung geregelten Rechten und Pflichten und stellen keine Präzisierungen oder Modalitäten der Verfügung selbst dar, sondern haben lediglich **informativen Charakter** (BVGer vom 10. Dez. 2009, A-1936/2006, E. 56.1.3 [in BVGE 2011/19 nicht publ. E.]; vom 14. Sept. 2007, A-1870/2006, E. 3), indem sie den Verfügungsadressaten darauf hinweisen, dass beispielsweise nebst der Baubewilligung noch andere Bewilligungen eingeholt werden müssen (vgl. z.B. VerwG ZH vom 7. Feb. 2006, VB.2005.00279, E. 3.1).

2524 Bei der Nebenbestimmung in einer Baubewilligung, wonach die laut der Polizeiverordnung von 22.00 Uhr bis 07.00 Uhr geltende Nachtruhe durch den Betrieb der Aussenwirtschaft nicht gestört werden darf, handelt es sich um eine unechte Nebenbestimmung, da sie bloss auf die gemäss der Polizeiverordnung geltende Nachtruhe hinweist, ohne die Gesuchsteller zusätzlich zu belasten (VerwG ZH vom 8. Feb. 2006, VB.2004.00254, E. 3; vom 6. April 2005, VB.2004.00387, E. 3.3.1). Ein **Vorbehalt**, die Wiedererteilung des Führerausweises werde von einer weiteren Überwachungsperiode abhängig gemacht, hat bloss informativen Charakter. Er kann höchstens als Androhung verstanden werden, je nach Entwicklung der massgebenden Umstände eine neue Verfügung zu erlassen (VerwG FR vom 21. Juni 2007, in: FZR 2008 S. 133 E. 2b).

Praxis:

2525 – **Vorläufiges Betriebsreglement (vBR) für den Flughafen Zürich:** In Ziff. 3 des Dispositivs der vBR-Verfügung (Ziff. 3) hat das BAZL eine als «Hinweis» bezeichnete Regelung mit folgendem Wortlaut aufgenommen: «Es ist nicht auszuschliessen, dass die Minimierung von künftig erkannten Sicherheits-Risiken zu Betriebs- resp. Kapazitätsbeschränkungen führen kann. Die Gesuchstellerin hat derartige Einschränkungen grundsätzlich hinzunehmen, ohne dass ihr dadurch ein Anspruch auf Kompensation oder Entschädigung erwachsen würde. Ebenso hat sie Aufwendungen, die mit derartigen Massnahmen verbunden sind, selber zu tragen.» In den Erwägungen führte das BAZL dazu aus, ausgewählte Systemteile der Infrastruktur des Flughafens sowie deren Betrieb seien von ihm in einer eigenen Sicherheitsprüfung untersucht worden. Diese Untersuchung habe ergeben, dass das bestehende Sicherheitsniveau mit dem vorliegenden Betriebsreglement gewährleistet bleibe und punktuell verbessert werde. Die mit der Sicherheitsprüfung betrauten Experten befürworteten daher die Genehmigung des vBR. Sie beantragten aber, dass die Flughafen Zürich AG die Untersuchungen im Rahmen des nach Anhang 14 zum Übereinkommen vom 7. Dez. 1944 über die Internationale Zivilluftfahrt (ICAO Annex 14) geforderten Sicherheitsmanagement-System fortsetze und erkannte Risiken mittels geeigneter Massnahmen minimiere. Die Flughafen AG wendet ein, Ziff. 3 weise formalrechtliche Mängel auf. So sei völlig unklar, als was der angefochtene Passus rechtlich zu qualifizieren sei. Insbesondere gehe daraus nicht hervor, ob es sich um eine rechtsrelevante Nebenbestimmung der Verfügung handeln solle oder um einen blossen Hinweis im Sinne einer Meinungsäusserung ohne spezifische Rechtswirkung. Das Bundesverwaltungsgericht führt hierzu folgendes aus: Ist die Natur der Nebenbestimmung zweifelhaft, zieht die Lehre mehrere Abgrenzungskriterien bei, die weiterhelfen sollen. Die Benennung ist wohl ein erstes, aber angesichts der weitverbreiteten Unklarheit über die Terminologie ein nur mit Bedacht anzuwendendes Indiz. Entscheidender ist der objektivierte Wille der erteilenden Behörde. So ist insbesondere nach dem Sinn und Zweck einer umstrittenen Bestimmung zu fragen. Nachfolgend ist deshalb zu prüfen, ob Ziff. 3 als echte oder unechte Nebenbestimmung einzustufen ist. Wird Ziff. 3

nach ihrem Wortlaut ausgelegt, so ist ohne Weiteres ersichtlich, dass mit ihr weder die zeitliche Rechtswirksamkeit der vBR-Verfügung begrenzt noch deren Rechtswirksamkeit von einem künftigen ungewissen Ereignis abhängig gemacht werden soll. Ziff. 3 ist deshalb schon vom Wortlaut her weder als Bedingung noch als Befristung zu qualifizieren. Zweifellos soll der Beschwerdegegnerin damit aber eine bestimmte Verpflichtung auferlegt werden. So hat diese gemäss Ziff. 3 sicherheitsbedingte Betriebs- resp. Kapazitätseinschränkungen ohne Anspruch auf Kompensation oder Entschädigung zu dulden. Ebenso hat sie die Aufwendungen, die mit derartigen Massnahmen verbunden sind, selber zu tragen. Allerdings kann Ziff. 3 die Flughafen AG insofern nicht (weiter) materiell beschweren, als sie eine reine Wiederholung einer bereits vorbestehenden Verpflichtung darstellt, was gestützt auf das LFG ohnehin gilt. Auch die beiden ersten Sätze von Ziff. 3 auferlegen der Beschwerdegegnerin keine zusätzliche Verpflichtung zu einem Tun, Dulden oder Unterlassen. Danach hat die Flughafen Zürich AG Betriebs- oder Kapazitätseinschränkungen, die aus der Minimierung von künftig erkannten Sicherheits-Risiken resultieren, grundsätzlich hinzunehmen, ohne dass ihr dadurch ein Anspruch auf Kompensation oder Entschädigung erwachsen würde. Wie das BAZL in seiner Vernehmlassung zu Recht ausführt und von der Beschwerdegegnerin später nicht bestritten worden ist, gibt dieser Teil von Ziff. 3 nur den 2. und 3. Satz der (rechtskräftigen) Auflage 3.1 der Betriebskonzession vom 31. Mai 2001 wieder. Dem BAZL ist deshalb zuzustimmen, wenn es in seiner Vernehmlassung weiter geltend macht, dass die Flughafenhalterin mit der angefochtenen Formulierung nur auf diese bereits in der Betriebskonzession formulierte Rechtslage hingewiesen werden sollte, wonach sie kein wohlerworbenes Recht und somit keinen Rechtsanspruch auf ein grösseres als das mit der Genehmigung des vBR ermöglichte Verkehrsvolumen hat. Zusammenfassend ergibt sich, dass Ziff. 3 nicht als Auflage, Bedingung oder Befristung, sondern nur als unechte Nebenbestimmung zu qualifizieren ist, die der Flughafen Zürich AG keine zusätzliche Verpflichtung auferlegt. Mangels Verfügungscharakter von Ziff. 3 ist auf den eingangs erwähnten Antrag der Flughafen Zürich AG deshalb nicht einzutreten (BVGer vom 10. Dez. 2009, A-1936/2006, E. 56.1 [in BVGE 2011/19 nicht publ. E.]).

c) Voraussetzungen

Nebenbestimmungen sind grundsätzlich nur zulässig, wenn sie sich auf eine **gesetzliche Grundlage** stützen, einem **öffentlichen Interesse** entsprechen, in einem hinreichend engen **Sachzusammenhang zum anzuordnenden Entscheid** stehen und **verhältnismässig** sind (BVGer vom 3. Sept. 2009, A-3042/2009, E. 3.2; VerwG BE vom 21. Juni 2010, in: URP 2011 S. 170 E. 5.1; VerwG ZH vom 5. Feb. 2010, VB.2009.00152, E. 3.2; VerwG SG vom 22. Jan. 2009, B-2008-117, E. 2.1; Rekursgericht Ausländerrecht AG vom 24. Nov. 2006, in: AGVE 2006 Nr. 85 E. 2.5; VerwG SZ vom 31. Jan. 2006, in: EGVSZ 2006 S. 216 E. 2.3). 2526

Das Erfordernis einer gesetzlichen Grundlage bedeutet, dass auch die allfällig mit der Verfügung verbundenen akzessorischen Verpflichtungen auf einem Rechtssatz beruhen müssen. Der gebotene Sachzusammenhang liegt vor, wenn eine Nebenbestimmung sachgerecht ist. Und der Grundsatz der Verhältnismässigkeit verlangt, dass Nebenbestimmungen nur dann angeordnet werden, wenn sie tatsächlich notwendig sind (VerwG ZH vom 5. Feb. 2010, VB.2009.00152, E. 3.2). 2527

aa) Gesetzliche Grundlage

Das **Gesetzmässigkeitsprinzip** gilt **grundsätzlich** auch für **Nebenbestimmungen** (BVGer vom 10. Dez. 2009, A-1936/2006, E. 56.1.3 [in BVGE 2011/19 nicht publ. E]; VerwG SZ vom 15. April 2008, in: EGVSZ 2008 S. 110 E. 3.3), wobei es genügt, wenn sich die Anordnung der Nebenbestimmung aus **Sinn und Zweck des Gesetzes** 2528 ergibt; einer expliziten gesetzlichen Grundlage bedarf es nicht (BGE 121 II 88 E. 3a; BGer vom 29. März 2012, 2C_875/2011, E. 2.2; vom 11. Dez. 2009, 2C_855/2008, E. 4; vom 25. Feb. 2009, 1C_14/2008, E. 5.2; BVGer vom 3. Sept. 2009, A-3042/2009, E. 3.2; vom 4. Dez. 2007, C-1279/2006, E. 5; VerwG ZH vom 10. Feb. 2010, PB.2009.00032, E. 2.3.1; VerwG GR vom 30. Sept. 2008, R-08-20, E. 3; VerwG SZ vom 15. April 2008, in: EGVSZ 2008 S. 110 E. 3.3; VerwG SG vom 14. Aug. 2007, in: GVP 2007 Nr. 127 E. 1; Rekursgericht Ausländerrecht AG vom 24. Nov. 2006, in: AGVE 2006 Nr. 85 E. 2.5; VerwG AG vom 3. Mai 2001, in: AGVE 2001 Nr. 40 E. 1c; VerwG BL vom 7. Feb. 2001, in: VGE 2001 S. 59 E. 1b).

2529 **Unzulässig** erscheinen somit alle **Nebenbestimmungen**, die sich entweder nicht aus dem **Gesetzeszweck** ableiten lassen oder sich nicht auf eine **ausdrückliche gesetzliche Grundlage stützen** (VerwG SZ vom 15. April 2008, in: EGVSZ 2008 S. 110 E. 3.3; RR SZ vom 25. Nov. 2003, in: ZBl 2004 S. 536 E. 8.4). Ergeben sich demnach die Nebenbestimmungen nicht unmittelbar aus dem Gesetzeszweck bzw. aus den mit der Hauptanordnung verfolgten öffentlichen Interessen, bedürfen sie einer ausdrücklichen gesetzlichen Grundlage (ähnlich auch BGer vom 11. Dez. 2009, 2C_855/2008, E. 4).

2530 Umstritten ist, ob **Nebenbestimmungen**, die **erheblich in die Grundrechte des Verfügungsadressaten oder von Dritten** eingreifen, aus Gründen von Art. 36 Abs. 1 BV einer gesetzlichen Grundlage bedürfen, und zwar unabhängig davon, ob sie sich aus dem Gesetzeszweck ableiten lassen oder nicht (offen gelassen in BVGer vom 2. Juli 2008, A-7362/2007, E. 8 [in BVGE 2008/42 nicht publ. E.], betr. Einführung eines nationalen Roamings als Nebenbestimmung beim Entscheid über die Frequenzzuteilung; vgl. auch VerwG ZH vom 23. Jan. 2003, VB.2002.00351, E. 3a, betr. verkehrsmedizinische Auflagen).

2531 Nach dem Grundsatz **«a maiore ad minus»** kann eine Bewilligung, die im **Lichte der gesetzlichen Bestimmungen verweigert** werden könnte, in Verbindung mit einer Nebenbestimmung erteilt werden, auch wenn sich diese nicht auf eine ausdrückliche gesetzliche Grundlage stützt (vgl. BGE 131 II 248 E. 6.1, 121 II 88 E. 3a, 109 Ia 128 E. 5f; BGer vom 29. März 2012, 2C_875/2011, E. 2.2; vom 11. Dez. 2009, 2C_855/2008, E. 4; VerwG SG vom 22. Jan. 2009, B-2008-117, E. 2.1; VerwG SZ vom 15. April 2008, in: EGVSZ 2008 S. 110 E. 3.3; VerwG ZH vom 7. Feb. 2006, VB.2005.00279, E. 6.2; vom 13. Nov. 2003, VB.2003.00327, E. 2b; vom 23. Jan. 2003, VB.2002.00351, E. 3a; VerwG OW vom 20. Dez. 2001, in: VVGE 2002/03 Nr. 37 E. 2b/aa; VerwG BL vom 7. Feb. 2001, in: VGE 2001 S. 59 E. 1b).

Praxis:

2532 – **Schallschutzmassnahmen:** Das vom BAZL am 29. März 2005 genehmigte vorläufige Betriebsreglement für den Flughafen Zürich (vBR) enthielt unter Ziffer 4.3 des Dispositivs folgende Auflage: «Die Gesuchstellerin hat das Projekt für den Neubau von Schallschutzanlagen für Triebwerkstandläufe ohne Verzug an die Hand zu nehmen und dem UVEK ein Plangenehmigungsgesuch zu unterbreiten.» Erwägungen: Das BAZL leitet die Verantwortung der Beschwerdeführerin, als Flughafenhalterin für den Bau und Betrieb einer Schallschutzanlage besorgt zu sein, aus Art. 36a Abs. 2 LFG ab. Dieser Bestimmung zufolge wird mit der Konzessionierung das Recht verliehen, einen Flughafen gewerbsmässig zu betreiben und insbesondere Gebühren zu erheben. Der Konzessionär ist verpflichtet, den Flughafen unter Vorbehalt der im Betriebsreglement festgelegten Einschränkungen für alle Luftfahrzeuge im nationalen und internationalen Verkehr zur Verfügung zu stellen, einen ordnungsgemässen, sicheren Betrieb zu gewährleisten und für die dafür erforderliche Infrastruktur zu sorgen. Fraglich ist, ob diese Norm eine genügende gesetzliche Grundlage für die vom BAZL erlassene Verfügung darstellt. Dabei ist für den vorliegenden Fall insbesondere von Interesse, was unter der «Gewährleistung eines ordnungsgemässen, sicheren Betriebs» durch den Konzessionär zu verstehen ist. Dem Wortlaut nach hat die Konzessionärin, d.h. die Beschwerdeführerin, für einen ordnungsgemässen und sicheren Betrieb zu sorgen. Liest man Art. 36a Abs. 2 LFG zusammen mit Art. 25 Abs. 1 VIL, so ergibt sich, dass der Betrieb eines Flughafens dann ordnungsgemäss ist, wenn er auf einem genehmigten und damit rechtmässigen Betriebsreglement basiert. «Ordnungsgemäss» ist gestützt auf eine systematische und teleologische Auslegung von Art. 36a Abs. 2 LFG somit im Sinne von «rechtskonform» zu verstehen. Gestützt auf Art. 36a Abs. 2 LFG hat die Konzessionärin ferner für die erforderliche Infrastruktur zu sorgen. Dazu gehören auch Schallschutzmassnahmen. Gehören Schallschutzanlagen für Triebwerkstandläufe zu den Flugplatzanlagen und zur notwendigen Infrastruktur des Flughafens Zürich, muss auch ihr Betrieb ordnungsgemäss bzw. rechtmässig sein. Entspricht der Betrieb insbesondere den lärmschutzrechtlichen Vorgaben des USG und der LSV nicht, darf das BAZL gestützt auf Art. 36a Abs. 2 LFG i.V.m. Art. 25 VIL bei der Genehmigung des Betriebsreglements die erforderlichen Auflagen verfügen. Das BAZL hat die Auflage Ziffer 4.3 vBR demnach zu Recht auf Art. 36a Abs. 2 LFG abgestützt (BVGer vom 3. Sept. 2009, A-3042/2009, E. 4).

- **Aushändigung des Führerausweises verbunden mit verkehrsmedizinischen Auflagen:** Am 17. Okt. 2001 fuhr A in angetrunkenem Zustand; in dieser Zeit musste er regelmässig Psychopharmaka einnehmen. Das Strassenverkehrsamt des Kantons Zürich entzog ihm daraufhin den Führerausweis vorsorglich und ordnete zwecks Abklärung von Ausschlussgründen eine amtsärztliche Untersuchung an. Das Institut für Rechtsmedizin (IRM) der Universität Zürich hielt A wegen einer Alkoholgefährdung und einer psychischen Erkrankung für nicht fahrgeeignet. Dieser beauftragte deshalb das Institut für Rechtsmedizin des Kantonsspitals St. Gallen mit einem Obergutachten. Im Gegensatz zum IRM Zürich befürwortete das IRM St. Gallen die Fahreignung von A, allerdings nur, wenn die Abgabe des Führerausweises mit einer Reihe von verkehrsmedizinischen Auflagen verbunden werde (regelmässige psychiatrisch-fachärztliche Kontrollen und Behandlung, Einhalten einer Alkohol-Totalabstinenz, alle 6-8 Wochen Bestimmung der alkoholspezifischen Laborwerte, Einhalten einer Drogenabstinenz, Auswertung der Urinproben [zweimal monatlich]). Am 18. Juli 2002 händigte das Strassenverkehrsamt dem Beschwerdeführer seinen Führerausweis wieder aus, ordnete in dieser Verfügung allerdings gleichzeitig die vom IRM St. Gallen empfohlenen Auflagen an. Hiergegen erhob A Beschwerde. Das Verwaltungsgericht weist seine Beschwerde ab. Erwägungen: Verkehrsmedizinische Auflagen tangieren das Grundrecht der persönlichen Freiheit nach Art. 10 Abs. 2 BV und bedürfen folglich einer gesetzlichen Grundlage nach Art. 36 Abs. 1 BV. Das Erfordernis wird freilich nicht in allen Bereichen mit derselben Strenge gehandhabt. Wurde eine Verfügung, wie hier, mit einer Nebenbestimmung verknüpft (Befristung, Bedingung, Auflage), braucht sich die Nebenbestimmung nicht explizit aus dem Gesetz zu ergeben. Ihre Zulässigkeit kann sich vielmehr aus dem Gesetzeszweck sowie aus dem mit der Hauptanordnung verfolgten öffentlichen Interesse ergeben. Zur Vermeidung von Härtefällen hat hier das Legalitätsprinzip hinter das Verhältnismässigkeitsprinzip zurückzutreten: Könnte eine Bewilligung ganz verweigert werden (härteste Massnahme), muss sie (als mildere Massnahme) verknüpft mit einer Nebenbestimmung erteilt werden können, auch wenn dafür eine ausdrückliche gesetzliche Grundlage fehlt. Ein solches Vorgehen ist vor allem dann angezeigt, wenn – wie hier – ungewiss ist, ob der Betroffene wirklich alle Bewilligungsvoraussetzungen erfüllt. Dass hier die Bewilligung – nach vorsorglichem Entzug – definitiv entzogen werden kann, ergibt sich ohne Weiteres aus Art. 16 Abs. 1 je in Verbindung mit Art. 14 Abs. 2 lit. b und c SVG (Ausschlussgründe der Krankheiten und Süchte). Aus Art. 14 Abs. 1 und Abs. 2 SVG ergibt sich umgekehrt, dass die Bewilligung zu erteilen ist, wenn die gesetzlichen Voraussetzungen erfüllt sind. Der Schwebezustand des vorsorglichen Entzugs muss also durch die unbedingte Aushändigung des Führerausweises beendet werden, wenn kein Eignungsmangel besteht bzw. nie bestanden hat. Aufgrund des Verhältnismässigkeitsprinzips muss der Ausweis, wie erwähnt, in einer mittleren Variante un- 2533 ter Auflagen erteilt werden können. Dasselbe ergibt sich mittelbar auch aus Art. 17 Abs. 3 SVG bzw. Art. 10 Abs. 3 SVG, die beide eine (Wieder-)Erteilung unter (angemessenen) Auflagen vorsehen. Welche Auflagen die Behörde im Einzelnen ausspricht, ergibt sich aus dem Zweck der Bewilligung: Mit dem Erfordernis des Führerausweises soll sichergestellt werden, dass der Fahreignung nichts entgegensteht. Die Anordnung geeigneter Auflagen ermöglicht der Behörde eine subtile Interessenabwägung im Einzelfall (VerwG ZH vom 23. Jan. 2003, VB.2002.00351, E. 3a).

2534 – **Zulässigkeit von Auflagen bei gleichzeitigem Warnungsentzug (Verdacht auf Alkoholmissbrauch):** X fuhr am 27. Aug. 2003 mit seinem Personenwagen in stark alkoholisiertem Zustand mit ca. 60 km/h von Sargans Richtung Maienfeld. Dabei geriet er von der Strasse und kollidierte mit zwei Bäumen. Bereits im Feb. 1997 war X der Führerausweis wegen Fahrens in angetrunkenem Zustand für zwei Monate entzogen worden. Aus diesem Grund entzog das Strassenverkehrsamt X den Führerausweis vorsorglich für unbestimmte Zeit. Das eingeholte Gutachten hielt fest, dass kein behandlungsbedürftiger Alkoholmissbrauch vorliege. Hingegen wurde wegen gewisser Zweifel an der Fahrtauglichkeit eine ungünstige Prognose bezüglich eines allfälligen Rückfalls in den folgenden sechs Jahren gestellt. Neben einem Warnungsentzug wurde daher empfohlen, eine zwölfmonatige kontrollierte Alkoholabstinenz anzuordnen. Das Strassenverkehrsamt des Kantons Graubünden hob am 30. Jan. 2004 den vorsorglichen Sicherungsentzug auf. Als Auflage verfügte es eine dauernde Alkoholabstinenz während mindestens zwölf Monaten. Die dagegen erhobenen Beschwerden wurden abgewiesen. Erwägungen des Bundesgerichts: Grundsätzlich ist nach Ablauf der Entzugsdauer der Ausweis dem Fahrzeuglenker ohne Weiteres wieder auszuhändigen. In diesem Sinne darf die Wiedererteilung nach Ablauf der ausgesprochenen Entzugsdauer von keinen Bedingungen abhängig gemacht oder mit Auflagen verbunden werden. Eine Ausnahme gilt einzig im Fall der vorzeitigen Wiedererteilung des Ausweises, die an Bedingungen geknüpft werden bzw. unter Auflagen erfolgen kann, welche die weitere Besserung des Fehlbaren sicherstellen sollen. Vorliegend stellt sich die Frage, ob nach einer Tat, die einen Warnungsentzug nach sich zieht, zusätzlich Auflagen zur Fahrerlaubnis verfügt werden dürfen. Nach verwaltungsrechtlichen Grundsätzen können Bewilligungen mit Nebenbestimmungen verbunden werden, wenn sie aufgrund des Gesetzes ansonsten verweigert werden könnten. Aus besonderen Gründen können Führerausweise befristet, beschränkt oder mit Auflagen verbunden werden. Dies ist nicht nur bei der Ausweiserteilung, sondern auch in einem späteren Zeitpunkt möglich, um Schwächen hinsichtlich der Fahrtauglichkeit zu kompensieren. Solche Auflagen zur Fahrberechtigung sind somit im Rahmen der Verhältnismässigkeit stets zulässig, wenn sie der Verkehrssicherheit dienen und mit dem Wesen der Fahrerlaubnis im Einklang stehen. Erforderlich ist, dass sich die Fahreignung nur mit dieser Massnahme aufrechterhalten lässt. Zudem müssen die Auflagen erfüll- und kontrollierbar sein. Dass ein Fahrzeuglenker zum Alkoholmissbrauch neigt, stellt einen besonderen Grund dar, der Auflagen rechtfertigt. Die Fahreignung solcher Lenker bedarf der besonderen Kontrolle. Daran vermag der Umstand nichts zu ändern, dass der Beschwerdeführer grundsätzlich über die Eignung verfügt, ein Fahrzeug zu lenken, weil keine Alkoholsucht im medizinischen Sinne besteht. Angesichts der festgestellten Gefahr des Alkoholmissbrauchs erscheint es verhältnismässig, wenn die kantonalen Behörden die Fahrerlaubnis von der Einhaltung einer kontrollierten Abstinenz abhängig machen. Es besteht keine mildere Massnahme, mit der gewährleistet werden könnte, dass der Beschwerdeführer nicht in fahruntüchtigem Zustand am Verkehr teilnimmt. Die betreffende Auflage ist daher als erforderlich zu werten. Auch der Umstand, dass sich diese teilweise auf einen Zeitraum hätte erstrecken sollen, in welchem ihm infolge des Warnungsentzugs die Fahrberechtigung entzogen war, ändert daran nichts. Die ihm auferlegte abstinente Lebensweise bezweckt nämlich eine nachhaltige Sicherstellung der Fahreignung. Zusammenfassend ist festzuhalten, dass es im Rahmen der Verhältnismässigkeit stets zulässig ist, den Führerausweis mit Auflagen zu versehen, welche die Fahreignung des Lenkers sicherstellen. Es ist lediglich unzulässig, einen Warnungsentzug auszusprechen und die ordentliche Wiedererteilung von Bedingungen abhängig zu machen (BGE 131 II 248 E. 6).

bb) Öffentliches Interesse

Nebenbestimmungen haben aus dem mit der Hauptanordnung in einem engen Sachzusammenhang stehenden **öffentlichen Interesse** hervorzugehen (BGE 132 II 284 E. 6.2, 121 II 88 E. 3c; BGer vom 29. März 2012, 2C_875/2011, E. 2.2; BVGer vom 3. Sept. 2009, A-3042/2009, E. 3.2; VerwG SG vom 22. Jan. 2009, B-2008-117, E. 2.1; VerwG SZ vom 15. April 2008, in: EGVSZ 2008 S. 110 E. 3.3; VerwG OW vom 20. Dez. 2001, in: VVGE 2002/03 Nr. 37 E. 2b/aa; Bau-, Verkehrs- und Energiedirektion BE vom 28. Nov. 2000, in: BVR 2001 S. 307 E. 5). **Unzulässig** sind **sachfremde Nebenbestimmungen**, die über den Zweck hinausgehen oder vom Zweck nicht gedeckt sind, der mit dem Gesetz verfolgt wird (BGE 131 I 166 E. 4.4; VerwG ZH vom 20. Aug. 2008, VB.2008.00183, E. 3.2). 2535

Mit **Nebenbestimmungen** darf demnach nur ein Verhalten gefordert bzw. eine Pflicht auferlegt werden, welche sich aus **Sinn und Zweck der betreffenden Verfügung** bzw. des ihr **zugrunde liegenden Gesetzeszwecks** ergibt (BGE 131 I 166 E. 4.5; BGer vom 29. März 2012, 2C_875/2011, E. 2.2 und E. 2.3; VerwG SZ vom 18. Feb. 2003, in: in: EGVSZ 2003 S. 135 E. 3g/aa). Eine **Pflicht zur Beseitigung der Baute (Beseitigungsrevers)** ist aus anderen als strassenbautechnischen Gründen durch den öffentlichen Zweck, der den Revers rechtfertigt, nicht mehr gedeckt; der jeweilige Eigentümer darf nur aus Gründen, die mit dem Ausbau der Strasse zusammenhängen, zur Beseitigung der Baute verpflichtet werden (BGE 99 Ia 482 E. 6). Die Wiedererteilung des Führerausweises nach einem **Warnungsentzug**, welcher erzieherischen Charakter hat und auf eine bestimmte Dauer ausgesprochen wird, darf nach Ablauf der ausgesprochenen Entzugsdauer grundsätzlich nicht von weiteren Bedingungen oder Auflagen abhängig gemacht werden (BGE 130 II 25 E. 3.2). Eine Ausnahme gilt einzig im Fall der vorzeitigen Wiedererteilung des Ausweises, die an Bedingungen geknüpft werden bzw. unter Auflagen erfolgen kann, welche die weitere Besserung des Fehlbaren sicherstellen sollen (BGE 131 II 248 E. 4.2). 2536

Praxis:

- **Patenterteilung «auf Zusehen und Wohlverhalten hin» (Gastwirtschaftspatent):** Die erstmalige oder erneute Patenterteilung kann in dem Sinn (resolutiv) bedingt ausgesprochen werden, dass der Betroffene damit rechnen muss, die Behörde werde im Falle von Beanstandungen die Bewilligung widerrufen. Voraussetzung einer solchen bedingten Bewilligung ist jedoch ein sachlich vertretbares öffentliches Interesse. Ein solches ist dann vorhanden, wenn ernsthafte Zweifel bestehen, dass der Bewerber alle Erfordernisse erfüllt, weshalb die begehrte Polizeierlaubnis sogar ganz verweigert werden könnte. Der Situation des Betroffenen trägt eine solche Bewilligung mit Widerrufsvorbehalt gebührend Rechnung: er wird dadurch günstiger gestellt als bei einer gänzlichen Verweigerung der Bewilligung; so kann er seine Berufstätigkeit frei ausüben, und er hat es in der eigenen Hand, den Beweis zu erbringen, dass er die geforderten Voraussetzungen erfüllt. Vorliegend weist der Beschwerdeführer drei Vorstrafen aus, wovon insbesondere diejenigen wegen Unzucht mit einem Kind und Fahrens in angetrunkenem Zustand sowie den damit zusammenhängenden Delikten den Leumund des Beschwerdeführers trüben. Unter diesen Umständen bestanden von Anfang an erhebliche Zweifel an seinen persönlichen Erfordernissen. Diese Unsicherheit hätte ohne Verfassungsverletzung zu einer gänzlichen Ablehnung des Patentgesuches führen können. Wenn aber die kantonalen Behörden dem Beschwerdeführer Gelegenheit geben wollten, seine Fähigkeiten unter Beweis zu stellen, war es nach dem Gesagten vertretbar, den jederzeitigen Widerruf vorzubehalten. Das öffentliche In- 2537 teresse an dieser Einschränkung war angesichts dieser Umstände zweifellos gegeben (BGE 109 Ia 128 E. 6).

2538 – **Gewährung der Nothilfe (Art. 12 BV) unter der Bedingung, gewisse Mitwirkungspflichten zu erfüllen:** Im Zusammenhang mit der Gewährung von Nothilfe kann vom Leistungsansprecher insbesondere eine gewisse Mitwirkung bei der Feststellung verlangt werden, ob bei ihm eine Notlage vorliegt. Auch kann der Leistungsbezug an Auflagen geknüpft werden, etwa an das (zumutbare) persönliche Abholen der Leistungen oder an die geeignete Individualisierung des Bezügers, um eine mehrfache Ausrichtung zu vermeiden. Solche Nebenbestimmungen müssen aber darauf gerichtet sein, die verfassungsmässige Ausübung des Grundrechts zu sichern. Werden die Auflagen oder Bedingungen nicht erfüllt und deshalb zwangsweise durchgesetzt, so muss dies zu einem verfassungsmässigen Zustand führen. Ausgeschlossen bleiben demnach Nebenbestimmungen, die – wenn sie durchgesetzt werden bzw. werden müssen – nicht zur Beseitigung der Notlage führen, sondern diese gerade aktualisieren und damit anderen, von Art. 12 BV nicht geschützten Zwecken dienen. Die vom Beschwerdeführer geforderte Mitwirkung bei der Papierbeschaffung oder Ausreise hat keinen Einfluss darauf, dass er bedürftig ist bzw. sich in einer Notlage befindet. Die Mitwirkungspflichten zielen nicht auf die Beseitigung der Notlage, sondern auf die Vollstreckung der Wegweisung hin. Zwar sind sie insofern zweifellos rechtmässig. Sie dienen aber nicht dem Zweck, den von Art. 12 BV geschützten verfassungsmässigen Zustand herbeizuführen. Der Beschwerdeführer bleibt auch dann mittellos und ist weiterhin nicht in der Lage, sich rechtzeitig aus eigener Kraft oder von dritter Seite legal die für ein menschenwürdiges Dasein unentbehrlichen Mittel zu beschaffen, wenn er ausländerrechtlich kooperiert. Vor allem aber gerät er unmittelbar in eine Notlage, wenn ihm das zum Überleben notwendige Minimum mangels Kooperation versagt wird. Er fände sich in dieser Notlage ohne Nothilfe, was verfassungswidrig wäre. Dem Beschwerdeführer darf daher die Leistung der für ein menschenwürdiges Dasein erforderlichen minimalen Überlebenshilfe nicht durch ausländerrechtliche Auflagen oder Bedingungen verweigert werden. Solche Nebenbestimmungen erweisen sich im Zusammenhang mit der Nothilfe als sachfremd (BGE 131 I 166 E. 4.5).

2539 – **Beseitigungsrevers:** Der Beseitigungsrevers ist die Bedingung, unter welcher eine Baubewilligung, die an sich zu verweigern wäre, ausnahmsweise doch erteilt wird. Gegenüber der Verweigerung stellt die mit einer solchen Bedingung verbundene Erteilung der Bewilligung den milderen Eingriff dar und ist insoweit ohne Weiteres verhältnismässig. Der Revers muss daneben aber auch im Zusammenhang stehen mit der ihm zugrunde liegenden Bauverweigerung. Er darf keinem anderen Zweck dienen als dem Zweck, der mit der Bauverweigerung verfolgt wird. Im vorliegenden Fall ist es die vorsorgliche Festsetzung der im Hinblick auf den Ausbau der Wehntalerstrasse zu ziehenden Baulinie, welche die Bewilligungsverweigerung rechtfertigt. Über diesen Zweck darf der streitige Revers nicht hinausgehen. Die Pflicht zur allfälligen Beseitigung der Anbaute besteht nur dann, wenn die endgültig festgesetzte Baulinie für die Wehntalerstrasse dies erfordert. Wird die Baulinie bei der definitiven Planung vor der Baute durchgezogen, so fällt die rechtliche Grundlage der Bauverweigerung und damit auch des Revers dahin; kommt die Baute dagegen innerhalb der endgültigen Baulinie zu stehen, so wird das Bauverbot bzw. der Revers endgültig, stützt sich dann aber auf die rechtliche Grundlage der für die Baulinien geltenden Vorschrift des § 48 BauG. Der von der Baudirektion verfügte Revers verpflichtet den Beschwerdeführer jedoch zur Beseitigung der Baute nicht nur, wenn der Ausbau der Wehntalerstrasse, sondern auch, wenn andere wichtige Gründe dies erfordern. Das geht zu weit. Eine Pflicht zur Beseitigung der Baute aus andern als strassenbautechnischen Gründen wäre durch den öffentlichen Zweck, der den Revers bzw. die diesem zugrunde liegende Bauverweigerung rechtfertigt, nicht mehr gedeckt. Die Klausel ist deshalb in dem Sinne restriktiv auszulegen, dass der jeweilige Eigentümer nur aus Gründen, die mit dem Ausbau der Wehntalerstrasse zusammenhängen, zur Beseitigung der Baute verpflichtet ist. Mit dieser eingeschränkten Bedeutung, an die sich die kantonalen Behörden zu halten haben, ist der Beseitigungsrevers mit der Eigentumsgarantie vereinbar (BGE 99 Ia 482 E. 6).

cc) Verhältnismässigkeit

Nebenbestimmungen müssen geeignet, erforderlich und zumutbar sein (BVGer vom 3. Sept. 2009, A-3042/2009, E. 3.2; VerwG BE vom 21. Juni 2010, in: URP 2011 S. 170 E. 5.1; VerwG ZH vom 5. Feb. 2010, VB.2009.00152, E. 3.2; VerwG GR vom 13. Okt. 2009, R-09-15, E. 3c; VerwG SG vom 22. Jan. 2009, B-2008-117, E. 2.1; VerwG SZ vom 15. April 2008, in: EGVSZ 2008 S. 110 E. 3.3; VersG ZH vom 26. Juli 2007, ZL.2006.00011, E. 1.2; RR SZ vom 25. Nov. 2003, in: ZBl 2004 S. 536 E. 8.4). 2540

Die verfügende Behörde ist gehalten, die **notwendigen sachlichen Unterscheidungen** zu treffen und den besonderen Umständen des konkreten Falles angemessene Rechtsfolgen zuzuordnen (BVGer vom 4. Dez. 2007, C-1279/2006, E. 5). Für die Verknüpfung von Auflagen im Baubewilligungsverfahren bedeutet dies, dass sich eine Belastung des Bauherrn nur dann rechtfertigt, wenn nach den Umständen eine künftige Rechtsverletzung wahrscheinlich ist und sich entsprechend eine Auflage zur Schaffung oder Erhaltung des rechtmässigen Zustandes aufdrängt (VerwG GR vom 13. Okt. 2009, R-09-15, E. 3c; vom 26. Feb. 2008, in: PVG 2008 Nr. 21 E. 2c). 2541

Nebenbestimmungen gelten insbesondere dann als zulässig, wenn die **Verfügung** ohne sie auch hätte **verweigert** werden können; insoweit dienen sie geradezu dem Verhältnismässigkeitsprinzip (BGE 131 II 248 E. 6.1; BGer vom 25. Feb. 2009, 1C_14/2008, E. 5.2; BVGer vom 14. April 2009, A-1543/2006, E. 6.1.1; WEKO vom 1. Mai 2006, in: RPW 2006 S. 310 E. 5.4.1; VerwG ZH vom 10. Feb. 2010, PB.2009.00032, E. 2.3.1; Rekursgericht Ausländerrecht AG vom 24. Nov. 2006, in: AGVE 2006 Nr. 85 E. 2.5). Ein **Beseitigungsrevers** stellt ein baurechtliches Mittel dar, unter welchem eine Baubewilligung, die an sich zu verweigern wäre, ausnahmsweise doch erteilt werden kann (BGE 99 Ia 482 E. 3 und E. 4a; VerwG OW vom 20. Dez. 2001, in: VVGE 2002/03 Nr. 37 E. 2b/aa). Die Bewilligung für den Umbau einer Alphütte in ein Ferienhäuschen nach Art. 24d RPG kann unter der Bedingung erteilt werden, dass das Gebäude vom ersten Schneefall bis zur Ausaperung nicht bewohnt werden darf, wenn die Ausnahmebewilligung nach Art. 24d RPG wegen erheblicher Lawinengefährdung auch hätte verweigert werden können (BGer vom 27. Juli 2005, 1P.329/2005, E. 3.5). 2542

Sind die **Voraussetzungen** für die **Erteilung einer Bewilligung** erfüllt sind, geht es hingegen nicht an, diese mit einer Resolutivbedingung zu verbinden (BGer vom 25. Feb. 2009, 1C_14/2008, E. 5.4). Es erweist sich als unzulässig, eine Erwerbsbewilligung nach BGBB für das Halten von vier Pferden an die Bedingung zu knüpfen, dass die Privatperson innert eines Jahres seit Rechtskraft der Erwerbsbewilligung nachzuweisen hat, dass sie auf dem Grundstück effektiv vier Pferde hält. Gesetzlich eigens vorgesehen ist nur die Möglichkeit, eine Bewilligung mit Auflagen zu erteilen, wenn es dem Erwerber an der Selbstbewirtschafterqualität fehlt (Art. 64 Abs. 1 und Abs. 2 BGBB). Es reicht vorliegend aus, die zuständige Behörde auf Art. 71 Abs. 1 BGBB zu verweisen, wonach die Bewilligung widerrufen werden kann, wenn sich herausstellt, dass der Erwerber sie durch falsche Angaben erschlichen hat (BGer vom 11. Dez. 2009, 2C_855/2008, E. 4). 2543

E contrario ist die **Bewilligung zu verweigern** und kann nicht – im Sinne des Verhältnismässigkeitsprinzips – mit Bedingungen oder Auflagen verknüpft werden, 2544 wenn wesentliche **Voraussetzungen nicht erfüllt sind** (BVGE 2009/13 E. 7.2; BVGer vom 8. Feb. 2011, C-6984/2008, E. 5.3.5.3; vom 1. Dez. 2010, C-2979/2008, E. 7.2.1; vom 30. März 2010, C-1592/2008, E. 5.2; vom 12. März 2008, C-2249/2006, E. 5.5.1; REKO HM vom 11. April 2005, in: VPB 70 [2006] Nr. 22 E. 4.3; vgl. Rz. 2473 ff.).

Praxis:

2545 – **Verbot der Umnutzung eines Abstellraumes in einen Autoabstellplatz:** Zu prüfen ist, ob die Gemeinde bezüglich des Abstellraums die Baubewilligung zu Recht an die Auflage geknüpft hat, dass dieser Raum nicht als Autoabstellplatz umgenutzt werden darf und dass diese Auflage ins Grundbuch einzutragen ist. Betreffend eine allfällige Umnutzung des Abstellraumes führte der Gemeinderat in seinem Einspracheentscheid vom 9. Feb. 2009 aus, dass die Auflage betr. das Verbot der Umnutzung als Autoabstellplatz sowie die Eintragung dieser Auflage in das Grundbuch gerechtfertigt sei, zumal die Gefahr der Umnutzung als hoch einzustufen sei. Der Beschwerdeführer macht hiergegen beim Verwaltungsgericht geltend, dass die Benützung dieses Abstellraums als Autoeinstellhalle objektiv gar nicht möglich sei. Das kommunale Baugesetz schreibe nicht vor, zu welchen Zwecken Abstellräume genützt werden dürfen. Solange keine Änderung des Baugesetzes erfolge, sei es irrelevant, für was ein solcher Abstellraum verwendet werde. Erwägungen: Zweifellos erfüllt die angefochtene Auflage die von der Lehre sowie der Rechtsprechung geforderte Voraussetzung des sachlichen Zusammenhanges mit der Baubewilligung. Die Auflage zulasten des Bewilligungsadressaten, die fragliche Baute dürfe künftig nur zum bewilligten Zweck benützt werden, ist auch nicht sachfremd. Fraglich ist jedoch, ob die angefochtene Auflage tatsächlich notwendig ist, um den rechtmässigen Zustand zu sichern. Eine Baubewilligung – geknüpft an die Auflage eines Zweckentfremdungsverbots – ist zulässig, sofern objektiverweise eine gewisse Wahrscheinlichkeit nicht ausgeschlossen werden kann, dass das fragliche Bauvorhaben nach Bauabnahme künftig auch noch anderweitig genutzt werden könnte, als dies aus den eingereichten Bauplänen hervorgeht. Wie der Beschwerdeführer jedoch korrekt ausführt, gibt es keine gesetzliche Grundlage, die das Verbot einer Einstellhalle regelt. Anlässlich eines Augenscheins am 2. Okt. 2009 begutachtete das Verwaltungsgericht die Situation vor dem Hauseingang bzw. vor dem Tor zum Abstellraum sowie den Abstellraum selber. Vor dem Tor zum Abstellraum ist die Zufahrt mittels Bordsteinen mit einer Höhe von ca. 25 cm auf 1.8 m verengt. Dies macht ein Einfahren mit einem Auto nahezu unmöglich. Darüber hinaus ist der Boden im Abstellraum nicht armiert, weshalb er bei der Einfahrt mit einem Auto respektive unter entsprechender Belastung wohl einbrechen würde. Ferner ist auch das Parkieren im Innern des Raums aus rein räumlichen Gründen nur schwer möglich. Ebenfalls zu beachten ist, dass der Abstellraum nicht vom Treppenhaus abgetrennt ist, was zur Folge hätte, dass beim Einfahren mit einem Auto sämtliche Abgase in die oberen Geschosse gehen würden. Gestützt auf diese Überlegungen ist die Umnutzung des Abstellraums in einen Autoeinstellraum äusserst unwahrscheinlich. Es wären hierzu sowohl im Raum selber als auch vor dem Tor massive bauliche Massnahmen vorzunehmen, die zumindest betr. die Einfahrt auch von aussen sichtbar wären. Neben dem Vorbau und der Konstruktion des Raums an sich, ist schliesslich auch zu beachten, dass die Zufahrt zu diesem Haus mit dem Auto an sich verboten und nur der Güterumschlag erlaubt ist. Zusammenfassend ist die Gefahr der Umnutzung des Abstellraumes als äusserst gering einzustufen, weshalb sich die Auflage der Gemeinde als unverhältnismässig erweist und die Beschwerde dagegen gutzuheissen ist (VerwG GR vom 13. Okt. 2009, R-09-15, E. 4).

2546 – **Betrieb einer Gassenküche:** Im Zusammenhang mit dem Betrieb einer Gassenküche wurden verschiedene Auflagen verfügt, die vor allem dem Immissionsschutz dienen sollten. Erwägungen: Im Grundsatz sind zweckmässige Auflagen notwendig, damit die Immissionen ein vertretbares Mass nicht überschreiten. Dabei sollen aber in erster Linie die betrieblichen Rahmenbedingungen abgesteckt werden, etwa die Öffnungszeiten eines Betriebs oder die Bestimmung der zulässigen Tätigkeiten. Eingriffe in die unmittelbare Betriebsführung, wie es Vorschriften über die Zahl der anwesenden Personen, deren Ausbildung und deren Anstellung sind, greifen unmittelbar in die Betriebsführung ein, weshalb sie nur zulässig sind, wenn sich damit Immissionen direkt beeinflussen lassen. Die Auflage, einerseits mindestens drei Betreuungspersonen einzustellen, führt nicht zwingend zu geringeren Immissionen. Auch im Bereich der Sozialarbeit werden nicht automatisch bessere Resultate erzielt, wenn zusätzliches Personal eingesetzt wird. Andererseits ist die Vorschrift, dass es sich bei den Betreuungspersonen um festangestelltes und ausgebildetes Personal handeln muss, in dieser Form nicht gerechtfertigt. Die Art der Anstellung bzw. die Rechtsnatur des Angestelltenverhältnisses ist nicht von ausschlaggebender Bedeutung für die Qualität der Arbeit. Personal mit langjähriger Erfahrung, aber ohne entsprechende Ausbildung, kann sodann durchaus gleichwertige Leistungen erbringen wie Personal mit einer spezifischen Ausbildung. Auch im Entscheid der Vorinstanz wird nicht konkret begründet, weshalb ein Einsatz von drei Betreuern gegenüber einem solchen von nur zwei Personen die Immissionen der Gassenküche erheblich zu mindern vermögen. Angefochten ist im Weiteren die zeitlich genaue Festlegung der Kontrollgänge. Auch in dieser Beziehung teilt das Verwaltungsgericht die Auffassung der Beschwerdeführerin, dass diese Auflage übermässig in den Regelungsbereich der Leitung der Gassenküche eingreift. Eine genaue zeitliche Festlegung der Kontrollgänge erscheint weder notwendig noch zweckmässig. Die Vorinstanz hat den Zeitpunkt der Kontrollgänge zum Teil auf eine Viertelstunde genau festgelegt. Damit hat sie einen eindeutig betrieblichen Aspekt detailliert geregelt und in unzulässiger Weise in die Führung der Institution eingegriffen. Zudem ist es unzweckmässig, Kontrollgänge immer im selben Zeitfenster durchzuführen. Damit würden sie ihre Wirkung verlieren. Zweckmässig dürfte es eher sein, Kontrollgänge zu unregelmässigen Zeiten durchzuführen. In lit. d der Auflage wird festgelegt, dass die für die Überwachung der bezeichneten Umgebung zuständige Betreuungsperson dem Amt für Baubewilligungen sowie den Grundeigentümern im Gebiet innerhalb der bezeichneten Strassenzüge unter Angabe einer Telefonnummer als Kontaktperson im voraus und rechtzeitig bekannt zu geben ist. Da in der Gassenküche ständig mindestens zwei Betreuungspersonen anwesend sein müssen, genügt es, wenn die Telefonnummer der Gassenküche allgemein bekannt gemacht wird. Die Notwendigkeit, die jeweilige Betreuungsperson im voraus einer unbestimmten Anzahl Grundeigentümern rechtzeitig bekannt zu geben, erscheint weder notwendig noch zweckmässig. In lit. f der Auflagen wird festgehalten, dass während der Kontrollgänge ein Fehlverhalten der Klientschaft der Gassenküche zu verhindern oder zumindest umgehend deren Folgen zu beseitigen sei. Gemeint ist wohl die Beseitigung der Folgen des Fehlverhaltens. Diese Auflage lässt sich in dieser Form ohnehin nicht durchsetzen. Einzelne Betreuungspersonen dürften nicht imstande sein, jegliches Fehlverhalten zu verhindern oder dessen Folgen zu beseitigen. Solche Auflagen gaukeln den Betroffenen vor, dass ein völlig reibungsloser Betrieb der Gassenküche sichergestellt werden kann, was in der Praxis aber nicht möglich ist. In lit. h der Auflagen wird festgehalten, dass Straftaten der Klientschaft der Gassenküche an allen Öffnungstagen durch eine der anwesenden Betreuungspersonen ohne Verzug der Stadtpolizei anzuzeigen sind. Eine Anzeigepflicht bei Straftaten gilt grundsätzlich für die Organe der Strafverfolgung, wobei auch für diese Ausnahmen bestehen. Demgegenüber findet sich in der von der Vorinstanz geforderten Auflage keine Ausnahme. Dies bedeutet, dass Sozialarbeiter in einer niederschwelligen Anlaufstelle für Drogenabhängige und Randständige einer strengeren Anzeigepflicht unterliegen als Polizisten und Angehörige der Strafuntersuchungsbehörden. Eine solche Auflage im Sinn einer strikten und ausnahmslosen Anzeigepflicht ist nicht gerechtfertigt und steht bei einer Institution wie der Gassenküche im Widerspruch zur Betreuungsaufgabe. Auch die detaillierte Regelung für die Ahndung von Fehlverhalten oder Straftaten greift unmittelbar in den Betrieb der Gassenküche ein und steht nicht in direktem Zusammenhang mit der Verminderung von Immissionen. Die geeignete Art von Sanktionen ist der Leitung der Gassenküche zu überlassen. Schematische Vorschriften in einer Auflage zur Baubewilligung sind nicht zweckmässig. Die Dauer von Zutrittsverboten muss aufgrund der konkreten Umstände festgelegt werden. Gemäss der angefochtenen Auflage wäre nach einem zweimaligen Verstoss ein unbefristeter Ausschluss zwingend. Dies erlaubt keine abgestuften Sanktionen. Solche Automatismen sind weder erforderlich noch zweckmässig (VerwG SG vom 22. Jan. 2009, B-2008-117, E. 2.5).

2547 – **Winternutzungsverbot wegen erheblicher Lawinengefahr:** Am 6. April 2001 bewilligte die kantonale Baukommission den Umbau der bestehenden Hütte zu einem Ferienhäuschen unter der Bedingung, dass das Gebäude vom ersten Schneefall bis zur Ausaperung nicht bewohnt werden dürfe. Die Parzelle selbst ist nicht lawinengefährdet, aber der Zugang zu ihr führt über Gebiet, das in der Lawinengefahrenkarte der Gemeinde rot eingezeichnet ist (erhebliche Lawinengefahr). Erwägungen: Vorliegend müssen die Richtlinien des Bundesamts für Forstwesen und des Eidgenössischen Instituts für Lawinenforschung als zuständige Fachstellen des Bundes beachtet werden. Danach sind in erheblich lawinengefährdeten Gebieten (rote Gefahrenzone) grundsätzlich keine Bauten zu bewilligen (Ziff. 4.22); Umbauten und Zweckänderungen bestehender Bauten können bewilligt werden, wenn dadurch das Risiko vermindert werden kann. Diese Voraussetzung ist im vorliegenden Fall nicht gegeben, erhöht doch der Umbau der Alphütte zum Ferienhaus die Gefahr, dass die Baute auch im Winter benutzt und Menschen bei Auf- und Abstieg zur Hütte der Lawinengefahr ausgesetzt sind. Der roten Gefahrenzone gleichzustellen sind verhältnismässig kleine, isolierte Flächen, die nur über längere Strecken mit rotem Gefahrenzonengrad zugänglich sind (Richtlinien Ziff. 4.26). Genau diese Situation liegt im vorliegenden Fall vor: Die Parzelle der Beschwerdeführer befindet sich in einem schmalen, nicht lawinengefährdetem Gebiet, das zwischen zwei rote Lawinengefahrengebiete eingekeilt ist. Das Kantonsgericht hat festgestellt, dass weder auf der Gefahrenkarte noch auf dem landestopografischen Kartenmaterial ein Weg zur Parzelle eingezeichnet sei, der nicht über Gefahrengebiet führe. Die Ausnahmebewilligung hätte somit wegen der erheblichen Lawinengefährdung des Zugangs nach Art. 24d Abs. 3 lit. e RPG verweigert werden können. Dann aber stellt diese Bestimmung auch eine Rechtsgrundlage für mildere Massnahmen dar, wie die Erteilung der Ausnahmebewilligung unter der Bedingung, dass die Baute nur zu Zeiten benutzt wird, in denen keine Lawinengefahr besteht. Nach dem Gesagten beruht die Eigentumsbeschränkung auf einer hinreichenden gesetzlichen Grundlage. Die Beschwerdeführer machen weiter geltend, das Winterbenutzungsverbot sei unverhältnismässig. Das Nutzungsverbot gelte vom ersten Schneefall bis zur Ausaperung des Schnees, d.h. während bis zu sechs Monaten jährlich. Es gelte somit auch zu Zeiten, in denen absolut keine Lawinengefahr bestehe. Für die Sicherheit genüge es, wenn die Benutzung der im roten Lawinengefahrgebiet gelegenen Zugänge zu Zeiten verboten werde, in denen eine konkrete Lawinengefahr bestehe. Die Beschwerdeführer schlagen deshalb vor, das Winterbenutzungsverbot durch eine Winternutzungsbeschränkung zu ersetzen, wonach die Parzelle in der Zeit vom 1. Dez. bis 30. März nur nach vorheriger An- bzw. Abmeldung bei der Gemeinde benutzt werden dürfe, unter Befolgung der gemeindlichen Weisungen in Lawinengefahrensituationen. Erfahrungsgemäss ist jedoch die Einschätzung der konkreten Lawinengefahr an einer bestimmten Stelle zu einer bestimmten Zeit sehr schwierig, auch unter Zuhilfenahme der Lawinenbulletins der Eidgenössischen Forschungsanstalt für Schnee- und Lawinenforschung. Es würde die Gemeinde überfordern, müsste sie in jedem Einzelfall eine Prognose der Lawinengefahr auf dem Zugangsweg treffen und dementsprechende Weisungen erteilen. Das Risiko einer Fehleinschätzung, mit daraus resultierenden Personen- und Sachschäden sowie Haftungsfolgen für die Gemeinde, kann nicht von der Hand gewiesen werden. Insofern erscheinen die Sicherheitsbedenken des Kantonsgerichts durchaus berechtigt. Auch praktische Gründe sprechen gegen die von den Beschwerdeführern vorgeschlagene Lösung: Es kann von der Gemeindeverwaltung nicht verlangt werden, dass sie jederzeit, auch am Wochenende oder an Feiertagen, verfügbar ist. Erfolgt die An- bzw. Abmeldung jedoch einen oder mehrere Tage im voraus, ist nicht gewährleistet, dass die Einschätzung der Lawinengefahr im Zeitpunkt des Auf- oder Abstiegs noch zutrifft. Schliesslich wäre auch Kontrollierbarkeit einer derartigen Zugangsbeschränkung nicht gegeben. Nach dem Gesagten ist die von den Beschwerdeführern vorgeschlagene Ersatzmassnahme nicht geeignet, eine Gefährdung des Zugangs vollständig zu beheben. Wird zudem berücksichtigt, dass es um ein Ferienhäuschen geht, die Beschwerdeführer mithin keine wichtigen Gründe haben, sich auch im Winter dort aufzuhalten, erscheint die Anordnung eines absoluten Winterbenutzungsverbots angemessen. Mithin liegt keine Verletzung des Verhältnismässigkeitsgebots und der Eigentumsgarantie (Art. 26 i.V.m. Art. 36 Abs. 3 BV) vor (BGer vom 27. Juli 2005, 1P.329/2005, E. 3.5 und E. 4).

5. Fehlerhafte Verfügungen

a) *Anfechtbarkeit*

Fehlerhafte Verfügungen sind in der Regel **anfechtbar, nicht aber nichtig** (BGer vom 31. Aug. 2010, 8C_1065/2009, E. 4.2.3 [in BGE 136 I 332 ff. nicht publ. E.]; BVGer vom 8. Nov. 2010, C-4679/2007, E. 4.1.4; vom 25. Aug. 2010, C-605/2008, E. 4.2; vom 3. März 2009, C-3377/2008, E. 5.1; VerwG GR vom 14. Sept. 2009, in: PVG 2010 Nr. 24 E. 3). Dies bedeutet, dass eine Verfügung rechtskräftig wird, wenn sie nicht während der Rechtsmittelfrist in einem förmlichen Verfahren angefochten wird (VerwG GR vom 14. Juli 2009, R-09-25, E. 2c; Personalrekursgericht AG vom 18. Jan. 2008, in: AGVE 2008 S. 449 E. 2.3; VerwG SG vom 19. März 2002, in: GVP 2002 Nr. 66 E. b). Die Regel, dass eine Verfügung nur anfechtbar und nicht nichtig ist, ergibt sich aus dem Bedürfnis nach **Rechtssicherheit**: Wäre jede mangelhafte Verfügung automatisch nichtig, hätte dies eine unerträgliche Rechtsunsicherheit zur Folge (VerwG LU vom 12. Dez. 2005, in: LGVE 2005 II Nr. 2 E. 2c). 2548

Nur **beschränkt anfechtbar** sind **Zwischenverfügungen**, die als Zwischenschritt auf dem Weg zu einer Endverfügung erlassen werden, weshalb sie ein rein organisatorisches Instrument zur Verfahrensführung darstellen (BVGer vom 24. Feb. 2010, B-2050/2007, E. 1.1.2; vgl. auch Art. 45 f. VwVG sowie Art. 92 f. BGG). Die beschränkte Anfechtbarkeit von Zwischenverfügungen soll verhindern, dass die Beschwerdeinstanz Zwischenentscheide überprüfen muss, die durch einen günstigen Endentscheid für die betroffene Person jeden Nachteil verlieren. Die Rechtsmittelinstanz soll sich in der Regel nur einmal mit einer Streitsache befassen müssen (vgl. BGE 135 II 30 E. 1.3.2; BVGer vom 23. Aug. 2010, A-897/2010, E. 4.1; vom 22. Juni 2009, A-7975/2008, E. 2). 2549

Das **besondere Rechtsschutzinteresse**, das die sofortige Anfechtbarkeit einer Zwischenverfügung begründet, liegt im Nachteil, der entstünde, wenn die Anfechtung der Zwischenverfügung erst zusammen mit der Beschwerde gegen den Endentscheid zugelassen wäre (BVGer vom 20. Nov. 2009, B-7038/2009, E. 1.3). Ein **Nachteil tatsächlicher Natur** genügt, sofern der Betroffene nicht nur versucht, eine Verlängerung oder Verteuerung des Verfahrens zu verhindern (BVGer vom 3. Jan. 2011, A-2160/2010, E. 2.2.3; vom 26. Nov. 2009, B-6283/2009, E. 1.1). Ein schutzwürdiges Interesse ist in der Regel bei der Verweigerung der unentgeltlichen Rechtspflege (BVGer vom 2. Nov. 2010, D-6652/2010, E. 1.2) oder bei der Ablehnung der Akteneinsicht, wenn die Beweise erheblich oder gefährdet sind, gegeben (BVGer vom 14. Mai 2007, B-1907/2007, E. 3.1). Ein schutzwürdiges Interesse fehlt hingegen, wenn im Rahmen von multiplen Asylgesuchen oder von Wiedererwägungsgesuchen die Zwischenverfügungen über die Erhebung eines Gebührenvorschusses angefochten wird (BVGE 2007/18 E. 4). 2550

Ein im Sinne von **Art. 93 Abs. 1 lit. a BGG** nicht wieder gutzumachender **Nachteil** muss hingegen **rechtlicher Natur** und somit auch mit einem für die beschwerdeführende Partei günstigen Endentscheid nicht oder nicht vollständig behebbar sein (BGE 134 III 188 E. 2.1, 133 III 629 E. 2.3, 133 IV 139 E. 4, 133 V 645 E. 2.1), soweit nicht das zur Anwendung gelangende materielle Verwaltungsrecht einen tatsächlichen Nachteil genügen lässt (BGE 135 II 30 E. 1.3.4; BGer vom 23. April 2008, 2C_86/2008, E. 3.2). 2551

Praxis:

2552 – **Anfechtbarkeit eines baurechtlichen Vorentscheids:** Am 4. Nov. 2005 stellte die Y Stiftung in Basel ein generelles Baubegehren für ein Projekt mit zwei Gebäudekörpern, die je drei Eigentumswohnungen beinhalten. Mit «Vorentscheid Generelles Baubegehren» beantwortete das Bauinspektorat des Kantons Basel-Stadt verschiedene von der Bauherrschaft gestellte Fragen grundsätzlich positiv im Sinne einer Bewilligungserteilung. Namentlich wurde in Ziff. 15 des Vorentscheides Folgendes entschieden: «Der Waldabstandsunterschreitung auf 12 m bei Haus Nr. 27 kann zugestimmt werden.» Der Vorentscheid enthält zahlreiche Hinweise, Empfehlungen und Auflagen. Gegen diesen Vorentscheid rekurrierten A und B gestützt auf § 32 Abs. 2 der Bau- und Planungsverordnung des Kantons Basel-Stadt (BPV) i.V.m. § 92 Abs. 1 des Bau- und Planungsgesetzes des Kantons Basel-Stadt (BPG) bei der kantonalen Baurekurskommission. Diese wies den Rekurs wie ebenso das angerufene Verwaltungsgericht ab. A und B führen gegen das kantonale Urteil Beschwerde in öffentlich-rechtlichen Angelegenheiten ans Bundesgericht. Ausdrücklich halten sie fest, nur die unrechtmässige Unterschreitung des Waldabstands durch das Bauvorhaben zu rügen. Das Bundesgericht tritt auf die Beschwerde ein und weist sie ab. Erwägungen: In dem angefochtenen baurechtlichen Vorentscheid sind zahlreiche Elemente enthalten, welche die formellen Anforderungen an einen «Entscheid» im Sinne von Art. 82 lit. a BGG nicht erfüllen. Unter einem Entscheid im genannten Sinne ist ein individuell-konkreter Hoheitsakt zu verstehen, d.h. eine behördliche Anordnung im Einzelfall, mit der ein Rechtsverhältnis einseitig und verbindlich geregelt wird Diesen Anforderungen vermögen allgemeine Hinweise und Empfehlungen von Baubewilligungsbehörden von vornherein nicht zu genügen. Die Beschwerdeführer haben ihre Beschwerde denn auch in der Beschwerdebegründung auf die Frage der vom Verwaltungsgericht als zulässig bezeichneten Unterschreitung des Waldabstandes von 15 m auf 12 m beschränkt. In diesem Punkt stellt das angefochtene Urteil einen Entscheid im Sinne von Art. 82 lit. a BGG dar. Der baurechtliche «Vorentscheid» im Sinne von § 32 Abs. 2 BPV ist in der Bau- und Planungsverordnung unter dem Titel «Baubewilligungsverfahren» geregelt. Er bildet Teil desselben und ist, wie die Regelungen zum Auflage- und Einspracheverfahren in den §§ 45 ff. BPV zeigen, verfahrensrechtlich untrennbar mit diesem verbunden. Der hier umstrittene baurechtliche Vorentscheid fällt daher unter den Begriff «andere selbstständig eröffnete Vor- und Zwischenentscheide» im Sinne von Art. 93 Abs. 1 BGG. Nach Art. 93 Abs. 1 BGG ist die Beschwerde gegen einen Zwischenentscheid nur zulässig, wenn er einen nicht wieder gutzumachenden Nachteil bewirken kann (lit. a) oder wenn die Gutheissung der Beschwerde sofort einen Endentscheid herbeiführen und damit einen bedeutenden Aufwand an Zeit oder Kosten für ein weitläufiges Beweisverfahren ersparen würde (lit. b). Im vorliegenden Fall liegen Umstände vor, welche die Annahme nahelegen, ein Nichteintreten auf die Überprüfung des angefochtenen Zwischenentscheides hätte einen nicht wieder gutzumachenden Nachteil im Sinne von Art. 93 Abs. 1 lit. a BGG zur Folge. Die Anfechtungsmöglichkeit würde andernfalls auf das ordentliche Baubewilligungsverfahren verschoben. Der Baugesuchsteller müsste auf der Basis eines reduzierten Waldabstandes von 12 m in Bezug auf das Gebäude 2 (Eichhornstrasse 27) eine Detailprojektierung und -planung vornehmen, welche sich im Falle der allfälligen späteren Gutheissung einer Beschwerde gegen den heute angefochtenen Zwischenentscheid durch das Bundesgericht als wertlos erweisen würde. Es ist unter dem Gesichtspunkt der Rechtssicherheit im vorliegenden Fall nicht zu rechtfertigen, die im angefochtenen baurechtlichen Vorentscheid bewilligte Unterschreitung des Waldabstandes durch das projektierte Gebäude 2 (Eichhornstrasse 27) im bundesgerichtlichen Verfahren nicht zu behandeln. Wie die nachfolgenden Erwägungen zeigen, ist die Beschwerde in öffentlich-rechtlichen Angelegenheiten zudem offensichtlich abzuweisen, was für die sofortige Überprüfung des umstrittenen Waldabstandes durch das Bundesgericht ebenfalls erheblich ist. Die genannten Interessen an einer sofortigen Beurteilung der vorliegenden Angelegenheit durch das Bundesgericht sind im Lichte der bisherigen Rechtsprechung tatsächlicher und nicht rechtlicher Natur. Soweit es das materielle Verwaltungsrecht gebietet, können indessen bei Vor- und Zwischenentscheiden auch rein tatsächliche Nachteile nicht wieder gutzumachende Nachteile im Sinne von Art. 93 Abs. 1 lit. a BGG darstellen. Sofern es dem Beschwerdeführer bei der Anfechtung einer Zwischenverfügung wie dem vorliegenden baurechtlichen Vorentscheid nicht lediglich darum geht, eine Verlängerung oder Verteuerung des Verfahrens zu verhindern, kann ein anderes, auch wirtschaftliche Anliegen beinhaltendes schutzwürdiges Interesse ausreichen. Das im vorliegenden Fall anwendbare kantonale Baurecht verlangt, dass der angefochtene baurechtliche Vorentscheid gestützt auf Art. 93 Abs. 1 lit. a BGG unter den vorn genannten einschränkenden Voraussetzungen bereits heute Gegenstand der bundesgerichtlichen Prüfung sein kann. Andernfalls würde das im Baurecht zahlreicher Kantone enthaltene Institut des publizierten und kantonsintern anfechtbaren Vorentscheids weitgehend seines Gehalts entleert. Diese kantonale Rechtsfigur ist geschaffen worden, um in Bezug auf gewisse dafür geeignete Bauvorhaben ein etappenweises, speditives, möglichst ökonomisch ausgestaltetes Baubewilligungsverfahren zu gewährleisten. Es geht dabei nicht alleine darum, eine Verteuerung oder Verlängerung des baurechtlichen Bewilligungsverfahrens zu verhindern, sondern in erster Linie um die Gewährleistung von Rechtssicherheit und Transparenz sowohl für die Bauwilligen als auch für mögliche Drittbetroffene. Unter besonderen Umständen, wie sie vorn umschrieben und im vorliegenden Fall gegeben sind, tritt das Bundesgericht deshalb auf gegen solche baurechtliche Vorentscheide gerichtete Beschwerden in öffentlich-rechtlichen Angelegenheiten grundsätzlich ein (BGE 135 II 30 E. 1).

– **Anfechtbarkeit einer Zwischenverfügung an das Bundesverwaltungsgericht (Kostenvorschuss im Asylverfahren im Hinblick auf ein Wiedererwägungsgesuch oder ein erneutes Asylgesuch):** Gemäss Art. 17b Abs. 3 und 4 AsylG kann das Bundesamt von Personen, die nach rechtskräftigem Abschluss ihres Asyl- und Wegweisungsverfahrens ein Wiedererwägungsgesuch oder ein erneutes Asylgesuch stellen, einen Kostenvorschuss verlangen, bei dessen Nichtleistung auf das anhängig gemachte Verfahren grundsätzlich nicht einzutreten ist. Gemäss Art. 107 Abs. 1 AsylG können Zwischenverfügungen, die in Anwendung der Art. 10 Abs. 1-3 und 18-48 AsylG ergehen, nur durch Beschwerde gegen die Endverfügung angefochten werden. Art. 17b Abs. 4 AsylG ist nicht in dem in Art. 107 AsylG enthaltenen Katalog der Bestimmungen erwähnt, bei welchen eine Zwischenverfügung nicht selbstständig, sondern nur durch eine Beschwerde gegen die Endverfügung angefochten werden könnte. Erwägungen: Wortlaut und gesetzessystematische Logik von Art. 107 AsylG (i.V.m. Art. 45 und 46 VwVG) sprechen demgegenüber eher für die vom Beschwerdeführer vertretene Auffassung einer grundsätzlich selbstständigen Anfechtbarkeit der Kostenvorschussverfügung, da Art. 17b Abs. 4 AsylG tatsächlich nicht in dem in Art. 107 AsylG enthaltenen Katalog der Bestimmungen erwähnt ist, bei welchen eine Zwischenverfügung nicht selbstständig, sondern nur durch eine Beschwerde gegen die Endverfügung angefochten werden könnte. Mithin müsste sich die Konsequenz ergeben, dass nicht Art. 107 AsylG als lex specialis, sondern Art. 46 VwVG zur Anwendung gelangen würde und die selbstständige Anfechtbarkeit der Kostenvorschussverfügung unter der Voraussetzung eines nicht wiedergutzumachenden Nachteils zu bejahen wäre. Dabei bejaht die Praxis üblicherweise die selbstständige Anfechtbarkeit von Kostenvorschussverfügungen, sofern sie das Potenzial aufweisen, einen nicht wieder gutzumachenden Nachteil zu bewirken. Die skizzierte Praxis erscheint vor dem Hintergrund der Spezialgesetzlichkeit der Asylmaterie und insbesondere durch die in dieser Spezialmaterie ergangene Rechtsprechung allerdings in einem ganz anderen Licht: So hat die ARK eine konstante und differenzierte Rechtsprechung zur Frage der selbstständigen Anfechtbarkeit von Zwischenverfügungen für ihren Materienbereich entwickelt und dabei die selbstständige Anfechtbarkeit von Zwischenverfügungen auf die in Art. 107 Abs. 2 und 3 AsylG ausdrücklich genannten Verfügungsarten beschränkt. Das Bundesverwaltungsgericht folgt dieser Argumentationslinie und nimmt eine echte Lücke im Katalog von Art. 107 Abs. 1 AsylG an bzw. beschränkt die selbstständige Anfechtbarkeit von Zwischenverfügungen nur auf diejenigen, die ausdrücklich in Art. 107 Abs. 2 und 3 AsylG genannt werden, wozu Kostenvorschussverfügungen nicht gehören. Demzufolge erübrigt es sich auch zu prüfen, ob mit der gestützt auf Art. 17b Abs. 3 und 4 AsylG erfolgenden Erhebung eines Kostenvorschusses im Allgemeinen oder in concreto überhaupt das Potenzial eines nicht wiedergutzumachenden Nachteils verbunden ist. Zusammenfassend ergibt sich, dass aufgrund der Auslegung von Art. 107 AsylG und der durch das BVGer fortzuführenden Praxis der ARK die selbstständige Anfechtbarkeit von auf Art. 17b Abs. 3 und 4 AsylG gestützten Zwischenverfügungen des BFM betreffend die Erhebung eines Kostenvorschusses zu 2553 verneinen ist. Erst gegen die (End-)Verfügung des BFM, in welcher es auf das zweite Asylgesuch beziehungsweise auf ein Wiedererwägungsgesuch nicht eintritt, kann Beschwerde erhoben und gerügt werden, das BFM habe es in Verletzung von Art. 17b AsylG zu Unrecht abgelehnt, den Gesuchsteller von der Bezahlung einer Gebühr zu befreien, beziehungsweise es habe vom Gesuchsteller zu Unrecht einen Gebührenvorschuss eingefordert. Erweist sich die mit Beschwerde erhobene Rüge, die Nichteintretensverfügung verletze Art. 17b AsylG, als berechtigt, ist die Beschwerde gutzuheissen, die angefochtene Verfügung aufzuheben und die Sache an das BFM zur Neubeurteilung zurückzuweisen, eventuell verbunden mit der Anweisung, auf das zweite Asylgesuch beziehungsweise auf das Wiedererwägungsgesuch einzutreten (BVGE 2007/18 E. 4).

b) Nichtigkeit

2554 Nichtigkeit einer Verfügung wird nur angenommen, wenn diese mit einem **schweren Mangel** behaftet ist, wenn dieser Mangel **offensichtlich** ist und wenn zudem die **Rechtssicherheit** durch die Annahme der Nichtigkeit nicht ernsthaft gefährdet wird (BGE 137 I 273 E. 3.1, 136 II 415 E. 1.2, 136 II 489 E. 3.1 und E. 3.2, 133 II 366 E. 3.2, 132 II 21 E. 3.1, 132 II 342 E. 2.1, 130 III 430 E. 3.3, 129 I 361 E. 2.1, 127 II 32 E. 3g, 122 I 97 E. 3a/aa; BGer vom 29. Aug. 2011, 1C_270/2011, E. 5.1; vom 13. Juli 2011, 8C_166/2011, E. 4.2.1; vom 31. Aug. 2010, 8C_1065/2009, E. 4.2.3 [in BGE 136 I 332 ff. nicht publ. E.]; BVGer vom 8. Nov. 2010, C-4679/2007, E. 4.1.4; vom 25. Aug. 2010, C-605/2008, E. 4.2; vom 14. Sept. 2009, A-1684/2009, E. 2.2; vom 6. März 2008, C-1417/2008, E. 3.1; VerwG GR vom 14. Sept. 2009, in: PVG 2010 Nr. 24 E. 3; VerwG ZH vom 23. Aug. 2006, PB.2005.00066, E. 3.2).

2555 Die **Nichtigkeit eines Entscheides** ist **jederzeit** und von sämtlichen rechtsanwendenden Behörden **von Amtes wegen** zu beachten; ein ausdrücklicher Antrag ist nicht erforderlich und eine unterlassene Anfechtung schadet nicht (BGE 132 II 342 E. 2.1, 129 I 361 E. 2, 122 I 97 E. 3a). Die Nichtigkeit kann auch im Rechtsmittel- und selbst noch im Vollstreckungsverfahren geltend gemacht werden (BGE 127 II 32 E. 3g). Nichtige Verfügungen entfalten zu keinem Zeitpunkt Rechtswirkungen, sie sind rechtlich inexistent und absolut unwirksam (VerwG ZH vom 10. März 2009, VB.2009.00699, E. 3.3; vom 14. Mai 2008, in: RB 2008 Nr. 102 E. 2.2.2; Rekursgericht Ausländerrecht AG vom 17. Aug. 2001, in: AGVE 2001 Nr. 113 E. 3c). Entsprechend können nichtige Verfügungen keine gültige Grundlage von Subventionen oder Leistungen des Staates sein und können keine Rechtsöffnungstitel darstellen (BGE 129 I 361 E. 2.2; VerwG BS vom 17. Aug. 2001, in: BJM 2003 S. 214 E. 3a). Eine nichtige Verfügung kann hingegen bewirken, dass die Verjährung unterbrochen wird (BGE 137 I 273 E. 3.4.3, betr. eine nichtige Steuerveranlagung).

2556 Die nichtige Verfügung ist zwar **anfechtbar**, aber **nicht anfechtungsbedürftig**; umgekehrt entfalten mangelhafte, aber nicht nichtige Verfügungen mangels Anfechtung Rechtswirkung (BGer vom 23. Sept. 2009, 8C_367/2009, E. 2.3; VerwG LU vom 21. Juni 2000, in: LGVE 2000 II Nr. 35 E. 3b). Eine nichtige Verfügung kann aufgrund ihrer fehlenden Rechtswirkung nicht Anfechtungsobjekt einer Verwaltungsgerichtsbeschwerde sein. Auf die Beschwerde ist daher nicht einzutreten, jedoch ist die **Nichtigkeit im Dispositiv** festzustellen (BGE 132 II 342 E. 2.3; BVGE 2008/59 E. 4.3; BVGer vom 25. Aug. 2011, A-6683/2010, E. 3.4; vom 19. Juli 2011, A-6630/2010, E. 2.4; vom 21. Juni 2011, A-6639/2010, E. 2.2; vom 15. April 2011, A-6406/2010, E. 2.2.3).

Praxis:

- **Absolute Unwirksamkeit einer Veranlagungsverfügung:** Die X AG wurde im Jahr 1994 gegründet und bezweckt die Vermittlung von Kapitalanlagen und Versicherungen, die Ausbildung von Finanz- und Versicherungsberatern sowie die Erbringung von Dienstleistungen im Zusammenhang mit Finanzanlagen. Sie wurde für die Steuerperiode 2000 an ihrem Sitz in Reinach/BL und, nach einer Sitzverlegung, für das Jahr 2001 in Stansstad/NW aufgrund persönlicher Zugehörigkeit als unbeschränkt steuerpflichtig veranlagt. Diese Veranlagungen erwuchsen in Rechtskraft. Ohne vorgängige Zustellung einer Steuererklärung nahm das Steueramt des Kantons Solothurn gegenüber der X AG am 22. Dez. 2005 für die Periode 2000 eine Ermessensveranlagung vor, mit der es die Gesellschaft definitiv aufgrund wirtschaftlicher Zugehörigkeit (Betriebsstätte im Kanton Solothurn) für die Ertrags- und die Kapitalsteuer erfasste. Für das Jahr 2001 wurde der X AG zwar eine Steuererklärung zugestellt, von dieser aber unausgefüllt der Behörde zurückgeschickt, weshalb das Steueramt am 22. Dez. 2006 erneut eine endgültige Ermessensveranlagung vornahm. Die von der X AG gegen diese Veranlagungen im Kanton erhobenen Rechtsmittel blieben erfolglos. Am 21. Mai 2010 hat die X AG beim Bundesgericht Beschwerde in öffentlich-rechtlichen Angelegenheiten eingereicht. Sie beantragt, es sei festzustellen, dass die Staatssteuer-Veranlagungen des Steueramtes des Kantons Solothurn vom 22. Dez. 2005 für 2000 und vom 22. Dez. 2006 für 2001 nichtig seien. Das Bundesgericht heisst die Beschwerde gut. Erwägungen: Fehlerhafte Verwaltungsakte sind in der Regel nicht nichtig, sondern nur anfechtbar, und sie werden durch Nichtanfechtung rechtsgültig. Nichtigkeit, d.h. absolute Unwirksamkeit, einer Verfügung wird nur angenommen, wenn sie mit einem tief greifenden und wesentlichen Mangel behaftet ist, wenn dieser schwerwiegende Mangel offensichtlich oder zumindest leicht erkennbar ist und wenn zudem die Rechtssicherheit durch die Annahme der Nichtigkeit nicht ernsthaft gefährdet wird. Die hier massgeblichen beiden Varianten der Verweigerung des Rechts zur Einreichung der Steuererklärung sind zuerst im innerkantonalen Verhältnis zu prüfen, d.h. hinsichtlich ihrer Tragweite auf das Verhältnis zwischen dem veranlagenden Kanton und der steuerpflichtigen Person. Die Abgabe einer Steuererklärung im Sinne von § 140 des Gesetzes vom 1. Dez. 1985 über die Staats- und Gemeindesteuern des Kantons Solothurn (StG) ist einerseits eine grundlegende Verfahrenspflicht der steuerpflichtigen Person, andererseits ein fundamentales Verfahrensrecht der steuerpflichtigen Person. Das Gesetz schreibt ausdrücklich vor, wie vorzugehen ist, wenn der Pflichtige die Steuererklärung nicht oder bloss mangelhaft ausgefüllt einreicht. In diesem Fall muss ihn die Behörde gemäss § 140 Abs. 3 StG/SO auffordern, das Versäumte innert angemessener Frist nachzuholen. Erst dann, wenn der Pflichtige trotz Mahnung seine Verfahrenspflichten nicht erfüllt, ist die Veranlagung nach pflichtgemässem Ermessen vorzunehmen (vgl. § 147 Abs. 2 StG). Kann die steuerpflichtige Person keine Selbstdeklaration vornehmen, ohne dass all die genannten Bedingungen kumulativ erfüllt wären, wird mithin die besonders wichtige erste Phase des Veranlagungsverfahrens einfach unterdrückt. Gemäss dieser ausdrücklichen gesetzlichen Regelung ist die Ermessensveranlagung somit gerade kein taugliches oder zulässiges Mittel, um dem Pflichtigen die Möglichkeit vorzuenthalten, eine Steuererklärung einzureichen. Vielmehr ist sie ein unumgänglicher Notbehelf, um sogar dann zu einer sachgerechten Einschätzung zu gelangen, wenn die an sich unerlässlichen, aber selbst nach förmlicher Mahnung vom Pflichtigen nicht eingereichten Angaben fehlen oder wenn die Steuerfaktoren aus anderen Gründen mangels zuverlässiger Unterlagen nicht genau ermittelt werden können. Die Auswirkungen des Verfahrensverstosses, dem Pflichtigen die Möglichkeit zur Einreichung einer Steuererklärung vorzuenthalten und stattdessen direkt zu einer Ermessensveranlagung überzugehen, sind weiter im interkantonalen Bereich zu prüfen. In diesem Bereich kann ein besonders schwerwiegender Verfahrensmangel darin liegen, dass eine kantonale Veranlagungsbehörde für sich eine Steuerhoheit in Anspruch nimmt, die ihr wegen Unzuständigkeit nicht zusteht. Im Bereich der Staatssteuer gilt gemäss ständiger Rechtsprechung folgende Regelung: Wenn eine in einem bestimmten Kanton zur Veranlagung herangezogene Person die Steuerhoheit des betreffenden Kantons bestreitet, muss dieser grundsätzlich in einem Vorentscheid (dem sog. Steuerdomizilentscheid) rechtskräftig über die Steuerpflicht entscheiden, bevor er das Veranlagungsverfahren fortsetzen darf. Es ist unzulässig und verstösst gegen Art. 127 Abs. 3 BV, zu einer Ermessensveranlagung 2557 zu schreiten, obschon der Pflichtige die Steuerhoheit bestritten hat. Gegen den Vorentscheid kann der in Anspruch Genommene die kantonalen Rechtsmittel erheben und ans Bundesgericht gelangen. Es fragt sich, was aus den genannten, im inner- und zwischenkantonalen Bereich geltenden Grundsätzen für den hier zu beurteilenden Fall zu schliessen ist. Das muss für die beiden Steuerperioden 2000 und 2001 bzw. den jeweils geltend gemachten Verfahrensverstoss getrennt geprüft werden. In Bezug auf die für das Jahr 2000 erfolgte vollumfängliche Unterdrückung der Steuererklärungsphase muss nach dem Gesagten festgehalten werden, dass sie (besonders) schwer wiegt, als deutliche Abweichung von einem schon im Gesetz ausdrücklich vorgeschriebenen Verfahrensablauf sowie als funktionswidrige Verkehrung eines Notbehelfs in sein Gegenteil. Mit der direkt vorgenommenen Ermessensveranlagung wollte das Kantonale Steueramt die einige Tage später drohende fünfjährige Veranlagungsverjährung im Sinne von § 138 Abs. 1 StG bzw. Art. 47 Abs. 1 StHG unterbrechen. Dafür hätte es aber genügt, der Beschwerdeführerin eben gerade eine Steuererklärung zukommen zu lassen. Das hätte eine hinreichende Einforderungshandlung im Sinne des Gesetzes und der Praxis dargestellt. Es erweist sich als umso schwerwiegender, wenn eine ungebührlich späte Beanspruchung der Steuerhoheit dann noch mit einem krassen Verfahrensmangel behaftet ist. Im nachmaligen Verfahren ist die vollumfängliche Unterdrückung der ersten Veranlagungsphase ferner nicht genügend behoben worden. Vor diesem Hintergrund ist die hier für die Steuerperiode 2000 erfolgte vollumfängliche Unterdrückung der ersten Veranlagungsphase als derart krasser Verfahrensfehler einzustufen, dass er nicht nur die blosse Anfechtbarkeit, sondern geradezu die absolute Unwirksamkeit der damit behafteten Veranlagung nach sich ziehen muss. Bezüglich der Rechtsfolgen ist jedoch zu unterscheiden: Die Vorgehensweise des Solothurner Steueramtes für das Jahr 2000 ist wohl als Veranlagungshandlung nichtig. Daraus kann aber nicht geschlossen werden, dass die sich darin äussernde Inanspruchnahme der Besteuerungskompetenz mit entsprechender verjährungsunterbrechender Wirkung im Sinne von § 139 Abs. 3 lit. a StG nie erfolgt wäre. Eine solche Verjährungsunterbrechung muss angesichts des praxisgemäss weiten Begriffs der Einforderungshandlung angenommen werden. Unter diesen Begriff fallen nicht nur die eigentlichen Bezugshandlungen, sondern auch alle auf Feststellung des Steueranspruchs gerichteten Amtshandlungen, die dem Pflichtigen zur Kenntnis gebracht werden. Das kann selbst amtliche Mitteilungen umfassen, die lediglich eine spätere Veranlagung in Aussicht stellen und deren Zweck sich in der Unterbrechung des Verjährungsablaufs erschöpft. Genau eine solche Amtshandlung steht hier aber zur Diskussion. Für die Steuerperiode 2001 sind hier gegenüber derjenigen von 2000 zwei wesentliche Unterschiede festzuhalten: Einerseits stellte das Steueramt des Kantons Solothurn der Beschwerdeführerin wohl eine Steuererklärung zu, welche diese ihm unausgefüllt zurückschickte. Darauf nahm das Amt, ohne die Pflichtige zu mahnen, direkt eine endgültige Ermessensveranlagung vor. Darin liegt zwar ein unbestreitbarer Verstoss gegen den bereits im Gesetz geregelten Verfahrensablauf. Er wiegt jedoch weniger schwer als die vollumfängliche Unterdrückung der ersten Verfahrensphase. Schon das spricht dagegen, für 2001 ebenfalls die Nichtigkeit der nachmaligen Veranlagung anzunehmen. Andererseits hat die Beschwerdeführerin nicht angemessen auf die Inanspruchnahme der Besteuerungshoheit durch den Kanton Solothurn reagiert: Statt die ihr zugestellte Steuererklärung bloss unausgefüllt zurückzuschicken, hätte sie dies damit verbinden müssen, in aller Form die solothurnische Steuerhoheit zu bestreiten und ausdrücklich die Einleitung des Steuerdomizilverfahrens zu verlangen. Dass sie das unterlassen hat, schwächt zusätzlich die Tragweite des durch die Veranlagungsbehörde begangenen Verfahrensverstosses. Gleichzeitig kann die blosse Zurücksendung der unausgefüllt gelassenen Steuererklärung nicht so gewertet werden, dass die Beschwerdeführerin damit die Solothurner Steuerhoheit stillschweigend akzeptiert hätte. Folglich ist nun zu beurteilen, ob die Behörden des Kantons Solothurn für die genannte Periode (2001) zu Recht eine Betriebsstätte der Beschwerdeführerin im Kanton angenommen haben (BGE 137 I 273 E. 3).

aa) Schwerer Mangel

Als Nichtigkeitsgründe fallen namentlich **(schwerwiegende) Zuständigkeitsfehler** und **schwerwiegende Verfahrens- und Formfehler** in Betracht (wie z.B. der Umstand, dass der Betroffene keine Gelegenheit hatte, am Verfahren teilzunehmen). **Inhaltliche Mängel** haben in der Regel nur die Anfechtbarkeit der Verfügung zur Folge. In seltenen **Ausnahmefällen** führt aber auch ein ausserordentlich schwerwiegender inhaltlicher Mangel zur Nichtigkeit (BGE 137 I 273 E. 3.1, 133 II 366 E. 3.2 132 II 21 E. 3.1, 130 III 403 E. 3.3), namentlich wenn ein solcher eine Verfügung praktisch wirkungslos, unsinnig oder unsittlich macht oder wenn allenfalls eine Verfügung ein Grundrecht in seinem Kerngehalt trifft (BGer vom 13. Juli 2011, 8C_166/2011, E. 4.2.1; vom 31. Aug. 2010, 8C_1065/2009, E. 4.2.3 [in BGE 136 I 332 ff. nicht publ. E.]). 2558

aaa) Zuständigkeitsfehler

Gemäss Rechtsprechung und Lehre stellt die **fehlende funktionelle und sachliche Zuständigkeit** einer Behörde grundsätzlich einen **Nichtigkeitsgrund** dar (BGE 133 II 366 E. 3.2, 132 II 21 E. 3.1, 132 II 342 E. 2, 129 I 361 E. 2.1, 122 I 97 E. 3a/aa, 116 Ia 215 E. 2c; BVGE 2008/59 E. 4.2, 2008/8 E. 6.2; BVGer vom 25. Aug. 2011, A-6683/2010, E. 3.3; vom 21. Juni 2011, A-6639/2010, E. 2.1; vom 4. Feb. 2011, A-6829/2010, E. 2.2.1), es sei denn, der verfügenden – an und für sich sachlich unzuständigen – Behörde kommt auf dem betreffenden Gebiet **allgemeine Entscheidungsgewalt** zu oder das Gebot der **Rechtssicherheit** steht der Annahme der Nichtigkeit entgegen (BGE 129 V 485 E. 2.3, 127 II 32 E. 3g, 114 V 319 E. 4b; BVGer vom 8. Nov. 2010, C-4679/2007, E. 4.1.4; vom 6. Mai 2009, C-5368/2008, E. 5.1). 2559

Die Praxis ist nicht einheitlich (für Nichtigkeit: BGE 117 Ia 175 E. 5 [Entscheid eines Gerichtsschreibers, dem im betreffenden Bereich keine Rechtsprechungsbefugnisse zustand]; für blosse Anfechtbarkeit: BGE 100 Ia 433 E. 3; zum Ganzen auch PRK vom 16. Juni 2004, in: VPB 68 [2004] Nr. 150 E. 3a). Umstritten ist namentlich, ob die **sachliche Unzuständigkeit** der verfügenden Behörde per se einen schwerwiegenden Rechtsfehler darstellt, der grundsätzlich geeignet ist, die Nichtigkeit eines Entscheides zu bewirken (BGE 132 II 342 E. 2, 130 III 97 E. 3.2, 129 V 485 E. 2.3, 127 II 32 E. 3g; BVGer vom 6. März 2008, C-1417/2008, E. 3.2; VerwG ZH vom 18. März 2009, PB.2008.00041, E. 2.1.3) oder ob Nichtigkeit nur eintritt, wenn eine **qualifiziert unzuständige Instanz** entschieden hat (BGE 136 II 489 E. 3.3, 133 II 181 E. 5.1.3; ähnlich im Ergebnis BGer vom 28. April 2008, 2C_522/2007, E. 3.6 [durch eine Behörde ausserhalb jeglicher sachlichen und funktionellen Zuständigkeit erlassene Verfügung]; BVGer vom 21. Juni 2010, B-4448/2009, E. 5.1; vom 7. Juli 2008, D-3928/2008, E. 2.1; vom 6. März 2008, C-1417/2008, E. 3.2; PRK vom 16. Juni 2004, in: VPB 68 [2004] Nr. 150 E. 3a; VerwG BE vom 23. Sept. 2010, in: BVR 2011 S. 220 E. 3.5; VerwG ZH vom 18. März 2009, PB.2008.00041, E. 2.1 [«absolute Unzuständigkeit»]; vom 20. April 2005, PB.2004.00078, E. 4.2; VerwG AG vom 17. Mai 2001, in: AGVE 2001 Nr. 81 E. 6a/bb/aaa; VerwG LU vom 21. Juni 2000, in: LGVE 2000 II Nr. 35 E. 4). 2560

In der Regel bewirkt die **örtliche Unzuständigkeit** der verfügenden Behörde keine Nichtigkeit der Verfügung (OG UR vom 23. Feb. 2005, in: RB 2004 Nr. 46 E. 3), 2561 ausser eine Behörde verfügt im Hoheitsbereich eines fremden Gemeinwesens oder die örtliche Zuständigkeit liegt eindeutig und offensichtlich bei einer anderen Behörde als bei jener, welche die streitige Verfügung getroffen hat («eindeutige Unzuständigkeit»; vgl. VerwG LU vom 21. Juni 2000, in: LGVE 2000 II Nr. 35 E. 3b und E. 4).

2562 Auf **Nichtigkeit** der Verfügung ist jedenfalls zu erkennen, wenn die betreffende Behörde nicht befugt ist, Verfügungen zu erlassen (BGE 130 III 97 E. 3; VerwG BE vom 15. Nov. 2004, in: BVR 2005 S. 372 E. 2.5; RR SZ vom 18. April 2000, in: EGV 2000 Nr. 55 E. 2.1.2, betr. einen dem Privatrecht unterstehenden Anstellungsvertrag einer Lehrperson). Verfügt ein **interkommunaler Verband**, ohne dass eine öffentlich-rechtliche Körperschaft oder ein Gemeindeverband gegründet wurde, ist eine derartige Verfügung nichtig (VerwG SG vom 23. Jan. 2007, in: GVP 2007 Nr. 6 E. 1, betr. eine Vereinbarung unter Gemeinden, die sich zur gemeinsamen Entsorgung von Kehricht und Altpapier zusammengeschlossen haben), ebenso, wenn **ein Privater** (in casu: Sachwalter) ausserhalb seines hoheitlichen Tätigkeitsbereichs handelt (Personalrekursgericht AG vom 18. Jan. 2008, in: AGVE 2008 S. 449 E. 2.4) oder wenn ein **Erbschaftsliquidator** mangels hoheitlicher Gewalt überhaupt nicht befugt ist, Verfügungen zu erlassen und durchzusetzen (BGE 130 III 97 E. 3, im Hinblick auf den erbrechtlichen Auskunftsanspruch).

Praxis:

2563 – Die **Verfügung der Wettbewerbskommission gegenüber der Schweizerischen Meteorologischen Anstalt** ist nichtig. Nach altem Recht war das Kartellgesetz auf die Schweizerische Meteorologische Anstalt nicht anwendbar. Demnach hat die Wettbewerbskommission eine Verfügung getroffen, für welche sie gar nicht zuständig war. Nach der Praxis stellt die funktionelle und sachliche Unzuständigkeit einen schwerwiegenden Mangel und damit einen Nichtigkeitsgrund dar, es sei denn, der verfügenden Behörde komme auf dem betreffenden Gebiet allgemeine Entscheidungsgewalt zu oder der Schluss auf Nichtigkeit vertrüge sich nicht mit der Rechtssicherheit. Im vorliegenden Zusammenhang kommt der Wettbewerbskommission keine allgemeine Entscheidungsgewalt zu und ist die Annahme der Nichtigkeit wegen sachlicher und funktioneller Unzuständigkeit mit der Rechtssicherheit vereinbar (BGE 127 II 32 E. 3g).

2564 – Eine **kommunale Baubewilligung** ist nicht automatisch deshalb nichtig, weil sie **Art. 25 Abs. 2 RPG** widerspricht, wonach in der ganzen Schweiz für Bauten und Anlagen ausserhalb der Bauzonen eine kantonale Bewilligung oder Zustimmung zwingend erforderlich ist. Während in BGE 111 Ib 312 E. 6 die kantonale Behörde vom Baugesuch überhaupt keine Kenntnis erhielt, wurden hier die kommunale Baubewilligung und die Baugesuchsakten der kantonalen Baudirektion unter Hinweis auf die erforderliche Genehmigung zugestellt. Der im erwähnten Bundesgerichtsentscheid gezogene Schluss auf Nichtigkeit der kommunalen Baubewilligung lässt sich daher nicht ohne Weiteres auf den vorliegenden Fall übertragen. Vorliegend ist davon auszugehen, dass die kantonale Baudirektion der kommunalen Baubewilligung durch Stillschweigen zugestimmt hatte. Sinn und Zweck des Zustimmungserfordernisses nach Art. 25 Abs. 2 RPG wurden demnach Rechnung getragen. Als Zwischenergebnis ist somit festzuhalten, dass die Baubewilligung vom 15. Nov. 1980 bei Abwägung aller massgeblichen Interessen nicht derart fehlerhaft ist, dass sich gestützt darauf die Nichtigkeit dieses Verwaltungsakts rechtfertigen liesse (BGE 132 II 21 E. 3).

2565 – Das **Bundesamt für Justiz** ist sachlich nicht zuständig, gemäss Art. 13 der Verordnung über das Nationale Zentralbüro Interpol Bern (Interpol-Verordnung) zu einem Auskunftsgesuch mittels Verfügung Stellung zu beziehen. Die betreffende Verfügung erweist sich als nichtig (BGE 132 II 342 E. 2).

- Im Gegensatz zur Einschätzung durch die Bildungsdirektion muss darin, dass der **nicht zuständige Prorektor** einer Mittelschule (anstatt die zuständige Schulkommission) die Entlassung des Beschwerdeführers ausgesprochen hat, ein schwerer Verfahrensmangel erblickt werden. Auch hat vorliegend nicht etwa eine Behörde mit allgemeiner Entscheidungsgewalt auf dem betreffenden Gebiet oder die Aufsichtsbehörde anstelle der an sich zuständigen untergeordneten Behörde entschieden. Weiter ist darauf hinzuweisen, dass sich die Unzuständigkeit der Schulleitung bzw. des Prorektors für die Entlassung des Beschwerdeführers mit grosser Klarheit aus der gesetzlichen Regelung ergibt; der Mangel erweist sich damit auch als offensichtlich oder zumindest leicht erkennbar. Dennoch ist die Verneinung der Nichtigkeit im Ergebnis zutreffend: Unter dem Aspekt der Rechtssicherheit ist eine Abwägung zwischen dem Interesse am Bestand der erlassenen Anordnung einerseits und dem Interesse an der richtigen Rechtsanwendung anderseits erforderlich. Vorliegend fällt massgeblich ins Gewicht, dass der Beschwerdeführer – trotz Anfechtung der Kündigung – keine Einwände dagegen erhoben hat, dass die Kündigung namens der Kantonsschule X durch den Prorektor ausgesprochen worden war. Hätte der Beschwerdeführer dies geltend gemacht, so hätte die Kündigung neu durch die zuständige Schulkommission ausgesprochen werden können bzw. müssen. Die Schule durfte aus dem Verhalten des Beschwerdeführers im Rekursverfahren den Schluss ziehen, dass er sich nicht gegen die Unzuständigkeit des Prorektors wendet. Dieses berechtigte Vertrauen der Schule ist im Interesse der Rechtssicherheit höher zu gewichten als das Interesse des Beschwerdeführers an einer nachträglich richtigen Rechtsanwendung. Es ist deshalb keine Nichtigkeit der Entlassung anzunehmen (VerwG ZH vom 18. März 2009, PB.2008.00041, E. 2.1). 2566
- Eine **Kündigung eines Arbeitsverhältnisses durch die sachlich unzuständige Stelle** ist nicht per se nichtig. Vorliegend hätte die Verfügung vom 11. März 2003 richtigerweise durch den zuständigen Amtsdirektor des Bundesamtes B erlassen werden müssen; eine rechtsgültige Delegation der Zuständigkeit wurde zudem nicht vorgenommen. Da fälschlicherweise der Chef der Hauptabteilung Z sowie der Chef der Sektion Personal des Bundesamtes B die Verfügung unterzeichnet haben, leidet diese unbestrittenermassen am Formmangel der sachlichen bzw. funktionellen Unzuständigkeit. Allerdings verfügten die unterzeichnenden Personen grundsätzlich durchaus über personalrechtliche Kompetenzen; sie erscheinen mithin nicht als eine gänzlich unzuständige Behörde, sondern haben ihre Kompetenz lediglich überschritten, was nur die Anfechtbarkeit der Kündigungsverfügung zur Folge hat (PRK vom 16. Juni 2004, in: VPB 68 [2004] Nr. 150 E. 3a) 2567
- Die **Gesundheitsdirektion war nicht absolut unzuständig** zum Erlass der Kündigungsverfügung. Nach damaliger Praxis hätte es lediglich noch der Ermächtigung bzw. nachträglichen Genehmigung durch den Regierungsrat bedurft. Gegen die absolute Unzuständigkeit der Gesundheitsdirektion spricht zudem die kurz nach Erlass der Verfügung erfolgte Änderung der Vollzugsverordnung zum Personalgesetz, wonach die Zuständigkeit für Anstellung und Entlassung von Chefärztinnen und -ärzten ausdrücklich auf die Gesundheitsdirektion übertragen wurde. Die im relevanten Zeitpunkt noch notwendige Ermächtigung bzw. Genehmigung des Regierungsrats erscheint damit als unwesentliche Formsache. Dem Beschwerdeführer ging keine Rechtsmittelinstanz verloren, da Anfechtungsobjekt ohnehin die Verfügung der Gesundheitsdirektion gewesen wäre und keine «rückwirkende Gestaltungsverfügung» des Regierungsrats, sondern lediglich ein Genehmigungsbeschluss erforderlich gewesen wäre. Der Mangel erscheint vorliegend keineswegs als besonders gravierend, und es wurde kein wesentliches Verfahrensrecht verletzt (VerwG ZH vom 20. April 2005, PB.2004.00078, E. 4.2). 2568
- Wenn die **Kündigung nicht vom Gemeinderat** als zuständiger Behörde, sondern durch den **Sozialvorsteher** gefällt worden ist, ist dieser Fehler schwerwiegend; ferner hat die Kündigung eines Arbeitsverhältnisses in der Regel schwerwiegende Folgen für den Betroffenen. Hinzu kommt, dass die Kündigung ohne jegliche vorgängige Anhörung erfolgt ist, was eine grobe Missachtung des rechtlichen Gehörs darstellt, die grundsätzlich nicht geheilt werden kann. Nebst dem Entscheid einer sachlich unzuständigen Behörde liegt demnach eine grobe Verletzung des rechtlichen Gehörs vor, was zur Nichtigkeit der Verfügung führen muss (VerwG LU vom 12. Dez. 2005, in: LGVE 2005 II Nr. 2 E. 2c und 2d). 2569

2570 – Die **Kantonspolizei Zürich** ist als zuständige Behörde zur Grenzkontrolle am Flughafen Zürich-Kloten befugt und auch verpflichtet, Ausländerinnen und Ausländer, welche die Einreisevoraussetzungen nicht erfüllen, indem sie beispielsweise nicht über die erforderlichen Reisepapiere verfügen (vgl. Art. 5 Abs. 1 lit. a AuG), die Einreise formlos zu verweigern (vgl. Art 9 Abs. 1 AuG i.V.m. Art. 8 und 65 Abs. 1 AuG). Die Kantonspolizei Zürich ist unter diesen Umständen nicht als gänzlich unzuständige Behörde für den Erlass von Verfügungen betr. Einreiseverweigerung und Wegweisung am Flughafen zu betrachten. Dies umso mehr, als sie beim Erlass der Verfügung gestützt auf eine Weisung sowie das Rundschreiben des BFM vom 21. Nov. 2007 offenbar gutgläubig der Meinung war, die erforderliche Ermächtigung zu besitzen, im Auftrag des BFM formell verfügen zu dürfen (BVGer vom 6. März 2008, C-1417/2008, E. 3.2).

2571 – Die **Liegenschaft des Beschwerdeführers** in der **Gemeinde Z** ist an die **Wasserversorgungsanlage** der **Gemeinde A** angeschlossen; die Wasserzinsen wurden jedoch unrechtmässig von der Gemeinde Z erhoben. Dieser Umstand allein vermag jedoch nicht zur Nichtigkeit der Gebührenverfügung zu führen. Gemäss unbestrittenen Angaben im angefochtenen Entscheid hat die Nachbargemeinde A – trotz erfolgtem Anschluss der Liegenschaft des Beschwerdeführers an der Wasserversorgungsanlage A im Jahre 1984 – bisher offenbar noch nie die Wasserzinsen beim heutigen Grundeigentümer in Rechnung gestellt. Der alljährliche Wasserverbrauch wurde vielmehr jeweils gegenüber der Wasserversorgung Z geltend gemacht. Das faktische Handeln der beiden beteiligten Gemeinwesen, insbesondere die langjährige, einheitlich gehandhabte diesbezügliche Praxis zeigt, dass übereinstimmend in all den Jahren davon ausgegangen wurde, dass die örtliche Zuständigkeit zur Gebührenerhebung bei den Gemeindebehörden von Z liege. Für die Annahme der hier einzig interessierenden Nichtigkeit müsste die örtliche Zuständigkeit eindeutig und offensichtlich bei einer anderen Behörde liegen als bei jener, welche die streitige Verfügung getroffen hat. Von einer «eindeutigen Unzuständigkeit» kann im vorliegenden Fall angesichts der tatsächlichen Verhältnisse jedoch nicht die Rede sein (VerwG LU vom 21. Juni 2000, in: LGVE 2000 II Nr. 35 E. 4).

2572 – Nach einhelliger Lehre gilt die **amtliche Liquidation als privatrechtliches Institut**. Obwohl der **Erbschaftsliquidator** von der Behörde ernannt wird und unter ihrer Aufsicht steht, bekleidet er ein privatrechtliches und nicht ein staatliches Amt. Für den vorliegenden Fall bedeutet dies, dass die Erbschaftsliquidatoren mangels hoheitlicher Gewalt nicht befugt sind, ihren Auskunftsanspruch gegenüber der Beschwerdeführerin mittels einer Verfügung durchzusetzen. Der Umstand, dass die Erbschaftsliquidatoren überhaupt nicht Träger hoheitlicher Gewalt sind, stellt mithin einen Nichtigkeitsgrund dar. Die von ihnen erlassene Verfügung ist dementsprechend absolut nichtig (BGE 130 III 97 E. 3).

2573 – Die **Kompetenzdelegation einzelner Aufgaben der kantonalen Amtsstelle an die Regionalen Arbeitsvermittlungszentren (RAV)** (in casu: Überprüfung der Vermittlungsfähigkeit gemäss Art. 15 Abs. 1 AVIG oder Entzug des Leistungsanspruchs nach Art. 30a Abs. 1 AVIG) bedarf eines formellen, den Publikationsvorschriften des Kantons unterliegenden Erlasses. Eine bloss auf internen Verwaltungsweisungen vorgenommene Zuständigkeitsübertragung genügt nicht, was zur Nichtigkeit der Verwaltungsverfügung des RAV führt (BGE 129 V 485 E. 2.3).

bbb) Formfehler

2574 Wenn eine Verfügung **mangelhaft eröffnet** wird, bewirkt dies nicht automatisch ihre Nichtigkeit, sondern in der Regel bloss ihre **Anfechtbarkeit**. Der Mangel kann unter Umständen geheilt werden, indem die Verfügung nachträglich gesetzeskonform eröffnet wird (BGE 129 I 361 E. 2.1, 122 I 97 E. 3a/aa; BVGer vom 20. Okt. 2009, E-4934/2009, E. 5.2; Rekursgericht Ausländerrecht AG vom 17. Aug. 2001, in: AGVE 2001 Nr. 113 E. 3c; vgl. auch BGE 133 I 178 E. 3.5, betr. Formfehler beim Erlass einer Parlamentsverordnung [Missachtung des Erfordernisses einer zweiten Lesung]).

Massgebend ist, ob den Parteien aus einer **mangelhaften Eröffnung Nachteile** erwachsen (Art. 38 VwVG; BVGer vom 20. Okt. 2009, E-4934/2009, E. 5.2; VerwG ZH vom 22. Juni 2005, VB.2005.00050, E. 5.1). Bei Eröffnungsfehlern ist deshalb nach den konkreten Umständen des Einzelfalls jeweils zu prüfen, ob der Adressat dadurch tatsächlich irregeführt und benachteiligt worden ist (BVGer vom 23. Aug. 2011, A-8603/2010, E. 3; RR SZ vom 25. Nov. 2003, in: ZBl 2004 S. 536 E. 3.5). Richtschnur für die Beurteilung dieser Frage ist der **Grundsatz von Treu und Glauben**, an welchem die Berufung auf Formmängel in jedem Fall ihre Grenze findet (BGE 122 I 97 E. 3a, 111 V 149 E. 4c). 2575

Erfährt der **Verfügungsadressat auf Umwegen oder durch Zufall** von einem ihn betreffenden Verwaltungsakt, ist zu prüfen, wann von ihm erwartet werden kann, vom Inhalt der Verfügung Kenntnis zu nehmen und diese allenfalls anzufechten (BGE 117 Ib 270 E. 1d, 107 Ia 72 E. 4a, 102 Ib 91 E. 3). Grundsätzlich hat er aus Gründen des Vertrauensschutzes und der Rechtssicherheit so schnell wie möglich alles Zumutbare zu unternehmen, um den Inhalt der Verfügung zu erfahren (BGE 119 Ib 64 E. 3b, 112 Ib 417 E. 2d, 107 Ia 72 E. 4a, 102 Ib 91 E. 3, je mit weiteren Hinweisen). In einem solchen Fall sind die Rechtswirkungen einer mangelhaft eröffneten Verfügung nur vorläufig aufgeschoben (BGer vom 21. Mai 2002, 2A.293/2001, E. 1b). Schnelles Handeln ist dann angezeigt, wenn der Entscheid in der Sache dringlichen Charakter hat oder wenn er bereits von einem anderen Verfahrensbeteiligten angefochten wurde (VerwG ZH vom 22. Juni 2005, VB.2005.00050, E. 5.1). 2576

Eine **fehlerhafte Eröffnung** (z.B. an den einzelzeichnungsberechtigten Verwaltungsrat anstatt an den Gesamtverwaltungsrat) hat jedenfalls dann **Nichtigkeit** zur Folge, wenn der Betroffene von einer Entscheidung mangels Eröffnung nichts weiss bzw. keine Gelegenheit erhalten hat, an einem gegen ihn laufenden Verfahren teilzunehmen (BGE 129 I 361 E. 2.1, 122 I 97 E. 3a/aa; BGer vom 11. Nov. 2009, 4A_277/2009, E. 4.3; BVGer vom 1. Sept. 2010, C-6991/2008, E. 5; vom 21. April 2010, A-6610/2009, E. 3.4.1; VerwG ZH vom 10. März 2010, VB.2009.00699, E. 3.3). Eine unklare, unvollständige oder widersprüchliche Verfügungsformel (Dispositiv) führt nur dann zur Nichtigkeit der Verfügung, wenn die betroffene Person irregeführt und dadurch benachteiligt worden ist und sich auch durch Auslegung nicht ermitteln lässt, zu was der Adressat der Verfügung berechtigt oder verpflichtet worden ist (vgl. BGE 122 I 97 E. 3a; zum Ganzen BGer vom 22. März 2006, 2A.61/2005, E. 2.2). 2577

Eine **mündliche Eröffnung** der Verfügung, ein **fehlendes oder falsches Datum**, eine **fehlende Unterschrift** oder eine **fehlende Rechtsmittelbelehrung** bewirken nicht die Nichtigkeit der Verfügung, wenn der Adressat die Verfügung als verbindliche amtliche Anordnung erkennt, rechtzeitig bei der zuständigen Instanz Beschwerde erhebt und ihm somit durch die fehlerhafte Eröffnung keine wesentlichen Nachteile erwachsen (BVGer vom 23. Aug. 2011, A-8603/2010, E. 3; VerwG SG vom 12. Feb. 2008, B-2007-200, E. 2.2). 2578

Nach Lehre und Rechtsprechung ist die **Unterschrift** von Bundesrechts wegen kein Gültigkeitserfordernis für eine Verfügung, solange das anwendbare Recht nicht ausdrücklich eine Unterschrift verlangt (BGE 131 V 483 E. 2.3.5, 112 V 87 E. 1, 105 V 248 E. 4). Das Fehlen einer vorgeschriebenen Unterschrift führt dementsprechend nicht zur Nichtigkeit, sondern höchstens zur Anfechtbarkeit der Verfügung (BGer 2579 vom 12. Dez. 2000, 1P.330/2000, E. 3b [in BGE 127 I 44 ff. nicht publ. E.]). Zu den schwerwiegenden Eröffnungsfehlern gehören selbst eine **fehlende Bezeichnung der erlassenden Behörde** bzw. des **Adressaten** nur dann, wenn sich der Absender bzw. der Adressat nicht aus den Sachumständen erkennen lässt (BVGer vom 17. Juli 2008, B-2698/2007, E. 4; REKO HM vom 16. Aug. 2002, in: VPB 67 [2003] Nr. 94 E. 3; VerwG GR vom 14. Juli 2009, R-09-25, E. 2c; Rekursgericht Ausländerrecht AG vom 17. Aug. 2001, in: AGVE 2001 Nr. 113 E. 3c). Eine **ungenaue oder unvollständige Parteibezeichnung** bewirkt demnach Nichtigkeit einer Verfügung, wenn die Identität der fraglichen Partei unklar bleibt und dadurch die Verfahrensbeteiligten tatsächlich irregeführt werden (BGE 102 III 63 E. 2; REKO UVEK vom 10. Juli 2003, in: VPB 2004 Nr. 25 E. 2.3).

2580 **Nichtig** sind jedenfalls Verfügungen, die einer Person eröffnet wurden, die nicht befugt ist, sie in Empfang zu nehmen, ferner, wenn kein oder ein unrichtiger Adressat ins Recht gefasst worden ist oder sich der Entscheid an eine nicht existierende Person richtet (BGE 122 I 97 E. 3, 110 V 145 E. 2d; BVGer vom 25. Aug. 2011, A-6683/2010, E. 3.3; REKO HM vom 16. Aug. 2002, in: VPB 67 [2003] Nr. 94 E. 3.3). Die erwähnten Mängel können nicht durch die Aufhebung des Entscheids im Beschwerdeverfahren geheilt werden, litte doch das Beschwerdeverfahren wieder am gleichen Mangel, indem eine nicht existierende oder falsche Person in das Verfahren einbezogen würde (BVGer vom 25. Aug. 2011, A-6683/2010, E. 3.3; BGer vom 10. Juli 2009, 6B_860/2008, E. 2.1).

2581 Auch Verfügungen, die erwiesenermassen **keiner Partei** eröffnet wurden und insofern **behördenintern** bleiben, entfalten keinerlei Rechtswirkungen und gelten als nicht existent bzw. nichtig (BVGer vom 24. März 2011, A-4695/2008, E. 1.2.1); dasselbe gilt, wenn die Verfügung entweder nur dem Beschwerdeführer oder nur dem Beschwerdegegner eröffnet wurde (VerwG SG vom 14. Okt. 2010, B-2010-34, E. 6.2). Wird eine Planungszone nicht allen davon betroffenen Grundeigentümern eröffnet, führt dies allerdings – aus Gründen der Rechtssicherheit – nicht zur Nichtigkeit der Massnahme gegenüber den anderen (angeschriebenen) Grundeigentümern sowie der Gemeinde (VerwG SG vom 15. März 2007, in: GVP 2007 Nr. 27 E. 2.1).

Praxis:

2582 Die Praxis hat in folgenden Fällen **Nichtigkeit** angenommen:

2583 – Bei der **Zustellung der Verfügung an den Beschwerdeführer** anstatt an den mandatierten Rechtsvertreter unter Berücksichtigung **besonderer Umstände** (BVGer vom 20. Okt. 2009, E-4934/2009, E. 5.2).

2584 – Bei einer **Ermessensveranlagung, ohne dem Steuerpflichtigen je eine Steuererklärung zuzustellen**. Eine erfolgte vollumfängliche Unterdrückung der ersten Veranlagungsphase ist als derart krasser Fehler einzustufen, dass er nicht nur die blosse Anfechtbarkeit, sondern geradezu die absolute Unwirksamkeit der damit behafteten Veranlagung nach sich ziehen muss (BGE 137 I 273 E. 3.4).

2585 – Bei der Zustellung der Verfügung an eine **verstorbene oder verschollene Person** (BVGer vom 1. Dez. 2010, A-6711/2010, E. 3.4). Auch der **Nachlass** der betreffenden Person ist weder partei- noch prozessfähig; ihm kommt keine Rechtspersönlichkeit zu, sodass sich die Verfügung an eine nicht existierende Person richtet und dementsprechend nichtig ist (BVGer vom 25. Aug. 2011, A-6683/2010, E. 4.3).

- Beim **vollständigen Fehlen des Adressaten**, wenn sich der ins Recht gefasste Adressat auch nicht aus dem Sachzusammenhang erkennen lässt (BVGer vom 17. Juli 2008, B-2698/2007, E. 4). 2586
- Bei der **mündlichen (statt schriftlichen) Eröffnung einer Wegweisungsverfügung** während einer polizeilichen Befragung im Rahmen der Gehörsgewährung (VerwG ZH vom 22. Juni 2005, VB.2005.00050, E. 5). 2587
- Bei einer **Kumulation von schwerwiegenden Eröffnungs- und Verfahrensfehlern**, auch wenn diese je einzeln geheilt werden könnten (unzureichende Adressatenbezeichnung, Verletzung des Rechts auf vorgängige Anhörung, keine Bezeichnung als Verfügung und fehlende Rechtsmittelbelehrung; vgl. Rekursgericht Ausländerrecht AG vom 17. Aug. 2001, in: AGVE 2001 Nr. 113 E. 3c). 2588
- Wenn während der **Rechtshängigkeit der ursprünglichen Verfügung**, welche angefochten wurde, **erneut eine Verfügung** zugestellt wird. Mit der Rechtshängigkeit ist es der zuständigen Behörde verwehrt, über den nämlichen Streitgegenstand nochmals zu verfügen und erneut den Rechtsweg zu öffnen, solange es sich nicht um eine Wiedererwägungsverfügung handelt, die je nach kantonaler Rechtslage bis zum Entscheid der Beschwerdeinstanz ergehen kann (VersG ZH vom 2. Feb. 2009, IV.2009.00036, E. 3.1). 2589
- Wenn der **Vater lediglich durch öffentliche Ladung vorgeladen** wurde und vom Verfahren nichts wusste, obwohl er zur Zeit des Vaterschaftsprozesses in Bern wohnhaft und angemeldet war. Eine öffentliche Ladung ist unzulässig, wenn der Aufenthaltsort des Zustellungsempfängers bekannt oder eruierbar ist. Die regelwidrige Vorladung hatte zur Folge, dass der Beschwerdeführer an der Teilnahme am Verfahren und der Wahrung seiner Prozessrechte gehindert war. Entsprechend ist das Urteil des Amtsgerichts nichtig und kann nicht als Rechtsöffnungstitel dienen (BGE 129 I 361 E. 2.2). 2590

Die Praxis hat in folgenden Fällen **Nichtigkeit** verneint: 2591

- Bei einer **Nennung einer Hilfsperson als Verfügungsadressatin** anstatt derjenigen, die ein Medizinprodukt in der Schweiz in Verkehr bringt (REKO HM vom 16. Aug. 2002, in: VPB 67 [2003] Nr. 94 E. 3.3). 2592
- Bei einem **mangelhaften Dispositiv**; im Dispositiv wurde verfügt, dass die Beschwerdeführer jeweils «zur Zahlung des geschuldeten Beitrags verpflichtet» sind. Angefügt sind den Verfügungen jeweils die Rechnungen und eine Rechtsmittelbelehrung. Der geschuldete Betrag wird zwar in der Verfügungsformel nicht genannt, doch ergibt er sich aus dem Hinweis in der Begründung auf die beiliegende Rechnung und die Berechnungsgrundlage sowie -methode. Die Beschwerdeführer konnten und mussten nach Treu und Glauben den Umfang der verfügten Zahlungspflicht aus den Begründungen der Verfügungen und der ihnen beigelegten Rechnungen entnehmen (BGer vom 22. März 2006, 2A.61/2005, E. 2.3). 2593
- Bei **fehlender Rechtsmittelbelehrung**, wenn der Adressat das Schreiben als Verfügung erkennt bzw. erkennen konnte (BGer vom 29. Aug. 2011, 1C_270/2011, E. 5.2). 2594
- Bei einer **ohne Unterschrift versehenen Verfügung** (BGE 131 V 483 E. 2.3.5). Hat der Adressat trotz fehlender Unterschrift die Verfügung als verbindliche amtliche Anordnung erkannt und erhebt er gegen den Entscheid Beschwerde, führt die fehlende Unterschrift zu keiner schwerwiegenden Verletzung von Parteirechten und dem Betroffenen erwachsen durch die Heilung im Rechtsmittelverfahren keine wesentlichen Nachteile (VerwG SG vom 12. Feb. 2008, B-2007-200, E. 2.2; VerwG SG vom 19. März 2002, in: GVP 2002 Nr. 66 E. d/bb). 2595
- Wenn sich aus dem **Inhalt der Verfügung** ergibt, dass der Entscheid von einer Einzelperson gefällt wurde, und aus dem Briefkopf, dass es sich bei dieser um ein Mitglied des Kantonsgerichts handelt und die Haft mithin von einem dafür zuständigen Richter erlassen wurde. Dass der verantwortliche Richter nicht aus der Verfügung hervorgeht, ist damit zwar klarerweise ein Mangel. Er wiegt indessen nicht so schwer, dass er die Nichtigkeit der Verfügung bewirken würde (BGer vom 3. Sept. 2009, 6B_170/2009, E. 2.2). 2596

2597 – Wenn der **Einspracheentscheid** an die **Mutter der Beschwerdeführerin zugestellt** wird und diese den Entscheid ihrer Tochter nicht weitergeleitet, die Beschwerdeführerin jedoch später Kenntnis vom Entscheid erhält und dann nicht innert der 30-tägigen Frist Beschwerde erhebt. Nutzt die Versicherte diese Anfechtungsmöglichkeit nicht, erwächst der Entscheid in Rechtskraft (BGer vom 9. März 2004, K 38/03, E. 3.4).

2598 – Wenn die **falsche Partei ins Recht** gefasst wird (kantonales Untersuchungsrichteramt), sich jedoch aus der Verfügung ergibt, dass die Pflicht zur Bezahlung der dem Bund entstandenen Kosten den Kanton Bern trifft und auch den übrigen Verfahrensbeteiligten klar ist, dass sich die Zahlungsforderung an den Kanton Bern richtet (REKO UVEK vom 10. Juli 2003, in: VPB 2004 Nr. 25 E. 2.3).

2599 – Wenn die **Verfügung von einer allenfalls nicht zuständigen Person unterzeichnet** wird (Abteilungsleiter anstatt Direktor des Instituts), diese – allenfalls fehlerhafte – Unterzeichnung jedoch nicht zur Folge hat, dass der Beschwerdeführerin daraus gewisse Nachteile erwachsen (REKO HM vom 2. April 2003, in: VPB 2003 Nr. 133 E. 2.3; in casu war die Unterzeichnung der angefochtenen Verfügung durch den Abteilungsleiter nicht zu beanstanden).

2600 – Wenn der Gestaltungsplan durch den **Gemeindepräsidenten** sowie durch den **Gemeindeschreiber, der sich im Ausstand befand**, unterzeichnet wird. Die Unterzeichnung eines Beschlusses durch den Gemeindeschreiber stellt zwar einen Eröffnungsmangel dar, welcher jedoch nicht schwer wiegt, zumal mindestens eine ordnungsgemässe Unterschrift, nämlich diejenige des Gemeindepräsidenten, vorhanden ist. Ferner erwuchsen den Beschwerdeführern dadurch keinerlei Nachteile (BGer vom 12. Dez. 2000, 1P.330/2000, E. 3b [in BGE 127 I 44 ff. nicht publ. E.]).

2601 – Wenn der **bundesrechtliche Nachsteuer- und Bussenentscheid nicht zugestellt** wird, sich hingegen aus dem **richtig zugestellten Entscheid über die Gemeindesteuern** ergibt, dass dieser auch die Bemessungen für die direkte Bundessteuer enthält und sogar den auf Bundesebene fälligen Nach- und Strafsteuerbetrag genau berechnet. Von diesem Zeitpunkt an hätte somit der Pflichtige aus Gründen des Vertrauensschutzes und der Rechtssicherheit alles Zumutbare unternehmen müssen, um den Inhalt der Verfügung über die (geschuldeten) Bundessteuern so schnell wie möglich zu erfahren, ansonsten dieser Entscheid in Rechtskraft erwächst (BGer vom 21. Mai 2002, 2A.293/2001, E. 1c).

2602 – Wenn im **Entscheiddispositiv der Entzug der aufschiebenden Wirkung nicht ausdrücklich festgehalten** wird, zumal im konkreten Fall der Beschwerdeführerin dadurch kein nicht wieder gutzumachender Nachteil entstanden ist (BGer vom 16. Aug. 2007, 6B_113/2007, E. 2.7).

2603 – Wenn der angefochtene Beschluss offensichtlich auf das **Datum des 12. Jan. 2011 statt 12. Jan. 2010** lauten sollte. Dies ergibt sich ohne Weiteres aus dem Sachverhalt des genannten Beschlusses, der sich zwischen Okt. und Dez. 2010 abspielte. Dabei handelt es sich keinesfalls um einen schwerwiegenden Mangel. Daraus entstanden dem Beschwerdeführer zudem keinerlei Nachteile. Von einer Nichtigkeit des angefochtenen Beschlusses kann demnach nicht die Rede sein (VerwG ZH vom 18. Mai 2011, VB.2011.00124, E. 2.2).

2604 – Wenn die kantonale Baudirektion der kommunalen Baubewilligung lediglich durch Stillschweigen zugestimmt hat. Sinn und Zweck des Zustimmungserfordernisses nach **Art. 25 Abs. 2 RPG** wurde demnach Rechnung getragen. Dass diesbezüglich kein förmlicher Entscheid gefällt wurde, stellt selbst dann, wenn ein solcher zwingend erforderlich wäre, keinen schwerwiegenden Zuständigkeits- und Eröffnungsmangel dar, welcher eine Nichtigkeit bewirken könnte (BGE 132 II 21 E. 3.3).

2605 – Wenn die **Steuerveranlagung nur dem Ehemann, nicht aber der Ehefrau** eröffnet wurde. Die Rekurrenten wohnen zusammen im gemeinsamen Haushalt und der Ehemann ist nach Treu und Glauben verpflichtet, auch seine Ehefrau von der Veranlagung in Kenntnis zu setzen (VerwG GR vom 11. Sept. 2001, in: PVG 2001 S. 82 E. 1c).

2606 – Wenn ein Baugesuch **mangelhaft oder nicht profiliert** wird, solange den Beschwerde führenden Parteien daraus kein Rechtsnachteil erwächst. Hat der Beschwerdeführer im Beschwerdeverfahren seine Rechte wahrgenommen und die fehlende Profilierung rechtzeitig bemängelt, erwächst ihm daraus kein Nachteil (BGE 121 I 177 E. 2b/cc; BGer vom 22. März 2011, 1C_518/2010, E. 3.3; vom 3. Feb. 2011, 1C_217/2010, E. 2.4).

ccc) Verfahrensfehler

Verfahrensmängel, die in **Gehörsverletzungen gemäss Art. 29 Abs. 2 BV** liegen, sind an sich **heilbar** und führen in der Regel nur zur **Anfechtbarkeit** des fehlerhaften Entscheids, selbst wenn sie schwerwiegender Natur sind (BGE 137 I 195 E. 2.2, 136 V 117 E. 4.2.2.2, 135 V 134 E. 3.2, 133 I 201 E. 2.2, 129 I 361 E. 2.1; BGer vom 31. Aug. 2010, 8C_1065/2009, E. 4.2.3 [in BGE 136 I 332 ff. nicht publ. E.]; vom 9. Juli 2008, 5A_369/2008, E. 2.4; vom 24. April 2006, 2P.352/2005, E. 2.2; vom 14. März 2005, 2P.104/2004, E. 6.4.1; BVGer vom 1. Feb. 2010, A-7162/2008, E. 8.1.2 [in BVGE 2010/19 nicht publ. E.]; VerwG ZH vom 10. März 2010, VB.2009.00699, E. 3.3; vom 8. Nov. 2006, in: BEZ 2006 Nr. 57 E. 4.3). 2607

Eine unzureichende oder selbst fehlende Begründung setzt deshalb keinen Nichtigkeitsgrund (BGer vom 29. Aug. 2011, 1C_270/2011, E. 5.2; PRK vom 25. Aug. 2003, in: VPB 68 [2004] Nr. 6 E. 4; VerwG ZH vom 11. Juni 2003, PB.2003.00011, E. 3e/aa). Die **Häufung** von für sich allein betrachtet allenfalls weniger gewichtigen Verfahrensfehlern kann allerdings dazu führen, dass das Verfahren insgesamt als derart mangelhaft bezeichnet werden muss, dass eine Heilung im Rechtsmittelverfahren ausgeschlossen ist (BGE 124 V 180 E. 4b; BGer vom 10. Dez. 2008, 5A_555/2008, E. 3.2 [mangelnde Eröffnung, fehlende Begründung und fehlende Rechtsmittelbelehrung]; vom 10. März 2005, 1A.160/2004, E. 2.2; vom 8. Mai 2000, 1A.57/2000, E. 6a; BVGer vom 1. Sept. 2010, C-6991/2008, E. 8; ferner VerwG AG vom 11. Mai 2004, in: AGVE 2004 S. 242 E. 3c; VerwG SG vom 23. April 2004, in: GVP 2004 Nr. 2 E. 1g [fehlende Anhörung und mangelhafte Eröffnung]). 2608

Praxis:

- Der ETH-Rat hat zur Begründung seiner Verfügung lediglich auf einen Untersuchungsbericht verwiesen. Dieser Einwand – der **mangelhaften Begründung** – ist jedoch nicht geeignet, zur Nichtigkeit der angefochtenen Verfügung zu führen, da die behaupteten Rechtsfehler nicht die erforderliche Schwere aufweisen, welche für die Rechtsfolge der Nichtigkeit erforderlich ist (PRK vom 25. Aug. 2003, in: VPB 68 [2004] Nr. 6 E. 4). 2609
- Die **Verletzung von Ausstandsregeln** führt nicht zwingend zur Nichtigkeit der Verfügung, zumal vorliegend die Prüfungsnoten durch die hierfür grundsätzlich zuständige Behörde erteilt wurden (VerwG FR vom 25. Aug. 2005, in: FZR 2005 Nr. 44 E. 4, betr. Abnahme von Prüfungen durch Ehefrau [als Examinatorin] und Ehemann [als Experte] anstatt durch einen von der Ehefrau unabhängigen Experten). 2610
- Die **unterlassene Orientierung** hinsichtlich der Eröffnung eines Verfahrens, die daraus folgende vollständige Unterbindung der Möglichkeit zur Teilnahme bzw. Mitwirkung und die nicht erfolgte Mitteilung eines (sich zudem in schwerwiegender Weise auf die Rechtsstellung des Beschwerdeführers auswirkenden) Entscheides sind als krasse Verletzungen von dessen Anspruch auf rechtliches Gehör zu qualifizieren. Daneben sind der Vorinstanz im Zusammenhang mit dem Zustandekommen der Verfügung weitere Form- und Eröffnungsfehler vorzuhalten; diese Häufung von teils schweren und teils leichten Verletzungen der Verfahrensrechte führt zur Nichtigkeit der Verfügung (BVGer vom 1. Sept. 2010, C-6991/2008, E. 8). 2611
- Wird ein **Baugesuch überhaupt nicht publiziert**, haben die an und für sich Beschwerdelegitimierten keine Möglichkeit, sich vorgängig hierzu zu äussern. Erfahren sie von der Baute erst 2612

nach Errichtung bzw. Inbetriebnahme (Kälteanlage zu einer Quartierüberbauung) und werden sie auch nachher trotz vorgebrachter Rügen nicht in das Verfahren zur Eindämmung der Lärmimmissionen einbezogen, führt das zur Nichtigkeit der Verfügung, was zur Folge hat, dass für die Kälteanlage ein ordentliches Baubewilligungsverfahren mit Publikation durchzuführen ist (VerwG SO vom 1. Dez. 2010, in: SOG 2010 Nr. 13 E. 5).

2613 – Die **Verletzung von Ausstandsgründen** kann ausnahmsweise in besonders schweren Fällen – etwa wenn ein Behördenmitglied persönliche Interessen verfolgte – die Nichtigkeit eines Entscheids bewirken. Ist ein mitwirkender Verwaltungsrichter durch die von der Vorinstanz vorgenommene Auslegung der Übergangsbestimmung in bedeutendem Mass persönlich betroffen, weil er offenbar ein Veranlagungsverfahren zu gewärtigen hat, in dem die genau gleiche Rechtsfrage zu beantworten ist und die Antwort für ihn – je nach Ergebnis – mit beträchtlichen Steuerfolgen verbunden ist, kann dieser nicht mehr als unabhängig erscheinen. Allerdings kann der gerügte Mangel nicht als derart schwerwiegend bezeichnet werden, dass er geradezu die Nichtigkeit des angefochtenen Erkenntnisses bewirken muss, da sich für den ausstandspflichtigen Richter kein direkter persönlicher Vorteil aus dem angefochtenen Urteil, sondern nur ein indirekter, abgeleiteter Vorteil ergibt (BGE 136 II 383 E. 4).

2614 – Hat sich der **Gemeinderat am Augenschein durch eine Delegation** vertreten lassen, ist dieser Vorwurf nicht geeignet, den Entscheid als nichtig erscheinen zu lassen, zumal das kantonale Recht keine Bestimmung kennt, die es dem Gemeinderat verbieten würde, sich an einem Augenschein durch eine Delegation vertreten zu lassen. Auch die unzulässige Teilnahme des ausstandspflichtigen Gemeindeschreibers am Augenschein macht den nachfolgenden, ohne dessen Mitwirkung getroffenen Sachentscheid nicht nichtig. Ob der Beschwerdeführer mit der (für ihn angeblich überraschenden) Begründung des Entscheids nicht rechnen musste und daher vom Gemeinderat zur Wahrung des rechtlichen Gehörs noch hätte angehört werden müssen, kann offen bleiben, da auch in einer derartigen Gehörsverweigerung kein besonders schwerer Mangel und damit kein Nichtigkeitsgrund liegen würde (BGer vom 16. Sept. 2010, 1C_280/2010, E. 3.3).

2615 – Eine **Löschung von Einzelunternehmen im Handelsregister** nach Art. 152 HRegV oder Art. 155 HRegV setzt eine Aufforderung zur Stellungnahme voraus. Diese dient vorab der Einräumung des rechtlichen Gehörs. Wenn eine solche Aufforderung nicht erfolgt, liegt ein schwerwiegender Verfahrensfehler vor, welcher zur Nichtigkeit der angefochtenen Verfügung führt (VerwG ZH vom 7. Sept. 2011, VB.2011.00276, E. 5).

ddd) Inhaltliche Fehler

2616 **Inhaltliche Mängel** haben nur in seltenen **Ausnahmefällen** die Nichtigkeit einer Verfügung zur Folge; erforderlich ist ein ausserordentlich schwerwiegender Mangel (BGE 137 I 273 E. 3.1, 136 II 489 E. 3.3, 133 II 367 E. 3.2, 132 II 21 E. 3.1, 130 III 430 E. 3.3, 129 I 361 E. 2; BGer vom 31. Aug. 2010, 8C_1065/2009, E. 4.2.3 [in BGE 136 I 332 ff. nicht publ. E.]). Die Anordnung muss geradezu **sinnlos, sittenwidrig oder willkürlich** sein (BGer vom 31. Aug. 2010, 8C_1065/2009, E. 4.2.3 [in BGE 136 I 332 ff. nicht publ. E.]; vom 10. Juni 2005, 2P.132/2005, E. 2.4; VerwG GR vom 14. Sept. 2010, in: PVG 2010 Nr. 24 E. 3; VerwG LU vom 21. Juni 2000, in: LGVE 2000 II Nr. 35 E. 3b). Als nichtig wäre namentlich eine Verfügung anzusehen, bei der die Fehlerhaftigkeit an ihr selbst zum Ausdruck kommt (z.B. provisorische Einbürgerung) oder bei tatsächlicher Unmöglichkeit ihres Vollzugs (Hinweise aus BGer vom 2. Juni 2003, 5P.178/2003, E. 3.2).

Bei einer Grundrechtsverletzung könnte Nichtigkeit die Folge sein, wenn die Verfügung das **Grundrecht in seinem Kerngehalt** trifft (BGer vom 31. Aug. 2010, 8C_1065/2009, E. 4.2.3 [in BGE 136 I 332 ff. nicht publ. E.]) oder wenn gegen ein Grundrecht offensichtlich verstossen wurde (Baurekursgericht ZH vom 23. Nov. 2010, in: BEZ 2011 Nr. 33 E. 5). Ein Hoheitsakt, der jemanden zu einer **objektiv unmöglichen Leistung** verpflichtet oder die Partei oder Leistung so ungenügend bezeichnet, dass eine Vollstreckung unmöglich ist, führt zur Nichtigkeit der Verfügung (BGer vom 2. Juni 2003, 5P.178/2003, E. 3.2). Die Nichtigkeit kann dabei nicht an ein formales Kriterium geknüpft werden, sondern greift nur bei besonders hoher Wertung des verletzten Rechtsgutes Platz (BVGer vom 25. Aug. 2010, C-605/2008, E. 4.2). Eine allfällige Bundesrechtswidrigkeit einer kantonalen Verfügung führt hingegen nicht zur Nichtigkeit der Verfügung (BGE 132 II 21 E. 3.2 und E. 3.3). 2617

Praxis:

- **Signalisierungen der zulässigen Höchstgeschwindigkeit** (rechtswidrig aufgestellte Höchstgeschwindigkeitssignale vor dem Belchentunnel) schaffen Vertrauen, auf das sich die Strassenbenützer bei vielen Verkehrsvorgängen (Abbiegen, Überholen usw.) müssen verlassen können. Demnach sind auch rechtswidrig aufgestellte Höchstgeschwindigkeitssignale grundsätzlich zu beachten. Etwas anderes kann nur in besonderen Ausnahmefällen gelten, wenn solche Anordnungen ganz offenkundig mangelhaft und damit nichtig sind. Selbst wenn die in Frage stehende Geschwindigkeitsbeschränkung einen grösseren Streckenabschnitt abdeckt, ist sie im Lichte dieser Praxis keinesfalls nichtig. Weder ist sie offensichtlich und für alle erkennbar mangelhaft, noch kann sie übergangen werden, ohne die Rechtssicherheit und die Sicherheit der anderen Verkehrsteilnehmer zu gefährden. Im Gegenteil erscheint die Begrenzung der Höchstgeschwindigkeit – angesichts des Wechsels von Tunnel und offener Strecke sowie der Spurverengung vor dem Belchentunnel – nachvollziehbar. Unter diesen Umständen müssen die Verkehrsteilnehmer darauf vertrauen können, dass sich alle Fahrzeuglenker an die angegebene Höchstgeschwindigkeit halten (BGE 128 IV 184 E. 4.3). 2618
- Die gegenüber dem **Dozenten einer staatlichen Hochschule wegen Verteilung eines Flugblattes** an die Mitglieder des Kantonsrates verfügten Massnahmen (Verweis und Entzug einer Leitungsfunktion) stellen eine unzulässige Einschränkung der Meinungsäusserungsfreiheit dar. Materiell geht der Beschwerdeführer davon aus, dass die Teilkündigung seine Meinungsäusserungsfreiheit verletzte, womit gleichzeitig die Nichtigkeit der Verfügung begründet sei. Fehlerhafte Verfügungen sind in der Regel hingegen anfechtbar. Nur in ausserordentlichen Fällen bewirkt die Fehlerhaftigkeit einer Verfügung indessen deren Nichtigkeit. Damit Nichtigkeit anzunehmen ist, muss eine Verfügung einen besonders schweren Mangel aufweisen und der Mangel offensichtlich oder zumindest leicht erkennbar sein und darf die Nichtigkeit die Rechtssicherheit nicht ernsthaft gefährden, namentlich wenn ein solcher eine Verfügung praktisch wirkungslos, unsinnig oder unsittlich macht. Bei einer Grundrechtsverletzung könnte dies der Fall sein, wenn die Verfügung das Grundrecht in seinem Kerngehalt trifft, was hier offensichtlich nicht zutrifft (BGer vom 31. Aug. 2010, 8C_1065/2009, E. 4.2.3 [in BGE 136 I 332 ff. nicht publ. E.]). 2619
- Mit Nachtragsverfügung vom 9. Okt. 2001 wurden einer Inhaberin der Einzelfirma P für die Zeit vom 1. Nov. 1997 bis 8. Juni 1999 **Sozialversicherungsbeiträge** über Fr. 25'773.75 in Rechnung gestellt. Die Verfügung wurde nicht angefochten, weshalb sie in Rechtskraft erwuchs. In der Folge wurde die Betreibung eingeleitet und Begehren um definitive Rechtsöffnung gestellt. Die Inhaberin macht die Nichtigkeit der ursprünglichen Verfügung geltend. In dieser Hinsicht könnte sich die Nachtragsverfügung allenfalls dann als nichtig erweisen, wenn die Beschwerdeführerin von vornherein nicht AHV-pflichtig und damit per definitionem nicht Verfügungsadressatin einer Beitragsverfügung sein könnte. Demgegenüber handelt es sich bei der Rüge, sie sei für eine Zeitperiode als beitragspflichtig erklärt worden, in der ihre Einzelfir- 2620

ma bereits in eine juristische Person eingebracht gewesen sei, um einen rein materiellrechtlichen Einwand, der typischerweise im Rechtsmittelverfahren hätte erhoben werden müssen. Im Übrigen lässt sich auch nicht sagen, der behauptete Fehler sei offensichtlich oder zumindest leicht erkennbar: Die Beschwerdeführerin hat effektiv eine Einzelfirma betrieben und sie verweist als Beleg für ihr Vorbringen auf verschiedene Dokumente. Allein schon dieser Umstand zeigt, dass die geltend gemachte Nichtigkeit nicht ins Auge springt und auch nicht aus der Verfügung selbst hervorgeht. Insofern erweist es sich jedenfalls nicht als willkürlich, wenn die Vorinstanz im Ergebnis davon ausgegangen ist, der Rechtsöffnungsrichter sei an die in Rechtskraft erwachsene Verfügung gebunden und er dürfe sie nicht nach- bzw. auf ihre materielle Richtigkeit hin überprüfen (BGer vom 2. Juni 2003, 5P.178/2003, E. 3.2).

2621 – Auf ihren Entscheid bezüglich der **Rückforderung einer Lenkungsabgabe** hätte die Baubehörde nur revisionsweise (Art. 67 VRG), widerrufsweise (Art. 25 VRG) oder bei Nichtigkeit der Bewilligung zurückkommen können. Fehlerhafte Verfügungen sind in der Regel anfechtbar. Nur in ausserordentlichen Fällen bewirkt die Fehlerhaftigkeit einer Verfügung deren Nichtigkeit. Damit Nichtigkeit anzunehmen ist, muss eine Verfügung einen besonders schweren Mangel aufweisen und der Mangel offensichtlich oder zumindest leicht erkennbar sein und darf die Nichtigkeit die Rechtssicherheit nicht ernsthaft gefährden. Dies trifft hier offensichtlich nicht zu. Die Auferlegung der Lenkungsabgabe ohne formelle gesetzliche Grundlage war wohl inhaltlich rechtsfehlerhaft, aber durchaus nicht offensichtlich oder leicht erkennbar. Gerade der Umstand, dass die Beschwerdeführerinnen und offenbar noch verschiedene andere Bauherrschaften es unterlassen haben, die Abgabe anzufechten, zeigt doch mit aller Deutlichkeit, dass es nicht um einen leicht erkennbaren Mangel ging. Die Abgabeverfügung erging auch nicht ohne Rechtsgrund, sondern stützte sich, wenn auch falscherweise auf die Planungszone. Damit ist auch gesagt, dass sich eine Rückerstattungspflicht nicht aus ungerechtfertigter Bereicherung oder gar aus unerlaubter Handlung gemäss Art. 41 OR ergeben kann (VerwG GR vom 14. Sept. 2010, in: PVG 2010 Nr. 24 E. 3).

bb) Offensichtlicher Fehler (Evidenztheorie)

2622 Nach der **Evidenztheorie** ist eine Verfügung nur dann nichtig, wenn der ihr anhaftende Mangel **offensichtlich** oder zumindest **leicht erkennbar** ist (BGE 136 II 415 E. 2.2, 132 II 21 E. 3.1, 116 Ia 215 E. 2c; BGer vom 9. Juni 2011, 1C_64/2011, E. 3.3; BVGer vom 25. Aug. 2010, C-605/2008, E. 4.2; vom 21. Juni 2010, B-4448/2009, E. 5.1; vom 17. Juli 2008, B-2698/2007, E. 4; VerwG ZH vom 29. März 2006, in: RB 2006 Nr. 114 E. 2.1). Offensichtlich ist ein Fehler, der auch einer durchschnittlich, nicht juristisch gebildeten Person auffallen sollte (BVGer vom 25. Aug. 2010, C-605/2008, E. 4.2; PRK vom 16. Juni 2004, in: VPB 68 [2004] Nr. 150 E. 3a; VerwG SG vom 12. Feb. 2008, B-2007-200, E. 2.2). Nicht massgebend ist das Erkenntnisvermögen eines Anwalts. Allerdings sind Fehler, die selbst eine juristisch geschulte Person nicht erkennen kann, offensichtlich nicht evident (VerwG GR vom 30. Jan. 2007, R-06-81, E. 2b).

2623 Bedarf es **weiterer Abklärungen**, ob tatsächlich eine unzuständige Instanz verfügt hat oder ob es sich tatsächlich um schwerwiegende Eröffnungs- oder Verfahrensfehler handelt, ist der geltend gemachte Mangel üblicherweise weder offensichtlich noch leicht erkennbar (VerwG AG vom 17. Mai 2001, in: AGVE 2001 Nr. 81 E. 6a/bb/bbb). Aus dem Umstand, dass eine **Anfechtung unterlassen** wurde, kann geschlossen werden, dass es sich nicht um einen leicht erkennbaren Mangel handelt (VerwG GR vom 14. Sept. 2010, in: B 2010 Nr. 24 E. 3). Der oder die Fehler müssen demnach **eindeutig erkennbar** sein (VerwG LU vom 21. Juni 2000, in: LGVE 2000 II Nr. 35 E. 4b).

Es ist je nach **Rechtsgebiet** zu differenzieren: Im Vergleich zum nationalen Recht gibt es nur wenige völkerrechtliche Form- und Verfahrensvorschriften, sodass der Mangel eines auf diesem Gebiet erlassenen Hoheitsakts besonders krass und offensichtlich sein muss, damit er als nichtig betrachtet werden kann (BGE 130 III 430 E. 3.3). Die Unzuständigkeit einer Geschäftsleitung ist dann nicht offensichtlich, wenn diese lediglich auf einer ungenügenden Delegationsnorm fusst (VerwG BE vom 23. Sept. 2010, in: BVR 2011 S. 220 E. 3.5; VerwG ZH vom 29. Aug. 2001, PB.2001.00011, E. 3b). Verfügt das BAG anstatt das EDI über die Aufnahme in die Arzneimittelliste mit Tarif, ist der Mangel nicht derart offensichtlich ist, zumal selbst das in dieser Materie kundige BAG davon ausgeht, es sei für den vorliegenden Entscheid zuständig (BVGer vom 29. Sept. 2009, C-5058/2007, E. 3.2.1). 2624

Praxis:

- Eine allfällige **Rechtswidrigkeit einer Überwachungsmassnahme** ist auf dem normalen Rechtsmittelweg geltend zu machen, zumal die Rechtswidrigkeit im vorliegenden Fall nicht von vornherein als klar erstellt erscheint und offen zu Tage tritt. Ferner sieht das Gesetz eine nachträgliche Beschwerdemöglichkeit der durch die Massnahme betroffenen Person vor (BGE 130 II 249 E. 2.4). 2625
- Die **Abgrenzung von Tierarzneimitteln einerseits und Futtermitteln andererseits** und damit auch die Abgrenzung der Zuständigkeitsbereiche von **Swissmedic** und dem **Bundesamt für Landwirtschaft** (Vorinstanz) werfen mitunter komplexe Qualifikationsfragen auf, die – wie bei den vorliegend beanstandeten Produkten – erst durch Heranziehung wissenschaftlicher Erkenntnisse zu den pharmakologischen und ernährungsphysiologischen Eigenschaften der Produkte beantwortet werden können. Unter diesen Umständen kann nicht davon ausgegangen werden, dass die Unzuständigkeit der Vorinstanz offensichtlich oder leicht erkennbar ist. Die Fehlerhaftigkeit der angefochtenen Verfügung hat daher nicht ihre teilweise Nichtigkeit zur Folge, sondern lediglich deren Anfechtbarkeit (BVGer vom 21. Juni 2010, B-4448/2009, E. 5.2). 2626
- Die **Auferlegung der Lenkungsabgabe ohne formelle gesetzliche Grundlage** ist wohl inhaltlich rechtsfehlerhaft, aber durchaus nicht offensichtlich oder leicht erkennbar. Gerade der Umstand, dass die Beschwerdeführerinnen und offenbar noch verschiedene andere Bauherrschaften es unterlassen haben, die Abgabe anzufechten, zeigt, dass es nicht um einen leicht erkennbaren Mangel ging. Die Abgabeverfügung erging auch nicht ohne Rechtsgrund, sondern stützte sich, wenn auch fälschlicherweise, auf eine Planungszone (VerwG GR vom 14. Sept. 2010, in: PVG 2010 Nr. 24 E. 3). 2627
- Ist der Gemeinderat wie auch die zuständigen kantonalen Instanzen – ausser das kantonale Verwaltungsgericht, welches den Plan als nichtig betrachtet hat – von der **Rechtmässigkeit des Quartierplans** überzeugt und können sie sich hierfür auf gute Gründe in den massgebenden Rechtsgrundlagen stützen, kann keine Rede davon sein, dass der angebliche Mangel des Plans offenkundig oder zumindest leicht erkennbar gewesen ist; die diesbezüglich Annahme des Verwaltungsgericht erweist sich als willkürlich (BGer vom 15. April 2008, 1C_284/2007, E. 5). 2628
- Hat die Beschwerdeführerin selbst über Jahre hinweg jede **Statutenänderung jeweils der betreffenden (unzuständigen) Stiftungsaufsicht** unterbreitet, handelt es sich offensichtlich um einen nicht leicht erkennbaren Mangel (BVGer vom 25. Aug. 2010, C-605/2008, E. 4.3). 2629
- Der Umstand allein, dass die **Liegenschaft des Beschwerdeführers in der Gemeinde Z** an die **Wasserversorgungsanlage der Gemeinde A** angeschlossen ist und die örtlich unzuständige Gemeinde Z die Wasserzinsen erhebt, vermag nicht zur Nichtigkeit der Gebührenverfügung zu führen. Das faktische Handeln der beiden beteiligten Gemeinwesen, insbesondere die langjährige, einheitlich gehandhabte diesbezügliche Praxis zeigt, dass übereinstimmend in all den Jah- 2630

ren davon ausgegangen wurde, dass die örtliche Zuständigkeit zur Gebührenerhebung bei den Gemeindebehörden von Z liege. Für die Annahme der hier einzig interessierenden Nichtigkeit müsste die örtliche Zuständigkeit eindeutig und offensichtlich bei einer anderen Behörde liegen als bei jener, welche die streitige Verfügung getroffen hat. Von einer «eindeutigen Unzuständigkeit» kann im vorliegenden Fall angesichts der tatsächlichen Verhältnisse jedoch nicht die Rede sein (VerwG LU vom 21. Juni 2000, in: LGVE 2000 II Nr. 35 E. 4).

2631 – Vorliegend hat der **nicht zuständige Prorektor** einer Mittelschule (anstatt die zuständige Schulkommission) die Entlassung des Beschwerdeführers ausgesprochen, was grundsätzlich einen schweren Mangel darstellt. Weiter ist darauf hinzuweisen, dass sich die Unzuständigkeit der Schulleitung bzw. des Prorektors für die Entlassung des Beschwerdeführers mit grosser Klarheit aus der gesetzlichen Regelung ergibt; der Mangel erweist sich damit auch als offensichtlich oder zumindest leicht erkennbar (VerwG ZH vom 18. März 2009, PB.2008.00041, E. 2.1).

2632 – Rechtswidrig aufgestellte **Höchstgeschwindigkeitssignale** vor dem Belchentunnel sind grundsätzlich zu beachten. Etwas anderes würde nur dann gelten, wenn solche Anordnungen ganz offenkundig mangelhaft und damit nichtig sind. Selbst wenn die in Frage stehende Geschwindigkeitsbeschränkung einen grösseren Streckenabschnitt abdeckt, ist sie im Lichte dieser Praxis keinesfalls nichtig. Weder ist sie offensichtlich und für alle erkennbar mangelhaft, noch kann sie übergangen werden, ohne die Rechtssicherheit und die Sicherheit der anderen Verkehrsteilnehmer zu gefährden. Im Gegenteil erscheint die Begrenzung der Höchstgeschwindigkeit – angesichts des Wechsels von Tunnel und offener Strecke sowie der Spurverengung vor dem Belchentunnel – nachvollziehbar (BGE 128 IV 184 E. 4.3).

2633 – Eine **unzulässige Einschränkung eines Grundrechts ist grundsätzlich lediglich anfechtbar.** Damit Nichtigkeit anzunehmen wäre, müsste die Verfügung einen besonders schweren Mangel aufweisen und der Mangel offensichtlich oder zumindest leicht erkennbar sein. Bei einer Grundrechtsverletzung könnte dies der Fall sein, wenn die Verfügung das Grundrecht in seinem Kerngehalt trifft, was hier offensichtlich nicht zutrifft (BGer vom 31. Aug. 2010, 8C_1065/2009, E. 4.2.3 [in BGE 136 I 332 ff. nicht publ. E.]).

cc) Interessenabwägung

2634 Im Einzelfall ist ungeachtet der von der Praxis und Lehre herausgearbeiteten Fallgruppen die Grenze zwischen Anfechtbarkeit und Nichtigkeit aufgrund einer Interessenabwägung zwischen dem **Interesse an der Rechtssicherheit** und dem Interesse an der **richtigen Rechtsanwendung** zu ziehen (PRK vom 16. Juni 2004, in: VPB 68 [2004] Nr. 150 E. 3a; VerwG ZH vom 18. März 2009, PB.2008.00041, E. 2.1.4; vom 29. März 2006, in: RB 2006 Nr. 114 E. 2.1). Ausschlaggebend ist dabei unter anderem, ob eine Partei im konkreten Einzelfall durch die fehlerhafte – allenfalls nichtige – Verfügung tatsächlich benachteiligt worden ist (BVGer vom 1. Nov. 2007, B-2144/2006, E. 3.2).

2635 Umstritten ist, ob die für die Nichtigkeit eines Verwaltungsakts entwickelten Regeln ohne Weiteres auf die damit nicht einfach gleichzusetzenden **nutzungsplanerischen Anordnungen** übertragen werden dürfen, zumal bei Planfestsetzungen, die weitgehend umgesetzt wurden, das Rechtssicherheits- und Vertrauensschutzinteresse regelmässig vorgehen dürfte (VerwG LU vom 27. Okt. 2010, in: LGVE 2010 Nr. 9 E. 3e, mit Hinweis auf BGE 114 Ib 180 E. 2). Das Urteil BGE 114 Ib 180 E. 2 betraf hingegen einen Fall, bei dem die planerische Anordnung noch nicht baulich umgesetzt war. Es ging um die provisorische Umzonung von nicht bebautem Nichtbauland zu Bauland, nämlich zu einer Zone für öffentliche Zwecke, die unveröffentlicht geblieben war (vgl. auch VerwG SG vom 15. März 2007, in: GVP 2007 Nr. 27 E. 2.1).

Praxis:

- Die von den Beschwerdeführern geltend gemachte Verletzung von Treu und Glauben bei der **Ortsplanrevision** führt nicht zur Nichtigkeit der Ortsplanung, zumal die Pläne öffentlich aufgelegt wurden und mit einer Rechtsmittelbelehrung versehen waren. Ferner hätte die Annahme der Nichtigkeit zur Folge, dass sämtliche mit der Ortsplanrevision zusammenhängenden Beschlüsse und Verfügungen ebenfalls nichtig wären, was mit dem Gebot der Rechtssicherheit nicht vereinbar ist (BGer vom 14. März 2007, 1P_423/2006, E. 3.2.3). 2636

- Wird eine **Planungszone nicht allen davon betroffenen Grundeigentümern eröffnet**, führt dies – aus Gründen der Rechtssicherheit – nicht zur Nichtigkeit der Massnahme gegenüber den anderen (angeschriebenen) Grundeigentümern sowie der Gemeinde (VerwG SG vom 15. März 2007, in: GVP 2007 Nr. 27 E. 2.1). 2637

- Vorliegend erweist sich die **Unzuständigkeit des Prorektors für die Entlassung des Beschwerdeführers** als schwerwiegend und auch als offensichtlich oder zumindest leicht erkennbar. Dennoch ist die Verneinung der Nichtigkeit im Ergebnis zutreffend. Vorliegend fällt massgeblich ins Gewicht, dass der Beschwerdeführer – trotz Anfechtung der Kündigung – keine Einwände dagegen erhoben hat, dass die Kündigung namens der Kantonsschule X durch den Prorektor ausgesprochen worden war. Hätte der Beschwerdeführer dies geltend gemacht, so hätte die Kündigung neu durch die zuständige Schulkommission ausgesprochen werden können bzw. müssen. Die Schule durfte aus dem Verhalten des Beschwerdeführers im Rekursverfahren den Schluss ziehen, dass er sich nicht gegen die Unzuständigkeit des Prorektors wendet. Dieses berechtigte Vertrauen der Schule ist im Interesse der Rechtssicherheit höher zu gewichten als das Interesse des Beschwerdeführers an einer nachträglich richtigen Rechtsanwendung (VerwG ZH vom 18. März 2009, PB.2008.00041, E. 2.1.4). 2638

- Obwohl im Hinblick auf das vorliegende **Überbauungskonzept** qualifizierte Mängel vorhanden sind, erweist sich hier Nichtigkeit als unverhältnismässige Folge. Vorliegend handelt es sich um über 30-jährige sondernutzungsplanerische Anordnungen im Rahmen einer vorbestehenden Bauzone, die über Jahre hinweg befolgt worden waren. Die damit geschaffenen Vorgaben haben mithin durch bauliche Umsetzung konkrete Gestalt angenommen. Die Erstüberbauung auf dem Gebiet «X Ost» ist abgeschlossen. Vor diesem Hintergrund sind im Rahmen der hier vorzunehmenden Interessenabwägungen die Gesichtspunkte der Rechtssicherheit und insbesondere auch des Vertrauensschutzes stärker zu gewichten, was letztlich gegen die Annahme der Nichtigkeit spricht. Dem öffentlichen Interesse der Rechtssicherheit und damit der Einhaltung der analogen Planungsnormen kommt vorliegend besonderes Gewicht zu. Den Ausschlag gibt hier aber namentlich das Vertrauen der Grundeigentümer in die Rechtsbeständigkeit des Überbauungskonzepts (VerwG LU vom 27. Okt. 2010, in: LGVE 2010 Nr. 9 E. 3e). 2639

- Hat die **IV-Stelle die Rentenverfügung einer möglicherweise leistungspflichtigen Vorsorgeeinrichtung nicht eröffnet**, bewirkt dies nicht zwangsläufig eine Nichtigkeit der Verfügung. Welches die angemessene Rechtsfolge des fehlerhaft eröffneten Verwaltungsaktes ist, resultiert aus einer Interessenabwägung im Einzelfall, deren Sinn und Ziel darin liegt, die Partei vor Nachteilen zu schützen, die sie infolge des Mangels erleiden würde. Dabei gab das Eidg. Versicherungsgericht aus Gründen der Rechtssicherheit der Unverbindlichkeit des von der IV-Stelle festgesetzten Invaliditätsgrades und des Beginns der Wartezeit den Vorrang gegenüber der Berechtigung der Vorsorgeeinrichtung, nachträglich innert nützlicher Frist Einsprache oder Beschwerde gegen die Rentenverfügung zu erheben (BGer vom 5. Okt. 2005, B 91/04, E. 3.2-3.4; vgl. auch BGE 132 V 1 E. 3.3.2; BGer vom 25. Feb. 2009, 9C_689/2008, E. 1.3.1, mit weiteren Hinweisen). 2640

- Vorliegend ist mangels gegenteiliger Anhaltspunkte davon auszugehen, dass **die kantonale Baudirektion 1980 der kommunalen Baubewilligung für die Erstellung einer Scheune im «übrigen Gemeindegebiet» durch Stillschweigen** zugestimmt hatte. Sinn und Zweck des Zustimmungserfordernisses nach Art. 25 Abs. 2 RPG wurde demnach Rechnung getragen. Dass diesbezüglich kein förmlicher Entscheid gefällt wurde, stellt daher selbst dann, wenn ein solcher zwingend erforderlich wäre, keinen schwerwiegenden Verfahrensmangel dar. Ebenso we- 2641 nig lässt das weitere Vorbringen des ARE, wonach für die umstrittene Baute gar nie ein landwirtschaftlicher Bedarf vorgelegen habe und sie daher auch nachträglich nicht bewilligt werden könne, den Schluss auf Nichtigkeit zu. Wohl stellt eine zu Unrecht erteilte Bewilligung für eine Baute ausserhalb der Bauzonen einen schwerwiegenden Verstoss gegen die Ziele und Planungsgrundsätze des Raumplanungsgesetzes (Art. 1 und 3 RPG) dar. Indessen gilt es vorliegend zu berücksichtigen, dass seit der behördlichen Intervention rund 23 Jahre vergangen sind, die Baukommission trotz Kenntnis der inzwischen nicht landwirtschaftlichen Nutzung des Gebäudes nie dagegen eingeschritten ist, und der Beschwerdeführer die damalige Baubewilligung auch nicht durch falsche Angaben oder andere Machenschaften erwirkt hat. Unter diesen Umständen rechtfertigt es sich trotz gegenteiliger raumplanerischer Interessen auch nicht, an den vom ARE angeführten inhaltlichen Mangel der Baubewilligung ausnahmsweise die Rechtsfolge der Nichtigkeit zu knüpfen (BGE 132 II 21 E. 3.3).

2642 – Vorliegend liegt ein **Verfahrensmangel** vor, indem die Verfügung mit einer **unzutreffenden Rechtsmittelbelehrung** eröffnet wurde. Der **Erlass neuer Verfügungen** wegen Verfahrensmängeln steht jedoch nicht im freien Ermessen der verfügenden Instanz. Vielmehr hat sie schon aus Gründen der Rechtsgleichheit im konkreten Fall eine Interessenabwägung vorzunehmen. Diese spricht gegen die Nichtigkeit der ursprünglichen Verfügung bzw. den Erlass einer neuen Verfügung. Die mangelhafte Eröffnung der Verfügung hat vorliegend zu keinem Rechtsnachteil geführt und der Betroffene hat die Schadenersatzpflicht grundsätzlich anerkannt. Es bestand für die Ausgleichskasse daher kein Anlass, dem Pflichtigen eine weitere Verfügung zuzustellen und ihm damit erneut den Rechtsweg zu öffnen. Dass die Rechtskraft der ursprünglichen Verfügung fraglich war, vermag daran nichts zu ändern, hätte die Ausgleichskasse nach dem Gesagten doch den Klageweg beschreiten können, um ihre Forderung einzutreiben, wovon sie ohne ersichtlichen Grund abgesehen hat. Das Vorgehen der Verwaltung erweckt unter dem Gesichtswinkel der Rechtssicherheit zudem insofern Bedenken, als sie mit dem Erlass einer neuen Verfügung während mehr als eines Jahres zugewartet hat mit der Folge, dass nicht mehr das Einspruch- und Klageverfahren, sondern das Einsprache- und Beschwerdeverfahren gemäss dem am 1. Jan. 2003 in Kraft getretenen Recht anwendbar wäre. Mit der Vorinstanz sind die Verfügung vom 12. Aug. 2003 und der Einspracheentscheid vom 21. Jan. 2004 daher als nichtig zu betrachten (BGer vom 18. April 2006, H 51/05, E. 4.3).

2643 – Vorliegend hätte die Verfügung vom 11. März 2003 richtigerweise durch den **zuständigen Amtsdirektor des Bundesamtes B** erlassen werden müssen; eine rechtsgültige Delegation der Zuständigkeit an den verfügenden Chef der Hauptabteilung Z sowie den Chef der Sektion Personal des Bundesamtes B liegt nicht vor. Die vorzunehmende Interessenabwägung spricht allerdings gegen die Nichtigkeit der Verfügung. Der Grundsatz der Rechtssicherheit erfordert vorliegend die Annahme der Nichtigkeit keineswegs, ebenso wenig derjenige des Vertrauensschutzes. Dem Beschwerdeführer stand der Rechtsweg unverändert zur Verfügung. Zugunsten der blossen Anfechtbarkeit wirkt sich weiter die Tatsache aus, dass der zuständige Amtsdirektor die Verfügung im Nachhinein abgesegnet hat und er auch in das Rechtsmittelverfahren eingebunden war. Aus allen diesen Gründen hatte der vorliegende Mangel nur die Anfechtbarkeit der Kündigungsverfügung zur Folge (PRK vom 16. Juni 2004, in: VPB 68 [2004] Nr. 150 E. 3a).

6. Änderung formell rechtskräftiger Verfügungen

a) Terminologie

2644 Begrifflich sind Wiedererwägung, Revision und Widerruf auseinanderzuhalten. Während Praxis und Lehre unter **Wiedererwägung und Revision** das Zurückkommen auf eine rechtskräftige Verfügung (Wiedererwägung) bzw. einen rechtskräftigen Entscheid (Revision) auf Gesuch einer Partei oder von Amtes wegen verstehen («verfahrensrechtliche Phase»), bezeichnet **Widerruf** die Änderung einer rechtskräftigen

Verfügung durch die Behörde im Rahmen einer Interessenabwägung («materiellrechtliche Phase»). Im Rahmen des Widerrufes wird im Allgemeinen geprüft, ob das Postulat der Rechtssicherheit und des Vertrauensschutzes oder das Interesse an der Durchsetzung des objektiven Rechts überwiegen. Das Verfahren gliedert sich demnach in **zwei Schritte**: In einem ersten Schritt wird geprüft, ob die Voraussetzungen für eine Neubeurteilung eines abgeschlossenen Verfahrens tatsächlich gegeben sind. Können diese Voraussetzungen bejaht werden, so ist in einem zweiten Schritt der ursprüngliche Entscheid unter Berücksichtigung der neuen Rechts- oder Sachlage einer materiellen Neubeurteilung zu unterziehen (BGE 138 I 61 E. 4.5; vom 19. Mai 2009, 8C_264/2009, E. 1.2.2; BVGer vom 29. Juni 2011, E-4539/2008, E. 6.1; vom 21. März 2011, D-3504/2008, E. 4.3; vom 5. Aug. 2009, C-8192/2008, E. 1.3.2; vom 23. Juni 2008, A-8636/2007, E. 4; PRK vom 14. Juni 2005, in: VPB 69 [2005] Nr. 124 E. 4b).

Diese Grundsätze werden auch von den **kantonalen Beschwerdeinstanzen** als **allgemeine Rechtsgrundsätze** angewendet, wenn das kantonale Recht keine entsprechenden Bestimmungen oder Regelungen in den jeweiligen Spezialgesetzen kennt (BGer vom 28. April 1998, in: ZBl 2000 S. 41 E. 3b). 2645

Wenn die Behörde auf die Verfügung zurückkommt, weil **Wiedererwägungsgründe** vorliegen, ist diese befugt, die gesamte Sach- und Rechtslage neu zu prüfen (BGer vom 6. Aug. 2003, 2P.110/2002, E. 6). Findet sie jedoch, dass die verlangten Voraussetzungen nicht erfüllt sind, so darf sie die materielle Prüfung des Gesuches ablehnen; der Gesuchsteller kann mit Beschwerde dagegen bloss geltend machen, die Behörde habe zu Unrecht das Bestehen der Eintretensvoraussetzungen bzw. das Vorliegen von Wiedererwägungsgründen verneint, nicht jedoch, die ursprüngliche Verfügung oder der ursprüngliche Entscheid sei mangelhaft (BGE 109 Ib 246 E. 4a; BGer vom 26. Nov. 2007, 2C_213/2007, E. 1). 2646

Es sind also **drei Fälle** auseinanderzuhalten: **Erstens**, ob die Verwaltung die Wiedererwägungsvoraussetzungen zwar prüft, diese aber verneint (Folge: Nichteintreten); **zweitens**, ob sie auf das Gesuch zwar eintritt, aber im Rahmen des Widerrufs das Wiedererwägungsgesuch mit einem erneut ablehnenden Sachentscheid beantwortet (Dispositiv lautet auf Abweisung) oder **drittens**, ob sie die Wiedererwägungsvoraussetzungen prüft, diese bejaht und einen neuen, von der ursprünglichen Verfügung abweichenden Sachentscheid trifft (Dispositiv lautet auf Gutheissung; vgl. zum Ganzen VerwG LU vom 29. Juni 2001, in: LGVE 2002 II Nr. 33 E. 4b). Zuweilen ist durch Auslegung zu ermitteln und es kann nicht auf das Dispositiv abgestellt werden, ob und in welchem Sinn die Verwaltung ein Wiedererwägungsgesuch behandelt hat (VerwG LU vom 29. Juni 2001, in: LGVE 2002 II Nr. 33 E. 4c und E. 5). 2647

Praxis:

- **Widerruf einer vorzeitigen Pensionierung:** X trat 1980 in die Dienste der Bundesverwaltung und war ab 1988 im damaligen Bundesamt A tätig. Als per 1. Juli 1999 das A und das Bundesamt B zum C zusammengeschlossen wurden, bewarb sich X erfolgreich um die Anstellung als Leiter der Stabsstelle Z in der Besoldungsklasse 30. Mit Schreiben vom 16. Sept. 2000 wandte sich X an seinen Vorgesetzten Y. Darin brachte er den Vorschlag seiner vorzeitigen Pensionierung innerhalb eines Zeitrahmens von zwei Jahren auf und ersuchte um eine diesbezügliche persönliche Unterredung. Am 15. Dez. 2000 verfügte das Bundesamt C gestützt auf Art. 15 2648

Abs. 2 der Verordnung vom 18. Okt. 1995 über Personalmassnahmen bei Umstrukturierungen in der allgemeinen Bundesverwaltung (Umstrukturierungs-Verordnung) die vorzeitige Pensionierung von X auf den 1. Aug. 2002 und hielt seinen Anspruch auf die Leistungen gemäss Art. 43 Abs. 1 bzw. Art. 39 und Art. 40 der Verordnung über die Pensionskasse des Bundes vom 24. Aug. 1994 (PKB-Statuten) fest. Ende Okt. 2002 leitete das Bundesamt C eine Rechnung der Pensionskasse des Bundes (PKB) in der Höhe von Fr. 575'000.– als Deckungskapital im Zusammenhang mit der vorzeitigen Pensionierung von X an das Generalsekretariat (GS) des Eidgenössischen Departementes W zwecks Finanzierung weiter. Schliesslich erteilte das GS Dep. W dem Bundesamt C mit Schreiben vom 17. März und 1. Mai 2003 den Auftrag, die Verfügung vom 15. Dez. 2000 zu widerrufen. Nach Gewährung des rechtlichen Gehörs widerrief am 27. Dez. 2004 das Bundesamt C seine eigene Verfügung vom 15. Dez. 2000 in Bezug auf die vorzeitige Pensionierung bzw. die Voraussetzungen für die Leistungen der Pensionskasse per 1. April 2004. Dagegen erhebt X am 19. Jan. 2005 Beschwerde bei der PRK. Erwägungen: Eine Verfügung ist fehlerhaft, wenn sie hinsichtlich Zustandekommen, Form oder Inhalt Rechtsnormen verletzt. Die ursprünglich fehlerhafte Verfügung ist bereits bei ihrem Erlass mangelhaft, widerspricht somit schon in diesem Zeitpunkt dem objektiven Recht. Die nachträglich fehlerhafte Verfügung ist dagegen im Zeitpunkt ihres Erlasses rechtmässig; sie wird erst infolge veränderter Tatsachen oder Rechtsgrundlagen mangelhaft. In der Regel bewirkt die Fehlerhaftigkeit einer Verfügung deren Anfechtbarkeit, das heisst die Verfügung ist grundsätzlich wirksam, kann jedoch von den Betroffenen angefochten werden und auf Anfechtung hin von den zuständigen Behörden aufgehoben oder geändert werden. Den Betroffenen stehen dazu verschiedene Rechtsschutzmittel zur Verfügung, deren Terminologie in Gesetzgebung, Rechtsprechung und Lehre äusserst uneinheitlich ist. Mehr oder weniger unbestritten sind folgende Grundsätze: Die Revision gilt als ausserordentliches Rechtsmittel und bedeutet die Änderung formell rechtskräftiger Beschwerdeentscheide durch die seinerzeitige Beschwerdebehörde. Sie betrifft also Verfügungen von Verwaltungsjustizbehörden und setzt voraus, dass der Beschwerdeentscheid an besonders qualifizierter ursprünglicher Fehlerhaftigkeit leidet. Die Revision ist eine vom Gesetz besonders vorgesehene und an bestimmte Fristen und Formen gebundene Möglichkeit, auf einen Beschwerdeentscheid oder ein Urteil zurückzukommen und bedingt das Vorliegen eines gesetzlichen Revisionsgrundes. Mit dem Wiedererwägungsgesuch wird eine Verwaltungsbehörde ersucht, eine von ihr erlassene und formell rechtskräftige Anordnung nochmals zu überprüfen und sie entweder aufzuheben oder durch eine für den Gesuchsteller günstigere zu ersetzen. Im Gegensatz zur Revision ist das Gesuch grundsätzlich ein formloser Rechtsbehelf und es besteht in der Regel kein Anspruch darauf, dass die Behörde auf das Wiedererwägungsgesuch eintritt. Das Wiedererwägungsgesuch ist damit auch an keine Formen und Fristen gebunden; es erlaubt grundsätzlich die Rüge sämtlicher Mängel einer erstinstanzlichen Verfügung. Das Bundesgericht leitet unabhängig von der gesetzlichen Regelung direkt aus Art. 29 Abs. 1 BV einen Anspruch auf Eintreten auf ein Wiedererwägungsgesuch ab in Fällen, in denen sich die Umstände seit dem ersten Entscheid wesentlich geändert haben oder wenn der Gesuchsteller erhebliche Tatsachen oder Beweismittel namhaft macht, die im früheren Verfahren nicht bekannt waren oder die schon damals geltend zu machen für ihn unmöglich war oder keine Veranlassung bestand. Die erste der beiden Voraussetzungen betrifft die nachträgliche Fehlerhaftigkeit einer Verfügung. Bei der zweiten Voraussetzung geht es um einen ursprünglichen Fehler der Verfügung; in diesem Fall ist der Anspruch auf Eintreten auf ein Wiedererwägungsgesuch insbesondere dann von praktischer Bedeutung, wenn ein entsprechender gesetzlicher Revisionsgrund fehlt. Unter dem Titel Widerruf behandeln Praxis und Lehre die Frage, unter welchen materiellen Voraussetzungen eine Verfügung abgeändert oder aufgehoben werden darf. Verfügungen, die noch nicht in formelle Rechtskraft erwachsen sind, können in der Regel voraussetzungslos widerrufen werden. Nach der bundesgerichtlichen Rechtsprechung kann eine materiell unrichtige Verfügung auch nach Ablauf der Rechtsmittelfrist unter bestimmten Voraussetzungen zurückgenommen werden. Danach sind das Interesse an der richtigen Durchführung des objektiven Rechts und dasjenige an der Wahrung der Rechtssicherheit gegeneinander abzuwägen. In der Regel geht das Postulat der Rechtssicherheit dem Interesse an der Durchsetzung des objektiven Rechts vor und ist ein Widerruf nicht zulässig, wenn durch die Verwaltungsverfügung ein subjektives Recht begründet wurde oder die Verfügung in einem

Verfahren ergangen ist, in dem die sich gegenüberstehenden Interessen allseitig zu prüfen und gegeneinander abzuwägen waren, oder wenn der Private von einer ihm durch die Verfügung eingeräumten Befugnis bereits Gebrauch gemacht hat. Diese Regel gilt allerdings nicht absolut; auch in diesen drei Fällen kann ein Widerruf in Frage kommen, wenn er durch ein besonders gewichtiges öffentliches Interesse geboten ist. Im Unterschied zum Revisionsbegehren ist das Widerrufsbegehren wie die Wiedererwägung an keine Frist gebunden; das Widerrufsverfahren kann zudem von Amtes wegen oder auf Antrag des Betroffenen angehoben werden. Das Merkmal, das die Wiedererwägung vom Widerruf unterscheidet, wird in einem Teil der Lehre im Grund, welcher die erneute Prüfung der Anordnung auslöst, gesehen: Im Falle des Widerrufs ist es stets das öffentliche Interesse, welches zwingend die Abänderung der ergangenen Verfügung erfordert, währenddessen die Wiedererwägung eher auf dem privaten Interesse des Gesuchstellers beruht. In jedem Fall muss in einem ersten (verfahrensrechtlichen) Schritt geprüft werden, ob Gründe für ein Rückkommen auf eine Verfügung bestehen und in einem zweiten (materiell-rechtlichen) Schritt, ob diese Gründe ausreichen, die Verfügung in der Sache zu ändern. Ein Teil der Lehre schlägt diesbezüglich vor, unter einer Wiedererwägung das verfahrensmässige Zurückkommen auf eine Verfügung zu verstehen und unter Widerruf dessen Ergebnis, nämlich die materielle Aufhebung oder Änderung des in Wiedererwägung gezogenen Aktes. Im vorliegenden Fall verfügte das Bundesamt C am 15. Dez. 2000 die Auflösung des Arbeitsverhältnisses per 31. Juli 2002 und die vorzeitige Pensionierung des Beschwerdeführers. Am 18. Nov. 2002 wurde die Rechtmässigkeit dieser Verfügung erstmals in Zweifel gezogen und in der Folge ein Widerrufsverfahren eingeleitet, das seinen vorläufigen Abschluss in der Widerrufsverfügung vom 27. Dez. 2004 fand, mit der die Auflösung des Dienstverhältnisses auf den 31. Juli 2002 als vom Beschwerdeführer angestrebte frühzeitige Pensionierung erklärt wurde und die Voraussetzungen für die Leistungen der Pensionskasse mit Wirkung per 1. April 2004 widerrufen wurden. Zu entscheiden ist vorliegend demnach erstens, ob überhaupt ausreichende Gründe vorliegen, auf die formell rechtskräftige Verfügung vom 15. Dez. 2000 zurückzukommen und zweitens, ob diese Gründe ausreichen, die genannte Verfügung im erwähnten Sinn abzuändern bzw. zu widerrufen. Damit ein Zurückkommen auf eine formell rechtskräftige Anordnung möglich ist, muss diese mit einem materiellen Fehler behaftet sein. Vorausgesetzt für eine vorzeitige Pensionierung ist nach Art. 15 Abs. 2 der anzuwendenden Umstrukturierungsverordnung kumulativ, dass alle Möglichkeiten der vorzeitigen Pensionierung von Bediensteten zwischen 60 und 65 Jahren ausgeschöpft sind, dass die betroffene Person weniger als 60, mindestens aber 50 Jahre alt ist und dass sie mindestens während 19 Jahren ununterbrochen PKB-Beiträge bezahlt hat. Der Artikel schliesst mit dem Zweck der Bestimmung: «um im Sinne der Solidarität zu verhindern, dass jüngere Bedienstete ihre Stelle verlieren.» Die Bestimmung bezieht sich damit auf Personen, deren Arbeitsverhältnis an sich durch die Reorganisation nicht in Frage steht, die aber aus Solidarität mit jüngeren Personen, deren Arbeitsverhältnis sonst aufgehoben werden müsste, in vorzeitige Pension gehen. Im vorliegenden Fall sind solche Umstände nicht gegeben. Die Frage, ob die vorzeitige Pensionierung zu Unrecht erfolgte und infolgedessen die Verfügung vom 15. Dez. 2000 rechtswidrig ist, kann letztlich jedoch offengelassen werden, da ein Widerruf aus folgenden Überlegungen ohnehin nicht als rechtmässig und zulässig betrachtet werden kann. Das Bundesamt C hat mit der Verfügung vom 15. Dez. 2000 eine ganz bestimmte, einzig mit dem Dienstverhältnis des Beschwerdeführers verbundene Rechtserklärung abgegeben, indem es dem Beschwerdeführer ein subjektives Recht, die vorzeitige Pensionierung, eingeräumt hat. Zudem hat der Beschwerdeführer seinen vorzeitigen Altersrücktritt am 1. Aug. 2002 angetreten. Er ist demnach bereits seit mehr als zwei Jahren weg vom Arbeitsleben und hat sich in der Folge vollständig neu orientiert. In Anbetracht dieser Umstände sind die Anforderungen an eine Abänderung oder gar einen Widerruf der Verfügung hoch einzustufen. In einer Abwägung der verschiedenen Interessen müssen das Interesse der Verwaltung an der richtigen Durchführung des objektiven Rechtes und dasjenige des Beschwerdeführers an der Wahrung der Rechtssicherheit bzw. dem Fortbestand der vorzeitigen Pensionierung im verfügten Sinne einander gegenübergestellt werden. Ferner geht aus den Akten hervor, dass die damalige Verfügung wissentlich und willentlich im Rahmen einer Überprüfung der gesamten Umstände erfolgt ist, dass im Vorfeld der umstrittenen Verfügung immerhin Überlegungen in verschiedener Hinsicht angestellt wurden und dass sich die Verwaltung des relevanten Sachverhaltes in Bezug auf die vorzeitige Pensionierung des Beschwerdeführers und der rechtlichen Möglichkeiten durchaus bewusst war. Zusammenfassend ist festzuhalten, dass auf den Beschwerdeführer alle drei vom Bundesgericht genannten Konstellationen für die grundsätzliche Unzulässigkeit eines Widerrufs zutreffen. Damit gebührt dem Interesse des Beschwerdeführers an einer Beibehaltung der bislang geltenden Regelung und mithin der Rechtssicherheit grundsätzlich Vorrang. Besonders gewichtige öffentliche Interessen sind nicht ersichtlich; wohl sind die finanziellen Auswirkungen einer Dauerverfügung wie der vorzeitigen Pensionierung als beachtlich, vorliegend jedoch nicht als überwiegend anzusehen. Nach dem Gesagten ist die Beschwerde von X gutzuheissen und die Verfügung des C vom 27. Dez. 2004 aufzuheben. Damit bleibt die Verfügung vom 15. Dez. 2000 weiterhin und in vollem Umfang in Kraft (PRK vom 14. Juni 2005, in: VPB 69 [2005] Nr. 124 E. 4a und 4b).

b) *Wiedererwägung*

aa) Begriff

2649 Im Rahmen einer **Wiedererwägung** (von Amtes wegen oder auf Gesuch hin) überprüft eine Verwaltungsbehörde eine von ihr erlassene und formell rechtskräftige Verfügung, über die ein Gericht noch nicht entschieden hat. Das Bundesgericht leitet unabhängig von einer allfälligen gesetzlichen Regelung direkt aus **Art. 29 Abs. 1 BV** einen Anspruch auf Eintreten auf ein Wiedererwägungsgesuch ab in Fällen, in denen sich die tatsächlichen oder rechtlichen Umstände seit dem ersten Entscheid wesentlich geändert haben oder wenn der Gesuchsteller erhebliche Tatsachen oder Beweismittel namhaft macht («revisionsähnliche Gründe»), die im früheren Verfahren nicht bekannt waren oder die schon damals geltend zu machen für ihn unmöglich war oder keine Veranlassung bestand (BGE 138 I 61 E. 4.3, 136 II 177 E. 2.1, 130 IV 72 E. 2.2, 127 I 133 E. 6, 124 II 1 E. 3a, 120 Ib 42 E. 2b; BGer vom 26. Aug. 2011, 2C_114/2001, E. 2.2; vom 3. Feb. 2011, 1C_217/2010, E. 3.3; vom 8. Nov. 2010, 2C_154/2010, E. 2.1; vom 11. Juni 2009, 2C_102/2009, E. 2.1; vom 26. Nov. 2007, 2C_213/2007, E. 2; vom 6. Aug. 2003, 2P.110/2002, E. 6; BVGer vom 22. März 2010, A-2391/2008, E. 2.3).

2650 Die erste der beiden Voraussetzungen betrifft die **nachträgliche Fehlerhaftigkeit einer Verfügung**, die sich wegen **veränderter tatsächlicher oder rechtlicher Umstände** ergeben kann, die von vornherein nur bei **Dauerverfügungen** in Betracht fällt (auch: «Anpassung» [von Dauerverfügungen]; vgl. VerwG ZH vom 15. Juli 2010, VB.2010.00201, E. 4.2; vom 16. Nov. 2006, VB.2006.00230, E. 3.1; vom 13. Juli 2006, VB.2006.00151, E. 3.1; vom 5. Dez. 2002, VB.2002.00233, E. 2a).

2651 Bei der zweiten Voraussetzung geht es um einen **ursprünglichen Fehler** der Verfügung, welcher wegen **falscher Sachverhaltsfeststellung oder falscher Rechtsanwendung** entstehen kann und der sowohl bei **Einmalverfügungen** (mit abgeschlossenem Sachverhalt und einmaliger, unabänderlicher Rechtsfolge) wie auch bei **Dauerverfügungen** (mit wandelbarem Sachverhalt und in die Zukunft wirkender Rechtsfolge) möglich ist (auch: «Rücknahme» [bei Einmalverfügungen sowie Dauerverfügungen]; vgl. VerwG ZH vom 15. Juli 2010, VB.2010.00201, E. 4.2; vom 16. Nov. 2006, VB.2006.00230, E. 3.1; zum Ganzen auch BGE 121 II 273 E. 1; BVGE 2007/29 E. 4.4; BVGer vom 16. Sept. 2011, C-5727/2009, E. 6.2; vom 10. Mai 2011, A-3757/2010, E. 7; vom 9. Feb. 2010, A-634/2009, E. 2.1.2; vom 23. Juni 2008, A-8636/2007, E. 4).

Eine **Dauerverfügung**, die wie beispielsweise eine Betriebs- oder Niederlassungsbewilligung dem Adressaten eine bestimmte Berechtigung verschafft, ist regelmässig mit dem **Vertrauen auf eine fortdauernde Geltung verbunden** und kann nur unter Beachtung bestimmter Voraussetzungen entzogen oder angepasst werden (BGer vom 23. März 2011, 2C_572/2010, E. 7.2; vom 9. April 2008, 1C_43/2007, E. 5.3 [in BGE 134 II 142 ff. nicht publ. E.]), während es in der Natur **zeitlich befristeter Verfügungen** liegt, dass ihre Erteilung für sich allein nicht geeignet ist, ein schutzwürdiges Vertrauen auf eine künftige Handlung zu begründen (BVGer vom 8. Jan. 2010, C-2018/2007, E. 5.2.6-5.2.8 [Verlängerung einer Aufenthaltsbewilligung]). 2652

Im Einzelfall kann **umstritten** sein, welche **Verwaltungsakte auf Dauer** angelegt sind: Jedenfalls begründet der blosse Umstand, dass Subventionen in bestimmter Höhe bezahlt werden oder worden sind, noch kein schutzwürdiges Vertrauen darauf, dass sie weiterhin in dieser Höhe erfolgen, wenn nicht verbindliche Zusicherungen oder andere besondere Umstände vorliegen, die auf ein erhöhtes Interesse des Gesuchstellers schliessen lassen (BGer vom 23. März 2011, 2C_572/2010, E. 7.2 [Neuzuteilung von Spitalregionen]; BGer vom 8. Mai 2009, 2C_762/2008, E. 2.3; vom 21. März 2000, 2P.56/1999, E. 4c; vgl. auch Rz. 2003 f.). 2653

Die Möglichkeit, Verfügungen in Wiedererwägung zu ziehen, betrifft auch **negative (leistungsverweigernde) Verfügungen**, doch scheidet diesbezüglich eine Wiedererwägung aus, wenn den Behörden kurze Zeit nach einem abgelehnten Gesuch erneut ein identisches Gesuch unterbreitet wird (BGE 120 Ib 42 E. 2b; BGer vom 11. Juni 2009, 2C_102/2009, E. 2.2; BVGer vom 21. Aug. 2008, C-3859/2007, E. 4.2.2). Gleiches muss auch für Gesuche gelten, die keine neuen Elemente, sondern eine weitgehend identische Begründung enthalten (BVGE 2007/26 E. 3.3; BVGer vom 21. Aug. 2008, C-3859/2007, E. 4.2.3). 2654

Die **Wiedererwägung von Verfügungen** ist **nicht beliebig zulässig**. Sie darf namentlich nicht dazu dienen, rechtskräftige Verwaltungsentscheide immer wieder infrage zu stellen oder die Fristen für die Ergreifung von Rechtsmitteln zu umgehen (BGE 136 II 177 E. 2.1, 120 Ib 42 E. 2b; BGer vom 3. Feb. 2012, 1C_300/2011, E. 3.1; vom 26. Aug. 2011, 2C_114/2001, E. 2.2; vom 10. Sept. 2010, 2C_400/2010, E. 3.2.1; vom 30. Sept. 2009, 2C_168/2009, E. 4.1; vom 11. Juni 2009, 2C_102/2009, E. 2.2; vom 26. Nov. 2007, 2C_213/2007, E. 2; vom 9. Jan. 2004, 2A.8/2004, E. 2.2.2; vom 23. Nov. 2001, 2A.383/2001, E. 2e). Aus Gründen der Rechtssicherheit und des Vertrauensschutzes sind **zeitliche Grenzen** zu setzen. Diese sind im Einzelfall nach Treu und Glauben zu bestimmen. Weiter ist die **Wiedererwägung innert angemessener Frist seit Kenntnisnahme des Grundes** zu ergreifen (BVGer vom 24. Nov. 2009, A-541/2009, E. 3.1; vom 31. Mai 2007, E-5102/2006; PFLEIDERER, VwVG-Praxiskommentar, Art. 58 VwVG, Rz. 13 ff.). 2655

Aus **Art. 29 Abs. 1 BV** ergibt sich ebenso ein **Recht auf Überprüfung der Regularität der Volksabstimmung**, wenn nachträglich eine massive Beeinflussung der Volksbefragung zutage tritt. Es wäre stossend und schlechterdings nicht vertretbar, wenn massive Unregelmässigkeiten, welche das Abstimmungsresultat beeinflusst haben könnten, nur deshalb nicht überprüft werden, weil die entsprechenden Tatsachen oder Beweismittel erst nach Ablauf der zumeist sehr kurzen Beschwerdefristen entdeckt worden sind (BGE 138 I 61 E. 4.3 [Unternehmenssteuerreformgesetz II], 113 Ia 146 E. 3b [Laufental-Abstimmung]; ferner BGer vom 7. Dez. 1999, 2656

1P.280/1999, E. 1a [Kreditbeschluss für eine Ausbauetappe des Flughafens Zürich-Kloten]). Diese aus Art. 29 Abs. 1 BV abgeleiteten Grundsätze beanspruchen gleichermassen Geltung für die Ebene des Bundes und die eidgenössischen Abstimmungen (BGE 138 I 61 E. 4.3). Werden erst im Nachgang zu allfälligen Beschwerdeverfahren und nach dem bundesrätlichen Erwahrungsbeschluss erhebliche Mängel bekannt, so leitet sich bei gegebenen Voraussetzungen ein Anspruch auf Überprüfung der Regularität einer Volksabstimmung direkt aus der Verfassungsbestimmung von Art. 29 Abs. 1 BV und seit dem 1. Jan. 2007 zusätzlich auch aus Art. 29a BV ab (BGE 138 I 61 E. 4.3).

2657 Allerdings ist an die Voraussetzung einer Wiedererwägung in derartigen Fällen ein **strenger Massstab** anzulegen. Wegen der Bedeutung der **Beständigkeit direktdemokratisch getroffener Entscheidungen** soll nicht leichthin auf ein abgeschlossenes Abstimmungsverfahren und auf ein erwahrtes Abstimmungsergebnis zurückgekommen werden können (BGE 138 I 61 E. 4.5). Ferner kann nicht jedes noch so weit zurückliegende Abstimmungsergebnis in Wiedererwägung gezogen werden, solange es nicht um besonders schwerwiegende, allenfalls verborgen gehaltene Mängel geht (BGE 113 Ia 146 E. 3d [Laufental-Abstimmung]; das Bundesgericht orientiert sich an den im öffentlichen Recht geltenden Verjährungs- oder Verwirkungsfristen oder erwägt eine analoge Anwendung von Art. 60 OR [absolute Verjährungsfrist von 10 Jahren seit Erlass des Erwahrungsbeschlusses und relative Verjährungsfrist von einem Jahr ab Kenntnisnahme des Mangels]; vgl. auch BGE 138 I 61 E. 4.5).

Praxis:

2658 – **Neuzuteilung einer Gemeinde zu einer Spitalregion:** Mit Verfügungen vom 22. Nov. 1973, 20. Dez. 1989 und 25. Juni/3. Aug. 1999 legte die Gesundheitsdirektion des Kantons Zürich die Einzugsbereiche der kommunalen und regionalen Krankenhäuser fest und teilte dabei die Zürcher Gemeinden den insgesamt elf Spitalregionen zu. Am 27. Jan. 2005 ersuchte die Stadt Zürich die Gesundheitsdirektion darum, die Zuteilungen zu den drei Spitalregionen Zürich, Sanitas und Zollikerberg neu zu regeln; konkret beantragte sie für 42 Gemeinden eine Änderung der Zuteilungen. Mit Verfügung vom 23. April 2008 hiess die Gesundheitsdirektion dieses Gesuch teilweise gut und legte rückwirkend auf den 1. Jan. 2008 für 17 Gemeinden neue Zuteilungen fest. Dagegen erhoben verschiedene Gemeinden Beschwerden. Erwägungen: Schliesslich rügen die Beschwerdeführer eine Verletzung des Vertrauensgrundsatzes: Die Neuzuteilung sei eine Änderung einer Dauerverfügung, was eine Änderung der massgebenden Sachumstände oder Rechtsgrundlagen voraussetze. Die Sachumstände hätten sich jedoch nicht geändert, da sich die Patientenströme seit der früheren Zuteilung nicht wesentlich geändert hätten. Ferner hätten die Beschwerdeführer 2-5 erhebliche Investitionen für die Spitäler Limmattal bzw. Bülach beschlossen bzw. getätigt. Diese Investitionen könnten nicht mehr rückgängig gemacht werden. Den Beschwerdeführern ist insoweit zuzustimmen, dass sich die Neuzuteilung rechtlich nicht zwingend aufgedrängt hat: Die massgebenden gesetzlichen Grundlagen geben den kantonalen Behörden einen erheblichen Ermessensspielraum, der wohl auch im Sinne einer Beibehaltung der bisherigen Zuteilungen hätte genutzt werden können. Insoweit ist der Hinweis der Vorinstanz auf die Kriterien für die Rücknahme bzw. Anpassung von Verfügungen wegen Fehlerhaftigkeit bzw. auf das Interesse an der richtigen Durchsetzung des objektiven Rechts missverständlich. Zutreffend ist auch, dass eine wesentliche Änderung der Patientenströme nicht feststeht. Die Vorinstanz ist davon ausgegangen, dass vor dem Jahre 2002 keine systematische Erhebung der Patientenströme erfolgt war; eine Veränderung der effektiven Ströme ist somit nicht ausgewiesen. Doch ist auch eine Praxisänderung, die nicht zwingend gesetzlich verlangt ist, sich aber aus sachlich haltbaren Gründen infolge besserer Erkenntnis als zweckmässig erweist, zulässig, wenn ihr nicht Gründe des Vertrauensschutzes entgegenstehen.

Eine Dauerverfügung, die wie beispielsweise eine Betriebs- oder Niederlassungsbewilligung dem Adressaten eine bestimmte Berechtigung verschafft, ist regelmässig mit dem Vertrauen auf eine fortdauernde Geltung verbunden und kann unter bestimmten Voraussetzungen eine Vertrauensgrundlage darstellen. Die Zuteilung von Gemeinden an eine Spitalregion ist jedoch nicht einer solchen Dauerverfügung gleichzusetzen. Soweit sie als Instrument für die Berechnung der kantonalen Subventionen dient, darf sie legitimerweise modifiziert werden. Der blosse Umstand, dass einmal Subventionen in bestimmter Höhe bezahlt worden sind, begründet noch kein schutzwürdiges Vertrauen darauf, dass sie weiterhin in dieser Höhe erfolgen. Andererseits enthält die Zuteilung zu den Spitalregionen gewisse spitalplanerische Elemente. Insoweit ist sie eher mit einer Nutzungsplanung vergleichbar, wo eine Planänderung nicht nur bei einer Änderung der sachverhaltlichen Grundlagen, sondern unter Vorbehalt des Vertrauensschutzes in besonderen Konstellationen auch bei einer sachlich begründeten Änderung der Planungsabsichten zulässig ist. Die bisherige Zuteilung kann somit für sich allein nicht eine Vertrauensgrundlage dafür schaffen, dass die Zuteilung weiterhin unverändert bleiben wird. Die Vorinstanz hat nicht verkannt, dass die Beschwerdeführer 2-5 im Rahmen ihrer bisherigen Zweckverbände auch grössere Investitionen getätigt haben, die teilweise nur auf längere Sicht wieder aufgelöst und nur mit erheblichem Aufwand rückwirkend ausgeglichen werden können. Sie durfte jedoch den Interessen der Beschwerdeführer das gleich stark zu gewichtende finanzielle Interesse vorab der Stadt Zürich gegenüberstellen, die bisher zu einem massgebenden Teil Kosten übernommen hat, die Einwohnern aus anderen Gemeinden zugute kamen. Die Vorinstanz hat sodann unter Hinweis auf die Ausführungen des Regierungsrates erwogen, die durch die Neuzuteilung auftretenden Probleme könnten innerhalb der Spitalträgerschaften gelöst werden. Die Beschwerdeführer legen nicht dar, dass und inwiefern eine solche Lösung nicht möglich sein sollte. Das Argument, dass dies mit Aufwand verbunden sei, erscheint zwar plausibel, führt aber nicht dazu, dass ein verfassungsmässiger Anspruch darauf besteht, solchen Lösungsaufwand vermeiden zu können. Selbst wenn hier eine Vertrauensgrundlage angenommen würde, wäre somit nicht nachgewiesen, dass die Beschwerdeführer gestützt darauf eine nicht wieder rückgängig zu machende Disposition getroffen haben, was eine weitere Voraussetzung für die Anrufung des Vertrauensschutzes wäre (BGer vom 23. März 2011, 2C_572/2010, E. 7.2).

– **Nachträgliche Mängel im Hinblick auf die eidgenössische Volksabstimmung über die Unternehmenssteuerreform:** Die Abstimmungsbeschwerde nach Art. 77 Abs. 1 lit. b BPR kann in unmittelbarem zeitlichem Zusammenhang mit einer Volksabstimmung erhoben werden. Sie ist im Vorfeld der Abstimmung oder gleich danach innert dreier Tage seit Entdeckung einer Unregelmässigkeit zu erheben, gemäss Art. 77 Abs. 2 BPR spätestens am dritten Tag nach Veröffentlichung der kantonalen Ergebnisse im Amtsblatt. Danach ist die Abstimmungsbeschwerde nicht mehr zulässig. Sie kann gemäss dem Wortlaut von Art. 77 Abs. 2 BPR im Grundsatz nicht erhoben werden, wenn Unregelmässigkeiten des Abstimmungsverfahrens erst nachträglich bekannt werden. Insoweit ist mangels eines vorinstanzlichen Anfechtungsobjekts auch die Beschwerde an das Bundesgericht nicht möglich (vgl. Art. 88 Abs. 1 lit. b BGG). In der Praxis stellte sich die Problematik nachträglich bekannt gewordener Mängel des Abstimmungsverfahrens im Zusammenhang mit den Abstimmungen über den Anschluss des Laufentals an den Kanton Basel-Landschaft bzw. den Verbleib im Kanton Bern. Aufgrund einer kantonalen Regelung, welche der Bestimmung von Art. 77 Abs. 2 BPR entspricht, entschieden die bernischen Behörden, dass eine zwei Jahre nach der Abstimmung eingelegte Beschwerde verspätet und daher unzulässig sei. Das Bundesgericht kam in der Folge vorerst zum Schluss, dass die Beschwerde gestützt auf das kantonale Recht zutreffend als verspätet und daher als unzulässig hatte bezeichnet werden dürfen (BGE 113 Ia 146 E. 2). Die Regelung von Art. 77 BPR ist grundsätzlich in der gleichen Weise auszulegen und anzuwenden. Die Frist von drei Tagen nach der Publikation des kantonalen Ergebnisses gemäss Art. 77 Abs. 2 BPR ist an sich als Verwirkungsfrist zu betrachten. Dies ergibt sich aus dem Wortlaut der Bestimmung und den Materialien zum Bundesgesetz. Es liegen keine Umstände vor, welche ein unmittelbares Abweichen vom Wortlaut der Regelung rechtfertigen würden. Als Zwischenergebnis ist somit festzuhalten, dass nach Ablauf der in Art. 77 Abs. 2 BPR vorgesehenen Fristen die Abstim- 2659 mungsbeschwerde nicht mehr möglich ist. Vor diesem Hintergrund erweist sich die beim Regierungsrat des Kantons Bern eingelegte Beschwerde als verspätet. Insoweit hat der Regierungsrat durch sein Nichteintreten auf die Beschwerde kein Bundesgesetzesrecht verletzt. Die Rüge der formellen Rechtsverweigerung ist daher unbegründet. Das Bundesgesetz über die politischen Rechte kennt kein Verfahren, mit dem um Wiedererwägung oder Revision von Entscheidungen ersucht werden könnte. Im Gegensatz zu gewissen andern Rechtsgebieten (wie z.B. Steuer- oder Sozialversicherungsrecht) hat sich im Bereich der politischen Rechte keine Praxis herausgebildet, wonach Entscheidungen, welche sich aufgrund von neu entdeckten Tatsachen und Beweismitteln als fehlerhaft erweisen, in Revision oder Wiedererwägung zu ziehen wären (vgl. BGE 113 Ia 146 E. 3a). Somit kommen die Grundsätze zur Anwendung, die sich direkt aus dem Bundesverfassungsrecht ergeben. Das Bundesgericht hat in einer weit zurückreichenden Praxis aus Art. 4 aBV unter qualifizierten Voraussetzungen einen Anspruch auf Wiedererwägung oder Revision abgeleitet. Diese Rechtsprechung ist unter der neuen Bundesverfassung weitergeführt worden. Ein entsprechender Anspruch ergibt sich nunmehr aus Art. 29 Abs. 1 BV. Danach kann um Wiedererwägung oder Revision ersucht werden, wenn ein klassischer Revisionsgrund vorliegt, insbesondere wenn sich die Umstände wesentlich geändert haben oder wenn erhebliche Tatsachen und Beweismittel namhaft gemacht werden, die in einem früheren Verfahren nicht bekannt waren, die früher aus rechtlichen oder tatsächlichen Gründen nicht geltend gemacht werden konnten oder die mangels Veranlassung nicht geltend gemacht werden mussten. Diese Rechtsprechung hat in den Bereich der politischen Rechte Eingang gefunden. Das Bundesgericht hat hinsichtlich von kantonalen Stimmrechtssachen festgehalten, dass sich unmittelbar aus der Verfassung ein Recht auf Überprüfung der Regularität der Volksabstimmung ergebe, wenn nachträglich eine massive Beeinflussung der Volksbefragung zutage tritt. Es wäre stossend und schlechterdings nicht vertretbar, wenn massive Unregelmässigkeiten, welche das Abstimmungsresultat beeinflusst haben könnten, nur deshalb nicht überprüft werden, weil die entsprechenden Tatsachen oder Beweismittel erst nach Ablauf der – sehr kurzen – Beschwerdefristen entdeckt worden sind. Im Einzelnen sind aus der Praxis des Bundesgerichts in kantonalen Stimmrechtsangelegenheiten zwei Konstellationen bekannt, in denen Volksabstimmungen längere Zeit nach ihrer Durchführung wegen erst später bekannt gewordener Umstände und Unregelmässigkeiten direkt gestützt auf die Bundesverfassung in Frage gestellt worden sind. Zum einen bejahte das Bundesgericht im Zusammenhang mit den Abstimmungen über den Anschluss des Laufentals zum Kanton Basel-Landschaft bzw. den Verbleib beim Kanton Bern vorerst einen verfassungsmässigen Anspruch auf Wiedererwägung oder Revision und stellte hernach eine Verletzung der Abstimmungsfreiheit fest. Zum andern wurde ein Kreditbeschluss der Zürcher Stimmberechtigten von 1995 für eine Ausbauetappe des Flughafens Zürich-Kloten in Frage gestellt, weil bereits das Verkehrsaufkommen von 1997 die Prognosen beträchtlich überstieg, die in den Abstimmungserläuterungen zur Volksabstimmung aufgeführt worden waren. Das Begehren blieb schliesslich materiell ohne Erfolg (Urteil 1P.280/1999 vom 7. Dez. 1999, in: Pra 2000 Nr. 23). Diese verfassungsrechtlichen Grundsätze beanspruchen gleichermassen Geltung für die Ebene des Bundes und die eidgenössischen Abstimmungen. Werden erst im Nachgang zu allfälligen Beschwerdeverfahren und nach dem bundesrätlichen Erwahrungsbeschluss erhebliche Mängel bekannt, so leitet sich bei gegebenen Voraussetzungen ein Anspruch auf Überprüfung der Regularität einer Volksabstimmung direkt aus der Verfassungsbestimmung von Art. 29 Abs. 1 BV und seit dem 1. Jan. 2007 zusätzlich auch aus Art. 29a BV ab. Das Bundesgesetz über die politischen Rechte, das das Abstimmungsverfahren umschreibt, ist in diesem Sinne verfassungskonform anzuwenden. Im vorliegenden Fall zeigt sich, dass das Bundesgesetz über die politischen Rechte eine namhafte Lücke aufweist. Obwohl der Wortlaut des Bundesgesetzes keinen nachträglichen Rechtsschutz kennt, wird ein solcher von Sinn und Zweck des Bundesgesetzes auch nicht im Sinne von Art. 29a BV ausgeschlossen. Ziel der Regelung im Allgemeinen ist es, dass Abstimmungen unter Beachtung der verfassungsrechtlichen Abstimmungsfreiheit durchgeführt und mit dem vorgesehenen Beschwerdeweg zu einem raschen Abschluss gebracht werden. Das schliesst es auch vor dem Hintergrund von Art. 190 BV nicht aus, dass in ausserordentlichen Situationen im genannten Sinne über den Wortlaut des Bundesgesetzes über die politischen Rechte hinaus gestützt auf das Verfassungsrecht nachträglicher Rechtsschutz gewährt wird. Demnach ist das Bundesgesetz über die politischen Rechte in dem Sinne verfassungskonform auszulegen, dass die in Art. 77 Abs. 2 BPR genannten Beschwerdefristen die Möglichkeit einer Wiedererwägung oder Revision nicht ausschliessen. Vielmehr gilt für eidgenössische Abstimmungen im Rahmen des Bundesgesetzes über die politischen Rechte direkt gestützt auf die verfassungsmässigen Grundsätze von Art. 29 Abs. 1 BV in Verbindung mit Art. 29a BV ein Recht auf Überprüfung der Regularität von Volksabstimmungen und nachträglichem Rechtsschutz, wenn im Nachhinein eine massive Beeinflussung der Volksbefragung zutage tritt (BGE 138 I 61 E. 4.2 und E. 4.3).

bb) Wiedererwägungsgründe

aaa) Allgemeines

Die Fehlerhaftigkeit muss von **einer gewissen Bedeutung, wesentlich** (vgl. etwa BGE 136 II 177 E. 2.2.1, 127 V 353 E. 5b, 113 Ia 146 E. 3a; BGer vom 3. Feb. 2012, 1C_300/2011, E. 3.1) oder **erheblich** (vgl. etwa BGE 138 I 61 E. 4.5, 120 Ib 42 E. 2b) sein. Die Verhältnisse seit der ursprünglichen Verfügung müssen sich **«dans une mesure notable»** (vgl. etwa BGE 100 Ib 368 E. 4), **«sensiblement»** (BGer vom 20. Juli 2000, 2A.288/2000, E. 2) verändert haben (zum Ganzen BVGer vom 21. Aug. 2008, C-3859/2007, E. 4.2.3). Das Zurückkommen auf eine Verfügung kommt demnach nur aus **wichtigen Gründen** in Frage (VerwG LU vom 15. Nov. 2007, in: LGVE II Nr. 4 E. 5b). 2660

Erheblich oder wesentlich ist die ursprüngliche oder nachträgliche Fehlerhaftigkeit im Allgemeinen dann, wenn angenommen werden kann, dass unter Berücksichtigung der richtigen Rechts- oder Sachlage ein **anderer Entscheid zu erwarten** oder **ernstlich in Betracht fällt** (BGE 136 II 177 E. 2.2.1, 127 V 353 E. 5b; BGer vom 8. Nov. 2010, 2C_154/2010, E. 2.2; vom 12. Feb. 2010, 2C_335/2009, E. 2.1.2; vom 28. Okt. 2009, 2C_274/2009, E. 2.2; vom 19. Mai 2009, 8C_264/2009, E. 3.4; vom 9. Mai 2006, 2A.476/2005, E. 2; BVGer vom 2. Mai 2011, E-1236/2011, E. 3.1; vom 8. Dez. 2010, E-8201/2010, E. 4.1; vom 9. Sept. 2009, A-2541/2008, E. 4.3.4.2; vom 21. Aug. 2008, C-3859/2007, E. 4.2.3). 2661

Massgebend ist eine **Gesamtbetrachtung:** Die Veränderung eines einzelnen Elements, das bei der Abwägung im früheren Entscheid mitberücksichtigt wurde, führt noch nicht zwingend zu einer materiellen Prüfung des Wiedererwägungsbegehrens, solange ein anderes Ergebnis realistischerweise nicht in Betracht fällt (VerwG ZH vom 22. Juni 2005, VB.2005.00070, E. 2.1.1). Es genügt auch nicht, darauf hinzuweisen, dass neues Recht in Kraft getreten ist, um kurz nach rechtskräftigem Abschluss eines Verfahrens einen Anspruch auf Neubefassung mit dem gleichen Lebenssachverhalt zu begründen; es ist vielmehr im Einzelnen darzulegen, inwiefern das neue Recht zu einer anderen Beurteilung führen muss (BGE 136 II 177 E. 2.2.1; BGer vom 8. Nov. 2010, 2C_154/2010, E. 2.2). 2662

Praxis:

2663 – **Änderung der Betreuungsverhältnisse im Rahmen des Familiennachzugs (Wiedererwägungsgesuch):** Der ursprünglich türkische Staatsangehörige A, geboren 1958, lebt seit 1988 in der Schweiz. Im Jahr 1990 heiratete er die Schweizerin D, sodass er im Mai 1995 die schweizerische Staatsbürgerschaft erhielt. 1993 gebar E, die frühere Ehefrau von A, den Sohn B. A anerkannte B als sein Kind. Es verblieb jedoch mit der Mutter fortan in der Türkei, zunächst auch noch nach der Übertragung des Sorgerechts an A durch ein türkisches Gericht im Nov. 2001. Am 10. Jan. 2002 stellte A ein Gesuch um Erteilung der Einreisebewilligung für B. Mit Verfügung vom 12. April 2002 wies die Direktion für Soziales und Sicherheit des Kantons Zürich (Migrationsamt) das Gesuch ab. Den Rekurs gegen diese Verfügung wies der Regierungsrat am 11. Dez. 2002 ab. Im Juli 2004 stellte A beim Migrationsamt für B, der sich mit einem Besuchervisum bereits in der Schweiz aufhielt, erneut ein Gesuch um Niederlassungsbewilligung. Das Migrationsamt trat auf das Gesuch nicht ein mit der Begründung, dass sich die Umstände seit dem Rekursentscheid des Regierungsrats nicht wesentlich verändert hätten. B wurde zum Verlassen der Schweiz verpflichtet. Der Regierungsrat wie ebenso das Verwaltungsgericht wiesen den Rekurs bzw. die Beschwerde ab. Erwägungen: Gegenstand des vorliegenden Verfahrens bildet nicht die in Rechtskraft erwachsene Verweigerung der Niederlassungsbewilligung als solche, sondern der Entscheid der Beschwerdegegnerin, auf ein erneutes Gesuch um Niederlassungsbewilligung nicht einzutreten. Wird nach Ergehen einer negativen Verfügung um Erlass einer neuen, positiven Verfügung ersucht, so gelten sinngemäss die gleichen Grundsätze wie bei der Behandlung eines Begehrens um Anpassung einer Dauerverfügung wegen nachträglicher Fehlerhaftigkeit. Ein Behandlungsanspruch besteht dann, wenn dargetan wird, dass sich die sachlichen oder rechtlichen Grundlagen seit dem Erlass der ursprünglichen Verfügung massgeblich geändert habe. Ob eine massgebliche Änderung der Verhältnisse vorliegt, ist somit – vor erster Instanz – eine Eintretensfrage. Hier hat die Beschwerdegegnerin eine massgebliche Änderung der Verhältnisse verneint; der Regierungsrat hat diese Verfügung geschützt. Streitig ist damit das Vorliegen einer Eintretensvoraussetzung. Ist eine Vorinstanz auf ein Rechtsmittel nicht eingetreten, weil sie eine Prozessvoraussetzung als nicht erfüllt betrachtete, so ist die formell unterlegene Partei legitimiert, vor der nächsten Instanz die Überprüfung zu verlangen, ob dies zu Recht geschehen sei. Stellt diese Instanz fest, dass die Vorinstanz zu Recht vom Fehlen der Prozessvoraussetzung ausgegangen ist, ist das Rechtsmittel abzuweisen. Ob die mit einem Anpassungsgesuch konfrontierte Behörde darauf einzutreten hat und wie ein allfälliger neuer Entscheid ausfallen muss, ist im Kanton Zürich gesetzlich nicht geregelt und muss aufgrund des verfassungsmässigen Gehörsanspruchs nach Art. 29 Abs. 1 und 2 BV entschieden werden, wonach auf ein solches Gesuch einzutreten ist, sofern sich die Verhältnisse seit dem ersten Entscheid wesentlich geändert haben. Letzteres hat der Gesuchsteller glaubhaft und mit geeigneten Beweismitteln darzulegen. Wesentlich ist eine Veränderung der Sachlage dann, wenn sie geeignet ist, ein anderes Ergebnis beim Entscheid in der Sache herbeizuführen. Massgebend ist eine Gesamtbetrachtung. Die Veränderung eines einzelnen Elements, das bei der Abwägung im früheren Entscheid mitberücksichtigt wurde, führt demnach noch nicht zwingend zu einer materiellen Prüfung des Anpassungsbegehrens; die Gewichte müssen sich dadurch vielmehr derart verschieben, dass ein anderes Ergebnis realistischerweise in Betracht kommt. Massgebend für das Eintreten ist indes nicht, ob der Entscheid durch die neue Sachlage im Ergebnis tatsächlich anders ausfallen müsste als der frühere. Würde hierauf abgestellt, könnten Wiedererwägungsgesuche gar nie abgewiesen werden, sondern müssten sie stets durch Nichteintreten erledigt (wenn der Entscheid nicht abgeändert werden müsste) oder dann gutgeheissen werden (wenn der Entscheid abgeändert werden müsste). Ob der neue Entscheid dann tatsächlich zu einem anderen Resultat führt, ist eine Frage der nach erfolgtem Eintreten vorzunehmenden materiellen Würdigung und muss hier nicht beurteilt werden. Mithin ist lediglich zu prüfen, ob im Vergleich zu den Verhältnissen bei der Erstbeurteilung wesentlich veränderte tatsächliche Umstände vorliegen, sodass ein anderes Ergebnis realistischerweise in Betracht kommt. Zweck des Familiennachzugs gemäss Art. 17 Abs. 2 Satz 3 aANAG ist es, das Leben in der Familiengemeinschaft zu ermöglichen. Sind die Eltern voneinander getrennt oder geschieden und hält sich der eine Elternteil in der Schweiz, der andere im Ausland auf, kann es nicht um eine Zusammenführung der Familie gehen. In solchen Fällen besteht kein bedingungsloser Anspruch auf Nachzug der Kinder und ist Art. 17 Abs. 2 aANAG gemäss Rechtsprechung des Bundesgerichts nur analog anwendbar. In diesem Fall bedarf es einer vorrangigen familiären Beziehung des Kindes zum in der Schweiz lebenden Elternteil, wobei besonders stichhaltige familiäre Gründe, zum Beispiel eine Änderung in den Betreuungsverhältnissen, den Nachzug rechtfertigen müssen. Im ersten Verfahren hatte der Regierungsrat die Gesuchsabweisung im Wesentlichen wie folgt begründet: Der Lebens- und Beziehungsmittelpunkt des nachzuziehenden B liege in der Türkei. B sei seit Geburt durch die Mutter betreut worden. Daran habe auch die Übertragung des Sorgerechts auf den Beschwerdeführer (Vater von B) im Jahr 2001 nichts geändert. Angebliche Spannungen zwischen B und dem Stiefvater sowie die Schulprobleme vermöchten keinen anderen Entscheid zu bewirken, da sie gemäss den vorliegenden Akten nicht über das Gewöhnliche hinausgehen würden. Eine Übersiedlung in die Schweiz wäre mit der Trennung von der Mutter als wichtigster Bezugsperson und von den übrigen Verwandten verbunden. Zudem hätte B erfahrungsgemäss eine Reihe von Schwierigkeiten zu bewältigen. Somit sei die Beziehung zwischen B und dem Beschwerdeführer nicht als vorrangige familiäre Beziehung zu werten und sei zu deren Pflege keine Übersiedlung in die Schweiz notwendig. Im neuen Verfahren machen die Beschwerdeführer zur Hauptsache geltend, dass sich die Betreuungssituation bei Mutter und Stiefvater verschlechtert habe. B sei höchstwahrscheinlich geschlagen worden. Schliesslich sei er im Mai 2004 bei einem Bruder des Beschwerdeführers abgegeben worden. In dieser Notlage habe der Beschwerdeführer seinen Sohn abgeholt und Mitte Juni 2004 in die Schweiz genommen. Hier sei er bereits eingeschult und in seiner neuen Familie sowie im sozialen Umfeld eingegliedert. Es gehe ihm prächtig und er wolle für immer in der Schweiz bleiben. Der Regierungsrat als Vorinstanz erblickte darin zu Recht keine wesentliche Veränderung der tatsächlichen Verhältnisse. Eine Notwendigkeit zur Übersiedlung in die Schweiz kann sich in der Tat nicht bereits daraus ergeben, dass die bisherige Betreuungsperson das Kind weggegeben hat. Andernfalls liesse sich ein Nachzug in die Schweiz auf einfachste Weise erzwingen. Für die Bejahung des Nachzugsrechts muss als eine Voraussetzung vielmehr ersichtlich sein, dass die bisherige Betreuungsperson – vorliegend also die Mutter von B – nicht mehr in der Lage ist, das Kind zu betreuen. Gegen die Erziehungs- und Betreuungsfähigkeit der Mutter liegt hier allerdings nichts vor. Auch ist vorliegend nicht erwiesen, dass B in seiner Heimat in unzumutbaren Betreuungsverhältnissen lebt. Insgesamt lässt sich festhalten, dass sich die Sachlage im Vergleich zu den Verhältnissen bei der Erstbeurteilung nicht in einer Art und Weise geändert haben, dass ein anderes Ergebnis realistischerweise in Betracht kommt. Der Entscheid ist daher im Ergebnis nicht zu beanstanden. Das Migrationsamt ist auf das Gesuch zulässigerweise nicht eingetreten. Demzufolge ist die Beschwerde gegen den Nichteintretensentscheid abzuweisen (VerwG ZH vom 22. Juni 2005, VB.2005.00070, E. 2.3).

bbb) Änderung der tatsächlichen Verhältnisse

Verfügungen über Dauerrechtsverhältnisse können wegen einer Änderung der tatsächlichen Verhältnisse nachträglich fehlerhaft und unter bestimmten Umständen widerrufen werden (BVGer vom 21. März 2011, D-3504/2008, E. 4.3). Die Änderung der tatsächlichen Verhältnisse hat **Sachverhaltselemente** zu betreffen, die einerseits für das Rechtsverhältnis rechtserheblich sind und andererseits beim Entscheid über das neue Gesuch zu einer anderen Würdigung führen als im vorangegangenen Verfahren, sodass ein anderer Entscheid zumindest nicht von vornherein auszuschliessen ist (BGer vom 9. Mai 2006, 2A.476/2005, E. 2; BVGer vom 21. Aug. 2008, C-3859/2007, E. 4.2.3). Entscheidend ist somit die **Eignung der Änderung der Verhältnisse** im Vergleich zum Sachverhalt, welcher der ursprünglichen Verfügung zugrunde gelegen hat (BVGE 2008/52 E. 3.2.3). 2664

2665 **Unerhebliche Sachverhaltsänderungen reichen nicht** aus, um auf eine Verfügung zurückzukommen (BVGer vom 8. Jan. 2008, B-2208/2007, E. 5.1 [in: BVGE 2008/10 nicht publ. E.]). Umso weniger ist auf ein Wiedererwägungsbegehren einzutreten, wenn von einer **Sachverhaltsveränderung keine Rede** sein kann (vgl. z.B. VerwG ZH vom 27. Nov. 2002, VB.2002.00226, E. 2d/bb) oder wenn innert kurzer Zeit nach einer Gesuchsabweisung ein **neues, identisches Gesuch** eingereicht wird und sich auch im Übrigen die Verhältnisse nicht verändert haben (BGE 120 Ib 42 E. 2c; BVGer vom 21. Aug. 2008, C-3859/2007, E. 4.2.2). Gleiches muss auch für Gesuche gelten, die **eine weitgehend identische Begründung** wie ein früher gestelltes Wiedererwägungsgesuch enthalten (BVGE 2007/26 E. 3.3; BVGer vom 21. Aug. 2008, C-3859/2007, E. 4.2.3). Hängt die **Bewilligungserteilung kumulativ** von **mehreren**, voneinander unabhängigen Voraussetzungen ab, und wurde ein früheres Gesuch abgewiesen, weil mehrere dieser Voraussetzungen nicht erfüllt waren, so genügt es nicht, in einem **neuen Gesuch nur einen dieser Mängel** zu beheben, kann doch die Bewilligung nur dann erteilt werden, wenn alle Voraussetzungen erfüllt sind (BGer vom 17. April 2008, 5A_524/2007, E. 4.3).

2666 Auf ein neues Gesuch, das kurz nach einem ablehnenden Entscheid in derselben Sache eingereicht wird, muss die zuständige Behörde demnach nur eintreten, wenn seit der letzten Beurteilung **neue rechtserhebliche Tatsachen** oder Beweismittel eingebracht werden (BVGE 2007/26 E. 3.5; BVGer vom 21. Aug. 2008, C-3859/2007, E. 4.2.4). An **veränderten Umständen fehlt** es, wenn sie nicht den durch die Behörde zu beurteilenden Sachverhalt betreffen, sondern Aspekte darstellen, die für die Entscheidung nicht relevant waren (BGer vom 11. Juni 2009, 2C_102/2009, E. 3.2 [Wiedererwägung betr. eine Ausweisung wegen deliktischen Verhaltens, in deren Rahmen der Beschwerdeführer vorbringt, er und seine Familie hätten es mit grossem Engagement und viel Mühe geschafft, nicht mehr auf die Sozialhilfe angewiesen zu sein]). Unerheblich ist hingegen, ob die Änderung des Sachverhalts vorhersehbar war oder nicht (BVGE 2008/42 E. 5.4.5).

2667 Haben sich die finanziellen Verhältnisse des Stipendienbezügers seit dem Stipendienentscheid geändert, kann die Behörde den Beitragsentscheid anpassen und die zu viel bezahlten Beiträge von Amtes wegen zurückfordern (VerwG BE vom 29. Feb. 2000, in: BVR 2000 S. 336 E. 4c). Eine Invalidenrente ist bei einer wesentlichen Veränderung des Gesundheitszustandes oder dann in Wiedererwägung zu ziehen, wenn sich die Auswirkungen auf die Erwerbstätigkeit des an sich gleich bleibenden Gesundheitszustandes erheblich verändert haben (BGE 130 V 343 E. 5, 117 V 195 E. 3b). Keine wesentliche Veränderung der tatsächlichen Verhältnisse ist im Umstand zu sehen, dass die eingetragene Marke «Bin Ladin» seit dem 11. Sept. 2001 mit Osama bin Laden, dem vermutlichen Urheber der Terroranschläge auf das World Trade Center in New York, in Verbindung gebracht wird (REKO für Geistiges Eigentum vom 30. Juni 2004, in: sic! 2004 S. 932 E. 4).

Praxis:

2668 – **Veränderte finanzielle Verhältnisse:** Der Bauausschuss der Stadt Winterthur stellte im Jahre 1991 die Liegenschaft «Jakobsbrunnen» unter kommunalen Denkmalschutz; der Stadtrat Winterthur genehmigte die Unterschutzstellung. Die Grundeigentümer meldeten in der Folge eine Entschädigungsforderung aus materieller Enteignung an. 1995 sprach die Schätzungskommission IV des Kantons Zürich den Grundeigentümern eine Entschädigung aus materieller Enteignung zu und stellte fest, dass ihnen das Heimschlagsrecht zustehe; für den Heimschlagsfall wurde die Stadtgemeinde Winterthur verpflichtet, den Grundeigentümern eine Entschädigung von Fr. 6 Mio. zu bezahlen. Dieser Entscheid erwuchs unangefochten in Rechtskraft. 1995 erklärten die Grundeigentümer den Heimschlag der Liegenschaft. Daraufhin hob der Stadtrat Winterthur die Unterschutzstellung im Jahre 1996 wieder auf, wogegen Beschwerde geführt wurde. Erwägungen: Das Bundesgericht erachtet als massgebend, dass allein aus finanziellen Gründen nur bei sehr erheblichen Auswirkungen auf den Gemeindehaushalt auf die rechtskräftige Schutzverfügung zurückgekommen werden kann. Bei anderer Betrachtungsweise könnte ein Gemeinwesen Verwaltungsakte mit finanziellen Folgen je nach der aktuellen Finanzlage immer wieder abändern. Das Verwaltungsgericht hat die von der Schätzungskommission festgesetzte Entschädigung von Fr. 6 Mio. zwar als beträchtlich bezeichnet, diesen Betrag aber nicht als einen wesentlichen neuen Umstand betrachtet, der den Widerruf rechtfertigen könne. Es kommt hinzu, dass die Gemeinde schon im Zeitpunkt der Unterschutzstellung mit einer erheblichen Entschädigung rechnen musste. Wesentlich sind sodann die Feststellungen der kantonalen Behörden, wonach sich die ungünstige Entwicklung der kommunalen Finanzen bereits im Zeitpunkt der Unterschutzstellung abzeichnete. Die Finanzlage und die finanziellen Aussichten der Gemeinde waren somit im Zeitpunkt der Unterschutzstellung keineswegs wesentlich günstiger als zum Zeitpunkt, als der Widerruf verfügt wurde. Der eigentliche finanzielle Einbruch im Stadthaushalt erfolgte bereits Anfang der Neunzigerjahre, als die Unterschutzstellung mit voraussehbaren Entschädigungsfolgen verfügt wurde. Bei dieser Sachlage leuchtet die Argumentation des Verwaltungsgerichts ein, wonach die finanzielle Entwicklung in grossen Zügen schon im Zeitpunkt der Unterschutzstellung absehbar war und bis zum Widerruf keine überraschende, markante Verschlechterung der kommunalen Finanzsituation eintrat, die ein Zurückkommen auf die Schutzverfügung rechtfertigen konnte. Mit gewissen Schwankungen im Gemeindehaushalt muss stets gerechnet werden, und eine ungünstige finanzielle Entwicklung kann nur dann ein Zurückkommen auf rechtskräftige Anordnungen wie die hier interessierende rechtfertigen, wenn sie bedeutend ist und aus dem Rahmen des zu Erwartenden fällt. Das Verwaltungsgericht hat das Vorliegen hinreichend veränderter finanzieller Verhältnisse deshalb mit haltbaren Gründen verneint (BGer vom 28. April 1998, in: ZBl 2000 S. 41 E. 4c).

– **Wiederunterschutzstellung eines Gebäudes:** Der Gemeinderat Küsnacht beschloss am 25. Okt. 2001, das Kerngebäude (Villa Nager) der Klinik X sei kein Schutzobjekt gemäss dem kantonalen Planungs- und Baugesetz des Kantons Zürichs (PBG), und entliess dieses aus dem kommunalen Inventar der Objekte des Neuen Bauens. In seinen Erwägungen zu diesem Beschluss führte der Gemeinderat aus, die Güterabwägung zwischen dem öffentlichen Interesse am Erhalt des Gebäudes und dem öffentlichen Interesse an einem modernen und in betrieblicher wie wirtschaftlicher Hinsicht effizienten und leistungsfähigen Klinikbetrieb ergebe, dass die Weiterentwicklung der Klinik X zu einem modernen Spitalbetrieb der Spitzenklasse gegenüber dem Erhalt der Villa Nager Vorrang habe. In einer Medienmitteilung vom 19. Jan. 2009 gab der Verwaltungsrat der Klinik X bekannt, das Neubauprojekt werde nicht weiterverfolgt. Mit Verfügung vom 9. März 2009 beschloss hierauf die Baukommission der Gemeinde Küsnacht, die Schutzwürdigkeit der Villa Nager erneut zu überprüfen. Nachdem der Bericht über die Neuüberprüfung der Schutzwürdigkeit am 5. April 2009 vorgelegt worden war, fasste der Gemeinderat am 16. Sept. 2009 den Beschluss, seinen Entscheid vom 25. Okt. 2001 zu widerrufen und die Villa Nager unter Denkmalschutz zu stellen. Gleichzeitig untersagte er den Abbruch des Gebäudes. Dagegen gelangte die Klinik X bis ans Bundesgericht, welches ihre Beschwerde abwies. Erwägungen: Das kantonale Verwaltungsgericht durfte davon ausgehen, dass sich mit der Aufgabe des Klinikprojekts eine wesentlich andere Ausgangslage präsentiert: Ausschlaggebend für den ursprünglichen Entscheid des Gemeinderats gegen die Unterschutzstellung war der geplante Ausbau zu einem modernen medizinischen Zentrum. Den kantonalen Behörden ist darum nicht vorzuwerfen, dass sie nach dem Verzicht auf einen Klinikausbau eine wesentliche Änderung der tatsächlichen Verhältnisse bejaht und die Neubeurteilung der Schutzwürdigkeit für rechtens erachtet haben. Weshalb die entsprechenden Erwägungen des Verwaltungsgerichts willkürlich sein sollten, ist weder ersichtlich noch rechtsgenüglich dargetan. Bei der Beurteilung, ob sich die Verhältnisse seit Okt. 2001 wesentlich geändert haben, ist 2669 nicht nur auf das Dispositiv des damaligen Entscheids abzustellen, sondern auf die gesamten Beweggründe, welche den Gemeinderat zu seinem Beschluss bewogen haben. Ferner hat das Verwaltungsgericht die Interessenabwägung zwischen der richtigen Durchsetzung des objektiven Rechts und der Wahrung der Rechtssicherheit richtig vorgenommen. Das Verwaltungsgericht stellt die Aufwendungen der Beschwerdeführerin nicht in Abrede, hält ihr aber zu Recht entgegen, ihre Investitionen seien mit dem Verzicht auf das Klinikprojekt aufgrund von Umständen nutzlos geworden, welche nicht der Gemeinderat zu verantworten hat. Im Übrigen ging der Gemeinderat schon beim Entscheid über die Inventarentlassung davon aus, dass es sich bei der Villa Nager um ein Schutzobjekt handelt. Einzig die Güterabwägung zu Gunsten des modernen Klinikbetriebs hatte den Ausschlag gegen die Unterschutzstellung gegeben. Dies geht aus dem damaligen Beschluss klar hervor, weshalb dieser auch nicht unbesehen als Vertrauensgrundlage für jedes beliebige Bauprojekt zitiert werden kann. Jedenfalls ist es den Behörden nicht vorzuwerfen, dass sie mit dem Verzicht auf das Klinikprojekt eine neue Interessenabwägung vorgenommen haben und dabei das öffentliche Interesse am Erhalt der Villa Nager höher gewichtet haben als private Interessen an einer noch ungewissen Überbauung (BGer vom 3. Feb. 2012, 1C_300/2011, E. 3 und E. 4).

2670 – **Neues Gesuch um Zulassung zum Zivildienst:** Der Beschwerdeführer stellte am 4. Nov. 2003 ein Gesuch um Zulassung zum Zivildienst. Nach einer mündlichen Anhörung wies die Zulassungskommission für den Zivildienst (Zulassungskommission) sein Gesuch mit Entscheid vom 29. Jan. 2004 ab. Die dagegen erhobene Beschwerde wurde von der REKO/EVD am 3. Nov. 2004 abgewiesen. Am 12. Juli 2006 reichte der Beschwerdeführer ein neues Gesuch ein mit dem Begehren, zum Zivildienst zugelassen zu werden. In der schriftlichen Begründung zu dieser Eingabe, welche beim Regionalzentrum Nottwil am 17. Aug. 2006 einging, erklärte er unter anderem, sein Gewissenskonflikt gegenüber dem Militärdienst habe sich massiv verstärkt. Früher habe er sein moralisches Problem mit dem Militärdienst nicht genau benennen können, heute wisse er, dass seine Überzeugung es nicht zulasse, Konflikte mit Gewalt zu lösen. Er habe Seminare zur Schulung seiner Persönlichkeit besucht, wobei ihm immer klarer geworden sei, dass es keinen Grund gebe, in irgendeiner Form Gewalt gegen Menschen anzuwenden. Mit Verfügung vom 26. Sept. 2006 stellte die Zulassungskommission fest, die Eingabe des Beschwerdeführers betreffend Zulassung zum Zivildienst werde als Wiedererwägungsgesuch behandelt (Dispositiv Ziffer 1), und trat auf das Wiedererwägungsgesuch nicht ein (Dispositiv Ziffer 2). Gegen diesen Entscheid erhob der Beschwerdeführer am 3. Nov. 2006 Beschwerde bei der REKO/EVD. Am 1. Jan. 2007 wurde das Verfahren vom Bundesverwaltungsgericht (BVGer) übernommen. Erwägungen: Nach Art. 16 Abs. 2 ZDG können Militärdienstpflichtige jederzeit ein Gesuch einreichen. Das Gesuch ist schriftlich bei der Vollzugsstelle einzureichen. Die Möglichkeit der jederzeitigen und wiederholten Gesuchseinreichung rechtfertigt sich damit, dass sich die persönlichen Verhältnisse von jungen Gesuchstellern erfahrungsgemäss innert kurzer Zeit entscheidend entwickeln können. Die Beurteilung eines Zulassungsgesuchs beruht insofern auf einer Momentaufnahme, die wesentlich von den Lebensumständen des Gesuchstellers im Zeitpunkt der Anhörung geprägt ist. Zwar ist ein Missbrauch dieser sehr offenen Regelung nicht auszuschliessen, die Möglichkeit eines solchen wurde aber – wie die Materialien aufzeigen – erkannt und bewusst in Kauf genommen. Die Wahrnehmung des Rechts, jederzeit ein Gesuch um Zulassung zum Zivildienst zu stellen, steht selbstverständlich unter dem Vorbehalt des Handelns nach Treu und Glauben. Auf Gesuche, die in unvernünftig kurzen Abständen (querulatorisch) gestellt werden, ist mangels eines schutzwürdigen Interesses an deren Prüfung nicht einzutreten. Dies muss ebenso für Gesuche gelten, die keine neuen Elemente, sondern eine weitgehend identische Begründung enthalten. Denn aus prozessökonomischen Gründen rechtfertigt es sich nicht, ein neues (aufwändiges) Zulassungsverfahren durchzuführen, wenn der Gesuchsteller in seinem neuen Gesuch im Wesentlichen dieselbe Argumentation wie bereits im rechtskräftig entschiedenen Gesuch vorträgt. Das hier zu beurteilende Zulassungsgesuch wurde etwas mehr als zweieinhalb Jahre nach dem ersten Gesuch eingereicht. Dies stellt, entgegen der Ansicht der Zulassungskommission, einen Zeithorizont dar, in welchem sich gerade junge Leute entscheidend entwickeln und verändern können. Im Weiteren handelt es sich, wie oben dargelegt, weder um ein identisches Gesuch noch um ein Gesuch, das besonders stark auf das erste Gesuch bezogen ist (mal abgesehen vom Lebenslauf, der aber im Falle des Beschwerdeführers nur eine chronologische Aufzählung der Eckdaten seines Lebens enthält, während die eigentliche Begründung des Gewissenskonflikts in einem separaten Teil des Gesuchs zu finden ist). Der Beschwerdeführer macht auch nicht geltend, die erste Verfügung sei ursprünglich fehlerhaft und müsse daher in Wiedererwägung bzw. in Revision gezogen werden, sondern er beruft sich darauf, dass er heute nicht mehr dieselbe Person sei wie damals und dass er sich in den vergangen Jahren intensiv mit sich selbst und der Militärdienstpflicht auseinandergesetzt habe. Der Beschwerdeführer bringt in seinem Gesuch neue Überlegungen und Einsichten in Bezug auf einen möglichen Gewissenskonflikt wie auch neue Sachverhaltselemente vor. Es bestehen somit zumindest gewisse Anhaltspunkte dafür, dass sich die Verhältnisse des Beschwerdeführers erheblich geändert haben. Die Frage, ob der Beschwerdeführer glaubhaft darlegen kann, dass ihm diese Entwicklungen das Leisten des Militärdienstes verunmöglichen, wird von der Zulassungskommission zu beantworten sein. Aus diesen Gründen ist es angezeigt, dass die Zulassungskommission den Beschwerdeführer erneut persönlich anhört und anschliessend über die Glaubhaftigkeit des geltend gemachten Gewissenskonfliktes befindet (BVGE 2007/26 E. 3.3 und E. 3.5).

ccc) Änderung der rechtlichen Verhältnisse

Beruft sich ein Gesuchsteller oder die Behörde auf eine **geänderte Rechtslage**, genügt nicht, dass der Gesuchsteller oder die Behörde lediglich darauf hinweist, dass neues Recht in Kraft getreten ist; es ist vielmehr im Einzelnen darzulegen, inwiefern das neue Recht zu einer anderen Beurteilung eines nach rechtskräftigem Abschluss des ursprünglichen Verfahrens noch andauernden Sachverhalts führen muss (BGE 136 II 177 E. 2.2.1; BGer vom 30. Sept. 2009, 2C_168/2009, E. 4.2). Entsprechend ist der blosse Umstand allein nicht genügend, dass sich die gesetzlichen Rahmenbedingungen geändert haben und beispielsweise strengere Voraussetzungen für die Bewilligungserteilung als nach bisherigem Recht gelten, um Bewilligungen, welche nach früherem Recht fehlerfrei erteilt worden sind, nachträglich in Wiedererwägung zu ziehen (VerwG BS vom 23. Juni 2004, in: BJM 2006 S. 149 E. 4e). 2671

Die Wiedererwägung ist auch nicht gegeben, um eine **andere Rechtsauffassung** oder eine **erneute rechtliche Würdigung** eines bereits hinlänglich erstellten und endgültig beurteilten zeitlich abgeschlossenen (Einzel-)Sachverhalts durchzusetzen, solange der Gesetzgeber eine echte Rückwirkung nicht ausdrücklich vorgesehen hat; die Wiedererwägung aus Gründen einer nachträglich veränderten Rechtslage beschränkt sich auf **Dauersachverhalte** (BGer vom 30. Sept. 2009, 2C_168/2009, E. 4.1; vom 26. Jan. 2009, 2C_492/2008, E. 3.4; vom 4. Aug. 2009, 2C_114/2009, E. 2.2 und E. 2.3). Entsprechend kann die **Betriebsgenehmigung eines Flugfeldes** aufgrund strengerer umweltrechtlicher Immissionsschutzvorschriften angepasst werden (BGE 127 II 306 E. 7c; ferner BGE 125 II 591 E. 5e/aa, 123 II 325 E. 4c/cc, 120 Ib 233 E. 3a; BGer vom 3. Nov. 2009, 1C_165/2009, E. 2.4) oder das **Verbot der Medikamentenabgabe für Ärzte** aufgrund einer Rechtsänderung gelockert oder auf grössere Städte beschränkt oder gar aufgehoben werden (BGE 131 I 205 E. 3.2, 118 Ia 175 E. 3, 111 Ia 184 E. 4; BGer vom 23. Sept. 2011, 2C_53/2009, E. 3.3-3.7; VerwG ZH vom 17. Nov. 2005, in: RB 2005 Nr. 45 E. 3.6). 2672

Es ist unzulässig, ein rechtskräftig abgeschlossenes Verfahren unter dem Titel eines Wiedererwägungsgesuchs faktisch zu wiederholen, indem die rechtliche Beurteilung der verfügenden Behörde (erneut) in Frage gestellt wird oder neues, inzwischen in Kraft getretenes Recht zur Anwendung gebracht werden soll (BVGer vom 11. März 2673

2010, D-3297/2006, E. 2.2). Deshalb kommt eine Wiedererwägung eines bereits unter dem alten Recht definitiv beurteilten und zeitlich abgeschlossenen Sachverhalts allein wegen des späteren Inkrafttretens des neuen Ausländergesetzes nicht in Frage (BGer vom 30. Sept. 2009, 2C_168/2009, E. 4.1). Wer die formgerechte Anfechtung eines Entscheids unterlässt, hat keinen Anspruch darauf, dass die zuständige Behörde ohne qualifizierte Gründe über die gleiche Angelegenheit noch einmal materiell entscheidet und den Rechtsmittelweg erneut öffnet (BGer vom 11. Juni 2009, 2C_102/2009, E. 3.3).

Praxis:

2674 – **Wiedererwägungsgesuch für einen Familiennachzug gemäss AuG und Freizügigkeitsabkommen:** X (geb. 1968) war von 1992 bis zum 21. Juni 2002 in der Türkei verheiratet. Aus der Ehe gingen zwei Kinder hervor: Y (geb. 21. Juni 1993) und Z (geb. 25. April 1996). Am 12. März 2002 ersuchte X in der Schweiz um Asyl; am 24. Dez. 2002 heiratete er eine hier niedergelassene deutsche Staatsangehörige, worauf ihm am 11. April 2003 eine (in der Folge regelmässig erneuerte) Aufenthaltsbewilligung und am 17. März 2008 die Niederlassungsbewilligung erteilt wurde. Am 13. Aug. 2007 ersuchte X darum, seine Kinder, über deren Sorgerecht er seit der Scheidung verfügte, in die Schweiz nachziehen zu können, was das Departement des Innern des Kantons Solothurn (Ausländerfragen) am 16. Dez. 2008 ablehnte. Das Verwaltungsgericht des Kantons Solothurn bestätigte diesen Entscheid auf Beschwerde hin am 8. April 2009. Es begründete seine Haltung im Wesentlichen damit, dass die Kindsmutter und die Eltern von X, auch wenn dessen Mutter erkrankt sei, weiterhin als die wichtigsten Bezugspersonen für die Kinder zu gelten hätten und für diese in der Heimat gesorgt werden könne. Am 18. Dez. 2008 bzw. 6. Jan. 2009 beantragte X beim Departement des Innern des Kantons Solothurn, die Verfügung vom 16. Dez. 2008 in Wiedererwägung zu ziehen, da sich die Rechtslage geändert habe und die Unterscheidung des Nachzugs von Kindern zu den gemeinsamen Eltern oder bloss zu einem Elternteil keine Rolle mehr spiele. Das Departement trat am 13. Mai 2009 auf das Gesuch nicht ein, da keine neuen Tatsachen oder Umstände ersichtlich seien, die einen (nachträglichen) Familiennachzug rechtfertigen würden. Das Verwaltungsgericht des Kantons Solothurn wies die hiergegen eingereichte Beschwerde am 14. Juli 2009 ab. Das Bundesgericht heisst die von X hiergegen eingereichte Beschwerde gut. Erwägungen: Nach der zu Art. 4 aBV entwickelten bundesgerichtlichen Praxis, die im Rahmen von Art. 29 BV weiter gilt, ist eine Verwaltungsbehörde von Verfassungs wegen verpflichtet, auf ein neues Gesuch einzutreten, wenn die Umstände sich seit dem ersten Entscheid wesentlich geändert haben oder wenn der Gesuchsteller erhebliche Tatsachen und Beweismittel namhaft macht, die ihm im früheren Verfahren nicht bekannt waren oder die schon damals geltend zu machen für ihn rechtlich oder tatsächlich unmöglich war oder keine Veranlassung bestand. Ob ein Wiedererwägungsgesuch in Fällen wie dem vorliegenden materiell zu behandeln ist, hängt davon ab, ob sich der Sachverhalt oder bei Dauersachverhalten die Rechtslage in einer Art geändert hat, dass ein anderes Ergebnis ernstlich in Betracht fällt. Wird im Zusammenhang mit einem Sachverhalt, der nach rechtskräftigem Abschluss des ursprünglichen ausländerrechtlichen Verfahrens anhält, ein neuer Antrag gestellt, wobei sich der Gesuchsteller auf eine geänderte Rechtslage beruft, besteht ein Anspruch auf Neubefassung bzw. auf einen neuen Sachentscheid nur, wenn er darlegt, dass und inwiefern sich die massgebende Rechtslage nachträglich wesentlich verändert hat; dabei genügt es nicht, dass er lediglich darauf hinweist, dass neues Recht in Kraft getreten ist, um kurz nach rechtskräftigem Abschluss eines Verfahrens einen Anspruch auf Neubefassung mit dem gleichen Lebenssachverhalt zu begründen; es ist vielmehr im Einzelnen darzulegen, inwiefern das neue Recht zu einer anderen Beurteilung führen muss. Das ursprüngliche Gesuch des Beschwerdeführers stammte vom 13. Aug. 2007 und war damit noch gestützt auf Art. 17 aANAG bzw. Art. 7 aANAG i.V.m. Art. 2 FZA und die bundesgerichtliche Rechtsprechung dazu zu beurteilen. In seinem Entscheid vom 8. April 2009 hielt das Verwaltungsgericht ausdrücklich fest, dass «nicht zu beurteilen sei», wie das Familiennachzugsgesuch unter der Herrschaft des AuG zu beurteilen wäre, womit das Bundesgericht diese Frage ebenfalls nicht geprüft hätte. Der Beschwerdeführer hatte somit keine andere Möglichkeit, um seine Situation neurechtlich prüfen zu lassen, als mit einem begründeten Wiedererwägungsgesuch erneut an die Bewilligungsbehörde zu gelangen, welche auf dieses hätte eintreten müssen: Er hat detailliert dargelegt, dass das neue Recht für ihn günstiger sei, da in der Doktrin davon ausgegangen werde, dass die gestützt auf den Wortlaut von Art. 17 aANAG gemachte Unterscheidung zwischen dem Nachzug von Kindern bis zu 18 Jahren zu den gemeinsamen Eltern bzw. demjenigen zu nur einem Elternteil unter dem neuen Recht nicht mehr gelten könne. Da das Bundesgericht sich seinerseits zu dieser Frage noch nicht geäussert hatte, wäre das Departement des Innern gehalten gewesen, das neue Gesuch an die Hand zu nehmen; es hätte dieses nicht durch einen Nichteintretensentscheid erledigen dürfen, und das Verwaltungsgericht hätte die gegen diesen Entscheid gerichtete Beschwerde gutheissen müssen, zumal das Bundesgericht inzwischen mit Urteil vom 15. Jan. 2010 die Auffassung verworfen hat, dass die bisherige Rechtsprechung zum Familiennachzug auch für die neue Regelung von Art. 43 in Verbindung mit Art. 47 und Art. 126 Abs. 3 AuG gilt (BGE 136 II 78 ff.). Der angefochtene Entscheid ist deshalb aufzuheben und die Sache zur materiellen Prüfung und allfälligen Erteilung der Nachzugsbewilligung an das Departement des Innern des Kantons Solothurn zurückzuschicken. Dieses wird zu berücksichtigen haben, dass der Beschwerdeführer sich als Ehegatte einer deutschen Bürgerin auf das Freizügigkeitsabkommen berufen kann, das für den Familiennachzug von Staatsbürgern aus EU/EFTA-Ländern eine grosszügigere Regelung kennt als das Ausländergesetz (BGE 136 II 177 E. 2).

– **Wiedererwägung (Nichtverlängerung der Aufenthaltsbewilligung):** Infolge der Heirat am 7. April 2000 mit dem Schweizer Bürger A (geb. 1952) erhielt X (geb. 1973), Staatsangehörige der Dominikanischen Republik, eine Aufenthaltsbewilligung für den Kanton Thurgau. Auch ihr Sohn Y (geb. 1995), der aus einer früheren Beziehung stammt und ebenfalls Staatsangehöriger der Dominikanischen Republik ist, erhielt im Nov. 2000 eine Aufenthaltsbewilligung im Rahmen des Familiennachzugs. Im Mai 2001 trennten sich die Eheleute. Am 11. Dez. 2001 gebar X die gemeinsame Tochter Z, die über das Schweizer Bürgerrecht verfügt und unter der elterlichen Obhut der Mutter steht. Die Aufenthaltsbewilligungen wurden letztmals bis zum 6. Okt. 2005 verlängert. Am 21. Nov. 2006 lehnte das Migrationsamt des Kantons Thurgau die Verlängerung der Aufenthaltsbewilligungen von Mutter und Sohn ab. Die von ihnen dagegen eingereichten Rechtsmittel blieben erfolglos. Letztinstanzlich wies das Bundesgericht mit Urteil 2C_372/2008 vom 25. Sept. 2008 ihre Beschwerde ab. Am 17. Nov. 2008 beantragten X und ihr Sohn Y dem Migrationsamt Thurgau mit einem «Wiedererwägungsgesuch», ihnen zu bewilligen, «bei ihrer Tochter bzw. Halbschwester in der Schweiz zu verbleiben, damit Frau X die Betreuung ihrer Tochter weiterhin in der Schweiz wahrnehmen kann». Das Migrationsamt erklärte am 24. Nov. 2008, das «Wegweisungsverfahren» sei formell und materiell in Rechtskraft erwachsen, die im Gesuch vom 17. Nov. 2008 gemachten Ausführungen könnten daran nichts ändern. Auf den dagegen gerichteten Rekurs trat das Departement für Justiz und Sicherheit des Kantons Thurgau nicht ein. Die anschliessende Beschwerde wies das Verwaltungsgericht des Kantons Thurgau am 4. Feb. 2009 ab. Das Bundesgericht weist die Beschwerde ab. Erwägungen: Die Beschwerdeführer machen unter anderem geltend, schon allein das Inkrafttreten des neuen Ausländergesetzes gebe einen Anspruch auf Behandlung ihres «Wiedererwägungsgesuchs». Die Wiedererwägung von Verwaltungsentscheiden, die in Rechtskraft erwachsen sind, ist nicht beliebig zulässig. Rechtskräftige Entscheide sollen auch bei späteren Rechtsänderungen grundsätzlich nicht wieder in Frage gestellt werden. Etwas anderes gilt, wenn der Gesetzgeber eine Rückwirkung vorgesehen hat. Das ist beim neuen Ausländergesetz indes nicht der Fall. Es würde zudem Art. 126 Abs. 1 AuG widersprechen, wenn mit einem «Wiedererwägungsgesuch» nachträglich die Anwendung des neuen Rechts auf einen rechtskräftig beurteilten und zeitlich abgeschlossenen Sachverhalt erwirkt werden könnte, obwohl dieser nach der gesetzlichen Übergangsregelung noch unter altem Recht zu behandeln war. Deshalb kommt eine Wiedererwägung eines bereits unter dem alten Recht definitiv beurteilten und zeitlich abgeschlossenen Sachverhalts allein wegen des späteren Inkrafttretens des neuen Ausländergesetzes nicht in Frage. Mithin kann sich die Beschwerdeführerin nicht auf den von ihr zitierten 2675

Art. 50 AuG berufen, um einen neuen Anspruch auf Bewilligung infolge Auflösung der im Jahre 2000 begründeten Familiengemeinschaft zu erlangen. Denn es wurde entsprechend Art. 126 Abs. 1 AuG noch unter altem Recht rechtskräftig darüber befunden, ob sie trotz Auflösung dieser ehelichen Banden weiterhin einen Bewilligungsanspruch hatte. Sofern wegen eines Sachverhalts, der nach rechtkräftigem Abschluss des ursprünglichen ausländerrechtlichen Verfahrens anhält, ein neuer Antrag gestellt wird und sich die Gesuchsteller dabei auf eine geänderte Rechtslage berufen, ist ein Anspruch auf Neubefassung bzw. auf einen neuen Sachentscheid hingegen nicht von vornherein ausgeschlossen. Das betrifft etwa Fälle, in denen eine in der Schweiz aufenthaltsberechtigte Person den Nachzug von Kindern begehrt und die maximale Altersgrenze, die das geänderte Recht insoweit für Kinder vorsieht, noch nicht erreicht worden ist. Die Gesuchsteller haben gegenüber der Behörde aber darzutun, dass sich die massgebende Rechtslage nachträglich wesentlich verändert hat. Es genügt mithin nicht, lediglich zu erklären, es sei neues Recht in Kraft getreten, um kurz nach rechtskräftigem Abschluss eines Verfahrens einen Anspruch auf Neubefassung mit dem gleichen Lebenssachverhalt zu begründen. Ihr bloss allgemeiner Hinweis auf das Inkrafttreten des neuen Ausländergesetzes genügt demnach nicht. Das Gleiche gilt für ihren zusätzlichen Hinweis auf eine angebliche, nicht näher dargestellte Praxis des Regierungsrates des Kantons Zürich (vgl. hiezu im Übrigen das Urteil des Bundesgerichts 2C_114/2009 vom 4. Aug. 2009 E. 2.3). Unter den erwähnten Umständen hätten die Behörden mit Blick auf die Schweizer Tochter und die zwischenzeitliche Rechtsänderung zwar materiell darüber befinden können, ob eine Anpassung zu treffen ist. Eine Pflicht hiezu bestand aber nicht, da die Beschwerdeführer nicht hinreichend dargelegt hatten, inwiefern das Recht eine für sie günstige Änderung erfahren hat. Nach dem Dargelegten haben die kantonalen Vorinstanzen nicht gegen Art. 29 BV verstossen, wenn sie auf das «Wiedererwägungsgesuch» nicht eingetreten sind bzw. die Rechtsmittel gegen einen solchen Nichteintretensentscheid abgewiesen haben (BGer vom 30. Sept. 2009, 2C_168/2009, E. 4).

ddd) Ursprünglich unrichtige Sachverhaltsfeststellung («revisionsähnliche Gründe»)

2676 Eine ursprünglich unrichtige Sachverhaltsfeststellung kann darin bestehen, dass der Gesuchsteller **neue erhebliche Tatsachen oder Beweismittel** nennt, die ihm im früheren Verfahren nicht bekannt waren, oder die geltend zu machen für ihn damals trotz zumutbarer Sorgfalt nicht möglich war bzw. für ihn keine Veranlassung bestand («revisionsähnliche Gründe»; BGE 138 I 61 E. 4.4, 136 II 177 E. 2.1, 120 Ib 42 E. 2b, 113 Ia 146 E. 3b; zur Revision unten Rz. 2700 ff.). Sieht ein Verfahrensgesetz derartige Gründe nicht oder nicht in genügender Weise vor, gebietet Art. 29 Abs. 1 BV, dieses Recht unmittelbar gestützt auf die Bundesverfassung zu gewähren (BGE 127 I 133 E. 6). Diesbezüglich besteht kein grundsätzlicher Unterschied zwischen dem Revisionsbegehren und dem Wiedererwägungsgesuch (BGer vom 10. Sept. 2010, 2C_400/2010, E. 3.2.1; vom 19. Mai 2009, 8C_264/2009, E. 3.2).

2677 Der Wiedererwägungsgrund der nachträglich erfahrenen Tatsache beinhaltet zweierlei: Zum einen muss sich diese bereits vor Abschluss des Verfahrens verwirklicht haben; als Gründe sind somit lediglich sogenannte **unechte Nova** zugelassen (BGE 138 I 61 E. 4.5). Zum andern wird verlangt, dass die **gesuchstellende Partei** die betreffende Tatsache während des vorangegangenen Verfahrens nicht gekannt hat und auch nicht hätte kennen müssen und deshalb nicht beibringen konnte (BVGer vom 21. April 2011, D-1332/2011, E. 4.1). Das nachträgliche Verfahren kann nicht dazu dienen, Unterlassungen der Beweis- und Beschwerdeführung wiedergutzumachen (BGE 138 I 61 E. 4.5, 136 II 177 E. 2.1, 127 I 133 E. 6; BGer vom 8. Mai 2008, 2D_45/2008, E. 2.1.2; BVGer vom 1. März 2010, A-5612/2007, E. 2.4.3; vom 9. Juli

2008, A-8637/2007, E. 2.3). Diesbezüglich ist es an die gleich strengen Voraussetzungen geknüpft, die bezüglich eines Revisionsgrundes gelten (vgl. BGE 127 I 133 E. 6; BGer vom 8. Mai 2008, 2D_45/2008, E. 2.1.2). Gleich wie die Revision, darf auch die Wiedererwägung nicht dazu dienen, Fristen für die Ergreifung von Rechtsmitteln zu umgehen (BGer vom 17. April 2008, 5A_524/2007, E. 4.2; BVGer vom 1. März 2010, A-5612/2007, E. 2.4.3).

Eine ursprünglich unrichtige Sachverhaltsfeststellung kann ferner darin bestehen, 2678
dass die **Behörde den Sachverhalt ursprünglich falsch beurteilt** und gewürdigt hat (BVGer vom 2. Sept. 2010, A-2029/2010, E. 3.7 [Erteilung einer Berufspilotenlizenz]) oder dass nachträglich eine **massive Beeinflussung einer Wahl oder Abstimmung** zutage tritt (BGE 138 I 61 E. 4.3-4.5, 113 Ia 146 E. 3b). Unter **Tatsachen** sind nur **Geschehnisse im Seinsbereich** zu verstehen und nicht etwa auch Rechts- und Praxisänderungen, neue rechtliche Überlegungen, eine neue Auslegung, veränderte Rechtsanschauungen, Entscheidungen im Falle Dritter oder die gerichtliche Ungültigerklärung der gesetzlichen Grundlage in einer Entscheidung (VerwG GR vom 14. Sept. 2010, in: PVG 2010 Nr. 24 E. 5). Die Rechtsprechung lehnt es demnach ab, dass Praxisänderungen einen Revisionsgrund – im Sinne von neuen Tatsachen (vgl. z.B. Art. 66 Abs. 2 lit. a VwVG) – darstellen können (BGE 129 V 200 E. 1.2; BGer vom 9. Sept. 2008, 9F_7/2008, E. 2.2; BVGer vom 1. Sept. 2009, D-7544/2006, E. 7.3; vgl. auch unten Rz. 2705).

Bei **rechtskräftigen Steuerveranlagungen** lässt die bundesgerichtliche Rechtspre- 2679
chung ausnahmsweise eine **nachträgliche Abänderung zuungunsten des Steuerpflichtigen** zu, wenn der Fehler auf ein offensichtliches Versehen der Steuerbehörde zurückzuführen ist und vom Steuerpflichtigen ohne Weiteres hätte erkannt werden müssen. Veranlagt eine Behörde einen Steuerpflichtigen um ein Vielfaches zu tief, weil sie irrtümlich von einem zehnmal zu tiefen Einkommen ausgeht, einen falschen Computercode verwendet oder einen Übertrag vergisst, und konnte ihm dieser Fehler nicht verborgen bleiben, erscheint eine Nachforderung des fraglichen Betrags zulässig (BGer vom 20. Sept. 2011, 2C_765/2010, E. 4.1, mit weiteren Hinweisen; siehe auch BGer vom 24. Feb. 2012, 2C_519/2011, E. 3.3, zur Rechtslage gemäss StHG und DBG).

Praxis:

- **Gesuch auf Einreihung in eine höhere Besoldungsklasse:** Der Beschwerdeführer wurde 2680
nicht in die Besoldungsklassen 15-18 eingeteilt, da er im Verfügungszeitpunkt wie im Übrigen auch heute nicht über ein Lehrdiplom des Schweizerischen Musikpädagogischen Verbandes (SMPV) verfügt. Die entsprechenden kantonalen Bestimmungen sehen vor, dass ein SMPV-Diplom Voraussetzung für eine Einreihung in den Besoldungsklassen 15-18 ist. Im Rahmen des Wiedererwägungsgesuches legt der Beschwerdeführer ein Schreiben ins Recht, welches die Gleichwertigkeit seines Diploms mit einem SMPV-Lehrdiplom bescheinigt. Das Schreiben ist gemäss Bundesgericht nur dann erheblich, wenn sich daraus ergäbe, dass der Beschwerdeführer – entgegen früheren Annahmen – über ein SMPV-Lehrdiplom verfügt. Das Schreiben äussert sich aber lediglich zur Gleichwertigkeit des Diploms der Schule X. Erheblich könnte das Schreiben sodann sein, wenn die verfügende Behörde bei den seinerzeitigen Lohneinstufungsverfügungen das kantonale Recht so ausgelegt und angewendet hätte, dass über den Wortlaut hinaus nicht nur SMPV-Diplome zu der höheren Einstufung berechtigten, sondern auch diesen gleichwertige Diplome, dass die Behörde dannzumal aber davon ausgegangen wäre, der Beschwerdeführer erfülle auch bei dieser über den Wortlaut hinausgehenden Auslegung der kan-

tonalen Bestimmungen die Voraussetzungen nicht, weil sein Diplom nicht gleichwertig sei. Denn dann wäre die Gleichwertigkeit bereits im Verfügungszeitpunkt massgebliches Tatbestandselement gewesen und ein neues Beweismittel zu diesem Punkt daher erheblich. Dass die verfügende Behörde damals die Verordnung in diesem Sinn ausgelegt hätte, macht der Beschwerdeführer aber selber nicht geltend und ist auch nicht ersichtlich. Die Vorbringen des Beschwerdeführers laufen demnach lediglich auf eine Rüge an der damaligen Auslegung und Anwendung der Besoldungsverordnung hinaus. Solches hätte er aber im Rahmen der Anfechtung der seinerzeitigen Einstufungsverfügungen vorbringen müssen und kann er nicht mittels Wiedererwägung nachholen. Das kantonale Gericht hat einen Anspruch auf Wiedererwägung somit zu Recht verneint (BGer vom 19. Mai 2009, 8C_264/2009, E. 3.4).

2681 – **Eidgenössische Volksabstimmung vom 24. Feb. 2008 über das Unternehmenssteuerreformgesetz II:** Als im März 2011 bekannt wurde, dass zahlreiche Unternehmen von den Möglichkeiten des Unternehmenssteuerreformgesetzes II Gebrauch machen würden und dass dadurch beträchtliche Steuerausfälle entstehen würden, reichte Margret Kiener Nellen vorerst beim Regierungsrat des Kantons Bern, danach beim Bundesgericht eine «Abstimmungsbeschwerde/Revision» ein. Die Beschwerdeführerin bezieht sich auf die Erläuterungen des Bundesrates im Abstimmungsbüchlein und auf Ausführungen von Bundesrat Merz anlässlich einer Pressekonferenz vom 14. Jan. 2008 sowie auf die Botschaft des Bundesrates. Aus den Erklärungen im Vorfeld der Abstimmung ergibt sich zusammengefasst das Folgende: Das Unternehmenssteuerreformgesetz II bedeute für den Bund kurzfristig Steuerausfälle von ungefähr 56 und 27 Millionen Franken; langfristig sollten Mehreinnahmen resultieren; für die Kantone werde kurzfristig mit Einbussen von 350 und 500 Millionen Franken gerechnet. Nach der Botschaft würden für den Bund kurzfristig 40 Millionen Mindereinnahmen resultieren; langfristig sollten zusätzliche Einnahmen von 55 Millionen Franken generiert werden; für die Kantone seien die kurzfristigen Verluste auf 460 Millionen Franken, die langfristigen Verluste auf 270 Millionen Franken geschätzt. Den Bedenken des Referendumskomitees, die Reform verursache bei Bund und Kantonen bis zu 2 Milliarden Franken Steuerausfälle, entgegnete der Bundesrat, dass die finanziellen Auswirkungen der Reform im Vergleich zum gesamten Haushalt des Bundes gering und die zu erwartenden Steuerausfälle verkraftbar seien. Im März 2011 wurde bekannt, dass zahlreiche Unternehmen von den Möglichkeiten des Unternehmenssteuerreformgesetzes II Gebrauch machen würden und dass dadurch beträchtliche Steuerausfälle entstünden. Diese Befürchtungen wurden von Bundesrätin Widmer-Schlumpf anlässlich einer Fragestunde im Nationalrat und einer Pressekonferenz bestätigt. Zusammengefasst ergibt sich aus ihren Erklärungen, dass dem Bund bei einer längerfristigen Betrachtung jährliche Mindereinnahmen von 200-300 Millionen Franken bei der Verrechnungssteuer und von weiteren 200-300 Millionen Franken bei der direkten Bundessteuer entstünden. Insgesamt würden die Verluste für Bund, Kantone und Gemeinden für eine Periode von zehn Jahren auf 4-6 Milliarden Franken beziffert. Aufgrund der neuen Prognosen scheinen die Steuerausfälle nunmehr massiv höher auszufallen als vor der Abstimmung über die Vorlage veranschlagt. Bei Steuervorlagen hängt die Meinungsbildung der Stimmberechtigten massgeblich davon ab, wie sich Steuererleichterungen zugunsten gewisser Steuersubjekte zu den damit verbundenen Haushaltseinbussen verhalten. Steuererleichterungen wird umso eher zugestimmt, je weniger sie sich auf den Haushalt auswirken und je kleiner die entsprechenden Steuerausfälle sind. Die grossen Unterschiede zwischen den im Abstimmungszeitpunkt genannten tiefen Zahlen und den heutigen hohen Prognosen lassen ernsthafte Zweifel aufkommen, ob die Stimmberechtigten damals ihre Meinung in Kenntnis der richtigen Sachlage haben bilden können. Die Zweifel werden verstärkt durch die bundesrätlichen Aussagen, wonach die damaligen Abstimmungserläuterungen unvollständig gewesen seien, sowie durch das knappe Abstimmungsergebnis (938'744 Ja-Stimmen gegen 918'990 Nein-Stimmen). Bei dieser Sachlage scheint die Regularität des Abstimmungsverfahrens vom Feb. 2008 ernsthaft in Frage gestellt. Die Vorbringen der Beschwerdeführerin beziehen sich auf eine Sachlage, wie sie im Zeitpunkt der Abstimmung und der Erwahrung des Abstimmungsresultats zwar gegeben war, indes zu jener Zeit für die Stimmberechtigten nicht bekannt war. Es war der Beschwerdeführerin damals weder möglich, die heute vorgebrachten Tatsachen und Beweise in einem förmlichen Verfahren vorzubringen, noch hatte sie dazu Anlass. Es kann ihr daher nicht zum Nachteil gereichen, dass sie die heute umstrittenen Fragen nicht aufgeworfen und die angebliche Verletzung der Abstimmungsfreiheit damals nicht gerügt hatte. Ihre Vorbringen über die nunmehr massiv höheren Steuerausfälle anstelle der damaligen moderaten Prognosen stellen daher zulässige unechte Noven dar. Somit sind die Voraussetzungen gegeben, dass das Bundesgericht die von der Beschwerdeführerin erhobenen Rügen materiell prüft und demnach auch in materieller Hinsicht auf die Beschwerde eintritt (BGE 138 I 61 E. 5).

eee) Ursprünglich unrichtige Rechtsanwendung

Ein Wiedererwägungsgrund kann ferner dann vorliegen, wenn die Verfügung aufgrund einer **ursprünglich falschen Rechtsanwendung** beruht (BGE 137 I 69 E. 2.2; BGer vom 20. Sept. 2011, 2C_765/2010, E. 3.1; VerwG ZH vom 15. Juli 2010, VB.2010.00201, E. 4.1). Eine **unrichtige Rechtsanwendung** ist allerdings grundsätzlich im Anschluss an die Verfügung durch Ergreifen von **ordentlichen Rechtsmitteln** geltend zu machen (BGer vom 26. Aug. 2011, 2C_114/2011, E. 2.2). Ein wiedererwägungsweises Öffnen einer Verfügung wegen ursprünglich unrichtiger Rechtsanwendung wird in der Rechtsprechung daher nur **ausnahmsweise** angenommen, etwa dann, wenn einer **urteilsähnlichen Verfügung** schwerwiegende materielle Fehler anhaften und diese zu einem stossenden und dem Gerechtigkeitsgefühl zuwiderlaufenden Ergebnis führen (BGE 98 Ia 568 E. 5b) oder wenn sich eine (rechtswidrige) Verfügung über eine **längere Zeitspanne auswirkt** (Dauerverfügungen) und dabei das **öffentliche Interesse an einer richtigen Rechtsanwendung erheblich tangiert** (BGer vom 26. Aug. 2011, 2C_114/2011, E. 2.2; vom 8. Aug. 2008, 2A.18/2007, E. 2.2; BVGer vom 22. März 2010, A-2391/2008, E. 2.3; TSCHANNEN/ZIMMERLI/MÜLLER, § 31, Rz. 39 f.). 2682

Eine weitere **Ausnahme** gilt bei **urteilsähnlichen Verfügungen** dann, wenn die Anwendung dieser Regel zu einem schockierenden Ergebnis führt, die Unterlassung der Anfechtung auf einen entschuldbaren Irrtum des Adressaten zurückzuführen ist (BGE 98 Ia 568 E. 5b; BGer vom 12. Sept. 2008, 2C_564/2008) oder wenn die als rechtswidrig erkannte Verfügung an derart groben Mängeln leidet, dass sie als nichtig erscheint (BGer vom 8. Aug. 2008, 2A.18/2007, E. 2.4; zum Ganzen BGer vom 26. Aug. 2011, 2C_114/2011, E. 2.3). Im Sozialversicherungsrecht hat die Verfügung zweifellos unrichtig und ihre Berichtigung von erheblicher Bedeutung zu sein, weil sie zu einem stossenden und dem Gerechtigkeitsgefühl zuwiderlaufenden Ergebnis führen würde (BGE 126 V 399 E. 2b/aa, 122 V 19 E. 3a, 121 V 1 E. 6; BGer vom 25. Okt. 2010, 8C_591/2010, E. 2.1; ähnlich BVGer vom 10. Mai 2011, A-3757/2010, E. 8.2; vgl. auch Art. 53 Abs. 2 ATSG). In Analogie zu Art. 66 VwVG kann die Behörde ihren Entscheid ferner bei schwerer Verletzung von Verfahrens- oder Ausstandsvorschriften in Wiedererwägung ziehen (BVGer vom 22. März 2010, A-2391/2008, E. 2.3). 2683

Eine ursprünglich fehlerhafte, aber nicht angefochtene Verfügung ist nicht schon deswegen nachträglich abzuändern, weil sich durch **Gerichtsurteile in Parallelverfahren** ergeben hat, dass eine andere Rechtslage gilt, als von der verfügenden Behörde ursprünglich angenommen wurde (BGer vom 26. Aug. 2011, 2C_114/2011, E. 2.2). Die **Feststellung der Verfassungswidrigkeit eines Erlasses in einem inzidenten Normenkontrollverfahren** lässt die früher ergangenen Anwendungsakte grundsätzlich unberührt (BGer vom 26. Aug. 2011, 2C_114/2011, E. 2.3; vom 2684

8. Aug. 2008, 2A.18/2007, E. 2.4; vom 29. Aug. 2003, 2P.112/2003, E. 2.4.2 und E. 3.3). Hingegen kann eine ursprünglich fehlerhafte Verfügung widerrufen werden, wenn bei der Berechnung der Anschlussgebühren irrtümlich eine nicht mehr in Kraft stehende GebührenV 1987 angewendet wurde, die einen Rabatt von 30 % vorsah, statt die geltende GebührenV 2002 anzuwenden, die einen solchen Rabatt nicht mehr vorsieht (VerwG ZH vom 15. Juli 2010, VB.2010.00201, E. 4.1) oder wenn die Zonenzugehörigkeit eines Landwirtschaftsbetriebs ursprünglich falsch festgelegt wurde (BVGer vom 8. Jan. 2008, B-2208/2007, E. 5.3).

2685 Nach der **Praxis des Bundesgerichts, sozialrechtliche Abteilung**, bildet eine **geänderte Gerichts- oder Verwaltungspraxis** grundsätzlich **keinen Anlass**, in eine laufende, auf einer formell rechtskräftigen Verfügung beruhende **Dauerleistung** einzugreifen; eine geänderte Praxis bringt «lediglich» zum Ausdruck, dass eine jetzt – im Zeitpunkt der Praxisänderung – als unrichtig erkannte Rechtsanwendung aufgegeben wird (BGE 135 V 201 E. 6.1.1, 129 V 200 E. 1.2, 121 V 157 E. 4a, 120 V 128 E. 3c; BVGer vom 16. Sept. 2011, C-5727/2009, E. 6.2). Eine Praxisänderung kann nur dann **ausnahmsweise** zur Abänderung einer rechtskräftigen Verfügung – mit Wirkung für die Zukunft («ex nunc et pro futuro») – führen (BGE 135 V 201 E. 6.1.1; BVGer vom 16. Sept. 2011, C-5727/2009, E. 6.2), wenn das Festhalten an der ursprünglichen Verfügung aus Sicht der neuen Rechtspraxis schlechterdings nicht mehr vertretbar ist und diese eine so allgemeine Verbreitung erfährt, dass ihre Nichtbeachtung in einem einzelnen Fall als stossende Privilegierung (oder Diskriminierung) und damit als Verletzung des Gleichbehandlungsgebots erscheint (BGE 135 V 201 E. 6.1.1, 129 V 200 E. 1.2, 121 V 157 E. 4a; ähnlich auch BGer vom 26. Jan. 2009, 2C_547/2008, E. 3.3 [Entzug einer Bewilligung für eine halbautomatische Handfeuerwaffe aufgrund neuer Empfehlungen]; BVGer vom 29. Juni 2011, E-4539/2008, E. 6.1; vom 21. März 2011, D-3504/2008, E. 4.4).

2686 Unter derartigen Voraussetzungen liegt im Ergebnis die gleiche Situation vor wie im Falle einer nachträglichen Änderung des objektiven Rechts, sodass eine Praxisänderung Anlass zur Umgestaltung eines Dauerrechtsverhältnisses geben kann (BGE 121 V 157 E. 4a, 120 V 128 E. 3c, 112 V 387 E. 3c); dies gilt insb. dann, wenn die neue Rechtspraxis günstiger als die alte ist (BGE 120 V 128 E. 3c) oder die frühere Praxis nur noch auf wenige Personen Anwendung findet (BGE 135 V 201 E. 6.4). Allerdings hat sich die Rechtslage mit Urteil BGE 130 V 352 ff. betreffend somatoformer Schmerzstörung nicht in dem Sinn in grundsätzlicher Hinsicht geändert, dass nunmehr bei dieser Diagnose ein Rentenanspruch im Gegensatz zu der früher geltenden Praxis in jedem Fall zu verneinen wäre (BGE 135 V 201 E. 7.2).

2687 Nach der Praxis der **öffentlich-rechtlichen Abteilungen** des Bundesgerichts genügt es, wenn **besonders wichtige öffentliche Interessen** wie etwa Polizeigüter auf dem Spiel stehen (BGE 127 II 306 E. 7a, 106 Ib 252 E. 2b; BGer vom 18. Aug. 2008, 1C_229/2008, E. 4.2). Aufgrund einer geänderten, sachgerechten, strengeren Handhabung der Bewilligungsvoraussetzungen erscheint es als zulässig, einen **Kollektivfahrzeugausweis für Motorfahrzeughändler** zu entziehen (BGE 106 Ib 252 E. 2b). Eine nachträgliche Praxis- oder Rechtsprechungsänderung ist hingegen grundsätzlich kein Grund für einen Widerruf rechtskräftiger Abgabeverfügungen (BGer vom 26. Aug. 2011, 2C_114/2011, E. 2.2).

Praxis:

- **Lehrdiplom für Klavier ohne Abschlussprüfung vor Publikum:** X bestand nach vier Jahren Schule in der Berufsklasse der Musikhochschule des Konservatoriums Freiburg die Ausscheidungsprüfung im April 2008. Diese berechtigte ihn zur Abschlussprüfung, welche – als öffentlich vorgetragener Klaviervortrag – er am 26. Juni 2008 nicht bestand. Der Grund lag darin, dass er sich in einem Zustand eines offensichtlichen Unwohlseins und einer emotionalen Blockade befand. Die Prüfungskommission entschied danach, dass X die Prüfung im Okt. 2008 unter Ausschluss der Öffentlichkeit wiederholen könne. Am 13. Okt. 2008 bestand dieser das Examen, was ihm mit Verfügung mitgeteilt wurde. Mit Schreiben vom 14. Okt. 2008 wurde ihm bestätigt, dass er die Ausbildung zum Lehrdiplom erfolgreich bestanden habe. Der Direktor des Konservatoriums beantragte Ende Nov. 2008 bei der für die Ausstellung der Diplome zuständigen Direktion für Erziehung, Kultur und Sport des Kantons Freiburg (EKSD), X sei kein Diplom auszustellen, da der Klaviervortrag nicht öffentlich erfolgt sei. In der Folge widerrief diese am 2. März 2009 die Ausstellung des Diploms. Die dagegen erhobene Verwaltungsgerichtsbeschwerde war erfolglos. Vor Bundesgericht beantragt X, die EKSD sei anzuweisen, dem Beschwerdeführer das Lehrdiplom innert einer Frist von 10 Tagen seit Eröffnung des Entscheides des Bundesgerichts auszustellen. Das Bundesgericht heisst die Beschwerde gut. Erwägungen: Der Beschwerdeführer hat die Prüfung am 13. Okt. 2008 bestanden. Die Verfügung ist Mitte Nov. in formelle Rechtskraft erwachsen; die EKSD hat diese erst Anfang März 2009 widerrufen. Der Verfügung kommt Rechtsbeständigkeit zu, weshalb formell rechtskräftige Verfügungen nur mehr unter bestimmten Voraussetzungen einseitig aufgehoben oder zum Nachteil des Adressaten abgeändert werden dürfen. Danach stehen sich das Interesse an der richtigen Durchführung des objektiven Rechts und dasjenige am Vertrauensschutz gegenüber. Die beiden Interessen sind anschliessend gegeneinander abzuwägen. Vorliegend ist unbestritten, dass die Abschlussprüfung, welche der Beschwerdeführer bestanden hat, unter Ausschluss der Öffentlichkeit erfolgte und somit den rechtlichen Vorgaben widersprach. Die Verfügung vom 13. Okt. 2008 ist demnach ursprünglich fehlerhaft. Um das Gewicht des Interesses an der richtigen Durchführung des objektiven Rechts zu bestimmen, ist indes die Prüfung in ihrer Gesamtheit zu betrachten. Die Abschlussprüfung bildet lediglich den Abschluss der gesamten vierjährigen Ausbildung; für das Lehrdiplom werden neben den Voraussetzungen, welche alle Studiengänge betreffen, vor allem der Abschluss verschiedener Praktika und die Annahme einer Pädagogikdiplomarbeit verlangt. Die Abschlussprüfung muss zwar vor Publikum erfolgen, was auch für das Lehrdiplom gilt; doch kommt dem öffentlichen Vortrag nicht bei allen Studiengängen das gleiche Gewicht zu, da das dahinter stehende Interesse unterschiedlich ist: Dass für das Konzertdiplom und für das Solistendiplom sowie für das höhere Studienzertifikat für Chorleitung oder für das höhere Studienzertifikat für Blasorchester der Vortrag vor Publikum wesentlich ist, ist offensichtlich. Die diesen Prüfungen zugrunde liegenden Tätigkeiten werden grundsätzlich nur vor Publikum ausgeübt. Für das Lehrdiplom trifft dies nicht zu, worauf der Beschwerdeführer zu Recht hinweist. Die Fähigkeiten, über welche ein Klavierlehrer verfügen muss, bestehen vor allem darin, das technische Können sowie das Verstehen der Musikstücke zu vermitteln. Das Vortragen von Werken vor Publikum ist demgegenüber weniger bedeutsam. Bei der Gewichtung des Vertrauensinteresses ist grundsätzlich von der erfolgten Vertrauensbetätigung auszugehen, im vorliegenden Fall also von der Unterlassung, im Jahre 2008 eine Prüfung vor Publikum zu verlangen. Das Gewicht wird dabei vor allem durch den Nachteil bestimmt, der dem Beschwerdeführer im Falle des Vertrauensbruchs droht. In einem solchen Fall hätte er die Prüfung oder mehrere Prüfungen mit allen dadurch verbundenen Unannehmlichkeiten nachzuholen, allenfalls sich wieder für einen Studiengang, welcher nach der Rechtsänderung nicht mehr in Freiburg möglich ist, einzuschreiben sowie finanzielle Verluste durch den Studiengang und das Ausbleiben eines Verdienstes hinzunehmen. Allenfalls müsste der Beschwerdeführer sogar auf eine Fortsetzung und einen Abschluss des Studiengangs verzichten, weshalb die vierjährige Ausbildung viel von ihrem Nutzen verlöre. Das Gewicht des öffentlichen Interesses an einer rechtmässigen Prüfung vor Publikum ist entsprechend den Ausführungen gering, während das Vertrauensinteresse relativ gewichtig ist. Mit einer Prüfung unter Ausschluss der Öffentlichkeit wird die ratio legis für das Lehrdiplom nicht stark tangiert, sind doch 2688 dafür vor allem die pädagogischen Fähigkeiten ausschlaggebend. Zudem ist zu berücksichtigen, dass die Prüfungskommission selbst den Beschwerdeführer veranlasst hat, die Prüfung unter Ausschluss der Öffentlichkeit abzuhalten, womit sie auch für eine gesteigerte Vertrauenslage verantwortlich ist. Angesichts dieses Umstandes ist das Interesse an der Rechtssicherheit der Verfügung vom 13. Okt. 2008 aufgrund der Vertrauensgrundlage, des guten Glaubens und der Vertrauensbetätigung höher zu gewichten als die Einhaltung des objektiven Rechts. Insofern ist der Staat an die von ihm geschaffene Vertrauensgrundlage gebunden; die ursprüngliche Verfügung ist rechtens und darf nicht widerrufen werden (BGE 137 I 69 E. 2.6).

2689 – **Anschlussgebühren (Wiedererwägung):** Die X AG hat in Oensingen ein grosses Bürohaus mit einem Verkaufsladen und einem Restaurant errichtet. Die Einwohnergemeinde Oensingen verlangte von ihr am 22. Dez. 2006 Kanalisations- und Wasseranschlussgebühren in der Höhe von Fr. 391'440.75 bzw. Fr. 94'673.55. Nach Anpassung des Gebäudeversicherungswerts reduzierte die Gemeinde am 30. Mai 2007 die erwähnten Beträge um Fr. 30'432.70 bzw. Fr. 7'290.30. In der Folge stellte sich heraus, dass bei der Berechnung der Kanalisationsanschlussgebühren das falsche Reglement und bei jener der Wasseranschlussgebühren der Tarif falsch angewendet wurde. Die Einwohnergemeinde Oensingen verpflichtete daher die X AG am 27. Nov. 2008 zur Bezahlung von zusätzlichen Gebühren von Fr. 72'201.65 bzw. Fr. 38'400.05. Die Schätzungskommission des Kantons Solothurn hiess am 15. Dez. 2009 die dagegen gerichtete Beschwerde der X AG gut. Das Rechtsmittel, das die Einwohnergemeinde Oensingen gegen diesen Entscheid beim Verwaltungsgericht des Kantons Solothurn erhob, blieb ohne Erfolg. Das Bundesgericht weist die Beschwerde ab. Erwägungen: Die Vorinstanz geht deshalb zu Recht davon aus, dass sich die Zulässigkeit eines Widerrufes nach § 22 des kantonalen Verwaltungsrechtspflegegesetzes (VRG) beurteilt. Dieses sieht vor, dass Verfügungen und Entscheide durch die zuständige Behörde oder Aufsichtsbehörde abgeändert oder widerrufen werden können, falls sich die Verhältnisse geändert haben oder wichtige öffentliche Interessen dies erfordern (§ 22 Abs. 1 VRG/SO). Nach den unbestrittenen vorinstanzlichen Feststellungen haben sich die Verhältnisse seit der rechtskräftigen Gebührenerhebung und der späteren Nachforderung nicht geändert. Ebenso wenig waren die von der Beschwerdegegnerin verlangten Wasser- und Abwasseranschlussgebühren wegen eines unvollständig oder unzutreffend ermittelten Sachverhalts unrichtig festgesetzt worden. Die fehlerhafte Gebührenbestimmung erfolgte vielmehr, weil bei der Wasseranschlussgebühr das anwendbare Reglement falsch ausgelegt und der Tarif falsch angewendet sowie der Kanalisationsanschlussgebühr das falsche Reglement zugrunde gelegt worden war. Die Gebührenverfügungen litten damit bereits von Anfang an unter einem Mangel. Es fragt sich daher einzig, ob diese ursprüngliche Fehlerhaftigkeit ein wichtiges öffentliches Interesse darstellt, das gemäss § 22 Abs. 1 VRG/SO einen Widerruf rechtfertigt, bzw. ob die fraglichen Abgabeverfügungen nach § 22 Abs. 2 VRG/SO aufgrund ihrer Natur überhaupt oder nur unter erschwerten Voraussetzungen widerrufen werden können. Neben den Steuerveranlagungen werden in der Praxis auch Gebührenverfügungen grundsätzlich als unwiderruflich angesehen, zumal dann, wenn die Abgaben bereits bezahlt sind. Bei rechtskräftigen Steuerveranlagungen lässt die bundesgerichtliche Rechtsprechung ausnahmsweise eine nachträgliche Abänderung zuungunsten des Steuerpflichtigen auch bei Fehlen von Revisionsgründen zu, wenn der Fehler auf ein offensichtliches Versehen der Steuerbehörde zurückzuführen ist und vom Steuerpflichtigen ohne Weiteres erkannt wurde. Veranlagt eine Behörde einen Steuerpflichtigen um ein Vielfaches zu tief, weil sie irrtümlich von einem zehnmal zu tiefen Einkommen ausgeht, einen falschen Computercode verwendet oder einen Übertrag vergisst, und konnte ihm dieser Fehler nicht verborgen bleiben, erscheint eine Nachforderung des fraglichen Betrags zulässig. Die Beschwerdeführerin macht geltend, die Fehlerhaftigkeit der zunächst verlangten Gebühren sei für die Beschwerdegegnerin leicht erkennbar gewesen. Eine Nachforderung der zu Unrecht nicht erhobenen Beträge sei deshalb zulässig. Die gegenteilige Beurteilung der Vorinstanz beruhe auf mehreren willkürlichen Sachverhaltsfeststellungen. Der zunächst erhobene Einwand, die Beschwerdegegnerin habe über eine professionelle Bauleitung verfügt, vermag indessen die vorinstanzliche Feststellung nicht in Frage zu stellen, die Beschwerdeführerin sei zwar geschäftserfahren, aber nicht in besonderer Weise mit der Anwendung von Gebührenreglementen vertraut. Denn es ist nicht selbstverständlich und im vorliegenden Fall in keiner Weise erwiesen, dass die Bauleitung mit der Kontrolle der Gebührenabrechnungen beauftragt war. Ebenso wenig überzeugt die weitere erhobene Kritik. Die Vorinstanz gelangt durch Vergleich der Beträge zum Schluss, dass die Abweichung zwischen den unzutreffend ermittelten Gebühren und den zuvor in einer Vorinformation korrekt berechneten Beträgen keinesfalls so frappant gewesen sei, dass die Fehlerhaftigkeit der Beschwerdegegnerin hätte in die Augen springen müssen. Das belege auch der Umstand, dass die Beschwerdeführerin ein halbes Jahr später neue korrigierte Rechnungen verschickt habe, ohne die fraglichen Fehler bemerkt zu haben. Die Darlegungen der Beschwerdeführerin zu diesem Punkt zeigen, dass die Fehler nur bei genauerem Studium erkannt werden konnten. Dazu musste sich indessen die Beschwerdegegnerin nicht veranlasst sehen, da die Rechnungsbeträge von den Vorinformationen nicht so markant abwichen, dass sich nähere Abklärungen geradezu aufdrängten. Nicht erheblich ist in diesem Zusammenhang, ob die Fehler der ursprünglichen Gebührenfestsetzungen auf eine mangelhafte Redaktion der kommunalen Reglemente zurückzuführen ist. Erweist sich die Kritik als unbegründet, durfte die Vorinstanz im Lichte der erwähnten Rechtsprechung in Steuersachen die nachträgliche Änderung der Gebührenverfügungen ohne Weiteres als unzulässig erklären. Die Auslegung von § 22 VRG/SO im angefochtenen Entscheid ist nicht willkürlich und beruht auch nicht auf einer Überdehnung des verfassungsrechtlichen Vertrauensschutzes (BGer vom 20. Sept. 2011, 2C_765/2010, E. 4).

– **Wasseranschlussgebühren (Wiedererwägung):** Mit Beschluss vom 23. Feb. 2006 erteilte die Baukommission B der D AG die baurechtliche Bewilligung für den Neubau von acht Mehrfamilienhäusern. Nach Verkauf des Grundstücks an die G GmbH und die H AG, welche sich zur Einfachen Gesellschaft I zusammengeschlossen hatten, erteilte die Baukommission B am 30. Aug. 2006 eine Wasseranschlussbewilligung und setzte verschiedene Abgaben fest. Die Wasseranschlussgebühren wurden dabei mit einer Gebühr von je Fr. 2'000.– für acht Hauptgebäude und Fr. 3'500.– für einen Kunden, d.h. auf insgesamt Fr. 19'500.– zuzüglich Mehrwertsteuer veranschlagt. Die beiden Gesellschafter veräusserten das Grundstück am 11. Dez. 2006 an die Gesellschaft J und schlossen gleichzeitig einen Totalunternehmervertrag mit dieser über die Errichtung von acht Mehrfamilienhäusern mit Einstellgarage. Mit Verfügung vom 30. Juli 2009 ersetzte der Gemeinderat B die Verfügung der Baukommission vom 30. Aug. 2006 und auferlegte der G GmbH und der H AG neu Wasseranschlussgebühren von Fr. 184'000.– zuzüglich Mehrwertsteuer (total Fr. 188'416.–), dies unter Einbezug einer Grundgebühr von je Fr. 2'000.– für acht Hauptgebäude und je Fr. 3'500.– für nunmehr 48 Kunden. Gegen diese Verfügung erhoben die G GmbH und die H AG erfolglos Rekurs beim Bezirksrat K. Eine gegen den Rekursentscheid gerichtete Beschwerde hiess das Verwaltungsgericht jedoch am 11. Feb. 2010 gut, da die G GmbH und die H AG im Zeitpunkt der Fälligkeit der Gebühren nicht mehr Grundeigentümer waren. Mit Beschluss vom 27. Okt. 2010 setzte der Gemeinderat B die Wasseranschlussgebühr inklusive Mehrwertsteuer auf Fr. 188'416.– fest und auferlegte diese unter Abzug der bereits bezahlten Gebühren von Fr. 19'968.– der Gesellschaft J. Hiergegen erhob die Gesellschaft J am 30. Nov. 2010 erfolglos Rekurs beim Bezirksrat. Auch das Verwaltungsgericht weist die dagegen erhobene Beschwerde ab. Erwägungen: Die vorliegend strittige Gebühr wurde im Entscheid der Baukommission vom 30. Aug. 2006 ausgehend von nur einem Kunden falsch berechnet, während sie im angefochtenen Entscheid ausgehend von 48 Wohneinheiten und dementsprechend von 48 Kunden gestützt auf des Wasserreglements (Art. 51 WR) unbestrittenermassen richtig berechnet ist. Umstritten ist jedoch, ob die fehlerhafte Gebührenberechnung nunmehr zulasten der neuen Grundeigentümerin korrigiert werden darf. Regelt das Gesetz die Voraussetzungen des Widerrufs nicht ausdrücklich, kann nach der bundesgerichtlichen Rechtsprechung eine materiell unrichtige Verfügung unter bestimmten Voraussetzungen widerrufen werden. Hierzu sind das Interesse an der richtigen Durchsetzung des objektiven Rechts und dasjenige an der Wahrung der Rechtssicherheit bzw. am Vertrauensschutz gegeneinander abzuwägen. Der Bezirksrat ging in seinem Entscheid davon aus, der Rechnungsfehler in der ursprünglichen Verfügung sei für die damaligen Verfügungsadressatinnen, welche beide fachkundige juristische Personen seien, die gewerbsmässig Bauvorhaben realisieren und Immobilien kaufen und verkaufen würden, erkennbar gewesen. Von Immobilien – und Bauunternehmungen werde erwartet, dass sie die kommunalen Verordnungen und Gebüh- 2690 rentarife kennen oder kennen sollten. Der ungewöhnlich niedrige Gebührenbetrag mit einer Abweichung um das achtundvierzigfache hätte auffallen müssen, zumal die Anschlussgebühren für Wasser und Abwasser in allen Zürcher Gemeinden in einer ähnlichen Grössenordnung lägen. Mit dem Anschluss an die öffentliche Wasserversorgung ist dem Grundstück der Beschwerdeführerin im Zeitpunkt des Anschlusses ein wirtschaftlicher Vorteil erwachsen, welcher gegenüber der Gemeinde bisher nur in einem Umfang von weniger als 11 % abgegolten wurde (Fr. 19'500.– von Fr. 184'000.–), und der fortbesteht. Dieses eklatante Ungleichgewicht zwischen Leistung und Gegenleistung begründet im Hinblick auf die rechtsgleiche Handhabung kommunaler Gebührenregelungen vorab ein beachtliches öffentliches Interesse an einer rechtskonformen Gebührenauflage. Dieses Interesse gilt es abzuwägen gegenüber der Rechtssicherheit und dem Vertrauensschutz. Dass die Wasseranschlussgebühren zu tief veranlagt wurden, wäre von den damaligen Verfügungsadressatinnen bei Konsultation von Art. 51 WR und angesichts dessen klaren Wortlauts leicht erkennbar gewesen. Indessen war der Fehler ohne Konsultation dieser Grundlage – auch für professionelle Bauherrschaften – keineswegs offensichtlich. Entgegen der Annahme der Vorinstanz können die Wasseranschlussgebühren in den Zürcher Gemeinden sehr unterschiedlich ausfallen. Sie mögen zwar dann ähnliche Grössenordnungen aufweisen, wenn die Gemeinden in ihren Reglementen etwa allein auf den Gebäudeversicherungswert abstellen. Jedoch stellt das kantonale Recht den Gemeinden gerade frei, ob sie die Kosten für den Bau und die Benützung der öffentlichen Wasserversorgungsanlagen über Erschliessungsbeiträge, Anschluss- und Benützungsgebühren oder nur über Anschluss- und Benützungsgebühren oder sogar ausschliesslich nur über Benützungsgebühren erheben wollen. Die kantonale Baudirektion und das Gemeindeamt raten den Gemeinden mit rückläufiger Neubautätigkeit in ihrer Wegleitung zum finanziellen Führungssystem der Wasserver- und Abwasserentsorgung sogar dazu, auf Anschlussgebühren in Zukunft ganz zu verzichten und den Betrieb und Unterhalt ihrer Wasserversorgungsanlagen ganz über die Benutzungsgebühren zu finanzieren. Zusammenfassend ist festzustellen, dass die ursprünglichen Verfügungsadressaten weder uneingeschränkt auf die fehlerhafte Veranlagung vertrauen durften noch dass der Veranlagungsfehler für sie offensichtlich war. Dass sie dieses beschränkt begründete Vertrauen tatsächlich mittels Vertrag an die Beschwerdeführerin weitergegeben hätten und dass diese den ihr allenfalls übertragenen wirtschaftlichen Vorteil aus dem Veranlagungsfehler bereits unwiederbringlich entäussert hätte, ist jedoch nicht nachgewiesen. Angesichts des gewichtigen öffentlichen Interesses an einer rechtskonformen Gebührenveranlagung lassen die gegebenen Umstände den Widerruf der fehlerhaften Verfügung bzw. die Neuveranlagung als rechtens erscheinen. Dies führt zur Abweisung der Beschwerde (VerwG ZH vom 26. Jan. 2012, VB.2011.00639, E. 5).

2691 – **Entzug eines bewilligten Personal Computers in Sicherheitshaft:** X wurde am 3. Mai 2006 verhaftet. Seither hat er sich in Untersuchungs- und dann in Sicherheitshaft befunden; Letztere wurde vorläufig bis am 29. Okt. 2008 verlängert. Nach seinen Angaben besorgte ihm die Gefangenenbetreuung im Mai 2007 einen Personal Computer (PC), damit er sich in Informatik und in Psychologie weiterbilden konnte. Dabei wurde am PC die Ausrüstung für den drahtlosen Internetzugang (WLAN) entfernt und die betreffende Stelle plombiert. Am 7. Sept. 2007 verfügte die Justiz-, Polizei- und Militärdirektion des Kantons Basel-Landschaft, der PC von X werde aus der Zelle weggenommen und zu den deponierten Effekten gelegt. Die Behörde legte dabei dar, es sei in der Zwischenzeit die Weisung erlassen worden, dass in den Bezirks- bzw. Untersuchungsgefängnissen des Kantons Basel-Landschaft künftig generell keine privaten PCs mehr zugelassen seien. Deshalb könne auch das frühere Entgegenkommen gegenüber dem Betroffenen nicht aufrechterhalten werden. Das Bundesgericht erachtet diesen Widerruf auf Beschwerde hin als rechtsmässig. Erwägungen: Die bundesgerichtliche Rechtsprechung lässt es insbesondere bei Dauerrechtsverhältnissen grundsätzlich zu, Verwaltungsakte, die wegen wesentlicher Änderung der tatsächlichen oder rechtlichen Verhältnisse dem Gesetz nicht oder nicht mehr entsprechen, zu widerrufen. Das kantonale Recht regelt die Voraussetzungen für die Wiederaufnahme eines Verwaltungsverfahrens von Amtes wegen nicht näher. Die erstinstanzliche Verwaltungsbehörde kann den Sachverhalt grundsätzlich jederzeit materiell prüfen. Ein Widerruf oder eine Anpassung einer Verfügung ist möglich, wenn die allgemeinen Voraussetzungen für die Änderung von Verfügungen vorliegen. Nach den Grundsätzen der bundesgerichtlichen Rechtsprechung kann eine blosse Praxisänderung Anlass zur Umgestaltung von dauernden Rechtsverhältnissen geben, falls besonders wichtige öffentliche Interessen wie Polizeigüter auf dem Spiel stehen. Der Umstand, dass der Private von der ihm durch die fragliche Verfügung eingeräumten Befugnis bereits Gebrauch gemacht hat, schliesst einen Widerruf nicht aus, wenn der Letztere durch ein besonders gewichtiges öffentliches Interesse geboten ist. Die kantonalen Behörden haben die technische Entwicklung im EDV-Bereich als Grund für ihre Praxisänderung angegeben. Die nötigen Kontrollen im Hinblick auf die immer kleiner und kompakter werdenden elektronischen Datenträger seien vom Aufsichtspersonal mit einem vernünftigen Aufwand nicht mehr zu bewerkstelligen. Dass gegenüber dem Beschwerdeführer ein Widerruf der Vergünstigung erforderlich sei, hat die kantonale Verwaltungsbehörde im bundesgerichtlichen Verfahren bekräftigt. Sie weist darauf hin, dass sich neu eintretende Häftlinge nur schlecht damit abfinden können, wegen einer Praxisänderung keinen eigenen PC mehr zu bekommen, während ein bisheriger Insasse noch über einen solchen verfügt. Dies belaste das Klima im Anstaltsbetrieb. Die hiervor wiedergegebenen Voraussetzungen an die Zulässigkeit einer Praxisänderung sind hier erfüllt. Dem steht nicht entgegen, dass die Verwaltungsbehörde ihre ehemals grosszügige Praxis nicht schon zu Beginn der technischen Entwicklung hin zu immer kleiner werdenden Datenträgern aufgegeben hat, sondern erst in einem späteren Zeitpunkt, als sich diese Technologien breit durchgesetzt haben. Ferner überwiegen die auf dem Spiel stehenden öffentlichen Interessen sein privates Interesse am Erhalt der bestehenden Situation derart, dass der Widerruf der Vergünstigung vor der Verfassung standhält (BGer vom 18. Aug. 2008, 1C_229/2008, E. 4.2-4.4).

cc) Wiedererwägung im Sinne von Art. 58 Abs. 1 VwVG

Nach **Art. 58 Abs. 1 VwVG** kann die Behörde ihre angefochtene, formell noch nicht rechtskräftige Verfügung bis zu ihrer Vernehmlassung zurücknehmen und durch eine neue ersetzen. Bei Fehlen einer derartigen Regelung im kantonalen Recht lässt die Praxis zu, ein derartiges «Wiedererwägungsverfahren» in Analogie zu Art. 58 Abs. 1 VwVG vorzusehen (BGE 103 V 109 E. 2a; BGer vom 17. Jan. 2003, P 66/01, E. 3.1; vom 26. Juli 2001, C.78/00, E. 2a). Über den engen Wortlaut hinausgehend ist ein derartiges Verfahren vereinzelt auch im Hinblick auf **Beschwerdeentscheide** praxisgemäss vorgesehen: Die Beschwerdeinstanz kann auf ihren angefochtenen Entscheid zurückkommen, solange der Entscheid der nächsthöheren Instanz noch nicht gefällt wurde (vgl. z.B. KG BL vom 24. Jan. 2001, in: VGE 2001 S. 127 E. 2a). 2692

Der **Begriff der Vernehmlassung** wird dabei **weit** verstanden. Darunter fallen alle – und nicht «nur» die erste – Stellungnahmen, zu denen die Vorinstanz von der Beschwerdebehörde eingeladen worden ist (BVGer vom 17. Sept. 2009, C-717/2007, E. 1.6). Darüber hinaus lässt die Praxis die Wiedererwägung nicht nur bis zum Abschluss des Schriftenwechsels, sondern bis vor Ergehen des **Entscheids der Beschwerdeinstanz** zu (BVGer vom 14. Juli 2010, B-2673/2009, E. 1.2; vom 11. März 2009, A-2250/2007, E. 2; PRK vom 24. März 1995, in: VPB 60 [1996] Nr. 5 E. 3; ARK vom 25. März 1994, in: VPB 59 [1995] Nr. 49 E. 5; anders nun BVGE 2011/30 E. 5.3). 2693

Vereinzelt betrachtet die Rechtsprechung eine **nach der (letzten) Vernehmlassung** lite pendente erlassene Verfügung als **nichtig** bzw. versteht sie **bloss als Antrag** an das Gericht, weil die Verwaltung in diesem Verfahrensstadium keine Verfügungsgewalt mehr hat, mit anderen Worten funktionell nicht mehr zuständig ist. Die **absolute Geltung des Devolutiveffekts** der Beschwerde ist nach diesen Urteilen durch Art. 58 VwVG nur in dem Sinne durchbrochen, dass seine Wirkung (bloss) bis zur Einrei- 2694 chung der vorinstanzlichen Vernehmlassung hinausgeschoben wird (BGE 130 V 138 E. 4.2; BGer vom 17. Jan. 2003, P 66/01, E. 3.2; BVGE 2011/30 E. 5.3; BVGer vom 24. Nov. 2008, C-1860/2008, E. 2.1.1).

2695 Die **Wiedererwägung** der angefochtenen Verfügung während eines hängigen Verfahrens führt nur dann zur Gegenstandslosigkeit, wenn mit der Wiedererwägung den im Beschwerdeverfahren gestellten **Rechtsbegehren vollumfänglich** entsprochen wird. Entspricht die nach Wiedererwägung erlassene Verfügung indessen nur teilweise den gestellten Begehren, darf die Beschwerde nicht insgesamt als gegenstandslos betrachtet werden; in diesem Fall ist das Beschwerdeverfahren weiterzuführen, soweit es durch die neue Verfügung nicht hinfällig geworden ist (BGE 127 V 228 E. 2b/bb, 126 III 85 E. 3; BGer vom 16. Feb. 2011, 2C_733/2010, E. 3.2; VerwG SG vom 24. März 2009, B-2008-211, E. 2.1). Die Beschwerdeinstanz hat sodann über die ungelöst gebliebenen Streitfragen zu befinden, ohne dass die beschwerdeführende Person die zweite Verfügung anzufechten braucht (BGE 126 III 85 E. 3, 113 V 237 E. 1a; BVGer vom 11. März 2009, A-2250/2007, E. 2; vom 24. Nov. 2008, C-1860/2008, E. 2.1.2).

2696 Eine **Anpassung** der ursprünglichen Verfügung entgegen den gestellten Rechtsbegehren bzw. **zuungunsten der Beschwerde führenden Partei** ist nicht möglich; eine derart ergangene Verfügung ist als nichtig zu betrachten bzw. lediglich als Antrag an das Gericht zu verstehen, in diesem Sinne zu entscheiden (BGE 127 V 228 E. 2b/bb; BVGE 2007/29 E. 4.3). Um keine Wiedererwägung handelt es sich auch, wenn die verfügende Behörde die angefochtene Verfügung zwar in Wiedererwägung zieht, allerdings lediglich mittels Vorbescheid den definitiven Endentscheid mitteilt; mit dem wiedererwägungsweise ergangenen Vorbescheid wird noch keine neue Verfügung getroffen, sondern eine solche lediglich in Aussicht gestellt (BGer vom 16. Feb. 2011, 2C_733/2010, E. 2.2 und E. 3.3).

2697 Die Praxis lässt weitgehend offen, ob die **Behörde** in diesem Verfahrensstadium **Sachverhaltsabklärungen** im Hinblick auf eine allfällige «Wiedererwägung» tätigen darf und inwiefern die Verfahrensrechte der beteiligten Personen gewährleistet sein müssen. **Punktuelle Abklärungen** im Sinne von «ergänzenden Abklärungen» dürften in aller Regel eher zulässig sein als Beweismassnahmen von erheblicher Bedeutung (BVGer vom 23. April 2008, A-1747/2006, E. 1.2 [Anordnung einer medizinischen Begutachtung, die im Übrigen auch im Hinblick auf die Einhaltung der Verfahrensrechte problematisch sein kann]). Begründet wird diese Auffassung damit, dass wesentliche Versäumnisse der Vorinstanz im Rahmen der Sachverhaltsfeststellung sanktioniert werden müssen und nicht einfach mit Hilfe des Wiedererwägungsverfahrens nach Art. 58 VwVG korrigiert werden können (BGE 127 V 228 E. 2b/bb; BGer vom 30. Sept. 2002, I 599/00, E. 1.2).

Praxis:

2698 – **Vorbescheid:** Am 21. Sept. 2007 ersuchte die X AG die Swissmedic, Schweizerisches Heilmittelinstitut, um Änderung der Abgabekategorie des Präparates A von der Kategorie B in die Kategorie C. Das Gesuch wurde am 16. März 2010 abgewiesen und zugleich eine Änderung der Arzneimittelinformation verlangt. Dagegen führte die X AG beim Bundesverwaltungsgericht Beschwerde. Aufgrund der Rügen der X AG zog die Swissmedic von Amtes wegen zwecks vollumfänglicher Wahrnehmung der Prüfungs- und Begründungspflichten ihre Verfügung vom 16. März 2010 in Anwendung von Art. 58 VwVG in Wiedererwägung und beantragte, das Beschwerdeverfahren bis zum Erlass seiner neuen Verfügung zu sistieren. Das Bundesverwaltungsgericht sistierte am 28. Juni 2010 das Beschwerdeverfahren «bis zum rechtskräftigen Abschluss des Wiedererwägungsverfahrens» bzw. «bis zum Vorliegen des Wiedererwägungsentscheides». Mit Vorbescheid vom 27. Aug. 2010 stellte die Swissmedic der X AG in Aussicht, das Gesuch erneut abzuweisen und räumte der Gesuchstellerin eine Frist von 30 Tagen zur Einreichung einer Stellungnahme ein. Ferner stellt die Swissmedic in Aussicht, dass sie auf die in der angefochtenen Verfügung noch verlangte Änderung der Arzneimittelinformation verzichten werde. Mit Verfügung vom 2. Sept. 2010 schrieb der Einzelrichter des Bundesverwaltungsgerichts die Beschwerde als gegenstandslos ab und sprach der X AG eine Parteientschädigung von Fr. 11'712.25 zu. Mit Beschwerde in öffentlich-rechtlichen Angelegenheiten beantragt die Swissmedic dem Bundesgericht, den erwähnten Abschreibungsentscheid aufzuheben und die Vorinstanz anzuweisen, das Beschwerdeverfahren fortzusetzen. Gemäss Art. 58 Abs. 1 VwVG kann die Vorinstanz bis zu ihrer Vernehmlassung die angefochtene Verfügung in Wiedererwägung ziehen. Die Swissmedic hat in Anwendung dieser Bestimmung gestützt auf die Vorbringen der X AG in der Beschwerde an die Vorinstanz die angefochtene Verfügung in Wiedererwägung gezogen und mit Vorbescheid vom 27. Aug. 2010 den vorgesehenen Endentscheid mitgeteilt. Das formlose Vorbescheidverfahren dient in Verwaltungsverfahren, in welchen keine Einsprachemöglichkeit besteht, zur Gewährung des rechtlichen Gehörs bereits vor Erlass der endgültigen Verfügung; dies im Interesse einer verbesserten Akzeptanz bei den Betroffenen. Mit dem wiedererwägungsweise ergangenen Vorbescheid ist, wie die Beschwerdeführerin zu Recht einwendet, noch keine neue Verfügung getroffen, sondern eine solche lediglich in Aussicht gestellt worden. Unter diesen Umständen lässt sich nicht definitiv beurteilen, in welchem Umfang die bei der Vorinstanz erhobene Beschwerde aufgrund des noch zu fällenden neuen Entscheids gegenstandslos wird. Der vorinstanzliche Abschreibungsentscheid ist daher verfrüht ergangen. Aber selbst wenn der Vorbescheid als Verfügung angesehen würde, wäre die Abschreibung des vorinstanzlichen Verfahrens aus den nachfolgenden Gründen zu Unrecht erfolgt. Es ist ein allgemeiner Verfahrensgrundsatz, dass die Wiedererwägung der angefochtenen Verfügung während eines hängigen Verfahrens nur dann zur Gegenstandslosigkeit führt, wenn mit der Wiedererwägung den im Beschwerdeverfahren gestellten Rechtsbegehren vollumfänglich entsprochen worden ist; entspricht die nach Wiedererwägung erlassene Verfügung indessen nur teilweise den gestellten Begehren, darf die Beschwerde nicht insgesamt als gegenstandslos betrachtet werden; in diesem Fall ist das Beschwerdeverfahren weiterzuführen, soweit es durch die neue Verfügung nicht hinfällig geworden ist. Mit dem in Frage stehenden Vorbescheid hat die Beschwerdeführerin lediglich in Aussicht gestellt, dass sie auf die in der angefochtenen Verfügung noch verlangte Änderung der Arzneimittelinformation verzichten werde. In Bezug auf den Hauptgegenstand des Beschwerdeverfahrens – die verweigerte Umteilung von A in eine andere Abgabekategorie – hat sie dargelegt, dass das Gesuch um Umteilung erneut abgewiesen werde. Selbst wenn der Vorbescheid somit als Verfügung betrachtet würde, wäre damit den Rechtsbegehren der X AG nicht vollumfänglich entsprochen worden, womit das vorinstanzliche Beschwerdeverfahren nicht gegenstandslos wird. Der angefochtene Entscheid verletzt daher auch aus diesem Grund Art. 58 VwVG, weshalb er aufzuheben und das vorinstanzliche Beschwerdeverfahren fortzusetzen ist BGer vom 16. Feb. 2011, 2C_733/2010, E. 2 und E. 3).

– **Abklärungen der Verwaltung lite pendente (psychiatrische Begutachtung):** Der 1941 2699
geborene B verlor auf Ende Nov. 1992 seine Stelle als Bauarbeiter bei der Firma T AG. Danach war er als arbeitslos gemeldet und bezog Arbeitslosentaggelder. Wegen eines seit Aug. 1993 bestehenden Lungenleidens ersuchte B im Okt. 1994 die Invalidenversicherung um Umschulung und eine Rente. Nach Abklärung der gesundheitlichen und erwerblichen Verhältnisse sowie der beruflichen Eingliederungsmöglichkeiten und nach Durchführung des Vorbescheidverfahrens sprach ihm die IV-Stelle des Kantons Zürich mit Verfügung vom 17. Jan. 1997 ab 1. März 1995 eine halbe Rente samt Zusatzrente für die Ehefrau zu. B liess beim Sozialversicherungsgericht des Kantons Zürich Beschwerde einreichen und die Zusprechung einer ganzen Rente nach weiteren medizinischen Abklärungen beantragen. Mit der Begründung, eine zusätz-

liche psychiatrische Abklärung sei notwendig und ein entsprechender Gutachterauftrag bereits erteilt worden, ersuchte die IV-Stelle um Sistierung des Verfahrens bis zum Vorliegen der Expertise. Mit (einzelrichterlicher) Verfügung vom 25. Juni 1997 entsprach das Gericht diesem Begehren. Nachdem B der Begutachtung zweimal ferngeblieben war, was sein Rechtsvertreter u.a. damit rechtfertigte, während eines hängigen Beschwerdeverfahrens sei die Verwaltung zur Anordnung von Abklärungsmassnahmen nicht mehr befugt, reichte die IV-Stelle die Vernehmlassung ein. Daraufhin hob das Gericht die Sistierung auf und führte einen zweiten Schriftenwechsel durch. Mit Entscheid vom 1. Juni 1999 wies das Sozialversicherungsgericht des Kantons Zürich die Beschwerde ab. B lässt Verwaltungsgerichtsbeschwerde führen. Das Bundesgericht heisst die Beschwerde gut. Erwägungen: Die Sistierung des erstinstanzlichen Beschwerdeverfahrens bezweckt, der IV-Stelle zu ermöglichen, in Bezug auf das oder die mit der angefochtenen Verfügung geregelte(n) Rechtsverhältnis(se) weitere Abklärungen zu treffen. Das Prinzip des Devolutiveffektes des Rechtsmittels erleidet insofern eine Ausnahme, als gestützt auf kantonales Recht die IV-Stelle analog zu Art. 58 Abs. 1 VwVG die angefochtene Verfügung bis zu ihrer Vernehmlassung in Wiedererwägung ziehen kann. Hinter dieser Ausnahmeregelung steht der Gedanke der Prozessökonomie im Sinne der Vereinfachung des Verfahrens. Die Verwaltung soll lite pendente auf ihre Verfügung zurückkommen können, wenn diese sich, allenfalls im Lichte der Vorbringen in der Beschwerde, als unrichtig erweist. So besehen sind Abklärungsmassnahmen der Verwaltung lite pendente nicht schlechthin ausgeschlossen. Wegleitende Gesichtspunkte für die Beantwortung der Frage, was in diesem Verfahrensstadium noch als zulässiges Verwaltungshandeln bezeichnet werden kann – sofern es von der rechtsuchenden Partei beanstandet und damit zu einem vom Richter im Rahmen seiner Prozessleitung zu entscheidenden Streitpunkt wird – bilden die inhaltliche Bedeutung der Sachverhaltsvervollständigung für die (Streit-)Sache und die zeitliche Intensität der Abklärungsbedürftigkeit im Verfügungszeitpunkt: Punktuelle Abklärungen (wie das Einholen von Bestätigungen, Bescheinigungen usw. oder auch Rückfragen beim Arzt oder andern Auskunftspersonen) werden in aller Regel zulässig sein, nicht aber eine medizinische Begutachtung oder vergleichbare Beweismassnahmen wegen ihrer Tragweite für den verfügten und richterlich zu überprüfenden Standpunkt. Bei solchen erfahrungsgemäss zeitraubenden Abklärungen kann zudem auch nicht mehr von einer richterlich zu fördernden Prozessökonomie gesprochen werden, dies namentlich nicht im Vergleich zu einem rasch zu fällenden Rückweisungsentscheid, der verfahrensmässig klare Verhältnisse schafft. Weiter beendet die lite pendente erlassene Verfügung den Streit nur insoweit, als damit dem Begehren des Beschwerdeführers entsprochen wird, was im Falle nachträglich durchgeführter Beweismassnahmen am Streitgegenstand selber nichts ändert. Zu beachten gilt schliesslich, dass von der den Devolutiveffekt der Beschwerde einschränkenden Möglichkeit der Verwaltung, lite pendente auf die angefochtene Verfügung zurückzukommen, noch aus weiteren Gründen zurückhaltend Gebrauch zu machen ist, und zwar auch dort, wo das Einverständnis der Gegenpartei und allenfalls weiterer Verfahrensbeteiligter zu Abklärungsmassnahmen vorliegt. Denn durch eine solche Vorgehensweise dürfen die aus Konvention und Bundesverfassung fliessenden Verfahrensrechte des Beschwerdeführers nicht beeinträchtigt werden. Im vorliegenden Fall hat sich der Beschwerdeführer der von der IV-Stelle lite pendente angeordneten psychiatrischen Begutachtung durch Dr. med. S nicht unterzogen. Nach den oben dargelegten Grundsätzen kann es dem Beschwerdeführer bei der gegebenen prozessualen Lage nicht zum Nachteil gereichen, dass er, im Einvernehmen mit seinem Rechtsvertreter, der Begutachtung durch Dr. med. S ferngeblieben war. Diese Weigerung hat daher bei der Prüfung der Frage, ob ein die Arbeitsfähigkeit einschränkender psychischer Gesundheitsschaden besteht, unberücksichtigt zu bleiben, was unter anderem bedeutet, dass ein in dieser Hinsicht allenfalls ungenügend abgeklärter Sachverhalt nicht als Beweislosigkeit zu Lasten des Versicherten gelten kann. Aufgrund der Akten erscheint eine psychiatrische Abklärung angezeigt. Aufgrund des vorliegenden Sachverhalts, rechtfertigt es sich, die Sache zum Zwecke der Sachverhaltsvervollständigung an die Verwaltung zurückzuweisen. Diese wird bei der Anordnung der psychiatrischen Begutachtung die einschlägigen Verordnungsvorschriften und, soweit damit vereinbar, das kantonale Verfahrensrecht zu beachten haben (BGE 127 V 228 E. 2b).

c) Revision

Die **Revision** bezieht sich vorab auf die Änderung formell rechtskräftiger **Beschwerdeentscheide** durch die seinerzeitige Beschwerde- oder Rechtsmittelbehörde. Hat eine Behörde nicht als erste Instanz, sondern als Beschwerdeinstanz entschieden, fällt eine Revision des Entscheids auf Bundesebene nur dann in Betracht, wenn einer der in Art. 66 VwVG abschliessend aufgezählten Revisionsgründe vorliegt (BR vom 21. Aug. 2002, in: VPB 67 [2003] Nr. 15 E. 1). Im Revisionsbegehren ist darzulegen, welcher gesetzliche Revisionsgrund angerufen und welche Änderung des früheren Entscheids beantragt wird. Allerdings ist nicht erforderlich, dass die Revisionsgründe wirklich bestehen, sondern es genügt, wenn der Gesuchsteller deren Bestehen behauptet und hinreichend begründet (BVGer vom 22. Okt. 2009, D-5578/2009, E. 2.2). 2700

Häufigster Revisionsgrund ist das Vorbringen **neuer erheblicher Tatsachen oder Beweismittel** (vgl. z.B. Art. 66 Abs. 2 lit. a VwVG). Revisionsweise geltend gemachte Tatsachen sind lediglich dann als neu zu qualifizieren, wenn sie zur Zeit der Erstbeurteilung der Sache bereits vorhanden waren, jedoch – trotz hinreichender Sorgfalt – erst nachträglich in Erfahrung gebracht werden konnten (BGer vom 25. Okt. 2010, 8C_591/2010, E. 2.1 [Art. 53 Abs. 1 ATSG betreffend]; vom 31. März 2008, 2F_2/2008, E. 3.2; vom 22. Jan. 2007, 2A.396/2006, E. 2.1; BVGer vom 9. Sept. 2009, A-2541/2008, E. 4.3.4.1). Als Revisionsgründe sind somit lediglich **unechte Noven** zugelassen (BVGer vom 21. April 2011, D-1332/2011, E. 4.1; vom 10. Dez. 2010, D-4921/2006, E. 2.1; vom 30. März 2010, E-6459/2009, E. 3.2; vom 5. März 2010, E-854/2010, E. 3.3; vom 3. Nov. 2009, B-3610/2009, E. 3.1.1), wobei sich diese auch auf die Zukunft beziehen können wie beispielsweise **Prognosen** über den Erfolg eines Films (BR vom 21. Aug. 2002, in: VPB 67 [2003] Nr. 15 E. 3). 2701

Ebenso haben sich **revisionsweise eingereichte Beweismittel** auf Tatsachen zu beziehen, die zum Zeitpunkt des damaligen Entscheids bereits vorhanden waren (BVGer vom 21. April 2011, D-1332/2011, E. 4.1; vom 10. Dez. 2010, D-4921/2006, E. 2.1; vom 9. Sept. 2009, A-2541/2008, E. 4.3.4.3). Der im Beschwerdeverfahren misslungene Beweis kann im Revisionsverfahren zwar auch mit **Beweismitteln** geführt werden, welche **erst nach dem betreffenden Entscheid entstanden** sind, doch müssen sich diese auf Tatsachen beziehen, die sich vor dem betreffenden Entscheid zugetragen haben (BVGer vom 10. Dez. 2010, D-4921/2006, E. 2.1; vom 11. März 2010, D-3297/2006, E. 2.2; vom 9. Sept. 2009, A-2541/2008, E. 4.3.4.3; vom 23. Okt. 2008, A-1670/2006, E. 3.4.1; vom 6. Aug. 2008, E-5117/2006, E. 2.4). 2702

Sowohl neue erhebliche Tatsachen als auch neue erhebliche Beweismittel bilden im Übrigen nur dann einen Revisionsgrund, wenn sie dem Gesuchsteller damals **trotz hinreichender Sorgfalt** nicht bekannt sein konnten oder diesem die Geltendmachung oder Beibringung **aus entschuldbaren Gründen** nicht möglich war (BVGer vom 21. April 2011, D-1332/2011, E. 4.1; vom 10. Dez. 2010, D-4921/2006, E. 2.2; vom 30. März 2010, E-6459/2009, E. 3.2; vom 9. Sept. 2009, A-2541/2008, E. 4.3.4.3). Gründe gelten nicht als Revisionsgründe, wenn die Partei sie im Rahmen des Verfahrens, das dem Beschwerdeentscheid voranging, oder auf dem Wege einer Beschwerde, die ihr gegen den Beschwerdeentscheid zustand, geltend machen konnte (Grundsatz der Subsidiarität; vgl. BVGer vom 9. Sept. 2009, A-2541/2008, E. 4.3.5). 2703

2704 Eine Revision ist namentlich dann ausgeschlossen, wenn die Entdeckung der erheblichen Tatsache auf **Nachforschungen** beruht, die **bereits im früheren Verfahren** hätten angestellt werden können, denn darin ist eine unsorgfältige Prozessführung der gesuchstellenden Partei zu erblicken (BVGer vom 21. April 2011, D-1332/2011, E. 4.1; vom 15. Feb. 2011, D-907/2011, E. 3.1). Der Revisionsgrund der unechten Nova dient nicht dazu, bisherige Unterlassungen in der Beweisführung wieder gutzumachen (BVGer vom 21. April 2011, D-1332/2001, E. 4.1). Allerdings führen Vorbringen, die revisionsrechtlich verspätet sind, dennoch zur Revision eines rechtskräftigen Urteils, wenn aufgrund dieser Vorbringen offensichtlich wird, dass dem Gesuchsteller Verfolgung oder menschenrechtswidrige Behandlung droht und damit ein völkerrechtliches Wegweisungshindernis besteht (BVGer vom 21. April 2011, D-1332/2011, E. 4.6; vom 25. Jan. 2011, D-7585/2010, E. 3.4).

2705 Die Beweismittel müssen der **Sachverhaltsermittlung** dienen, nicht der rechtlichen Würdigung. Es genügt nach der Rechtsprechung nicht, dass ein neues Gutachten den Sachverhalt anders bewertet; vielmehr bedarf es **neuer Elemente tatsächlicher Natur**, welche die Entscheidungsgrundlagen als objektiv mangelhaft erscheinen lassen (BGE 127 V 353 E. 5b; BVGer vom 9. Sept. 2009, A-2541/2008, E. 4.3.4.3). Eine **Änderung der Verwaltungspraxis oder der Rechtsprechung** entspricht einer **rechtlichen Neubeurteilung** und bildet keinen Revisionsgrund bzw. keine «neue» Tatsache im Sinne von Art. 66 Abs. 2 lit. a VwVG oder Art. 123 Abs. 2 lit. a BGG (BGE 129 V 200 E. 1.2; BGer vom 9. Sept. 2008, 9F_7/2008, E. 2.2; BVGer vom 1. Sept. 2009, D-7544/2006, E. 7.3; vom 15. Dez. 2008, A-1625/2006, E. 3.2.2).

2706 Ferner liegt **kein Revisionsgrund** vor, wenn die betreffende Beschwerdeinstanz zu einer gegenüber der Rechtsschrift anderen rechtlichen Würdigung des massgebenden Sachverhalts gelangt ist (BGE 122 II 17 E. 3, 101 Ib 220 E. 1; BGer vom 2. Okt. 2007, 1F_10/2007, E. 4.1; vom 11. Dez. 2001, 1P.758/2001, E. 3.2; BVGer vom 3. Nov. 2009, B-3610/2009, E. 3.1.2; VerwG ZH vom 24. Aug. 2005, RG.2004.00001, E. 3.2) oder wenn die «neuen» Tatsachen sich auf Umstände beziehen, die sich aus den Akten ergeben, im Urteil jedoch nicht ausdrücklich erwähnt werden, weil sie gar nicht entscheiderheblich waren (vgl. BGE 127 V 353 E. 5b, 122 II 17 E. 3; BVGer vom 8. Jan. 2010, D-7684/2009, E. 3.2). Einfache Mängel in der Rechtsanwendung, die sich nicht auf die Ermittlung des massgeblichen Sachverhalts beziehen, bilden keinen Revisionsgrund; dieser dient nicht dazu, eine andere Rechtsauffassung oder eine neue rechtliche Würdigung der beim Entscheid bekannten Tatsachen durchzusetzen (VerwG ZH vom 12. März 2003, VB.2002.00403, E. 5). Im Gegensatz zur Wiedererwägung sind im Revisionsverfahren grundsätzlich nur bestimmte qualifizierte rechtliche Mängel geeignet, einen Revisionsgrund darzustellen (vgl. z.B. Art. 66 Abs. 1 oder Abs. 2 lit. c VwVG).

2707 Auch kein Revisionsgrund liegt vor, wenn im Sinne einer **antizipierten Beweiswürdigung** auf die Anträge des Beschwerdeführers nicht eingegangen wurde, weil der massgebliche Sachverhalt mit ausreichender Klarheit bereits aus den Akten hervorgeht (BVGer vom 1. April 2010, E-6881/2009, E. 3) oder sich **implizit aus der Begründung** ergibt, warum ein bestimmtes Begehren positiv oder negativ beantwortet wurde oder bestimmte Tatsachen unberücksichtigt geblieben sind, ohne dass dies das Urteil ausdrücklich festhält (BGer vom 2. Okt. 2007, 1F_10/2007, E. 4.1). Es genügt, wenn sich ein Urteil auf die entscheiderheblichen Gesichtspunkte beschränkt und

Nebenpunkte allenfalls konkludent berücksichtigt, ohne dass jedes Vorbringen ausdrücklich erwähnt und geprüft wird (BGE 124 II 146 E. 2a, 122 IV 8 E. 2c). Ebenso wenig stellt eine vom Beschwerdeführer geltend gemachte unzureichende Begründung des Urteils einen zulässigen Revisionsgrund dar (BGer vom 8. Dez. 2000, 1A.307/2000, E. 2d).

Wird ein **unzulässiger Revisionsgrund** geltend gemacht oder fehlt es an den übrigen Zulässigkeitsvoraussetzungen, erledigt die Revisionsinstanz das Verfahren durch **Nichteintreten**. Sind die Revisionsgründe **rechtserheblich**, wird der angefochtene (rechtskräftige) Entscheid aufgehoben und in der Sache neu entschieden (BVGer vom 9. Sept. 2009, A-2541/2008, E. 4.3.5; vom 15. Dez. 2008, A-1625/2006, E. 3.3). 2708

Praxis:

- **Revision wegen Verletzung der EMRK (Art. 122 BGG):** Der Verein gegen Tierfabriken (VgT) beabsichtigte im Jan. 1994 durch die AG für das Werbefernsehen (AGW; heute: publisuisse SA) einen Fernsehspot ausstrahlen zu lassen, der auf die «tierquälerische Nutztierhaltung» aufmerksam machen und für eine Reduktion des Fleischkonsums werben sollte. Die publisuisse SA, eine Tochtergesellschaft der SRG, lehnte dies am 24. Jan. 1994 ab, da der Spot gegen das öffentlich-rechtliche Verbot politischer Werbung am Fernsehen verstosse. Mit Urteil vom 20. Aug. 1997 bestätigte das Bundesgericht diese Auffassung (BGE 123 II 402 ff.), wogegen der EGMR einer Verletzung der EMRK feststellte. Mit Urteil 2A.526/2001 vom 29. April 2002 lehnte das Bundesgericht ein Revisionsgesuch des VgT ab; der EGMR sah darin wiederum eine Verletzung der EMRK. Der VgT hat im Nachgang zu diesem Urteil am 8. Juli 2009 darum ersucht, den Bundesgerichtsentscheid 2A.526/2001 vom 29. April 2002 aufzuheben und das diesem zugrunde liegende Revisionsgesuch in dem Sinne gutzuheissen, dass der Bundesgerichtsentscheid vom 20. Aug. 1997 unter Kosten- und Entschädigungsfolgen aufgehoben und die Rechtswidrigkeit der Verweigerung der Ausstrahlung des TV-Spots festgestellt wird. Das Bundesgericht heisst das Revisionsgesuch gut und hebt die Urteile 2A.526/2001 vom 29. April 2002 und 2A.330/1996 vom 20. Aug. 1997 auf. Erwägungen: Die Revision eines bundesgerichtlichen Entscheids nach Art. 122 BGG infolge einer Verletzung der EMRK kann verlangt werden, (a) wenn der Europäische Gerichtshof in einem endgültigen Urteil festgestellt hat, dass die EMRK oder die Protokolle dazu verletzt worden sind; (b) eine Entschädigung nicht geeignet ist, die Folgen der Verletzung auszugleichen; und (c) die Revision notwendig erscheint, um die Verletzung zu beseitigen. Der EGMR hat in seinem Urteil (implizit) festgestellt, dass die durch den Verein gegen Tierfabriken erlittene Konventionsverletzung (Art. 10 EMRK) infolge der Nichtausstrahlung von dessen Spot nicht allein durch eine Entschädigung wiedergutgemacht werden kann und es zur Umsetzung seines Entscheids notwendig erscheint, das bundesgerichtliche Urteil vom 20. April 1997 (BGE 123 II 402 ff.) zu revidieren. Insbesondere seien die Staaten auch verpflichtet, individuelle bzw. generelle Massnahmen zu ergreifen, um die vom Gerichtshof festgestellte Verletzung zu beenden und Wiedergutmachung für ihre Auswirkungen zu leisten. Es sei eine Situation anzustreben, wie sie bestanden hätte, wären die Anforderungen der Konvention nicht missachtet worden. Im vorliegenden Fall bilde die Wiederaufnahme einen wichtigen Aspekt der Durchsetzung des ursprünglichen Urteils vom 28. Juni 2001. Diese Ausführungen sind für das vorliegende Revisionsverfahren massgebend; die Voraussetzungen von Art. 122 BGG sind erfüllt und die Urteile 2A.526/2001 vom 29. April 2002 und 2A.330/1996 vom 20. Aug. 1997 deshalb zu revidieren (BGE 136 I 158 E. 2; vgl. auch BGE 137 I 86 E. 3-7; BGer vom 25. April 2007, 2A.318/2006, E. 2). 2709
- **Versehentlich angenommene Fristüberschreitung:** Am 7. Juli 2000 lehnte die Fremdenpolizei (heute: Amt für Migration) des Kantons Luzern ein Gesuch von X um Verlängerung der Aufenthaltsbewilligung ab und trat auf das Gesuch um Familiennachzug nicht ein. Die gegen diese Verfügung erhobene Verwaltungsbeschwerde wies das Sicherheitsdepartement des Kantons Luzern am 23. März 2001 ab. Auf die dagegen erhobene staatsrechtliche Beschwerde trat 2710

das Bundesgericht am 2. Mai 2001 nicht ein und überwies die Sache zur weiteren Behandlung dem Verwaltungsgericht des Kantons Luzern (Verfahren 2P.108/2001). Mit Urteil vom 14. April 2003 wies das Verwaltungsgericht die gegen den Beschwerdeentscheid des Sicherheitsdepartements erhobene Beschwerde ab und überwies die Akten dem Amt für Migration des Kantons Luzern zwecks Ansetzung einer Ausreisefrist. Mit Verwaltungsgerichtsbeschwerde vom 28. Mai (Postaufgabe 29. Mai) 2003 beantragte X, das Urteil des Verwaltungsgerichts des Kantons Luzern vom 14. April 2003 sei aufzuheben. Mit Urteil vom 4. Juni 2003 trat das Bundesgericht auf die Verwaltungsgerichtsbeschwerde nicht ein, weil verspätet Beschwerde erhoben worden sei (Verfahren 2A.259/2003). Mit Schreiben vom 11. Juni 2003 teilte X mit, dass es sich beim bundesgerichtlichen Urteil vom 4. Juni 2003 um ein Versehen handeln müsse; er ersucht um Wiedererwägung und Aufhebung dieses Urteils sowie um Eintreten auf die Beschwerde vom 28. Mai 2003. Zugleich reichte er verschiedene Unterlagen betr. den Zeitpunkt der Eröffnung des verwaltungsgerichtlichen Urteils ein. Das Bundesgericht eröffnet ein Revisionsverfahren und stellt bei der Post sowie beim Verwaltungsgericht Nachforschungen zur Frage der Fristeinhaltung an. Aus diesen Nachforschungen ergibt sich, dass das Urteil des Verwaltungsgerichts am 16. April 2003 (Mittwoch) der Post übergeben wurde. Weder am 17. noch am 19. April 2003 wurde es an die Zustelladresse des Gesuchstellers zugestellt, und es wurde dort an jenen Tagen auch keine Abholungseinladung hinterlegt. Der 18. April war Karfreitag, der 20. April (Oster-)Sonntag und der 21. April Ostermontag, sodass, wie sich aus der Bestätigung der Post ergibt, die Sendung erst am 22. April 2003 avisiert wurde. Damit aber lief die übliche siebentägige Abholungsfrist bis zum 29. April 2003, und das Urteil wurde erst an jenem Tag in Empfang genommen. Gestützt auf diese neuen Tatsachen ergibt sich, dass die am 29. Mai 2003 zur Post gegebene Verwaltungsgerichtsbeschwerde fristgerecht erhoben worden ist. Das Bundesgericht hat aus Versehen auf eine Fristüberschreitung geschlossen, die sich aus den Akten nicht ergab. Unter diesen Umständen besteht Anlass, das Nichteintretensurteil vom 4. Juni 2003 zu revidieren und aufzuheben. Nachfolgend ist folglich auf die Verwaltungsgerichtsbeschwerde vom 28./29. Mai 2003 einzutreten und materiell darüber zu befinden (BGer 2. Juli 2003, 2A.308/2003, E. 1; vgl. auch BGE 127 I 133 E. 7b, betr. die substanziiert vorgetragene Behauptung des Beschwerdeführers, er habe die Rechtsschrift fristwahrend der schweizerischen Post übergeben).

2711 – **Filmförderung (Revisionsgesuch):** Am 6. Aug. 1996 stellte O dem Bundesamt für Kultur (BAK) das Gesuch um einen Beitrag von Fr. 23'000.– zur Entwicklung ihres Filmprojekts «In the Kings' World». Das Bundesamt wies dieses sowie ein weiteres Gesuch vom 28. Okt. 1996 auf Empfehlung des Begutachtungsausschusses am 26. Sept. 1996 beziehungsweise am 19. Dez. 1996 ab. Am 11. Aug. 1997 beantragte O einen Herstellungsbeitrag von Fr. 250'000.– an die Realisierung ihres Kinofilmprojekts. Auf Antrag des Begutachtungsausschusses 1 wies das Bundesamt am 24. Sept. 1997/31. Okt. 1997 auch dieses Förderungsgesuch ab. Am 4. März 1998 reichte O erneut ein Gesuch ein und beantragte einen Herstellungsbeitrag von Fr. 220'000.–. Das BAK wies auch dieses Gesuch ab, diesmal gestützt auf die Empfehlung des Begutachtungsausschusses 2, und zwar am 29. April 1998 beziehungsweise mit anfechtbarer Verfügung vom 3. Juni 1998. Am 14. Juli 1998 trat das BAK sinngemäss auf ein Wiedererwägungsgesuch vom 8. Juni 1998 nicht ein und überwies die Sache an das Eidgenössische Departement des Innern (EDI), welches die Eingabe von O als Beschwerde entgegennahm und sie mit Entscheid vom 18. Jan. 1999 abwies. Die dagegen am 19. Feb. 1999 eingereichte Beschwerde hat der Bundesrat am 6. Dez. 1999 abgewiesen. Am 1. Nov. 2001 stellte O dem Bundesrat ein Gesuch um Wiedererwägung beziehungsweise Revision seines Entscheides vom 6. Dez. 1999. O machte geltend, der Wert des Filmes sei offensichtlich unterschätzt worden und verweist dazu auf den Erfolg des in der Zwischenzeit unter dem neuen Titel «Venus Boyz» produzierten Films, der genau der Drehbuchvorlage entspreche. Der Bundesrat weist das Revisionsbegehren ab. Erwägungen: Die Gesuchstellerin beantragt die Wiedererwägung beziehungsweise Revision eines vom Bundesrat getroffenen Beschwerdeentscheides. Da der Bundesrat hier nicht als erste Instanz, sondern auf Beschwerde hin entschieden hat, kommt eine Wiedererwägung des rechtskräftigen Entscheides nur dann in Betracht, wenn einer der in Art. 66 VwVG abschliessend aufgezählten Revisionsgründe vorliegt. Die Gesuchstellerin macht mit ihrem Revisionsgesuch als neue Tatsache den von der Fachjury nicht erwarteten Erfolg des Film «Venus Boyz» geltend. Der fertiggestellte Film sei ein neues Beweismittel, welcher die Qualität der seinerzeit beurteilten Drehbuchvorlage aufzeige. Der Bundesrat hatte als Beschwerdeinstanz gestützt auf den im Zeitpunkt des Entscheides massgeblichen Sachverhalt zu beurteilen, ob dem Film «Venus Boyz» ein Filmförderungsbeitrag zu gewähren sei. Daraus ergibt sich ohne Weiteres, dass geltend gemachte neue Tatsachen schon im Zeitpunkt des Entscheides vorhanden sein mussten, der Beschwerdeinstanz indes nicht bekannt waren. Tatsachen, welche erst nach einem Entscheid eintreten, sind im Revisionsverfahren unbeachtlich. Zwar können sich Tatsachen auch auf die Zukunft beziehen, so z.B. im Falle von Prognosen wie jenen über den Erfolg eines Films, doch ändert dies nichts daran, dass der Bundesrat die hier strittige Prognose allein aus der Sicht im Zeitpunkt des Entscheides zu beurteilen hatte. Auch neue Beweismittel sind nur zulässig, soweit sie im Zeitpunkt der Entscheidfindung bereits existierten, dem Beschwerdeführer aber nicht bekannt waren und der Beschwerdeinstanz daher nicht vorgelegt werden konnten. Der unerwartete Erfolg des Films «Venus Boyz» stellt daher weder eine neue Tatsache noch ein neues Beweismittel im Sinne von Art. 66 Abs. 2 lit. a VwVG dar. Eine andere Betrachtungsweise führte unter anderem dazu, dass die Entscheide des Bundesrates in allen Beschwerdefällen, in welchen auf Prognosen abgestellt werden muss (z.B. Kostenentwicklungen im Gesundheitswesen bei Tarifstreitigkeiten im Bereich der Krankenversicherung) auf Gesuch hin neu überprüft werden müssten, wenn sich die Prognosen als unzutreffend erweisen. Die Beschwerdeinstanz hat auch nicht aktenkundige erhebliche Tatsachen oder bestimmte Begehren übersehen oder die Bestimmungen über den Ausstand, die Akteneinsicht oder über das rechtliche Gehör verletzt (Art. 66 Abs. 2lit. b und c VwVG). Indem die Fachjury, auf deren Fachurteil sich die Vorinstanz und letztlich auch der Bundesrat stützten, die massgebliche Aktenlage anders beurteilte und daher auch zu einer anderen Prognose gelangte, übersah sie keine aktenkundigen erheblichen Tatsachen. Der Bundesrat tritt daher auf das Wiedererwägungsgesuch nicht ein und weist das Revisionsgesuch ab (BR vom 21. Aug. 2002, in: VPB 67 [2003] Nr. 15 E. 3).

d) *Widerruf*

aa) Begriff

Unter dem sogenannten **Widerruf** ist die Frage zu prüfen, unter welchen **materiellen Voraussetzungen** eine **Verfügung** bei Vorliegen von Rückkommensgründen abgeändert oder aufgehoben werden darf. **Fehlen positivrechtliche Bestimmungen** über die Möglichkeit der Änderung einer Verfügung, so ist über diese anhand einer **Interessenabwägung** zu befinden, bei welcher das Interesse an der richtigen Anwendung des objektiven Rechts dem Interesse an der Rechtssicherheit bzw. dem Vertrauensschutz gegenüberzustellen ist (BGE 137 I 69 E. 2.3, 135 V 201 E. 6.2, 127 II 306 E. 7a, 121 II 273 E. 1a/aa, 121 V 157 E. 4a, 119 Ia 305 E. 4c; BVGE 2007/29 E. 4.2; BVGer vom 10. Mai 2011, A-3757/2010, E. 9; vom 21. März 2011, D-3504/2008, E. 4.3; vom 2. Sept. 2010, A-2029/2010, E. 4.1; vom 5. Aug. 2009, C-8192/2008, E. 1.3.2; vom 21. Juli 2008, B-7899/2007, E. 5.4; VerwG BS vom 8. Nov. 2006, in: BJM 2009 S. 314 E. 3.2; VerwG AG vom 13. Sept. 2006, in: AGVE 2006 Nr. 50 E. 3.2). Zu prüfen bleibt ferner, ob der Widerruf **verhältnismässig** ist. Das Gebot der Verhältnismässigkeit verlangt von einer Massnahme, dass sie geeignet, erforderlich und bezüglich Eingriffszweck und -wirkung ausgewogen, mithin dem Betroffenen zumutbar ist (BVGer vom 2. Sept. 2010, A-2029/2010, E. 5). 2712

Das **Postulat der Rechtssicherheit** geht im Allgemeinen dann dem Interesse an der Durchsetzung des objektiven Rechts vor, wenn durch die Verwaltungsverfügung ein **wohlerworbenes oder subjektives Recht** begründet worden ist, wenn die Verfügung 2713 aufgrund eines **eingehenden Ermittlungs- und Einspracheverfahrens** erging, wenn der Private von einer ihm durch die Verfügung eingeräumten **Befugnis bereits Gebrauch** gemacht hat oder wenn die **Verfügung Grundlage eines privatrechtlichen Vertrages** ist. Auch in diesen Fällen kann aber ein Widerruf in Frage kommen, wenn er durch ein besonders **gewichtiges öffentliches Interesse** geboten ist (BGE 137 I 69 E. 2.3, 135 V 201 E. 6.2, 127 II 306 E. 7a, 121 II 273 E. 1a/aa, 119 Ia 305 E. 4c; BGer vom 3. Feb. 2012, 1C_300/2011, E. 3.1; vom 9. Juni 2011, 1C_64/2011, E. 4.3; vom 9. Nov. 2009, 4A_447/2009, E. 2.1 [in: BGE 135 III 656 ff. nicht publ. E.]; vom 28. April 1998, in: ZBl 2000 S. 41 E. 3b; BVGE 2007/29 E. 4.2; BVGer vom 10. Mai 2011, A-3757/2010, E. 9.1; vom 2. Sept. 2010, A-2029/2010, E. 4.2; vom 5. Aug. 2009, C-8192/2008, E. 1.3.2; vom 8. Jan. 2008, B-2208/2007, E. 5.1 [in: BVGE 2008/10 nicht publ. E.]; REKO HM vom 23. Dez. 2002, in: VPB 67 [2003] Nr. 58 E. 4.2.1; VerwG ZH vom 15. Juli 2010, VB.2010.00201, E. 4.2; vom 16. Nov. 2006, VB.2006.00230, E. 3.1; VerwG AG vom 13. Sept. 2006, in: AGVE 2006 Nr. 50 E. 3.4.1).

2714 **Wiedererwägung und Widerruf** beziehen sich auf **formell rechtskräftige Verwaltungsverfügungen** erster Instanzen. Der Widerruf von Verfügungen, über die ein Gericht oder eine verwaltungsunabhängige Rekurskommission materiell entschieden hat, ist grundsätzlich unzulässig. Ein solches Verfahren kann unter Vorbehalt der Revision wieder aufgenommen werden. Eine **Ausnahme** von diesem Grundsatz ist aber dann möglich, wenn ein **gerichtliches Urteil einen Dauerzustand** schafft. In diesem Fall kann es der Verwaltung nicht unter allen Umständen verwehrt sein, gestützt auf veränderte Verhältnisse oder neue Erkenntnisse eine Verfügung zu treffen, die im Ergebnis das früher gefällte Urteil aufhebt, ohne dass eigentliche Revisionsgründe vorliegen (BVGer vom 15. Juni 2011, A-2302/2011, E. 4.2.3; vom 23. Juni 2008, A-8636/2007, E. 4).

2715 **Interventionen vor Ablauf der Rechtsmittelfrist** sind nicht denselben (strengen) Voraussetzungen unterworfen, wie sie für den Widerruf formell rechtskräftiger Verfügungen gelten. Massgebend hierfür ist die Überlegung, dass das Gebot der Rechtssicherheit und der Vertrauensgrundsatz bis zum Eintritt der formellen Rechtskraft der Verfügung nicht die gleiche Bedeutung haben können wie nach diesem Zeitpunkt. In der Regel darf die Behörde daher, ohne eine Interessenabwägung zu tätigen, auf eine unangefochtene Verfügung zurückkommen, solange die Rechtsmittelfrist nicht abgelaufen ist (BGE 134 V 257 E. 2.2, 129 V 110 E. 1.2.1, 121 II 273 E. 1a/aa; BGer vom 9. Nov. 2009, 4A_447/2009, E. 2.1 [in: BGE 135 III 656 ff. nicht publ. E.]; vom 22. Feb. 2007, 2A.108/2007, E. 2; BVGer vom 14. Okt. 2010, C-8168/2008, E. 2.2.1; KG BL vom 24. Jan. 2001, in: VGE 2001 S. 127 E. 2a). Von diesen Grundsätzen lässt sich die Rechtsprechung auch beim Widerruf von Eintragungen in den Registern des gewerblichen Rechtsschutzes vor Ablauf der Rechtsmittelfrist leiten, selbst wenn die Eintragung bereits vollzogen wurde (BGer vom 9. Nov. 2009, 4A_447/2009, E. 2.1 [in: BGE 135 III 656 ff. nicht publ. E.]).

Praxis:

2716 – **Widerruf der Genehmigung eines rechtswidrigen Arzneimittelinformationstextes:** Vorliegend hat die (allenfalls) als Verfügung zu qualifizierende Anordnung vom 9. Jan. 2002 keine subjektiven Rechte begründet. Ebenso ist davon auszugehen, dass die allfällige Verfügung der

Beschwerdeführerin keine Befugnisse eingeräumt hat, von der sie bereits Gebrauch gemacht haben könnte, wurden doch die damals vorgelegten Texte nicht vollumfänglich genehmigt (noch kein Genehmigungsvermerk). Vielmehr hat das Institut von der Beschwerdeführerin ausdrücklich verlangt, die Texte gemäss vorgenommenen Korrekturen zu überarbeiten und anschliessend dem Institut erneut vorzulegen. Vor der förmlichen Genehmigung durfte die Beschwerdeführerin nicht davon ausgehen, dass die überarbeiteten Texte vom Institut akzeptiert werden würden, sodass sie die behaupteten Dispositionen (Druck von Faltschachteln und Patienteninformationen) auf eigenes Risiko getätigt hat. Die Anordnung vom 9. Jan. 2002 wurde zudem auch nicht in einem Verfahren getroffen, in welchem die sich gegenüberstehenden Interessen allseitig geprüft und abgewogen worden wären. Eine bereits erfolgte Interessenabwägung steht dem Widerruf nur dann entgegen, wenn sie in einem Ermittlungsverfahren vorgenommen wird, in welchem der Sachverhalt besonders eingehend untersucht worden ist. Im Verfahren zur Genehmigung von Änderungen der Arzneimittelinformation findet eine umfassende, insbesondere wissenschaftliche Sachverhaltsabklärung nicht statt, es sei denn, die Gesuchstellerin lege eine neue Dokumentation vor oder es stellten sich Sicherheitsfragen. Vorliegend fand eine einlässliche Abklärung der wissenschaftlichen Anforderungen an eine genügende Arzneimittelinformation nicht statt. Es kann damit keine Rede davon sein, dass der rechtserhebliche Sachverhalt besonders eingehend untersucht und die involvierten Interessen allseitig geprüft und abgewogen worden wären. Ein Widerruf der allenfalls als Verfügung zu qualifizierenden Anordnung vom 9. Jan. 2002 ist daher grundsätzlich zulässig, wenn die allgemeinen öffentlichen Interessen an der Durchsetzung des objektiven Rechts die konkreten Interessen der Beschwerdeführerin am Bestand der Anordnung zu überwiegen vermögen (REKO HM vom 23. Dez. 2002, in: VPB 67 [2003] Nr. 58 E. 4.2.1).

– **Widerruf von Selbstdispensationsbewilligungen:** Mit den im Sommer 1998 erteilten Bewilligungen wurde den Beschwerde führenden Parteien klarerweise kein subjektives Recht eingeräumt. Sodann trifft auch die zweite Konstellation (Erteilung der Bewilligung im Rahmen eines Verfahrens, in dem die sich gegenüberstehenden Interessen allseitig geprüft und gegeneinander abgewogen worden sind) im vorliegenden Fall nicht voll zu. Zwar ist mit diesem Kriterium richtigerweise nicht an die Bewilligungsverfahren, sondern an das Urteil des Verwaltungsgerichts vom 26. Feb. 1998 anzuknüpfen, welches die Erteilung der Bewilligungen ausgelöst hat, und dieses Urteil beruht zweifellos auf einer sorgfältigen Interessenabwägung. Indessen bezog sich die Beurteilung, soweit sie unter dem Gesichtswinkel des letztlich ausschlaggebenden Gebots der Rechtsgleichheit vorgenommen wurde, ausschliesslich auf die Frage, ob die Regelung von § 17 des Gesundheitsgesetzes die Ärzte in den Städten Zürich und Winterthur gegenüber jenen in den übrigen 169 Gemeinden rechtsungleich behandle, was das Verwaltungsgericht bejahte und nunmehr vom Bundesgericht verneint wurde. Was schliesslich die dritte Konstellation anbelangt (welche dem Umstand Rechnung tragen will, dass von einer durch die Verfügung eingeräumten Befugnis bereits Gebrauch gemacht worden ist), liegt hier ein solcher Sachverhalt auf den ersten Blick vor. Indessen ist zu beachten, dass dieses Kriterium seinem Sinn und Zweck nach auf Fälle ausgerichtet ist, in welchen mit der Aufnahme und Ausübung der bewilligten Tätigkeit erhebliche Investitionen verbunden waren. Das trifft hier nicht zu (VerwG ZH vom 17. Nov. 2005, in: RB 2005 Nr. 45 E. 3.5). 2717

– **Wiedererwägung eines Entscheids:** Zur Diskussion steht vorliegend die Änderung einer Plangenehmigungsverfügung betr. Eisenbahnlärmsanierung in der Gemeinde Münsingen wegen der Änderung der Empfindlichkeitsstufe (ES) im Baureglement der Gemeinde Münsingen, über die die REKO/INUM als verwaltungsunabhängige Instanz materiell entschieden hat. Eine Wiedererwägung bzw. ein Widerruf dieser Verfügung ist somit im klassischen Sinn nicht möglich. Auch wäre vorliegend eine Revision nach Art. 66 VwVG ausgeschlossen, da keine ursprüngliche Fehlerhaftigkeit der Plangenehmigung vorliegt. Wie bereits erwähnt, steht die formelle Rechtskraft einer Dauerverfügung – wozu auch eine Plangenehmigung gehört – unter dem Vorbehalt, dass nicht nach dem Verfügungserlass erhebliche tatsächliche Änderungen eintreten. Aufgrund der Änderung der ES im Baureglement bzw. der Zonenplanordnung der Gemeinde Münsingen gelangte der Beschwerdeführer mit einem Wiedererwägungsgesuch an die Vorinstanz. Diese hat den Anspruch des Beschwerdeführers auf Behandlung desselben nicht in 2718

Abrede gestellt und ist darauf eingetreten. Die ES-Änderung stellt denn auch unbestritten eine rechtserhebliche Sachverhaltsänderung – und nicht eine Änderung des objektiven Rechts, worunter Verfassung, Gesetz und Verordnung zu subsumieren sind – dar. Die erheblichen tatsächlichen Verhältnisse haben sich seit der ursprünglichen Verfügung bzw. seit dem Urteil der mit Beschwerde angerufenen Rechtsmittelinstanz in wesentlicher Weise verändert. Dies rechtfertigt gemäss zitierter Lehre und Rechtsprechung ein Rückkommen auf die ursprüngliche Plangenehmigung, obwohl darüber ein Gericht materiell entschieden hat. Wäre dies nicht möglich, würde es zu einem u.U. rechtswidrigen Dauerzustand (einer unrechtmässigen Überschreitung der Grenzwerte) kommen. Die Vorinstanz hat somit zu Recht die ursprüngliche Plangenehmigung einer erneuten Prüfung unterzogen. Sie ist auf das Gesuch des Beschwerdeführers eingetreten und hat eine materielle Prüfung vorgenommen. Folglich ist vorliegend grundsätzlich nicht mehr fraglich, ob die Eintretensvoraussetzungen erfüllt sind. Vielmehr gilt zu untersuchen, ob die Vorinstanz insbesondere im Rahmen der Interessenabwägung zu Recht zum Schluss gelangt ist, die ES-Anpassung stelle keinen Grund für eine inhaltliche Änderung der Plangenehmigung dar (BVGer vom 23. Juni 2008, A-8636/2007, E. 4.1).

2719 – **Widerruf einer erteilten Bewilligung für das Abbrennen eines Feuerwerks:** Bei der widerrufenen Bewilligung für das Abbrennen eines Feuerwerks auf dem Zürichsee am Abend des 1. Aug. 2006 handelt es sich nicht um eine sogenannte Dauerverfügung, die bei Änderung der massgebenden tatsächlichen oder rechtlichen Verhältnisse im Sinn einer «Anpassung» zurückgenommen werden kann. Gleichwohl setzte der am 28. Juli 2006 erfolgte Widerruf der am 26. Juli 2006 erteilten Bewilligung nicht voraus, dass Letztere im Sinn einer ursprünglichen Fehlerhaftigkeit bereits bei der Erteilung mit einem Mangel behaftet war. Auch die Bewilligung eines in Zukunft stattfindenden Anlasses ist zukunftsgerichtet. Die erteilte Bewilligung stand insofern unter dem stillschweigenden Vorbehalt von (generellen) feuerpolizeilichen Massnahmen, die sich allenfalls aufgrund der Wetterentwicklung als notwendig erweisen würden. Demnach blieb Raum für einen Widerruf der Bewilligung nach den für den Widerruf ursprünglich fehlerhafter Verfügungen sowie für die Anpassung von Dauerverfügungen entwickelten Kriterien. Dabei ist der vorliegende Fall keiner der Konstellationen zuzuordnen, in denen das Postulat der Rechtssicherheit grundsätzlich überwiegt bzw. nur bei Vorliegen ganz gewichtiger öffentlicher Interessen gegenüber dem Interesse des Bewilligungsinhabers am Bestand der Bewilligung zurücktreten muss: Die streitbetroffene Bewilligung verschaffte der Beschwerdeführerin kein wohlerworbenes Recht. Sodann handelt es sich nicht um eine Bewilligung, die aufgrund eines eingehenden Ermittlungsverfahrens erteilt wurde; bei Erteilung der Bewilligung waren feuerpolizeiliche Aspekte nicht vertieft zu prüfen. Schliesslich hatte die Beschwerdeführerin im Zeitpunkt des Widerrufs von der erteilten Bewilligung noch nicht Gebrauch gemacht. Wie in diesem Zusammenhang im Gegenteil anzumerken ist, wurde ihr in der Folge denn auch die nachträgliche Durchführung des Feuerwerks am 2. Sept. 2006 bewilligt. Nach alledem kann die Beschwerdeführerin nichts zu ihren Gunsten daraus ableiten, dass das sie treffende (generelle) Verbot zugleich mit dem Widerruf einer bereits erteilten (individuell-konkreten) Bewilligung verbunden war (VerwG ZH vom 4. Okt. 2007, VB.2007.00335, E. 4.2).

2720 – **Widerruf eines Eintrags einer Lizenz im Patentregister:** Am 8. Okt. 2001 räumte A der X (Beschwerdegegnerin) in einem Lizenzvertrag eine exklusive Lizenz an zwei Patenten im Zusammenhang mit Zahnimplantaten ein, die im Schweizerischen Patentregister auf seinen Namen registriert sind. Mit Schreiben vom 8. Mai 2008 trat A vom Lizenzvertrag zurück und kündigte diesen zugleich mangels pünktlicher Bezahlung der Lizenzgebühr. In der weiteren Diskussion zwischen den Vertragsparteien bestritt die Beschwerdegegnerin X eine gültige Auflösung des Vertrags und hielt am Bestand ihrer Exklusivlizenz fest. Am 28. Jan. 2009 beantragte die Beschwerdegegnerin X dem Eidgenössischen Institut für Geistiges Eigentum (IGE) unter Vorlage des Lizenzvertrags aus dem Jahre 2001, ihre exklusive Lizenz für die europäischen Patente Nr. 1 und 2 im Patentregister einzutragen. Mit Schreiben vom 29. Jan. 2009 teilte das IGE der Beschwerdegegnerin die beantragte Änderung im Register mit. Am 6. Feb. 2009 ersuchte A das IGE um Wiedererwägung und Widerruf, eventuell Löschung der Lizenzeintragungen. Zur Begründung führte er aus, dass die Lizenz mit der Auflösung des Lizenzvertrags untergegangen sei. Mit Verfügung vom 13. Feb. 2009 hiess das IGE das Wiedererwägungsgesuch gut und widerrief den Registereintrag vom 29. Jan. 2009, den es gleichentags löschte. Erwägungen: Vorliegend war die zurückgenommene Verfügung vom 29. Jan. 2009 betr. Eintragung der Lizenz noch nicht rechtskräftig. Der Widerruf war demnach an keine besonderen Voraussetzungen gebunden, selbst wenn die Verfügung bereits vollzogen war, indem die Eintragung vorgenommen wurde. Solange eine Verfügung nicht formell rechtskräftig ist, kann der daraus Berechtigte keine Vertrauensstellung in dem Sinn ableiten, dass die Verfügung nicht mehr widerrufen werden könnte. Der vorliegend bereits erfolgte Vollzug bewirkte nicht den Eintritt der formellen Rechtskraft und beseitigte die Anfechtbarkeit der Verfügung vom 29. Jan. 2009 nicht. Die Beschwerdegegnerin kann sich daher nicht auf den Schutz ihres Vertrauens in den Bestand der Verfügung berufen. Das IGE war mithin berechtigt, die Verfügung vom 29. Jan. 2009 vor Eintritt der formellen Rechtskraft zurückzunehmen und durch eine neue zu ersetzen. Einer Abwägung des Interesses an der richtigen Durchführung des objektiven Rechts und desjenigen an der Wahrung der Rechtssicherheit, wie sie für den Widerruf formell rechtskräftiger Verfügungen vorzunehmen ist, bedurfte es nicht (BGer vom 9. Nov. 2009, 4A_447/2009, E. 2.2 [in: BGE 135 III 656 ff. nicht publ. E.]).

bb) Interessenabwägung

Eine formell rechtskräftige Verfügung kann nur unter bestimmten Voraussetzungen einseitig aufgehoben und zum Nachteil des Adressaten abgeändert werden (BGE 137 I 69 E. 2.2, 134 V 257 E. 2.2, 121 II 273 E. 1a/aa). Für eine **Abänderung der Verfügung zuungunsten der betroffenen Person** sind grundsätzlich **wichtige öffentliche Interessen** vorzubringen (VerwG AG vom 13. Sept. 2006, in: AGVE 2006 Nr. 50 E. 3.2; VerwG BS vom 23. Juni 2004, in: BJM 2006 S. 149 E. 4e), ebenso, wenn die Behörde einen Antrag des Privaten auf Anpassung einer Verfügung ablehnt (VerwG ZH vom 13. Juli 2006, VB.2006.00151, E. 3.5 [Widerruf einer Schutzverfügung]). Die Abänderung einer rechtswidrig vorgenommenen Zoneneinteilung eines landwirtschaftlichen Betriebes (Berg- oder Talzone) verfolgt wichtige öffentliche Interessen und stimmt mit den Zielen der Agrarpolitik überein (BVGer vom 8. Jan. 2008, B-2208/2007, E. 5.3). Ein gewichtiges öffentliches Interesse ist ferner dann gegeben, wenn der bewilligte Bau die öffentliche Sicherheit, z.B. den Gewässerschutz, gefährdet (BGer vom 9. Juni 2011, 1C_64/2011, E. 4.3). 2721

Für den Ausgang der **Güterabwägung** spielt eine Rolle, wie **lange ein gesetzwidriger Zustand** schon dauert oder noch andauern würde (BGer vom 9. Juni 2011, 1C_64/2011, E. 4.3; vom 9. Nov. 2009, 4A_447/2009, E. 2.1 [in: BGE 135 III 656 ff. nicht publ. E.]; vom 26. Jan. 2009, 2C_547/2008, E. 3.3; vom 9. April 2008, 1C_43/2007, E. 5.3 [in: BGE 134 II 142 ff. nicht publ. E.]). Zu berücksichtigen ist, ob eine Verfügung **zeitlich befristet** ist oder für **unbestimmte Zeit** gilt (BGer vom 9. April 2008, 1C_43/2007, E. 5.3 [in: BGE 134 II 142 ff. nicht publ. E.]), ferner ob ein Vorhaben nur **geringfügig oder erheblich von den gesetzlichen Vorschriften** abweicht (VerwG SO vom 5. Jan. 2007, in: SOG 2007 Nr. 16 E. 3e, betr. eine Baubewilligung). Unter dem Aspekt des Vertrauensschutzes ist zu prüfen, ob der Widerruf der Verfügung das **Rechtsgleichheitsprinzip** verletzt, da in anderen Fällen der Widerruf nicht erfolgt ist (VerwG BS vom 8. Nov. 2006, in: BJM 2009 S. 314 E. 5.3). Das öffentliche Interesse ist als relativ gering zu beurteilen, wenn die **Behörde** den Betroffenen zu einem **gesetzeswidrigen Verhalten** veranlasst hat bzw. die betreffende Fehlerhaftigkeit der Verfügung hätte kennen müssen (BGE 137 I 69 E. 2.6.3 [von der Schulleitung entgegen den gesetzlichen Vorschriften angeordnete Prüfung unter Ausschluss der Öffentlichkeit]). 2722

2723 **Wirtschaftliche Interessen** des Verfügungsadressaten (REKO HM vom 23. Dez. 2002, in: VPB 67 [2003] Nr. 58 E. 4.2.3; VerwG ZH vom 27. Feb. 2007, VB.2006.00514, E. 5 [Rücknahme einer Gebührenverfügung zuungunsten des Adressaten]) oder **finanzielle Interessen** eines Hoheitsträgers werden regelmässig als **nicht besonders bedeutsam qualifiziert**, ausser es liegt eine geradezu notstandsähnliche Situation vor oder es wären erhebliche finanzielle Auswirkungen auf den Finanzhaushalt zu befürchten (BGE 107 Ia 240 E. 4; BGer vom 28. April 1998, in: ZBl 2000 S. 41 E. 4b). Waren die einmal getätigten Investitionen relativ gering oder längst amortisiert, so besteht nunmehr ein geringes privates Interesse, weiterhin von der Bewilligung Gebrauch machen zu können (VerwG ZH vom 17. Nov. 2005, in: RB 2005 Nr. 45 E. 3.7, betr. Widerruf von Selbstdispensationsbewilligungen; ferner war anzunehmen, dass der noch vorhandene Bestand an Medikamenten innert Liquidationsfrist ohne wesentliche Einbusse verkauft werden konnte).

2724 Auf den Schutz von **Treu und Glauben** bzw. damit einhergehend auf das Postulat der Rechtssicherheit kann sich nur berufen, wer die Fehlerhaftigkeit der Verfügung nicht kannte und auch nicht hätte kennen müssen (VerwG ZH vom 12. Okt. 2000, PB.2000.00015, E. 2b). Entsprechend überwiegt bei Kenntnis der Fehlerhaftigkeit der Verfügung durch den Adressaten das Interesse an der Durchsetzung des objektiven Rechts regelmässig gegenüber dem Interesse des Adressaten am Fortbestand des Entscheids (BVGer vom 21. Juli 2008, B-7899/2007, E. 5.4.1; RR LU vom 12. Feb. 2008, in: LGVE 2008 III Nr. 2 E. 8, betr. Nichterfüllen des einjährigen Wohnsitzerfordernis für den Erwerb einer Einbürgerungsbewilligung, welches der Beschwerdeführerin bekannt war). Demgegenüber kann bei unbestimmt umschriebenen Voraussetzungen (z.B. «ausreichende Deutschkenntnisse» für die Erteilung einer Berufsausübungsbewilligung) vom Verfügungsadressaten zumindest prima vista nicht erwartet werden, dass er die Fehlerhaftigkeit gekannt hat oder zumindest hätte kennen müssen, wenn sich im nachhinein herausstellt, dass seine Deutschkenntnisse mangelhaft sind und die Behörde die Bewilligung widerrufen will (VerwG ZH vom 16. Nov. 2006, in: RB 2006 Nr. 42 E. 4.3).

2725 Die **Parteien** sind gehalten, **Unterlagen zu beschaffen**, welche nur sie liefern können oder Tatsachen abzuklären, welche sie besser kennen als die Behörden. Ist sich beispielsweise der Prüfungskandidat einer Notariatsprüfung bewusst, dass der Beizug einer qualifizierten Schreibkraft allenfalls heikel ist, weil in der Vergangenheit ein ähnlicher Fall zu heftigen Diskussionen und der Anpassung einer Weisung geführt hat, wäre der Kandidat verpflichtet gewesen, den Beruf der von ihm beantragten Schreibkraft anzugeben, damit über deren Beizug in Kenntnis der wesentlichen Umstände hätte entschieden werden können (VerwG BS vom 8. Nov. 2006, in: BJM 2009 S. 314 E. 3.2).

2726 **Fehlen Zusicherungen** beispielsweise auf eine Besitzstandswahrung betreffend die Lohnklasse, überwiegt das Interesse an der richtigen Rechtsanwendung regelmässig dasjenige am Weiterbestand der ursprünglichen Verfügung (VerwG LU vom 15. Nov. 2007, in: LGVE II Nr. 4 E. 5c). Solange sich jedoch die Rechtsgrundlagen nicht geändert haben, kommt insbesondere der in der Anstellungsverfügung festgesetzten Besoldung ein grosses Gewicht zu, da die erstmalige Festsetzung der Besoldung eine zentrale Entscheidungsgrundlage dafür darstellt, ob ein Stelle im öffentlichen Dienst übernommen wird, und da die Anstellungsverfügung eine mitwirkungsbedürftige Verfügung darstellt, die vertragsähnliche Elemente beinhaltet, denen im Rahmen der Interessenabwägung erhöhtes Gewicht zukommt (VerwG ZH vom 12. Okt. 2000, PB.2000.00015, E. 2b und E. 2c).

Praxis:

- **Entzug des Taxiausweises wegen mangelnden Deutschkenntnissen:** Nach bestandener Taxiprüfung erhielt A 1993 den Taxiausweis Nr. 01 und war seither als Taxichauffeur in der Stadt Zürich tätig. Am 1. April 2001 wurde ihm erstmals eine Taxibetriebsbewilligung erteilt. In der Folge erweiterte er seinen Betrieb auf einen Fahrzeugbestand, für den insgesamt 45 Taxibetriebsbewilligungen erteilt wurden. Im Rahmen eines anderen Verfahrens ersucht A im Jahr 2004 beim Statthalteramt des Bezirkes Zürich um Beizug eines Übersetzers. Daraufhin gelangte das Statthalteramt an die Stadtpolizei Zürich unter anderem mit der Frage, ob A wegen mangelnder Deutschkenntnisse der Taxiausweis zu entziehen sei. Anlässlich der folgenden Befragung durch die Stadtpolizei erklärte dieser am 6. Jan. 2005, dass er Mühe mit der deutschen Sprache habe und für schriftliche Informationen auf seinen Mitarbeiter, Herrn C, angewiesen sei. An die Befragung anschliessend forderte die Stadtpolizei Zürich ihn auf, bis Ende Juni 2005 das Zertifikat B1-Niveau «Gemeinsamer europäischer Referenzrahmen für Sprachen» (Deutschzertifikat B1) zu erlangen, ansonsten ihm der Taxiausweis per sofort entzogen würde. In einer weiteren Befragung gab A vor der Stadtpolizei Zürich am 11. Aug. 2005 an, dass er das geforderte Deutschzertifikat B1 nicht erlangt habe. Mit Verfügung der Stadtpolizei Zürich, Abteilung Bewilligungen, vom 25. Aug. 2005 wurde ihm in Anwendung von Art. 12 Abs. 2 lit. c in Verbindung mit Art. 13 Abs. 3 der Taxivorschriften der Stadt Zürich vom 20. Sept. 2000/28. März 2001 (TaxiV) mangels ausreichender Deutschkenntnisse der Taxiausweis Nr. 01 mit sofortiger Wirkung entzogen, gleichzeitig wurden ihm die 45 Taxibetriebsbewilligungen gemäss Art. 4 Abs. 1 lit. b und d in Verbindung mit Art. 8 Abs. 1 lit. a TaxiV mit einer Liquidationsfrist bis Ende Dez. 2005, entzogen. Das Statthalteramt hiess seinen Rekurs gut, worauf die Stadt Zürich als Beschwerdeführerin an das Verwaltungsgericht gelangt, welches den Widerruf des 1993 erteilten Taxiausweises als unverhältnismässig betrachtet. Erwägungen: Das öffentliche Interesse am Entzug des Taxiausweises ist nicht unerheblich. Zu Recht wird darauf hingewiesen, dass von einem Taxichauffierenden verlangt werden kann, sich auf Deutsch zu verständigen und dass mangelnde Deutschkenntnisse beispielsweise die Gefahr in sich bergen, dass falsche Orte angefahren oder behördliche Weisungen nicht verstanden werden. Geradezu existenziell ist hingegen das private Interesse des Taxichauffeurs an der Wahrung der Rechtssicherheit und am Vertrauensschutz. Der Beschwerdegegner hat ein grösseres Taxiunternehmen aufgebaut, welches seine Lebensgrundlage darstellt. Mit dem Entzug des Taxiausweises und dem damit verknüpften Entzug der 45 Betriebsbewilligungen würde ihm seine wirtschaftliche Grundlage genommen. Besonderes Gewicht erhält zudem die Tatsache, dass der Beschwerdegegner bereits seit zwölf Jahren Inhaber des Taxiausweises ist und darauf vertrauen durfte, dass dieser für die Dauer der Berufsausübung gültig ist. Es kann dabei der Argumentation der Beschwerdeführerin nicht beigetreten werden, dass der Beschwerdegegner sich nicht auf den Vertrauensschutz berufen könne, weil er die Fehlerhaftigkeit des erteilten Taxiausweises gekannt habe oder zumindest hätte kennen müssen, da er um seine mangelhaften Deutschkenntnisse gewusst habe. Hier verkennt die Beschwerdeführerin, dass der Begriff der «ausreichenden Deutschkenntnisse» im höchsten Masse auslegbar ist, was jedoch nicht Aufgabe des Beschwerdegegners sein kann. Er durfte, nachdem ihm der Taxiausweis erteilt worden war, in guten Treuen davon ausgehen, dass seine Deutschkenntnisse den an Taxichauffierende gestellten Anforderungen genügten. Insgesamt überwiegt das private Interesse an der Wahrung der Rechtssicherheit und am Vertrauensschutz das öffentliche Interesse an der Durchsetzung des objektiven Rechts, weshalb der Entzug des Taxiausweises als unverhältnismässig und somit rechtswidrig erscheint. Insofern kann offengelassen werden, ob mit der Beschwerdeführerin entgegen der Auffassung des Beschwerdegegners davon auszugehen ist, dass die Deutschkenntnisse des Beschwerdegegners tatsächlich ungenügend sind (VerwG ZH vom 16. Nov. 2006, in: RB 2006 Nr. 42 E. 4.3). 2727

2728 – **Entzug der Berufspilotenlizenz und der Fluglehrerberechtigung:** Die Vorinstanz erteilte die Berufspilotenlizenz zu Unrecht, da der Beschwerdeführer die Bestimmungen der JAR (Joint Aviation Regulation) zu keinem Zeitpunkt erfüllte. Die verfügende Behörde hat den Sachverhalt falsch beurteilt und ist davon ausgegangen, dass der Beschwerdeführer die Voraussetzungen an die theoretischen Kenntnisse erfüllte. Erwägungen: Berufspilotenlizenzen und Fluglehrerberechtigungen sind Verfügungen, die ihrem Träger auf Gesuch hin aus polizeilichen Gründen unter Bewilligungspflicht stehende Tätigkeiten gestatten. Sie stellen eine Polizeierlaubnis dar, vermögen als solche jedoch keine subjektiven Rechte zu begründen. Alsdann ist nicht ersichtlich, inwiefern die vorliegend in Frage stehenden Interessen bereits allseitig in einem Verfahren geprüft und gegeneinander abgewogen worden wären. Die Erteilung der Lizenzen beruht vielmehr auf einer fehlerhaften Beurteilung des Sachverhalts. Angesichts dieser Fehlleistung kann der Beschwerdeführer auch nicht in einem allfälligen Vertrauen auf eine durchgeführte Interessenabwägung geschützt werden. Unbestritten ist hingegen, dass der Beschwerdeführer von den ihm erteilten Bewilligungen bereits Gebrauch gemacht hat. Da es sich bei der erteilten Berufspilotenlizenz, die im Jahr 2014 ausliefe, bzw. bei der Fluglehrerberechtigung, die bis ins Jahr 2012 gültig wäre, jedoch um Dauerverfügungen handelt, kann diesem Umstand hier keine entscheidende Bedeutung zukommen. Inwiefern er die ihm fälschlicherweise zugestandenen Rechte gutgläubig ausgeübt haben sollte, ist überdies nicht ersichtlich. Im Gegenteil ist davon auszugehen, dass der Beschwerdeführer sehr wohl wusste, dass ihm beide Bewilligungen zu Unrecht erteilt worden sind. Von seiner Gutgläubigkeit kann nicht die Rede sein. Offenbleiben kann daher, ob der Beschwerdeführer gestützt auf die ihm erteilten Bewilligungen allfällige Dispositionen getroffen hat. Die genannten Rechtssicherheitsinteressen des Beschwerdeführers sind dem Postulat der richtigen Durchführung des objektiven Rechts gegenüberzustellen. Dieses findet seinen Niederschlag vorliegend im öffentlichen Interesse der Luftsicherheit sowie in den Pflichten, die der Schweiz aus ihrer Mitgliedschaft bei der JAA (Joint Aviation Authorities) erwachsen. Die Vorinstanz ist in ihrer Funktion als Aufsichtsbehörde über die Zivilluftfahrt gehalten, die Sicherheit der Luftfahrt nach Massgabe der geltenden rechtlichen Anforderungen zu wahren und drohenden Risiken entgegenzutreten. Diese Pflicht gilt auch gegenüber einer früheren eigenen Fehlleistung. So stellt die Tätigkeit des Beschwerdeführers als Fluglehrer ein Sicherheitsrisiko dar, zumal er die Voraussetzungen an die theoretischen Kenntnisse nachgewiesenermassen nicht zu belegen vermag. Angesichts des dauerhaften Charakters der Bewilligungen bestünde dieses Risiko noch bis ins Jahr 2012 bzw. bis 2014 fort. Diesen ausgewiesenen Gesetzmässigkeits- und Sicherheitsinteressen ist vorliegend gegenüber dem Interesse des Beschwerdeführers am Fortbestand der Verfügung der Vorrang zu geben. Der Widerruf der Berufspilotenlizenz und der Fluglehrerberechtigung war daher zulässig (BVGer vom 2. Sept. 2010, A-2029/2010, E. 4).

2729 – **Widerruf des Jagdpasses, welcher entgegen den gesetzlichen Vorschriften erteilt wurde:** Die Beschwerdeführerin geht seit 2001 ohne anerkannten Jagdfähigkeitsausweis der Jagd nach. Ihr wurden seit 2001 irrtümlich mehrere Jagdpässe ausgestellt. Seit April 2004 und damit seit mehr als zwei Jahren ist die Beschwerdeführerin Jagdpächterin. 2006 wurde der vom 1. April 2004 bis 31. März 2010 gültige Jagdpass mangels Vorliegens einer wichtigen Voraussetzung (Jagdfähigkeitsausweis) widerrufen. Das Gericht heisst die Beschwerde dagegen gut. Erwägungen: Vorliegend besteht bei der Beschwerdeführerin und im Vergleich zu einer über einen anerkannten Jagdfähigkeitsausweis verfügenden Person keine erhöhte Gefährdung von Wildschutz oder öffentlicher Sicherheit. Anhaltspunkte dafür, dass sie nicht im Stande ist, die Jagd und die Jagdpacht nach Massgabe der Gesetze und Vollzugserlasse sowie nach weidmännischen Grundsätzen selber auszuüben bzw. ausüben zu lassen, bestehen nicht. Demgemäss ist das öffentliche Interesse an der Erfüllung der Zulassungsvoraussetzungen nicht so hoch zu gewichten wie das Interesse an der Rechtsbeständigkeit. Dabei ist auch zu berücksichtigen, dass der Jagdpass, gültig vom 1. April 2004 bis 31. März 2010, nicht der erste Jagdpass war, welcher ohne das Vorliegen eines anerkannten Jagdfähigkeitsausweises erstellt worden ist. Vielmehr wurden der Beschwerdeführerin bereits in den Jahren 2001 bis 2004 Jagdpässe ausgestellt, sodass sogar mehrere Vertrauensgrundlagen bestehen, was das Gewicht des Vertrauensschutzes zusätzlich verstärkt. Obwohl die Beschwerdeführerin im Kanton Aargau bereits seit

2001 ohne anerkannten Jagdfähigkeitsausweis der Jagd nachgeht, liegen gegen sie unbestrittenermassen weder Beschwerden vor, noch wurde ein Disziplinarverfahren eingeleitet. Aus Jägerkreisen liegen Bestätigungen vor, dass die Beschwerdeführerin über gute Schiessfertigkeiten verfügt und ihren Pflichten als Jägerin nachkommt. Seit April 2004 und damit seit mehr als zwei Jahren ist die Beschwerdeführerin Jagdpächterin, und auch hinsichtlich dieser Aufgaben und Pflichten gingen keine Beschwerden und Beanstandungen gegen sie ein. Insbesondere bestehen keinerlei Anhaltspunkte, dass die Beschwerdeführerin gegen die ihr aus dem Pachtvertrag oder dem Gesellschaftsvertrag erwachsenden Pflichten, Aufgaben und Verantwortlichkeiten verstossen hat. Es kann deshalb davon ausgegangen werden, dass die Beschwerdeführerin die ihr als Jagdpächterin obliegenden Pflichten klaglos erfüllt und auch zu erfüllen in der Lage ist. Aus diesen Gründen sind die Voraussetzungen für den Widerruf des Jagdpasses für Jagdpächter der Beschwerdeführerin vorliegend nicht erfüllt, weshalb die Beschwerde gutzuheissen ist (VerwG AG vom 13. Sept. 2006, in: AGVE 2006 Nr. 50 E. 3.5.3 und E. 3.5.4).

– **Lohnnachzahlungen nur an diejenigen Assistierenden, die am 1. Mai 2007 noch in einem Anstellungsverhältnis mit der Zürcher Hochschule Winterthur (ZHW) standen:** Mit Schreiben an ihre Angehörigen vom 1. Juni 2007 teilte die ZHW mit, dass die Assistierenden gemäss gängiger Praxis der ZHW in Lohnklasse 14 eingestuft seien. In Nachachtung einer Aufforderung des Hochschulamts erfolge neu eine Einstufung in die Lohnklasse 17 Stufe 3. Diese Einstufung erfolge rückwirkend auf den Zeitpunkt der ersten Anstellung und betraf alle wissenschaftlichen Assistierenden mit Abschluss auf Hochschulstufe, welche per 1. Mai 2007 eine Anstellungsverfügung bei der ZHW hätten. B war von 2004 bis 2007 bei der ZHW als wissenschaftlicher Assistent tätig gewesen. Gemäss Anstellungsverfügung vom 30. Jan. 2004 war er besoldungsmässig in Lohnklasse 14 Stufe 5 eingereiht. Mit Schreiben an die ZHW vom 26. Juli 2007 machte er geltend, dass er in die Lohnklasse 17 hätte eingereiht werden müssen. Es stehe ihm eine Lohnnachzahlung in der Höhe von Fr. 21'604.– zu. Unter Bezugnahme auf dieses Begehren wies die ZHW mit Schreiben vom 31. Juli 2007 darauf hin, dass eine rückwirkende Lohnnachzahlung nur denjenigen Assistierenden gewährt werde, die per 1. Mai 2007 einen Arbeitsvertrag mit der ZHW hatten. Für jene Assistierenden, die früher aus der ZHW ausgeschieden seien, werde eine Rechtspflicht nicht anerkannt. Entsprechend der Rechtsmittelbelehrung gelangte B mit Eingabe vom 24. Aug. 2007 an die Rekurskommission der Zürcher Hochschulen. Darin verlangte er für den Zeitraum seiner Anstellung Lohnnachzahlungen in der Höhe der Differenz zwischen Lohnklasse 14 Stufe 5 und Lohnklasse 17 Stufe 5 (evtl. Stufe 3); daneben verlangte er Verzugszinsen und eine Parteientschädigung. Die Rekurskommission hiess den von B erhobenen Rekurs gut und verpflichtete die ZHW zu den anbegehrten Lohnnachzahlungen. Das Verwaltungsgericht weist die Beschwerde der ZHW ab. Erwägungen: Die Einreihung des Beschwerdegegners erweist angesichts der rückwirkenden Lohnzahlungen an die weiter beschäftigten Assistenzkollegen und -kolleginnen als klar rechtsverletzend; das Ergebnis ist stossend und läuft dem Gerechtigkeitsgedanken zuwider. Dabei ist das Interesse an der Gleichbehandlung und damit an der richtigen Rechtsanwendung höher zu gewichten als das Interesse an der Rechtssicherheit; die Nachzahlung des Lohns schafft keine Rechtsunsicherheit. Dass sich der Beschwerdegegner gegen die seinerzeitige Anstellungsverfügung innert Rekursfrist nicht zur Wehr gesetzt hatte, kann ihm sodann nicht zum Nachteil gereichen: Der Anlass für sein Begehren auf nachträgliche Abänderung war nicht etwa die schon ursprünglich zu tiefe Einreihung, sondern die Lohnnachzahlung an seine Assistenzkollegen und -kolleginnen. Es ist deshalb unerheblich, ob die zu tiefe Einreihung den Parteien bewusst gewesen war oder nicht. Während der gegen die Anstellungsverfügung laufenden Rekursfrist (im Jahr 2004) konnte der Beschwerdegegner selbstredend noch nicht wissen, dass ein Teil seiner Kolleginnen und Kollegen rückwirkend auf den Anstellungszeitpunkt einen höheren Lohn als er erhalten würden. Die Vorbringen der Beschwerdeführerin, wonach dem Beschwerdegegner eine Anfechtung während laufender Rechtsmittelfrist zumutbar gewesen sei, vermögen damit nicht durchzudringen (VerwG ZH vom 13. Mai 2009, PB.2008.00019, E. 5). 2730

cc) Fallgruppen

aaa) Einräumung eines subjektiven Rechts

2731 Als **subjektive Rechte** gelten insbesondere **wohlerworbene Rechte, Zusicherungen oder die Einbürgerung** (ANNETTE GUCKELBERGER, Der Widerruf von Verfügungen im schweizerischen Verwaltungsrecht, ZBl 2007, S. 300 f.). **Öffentlich-rechtliche Ansprüche** gelten als wohlerworben, wenn das Gesetz die entsprechenden Beziehungen ein für allemal festlegt und von den Einwirkungen der gesetzlichen Entwicklung weitgehend ausnimmt oder wenn bestimmte individuelle Zusicherungen abgegeben werden (BGE 130 I 26 E. 8.2.1, 122 I 328 E. 7a). **Verwaltungsrechtliche Verträge** können wohlerworbene Rechte begründen, so insbesondere Konzessionsverträge, mit der Folge, dass sie nur beschränkt an eine neue Rechtslage angepasst bzw. gekündigt werden können (BGE 132 II 485 E. 9.5, 131 I 321 E. 5.3, 127 II 69 E. 5b).

2732 **Gemeinwesen untereinander** stehen in der Regel nicht in einem vergleichbaren Subordinationsverhältnis, sodass sich zu ihrem Schutz entsprechende Rechtspositionen herausbilden könnten. Nur wenn ein Gemeinwesen wie eine Privatperson in seinen Vermögensverhältnissen betroffen ist, können ihm allenfalls ein besonderes Schutzbedürfnis zugebilligt und wohlerworbene Rechte angenommen werden (VerwG BE vom 2. Aug. 1993, in: BVR 1994 S. 440 E. 3c, was das Gericht im Hinblick auf eine Vereinbarung zwischen der Stadt Thun und dem Kanton Bern betr. Bau und Unterhalt von Brücken verneint hat).

2733 Das **Markenrecht** verleiht dem Inhaber das ausschliessliche Recht, die Marke zu gebrauchen und darüber zu verfügen; es vermittelt eine **subjektive Vorzugsstellung**, die gegenüber jedermann wirkt und grundsätzlich nicht widerrufbar ist (REKO für Geistiges Eigentum vom 30. Juni 2004, in: sic! 2004 S. 932 E. 4.3). Eine ins Auge gefasste oder bereits absolvierte **Ausbildung** verschafft hingegen kein wohlerworbenes Recht darauf, den erlernten Beruf zu den ursprünglich geltenden Rahmenbedingungen ausüben zu können (BGE 130 I 26 E. 8.2.1). Auch **Subventionen** gehören nicht zu den wohlerworbenen Rechten, ausser ihr Bestand wäre zugesichert oder die Subvention wäre beispielsweise für den Bau von Wohnungen bereits fest zugesprochen worden (BGer vom 21. März 2000, 2P.56/1999, E. 4b).

2734 **Vermögensrechtliche Ansprüche** der öffentlichen Angestellten wie auch **sozialversicherungsrechtliche Ansprüche** gehören in der Regel nicht zu den wohlerworbenen Rechten. Das öffentliche Dienstverhältnis wird durch die Gesetzgebung bestimmt und macht daher, auch was seine vermögensrechtliche Seite angeht, die Entwicklung mit, welche die Gesetzgebung erfährt. Ansprüche der Dienstnehmer stellen nur dann wohlerworbene Rechte dar, wenn das Gesetz die entsprechenden Beziehungen ein für allemal festlegt und von den Einwirkungen der gesetzlichen Entwicklung ausnimmt, oder wenn bestimmte, mit einem einzelnen Anstellungsverhältnis verbundene Zusicherungen abgegeben werden; dementsprechend besteht kein Anspruch und kein wohlerworbenes Recht auf eine bestimmte Besoldung (BGE 137 V 105 E. 7.2, 134 I 23 E. 7.1, 118 Ia 245 E. 5b, 117 V 229 E. 5b; siehe auch Rz. 761 ff.).

2735 **Wohlerworbene Rechte** sind der **Rentenanspruch als solcher** und der **bisher erworbene Bestand der Freizügigkeitsleistung**, nicht aber – vorbehaltlich qualifizierter Zusicherungen – während der Zugehörigkeit zur Vorsorgeeinrichtung und vor dem Eintritt des Vorsorgefalls das reglementarisch vorgesehene künftige Altersguthaben und die Anwartschaften bzw. die genaue Höhe der mit den Beiträgen finanzierten Leistungen (BGE 134 I 23 E. 7.2, 130 V 18 E. 3.3, 127 V 252 E. 3b). Die Praxis hat dementsprechend die Aufhebung des Teuerungszuschlages, die Veränderung der Anwartschaften wie auch von laufenden Renten der beruflichen Vorsorge zugelassen (BGE 135 V 382 E. 6.1 und E. 6.4). Insbesondere ist die Möglichkeit, vor dem ordentlichen Pensionierungsalter in den Ruhestand zu treten, nicht verfassungsrechtlich geschützt (BGE 127 V 252 E. 3b, 117 V 229 E. 5c; BVGer vom 17. Dez. 2007, A-2583/2007, E. 7.1.3), ebenso wenig ein wertmässiger Anspruch auf einen bestimmten Arbeitgeberbeitrag (BGE 117 V 221 E. 5b), auf ein bestimmtes Pensionierungsalter (BGE 134 I 23 E. 7.1-7.5) oder auf eine Lebenspartnerrente (blosse Anwartschaft), die ihrem Grundsatz und Inhalt nach durch die Vorsorgeeinrichtung einseitig geändert werden kann (BGE 137 V 105 E. 7.3).

Zu den **wohlerworbenen Rechten**, deren wesentlicher Gehalt aus Gründen des Vertrauensschutzes unwiderruflich und gesetzesbeständig ist und die gegebenenfalls unter dem Schutz der Eigentumsgarantie stehen (BVGer vom 6. Jan. 2010, A-4116/2008, E. 6.1), gehören sogenannte **ehehafte Rechte** wie Rechte zum Bezug von Wasser (BGE 131 I 321 E. 5.1; BVGer vom 19. Feb. 2008, A-3823/2007, E. 3.5). Wohlerworbene Rechte können ferner durch **Konzession** begründet werden. Allerdings sind nur diejenigen Rechte innerhalb einer Konzession als besonders rechtsbeständig und damit wohlerworben zu qualifizieren, die sich nicht aus einem Rechtssatz ergeben, sondern aufgrund **freier Vereinbarung** der Parteien entstanden und als wesentlicher Bestandteil der erteilten Konzession zu betrachten sind, weil der Bewerber sich ohne sie über die Annahme der Verleihung gar nicht hätte schlüssig werden können (BGE 127 II 69 E. 5a; BVGer vom 6. Jan. 2010, A-4116/2008, E. 6.1), was für eine **Taxikonzession** üblicherweise nicht zutrifft, da diese rechtlich gesehen eine Bewilligung zum gesteigerten Gemeingebrauch darstellt und sich ihr Inhalt aus den anwendbaren Rechtssätzen ergibt und nicht aufgrund eine Vereinbarung zustande kommt (VerwG LU vom 28. Sept. 2005, in: LGVE 2006 II Nr. 39 E. 5). 2736

Als wohlerworbenes Recht kann – je nach gesetzlicher Grundlage – die **Höhe des (vereinbarten) Zinses** (BGE 126 II 171 E. 3b [Wassernutzungskonzession]) oder die **vereinbarte Dauer der Konzession** gelten (BGE 130 II 18 E. 3, 113 Ia 357 E. 5b [Privatgrabstätten]; VerwG ZH vom 11. Aug. 2010, VB.2009.00661, E. 2.2). Begründet wird dies damit, dass der Konzessionär aufgrund der Konzession ein Werk mit regelmässig beträchtlichen Investitionen erstellt, deren Rentabilität sich nicht kalkulieren lässt, wenn nicht Sicherheit über die finanziellen Lasten aus der Konzession und über die Konzessionsdauer besteht; das Gemeinwesen kann daher nicht einseitig von der Konzession abgehen und die den Konzessionär treffenden Lasten zu seinen Gunsten erhöhen (BGE 127 II 69 E. 5a; BGer vom 21. Juni 2005, 2P.13/2005, E. 3.2; BVGer vom 19. Feb. 2008, A-3823/2007, E. 3.5). 2737

Wird hingegen die **Konzessionsgebühr** – wie im Bereich des Mobilfunks – nicht in der Konzessionsurkunde festgelegt, sondern durch **Rechtssatz** begründet, so ist, was die Gebührenhöhe angeht, nicht von einer Übereinkunft der Parteien auszugehen, weshalb es an einer der Voraussetzungen für die Bejahung eines wohlerworbenen Rechts fehlt; entsprechend kann die Konzessionsgebühr bei Änderung der gesetzlichen Grundlagen ohne Weiteres angepasst werden (BVGer vom 6. Jan. 2010, A-4116/2008, E. 6.2; vom 19. März 2009, A-3129/2008, E. 7.4). 2738

Praxis:

2739 – **Wohlerworbenes Recht auf ewige Gewässernutzungskonzession:** Mit Beschluss Nr. 340 vom 16. Feb. 1866 erteilte der Regierungsrat des Kantons St. Gallen dem Oberverwaltungsrat von X eine Wasserrechtskonzession am B-Bach und C-Bach bei Y (Wasserrecht Nr. III/17). Eine Bestimmung über die Konzessionsdauer fehlt. In der Folge wurde dieses Wasserrecht von der Ortsgemeinde X auf die Weberei Y AG (seit 1980 A AG) übertragen. Bei einer nach einem Ölunfall durchgeführten Kontrolle der A AG im Jahr 1992 wurde festgestellt, dass das Wasser der Kraftanlage nicht nur energetisch, sondern auch anderweitig genutzt wird. Am 14. Okt. 1997 gab das Amt für Umweltschutz des Kantons St. Gallen der A AG Gelegenheit, zu einem Entscheidentwurf Stellung zu nehmen, der vorsah, die Konzession aufzuheben. Am 30. Juni 1998 erliess das Baudepartement des Kantons St. Gallen eine Verfügung, wonach die Wasserrechtsverleihung vom 16. Feb. 1866 befristet und der A AG eine Übergangsfrist von fünf Jahren eingeräumt wird, in welcher sie den Betrieb der Wasserkraftanlage nach den Bestimmungen der altrechtlichen Konzession weiterführen darf. Mit Ende des Jahres 2003 erlischt die Verleihung unwiderruflich. Den dagegen erhobenen Rekurs der A AG wiesen sowohl der Regierungsrat wie auch das Verwaltungsgericht ab. Die A AG erhebt am 8. Mai 2000 fristgerecht Verwaltungsgerichtsbeschwerde und staatsrechtliche Beschwerde an das Bundesgericht. Sie beantragt insbesondere, es sei festzustellen, dass die Konzession vom 16. Feb. 1866 eine unbefristete altrechtliche Konzession sei, die der Beschwerdeführerin ein wohlerworbenes Recht einräume. Das Bundesgericht weist die Beschwerde ab. Erwägungen: Für eine zeitlich unbeschränkte Konzessionsdauer kann nicht ins Feld geführt werden, dass sie die notwendige Basis für das Konzessionsverhältnis bilden würde und zu dessen Substanz zu zählen wäre. Vielmehr widerspricht es in höchstem Masse dem öffentlichen Interesse, Sondernutzungskonzessionen auf unbeschränkte Dauer zu erteilen und das öffentliche Gewässer auf ewige Zeiten seinem Zweck zu entfremden. Nun ist für die Anerkennung eines wohlerworbenen Rechts massgeblich, dass die Konzessionserteilung vertragsähnlicher Natur ist: Innerhalb einer Konzession sind gerade diejenigen Rechte als wohlerworben einzustufen, welche nicht durch einen Rechtssatz, sondern aufgrund freier Vereinbarung der Parteien entstanden sind. Insofern fliessen zivilrechtliche Überlegungen ein. Darum kann nicht unberücksichtigt bleiben, dass es heute auch zivilrechtlich ausgeschlossen ist, obligatorische Verträge auf «ewige» Zeiten abzuschliessen und aufrechtzuerhalten. Die einheitliche Wertung in der gesamten Rechtsordnung macht deutlich, dass es ein wohlerworbenes Recht auf dauerhafte Sondernutzung nicht geben kann. Nennt die Konzessionsurkunde keine zeitliche Beschränkung, ist demnach die Dauer der Konzession zu beschränken und durch richterliche Lückenfüllung zu bestimmen. Es ist dem Verwaltungsgericht folglich darin beizupflichten, dass die der Beschwerdeführerin erteilte Konzession, deren Dauer nicht bestimmt ist, nachträglich befristet werden durfte, ohne dass dadurch ein wohlerworbenes Recht bzw. das Willkürverbot oder das Gebot der Wahrung von Treu und Glauben verletzt worden wäre. Was die konkrete Befristung betrifft, so hat das Verwaltungsgericht die massgebenden Gesichtspunkte zutreffend gewürdigt. Nach einer Konzessionsdauer von 134 Jahren stellte sich insbesondere die Frage der Amortisation der Anlagen nicht mehr und der Kanton St. Gallen konnte unter Gewährung einer angemessenen Übergangsfrist (fünfeinhalb Jahre ab dem Zeitpunkt der erstinstanzlichen Verfügung) die Konzession widerrufen bzw. auflösen (BGE 127 II 69 E. 5b und 5c).

2740 – **Wasserzins:** Die Festlegung des Wasserzinses, bei welchem es sich um eine jährlich wiederkehrende Leistung für die staatliche Einräumung des Sondernutzungsrechts an der Wasserkraft handelt, ist obligatorischer Bestandteil der Konzession und gehört zu den durch die Konzession verschafften wohlerworbenen Rechten. Das Bundesgericht geht in seiner Rechtsprechung davon aus, das verliehene Recht dürfe nicht ohne Entschädigung einseitig aufgehoben oder in so weit gehendem Masse geändert werden, dass in die Substanz oder den Wesensgehalt des Rechts eingegriffen werde (BGE 119 Ib 254 E. 5a); eine massvolle Erhöhung der Mindestabflussmenge erachtete das Bundesgericht folglich noch nicht als Eingriff in die Substanz des Rechts (ZBl 1988 S. 273 E. 5e). Vorliegend beruht die Erhöhung des Wasserzinses einzig darauf, dass der Bundesgesetzgeber den bundesrechtlichen Maximalansatz erhöht hat und das bernische Wassernutzungsgesetz seit der Gesetzesänderung vom 29. Sept. 1968 bestimmt, dass die jeweils in Kraft stehenden Höchstsätze gemäss der Bundesgesetzgebung über die Nutzbarmachung der Wasserkräfte Anwendung finden. Es stellt sich somit die Frage, ob eine Gesetzesänderung ausreicht, um die in der Konzession festgelegten Wasserzinse erhöhen zu können. Weiter ist hierbei die in der Konzession aufgeführte Ziff. 21 von Bedeutung, welche lautet: «Diese Konzession wird erteilt unter dem Vorbehalt der einschlägigen gegenwärtigen und zukünftigen Gesetzgebung des Bundes und des Kantons.» Entscheidend ist bei der Auslegung von Konzessionen, wie im konkreten Fall der Vorbehalt der künftigen Gesetzgebung von den Beteiligten tatsächlich verstanden wurde (wirklicher Parteiwille) oder nach dem Vertrauensgrundsatz verstanden werden durfte und musste. In der Vergangenheit hat die Beschwerdeführerin die Erhöhungen des Wasserzinses immer akzeptiert. Das Verwaltungsgericht hat unter diesen Umständen den Sachverhalt nicht offensichtlich falsch festgestellt, wenn es aus dem Verhalten der Beschwerdeführerin den Schluss zog, ihr wirklicher Parteiwille gehe dahin, dass die Konzession Anpassungen des Wasserzinses entsprechend der Entwicklung des gesetzlichen Maximalzinses gestatte, d.h. im Ergebnis auch reale Wasserzinserhöhungen erlaube. Weil wohlerworbene Rechte nur nach Massgabe der Konzession entstehen und die Konzession nach dem konkreten Verständnis der Beteiligten die Erhöhung des Wasserzinses durch Gesetzgebung erlaubt, wird durch die vorliegend angefochtene Zinserhöhung kein wohlerworbenes Recht verletzt (BGE 126 II 171 E. 4).

– **Erhöhung der Konzessionsgebühren (Mobilfunkgebühren):** Die Beschwerdeführerin macht geltend, mit der Gebührenerhöhung im Jahr 2008 werde in ihre wohlerworbenen Rechte eingegriffen. Für eine Konzessionärin sei es wesentlich, dass sie die im Verlauf der Konzessionsdauer anfallenden Konzessionsgebühren kenne. Sie dürfe nicht dem Risiko ausgesetzt sein, dass sich diese fortlaufend ändern können; einerseits aus Gründen der Rechtssicherheit und andererseits zum Schutze der getätigten Investitionen. Die Vorinstanz hält dagegen fest, Konzessionsgebühren im Bereich Mobilfunk stellten keine wohlerworbenen Rechte dar, da sie ausschliesslich aufgrund von Rechtsnormen festgelegt würden, sodass von vornherein in Bezug auf die Gebührenhöhe nicht von einer für die Entstehung wohlerworbener Rechte notwendigen Übereinkunft der Parteien ausgegangen werden könne. Ferner seien Gesetzes- und Verordnungsänderungen in der Konzession ausdrücklich vorbehalten. Erwägungen: Als wohlerworben gelten Rechte, deren wesentlicher Gehalt aus Gründen des Vertrauensschutzes unwiderruflich und gesetzesbeständig ist und die gegebenenfalls unter dem Schutz der Eigentumsgarantie stehen. Wohlerworbene Rechte können auch durch Konzession begründet werden. Allerdings sind nur diejenigen Rechte innerhalb einer Konzession als besonders rechtsbeständig und damit wohlerworben zu qualifizieren, die sich nicht aus einem Rechtssatz ergeben, sondern aufgrund freier Vereinbarung der Parteien entstanden und als wesentlicher Bestandteil der erteilten Konzession zu betrachten sind, weil der Bewerber sich ohne sie über die Annahme der Verleihung gar nicht hätte schlüssig werden können. Damit wird dem Konzessionär Schutz in seinen unternehmerischen Dispositionen geboten. Als wohlerworbenes Recht gilt in der Regel etwa die Höhe des Wasserzinses im Bereich der Wassernutzungsrechte. Im Bereich Mobilfunk wird die Konzessionsgebühr regelmässig nicht in der Konzessionsurkunde festgelegt, so auch vorliegend nicht. Die Urkunde vom 25. Feb. 2004 hält in Ziff. 5.1.2 vielmehr fest, die Konzessionärin habe gemäss Art. 39 FMG und der Verordnung über Gebühren im Fernmeldebereich eine Konzessionsgebühr zu entrichten; deren Höhe bemesse sich auf der Grundlage des technischen Netzbeschriebs. Diese Verordnung wurde am 1. Jan. 2008 durch das Inkrafttreten der GebV-FMG ersetzt. Damit enthält die Konzession keine für die Bestimmung der Gebührenhöhe relevante Regelung. Die Festlegung erfolgt vielmehr ausschliesslich aufgrund von Rechtsnormen. Mithin ist, was die Gebührenhöhe angeht, nicht von einer Übereinkunft der Parteien auszugehen, weshalb es an einer der Voraussetzungen für die Bejahung eines wohlerworbenen Rechts fehlt. Die Höhe der finanziellen Belastung mag für die Beschwerdeführerin insofern von nicht unwesentlicher Bedeutung sein, als sie für ihre Geschäfts- und Investitionsplanung auf eine stabile bzw. mittelfristig voraussehbare Abgabenlast angewiesen ist. Für sich allein vermag dieser Umstand allerdings kein wohlerworbenes Recht zu begründen. Zugunsten der Beschwerdeführerin kommt auch nicht die allgemeine Rechtsfigur des Vertrauensschutzes zum Tragen. Hierzu mangelt es insbesondere bereits an einer entsprechenden Vertrauensgrundlage. 2741

Weiter sind in der Konzessionsurkunde in Ziff. 1.4 unter «Gegenstand und Grundlage der Konzession» künftige Gesetzes- und Verordnungsänderungen ausdrücklich vorbehalten. Die Beschwerdeführerin bzw. ihre Rechtsvorgängerin hat diese Klausel, indem sie sie nicht angefochten hat, akzeptiert. Die Vorbehaltsklausel braucht vorliegend indes gar nicht zur Anwendung gebracht zu werden. Dies wäre nur nötig, wenn ohne den Vorbehalt von einem wohlerworbenen Recht auszugehen wäre. Wie gezeigt, fehlt es vorliegend aber schon an einem solchen, weil keine entsprechende Parteiabmachung besteht (BVGer vom 6. Jan. 2010, A-4116/2008, E. 6.2).

bbb) Einräumung einer Befugnis, von welcher der Berechtigte bereits Gebrauch gemacht hat

2742 Der **Dispositionsschutz**, der als Grund für die Unwiderrufbarkeit angeführt werden kann, spielt vor allem dann eine Rolle, wenn er den **einmaligen Gebrauch einer Befugnis**, etwa einer Baubewilligung, zum Gegenstand hat (BGE 101 Ib 318 E. 2; BGer vom 9. Juni 2011, 1C_64/2011, E. 4.4; BVGer vom 2. Sept. 2010, A-2029/2010, E. 4.2), oder wenn zur Verwirklichung des Vorhabens **erhebliche Investitionen** getätigt wurden, was zur Schaffung eines Zustands führt, der nur unter Vernichtung gutgläubig geschaffener Werte wieder beseitigt werden kann (BGE 119 Ia 305 E. 4c, 100 Ib 299 E. 4; BGer vom 25. Feb. 2009, 1C_14/2008, E. 5.2).

2743 In derartigen Fällen ist ein **besonders gewichtiges öffentliches Interesse**, der **Eintritt neuer Tatsachen** oder **neuer wissenschaftlicher Erkenntnisse** erforderlich, um eine Verfügung zu widerrufen: Im Hinblick auf **Baubewilligungen** kommt dem Prinzip der Rechtssicherheit desto mehr Gewicht zu, je weiter die Bauarbeiten fortgeschritten sind und je geringer die Abweichungen vom gesetzlich Vorgesehenen sind (VerwG GR vom 8. Juni 2010, R-10-8, E. 4a; VerwG SO vom 5. Jan. 2007, in: SOG 2007 Nr. 16 E. 3c). Der Widerruf der Bewilligung kann entsprechend unterbleiben, wenn die Abweichung vom Erlaubten nur unbedeutend ist oder der Abbruch nicht im öffentlichen Interesse liegt, ebenso, wenn der Bauherr in gutem Glauben angenommen hat, er sei zur Bauausführung ermächtigt, und wenn der Beibehaltung des gesetzwidrigen Zustands nicht schwerwiegende öffentliche Interessen entgegenstehen (VerwG SO vom 5. Jan. 2007, in: SOG 2007 Nr. 16 E. 3c).

2744 Wird hingegen durch eine Bewilligung eine **dauernde Tätigkeit** gestattet, so kommt dem Umstand, dass von dieser Bewilligung bereits Gebrauch gemacht worden ist, keine entscheidende Bedeutung zu; wenn das öffentliche Interesse an der rechtsgleichen Durchsetzung des objektiven Rechts den Vorrang vor dem Interesse des bisherigen Bewilligungsinhabers verdient, ist ein Widerruf zulässig (BGE 121 II 273 E. 1a/aa, 120 Ib 317 E. 3a; BGer vom 26. Jan. 2009, 2C_547/2008, E. 3.3 [Entzug einer Bewilligung für eine halbautomatische Handfeuerwaffe aufgrund neuer Empfehlungen]; vom 18. Aug. 2008, 1C_229/2008, E. 4.2; vom 9. April 2008, 1C_43/2007, E. 5.3 [in: BGE 134 II 142 ff. nicht publ. E.], betr. Sanierungsmassnahmen KKL Luzern; BVGer vom 2. Sept. 2010, A-2029/2010, E. 4.2 [Berufspilotenlizenzen und Fluglehrerberechtigungen]; vom 8. Jan. 2008, B-2208/2007, E. 5.3 [Zonenzugehörigkeit eines Betriebes]; VerwG BE vom 29. Feb. 2000, in: BVR 2000 S. 336 E. 4c [Stipendienverfügungen]).

2745 Der **Aspekt des Vertrauensschutzes** ist in derartigen Fällen nur dann besonders zu berücksichtigen, wenn der Private aufgrund einer erteilten Bewilligung seinen Beruf schon während längerer Zeit beanstandungslos ausgeübt hat (VerwG ZH vom 16. Nov. 2006, in: RB 2006 Nr. 42 E. 4.3 [Taxibetriebsbewilligung]; VerwG AG vom 13. Sept. 2006, in: AGVE 2006 Nr. 50 E. 3.5.3 [Jagdausweis]) oder wenn zur Verwirklichung des Vorhabens **grössere Investitionen** getätigt worden sind (BGE 130 II 290 E. 2.8 [Hotelbetriebsbewilligung]; BGer vom 28. Feb. 2007, 2A.504/2006, E. 2.5 [Einschränkung des Betriebs einer Rohrleitungsanlage]).

Nur beschränkt auf den Vertrauensschutz berufen kann man sich, wenn die **Bewilligung** an neue gesetzliche Bestimmungen angepasst werden soll, die lediglich indirekt mit der Bau- oder Betriebsbewilligung und den damit getätigten Investitionen zusammenhängen. Wird der Betrieb neuen Ladenöffnungszeiten unterstellt, handelt es sich dabei um Verhaltensvorschriften, welche im Laufe der Zeit Veränderungen erfahren können (BGer vom 14. Mai 2004, 2P.35/2004, E. 3.3). Es kann daher nur bedingt davon gesprochen werden, die davon betroffene Person habe von der ihr eingeräumten Befugnis bereits Gebrauch gemacht (BGer vom 7. Okt. 2004, 2P.77/2004, E. 4.3). 2746

Praxis:

- **Einschränkung des Betriebs einer Rohrleitungsanlage:** Die Erdgas Zentralschweiz AG betreibt in der Gemeinde Littau seit 1976 die Abnahme- und Speicherstation Thorenberg, die aus zwei Kugeldruckbehältern besteht. In einem wird Erdgas, im anderen Propan (Flüssiggas) gelagert. In der Folge wurden südlich der Abnahme- und Speicherstation in verschiedenen Etappen Reiheneinfamilienhäuser erstellt, worauf das Risiko der Anlage auf die Umgebung mehrmals überprüft wurde. Am 14. Juni 2002 entzog der Bundesrat der Erdgas Zentralschweiz AG die Konzession, die bis ins Jahr 2023 erteilt wurde, für den weiteren Betrieb eines Propan-Kugeldruckbehälters in der Anlage Thorenberg, da die davon ausgehende Gefährdung für das umliegende Wohngebiet zu gross sei. Er setzte der Betreiberin eine Frist von vier Jahren an, um den fraglichen Druckbehälter stillzulegen bzw. auf Erdgas umzustellen. Am 4. Feb. 2004 reichte die Erdgas Zentralschweiz AG beim Eidgenössischen Finanzdepartement ein Begehren um Ersatz des Schadens ein, der ihr aus der Konzessionsänderung vom 14. Juni 2002 entstanden sei, zumindest in der Höhe von Fr. 11.3 Mio. Sie stützte ihren Anspruch auf Art. 51 Abs. 5 RLG. Das Bundesamt für Energie wies das Begehren am 22. Feb. 2005 ab; die Eidgenössische Rekurskommission für Infrastruktur und Umwelt hiess die Beschwerde gut, worauf das UVEK Verwaltungsgerichtsbeschwerde beim Bundesgericht erhebt. Das Bundesgericht weist die Beschwerde ab. Erwägungen: Art. 51 Abs. 5 RLG knüpft den Entschädigungsanspruch nicht an die Aufhebung oder Einschränkung eines wohlerworbenen Rechts. In der Rechtsprechung ist ferner anerkannt, dass der Inhaber einer Bewilligung grundsätzlich auf deren Bestand vertrauen darf, soweit diese gestützt auf ein eingehendes Ermittlungsverfahren erteilt wurde, in dem die auf dem Spiel stehenden Interessen allseitig zu prüfen und gegeneinander abzuwägen waren. Gleiches gilt, wenn der Inhaber von der erteilten Bewilligung bereits Gebrauch gemacht hat, insbesondere wenn er zur Verwirklichung eines einmaligen Vorhabens bereits grössere Geldmittel aufgebracht hat. In diesen Fällen kommt der Wahrung der Rechtssicherheit in der Regel der Vorrang gegenüber anderen Interessen zu. Das beschwerdeführende Departement macht zwar zu Recht geltend, dass es auch für Inhaber konzessionierter Anlagen bzw. von solchen, die aufgrund eines eingehenden Ermittlungsverfahrens bewilligt wurden, kein Recht auf Gefährdung von Menschen und der Umwelt geben könne. Tatsächlich schliesst die erwähnte Rechtsprechung eine Aufhebung der Konzession bzw. einen Widerruf der Bewilligung in den genannten Fällen nicht aus, wenn besonders gewichtige Gründe dafür vorliegen. Hingegen wäre es angesichts des entgegengebrachten Vertrauens und oftmals auch der getätigten Investitionen unbillig, wenn in diesen Fällen der Entzug des Rechts entschädigungslos erfolgen könnte. Aufgrund der Zielsetzung von Art. 51 Abs. 5 RLG ist davon auszugehen, dass die Entschädigungspflicht des Bundes gerade bei Vorliegen der genannten Tatbestände eingreifen soll. Der 2747

Bundesrat gelangte am 14. Juni 2002 zum Schluss, dass der weitere Betrieb des Propan-Kugeldruckbehälters ein nicht akzeptables Risiko darstelle und die Anlage deshalb ausser Betrieb genommen werden müsse. Nach den unbestrittenen Feststellungen der Vorinstanz sind die Risiken, die vom Propan-Kugeldruckbehälter ausgehen, seit der Konzessionserteilung nicht angestiegen, jedenfalls soweit sie oberhalb der maximal zulässigen Risikoakzeptanz liegen. Die Konzession hätte daher in den Jahren 1973/74 nicht erteilt werden können, wenn bereits damals die vom Bundesrat im Jahre 2002 angewandten Risikobeurteilungskriterien gegolten hätten. Grund für die verfügte Betriebseinschränkung bildet demnach eine Veränderung der Rechtslage, nämlich die strengere Beurteilung des noch akzeptablen Risikos. Zwar trifft es zu, dass das akzeptable Risiko auch von der Bebauung des Umfelds der Anlage abhängt. Die Vorinstanz legt indessen dar, dass das Gebiet schon bei der Konzessionsvergabe 1973/74 in einer Bauzone lag und mit dessen Überbauung gerechnet werden musste. Die später einsetzende teilweise Bebauung stellt demnach keine grundsätzliche Änderung gegenüber der bereits 1973/74 bestehenden Situation dar. Es bildet daher allein die nachträgliche Erhöhung des Sicherheitsstandards den Grund für die erfolgte Konzessionseinschränkung. Die Beschwerdegegnerin hat danach nicht für den erwähnten Grund einzustehen; auch konnte sie mit dessen Eintritt bei der Konzessionsvergabe nach Treu und Glauben nicht rechnen. Ferner wurden die genannten Elemente der Konzession gestützt auf eine eingehende Ermittlung der Sicherheitsaspekte, denen das Gesetz bereits im Zeitpunkt der Verleihung eine vorrangige Bedeutung zumass, festgelegt. Die Beschwerdegegnerin durfte daher grundsätzlich auf den Bestand der Konzession auch für Propan bis ins Jahr 2023 vertrauen. Sie durfte namentlich darauf vertrauen, dass sie ihre durch die Konzession verliehenen Rechte auch bei den gebotenen Anpassungen an den Stand der Technik bzw. die Feinabstimmung mit einer künftigen Überbauung noch ausüben kann. Denn über die grundsätzliche Zulässigkeit eines Propan-Kugeldruckbehälters im fraglichen Baugebiet wurde bereits mit der Konzessionsvergabe entschieden. Dass in der Bauzone liegendes Gebiet überbaubar und damit zu rechnen ist, dass es vor Ablauf einer 50-jährigen Konzession der Überbauung zugeführt wird, musste schon damals bekannt sein. Dennoch hat die Konzessionsbehörde in keiner Weise darauf hingewirkt oder als Bedingung formuliert, dass die angrenzende Bauzone im Zuge der Zonenplanung nach Raumplanungsgesetz aufgehoben wird. Sie ist sich später bloss bewusst geworden und hat sich auch von Fachleuten bestätigen lassen, dass das mit dem Betrieb der Anlage verbundene Risiko nach heutiger Anschauung gegenüber der Bevölkerung nicht mehr zu vertreten ist. Diesen Erkenntnissen entsprechend hat sie die Sicherheitsstandards neu definiert und die Konzession angepasst. Die damit verbundene Betriebseinschränkung geht somit auf einen Grund zurück, mit dem die Beschwerdegegnerin nicht rechnen musste und für den sie deshalb auch nicht einzustehen hat. Die Verwaltungsgerichtsbeschwerde erweist sich demnach als unbegründet und ist abzuweisen (BGer vom 28. Feb. 2007, 2A.504/2006, E. 2.5).

2748 – **Entzug eines bewilligten Personal Computers in Sicherheitshaft (siehe oben Rz. 2691):** X wurde am 3. Mai 2006 verhaftet. Seither hat er sich in Untersuchungs- und dann in Sicherheitshaft befunden; Letztere wurde vorläufig bis am 29. Okt. 2008 verlängert. Nach seinen Angaben besorgte ihm die Gefangenenbetreuung im Mai 2007 einen Personal Computer (PC), damit er sich in Informatik und in Psychologie weiterbilden konnte. Dabei wurde am PC die Ausrüstung für den drahtlosen Internetzugang (WLAN) entfernt und die betreffende Stelle plombiert. Am 7. Sept. 2007 verfügte die Justiz-, Polizei- und Militärdirektion des Kantons Basel-Landschaft, der PC von X werde aus der Zelle weggenommen und zu den deponierten Effekten gelegt. Die Behörde legte dabei dar, es sei in der Zwischenzeit die Weisung erlassen worden, dass in den Bezirks- bzw. Untersuchungsgefängnissen des Kantons Basel-Landschaft künftig generell keine privaten PCs mehr zugelassen seien. Deshalb könne auch das frühere Entgegenkommen gegenüber dem Betroffenen nicht aufrechterhalten werden. Das Bundesgericht erachtet diesen Widerruf auf Beschwerde hin als rechtsmässig. Erwägungen: Die bundesgerichtliche Rechtsprechung lässt es insbesondere bei Dauerrechtsverhältnissen grundsätzlich zu, Verwaltungsakte, die wegen wesentlicher Änderung der tatsächlichen oder rechtlichen Verhältnisse dem Gesetz nicht oder nicht mehr entsprechen, zu widerrufen. Nach den Grundsätzen der bundesgerichtlichen Rechtsprechung kann eine blosse Praxisänderung Anlass zur

Umgestaltung von dauernden Rechtsverhältnissen geben, falls besonders wichtige öffentliche Interessen wie Polizeigüter auf dem Spiel stehen (BGE 127 II 306 E. 7a). Der Umstand, dass der Private von der ihm durch die fragliche Verfügung eingeräumten Befugnis bereits Gebrauch gemacht hat, schliesst einen Widerruf nicht aus, wenn der Letztere durch ein besonders gewichtiges öffentliches Interesse geboten ist. Die kantonalen Behörden haben die technische Entwicklung im EDV-Bereich als Grund für ihre Praxisänderung angegeben. Die nötigen Kontrollen im Hinblick auf die immer kleiner und kompakter werdenden elektronischen Datenträger seien vom Aufsichtspersonal mit einem vernünftigen Aufwand nicht mehr zu bewerkstelligen. Dass gegenüber dem Beschwerdeführer ein Widerruf der Vergünstigung erforderlich sei, hat die kantonale Verwaltungsbehörde im bundesgerichtlichen Verfahren bekräftigt. Sie weist darauf hin, dass sich neu eintretende Häftlinge nur schlecht damit abfinden können, wegen einer Praxisänderung keinen eigenen PC mehr zu bekommen, während ein bisheriger Insasse noch über einen solchen verfügt. Dies belaste das Klima im Anstaltsbetrieb. Die hiervor wiedergegebenen Voraussetzungen an die Zulässigkeit einer Praxisänderung sind hier erfüllt. Dem steht nicht entgegen, dass die Verwaltungsbehörde ihre ehemals grosszügige Praxis nicht schon zu Beginn der technischen Entwicklung hin zu immer kleiner werdenden Datenträgern aufgegeben hat, sondern erst in einem späteren Zeitpunkt, als sich diese Technologien breit durchgesetzt haben. Im Hinblick auf die umstrittene Fragestellung liegt eine wesentliche Änderung der äusseren Verhältnisse vor. Der Beschwerdeführer hat von der früheren Praxis, wonach ihm ein eigener PC besorgt wurde, bereits Gebrauch gemacht. Dennoch überwiegen die auf dem Spiel stehenden öffentlichen Interessen sein privates Interesse am Erhalt der bestehenden Situation derart, dass der Widerruf der Vergünstigung vor der Verfassung standhält. Dabei gilt es weiter zu berücksichtigen, dass die kantonalen Behörden die Härte der angefochtenen Anordnung durch die Aufrechterhaltung der aufschiebenden Wirkung der kantonalen Rechtsmittelverfahren gemildert haben. Am 11. Jan. 2008 hat das Kantonsgericht den Beschwerdeführer darüber orientiert, dass die Urteilsberatung auf den 26. März 2008 angesetzt wurde. Da die Beschwerde im bundesgerichtlichen Verfahren in der Regel keine aufschiebende Wirkung hat, musste er sich darauf einstellen, dass er ab dem Zeitpunkt des kantonsgerichtlichen Urteils seinen PC je nach Ausgang des Verfahrens würde abgeben müssen. Insgesamt war die Frist, binnen derer die angefochtene Wegschliessung des PCs durchsetzbar wurde, genügend lang. Ein weiteres Andauern der bevorzugten Behandlung des Beschwerdeführers im Vergleich zu den Mitinsassen, die wegen der neuen Praxis von Anfang an keinen eigenen PC in der Zelle haben dürfen, ist verfassungsrechtlich nicht geboten (BGer vom 18. Aug. 2008, 1C_229/2008, E. 4.2-4.4).

- **Widerruf einer Baubewilligung:** Vorliegend wurde im Jahr 2000 aufgrund gewisser Unterlassung der Behörden eine Baubewilligung für den Betrieb eines Schweinestalles erteilt, obwohl die Mindestabstände zu den Wohnzonen erheblich unterschritten wurden. Verschiedene Nachbarn erhoben im Jahr 2004 Beschwerde. Das Verwaltungsgericht widerruft die Baubewilligung. Erwägungen: Beim umstrittenen Schweinestall handelt es sich um eine formell rechtmässig bewilligte, materiell aber rechtswidrige Baute. Es ist deshalb zu prüfen, ob die Wiederherstellung des rechtmässigen Zustands verlangt werden kann. Dabei sind die kantonalen Bestimmungen und die allgemeinen verfassungs- und verwaltungsrechtlichen Prinzipien des Bundesrechts zu berücksichtigen. Der Widerruf einer rechtskräftigen Verfügung ist in § 22 des Verwaltungsrechtspflegegesetzes (VRG) geregelt. Verfügungen und Entscheide können durch die zuständige Behörde oder die Aufsichtsbehörde abgeändert oder widerrufen werden, falls sich die Verhältnisse geändert haben oder wichtige öffentliche Interessen dies erfordern. Die kantonale Vorinstanz hatte in Anwendung von § 22 VRG die Baubewilligung nicht widerrufen. Gegen diesen Entscheid richten sich die zu behandelnden Beschwerden. Die rechtskräftige Baubewilligung hat gestaltende Wirkung. Sie begründet das Recht, den bewilligten Bau seinem Zweck entsprechend zu benutzen. Es ist abzuwägen, ob dem Postulat der richtigen Durchsetzung des Rechts, der Rechtssicherheit oder dem Vertrauensschutz der Vorzug zu geben ist. Voraussetzung des Widerrufs einer Baubewilligung ist eine allgemeine Interessenabwägung. Wenn trotz materieller Rechtskraft das Interesse an der richtigen Durchführung des objektiven Rechts das Interesse des Einzelnen an der Rechtssicherheit überwiegt, kann die Bewilligung widerrufen werden. Die Praxis verlangt eine schwere Verletzung eines besonders gewichtigen 2749 öffentlichen Interesses. Die allgemein im Verwaltungsrecht geltenden Regeln schliessen den Widerruf aus, wenn im Verfahren der Bewilligungserteilung alle auf dem Spiel stehenden Interessen umfassend ermittelt und geprüft worden sind. Das ist beim ordentlichen Bewilligungsverfahren der Fall. Indes wird ein Widerruf dennoch als zulässig erachtet, wenn eine schwere Verletzung eines besonders gewichtigen öffentlichen Interesses vorliegt. Im Weiteren ist der Widerruf ausgeschlossen, wenn von der durch die Bewilligung vermittelten Befugnis bereits Gebrauch gemacht worden ist. An die Widerrufbarkeit sind höhere Anforderungen zu stellen, je weiter ein Bauprojekt fortgeschritten oder die Baute realisiert sei. Der Widerruf einer Baubewilligung eines Bauherrn, der bereits gebaut hat, setzt voraus, dass überwiegende Interessen es gebieten. Es müssen mit der Nutzung der Baute derart schwerwiegende Nachteile verbunden sein, dass sie keinesfalls in Kauf genommen werden dürfen. Zudem müsse der Bauherr schadlos gehalten werden. Nach der bundesgerichtlichen Rechtsprechung kommt dem Postulat der Rechtssicherheit in der Regel dann der Vorrang zu, wenn durch die frühere Verfügung ein subjektives Recht begründet worden ist oder wenn die Verfügung in einem Verfahren ergangen ist, in welchem die sich gegenüberstehenden Interessen allseitig zu prüfen und gegeneinander abzuwägen waren, oder wenn der Private von einer ihm durch die fragliche Verfügung eingeräumten Befugnis (durch Tätigung von Investitionen) bereits Gebrauch gemacht hat. Diese Regel gilt allerdings nicht absolut; ein Widerruf kann auch in Frage kommen, wenn er durch ein besonders gewichtiges öffentliches Interesse geboten ist. Der Widerruf der Bewilligung kann aber unterbleiben, wenn die Abweichung vom Erlaubten nur unbedeutend ist oder der Abbruch nicht im öffentlichen Interesse liegt, ebenso wenn der Bauherr in gutem Glauben angenommen hat, er sei zur Bauausführung ermächtigt, und der Beibehaltung des ungesetzlichen Zustands nicht schwerwiegende öffentliche Interessen entgegenstehen. Im vorliegenden Fall hat der Bauherr in gutem Glauben angenommen, er sei zur Bauausführung ermächtigt. Er kann sich folglich auf den Gutglaubensschutz berufen. Die kantonale Bewilligungsbehörde hat es zu vertreten, dass zu Unrecht eine Bewilligung erteilt wurde. Ein besonders gewichtiges öffentliches Interesse wird verletzt, wenn das bewilligte Bauvorhaben nicht nur geringfügig von den gesetzlichen Vorschriften abweicht. Die zu berücksichtigenden öffentlichen Interessen sind im vorliegenden Fall vom Gesetzgeber im Umweltschutzgesetz definiert worden. Übermässig sind Geruchsimmissionen dann, wenn aufgrund einer Erhebung feststeht, dass sie einen wesentlichen Teil der Bevölkerung in ihrem Wohlbefinden erheblich stören (Art. 2 Abs. 5 lit. b LRV). Vorliegend ist ohne Weiteres ersichtlich, dass die Mindestabstände zu bewohnten Zonen erheblich unterschritten sind. Diese Mindestabstände dienen unter anderem zur Beantwortung der Frage, ob eine Tierhaltungsanlage übermässige Emissionen bewirkt. Dies ist zu erwarten, wenn der halbe Mindestabstand unterschritten wird. Von dieser Faustregel ist auszugehen, solange nicht aufgrund genauerer Abklärungen etwas anderes zu erwarten ist. Wird der Mindestabstand um mehr als 50 % unterschritten, so ist von übermässigen Immissionen auszugehen, was vorliegend der Fall ist. In diesem Fall erübrigt sich auch das Durchführen einer Geruchserhebung. Ferner ist das öffentliche Interesse am Widerruf der Bewilligung deshalb bedeutend, da die Realisierung der Ortsplanung in diesem Quartier auf dem Spiel steht. Wohnzonen werden wegen der Geruchsbelästigungen nicht überbaut werden können. Auch die Nachteile, die der Landwirt in Kauf nehmen muss, sind gemäss Gutachten gravierend. Die Stilllegungskosten machen gemäss Gutachten ca. Fr. 760'000.– aus. Dennoch fällt die Interessenabwägung zugunsten der öffentlichen Interessen aus. Die Baubewilligung ist daher zu widerrufen (VerwG SO vom 5. Jan. 2007, in: SOG 2007 Nr. 16 E. 3 und E. 4).

ccc) Eingehendes Ermittlungs- oder Einspracheverfahren

2750 Verfügungen, die auf einem eingehenden **Einsprache- oder Ermittlungsverfahren** beruhen, dessen Aufgabe in der allseitigen Prüfung der öffentlichen Interessen und ihrer Abwägung gegenüber den entgegengesetzten Privatinteressen besteht – wie das beispielsweise auf das Verfahren der Baubewilligung oder der Steuerveranlagung zutrifft –, sind nur bei Vorliegen gewichtiger öffentlicher Interessen abänderbar

(BGE 137 I 69 E. 2.3, 121 II 273 E. 1a/aa; BVGer vom 10. Mai 2011, A-3757/2010, E. 9.1; vom 2. Sept. 2010, A-2029/2010, E. 4.2; VerwG ZH vom 15. Juli 2010, VB.2010.00201, E. 4.2; vom 10. März 2010, PB.2009.00031, E. 3.5.2; VerwG SO vom 5. Jan. 2007, in: SOG 2007 Nr. 16 E. 3c; VerwG AG vom 13. Sept. 2006, in: AGVE 2006 S. 251 E. 3.4.2; Rekursgericht Ausländerrecht AG vom 28. März 2003, in: AGVE 2003 Nr. 107 E. 2d/aa).

Da **Steuerveranlagungen** in einem Verfahren ergehen, indem der Sachverhalt besonders eingehend untersucht wird, und da sie das Steuerrechtsverhältnis ähnlich einem Urteil für einen zeitlich abgeschlossenen und einmaligen Sachverhalt regeln, gelten sie nach Eintritt der Rechtskraft grundsätzlich als unabänderlich. Aus demselben Grund werden in der Praxis auch **Gebührenverfügungen** als grundsätzlich unwiderruflich angesehen, zumal dann, wenn die Abgaben bereits bezahlt sind (BGer vom 20. Sept. 2011, 2C_765/2010, E. 3.3; anders VerwG ZH vom 15. Juli 2010, VB.2010.00201, E. 4.2). Zumindest im Steuerrecht kann auf einen Veranlagungsentscheid daher nur ausnahmsweise zurückgekommen werden, wenn ein gesetzlicher Revisionsgrund erfüllt ist (BGE 121 II 273 E. 1a/bb) oder wenn der Fehler auf ein offensichtliches Versehen der Steuerbehörde zurückzuführen ist und vom Steuerpflichtigen ohne Weiteres hätte erkannt werden müssen (BGer vom 20. Sept. 2011, 2C_765/2010, E. 4.1). 2751

Praxis:

- **Antrag des Grundeigentümers auf Entlassung eines Schopfs aus der Schutzverfügung:** Der bestehende Schopf wurde 1960 mit einem Anbau erweitert, der ursprünglich als Schweinestall genutzt und 1992 zum Pferdestall umgebaut wurde. Die Schutzverfügung von 1986 nennt ohne weitere Präzisierungen lediglich den «Schopf», ohne zwischen den einzelnen Teilen des Schopfes zu differenzieren. Weder in dem mit Verfügung des Gemeinderats Kilchberg vom 9. Dez. 1986 abgeschlossenen Unterschutzstellungsverfahren noch im Gutachten der kantonalen Denkmalpflegekommission vom 11. Dez. 2002 ist dargelegt worden, weshalb auch der 1960 erstellte südliche Anbau des Schopfes – sei es als wichtiger Zeuge einer politischen, wirtschaftlichen, sozialen oder baukünstlerischen Epoche, sei es als Bestandteil des die Siedlung wesentlich mitprägenden Ensembles – schutzwürdig im Sinn von Art. 203 Abs. 1 lit. c des kantonalen Planungs- und Baugesetzes sein soll. Solche Gründe sind denn auch nicht ersichtlich. Dieser negative Schluss wird mittelbar durch die Umstände bestätigt, die nach dem Gesagten erhebliche Zweifel wecken, dass der Anbau überhaupt von der Schutzverfügung erfasst wird. Es ist demnach der Auffassung des Beschwerdeführers zuzustimmen, dass dieser Teil des Schopfes – sofern von dessen Unterschutzstellung ausgegangen wird – schon im damaligen Zeitpunkt nicht schutzwürdig war. Das lässt Raum für eine Interessenabwägung, wobei kein Fall vorliegt, bei welchem dem Postulat der Rechtssicherheit von vornherein erhöhtes Gewicht beizumessen wäre. Denn angesichts der erwähnten Umstände lässt sich bezüglich dieses Schopfteils gerade nicht sagen, dass im Unterschutzstellungsverfahren die gegenseitigen Interessen allseitig geprüft und abgewogen worden seien (VerwG ZH vom 13. Juli 2006, VB.2006.00151, E. 3.5). 2752
- **Widerruf einer ursprünglich falschen Berechnung der Kanalisationsanschlussgebühren (vgl. auch oben Rz. 2689):** Vorliegend stellte sich heraus, dass bei der Berechnung der Kanalisationsanschlussgebühren das falsche Reglement und bei jener der Wasseranschlussgebühren der Tarif falsch angewendet wurde. Die Einwohnergemeinde Oensingen verpflichtete daher die X AG am 27. Nov. 2008 zur Bezahlung von zusätzlichen Gebühren in der Höhe von Fr. 72'201.65 bzw. Fr. 38'400.05. Die Schätzungskommission des Kantons Solothurn hiess am 15. Dez. 2009 die dagegen gerichtete Beschwerde der X AG gut. Das Rechtsmittel, das die Einwohnergemeinde Oensingen gegen diesen Entscheid beim Verwaltungsgericht des Kantons 2753

Solothurn erhob, blieb ohne Erfolg. Das Bundesgericht weist die Beschwerde ab. Erwägungen: Vorliegend erfolgte die fehlerhafte Gebührenbestimmung, weil bei der Wasseranschlussgebühr das anwendbare Reglement falsch ausgelegt und der Tarif falsch angewendet sowie der Kanalisationsanschlussgebühr das falsche Reglement zugrunde gelegt worden war. Die Gebührenverfügungen litten damit bereits von Anfang an unter einem Mangel. Ein Widerruf scheidet aus, wenn das Interesse der Rechtssicherheit jenem an der richtigen Durchführung des Rechts vorgeht. So verhält es sich in der Regel, wenn eine Verfügung in einem Verfahren ergangen ist, in dem die sich gegenüberstehenden Interessen allseitig zu prüfen und gegeneinander abzuwägen waren oder wenn der Private von einer ihm durch die Verfügung eingeräumten Befugnis bereits Gebrauch gemacht hat. Da Steuerveranlagungen in einem Verfahren ergehen, in dem der Sachverhalt besonders eingehend untersucht wird und sie das Steuerrechtsverhältnis ähnlich einem Urteil für einen zeitlich abgeschlossenen und einmaligen Sachverhalt regeln, gelten sie nach Eintritt der Rechtskraft grundsätzlich als unabänderlich. Auf einen Veranlagungsentscheid kann daher nur ausnahmsweise zurückgekommen werden, wenn ein gesetzlicher Revisionsgrund erfüllt ist. Der Umstand, dass eine Veranlagung wegen unzutreffender Rechtsanwendung falsch vorgenommen wird, rechtfertigt deshalb keine Nachbesteuerung. Dementsprechend sieht Art. 151 Abs. 2 DBG vor, dass keine Nachsteuer erhoben werden kann, wenn der Steuerpflichtige in seiner Steuererklärung vollständige und genaue Angaben gemacht hat und die Steuerbehörden die Bewertung anerkannt haben, auch wenn die Veranlagung ungenügend ist. Neben den Steuerveranlagungen werden in der Praxis auch Gebührenverfügungen grundsätzlich als unwiderruflich angesehen, zumal dann, wenn die Abgaben bereits bezahlt sind. Tatsächlich ist die Festsetzung der fraglichen Anschlussgebühren in einem Verfahren ergangen, in dem die massgeblichen Faktoren in ähnlich eingehender Weise wie in einem Steuerveranlagungsverfahren ermittelt und geprüft wurden. Die Vorinstanz weist zu Recht auch darauf hin, dass sich das Vertrauen in die fehlerhafte Gebührenfestsetzung durch die Korrektur, welche die Beschwerdeführerin nach rund einem halben Jahr vornahm, die aber die Mängel nicht beseitigte, noch verstärkte. Es kommt hinzu, dass die Beschwerdegegnerin die Gebühren im Zeitpunkt der Nachforderung nach rund anderthalb Jahren längst bezahlt hatte und sie deshalb bei ihrer Finanzplanung nicht mit einer Nachforderung einer grösseren Summe rechnete. Jedenfalls ist es nicht willkürlich, wenn die Vorinstanz den Schutz des Vertrauens in die fehlerhaften Verfügungen als sehr hoch einstuft. Die Vorinstanz durfte demnach im Lichte der erwähnten Rechtsprechung in Steuersachen die nachträgliche Änderung der Gebührenverfügungen ohne Weiteres als unzulässig erklären (BGer vom 20. Sept. 2011, 2C_765/2010, E. 3 und E. 4).

2754 – **Widerruf einer ursprünglich falschen Berechnung von Wasseranschlussgebühren:** Vorliegend ist unbestritten, dass die beiden Verfügungen vom 7. Mai 2007 und vom 9. Okt. 2007 formell rechtskräftig sind. Sie sind jedoch ursprünglich fehlerhaft, da die Gemeinde (Beschwerdeführerin) bei der Berechnung der Anschlussgebühren irrtümlich die nicht mehr in Kraft stehende GebührenV 1987 anwandte und einen Rabatt von 30 % gewährte, statt die geltende GebührenV 2002 anzuwenden, welche einen solchen Rabatt nicht mehr vorsieht. Mit den Verfügungen vom 27. Mai 2009 hat die Beschwerdeführerin die Verfügungen vom 7. Mai 2007 und 9. Okt. 2007 widerrufen bzw. zurückgenommen und die Anschlussgebühren neu ohne Gewährung eines Rabatts festgesetzt. Regelt das Gesetz die Voraussetzungen des Widerrufs nicht ausdrücklich, kann nach der bundesgerichtlichen Rechtsprechung eine materiell unrichtige Verfügung unter bestimmten Voraussetzungen widerrufen werden. Hierzu sind das Interesse an der richtigen Durchsetzung des objektiven Rechts und dasjenige an der Wahrung der Rechtssicherheit bzw. am Vertrauensschutz gegeneinander abzuwägen. In der Regel geht das Postulat der Rechtssicherheit und des Vertrauensschutzes dem Interesse an der Durchsetzung des objektiven Rechts vor und ist ein Widerruf nicht zulässig, wenn durch die Verwaltungsverfügung ein subjektives Recht begründet worden oder die Verfügung in einem Verfahren ergangen ist, in dem die sich gegenüberstehenden Interessen allseitig zu prüfen und gegeneinander abzuwägen waren, oder wenn der Private von einer ihm durch die Verfügung eingeräumten Befugnis bereits Gebrauch gemacht hat. Diese Regel gilt allerdings nicht absolut; auch in diesen drei Fällen kann ein Widerruf infrage kommen, wenn er durch ein besonders gewichtiges öffentliches Interesse geboten ist. Offensichtlich unzutreffend ist die Auffassung der Beschwerdegegnerin, formell rechtskräftige Gebührenverfügungen dürften generell nicht zurückgenommen und zuungunsten der Pflichtigen richtiggestellt werden, da sie Steuerverfügungen gleichzusetzen seien. Sie verkennt dabei, dass das Steuerrecht regelmässig detaillierte Regeln für den Widerruf von Steuerverfügungen kennt, während vorliegend ebensolche Regeln fehlen. Das Verwaltungsgericht hat bereits in einem Entscheid vom 27. Feb. 2007 (VB.2006.00514) die Rücknahme und Richtigstellung einer formell rechtskräftigen Verfügung über Anschlussgebühren zulasten der Abgabepflichtigen zugelassen. Es besteht kein Anlass, von dieser Praxis in dem Sinn abzuweichen, dass die Änderung von formell rechtskräftigen Verfügungen zuungunsten der Pflichtigen mit Verweis auf das Steuerrecht generell nicht mehr oder nur unter einschränkenden Voraussetzungen als zulässig erachtet wird. Zu prüfen ist, ob der Vertrauensschutz der Rücknahme und Richtigstellung der Gebührenverfügungen vom 7. Mai 2007 und 9. Okt. 2007 entgegensteht. Vorliegend fällt die Interessenabwägung zugunsten der Gemeinde aus. Die Beschwerdeführerin hat neben dem finanziellen Interesse ein Interesse an der Wahrung der Rechtsgleichheit und an der richtigen Durchsetzung des objektiven Rechts. Die Beschwerdegegnerin kann hingegen nur ein geringes finanzielles Interesse ins Feld führen, belaufen sich doch die nachträglich eingeforderten Differenzbeträge auf deutlich unter 1 % der Bausumme. Das öffentliche Interesse an der Rücknahme der Verfügungen vom 7. Mai 2007 und 9. Okt. 2007 übersteigt demzufolge das private Interesse an deren Bestand deutlich (VerwG ZH vom 15. Juli 2010, VB.2010.00201, E. 4.2).

ddd) Privatrechtsgestaltende Verfügungen

Privatrechtsgestaltende Verfügungen zeichnen sich dadurch aus, dass die (öffentlich-rechtliche) Anordnung Grundlage für das nach Zivilrecht zu erfolgende Rechtsgeschäft bildet und die Zivilgerichte daran gebunden sind, sodass diese grundsätzlich nicht mehr widerrufen werden kann, wenn das privatrechtliche Rechtsgeschäft bereits vollzogen ist (BGE 137 II 182 E. 3.7.4.2). Typische Beispiele, die in der Lehre häufig genannt werden, sind die Zuschlagsverfügung im öffentlichen Beschaffungswesen als Voraussetzung für den Vertragsabschluss, die behördliche Erlaubnis für den Erwerb eines landwirtschaftlichen Grundstücks, die Bewilligung für den Erwerb eines Grundstücks durch Personen im Ausland oder die Anordnung von Interkonnektionsbedingungen, falls sich die beteiligten Unternehmen nicht innert drei Monaten einigen können. Stellt die WEKO ein wettbewerbswidriges Verhalten i.S.v. Art. 7 KG fest, erlässt sie hingegen keine privatrechtsgestaltende Verfügung, sondern verpflichtet die marktbeherrschende Anbieterin unter Androhung von Sanktionen zu wettbewerbskonformem Verhalten (BVGE 2010/19 E. 9.3.3.2). 2755

Liegt ein **Dauerrechtsverhältnis** vor, ist hingegen nicht ausgeschlossen, dass die Verwaltungsbehörde eine Änderung des privatrechtlichen Vertrags anstrebt und den ursprünglichen Verwaltungsakt ändert, sodass der (privatrechtliche) Vertrag mit einem neuen, von den Verwaltungsbehörden festgelegten Inhalt geschlossen werden muss. Es muss zulässig sein, dass die Behörde nach den allgemeinen Regeln über den Widerruf bzw. die Anpassung fehlerhafter Verfügungen auf die ursprünglich verfügte Vertragsgenehmigung zurückkommt, wenn sich erweist, dass mit dem früher genehmigten Vertrag die Verpflichtung (in casu Bewirtschaftungsverpflichtung) nicht aufrechterhalten bleiben kann (BGE 130 II 290 E. 2.6). 2756

Praxis:

- **Hotelmässige Bewirtschaftung:** Mit Verfügung vom 24. Jan. 1980 erteilte das Grundbuchinspektorat Graubünden der Firma Z die Bewilligung, Eigentumswohnungen an Personen im 2757

Ausland zu veräussern, wobei an die zu erteilenden Einzelbewilligungen nebst der Auflage eines fünfjährigen Veräusserungsverbotes zusätzlich jene der hotelmässigen Bewirtschaftung geknüpft wurde. In der Folge schlossen die Eigentümer der einzelnen Stockwerkeigentumseinheiten mit der Hotelbetriebsgesellschaft einen Mietvertrag, worin sie sich verpflichteten, das Appartement mindestens sechs Monate pro Jahr zur hotelmässigen Weitervermietung zur Verfügung zu stellen. Per 1. Dez. 2002 verkaufte die damalige Betreibergesellschaft das Sonderrecht an den Restaurations- und Hotelbetriebsräumen sowie 5 Wohnungen an die X AG. In der Folge teilte die X AG den vermietungspflichtigen Stockwerkeigentümern mit, der alte Mietvertrag sei nicht mehr in Kraft, bot ihnen aber den Abschluss eines neuen Mietvertrags mit geänderten Konditionen an. Die Stockwerkeigentümer lehnten die vorgeschlagenen Änderungen ab. Die meisten von ihnen kündigten ihrerseits den bestehenden Mietvertrag per 30. Okt. 2003, da die X AG den Mietzins gemäss früherem Vertrag nicht bezahlt hatte. Mit Gesuch vom 3. Juli 2003 beantragte die X AG dem Grundbuchinspektorat Graubünden, die vermietungspflichtigen Stockwerkeigentümer seien zu mahnen, mit ihr einen wirtschaftlich tragbaren Mietvertrag abzuschliessen, was das Grundbuchinspektorat im Wesentlichen ablehnte und die X AG an den Zivilrichter verwies. Das Bundesgericht heisst eine Beschwerde der X AG gut. Erwägungen: Um die Benutzung als Aparthotel dauerhaft aufrechtzuerhalten, auferlegt die Gesetzgebung dem Bewirtschafter die Pflicht zur Bewirtschaftung und dem Eigentümer die Pflicht, seine Wohnung zu diesem Zweck zur Verfügung zu stellen. Diese Verpflichtung ist öffentlich-rechtlich und gilt dauerhaft, vorbehaltlich eines allfälligen Widerrufs der Auflage. Sie kann durch privatrechtliche Vereinbarungen nicht wegbedungen werden. Um der Bewirtschaftungspflicht nachkommen zu können, muss der Betreiber des Aparthotels mit den Wohnungseigentümern einen Bewirtschaftungs- oder Mietvertrag abschliessen. Dieser Mietvertrag ist grundsätzlich privatrechtlicher Natur. Da er aber der Umsetzung der öffentlich-rechtlichen Auflage dient, ist in der Grundsatzbewilligung der Mustermietvertrag als verbindlich und seine Aufhebung und Abänderung als zustimmungsbedürftig erklärt worden. Damit ist öffentlichrechtlich sichergestellt, dass der ursprünglich genehmigte Mietvertrag eingehalten wird. Der Inhalt der vorliegend streitigen Mietverträge entspricht somit nicht ausschliesslich der privatautonomen Willenseinigung der Parteien, sondern ist öffentlich-rechtlich durch eine behördliche Verfügung genehmigt worden, die insoweit eine privatrechtsgestaltende Verfügung darstellt. Dies ist kein unzulässiger behördlicher Übergriff in das Privatrecht bzw. in die Privatautonomie, sondern eine Voraussetzung dafür, dass die öffentlich-rechtlich vorgeschriebene Bewilligung erteilt werden konnte. Es muss daher auch zulässig sein, dass die Behörde nach den allgemeinen Regeln über den Widerruf bzw. die Anpassung fehlerhafter Verfügungen auf diese ursprünglich verfügte Vertragsgenehmigung zurückkommt, wenn sich erweist, dass mit dem früher genehmigten Vertrag die Bewirtschaftungsverpflichtung nicht aufrechterhalten bleiben kann. Zwar ist grundsätzlich der Widerruf einer privatrechtsgestaltenden Verfügung nicht mehr möglich, wenn das zustimmungsbedürftige privatrechtliche Rechtsgeschäft vollzogen ist. Dies gilt aber nur für Verfügungen, die einen einmaligen Rechtsakt betreffen. Der hier zur Diskussion stehende Zustimmungsvorbehalt für den Inhalt des Mietvertrags betrifft indessen nicht bloss den einmaligen Akt des Erwerbs, sondern dient der dauerhaften Sicherung der Bewirtschaftungsverpflichtung. Er hat den Charakter eines verwaltungsrechtlichen Dauerrechtsverhältnisses. Es ist daher nicht ausgeschlossen, dass die Verwaltungsbehörde während der Dauer dieses Verhältnisses eine Vertragsänderung anordnet bzw. die Auflage in der ursprünglichen Bewilligung dahin ändert, dass ein Vertrag mit einem neuen, von den Verwaltungsbehörden festgelegten Inhalt geschlossen werden muss. Die Bewilligungsinhaber sind dann unter Androhung des Widerrufs zu ermahnen, diese (geänderte) Auflage einzuhalten, d.h. den geänderten Vertrag gemäss behördlich festgelegtem Inhalt abzuschliessen (oder andernfalls die Wohnung zu verkaufen). Vorliegend erscheint aufgrund der Akten glaubhaft, dass mit den Konditionen der bisherigen Mietverträge ein wirtschaftlich tragbarer Hotelbetrieb nicht möglich ist; der angefochtene Entscheid ist daher aufzuheben und die Sache an das Grundbuchinspektorat zurückzuweisen. Dieses wird zu prüfen haben, ob eine Anpassung der Mietverträge erforderlich ist, um den Hotelbetrieb wirtschaftlich tragbar zu gestalten. Dabei wird es auch zu prüfen haben, ob diese Änderung rückwirkend angeordnet werden muss. Bejahendenfalls wird es zu prüfen haben, ob diese Anpassungen den Wohnungseigentümern zumutbar sind. Wird auch dies bejaht, so sind die Bewilligungsauflagen entsprechend zu ändern und die Wohnungseigentümer unter Androhung des Widerrufs zu ermahnen, den Mietvertrag gemäss dem behördlich neu festgelegten Inhalt abzuschliessen. Andernfalls ist eine Aufhebung der Bewirtschaftungspflicht ins Auge zu fassen (BGE 130 II 290 E. 2).

7. Bemerkungen

1. Die **Verfügung** als individueller, an den Einzelnen gerichteter (einseitiger) Hoheitsakt legt ein verwaltungsrechtliches Rechtsverhältnis für die Beteiligten verbindlich und erzwingbar fest und bildet insoweit ein Institut des materiellen Verwaltungsrechts. Als Anfechtungsgegenstand und Sachentscheidvoraussetzung ist sie zugleich ein Institut des Verwaltungsprozessrechts, das den Zugang zum Rechtsmittelverfahren regelt (VerwG ZH vom 11. Mai 2005, PB.2005.00002, E. 4.2). Massgebend ist, ob die **typischen inhaltlichen Strukturelemente** einer Verfügung vorliegen (sog. «materieller Verfügungsbegriff»). Ein Akt wird nicht allein deswegen zu einer Verfügung (oder zu einem Erlass), weil er als solcher bezeichnet wird oder deren Formvoraussetzungen einhält (BVGer vom 14. April 2009, A-1543/2006, E. 6.1.2). Entsprechend werden Reglemente oder Verordnungen, welche die in den einzelnen Zonen zulässige Nutzung näher definieren, vom Bundesgericht wegen der Konkretheit der Regelung sowie des engen Bezugs zum Nutzungsplan als Verfügungen betrachtet (BGE 135 II 328 E. 2.2 [Verordnung über die Ferienhäuser am Ufer des Neuenburgersees]; BGer vom 12. Nov. 2002, 1A.143/2002, E. 1.2 [Verordnung zum Schutz des Pfäffikerseegebietes]; vom 29. Nov. 1994, 1A.42/1994, E. 1 [Luzerner Moorschutzverordnung für die Moorgebiete Mettilimoos, Nesslebrunne, Geuggelmoos und Fuchseremoos in Finsterwald, Gemeinde Entlebuch]). 2758

2. Über die typischen Elemente hinaus stellt die Praxis auch auf **Hilfskriterien** wie insbesondere das **Rechtsschutzinteresse** ab, um auf das Vorliegen einer Verfügung zu schliessen (vgl. insb. BGE 133 II 450 E. 2.1 [Talibanverordnung], 132 I 229 E. 4.4 [Vermögenssperre], 126 I 250 E. 2d, 126 II 300 E. 1a [Weisungen betr. das Schiessen am Banntag]), wobei das Rechtsschutzinteresse lediglich ein im Interpretationsfall beizuziehendes Grundmotiv derselben sein sollte (vgl. KÖLZ/BOSSHART/RÖHL, Vorbemerkungen zu §§ 4-31, Rz. 19). Auch das Kriterium, ob sich die betreffende Anordnung **unmittelbar vollziehen** lässt, ist lediglich ein Indiz, welches auf das Vorliegen einer Verfügung schliessen lässt. Lehre und Rechtsprechung nehmen weiter an, dass bei **schwerwiegenden Nachteilen** für die Betroffenen die Anfechtbarkeit eines Aktes selbst dann zu bejahen ist, wenn dieser nicht sämtliche Merkmale einer Verfügung erfüllt, sondern einzelne wie etwa jenes der rechtsverbindlichen Wirkung fehlen (VerwG ZH vom 5. Okt. 2005, VB.2005.00258, E. 2.4). 2759

3. Verfügungen ergehen von staatlichen Organen oder Behörden in Ausübung **hoheitlicher Funktion**. Hoheitliche Tätigkeit liegt vor, wenn ein Rechtsverhältnis **einseitig** – im Gegensatz zum Vertrag – geregelt wird und demnach das Gemeinwesen dem Privaten gegenüber übergeordnet auftritt, sodass dieser den Inhalt des Rechtsverhältnisses nicht beeinflussen kann und dieses – Rechtsweg ausgenommen – zu akzeptieren hat, unabhängig davon, ob dieser damit einverstanden ist oder nicht (BGE 109 Ib 146 E. 2e; BGer vom 19. Feb. 2002, 4C.326/2001, E. 2b). 2760

2761 4. Allerdings lassen sich längst nicht alle **Rechtsakte eindeutig einem (zweiseitigen) Vertrag oder einer (einseitigen) Verfügung** zuordnen. Zu denken ist nebst der mitwirkungsbedürftigen Verfügung an Kombinationen zwischen Verfügung und verwaltungsrechtlichem Vertrag bei Erschliessungsvereinbarungen, an ergänzende Parteivereinbarungen im Rahmen von Anstellungsverhältnissen, die durch eine mitwirkungsbedürftige Verfügung begründet werden, an ein Bündel von Verfügungen (BVGer vom 2. April 2012, C-5301/2010, E. 3.2.6 [Spitalliste]), an generell-abstrakte Anordnungen, die in die jeweiligen Konzessionen integriert werden (BVGer vom 14. April 2009, A-1543/2006, E. 6.1.2 [Spielbankenkonzession]), an Doppelanordnungen, die sowohl generell-abstrakte als auch individuell-konkrete Elemente beinhalten, oder an gemischte Rechtsakte wie Konzessionen, die häufig einen nicht dispositiven Verfügungs- und einen dispositiven Vertragsteil aufweisen.

2762 5. Zu den **Behörden**, welche Verfügungen zu erlassen befugt sind, gehören auch **private** oder **dezentralisierte Verwaltungsträger**, wenn sie in gesetzmässiger Weise damit betraut sind, Verwaltungsaufgaben zu erfüllen und ein Rechtsverhältnis einseitig zu regeln («**materieller Behördenbegriff**»; vgl. BGE 135 II 38 E. 4.4, 121 II 454 E. 2b; BGer vom 15. April 2009, 2C_715/2008, E. 3; BVGE 2009/43 E. 1.1.4). Die Befugnis eines privaten oder dezentralen Verwaltungsträgers, hoheitlich zu handeln, reicht soweit, als für die Übertragung der Aufgabe eine gesetzliche Grundlage vorliegt und diese die Berechtigung zu einseitiger verbindlicher Regelung allfälliger Rechtsverhältnisse mit enthält (BGer vom 15. April 2009, 2C_715/2008, E. 3.2). Demnach schliesst die Verwaltungsbefugnis bzw. die Befugnis, als Behörde zu handeln, die Verfügungsbefugnis bzw. die Befugnis, hoheitlich zu handeln, nicht vorbehaltlos ein; sie entfällt ferner dann, wenn das Gesetz andere verwaltungsrechtliche Handlungsformen vorschreibt (namentlich die Form des verwaltungsrechtlichen Vertrages) oder wenn das Rechtsverhältnis unter das Zivilrecht fällt (BVGer vom 10. Juni 2009, A-8222/2008, E. 1.2).

2763 6. Die **Verfügung als Einzelakt** richtet sich an einen Einzelnen oder an eine bestimmte Anzahl von Adressaten («individuell») und enthält eine verbindliche Anordnung, durch die eine konkrete Rechtsbeziehung («konkret») rechtsbegründend, -aufhebend, -gestaltend oder -feststellend geregelt wird (BGE 135 II 38 E. 4.3, 131 II 13 E. 2.2, 125 I 313 E. 2a, 121 II 473 E. 2a). Ein Einzelakt lässt sich dadurch charakterisieren, dass er dermassen spezifiziert und typisiert ist, dass er sich unmittelbar vollziehen lässt (BGE 134 II 272 E. 3.2, 125 I 313 E. 2a; VerwG ZH vom 26. Aug. 2010, VB.2010.00232, E. 3.3.2). Mit einer Verfügung wird ein konkretes Rechtsverhältnis im Sinne eines bestimmten, räumlich und zeitlich abgegrenzten Lebenssachverhalts verbindlich geregelt (BGE 125 I 313 E. 2a, 121 II 473 E. 2a). Unter Berücksichtigung der **Allgemeinverfügung**, das heisst von Anordnungen, die sich zwar an unbestimmt viele Personen wenden (generell), aber einen konkreten Sachverhalt (konkret) betreffen, liegt der entscheidende Unterschied zwischen Einzelakt und Rechtssatz in der Qualifikation als «konkret» bzw. «abstrakt» und daher bei der Bestimmtheit des Anordnungsobjekts und weniger in derjenigen als «individuell» bzw. «generell» (BVGer vom 14. April 2009, A-1543/2006, E. 4.1-4.4).

2764 7. Mit einer **Verfügung** wird ein verwaltungsrechtliches Rechtsverhältnis, das **Rechtswirkungen nach aussen** zeitigt, festgelegt; entscheidend ist, ob das Handlungsziel der Behörden die ausdrückliche und verbindliche Gestaltung der Rechtsstellung des Betroffenen ist, indem sie bewusst Rechte und Pflichten begründen (BVGer vom 9. Sept. 2010, A-6805/2009, E. 2) oder ob die Behörden auf einen **tatsächlichen Erfolg abzielen (Realakte)** oder lediglich **behördeninterne (verbindliche) Anordnungen** erlassen (BVGer vom 9. Sept. 2010, A-6805/2009, E. 2; vom 10. Juni 2009, A-8222/2008, E. 1.2.2). **Realakten** können einerseits einer Verfügung vor- oder nachgeschaltet sein (verfügungsbezogene Realakte) und andererseits ähnliche Rechtswirkungen wie eine Verfügung aufweisen (verfügungsvertretende Realakte). **Interne (individuell-konkrete) Anordnungen** sind ausnahmsweise aussenwirksam, wenn sie beispielsweise im öffentlichen Dienstrecht auch das Grundverhältnis betreffen oder sonst wie auf die Rechtsstellung des Betroffenen einwirken.

8. Abzugrenzen sind Verfügungen von behördlichen **Mahnungen, Belehrungen,** 2765
Verweisen, Verwarnungen oder Androhungen. Derartige Anordnungen sind einer Verfügung gleichzustellen, wenn diese rechtliche Folgen zeitigen, Sanktionscharakter aufweisen, die Rechtsstellung der Betroffenen verschlechtern, den Vorwurf rechtswidrigen Verhaltens in sich schliessen, notwendige Voraussetzung für spätere, schärfere Massnahmen bilden oder sonst wie konkrete Handlungsanweisungen beinhalten (BGE 125 I 119 E. 2a; BGer vom 18. Juni 2011, 2C_737/2010, E. 4.2). Hingegen werden mit **behördlichen Auskünften**, Zusicherungen, Empfehlungen, Stellungnahmen, Vernehmlassungen, Expertisen, Belehrungen oder Mitteilungen (auch: informales Verwaltungshandeln) üblicherweise keine Rechtsfolgen verbindlich festgelegt (BGE 121 II 473 E. 2c, 116 Ib 260 E. 1; BGer vom 12. Aug. 2003, 5P.199/2003, E. 1.1; BVGer vom 29. Sept. 2009, C-5058/2007, E. 1.1.1).

9. **Feststellungsverfügung:** Nach der Rechtsprechung ist der Erlass einer Feststel- 2766
lungsverfügung zulässig, wenn ein **schutzwürdiges**, mithin rechtliches oder tatsächliches und aktuelles **Interesse** an der sofortigen Feststellung des Bestehens oder Nichtbestehens eines Rechtsverhältnisses nachgewiesen ist, das Feststellungsbegehren konkrete Rechte oder Pflichten zum Gegenstand hat, dem keine erheblichen öffentlichen oder privaten Interessen entgegenstehen, und welches nicht durch eine rechtsgestaltende Verfügung gewahrt werden kann (BGE 137 II 199 E. 6.5, 135 II 60 E. 3.3.2, 132 V 166 E. 7). Praktisch im Vordergrund steht das Interesse, dank der vorzeitigen Rechtsklärung das **Risiko nachteiliger Dispositionen** zu vermeiden: Das Rechtsschutzinteresse besteht insbesondere darin, dass ein Nachteil abgewendet werden kann, wenn die Feststellungsverfügung erlassen wird bzw. der Private bei Verweigerung der nachgesuchten Feststellungsverfügung Gefahr laufen würde, Massnahmen zu treffen oder zu unterlassen, aus denen ihm konkrete, unzumutbare Nachteile entstehen könnten (BGE 112 V 81 E. 2a; BGer vom 6. Juli 2011, 2C_739/2010, E. 3.2; BVGE 2009/43 E. 1.1.10).

10. Weiter hat sich das Feststellungsinteresse stets auf **konkrete**, sich aus einem hin- 2767
reichend festgelegten Sachverhalt ergebenden **Rechte und Pflichten** zu beziehen (BGE 130 V 388 E. 2.4; BVGer vom 14. Juli 2010, B-3608/2009, E. 2.2.1). Es hat nicht nur theoretische bzw. abstrakte Rechtsfragen oder bloss tatbeständliche Feststellungen bzw. Sachverhaltsfragen zum Inhalt zu haben (BGE 137 II 199 E. 6.5, 135 II 60 E. 3.3.3, 131 II 13 E. 2.2, 130 V 388 E. 2.5). Künftige öffentlich-rechtliche Rechte und Pflichten können dann Gegenstand einer Feststellungsverfügung bilden, wenn diese im Zeitpunkt des Feststellungsbegehrens schon hinreichend bestimmt bzw. bestimmbar sind (BGE 135 II 60 E. 3.3, 126 II 514 E. 3, 121 II 473 E. 2d). Auch

gilt es als zulässig, mit einer Feststellungsverfügung gewisse grundlegende Rechtsfragen vorweg zu lösen, wenn daran erhebliche materiell-rechtliche oder prozessuale Folgen geknüpft sind, um damit auf die Einleitung eines unter Umständen aufwendigen Verfahrens zumindest vorläufig zu verzichten (BGE 135 II 60 E. 3.3.3; BGer vom 6. Juli 2011, 2C_739/2010, E. 3.2; vom 22. Aug. 2007, 1C_6/2007, E. 3.4). Nicht zulässig ist hingegen, mittels einer Feststellungsverfügung implizit eine abstrakte Normenkontrolle einzuführen, Rechtsgutachten zu erstatten, Grundsatzentscheide zu fällen oder generelle Beanstandungen an behördliches Verhalten zu klären, die im Rahmen einer Aufsichtsbeschwerde vorzubringen sind.

2768 11. **Mitwirkungsbedürftige Verfügung:** Eine mitwirkungsbedürftige Verfügung beinhaltet nebst autoritativ hoheitlich anzuordnenden Aspekten auch **Verhandlungselemente** (BVGer vom 2. März 2009, A-6827/2008, E. 1.3.2; RR OW vom 11. Dez. 2007, in: VVGE 2008/09 Nr. 13 E. 3.1). Je nachdem, welche Elemente überwiegen und je nach dem Handlungsspielraum, welcher die gesetzliche Grundlage den Verwaltungsbehörden belässt, liegt eher eine Verfügung, andernfalls ein verwaltungsrechtlicher Vertrag oder ein gemischter Rechtsakt wie bei der Erteilung einer Konzession vor. Allenfalls sind die Verwaltungsbehörden je nach Ausgestaltung der gesetzlichen Grundlage befugt, zumindest die wesentlichen Bestandteile des Rechtsverhältnisses in Form einer Verfügung festzulegen, wenn über die mittels Vertrag aushandelbaren Aspekte keine Einigung erzielt wird (VerwG ZH vom 7. Feb. 2006, VB.2005.00279, E. 5.2 [Konzessionsverhältnis]).

2769 12. Die Übergänge zwischen **mitwirkungsbedürftiger Verfügung** und **verwaltungsrechtlichem Vertrag** sind fliessend: Besteht bezüglich der inhaltlichen Ausgestaltung ein erheblicher (potenzieller) Spielraum, der nicht durch Regelungen (z.B. Anstellungs- oder Besoldungsvorschriften) eingeengt wird, können wesentliche Punkte des Inhaltes von den Parteien verhältnismässig frei gestaltet werden, so ist von einem verwaltungsrechtlichen Vertrag auszugehen, andernfalls liegt eine (mitwirkungsbedürftige) Verfügung oder ein gemischter Rechtsakt vor (VerwG ZH vom 12. Aug. 2005, PB.2005.00018, E. 6.1 [Anstellungsvertrag]). Entsprechend wird je nach Ausgestaltung der kantonalen oder kommunalen Rechtsordnung ein öffentlichrechtliches Dienstverhältnis durch verwaltungs- oder privatrechtlichen Vertrag, durch Verfügung, durch die Verfügung lediglich ergänzende Parteivereinbarungen oder durch mitwirkungsbedürftige Verfügung begründet (BGer vom 20. Sept. 2005, 2P.56/2005, E. 3.4.2; vom 10. April 2001, 1P.299/2000, E. 3c; VerwG AR vom 30. Mai 2001, in: GVP 2001 S. 35 E. 3). Welche Punkte als wesentlich zu betrachten sind, lässt sich abstrakt nicht feststellen, sondern ergibt sich je nach zu beurteilender Angelegenheit. Für das Anstellungsverhältnis beispielsweise sind wesentliche Elemente der Lohn, die Arbeitszeit, die Ferien oder die Kündigungsbedingungen (vgl. VerwG ZH vom 14. Aug. 2002, in: ZBl 2003 S. 428 E. 2c/dd).

2770 13. **Vollstreckungsverfügung:** Vollstreckungsverfügungen sind Verfügungen, mit denen ein früherer, rechtskräftiger Entscheid vollzogen oder bestätigt wird (BGer vom 28. Nov. 2008, 8C_300/2008, E. 3). Als Vollstreckungsverfügung gelten dabei in der Regel die Bekanntgabe der **Vollstreckungsmodalitäten** sowie die **Androhung der Vollstreckung** unter Ansetzung einer letzten **Erfüllungsfrist**. Dabei hat die Vollstreckungsverfügung nicht zwingend gesondert zu ergehen, sondern lässt sich auch mit der Sachverfügung verbinden (sog. **unselbstständige Vollstreckungsver-**

fügungen; vgl. BGer vom 25. Aug. 2005, 2A.313/2005, E. 3.3 [Vollzug der Ausweisung]; BVGer vom 21. Sept. 2010, C-352/2008, E. 10.2 [Anordnung einer ausländerrechtlichen Wegweisung]). Immerhin muss mindestens einmal – ob als selbstständige oder als unselbstständige Verfügung – verbindlich festgelegt werden, wie die in der Sachverfügung begründeten Pflichten, zu welchem Zeitpunkt und zu welchen (ungefähren) Kosten durchgesetzt werden (VerwG BE vom 16. Dez. 2008, in: BVR 2009 S. 557 E. 1.2 [Zwangsvollstreckung]).

14. Die **Vollstreckungsverfügung** setzt eine **vollstreckungsfähige Sachverfügung** 2771
voraus, d.h. eine Verfügung, die inhaltlich derart bestimmt ist, dass der Adressat dieser klar entnehmen kann, was er zu tun hat, ansonsten eine neue Sachverfügung zu ergehen hat (BGer vom 7. Juni 2007, 2A.711/2006, E. 3). Entsprechend kann umstritten sein, ob lediglich eine Betätigungsverfügung, eine Vollstreckungsverfügung (mit Regelung der Vollstreckungsmodalitäten) oder gar eine (neue) Sachverfügung vorliegt, die (vollumfänglich) anfechtbar wäre (vgl. BGer vom 7. Juni 2007, 2A.711/2006, E. 2). Die **Vollstreckung** vollzieht sich **in mehreren Schritten** und es ergehen im Rahmen eines Vollstreckungsverfahrens eine Reihe staatlicher Anordnungen, die nur teilweise Verfügungsqualität aufweisen. Üblicherweise gilt als Verfügung nur die Bekanntgabe der Vollstreckungsmodalitäten samt Androhung der Vollstreckung unter Ansetzung einer letzten Erfüllungsfrist (= Vollstreckungsverfügung). Hingegen stellt die Vollstreckung selbst bzw. die Anwendung des Zwangsmittels einen Realakt dar.

15. **Vollstreckungsverfügungen** sind nur soweit **anfechtbar**, als die gerügte 2772
Rechtswidrigkeit in der Vollstreckungsverfügung selbst begründet ist (BGer vom 5. Sept. 2011, 1C_200/2011, E. 2.1; vom 13. Jan. 2010, 1C_539/2009, E. 4; vom 8. Dez. 2009, 1C_399/2009, E. 1.5), die Rüge also gegenüber der Sachverfügung etwas Neues beinhaltet (zu hohe Kosten, ungeeignete Mittel, falscher Zeitpunkt, unangemessene Fristansetzung usw.; vgl. VerwG GR vom 25. Jan. 2008, in: PVG 2008 Nr. 30 E. 2b). Mit Beschwerde gegen eine Vollstreckungsverfügung kann ferner geltend gemacht werden, die der Vollstreckungsverfügung zugrunde liegende Sachverfügung sei nachträglich ungültig oder gegenstandslos geworden, verstosse gegen unverzichtbare und unverjährbare Grundrechte, sei nichtig oder sei sonst wie dahingefallen (BGE 129 I 410 E. 1.1, 119 Ib 492 E. 3c/cc, 118 Ia 209 E. 2c; BGer vom 5. Sept. 2011, 1C_200/2011, E. 2.1; vom 13. Jan. 2010, 1C_539/2009, E. 4; vom 8. Dez. 2009, 1C_399/2009, E. 1.5; VerwG ZH vom 17. Dez. 2003, VB.2003.00337, E. 2.1).

16. **Nebenbestimmungen:** Mit Nebenbestimmungen wie Auflagen, Bedingungen 2773
oder Befristungen werden die rechtmässige Ausübung eines eingeräumten Rechts oder einer Bewilligung oder die zweckkonforme Verwendung von staatlichen Leistungen sichergestellt und die Verfügung entsprechend den konkreten Umständen und Verhältnissen näher ausgestaltet, um den Besonderheiten des Einzelfalles besser gerecht zu werden (BVGE 2009/13 E. 7.1). Entsprechend haben sie mit der Verfügung, zu der sie gehören, bzw. deren Hauptzweck in einem sachlichen Zusammenhang zu stehen (BGE 131 I 166 E. 4.4). Nebenbestimmungen dienen der Sicherstellung, Kontrolle oder der Verbesserung der Verfügung, regeln also grundsätzlich trotz der irreführenden Begriffsverwendung nichts Nebensächliches, dienen allerdings nicht als Ersatz für fehlende Bewilligungs- oder Anspruchsvoraussetzungen. Sie dürfen nur bei

erfüllten Bewilligungsvoraussetzungen erteilt werden. Gravierende oder bedeutende Mängel einer zu erteilenden Verfügung lassen sich demnach durch Nebenbestimmungen nicht beheben. Nur Mängel untergeordneter Natur, die ohne besondere Schwierigkeiten behoben werden können bzw. quantitativ und qualitativ geringfügiger Natur sind, können Gegenstand von Nebenbestimmungen bilden.

2774 17. Zu unterscheiden sind **echte und unechte Nebenbestimmungen: Echte Nebenbestimmungen** wie Auflagen, Bedingungen oder Befristungen sind verbindliche, individuell-konkrete und erzwingbare Rechtsakte, die rechtlich auf den Hauptakt ausstrahlen und zumeist erst mit der Realisierung des Vorhabens wirksam werden; **unechte Nebenbestimmungen** wie Anregungen, Wünsche oder Hinweise haben lediglich informativen Charakter und betreffen nicht die nähere Ausgestaltung der von der Verfügung geregelten Rechte und Pflichten (BVGer vom 10. Dez. 2009, A-1936/2006, E. 56.1.3 [in BVGE 2011/19 nicht publ. E]; vom 14. Sept. 2007, A-1870/2006, E. 3). Verfügungen können mit einer Vielzahl von Nebenbestimmungen verknüpft werden, wobei es sich um Anregungen, Bedingungen, Befristungen, Auflagen oder um eine aus verschiedenen Arten zusammengesetzte Nebenbestimmung handeln kann (sog. **gemischte Nebenbestimmung**; vgl. VerwG ZH vom 13. Okt. 2004, in: BEZ 2004 Nr. 67 E. 5.1). Ist die Natur der Nebenbestimmung zweifelhaft, ist durch Auslegung zu ermitteln, welche Art von Nebenbestimmung vorliegt. Entscheidend ist dabei der objektivierte Wille der Behörde und es ist insbesondere nach dem Sinn und Zweck einer umstrittenen Bestimmung zu fragen (BVGer vom 10. Dez. 2009, A-1936/2006, E. 56.1.3 [in BVGE 2011/19 nicht publ. E]).

2775 18. Umstritten ist insbesondere die **Abgrenzung** zwischen **Auflage und Bedingung**: Geht es der verfügenden Behörde darum, dem Verfügungsadressaten oder einem Dritten bestimmte Verhaltenspflichten aufzuerlegen, welche die Geltung der Verfügung nicht direkt berühren sollen und selbstständig vollstreckt werden können, handelt es sich um keine Bedingung, sondern um eine Auflage. Auf eine Bedingung ist nur zu schliessen, wenn ihre Erfüllung für eine sinnvolle Durchführung des Verwaltungsakts unerlässlich und nicht selbstständig erzwingbar ist (BGer vom 27. Sept. 2011, 1C_271/2011, E. 2.3; VerwG ZH vom 13. Okt. 2004, in: BEZ 2004 Nr. 67 E. 5.1). Von der Bedingung unterscheidet sich die Auflage demnach dadurch, dass die Rechtswirksamkeit der Hauptregelung nicht von der Erfüllung der Auflage abhängt und dass diese – im Gegensatz zur Bedingung – selbstständig erzwingbar ist (BGE 129 II 361 E. 4.2).

2776 19. Nebenbestimmungen sind nur zulässig, wenn sie sich auf eine **gesetzliche Grundlage** stützen, einem **öffentlichen Interesse** entsprechen bzw. in einem hinreichenden **Sachzusammenhang** zum anordnenden Entscheid stehen und überdies verhältnismässig sind (BVGer vom 3. Sept. 2009, A-3042/2009, E. 3.2). Die **Anforderungen an die gesetzliche Grundlage** sind herabgesetzt: Es genügt, wenn sich die Zulässigkeit der Nebenbestimmung aus Sinn und Zweck des Gesetzes ergibt; einer expliziten gesetzlichen Grundlage bedarf es nicht (BGE 121 II 88 E. 3a). **Unzulässig** erscheinen somit alle **Nebenbestimmungen**, die sich entweder nicht aus dem **Gesetzeszweck** ableiten lassen oder sich nicht auf eine **ausdrückliche gesetzliche Grundlage stützen** (VerwG SZ vom 15. April 2008, in: EGVSZ 2008 S. 110 E. 3.3; RR SZ vom 25. Nov. 2003, in: ZBl 2004 S. 536 E. 8.4), wobei umstritten ist, ob Nebenbestimmungen, die erheblich in die Grundrechte des Verfügungsadressaten eingreifen, aus Gründen von Art. 36 Abs. 1 BV einer gesetzlichen Grundlage bedürfen, und zwar unabhängig davon, ob sie sich aus dem Gesetzeszweck ableiten lassen oder nicht (offengelassen BVGer vom 2. Juli 2008, A-7362/2007, E. 8 [in BVGE 2008/42 nicht publ. E.]. Ferner kann nach dem Grundsatz «a maiore ad minus» eine Bewilligung, die im Lichte der gesetzlichen Bestimmungen verweigert werden könnte, mit einer Nebenbestimmung versehen werden, um sie erteilen zu können, auch wenn sich diese nicht auf eine ausdrückliche gesetzliche Grundlage stützen kann (vgl. BGE 131 II 248 E. 6.1, 121 II 88 E. 3a; BGer vom 11. Dez. 2009, 2C_855/2008, E. 4).

20. **Nichtigkeit:** Nichtigkeit, das heisst absolute Unwirksamkeit einer Verfügung 2777 setzt einen schwerwiegenden Zuständigkeits-, Verfahrens-, Form- oder inhaltlichen Mangel voraus, welcher offensichtlich oder zumindest leicht erkennbar ist und dessen Annahme die Rechtssicherheit nicht ernsthaft gefährdet (BGE 136 II 415 E. 1.2, 136 II 489 E. 3.1 und E. 3.2, 133 II 366 E. 3.2). Die Nichtigkeit eines Entscheides ist jederzeit und von sämtlichen rechtsanwendenden Behörden **von Amtes wegen** zu beachten; ein ausdrücklicher Antrag ist nicht erforderlich und eine unterlassene Anfechtung schadet nicht (BGE 132 II 342 E. 2.1, 129 I 361 E. 2, 122 I 97 E. 3a). Die Nichtigkeit kann auch im Rechtsmittel- und selbst noch im Vollstreckungsverfahren geltend gemacht werden (BGE 127 II 32 E. 3g). Nichtige Verfügungen entfalten zu keinem Zeitpunkt Rechtswirkungen, sie sind rechtlich inexistent; entsprechend können nichtige Verfügungen oder Entscheide keine gültige Grundlage von Subventionen oder Leistungen des Staates sein oder Rechtsöffnungstitel darstellen (BGE 129 I 361 E. 2.2; VerwG BS vom 17. Aug. 2001, in: BJM 2003 S. 214 E. 3a). Eine nichtige Verfügung kann hingegen bewirken, dass die Verjährung unterbrochen wird (BGE 137 I 273 E. 3.4.3).

21. **Offenkundig** ist ein Fehler, der einer durchschnittlich, nicht juristisch gebildeten 2778 Person auffallen sollte (BVGer vom 25. Aug. 2010, C-605/2008, E. 4.2; VerwG SG vom 12. Feb. 2008, B-2007-200, E. 2.2). Bedarf es weiterer Abklärungen, ob tatsächlich ein schwerer Mangel vorliegt, ist der geltend gemachte Mangel üblicherweise weder offensichtlich noch leicht erkennbar, ferner, wenn selbst eine juristisch geschulte Person den Fehler nicht erkennen kann. Der Fehler muss üblicherweise **schwerwiegender Natur** sein, wobei einerseits umstritten ist, ob dieses Erfordernis auch bei **Zuständigkeitsfehlern** gilt. In der Regel dürfte ein blosser (leichter) Zuständigkeitsfehler noch nicht genügen, um Nichtigkeit anzunehmen. Andererseits haben **inhaltliche Mängel**, auch wenn sie schwerwiegender Natur sind, nur ausnahmsweise die Nichtigkeit einer Verfügung zur Folge. Die Anordnung hat geradezu willkürlich, sinnlos, sittenwidrig zu sein.

22. **Wiedererwägung, Revision und Widerruf:** Die Terminologie ist uneinheitlich: 2779 Üblicherweise ist unter Wiedererwägung bzw. Revision das verfahrensmässige Zurückkommen auf eine Verfügung bzw. einen Entscheid unter Berücksichtigung der jeweiligen Rückkommensgründe zu verstehen («verfahrensrechtliche Phase»), unter Widerruf hingegen ihr Ergebnis, nämlich die allfällige materielle Aufhebung oder Änderung des in Wiedererwägung bzw. in Revision gezogenen Aktes («materiellrechtliche Phase»; vgl. insb. PRK vom 14. Juni 2005, in: VPB 69 [2005] Nr. 124 E. 4b). Die **Wiedererwägung** kann sich wegen **nachträglicher** (nachträglich veränderte tatsächliche oder rechtliche Umstände) oder wegen **ursprünglicher Fehlerhaftigkeit** (ursprünglich falsche Sachverhaltsfeststellung oder falsche Rechtsanwendung)

einer Verfügung ergeben. Die **Fehlerhaftigkeit** hat dabei von einer gewissen Bedeutung – wesentlich oder erheblich – zu sein, sodass angenommen werden kann, dass unter Berücksichtigung der richtigen Rechts- oder Sachlage ein anderer Entscheid zu erwarten ist oder ernstlich in Betracht fällt (BGE 136 II 177 E. 2.2.1, 127 V 353 E. 5b).

2780 23. Die **Revision** bezieht sich vorab auf die Änderung formell rechtskräftiger **Beschwerdeentscheide** durch die seinerzeitige Beschwerde- oder Rechtsmittelbehörde. Häufigster Revisionsgrund ist das Vorbringen neuer erheblicher Tatsachen oder Beweismittel: Revisionsweise vorgebrachte Tatsachen sind allerdings nur dann als neu zu qualifizieren, wenn sie zur Zeit der Erstbeurteilung der Sache bereits vorhanden waren, jedoch – trotz hinreichender Sorgfalt – erst nachträglich in Erfahrung gebracht werden konnten. Es muss sich folglich um unechte Noven handeln, wobei sich diese, wie beispielsweise Prognosen, auch auf die Zukunft beziehen können (BR vom 21. Aug. 2002, in: VPB 67 [2003] Nr. 15 E. 3). Die **Beweismittel** haben sich auf Tatsachen zu beziehen, die im Zeitpunkt des damaligen Entscheids bereits vorhanden waren, selbst wenn diese Beweismittel erst nach dem betreffenden Entscheid entstanden sind. Ferner müssen sie der Sachverhaltsermittlung dienen, nicht der rechtlichen Würdigung. Eine Praxisänderung entspricht einer rechtlichen Neubeurteilung, ebenso, eine andere rechtliche Würdigung des bereits beurteilten (massgebenden) Sachverhalts.

2781 24. Unter dem **Widerruf** ist die Frage zu prüfen, unter welchen materiellen Voraussetzungen eine Verfügung bei Vorliegen von Rückkommensgründen abgeändert oder aufgehoben werden darf. Fehlen positivrechtliche Bestimmungen über die Möglichkeit der Änderung einer Verfügung, so ist über diese anhand einer Interessenabwägung zu befinden, bei welcher das Interesse an der richtigen Anwendung des objektiven Rechts dem Interesse an der Rechtssicherheit bzw. dem Vertrauensschutz gegenüberzustellen ist (BGE 137 I 69 E. 2.3, 135 V 201 E. 6.2, 127 II 306 E. 7a). Das Postulat der Rechtssicherheit geht im Allgemeinen dann dem Interesse an der Durchsetzung des objektiven Rechts vor, wenn durch die Verwaltungsverfügung ein wohlerworbenes oder subjektives Recht begründet worden ist, wenn die Verfügung aufgrund eines eingehenden Ermittlungs- und Einspracheverfahrens erging; wenn der Private von einer ihm durch die Verfügung eingeräumten Befugnis bereits Gebrauch gemacht hat oder wenn die Verfügung Grundlage eines privatrechtlichen Vertrages ist. Auch in diesen Fällen kann aber ein Widerruf in Frage kommen, wenn er durch ein besonders gewichtiges öffentliches Interesse geboten ist, wenn die ursprüngliche Verfügung durch unrichtige Angaben erwirkt oder wenn ansonsten der rechtswidrige Zustand noch lange fortdauern könnte (BGE 137 I 69 E. 2.3, 135 V 201 E. 6.2, 127 II 306 E. 7a, 121 II 273 E. 1a/aa).

2782 25. Für den Ausgang der **Güterabwägung** spielt beispielsweise eine Rolle, wie lange ein gesetzeswidriger Zustand bereits dauert oder noch andauert, wie erheblich die Abweichung von den gesetzlichen Vorschriften ist, ob durch den Widerruf das Rechtsgleichheitsgebot tangiert ist, welche öffentlichen oder privaten Interessen für bzw. gegen einen Widerruf sprechen, ob der Adressat Kenntnis von der Fehlerhaftigkeit der Verfügung hatte oder hätte haben müssen, ob die Verfügung allenfalls zeitlich befristet ist oder für unbestimmte Zeit gilt oder ob die Behörde selbst den Verfügungsadressaten zu einem gesetzeswidrigen Verhalten veranlasst hat.

II. Pläne (Kasuistik)

1. Voranschlag/Budget

Das **Budget** bzw. der **Voranschlag** umfasst – im Gegensatz zu den mehrere Jahre umfassenden **Finanzplänen**, welche die Exekutive dem Parlament vorzulegen hat – eine übersichtliche Darstellung der Einnahmen und Ausgaben, die für die massgebende Periode zu erwarten sind; seine Bewilligung durch das Parlament hat im Wesentlichen nur Kontrollfunktion (BGer vom 17. Aug. 2004, 1P.59/2004, E. 5.3.2; VerwG GR vom 2. Juli 2007, U-07-26, E. 3). Die Exekutive ist insofern an das Budget gebunden, als diese grundsätzlich keine weitergehenden Ausgaben tätigen darf, ohne allenfalls einen Zusatz- oder Nachtragskredit des Parlaments einzuholen (KG VS vom 6. Juli 2007, in: ZWR 2008 S. 82 E. 2). 2783

Je nach kantonaler oder kommunaler Gesetzgebung kann ein Budget auch andere Elemente enthalten: Wird eine **neue Ausgabe** ohne besondere Vorlage **gleichzeitig mit dem Budget** beschlossen, so liegt ein **echter Ausgabenbeschluss** vor, für welchen die für das Finanzreferendum geltenden Vorschriften einzuhalten sind (BGE 99 Ia 188 E. 2b, 95 I 531 E. 3, 77 I 112 E. 2; BGer vom 17. Aug. 2004, 1P.59/2004, E. 5.3.2). Liegt ein derartiger Voranschlag vor, sind allfällige Beschwerdeführer verpflichtet, diesen mit Stimmrechtsbeschwerde anzufechten und zu verlangen, dass die streitige Ausgabe dem (fakultativen oder obligatorischen) Finanzreferendum zu unterstellen ist (BGer vom 14. Mai 2001, 1P.428/2000, E. 1e). Die jeweilige kantonale oder kommunale Ordnung kann diesbezüglich auch vorsehen, dass für (neue) Ausgaben, die dem fakultativen oder obligatorischen Referendum unterstehen, in jedem Fall ein **gesonderter Kreditbeschluss** erforderlich ist und nur Ausgaben unter den betreffenden Schwellenwerten auch mit dem Voranschlag bewilligt werden können (RR SG vom 23. Aug. 2005, in: GVP 2005 Nr. 90 E. 3d). 2784

Praxis:

- **Rechtliche Bedeutung von Budgetbeschlüssen:** Nach § 4 Abs. 1 lit. d aKV/TG unterliegen alle Grossratsbeschlüsse, welche eine neue einmalige Gesamtausgabe von mehr als Fr. 400'000.– oder eine neue jährlich wiederkehrende Verwendung von mehr als Fr. 40'000.– zur Folge haben, dem fakultativen Referendum. Der Regierungsrat des Kantons Thurgau liess dem Grossen Rat am 22. Aug. 1972 eine «Botschaft über die Durchführung einer Arbeitsplatzbewertung (APB) als Grundlage für die Besoldungsfestsetzung» zugehen. Insgesamt wurde mit einem Kostenaufwand von ca. Fr. 550'000.– bis Fr. 600'000.– gerechnet. Der Regierungsrat ersuchte den Grossen Rat, der Durchführung der Arbeitsplatzbewertung zuzustimmen und hiefür pro 1972 einen Nachtragskredit in Beratung zu ziehen. Bereits im Voranschlag für das Jahr 1972 war unter der neu geschaffenen Position «Arbeitsplatzbewertung» ein Betrag von Fr. 20'000.– eingesetzt worden. In den Voranschlag für 1973 wurde ein Posten von Fr. 200'000.– aufgenommen, wobei der Regierungsrat in seiner Budgetbotschaft diese Ausgabe mit den laufenden und weiterhin entstehenden Kosten für die APG begründete. Diese Position wurde vom Grossen Rat in der Budgetberatung am 14. Dez. 1972 genehmigt. In seiner Sitzung vom 15. Feb. 1973 beschäftigte sich der Grosse Rat mit der erwähnten Botschaft des Regierungsrates. Der Antrag, den Beschluss dem fakultativen Referendum zu unterstellen, wurde mit 45 gegen 30 Stimmen abgelehnt, worauf der Grosse Rat in der Schlussabstimmung dem bereinigten Beschlussentwurf der Kommission zustimmte. Gegen diesen Beschluss des Grossen Rates vom 15. Feb. 1973 führt das Ratsmitglied Hans Zwicky staatsrechtliche Beschwerde. Das Bundesgericht heisst die Beschwerde gut. Erwägungen: Die thurgauische Kantonsverfassung 2785 kennt das obligatorische und das fakultative Finanzreferendum. Grossratsbeschlüsse, die eine neue einmalige Gesamtausgabe von mehr als 800'000 Franken oder eine neue jährlich wiederkehrende Verwendung von mehr als 80'000 Franken zur Folge haben, unterliegen obligatorisch der Volksabstimmung (§ 4 Abs. 1 lit. c aKV/TG). Werden diese Beträge nicht erreicht, aber die Summen von Fr. 400'000 bzw. 40'000 überschritten, so unterliegt der Grossratsbeschluss der Volksabstimmung, wenn 2'000 Stimmberechtigte innert sechs Wochen seit der Veröffentlichung des Beschlusses im Amtsblatt es verlangen (fakultatives Referendum; § 4 Abs. 1 lit. d aKV/TG). Wie sich aus dem Protokoll der Verhandlungen des Grossen Rates vom 15. Feb. 1973 ergibt, bestand bei der Beratung der Vorlage betreffend die APB über die Bedeutung des zu fassenden Beschlusses Unklarheit. Der genehmigte Beschlussentwurf hat folgenden Wortlaut: «Der Durchführung einer Arbeitsplatzbewertung in der kantonalen Verwaltung wird zugestimmt.» Damit beschloss der Grosse Rat, dass die Arbeitsplatzbewertung durchzuführen sei, und zwar in der Weise, wie es der Regierungsrat in seiner Botschaft vorgeschlagen hatte. Dieser Beschluss des Grossen Rates hat eine bestimmte Ausgabe zur Folge. Nach der Botschaft des Regierungsrates wird die Durchführung der APB, die sich über etwa drei Jahre hinziehen wird, Fr. 550'000.– bis Fr. 600'000.– kosten. Auch wenn diese Summe nicht auf einmal, sondern während der dreijährigen Ausführung des Unternehmens nach Massgabe der geleisteten Arbeiten ausgegeben wird, so steht doch fest, dass es sich nicht um eine jährlich wiederkehrende Verwendung, sondern um eine einmalige Gesamtausgabe handelt. Es bleibt zu prüfen, ob der angefochtene Grossratsbeschluss vom 15. Feb. 1973 eine Ausgabe zur Folge hat, die den Betrag von 400'000 Franken übersteigt. Dass die vom Regierungsrat vorgeschlagene und vom Grossen Rat beschlossene APB Fr. 550'000.– bis Fr. 600'000.– kosten wird, ist unbestritten. In den Voranschlag 1972 wurden dafür Fr. 20'000.– und in den Voranschlag 1973 Fr. 200'000.– Franken aufgenommen. Werden diese beiden Beträge von der Summe von Fr. 600'000.– abgezogen, so verbleibt eine Ausgabe von Fr. 380'000.–, die der Grosse Rat an sich in eigener Kompetenz endgültig beschliessen kann. Zu prüfen ist vorerst, welche Bedeutung der Grossratsbeschluss vom 14. Dez. 1972 hatte, mit dem für die APB ein Ausgabeposten von Fr. 200'000.– in den Voranschlag 1973 aufgenommen wurde. Das Budget enthält in erster Linie eine blosse übersichtliche Darstellung der Einnahmen und Ausgaben, die für die massgebende Periode zu erwarten sind. So zählt es denn auch diejenigen Ausgaben auf, die schon auf Grund von Gesetzen oder andern vorausgegangenen Beschlüssen zu tätigen sein werden. Daneben kann das Budget aber auch andere Elemente enthalten. Zwar wird in der schweizerischen Finanzpraxis über eine Ausgabe von grösserer Bedeutung in der Regel durch einen besonderen Beschluss entschieden. Doch wird mitunter eine Ausgabe gleichzeitig mit dem Budget, d.h. ohne besondere Vorlage beschlossen. Der Beschluss des Grossen Rates vom 14. Dez. 1972 war indessen kein solcher Ausgabenbeschluss; es wurde vielmehr nur vorsorglich, nämlich für den Fall der Annahme der APB-Vorlage, der Betrag von Fr. 200'000.– in das Budget eingesetzt. Als der Grosse Rat am 15. Feb. 1973 das APB-Geschäft behandelte, war er frei, die Durchführung der Arbeitsplatzbewertung zu beschliessen oder nicht. Hätte er die Vorlage verworfen, so wäre die vorsorglich in das Budget 1973 aufgenommene Ausgabe von Fr. 200'000.– dahingefallen. Erst mit dem am 15. Feb. 1973 getroffenen Entscheid, die vom Regierungsrat vorgeschlagene APB durchzuführen, wurde die Ausgabe für dieses Unternehmen beschlossen, und zwar eine Ausgabe, die den Betrag von Fr. 400'000.– überstieg. Bevor sich der Grosse Rat für die Durchführung der APB entschieden hatte, konnte die hiefür erforderliche Ausgabe nicht schon beschlossen sein, und wenn der Grosse Rat mit dem Budgetbeschluss vom 14. Dez. 1972 implizite auch die Durchführung der APB beschlossen hätte, hätte er am 15. Feb. 1973 nicht mehr über die Durchführung diskutieren und beschliessen müssen. Mit Recht führt der Beschwerdeführer aus, die ganze am 15. Feb. 1973 im Grossen Rat geführte Debatte hätte gar keinen Sinn mehr gehabt, wenn man mit dem Beschwerdegegner davon ausgehen wollte, der Entscheid über die Durchführung der APB sei schon am 14. Dez. 1972 gefallen. Entsprechend ist auch die staatsrechtliche Beschwerde nicht verspätet erhoben worden. Erst als feststand, dass es nicht bei dieser Ausgabe, worüber am 14. Dez. 1972 beschlossen wurde, blieb, sondern mehr als Fr. 400'000.– ausgegeben wurden, also im Anschluss an den Beschluss vom 15. Feb. 1973, konnte der Bürger wegen Verletzung des Stimmrechtes staatsrechtliche Beschwerde führen. In der Sache ist die vom Grossen Rat für die APB beschlossene

Ausgabe von Fr. 550'000.– bis Fr. 600'000.– nicht als gebundene, sondern als neue Gesamtausgabe zu betrachten, die gemäss § 4 Abs. 1 lit. d aKV/TG dem fakultativen Referendum untersteht. Die Beschwerde ist daher gutzuheissen (BGE 99 Ia 188 E. 2b).

– **Gemeindeautonomie bei der Festlegung des Budgets:** Die Urversammlung der Gemeinde Fieschertal lehnte am 13. Dez. 2006 und am 8. Feb. 2007 das vom Gemeinderat beschlossene Budget 2007 ab. Die Gemeinde gelangte am 22. März 2007 mit dem Begehren an den Staatsrat, gemäss gesetzlicher Vorschrift den Voranschlag 2007 zu entscheiden. Dies tat der Staatsrat am 25. April 2007, wobei er vom zweiten Voranschlag des Gemeinderats ausging und daran einzelne Korrekturen vornahm. Dagegen reichte die Gemeinde beim Kantonsgericht eine Autonomiebeschwerde ein. Das Kantonsgericht weist die Beschwerde ab. Erwägungen: Die gesetzliche Regelung sieht betr. den Voranschlag eine zweigeteilte Kompetenz vor, einerseits jene des Gemeinderats, den Voranschlag zur Beschlussfassung durch die Urversammlung vorzubereiten, und andererseits jene der Urversammlung, den Voranschlag, allerdings nur global, zu genehmigen. Der Umstand, dass die Urversammlung keine detaillierten Änderungen am Voranschlag vornehmen kann, verbunden mit dem Recht des Gemeinderats, den Voranschlag allenfalls in Abweichung der Vorstellungen der Urversammlung zu erstellen, kann zu einer Pattsituation führen. In einem solchen Fall hat der Gesetzgeber dem Staatsrat die Kompetenz eingeräumt, anstelle der Urversammlung den Voranschlag zu entscheiden. Es geht in diesem Fall nicht mehr darum, den vom Gemeinderat erarbeiteten Kostenvoranschlag zu genehmigen oder zurückzuweisen; der Staatsrat hat vielmehr Entscheidkompetenz, er kann ihn materiell, inhaltlich festlegen. Mit dieser Regelung überträgt der Gesetzgeber sogar mehr als in der Kompetenz der Urversammlung gelegen auf den Staatsrat und hat somit insoweit im Gesetz selbst die Autonomie der Gemeinde beschnitten. Der Staatsrat hat folglich mit dem Budgetentscheid für die Gemeinde nur die ihm vom Gesetz übertragene Aufgabe wahrgenommen. Von einer Verletzung der Gemeindeautonomie kann somit keine Rede sein. Wenn die Gemeinde in diesem Fall keine Autonomie besitzt, kann sie ferner auch nicht geltend machen, die Art und Weise, wie der Staatsrat entschieden habe, verletze ihre Autonomie (KG VS vom 6. Juli 2007, in: ZWR 2008 S. 82 E. 2; ferner BGer vom 20. Nov. 2000, 1P.605/2000, E. 3c). 2786

2. Sozialplan

Ein **Sozialplan** hat zum Zweck, bei Entlassungen aus wirtschaftlichen Gründen Härten für die betroffenen Arbeitnehmer zu vermeiden oder zu mildern (BGE 132 III 32 E. 6.1, 130 V 18 E. 2.3). Mit dem Instrument des Sozialplans sollen die Arbeitnehmer die Möglichkeit haben, den Arbeitgeber zu veranlassen, von ihnen vorgeschlagene alternative Massnahmen zu prüfen, bevor er sich endgültig zu einer Massenentlassung entschliesst (BGE 130 III 102 E. 4.2; BGer vom 5. März 2009, 4A_571/2008, E. 3.1). 2787

Der Sozialplan ist grundsätzlich **privatrechtlicher Natur**, soweit nicht das öffentliche Recht für die Angestellten eine derartige Regelung vorsieht (für den Bund: Art. 31 Abs. 4 BPG; vgl. z.B. BVGer vom 29. Juli 2010, A-6800/2009, E. 4.1). Inhaltlich geht es um verschiedenste Massnahmen wie Finanzhilfen, die Unterstützung bei der Stellensuche, frühzeitige Pensionierung oder Umschulung. Wo das Arbeitsverhältnis durch **Gesamtarbeitsvertrag** geregelt ist bzw. der Sozialplan zwischen dem Arbeitgeber und dem Arbeitnehmerverband vereinbart wurde, liegt eine Art des Gesamtarbeitsvertrages vor. Die Arbeitnehmer können sich in diesem Fall direkt auf die darin zu ihren Gunsten festgeschriebenen Rechte berufen; der Sozialplan wirkt insofern normativ und ist wie ein Gesetz auszulegen (BGE 133 III 213 E. 4.2 und E. 4.3.1, 130 V 18 E. 2.3, 127 III 318 E. 2a; BGer vom 4. April 2011, 4A_670/2010, E. 3.1 und E. 4; vom 1. Juli 2010, 4A_70/2010 und 4A_74/2010, E. 2.1). 2788

Praxis:

2789 – **Berechnung der Abgangsentschädigung gemäss Sozialplan:** A war ab 28. März 1988 für die Schweizerische Post als Aushilfe im Briefzentrum X tätig. Im Hinblick auf das Inkrafttreten des BPG wurde das Arbeitsverhältnis Ende des Jahres 2001 gestützt auf Ziff. 20 des ab 1. Jan. 2002 geltenden Gesamtarbeitsvertrag Post vom 16. Okt. 2001 (GAV Post) mit einem ebenfalls ab 1. Jan. 2002 geltenden Einzelarbeitsvertrag (EAV) neu geregelt. In Ziff. 6 EAV wird unter Verweis auf Ziff. 214 GAV Post als massgebendes Datum für die Berechnung der anrechenbaren Anstellungsdauer der 1. März 1999 genannt. Ziff. 214 GAV Post sieht u.a. vor, dass, vorbehaltlich eines Unterbruchs des Arbeitsverhältnisses von mehr als zwölf Monaten, bei der Berechnung der Anstellungsdauer die in einem Arbeitsverhältnis bei der Post oder einem Posthalter zurückgelegte Zeit vollumfänglich (Abs. 1 lit. a), die als Aushilfe zurückgelegte Zeit dagegen lediglich zu einem Fünftel mitgezählt wird (Abs. 1 lit. b). Der GAV Post wird in Ziff. 8 EAV zum integrierenden Bestandteil des EAV erklärt. Im Zusammenhang mit dem Projekt zur Neukonzipierung der Briefzentren («REMA») einigte sich die Schweizerische Post im Juli 2003 mit der Gewerkschaft Kommunikation und der Gewerkschaft auf einen Sozialplan (Sozialplan REMA). Da das Projekt REMA eine Aufhebung des Briefzentrums X vorsah, wurde der Arbeitsvertrag mit A aufgehoben und eine Abgangsentschädigung von 3 Monatslöhnen vereinbart. Die Berechnung der Abgangsentschädigung beruhte auf dem Sozialplan REMA in Verbindung mit dem GAV Post. Das Bundesverwaltungsgericht heisst die Beschwerde von A teilweise gut. Erwägungen: Die gesamtarbeitsvertraglichen Normen des Sozialplans REMA (vgl. Art. 31 Abs. 4 BPG) sowie des GAV Post und des Gesamtarbeitsvertrags Aushilfen vom 16. Okt. 2001 (GAV Aushilfen) sind für die davon betroffenen Dienstverhältnisse zwingend, d.h. sie haben die gleiche Wirkung wie ein Gesetz. Die zum Abschluss von Gesamtarbeitsverträgen befugten Parteien übernehmen quasi die Funktion und damit die Macht und die Verantwortung des Gesetzgebers. Der Sozialplan REMA regelt zwar nicht ausdrücklich, wie die für die Höhe der Durchhalteprämie bzw. Abgangsentschädigung massgebliche Anstellungsdauer zu berechnen ist; namentlich aus systematischer Sicht liegt indes nahe, Ziff. 214 GAV Post heranzuziehen. Die Vorinstanz hat insofern zu Recht die Anstellungsdauer des Beschwerdeführers nach dieser Norm bestimmt. Da sich dieser dazu entschieden hatte, die Vorinstanz auf den Zeitpunkt der Aufhebung des Briefzentrums X zu verlassen, hat sie die Höhe der auszurichtenden Entschädigung ausserdem korrekt gemäss den Ansätzen der Durchhalteprämie und nicht gemäss den höheren Ansätzen der Abgangsentschädigung festgesetzt. Diese Entschädigung hat sie dem Beschwerdeführer anschliessend im Aufhebungsvertrag zugesichert und mit dem letzten Lohn überwiesen. Ihr Vorgehen ist somit im Einklang mit den massgeblichen Rechtsgrundlagen des Arbeitsverhältnisses und grundsätzlich nicht zu beanstanden. Gleiches gilt für den Aufhebungsvertrag und die vereinbarte Entschädigung. Allerdings führt die Anwendung von Ziff. 214 GAV Post bei der Festsetzung der Entschädigungen (Durchhalteprämie und Abgangsentschädigung) gemäss dem Sozialplan REMA zu einer klaren und stossenden Benachteiligung und Ungleichbehandlung der langjährigen altrechtlichen Aushilfen im vorgenannten Sinn. Sie hat beim Beschwerdeführer konkret die Folge, dass seine massgebliche Anstellungsdauer (ab dem 1. März 1999 gemäss GAV Post) lediglich 8 Jahre und 7 Monate beträgt, dagegen bei vollumfänglicher Berücksichtigung der die ersten drei Anstellungsjahre übersteigenden Anstellungszeit gut 17 Jahre umfasst hätte. Ein vernünftiger Grund dafür ist nicht ersichtlich. Die im Sozialplan REMA implizit vorgesehene Anwendung von Ziff. 214 GAV Post zur Berechnung der massgeblichen Anstellungsdauer erweist sich somit jedenfalls hinsichtlich der langjährigen altrechtlichen Aushilfen im vorgenannten Sinn als mit dem Grundsatz der Rechtsgleichheit gemäss Art. 8 Abs. 1 BV nicht vereinbar. Eine mit dem Grundsatz der Rechtsgleichheit vereinbare sowie sachgerechte und billige Lösung setzt vorliegend voraus, dass auch bei den langjährigen altrechtlichen Aushilfen im vorgenannten Sinn zumindest die drei Jahre übersteigende Anstellungsdauer vollumfänglich berücksichtigt wird. Damit resultieren beim Beschwerdeführer gut 17 Anstellungsjahre, für die der Sozialplan REMA eine höhere Abgangsentschädigung vorsieht (BVGer vom 29. Juli 2010, A-6800/2009, E. 4).

3. Lehrplan

Der **Lehrplan** bestimmt die vom Unterricht erfassten Fächer und wird häufig von der Exekutive erlassen (vgl. auch BGE 135 I 79 E. 6.3). Er konkretisiert die in Gesetz und Verordnung aufgeführten Bestimmungen und bildet für alle an der Schule Beteiligten (Lehrerinnen und Lehrer, Schülerinnen und Schüler, Eltern, Schulbehörden usw.) eine sachliche Verständigungsbasis für die Ziele und die Gestaltung der Schule (vgl. z.B. Lehrplan Volksschule 2008 des Kantons St. Gallen S. 3). Für die Schulgemeinden ist er je nach kantonaler Ordnung verbindlich; diesfalls liegt eine Verwaltungsverordnung vor (VerwG SG vom 10. Juni 2004, in: GVP 2004 Nr. 3 E. 2c). Im Kanton Schaffhausen wird der Lehrplan durch Verordnung des Erziehungsrates erlassen, welche allerdings weder im Amtsblatt noch in der Gesetzessammlung publiziert wird; diesfalls liegt eine Vollziehungs- oder gesetzesvertretende Verordnung vor (VerwG SH vom 14. Dez. 2007, in: AB 2007 S. 104 E. 2d/ee). 2790

Praxis:

– **Lehrplan als gesetzliche Grundlage für Grundrechtseinschränkungen (in casu: koedukativer Schwimmunterricht):** Grundlage des Unterrichts in der öffentlichen Volksschule ist der Lehrplan, welcher gemäss Art. 22 Abs. 1 des kantonalen Schulgesetzes (SchulG) durch Verordnung des Erziehungsrats bestimmt wird (Lehrpläne und Stundentafeln werden nicht mehr im Amtsblatt und in der Gesetzessammlung publiziert, können aber beim Erziehungssekretariat eingesehen werden). Zu den obligatorischen Fächern gemäss Lehrplan gehört unbestrittenerweise auch der Sport. Der Fachbereich Sport gliedert sich in verschiedene Lernbereiche, u.a. auch Spiel und Sport im Wasser. Der Schulunterricht wird grundsätzlich in geschlechtergemischten Schulklassen erteilt (Koedukation), unter Vorbehalt begründeter und vorübergehend geschlechtergetrennter Gruppenbildung (so z.B. beim Sport in der Oberstufe; vgl. auch Art. 23 Abs. 2 SchulG). Art. 22 Abs. 3 SchulG bestimmt ausdrücklich, dass für Knaben und Mädchen die gleiche Ausbildung anzubieten ist und Art. 3 Abs. 2 SchulG bezeichnet die Förderung des Sinns für die Gemeinschaft als Bildungsziel der Schule. Aufgrund dieser Vorschriften wird in der Unter- und Mittelstufe der Primarschule ein nicht geschlechtergetrennter Sport- und Schwimmunterricht angeboten, welcher nach dem Gesagten zum obligatorischen Unterricht gehört. Die erwähnten Bestimmungen (auch die Lehrpläne als Verordnungen des Erziehungsrats) bilden sodann im Prinzip eine genügende gesetzliche Grundlage für Freiheitsbeschränkungen, zumal im Sonderstatusverhältnis der Schüler erleichterte Anforderungen an die gesetzliche Grundlage von Rechten und Pflichten bestehen (VerwG SH vom 14. Dez. 2007, in: AB 2007 S. 104 E. 2d/ee). Die damit erfassten Sportfächer werden vom Bundesrecht nicht näher umschrieben. Sie werden indessen im Kanton Schaffhausen durch den Lehrplan bestimmt, der vom Erziehungsrat erlassen wird. Nach dem Lehrplan des Kantons Schaffhausen zählt zum Fachbereich Sport (Unterstufe) der Lernbereich Spiel und Sport im Wasser; eines der Lernziele bildet das Beherrschen einer frei wählbaren SchwimmArt. Schwimmen ist somit im Kanton Schaffhausen Teil des obligatorischen Sportunterrichts. Gemäss Art. 62 Abs. 2 BV sorgen die Kantone für einen ausreichenden Grundschulunterricht, der obligatorisch ist und allen Kindern offensteht. Diese Bestimmung trifft keine Unterscheidungen nach der Geschlechtszugehörigkeit der Kinder; es ist daher davon auszugehen, dass von Verfassungs wegen der Grundschulunterricht grundsätzlich gemischtgeschlechtlich erteilt werden kann. Das kantonale Schulgesetz hält in dieser Hinsicht fest, dass beide Geschlechter Anspruch auf gleiche Bildungsmöglichkeiten haben (Art. 19 Abs. 1 SchulG) und dass für Knaben und Mädchen die gleiche Ausbildung anzubieten ist (Art. 22 Abs. 3 SchulG). Da somit auf Stufe der Grundschule keine Trennung der Geschlechter vorgesehen ist, darf bzw. soll auch der obligatorische Schwimmunterricht nach der gesetzlichen Regelung des Kantons Schaffhausen grundsätzlich gemischtgeschlechtlich stattfinden. Angesichts des Sonderstatusverhältnisses, dem die Grundschüler unterstehen, bildet die in Frage stehende kantonale Regelung eine genügend bestimmte gesetzliche Grund- 2791 lage für den obligatorischen, gemischtgeschlechtlichen Schwimmunterricht an der Unterstufe der öffentlichen Grundschulen im Kanton Schaffhausen (BGE 135 I 79 E. 6.3-6.5; ferner BGer vom 7. März 2012, 2C_666/2011, E. 2.5.2 und E. 2.5.3).

2792 – **Autonomie einer Gemeinde im Bereich der Klassenbildung und -organisation:** Im Frühjahr 2001 ersuchte der Schulrat Tübach das Amt für Volksschule um die Bewilligung einer besonderen Klassenorganisation für das Schuljahr 2001/02. Die 4. Primarklasse mit einem Bestand von 15 Schülern und die 5./6. Doppelklasse mit 26 Schülern sollten durch die beiden Mittelstufenlehrkräfte je gemeinsam im Fachlehrersystem (Lehrerin A: math.–naturwiss. Fächer, Lehrerin B: sprachl.-hist. Fächer) geführt werden. Das Amt für Volksschule erteilte die Bewilligung; der Erziehungsrat teilte dem Schulrat in der Folge mit, die Ausnahmeregelung werde nach Ablauf des Schuljahres 2001/02 nicht verlängert. Das entsprechende Organisationsmodell wurde dennoch beibehalten. Der Erziehungsrat ordnete am 17. März 2004 aufsichtsrechtlich an, dem Amt für Volksschule sei bis Ende der Frühlingsferien 2004 eine geänderte Klassenorganisation zur Genehmigung einzureichen. Dagegen erheben die Schulkommission der Gemeinde Tübach und der Gemeinderat Tübach Beschwerde beim Verwaltungsgericht und beantragen, das praktizierte Fachlehrersystem sei zu bewilligen. Das Verwaltungsgericht weist die Beschwerden ab. Erwägungen: Das kantonale Recht enthält verschiedene Bestimmungen zur Klassenorganisation der Volksschule. In Art. 27 des Volksschulgesetzes (VSG) sind die Klassengrössen geregelt und wird festgehalten, dass Abweichungen aus organisatorischen oder pädagogischen Gründen zulässig sind und dass solche Abweichungen einer Bewilligung bedürfen. Sodann ist die Regierung befugt, Vorschriften über die Schülerzahl im Unterricht ausserhalb des Klassenverbands zu machen (Art. 27 Abs. 3 VSG). Ausserdem bestimmt Art. 28 VSG, dass in der Primarschule einem Lehrer nicht mehr als drei Jahrgangsklassen zugewiesen werden dürfen. In Art. 5 der Verordnung über das Dienstverhältnis der Volksschullehrkräfte (VDL) wird für eine Klasse eine Lehrkraft als Klassenlehrkraft verantwortlich erklärt und das Mindestpensum festgelegt. Art. 6 VDL regelt die Stellenteilung, das sog. Job-Sharing. Überdies bestehen Weisungen des Erziehungsrates zum Abteilungsunterricht und zur Klassenbildung in der Volksschule (veröffentlicht in: Schulblatt 2/1997). Die Aufteilung der Lehrkräfte für Fachgruppen sprachl.-hist. Richtung und math.–naturwiss. Richtung findet gemäss Lehrplan nur an der Oberstufe statt (vgl. Lehrplan Teil 3, S. 14); bei der Mittel- und Unterstufe findet sich keine solche Differenzierung. Die kantonalen Bestimmungen lassen somit wenig Spielraum für eigenständige kommunale Entscheidungen offen. Sie legen die wesentlichen Inhalte der Klassenorganisation detailliert fest. Namentlich ist der Unterricht einer Klasse durch zwei Lehrkräfte in allen Einzelheiten in Art. 6 VDL geregelt. Die Bewilligungspflicht für Klassenorganisationen, welche der gesetzlich umschriebenen Norm nicht entsprechen, kennzeichnet diesen Sachbereich ebenfalls als solchen, der der Gemeinde keinen selbstständig zu konkretisierenden Entscheidungsspielraum belässt. Schliesslich ist der Lehrplan für die Schulgemeinden verbindlich. Dem Kanton kommt die Aufgabe zu, ihn gesamthaft und einheitlich anzuwenden. Demnach werden die Klassenbildung und -organisation durch detaillierte kantonale Regelungen bestimmt und Ausnahmen bedürfen der Bewilligung der staatlichen Aufsichtsorgane. Dies kennzeichnet die Klassenorganisation als Bereich, der den Gemeinden keinen Entscheidungsspielraum belässt, was bedeutet, dass ihnen diesbezüglich keine Gemeindeautonomie zusteht. Ist eine Autonomie in der Frage der Klassenorganisation zu verneinen, so kann der Erziehungsrat als Leitungs- und Aufsichtsorgan die Klassenorganisation in der von ihm als richtig und zweckmässig erachteten Form aufsichtsrechtlich anordnen (VerwG SG vom 10. Juni 2004, in: GVP 2004 Nr. 3 E. 2c).

4. Raumplan

a) Richtplan

2793 **Richtpläne** koordinieren die raumwirksamen Tätigkeiten, indem sie als Planungsziel insbesondere die künftige Nutzung des Raumes sowie die vorgesehene Erschliessung festlegen (BGer vom 21. Sept. 2005, 1A.125/2005, E. 2.3; VerwG AG vom 19. Okt.

1999, in: AGVE 1999 S. 103 E. 4c/bb). Der Richtplan ist nicht rechtsetzend; weder räumt er natürlichen oder juristischen Privatpersonen Rechte ein noch auferlegt er ihnen Pflichten, die ihre Grundlage nicht schon in Vorschriften des Gesetzes- oder Verfassungsrechts finden (BGer vom 10. April 2012, 1C_181/2012, E. 1.2 [Beschwerde des Schweizerischen Heimatschutzes]; vom 2. April 2012, 1C_215/2011, E. 2.3.3 [Beschwerde eines Tourismusverbandes]; ferner BVGer vom 10. Nov. 2009, A-594/2009, E. 6.1.4; VerwG AG vom 19. Okt. 1999, in: AGVE 1999 S. 103 E. 4). Die **Richtpläne** sind nach **Art. 9 Abs. 1 RPG** «lediglich» für die **Behörden und Gemeinden** und diesbezüglich vor allem für die Nutzungsplanung **verbindlich** (BGer vom 10. April 2012, 1C_181/2012, E. 1.1; vom 21. Jan. 2010, 1C_415/2009, E. 2.1; BVGer vom 9. Nov. 2010, A-7365/2009, E. 8.1; Baudepartement SG vom 27. Okt. 2008, in: GVP 2008 Nr. 99 E. 3.2.2).

Gemeinden, die sich durch einen kantonalen Richtplan in ihrer Autonomie verletzt fühlen, können Richtpläne im Verfahren der Erlassanfechtung gemäss Art. 82 lit. b BGG anfechten (BGE 136 I 265 E. 1.1-1.3, 119 Ia 285 E. 3b, 111 Ia 129 E. 3c). Private können im Zusammenhang mit der Anfechtung einer Nutzungsplanfestsetzung im Verfahren gemäss Art. 82 lit. a BGG auch den zugrunde liegenden Richtplan in Frage stellen (BGE 119 Ia 285 E. 3b, 113 Ib 299 E. 2b, 107 Ia 77 E. 3). Da Richtpläne gegenüber den Grundeigentümern üblicherweise keine behördliche Zusicherung bestimmter konkreter Zustände oder Nutzungsmöglichkeiten beinhalten, können sich diese mangels Vertrauensgrundlage nicht auf den Vertrauensschutz berufen (BGer vom 24. Okt. 2008, 1C_162/2008, E. 3.4). 2794

Der Richtplan kann zwar nicht allgemein verbindliches Recht abändern, aber er wirkt im Bereich **gesetzlich verfasster Ermessens- und Beurteilungsspielräume**, sodass die Behörde die sich aus dem Richtplan ergebenden Aussagen und Gesichtspunkte im Rahmen der Interessenabwägung zu berücksichtigen hat (VerwG BE vom 3. April 2006, in: BVR 2006 S. 385 E. 4.3). Mit anderen Worten ergeben sich aus dem Richtplan verbindliche Leitlinien für die Wahrnehmung des gesetzlich eingeräumten Ermessens und der Auslegung unbestimmter Rechtsbegriffe, weshalb seine Bindungswirkung auf den Rahmen des geltenden Rechts beschränkt bleibt. Die Verbindlichkeit der Festsetzungen im Richtplan gilt auch für die Nutzungsplanung. Trotzdem ist die Nutzungsplanung nicht der formelle Vollzug des Richtplans. Die Nutzungsplanung hat vielmehr einen, je nach Objekt und Formulierung im Richtplan, umfangreichen Konkretisierungsspielraum (BGE 118 Ib 503 E. 6b/cc). Und selbst bei recht konkreten Vorgaben im Richtplan besteht keine strikte Bindung an diesen, sodass Abweichungen vom Richtplan in der Nutzungsplanung möglich sind, wenn sie sachlich im konkreten Fall begründet werden (zum Ganzen KG VS vom 5. Dez. 2008, in: ZWR 2009 S. 54 E. 4.2 und E. 4.3). Stimmt ein Nutzungsplan nicht mit dem Richtplan überein, ist der Richtplan vor Erlass des Nutzungsplans zu überprüfen und allenfalls zu ändern (VerwG AG vom 19. Okt. 1999, in: AGVE 1999 S. 103 E. 4d). 2795

Praxis:

- **Bau eines Einkaufszentrums im Widerspruch zur Richtplanung:** Die Z AG, Eigentümerin der Parzellen GB Solothurn Nrn. 911 und 1739 (Kofmehl-Areal), plant auf diesen Grundstücken für Y ein Einkaufszentrum mit Restaurant. Die Parzellen liegen nach dem geltenden Zonenplan der Einwohnergemeinde der Stadt Solothurn in der Gewerbe- und Industriezone. Im Jan. 2008 legte die Stadt Solothurn den Teilzonen- und Gestaltungsplan «Kofmehlareal/ 2796

Gibelinstrasse» mit Sonderbauvorschriften öffentlich auf. Darin sind eine Spezialzone für publikumsintensive Anlagen sowie die Errichtung eines Einkaufszentrums mit einer reinen Verkaufsfläche von 6'500 m² vorgesehen. Die dagegen erhobenen Beschwerden wurden abgewiesen. Das Bundesgericht heisst die Beschwerde von X gut. Erwägungen: § 58 Abs. 2 PBG/SO bestimmt, dass die Standorte für geplante Einkaufs- und andere regionale Dienstleistungszentren, für Sport- und Freizeitanlagen von regionaler Bedeutung und für Flugplätze in jedem Fall im kantonalen Richtplan festzulegen sind. Der Regierungsrat nahm im Jahre 2005 verschiedene Anpassungen des kantonalen Richtplans 2000 vor. Einen Standort für ein Einkaufszentrum auf dem hier betroffenen Areal legte er jedoch nicht fest. Die für das Einkaufszentrum beanspruchte Fläche wird im kantonalen Richtplan als «Siedlungsgebiet für Industrie- und reine Gewerbenutzungen» bezeichnet. Nach Auffassung der Vorinstanz sowie der kantonalen und kommunalen Behörden soll für das umstrittene Vorhaben gar keine Richtplanfestlegung nötig sein, da gemäss den Kapiteln SW 5.1.3 und 5.1.4 des Richtplans neue Einkaufszentren und Fachmärkte mit einer Nettoladenfläche von weniger als 10'000 m² in Zentrumsgemeinden keine Festlegung im Richtplan erforderten. Die Stadt Solothurn sei als Zentrumsgemeinde für den Standort des Einkaufszentrums geeignet. Mit einer Verkaufsfläche von 6'500 m² werde der Schwellenwert von 10'000 m² weit unterschritten. Der Auffassung des Verwaltungsgerichts, für das umstrittene Einkaufszentrum sei keine Standortfestlegung im kantonalen Richtplan nötig, weil der Schwellenwert gemäss SW 5.1.4 nicht erreicht werde, kann nicht gefolgt werden. § 58 Abs. 2 PBG/SO schreibt für Standorte von geplanten Einkaufszentren in jedem Fall eine Richtplanfestlegung vor. Diese Bestimmung kann offensichtlich nicht so verstanden werden, dass in Zentrumsgemeinden erst ab einer Nettoverkaufsfläche von 10'000 m² eine Richtplanfestsetzung zu erfolgen habe. Hinzu kommt, dass das geplante Einkaufszentrum an einer bereits heute sehr stark belasteten Zufahrtsstrasse geplant ist. Nach den Erwägungen im angefochtenen Entscheid ist davon auszugehen, dass die erwartete Verkehrszunahme deutlich über dem Verkehrsaufkommen liegen dürfte, das mit einer durchschnittlichen Nutzung im «Siedlungsgebiet für Industrie- und reine Gewerbenutzungen» gemäss geltendem Richtplan zu erwarten ist. Die neue Nutzung der Fläche als Einkaufszentrum erfordert eine spezielle Abstimmung mit den übrigen raumwirksamen Tätigkeiten. Diese Abstimmung ist nach Art. 8 lit. a und Art. 9 RPG im für die Behörden verbindlichen Richtplan aufzuzeigen, was bisher unterblieben ist. Der Verzicht auf eine richtplanerische Festlegung des Standorts für das Einkaufszentrum ist daher im Lichte von § 58 Abs. 2 PBG/SO mit dem Bundesrecht nicht vereinbar, was zur Gutheissung der Beschwerde führt (BGer vom 21. Jan. 2010, 1C_415/2009, E. 2).

2797 – **Nutzungsplan und Richtplan:** Die Beschwerdeführenden kritisieren, der Teilzonenplan «Engstlenalp» respektiere die Vorgaben der Richtplanung nicht. Die Planung «Engstlenalp» bezweckt, die touristische Nutzung der Alp sowohl im Sommer als auch im Winter zu regeln und sieht gewisse Einzonungen («Nutzungsfelder 1-6») und insofern eine «beschränkte» Bauzone vor. Die Alp liegt in der Land- und Alpwirtschaftszone und innerhalb des regionalen Landschaftsschongebiets «Arnialpen» des Richtplans der Region Oberland-Ost vom März 1984. Die Nutzungsplanung muss den Zielen und Planungsgrundsätzen von Art. 1 und 3 RPG entsprechen. In die erforderliche raumplanungsrechtliche Interessenabwägung einzubeziehen sind unter anderem einschlägige Richtplanaussagen. Der Richtplan sieht für Landschaftsschongebiete die folgenden Massnahmen vor: Im Landschaftsschongebiet sind standortgebundene Bauten und Anlagen (inkl. Erschliessung) v.a. für die Land- und Forstwirtschaft sowie Versorgungsanlagen und Einrichtungen für ruhige Erholungstätigkeiten möglich, soweit sie das Gesamtbild oder charakteristische Einzelelemente der Landschaft nicht beeinträchtigen und sich gut in das Landschaftsbild einfügen. Entsprechende Auflagen sind von Fall zu Fall festzulegen. Grossbauten sowie nicht land- oder -forstwirtschaftliche Bauten und Anlagen ohne zwingende Standortgebundenheit, grössere Abbau- und Deponiegebiete sind nicht zuzulassen. Auf Einzonungen für Bauten und Anlagen irgendwelcher Art ist zu verzichten. Das Landschaftsschongebiet soll nicht durch Nutzungen beeinträchtigt werden, die dem Schutzzweck widersprechen wie Helikopter- und Motorsportflüge oder Snowmobile, soweit sie nicht land- und forstwirtschaftlichen Zwecken bzw. dem notwendigen Unterhalt von Erholungseinrichtungen dienen. Ferner finden sich im Richtplan gewisse Aussagen für touristisch intensiv genutzte Gebiete ausserhalb von Kernorten. Im regionalen Richtplan aus dem Jahr 1984 wurde ein Landschaftsschongebiet festgelegt. Wohl sind Einzonungen für Bauten und Anlagen irgendwelcher Art zu verhindern, doch sind zwingend ausgeschlossen nur Grossbauten sowie nichtland- oder -forstwirtschaftliche Bauten und Anlagen ohne zwingende Standortgebundenheit. Es liegt deshalb nahe, dann nicht von einer gemäss Richtplan ausgeschlossenen Einzonung auszugehen, wenn und soweit es gelingt, im Einzelnen aufzuzeigen, weshalb die geplanten baulichen Nutzungsmöglichkeiten – Änderung, Erweiterung und Ersatz bestehender Gebäude, Nutzung des Bodens als Parkplatz und Veranstaltungsfläche – zwingend und in den vorgesehenen Dimensionen auf einen Standort ausserhalb der Bauzonen angewiesen sind. Ferner untersagt der Richtplan den Einsatz von Snowmobilen, soweit sie nicht land- und forstwirtschaftlichen Zwecken oder dem notwendigen Unterhalt von Erholungseinrichtungen dienen. Unter dem Gesichtswinkel des Richtplans problematisch ist der weitergehende Einsatz solcher Fahrzeuge. Das gilt insbesondere für den Verkehr von Schneetaxis, die der Teilzonenplan zulassen will. Eine solche Nutzung des Landschaftsschongebiets ist vom Richtplan gerade ausgeschlossen. Zu berücksichtigen ist ferner, dass der Richtplan nur Einrichtungen für ruhige Erholungstätigkeiten zulässt. Zu beurteilen ist in diesem Zusammenhang insbesondere der mit der Planung verbundene Verkehr mit Motor- und Pistenfahrzeugen. Dies fordert der Richtplan ausdrücklich auch mit seinen Festlegungen für touristisch intensiv genutzte Gebiete mit dem Hinweis auf die Folgewirkungen auf den rollenden und ruhenden Verkehr. Nach dem Gesagten ist der Teilzonenplan «Engstlenalp» nur schwer mit den Vorgaben zum Landschaftsschongebiet in Einklang zu bringen. Die Vorinstanz hat im angefochtenen Entscheid zudem nur unzureichend berücksichtigt, dass mit der baulichen Beschränkung von Bauten und Anlagen, dem Verbot von Snowmobilen und der Einschränkung der Einrichtungen auf ruhige Erholungstätigkeiten zentrale Schutzziele des Richtplans zur Diskussion stehen. Dies bedeutet freilich noch nicht, dass der umstrittenen Planung die Genehmigung verweigert werden muss. Die Aussagen des Richtplans sind aber (unverändert) in die Interessenabwägung einzubeziehen, zu bewerten und gegen die vom Richtplan nicht abgedeckten Interessen abzuwägen. Auf diesem Weg muss der Zielkonflikt zwischen dem Landschaftsschutz und der angestrebten intensiveren touristischen Nutzung der Engstlenalp gelöst werden (VerwG BE vom 7. April 2011, in: BVR 2011 S. 411 E. 6).

b) Nutzungsplan

Die **Nutzungsplanung** hat die in der Richtplanung vorgegebene Ordnung zu konkretisieren. **Richtplanung und Nutzungsplanung** stehen demnach nicht völlig selbstständig nebeneinander, sondern bilden zusammen mit dem Baubewilligungsverfahren ein sinnvolles Ganzes, in dem jeder Teil eine spezifische Funktion erfüllt («planerischer Stufenbau»; vgl. BGer vom 22. Jan. 2003, 1A.154/2002, E. 4.1). Grundsätzlich haben dabei die Planungen unterer Stufen denjenigen oberer Stufen und somit die Nutzungsplanungen jeder Art und Stufe der Richtplanung zu entsprechen (VerwG ZH vom 12. Jan. 2011, VB.2010.00555, E. 4.1; VerwG SG vom 9. Nov. 2010, B-2010-63, E. 3.1). Entsprechend ergibt sich der Anordnungs- oder Ermessensspielraum, welcher den Trägern der Nutzungsplanung zukommt, aus der kantonalen Richtplanung (VerwG ZH vom 12. Jan. 2011, VB.2010.00555, E. 4.3.1; VerwG BE vom 7. April 2011, in: BVR 2011 S. 411 E. 6.8). 2798

Nutzungspläne werden verfahrensrechtlich im Wesentlichen **Verfügungen** gleichgestellt und den Regeln der **Einzelanfechtung** unterworfen (vgl. Art. 82 lit. a BGG; BGer vom 9. Jan. 2012, 1C_437/2011, E. 1.1; vom 29. Sept. 2011, 1C_84/2011, E. 1.1; vom 1. Okt. 2010, 1C_164/2010, E. 4.1). Verfügungscharakter weist der Nutzungsplan insbesondere dann auf, wenn er derart detaillierte Anordnungen enthält, dass ein (allfällig) nachfolgendes (Bau-)Bewilligungsverfahren weitgehend präjudiziert oder gleichsam überflüssig erscheint (BGE 135 II 328 E. 2.1, 133 II 353 E. 3.3, 2799

132 II 209 E. 2.2.2, 129 I 337 E. 1.1, 123 II 231 E. 2, 121 II 72 E. 1b, 119 Ia 285 E. 3c, 117 Ia 302, E. 3, 116 Ia 207 E. 3b; BGer vom 15. Sept. 2011, 1C_118/2011, E. 3.2.2; vom 1. Okt. 2010, 1C_164/2010, E. 4.1; vom 2. April 2008, 1A.19/2007, E. 2.1; vom 6. Dez. 2007, 1C_153/2007, E. 1.2; vom 25. April 2007, 1A.266/2006, E. 1.1; vom 22. Jan. 2003, 1A.154/2002, E. 4.1).

2800 Solches trifft zum Beispiel auf **Quartier- und Gestaltungspläne, Überbauungsordnungen oder Sondernutzungspläne** zu (BGE 118 Ib 11 E. 2, 118 Ib 66 E. 1, 115 Ib 505 E. 2; BGer vom 29. Sept. 2011, 1C_84/2011, E. 1.1). Entsprechend ist ein Sondernutzungsplan, der den Schutz der Moorlandschaften und Auengebiete von besonderer Schönheit und nationaler Bedeutung garantieren soll, materiell als Verfügung im Sinne von Art. 5 VwVG zu qualifizieren (BGE 124 II 19 E. 1a). Wird eine Grundwasserschutzzone mittels Schutzzonenplan samt Reglement ausgeschieden, handelt es sich dabei sachlich um einen Sondernutzungsplan mit verfügungsgleichem Inhalt, welcher den Regeln der Einzelaktanfechtung unterworfen ist (VerwG ZH vom 7. Feb. 2002, VB.2001.00194, E. 1a). Gleiches kann bei der Genehmigung von kantonalen Strassenplänen gelten, sofern mit ihr gleichzeitig die baurechtliche Bewilligung für das Ausführungsprojekt erteilt wird (BGE 116 Ib 159 E. 1, 116 Ib 418 E. 1).

2801 Der **Begriff des Nutzungsplans** umfasst nicht nur den eigentlichen **Plan in Kartenform**, sondern auch die dazugehörigen **Nutzungsvorschriften** (BGer vom 23. Feb. 2012, 1C_492/2011, E. 4.1). Diese sind üblicherweise in die Form eines Reglements oder einer Verordnung gekleidet, die in den einzelnen Zonen zulässige Nutzung näher definiert. Doch weisen Nutzungsvorschriften individuell-konkreten Charakter auf, wenn sie mit dem Zonenplan derart eng verbunden sind, sodass sie als Teile des Nutzungsplans zu betrachten sind (BGE 133 II 353 E. 3.3). So beinhaltet die Verordnung zum Schutz des Pfäffikerseegebietes Schutzmassnahmen für ein bestimmtes Gebiet. Derartige Schutzanordnungen werden vom Bundesgericht wegen der Konkretheit der Regelung sowie dem engen Bezug zum Nutzungsplan als Allgemeinverfügungen betrachtet (BGer vom 12. Nov. 2002, 1A.143/2002, E. 1.2; vgl. auch BGE 135 II 328 E. 2.2 [Verordnung über die Ferienhäuser am Ufer des Neuenburgersees]; VerwG ZH vom 7. Feb. 2002, VB.2001.00194, E. 1a [Grundwasserschutzzonenplan samt Reglement]; BGer vom 29. Nov. 1994, 1A.42/1994, E. 1 [Luzerner Moorschutzverordnung für die Moorgebiete Mettilimoos, Nesslebrunne, Geuggelmoos und Fuchseremoos in Finsterwald, Gemeinde Entlebuch]).

Praxis:

2802 – **Nutzungs- und Richtplanbeständigkeit:** Nach Art. 21 Abs. 2 RPG werden die Nutzungspläne überprüft und nötigenfalls angepasst, wenn sich die Verhältnisse wesentlich geändert haben. Ein Zonenplan kann seinen Zweck nur erfüllen, wenn er eine gewisse Beständigkeit aufweist (BGE 120 Ia 227 E. 2b). Hingegen hat der Grundeigentümer keinen Anspruch auf dauernden Verbleib seines Landes in derselben Zone. Planung und Wirklichkeit müssen bei Bedarf in Übereinstimmung gebracht werden (BGE 123 I 175 E. 3a). Für die Beurteilung, ob die Veränderung der Verhältnisse erheblich ist und damit ein öffentliches Interesse an einer Planänderung besteht, bedarf es einer Interessenabwägung unter Berücksichtigung namentlich der Geltungsdauer des anzupassenden Zonenplans, seines Inhalts, des Ausmasses der beabsichtigten Änderung und deren Begründung (vgl. BGE 128 I 190 E. 4.2). Je neuer ein Zonenplan ist, umso mehr darf mit seiner Beständigkeit gerechnet werden, und je einschneidender sich die beabsichtigte Änderung auswirkt, umso gewichtiger müssen die Gründe sein, die für die Planänderung sprechen. Nach Ablauf des Planungshorizonts, der für Bauzonen 15 Jahre beträgt (Art. 15

lit. b RPG), sind Zonenpläne einer Überprüfung zu unterziehen und nötigenfalls anzupassen. Je näher eine Planungsrevision dieser Frist kommt, desto geringer ist deshalb das Vertrauen auf die Beständigkeit des Plans, und umso eher können auch geänderte Anschauungen und Absichten der Planungsorgane als zulässige Begründung für eine Revision berücksichtigt werden (BGer vom 12. Okt. 2009, 1C_202/2009, E. 3.3). Bei Richtplänen liegt die Schwelle zur Planänderung tiefer als bei Nutzungsplänen: Weil genehmigte Richtpläne nur für die jeweiligen Behörden verbindlich sind (Art. 9 Abs. 1 RPG), kommt bei der Frage der Richtplanänderung den Anliegen der Rechtssicherheit kaum und solchen des Vertrauensschutzes überhaupt keine Bedeutung zu. Das Bedürfnis nach Anpassung des Richtplans an veränderte Verhältnisse hat in der Regel mehr Gewicht als das Bedürfnis des Bürgers nach Rechtssicherheit im Sinne der Beständigkeit des Richtplans. In der Regel werden Richtpläne alle zehn Jahre gesamthaft überprüft und nötigenfalls überarbeitet (Art. 9 Abs. 3 RPG). Haben sich die Verhältnisse geändert, stellen sich neue Aufgaben oder ist eine gesamthaft bessere Lösung möglich, so sind sie zudem bereits vorher zu überprüfen und nötigenfalls anzupassen (Art. 9 Abs. 2 RPG; vgl. BVGer vom 10. Dez. 2009, A-1936/2006, E. 32.5 [in BVGE 2011/19 nicht publ. E]).

– **Nutzungsplan oder Baubewilligung (Kleinabbaustelle Steffensrain):** Die Bürgergemeinde 2803
Laupersdorf betreibt seit 1979 im Gebiet Steffensrain eine Abbaustelle für kalkhaltigen Gehängeschutt (Juramergel, Grien). Das abgebaute Material wird unter anderem für Anlagen in der Gemeinde, insbesondere für Wegunterhalt eingesetzt. Die bestehende Anlage liegt gemäss Zonenplan (Gesamtplan vom 29. Juni 1998) im Gebiet Kleinabbaustelle mit Auffüllungs- und Rekultivierungsbedarf und gleichzeitig im kommunalen Vorranggebiet Natur- und Landschaft. Im Mai 2007 legte die Einwohnergemeinde Laupersdorf den Teilzonen- und Gestaltungsplan «Kleinabbaustelle Steffensrain» für die Erweiterung der Abbaustelle öffentlich auf. Hiergegen wurde Einsprache und später Beschwerde erhoben. Das Bundesgereicht weist die Beschwerde ab. Erwägungen: Wird im Hinblick auf die Realisierung eines konkreten Vorhabens ausserhalb der Bauzone der Weg über eine Änderung der Nutzungsplanung beschritten, so dispensiert das die planenden Behörden nicht davon, mindestens dieselben Anforderungen wie bei der Anwendung von Art. 24 RPG zu beachten. Dazu gehören die eingehende Prüfung der Standortgebundenheit und eine umfassende Interessenabwägung durch dieselbe Behörde. Dabei ist zu beachten, dass die Änderung des Nutzungsplans noch nicht ohne Weiteres als unzulässig und als eine Umgehung von Art. 24 RPG bezeichnet werden kann, wenn die Voraussetzungen für eine Ausnahmebewilligung nicht erfüllt sind. Vielmehr ist zu prüfen, ob eine solche Planungsmassnahme den Zielen und Grundsätzen der Nutzungsplanung gemäss RPG entspricht. Ist dies der Fall, so ist sie rechtmässig und stellt keine Umgehung von Art. 24 RPG dar, auch wenn eine Ausnahmebewilligung für das Bauvorhaben mangels Standortgebundenheit i.S.v. Art. 24 lit. a RPG ausgeschlossen wäre. Eine Umgehung von Art. 24 RPG ist nur dann anzunehmen, wenn mit der fraglichen Planungsmassnahme eine unzulässige Kleinbauzone geschaffen wird (BGE 121 I 245 E. 6e) oder wenn sie sonst auf einer sachlich nicht vertretbaren Abwägung der berührten räumlichen Interessen beruht (BGE 124 II 391 E. 2c). Vorliegend hat das Verwaltungsgericht bei der Überprüfung des Teilzonen- und Gestaltungsplans «Kleinabbaustelle Steffensrain» dieselben Anforderungen beachtet, wie sie bei der Anwendung von Art. 24 RPG gelten. Es hat geprüft, ob die umstrittene Planungsmassnahme den Zielen und Grundsätzen der Nutzungsplanung gemäss RPG entspricht, und dies zu Recht bejaht. Die Planungsmassnahme ist daher rechtmässig und stellt keine Umgehung von Art. 24 RPG dar. Die Erweiterung der bestehenden kleinen Abbaustelle kann nicht als unzulässige Kleinbauzone bezeichnet werden. Schliesslich hat das Verwaltungsgericht den Teilzonen- und Gestaltungsplan auch unter dem Gesichtspunkt der im kantonalen Recht und im Bundesrecht normierten Ziele und Grundsätze geprüft und die auf dem Spiele stehenden Interessen sachgerecht gewichtet und gegeneinander abgewogen (BGE 124 II 391 E. 4). Dabei sind die in Frage kommenden Alternativstandorte evaluiert und hinreichend geprüft worden. Das gilt auch für die in der Beschwerdeschrift erwähnten Kiesgruben Matzendorf und oberes Eichholz. Auch die von den Beschwerdeführern geltend gemachten privaten Interessen und die Interessen des Natur-, Landschafts- und Umweltschutzes sind angemessen gewürdigt worden. Der von den Beschwerdeführern verwendete Begriff des Wanderbiotops entspricht nicht demjenigen des Verwaltungsgerichts. Jedenfalls er-

füllen die angeordneten Natur-, Landschafts- und Umweltschutzmassnahmen bezogen auf die einzelnen zeitlich begrenzten Abbauetappen ebenfalls wichtige öffentliche Interessen, auch wenn sie weniger weit gehen als dies die Beschwerdeführer verlangen. Von einer Verletzung von Bundesrecht mit Einschluss der willkürlichen Anwendung kantonalen Rechts kann auch in diesem Punkt nicht die Rede sein. Dass eine beschränkte Einsehbarkeit in die Kiesgrube gegeben ist, vermag die vom Verwaltungsgericht vorgenommene Interessenabwägung nicht als rechtswidrig erscheinen zu lassen. Gleich verhält es sich mit dem Argument der Beschwerdeführer, an Stelle von Grien könnte auch anderes Material für den von der Bürger- und der Einwohnergemeinde vorgesehenen Zweck verwendet werden. Das Interesse am Grienabbau ist hinreichend begründet worden. Auch was das Argument der übermässigen Lärmverursachung betrifft, kann dem Verwaltungsgericht keine Bundesrechtsverletzung vorgeworfen werden. Nicht anders ist es in Bezug auf den Verkehr um die Grube herum. Die Regelung des Verkaufs des Grien an Nachbargemeinden und die Kontrolle der im Rahmen der Nutzungsplanung gemachten Auflagen sind Fragen des Vollzugs, die hier nicht näher zu erörtern sind (BGer vom 15. Juli 2009, 1C_517/2008, E. 2.1 und E. 2.3).

2804 – **Anspruch auf rechtliches Gehör im Nutzungsplanverfahren:** Verschiedene Autoren halten dafür, dass die bloss nachträgliche Einräumung eines Rechtsmittels gegen einen bereits beschlossenen Nutzungsplan mit dem verfassungsrechtlichen Anspruch auf rechtliches Gehör nicht vereinbar sei, sondern der durch beabsichtigte Nutzungsplanungen in schutzwürdigen Interessen Betroffene die Möglichkeit haben müsse, bereits von Planentwürfen Kenntnis zu erhalten, sie einzusehen und dagegen Einwendungen zu erheben. Damit wird die Forderung erhoben, das rechtliche Gehör im Nutzungsplanverfahren vor der erstinstanzlichen Beschlussfassung zu gewähren. Für diese Auffassung könnte sprechen, dass die Gewährung des rechtlichen Gehörs im Allgemeinen erheischt, dass Betroffene vor Erlass eines in ihre Rechtsstellung eingreifenden Entscheides durch die zuständige Behörde zum frühestmöglichen Zeitpunkt anzuhören sind. Es ist nicht zu übersehen, dass, wenn wie vorliegend Einwendungen gegen die Planänderung erst nach dem Beschluss über deren Erlass im anschliessenden Rechtsmittelverfahren vorgebracht werden können, deren Adressatin nicht die Planungsbehörde, sondern die Rechtsmittelinstanz ist. Dieser kommt zwar grundsätzlich umfassende Kognition zu (Art. 33 Abs. 3 lit. b RPG), doch respektiert sie das Planungsermessen der lokalen Planungsbehörde (BGE 127 II 238 E. 3b/aa). Damit geht einher, dass die zur Stellungnahme zu den Einwendungen aufgerufene Planungsbehörde nach durchgeführter Abstimmung nicht mehr in dem Masse frei ist, wie sie es in einem der Abstimmung vorgelagerten Verfahren wäre, weshalb von ihr im Rahmen der Vernehmlassung im Rechtsmittelverfahren keine wirklich unvoreingenommene Prüfung zu erwarten ist, selbst wenn ein Rückkommen noch möglich wäre. Fraglich ist, ob das rechtliche Gehör der Betroffenen mit diesem Vorgehen hinreichend gewahrt wird. Im Raumplanungsrecht werden individueller Rechtsschutz und damit die Gewährung des rechtlichen Gehörs in Art. 33 RPG abschliessend konkretisiert: Nutzungspläne werden öffentlich aufgelegt (Abs. 1). Das kantonale Recht sieht wenigstens ein Rechtsmittel vor (Abs. 2) und gewährleistet volle Überprüfung durch wenigstens eine Beschwerdebehörde (Abs. 3 lit. b). Damit erhalten die Legitimierten (Abs. 3 lit. a) Gelegenheit, im Beschwerdeverfahren mit ihren Anliegen zu den sie tangierenden Planänderungen gehört zu werden. Verlangt wird in Art. 33 RPG lediglich die Auflage der Nutzungspläne, nicht aber auch der Planentwürfe. Diesem Anspruch genügt ein Verfahren, das die öffentliche Auflage des Nutzungsplanes erst nach dessen Festsetzung durch das zuständige Organ zur Einleitung des Rechtsmittelverfahrens anordnet. Dabei ist in Kauf zu nehmen, dass sich die Betroffenen je nach Ausgestaltung des kantonalen Verfahrens erst gegenüber der Rechtsmittelinstanz erstmalig rechtlich zur Wehr setzen können und nicht schon gegenüber der Planungsbehörde. Damit geht einher, dass die Rechtsmittelinstanz, die zwar über eine umfassende Sachverhalts- und Rechtskontrolle verfügt, das Planermessen der Planungsbehörde respektiert. Insoweit mag der Standard der Gehörsgewährung im Beschwerdeverfahren jenem der Gehörsgewährung im Einspracheverfahren nicht vollumfänglich zu entsprechen. Dennoch ist der Anspruch auf rechtliches Gehör gewahrt (BGE 135 II 286 E. 5).

- **Verordnung zum Schutz des Pfäffikerseegebietes:** Am 27. Mai 1999 erliessen die Bau- und die Volkswirtschaftsdirektion des Kantons Zürich eine neue Verordnung zum Schutz des Pfäffikerseegebietes. Diese Verordnung wurde am 27. Aug. 1999 amtlich publiziert und sofort in Kraft gesetzt. Sowohl der Regierungsrat wie auch das Verwaltungsgericht wiesen die Beschwerde von S ab. Dieser gelangt an das Bundesgericht. Erwägungen: Der Beschwerdeführer hat staatsrechtliche Beschwerde und Verwaltungsgerichtsbeschwerde erhoben gegen einen kantonal letztinstanzlichen Entscheid des Verwaltungsgerichts, der eine Verordnung des Regierungsrats zum Schutz des Pfäffikersees betrifft. Gemäss Art. 97 Abs. 1 aOG i.V.m. Art. 5 VwVG beurteilt das Bundesgericht letztinstanzliche Verwaltungsgerichtsbeschwerden gegen Verfügungen, die sich auf Bundesverwaltungsrecht stützen oder hätten stützen müssen. Die staatsrechtliche Beschwerde ist nur subsidiär zulässig, wenn die behauptete Rechtsverletzung nicht mit einem anderen Rechtsmittel beim Bundesgericht gerügt werden kann (Art. 84 Abs. 2 aOG). Der Pfäffikersee mit seinen angrenzenden Ufergebieten ist in verschiedenen Bundesverordnungen als Objekt von nationaler Bedeutung erfasst. Die angefochtene Verordnung zum Schutz des Pfäffikersees stützt sich materiell auf die bundesrechtlichen Bestimmungen des Moor- und Biotopschutzes (Art. 18a und Art. 23a ff. NHG) und damit auf Bundesverwaltungsrecht. Dies gilt auch für die vom Beschwerdeführer angefochtenen See- und Uferschutzzonen. Zwar ist die Schutzverordnung formell als «Verordnung», d.h. als Erlass ergangen, der grundsätzlich nur im Verfahren der staatsrechtlichen Beschwerde vor Bundesgericht angefochten werden kann. Materiell enthält die Verordnung jedoch Schutzmassnahmen für ein bestimmtes Gebiet: Sie stellt den Pfäffikersee und die umgebende Landschaft unter Schutz und gliedert das Schutzgebiet in verschiedene Zonen. Die Lage sowie die Grenzen und Zonen des Schutzgebietes sind auf einem Übersichtsplan verzeichnet, der gemäss Ziff. 2 Abs. 2 Bestandteil der Verordnung ist. Für jede Zone formuliert die Verordnung Schutzziele (Ziff. 3) und Schutzanordnungen (Ziff. 4 - 8). Derartige Schutzanordnungen werden vom Bundesgericht wegen der Konkretheit der Regelung als Allgemeinverfügung bzw. als Nutzungsplan i.S.v. Art. 33 RPG qualifiziert (BGer vom 29. Nov. 1994, 1A.42/1994, E. 1 [Luzerner Moorschutzverordnung]). Im zitierten Entscheid vom 29. Nov. 1994 liess das Bundesgericht erstmals die Verwaltungsgerichtsbeschwerde gegen eine derartige Schutzverordnung zu, soweit sie sich auf Bundesverwaltungsrecht stützt. Gestützt auf diese Rechtsprechung ist auch im vorliegenden Fall die Verwaltungsgerichtsbeschwerde statthaft (BGer vom 12. Nov. 2002, 1A.143/2002, E. 1.2). 2805

c) Sachplan

Gemäss **Art. 13 RPG** erstellt der **Bund Sachpläne und Konzepte**, um aufzuzeigen, wie er seine raumwirksamen Tätigkeiten sachlich – vorerst nicht örtlich – wahrzunehmen gedenkt (BGE 128 II 1 E. 3d). Die Sachpläne sind einzig für die Behörden sowie für die mit der Wahrnehmung öffentlicher Aufgaben betrauten Personen und Organisationen, nicht dagegen für Private, rechtlich verbindlich (Art. 22 RPV; BGE 133 II 120 E. 2.2; BGer vom 14. Juli 2011, 1C_560/2010, E. 7; vom 8. Juli 2003, 1A.64/2003, E. 6.1.3). Diese Pläne und Konzepte betreffen einerseits bestimmte **Grossprojekte** wie «Alptransit», «Geologisches Tiefenlager», «Übertragungsleitungen» oder «Nationales Sportanlagekonzept», andererseits bestimmte **Querschnittsaufgaben** wie «Fruchtfolgeflächen», «Landschaftskonzept», «Verkehr» oder «Militär» (zum Sachplan «Infrastruktur Luft»: BGE 133 II 120 E. 2.1; BVGer vom 16. Dez. 2009, A-318/2009, E. 5.4.1; zu einem kantonalen Sachplan «Abbau, Deponie und Transporte»: BGer vom 14. April 2000, 1P.45/1999, E. 2b). 2806

Sachpläne enthalten unter Umständen **noch keine definitiven raumbezogenen Erkenntnisse**, regeln vorab den Bedarf, die Standortfestlegung, die räumlichen Auswirkungen der konkreten Vorhaben, die räumlichen Zusammenhänge und die Koordination mit anderen Vorhaben, die technischen und betrieblichen Voraussetzungen sowie 2807 die Realisierungsmassnahmen (BVGer vom 16. Dez. 2009, A-318/2009, E. 5.3). Sie sind Ausgangspunkt für die nachfolgenden Entscheide, sei es in Form der Richt- oder Nutzungsplanung (BGer vom 14. April 2000, 1P.45/1999, E. 2b) oder sei es in Form einer Plangenehmigung, welche funktional einer Baubewilligung entspricht (BVGer vom 16. Dez. 2009, A-318/2009, E. 5.2).

2808 **Aufgabe** der der Sachplanung nachfolgenden Entscheide ist es daher, die im Sachplan aufgeführten Ziele operabel zu machen (VerwG BE vom 28. März 2007, in: URP 2007 S. 844 E. 2.7.2 und E. 2.8). Fehlt eine derartige Planung oder ist sie noch nicht erstellt, kann eine Baubewilligung oder Plangenehmigung unter Umständen nicht erteilt werden (BGE 128 II 1 E. 5d). Allerdings besteht kein Anspruch darauf, dass in der Baubewilligung oder Betriebskonzession bei (noch) fehlender Sachplanung Angaben über die künftige räumliche Entwicklung wie beispielsweise über den künftigen Flugbetrieb oder die An- und Abflugrouten gemacht werden (BGer vom 8. Juli 2003, 1A.64/2003, E. 6.1.1 und E. 6.1.2).

Praxis:

2809 – **Recht auf Mitwirkung am Koordinationsprozess (Erlass des «Sachplans Infrastruktur Luft» [SIL]):** Vor Erlass des SIL führte das BAZL eine Vorabklärung, den sogenannten Koordinationsprozess, durch. Im Zusammenhang mit den SIL-Koordinationsgesprächen zum Flughafen Zürich ersuchte der Kanton Thurgau wiederholt um direkte Teilnahme daran. Mit Verfügung vom 1. Mai 2006 stellte das BAZL fest, der Kanton Thurgau habe keinen Anspruch darauf, an den fraglichen Gesprächen teilzunehmen. Dagegen gelangte der Kanton Thurgau an die damalige REKO INUM, welche die Beschwerde ebenso wie nachfolgend das Bundesgericht abwies. Erwägungen: Nach Art. 13 Abs. 2 RPG arbeitet der Bund bei der Erstellung von Grundlagen für die Erfüllung seiner raumwirksamen Aufgaben mit den Kantonen zusammen und gibt diesen seine Konzepte, Sachpläne und Bauvorhaben rechtzeitig bzw. möglichst frühzeitig bekannt (vgl. Art. 18 Abs. 1 RPV). Die Sachpläne des Bundes werden zwar sowohl in enger Zusammenarbeit mit den Kantonen und Gemeinden wie auch unter Mitwirkung der Bevölkerung erstellt (vgl. Art. 4 Abs. 2 RPG, Art. 17-19 RPV), doch mündet dieses Anhörungsverfahren nicht in ein Rechtsmittelverfahren. Ferner liegen die Koordinationsgespräche als Vorstufe zum Entwurf des Objektblattes ausserhalb des gesetzlich geregelten Sachplanverfahrens und stellten insoweit informelles Verwaltungshandeln dar. Den zuständigen Behörden steht bei der Anwendung von Art. 4 Abs. 2 RPG ein weiter Handlungsspielraum zu. Das gilt insbesondere auch für die Bestimmung des Kreises, welcher in ein Mitwirkungsverfahren einzubeziehen ist. Eine stärkere Berücksichtigung der Mitwirkungsbegehren des Beschwerdeführers wäre vor diesem Hintergrund nicht bundesrechtswidrig gewesen. Aber auch die Art und Weise, wie das Mitwirkungsverfahren im vorliegenden Fall gehandhabt wurde, kann nicht als bundesrechtswidrig bezeichnet werden. Als Mindestgarantie fordert Art. 4 RPG lediglich, dass die Planungsbehörden neben der Freigabe der Entwürfe zur allgemeinen Ansichtsäusserung Vorschläge und Einwände nicht nur entgegennehmen, sondern auch materiell beantworten. Im Bereich der Sachplanung stellt die zuständige Bundesstelle den Entwurf eines Konzepts oder Sachplans den betroffenen Kantonen zu und teilt ihnen gleichzeitig mit, wie die Information und die Mitwirkungsmöglichkeiten der Bevölkerung in den amtlichen Publikationsorganen anzuzeigen sind (Art. 19 Abs. 1 RPV). Die kantonalen Fachstellen haben danach gemäss Art. 19 Abs. 2 RPV die Aufgabe, die interessierten kantonalen, regionalen und kommunalen Stellen anzuhören und dafür zu sorgen, dass die Bevölkerung in geeigneter Weise mitwirken kann. Diesen Anforderungen kommt das BAZL im vorliegenden Fall weitgehend nach, obwohl sich das Verfahren noch nicht im Entwurfsstadium befindet, sondern erst auf einer Vorstufe informeller Gespräche. Der Beschwerdeführer erhält regelmässig Informationen zum Koordinationsprozess, an welchem der Flughafen als Konzessionär, der Standortkanton Zürich sowie die Nachbarkantone Aargau und Schaffhausen beteiligt sind, auf deren Gebiet gemäss BAZL raumplanungsrelevante Auswirkungen aus dem Flughafenbetrieb zu erwarten sind. Zudem kann sich der Beschwerdeführer zu den Zwischenergebnissen des Koordinationsprozesses vernehmen lassen und Erläuterungen verlangen. Damit tut das BAZL den gesetzlichen Anforderungen von Art. 4 Abs. 2 RPG bereits im Vorstadium des Sachplanverfahrens Genüge. Bei der Beurteilung, ab wann das Recht auf Mitwirkung besteht und welche Kantone als Betroffene mit einzubeziehen sind, stellt das BAZL auf das Kriterium der raumplanerischen Betroffenheit ab, was gemäss Bundesgericht gerechtfertigt erscheint. Wenn der potenzielle Objektblattentwurf auch Anpassungen eines kantonalen Richtplans erforderlich machen könnte, wird der betreffende Kanton in den Koordinationsprozess einbezogen. Dies ist nach Auffassung des BAZL dann der Fall, wenn zu erwarten ist, dass in gewissen Gebieten keine Wohnzonen der Empfindlichkeitsstufe (ES) II gemäss Anhang 5 LSV mehr ausgeschieden werden könnten (57 dB[A] tagsüber und 50 dB[A] nachts), was für den Kanton Thurgau nicht zutrifft (BGE 133 II 120 E. 3.2 und E. 4).

– **Ausbildungsanlage für Pontoniere (Standort Au):** Es stehen sich beim Standort Au zwei nationale Interessen gegenüber, nämlich einerseits das der Landesverteidigung und anderseits das an der Erhaltung des Wildtierkorridors. Diese Interessen schliessen sich gegenseitig aus, d.h. sie können nicht miteinander versöhnt werden. Weiter bedarf die Anlage Au gemäss Art. 126 Abs. 4 MG der Grundlage in einem Sachplan. Nach Art. 6 Abs. 3 MPV setzt die Plangenehmigung eines sachplanrelevanten Vorhabens dessen Festsetzung im Sachplan Militär voraus. Wie das Bundesamt für Raumentwicklung in der Vernehmlassung zutreffend darlegt, hat damit der Verordnungsgeber zum Ausdruck gebracht, dass wichtige Ermessensentscheide von der Sachplanbehörde zu treffen sind. Bei der Frage, welchem von zwei sich widerstreitenden gleichwertigen nationalen Interessen der Vorrang zu geben ist, handelt es sich um einen bedeutenden Ermessensentscheid, den klarerweise die Sachplanbehörde zu treffen hat. Diese hat in den Erläuterungen zum Sachplan im Einzelnen darzulegen, weshalb sie sich zu Gunsten des einen oder anderen Interesses entschieden hat. Dass der Entscheid der Sachplanbehörde obliegt, ist sachlich begründet. Die Sachplanbehörde verfügt über die erforderliche Distanz und ist befähigt, auf übergeordneter Stufe in einer Gesamtschau die Interessen abzuwägen; die Gefahr der Verengung des Blickwinkels besteht nicht. Fachbehörden neigen demgegenüber dazu, ihre fachspezifischen Interessen in den Vordergrund zu stellen. Dieser Entscheid hat vorliegend die Behörde nicht getroffen. Für das Vorhaben fehlt damit in materieller Hinsicht die vorausgesetzte Festlegung im Sachplan. Dieser Mangel steht der Bewilligung des Projekts am Standort Au entgegen. Die Bewilligungsfähigkeit setzt voraus, dass auch auf der Stufe Sachplanung die Auswirkungen auf den Wildtierkorridor bei der Standortwahl hinreichend in Betracht gezogen werden (BGE 128 II 1 E. 5d). 2810

– **Projektierungszone trotz fehlender Sachplanung (Fracht Flughafen Zürich):** Das Bundesgericht und das Bundesverwaltungsgericht bejahen die Möglichkeit, trotz fehlender Sachplanung eine Projektierungszone im Rahmen der Frachtentwicklung am Flughafen Zürich festzulegen. Eine Projektierungszone, mit der der künftige Raumbedarf einer Anlage gesichert wird, geht vorerst einmal der Einreichung eines Plangenehmigungsgesuchs vor. Sie soll die Betreiber einer Anlage in die Lage versetzen, ihre Entwicklungsmöglichkeiten während einer gewissen Zeit gegen störende Einflüsse zu sichern, ohne dass sie deswegen Boden enteignen müssen. D.h. allerdings nicht, dass eine Projektierungszone einfach «ins Blaue hinaus» festgelegt werden darf. Die Parameter sind klar und in Gesetz und Verordnung unmissverständlich festgelegt. Es dürfen nicht beliebige, sondern nur die für künftige Anlagen notwendigen Grundstücke mit der Zone belegt werden (Art. 37n LFG). Die Zone muss den Zielen und Vorgaben des sich zumindest im Entwurfsstadium befindlichen oder schon beschlossenen SIL entsprechen, ihnen also nicht zuwiderlaufen, und ihre Gültigkeit ist zeitlich begrenzt (Art. 37p Abs. 2 LFG). Daraus geht auch hervor, dass keine gesetzliche Grundlage besteht, den Erlass von Projektierungszonen von der vorgängigen Erarbeitung des Sachplans abhängig zu machen (BGer vom 9. Juli 2009, 1C_442/2008, E. 2.4.9). Die Errichtung einer Projektierungszone setzt immerhin voraus, dass eine einigermassen verfestigte und begründete Planungsabsicht besteht. An die Bestimmtheit der Planungsabsicht dürfen indes keine zu hohen Anforderungen gestellt werden, da die Planung ja nicht im Verfahren der Festsetzung von Projektierungszonen, sondern erst später 2811 verwirklicht wird. Die Planungsabsicht ist folglich wesensgemäss von einer gewissen Unbestimmtheit geprägt und wird oftmals erst im Verlauf der weiteren Planung nach und nach konkretisiert. Ziel ist denn auch, mit der Projektierungszone die Entscheidungsfreiheit der Planungsorgane zu sichern; entsprechend ist auszuschliessen, was immer die Planungsabsicht behindern könnte. Vorliegend ist der voraussichtliche Landbedarf für die Frachtentwicklung von 42'000 bis 75'000 m² bis im Jahre 2020 durch das Gesuch der Unique (Flughafen AG), den von ihr eingereichten Plan und den Erläuterungsbericht ausgewiesen. Von Gesetzes wegen wird ferner die Frist der Projektierungszone auf maximal fünf Jahre (bzw. acht Jahre mit Verlängerung) beschränkt. Ausserdem ist für die Sicherung des künftigen Landbedarfs ein anderer Standort im Gebiet des Flughafens nicht ersichtlich. Dies insbesondere wegen der engen räumlichen Verhältnisse im Bereich des Gebiets des Flughafens («Zone Ost»), in dem bereits heute die Fracht abgewickelt wird; ferner angesichts der Tatsache, dass zum heutigen Zeitpunkt kein anderer Standort für die Frachterweiterung in Frage kommt. Der Aufbau einer komplett neuen Infrastruktur im Westen des Flughafens («Zone West») wäre zum heutigen Zeitpunkt klarerweise unverhältnismässig (BVGer vom 16. Dez. 2009, A-318/2009, E. 5.7).

III. Staatliche Realakte (Tathandlungen)

1. Begriff

2812 Der staatliche oder behördliche Realakt umfasst eine **Vielzahl von Erscheinungsformen des tatsächlichen Verwaltungshandelns (Tathandelns)**, denen gemeinsam ist, dass sie grundsätzlich nicht auf einen Rechtserfolg, sondern auf einen **Taterfolg** ausgerichtet sind und keine Rechte und Pflichten von Privaten begründen (BGE 130 I 369 E. 6.1; BVGer vom 7. Sept. 2011, A-101/2011, E. 4.1; vom 9. Sept. 2010, A-6805/2009, E. 2; vom 18. Mai 2010, A-5646/2009, E. 3.2; vom 10. Juni 2009, A-8222/2008, E. 1.2.2; vom 14. Feb. 2008, A-1985/2006, E. 1.4; VerwG SG vom 19. Sept. 2007, in: GVP 2007 Nr. 3 E. 4.1.1; VerwG BE vom 2. April 2007, in: BVR 2007 S. 441 E. 3.2; RR SZ vom 11. Mai 2010, in: EGV 2010 Nr. C. 16.1, E. 4.1).

2813 Der **Begriff des Realakts (der Tathandlung) wird dabei weit verstanden** (MARIANNE TSCHOPP-CHRISTEN, Rechtsschutz gegenüber Realakten des Bundes [Artikel 25a VwVG], Zürich/Basel/Genf 2009, S. 22 ff.; HÄNER, VwVG-Praxiskommentar, Art. 25a VwVG, Rz. 6 ff.; WEBER-DÜRLER, VwVG-Kommentar, Art. 25a VwVG, Rz. 6 ff.): Die Rede ist von **faktischem, tatsächlichem, informalem, informellem, einfachem oder schlichtem Verwaltungshandeln**, am häufigsten wohl vom **staatlichen Realakt**. Er dient als **Auffangbegriff oder Oberbegriff** für staatliches, auf öffentlichem Recht beruhendes Handeln ausserhalb der Verfügung und ausserhalb des öffentlich-rechtlichen oder privatrechtlichen Vertrags (vgl. THOMAS MÜLLER-GRAF, Entrechtlichung durch Informalisierung? Ein Beitrag zur Handlungsformen- und zur Rechtsverhältnislehre im Verwaltungsrecht, Basel/Genf/München 2001, S. 91). Als weiterer Oberbegriff wird der Begriff des **schlichten Verwaltungshandelns** verwendet (so etwa HARTMUT MAURER, Allgemeines Verwaltungsrecht, 18. Aufl., München 2011, S. 423 ff.).

2814 Gemeint ist mit diesen Begriffen stets ein **staatliches Handeln ausserhalb der Formgebundenheit (Schriftlichkeit), ausserhalb von Rechtsverhältnissen oder der Rechtsverbindlichkeit**. Staatliches Handeln im Rahmen der genannten Begriffe kann aber an formgebundene bzw. verbindliche Verwaltungsakte **anschliessen**, so z.B. der staatlich angeordnete Abbruch eines Gebäudes, falls der Grundeigentümer das mit Verfügung angeordnete Abbruchgebot nicht innert der gesetzten Frist befolgt. Staatliches Tathandeln kann dem Verfügungshandeln aber auch **vorgeschaltet** sein, so z.B. die Stellungnahme eines Amtes im Hinblick auf den Erlass einer Verfügung durch ein anderes Amt (sog. «**verfügungsbezogene Realakte**»; vgl. z.B. BGE 116 Ib 260 E. 1d).

Ferner können Realakte auch **verfügungsvertretender Natur** sein und ähnliche Rechtswirkungen wie eine Verfügung zeitigen (vgl. z.B. VerwG BE vom 31. Aug. 2006, in: BVR 2006 S. 538 E. 1.1 [Wohnungsräumungen oder polizeiliche Hausdurchsuchungen]; RR AG vom 23. Mai 2001, in: AGVE 2001 S. 611 E. 1b/bb [Eingangskontrollen in einer Strafanstalt gegenüber einem Anwalt, der seinen Klienten besuchen will]; siehe auch Art. 28 Abs. 4 und 49 Abs. 3 VRG/GR, wonach als anfechtbare Entscheide auch Realakte gelten, die in Rechte und Pflichten von Personen eingreifen). Es ist jeweils im Einzelfall abzuklären, ob nicht eine anfechtbare Verfügung vorliegt (z.B. ARK vom 9. Nov. 2001, in: VPB 66 [2002] Nr. 45 E. 1b). 2815

Praxis:

- In einem Urteil vom 8. Feb. 2006 erwog das Eidg. Versicherungsgericht, die **Anordnung einer Begutachtung** stelle keine anfechtbare Zwischenverfügung, sondern letztlich einen **Realakt** dar (BGE 132 V 93 E. 5). Die in der Lehre geforderte Gleichstellung mit dem allgemeinen Verfügungsbegriff nach Art. 5 Abs. 1 lit. a VwVG scheitert laut EVG daran, dass bei der Anordnung einer Expertise nicht über Rechte und Pflichten einer versicherten Person befunden wird, weil die Teilnahme an einer Begutachtung nicht erzwungen werden kann. Vielmehr handelt es sich (gleich wie bei der Pflicht der versicherten Person, sich einer angeordneten Eingliederungsmassnahme zu unterziehen oder das ihr Zumutbare zur Verbesserung der Erwerbsfähigkeit beizutragen) um eine **sozialversicherungsrechtliche Last**, deren Erfüllung Voraussetzung der Entstehung oder des Fortbestandes des Rentenanspruchs ist (BGE 132 V 93 E. 5.2.6 und 5.2.7). Daran ändert sich auch im Lichte des am 1. Jan. 2007 in Kraft getretenen Art. 25a VwVG nichts. Auch diese Bestimmung setzt ein schutzwürdiges Interesse am Erlass einer Verfügung voraus, was zu verneinen ist, wenn der Realakt später – im Rahmen der Endverfügung, welche den IV-Grad festlegt – anfechtbar ist (BGE 136 V 156 E. 4). Neuerdings hat die Anordnung einer Administrativbegutachtung in Form einer Zwischenverfügung zu ergehen. Das Bundesgericht hält nicht länger an der Rechtsprechung fest, wonach für die Anordnung einer Expertise eine blosse Mitteilung genügt (vgl. BGE 132 V 93 E. 3.4.1.1). Vielmehr ist die (bei fehlendem Konsens zu treffende) Anordnung, eine Expertise einzuholen, in die Form einer Verfügung zu kleiden (Art. 49 ATSG), welche dem Verfügungsbegriff gemäss Art. 5 VwVG entspricht (BGE 137 V 210 E. 3.4.2.6). 2816
- Die **Nichtberücksichtigung einer Stellenbewerbung** stellt grundsätzlich einen Realakt dar. Der **abgewiesene Stellenbewerber** hat allerdings die Möglichkeit, den Erlass einer Verfügung zu verlangen, selbst wenn dieser keine Diskriminierung gestützt auf das Geschlecht geltend macht (BVGer vom 12. Okt. 2010, A-2757/2009, E. 7 und E. 8). 2817
- Die **Drohung seitens des Gemeinderats mit einer Strafanzeige** im Unterlassungsfall ist keine Verfügung, sondern ein Realakt. Mit der Drohung zur Einreichung einer Strafanzeige wird die Beschwerdeführerin nicht in ihren verfassungsmässigen Rechten tangiert. Gegen derartige Realakte ist kein Rechtsmittel gegeben (RR OW vom 27. März 2007, VVGE 2008/2009 Nr. 19 E. 2). 2818

2819 – Wird eine **Liefersperre** von Elektrizität wegen Nichtbezahlens von Rechnungen auf Seiten der Industriellen Werke Basel (IWB) beschlossen, läuft dies auf die Verweigerung einer Leistung hinaus, auf die grundsätzlich ein Anspruch besteht. Grundsätzlich handelt es sich dabei um einen **Realakt**; diesem jedoch hat die korrekte Anordnung voranzugehen, dass die rechtliche Verpflichtung der Industriellen Werke zur Erbringung der Versorgungsleistung bzw. der entsprechende Anspruch des Benützers als zumindest vorübergehend aufgehoben gelte, weil die gesetzlichen Voraussetzungen einer Liefersperre erfüllt seien. Dabei handelt es sich um einen individuell-konkreten Hoheitsakt, dem die Rechtsnatur einer Verfügung zukommt, der in der entsprechenden Form zu ergehen hat und der ferner den davon betroffenen Personen zu eröffnen ist (BGE 137 I 120 E. 5.5).

2820 – Werden gestützt auf eine Administrativuntersuchung Massnahmen getroffen und wird die **Untersuchung danach als beendet** erklärt, handelt es sich dabei um einen Realakt. Es werden keine neuen Rechte und Pflichten des Beschwerdeführers begründet. Anders wäre allenfalls zu entscheiden, wenn eine Administrativuntersuchung mangels Unbegründetheit formell eingestellt oder wenn es um die Frage der Veröffentlichung des Untersuchungsberichts gehen würde (BGer vom 19. Jan. 2011, 2C_786/2010, E. 2.2.1; zum vorinstanzlichen Entscheid BVGer vom 9. Sept. 2010, A-6805/2009, E. 2.3).

2821 – Die **Vorabklärung** im **kartellrechtlichen Verfahren** ist ein sogenanntes formloses Verfahren zur Abklärung der Frage, ob Anhaltspunkte für eine unzulässige Wettbewerbsbeschränkung gemäss Art. 5 und 7 KG vorliegen. Unabhängig davon, ob das Verfahren eingestellt oder eine Untersuchung eröffnet wird, ist dafür **kein Verfahrensabschluss mit Verfügung vorgesehen**, sondern lediglich ein **Schlussbericht**, welcher **keine Verfügung i.S.v. Art. 5 VwVG** darstellt. Im Rahmen der Vorabklärung kann das Sekretariat grundsätzlich keine verbindlichen Anordnungen i.S.v. End- und Zwischenverfügungen erlassen. Ausgenommen sind verfahrensleitende Verfügungen betreffend die Auskunfts- bzw. Editionspflicht, die im Rahmen der Vorabklärungen direkt gestützt auf Art. 40 KG erlassen werden. Die Eröffnung, Durchführung und der Abschluss einer Vorabklärung sowie die Veröffentlichung des Schlussberichts stellen nach dem Gesagten grundsätzlich keine anfechtbaren Verfügungen i.S.v. Art. 5 VwVG dar. Dasselbe gilt im Übrigen auch für die Eröffnung bzw. Nichteröffnung einer Untersuchung gemäss Art. 27 KG (BGE 135 II 60 E. 3.1.3, 113 Ib 90 E. 2d; BVGer vom 8. Juli 2010, B-1612/2010, E. 4).

2822 – Teilt die **St. Galler Kantonsregierung im Rahmen eines Vermittlungsverfahrens** (Kulturgüterstreit zwischen den Kantonen Zürich und St. Gallen) der leitenden Bundesbehörde (EDI) mit, dass man sich von **der Vorgehensweise des beauftragten Gutachters distanziere**, handelt es sich dabei um einen Realakt. Es ist auch zulässig, aufgrund des Auftragsverhältnisses mit dem Gutachter die Partner am Vermittlungsverfahren zu informieren, ohne den Letzteren vorgängig die Absicht eines derartigen Positionsbezugs zu eröffnen (BGer vom 13. März 2009, 1C_448/2008, E. 5.1).

2823 – Im Allgemeinen ergeht die **Polizeitätigkeit** wie Schusswaffengebrauch, Personenkontrollen, Anhaltungen, Identitätsfeststellungen, Überwachung von Personen oder Örtlichkeiten, erkennungsdienstliche Massnahmen oder der polizeiliche Gewahrsam in Form von Realakten (BGE 136 I 87 E. 4-8; VerwG BE vom 2. April 2007, in: BVR 2007 S. 441 E. 3.2).

2824 – **Anhaltungen und Personenkontrollen** anlässlich des sog. Antifaschistischen Abendspaziergangs in Thun stellen **Realakte** dar. Selbst wenn sich diese polizeilichen Massnahmen rechtlich auf die Beschwerdeführer auswirken, nehmen sie nicht die Gestalt von Verfügungen im Sinn der Verwaltungsrechtspflege an und können nicht direkt angefochten werden. Die Überprüfung ihrer Rechtmässigkeit kann jedoch in einem Feststellungsverfahren erfolgen (VerwG BE vom 2. April 2007, in: BVR 2007 S. 441 E. 3.2 und E. 4.5).

2825 – Bei der **Weigerung des Psychiatriezentrums** gegenüber einem **Rechtsanwalt**, ihn **sofort telefonisch mit seinen Mandaten zu verbinden**, handelt es sich um einen Realakt. Die Vorinstanz bejahte ein schutzwürdiges Interesse des Beschwerdeführers an einem Feststellungsentscheid und traf einen solchen unmittelbar im Rekursverfahren, was grundsätzlich zulässig ist (VerwG ZH vom 24. Aug. 2006, VB.2006.00222, E. 2).

- Die **Durchführung einer Bestattung** ist zwar ein **Realakt**, dieser bedarf jedoch in der Regel **einer vorangehenden Verfügung**, in welcher der Ort der Bestattung, die Art der Bestattung sowie die Art des Grabes festgelegt werden. Eine Verfügung ist in der Regel schon deswegen erforderlich, weil die Regelung des Bestattungswesens in verschiedener Hinsicht an die Wünsche und damit an Willenserklärungen des Verstorbenen und/oder der Angehörigen anknüpft. Liegen wie hier divergierende Erklärungen seitens der Betroffenen vor, dient eine solche Verfügung auch der Entscheidung darüber, an welche Erklärung für die Festlegung der Bestattungsmodalitäten anzuknüpfen ist (VerwG ZH vom 2. Dez. 2004, VB.2004.00366, E. 3.2). 2826
- Eine **Verzeigung beim Statthalteramt** durch die **Baubehörde** wegen **Verletzung von Bauvorschriften** ist ein Realakt und damit nicht anfechtbar. Mit der Verzeigung wird dem Statthalteramt ein straftatverdächtiges Verhalten zur Kenntnis gebracht. Gleichzeitig ist die Verzeigung der Verzeigten mitzuteilen. Dieser Verwaltungsakt erfüllt die Merkmale einer Verfügung nicht. Aus der Verzeigung erwächst der Rekurrentin kein Nachteil, besagt doch die Verzeigung nicht, in welchem Umfang ein Strafverfahren eingeleitet und ob überhaupt eine Strafe ausgefällt wird. Erst mit dem Erlass einer Strafverfügung wird strafrechtlich erstmals ein individuell-konkreter Verwaltungsakt ergehen, welchen die Rekurrentin gerichtlich beurteilen lassen kann (Baurekurskommission ZH vom 19. Nov. 2002, in: BEZ 2002 Nr. 69 E. 2b). 2827

2. Gliederung

Realakte erfassen nicht nur Handlungen, die **keinen Verfügungscharakter** haben, sondern auch Handlungen, die **keine verwaltungsrechtlichen Verträge** darstellen. Es geht einerseits also um **einseitiges** und anderseits um **zweiseitiges Staatshandeln**. Realakte können **nach mehreren Kriterien gegliedert** werden. Einerseits lassen sich **verschiedene Arten oder Typen** unterscheiden, nämlich schlichtes Verwaltungshandeln, Vollstreckungshandlungen, Auskünfte und Zusicherungen, Warnungen und Empfehlungen, informale Absprachen, «einfache» Mitteilungen usw. (vgl. RR SZ vom 11. Mai 2010, in: EGV 2010 Nr. C. 16.1, E. 4.1). Anderseits können Realakte **nach dem Verhältnis zur Verfügung** gegliedert werden, nämlich in verfügungsbezogene Realakte, verfügungsvermeidende Realakte und verfügungsvertretende Realakte (zum Ganzen insb. PIERRE TSCHANNEN, Amtliche Warnungen und Empfehlungen, ZSR 1999 II, S. 308; TSCHANNEN/ZIMMERLI/MÜLLER, § 38, Rz. 7 ff.; für eine andere Einteilung siehe MOOR/POLTIER, S. 28 ff.). Analog können, wenn in der Praxis auch selten vorkommend, Realakte **nach dem Verhältnis zum öffentlich-rechtlichen Vertrag** identifiziert werden (z.B. Offerten zum Abschluss von Subventionsverträgen nach Art. 19 Abs. 2 und 3 SuG). 2828

a) Arten oder Typen

aa) Schlichtes Verwaltungshandeln

Zu den Realakten zählt das **schlichte Verwaltungshandeln** wie der **Strassenunterhalt** oder die **Kehrichtabfuhr** (VerwG GR vom 14. Juli 2009, R-09-25, E. 2b), die **Umbenennung von Strassen** und damit einhergehend die **Umadressierung von Liegenschaften** (VerwG ZH vom 12. Juli 2007, VB.2007.00118, E. 2.1), die **Umbenennung einer Poststelle** (BGE 109 Ib 253) oder die **Schneeräumung** (RR SZ vom 11. Mai 2010, in: EGV 2010 C. 16.1, E. 4.1). Es handelt sich dabei weitgehend um **organisatorische oder betriebliche Massnahmen** (vgl. auch TANQUEREL, Rz. 668). 2829

2830 Im Kanton Graubünden werden die **Strassen zur Benützung durch den öffentlichen Verkehr** in der Regel formlos, ohne eigentliche «Widmung», durch den Realakt der Eröffnung und Bereitstellung der Öffentlichkeit übergeben (KG GR vom 10. Juli 1989, in: PKG 1989 S. 18 E. 5a). Bei der **Arbeitsvermittlung** gemäss Art. 18 Abs. 1 Satz 1 IVG (Vermittlung von behinderungsadäquaten Arbeitsplätzen) handelt es sich um schlichtes, tatsächliches Verwaltungshandeln (BVGer vom 3. Nov. 2008, C-2947/2006, E. 8.5). Gleiches gilt bei den **Lohnauszahlungen** eines Personalamtes (vgl. z.B. Finanzdirektion BE vom 30. Juli 1992, in: BVR 1993 S. 479 E. 4a). Sie stellen grundsätzlich lediglich eine Überweisung des vereinbarten Lohnes dar, wenn diese Auszahlungen nicht neue Aspekte (z.B. Abgangs- oder Überstundenentschädigung) beinhalten (BVGer vom 29. Juli 2010, A-6800/2009, E. 3.3; ebenso **Auszahlung von Subventionen**, solange die Behörde den Betrag nicht abweichend vom ursprünglich festgesetzten Betrag festlegt; vgl. BVGer vom 26. Aug. 2009, A-6006/2008, E. 6.4).

2831 Soweit betriebliche oder organisatorische Massnahmen eine **Aussenwirkung** entfalten, stellt sich die Frage, ob sie eine **Verwaltungsrechtshandlung** darstellen (vgl. insb. RR AG vom 23. Mai 2001, in: AGVE 2001 S. 611 E. 1b/bb [Eingangskontrollen in einer Strafanstalt gegenüber einem Anwalt, der seinen Klienten besuchen will]). Eine **Einsatzermächtigung (polizeiliche Hausdurchsuchung und Wohnungsräumung)** richtet sich zwar vorab an die Stadtpolizei Bern, indem diese ermächtigt wird, die Liegenschaft zu betreten und die Wohnung des Beschwerdeführers zu durchsuchen und zu räumen. Eine derartige Ermächtigung hat aber erhebliche Auswirkungen auf die Rechtsstellung des davon betroffenen Privaten, und stellt so besehen eine Verfügung dar (VerwG BE vom 31. Aug. 2006, in: BVR 2006 S. 538 E. 1.1). Das **Gesuch um Kantonswechsel** stellt keine interne, organisatorische Massnahme, sondern eine Verfügung i.S.v. Art. 5 VwVG dar, zumal darin durchaus ein Rechtsverhältnis geregelt wird: Es wird damit nämlich verbindlich festgelegt, in welchem Kanton die vorläufig aufgenommene Person für die Dauer der vorläufigen Aufnahme aufenthaltsberechtigt ist (BVGer vom 13. Feb. 2009, D-7775/2006, E. 1.2).

Praxis:

2832 – Die **Publikation einer Verfügung** ist ein Realakt und als solcher kein Anfechtungsobjekt; ebenso wenig fällt die Ankündigung der Publikation unter den Begriff der Verfügung (BVGer vom 28. Sept. 2009, B-4221/2008, E. 6.2).

2833 – **Fahrausweiskontrollen** stellen Realakte dar, bei denen sich danach üblicherweise ein schutzwürdiges Interesse auf Erlass einer Verfügung ergibt, um die Rechtmässigkeit des Vorgehens zu beurteilen (VerwG ZH vom 19. Juni 2008, VB.2008.00143, E. 2).

2834 – Bei **Flugbewegungen der FA-18 und Tiger-Kampfjets** im Gebiet Meiringen und Umgebung handelt es sich zwar um verfügungsfreie Realakte. Diese sind allerdings geeignet, die Gesundheit und Integrität einer Person zu gefährden, weshalb nach Art. 10 Abs. 2 BV ein Grundrecht tangiert und gemäss Art. 25a VwVG in Rechte und Pflichten des Privaten eingegriffen wird (BVGer vom 7. Sept. 2011, A-101/2011, E. 4.3).

2835 – Eine **Schneeräumung**, mit der um circa 4.00 Uhr begonnen wird und zu deren Zweck Fahrzeuge und Maschinen eingesetzt werden, verursacht Lärm, welcher geeignet ist, den Beschwerdeführer in seinem Wohlbefinden und seinem Ruhebedürfnis zu stören. Vorliegend wird zwar nicht in Ansprüche einer Person eingegriffen, doch werden dieser vorliegend besondere Verhaltenspflichten oder sonstige besondere Nachteile zugemutet (RR SZ vom 11. Mai 2010, in: EGV 2010 Nr. C. 16.1, E. 4.3.2).

bb) Behördliche Auskünfte und weitere Verlautbarungen

Unter den Begriff des Realaktes fallen auch behördliche Auskünfte, Zusicherungen, Warnungen, Empfehlungen, Stellungnahmen oder Vernehmlassungen (**«informales Verwaltungshandeln»**). Derartige Tathandlungen legen üblicherweise **keine Rechtsfolgen** verbindlich fest und stellen grundsätzlich keine Verfügungen dar, können sich allerdings je nach Grad der Verbindlichkeit zu einer Verfügung verdichten oder geeignet sein, in Rechte und Pflichten des Privaten einzugreifen (BGE 121 II 473 E. 2c, 116 Ib 260 E. 1; BGer vom 12. Aug. 2003, 5P.199/2003, E. 1.1; BVGer vom 29. Sept. 2009, C-5058/2007, E. 1.1.1). Als Realakte in diesem (weiteren) Sinne gelten insbesondere **amtliche Warnungen** oder **Empfehlungen** (BVGer vom 27. Mai 2009, A-3144/2008, E. 13.1 [Empfehlungen des Datenschutzbeauftragten]). Ebenso zu nennen sind **Zusicherungen** und **Auskünfte**, wobei letztere Seinsaussagen, erstere Sollensaussagen darstellen und nicht als Vertrag, sondern als Realakt in Form des informalen Verwaltungshandelns gelten (VerwG ZH vom 21. Sept. 2011, VB.2011.00086, E. 5.2; vom 7. Sept. 2011, VB.2011.00326, E. 4.2). 2836

Praxis:

- Als Realakte (im weiteren Sinne) gelten unter anderem **amtliche Warnungen oder Empfehlungen** (BVGer vom 27. Mai 2009, A-3144/2008, E. 13.1). 2837
- Zu den (anfechtbaren) Realakten im Sinne von Art. 88 Abs. 2 Satz 2 BGG zählen im Zusammenhang mit Abstimmungen und Wahlen **Abstimmungserläuterungen und -informationen** (BGer vom 29. Juni 2009, 1C_82/2009, E. 2.2.2). 2838
- Die **Information der Öffentlichkeit** durch eine **Medienmitteilung**, in welcher **staatliche Empfehlungen** abgegeben werden, ist als **Realakt** zu qualifizieren (REKO HM vom 2. Juni 2005, in: VPB 70 [2006] Nr. 21 E. 1.1.1). 2839
- **Empfehlungen des Eidgenössischen Datenschutz- und Öffentlichkeitsbeauftragten** gestützt auf Art. 29 Abs. 3 DSG stellen Realakte dar (BGE 136 II 508 E. 1.1). 2840
- Die verwaltungsverfahrensrechtlichen Bestimmungen des **Kartellgesetzes** sehen vor, dass die Eröffnung einer Untersuchung publiziert wird (Art. 28 KG) bzw. dass die Wettbewerbsbehörden ihre Entscheide veröffentlichen können (Art. 48 Abs. 1 KG) und die Öffentlichkeit über ihre Tätigkeit orientieren (Art. 49 Abs. 1 KG). Die **Orientierung der Öffentlichkeit** erfolgt oftmals in Form von **Pressemitteilungen**. Pressemitteilungen stellen sogenannte Informationshandlungen bzw. Realakte von Verwaltungsbehörden dar. Diese sind nicht auf Rechtswirkungen, sondern auf Tathandlungen ausgerichtet. In der fraglichen Pressemitteilung wird die Öffentlichkeit darüber informiert, dass die Untersuchung über Strassenbeläge im Tessin mittels Verfügungsantrags abgeschlossen und der Verfügungsantrag den Parteien zur Stellungnahme unterbreitet wurde. Aus dem Text der Pressemitteilung geht deutlich hervor, dass der verfahrensabschliessende Entscheid der WEKO auf Antrag des Sekretariats hin noch nicht gefällt wurde. Die an der Untersuchung beteiligten Unternehmen werden in der Pressemitteilung nicht beim Namen genannt. Bei der erwähnten Pressemitteilung handelt es sich folglich nicht um eine Verfügung im Sinne von Art. 5 VwVG (BVGer vom 1. Juni 2010, B-420/2008, E. 11). 2841

cc) «Einfache» Mitteilungen

«Einfache» Mitteilungen sind die rechtlich am wenigsten relevanten staatlichen Realakte. Sie entfalten keinerlei rechtliche Wirkungen. 2842

Praxis:

2843 – Die **Mitteilung** der Behörde, es müsse für das betreffende Vorhaben ein **Baugesuch eingereicht** werden, stellt einen blossen Realakt dar (VerwG AR vom 30. April 2008, in: ARGVP 2008 S. 54 E. 3).

2844 – Bei **Zahlungsplänen** oder bei der **Bewilligung von Ratenzahlungen** handelt es sich nicht um eine Verfügung, sondern um eine **individuelle und befristete Zusage** der betreffenden Behörde an den säumigen Schuldner, die Forderung auf dem Betreibungsweg für die Dauer der Zusage bei Einhaltung gewisser Bedingungen nicht geltend zu machen (BVGer vom 18. März 2011, A-4136/2009, E. 2.3.2; vom 24. Dez. 2010, A-122/2010, E. 5.2). Der Säumige wird dadurch nicht verbindlich und durchsetzbar zu etwas Neuem verpflichtet oder berechtigt. Er kann seine Schuld auch bei einem Abzahlungsplan jederzeit sofort bezahlen und bleibt in der gleichen rechtlichen Stellung, wenn er sich nicht daran hält. Bei der **Zusage** handelt es sich somit um **einfaches, im Ermessen der Behörde stehendes Verwaltungshandeln** über das weitere Vorgehen für den Bezug der Steuer, das keiner justizmässigen Überprüfung unterworfen ist und eine Vollzugshandlung darstellt (BGer vom 23. Dez. 2002, 2A.344/2002, E. 3.1; BVGer vom 18. März 2011, A-4136/2009, E. 2.3.2; vom 24. Dez. 2010, A-122/2010, E. 5.2; VerwG GR vom 20. März 2007, in: PVG 2007 S. 95 E. 1).

2845 – In einem Urteil vom 8. Feb. 2006 hat das Eidg. Versicherungsgericht erwogen, die **Anordnung einer Begutachtung** stelle keine anfechtbare Zwischenverfügung, sondern letztlich einen **Realakt** dar (BGE 132 V 93 E. 5), wobei für die Anordnung einer Expertise eine **einfache Mitteilung** genügt (vgl. BGE 132 V 93 E. 3.4.1.1). Neuerdings ist die Anordnung, eine Expertise einzuholen, in die Form einer Verfügung zu kleiden (BGE 137 V 210 E. 3.4.2.6).

dd) Arrangements, Absprachen, Gentlemen's Agreements

2846 **Realakte** können auch **zweiseitig** ergehen: **Arrangements, (informelle) Absprachen** oder **Gentlemen's Agreements** sind **zweiseitige Realakte**, welche rechtlich nicht verbindlich sind und auch formlos geschlossen werden können (vgl. z.B. BGE 118 Ib 367 E. 9b [Tragweite eines «gentlemen's agreement», welches im Bereich des Umweltschutzes zwischen der Eidgenossenschaft und den interessierten Wirtschaftskreisen über die schrittweise Reduktion von PVC in Verpackungsmaterialien abgeschlossen wurde]; BVGer vom 4. März 2010, B-2625/2009, E. 4.1 [Vereinbarung im Hinblick auf die Aufhebung der Milchkontingentierung über befristete Marktentlastungsmassnahmen]). Zu den zweiseitigen Realakten sind auch **Leistungsaufträge,** also (interne) Abmachungen zwischen Verwaltungseinheiten derselben Körperschaft zu zählen (vgl. BERNHARD WALDMANN, Der verwaltungsrechtliche Vertrag – Eine Einführung, in: Häner/Waldmann, Der verwaltungsrechtliche Vertrag in der Praxis, Zürich 2007, S. 5).

Praxis:

2847 – Die **Vereinbarung über den Rückzug von Mehrmengengesuchen für Milch** wurde an einem runden Tisch Ende Jan. 2009 zwischen dem Bundesamt für Landwirtschaft und verschiedenen anderen milchproduzierenden Organisationen geschlossen. Darin vereinbarten die Beteiligten, dass sich der Bund aufgrund der schlechten Lage auf dem Milchmarkt im Jahr 2009 mit Fr. 14 Mio. an den Kosten befristeter Marktentlastungsmassnahmen beteiligt, unter der Voraussetzung, dass die Organisationen ihrerseits Leistungen erbrächten, u.a. ihre Mehrmengengesuche zurückziehen würden. Bei dieser Vereinbarung handelt es sich um ein Gentlemen's Agreement, in der die Beteiligten sich zu einer gewissen Verhaltensweise verpflichten. Aufgrund der Vereinbarung am runden Tisch durften die Beteiligten zwar bis zu einem gewissen Grad erwarten, dass alle milchproduzierenden Organisationen ihre bereits eingereichten Mehrmengengesuche zurückziehen und keine neuen Gesuche einreichen würden. Allerdings kommt einem solchen Gentlemen's Agreement kein rechtsverbindlicher Charakter zu. Jedenfalls vermochte das Gentlemen's Agreement Dritte, die an deren Aushandlung nicht beteiligt waren und die es später auch nicht guthiessen, nicht zu binden. Dritte waren somit nicht verpflichtet, ihre hängigen Mehrmengengesuche zurückzuziehen bzw. keine neuen Gesuche einzureichen (BVGer vom 4. März 2010, B-2625/2009, E. 4.6).

ee) Vollstreckungs- oder Vollzugshandlungen

Bei der **Vollstreckung** ist zu beachten, dass diese sich in mehreren Schritten vollzieht, die unterschiedliche Rechtswirkungen aufweisen: Als **Verfügung** gilt dabei in der Regel die **Bekanntgabe der Vollstreckungsmodalitäten** unter Ansetzung einer letzten Erfüllungsfrist, nicht hingegen die Mitteilung, es werde nunmehr – nach Ablauf der Erfüllungsfrist – zur Vollstreckung geschritten. Auch die Anwendung des Zwangsmittels bzw. die Vollstreckungshandlung selbst ist keine Verfügung, sondern ein Realakt (BVGer vom 18. Mai 2010, A-5646/2009, E. 3.2; TSCHANNEN/ZIMMERLI/MÜLLER, § 32, Rz. 15 f.; zu den Vollstreckungsverfügungen Rz. 2458 ff.). 2848

Vollstreckungs- oder Vollzugshandlungen können **Gegenstand eines Rechtsmittelverfahrens** bilden, wenn die gerügte Rechtswidrigkeit in der betreffenden Handlung selbst begründet ist bzw. diese über das hinausgeht, was in der Sach- bzw. Vollstreckungsverfügung angeordnet wird (vgl. z.B. VerwG BE vom 16. März 2007, in: BVR 2008 S. 163 E. 5.3 [Vernichtung beschlagnahmter Hanfpflanzen]). Ferner können Vollstreckungshandlungen im Rahmen einer «antizipierten Ersatzvornahme» ohne Sach- bzw. Vollstreckungsverfügung ergehen und **gesetzlich vorgesehene Pflichten unmittelbar vollziehen** («antizipierte Ersatzvornahme»; vgl. z.B. BGer vom 11. Juni 2008, 1C_364/2007, E. 3.4 und E. 3.5 [Abschleppen eines auf verbotene Weise geparkten Fahrzeugs]). Eine Sachverfügung ist hier ebenso wenig erforderlich wie die Androhung der Massnahme bzw. der Erlass einer Vollstreckungsverfügung; entsprechend fallen Sachverfügung, Vollstreckungsverfügung und Vollstreckung (als Realakt) bei einer antizipierten Ersatzvornahme zusammen (VerwG ZH vom 25. Sept. 2007, VB.2007.00248, E. 3.1; vom 10. März 2003, VB.2002.00448, E. 2; siehe auch Rz. 3129 ff. insb. Rz. 3131). 2849

b) Realakte im Verhältnis zu Verfügungen

aa) Verfügungsbezogene Realakte

Eine Reihe von Massnahmen wie die **Einleitung eines nichtstreitigen Verwaltungsverfahrens** oder einer **Administrativuntersuchung**, die **Ankündigung oder das In-Aussicht-Stellen einer Verfügung**, **Vernehmlassungen**, **Stellungnahmen** eines Amtes sind eine **Vorstufe zur Verfügung** (auch: «**verfügungsbezogene Realakte**»; vgl. z.B. BGE 116 Ib 260 E. 1d [Stellungnahme eines Amtes im Hinblick auf den Erlass einer Verfügung durch ein anderes Amt]; BGer vom 17. März 2005, 2A.511/2004, E. 4.3; VerwG ZH vom 29. Juni 2006, VB.2006.00229, E. 2.2.1). Sie sind in der Regel **nicht auf Rechtswirkungen** ausgerichtet, besitzen mit anderen Worten keinen Verfügungscharakter, sondern stellen Erscheinungsformen des sogenannten tatsächlichen Verwaltungshandelns dar (BVGE 2008/41 E. 6.4; BVGer vom 10. Dez. 2007, B-16/2006, E. 1.3). 2850

2851 **Realakte** können auch **gestützt auf Verfügungen** ergehen (vgl. z.B. VerwG ZH vom 2. Dez. 2004, VB.2004.00366, E. 3.2 [Durchführung einer Bestattung]): **Vollstreckungs- oder Vollzugshandlungen**, die eine Sach- bzw. Vollstreckungsverfügung lediglich umsetzen und verwirklichen, stellen Realakte dar (BVGer vom 18. Mai 2010, A-5646/2009, E. 3.1). Derartige **Vollstreckungshandlungen** werden auch als **verfügungsbezogene Realakte** bezeichnet, wenn sie sich auf eine Sach- bzw. Vollstreckungsverfügung stützen (VerwG BE vom 16. März 2007, in: BVR 2008 S. 163 E. 5.3).

Praxis:

2852 – Die von den zuständigen Bewilligungsbehörden gemäss **Art. 21 UVPV** abgegebene **Stellungnahme** im Hinblick auf den Erlass einer Verfügung durch ein anderes Amt stellt ein Entscheidungselement im Rahmen der Umweltverträglichkeitsprüfung dar und hat nicht die Tragweite einer Verfügung i.S. von **Art. 5 VwVG**. Sie ist wie die Umweltverträglichkeitsprüfung Teil des Planungsprozesses und der Planungskoordination, wie sie sich aus der Raumplanungsgesetzgebung ergibt (BGE 116 Ib 260 E. 1d).

2853 – **Rechnungsstellungen** oder **Zahlungsaufforderungen** sind in der Regel nicht auf Rechtswirkungen ausgerichtet, besitzen mit anderen Worten keinen Verfügungscharakter, sondern stellen Erscheinungsformen des sog. tatsächlichen Verwaltungshandelns dar (BVGE 2008/41 E. 6.4; BVGer vom 10. Dez. 2007, B-16/2006, E. 1.3). Sie sind lediglich eine **Vorstufe zur Verfügung** oder ergehen **gestützt auf eine Verfügung** und stellen im Anschluss daran lediglich Vollzugsakte dar (BGer vom 17. März 2005, 2A.511/2004, E. 4.3). Bei **Streitigkeiten über eine Rechnung** verpflichtet Art. 11 Abs. 2 AllgGebV die Bundesverwaltung, eine (anfechtbare) Gebührenverfügung zu erlassen (vgl. auch REKO INUM vom 2. Aug. 2005, in: VPB 70 [2006] Nr. 17 E. 1).

2854 – Die eigentliche **Vernichtung von Hanfpflanzen** durch die Kantonspolizei ist als reine Vollstreckungshandlung und damit als (verfügungsbezogener) Realakt zu qualifizieren, wenn sie sich auf eine vollstreckbare Verfügung des Untersuchungsrichters abstützen konnte und nicht über das hinausging, was in dieser angeordnet wurde (VerwG BE vom 16. März 2007, in: BVR 2008 S. 163 E. 5.3).

2855 – Eine **vertrauensärztliche Untersuchung** im Rahmen eines Arbeitsverhältnisses stellt keine Verfügung, sondern einen Realakt dar, auch wenn diese durchaus geeignet ist, in Persönlichkeitsrechte des davon betroffenen Arbeitnehmers einzugreifen. Die vertrauensärztliche Untersuchung dient erst der Abklärung, ob eine das Arbeitsverhältnis beeinflussende Regelung erforderlich ist (BGer vom 3. Aug. 2010, 8C_373/2010, E. 6.1).

2856 – Die **Einleitung eines Disziplinarverfahrens** oder einer **Administrativuntersuchung** stellt nach der Rechtsprechung keine verbindliche und anfechtbare Regelung eines Rechtsverhältnisses dar (BR vom 22. Dez. 2004, in: VPB 2005 Nr. 54 E. 2c). Wenn aber bereits die Verfahrenseröffnung als nicht anfechtbarer Realakt zu würdigen ist, so stellt die **Abweisung eines Antrags auf Einstellung des Verfahrens** umso weniger eine anfechtbare Verfügung, sondern einen Realakt dar (VerwG ZH vom 29. Juni 2006, VB.2006.00229, E. 2.2.1).

2857 – Nach **Art. 35 Abs. 2 BEHG** haben Personen und Gesellschaften, die der **Aufsicht** unterstehen, der Aufsichtsbehörde alle Auskünfte und Unterlagen zu geben, die diese zur Erfüllung ihrer Aufgabe verlangt. Wird der EBK (heute: FINMA) von einer Gesellschaft mitgeteilt, dass sie Grund zur Annahme habe, ein Aktionär sei seiner Meldepflicht nicht nachgekommen, hat sie diesbezüglich aktiv zu werden und entsprechende **Abklärungen** zu treffen, um zu klären, ob sich Verdachtsmomente für eine Meldepflichtverletzung erhärten lassen. Deshalb hat sie sich zunächst ein Bild über die bei ihr zur Anzeige gebrachte Situation zu machen, wozu sie an erster Stelle Auskünfte bei Parteien, Finanzinstituten, Behörden und übrigen Auskunftspersonen einholen kann. Es handelt sich bei diesen **Abklärungen um einen Fall des informellen Ver-**

waltungshandelns, welches im **Vorfeld einer Verfügung** zum Alltag der Vorinstanz gehört, da die Hinweise auf einen möglicherweise problematischen Sachverhalt vorerst unvollständig oder bloss ungewiss und noch unbestimmt sind, sodass nicht ohne Weiteres erkennbar ist, ob effektiv ein Handlungsbedarf besteht. Das informelle Verwaltungshandeln dient daher insbesondere auch der **geeigneten Vorabklärung in Bezug auf angebliche Gesetzesverstösse** (vgl. BVGer vom 18. Dez. 2008, 2775/2008, E. 4.2).

- **Absichtserklärungen**, in casu die Erklärung einer Behörde, man beabsichtige, das Aufnahmegesuch abzuweisen (Aufnahme in die Arzneimittelliste mit Tarif), stellen eine (einfache) Mitteilung über das beabsichtigte Vorgehen dar, die lediglich eine Vorstufe zur Verfügung und demzufolge nicht anfechtbar ist (BGer vom 4. Juli 2005, 5P.84/2005, E. 3.2; BVGer vom 29. Sept. 2009, C-5058/2007, E. 1.1.3), solange eine derartige Absichtserklärung nicht in klarer Weise die Haltung, welche die Behörde künftig einzunehmen gedenkt, wiedergibt (BGE 114 Ib 190 E. 1a; ARK vom 9. Nov. 2001, in: VPB 2002 Nr. 45 E. 1b; in derartigen Konstellationen schränkt die Behörde ihren künftigen Ermessensspielraum derart ein, dass eine Verfügung im Sinne von Art. 5 VwVG vorliegt, ohne dass die betroffene Person die Verweigerung einer bestimmten Bewilligung abwarten muss). 2858
- Bei der Ankündigung, eine **technische Kontrolle** der elektrischen Niederspannungsinstallationen durchzuführen, handelt es sich um eine blosse **Vollstreckungshandlung** bzw. um einen **Realakt**, nachdem gegenüber dem Betroffenen verfügt wurde, dieser habe den Sicherheitsnachweis für die elektrischen Niederspannungsinstallationen seiner Liegenschaft einzureichen. **Vollstreckungs- bzw. Vollzugshandlungen** sind Realakte. Diese Verwaltungsverrichtungen dienen der zwangsweisen Durchsetzung vorgängig verfügter Rechte und Pflichten. Als Realakte sind sie nicht auf Rechtswirkungen gerichtet, besitzen mit anderen Worten keinen Verfügungscharakter, sondern stellen Erscheinungsformen des sog. tatsächlichen Verwaltungshandelns dar (BVGer vom 18. Mai 2010, A-5646/2009, E. 3.2). 2859

bb) Verfügungsvertretende Realakte

Die Rechtsprechung bezeichnet vereinzelt **Realakte**, die eine ähnliche Rechtswirkung wie Verfügungen aufweisen, als **«verfügungsvertretende Realakte»** (insb. TSCHANNEN/ZIMMERLI/MÜLLER, § 38, Rz. 17 f.; BGer vom 30. Nov. 2009, 2C_166/2009, E. 1.2.2) oder als **«verfahrensfreie Verfügungen»** bzw. **«verfahrensfreie Verwaltungsrechtshandlungen»** (RR AG vom 23. Mai 2001, in: AGVE 2001 S. 611 E. 1b/bb [Eingangskontrollen in einer Strafanstalt]; dazu JÜRG BICKEL/MAGNUS OESCHGER/ADREAS STÖCKLI, Die verfahrensfreie Verfügung. Ein Beitrag zu einem übersehenen Konzept des VwVG, ZBl 2009, S. 603 ff.). Diese (anfechtbaren) Realakte unterscheiden sich von formellen Entscheiden (Verfügungen) lediglich darin, dass die Verfügung im betreffenden Realakt bereits enthalten ist bzw. dieser eine (formelle) Verfügung ersetzt (vgl. z.B. BGer vom 27. Juli 2007, 2C_330/2007, E. 1.3). Häufig ergehen **im Anschluss** an derartige «verfügungsvertretende Realakte» anfechtbare **(formelle) Verfügungen** (BGer vom 30. Nov. 2009, 2C_166/2009, E. 1.2.2 [Euthanisierung eines Hundes]; VerwG BE vom 2. März 2009, in: BVR 2009 S. 385 E. 5.7 [Wegweisung und kurzzeitige Fernhaltungen über das Stadium der Bereinigung einer akuten Konflikt- und Gefahrensituation hinaus]). 2860

Die Rechtsprechung nimmt mehrheitlich an, dass sich aus derartigen (verfügungsvertretenden) Realakten ohne Weiteres ein **schutzwürdiges Interesse auf Erlass einer Feststellungsverfügung** ergibt (VerwG ZH vom 19. Juni 2008, VB.2008.00143, E. 2 [Fahrausweiskontrollen]) oder dass sie **direkt anfechtbar** sind, ohne dass eine Verfügung zu ergehen hat oder eine solche begehrt werden muss (vgl. VerwG BE vom 31. Aug. 2006, in: BVR 2006 S. 538 E. 1.1 [Wohnungsräumungen oder polizeiliche 2861

Hausdurchsuchungen]; RR AG vom 23. Mai 2001, in: AGVE 2001 S. 611 E. 1b/bb [Eingangskontrollen in einer Strafanstalt gegenüber einem Anwalt, der seinen Klienten besuchen will]; siehe unten Rz. 2894 ff.).

Praxis:

2862 – Die **Euthanisierung eines Hundes ohne vorgängige Verfügung** stellt einen **Realakt** im Sinne einer Vollzugshandlung oder allenfalls einen **verfügungsvertretenden Realakt** dar. Erlässt das zuständige Amt danach eine Verfügung, worin das Vorgehen zur Euthanasierung des Hundes gerechtfertigt wird, kommt diese nachträgliche, ohne Anlass des Beschwerdeführers erlassene Verfügung einer Feststellungsverfügung gleich, mit welcher die Rechtmässigkeit des Realaktes festgestellt wird und die bei gegebenem Rechtsschutzinteresse angefochten werden kann (BGer vom 30. Nov. 2009, 2C_166/2009, E. 1.2.2).

2863 – **Eingangskontrollen in einer Strafanstalt** gegenüber einem Anwalt, der seinen Klienten besuchen will, erweisen sich letztlich als reale Komponente eines dieser Handlung zugrunde liegenden Regelungsaktes gegenüber dem Beschwerdeführer, die angeordneten Kontrollmassnahmen zu dulden bzw. sich etwa mittels Ausziehen des Hosengurtes oder der Schuhe aktiv daran zu beteiligen. Zielt eine Tätigkeit aber auf die Regelung eines Verwaltungsrechtsverhältnisses, ist diese den Verwaltungsrechtshandlungen zuzuordnen. Vorliegend ist von einer (verfahrensfreien) Verwaltungsrechtshandlung und nicht von einer Verwaltungstathandlung oder einem Realakt auszugehen. Mit den erwähnten Kontrollmassnahmen liegen verfügungsfähige Anordnungen vor (RR AG vom 23. Mai 2001, in: AGVE 2001 S. 611 E. 1b/bb).

2864 – Bei der **Weigerung des Psychiatriezentrums** gegenüber einem **Rechtsanwalt**, ihn **sofort telefonisch mit seinen Mandaten zu verbinden**, handelt es sich um einen Realakt. Die Vorinstanz bejahte ein schutzwürdiges Interesse des Beschwerdeführers an einem Feststellungsentscheid und traf einen solchen unmittelbar im Rekursverfahren, was grundsätzlich zulässig ist (VerwG ZH vom 24. Aug. 2006, VB.2006.00222, E. 2).

2865 – Zwecks Bereinigung akuter Konflikt- oder Gefahrensituationen kann die Polizei die **Wegweisung** und die **kurzzeitige Fernhaltung von Personen vor Ort** selbst mündlich anordnen. Ob darin mit Blick auf Art. 29 Abs. 2 PolG eine mündliche Verfügung oder ein im Rahmen des unmittelbaren Verwaltungshandelns gesetzter Realakt zu sehen wäre, ist ohne Belang, wenn wie vorliegend die Fernhaltung über das Stadium der Bereinigung einer akuten Konflikt- oder Gefahrensituation hinauswirkt; in einem solchen Fall hat die entsprechende Anordnung durch schriftliche, individuell begründete Verfügung zu ergehen, wobei diese üblicherweise erst im Anschluss an den Polizeieinsatz verfasst und den Betroffenen schriftlich eröffnet wird (VerwG BE vom 2. März 2009, in: BVR 2009 S. 385 E. 5.7; vgl. auch BGE 130 I 369 E. 6.1, 128 I 167 E. 4.5, jeweils betreffend Verweigerung des Zugangs zum WEF Davos).

2866 – Nimmt die **Polizei eine Person in Gewahrsam**, so muss gemäss Art. 31 Abs. 4 BV direkt ein Gericht angerufen werden können, welches entsprechend den konkreten Umständen so rasch als möglich über die Rechtmässigkeit der Freiheitsentziehung befindet. Es genügt ferner nicht, dass die betroffene Person erst nach Durchlaufen von weiteren Administrativinstanzen ein Gericht anrufen kann (BGE 136 I 87 E. 6.5.2-6.5.4).

3. Bedeutung und Anwendungsbereich

2867 Staatliche Realakte haben insbesondere im **Polizeirecht** (Verkehrspolizei, Sicherheitspolizei, Kriminalpolizei, Feuerpolizei), im **Umwelt-** und **Gesundheits-**, im **Personal-** sowie im **Bildungsrecht** seit jeher eine grosse Bedeutung: Im Allgemeinen entfaltet sich die **Polizeitätigkeit** wie Schusswaffengebrauch, Personenkontrollen, Anhaltungen, Rückweisungen, Identitätsfeststellungen, Überwachung von Personen oder Örtlichkeiten, erkennungsdienstliche Massnahmen oder der polizeiliche Gewahrsam in Form von Realakten (BGE 136 I 87 E. 4-8; 130 I 369 E. 6.1, 128 I 167 E. 4.5; VerwG BE vom 2. April 2007, in: BVR 2007 S. 441 E. 3.2). Kantonale **Schulgesetze** sehen häufig vor, dass und wie Unterricht erteilt werden soll; sie leiten damit die Lehrpersonen an. In einer Vielzahl von Politikbereichen wie dem **Umweltschutz**, dem **Heil- und Lebensmittelbereich** oder der **Wirtschaftspolitik** handeln staatliche Behörden mit **Informationen, Empfehlungen oder Warnungen**, welche Gebote oder Verbote, die in Form von Verfügungen ergehen, ersetzen oder Verfügungen in Form von informalen Absprachen vermeiden sollen (PAUL RICHLI, Öffentlich-rechtliche Probleme bei der Erfüllung von Staatsaufgaben mit Informationsmitteln, ZSR 1990 I S. 151 ff.).

Nach dem **Strassenverkehrsgesetz** beispielsweise fördert der Bund sicheres Fahren 2868 durch Sensibilisierungskampagnen und andere präventiv wirksame Aktivitäten (Art. 2a Abs. 1 SVG). Nach **Art. 6 USG** informieren die Behörden die Öffentlichkeit sachgerecht über den Umweltschutz und den Stand der Umweltbelastung (Abs. 1). Sie empfehlen Massnahmen zur Verminderung der Umweltbelastung. (Abs. 3). Weiter beraten die Umweltschutzfachstellen Behörden und Private (Abs. 2). Schliesslich ist verankert, dass der Bundesrat über Massnahmen gegen physikalische Belastungen wie die Erosion oder die Verdichtung des Bodens Empfehlungen erlassen kann (Art. 33 Abs. 2). Das **Energiegesetz** sieht vor (Art. 10), dass das Bundesamt für Energie und die Kantone die Öffentlichkeit und die Behörden über die Sicherstellung einer wirtschaftlichen und umweltverträglichen Energieversorgung, die Möglichkeiten einer sparsamen und rationellen Energienutzung sowie über die Nutzung erneuerbarer Energien beraten.

Nach dem **Heilmittelgesetz** (Art. 67 HMG) sorgt das Heilmittelinstitut dafür, dass die 2869 Öffentlichkeit über besondere Ereignisse im Zusammenhang mit Heilmitteln, welche die Gesundheit gefährden, informiert wird und Verhaltensempfehlungen erhält. Es veröffentlicht Informationen von allgemeinem Interesse aus dem Bereich Heilmittel, insbesondere über Zulassungs- und Widerrufsentscheide sowie Änderungen von Fach- und Patienteninformationen über Arzneimittel (Abs. 1). Die zuständigen Bundesstellen können die Öffentlichkeit zum Schutz der Gesundheit und zur Bekämpfung des Heilmittelmissbrauchs über die sachgerechte Verwendung von Heilmitteln informieren (Abs. 2). Das **Lebensmittelgesetz** verankert die öffentliche Warnung (Art. 43 LMG). Danach informieren die Vollzugsbehörden die Öffentlichkeit und empfehlen der Bevölkerung, wie sie sich verhalten soll, wenn sie feststellen, dass gesundheitsgefährdende Lebensmittel, Zusatzstoffe oder Gebrauchsgegenstände an eine unbestimmte Zahl von Konsumenten abgegeben worden sind (Abs. 1). Die Behörde hört, wenn möglich vorgängig, die Hersteller, Importeure, Verteiler oder Verkäufer sowie die Konsumentenorganisationen an (Abs. 2).

Summarisch sei schliesslich auf eine Reihe weiterer Informationsinstrumente hinge- 2870 wiesen, die für die Bevölkerung und für die Unternehmen von erheblicher Bedeutung sind: **periodische Landwirtschaftsberichte** und **Aussenwirtschaftsberichte** des Bundesrates, **Statistiken** (z.B. über die Zahl der Baugesuche, die Zahl der Arbeitslosen, den Konsumentenpreisindex), **Empfehlungen der Wettbewerbskommission** (BGE 136 II 508 E. 1.1, 113 Ib 90 E. 2), **Stellungnahmen von Ämtern** im Mitberichtsverfahren (BGE 116 Ib 260 E. 1d), **Übermittlung von Angaben** über die Betriebsorganisation, über die leitenden Personen oder über aufsichts- oder strafrechtliche Sanktionen durch die Bankenkommission (heute FINMA) an ausländische Stellen (BGE 127 II 323 E. 3). Vereinzelt ergehen derartige Informationen auch als **Mitteilungen über das beabsichtigte Vorgehen** (sog. **Absichtserklärungen**; vgl. z.B. BGer vom 4. Juli 2005, 5P.84/2005, E. 3.2; BVGer vom 29. Sept. 2009, C-5058/2007, E. 1.1.3). Ferner ergehen im Zusammenhang mit **Abstimmungen und Wahlen** eine Reihe von **Mitteilungen, Erläuterungen und Abstimmungsinformationen** (BGer vom 29. Juni 2009, 1C_82/2009, E. 2.2.2).

2871 Neben den genannten Informationsinstrumenten sind besonders auch **Arrangements** im Bereich der Wirtschaftspolitik zu nennen. So sieht das **Preisüberwachungsgesetz** vor, dass der Preisüberwacher mit einem Kartell oder einem marktbeherrschenden Unternehmen eine einvernehmliche Regelung treffen und auf eine Verfügung verzichten kann, um eine unzulässige Preisgestaltung zu beseitigen oder zu verhindern (Art. 9 PüG). Anders als dieses Arrangement ist die **einvernehmliche Regelung der Wettbewerbskommission** nach dem **Kartellgesetz** mit einem Kartell oder einem marktbeherrschenden Unternehmen eher ein Rechtshandeln, weil die Einigung mittels Verfügung genehmigt werden muss (Art. 29 KG).

4. Abgrenzungen

a) Organisatorische oder betriebliche Anordnung ohne Aussenwirkungen

2872 **Organisatorische und betriebliche Anordnungen ohne Aussenwirkungen** beziehen sich regelmässig auf ein **Grundverhältnis** (Arbeitsverhältnis, Schulverhältnis). Entweder berühren sie das Grundverhältnis, in welchem Fall sie in Verfügungsform ergehen müssen, oder sie berühren das Grundverhältnis nicht. Alsdann gibt es auch keinen Raum für die Anwendung von Art. 25a VwVG und von vergleichbaren kantonalen Bestimmungen. Rechtslehre und Rechtsprechung haben diese Zusammenhänge bisher noch zu wenig herausgearbeitet (vgl. auch HÄNER, Art. 25a VwVG, Rz. 25; unten Rz. 2937).

2873 Organisatorische oder betriebliche Anordnungen sind – obwohl nicht mittels Verfügung angeordnet – **verbindliche Anweisungen** für das verwaltungsinterne Verhalten der Angestellten und damit **innenwirksam**. Sie regeln aber kein Rechtsverhältnis zwischen Staat und Bürger (BVGer vom 8. Mai 2008, B-7150/2007, E. 4.1 [Festlegung von Essenszeiten in einer Empfangsstelle für Asylbewerber, die Büro- oder Zellenzuteilung]; BVGer vom 7. April 2011, A-7309/2010, E. 2.2 und E. 2.3 [Versetzung im Amt oder die Zuweisung einer anderen Tätigkeit]; BGE 130 I 369 E. 6.1, 128 I 167 E. 4.5 [Dienstbefehle des Polizeikommandos an die Einsatzkräfte gestützt auf einen Polizeieinsatzbefehl]).

2874 Im öffentlichen Dienstrecht ist zu unterscheiden zwischen den **Dienstbetrieb betreffenden internen Weisungen einerseits (sog. Betriebsverhältnis)** und Anordnungen andererseits, welche die **Aussenrechtsbeziehung zwischen Staat und Bediensteten** betreffen **(sog. Grundverhältnis)**; nur im zweiten Fall liegt eine Verfügung vor (BGE 131 IV 32 E. 3; VerwG BE vom 9. März 2009, in: BVR 2009 S. 458 E. 3.4). Bei der **Festsetzung der Besoldung,** von **Entschädigungen** oder bei der Anordnung **disziplinarischer Sanktionen** handelt es sich um **Verfügungen**, weil sie das

Grundverhältnis bzw. das gegenseitige Verhältnis von Rechten und Pflichten betreffen, während etwa die Umschreibung der Tätigkeiten in einem Pflichtenheft, Instruktionen über die Art der Abwicklung eines Geschäfts, die Zuweisung einer anderen (vergleichbaren) Tätigkeit oder die Anordnung einer vertrauensärztlichen Untersuchung «lediglich» das **Betriebs- und nicht das Grundverhältnis** und damit nicht die Aussenrechtsbeziehung zwischen Staat und Bediensteten regeln (siehe etwa BGE 136 I 323 E. 4.4, 131 IV 32 E. 3; BGer vom 3. Aug. 2010, 8C_373/2010, E. 6.1; vgl. auch BGE 131 IV 32 E. 3; VerwG BE vom 9. März 2009, in: BVR 2009 S. 458 E. 4).

Eine **(nicht disziplinarische) Versetzung eines Polizeifunktionärs** stellt keine bloss 2875
interne Massnahme dar, wenn die neue Funktion ein völlig anderes Pflichtenheft als die alte zum Inhalt hat und die neue Funktion weder seinen Fähigkeiten noch seinen Erfahrungen entspricht (BGE 136 I 323 E. 4.5-4.7). Weisen allerdings die Anstellungsbedingungen eine Versetzungspflicht auf und wird der Angestellte im Rahmen dieser Pflicht versetzt, liegt keine Verfügung vor (BVGer vom 7. April 2011, A-7309/2010, E. 2.2 und E. 2.3). Die **Zuweisung eines Schülers in ein anderes Schulhaus** ist laut Bundesgericht zwar eine organisatorische Massnahme, die aber in erheblicher Weise in das Leben und den Tagesablauf des Betroffenen und damit – unausgesprochen – in das Schulrechtsrechtsverhältnis eingreift, weshalb ihm im Bestreitungsfall eine Anfechtungsmöglichkeit offensteht, was das Bundesgericht zur Qualifikation der Massnahme als Verfügung führt (BGer vom 28. März 2002, 2P.324/2001, E. 3.4).

Praxis:

- Wenn der Regierungsrat den **Gemeinderat anweist**, einen **rechtskräftigen Bauentscheid** zu 2876
  vollziehen, gelten derartige Anweisungen an die kommunalen Verwaltungsbehörden nicht als anfechtbare Verfügungen. Sie ordnen nicht unmittelbar Rechtsverhältnisse mit den Beschwerdeführern. Als Verfügung wird ein individueller, an den Einzelnen gerichteter Hoheitsakt verstanden, durch den eine konkrete verwaltungsrechtliche Rechtsbeziehung rechtsgestaltend oder feststellend in verbindlicher und erzwingbarer Weise geregelt wird. Verbindlich sind vorliegend die Anordnungen ausschliesslich für den Gemeinderat X, der angewiesen wird, die rechtskräftige Wiederherstellungsverfügung ohne Verzug zu vollziehen (VerwG SG vom 14. Okt. 2010, B-2010-60, E. 1.1).
- **Polizeieinsatzbefehle** enthalten die von den politischen Behörden umschriebenen Richtlinien 2877
  und setzen diese für den konkreten Einsatz mit Aufträgen an die Polizeikräfte und Anordnungen organisatorischer, personeller und materieller Natur um. Ausgerichtet auf einen konkreten Einsatz wendet sich der Befehl daher typischerweise an die der Befehlsgewalt des Polizeikommandos unterstellten Polizeikräfte und dient nicht der Regelung konkreter Verwaltungsrechtsverhältnisse, richtet sich nicht an die Bürger und umschreibt insbesondere deren Rechte und Pflichten nicht. Soweit der angefochtene Dienst- oder Einsatzbefehl allerdings Anordnungen mit Aussenwirkungen enthalten sollte, wird die Anfechtbarkeit wegen des möglichen späteren Rechtsschutzes entfallen (mit Hinweisen auf Art. 6 Ziff. 1 EMRK, Art. 13 EMRK, das Staatshaftungsverfahren oder das Begehren um Erlass einer Feststellungsverfügung; vgl. BGE 130 I 369 E. 6.1, 128 I 167 E. 4.4 und E. 4.5; vgl. auch VerwG BE vom 2. April 2007, in: BVR 2007 S. 441 E. 3.2; vom 24. Juli 2006, in: BVR 2006 S. 481 E. 3.2).
- Bei der **Anordnung des Betreibungsamtes gegenüber einer Person, der das Amt die Ver-** 2878
  waltung eines Grundstücks übertragen hat, handelt es sich nach dem Bundesgericht um eine interne Anordnung, welche nicht die Rechtsstellung eines Dritten zum Gegenstand hat, sondern sich lediglich auf die Verwaltungstätigkeit dieser Person bezog (BGE 131 IV 32 E. 3).

2879 – Dienstbefehle, welche eine **Versetzung im Amt**, die **Zuweisung einer anderen Tätigkeit oder die Umgestaltung des Dienstverhältnisses** zum Inhalt haben, können Verfügungen darstellen. Die nicht strafweise Versetzung im Amt gilt jedoch nach herrschender Rechtsprechung nur als Verfügung, wenn die Anstellungsbedingungen nicht bereits einen entsprechenden Vorbehalt (Versetzungspflicht) nennen, wie das z.B. für Mitarbeiter des konsularischen Dienstes des EDA zutrifft, welche gemäss Arbeitsvertrag der Versetzungspflicht unterstehen (BVGer vom 7. April 2011, A-7309/2010, E. 2.2 und E. 2.3).

2880 – Eine **(nicht disziplinarische) Versetzung eines Polizeifunktionärs** stellt **keine interne Massnahme** dar, wenn die **neue Funktion ein völlig anderes Pflichtenheft** als die alte zum Inhalt hat und die neue Funktion weder seinen Fähigkeiten noch seinen Erfahrungen entspricht. Nach dem Genfer Polizeigesetz ist der Angestellte nicht verpflichtet, eine Tätigkeit anzunehmen, welche keinen Bezug zu seinen Fähigkeiten hat. Eine dergestalt erfolgte **Versetzung** kann geeignet sein, die **rechtliche Stellung des Polizeifunktionärs** als Träger von Rechten und Pflichten gegenüber dem Staat zu tangieren. Eine daraus allenfalls resultierende Streitigkeit stellt eine Rechtsstreitigkeit dar, welche von der Rechtsweggarantie gemäss Art. 29 a BV erfasst wird (BGE 136 I 323 E. 4.5-4.7).

2881 – Eine **Einsatzermächtigung (polizeiliche Hausdurchsuchung und Wohnungsräumung)** richtet sich zwar vorab an die Stadtpolizei Bern, indem diese ermächtigt wird, die Liegenschaft zu betreten und die Wohnung des Beschwerdeführers zu durchsuchen und zu räumen. Eine derartige Ermächtigung hat jedoch auch erhebliche Auswirkungen auf die Rechtsstellung des davon betroffenen Privaten und stellt so besehen eine Verfügung dar (VerwG BE vom 31. Aug. 2006, in: BVR 2006 S. 538 E. 1.1).

2882 – Bezieht sich die Anordnung der Wahlbehörde, wie die **Kommissionssitze auf die interessierten Kreise der Weinwirtschaft** aufzuteilen sind, auf eine bestimmte Amtsperiode, liegt eine interne, organisatorische Anordnung vor. Es werden keine Rechte oder Pflichten von Privaten begründet, die gegenüber diesen verbindlich und erzwingbar wären (BR vom 7. Dez. 1998, in: VPB 63 [1999] Nr. 56 E. 3.2.4 und E. 3.2.5).

2883 – Legt der Gemeinderat verschiedene **Rahmenbedingungen** fest, welche bei der **Durchführung des Open Airs** bzw. bei der Erteilung der Bewilligung zu beachten sind, handelt es sich dabei um keine Verfügung. Vielmehr sind sie als **innerkommunale Festlegungen** zu qualifizieren, die zwar für die betroffenen Dienststellen in verbindlicher Weise die Rahmenbedingungen der geplanten Veranstaltung abstecken, sich aber nicht an Privatpersonen richten und insbesondere nicht Rechte und Pflichten von solchen begründen (RR BE vom 20. Aug. 2008, in: BVR 2008 S. 463 E. 1.1).

2884 – Ein neues **Funktionendiagramm Behandlung**, welches im Psychiatriezentrum Münsingen (PZM) den Behandlungsprozess einer Patientin oder eines Patienten (Fallverantwortung) neu organisiert und die Hauptaufgaben der Psychologinnen und Psychologen unverändert lässt, greift nicht in die private Rechtsbeziehung der beim PZM angestellten Psychologinnen und Psychologen zum Staat (Grundverhältnis) ein. Als organisatorische, die Ausführung der Arbeit und die (interdisziplinäre) Zusammenarbeit betreffende Regelung bezieht sie sich auf die amtlich-betriebliche Stellung (Betriebsverhältnis) aller von ihnen betroffenen Dienstnehmerinnen und Dienstnehmer, indem die Leitung diese konkreten Anweisungen erteilt, wie die Amtsobliegenheiten zu erfüllen sind (VerwG BE vom 9. März 2009, in: BVR 2009 S. 458 E. 4).

b) Öffentlich-rechtlicher Vertrag

2885 **Arrangements, Absprachen, Vorverhandlungen** oder **Gentlemen‘s Agreements** sind **zweiseitige Realakte**, welche **rechtlich nicht verbindlich** sind und auf Treu und Glauben beruhen (vgl. z.B. BVGer vom 4. März 2010, B-2625/2009, E. 4.1 [Vereinbarung im Hinblick auf die Aufhebung der Milchkontingentierung über befristete Marktentlastungsmassnahmen]; RR BE vom 5. Feb. 2003, in: BVR 2003 S. 306 E. 5a [Vereinbarung des Gemeinderates mit einem Initiativkomitee]). Durch den Einsatz derartiger Verhandlungselemente verspricht man sich im öffentlichen Recht eine Verbesserung des Verhältnisses zwischen Staat und Privaten, weil damit eine Beschleunigung von Verfahrensabläufen und eine bessere Akzeptanz staatlicher Regelungen und Zielsetzungen erreicht werden kann (RR BE vom 5. Feb. 2003, in: BVR 2003 S. 306 E. 5a).

Die unveröffentlichte **Vereinbarung über die schrittweise Reduktion von PVC in Verpackungsmaterialien** hat der Bund mit den interessierten Kreisen im Umweltbereich getroffen. Darin verpflichten sich die privaten Organisationen, gewisse Regeln einzuhalten; was die öffentliche Hand betrifft, so beschränkt sie sich meist darauf zu versprechen, nicht zwingende Rechtsvorschriften über die im Vertrag vereinbarten Punkte zu erlassen. Wenn die Vereinbarung von gewissen Betroffenen («outsiders») nicht angenommen wird, ist es nicht möglich, eine Verordnung speziell für Letztere zu erlassen; zulässig wäre nur eine formelle Reglementierung, anwendbar auf die gesamte Branche (BGE 118 Ib 367 E. 9 b). 2886

c) Verfügung

Eine Reihe von Realakten wie **behördliche Mahnungen, Belehrungen, Verweise, Verwarnungen oder Androhungen belastender Massnahmen** sind allenfalls geeignet, rechtliche Folgen zu zeitigen und werden insofern einer **Verfügung** gleichgestellt, wenn sie die Rechtsstellung der Betroffenen verschlechtern, den Vorwurf rechtswidrigen Verhaltens in sich schliessen, notwendige Voraussetzung für spätere, schärfere Massnahmen bilden oder sonst wie eine konkrete Handlungsanweisung beinhalten (BGE 125 I 119 E. 2a, 103 Ib 350 E. 2; BGer vom 18. Juni 2011, 2C_737/2010, E. 4.2; vom 12. Aug. 2003, 5P.199/2003, E. 1.1; BVGer vom 8. Juni 2010, C-1454/2008, E. 2.3; siehe Rz. 2320 ff.). 2887

Beim **Verweis** gemäss Personalrecht handelt es sich zumeist, auch wenn er mündlich ausgesprochen wird, um eine Verfügung, da die Rechtsstellung des Arbeitnehmers insoweit verschlechtert wird, als ein solcher bei weiteren Dienstpflichtverletzungen zu schärferen Massnahmen Anlass geben kann (VerwG ZH vom 18. Nov. 2009, PB.2009.00027, E. 1.2; vgl. auch **Ermahnungen** der SUVA, die in der Regel notwendige Voraussetzung für eine spätere Sanktionierung in Form beispielsweise einer Prämienerhöhung nach Art. 92 Abs. 3 UVG in Verbindung mit Art. 66 Abs. 1 VUV sind [BVGer vom 18. Aug. 2009, C-640/2008, E. 2 und E. 5; vom 6. Juli 2007, C-3183/2006, E. 3.5; vom 8. Juni 2003, C-1454/2008, E. 2.3 und E. 2.4.3]). 2888

Die **Drohung seitens des Gemeinderats mit einer Strafanzeige** im Unterlassungsfall ist keine Verfügung, sondern ein Realakt. Mit der Drohung zur Einreichung einer Strafanzeige wird die Beschwerdeführerin nicht in ihren verfassungsmässigen Rechten tangiert (RR OW vom 27. März 2007, VVGE 2008/2009 Nr. 19 E. 2). **Die Abweisung des Gesuchs um Aufnahme in das Register für Versicherungsvermittler** berührt in erheblichem Ausmass die **Grundrechte** der vom staatlichen Handeln betroffenen Person. Entsprechend hat der diesbezügliche Entscheid zwingend in Verfügungsform zu ergehen, ohne dass diese vom Gesuchsteller vorgängig verlangt werden müsste (BVGer vom 8. Mai 2008, B-7150/2007, E. 4.1 und E. 4.2). 2889

Rechnungen eines privaten Vereins an **Standbetreibende,** welche an einem vom privaten Verein organisierten **Volksfest** auf öffentlichem Grund teilgenommen hat- 2890 ten, stellen gemäss Bundesgericht Verfügungen und keine blossen Realakte dar, da der Verein infolge der formlosen Überlassung des öffentlichen Grundes durch die betreffende Gemeinde in die Lage gekommen war, die Grundrechte der Standbetreibenden zu verletzen (BGer vom 8. Juni 2001, 2P.96/2000, E. 5c). Die **Rückweisung der Habilitation** bzw. die **Verweigerung des Titels «Privatdozent»** geht über einen Realakt hinaus. Die Habilitation bzw. die Titelverleihung verschafft dem Betroffenen unter anderem im Vergleich zu anderen insofern eine günstige Ausgangslage, als ihn die Einrichtung damit als fähig hält, einen Lehrauftrag zu übernehmen. In dieser Hinsicht bildet die Verweigerung der Habilitation eine Massnahme, welche die künftige Rechtslage des Kandidaten beeinflussen kann; daher setzt die Rechtsprechung solche Massnahmen Verwaltungsverfügungen gleich (REKO ETH vom 30. Okt. 1995, in: VPB 61 [1997] Nr. 63 E. 1.2).

d) Private Realakte (Tathandlungen)

2891 Behördliche Realakte sind schliesslich von **Realakten (Tathandlungen) im Rahmen des Privatrechts** abzugrenzen, etwa im Fall der Vermietung von Werbeflächen auf Bussen staatlicher Verkehrsbetriebe (z.B. VerwG LU vom 14. Aug. 2000, in: ZBl 2002 S. 95 E. 3b) oder im Fall der Anwendung privatrechtlicher Instrumente seitens der Schweizerischen Nationalbank gemäss Art. 9 NBG.

5. Rechtliche Anforderungen

2892 Als **Grundsatz** kann heute – insbesondere im Bereich der Informationsverwaltung – gelten, dass für staatliche Tathandlungen, die **faktische Grundrechtsbeschränkungen** nach sich ziehen oder **unmittelbar in Rechte und Pflichten von Personen** eingreifen, die üblichen **rechtsstaatlichen Anforderungen** gemäss **Art. 5 oder Art. 36 BV** zu beachten sind (siehe MOOR/POLTIER, S. 33 ff.; TSCHANNEN, a.a.O., S. 412 ff.; MARKUS MÜLLER/THOMAS MÜLLER-GRAF, Staatliche Empfehlungen – Gedanken zu Rechtscharakter und Grundrechtsrelevanz, ZSR 1995 I 379 ff.; TSCHANNEN/ZIMMERLI/MÜLLER, § 38, Rz. 5 f.). Erforderlich sind demnach eine gesetzliche Grundlage, ein öffentliches Interesse sowie die Respektierung der Verhältnismässigkeit. Ebenso gelten das Rechtsgleichheitsgebot (Art. 8 Abs. 1 BV) und das Willkürverbot (Art. 9 BV).

2893 Die Anforderungen an die **gesetzliche Grundlage** sind je nach faktischer Grundrechtswirkung unterschiedlich hoch. Tatsächliches Staatshandeln kann jedenfalls auch auf Rechtsgrundlagen abgestützt werden, die Eingriffe in Grundrechte erlauben würden. Aus der Rechtsprechung ist ersichtlich, dass die meisten Auseinandersetzungen die Frage betreffen, ob das staatliche Tathandeln **Grundrechte in unzulässiger Weise beschränke** oder nicht (vgl. namentlich BGE 130 I 369 E. 6.1, 128 II 156 E. 4a u. 4b, 121 I 87 E. 1b; BGer vom 9. Jan. 2001, 1P.624/2000, E. 2b; REKO HM vom 2. Juni 2005, in: VPB 70 [2006] Nr. 21 E. 1.1.1 und E. 3.1).

6. Rechtsschutz

a) Allgemeines

Für die **Aufarbeitung des ursprünglich identifizierten Rechtsschutzdefizits** wurden **verschiedene Ansätze** entwickelt (vgl. ins. MARKUS MÜLLER, Rechtsschutz im Bereich des informalen Staatshandelns. Überlegungen am Beispiel der staatlichen Empfehlungen, ZBl 1995, S. 533 ff.; PAUL RICHLI, Zum Rechtsschutz gegen verfügungsfreies Staatshandeln in der Totalrevision der Bundesrechtspflege [Rechtsschutz], AJP 1998, S. 1426 ff.; DERS., Zum verfahrens- und prozessrechtlichen Defizit beim verfügungsfreien Staatshandeln [verfügungsfreies Staatshandeln], AJP 1992, S. 196 ff.; ALEXANDRE FLÜCKIGER, L'extension du contrôle juridictionnel des activitiés de l'administration, Bern 1998, bes. S. 37 ff.; MÜLLER-GRAF, a.a.O., S. 188 ff.). Die wichtigsten sind: 2894

Einrichtung eines Klagesystems gegen staatliche Tathandlungen durch den Gesetzgeber in Anlehnung an die Regelung in der deutschen Verwaltungsgerichtsordnung; **Verzicht auf eine Legaldefinition des Anfechtungsobjekts**, d.h. Verzicht auf die Beschränkung des Rechtsschutzes auf Verfügungen i.S.v. Artikel 5 VwVG, was zum Einschluss der staatlichen Tathandlungen führt; **Ausweitung des Verfügungsbegriffs** auf staatliche Tathandlungen und **Erlass von anfechtbaren Feststellungsverfügungen** über staatliche Tathandlungen. Neben diesem primären Rechtsschutz wurde auch der sekundäre Rechtsschutz thematisiert, d.h. die **Aktualisierung der Staatshaftung für staatliche Tathandlungen**, die bei Dritten widerrechtlich Schäden verursachen (dazu bes. PATRICK NÜTZI, Rechtsfragen verhaltenslenkender staatlicher Information, Bern 1995, S. 197 ff.). 2895

Mit Bezug auf Realakte (insbes. auch polizeiliches Handeln) haben das Bundesgericht sowie das Bundesverwaltungsgericht im Einzelnen – vor der Aufnahme von Artikel 25a VwVG – die folgenden **Rechtsschutzmöglichkeiten** in Betracht gezogen (zum Ganzen auch VerwG BE vom 2. April 2007, in: BVR 2007 S. 441 E. 3.4; vom 24. Juli 2006, in: BVR 2006 S. 481 E. 4.2 und E. 4.3): 2896

Praxis:

- das **Staatshaftungsverfahren**, in welchem Schadenersatz oder Genugtuung verlangt und im Einzelfall abgeklärt werden kann, ob das polizeiliche Handeln rechtmässig war, wobei es denkbar ist, als besondere Form der Genugtuung die blosse Feststellung der Rechtswidrigkeit des polizeilichen Handelns zu verlangen (BGE 128 I 167 E. 4.5, 125 I 394 E. 5c); 2897
- ein **Verfahren auf Erlass einer Feststellungsverfügung**, wobei sich ein Feststellungsanspruch hinsichtlich der Kantone aus dem kantonalen Recht oder – soweit das entsprechende Verfahrensrecht dies nicht ausdrücklich vorsieht – in verfassungs- und konventionskonformer Auslegung anzuerkennen ist (BGE 128 I 167 E. 4.5, mit Hinweis auf BGE 121 I 87 E. 1b); 2898
- gegebenenfalls **unmittelbare Anfechtbarkeit**, wenn eine Behörde den Erlass einer Verfügung zu Unrecht verweigert oder verzögert oder wenn der Staat in erheblichem Ausmass in Grundrechte bzw. in Rechte und Pflichten von Personen eingreift (BGE 128 I 167 E. 4.5, 127 I 84 E. 4a, 126 I 250 E. 2, 121 I 87 E. 1b); 2899
- den **zwingenden Erlass einer Verfügung**; werden in erheblichem Ausmass die **Grundrechte** der vom staatlichen Handeln betroffenen Person berührt, hat der diesbezügliche Entscheid **zwingend in Verfügungsform** zu ergehen (in casu Abweisung des Gesuchs um Aufnahme in das Register für Versicherungsvermittler). Nicht rechtmässig ist, eine Verfügung in derartigen 2900

Konstellationen nur auf Verlangen zu erlassen. Vielmehr hat die zuständige Behörde ihren Entscheid in Form einer Verfügung zu erlassen, ohne dass diese vom Gesuchsteller vorgängig verlangt werden müsste (BVGer vom 8. Mai 2008, B-7150/2007, E. 4.1 und E. 4.2).

2901 – Anspruch gemäss **Art. 13 EMRK auf eine Beschwerdemöglichkeit**, falls ein EMRK-Grundrecht verletzt ist. Dieser Anspruch gilt auch in Bezug auf Realakte. Danach hat derjenige, der sich in den durch die Konvention garantierten Rechten und Freiheiten für beeinträchtigt hält, Anspruch darauf, bei einer nationalen Instanz eine wirksame Beschwerde einzulegen. Dies bedeutet nicht, dass ein Rechtsmittel an ein Gericht zur Verfügung stehen muss; eine **Beschwerdemöglichkeit an eine hinreichend unabhängige Verwaltungsbehörde** kann genügen. Polizeiliche Kontrollen und Rückweisungen (in casu Verweigerung des Zugangs nach Davos gegenüber einem Journalisten anlässlich des Weltwirtschaftsforums 2001) sind derartige Realakte, die die Privaten in ihren verfassungsmässigen Rechten berühren, was diese für sich allein jedoch **nicht zu Verfügungen im Sinne der Verwaltungsrechtspflege** macht. Es ist denn auch nicht denkbar, dass auf derartiges Verwaltungshandeln das Verwaltungsverfahrensgesetz integral zur Anwendung kommt. Es rechtfertigt sich, das polizeiliche Handeln nicht als eigentliche Verfügung zu bezeichnen, sondern es lediglich als Ausgangspunkt für eine wirksame Beschwerde eigener Natur i.S.v. Art. 13 EMRK zu betrachten (BGE 130 I 369 E. 6.1).

2902 – die **Aufsichtsbeschwerde**, wobei diese den Anforderungen an eine wirksame Beschwerde nach Art. 13 EMRK bzw. an die Rechtsweggarantie gemäss Art. 29a BV nicht genügt, weil sie keinen Anspruch auf justizmässige Behandlung einräumt (BGE 128 I 167 E. 4.5, 125 I 394 E. 3, 123 II 402 E. 4b/aa).

b) Rechtschutz durch Verfügung über Realakte (Art. 25a VwVG)

2903 Seit der **Aufnahme von Art. 25a ins VwVG** ist der **Rechtsschutz** bei Realakten auf **Bundesebene** verbessert und vereinfacht worden, ebenso in **denjenigen Kantonen, die eine zu Art. 25a VwVG analoge Bestimmung** eingeführt haben. Danach besteht bei Vorliegen eines schutzwürdigen Interesses ein **Anspruch auf Erlass einer Verfügung** über die Rechtmässigkeit des Realakts (Art. 25a Abs. 2 VwVG). Durch diese Verfügung öffnet sich der ordentliche Beschwerdeweg. Ein Realakt kann somit grundsätzlich nicht direkt angefochten werden, auch wenn er schützenswerte Interessen berührt und in Rechte und Pflichten eingreift (BGE 130 I 369 E. 6.1; BVGer vom 18. Mai 2010, A-5646/2009, E. 3.1; VerwG BE vom 2. April 2007, in: BVR 2007 S. 441 E. 3.2; vom 24. Juli 2006, in: BVR 2006 S. 481 E. 4.1-4.3; RR AG vom 23. Mai 2001, in: AGVE 2001 S. 611 E. 1c).

2904 Zur Tragweite des Tatbestandselements, dass **Rechte und Pflichten berührt** sein müssen, gibt es in der Lehre unterschiedliche Ansichten. Diese stimmen aber dahin gehend überein, dass sie dieses Tatbestandselement jedenfalls als erfüllt ansehen, soweit **grundrechtlich geschützte Positionen** berührt sind (BVGer vom 7. Sept. 2011, A-101/2011, E. 4.3; vgl. TSCHOPP-CHRISTEN, a.a.O., S. 109 ff.; HÄNER, Art. 25a VwVG, Rz. 19; WEBER-DÜRLER, Art. 25a VwVG, Rz. 19 ff.; MARKUS MÜLLER, Rechtsschutz gegen Verwaltungsrealakte, in: Pierre Tschannen (Hrsg.), Neue Bundesrechtspflege, Berner Tage für die juristische Praxis 2006, Bern 2007, S. 350 ff.). Teilweise wird lediglich ein Berührtsein in **subjektiven Rechten** gefordert, teilweise erachten andere Autoren auch **gewichtige Nachteile** als genügende Eintretensvoraussetzung (RR SZ vom 11. Mai 2010, in: EGV 2010 Nr. C. 16.1, E. 4.3.1; vgl. etwa WEBER-DÜRLER, Art. 25a VwVG, Rz. 19 ff.).

Weitgehend unbestritten ist hingegen, dass der **Begriff des «schutzwürdigen Interesses»** im Sinn von Art. 25a VwVG oder vergleichbarer Bestimmungen grundsätzlich gleich zu verstehen ist wie in den anderen Artikeln des VwVG, namentlich wie in Art. 48 Abs. 1 lit. c VwVG. Verlangt ist somit ein **Sondernachteil** sowie ein Interesse rechtlicher oder tatsächlicher Natur, das aktuell und praktisch sein muss (BVGer vom 7. Sept. 2011, A-101/2011, E. 4.4.1; RR SZ vom 11. Mai 2010, in: EGV 2010 Nr. C. 16.1, E. 4.4.1; vgl. TSCHOPP-CHRISTEN, a.a.O., S. 125, 128 f.; HÄNER, Art. 25a VwVG, Rz. 34; WEBER-DÜRLER, Art. 25a VwVG, Rz. 27 ff.; MÜLLER, a.a.O., S. 347 f.). 2905

Zu berücksichtigen ist dabei, dass sich bei **Begehren um Feststellung der Widerrechtlichkeit von Handlungen** gemäss Art. 25a Abs. 1 lit. c VwVG Eigenheiten bezüglich der Aktualität und der praktischen Bedeutung des Interesses ergeben können, weil diese Begehren im Unterschied zu Art. 25a Abs. 1 lit. a und b VwVG nicht auf eine Änderung der künftigen Verhältnisse hinwirken (BVGer vom 7. Sept. 2011, A-101/2011, E. 4.4.1; TSCHOPP-CHRISTEN, a.a.O., S. 126 f., S. 129 ff.; HÄNER, Art. 25a VwVG, Rz. 34; WEBER-DÜRLER, Art. 25a VwVG, Rz. 27 ff.). 2906

Praxis:

- **Flugbewegungen der FA-18 und Tiger-Kampfjets** im Gebiet Meiringen und Umgebung können die Gesundheit und Integrität einer Person gefährden, weshalb nach Art. 10 Abs. 2 BV ein Grundrecht tangiert und gemäss Art. 25a VwVG in Rechte und Pflichten des Privaten eingegriffen wird. Ferner besteht ein schutzwürdiges Interesse an einer Feststellungsverfügung. Verlangt ist ein Sondernachteil sowie ein Interesse rechtlicher oder tatsächlicher Natur, das aktuell und praktisch sein muss. Soweit es um Beschwerden gegen Fluglärm geht, ist generell anerkannt, dass ein sehr weiter Kreis von Betroffenen zur Beschwerde legitimiert sein kann, ohne dass bereits eine Popularbeschwerde vorliegt. Kein ausschlaggeben des Abgrenzungskriterium stellt die Überschreitung von Lärmgrenzwerten dar. Vorliegend ist davon auszugehen, dass grosse Teile der Anwohner, darunter auch die Beschwerdeführenden, die Flugbewegungen, selbst wenn diese in einer grossen Höhe stattfinden, akustisch wahrnehmen sowie durch die Schadstoffe mehr belastet werden als Personen, die in grösserer Entfernung vom Trainingsraum leben (BVGer vom 7. Sept. 2011, A-101/2011, E. 4.3 und E. 4.4). 2907
- Eine **Schneeräumung**, mit der um circa 4.00 Uhr begonnen wird und zu deren Zweck Fahrzeuge und Maschinen eingesetzt werden, verursacht Lärm, welcher geeignet ist, den Beschwerdeführer in seinem Wohlbefinden und seinem Ruhebedürfnis zu stören. Nach bundesgerichtlicher Rechtsprechung kann ein Rechtsschutzinteresse, das ausnahmsweise eine Rechtsmittelmöglichkeit rechtfertigt, nicht nur vorliegen, wenn es um Ansprüche einer Person geht, sondern auch dann, wenn dieser besondere Verhaltenspflichten oder sonstige besondere Nachteile zugemutet werden, was vorliegend der Fall ist. Allerdings lässt der Regierungsrat offen, ob die mit der Schneeräumung verbundenen Lärmimmissionen eine genügende Intensität aufweisen bzw. einen derart gewichtigen Nachteil darstellen, dass der Beschwerdeführer dadurch in seinen Rechten oder Pflichten berührt ist, da das Begehren des Beschwerdeführers in materieller Hinsicht abzuweisen ist. Der Regierungsrat bejahte hingegen das Vorliegen eines schutzwürdigen Interesses (RR SZ vom 11. Mai 2010, in: EGV 2010 Nr. C. 16.1, E. 4.3.2 und E. 4.4.3). 2908
- Der **abgewiesene Stellenbewerber** hat neuerdings zumindest auf Bundesebene die Möglichkeit, den Erlass einer Verfügung zu verlangen, selbst wenn er keine Diskriminierung gestützt auf das Geschlecht geltend macht (BVGer vom 12. Okt. 2010, A-2757/2009, E. 7 und E. 8). 2909

c) *Rechtschutz durch ungeschriebenes Recht auf Erlass einer Feststellungsverfügung*

2910 In **Kantonen ohne eine Artikel 25a VwVG** entsprechende Bestimmung führt der Weg nach der Rechtsprechung des Bundesgerichts – wie dies im Bund vor Erlass von Art. 25a VwVG der Fall war – über eine **Feststellungsverfügung**, wobei ein **Feststellungsanspruch** in **verfassungs- und konventionskonformer Auslegung** anzuerkennen ist (BGE 128 I 167 E. 4.5, mit Hinweis auf BGE 121 I 87 E. 1b). In den meisten Kantonen ist seit jeher ein Anspruch auf Erlass einer Feststellungsverfügung anerkannt, sofern der Ansprecher ein schutzwürdiges Interesse nachweist (VerwG ZH vom 4. Mai 2006, VB.2006.00143, E. 1.2; ferner auch VerwG BE vom 2. April 2007, in: BVR 2007 S. 441 E. 4.3).

2911 Seit dem 1. Jan. 2007 ist **Art. 29a BV** in Kraft, der den Privaten einen Anspruch darauf vermittelt, Rechtsstreitigkeiten durch ein Gericht beurteilen zu lassen. Der Begriff der Rechtsstreitigkeit ist umfassend und besteht unabhängig davon, welcher Handlungsweise sich der Staat bedient (VerwG SG vom 19. Sept. 2007, in: GVP 2007 Nr. 3 E. 4.1.3). Berührt der **Staat mit seinem Handeln Rechte oder Pflichten** von Privaten und besteht über die Rechtmässigkeit dieses Handelns Uneinigkeit, haben die betroffenen Privaten **Anspruch** darauf, eine (anfechtbare) Feststellungsverfügung bzw. den Entscheid eines **Gerichts** hierüber zu verlangen (VerwG SG vom 19. Sept. 2007, in: GVP 2007 Nr. 3 E. 4.1.3).

Praxis:

2912 – Dritte können sich gegen die **Herausgabe des Buchs «Das Paradies kann warten»** durch die Erziehungsdirektion des Kantons Zürich zur Wehr setzen. Es besteht die Möglichkeit, eine Feststellungsverfügung über die Grundrechtskonformität der umstrittenen Realakte zu verlangen. Im Kanton Zürich anerkennt die Rechtsprechung einen Anspruch auf Erlass einer Feststellungsverfügung, wenn der Ansprecher ein schutzwürdiges Interesse nachweist (BGE 121 I 87 E. 1b).

2913 – **Fahrausweiskontrollen** stellen Realakte dar, bei denen sich danach üblicherweise ein schutzwürdiges Interesse auf Erlass einer Verfügung ergibt, um die Rechtmässigkeit des Vorgehens zu beurteilen (VerwG ZH vom 19. Juni 2008, VB.2008.00143, E. 2).

2914 – Bei der **Weigerung des Psychiatriezentrums** gegenüber einem **Rechtsanwalt**, ihn **sofort telefonisch mit seinen Mandaten zu verbinden**, handelt es sich zwar um einen Realakt, doch besteht ein schutzwürdiges Interesse an einem Feststellungsentscheid (VerwG ZH vom 24. Aug. 2006, VB.2006.00222, E. 2).

2915 – Der **Asylbewerber, der sich übermässig in seiner Freiheit** betroffen fühlt, soll gegen bestimmte Handlungen bzw. gegen das allgemeine Verhalten der Asylempfangsstelle rekurrieren können. Die Möglichkeit einer Beschwerde sollte auf schwere Fälle begrenzt werden. Soweit konkret die Verletzung der persönlichen Freiheit angerufen wird, ist es nicht zulässig, den Asylbewerber, der sich durch die Organisation seines Aufenthalts in einem Empfangszentrum in seiner Freiheit eingeschränkt fühlt, auf den Weg der Verantwortlichkeitsklage zu verweisen. Es ist im Gegenteil zweckmässig, dem Asylbewerber, der sich in seinen Grundrechten schwer beeinträchtigt sieht, zu erlauben, Beschwerde gegen bereits entstandene, noch andauernde oder drohende Staatshandlungen zu erheben. Das Vorhandensein eines schutzwürdigen Interesses für sich muss nicht dazu führen, dass die entsprechende staatliche Handlung in einen Entscheid umgewandelt wird. Allerdings muss jeder, der durch einen staatlichen Eingriff dermassen betroffen ist, dass er riskiert, in unzulässiger Weise in seinen Grundrechten verletzt zu werden, die Möglichkeit haben, bei der zuständigen Behörde eine anfechtbare Verfügung – normalerweise eine Feststellungsverfügung – zu verlangen (BGE 128 II 156 E. 4a u. 4b; siehe ferner BGE 133 I 49 E. 3.2).

- Eine **vertrauensärztliche Untersuchung** im Rahmen eines Arbeitsverhältnisses ist als Realakt zwar durchaus geeignet, in Persönlichkeitsrechte des davon betroffenen Arbeitnehmers einzugreifen, doch dient diese erst der Abklärung, ob eine das Arbeitsverhältnis beeinflussende Regelung erforderlich ist (BGer vom 3. Aug. 2010, 8C_373/2010, E. 6.1). 2916
- An der Beantwortung der Frage, wieweit **Aktivisten eines privaten Vereins beim Verteilen von Broschüren auf öffentlichem Grund** gehen dürfen bzw. wo die Grenzen des bewilligungsfreien gemeinverträglichen Gebrauchs öffentlichen Grundes liegen, hat ein **Dritter** ohne Weiteres ein schützenswertes Interesse auf eine Feststellungsverfügung. Die Kernfrage, wann beim Verteilen von Broschüren mit ideellem Inhalt eine unzulässige Belästigung der Passanten vorliegt, könnte ansonsten kaum je gerichtlich geklärt werden, wenn nicht ein konkreter, in der Vergangenheit liegender Vorfall näher abgeklärt wird, um dann zu entscheiden, ob eine Belästigung der Passanten vorlag oder nicht (BGer vom 9. Jan. 2001, 1P.624/2000, E. 2b). 2917

d) Rechtschutz durch unmittelbare Anfechtbarkeit von Realakten

Allenfalls kann gegen einen staatlichen **Realakt direkt Beschwerde** erhoben werden, ohne dass vorerst eine Feststellungsverfügung erwirkt werden muss, indem der **Realakt als Verfügung fingiert** wird («Fiktion einer Verfügung»; REKO HM vom 2. Juni 2005, in: VPB 70 [2006] Nr. 21 E. 1.1.1; VerwG ZH vom 4. Mai 2006, VB.2006.00143, E. 1.2). Die Rechtsprechung nimmt zumindest vereinzelt an, dass bei Realakten, die in Grundrechte oder Rechte bzw. Pflichten von Personen eingreifen, nicht noch zusätzlich eine Feststellungsverfügung begehrt werden muss (BGer vom 29. Juni 2009, 1C_82/2009, E. 2.2.2 [Abstimmungserläuterungen und -informationen]; RR AG vom 23. Mai 2001, in: AGVE 2001 S. 611 E. 1b/bb [Eingangskontrollen in einer Strafanstalt gegenüber einem Anwalt, der seinen Klienten besuchen will]; ähnlich auch BVGer vom 8. Mai 2008, B-7150/2007, E. 4.2 [Abweisung eines Antrags um Registrierung für Versicherungsvermittler]; ferner BGE 128 I 167 E. 4.5, 127 I 84 E. 4a, 126 I 250 E. 2d; VerwG ZH vom 12. Juli 2007, VB.2007.00118, E. 2.1; vom 5. Nov. 2003, VB.2003.00077, E. 3b/aa). 2918

Vereinzelt sehen Rechtspflegegesetze explizit vor, dass als **anfechtbare Entscheide auch Realakte** gelten, die **«in Rechte und Pflichten von Personen eingreifen»** (so Art. 28 Abs. 4 und 49 Abs. 3 VRG/GR). Die nach dieser **Bestimmung anfechtbaren Realakte** unterscheiden sich von formellen Entscheiden (Verfügungen) darin, dass die **Verfügung im betreffenden Realakt bereits enthalten** ist bzw. dieser eine (formelle) Verfügung ersetzt (vgl. z.B. BGer vom 27. Juli 2007, 2C_330/2007, E. 1.3). Die Lehre bezeichnet diese Art von Realakten auch als «verfügungsvertretende Realakte» (insb. TSCHANNEN/ZIMMERLI/MÜLLER, § 38, Rz. 17 f.; BGer vom 30. Nov. 2009, 2C_166/2009, E. 1.2.2) oder als «verfahrensfreie» Verfügungen (vgl. dazu BICKEL/OESCHGER/STÖCKLI, a.a.O., S. 603 ff.), wobei diese zumindest nach der zitierten Lehre – im Gegensatz zu Art. 28 Abs. 4 und Art. 49 Abs. 3 VRG – **nicht direkt anfechtbar** sind, sondern lediglich nachträglicher Rechtsschutz – auf Bundesebene gemäss Art. 25a VwVG – zu gewähren ist. 2919

Praxis:

2920 – Zu den (anfechtbaren) Realakten im Sinne von Art. 88 Abs. 2 Satz 2 BGG zählen im Zusammenhang mit Abstimmungen und Wahlen **Abstimmungserläuterungen und Abstimmungsinformationen** (BGer vom 29. Juni 2009, 1C_82/2009, E. 2.2.2).

2921 – Bei einer **Liefersperre** von Elektrizität wegen Nichtbezahlens von Rechnungen handelt es sich um einen individuell-konkreten Hoheitsakt, dem die Rechtsnatur einer Verfügung zukommt, der in der entsprechenden Form zu ergehen hat und der ferner den davon betroffenen Personen zu eröffnen ist (BGE. 137 I 120 E. 5.5).

2922 – Die **Euthanisierung eines Hundes ohne vorgängige Verfügung** stellt einen **verfügungsvertretenden Realakt** dar. Erlässt das zuständige Amt danach eine Verfügung, worin das Vorgehen zur Euthanasierung des Hundes gerechtfertigt wird, kommt diese nachträgliche, ohne Anlass des Beschwerdeführers erlassene Verfügung einer Feststellungsverfügung gleich, mit welcher die Rechtmässigkeit des Realaktes festgestellt wird und die bei gegebenem Rechtsschutzinteresse angefochten werden kann (BGer vom 30. Nov. 2009, 2C_166/2009, E. 1.2.2).

2923 – **Eingangskontrollen in einer Strafanstalt** gegenüber einem Anwalt, der seinen Klienten besuchen will, zielen auf die Regelung eines Verwaltungsrechtsverhältnisses. Vorliegend ist von einer (verfahrensfreien) Verwaltungsrechtshandlung und nicht von einer Verwaltungstathandlung oder einem Realakt auszugehen. Mit den erwähnten Kontrollmassnahmen liegen verfügungsfähige Anordnungen vor (RR AG vom 23. Mai 2001, in: AGVE 2001 S. 611 E. 1b/bb).

2924 – Nimmt die **Polizei eine Person in Gewahrsam**, so muss gemäss Art. 31 Abs. 4 BV direkt ein Gericht angerufen werden können, welches entsprechend den konkreten Umständen so rasch als möglich über die Rechtmässigkeit der Freiheitsentziehung befindet. Es genügt nicht, dass die betroffene Person erst nach Durchlaufen von weiteren Administrativinstanzen ein Gericht anrufen kann (BGE 136 I 87 E. 6.5.2-6.5.4).

2925 – Eine **Einsatzermächtigung (polizeiliche Hausdurchsuchung und Wohnungsräumung)** richtet sich zwar vorab an die Stadtpolizei Bern, indem diese ermächtigt wird, die Liegenschaft zu betreten und die Wohnung des Beschwerdeführers zu durchsuchen und zu räumen. Dennoch handelt es sich dabei nicht ausschliesslich um eine (blosse) Handlungsgrundlage für die Polizei, welche keinerlei unmittelbaren Rechte und Pflichten Einzelner zu begründen vermöchte. Vielmehr beinhaltet diese der Stadtpolizei ausgestellte Einsatzermächtigung gleichzeitig die – wenn auch nicht ausdrücklich formulierte – Verpflichtung des Beschwerdeführers, das Vorgehen der Polizei und die damit einhergehenden Grundrechtseingriffe auch gegen seinen Willen zu dulden. Die angefochtene Ermächtigung hat deshalb erhebliche Auswirkungen auf die Rechtsstellung des Beschwerdeführers, weshalb der Regierungsstatthalter damit auch ein individuell-konkretes Verwaltungsverhältnis gegenüber einer bestimmten Person verbindlich geregelt hat. Die angefochtene Ermächtigung stellt so besehen eine Verfügung dar. Der Regierungsstatthalter hat sie zu Recht als solche bezeichnet und auch dem Beschwerdeführer eröffnet (VerwG BE vom 31. Aug. 2006, in: BVR 2006 S. 538 E. 1.1).

2926 – **Die Abweisung des Gesuchs um Aufnahme in das Register für Versicherungsvermittler** berührt in erheblichem Ausmass die **Grundrechte** der vom staatlichen Handeln betroffenen Person. Entsprechend hat der diesbezügliche Entscheid zwingend in Verfügungsform zu ergehen. Dies umso mehr, wenn die Vorinstanz zur Auffassung gelangt, dass einem Gesuchsteller die Registrierung zu verweigern ist. Durch einen solchen Entscheid wird der Gesuchsteller existenziell in seiner Rechtsstellung betroffen, da ihm damit die Ausübung seines Berufs verunmöglicht wird. Das Vorgehen der Vorinstanz, wonach sie eine Verfügung nur auf Verlangen erlässt, ist nicht rechtmässig. Vielmehr hat sie zumindest dann, wenn sie die Registrierung verweigern will, ihren Entscheid in Form einer Verfügung zu erlassen, ohne dass diese vom Gesuchsteller vorgängig verlangt werden müsste (BVGer vom 8. Mai 2008, B-7150/2007, E. 4.1 und E. 4.2).

- Die **Information der Öffentlichkeit durch eine Medienmitteilung**, in welcher **staatliche Empfehlungen** abgegeben werden, ist als Realakt zu qualifizieren, gegen den sich Drittbetroffene im Rahmen eines Beschwerdeverfahrens bei einer verwaltungsunabhängigen Behörde müssen wehren können, wenn sie durch die Auswirkungen der Empfehlung in grundrechtlich geschützten Interessen beeinträchtigt werden können Vor diesem Hintergrund ist vorliegend die Weigerung des Instituts, die Medienmitteilung zurückzuziehen, sinngemäss als Verfügung zu qualifizieren («Fiktion einer Verfügung»; vgl. REKO HM vom 2. Juni 2005, in: VPB 70 [2006] Nr. 21 E. 1.1.1 und E. 3.1). 2927
- Nach der verwaltungsgerichtlichen Rechtsprechung des Kantons Zürich werden Beschlüsse betreffend **Umbenennung von Strassen und (damit verbunden) Umadressierung von Liegenschaften** den sogenannten Realakten zugeordnet, mithin einer Kategorie von staatlichen Akten, denen grundsätzlich kein Verfügungscharakter zukommt. Nach neuerer Lehre und Rechtsprechung muss allerdings auch gegenüber Realakten ein Rechtsschutz geboten werden, sofern solche Akte bezüglich ihrer Intensität oder Dauer sich nicht mehr bloss in untergeordnetem Umfang auf die Rechtsstellung der Betroffenen auswirken. Deswegen ist auch in der Rechtsprechung betreffend Strassenumbenennungen die Anfechtbarkeit solcher Akte vorbehalten worden, sofern sie für die Betroffenen mit schwerwiegenden Nachteilen verbunden sind (VGer ZH vom 12. Juli 2007, VB.2007.00118, E. 2.1). 2928
- Das Bundesgericht ist auf eine staatsrechtliche Beschwerde von **Standbetreibenden an einem Volksfest** eingetreten, die sich **gegen Rechnungen des privaten Vereins** richtete, welcher das Fest auf öffentlichem Grund organisiert hatte. Es begründete dies damit, dass der Verein infolge der formlosen Überlassung des öffentlichen Grundes durch die betreffende Gemeinde in die Lage gekommen war, die Grundrechte der Standbetreibenden zu verletzen (BGer vom 8. Juni 2001, 2P.96/2000, E. 5c). 2929
- **Kein Rechtsschutz** kann hingegen dann verlangt werden, wenn die **Schweizerische Mustermesse AG** als gemischtwirtschaftliche Unternehmung gemäss Art. 762 OR durch die von ihr eingesetzten Organe Bewerberinnen und Bewerber Standplätze für die Kunstmesse ART in Basel verweigert. Weder gehört das Gelände zum Verwaltungsvermögen noch zu jenen öffentlichen Flächen, welche allenfalls gestützt auf die Wirtschaftsfreiheit vorübergehend auch interessierten Privaten zur Verfügung gestellt werden müssen. Die Vergabe eines Standplatzes an den hier fraglichen Messeveranstaltungen lässt sich nicht vergleichen mit der Überlassung eines Platzes für einen Marktstand oder eine Zirkusveranstaltung auf einem unter der direkten Herrschaft des Gemeinwesens verbliebenen öffentlichen Areal (BGE 126 I 250 E. 2c und E. 2d/aa). 2930

7. Bemerkungen

1. Die **meisten Rechtsstreitigkeiten im Zusammenhang mit staatlichen oder behördlichen Realakten entstehen im Hinblick auf Abgrenzungsfragen**, insbesondere gegenüber der Verfügung, sowie im Hinblick auf den Rechtsschutz gegen Realakte, denen kein Verfügungscharakter zukommt. Per saldo geht es regelmässig um Fragen des Zugangs zum Rechtsschutz zwecks Klärung von Fragen der Zulässigkeit von staatlichen Handlungen. 2931

2. Wer **Rechtsschutz anstrebt**, ist besonders gut gestellt, wenn es ihr oder ihm gelingt, eine **Verfügung zu thematisieren**, und sei es auch nur eine «fingierte Verfügung» (REKO HM vom 2. Juni 2005, in: VPB 70 [2006] Nr. 21 E. 1.1.1; VerwG ZH vom 4. Mai 2006, VB.2006.00143, E. 1.2). Die Rechtsprechung ist diesbezüglich erfreulich ausdifferenziert und hat zu einer wesentlichen Klärung der Kriterien für die Beurteilung geführt. Es gibt aber auch noch offene Fragen, deren Beantwortung unter 2932

Aspekten ihrer Funktion allerdings nicht allein Sache der Gerichte, sondern auch der Rechtslehre ist.

2933 3. Auf der Begriffsebene lassen sich die staatlichen Realakte **mit einem einzigen Begriff nicht befriedigend** einfangen (vgl. auch MÜLLER-GRAF, a.a.O., S. 75 f.). Der Begriff des staatlichen Realaktes will den **gesamten Residualbereich des Staatshandelns ausserhalb von Verfügung und öffentlich-rechtlichem Vertrag** erfassen. Damit verliert der Begriff jede Kontur. Er erfasst einseitiges und zweiseitiges Staatshandeln in zahlreichen Erscheinungsformen. Will man nicht eine grundlegend neue Begriffsbildung thematisieren, so kann der **staatliche oder behördliche Realakt** am ehesten als **Oberbegriff** für die fraglichen staatlichen Handlungen dienen (so namentlich TSCHANNEN/ZIMMERLI/MÜLLER, § 38, Rz. 1 ff.). Weniger geeignet ist jedenfalls der Begriff des **informalen Staatshandelns**, weil dieser schwergewichtig auf die Informationstätigkeit des Staates, aber nicht auf die Durchsetzung und Umsetzung von Rechtsnormen ausgerichtet ist. Zudem ist der Begriff überschiessend, wenn man ihn so versteht, dass informal gleichbedeutend mit nicht schriftlich ist, weil informale, d.h. nicht verbindliche Vereinbarungen durchaus schriftlich abgefasst werden können. Immerhin könnte auch der **Begriff des schlichten Verwaltungshandelns** als Oberbegriff verwendet werden, weil er sehr allgemein und inhaltsoffen ist (vgl. auch MÜLLER-GRAF, a.a.O, S. 116).

2934 4. Im Weiteren ist die **Gliederung der staatlichen Realakte** nicht ohne Defizite. Es muss **nicht nur das Verhältnis zur Verfügung** thematisiert werden, sondern **auch das Verhältnis zum öffentlich-rechtlichen Vertrag**. In diesem Sinne können neben verfügungsbezogene Realakten auch vertragsbezogene Realakte identifiziert werden, neben verfügungsvermeidenden auch vertragsvermeidende sowie neben verfügungsvertretenden auch vertragsvertretende Realakte (im Anschluss an die Unterteilung bei TSCHANNEN/ZIMMERLI/MÜLLER, § 38, Rz. 14 ff.). In der Rechtsprechung ist das Verhältnis zum Vertrag bisher allerdings noch kaum relevant geworden.

2935 5. Die stereotype Wiederholung in Lehre und Rechtsprechung, **staatliche Realakte** seien im Unterschied zum Verfügungshandeln **nicht auf Rechtswirkungen**, **sondern** auf die Herbeiführung eines **Taterfolges gerichtet**, kann in ihrer Allgemeinheit nicht überzeugen. Für einzelne Arten von Realakten trifft dies zu, für andere hingegen nicht. Zwischen einer Pressemitteilung des Bundesrates über die an einer Sitzung gefassten Beschlüsse oder der Publikation einer Verfügung (BVGer vom 28. Sept. 2009, B-4221/2008 E. 6.2) einerseits und der Festnahme einer Person (BGE 136 I 87 E. 6.5.2-6.5.4) oder einer Empfehlung von Swissmedic, ein bestimmtes Arzneimittel zu meiden andererseits, sind in Bezug auf die Rechtswirkungen grosse Unterschiede feststellbar.

2936 6. **Besonders anspruchsvoll** ist die **Qualifikation von Informationstätigkeiten**. Während beispielsweise ein Bericht des Bundesrates über die im Jahr 2010 abgeschlossenen internationalen Verträge (BBl 2011, S. 4983 ff.) keinerlei Rechtswirkungen entfaltet, ist dies bei der Publikation einer Statistik nicht in jedem Fall gleichermassen offenkundig. Publiziert etwa das Bundesamt für Statistik die Ergebnisse der Bau- und Wohnbaustatistik gemäss der Statistikerhebungsverordnung, kann dies eine unmittelbare Wirkung auf die Investitionsbereitschaft in der Bauwirtschaft sowie auf die Entwicklung der Bodenpreise haben. Dennoch wird man daraus noch nicht auf eine Rechtswirkung schliessen. Wenn aber eine kantonale Gewerbepolizei eine Liste von Gaststätten veröffentlicht, in denen im abgelaufenen Geschäftsjahr Beanstandungen mit Bezug auf die Sauberkeit der Küche ausgesprochen worden sind, so kann dies einen unmittelbaren Einfluss und zugleich auch eine Rechtswirkung entfalten, nämlich im Sinn einer (faktischen) Beschränkung der Wirtschaftsfreiheit der betroffenen Gastwirtschaften.

7. Noch nicht hinreichend und widerspruchslos geklärt ist in Lehre und Rechtspre- 2937
chung der **rechtliche Status von organisatorischen oder betrieblichen Massnahmen**. Soweit solche Massnahmen keine Aussenwirkungen entfalten, gehören sie nicht zu den staatlichen Realakten im hier erörterten Sinn. Insbesondere stellen sich diesbezüglich keine Rechtsschutzfragen. Rechtsschutz wird erst und nur aktuell, wenn eine Massnahme den organisatorischen oder betrieblichen Bereich verlässt und ein Rechtsverhältnis tangiert, z.B. das arbeitsrechtliche Grundverhältnis zwischen einer angestellten Person und der Verwaltung (BGE 136 I 323 E. E. 4.5-4.7; HÄNER, Art. 25a VwVG, Rz. 25; eher a.M. wohl WEBER-DÜRLER, Art. 25a VwVG, Rz. 15 und 35; MOOR/POLTIER, S. 189). Ein Grundverhältnis liegt auch dem Streit darüber zugrunde, ob die Zuweisung eines Schülers in ein anderes Schulhaus, das den Schulweg von 300 auf 800 m verlängert, angefochten werden könne, was das Bundesgericht bejaht (BGer vom 28. März 2002, 2P.324/2001, E. 3.4). Ob dies überzeugend sei, muss hier offenbleiben. Zu einem staatlichen Realakt im hier erörterten Sinn wird eine organisatorische Massnahme, wenn sie (auch oder ausschliesslich) Aussenwirkungen entfaltet und wenn die Aussenwirkungen eine erhebliche Intensitätsstufe erreichen, sodass ein Rechtsschutzbedürfnis aktuell wird, wie das z.B. bei einer Einsatzermächtigung der Stadtpolizei Bern für eine Hausdurchsuchung und Wohnungsräumung der Fall ist; diesbezüglich schliesst das Berner Verwaltungsgericht stracks auf das Vorliegen einer (formell unvollständigen) anfechtbaren Verfügung (VerwG BE vom 31. Aug. 2006, in: BVR 2006 S. 538 E. 1.1).

8. Die **Anforderungen an staatliche Realakte** hängen mit der Frage nach den 2938
Rechtswirkungen zusammen. Realakte, die einen Bedarf an Rechtsschutzmöglichkeiten auslösen, müssen die **üblichen Anforderungen an die Zulässigkeit** erfüllen. Hauptanknüpfung für die Beurteilung sollte die Frage sein, ob und in welchem Mass Grundrechtspositionen oder anderweitige Rechte und Pflichten von Personen betroffen sind. Im Fall leichter Wirkungen von Belastungen, die auch nur leichte Grundrechtsbeschränkungen nach sich ziehen, sind die Erfordernisse für leichte Grundrechtseingriffe zu beachten; sind die Wirkungen hingegen schwer, so geht es um die Respektierung der Anforderungen an schwere Grundrechtseingriffe (vgl. BGE 130 I 369 E. 6.1, 128 II 156 E. 4a u. 4b, 121 I 87 E. 1b; BGer vom 9. Jan. 2001, 1P.624/2000, E. 2b; REKO HM vom 2. Juni 2005, in: VPB 70 [2006] Nr. 21 E. 1.1.1 und E. 3.1).

9. Was den **Rechtsschutz** betrifft, so ist die Zeit überwunden, in der man Opfer von 2939
staatlichen Realakten ausserhalb von Grundrechtsverletzungen vor allem auf das Staatshaftungsrecht verweisen musste (vgl. dazu noch BGE 128 I 167 E. 4.5). Sofern ein schutzwürdiges Interesse vorliegt, kann im **Bund** heute gestützt auf **Art. 25a VwVG** mit verschiedenen Rechtsbegehren eine anfechtbare Verfügung erwirkt werden (vgl. BGE 136 V 156 E. 4). **Auf kantonaler Ebene** geht der Trend mit analogen Bestimmungen ebenfalls in diese Richtung, wie etwa der Kanton Luzern zeigt (vgl. etwa § 44 des Verwaltungsrechtspflegegesetzes des Kantons Luzern). **Noch über-**

zeugender wäre es gewesen, wenn der Bundesgesetzgeber die Gelegenheit benützt hätte, anlässlich der Totalrevision der Bundesrechtspflege eine **unmittelbare Anfechtung** von staatlichem Tathandeln zu eröffnen (vgl. dazu RICHLI, Rechtsschutz, S. 1437 ff.). Immerhin gibt es Kantone, welche diese Lösung gewählt haben, so **namentlich der Kanton Graubünden** (vgl. Art. 28 Abs. 4 und 49 Abs. 3 VRG GR). Vereinzelt greift die Rechtsprechung – wenn auch unausgesprochen – noch zur Rechtsfigur der Rechtsverweigerung, die einer Verfügung gleichgestellt ist (im Bund Art. 46a VwVG), so etwa im Bespiel der Abweisung des Gesuchs um Aufnahme in ein Register für Versicherungsvermittler (BVGer vom 8. Mai 2008, B-7150/2007, E. 4.1 und E. 4.2). Im Übrigen kann mangels kantonaler Bestimmungen, die einen zu Art. 25a VwVG analogen Rechtsschutz ermöglichen, immer noch direkt unter Berufung auf Art. **13 EMRK eine Beschwerdemöglichkeit erschlossen werden**, falls ein EMRK-Grundrecht verletzt ist. Dieser Anspruch gilt auch in Bezug auf Realakte. Danach hat derjenige, der sich in den durch die Konvention garantierten Rechten und Freiheiten für beeinträchtigt hält, Anspruch darauf, bei einer nationalen Instanz eine wirksame Beschwerde einzulegen. Beispielsweise sind polizeiliche Kontrollen und Rückweisungen derartige Realakte, welche die Privaten in ihren verfassungsmässigen Rechten berühren und daher eine wirksame Beschwerdemöglichkeit im Sinne von Art. 13 EMRK erfordern (BGE 130 I 369 E. 6.1).

IV. Öffentlich-rechtlicher Vertrag

1. Begriff

2940 Der **öffentlich-rechtliche Vertrag** charakterisiert sich durch eine **übereinstimmende Willenserklärung zweier Vertragsparteien** im Hinblick auf die Begründung, Änderung oder Aufhebung eines Rechtsverhältnisses, das seine Grundlage im **öffentlichen Recht** hat (BGer vom 28. Juni 2010, 4A_116/2010, E. 4.2; BVGer vom 11. Okt. 2011, B-4581/2010, E. 4.2; VerwG GR vom 22. Feb. 2011, S-09-54A, E. 3d; VerwG SG vom 22. Sept. 2009, B-2009-39, E. 2.1.1). Massgebend ist, ob nebst der **Willensübereinkunft,** die für sich **allein kein zuverlässiges Element** darstellt, für die **inhaltliche Ausgestaltung ein erheblicher (potenzieller) Spielraum besteht**, der nicht durch eine vom handelnden Gemeinwesen als bindend erachtete Ordnung (z.B. bindende Anstellungs- oder Besoldungsvorschriften) eingeengt wird; können wesentliche Punkte des Vertragsinhaltes von den Parteien frei gestaltet werden, so kann von einem vertraglich begründeten Verhältnis ausgegangen werden (VerwG ZH vom 12. Jan. 2005, PB.2004.00074, E. 3.5; vom 14. Aug. 2002, PK.2002.00003, E. 2c/dd).

2941 In der Schweiz gibt es anders als im bundesdeutschen Verwaltungsverfahrensgesetz **keine allgemeine Regelung des öffentlich-rechtlichen Vertrages**; das VwVG regelt einzig das Verfügungshandeln (vgl. Art. 1 Abs. 1 VwVG) und ist auf vertragliches Handeln nicht anwendbar. Es gibt aber in **einzelnen Bundesgesetzen** punktuelle Bestimmungen zum öffentlich-rechtlichen Vertrag. Zu nennen sind vor allem das **Landesversorgungsgesetz** (Art. 6 LVG) und die zugehörige Vorratshaltungsverordnung (Art. 6 ff.) sowie das **Subventionsgesetz** (Art. 16 Abs. 2, 19 f. und Art. 31 SuG). Mangels Anwendbarkeit des VwVG kommt laut Bundesgericht beispielsweise auch das Recht auf Anhörung nicht zum Zug (BGer vom 14. März 2005, 2P.104/2004, E. 4.4 f.).

Als **Vertragsparteien** sind üblicherweise entweder zwei oder mehrere Träger von Verwaltungsaufgaben («koordinationsrechtlicher Vertrag») oder ein oder mehrere derartige Träger und Private («subordinationsrechtlicher Vertrag») beteiligt (VerwG BL vom 24. Mai 2000, in: BLVGE 2000 S. 244 E. 2a). **Keine Rolle spielt die Organisationsform und die Stellung der Vertragsparteien** (BVGer vom 15. Juli 2009, A-5237/2008, E. 1.4.2). Für die Qualifikation als **öffentlich-rechtlicher** oder **privatrechtlicher** Vertrag ist massgebend, ob eine Partei Trägerin von Verwaltungsaufgaben ist und der Vertrag eine **Materie** betrifft, die dem **öffentlichen Recht** zuzuordnen ist: Ein öffentlich-rechtlicher Vertrag hat direkt die Erfüllung einer öffentlichen Aufgabe zum Inhalt oder betrifft einen im öffentlichen Recht geregelten Gegenstand wie beispielsweise eine Erschliessung, Enteignung oder Subvention, während eine **privatrechtliche Vereinbarung** dann vorliegt, wenn sich der Staat durch Kauf, Werkvertrag oder Auftrag bloss die Hilfsmittel beschafft, derer er zur Erfüllung seiner öffentlichen Aufgaben bedarf (BGE 134 II 297 E. 2.2, 128 III 250 E. 2; BVGer vom 15. Juli 2009, A-5237/2008, E. 1.4.2; VerwG ZH vom 10. Feb. 2011, VK.2010.00002, E. 1.3; VerwG SG vom 22. Sept. 2009, B-2009-39, E. 2.1.1; dazu insb. Rz. 166 ff.). 2942

Die **Terminologie** ist **uneinheitlich**. Der öffentlich-rechtliche Vertrag umfasst je nach Verständnis einen grösseren Kreis von Verträgen als der verwaltungsrechtliche Vertrag. Nach der **weiteren Lesart** schliesst er neben verwaltungsrechtlichen Verträgen auch staatsrechtliche und völkerrechtliche Verträge ein (vgl. HARALD EBERHARD, Der verwaltungsrechtliche Vertrag. Ein Beitrag zur Handlungsformenlehre, Wien/New York 2005, S. 18 f.). In der Schweiz herrscht aber die synonyme Verwendung der beiden Begriffe vor (BERNHARD WALDMANN, Der verwaltungsrechtliche Vertrag – Eine Einführung, in: Häner/Waldmann, Der verwaltungsrechtliche Vertrag in der Praxis, Zürich 2007, S. 3 f.). In der Folge ist daher durchwegs vom **öffentlich-rechtlichen Vertrag** die Rede. Ein weiterer Terminus im Kontext ist der **Verwaltungsvertrag**. Gemeint sind damit alle Verträge, die öffentlich-rechtliche Rechtssubjekte mit privaten Rechtssubjekten eingehen, eingeschlossen also privatrechtliche Verträge (siehe ANDREAS ABEGG, Der Verwaltungsvertrag zwischen Staatsverwaltung und Privaten, Zürich/Basel/Genf 2009, S. 5). 2943

Die **Terminologie** ist ferner auch **vielfältig**. Es finden sich Benennungen wie Abstimmung, Einigung, Festlegung, Übereinkunft, Verständigung, Vereinbarung (AUGUST MÄCHLER, Vertrag und Verwaltungsrechtspflege: ausgewählte Fragen zum vertraglichen Handeln der Verwaltung und zum Einsatz des Vertrages in der Verwaltungsrechtspflege, Zürich/Basel/Genf 2005, § 4, Rz. 2). Die Gesamtheit der öffentlich-rechtlichen Verträge wird häufig (immer noch) aufgeteilt in **koordinationsrechtliche und subordinationsrechtliche Verträge,** obwohl beide Arten von Verträgen auf übereinstimmenden Willenserklärungen beruhen und sich die Vertragsparteien somit gleichberechtigt gegenüberstehen. Die erstgenannte Gruppe verbindet Träger von Verwaltungsaufgaben, während die zweitgenannte Gruppe für Verträge steht, die einen oder mehrere Träger von Verwaltungsaufgaben mit einem oder mehreren Privatrechtssubjekten als Partner verbinden (HÄFELIN/MÜLLER/UHLMANN, Rz. 1063 ff.; TSCHANNEN/ZIMMERLI/MÜLLER, § 33, Rz. 16 ff.). 2944

2945 Ein **Teil der Verträge unter öffentlich-rechtlichen Trägern** ist **gesetzlich geregelt**, namentlich die Verträge über die Zusammenarbeit und Arbeitsteilung zwischen Gemeinden. Dazu finden sich in den **kantonalen Gemeindegesetzen** regelmässig Bestimmungen, die **Gemeindeverbände**, **Zweckverbände** und dergleichen, die auf vertraglicher Grundlage beruhen, betreffen (BEATRIX ZAHNER, Gemeindevereinigungen: öffentlich-rechtliche Aspekte, Zürich 2005; MARCEL SCHENKER, Das Recht der Gemeindeverbände: unter bes. Berücksichtigung der Verhältnisse in den Kantonen Bern, Luzern, Nidwalden, Zug, St. Gallen, Graubünden, Aargau, Waadt, Neuenburg und Jura, St. Gallen 1986, S. 111 ff.). Weiter sind die **interkantonalen Verträge** sowie die **Verträge zwischen Bund und Kantonen** zu erwähnen, die sich auf Art. 48 BV stützen (VITAL ZEHNDER, Die interkantonale Körperschaft als Modellform für die gemeinsame Trägerschaft. Rechtsgrundlagen der interkantonalen Zusammenarbeit und des interkantonalen Vertrags, Zürich 2007, S. 61 und S. 131 ff.; PETER HÄNNI, Verträge zwischen den Kantonen und zwischen dem Bund und den Kantonen, in: Thürer/Aubert/Müller (Hrsg.), S. 443 ff.).

2946 Heute finden sich in **vielen Gebieten des öffentlichen Rechts des Bundes und der Kantone vertragliche Lösungen**. Genannt sind namentlich die folgenden Bereiche: Pflichtlagerrecht, Umweltrecht, Bau- und Planungsrecht, Steuer- und Abgaberecht, Subventionsrecht, Energierecht, Schulrecht, Personalrecht, Krankenversicherungsrecht, Konzessionen, Übertragung öffentlicher Aufgaben oder Benützung öffentlich-rechtlicher Anstalten (vgl. insb. HÄFELIN/MÜLLER/UHLMANN, Rz. 1080 ff.; FRANK KLEIN, Die Rechtsfolgen des fehlerhaften verwaltungsrechtlichen Vertrags, Zürich 2003, S. 33 ff.; MÄCHLER, a.a.O., § 12, Rz. 31 ff.). Ferner zählen **Leistungsvereinbarungen** dazu, die unter dem Einfluss des New Public Management in Erscheinung getreten sind (BVGer vom 11. Okt. 2011, B-4581/2010, E. 4.2 [Art. 81d AVIV]). Nicht zuletzt ist der **Vergleichsvertrag** zu erwähnen, der häufiger vorkommt als gemeinhin angenommen wird (vgl. auch BGE 135 V 65 E. 1; VerwG GR vom 11. Nov. 2008, R-08-74, E. 3; ferner MÄCHLER, a.a.O., § 4, Rz. 49 ff. sowie § 5). Neuerdings findet sich der Vertrag auch im **Ausländerrecht**: Nach dem Ausländergesetz kann die Verpflichtung zum Besuch eines Integrations- und oder Sprachkurses durch Vereinbarung festgehalten werden (Art. 54 Abs. 1 Aug). Weiter finden sich Verträge sogar im bislang klassisch hoheitlichen Bereich der **polizeilichen Sicherheit sowie im Bereich der Sozialhilfe** (ABEGG, a.a.O., S. 148).

2947 **Als zulässige Motive** für die Wahl der Vertragsform gelten etwa das Bedürfnis nach **dauerhafter Bindung**, die **Beseitigung rechtlicher Unklarheiten** durch eine Einigung zwischen Behörden und Privaten oder eine **konsensuale Konkretisierung eines erheblichen Ermessensspielraums** seitens der zuständigen Behörde (VerwG GR vom 22. Feb. 2011, S-09-54A, E. 3b; VerwG ZH vom 25. Feb. 2004, PB.2003.00040, E. 4.2.2). In der Lehre werden als weitere Motive etwa das Bedürfnis der Verwaltung, **gegenüber privaten Rechtssubjekten partnerschaftlich** aufzutreten oder die **Verpflichtung zu Leistungen**, zu welchen die Verwaltung einen **Privaten mittels Verfügung nicht zwingen könnte**, genannt (HÄFELIN/MÜLLER/UHLMANN, Rz. 1074 ff.; TSCHANNEN/ZIMMERLI/MÜLLER, § 33, Rz. 24 ff.). Zu berücksichtigen gilt dabei, dass die **Autonomie des Gemeinwesens** im Hinblick auf die **inhaltliche Ausgestaltung des Vertrages** – je nach den anwendbaren gesetzlichen Grundlagen – eingeschränkter sein kann als diejenige der Privatperson (RR OW vom 11. Dez. 2007, in: VVGE 2008/09 Nr. 13 E. 3.2).

Das Vertrauen, das aus einem öffentlich-rechtlichen Vertrag zwischen Staat und Privatem resultiert, wird zunächst und vor allem durch die **Verbindlichkeit dieses Akts** geschützt («pacta sunt servanda»); dieser begründet grundsätzlich **wohlerworbene Rechte**, die gesetzesbeständig sind und nur auf dem Wege der Enteignung, d.h. gegen volle Entschädigung verändert werden können (BGE 132 II 485 E. 9.5, 131 I 321 E. 5.3, 127 II 69 E. 5b). Die aus einem öffentlich-rechtlichen Vertrag resultierenden Garantien gehen somit über den blossen Vertrauensschutz hinaus (BGE 130 I 26 E. 8.2.1, 122 I 328 E. 7a; BGer vom 13. Aug. 2009, 2C_164/2009, E. 8.1). Der öffentlich-rechtliche Vertrag stellt eine **Vertrauensgrundlage** dar. Es liegt im Wesen jedes Vertrages und somit auch des öffentlich-rechtlichen Vertrages, dass er dazu bestimmt ist, Vertrauen im Hinblick auf das zukünftige Verhalten des Vertragspartners zu begründen (BGE 103 la 505 E. 4a; BGer vom 25. Jan. 2010, 1C_450/2009, E. 2.4.2; vom 22. Aug. 2003, 1P.296/2003, E. 4.2; BVGer vom 10. Juni 2009, A-6788/2008, E. 4.2). Weiter kann eine **Schuld aus einem öffentlich-rechtlichen Vertrag** zediert werden, sofern das Gesetz die Zession nicht ausschliesst und sie mit dem Vertragstyp vereinbar ist (BGer vom 29. Nov. 2006, 1P.434/2006, E. 3.1). 2948

Praxis:

- Die **einvernehmliche Regelung (EVR)** zwischen der WEKO und den am Verfahren Beteiligten lässt sich als verwaltungsrechtlicher Vertrag, welcher unter der Suspensivbedingung der Genehmigung durch die WEKO steht, qualifizieren. Weder die EVR selbst noch ihr Abschluss durch das Sekretariat kann mit einem ordentlichen Rechtsmittel angefochten werden. Allerdings unterliegt die Verfügung der WEKO über die Genehmigung oder Nichtgenehmigung einer EVR der Beschwerde an das Bundesverwaltungsgericht (BVGer vom 2. Juli 2010, B-1324/2010, E. 5.1.2 [Transaktionsgebühr im schweizerischen Kreditkartenmarkt]). 2949
- **Art. 81d AVIV** ermöglicht der zuständigen Amtsstelle seit dem 1. April 2011 die Gewährung von Beiträgen an Veranstalter von arbeitsmarktlichen Massnahmen (AMM-Veranstalter) durch **Verfügung oder Leistungsvereinbarung**. Bei diesen Leistungsvereinbarungen handelt es sich um **verwaltungsrechtliche Verträge**. Diese entstehen durch übereinstimmende Willenserklärungen; die Vorschriften des Obligationenrechts finden dabei analog Anwendung (BVGer vom 11. Okt. 2011, B-4581/2010, E. 4.2). 2950
- Ein verwaltungsrechtlicher Vertrag lässt sich dadurch charakterisieren, dass er **direkt die Erfüllung einer öffentlichen Aufgabe zum Inhalt** hat oder dass er einen öffentlich-rechtlich normierten Gegenstand betrifft, wie zum Beispiel **Erschliessungen**, **Enteignungen** oder **Subventionen**. Das Bundesgericht hat Verträge von Bauwilligen mit Gemeinwesen über die Erschliessung von Bauparzellen als öffentlich-rechtlich qualifiziert (BGE 102 II 55 E. 1; BGer vom 28. Juni 2010, 4A_116/2010, E. 4.2) 2951
- **Verträge über Enteignungsobjekte**, die **nach Eröffnung des Enteignungsverfahrens** bzw. **nach Auflage des Ausführungsprojekts** abgeschlossen werden, sind öffentlich-rechtlicher Natur. Als Enteignungsverträge gelten grundsätzlich nur jene Vereinbarungen, die nach Eröffnung des Enteignungsverfahrens geschlossen werden. Dies gilt namentlich für Verfahren, die sich ausschliesslich nach dem Bundesgesetz über die Enteignung richten. Anders ist die Situation dagegen, wenn neben oder teilweise anstelle des Enteignungsgesetzes die bundesrechtliche Spezialgesetzgebung anzuwenden ist, wie beispielsweise beim Landerwerb für den Nationalstrassenbau. Der Zeitpunkt, von dem an der Kanton gegenüber dem Privaten als Hoheitsträger auftritt, fällt mit der Auflage des Ausführungsprojekts zusammen. Die vor der Auflage des Ausführungsprojekts zustande gekommenen Vereinbarungen sind privatrechtlicher, die nach der Publikation geschlossenen öffentlich-rechtlicher Natur (BGE 116 Ib 241 E. 2, 114 Ib 142 E. 3b/bb; BGer vom 28. Juni 2010, 4A_116/2010, E. 4.3). 2952

2953 – Das **Rechtsverhältnis zwischen Heim und den Pensionären** ist häufig durch einen sogenannten **Pensionsvertrag** geregelt, der als verwaltungsrechtlicher Vertrag zu qualifizieren ist. Allerdings erscheint es angesichts dessen, dass das finanzielle Entgelt für den Aufenthalt und die Betreuung im Heim regelmässig durch generell-abstrakte Erlasse – die sogenannten Taxordnungen – geregelt sind, zulässig und zweckmässig, diesbezügliche Streitigkeiten im Anfechtungsverfahren auszutragen; dementsprechend ist es dem zuständigen Organ der Trägerschaft (einer öffentlich-rechtlichen Körperschaft) unbenommen, im Streitfall eine entsprechende Verfügung zu erlassen, die mit Rekurs und Beschwerde angefochten werden kann (VerwG ZH vom 7. April 2005, VB.2004.00465, E. 3.2).

2954 – Das **Behandlungsverhältnis** zwischen **Patienten und dem Kantonsspital Graubünden untersteht dem öffentlichen Recht**. Da eine konstitutive Einwilligung der Patienten für die Begründung und den Inhalt des Behandlungsverhältnisses vorauszusetzen ist und daher ein hoheitliches Handeln des öffentlichen Spitals mittels Verfügung nicht zulässig ist, wird das Verhältnis zwischen den Patienten und dem Kantonsspital durch verwaltungsrechtlichen Vertrag begründet. Damit kann das Kantonsspital seine Patienten nicht durch Verfügung zur Bezahlung von offenstehenden Spitalrechnungen verpflichten. Vielmehr hat das Kantonsspital Ansprüche aus dem vertraglichen Behandlungsverhältnis zu seinen Patienten mit verwaltungsrechtlicher Klage beim Verwaltungsgericht geltend zu machen (VerwG GR vom 22. Feb. 2011, S-09-54A, E. 3d).

2955 – **Vereinbarungen über die Festsetzung umstrittener Steuerfaktoren** (BGE 119 Ib 431 E. 4) oder über **die Festlegung steuerrechtlich relevanter Sachverhalte** sind zulässig, wenn über massgebende Tatsachen Unsicherheiten bestehen, die sich nur schwer oder mit unverhältnismässigem Aufwand beseitigen lassen (BGer vom 11. Feb. 2010, 2C_296/2009, E. 3.1; BVGer vom 24. Dez. 2010, A-122/2010, E. 5.1; vom 8. Okt. 2008, A-1569/2006, E. 2.3.2).

2956 – **Pflichtlagerverträge** gelten grundsätzlich als öffentlich-rechtliche Verträge. Das Klageverfahren gemäss Art. 39 lit. c LVG ist, wie der Kontext der Rechtsordnung ergibt, auf die Beurteilung von inhaltlichen Streitigkeiten aus solchen öffentlich-rechtlichen Pflichtlagerverträgen zugeschnitten, in denen sich der Bund und die beteiligten Pflichtlagerorganisationen auf grundsätzlich gleicher Stufe gegenüberstehen (BGE 135 II 38 E. 3.3; ferner BGE 103 Ib 335 E. 3).

2957 – Der **Vergleichsvertrag** stellt einen Antrag der beteiligten Parteien an die entscheidende Behörde dar, um verwaltungsrechtliche Differenzen beizulegen (BGE 135 V 65 E. 1; VerwG GR vom 11. Nov. 2008, R-08-74, E. 3).

2958 – Der vertragliche Teil einer **Sondernutzungskonzession** ist öffentlich-rechtlicher Natur (BGE 109 II 76 E. 2; VerwG ZH vom 6. Dez. 2001, VK.2001.0003, E. 2c). Die Konzession ist ein gemischter Rechtsakt, der sich aus einem verfügungsmässig und einem vertraglich begründeten Teil zusammensetzt, wobei die **Dauer zu den vertraglichen Elementen** der Konzession gehört (BGE 130 II 18, E. 3). Entsprechend kann die ursprünglich vereinbarte Dauer von 30 Jahren durch Parteivereinbarung verlängert werden (VerwG ZH vom 11. Aug. 2010, VB.2009.00661, E. 2.2). Wird aufgrund der Konzession ein Werk mit regelmässig beträchtlichen Investitionen, deren Rentabilität sich nicht kalkulieren lässt, erstellt, kann das Gemeinwesen nicht einseitig von der Konzession abgehen und das Leistungsverhältnis zu seinen Gunsten verändern. Namentlich kann es grundsätzlich die Dauer der Konzession nicht kürzen, weil die Rentabilität des von der konzessionierten Unternehmung zu erstellenden Werkes davon wesentlich abhängt (BGE 127 II 69 E. 5a; siehe ferner BGE 121 II 81 E. 4a; BVGer vom 19. März 2009, A-3129/2008, E. 7.4).

2959 – **Erschliessungsvereinbarungen**, in denen festgelegt ist, in welcher Weise die Behörde Strassen, Kanalisation und Werkleitungen (Elektrizität, Gas, Wasser) zu erstellen gedenkt und welche Leistungen die Beschwerdeführerin daran zu erbringen hat, zählen zu den öffentlichrechtlichen Verträgen (BGE 112 II 107 E. 1, 103 Ia 505 E. 2a, 102 II 55 E. 1; VerwG SG vom 22. Sept. 2009, B-2009-39, E. 2.1.1). Ebenfalls zu solchen Verträgen gehören die häufigen **Abmachungen über Strassenbeiträge oder Erschliessungsgebühren** in Kombination mit der unentgeltlichen Abtretung von Vorland für eine Strassenerweiterung (BGE 103 Ia 31 E. 2b).

- Die **Vereinbarung** zwischen einer Gemeinde und einem Grundstückseigentümer über die **Abgeltung von Nutzungsbeschränkungen aufgrund von Schutzzonen** stellt einen verwaltungsrechtlichen Vertrag dar (RR OW vom 25. Nov. 2008, in: VVGE 2008/09 Nr. 14 E. 2.3). 2960
- **Arbeitsverträge** können dem öffentlichen Recht unterstehen (vgl. BGer vom 5. März 2008, 1C_252/2007 [für die Verwaltung und die Justiz tätiger Dolmetscher]; KG VS vom 2. Dez. 2005, in: ZWR 2006 S. 82 E. 8.3 [Bausekretär]; KG BL vom 19. Jan. 2000, in: VGE 2000 S. 35 E. 3a [Lehrer einer Jugendmusikschule]. Allerdings sind Arbeitsverhältnisse des öffentlichen Dienstes der Aushandlung in der Regel weniger zugänglich als private Arbeitsverhältnisse, weil die Verwaltung nach Massgabe des Legalitätsprinzips tätig zu sein hat und die Rechte und Pflichten der Staatsangestellten zum grossen Teil normativ festgelegt werden. Die **wesentlichen Anstellungsbedingungen werden auf kantonaler Ebene meist durch Gesetz und Verordnung** umschrieben und bleiben der vertraglichen Disposition damit weitgehend entzogen (VGer ZH vom 14. Aug. 2002, PK.2002.00003, E. 2b). 2961
- Der **Vertrag verschiedener Gemeinden über den Bau und Betrieb eines Alterswohn- und Pflegeheims** ist öffentlich-rechtlich (VerwG ZH vom 17. Jan. 2008, VK.2006.00005, E. 1). 2962
- Gemäss Lehre und Rechtsprechung ist es zulässig, **emissionsbegrenzende Massnahmen in verwaltungsrechtliche Verträge** aufzunehmen (BGer vom 18. Aug. 2006, 1A.14/2006, E. 2.3; BGer vom 13. März 2006, 1A.266/2005, E. 2.4). 2963

2. Zulässigkeit

2964 Die angestammte Handlungsform der öffentlichen Verwaltung, mit der die Rechtsbeziehungen zwischen Privaten und Gemeinwesen gestaltet werden, ist die Verfügung. Gleichwohl anerkennen Lehre und Rechtsprechung unter bestimmten Voraussetzungen die Zulässigkeit des verwaltungsrechtlichen Vertrages: Die Vertragsform muss auf einer **hinreichenden gesetzlichen Grundlage** beruhen; es müssen **sachliche Gründe bestehen, die sie als die günstigere Handlungsform** ausweisen, und der **Vertragsinhalt** muss **rechtmässig** sein und darf weder dem Gesetzesvorrang noch dem Gesetzesvorbehalt widersprechen. Eine ausdrückliche Ermächtigung des Gesetzgebers zum Abschluss von vertraglichen Vereinbarungen ist in der Regel nicht erforderlich. Es genügt, wenn das Gesetz Raum für solche Vereinbarungen lässt, sie mit anderen Worten weder ausdrücklich noch seinem Sinn und Zweck nach ausschliesst (BGE 136 II 415 E. 2.6.1; BVGer vom 14. Sept. 2009, C-1107/2006, E. 4.1; VerwG GR vom 22. Feb. 2011, S-09-54A, E. 3b; ferner GEORG MÜLLER, Zulässigkeit des Vertrages und zulässige Vertragsinhalte, in: Häner/Waldmann (Hrsg.), Der verwaltungsrechtliche Vertrag in der Praxis, Zürich 2007, S. 26 ff.).

a) Gesetzliche Grundlage

2965 **Das Gesetz muss die Vertragsform ausdrücklich oder stillschweigend zulassen** (BGE 136 I 142 E. 4.1, 136 II 415 E. 2.6.1, 105 Ia 207 E. 2a, 103 Ia 31 E. 2b, 103 Ia 505 E. 3a; BGer vom 2. Nov. 2010, 1C_61/2010, E. 3.2; vom 14. Dez. 2005, 2P.136/2005, E. 3.2; BVGer vom 8. Nov. 2010, C-4679/2007, E. 4.1.3; VerwG GR vom 22. Feb. 2011, S-09-54A, E. 3b; VerwG SG vom 22. Sept. 2009, B-2009-39, E. 2.1.1; VerwG ZH vom 12. Jan. 2005, PB.2004.00074, E. 3.6.2; vom 14. Aug. 2002, PK.2002.00003, E. 2b; RR LU vom 14. Dez. 2010, in: LGVE 2010 III Nr. 11 E. III 1). Eine **ausdrückliche Ermächtigung des Gesetzgebers** zum **Abschluss von vertraglichen Vereinbarungen** ist demnach **nicht erforderlich;** es genügt, wenn das Gesetz Raum lässt für eine vertragliche Regelung des Rechtsverhältnisses (BGE 136 I 142 E. 4.1, 105 Ia 207 E. 2a, 103 Ia 31 E. 2b, 103 Ia 505 E. 3a; RR LU vom 14. Dez. 2010, in: LGVE 2010 III Nr. 11 E. III 2).

2966 **Kein Raum für vertragliche Vereinbarungen** besteht im Allgemeinen dann, wenn nach Sinn und Zweck des Gesetzes die Ausgestaltung des Rechtsverhältnisses im Einzelfall durch **Verfügung** erfolgen muss bzw. wenn das Gesetz eine **zwingende, abschliessende Regelung** enthält, die der Behörde **keine Handlungsfreiheit** belässt (BVGer vom 14. Sept. 2009, C-1107/2006, E. 4.1).

2967 Ein **ausdrücklicher Ausschluss** des öffentlich-rechtlichen Vertrages liegt etwa dann vor, wenn ein Gesetz vorsieht, dass das Staatspersonal mit Verfügung anzustellen oder dass das Rechtsverhältnis zwischen einem öffentlichen Spital und seinen Patienten zwingend durch Verfügung zu regeln ist (BGer vom 14. Dez. 2005, 2P.136/2005, E. 3.2; VerwG GR vom 22. Feb. 2011, S-09-54A, E. 3b). Ein **stillschweigender Ausschluss** liegt vor, wenn das Gesetz eine detaillierte abschliessende Regelung vorsieht und der Behörde keine Handlungsfreiheiten belässt, wenn ein Ermessenstatbestand nach Sinn und Zweck des Gesetzes oder mit Rücksicht auf rechtsstaatliche Grundsätze einseitig konkretisiert werden muss (VerwG GR vom 22. Feb. 2011, S-09-54A, E. 3b) oder wenn sich zur Gewährleistung der rechtsgleichen Behandlung die Verfügung als die angemessene Handlungsform erweist (VerwG ZH vom 12. Jan. 2005, PB.2004.00074, E. 3.6.2).

2968 **Steuerabkommen** sind aus Gründen der Gleichbehandlung der Steuerpflichtigen nur in ganz beschränktem Umfang zulässig (BGE 136 I 142 E. 4.2). Sie bedürfen grundsätzlich einer **ausdrücklichen gesetzlichen Grundlage**; es genügt nicht, wenn das Gesetz Raum für eine vertragliche Vereinbarung belässt. Dies gilt insbesondere dann, wenn Vereinbarungen **Bestand, Umfang oder Art der Erfüllung der Steuerpflicht** betreffen sollen (BGE 121 II 273 E. 1c; BGer vom 11. Feb. 2010, 2C_296/2009, E. 3.1; vom 13. Aug. 2009, 2C_164/2009, E. 8.1). **Vereinbarungen über die Festsetzung umstrittener Steuerfaktoren**, so insbesondere über die Aufteilung zwischen Privat- und Geschäftsvermögen, sind demgegenüber **auch ohne ausdrückliche gesetzliche Ermächtigung** zulässig (BGE 119 Ib 431 E. 4). Ebenso sind Verständigungen zwischen Steuerbehörden und Steuerpflichtigen über **die Festlegung steuerrechtlich relevanter Sachverhalte** zwecks rationeller Beilegung von Meinungsverschiedenheiten ohne ausdrückliche gesetzliche Grundlage zulässig, wenn über massgebende Tatsachen Unsicherheiten bestehen, die sich nur schwer oder mit unverhältnismässigem Aufwand beseitigen lassen (BGer vom 11. Feb. 2010, 2C_296/2009, E. 3.1; BVGer vom 24. Dez. 2010, A-122/2010, E. 5.1; vom 8. Okt. 2008, A-1569/2006, E. 2.3.2).

2969 Auch wenn die Vertragsform als solche vom Gesetz lediglich nicht ausgeschlossen sein darf, so muss doch der **Vertragsinhalt** prinzipiell in einem **generell-abstrakten, genügend bestimmten Rechtssatz** seine Grundlage finden. Die Anforderungen an die **Normdichte** sind aber herabgesetzt, weil das Bedürfnis nach Rechtssicherheit und Rechtsgleichheit wegen der Zustimmung zur Ausgestaltung des Rechtsverhältnisses durch die Privaten als geringfügig erscheint (BGE 136 II 415 E. 2.6.1; MÜLLER, a.a.O., S. 30 f.). Auch die **Anforderungen an die Normstufe** können bei **Verträgen herabgesetzt sein**, weil die Betroffenen den allenfalls erfolgten Eingriffen in ihre Rechte mit Vertragsabschluss zugestimmt haben (BGE 136 I 142 E. 4.1, 136 II

415 E. 2.6.1; VerwG ZH vom 2. Sept. 2009, VB.2009.00083, E. 7.4.4; RR LU vom 14. Dez. 2010, in: LGVE 2010 III Nr. 11 E. III 1; ferner Rz. 1312).

b) Geeignetere Handlungsform

Der Vertrag hat nach Sinn und Zweck der gesetzlichen Regelung, die er im Einzelfall konkretisiert, die **geeignetere Handlungsform** zu sein als die Verfügung (BGE 136 I 142 E. 4.1, 136 II 415 E. 2.6.1; BGer vom 13. März 2006, 1A.266/2005, E. 2.4; VerwG GR vom 22. Feb. 2011, S-09-54A, E. 3b; RR LU vom 14. Dez. 2010, in: LGVE 2010 III Nr. 11 E. III 1; RR OW vom 11. Dez. 2007, in: VVGE 2008/09 Nr. 13 E. 3.2). Raum für einen Vertrag verbleibt nur dort, wo das Gesetz nach seinem Sinn und Zweck der einvernehmlichen Konkretisierung bedarf. **Drei Motive** stehen dabei im Vordergrund: **Dauerhafte Bindung**, **konsensuale Konkretisierung eines erheblichen Ermessensspielraums** und **einvernehmliche Beilegung eines Konflikts** (VerwG GR vom 22. Feb. 2011, S-09-54A, E. 3b). 2970

Ein verwaltungsrechtlicher Vertrag kommt somit nur dort zum Zuge, wo er seiner Struktur nach **geeigneter** erscheint und zur Erfüllung der Verwaltungsaufgabe **erforderlich** ist (VerwG GR vom 22. Feb. 2011, S-09-54A, E. 3b). Die Verwaltung besitzt somit rein theoretisch betrachtet **keine Wahlfreiheit zwischen Verfügung und Verwaltungsvertrag** (VerwG GR vom 22. Feb. 2011, S-09-54A, E. 3b; ABEGG, a.a.O., S. 181 ff.; MÄCHLER, a.a.O., § 12, Rz. 13 ff.). 2971

Das Bedürfnis nach einer einvernehmlichen und häufig auch dauerhaften Regelung der Verhältnisse besteht vor allem bei **Subventionen**, **Konzessionen** oder **Beleihungen** Privater mit einer öffentlichen Aufgabe (MÜLLER, a.a.O., S. 28). In diesem Sinn ist der Vertrag die geeignetere Handlungsform, wenn bei einem Behandlungsverhältnis zwischen Patient und Spital die konstitutive Einwilligung der Patienten für die Begründung und den Inhalt des Behandlungsverhältnisses vorauszusetzen ist und der Patient die Beziehung zum Spital in verschiedener Hinsicht beeinflussen und gestalten kann (Selbstbestimmungsrecht des Patienten hinsichtlich Behandlung, Verpflegung, Betreuung, Abteilung usw.; vgl. VerwG GR vom 22. Feb. 2011, S-09-54A, E. 3c). 2972

c) Rechtmässiger Vertragsinhalt

Der **Vertragsinhalt muss rechtmässig** sein; er darf mit anderen Worten nicht gegen Verfassung, Gesetz oder Verordnung verstossen (VerwG GR vom 22. Feb. 2011, S-09-54A, E. 3b). **Unzulässig** sind beispielsweise Verträge über die **Einzonung von Grundstücken** (BGE 122 I 328 E. 4a). **Abmachungen über Strassenbeiträge oder Erschliessungsgebühren** in Kombination mit der unentgeltlichen Abtretung von Vorland für eine Strassenerweiterung sind zulässig (BGE 103 Ia 31 E. 2b). Ohne kantonale oder kommunale Gesetzesgrundlage darf in einem verwaltungsrechtlichen Vertrag ein **Ausgleich planungsbedingter Vorteile** oder eine **Lenkungsabgabe** zur Beschränkung des Zweitwohnungsbaus nicht festgelegt werden (BGer vom 4. Jan. 2010, 1C_363/2009, E. 3; RR LU vom 14. Dez. 2010, in: LGVE 2010 III Nr. 11 E. V 5). 2973

2974 Die **Erhebung einer Planungsmehrwertabgabe** ist nur dann zulässig, wenn Abgabeobjekt, Abgabesubjekt und die Bemessungsgrundlage in einem Gesetz im formellen Sinn geregelt sind (RR LU vom 14. Dez. 2010, in: LGVE 2010 III Nr. 11 E. V 5). Das Gemeinwesen darf durch verwaltungsrechtlichen Vertrag von den Privaten keine Leistungen fordern, für die keine gesetzliche Grundlage besteht (BGE 105 Ia 207 E. 2b). Anders liegen die Dinge, wenn die Lenkungsabgabe in einem verwaltungsrechtlichen Vertrag zwischen der Gemeinde und dem Baugesuchsteller vereinbart wird mit der Bedingung, die Abgabe entfalle und müsse nachträglich zurückerstattet werden, wenn die mit der Planungszone in Aussicht genommene gesetzliche Grundlage nicht geschaffen werde. In diesem Fall bildet der verwaltungsrechtliche Vertrag eine rechtlich zulässige Grundlage für die vorläufige Abgabenerhebung (BGE 136 I 142 E. 4.3).

2975 Eine **Vertragspartei** darf jedoch zu **Leistungen** verpflichtet werden, die ihr die **Behörde mittels Verfügung nicht auferlegen** könnte, wenn die vertraglich vereinbarten Leistungen auf einer gesetzlichen Grundlage beruhen (BGE 136 I 142 E. 4.2; BGer vom 19. März 2008, 2A_414/2006, E. 8.3; vom 13. März 2006, 1A.266/2005, E. 2.4 und 2.5; VerwG ZH vom 12. Jan. 2005, PB.2004.00074, E. 3.6.2). Was das im Einzelnen bedeutet, bleibt unklar (vgl. TSCHANNEN/ZIMMERLI/MÜLLER, § 33, Rz. 30; MÄCHLER, a.a.O., § 3, Rz. 35 ff. und § 12, Rz. 62 ff.; ABEGG, a.a.O., S. 187 ff.).

2976 Jedenfalls erscheint es in Bezug auf **Erschliessungsabgaben** zulässig, wenn **Private** gegenüber einer Gemeinde auf dem Vertragsweg einen **höheren Beitragssatz** akzeptieren als im kommunalen Reglement vorgesehen, solange sie gesamthaft nicht mehr als den voraussichtlichen Gesamtaufwand der Erschliessung übernehmen. Rechtsprechung und Lehre erachten verwaltungsrechtliche Verträge über die Abgabepflicht im Hinblick auf die Erschliessung von Bauland demnach als zulässig, sofern damit keine eigentliche Abgabevergünstigung bezweckt wird (BGE 136 I 142 E. 4.2, 105 Ia 207 E. 2a, 103 Ia 505 E. 3b; BGer vom 2. Nov. 2010, 1C_61/2010, E. 3.2; vom 15. Jan. 2007, 1P.360/2006, E. 5.3; RR LU vom 14. Dez. 2010, in: LGVE 2010 III Nr. 11 E. III 2). Entsprechend können im Allgemeinen Kausalabgaben in einem verwaltungsrechtlichen Vertrag auferlegt werden, soweit die Gebühr nicht über marktgerechte Preise hinausgeht (BGE 103 Ib 324 E. 5c [Urheberrechtsgebühr für die Reproduktion von Landeskarten]). Der inhaltlichen Regelung entziehen sich hingegen weitgehend **gesetzliche Zuständigkeiten** von Behörden. So kann z.B. die baupolizeiliche Zuständigkeitsordnung nicht durch Parteiabrede verändert werden (BGer vom 13. März 2006, 1A.266/2005, E. 2.7).

Praxis:

2977 – An die **kommunale Regelung der Wohnbauförderung durch Baurechtsverträge** sind keine besonders strengen Anforderungen im Hinblick auf die Einhaltung des Legalitätsprinzips zu stellen: Im formellen Gesetz zu regeln sind namentlich der Grundsatz der Wohnbauförderung, die vorgesehenen Massnahmen, die Begünstigten, die Voraussetzungen und die Modalitäten der Förderung in den Grundzügen sowie die Verpflichtungen der Begünstigten bzw. die Bedingungen und Auflagen zu deren Lasten. Die Normierungsdichte muss nicht sonderlich hoch sein. Sie ist davon abhängig zu machen, an wen sich die jeweilige Regelung richtet bzw. wer davon betroffen ist – etwa (nur) die Bauberechtigten oder (auch) Dritte und (aufgrund einer allfälligen finanziellen Belastung) die Allgemeinheit (VerwG ZH vom 2. Sept. 2009, VB.2009.00083, E. 7.4.4).

- Die von der Gemeinde Samnaun mit der Beschwerdegegnerin geschlossene **Vereinbarung über die Lenkungsabgabe** steht unter der **Bedingung**, dass die Abgabe entfällt und nachträglich zurückerstattet werden muss, wenn die mit der Planungszone in Aussicht genommene gesetzliche Grundlage nicht geschaffen wird. Das Vorgehen der Gemeinde, welches eine frühzeitige Anwendung von Bestimmungen zur Beschränkung des Zweitwohnungsbaus im Einzelfall bezweckt, entspricht dem Sinn des kantonalen Raumplanungsgesetzes. Dessen Art. 21 und Art. 27 Abs. 4 schliessen vertragliche Abreden zur Sicherstellung von Vorschriften über Regelungen des Erst- und Zweitwohnungsbaus zwischen Gemeinde und Bauherrschaft nicht aus. In casu entspricht die vertragliche Vereinbarung zwischen Gemeinde und Bauherrschaft, welche Neubauten mit Zweitwohnungen unter Einhaltung der vorgesehenen Bestimmungen über die Lenkungsabgabe während der Bausperre ermöglicht, somit Sinn und Zweck des kantonalen Raumplanungsgesetzes. Die vertragliche Vereinbarung trägt zudem der Unsicherheit Rechnung, dass die endgültige abgaberechtliche Regelung anders lauten könnte als die in Aussicht genommene Gesetzesvorschrift. Die Lenkungsabgabe muss erst definitiv entrichtet werden, wenn die neue gesetzliche Regelung in Kraft tritt. Der verwaltungsrechtliche Vertrag beruht somit insgesamt auf einer hinreichenden gesetzlichen Grundlage im kantonalen Raumplanungsgesetz und stellt eine rechtmässige Grundlage für die Erhebung der Lenkungsabgabe im Rahmen der Baubewilligung dar (BGE 136 I 142 E. 4). 2978
- Obwohl allgemein anerkannt ist, dass Raum für den öffentlich-rechtlichen Vertrag dort besteht, wo das Gesetz ihn nicht ausdrücklich ausschliesst, ist es in gewissen Fällen trotzdem möglich, dass der Sinn oder Zweck des Gesetzes seiner Anwendung entgegensteht. Dabei geht es vor allem um den **Bereich des Steuerrechts**. Gemäss Rechtsprechung sind Steuerbehörden an das Legalitätsprinzip gebunden und können deshalb Verträge in diesem Bereich nur abschliessen, wenn es das Gesetz ausdrücklich vorsieht. Verträge ohne gesetzliche Grundlage, oder Verträge die gegen das Gesetz verstossen, sind nichtig und können daher keine bindende Wirkung haben. Die Nichtigkeit schliesst jedoch nicht aus, dass sich der Steuerzahler auf den Grundsatz von Treu und Glauben berufen kann (BGer vom 13. Aug. 2009, 2C_164/2009, E. 8.1; siehe ferner BGE 119 Ib 431 E. 4). 2979
- Nach Art. 50 ATSG können **Streitigkeiten über sozialversicherungsrechtliche Leistungen durch Vergleich** erledigt werden (Abs. 1). Nach dem klaren Wortlaut von Art. 50 Abs. 1 i.V.m. Abs. 3 ATSG ist ein Vergleich über Schadenersatzansprüche im Verfügungsverfahren nicht zulässig. Dies gilt jedoch nicht für das Einsprache- und Beschwerdeverfahren. Das Argument, wonach das Legalitäts- und Gleichbehandlungsprinzip durch Vergleiche nicht verletzt werden dürfen, ist im Beitragsrecht begründet, weil hier strikte gesetzliche Voraussetzungen gelten und kaum Ermessensspielräume bestehen (BGE 131 V 417 E. 4.1). Bei den Schadenersatzforderungen nach Art. 52 AHVG verhält es sich diesbezüglich anders: Zwar stehen auch bei ihnen am Ausgangspunkt Beitragsforderungen, doch müssen weitere Anspruchsvoraussetzungen gegeben sein (namentlich Rechtswidrigkeit und Verschulden der Arbeitgeber bzw. ihrer Organe), bezüglich welcher häufig ein Sachverhaltsermessen besteht, sodass eine vergleichsweise Regelung Sinn macht. Hinzu kommt, dass bei Schadenersatzverfahren nach Art. 52 AHVG das Gleichbehandlungsgebot ohnehin eingeschränkt gilt, indem mehrere haftpflichtige Organe solidarisch haften und die Ausgleichskasse sich darauf beschränken kann, gegen einen oder einige von mehreren potenziell Haftenden vorzugehen. Insoweit besteht bei Schadenersatzverfahren – anders als in Beitragsstreitigkeiten – von vornherein ein Dispositionsbereich der Ausgleichskasse. Für Schadenersatzforderungen nach Art. 52 AHVG ist im gerichtlichen Beschwerdeverfahren auch unter der Herrschaft des ATSG ein Vergleich zulässig (BGE 135 V 65 E. 1.2 und E. 1.5 ff.). 2980
- Im Umweltschutzgesetz (USG; SR 814.01) sind die Instrumente zur Emissionsbegrenzung sowie deren Form (Verordnungen oder Verfügungen) bundesrechtlich festgelegt. Gemäss Lehre und Rechtsprechung ist es indes zulässig, **emissionsbegrenzende Massnahmen in verwaltungsrechtliche Verträge aufzunehmen** (BGer vom 18. Aug. 2006, 1A.14/2006, E. 2.3; BGer vom 13. März 2006, 1A.266/2005, E. 2.4). 2981

2982 – Von der **baupolizeilichen Zuständigkeitsordnung** kann nicht durch Parteiabrede abgewichen werden. Gemäss dem bernischen Baugesetz trifft die Baupolizeibehörde im Rahmen ihrer Zuständigkeit alle Massnahmen, die zur Durchführung des Gesetzes und der gestützt darauf erlassenen Vorschriften und Verfügungen erforderlich sind. Insbesondere obliegt ihnen die Aufsicht über die Einhaltung der Bauvorschriften und der Bedingungen und Auflagen der Baubewilligung. Dazu gehört gegebenenfalls auch die Einleitung des Wiederherstellungsverfahrens bei Widerrechtlichkeit. Stellt also die Baupolizeibehörde eine Überschreitung des dem jeweiligen Überbauungsperimeter zugeteilten Fahrtenkontingents (Zuteilung durch den Gemeinderat bei grossem Transport- und Verkehrsaufkommen notwendig) fest, hat sie auf dem Verfügungswege die notwendigen Massnahmen zur Beseitigung des rechtswidrigen Zustands anzuordnen. Die Bauherrschaft und die Stadt können nicht vertraglich abschliessend und für die zuständige Behörde bindend über die Massnahmen befinden, die bei einer Überschreitung des Fahrtenkontingents zu treffen sind. Vertragliche Abmachungen entbinden oder hindern die Behörden weder im Bewilligungs- noch im baupolizeilichen Verfahren, das massgebende Umweltrecht durchzusetzen (BGer vom 13. März 2006, 1A.266/2005, E. 2.7).

2983 – **Öffentliche Anstellungsverhältnisse** werden gemäss traditioneller Lehre und Praxis grundsätzlich durch zustimmungsbedürftige Verfügungen begründet; das vertragliche Handeln des Staates im Bereich des öffentlichen Dienstrechts ist hingegen dann zulässig, wenn es vom Gesetz nicht ausdrücklich ausgeschlossen wird und entweder ausdrücklich oder stillschweigend Raum für die vertragliche Handlungsform gelassen wird (BGer vom 14. Dez. 2005, 2P.136/2005, E. 3.2; BGer vom 10. April 2001, 1P.299/2000, E. 3c).

2984 – Die **Festlegung der Behandlung von Grundstücken im Zonenplan kann nicht Gegenstand vertraglicher Vereinbarungen** sein. Demzufolge gibt es keinen vertraglichen Anspruch auf Einzonung einer bestimmten Fläche oder auf Fortdauer der bisherigen Zonenordnung. Hingegen kann die Einzonung eines Grundstücks als Bedingung für den Abschluss eines Kaufvertrags über Grundstücke eines Privaten in einem Kaufvorvertrag vorgesehen werden (BGE 122 I 328 E. 4a und E. 4f).

2985 – **Abkommen über das steuerbare Einkommen oder über den Steuerbetrag** sind im Recht der direkten Bundessteuer unzulässig und unwirksam (BGE 121 II 273 E. 1c).

2986 – **Abgabepflichtigen dürfen Vergünstigungen** im Grundsatz nur gewährt werden, wenn und soweit der betreffende Abgabeerlass es zulässt, denn Rechtsgeschäfte öffentlich-rechtlicher Natur sind nur möglich und gültig, soweit das Gesetz für sie Raum lässt. Abgabevergünstigung bedeutet dabei, dass einem Abgabepflichtigen eine von der gesetzlichen Regelung abweichende Sonderbehandlung gewährt wird, die ihm wirtschaftliche Vorteile bringt. Keine eigentlichen Abgabevergünstigungsverträge bilden die häufig vorkommenden Abmachungen über Strassenbeiträge oder Erschliessungsgebühren, sofern der Grundeigentümer Vorland für eine Strassenerweiterung unentgeltlich oder zu einem wesentlich unter dem Enteignungswert liegenden Preis abtritt und dafür keine Anstösserbeiträge zu entrichten hat (BGE 103 Ia 31 E. 2b; ferner BGE 103 Ia 505 E. 3a und E. 3b; BGer vom 10. Okt. 2006, 2A.227/2006, E. 3.1).

2987 – Die **Zulässigkeit von Verständigungen zwischen Steuerpflichtigen und Steuerbehörden** ist in einem gewissen Rahmen selbst ohne ausdrückliche gesetzliche Grundlage anerkannt. Sie können vorab über bestimmte **Elemente des steuerrechtlich relevanten Sachverhalts** erzielt werden, insbesondere wenn dieser durch eine amtliche Untersuchung nicht oder nur unter unverhältnismässig grossen Schwierigkeiten geklärt werden kann. So können auch Bewertungsfragen Gegenstand von Verständigungen sein. Letztere können sich allerdings nach – freilich nicht unkritisiert gebliebener – bundesgerichtlicher Rechtsprechung nicht auf eigentliche Rechtsfragen beziehen, da Bestand und Umfang der Steuerschuld ausschliesslich durch das Gesetz festgelegt werden. Umstritten ist bei alledem die Rechtsnatur der (verfahrensrechtlichen) Verständigung, insbesondere die Frage, ob es sich um einen eigentlichen verwaltungsrechtlichen Vertrag handle oder nicht (BGer vom 11. Feb. 2010, 2C_296/2009, E. 3.1; BVGer vom 24. Dez. 2010, A-122/2010, E. 5.1; vom 8. Okt. 2008, A-1569/2006, E. 2.3.2; vom 2. Sept. 2008, A-1568/2006, E. 2.3.2; KG VS vom 11. Feb. 2005, in: RVJ 2006 S. 46 E. 2).

– Arbeitsverhältnisse des Privatrechts können auf Grundlage eines Vertrages beendet werden. Für **öffentlich-rechtliche Arbeitsverhältnisse** scheint diese Möglichkeit jedoch von zweifelhaftem Nutzen zu sein. Vorliegend erscheint die **Kündigung** nicht als echte Vereinbarung, sondern als **Entscheid mit Vertragselementen**, welcher dem Arbeitnehmer einen gewissen Spielraum im Hinblick auf die Wahl des Kündigungszeitpunkts einräumt. Auch die Gewährung der Entschädigung im Fall eines freiwilligen Weggangs stützt sich auf Richtlinien. Falls die Voraussetzungen der Richtlinien erfüllt sind, ist eine Abgangsentschädigung zu gewähren. Ausserdem wird die Höhe der Entschädigung nach bestimmten Regeln berechnet, von denen die Behörde nicht abweichen kann. Die vorliegende Entschädigung stützt sich daher nicht auf eine vertragliche Basis (PRK vom 30. Mai 2001, in: VPB 65 [2001] Nr. 97, E. 3b und E. 3c). 2988

3. Entstehung

Verwaltungsrechtliche Verträge entstehen durch **übereinstimmende Willenserklärung** der Parteien. Die **Vorschriften des OR finden analog als subsidiäres öffentliches Recht Anwendung**, solange das öffentliche Recht keine eigenen Bestimmungen enthält (BVGer vom 11. Okt. 2011, B-4581/2010, E. 4.2; vom 17. Dez. 2007, A-2583/2007, E. 5.4.2; VerwG SG vom 22. Sept. 2009, B-2009-39, E. 2.1.1; VerwG ZH vom 17. Feb. 2006, IV.2004.00580, E. 4.3). Nicht notwendig ist, dass sich die Annahme auf alle Punkte des Antrages bezieht. Es genügt, wenn die **Willenserklärungen im Hinblick auf die wesentlichen Punkte** des Vertrages übereinstimmen (BGer vom 2. Nov. 2010, 1C_61/2010, E. 4.1; BVGer vom 17. Dez. 2007, A-2583/2007, E. 5.4.2; VerwG SG vom 22. Sept. 2009, B-2009-39, E. 2.1.2). Der Verwaltungsbehörde muss die Möglichkeit offenstehen, einen Vertragsabschluss zu verweigern, wenn ihr ein solcher, auch aufgrund einer objektiven Betrachtungsweise, nicht zugemutet werden kann (VerwG ZH vom 17. Feb. 2006, IV.2004.00580, E. 4.3). 2989

Umstritten ist, ob verwaltungsrechtliche Verträge auch **formlos** geschlossen werden können (bejahend: BVGer vom 26. Sept. 2007, A-1535/2007, E. 3; VerwG BL vom 24. Mai 2000, in: BLVGE 2000 S. 244 E. 2a; Frage noch offengelassen in BGE 99 Ib 115 E. 3). In einem neueren Urteil hat das Bundesgericht im Anschluss an die herrschende Lehre angenommen, dass **Schriftlichkeit Gültigkeitsvoraussetzung** des verwaltungsrechtlichen Vertrages ist, was insbesondere bedeutet, dass der Vertrag von beiden Seiten unterschrieben sein muss, ansonsten er nicht zustande gekommen ist (BGer vom 2. Nov. 2010, 1C_61/2010, E. 4.1; ferner VerwG ZH vom 11. Aug. 2010, VB.2009.00661, E. 2.2; ähnlich VerwG SG vom 22. Sept. 2009, B-2009-39, E. 2.1.3) und nach einem Teil der Lehre **nichtig** ist (HÄFELIN/MÜLLER/UHLMANN, Rz. 1121). Ist Schriftlichkeit keine Gültigkeitsvoraussetzung, ist **analog zu Art. 6 OR** die Annahme eines Antrages zum Vertragsschluss auch durch Stillschweigen oder konkludentes Verhalten zuzulassen, wenn der Antrag schriftlich erfolgt und eine ausdrückliche Zustimmung nach der besonderen Natur des Rechtsgeschäfts oder nach den Umständen nicht zu erwarten ist (RR OW vom 25. Nov. 2008, in: VVGE 2008/09 Nr. 14 E. 2.3). 2990

In gewissen Bereichen ist die **Willenseinigung ein zweistufiger Vorgang**, nämlich dort, wo zunächst eine Verfügung erlassen und erst nachher ein – öffentlich-rechtlicher oder privatrechtlicher – Vertrag abgeschlossen wird. Dieses Verfahren, **Zweistufentheorie** genannt, ist heute vor allem für das öffentliche Beschaffungswesen vorgesehen (vgl. etwa HÄFELIN/MÜLLER/UHLMANN, Rz. 287 ff.): Die **Verfü-** 2991

gung, in welche die Submission mündet, bestimmt verbindlich, mit welchem Bewerber die Vergabebehörde einen Vertrag schliessen soll, «vergibt» aber den Gegenstand des Vergabeverfahrens nicht unmittelbar an den ausgewählten Anbieter. Mit diesem hat das Gemeinwesen nach dem Zuschlag einen Vertrag abzuschliessen über die Erbringung der benötigten Dienstleistung bzw. die Lieferung der nachgesuchten Waren. Im öffentlichen Beschaffungswesen treten sich der **Anbieter und das Gemeinwesen** in der Regel auf dem **Boden des Privatrechts** gegenüber. Im Bereich dieser privatrechtlichen Submissionsverträge hat in den letzten Jahren die bedeutendere Rechtsentwicklung als im Bereich der öffentlich-rechtlichen Verträge stattgefunden (MOOR/POLTIER, S. 420).

2992 Das Zweistufenverfahren kommt auch im Bereich der **Vergabe von Leistungsaufträgen** vor. Soweit mit einem Leistungsauftrag die Durchführung einer öffentlichen Aufgabe übertragen wird, wie z.B. die Kehrichtabfuhr, besteht die zweite Stufe im Abschluss eines öffentlich-rechtlichen Vertrages (vgl. BGE 134 II 297 E. 3.3; vgl. auch VerwG ZH vom 1. Okt. 2008, VB.2007.00531, E. 3.4.1). Das **Subventionsgesetz** sieht ein Verfahren vor, das sich an die Zweistufentheorie anlehnt und in einen öffentlich-rechtlichen Vertrag mündet (Art. 16 Abs. 2 i.V.m. Art. 19 SuG).

4. Auslegung und Lückenfüllung

2993 **Verwaltungsrechtliche Verträge** sind grundsätzlich gleich wie privatrechtliche Verträge nach dem **Vertrauensprinzip** auszulegen (BGE 135 V 237 E. 3.6, 134 V 223 E. 3.1, 122 I 328 E. 4e; BGer vom 11. Juli 2011, 2E_3/2009, E. 5.2.1; vom 25. Jan. 2010, 1C_450/2009, E. 2.4.2; vom 20. Feb. 2009, 1C_207/2008, E. 3.1; vom 19. März 2008, 2A.414/2006, E. 6.3; zur Auslegung nach Treu und Glauben Rz. 1084 ff.). **Primäres Auslegungsmittel** ist der **Wortlaut** der von den Parteien verwendeten Worte. Dem Wortlaut kommt gegenüber den sonstigen Auslegungsmitteln Vorrang zu, wenn diese keinen sicheren Schluss auf einen anderen Sinn nahelegen. Die weiteren Mittel zur Auslegung werden oft als **«Umstände»** bezeichnet. Ihnen kommt die Bedeutung **ergänzender Auslegungsmittel** zu, soweit sie dazu dienen können, den wirklichen oder – in Anwendung des Vertrauensprinzips – zumindest den mutmasslichen Willen der Parteien zu ermitteln. Als solche Umstände gelten die **Begleitumstände des Vertrags**, die **Entstehungsgeschichte**, die **Interessenlage** und das **Verhalten der Parteien** vor und nach dem Vertragsschluss sowie die **Verkehrsübung**.

2994 Was die Auslegungsregeln betrifft, welche als allgemeine Grundsätze der Vertragsauslegung gelten, so ist die **Auslegung nach Treu und Glauben als wichtigster Grundsatz** anzusehen. Der Auslegende darf insbesondere nicht beim buchstäblichen Sinn der verwendeten Worte haften bleiben, sondern hat den wirklichen – zumindest aber den mutmasslichen (objektivierten) – Willen der Parteien zu erforschen. Eine rein «grammatikalische» oder «formalistische» Auslegung ist unzulässig (BGE 133 III 406 E. 2.2, 131 III 377 E. 4.2.1, 122 I 328 E. 4e, 116 Ib 217 E. 3a; BVGE 2010/7 E. 3.5.4, 2008/34 E. 6.1; BVGer vom 19. Aug. 2011, A-6019/2010, E. 10; vom 11. Feb. 2011, A-160/2010, E. 6.1; vom 30. Nov. 2010, A-4911/2010, E. 4.1; vom 17. Feb. 2009, A-6178/2008, E. 6.2). Dabei ist einerseits zu berücksichtigen, was **sachgerecht** ist, weil nicht angenommen werden kann, dass die involvierten Parteien eine unvernünftige Lösung gewählt haben (BGE 134 V 369 E. 6.2, 132 V 278 E. 4.3). Andererseits ist zu vermuten, dass die Verwaltung keinen Vertrag abschliessen wollte, der mit den von ihr wahrzunehmenden **öffentlichen Interessen** in Widerspruch steht (BGE 135 V 237 E. 3.6, 132 I 140 E. 3.2.4, 122 I 328 E. 4e; siehe insb. Rz. 1088).

Im **Privatrecht** ist umstritten, ob **lückenhafte Verträge** vom Gericht durch **dispositives Gesetzesrecht** oder gestützt auf den **«hypothetischen Parteiwillen»** zu ergänzen sind. Das Bundesgericht spricht sich für den Vorrang des dispositiven Rechts aus (BGE 115 II 484 E. 4b; nicht in jeder Hinsicht klar dagegen BGE 131 III 467 E. 1.2). Verwaltungsrecht als öffentliches Recht hingegen ist in der Regel zwingender Natur. Erweist sich ein verwaltungsrechtlicher Vertrag als lückenhaft, ist er daher primär nach dem anwendbaren öffentlichen Recht zu ergänzen, es sei denn, es stellen sich ausschliesslich Fragen des allgemeinen Vertragsrechts, die – mangels spezifischer Regelung im öffentlichen Recht – grundsätzlich unter Heranziehung der Regeln des Obligationenrechts zu beurteilen sind (BGE 122 I 328 E. 7b; BVGer vom 15. Juli 2009, A-5237/2008, E. 6.1). Ferner gilt das Vertrauensprinzip auch für die Lückenfüllung: Es ist danach zu fragen, was die Parteien vernünftigerweise vereinbart hätten, wenn sie an die Frage gedacht hätten. Dabei bleibt unklar, ob das Bundesgericht vom Vorrang des hypothetischen Parteiwillens oder des anwendbaren öffentlichen oder privaten Rechts ausgeht. So oder anders darf der Vertrag nicht dem Gesetz widersprechen. Er ist daher im Zweifelsfalle gesetzeskonform auszulegen (BGE 135 V 237 E. 3.6). Zur Ergänzung kommt auch eine vom Richter «modo legislatoris» gebildete Regel in Frage (SozvG ZH vom 15. Aug. 2007, BV.2006.00071, E. 1.4). 2995

Praxis:

- Eine Gemeinde und ein Privater schliessen einen **Kaufvorvertrag** ab, welcher vorsieht, dass der **Abschluss des endgültigen Kaufvertrages von Land u.a. von der Einzonung von Landflächen** abhängt. Nach genehmigter Zonenplanrevision wird der Kaufvertrag von beiden Seiten erfüllt. Ein Teil des eingezonten Baulandes des Privaten wird einige Jahre später von der Gemeinde jedoch wieder ausgezont. Diese Gestaltung des Kaufvorvertrags lässt darauf schliessen, dass sich die Parteien bewusst waren, keinen vertraglichen Einzonungsanspruch begründen zu können, und dass sie deshalb mit dem Abschluss des Kaufvertrags zuwarteten, bis die Zonenrevision erfolgt und die im Vorvertrag formulierte Bedingung damit erfüllt war. Zum Zeitpunkt des endgültigen Vertragsschlusses hatte die Gemeinde den Kaufpreis bereits liberiert, d.h. ihre vertraglich stipulierte Gegenleistung erbracht. Beide Parteien gingen daher davon aus, dass ein voller Wertausgleich erfolgt sei. Werden die Landflächen – wie im Kaufvorvertrag vorgesehen – zwar eingezont und daraufhin der definitive Kaufvertrag abgeschlossen, wenige Jahre später Teile der Landflächen jedoch wieder ausgezont, kann höchstens noch überprüft werden, ob die Gemeinde zumindest eine «Wertgarantie» über den Zeitpunkt des Vertragsabschlusses hinaus übernommen habe, d.h. ob sie sich verpflichtet habe, den Beschwerdeführer bei einer erneuten Änderung der Zonenordnung anderweitig zu entschädigen. Dies hat die Vorinstanz in casu willkürfrei verneint: Eine solche Wertgarantie lasse sich weder aus dem Wortlaut des Kaufvertrags noch aus den Umständen des Vertragsabschlusses ableiten (BGE 122 I 328 E. 4e; siehe ferner BGer vom 20. Sept. 1995, 1P.358/1994 und 1P.172/1995, in: ZBl 1997 S. 272, E. 5e; BVGer vom 15. Juli 2009, A-5237/2008, E. 4.3). 2996

2997 – Das **Privatrecht** ist auf einen **öffentlich-rechtlichen Vertrag**, der in casu die Voraussetzungen für den Bezug von **Subventionen** regelt, **nicht direkt anwendbar**. Die Regeln des Obligationenrechts können jedoch, soweit sich dies als sachgerecht erweist, auf öffentlich-rechtliche Verträge analog Anwendung finden (BGer vom 23. Mai 2008, 2C_189/2008, E. 2).

2998 – Zum **Wesen eines Vertrages über eine Arbeitsleistung** gehört an sich, dass das **Gehalt** vereinbart wird. Ein vertraglich vereinbartes Gehalt kann auch im öffentlich-rechtlichen Dienstverhältnis eine rechtssatzmässige Festsetzung der Besoldung ersetzen (vgl. BGE 123 I 1 E. 4d S. 6; 121 I 230 E. 3g/dd S. 239), jedenfalls dann, wenn der Vertrag seitens der privaten Partei wissentlich und freiwillig eingegangen worden ist. In casu haben freilich die Parteien in ihrem öffentlich-rechtlichen Vertrag kein Gehalt vereinbart. Dies kann indessen nicht ohne Weiteres zur Folge haben, dass der maximal denkbare oder zulässige Lohn bezahlt wird. Im **Privatrecht** wird mangels einer vertraglichen Vereinbarung derjenige Lohn geschuldet, der «üblich» ist (Art. 322 Abs. 1 OR). Analoges muss mangels einer anderen anwendbaren Regelung auch im öffentlichen Recht gelten (BGer vom 19. März 2003, 2P.214/2002, E. 2.4).

5. Fehlerhafte öffentlich-rechtliche Verträge

2999 Fehlerhafte öffentlich-rechtliche Verträge können **anfechtbar oder nichtig** oder wie Verfügungen auch **widerrufbar** sein, wobei **Nichtigkeit** in Anlehnung an die Evidenztheorie nur bei schweren und offensichtlichen Fehlern anzunehmen ist. Aus vertragssystematischen Gründen ist die Widerrufbarkeit eine eher problematische Rechtsfigur. Vertragstypisch ist der **Rücktritt** oder die **Kündigung** (vgl. Art. 31 SuG).

Praxis:

3000 – **Anspruch auf rechtliches Gehör bei Kündigung eines auf öffentlich-rechtlichem Vertrag beruhenden Arbeitsverhältnisses:** X stand in einem durch öffentlich-rechtlichen Vertrag begründeten Dienstverhältnis mit der Stadt Luzern. Dieses wurde ihm gekündigt. X rügt u.a., sein Anspruch auf rechtliches Gehör sei verletzt worden, während sich die Stadt Luzern auf den Standpunkt stellt, dass die Kündigung aufgrund des vertraglich begründeten Dienstverhältnisses ein rechtsgeschäftlicher und nicht ein hoheitlicher Akt sei. Insofern sei der Anspruch auf Gewährung des rechtlichen Gehörs nicht anwendbar. Erwägungen: Der Anspruch auf rechtliches Gehör im Sinne einer vorherigen Orientierung und Gewährung einer Äusserungsmöglichkeit gilt für Verfahren, die in eine (hoheitliche) Verfügung münden. Die Kündigung eines öffentlich-rechtlichen Dienstverhältnisses durch den öffentlichen Arbeitgeber ist nach den einschlägigen Rechtsordnungen selbst dann, wenn es auf einem öffentlich-rechtlichen Vertrag beruht, in der Regel als (anfechtbare) Verfügung ausgestaltet, um dem Betroffenen entsprechende Verfahrensgarantien zu gewähren und ihm den Beschwerdeweg zu öffnen. Wohl ist das Gemeinwesen, selbst wenn es vertraglich oder privatrechtlich handelt, an die grundrechtlichen Schranken und an die Gebote rechtsstaatlichen Handelns gebunden. Wo es aber nach den einschlägigen Vorschriften zulässigerweise als Vertragspartner auftritt und Rechtsbeziehungen in den Formen des Vertrages ordnet, besteht grundsätzlich kein Anspruch des (privaten) Vertragspartners auf vorheriges rechtliches Gehör vor vertragsändernden oder -auflösenden Erklärungen des Gemeinwesens. Eine besondere Sach- und Interessenlage besteht hingegen bei öffentlich-rechtlichen Dienstverhältnissen, deren Inhalt durch das Gemeinwesen selber hoheitlich normiert wird und die gleichzeitig formell als Vertragsverhältnis ausgestaltet werden. Das Gemeinwesen tritt hier, trotz der an sich vertraglichen Grundlage des Dienstverhältnisses, als Hoheitsträger auf. Zugleich kann die unfreiwillige Beendigung des Dienstverhältnisses durch eine Kündigungserklärung des Gemeinwesens, auch wenn sie formell als nicht hoheitliche Ausübung eines Gestaltungsrechts erscheint, in existenzielle Interessen des privaten Vertragspartners eingreifen. Das Gemeinwesen bleibt in einem solchen Fall, wie das Verwaltungsgericht in zulässiger Weise annehmen durfte, bei der Ausübung seines Kündigungsrechts an die Grundsätze staatlichen Handelns gebunden (BGer vom 14. März 2005, 2P.104/2004, E. 4.4 f.; siehe ferner VerwG ZH vom 3. Nov. 2004, PB.2004.00021, E. 4.1).

a) Ursprünglich fehlerhafte Verträge

aa) Inhaltliche Mängel

Der **Inhalt verwaltungsrechtlicher Verträge** muss **rechtmässig** sein. Ein inhaltlicher Mangel liegt insbesondere vor, wenn der **entsprechende Erlass keinen Raum für eine Regelung durch einen verwaltungsrechtlichen Vertrag** lässt (BVGer vom 14. Sept. 2009, C-1107/2006, E. 5). Ein **Verstoss gegen zwingende Rechtsnormen** ist gemäss bundesgerichtlicher Rechtsprechung **kein schwerer Mangel, der zur Nichtigkeit des Vertrages** führt, sondern ist analog der **Widerrufbarkeit von Verfügungen** zu beurteilen. Ein verwaltungsrechtlicher Vertrag ist dann aufzuheben, wenn das Interesse an der Verwirklichung des objektiven Rechts das Interesse an der Rechtssicherheit und am Schutz des Vertrauens in den Bestand des Vertrags überwiegt (BGE 105 Ia 207 E. 2b, 103 Ia 505 E. 4; BVGer vom 29. Juli 2010, A-6800/2009, E. 4.3.3; vom 17. Dez. 2007, A-2583/2007, E. 5.6; VerwG ZH vom 8. Juli 2009, VB.2009.00279 E. 4.2). Was **gesetzliche Zuständigkeiten** von Behörden betrifft, so entziehen sie sich der inhaltlichen Regelung weitgehend: So kann beispielsweise die baupolizeiliche Zuständigkeitsordnung nicht durch Parteiabrede verändert werden (BGer vom 13. März 2006, 1A.266/2005, E. 2.7); die Unzuständigkeit des vertragschliessenden öffentlich-rechtlichen Rechtssubjekts hat jedoch nach der Lehre nur ausnahmsweise Nichtigkeit zur Folge (vgl. HÄFELIN/MÜLLER/UHLMANN, Rz. 1115). 3001

Praxis:

- Die Oberstaatsanwaltschaft des Kantons Zürich und der Verein X haben eine **Vereinbarung über die organisierte Suizidhilfe** abgeschlossen. Zweck der Vereinbarung ist gemäss deren Ziff. 1, «die organisierte Suizidhilfe zwecks Qualitätssicherung gewissen Rahmenbedingungen zu unterstellen». Die Vereinbarung enthält unter anderem Bestimmungen über die Voraussetzungen und den Ablauf der Suizidhilfe, das Sterbemittel (Natrium-Pentobarbital), dessen Verschreibung und den Umgang damit. Weiter werden das Vorgehen der Strafuntersuchungsbehörden nach gewährter Suizidhilfe und die Meldung von Verstössen gegen die Vereinbarung geregelt. Diese Vereinbarung ist rechtswidrig. Sie entbehrt einer gesetzlichen Grundlage und verstösst darüber hinaus gegen das materielle Strafrecht und das Betäubungsmittelrecht. Zudem bestehen Abweichungen von der am 1. Jan. 2011 in Kraft tretenden Schweizerischen Strafprozessordnung und den Weisungen der Oberstaatsanwaltschaft betreffend Abklärungen von ausserordentlichen Todesfällen. Der Mangel, mit dem die Vereinbarung aufgrund dessen behaftet ist, ist nicht nur offensichtlich, sondern auch gravierend. Dabei fällt ins Gewicht, dass sowohl das Recht auf Leben wie auch die persönliche Freiheit in einem zentralen Bereich betroffen sind (Art. 10 Abs. 1 und 2 BV, Art. 2 und 8 EMRK). Das Recht auf Leben bildet als fundamentales Grundrecht Ausgangspunkt und Voraussetzung für alle anderen Grundrechte. Es gehört unbestritten zu den zwingenden Normen des Völkerrechts und den notstandsfesten Garantien der EMRK. Zudem erscheint die Vereinbarung der Rechtssicherheit abträglich, zumal sowohl für den Verein X wie auch für Dritte nicht klar sein dürfte, ob und inwieweit sie sich bei einer allfälligen Abweichung vom geltenden Recht auf die von der Staatsanwaltschaft abgegebenen Erklärungen verlassen dürfen. Aus alledem folgt, dass die Vereinbarung nichtig ist (BGE 136 II 415 E. 3). 3002

3003 – Zwischen dem **Hilfswerk der Evangelischen Kirchen der Schweiz (HEKS) und einem Privaten abgeschlossene (verwaltungsrechtliche) Darlehensverträge** erweisen sich als ursprünglich fehlerhaft, weil die entsprechenden Erlasse keinen Raum für wirtschaftliche Sozialhilfe auf Darlehensbasis lassen. Eine ersatzlose Aufhebung der Verträge mit anschliessender Rückabwicklung der Vertragsverhältnisse erscheint jedenfalls nicht als sachgerecht. Da die Voraussetzungen für die Gewährung der wirtschaftlichen Sozialhilfe zum Zeitpunkt der Darlehensgewährung erfüllt waren, drängt sich stattdessen auf, mit Wirkung ex tunc die Darlehensverträge in die verfügungsweise Gewährung von Fürsorgeleistungen umzuwandeln. Die Rückforderung der Vorinstanz ist alsdann nicht nach Massgabe der Parteiabrede, sondern gestützt auf die ordentlichen gesetzlichen Bestimmungen über die Rückerstattung rechtmässig bezogener Fürsorgeleistungen zu beurteilen. Einem solchen im öffentlichen Interesse an der Durchsetzung des objektiven Rechts liegenden Vorgehen stehen offenkundig keine Vertrauensschutzinteressen des privaten Beschwerdeführers entgegen, wird doch seine Rechtsstellung durch die gesetzliche Ordnung gestärkt (BVGer vom 14. Sept. 2009, C-1107/2006, E. 5).

bb) Willensmängel

3004 Weist ein Vertrag **Willensmängel** auf, kommen die Regeln von Art. 23 ff. OR analog zur Anwendung (BGE 132 II 161 E. 3.1; BVGer vom 29. Juli 2010, A-6800/2009, E. 4.2.3; vom 17. Dez. 2007, A-2583/2007, E. 5.5.1; VerwG SG vom 22. Sept. 2009, B 2009/39, E. 2.2). Im Unterschied zum Privatrecht wird in einem Entscheid – allerdings eher als obiter dictum – die Meinung vertreten, ein **Motivirrtum erweise sich regelmässig als erheblich** (BR vom 5. Okt. 2001, in: VPB 66 [2002] Nr. 73 E. 4.1). Danach befindet sich die **Verwaltung** immer in einem **wesentlichen Irrtum**, wenn sie einen rechtswidrigen Vertrag geschlossen hat, der gegen die Rechtsordnung verstösst bzw. inhaltlich nicht richtig ist. Für die **privaten Vertragspartner des Gemeinwesens** kann das indessen nicht ohne Weiteres gelten, denn im Vergleich zum Gemeinwesen sind ihnen ihre Beweggründe nicht durch einen normativen Rahmen vorgeschrieben (VGer ZH vom 13. Juni 2007, PB.2006.00045, E. 5.2).

Praxis:

3005 – Ob ein verwaltungsrechtlicher Vertrag an einem **Willensmangel** leidet, ist unter Heranziehung der Bestimmungen des Obligationenrechts zu beurteilen. Diese finden ausserhalb des Privatrechts zwar keine direkte Anwendung, doch ist auf sie als **Ausdruck allgemeiner Rechtsgrundsätze** insoweit abzustellen, als sich die Regelung auch auf dem Gebiet des öffentlichen Rechts als sachgerecht erweist. Das ist hinsichtlich der Bestimmungen über den Irrtum der Fall. Im Gegensatz zum Zivilrecht erweist sich das Vorliegen eines Motivirrtums im Verwaltungsrecht regelmässig auch als erheblich. Ob und wieweit aber ein Irrtum auch der falschen Vorstellung über einen künftigen Sachverhalt entspringen kann, ist indes umstritten. Das Bundesgericht schliesst einen Irrtum über einen künftigen Sachverhalt an sich nicht aus; unerlässliche Voraussetzung für eine erfolgreiche Berufung auf einen Irrtum ist allerdings, dass es sich dabei um einen über eine objektiv wesentliche Vertragsgrundlage und nicht bloss über eine auf Hoffnung gründende spekulative Erwartung gehandelt hat. Gemäss Rechtsprechung muss sich der Irrtum über einen künftigen Sachverhalt auf Tatsachen beziehen, deren Eintritt bei Abschluss des Vertrags von beiden Parteien als sicher angenommen wurde. Blosse Hoffnungen, übertriebene Erwartungen oder Spekulationen reichen hingegen nicht aus (BGE 118 II 297 E. 2c, 117 II 218 E. 4, 109 II 105 E. 4b/aa; BGer vom 29. Okt. 2002, 4C.236/2002, E. 3; BR vom 5. Okt. 2001, in: VPB 66 [2002] Nr. 73 E. 4.1; VerwG ZH vom 30. Juni 2011, VB.2011.00262, E. 6.2; VerwG SG vom 22. Sept. 2009, B 2009/39, E. 2.2).

- Die Meinung, wonach im öffentlichen Recht bereits ein **einfacher Motivirrtum** grundsätzlich **rechtserheblich** sei, wird von der kantonalen verwaltungsgerichtlichen Rechtsprechung als zu eng und aus dogmatischen Gründen als überflüssig beurteilt. Diese Meinung bezieht sich im Übrigen auf Konstellationen, in denen sich die Behörde im Irrtum befindet und nicht – wie vorliegend – der private Vertragspartner. Dies geht aus der Begründung dieser Ansicht hervor: Da die Einhaltung der Rechtsordnung notwendige Grundlage für sämtliches – und darum auch für das vertragliche – Verwaltungshandeln bildet, befindet sich die Verwaltung immer in einem wesentlichen Irrtum, wenn sie einen Vertrag abgeschlossen hat, der gegen die Rechtsordnung verstösst bzw. inhaltlich nicht richtig ist. Für die privaten Vertragspartner des Gemeinwesens kann das indessen nicht gelten, denn im Vergleich zum Gemeinwesen sind ihnen ihre Beweggründe nicht durch einen normativen Rahmen vorgeschrieben (VerwG ZH vom 13. Juni 2007, PB.2006.00045, E. 5.2; ferner VerwG ZH vom 21. Feb. 2007, PK.2005.00004, in: RB 2007 Nr. 89 E. 3.2.4). 3006

cc) Formmangel

In einem neueren Urteil hat das Bundesgericht im Anschluss an die herrschende Lehre angenommen, dass **Schriftlichkeit Gültigkeitsvoraussetzung** des verwaltungsrechtlichen Vertrages ist, was insbesondere bedeutet, dass der Vertrag von beiden Seiten unterschrieben sein muss, ansonsten er nicht zustande gekommen ist (BGer vom 2. Nov. 2010, 1C_61/2010, E. 4.1) und nach einem Teil der Lehre **nichtig** ist (HÄFELIN/MÜLLER/UHLMANN, Rz. 1121). Auch nichtig ist ein Vertrag auf Eigentumsübertragung, wenn er entgegen Art. 657 Abs. 1 ZGB nicht öffentlich beurkundet wird; diese Anforderung von Art. 657 Abs. 1 ZGB gilt auch für die Übertragung von Grundeigentum durch öffentlich-rechtlichen Vertrag (BGer vom 18. Mai 2006, 4C.162/2005, E. 3.2). 3007

Im Allgemeinen hat das Bundesgericht jedoch erkannt, dass die **Nichtigkeits- und Ungültigkeitsfolgen formunwirksamer Verträge einzuschränken** sind. So hält das Bundesgericht die Formungültigkeit für unbeachtlich und die Berufung darauf unter Umständen für unstatthaft, wenn sie gegen Treu und Glauben verstösst und einen offenbaren Rechtsmissbrauch im Sinn von Art. 2 Abs. 2 ZGB darstellt (BGE 116 II 700 E. 3b; BGer vom 18. Mai 2006, 4C.162/2005, E. 3.2). 3008

Die **Folgen fehlender Schriftlichkeit öffentlich-rechtlicher Arbeitsverhältnisse** sind im OR, welches mangels einer Regelung im öffentlichen Recht häufig analog herangezogen wird, speziell geregelt. Gemäss **Art. 320 Abs. 3 OR** sind in Fällen, in denen ein **Arbeitnehmer oder eine Arbeitnehmerin in gutem Glauben Arbeit aufgrund eines ungültigen Vertrags** leistet, die Pflichten aus dem Arbeitsverhältnis in gleicher Weise wie aus gültigem Vertrag zu erfüllen, bis dieses wegen Ungültigkeit des Vertrags von der einen oder anderen Vertragspartei aufgehoben wird. Zu den ungültigen Verträgen im Sinne dieser Bestimmung zählen auch Verträge, die Formvorschriften missachten. Wissen beide Vertragsparteien in gleicher Weise vom Gültigkeitshindernis, würde der Einwand des Arbeitgebers, die Arbeitnehmerin sei nicht in gutem Glauben gewesen, gegen Treu und Glauben verstossen (BVGer vom 25. Nov. 2008, A-3045/2008, E. 5.1). 3009

Praxis:

3010 – Der **Vertrag auf Eigentumsübertragung bedarf zu seiner Verbindlichkeit der öffentlichen Beurkundung** (Art. 657 Abs. 1 ZGB). Diese Anforderung gilt nach der Rechtsprechung – von hier nicht zutreffenden Ausnahmen abgesehen – auch für die Übertragung von Grundeigentum durch öffentlich-rechtlichen Vertrag. Mangels öffentlicher Beurkundung ist ein Vertrag auf Eigentumsübertragung grundsätzlich nichtig. Rechtsprechung und Lehre sind sich jedoch darin einig, dass die Nichtigkeits- und Ungültigkeitsfolgen formunwirksamer Verträge einzuschränken sind. So hält das Bundesgericht die Formungültigkeit für unbeachtlich und die Berufung darauf für unstatthaft, wenn sie gegen Treu und Glauben verstösst und einen offenbaren Rechtsmissbrauch im Sinn von Art. 2 Abs. 2 darstellt. Ob dies im Einzelfall zutrifft, hat das Gericht in Würdigung aller Umstände des konkreten Falles zu prüfen. So hat das Bundesgericht etwa entschieden, dass der freiwilligen und irrtumsfreien Erfüllung des mangelhaften Vertrages durch die Parteien – wenn nicht vollständig, so doch in der Hauptsache – besondere Bedeutung zukomme (BGer vom 18. Mai 2006, 4C.162/2005, E. 3.2; vgl. auch BGE 116 II 700 E. 3b).

b) Nachträglich fehlerhafte öffentlich-rechtliche Verträge

3011 Ein Vertrag kann bei **veränderten rechtlichen Verhältnissen** aufgehoben oder angepasst werden, wenn die Weiterführung einer Partei nach Treu und Glauben nicht mehr zugemutet werden kann. Es ist im Rahmen einer Interessenabwägung das öffentliche Interesse an der Berücksichtigung veränderter rechtlicher Verhältnisse dem privaten Interesse an der Weitergeltung des Vertrages gegenüberzustellen (BGE 122 I 328 E. 7b; BGer vom 17. Juni 2005, 2P.73/2005, E. 6.2; VerwG ZH vom 21. Feb. 2007, in: RB 2007 Nr. 89 E. 4.3). Allerdings gilt es zu bedenken, dass Verträge oft eine **dauerhafte gegenseitige Bindung bezwecken und ihre Anpassung an veränderte rechtliche Verhältnisse materiell an strengere Voraussetzungen** geknüpft werden soll als die Anpassung einer Verfügung (VerwG ZH vom 11. Aug. 2010, VB.2009.00661, E. 2.5; vom 21. Feb. 2007, in: RB 2007 Nr. 89 E. 4.3; zum Ganzen auch KLEIN, a.a.O., S. 201 ff.). Für die Anpassung von öffentlich-rechtlichen Verträgen sind ausserdem allfällige **gesetzliche oder vertragliche Kündigungsmöglichkeiten** zu berücksichtigen: Öffentlich-rechtliche Arbeitsverhältnisse können nur nach Ablauf der Kündigungsfrist an neue rechtliche Verhältnisse einseitig angepasst werden (BGer vom 21. April 2009, 1C_168/2008, E. 4.3 f. und E. 5.2 f.).

3012 Ferner kann der **Vertrauensgrundsatz** einer **Anpassung des Vertrages an Rechtsänderungen** entgegenstehen, wenn diese gegen das Rückwirkungsverbot verstossen, in wohlerworbene Rechte eingreifen oder schützenswerte Erwartungen der Bürger missachten. Vertragliche Bestimmungen binden die Parteien in gleicher Weise wie ein privatrechtlicher Vertrag; sie begründen **wohlerworbene Rechte** und haben als solche grundsätzlich auch bei einer **Gesetzesänderung Bestand** (VerwG ZH vom 11. Aug. 2010, VB.2009.00661, E. 2.5 [Konzession]). Es ist daher zu prüfen, ob und inwiefern von Seiten des Staates private Erwartungen geweckt worden sind, die es anlässlich der Rechtsänderung zu honorieren gilt. Solchen Erwartungen können unterschiedlichste Umstände zugrunde liegen. Ein Vertrauen erweckender Umstand kann insbesondere darin liegen, dass ein verwaltungsrechtlicher Vertrag abgeschlossen worden ist und dieser nunmehr geändert werden soll (BGer vom 21. April 2009, 1C_168/2008, E. 4.3).

Die Rechtsfigur der **clausula rebus sic stantibus** ist in erster Linie auf die **Anpassung von Verträgen an veränderte tatsächliche Verhältnisse** zugeschnitten (VerwG ZH vom 21. Feb. 2007, in: RB 2007 Nr. 89 E. 4.3). Diese Rechtsfigur findet auch auf öffentlich-rechtliche Verträge Anwendung (BGE 122 I 328 E. 7b, 103 Ia 31 E. 3b). Danach kann eine derartige Änderung in den tatsächlichen Verhältnissen nur dann zu einer Vertragsänderung oder -aufhebung führen, wenn das Verhältnis von Leistung und Gegenleistung infolge ausserordentlicher und unvorhersehbarer Änderungen der Umstände so gestört ist, dass das Beharren des Gläubigers auf seinem Vertragsanspruch geradezu eine wucherische Ausbeutung des Missverhältnisses und damit einen offenbaren Rechtsmissbrauch bedeutet (VerwG ZH vom 10. Juli 2008, VK.2006.00007, E. 4.1; vom 27. Okt. 2000, in: ZBl 2001 S. 368 E. 4, 5c und E. 5d). 3013

Dabei genügt eine durchschnittliche Geldentwertung (Inflation) nicht für die Anrufung der «clausula» zur Anpassung von finanziellen Leistungspflichten (VerwG OW vom 17. Dez. 1991, in: ZBl 1993 S. 231 E. 3b). Das Gleichgewicht von Leistung und Gegenleistung muss in einem Ausmass gestört sein, das nach Treu und Glauben die Fortsetzung des Vertragsverhältnisses ohne Anpassung als nicht mehr zumutbar erscheinen lässt, was einer umfassenden Interessenabwägung bedarf (BGer vom 17. Juni 2005, 2P.73/2005, E. 6.2; VerwG ZH vom 21. Feb. 2007, PK.2005.00004, in: RB 2007 S. 175 E. 4.3; KLEIN, a.a.O., S. 206 ff.). Im Übrigen wird beim verwaltungsrechtlichen Vertrag die clausula rebus sic stantibus im Allgemeinen weniger restriktiv angewendet als beim privatrechtlichen (VerwG ZH vom 10. Juli 2008, VK.2006.00007, E. 4.1). 3014

Praxis:

- **Vorzeitige Kündigung des Vertrages über die Kehrichtabfuhr wegen erheblich veränderter Verhältnisse:** Die Parteien haben im vorliegenden Fall eine eigene Regelung hinsichtlich der Überprüfung der Rahmenbedingungen des Vertrages getroffen. Es war ihnen somit bereits im Zeitpunkt des Vertragsschlusses bewusst, dass während der Dauer des Vertrages Äquivalenzstörungen – das heisst Störungen im Gleichgewicht von Leistung und Gegenleistung – auftreten könnten, und sie wollten bei erheblichen Störungen den Verhandlungsweg beschreiten. Die getroffene Regelung, welche die Überprüfung der Entschädigungsregelung bereits bei veränderten Transportwegen, veränderter Abfalltechnologie oder einer starken Zu- oder Abnahme der Menge vorsah, zeigt dabei deutlich, dass kein derart offensichtliches Missverhältnis zwischen Leistung und Gegenleistung eingetreten sein muss, welches bei einem Beharren auf der Weiterführung des Vertrages als rechtsmissbräuchlich erscheinen würde, damit die Entschädigungsregelung neu verhandelt werden kann. Diesen vertraglich vorgesehenen Weg sind die Parteien denn auch schon einmal gegangen, als im Jahre 2003 ein neuer Abladeort bestimmt wurde – was nichts anderes als veränderte Transportwege im Sinne von Ziff. 4.6 des Vertrages bedeutete – und gleichzeitig die Erhöhung der Entschädigung als Anhang 3 zum Vertrag vereinbart wurde. Das vertraglich vorgesehen Verfahren greift und griff daher schon bei einer milderen Störung von Leistung und Gegenleistung Platz, als dies unter den privatrechtlichen Voraussetzungen der clausula rebus sic stantibus der Fall wäre, die geradezu ein rechtsmissbräuchliches Beharren auf den Vertrag verlangen. Folglich sind die Fragen betreffend die Voraussetzungen der clausula rebus sic stantibus vorliegend nicht zu prüfen (VerwG ZH vom 10. Juli 2008, VK.2006.00007, E. 4.2). 3015
- **Durch die Liberalisierung des Telekommunikationsrechts eingetretene Unerfüllbarkeit des von einer Gemeinde vertraglich eingeräumten Anspruchs auf ausschliessliche Nutzung des öffentlichen Grundes zur Verlegung von Datenleitungen:** Eine zürcherische Gemeinde schloss 1973 mit der Z AG einen Vertrag über die Erstellung und den Betrieb einer 3016

Gross-Gemeinschaftsantennen-Anlage, die im Jan. 1980 vollendet wurde. In Erneuerung dieser Vereinbarung schloss die Gemeinde mit der X AG als Rechtsnachfolgerin der Z AG am 26. Nov. 1990 einen Konzessionsvertrag. Dieser erteilte der X AG gegen eine Konzessionsgebühr das Recht, die Anlage zu betreiben und hierfür von den Nutzern Anschluss- und Mietgebühren zu erheben. Anfang 1998 gelangte die X AG an die Gemeinde mit dem Begehren, den bisherigen Konzessionsvertrag aufzulösen und durch eine Bewilligung zu ersetzen. Sie begründete dies damit, dass mit der Liberalisierung des Telekommunikationsrechts ab 1. Jan. 1998 die Rechtsgrundlage für den Konzessionsvertrag dahin gefallen sei (Art. 35 Abs. 2 FMG und Art. 40 Abs. 2 RTVG). Für die auf Fr. 58'421.50 bezifferte Konzessionsgebühr des Jahres 1998 leitete die Gemeinde die Betreibung ein, nachdem sich die X AG geweigert hatte, den betreffenden Betrag für das Jahr 1998 zu entrichten. Das Verwaltungsgericht weist die Klage ab. Erwägungen: Vorliegend ist unbestritten geblieben, dass nach den neuen bundesrechtlichen Regelungen Weiterverbreitungskonzessionäre berechtigt sind, für den Bau und Betrieb von Leitungen den Boden im Gemeingebrauch unentgeltlich in Anspruch zu nehmen (Art. 40 Abs. 2 RTVG in der Fassung vom 30. April 1997). Sie benötigen damit keine Sondernutzungskonzession der betroffenen Gemeinden mehr, sondern nur eine Polizeibewilligung, für deren Erteilung lediglich eine kostendeckende Verwaltungsgebühr erhoben werden darf (Art. 40 Abs. 2 RTVG i.V.m. Art. 35 Abs. 4 FMG). Beide Parteien gehen von dieser Rechtslage aus. Beim Auftreten anderer Bewerber ist die Klägerin somit nicht mehr in der Lage, den vertraglichen Rechtsanspruch der Beklagten auf ausschliessliche Nutzung des öffentlichen Grundes zur Verlegung von Leitungen für die Weiterverbreitung durchzusetzen. Solche andere Bewerber müssten sich die vertragliche Regelung nicht entgegenhalten lassen. Das bedeutet, dass der Vertrag jedenfalls in dieser Hinsicht vor dem neuen Recht nicht standhält. Damit entfällt allerdings nicht ein Anspruch der Klägerin, sondern ein solcher der Beklagten. Weil die Erfüllung dieses Anspruchs durch die Klägerin unmöglich geworden ist, verliert jedoch Letztere ihre noch nicht erfüllte Gegenforderung (vgl. 119 Abs. 2 OR). Aus diesem Grund müsste die Beklagte ab 1. Jan. 1998 jedenfalls insoweit von der Entrichtung der Konzessionsgebühr entbunden werden, als diese als Entgelt für die Ausschliesslichkeit der fraglichen Berechtigung zu betrachten ist. Soweit mit der Konzessionsgebühr die Nutzungsberechtigung als solche (und nicht deren Ausschliesslichkeit) abgegolten wird, kann die Beklagte allerdings aus Art. 119 Abs. 2 OR nichts zu ihren Gunsten ableiten. Im Rahmen der nach dem Gesagten zu tätigenden Interessenabwägung fällt in Betracht, dass mangels erfolgter Investitionen das Interesse der Klägerin an der Aufrechterhaltung der vertraglichen Verpflichtung der Beklagten zur Entrichtung der Konzessionsgebühr rein fiskalischer Art ist. Gegen die Aufrechterhaltung dieser vertraglichen Verpflichtung spricht das private Interesse der Beklagten, welche jedenfalls das Recht zur ausschliesslichen Nutzung des öffentlichen Grundes verliert und zumindest insoweit von der hierauf entfallenden Gegenleistung entbunden werden muss. Sie hat inskünftig eine Konkurrenzierung durch andere Weiterverbreitungskonzessionäre zu befürchten, welche Anspruch auf unentgeltliche Nutzung des öffentlichen Grundes haben. Gegen die Aufrechterhaltung des vertraglichen Gebührenanspruchs der Klägerin gegenüber der Beklagten spricht sodann das öffentliche Interesse des Bundes an der sofortigen und uneingeschränkten Durchsetzung des neuen Rechts. Gesamthaft gesehen überwiegen die öffentlichen und privaten Interessen an der Durchsetzung des neuen Rechts die entgegenstehenden fiskalischen Interessen der Klägerin an der Aufrechterhaltung ihres vertraglichen Anspruchs (VGer ZH vom 27. Okt. 2000, in: ZBl 2001 S. 368 5c und E. 5d).

c) Rechtsfolgen

aa) Aufhebung/Anpassung

3017 Eine **Aufhebung eines verwaltungsrechtlichen Vertrages** ist möglich, wenn dieser gegen zwingende Rechtsnormen verstösst und dieser **Mangel so gravierend** ist, dass das Interesse an der Durchführung des objektiven Rechtes das Interesse an der Rechtssicherheit überwiegt. Der Grundsatz «pacta sunt servanda» gebietet, vertraglich übernommene Verpflichtungen zu erfüllen, auch wenn sich der Vertrag als rechtswidrig erweist. Auch ein Privater, der durch einen mangelhaften Vertrag belastet wird, kann dessen Aufhebung nur bewirken, wenn der Mangel so schwer wiegt, dass die Geltendmachung durch den Privaten, der dem Vertrag zugestimmt hat, nicht als Verstoss gegen Treu und Glauben erscheint (BGE 105 Ia 207 E. 2b; BGer vom 19. März 2008, 2A_414/2006, E. 11.2; BVGer vom 29. Juli 2010, A-6800/2009, E. 4.3.3; vom 17. Dez. 2007, A-2583/2007, E. 5.6).

Neben der **Aufhebung** sind auch die **Anpassung des Vertrags** sowie gegebenenfalls die **Zusprechung geldwerter Ansprüche** möglich (BVGer vom 29. Juli 2010, A-6800/2009, E. 4.3.3). Vereinzelt bejaht die Praxis auch eine **Teilaufhebung**, sofern sich der Irrtum nur auf einen Teil des Vertrages bezieht und der Inhalt sowohl in subjektiver wie auch in objektiver Hinsicht teilbar ist, sodass der nicht angefochtene, verbleibende Teil noch immer ein sinnvolles Vertragsganzes bildet, das für sich selbst bestehen kann (BGE 136 II 415 E. 3.3; VerwG SG vom 22. Sept. 2009, B 2009/39, E. 2.3). Ferner ist unter Umständen eine **Konversion** in eine **Verfügung** oder einen **privatrechtlichen Vertrag** vorzunehmen (BVGer vom 14. Sept. 2009, C-1107/2006, E. 5). 3018

bb) Anfechtbarkeit

Ist ein Rechtsmangel oberhalb der Geringfügigkeit einzuordnen, ist er aber weniger gravierend als dies für die Annahme der Nichtigkeit erforderlich ist, so ist die Rechtsfolge Anfechtbarkeit des öffentlich-rechtlichen Vertrages. Es geht dabei um eine quantitative, nicht um eine qualitative Beurteilung (vgl. KLEIN, a.a.O., S. 144 f.). Zuständigkeitsfehler sind danach in der Regel Anfechtungsgrund und kein Nichtigkeitsgrund (vgl. KLEIN, a.a.O., S. 194 ff.). 3019

cc) Nichtigkeit

Nichtigkeit soll die Rechtsfolge eines **offensichtlichen und schweren Mangels** eines öffentlich-rechtlichen Vertrages sein. Die Anlehnung an die **Evidenztheorie** bei der Beurteilung der Nichtigkeit von Verfügungen ist naheliegend. Nichtigkeit ist demnach bei **krasser Rechtswidrigkeit eines Vertrages** anzunehmen. Im Übrigen muss im Einzelfall eine Interessenabwägung stattfinden, weil die Rechtssicherheit grundsätzlich für die Aufrechterhaltung eines öffentlich-rechtlichen Vertrages spricht (KLEIN, a.a.O., S. 132 ff. und S. 179 ff.). Dabei ist zu differenzieren, ob ein rechtlicher Mangel den privatrechtlichen Vertragspartner begünstigt oder belastet. Im Fall der Belastung kann sich das private Rechtssubjekt nicht auf die Mangelhaftigkeit berufen, wenn dies als Verstoss gegen Treu und Glauben zu werten wäre (BGer vom 22. Aug. 2003, 1P.296/2003, E. 4.2; VerwG GE vom 22. Dez. 2009, A/2704/2008-CM AATA/678/2009, E. 5c). Im Allgemeinen ist ein **Verstoss gegen zwingendes Recht** nicht derart erheblich, dass dies zur Nichtigkeit des Vertrages führen würde (BVGer vom 29. Juli 2010, A-6800/2009, E. 4.3.3; vom 17. Dez. 2007, A-2583/2007, E. 5.5.1 und E. 5.6). Als gravierend hat das Bundesgericht den Verstoss einer Vereinbarung gegen zwingendes Recht (Strafrecht) zwischen der Oberstaatsanwaltschaft des Kantons Zürich und dem Verein X über die organisierte Suizidhilfe beurteilt und auf Nichtigkeit erkannt (BGE 136 II 415 E. 3.2). 3020

3021 Die Feststellung der vollständigen Nichtigkeit eines öffentlich-rechtlichen Vertrages ist nicht unverrückbare Rechtsfolge. **Einerseits** ist es möglich, eine **Teilnichtigkeit** anzunehmen oder sogar eine **Konversion** in eine Verfügung oder einen privatrechtlichen Vertrag vorzunehmen (KLEIN, a.a.O., S. 139 ff. und S. 177 f.). Eine Umdeutung eines ursprünglich fehlerhaften Vertrages in eine Verfügung nahm das Bundesverwaltungsgericht im Fall von Sozialhilfe an, weil die Hilfe mittels Verfügung rechtmässig war (BVGer vom 14. Sept. 2009, C-1107/2006, E. 5). Andererseits sind die **Nichtigkeits- und Ungültigkeitsfolgen formunwirksamer Verträge einzuschränken**; die Berufung auf Formungültigkeit ist unbeachtlich, wenn sie gegen Treu und Glauben verstösst und einen offenbaren Rechtsmissbrauch im Sinn von Art. 2 Abs. 2 ZGB darstellt (BGer vom 18. Mai 2006, 4C.162/2005, E. 3.2).

dd) Rücktritt/Widerruf

3022 In Lehre und Rechtsprechung ist häufig von Widerrufbarkeit eines öffentlich-rechtlichen Vertrages die Rede (vgl. KLEIN, a.a.O., S. 156 ff.). Der Widerruf, entsprechend der Rechtslage bei Verfügungen, widerspricht aber dem Vertragsdenken. Ein einseitiger Widerruf durch das öffentlich-rechtliche Rechtssubjekt ist vertragsfeindlich (vgl. KLEIN, a.a.O., S. 156 ff.). Vertragstypisch ist die beidseitige **Möglichkeit des Rücktritts** im Fall von Rücktrittsgründen (so z.B. Art. 31 SuG). Das Rücktrittsrecht im Sinne von Art. 107 Abs. 2 OR kann jedoch von der privaten Vertragspartei eines öffentlich-rechtlichen Vertrages nicht in Anspruch genommen werden, weil die vereinbarten Leistungen im öffentlichen Interesse liegen (vgl. AUGUST MÄCHLER, Die Auflösung des verwaltungsrechtlichen Vertrages, in: Häner/Waldmann (Hrsg.), Der verwaltungsrechtliche Vertrag in der Praxis, Zürich 2007, S. 101).

ee) Kündigung

3023 Die Kündigung ist ein vertragstypisches Institut bei Dauerschuldverhältnissen. Kündigung wird teils in solchen Verträgen, teils in Rechtsnormen mit Bezug auf solche Verträge vorgesehen (so z.B. in Art. 9 der Vorratshaltungsverordnung für Pflichtlagerverträge; vgl. auch KLEIN, a.a.O., S. 162 ff.).

ff) Schadenersatz

3024 Wird von den Parteien eine durch Rechtsgeschäft begründete Pflicht verletzt, ist Art. 97 OR – unter Vorbehalt der Exkulpationsmöglichkeit – analog anwendbar. Der Schuldner hat für den entstandenen Schaden Ersatz zu leisten (WALDMANN, a.a.O., S. 19, THOMAS MÜLLER-TSCHUMI, Leistungsstörungen bei verwaltungsrechtlichen Verträgen, in: Häner/Waldmann (Hrsg.), Der verwaltungsrechtliche Vertrag in der Praxis, Zürich 2007, S. 83).

6. Rechtsschutz

a) Allgemeines

Für den **Vertrag** ist an und für sich typisch, dass eine Partei, die mit der Leistung der Gegenpartei nicht einverstanden ist, **verwaltungsrechtliche Klage** einzureichen hat, um das Begehrte durchzusetzen. Die Klage eröffnet bei Vertragsverhältnissen grundsätzlich das **funktionsgerechtere Verfahren**. Systemisch gehört zum öffentlich-rechtlichen Vertrag die verwaltungsrechtliche Klage und nicht die Verwaltungs- und Verwaltungsgerichtsbeschwerde gegen eine Verfügung. Das Verwaltungsgerichtsgesetz des Bundes (Art. 35 lit. a VwVG) sowie kantonale Verwaltungsprozessgesetze sehen daher zu Recht Klagelösungen vor (vgl. auch ABEGG, a.a.O., S. 19). Das Klageverfahren stellt die Parteien als gleichgestellte Vertragspartner auf dieselbe Ebene (BVGer vom 4. Nov. 2008, B-7957/2007, E. 4.2); es verleiht anders als das Anfechtungsverfahren dem Gemeinwesen nicht das Recht, seine Prozesssituation durch den Erlass einer Verfügung zu verbessern (Personalrekursgericht AG vom 3. Juli 2008, in: AGVE 2008 S. 433 E. 8.2). Eine Verfügungskompetenz des Gemeinwesens, welches als Partei am Vertrag beteiligt ist und einen Anspruch geltend machen will, besteht grundsätzlich nur, wo ein Gesetz diese ausdrücklich vorsieht (BVGer vom 4. Nov. 2008, B-7957/2007, E. 4.2). Auf kantonaler Ebene ist vereinzelt ebenfalls das Klagesystem vorgesehen, so im Kanton Graubünden, was etwa bedeutet, dass das Kantonsspital Forderungen gegenüber Patienten nicht mittels Verfügung geltend machen kann, sondern klagen muss (VerwG GR vom 22. Feb. 2011, S-09-54A, E. 3d). 3025

Hierbei ist wesentlich, dass die Gemeinwesen mit der **Einführung der vertraglichen Begründung** beispielsweise von öffentlich-rechtlichen Dienstverhältnissen regelmässig die **materiell-rechtliche Flexibilisierung und Angleichung an das private Arbeitsrecht** anstreben. In verfahrensmässiger Hinsicht bedeutet dies konsequenterweise, dass mit der Klage ein Verfahren zur Verfügung zu stellen ist, das den Parteien die Initiative zur Durchsetzung ihrer Ansprüche überlässt und in weiten Teilen dem in privatrechtlichen Arbeitsstreitigkeiten zu beschreitenden Zivilprozess entspricht (Personalrekursgericht AG vom 3. Juli 2008, in: AGVE 2008 S. 433 E. 8.2). 3026

Die **Kündigung eines öffentlich-rechtlichen Dienstverhältnisses** durch den öffentlichen Arbeitgeber ist nach den einschlägigen Rechtsordnungen selbst dann, wenn es auf einem **öffentlich-rechtlichen Vertrag** beruht, in der **Regel als (anfechtbare) Verfügung ausgestaltet**, um dem Betroffenen entsprechende Verfahrensgarantien zu gewähren und ihm den Beschwerdeweg zu öffnen (BGer vom 14. März 2005, 2P.104/2004, E. 4.4; vgl. auch Art. 13 Abs. 3 BPG). Der Betroffene hat in diesem Fall **Anspruch auf vorherige Anhörung sowie auf Begründung der Kündigungsverfügung**, und er kann durch erfolgreiche Anfechtung der Kündigung den **Weiterbestand des Dienstverhältnisses** oder **Ersatzansprüche** erwirken. Bei rechtsgeschäftlicher Ausgestaltung der Geltendmachung von Ansprüchen stünde nur der weniger einfache Weg der Klage zur Verfügung (BGer vom 14. März 2005, 2P.104/2004, E. 4.4). Ebenso soll mangels Bestimmungen über den Rechtsweg im kommunalen Recht eine **vermögensrechtliche Streitigkeit** aus einem Arbeitsverhältnis mittels Verfügung erledigt werden können, und zwar ungeachtet dessen verfügungsmässiger oder vertraglicher Begründung (VerwG BE vom 8. Nov. 2002, in: 3027

BVR 2003 S. 237 E. 1 d). Das Bundesverwaltungsgericht nimmt neuerdings auch an, dass **abgewiesene Stellenbewerber** eine **anfechtbare Feststellungsverfügung verlangen** können, die mit Beschwerde anfechtbar ist (BVGer vom 12. Okt. 2010, A-2757/2009, E. 6.3.1 ff. und E. 7).

3028 Dieser Ansatz, Streitigkeiten über den Inhalt eines Vertrages mittels Verfügung zu erledigen, hat die Praxis auch im Zusammenhang mit einem Vertrag über den Aufenthalt in einem **Alters- und Pflegeheim** angewendet. Danach können **Taxforderungen** (aus einem verwaltungsrechtlichen Vertrag) im Streitfall mit Verfügung geltend gemacht werden, wenn die Tarife gesetzlich vorgegeben sind (VerwG ZH vom 7. April 2005, VB.2004.00465, E. 3.2). Hingegen hat das Zürcher Verwaltungsgericht die Beschwerde gegen eine **Kündigung eines Schiffs-Standplatz-Mietvertrages** als Klage entgegengenommen (VerwG ZH vom 6. Dez. 2001, VK.2001.00003, E. 1d).

3029 In der Rechtslehre wird geltend gemacht, verwaltungsrechtliche Verträge würden unter Umständen **Drittschutzrechte** tangieren und zurückdrängen, was gegen die Vertragsgestaltung und für die Verfügungslösung spreche. Während ein drittbetroffenes Rechtssubjekt im Falle einer Verfügung Beschwerde führen könne, entfalle der Rechtsschutz bei der vertraglichen Gestaltung eines Rechtsverhältnisses (vgl. KLEIN, a.a.O., S. 154 f.; ABEGG, a.a.O., S. 20; MÄCHLER, a.a.O., § 12 Rz. 144 ff.). Teilweise wird versucht, diesem Mangel durch den Griff zur **Zweistufentheorie** zu begegnen. Mit dem Erlass einer anfechtbaren Verfügung (erste Stufe) kann der Drittrechtsschutz eröffnet werden. Wird keine Beschwerde erhoben oder wird sie abgewiesen, folgt der Abschluss eines öffentlich-rechtlichen (oder privatrechtlichen) Vertrages als zweite Stufe (siehe die Hinweise in BVGer vom 12. Okt. 2010, A-2757/2009, E. 6.3.1 ff. und E. 7). Auch auf die Zweistufentheorie hat das Obergericht SH zurückgegriffen, als es entschied, dass die Kündigung von Pachtland von Seiten des Gemeinwesens zwar eine privatrechtliche Willenserklärung sei, dass dieser Kündigung aber eine behördliche Willensbildung im Sinne einer Beschlussfassung vorausgehe, welche als eine Verfügung beurteilt und entsprechend angefochten werden kann (so OG SH vom 9. Nov. 2007, in: ZBl 2008 S. 539 E. 2b). Ferner kann der **Gesetzgeber** selbst die **Stellung Dritter im Vertragsabschlussverfahren** regeln, sodass beispielsweise die Behörden ihren Antrag zum Vertragsschluss auch beschwerdeberechtigten Dritten eröffnen müssen, die innert einer bestimmten Frist eine Verfügung verlangen können (Art. 19 Abs. 3 SuG; WALDMANN, a.a.O., S. 21 f.).

b) Bund

3030 Streitigkeiten aus **öffentlich-rechtlichen Verträgen des Bundes** sind vom Bundesverwaltungsgericht als erste Instanz auf **verwaltungsrechtliche Klage** hin zu beurteilen (Art. 35 lit. a VGG). Gegen diesen Entscheid ist die Beschwerde in öffentlich-rechtlichen Angelegenheiten zulässig (Art. 82 ff. BGG). Die Klage nach Art. 35 lit. a VGG ist im Sinne einer Ausnahme unzulässig, wenn ein anderes Bundesgesetz einem Bundesamt oder einer anderen Behörde eine Verfügungskompetenz zur Streiterledigung zuweist (Art. 36 VGG). Ohne eine solche Ermächtigung kann also etwa ein kantonales Arbeitsamt, das Bundesaufgaben erfüllt, ungerechtfertigt gewährte Subventionen nicht mit Verfügung zurückfordern, sondern muss verwaltungsrechtliche Klage erheben (BVGer vom 8. Sept. 2009, B-408/2009, E. 10 und E. 11). Bei einem

gemischten Vertrag, der teilweise dem Privatrecht, teilweise dem öffentlichen Recht untersteht, kann ein Streit aus dem öffentlich-rechtlichen Teil beim Bundesverwaltungsgericht ausgetragen werden (BVGer vom 15. Juli 2009, A-5237/2008, E. 1.4.2.3).

c) Kantone

In den **Kantonen fehlt teilweise ein Rechtsschutz** gegenüber vertraglichem Han- 3031
deln; Anfechtungsobjekt sind «nur» Verfügungen. Dies ist jedenfalls solange nicht willkürlich, als nicht eine Vertragspartei verbindlich über die Tragweite des Vertrags befinden kann, ohne dass der anderen Vertragspartei dagegen ein ordentliches Rechtsmittel zur Verfügung steht. Jedenfalls müssen die jeweils anwendbaren Prozessgesetze die Möglichkeit vorsehen, eine höhere Instanz anzurufen. Dazu zwingt die paritätische Natur der vertraglichen Beziehung und das diesbezügliche Erfordernis, die private Gegenpartei in Bezug auf die Beachtung der von der Behörde übernommenen Verpflichtungen zu schützen (BGE 132 I 140 E. 3.2.3). Aus Sicht des Bundesrechts ist es demnach notwendig, dass eine Rekursmöglichkeit an eine Beschwerdeinstanz vorgesehen wird (BGE 132 I 140 E. 3.2.3; siehe ferner BGer vom 8. Mai 2006, 2P.268/2005, E. 3.2.3). Offengelassen hat das Bundesgericht, ob dies zwingend ein Gericht zu sein hat bzw. ob die Rechtsweggarantie gemäss Art. 29a BV, die auf Verfügungen zugeschnitten ist, auch für öffentlich-rechtliche Verträge gilt. Beinhalten Verträge vermögenswerte Ansprüche, ist jedenfalls nach Art. 6 Ziff. 1 EMRK gerichtlicher Rechtsschutz zu gewährleisten (vgl. VerwG ZH vom 12. Jan. 2005, PB.2004.00074, E. 1.3).

d) Alternative Instrumente mit Rechtsschutzwirkung

Als alternative Instrumente mit Rechtsschutzwirkung sind vor allem der **Vergleich**, 3032
die **Konventionalstrafe** und das **Schiedsgericht** zu nennen. Der öffentlich-rechtliche Vertrag kann vorsehen, dass rechtliche Differenzen auf dem Wege des **Vergleichs** ausgeräumt werden (vgl. dazu insb. MÄCHLER, a.a.O., § 12 und § 13, Rz. 9 ff.; KLEIN, a.a.O., S. 105 ff.). Im Sozialversicherungsrecht sieht das Bundesgesetz über den Allgemeinen Teil des Sozialversicherungsrechts vor, dass Streitigkeiten über sozialversicherungsrechtliche Leistungen durch Vergleich erledigt werden können (Art. 50 Abs. 1 ATSG). Ausgeschlossen ist der Vergleich hingegen für Schadenersatzansprüche im Verfügungsverfahren (BGE 135 V 65 E. 1.2 u. 1.5 ff.; vgl. auch BGE 131 V 417 E. 4.1 f.).

Im Unterschied zum Verfügungshandeln eröffnet das Vertragshandeln die Möglich- 3033
keit, **Vertragsstrafen** (Konventionalstrafen) für den Fall der Zuwiderhandlung gegen Vertragspflichten vorzusehen (vgl. KLEIN, a.a.O., S. 104 f.). Die Zulässigkeit dieses Instruments kann – wie in Deutschland – mit der analogen Heranziehung des Obligationenrechts begründet werden. Es gibt im Übrigen auch Rechtsgrundlagen, die Konventionalstrafen vorsehen, so namentlich das Landesversorgungsgesetz (Art. 34 LVG). Wären Vertragsstrafen unter Aspekten der Grundsätze des Verwaltungsrechts unzulässig, so wären alle derartigen Bestimmungen verfassungswidrig. Solches wird indessen nicht geltend gemacht.

3034 Nicht zuletzt ist auch an **Schiedsgerichtsklauseln** zu denken, wonach Streitigkeiten aus öffentlich-rechtlichen Verträgen durch Schiedsgerichte zu erledigen sind (dazu im Einzelnen MÄCHLER, a.a.O., § 20, Rz. 1 ff.; KLEIN, a.a.O., S. 102 ff.; ABEGG, a.a.O., S. 60). Ein rein staatlicher Rechtsschutz findet sich hingegen beim contrat administratif in Frankreich: Die Schiedsgerichtsbarkeit ist dort grundsätzlich ausgeschlossen.

Praxis:

3035 – Das Arbeitsamt (le service de l'emploi, SDE) des Kantons Waadt ist als Organisation im Sinne von Art. 33 lit. h VGG einzustufen. Es hat **nicht die Kompetenz, seiner Meinung nach zu Unrecht erwirkte vertragliche Subventionen** auf dem **Verfügungsweg** zurückzufordern. Das SDE muss die Subventionen gemäss Art. 35 lit. a VGG vor dem Bundesverwaltungsgericht auf dem Klageweg zurückfordern (BVGer, Urteil vom 8. Sept. 2009, B-408/2009, E. 10 u. 11; ferner BVGer vom 25. Nov. 2008, B-7915/2007, E. 4.1 u. 4.2).

3036 – Wird die **Abgabepflicht durch einen verwaltungsrechtlichen Vertrag** geregelt, ist es willkürlich, wenn eine Vertragspartei verbindlich über die Tragweite des Vertrags befinden kann, ohne dass der anderen Vertragspartei dagegen – ausser der staatsrechtlichen Beschwerde an das Bundesgericht – ein Rechtsmittel zur Verfügung stünde. Angesichts der zweiseitig bindenden Wirkung des Vertrags scheint es schon per se fraglich, dass eine Verwaltungsbehörde als Vertragspartei gleichzeitig über die Tragweite der vereinbarten Verpflichtungen entscheiden kann. Es ist unabdingbar, dass eine Rekursmöglichkeit an eine höhere Instanz vorgesehen wird (BGE 132 I 140 E. 3.2.3 f.; ferner BGer vom 8. Mai 2006, 2P.268/2005, E. 3.2.3).

3037 – Gemäss **Art. 8 Abs. 1 BPG** entsteht das **öffentlich-rechtliche Arbeitsverhältnis** grundsätzlich durch den **Abschluss eines schriftlichen Arbeitsvertrags**. Der Abschluss als solcher ist nicht dem VwVG unterstellt. Darüber hinaus kann der Abschluss eines Vertrags – der eine übereinstimmende Willenserklärung der beiden Parteien voraussetzt – grundsätzlich nicht durch einen Dritten angefochten werden («res inter alios acta»). Ein Teil der Lehre hat die sogenannte **Zweistufentheorie** ausgearbeitet. Nach dieser Theorie setzt sich der Vertragsabschluss durch das Gemeinwesen aus zwei Rechtsakten zusammen: Der erste Akt umfasst das Verfahren der internen Willensbildung und untersteht dem öffentlichen Recht. Der zweite Akt ist der Vertragsschluss selbst. Die Zweistufentheorie trägt im vorliegenden Fall jedoch nicht zur Problemlösung bei, vor allem weil diese Theorie es ermöglicht, gegen einen Einstellungsentscheid zu rekurrieren, während das BPG jetzt aber die Einstellung auf vertraglicher Basis vorsieht. Dem Privaten kommt jedoch in casu das Recht zu, seine Nicht-Einstellung in Form einer Feststellungsverfügung im Sinne von Art. 5 Abs. 1 und Art. 25 Abs. 1 VwVG zu verlangen, damit er sie anschliessend gerichtlich anfechten kann (BVGer vom 12. Okt. 2010, A-2757/2009, E. 6.3.1 ff. u. 7).

3038 – Unabhängig davon, ob ein **Vertrag teilweise dem Privatrecht** und zugleich teilweise dem **öffentlichen Recht** zugeordnet werden kann, spricht nichts dagegen, einen Sondernutzungsvertrag mit Bezug auf die im Zentrum des Rechtsstreits stehenden Fragen dem öffentlichen Recht zuzuordnen und gestützt darauf von der Zuständigkeit des Bundesverwaltungsgerichts auszugehen (BVGer vom 15. Juli 2009, A-5237/2008, E. 1.4.2.3).

3039 – Die verwaltungsgerichtliche Praxis des Kantons Zürich gestattet eine Personalklage nur, wenn das kontroverse **Arbeitsverhältnis** nicht bloss formell, sondern **auch materiell** betrachtet als **vertragliches** erscheint und das anwendbare Personalrecht erkennen lässt, dass der Klage- und nicht der Anfechtungsweg eingeschlagen werden muss (VerwG ZH vom 19. Nov. 2008, PK.2008.00001, E. 3.1; ferner VerwG ZH vom 14. Mai 2009, PB.2009.00019, E. 2.5; vom 11. Mai 2005, PB.2005.00002, E. 3.2).

3040 – Es ist umstritten, ob im Zusammenhang mit **Dienstverhältnissen**, welche durch **Vertrag** begründet worden sind, dem **Gemeinwesen die Kompetenz zukommt, eine Angelegenheit durch Verfügung** zu regeln. Soweit es um den Rechtsschutz geht, eröffnet bei Vertragsverhältnissen die Klage das funktionsgerechtere Verfahren: Das Klageverfahren stellt die Parteien entsprechend ihrer Stellung als gleichgestellte Vertragspartner auf dieselbe Ebene; es verleiht anders als das Anfechtungsverfahren dem Gemeinwesen nicht das Recht, seine Prozesssituation durch den Erlass einer Verfügung zu verbessern. Das kantonale Personalgesetz stellt neben der gerichtlichen Beschwerde ausdrücklich die gerichtliche Klage zur Verfügung. Aufgrund dieser Konzeption sowie der erwähnten dogmatischen Überlegungen erscheint es folgerichtig, bei Streitigkeiten aus vertraglichen Anstellungsverhältnissen grundsätzlich nur den Klageweg zuzulassen bzw. dem Gemeinwesen keine Verfügungskompetenz zuzugestehen. Der Klageweg würde seiner Funktion weitgehend beraubt, wenn entsprechende Streitigkeiten auch einseitig durch Verfügung entschieden und so generell zum Gegenstand von Anfechtungsverfahren gemacht werden könnten. Schliesslich ist wesentlich, dass die Gemeinwesen mit der Einführung der vertraglichen Begründung öffentlich-rechtlicher Dienstverhältnisse regelmässig die materiell-rechtliche Flexibilisierung und Angleichung an das private Arbeitsrecht anstreben. In verfahrensmässiger Hinsicht bedeutet dies konsequenterweise, dass mit der Klage ein Verfahren zur Verfügung zu stellen ist, das den Parteien die Initiative zur Durchsetzung ihrer Ansprüche überlässt und in weiten Teilen dem in privatrechtlichen Arbeitsstreitigkeiten zu beschreitenden Zivilprozess entspricht. Gestützt auf die dargestellten Erwägungen sind nach der Praxis des Personalrekursgerichts Streitigkeiten aus einem öffentlich-rechtlichen Anstellungsvertrag stets im Klageverfahren abzuwandeln. Eine Ausnahme besteht nur dort, wo der Anstellungsbehörde ausdrücklich eine Verfügungsbefugnis eingeräumt wird (Personalrekursgericht des Kantons Aargau vom 3. Juli 2008, in: AGVE 2008 S. 433 E. 8.2).

- Wie das Verwaltungsgericht schon mehrfach entschieden hat, ist die **Kündigung eines öffentlich-rechtlichen Vertrages (in casu: Konzessionsvertrag) als Verfügung zu qualifizieren**. Dies hat zur Folge, dass sich die Betroffenen gegen Kündigungen im **Anfechtungsstreitverfahren** zur Wehr zu setzen haben. Die Rekurrentin hat demnach zu Recht gegen die umstrittene Kündigung Rekurs erhoben und nicht eine verwaltungsgerichtliche Klage anhängig gemacht (VerwG GR vom 6. März 2007, U-02-53, E. 2). 3041
- In Lehre und Rechtsprechung ist anerkannt, dass auch bei durch **verwaltungsrechtlichen Vertrag geregelten Rechtsverhältnissen** das daran beteiligte **Gemeinwesen unter Umständen über einzelne streitige Fragen eine Verfügung** treffen kann, um den Rechtsschutz im Anfechtungsverfahren zu gewähren. Dass ein Rechtsverhältnis zwischen Gemeinwesen und Privaten teilweise oder sogar weitgehend durch einen verwaltungsrechtlichen Vertrag festgelegt ist, schliesst demnach bezüglich einzelner streitiger Aspekte eine Verfügungskompetenz des Gemeinwesens nicht von vornherein aus. Das gilt namentlich mit Bezug auf Taxforderungen von öffentlichen Alters- und Pflegeheimen. Obwohl hier das Rechtsverhältnis zwischen Heim und den Pensionären häufig durch einen sogenannten Pensionsvertrag geregelt wird, der als verwaltungsrechtlicher Vertrag zu qualifizieren ist, erscheint es angesichts dessen, dass das finanzielle Entgelt für den Aufenthalt und die Betreuung im Heim regelmässig durch generell-abstrakte Erlasse – die sogenannten Taxordnungen – geregelt sind, zulässig und zweckmässig, diesbezügliche Streitigkeiten im Anfechtungsverfahren auszutragen; dementsprechend ist es dem zuständigen Organ der Trägerschaft (einer öffentlich-rechtlichen Körperschaft) unbenommen, im Streitfall eine entsprechende Verfügung zu erlassen, die mit Rekurs und Beschwerde angefochten werden kann (VerwG ZH vom 7. April 2005, VB.2004.00465, E. 3.2; ferner VerwG ZH vom 15. April 2003, VB.2003.00030, E. 3b). 3042
- Nicht nur der Inhaber einer Konzession, sondern auch der lediglich **aufgrund eines öffentlich-rechtlichen Vertrags zu deren Nutzung Berechtigte ist zur Erhebung von Rechtsmitteln legitimiert**. In casu kündigte die Gemeinde als Konzessionsinhaberin Mietern von Bojenplätzen für den Fall, dass der Kanton ihr für den geplanten neuen Hafen eine Konzession erteilt. Damit ergibt sich, dass der Mieter eines Bojenplatzes durch die Konzessionserteilung für den Hafen, mit welcher zugleich die Konzession für die Bojenplätze aufgehoben wird, berührt sind und sie ein rechtlich geschütztes Interesse an der Änderung dieser Verfügung haben. Das von der Beschwerdeführerin eingeleitete **Klageverfahren** ist zur Überprüfung der Frage, ob der Kanton zu Recht die Aufhebung der Bojenplätze angeordnet hat, **nicht geeignet**. Zu unter- 3043

scheiden ist nämlich vorliegend die Stellung der Beschwerdeführenden gegenüber der Gemeinde als Vermieterin der Bojenplätze und gegenüber dem Kanton, dessen Konzessionsentzug die Gemeinde veranlasste, die Bojenplätze (vorzeitig) zu kündigen. Da das Klageverfahren keinen gleichwertigen Rechtsschutz bot resp. bietet, kann es den Beschwerdeführenden nicht verwehrt sein, den Rechtsmittelweg zu beschreiten, um in diesem Verfahren diejenigen Fragen überprüfen zu lassen, die im Klageverfahren nicht geprüft werden konnten bzw. können (VerwG ZH vom 8. Dez. 2005, VB.2005.00225, E. 2.2 und E. 2.3).

3044 – **Der Klageweg bildet bei öffentlich-rechtlichen Verträgen die Regel**, die aber in einzelnen Rechtsschutzsystemen durchbrochen wird. So schreiben verschiedene kantonale Rechtsordnungen sowie der Bund auch für vertragliche öffentlich-rechtliche Anstellungsverhältnisse das Anfechtungsverfahren vor. Neben den inhaltlichen Massstäben, mit denen ermittelt werden soll, ob es sich um ein vertragliches oder ein verfügtes Arbeitsverhältnis handelt, muss **bezüglich des Rechtsschutzes deshalb auch beachtet werden, welche Entscheidung die anwendbare Rechtsordnung getroffen hat**. Häufig entscheidet sich nämlich ein öffentlich-rechtlicher Arbeitgeber nur deshalb für die Möglichkeit einer vertraglichen Anstellung, weil dadurch bezüglich einzelner Inhalte des Rechtsverhältnisses eine grössere Flexibilität erreicht werden kann; ein allfälliger Unterschied im Rechtsschutz ist damit nicht immer beabsichtigt (VerwG ZH vom 14. Aug. 2002, PK.2002.00003, E. 2c/ff; siehe ferner VerwG ZH vom 17. Mai 2006, PK.2006.00001, E. 2.3). Nach den diesen kantonalen Entscheiden beigefügten Minderheitsmeinungen widerspricht die Auffassung, wonach für den Rechtsweg der Klage bei vertraglichen Arbeitsverhältnissen der Klageweg in der anwendbaren Ordnung deutlich erkennbar sein müsse, sowohl den Gesetzesmaterialien wie auch der bisherigen Praxis des Verwaltungsgerichts. Danach sind Ansprüche aus dem Dienstverhältnis, die auf öffentlich-rechtlichem Vertrag beruhen, generell im Klageverfahren geltend zu machen.

3045 – Gemäss **kantonaler Rechtsprechung zum Personalgesetz** sind **bestrittene vermögensrechtliche Ansprüche** von kommunalen Angestellten unabhängig davon, ob das Dienstverhältnis durch Verfügung oder Vertrag begründet wurde, jedenfalls dann mittels Verfügung zu regeln und unterliegen damit der Beschwerde, wenn das einschlägige kommunale Recht keine abweichenden Verfahrensvorschriften enthält (VerwG BE vom 8. Nov. 2002, in: BVR 2003 S. 237 E. 1 d).

7. Abgrenzungen

a) Privatrechtlicher Vertrag

3046 Ein **öffentlich-rechtlicher Vertrag** ist grundsätzlich dadurch gekennzeichnet, dass er unmittelbar der **Erfüllung öffentlicher Interessen** (Interessentheorie) oder einer **öffentlichen Aufgabe** (Funktionstheorie) dient oder dass er einen öffentlich-rechtlich normierten Gegenstand unmittelbar betrifft, wie das etwa der Fall ist bei **Enteignungen, Erschliessungen** oder **Subventionen** (BGE 134 II 297 E. 2.2, 128 III 250 E. 2b; BGer vom 28. Juni 2010, 4A_116/2010, E. 4.3; VerwG ZH vom 10. Feb. 2011, VK.2010.0002, E. 1.3; zum Ganzen Rz. 181 ff.). Demgegenüber liegt eine **privatrechtliche Vereinbarung** vor, wenn sich der Staat durch Kauf, Werkvertrag oder Auftrag bloss die Hilfsmittel beschafft, derer er zur Erfüllung seiner öffentlichen Aufgaben bedarf. Allerdings kann die Zuordnung eines Vertrags zum einen oder anderen Rechtsbereich im Einzelfall mit Schwierigkeiten verbunden sein, sodass gegebenenfalls beide Betrachtungsweisen zulässig erscheinen (BGE 134 II 297 E. 2.2).

3047 **Nicht massgeblich** ist die **Subordinationstheorie**, weil sich der Vertrag gerade dadurch auszeichnet, dass er auf übereinstimmenden Willenserklärungen weitgehend gleichgestellter Vertragspartner beruht (VerwG GR vom 22. Feb. 2011, S-09-54A, E. 3c; VerwG LU vom 10. Dez. 2002, in: LGVE 2002 II Nr. 44 E. 2b; KG ZG vom 11. Sept. 2003, in: GVP 2003 S. 198 E. 1.4). Ob der mutmassliche **Parteiwille massgebend sei oder nicht**, wird **unterschiedlich beurteilt** (für Massgeblichkeit BGE 134 II 297 E. 3.3; gegen Massgeblichkeit BGE 118 II 213 E. 4; VerwG ZH vom 10. Feb. 2011, VK.2010.0002, E. 1.4.1; KG VS vom 2. Dez. 2005, in: ZWR 2006 S. 82 E. 8.2; für Verweise auf das öffentliche oder private Recht siehe VGer ZH vom 10. Juli 2008, VK.2006.00007, E. 1.3; VerwG SG vom 18. Dez. 2007, in: GVP 2007 Nr. 5 E. 1.2.2.2; ferner Rz. 225 ff.).

Es gibt schliesslich Fälle, in denen weder ein rein öffentlich-rechtliches noch ein rein privatrechtliches Vertragsverhältnis vorliegt. **Kombinierte (gemischte) Verträge oder Rechtsverhältnisse**, so namentlich die **Kombination von öffentlich-rechtlichem und privatrechtlichem Vertrag**, bereichern die Phänomenologie. Sie sind vor allem im Bereich des Konzessionswesens anzutreffen (siehe BGE 127 II 69 E. 5a). 3048

Praxis:

- Das **Tierspital** nimmt nur in einem sehr beschränkten Umfang eine den Kantonsspitälern vergleichbare öffentliche Aufgabe wahr. Es hat gemäss § 1 Absatz 2 der kantonalen Tierspitalverordnung insbesondere für die wissenschaftliche und praktische Ausbildung der Tierärzte und für die klinische Forschung auf dem Gebiet der Veterinärmedizin zu sorgen und dient naturgemäss nicht der medizinischen Versorgung der Bevölkerung. Die vom Tierspital angebotene Leistung dient daher nicht primär dem Ziel, kranke Tiere medizinisch zu versorgen, sondern angehende Tierärzte anhand praktischer Fälle zur Versorgung kranker Tiere zu befähigen. Wenn das Tierspital aus Anlass seiner Aufgabenerfüllung zwar auch eine kunstgerechte veterinärmedizinische Behandlung des Tieres vornimmt, so ist dies nicht der eigentliche Inhalt der öffentlichen Aufgabe, sondern eher ein nebenbei entstehendes Produkt. Bei dieser Interessenlage lässt sich die veterinärmedizinische Behandlung im Tierspital am ehesten mit anderen Dienstleistungen der Universität zugunsten Dritter vergleichen, insbesondere mit Forschungsaufträgen von privater Seite. Auch dort deckt sich das private Interesse an einer nach wissenschaftlichen Methoden durchgeführten Untersuchung nur insoweit mit dem Bildungsauftrag der Universität, als der Auftrag dieser willkommenen Anlass bietet, den Auszubildenden anhand einer praktischen Anwendung wissenschaftliche Methoden zu vermitteln. Da solche Dienstleistungen grundsätzlich im freien Wettbewerb abgewickelt werden, wo sich zwei Rechtssubjekte auf gleicher Ebene begegnen, sind derartige Forschungsaufträge als privatrechtliche Verträge – Auftrag oder Werkvertrag – zu qualifizieren. Da sie eine gewerbliche Tätigkeit des Staates im Sinn von Art. 61 Abs. 2 OR auslösen, ist das Bundeszivilrecht auf sie anwendbar (VerwG ZH vom 8. Dez. 2000, in: ZBl 2001 S. 378 E. 2 a/aa und E. 2a/bb). 3049
- Möglich sind **Mischformen** aus einem privatrechtlichen und einem verwaltungsrechtlichen Vertrag. Entstehen in solchen Fällen Streitigkeiten aus dem verwaltungsrechtlichen Teil, so haben darüber die Verwaltungsjustizbehörden zu befinden; bei Differenzen über den privatrechtlichen Teil ist die Zuständigkeit der Zivilgerichte angesprochen. In der Regel besteht in diesen Fällen aber ein Sachzusammenhang zwischen beiden Teilen, und es ist somit geboten, bei der rechtlichen Beurteilung des einen Teils dessen Einbettung im Gesamtgeschäft zu berücksichtigen (VerwG BE vom 9. Aug. 1995, in: BVR 1996 S. 333 E. 1). 3050

b) *Verfügung*

3051 Der **öffentlich-rechtliche Vertrag** lässt sich dadurch charakterisieren, dass er auf einem **gemeinsamen Willen nach wechselseitiger Bindung** beruht, welcher sich im Rahmen eines **Ermessens- oder Beurteilungsspielraums** bilden kann (ähnlich BGer vom 28. Juni 2010, 4A_116/2010, E. 4.2; VerwG GR vom 22. Feb. 2011, S-09-54A, E. 3d; VerwG SG vom 22. Sept. 2009, B-2009-39, E. 2.1.1). Die **Willensübereinkunft** allein ist **kein zuverlässiges Element**, weil auch (mitwirkungsbedürftige) Verfügungen wie z.B. Konzessionen vertragliche Elemente beinhalten; zu Ende gedacht würde ein solcher Ansatz dazu führen, dass es so etwas wie eine mitwirkungsbedürftige Verfügung gar nicht geben dürfte, weil bei dieser per definitionem die Mitwirkung, d.h. die Zustimmung der betroffenen privaten Partei, ein konstitutives Gültigkeitserfordernis darstellt (VerwG ZH vom 14. Aug. 2002, PK.2002.00003, E. 2c/dd).

3052 Neben dem zweifellos erforderlichen Konsens und dem damit verbundenen wechselseitigen Bindungswillen ist deshalb die **inhaltliche Gestaltungsfreiheit** charakteristisches Merkmal eines Vertrages: Können wesentliche Punkte des Vertragsinhaltes, die nicht durch eine vom handelnden Gemeinwesen als bindend erachteten Ordnung (bindende Anstellungs- oder Besoldungsvorschriften) eingeengt werden, von den diesbezüglich als gleichgestellt zu betrachtenden Parteien verhältnismässig frei gestaltet werden, so kann von einem vertraglich begründeten Verhältnis ausgegangen werden (VerwG ZH vom 14. Aug. 2002, PK.2002.00003, E. 2c/dd). Während sich demnach beim Abschluss eines Vertrages Private und Verwaltungsbehörden als gleichberechtigte Partner gegenüberstehen, die sich im Rahmen einer offenen, unbestimmten gesetzlichen Regelung auf einen Vertragsinhalt einigen, setzen die Verwaltungsbehörden bei Erlass einer mitwirkungsbedürftigen Verfügung autoritativ nach Massgabe der anwendbaren Gesetze die Rechte und Pflichten der Privaten fest (VerwG ZH vom 12. Jan. 2005, PB.2004.00074, E. 3.5).

3053 Als staatliche Hoheitsakte ergehen Verfügungen in **Ausübung hoheitlicher Funktionen**, d.h. ein **Verwaltungsträger** tritt dem Einzelnen gegenüber **übergeordnet** auf; durch dieses Element grenzen sie sich vom **verwaltungsrechtlichen Vertrag** ab (VerwG GR vom 14. Juli 2009, R-09-25, E. 2b). **Hoheitliche Tätigkeit** liegt vor, wenn das Gemeinwesen einseitig Bedingungen festlegen, durch einseitige Willensäusserungen Pflichten auferlegen und entsprechend auch durchsetzen oder zwangsweise in die Rechtsstellung des Privaten eingreifen kann (z.B. BGE 126 III 431 E. 2c/bb [Anordnung einer Zwangsverwaltung über eine Liegenschaft]). Kann folglich der Private auf den Inhalt des Rechtsverhältnisses keinen oder nur einen sehr geringen Einfluss nehmen und hat er dieses – Rechtsweg ausgenommen – zu akzeptieren, unabhängig davon, ob er damit einverstanden ist oder nicht, liegt einseitiges und übergeordnetes Handeln mittels Verfügungen vor (BGE 109 Ib 146 E. 2e; BGer vom 19. Feb. 2002, 4C.326/2001, E. 2b; zum Verfügungsbegriff Rz. 2142 ff.).

3054 **Massgebend** ist also, ob die **typischen inhaltlichen Strukturelemente** einer **Verfügung** (sog. **materieller Verfügungsbegriff**; BGer vom 6. Juli 2001, 2A.111/1999, E. 3c/d; BVGE 2009/43 E. 1.1.4) bzw. eines Vertrages vorliegen. **Keine Rolle** spielt die Organisationsform und die Stellung der Vertragsparteien (BVGer vom 15. Juli 2009, A-5237/2008, E. 1.4.2) und ob die Handlungsform als «Vertrag» oder als «Verfügung» bezeichnet wird; für die Qualifikation ist auf den tatsächlichen Inhalt des Rechtsverhältnisses abzustellen (BGer vom 14. Dez. 2005, 2P.136/2005, E. 3.1.1), wobei es Verfügungen gibt, die den Inhalt von Absprachen, die im Vorfeld getroffen werden, übernehmen (WALDMANN, a.a.O., S. 6). Das Bundesgericht hält vereinzelt dafür, dass nur mit Zurückhaltung auf einen öffentlich-rechtlichen Vertrag geschlossen werden sollte; dies gilt insbesondere in Bereichen, in denen das Rechtsverhältnis grundsätzlich einseitig geregelt ist, wie dies beispielsweise im Bereich des öffentlich-rechtlichen Berufsvorsorgerechts der Fall ist (BGer vom 25. Feb. 2008, 9C_351/2007, E. 2.4.1; ähnlich VerwG ZH vom 14. Aug. 2002, PK.2002.00003, E. 2c/ee [Anstellungsverhältnis]).

Kombinationen zwischen öffentlich-rechtlichem Vertrag und Verfügung finden 3055 sich bei **Erschliessungsvereinbarungen** in Verbindung mit einer Baubewilligung (BGE 112 II 107 E. 1) oder bei **Anstellungsverhältnissen** im öffentlichen Dienst, wenn sie zwar durch eine mitwirkungsbedürftige Verfügung begründet werden, doch Fragen durch ergänzende Parteivereinbarung geregelt werden, die nicht generell-abstrakt und verbindlich normiert bzw. ihrer Natur nach nur schwer durch Verfügung festlegbar sind (VerwG ZH vom 14. Aug. 2002, PK.2002.00003, E. 2b; VerwG ZH vom 6. Okt. 1983, in: ZBl 1984 S. 63 E. 2 a/aa und E. 2a/bb). Schliesslich weisen **Leistungsvereinbarungen** ähnlich wie **Konzessionen** häufig einen nicht dispositiven Verfügungsteil und einen dispositiven Vertragsteil auf (BGE 130 II 18 E. 3.1; BVGer vom 25. Feb. 2011, B-4528/2010, E. 2.2; VerwG ZH vom 11. Aug. 2010, VB.2009.00661, E. 2.2).

Bei der **Unterscheidung**, ob eine **Regelung dem verfügungsmässigen** oder dem 3056 **vertraglichen Teil** zugerechnet wird, kann nicht lediglich darauf abgestellt werden, welcher Teil auf Absprache der Parteien beruht und welcher einseitig von der Behörde festgelegt wurde, sondern es ist der **rechtliche Gehalt der einzelnen Bestimmungen entscheidend** (VerwG ZH vom 11. Aug. 2010, VB.2009.00661, E. 2.5 [Konzession], mit Verweis auf ein Urteil vom 11. März 1985, in: ZBl 1987 S. 134 E. 3.c). Verfügungsmässig haben jene Bestimmungen zu ergehen, die zwingend geregelte Fragen betreffen und wichtige öffentliche Interessen berühren. Vertraglicher Art können dagegen jene Bestimmungen sein, welche für das öffentliche Interesse weniger erheblich sind wie z.B. die Dauer der Konzession (VerwG ZH vom 11. Aug. 2010, VB.2009.00661, E. 2.5). Für den verfügungsmässigen Teil der Konzession gilt uneingeschränkt der Grundsatz der Gesetzmässigkeit und entsprechend hat der Konzessionär auf seinen Inhalt keinen Einfluss; soweit die Bestimmungen dagegen vertragsmässiger Art sind, binden sie die Parteien in gleicher Weise wie ein privatrechtlicher Vertrag; sie begründen wohlerworbene Rechte und haben als solche auch bei einer Gesetzesänderung Bestand (VerwG ZH vom 11. Aug. 2010, VB.2009.00661, E. 2.2).

Praxis:

- Zentrales Unterscheidungskriterium zwischen **verfügten und vertraglichen Anstellungsverhältnissen** ist die Position der Parteien beim Eingehen des Anstellungsverhältnisses: Sind die Vertragsparteien das Beschäftigungsverhältnis als gleichgestellte Vertragspartner eingegangen, so kann dieses Anstellungsverhältnis als vertraglich begründet gelten. Als gleichgestellt sind die Parteien aber nur dann zu betrachten, wenn beide Seiten beim Eingehen des Anstellungsverhältnisses über einen massgeblichen Handlungsspielraum verfügt haben. Neben dem zweifellos erforderlichen Konsens muss deshalb auch nach weiteren – inhaltlichen – Kriterien gefragt werden. Diese ergeben sich aus der inhaltlichen Gestaltungsfreiheit: Besteht bezüglich der 3057 inhaltlichen Ausgestaltung ein erheblicher (potenzieller) Spielraum, der nicht durch eine vom anstellenden Gemeinwesen als bindend erachteten Ordnung (bindende Anstellungs- oder Besoldungsvorschriften) eingeengt wird, können also wesentliche Punkte des Vertragsinhaltes von den diesbezüglich als gleichgestellt zu betrachtenden Parteien verhältnismässig frei gestaltet werden, so kann gegebenenfalls von einem vertraglich begründeten Anstellungsverhältnis ausgegangen werden Weiter darf nicht ausser Acht gelassen werden, dass bei «echten» verwaltungsrechtlichen Verträgen in der Regel wohlerworbene Rechte der privaten Beteiligten begründet werden. Das von den öffentlich-rechtlichen Arbeitgebern mit einer vertraglichen Anstellung angestrebte Flexibilisierungsziel wird durch die Rechtsbeständigkeit der vertraglich geschaffenen wohlerworbenen Rechte grundsätzlich unterlaufen. Da nicht davon ausgegangen werden kann, dass sich öffentlich-rechtliche Gemeinwesen mit der Möglichkeit der vertraglichen Anstellung von Personal einen grösseren Handlungsspielraum verschaffen wollen, um diesen dann beim Abschluss verwaltungsrechtlicher Verträge sogleich wieder dauerhaft einzuschränken, ist bei der Vermutung, dass ein öffentlich-rechtlicher Vertrag vorliegt, Zurückhaltung geboten (VerwG ZH vom 14. Aug. 2002, PK.2002.00003, E. 2c/dd und E. 2c/ee; siehe ferner VerwG ZH vom 8. Juli 2009, PB.2008.00027, E. 2.3; vom 11. Mai 2005, PB.2005.00002, E. 3.1).

c) Realakt

3058 Der Realakt umfasst eine **Vielzahl von Erscheinungsformen des tatsächlichen Verwaltungshandelns**, die auf einen **Taterfolg** ausgerichtet sind (BGE 130 I 369 E. 6.1; BVGer vom 7. Sept. 2011, A-101/2011, E. 4.1; vom 9. Sept. 2010, A-6805/2009, E. 2; vom 10. Juni 2009, A-8222/2008, E. 1.2.2; vom 14. Feb. 2008, A-1985/2006, E. 1.4). Sie können auch **zweiseitig** ergehen: **Arrangements** oder **Gentlemen's Agreements** sind zweiseitige Realakte, welche rechtlich allerdings nicht verbindlich sind und auch formlos geschlossen werden können (vgl. z.B. BVGer vom 4. März 2010, B-2625/2009, E. 4.1 [Vereinbarung im Hinblick auf die Aufhebung der Milchkontingentierung über befristete Marktentlastungsmassnahmen]). Ferner sind **Abmachungen zwischen Verwaltungseinheiten derselben Körperschaft** wie Leistungsaufträge als Element der wirkungsorientierten Verwaltungsführung nicht als öffentlich-rechtliche Verträge, sondern als verwaltungsinternes Handeln zu qualifizieren (vgl. auch WALDMANN, a.a.O., S. 5). Demgegenüber bedarf der öffentlich-rechtliche Vertrag grundsätzlich der Schriftform und schafft rechtliche Verpflichtungen. Gegenüber schriftlichen Akten des informalen Staatshandelns ist demnach der (rechtliche) Verpflichtungswille das Unterscheidungsmerkmal des öffentlich-rechtlichen Vertrags.

8. Bemerkungen

3059 1. Die **prinzipielle Zulässigkeit des öffentlich-rechtlichen Vertrages** ist heute nicht mehr ernsthaft bestritten. Es genügt, dass die Vertragsform gesetzlich nicht ausdrücklich oder stillschweigend ausgeschlossen ist und dass sich der Vertrag inhaltlich auf eine kompetenzgemässe Rechtsnorm stützen kann (z.B. BGE 136 I 142 E. 4.1).

3060 2. Was die **Zulässigkeit des öffentlich-rechtlichen Vertrags im Einzelfall** betrifft, so wird in der Rechtsprechung die Auffassung vertreten, der öffentlich-rechtliche Vertrag müsse, gesetzliche Anordnung des Vertrags wie z.B. für die Übernahme von Pflichtlagern in der Landesversorgung oder für die Anstellung von Bundespersonal vorbehalten, die **besser geeignete Handlungsform** als die Verfügung sein. Begründet wird diese Meinung, die vom Bundesgericht allerdings nicht konsequent durchgehalten wird (BGE 136 I 142 E. 4.1; BGer vom 14. Dez. 2005, 2P.136/2005, E. 3.2), nicht zuletzt mit der Sorge um die Wahrung der rechtsstaatlichen Grundsätze, besonders der Rechtsgleichheit, und mit dem Schutz von Drittbeschwerderechten. Sie ist indessen keineswegs zwingend (kritisch auch ABEGG, a.a.O., S. 152 f.; TANQUEREL, Rz. 994 f.; MOOR/POLTIERS, S. 457). Die rechtsstaatlichen Grundsätze gelten unabhängig davon, welche Rechtsform der Staat für die Wahrnehmung seiner Aufgaben und die Entfaltung seiner Aktivitäten einsetzt. So ist der Staat z.B. auch bei der Kündigung eines öffentlich-rechtlichen Arbeitsverhältnisses an die Grundsätze staatlichen Handelns gebunden (BGer vom 14. März 2005, 2P.104/2004, E. 4.4 f.). Nach der hier vertretenen Auffassung ist neben dem in der Rechtsprechung verlangten **Beurteilungs- oder Ermessensspielraum** (VerwG GR vom 22. Feb. 2011, S-09-54A, E. 3b; VerwG ZH vom 25. Feb. 2004, PB.2003.00040, E. 4.2.2) bzw. der Frage nach der **Erfüllung einer öffentlichen Aufgabe** oder der Verfolgung öffentlicher Interessen (BGE 134 II 297 E. 2.2, 128 III 250 E. 2) vor allem die **psychologische Perspektive massgebend**: Wo eine **Partnerschaft mit wechselseitigen Rechten und Pflichten** angestrebt wird, bedarf es des Vertrages, unter den beide Parteien ihre Unterschrift setzen, ein psychologisch sehr bedeutungsvoller Akt. Es soll damit einerseits ausgeschlossen werden, dass der Staat das Rechtsverhältnis einseitig und ohne Rechtsfolgen auf einen von ihm frei bestimmten Zeitpunkt hin ändern kann. Andererseits soll auch der private Vertragspartner keine Möglichkeit haben, seine Leistung durch Verzicht auf die Gegenleistung des Staates hinfällig werden zu lassen. Wäre die herrschende Meinung des Erfordernisses der besseren Eignung zutreffend, dann wäre z.B. die Regelung im Bundespersonalgesetz (SR 172.220.1; Art. 8 Abs. 1) unzulässig. Die mitwirkungsbedürftige Verfügung ist aus rein rechtlicher Sicht nicht weniger geeignet als der öffentlich-rechtliche Vertrag (vgl. etwa die Argumentation in BGer, Urteil vom 14. März 2005, 2P.104/2004, E. 4.4 f.).

3. Gegen die Qualifikation eines Rechtsverhältnisses als öffentlich-rechtlicher Ver- 3061
trag und für die **Vermutung des Vorliegens einer Verfügung** wird zuweilen geltend gemacht, es sei die Schaffung von wohlerworbenen Rechten zu vermeiden, weil solche Rechte dem öffentlichen Interesse widersprechen würden, so etwa in einem Anstellungsverhältnis (siehe den Fall in VerwG ZH vom 14. Aug. 2002, PK.2002.00003, E. 2c/dd und E. 2c/ee). Diese Argumentation ist fundamental anfechtbar. Die Vertragsgestaltung hindert den Staat einzig und lediglich daran, die Anstellungsbedingungen über Nacht zu ändern. Er muss dafür den nächsten Kündigungstermin abwarten, was ihm – wie jedem privaten Arbeitgeber auch – zuzumuten ist (in diesem Sinne zutreffend BGer vom 21. April 2009, 1C_168/2008, E. 4.3 f. und E. 5.2 f.).

4. Ein zeitgemässes Verständnis des Verhältnisses zwischen Staat und privaten 3062
Rechtssubjekten einerseits und sachliche Richtigkeit der **Arten- oder Typenbildung** anderseits stehen der Weiterführung der Unterscheidung in koordinationsrechtliche und subordinationsrechtliche öffentlich-rechtliche Verträge entgegen. Im ersten Fall gibt es **kein Subordinationsverhältnis**; vielmehr beruht das Rechtsverhältnis auf **Partnerschaft** (vgl. VerwG GR vom 22. Feb. 2011, S-09-54A, E. 3c; VerwG LU vom 10. Dez. 2002, in: LGVE 2002 II Nr. 44 E. 2b; KG ZG vom 11. Sept. 2003, in: GVP 2003 S. 198 E. 1.4; vgl. auch MOOR/POLTIER, S. 422; WALDMANN, a.a.O., S. 4; HÄFELIN/MÜLLER/UHLMANN, Rz. 1067; TSCHANNEN/ZIMMERLI/MÜLLER, § 33,

Rz. 18). Auch die implizite oder explizite «Drohung», hoheitlich vorzugehen, wenn keine vertragliche Lösung zustande komme, führt nicht dazu, dass das Vertragshandeln ein Subordinationsverhältnis reflektiert. Im zweiten Fall geht es **nicht um Koordination** sondern um **Kooperation (Zusammenarbeit) oder Aufgabenteilung**.

3063 5. Von der Frage nach der Wahl der Rechtsform zu trennen ist die Thematik der **inhaltlichen Ausgestaltung eines öffentlich-rechtlichen Vertragsverhältnisses**. Diesbezüglich herrscht selbstverständlich keine vergleichbare Gestaltungsfreiheit wie im Privatrecht. Die **Dispositionsbefugnis** des **öffentlich-rechtlichen Rechtssubjekts** ist **beschränkt** (MÄCHLER, a.a.O., § 6, Rz. 4 ff.). So darf der Staat ohne entsprechende gesetzliche Grundlage insbesondere keine Steuerermässigungen einräumen (z.B. BGE 103 Ia 31 E. 2b) und nicht über den Steuerbetrag verhandeln, hingegen über einen umstrittenen steuerrelevanten Sachverhalt, dessen Abklärung einen übermässigen Aufwand verursachen würde, wie dies etwa bei der Bewertung von Liegenschaften anhand des Verkehrswerts der Fall sein kann (z.B. BGer vom 11. Feb. 2010, 2C_296/2009, E. 3.1). Aus inhaltlicher Sicht ist es allerdings möglich, dass das privatrechtliche Rechtssubjekt in einem öffentlich-rechtlichen Vertrag **Verpflichtungen übernimmt, die mit Verfügung nicht auferlegt werden könnten**, so z.B. eine erst später in Kraft tretende Lenkungsabgabe auf Zweitwohnungen (BGE 136 I 142 E. 4.2). Dies ist einleuchtend und wird geradezu unausweichlich, wo man sich in der Nähe einer privatwirtschaftlichen Preisbildung bewegt (siehe BGE 103 Ib 324 E. 5c betr. Urheberrechtsgebühr für die Reproduktion von Landeskarten). Es können diesbezüglich ähnliche Überlegungen wie im Personalrecht angestellt werden, wo das Bundesgericht die Anforderungen an die gesetzliche Grundlage massiv zurücknimmt, wenn sich die Regelung im Rahmen des im Vergleich «Üblichen» bewegt (z.B. BGE 128 I 113; BGer vom 21. März 2000, 2P.369/1998, in ZBl 2001, S. 265). Nach der hier vertretenen Auffassung kann ein Privater im Übrigen, wenn er mit Verpflichtungen konfrontiert werden sollte, die gesetzlich offensichtlich nicht abgestützt wären, jederzeit den Abschluss eines öffentlich-rechtlichen Vertrages ablehnen, sofern dieser nicht gesetzlich vorgeschrieben ist, und eine Regelung mit Verfügung verlangen.

3064 6. Die **Form des öffentlich-rechtlichen Vertrages** ist noch nicht völlig geklärt. Das Bundesgericht tendiert zum Erfordernis der Schriftlichkeit. Es ist aber nicht ohne Weiteres einsichtig, weshalb der Abschluss eines öffentlich-rechtlichen nicht wie der Abschluss eines privatrechtlichen Vertrags möglich sein sollte. So oder anders ist ein formlos abgeschlossener öffentlich-rechtlicher Vertrag nicht per se nichtig. So hält das Bundesgericht die **Formungültigkeit für unbeachtlich** und die Berufung darauf für unstatthaft, wenn sie gegen Treu und Glauben verstösst und einen offenbaren Rechtsmissbrauch im Sinn von Art. 2 Abs. 2 ZGB darstellt. Ob dies im Einzelfall zutrifft, hat das Gericht in Würdigung aller Umstände des konkreten Falles zu prüfen, wobei der freiwilligen und irrtumsfreien Erfüllung des mangelhaften Vertrags durch die Parteien besondere Bedeutung zukommt (BGer vom 18. Mai 2006, 4C.162/2005, E. 3.2; ferner BVGer vom 25. Nov. 2008, A-3045/2008, E. 5.1, betreffend Art. 320 Abs. 3 OR, wonach in Fällen, in denen ein Arbeitnehmer oder eine Arbeitnehmerin in gutem Glauben Arbeit aufgrund eines ungültigen Vertrags leistet, die Pflichten aus dem Arbeitsverhältnis in gleicher Weise wie aus gültigem Vertrag zu erfüllen sind, bis dieses wegen Ungültigkeit des Vertrags von der einen oder anderen Vertragspartei aufgehoben wird).

7. Fraglich ist, ob – wie in Rechtsprechung und Rechtslehre vertreten (BGE 122 I 328; MOOR/POLTIER, S. 471) – private Vertragspartner im Zweifel davon ausgehen müssen, der **Staat wolle keinen Vertrag im Widerspruch zu den von ihm zu wahrenden öffentlichen Interessen abschliessen**. Selbst wenn dies zutreffend sein sollte, so wäre das private Rechtssubjekt nicht in der Lage, das zu wahrende öffentliche Interesse besser zu kennen als der staatliche Vertragspartner. Nach der hier vertretenen Auffassung muss vom Staat erwartet werden, dass er seine Ermessens- und Beurteilungsspielräume korrekt ausnützt und dass er sich dabei behaften lässt. Andernfalls wäre ein Vertragspartner schlechter gestellt als ein Rechtssubjekt, dem eine zuständige Instanz eine falsche Auskunft erteilt, was bei Vorliegen der relevanten Voraussetzungen die gesetzliche Regelung unter dem Titel des Vertrauensschutzes zurückdrängt. Selbst das Bundesgericht führt vereinzelt aus, es wäre verfehlt, in allen Fällen der dem öffentlichen Interesse besser dienenden Auslegung den Vorzug zu geben. Die Wahrung des öffentlichen Interesses findet ihre Schranke vielmehr gerade im Vertrauensprinzip, das heisst, sie darf nicht dazu führen, dass dem Vertragspartner des Gemeinwesens bei der Vertragsauslegung Auflagen gemacht werden, die er beim Vertragsschluss vernünftigerweise nicht voraussehen konnte (BGE 132 I 140 E. 3.2.4, 122 I 328 E. 4e; BGer vom 19. März 2008, 2A.296/2006, E. 8.2; BVGer vom 15. Juli 2009, A-5237/2008, E. 4.3). 3065

8. Fehlerhafte öffentlich-rechtliche Verträge können in Analogie zu Verfügungen **anfechtbar, nichtig** oder allenfalls auch **widerrufbar** sein, wobei die Rechtswirkungen und Rechtsfolgen noch wenig erforscht sind (Rücktritt, Kündigung, Schadenersatz, Anpassung, Teilunverbindlichkeit bzw. Teilaufhebung, Konversion usw.). Besonders interessant und elegant ist die Rechtsfigur der **Konversion**. Sie soll einen Vertrag vor der Unzulässigkeit schützen, indem auf das Vorliegen einer Verfügung geschlossen wird. Dass dabei erhebliche Formmängel ausgeblendet werden, stört die Rechtsprechung offensichtlich kaum; implizit wird wohl an Art. 38 VwVG angeknüpft, wonach den Parteien aus mangelhafter Eröffnung der Verfügung kein Nachteil entstehen darf (siehe etwa BVGer vom 14. Sept. 2009, C-1107/2006, E. 5). 3066

9. Die **nachträgliche Fehlerhaftigkeit von öffentlich-rechtlichen Verträgen** wirft vor allem im Zusammenhang mit der Änderung der Rechtslage besondere Fragen auf. Wohlerworbene Rechte stehen prinzipiell gegen ein Durchschlagen von Rechtsänderungen auf einen öffentlich-rechtlichen Vertrag. Allerdings sind die Konsequenzen des Schutzes wohlerworbener Rechte relativ gering: Wo öffentlich-rechtliche Verträge auf Kündigung gestellt sind, bestehen wohlerworbene Rechte nur bis zum nächsten Kündigungstermin. Der Staat wird lediglich daran gehindert, die Rechtslage völlig überraschend, d.h. ohne Übergangsfrist zu verändern. Er muss für künftige Veränderungen den nächsten Kündigungstermin abwarten. Bei einer Konzession ist sogar der Zeitablauf abzuwarten, weil nur so die Investitionen amortisiert werden können (vgl. BGE 127 II 69 E. 5a). Terminologisch ist die Figur des **Widerrufs** eines fehlerhaften öffentlich-rechtlichen Vertrags fragwürdig. Hier ist die Loslösung vom Verfügungsdenken noch zu wenig weit fortgeschritten. Die richtige Sichtweise ist, von Rücktritt vom Vertrag zu sprechen (so zutreffend Art. 31 SuG). 3067

10. Der **systemgerechte Rechtsschutz** beim öffentlich-rechtlichen Vertrag ist die ursprüngliche Verwaltungsrechtspflege, d.h. die **Klage**. Systemwidrig ist die nachträgliche Verwaltungsrechtspflege, d.h. die Beschwerde im Anschluss an eine Verfü- 3068

gung. Allerdings ist nicht in allen Kantonen gewährleistet, dass auch Verträge Anfechtungsobjekt in einem Rechtsschutzverfahren bilden können. Ferner stösst man in der Rechtsprechung auf die Meinung, dass bei öffentlich-rechtlichen Anstellungsverhältnissen die Klage nicht das zwingende Rechtsmittel sei. Falls der Arbeitgeber den Vertrag nur der grösseren Flexibilität wegen wähle, sei damit kein Unterschied im Rechtsschutz bezweckt, weshalb das Anfechtungsverfahren anstelle des Klageverfahrens anwendbar sein könne (VerwG ZH vom 14. Aug. 2002, PK.2002.00003, E. 2c/ff). Ebenso soll mangels Bestimmungen über den Rechtsweg im kommunalen Recht eine vermögensrechtliche Streitigkeit aus einem Arbeitsverhältnis ungeachtet der verfügungsmässigen oder vertraglichen Begründung mittels Verfügung erledigt werden können (VGer BE vom 8. Nov. 2002, in: BVR 2003 S. 237 E. 1 d). Immerhin wird für das Personalrecht auch die gegenteilige, zutreffende Auffassung vertreten, wonach der Klageweg seiner Funktion weitgehend beraubt würde, wenn Streitigkeiten einseitig durch Verfügung geregelt werden könnten (Personalrekursgericht des Kantons Aargau vom 3. Juli 2008, in: AGVE 2008 S. 433 E. 8.2). Nicht überzeugend ist auch ein Urteil des Zürcher Verwaltungsgerichts, wonach die Entschädigung des Pensionärs an das Heim aus einem Pensionsvertrag, der unstreitig als öffentlich-rechtlicher Vertrag anerkannt wird, im Streitfall mit Verfügung festgesetzt werden könne, weil die Taxordnung generell-abstrakt festgelegt sei (VerwG ZH vom 7. April 2005, VB.2004.00465, E. 3.2). Das Vorliegen einer Taxordnung kann für sich allein diesen Schluss jedenfalls nicht rechtfertigen. Will das Heim z.B. weniger Leistungen erbringen als vereinbart, sodass der Pensionär geltend macht, er wolle die Entschädigung nicht mehr in der bisherigen Höhe bezahlen, so muss das Heim Klage erheben. Es darf nicht einfach eine Verfügung erlassen und sich damit prozessrechtliche Vorteile verschaffen, d.h. den Pensionär in die Rolle des Beschwerdeführers drängen.

§ 7 Sanktionen

I. Voraussetzungen

Die Anordnung verwaltungsrechtlicher Sanktionen setzt **ein dem öffentlichen Recht unterstehendes Verhältnis voraus** (REKO UVEK vom 17. Okt. 2000, in: VPB 65 [2001] Nr. 63 E. 5.4.1 [Nutzung des Bahnhofareals]). Weitere Voraussetzung ist, dass die Sachverfügung, welche den Privaten zur Erfüllung von verwaltungsrechtlichen Pflichten zwingt, **vollstreckbar** ist, dass die anordnende **Behörde hierfür zuständig** ist und sich auf eine **gesetzliche Grundlage** stützen kann. Ferner hat das eingesetzte Zwangsmittel **geeignet, erforderlich** und **zumutbar** zu sein, um die Erfüllung der verwaltungsrechtlichen Pflicht durchzusetzen (VerwG SZ vom 9. Jan. 2003, in: EGVSZ 2003 B 5.3 E. 5a/aa). 3069

1. Gesetzliche Grundlage

Verwaltungsrechtliche Sanktionen bedürfen grundsätzlich einer **gesetzlichen Grundlage**, ausser der fragliche Eingriff ergibt sich bereits aus der Sachverfügung, deren Durchsetzung die Sanktion sicherstellen will (BGer vom 24. April 2007, 2A.705/2006, E. 3.7). 3070

Eine gegenüber der Sachverfügung **neue Verpflichtung** wird üblicherweise dann begründet, wenn die Massnahme nicht bloss die Wiederherstellung des rechtmässigen – ursprünglich geschuldeten – verwaltungsrechtlichen Zustandes bewirkt, sondern künftige Pflichtverletzungen verhindern will, Strafcharakter aufweist oder wegen der Verletzung von Pflichten angeordnet wird, die nicht durch den Zweck der massgebenden Regelung gedeckt sind, was regelmässig bei sog. **repressiven Verwaltungssanktionen** zutreffen dürfte (BGE 137 I 120 E. 5.5, 134 I 293 E. 3.2, 125 V 266 E. 6e, 124 IV 23 E. 1; VerwG BE vom 11. Sept. 2002, in: BVR 2003 S. 171 E. 4c [Schliessung eines Hanfgeschäftes]). Nach der Praxis kann bei einer **Verweigerung von Verwaltungsleistungen** eine fehlende gesetzliche Grundlage allenfalls durch die Konnexität zwischen Pflichtverletzung und verweigerter Leistung ersetzt werden (VerwG SZ vom 9. Jan. 2003, in: EGVSZ 2003 B 5.3 E. 5a/aa). 3071

Keine ausdrückliche rechtssatzmässige Ermächtigung bedürfen verwaltungsrechtliche Sanktionen, die blosses **Vollstreckungsmittel**, das heisst blosse Umprägung der ursprünglichen Pflicht darstellen; in diesen Fällen genügt es, wenn die nicht erfüllte Verpflichtung auf einer gesetzlichen Grundlage beruht (VerwG BE vom 11. Sept. 2002, in: BVR 2003 S. 171 E. 4c). Nach der bundesgerichtlichen Praxis bedürfen deshalb die **(antizipierte) Ersatzvornahme** (BGE 105 Ib 343 E. 4b, 100 Ia 348 E. 2; VerwG ZH vom 5. Jan. 2005, VB.2004.00165, E. 4) sowie **gewisse Massnahmen des unmittelbaren Zwanges** (BGE 111 Ib 213 E. 6c, 100 Ia 343 E. 3a [Abbruchbefehl bei rechtswidrigen Bauten]; BGer vom 2. April 2001, 1A.292/2000, E. 2a [Stilllegung einer formell und materiell rechtswidrigen Bausperrgut-Sortieranlage], BGer vom 28. Mai 1969, in: ZBl 1970 S. 379 E. 5a [Schliessung eines Nachtklubs nach wiederholter Aufforderung, ein Patentgesuch einzureichen]) keiner ausdrücklichen 3072 gesetzlichen Ermächtigung (VerwG BE vom 11. Sept. 2002, in: BVR 2003 S. 171 E. 4c; a.A. MARCEL OGG, Die verwaltungsrechtlichen Sanktionen und ihre Rechtsgrundlagen, Zürich 2002, S. 152 ff., welcher zumindest eine rechtssatzförmige Grundlage fordert; siehe auch HÄFELIN/MÜLLER/UHLMANN, Rz. 1144 und Rz. 1167).

3073 Die **Normstufe** ist abhängig von der **Eingriffsintensität**: Nach der Rechtsprechung bedürfen **strafrechtliche Sanktionen**, die einen **Freiheitsentzug** mit sich bringen, einer Grundlage in einem formellen Gesetz (BGE 124 IV 23 E. 1). Diese Erwägung lässt sich gemäss Bundesgericht auch auf **Verwaltungssanktionen** übertragen. Soweit Verwaltungssanktionen **schwerwiegende Einschränkungen** von Grundrechten zur Folge haben, bedarf ihre Verhängung einer Grundlage in einem formellen Gesetz (BGer vom 24. April 2007, 2A-705/2006, E. 3.7). Der **Entzug einer Bewilligung** muss demnach in einem formellen Gesetz vorgesehen sein, soweit er nicht allein wegen Wegfalls der Bewilligungsvoraussetzungen erfolgt (vgl. auch BGE 125 V 266 E. 6e; BGer vom 24. April 2007, 2A.705/2006, E. 3.7).

3074 Entsprechend bedürfen **administrative Zwangsmassnahmen** dann einer **formell-gesetzlichen Grundlage**, wenn sie empfindlich in die Rechtsstellung des davon Betroffenen eingreifen, indem dieser beispielsweise bei einem Entzug des Fahrzeugausweises und der Kontrollschilder wegen Nichtbezahlens der leistungsabhängigen Schwerverkehrsabgabe seinen Beruf als selbstständiger Lastwagenfahrer nicht mehr ausüben kann (BGer vom 24. April 2007, 2A-705/2006, E. 3.7; anders wohl BGer vom 16. April 2008, 2C_54/2008, E. 4 [Entzug des Befähigungsausweises als Beurkundungsperson wegen mehrfacher Verletzung der Beurkundungsvorschriften gestützt auf eine Verordnungsbestimmung, wobei sich das Bundesgericht mit dem Erfordernis einer formell-gesetzlichen Grundlage nicht vertieft auseinandergesetzt hat]).

Praxis:

3075 – **Entzug des Fahrzeugausweises und der Kontrollschilder wegen Nichtbezahlens der Schwerverkehrsabgabe:** Ausgangspunkt des Verfahrens waren nicht bezahlte Rechnungen über die vom Beschwerdeführer unbestrittenermassen geschuldeten leistungsabhängigen Schwerverkehrsabgaben. Erwägungen: Es handelt sich dabei um öffentlich-rechtliche Geldforderungen, die grundsätzlich auf dem Weg der Schuldbetreibung zu vollstrecken sind. Nach Art. 50 Abs. 1 SVAV entzieht die kantonale Vollzugsbehörde den Fahrzeugausweis und die Kontrollschilder, wenn die Abgabe für ein inländisches Fahrzeug nicht bezahlt wird. Ein derartiger Entzug stellt einen administrativen Rechtsnachteil dar. Er bezweckt, die Nichtbezahlung der Schwerverkehrsabgabe zu ahnden. Der Massnahme kommt daher eine repressive Funktion zu. Sie soll den Schuldner veranlassen, seiner Zahlungspflicht rechtzeitig nachzukommen. Eine solche Verwaltungssanktion kann zusätzlich zur eingeleiteten Betreibung verfügt werden. Allerdings muss dafür eine gesetzliche Grundlage bestehen. Die angefochtenen Entzugsverfügungen bzw. die Androhung des Entzugs stützen sich auf Art. 50 SVAV. Nach Ansicht des Gerichts bildet eine blosse Verordnungsbestimmung keine ausreichende gesetzliche Grundlage. Erforderlich ist vielmehr ein formelles Gesetz. Soweit Verwaltungssanktionen schwerwiegende Einschränkungen von Grundrechten zur Folge haben, bedarf ihre Verhängung einer Grundlage in einem formellen Gesetz. Administrative Zwangsmassnahmen bedürfen somit jedenfalls dann einer formell-gesetzlichen Grundlage, wenn sich der fragliche Eingriff nicht bereits aus der Sachverfügung ergibt, deren Durchsetzung die Sanktion sicherstellen will. Der Entzug einer Bewilligung muss demnach in einem formellen Gesetz vorgesehen sein, soweit er nicht allein wegen Wegfalls der Bewilligungsvoraussetzungen erfolgt. Der Entzug des Fahrzeugausweises und der Kontrollschilder greift im vorliegenden Fall empfindlich in die Rechtsstellung des Beschwerdegegners ein. Wie die Vorinstanz ausführt, kann er bei einem Entzug seinen Beruf als selbstständiger Lastwagenfahrer nicht mehr ausüben, wenn er nicht in der Lage ist, die geschuldeten Abgaben in nützlicher Frist zu bezahlen. Die fragliche Verwaltungssanktion bewirkt daher einen schweren Eingriff in die Wirtschaftsfreiheit (Art. 27 BV) und ist aufgrund der obigen Erwägungen nur zulässig, wenn sie auf einem formellen Gesetz beruht. Sie ist ausserdem nicht bereits durch die Sachverfügung – die Pflicht zur Bezahlung der Schwerverkehrsabgabe – vorgezeichnet. Unter diesen Umständen bedarf die verfügte Sanktion einer ausdrücklichen Grundlage auf Gesetzesstufe. Vorliegend lässt sich der in Art. 50 SVAV vorgesehene Ausweisentzug nicht auf eine Gesetzesbestimmung abstützen. Da es sich ausserdem beim Entzug des Fahrzeugausweises und der Kontrollschilder von Lastwagen von vornherein nicht lediglich um eine Detailfrage des Vollzugs der Schwerverkehrsabgabe handelt, lässt sich diese im Gesetz nicht ausdrücklich vorgesehene Massnahme auch nicht auf die allgemeine Vollzugskompetenz des Bundesrates nach Art. 10 SVAG stützen (BGer vom 24. April 2007, 2A.705/2006, E. 3.7 und E. 4).

– **Verbot des Versichererwechsels gemäss Art. 9 Abs. 3 KVV:** Jede Person mit Wohnsitz in der Schweiz muss sich für Krankenpflege versichern (Art. 3 Abs. 1 KVG). Sie kann unter den Versicherern frei wählen (Art. 4 Abs. 1 KVG). Unter Einhaltung einer dreimonatigen Kündigungsfrist kann die versicherte Person den Versicherer auf das Ende eines Kalendersemesters wechseln (Art. 7 Abs. 1 KVG), wobei das Versicherungsverhältnis beim bisherigen Versicherer erst endet, wenn ihm der neue Versicherer mitgeteilt hat, dass die betreffende Person bei ihm ohne Unterbrechung des Versicherungsschutzes versichert ist (Art. 7 Abs. 5 Satz 1 KVG). Sobald der bisherige Versicherer die Mitteilung erhalten hat, informiert er die betroffene Person, ab welchem Zeitpunkt sie nicht mehr bei ihm versichert ist (Art. 7 Abs. 5 Satz 3 KVG). Die Vollstreckung der finanziellen Verpflichtungen der Versicherten gegenüber dem (bisherigen) Versicherer sowie die Folgen der Nichterfüllung sind weder formell-gesetzlich geregelt noch beauftragt das Gesetz den Bundesrat, hierzu und zum Wechsel des Versicherers nähere Bestimmungen zu erlassen. Nach Art. 96 KVG ist der Bundesrat aber mit dem Gesetzesvollzug beauftragt; er erlässt die Ausführungsbestimmungen. Im Zusammenhang mit dem Zahlungsverzug der Versicherten bestimmt Art. 9 Abs. 3 KVV, dass der bisherige Versicherer säumige Versicherte, die den Versicherer wechseln wollen, erst dann aus dem Versicherungsverhältnis entlassen darf, wenn die ausstehenden Prämien oder Kostenbeteiligungen vollständig bezahlt sind. Im Übrigen hat der Versicherer das Vollstreckungsverfahren einzuleiten, falls Versicherte fällige Prämien oder Kostenbeteiligungen trotz Mahnung nicht bezahlen (Art. 9 Abs. 1 KVV). Nach Ansicht der Vorinstanz ist Art. 9 Abs. 3 KVV mit dem gesetzlich verankerten Grundsatz der freien Wahl des Versicherers nicht vereinbar. Erwägungen: Inwieweit Sanktionen einer gesetzlichen Grundlage bedürfen, ist in der Doktrin umstritten. So wird die Auffassung vertreten, es sei keine gesetzliche Grundlage erforderlich, wenn die Sanktion nur eine Verpflichtung darstelle, die an die Stelle derjenigen trete, welche die Pflichtigen nicht erfüllt hätten, um zum selben Resultat zu gelangen (z.B. verfügter Abbruch einer Baute und Abbruch auf dem Weg der Ersatzvornahme); anders verhalte es sich aber, wenn die Sanktion eine neue Verpflichtung begründe, welche nicht darauf hinziele, den rechtmässigen Zustand wiederherzustellen. Während nach der Rechtsprechung die Statuierung von Strafnormen in Vollziehungsverordnungen nicht gänzlich ausgeschlossen ist, solange sie nicht einen Freiheitsentzug zur Folge haben (vgl. oben BGE 124 IV 23 E. 1), bedürfen administrative Rechtsnachteile wie Bewilligungs- und Leistungsentzüge einer formell-gesetzlichen Grundlage. Das Verbot des Versichererwechsels gemäss Art. 9 Abs. 3 KVV dürfte am ehesten als administrativer Rechtsnachteil zu qualifizieren sein, indem die säumigen Versicherten bis zur Erfüllung ihrer Pflichten das Kündigungsrecht verlieren. Hierfür wäre eine formell-gesetzliche Grundlage erforderlich gewesen. Ferner schränkt die verordnungsmässige Sanktionsbestimmung das in Art. 7 Abs. 1 und 2 KVG statuierte Recht, unter Einhaltung der entsprechenden Fristen und Termine den Versicherer zu wechseln, ein, obwohl das Gesetz die nähere Regelung der Vollstreckung der Kassenforderungen nicht an den Bundesrat delegiert hat (BGE 125 V 266 E. 6e und E. 6f). 3076

3077 – **Strafrechtliche Sanktionen, die einen Freiheitsentzug zur Folge haben:** Der Bezirksrichter büsste B am 23. Feb. 1996 wegen Widerhandlung gegen die Verordnung über die Mehrwertsteuer (aMVSTV) mit Fr. 240.–. Eine Nichtigkeitsbeschwerde des Gebüssten wies das Obergericht des Kantons Schaffhausen am 6. Juni 1997 ab. B führt eidgenössische Nichtigkeitsbeschwerde und beantragt, der angefochtene Entscheid sei aufzuheben und die Sache zur Neubeurteilung an die Vorinstanz zurückzuweisen. Erwägungen: Der Beschwerdeführer macht vorerst geltend, der Bundesrat sei zum Erlass von Strafbestimmungen nicht ermächtigt worden. Der Verordnung über die Mehrwertsteuer, worauf sich die ausgesprochene Busse stütze, mangele es somit an einer genügenden gesetzlichen Grundlage. Nach der älteren Rechtsprechung war dem Grundsatz der Legalität Genüge getan, wenn Strafnormen in einem Gesetz im materiellen Sinne, d.h. allenfalls auch in einer Verordnung, geregelt waren. Die neuere Praxis verlangt demgegenüber für jede Strafe, die einen Freiheitsentzug mit sich bringt, als schweren Eingriff in die persönliche Freiheit eine klare Grundlage in einem formellen Gesetz. Für andere Strafen genügt dagegen eine Verordnung, die sich im Rahmen von Verfassung und Gesetz hält (BGE 118 Ia 305 E. 7a, 112 Ia 107 E. 3b). Art. 77 Abs. 1 aMWSTV bedroht mit Busse bis zum Fünffachen der hinterzogenen oder gefährdeten Steuer, wer die Steuer vorsätzlich oder fahrlässig unter anderem durch unrichtige Deklaration eines Gegenstandes oder seines Wertes hinterzieht oder gefährdet. Da diese Bestimmung lediglich Busse als Strafe androht, genügt nach dem oben Gesagten die Regelung auf Verordnungsstufe dem Legalitätsprinzip. Damit erweist sich die Rüge als unbegründet (BGE 124 IV 23 E. 1).

3078 – **Schliessung eines Hanfgeschäftes:** Die Schliessung des Hanfgeschäfts soll vorliegend dazu beitragen, das Verbot des Inverkehrbringens der genannten Stoffe und Produkte durchzusetzen. Sie stellt sich somit als verwaltungsrechtliche Sanktion dar. Für die Frage, ob und wieweit solche Massnahmen einer rechtssatzmässigen Ermächtigung bedürfen, ist ihr Inhalt und Zweck entscheidend. Eine gesetzliche Grundlage ist nach herrschender Lehre und Praxis jedenfalls dann erforderlich, wenn die Massnahme nicht bloss an die Stelle eines Gebots oder Verbots tritt, das durch eine Sachverfügung oder einen Rechtssatz begründet ist. Dies trifft dann zu, wenn die Massnahme eine Pflicht einführt, die nicht unmittelbar den ursprünglich geschuldeten verwaltungsrechtlichen Zustand herbeiführt, die Massnahme sich mit anderen Worten nicht als reines Vollstreckungsmittel darstellt. Eine neue Verpflichtung wird namentlich dann begründet, wenn die Massnahme nicht bloss die Wiederherstellung des rechtmässigen Zustandes bewirkt, sondern künftige Pflichtverletzungen verhindern will, wenn sie Strafcharakter hat oder wenn sie wegen der Verletzung von Pflichten angeordnet wird, die nicht durch den Zweck der massgebenden Regelung gedeckt sind. Dies wird regelmässig bei sog. repressiven Verwaltungssanktionen der Fall sein. Keine ausdrückliche rechtssatzmässige Ermächtigung ist nach vorherrschender Auffassung dann erforderlich, wenn die verwaltungsrechtliche Sanktion als blosses Vollstreckungsmittel, d.h. als blosse Umprägung der ursprünglichen Pflicht qualifiziert werden kann. In diesen Fällen – sie können vor allem bei sog. exekutorischen Massnahmen eintreten – soll es genügen, wenn die nicht erfüllte Verpflichtung auf einer gesetzlichen Grundlage beruht. Nach der bundesgerichtlichen Praxis bedürfen demnach folgende Anordnungen keiner ausdrücklichen gesetzlichen Grundlage: Die Ersatzvornahme (BGE 105 Ib 343 E. 4b, 100 Ia 348 E. 2), der Abbruchbefehl bei rechtswidrigen Bauten (BGE 111 Ib 213 E. 6c, 100 Ia 343 E. 3a), die Stilllegung einer formell und materiell rechtswidrigen Bausperrgut-Sortieranlage (BGer vom 2. April 2001, 1A.292/2000, E. 2a), die Schliessung eines Nachtklubs nach wiederholter Aufforderung, ein Patentgesuch einzureichen (BGer vom 28. Mai 1969, in ZBl 1970 S. 379 E. 5). Die Geschäftsaktivitäten der Beschwerdeführenden stellen sich in jenem Umfang als rechtswidrig dar, in dem verbotene Stoffe, Produkte oder Pilze vertrieben werden. Es stellt sich daher die Frage, ob die in Art. 8 Abs. 1 Bst. d BetmG und Art. 47 Abs. 1 LMG verankerten Verbotsnormen eine genügende Grundlage bilden, auf der die gesamten Geschäftsaktivitäten in den Räumlichkeiten des S mit der Massnahme der Ladenschliessung unterbunden werden dürfen, was vorliegend offen gelassen wird. Im kantonalen Recht jedenfalls fehlt eine rechtssatzmässige Ermächtigung; ferner kann die Betriebsschliessung auch nicht auf die polizeiliche Generalklausel abgestützt werden (VerwG BE vom 11. Sept. 2002, in: BVR 2003 S. 171 E. 4c).

2. Verhältnismässigkeit

Unter dem Gesichtspunkt der Verhältnismässigkeit ist nach Möglichkeit zunächst die jeweils am **wenigsten einschneidende Massnahme** zu treffen (vgl. BGE 129 I 12 E. 9.1, 129 I 35 E. 10.2; BGer vom 13. April 2005, 2P.274/2004, E. 4.1; BVGer vom 15. Nov. 2007, A-1508/2007, E. 3.4.1). Eine eigentliche **Stufenfolge** muss insbesondere in schweren Fällen nicht zwingend eingehalten werden (BGE 129 I 12 E. 10.4). **Exekutorische Massnahmen** sind unabhängig davon, ob die betreffende Person den zu beseitigenden rechtswidrigen Zustand **schuldhaft** verursacht hat oder nicht, statthaft (VerwG ZH vom 5. Jan. 2005, VB.2004.00165, E. 2), wohingegen **repressive Sanktionen** üblicherweise **verschuldensabhängig** sind und **schuldangemessen** zu sein haben (BGE 128 II 133 E. 3b/bb; VerwG GR vom 12. April 2005, in: PVG 2005 Nr. 31 E. 2a [Ausschluss für die Dauer von bis zu fünf Jahren von Vergabeverfahren wegen schwerwiegende Widerhandlungen gegen die Arbeitsschutzbestimmungen]). Umstritten soll sein, ob dies auch für (geringe) Ordnungsbussen gilt (VerwG BL vom 25. Aug. 1993, in: VGE 1993 S. 56 E. 2b). 3079

Aus dem Verhältnismässigkeitsprinzip hat die Praxis folgende **Grundsätze** abgeleitet: 3080

Praxis:

- Insb. **disziplinarische Massnahmen** haben das sog. **Stufenmodell** zu berücksichtigen; vorerst sind die milderen und erst danach die schwerwiegenden Massnahmen anzuordnen. Die Stufenfolge muss nicht zwingend beachtet werden. In schweren Fällen kann es geboten bzw. verhältnismässig sein, die eine oder andere Stufe zu überspringen (BGE 129 I 12 E. 10.4). 3081
- **Bevor eine definitive Massnahme** (definitiver Schulausschluss, definitiver Entzug der Berufsausübungsbewilligung) angeordnet wird, ist zu prüfen, ob eine **vorübergehende Massnahme** denselben Zweck erfüllen kann (BGer vom 31. Mai 2006, 2P.27/2006, E. 2.5.4). 3082
- Im Rahmen des verfassungsrechtlich garantierten Grundschulunterrichts ist, bevor ein **definitiver Schulausschluss** verfügt wird, zu prüfen, ob im Sinne des Verhältnismässigkeitsgrundsatzes eine **Weiterbetreuung** in einer gleichartigen bzw. gleich geeigneten anderen öffentliche Schule erfolgen kann (BGE 129 I 12 E. 10.3.2; BGer vom 31. Mai 2006, 2P.27/2006, E. 2.5.4). 3083
- Dem Verhältnismässigkeitsgrundsatz entsprechend hat eine **Kündigung, ein definitiver Entzug eines Patents oder ein definitiver Schulausschluss** stets **ultima ratio** zu sein. Es ist jeweils zu prüfen, ob eine Verwarnung oder ein Verweis als milderes Mittel als ausreichend zu betrachten sind (z.B. BGE 129 I 12 E. 9.4 und E. 10.4; BVGer vom 15. Nov. 2007, A-1508/2007, E. 3.4.5). 3084
- Ausfluss des Verhältnismässigkeitsprinzips ist die **vorherige Androhung der (exekutorischen) Massnahme** mit Einräumung einer letzten Erfüllungsfrist, auch wenn die Androhung gesetzlich nicht vorgesehen ist (BGer vom 11. März 2012, 2C_635/2011, E. 3.2; vom 18. Juni 2011, 2C_737/2010, E. 4.2; BVGer vom 20. Sept. 2010, A-3364/2008, E. 11.1); nicht erforderlich ist diese Massnahme bei schweren Disziplinarverstössen [BGE 129 I 12 E. 9.4 und E. 10.4] sowie bei der antizipierten Ersatzvornahme [z.B. VerwG ZH vom 5. Jan. 2005, VB.2004.00165, E. 4, mit ergänzendem Hinweis, dass auch diesbezüglich der Grundsatz der Verhältnismässigkeit zu beachten ist]). 3085
- Massnahmen, die einen sehr **schweren Eingriff** zur Folge haben, können in der Regel nur nach einer **vorgängigen Verwarnung** angeordnet werden kann. Ausnahmsweise bereits nach einer erstmaligen Verfehlung gerechtfertigt erscheint eine derartige Massnahme allerdings dann, wenn das fragliche Verhalten Eigenschaften offenbart, welche mit der betreffenden Stellung (z.B. als Arzt, als Rechtsanwalt) schlechthin unvereinbar sind (BGE 129 I 12 E. 10.4: ein vo- 3086

rübergehender Ausschluss vom Unterricht kann auch ohne vorherige Androhung verfügt werden, wenn ein schwerer Verstoss gegen die Schulordnung vorliegt).

3087 – **Schwerwiegende Pflichtverstösse gegen elementarste Regeln des betreffenden Berufes** sind geeignet, die berufliche Zutrauenswürdigkeit ernstlich in Frage zu stellen, sodass es nicht zu beanstanden ist, wenn die Vorinstanz eine mildere Massnahme (in der Form beispielsweise einer Busse oder einer Verwarnung) als den **befristeten Entzug der Beurkundungsbefugnis** ausgeschlossen hat (BGer vom 4. April 2008, 2C_444/2007, E. 3.2).

3088 – Ist wegen eines bestimmten Verhaltens eine **Berufsunwürdigkeit** feststellbar, fällt eine mildere Massnahme als der definitive Patent- oder Bewilligungsentzug regelmässig ausser Betracht: Entweder erweist sich die Anordnung als geeignet und zumutbar oder nicht (BGer vom 13. April 2005, 2P.274/2004, E. 4.2).

3089 – Eine **Busse** ist ein wenig geeignetes Zwangsmittel, um eine widerrechtlich ausgeführte Baute zu ändern oder zu beseitigen. Diese soll wie jede Strafe den Rechtsbruch sühnen, hat aber nicht den Zweck, die Tat (widerrechtlich erstellte Baute) nachträglich unwirtschaftlich zu machen. Hierfür bedarf es vorerst einer Abbruch- bzw. Wiederherstellungsverfügung und damit verbunden die Androhung einer Ersatzvornahme (BGer vom 26. Okt. 1977, in: ZBl 1978 S. 66 E. 2c).

3090 – Es lässt sich vor dem Verhältnismässigkeitsgrundsatz nicht rechtfertigen, einem Anwalt die **Berufsausübungsbewilligung** im Nichtdomizilkanton allein deshalb zu **verweigern**, weil er im Domizilkanton zu einer **Disziplinarbusse von Fr. 200.–** verurteilt wurde, selbst wenn die Verfehlungen als grobe Pflichtverletzungen zu qualifizieren sind. Die erwähnte Höhe der Busse reicht nicht aus, einen derart schweren Eingriff in die Wirtschaftsfreiheit vorzunehmen (BGE 119 Ia 374 E. 3c).

3091 – Eine **Kumulation von (verwaltungsrechtlichen) Sanktionen** ist mit Blick auf das Verhältnismässigkeitsprinzip zulässig; insbesondere dürfen **repressive mit exekutorischen Sanktionen** verbunden werden, da repressive Sanktionen nicht von der Pflicht entbinden, den rechtmässigen Zustand wieder herzustellen bzw. exekutorische Sanktionen nicht vor der Sanktionierung von Verstössen gegen das Verwaltungsrecht schützen (VerwG ZH vom 5. Jan. 2005, VB.2004.00165, E. 2; JAAG/ HÄGGI, VwVG-Praxiskommentar, Art. 41 VwVG, Rz. 13).

3092 – **Strafrechtliche Sanktionierungsmassnahmen** schliessen verwaltungsrechtliche Vollstreckungsmittel nicht aus; der Grundsatz **«ne bis in idem»**, wonach ein Beschuldigter für die gleiche Tat nicht mehrmals bestraft werden darf, bezieht sich nur auf die strafrechtliche Verfolgung von Delikten und ist auf Administrativmassnahmen nicht anwendbar ist (BGE 129 II 168 E. 6.2).

3093 – Die angeordneten (repressiven) Massnahmen haben in ihrer **Gesamtheit schuldangemessen** zu sein (BGE 128 II 133 E. 3b/bb) und repressive Sanktionen mit Strafcharakter dürfen wegen des gleichen Verstosses nicht mehrfach angeordnet werden (BGer vom 16. April 2008, 2C_54/2008, E. 4.6).

3094 – Der **Verweigerung von Verwaltungsleistungen** (Einstellung bzw. Drosselung der Wasserzufuhr) gegen säumige Schuldner hat ein Vollstreckungsverfahren voranzugehen. Öffentlich-rechtliche Geldforderungen sind grundsätzlich auf dem Weg der Schuldbetreibung durchzusetzen. Steht der Weg über die Schuldbetreibung zur Verfügung, scheitern andere mögliche Zwangsmittel in der Regel schon am Kriterium der Erforderlichkeit. Schwere administrative Rechtsnachteile haben ferner nur subsidiären Charakter (VerwG SZ vom 9. Jan. 2003, in: VSZ 2003 B 5.3 E. 5b/bb).

3095 – Liegt die Anlass gebende Verfehlung bereits mehrere Jahre zurück, bevor sie sanktioniert wird, ist die **Zeitdauer** zwischen Pflichtverletzung und Sanktion dann zu berücksichtigen, wenn die betreffende Person sich seit der Pflichtverletzung nichts mehr hat zu Schulden lassen kommen (BGE 119 Ia 374 E. 3c).

3096 – **Mildere Massnahmen fallen ausser Betracht**, wenn die Behörde in der **Vergangenheit** bereits **verschiedenste mildere Massnahmen** ausgesprochen hat, diese aber auf die davon betroffene Person bzw. das zu sanktionierende Verhalten keinerlei Wirkung zeigten (BGer vom

23. Feb. 2010, 2C_627/2009, E. 2.3-2.5 [Entzug des Gastwirtschaftspatents; als mildere Massnahmen wurden bereits verfügt: Hinweis auf die Pflicht, für Ordnung zu sorgen, Androhung des Entzugs des Gastwirtschaftspatents, Strafanzeige]).

- Die **Dauer der Massnahme** muss der Situation, den zu wahrenden öffentlichen Interessen sowie der Schwere der Pflichtverletzung angemessen sein (BGE 129 I 12 E. 9.4). 3097
- Die **Schwere der Sanktion** wird beeinflusst durch die **Anzahl der vorgeworfenen Pflichtverletzungen**. So ist dem Verhältnismässigkeitsgrundsatz entsprechend eine disziplinarische Entlassung eher gerechtfertigt, wenn dem betroffenen Arbeitnehmer wiederholte Blockzeitenverletzungen oder wiederholte Fehleinträge im Zeiterfassungssystem vorgeworfen werden, nicht aber, wenn neben einer Falscherfassung von Arbeitszeit im Umfang von 38 Minuten keine weiteren Verfehlungen erkennbar sind (BVGer vom 15. Nov. 2007, A-1508/2007, E. 3.4.7). 3098
- **Mangelnde Mitwirkung** bei der Aufklärung der Vorwürfe oder gar Behinderung mit unwahren Angaben erlaubt eine schwerere Sanktion als wenn die Person sofort eingesteht, die Pflichtverletzung begangen zu haben (BVGer vom 15. Nov. 2007, A-1508/2007, E. 3.4.7). 3099
- Ausgesprochen **leichte, erst- und einmalige Verstösse gegen die Berufspflicht**, welche sich durch das Gericht unmittelbar im Verfahren, in dem sie vorgefallen sind, ahnden und damit erledigen lassen, dürfen nicht mehr Gegenstand eines berufsrechtlichen Disziplinarverfahrens bilden, weil ein solches zur Wahrung der öffentlichen Interessen an der korrekten Berufsausübung des betroffenen Anwalts bzw. der betroffenen Anwältin nicht mehr erforderlich ist. Geht es hingegen um schwere Verstösse, bestehen die sitzungspolizeilichen und die disziplinarrechtlichen Massnahmen nebeneinander (VerwG BE vom 2. Feb. 2007, in: BVR 2007 S. 289 E. 3.5). 3100

3. Ne bis in idem

Der **Grundsatz «ne bis in idem»**, wonach ein Beschuldigter für die gleiche Tat nicht mehrmals bestraft werden darf («Identität von Täter und Tat»; vgl. BGer vom 16. April 2008, 2C_54/2008, E. 4.6), bezieht sich nur auf die strafrechtliche Verfolgung von Delikten und schliesst neben einer strafrechtlichen Verurteilung verwaltungsrechtliche Sanktionen nicht aus (BGE 129 II 168 E. 6.2, 125 II 402 E. 1). Entsprechend verletzt nach ständiger und langjähriger Rechtsprechung des Bundesgerichts die im schweizerischen Recht vorgesehene Zweispurigkeit der Verfahren nach Strassenverkehrsdelikten, wonach der Strafrichter über die strafrechtlichen Sanktionen Busse und Haftstrafe befindet und die zuständige Administrativbehörde über die Administrativmassnahmen der Verwarnung und des Führerausweisentzuges entscheidet, den Grundsatz «ne bis in idem» nicht (vgl. BGE 137 I 363 E. 2.3.2, 128 II 133 E. 3b/bb, 125 II 402 E. 1b; BGer vom 26. Sept. 2011, 1C_105/2011, E. 2). 3101

Bei der **disziplinarischen Sanktion** ist das pönale Element lediglich zweitrangig, primär geht es um die Aufrechterhaltung der Disziplin im betreffenden Berufskreis (vgl. BGE 108 Ia 230 E. 2b, 102 Ia 28 E. 1b). Entsprechend verbietet es ein Freispruch im Strafverfahren der zuständigen Bildungsbehörde nicht, einem Lehrer die Lehrtätigkeit wegen Fehlens unabdingbarer menschlicher Eigenschaften zu untersagen (disziplinarisches Berufsverbot), wenn dies aus schulischer Sicht geboten ist (VerwG LU vom 25. Mai 2010, in: LGVE 2010 II Nr. 6 E. 3b). 3102

Ferner verstösst es nicht gegen den Grundsatz «ne bis in idem», wenn ein Anwalt wegen grober Entgleisungen in einer Rechtsschrift sowohl von der Gerichtsbehörde wie auch von der Anwaltsaufsichtskommission gebüsst wird; **sitzungspolizeiliche** 3103 und **disziplinarische Massnahmen** bestehen grundsätzlich **nebeneinander**, da sie verschiedene Zwecke erfüllen, solange es nicht um ausgesprochen leichte Verstösse gegen die Berufspflicht geht, die sich durch das Gericht unmittelbar im Verfahren, in dem sie vorgefallen sind, ahnden und damit erledigen lassen (VerwG BE vom 2. Feb. 2007, in: BVR 2007 S. 289 E. 3.5; vgl. auch Aufsichtskommission ZH vom 27. Aug. 2009, in: ZR 2010 Nr. 5 E. 2.5: Falls die Verfehlungen derart schwer wiegen, dass die dem Gericht zur Verfügung stehenden Massnahmen zu einer gebührenden Ahndung nicht ausreichen, kann sich auch die Aufsichtskommission damit befassen). Es ist demnach zulässig, sowohl ein **Disziplinarverfahren vor der Notariats**- als auch ein solches vor der **Anwaltsaufsichtskommission** einzuleiten, da durch das Notariatsgesetz primär das öffentliche Interesse geschützt werden soll, während das Anwaltsgesetz in erster Linie dem Schutz von privaten Interessen dient (VerwG GR vom 30. Sept. 2009, U-09-63, E. 2c).

3104 Unzulässig ist hingegen, einen Anwalt in mehreren Kantonen wegen der gleichen Verletzung der Standesregeln zu disziplinieren (BGE 102 Ia 28 E. 10). Auch dürfen **disziplinarische Massnahmen mit Strafcharakter** wegen des gleichen Verstosses nicht mehrfach angeordnet werden (BGer vom 16. April 2008, 2C_54/2008, E. 4.6; VerwG GR vom 30. Sept. 2009, U-09-63, E. 2b). Ferner haben die **angeordneten verwaltungsrechtlichen Massnahmen in ihrer Gesamtheit schuldangemessen** zu sein und dürfen nicht zu einer verkappten Doppelbestrafung führen (BGE 128 II 133 E. 3b/bb). Unzulässig ist weiter eine **Kumulation** verschiedenster verwaltungsrechtlicher Sanktionen mit pönalem Charakter demnach dann, wenn damit eine gesetzlich vorgesehene Höchstgrenze umgangen wird oder wenn die getroffenen Massnahmen der Schwere der Pflichtverletzung und dem Grad des Verschuldens nicht mehr entsprechen (VerwG ZH vom 28. Juni 2000, DR.2000.00001, E. 3e).

Praxis:

3105 – **Disziplinarverfahren vor der Notariats- und vor der Anwaltsaufsichtskommission:** Ein Notar wurde sowohl wegen Verletzung des Notariatsrechts wie auch wegen Verstosses gegen das Anwaltsgesetz diszipliniert. Das Verwaltungsgericht erachtet ein solches Vorgehen als rechtsmässig: Beim Verfahren vor der Notariatskommission sowie bei jenem vor der Anwaltsaufsichtskommission geht es um dieselbe Tathandlung. Beanstandet wird von beiden Kommissionen, dass der Beschwerdeführer zuerst als Notar einen Vertrag beurkundet hat und anschliessend die eine Partei im nachfolgenden Gewährleistungsprozess anwaltlich vertreten hat. Mit dieser einen Handlung hat er gegen mehrere Erlasse verstossen, wobei jeder dieser Erlasse eine eigene Schutzfunktion hat und eine eigene Sanktion nach sich zieht. Während durch das Notariatsgesetz primär das öffentliche Interesse geschützt werden soll, bezweckt das Anwaltsgesetz in erster Linie den Schutz von privaten Interessen. Es geht im vorliegenden Fall folglich nicht um den gleichen Verstoss, zumal die Notariatskommission den Vorgang unter dem Aspekt der Verletzung des Notariatsrechts geprüft hat und es im vorliegenden Verfahren um die Frage nach der Wahrung der Anwaltspflichten geht. Auch der Verweis des Beschwerdeführers auf BGE 102 Ia 28 ff. erweist sich als ungerechtfertigt. In diesem Fall ging es nämlich um die Frage, ob ein Anwalt in mehreren Kantonen wegen der gleichen Verletzung der Standesregeln diszipliniert werden darf. Das Bundesgericht hat dies zu Recht unter dem Hinweis auf den Grundsatz «ne bis in idem» verneint (VerwG GR vom 30. Sept. 2009, U-09-63, E. 2b).

3106 – **Disziplinargewalt der Gerichte sowie der Anwaltsaufsichtskommission:** Der Beschuldigte empfand die Dauer des Verfahrens offenbar für ungebührlich lang. Es darf einem Anwalt nicht verwehrt sein, sich hiezu zu äussern und im Zusammenhang mit der Frage der Sistierung Kritik an der vermeintlich langen Prozessdauer zu üben. Die gewählten Äusserungen des Beschuldigten sind indes unsachlich, unnötig und gehen über den nötigen Anstand, der von einem Anwalt erwartet werden darf, hinaus. Allerdings ist zu berücksichtigen, dass sich die Aufsichtskommission nicht mit Verstössen eines Anwalts im Rechtsverkehr mit oder vor einer Behörde befasst, welche diese selber disziplinarisch ahnden kann, es sei denn, dass die Verstösse so schwer wären, dass die der Behörde zur Verfügung stehenden Sanktionen nicht ausreichten. Rechtsanwälte unterstehen der Disziplinargewalt der Gerichte, bei denen sie als Parteivertreter oder Rechtsbeistand handeln. Ihre Verletzungen und Verstösse gegen den Anstand, die sich in einem Gerichtsverfahren ereignet haben, können disziplinarisch geahndet werden, insbesondere können sie mit einer Ordnungsbusse belegt werden. Solche Verstösse, die durch die Gerichtsbehörde disziplinarisch geahndet worden sind, können in der Folge grundsätzlich nicht nochmals Gegenstand eines disziplinarischen Verfahrens vor der Aufsichtskommission bilden. Ausgenommen sind Verfehlungen, die derart schwer wiegen, dass die dem Gericht zur Verfügung stehenden sitzungspolizeilichen Massnahmen zu einer gebührenden Ahndung nicht ausreichen. Die fraglichen Äusserungen in der Eingabe des Beschuldigten sind zwar wie erwähnt unsachlich und ungebührlich, sie sind jedoch nicht derart krass und klar ehrverletzend, dass sich eine aufsichtsrechtliche Disziplinierung wegen Verletzung von Art. 12 lit. a BGFA aufdrängen müsste. Die möglichen Sanktionen seitens des Gerichts erscheinen vielmehr als ausreichend und wären daher zunächst auszuschöpfen gewesen (Aufsichtskommission ZH vom 27. Aug. 2009, in: ZR 2010 Nr. 5 E. 2.5).

– **Disziplinarbusse wegen mehrfach begangenen Widerhandlungen gegen die Beurkundungsvorschriften:** X ist im Kanton Nidwalden als Rechtsanwalt und Urkundsperson tätig. Wegen wiederholter und schwerwiegender Verletzung kantonaler und bundesrechtlicher Beurkundungsvorschriften wurde er von der Beurkundungskommission Nidwalden erstmals am 12. Aug. 2003 mit der höchstmöglichen Disziplinarbusse von Fr. 1'000.– belegt. Wegen weiterer gleichartiger, im Jahre 2004 begangener Widerhandlungen auferlegte die Beurkundungskommission Nidwalden X am 9. Juni 2005 erneut eine Disziplinarbusse im zulässigen Höchstbetrag von Fr. 1'000.–. Die Beurkundungskommission behielt sich vor, nach dem 1. Jan. 2006 sämtliche von X je erstellten Urkunden einer externen Kontrolle unterziehen zu lassen. Auch anlässlich der jährlichen Kontrolle des Jahres 2005 beanstandete die Beurkundungskommission Anfang 2006 diverse von X erstellte Urkunden; da sie zudem feststellte, dass die am 9. Juni 2005 verfügten Anordnungen nicht befolgt worden waren, eröffnete sie ein weiteres Disziplinarverfahren. Mit Entscheid vom 14. Juni 2006 entzog sie X den Befähigungsausweis als Urkundsperson des Kantons Nidwalden auf unbestimmte Zeit; zudem wurde die Publikation des Entzugs im Amtsblatt des Kantons Nidwalden angeordnet. Eine von X dagegen gerichtete Beschwerde wies das Verwaltungsgericht des Kantons Nidwalden am 26. März 2007 ab. Das Bundesgericht weist die Beschwerde ab. Erwägungen: Mit den beiden rechtskräftigen Ordnungsbussen vom 12. Aug. 2003 und 9. Juni 2005 wegen wiederholter und schwerwiegender Verletzung kantonaler und bundesrechtlicher Beurkundungsvorschriften sowie der Nichtbefolgung der ihm erteilten Weisung, was die Vorinstanzen zu Recht als sehr schwere Verfehlung bezeichnet haben, erfüllt der Beschwerdeführer in mehrfacher Hinsicht die Voraussetzungen von § 57 Ziff. 3 der kantonalen Beurkundungsverordnung für den Entzug des Befähigungsausweises. Der Beschwerdeführer macht eine Verletzung des Grundsatzes «ne bis in idem» geltend. Dieser bezieht sich indessen nur auf die strafrechtliche Verfolgung von Delikten. Der Grundsatz gilt zwar ebenfalls in Disziplinarverfahren bezüglich solcher Sanktionen, die nicht überwiegend und in erster Linie als Administrativmassnahme dem Schutz des Publikums dienen; Voraussetzung für die sich aus dem Grundsatz ergebende Sperrwirkung ist aber in jedem Fall die Identität von Täter und Tat. Diese Voraussetzung ist hier offensichtlich nicht erfüllt. Denn das nunmehr in Frage stehende dritte Disziplinarverfahren wurde wegen neu zu Tage getretener Beurkundungsmängel sowie wegen Missachtung der erwähnten Weisung angehoben. Da § 57 Abs. 1 Ziff. 3 der Beurkundungsverordnung namentlich die wiederholte Ausfällung von Ordnungsbussen als Grund für den Entzug des Befähigungsausweises vorsieht, waren diese bei der Anordnung der angefochtenen Massnahme – als Tatbestandselemente – zu berücksichtigen. Eine Verletzung des Grundsatzes «ne bis in idem» liegt nicht vor (BGer vom 16. April 2008, 2C_54/2008, E. 4.6). 3107

II. Exekutorische Sanktionen

1. Schuldbetreibung

3108 **Öffentlich-rechtliche Geldforderungen** wie beispielsweise Steuerschulden sind auf dem hierfür gesetzlich vorgesehenen Weg mittels **Schuldbetreibung** einzutreiben. Die Kantone sind nicht befugt, diesbezüglich eigene Vollstreckungsmassnahmen vorzusehen, soweit nicht besondere straf- oder fiskalrechtliche Bestimmungen über die Verwertung beschlagnahmter Gegenstände zur Anwendung gelangt (Art. 44 SchKG; BGE 134 I 293 E. 3.2, 131 III 652 E. 3.1, 126 I 97 E. 3d, 115 III 1 E. 3, 108 II 180 E. 2a, 86 II 291 E. 2, 85 II 194 E. 2). Wird für bestimmte öffentlich-rechtliche Forderungen ein Verlustschein ausgestellt, unterliegen diese der zwanzigjährigen Verjährungsfrist gemäss Art. 149a Abs. 1 SchKG (BGE 137 II 17 E. 2.6 [Mehrwertsteuerforderungen]).

3109 Dem zuständigen Gesetzgeber bleibt es hingegen unverwehrt, die Nichtbezahlung öffentlich-rechtlicher Forderungen – nebst der Betreibung – durch **administrative Rechtsnachteile** zu sanktionieren, um den Schuldner (indirekt) auf diese Weise zu veranlassen, seiner Zahlungspflicht nachzukommen (BGE 134 I 293 E. 3.2; BGer vom 24. April 2007, 2A.705/2006, E. 3.6), soweit die hierfür eingesetzten Mittel sachlich begründet sind und eine genügend bestimmte gesetzliche Grundlage vorhanden ist (BGE 127 I 97 E. 4b; BGer vom 24. April 2007, 2A_705/2007, E. 3.7; siehe unten Rz. 3165 ff.).

3110 Damit die Verfügung einer Verwaltungsbehörde als **definitiver Rechtsöffnungstitel** im Sinne von Art. 80 SchKG gelten kann, muss sie formell rechtskräftig sein und auf einen bestimmten oder in seiner Höhe ohne Weiteres sofort bestimmbaren Geldbetrag lauten (OG LU vom 26. Jan. 2000, in: BlSchK 2003 S. 87 E. 5.2). Für den Schuldner muss ausserdem erkennbar sein, dass die Verfügung vollstreckt werden kann, wenn er gegen sie kein Rechtsmittel ergreift. Für eine blosse Rechnung kann daher üblicherweise keine Rechtsöffnung erteilt werden (OG LU vom 26. Jan. 2000, in: BlSchK 2003 S. 87 E. 5.2).

3111 In **Bereichen**, in denen die **Verwaltung nicht verfügen** kann, kann eine provisorische Rechtsöffnung mit anschliessender Aberkennungsklage demnach nicht direkt – ohne Vorliegen eines Rechtsöffnungstitels – vor dem kantonalen Verwaltungsgericht durchgesetzt werden, sondern der Anspruch ist vorerst durch eine verwaltungsgerichtliche Klage oder vor den Zivilgerichten geltend zu machen (VerwG AG vom 28. Juli 2009, in: AGVE 2009 S. 296 E. 4.2.5).

Praxis:

3112 – **Verweigerung der Abmeldebestätigung wegen offener Steuerschulden:** W verlangte am 25. Feb. 1999 die Auszahlung ihrer Freizügigkeitsleistung aus beruflicher Vorsorge, weil sie beabsichtige, ihren Wohnsitz (definitiv) nach Italien zu verlegen. Die Vorsorgeeinrichtung lehnte eine Barauszahlung ab, offenbar weil W keine Abmeldebestätigung der Behörden ihres Schweizer Wohnorts beibringen konnte. W hatte zwar bei der Einwohnergemeinde Olten eine solche verlangt, diese weigerte sich jedoch, ein entsprechendes Dokument auszustellen. Die Einwohnerkontrolle begründete ihre Haltung mit Steuerschulden von W; für die Steuerrechnungen der Jahre 1995-1997 waren offenbar Verlustscheine in einer Höhe von insgesamt über

Fr. 20'000.– ausgestellt worden. W veranlasste in der Folge die Überweisung ihres Freizügigkeitsguthabens auf ein Freizügigkeitskonto und versuchte weiterhin vergeblich, von der Einwohnerkontrolle der Gemeinde Olten eine Abmeldebestätigung zu erhalten. Am 14. Juni 2000 gelangte sie schliesslich an den Regierungsrat des Kantons Solothurn, machte eine Rechtsverweigerung durch die Gemeinde Olten geltend und verlangte die Ausstellung einer Abmeldebestätigung rückwirkend auf den 29. Feb. 2000. Mit Beschluss vom 12. Sept. 2000 wies der Regierungsrat ihre Beschwerde ab. Hiergegen erhob W am 16. Okt. 2000 staatsrechtliche Beschwerde beim Bundesgericht mit dem Antrag, der Beschluss des Regierungsrats sei aufzuheben. Das Bundesgericht heisst die Beschwerde gut, soweit es darauf eintritt. Erwägungen: Die Abmeldebestätigung ist weder im kantonalen noch im kommunalen Recht ausdrücklich geregelt, sondern wird von den für die Einwohnerkontrolle zuständigen kommunalen Behörden routinemässig erstellt, wenn sich eine registrierte Person abmeldet. Es handelt sich um eine blosse administrative Erfassung der Mutation, weshalb die Einwohnerkontrolle die Tatsache der polizeilichen Abmeldung zu bestätigen hat, wenn dies verlangt wird. Der Bürger hat von Verfassungs wegen einen allgemeinen (ungeschriebenen) Anspruch darauf, dass ihm die zuständige Behörde einen ihrer Kontrolle unterliegenden Vorgang auf Verlangen bescheinigt. Vorausgesetzt ist, dass die verlangte Bestätigung für anderweitig zu treffende Rechtsvorkehren notwendig oder von wesentlicher Bedeutung ist und dass das Ausstellen von Erklärungen der betreffenden Art üblich ist. Diese Bedingungen erscheinen vorliegend hinsichtlich der streitigen Bestätigung der polizeilichen Abmeldung als erfüllt: Zum einen hat die Beschwerdeführerin erfolglos die Auszahlung ihrer Freizügigkeitsleistung verlangt, wobei die Vorsorgeeinrichtung dem Barauszahlungsbegehren offenbar deshalb nicht entsprochen hat, weil ihr keine Abmeldebestätigung vorgelegt wurde. Der Regierungsrat und die Beschwerdeführerin gehen übereinstimmend davon aus, dass es der Letzteren ohne Bestätigung ihrer Abmeldung durch die Einwohnerkontrolle Olten nicht möglich sei, die Freizügigkeitsleistung erhältlich zu machen. Unter diesen Umständen kann offenbleiben, ob und inwieweit die Beschwerdeführerin gegenüber der Vorsorgeeinrichtung allenfalls auch auf andere Weise den Nachweis erbringen könnte, die Schweiz endgültig verlassen zu haben. Zum anderen ist unstreitig, dass die Einwohnerkontrolle Olten die Tatsache, dass sich eine bei ihr registrierte Person polizeilich abmeldet, routinemässig schriftlich bestätigt. Sind die dargestellten Voraussetzungen erfüllt, so kann die zuständige Behörde, vorliegend die Einwohnerkontrolle, die verlangte Bestätigung nur verweigern, wenn sachliche Gründe dies gebieten. Es ist allerdings unzulässig, das Ausstellen einer Abmeldebestätigung vom Begleichen bestehender Steuerschulden abhängig zu machen: Steuerausstände sind auf dem gesetzlich vorgesehenen Weg einzutreiben, selbst wenn das wie vorliegend mit Schwierigkeiten verbunden sein sollte. Es geht nicht an, dass die kantonalen und kommunalen Behörden versuchen, säumige Steuerzahler mit zweckfremden Mitteln zum Tilgen ihrer Schulden zu zwingen. Dies umso weniger, wenn im konkreten Fall die Niederlassungsfreiheit des Betroffenen in Frage steht (BGE 127 I 97 E. 4b).

– **Verjährung der im Verlustschein verurkundeten Mehrwertsteuerforderung:** Am 18. Nov. 3113
1996 wurde über X der Konkurs eröffnet. Nach durchgeführtem Konkurs erhielt die Eidgenössische Steuerverwaltung einen Verlustschein vom 26. Mai 1999 über Fr. 56'489.70 (umfassend zwei Mehrwertsteuerforderungen nebst Zins bis Konkurseröffnung). Gestützt auf diesen leitete die Eidgenössische Steuerverwaltung mit Zahlungsbefehl vom 28. Nov. 2005 die Betreibung gegen den Steuerpflichtigen ein. Dieser erhob dagegen Rechtsvorschlag mit der Einrede des mangelnden neuen Vermögens. Mit Urteil vom 22. Feb. 2006 bewilligte das Gerichtspräsidium Zofingen den Rechtsvorschlag nicht, worauf die Eidgenössische Steuerverwaltung den Rechtsvorschlag gegen den Zahlungsbefehl im Umfang von insgesamt Fr. 40'328.– (Mehrwertsteuer 1. Juli 1995 bis 18. Nov. 1996 nebst Zinsen) aufhob. Mit Einspracheentscheid vom 7. Dez. 2006 bestätigte sie die ihr von X geschuldete Mehrwertsteuer. Die von X dagegen erhobene Beschwerde wies das Bundesverwaltungsgericht mit Urteil vom 25. Feb. 2010 ab. Das Bundesgericht weist die Beschwerde ab. Erwägungen: Streitig ist im vorliegenden Fall einzig, ob bezüglich der in Frage stehenden Mehrwertsteuerforderung, für die ein Verlustschein ausgestellt worden ist, die (relative) fünfjährige Verjährungsfrist für Mehrwertsteuerforderungen gemäss Art. 40 Abs. 1 MWSTV (ebenso Art. 49 Abs. 1 aMWSTG) zur Anwendung gelangt

oder die zwanzigjährige Verjährungsfrist gemäss Art. 149a Abs. 1 SchKG. Gemäss Art. 40 Abs. 1 MWSTV verjährt die Steuerforderung fünf Jahre nach Ablauf des Kalenderjahres, in dem sie entstanden ist. Die Verjährung wird durch jede Einforderungshandlung und durch jede Berichtigung durch die zuständige Behörde unterbrochen (Abs. 2). Nach Art. 149a Abs. 1 SchKG verjährt die durch den Verlustschein verurkundete Forderung 20 Jahre nach der Ausstellung des Verlustscheines. Nach unbestrittener Darstellung der Vorinstanz hat die Eidgenössische Steuerverwaltung erst mehr als fünf Jahre nach der Ausstellung des Verlustscheins vom 26. Mai 1999 gestützt auf diesen die Betreibung der Mehrwertsteuerforderung eingeleitet. Bis zu diesem Zeitpunkt hat sie auch keine Handlungen vorgenommen, welche geeignet gewesen wären, eine allfällige Verjährung zu unterbrechen. Die Bestimmungen des Bundesgesetzes über Schuldbetreibung und Konkurs sind entgegen der Auffassung des Beschwerdeführers grundsätzlich auch auf öffentlich-rechtliche Geldforderungen wie namentlich Steuern und Abgaben anwendbar. Für die direkten Steuern ist denn auch anerkannt, dass mit der Ausstellung eines Verlustscheines für die darin verurkundete Steuerforderung eine neue Verjährungsfrist gemäss Art. 149a Abs. 1 SchKG von 20 Jahren zu laufen beginnt. Der Bundesrat weist in seiner Botschaft vom 25. Juni 2008 zur Vereinfachung der Mehrwertsteuer darauf hin, dass sich für Steuerforderungen, für die ein Verlustschein bestehe, die Verjährung wie bei allen anderen Forderungen auch nach Art. 149a SchKG richte. Das Mehrwertsteuerrecht selbst regelt die Vollstreckung von Forderungen ebenso wenig wie das Zivilrecht. Hierfür kommt grundsätzlich das Schuldbetreibungs- und Konkursrecht zur Anwendung (Art. 38 SchKG). Wenn aber die Forderungen gemäss diesem Erlass zwangsvollstreckt werden, müssen auch dessen Vorschriften – einschliesslich der Verjährungsnorm von Art. 149a Abs. 1 SchKG – zur Anwendung gelangen. Die Vorinstanz verweist denn auch zu Recht darauf, dass bei zivilrechtlichen Forderungen die allgemeinen Verjährungsregeln des Obligationenrechts gegenüber jenen des Schuldbetreibungs- und Konkursrechts zurücktreten müssen, weil es sich bei Forderungen, für welche ein Verlustschein ausgestellt wurde, um eine besondere Art von Forderungen handle. Der Gesetzgeber habe für solche eine längere als die zivilrechtlich nach Obligationenrecht geltende Verjährungsfrist gewähren wollen. Dem entspricht, dass das AHVG ausdrücklich festlegt, dass für die Vollstreckung von Beitragsforderungen Art. 149 Abs. 5 aSchKG nicht anwendbar sei (Art. 16 Abs. 2 AHVG), was ebenfalls für den neuen Art. 149a Abs. 1 SchKG gilt. Die Vorinstanz schliesst denn auch aus dieser Bestimmung zutreffend, dass Mehrwertsteuerforderungen gerade nicht von Art. 149a Abs. 1 SchKG ausgenommen sind, da dies im Mehrwertsteuerrecht nirgends vorgesehen ist. Die Folgerung der Vorinstanz, in Bezug auf Mehrwertsteuerforderungen, für welche ein Verlustschein ausgestellt wurde, gelte die Verjährungsfrist von Art. 149a Abs. 1 SchKG und nicht jene von Art. 40 Abs. 1 MWSTV – weshalb die Mehrwertsteuerforderung der Eidgenössischen Steuerverwaltung gegen den Beschwerdeführer nicht verjährt sei, weil die zwanzigjährige Verjährungsfrist gemäss Art. 149a Abs. 1 SchKG erst mit Ausstellung des Verlustscheins zu laufen begonnen habe – verletzt demnach kein Bundesrecht (BGE 137 II 17 E. 2.6 und E. 2.7).

3114 – **Einzug oder Fremdplatzierung eines Hundes als Mittel zur Durchsetzung finanzieller Verpflichtungen des Hundehalters:** Im Zuge von Massnahmen gegen gefährliche Hunde ergänzte der Grosse Rat des Kantons Thurgau mit Beschluss vom 12. Sept. 2007 das kantonale Gesetz über das Halten von Hunden (HundeG) durch Einführung zusätzlicher Verpflichtungen der Hundehalter sowie entsprechender behördlicher Kontrollmöglichkeiten. Unter der Überschrift «Zwangsmassnahmen» wurde als § 7a unter anderem folgende neue Bestimmung in das Gesetz aufgenommen: (1) Kommt ein Hundehalter trotz vorgängiger Mahnung seinen finanziellen Verpflichtungen im Zusammenhang mit seiner Hundehaltung nicht nach, kann der Hund bis zur Erfüllung dieser Verpflichtung auf Kosten des Hundehalters eingezogen und untergebracht werden. (3) Werden die finanziellen Verpflichtungen innert angemessener Frist nicht erfüllt, kann der Hund fremdplatziert werden. Dagegen wurde Beschwerde beim Bundesgericht erhoben. Das Bundesgericht weist die Beschwerde ab. Erwägungen: Der Beschwerdeführer erblickt in der in § 7a Abs. 1 und 3 HundeG vorgesehenen Möglichkeit, zur Durchsetzung finanzieller Verpflichtungen des Hundehalters den Hund wegzunehmen und fremdzuplatzieren, einen Verstoss gegen den Vorrang des Bundesrechtes (Art. 49 Abs. 1 BV), da eine solche Regelung das in Art. 92 Abs. 1 Ziff. 1a SchKG bzw. Art. 896 ZGB verankerte Pfändungs- und Retentionsverbot von Heimtieren missachte. Geldforderungen sind auf dem Wege der Schuldbetreibung zu vollstrecken (Art. 38 SchKG). Die Kantone sind nicht befugt, hierfür eigene Vollstreckungsmassnahmen vorzusehen. Das gilt grundsätzlich auch für öffentlich-rechtliche Geldforderungen; unmittelbar auf die Eintreibung solcher Forderungen ausgerichtete Vollstreckungsmassnahmen richten sich ausschliesslich nach den Bestimmungen des Schuldbetreibungsrechtes, soweit nicht besondere straf- oder fiskalrechtliche Bestimmungen über die Verwertung beschlagnahmter Gegenstände zum Zuge kommen. Für ein besonderes kantonales Vollstreckungsverfahren für öffentlich-rechtliche Geldforderungen besteht insoweit kein Raum. Dem zuständigen Gesetzgeber bleibt es aber unverwehrt, die Nichtbezahlung öffentlich-rechtlicher Forderungen – nebst allfälligen Verwaltungsstrafen – durch administrative Rechtsnachteile zu sanktionieren, um den Schuldner (indirekt) auf diese Weise zu veranlassen, seiner Zahlungspflicht. Solche administrativen Sanktionen bedürfen in der Regel einer besonderen gesetzlichen Grundlage und müssen, was den mit dem Eingriff verbundenen Nachteil für den Betroffenen anbelangt, das Gebot der Verhältnismässigkeit respektieren. Die Nichterfüllung öffentlich-rechtlicher Geldforderungen kann insbesondere die Verweigerung von davon abhängigen bzw. im Austauschverhältnis zu erbringenden Verwaltungsleistungen nach sich ziehen. Diese Sanktion fällt namentlich in Betracht beim Verzug in der Bezahlung von Benutzungsgebühren, soweit es sich nicht um die Belieferung mit für den betroffenen Privaten lebenswichtigen Gütern wie etwa die Energie- und Wasserzufuhr handelt. Ebenso kann bei Nichtbezahlung der Gebühr für eine vorgeschriebene polizeiliche Kontrolle die entsprechende Bewilligung verweigert werden. Zur (indirekten) Durchsetzung der Erfüllung von Abgabepflichten kann das Gesetz auch Massnahmen vorsehen, durch die dem säumigen Schuldner die (weitere) Benutzung bestimmter Sachen untersagt oder verunmöglicht wird. So kann etwa der Fahrzeugausweis (einschliesslich des Kontrollschildes) für ein Motorfahrzeug entzogen werden, wenn und solange der Halter die kantonalen Verkehrssteuern oder -gebühren nicht bezahlt hat oder die erforderliche Haftpflichtversicherung nicht mehr besteht (siehe auch Art. 14a lit. a SVG). Die angefochtene neue Regelung des thurgauischen Hundegesetzes, wonach ein Hund bei Nichterfüllung der dem Halter aus der Hundehaltung erwachsenden finanziellen Verpflichtungen eingezogen und fremdplatziert werden kann, stellt keine unmittelbar der Vollstreckung der Geldleistungspflicht dienende Massnahme dar; insbesondere wird der Hund nicht zwecks Verwertung behändigt, sondern lediglich als (indirektes) Druckmittel der Obhut des Halters entzogen. Die angefochtene Gesetzesbestimmung greift insoweit nicht in den Regelungsbereich des Schuldbetreibungsrechtes ein, sondern will im Sinne eines administrativen Rechtsnachteils den säumigen Hundehalter indirekt zur Erfüllung seiner finanziellen Verpflichtungen veranlassen. Ferner verstösst die Regelung auch nicht gegen das in Art. 92 Abs. 1 Ziff. 1a SchKG bzw. Art. 896 ZGB geltenden Pfändungs- und Retentionsverbotes (BGE 134 I 293 E. 3.2 und E. 4.1).

2. Ersatzvornahme

Nach Lehre und Rechtsprechung bedeutet **Ersatzvornahme**, dass die Behörde eine vom Pflichtigen rechtswidrig verweigerte, vertretungsfähige Handlung auf dessen Kosten durch eine amtliche Stelle oder einen Dritten vornehmen lässt (BGer vom 23. Juni 1997, in: ZBl 1998 S. 138 E. 1a). Sie dient der Durchsetzung bestehender, gesetzlich normierter Rechte und Pflichten und stellt ein verwaltungsrechtliches Vollstreckungsmittel zur Wiederherstellung des rechtmässigen Zustands dar (VerwG SZ vom 29. April 2003, in: EGVSZ 2003 S. 165 E. 8a; VerwG GR vom 7. Juni 2002, in: PVG 2002 Nr. 5 E. 1a). 3115

Definitionsgemäss wird bei der Ersatzvornahme die **primäre Leistungspflicht** in eine **Duldungspflicht** und in die **Pflicht zur Bezahlung der Kosten**, die durch die 3116

Ersatzvornahme entstehen, umgewandelt (VerwG SZ vom 29. April 2003, in: EGVSZ 2003 S. 165 E. 8a; VerwG GR vom 7. Juni 2002, in: PVG 2002 Nr. 5 E. 1a; VerwG SG vom 19. März 2002, in: GVP 2002 Nr. 66 E. 1c). Entsprechend hat sich die Ersatzvornahme grundsätzlich auf jene Gegebenheiten zu beschränken, die Folgen der Pflichtverletzung darstellen und der Wiederherstellung des rechtmässigen Zustands dienen (z.B. Rückbauverfügung betr. die baurechtswidrigen Teile; vgl. VerwG ZH vom 11. Mai 2000, VB.2000.00046, E. 3e).

3117 Die Ersatzvornahme setzt eine **vollstreckungsfähige Sachverfügung** voraus. In diesem Sinne vollstreckungsfähig sind nur inhaltlich hinreichend bestimmte Verfügungen, das heisst der Adressat muss diesen klar entnehmen können, was er zu tun hat; eine Verfügung kann hingegen nicht als vollstreckbar gelten, wenn sie derart allgemein gehalten ist, dass es späterer Konkretisierungen bedarf, damit die Pflichten der Adressaten ersichtlich sind. In diesem Fall hat eine neue Sachverfügung zu ergehen (BGer vom 7. Juni 2007, 2A.711/2006, E. 3; VerwG ZH vom 25. Jan. 2001, VB.2000.00117, E. 5a).

3118 Da mit der Ersatzvornahme keine neue Pflicht geschaffen, sondern nur eine sachgesetzlich bereits bestehende Pflicht umgesetzt wird, ist diese Massnahme auch **ohne ausdrückliche gesetzliche Grundlage** zulässig (BGE 105 Ib 343 E. 4b, 100 Ia 348 E. 2; Baudepartement SG vom 22. Aug. 2005, in: GVP 2005 Nr. 105 E. 2; VerwG LU vom 26. Sept. 2002, in: LGVE 2002 II Nr. 45 E. 12b). Ferner ist die Ersatzvornahme als exekutorische Sanktion (Abschleppen eines Fahrzeugs, Zurückschneiden einer Hecke oder Abbruch eines baurechtswidrig erstellten Gebäudes) neben einer allenfalls zu erfolgenden repressiven Sanktion statthaft (VerwG ZH vom 5. Jan. 2005, VB.2004.00165, E. 2). Auch ist die Ersatzvornahme unabhängig davon, ob die betreffende Person den zu beseitigenden rechtswidrigen Zustand schuldhaft verursacht hat oder nicht (VerwG ZH vom 25. April 2002, VB.2002.00071, E. 4f).

3119 Nach Lehre und Rechtsprechung ist die Ersatzvornahme nur nach **vorheriger Androhung** unter Einräumung einer **angemessenen Frist** zulässig (BGer vom 23. Juni 1997, in: ZBl 1998 S. 138 E. 1b). Die Androhung der Ersatzvornahme kann unselbstständig mit der zu vollstreckenden Anordnung bzw. Sachverfügung verbunden oder aber selbstständig erlassen werden (VerwG BE vom 16. Dez. 2008, in: BVR 2009 S. 557 E. 1.2; VerwG ZH vom 19. Feb. 2003, VB.2002.00204, E. 3a). Wird sie zusammen mit der Sachverfügung (unselbstständig) erlassen, müssen darin sämtliche Modalitäten der Ersatzvornahme eindeutig bestimmt sein und der Umfang des Eingriffs, insbesondere auch, was die voraussichtlichen Kosten betrifft, den Betroffenen deutlich gemacht werden (Bau-, Verkehrs- und Energiedirektion BE vom 12. Nov. 2003, in: BVR 2005 S. 91 E. 2d). Ergeht die Androhung der Ersatzvornahme unter Fristansetzung selbstständig als Vollstreckungsverfügung, kann hiergegen zumindest vorgebracht werden, die Frist sei zu kurz bemessen oder die veranschlagten Kosten seien zu hoch (VerwG ZH vom 6. Juli 2000, VB.2000.00146, E. 2b; zur Anfechtung von Vollstreckungsverfügungen Rz. 2458 ff.).

3120 Die eigentliche **Durchführung der Ersatzvornahme** ist ein **Realakt**: Wird in einem Schreiben im Anschluss an eine Sach- und Vollstreckungsverfügung die Ersatzvornahme (in casu: Durchführung der technischen Kontrolle der elektrischen Niederspannungsinstallationen) angekündigt, handelt es sich dabei um keine Verfügung, sondern um einen Realakt, gegen den keine Beschwerde erhoben werden kann

(BVGer vom 18. Mai 2010, A-5646/2009, E. 3.2; VerwG BE vom 16. Dez. 2008, in: BVR 2009 S. 557 E. 1).

Die **Frist** ist so zu bemessen, dass der Verpflichtete nach dem gewöhnlichen Lauf der 3121 Dinge selber das Notwendige vorkehren kann: Der Verpflichtete muss im Hinblick auf eine Abbruchverfügung genügend Zeit haben, um ein Abbruchunternehmen zu finden, dieses mit dem Abbruch zu beauftragen und den Abbruch ausführen zu lassen (VerwG BE vom 28. Aug. 2000, in: BVR 2001 S. 207 E. 3d). Sodann ist das bei der Fristansetzung zu berücksichtigende öffentliche wie auch private Interesse (beispielsweise von Nachbarn) an der möglichst unverzüglichen Wiederherstellung des rechtmässigen Zustandes um so stärker zu gewichten, je gravierender gegen materiell-rechtliche Vorschriften verstossen wird (VerwG ZH vom 5. Dez. 2002, VB.2002.00307, E. 2a). Eine Frist von drei Jahren zum Abbruch rechtswidrig erstellter Folientunnel in einer Gärtnerei ist unverhältnismässig lang und verletzt das Interesse der Öffentlichkeit an der Einhaltung der Bauvorschriften wie auch das Interesse der betroffenen Nachbarn (VerwG BE vom 28. Aug. 2000, in: BVR 2001 S. 207 E. 3e).

Die **Kostentragungspflicht** der pflichtigen Person ist integrierender Bestandteil der 3122 Ersatzvornahme und besteht auch ohne ausdrückliche Normierung; eine besondere gesetzliche Grundlage für die Auferlegung der Kosten bedarf es somit nicht, da sich die entsprechende Befugnis bereits aus der Vollzugskompetenz des Gemeinwesens gegenüber dem säumigen (Real-)Leistungspflichtigen ergibt (VerwG SZ vom 29. April 2003, in: EGVSZ 2003 S. 165 E. 8a; VerwG LU vom 26. Sept. 2002, in: LGVE 2002 II Nr. 45 E. 12b; VerwG SG vom 19. März 2002, in: GVP 2002 Nr. 66 E. 1d).

Die **Höhe der Kosten** entsprechen in der Regel denjenigen, die einem Pflichtigen 3123 auch ohne Säumnis ohnehin entstanden wären, allenfalls vermehrt um die der mit der Ersatzvornahme betrauten Behörde zusätzlich für administrative Umtriebe entstandenen Auslagen. Es können dem Pflichtigen jedoch nur die zur Beseitigung des rechtswidrigen Zustands notwendigen Kosten auferlegt werden (Baudepartement SG vom 22. Aug. 2005, in: GVP 2005 Nr. 105 E. 2). Für die Bemessung der entschädigungspflichtigen Kosten drängt sich der Vergleich mit den aus dem Verhältnismässigkeitsprinzip abgeleiteten Grundsätzen des Kostendeckungs- und Äquivalenzprinzips im (Kausal-)Abgaberecht auf (VerwG SZ vom 29. April 2003, in: EGVSZ 2003 S. 165 E. 8b).

Sind die **Kosten der Ersatzvornahme strittig**, hat die Rechtsmittelinstanz zu prüfen, 3124 ob die Höhe der Kosten gerechtfertigt ist bzw. dem tatsächlichen Aufwand entspricht und im Rahmen der üblichen Ansätze und Tarife liegt (vgl. Baudepartement SG vom 22. Aug. 2005, in: GVP 2005 Nr. 105 E. 2; VerwG SO vom 21. Sept. 2001, in: SOG 2001 Nr. 30 E. 5). Sowohl die Überwälzung von Kosten für nicht notwendige oder unzweckmässige Massnahmen als auch die Auferlegung übermässiger bzw. nicht mehr angemessener Kosten verletzen den Grundsatz der Verhältnismässigkeit (VerwG GR vom 7. Juni 2002, in: PVG 2002 Nr. 5 E. 2a).

Praxis:

3125 – **Modalitäten der Ersatzvornahme (Zurückschneiden von Bäumen und Sträuchern):** Im vorliegenden Fall hat die Gemeinde in ihren Sachverfügungen vom 12. Dez. 2002 die Beschwerdeführenden aufgefordert, die Bepflanzungen auf das Lichtraumprofil zurückzuschneiden und ihnen hierzu Frist bis 31. Jan. 2003 gesetzt. Gleichzeitig hat sie für den Unterlassungsfall die Ersatzvornahme auf Kosten der Beschwerdeführenden angedroht, ohne diese jedoch näher zu bezeichnen. Die Verfügungen enthielten keinerlei Angaben zu den ungefähren finanziellen Konsequenzen für die einzelnen Waldbesitzer. Nach Ablauf der Frist ist die Gemeinde unmittelbar zur Ersatzvornahme geschritten, indem sie die Forstarbeiten durch eine Drittunternehmung ausführen liess. Eine Vollstreckungsverfügung, die gegenüber den Beschwerdeführenden die Einzelheiten der Ersatzvornahme rechtsverbindlich festhielt, hat sie nicht erlassen. Dieses Vorgehen der Gemeinde entspricht nach Meinung der Bau-, Verkehrs- und Energiedirektion des Kantons Bern nicht den gesetzlichen Anforderungen an ein Vollstreckungsverfahren. Die Vollstreckungsverfügung könnte zwar grundsätzlich zusammen mit der Sachverfügung erlassen werden. Diesfalls müssten darin jedoch sämtliche Modalitäten der Ersatzvornahme eindeutig bestimmt sein und der Umfang des Eingriffs den Betroffenen deutlich gemacht werden. Vorliegend entsprechen die Sachverfügungen vom 12. Dez. 2002 diesen Anforderungen nicht. Die Verfügungen enthalten keine Angaben über den Zeitpunkt und den genauen Ort der Ersatzvornahme. Auch der jeweilige Umfang der zurückzuschneidenden Waldbereiche ist nicht näher aufgeführt. Insbesondere fehlen aber jegliche Angaben über die voraussichtlichen Kosten, welche die Beschwerdeführenden zu erwarten hätten. Die Einzelheiten der Ersatzvornahme und deren Umfang waren deshalb vor der tatsächlichen Durchführung nicht hinreichend klar bestimmt. Das Vorgehen der Gemeinde genügt den Anforderungen an eine rechtsgültige Ersatzvornahme offensichtlich nicht. Aus diesen Gründen war die Gemeinde auch nicht berechtigt, die Kosten für die von ihr in Auftrag gegebenen Arbeiten auf die Beschwerdeführenden zu überwälzen (Bau-, Verkehrs- und Energiedirektion BE vom 12. Nov. 2003, in: BVR 2005 S. 91 E. 2c und E. 2d).

3126 – **Bemessung der Frist für den Abbau einer baurechtswidrigen Mauer:** In der Sache macht die Beschwerdeführerin geltend, die Baubehörde hätte in ihrer Vollstreckungsverfügung vom 4. Feb. 2002 den Beginn der Abbrucharbeiten nicht vor Ablauf der 30-tägigen Rechtsmittelfrist festsetzen dürfen. Indem die Baubehörde die Drittvornahme bereits auf den 13. Feb. 2002 festgesetzt habe, habe sie der Beschwerdeführerin die Möglichkeit genommen, die Ersatzvornahme durch eigenes Handeln zu verhindern und darüber hinaus in einem gerichtlichen Verfahren überprüfen zu lassen. Eine Frist von sechs Tagen zwischen Zustellung (7. Feb. 2002) und Ersatzvornahme (13. Feb. 2002) sei zu kurz und damit unverhältnismässig. Erwägungen: Der Ersatzvornahme muss eine entsprechende Androhung vorangehen. Dem Pflichtigen ist gleichzeitig eine angemessene Frist zur Erfüllung anzusetzen, womit die Frist dem Verhältnismässigkeitsgrundsatz (Art. 5 Abs. 2 BV) entsprechen muss. In der ursprünglichen Sachverfügung vom 23. Feb. 1999 ordnete die Beschwerdegegnerin an, dass die ohne Bewilligung erstellte Erhöhung innerhalb von 90 Tagen abzubauen sei. Für den Fall, dass die Arbeiten bis zu diesem Zeitpunkt nicht beendet sein sollten, werde der Beschwerdeführerin die Ersatzvornahme angedroht. Die Angemessenheit jener Frist ist nicht mehr Gegenstand dieses Verfahrens; sie wurde bereits von der Vorinstanz und vom Verwaltungsgericht mit Urteil vom 30. März 2000 rechtskräftig als verhältnismässig beurteilt. Die dagegen erhobene Beschwerde wies das Bundesgericht mit Urteil vom 24. Jan. 2001 ab. Für die Beurteilung der vorliegend erhobenen Rüge ist das damalige Urteil des Verwaltungsgerichts jedoch insofern relevant, als das Gericht dort ausdrücklich festhielt, dass die Frist für den Abbau der Mauer mit Rechtskraft des Urteils zu laufen beginne. Der Fristenlauf begann entgegen der Auffassung der Beschwerdeführerin nicht erst mit dem Versand des bundesgerichtlichen Urteils vom 24. Jan. 2001, sondern bereits mit der Zustellung des Urteils des Verwaltungsgerichts (30. März 2000). Damit endete die Frist Ende Juni 2000. Bereits zu diesem Zeitpunkt hätte die Beschwerdeführerin die Arbeiten vollendet haben müssen. Spätestens Ende Jan. 2001 jedoch, als das Bundesgericht die erhobene Beschwerde abwies, hätte der Beschwerdeführerin klar sein müssen, dass die Arbeiten unverzüglich an die Hand zu nehmen sind. Dass ihr für die Arbeiten zu wenig Zeit geblieben wäre oder dass sie keine Möglichkeit gehabt hätte, die Ersatzvornahme durch eigenes Handeln zu vermeiden, kann nach dem Gesagten nicht ernsthaft behauptet werden. Ferner drohte das Bauamt am 16. Aug. 2001 die Ersatzvornahme an und setzte eine Frist von einem Monat zur Erfüllung der Pflicht (Abbruch der Mauer) an. Dass die Baubehörde hier für die Erfüllung der Anordnung eine relativ kurze Frist von rund einem Monat ansetzte, ist angesichts der gesamten Vorgeschichte nicht zu beanstanden. Die Behörde hat bei der Festsetzung der Fristlänge dem bisherigen Verhalten des Pflichtigen Rechnung zu tragen und darf dabei namentlich berücksichtigen, dass dieser trotz Bestätigung der angefochtenen Verfügung durch sämtliche Rechtsmittelinstanzen seinen daraus resultierenden Pflichten nicht nachgekommen ist. Nach der Verfügung des Bauamtes hätten die Arbeiten jedenfalls spätestens Mitte Sept. 2001 beendet sein sollen, ansonsten eben zur Ersatzvornahme geschritten werden konnte. Die Ansetzung einer weiteren Monatsfrist war nicht notwendig; sie wäre im Gegenteil dem Verbot der Rechtsverzögerung (Art. 29 Abs. 1 BV) zuwidergelaufen (VerwG ZH vom 19. Feb. 2003, VB.2002.00204, E. 3).

– **Vollstreckung einer Sanierungsverfügung:** Die Firma A betreibt in X eine Anlage zur Auf- 3127
arbeitung von Rohstoffen aus dem Schlachtprozess von Tieren. Die Anlage wurde von der Firma A und ihrer Rechtsvorgängerin seit Jahrzehnten an diesem Ort betrieben, doch wurden verschiedentlich Änderungen und Ergänzungen vorgenommen. Die Produktionsprozesse der Firma A verursachen teilweise starke unangenehme Gerüche, die immer wieder zu Beschwerden der Anwohner führten. Die zuständigen Behörden verpflichteten die Betreiberin wiederholt zu Massnahmen, welche die Belästigung der Umgebung mit Gerüchen verhindern sollten. Seit 1996 werden die Abluftströme der Anlage durch das Institut für Hygiene und Arbeitsphysiologie der ETH Zürich mittels olfaktorischer Messungen (Geruchsmessungen) überprüft. Mit Verfügung vom 26. Juli 1999 traf der Vorsteher des Gesundheits- und Umweltdepartements der Stadt Zürich die Anordnung, dass die Firma A verpflichtet wird, ihren Betrieb bis zum 30. Nov. 1999 so zu sanieren, dass die massgebenden Grenzwerte eingehalten werden können. Für den Fall, dass der festgelegte Grenzwert innert der gesetzten Frist nicht eingehalten wird, sah die Verfügung in Dispositiv Ziff. 5 vor, dass die besonders geruchsbelasteten Prozesse stillzulegen seien. Diese Verfügung wurde angefochten. Betreffend der umstrittenen Ziff. 5 der Verfügung vom 26. Juli 1999 führte das Verwaltungsgericht folgendes aus: Sowohl die Parteien wie auch die Vorinstanz gehen davon aus, dass es sich bei dieser Aussage um eine verbindliche Anordnung handelt, die im Fall einer Überschreitung der Grenzwerte lediglich noch zu vollstrecken wäre. Die Voraussetzungen eines ausreichend konkretisierten, vollstreckbaren Verwaltungsakts sind in Dispositiv Ziff. 5 der Verfügung des Beschwerdegegners vom 26. Juli 1999 allerdings nicht erfüllt. Die Bestimmung legt nicht fest, welche Prozesse als besonders geruchsbelastet zu gelten haben und im Fall einer Überschreitung des Grenzwertes stillzulegen seien. Des Weiteren hat die Beschwerdeführerin zu Recht darauf hingewiesen, dass nicht geklärt ist, ob jede noch so geringfügige und kurzfristige Überschreitung des Grenzwertes zur Stilllegung der betreffenden Prozesse führen müsste. Auch diesbezüglich bedürfte die Anordnung des Beschwerdegegners einer Konkretisierung, bevor sie vollstreckt werden könnte. Dispositiv Ziff. 5 der angefochtenen Verfügung enthält somit keine Anordnung im Sinn eines konkreten, selbstständig vollstreckbaren Verwaltungsakts. Als blosse Androhung ist die Bestimmung nicht anfechtbar, da das anwendbare Recht an eine Androhung dieser Art keine Rechtsfolgen knüpft. Gegen Dispositiv Ziff. 5 ist somit kein Rechtsmittel zulässig. Soweit die Beschwerdeführerin die Aufhebung dieses Teils des Dispositivs verlangt, ist auf ihre Beschwerde nicht einzutreten. Im Hinblick auf die Weiterführung des Sanierungsverfahrens durch den Beschwerdegegner erscheint eine vorläufige Klärung der angesprochenen Rechtsfragen dennoch am Platz. Eine Stilllegung einzelner Produktionsprozesse setzt voraus, dass die Emissionsbegrenzung mit Bezug auf die Einhaltung der Grenzwerte in zeitlicher Hinsicht sowie bezüglich der angedrohten Stilllegung einzelner Produktionsprozesse festgelegt werden muss. Erst für den Fall einer Missachtung derart konkretisierter Massnahmen stehen die Vollzugsmittel des Verwaltungsverfahrensrechts zur Verfügung. Eine Stilllegung einzelner Produktionsprozesse kann demnach nicht als blosse Vollzugsmassnahme auf die angefochtene Verfügung gestützt werden. Die Emissionsbegrenzung bedarf zunächst einer Präzisierung mit Bezug auf die Ein-

haltung der Grenzwerte in zeitlicher Hinsicht sowie bezüglich der angedrohten Stilllegung einzelner Produktionsprozesse. Für den Fall einer Missachtung derart konkretisierter Massnahmen stehen dem Beschwerdegegner die Vollzugsmittel des Verwaltungsverfahrensrechts zur Verfügung. Resultieren in der Umgebung der Anlage übermässige Immissionen, kann der Beschwerdegegner ferner von Anfang an auch verschärfte Massnahmen anordnen, welche nötigenfalls zu einer Stilllegung von Produktionsprozessen oder der gesamten Anlage führen können (VerwG ZH vom 25. Jan. 2001, VB.2000.00117, E. 5).

3128 – **Höhe der Kosten:** Die zuständige Behörde liess die angedrohte und verfügte Ersatzvornahme durch eine Unternehmung durchführen und stellte in der Folge die von der beauftragten Unternehmung geltend gemachten Kosten vollumfänglich dem Pflichtigen in Rechnung. Nach Lehre und Rechtsprechung bedeutet Ersatzvornahme, dass die Behörde eine vom Pflichtigen rechtswidrig verweigerte, vertretbare Handlung auf dessen Kosten durch eine amtliche Stelle oder einen Dritten vornehmen lässt. Die Kostentragungspflicht der pflichtigen Person ist integrierender Bestandteil der Ersatzvornahme und besteht daher auch ohne ausdrückliche Normierung; die Umwandlung der Realleistungspflicht in eine Kostentragungspflicht ist gerade Wesensmerkmal der Ersatzvornahme. Voraussetzung ist, dass die Ersatzvornahme rechtmässig geschehen ist. Die Pflicht zum Kostenersatz erfährt alsdann eine Beschränkung durch den Grundsatz der Verhältnismässigkeit, wonach die Behörden für eine zweckmässige Ausführung im Rahmen der üblichen Preise zu sorgen haben. An die Sorgfaltspflicht der Behörde ist dabei ein durchschnittlicher Massstab anzulegen. Sowohl die Überwälzung von Kosten für nicht notwendige oder unzweckmässige Massnahmen als auch die Auferlegung von übermässigen beziehungsweise nicht angemessenen Kosten verletzen den Grundsatz der Verhältnismässigkeit. Rechnungen Dritter darf die Behörde nicht ungeprüft weiterbelasten. Vielmehr muss sie kontrollieren, ob der geltend gemachte Betrag dem tatsächlichen Aufwand entspricht und ob die Kostenansätze im Rahmen allfälliger Tarife oder im Rahmen der Ansätze der entsprechenden Branche liegen. Vom Pflichtigen ist Kostenersatz auch nur insoweit geschuldet, als die verlangten Kosten adäquat kausal auf das pflichtwidrige Unterlassen der vertretbaren Handlung zurückzuführen sind. Kosten, deren Entstehung vernünftigerweise nicht mehr der Renitenz des Pflichtigen zugeschrieben werden können, sind nur zu ersetzen, wenn dies rechtssatzmässig besonders vorgesehen wird. Vorliegend erweist sich der von der beauftragten Unternehmung in Rechnung gestellte Zeitaufwand als übersetzt, weshalb der für die Ersatzvornahme zu leistende Betrag entsprechend reduziert wird (Baudepartement SG vom 22. Aug. 2005, in: GVP 2005 Nr. 105 E. 2).

3. Antizipierte Ersatzvornahme

3129 Eine **antizipierte Ersatzvornahme** bedeutet, dass die Verwaltungsbehörde eine dem Privaten obliegende pflichtwidrig verweigerte Handlung auf dessen Kosten durch eine amtliche Stelle oder durch eine Drittperson **ohne Fristansetzung und Androhung** verrichten lässt, wenn von vornherein feststeht, dass dem Pflichtigen die rechtlichen oder tatsächlichen Mittel fehlen, um der behördlichen Anordnung innert vernünftiger Frist nachzukommen (BGE 127 I 60 E. 5b, 122 II 65 E. 6a, 114 Ib 44 E. 2a; BGer vom 26. Okt. 2001, 1A.60/2001, E. 3b/aa; BGer vom 23. Juni 1997, in: ZBl 1998 S. 138 E. 1a).

3130 Auch die antizipierte Ersatzvornahme setzt somit zunächst einmal voraus, dass eine **primäre Leistungspflicht** besteht und die betreffende Person diesen als Störer verursacht hat (BGer vom 23. Juni 1997, in: ZBl 1998 S. 138 E. 1a). Sind beispielsweise Verbotssignale im Strassenverkehr nicht klar und ohne Weiteres erkennbar und erweist sich die betreffende Signalisation als ungenügend, darf ein Fahrzeug nicht abgeschleppt werden; eine antizipierte Ersatzvornahme fällt von vornherein ausser Betracht (VerwG ZH vom 5. Jan. 2005, VB.2004.00165, E. 5.2). Hat eine Behörde den Veranstaltern einer Demonstration nicht zum Voraus auferlegt, selbst für einen Ordnungsdienst zu sorgen oder anderweitige Massnahmen zu treffen, fehlt es an einer primären Leistungspflicht und entsprechend an einer Pflichtwidrigkeit (RR SZ vom 25. Nov. 2003, in: ZBl 2004 S. 536 E. 8.2 und E. 8.3). Handelt es sich beim Unkrauttatbestand längs von Strassenrändern nicht um einen polizeiwidrigen Zustand und hat der Beschwerdeführer diesen nicht als Störer verursacht, ist eine antizipierte Ersatzvornahme nicht zulässig (BGer vom 23. Juni 1997, in: ZBl 1998 S. 138 E. 1a). Ist der Störer zunächst noch unbekannt und ist Gefahr in Verzug, darf sich die Behörde eine ausgedehnte Suche nach dem Störer ersparen (Verwaltungsrekurskommission SG vom 28. Mai 2002, in: GVP 2002 Nr. 37 E. 4c/bb).

Eine **Vollstreckungsverfügung**, welche den Störer zur Herstellung des rechtmässigen Zustands verpflichtet, ist ebenso wenig erforderlich wie die Androhung der Massnahme bzw. die Festlegung einer Frist (VerwG ZH vom 5. Jan. 2005, VB.2004.00165, E. 4; RR SZ vom 25. Nov. 2003, in: ZBl 2004 S. 536 E. 8.1). Entsprechend fallen Sachverfügung, Vollstreckungsverfügung und Vollstreckung (als Realakt) bei einer antizipierten Ersatzvornahme zusammen (VerwG ZH vom 25. Sept. 2007, VB.2007.00248, E. 3.1; vom 10. März 2003, VB.2002.00448, E. 2). 3131

Dagegen erfolgt üblicherweise die **Kostenauflage** in Form einer anfechtbaren Verfügung, damit die Höhe der Kosten und damit die Einhaltung des Verhältnismässigkeitsprinzips von den Beschwerdeinstanzen überprüft werden können (VerwG ZH vom 10. März 2003, VB.2002.00448, E. 2). Entsprechend müssen, damit sich eine Kostenauflage rechtfertigt, die im Rahmen der unmittelbaren Ersatzvornahme getroffenen Massnahmen geeignet, erforderlich und zumutbar sein, um den rechtmässigen Zustand wiederherzustellen (Verwaltungsrekurskommission SG vom 28. Mai 2002, in: GVP 2002 Nr. 37 E. 4c/cc). Demzufolge hat der Betroffene einen unverhältnismässigen Einsatz der Feuerwehr nicht zu vergüten (VerwG SO vom 6. März 2000, in: SOG 2000 Nr. 26 E. 2 und E. 4 [übersetzte Kostenauferlegung eines Feuerwehreinsatzes, bei dem 19 Mann ausrückten, die insgesamt 52 Stunden im Einsatz waren, um 8 m^3 kontaminiertes Erdreich abzugraben und zu entsorgen]). 3132

Bei **Haftungskonkurrenz** sind die Kosten in erster Linie vom Verhaltensstörer, in letzter Linie vom Zustandsstörer zu tragen. Die Quoten sind nach möglichst genauer Klärung des Hergangs festzusetzen und analog Art. 54 GSchG oder Art. 59 USG den einzelnen Verursachern zuzuordnen (VerwG LU vom 26. Sept. 2002, in: LGVE 2002 II Nr. 45 E. 12 c/aa; VerwG ZH vom 25. April 2002, VB.2002.00071, E. 4e; VerwG SO vom 6. März 2000, in: SOG 2000 Nr. 26 E. 2). 3133

Vereinzelt verlangt die Praxis, eine antizipierte Ersatzvornahme sei nur bei einer bereits eingetretenen **schweren Störung von Polizeigütern** und bei **zeitlicher Dringlichkeit** zulässig, also nur dann, wenn die Voraussetzungen für die Anwendung der polizeilichen Generalklausel erfüllt sind (vgl. Hinweise in VerwG ZH vom 5. Jan. 2005, VB.2004.00165, E. 4; RR SZ vom 25. Nov. 2003, in: ZBl 2004 S. 536 E. 9.1; KÖLZ/BOSSHART/RÖHL, § 31, N. 3; ferner JAAG/HÄGGI, VwVG-Praxiskommentar, Art. 41 VwVG, Rz. 17, mit dem Argument, es müsse dem Pflichtigen möglich sein, einen Dritten seiner Wahl mit der Herstellung des rechtmässigen Zustands zu beauftragen, wenn er dazu nicht selbst in der Lage sei). 3134

3135 **Keine zeitliche Dringlichkeit** besteht jedenfalls dann, wenn die betreffenden Arbeiten jahrelang immer wieder hinausgeschoben wurden, ohne dass polizeiwidrige Zustände eingetreten sind (VerwG ZH vom 20. Juni 2002, VB.2002.00076, E. 3 [Kanalisationsanschluss]). Ist hingegen ein **Fahrzeug in einem Halteverbot** und nicht nur Parkverbot abgestellt, besteht eine besondere Dringlichkeit, dass das störende Fahrzeug sofort polizeilich weggeschafft wird; die Polizei kann diese Massnahme ergreifen, ohne den betroffenen Lenker vorgängig zu informieren (BGer vom 11. Juni 2008, 1C_364/2007, E. 3.4 und E. 3.5; anders nur, falls der Lenker hinzutritt, während die Polizei den Verstoss feststellt und bevor sie den Abschleppdienst aufbietet).

Praxis:

3136 – **Verhältnismässigkeit einer Ersatzvornahme (Abschleppen eines Fahrzeugs):** Am 6. Juni 2003 auferlegte das Kommissariat Verkehrspolizei der Stadtpolizei Zürich A Gebühren von Fr. 425.– für das Abschleppen seines Fahrzeugs, weil dieses am 30. Sept. 2002 zwischen 8.00 und 8.35 Uhr an der L-/M-Strasse in Zürich vorschriftswidrig innerhalb des signalisierten Halteverbots parkiert gewesen sei und andere Verkehrsteilnehmer behindert habe. An der relevanten Stelle war am 25. Sept. 2002 mit Wirkung ab Montag, 30. Sept. 2002, 6.00 Uhr, ein Halteverbot für drei Parkplätze der Blauen Zone signalisiert worden. Da das Fahrzeug von A die Umzugsarbeiten einer Zügelfirma behinderte, wurde es durch den angeforderten Abschleppdienst ins Parkhaus Hohe Promenade gebracht. Vor Verwaltungsgericht war unter anderem die Verhältnismässigkeit dieser Massnahme umstritten. Erwägungen: Die antizipierte Ersatzvornahme ist zulässig, wenn zum Schutz von Rechtsgütern sofortiges Handeln erforderlich ist oder wenn von vornherein feststeht, dass dem Pflichtigen die rechtlichen oder tatsächlichen Mittel fehlen, um der behördlichen Anordnung innert vernünftiger Frist nachzukommen. Antizipierte Ersatzvornahmen sind somit nur unter folgenden Voraussetzungen zulässig, welche zudem einschränkend zu verstehen sind: Dringlichkeit als Rechtfertigungsgrund für eine antizipierte Ersatzvornahme ist nur dort zu bejahen, wo Letztere erforderlich ist, um eine schwere oder unmittelbar drohende Gefährdung oder eine bereits eingetretene schwere Störung von Polizeigütern zu beseitigen, d.h. wo die Voraussetzungen für die Anwendung der polizeilichen Generalklausel erfüllt sind. In der Lehre wird zudem teilweise die Auffassung vertreten, die antizipierte Ersatzvornahme rechtfertige sich einzig bei Dringlichkeit. Art. 31 der Allgemeinen Polizeiverordnung der Stadt Zürich vom 30. März 1977 (APV) lässt das Abschleppen von Fahrzeugen nicht nur in einem derart eng abgesteckten Rahmen zu. Gleichwohl ist bei der Anwendung dieser Vorschrift das Verhältnismässigkeitsprinzip zu beachten. Nach Art. 31 Abs. 1 APV kann die Polizei vorschriftswidrig oder ohne vorschriftsgemässe Kontrollschilder auf öffentlichem Grund parkierte Fahrzeuge sowie Fahrzeuge, die öffentliche Arbeiten oder eine rechtmässige Benützung des öffentlichen Grundes behindern oder gefährden, wegschaffen, wegschaffen lassen oder, sofern der Eigentümer innert nützlicher Frist nicht erreicht werden kann oder die Anordnungen der Polizei nicht befolgt werden, in amtliche Verwahrung nehmen. Nach Art. 31 Abs. 2 APV hat der Eigentümer für die Wegschaffung und Unterbringung eine vom Stadtrat festzulegende Gebühr zu entrichten. Die Auffassung der Vorinstanzen, dass keine Rechtspflicht der Polizei bestehe, zu versuchen, den verantwortlichen Fahrzeuglenker vorerst telefonisch in Kenntnis zu setzen, dass sein Auto abgeschleppt werde bzw. ihm innerhalb enger zeitlicher Frist die Gelegenheit zum Umparkieren zu geben, überzeugt nicht. Zwar ist bei der antizipierten Ersatzvornahme nicht rechtsnotwendig, dass der Betreffende vorgängig informiert wird und ihm unter Fristansetzung Gelegenheit zur selbstständigen Erfüllung eingeräumt wird. Doch ergibt sich aus dem Verhältnismässigkeitsprinzip für die Behörden die Pflicht, eine Ersatzvornahme angesichts dessen, dass ein sofortiger Vollzug erheblich in die Rechtsstellung eines Individuums eingreift, erst als ultima ratio einzusetzen. Solange durch dieses Vorgehen eine vernünftige Frist eingehalten ist, welche die Interessen der durch das Fahrzeug behinderten oder gefährdeten Personen und Rechtsgüter angemessen berücksichtigt, ist diese Variante verhältnismässiger. Bei erfolgreicher Kontaktaufnahme und schneller Reaktion des Pflichtigen können die berechtigten Anliegen der vom Auto am Umzug behinderten Person gar angemessener berücksichtigt werden. Davon zeugt auch die Praxis der Stadtpolizei, wonach in der Regel versucht wird, den Fahrzeughalter vorgängig zu kontaktieren. Ob ein Abschleppen vor telefonischer Benachrichtigung des Pflichtigen in der vorliegenden Sache vor dem Verhältnismässigkeitsgebot standhält, muss jedoch vorliegend nicht abschliessend beantwortet werden, da sich die Ersatzvornahme aus anderen Gründen als unrechtmässig erweist. Denn vorliegend waren die Verbotssignale nicht klar und nicht ohne Weiteres erkennbar und entsprachen nicht der Signalisationsverordnung (VerwG ZH vom 5. Jan. 2005, VB.2004.00165, E. 4 und E. 5).

– **Kostenauflage für antizipierte Ersatzvornahme (Ölunfall):** Auf dem Areal der Firma H in W ereignete sich ein Ölunfall. Der Brunnenmeister der Bürgergemeinde, X, und ein Ortungstechniker, P, hatten nach einem Wasserleitungsbruch gesucht. P stiess ein Stemmeisen in die Erde. Dabei wurde das umhüllende Rohr einer Verbindungsleitung zur Diesel-Tankstelle der Firma H verletzt, sodass Öl ausfloss. Die Feuerwehr konnte ca. 20l Öl auffangen. Der kontaminierte Boden wurde ausgehoben und deponiert. Es konnte die ganze Ölverlustmenge zurückgewonnen werden. Einige Tage später zeichnete sich an einer weiteren Stelle eine geringfügige Kontamination mit Öl ab. Eine Untersuchung zeigte einen Haarriss am Schutzrohr. Die Kontamination umfasste nur wenige dm^3 Erdmaterial. Das Volkswirtschaftsdepartement berechnete, durch diesen Unfall seien dem Kanton Kosten in der Höhe von Fr. 18'262.70 entstanden. H habe es unterlassen, für einen einwandfreien Betrieb und für die Wartung der Anlagen zu sorgen. Ferner wären Schutzmassnahmen zu treffen gewesen, die es ermöglichen, Flüssigkeitsverlust zu verhindern. Er sei deshalb als Verhaltensstörer zu qualifizieren. Als Inhaber der schadhaften Anlage sei er zudem auch Zustandsstörer. P habe beim Suchen eines Wasserleitungsbruchs die Verbindungsleitung zwischen Öltank und Tanksäule durch einen Hieb mit dem Stemmeisen verletzt. Er habe damit unmittelbar die Ursache dafür gesetzt, dass Öl habe auslaufen können. Herr P sei deshalb Verhaltensstörer in Bezug auf zwei Schadenstellen. Die Kosten wurden zu 95% (oder Fr. 17'349.60) H und zu 5% (Fr. 913.10) Herrn P auferlegt. Herr P hat die Rechnung bezahlt. H führt Verwaltungsgerichtsbeschwerde. Das Gericht heisst die Beschwerde teilweise gut. Erwägungen: Die Kosten der zur Abwehr einer unmittelbar drohenden Gefahr für die Gewässer sowie die zur Feststellung und zur Behebung eines Schadens getroffenen behördlichen Massnahmen sind dem Verursacher zu überbinden (Art. 54 GSchG). Kommen mehrere Personen als Störer in Betracht, so muss die Behörde die Kosten unter diesen nach dem subjektiven und objektiven Anteil eines jeden Beteiligten an der Verursachung aufteilen. Die Behörde kann demnach nicht einen der Störer mit der vollen Zahlungspflicht belasten und es ihm überlassen, sich mit weiteren Verantwortlichen auseinanderzusetzen. Unter den verschiedenen Verursachern besteht keine Solidarhaft. Die Kosten sind vielmehr nach möglichst genauer Abklärung des Unfallhergangs zu verteilen. Dabei stehen das Verschuldenselement und das kausale Element nebeneinander, das heisst, nicht nur der schuldhaft eine Gewässerverschmutzung oder die Gefahr einer solchen herbeiführende Verhaltensstörer wird mit Kosten belegt, sondern auch der bloss durch seine Herrschaft über die polizeiwidrige Sache mit dem Schadenfall verknüpfte schuldlose Zustandsstörer. Vorliegend steht einmal fest, dass der Beschwerdeführer H es lange Zeit unterlassen hat, seine Anlage korrekt kontrollieren und warten zu lassen. Er ist deshalb im Sinne der oben dargestellten Rechtsprechung sowohl als Zustands- als auch als Verhaltensstörer einzustufen. Seine Unterlassung ist umso unverständlicher, weil sein Grundstück unbestrittenermassen in einer Schutzzone nach der Gewässerschutzverordnung liegt. Der Umstand, dass das Schutzrohr mit Öl gefüllt war, hat es überhaupt erst ermöglicht, dass der Ortungstechniker mit einem durch ein Stemmeisen versetzten Hieb einen Schaden zu verursachen vermochte. Es ergibt sich somit, dass die durch die Vorinstanz vorgenommene Kostenaufteilung grundsätzlich nicht zu beanstanden ist. Was die Kosten anbetrifft, fällt auf, dass die Feuerwehren eine grosse Mannschaft aufgeboten haben und dafür Kosten fakturieren, die als übersetzt erscheinen. Die Feuerwehr W rückte mit 19 Mann an, die insgesamt 52 Stunden im Einsatz waren. Hinzu kommen 74 Stunden (9 Mann) der Feuerwehr O. Dies, um insgesamt $8m^3$ kontaminiertes Erdreich durch private Firmen abgraben und entsorgen zu lassen. Die Beschwerde erweist sich somit als begründet. Die an den Beschwerdeführer ge- 3137 richtete Kostenrechnung ist ermessensweise auf Fr. 13'500.– herabzusetzen (VerwG SO vom 6. März 2000, in: SOG 2000 Nr. 26 E. 2 und E. 4).

3138 – **Kosten von Demonstrationen:** Am 3. Aug. 2001 ging beim Gemeinderat Ingenbohl ein Schreiben ein, in welchem ein Organisationskomitee (OK) darauf aufmerksam machte, dass es am 11. Aug. 2001 unter dem Motto «tanzen statt marschieren» zu einer Demonstration und einem Strassenfest in Brunnen aufrufen werde. Der Gemeinderat Ingenbohl bewilligte die Demonstration auf einer bestimmten Marschroute mit Beschluss vom 6. Aug. 2001. Die Demonstration und das Strassenfest fanden wie vorgesehen am 11. Aug. 2001 statt, wobei der Gemeinderat Ingenbohl diverse Vorkehrungen traf (Organisation von Schadenwehr, Sanitätsdienst, Werkequipe usw.). Am 26. Nov. 2001 beschloss der Gemeinderat Ingenbohl den Erlass eines Schreibens an X und den vermeintlichen Mitorganisator Y, mit welchem diese zur Bezahlung von je Fr. 6'843.25, d.h. je der Hälfte der vom Gemeinderat errechneten Aufwendungen von insgesamt Fr. 13'686.50, aufgefordert wurden, was in einem weiteren Beschluss bestätigt wurde. Der Regierungsrat heisst die Verwaltungsbeschwerde gut. Erwägungen: Vorerst steht fest, dass die Behörde den Veranstaltern der Demonstration nicht zum Voraus auferlegt hat, selbst für einen Ordnungsdienst zu sorgen oder anderweitige Massnahmen zu treffen. Eine Ersatzvornahme bzw. die Kostenüberbindung im Rahmen derselben fällt deshalb nicht in Betracht. Die Vorinstanz bringt in einer Alternativbegründung vor, im Rahmen einer antizipierten Ersatzvornahme gehandelt zu haben. Eine antizipierte Ersatzvornahme liegt vor, wenn die Verwaltungsbehörde einen polizeiwidrigen Zustand selbst beseitigt, weil der Störer, der ihn verursacht hat, dazu faktisch gar nicht in der Lage ist. In diesen Fällen besteht keine Pflicht, für die Beseitigung des rechtswidrigen Zustands zu sorgen, sondern nur die Pflicht zur Bezahlung der Kosten. Eine Verfügung, welche den Störer zur Herstellung des rechtmässigen Zustandes verpflichtet, ist nicht erforderlich. Es braucht auch keine Androhung der Ersatzvornahme. In der Lehre wird zum Teil die Ansicht vertreten, die antizipierte Ersatzvornahme sei nur zulässig, wenn sie notwendig sei, um eine schwere, unmittelbar drohende Gefährdung oder eine bereits eingetretene schwere Störung von Polizeigütern zu beseitigen, d.h. wenn die Voraussetzungen für die Anwendung der Polizeigeneralklausel erfüllt sind. Die Generalklausel kann einzig in Fällen zeitlicher Dringlichkeit angerufen werden. Es muss mit an Sicherheit grenzender Wahrscheinlichkeit angenommen werden, ohne sofortiges Eingreifen der Behörden würden Polizeigüter (insb. Leib und Leben, Gesundheit und Eigentum) ganz wesentlich und ernsthaft verletzt. Die polizeiliche Generalklausel kommt nur subsidiär zur Anwendung, wenn sich die Massnahmen nicht auf eine besondere gesetzliche Grundlage stützen lassen. Die Verwaltungsbehörden können in solchen Fällen Anordnungen für die Aufrechterhaltung der öffentlichen Ordnung und Sicherheit entweder in der Form der Verfügung (Polizeinotverfügung) oder der Verordnung (Polizeinotverordnung) treffen. Die Voraussetzungen zur Anwendung der polizeilichen Generalklausel sind entgegen der Ansicht der Vorinstanz nicht gegeben. Es drohte im Zeitpunkt, als die Vorinstanz diese Anordnungen getroffen hat, keine unmittelbare Gefahr, die ein sofortiges Eingreifen erfordert hätte. Ebenfalls bestehen keine Anhaltspunkte dafür, dass die Veranstalter nicht in der Lage gewesen wären, die gebotenen Massnahmen innert angemessener Frist selber zu treffen. Dem Vorbringen der Beschwerdeführer, dass die Vorinstanz im Beschluss vom 6. Aug. 2001 ohne Weiteres auch Auflagen hinsichtlich der Mitwirkung der Veranstalter hätte verfügen können, ist beizupflichten. Es wäre den Beschwerdeführern diesfalls möglich gewesen, die nötigen Vorkehrungen in die Wege zu leiten. Hat es die Vorinstanz verpasst, den Beschwerdeführern rechtzeitig mittels Auflage zur Bewilligung vorzuschreiben, inwiefern sie an der Organisation der Veranstaltung mitzuwirken haben, hat sie die Konsequenzen ihres Versäumnisses selber zu tragen. Es ist dagegen nicht zulässig, sich für die Überbindung der Kosten von entsprechenden Ersatzmassnahmen auf eine antizipierte Ersatzvornahme zu berufen (RR SZ vom 25. Nov. 2003, in: ZBl 2004 S. 536 E. 9).

4. Unmittelbarer Zwang

Als **unmittelbarer Zwang** bezeichnet man Massnahmen zur Erfüllung einer gesetzlichen Pflicht oder einer Verfügung, die direkt gegen Sachen oder Personen angewendet werden (VerwG BE vom 11. Sept. 2002, in: BVR 2003 S. 171 E. 5e). Die Anwendung unmittelbaren Zwangs ist – soweit es die Umstände zulassen – vorher **anzudrohen** und bedarf einer **gesetzlichen Grundlage**, wenn sich die entsprechende Befugnis nicht bereits aus der Sachkompetenz des Gemeinwesens ergibt (BGer vom 8. Jan. 2008, 6B_615/2007, E. 2.4 und E. 2.5; VerwG BE vom 11. Sept. 2002, in: BVR 2003 S. 171 E. 4c). 3139

Der **Entzug einer Bewilligung** muss demnach in einem Gesetz vorgesehen sein, soweit der Entzug nicht allein wegen Wegfalls der Bewilligungsvoraussetzungen erfolgt (vgl. auch BGE 125 V 266 E. 6e; BGer vom 24. April 2007, 2A.705/2006, E. 3.7). Die **Schliessung eines Hanfladens** wegen Vertriebs einzelner verbotener Produkte bedarf einer rechtssatzmässigen Grundlage (VerwG BE vom 11. Sept. 2002, in: BVR 2003 S. 171 E. 5-7). Ein Teil der Lehre verlangt unabhängig davon, ob sich die Massnahme des unmittelbaren Zwanges aus der Sachbefugnis ergibt, eine gesetzliche Grundlage, allenfalls sogar ein Gesetz im formellen Sinn, wenn das angewendete Zwangsmittel schwerwiegend in die Grundrechte des Betroffenen eingreift (Überblick HÄFELIN/MÜLLER/UHLMANN, Rz. 1167). 3140

Massnahmen des unmittelbaren Zwanges stellen etwa die Stilllegung einer formell und materiell rechtswidrigen Bausperrgut-Sortieranlage (BGer vom 2. April 2001, 1A.292/2000, E. 2a), die Beschlagnahmung von Werbeprospekten wegen unzulässiger Anpreisungen für kosmetische Produkte (BGE 103 Ib 122 E. 2), die Wegweisung wegen Störung der öffentlichen Ordnung und Sicherheit (BGE 132 I 49 E. 7.1 und E. 7.2), die Schliessung eines Betriebs wegen Verstosses gegen das Gesundheitsgesetz (BGer vom 23. Feb. 2010, 2C_627/2009, E. 2.3-2.5) oder wegen Verstosses gegen die Bewilligungsvoraussetzungen (Departement des Innern AG vom 4. Juni 2004, in: AGVE 2004 S. 425 E. 4a [Führen eines Gastwirtschaftsbetriebes ohne gültigen Fähigkeitsausweis]), die Schliessung eines Nachtklubs nach wiederholter Aufforderung, ein Patentgesuch einzureichen (BGer vom 28. Mai 1969, in: ZBl 1970 S. 379 E. 5a), die Ausschaffungshaft (BGE 135 II 105 E. 2.3), die zwangsweise polizeiliche Vorführung einer Person zur ärztlichen Begutachtung in einer psychiatrischen Klinik (BGE 124 I 40 E. 3c), eine medizinische Zwangsbehandlung gemäss kantonalem Schulzahnpflegegesetz (BGE 118 Ia 427 E. 4), die Zwangsmedikation (BGE 126 I 112 E. 3b) oder die Euthanasierung eines gefährlichen Hundes (BGer vom 30. Nov. 2009, 2C_166/2009, E. 2.1.1) dar. 3141

Praxis:

- **Entzug des Gastwirtepatents und Schliessung des Lokals wegen Verstosses gegen das Gesundheitsgesetz (Rauchverbot):** X betrieb in der St. Galler Innenstadt seit dem Jahre 2002 ein Restaurant, welches etwa über 90 Sitzplätze verfügte. Am 1. Okt. 2008 traten die Regelungen zum Schutz vor dem Passivrauchen (Art. 52^{quater} und Art. $52^{quinquies}$) des Gesundheitsgesetzes des Kantons St. Gallen vom 28. Juni 1979 (GesG) in Kraft. Danach ist das Rauchen in allgemein zugänglichen, geschlossenen Räumen verboten, ausgenommen in sogenannten Rauchzimmern. Unter bestimmten Voraussetzungen konnten gastgewerbliche Betriebe als Raucherbetriebe geführt werden. Nach Inkrafttreten des GesG führte die Polizei in der Stadt St. Gallen 3142

Kontrollen durch. Dabei stellte sie bei X mehrmals Verstösse gegen das GesG fest. Mit Verfügung vom 21. Jan. 2009 entzog die Stadtpolizei X das Gastwirtschaftspatent mit sofortiger Wirkung; ausserdem wurde einem allfälligen Rekurs die aufschiebende Wirkung entzogen. X musste das Lokal ab dem 30. Jan. 2009 geschlossen halten; mittlerweile wird das Lokal von einem anderen Gastwirt geführt. Gegen die Verfügung vom 21. Jan. 2009 erhob X erfolglos Beschwerde bei den kantonalen Instanzen. Auch das Bundesgericht weist die Beschwerde ab. Erwägungen: Nach Art. 52^{quater} Abs. 1 GesG ist das Rauchen in allgemein zugänglichen, geschlossenen Räumen verboten, ausgenommen in Rauchzimmern. Dadurch wird auch der Gastwirt in die Pflicht genommen. Er hat dafür zu sorgen, dass der Schutz vor Passivrauch garantiert ist und das Rauchverbot mit Ausnahme der Fumoirs durchgesetzt wird. Daraus folgt, dass ihm die Pflicht zukommt, rauchende Gäste aufzufordern, entweder im Rauchzimmer oder – wenn keines vorhanden ist – draussen zu rauchen. Der Beschwerdeführer ist dieser Pflicht offenkundig und des öftern nicht nachgekommen. Nach Art. 3 Abs. 1 lit. a GWG bedürfen gastgewerbliche Tätigkeiten eines Patentes. Dieses wird für einen bestimmten Betrieb erteilt (Art. 4 Abs. 1 lit. a GWG), wenn nach Art. 7 Abs. 1 GWG der Gesuchsteller u. a. Gewähr für eine einwandfreie Betriebsführung bietet (lit. c). Zu dieser Pflicht der einwandfreien Betriebsführung gehört auch, nichtrauchende Gäste vor Passivrauch (Art. 52^{quater} und 52^{quinquies} GesG) zu schützen. Kommt der Beschwerdeführer dieser Pflicht nicht nach, so verletzt er die gesetzlichen Vorschriften und gewährleistet nicht die einwandfreie Betriebsführung nach Art. 8 GWG. Insofern besteht eine genügende gesetzliche Regelung, auf deren Grundlage dem Beschwerdeführer das Gastwirtschaftspatent entzogen und der Betrieb geschlossen werden kann. Ferner ist der Entzug auch geeignet, um den Gesundheitsschutz durchzusetzen. Was die Erforderlichkeit betrifft, so hat die Behörde bereits während längerer Zeit mildere Massnahmen als den Entzug verfügt: Hinweis auf seine Pflicht, für Ordnung zu sorgen, Androhung des Entzugs des Gastwirtschaftspatents, Strafanzeige. Offensichtlich haben diese milderen Massnahmen den Beschwerdeführer nicht überzeugt, seinen Pflichten aus dem Gastwirtschaftspatent nachzukommen. Schliesslich ist der Entzug auch zumutbar. Das private Interesse an der Aufrechterhaltung des Gastwirtschaftspatentes ist gewiss gross, geht es doch um die Existenz des Beschwerdeführers als Gastwirt. Der Schutz der Bevölkerung vor Passivrauch stellt allerdings ein gewichtigeres Interesse dar, was sich auch im strikten Rauchverbot innerhalb eines Betriebs zeigt, es sei denn bauliche Massnahmen wären so beschaffen, dass die nichtrauchenden Gäste nicht beeinträchtigt werden (BGer vom 23. Feb. 2010, 2C_627/2009, E. 2.3-2.5).

3143 – **Schliessung eines Hanfgeschäftes:** Die Schliessung des Hanfgeschäfts soll dazu beitragen, das Verbot des Inverkehrbringens der Hanfprodukte durchzusetzen. Sie stellt sich somit als verwaltungsrechtliche Sanktion dar. Vorliegend liegt jedenfalls keine reine Vollstreckungsmassnahme vor. Die Geschäftsaktivitäten der Beschwerdeführenden stellen sich in jenem Umfang als rechtswidrig dar, in dem verbotene Stoffe, Produkte oder Pilze vertrieben werden. Eine allgemeine Grundlage für die Anwendung von verwaltungsrechtlichem Zwang enthalten Art. 117 Abs. 2 des Gesetzes über die Verwaltungsrechtspflege (VRPG) und Art. 45 des Polizeigesetzes (PolG). Art. 117 Abs. 2 VRPG bezieht sich ausschliesslich auf die Vollstreckung von Verfügungen. Die dort enthaltene Ermächtigung zur Anwendung von amtlichem Zwang hat vorliegend zur Durchführung der Schliessung ermächtigt, nachdem der Verwaltungsgerichtsbeschwerde keine aufschiebende Wirkung beigelegt worden ist. Art. 117 Abs. 2 VRPG kann demgegenüber nicht als Grundlage für die Schliessungsverfügung als solche herangezogen werden. Nach Art. 45 Abs. 1 PolG kann die Polizei zur Erfüllung ihrer Aufgaben und im Rahmen der Verhältnismässigkeit unmittelbaren Zwang gegen Sachen und Personen anwenden und geeignete Hilfsmittel einsetzen. Der unmittelbare Zwang erfolgt durch körperliche Gewalt, Hilfsmittel (z.B. Wasserwerfer, Tränengas, Fesseln) und Waffen (Schlagstöcke, Schusswaffen). Die Anwendung unmittelbaren Zwangs ist vorher anzudrohen, soweit es die Umstände zulassen (Art. 45 Abs. 2 PolG). Diese Vorschrift soll zum Einsatz von Zwang auch dort ermächtigen, wo es um den unmittelbaren Vollzug der Verwaltungsrechtsordnung geht, d.h. auch in Fällen, in denen es keine vorangehende Verfügung zu vollstrecken gilt. Art. 45 PolG kodifiziert somit den allgemein anerkannten Grundsatz, dass in Fällen reiner Vollstreckung Zwang ohne besondere spezialgesetzliche Ermächtigung angewendet werden darf. Es ist fraglich, ob die hier umstrittene verwaltungsrechtliche Sanktion als blosse Umprägung eines gesetzlichen Befehls und damit als unmittelbare Zwangsanwendung in Vollstreckung eines gesetzlichen Befehls qualifiziert werden kann. Denn nach Art. 8 Abs. 1 lit. d BetmG und gemäss Art. 47 Abs. 1 LMG lässt sich «nur» ableiten, dass der Vertrieb entsprechender Stoffe, Produkte und Pilze in Hanfläden unzulässig ist. Mit der auf unbefristete Zeit angeordneten Ladenschliessung wendet der Staat indessen nicht nur insoweit Zwang gegen Sachen der Beschwerdeführenden an, als er den Vertrieb illegaler Stoffe und Produkte in den Geschäftslokalitäten in Biel unterbindet. Er benimmt die Beschwerdeführenden durch dieses Vorgehen der gegenwärtigen Erwerbsgrundlage schlechthin und verunmöglicht insbesondere auch die legalen Geschäftsaktivitäten in den Ladenräumlichkeiten. Die Ladenschliessung geht damit wohl über das hinaus, was zur Herstellung des gesetzlichen Zustandes nötig wäre. Denn hierzu genügte es, die gesundheitsgefährdenden bzw. schädlichen Stoffe oder Produkte zu beschlagnahmen oder einzuziehen. Es liesse sich denn auch argumentieren, mit der Ladenschliessung werde nicht vorrangig die Erfüllung der Rechtspflicht der Beschwerdeführenden bezweckt. Im Vordergrund stehe die erklärte Absicht der beteiligten Behörden, durch die Geschäftsschliessung präventiv den Vertrieb verbotener Stoffe und Produkte einzuschränken. Die Massnahme würde so betrachtet auch Züge einer indirekten Zwangsmassnahme bzw. einer pönalen Sanktion tragen. Jedenfalls ist aufgrund der engen Umschreibung der Zwangsanwendung aber davon auszugehen, dass Fälle wie der hier interessierende von Art. 45 PolG nicht erfasst sind, zumal das PolG Massnahmen, die mit der vorliegend umstrittenen vergleichbar sind, besonders regelt. Hinzu kommt, dass der unmittelbare Zwang nur durch die Polizei, d.h. durch die Kantons- und Gemeindepolizeibehörden ausgeübt werden darf. Es ergibt sich daher, dass die Schliessung eines Hanfladens durch den Regierungsstatthalter nicht auf Art. 45 PolG abgestützt werden kann. Eine Vielzahl konkreter polizeilicher Massnahmen ist ferner in den Art. 26 ff. PolG vorgesehen, soweit hier interessierend namentlich die Sicherstellung, Verwertung und Einziehung von Sachen zur Abwehr einer Gefahr für die öffentliche Sicherheit und Ordnung (Art. 40-42 PolG). Die einschneidendere Massnahme der Betriebsschliessung sieht das PolG indessen nicht vor (VerwG BE vom 11. Sept. 2002, in: BVR 2003 S. 171 E. 5e und E. 7b).

III. Repressive Sanktionen

1. Verwaltungsstrafen, insb. Ordnungsbussen

Verwaltungsstrafen sind Strafen für **verwaltungsrechtlich begründete Pflichtverletzungen** und sollen verhindern, dass künftig wieder rechtswidrige Zustände eintreten (BGE 137 I 31 E. 4.3 [Rayonverbote, Meldeauflagen]; OG LU vom 9. Juni 2005, in: LGVE 2005 I Nr. 39 E. 3.1.2 [Busse wegen Verstosses gegen die Verordnung über die Aufnahme von Kindern zur Pflege und zur Adoption]; VerwG GR vom 12. April 2005, in: PVG 2005 Nr. 31 E. 2a [Ausschluss von der Vergabe öffentlicher Aufträge]; VerwG AG vom 29. März 2004, in: AGVE 2004 S. 154 E. 2b [Busse wegen Verstosses gegen das Baurecht]). Verwaltungsstrafen ahnden begangenes Unrecht und zielen auf eine eigentliche Missbilligung einer verpönten (verwaltungsrechtswidrigen) Handlung (VerwG GR vom 12. April 2005, in: PVG 2005 Nr. 31 E. 2a). 3144

Verwaltungsstrafen sind **verwaltungsrechtlicher Natur**; im Vordergrund steht grundsätzlich nicht ihr pönaler Charakter, sodass auch die in Art. 6 Abs. 2 EMRK verankerte Unschuldsvermutung oder die in Art. 5 EMRK gewährleistete Garantien nicht zur Anwendung gelangen (BGE 137 I 31 E. 4.3 und E. 5; BGer vom 16. Nov. 2011, 1C_50/2010, E. 4.2; vom 16. Nov. 2011, 1C_16/2010, E. 9.3 [Polizeigewahr- 3145 sam und Anwendbarkeit der Garantien von Art. 5 Abs. 4 EMRK]). Hingegen hat das Bundesgericht dem **Warnungsentzug** nach dem SVG eine pönale, unter Art. 6 Abs. 1 EMR fallende Natur zugesprochen (BGE 133 II 331 E. 4.2, 128 II 173 E. 3b und E. 3c, 121 II 22 E. 3).

3146 Sobald eine Massnahme keine eigentliche Vollstreckungsfunktion mehr hat, sondern vor allem eine repressive Funktion aufweist, ist bei ihrer Bemessung das **Verschulden** mit zu berücksichtigen; im Zweifelsfall ist zu vermuten, dass eine (repressive) Sanktion vom Verschulden abhängig ist (VerwG GR vom 12. April 2005, in: PVG 2005 Nr. 31 E. 2a). Sind hingegen **Abgaben infolge einer Widerhandlung gegen das Verwaltungsrecht des Bundes** zu Unrecht nicht erhoben worden, sind diese ohne Rücksicht auf das Verschulden nachzuentrichten (vgl. Art. 12 VStrR). Es genügt, dass der durch die Nichtleistung der Abgabe entstandene unrechtmässige Vorteil seinen Grund in der Widerhandlung (im objektiven Sinn) gegen die Verwaltungsgesetzgebung des Bundes hat; auf ein allfälliges Verschulden kommt es nicht an (BGE 129 II 160 E. 3.2, 107 Ib 198 E. 6c, 106 Ib 221 E. 2c; BGer vom 7. Jan. 2010, 2C_132/2009, E. 4.1; vom 8. Juni 2007, 2A.660/2006, E. 6.2; BVGer vom 2. Dez. 2011, A-1134/2011, E. 2.5).

3147 Jede Verwaltungsstrafe, die einen **Freiheitsentzug** mit sich bringt, ist als schwerer Eingriff in die persönliche Freiheit zu beurteilen, welcher einer **klaren Grundlage in einem formellen Gesetz** bedarf (BGE 124 IV 23 E. 1, 123 IV 29 E. 4a, 118 Ia 305 E. 7a, 112 Ia 107 E. 3b). Daraus kann e contrario abgeleitet werden, dass für **andere Strafen** – die keinen Freiheitsentzug zur Folge haben – **eine Verordnung** genügt (VerwG GR vom 12. Juli 2001, in: PVG 2001 Nr. 32 E. 3). Für die Anordnung von **Ordnungsbussen** ist eine **Verordnung** als gesetzliche Grundlage demnach ausreichend, solange jedenfalls die Bussen eine gewisse Höhe nicht überschreiten (BGE 124 IV 23 E. 1, 112 Ia 107 E. 3b; BGer vom 9. Juli 2002, 1P.63/2002, E. 4.3; VerwG GR vom 12. Juli 2001, in: PVG 2001 Nr. 32 E. 3; RR LU vom 8. Mai 2003, in: LGVE 2003 III Nr. 14 E. 2). An das Erfordernis der **Normdichte** sind geringere Anforderungen zu stellen, wenn es das Verhältnismässigkeitsprinzip erlaubt, die Busse im Einzelfall der Bedeutung der verletzten Norm anzupassen (VerwG GR vom 12. Juli 2001, in: PVG 2001 Nr. 32 E. 3).

3148 **Ordnungsbussen** können dann eine **strafrechtliche Anklage gemäss Art. 6 Abs. 1 EMRK** darstellen, wenn eines der drei sogenannten **Engel-Kriterien** erfüllt ist: Entscheidend ist die landesrechtliche Qualifikation, die Natur der Widerhandlung oder die Natur und Schwere der angedrohten Sanktion (vgl. insb. EGMR vom 8. Juni 1976, in: EuGRZ 1976 S. 221 Ziff. 82; BGE 135 I 313 E. 2.2.1, 134 I 140 E. 4.2, 128 I 346 E. 2.1, 125 I 104 E. 2a, 121 I 379 E. 3a). Im Allgemeinen gilt, dass Bussen von geringer Höhe bis ca. Fr. 1'000.– als verwaltungsrechtliche Sanktion und damit nicht als strafrechtliche Anklage taxiert werden (TOBIAS JAAG, Verwaltungsrechtliche Sanktionen und die Verfahrensgarantien der EMRK, in: FS für Stefan Trechsel, Zürich 2002, S. 162). Übersteigen die Bussen einen bestimmten Betrag und dienen sie der allgemeinen Durchsetzung des Verwaltungsrechts unabhängig des Personenkreises, werden sie dem Strafrecht zugerechnet und gelten als strafrechtliche Anklagen gelten (BGE 128 I 346 E. 2.2, 116 IV 262 E. 3b/aa [Busse bei Steuerhinterziehung]; BGer vom 11. Aug. 2000, 1P.102/2000, E. 1c/aa; KG GR vom 2. Juli 2007, VB-07-7, E. 2b; VerwG ZH vom 12. Aug. 2005, VB.2005.00040, E. 3).

Praxis:

– **Ordnungsbusse:** Das Handelsregisteramt des Kantons Zürich versuchte im Juni 2001 der Einzelfirma B an deren im Register eingetragener Adresse ein Schreiben zuzustellen. Dieses wurde als unzustellbar zurückgesandt. Das Amt ersuchte daraufhin A an seiner vom Personenmeldeamt bekannt gegebenen Adresse mehrmals erfolglos, ein neues Domizil oder die Löschung anzumelden, zuletzt unter Androhung einer Busse für den Unterlassungsfall. Da A nicht reagierte, löschte das Handelsregisteramt die Einzelfirma. Mit Verfügung vom 15. Okt. 2004 verpflichtete es A zur Zahlung der daraus entstandenen Kosten und sprach gleichzeitig eine Ordnungsbusse in der Höhe von Fr. 250.– aus. Der Beschwerdeführer verlangt vor Verwaltungsgericht eine mündliche Verhandlung. Erwägungen: Ein Anspruch auf eine publikumsöffentliche (und damit mündliche) Verhandlung gemäss Art. 30 Abs. 3 BV besteht dann, wenn Art. 6 Abs. 1 EMRK anwendbar ist. Eine strafrechtliche Anklage im Sinne von Art. 6 Abs. 1 EMRK liegt zunächst beim Entscheid über Sanktionen vor, die im besonderen Teil des Strafgesetzbuches (bzw. im Nebenstrafrecht) vorgesehen sind. Dies ist bei der hier zu beurteilenden Ordnungsbusse nicht der Fall (vgl. Art. 943 Abs. 1 OR). Ausserhalb des Kernstrafrechts geregelte Sanktionen können aufgrund des zweiten vom Gerichtshof im Fall Engel aufgestellten Kriteriums aufgrund ihrer Natur in den Anwendungsbereich von Art. 6 Abs. 1 EMRK fallen. Eine Sanktion gilt dann als strafrechtlich, wenn ihr sowohl abschreckender als auch vergeltender Charakter zukommt. Beugestrafen bezwecken dagegen nicht die Bestrafung eines rechtlich verbotenen, sondern die Erzwingung eines rechtlich gebotenen Verhaltens. Bei ihnen steht somit weder Abschreckung noch Vergeltung im Vordergrund. Sie stellen folglich keine strafrechtliche Anklage dar. Die angefochtene Ordnungsbusse wurde gestützt auf Art. 943 Abs. 1 OR ausgesprochen. Danach hat die Registerbehörde fehlbare Beteiligte zu büssen, wenn diese gesetzlich zur Anmeldung einer Eintragung verpflichtet sind. Vor dem Aussprechen einer Busse muss sie den Pflichtigen mahnen (Art. 941 OR). Wenn eine Eintragung im Handelsregister, wie hier, mit den Tatsachen nicht mehr übereinstimmt, hat sie ihm also eine Frist zur Anmeldung der erforderlichen Änderung oder Löschung anzusetzen (Art. 60 Abs. 1 HRegV). Dabei muss sie den Pflichtigen darauf aufmerksam machen, dass sie im Unterlassungsfall eine Busse aussprechen wird (Art. 60 Abs. 1 in Verbindung mit Abs. 2 HRegV). Dieses Verfahren kann somit mit jenem verglichen werden, das dem Aussprechen einer Bestrafung wegen Ungehorsams vorausgeht (vgl. Art. 292 StGB). Mit ihm soll Druck auf den Betroffenen ausgeübt werden; die Strafandrohung soll diesen dazu veranlassen, seinen Pflichten nachzukommen. Innerhalb der repressiven Mittel des Verwaltungszwangs kann die Ordnungsbusse damit als Beugestrafe qualifiziert werden. Dies spricht gegen die Anwendbarkeit von Art. 6 Abs. 1 EMRK. Andererseits gilt es zu beachten, dass vorliegend bloss ein einziges Mal eine Ordnungsbusse verhängt wurde. Die Registerbehörde wollte nicht durch mehrmaliges Aussprechen einer Busse an Informationen gelangen, die sie ohne Mitwirkung des Pflichtigen nicht hätte erheben können. Aufgrund dieser besonderen Umstände des Einzelfalls könnte die hier zu beurteilende Busse damit nicht primär als Beuge-, sondern allgemeiner als Verwaltungsstrafe erscheinen. Weiter kommt hinzu, dass sich eine vergleichbare Vorschrift (Art. 292 StGB) im Kernstrafrecht befindet. Nach dem Gesagten lassen sich aus einer Betrachtung der Natur der Sanktion sowohl gewichtige Gründe für als auch gegen die Anwendbarkeit von Art. 6 Abs. 1 EMRK anführen. Die Untersuchung dieses Kriteriums lässt somit keine eindeutigen Schlussfolgerungen zu. Wenn das zweite Engel-Kriterium keine eindeutige Abgrenzung ermöglicht, muss als Drittes geprüft werden, ob die Sanktion von ihrer Schwere her als strafrechtlich erscheint. Dabei geht es um das Gewicht der Konsequenzen, die der Beschuldigte insgesamt zu gewärtigen hätte. Als Ausgangspunkt ist jeweils von der abstrakten Strafdrohung auszugehen. Art. 943 Abs. 1 OR sieht als Strafrahmen eine Busse von bis zu Fr. 500.– vor. Dieser liegt rund dreimal höher als in einem Fall, in dem die Anwendbarkeit von Art. 6 EMRK verneint wurde. Die vorliegend zu beurteilende Höchststrafe ist gleich hoch wie in einem Fall, in dem der Gerichtshof das Vorliegen einer strafrechtlichen Anklage bejahte. Die Höchststrafe begründet somit die Vermutung, dass die Sanktion ein für die Anwendbarkeit der Konvention hinreichendes Gewicht aufweist. Diese Vermutung kann durch die tatsächlich verhängte Busse (Fr. 250.–) nicht widerlegt werden. Gegen das Vorliegen einer strafrechtlichen Anklage spricht andererseits ein Obiter 3149

Dictum des Gerichtshofs, wonach selbst bei einem Strafrahmen von umgerechnet Fr. 800.– die Anwendbarkeit von Art. 6 EMRK verneint werden könnte. Damit lassen sich gute Gründe sowohl für als auch gegen ein hinreichendes Gewicht der Strafe anführen. Auch von diesem Kriterium her betrachtet handelt es sich bei der Frage der Anwendbarkeit von Art. 6 Abs. 1 EMRK folglich um einen Grenzfall. Für die Anwendbarkeit von Art. 6 Abs. 1 EMRK reicht es aus, wenn nur eines der genannten Engel-Kriterien anwendbar ist (alternativer Charakter). Wenn eine separate Analyse der einzelnen Kriterien jedoch, wie hier, keine eindeutigen Schlussfolgerungen zulässt, sind sie in ihrer Gesamtheit zu betrachten (kumulativer Charakter). Von ihrer Natur her betrachtet könnte die hier zu beurteilende Ordnungsbusse auf den ersten Blick mit dem Fall Benham verglichen werden, in dem die Behörde – unter anderem offenbar auch zur Durchsetzung von Verpflichtungen – eine Busse verhängte. Allerdings spielten in jenem Verfahren auch Aspekte der Bestrafung bzw. Vergeltung eine Rolle. Vor allem aber stand im Gegensatz zum vorliegend zu beurteilenden Fall für den Betroffenen eine dreimonatige Freiheitsstrafe auf dem Spiel. Die hier zu qualifizierende Sanktion weist ein deutlich geringeres Gewicht auf. Der Vergleich mit dem Fall Benham spricht somit gegen die Anwendbarkeit von Art. 6 EMRK. Ebenfalls dagegen spricht eine Gegenüberstellung des Falls Weber. Dort war zwar dieselbe Höchststrafe zu beurteilen; im Unterschied zu hier konnte die Busse jedoch in Gefängnis umgewandelt werden. Zieht man sowohl die Natur als auch die Schwere der Sanktion in Betracht, fällt sie nach dem Gesagten nicht unter den Begriff der strafrechtlichen Anklage im Sinne von Art. 6 Abs. 1 EMRK. Der Beschwerdeführer hat folglich keinen Anspruch auf eine publikumsöffentliche (und damit mündliche) Verhandlung (VerwG ZH vom 12. Aug. 2005, VB.2005.00040, E. 3).

3150 – **Warnungsentzug:** Das Strassenverkehrsamt des Kantons Zürich entzog X wegen eines Vorfalls am 18. Mai 2000 den Führerausweis für die Dauer von vier Monaten. Es berücksichtigte dabei insbesondere, dass ihm wegen Vereitelung einer Blutprobe der Führerausweis bereits 1994 für einen Monat entzogen worden war. Der Regierungsrat und das Verwaltungsgericht des Kantons Zürich wiesen die von X gegen die Entzugsverfügung erhobenen Rechtsmittel am 18. April 2001, bzw. am 12. Juli 2001 ab. Auch das Bundesgericht weist die Beschwerde ab. Erwägungen: Nach Ansicht des Beschwerdeführers legt Art. 17 Abs. 1 SVG lediglich die Mindestdauer des Entzugs des Führerausweises fest und lässt die Vollzugsform in zeitlicher Hinsicht offen. Es sei daher möglich, den Ausweisentzug lediglich während der arbeitsfreien Zeit zu vollziehen. In seinem Fall entspreche es mit Blick auf seine berufliche Situation dem Gebot der Verhältnismässigkeit, den Entzug auf die Zeit von 18.00 bis 06.00 Uhr montags bis samstags und auf den ganzen Sonntag zu beschränken. Der Gesetzgeber hat den vorübergehenden Entzug des Führerausweises gemäss Art. 16 Abs. 2 und 3 SVG als fühlbare Warnung an jene Motorfahrzeuglenker eingeführt, deren Verhalten voraussehen lässt, dass sie es an Sorgfalt und Rücksichtnahme fehlen lassen werden. Die Behörden sollten durch frühzeitige Warnung der gefährlichen Fahrer Unfällen zuvorkommen. Auch die bundesgerichtliche Rechtsprechung hat stets erklärt, der Warnungsentzug stelle eine Administrativmassnahme mit präventivem und erzieherischem Charakter dar. Sie bezwecke, den Lenker zu mehr Sorgfalt und Verantwortung zu erziehen und ihn dadurch von weiteren Verkehrsdelikten abzuhalten. Diese Funktion des Warnungsentzugs ist auch in der jüngsten Praxis, die den gleichzeitigen strafähnlichen Charakter der Massnahme stärker betont, nicht in Frage gestellt worden. Der vom Beschwerdeführer angestrebte auf die Freizeit beschränkte Führerausweisentzug stünde mit dem dargestellten gesetzgeberischen Ziel im Widerspruch. Der fehlbare Lenker soll nach den Vorstellungen des Gesetzgebers vielmehr für eine gewisse Zeit vollständig vom Führen eines Motorfahrzeugs ausgeschlossen werden. Die beabsichtigte erzieherische Wirkung des Warnungsentzugs würde in Frage gestellt, wenn der fehlbare Lenker weiterhin – wenn auch nur ausserhalb der Freizeit – Motorfahrzeuge führen dürfte. Ebenso würde die Verkehrssicherheit beeinträchtigt, wenn ein Lenker trotz schwerer Widerhandlungen nicht vorübergehend ganz vom Motorfahrzeugverkehr ausgeschlossen würde. Aus diesen Gründen hat die bundesgerichtliche Rechtsprechung auch den sogenannten differenzierten Ausweisentzug gemäss Art. 34 Abs. 2 VZV restriktiv gehandhabt. So hat sie erklärt, es wäre stossend, wenn ein Lenker, der den Verkehr mit einem Fahrzeug einer bestimmten Kategorie in schwerer Weise gefährdet hat, den Ausweis für Fahrzeuge einer anderen Kategorie mit einem möglicherweise noch grösseren Gefährdungspotenzial behalten könnte. Ferner verlangt das Bundesgericht, dass der Entzug für die verschiedenen Ausweiskategorien im gleichen Zeitraum wirksam wird, da der fehlbare Lenker sonst möglicherweise überhaupt nie ganz auf das Führen von Motorfahrzeugen verzichten müsste. Im Lichte des dargestellten gesetzgeberischen Zwecks, der dem Warnungsentzug gemäss Art. 16 Abs. 2 und 3 SVG zu Grunde liegt, erscheint eine zeitliche Beschränkung der Massnahme auf die Freizeit als ausgeschlossen. Die kantonalen Instanzen, die sich bisher zu dieser Frage zu äussern hatten, sind zum gleichen Resultat gelangt. Zwar versteht die neuere Rechtsprechung des Bundesgerichts den Warnungsentzug wohl nicht mehr allein als Verwaltungsmassnahme, sondern betont auch deren strafähnlichen Charakter, was in gewissen Belangen die analoge Anwendung der im Bereich des Strafrechts geltenden Regeln rechtfertigt. Sie hat aber wie erwähnt auch in den jüngsten Entscheiden stets daran festgehalten, dass der Warnungsentzug trotz seines strafähnlichen Charakters eine von der Strafe unabhängige Verwaltungssanktion mit präventiver und erzieherischer Funktion darstellt. Der Rückgriff auf strafrechtliche Grundsätze rechtfertigt sich daher nur dort, wo die gesetzliche Regelung des Warnungsentzugs lückenhaft oder auslegungsbedürftig ist. Entgegen der Auffassung des Beschwerdeführers lässt das Strassenverkehrsrecht hinsichtlich der Vollzugsform indessen keinen Raum für eine analoge Anwendung der strafrechtlichen Bestimmungen über die Halbgefangenschaft. Wie bereits dargelegt wurde, schliesst zwar das Gesetzes- und Verordnungsrecht eine zeitliche Staffelung des Vollzugs des Warnungsentzugs nicht bereits auf Grund seines Wortlauts, wohl aber auf Grund seines Sinns und Zwecks aus. Der Beschwerdeführer verkennt, dass der Warnungsentzug gerade nicht täter- und resozialisierungsspezifischer ausgestaltet ist als die Sanktionen des Strafrechts. Für solche Erwägungen besteht vielmehr nur Raum im Rahmen seines erzieherischen und präventiven Zwecks. Das geltende Recht bietet demnach keine Grundlage für einen Vollzug des Warnungsentzugs lediglich während der arbeitsfreien Zeit, wie ihn der Beschwerdeführer verlangt. Eine solche Vollzugsform würde eine Änderung der massgeblichen gesetzlichen Bestimmungen voraussetzen. Die Revision des Strassenverkehrsgesetzes, welche die Eidgenössischen Räte vor kurzem verabschiedet haben, sieht ebenfalls keine Änderung in dem vom Beschwerdeführer gewünschten Sinn vor. Das Recht des Warnungsentzugs ist im Gegenteil von strafrechtlichen Erwägungen stärker verselbstständigt und verschärft worden. Die Beschwerde erweist sich demnach als unbegründet, soweit damit die von den kantonalen Behörden angeordnete Vollzugsform kritisiert wird (BGE 128 II 173 E. 3).

- **Verwaltungsbusse:** Nach Art. 103 des Bündner Baugesetzes (BG) wird mit Busse bis zu Fr. 30'000.– bestraft, wer vorsätzlich das Baugesetz und darauf beruhende Erlasse und Verfügungen verletzt. Bei Art. 103 BG handelt es sich um eine Bestimmung, die als Generalklausel bzw. Blankettnorm abgefasst ist. Im Bereich des Verwaltungsstrafrechts, wozu betreffende Bestimmung gehört, gilt der Grundsatz, dass ohne entsprechende gesetzliche Grundlage keine Strafe ausgesprochen werden darf. Das Bundesgericht verlangt, dass für jede Strafe, welche einen Freiheitsentzug mit sich bringt, eine klare Grundlage in einem formellen Gesetz notwendig ist, während für andere Strafen eine Verordnung genügt. Art. 103 BG ist in einem formellen Gesetz enthalten und sieht als Sanktion keine Freiheitsstrafen vor, sodass eine formelle gesetzliche Grundlage vorhanden ist. Zu prüfen bleibt, ob das Erfordernis der genügenden Bestimmtheit ebenfalls gegeben ist. Auch bei weniger einschneidenden Strafen wie Bussen ist eine gewisse Bestimmtheit des Tatbestandes erforderlich. Nach Ansicht des Gerichts erlaubt es das zum festen Bestandteil des Verwaltungsstrafrechts gehörende Verhältnismässigkeitsprinzip, die Strafe im Einzelfall der Bedeutung der verletzten Norm anzupassen. Art. 103 BG genügt daher grundsätzlich dem Erfordernis der Bestimmtheit, da das strafbare Verhalten, nämlich das Nichtbeachten der Vorschriften des Baugesetzes, und die Sanktion hierfür aus der Norm selbst für jedermann klar erkennbar sind. Hinzu kommen als konkretisierende gesetzliche Grundlage jene materiellen Bestimmungen des Baurechts, die durch das nicht bewilligte Erstellen einer Baute verletzt wurden, vorliegend die Vorschriften über die zulässige Ausnützung. Die Blankettnorm von Art. 103 BG bildet daher zusammen mit den verletzten materiellen Normen eine genügend bestimmte gesetzliche Grundlage für die Ausfällung einer Busse (VerwG GR vom 12. Juli 2001, in: PVG 2001 Nr. 32 E. 3). 3151

2. Disziplinarische Massnahmen

3152 **Disziplinarische Massnahmen** wie die Verwarnung, der Verweis, die Disziplinarbusse oder die Ermahnung sind Sanktionen gegenüber Personen, die in einem **besonderen Rechtsverhältnis** oder unter **besonderer Aufsichtsbefugnis** des Staates stehen (BVGer vom 1. April 2009, A-4236/2008, E. 6.3; VerwG BL vom 10. Jan. 1996, in: VGE 1996 S. 50 E. 2a). Die Anordnung einer Disziplinarmassnahme setzt einen Verstoss gegen Amts- oder Berufspflichten oder gegen die Anstaltsordnung voraus; ferner ergibt sich die Befugnis zur Anordnung von Disziplinarmassnahmen auch aus der grundrechtlichen Schutzpflicht vor Gefährdungen, die von Dritten ausgehen, was dazu führen kann, dass der Staat tatsächliche Hindernisse einer wirksamen Grundrechtsausübung aus dem Weg zu räumen und präventive organisatorische Massnahmen zum Schutze von Grundrechten vor Störungen durch Dritte vorzusehen hat (BGE 129 I 12 E. 8.4 [disziplinarischer Schulausschluss]).

3153 **Voraussetzungen** für das Ergreifen einer disziplinarischen Massnahme sind eine gesetzliche Grundlage, ein Verschulden der betroffenen Person, die Verhältnismässigkeit der Massnahme sowie die Gewährung des rechtlichen Gehörs gegenüber der betroffenen Person (BVGer vom 1. April 2009, A-4236/2008, E. 6.3; VerwG BL vom 10. Jan. 1996, in: VGE 1996 S. 50 E. 2a); eine vorherige Androhung ist hingegen – je nach Schwere der Pflichtverletzungen – nicht unbedingt erforderlich (BGE 129 I 12 E. 10.4).

3154 Bei **disziplinarischen Massnahmen** gelten **geringere Anforderungen** an die **Normdichte und Normstufe** (vgl. BGE 129 I 12 E. 8.5, 121 I 22 E. 4a, BGer vom 16. Sept. 2010, 2C_446/2010, E. 5.4). Nach BGE 121 I 22 E. 4a sind öffentlichrechtliche Anstalten wie z.B. Universitäten, Spitälern oder Strafanstalten bzw. die Anstaltsleitung (als Trägerin der Anstaltsgewalt) ferner befugt, auch ohne ausdrückliche formell-gesetzliche Grundlage – im Rahmen ihrer Vollzugskompetenz – eine Anstaltsordnung zu erlassen, wozu auch die Regelung der Disziplin bzw. disziplinarische Massnahmen gehören (ähnlich VerwG LU vom 6. Dez. 2004, in: LGVE 2004 II Nr. 5 E. 4).

3155 Von den **exekutorischen** unterscheiden sich die disziplinarischen Massnahmen dadurch, dass sie **repressiven Charakter** aufweisen und auf eine **schuldhafte Dienstpflichtverletzung** zurückzuführen sind (VerwG SG vom 16. Aug. 2005, in: GVP 2005 Nr. 6 E. 2a/bb; VerwG ZH vom 28. April 2004, PB.2003.00041, E. 1.3, jeweils betr. administrativer bzw. disziplinarischer Entlassung). Von den **Verwaltungsstrafen** unterscheiden sie sich dadurch, dass sie einerseits gegenüber Personen angeordnet werden, die in einem **Sonderstatusverhältnis** zum Staat oder unter besonderer **Aufsichtsbefugnis** stehen (BVGer vom 1. April 2009, A-4236/2008, E. 6.3); andererseits, dass sie nebst repressivem Charakter (BGE 106 Ia 100 E. 13c, 102 Ia 28 E. 1b) auch **präventiv-erzieherischen Zweck** aufweisen (BGE 128 I 346 E. 2.2, 108 Ia 230 E. 2b; BGer vom 20. April 2009, 6B_34/2009, E. 2.1; vom 31. Mai 2006, 2P.27/2006, E. 2.5.1, betr. Schulausschluss).

3156 Eine **Disziplinierung** kann grundsätzlich nur erfolgen, solange der **Fehlbare in einem Sonderstatusverhältnis zum Gemeinwesen** steht. In der Rechtsprechung ist jedoch anerkannt, dass ein Disziplinarverfahren auch nach Erlöschen des Sonderstatusverhältnisses fortgeführt werden kann, wenn das Disziplinarverfahren noch einem andern Ziele dient als nur dem, den Fehlbaren zur Beachtung der Anstaltsordnung zu rufen (BGer vom 27. Mai 2003, 2A.64/2003, E. 2.2.2; BVGer vom 1. April 2009, A-4236/2008, E. 6.3 [Ausschluss von der ETH wegen Plagiaten nach freiwilliger Exmatrikulation des Studierenden]).

Die Bestimmung von **Art und Mass der zu ergreifenden Disziplinarsanktion** ist vorab Sache der zuständigen Behörde, die aber das ihr zukommende Ermessen pflichtgemäss auszuüben und insbesondere die Gebote der Rechtsgleichheit und der Verhältnismässigkeit einzuhalten hat (BGE 106 Ia 100 E. 13c; BGer vom 16. April 2008, 2C_54/2008, E. 4.2). Dies gilt ebenso für den Entscheid der Disziplinarbehörde darüber, ob sie bei einer Pflichtverletzung ein Disziplinarverfahren durchführen oder nach durchgeführtem Verfahren eine Disziplinarmassnahme anordnen will (sog. «Opportunitätsprinzip»; vgl. PRK vom 25. Aug. 2003, in: VPB 68 [2004] Nr. 6 E. 10a). 3157

Disziplinarmassnahmen folgen häufig – im Sinne des **Verhältnismässigkeitsprinzips** – einem eigentlichen **Stufenmodell**, indem zunächst die milderen und erst danach die schwereren Massnahmen angeordnet werden, wobei je nach Schwere des Vergehens die eine oder andere Stufe möglicher Massnahmen übersprungen werden kann (BGE 129 I 12 E. 10.4). Zu berücksichtigen ist der **Zweck der Massnahme**: Eine Wegweisung, Suspension oder gar der definitive Ausschluss von der Schule darf nur verfügt werden, wenn eine Gefahr für das schulische Zusammenleben bzw. für die angesteuerte zu verwirklichende Ordnung besteht, nicht jedoch, um auf allgemeines Fehlverhalten erzieherisch einzuwirken, solange die Ordnungsverstösse die Aufrechterhaltung des Unterrichts nicht oder zumindest nicht erheblich tangieren (VerwG LU vom 6. Dez. 2004, in: LGVE 2004 II Nr. 5 E. 6; vgl. auch Erziehungsrat SG vom 26. Jan. 2005, in: GVP 2005 Nr. 91 E. 3 und E. 4, wonach es von den Umständen des Einzelfalles abhängt, ob eine wiederholte Nichtteilnahme an einzelnen Unterrichtsstunden den Unterricht erheblich zu stören vermag). 3158

Disziplinarische Massnahmen weisen – ähnlich wie die Verwaltungsstrafen – grundsätzlich **administrativen Charakter** auf, werden dem **Verwaltungsrecht** zugeordnet und sind als administrative Sanktion oder als Massnahme des Verwaltungszwanges zu betrachten (BGer vom 6. Sept. 2010, 8C_417/2010, E. 4.2.1; vom 23. Jan. 2002, 2P.291/2001, E. 1c). Sie sind keine Strafen im Rechtssinne (BGE 121 I 379 E. 3b) und grundsätzlich keine strafrechtliche Anklage im Sinne von Art. 6 Abs. 1 EMRK (BGE 129 I 12 E. 10.6.4, 121 I 379 E. 3c/aa; BGer vom 6. Sept. 2010, 8C_417/2010, E. 4.2.2). Folglich erfordert ein Schulausschluss aus disziplinarischen Gründen oder eine disziplinarische Entlassung eines Beamten auf Grund von Art. 6 Ziff. 1 EMRK keine gerichtliche Überprüfung (BGE 129 I 12 E. 10.6.4, 120 Ia 184 E. 2f) und stellt auch keine unter Art. 6 Abs. 1 EMRK fallende Zivilsache dar (BGE 128 I 288 E. 2.7). 3159

Ausnahmsweise kann eine derartige Massnahme je nach Art der angedrohten Sanktion als **strafrechtliche Anklage** (wenn sie allgemeinerer Natur ist und nicht nur einen beschränkten Personenkreis trifft, schwer oder einschneidend ist und das Verhalten auch strafrechtlich sanktioniert werden könnte; vgl. BGer vom 6. Sept. 2010, 8C_417/2010, E. 4.2.2; vom 11. Aug. 2000, 1P.102/2000, E. 1) oder als **zivilrechtliche Streitigkeit** (BGE 126 I 228 E. 2a/aa [Suspendierung eines Anwalts für drei Monate], 123 I 87 E. 2a [Entzug einer Bewilligung zur Ausübung des freien Notari- 3160 ats], 109 Ia 217 E. 4 [Suspendierung eines Anwalts für acht Monate]) im Sinne von Art. 6 Abs. 1 EMRK erscheinen (vgl. auch VerwG BE vom 14. Nov. 2001, in: BVR 2002 S. 241 E. 1a/cc, betr. Einsicht in die privaten Vermögensverhältnisse eines Notars; die Streitigkeit über Bestand und Umfang der Offenlegungsverpflichtung stellt eine zivilrechtliche Streitigkeit im Sinne von Art. 6 Abs. 1 EMRK dar).

3161 **Disziplinarbussen in Gerichtsverfahren** werden üblicherweise nicht als Strafsanktion im Sinne des Art. 6 Abs. 1 EMRK betrachtet (z.B. Kassationsgericht ZH vom 29. Sept. 2001, in: ZR 2002 Nr. 31 E. 5.2). **Disziplinarbussen** – und keine Strafsanktion im Sinne von Art. 6 Abs. 1 EMRK – stellen dar: Bussen in der Höhe von Fr. 5'000.–, Fr. 1'000 oder Fr. 500.– gegenüber einem Anwalt (BGE 128 I 346 E. 2.3, 126 I 228 E. 2a/aa, 125 I 417 E. 2b; BGer vom 3. Sept. 2001, 2P.139/2001, E. 4), Busse in der Höhe von Fr. 450.– gegenüber Eltern wegen des Nichterscheinens ihres Sohnes in der Sportwoche (BGer vom 11. Aug. 2000, 1P.102/2000, E. 1), Busse in der Höhe von Fr. 300.– gegenüber einer Beamtin (BGE 121 I 379 E. 3), Busse in der Höhe von Fr. 300.– für das Betragen anlässlich der Einvernahme als Auskunftsperson (BGE 135 I 313 E. 2.2), Busse in der Höhe von Fr. 600.– gemäss der Verordnung über die Aufnahme von Kindern zur Pflege und Adoption (OG LU vom 9. Juni 2005, in: LGVE 2005 I Nr. 39 E. 3.1.1), wohin gegen der EGMR selbst Disziplinarbussen in der Höhe von Fr. 300.- und Fr. 500.- als strafrechtlich betrachtet (EGMR vom 22. Mai 1990, 11034/84 und vom 15. Dez. 2005, 53146/99).

Praxis:

3162 – **Ausschluss vom Schulunterricht während der obligatorischen Schulzeit:** Auf Antrag der Schulkommission verfügte das Regionale Schulinspektorat am 12. Jan. 2006, der 1990 geborene X werde per 18. Jan. 2006 vorzeitig aus der Schulpflicht entlassen. Der Regierungsrat heisst die Beschwerde gut. Erwägungen: Nach Art. 24 Abs. 1 des Volksschulgesetzes (VSG) kann das Schulinspektorat auf Gesuch der Eltern oder auf Antrag der Schulkommission und nach Anhören der Eltern Schülerinnen und Schüler vom Abschluss des achten Schuljahres hinweg aus der Schulpflicht entlassen, wenn dafür zwingende Gründe vorliegen. Die Disziplinarmassnahmen sind in Art. 28 VSG aufgeführt und sehen in Abs. 5 lediglich einen vorübergehenden Schulausschluss von der Dauer von höchstens 12 Wochen vor. Während Art. 28 Abs. 5 VSG vorsieht, Schülerinnen und Schüler könnten wegen ihres Verhaltens vom Unterricht ausgeschlossen werden, spricht Art. 24 Abs. 1 VSG davon, das Schulinspektorat könne Schülerinnen und Schüler aus der Schulpflicht entlassen. Die Wendung «aus der Pflicht entlassen» macht deutlich, dass es bei der Massnahme von Art. 24 Abs. 1 VSG um die Befreiung von einer Obliegenheit – nämlich der Pflicht, neun Jahre lang die Schule zu besuchen – geht. Demgegenüber weist die Formulierung von Art. 28 Abs. 5 VSG («[...] vom Unterricht ausgeschlossen werden») genau auf das Gegenteil hin. Weiter kommt hinzu, dass anders als Art. 28 VSG, der den Randtitel «Disziplinarische Massnahme» trägt, Art. 24 VSG mit dem Randtitel «Vorzeitige Entlassung, zusätzliches Schuljahr» umschrieben ist. Gegenstand von Art. 24 VSG sowie der vorangehenden Art. 22 und 23 VSG sind die Dauer der Schulpflicht (neun Jahre), ihr Anfang und Ende sowie die Möglichkeit, ausnahmsweise länger (zehntes Schuljahr) oder weniger lang (Überspringen einer Klasse; vorzeitige Entlassung aus der Schulpflicht aus zwingenden Gründen) den Schulunterricht zu besuchen. Ein Ausschluss vom Schulunterricht aus disziplinarischen Gründen würde nicht in den Kontext dieser Normen passen. Vielmehr ist in systematischer Auslegung von Art. 24 Abs. 1 VSG davon auszugehen, dass der Gesetzgeber, wenn er einen definitiven Ausschluss aus der 9. Klasse während der obligatorischen Schulzeit als disziplinarische Massnahme hätte vorsehen wollen, dies ausdrücklich in Art. 28 VSG geregelt hätte. Dies umso mehr, als es sich dabei um die strengste aller Massnahmen handeln würde, die für die Betroffenen weitergehende Konsequenzen als der auf maximal zwölf Wochen begrenzte

Ausschluss gemäss Art. 28 Abs. 5 VSG hätte. Unter den Begriff der zwingenden Gründe, die gemäss Art. 24 Abs. 1 VSG zu einer vorzeitigen Entlassung aus der Schulpflicht führen, fallen somit andere als disziplinarische Gründe. Zwingende Gründe, die unter Umständen zu einer Entlassung im Sinn von Art. 24 Abs. 1 VSG führen, könnten etwa die Zusage einer ganz seltenen Lehrstelle oder psychische oder andere gesundheitliche Probleme und eine dementsprechende therapeutische Behandlung sein. Art. 24 Abs. 1 VSG stellt keine gesetzliche Grundlage für einen definitiven Schulausschluss während der Schulpflicht dar. Die Gründe im Sinn von Art. 24 Abs. 1 VSG, die zu einer vorzeitigen Entlassung aus der Schulpflicht führen können, sind nicht disziplinarischer Art. Sodann kann ein definitiver Schulausschluss auch nicht gestützt auf Art. 28 Abs. 5 VSG ausgesprochen werden, zumal diese Bestimmung «nur» einen Ausschluss von maximal zwölf Wochen ermöglicht. Die Beschwerde ist somit gutzuheissen (RR BE vom 13. Dez. 2006, in: BVR 2007 S. 296 E. 5).

– **Disziplinarischer Schulausschluss wegen Nichtteilnahme am Unterricht sowie Fehlverhaltens der Eltern:** A besuchte zu Beginn des Schuljahrs 2004/05 die zweite Sekundarklasse in der Schulgemeinde B. Mit Verfügung vom 26. Aug. 2004 schloss ihn der Schulrat disziplinarisch von der Schule aus. Er erwog, A habe trotz unzähliger schriftlicher und mündlicher Aufforderungen verschiedenster Personen und Behörden und trotz rechtskräftiger Bussenverfügungen gegenüber seiner Mutter, C, die ihm nicht hätten verborgen bleiben können, während eines ganzen Jahres am Donnerstagnachmittag keine einzige Turnstunde besucht. Hinzu gekommen seien namentlich unentschuldigtes Fehlen im Skilager, unentschuldigtes Fehlen im Klassenlager vor den Sommerferien und Nichtteilnahme an der Sonderschulwoche nach den Sommerferien. A trage das uneinsichtige, unkooperative und missbräuchliche Verhalten seiner Mutter mit. Gegen die Verfügung des Schulrates erhob C Rekurs bei der Regionalen Schulaufsicht. Diese wies den Rekurs ab. Der Erziehungsrat heisst die Beschwerde dagegen gut. Erwägungen: Als schwerste Disziplinarmassnahme kann der Schulrat den disziplinarischen Ausschluss von der Schule verfügen, mit der Möglichkeit eines anschliessenden, von der Vormundschaftsbehörde verfügten Besuchs der besonderen Unterrichts- und Betreuungsstätte (BUB; Art. 55 Abs. 2, Art. 55 ^{bis} und 55ter des St. Galler Volksschulgesetzes [VSG]). Vor dem disziplinarischen Ausschluss von der Schule führt eine beauftragte Person des Schulrates eine Untersuchung durch und erstattet einen schriftlichen Bericht mit Antrag. Die Eltern können zu Bericht und Antrag schriftlich Stellung nehmen. Das verfassungsrechtliche Spannungsverhältnis zwischen Schulbesuchsrecht bzw. -pflicht einerseits und disziplinarischem Schulausschluss anderseits gebietet, Letzteren nur im Extremfall zu verfügen. Ein solcher ist um so weniger anzunehmen, je jünger der Schüler ist. Abgesehen davon zielt der disziplinarische Schulausschluss ausschliesslich auf die Ahndung eigenen Fehlverhaltens des Schülers, d.h. der Ahndung eines Fehlverhaltens, welches dem Schüler unter Berücksichtigung seiner altersgemässen Urteilsfähigkeit und der von ihm nicht selbst gewählten familiären Umgebung persönlich vorzuwerfen ist. Dies geht seit jeher aus Art. 54 und 55 VSG hervor wird durch die neueren Gesetzesbestimmungen über die BUB zusätzlich unterstrichen. Die BUB ist ein schulverwandter erzieherischer Anschluss für disziplinarisch aus der Schule ausgeschlossene Jugendliche und bezweckt deren Resozialisierung. Sie ist damit ein Element zur Legitimation des disziplinarischen Schulausschlusses, indem sie für den ausgeschlossenen Schüler mit Blick auf seine verfassungsmässigen Rechte eine Perspektive offen hält. Eine Resozialisierung in der BUB kann jedoch nur gegenüber Jugendlichen Sinn machen, denen ein Fehlverhalten persönlich vorzuwerfen ist, d.h. bei denen die Massnahme überhaupt erzieherisch sinnvoll nach Art. 55 Abs. 1 VSG sein kann. Mithin misst sich die Zulässigkeit eines disziplinarischen Schulausschlusses auch daran, ob für den Schüler die Versetzung in die BUB wenn nicht als zwingend erscheint, so doch zumindest denkbar und ernsthaft zu prüfen ist. Für Fehlverhalten, das nicht primär dem Schüler, sondern primär dem Elternhaus anzulasten ist, darf der Schüler nicht mit dem disziplinarischen Schulausschluss bestraft werden. Für elterliches Fehlverhalten muss ein Volksschüler auch dann zumindest nicht die schwerste Disziplinarmassnahme mit all ihren Konsequenzen (Verlust der beruflichen oder weiterführenden schulischen Perspektive) erdulden, wenn er es im Rahmen seiner kindlichen Folgepflicht mitträgt. Ansonsten würde von ihm eine Freiheit und Unabhängigkeit vom familiären Rahmen verlangt, die naturgemäss nicht besteht. In einem entsprechenden 3163

Fall wäre auch der Eintritt in die BUB zum vornherein verfehlt, da die Resozialisierung am falschen Subjekt ansetzen würde. Vorliegend ist nicht aktenkundig und wird von den Vorinstanzen auch nicht vorgebracht, dass sich A in der Sekundarschule unanständig oder rücksichtslos verhalten hätte. Ihm sind weder eine aktive Störung oder Belästigung von Mitschülerinnen und Mitschülern oder von Lehrkräften bzw. des Schulbetriebs im Allgemeinen noch verbale oder handgreifliche Entgleisungen (Ehrverletzungen, Drohungen, Gewalt) im Besonderen vorzuwerfen. A wird vielmehr die wiederholte Nichtteilnahme an Unterrichtsstunden (Turnunterricht) und an besonderen Unterrichtsveranstaltungen (Skilager, Klassenlager und Sonderwoche), das Nichterledigen von Aufgaben und das Nichterscheinen zu Nacharbeits-Terminen oder zum Bibliotheksbesuch vorgeworfen. Ferner betonen beide Vorinstanzen, dass die Ursache dieser Vorwürfe nicht auf A selbst, sondern auf seine Mutter zurückgeht. Die gehäuften Absenzen bzw. Arbeitsverweigerungen von A sind eine schwerwiegende Unkorrektheit. Von ihnen geht ein beträchtliches Störpotenzial auf die Schulklasse und ihre Lehrkräfte aus. Der Vorwurf an den 14-jährigen Knaben, einem obstruktiven Bestreben seiner Mutter nachgegeben zu haben, Unterricht und Schulveranstaltungen nicht zu besuchen, ist aber kein ausreichender Grund, gegenüber ihm die schärfste Disziplinarmassnahme des Schulausschlusses anzuordnen. A steht unter der uneingeschränkten elterlichen Sorge seiner Mutter und damit in einem grundlegenden Abhängigkeitsverhältnis zu dieser. Von ihm kann somit nicht erwartet werden, dass er sich von ihren Ansinnen distanziert. Der mit dem disziplinarischen Schulausschluss verbundene Eingriff in das verfassungsmässige Recht von A bzw. in seine entsprechende Pflicht zum Besuch der öffentlichen Volksschule ist weder durch das Volksschulgesetz des Kantons St. Gallen gedeckt, noch sind dafür die Voraussetzungen eines vorrangigen öffentlichen Interesses und der Verhältnismässigkeit erfüllt (Erziehungsrat SG vom 26. Jan. 2005, in: GVP 2005 Nr. 91 E. 4).

3164 – **Disziplinarbusse:** R, Primarlehrerin im Kanton Zürich, nahm am 7. April 1993 in den Räumlichkeiten der Abteilung Volksschule der kantonalen Erziehungsdirektion Einsicht in ihre Personalakte. Dabei entfernte sie daraus zwei Aktenstücke, die sich ihres Erachtens widerrechtlich darin befanden, und zerriss sie. Mit Verfügung vom 11. Mai 1993 bestrafte die Erziehungsdirektion sie deswegen in Anwendung von § 4 des Gesetzes über die Ordnungsstrafen (Ordnungsstrafengesetz) mit einer Ordnungsbusse von Fr. 300.– zuzüglich Schreibgebühr von Fr. 30.–. Vor Bundesgericht macht sie geltend, der angefochtene Bussenentscheid verstosse gegen Art. 6 Ziff. 1 EMRK, weil keine Überprüfung durch ein Gericht möglich gewesen sei. Das Bundesgericht weist die Beschwerde ab. Erwägungen: Das zürcherische Ordnungsstrafengesetz ist formal nicht Teil des Strafrechts. Es wird von Verwaltungsinstanzen ohne Mitwirkung der Strafverfolgungsbehörden angewendet und will das gute Funktionieren der Verwaltung sicherstellen. Deshalb erscheint das Ordnungsstrafengesetz auch materiell nicht als Strafrecht, obwohl es für einzelne Fragen gewisse Bestimmungen des Strafgesetzbuches für anwendbar erklärt (§ 4a des Ordnungsstrafengesetzes). Wichtiger als die landesrechtliche Qualifikation ist das zweite Kriterium. Nach der Praxis des Europäischen Gerichtshofes für Menschenrechte sind Disziplinarregelungen, mit denen den Mitgliedern besonderer Institutionen oder Berufsgattungen bestimmte Verhaltensregeln auferlegt werden, grundsätzlich nicht als strafrechtlich im Sinne von Art. 6 EMRK zu betrachten, ausser wenn das pönalisierte Verhalten zugleich ein vom allgemeinen Strafrecht erfasstes Delikt darstellt oder die angedrohte Sanktion nach Art und Schwere als strafrechtlich erscheint, namentlich wenn eine Freiheitsstrafe von mehr als bloss einigen Tagen in Aussicht steht. Ordnungsbussen, mit denen für die ganze Bevölkerung geltende Verhaltensvorschriften durchgesetzt werden sollen, gelten demgegenüber als strafrechtlich. Strafen, mit denen ein Verstoss von Prozessparteien gegen verfahrensrechtliche Vorschriften geahndet wird, stellen keine strafrechtliche Anklage dar, weil sie zum Zweck habe, das korrekte Verfahren vor Gericht sicherzustellen. Der vorliegende Fall ist damit vergleichbar: die Strafe kann zwar potenziell gegen die gesamte Bevölkerung ausgesprochen werden, aber nur soweit der Einzelne mit Verwaltungs- oder Gerichtsstellen in Geschäftsverkehr steht. Sie gilt damit nur für einen beschränkten Kreis von Personen, die in einem besonderen Verhältnis der Unterordnung unter die Behörde stehen, dient dem geordneten Geschäftsgang der Behörden und stellt eine reine Disziplinarmassnahme dar, die nicht ein kriminelles Unrecht abgilt; vielmehr wird ein Strafverfahren allenfalls zusätzlich durchgeführt, wenn nebst dem

Disziplinarvergehen strafrechtliche Tatbestände erfüllt sind. Die Busse wird zudem nicht im Strafregister eingetragen. Die Widerhandlung erscheint damit ihrer Natur nach nicht als strafrechtlich. Hinzu kommt, dass die Beschwerdeführerin vorliegend in ihrer Eigenschaft als kantonale Beamtin diszipliniert wurde. Auch wenn die angewendete Bestimmung grundsätzlich auf alle Personen angewendet werden kann, die mit Behörden in Kontakt kommen, so ist die angefochtene Busse mit Bezug auf die Beschwerdeführerin als beamtenrechtliche Disziplinarmassnahme zu betrachten, die nach der Praxis der Europäischen Menschenrechtsorgane wie auch des Bundesgerichts nicht als strafrechtlich gilt. Schliesslich könnten die Natur und Schwere der Sanktion die Strafe zu einer strafrechtlichen werden lassen. Ist eine Widerhandlung bereits nach ihrer Natur (zweites Kriterium) als strafrechtlich zu betrachten, so ändert eine geringe Höhe der streitigen Busse daran nichts. Ergibt sich hingegen nicht bereits aus dem zweiten Kriterium die Qualifikation als strafrechtlich, so spielen die Natur und Schwere der Sanktion eine wichtige Rolle. Im Lichte der Praxis des EGMR erscheint die vorliegend streitige Sanktion nicht als strafrechtlich: ausgesprochen wurde eine Busse von Fr. 300.–; die Maximalstrafe beträgt Fr. 1'000.–. Eine Umwandlung in Haft ist gemäss § 4a des Ordnungsstrafengesetzes nach Massgabe von Art. 49 StGB zulässig, mithin nur unter bestimmten Voraussetzungen und nur in einem Verfahren, in welchem der Betroffene angehört werden muss. Gesamthaft erscheint somit die streitige Disziplinarbusse nicht als strafrechtliche Anklage im Sinne von Art. 6 Ziff. 1 EMRK. Damit sind die Verfahrensgarantien dieser Bestimmung nicht anwendbar, namentlich nicht der Anspruch auf eine Beurteilung durch ein unabhängiges und unparteiisches Gericht. Der angefochtene Bussenentscheid verletzt daher die EMRK nicht (BGE 121 I 379 E. 3).

3. Administrative Rechtsnachteile

Bei **administrativen Rechtsnachteilen** handelt es sich um Sanktionen, welche zwar nicht unmittelbar der Durchsetzung der verletzten Pflicht dienen, jedoch mittelbar den Pflichtigen dazu veranlassen sollen, seinen Pflichten nachzukommen (BGE 134 I 293 E. 3.2; VerwG GR vom 12. April 2005, PVG 2005 Nr. 31 E. 2a). Derartigen Massnahmen kommt zumeist eine **repressive Funktion** zu (BGer vom 24. April 2007, 2A.705/2006, E. 3.6). Sie sind beispielsweise darauf ausgerichtet, bei Nichtbezahlung der Gebühr die Belieferung mit Energie- oder Wasser einzuschränken oder die Leistung der Krankenkasse nicht mehr zu erbringen bzw. aufzuschieben (BGE 134 I 293 E. 3.2, 125 V 266 E. 2). 3165

Das Gesetz kann zur indirekten Durchsetzung der Erfüllung der Abgabepflichten auch Massnahmen vorsehen, durch die dem säumigen Schuldner die (weitere) **Benutzung bestimmter Sachen** untersagt oder verunmöglicht oder die **Bewilligung** entzogen bzw. verweigert wird. Der Fahrzeugausweis (einschliesslich des Kontrollschildes) für ein Motorfahrzeug kann entzogen werden, wenn und solange der Halter die Schwerverkehrsabgabe nicht bezahlt (Art. 14a SVAG sowie Art. 50a SVAV; vgl. auch BGer vom 24. April 2007, 2A.705/2006, E. 4). Staatliche Subventionen können gekürzt oder verweigert werden, wenn der Subventionsempfänger gewisse Vorschriften missachtet (BGE 137 II 366 E. 3.2 [Verweigerung oder Kürzung gewisser Direktzahlungen wie RGVE-Beiträge und Ethobeiträge sowie Verletzung von Tierschutzvorschriften]; siehe auch BGer vom 24. Jan. 2012, 2C_451/2011, E. 3.2). 3166

Administrative Sanktionen bedürfen in der Regel einer **Rechtsgrundlage**, wenn sich der fragliche Eingriff nicht bereits aus der Sachverfügung ergibt, deren Durchsetzung die Sanktion sicherstellen will (BGE 125 V 266 E. 6e; BGer vom 24. April 2007, 2A.705/2006, E. 3.7; anders VerwG SZ vom 9. Jan. 2003, in: EGVSZ 2003 B 5.3 3167

E. 5a/aa, wonach bei einer Verweigerung von Verwaltungsleistungen eine fehlende gesetzliche Grundlage allenfalls durch die Konnexität zwischen Pflichtverletzung und verweigerter Leistung ersetzt werden könne), und müssen, was den mit dem Eingriff verbundenen Nachteil für den Betroffenen anbelangt, das Gebot der **Verhältnismässigkeit** respektieren (BGE 134 I 293 E. 3.2). Soweit derartige Sanktionen schwerwiegende Einschränkungen von Grundrechten zur Folge haben, ist eine besondere Grundlage in einem formellen Gesetz erforderlich (BGE 125 V 266 E. 6e; BGer vom 24. April 2007, 2A.705/2006, E. 3.7), solange sich der fragliche Eingriff nicht bereits aus der Sachverfügung ergibt.

3168 Die **Verweigerung von Verwaltungsleistungen** gegenüber säumigen Bezügern hat grundsätzlich **subsidiären Charakter**; öffentlich-rechtliche Forderungen sind vorerst auf dem Weg der Schuldbetreibung durchzusetzen (VerwG SZ vom 9. Jan. 2003, in: EGVSZ 2003 B 5.3 E. 5b/bb), wobei eine derartige Sanktion zusätzlich zur eingeleiteten Betreibung verfügt werden darf (BGer vom 24. April 2007, 2A.705/2006, E. 3.5 und E. 3.6).

3169 Zwischen **Pflichtverletzung und Verweigerung der staatlichen Leistung** ist ein **sachlicher Zusammenhang** erforderlich (BGE 137 II 366 E. 3.2 [Verweigerung oder Kürzung gewisser Direktzahlungen wie RGVE-Beiträge und Ethobeiträge wegen Verletzung von Tierschutzvorschriften]; 137 I 120 5.4 und E. 5.5 [Liefersperre für Energie und Trinkwasser wegen Nichtbezahlens der Gebühren für erfolgte Versorgungsleistungen], 134 I 293 E. 3.2 [Einzug eines Hundes und Fremdplatzierung, um finanzielle Verpflichtungen des Hundehalters durchzusetzen]; 125 V 266 E. 6d [Verbot des Krankenversichererwechsels wegen Nichtbezahlens von Prämien]; BGer vom 24. April 2007, 2A.705/2006, E. 3.6 [Entzug des Fahrzeugausweises einschliesslich des Kontrollschildes, wenn der Halter die Schwerverkehrsabgabe nicht bezahlt; vgl. Art. 14a lit. a SVAG oder Art. 16 Abs. 4 lit. b SVG]; VerwG SZ vom 9. Jan. 2003, in: EGVSZ 2003 B 5.3 E. 5 [Drosselung der Wasserzufuhr wegen Nichtbezahlens der Wasserzinsen]).

3170 **Fehlende Konnexität:** BGE 137 II 366 E. 3.3.2 [Verletzung von Tierschutzvorschriften und Verweigerung von Flächenbeiträgen]; 127 I 97 E. 4b [Verweigerung der Abmeldebestätigung durch die Einwohnerkontrolle, um die Bezahlung offener Steuerschulden durchzusetzen]; weitere Beispiele BGE 134 I 293 E. 3.2). Vereinzelt differenziert die Praxis danach, ob lebensnotwendige Güter wie Energie (Wasser, Elektrizität usw.) oder minder bedeutende Leistungen auf dem Spiel stehen (VerwG SZ vom 9. Jan. 2003, in: EGVSZ 2003 B 5.3 E. 4).

Praxis:

3171 – **Einzug und Fremdplatzierung eines Hundes als Mittel zur Durchsetzung finanzieller Verpflichtungen des Hundehalters:** Die angefochtene neue Regelung des thurgauischen Hundegesetzes, wonach ein Hund bei Nichterfüllung der dem Halter aus der Hundehaltung erwachsenden finanziellen Verpflichtungen eingezogen und fremdplatziert werden kann, stellt keine unmittelbar der Vollstreckung der Geldleistungspflicht dienende Massnahme dar; insbesondere wird der Hund nicht zwecks Verwertung behändigt, sondern lediglich als (indirektes) Druckmittel der Obhut des Halters entzogen. Die angefochtene Gesetzesbestimmung greift insoweit nicht in den Regelungsbereich des Schuldbetreibungsrechtes ein, sondern will im Sinne eines administrativen Rechtsnachteils den säumigen Hundehalter indirekt zur Erfüllung seiner finanziellen Verpflichtungen veranlassen. Zur (indirekten) Durchsetzung der Erfüllung von

Abgabepflichten kann das Gesetz auch Massnahmen vorsehen, durch die dem säumigen Schuldner die (weitere) Benutzung bestimmter Sachen untersagt oder verunmöglicht wird. Die Nichterfüllung öffentlich-rechtlicher Geldforderungen kann insbesondere die Verweigerung von davon abhängigen bzw. im Austauschverhältnis zu erbringenden Verwaltungsleistungen nach sich ziehen, auch wenn vorliegend die Wegnahme und allfällige (definitive) Fremdplatzierung eines Hundes zur Erzwingung der Bezahlung bzw. als administrative Sanktion für die Nichtbezahlung einer relativ niedrigen Geldforderung des Staates unter dem Gesichtswinkel der persönlichen Freiheit in der Tat nicht unproblematisch erscheint. Die vorliegend angefochtenen Bestimmungen sind hingegen in einem formellen Gesetz enthalten. Das Erfordernis der gesetzlichen Grundlage (Art. 36 Abs. 1 BV) ist damit erfüllt. Soweit die in der vorliegend angefochtenen Gesetzesbestimmung vorgesehene Sanktion der Wegnahme und allfälligen Fremdplatzierung eines Hundes bezweckt, den Halter zum Abschluss der vorgeschriebenen Haftpflichtversicherung zu veranlassen, dient dieses administrative Druckmittel der Erfüllung einer wesentlichen Sachverpflichtung, welche einen allfälligen Eingriff in die persönliche Freiheit des Halters zu rechtfertigen vermag. Grundsätzlich dasselbe gilt, wenn mit der erwähnten Sanktion erzwungen werden soll, dass ein Halter für den Kostenvorschuss oder die Kosten für im Zusammenhang mit seiner Hundehaltung stehende Kontroll- oder Abwehrmassnahmen aufkommt. Auch hier geht es nicht in erster Linie um ein blosses fiskalisches Interesse, sondern um die Wahrung von potenziell vorrangigen öffentlichen Sachinteressen. Die betreffende Bestimmung ist ferner als Kann-Vorschrift formuliert und belässt der rechtsanwendenden Behörde die Möglichkeit, den Umständen des jeweiligen Einzelfalles Rechnung zu tragen und von einer Beschlagnahme eines Hundes, zu welchem der Betroffene eine schutzwürdige starke emotionale Bindung hat, abzusehen, wenn die berührten öffentlichen Interessen einen derartigen einschneidenden Eingriff als unverhältnismässig erscheinen lassen. Allerdings kann nicht gesagt werden, dass das Druckmittel der Beschlagnahme zur Eintreibung der Hundesteuer zum vornherein in jedem Falle unzulässig wäre. Es wäre wenig befriedigend, wenn Personen, die mangels pfändbarer Mittel auf dem Betreibungsweg nicht belangt werden können, eine Mehrzahl oder Vielzahl von Hunden halten könnten, ohne hierfür eine Hundesteuer zu entrichten. Personen, die zur Bezahlung der Hundesteuer nicht in der Lage sind, werden ihren Tieren häufig auch nicht die erforderliche Pflege und Ernährung zukommen lassen können. Unter diesem Blickwinkel erlaubt es die angefochtene Regelung den Behörden zugleich, bei mangelhafter Hundehaltung im Interesse des betroffenen Tieres frühzeitig einzuschreiten, um drohenden tierschutzwidrigen Zuständen zuvorzukommen. Der bei Nichtbezahlung trotz vorgängiger Mahnung in Aussicht gestellte Rechtsnachteil vermag seine Wirkung als Druckmittel überdies auch gegenüber Hundehaltern zu entfalten, welche zwar zahlungsfähig sind, die geschuldete Hundesteuer jedoch aus Renitenz nicht begleichen. Die angefochtene Bestimmung dürfte daher ihre Wirkung vor allem als Drohmittel gegen säumige Hundehalter entfalten. Sie erlaubt als Kann-Vorschrift eine praktische Anwendung, die mit dem Grundrecht der persönlichen Freiheit vereinbar ist (BGE 134 I 293 E. 4 und E. 5).

- **Wasserdrosselung wegen Zahlungsverzugs:** Ein säumiger Wasserbezüger wurde von der Wasserversorgerin verfügungsweise zur Zahlung der Wasserzinsausstände verpflichtet. Mit derselben Verfügung wurden die Organe der Wasserversorgerin ermächtigt, im Falle weiterer und künftiger Säumnis Wasserlieferungen nach vorangegangener Mahnung auf 0.07 Minutenliter zu reduzieren. Eine gegen diese Verfügung erhobene Beschwerde wurde vom Gemeinderat abgewiesen. Der Regierungsrat überwies die gegen den Gemeinderatsbeschluss erhobene Beschwerde zur Beurteilung ans Verwaltungsgericht. Erwägungen: Die vorliegend ins Auge gefasste Einstellung bzw. Drosselung der Wasserzufuhr als administrativer Rechtsnachteil (d.h. Verweigerung einer Verwaltungsleistung) ist im kantonalen Recht nicht vorgesehen und stützt sich lediglich auf ein Konzessionsreglement. Daraus ergibt sich zwar nicht zwingend, dass mangels expliziter Erwähnung dieser Vollstreckungsmassnahme im zitierten Massnahmenkatalog administrative Rechtsnachteile nicht zulässig sind, zumal bei dieser Form von Zwangsmassnahme an die Stelle einer gesetzlichen Grundlage die Konnexität zwischen Pflichtverletzung des Pflichtigen und verweigerter Leistung treten kann. Jedoch sind öffentlich-rechtliche Geldforderungen grundsätzlich auf dem Wege der Schuldbetreibung nach dem Bundesgesetz 3172 über Schuldbetreibung und Konkurs zwangsweise einzutreiben. Jede andere Art der Zwangsvollstreckung ist bei öffentlich-rechtlichen Geldforderungen grundsätzlich unzulässig. Steht der Weg über die Schuldbetreibung zur Verfügung, scheitern andere mögliche Zwangsmittel in der Regel schon am Kriterium der Erforderlichkeit. Schwere administrative Rechtsnachteile haben ohnehin nur subsidiären Charakter. Eine ausreichende Versorgung mit Energie und Wasser ist die elementarste Voraussetzung, um überhaupt ein menschenwürdiges Dasein zu ermöglichen, und gehört mithin zum zentralen Gehalt des Grundrechts auf Existenzsicherung. Konsequenterweise ist bei der Einstellung der Belieferung durch einen kommunalen Versorgungsbetrieb wegen Zahlungsverzugs oder Zahlungsverweigerung des Belieferten zwischen den verschiedenen Versorgungsleistungen zu differenzieren und eine Einstellung nur in Ausnahmefällen zuzulassen. Je wichtiger die Leistung der Anstalt für das Leben der Anstaltsbenützer und je grösser das öffentliche Interesse an der Nichteinschränkung der Benutzerrechte ist, um so sparsamer muss die Anstalt von der Möglichkeit Gebrauch machen, ihre Leistungen zu verkürzen oder gar zu verweigern. Selbst wenn eine allfällige Betreibung fruchtlos verlaufen (d.h. in einem Verlustschein enden) sollte, müsste dennoch im Sinne des vorstehend erwähnten grundrechtlichen Anspruches auf die Grundversorgung mit Strom und Wasser von einer Wasserdrosselung abgesehen werden. In diesem Fall wäre die Zahlungsunfähigkeit des Wasserbezügers erstellt und gleichzeitig konkludent auch der Beweis einer Notlage erbracht. Gemäss Konzessionsreglement kann ausserdem einem Schuldner, der nachzuweisen vermag, dass er durch die Bezahlung der Abgaben in eine Notlage geraten würde, die Ausstände gemäss einem Tilgungsplan gestundet (oder allenfalls gar erlassen) werden, bevor eine Wasserdrosselung angeordnet wird (VerwG SZ vom 9. Jan. 2003, in: EGVSZ 2003 B 5.3 E. 5).

3173 – **Kürzung oder Verweigerung von Direktzahlungen wegen Verletzung von Tierschutzvorschriften:** X führt einen Landwirtschaftsbetrieb im Weiler W. Am 2. Mai 2008 stellte er ein Gesuch für Direktzahlungen für das Jahr 2008. Am 24. Nov. 2008 verfügte das Landwirtschaftsamt, es erfolge keine Auszahlung von Direktzahlungen für das Jahr 2008 an X. Dieser erhob dagegen Rekurs an das Departement für Inneres und Volkswirtschaft des Kantons Thurgau (DIV), welches das Rechtsmittel mit Entscheid vom 16. April 2009 abwies. Mit Urteil vom 14. Mai 2010 wies das Bundesverwaltungsgericht die Beschwerde ab. Das Bundesgericht heisst die Beschwerde teilweise gut. Erwägungen: Der Beschwerdeführer wurde letztinstanzlich mit Urteil des Bundesgerichts (6B_711/2009) wegen mehrfacher Übertretung des Tierschutzgesetzes rechtskräftig verurteilt. Mit der Missachtung der Tierschutzvorschriften kann nicht die Verweigerung sämtlicher Beiträge begründet werden: Der Sinn und Zweck der Direktzahlungen liegt darin, die ökologischen und gemeinwirtschaftlichen Leistungen bodenbewirtschaftender bäuerlicher Betriebe abzugelten, um damit namentlich die natürlichen Lebensgrundlagen zu erhalten und die Kulturlandschaft zu pflegen (Art. 1 lit. b und c sowie Art. 2 Abs. 1 lit. b LwG). Voraussetzung der Beitragszahlung ist daher, dass diese ökologischen und gemeinwirtschaftlichen Leistungen tatsächlich erbracht werden. Ist dies nicht der Fall, sind die Beiträge zu verweigern. Die Verweigerung der Beiträge hat keinen pönalen Charakter; sie hat ihren Grund vielmehr darin, dass die Leistungen, welche mit den Zahlungen abgegolten werden sollen, nicht erbracht werden. Es muss mit anderen Worten ein Zusammenhang zwischen der Sanktion (Beitragskürzung oder -verweigerung) und der verletzten Bestimmung bestehen. Das ergibt sich auch aus Art. 70 Abs. 4 LwG, wonach nur die Einhaltung der für die landwirtschaftliche Produktion massgeblichen Vorschriften der (u. a.) Tierschutzgesetzgebung Voraussetzung für die Ausrichtung von Direktzahlungen ist; damit wollte der Gesetzgeber bewusst einen Zusammenhang zwischen Gesetzesverstoss und betrieblicher Tätigkeit statuieren. Entsprechend wurde in einem früheren Urteil des Bundesgerichts festgehalten, dass die Voraussetzungen für eine Streichung bzw. Kürzung der tierbezogenen Beiträge nach Art. 73 und 74 LwG grundsätzlich erfüllt sind, wenn die Anforderungen an eine tiergerechte Haltung nicht eingehalten sind. Die vom Bewirtschafter zu erbringenden Leistungen sind je nach Art der Direktzahlung unterschiedlicher Natur: Die Beiträge für die Haltung Raufutter verzehrender Nutztiere (im Folgenden: RGVE-Beiträge) dienen der Förderung und Erhaltung der Wettbewerbsfähigkeit der Milch- und Fleischproduktion auf Raufutterbasis und einer flächendeckenden Nutzung (Art. 73 Abs. 1 LwG). Die Beitragsberechtigung setzt das Halten von Raufuttergrossvieheinheiten voraus (Art. 28 Abs. 1 DZV), worunter selbstverständlich nur ein rechtmässiges Halten gemeint sein kann. Werden die Tiere unter Missachtung von Tierschutzvorschriften gehalten, sind damit die Voraussetzungen für die RGVE-Beiträge nicht erfüllt. Dasselbe gilt umso mehr für die Ethobeiträge, welche für besonders tierfreundliche Produktionsformen ausgerichtet werden (Art. 70 Abs. 3 lit. b und Art. 76a LwG, Art. 59 Abs. 1 DZV); diese Voraussetzungen sind nicht erfüllt, wenn Tierschutzvorschriften missachtet werden. In Bezug auf diese Beiträge erweist sich die Beschwerde damit als unbegründet. Demgegenüber werden die Flächenbeiträge für die blosse Bewirtschaftung von Flächen ausgerichtet (Art. 72 LwG; Art. 4 und 27 DZV) und damit grundsätzlich unabhängig von einer Tierhaltung. Wenn es für die Berechtigung unerheblich ist, ob überhaupt Tiere gehalten werden, kann es auch keine Rolle spielen, ob die Tiere vorschriftskonform gehalten werden. Es fehlt an einem sachlichen Zusammenhang zwischen der Verletzung von Tierschutzvorschriften und den Flächenbeiträgen, weshalb diese nicht mit der Begründung verweigert werden können, Tierschutzvorschriften seien verletzt worden. Dasselbe gilt für die Beiträge für den ökologischen Ausgleich und Öko-Qualitätsbeiträge: Diese werden unter Voraussetzungen gewährt, die keinen Zusammenhang mit der Nutztierhaltung aufweisen (Art. 40 ff. DZV; Art. 2 ff. der Öko-Qualitätsverordnung vom 4. April 2001). Sie können damit nicht mit der Begründung, Pferde und Rinder seien unter Verletzung von Tierschutzvorschriften gehalten worden, verweigert werden (BGE 137 II 366 E. 3).

IV. Bemerkungen

1. **Verwaltungsrechtliche Sanktionen** dienen der Durchsetzung und Erfüllung des 3174
materiellen Verwaltungsrechts und der darin festgelegten (verwaltungsrechtlichen) Pflichten. Stellen sie blosses **Vollstreckungsmittel**, das heisst blosse Umprägung der ursprünglichen – gesetzlich vorgesehenen – Sachverpflichtung dar, bedürfen sie **keiner ausdrücklichen rechtssatzmässigen Ermächtigung** (VerwG BE vom 11. Sept. 2002, in: BVR 2003 S. 171 E. 4c). Nach der bundesgerichtlichen Praxis gilt dies auch für **Massnahmen des unmittelbaren Zwanges** (BGE 111 Ib 213 E. 6c, 100 Ia 343 E. 3a [Abbruchbefehl bei rechtswidrigen Bauten]; BGer vom 2. April 2001, 1A.292/2000, E. 2a [Stilllegung einer formell und materiell rechtswidrigen Bausperrgut-Sortieranlage]), wenn sich die entsprechende Befugnis bereits aus der Sachkompetenz des Gemeinwesens ergibt (BGer vom 8. Jan. 2008, 6B_615/2007, E. 2.4 und E. 2.5; VerwG BE vom 11. Sept. 2002, in: BVR 2003 S. 171 E. 4c), wobei diese Frage in der Lehre kontrovers diskutiert wird (vgl. Überblick HÄFELIN/MÜLLER/UHLMANN, Rz. 1144 und Rz. 1167). Die Praxis verlangt zu Recht keine besondere gesetzliche Grundlage, wenn materiell rechtswidrige Bauten abgebrochen, Werbeprospekte wegen unzulässiger Anpreisung beschlagnahmt, Betriebe wegen massiver Verstösse gegen das Gesundheitsrecht geschlossen oder eine formell und materiell rechtswidrige Bausperrgut-Sortieranlage stillgelegt wird.

2. Wird hingegen eine gegenüber der vollstreckbaren Sach-Verfügung neue Pflicht 3175
eingeführt, muss sich die entsprechende Massnahme auf eine gesetzliche Grundlage stützen. Dies trifft üblicherweise auf **repressive Sanktionen** zu, da diese nicht bloss der Wiederherstellung des rechtmässigen – ursprünglich geschuldeten – verwaltungsrechtlichen Zustandes dienen, sondern darüber hinausgehend eine repressive Funktion erfüllen sowie künftige Pflichtverletzungen verhindern wollen und damit auch präventiv-erzieherische Zwecke verfolgen (BGE 137 I 120 E. 5.5, 134 I 293 E. 3.2, 125 V 266 E. 6e; jeweils in Bezug auf administrative Rechtsnachteile).

3176 3. Bewirkt die repressive Massnahme einen **schwerwiegenden Eingriff** in die Rechtsstellung der davon betroffenen Person, hat sie in einem Gesetz im formellen Sinn vorgesehen zu sein (BGer vom 24. April 2007, 2A.705/2006, E. 3.7 und E. 4 [Entzug des Fahrzeugausweises und der Kontrollschilder wegen Nichtbezahlung der Schwerverkehrsabgabe]). Das Bundesgericht hat den im Urteil BGE 124 IV 23 E. 1 geäusserten Gesichtspunkt, wonach strafrechtliche Sanktionen, die einen Freiheitsentzug mit sich bringen, eine Grundlage in einem formellen Gesetz bedürfen, verallgemeinert und auf Verwaltungssanktionen übertragen. Soweit Verwaltungssanktionen schwerwiegende Einschränkungen von Grundrechten zur Folge haben, bedarf ihre Verhängung einer Grundlage in einem formellen Gesetz (BGer vom 24. April 2007, 2A-705/2006, E. 3.7). Demgegenüber gelten im Hinblick auf die Anordnung disziplinarischer Massnahmen, die gegenüber Personen, welche in einem **besonderen Rechtsverhältnis** zum Staat stehen, üblicherweise geringere Anforderungen sowohl an die Normdichte wie auch an die Normstufe.

3177 4. Aus dem **Verhältnismässigkeitsprinzip** hat die Praxis insbesondere abgeleitet, dass die betreffende verwaltungsrechtliche Sanktion vorher **anzudrohen** ist (BGer vom 18. Juni 2011, 2C_737/2010, E. 4.2; nicht erforderlich bei Disziplinarmassnahmen [BGE 129 I 12 E. 10.4] sowie bei der antizipierten Ersatzvornahme, wenn zeitliche Dringlichkeit besteht [z.B. VerwG ZH vom 5. Jan. 2005, VB.2004.00165, E. 4]); dass grundsätzlich nach dem sogenannten **Stufenmodell** zu prüfen ist, ob eine Verwarnung, ein Verweis oder eine vorübergehende Massnahme denselben Zweck erfüllen kann und als milderes Mittel als ausreichend zu betrachten ist (BGE 129 I 12 E. 10.4; BGer vom 13. April 2005, 2P.274/2004, E. 4.2; BVGer vom 15. Nov. 2007, A-1508/2007, E. 3.4.5); dass in **schweren Fällen die eine oder andere Stufe** übersprungen werden kann (BGE 129 I 12 E. 10.4); dass die angeordneten repressiven Sanktionen in ihrer Gesamtheit **schuldangemessen** zu sein haben (BGE 128 II 133 E. 3b/bb); dass die **Zeitdauer zwischen Pflichtverletzung und Sanktion** dann zu berücksichtigen ist, wenn diese erheblich ist und die betreffende Person sich seit der Pflichtverletzung nichts mehr hat zuschulden kommen lassen (BGE 119 Ia 374 E. 3c); dass **mildere Massnahmen ausser Betracht** fallen, wenn die Behörde in der Vergangenheit bereits verschiedenste mildere Massnahmen ausgesprochen hat, diese aber auf dic davon betroffene Person bzw. das zu sanktionierende Verhalten keinerlei Wirkung zeigten (BGer vom 23. Feb. 2010, 2C_627/2009, E. 2.3-2.5); dass die **Dauer der Massnahme** der Situation, den zu wahrenden öffentlichen Interessen sowie der Schwere der Pflichtverletzung angemessen sein muss (BGE 129 I 12 E. 9.4); dass **mangelnde Mitwirkung** bei der Aufklärung der Vorwürfe oder gar deren Behinderung mit unwahren Angaben eine schwerere Sanktion erlaubt als wenn die Person sofort eingesteht, die Pflichtverletzung begangen zu haben (BVGer vom 15. Nov. 2007, A-1508/2007, E. 3.4.7), dass die **Schwere der Sanktion** unter Umständen beeinflusst wird durch die **Anzahl der vorgeworfenen Pflichtverletzungen** (BVGer vom 15. Nov. 2007, A-1508/2007, E. 3.4.7).

3178 5. Da verwaltungsrechtliche Sanktionen primär der Durchsetzung verwaltungsrechtlicher Pflichten dienen und sich das pönale Element als lediglich zweitrangig erweist, schliessen **strafrechtliche Sanktionen** verwaltungsrechtliche nicht aus; der **Grundsatz «ne bis in idem»**, wonach ein Beschuldigter für die gleiche Tat nicht mehrmals bestraft werden darf, bezieht sich nur auf die strafrechtliche Verfolgung von Delikten und ist auf Administrativmassnahmen nicht anwendbar (BGE 129 II 168 E. 6.2).

Auch ist eine **Kumulation von (verwaltungsrechtlichen) Sanktionen** mit Blick auf das Verhältnismässigkeitsprinzip zulässig; insbesondere **dürfen repressive mit exekutorischen Sanktionen verbunden** werden (BGE 134 I 293 E. 3.2; VerwG ZH vom 5. Jan. 2005, VB.2004.00165, E. 2). Allerdings haben die angeordneten Massnahmen in ihrer **Gesamtheit schuldangemessen** zu sein und dürfen nicht zu einer verkappten Doppelbestrafung führen (BGE 128 II 133 E. 3b/bb). Entsprechend dürfen **repressive Sanktionen mit Strafcharakter** wegen des gleichen Verstosses **nicht mehrfach** angeordnet werden (BGE 102 Ia 28 E. 10; BGer vom 16. April 2008, 2C_54/2008, E. 4.6). Unzulässig ist eine **Kumulation** verschiedenster verwaltungsrechtlicher Sanktionen ferner dann, wenn damit eine gesetzlich vorgesehene Höchstgrenze umgangen wird, wenn die getroffenen Massnahmen der Schwere der Pflichtverletzung und dem Grad des Verschuldens nicht mehr entsprechen (VerwG ZH vom 28. Juni 2000, DR.2000.00001, E. 3e) oder wenn es um ausgesprochen leichte Verstösse gegen verwaltungsrechtliche Pflichten geht (VerwG BE vom 2. Feb. 2007, in: BVR 2007 S. 289 E. 3.5). Hingegen verstösst es nicht gegen den Grundsatz «ne bis in idem», wenn wegen massiver Verstösse sowohl ein Disziplinarverfahren vor der Notariats- und vor der Anwaltsaufsichtskommission eröffnet wird oder nebst sitzungspolizeilichen auch disziplinarische Massnahmen ergriffen werden.

6. **Exekutorische Massnahmen** dienen der Durchsetzung gesetzlich normierter 3179
Pflichten und stellen verwaltungsrechtliche Vollstreckungsmittel dar. Sie setzen eine **vollstreckungsfähige Sachverfügung** voraus, die genügend bestimmt ist, damit der Adressat erkennt, welche mit der Verfügung angeordneten Pflichten zu befolgen sind und allenfalls vollstreckt werden. Eine Sachverfügung kann hingegen nicht als vollstreckbar gelten, wenn sie derart allgemein gehalten ist, dass sie nachfolgender Konkretisierung bedarf, damit die sich daraus ergebenden Pflichten des Adressaten ersichtlich werden. In diesem Fall hat eine neue Sachverfügung zu ergehen (BGer vom 7. Juni 2007, 2A.711/2006, E. 3; VerwG ZH vom 25. Jan. 2001, VB.2000.00117, E. 5a). Eine Verfügung einer Verwaltungsbehörde gilt demnach nur dann als definitiver Rechtsöffnungstitel im Sinne von Art. 80 SchKG, wenn sie auf einen bestimmten oder in seiner Höhe jedenfalls ohne Weiteres sofort bestimmbaren Geldbetrag lautet (OG LU vom 26. Jan. 2000, in: BlSchK 2003 S. 87 E. 5.2).

7. **Vollstreckungsmassnahmen** sind auch neben einer allenfalls zu erfolgenden **repressiven Sanktion** zulässig (BGE 134 I 293 E. 3.2 [Vollstreckung öffentlich- 3180
rechtlicher Geldforderungen und Anordnung administrativer Rechtsnachteile]) und können **unabhängig** davon angeordnet werden, ob die betreffende **Person** den zu beseitigenden rechtswidrigen Zustand **schuldhaft** verursacht hat oder nicht (VerwG ZH vom 25. April 2002, VB.2002.00071, E. 4f).

8. **Repressive Sanktionen, insbesondere Verwaltungsstrafen,** können **pönalen** 3181
Charakter aufweisen, wobei je nach Art der betreffenden Massnahme zu differenzieren ist: Bei Massnahmen wie das Rayonverbot, die Meldeauflage oder der Polizeigewahrsam stehen nicht ihr pönaler Charakter im Vordergrund, sodass die in Art. 6 Abs. 2 EMRK verankerte Unschuldsvermutung oder die in Art. 5 EMRK gewährleistete Garantien nicht zur Anwendung gelangen (BGE 137 I 31 E. 4.3 und E. 5; BGer vom 16. Nov. 2011, 1C_50/2010, E. 4.2; vom 16. Nov. 2011, 1C_16/2010, E. 9.3). Bei repressiven Sanktionen ist jedoch zu vermuten, dass sie vom **Verschulden** abhängig sind (VerwG GR vom 12. April 2005, in: PVG 2005 Nr. 31 E. 2a).

3182 9. **Repressive Sanktionen** stellen eine strafrechtliche Anklage gemäss **Art. 6 Abs. 1 EMRK** dar, wenn sie **pönalen Charakter** aufweisen. Dem Warnungsentzug nach dem SVG wird beispielsweise eine pönale, unter Art. 6 Abs. 1 EMR fallende Natur zugesprochen (BGE 128 II 173 E. 3b und E. 3c, 121 II 22 E. 3). Weist eine Sanktion zumindest auch pönalen Charakter auf, ist nach den **Engel-Kriterien** zu prüfen, ob eine Anklage als strafrechtlich im Sinne von Art. 6 EMRK gilt (BGE 135 I 313 E. 2.2.1, 134 I 140 E. 4.2, 128 I 346 E. 2.1). Umstritten ist insbesondere die **Qualifikation von Bussen**. Im Allgemeinen gilt, dass **Ordnungsbussen** – welche üblicherweise jedermann treffen können und allgemeinerer Natur sind – von geringer Höhe bis ca. Fr. 1'000.– als verwaltungsrechtliche Sanktion und damit nicht als strafrechtliche Anklage taxiert werden; selbst hohe **Disziplinarbussen** gelten grundsätzlich nicht als strafrechtliche Anklage (BGE 128 I 346 E. 2.3, 126 I 228 E. 2a/aa, 125 I 417 E. 2b, betr. Bussen in der Höhe von Fr. 5'000.–, Fr. 1'000.– oder Fr. 500.– gegenüber einem Anwalt).

3183 10. **Verwaltungsstrafen** unterscheiden sich von den **disziplinarischen Massnahmen** dadurch, dass diese gegenüber allen Personen angeordnet werden können, während jene Sanktionen gegenüber Personen darstellen, die in einem Sonderstatusverhältnis oder unter besonderer Aufsichtsbefugnis des Staates stehen und nebst repressiven auch präventiv-erzieherische Zwecke verfolgen. Entsprechend dürfen **Disziplinarmassnahmen** nur erlassen werden, wenn eine Gefahr für die angesteuerte zu verwirklichende Ordnung besteht (z.B. Verstoss gegen die Anstaltsordnung oder gegen Amts- bzw. Berufspflichten), nicht jedoch, um ein allgemeines Fehlverhalten zu sanktionieren, welches die Aufrechterhaltung der betreffenden Ordnung nicht tangiert. Für derartige allgemeine Verstösse stehen «lediglich» Verwaltungsstrafen bzw. Ordnungsbussen zur Verfügung. Gemäss Praxis ist es zulässig, Disziplinarverfahren auch nach Erlöschen des Sonderstatusverhältnisses durchzuführen, wenn diese noch einem anderen Ziel dienen als nur dem, den Fehlbaren zur Beachtung der Anstaltsordnung zu rufen (BGer vom 27. Mai 2003, 2A.64/2003, E. 2.2.2; BVGer vom 1. April 2009, A-4236/2008, E. 6.3 [Ausschluss von der ETH wegen Plagiaten nach freiwilliger Exmatrikulation des Studierenden]).

3184 11. **Administrative Rechtsnachteile** wie die Verweigerung staatlicher Leistungen, der Widerruf von Bewilligungen oder das Verbot, bestimmte (öffentliche) Sachen zu benutzen, stellen Sanktionen dar, die den Adressaten dazu veranlassen sollen, seinen Pflichten nachzukommen (BGE 134 I 293 E. 3.2; VerwG GR vom 12. April 2005, PVG 2005 Nr. 31 E. 2a). Derartigen Massnahmen kommt häufig eine **repressive Funktion** zu; sie können neben exekutorischen Sanktionen angeordnet werden (BGer vom 24. April 2007, 2A.705/2006, E. 3.5 und E. 3.6). Erforderlich ist, dass ein **sachlicher Zusammenhang zwischen Pflichtverletzung und Rechtsnachteilen** besteht (BGE 134 I 293 E. 3.2 [Einzug eines Hundes bzw. dessen Fremdplatzierung, um finanzielle Verpflichtungen des Hundehalters durchzusetzen], 125 V 266 E. 6d [Verbot des Krankenversichererwechsels wegen Nichtbezahlung von Prämien]; BGer vom 24. April 2007, 2A.705/2006, E. 3.7 [Entzug des Fahrzeugausweises und der Kontrollschilder wegen Nichtbezahlens der Schwerverkehrsabgabe]).

Sachregister

Bei den fett gedruckten Hauptstichwörtern werden allfällige Adjektive dem Substantiv nachgestellt (Interesse, öffentliches, nicht: Öffentliches Interesse). Anderes gilt für vorangestellte Partizipien und feste Wendungen.